CHOISY-LE-ROY.

G.
60.
6.

LE GRAND
DICTIONNAIRE
GEOGRAPHIQUE
ET
CRITIQUE,

Par M. BRUZEN LA MARTINIERE,

Géographe de Sa Majesté Catholique Philippe V. Roi des Espagnes et des Indes.

TOME SECOND.

B. & C.

A la Haye, Chez P. Gosse, & P. de Hondt.
A Amsterdam, Chez Herm. Uitwerf & Franç. Changuion.
A Rotterdam, Chez Jean Daniel Beman.

MDCCXXX.

BA. BAA. BAA.

AA [a], Bourgade d'Afrique dans le Roiaume d'Arder, au dedans du Païs à demie lieue de Joïo & à trois journées & demie de Jakkein. Il y a un *Fidalgo* ou Gentilhomme qui y commande de la part du Roi. Elle est fermée d'un fossé & baignée d'une riviere d'eau douce qui va se rendre dans celle de Benin [b]. La Compagnie des Indes Occidentales établie dans les Provinces-Unies y a un Magasin, & l'on y tient un marché franc tous les quatre jours. La marchandise qu'on y debite le plus est le Sel.

☞ BAAL ou BEL, Divinité des Pheniciens ou Chananéens. On se servoit aussi de ce nom pour designer le Soleil & même M. Maundrell [c] remarque qu'il signifie toutes les Idoles en general de quelque Sexe ou Condition qu'elles puissent être. D. Calmet [d] observe qu'il y a plusieurs villes de Palestine auxquelles on joint le nom de Baal, soit qu'on y adorât le Dieu Baal; soit que ces lieux fussent comme des Capitales de ce Canton; car en Hebreu ce mot vient de la Racine בעל qui signifie *commander.*

1. BAALA [e], ancienne ville de la Palestine dans la Tribu de Juda. Elle est autrement nommée KIRJATHJEARIM au livre de Josué [f] & au I. des Paralipomenes [g]. On trouve le même nom entre les villes de la partie Meridionale de Juda au livre de Josué. [h] Mr. Reland croit que cette derniere est diferente de la premiere & la même que *Bala* de la Tribu de Simeon. D. Calmet au contraire croit que Baalah ou Baalat, autrement CARIATH-IARIM, ou CARIATH-BAAL [i] ou simplement BAAL, ou BAALIM DE JUDA ou SEDEÏARIM, & CAMPI SILVÆ du Pseaume CXXXI. v. 6. ne sont qu'une même ville située dans la Tribu de Juda; pas loin de Gabaa & de Gabaon. L'Arche d'Alliance fut transportée à Cariath-ïarim, lorsque les Philistins l'eurent renvoyée de leur pays. Elle y demeura dans la Maison [k] d'Aminadab jusqu'à ce que David la fit transporter à Jerusalem.

2. BAALA, Montagne de la Palestine dans la Tribu de Juda [l]. De ces lettres הר-הבעלה qui signifient le *Mont Baalah* pourroit bien s'être formé l'*Arbela* Ἀρβηλα d'Eusebe [m]. Il dit que c'étoit la borne de Juda à l'Orient & qu'il y avoit un *Village* de même nom.

BAAL ASOR. Voiez BAAL-HASOR.

1. BAALATH, Ville de la Tribu de Dan; le livre de Josué [n] & le III. Livre des Rois [o] en font mention; & Josephe [p] la nomme Βαλεθ, *Baleth*, pas loin de Gazara.

2. BAALATH: D. Calmet dit que c'est apparemment la même qui est marquée dans le denombrement des villes Meridionales de Juda [q]; & qui fut ensuite cedée à la Tribu de Siméon. On la place, dit-il, entre Azem ou Azemon & Chazar-Sual: ainsi elle étoit fort avancée dans l'Arabie Petrée.

3. BAALATH-BEER. BAAL-BEER. On croit que c'est la même que Ramath sur les confins de Simeon [r].

BAALBEC. Voiez BALBEC.

BAAL-CHERMON, Lieu qui servoit de Bornes à la Tribu de Manassé du côté du Nord. On lit dans le premier livre des Paralipomenes [s] que les Manassites habitoient depuis Baschan selon l'Hebreu, *Basan* selon la Vulgate; jusqu'à Baal-Chermon & Senir. Cette montagne faisoit partie de cette chaîne qui est apellée *Hermon* dans la Vulgate qui nomme ce lieu *Baal Hermon.*

BAALE-JEHUDA; c'est la même que BAALA 1.

BAAL-GAD, Ancienne ville de la Palestine au pied du mont Hermon [t]. Eusebe dit qu'elle étoit dans la Plaine du Liban. Tout le païs d'au delà du Jourdain étant déja partagé entre les Tribus de Ruben, de Gad & la demie-Tribu de Manassé, Josué poursuivit jusques-là ses ennemis. Il faut aussi remarquer que les bornes du païs d'au delà du Jourdain étoient l'Arnon au Midi & le mont Hermon au Septentrion [v], & qu'Og Roi de Basan étoit Souverain du mont Hermon. Cependant la ville de Baal-Gad étoit dans le pays d'en deçà du Jourdain, comme il paroît par le livre de Josué [x]. Cependant D. Calmet croit qu'on peut dire le contraire. Dans Josué [z], dit-il, on semble dire que le mont Hermon est au deça du Jourdain, mais on sait d'ailleurs très-certainement que cette montagne & par consequent Baal-Gad étoit au delà du Jourdain. GAD, poursuit-il, étoit une fausse Divinité qui étoit apparemment le *Soleil* ou la *Bonne Fortune:* Baal-Gad tiroit son nom de cette Déité qui y étoit adorée.

BAAL-HASOR, selon la Vulgate, BAAL CHATZOR ou BAHAL-CHATZOR selon l'Hebreu; Lieu de la Palestine où Absalom [a] avoit ses troupeaux. Ce lieu étoit voisin d'Ephraïm selon les termes de l'Ecriture. D. Calmet en fait une ville de la Tribu d'Ephraïm. Mr. le Clerc [c] en fait un Village. Eusebe [d] écrit tout d'un mot Βααλασώρ.

BAAL-HERMON. Voiez BAAL-CHERMON. D. Calmet dit qu'on le place ordinairement

Notes:
- a Dapper Afrique p. 304.
- b De la Croix Relat. d'Afrique T. 3.
- c Voiage d'Alep à Jerus. p. 227.
- d Dict. de la Bible.
- e Reland. Palæst. p. 609.
- f c. 15. v. 9.
- g c. 13. v. 6.
- h c. 15. v. 18.
- i Paral. l. c.
- k 1 Reg. c. 6. v. 21.
- l Josué c. 15. v. 11.
- m Onomast.
- n c. 19. v. 44.
- o c. 9. v. 18.
- p Antiq. l. 8. c. 2.
- q Josué c. 15. v. 28.
- r Josué c. 19. v. 8.
- s c. 5. v. 23.
- t Josué c. 11. v. 17. & c. 13. v. 5.
- v Josué c. 12. v. 1. & 5.
- x c. 12. v. 7. Dict. de la Bible.
- z c. 11. v. 17. & c. 12. v. 7.
- a 2 Reg. c. 13. v. 23.
- b Dict. de la Bible.
- c in l. c.
- d Onomast.

BAA.   BAA. BAB.

rement au Nord de la Tribu d'Issachar & du grand champ.

BAAL-MEON, ville de la Tribu de Ruben [a]. Elle semble la même que BETH-BAAL-MEON [b]. Elle fut prise sur les Rubenites par les Moabites & ils en étoient maîtres du temps d'Ezechiel [c]. Eusebe & St. Jerôme placent BEEL-MEON, ou BEEL-MAUS à neuf milles d'Esbus ou d'Esebon au pied du mont BAARU dans l'Arabie.

BAAL-PERATZIM [d], ou BAAL PHARASIM [e], Lieu de la Palestine où David mit en fuite les Philistins [f]. Ce lieu n'étoit pas fort loin de Jerusalem, puisqu'il étoit dans la vallée des Réphaïms.

BAAL-SALISA, ou BAAL-SCHALISCHA [g] ville située dans la contrée de Schalischa à ce qu'il paroit. Eusebe & St. Jerome [h] écrivent ce nom BETHSCHALISCHA & disent que c'est un Village ou Hameau (*Villa*) sur les confins de Diospolis à 15. Milles delà vers le Septentrion dans la contrée Tamnitique.

BAAL-THAMAR, Lieu [i] de la Palestine où les Israelites combatirent contre les Benjaminites. Eusebe dit que de son temps il y avoit dans ces quartiers-là auprès de Gabaa un Village nommé BETHAMAR. On a vû que Beth & Baal se changeoient facilement l'un en l'autre.

BAAR [k], Landgraviat d'Allemagne dans la Suabe, dans la Principauté de Furstenberg. C'est l'ancien Patrimoine de cette Maison. Il est situé vers la source du Danube & du Neckre proche de la forêt noire & des frontieres du Brisgow. Ce pays est de petite étendue & consiste seulement en cinq Bailliages. Il a pour lieux remarquables la ville de Furstenberg & les Bourgs de Doneschingen & de Huffingen. Ce Landgraviat est partagé entre les diverses branches de la Maison de Furstenberg.

BAARAS ou BAARIS ou BARU. Eusebe [l] & St. Jerôme font mention d'un lieu nommé BARU ou BARIS auprès de Cariatha. Or Cariatha est selon eux à dix milles de Medaba vers l'Occident : & ailleurs [m] ils disent que Beel-maüs [n] ou Beel-méon est à deux lieues d'Esbus près de Baaru. Enfin Josephe dit qu'au Septentrion de Macheronte il y a une vallée nommée [o] BAARAS où l'on trouvoit une racine merveilleuse de même nom qui étoit, de couleur de feu & qui sur le soir jettoit des raïons comme ceux du Soleil. Il raconte plusieurs particularitez de cette plante qui paroissent fort extraordinaires & que bien des gens regardent comme fabuleuses. Toutefois le P. Eugene Roger en parle comme temoin & comme bien persuadé de ce que dit Josephe.

BAARCA [p], Place des Indes autrefois très-forte. Mahmud le Gaznevide s'en étant rendu le maître, y trouva de grandes Richesses.

BAARSARES, Fleuve d'Asie dans la Babylonie selon Ptolomée [q]. Quelques exemplaires preferez par les Interpretes de cet Auteur portent MAARSARES. Il est nommé MARSYAS dans [r] Ammien Marcellin. [s] Junius croioit qu'il faut lire NAARSARES, c'est-à-dire *le fleuve mené* ou *conduit*. Ortelius [t] croit que c'est le même qui est nommé par Arrien [v] PALLACOPA. Appien [x] le nomme PALLACOTTA.

BAARU. Voiez BARU.

BAASPRACAN ou BASPRACAN. C'est ainsi que Cedrene nomme la haute Medie au rapport d'Ortelius.

☞ BAB. Ce nom veut dire PORTE & entre dans la composition de plusieurs noms Géographiques en Orient.

BAB-ALABWAB, Ville d'Asie dans le Roiaume de *Chozar* selon Nassir Eddin [y]; ou dans l'Armenie selon Ulug Beig. Ils lui donnent 85. d. de longitude & 43. de latitude. Elle est dans le V. Climat selon le premier. Tous deux écrivent ce nom BAB-ALABWAB; dans la Traduction de Mr. Grave. Al Edrisi [z] dit que c'est une grande ville sur la Mer Chozar. Elle a, poursuit-il, un port très-commode pour les Vaisseaux, à l'entrée duquel il y a de chaque côté une digue avec une chaine qui empêche qu'on puisse entrer ni sortir sans la permission du Commandant. Ces deux digues sont de pierres liées ensemble avec du plomb fondu. Tavernier [a] dans sa liste des Longitudes & des latitudes des principales villes de Perse dit : BAB-EL-ABAD c'est-à-dire *Porte des Portes*: on l'apelle aussi DEMIR-CAPI c'est-à-dire *Porte de Fer*. Les Tartares la nomment MOUJON. Cette ville selon ce qui en reste a été autrefois une place forte. On ne peut pas douter que ce ne soit le même lieu dont les trois Auteurs precedents ont parlé. La longitude & la latitude que Tavernier lui donne est très-diferente, mais cela vient de ce qu'il a mal copié ses Auteurs. J'ai averti à l'Article DERBENT qu'on l'appelloit *Demir Capi* & que le Traducteur de la Vie de Timur Bec la nomme BALABOUAB. Tous ces noms ne designent en effet qu'une même ville située sur la mer Caspienne; & de Witt a bien marqué dans sa Carte de Perse & de Turquie DERBENT, *alias* BAB-ALABUAD.

BAB-ALHAWADY ; C'est-à-dire la *Porte du Desert*. Voiez MAHRAH.

BAB-ALMANDAB ; C'est ainsi que ce nom devroit s'écrire; mais comme un autre usage a prévalu, voiez l'Article suivant.

1. BAB-EL-MANDEL, *Babel-mandelum promontorium*. Montagne d'Afrique à l'entrée de la Mer Rouge, vers les 63. & 64. degrez de longit. & environ 12. de latitude sept. Ce nom [b] que lui donnent les modernes est corrompu de *Bab-Al-Mandab*, ou comme l'écrivent quelques-uns *Beb-el-Mandel*, qui est le nom Arabesque d'un Détroit borné au midi par le pied de cette montagne. Abulfeda dit qu'elle n'est séparée des solitudes d'Aden que par un détroit si peu large, que deux hommes peuvent se voir d'un rivage à l'autre. Ces deux rivages ne sont éloignez que de quatre mille cinq cens pas, selon Pline [c]; de soixante stades, selon Strabon [d]; ou de quatre petites lieues, selon les modernes. Il y avoit autrefois un Fort qui defendoit le mouillage, mais on l'a laissé tomber en ruïne; peut-être étoit-il bâti sur les ruïnes de l'ancienne ville *Dera* ou *Dire* dont parle Ptolomée [e]. Les Arabes ont nommé [f] Al-man-

BAB.

mandab le Cap que forme cette montagne. Des Ecrivains romanesques de cette Nation ont supposé qu'il étoit presque tout de pierre d'aiman, ce qui attire, disent-ils, de ce côté tous les vaisseaux, à cause du fer dont ils sont armez. Les modernes n'ont point reconnu cette attraction qui paroît fabuleuse.

2. BABEL-MANDEL, *Babel-Mandelia Insula*, Isle située à l'embouchure de la Mer Rouge qu'elle separe en deux canaux. Elle est à 12. d. 50′. de latitude, selon le P. Coronelli.[a] Arrien dans son Periple de la Mer Erythrée l'apelle l'Isle de Diodore, & la place au milieu du Detroit. Le Pere Coronelli[b], Mrs. Baudrand, & Corneille, supposent aussi qu'elle est à une distance égale de l'Abyssinie & de l'Arabie ; presque toutes les Cartes la marquent ainsi. Pigafet cité par Mr. Corneille dit que le Canal Occidental qui la separe de l'Abyssinie est large de cinq lieues d'Allemagne, & que les grands vaisseaux y peuvent passer aisément, au lieu que l'autre est rempli de bancs de sable. Le Pere Coronelli suivi par Mr. Corneille ne lui donne que deux lieues de tour. Mr. Baudrand[c] lui en donne deux de longueur & un quart de lieue de large. Il se trompe pour la largeur, aussi bien que quand il dit que le passage qui la separe de la terre ferme (de l'Abyssinie) est fort rempli de rochers : ce qui, dit-il, est cause qu'on l'attribue plûtôt à cette partie-là qu'à l'Arabie dont elle n'est gueres plus éloignée. Comme cette derniere remarque n'est point dans son Dictionnaire Latin, je ne sais si c'est à lui qu'on en doit imputer l'erreur qui est deux fois[d] dans l'édition posthume. Quoiqu'il en soit, des observations plus récentes nous apprennent que cette Isle est tout à fait du côté de l'Arabie & si proche qu'il n'y a entre elle & la terre ferme qu'un passage fort étroit pour les plus petits bâtimens[e], qu'elle a deux lieues de longueur sur une largeur un peu moindre ; qu'on y voit quelque verdure en certains endroits, quoiqu'en general elle ne soit presque qu'un rocher sterile, batu des vents & des vagues & brûlé par l'ardeur du soleil. Cependant les Abyssins & les Arabes se la sont disputée par de longues guerres & l'ont possedée tour à tour, jusqu'à ce qu'enfin les Portugais les mirent d'accord en ruinant les habitations qu'ils y trouverent ; de sorte qu'elle est à présent deserte.

3. BABEL-MANDEL, Détroit qui joint la Mer Rouge à l'Ocean, en Latin *Babel-Mandelum Fretum*. Il est à l'Isle & à la Montagne du même nom. Ce passage est nommé par quelques Géographes Latins *Ostium luctus*, mots qui expriment le nom Arabesque *Bab-Al-Mandab*[f], c'est-à-dire la porte funebre ou le passage du deuil, du mot Arabe *Nadaba* qui signifie pleurer un mort, parce qu'anciennement les Arabes pleuroient comme morts ceux qui passoient ce Détroit pour entrer dans l'Océan. A l'entrée de ce Détroit vis-à-vis de l'Isle, il y a une Anse de sable sur dix brasses d'eau. On voit delà une Mosquée & des hutes de pêcheurs. Sous la hauteur de l'Isle il y a encore une autre Anse moins grande que celle-là, d'un quart de lieue de largeur, avec des terres basses dans le milieu, où l'on voit de petites maisons couvertes de nattes. C'est-là

Tome I. Part. 2.

que les Pirates & les Forbans ont coutume de venir mouiller à couvert des vents de la mousson du Sud-Ouest. Les Espagnols appellent ce Détroit le Détroit de la Mecque, *El Estrecho de la Mecca*, parce que la Mer Rouge est quelquefois nommée la Mer de la Mecque.

BABA, &
BABÆ. Voiez BABBA.
BABÆ MONS. Voiez BAMBERG.

BABAIN, Ville d'Arabie ; elle appartient à la Province de Baharain que l'on appelle vulgairement Barin. Le nom de cette ville qui veut dire *Deux Portes* ou *Deux Ports* vient de sa situation qui est à la pointe du Golphe Persique & la rend par conséquent commode pour servir de Port à l'Ocean Ethiopique ou Arabique & au Golphe Persique : quelques Géographes Orientaux nomment aussi cette ville ABAÏN.

BABANENSES, c'est ainsi que les anciennes Editions de Pline[g] nommoient un peuple d'Espagne. Le R. P. Hardouin a rétabli ALABANENSES sur la foi des Manuscrits.

BABANOMUS : Strabon[h] nomme ainsi un lieu de l'Amasée Province d'Asie, dans le Voisinage du Fleuve Halys.

BABARDILLA, Maison de Campagne en Afrique dans le territoire de Sicca & par consequent dans la Province Proconsulaire. Il en est fait mention par l'Auteur de la Vie de St. Fulgence cité par Ortelius[i].

BABASE. Voiez BEBASE.

BABEL, ou BABYLÔNE[k]. Ce terme signifie *Confusion*, & on donna ce nom à la ville & à la Province de Babylone, parce qu'à la construction DE LA TOUR DE BABEL, Dieu confondit la Langue des hommes qui travailloient à cet édifice, en sorte qu'ils ne pouvoient plus s'entendre[l]. On débite diverses conjectures sur la manière dont s'est faite la confusion des Langues à Babel, qui ne font point de nôtre sujet. On peut voir sur cela les Commentateurs, & ce qu'ont écrit sur ce sujet M. Simon dans son Histoire Critique de l'ancien Testament, & l'Auteur des Sentimens de quelques Théologiens d'Hollande, Lettre 19.

BABEL (LA TOUR DE) ou DE BABYLONE, Tour que le Genre humain tâcha d'élever dans l'Asie. On fixe la construction de la Tour de Babel, & la confusion des Langues vers l'an du Monde 1775. & cent vingt-ans après le déluge.

On croit[m] que Nemrod fils de Chus fut le principal Auteur de l'entreprise de la Tour de Babel. Il vouloit, dit Josephe, bâtir une tour si élevée, qu'elle pût le garentir d'un nouveau déluge, & le mettre en état de venger même contre Dieu, la mort de ses ancêtres, causée par le déluge. Il est difficile de croire qu'il se soit mis une aussi folle imagination dans l'esprit. L'Ecriture[n] dit simplement que les hommes étant partis de l'Orient, & étant venus dans la terre de Sennaar, se dirent les uns aux autres : faisons-nous une ville & une tour, dont le sommet s'élève jusqu'au ciel, & rendons notre nom célèbre, avant que nous soyons dispersez dans toute la terre. Or le Seigneur voiant qu'ils avoient commencé cet ouvrage, & qu'ils étoient résolus de ne le pas quitter, qu'ils ne l'eussent achevé, descendit &

A 2

BAB.

& confondit leur langage, enforte qu'ils furent contraints de se disperser par toute la terre & d'abandonner leur entreprise. On ne sait pas jusqu'à quelle hauteur cette Tour avoit été élevée, & tout ce que l'on en trouve dans les Auteurs, ne merite aucune créance. Plusieurs ont crû que la Tour de Bélus dont parle Hérodote [a *l.1.c.181*], & que l'on voioit encore de son temps à Babylone, étoit la Tour de Babel, ou du moins qu'elle avoit été bâtie sur les fondemens de l'ancienne. Ce dernier sentiment paroît d'autant plus vraisemblable, que cette Tour étoit achevée, & avoit toute sa hauteur. Elle étoit composée, dit Hérodote, de huit tours placées l'une sur l'autre, en diminuant toujours en grosseur depuis la premiére, jusqu'à la derniére. Au dessus de la huitiéme, étoit le Temple de Bélus. Cet Auteur ne dit pas quelle étoit la hauteur de tout l'édifice, mais seulement que la premiére des huit tours, & celle qui servoit comme de base aux sept autres, avoit une stade, ou cent cinquante pas en hauteur & en largeur, ou en quarré, car son texte n'est pas bien clair. Quelques Ecrivains croient que c'étoit-là la hauteur de tout l'édifice, & Strabon [b *l.16.initio.*] l'a entendu en ce sens. D'autres soutiennent que chacune des huit tours avoit une Stade, & que tout l'édifice avoit huit Stades, ou mille pas de hauteur, ce qui paroît impossible. Toutefois Saint Jerôme [c *in Isai. c.14.l.5. p.114. nov. Edit.*] dit sur le rapport des autres, qu'elle avoit quatre mille pas de hauteur. D'autres lui en donnent encore davantage.

Bélus Roi de Babylone, à qui l'on attribue le bâtiment de la Tour dont parle Hérodote, a vêcu longtems après Moyse; soit qu'on entende sous ce nom Bélus pere de Ninus, ou Bélus fils de Sémiramis. Ussérius ne met Bélus pere de Ninus, que sous la Judicature de Samgar vers l'an du Monde 2682. de la Periode de Julienne 3392. long-temps après Moyse. Les nouveaux Voiageurs varient dans la description qu'ils nous donnent des restes de la Tour de Babel. Fabricius dit qu'elle peut avoir environ un mille de tour. Guion dit la même chose. Benjamin, qui est beaucoup plus ancien, dit qu'elle avoit deux mille pas de long par les fondemens. Le Sr. de la Boulaye le Gouz Gentilhomme Angevin, qui dit avoir fait un assez long séjour à Babylone ou Bagdat, dit qu'il y a environ à trois lieues de cette ville, une Tour nommée *Mégara*, située entre l'Euphrate & le Tigre, dans une rase Campagne. Cette Tour est toute solide en dedans, & ressemble plutôt à une montagne, qu'à une tour. Elle a par le pied cinq cens pas de circuit, & comme la pluye & les vents l'ont beaucoup ruinée, elle ne peut avoir de hauteur qu'environ cent trente huit pieds de Roi. Elle est bâtie de briques qui ont quatre doigts d'épaisseur, & après sept rangs de briques, il y a un rang de paille de trois doigts d'épaisseur, mêlée avec de la poix ou du bitume. Depuis le haut jusqu'en bas, on en compte environ cinquante rangs. On peut voir ce que dit D. Calmet dans son Commentaire sur la Génèse. Il y a grande apparence que tout ce que l'on raconte de cette Tour, excepté ce que l'on en trouve dans l'Ecriture, est fabuleux, & que les restes de quelques Tours que l'on montre dans la Babylonie, ne sont rien moins que les restes de la Tour de Babel. Voiez BABYLONE.

BABELA [d *d'Herbelot Biblioth. Orientale.*], Bourgade en Asie. Elle est proche d'Antioche & a pris son nom de St. Babylas dont les reliques étoient reverées dans un des fauxbourgs de la même ville d'Antioche nommé Daphné. Julien l'Apostat aiant voulu les faire enlever, à la sollicitation des Payens, les Chrétiens informez de son dessein les cacherent dans la Bourgade voisine que l'on a depuis nommée Babela.

BABELABOUAB. Voiez BAB-ALABWAB & DERBENT.

BABENBERGA. Voiez BAMBERG.

1. BABENHAUSEN [e *Zeyler Suev. Top. p.97.*], Bourg d'Allemagne dans la Suabe sur la riviere de Guntz. Ce Bourg qui est à deux milles de Weissenhorn est assez agréable & a un beau Château. Antoine Fugger qui y mourut en 1560. & qui avoit acheté en 1538. d'un Baron de Rechberg, le Bourg, le Château, & la Seigneurie & justice du lieu; fit tant auprès des Ducs de Wirtenberg au moien d'une bonne somme d'argent que ce lieu qui avoit été auparavant un fief devint un Franc alleu. Il fit dresser dans l'Eglise Paroissiale un magnifique tombeau tant pour sa sepulture que pour celle de sa Femme, & de ses heritiers. On [f *Baudrand. Ed. 1682.*] prend pour les FEBIANA CASTRA de la Notice de l'Empire; d'autres croient que ce Camp doit être à Burgow.

2. BABENHAUSEN [g *Ibid.*], selon Zeiler & Mr. Baudrand, BOBENHAUSEN dans la Carte de Suabe de Mr. de l'Isle, & Bebenhausen dans celle de Jaillot. Bourgade d'Allemagne dans la Suabe à deux lieues au Nord de Tubinge, dans le Duché de Wirtenberg. Quelques-uns le prennent pour BIBONUM de Tacite que d'autres cherchent à Bebling.

BABIA [h *l.4. c.6.*], Lieu d'Italie dont Pline dit que les vins n'étoient pas à mépriser. Athenée met aussi entre les vins d'Italie Βαρβινος οἶνος [i *l.1. p.27. in l. c. Plinii.*] & le R. P. Hardouin [k *in l. c.*] conjecture que ce pourroit bien être le même vin.

BABIBA, ancienne ville de la Libye interieure, selon Ptolomée [l *l.4. c.6.*].

BABILA [m *l.5. c.13.*], ville de la Grande Armenie selon le même.

BABILONE. Voiez BABYLONE.

BABILONIS [n *Baudrand. 1705.*], Village de l'Isle de Sardaigne, entre la ville d'Orestagni & celle d'Iglesias. Il n'est gueres digne de remarque si ce n'est parce qu'on croit qu'il a succedé à l'ancienne ville POPULUM.

BABIN, Terre en Pologne dont le maître donna lieu à une badinerie qui divertit & reforma la Cour de Sigismond Auguste. Le raport qu'il y a entre ce nom & le mot *Baba* qui signifie une vieille, d'où vient *Babine* ce qui est d'une vieille, comme nous disons en François des contes de vieille; ce raport, dis-je, donna lieu à imaginer une Republique de *Babin*, en Latin *Babinensis Respublica*. Ce lieu que l'on avoit negligé & laissé aller en décadence donnoit souvent à rire aux passans à cause de son nom. Les plaisanteries qu'on faisoit du lieu & du Seigneur à qui il appartenoit firent naître la pensée d'en faire la Capitale d'une Republique ridicule qui ne subsistoit qu'en

BAB.

qu'en idée. On la forma fur le modelle de celle de Pologne & on y établit toutes les mêmes Charges & Dignitez. Un homme avoit-il parlé de religion à contre-temps on le croïoit auffi-tôt Archevêque ou Evêque de Babin: avoit-il parlé de fes exploits militaires; ou de Jurifprudence hors de faifon; on le croïoit ou General ou Chancelier de la Republique de Babin. Les Patentes en étoient expediées en forme & on s'atiroit un nouveau ridicule en les refufant. Ce badinage alla fi loin que le Roi en entendit parler & fe fit rendre compte des détails de cette Republique déja très-nombreufe. Il s'avifa de demander fi à l'imitation de la Republique de Pologne ils avoient élu un Roi; un des Officiers de Babin, homme à bons mots, lui repondit: à Dieu ne plaife, Sire, que du vivant de Votre Majefté nous fongions à avoir un autre Roi que vous. Le Roi fe le tint pour dit & prenant cette hardieffe en bonne part, fe mit à en rire le premier. Un des plus utiles Inftituts qu'ils avoient, c'eft qu'il n'y avoit que les plaifanteries innocentes qui conduififfent aux honneurs. On en privoit ceux qui railloient groffierement & avec outrage. Ce jeu auquel tout le Roiaume fe divertit, fit un effet merveilleux pour corriger le ridicule de quantité de particuliers & fervit à polir la Nation Polonoife. On peut voir plus au long dans les Annales de Sarnitius [a] les détails de cette Republique de fantaifie.

[a] l.8.p.395.

BABOLZA, Babolitza, Baboleza & Babolcha ou Babotcha Bourg de Hongrie dans le Comté de Sigeth, fur le bord Oriental de la Rynnia qui tombe un peu au deffous dans la Drave. Ce Bourg fitué entre Sigeth & Kanifcha à quatre lieues de la premiere eft remarquable en ce que les Géographes conjecturent que ce doit être le *Manfuetinum* ou *Pons Manfuetinus*,

BABORANA, Ville ou Village d'Afie dans le Paropanife felon Ptolomée [b].

[b] l.6.c.18.

BABRAS, Bourgade de l'Eolide auprès de Chio: c'eft ce qu'en dit Etienne le Géographe en citant le 16. livre de Polybe. Le même Auteur fur la même autorité nous donne Brabantium lieu voifin de Chio. Ce pourroit bien être la même chofe.

BABRENSIS EPISCOPUS. Ortelius [c] met ce Siege en Numidie, & dit l'avoir trouvé dans un fragment de Victor d'Utique. La Notice d'Afrique fournit Victorin Evêque *Babrenfis* & le P. Charles de St. Paul [d] nomme cette ville Babra.

[c] Thefaur.
[d] Geog. Sacr. p.99.

BABUCO [e], petite ville d'Italie dans la Campagne de Rome. Biondo a prouvé que c'eft la *Bovile* de Tite-Live. Cluvier n'eft pas de ce fentiment & il croit que *Vovilla* ou *Bovile* étoit dans un lieu où n'a trouvé que des mafures & des débris. Ce qu'il prouve par les anciens Itineraires [f].

[e] Léand. Defc.di tuta l'Ital. p.146.
[f] Ital. ant. p. 917.

BABULINA, On trouve dans le Concile de Chalcedoine une ville nommée ainfi, & qui doit être quelque part vers l'Egypte. Ortelius [g] foupçonne que ce mot eft corrompu de *Babylonia*.

[g] Thefaur.

BABUNIAH [h], Bourgade en Afie dans le voifinage de Bagdet. Elle a pris fon nom de la Camomille qui croît fort abondamment dans fon territoire. Les Perfans nomment cette Plante *Babunch* & les Arabes *Babunege* par corruption.

[h] d'Herbelot Biblioth. Orient.

BABYCE, Pont de Sparte, dans le Peloponnefe felon Plutarque [i] qui raporte que l'Oracle de Delphes ordonna ainfi à Lycurgue.... tu tiendras de temps en temps le Confeil entre le Babyce & le Cnacion,.... Le Babyce & le Cnacion, pourfuit cet Hiftorien [k], c'eft l'Oenonte. Ariftote écrit pourtant que le *Cnacion* c'eft le fleuve & que le *Babyce* c'eft le pont. Car, ajoute Plutarque, les Lacedemoniens tenoient leurs Affemblées entre le Pont & la Riviere dans un lieu où il n'y avoit ni fale enrichie de Tableaux ni place autrement ornée. Hefychius, felon la remarque de Mr. Dacier [l], a fuivi Ariftote, car il marque βαβύκτα, γέφυρα. Il faut lire βαβύκα. Ce même Critique [m] conclut des paroles de Plutarque que ce Pont étoit de quelque torrent diferent de cette Riviere, car, dit-il, entre une riviere & fon Pont il n'y a pas d'efpace pour tenir des Affemblées, à moins que cette riviere n'ait deux bras.

[i] in Lycurg.
[k] Trad. de Mr. Dacier. T.1.p.216.
[l] Not. 31.
[m] Not.32.

BABYE, Phavorin cité par Ortelius [n] nomme ainfi une ville & un torrent; c'eft tout ce que nous en favons.

[n] Thefaur.

BABYLA. Voiez Bæcula.

BABYLE, Ville des Odryfiens, Etienne le Géographe fournit le nom de cette ville & Ortelius conjecture que ce pourroit bien être Cabyla qui étoit une contrée dans la Thrace.

1. BABYLONE, en Latin *Babylo, onis*, ancienne ville d'Afie fur l'Euphrate [o]. La ville de Babylone Capitale de Chaldée, fut bâtie par Nemrod, à l'endroit où la Tour de Babel avoit été commencée. Elle fut Capitale de l'Empire de Nemrod [p]. Ainfi l'on ne peut révoquer en doute fon antiquité. Les Ecrivains Profanes [q] qui ne connoiffent point l'Hiftoire des Juifs, en ont attribué la fondation au fils de Bélus, qui vivoit deux mill ans avant Sémiramis. D'autres en attribuent la fondation à Bélus [r] l'Affyrien pere de Ninus, d'autres, à Sémiramis. Marsham [s] en recule le commencement jufqu'au temps de Nabonaffar. Mais l'opinion la plus fuivie, & la mieux fondée, eft que Nemrod la fonda, que Bélus l'augmenta, & que Sémiramis y fit tant de grands ouvrages, & l'orna en tant de manières, que l'on peut dire qu'elle en eft la fondatrice avec autant de raifon que l'on dit que Conftantin eft fondateur de Conftantinople. L'Ecriture parle de Babylone en une infinité d'endroits, fur tout depuis le régne d'Ezéchias, qui fut vifité après fa maladie, par les Ambaffadeurs de Mérodac-Baladan Roi de Babylone [t]. Ifaïe qui vivoit dans le même temps, parle très-fouvent des maux que les Babyloniens devoient faire dans la Paleftine; de la Captivité des Hébreux, de leur retour de Babylone, de la chûte de cette grande ville, & de fa prife par les Perfes & les Médes. Les Prophétes qui ont vécu après Ifaïe, comme Jérémie, Ezéchiel & Daniel, qui ont vû le regne de Nabuchodonofor, les derniers malheurs de Jérufalem, & la defolation du Roiaume de Juda, font encore plus occupez de la grandeur de Babylone, de fa cruauté, & des maux

[o] D. Calmet Dict. de la Bible.
[p] Genef. c.10.v.10.
[q] Herennius apud Steph. By∫ in voce Babylon.
[r] Doroth. Sidonius. Abyden. apud Eufeb. Præp.l.9. c.41.
[s] Sæcul. 13.
[t] 4 Reg. c.20.v.12.

maux dont Dieu la devoit accabler. Les Auteurs sacrez en parlent comme d'une des plus grandes & des plus puissantes villes du Monde : *N'est-ce pas là cette grande Babylone, que j'ai bâtie dans la grandeur de ma puissance, & dans l'éclat de ma gloire*, disoit Nabuchodonosor. Bérose & Abydène [b] attribuent à ce Prince les murs de Babylone, & ces prodigieux Jardins, soûtenus sur des voutes, que d'autres ont attribuez à Sémiramis. Quant à la grandeur & à la hauteur des murs de Babylone, les Historiens ne sont pas d'accord entre eux. Clitarque cité dans Diodore de Sicile, leur donne trois cens soixante mille pas, Hérodote trois cens quatre-vingt Stades, Ctésias dans Diodore de Sicile, trois cens soixante Stades ; Strabon trois cens quatre-vingt-cinq (les 360. Stades font 44600. pas c'est-à-dire près de 15. lieues de 3000. pas chacune). Quinte Curce & Strabon leur donnent soixante cinq pieds de haut, & trente-deux de large. Mais Pline & Solin les font de deux cens pieds de haut & de cinquante de large. Quinte Curce dit qu'on fut un an à bâtir ces murs, & qu'on en faisoit une Stade par jour, c'est-à-dire, cent-vint-cinq pas. Mais Bérose & Abydene nous apprennent que tout cet ouvrage si merveilleux fut éxécuté en quinze jours.

Quoi que la Monarchie de Babylone soit peut-être la plus ancienne du Monde, supposé, comme nous l'avons dit, que Nemrod ait commencé à regner à Babylone, on ne voit pas toutefois, ni dans l'Ecriture, ni dans les Auteurs Profanes, que cet Empire ait eu de grandes suites. Du temps d'Abraham nous remarquons un Roi de Sennaar. [c] Babylone étoit dans le pays de Sennaar : mais on peut douter que le Roi de Sennaar fût Roi de Babylone, & quand il l'auroit été, la figure qu'il faisoit dans l'armée de Codorlahomor, où il n'étoit que comme auxiliaire, ou comme Prince ligué, n'en donne pas une fort haute idée. Jules Africain dit qu'Evechoüs, qui est apparemment le même que Jupiter Bélus, commença à regner sur les Chaldéens deux cens vingt-quatre ans avant les Arabes, c'est-à-dire, l'an 2952. de la Periode Julienne, du Monde 2242. du temps du Patriarche Isaac, 1762. avant notre Ere vulgaire. Les Arabes aiant déclaré la guerre à Chinizitus Roi de Babylone, le depouillerent de ses Etats, & Mardocentes y regna en sa place, l'an de la Periode Julienne 3176. du Monde 2466. avant l'Ere vulgaire 1538. & avant Bélus l'Assyrien deux cens seize ans, vers la quarantiéme année de Moyse. Bélus l'Assyrien commença à regner à Babylone, l'an de la Periode Julienne 3392. du Monde 2682. avant l'Ere vulgaire 1322. du tems de Samgar Juge d'Israel. Bélus eut pour Successeur Ninus, Sémiramis, Ninyas & les autres dont on trouve les noms dans les listes ordinaires. Tous ces Princes sont inconnus dans l'Ecriture, au moins sous le nom de Rois de Babylone. Ninus fonda l'Empire d'Assyrie, selon Hérodote [d], & cet Empire subsista dans la haute Asie pendant cinq cens-vingt ans. Durant cet intervalle, la ville & la Province de Babylone étoient gouvernées par un Satrape envoyé du Roi d'Assyrie. De tout le grand nombre de Monarques Assyriens regnans à Ninive, l'Ecriture ne nous parle que de Phul, qui fut apparemment pere de Sardanapale, le dernier des Monarques d'Assyrie Successeurs de Ninus.

Sous le regne de ce dernier, l'an de la Période Julienne 3966. du Monde 3257. Arbaces Satrape des Médes, & Bélésus, autrement Baladan [e], on Nabonassar, Satrape de Babylone, s'étant revoltez contre Sardanapale, l'assiegerent dans Ninive, l'obligerent à s'y brûler avec tout ce qu'il avoit de plus cher & de plus précieux, & partagerent sa Monarchie ensorte qu'Arbaces mit les Médes en liberté, & que Bélésus fonda le Roiaume de Babylone. Ninus le jeune, appellé dans l'Ecriture [f] Teglathphalassar, regna à Ninive, & continua la Succession des Rois d'Assyrie, mais dans un Roiaume bien moins étendu. Il eut pour Successeurs Salmanassar, Sennacherib & Assaradon, dont les noms ne sont que trop célébres dans les livres Saints, par les maux qu'ils ont faits aux Hébreux.

Bélésus ou Baladan Roi de Babylone, fut pere ou ayeul de Mérodach Baladan, qui envoia visiter Ezéchias, après le miracle de la rétrogradation du Soleil [g], arrivée au temps de sa guerison. On ignore les noms & les actions de ses Successeurs : mais on sait qu'Assaradon Roi d'Assyrie, conquit le Roiaume de Babylone [h], & qu'il le posséda lui & ses Successeurs Saosduchin & Chinaladan, autrement Sarac, jusqu'à ce que Nabopolassar Satrape de Babylone, & Astyagés fils de Cyaxarès Roi de Médie se souleverent contre Chinaladan [i], le tuérent, se partagerent ses Etats, & ruinerent entierement l'Empire d'Assyrie, l'an du Monde 3378. de la Periode Julienne 4088. avant l'Ere vulgaire 626.

Nobopolassar fut pere du Grand Nabuchodonosor, destructeur de Jérusalem, & le plus magnifique Roi de Babylone que nous connoissions. Nous avons vû que quelques Auteurs lui attribuent les grands ouvrages, dont d'autres font honneur à la Reine Sémiramis. Evilmérodach succeda à Nabuchodonosor, & Balthasar à Evilmérodach. Les Auteurs Profanes parlent assez différemment des Successeurs de Balthasar & d'Evilmérodach [k]. Mais Daniel [l] nous dit expressément que Darius le Méde succeda à Balthasar, & Cyrus à Darius le Méde, nommé autrement Astyagés [m]. Les Successeurs de Cyrus sont connus : Cambyses, les sept Mages, Darius fils d'Hystaspe, Xercès, Artaxercès à la longue main, Xercès II. Sécundianus ou Sogdianus, Ochus, autrement Darius Nothus, Artaxercès Mnémon, Artaxercès Ochus, Arsen, Darius Codomanus, qui fut vaincu par Alexandre le Grand, l'an de la Période Julienne 4383. du Monde 3673. avant l'Ere vulgaire 331. Les prédictions des Prophétes contre Babylone s'accomplirent par dégrez. Bérose [n] raconte que Cyrus s'étant rendu maître de cette ville, en fit démolir les murailles extérieures, parce que la ville lui parût trop forte, & qu'il craignoit qu'elle ne se révoltât. Darius fils d'Hystaspe [o], aiant pris Babylone, en fit ruiner les portes & les murs, pour châtier l'orgueil de cette ville. Aléxandre le Grand avoit conçu le dessein de la rétablir : mais sa mort précipitée

tée l'en empêcha, & ses Successeurs le négligerent. Séleucus Nicator, un des Successeurs d'Aléxandre, aiant bâti Séleucie sur le Tigre, le voisinage de cette derniere place dont Séleucus vouloit faire une grande ville dépeupla insensiblement Babylone. Strabon assûre que de son tems, c'est-à-dire sous l'Empire d'Auguste, Babylone étoit presque entierement déserte. Il lui applique ce qu'un ancien Poëte avoit dit de Mégalopolis, qu'elle n'étoit plus qu'un grand Désert. Diodore de Sicile, qui vivoit dans le même Siécle, assûre qu'il n'y avoit plus qu'une partie de la ville d'habitée. Pausanias qui vivoit dans le second Siécle de l'Eglise, dit qu'elle n'avoit plus rien que de vastes murailles. Théodoret remarque que de son temps, elle n'étoit plus habitée que de quelques Juifs. Eusébe écrivant sur le Chapitre XIII. d'Isaïe dit que de son tems, elle étoit entiérement déserte, ainsi que le témoignoient ceux qui venoient de ces quartiers-là. Enfin *Saint Jérôme* sur ce même Chap. XIII. d'Isaïe, raconte, sur le témoignage d'un Religieux Elamite, qui demeuroit à Jérusalem, que les Rois de Perse se servoient de Babylone comme d'un grand Parc, dans lequel ils nourrissoient grand nombre d'animaux sauvages pour la Chasse. Benjamin de Tudéle, Juif du douziéme siécle, dit qu'il trouva Babylone entiérement ruinée, & qu'on y remarquoit encore les ruines du Palais de Nabuchodonosor, duquel on ne pouvoit approcher, à cause des Serpens qui y étoient en très-grande quantité. Depuis ce temps, les vestiges de cette superbe ville sont tellement effacez, qu'on ne sait pas même au vrai où elle étoit autrefois. Ainsi ceux qui confondent la ville de Bagdat avec l'ancienne Babylone, sont dans une erreur grossiére.

L'on a toujours beaucoup vanté l'antiquité des Observations Astronomiques des Babyloniens. Ils comptoient quatre cens soixante & treize mille ans depuis les Observations de leurs premiers Astrologues, jusqu'à l'arrivée d'Aléxandre le Grand. Ciceron met un compte rond, quatre cens soixante & dix-mille ans. Pline, de la maniere dont M. Périzonius & le P. Hardouin l'ont corrigé, porte qu'Epigéne donnoit à ces Observations sept cens vingt mille ans, & que Bérose & Critodéme, qui sont ceux qui leur donnent moins d'antiquité, avouent pourtant que ces Observations alloient à quatre-cens-quatre vingt mille ans. Ce nombre d'années est excessif, & va non seulement plus loin que le Déluge, mais aussi que le commencement du Monde marqué par Moïse. Si les Babyloniens avoient eu véritablement une telle antiquité, ne nous feroit-il rien resté de leur ancienne Histoire? Joseph dit que Bérose convenoit avec Moïse, dans ce qu'il disoit de la corruption des hommes, & du Déluge. Et Aristote curieux de savoir la vérité de ce que l'on publioit sur ces Observations, écrivit à Callisthéne de lui envoyer ce qu'il trouveroit de plus certain sur cet article parmi les Babyloniens. Callisthéne lui envoya des Observations Célestes de mille neuf cens trente ans, à commencer dès l'origine de la Monarchie de Babylone, jusqu'à Aléxandre. Et les imprimez de Pline au lieu des sept cens vingt mille ans d'Epigene, n'en portent que sept cens vingt : au lieu de quatre cens quatre vingt mille que l'on veut faire dire à Bérose & à Critodéme, ils n'en lisent que quatre cens quatre-vingt. Mais sans vouloir défendre la leçon ordinaire de Pline, qui véritablement paroît fautive, nous ne pouvons admettre le sentiment de ceux qui donnent aux Chaldéens une si haute Antiquité. Elle est démentie par les Livres saints, qui sont d'une autorité infiniment supérieure. La supputation même de Callisthéne paroît un peu enflée, car, selon notre Chronologie, nous ne comptons depuis Nemrod & la Tour de Babel, jusqu'au regne d'Aléxandre à Babylone, qu'environ dix-huit cens ans.

§. A l'égard de cet excès Chronologique, voiez au mot ECLIPTIQUE.

2. BABYLONE, *la nouvelle*, en Latin *Babylon Nova*. Voiez BAGDAT.

3. BABYLONE, Ville d'Egypte, selon Ptolomée, qui dit que cette ville étoit arrosée par le fleuve Trajan qui couloit aussi à *Heroum Civitas* ou la ville des Heros. Ce qui ne sert de guéres à en faire connoître la position reciproque ; car ni les Cartes ni les Relations ne marquent point de riviere qui ait un pareil cours. Cellarius [a] l'entend du fleuve de Bubaste. Strabon [b] dit : qu'en remontant par eau (au dessus du Delta) on trouvoit Babylone place forte naturellement & bâtie par quelques Babyloniens, qui s'y étant retirez obtinrent des Rois la permission de s'y établir. Il ajoute que de son temps s'y tenoit une des trois Legions qui gardoient l'Egypte. Jusques là il semble que Babylone étoit sur le Nil, mais ce qu'il dit ensuite fait voir le contraire. Entre ce lieu jusqu'au Nil, poursuit cet Auteur, il y a une hauteur sur laquelle on fait monter l'eau du fleuve à force de moulins à quoi cent cinquante esclaves sont continuellement occupez.... il n'y a pas loin delà à Memphis, qui est à trois schœnes du Delta. Ainsi Strabon ne met pas cette ville sur un des bras du Nil qui forment le Delta, mais au dessus du Delta même. Josephe [c] en racontant par quelle route les Israelites sortirent d'Egypte dit qu'ils passerent auprès de Latopolis (la ville de Latone) qui étoit alors deserte ; car (poursuit-il) on bâtit ensuite en ce lieu-là Babylone dans le temps que Cambyse ravageoit l'Egypte. Ce passage est d'autant plus precieux qu'il nous aprend l'ancien nom & l'Epoque de la fondation de la Babylone d'Egypte [d]. Diodore la raconte autrement. Il dit que des captifs amenez de Babylone par Sesostris se fortifierent dans cet endroit & y bâtirent une ville du nom de leur premiere patrie. Ctesias qu'il cite raconte que les Babyloniens étant venus en Egypte avec Semiramis y avoient fondé Babylone. Quelques Critiques ont pretendu que c'étoit de cette Babylone que St. Pierre a écrit sa premiere Epitre. D. Calmet refute ce sentiment dans une Dissertation à la tête du dernier Tome de son Commentaire. Un Livre anonyme cité par Ortelius [e] qui soupçonne Postel d'en être l'Auteur ; dit que cette ville étoit nommée MAZAR ou MIZIR en Arabe, MASSAR en Armenien, ALCHABIR en Chaldéen & MESRAÏM en Hebreu. La pluspart des Géographes disent que c'est la même ville que le (vieux)
CAI-

[a] Geog. ant. l. 4. c. 1.
[b] l. 17. p. 807.

[c] Antiq. l. 2. c. 5.

[d] l. 1.

[e] Thesaur.

BAB.

CAIRE. Le Moine Brocardus dit que c'étoient deux villes diferentes mais qui furent jointes en une. Je ne vois rien que de vraisemblable dans ce sentiment. [a] Cette ville a été Episcopale sous la Metropole *Leontopolis* ou la ville des Lions, & Cyrus Evêque de Babylone est nommé dans les Actes du Concile d'Ephese, dans le 1. Act. du Concile de Chalcedoine.

4. BABYLONE : Suidas dit que Semiramis entoura Ninive de murailles & qu'elle lui changea son nom en celui de Babylone.

5. BABYLONE, en Phénicie. Ætius le Medecin cité par Ortelius [b] dit qu'on y faisoit le vin Polipodite, dans la Batanée, & Josephe [c] nomme Babyloniens les habitans de Bathyra village autour de la Syrie, contre la Thrachonitide.

☞ Le nom de Babylone est devenu un nom injurieux qui se donne metaphoriquement aux villes où l'on veut faire entendre que le vice est monté à son plus haut excès; & c'est dans ce sens que Petrarque & Bocace ont apellé *Babylone* la ville d'Avignon où siégeoit la Cour de Rome qu'ils haïssoient. Les Ennemis de l'Eglise Romaine n'ont pas épargné ce nom à Rome la Sainte.

BABYLONIE, Pays de l'Asie. Quelques-uns croient que c'est la même chose que la campagne de Sennaar nommée ainsi par Moyse [d]. D'autres l'ont confondue avec la Mesopotamie, quoi qu'elle n'en fût pas. Ptolomée [e] est celui des Anciens qui en a parlé avec le plus de justesse. Il la borne au Nord par la Mesopotamie, à l'Orient par le Tigre, c'est-à-dire deja joint avec l'Euphrate, à l'Occident par l'Arabie deserte & au Midi par une partie du Golphe Persique & par l'extremité de l'Arabie deserte. Il la distingue en diverses contrées, à savoir : auprès de l'Euphrate l'AURANITIDE, auprès de l'Arabie deserte la Chaldée, autour des marais l'AMORDACIE, ou *Amordocie*. Ce dernier nom est demeuré presque inconnu, aussi bien que l'Auranitide; il n'y a eu que la Chaldée qui ait été fameuse & ce nom se prenant dans un sens plus étendu a quelquefois signifié toute la Babylonie. Ainsi toutes les fois que le Prophéte Jeremie [f] & ceux qui ont écrit l'Histoire de son temps parlent des Chaldéens & de leurs armées, il faut l'entendre de ceux qui demeuroient autour de Babylone. C'est dans ce sens que le Prophete Ezéchiel met cette ville dans la Chaldée, quoi qu'elle fût bien loin de la Chaldée propre de Ptolomée. Je l'amenerai, [g] dit-il, à Babylone dans le Pays des Chaldéens. Le nom de Babylone est emploié par Diodore de Sicile [h], par Strabon [i], Pline [k] &c. Mais il faut bien distinguer dans quelle étendue ils le prennent.

Quelquefois, LA BABYLONIE se prend pour tout le pays entre la Mesopotamie, le Tigre & le Golphe Persique & en ce sens c'est la même chose que la Terre des Chaldéens. Quelquefois la Babylonie ne signifie que la haute partie vers le lit de l'Euphrate & autour de la ville de Babylone. C'est dans ce sens que Diodore de Sicile dit à l'endroit cité que l'Euphrate & le Tigre font la Mesopotamie & coupant la Babylonie se jet-

[a] *Car. a S. Paulo Geog. Sacr. p. 270.*

[b] *Thesaur.*

[c] *Ant. l. 17. c. 2. & in Vita sua.*

[d] *Genes. c. 10.*

[e] *l. 5. c. 20.*

[f] *c. 24. v. 5. & c. 25. v. 12. & c. 50. v. 8. & passim.*

[g] *c. 12. v. 13.*

[h] *l. 2. c. 11. & 12.*

[i] *l. 16. au commencement.*

[k] *l. 5. c. 12.*

BAB.

tent dans la mer. Mr. Huet dit que dans le commencement la Babylonie se terminoit à la jonction du Tigre & de l'Euphrate. [l] La contrée, poursuit-il, qui est au-dessous de cette jonction jusqu'au Golphe Persique est apellée IRAQUE par Alfergan nommé communement Alfragan, par Abulfeda & les autres Géographes Arabes; du nom d'Erec qui fut avec Babylone & d'autres lieux le commencement du Regne de Nemrod. Ce sont les termes de Moyse [m]. Erec étoit une ville située le long du lit commun du Tigre & de l'Euphrate. Babylone étoit située sur l'Euphrate au dessus de sa jonction. Ces deux villes donnerent le nom à deux Provinces. La Babylonie s'étendoit jusqu'à la jonction des deux fleuves & la Province d'Erec ou d'Iraque s'étendoit le long du lit commun de ces deux fleuves à droite & à gauche depuis leur jonction jusqu'à la mer. Le temps a changé ces choses; l'Iraque a empiété sur la Babylonie, sur l'Assyrie, & sur la Medie & leur a fait porter son nom. La Babylonie de son côté s'est mise en possession de toute l'ancienne Province d'Iraque. Mr. Huet prend ici la Babylonie autrement que nous ne l'avons marquée ci-devant; car il la met dans la Mesopotamie au dessus de la jonction du Tigre au contraire de ce que dit Ptolomée qui la met au midi de la Mesopotamie & par consequent au dessus de la jonction. Mais il faut remarquer qu'il dit *Au commencement*; & que Ptolomée parloit dans un temps où les choses avoient changé. Voiez IRAQUE.

1. BABYLONIENS, ancien peuple d'Asie. Il habitoit la Babylonie.

2. BABYLONIENS, Peuple de l'Ethiopie sous l'Egypte selon Ptolomée [n] dont les interpretes lisent BABYLINIENS, ou BABYLLINS.

BABYRSA; Place forte de l'Armenie Majeure selon Strabon [o]. Elle étoit auprès d'Artaxate dans les montagnes & on y gardoit les tresors de Tigrane & d'Artabage.

BABYSENGA, Ville de l'Inde au delà du Gange selon Ptolomée [p]. Quelques exemplaires portent BEGINGA. C'étoit un port de mer aparemment le même lieu qu'Etienne le Géographe nomme BESSYGA; & où il place le fleuve Bessygas, & un peuple nommé Bessygites qu'il accuse de se nourrir de chairs humaines.

BABYTACE, Ville d'Asie sur le bord septentrional du Tigre selon Pline [q] & Solin qui le copie; dans la Perse selon Etienne le Geographe. Pinet Traducteur de Pline nomme ce lieu BAYBURT; & Mr. Corneille [s] BABERT.

1. BACA, Village de Palestine [t] lequel servoit de bornes entre les Tyriens & la Galilée. Hegesippe le nomme Batatha.

2. BACA [v], Place forte qu'Emanuel Comnéne enleva aux Persermeniens selon Nicetas ou le Continuateur de l'Histoire de Glycas.

BAÇA ou BAZA [x], Ville d'Espagne dans le Roiaume de Grenade sur le bord Meridional du Guadalentin, entre Guadix & Huescar. On croit [y] que c'est l'ancienne BASTI dont les Bastitains prenoient leur nom.

BAÇAIM ou BASSIN [y], Ville d'Asie aux Indes dans le Roiaume de Cambaie & de
Mili-

[l] *Situat. du Paradis Terrestre.*

[m] *Genes. c. 10. v. 10.*

[n] *l. 4. c. 8.*

[o] *l. 11. p. 529.*

[p] *l. 7. c. 2.*

[q] *l. 6. c. 27. r c. 54.*

[s] *Dict. au mot BABERT.*

[t] *Joseph de Bello l. 3. c. 2.*

[v] *Ortel. Thesaur.*

[x] *Jaillot Atlas.*
[y] *Ortel. Thesaur in voce BASTITANI. Gemelli Carreri Voiage T. 3. p. 27.*

BAC.

Miliché. Elle est située au 19. d. de latitude & au 92. d. 35´. de longitude. Nuño d'Acuña l'enleva en 1535. à Badour Roi de Cambaye pour le Roi D. Juan de Portugal son Maître, aussi bien que plusieurs Isles voisines pendant que D. Alfonse Sosa prenoit Daman. Le circuit de Baçaim est de trois milles (Italiques) ; elle a huit Bastions qui ne sont pas encore tout à fait achevés. Le Voïageur qui me fournit ce détail dit y avoir vu quelques Canons avec les Armes de Philippe IV. Roi d'Espagne. Du côté du Nord les murailles ont leur terre-plein & les autres fortifications ne sont pas encore achevées. Il n'y a qu'une simple muraille du côté du Canal qui est au Sud parce que l'endroit est moins exposé à l'ennemi & plus aisé à défendre à cause de la Marée: le tiers de la ville du côté du Nord se trouve présentement sans habitans par la Peste qui y fit ravage il y a quelques années. Au reste les rues sont larges & tirées au cordeau ; la place qui est au milieu est grande & a quantité de belles maisons. Il y a deux grandes portes, l'une à l'Est & l'autre à l'Ouest, outre une petite qui rend sur le Canal. Son port est à l'Est & fermé par l'Isle de Salzette & la terre ferme. C'est un Capitaine qui est Gouverneur de la Place & la Justice y est administrée par un *Vuidor*, & par un Desembargador qui est un homme de Robe & le Juge à qui on appelle de tous les Vuidors de la côte Septentrionale, le long de laquelle il y a des Facteurs ou Tresoriers pour le recouvrement des deniers Roïaux. Le General de l'Armée fait aussi sa résidence à Baçaim & a le souverain Commandement sur le Capitaine de cette Place-ci comme sur tous ceux des autres Places du Nord, ce qui fait qu'on l'apelle le General du Nord. La chaleur se fait sentir à Baçaim beaucoup plus qu'à Daman, ce qui fait que les hommes & les femmes vont presque nuds dans les rues. Les gens de distinction s'habillent de soïe ou d'une toile fort fine, portant des Caleçons larges & longs jusqu'aux talons & des Socs comme ceux des Recollets. Tous les Gentils se percent les narines pour y mettre des anneaux comme on fait aux bufles en Italie. Les pauvres aussi-bien que les riches passent deux heures tous les Matins à se froter les dents avec un petit morceau de bois. On n'y manque point d'Eglises. Les Paulistes (nom que les PP. Jesuites portent dans les Indes) les Dominicains; les Cordeliers; les Freres Hospitaliers de St. Jean de Dieu y ont leurs Convents. L'Eglise de la Misericorde est la paroisse de la Ville. Notre Dame de la Vie est encore une autre Eglise Paroissiale. Le plaisir des habitans de Baçaim est le CASSABO : on ne voit rien autre chose pendant quinze milles que des jardins agréables tous remplis de fruits du pays & d'une grande quantité de Cannes de Sucre. Ce sont des Païsans Mores, Gentils, & Chrétiens qui habitent les Villages des environs, & qui ont le soin de ces jardins. Ils ont des Machines pour les arroser souvent & les entretenir ainsi toujours feconds & verds. Cela engage les gens aisez à avoir tous leurs petites Maisons de plaisance dans Cassabo ; y étant attirez par ses promenades fraîches & agréables, pour éviter en même

Tom. I. Part. 2.

BAC.

temps ces chaleurs insuportables & cette Maladie pestiferée appellée *Caraxæo*, qui infecte ordinairement toutes ces places Septentrionales. Elle ressemble assez à un charbon de Peste & agit si violemment que non seulement elle ne donne pas le tems de se preparer à la mort, mais dépeuple en peu d'heures des villes entieres.

Cette Ville appartient au Roi de Portugal. Mr. Dellon [a] dit qu'elle est à vingt lieues au midi de Daman: qu'elle est quatre fois plus grande; & qu'on y trouve plus de noblesse qu'à Goa ; d'où vient le Proverbe Portugais, *Fidalgos de Baçaim*, c'est-à-dire, Gentilhomme de Baçaim.

BACALA[b], Ville de la Presqu'Isle de l'Inde en delà du Gange sur la côte Orientale du Golphe de Bengale dans le Roïaume d'Arracan à l'Occident Septentrional de la Ville d'Arracan. Plusieurs prennent cette Bacala pour la BARACURA, des Anciens. Les Cartes de Sanson la marquent comme une Bourgade Maritime, celles de Mr. de l'Isle la negligent entierement.

1. BACALAL[c], petite contrée de l'Amerique Septentrionale dans la Presqu'Isle de Jucatan & dans la partie Orientale de cette Province.

2. BACALAL[d] (Lac de) Lac de la contrée dont il est parlé dans l'article precedent. Sa longueur est Nord-Est & Sud-Ouest entre la Ville de Valladolid & la Baye de l'Ascension.

BACALAN, Montagne d'Asie, dans la Tartarie, [e] près le Gihon, au Roiaume de Bedakchan.

BACALAOS[f]. Ce mot est corrompu du mot BACALIAU, dont les Basques se servent pour signifier la Moruë. Et le mot Hollandois *Cabeliau*, qui signifie une espece de Moruë, pourroit bien venir de la même source. Quoiqu'il en soit, on a appellé ISLES DE BACALAOS, l'Isle de Terre-neuve & celles qui sont à l'entour, vers celle de Cap Breton, comme *Menego* &c. où l'on pêche de la Morue excellente. Voyez *Terre-neuve*.

BACALES. Voyez CABALES.

BACALITIS, contrée de l'Ethiopie sous l'Egypte selon Ptolomée[g].

BACANARIA, siege Episcopal d'Afrique dans la Mauritanie Cesarienne. Ortelius [h] l'a trouvé dans un fragment de Victor d'Utique, & [i] la Notice d'Afrique fait mention de Palladius Evêque de Bacanaria.

BACANO, en Latin *Baccanæ*, [k] Village d'Italie dans l'Etat de l'Eglise dans la Province du Patrimoine de St. Pierre, près du petit Lac de ce nom, à quinze milles de Rome au Septentrion en allant vers Viterbe. Ce lieu est remarquable en ce qu'il donne le nom au Lac & à la forêt qui en sont proche. Voyez BACCANÆ.

BACAO, Cap de l'Isle Hispaniola ou de St. Domingue s'avançant près de huit lieues en Mer. Il est près du Cap de Zabana & de l'Isle Abaque [l]. Les Relations plus récentes comme celle du P. Labat, nomment ce Cap *Pointe de Bacou*, & le placent à l'Orient Septentrional de l'Isle à Vache.

BACAR[m], ou BAKAR, Roïaume, ou pays de

[a] *Voyage des Indes Orient.* 2. part. c. 22.

[b] *Baudrand Ed. 1705.*

[c] *De l'Isle Atlas.*

[d] *Ibid.*

[e] *Hist. de Timur-Bec l. 2. c. 10.*

[f] *Voyages au Nord. T. 3. p. 13. & 17.*

[g] *L. 4. c. 3.*

[h] *Thesaur.*

[i] *Carol. à S. Paulo. Geog. sacr. p. 112.*

[k] *Baudrand Ed. 1705.*

[l] *De Lait desc. des Ind. Occid. l. 1. c. 8.*

[m] *De l'Isle Atlas.*

B

BAC.

de l'Indouftan le long du Gange qui le fepare du Pays de Varal & du Roiaume de Camoio qui font à l'Orient. Il eft feparé du Dehli à l'Occident par des Montagnes. *Becâner* eft la feule Ville que l'on en connoiſſe. Ce Pays fait partie des Etats du Grand Mogol.

BACARE, Ville de l'Inde au bord du Gange ſelon Ptolomée [a]. Il ſemble qu'elle ſoit la BARACE d'Arrien. Les Interprêtes de Ptolomée liſent auſſi *Barace*.

[a] L. 7. c. 8.

BACASCAMI, petite Ville ou Bourg de l'Arabie heureuſe. [b] Elle appartenoit aux Zaméréniens ſelon Pline.

[b] L. 6. c. 28.

BACASERAI, ou BACIESERAI, Ville de la Tartarie dans la Crimée ſur la Riviere de Karbata. Daviti [c] écrit Bacca-ſarai, & dit qu'elle eſt aſſiſe entre deux Montagnes, aiant une petite Riviere qui paſſe au milieu, une belle Meſquite & le lieu de la ſepulture des Kans près de la ville.

[c] Etat du Kan des Tartares p. 753.

BACASIS, ancienne Ville ou Bourg de l'Eſpagne Tarragonoiſe ſelon Ptolomée [d] qui donne ce lieu aux Jacetains *Jacetani*, qui ſont les *Lacetani* de Strabon.

[d] L. 2. c. 6.

BACATÆ, ancienne Nation d'Afrique dans la Marmarique ſelon Ptolomée [e].

[e] L. 4. c. 5.

BACATAILI. Voyez BACTAIALA.

BACATHA, *orum*, ou BACATHOS Village de la Paleſtine & le plus conſiderable de l'Arabie de Philadelphie, c'eſt-à-dire, de cette partie de l'Arabie qui étant autour de cette ville en portoit le nom, comme on a dit l'Arabie Petrée à cauſe de la ville de Petra, & la Gaule Narbonnoiſe à cauſe de Narbone. St. Epiphane [f] parle de ce lieu en pluſieurs endroits. Il paroit, ſelon la remarque de Mr. Reland [g], que ce mot ne ſignifie autre choſe que les cabanes & les maiſonnettes par l'aſſemblage deſquelles ce village ſe forma. Dans les Actes d'Epheſe inſerez dans le Concile de Chalcedoine on trouve Alypius Evêque Βακταων. Ce qui ne peut convenir à la Ville de Bactra, d'autant plus que dans les mêmes Actes on lit Alypius Evêque Βακταων. Il faut lire Βακαθων. Dans les Actes du Concile de Conſtantinople on voit entre les Evêques de la Paleſtine Gregoire Βακάθας, & les Exemplaires Latins moins corrompus que les Grecs portent dans les Actes citez ci-deſſus *Bacatenſis* d'autres *Bacnatenſis*, *Bacanthenſis*. Ainſi il n'y a pas lieu de douter que la Bacatha de St. Epiphane ne ſoit le Siége de l'Evêque Alypius. Le P. Charles de St. Paul a cru que cette *Bacatha* étoit la même choſe que BOTZCATH, Ville de la Tribu de Juda, & lui donne rang entre les Evêchez de la Paleſtine premiere. Le P. Labbe l'a ſuivi dans ſon Apparat aux Conciles Generaux auquel il a inſeré un abregé de la Geographie Epiſcopale. On pourroit objecter que *Bacatha*, n'étant qu'un village ne pouvoit être un Siége Epiſcopal. Cette objection eſt détruite par le témoignage de Sozomene [h] qui dit : chez d'autres peuples les villages mêmes ont des Evêques conſacrez, comme je l'ai remarqué en Arabie & dans l'Iſle de Cypre. Or Bacatha étoit en Arabie, ſelon la maniere de parler de ces temps-là & de Sozomene lui-même qui appelle Ville d'Arabie Arcopolis & autres villes de la troiſiéme Paleſtine. Ortelius [i] nomme ce lieu BACATUM, & remarque que Damaſcene liſoit BACCHATON.

[f] Synopſ. l. 2. adverſ. Hæreſ. p. 397. & in Anacephalæoſi p. 145.
[g] Palæſt. p. 612.
[h] Hiſtor. l. 7. c. 19.
[i] Theſaur.

BACAUDÆ, ou BACAUDARUM CASTRUM, nom Latin de *St. Maur des foſſez* au Dioceſe de Paris, ſur la Marne à deux lieues de la Ville. Voyez ST. MAUR DES FOSSEZ.

BACAY ou BAKAY. Voyez BAKAN.

BACCADES [k], lieu de la Paleſtine ſur les frontieres de la Tribu de Zabulon. Guillaume de Tyr [l] dit qu'on le nomme communément BUCCABEL.

[k] Ortelius Theſaur.
[l] L. 21. c. 26.

BACCÆI. Voyez VACCÆI.

BACCANÆ, ancien lieu d'Italie ſelon Antonin [m] entre Rome & Sutrium : on l'appelle aujourd'hui BACANO ou BACCANO. Voyez BACANO.

[m] Itiner.

BACCARAC [n], BACHRACH ou BACHARACH ou BACCHERACH, Ville d'Allemagne dans le Bas Palatinat ſur le Rhin au pied du Voitsberg, dans le Hundsruck. Elle a été autrefois la Reſidence des Electeurs Palatins à qui elle appartient à preſent après avoir été une Ville libre & Imperiale. Elle eſt ſituée entre Bingen & Ober-Weſel, à deux milles d'Allemagne de ces deux Places & preſque au milieu entre Mayence au Levant & Coblentz au Septentrion. [o] Elle eſt fameuſe par ſes vins & l'on croit que ſon nom vient du Latin BACCHI ARA, l'autel de Bacchus. Cette tradition qui eſt ancienne ſemble confirmée par une groſſe pierre quarrée qui eſt vis-à-vis dans le lit du Rhin, taillée en forme d'autel par la nature & nommée encore à preſent par les habitans du lieu *Elter-Stein*, ou la pierre de l'autel. On veut qu'autrefois on ait ſacrifié & immolé des victimes à Bacchus ſur cette Pierre. Le vin de cette côte eſt très-excellent, de là vient le Proverbe Allemand:

[n] Baudrand.
[o] Wagenſeil Synopſ. Geog. p. 390.

Zu Bacherach am Rhein,
Zu Kingenberg am Stein,
Zu Hofheim am Mayn,
Da gibts die Herlichſte und ſchönſte wein.

C'eſt-à-dire, que les meilleurs vins ſont ceux de Baccarach, de Klingenberg & de Hofheim, Henri Etienne donnoit au premier la preférence ſur tous les autres vins du monde. C'étoit auſſi le goût du voluptueux Empereur Wenceſlas; car la Ville de Nuremberg ne ſe croiant pas libre du Serment de fidelité à moins qu'il ne l'en dégageât, elle lui envoia des Députez pour acheter la liberté, même avec promeſſe de lui payer vingt mille écus d'Or. Le Roi aiant entendus dit qu'il rendroit libre ceux de Nurenberg, s'ils lui envoioient quatre chariots bien chargez de vin de Baccarach. Ce fait eſt raporté par Aeneas Sylvius [p]. Mr. Baudrand dit que le Rhin eſt fort reſſerré en cet endroit & néanmoins, pourſuit-il, il ne laiſſe pas d'y avoir une petite Iſle du côté de la Ville qu'ils appellent *l'Iſle Sainte*. Cette Iſle eſt au-deſſous de la ville, & eſt diferente de la pierre de l'autel dont j'ai parlé ci-deſſus. Baccarach eſt commandée par le Château de Staleck.

[p] L. 2. Parallel. Alfonſ. c. 26.

BACCARAT, Ville de France, en Lorraine, dans le territoire de l'Evêché de Mets, ſur la Riviere de Meurte à ſept lieues au-deſſus de Nancy vers le Levant & à ſix

BAC. BAC.

de Marſal au midi, au Nord-Oueſt de Deneuvre.

Longue- La Chatellenie de BACCARAT eſt
rue Deſc. de du temporel de l'Evêché de Metz & cette E-
la France gliſe y a une Seigneurie utile; mais les Ducs
2. part. de Lorraine depuis long-temps joüiſſent du haut
p. 174. Domaine qu'ils ont acquis par des engagemens.
b Jaillot Elle [b] confine à l'Occident à la Prevôté de
Atlas. Luneville & à celle de Deneuvre; au midi à
celle de Rembervilliers, à l'Orient au Comté
de Salme.

BACCASARA. Voyez Bacaserai.

BACCAVATÆ, c'eſt ainſi qu'on trouve
c Itiner. écrit dans Antonin [c] un peuple de la Mauritanie Tingitane que Ptolomée nomme Baccu-
atæ. Voyez ce mot.

BACCHI ARA c'eſt-à-dire, l'Autel de
Bacchus. Voyez Baccarach.

BACCHI COLUMNÆ ou les Co-
d v. 623. lomnes de Bacchus. Denis le Periegete [d]
dit: là ſont élevées les Colomnes de Bacchus
le Thébain proche de l'extremité de l'Ocean,
dans les dernieres Montagnes des Indes où le
Gange roule dans les plaines qu'il arroſe, les
eaux blanches de la contrée de Nyſſe: cette contrée qui tiroit ſon nom de Nyſſe ville ſituée
à l'embouchure du Gange étoit à l'Orient de
cette ville au même lieu, où eſt une partie de
ce que nous appellons aujourd'hui la Roiaume
de Bengale. Denis le Periegete ne connoiſſoit
rien au delà.

BACCHI MONS, c'eſt-à-dire, la Montagne de Bacchus, Montagne de Thrace
proche de la Ville de Philippes. Il y avoit
des Mines d'Or que l'on appelloit *Aſyla* en
e Civil. 4. Latin, c'eſt-à-dire, Aſyles ſelon Appien [e].

BACCHI NEMUS, c'eſt-à-dire, le
Bois de Bacchus, dans le voiſinage du
Tmolus Montagne de l'Aſie mineure dans la
grande Phrygie.

BACCHI URBS, c'eſt-à-dire, la Ville de Bacchus. Voyez Dionysiopolis.

§. Bacchus étoit nommé en Grec Dio-
nysios; ainſi il eſt indifferent que les Auteurs aient dit *Dionyſii* ou *Bacchi, Columnæ,
Mons, Nemus, Urbs* &c. c'eſt la même choſe.

BACCHIA, Ville de l'Albanie Aſiatique
f L. 5. c. 12. ſelon Ptolomée [f]. Ses Interpretes, conſultant
plus la prononciation que l'Orthographe Gre-
que, écrivent Banchia, parce qu'il y a dans
le Grec Βαγχία.

BACCHIADÆ, Ovide nomme ainſi
les Corinthiens, à cauſe du culte qu'ils rendoient à Bacchus, ſi nous en croïons Mr.
g Ed. 1682. Baudrand [g]; mais *Bacchiada* veut dire non les
Corinthiens en general; mais la poſterité de
Bacchia fille de Denis qui étant chaſſé de Corinthe alla bâtir la Ville de Syracuſe en Sicile.
D'autres diſent la poſterité de Bacchius fils du
h Ad ann. même Denis. Euſebe dans ſa Chronique [h] de-
M. L. X. rive le nom *Bacchiada* du V. Roi des Corinthiens nommé *Bacchis.*

BACCHIAS, & Antibacchias, deux
i L. 6. c. 29. Iſles du Golphe Arabique ſelon Pline [i]. Ptolo-
k L. 4. c. 8. mée [k] les nomme *Bacchi* & *Antibacchi Inſulæ.*
Etienne le Geographe de même.

BACCHILIONE, ou Bacchiglione,
en Latin *Meduacus*, ou *Medoacus, minor.*
l Baudrand [l] Riviere d'Italie dans l'Etat de la Republique
Ed. 1705. de Veniſe. Elle paſſe par le Vicentin, où elle

Tom. I. Part. 2.

arroſe Vicenze; delà elle coule par le Padouan
& enfin ſe rend dans le Golphe de Veniſe près
de Chiozza.

BACCHIS, Ville d'Egypte près du Lac
Mœris, ſelon Ptolomée. Ses Interpretes écrivent *Banchis,* par la raiſon que j'ai marquée
au mot Bacchia.

BACCHIUM, Iſle de la Mer Egée. A
l'opoſite du Cap Meridional de la Baye au
fond de laquelle étoit ſituée Phocée. Tite-
Live [m] dit que la Flote Romaine partie d'E- *m L. 37.*
lée fit voile vers Mitylene, & revint à Elée, *c. 21.*
que delà prenant ſa route vers Phocée, elle at-
territ à Bacchium Iſle à l'opoſite de la Ville
des Phocéens: qu'elle y ravagea les temples
qu'elle avoit épargnez & les ſtatues, car, ajoute-t-il, cette Iſle étoit richement ornée. Ils
voulurent prendre la Ville; mais n'aiant rien
de ce qu'il faloit pour cela, & voiant qu'il y
étoit entré de ſecours, ils abandonnerent ce
projet. Ortelius donne cette Iſle à l'Eolide.
Il ſe trompe; l'Iſle & la Ville de Phocée appartenoient à l'Ionie, quoiqu'aux confins & tout
proche de l'Eolide. [n] Pline la nomme Ba- *n L. 5. c. 31.*
china, & la met auprès de Smyrne.

BACENIS, Ceſar [o] nomme ainſi une fo- *o L. 6. c. 10.*
rêt qui ſeparoit les Cheruſques d'avec les Sueves. Althamer croïoit que c'eſt aujourd'hui
le *Thuringerwald,* Bertius & Cluvier pretendent que c'eſt la forêt nommée en Allemand
der Hartz ou *der* Hartz Waldt, nom
qui convient mieux à ce que les anciens ont
nommé *Hercynia Sylva.* Mais cette reſſemblance ne gâte rien. Ceſar dit [p] que c'étoit une *p L. c.*
forêt d'une grandeur immenſe, & que l'on ap-
peloit Bacenis, qu'elle s'étendoit fort avant
dans le pays & ſervoit de barriere naturelle
entre les Cheruſques & les Sueves pour arrêter
les hoſtilitez mutuelles de ces deux peuples.
C'étoit à l'entrée de cette forêt que les Sueves
ſe retirerent à l'aproche de Ceſar qui avoit paſſé le Rhin. La ſituation de cette forêt, la fuite des Sueves, que Cellarius [q] dit être les mê- *q Geog.*
mes que les Cattes, qui s'éloignoient du Rhin *l. 2. c. 5.*
de plus en plus, cela fait voir que cette forêt
ne peut être qu'une partie de la forêt nommée
le Hartz qui encore à preſent s'étend très-loin,
quoi qu'on en ait détruit une très-grande par-
tie. La *Ceſia Sylva* de Tacite [r], la *Gabrita* *r Annal. l. 1.*
de Ptolomée [s], & pluſieurs autres n'étoient que *s L. 2. c. 11.*
des parties & pour ainſi dire des appendices.

BACH, petite Ville de la baſſe Hongrie
ſur le Danube au Comté de Toln. Elle étoit
autrefois plus conſiderable qu'elle n'eſt à preſent & avoit même un Evêché ſuffragant de
l'Archevêché de Colocza, auquel il a été uni
à perpetuité depuis long-temps. Cette ville a
été en mauvais état depuis qu'elle eſt aux
Turcs.

BACHARA, Ville d'Aſie en la grande
Tartarie. Elle eſt ſituée dans l'Usbeck ſur
une Riviere qui va ſe décharger dans la Mer
Caſpienne environ quarante lieues au-deſſous.

Mr. Maty copié par Mr. Corneille, n'aiant
point nommé la Riviere, rien n'empêche de
croire qu'il a deguiſé ſous ce nom Bokara,
Capitale du Roiaume de Bokara, & qui du
reſte a les autres indices. Cependant il décrit
Bochara ou Buchara, comme une ville diferente,

B 2

rente, quoique ce soit la même. Voyez BOKARA.

[a] Thesaur.

BACHAS, [a] Ortelius trouve dans Ptolomée un lieu de la Grande Armenie nommé ainsi. Mais il faloit avertir que *Bachas* est l'accusatif de BACHÆ. Ptolomée [b] laisse à deviner si c'est un peuple ou des Montagnes, car il met auprès des Monts Moschiques Catarzene au-dessus de ceux qui sont nommez *Bacha*. Les Interprètes traduisent ce mot par BOCCHE.

[b] L. 5. c. 13.

[c] Vincent le Blanc Voiages. 1. part. c. 12.

BACHAT [c], Ville de Perse sur la Mer Caspienne. Sa situation la rend d'un très-grand trafic, & elle est particulierement celebre, à cause qu'on y trouve les plus belles femmes de la Perse, de sorte qu'ils ont un proverbe dans ce grand Empire, que qui veut voir une belle femme, il faut qu'il aille à Bachat. On y vient pour cela de tous côtez, & d'autant plus qu'elles y sont toutes de complexion fort amoureuse. Il y a un quartier dans cette ville nommé Gesembec, où la plûpart des Courtisanes se retirent, & où les Etrangers s'empressent à les visiter. Les Juifs qui habitent dans Bachat recherchent avec soin toutes les pauvres filles, en qui il paroît quelque beauté, & ils les habillent richement. Ils les logent dans de fort belles maisons, où elles trouvent des amis qui leur donnent dequoi subsister fort à leur aise. Elles se font voir aux fenêtres, & les portes des logis s'ouvrent à toute heure, on entre chez elles avec une entiere liberté. Cependant elles sont mariées le plus souvent à des malheureux, qui pendant les plus douces conversations viennent faire à contre-temps les maîtres de la maison.

§. Cet article auroit été negligé sur la foi de l'Auteur cité en marge, si Mr. Corneille ne l'avoit inféré dans son Dictionaire. Cette Ville nommée Bachat dans ces deux Auteurs n'est autre que BAKU. Voyez ce mot.

BACHIAM, BACHIAN, BACQUIAM, & BATSIAN, ou même selon Mr. Corneille BACHAN, BACTIAN, BATESIAN, & PATIAN; Isle de l'Océan Oriental auprès de la ligne; & dans l'Archipel des Moluques, dont [d] elle est la cinquiéme Isle & la plus grande, à 16. lieues de Machian. Son circuit est de douze lieues. Mr. Baudrand la met au contraire à trente milles de Machian & un peu moins des côtes de Gilolo. Il ajoute qu'elle est traversée de plusieurs canaux qui la rendent très-fertile & qui semblent en faire plusieurs Isles. Elle dépend, dit-il, du Roi de Bachian aussi-bien que la Ville Capitale de même nom; & plusieurs autres Isles voisines comprises sous le nom des Isles de Bachian. L'Auteur cité en marge [e] dit que ce Roi paye tribut & fait *la suba*, c'est-à-dire, rend hommage au Roi de Ternate. L'Historien de la conquête des Moluques [f] dit que le Roiaume de Bachian avoit son Roi particulier qui possedoit aussi Marigoran & y tenoit sa Cour. Il décrit [g] ce Roiaume comme un grand pays desert abondant en Sagu, en fruits, en Poisson, & en plusieurs sortes de vivres, mais mal peuplé, n'aiant que des habitans paresseux qui n'aimoient que le plaisir: c'est là, dit-il, que d'assez puissant Roiaume que cette Isle avoit été autrefois elle étoit tombée dans une grande décadence; &

[d] Gemelli Carreri T. 5. p. 228.

[e] Ibid.

[f] T. 3. p. 20.

[g] P. 23.

qu'on y récueilloit peu de clou, que même les girofles y étoient peris quoiqu'ils y crussent mieux qu'en aucun autre endroit. Mr. Baudrand y met le Fort de Barneveld que les Hollandois possedent. Ce Fort n'est point dans l'Isle de Bachian, mais dans celle de *Labova*. Il est vrai qu'au raport de l'Historien des Moluques ces deux Isles sont si voisines que souvent on les comprend sous le nom de la premiere. Mais cela ne doit pas être permis à la Géographie qui doit distinguer avec plus de precision; d'autant plus que, selon le même Historien, elles avoient chacune leur Roi. Gemelli Carreri y met un volcan semblable à celui de Tidor. Dans le Dictionaire du Commerce on dit très-mal [h]: *les Forts de Brachiam* (Bachian) *sont Labora* (Labova) *sur la côte, & Gemmedoura dans les terres.* Le Fort de Labova est le Fort de Barneveld. L'Historien des Moluques, ni les Relations de la Compagnie Hollandoise des Indes Orientales ne font mention que de celui-là dans les Isles de Bachian; si l'on veut nommer ainsi Labova & quelques autres du Roiaume de ce nom.

[h] T. 1. p. 1213.

BACHILIONE. Voyez BACCHIGLIONE.

BACHILITA, ancien peuple de l'Arabie heureuse selon Pline [i].

[i] L. 6. c. 18.

BACHINA, Isle de la Mer Mediterranée devant la Ville de Smyrne selon le même; Tite-Live [k] la nomme BACHIUM.

[k] L. 37.

BACHU, BACHIE, BACU, BAKUYE, BACHAT, BACKI & BACKU. Voyez BAKU.

BACHURIM [l]. Ce mot se trouve au 2. livre des Rois c. 16. v. 5. & c. 3. v. 16. Les Septante & Joseph disent selon les divers exemplaires BARACHIM, BATHUREIM, BAOURIM & BACHOURIA; BACHORA, BOCCHOURE, & CHORABA. Ce sont tous divers noms d'un même lieu. Bokchoure étoit un village dans le territoire de Jerusalem comme il paroît par le 7. livre des Antiquitez de Josephe. c. 9.

[l] Relandi Palest. p. 614.

BACIENNI. Voyez BATIENI.

BACIO-SARAI, Ville d'Asie dans la petite Tartarie dont elle est la Capitale, & la residence ordinaire du Cham, ou Prince des Tartares. Elle est située sur la Riviere de Cabarta à cinquante mille pas de Caffa, au Couchant vers Précops. Mr. Baudrand [m], qui fournit cet article, ajoute qu'elle pourroit bien être l'ASSIRANI des Anciens. D'autres écrivent BACIESARAY.

[m] Ed. 1705.

BACKEWEEN, Bourg des Pays-bas dans la Province de Frise, il est dans l'Osterland près d'un grand marais vers les confins de la Seigneurie de Groningue.

§. Le mot WEEN, est souvent emploié dans les noms propres Géographiques des Provinces-unies & signifie un lieu dont on a coupé la terre pour en faire des tourbes à brûler & ordinairement ces lieux ainsi creusez se couvrent d'eau; ce qui sert à saigner les marais d'alentour.

BACKOU [n], Ville de la Moldavie sur la Riviere d'Arari proche les frontieres de la Valachie. Elle est assez bien peuplée & fut ornée d'un Evêché suffragant de l'Archevêque de Colocza par le Pape Clement VIII. Elle est à trente mille pas de Tarwisch au Septentrion,

[n] Baudrand Edit. 1705.

BAC.

en allant vers Braſſow. Elle eſt nommée dans la plûpart des Cartes récentes BRACKOW, & BRAISLOW.

Ibid. BACLAN [a], contrée de Perſe dans le Choraſan & vers la Rivière du Gihon, ou Gihun.

BACTRA, (au genitif *orum*) ancienne, grande, & riche Ville d'Aſie, Capitale de la Bactriane. On la nommoit auſſi Zariaſpa ſelon Strabon [b], & Pline [c]. Il paroît par un paſſage de ce dernier que l'ancien nom étoit Zariaſpe, & le nouveau BACTRUM, au ſingulier; & que Zariaſpe étoit le nom du fleuve qui l'arroſoit. Strabon plus ambigu dit que Bactra, nommée auſſi Zariaſpa, étoit arroſée d'un fleuve de même nom, de ſorte qu'il eſt difficile de deviner lequel de ces deux noms lui étoit commun avec ce fleuve. Quinte Curſe dont l'autorité n'eſt pas fort grande en matière de Géographie dit que Bactra Capitale du pays eſt bâtie au pied du Mont Paropamiſe & que ſes murs ſont lavez par la Rivière BACTRUS. Polyænus [d] fait mention d'une Rivière de ce nom. Cependant Ptolomée place Bactra non ſur le fleuve Zariaſpe, mais ſur le Dargide, il ne la met pas au pied du Paropamiſe qui eſt la borne Meridionale du pays, mais aſſez loin delà preſque au milieu de la Bactriane. Cette diference de ſentimens dans les anciens, qu'il n'eſt pas aiſé de concilier, eſt étonnante puiſqu'il s'agit d'une Capitale illuſtre dans l'hiſtoire; & fait voir en même temps combien peu ſont fondez ceux qui cherchent à BADASCHIAN, ou à BALC une ville dont l'ancienne poſition eſt ſi peu connue.

§. Mr. Baudrand la nomme en François BACTRE au ſingulier. Vaugelas dit BACTRES au pluriel par analogie aux noms *Thebes*, *Athenes*, *Mycenes*, &c. formez des noms pluriels *Thebæ*, *Athenæ*, *Mycenæ* &c.

BACTRI, peuple d'Aſie ſelon Denis le Periegete [e], qui le place auprès du Mardus fleuve qui ſe jette dans l'Oxus, & lui donne outre cela une large contrée ſous les côteaux du Parnaſſe. Sur quoi Euſtathe [f] remarque que cette Montagne eſt la même que le *Parpamiſſon*. Cela s'accorde aſſez avec ce que dit Strabon que la Rivière qui couloit à Bactres ſe jette dans l'Oxus. Je ne ſais pourquoi Ortelius impute à Denis d'avoir mis ce peuple dans la Medie. Voyez l'article ſuivant.

BACTRIA [g], ou BACTRIANA, en François LA BACTRIANE, pays d'Aſie. Il avoit pour bornes la Margiane au Couchant, l'Oxus au Nord, le Paropamiſe au Midi & des Nations Scythes & Maſſagetes & autres à l'Orient. Ce païs qui étoit grand & riche avoit diverſes Rivières qui preſque toutes couloient du Nord au Sud & ſe perdent dans l'Oxus; l'Ochus qui lui ſervoit de bornes au Couchant, ou qui du moins en arroſoit ſa frontiere, & reçoit les eaux du Dargomanes ou Orgomanes; le Zariaſpe qui reçoit celles de l'Artamis; & enfin le Dargide. Ptolomée nomme ces pays divers peuples & divers lieux dont on ne connoit gueres que les noms. Quant aux peuples, ils ſont tous inconnus excepté les Zariaſpes qu'il place au-deſſous de l'Oxus. On ne ſait à préſent ce qu'étoient les SALATARES, les COMARES, les ÇOMES, les ACINACES, les TAMBYSES, les TOCHARES, les MARYCEENS, les SCORDES, les VARNES, les AVADIES, les ORSIPPES & les ARIMASPIENS. On n'eſt pas plus inſtruit ſur la ſituation de quelques places qu'il nomme, ſi nous en exceptons BACTRA, & EUCRATIDIA. Il ne parle point d'ALEXANDRIE Ville de la Bactriane; ni de DARAPSA, ou *Adrapſa* nommée par Strabon [h], ni d'AORNI grande Ville de la Bactriane ſelon Arrien [i], ni de CARIATA détruite par Alexandre au raport de Strabon [k], ni de SISIMETHRÆ PETRA où ce même Roi célebra ſes Noces avec Roxane fille d'Oxyarte, ſelon le même Géographe [l]. En échange Ptolomée met au midi Maracanda & Mara-Codra & il y a bien de l'apparence que la première eſt Maracanda Ville de la Sogdiane. Mr. Baudrand [m] dit qu'elle étoit preſque renfermée entre la Rivière de Bactrée aujourd'hui BULCAN ou BUCHIAN, & celle d'Oxus à préſent Gehun; la Rivière de Bactrée eſt inconnue aux Géographes, & ne peut être que le Bactrus de Quinte Curſe qui nomme ainſi le Fleuve Zariaſpe; & dont, comme je l'ai remarqué, l'autorité ne merite pas que l'on dérange rien de ce qui ſe trouve dans les Géographes. Voyez BACTRUS. D'ailleurs ſi le Fleuve Bactrus, ou Bactrée, comme Mr. Baudrand l'appelle, étoit aux frontieres de la Bactriane, il faudra que ce ſoit le même que l'Ochus duquel Pline [n] dit que la Bactriane eſt enfermée & par conſequent il ne paſſera point à Bactra qui étoit preſque au milieu de la Bactriane ſelon Ptolomée [o]. Mr. Baudrand conclut de cette poſition que la Bactriane repond à la partie du Mavaralnahar ou de l'Usbeck qui eſt au midi du Gehun. Ce n'eſt pas aſſez dire, car ſelon lui le Bactrus, ou la Bactrée eſt aujourd'hui, le *Bulcan* ou le Buchian Rivière ainſi nommée d'un village appellé Buſcheng par Mr. de l'Iſle qui nomme cette Rivière, Rivière d'Herat, ou d'Heri du nom de Ville dont elle paſſe celebre qu'elle arroſe. Or cette Rivière coule preſque entièrement dans la Perſe, ainſi il y a une partie du pays du Choraſan, & de l'Aſtrabat qui entroit autrefois dans la Bactriane; outre le pays de Balc qui eſt de l'Usbeck & peut-être une partie du Tocareſtan.

BACTRUM. Voyez BACTRA.

BACTRUS, Fleuve de la Bactriane. Quinte Curſe [p] nomme ainſi celui qui couloit à Bactra; ainſi doit être le même que le Zariaſpe de Pline ou de Strabon, comme je le remarque au mot *Bactra*, ou le Dargide de Ptolomée. Ariſtote [q] le fait couler du Mont Paropamiſe. Ce Fleuve n'eſt point ainſi nommé par Pline quoiqu'Ortelius ſemble le dire. Ce qui l'a trompé, ce ſont ces mots de Pline [r], BACTRI *quorum Oppidum* ZARIASPE, (*quod poſteà* BACTRUM), *a flumine appellatum eſt*. Il a cru que le nouveau nom venoit du Fleuve, au lieu que c'eſt le premier & le plus ancien qui étoit commun au Fleuve & à la Ville. Niger croit que ſon nom moderne eſt BOCHARA; mais il ſe trompe lourdement, car la Riviere de Bochara ou Bokara coule auſſi à Samarcande & tout ſon cours eſt au nord de l'Oxus, ou Gihun, c'eſt-à-dire, juſqu'à ſon embouchure; ce fleuve directement opoſé à celui du Bactrus des Anciens qui aiant ſa ſource dans le

---

[a] Ibid.
[b] L. 11. P. 516.
[c] L. 6. c. 15. & 16.
[d] Strateg. l. 7. c. 11.
[e] v. 736. & 737.
[f] In l. c.
[g] Cellar. Geog. Ant. l. 3. c. 21.
[h] L. 11. & l. 15.
[i] L. 3. c.
[k] L. 11. p. 517.
[l] Ibid.
[m] Éd. 1705.
[n] L. 6. c. 16.
[o] L. 6. c. 11.
[p] L. 7. c. 4.
[q] Meteorologicorum l. 1. c. 13.
[r] L. 6. c. 17.

le Paropamife partie du Mont Taurus va vers le Nord chercher l'Oxus pour s'y perdre. Mr. Baudrand le nomme Buschian[a], & c'est le même nom que Buscheng village qui est près de la fource de la Riviere que Mr. de l'Isle nomme d'Herat ou d'Heri, du nom d'une ville Capitale d'un pays nommé comme elle. Cette Riviere est connue depuis Bufchend jufqu'à Herat, mais comme elle coule enfuite dans un defert peu frequenté, fon cours eft moins connu jufqu'à Noefa, après quoi il n'y a plus de dificulté jufqu'à fon entrée dans l'Oxus. Delà vient que ce fage Géographe dans fa Carte de la Turquie, de l'Arabie & de la Perfe a marqué par des points fon cours depuis Herat jufqu'à Noefa.

[a] Ed. 1682.

BACTUNIUM, lieu de Thrace felon Nicetas, cité par Ortelius.

BACUATÆ, Peuple de la Mauritanie Tingitane felon Ptolomée[b]. Antonin les nomme Baccavatæ.

[b] L. 4. c. 1.

BACULA, Mr. Corneille[c] met une ville de ce nom dans la Catalogne & dit qu'elle eft aujourd'hui nommée Rhoda. Voyez Baecula.

[c] Dict.

BACUNTIUS, Riviere de la Pannonie inferieure. Pline[d] en fait mention; mais les Manufcrits varient & quelques-uns portent Bifacuntius. Cet Auteur la defigne fuffifamment en difant qu'elle fe perd dans la Save au-deffous de Sirmich. Lazius la nomme Boswetha.

[d] L. 3. c. 25.

BACURII, & Bacyriani, peuple voifin des Parthes & des Medes felon Etienne le Geographe.

1. BADA, fleuve de Syrie auprès de la Ville de Paltos felon Strabon[e] qui dit que c'étoit là que Memnon fut enfeveli. Cafaubon remarque qu'au lieu de Βαδᾶν les Manufcrits portent Βενδᾶν. Ortelius doute fi ce ne feroit pas le Belus.

[e] L. 15. p. 728.

2. BADA, Ville d'Afrique felon Ortelius[f] qui s'appuie fur l'autorité de St. Cyprien. Il croit que c'eft la même que Capudbada de Procope, & doute fi ce ne feroit pas la Vata de Strabon. Je la crois la même que Vada en Numidie.

[f] Thefaur.

3. BADA, Ville de la Macedoine felon la Table de Peutinger & l'Anonyme de Ravenne[g].

[g] L. 4. c. 9. & l. 5. c. 12.

4. BADA. Voyez Bade Margraviat d'Allemagne.

5. BADA. Voyez Bade Ville de Suiffe.

BADACA, Badace, ou, felon d'autres exemplaires de Diodore[h], Bagada, petite Ville d'Afie dans la Sufiane, fur l'Eulée.

[h] L. 19.

BADACANA, Mr. Baudrand dit que c'étoit une petite Ville de l'Afie mineure dans la Bithynie, & il cite Pline qui n'en parle point. Il la met à trente milles d'Heraclée vers le midi & à 40. de Nicée vers le Nord. Il ajoute qu'on en voit à peine les ruines.

BADACUM, ancienne Ville de la Norique près du Danube felon Ptolomée. Lazius croit que c'eft Obdach fur la Riviere de Lavant. Cluvier aime mieux que ce foit Fainbourg, Village du Duché de Baviere à la jonction de l'Achza & du Traun, environ un mille d'Allemagne au-deffous du Chiemfée; & prefque à mi-chemin de Burchhaufen & de Wafferbourg. C'eft ainfi que Cluvier femble avoir dit la chofe au raport de Mr. Baudrand. Cependant ce Géographe cité dit tout autrement. Il prend le Bidaium d'Antonin & Bedaium de la Table de Petitinger, pour la même chofe que *Augufta Badacum*. Il ajoute que c'étoit une Colonie & fur les diftances & la reffemblance du nom il conjecture que c'eft aujourd'hui le Bourg ou la petite Ville (*Oppidum*) de Bambourg fur l'Alza qui fe jette dans l'Inn. Le refte eft de Mr. Baudrand qui devoit citer quelque autre Auteur.

BADACHXAN. Voyez Badascian.

BADAJOS, ou Badajox, en Latin moderne Badajocium, & anciennement Pax Augustorum, felon quelques Géographes. D'autres pretendent que *Pax Auguftorum* doit fe chercher à *Beja*. Badajos eft une Ville d'Efpagne dans l'Eftramadure dont elle eft la Capitale. Elle eft à une lieue des frontieres de Portugal & on la regarde comme une des clefs du Roiaume de ce côté-là. Sa fituation eft fur une hauteur, au bord Meridional de la Guadiana. Elle eft affez grande, défenduë de quelques fortifications à l'antique, & de divers ouvrages modernes.[i] Elle fut fort connuë dans l'Antiquité fous le nom de Colonia Pacentis, felon Pline, & de Pax Augusta, felon Strabon. Après que les Mores l'eurent conquife, ils l'appellerent Baxogus, d'où les Efpagnols ont formé le nom de Badajos. On la divife en deux, favoir en haute & en baffe Ville. Les Maifons y font paffablement bien bâties, & les ruës affez larges. L'Eglife Cathedrale eft magnifique, elle eft dédiée à Saint Jean, & bâtie fur une belle place. Ses murailles font flanquées de plufieurs Tours antiques, & défendues par un vieux Château bâti au fommet de la haute ville, au-deffous duquel on voit une fort jolie Place, dont les maifons qui la bordent font toutes neuves, & ornées de balcons fort propres. Un bon Château bâti à la moderne, appellé *le Fort Saint Michel*, qui eft hors de la Ville, la couvre du côté de l'Andaloufie du Portugal. Du côté du Ponant, elle eft défenduë contre les Portugais par un autre Château appellé le *Fort Saint Chriftofle*, bâti fur une hauteur au bord Occidental de la Guadiana, un peu au-deffous de l'angle que forme la Riviere Evora, en fe jettant dans ce fleuve. On a d'abord de la peine à comprendre que ce Château, étant petit comme il eft, peut être de grande utilité, mais dans deux ou trois occafions où les Portugais entreprirent de venir ravager les environs de Badajos, & enlever les beftiaux qui paiffoient dans les Champs, le feu du canon de cette Place les écarta fi bien, qu'ils ne pûrent rien faire que fuïr.

[i] Mr. de Vayrac Etat prefent de l'Efpagne T. 1. p. 252.

La chofe la plus remarquable qu'on voye à Badajos, eft un celebre Pont que les Romains firent conftruire fur la Guadiana. Il eft bâti de groffes pierres de tailles, avec 30. arches, long de 700. pas, large de 14, & parfaitement droit.

Quoique cette ville ne foit pas extrêmement forte, à caufe que le terrein ne permet pas qu'on couvre fes remparts, elle a pourtant eu la gloire de foûtenir deux fameux Sieges fans avoir été prife: l'un contre les Portugais,

BAD.

en 1658. & l'autre en 1705, contre les forces des Anglois & des Hollandois, soûtenues par un Corps très-considerable de Troupes Portugaises. Du reste, elle est située dans un terroir fertile en toutes choses : la Campagne est plantée de Jardins, de vignes, de figuiers, d'oliviers, de citronniers & d'orangers. Les pâturages y sont excellens & le gibier & la volaille y abondent : mais par malheur l'eau y manque, n'y aïant que celle qu'on va puiser dans la Guadiana qui est fort mauvaise, ou dans quelques Citernes qui est encore plus mauvaise. Cette Place étoit autrefois un Duché qui appartenoit à un Seigneur particulier, mais il y a long temps qu'elle fut réünie à la Couronne. Elle est honorée d'un Siege Episcopal, suffragant de Compostelle.

[a] L.6.c.7.

BADAÏS, Ville de l'Arabie heureuse dans le pays des *Derra* peuple de cette contrée selon Ptolomée[a].

BADALONA, ou BADELONA, en Latin *Batulo* ou *Betulo*, ancienne Ville d'Espagne sur la côte de Catalogne à trois lieues de Barcelone au Levant.

[b] L.6.c.18.

BADANATHA, Ville de l'Arabie heureuse selon Pline[b], dans le Pays des Thamudéens.

[c] L.7.c.21.

1. BADARA, Ville d'Asie dans la Gedrosie selon Ptolomée[c].

[d] L.6.c.8.
[e] Perip. p.23.

2. BADARA, Ville d'Asie dans la Caramanie selon le même[d], & Marcien[e] d'Heraclée. Les Interpretes du premier & Ortelius croient que c'est le Village de BARNA dont Arrien[f] fait mention.

[f] De rebus Indicis.
[g] Baudrand. Edit. 1705.

3. BADARA[g], petite Ville des Indes, Capitale du pays ou Royaume de même nom dans la Presqu'Isle de l'Inde deça le Gange au Malabar & à six lieues de la Ville de Calicut, vers le Septentrion.

§. Elle est negligée sur les excellentes Cartes que Mrs. Reland & de l'Isle ont données de cette Presqu'Isle. Ce n'est qu'une baye vraïe retraite de Corsaires & par consequent peu frequentée par les Vaisseaux marchands Européens qui pourroient en donner une connoissance plus exacte. Le Medecin Dellon dans son Voyage aux Indes Orientales la nomme BARGARA. Voyez ce mot.

[h] Ibid.

BADASCHIAN[h], BADACHXAN, ou BUSDASCAN en Latin *Badachxium*, Ville d'Asie dans le Maurenahar, & Capitale de la Province de même nom, vers les Montagnes & les frontieres du Grand Mogol ; & à treize journées de Balch, selon Gollius. Quelques Geographes la prennent pour l'ancienne Bactre.

[k] L.3.c.6.

BADATIUM, Ville ancienne de la Chersonese Taurique selon Ptolomée[k]. Ortelius croit que c'est la même chose que le *Palacium* de Strabon.

[l] L.5.c.18.

BADAUSA, Ville de la Mesopotamie selon Ptolomée[l]. Ses Interpretes écrivent DABAUSA. Le Grec porte Βάδαυσα.

[m] d'Audifret Geog. T.3.p.186.

1. BADE[m], ou BADEN, Ville d'Allemagne en Suabe dans le Margraviat de ce nom dont elle est la Capitale. Les Anciens l'ont nommée THERMÆ INFERIORES, pour la distinguer de celle qui étoit dans le pays des Helvetiens. Elle est petite & fortifiée d'un Château bâti sur le sommet d'une Montagne, où le Prince fait sa residence ordinaire. Elle est

BAD.

connuë par ses bains, & son nom ne signifie en Allemand que LES BAINS.[n] Elle est à un mille d'Allemagne éloignée du Rhin au Levant & à cinq de Strasbourg au Septentrion vers Spire.

[n] Baudrand Ed. 1705.

§. Je ne sais par quelle fatalité dans le Dictionnaire de Mr. Corneille l'article de cette ville est malheureusement grossi des remarques d'Edouard Brown sur une autre Ville de Bade très-diferente, & qui est en Autriche. Voyez ci-dessous BADE 5.

2. LE MARGRAVIAT DE BADE[o], Souveraineté d'Allemagne dans le Cercle de Suabe. Il a le Palatinat & l'Evêché de Spire pour bornes au Nord ; le Duché de Wurtemberg & la Principauté de Furstemberg à l'Orient ; le Brisgaw, au Midi, & le Rhin à l'Occident. Il est divisé en deux parties. *La superieure* s'appelle *Haut Margraviat*, ou *le Margraviat de Bade-Baden*, & *l'inferieure*, *le Bas Margraviat* ou *le Margraviat de Dourlac*.

[o] Corn. Dict. d'Audifret Geogr. T. 3.p.186.

Le Haut consiste en six Bâilliages. Le Païs en est bon ; mais il est moins peuplé presentément qu'autrefois. Outre la Ville de Bade, qui en est la Capitale, il a celles de Stolhofen, Beinheim, Kuppenheim & Gersbach. Ces trois dernieres sont sur la Riviere de Murg.

Le Bas Margraviat faisoit anciennement partie du Kreichgow. Il a pour Villes Dourlac, Etlingen, & Pfortzheim.

Le Margraviat de Bade a été une Seigneurie particuliere, érigée en Margraviat par Henri l'Oiseleur, Roi de Germanie. Herman I. Marquis de Hochberg l'acquit en épousant Judith Marquise de Bade. Henri I. obtint le Brisgaw de l'Empereur Frederic II, après la mort de Berthold Duc de Zeringen son cousin. Anne, Sœur de Frederic, Seigneur de Susenberg, porta en dot la partie inferieure de cette Seigneurie, avec celle de Kensing à Henri V. & Hesson I. acquit la partie superieure avec celle de Sultzberg, d'Hesson, dernier Seigneur d'Usenberg. Herman IV. épousa Trimgarde, fille de Henri, Comte Palatin du Rhin, & ce mariage lui apporta les Seigneuries de Dourlac, de Pfortzheim & d'Etlingen. Cunegonde d'Eberstein s'étant mariée avec Herman V. porta à ses Successeurs le droit sur le Comté d'Eberstein, dont ils ont acquis la plus grande partie, & Rodolphe le Grand acquit une partie du Comté de Spanheim, par son mariage avec Matilde, fille de Jean l'aveugle, Comte de Spanheim.

Les Margraves de Bade ont une autorité absoluë dans leurs Etats. Ils mettent des Impôts sur leurs Sujets, sans en demander le consentement à qui que ce soit, & même sans assembler les Etats du Païs, ce qui est contre la coûtume ordinaire d'Allemagne. La plus saine opinion est qu'ils tirent leur origine de la Maison d'Alsace, descenduë d'Archinoald, Maire du Palais sous Clovis II. Ils sont aujourd'hui partagez en deux branches, celle de Bade qui est Catholique, & celle de Dourlac qui est Protestante.

3. BADE, Ville de Suisse dans le Comté de même nom, en Latin *aquæ Helveticæ*, *Thermæ Superiores*, ou *Castellum aquarum*[p] ; elle est sur la Riviere du Limat ou Limmet dans une plaine

[p] Delices de la Suisse T.3.p.440 & suiv.

BAD.

plaine resserrée entre deux côtaux fort élevez, l'un au deçà, l'autre au delà de la Riviere: cette ville assez belle & mediocrement grande a été illustre jusqu'ici par son antiquité, par ses bains, par ses privileges & par l'honneur d'avoir la Diete des XIII. Cantons dans son enceinte, ce qui y portoit de grandes richesses. Elle doit sa prémiére origine & sa grandeur à ses bains, qui étoient déja celebres du temps de Jesus-Christ, ou du moins peu d'années après lui, comme Tacite nous l'apprend Histor. lib. I. qui parlant de Bade, dit, qu'elle étoit *longa pace in modum municipii extructus locus, amœno salubrium aquarum usu frequens*. Et c'est une chose tout à fait admirable que ses bains se soient conservés jusqu'à ce jour durant tant de siécles. On a trouvé une très-grande quantité de monumens de son ancienne magnificence, qui justifie ce qu'en dit Tacite. L'an 1420. comme l'on ouvrit la grosse source des bains, on y trouva quelques figures de Divinitez Payennes, quelques Statuës d'anciens Romains, faites d'albatre, & quelques Piéces de monnoye Romaine, de bronze, d'Auguste, de Vespasien, de Decius, &c. C'étoit un usage de la superstition Payenne, de jetter des Piéces de monnoye dans les Lacs & dans les Eaux, ils pretendoient honorer par là la Divinité qui présidoit aux Eaux, dans les Bois, dans les Champs & sur les Montagnes du voisinage. On a aussi trouvé des Idoles Payennes, & quantité de médailles d'Empereurs Romains; un Auguste d'or, un Germanicus de cuivre, un Commode, & un Aurelien en bronze; Auguste, Philippe, Claude, Alexandre Severe, Constans, &c. tous en cuivre, un Antonin Pie, un Trebonien en argent. L'an 1553. un Paysan, labourant son Champ, déterra avec le soc de sa charruë, un pot plein de monnoye antique. On y a trouvé aussi plusieurs inscriptions Payennes: je n'en rapporterai que celle-ci:

M. AURELIO. ANTONINO
CAES. IMP. DESIGNATO
M. L. SEPTIMI. SEVERI
PERTINACIS AUG. FIL.
RESP. AQU. *Aquensis*:

Il y a deux Eglises dans Bade, l'une dans la Plaine & qui est dédiée à Nôtre Dame, qui est une Eglise Collegiale, grande & assez belle: & l'autre sur la hauteur, dédiée à Saint Nicolas. Il y a aussi un Convent de Capucins, & près delà l'Hôtel de Ville, qui sert non seulement aux Assemblées du Conseil de ville, mais aussi à celles des Cantons. C'est là que la Diete s'assemble dans une Chambre fort propre, qui est faite exprès. Les Deputez de Zurich y sont assis au fond de la Chambre, comme étant le lieu le plus honorable, derriere une petite Table; les Ambassadeurs des Puissances Etrangéres sont assis à côté, à la droite; & les Deputez des autres Cantons sont rangez en partie aux deux côtez de la Chambre, & les derniers se placent dans des Sièges qui restent: ils sont tous assis & couverts; le Baillif de Bade & le Vice-Baillif y assistent aussi, mais debout & découverts. Lorsque les voix sont égales, le Baillif peut donner son suffrage & faire le plus.

Le Baillif de Bade fait sa residence dans un Château, qui est situé de l'autre côté de la Riviére, au bout d'un beau pont de bois & couvert, qui est sur la Riviére. Ce Château fut bâti par les Cantons l'an 1488. & c'est la raison pour laquelle on l'appelle le *Château-neuf*, par opposition à un autre *vieux*, qui est sur la hauteur opposée, & dans une situation avantageuse, commandant toute la ville. Ce dernier fut détruit & brûlé l'an 1414. par les Suisses. Les habitans, qui, selon les apparences, enflez de l'étenduë de leurs privileges & de leurs richesses, avoient bonne envie de se rendre indépendans, reparérent ce Château l'an 1659. & s'occupérent à le fortifier durant les années suivantes. Il a été démoli en partie dans la guerre de l'année 1712. après que la ville s'est renduë à discretion. Devant le Château-neuf le long du grand chemin, on voit dans un pilier rond de pierre, une inscription Romaine, faite à l'honneur de l'Empereur Trajan, & en mémoire de ce qu'il fit paver un chemin dans ce Païs-là, l'espace de quatre-vingts & cinq milles d'Italie. On voit encore quelques restes de ce chemin dans un bois de Chênes, entre Wildek & Arau; & entre Kilchdorff sous Bade, & Klingnau. Les Habitans sont Catholiques zelez pour leur Religion & ne vouloient point souffrir de melanges de culte dans leur Ville, jusques là qu'ils refusoient aux Deputez des Cantons Protestants, le libre exercice de leur Religion; & les obligeoient à observer les jours maigres, aucun Canton, excepté celui de Berne, n'aiant de maison en propre dans la Ville de Baden; mais il y a eu du changement depuis que les Cantons de Berne & de Zurich se sont rendus maîtres de cette Ville durant la derniere guerre civile de Suisse. Les Bains qui ont rendu cette ville si florissante sont à un petit quart de lieue au-dessous aux deux bords de la Riviere. Ceux qui sont sur la rive droite du Limat sont petits; & il y a là un petit village. Les grands bains sont sur la rive gauche dans un joli bourg bâti de belles maisons qui peut passer pour une seconde Bade. Il est situé sur une Colline dont la pente est fort rude & il s'y trouve un Temple dedié aux trois Rois. C'est là que sont les grands bains dans les Hôtelleries & dans les Maisons particulieres, où l'on conduit l'eau par des Canaux: on en compte près de soixante. Il y a aussi des bains publics au milieu du Bourg produits par une source qui sort au milieu de la Rue & qu'on laisse ouverts pour l'usage des pauvres qui s'y baignent gratis. Comme ils sont entierement à découvert, ceux qui s'y baignent sont exposez à la vue des passans, mais il n'y a pas lieu de craindre que les objets, qu'on y voit tous nuds excitent la tentation. Ils sont plus capables de donner du degout par les diferens exemples de misere qui y paroissent. On appelle ces bains de pauvres les bains de St. Verene. Tous ces bains ont sept sources diferentes qui se trouvent en divers endroits du bourg au bord de la Riviere. Il y en a même une qui est au milieu de la Riviere. Une entre autres est dans un coin du bourg, qui est chaude à brûler la main, elle est auprès d'un quar-

quartier de rocher qu'on appelle DER HEISE-STEIN, c'est-à-dire, *la Pierre Chaude*. Celle qui fait le bain des pauvres passe pour être propre à rendre fecondes les femmes steriles. Les eaux de tous ces bains font chaudes au 3. degré, & impregnées de beaucoup de soufre, d'un peu d'alun & de nitre. Leurs sources sont toujours les mêmes sans croître ni décroître. Toute la variation qu'on y remarque, c'est que vers le commencement de Mai & de Septembre, elles poussent plus abondamment des fleurs de soufre; ce qui fait juger qu'elles ont plus de vertu dans ces temps-là: ces eaux sont bonnes à boire aussi bien que pour le bain. Elles ont beaucoup de vertu pour guerir des maladies qui viennent d'humeurs froides; les maux de tête, vertiges &c. pour fortifier les sens, pour les maux de poitrines & les Visceres, Asthmes, & obstructions &c. Elles sont particulierement d'un grand usage pour les maladies des femmes, elles sont aussi bonnes contre les maladies chaudes, comme fievre, Phthisie, &c. Il y a une autre curiosité dans Bade: on trouve dans les fossez du vieux château & en divers endroits de la terre autour des murailles, des dez qui semblent être de pierre que l'on a cru depuis long-temps être des merveilles de la Nature, car ils sont comme les dez ordinaires de forme Cubique & marquez de points & ils semblent être de pierre; mais d'habiles gens ont découvert que ces dez sont l'ouvrage de l'art & non pas de la nature, qu'ils sont d'un vrai os & non pas de pierre. Toute la difficulté est de savoir d'où ils viennent & pourquoi on les trouve dans la terre, même en assez grande quantité; car on dit que le Duc de Rohan qui mourut à Kôningsfelden l'an 1638. en laissa un boisseau entier.

[a] *Traité de Bade.*

Bade[a] est très-remarquable, dans l'Histoire moderne par le Traité de Paix qui y fut conclu entre l'Empire & la France le 7. Septembre 1714. en confirmation de celui de Radstadt conclu le 6. Mars de la même année. On nomme Bade dans ce Traité BADE EN ERGAW.

[b] *Delices de la Suisse T. 3. p. 439. & seq.*

4. LE COMTÉ DE BADE[b], pays de Suisse, & l'une des plus belles terres de ce pays. Il s'étend d'un côté jusqu'à l'Aar, & jusqu'à la jonction de cette Riviere avec le Rhin & de l'autre jusqu'au delà du Rhin où il y a quelques villages qui dependent du Comté de Bade. Ce Comté renferme trois villes, Bade capitale, Keysers-Stoul & Klingnaw, & un grand bourg qui peut passer pour ville, savoir Zurzach. Il est arrosé par trois Rivieres navigables, qui sont le Limat, la Russ, & l'Aar. Le terroir en est fertile en bleds & en fruits & il y a des endroits du Limat qui portent des Vignes. Cette terre a eu ses Comtes particuliers[c]; & étoit connue dès l'onzieme siécle: elle appartenoit à Ulric Comte de Lentzbourg qui eut trois fils; Ulric qui fut Comte de Lentzbourg; Arnold qui fut Comte de Bade & Rodolphe Comte de Zug. Les terres & les biens de ces Comtes vinrent à ceux de Habsbourg & enfin aux Ducs d'Autriche[d]. Les Suisses prirent ce Comté de Bade sur Frederic Duc d'Autriche l'an 1415. lorsqu'il eut été excommunié par le Concile

[c] *Longuerue Desc. de la France 2. part. p. 289.*

[d] *Desc. de la Suisse l. c.*

Tom. I. PART. 2.

de Constance & mis au Ban de l'Empire par l'Empereur Sigismond[e]. Ce Comté est partagé en plusieurs petites jurisdictions qui étoient à diverses personnes. Le Comte de Rapersweil y avoit un Domaine ou Seigneurie, en laquelle il fonda le Monastere de Vettingen de l'Ordre de Cisteaux, en 1227.[f] Comme ce Comté sert de communication entre les deux Cantons de Zurich & de Berne étant situé entre leurs extremitez Septentrionales, il étoit tout à fait à leur bienseance, mais principalement à Zurich parce que Bade n'étant qu'à 4. lieues de cette ville, elle auroit été d'autant plus incommode aux Zuriquois si elle étoit entre les mains de leurs ennemis, que le Comté de Baden s'avance jusqu'à deux lieues de Zurich. Cependant il appartenoit[g] aux sept Cantons qui le gouvernoient selon ses loix propres par un Bailli qu'ils nommoient tour à tour. Ces sept Cantons étoient Zurich, Berne, Lucerne, Uri, Suitz, Underwald & Zug. Mais la guerre civile de 1712. ayant été funeste aux Catholiques, qui se trouverent les plus foibles, les Cantons de Berne & de Zurich s'emparerent du Comté de Bade, & les cinq autres Cantons ont été obligez de ceder leur part de la Souveraineté à ces deux Cantons par la paix d'Arau, en conservant aux habitans leurs franchises & la liberté de Conscience.

[e] *Longuerue Ibid.*

[f] *Delices de la Suisse Ibid.*

[g] *Longuerue l. c. p. 289.*

5. BADE, Petite ville d'Allemagne dans la Basse Autriche au pied des monts & de la basse forêt de Vienne. Voici ce qu'en dit Edouard Brown dans son voiage de Vienne[h], & que Mr. Corneille a très-improprement appliqué à la ville de Bade en Suabe. Elle n'est éloignée de Vienne que de quatre milles d'Allemagne. C'est une ville assez bien entourée de murailles. Elle est situé sur une partie du [m]ont Cetius qui divise la Province de *Noricum* de la Pannonie. Il y a une petite riviere qui y passe & qu'on apelle Swechet, laquelle après s'être beaucoup augmentée, va se jetter dans le Danube à un mille d'Allemagne de Vienne. Il y a trois Eglises; celle des Augustins, celle de Nôtre Dame, & celle de Saint Etienne. On estime tout à cette place pour les bains chauds & beaucoup de monde s'y rend de Vienne & des pays circonvoisins. Il y a neuf bains que l'Auteur ne fait, dit-il, que nommer, parcequ'il en a fait une description particuliere dans les Transactions de Philosophie de l'année 1670. Le premier s'apelle le bain *du Duc* qui est fort grand, en quarré & au milieu duquel il y a un bâtiment de la même figure. Le second est celui de *Nôtre Dame*, sur un bout duquel il y a une Eglise du même nom. Le troisiéme est le nouveau bain. Le quatrieme le bain *de St. Jean*, qui est fait en triangle. Le cinquieme & le sixieme le bain *des Juifs* avec une separation pour les deux Sexes. Le septieme celui des *Gueux*, qui est si peu profond qu'ils s'y couchent tout de leur long. Le huitiéme celui de Sainte Croix, pour le Clergé, & enfin le neuvieme est celui qu'ils apellent *Sower* autour duquel il y a très-beaux balustres de pierre & qui est couvert d'une fort jolie coupole, où l'on a mis une fort bonne lanterne. Le lieu est nommé en Latin

[h] *p. 167.*

18 BAD.   BAD.

Latin *Aquæ Pannoniæ* & *Thermæ Auſtriacæ*.

§ Tous ces noms ſont écrits par quelques-uns BADEN, & c'eſt la veritable Orthographe, puiſque Baden, en Latin *Balneæ*, en François *les Bains*, eſt le pluriel, de *Bad*, qui veut dire *le Bain*, & en Latin *Balneum* ; mais comme l'N eſt muette, à peu près comme l'NT dans ces mots, *ils marchent*, *ils écrivent*, *ils diſent* &c. l'uſage a commencé depuis long temps à les retrancher.

a Baudrand Ed. 1705. BADEBOU[a], Petit pays d'Afrique ſur la côte de l'Ocean, au pays des Negres & au Nord de la Riviere de Gambie.

BADEICHORA, lieu de la Carmanie vers la Mer, ſelon Arrien cité par Ortelius[b]. *b Theſaur. l. 4. c. 2.*

BADEL ſelon Ptolomée *, BADEA, ſelon ſon Interprete Latin, ou *Badæu* ſelon quelques exemplaires ; bourg de la Mauritanie Ceſarienſe, & non pas Tingitane, comme le dit Ortelius.

BADEN. Voiez BADE.

BADENOTH, en Latin *Badenacha* ou *Badenocha*[c], petit pays de l'Ecoſſe Septentrionale dans la Province de Murray & proche de celle d'Athol vers les monts. Il eſt ſeparé en deux par la Riviere de Spey, mais il n'y a aucun lieu de conſideration, ſelon Timothée du Pont. *c Baudrand Ed. 1705.*

L'Auteur cité par Mr. Baudrand ſe trouve dans le grand Atlas de Blaeu au Tome de l'Ecoſſe. Dans l'Etat preſent de la Grande Bretagne Badenoch eſt une Province Mediterranée, ſituée au Sud-Oueſt de Murray, & *Riven* ſur le Spey eſt ſa ville capitale.

BADENWEILER, & non pas *Badenville*, ou *Badenvillers*, comme le dit Mr. Corneille, ni *Badenwiller*, comme on lit dans le Dictionnaire François de Mr. Baudrand, ni *Baderweller* comme l'ont mis les Imprimeurs de Mr. Hubner. Bourg & Seigneurie d'Allemagne en Suabe. Ce lieu appartient au bas Margraviat de Bade. Mr. Audifret[d] dit *Badenweiler*, & *Badenwiler*. La Seigneurie de Badenweiler confine, dit-il, avec celle de Sauſenberg & fut donnée l'an 1444. par Jean Comte de Fribourg devant l'Official de l'Evêque de Bâle à Hugues & à Rodolphe Marquis de Bade de la Branche de Hochberg, s'il mouroit ſans enfans comme il arriva. *d Geog. T. 3. p. 188.*

☞ WEILER, ou ſimplement WEIL, Syllabes ſouvent employées dans la terminaiſon des noms Géographiques d'Allemagne, viennent du mot *Villare* qui dans la baſſe Latinité ſignifioit *un hameau* ou petit village de dix ou douze maiſons. Le mot François *Villiers* qui entre auſſi dans la compoſition de pluſieurs noms de lieux vient de la même Origine.

BADEOS, Ville de l'Arabie heureuſe au bord de la Mer rouge ſelon Etienne le Géographe. Ptolomée qui en fait auſſi mention[e] la donne aux Caſſanites. Il l'appelle Βαδέον βασίλειον, ce qui peut être expliqué, comme le font les Interpretes Latins, *Badeo Regia*, c'eſt-à-dire, *Badeo la ville Roiale*, ou *la Cour de Badeos*. Molet croit que c'eſt preſentement BIADA, d'autres diſent que c'eſt *Socquia* Bourgade à quatre vingt-dix mille pas de Medine ; en allant au midi, vers la Mecque. *e l. 6. c. 7.*

BADERA, nom Latin de BAZIEGUES ville du Languedoc.

BADESIS. Voiez BEDESIS.

BADESSUS, Ville ancienne de la Carie ſelon Ptolomée. Quelques exemplaires obmettent le B, & portent ADESSUS.

BADGHIS, Ville d'Aſie[f]. Elle communique ſon nom à une grande étendue de pays où ſont compriſes pluſieurs Villes & Bourgades dans la Province de Coraſan, & entre autres celles de Herat, & de Meru toutes deux Capitales de cette Province. Ce pays a été ainſi nommé à cauſe de ſes ſoupiraux diſpoſez pour prendre le vent & la fraîcheur que les Perſans nomment *Badghir* & *Badghiz*. L'uſage en eſt ſi frequent & ſi commode dans toute cette contrée ſque Naſſer Sultan de la Dynaſtie des Samanides quita le ſejour de ſa ville Roiale de Bokhara afin d'en aller joüir dans celle de Herat. *f d'Herbelot Bibl. Orient.*

BADIA, ce mot ſignifie en Italien une Abbaye & eſt devenu le nom propre de quelques hameaux & maiſons qui dependent ou ont dependu de l'Abbaye voiſine.

BADIA, ancienne ville d'Eſpagne priſe par Scipion ſelon Valere Maxime[g]. Ortelius[h] dit avoir vû une Lettre écrite par Jaque Delgado à Arias Montanus dans laquelle ce Savant aſſuroit que cette ville étoit la même que *Pax Auguſta* (*Pax Auguſta*) de Strabon. *g l. 3. c. 7. h Theſaur.*

BADIAMÆI, Peuple de l'Inde en deçà du Gange ſelon Ptolomée[i]. *i l. 7. c. 1.*

BADIATH[k], Ville de la Libye interieure ſelon le même. *k l. 4. c. 6.*

BADIES VICUS, ancien village d'Italie ſur la route de Rome à Adria entre Falacrinum & le lieu nommé *ad Centeſimum*, parce qu'il étoit à cent mille pas de la Capitale. Cluvier[l] tient que le nom de *Badies* eſt corrompu & il juge que ce village eſt aux environs du bourg d'Acumulo. *l Ital. ant. p. 742.*

Ce Bourg eſt le même qu'Acumoli Bourg de l'Abruſſe Ulterieure ſelon Mr. Baudrand, ou dans la Marche d'Ancone ſelon Leandre[m], & en effet ſur les confins de l'une & de l'autre. *m p. 278.*

BADILLO, Riviere de l'Amerique Meridionale dans la Province de terre ferme au Gouvernement de Ste. Marthe[n]. On dit qu'elle prend ſa ſource de trois lacs : ſes eaux ſont d'un vert pâle & les Sauvages la nomment SOCUIGUIA, c'eſt-à-dire *Abondante*, à cauſe de la multitude de poiſſon qui s'y prend par le moyen d'une certaine racine qu'on jette dedans & qui endort le poiſſon. Cette riviere ſe décharge dans celle de Ceſar. On dit RIO-BADILLO. *n De Laet Ind. Occid. l. 8. c. 21.*

BADIMUM, Ville de la grande Armenie ſelon Antonin[o].

BADIOU[p], Riviere de France en Gaſcogne. Elle arroſe l'Archiprêtré de Thurſan l'un des ſix du Dioceſe d'Aire & ſe décharche dans la Baux au deſſous de la ville de Buaves. *o Itiner. p Corn. Dict.*

Ce ne doit être qu'un aſſez petit ruiſſeau, puis que la Baux après l'avoir reçû, & prête à ſe jetter dans l'Adour n'eſt encore elle-même qu'un Ruiſſeau.

BADIS, Ville Epiſcopale d'Afrique, ſelon Ortelius qui trouve que St. Auguſtin en fait men-

BAD.   BAD. BAE.

mention. Le P. Charles de St. Paul n'en fait point mention, & c'est aparemment la même chose que *Badiensis* ou *Bladiensis Episcopatus*; de la Mauritanie Cesariense. La Notice d'Afrique le nomme *Badiensis*, & la Conférence de Carthage porte *Bladiensis*.

a Ortel.Thes. BADISUS [a], Village quelque part vers l'Egypte; il en est fait mention dans la Vie de St. Eustathe.

BADIZA, Ville de la Grande Bretagne selon Etienne le Géographe.

BADKEIST, Ville de Perse. Les Géographes du pays la mettent à 85. d. 32'. de longitude & à 35. d. 20'. de latitude. Ce n'est qu'une petite ville, mais fort riante & raisonnablement bâtie.

§ Je doute que cette ville soit diferente de BADGHIS dont j'ai parlé sur le raport de Mr. d'Herbelot & qui est nommée BADAGIS par *b p. 109.* Nassir Eddin [b] & par Ulug Beig. Le premier lui donne 94. d. 30'. de longitude & 35. d. 20'. de latitude. La latitude est la même dans Ulug Beig. Mais il compte que 94. d. 20'. de longitude c'est-à-dire qu'il la fait de 10'. plus Occidentale que Nassir Eddin. Tous deux la placent dans le Chorasan; où est aussi la Badghis de Mr. d'Herbelot. Quant à Tavernier il ne seroit pas étonnant que lui, ou son Editeur eussent brouillé les chifres.

BADONICUS MONS, montagne d'Angleterre, aujourd'hui BAWNESDOWN selon *c Britann.* Cambden [c], ou BLACKMORE selon Polydore *d Ed. 1682.* Virgile cité par Mr. Baudrand [d].

BADONWEILLER, Bon bourg du Duché de Lorraine entre la petite ville de Bacca*e Baudrand.* rat & celle de Salm [e].
Ed. 1705.

BADOULA, ville du Roiaume de Can*f Knox Re-* di dans l'Isle de Ceïlan [f]. Elle est à deux *lat. du R.* journées de la Capitale vers l'Est de la Provin*de Ceylan* ce d'Ouvah. Cette place fut brûlée jus*part. c. 2.* qu'aux fondemens par les Portugais durant la guerre. Le Palais en est tout ruiné & il n'y a que les pagodes qui soient assez bien entretenues.

BADRINUS. Paul Diacre nomme ainsi une riviere de l'Emilie; & Ortelius juge par la ressemblance des noms que c'est la même que la *Vaironus* de Pline. Il faloit dire VATRENUS, comme il y a dans l'Edition du R. P. Hardouin. Voiez VATRENUS & SANTERNO qui est le nom moderne.

BADRIS, Ville d'Afrique dans la Mar*g Itinér.* marique selon Antonin [g]. Simler au raport d'Ortelius croioit qu'elle est nommée BADIS dans le Concile de Carthage. Le dernier conjecture que c'est peut-être la *Batrachum* de Ptolomée.

BADUENNÆ LUCUS, Bois de la *h Ann. l. 5.* Germanie. Tacite [h] en fait mention, & dit *c. 73.* qu'environ neuf cens Romains y furent defaits. Elle étoit à peu près au même lieu où est aujourd'hui la plus grande forêt de la Frise dans les Provinces Unies. Cette forêt s'apelle présentement *Seven-Wolden*, ou les Sept-forêts. L'ancien nom est conservé dans celui de BACUEEN village de ce païs-là, à trois lieues de Groningue selon Jerome Verrutius.

BADWEISS, selon Mr. Corneille, ou BA-
Tom. I. PART. 2.

DENWEISS, selon la table de Mr. la Forêt de Bourgon. Voiez BUDWEISS.

BADY. *Lieu du Peloponese dans l'Elide*. C'étoit aussi le nom d'une *Riviere* qui couloit dans ce lieu-là. Ce nom est écrit en Grec Βαδὺ, *i l. 5. c. 5.* Sylburge dans ses notes sur Pausanias [i] remarque que les Lacedemoniens, les Cretois & autres ajoutoient un B. & disoient Βαδὺ au lieu du Dorique Ἀδὺ ou même. d'Ηδὺ qui est de la Dialecte commune.

BAEA, montagne de la Cephalenie selon Etienne le Géographe.

BAEACA, Ville de la Chaonie selon le même.

BAEAE, en Grec *Βαίαι*, Isace sur Lycophron place quelque part autour de la Sicile des Isles & des villes qu'il nomme ainsi. Il parle aussi d'un port *Baei portus*, en Italie près de l'Aorne. Ortelius [k] croit avec bien de la *k Thesaur.* vraisemblance que c'est la même chose que *Baia*, la ville de Bayes & ses environs.

BAEBÆ, Ville de la Carie selon Etienne le Géographe.

BAEBARSANA, Ville de l'Arie, selon Ptolomée [l]. Quelques exemplaires portent *l l. 6. c. 17.* Babarzana.

BAEBIANI. Voiez BEBIANI.

BAEBRO [m], Ville ancienne de l'Espagne *m l. 3. c. 1.* selon Pline. Ambroise Moralès lisoit en ce passage AGABRO, & Ortelius observe que les anciens manuscrits favorisent cette leçon. Moralès ajoute que le nom moderne est CABRA, & qu'elle est à trente six milles de Cordoue. Le R. P. Hardouin [n], qui ne nomme *n in l. c.* point Ambroise Moralès, s'accorde neanmoins *Plinii.* avec lui en disant qu'au lieu de *Baebro* il faudroit peut-être lire *Agabro*, parce que le second Concile de Seville [o] fait mention des Eglises *o Canon 1.* d'Elvire, d'*Ecija*, & d'*Agabro*.

1. BAECA [p], Ville d'Espagne dans l'An- *p Vayrac Et.* daloufie au Royaume de Jaën. C'est la VI- *pref. de l'Es-* TIA des anciens. Cette ville assez considera- *pagne T. 1.* ble, est située sur une Colline. Elle avoit *p. 201.* autrefois un Evêché qui fut transféré à Jaën en 1249. On y voit une espece de petite Academie fondée par Jean d'Avila. Le Roi Ferdinand le Catholique & la Reine Isabelle son Epouse, l'enleverent aux Mores sur la fin du XV. Siécle, & le Cardinal Ximenès la réunit au Diocese de Tolede dont elle avoit été autrefois. Mr. Baudrand écrit *Baeza*.

2. BAECA [q], Ville principale de la Pro- *q De Laet* vince de los Quixos dans le Perou; à dixhuit *Ind. Occid.* lieues de la Metropolitaine Quito, vers le Sud- *l. 10. c. 16.* Est, & c'est où le Gouverneur de la Province fait sa résidence. Elle fut bâtie en 1559. par Gil-Ramire d'Avalos.

BAECOLICUM, ou BAICOLICOS, montagne d'Afrique dans la Pentapole, selon Ptolomée [r]; qui lui donne 51. d. de longitude *r l. 4. c. 4.* sur 26. d. 20'. de latitude.

BAECOR, lieu de l'ancienne Espagne dans la Bétique. Ce fut là que Viriate passa l'hyver, après avoir été défait par Fabius Maximus Æmilianus selon Appien [s]. *s in Iberic.*

1. BÆCULA, Ville ancienne de l'Espagne Tarragonoise selon Ptolomée [t], dans le *t l. 2. c. 6.* Territoire des *Authetani*, ou du moins dans leur voisinage. Ortelius avertit de ne la pas confondre avec une ville de même nom dont
C 2   parlent

BAE.

parlent Polybe & Tite-Live. Voiez l'article suivant.

2. BÆCULA, ancienne ville d'Espagne de la Betique. On voit dans les fragments de l'onzième livre [a] de Polybe ce nom écrit BÆCULA, & dans ceux du dixième [b] on lit BÆTULA. Dans ces deux passages cette ville est placée auprès de *Castulo* & même dans son territoire. Tite-Live [c] fait mention de cette ville & la place aussi assez près de *Castulo*. Mr. Doujat dans son commentaire sur Tite-Live pour l'usage de Mr. le Dauphin, veut que l'on distingue la *Bacula* dont Tite-Live parle dans l'endroit cité d'avec celle dont le même Historien parle au livre precedent [d], & que Mr. Doujat croit être la même que Besalu dans l'Ampourdan en Catalogne. Mr. Doujat se trompe & ce qui est de plus plaisant c'est qu'il a soin de raporter les preuves qui combattent son erreur, sans y oposer autre chose qu'une conjecture assez frivole que voici. Tite-Live [e] dit qu'Asdrubal après la bataille de Bæcula, passa le Tage, pour gagner le Pyrenée; ce qui seroit impertinent s'il s'agissoit d'une place de l'Ampourdan. Mr. Doujat pour éviter ce ridicule detour conjecture que Tite-Live a dit *le Tage* pour *le Tech*, & la forêt de Castulon d'où sortit Scipion après la même bataille, pour la forêt de Castille, *Castellanensis Saltus*. Toutes ces conjectures ne sont plus necessaires lorsqu'on reconnoît avec Polybe & Tite-Live une Bæcula voisine de *Castulon*, & avec Ptolomée une autre dans le territoire des *Ausetani*. Mr. Baudrand [f] ne connoit que cette derniere. La Bæcula de Tite-Live est nommée BÆTULA dans quelques exemplaires & Cellarius ne la nomme pas autrement. Il avertit néanmoins de ne la pas confondre avec la Bæcula de Ptolomée.

[a] n. 19. p. 890.
[b] n. 35. p. 848.
[c] l. 28. c. 13.
[d] l. 27. c. 20. & c. 18.
[e] l. 27. c. 19.
[f] Ed. 1682.

3. BÆCULA, Ville d'Espagne près des colonnes d'Hercule, selon Etienne le Géographe [g]; sur quoi il faut remarquer que Strabon fait mention de *Bætis* ville d'Espagne. Casaubon ne trouve pas croiable qu'Etienne le Géographe grand copiste de Strabon aiant fait mention de Bætis fleuve d'Iberie n'en eût fait aucune de Bætis ville, s'il eut trouvé ce nom dans les livres de son temps; mais il parle de *Bæcula*, ou *Bæcyla*. Cela donne lieu à Casaubon de lire dans cet endroit de Strabon *Bæcula* au lieu de *Bætis*, pour le nom de la ville; & de remarquer qu'Hirtius [h] nomme cette même ville OBUCULA; Ptolomée [i] Οβούκολα; Appien Οβόλκολα, & que ces trois Auteurs la font voisine de Seville & de Cordoue. Les Interpretes de Ptolomée nomment *Oboucola*, PORCUNA; pour moi je crois que *la Bacula* d'Etienne étoit plus voisine du détroit que *l'Oboucola* de Ptolomée qui étoit entre Seville & Cordoue plus près de la premiere que de la seconde, & qu'elle ne peut être la même que la Bæcula ou Bæcyla de Polybe & de Tite-Live, parcequ'elle auroit dû être trop éloignée de Castulon qui est aujourd'hui le village de Caslona sur le Guadalimar dans l'Andalousie. Il est vrai que les Interpretes de Ptolomée ont bien raproché la ville d'Oboucola en disant que c'est aujourd'hui *Porcuna*, lieu qui est bien plus Oriental que Cordoue; mais en cela ils contredisent leur Auteur qui met Cordoue plus Orientale d'un degré quarante minutes que l'ancienne Oboucola.

[g] l. 3. p. 141.
[h] De Bell. Alex. c. 57.
[i] l. 2. c. 4.

BÆCYLA. Voiez BÆCULA.

BAEDUI, Ville ancienne de l'Espagne Tarragonoise selon Ptolomée [k]. [k] l. 2. c. 6.

BAEI PORTUS. Voiez BAEAE.

BAEMI, peuple de l'ancienne Germanie selon Ptolomée [l]. Leur pays se nomme aujourd'hui la BOHEME. [l] l. 2. c. 11.

BAENUM, selon Ptolomée [m], ou BENUM selon ses Interpretes, ancienne ville de l'Arabie heureuse. [m] l. 6. c. 7.

BAEONES, Isle de la Mer des Indes, au delà du fleuve Indus selon Arrien dans son Periple de la Mer Erythrée [n] inséré au III. Tome de la Collection d'Oxford. Il dit que cette Isle, en Grec Βαιώνες, est à l'entrée du Golphe où coule le fleuve Mais, sur la route de *Barbaricum Emporium* port à l'embouchure de l'Inde au promontoire de Barigaza, qui est le Cap qui borne le Golphe de Cambaye, nommé *Barigazenus Sinus* par les anciens. Seroit-ce l'Isle de Diou? [n] p. 24.

BAERUS, Ville ancienne de la Macedoine dans la Mygdonie selon Ptolomée [o]. [o] l. 3. c. 13.

BAESAMPSA, Ville dans le Golphe Arabique vers la Mer rouge; selon Etienne le Géographe: ce nom signifie *maison du Soleil*. Selden cité par Berkelius Commentateur d'Etienne [p], croit que le nom de cette ville vient par corruption de *Beth-Schemesh*, qui signifie aussi maison du Soleil, & que comme la ville de ce nom dans la Palestine, de laquelle il est souvent fait mention dans l'Ecriture Sainte, étoit ainsi appellée à cause qu'il y avoit un Temple consacré au Soleil, de même cette ville de l'Arabie tiroit son nom d'un pareil édifice. Goltzius fournit une medaille de Trajan, au nom des habitants de cette ville, BAICAMΨHNΩN. [p] p. 208.

BÆSIPPO, ancien port d'Espagne selon Pline [q] & Mela [r]. Tous deux le mettent auprès du promontoire de Junon. Le R. P. Hardouin apuié sur cette détermination censure Rodericus Carus qui dans l. 3. des Antiquitez de Seville, c. 48. dit que ce port est à present celui de Ste. Marie à l'embouchure de la Guadelete; & Surita qui confond *Bæsilippo* qui étoit situé au dessus & au Nord de Seville & qui est aujourd'hui *Cantillana*, avec *Bæsippo* lieu placé au bord de la Mer; quoi que Pline & Mela, Ecrivains dont le R. P. Hardouin sexalte beaucoup de l'exactitude en matiere de Géographie, aient placé Bæsippo entre Calpe & Gades, c'est-à-dire entre Gibraltar & Cadix. Le même Pere dit que le nom moderne de Bæsippo est PUERTO BEGES OU BEGER; & que Ptolomée le nomme Μυεισθέως λιμήν. L'Edition de Bertius porte Μαεισθέως λιμήν dans le Territoire des Turdules. Ortelius ne devoit pas douter que le port Bæsippo ne fût diferent de Bæsippo, ville que Ptolomée donne aux *Turdetani*; puisqu'elle est dans les terres & loin de la Mer. [q] l. 3. c. 1. [r] l. 2. c. 6.

BÆSOBA. Je ne sais dans quelle Edition de la Vulgate Ortelius a trouvé que ce nom étoit emploié au lieu d'Emath-Suba [s]. Celles que j'ai portent EMATH-SUBA qui doit être une petite ville de Syrie bâtie par Salomon. [s] Paralip. l. 2. c. 8.

BÆSON.

BAE.

BÆSON. Voiez SCYTHOPOLIS.

BAETARRENI, Nation de la troisiéme Palestine, c'est-à-dire de l'Arabie petrée selon Etienne le Géographe. On trouve aussi dans quelques Editions de Pline[a] un peuple de ce nom dans l'Iturée. Mais le R. P. Hardouin avertit que Froben a suivi en cela la conjecture de Barbarus, au lieu que les manuscrits portent BÆTOCEMI, ou BETHEMI, dans le passage de Pline où il n'est nullement question des *Bætarreni* d'Etienne.

[a] l. 5. c. 23.

BAETERRARUM *Vinum.* Pline[b] nomme ainsi un vin dont il dit que les François seuls faisoient cas. Ce vin croissoit aux environs de Besiers. Les vins de Frontignan si vantez, & si recherchez, viennent dans un terroir qui n'est pas fort éloigné de Beziers. Voiez BEZIERS.

[b] l. 14. c. 6.

BAETHAUTA, Ville de la Mesopotamie selon Ptolomée[c], dont les Interprétes lisent par un E simple BETHAUTA.

[c] l. 5. c. 18.

BAETHANA, Capitale & Résidence de Siropolemios, dit Ptolomée[d], dans l'Inde en deca du Gange sur le fleuve Nanaguna. Cette Riviere est la même que le Paddar dans l'Indoustan. Mr. Baudrand[e] dit que c'est BEDER ville du Royaume de Decan selon quelques-uns, ou *Visapour* dans le même Roiaume.

[d] l. 7. c. 1.
[e] Ed. 1705.

BÆTICA, partie considerable de l'ancienne Espagne à laquelle on donnoit ce nom à cause du fleuve *Bætis* aujourd'hui le Guadalquivir. Ortelius dit que Pline nomme la Betique l'Espagne Ulterieure. Il se trompe, Pline la nomme la Betique, & s'il parle de l'Espagne Ulterieure, c'est en y comprenant la Lusitanie qui en faisoit aussi partie[f]. Les habitans mêmes ne nommoient en tout ou pour la plus grande partie la Turdetanie, au raport de Strabon[g]. Le pays dit proprement la Betique est entre la Guadiana & la Mèr qui est au Midi; & est partagé en deux par le Guadalquivir. Ce qui est entre ces deux rivieres surtout vers l'Orient & en tirant vers les Oretains, avoit un nom particulier & s'appelloit la BÆTURIE: la partie inferieure qui aproche plus du detroit, & qui étoit habitée par les Bastitains, les Bastules & les Turdetains, étoit nommée TURDETANIE; mais ce dernier nom étoit moins usité que le premier, & il n'y a même que Strabon qui l'ait emploié pour signifier ou toute la Betique ou du moins la plus grande partie de ce Canton. Les bornes de la Betique du côté de l'Orient ne sont pas tout à fait si bien connues; parceque divers Princes les ont reculées soit en amplifiant, soit en diminuant les Provinces. Ptolomée[h] dit que *Barea* ou *Baria*, étoit la derniere de la Province sur la Côte. Pline donne pour borne de la Betique *Murgis*, mais une Murgis maritime & diferente de celle de Ptolomée qui étoit dans les terres. Celle de Pline étoit entre *Urgi* & *Barea*, c'est-à-dire entre *Almaçaren* & *Vera*, & s'apelle à présent *Muxacra*. Ses bornes vers le Nord passoient entre *Astigi* presentement *Alhama* & *Castulon*, & plus loin vers *Sisapon*, qui est donné tantôt à la Betique, tantôt à la Tarragonoise. Pline[i] dit que la Betique étoit de toutes les Provinces d'Espagne la mieux cultivée, la plus fertile & la plus riante. Les Romains y avoient quatre Tribunaux qu'ils apelloient *Conventus juridici*. Ces vainqueurs des autres Nations se voiant en possession de l'Espagne avoient établi dans les Metropoles, un Senat pour administrer la Justice, & devant lequel on portoit les causes de tout le Ressort qui lui étoit assigné. Cela repondoit assez à nos Parlemens de France d'aujourd'hui. Les quatre Tribunaux de la Betique étoient à *Gades*, (Cadix) à Cordoue, à *Astigi* (Ecija) & à *Hispal* (Seville). Il y avoit en tout 135. villes, entre lesquelles étoient, IX. Colonies, XVIII. Municipales; XXIX. qui jouissoient depuis long temps des franchises du *Latium*; VI. villes Libres; III. Alliées; & CXX. de Tributaires. Voici comment le P. Briet[k] distribue les peuples & les villes & autres lieux de la Betique.

[f] Cellar. Geog. ant. l. 2. c. 1.
[g] l. 3.
[h] l. 2. c. 4.
[i] l. 3. c. 1.
[k] Parall. 2. part. L IV. c. 3.

PARTIE DES CELTIQUES	*Arucci*: presentement *Moura*.
Partie du territoire d'Elvas.	*Aranda*, ou *Arandis*: à present *Mouraon*.
PARTIE DES TURDETAINS	*Hispalis*: ou *Hispal*, à present *Seville*.
	Tartessus: à l'embouchure du Guadalquivir, détruite.
	Astigii: ou *Colonia Augusta Firma*, à present *Ecija*.
Le reste de ces deux peuples étoit dans la Lusitanie.	*Nebrissa*: Colonie Romaine, à present *Lebrissa* ou *Nebrissa*.
	Asta: aujourd'hui *Xerez de la Frontera*. Quelques-uns en doutent.
Partie du Territoire de Seville, & presque tout le Duché de Medina Sidonia.	*Segontia*: aujourd'hui *Gisconça*.
	Italica, ou *Ilipa Italica*: aujourd'hui *Sevilla Veja*.
	Asindum, ou *Assila*, aujourd'hui *Medina Sidonia*.
	Mnestei Portus: à present le port Ste. Marie. (Ce Pere se trompe. Voiez BÆSIPPO.)
	EBURA: aujourd'hui *S. Lucar de Baramede*.
	Carmonia aujourd'hui *Carmona*.
	Batis Ostium, aujourd'hui *la bouche du Guadalquivir*.

LES BASTULES & CARTHAGINOIS
Petite partie du Duché de Medina Sidonia, l'Evêché de Malaga, celui d'Almeria au Roiaume de Grenade avec l'Isle de Calis.

Carteja, autrement *Tarteſſus*, aujourd'hui *Tarifa* (Voiez CARTEIA.)
Beſippo, aujourd'hui *Vegel*, quelques-uns diſent *Ciclana* mais mal. (Ce n'eſt ni l'un, ni l'autre. Voiez BAESIPPO.)
Belon, Balon, & *Bello* aujourd'hui *Berger.*
Heraclea, preſentement *Gibraltar.*
Le Detroit
Barbeſola Colonie & fleuve : *Marbella.*
Succubo ou *Succubitanum Municipium*, preſentement *Sierras de Ronda*
Munda, encore à preſent *Monda.*
Cartima, à preſent *Cartama.*
MALACA, preſentement *Malaga*, ou *Malgues.*
Manoba, aujourd'hui *Almuneçar* ; ou même *Moenoba* avec une Riviere de même nom.
Selambina : maintenant *Salobrenna.*
Abdera : preſentement *Almeria* ſelon les uns ; *Adra* ſelon d'autres. (Voiez ABDERA.)
Magnus portus. Lieu ignoré ſi ce n'eſt *Almeria.*
Charidemum Promontorium, aujourd'hui *Cabo de Gates.*
Murgis : aujourd'hui *Muxacra* à l'extrémité de la Betique : quelques-uns diſent mal *Murcia* qui en eſt bien loin.

LES TURDULES
le Territoire de Cordoue en Andalouſie, l'Evêché de Grenade dans le Roiaume de même nom & partie de l'Eſtramadure Caſtillane.

Corduba, Colonie Patricienne, *Cordoue.*
Illiberis : preſentement *Grenade* comme il paroît par une inſcription (J'ai refuté cette erreur au mot *Eliberis* qui eſt *Elvire.*)
Accitum : preſentement *Siguiana.*
Artigis ou *Urbs Julienſis*, aujourd'hui *Alhama.*
Mons Illipula ; en Eſpagnol *Sierra de Ronda.*
Alba, ou *Virgao*, ou *Alba Virtuonenſis* : preſentement *Ariona* près de Jaën.
Illiturgi, nommée autrement *Forum Julium* : c'eſt ou *Anduxar el Vejo*, ou *Jaën.*
Obulco : à preſent *Porcuna.*
Singilia qui eſt l'*Antikaria* d'Antonin : *Antiquerra.*
Aſtapa peut être la même qu'*Oſtipo :* preſentement *Eſtepa* ou *Stepa.*
Urſo ou *Gemina urbanorum :* preſentement *Oſſuna.*
Illipula Magna : aujourd'hui *Pennaflor.* Quelques-uns diſent *Grenade* ; mais mal.
Montes Mariani, aujourd'hui *Sierra de Morena.*
Segovia : preſentement *Segovia la menor* ſur la Riviere *Syngilis*, aujourd'hui le *Xenil.*

On voit aſſez que la Betique des anciens comprenoit ce qu'on apelle aujourd'hui l'Andalouſie, & partie du Roiaume de Grenade, avec une liſiere de l'Eſtramadure. Le nom BÆTICA ſe trouve écrit par un E ſimple dans quelques inſcriptions.

Batyca, ce nom ſe trouve dans Appien, comme le nom d'une ville d'Eſpagne. Mais il y a bien de l'apparence que c'eſt une faute de Copiſtes, & qu'il faut lire *Bæcila*; n'y aiant rien de plus facile que le changement de *Βαίκυλα* en *Βατυκα*.

BAETIRÆ, ancienne ville de la Gaule Narbonnoiſe ſelon Ptolomée[a]. Voiez BEZIERS.

[a] l. 2. c. 5.

1. BÆTIS, BÆTES, & BETIS, noms Latins de la Riviere d'Eſpagne qu'on appelle aujourd'hui le GUADALQUIVIR. Il a ſa ſource dans la montagne nommée *Sierra di Alcaraz*, par les modernes & *Saltus Tugienſis* par Pline[b] qui le met dans la Province Tarragonoiſe. Cet Auteur ajoute qu'il n'étoit navigable que depuis Cordoue. Silius Italicus[c] le nomme *Bates* :

[b] l. 3. c. 1.
[c] l. 3. v. 405.

Palladio Bates umbratus cornua ramo.

On l'écrit rarement ſans diphthongue ; cependant des Poëtes ont pris la licence de faire breve

BAE.   BAE.

ve la première Syllabe : entre autres St. Paulin Evêque de Nole [a].

[a] Carm. X. ad Ausou. v. 236.

Qua Betis Oceanum, Tyrrhenumque anget Iberus.

Et non pas *qua Betis Oceanus* &c. comme cite Cellarius [b]. Quelques Auteurs déclinent ce nom à la Greque, & non seulement les Poëtes, comme Martial [c],

[b] Geog. ant. l. 2. c. 1.
[c] l. 9. Epig. 62.

Qua dives placidum Corduba Bætin amet;

Et Stace [d] dans les vers pour la naissance de Lucain :

[d] Sylv. l. 2. Sylv. 7. v. 34.

Grajo nobilior Melete Bætis.
Bætin Mantua provocare noli ;

Mais aussi les Ecrivains en prose comme Pline, qui en parlant du Xenil qui tombe dans cette Riviere dit [e] : *Singulis fluviis in Bætin irrumpens.* Le Bætis avoit autrefois deux embouchures [f] entre lesquelles étoit une Isle, où l'on place la fameuse *Tartessus*, Voiez ce mot. Strabon [g] dit que *Bætis* a été aussi nommé *Tartessus*, ce qui est équivoque, car on ne sait s'il parle de Bætis ville, de laquelle il fait aussi mention, ce qui est le plus vraisemblable, ou du fleuve Bætis; ce qui est la pensée d'Ortelius. Tite-Live [h] dit que les habitans appeloient le Bætis, CERTIS, ou selon d'autres exemplaires CIRTES, ou même CIRCES, au lieu de quoi on trouve *Perces* dans Etienne le Géographe. Niger se trompe lorsqu'il dit que les Afriquains la nomment *Circin* dans leur langue. Le nom moderne *Guadalquivir* ou GUAD-AL-QUEBIR, est de la Langue Africaine ou Arabesque & signifie le Grand fleuve.

[e] l. 3. c. 1.
[f] Strabon l. 3.
[g] Ibid.
[h] l. 28. c. 22.

2. BÆTIS, Ville ancienne d'Espagne selon Strabon [i]. Casaubon pretend qu'il faut lire *Bacula.* Voiez BAECULA 3.

[i] l. 3. p. 141.

BÆTIUM, ancienne ville de la Macedoine, selon Theopompe cité par Etienne le Géographe.

1. BAETIUS, Riviere de l'Arabie heureuse selon Ptolomée [k]. C'est aujourd'hui la Riviere d'EDA.

[k] l. 6. c. 7.

2. BAETIUS, ou plutôt au pluriel BÆTII, montagne d'Asie dans la Drangiane selon le même [l]; mais dans le Chapitre [m] où il décrit la Gedrosie cette même montagne est nommée Βαετιων.

[l] l. 6. c. 19.
[m] l. 6. c. ult.

BAETOBIUM, l'un des anciens noms de PADOUE.

BÆTOGABRA, Ville mediterranée de la Judée selon Ptolomée [n]. Elle est nommée GIBLIN par ses Interpretes.

[n] l. 5. c. 16.

BÆTULO. Voiez BETULLO.

1. BAETURIA ou BETHURIA. Voiez BÆTICA.

2. BAETURIA, Ville d'Espagne dans la Bæturie contrée de la Betique. Elle est nommée Beturia par Tite-Live & par Hirtius. Elle est ruinée & la place n'en est plus reconnoissable que par quantité de pierres qui ont fait donner à ce lieu le nom moderne de los PEDROCHES [o]. Il est dans l'Andalousie.

[o] Baudrand Ed. 1682.

§ Tite-Live parle de la Beturie comme d'un pays & non pas d'une ville nommée ainsi. C'est au 30. Chapitre du Livre 39. Hirtius [p] dit qu'après la prise d'Ategua plusieurs étant efraiez se sauverent dans la *Bethurie*, ce qui

[p] de B. Hisp. c. 22.

marque plutôt un pays, (*in Bethuriam*,) qu'une ville ; la preposition *in* devenant en ce dernier cas non seulement inutile, mais même une faute. D'Ablancourt ne traduit pas que plusieurs se sauvoient à *Bethurie*, mais en *Bethurie*. Mr. Baudrand a pu être trompé par les termes de la Lettre qu'il cite de Sepulveda à Pincianus ; ou plutôt parce qu'il a lu trop rapidement l'article d'Ortelius que voici:
,, *Baeturie* contrée d'Espagne: les habitans l'ap-
,, pellent *Estramadura* ; selon Varrerius. Je lis
,, *Bethurie* dans A. Hirtius, & *Beturie* dans
,, Tite-Live : chez l'un & chez l'autre sans
,, diphthongue, & aussi chez Pline qui les
,, divise en *Celtiques* & *Turdules*. Sepulveda
,, dans les Lettres des hommes illustres écrit à
,, F. Pincien que la plus grande partie de la
,, Beturie est nommée aujourd'hui *Petroche*,
,, à cause de la quantité de pierres ''. Il ne s'agit point là d'une ville, mais d'une contrée; cependant Mr. Baudrand y en met une & a-près avoir cité tous les Auteurs, excepté Ortelius, en faveur de la contrée, il les cite encore pour la ville de même nom. Mais comme on a vû, les citations prises de Tite-Live & de Hirtius sont fausses à l'égard de la ville.

BAETYCA, pour BÆTICA.

BAEZA. Voiez BAEÇA 1.

BAFFA, Bourg de l'Isle de Chipre au bord de la Mer. Quelques-uns écrivent BAFFO, d'autres BAFFE par une terminaison Françoise. Voici la description qu'en fait Mr. le Brun dans son Voiage au Levant. Il est au milieu de quantité d'arbres à cause que la plupart des maisons ont des jardins qui sont plantez de Meuriers. On y voit quelques vieux restes de plusieurs Eglises, & entre autres d'une qui est encore assez entiere & que l'on nomme St. George. Les Grecs y font leur service, & quelques peintures s'y sont conservées. Près de cette Eglise sont trois grandes colomnes debout sans que l'on sache à quoi elles ont servi: au bord de la Mer, il y a un Fort sous lequel se rendent toutes les vaisseaux pour pouvoir être defendus par son Canon. Le vieux Château est auprès sur une montagne ; mais il est fort ruiné. *Baffa* est le lieu où fut l'ancienne *Paphos*. On dit que la prison de St. Paul étoit aux environs de ce lieu. Dans les montagnes qui sont près de là on trouve plusieurs Diamans, qu'on apelle Diamans de Baffa, entre lesquels il y en a de fort beaux. Cet Auteur n'est pas le seul qui mette *Baffa*, au même lieu où étoit le *Paphos* des Anciens ; mais Strabon [q] & Pline [r], font mention de deux villes de ce nom ; qui étoient déja distinguées par les mots de *Nouvelle* (en Grec Νέα), & d' *Ancienne* (πάλαι.) Strabon même nous apprend qu'il y avoit entre elles une distance de soixante Stades ; qui font sept mille cinq-cens pas. L'ancienne étoit à dix Stades de la Mer ; elle avoit neanmoins un port & un ancien Temple de Venus Paphienne. La nouvelle avoit aussi un port & des Temples bien bâtis. J'ai remarqué au mot PAPHOS que lorsque les Anciens disoient *Paphos* sans distinction ils entendoient parler de la nouvelle. Ce détail est necessaire pour concilier les Géographes qui mettent *Baffa* ou *Baffo*, sur les ruines de l'ancienne Paphos, avec ceux qui mettent entre elles une distance

[q] l. 14. p. 683.
[r] l. 5. c. 31.

de

de sept milles. Les uns l'entendent de *l'ancienne Paphos* qui étoit la nouvelle des Anciens, & les autres parlent de Paphos déja nommée ancienne par Strabon & par Pline. Baffo est sur la Nea-Paphos de ces Géographes; & les sept milles de distance ne diferent des soixante Stades de Strabon que de cinq-cens vingt.

CAP DE BAFFE, ou DE BAFFO, Cap de l'Isle de Chypre au Sud-Ouest de l'Isle & de la ville. Mr. Baudrand dit que c'est le même que CAPO BIANCO ou le Cap blanc, & que le *Drepanum promontorium* des Anciens. Le P. Coronelli[a] distingue *Capo Bianco*, qu'il nomme en Latin *Phrurium Promontorium*, de *Drepanum Promontorium*, dont il croit que le nom moderne est *Capo Melonta* ou *Capo Chelidoni*. Les Cartes de cette Isle dressées sur les Notices des Anciens sont si diferentes de celles qui sont dressées sur les derniers Voiages, & les Côtes se ressemblent si peu, qu'on ne peut presque rien dire de positif sur cette conciliation.

[a] Isolar. part. 1.

BAFFINS BAY, c'est-à-dire LA BAYE DE BAFFIN; Grande Baye dans les terres Arctiques qui la bornent au Nord. Elle a le Groenland à l'Orient, le Détroit de Davis & l'Isle de James au Midi : elle s'étend jusqu'au 78. d. & à peu près 20°. pour sa partie Septentrionale & commence au Détroit de Davis. Elle communique à celle de Hudson par un bras de Mer qui n'est pas encore assez bien connu. A l'Ouest de la Baye, il y a deux Détroits dont le plus Septentrional est nommé Détroit d'Alderman Jonas, & le plus meridional est celui de Lancastre. On n'a pas pénétré assez avant dans l'un ni dans l'autre pour savoir où ils aboutissent & la curiosité s'est refroidie en Europe à cet égard depuis qu'on a perdu l'esperance de trouver par là une route vers les parties Orientales de notre Continent, telles que sont le Japon & la Chine : c'est cette esperance qui conduit dans ces climats des Navigateurs qu'ils ne meritoient pas d'attirer par ce qu'ils produisent, & après bien des tentatives presque toûjours funestes à ceux qui les ont faites, on s'est lassé d'en risquer de nouvelles. Les plus celebres de ces Navigateurs ont été Hudson, Guillaume Baffin, Thomas Smith, Jean Dawis & Martin Forbischer, dont les découvertes portent aujourd'hui des noms.

1. BAGA, Ville de l'Afrique propre. Procope[b] la met au nombre de celles que l'Empereur Justinien rétablit. Les habitans par reconnoissance pour leur nouveau fondateur donnerent à leur ville le nom de Theodore femme de Justinien & l'apellérent THEODORIADE. Voiez BAGAIA & VAGA.

[b] l. 6. de Ædific.

2. BAGA ou BOGA, Ville de la Pisidie selon Cedrene cité par Mr. Baudrand[c].

[c] Ed. 1682.

3. BAGA[d], Bourg de Catalogne en Espagne sur la Riviere de Lobregat entre les villes d'Urgel & de Vic.

[d] Baudrand Ed. 1705.

BAGABRIENSIS EPISCOPUS, une Notice Ecclesiastique du temps du Pape Celestin III. l'an 1225. imprimée par Schelstrate au second Tome de son Livre de l'Antiquité de l'Eglise[e] donne pour suffragans à l'Archevêque de Colocza, les Evêques de Transsilvanie, de Bagabria, de Varadin & de Ceradia, ou Cenadia, ou Kavadia ; car on doute

[e] p. 751.

de la vraye Orthographe de ce dernier. Ce même Evêché de Bagabria qui n'est que le second est le premier dans une autre Notice raportée dans le même Recueil[f]. Voici comme elle nomme ces mêmes suffragans : l'Evêque de Zagabria, le Transsilvain, (ou d'Albe Roiale) ceux de Sirmich, de Bosna, de Czaudia ou Cenadia, & de Varadin. Cette derniere Orthographe prouve que la ville où étoit l'Evêché *Bagabriensis* de la premiere Notice est aujourd'hui ZAGRAB. Voiez au mot EVECHE' une Liste de tous les diferens Evêchez, où ces mots sont expliquez suivant l'usage moderne.

[f] T. 2. p. 764.

BAGACUM, selon Antonin[g], Bourg de la Gaule Belgique. Mercator & autres croient que c'est BAVAI petite ville du Hainaut. Voiez BAGANUM.

[g] Itiner.

1. BAGADA, Ville de l'Ethiopie sous l'Egypte selon Pline[h].

[h] l. 6. c. 29.

2. BAGADA, c'est ainsi que les divers exemplaires de Diodore de Sicile[i] lisent au lieu de BADACA petite ville de la Sutianie sur l'Eulée.

[i] l. 19.

BAGADANIA, grande plaine de la Capadoce selon Strabon[k] qui la décrit entre le mont Taurus & le mont Argée. Il semble que Suidas la nomme BACDALONIA & Etienne BAGADAONIA. On trouve dans le Recueil de Goltzius deux medailles avec ces mots ΒΑΓΔΑΟ & ΒΑΓΔΑΟΝΙΩΝ ΙΕΡΑ ΣΥΝΚΛΗΤΟΣ. Il y a une figure de Serapis & la lyre d'Apollon. La *Bagadaonie* selon Etienne étoit la partie meridionale de la Cappadoce. Strabon[l] dit qu'elle portoit dificilement des arbres fruitiers ; quoi qu'elle fût de trois mille Stades plus meridionale que le pont Euxin.

[k] l. 2. p. 73.

[l] Ibid.

BAGAIA[m], Ville d'Afrique. Elle est celebre dans l'Histoire des Donatistes, & les Evêques de ce parti y tinrent un Concile de 310. Evêques duquel St. Augustin fait souvent mention. Maximin Evêque de cette ville fut cruellement assassiné par les Donatistes, comme le raporte le même Saint. Il y eut un Evêque de Bagaia[n] qui assista à la Conference de Carthage de la part des Donatistes, mais long-temps auparavant *Felix de Bagai* avoit souscrit au Concile de Carthage sous St. Cyprien ; &, après cela il est fait mention de la ville de *Báyn* dans la Notice de l'Empereur Leon. Cependant la Notice des Evêques d'Afrique publiée par le P. Sirmond ne fournit aucun Evêque de Bagaia ou Bagai ; mais bien deux de VADA. (*Vadensis*) peut-être que l'un de ces deux étoit celui de *Bagaia* ; car dans les manuscrits on lit souvent *Vagaensis* & *Vagensis*, d'où il a été aisé de faire *Vadensis*. Quoi qu'il en soit, *Bagais*, *Bagaia* ou *Vagaia* étoit une ville de Numidie, car St. Augustin[o] parlant du Decret du Concile de *Bagaia* (*Bagaitani*) s'écrie : O ! Regle du Droit Numidique ! O ! Privileges de *Vagais*. O ! Privilegia Vagaitana. Elle n'étoit certainement pas dans la Province Proconsulaire ; car St. Optat[p] dit dans son troisième livre que cette Province fut exemte de la fureur des Donatistes.

[m] Dupin in Optat. Milev. l. 3. not. 8.

[n] Epist. 88. & 185. & l. 3. contra Cresc. c. 43.

[o] de Unit. Eccl. c. 18.

[p] de Schism. Donat. l. 3.

BAGAGNANA[q], montagne d'Armenie. Le Medecin Ætius dit qu'on tire delà le Bol d'Armenie.

[q] Ortel. Thesaur.

BAGAMEDRI, ou BAGAMEDER. Roiaume

BAG.

me d'Afrique dans l'Abissinie. Voiez BA-GEMDER qui est le vrai nom de ce Roiaume.

BAGANEOS, lieu de la Bithynie selon Antonin [a]. C'est ainsi que porte l'exemplaire du Vatican publié par Schelstrate. L'Edition de Bertius porte *Laganeos*. Ce lieu est sur la route de Nicée à Ancyre.

1. BAGANO, petite Riviere d'Italie. C'est la même que BACANO. Voiez cet article & celui de CREMERA.

BAGANUM, selon Ptolomée [b], *Bagacum* selon Antonin [c]. Il y en a qui veulent que l'on lise dans ce dernier *Baiacum*, & Ortelius [d] croit avoir lu dans une troisieme feuille de la Table de Peutinger non encore publiée *Baiacum Nervior*. Mercator & d'autres Géographes croient que c'est BAVAY petite ville que l'on fait être fort ancienne. Mais Appien croit que la *Baganum* de Ptolomée est TOURNAY. Mr. l'Abbé de Longuerue [e] est pour BAVAI. Voiez ce mot.

BAGANUS LACUS, un des noms Latins du Lac Lucrin en Italie selon Mr. Corneille. Voiez BACANO.

BAGARACA, Ville de Thrace selon Antonin [f].

BAGARDA, c'est ainsi que portent quelques manuscrits de Ptolomée au lieu de BARRARDA ville du Paropanise.

BAGASIS [g], Ville d'Afrique dans la Mauritanie proche du fleuve Abigas, selon Procope [h] cité par Ortelius. Ce dernier a voulu dire sans doute la Mauritanie Sitifense dont il se peut que les bornes aient enfermé de long temps une lisiére de la Numidie ; car *Bagasis* de Procope n'est aucunement diferente de *Bagaia*, *Bagaï*, ou *Bagaïs*, où s'est tenu le Concile des Donatistes, & qui étoit en Numidie, & même Mr. Cousin n'a traduit point *Bagasis* ; mais Bagaïs. Procope au reste en parle comme d'un petite ville voisine du mont Aurase : Mr. Baudrand dit sur l'autorité de Procope qu'elle étoit deserte. Procope dit qu'elle avoit été abandonnée, peut-être pour peu de temps & à l'arrivée des troupes.

BAGAUDÆ, ou BAGAUDARUM CASTRUM, nom ancien de ST. MAUR DES FOSSEZ au Diocèse de Paris.

BAGAZÆ, Ville de la Libye interieure selon Ptolomée [i].

BAGDAD [k], Ville d'Asie, assise sur le rivage du Tigre du côté de la Perse, & separée de la Mesopotamie par ce même fleuve. Elle a 33. dégrez 15. minutes d'élévation Polaire, a environ 1500. pas de long 7. ou 800. de large, tout au plus 3000. de circuit. Ses murailles sont toutes de brique, & terrassées en quelques endroits, avec de grosses tours en forme de Bastions. Sur toutes ces tours, il peut y avoir 60. pieces de Canon, dont la plus grosse ne porte que 5. ou 6. livres de bale. Ses fossez sont larges & profonds de cinq ou six toises. Il n'y a que quatre Portes, trois du côté de terre, & une sur la riviere qu'on passe sur un Pont de trente-trois bateaux, éloignez l'un de l'autre de la largeur d'un bateau. Le Château est dans la ville du côté du Nord, près de la Porte qu'on appelle *El Maazan*. Il est en partie sur la Riviere, & n'est ceint que d'une simple muraille terrassée en peu d'endroits, & garnie de petites tours, sur lesquelles il y a environ cent cinquante piéces de Canon, qui sont sans affûts. Le Fossé est étroit & profond seulement de deux à trois toises, & il n'y a point de pont-levis à la porte. Les Chroniques des Arabes portent que la ville de Bagdad fut bâtie par un de leurs Califes nommé *El Mansor*, l'an 145. de l'Hegire de Mahomet, & 762. ou environ du Christianisme. Quelques-uns disent qu'elle a pris son nom d'un Hermitage, qui étoit dans le pré où elle est bâtie, qui fut donné à un Hermite qui y demeuroit, d'où on l'apella *Bagdad*, ce qui en Persien signifie *Jardin donné*. En creusant les fondemens d'un Caravansera (il y a déja autour de 70. ans que l'Auteur écrivoit, car il fit ces remarques dans son IV. Voiage, pour lequel il partit de Paris le 18. Juin 1651. & arriva à Bagdat le 25. de Fevrier 1652.) on trouva dans une petite cave un corps entier vêtu à la façon d'un Evêque, avec un encensoir, & de l'encens auprès de lui. Il paroissoit encore en ce lieu-là quelques Chambres de Religieux, par où l'on peut croire ce que plusieurs Historiens Arabes rapportent, qu'au même lieu où cette ville est bâtie, il y avoit anciennement un grand Monastere accompagné de quantité de maisons où habitoient des Chrétiens.

Le Grand Seigneur, Sultan Amurath IV., étant venu l'assiéger en 1638. il arriva une chose fort surprenante qui en facilita la prise. Le Kan qui soûtenoit le siege au commencement, & qui s'appelloit Sefi Couli Kan, commandoit dans la ville de Bagdad depuis long temps, & l'avoit même déja défenduë deux fois contre l'armée du Turc qui n'avoit pû venir à bout de la prendre. Le Roi de Perse aïant envoyé un de ses Favoris pour commander en sa place, & ce nouveau Kan étant entré dans la ville un peu avant que le Canon eut fait bréche, Sefi Couli, qui se vit depossedé par les Patentes de son Successeur, aima mieux mourir que de survivre à l'affront qu'on lui vouloit faire. Il fit appeller sa femme & son fils, & prenant trois coupes pleines de poison, il dit à sa femme, en présence de ses Officiers & de sa milice, que s'il étoit vrai qu'elle l'eût jamais aimé, elle pouvoit l'en convaincre en mourant genereusement avec lui. Il fit la même exhortation à son fils, & en même temps ils avalerent chacun une coupe de poison, qui fut suivi d'une prompte mort. Les Soldats qui aimoient ce Gouverneur, touchez d'un si funeste spectacle, & sachant qu'Amurath se préparoit à un assaut general par la bréche qui étoit fort avancée, refuserent d'obéïr à leur nouveau Kan, & se porterent aussitôt à la revolte. Ils traiterent avec le Turc, à condition qu'ils sortiroient armes & bagages ; mais on ne leur tint point parole. Sitôt que les Turcs furent dans la ville, les Bachas representerent à Amurath, que pour affoiblir le Roi de Perse son ennemi, il falloit mettre au fil de l'epée tous les Soldats qui avoient soûtenu le siége. Il les crut, & il y en eut vingt-deux mille de tuez. Cette ville est gouvernée par un Bacha, qui est ordinairement Visir. Sa maison est le long de la riviere, & il a toûjours près de six ou sept cent cens hommes de Cheval. Il y a aussi un Aga qui commande trois ou quatre cens Spahis. Les Turcs ont encore une autre sorte de Cavalerie, qui s'appelle *Gingulier*, c'est-à-dire, Gens de courage, commandez par deux Agas, & ils sont d'ordinaire trois mille, tant à Bagdad qu'aux villages circonvoisins. Les Clefs de la porte de la ville & du pont sont entre les mains d'un autre Aga qui a sous lui deux cens Janissaires. Pour ce qui regarde le Gouvernement civil, il n'y a qu'un Cadi ou Président qui fait tout, & même la Charge de Mufti, avec un Tesferdar ou Tresorier, qui reçoit les revenus du Grand Seigneur. La ville est fort marchande ; mais beaucoup moins que lorsqu'elle étoit au Roi de Perse, la plûpart des riches Marchands aïant été tuez quand le Turc la prit. On y vient pourtant de tous côtez, soit pour le negoce, soit pour la dévotion, tous ceux qui suivent la secte d'Ali, étant persuadez qu'il a demeuré à Bagdad. D'ailleurs quand ils veulent aller par terre à la Mecque, ils sont obligez de passer par là, & chaque Pelerin paye au Bacha quatre piastres. Il y a deux sortes de Mahometans dans Bagdad. Les uns qu'on appelle Observateurs de la Loi, & qui sont semblables dans toutes leurs manieres d'agir à ceux de Constantinople. Ils ne sont point scrupuleux, & conversent, mangent & boivent indifferemment avec tout le monde. Les autres qu'on appelle *Rafedis*, c'est-à-dire Heretiques, ne veulent ni manger ni boire avec les Chrétiens, & même ils ont beaucoup de peine à se resoudre de manger avec les autres Mahometans. S'il leur arrive de boire dans un même vase qu'eux ou de les toucher, ils se croïent immondes, & vont incontinent se laver.

Voici ce qu'ils ont de particulier dans leurs funerailles. Quand le mari est mort la femme se décoiffe, laissant ses cheveux épars, & se va norcir le visage à un chaudron, après quoi elle fait des sauts qui sont incroïables. Tous les parens & amis, & le voisinage entier s'assemblent dans la maison du défunt, & se retirent à part en attendant qu'on fasse les funerailles ; mais les femmes à l'envi l'une de l'autre se frappent les joües, crient comme des Bacchantes, & puis tout d'un coup se mettent à danser au son de deux tambours, qui sont à peu près comme des tambours de basque, & que des femmes battent durant un quart d'heure. Cependant l'une d'entr'elles, qui est accoûtumée à ce badinage, entonne des airs lugubres & les autres lui répondent en redoublant leurs cris qui s'entendent de fort loin. Les enfans du Mort font d'autres extravagances qui les font paroître hors d'eux-mêmes, & ils sont obligez d'agir de la sorte pour n'être pas accusez de n'avoir point eu d'amitié pour leur pere. Dans le temps qu'on porte le corps en terre, quantité de pauvres s'avancent avec des bannieres & des croissans au bout de grands bâtons comme des piques, & en marchant ils chantent quelques airs funebres, les femmes n'assistent point à l'enterrement, ne pouvant sortir que le Jeudi qu'elles vont aux sepulcres prier pour les Morts.

Il y a trois sortes de Chrétiens dans Bagdad, des Nestoriens, qui ont leur Eglise ; des Armeniens & des Jacobites qui n'en ont point. Ils viennent chez les Capucins qui leur administrent les Sacremens.

Les Chrétiens vont souvent en devotion à un quart de lieuë de la ville, où il y a une Chapelle dédiée à un Saint qu'ils appellent *Keder Elias*, & pour en avoir l'entrée ils payent quelque chose aux Turcs qui en ont les clefs. Si quelqu'un d'eux meurt, tous les autres viennent à son enterrement, & au retour le soupé se trouve prêt à la maison du défunt où chacun est bien reçu. Le lendemain ils retournent prier sur la fosse, où ils vont encore le troisiéme jour, & ce jour-là on donne à diner à tous ceux qui y viennent. Il s'y trouve quelquefois jusqu'à cent cinquante personnes. Ils reïterent les mêmes ceremonies le septiéme, le quinziéme, le trentiéme & quarantiéme jour, étant fort attachez à faire des prieres pour les morts. Il y a aussi des Juifs dans Bagdad, & tous les ans il en arrive quantité qui viennent au sepulcre du Prophete Ezechiel, distant de la ville d'une journée & demie.

Depuis qu'elle a été prise par Amurath, le nombre de ses habitans ne peut guere aller qu'à quinze mille personnes ce qui fait voir qu'elle n'est pas peuplée selon sa grandeur. On peut dire en general qu'elle est mal bâtie. Tout ce qu'on y voit de beau, ce sont les Bazars qui sont tous voutés, sans quoi les Marchands n'y pourroient durer à cause de la chaleur. Il faut même les arroser deux ou trois fois chaque jour, & quantité de pauvres gens ont des gages pour le faire. Il y a dix Caravanseras assez mal bâtis, à la reserve de deux qui sont fort commodes, & cinq Mosquées, deux desquelles sont assez belles & ornées de grands Dômes couverts de tuiles vernissées de differentes couleurs. Comme par la loi des Mahometans le mari est obligé de coucher avec sa legitime épouse, particulierement la nuit du Jeudi au Vendredi, les femmes ne manquent point d'aller aux bains le Vendredi matin pour se laver, ce qu'elles font en se jettant quantité d'eaux de senteur sur le corps & sur la tête. Elles peuvent encore sortir quelquefois quand leur mari leur permet de rendre visite à leurs parens ; mais en allant par la ville elles se couvrent d'un linceul depuis les pieds jusqu'à la tête. Il y a deux trous à l'endroit des yeux, afin qu'elles voyent à se conduire, & un mari ne reconnoîtroit pas lui-même sa femme dans cet équipage. Il faut remarquer que dans la Perse, les femmes, à moins que d'être fort pauvres, demeureroient plûtôt toute leur vie renfermées, que de sortir sans être à Cheval. Il y a une marque par laquelle on peut facilement discerner une honnête femme d'avec une Courtisane. La Courtisane met toûjours le pied dans l'étrier, & l'honnête femme ne le met jamais que dans les courroyes ausquelles l'étrier est attaché. Les femmes de Bagdad sont à leur mode fort superbement vêtuës. Non seulement elles portent des joyaux aux oreilles & aux bras ; mais elles ont aussi un collier autour du visage, & se font percer les narines où elles attachent des anneaux. Les femmes Arabes se contentent de se faire percer l'entre-deux des narines, où elles passent un an-

anneau d'or de la grosseur d'un tuiau de plume qui est creux pour épargner l'or, & le rendre plus leger. Pour une plus grande beauté, elles se noircissent le tour de l'œil, & dans le désert tant les hommes que les femmes, ils s'en mettent jusque dans les deux yeux pour se conserver la vuë, à ce qu'ils disent contre la trop grande ardeur du Soleil. A deux journées de la ville, il y a une Eglise ruinée avec un méchant village, & ceux du Païs tiennent que St. Simon & Saint Jude ont été martyrisez & enterrez en ce lieu-là.

A une journée & demie de la pointe de la Mesopotamie & dans une distance presque égale de l'Euphrate & du Tigre, environ à dix milles d'Italie de part & d'autre, on voit une grosse motte de terre, qu'on appelle encore aujourd'hui Nemrod. Elle est au milieu d'une grande Campagne & on la découvre de fort loin. Le vulgaire croit que ce sont les restes de la Tour de Babylone, à laquelle on donne aussi d'ordinaire le nom de Bagdad, quoique cette ville en soit éloignée de plus de trois grandes lieuës. Ce que disent les Arabes, qui l'appellent AGARCOUF, a plus d'apparence. Ils tiennent que cette Tour a été bâtie par un Prince Arabe, qui y tenoit un fanal pour assembler ses Sujets en temps de guerre. Voici en quel état elle étoit lorsque Tavernier l'a vuë. Cette Masse avoit environ trois cens pas de circuit; mais comme elle étoit tombée en ruine, & que ce qui demeuroit sur pied ne pouvoit avoir au plus que dix-huit ou vingt pieds de haut, il n'est pas facile de juger de son ancienne hauteur. Elle est bâtie de briques, qui n'ont pas été cuites au four, mais sechées au Soleil, & chaque brique a dix pouces de Roi en quarré, & trois d'épaisseur. La fabrique étoit de cette maniere; sur un lit de cannes ou de roseaux concassez & mêlez avec de la paille de bled, de l'épaisseur d'un pouce & demi, il y a sept ordres ou rangs de ces briques, les unes sur les autres, & un peu de paille entre chacune. Ensuite est un autre lit, ou couche de mêmes roseaux, avec six rangs de briques dessus, puis une troisiéme couche, suivie de cinq autres rangs de briques; & cela continué ainsi en diminuant jusques au haut. Il est difficile de juger de la forme du bâtiment, à cause que les pieces en sont tombées de chaque côté. Il semble pourtant qu'il ait été plûtôt quarré que rond. Au plus haut de ce qui reste, il paroît encore une fenêtre & un petit trou de demi pied en quarré, qui servoit apparemment à faire écouler les eaux, si ce n'est que ce fût un trou que l'on avoit fait pour quelque échaffaudage. Il n'y a nulle apparence que ce reste d'édifice, quoiqu'on l'appelle vulgairement Tour de Babylone, soit le reste de l'ancienne Tour qui portoit ce nom, puis qu'il est si peu conforme à la description que Moïse en fait dans l'Histoire de la Genese.

§ Bien des Auteurs se sont trompez en confondant Bagdad avec Babylone. Mr. Bespier a rassemblé & repris plusieurs erreurs touchant cette ville dans une seule remarque que j'insererai ici. Ne croyez pas, dit-il[a], que Bagdad soit l'ancienne Babylone: car Babylone étoit bâtie sur l'Euphrate & Bagdad est sur le Tigre. Il y a bien plus d'apparence que *Bagdad* est SELEUCIE. Voyez là dessus Bochart[b]. Au lieu de Bagdad Petrarque dit *Baldac*, aussi bien que l'Archevêque de Florence St. Antonin[c] qui dit que *Baldach civitas est ubi corpus Mahometi colitur*, c'est-à-dire *Baldach est une ville où le corps de Mahomet est reveré*: il dit en un autre endroit[d] *Mecha ubi Mahometi Sepulchrum in libro quodam* c'est-à-dire *la Meque où un certain livre dit qu'est le Sepulchre de Mahomet*. Il se trompe aussi bien que le livre dont il parle, car le corps de Mahomet n'est point à Bagdad, ou à *Baldach*, ni à la Meque, mais à Medine. Marc Paul Venitien donne le nom de *Baldach* à Suse, & Herbert l'appelle *Valdac*, mais ils se trompent tous les deux, car Baldac & Bagdad sont la même chose. Elmacin remarque que Bagdad a été bâtie par le Calife Abugiafar-Almanzor l'an de l'Hegire 145. & de J. C. 762. il ajoute qu'elle fut nommée Bagdad du nom d'un Hermite qui avoit une Cabane dans un pré où elle fut fondée. Il est vrai qu'il dit qu'Almanzor lui donna le nom de MEDINATOSSALAMI, c'est-à-dire de Ville de Paix. Mais cela n'empêche pas qu'elle ne retînt le nom de Bagdat. C'a été là que les Califes ont fait leur demeure. Voiez KARCK.

BAGDADEG[e], Riviere d'Asie. Elle entre dans le Gihon au dessous de Bikunt.

BAGE[f], petite ville de France dans la Principauté de Dombes. Elle est située en une plaine à deux petites lieuës de Mâcon.

BAGELA[g], pays de l'Abissinie; on l'appelle aussi BACLA; c'est le plus avancé de tout le Gouvernement du Barnagas, ou General de la Côte & il a au couchant le Roiaume de Mazagan selon Hierome Lobo.

1. BAGES[h], Bourgade du Bas Languedoc située proche d'un Etang qui porte aussi le nom de Bages.

2. BAGES[i], Etang du Bas Languedoc, & que l'on croit être le *Rubrensis Lacus* des Latins. Il a trois lieuës de long du Septentrion au Midi & donne passage à un Canal de l'Aude qui vient de Narbonne. Ce même Etang est nommé aussi l'Etang de Sigean à cause d'un Bourg de ce nom qui en est peu éloigné & il se décharge dans la Mer mediterranée par le passage dit le Grau de la nouvelle.

BAGHAR[k], Ville de l'Asie dans la grande de Tartarie entre des montagnes & au pays de Karakitai selon quelques Auteurs recens.

LE BAGHARGAR[l], pays fort étendu de la grande Tartarie. On l'appelle autrement le Roiaume de Tangut. Il s'étend de l'Occident à l'Orient & est borné au Septentrion par les Kaimachites, au Levant par le Royaume de Tenduc, au Midi par la Chine & au Couchant par le Roiaume de Thibet. Sa ville Capitale est Tangut selon quelques Auteurs; mais on peut dire avec verité que nous n'avons rien de bien certain de tous ces pays de la grande Tartarie où les Européens ne vont point.

BAGIA, Promontoire de la Carmanie selon Ptolomée[m]. Arrien dit qu'il y avoit une roche consacrée au Soleil.

BAGIAH & BAGIAIAH[n], Ville de l'Afrique propre sur une Coline dont le pied est dans la Mer. Elle abonde cependant en eau douce

---

[a] Remarques sur l'Etat pres. de l'Emp. Ottom. par Ricaut T. 1. p. 88.

[b] Geog. Sacr. l. 1. c. 8.
[c] 3. part. fol. 54.
[d] Fol. 37.
[e] Hist. de Timur Beg. T. 2. P. 2.
[f] Corn. Dict.
[g] Baudrand Ed. 1705.
[h] Corn. Dict.
[i] Ibid.
[k] Baudrand Ed. 1705.
[l] Ibid.
[m] l. 6. c. 8.
[n] d'Herbelot Bibl. Orient.

douce dont il y a une source dans son enceinte outre les aqueducs qui y en portent des montagnes voisines. Il y a un petit port & une assez bonne rade. C'est la ville que les Anciens ont appellée BAGA & VAGA, & nous l'appellons aujourd'hui BUGIE. Léon d'Afrique l'appelle BEGGIA. Le pays où elle est située s'appelle aussi par les Arabes *Magreb Ausath*, c'est-à-dire l'Afrique du milieu; ce sont les Zeirides qui ont bâti *Bugie* en l'état qu'elle est aujourd'hui.

§ Il ne faut pas la confondre avec la *Bagai*, ou *Bagaia* de Numidie.

a Ibid.

BAGIAT[a], petit pays qui s'étend entre l'Ethiopie & la Nubie à l'Occident de la Mer Rouge. Les peuples de ce pays sont fort hardis & entreprenans, car ils font des courses frequentes sur leurs Voisins. On les apelle au grand Caire les FONGES. Et le Bey ou Bacha de Girge est souvent obligé d'envoier des troupes pour reprimer leurs insolences. Jacuthi apelle ce pays-là BAGIAVAT d'où les chameaux que l'on en tire sont appellez Bagiaviah. Pline fait mention de Bagada entre les Arabes & les Ethiopiens. Edrissi dans son premier Climat met ce pays à l'Orient de la ville d'Aswan, & y place la montagne d'Alaki; ce qui ne s'accorde pas tout à fait avec les autres Géographes.

§ Ce pays n'est gueres different de BAGELA. Voiez au mot FUNGI.

BAGIENNI. Voiez BATIENNI.

b l. 5. c. 13.

BAGINNA, Ville de la grande Armenie selon Ptolomée[b]. Quelques exemplaires portent BATINNA.

c in Indicis.

BAGISARA, port de la Carmanie selon Arrien[c].

BAGISTAMA. Voiez l'Article suivant.

d Ortel. Thesaur.
e l. 2.
f l. 17.

BAGISTANUS[d], montagne d'Asie entre la ville de Babylone & la Medie. Elle étoit consacrée à Jupiter selon Diodore de Sicile[e]. Le même Auteur parle ailleurs[f] de Bagistama contrée, delicieuse, & qui vraisemblablement, à juger par la ressemblance du nom, étoit voisine de cette montagne.

g Baudrand Ed. 1705.

BAGNABEBUSSO[g], ou BILIBUSSA, anciennement HERACLEA SINTICA; Ville de la Turquie en Europe sur la Riviere de Stomona dans la Macedoine sur les confins de la Roïmanie & de la Bulgarie.

Ibid.

BAGNACAVALLO, Château & Bourg de l'Etat de l'Eglise au Duché de Ferrare, mais presentement enfermé dans la Romagne, sur la petite Riviere de Seno à neuf milles de Fayence vers le Septentrion, & à quinze de Ravenne vers le Couchant.

h Corn. Dict. Tavernier T. 2. l. 1. c. 10.

BAGNAGAR[h], Ville d'Asie dans l'Indoustan capitale du Roïaume de Golgonde. On l'appelle aussi GOLGONDE, du nom de la Forteresse, qui n'en est éloignée que de deux lieuës, & où le Roi fait sa residence. Cette Forteresse est d'une difficile garde, à cause de son circuit, qui est fort grand. La ville de Bagnagar fut commencée par le bisaÿeul du Roi, qui regnoit il y a 30. ou 40. ans, (il faut se souvenir de la remarque que j'ai faite sur la date de Tavernier à l'Art. *Bagdad*) à la solicitation d'une de ses femmes, qu'il aimoit avec passion, & qui s'appelloit *Nagar*. Ce n'étoit auparavant qu'un lieu de plaisance, où

le Roi avoit de beaux Jardins, & cette femme lui representant souvent que l'endroit étoit beau à cause de la riviere, pour y bâtir un Palais & une ville, il en fit poser les fondemens, & l'appella *Bag-Nagar*, c'est-à-dire, *Jardin de Nagar*, afin qu'elle portât le nom de sa femme. Ses murailles sont baignées d'une grande riviere, qui se va jetter dans le Golfe de Bengale, proche de Mazulipatan. On la passe dans la ville sur un grand Pont de pierre, qu'on peut appeller fort beau. Cette ville est assez grande, bien bâtie & bien percée; & l'on y voit plusieurs grandes ruës, mais qui n'étant point pavées, non plus que toutes celles des autres villes de Perse & des Indes, sont pleines de sable & de poussiére, ce qui est très-incommode en Eté. Avant que de venir à ce Pont, on passe un grand fauxbourg, qu'on appelle *Erengabad*. Il a une lieuë de long, & tous les Marchands & les Ouvriers y logent, ainsi que le menu Peuple, la ville n'étant habitée que par les personnes de Condition. Il y a dans ce fauxbourg deux ou trois belles Mosquées, qui tiennent lieu de Caravanseras aux Etrangers, & on voit plusieurs Pagodes dans le voisinage. Depuis dix ou onze heures du matin jusqu'à quatre ou cinq heures du soir, les Marchands, & les Courtiers viennent à la ville pour negocier avec les Etrangers, après quoi ils retournent chez eux dans ce grand fauxbourg.

Quand on a passé la riviere sur le Pont, on entre d'abord dans une grande ruë, qui mene au Palais du Roi. On voit à main droite des maisons qui appartiennent à quelques Seigneurs de la Cour, & quatre ou cinq Caravanseras à deux étages, dans lesquels il y a de grandes Salles & des Chambres où l'on a de la fraîcheur. Au bout de cette ruë est une grande Place, sur laquelle regne un des côtez du Palais, au milieu duquel il y a un Balcon où le Roi se vient asseoir, quand il veut donner audience au Peuple. Ce n'est pas sur cette Place que donne la grande Porte du Palais, qu'on peut appeller avec raison, maison Roïale, mais sur une autre qui est tout proche. Elle donne entrée dans une grande Cour, toute entourée de Portiques, sous lesquels se tient la garde du Roi. On passe de cette Cour à une autre de même structure, autour de laquelle sont plusieurs appartemens, dont le toit est en terrasses, sur lesquelles, comme sur celles du quartier où l'on tient les elephans, il y a de beaux jardins, & de si gros arbres, qu'on a peine à concevoir comment ces voûtes pouvoient porter tant de charge. Vers les premieres années du seizieme siécle, on commença dans la ville une superbe Pagode, & la plus grande de toutes les Indes; si elle étoit achevée; mais la fille aînée du Roi de Golgondé aïant épousé un des parens du Grand Chek de la Mecque, ce Chek qui devint Ministre d'Etat, menaça tout le Roïaume d'une grande calamité, si l'on s'obstinoit à poursuivre cet ouvrage, & cela fut cause qu'on le laissa imparfait. Il y a des pierres dans cet édifice à admirer pour leur grandeur, & sur tout celle de la niche, qui est l'endroit où l'on devoit faire la priere, est d'une grosseur si prodigieuse, qu'on a été cinq ans à l'arracher de l'endroit

BAG.

droit qui l'a fournie, quoi qu'on ait employé continuellement à ce travail, cinq ou six cens hommes. Aussi est-ce une Roche tout entiere. On eut une peine inconcevable pour la rouler sur la machine, dont on se servit pour la transporter à la Pagode. Ceux du Païs disent qu'il y avoit quatorze cens bœufs à la tirer.

De l'autre côté de la ville, par où l'on va à Mazulipatan, il y a deux grands étangs qui ont chacun environ une lieuë de tour, & sur lesquels on voit plusieurs barques enjolivées pour le plaisir du Roi, & le long des bords quantité de belles maisons qui appartiennent aux principaux de la Cour. Il y a un si grand nombre de femmes publiques, tant dans Bagnagar & dans les fauxbourgs, que dans la Forteresse qui est comme une autre ville, on tient qu'il s'en trouve ordinairement plus de vingt mille écrites sur le livre du Deroga, sans quoi il n'est permis à aucune femme de faire ce métier-là. Elles ne payent point de Tribut au Roi; mais elles sont obligées tous les Vendredis de venir un certain nombre avec leur Intendante se presenter dans la place devant le balcon. Si le Roi y vient, elles dansent pour le divertir, & s'il n'y vient pas, un Eunuque leur fait signe de la main qu'elles ont permission de se retirer. On les voit le soir à la fraîcheur devant les portes de leurs maisons, qui sont pour la plûpart de petites huttes, devant lesquelles elles mettent une lampe allumée pour signal quand la nuit vient. C'est aussi en ce temps-là que l'on ouvre toutes les boutiques où l'on vend le Tari. C'est une boisson faite du fruit d'un arbre, & qui est aussi douce que nos vins nouveaux. On l'apporte de cinq ou six lieuës dans des outres sur des chevaux, qui en portent un de chaque côté, & vont le grand trot. Il en entre tous les jours cinq ou six cens dans la ville. L'impôt qui est mis sur cette boisson produit au Roi un revenu très-considerable, & c'est principalement à cet égard qu'on souffre tant de femmes publiques, à cause qu'il se consume beaucoup de Tari à leur occasion, ce qui oblige ceux qui le vendent à tenir leurs boutiques dans leur voisinage. Ces sortes de femmes sont si adroites & ont tant d'agilité, que lorsque le Roi qui regnoit à un quarante ans voulut aller voir Mazulipatan neuf d'entr'elles entreprirent de representer un éléphant, à quoi elles réüssirent parfaitement bien. Il y en eut quatre qui firent les quatre jambes, & quatre autres le corps, & une la trompe, & le Roi fit son entrée dans la ville, monté sur cet éléphant artificiel dans une maniere de Trône. A trois lieuës de Bagnagar, il y a une très-belle Mosquée où sont les tombeaux des Rois de Golgonde, & tous les jours à quatre heures après midi, on y donne du pain & le pilau à tous les pauvres qui se présentent. Il faut choisir un jour de fête pour aller voir ces tombeaux, qui sont alors couverts de riches tapis depuis le matin jusqu'au soir. A quatre cosses ou lieuës de la même ville est un fort beau lieu qu'on appelle *Tenara*. On y voit quatre maisons, accompagnées chacune d'un grand Jardin. L'une des quatre, qui est à gauche le long du grand

chemin, est beaucoup plus belle que les autres. Aussi est-elle pour la Reine, & personne n'y peut loger. On a permission d'y entrer quand elle n'y est pas. Le Jardin est fort beau, & il y a quantité de belles eaux. Elle est bâtie de pierre de taille, & à double étage, avec de grandes galleries, de belles Salles, & de belles Chambres. Devant la face du logis est une grande Place quarrée, à peu près comme la Place Roïalle de Paris. A chacune des trois autres faces, il y a un grand Portail, & de côté & d'autre une belle platte-forme, relevée de terre de quatre ou cinq pieds, & très-bien voutée. C'est où les Voïageurs de qualité ont accoûtumé de prendre leur logement, s'ils n'aiment mieux faire dresser leurs tentes dans les Jardins. Autour de la Place sont de petites chambres pour les pauvres voïageurs, à qui tous les jours vers le soir on fait l'aumône de pain, de ris ou de legumes, qu'on leur fait cuire. Quant aux Idolâtres, qui ne mangent rien que de ce qu'ils ont apprêté eux-mêmes, on leur donne de la farine pour faire du pain, & un peu de beurre, qu'ils font fondre pour en froter leur pain de côté & d'autre sitôt qu'il est cuit.

§ Cette ville aussi bien que tout le Roiaume de Golconde est presentement une Annexe de l'Empire du Mogol depuis la conquête qu'en a faite Orangzeb.

BAGNAKIAH, Peuples de l'Asie. Ils habitent selon Mr. d'Herbelot[a], entre le pays des Khozariens, & celui des Grecs confinant aussi vers le Septentrion avec les Rus qui sont les Russiens & les Moscovites. Ces peuples, continue le même Auteur, sont les Tartares que nous apellons aujourd'hui Nogaiens ou Nagaiski qui s'étend en deça & au delà du Wolga vers ses embouchures dans la Mer Caspienne.

[a] *d'Herbelot Bibl. Orient.*

BAGNARA[b], petite ville du Roiaume de Naples dans la Calabre Ultérieure avec titre de Duché. Elle est sur la côte de la Mer de Toscane entre Gioia & Rhegio.

[b] *Baudrand Ed. 1705.*

BAGNAREIA, Ville d'Italie dans l'Etat de l'Eglise & dans la Province du Patrimoine de St. Pierre avec un Evêché relevant immediatement du St. Siege. Elle est située sur une Colline près du Ruisseau de Chiaro, fort petite & mal peuplée, au territoire d'Orviete entre Monte Fiascone au Midi & Orviete au Septentrion; à six milles de chacune de ces deux villes & à dix de Viterbe vers la Tramontane. On la prend pour l'ancienne NOVEMPAGI de Pline. C'est la patrie de St. Bonaventure Religieux de l'Ordre de St. François, il en fut Ministre general fort jeune, & s'aquit une telle estime qu'après la mort de Clement IV. que le Conclave ne pouvant s'accorder sur le choix d'un nouveau Pontife après deux ans neuf mois & deux jours d'irresolution, convint enfin par les exhortations de ce Saint homme de donner pouvoir à six Cardinaux d'élire par voie de compromis & ce choix tomba sur Gregoire X. Ce Pape le fit Cardinal & le mena avec lui au Concile de Lyon. L'homme de Dieu y mourut avant la cinquieme Session & son éloge se trouve dans les Actes du Concile dont les Peres assisterent avec le Pape à ses funerailles qu'ils honorerent de leurs larmes. Sixte IV. le mit

BAG.

au Catalogue des Saints, & Sixte V. au nombre des Docteurs de l'Eglise.

§ Mr. Corneille n'est point exact en parlant de ce Saint, car il dit que le St. Siege aiant vaqué près de trois ans après la mort du Pape Clement V. les Cardinaux qui ne purent s'accorder sur le choix d'un successeur s'en reposerent sur Bonaventure s'engageant par un compromis solemnel de se soumettre à celui qu'il voudroit élire quand même il se nommeroit. Ce Saint homme, continue Mr. Corneille, n'abusa point du pouvoir qu'il avoit de s'élever à la premiere Dignité de l'Eglise. Il choisit Thibaud Archidiacre de Liége qui étoit alors dans la Terre Sainte & qui prit le nom de Gregoire X. Outre qu'il faloit dire Clement IV. Clement V. n'ayant été élu que trente & un ans après la mort de St. Bonaventure, le compromis tel que Mr. Corneille le raporte me paroit moins vraisemblable que de la maniere que j'ai dit qu'il arriva; de quoi j'ai pour garant le P. Pagi [a].

[a] Breviar. Pont. Rom. T. 3. p. 387.
[b] Baudrand Ed. 1705.

1. BAGNERES ou BAGNIERES [b], en Latin *Aquensis Vicus*, ou *Aquæ Bigerronum*, ville de France au Comté de Bigorre en Gascogne, dans la vallée de Campan sur la Riviere de l'Adour, à une lieue au dessous de Campan au Septentrion & vers Tarbes d'où elle est à quatre lieuës. Mr. l'Abbé de Longuerue [c] dit qu'elle est nommée *Bagneres* à cause de ses bains ou de ses eaux salutaires & minerales qui étoient connues des Romains, qui appelloient ce lieu à cause de ses eaux *Vicus Aquensis* comme on voit par une ancienne inscription; & par deux autres, poursuit cet Auteur, on apprend qu'on adoroit au même endroit le Dieu Aghon dont on ne trouve point le nom ailleurs. Mr. Pigniol de la Force [d] confond *Aquensis Vicus* avec *Aquæ Convenarum*. C'est, dit-il, après Tarbes le lieu le plus considerable de la Bigorre & c'est à ses eaux & à ses Bains qu'elle doit tout ce qu'elle est. Il se trompe; *Aquæ Convenarum* est Bagneres dans le Comté de Commingeс dont je parle dans l'Article suivant. Voici ce qu'il dit des bains que l'on trouve dans la ville de Bagneres & aux environs [e]; *les deux bains des Pauvres*, ceux *de la Goute, de St. Roch, de la Reine & de l'Ane* sont au pied de la montagne la plus proche de Bagnieres. Le Bain *du Salut*, est à un quart de lieue de cette ville. Celui *de la Forge*, le *grand & le petit Bain*, sont dans Bagneres même. Entre les eaux de tous ces Bains on n'a trouvé de diference que dans le degré de chaleur, car d'ailleurs elles sont limpides & sans saveur manifeste. Un Curieux aiant mis des piéces d'argent, d'étain, & de cuivre dans l'eau de tous ces bains à leurs sources, elles n'y changerent point de couleur. Aucune de ces eaux ne tire la teinture de la noix de galle, ni de l'écorce de grenade. Elles ne rétablissent point des teintures après qu'on y a ajouté quelques parcelles de vitriol blanc, ou de couperose. Elles ne font ni jaunir, ni rougir la teinture de tournesol, ni verdir celle de violette & ne font aucun changement sur la teinture de Roses, ni sur le Sirop violat. Enfin elles ne fermentent point avec aucune dissolution Alkaline; telles que l'eau de chaux, l'huile de Tartre &c. non plus qu'avec les dissolu-

[c] Desc. de la France 1. part. p. 205.
[d] Desc. de la France T. 4. p. 214.
[e] Ibid. p. 137. & 138.

BAG.

tions acides, telles que le vinaigre distilé, l'esprit de soufre, celui de sel, la dissolution d'Alun & celle de Crystal de tartre. Ces Bains sont très-salutaires & on y va deux fois l'année au printemps & en Automne.

2. BAGNERES, en Latin *Aquæ Convenarum* [f], Bourg de France dans le haut Comminge dans la vallée de Luchon, à cause de quoi on l'appelle quelquefois Bagneres de Luchon pour le distinguer de Bagneres dans la Bigorre. Il est au pied des Pirenées, entre les vallées d'Aran, de Lisse, & de l'Arbouste; assez près des sources de la Garonne; à cinq lieues de Gascogne & au Midi Oriental de St. Bertrand aux frontières de l'Arragon.

[f] De l'Isle Atlas.

BAGNEUX [g], Village de l'Isle de France dans la Banlieue de Paris au Midi. La maison la plus remarquable est celle de Mr. de Zurbeck Lieutenant General. La maison est assez reguliere & le Jardin est du dessein de le Nautre. Sur la hauteur il y a un bois où se forme une Etoile. Dans le milieu est un Cadran qui montre l'heure qu'il est dans douze faces differentes.

[g] Pigniol de la Force Desc. de la France T. 2. p. 250.

☞ BAGNI, ce nom est Italien & signifie proprement *les Bains*, ou un lieu dans lequel il y a des sources d'eaux minerales & des bains salutaires. Ainsi il est commun à beaucoup de lieux en Italie. Voici ceux que me fournit Leandre dans sa Description. Je n'y ajouterai que les articles de ceux qui ne sont pas expliquez ailleurs.

BAGNI D'ABANO. Voiez ABANO.

* BAGNI DEL AJUTO DEL HUOMO.

* BAGNI DI AQUARIO.
* BAGNI DELL' ARCO.
* BAGNI DELL' ARCOLO.

BAGNI D'ASINELLO, en Latin *Aquæ Viterbienses* [h]. Bains près de la ville de Viterbe en Italie dans l'Etat de l'Eglise au Patrimoine de St. Pierre. Quelques Auteurs croient que l'ancienne ville d'Etrurie, nommée *Fanum Voltumna*, doit être la même où sont à present les Bains d'Asinello; d'autres la mettent à Viterbe.

[h] Baudrand Ed. 1705.

* BAGNI D'ASTRUNO.
* BAGNI DI BAGNOLO.
* BAGNI DELLA BOLLA, ou BULLA.

BAGNI DI BORMIO. Voiez BAGNI DI S. MARTINO.

* BAGNI DI BRANCULA.

BAGNI DI CAIE, on les nomme presentement LES BAINS DE BOLICANO: on leur atribue de grandes vertus, entre autres celle de briser la pierre; c'est ce que le Faccio a exprimé dans ces vers [i].

[i] l. 3. cant. 10.

Un Bagno v'è che passa ogni consiglio
Contra'l mal de la pietra però ch'esse
La trita, e rompe come gran di miglio.

Voyez au mot BOLICANO.
* BAGNI DI CALATURA.
* BAGNI DI CANTERELLI.

BAGNI CERETANI, ces Bains ont été ainsi nommez parce qu'ils étoient dans le voisinage de *Cere*, aujourd'hui *Cervetere*, ville des

an-

anciens Cerites. Ces Bains ont été aussi nommez en Latin BALNEA SABATINA, du nom de la contrée apellée *Sabatia* où est le Lac *Sabatin*, aujourd'hui Lac de *Bracciano*; Leandre dit qu'ils ont été aussi nommez BAGNI STIGIANI. Strabon[a], qui parle de la ville de Cere comme d'une place dont il ne restoit plus que les masures, dit qu'on ne laissoit pas de frequenter les bains qui en étoient proches & qu'on y alloit pour rétablir sa santé ; & il les apelle Καιρετανὰ θερμά.

BAGNI DI CICERONE, c'est ainsi qu'on apelle vulgairement LES BAINS qui sont sur la route de Tripergola à Aversa après avoir passé l'hôpital, à main droite du grand chemin. Les Medecins les nomment 1 BAGNI DI TRITOLI, on les nomme aussi DI PRATO, parce qu'ils sont dans les prairies. Leur nom ordinaire de *Bains de Ciceron* est fondé premierement sur l'usage du peuple & en second lieu sur le raport de Bocace qui dans son livre des fontaines dit que ce nom leur est venu de ce qu'ils étoient dans la maison de campagne de Ciceron nommée Academie. Il est vrai qu'ils ne furent pas faits du vivant de cet Orateur ; mais après sa mort, *Antistius* surnommé *Vetus*, c'est-à-dire l'ancien, qui lui succeda dans la possession de cette terre, les fit faire & *Laurea Tullius*, Affranchi de Ciceron, meilleur Poëte que son Maître, les honora d'une inscription que Pline[b] nous a conservée. Ces eaux que Pline nomme *Ciceroniana Aqua*, guerissoient les maux des yeux. C'est à quoi Laurea fait allusion. Voici ses vers :

Quod tua, Romanæ vindex clarissime Linguæ,
Sylva loco melius surgere jussa viret :
Atque Academiæ celebratam nomine villam
Nunc reparat cultu sub potiore Vetus :
Hic etiam apparent lymphæ non ante repertæ,
Languida quæ infuso lumina rore levant.
Nimirum locus ipse sui Ciceronis honori
Hoc dedit, hac fontes cum patefecit ope.
Ut, quoniam totum legitur sine fine per Orbem,
Sint plures, oculis quæ medeantur, Aquæ.

On ne peut rien imaginer de plus délicat que cette pensée : à savoir qu'à present que les ouvrages de Ciceron sont lus sans cesse dans tout l'Univers, cette source a commencé à paroître, afin qu'il y ait plus de remedes pour le mal des yeux. Le passage cité de Pline sert à remplir une abreviation qui se trouve dans Isidore au livre XIII. de ses Origines[c], où l'on lit in *Italia fons Cicer. oculorum vulnera curat. Cicer.* est là pour *Ciceronianus*, écrit en abregé. Leandre qui, pour le dire en passant, estropie un peu les noms, & change Antistius en Antisteo, & Laurea-Tullius en Laurina, donne la description suivante de ces Bains[d]. Ce lieu est, dit-il, extremement beau & creusé dans la roche avec beaucoup d'art. Il y avoit des figures d'hommes qui montroient de la main partie du corps à laquelle cette eau est salutaire. Ces Bains sont fort déperis à present & on n'y voit plus que quelques restes des anciennes peintures dont ils étoient embellis: les eaux n'y sourdent qu'une fois par jour & de même la nuit selon le commencement & la fin de la Lune. Ces eaux sortent chaudes avec beaucoup de fumée & entrent dans un bassin menagé dans le roc ; & lorsqu'il est plein une partie s'en écoule par une rigole qui va vers la Mer, & une autre partie retourne au lieu d'où elle vient. Au dessus de ce Bain après qu'on a monté quelques marches, est une grote taillée aussi dans le vif du Roc, haute de six pieds large de cinq, & qui va en serpentant. On y sent une agréable odeur. Quand on y entre, si l'on est debout on commence à suer ; mais si on marche baissé contre le plancher, on se sent rafraichir. Après que l'on est entré à main droite & que l'on a un peu descendu on voit une eau belle & claire, si chaude qu'on peut à peine y toucher. Plusieurs croient que c'est ce qui descend des Bains de Ciceron par des tuiaux secrets. Quand on veut se baigner il faut, après avoir marché deux pas, prendre le chemin à droite, & marchant devant soi on arrive à une pierre nommée *il Cavallo*, c'est-à-dire *le Cheval*; & passant plus loin sur de la poussiere chaude on trouve le fond de la Grote de ce côte-là; mais en se tournant vers l'endroit d'où l'on est parti, on voit une fosse assez profonde & large où est une autre Grote qui s'étend vers le Midi, & dans laquelle sans aucun froid, ni chaud vehement, sans aucun vent, ni mouvement d'air, il s'éleve une flame qui monte aussitôt en-haut, fond la cire des flambeaux que l'on y porte pour voir, & la lumiere s'éteint ; & quiconque oseroit passer plus loin tomberoit mort, & suffoqué par un vertige & une defaillance. Ce lieu est reservé à suer, & cette sueur est propre à guerir diverses maladies, purge les humeurs, fortifie la tête & l'estomac, guerit les catharres, chasse les flegmes, réjouit le Cerveau & soulage les gouteux & les Hydropiques. On voit à main droite quelques trous d'où il sort de grosses vapeurs avec une si grande chaleur qu'on diroit de l'eau qui s'éleve à gros bouillons d'une Chaudiere. Ces lieux pour suer étoient fort estimez des Anciens. Quelques-uns croient que l'ancien nom étoit BAGNI DI FRITOLE, parce que l'on y facilitoit la sueur par des *Frictions*. Mais à present on les nomme, comme il a été dit au commencement de cet Article, *Bagni di Tritoli*.

* BAGNI DEL COLMO ou CULMO.
* BAGNI DI CRISTO.
* BAGNI DELLA CROCE.
* BAGNI DE FATIS.
* BAGNI DI FONTANA.
* BAGNI DI FONTE DEL VESCOVO.
BAGNI GIASINELLI. C'est la même chose que BAGNI D'ASINELLO auprès de Viterbe.
* BAGNI DI GIMBOROSO.
* BAGNI DI GIUNCARA.
* BAGNI DELLA GROTA.
* BAGNI DEL IMPERATORE.
BAGNI DI MONTEFALCONE, eaux minerales en Italie dans le Frioul. Voiez MONTEFALCONE.
* BAGNI DEL OLEO PETROLEO.
* BAGNI D'OTTODONICO.
BAGNI DI PETRIOLO, eaux minerales d'Italie dans le Siennois, & dans l'Evêché de Sienne à dix-sept milles & au Midi de cette ville.

ville. Ces Bains ne font qu'à trois milles & demi de ceux de Macerola. Leandre femble croire que c'est de ces Bains qu'il faut entendre ces vers de Martial [a]

[a] l. 6. Epig. 42.

Etrufcis nifi Thermulis laveris
Illotus moriaris, Oppiane.

Son Imprimeur a mis malheureusement *Tremulus* pour *Thermulis*. Mais il faut lire le premier vers:

Etrufci nifi Thermulis laveris;

Ce qui fait un fens tout diferent de forte que ce ne font plus les Bains d'Etrurie, mais ceux d'un certain *Etrufcus*, dont Martial parle dans une autre Epigramme [b], & dont le pere avoit été Affranchi de l'Empereur Tibere. Ces mêmes Bains d'Etrufcus font louez par Stace dans la premiere de fes Sylves. Et alors il n'est plus question des Bains du territoire de Sienne.

[b] Epigr. 83. du même livre.

* BAGNI DELLA PIETRA.

BAGNI DELLA PORETTA, eaux minerales d'Italie au territoire de Bologne entre les montagnes de l'Apennin, & au Sud-Ouest du confluent des Rivieres la Sila & le Reno. Ces Eaux fortent en abondance d'un rocher; & font fort renommées par la qualité qu'elles ont de purifier le Sang; ce qui est même paffé en proverbe: *chi beve l'acqua della Poretta, ò che lo fpazza, ò che lo netta.* On les découvrit en 1375. par un pur hazard. Un Païfan avoit un bœuf malade & décharné, & defesperant de le guerir, il l'abandonna & le laiffa aller où il voudroit, fans s'en foucier davantage. Le bœuf trouva un petit ruiffeau qui fortit d'un rocher, en but, y revint fouvent & fe trouva enfin gueri & fort gras. Son maître furpris de ce changement tâcha d'en favoir la caufe. Il fuivit de loin le bœuf, le vit boire à plufieurs reprifes de cette eau & d'une maniere qui fit croire qu'il la trouvoit fort bonne. Le payfan en gouta lui-même, la trouva falée, & fon raport à Boulogne. Les Medecins examinerent cette eau, en donnerent à des malades qui fe trouverent gueris. Les perfonnes furieufes fe transporterent fur les lieux, & leur concours fut caufe que le Senat de Boulogne fit un Decret pour obliger les Communautez de Capognano & de Garnagliono d'y bâtir deux corps de logis. La reputation de ces eaux s'augmentant de plus en plus, ce lieu devint affez peuplé. Ces eaux fortent chaudes d'une haute roche, où est une mine de Souphre. Du haut de cette roche on voit fortir quelques petites flames de feu & en frapant legerement la pierre il en fort des étincelles, la terre s'enflame, & lorfque le feu est éteint, la terre commence à pouffer de l'herbe. Leandre [c] qui me fournit ce détail attribue la falubrité des eaux du Reno, qui paffe à l'Occident de Bologne, à la bonté de ce ruiffeau qu'il reçoit; ce lieu n'est pas loin de celles de la Scarpetta dont je parlerai plus bas.

[c] p. 337. & feq.

* BAGNI DI RENERIO.
* BAGNI DI S. ANASTUGIO.
BAGNI DI S. FILIPPO, Eaux minerales de Tofcane. On les apelle aufli *Bagni di Rofella*, parce qu'ils font voifins de l'endroit où étoit cette ville. Voiez ROSELLA.

* BAGNI DI SANTA LUCIA.
* BAGNI DI SANTA MARIA.
BAGNI DI S. MARTINO, Eaux minerales de Suiffe au pays des Grifons à deux milles de Bormio, & à un de la fource de l'Adda qui nait au mont Braulio. Quelques Cartes les nomment BAGNI DI BORMIO parce qu'ils font dans le Comté de ce nom.

* BAGNI DI S. NICOLO.
BAGNI DELLA SCARPETTA: Eaux minerales d'Italie dans l'Appennin affez près des *Bagni della Porreta*, & plus haut. On leur attribue de grandes vertus & on prétend que la terre qui en eft détrempée & reduite en boue étant apliquée exterieurement guerit les douleurs internes.

* BAGNI DELLA SCROFA.
* BAGNI DI SILVANO.
* BAGNI DEL SOLE ET DELLA LUNA.
* BAGNI DELLA SPELUNCA.

Tous les Bains que j'ai marquez d'un Afterifque. (*) font aux environs de la ville de Naples; & j'en parle ailleurs fuffifamment. C'est pourquoi je n'en donne ici que les noms.

BAGNIAIA [d], maifon de plaifance en Italie au Patrimoine de St. Pierre à environ un mille de Viterbe. Le Cardinal Jean François Gambara en fit un lieu de delice pour le Duc Lanty, & l'orna d'un grand nombre de fontaines & de bosquets. Ceux qui font venus après y ont ajouté de nouveaux embelliffemens. On y voit de grands viviers remplis de poiffon; quantité de Jets d'eau; un grand parc où l'on conferve toutes fortes de Bêtes fauves, un beau palais bâti par le Cardinal Montalte avec de rares peintures qui reprefentent la prife de Jerufalem par Godefroi de Bouillon. On y diftingue entre autres la belle fontaine des Sirénes ornée de Statues, un bois de Sapins, où il y a un mont Parnaffe & le Cabinet des Mufes. Les autres fontaines qui peuvent être confiderables font celles du Dragon, le Deluge, la fontaine des Canards, celle de Bacchus, de la licorne & des glands. Il y a une glaciere où la neige fe conferve fraiche pour fervir durant l'Eté.

[d] Corn. Dict. E. D. R. nouv. Voiage d'Italie T. 2.

BAGNIACIS, c'eft ainfi que quelques exemplaires de l'Itineraire d'Antonin portent au lieu de VAGNIACIS qu'on lit dans d'autres.

BAGNIALUC; ou VLAMMELUCA. Voiez BANJALUCH.

BAGNIAS, ou VALANIA, en Latin *Balanea*, petite ville de Turquie dans la Sourie fur la côte de la Mer, où elle reçoit la Riviere de Balanias environ à foixante & quatorze mille pas de Tripoli de Sourie vers le Septentrion. Mr. Baudrand dit qu'elle étoit autrefois Epifcopale fuffragante d'Apamée. Ceci merite d'être expliqué: il eft vrai qu'elle étoit Epifcopale & Timothée fon Evêque eft nommé dans les Actes I. & VI. du Concile de Chalcedoine, comme aiant été prefent au Brigandage d'Ephefe. Mais elle ne reconnoiffoit, je penfe, pour metropole la ville d'Apamée que

[*] Baudrand Ed. 1705.

pour

BAG. BAG. BAH.

pour le Gouvernement Civil, par raport au Préfident de la feconde Syrie de qui elle dépendoit; mais par raport au Gouvernement Hierarchique fa Metropole étoit Laodicée, qui l'étoit de la Theodoriade Province détachée de la Syrie. C'eft ce que je crois pouvoir conclure des diverfes Notices que j'ai confultées.

BAGNOLET, Village de l'Ifle de France, dans l'Election & dans la Banlieue de Paris. Il eft remarquable en ce que le favant Cardinal du Perron y avoit fa maifon de Campagne, dans laquelle il a compofé plufieurs excellens Ouvrages dans les intervales que les befoins de l'Etat & de la Religion lui laiffoient.

1. BAGNOLS [a], ou BAGNUOLO; en Latin *Bagneolum*, Bourg du Roiaume de Naples dans la Principauté Ulterieure à la fource de la Riviere de Calore au pied du mont Apennin avec le titre de Duché, à neuf milles au Couchant de Conza.

[a] *Baudrand.*

BAGNOLS [b], ou BAIGNOLS; en Latin *Balneolum*, petite ville de France au bas Languedoc proche de la Riviere de Cefe, (ou Scize) à deux lieuës du Pont du St. Efprit. Elle eft fermée de murailles que l'on a rétablies contre les Camifards. On n'y compte qu'environ neuf cens maifons, la plupart mal-bâties. Les rues y font étroites, & comme elle eft bâtie fur le penchant d'un Côteau, elles y font hautes & baffes. Il y a trois portes principales & deux autres plus petites. La plus grande place de Bagnols eft une des plus belles de tout le Languedoc. Elle forme un quarré long & a foixante & feize pas de long fur quarante de large. Au pourtour regnent des arcades qui foutiennent des maifons qui forment la place. L'Eglife paroiffiale n'eft pas trop bien entretenue. On remarque deux fontaines qui fortent de terre au milieu de la ville; l'une eft beaucoup plus abondante & plus belle que l'autre. On y a fait un fort grand baffin. Un Canal conduit hors de la ville fes eaux que chacun fait paffer fur fes terres; & cette fontaine fait par là toute la bonté du terroir; l'eau en eft fort claire & excellente à boire; mais on n'a pas affez de foin de nettoier le baffin. La *Cefe* qui paffe à cent pas de la ville roule dans fes eaux des paillettes d'or que l'on cherche dans le fable avec affez de profit.

[b] *Pigamiol de la Force Defc. de la France T. 4. p. 102.*

BAGNONE ou BANONE [c], Bourg de Tofcane en Italie fur une Riviere de même nom, dans la vallée de Macra à deux lieuës de la ville de Pontremoli du côté de l'Orient: en Latin *Bagnona* & *Bondelia*.

[c] *Baudrand.*

BAGOI, montagnes qui font partie du mont Taurus & vers l'endroit où le fleuve Indus prend fa fource: felon l'Abreviateur de Strabon cité par Ortelius [d].

[d] *Thefaur.*

BAGOU HORTUS, Jardin fruitier de la Babylonie, dans le palais des Souverains. Pline [*] qui en fait mention dit que ce nom lui venoit d'un mot qui fignifioit des Eunuques. On trouve en effet que quantité d'Eunuques Orientaux ont porté le nom de Bagoas.

[*] *l. 13. c. 4.*

1. BAGRADA, fleuve d'Afie dans la Carmanie deferte, felon Ptolomée [e]. Les uns veulent que le nom moderne foit BINTMIR, d'autres BUDMIR. Il femble à Ortelius que c'eft la même chofe que l'*Agradatos* de Strabon

[e] *l. 6. c. 6.*

qui dit de ce dernier qu'on lui donna le nom de Cyrus [f].

[f] *l. 15. p. 729.*

2. BAGRADA, fleuve d'Afrique. Ptolomée [g] le nomme BAGRADAS. Pline [*] remarque que ce fut au bord de ce fleuve que Regulus defit un ferpent de 120. pieds de long contre lequel ce General fut obligé d'employer des machines de guerre comme s'il eût eu une ville à affieger. Cette riviere eft nommée aujourd'hui MEGARADA, ou MAGERADA. Voiez ce mot. Ortelius dit que Caftaldus & Marmol le nomment MEGRADA; Paul Jove MAGIORDEH; J. Leon MAGRIDA; Tite-Live [*] BAGRADA & Polybe [h] MACROSou MACRIS [i], ou même MACRA [k].

[g] *l. 4. c. 3.*
[*] *l. 8. c. 14.*
[*] *l. 30. c. 25.*
[h] *l. 1.*
[i] *l. 15.*
[k] *l. 5. c. 13.*

BAGRAVANDENA, contrée de la Grande Armenie felon Ptolomée.

BAGUL STEPHON. Voiez ARSINOE.

1. BAHAMA, Ifle de l'Amerique Septentrionale dans la Mer du Nord, à l'Orient de la Prefqu'Ifle de Floride; elle eft longue & d'une figure tirant fur la circulaire. Sa partie la plus Septentrionale & en même temps la plus Occidentale eft par les 298. degrez de longitude. Sa partie Meridionale eft plus Orientale d'environ 50'. Elle eft entre le 26. d. & environ 40'. & le 27. d. 25'. Herrera lui donne treize lieuës de longueur & huit de largeur. Elle eft au Nord-Oueft de Lucayoneque dont elle eft feparée par un Canal de huit lieuës de large, mais dangereux à caufe des écueils. Les Anglois en font les maîtres.

2. BANC DE BAHAMA, Grand Banc de Sable au Nord de l'Ifle de Bahama, & de celle de Lucayoneque. Il s'étend au Nord jufqu'au 27. d. 25'. & eft entouré d'écueils.

LE GRAND BANC DE BAHAMA, Grand Banc de Sable au Nord de l'Ifle de Cuba. Il eft terminé à l'Orient par l'Ifle longue; au Nord-Eft par le détroit d'Exuma & par l'Ifle de Cigateo; au Nord par l'Ifle de la Providence, ou Abacoa, l'Ifle d'Andros en eft prefque par tout environnée. Mimbres, l'Ifle de Bimini & quelques écueils le long du Canal de Bahama, le bornent à l'Oueft; ces mêmes écueils achevent de le border fur une ligne prefque parallele à la côte du Nord-Eft de l'Ifle de Cuba; de laquelle il eft feparé par un Canal nommé le vieux Canal de Bahama.

CANAL ou DETROIT DE BAHAMA, Bras de Mer entre la Floride & les Ifles Lucayes ou de Bahama [l]. C'eft le plus rapide qu'il y ait dans le nouveau Monde. Il roule fes flots avec tant de vehemence vers le Nord entre le Continent de la Floride & les Ifles & les Bancs qui font de l'autre côté qu'il repouffe les navires qui voguent à pleines voiles. La largeur de ce Détroit eft de feize lieuës & fa longueur de quarante-cinq depuis le Cap de la Floride vers le Nord.

[l] *De Laet Defc. des Indes Occid. l. 1. c. 16.*

VIEUX CANAL DE BAHAMA, on appelle ainfi le bras de Mer qui eft entre l'Ifle de Cuba & le Grand Banc de Bahama.

ISLES DE BAHAMA, quelques-uns donnent ce nom à toutes les Ifles *Lucayes* en general. Voiez LUCAYES.

BAHAMBAR [m], Ville d'Afie dans la Province de Ghilan fur la Mer Cafpienne. El-

[m] *d'Herbelot Bibl. Orient.*

Tom. I. Part. 2.   E   le

BAH.

le fut bâtie par Ardschir Babegan premier Roi de la Dynastie des Sassanides en Perse & a changé depuis son nom en celui de *Gurgian* ou *Giorgian*.

BAHANA [a], Ville d'Egypte, située dans la Thebaïde inferieure proche de Fium. Elle est sur un Lac que forme la décharge des eaux du Nil. Ce Lac que ceux du Païs appellent *mer de Joseph*, est si couvert d'arbres fruitiers qu'on ne peut l'appercevoir que de fort près. Si l'on veut croire une tradition qu'ont les Egyptiens, tant Chrétiens que Musulmans, cette ville a été bâtie par Jesus-Christ, de même que le Patriarche Joseph a fait bâtir celle de Fium. Cette Tradition porte que ce fut en ce lieu-là qu'il appella ses Apôtres qui péchoient alors sur le Nil, & qu'après y avoir regné en personne, il laissa ses Apôtres pour ses Successeurs dans cet Etat. Cette fable n'est fondée que sur le voyage que fit Jesus-Christ en Egypte pendant son Enfance. Les Juifs ont été long temps maîtres de cette ville, comme étant les successeurs de ses Disciples.

1. BAHARAIN [b], Bahare ou Bahren, Province de Yemen ou de l'Arabie heureuse. Elle a pris ce nom de *Baharain*, qui veut dire *les deux Mers*, à cause qu'elle s'étend le long des Côtes des deux Mers, savoir de celle d'*Oman* ou mer Arabique, & de celle de *Fars* ou Golphe Persique. Il y a dans ce Golphe une Isle (de même nom) assez proche du Continent de cette Province. Outre la ville d'Assa (ou Ahassa) qui est la Capitale de ce Pays, celle de *Catif* lui appartient, & c'est par cette raison que le Golphe Persique est fort souvent appellé *Mer d'Elcatif*.

§ Voici ce qu'Abulfeda [c] dit de ce Païs dans sa Description generale de l'Arabie. Bahhrain dans le Pays de *Nagd* est une contrée fertile en dates, laquelle s'étend sur la Côte de la mer Persique ; c'est la région & la residence des *Carmathes* [d] (qui furent Sectateurs d'un fameux imposteur nommé Carmath qui s'éleva dans le Musulmanisme sur la fin du IX. Siècle & qui en renversoit tous les fondemens. Ils firent la guerre aux Califes, prirent la Mecque & firent main basse sur presque tous ses habitans & commirent plusieurs autres desordres. Cette Secte se dissipa peu à peu selon Ahmed Nuairi qui a écrit assez au long tout ce qui regarde les Carmathes.) Elle a beaucoup de villages dans son étendue. La ville principale de Bahhrain est Hagiar, ou Hadgre ; il est dit dans Almoshtarec qui l'a tiré de Aazuhary que *Hadgre* a été nommée *Bahhrain*, c'est-à-dire les deux mers, à cause d'un Lac qu'elle a auprès d'Ahsa d'un côté & de l'Océan Oriental de l'autre. Il est encore marqué dans Almoshtarec que *Hagiar* ou *Hadgre* est un nom general pour signifier tout le pays de Bahhrain, & que ce n'est pas proprement le nom d'une ville particuliere.

§ On peut conclure de toutes ces remarques d'Abulfeda que le mot *Hagiar* ou *Hadgre*, & *Bahhrain* sont des noms synonymes, parce que des Auteurs ont donné le nom de la Capitale à tout le pays & le nom general du pays à la Capitale. Cette Province est seulement contigue au Pays de Nagd & n'en est plus partie.

[a] Ibid.
[b] Ibid.
[c] A la fin du Voyage dans la Palestine p. 331.
[d] Ce qui est entre deux crochets est une remarque de Mr. de la Roque Traducteur François d'Abulfeda.

BAH.

2. BAHRAIN, Bahren, Baharein ou Bahhrain [e] ; Province de Perse au Midi du Golphe Persique & au Nord de l'Arabie heureuse. Elle s'étend comme une lisiere le long de ce Golphe depuis l'embouchure du bras du *Schat-El-Arab* qui forme l'Isle de Schader jusqu'à la Riviere de Falg au bord Occidental de laquelle est un petit port nommé Julphar ou Giolafar. Cette Province peut avoir trois cens cinquante milles d'Italie dans sa longueur & est resserrée au Midi par des deserts sans eau & sans habitation. Ce qui fait qu'elle a à peine soixante de ces mêmes milles dans sa plus grande largeur. La place la plus considerable est Elcatif.

3. BAHRAIN, Isle du Golphe Persique à l'embouchure du bras du *Schat-El-Arab*. Ce qui la rend plus considerable c'est qu'autour de cette Isle, & le long de la Province de même nom il y a un banc où l'on pêche des Perles. Cette pêche se fait tous les ans, dit Tavernier [f]. Celle qui se fait au banc devant Elcatif appartient à l'Emir de cette ville ; mais celle qui se fait autour de l'Isle de Baharen est au Roi de Perse. Dans cette Isle l'eau est fort mauvaise, & voici quelque chose de surprenant. Ceux qui veulent avoir de bonne eau, ont leurs plongeurs qui vont le matin en mer à deux ou trois portées de mousquet de l'Isle. Quand ils sont là ils plongent au fond de la Mer, & remplissent quelques pots de terre de cette eau qui est douce & bonne ; puis ils bouchent bien les pots & sortent ainsi du fond de la Mer. Cette eau est très-excellente à boire, & ne se trouve en aucun lieu qu'auprès de cette Isle.

4. BAHRAIN, Ville de l'Arabie heureuse. On la nomme aussi Hadgre. Voiez ce mot.

BAHIA DE TODOS OS SANTOS ; c'est-à-dire *la Baye de tous les Saints*, Baye sur la côte du Bresil. Voyez au mot Baye. Quelques-uns la nomment simplement la Baye, *Bahia*. Il y a même des Voiageurs celebres, comme Dampier & Coréal, qui nomment *Bahia de todos los Santos* la ville qui est située sur cette Baye, quoi que son vrai nom soit San Salvador. Voyez ce nom.

BAHIM, Royaume d'Asie dans les Isles de la Sonde. La Relation [g] d'un voyage de la Compagnie Hollandoise des Indes Orientales porte qu'étant auprès de l'Isle Timaon, il vint à eux neuf ou dix pirogues de l'Isle qui s'approcherent librement & sans crainte. Chacune étoit conduite par un homme qui tous se disoient être Sujets du Roi de Bahim. Trois jours auparavant étant plus vers le Nord, c'est-à-dire plus près de Patane port à l'Ouest de la presqu'Isle de Malacca, ils avoient trouvé une jonque chargée de Ris montée par des Chinois & destinée pour Bahim. Ces indices ne suffisent pas pour en établir la position bien précisément ; mais ils marquent que ce Roiaume devoit être voisin de Timaon qui apparemment en faisoit partie.

BAHUR, Ville ancienne de la Palestine selon Mr. Baudrand ; mais il y a lieu de douter que ce fût une ville. D. Calmet [h] dit beaucoup mieux : Bachur, Bahurim, Bachor, Bachora, Choraba, ou Choramon ;

[e] De l'Isle Atlas.
[f] Voyage de Perse l. 2. c. 9.
[g] T. 2. p. 606. & 607.
[h] Dict. de la Bible.

BAH. BAI.   BAI.

ramon; car on trouve ce lieu marqué de toutes ces manieres [a]. C'étoit un village assez près de Jerusalem, tirant vers le Jourdain, où Semei fils de Gera vint au devant de David & le chargea d'injures & d'imprécations [b]. Les Septante ont écrit Βαραχιμ, Βαθυρειμ, Βαουριμ, ou Βακουριμ. Josephe [c] écrit Χωραβα ou Χωραμον. Dans le Chapitre suivant [d] il écrit Βοκχουρη, & dit que c'étoit un village dans le territoire de Jerusalem.

[a] Joseph. ant. l. 7. c. 8.
[b] 2. Reg. c. 16. v. 5. & c. 3. v. 16.
[c] l. c.
[d] c. 9.

1. BAHUS [e], (le) Riviere de France en Gascogne. Elle a sa source dans le Bearn près de Garan & coulant vers le Nord elle entre dans le Tursan qu'elle traverse, passe auprès de Buane & de Mongaillard & va se perdre dans l'Adour entre St. Maurice & St. Sever. On la traverse entre les villages de la Beroge & Sorbets en allant d'Aire à Miramont & à Pau.

[e] De l'Isle Atlas.

2. BAHUS en Latin *Bahusium* [f], place forte de Norwege Capitale de la Prefecture de même nom. Elle est située sur un Rocher dans une petite Isle de la Riviere de Norre-Elf qui y reçoit celle de Giotha-Elf. Elle fut bâtie l'an 1309. par Hacquin IV. Roi de Norwege. Elle avoit passé avec ce Roiaume au pouvoir des Rois de Dannemarck ; & ils l'avoient fait fortifier à la moderne. Mais en 1658. ils la céderent aux Rois de Suede par le Traité de Roschild. Le Dannemarck a tâché inutilement de la reprendre en 1678. & elle n'est qu'à deux milles Danois de Gottenbourg ville & port de mer que les Suedois ont fait bâtir des ruines d'Elfsbourg.

[f] Baudrand, rectifié sur des Memoires particuliers.

3. BAHUS, Prefecture ou Gouvernement particulier de la Norwege, & que l'on peut regarder comme une des cinq Provinces de ce Roiaume, dont elle est la plus petite. Elle s'étend au Midi entre le Westrogothland à l'Orient, la mer de Dannemarc ou le Cattegat au Couchant, le Gouvernement d'Agerhus au Nord. Sa longueur est du Sud au Nord & decline vers l'Orient. Outre les limites que lui donne Mr. Baudrand, il faut ajouter qu'elle confine à l'Orient, à la Dalie Province de Suede. Elle est fort étroite & a à peine quatre lieuës marines de largeur vers le Nord, elle en a environ six auprès de Bahus & tout au plus dix dans la plus grande largeur qui est vis-à-vis de Zuyder Wyxholm. Ses principaux lieux sont en remontant la côte du Sud au Nord.

Bahus, capitale.   Stromstad.
Malstrand, Isle.   Hall.
Kongel, port.

BAIACUM. Voiez BAGANUM.
BAIÆ. Voiez BAÏES.
BAIAMO, Province ou Canton de l'Isle de Cuba l'une des Antilles, dans l'Amerique Septentrionale. De Laet [g] nomme *Bayamo* le Bourg qui en est le principal lieu, quoique son veritable nom soit SAN SALVADOR. Mais il en fait une ville ; Mr. de l'Isle qui l'a suivi pour le nom n'en fait qu'un village.

[g] Desc. des Ind. Occid. l. 1. c. 14.

☞ La contradiction qui paroît être entre les diferentes Relations écrites en divers temps ; ne vient pas toujours de la faute des Auteurs. Il arrive souvent qu'une Nation établissant une Colonie nomme ville une peuplade sur l'apparence

Tom. I. Part. 2.

d'un commencement avantageux que des guerres ou d'autres contretemps viennent traverser. Souvent aussi il arrive que l'on remarque trop tard les défauts d'un terrain choisi, & que la Colonie s'établit ailleurs ; il peut même arriver que le commerce venant à fleurir dans un endroit de l'Isle plus que dans l'autre depeuple les lieux circonvoisins. Nous en avons un exemple dans Amsterdam qui a attiré dans ses murs quantité de riches negocians, dont elle a degarni des villes auxquelles elle n'étoit nullement comparable il y a quelques siécles.

BAIANENSIS. Voiez VAÏANENSIS ; c'est le nom d'un Siege Episcopal d'Afrique dans la Numidie.

BAIANTOLA. Voiez BARANTOLA & HAYATELA.

BAIANUS SINUS, en François le Golphe de Baïes. Strabon [h] le nomme CRATER, & le place entre le Cap de Minerve & celui de Misene ; dans ce sens il renferme non seulement le Golphe de Baye, mais encore tout celui de Naples. Voiez BAÏES. Tacite [i] parle de *Baianus Lacus*, c'est-à-dire, *le Lac de Baies*, & comme le remarque Cellarius [k], il y a des Auteurs qui l'expliquent par le Lac Lucrin ; mais Tacite lui-même les distingue [l]. D'Ablancourt a bien senti cette diference & l'a exprimée dans sa Traduction [m]. Pline [n] fait mention du port de Baïes : & Suetone dans la Vie d'Auguste dit que cet Empereur l'aggrandit en faisant entrer la mer dans le Lac Lucrin & dans le Lac d'Averne ; & voulut que ce port fût nommé *Portus Julius apud Baias*, c'est-à-dire, *le port de Jules auprès de Baies*.

[h] l. 5. p. 247.
[i] 14. ann. c. 4.
[k] Geog. ant. l. 2. c. 9.
[l] l. c. 5.
[m] c. 1. Ejusd. lib.
[n] l. 3. c. 5.

BAIE [o], en Grec Βαιη ; c'est ainsi que l'Isle d'ANAPHE dans la mer de Crete est nommée dans le Lexique de Phavorin.

[o] Ortel. Thes.

BAIENNI [p], ancien peuple dont il est fait mention dans une Inscription publiée par Velser qui croit que c'est aujourd'hui *Fainge* ville d'Allemagne où se trouve ce marbre. Mr. Baudrand [q] dit que Fainge est un château, ou place forte de Baviere. Selon lui d'autres croient que *Baienni* est presentement *Vaihingen* Bourgade de Suabe sur la Riviere qui coule à Stutgard. Ce même lieu est nomme *Veihing* sur les Cartes de Sanson, dans le Duché de Wirtemberg.

[p] Ibid.
[q] Ed. 1682.

BAIES, ancienne ville d'Italie entre le Cap Misene & Puteoli (aujourd'hui Puzzuolo.) Cette ville située dans un Golphe particulier qui fait partie de celui de Naples étoit fort petite par elle-même & Josephe ne la nomme que πολιδριον, *une Villette*. Elle étoit si ancienne qu'on lui donnoit pour fondateur Baius l'un des compagnons d'Ulisse. Silius dit [r].

[r] l. 12. v. 114. & seq.

*Docet ille tepentes
Unde ferant nomen Baie, comitemque dedisse
Dulichiæ puppis stagno sua nomina monstrat.*

J'ai déja dit au mot BAIANUS qu'Auguste y fit bâtir un port, ou du moins qu'il le fit agrandir. Ce lieu étoit delicieux & c'est ce qui y attira quantité de personnes riches qui cherchoient autour de Rome des lieux pro-

pres

près à faire bâtir de grandes maisons de campagne, accompagnées de tout ce qui pouvoit les rendre plus magnifiques & plus délicieuses. Ils choisirent dans cette vue les endroits les plus commodes, les plus sains, & les plus agréables. Les bords du Golphe de Baïes dans la comparaison eurent la preference. La campagne voisine étoit fort fertile, abondante en grains & en vins. Le Lac Lucrin qui fait presque partie du Golphe de Baïes étoit fort poissonneux aussi bien que le reste de cette côte. Il y avoit dans les environs une multitude de fontaines minerales de tous les degrez de chaleur également propres pour le plaisir & pour la santé. Les promenades y étoient charmantes & en très-grand nombre : les unes sur l'eau, les autres dans des prairies que le plus affreux hyver sembloit toujours respecter[a]. Les riches qui aimoient une vie molle & oisive chercherent à s'établir dans ce lieu qui n'étoit qu'à une distance raisonnable de Rome & où l'on pouvoit vivre à sa fantaisie & suivant le plan qu'on s'étoit fait soi-même. Ce lieu fut bientôt décrié comme un sejour où tout portoit à une vie dereglée; de même que Canope en Egypte & Daphné fauxbourg d'Antioche. Seneque dit dans ses Epitres en parlant du Sage[b]: S'il veut choisir une retraite, il ne préferera point Canope, quoi qu'on n'empêche personne d'y vivre en homme de bien, il songera tout aussi peu à Baïes. Ces lieux ont commencé d'être le rendez-vous des vices. Dans ces lieux la debauche se donne beaucoup de liberté; on s'y relâche comme si le libertinage étoit un tribut qu'il faille necessairement payer pour le sejour qu'on y fait. La pudeur des mœurs antiques empêcha long temps les personnes soigneuses de leur reputation d'aller dans un lieu où l'on vivoit avec tant de dissolution, il faloit au moins une ordonnance de Medecin pour passeport. Scipion l'Afriquain fatigué des bruits injurieux que les Tribuns du peuple repandoient tous les jours contre lui choisit Literne pour le lieu de son exil & de sa mort préferablement à Baïes, de peur de deshonorer les derniers jours de sa vie par une retraite si peu convenable à ses commencemens. Caius Marius, Pompée le Grand & Jules Cesar, ne furent pas tout à fait si reservez que Scipion. Ils firent bâtir dans le voisinage; mais ils placerent leurs maisons sur la croupe de quelques Collines pour leur donner un air de château & de places de guerre, plutôt que de maisons de plaisance. Ciceron en plaidant pour Celius[c], jeune homme à qui on reprochoit son sejour à Baïes comme un prejugé très-fort contre lui, convient que Baïes étoit un lieu dangereux. Mais enfin les scrupules des Romains se dissiperent. Baïes devint le lieu de l'Italie le plus frequenté & le plus peuplé en sorte qu'il s'y forma en peu de temps une ville aussi grande que Pouzole, quoi que celle-ci fût alors le plus considerable de toute l'Italie & l'abord de toutes les Nations. Comme le terrain étoit fort serré d'un côté par la mer & de l'autre par plusieurs montagnes, rien ne leur couta pour vaincre ces deux obstacles. Ils rasoient les côteaux qui les incommodoient & comblerent la plus grande partie du Golphe, pour trouver des emplacemens que la diligence des premiers venus avoit enlevé aux paresseux. C'est à quoi fait allusion Virgile[d] en comparant la chute du Géant Bitias, à ces masses de pierre qu'on jettoit dans le Golphe de Baïes pour servir de fondations. C'est aussi à quoi pensoit Horace[e] en divers endroits de ses ouvrages.

Marisque Baiis obstrepentis urges
Summovere littora.

[f] *Contracta pisces æquora sentiunt*
Jactis in altum molibus.

[g] *Seu plures hiemes, seu tribuit Juppiter ultimam,*
Quæ nunc oppositis debilitat pumicibus mare
Tyrrhenum.

Mr. Addisson[h] dans son Voiage d'Italie reprend avec justice Mr. Burnet Evêque de Salisburi d'avoir dit que cette Baie étoit autrefois la retraite des Romains pendant les chaleurs de l'Eté, car, ajoute-t-il, c'est assurément l'endroit le plus étouffant de toute l'Italie à cause des Bains chauds, & des campagnes de soufre qui jettent perpetuellement de la fumée dans tout le voisinage. Baïes qui occupoit la plus grande partie de la Baye étoit certainement une retraite pour les anciens Romains pendant l'hyver, comme étant la saison la plus propre pour profiter des *Baiani Soles* & du *Mollis Lucrinus*; comme au contraire *Tibur*, *Tusculum*, *Præneste*, *Alba*, *Caieta*, *Mons Circeius*, *Anxur*, (aujourd'hui Tivoli, Frescati, Palestrina, Albano, Gaieta, Monte Circello, Terracina) & autres montagnes & promontoires étoient leurs retraites pendant les chaleurs de l'Eté. Les Relations modernes s'accordent à vanter la douceur de l'air & l'agrément des côteaux qui s'élevent insensiblement autour du Golphe de Baïes[i]. On y voit diverses ruines de Temples, de Thermes & de Palais, & quelques-uns de ces debris paroissent dans la Mer même. Au lieu des maisons de plaisance dont les environs de la ville étoient parsemez, ce ne sont aujourd'hui que tristes mazures qui font de ces lieux autrefois enchantez une solitude affreuse. Entre Baïes & Misene est un petit Canton qu'on nomme *Bauli* ; où se voit le tombeau d'Agrippine mere de Neron qui la fit assassiner dans la maison de plaisance qu'elle avoit en cet endroit. On y voit aussi des restes du reservoir d'Hortensius. Près delà sont d'assez grandes ruines communément appellées *Mercato di Sabbato*. Les uns prétendent que ce sont les restes d'un Cirque & les autres qui ne se savent à quoi se déterminer. Du côté de la mer se voient de grands vestiges de la maison de campagne (*Villa*) d'Hortensius. Proche du reservoir il y a un reste de Temple que l'on dit avoir été celui de Diane. On a deterré dans le voisinage une très-belle statue de Venus deux fois grande comme nature ; elle tient un globe de la main droite & trois oranges de la main gauche. Le Capaccio qui en fait la description dit qu'elle a été trouvée au lieu où étoit autrefois le Temple de Venus *Genitrix*, c'est-à-dire feconde. De Bayes, il n'y a qu'un bon mille aux *champs Elisées* petite plaine

[a] Voyez Strab. l. 5. & Plin. l. 31. c. 2.

[b] Epist. 51.

[c] Pro M. Coelio.

[d] Æneid. l. 9. v. 710. & seq.

[e] Od. 18. l. 2.

[f] Ode. 1. l. 3.

[g] Ode. 11. l. 1.

[h] p. 145.

[i] Misson, Voyage. T. 2. p. 84. & seq.

ne entre la Mer, & l'Acheron ce marais puant que Virgile nomme *tenebrosa Palus*[a]. Ce lieu est agréable par sa situation & par la douceur du Climat, car d'ailleurs ce n'est rien du tout. Un petit morceau de terre presentement inculte qu'on a peine à trouver parmi les mazures & les buissons. Voiez aux Articles Ciceron, Tritoli, Piscine, Cento Camerelle & Bauli.

Le Golphe de BAIES, en Latin Baianus Sinus ; petit Golphe du Roiaume de Naples, au fond duquel étoit située la ville de Baïes. Joseph Mormile dans sa description de la ville de Naples & des antiquitez de Pozzuolo[b] dit qu'une mer très-tranquile y est renfermée en forme de Lune ; que c'est un très-bon port où les galeres sont en sureté ; mais les vaisseaux n'y ont point assez de fonds pour y entrer. C'est pour cela, ajoûte cet Auteur, que D. Pierre de Tolede y fit bâtir une Forteresse, nommée Castello di Baia, qui est toûjours gardée par trente Soldats.

BAIEUX. Voiez Bayeux.

BAIGNOLS. Voiez Bagnols.

BAIGORRI[c], en Latin *Baigorria*, ou *Biguria*, païs de France dans la basse Navarre : il est de fort petite étendue entre les Frontieres de la haute Navarre à l'Occident, & le Pays de Cize à l'Orient. Le lieu le plus considerable est St. Etienne de Baigorri selon Oihenart.

BAIKAL, Lac de l'Empire Russien en Siberie ; sur les confins de la Daurie. Voici ce qu'en dit Isbrands Ides[d]. Ce Lac a environ six lieues d'Allemagne de large & quarante de long, & la glace que l'Envoié du Czar trouva le 10. de Mars avoit deux aunes de Hollande d'épaisseur. Il ne laisse pas d'être dangereux lorsqu'on s'y trouve surpris de la neige & d'un grand vent. Il faut avoir soin sur tout de bien ferrer à glace les chevaux parce qu'elle est fort unie, & fort glissante & que la neige ne s'y arrête jamais à cause du vent. Il s'y trouve aussi de grands trous fort dangereux pour les Voiageurs lorsque le vent est violent, & que les chevaux ne sont pas bien ferrez, dans lesquels on est souvent entraîné. La glace s'y ouvre aussi quelquefois par la violence du vent avec un bruit qui ressemble à celui du tonnerre ; mais elle n'est pas long-temps sans se rejoindre & se resserrer. Il faut que les chameaux & les bœufs dont on se pourvoit pour le voyage de la Chine traversent ce Lac en venant de Jekutskoi (Irkuts-koi) on met pour cela aux premiers bien botines bien ferrées à glace & des fers bien aigus à la corne des pieds des autres, sans quoi ils ne pourroient se soutenir sur cette glace unie. Au reste l'eau de ce Lac est fort douce quoi que de loin elle paroisse aussi verte & aussi claire que celle de l'Ocean. On voit beaucoup de chiens marins dans les ouvertures de cette glace, lesquels sont noirs, au lieu que ceux de la mer blanche sont de couleur mêlée. Ce Lac est rempli de poisson & sur tout d'éturgeon, & de Brochet dont il s'en trouve qui pesent jusqu'à 200. livres poids d'Allemagne. L'unique Riviere qui sort de ce Lac est l'Angara, laquelle coule au Nord-Nord-Ouest, mais il s'y en décharge quelques-unes dont la principale est la Silinga, qui a sa source au Sud dans le pays des Mongales ; ou-

tre quelques ruisseaux ou sources qui tombent des Rochers. Il s'y trouve aussi quelques Isles. Ses bords & le pays à l'entour sont habitez par des Burates, des Mongales & des Onkotes, & produisent beaucoup de belles martes Zibelines noires, outre qu'on y prend souvent un animal nommé Kaberdiner. Le même Auteur parle d'une plaisante superstition ; mais le Traducteur d'Isbrands Ides n'aiant pas été exact je me servirai des termes d'une autre Relation du voyage de Lorenz Langen qui a fait le même voiage en dernier lieu : les habitans du lieu nomment, dit-il, le Lac Baikal Swetoy More, c'est-à-dire *la Mer Sainte*, & s'imaginent qu'il auroit du ressentiment si on le nommoit *Osera*, c'est-à-dire un Lac ; & qu'il ne manqueroit pas de se vanger de cet outrage. Par respect pour lui ils se privent d'eau de vie, de tabac, & autres choses dont ils usent avec plaisir & dont ils se gardent bien de se servir lorsqu'ils traversent ce Lac. La même Relation dit que ce Lac, nommé *Lacus Sinicus*, a 35. werstes d'Occident en Orient qui est sa largeur & 500. du Nord au Sud qui est sa longueur. Cette grandeur est diferente de la premiere & en prenant 5. werstes pour un mille d'Allemagne, cela fait sept lieues de large sur cent lieues de long. Monsieur de l'Isle dans sa Carte de la Tartarie lui donne beaucoup moins de longueur, & met au contraire cette longueur d'Occident en Orient. Cependant Lorenz Langen s'accorde parfaitement avec les Memoires sur lesquels le P. Avril en a parlé[e]. Il dit du Lac de Baikala qu'on lui donne communément cinq-cens werstes de longueur & quarante de largeur. On dit, ajoûte ce Pere, que les eaux de ce Lac sont extraordinairement claires, que quelque profondeur qu'il ait on peut distinguer aisément les diferentes couleurs des Cailloux qui sont au fond. Il est entouré de plusieurs hautes montagnes, où la neige se conserve durant les plus grandes chaleurs de l'Eté ; & c'est là sans doute ce qui oblige les Voiageurs d'emploier quelquefois plus de sept ou huit jours à le traverser, quoi que le trajet ne soit que de huit lieues, car ce Lac étant, comme il doit naturellement l'être, le rendez-vous general de tous les diferens vents qui passent au travers de ces rochers énormes dont il est environné, il est à croire que venant à se croiser les uns les autres & à se disputer le passage, ils donnent bien de l'exercice aux vaisseaux qu'ils rencontrent, & qu'il faut bien de la prévoiance & du bonheur pour n'être pas arrêté quelque temps.

1. BAILLEUL[f], petite ville de France en Artois à trois lieues & demie d'Ipres. C'étoit anciennement une Place forte : mais aujourd'hui elle est ouverte & sans défense. Elle a été brûlée cinq ou six fois par accident. La derniere fois fut en 1681. il y reste environ 527. maisons & 2302. habitans : l'ancien commerce de cette Châtellenie étoit la fabrique des Draps, & du fil qui passoit en Angleterre, mais ce commerce est fort tombé. Le Magistrat de la ville de Bailleul consiste en un grand Bailli hereditaire, un Avoué, neuf Echevins, vingt-quatre Conseillers-Pensionnaires & un Tresorier. Pour les impositions, levées de-

[a] *Æneid. l. 6. v. 107.*
[b] *p. 177.*
[c] *Baudrand Ed. 1705.*
[d] *Inseré dans les Voyages de le Brun. p. 122.*
[e] *Voyages p. 172.*
[f] *Piganiol de la Force Desc. de la France T. 6. p. 200.*

deniers & autres choses d'importance, le Magistrat fait assembler les Notables dont le Corps est de vingt-six Bourgeois.

a l. c. p. 165.

La Chatellenie de BAILLEUL[a], ne depend point du Magistrat de la ville ; mais chaque village a son Bailli, sept Echevins & un Greffier qui rendent la Justice, laquelle est Seigneuriale. Il y a aussi à Bailleul une Cour feodale d'où relevent plusieurs Fiefs[b]. On y tient une foire au mois de Septembre & cette ville est la patrie de Meyer Historien estimé.

b Corn. Dict.

2. BAILLEUL, Bourgade de France en Anjou. Elle n'est remarquable, dit Mr. Corneille, que pour avoir été la patrie de René Choppin l'un des plus fameux Jurisconsultes du XVI. siécle. Il mourut entre les mains de celui qui le tailloit pour le guerir de la pierre le 30. Janvier 1606. dans sa soixante-neuvieme année. On a ses ouvrages en 6. volumes in folio.

☞ BAILLIAGE, ce mot se prend en plusieurs significations. 1. pour la charge de Bailli dont l'Office est diferent en divers pays. 2. pour le lieu où le Bailli tient son siege 3. pour une étendue de pays soumis à la Jurisdiction d'un Bailli. 4. pour une Dignité dans l'Ordre de Malthe. La troisieme est celle qui appartient à la Géographie, & en même temps celle à laquelle nous nous attacherons le plus. On peut voir dans le Glossaire de du Cange l'origine du nom de Bailli[c], & les diferentes sortes de Baillis dont il est fait mention dans les Auteurs de la basse Latinité. Il est certain que le mot *Bailliage*, ne signifie autre chose que *Office, administration*. C'est en ce sens que les Allemands l'expriment par le mot *Ampt* ; & apellent *Amptman* le Bailli ; c'est aussi dans ce sens que l'on dit en Flandres *Ammanie*, mot que les Ministres d'Etat ont quelquefois emploié dans les Traitez. Il y a des pays qui se divisent en Bailliages comme la Franche-Comté qui est divisée en trois grands Bailliages. La plupart des Provinces d'Allemagne sont partagées en Bailliages ; c'est-à-dire en un certain nombre de Cantons qui ont chacun plusieurs villages dans leur district, & souvent une ville, ou un bourg, où reside le Bailli qui est proprement l'homme du Prince, & est obligé de veiller à ses interêts. Ces Offices s'afferment comme une metairie pour le temps porté par le contract. En France c'est plutôt un Office de Judicature que d'Administration, & les Présidiaux y sont ordinairement divisez en Bailliages ; mais ce mot ne signifie pas la même chose également dans toutes les Provinces. Le *Bailliage* d'Amiens a des siéges subalternes que l'on nomme *Prevôtez*. Les *Senechaussées* de Provence, ont au contraire des sieges subalternes nommez *Bailliages* & *Vigueries*, & selon l'usage des Provinces, une jurisdiction subalterne des Parlemens est nommée *Senechaussée, Prevôté, Bailliage, Viguerie, Vicomté, Chatellenie, Mairie, Mandement*. Tous ces noms signifiant à peu près une même autorité subordonnée à une autre ; & dont les jugemens peuvent être reformez par une Cour superieure ; à savoir par les Présidiaux ou par les Parlemens. Il est bon de remarquer que quoi qu'il y ait des Bailliages

c In voce BAJULUS.

fort étendus, il y en a qui ne sortent point des hayes d'un seul bourg, ou des murs d'une ville. Voiez l'Article de chaque Bailliage au nom du bourg, ou de la ville qui en est le chef-lieu. La plupart des riches Monasteres de Suisse saisis par les Cantons Protestans ont été changez en Bailliages.

BAINDT, Abbaye d'Allemagne en Suabe près de Rawenspurg, elle est petite & a des Religieuses qui suivent les Constitutions de Cisteaux. Elle fut fondée vers le commencement du XIII. siécle par Conrard Schenck de Winterstette. Anne de Franckenhausen morte l'an 1244. a été la premiere Abbesse[d]. L'Abbesse qui dans ses Armes porte d'or à un crochet de Sable mis en bande retreci & ondé se dit par la grace de Dieu Abbesse de l'Abbaye Imperiale & Séculiere de Baindt, & a rang entre les Abbez & Abbesses, qui joignent à cette qualité celle de Princes ou Princesses de l'Empire.

d Souver. du monde T. 1. p. 318.

BAINOA, Province de l'Isle Espagnole dans l'Amerique. Elle commençoit aux confins de celle de Cayabo, & s'étendoit vers le Nord où est la Riviere de Bagaboni, & où les Espagnols bâtirent leur premier Fort. Mais depuis le temps de *Porcacio*, duquel Mr. Corneille a pris cet Article, l'Isle a été partagée autrement qu'elle ne l'étoit lorsque les Espagnols la possedoient seuls.

BAINS, lieux où la nature aiant donné des sources d'eaux minerales, on a bâti des maisons, ou même des Bourgs & des villes pour la commodité des malades qui alloient prendre ce remede. Plusieurs villes doivent leur origine, & même leur nom à ces Bains, comme *Bagneres* en France, *Baden* en Allemagne, & en Suisse, *Bagni* en Italie. Les anciens avoient des Bains où l'eau n'étoit pas chaude naturellement comme elle l'est dans les Bains qui sont aujourd'hui frequentez pour la santé. C'étoient de vastes Edifices où par des feux menagers dans des caveaux on échaufoit l'eau, & ils s'y baignoient par plaisir, ou même pour la propreté. Les Bains leur étoient d'autant plus necessaires qu'ils n'avoient point comme nous l'usage du linge. Ces Bains, nommez *Thermæ*, sont souvent nommez dans l'ancienne Géographie. Pour revenir aux Bains naturels, & mineraux ; il y a eu des Provinces auxquelles l'abondance de ces eaux a fait donner le surnom de salutaires. Mon dessein n'est pourtant pas de borner la signification de *Thermæ*, aux seuls Bains artificiels. Voiez BAGNI & THERMÆ, & les noms des villes ou des villages où il y a de ces Bains. Tous les environs de Naples sont remplis de ces sortes de sources.

BAIOCA, Ville de l'Espagne Tarragonoise selon la Notice de l'Empire, citée par Ortelius.

§ Ce savant homme a été trompé par un exemplaire defectueux. Car la Notice après avoir dit :

In Provincia Tarraconensi
Tribunus cohortis primæ Gallicæ Veleiâ,

contient une grande Lacune après laquelle il ne s'agit plus de villes d'Espagne, mais des Gau-

BAI.

les. Comme *Carnuntum*, *Senoniæ Lugdunensis*, *Baioca* & *Constantia*, *Lugdunensis Secundæ*, *Cenomanni Lugdunensis Tertiæ*, *Redonas Lugdunensis Tertia*, qui très-certainement sont toutes des villes de la Gaule, c'est BAYEUX.

BAIOCASSES. Ortelius dit que c'est un peuple de la Gaule Lionnoise & cite Ausone, où je trouve [a]

Tu Bagocassis stirpe Druidarum satus,
Si fama non fallit fidem.

Selon le même Ortelius on trouve dans Sidonius [b] *Baiocassina prædia*. Voiez BAYEUX. Hadrien de Valois [c] reprend Pierre Pithou & Joseph Scaliger de ce que l'un sur la foi de Marlian a cru que les *Veliocasses* ou *Velocasses*, ou *Bellocasses* de Cesar sont les mêmes qui dans la suite ont été appellez *Baiocasses* ; & l'autre de ce qu'il prétend qu'il faut ôter des Commentaires de Cesar les *Bellocasses* & *Bellocassi*, pour y substituer *Baiocasses* & *Baiocassi*. Les Baiocasses sont nommez par Gregoire de Tours [d] *Baiocassui*, & par Fredegaire [e] *Bagassini*. Les Capitulaires de Charlemagne font mention de *Baiocassinus pagus*, c'est-à-dire le *Bessin*, & ceux de Charles le chauve le nomment *Bagisinus*.

BAIOCENSIS TRACTUS, les Auteurs modernes nomment ainsi ce même Canton que nos ancêtres nommoient en Latin *Baiocassinus*, & que nous nommons le BESSIN.

1. BAIONNE, Ville de France. Voiez BAYONNE.

2. BAIONNE [f], ou selon les Espagnols *Baiona*, ville maritime d'Espagne dans la Galice. Elle est située sur un petit Golphe un peu au dessus de l'Embouchure du Minho. Elle a un port de mer très-commode. Sa côte fournit du poisson excellent & son terroir produit quantité de fruits exquis & est arrosé par un très-grand nombre de fontaines. Elle est selon Mr. de l'Isle par les 9. d. de longitude & à 41. d. 54. d. de latitude.

ISLES DE BAIONNE ; on nomme ainsi deux Isles & quelques écueils situez à l'entrée du Golphe où Baiona est située. La plus Septentrionale est la plus grande. Les Anciens les ont connues sous le nom de DEORUM INSULÆ, c'est-à-dire les *Isles des Dieux*. Les Espagnols les appellent LAS ISLAS DE VAYONA.

1. BAIS, Ville d'Afrique dans le Zanguebar [g]. Elle est située sur la mer entre les villes de Sophala & de Monbase & passe pour une des mieux peuplées & des plus marchandes de toute la côte.

2. BAIS, ancien lieu de la Cilicie. Antonin [h] le met sur la route de Tyane à Alexandrie de Syrie entre cette derniere & Catabolon à seize mille pas de l'une & de l'autre.

BAISSAN [i], petite ville d'Afrique située à seize milles ou environ de Tripoli en Barbarie. Elle est arrosée d'un grand nombre de ruisseaux & de fontaines qui rendent son terroir aussi agréable que fertile & le font nommer le jardin de cette côte.

BAIURÆ, peuples d'Afrique dans la Mau-

BAI. BAK.

ritanie selon Ammien Marcellin [k]. Ce sont les mêmes que Pline [l] nomme BANIURÆ, & Ptolomée βανίουραι [m], au lieu de quoi on lisoit dans quelques Editions βανίουροι, & même βανίουραι.

BAIXOS, c'est ainsi que les Portugais appellent en leur langue certains Bancs de Sable que nous apellons BASSES en François, & où les vaisseaux n'ont point assez d'eau & demeurent engravez de maniere qu'ils y perissent. Les Espagnols disent BAXOS. Les Latins disoient SIRTIS. Voiez BASSES.

1. BAIZE [n], gros Bourg de France en Bourgogne. Il est fermé de murailles avec une Abbaye de Benedictins, haute Justice & Château. Il est situé dans un fonds entre des montagnes à une lieue de Lux, & à cinq de Dijon. Son Eglise paroissiale est bien bâtie & porte le titre de St. Remi, celle de St. Prudent est très-frequentée à cause des Reliques que l'on y conserve. L'hôpital pour les pauvres malades est fort bien entretenu. L'Abbaye dont l'Eglise est belle & bâtie à la moderne est dans l'enceinte du Château environné de fossez que remplissent les eaux d'une source, qui forme une Riviere. Le commerce du Bourg consiste principalement en Draperies & en Chapelleries, & l'on y tient un gros marché & des foires. Le territoire est partagé en prairies, en vignobles, & en terre de labour. Mr. de l'Isle écrit BEZE. Beze quoi qu'en Bourgogne dépend de la Champagne.

2. BAIZE ou BEZE [o]; (la) Riviere de France en Bourgogne. Elle a sa source au pied d'une roche environ à cent toises de la muraille du Bourg du même nom, delà coulant vers le Sud-Est elle passe à Noireau, à Mirebeau, à Bezouotte, à Charmes, à Drambon g. reçoit le Ruisseau d'*Albane* à St. Leger, d. & se jette dans la Saone au dessus d'Auxonne. Cette riviere fait tourner plusieurs moulins pour divers usages, entre autres il y en a un apellé *Rome*, à cause de la beauté de son bâtiment.

BAKAN, grande ville d'Asie sur le rivage Oriental de la Riviere d'Ava [p], vers les 115. d. 30'. de longitude & par les 20. d. de latitude Septentrionale selon la Carte imprimée dans les observations du P. Gouye. Elle est entre les villes d'Ava & de Prom. Le P. Duchatz dit que Bakan est grand comme Dijon & fort bien bâti. La Riviere en cet endroit a dans l'espace de dix lieuës la vertu de petrifier le bois. Le même Pere dit y avoir vu de gros arbres petrifiez jusqu'à fleur d'eau dont le reste étoit encore de bois sec & il ajoute que ce bois petrifié est aussi dur que la pierre à fusil; Mr. Baudrand & ses Traducteurs nomment ce lieu BACAY ou BAKAY, & en font un Roiaume sur la Riviere de Pegu. C'est une erreur. Il n'y a rien de pareil sur cette riviere ; mais bien une ville nommée Bakan sur l'Ava.

BAKAR. Voiez BACAR.

BAKEWEL, Bourg d'Angleterre en Derbyshire à six lieuës de Derby du côté du Nord. On y tient marché.

BAKHZAR [q], Ville d'Asie dans le Korasan. Ce mot signifie l'Orient en langage Persien.

BA-

BAK. BAL.   BAL.

[a] Corn. Dict.

BAKINGLE[a]; Isle dans l'Ocean de la Chine & l'une des Philippines. Elle a douze ou quinze lieues de tour & appartient au Roi d'Espagne ainsi que toutes les autres.

§ Mr. Corneille cite Sanson qui dans sa Carte particuliere des Philippines nomme cette Isle BANKINGLE. Elle est entre celle de Paragoa & celle de Mindoro ; & doit être une de celles que Mr. de l'Isle nomme Isles *Calamianes*.

[b] Baudrand Ed. 1705.

BAKON[b], grande Forêt de la basse Hongrie. Elle est fort étendue entre la ville de Javarin & celle de Vesprin. André Roi de Hongrie combatant contre son Frere Bela y fut abandonné des siens, foulé & écrasé sous les pieds de ses ennemis en 1059.

BAKU, BAKUYE, BACU, BACHU ou BACHIE; Ville de Perse dans la Province de Schirwan près de Scamachie. Les Russiens, que le Baudrand François nomme *les Roux*, le

[c] Ibid.
[d] De l'Isle Carte de la Mer Caspienne.

nomment[c] *Gorod Baka*, c'est-à-dire la Forteresse de Baka[d]; & ZALIF BAKINSKAIA, le Golphe de la mer Caspienne où elle est située à l'Occident de cette Mer. Ce Golphe qui a un mille & demi de 15. au degré dans sa plus grande largeur qui est à son entrée, est bordé en cet endroit par deux Isles entre lesquelles sont deux Ecueils; voici leurs noms, d'Occident en Orient l'Isle de *Narghine*, qui a un peu moins d'un mille de long, l'Isle *Ovelsie*, *Klip Vout* & *Ostrof Pesotxchnoi*, ou Isle de Sable. Entre la côte & l'Isle de Narghine la sonde trouve 4. à 5. Brasses d'eau ; 3. entre celle-là, & celle d'Ovelsie & autant entre celle-là & l'Ecueil. Baku est entourée de montagnes au Nord & à l'Ouest ; & Olea-

[e] Voyag. l. 4. p. 357.

rius[e], qui la nomme tantôt *Baku*, & tantôt *Bakuye*, dit avoir apris des Persans qu'auprès de cette ville sous la montagne de *Barmach*, il y a des sources inépuisables d'une certaine liqueur qu'ils apellent *Nefta* (Naphte) dont ils se servent dans leurs lampes, & dont l'on tire tous les jours une si grande quantité que l'on en transporte par tout le Roiaume. Il dit que la Rade de Baku n'est pas mauvaise, mais qu'elle n'est pas tout à fait sure. C'est

[f] Voyage de Moscovie, de Perse &c. p. 154.

cette ville qui a fait donner à la mer Caspienne le nom de MER DE BAKU. Le Brun[f] dit que la ville de Baku, a un très-beau port & qu'elle a été fortifiée depuis peu par les Persans. Le Capitaine Meyer s'avisa de demander l'entrée libre de ce port pour les vaisseaux Russiens, dont les Persans conçurent une jalousie qui les obligea de fortifier cette Place. Comme les Moscovites avoient la liberté d'y entrer & d'en sortir en tout temps, on lui conseilla de ne pas faire cette demarche ; mais inutilement. Cette ville a encore ses anciennes murailles. Malgré la précaution des Persans, l'usurpation de Meriveis Prince Tartare qui desole actuellement la Perse, dont même il occupe la capitale, a facilité à l'Empereur de Russie la conquête non seulement de cette ville, mais encore de la Province & de toute cette côte que le jeune Sophi lui a cedée par le Traité conclu cette année 1724.

BAKZAR. Voiez BACHZAR.

[g] D. Calmet Dict. de la Bible.

1. **BALA** ou SEGOR, Ville de la Palestine dans la Pentapole[g]. On dit qu'on lui donna le nom de *Bala*, c'est-à-dire engloutie, parce qu'aussitôt que Loth en fut sorti, elle fut engloutie & abimée dans la terre.

2. **BALA**, Ville de la Palestine dans la Tribu de Siméon. C'est la même que BAA-

[h] c. 15. v. 29.
[i] c. 19. v. 3.

LA. Josué[h] la met dans la Tribu de Juda, & ailleurs[i] elle est comptée comme la quatrième des treize villes du second partage de la Tribu de Simeon. Voiez BAALA 1.

3. **BALA**, montagne de la Palestine, où elle servoit de bornes entre la Tribu de Siméon, & la Satrapie des Philistins depuis le torrent d'Egypte jusqu'à l'Orient d'Ascalon. C'est la même que BAALA 2.

4. **BALA**, ancienne ville de la Galilée, selon Etienne le Géographe qui cite Josephe. Cela ne peut convenir à aucune des précédentes à moins qu'on ne prenne la Galilée dans une signification très-impropre & bien plus étendue qu'il ne faut. Josephe cité par Etienne

[k] antiq. l. 6. c. 6.
[*] Palæst. p. 611.

dit bien[k] que Saül fit la revûë de son armée à Bela ; mais cet Historien ne dit nulle part que ce fut une ville de Galilée. Mr. Reland[*] observe qu'Etienne met plusieurs villes dans la Galilée quoi qu'il ne soit pas certain qu'elles y fussent. Il ajoute que s'il y avoit eu dans ce pays une ville nommée *Bala*, comme elle auroit été voisine du Liban, cela aideroit à expliquer pourquoi le Talmud emploie le mot באלה pour signifier le Liban.

5. **BALA**, Bourg d'Angleterre dans la Principauté de Galles au Comté de Merionneth sur le bord d'un petit Lac, à six lieues du Bourg de Harlech vers le Levant, & autant de la petite ville de Denbigh vers le Midi.

☞ **BALABAD**, c'est ainsi, selon Mr.

[l] Ed. 1705.

Baudrand[l], que les Indiens nomment la Presqu'Isle de l'Inde deça le Gange, comme qui diroit le pays en deça du vent.

BALABITENE, Ortelius trouve ce nom ainsi écrit dans les Authentiques au lieu de *Balbitene*, Canton de l'Armenie lequel on appelloit aussi τζοφηνή. Voiez ARMENIE.

BALACA, Isle de l'Ocean des Indes, au

[m] l. 7. c. 4.

Midi de celle de Taprobane selon Ptolomée[m]. On ne sait aujourd'hui ce que c'est.

[n] Baudrand Ed. 1705.

BALACASTEL[n], Bourg d'Ecosse dans le Comté de Murrai, sur la Riviere de Spey à huit lieuës au Midi de la ville d'Elgin.

[*] BALACRI, peuple que Quinte Curse[o],
[o] l. 4.
[p] l. 3.

& Arrien[p] mettent dans l'armée d'Alexandre.

BALACURI. Voiez BALALOUGH.

[q] 6. part. clim. quarti.

BALAD ou BELED, petite ville de Turquie en Asie dans le Diarbeck, & peu éloignée du Tigre, quelques lieues au dessus de la ville de Mosul. Mr. Corneille ne dit point où il a pris cette ville. Mais le Géographe[q] de Nubie dit qu'à vingt & un milles au dessus de *Mausel* (Mosul) au bord du Tigre est la ville Balad qui aussi bien que Mausel est sur le bord Occidental de ce fleuve : il compte vingt-sept milles delà à Sengiar ville bâtie dans le desert au pied d'une montagne à l'Occident de Balad.

[r] l. 5. c. 19.

BALAGÆA ou BALATÆA, selon les divers exemplaires de Ptolomée[r], ville de l'Arabie deserte ; au bord Occidental de l'Euphrate. Les Cartes dressées sur cet Auteur, & Ortelius disent BALAGALA.

BALAGANSKOY, Ville de l'Empire Rus-

BAL.

Ruffien au pays des Burates peuple à l'Orient de la Siberie. Elle se trouve sur la route d'Ilinskoi à Jekutskoi, sur la Riviere d'Angar qui se décharge dans le Lac Baikal. La Carte & la Relation d'Isbrandz Ides nomment cette ville BULAGANSKOI. Un Voiageur[a] qui a fait la même route au mois d'Août 1716. reprend cet Auteur d'avoir dit *Jekutskoy* pour *Irkutzky*, & dit que l'Angara sort du Lac Baikal. Ides le dit aussi. Mais comme dans le même chapitre il dit le contraire, la nouvelle Relation décide; comme on peut voir dans la Traduction que j'en ai faite & qui est inferée dans les Memoires pour servir à l'Histoire de l'Empire Russien.

[a] *Lorentz Langen.*

BALAGNE (la) en Latin *Balania*[b]; petit pays de l'Isle de Corse; en sa partie Occidentale dite delà les monts, entre la riviere Ostricone & la ville de Calvi. Il peut avoir trente-cinq à quarante milles de circuit. Il contient cinq petits quartiers, à savoir les *Pieves*, de *Touagni*, d'*Aregno*, de *St. André*, de *Pino* & d'*Olmia*.

[b] *Baudrand Ed. 1705.*

BALAGNEZ ou BALAHUM. Voiez BALAGUAN.

BALAGRITÆ; Ortelius a cru trouver une Nation nommée ainsi dans la CIV. Epitre de Synesius & conjecture qu'elle étoit vers la Pentapole d'Afrique.

BALAGUAN ou BULAHUAM, Mr. Corneille dit *Balagnez* ou *Balahum*,[c] place d'Afrique dans la Province de Ducala (*Duquela*) près du fleuve Ommirabih sur le chemin qui mene de Fez à Maroc.

[c] *Dapper Afrique p. 137.*

BALAGUATE, BALEGATE, BALAGATE ou BALLAGATE; autrefois Roiaume particulier de la Presqu'Isle d'en deça le Gange; ensuite Province du Roiaume de Visapour & maintenant Province de l'Empire du Mogol. C'est, dit Thevenot dans son voyage des Indes[d], une des plus riches Provinces du grand Mogol, car elle lui raporte par an vingt-cinq millions. Elle est au Midi de celle de Candisch. Daulet-Abad, que l'on nomme ordinairement Doltabat, en étoit autrefois la capitale, mais elle a cédé cette primauté à *Aurangeabad* ou *Orengebat*, ville bâtie par *Aurangzeb*, & qui n'étoit qu'un Bourg autrefois. Il tire son nom d'une haute chaine de montagnes qui est plate au sommet & couverte de très-bons pâturages. Mr. de l'Isle[e] nomme aussi cette chaine de montagnes qui s'étend le long de la côte de Malabar depuis Baçaim jusqu'au Mondoa Riviere qui coule à Goa; & il nomme montagnes de Gate la suite de cette chaine qui s'étend depuis le Mondoa jusqu'au Cap Comorin.

[d] *c. 43. p. 212.*

[e] *Atlas.*

Il nomme aussi Balagate une autre suite de cette montagne qui sortant du Concan s'eleve au Nord de la source du Ganga, & court vers le Nord jusqu'à la Riviere d'Andi qui coule dans le Gange. Ce pays est le même que le Décan; mais ce n'en étoit autrefois qu'une partie.

BALAGUER, en Latin *Ballegarium* ou *Valaguaria*, ville d'Espagne en Catalogne, au pied d'une côte escarpée avec un château & un pont de pierre sur la riviere de Segre où elle reçoit la Noguere Paillarese. Elle est devenue celebre depuis que les François la prirent sous le

Tom. I. Part. 2.

BAL. 41

Comte de Harcourt en 1645. & que les Espagnols furent defaits dans son voisinage. Elle n'est qu'à trois lieues de Lerida au Levant d'Eté en allant vers Solsone & à douze de Manrese au Couchant d'Eté.

BALALOUG[f], château de l'Isle de Man. C'est la residence ordinaire de l'Evêque de cette Isle.

[f] *Davity Isle de Man.*

BALALVANO[g], montagne de l'Isle de Sumatra l'une des Isles de la Sonde en Asie. Elle est au milieu de l'Isle & a un Volcan pareil au mont Etna qui vomit des flames & quelquefois aussi des pieces de Roches.

[g] *Baudrand*

1. BALAMBUAN, (ce mot s'écrit diversement par un B. ou par un P, & l'on trouve dans les Relations indifferemment BALAMBUAN, PALAMBUAN, PALIMBAN, PALEMBAM, PALEMBAON. Mr. Reland dans sa Carte de l'Isle de Java écrit PALAMBUAM & BALAMBOUANG) contrée dans la partie Orientale de l'Isle de Java. Elle est bornée au Nord par de hautes montagnes qui aussi bien qu'à l'Occident en partie la separent du Roiaume de Mataran, au Levant par le Détroit de Mataran & au Midi par la mer de Lautchidol. Ce pays avoit son Roi particulier, lorsque les Hollandois[h] firent leurs premiers voyages aux Indes Orientales.

[h] *Voyages de la Comp. T. 1. p. 334.*

2. BALAMBUAN, Ville Capitale & même la seule que l'on connoisse dans le pays de même nom. La Relation des Hollandois nous la depeint comme une Place murée, fortifiée, & la Residence d'un Roi. Mr. Reland la met à 134. d. 40′. de longitude & 8. d. 27′. de latitude Australe.

3. BALAMBUAN, Riviere d'Asie dans l'Isle de Java, au pays de Balambuan où elle passe, au Nord-Ouest de la ville de même nom, au dessus de laquelle elle n'est gueres connue des Européens. Puis coulant vers le Nord-Est elle se jette dans le Detroit qui porte le même nom. Au Midi de son embouchure est un Golphe, nommé le Golphe de Balambuan.

4. LE DETROIT DE BALAMBUAN, bras de mer entre l'Isle de Java à l'Occident & la petite Isle de Baly, à l'Orient.

BALANÆÆ, *arum*, Ville de la Syrie selon Ptolomée[i], de la Phénicie selon Etienne le Géographe. Holstenius[k] met une ville Episcopale de ce nom dans la seconde Syrie. Les anciennes Notices la mettent dans la Theodoriade; les Interpretes de Ptolomée lui donnent pour nom BAGNIAS, VALAT, & BEONA. BAGNIAS est le vrai nom selon Postel; c'est VALANIA, si nous en croions Niger. Voiez BAGNIAS.

[i] *l. 5. c. 15.*

[k] *Not. in Carol. à S. Paulo. Geog. Sacr. p. 288.*

BALANAGRÆ, peuple de la Cyrenaïque. Ils adoroient Esculape au raport de Pausanias[l].

[l] *in Corinth.*

BALANDUS, Siége Episcopal d'Asie dans la Province de Lydie; selon une Notice[m] imprimée dans les Antiquitez Ecclesiastiques de Schelstrate.

[m] *T. 2. p. 675.*

BALANGIAR[n], Ville capitale du pays de Khozar, habité par une Nation ou Race des Tartares appellez Khozares ou Kozaréens; au dessus ou au Nord de la mer Caspienne. Les Tables Arabiques lui donnent 85. d. 20′. de longitude & 46. d. 30′. de latitude Septentrionale.

[n] *d'Herbelot Bibl. Orient.*

F §. C'est

BAL.

§. C'est en effet la position que lui donnent Naſſir Eddin & Ulugbeig, qui la mettent l'un & l'autre au pays de Chozar, écrivent dans la Traduction de Mr. Greave[a] BALANJAR, & en font la reſidence d'un Roi, *Sedes Regis Chozar*. Voiez KHOZAR.

BALANTES[b], peuple d'Afrique au pays des Negres ſur la côte de l'Ocean vers les Biſſaux.

BALANTIPYRGON, Ville de l'Inde en deça du Gange ſelon Ptolomée qui dit qu'elle étoit au peuple qu'il nomme ADISATRI.

BALARA, Ville marchande ſur la Mer des Indes ſelon Philoſtrate[c] qui nomme cette mer Erythrée, entre l'embouchure de l'Inde & celle de l'Euphrate.

BALARETANUS LIMES. La Notice de l'Empire[d] fait mention d'un lieu nommé ainſi dans l'Afrique propre.

BALARES, en Latin *Balari*. Pline[e] dit que les Balares & les Corſes étoient les plus celebres Nations de la Sardaigne. Tite-Live[f] dit que les Iliens étant joints par les ſecours des Balares avoient envahi une Province poſſedée par les Romains, & Strabon[g] les met entre les habitans des montagnes. Pauſanias[h] eſt le ſeul des Anciens qui parle d'eux avec quelque netteté. Il dit que les Carthaginois s'étant rendus maitres des contrées maritimes de cette Iſle, en chaſſerent tous les habitans déja établis, à la reſerve des Iliens & des Corſes; qu'ils ne purent point ſubjuguer à cauſe des montagnes eſcarpées où ceux-ci ſe refugierent: que les Libyens & les Eſpagnols (c'eſt-à-dire un reſte d'une ancienne peuplade venue d'Afrique, & une autre peuplade venue d'Eſpagne pays alors occupé par les Carthaginois) que ces peuples, dis-je, s'étant brouillez avec les Carthaginis pour le partage de quelque butin, ſe jetterent dans les montagnes & furent appellez *Balari*, par les Corſes dans la langue deſquels ce nom ſignifie *Exilez*. Le ſavant Bochart trouve à redire à cette explication de Pauſanias[i]; 1. ils n'étoient point exilez. 2. ils ne devoient pas uſer de la langue de Corſe; mais de celle de Sardaigne. Il y a un peu de chicane dans ces objections; car pour répondre à la premiere, on peut être banni par une force majeure, ou ſe bannir ſoi-même d'un lieu; & Tite-Live[k] apelle *Exules* ceux qui après la deroute de Maſſiniſſe ſe retirerent avec lui ſur le mont *Balbus*; quant à la ſeconde, il y avoit un peuple nommé les Corſes, qui occupoient une partie de la Sardaigne, & rien n'empêche qu'ils n'euſſent leur langue particuliere qu'ils ſe ſoient portée dans la Sardaigne. Bochart croit de plus que les *Iliens*, les *Corſes*, & les *Balares*, étoient un ſeul & même peuple. Cependant Tite-Live[l], Pline[m], & Pauſanias les diſtinguent. Quant à l'Etymologie de leur nom qu'il derive de l'Arabe ברדי *Bararim*, il eſt vrai que בראי *Barari*, veut dire *Solitude*, *deſert*; & que ברי *Bari* ſignifie *Sauvage*, & *champêtre*; mais il ſeroit auſſi deraiſonnable de chercher les noms de tous les peuples dans l'Hebreu que de n'y en vouloir trouver aucun. Ce peuple, ſelon le Peré Briet[n], étoit entre les Corſes au Nord, & les Diabregenſes au Midi. Ptolomée[o] qui nous a décrit très-diligemment la Sardaigne dans un chapitre particulier ne dit rien de ce peuple; mais Caſaubon[p] conjecture que c'étoient peut-être les habitans de la ville VALERIA.

BALARUC[q], petit Bourg de France dans le Languedoc. Il eſt éloigné d'un quart de lieuë du grand chemin de Montpellier à Touloufe. Les Bains ſont à un quart de lieuë encore plus loin, dans une petite plaine le long de l'étang de Thau. Il y a une colline à cent pas delà au Levant, & d'autres collines à demi lieuë au Nord & Nord-Oueſt. La ſource des Bains n'eſt qu'à deux cens pas de l'étang, mais elle eſt plus haute que le niveau de l'eau de l'étang. Il y a apparence qu'elle vient de la colline qui eſt au Levant, parce que les vieux Bains en étoient plus proches. Les proprietaires de ces Bains ont juſtifié qu'il y a plus de cent quatre vingt ans, qu'ils ſont en vogue, & aſſurent qu'on but de ces eaux avant qu'on s'aviſât de s'y baigner.

Il y a trois BAINS; le *Vieux* qui eſt vouté & abandonné, le *Bain ordinaire* où eſt la ſource, & le *Bain des pauvres*, qui eſt un écoulement du precedent. En hyver lorſqu'on ne s'y baigne pas, & qu'on ne vuide point ces baſſins, il ſe forme ſur l'eau une crême, ou taye blanche, qui reſſemble à celle qu'on trouve aux écoulemens des eaux de Vichy. Cette taye eſt une terre inſipide qui va à fond quand on la briſe. Elle participe neanmoins de quelque ſel, puiſqu'elle s'humecte à l'air.

Le Sel de tartre jetté ſur l'eau de Balaruc chaude ou refroidie, la rend fort laiteuſe, & l'eſprit de Vitriol la precipite peu à peu en maniere de lait de ſoufre. Neanmoins quoique ces eaux ſoient à peu près auſſi chaudes que celles de Bourbon l'Archambaut, elles n'ont aucune odeur de ſoufre. Elles ne changent point les herbes les plus délicates, quoi qu'on les y laiſſe tremper long-tems. La poudre de noix de galle ne donne preſque point d'autre teinture à l'eau des Bains qu'à l'eau commune, ſi ce n'eſt qu'elle la rend un peu plus trouble. Lorſqu'on jette quelques gouttes d'eſprit de ſoufre ſur cette teinture, elle s'éclaircit, & devient de couleur de muſcat clair, & lorſqu'on y jette enſuite du Sel de tartre, il la fait precipiter à floccons. Les eaux des Bains de Balaruc ont un gout ſalé, mais beaucoup moins que celles de la Mer, & laiſſent à la fin ſur la langue une impreſſion de douceur. Par évaporation on en tire deux drachmes de reſidence ſur quarante-une onces d'eau. Ce Sel ne crepite que très-peu quand on en jette ſur des charbons allumez, & rouſſit quand on pouſſe le feu; mais lorſqu'on le cryſtaliſe, il crepite comme le Sel Marin, & fait des cryſtaux cubiques; tiré par évaporation ſimple ſans cryſtaliſation il fermente avec l'eſprit de ſoufre, ce que ne fait pas le Sel marin; mais cette fermentation n'eſt point forte comme celle du Sel de tartre, ou des eaux de Valhs. Il y a donc bien de l'apparence que le Sel des Eaux de Balaruc tient beaucoup du Sel Marin, participant neanmoins davantage des parties alkalines, & d'un eſprit ſulphureux qui en adoucit les pointes. Ces eaux purgent beaucoup par les ſelles, & ſont bonnes contre la Paralyſie, le Rhumatiſme, & autres maladies où il eſt beſoin d'ouvrir les pores, & d'exciter les ſueurs.

Elles

---

[a] p. 101. & 133.
[b] Baudrand Ed. 1705.
[c] Apollon. l. 3.
[d] Sect. 50.
[e] l. 3. c. 7.
[f] l. 41.
[g] l. 5. p. 225.
[h] l. 10. c. 17.
[i] Chanaan. l. 1. c. 31.
[k] l. 29. c. 31.
[l] l. c.
[m] l. c.
[n] Parall. 2. part. l. 5. c. 12. n. 6.
[o] l. 3. c. 3.
[p] in l. c. Strabon.
[q] Piganiol de la Force Deſcript. de la France T. 4. p. 10 & 11.

BAL.

Elles ne sont point contraires aux maladies de poitrine, parce qu'elles n'ont aucune acidité.

a d'Herbelot Bibl. Orient.

BALASAGUN ou BALASGUN [a], Ville & contrée d'Asie dans le Turquestan au delà du fleuve Sihun qui est le Jaxartes des Anciens, & elle en est plus proche que la ville de Cafchgar. Elle étoit entre les mains des Musulmans, & sur les confins des Turcs du temps de Samaani Auteur du Livre intitulé Allebab,

b Chorasm. &c. descript. p. 74.
c Ibid. p. 51.

dit Abulfeda [b]. qui ajoute que de son temps cela étoit changé & qu'elle étoit passée au pouvoir des Tartares. Le même Abulfeda cite [c] sur sa position deux Auteurs ; l'un est Alferas qui lui donne de longitude 91. d. 35′. l'autre est Albiruni qui lui donne 15. minutes de plus. Tous s'accordent sur la latitude qui selon eux est 47. d. 40′.

d l. 1. c. 74.

1. BALASSIE. Marco Paolo le Venitien [d] décrit ainsi ce païs : *Balascia* est, dit-il, une grande Province addonnée au Mahometisme , & qui a une langue particuliere. Ses Rois qui se succedent par droit d'heredité disent être descendus d'Alexandre le grand. On y trouve des pierres precieuses nommées *Balais* (en Latin *Balasci*) du nom du pays. Il est défendu sous peine de la vie de creuser la terre pour les chercher , ni de les emporter du pays sans la permission du Roi. Car toutes ces pierres precieuses appartiennent au Roi qui les donne en present , ou même en payement à qui il lui plaît ou les troque contre de l'or ou de l'argent. Il y en a telle abondance que s'il étoit permis à tout le monde de les tirer de la terre qui en est pleine, le grand nombre en les rendant communes en diminueroit le prix. Une autre montagne de ce païs produit le *lapis Lazuli*, dont se fait le meilleur Azur qui soit au monde. On le tire de la mine comme se fer. Il y a aussi des mines d'Argent. Ce pays est fort froid. Il y a quantité de bons chevaux dont la corne est si dure qu'ils n'ont pas besoin d'être ferrez quoi qu'ils courent sur des Roches & des montagnes. On y trouve toutes sortes de Gibier , & de Venaison, & des faucons excellens. La terre y produit de bon froment, de l'orge, & du millet en abondance ; on n'y a point d'huile d'Olives, mais bien de noix. Les Habitans ne craignent point les étrangers parcequ'on ne peut entrer dans le pays que par des passages étroits. Les villes & les citadelles sont fortifiées par l'art & par la nature. Ils sont bons archers & bons chasseurs, ils s'habillent ordinairement de cuir parce que la toile (*de Lin*) & les Etofes de laines sont rares, & par consequent fort cheres chez eux, mais les femmes de distinction s'habillent de toile (*de coton*) & de soye.

e au mot BALAIS.

Les Auteurs du Dictionnaire de Trevoux disent [e] : le nom (*de Balais*) vient de *Balassia* qui est (selon eux) un Roiaume en Terre ferme entre Pegu & Bengala , où se trouvent ces *Rubis Balais*, à ce que dit *Ramusio*; dont parlent aussi Aiethon & Paul Venitien. Il y a bien de l'inexactitude dans ces paroles. On vient de voir par le passage de M. Paolo que je viens de raporter tout entier qu'il n'est point question dans son livre d'une pareille situation de ce pays. Au contraire cet Auteur compte de Balac , où il dit qu'Alexandre épousa la fille de Darius, & qui par consequent doit être

Tom. I. Part. 2.

BAL.

l'ancienne ville de Suse selon Plutarque [f], il compte, dis-je, deux jours de chemin jusqu'à la forteresse de Taicam, & delà trois autres jours jusqu'à Scassem ; d'où il compte trois autres jours de chemin dans un pays inhabité, jusqu'à la Province de Balascia ; ce qui fait en tout huit jours de chemin depuis *Taicam* ou *Suse*, jusqu'au pays dont il est question, & prenant ces journées à 30. milles d'Italie chacune, ce qui seroit excessif dans les voyages faits en Asie, où l'on ne va gueres qu'en caravanes , ce ne seroient tout au plus que 240. milles , & ces Auteurs mettent ce pays du moins 2400. milles plus à l'Orient qu'il ne peut être selon M. Paolo. Il semble qu'Haython leur soit plus favorable, car, en parlant de la Province qu'il nomme *Indiæ Regnum*, il dit : ce Roiaume depuis la Perse vers l'Orient jusqu'à une Province nommée Balarem où l'on trouve des pierres precieuses que l'on appelle *Balais*. Mais outre que ce qu'il appelle *Indiæ regnum*, ne sauroit se prendre pour tout l'Indoustan, comme je le prouve ailleurs , cet Auteur n'est rien moins qu'exact & la maniere dont la Preface dit que ce livre fut dicté sans aucuns Memoires, ni Copies à un Ecrivain, qui le mit de François en Latin, ne donne pas beaucoup d'autorité au raport du Moine Haython. Davity [g] rencontre plus juste lorsqu'il dit que le pays de Balassie fait partie des anciens Paropanisades. Mais je ne sais si le Roiaume de Balassie dont parle Marco Paolo doit être distingué du Candahar. La situation enfermée dans un cercle de hautes montagnes convient assez à l'une & à l'autre. Davity met la ville de Balassan sur le Gehun ou Gelcon, il ajoute que près delà on voit sur le même bord Semergian & Bocan, sejour du Roi de Balassie nommé pour ce sujet Roi de Bocan. Les Cartes modernes & les Tables des Arabes placent sur le Gehun une ville de Badascian que Davity aura sans doute confondue avec Balassan dont il est ici question & qui étant dans le Paropanise doit être bien au Midi de l'Oxus.

f in Alexand.

g Etats du Sophi p. 437.

2. BALASSIE [h], Riviere de Barbarie au Royaume d'Alger. Elle se jette dans la Mer mediterranée près du Cap de Gibramel vers Gigeri.

h Baudrand Ed. 1705.

BALATHÆA , Ville de l'Arabie deserte selon Ptolomée [i]. Quelques Editions portent BALAGÆA.

i l. 5. c. 19.

BALATIMORE. Voiez BALTIMORE.

BALBACK [k], Isle peu éloignée du Rivage de la mer des Indes, & qui n'est qu'à une journée de l'Isle de Zeilan.

k d'Herbelot Bibl. Orient.

BALBANERA [l] (LA SIERRA DE) montagnes d'Espagne dans la vieille Castille. Ces montagnes avec celles d'Yangas vers Rioja sont celles qu'on nommoit autrefois *Distercius*, & font partie de l'ancienne *Idubeda*, anciennement *Heliopolis*.

l Baudrand Ed. 1705.

BALBANIN ou ALBANIN [m], Nation particuliere de Grecs ou d'anciens Egyptiens qui se sont retirez vers la Nubie & dans la ville d'Asuan en Thebaïde , dès le temps que les Mahometans se rendirent maîtres de l'Egypte. Ils font profession de la Religion Chrétienne & de la secte des Jacobites. Leurs frequentes courses dans l'Egypte superieure les font passer pour une race de Brigands.

m d'Herbelot Bibl. Orient.

BAL-

BAL.

BALBASTRO, Ville d'Espagne dans l'Aragon fut la Riviere de Vero, & à son embouchure dans la Cinca, & aux confins de la Ribagorça; à mi-chemin entre Huesca au Couchant & Lerida au Levant d'hyver; & à quatorze lieuës de Saragosse au Levant. On l'appelloit autrefois BERGIDUM & BELGIDA. [a] Balbastro est un siege Episcopal qui fut établi premierement à Roda, ensuite il fut transferé à Urgel, puis à Lerida, enfin à Balbastro. Roda aiant été reprise sur les Mores en 1040. Ervivalde Evêque d'Urgel se plaignit au Roi Ramire I. de ce qu'on avoit separé cette Eglise, & celle de Ribagorça de la sienne; si bien que ce Prince ordonna qu'elles fussent restituées à l'Evêque d'Urgel. Mais après sa mort Sanche son fils en rétablit le Siége à Roda. Le Roi *Sanche-Ramire* ayant repris Balbastro sur les Mores en 1065. donna l'Eglise de cette ville à Salomon Evêque de Roda, lequel prit le titre d'Evêque de Roda & de Balbastro; mais il ne le porta pas long-temps, car D. Pedro Roi d'Arragon ayant repris une seconde fois la ville de Balbastro, fit ériger son Eglise en Cathedrale en 1090. Ponce en fut fait premier Evêque. Cependant l'Evêque d'Huesca s'opposa vigoureusement à cette érection, prétendant qu'elle lui étoit préjudiciable. Ses successeurs en firent de même, tellement que ce progrès dura jusqu'en 1573. que Philippe II. fit ériger Balbastro en Evêché, ou, pour mieux dire, fit confirmer l'érection qui en fut faite en 1090. Philippe d'Urrias en fut fait premier Evêque. Le Chapitre est composé de sept Dignitaires, de douze Chanoines, de douze Prebendiers & de divers autres Beneficiers. Le Diocese s'étend sur cent soixante-dix Paroisses, sur huit Couvens, sur quatorze Hermitages & sur dix-neuf Hôpitaux.

BALBEC, ancienne ville de la Turquie en Asie. Ce nom est quelquefois écrit par un double A. BAALBEC. Elle est située dans la Syrie du Liban[b], au bout d'une longue plaine, qui est presque toute environnée de hautes montagnes. La plaine a son étenduë du côté de Damas, & elle est encore separée du territoire de cette derniere ville par d'autres montagnes qui font une suite du Liban ou de l'Antiliban. La situation de Balbec, selon nos Géographes, est à 60. d. 45'. de longitude, & à 33. d. 50'. de latitude Septentrionale. Nassir Eddin, Astronome Persan, donne à cette ville 70. d. 45'. de longitude, & 33. d. 40'. de latitude. Les Tables qui portent le nom d'Ulug Beg, Prince Tartare, s'accordent avec lui pour la longitude de Balbec, mais elles ne lui donnent que 33. d. 15'. de latitude. Enfin Balbec n'est éloignée que de quinze ou seize lieuës Françoises de Damas; qui est presque à son Orient. Les villes maritimes de *Gebail* & *Baruth*, en sont à dix-huit ou vingt lieuës de distance du côté du Couchant. Elle voit d'assez près les plus hautes montagnes du Liban vers le Nord, & une partie de l'Antiliban lui est opposée du côté du Midi. Cette ville est fermée de belles murailles de pierres taillées dont le circuit est d'environ une lieuë d'une heure de chemin, & contient les plus beaux restes d'Antiquité, qui soient peut-être aujourd'hui dans l'Orient, sans en excepter même les ruines qui sont en Egypte. Quoique la ville en soit presque toute remplie, on s'attache principalement à la visite d'un grand Palais, communément appellé le *Château de Balbec*, & à celle d'un Temple encore plus entier & plus magnifique que le Palais. Ce Château situé à l'extrémité Occidentale de la ville, représente à son extérieur un plan imparfaitement quarré, par la disposition de quatre grands murs qui l'enferment de tous côtez. Ces murs sont tous entourez d'un large fossé, revêtu de grandes pierres. Il étoit autrefois très-profond, & rempli d'eau vive. La premiere chose qui frappe & qui surprend l'admiration, avant même que d'entrer dans cette vaste enceinte, c'est la qualité des pierres dont les hautes murailles qui la forment se trouvent construites. Ces pierres sont excessives en toutes leurs dimensions; on en a mesuré plusieurs qui ont plus de soixante-deux pieds de longueur, & jusqu'à seize pieds de hauteur ou de large. Celles qui meritent le plus d'attention sont employées au mur de derriere, ou du fonds, où l'on trouve que trois seules pierres d'environ soixante pieds chacune forment ensemble une longueur de plus de cent quatre-vingt pieds, encore les pierres sont-elles élevées à plus de dix-huit pieds de terre dans la muraille; ce qui est une espece de prodige qu'on ne trouvera nulle autre part. La face exterieure de tout ce Palais est tournée vers l'Orient : elle est extrêmement longue, à cause de deux grandes Tours quarrées qui l'accompagnent de chaque côté, & qui ne sont qu'une même ligne, d'environ quarante toises de longueur, avec toute la façade du bâtiment. La principale Porte est ouverte sur le milieu de cette face, & celles des Tours le sont aussi de même côté, ce qui forme trois grandes entrées de front, qui conduisent dans les bâtimens interieurs : & pour la décoration, outre quantité d'ornemens ruinés que l'on se dispense de décrire, on voit encore un parfaitement bel ordre d'Architecture Dorique, avec des colomnes engagées dans le vif du bâtiment, ce qui donne une grande idée de tout le reste. Sur le piedestal de l'une de ces colomnes on lit encore assez facilement ce peu de mots d'une inscription que le temps a fort endommagée ; ils sont en très-beaux caracteres Romains.

M. V. M. DIIS HELIOPOL. PROSUL.
- - - - - - - - - - - - EX VOTO.

Tout ce premier corps de bâtiment est double, & d'une profondeur extraordinaire, aïant du côté qui regarde l'interieur du Château, deux autres Tours pareilles aux précedentes, & les mêmes ornemens qui sont sur le dehors : à quoi il faut ajoûter les combles sont en terrasse, & en galerie découverte, avec les murs crenelés. La profondeur qu'on vient de remarquer rend la grande entrée du milieu extrêmement obscure. C'est un long passage, ou plûtôt un vestibule sous des voûtes fort élevées, que l'on prendroit pour un chemin soûterrain. Les murs de ce vestibule sont ornés de bustes de Rois, ou d'Empereurs que l'on ne sauroit bien reconnoître faute de clarté : mais on est en quelque façon dedommagé de cette obscurité

par

---

[a] *Vayrac Etat de l'Espagne T. 1. p. 369.*

[b] *La Roque Voyage de Syrie & du mont Liban Ed. Paris p. 119. & suiv. & p. 97. & suiv. Ed. d'Amst. 1723.*

par le bel objet qui se presente après avoir traversé ce long vestibule. Cet objet est un grand bâtiment hexagone, opposé à toute la face que l'on vient de décrire, & élevé autour d'une vaste cour, faisant comme la première partie de ce Palais. Il est d'une apparence tout à fait somptueuse & encore embelli d'une partie des ornemens qui convenoient à un si beau dessein. Le fond de ce bâtiment est tout ouvert, & represente une maniere de théatre ou de plate-forme, où l'on monte par un fort beau degré de marbre. Cette ouverture donne entrée à une seconde cour quarrée, encore plus spacieuse que la précedente, autour de laquelle on trouvé d'autres édifices beaucoup plus magnifiques que les precedens. Ces édifices sont élevez sur un double rang de colomnes, qui forment deux superbes galeries en portique aux côtés de cette grande place. La longueur des galeries est d'environ soixante-six toises, & leur largeur de huit. On ne peut rien ajouter à la beauté & à la noblesse de toute cette structure, qui se fait encore admirer malgré l'état de ruine, & de decadence où elle se trouve aujourd'hui. Au fond de la grande cour dont on vient de parler, on voit les ruines d'un troisième bâtiment, qui étoit sans doute le plus superbe de tous, faisant comme le principal corps de ce Palais, & directement opposé à la premiere face, aiant la même largeur, & beaucoup plus de profondeur. Ce dernier corps de bâtiment étoit élevé sur des colomnes, dont la grosseur & la hauteur surpassent si fort les dimensions ordinaires, qu'un Voyageur[a] les a comparées à celles de l'Hippodrome de Constantinople. Il reste encore neuf de ces colomnes avec une bonne partie de l'entablement, qui sont autant de chef-d'œuvres de l'art, & qui montrent avec tout ce qui vient d'être remarqué, que ce Palais devoit autrefois passer pour une des merveilles de l'Asie. Pour comble d'admiration chacune de ces neuf colomnes n'est que d'une seule piece. Il y a beaucoup d'apparence qu'elles sont restées du nombre de vingt-sept, qui étoient encore au même tems vers l'année 1550. que Thevet[b] avoit remarquées, comme la plus grande merveille de Balbec, & qu'il assure avoir été depuis transportées à Constantinople, pour orner la Mosquée du Grand Soliman. Il est impossible de trouver ailleurs un plus grand assemblage d'excellens morceaux d'Architecture & de Sculpture, & une plus élegante disposition dans les parties de ces bâtimens qui ont le plus resisté aux injures du temps. On voit encore fort distinctement une suite de chambres, de salles, & d'appartemens entiers, embellis de tout ce que l'art a de plus recherché. L'ordre Corinthien se trouve fort souvent repeté dans tout cet édifice ; les autres ordres y sont aussi employez avec discernement, & ils se trouvent tous executez avec une précision qui ne laisse rien à desirer. La varieté des ornemens, bien éloignée de la licence & de la confusion où sont tombés la plûpart des Architectes modernes, merite encore une attention particuliere, par la savante maniere avec laquelle on les a distribuez & par leur execution presque inimitable. Outre ceux qui appartiennent à l'Architecture ordinaire, on voit dans ce Palais tout ce que

[a] Pierre Belon en 1548.

[b] Cosm. univers. l. 6. c. 14.

le bon goût de la Grece, & tout ce que la magnificence Romaine avoient inventé de magnifique dans l'art de bâtir. Statuës sans nombre, figures & bustes de toute espece, trophées superbes, niches curieusement travaillées, murs & plafonds enrichis de bas-reliefs, inscrustations & autres ouvrages du plus beau marbre, escaliers admirables, Thermes & Cariatides judicieusement placés : enfin il n'est aucune partie un peu conservée, soit dans l'interieur, soit à l'exterieur de tous ces édifices, qui ne presente à la vuë une parfaitement belle décoration. Pour achever de donner une idée exacte de ces bâtimens, il faut dire un mot des voûtes sur lesquelles ils sont presque tous élevez, & que l'on trouve dans toute leur étenduë. On découvre de temps en temps, à travers les ruines, de longs escaliers souterrains, la plûpart de marbre, dont quelques-uns contiennent près de deux cens marches, lesquels menent à des édifices inferieurs, où l'on ne peut s'empêcher d'admirer le trait hardi des voûtes, & leur grande élevation. Une de ces voûtes principales qui regne presque sur toute la longueur du Château n'a gueres moins de quatre-vingt toises, & une autre qui en traverse la largeur est longue d'environ cinquante-cinq. On trouve aussi dans ces souterrains quantité de chambres, de salles & de riches appartemens entiers, avec quantité de tombeaux de marbre. Les murs y ont pour ornement des niches, des bustes en bas-relief, & des inscriptions en caracteres Romains, mais si effacés par le temps & par l'humidité, qu'on a bien de la peine d'en déchiffrer quelques mots, ceux-ci par exemple, qui sont gravés sous un buste :

DIVISIO MOSCI.

Quelques-uns de ces bâtimens souterrains ne reçoivent aucun jour, soit à cause de leur profondeur, ou parceque les ruïnes ont bouché les ouvertures qu'ils pouvoient avoir : nous les visitâmes avec des flambeaux. Les autres sont éclairez par de grandes fenêtres qui s'élevent du rez de chaussée des bâtimens superieurs. On ajoûtera pour derniere observation que ces édifices sont presque tous construits de ces grandes pierres, qu'on a fait remarquer au commencement, & qu'il ne paroît entre elles ni mortier, ni ciment, ni aucune autre espece de liaison. Les curieux ne sauroient s'empêcher de déplorer la désolation & l'abandonnement de ces monumens, qui sont autant de chef-d'œuvres de la meilleure antiquité, & qui portent encore en cet état de ruïne, un certain caractere de grandeur & de perfection qu'on ne peut se lasser d'admirer. Il reste à parler d'un monument particulier que le temps a plus heureusement respecté que tout le reste, & qui est contenu dans une même enceinte de bâtimens. C'est un Temple qui se trouve situé sur une hauteur, en maniere de plate-forme, au milieu d'une place remplie de ruïnes sur la gauche des neuf colomnes qui sont restées du principal corps du Palais.

La figure exterieure de ce Temple est quarrée-longue. Son Portail, tourné du côté de l'Orient, est d'une apparence tout à fait magnifique par son élevation sur 30. degrez & par la déco-

BAL.

décoration d'une double ordonnance de colomnes dont il est orné. Ces dégrez sont accompagnez de chaque côté d'un mur travaillé, & finissant en piedestal de quinze pieds de hauteur, où l'on voyoit autrefois deux statuës de front posées sur des plinthes. La premiere ordonnance de ce frontispice est un peristyle, composé de huit colomnes Corinthiennes canelées, qui regne sur une longueur de dix-sept toises, & qui étant éloigné de trente pieds de la porte du Temple, donne d'abord un air de grandeur & de majesté à toute cette face. Ce même peristyle est continué tout à l'entour, à l'exterieur du Temple, & forme la galerie de colomnes dont il sera parlé dans la suite. La seconde ordonnance est une disposition de quatre autres colomnes isolées pareilles aux precedentes, qui sont situées derriere le peristyle à une distance d'environ six pieds. Elles sont accompagnées de deux pilastres à trois faces, qui ornent le front des deux murs de côté, beaucoup plus avancés que le corps du bâtiment, & qui en se rapportant à l'ordonnance des colomnes, forment au devant de la porte du Temple un superbe vestibule en portique, dont la profondeur est d'environ vingt-quatre pieds, & la largeur de plus de soixante. Toutes ces colomnes ensemble dont la hauteur est de cinquante-deux pieds, & le diametre de six, portent un entablement convenable à une si riche ordonnance, & l'entablement est surmonté par un grand fronton triangulaire, qui fait le couronnement de tout ce frontispice lequel a environ dix-huit toises d'élévation, c'est-à-dire autant que de largeur ou de face. La porte du Temple paroît au dedans dans le milieu à travers de cette double disposition de colomnes, couverte par la voûte du vestibule; mais elle y paroît avantageusement, & sans embarras, tant par la belle proportion des colomnes, & par la justesse des entre-colonnemens, que par l'éloignement où elle se trouve du peristyle, & du portique.

Cette porte toute de marbre est quarrée, comme étoient toutes celles des anciens Temples, & des Basiliques. Sa hauteur depuis le seuil jusqu'à la cimaise de son entablement est de quarante-deux pieds, & sa largeur d'un montant à l'autre de vingt-sept à vingt-huit pieds, ou environ dix-huit pieds d'ouverture. Son Architecture, quoique simple en apparence, est d'un goût exquis, & dans la précision des meilleures regles: tout le chambranle est orné d'une parfaitement belle sculpture, aussi bien que la frise, & les deux grandes consoles qui soûtiennent la corniche. Mais on admire sur toutes choses, un veritable chef-d'œuvre de sculpture dans la plate-bande, ou la fermeture, qui fait le linteau de cette porte, & qui sert aussi d'architrave à l'entablement. Ce n'est qu'une seule piéce de marbre, où l'on a taillé en bas-relief de la derniere delicatesse, un grand Aigle à ailes éployées, tenant dans ses serres un caducée, avec deux figures d'enfant, ou de Cupidon, à demi couchées, une de chaque côté. Ces figures soûtiennent d'un main un long feston de fleurs, de fruits & de feuillages, qui part du bec de l'Aigle, & tiennent de l'autre les bouts d'une draperie, ou d'un voile, dont elles sont à demi couvertes; mais

BAL.

de maniere que ces extrémitez retombant de leur main plus bas que la moitié du corps, se divisent en façon de rubans, & semblent voltiger. Rien ne peut être ajouté à la noblesse & à l'expression de ces figures, non plus qu'à la correction du dessein, & l'on peut dire hardiment que c'est-là un des plus excellens morceaux qui nous restent en ce genre. Le bas de tout le mur de face, & encore de ceux qui de chaque côté ferment le vestibule, est orné d'une sculpture de marbre qui est digne de l'attention des connoisseurs. C'est un bas-relief continuel qui regne tout autour de ces murs en maniere de frise, & qui represente, en petit, des mysteres, & des sacrifices du Paganisme. On y voit sans confusion un mélange d'hommes, & d'animaux, dont on ne peut se lasser d'admirer l'excellente composition, & l'agréable varieté. Enfin on ne sauroit rien voir de plus riche, & de plus sagement distribué que toutes les parties de ce frontispice, lesquelles forment ensemble un corps d'Architecture des plus superbes.

L'interieur du Temple est à peu près disposé selon le plan ordinaire de nos Eglises, ayant une nef avec des bas côtez, ou des Coridors voûtez, qui regnent tout autour, & une maniere de Chœur. Sa longueur est d'environ dix-neuf toises, dont le Chœur en occupe cinq à six, & sa largeur d'un mur à l'autre est de dix à onze toises. La nef est soûtenuë par un double rang de colomnes canelées d'ordre Corinthien, dont le diamétre est de trois à quatre pieds, & l'élévation, y compris le piedestal, & le chapiteau, est d'environ trente-six pieds. Ces colomnes isolées sont au nombre de douze, six de chaque côté, & chaque entre-colonnement est d'environ dix pieds. L'éloignement des murs du Temple à ces colomnes est de deux toises, & cet espace forme le Coridor dont on a parlé. Ces murs ne sont pas sans ornement, car dans les espaces qui répondent aux entre-colonnemens, & qui contiendroient des Autels ou des Chapelles à la maniere de nos Eglises, il y a autant de grandes niches rondes, ou des renfoncemens pris dans le corps du mur, dont le plan & la fermeture sont cintrez. Ces grandes niches ne sont pas ouvertes jusqu'à l'aire du pavement; mais elles portent sur le massif du mur qui est travaillé, & orné en maniere de piedestal Corinthien, ayant la même hauteur que les colomnes: tous les jambages ou montans sont ornez de pilastres de ce même ordre, & les arcades ou cintres le sont par des archivoltes convenables à cette ordonnance. Au-dessus de chaque arcade & à une distance proportionnée, il y a un second rang de niches, moins grandes que les premieres, de figure quarrée, dont toutes les corniches sont de marbre, avec tous les ornemens qui leur sont propres, & couronnées d'un fronton triangulaire. Toutes ces niches étoient autrefois remplies de statuës des Dieux ou des Heros de l'Antiquité, comme il est aisé de conjecturer par les piedestaux que l'on y voit, & par les exemples que nous en avons. Il falloit même que les figures placées dans les niches du premier rang fussent des colossales ou des groupes entiers, puisque la hauteur de

ces

ces niches est d'environ quatorze pieds, avec la moitié moins de largeur. Une si belle décoration est encore enrichie par un autre ordre de colomnes placées dans l'entre-deux des niches, & engagées d'un tiers dans le vif du bâtiment: elles sont respectives, & opposées à celles de la nef, aiant les mêmes proportions & les mêmes ornemens. Le Chœur plus élevé que la nef, en est separé par deux grands piliers quarrez, ornez de colomnes & de pilastres, qui forment une parfaitement belle entrée, opposée à la grande porte du Temple. On monte à ce Chœur par treize degrez de marbre, qui occupent toute la largeur d'entre les deux piliers, & l'on y trouve les mêmes ornemens, & la même symmétrie que dans la nef. Quatre colomnes isolées en supportent la voûte, & les murs sont ornez de chaque côté d'un double rang de niches, aussi curieusement travaillées, & embellies, avec cette différence que les colomnes & les pilastres du Chœur, qui est, comme l'on a dit, plus élevé que la nef, sont sans piedestaux, posées sur des simples bases, & que les niches du premier rang prennent naissance du rez de chaussée. Dans le fond de ce Chœur est une grande niche toute de marbre, dans laquelle étoit apparemment placée la figure de la principale Divinité. On remarque parmi ses ornemens, qui sont très-recherchez, une belle sculpture en festons, d'oiseaux, de fleurs & de fruits, & dans le reste du Chœur plusieurs bas-reliefs admirables, qui représentent Neptune, des Dieux marins, & d'autres sujets du Paganisme. Il est presque inutile d'ajoûter que tous les angles, & toutes les encognûres, tant du Chœur que de la Nef, sont ornez ou de pilastres pliés ou de colomnes doublées & engagées, & qu'il se trouve encore des pilastres entiers sur les murs du fonds, & de devant, qui se rapportent à l'ordonnance des colomnes; l'usage de tous ses accompagnemens étant trop connu & trop indispensable dans les édifices de cette conséquence. Il est plus à propos de dire un mot de la voûte principale du Temple, qui commence à se former au dessus d'un riche entablement que supportent toutes les colomnes, tant du Chœur que de la Nef. Elle est d'une très-hardie exécution, & toute divisée en compartimens, qui sont remplis d'une excellente sculpture. Comme cette voûte est interrompuë, & qu'il reste tout à coup un grand vuide vers le milieu, je croirois fort que cet endroit étoit destiné pour éclairer le Temple, soit par le moyen de quelque dôme à jour, soit qu'en effet il n'y ait jamais eu de couverture dans cet espace, ce qui est assez difficile à discerner aujourd'hui. Ceux qui ont du goût pour les belles choses, & quelque intelligence, ne se lasseront jamais à examiner par le détail, l'ordre & la délicatesse des ouvrages qui sont dans l'interieur de cet édifice, & les moins entendus ne pourront qu'être frapez de l'air de magnificence, & de la belle symmetrie qui regne dans toute l'éxecution d'un si grand dessein. Mais quoique tout soit digne d'admiration dans ce Temple, on n'en sort que pour la redoubler en parcourant la superbe galerie des colomnes, ou le peristile qui regne dans tout le pourtour extérieur de ses murailles.

Cette galerie est composée de quarante colomnes, savoir onze de chaque côté sur la longueur, huit sur le derriere & autant devant le Portail. Celles-ci forment la double ordonnance de colomnes, & ornent le frontispice du Temple de la maniere qu'il a déja été dit, à quoi on doit ajoûter qu'elles sont élevées sur des bases, qui sont à fleur du dernier degré. Toutes les autres sont posées sur un grand stylobate, ou piedestal continu, qui est la suite de celui dont on a parlé à l'occasion des trente degrez du frontispice, ayant les mêmes ornemens sur toute sa longueur qui est aussi celle de la galerie, où l'on trouve environ trente-quatre toises de chaque côté, sur trois toises de largeur. Nous ajoûterons que le bas de tous les murs exterieurs du Temple, le long de cette galerie, est orné d'une maniere de double frise, qui contient aussi un bas-relief continuel, où sont d'excellens morceaux de sculpture, qui expriment divers points de la Théologie Payenne, dans le goût & dans le genie qui a déja été remarqué à l'égard du mur de face. La proportion des colomnes, l'entablement qu'elles portent, & tout le reste de cette ordonnance est égal, & répond exactement à celle du peristyle de la façade, de sorte qu'on ne sauroit rien voir de plus somptueux, ni d'une plus agréable uniformité. La plûpart des colomnes ne sont faites que de deux seules pierres. Mais ce qui releve extraordinairement ce bel ouvrage, c'est le plafonds voûté qui couvre toute cette galerie & qui est enrichi de la plus belle sculpture en bas-relief qui se puisse voir. Elle est distribuée en differens compartimens, dont les plus considerables se trouvent dans le milieu, & sont chargez chacun d'un buste d'Empereurs ou d'Imperatrices, d'un goût tout à fait exquis. Dans les autres moindres compartimens ce sont des feuillages, & d'autres ornemens, aussi excellemment travaillez. On profite de quelques ouvertures qui se trouvent à cette voûte, le temps l'ayant ruinée par intervalles, pour considerer de près ces beaux ouvrages, & pour cela on monte sur le comble de tout l'édifice, par le moyen d'un petit escalier en limaçon, pratiqué dans l'épaisseur de la muraille. C'est parlà que l'Auteur cité examina curieusement plusieurs chapiteaux, les pieces de l'entablement, & une partie des ornemens de la voûte. Ce sont tous morceaux sans prix, & qu'on ne sauroit assez admirer: il semble qu'on pouvoit se dispenser de rendre des ouvrages de cette élevation si parfaitement finis, mais on chercheroit envain la moindre négligence dans cet édifice, chaque piece est proportionnée à la noblesse d'un si grand dessein, & le bon goût du temps secondé par l'habileté des ouvriers, se fait sentir également par tout. L'escalier dont on vient de parler, merite aussi une attention particuliere, à cause de la derniere pierre qui le compose, laquelle est si prodigieuse qu'on y compte vingt-neuf marches taillées dans la même pierre: celles de dessous en contiennent peut-être davantage, mais il n'est pas possible de le discerner. Au reste tout le Temple est élevé sur des voûtes d'une structure admirable, où l'on descend par de petites portes, & par des escaliers derobez.

On

On croit que ces voûtes n'ont pas été seulement faites pour la solidité du bâtiment, mais qu'elles formoient une autre espece de Temple souterrain qui avoit sans doute ses usages dans le Paganisme. Quoique ce Temple paroisse aujourd'hui tout isolé, on reconnoît aisément, qu'il étoit autrefois accompagné de bâtimens particuliers, dont on voit encore de beaux restes aux environs. On y montoit par quatre grands escaliers de marbre qui subsistent dans leur entier sur les quatre coins du Temple : les marches en sont si longues que huit ou dix personnes ensemble y peuvent monter de front. Ces bâtimens destinez, selon toute apparence, aux Ministres de la Religion, étoient aussi élevez sur des voûtes, qui forment d'autres appartemens soûterrains, d'une excessive hauteur. On y descend par un escalier particulier, & ils sont éclairez par des fenêtres qui sont à rez de chaussée. Lorsqu'on vient à rentrer dans la ville, en sortant de l'enceinte du Château & du Temple de Balbec, on ne trouve partout que ruines, & que fragmens d'antiquité. Vous voyez à chaque pas des colomnes brisées, ou renversées, des chapiteaux mutilez, des piedestaux rompus, & à demi enterrez, sans parler des voûtes, & d'une quantité de belles citernes de structures antiques, qui sont fort frequentes dans cette ville.

Parmi tous ces édifices ruinez on distingue encore un petit Temple presque tout de marbre, qui est assez entier. Il est de figure ronde à l'exterieur, aiant un beau porche soûtenu de colomnes Corinthiennes à son entrée. Le dedans du Temple represente un octogone par la disposition de huit arcs que supportent huit grosses colomnes Corinthiennes toutes d'une seule piece. Elles sont espacées à l'entour du Temple, avec des piedestaux, qui ont aussi la figure d'arc, ou de demi-cercle : les entre-colonnemens sont ornez de niches, où l'on voit encore les piedestaux des statuës. Ce petit Temple est tout découvert, & fait en coquille dans ce qui reste de voûte au dessus des arcades. Cet espace est encore enrichi de quantité d'ornemens de sculpture, dont les principaux sont des Aigles extrêmement maltraitées. Les Prêtres Grecs qui sont en possession de cet édifice, ont couvert de plâtre presque tout son intérieur, & défiguré par ce moyen toute la beauté de l'Architecture, & de la Sculpture. Leur imagination déreglée, aussi bien que leur goût, a répandu une ridicule tradition dans le Païs à l'égard de ce bâtiment rond, & sans couverture, qu'ils prétendent être la Tour où Sainte Barbe fut enfermée, & dont ils ont fait une Eglise de son nom sur cette bizarre opinion. Cependant il est sûr que les Romains n'ont peut-être rien fait d'un meilleur goût, & qui se soit aussi heureusement conservé que ce monument. Monconys l'a comparé au Temple de Janus qui est à Rome. De deux petites rivieres qui passent par cette ville, il y en a une qui traverse tout le milieu du Temple par dessous, à la faveur des voûtes sur lesquelles il est élevé. Elle recommence à paroître au delà du porche, & à couler selon la pente du terrain. L'autre ruisseau dont la source n'est qu'à un quart de lieuë de la ville, remplissoit autrefois les fossez dont le Château de Balbec est entouré ; mais ces eaux ont été détournées pour d'autres usages. La construction des murs d'enceinte de la ville toute faite de ces belles & extraordinaires pierres, dont on a déja parlé, avec de grosses Tours quarrées de distance en distance, merite bien que les curieux qui visitent Balbec, prennent la peine d'en faire le tour par le dehors. Outre le plaisir de voir un ouvrage de cette espece qui n'a pas beaucoup de pareils dans le monde, ils trouveront encore au lieu le plus éminent de tout ce circuit une colomne colossale d'une beauté singuliere, & presque semblable à la fameuse colomne de Pompée, qui est près d'Alexandrie d'Egypte, aiant sur son chapiteau le piedestal d'une statuë qui y étoit autrefois élevée. La derniere chose qui est à remarquer, c'est la grande carriere d'où l'on a tiré les pierres prodigieuses qui composent ces beaux bâtimens. Elle est peu éloignée des murs de la ville ; on y voit de très longs & larges espaces taillez dans le roc, comme par dégrez, & en maniere d'amphitheâtre, ce qui fait aisément juger de la dimension de ces pierres, & du penible travail qu'il a fallu employer pour les détacher & pour les transporter. Il y en a encore une toute taillée dans la carriere, qui paroît plus excessive en grosseur, & en longueur que toutes les autres, & on croit bonnement qu'on l'a abandonnée pour sa trop grande pesanteur ; mais en y prenant garde de près on voit qu'elle est encore attachée au roc par le dessous. Tels sont les édifices de Balbec, dont la grandeur & la perfection doivent faire juger que cette ville a été des plus considerables de la Syrie, & que quelque puissant Prince, après avoir pris plaisir à l'embellir, y a tenu sa Cour.

Comme les habitans de Balbec sont fort ignorans, ils debitent quantité de fables à ceux qui en visitent les ruines. Les Mahometans ne se lassent point de dire que tous ces Edifices sont un pur ouvrage des Genies, ou des démons, n'étant pas possible, selon eux, que des hommes aient entrepris une pareille fabrique. Les Juifs sont fortement persuadez que la ville fut bâtie par Salomon qui fit aussi construire le magnifique Palais dont on vient de voir les ruines décrites, pour la fille du Roi d'Egypte qu'il avoit épousée. Ils ajoutent que Palais n'est autre chose que la Maison du Liban ou la Tour du Liban qui regardoit Damas. Quelques Auteurs modernes ont donné dans ce sentiment & entre autres le P. Eugene Roger Recolet, qui nous dit, dans sa Terre Sainte, que Balbec est une Forteresse imprenable que Salomon apelle la TOUR DU LIBAN, &c. quoi qu'il n'y ait rien à Balbec qui puisse passer pour une Forteresse. Le P. Quaresmius, Cordelier Italien, qui a composé deux gros volumes d'Eclaircissemens sur la Terre Sainte & qui a passé fort legerement sur la description de Balbec, s'est donné la peine de composer une longue Dissertation pour combatre l'opinion des Juifs qui est assez refutée d'elle-même si l'on regarde seulement les Edifices dont il est question. Les Grecs de Balbec croient que cette

cette ville est Nicomedie, où Ste. Barbe fut martyrisée. Ils se fondent sur ce qu'on y voit la Tour de Ste. Barbe. Mais s'il y a des Actes qui placent le martyre de cette Sainte à Nicomedie qui subsiste encore dans la Bithynie; il y en a d'autres qui le placent à Heliopolis qui est Balbec. Ainsi on n'en sauroit conclure que Balbec ait jamais été nommée Nicomedie. Pierre Belon Voyageur François qui fut à Balbec en 1548. a un sentiment particulier. Il prétend que cette ville est *Cesarée de Philippe* où St. Paul, dit-il, fait mention d'avoir été, & de plus il assure que c'est à Balbec que passent les fontaines ou les sources du Jourdain. Cette opinion est d'autant plus absurde, qu'elle supose que le Jourdain coule au dessus de Damas vers l'Orient & que pour entrer, comme il fait, dans la mer de Galilée, il passe à travers de toutes les montagnes qui forment le Liban ou l'Antiliban.

L'Auteur dont j'emprunte cet article accuse Ortelius[a] d'avoir inseré cette opinion dans son Tresor Géographique sur l'autorité de ce Voyageur. Il l'en accuse avec peu d'exactitude. Ortelius dit bien au mot *Cesarea* que Thevet la prend pour *Balbec* & *Beline*; néanmoins c'est sans en appuier le sentiment. Mais au mot Heliopolis, il dit que la ville de ce nom dans la Celesyrie est nommée Balbec par Postel, Matbech par Niger, & Beallebeca par Leunclavius.

[a] p. 164.

D'autres ont cru que Balbec[b] est l'ancienne Palmyre apellée par les Hebreux Tadmor. Mais ce sentiment est refuté par les distances itineraires. Abulfeda compte cinquante-neuf milles de Tadmor à Damas, au lieu que Balbec n'en est qu'à une petite journée de chemin; d'ailleurs le territoire de Palmyre étoit arrosé par l'Euphrate, ce qui ne convient point à celui de Balbec. Le plus grand nombre des Savans ne doute plus que Balbec ne soit l'ancienne Heliopolis. Il y a même apparence que Balbec est l'ancien nom, & qu'Heliopolis n'est qu'une version du nom primitif. Voyez Heliopolis. Nassir-Eddin donne à Balbec 70. d. 45'. de longitude & 33. d. 40'. de latitude. Ulugbeig s'accorde avec lui pour la longitude: mais il ne lui donne que 33. d. 15'. de latitude.

[b] d'Herbelot Bibl. Orient.

BALBERICH, Ville de l'Arabie heureuse. Ceux du pays l'appellent Bedra Henen. Il y avoit autrefois une Academie pour l'Astronomie & la Medecine. Le mot de *Bedra* est assez frequent en l'Histoire d'Elmacin qui parle de cette ville comme de la capitale de quelque pays.

§ Mr. Corneille ne dit point d'où il a pris ce nom & cet article. Voiez Bedr.

BALBIA, quelques-uns lisent ainsi ce nom dans Pline[c] au lieu de Babia. Voiez ce mot.

[c] l. 14. c. 6.

BALBINÆ *Cœmiterium*, ou le Cimetiere de Balbine. Platine[d] en fait mention dans la Vie du Pape St. Marc I. & il dit qu'il y fut enterré. Le même Auteur dit aussi que ce St. Pontife avoit bâti une Eglise dans la voye d'Ardéate où il fut enterré. Duchêne dit la même chose dans sa Vie des Papes. La

[d] in Marco.

voye d'Ardeate, comme je le dis ailleurs plus amplement, commençoit au mont Aventin dans l'enceinte même de Rome, & conduisoit à Ardée ville du Latium.

BALBITENA ou Balabitene[e]; l'une des IV. contrées qui formoient l'ancienne division de l'Armenie du temps de l'Empereur Justinien.

[e] Ortel. Thesaur. in Voce Armenia.

BALBONAS & Balbunes[f], on trouve dans les écrits des Arabes une Isle ou Presqu'Isle de ce nom & ils la joignent à la Grece. Il est aisé de s'assurer, que c'est le Peloponnese dont ils ont defiguré le nom en le prononçant à leur maniere.

[f] d'Herbelot Bibl. Orient.

BALBURA, ancienne ville de la Lycie selon Etienne le Géographe[g] qui dit que Bubon & Balbura deux voleurs bâtirent deux villes dans la Lycie, & leur donnerent leur nom. Pline[h] dit qu'elle étoit dans cette partie de la Lycie qu'on nommoit Cabalia, & où étoient trois villes *Oenoanda*, *Balbura* & *Bubon*. Ce pays est aux Turcs qui, au raport des Interpretes de Ptolomée[i], nomment *Balbura*, Caraburum.

[g] in Voce Βϱϐων.
[h] l. 5. c. 27.
[i] l. 5. c. 5.

BALBUS, montagne d'Afrique où se refugia Masinisse après avoir été defait par Syphax Roi des Numides. Tite-Live[k] dit que cette montagne ne manquoit ni d'herbes, ni d'eau; que delà ceux qui s'y étoient refugiez faisoient des courses & des ravages pendant la nuit & brûloient le territoire de Carthage parce qu'ils y trouvoient plus de butin que dans le pays des Numides & qu'ils faisoient leur coup avec moins de risque. Cet Historien ajoute qu'ils osoient même porter le butin jusqu'au bord de la mer où ils se vendoient aux vaisseaux qui abordoient au rivage. Il dit encore[l] que Bocchar aiant attaqué la troupe de Masinisse à l'impourvû poursuivit ce chef dans les détours de la montagne & l'atteignit dans une plaine auprès de la ville de Clupea. Il faut donc chercher cette montagne entre la ville de Clupea, le territoire de Carthage, la Numidie, & la Mer; & ce ne peut être qu'une des montagnes qui sont le long de la Riviere que Ptolomée nomme Rubricatus, & à l'embouchure de laquelle étoit située Tabraca.

[k] l. 29. c. 31.
[l] Ibid. c. 32.

BALCEA, ancienne ville de la Teuthranie selon Pline[m], & peu loin de la Propontide selon Etienne le Géographe qui la nomme Balcia.

[m] l. 5. c. 30.

1. BALCH, ville du Khorasan. Voiez Balke.

2. BALCH, petite Riviere d'Allemagne au Cercle de Westphalie. Elle a sa source au pays de Juliers au Nord-Ouest de Bachem, & une autre au Nord-Est de Balchuysen: ces deux ruisseaux se joignent à l'Orient de l'Abbaye de Borbach, & la Balch grossie ensuite d'un ruisseau dont la source est à Koelingen dans l'Electorat de Cologne passe à Efferen & à Kleddenberg, & entre enfin à Cologne qu'elle traverse, & où elle se perd dans le Rhin.

BALCHA, ancienne ville de la Dalmatie. Il en est fait mention au XVII. livre de l'Histoire mêlée citée par Ortelius[n].

[n] Thesaur.

BALCHUYSEN, Bourg d'Allemagne

BAL.

au Duché de Juliers, dans le Cercle de Weftphalie. Il eft à l'une des fources de la petite Riviere de Balch.

BALCIA. * C'eft la même que BALCEA. BALCIO. Voiez BALSIO.

1. BALDA, ancienne ville des Turdules dans la Betique en Espagne, selon Ptolomée [a].

a l. 2. c. 4.
b Corn. Dict. De la Croix Afrique T. 4.

2. BALDA [b], Jardin renommé de l'Ifle de Malthe. Il eft à trois milles d'Italie de la vieille Malthe, & a pris fon nom de fon premier fondateur. L'enclos en eft fpacieux. Il contient un verger qui n'a point fon égal en fertilité dans toute l'Ifle, & qui eft planté de plufieurs efpéces de gros raifins, de figues brunes & blanches, & de pêches d'un gout excellent : on y voit une belle fource qui fort du fond d'une grotte.

§ Ce Jardin eft le même que la maifon de plaifance que le P. Feuillée, dans fon excellent Recueil d'Obfervations, & Mr. de l'Ifle, dans fa Carte particuliere de l'Ifle de Malthe, apellent le BOUSQUET, ou BOSQUET. Voiez BOUSQUET.

BALDECK. Mr. Corneille dit : ville de Suiffe dans le Canton de Zurich. Elle eft, dit-il, fituée au bord du Lac de Ruchenfée à deux milles de Surfée. Il cite pour garant un Atlas ; qui eft apparemment celui de Blaeu. Ce même lieu eft marqué pour un bourg dans la grande Carte de Jaillot, & l'on ne revient à l'exacte verité que par dégrez. Mrs. Scheuchzer & de l'Ifle mieux informez n'en font qu'un village dans leurs Cartes. Il eft au bord meridional de premier Lac que forme la Riviere d'Aa, & que quelques Auteurs nomment *Lac de Ruchen*, ou en Allemand *Ruchen-Zee*, du nom d'un village qui eft au Nord. Mr. Scheuchzer le nomme *le Lac de Heideg*, en Allemand *Heidegerzée*. Ce village eft remarquable par ce qui arriva à un Chanoine qui en portoit le nom ; & qui mourut l'an 1348. âgé de 186. ans s'il n'y a faute de chifre dans les Auteurs qui en ont parlé. Il étoit Doyen de Kilchberg, & étant parvenu à un âge extrêmement avancé les dents lui tomberent, & il lui en vint de nouvelles & fes cheveux qui étoient gris, redevinrent noirs : fon tombeau qui eft à l'entrée du Chœur de l'Abbaye de St. Michel à Munfter en Argaew porte l'infcription fuivante.

De Kilchberg canus edentatus Decanus, Rurfum dentefcit, nigrefcit, hic requiefcit.

Belle carriere pour les Alchimiftes qui en voudront faire un Adepte.

c Scheuchzer. Iter Alpin. VI. p. 439.

BALDENSTEIN [c], ancien & fort Château de Suiffe au pays des Grifons dans une fituation avantageufe auprès de l'Embouchure de l'Albel dans le Rhin, il appartient à la noble famille de Rofenroll.

d l. c.
e p. 612.

§ L'Auteur cité en marge écrit Baldenftein [d] dans le Recueil de fes Voyages dans les Alpes : mais dans fa grande Carte de Suiffe il écrit HALDENSTEIN, en quoi il s'accorde avec l'Auteur [e] des Delices de la Suiffe. Voiez HALDENSTEIN.

BAL.

BALDO, ou plutôt MONTE BALDO, Montagne d'Italie, dans le Veronois : elle eft entre la partie Septentrionale du Lac de Garde à l'Occident, & l'Adige à l'Orient. C'eft une partie des Alpes, & Mr. Baudrand l'étend jufqu'au Tirol. Magin fe contente de donner ce nom à cette partie qui eft bornée au Nord par le Lac de St. André. Mr. Corneille dit que cette montagne eft entre les vallées dites Val Paltena, Val Pulicella ou Polifella, & le Lac de Garde. Cette montagne a, dit-il, trente milles de tour & l'on y trouve quantité de fimples auffi bons qu'il y en ait dans aucune autre en Italie. Elle a auffi des mines de cuivre.

1. BALE. Ce mot, lorfqu'il s'agit de l'Irlande, fignifie un village & s'exprime quelquefois par un fimple B. fur les Cartes.

2. BALE, Ville de Suiffe capitale du Canton de même nom. Quelques-uns écrivent BASLE, à cause du nom Latin *Bafilea*, mais comme en François l'S ne fe prononce point la plûpart le retranchent ; les Allemands écrivent BASEL. Et les Italiens confervent le nom Latin *Bafilea*. Bâle [f] étoit une ville confiderable & capitale d'un païs nommé *Bafal Chouva* ou BASELGOW : ce que l'on voit dans le partage du Royaume du jeune Lothaire fait l'an 870. par fes oncles Louïs le Germanique & Charles le Gros. Depuis par l'avantage de fa fituation fur le Rhin dans un beau & bon païs, elle s'eft accruë de maniere qu'elle eft une des plus grandes villes du Rhin; & quoiqu'elle ait été détruite l'an 1356. par un tremblement de terre, elle fut bientôt rebâtie à caufe de la liberté dont jouïffoient les habitans. Cette ville avoit été entierement ruinée par les Hongrois l'an 917. lorfqu'ils ravagérent tant de Provinces, comme nous l'aprenons du Chroniqueur *Hermanus Contractus*. Elle demeura dans un état pitoyable durant près de cent ans ; mais enfin l'Empereur S. Henri la rétablit, & la ferma de bonnes murailles l'an 1010. Il fit rebâtir dès les fondemens l'Eglife Cathedrale, qui fut dediée à Nôtre-Dame, & la ceremonie fut faite en prefence de cet Empereur l'an 1019. par l'Evêque Adalbert, à qui Saint Henri donna & à fon Eglife la proprieté de la ville de Bâle & tous fes revenus, dont les fucceffeurs d'Adalbert ont jouï jufqu'à Jean de Vienne, qui vendit à la Communauté la Seigneurie de la grande Bâle, à la gauche du Rhin l'an 1373.

f Longuerue Defc. de la France 2. part. p. 279.

LA PETITE BALE avoit été engagée à Leopold Duc d'Autriche par Jean de Vienne l'an 1365. mais la Communauté l'aiant retirée du Duc l'an 1379. elle prit poffeffion comme engagifte de la petite Bâle, qui avoit été fermée de murailles, & érigée en ville fous l'Empire de Rodolphe de Habsbourg vers l'an 1280. par l'Evêque Henri de Neufchâtel, & les Evêques y avoient un Palais Epifcopal ; mais l'Evêque Frederic de Blankeftein vendit cette petite ville aux habitans de la grande, qui étoit alors Imperiale, & immédiatement foumife pour le temporel aux Empereurs. La ville s'enrichit & s'accrut encore par la longue refidence du Concile au quinziéme fiécle.

Il

Il y avoit à Bâle de la Noblesse qui haïssoit fort les Roturiers. Ces Nobles accuserent les habitans de Bâle devant l'Empereur Maximilien I. de n'être pas fidéles à l'Empire, & d'être attachez aux Suisses; de sorte que ceux de Bâle craignant d'être opprimez, se joignirent au Corps Helvetique, & furent reçus au nombre des Cantons l'an 1501. ceux de Fribourg & de Soleurre, qui étoient plus anciens, souffrirent que Bâle fût placé avant eux, comme il a toûjours été depuis.

Au tems que Ulric Zuingle prêchoit sa Doctrine à Zuric, Jean Oecolampade (en Allemand *Hauschin*) en faisoit autant à Bâle; de sorte qu'aïant gagné tout le peuple, le Senat de Bâle défendit la Messe, & tout exercice de la Religion Catholique Romaine le premier d'Avril l'an 1529. Le Chapitre de l'Eglise Cathedrale fut obligé de sortir avec tous les Prêtres, les Religieux & les Religieuses. Ceux du Chapitre se retirerent à Fribourg en Brisgau dans le Diocese de Constance: ce Chapitre a droit de demeurer en cette ville de Fribourg, & il y a été maintenu par les Traitez de Nimegue, de Ryswyck & de Bade en Ergau; neanmoins les Chanoines s'assemblent souvent à Delemont, qui appartient à leur Evêque dans son Diocese. A l'égard de ce Prélat, Prince de l'Empire, il a établi sa residence à Porentru.

La ville & le Canton sont gouvernez par un grand Conseil composé de 244. Conseillers, tirez des quinze Corps ou Compagnies de metiers. Le petit Conseil est de soixante personnes, qui ont le Gouvernement, où preside le Bourguemestre. Le peu de Nobles qui reste à Bâle a été agregé aux quatre premieres Compagnies; les autres Nobles ont été bannis pour s'être opposez à la jonction de Bâle au Corps Helvetique, & au changement de la Religion.

Quoique Bâle ait été reçûë parmi les Suisses dès le commencement du seiziéme siécle, les Etats de l'Empire la mettoient toûjours au nombre des villes Imperiales, & imposoient sur les habitans des taxes, qu'ils les contraignoient souvent de païer, en saisissant dans l'Empire les effets des Marchands de cette ville; à quoi l'Empereur Ferdinand III. & les Etats de l'Empire renoncerent par un Décret donné l'an 1647. qui fut inseré au Traité de Westphalie.

Bâle est ancienne, & Ammien Marcellin fait mention de Basilia au raport de Mr. l'Abbé de Longuerue; mais on ne sait si c'étoit une Ville, un Bourg ou une Forteresse. On ne voit pas que Bâle ait été le siege d'un Evêque avant le milieu du vi. siecle, & dans ce même siécle le Prêtre Asclepius fut envoyé au second Concile d'Orléans, par Adelphius Evêque des Rauraques l'an 533. ce qui montre qu'il n'y avoit point de Siége Episcopal à Bâle dont il n'est fait aucune mention; mais à Augst qui est l'*Augusta Rauracorum*, laquelle étoit alors du Roïaume de Bourgogne.

Cette ville[a] est située au bord du Rhin, près de l'endroit où ce fleuve aiant longtemps coulé d'Orient en Occident, comme pour faire une barriere à la Suisse, & étant parvenu au bout de ce Païs, fait une courbure, & tourne son cours au Nord pour aller porter ses eaux dans l'Océan; tellement que la bande Septentrionale de la Suisse fait comme une ligne, qui a le Rhin pour fossé, & aux deux bouts deux villes importantes & fortes, qui en sont comme les clez, Bâle à l'Occident, & Schafhouse à l'Orient. Bâle est composée de deux villes qui occupent les deux bords du Rhin, & sont jointes par un beau Pont: la grande ville est du côté de la Suisse, & la petite du côté d'Allemagne; c'est encore en quoi il faut corriger les Cartes ordinaires, qui les placent tout au rebours. Cette ville est extrêmement grande, & sans contredit la plus grande de toute la Suisse. On y compte deux cens-vingt ruës, six places de marchez, & quarante-six belles fontaines, trente-un moulins ou bâtimens à roüages, dont vingt-un servent à moudre le blé, & six à faire du papier. La grande a sept mille & cinq cens pas de circuit, neuf ou dix Eglises, & sept ou huit Couvens, qui servent à d'autres usages, qu'à ceux pour lesquels ils ont été bâtis. La petite, si elle étoit ailleurs, pourroit passer pour une grande ville; mais on l'apelle petite par raport à l'autre, qui est si grande. Elle a près de trois mille pas de circuit, & trois Couvens, avec tout autant de belles Eglises, outre l'Eglise Paroissiale de St. Theodore. Cette ville est aussi très-belle, (je veux dire Bâle toute entiére) soit pour la propreté & la netteté de ses ruës, soit pour la beauté des Edifices Religieux & Civils, publics & particuliers, qu'on y voit. Les Princes de Bâde Dourlac s'y refugient souvent, lorsque leur Païs est exposé aux désolations de la guerre. Ils y ont un beau Palais, qui fut brûlé il y a quelques années par un accident imprévû; l'incendie arriva de nuit, & le feu fut si violent que la Princesse pût à peine se sauver en chemise. Les Eglises de la grande ville sont la Cathedrale, qu'on appelle ordinairement le Munster, S. Leonard, S. Martin, S. Pierre, S. Jean &c. Outre cela il y a divers Couvens, dont les Eglises subsistent en leur entier, comme ceux des Cordeliers, des Dominicains & des Augustins, &c. De ces Eglises les quatre premieres sont Paroissiales, & comme la ville est de la Religion P. Reformée aussi bien que tout son Canton, on célebre la Céne tous les mois une fois dans chacune de ces quatre Eglises, non pas un même Dimanche, mais successivement, de sorte que les occasions de recevoir la Communion des Reformez se presentent tous les Dimanches de l'année. Il y a dans toutes ces Eglises quantité d'Inscriptions & d'Epitaphes de toutes sortes de personnes illustres; elles sont en trop grand nombre pour être rapportées ici. On les trouve toutes dans un Livre imprimé sous ce titre: *Basiliensium Monumentorum Antigrapha à Simone Grunæo Ligio.* Lignicii 1602. Plantin les a aussi toutes rapportées dans son Abregé de l'Histoire de la Suisse, elles y occupent 63. pages in 8. Il y a trois Eglises au bord du Rhin, celle du Couvent de S. Alban au bout meridional de la ville, celle de S. Jean au bout Septentrional, & la Cathedrale presque au milieu des deux.

La Cathedrale est grande & magnifique ornée de deux beaux Clochers parallels & de même

[a] Delices de la Suisse T. 2. p. 358. & suiv.

même forme, qui s'élevent à côté de son grand Portail. Dans le Temple on remarque entre autres un Autel de marbre, & un beau Baptistere. La sale où les Professeurs en Théologie font leurs leçons, & où l'on graduë les Docteurs, est un appendice de ce bâtiment. On l'a reparée tout nouvellement l'an 1711. Il y a aussi dans ce même Temple de très-belles orgues, qui sont ornées de peintures de la main du fameux Holbein. On s'en sert pour le chant des Pseaumes dans le Service divin à la maniere des Eglises d'Hollande, & c'est le seul endroit dans les XIII. Cantons où cela se pratique. On voit dans cette Cathedrale les tombeaux de plusieurs personnes considérables, de l'Impératrice Anne, née Comtesse de Hochbourg, Epouse de Rodolphe de Habsbourg I. Empereur de ce nom; de Charles, l'un de ses fils, d'Arnold de Rothberg, Evêque de Bâle; & de plusieurs Savans du XVI. siécle, entre autres du fameux Erasme. Ce grand homme aimoit beaucoup le séjour de Bâle. Il y a fait imprimer presque tous ses ouvrages, aussi bien que ceux de plusieurs Péres, qu'il y a mis au jour. Mais comme il n'aprouvoit pas la Réformation, il quitta cette ville, lorsqu'elle renonça à la Religion Catholique Romaine. Cependant il y revint finir ses jours, & il y mourut l'an 1536.

Derriere cette Eglise on a élevé sur le bord du Rhin une magnifique terrasse, revêtuë de murailles d'une hauteur prodigieuse, qui s'élevent au dessus de la terrasse, à hauteur d'appui. Là on jouït d'une très-belle vuë, qui s'étend sur le Rhin, sur la petite Bâle, & sur les Campagnes voisines. Cette place est ornée d'un beau tilleul dont les branches repliées, & élargies horizontalement sont un couvert agréable de 300. pieds de circuit; on y voit du côté du Rhin la statuë de l'Empereur Henri le Saint, qui est de pierre. L'Eglise de S. Jean est remarquable par la statuë de l'Empereur Rodolphe de Habsbourg, qu'on y voit en pierre, armé, tenant d'une main le Sceptre Impérial, & de l'autre des Lettres: en mémoire de l'heureuse délivrance de la ville, qui étant assiegée par ce Prince l'an 1273. qu'il n'étoit que simple Comte de Habsbourg, lui rouvrit de bonne grace ses portes, lorsqu'on eut reçu la nouvelle de son élection à l'Empire, & fut ainsi la première ville Impériale, qui lui rendit hommage. L'Eglise de Saint Pierre est l'une des extrêmitez de la ville. Ce qui la rénd plus remarquable, est une place magnifique qu'il y a sur le derriere, & qui s'étend jusques vers les murailles de la ville, on l'appelle la Place de S. Pierre; elle est quarrée, longue de 289. pieds & large de 155. ornée de deux belles fontaines, & de cent quarante-quatre tant ormeaux que tilleuls qui font un charmant ombrage, où l'on se proméne à plaisir, & jouïssant d'un frais délicieux, au milieu de la plus grande chaleur. On y voioit autrefois un vieux chêne d'une grosseur & d'une hauteur prodigieuse, qui étoit une merveille de la Nature. D'un tronc haut de sept pieds s'élevoient dix grosses branches, dont chacune auroit fait un bel arbre à part, & elles se subdivisoient en plusieurs rameaux, qui faisoient un branchage touffu d'une étenduë admirable. Il étoit soûtenu de trois rangs de piliers de bois. L'an 1474. l'Empereur Frederic d'Autriche étant venu à Bâle avec son fils Maximilien voulut diner sous ce chêne avec toute sa Cour. A la fin il a succombé sous le poids des années. L'un des côtez de cette Place est bordé par l'Arsenal, qui est grand, bien construit, & bien fourni de munitions de guerre & d'artillerie. On y montre entre autres choses, la cuirasse du Duc Charles de Bourgogne, ses trompettes & ses tymbales; & son équipage de cheval.

Dans la même ruë est le Couvent & le Temple des Dominicains, qui sert aux Assemblées de l'Eglise Françoise. Là on voit contre une muraille du Cimetiére cette fameuse peinture de Holbein, qui represente la danse des Morts, dont le dessein est si beau, que les Peintres le vont étudier. Comme le temps l'avoit presque à demi effacée, on l'a fait raccommoder & remettre en couleur, il y a environ 80. ans, mais les Peintres qui y furent employés, n'approcherent point de la délicatesse & de la beauté de l'ouvrage de Holbein; c'est pourquoi l'on regrettoit encore les ombres de ces Morts. L'Hôtel de ville n'est pas loin de la Cathédrale, il est orné de diverses belles peintures, la plûpart de Holbein. Entre autres on voit dans la grande sale du Conseil un grand Tableau, de la main de ce Peintre, qui represente en huit compartimens toutes les parties de la passion de nôtre Seigneur, & que divers Princes ont souhaité ardemment pour sa beauté. Maximilien Electeur de Baviére en offrit à la ville jusqu'à 30. mille gouldes. On y voit aussi la statuë de *Munatius Plancus*, Général Romain, qui fonda la *Colonie des Rauraques*, qui est maintenant *Augst*, environ cinquante ans, avant la naissance de J. C. Cette statuë fut faite l'an 1528. & accompagnée d'une Inscription Latine, composée par *Beatus Rhenanus*.

L. MUNATIO PLANCO CIVI ROMANO. VIRO CONSULARI ET PRÆTORIO ORATORIQUE AC M. CICERONIS DISCIPULO QUI POST DEVICTOS RHAETOS AEDE SATURNI DE MANUBIIS EXTRUCTA NON MODO LUGDUNUM ET RAURICAM COLONIAM DEDUXIT, QUÆ AUGUSTA FUIT APPELLATA AB OCTAVIO AUGUSTO TUM RERUM POTIENTE S. P. Q. BASILIENSIS TAMETSI ALEMANNORUM TRANSDUCTI COLONI SUBACTIS ET DEPULSIS RAURICIS AMORE TAMEN VIRTUTIS, QUÆ ETIAM IN HOSTE VENERATIONEM MERETUR, VETUSTISSIMO TRACTUS HUJUS ILLUSTRATORI, CULPA TEMPORUM PRORSUS ABOLITAM MEMORIAM POSTLIMINIO RENOVARUNT ANNO MDXXVIII.

Au dehors de cet Hôtel de ville on voit peint en fresque le Jugement dernier, où l'on a representé les Diables, qui après l'arrêt prononcé, poussent dans les Enfers les Damnez, entre lesquels on remarque des Ecclesiastiques. *Pictura est Lutheranissima*, cette Peinture est très-Luthérienne, disoit un Savant du temps de Luther,

Luther ; nommé George Wicelius. Cependant elle a été faite long temps avant la Reformation, favoir l'an 1510. auquel cet Hôtel fut achevé de bâtir. Après l'Hôtel de ville, ce qu'il y a de plus remarquable eſt l'Univerſité. Elle fut fondée par le Pape Pie II. l'an 1459. & depuis ce temps-là, principalement depuis le retour des Sciences, elle a toûjours été floriſſante, & remplie de ſavans hommes, en toutes ſortes de Sciences & de Facultez. Là ſe ſont rendus célébres les Zwingers, les Platers, les Buxtorffs, les Wetſteins, les Werenfels, les Hardors, les Feſch, les Battiers, les Bernoullis, & une infinité d'autres qu'il ſeroit trop long de nommer. Les Colleges publics ne ſont pas ce qu'il y a de plus beau à voir. Il y en a un qui porte le nom d'*Erasme*, & de la *Sapience*, où un certain nombre de pauvres Etudians ſont entretenus. Mais il y a beaucoup à voir dans la Bibliotheque Publique, qui eſt fort belle, & remplie particulierement de grand nombre de Manuſcrits, dont pluſieurs ſont fort curieux. On y montre par exemple un abregé de Grammaire Latine, qui eſt un gros volume in Folio: un livre des IV. Evangiles en Grec, qui a mille ans d'antiquité: les Actes du Concile de Bâle, en X. Tomes in Folio, les Canons de l'Egliſe Gréque: pluſieurs Lettres de Jean Huſs, &c. L'an 1661. l'on enrichit cette Bibliotheque de celle d'Eraſme & d'Amerbach, que le Magiſtrat acheta des heritiers de ce dernier pour le prix de neuf mille écus. Il s'y trouva entre autres vingt Tableaux excellens de la main de Holbein ; comme la figure de J. Chriſt mort dont on a voulu donner mille ducats: une Céne, une Lucrece, une Venus avec Cupidon : Holbein lui-même, & ſa femme: Eraſme, Amerbach ſon ami, &c.

On dit que la ſale de la Bibliotheque fût le lieu où s'aſſembloit le fameux Concile de Bâle, qui fut convoqué l'an 1431. & dura 17. ans. Comme dans ce temps l'on n'avoit point encore l'uſage de l'Imprimerie, les Prélats qui allerent au Concile y apporterent un grand nombre de livres manuſcrits, Grecs & Latins, & les y laiſſérent, étant morts la plûpart de la peſte ; & c'eſt, dit-on, ce qui a tant enrichi de manuſcrits la Bibliotheque. On a la coûtume à Bâle de faire ſonner les Horloges une heure trop tôt, & l'on dit qu'elle a commencé du temps du Concile. Les Proteſtans diſent que comme les Peres du Concile alloient tard à l'Aſſemblée, on ne trouva point de meilleur expédient pour les obliger de ſe hâter, que d'avancer les Horloges d'une heure. D'autres l'attribuent plus vraiſemblablement à un certain temps qu'on avoit fait une conſpiration contre la ville, & les conjurez devoient y entrer à une certaine heure de la nuit. Un Bourguemaître en étant averti, s'aviſa pour rompre leurs meſures, de faire avancer les horloges d'une heure, tellement que quand les conjurez eurent entendu l'Horloge, ils crurent leur coup manqué pour être venus trop tard, & ſe retirerent.

On paſſe de la grande ville dans la petite ſur un grand & beau pont de bois, long de deux cens cinquante pas, qui ſert de promenoir aux habitans, & où l'on a une très-agréable vûë ſur le Rhin. On voit à l'une des extrémitez de la petite Bâle, la belle Egliſe Paroiſſiale de St. Theodore, près delà vers les bords du Rhin la Chartreuſe. Il y a dans l'Egliſe de ce Couvent quantité de tombeaux des Prélats, qui moururent là durant la tenuë du Concile. La ville de Bâle eſt fort peuplée ; mais elle le pourroit être davantage. Il y a vers l'extrêmité meridionale un grand eſpace de terrain, qui eſt occupé par des jardins. Elle eſt auſſi fortifiée à la moderne, avec des baſtions & d'autres ouvrages. On voit aux murailles des foſſez intérieurs de la ville des pierres avec des caractéres Hebreux. Elles ont été tirées des tombeaux des Juifs & contenoient leurs Epitaphes. Il a été un temps que les Juifs avoient une habitation à Bâle. Ils avoient leur Synagogue au marché aux bœufs, & leur cimetiére à la place de St. Pierre, & particulierement là où eſt maintenant l'Arſenal. Hors de la ville de Bâle à un quart de lieuë loin, on voit ſur le bord de la Bire, (petite riviere qui paſſe à Bâle & s'y jette dans le Rhin) une Leproſerie avec une Egliſe. On la nomme St. Jaques. C'eſt-là que l'an 1444. il y eut une ſanglante bataille, où 1600. Suiſſes combatirent dix heures durant contre trente mille François conduits par le Dauphin de France, qui fut enſuite le Roi Louïs XI. Les Suiſſes ne furent pas tant vaincus, que laſſez de vaincre & accablez par le nombre de leurs ennemis. Ils perirent tous à la reſerve de 16. qui reſterent pour en aller porter les nouvelles ; & du côté des François il y eut ſix mille hommes tuez ſur la place. Ce fut la raiſon pourquoi Louïs XI. dès qu'il fut devenu Roi, rechercha l'amitié des Suiſſes, au lieu que ſes Predeceſſeurs les avoient négligez. Louïs XIV. a fait bâtir une citadelle à Huningue, à la vûë & à la portée du Canon de Bâle. Le Gouvernement de la ville de Bâle eſt Ariſtocratique. Elle eſt partagée en quinze Corps de métiers, de chacun deſquels on prend 12. perſonnes, qui compoſent le grand Conſeil de 160. entre les mains duquel eſt la Souveraineté. Il a à ſa tête quatre Bourguemaîtres, & d'autres gens d'office. De ce Conſeil on en tire un petit de 64. Conſeillers, y compris les quatre chefs. Pour l'adminiſtration de la Juſtice dans les affaires civiles, chacune des deux villes a ſa chambre à part, avec ſon Avoyer à la tête. Mais pour les affaires criminelles, elles ſont toutes portées par devant un Juge, qu'on nomme Prévôt Imperial. Avant la P. Reformation il y avoit beaucoup de Nobleſſe dans Bâle, mais, comme on l'a dit ci-deſſus, on la chaſſa de la ville, tellement qu'on n'en ſouffre qu'à la Campagne, & ſi un Noble veut habiter dans la ville il faut qu'il renonce à ſa Nobleſſe.

LE CANTON DE BALE [a], petit pays de [a l. c.] la Suiſſe moderne quoi qu'à proprement parler il ne faſſe point partie de l'ancienne Suiſſe ou Helvetie, mais des Sequaniens. Car, ſelon Mr. de Longuerue [b] qui s'apuie de l'autorité d'Ammien Marcellin, *Beſançon* & *Rauraque* qui eſt [b 2. part. p. 278.] *Augſt*, étoient les villes les plus conſiderables des Sequaniens. La commune opinion eſt que ce diſtrict avec l'Evêché de même nom repond à peu de choſe près à celui des Anciens Rau-

54 BAL.

a Cæfar. de Bel.Gall.l.1.
b Delices de la Suiſſe Tom.2.p. 357.

Rauraques, qui du temps des Romains *a* étoient Alliez des Helvetiens. Ce n'eſt pas à preſent un Allié mais un Canton de la Republique Helvetique. *b* Ce Canton eſt borné au Midi par celui de Soleurre , à l'Orient par le Frickgau qui eſt terre de l'Empire ; & par le territoire de Rhinfelden l'une des IV. villes foreſtieres ; au Nord il s'avance au delà du Rhin ſur les terres d'Allemagne & eſt borné par le Briſgaw. A l'Occident il confine avec l'Alſace. Il a environ XII. lieuës de long ſur V. ou VI. de large. Ce Canton comprend ſept Bailliages ou Châtellenies, qui ſont *Farnsberg*, *Hombourg*, *Munchenſtein*, *Wallebourg*, *Ramſtein*, *Riechen*, & *Liechtſtall*. Il ne faut pas confondre ce Canton où la Religion dominante eſt la P. Reformée avec le païs qui a pour Souverain l'Evêque de Bâle à qui il ſert de retraite & de patrimoine depuis le changement de Religion. Ce dernier païs s'appelle l'Evêché de Bâle.

L'EVECHE' DE BALE , Province d'Allemagne où ſe trouve Bâle ſur le haut Rhin. Il appartient en Souveraineté à l'Evêque de Bâle , qui eſt Prince de l'Empire. Il a pour bornes au Septentrion le Sundgau propre , au Couchant la Franche Comté , au Midi & au Levant les terres des Cantons de Bâle, de Berne & de Soleurre & ſe trouve ainſi entre la France & la Suiſſe. On le diviſe en deux parties, à ſavoir l'Elſgau qui eſt la plus grande & les franches Montagnes. Il n'y a que deux villes remarquables , qui ſont Porentru où eſt la reſidence de l'Evêque & Delemont. Il fait partie de l'ancien territoire des Rauraques.

BALEARES, c'eſt ainſi que les Latins appelloient les Iſles Majorque & Minorque,ſur la côte d'Eſpagne dans la Mer Mediterranée. Les Grecs les ont nommées diverſement Βαλεαρίδες, Βαλεάριαι νῆσοι, & Βαλιαρεῖς. Ce nom,de quelque maniere qu'on l'écrive, vient de Βάλλειν; qui veut dire *Fronder* , dans le propre ; parce qu'en effet les habitans de ces Iſles étoient d'excellens Frondeurs. Sans conteſter la ſignification de leur nom on ne laiſſe pas de diſputer ſi la racine eſt Grecque ou tirée de la Langue vulgaire de ces peuples. Strabon *c* & Euſtathe ſur Denys le Periegete *d* ſont de ce ſentiment. Bochart autoriſé par ces deux Auteurs le derive de la Langue Phénicienne où il trouve בעל qui ſignifie *Seigneur* , & *habile* , & ירה *Jetter* ; comme qui diroit maître en l'art de jetter. On les appelloit auſſi GYMNASIÆ au raport de Pline *e* qui dit que les *Baleares* qui faiſoient la guerre avec la Fronde étoient nommées *Gymnaſies* par les Grecs. Diodore de Sicile *f* qui dit GYMNESIES ajoute que ce nom leur venoit de ce que les habitans ne portoient point d'habits pendant l'Eté. On lit la même choſe dans l'Epitome du LX. livre de Tite-Live.

Les Iſles Baleares ſe diſtinguoient par leur grandeur. La plus Occidentale étant la plus grande fut nommée en Latin *Baleariſ Major*, & la plus Orientale fut appellée par la même raiſon *Baleariſ minor*. Ces deux noms ſe ſont conſervez juſqu'à preſent dans ceux de *Majorque* & de *Minorque*.

BALEARIS MAJOR, aujourd'hui l'Iſle de MAJORQUE, avoit ſelon Pline *g* cent mille

c l. 14.
d ad vers. 457.

e l.3.c.5.

f l.5.c.17.

g l.3.c.5.

BAL.

pas de longueur & trois cens ſoixante & quinze milles de tour. Le même Auteur y place deux villes de Citoyens Romains, à ſavoir *Palma* & *Pollentia*. Strabon *h* les y met auſſi & Mela *i* les nomme *Colonies*. *Palma* eſt aujourd'hui la ville de *Mallorca*. Ptolomée *k* place *Pollentia* à l'Orient de Palma. Pline y ajoute trois autres places; à ſavoir *Cinium* & *Cunici*, qui jouïſſoient du droit de Latium , & *Bocchorum* qui avoit appartenu aux Alliez. Le R. P. Hardouin *l* avertit qu'il ne faut pas s'imaginer que *Bocchorum*, ſoit ici pour ſignifier que cette ville ait appartenu aux Bocchus Rois de Mauritanie , & il impute à Solin de l'avoir preſque dit. Voici les paroles de cet Ancien. *Bocchoris regnum Baleares fuerunt, usque ad everſionem Phrygum , cuniculis animalibus quondam copioſa* , comme lit Delrio *m*, ou *Bocchoris regnum Baleares fuerunt usque ad everſionem frugum cuniculis animalibus quondam copioſa*. Pline *n* met dans le voiſinage de la grande Iſle à XII. mille pas vers la Mer, c'eſt-à-dire au Midi, l'Iſle de *Capraria* dangereuſe pour les vaiſſeaux , & vis-à-vis de l'Iſle de Palma, les Menaries Tiquadra , & la petite Iſle d'Annibal. La premiere eſt aujourd'hui Cabrera , les autres ſe trouvent ſi peu que le R. P. Hardouin les croit englouties dans la Mer.

BALEARIS MINOR , aujourd'hui l'Iſle de Minorque. Pline *o* la met à trente mille pas de Majorque. Strabon *p* ne fait l'intervale de l'une à l'autre que de LXX. ſtades qui reviennent à 8750. pas. Pline *q* lui donne XL. mille pas de longueur & CL. de circuit. Agathemer *r* dit qu'elle a III. milles DCCL. pas d'étendue. Pline y met pour villes *Jamnon Saniſera*, & *Magon*. Mela *s* qui ne parle que de Jamnon & Magon dit que c'étoient des Forts (*Caſtella*) Port-Mahon eſt la même que la Magon de ces Auteurs. Ptolomée *t* appelle villes , mais *Saniſera* ne ſe trouve dans Pline.

Les Gymneſies ou Baleares furent poſſedées par les Pheniciens avant que les Romains les euſſent conquiſes ſous la conduite de Metellus qui fut ſurnommé à cauſe de cela *Balearique v*. Ces Iſles en y joignant les Pituiſes , & les petites Iſles qui étoient à l'entour firent partie de la Province citeriere ou Tarraconnoiſe. Pline le dit *x* , & marque le *Conventus* ou l'Aſſemblée juridique où elles alloient plaider ; à ſavoir à celle de Carthage la neuve, ou Carthagene. Du temps *y* auquel la Notice de l'Empire fut écrite elles faiſoient un gouvernement à part qui eut anciennement un Prefect , & enſuite un Preſident. La Republique de Piſe s'en rendit maîtreſſe quelque temps & en fut chaſſée par les Maures qui les poſſederent long-temps. Jaques Roi d'Arragon les en chaſſa à leur tour & les joignit à ſon Roiaume. Elles furent enſuite données à titre de Roiaume particulier à un autre Roi Jaques frere de Pierre d'Arragon qui en chaſſa ſon frere & les réunit à la couronne d'Arragon , avec lequel elles ſont venues aux Rois de Caſtille, qui après avoir raſſemblé tant de couronnes ont pris le titre de Rois d'Eſpagne. La plus grande appartient encore à cette couronne. Voiez MAJORQUE.

h l.3.p.167.
i l.2.c.7.
k l.2.c.6.

l in l. c. Plinii.

m Delrianæ Ed. c. 26. Salmaſ. 23. p. 44.
n l. c.

o l. c.
p l. c.

q l. c.

r l.1.c.5.

s l.2.c.7.

t l. c.

v Strabon l. 3. p. 167. & Florus l. 3. c. 8.
x l.3.c.3.

y Briet paral. 2. part.l. 5. p. 276. & 284.

La

BAL.

La plus petite tomba durant la guerre d'Espagne au pouvoir des Anglois qui l'ont gardée jusqu'à present. Voiez MINORQUE.

BALEIANUM, lieu d'Italie selon Antonin [a], cité par Ortelius qui lisoit ainsi dans son exemplaire; celui du Vatican porte BALCIANUM, & l'Edition de Bertius VELLEIANUM. Surita [b] lit de même, & avertit qu'un manuscrit porte *Beleianum*, & tous les autres *Baleianum*. Il croit que ce n'étoit qu'une maison de Campagne qui portoit le nom de son maître *Velleianum prædium*.

BALENÆ VADUM, lieu de la Syrie entre Antioche & Alep selon Ortelius [c], qui cite Guillaume de Tyr pour garand.

BALENSIS LIMES [d], lieu dont il est fait mention dans la Notice de l'Empire; il étoit dans la Province Tripolitaine.

BALERNE [e], Abbaye de France dans la Franche Comté, à 4. lieuës de Salins, au Bailliage de Poligni, sur la petite Riviere d'Ain. Elle fut d'abord fondée pour des Benedictins l'an 1114. mais St. Bernard y établit des Religieux de Clairvaux le 3. Mai 1136.

BALESASENSIS EPISCOPATUS, Siége Episcopal d'Afrique ainsi nommé dans la Notice Episcopale de Numidie [f]. C'est le même Siege qui est nommé BELALITENSIS, dans la Conference de Carthage. C'est du moins le sentiment de Mr. Baluze, raporté par Mr. Dupin dans sa 68. Note sur les Actes de cette Conference.

BALESIUM, Ville de la Grande Grece dans la Messapie selon Pline [g], c'est-à-dire dans la Calabre. Pomponius Mela [h] la met aussi dans la Calabre & le nomme VALETIUM; on dispute si c'est presentement ST. CATALDO, ou S. MARCO.

BALESOS, Isle de la Mer Ægée selon Antonin [i], qui la met entre la Thrace & l'Isle de Crete.

BALESTRA. Voiez BALISTA.

BALGADA, contrée d'Afrique dans l'Abissinie, au Royaume de Tigré; selon Davity cité par Mr. Corneille. Cette contrée n'est point marquée sur la Carte de Mr. Ludolfe.

BALGENCIACUM. C'est ainsi qu'Ives de Chartres [k] nomme *Beaugenci* dans le Diocese d'Orleans. Voiez BEAUGENCI.

BALGIACUM & BALGIUM. Voiez BAUGÉ 1. & 2.

BALHARNE [l], Riviere de Perse. On la passe assez près de sa source lorsque l'on va d'Ardebil à Sagawat. Corneille le Brun dit l'avoir passée. Il ajoute qu'elle est rapide, bordée de prairies agréables. La nouvelle Carte de la Mer Caspienne chez Ottens la nomme mal BALARU. Elle en marque la source dans les montagnes de Sagomorat & l'embouchure au fond Occidental du Golphe de Kesker, au Midi de la Mer Caspienne.

BALI (l'Isle de) est à l'Est de la grande Java [m]. Elle a de circuit environ douze lieuës d'Allemagne. Sa côte Septentrionale est montueuse. Il y a au Sud un grand Cap très-haut (nommé de *los Porcos*,) qui court fort avant dans la Mer. Le Cap du Nord gît par les 8. d. 30'. de latitude Sud. La ville capitale porte aussi le nom de *Bali*. Le Roi y a un Palais magnifique & spacieux, aussi bien qu'en plusieurs autres Places de l'Isle. Ce Prince, ou Roi de Bali, est puissant, aimé & honoré de ses Sujets, & a une Cour & un train dix fois plus magnifique que n'est la Cour du *Chepate* ou Gouverneur de Bantam.

Les habitans de cette Isle si extraordinairement peuplée, sont noirs, & ont des cheveux crépus. Leur Roi exerce sur eux un empire sévére & absolu. Ils sont Payens & adorent la première chose qui se rencontre au matin devant eux; ils sont vêtus comme les Javanois, & les autres Insulaires, avec qui ils ont encore cela de commun, que les hommes ne portent point du tout de barbe; car aussi-tôt qu'il leur en croît quelque poil, ils le tirent avec un instrument fait exprès. On dit que ce sont les femmes qui ont donné lieu à cette coutume, parceque quand elles voyent des hommes barbus, elles crient après eux *Au bouc*, & s'en moquent.

Ils tiennent que de faire son eau debout, c'est imiter les chiens: & les hommes même se baissent pour la rendre, comme font les femmes parmi nous. Ils ont chacun plusieurs femmes, & c'est par cette raison que leur Isle est si bien peuplée. Quoiqu'ils vendent quantité d'hommes pour être transportez hors de l'Isle, le nombre ordinaire de ce qu'il y reste de gens est encore de plus de six-cens mille personnes. Leur plus commune occupation est de cultiver la terre, & de tixtre des étofes, ou des toiles. L'Isle est fort abondante en Coton, outre celui qu'on y aporte de Sombaïe & des autres villes voisines. Il y a une grande abondance de gros & de menu bétail, comme de bœufs, buffles, chévres, porceaux, & même de chevaux; mais les chevaux sont aussi petits que ceux de France, & ont de la peine à porter un Cavalier tout armé. On en transporte peu hors de l'Isle, ce qui fait qu'ils y multiplient beaucoup. Il n'y a que les gens du commun qui s'en servent pour aller d'un village à l'autre: les grands Seigneurs se font porter, ou vont en chariot.

L'ISLE DE BALI produit une grande quantité de ris, que le Roi ne laisse point transporter ailleurs. Ce qui en reste, après la consommation que les habitans en ont faite, on le porte chaque année dans les Forteresses qui sont sur des hautes montagnes, & on le conserve pour les années de stérilité, quand il en vient; ou pour les accidens qui peuvent arriver, comme sont ceux que cause la guerre, où les ennemis ruïnent quelquefois les villes, & détruisent tout ce qui est dans les Campagnes, ou comme sont ceux des inondations dans les bas-Païs. On y trouve diverses sortes de volatiles, des poules, des canards, des tourterelles, & plusieurs autres. Les fruits les plus communs sont des noix de Cocos, des Oranges & des Citrons, dont on voit des lieux incultes & des bois tout-remplis.

Il y a un autre fruit de la grosseur d'une poire, avec une coquille fort mince, presque comme celle de la Châtaigne, mais qui n'a pas tant de pointes. Ce fruit est blanc en dedans, d'un goût agréable, fort sain & bon contre le scorbut. On le peut confire dans le sucre, ou dans la faumure ; & pourvû qu'on le lave en le tirant de la faumure, il perd tout le goût de fel qu'il avoit, & reprend fa premiere douceur.

Il y a encore un autre fruit qui croît en terre, & qui eſt de la groſſeur d'une groſſe noix ; mais il eſt plus dur & fort gros. On n'a pas remarqué que cette Iſle produiſe d'autres épiceries que le Gingembre qui croît dans toutes les Indes, quoi-qu'elle produiſe diverſes drogues, comme le Galigan, le Doringui, le Canjor & le Bangue, & pluſieurs autres.

La Mer qui environne l'Iſle eſt fort poiſſonneuſe, auſſi bien que les eaux internes, & il y a dans l'une & dans les autres de gros & de petits poiſſons, qui ſont d'un grand uſage & fort agréables pour l'entretien de la vie. Les habitans n'ont preſque point de commerce par Mer; ils n'ont que de petites pirogues pour aller aux Côtes de Java porter les toiles, & les autres ouvrages de Coton qu'ils font.

Cette Iſle eſt une rade commune & un lieu de relâche, pour les vaiſſeaux qui vont aux Iſles Moluques, à Banda, à Amboine, Macaſſar, Timor & Solor, & qui viennent tous y relâcher pour prendre des rafraichiſſemens, à cauſe de l'abondance & du bon marché des denrées. Les Chinois y viennent auſſi quelquefois trafiquer, & y aportent des ſabres & des porcelaines, qu'ils troquent pour des toiles de Coton. Les petits *Caxas* n'y ont point de cours ; il n'y a que les grands, dont ſix mille y valent un réale de huit.

Les Armes des habitans ſont comme celles des Javanois. Il y a dans l'Iſle divers métaux, entre autres du cuivre & de l'or. Mais le Roi ne veut pas permettre qu'on ouvre les mines d'or.

Les plus grands Seigneurs de cette Cour ne parlent au Roi qu'à mains jointes. Il a ſous lui un Gouverneur qu'on nomme Quillor, qui gouverne toute l'Iſle, & tout ce qu'il fait eſt aprouvé. Sous lui ſont divers autres grands Seigneurs, qui gouvernent, chacun leur quartier au nom du Roi, & toutes choſes ſe paſſent avec beaucoup d'union entre eux, & avec le peuple. S'il y a quelqu'un qui oſe ſe revolter, il eſt auſſitôt attaqué par tous les autres, & le moindre ſupplice qu'il doive attendre c'eſt d'être banni, comme il arriva vers la fin du XVI. ſiécle. Un Prince du ſang Royal avoit conſpiré contre la vie du Roi, & voulu le maſſacrer dans ſon Palais, ayant pour cet effet engagé beaucoup de gens dans ſes interêts, & dans ſa conſpiration. L'entrepriſe ayant été découverte, tous les conſpirateurs furent condamnez à la mort. Mais le Roi fut touché de compaſſion, & changea la peine capitale en un banniſſement dans une Iſle deſerte, où ils furent tous envoiez. Cette Iſle eſt au Sud-Eſt de Bali, & ſe nomme *Pulo Roſſa*, ou l'Iſle deſerte. Les Bannis y demeurerent toûjours, & furent ſous la domination du même Roi ; mais il ne leur fut pas permis de retourner à Bali.

Ces exilez & leur poſterité ont cultivé Pulo Roſſa : ils y ont bâti & l'ont peuplée, & ils y ont déja quantité de Bétail. Ils ſont Païens de même que les habitans de Bali, & ont cette mauvaiſe coutume, que quand les maris ſont morts, on brûle pluſieurs femmes avec eux ſur le même bûcher, & celles qui y ſont brûlées paſſent pour des femmes vertueuſes, & qui ont bien aimé leurs maris. Ils croient fermement qu'elles les vont accompagner en l'autre monde, & dans cette penſée elles courent à ce ſuplice en danſant au ſon de leurs inſtrumens de muſique, & prennent avec elles leurs plus précieux joiaux, pour s'en ſervir dans les lieux où elles ſeront tranſportées.

§ Mr. Reland dans ſa Carte de Java, dit que l'Iſle de Bali eſt auſſi nommée LA PETITE JAVA, en Latin *Java Minor*, les Cartes dreſſées pour le Voiage cité en marge les diſtinguent & placent l'Iſle de Bali entre la grande & la petite Java. Mais toutes conviennent à nommer Iſle de Bali, l'Iſle qui eſt la plus proche de la grande Java à l'Orient dont elle n'eſt ſeparée que par le détroit de Balembuan. Elle eſt bornée au Levant par un détroit qui eſt nommé à cauſe d'elle le détroit de Bali. Le P. Tachart dans ſon premier Voyage de Siam[a] parle de quelques Indiens envelopez dans la conjuration de Batavia : ceux, dit-il, qui parurent les plus braves, furent les Balies. Ils ne ſont pas en ſi grand nombre que les Macaſſars ; mais ils les égalent en force de corps & de ferocité. Comme ils n'ont pas tant eu de commerce qu'eux avec les Europeans, ils ſont encore plus barbares & plus cruels. On peut cependant dire que dans leur courage il y a beaucoup plus de raiſon que dans celui des Macaſſars, car ils n'ont point recours à l'opium comme eux pour ſe rendre intrepides par une eſpece d'yvreſſe, & inſenſibles aux coups de leurs ennemis. Ils conſiderent au contraire le peril & ce n'eſt que quand ils ont connu qu'il eſt extrême qu'ils prennent auſſi les reſolutions de vaincre ou de mourir. Alors ils s'animent les uns les autres & ſe dévouent à la mort, ſe jurant mutuellement de ne ſe point ſurvivre qu'après la defaite de leurs ennemis. Ils ont une marque de ce devoument qui eſt une eſpece de Linge blanc, dont ils s'envelopent la tête en forme de Turban, & quiconque l'a pris une fois ne doit plus paroître parmi ceux de ſa nation, à moins que d'y vouloir paſſer pour un infame. Ce qu'il dit de leur patrie pourroit faire croire à quelques-uns qu'il y a pluſieurs Iſles de Bali. Ces peuples, dit-il, ſortent de certaines Iſles un peu plus meridionales que celles de Java. Il ſe trompe ; Java s'étend juſqu'au 9. d. de latitude Sud au lieu que la pointe la plus meridionale de Bali eſt au moins de 6'. plus Septentrionale.

[a] T. I. l. 3. p. 113. Ed. d'Amſterdam 1689.

Il ſeroit aſſez naturel de croire que la LANGUE BALIE, vient de cette Iſle. Ceux qui ont lû les diverſes Relations du Royaume de Siam, ſavent que cette Langue eſt celle des Theologiens, qu'elle n'eſt point ſue du peuple, que c'eſt la Langue ſavante du pays, & n'eſt en uſage que parmi quelques gens d'élite pour n'être pas profanée, comme s'explique le P. Tachard[b]. Mais Mr. de la Loubere détruit ce prejugé dans ſa belle Deſcription du Royaume de Siam. Les Siamois, dit-il, connoiſſent deux Langues. La vulgaire qui eſt une Langue ſimple preſque toute de monoſyllabes, ſans conjugaiſon, ni déclinaiſon, & une autre Langue qui à leur égard eſt comme une Langue morte, connue

[b] T. 2. l. 5. p. 213.

connuë seulement des savans qu'on apelle la langue Balie, & qui est enrichie d'inflexions de mots, comme les langues que nous connoissons en Europe. Les termes de Religion & de justice, les noms de charges & tous les ornemens de la langue vulgaire sont empruntez de la Balie. Ils sont mêmes leurs plus belles chansons en Balie ; de sorte qu'il semble pour le moins que quelque Colonie étrangere se soit autrefois habituée au pays de Siam, & y ait porté un second langage. Mais c'est un raisonnement que l'on pourroit faire de toutes les contrées des Indes ; car elles ont toutes comme Siam deux langues dont l'une ne dure encore que dans les livres. Les Siamois assurent que leurs loix sont étrangeres & qu'elles leur viennent du pays de Laos : ce qui n'a peut être d'autre fondement que la conformité des loix de Laos avec celles de Siam, comme il y a de la conformité entre les Religions de ces deux Roiaumes, & même avec celles des Peguans. Or cela ne prouve pas précisément qu'aucun de ces trois Roiaumes ait donné ses loix & sa religion aux deux autres, puisqu'il se peut faire que tous les trois ayent tiré leur Religion, & leurs loix d'une autre source commune. Quoiqu'il en soit comme la tradition est à Siam, que leurs loix & même leurs Rois viennent de Laos, elle est à Laos que leurs Rois & la plupart de leurs loix viennent de Siam. Les Siamois, poursuit cet illustre Academien, ne nomment aucun pays où la langue Balie qui est celle de leurs loix & de leur Religion soit aujourd'hui en usage. Ils soupçonnent à la verité, sur le raport de quelques-uns d'entre eux qui ont été à la côte de Coromandel, que la langue Balie a quelque ressemblance avec quelqu'une des Dialectes de ce pays-là; mais ils conviènent en même tems que les lettres de la langue Balie ne sont connuës que chez eux. Les missionnaires seculiers établis à Siam croient que cette langue n'est pas entiérement morte parce qu'ils ont vû dans leur Hopital un homme des environs du Cap de Comorin qui mêloit plusieurs mots Balis dans son langage, assurant qu'ils étoient en usage dans son pays, & qu'il n'avoit jamais étudié & ne sçavoit que sa langue maternelle. Ils donnent d'ailleurs pour certain que la Religion des Siamois vient de ces quartiers-là parce qu'ils ont lu dans un livre Bali que Sommona-Codom que les Siamois adorent étoit fils d'un Roi de l'Isle de Ceïlan.

Le DETROIT DE BALI, Bras de l'Ocean des Indes à l'Orient de l'Isle de Bali, entre cette Isle & celle de Bomru qui est à l'Orient. Ce detroit est dangereux à cause de plusieurs écueils qui sont au milieu.

2. BALI, Ville capitale de l'Isle & du Royaume de ce nom. Elle est sur une Riviere qui a son embouchure sur la côte Occidentale de l'Isle dans le détroit de Balambuan.

3. BALI, Royaume au Midi Oriental de l'Abissinie dont il fait partie quoi qu'il n'appartienne plus à l'Empereur des Abissins. Il est enfermé à l'Orient & au Midi par le Roiaume d'Adel, à l'Occident par celui de Fatagar & au Nord par ceux de Gañ & de Dawaro : ce fut un des premiers pays que les Galles envahirent & delà ils firent de grands ravages dans les Provinces voisines qu'ils subjuguerent; ils en sont originaires & en occupoient la partie qui est au Nord Oriental. Ce Royaume qui n'a ni villes ni bourgs est traversé du Nord-Ouest au Sud-Est par le fleuve Havasch qui au sortir delà va se perdre dans les sables du Royaume d'Adel ; selon Mr. Ludolf dans sa Carte & son Histoire d'Ethiopie[a].

§ Selon Daper le Royaume de Dankali & de Bali c'est la même chose[b].

4. BALI[c], Ville remarquable d'Afrique au Roiaume d'Adel ou de Zeila, selon le même.

BALIA, Ville ancienne de la Macedoine selon Ortelius[d] qui cite Galien dans son exposition des termes d'Hipocrate.

BALIANENSIS, la notice des Evêques d'Afrique fait mention de Cæcilius Evêque de Baliana, & l'on trouve Pancrace Evêque du même siége au Concile des grotes de Suses près de Carthage. Ce siege étoit dans la Mauritanie Cesariense.

BALIENSIS. Ortelius trouve que dans le Concile de Nicée il est fait mention d'un Evêché de ce nom dans l'Osrhoene. Seroit-ce pour *Bathnensis* ? il est certain que *Bathnæ* étoit un siége Episcopal de cette Province, & Abraham Evêque de Bathnæ, assista au cinquieme Concile general tenu à Constantinople. Ce qui confirme ma conjecture c'est que Basile Evêque (*Baliæ*) que le P. Charles de St. Paul[e] croit devoir être *Bathnæ* souscrivit à la lettre Synodale des Evêques de l'Osrhoene à Leon.

BALING. Voïez PALING.

BALINTUBER[f], Bailliage d'Irlande, l'un des six du comté de Roscommon dans la Province de Connaught.

BALIPATUA, Ville ancienne de l'Inde en deçà du Gange selon Ptolomée[g]. C'est la même qu'Arrien nomme PALÆPATMA dans le periple de la Mer Erithrée.

1. BALIS, ancienne ville de la Libye assez près de Cyrene selon Etienne le Géographe.

2. BALIS[h], petite ville de la Turquie en Asie, dans la Sourie, au pays de Kinnesrin aux frontieres du Diarbekir & sur le rivage Occidental de l'Euphrate environ à vingt lieues au Levant d'Alep.

BALISBEGA, ancienne ville de la grande Armenie selon Ptolomée[i].

BALISSUS, Ruisseau vers les deserts qui séparoient anciennement l'Assyrie de l'Arabie, & proche du lieu où Crassus fut defait par les Parthes ; selon Plutarque[k].

BALISTA, montagne de la Ligurie selon Tite-Live[l]. Leandre croit que c'est presentement MONTE BALESTRA, qui est une partie de l'Apennin entre la ville de Luques & Reggio Lepido ; sur les confins de la côte de Genes & de la Toscane. Cluvier au contraire cherche cette montagne vers les sources de la Lavagna & de la Stura, dans la côte Orientale de Génes, & il croit qu'on la nomme presentement monte Cervera, d'où l'on passe par le val de Taro dans le Duché de Parme.

BALKHE[m], Ville d'Asie dans le Corasan ou Korasan. Elle est situeé à l'extrémité de cette Province vers la tête du fleuve Oxus, appellé

[a] l. t. c. 13. n. 14.
[b] Afrique p. 414.
[c] p. 403.
[d] Thesaur.
[e] Geogr. Sacr. p. 292.
[f] Etat d'Irlande p. 32.
[g] l. 7. c. 1.
[h] Baudrand Ed. 1705.
[i] l. 5. c. 13.
[k] in Crasso.
[l] l. 39. c. 2.
[m] d'Herbelot Bibl. Orient.

pellé souvent *Riviere de Balkhe*, à cause de cette proximité. On lui donne 101. degrez de longitude, & 36. degrez 41. minutes de latitude Septentrionale. Les Historiens de Perse attribuent sa fondation à Jumjurath premier Roi de ce pays, & disent qu'il la nomma *Balkhe*, du mot *Balkiden* ou *Balgiden*, qui veut dire, *faire actuëil à un amy*, à cause qu'ayant perdu son frere depuis longtemps, il le rencontra en cet endroit. Les premiers Roys de Perse qui demeuroient dans la Province d'Adherbigian ou Medie, regardoient cette ville qui est dans la Bactriane, comme la fronterie de leurs Etats, & Lohorasb ayant mis sa couronne sur la tête de Kischtasb son fils, en fit son lieu de retraite, & y fut tué par Afrasiab Roi de Turquestan. Après les guerres survenuës entre les Turcs Orientaux & les Persans, les Rois de Perse de la seconde Dynastie, firent de *Balkhe*, la capitale de leur Empire, pour être plus à portée d'empêcher le passage de l'Oxus ou Gihon aux nations de Turquestan. Kaikhosru fut le premier qui y fit sa résidence ; mais les derniers Rois de cette Dynastie & ceux de la troisiéme transporterent leur siege Royal dans les Provinces de Fars & de Khusistan, qui sont la Perse, & la Susiane, où ils bâtirent les villes d'Estekhar ou Persepolis, & de Schuster ou Suze. Enfin ceux de la quatriéme firent leur séjour dans l'Erak ou la Chaldée où ils bâtirent la ville de Madain sur les bords du Tigre, aux environs des anciennes villes de Seleucie & de Ctesiphon. Cependant la ville de *Balkhe*, demeura toûjours capitale de la Province du Corasan; & elle étoit telle lorsqu'Ahnaf fils d'Alkais qui commandoit les Arabes, la prit sous le Kalifat d'Othman. Les Kalifes Abassides, & ensuite plusieurs autres Sultans, comme les Samanides & les Selgiucides, ayant fait leur residence dans d'autres villes du Korasan, comme à Nischabur & à Meru, & les Princes Mogols & Tartares descendans de Genghizkan & de Tamerlan, ayant choisi celle de Herat pour leur capitale, ces quatre villes de Balkhe, de Meru, de Nischabur & de Herat sont reputées pour être des villes Royales & prennent chacune le titre de capitale de cette grande Province. Balkhe a pourtant eu cet avantage par dessus les autres, qu'on lui a donné le titre de *Cubat al Eslam*, qui signifie Metropole du Musulmanisme, en sorte qu'elle a étendu sa jurisdiction particuliere sur les Pays de Badakhschian ou Balakhschian, de Khottan & de Tokharestan. Cette grande ville fut prise par les Mogols ou Tartares de Genghizkhan l'an 1221. & tous ses habitans ayant été conduits hors des murailles y furent tous massacrez impitoyablement. L'an 1369. Tamerlan y assiegea le Sultan Hussain dernier Prince de la race de Gengizkhan qui fut obligé de lui rendre cette place, que ses successeurs de Tamerlan ont possedée depuis ce temps là jusqu'à ce que les Usbeks les en ont chassez. Elle est de nos jours un sujet de guerre continuelle entre ces Usbeks & les Persans. La principale Mosquée de la ville de Balkhe portoit le nom de Neubehar, qui signifie en Persien, nouveau Printemps. Elle étoit bâtie sur le modele de la Mecque.

§ Quelques-uns écrivent BALCH ou BALCK ou BALK.

RIVIERE DE BALCKHE. C'est la même que l'OXUS des Anciens.

BALLA, Ville ancienne de Macedoine selon Etienne le Géographe. Ortelius doute si ce n'est, point la même que la Balia de Galien.

BALLADE, fontaine fameuse chez les Indiens dont les principaux s'y baignoient au raport de Ctesias [a] qui écrit que toutes sortes de matieres nageoient au dessus excepté le fer, l'argent, l'or & le cuivre, qui y couloient à fond. Il pouvoit à coup sûr y ajouter le plomb, & le vif argent & mille autres matieres pesantes. Les Grecs nommoient cette fontaine ΩΦΕΛΙΜΗ, c'est-à-dire utile.

a in Indicis,

BALLANTES, peuples d'Afriques dans le pays des Negres; au raport de Mr. Corneille [b]. Ils ont, dit-il, leurs habitations sur la côte de l'Ocean vers d'autres peuples que l'on apelle Bissaus. C'est-à-dire qu'ils sont voisins des Isles de Bisagos, & de Serre Lionne.

b Dict.

BALLAPATAN, Riviere d'Asie sur la côte de Malabar, selon Hagemer [c] dans son voiage aux Indes Orientales. Elle n'est pas éloignée de Cananor.

c Voyages de la Compagnie T. 5. p. 301.

BALLATHA, ancienne ville de la Mesopotamie selon Ptolomée [d]. Simler croit que c'est la même que *Bathnæ*.

d l. 5. c. 18.

1. BALLENE, ancienne place d'Afrique dans la Mauritanie Cesariense selon Antonin [e].

e Itiner.

2. BALLENE ou BALLANE, Bourgade de Ceïlan au Roiaume de Candi à une lieue & à l'Ouest de la capitale. Il n'est pas vrai qu'elle soit maritime comme le dit Mr. Corneille sur l'autorité de Mandeslo ; puisqu'il est contradictoire qu'une ville soit en même temps sur bord de la Mer, & à une lieue de Candi qui en est à plus de 17. lieues marines.

BALLENEUS MONS, montagne de la Phrygie, assez près du fleuve Sangar ; selon Plutarque le Géographe, dans son traité des fleuves & des montagnes.

BALLENSTADT [f]; Bourg d'Allemagne dans la haute Saxe dans la principauté d'Anhalt près de la Riviere de Secke à deux lieues de Quedlimbourg, du côté du Midi.

f Baudrand

BALLERA, montagne d'Espagne: il en est fait mention dans les fragmens de Saluste.

BALLIACE, c'est ainsi qu'on lit dans Strabon [g] qui dit que *Baliace* & *Oricum*, étoient des villes près d'Apollonia dans l'Illirie. Xilander & Casaubon veulent qu'on lise BULLICE ; ce qui approche plus de BULLIS, que Ptolomée met en cet endroit & que Pline nomme BULLIDENSIS COLONIA.

g l. 17. p. 316.

BALLIADAM, l'une des sept Baronies qui composent le Comté de la Reine dans la Province de Leinster, en Irlande.

BALLIBRIT, Bourg d'Irlande dans le Comté de la Reine dans la Province de Leinster ; à cinq lieues de Quénstowne, que l'on apelle aussi Maryborough, c'est-à-dire la ville de la Reine, ou le Bourg de Marie.

BALLINEKIL [h], Ville d'Irlande au Comté de la Reine, dans la Province de Leinster. Elle

h Etat d'Irlande p. 44.

BAL.

Elle envoie deux deputez au parlement & est située à huit milles au Sud de Maryboroug, & à un mille ou environ des frontieres de Kilkenny.

BALLON [a], petite ville de France au diocése du Mans sur la rive droite de l'Orne à cinq lieues du Mans. C'étoit autrefois une des plus considerables forteresses du pays. Elle porte le titre de marquisat & a deux paroisses dans lesquelles on compte quatre cens quatre vingt trois feux.

BALLONA ou GOLFE DE LA BALLONA, petit Golphe de l'Amerique dans la Mer du Sud. C'est, dit Mr. Corneille [b], la partie Orientale du Golphe de Panama sur la côte de terre ferme.

BALMA, Ville & Abbayes de France en Franche Comté. Voiez BAUME.

☞ BALME, que les Auvergnacs disent *Baumo*, signifie chez eux une tombe ou pierre sepulchrale [c]. On l'a dit aussi de toutes sortes de sepulchres & principalement des cavernes où l'on avoit inhumé quelqu'un: par cette raison on a nommé *la Sainte Beaume*, & dans le moyen age *Sancta Balma*, celle où l'on croit posseder le corps de Ste. Marie Madeleine. On a donné aussi le même nom à celle de St. Honorat près de l'Isle de Lerins. Voyez BAUME.

1. BALNEOLUM, nom Latin de BAGNOLS, ou BAIGNOLS ville de France.

2. BALNEOLUM, nom Latin de BAGNOLO dans le Roiaume de Naples.

BALNEO REGIUM ou BALNEUM REGIS. Voiez BAGNAREA.

BALOIUM, ancienne ville de la Macedoine selon Etienne le Géographe.

BALOMUS, lieu sur la côte de Carmanie selon Arrien [d].

BALONCA, Ville de la Quersonnese d'Or selon Ptolomée [e].

BALONGA, metropole de l'Inde au delà du Gange selon le même [f].

BALOR, gros bourg d'Asie dans l'Indoustan. Il est situé, dit Tavernier [g], à vingt quatre Cosses de Surate sur un étang qui en a près d'une de tour. La Carte des Indes par Mr. de l'Isle ne le marque point. Mais on le trouve très bien marqué dans celle des côtes de Malabar & de Coromandel. Ce bourg est à l'Orient de Surate sur la route de Brampour. Mr. Corneille met 80. Cosses au lieu de 24.

BALOTH [h], Ville de la Palestine dans la Tribu de Juda [i], peut être la même que Balat que Salomon fortifia [k].

BALOWA, grande ville de l'Indoustan au Royaume de Decan à trois lieues de la ville d'Asta & à pareille distance de celle d'Oeren & d'Isselampour, selon Mandeslo dans son voyage des Indes [l].

1. BALSA, ancienne ville de la Lusitanie selon Ptolomée [m], Pline [n] & Mela [o]. Le premier la donne aux Turdetains & ses interpretes la prennent pour TAVILA qui est dans l'Algarve. D'autres croient que c'est ABULSEIRA Bourg de Portugal.

2. BALSA, Bourg de l'Afrique interieure. Pline [p] le met au nombre des conquêtes de Cornelius Balbus.

Tom. I. Part. 2.

BAL.

BALSANO [q], petite ville du Tirol sur la Riviere de Laisoch qui tombe un peu au dessous dans l'Adige.

1. BALSARA [r], Bourg de l'Indoustan entre Surate au Septentrion & Daman au Midi. Il est situé sur une petite riviere aux confins de Guzurate & de Baglana, & à cinq lieues marines de la Mer. Ce lieu est nommé BALHAIE, ville des Portugais dans le voyage de Jean van den Broeck.

2. BALSARA, BALSERA, BALSORA, BASSORA ou BASRAH. Ce dernier est preferé par d'Herbelot [s], & semble être le veritable au lieu que les autres n'en sont que des deguisemens causez par les diverses prononciations des Européens. Les uns la mettent sur l'Euphrate, d'autres sur le Tigre, ce qui revient au même; puis qu'en ce lieu les deux rivieres coulent dans un même lit.

Cette ville [t] est moderne; ce fut Omar second Khalife qui commanda l'an xv. de l'Hegire, de J. C. 636. à Atbá fils d'Arár, de la bâtir, pour ôter la communication des Indes aux Persans, avec lesquels il étoit en guerre; ces peuples n'ayant point de chemin plus commode pour y aller que celui du Golphe Persique. En effet ils n'en prennent point encore aujourd'hui d'autre: car celui de terre par les Provinces de Kerman, & de Macran est très-long, & très-difficile.

Cette ville est située à 74. degrez de longitude, & à 31. de latitude Septentrionale selon le calcul des Tables Arabiques, dans un terroir sablonneux, & pierreux, où il ne croît rien, parcequ'il n'y pleut jamais: mais elle a dans son voisinage une petite riviere qui coule auprès de la ville d'Obolla, & qui rend la vallée par où elle passe, si delicieuse en toutes sortes de fruits, que les Arabes font de ce lieu-là un des quatre paradis, comme ils les appellent, de l'Orient.

Il y a dans la ville de Bassora, une place qui sert de marché, nommée *Merbad*, où les Arabes de tous les environs, s'assembloient autrefois, non seulement pour le commerce, mais encore pour y reciter leurs ouvrages d'éloquence, & de poësie; c'est ce qui a donné à cette ville de si excellens hommes dans la litterature Arabique. L'on peut ajouter aussi que les disputes frequentes que les Docteurs de cette ville ont eues avec ceux de la ville de Cufa, & qui ont partagé les sentimens de tous les Musulmans, n'ont pas peu contribué à y faire fleurir les Sciences.

Bassora quoique très-considerable dans la Province d'Erák ou Chaldée, n'a jamais pourtant été le siége des Khalifes. Cufa a eu cet avantage par dessus elle: cependant les Khalifes y ont toûjours envoyé pour Gouverneurs les plus considerables Capitaines de leur Empire, comme Ziad fils d'Ommie, Hegiage & plusieurs autres, tant à cause de l'importance de sa situation, que parce qu'elle étoit comme la capitale d'une petite Province composée de plusieurs bourgades nommées Suad, remplies d'Arabes fort belliqueux, & très-remuants. Les Baridiens & ensuite les Carmathes s'en sont rendus les maîtres en divers tems, & ont donné souvent de l'inquietude aux Khalifes qui n'étoient pas quelquefois en sureté dans Bagdat, ayant

---

Notes marginales:

[a] Piganiol de la Force Desc. de la France T. 5. p. 148.
[b] Dict.
[c] Du Cange Gloss. lat. in voce *Balma*.
[d] in Indic.
[e] l. 7. c. 2.
[f] Ibid.
[g] T. 2. l. 1. c. 4.
[h] D. Calmet Dict de la Bible.
[i] Josué c. 15. v. 24.
[k] 1. paral. c. 8. v. 6.
[l] l. 1.
[m] l. 2. c. 5.
[n] l. 4. c. 12.
[o] l. 3. c. 1.
[p] l. 5. c. 5.
[q] Magini Ital. Tab. 33.
[r] De l'Isle Atlas.
[s] Biblioth. Orient.
[t] Ibid.

ayant de tels voisins. Voici ce qu'en dit Tavernier dans son voyage de Perse [a]. *Balsara* est du côté de l'Arabie deserte ; à deux lieuës des ruines d'une ville qui s'appelloit autrefois *Teredon*, & qui étoit dans le desert, où l'on voit encore un Canal de brique qui y apportoit l'eau de l'Euphrate. Ces ruines témoignent que c'étoit une grande ville, & les Arabes y vont enlever des briques pour les rendre à *Balsara*, où l'on en fait les fondemens des maisons: la ville de *Balsara*, est à une demi-lieuë de l'Euphrate, que les Arabes appellent en leur langue *Scetel-Areb*, c'est-à-dire riviere d'Arabie. Les habitans de Balsara en tirent l'eau par un Canal de demi-lieuë de long, & qui porte des vaisseaux de cent cinquante tonneaux ; au bout duquel il y a une forteresse qui empêche que l'on n'entre par force dans le Canal. La mer en est éloignée de quinze lieuës, mais le flux monte quinze autres lieuës au dessus jusques au delà de la forteresse de Gorno. Tout le pais est si bas que sans une digue qui regne le long de la Mer, il seroit souvent en danger d'être submergé. Elle a plus d'une lieuë de long & bâtie de bonne pierre de taille. Les quartiers sont si bien joints que les ondes ne la peuvent rompre, bien que la mer y soit rude comme étant le bout du Golphe Persique.

[a] l. 2. c. 8.

Il y a environ cent ans que Balsara appartenoit aux Arabes du desert, & qu'elle n'avoit point de commerce avec les nations de l'Europe. Ces peuples se contentoient de manger leurs dates, en ayant une si grande quantité qu'ils ne vivent que de cela. Il en est de même tout le long du Golphe de côté & d'autre, & depuis Balsara jusqu'au fleuve Indus, l'espace de six cens lieuës, comme de côté de l'Arabie jusques à Mascaté, le petit peuple ne sait ce que c'est que de manger du pain, ni du ris, & ne vit que de dates, & de poisson salé, & seché au vent. Les vaches ne mangent point de verdure, & bien qu'on les laisse aller aux champs, elles n'y trouvent que très-peu de chose qui leur soit propre parmi des brossailles, mais tous les matins avant que d'aller aux champs, & tous les soirs quand elles reviennent on leur tient prêt pour leur nouriture des têtes de poissons, & des noyaux de dates qu'on fait cuire ensemble.

Les Turcs ayent en la guerre avec les Arabes prirent *Balsara* ; mais parce que les Arabes étoient tous les jours autour de la ville, & pilloient tous ce qu'ils pouvoient attraper, ils firent un traité avec eux, & furent d'accord que jusqu'à une lieuë proche de la ville les Arabes possederoient le desert, & les Turcs demeureroient maîtres de la ville, où ils mirent un Bacha pour Gouverneur. Mais le traité ne dura pas long tems : car il y a au milieu de la ville une forteresse appellée *Auchel Bacha*, c'est-à-dire *Cour du Bacha*, que les Turcs avoient bâtie, la garnison étant de soldats Turcs, les habitans qui étoient Arabes ne pouvoient souffrir cette domination, ce qui les faisoit quelquefois venir aux mains avec les Turcs. Les Arabes du desert venoient au secours des habitans, & assiegeoient le Bacha dans la forteresse. Enfin parce qu'il ne se pouvoit faire aucun accord qui fût ferme, il y eut un Bacha nommé *Ajud*, qui après plusieurs disputes & revoltes qu'il lui falut essuyer, voulut se delivrer de tant de peine, & vendit son gouvernement pour quarante mille piastres à un riche seigneur du pais, qui leva aussitôt grand nombre de soldats pour tenir le peuple en bride. Il se fit nommer *Efrasias Bacha*, & étoit ayeul de *Hussen Bacha* qui gouvernoit à *Balsara* du temps que Tavernier y étoit. Cet Efrasias secoüa d'abord le joug des Turs, & prit la qualité de Prince de Balsara. Le Bacha qui vendit son Gouvernement ne fut pas plûtôt arrivé à Constantinople, qu'il fut étranglé ; mais celui que l'acheta ne voulut plus reconnoître le Grand Seigneur, & se rendit souverain du pays. Mais depuis que Sultan Amurat eut pris Bagdat, pour s'entretenir avec la Porte le Prince de Balsara lui envoyoit de tems en tems quelques presens, qui consistoient le plus souvent en chevaux, parce qu'ils sont très-beaux en ce pais là. Le grand Cha-Abas Roi de Perse ayant pris Ormus, envoya une puissante Armée sous la conduite d'Iman-Couli-Kan Gouverneur de Schiras pour prendre Balsara ; mais le Prince qui y commandoit se voyant foible pour resister aux Persans, s'avisa de faire accord avec les Arabes du desert, afin qu'ils allassent rompre en quelques endroits la digue par la quelle la Mer est arrêtée. La chose ayant été faite, la Mer entra dans le pais avec une telle impetuosité qu'elle monta quinze lieuës jusqu'à Balsara, & plus de quatre au delà ; ce qui obligea l'armée de Perse qui se vit environée d'eau, & qui apprit en même tems la nouvelle de la mort de Cha-Abas, de lever promptement le siége, laissant son canon devant la ville. Cette inondation a été cause que plusieurs jardins & terres ne rapportent rien, ou fort peu jusqu'à present, à cause de la salure de la Mer qui y est restée.

Le Prince de Balsara a fait amitié avec plusieurs nations Etrangeres, & de quelque part qu'on y vienne, on y est bien venu. La liberté y est si grande & l'ordre si bon, qu'on peut aller la nuit dans la ville avec toute seureté. Les Hollandois y viennent tous les ans, & y apportent des épiceries. Les Anglois y apportent aussi du poivre, & quelque peu de Clous de girofle; mais pour le negoce des Portugais il a tout à fait cessé, & les PP. Augustins qui étoient de leur nation, s'en sont aussi retirez. Les Indiens apportent aussi à Balsara des toilles, de l'Indigo & autres fortes de Marchandises. Enfin il se trouve souvent en même temps dans cette ville des Marchands de Constantinople, de Smyrne, d'Alep, de Damas, du Caire & d'autres lieux de Turquie, pour acheter ces marchandises qui viennent des Indes, & dont ils chargent des jeunes chameaux qu'ils achetent sur le lieu. Car c'est là où les Arabes les amenent pour les vendre, & où s'en fait le plus grand negoce. Ceux qui viennent à Balsara de Diarbequir, de Moussul, de Bagdat, de la Mesopotamie & de l'Assyrie, font remonter leurs marchandises sur le Tigre, mais avec beaucoup de peine & de dépense. Car n'ayant pour tirer les barques que des hommes qui ne peuvent faire au plus que deux lieuës & demie par jour, & qui

BAL.   BAL.

qui ne peuvent marcher lorſque le vent eſt contraire, ils ne peuvent ſe rendre de Balſara à Bagdat en moins de ſoixante jours, & il y en a eu qui ont demeuré plus de trois mois en chemin.

La Doüane de Balſara eſt de cinq pour cent, & on a toûjours quelque courtoiſie du Doüanier ou du Prince même, de ſorte que l'on ne paye effectivement que quatre pour cent. Ce Prince de Balſara fait ſi bien ſon conte, qu'il peut mettre tous les ans en reſerve trois millions de livres. Il tire ſes principaux revenus de quatre choſes, de la monnoye, des chevaux, des chameaux & des palmiers; mais c'eſt ce dernier article qui fait ſa principale richeſſe. Tout le païs depuis la jonction des deux fleuves juſqu'à la Mer l'eſpace de trente lieuës eſt couvert de ces arbres, & qui que ce ſoit n'oſe toucher à une date qu'il n'ait payé pour chaque palmier trois quarts de larin qui reviennent à 9. S. de France. Le profit que le Prince fait ſur la monnoye, vient de ce que les Marchands de dehors ſont obligez de porter leurs réales à ſa monnoye, où on les bat & convertit en larins, & cela lui vaut près de huit pour cent. Pour ce qui eſt des chevaux, il n'y a point de lieu au monde où l'on en trouve de plus beaux, & de meilleurs pour la fatigue, & il y en a qui peuvent marcher juſqu'à trente heures de ſuite ſans manger ni boire, ſur tout les jumens. Mais pour revenir aux palmiers, c'eſt une choſe digne d'être remarquée, que pour faire venir un de ces arbres communs, on fait un trou en terre, dans lequel on range deux cens cinquante ou trois cens noyaux de dates les uns ſur les autres en forme de pyramide, la pointe en haut qui finit par un ſeul noyau, ce qui étant couvert de terre le palmier en provient. Pluſieurs du païs diſent, que comme parmi les palmiers il y a mâle & femêlle, il les faut planter l'un proche de l'autre, parce qu'autrement la femelle ne porteroit aucun fruit. Mais d'autres aſſurent que cela n'eſt pas neceſſaire, & qu'il ſuffit quand ces arbres ſont en fleurs, de prendre de la fleur du mâle & d'en mettre dans le cœur de l'arbre femelle par le haut de la tige, parce que cela tout le fruit tomberoit avant qu'il eût la moitié de ſa groſſeur.

Il y a à Balſara comme en Turquie un Cadi qui adminiſtre la juſtice, & qui y eſt établi ſous l'autorité du Prince qui y commande. On y voit trois ſortes de Chrétiens, des Jacobites, des Neſtoriens, & des Chrétiens de St. Jean. Il y a auſſi une maiſon de Carmes déchauſſez Italiens, & il y en avoit une d'Auguſtins Portugais, qui ont quitté, depuis que ceux de leur nation ont abandonné le negoce de cette ville.

Baſſora eſt preſentement aux Turcs depuis l'an 1668. ils en firent la conqueſte pendant que la Perſe étoit engagée dans une guerre avec le Mogol. Voici l'état preſent de ſon commerce ſelon Mr. Savary[a]. Auſſi bien que Bander Abaſſi Baſſora a profité de la deſtruction d'Ormus, & l'on y voit preſentement des vaiſſeaux de toutes les nations de l'Aſie, & de l'Europe & principalement parmi ces dernieres les Anglois & les Hollandois qui y ont des comptoirs conſiderables que les deux Compagnies des Indes de Londres & d'Amſterdam, entretiennent ſoit pour leur negoce, ſoit pour y faire paſſer par terre des lettres qu'ils veulent qui arrivent en diligence en Hollande & en Angleterre; ce qu'ils font par la voye de Damas & d'Alep, pour leſquelles ils dépêchent des Arabes qui ſont des eſpeces de couriers à pied qui vont fort vîte. Les Portugais y ont auſſi un facteur, mais il y ſont peu d'affaires. Le commerce qui s'y fait paſſe preſque tout par les mains des Indiens, des Perſans & des Armeniens. La Caravane de Baſſora eſt une de celles qui viennent par terre apporter à Bander Abaſſi une partie de ces riches marchandiſes, qui y entretiennent le commerce & cette même Caravane en raporte au retour les marchandiſes des Indes, de la Chine, du Japon, & de l'Europe dont Bander eſt comme l'entrepôt & l'étape pour la Perſe & les trois Arabies. Outre le commerce de Bander Abaſſi, & celui que Baſſora entretient du côté de la Mer avec les Indiens, les Maures, & les Européens qui y envoyent leurs vaiſſeaux chaque mouſſon, cette ville en a encore un conſiderable avec Bagdat qui a la commodité du Tigre, pour y tranſporter les marchandiſes, & pareillement avec Alep, & le reſte de l'Empire Turc en Aſie d'où il part des Caravanes dont une partie eſt deſtinée pour Baſſora. On peut mettre auſſi au nombre des choſes qui rendent ſon commerce floriſſant le paſſage des Perſans qui font le Pelerinage de la Mecque, qui prennent ordinairement cette route & qui non ſeulement payent de grands droits au Bacha Turc qui en eſt le gouverneur perpetuel, mais encore qui y laiſſent par échange ou par vente quantité de marchandiſes dont leurs petites Caravanes ont coutume de ſe charger, ſoit en allant, ſoit en venant. Enfin elle s'enrichit encore & profite des fraudes qui ſe commettent en Perſe en fait de monnoies étrangeres, qui étant de meilleur alloi que celles qui ſe frapent dans le pays, ſont envoyées à Baſſora par la connivence du Sultan ou Bacha de Bander Abaſſi qui a ſa part à ce commerce de contrebande.

BALSORA, eſt par les ſoixante & ſix degrez de longitude, & par les trente degrez de latitude.

BALSIO, ancienne ville d'Eſpagne. Antonin[b] la met entre *Graccuris* (aujourd'hui *Agreda*) & *Sarragoce*, à vingt huit mille pas de la premiere & à trente ſix mille de la ſeconde; & à vingt milles de *Turiaſon* (aujourd'hui *Terracona*.) Il ſemble que ce ſoit la BELSINUM de Ptolomée[c].

BALSTAL, ou BALISTEL, Bourg de la Suiſſe dans le Canton de Solleure. Mr. Baudrand qui le met à trois lieues de la petite ville d'Olten vers le couchant ajoute qu'il eſt conſiderable pour ſes mines de Fer. Les Cartes de Jaillot marquent au lieu de ce nom CLUS. Mr. Scheuchzer dans ſa grande Carte n'en fait qu'un village Catholique ſur la grande route de Soleurre à Bâle, & le nomme BALFT, *ou autrement* CLUS.

BALTHI, nation d'entre les Gétes de la quelle relevoient les Wiſigots au raport d'Ortelius qui cite l'autorité d'Agathias.

§ Com-

[a] Dict. p. 2105.
[b] Itiner.
[c] l. 2. c. 6.

§ Comme les Getes étoient un ramas de peuples Septentrionaux ce nom de *Balthi*, pourroit bien avoir quelque raport à l'Isle *Baltia*, des anciens. Voyez ce mot. On pourroit aussi expliquer ce nom par BALTHI, qui dans l'ancienne langue Teutone signifioit, *Hardiesse ; intrepidité*.

BALTIA. Pline [a] nous apprend que Xenophon de Lampsaque faisoit mention d'une Isle nommée *Baltia*, d'une grandeur immense & separée du rivage des Scythes, par un trajet de trois jours de navigation. Pline ajoute que Pytheas la nommoit BASILIA. Il y a apparence que ce deuxieme nom est corrompu du premier. On est presentement persuadé que cette pretendu Isle n'est autre que la Scandinavie dont les anciens ne connoissoient pas les parties Septentrionales. Ce nom a pour étymologie le nom de BELT aussi bien que le nom de Baltique.

[a] l. 4. c. 13.

BALTIMORE [b], Balatimore ou BALLATIMORE, Ville d'Irlande dans la Province de Munster, au Comté de Cork, à quatorze milles presque au Sud-Ouest de Rosse. Elle a un port commode, & envoye deux deputez au parlement. Elle a titre de Baronie.

[b] Etat d'Irlande p. 50.

BAYE DE BALTIMORE, petit Golphe d'Irlande dans la Province de Munster. Il est semé de plusieurs Isles & roches, cette Baye est entre Missen Head & le Cap Clare ; & est diferent d'une autre entrée qui est à l'Orient de Cap Clare, & que l'on apelle *le Havre de Baltimore*.

BALTINGLASS [c], petite ville ou Bourg d'Irlande dans la Province de Leinster au comté de Wicklow. A treize milles ou environ de Blessinton, sur l'Urrin près des frontieres de Catherlagh. Elle envoye deux deputez au parlement.

[c] Etat de l'Irlande p. 47.

BALTIQUE, LA MER BALTIQUE grand Golphe, ou Mer interne entre l'Allemagne, le Dannemarck, la Suede, l'Empire Russien, & la Pologne. Voiez au mot MER ; l'Article particulier de celle-ci dans son rang.

BALUBADRA, Ville de la Morée. Leunclavius cité par Mr. Baudrand [d], croit que c'est la même ville que PALEOPATRÆ, c'est-à-dire l'ancienne pour la distinguer d'une ville de même nom, que l'on nommoit NEOPATRÆ, c'est-à-dire la nouvelle *Patræ*.

[d] Ed. 1681.

BALUCLAWA, Port & Bourg de la presqu'Isle de Crim sur la mer noire, c'est là que l'on fait les navires, les galeres, & les galions pour le service du grand Seigneur. L'Embouchure de ce port a environ quarante pas & en a environ huit cens de circuit & est large de quatre cens cinquante. Le Sieur de Beauplet des memoires de qui Thevenot a tiré ces circonstances qu'il a inserées au I. volume [e] de son grand recueil, cet Auteur dis-je, avoue qu'il n'a pu apprendre de quelle profondeur est ce port ni quel en est le fonds, si c'est sable, vase, ou roche ; mais, pursuit-il, il y a apparence qu'il y a plus de quinze pieds de fonds puisqu'il y entre des vaisseaux chargez de plus de cinq cens tonneaux. Ce port est un des plus beaux & des meilleurs qu'il y ait, car un vaisseau y est toûjours à flot, & quelque tem-

[e] p. 24.

pête qu'il fasse il ne branle point, les hautes montagnes qui enferment ce havre le mettant à l'abri de tous vents. Le Bourg est d'environ douze cens feux. Mr. Baudrand dit que c'est une ville sur un petit Golphe de la côte Orientale entre le Cap d'Imkermen, & la ville de Torpetorkan, & que quelques Auteurs la prennent pour l'ancienne PALLACIUM. Mr. Corneille dit que depuis ce lieu-là jusques à Caffa la côte de la Mer est fort haute & escarpée.

BALVE [f], petite ville d'Allemagne dans le duché de Westphalie, sur les confins du comté de la Marck à trois lieues de la ville d'Arensperg du côté du Midi.

[f] Baudrand Ed. 1705.

BALY. Voiez BALI.

BALY-KAMEN. Voiez BIALYKAMEN.

BAM [g], Ville d'Asie dans la Province de Kerman, ou Caramanie Persique. Elle a 94. d. de longitude & 28. d. 30′. de latitude Septentrionale.

[g] d'Herbelot Bibl. Orient.

1. BAMBA [h], Province d'Afrique au Roiaume de Congo. C'est la plus grande & la plus opulente des cinq qui sont la division de ce Royaume. Elle s'étend du Nord au couchant, depuis la riviere d'Ambris jusqu'à celle de Danda ; & au Midi confine à Angola, & au Levant au Lac de Chilande, ou d'Aquilonde, & à la Province de Sissama. Pigafet enferme dans celle de Bamba les Seigneuries de Lembo, Dandi, Bengo, Coanza, & Cozansi, le long de la côte ; & dans le païs d'Anganzi, celle de Chingengo, Motollo, Chabonda, & quelques autres de moindre importance. Il y a des Géographes qui joignent une partie de la Province de Sonho à celle de Bamba, & la subdivisent en quantité de Seigneuries, gouvernées par les vasseaux du Roi de Congo, que les Portugais appellent *Sobas* ou *Sovas*.

[h] Corn. Dict. De la Croix T. 3. c. 24.

De toutes ces terres, Vamma est la plus proche de la riviere de Danda ; elle est située à son embouchûre sur la côte. En remontant ce fleuve on trouve sept ou huit autres fiefs peu considerables : mais quand on a ramé quinze ou seize lieuës contre le courant, on découvre les terres de Coanza, dont le Seigneur d'Hani, & quelques autres petits Sovas, sont Tributaires. Un peu plus haut en s'éloignant de la riviere & tirant vers le Midi, on rencontre le Païs de Calle, auquel sont annexées d'autres plus petites terres. Le quartier de Convangongo est au Midi de celui de Calle, & en poursuivant toûjours vers le Sud, on vient à Emgombia & à Cabonda. Ces deux Seigneuries, qui sont au Levant de Muchama, en ont beaucoup d'autres moindres sous elles, & sont separées l'une de l'autre par une étenduë de païs de six journées de chemin, il n'y a que ces deux derniers Sovas qui puissent mettre sur pied un nombre considerable de troupes. La premiere Seigneurie qu'on trouve au Septentrion de la riviere de Danda, est Montemmo-Convango, dont le Prince est fort puissant. Au couchant sur la Côte, on a les terres de Mussula, ou Mossolo ; & au Levant de Mussula, avançant dans le Païs, on entre dans les dépendances de Bumby & de Bamba, deux Seigneuries qui occupent tout l'espace qui est entre les rivieres de Danda & de Loze, le

long

BAM.

long de la côte. Motemmo-Covango a au Levant Motemmo-Quigengo ; & au Sud-Est Cahende, qui a été une Principauté fort considerable. Canvongongo est separée de l'une & de l'autre par un espace de sept ou huit journées de chemin, le Comté d'Ambuila est au Levant de Quigengo. Au Sud & au Sud-Ouest de ce Comté, est la Seigneurie d'Oando, arrosée par la riviere de Loze qui l'en sépare. Au levant de cette Seigneurie, est le païs de Quina ; & au couchant celui de Bamba, & une partie de la Province de Pembo. Entre Pembo & Quina est la Seigneurie d'Ensala, dont le Sova s'étant révolté contre le Roi de Congo en 1643. ce Prince demanda du secours aux Hollandois, qui étant allez faire le dégât sur les terres des rebelles, les obligerent de rentrer dans leur devoir. Les deux Seigneuries de Lovoto & de Quitungo, qui commencent sur la côte, & s'étendent environ cinquante lieuës dans le Pays, jusqu'au Comté de Sonho, sont situées sur les deux bords de la riviere de Loze, l'une au Nord & l'autre au Sud. Ces Seigneuries sont separées par des montagnes, qu'on appelle Quibambis, & afin que personne ne passe ces limites, chaque Sova a de son côté des villages sur les confins; de sorte qu'un parti ne peut usurper un pouce de terre, que l'autre ne s'en apperçoive incontinent. Ainsi ils se tiennent de part & d'autre dans la juste possession de leurs terres, & trafiquent tous les jours ensemble. La plûpart même des Sovas demeurent dans ces villages, ce qui leur attire l'amour de leurs Vassaux, qui les voyent veiller eux mêmes à la sûreté de leurs Etats. Près de la ville d'Onzo, assez proche de la côte, il y a trois villages, situez en forme de triangle. Le premier s'appelle Mongonondon. Avançant trois lieuës dans le Pais en ligne oblique, on vient au second, nommé Jagando, & descendant vers la Mer par une ligne opposée, on arrive aux bords du fleuve Libongo, & on voit Lengo, qui est le troisiéme village. Celui de Mussula (ou *Mossoula*) est situé sur la Côte. C'est où les Hollandois de la Compagnie des Indes Occidentales ont un Magazin. La ville Capitale de la Province de Bamba, s'appelle Panga. (Selon l'Auteur cité, mais je crains qu'il n'ait voulu dire que le Prince qui gouvernoit la Province ou le grand duché de Bamba, residoit alors non pas à Bamba capitale, mais à Banga village peu éloigné de cette ville au Nord & sur la route qui méne à S. Salvador.) Le Prince qui y commande est le plus puissant de tous les Vasseaux du Roi de Congo, & le General de l'armée Royale. Il donne la loi à quantité de villages, & a des pretentions sur les Anbondanes qui demeurent au Midi de Danda. Le Roi d'Angola en est en possession, & soutient que tout le Pais qui est entre les Rivieres de Danda, & de Quinza (*Quanza*) est de son Domaine. Les habitans de Bamba sont Chrétiens c'est pourquoi on y trouve quelques Jesuites, beaucoup de Mulates & de Prêtres Négres. (§ La ville de Bamba est petite & est au Midi Occidental de St. Salvador sur la route de Loanda, à environ trente deux lieues ou heures de chemin de la premiere.)

La Province [a] de Bamba, plus qu'aucune autre du Royaume de Congo, nourrit divers animaux, principalement des éléphans à cause de la multitude de forêts, de prairies & d'eaux. Les éléphans y sont fort grands, croissent jusqu'à la moitié de leur vie, qui est ordinairement de cent cinquante ans. On peut juger de leur grandeur par leurs dents, dont quelques-unes pésent jusqu'à deux cens livres. Ils ont les poils de la queuë épais comme de petits joncs, noirs & luisans, & d'autant plus estimez, que les éléphans sont vieux. Les habitans s'en servent pour ornement autour du cou, ainsi que les Seigneurs & Dames au Royaume d'Angola. Ils en sont si curieux qu'ils exposent souvent leur vie pour en avoir. Ils prennent sur tout l'occasion lorsqu'un de ces animaux est entré dans un lieu étroit, où il ne peut se tourner. Alors ils montent dessus, & lui coupent de ces poils, dont ils font des chaines & des anneaux. Il se trouve aussi des tigres dans cette Province, & ils les nomment *Engoi*. On dit qu'ils n'attaquent point les hommes blancs, & que s'ils rencontrent un Negre & un Européen, ils se jettent sur le Negre, sans toucher à l'autre. Ils ressemblent aux Lyons, à l'exception du poil qu'ils ont d'une autre couleur, on les tuë aisément à coup de fléches, ou d'Arquebuse. Leurs moustaches sont tellement venimeuses, que celui qui en auroit avalé du poil, mourroit enragé. La même Province produit un autre animal, appelé *Zebra*. C'est une espece de cheval sauvage, qui a de l'air d'un mulet. Le long du ventre & de l'épine du dos, il a des rayes de trois couleurs, noires, blanches, & jaunes, larges d'environ trois doigts, & bien proportionnées. Cet animal fait ses petits tous les ans, & se tient dans les bois, & est très prompt à la course. Etant apprivoisé, il peut servir de cheval, tant à la guerre qu'à porter & à tirer. On y trouve encore des *Empalangas*; ils ressemblent à un bœuf, ont deux cornes, & leur chair est bonne à manger. Il y en a de differentes couleurs, de bruns, de blancs & des rouges. Les Serpens y sont de diverses sortes. Il y en a quelques-uns qui ont la gueule si large qu'ils peuvent dévorer un cerf. Ils vivent en terre & dans l'eau. Quand leur ventre est plein, ils se laissent aller au sommeil, & alors les habitans les tuënt & en mangent la chair, qui leur paroît excellente. On y voit encore une certaine espéce d'animaux, aussi grands que des beliers. Ils ressemblent à des dragons, & ont des ailes, une queuë, & une longue machoire, avec divers rangs de dents. Il se repaissent de chair cruë, sont deux pieds, la peau jaune & tachetée de verd & de bleu, ils sont adorez de quelques Negres. Il y a dans cette Contrée une montagne riche en mines d'argent, & autres métaux, & on l'estime opulente, à cause des coquilles qu'on y trouve au rivage de la Mer, & qui servent de monnoye. Les habitans sont fort propres à la guerre, & portent de grandes & larges épées qu'ils achettent des Portugais. Ils sont si robustes, que d'un seul coup ils peuvent couper un Esclave en deux, & abbattre la tête à un bœuf vivant. Il s'en est trouvé qui ont porté entre leurs bras un tonneau de vin pesant

[a] Linschot desc. de la Guinée c. 5.

trois

BAM.

trois cens vint cinq livres. Ils font fort adroits à tirer de l'arc, & ont de grands boucliers faits d'écorces d'arbres.

2. BAMBA[a], Province de l'Amerique meridionale au Roiaume de Popeian, & vers la ville de même nom. Les Espagnols, en font maîtres & y ont quelques bourgs, selon de Laét.

[a Baudrand Ed. 1705.]

3. BAMBA, aujourd'hui village de la Vieille Castille ; à trois lieues de la ville de Valladolid : c'étoit autrefois une ville, honorée d'un Siège Episcopal, dit Mr. Baudrand sur l'autorité de Haubert de Seville qu'il cite dans son Dictionnaire Latin. Et il ajoute que ce lieu étoit anciennement nommé GUERITUM, & à l'article de ce dernier, nom il dit que Recesuinde Roi des Goths y mourut, & cite le même garant. Mariana[b] dit au contraire que ce lieu dont le nom moderne est WAMBA, autrefois GERTIGUS est à huit mille pas de Valladolid ; & qu'on y montroit de son temps le tombeau de Recesuinthe. Il qualifie *Wamba* petite ville (*Oppidum*,) & la met sur une montagne qu'il nomme *Caurus*. Selon Mr. Baudrand, Bamba est un lieu de la vieille Castille où mourut Recesuinthe ; selon Mariana ce Roi mourut à WAMBA, à huit mille pas de Valladolid ; & ce lieu s'appelloit anciennement GERTIGUS : ce qui rend dificile la conciliation de tout ceci c'est que l'Edition Françoise de Mr. Baudrand, outre *Bamba* anciennement *Gueritum*, article pris du Latin, fournit encore *Wamba* anciennement Gertigos en Portugal dans la Province de Beyria, aux confins de l'Estramadoure d'Espagne, & par consequent à plus de quarante six lieues Françoises de Valladolid ; distance bien diferente de celle que donne Mariana. Voiez WAMBA.

[b l. 6. c. 11.]

BAMBALA, Ville Maritime de l'Inde en deçà du Gange selon Ptolomée[c]. Il semble, dit Ortelius[d], que ce soit la BALITA d'Arrien[e].

[c l. 7. c. 1. d Thesaur. e Peripl.]

BAMBARA[f], Roiaume d'Afrique au Nord-Est de la Riviere de Gambie.

§ C'est peut être le même que d'autres nomment simplement BARRA. Voiez ce mot.

[f Baudrand Ed. 1705.]

BAMBERG[g]. Ville d'Allemagne dans la Franconie. Elle est située au confluent du Mein & du Regnits, & a pris son nom de l'ancien nom de *Babenberg*, qu'on croit lui avoir été donné par *Babe*, fille de l'Empereur Othon II. qui la fit aggrandir. Cette ville dont l'Empereur Henry II. fit bâtir les murailles est assez jolie, mais de fort peu de défense. Le Palais Episcopal est magnifique, avec de fort beaux Jardins. Le Chapitre de son Eglise est composé de vingt Chanoines Capitulaires & de quinze domiciliez. Ses dignitez sont celles de Prévôt, de Doyen, d'Ecolâtre, de Custode & de Cellerier. Les Evêques de Bamberg ont été faits souverains par les derniers Ducs de Franconie. Celui qui possede cette Prelature est premier Evêque de l'Empire, & ses sujets ne sauroient appeller de sa justice. Il est Directeur du Cercle de Franconie, & a eu de grands démêlez pour les convocations des Assemblées avec le Marquis de Baréith, qui pretendoit aussi jouir de ce droit. L'an 1559. il fut réglé à la Diète

[g d'Aussiret Geog. T. 3. p. 149.]

BAM.

d'Ausbourg, qu'ils l'exerceroient conjointement à perpetuité, & que quand l'un d'eux trouveroit à propos de convoquer les Etats du Cercle, l'autre n'y pourroit apporter d'empêchement, mais que l'Evêque de Bamberg auroit seul le privilege de faire les propositions, de recueillir les suffrages, & de dresser les conclusions.

L'EVECHE DE BAMBERG, a pour confins la Bohême, le Haut Palatinat, les Marquisats de Culenbach, & d'Anspach, & l'Evêché de Wurtzbourg. L'Empereur Henry II. dit le Saint, & le Boiteux, Duc de Baviere & de Françonie, se plaisoit beaucoup dans la ville de Bamberg, & ce fut à sa priere que le Pape Jean XIX. y fonda cet Eveché en 1006. Cet Empereur ne se contenta pas de lui faire donation du *Comté de Bamberg*, dont Othon III. l'avoit investi après la mort du Comte Albert, & il y joignit d'autres biens situez dans la Carinthie, avec le château d'Abach près de Ratisbonne. Il y établit Everard son Chancelier pour premier Evêque ; & entre autres privileges dont il gratifia cette Eglise, qui étoit auparavant sous la Metropole de Mayence, il y en a deux très-considerables ; l'un est de relever immediatement du St. Siége, & de preceder tous les autres Evêques d'Allemagne. Il n'obtint cet avantage pour l'Evêque de Bamberg du Pape Benoît VIII. qu'à la charge d'une redevance annuelle de cent marcs d'argent, & d'un cheval blanc enharnaché. Le second Privilege est fondé sur un Edit qu'on nomme le *fil de Soye de Sainte Cunegonde*, par lequel ce même Empereur ordonna que les quatre grands Officiers de l'Empire seront les Officiers hereditaires de cet Evêché, & lui feront hommage de leurs Charges, & de quelques portions de leurs Etats. Ainsi le Roi de Bohême comme son grand Echanson, lui fait hommage pour la ville de Prague, l'Electeur de Baviere est son Grand Maitre, & fait foi pour Aversbach. L'Electeur de Saxe pour Vittemberg & Trebitz, en qualité de Grand Maréchal ; & l'Electeur de Brandebourg pour Custrin, comme Grand Chambellan. Ils ont des Vicaires particuliers pour ces charges qui font l'hommage, & assistent à toutes les fonctions de l'entrée & du sacre. Le Seigneur d'Auffas est vicaire du Roi de Bohême ; le Baron Truchsez de Bomersfelden l'est du Duc de Baviere ; le Maréchal d'Ebnet, du Duc de Saxe ; & le Seigneur de Rotenhan du Marquis de Brandebourg.

Suidger, Evêque de Bamberg, fut élevé au Pontificat sous le nom de Clement II. après que l'Empereur Henri III. eut fait déposer le Pape Gregoire IV. au Concile de Sutri, & l'an 1053. l'Eglise de Bamberg fut affranchie sous le Pape Leon IX. de la redevance qu'elle payoit au St. Siège, auquel la ville de Benevent fut donnée en échange par cet Empereur. L'étenduë de l'Evêché de Bamberg est assez considerable. Il renferme entre autres Bailliages, ceux de Staffelstein, Scherlitz, Lichtenfels, Wiesman, Rocting Steinach, Hocstelt, Niestein, Hertzogen Aurach, Weisschenfelt, & Kupfersberg ; & a pour villes, outre celle de Bamberg, Forscheim & Cronach,

avec

BAM.

avec quelques châteaux affez bons fur la frontiere de Bohême, comme ceux de Kupfersberg & de Bodenstein. Les Bailliages qui font dans la Carinthie, font gouvernez par un Vicedome, qui est ordinairement un Chanoine du grand Chapitre.

BAMBERG, petite ville de la Boheme propre fur les frontieres de la Moravie, & au pied des monts, fur une Colline près du Ruisseau d'Orlitz à un mille d'Allemagne d'Usta au Levant & à six de Glatz vers le Midi.

BAMBONKA, petit pays d'Afrique dans la Nigritie assez avant dans les terres. C'est une corruption du mot BAMBOU que les Hollandois écrivent BAMBOE, & que d'autres écrivent BAMBOUE qui a degeneré en *Bambonca*.

BAMBORROW [a], en Latin *Camborra* ou *Bebba*, Bourg d'Angleterre en Northumberland sur la côte de la Mer d'Allemagne vis-à-vis d'Holy-Iland, ou de l'Isle Sainte, à dix-huit milles de Barwick vers le Midi.

[a] Baudrand Ed. 1705.

BAMBOTHUN, Riviere d'Afrique. Pline [b] & Solin [c], en font mention & disent qu'elle est pleine de Crocodiles & d'Hippopotames. Le faux Hannon designe cette riviere sans la nommer; & Pline ajoute qu'il regne une chaîne de montagnes depuis cette Riviere jusqu'au mont qu'il nomme *Théon Ochema*, & que le R. P. Hardouin croit être la Sierra Liona: en ce cas ce fleuve couloit dans la basse Libye ou Libye inferieure. Ortelius le nomme mal *Bambothus* au nominatif.

[b] l. 5. c. 1.
[c] c. 25. Ed. Salm.

BAMBOU [d], ou selon l'Orthographe flamande BAMBOE, ou selon d'autres BAMBOUC; contrée d'Afrique dans la Nigritie au Royaume de Madinga à l'extremité superieure du cours connu de la Riviere de Gambie, & à la source de la Feleme Riviere qui se perd dans celle du Senégal; entre le 8. & le 9. d. de longitude & dans le 13. d. de latitude Nord. Ce Canton est presque entouré de mines d'or. C'est peut-être la même chose que le lieu dont il est question dans l'Article suivant.

[d] Del'Isle Atlas.

BAMBOURDOU [e], contrée d'Afrique assez avant dans les terres au pays des Negres près des mines d'or & du Royaume de Jaira.

[e] Baudrand Ed. 1705.

§ Mr. Baudrand auroit bien fait de marquer dans un Article à part en quel lieu de la Nigritie est ce Royaume; supofé qu'il l'ait fu.

BAMBOURG, PAMBOURG, ou PAINBOURG [f], Bourg d'Allemagne au Cercle de Baviere, dans le Gouvernement de Buchaufen fur la Riviere d'Achza, à quelques lieues du Lac nommé Chiemzée vers le Nord. Quelques Géographes le prennent pour l'ancienne *Badacum* ou *Augusta Badacum*, ville des Noriques, que d'autres mettent à *Obdach* ville de Stirie.

[f] Ibid.

BAMBUCALE ou BAMBOUCK-KALE, Amas de Ruines dans la Natolie auprès du Madré au Couchant de la ville nommée Eskihiffar ou Laudikia. Mr. Baudrand ajoute que l'on croit que ce sont les Ruines d'Hierapolis ville autrefois Archiépiscopale dans la grande Phrygie. Mr. Paul Lucas [g] dans son voyage de l'Asie mineure nomme ce lieu BANBOURQUEZER,

[g] II. Voyage T. 1. p. 240.

Tom. I. PART. 2.

il le met à trois lieues du Méandre qui est nommé Madré par les Modernes. Il dit qu'il est inhabité, mais plein de belles ruines & illustre par plusieurs bains chauds. Voiez HIERAPOLIS.

BAMBURI. Voiez BANBURY.
BAMBYCA. Voiez BAMBYCE.

BAMBICATIENS [h], peuples anciens d'Asie qui faisoient leur demeure aux environs du Tigre, & que quelques-uns prennent pour les habitans de Bambyce, ou de Hierapolis dans la Celesyrie (c'est une erreur qui vient de la confusion de deux villes très-differentes nommées Hierapolis, l'une dans l'Asie mineure, l'autre dans la Mesopotamie. La premiere est la même que BAMBUCALE ou BANBOURQUEZER, l'autre est la même qu'EDESSE dans la Mesopotamie à quatre Schoenes au delà de l'Euphrate. La Celesyrie n'alloit point jusques-là.) Mr. Corneille ajoute sur la foi d'*Alexander ab Alexandro*, qu'ils avoient tant d'horreur pour l'or, l'argent & pour les autres metaux dont on peut faire de la monnoye qu'ils enterroient avec grand soin dans les lieux les plus secrets tout ce qu'ils pouvoient en amasser, afin que leur usage n'engendrât point parmi eux la corruption & les vices qu'ils voyoient regner chez leurs voisins.

[h] Corn. Dict.

BAMBYCE, ancien nom de la ville HIERAPOLIS selon Plutarque [i] qui la nomme mal *Borbyce*. Strabon [k] l'appelle BAMBYCE. Elien [l] nous aprend que ce fut Seleucus qui lui donna le nom de Hierapolis. Pline [m] qui la met dans la Celesyrie dit que les Syriens la nommoient MAGOG. Voiez ce mot. Il ajoute qu'on y adoroit la Déesse Atergatis nommée par les Grecs Derceto, qu'il appelle monstrueuse; parce qu'elle avoit un visage humain & tout le reste du corps d'un poisson [n]. Cette ville ne peut être la même que Bambucale ou Banbourquezer sur le Méandre, ni Edesse en Mesopotamie, laquelle a été nommée aussi BANBICA, comme je l'ai remarqué à l'Article d'Edesse. Strabon [o] distingue deux BAMBICE; l'une dans l'Assyrie à quatre Schoenes au delà de l'Euphrate, qu'il nomme aussi EDESSE & HIERAPOLIS; & c'est dans celle-là qu'il met le culte d'Atergatis: l'autre dans la Syrie [p] à l'Orient d'Antioche & auprès de Berthoée, c'est-à-dire à la droite & au couchant de l'Euphrate; par consequent loin du Tigre & encore plus du Méandre.

[i] in Antetii
[k] l. 16. p. 751.
[l] Hist. anim. l. 12. c. 2.
[m] l 5. c. 23.
[n] v. Ovid. Metam. l. 4. v. 44.
[o] l. 16. p. 748.
[p] Ibid. p. 751.

1. BAMFE, petite Province de l'Ecosse Septentrionale dans la Province de Buchan près de l'Embouchure de la Riviere de Doverne. Elle porte le nom de sa capitale [q]. La plupart de ce pays est entre les mains des Olgivies & de leurs vassaux. Le Comte de Finlater est le chef de cette famille dont les ancêtres sont venus d'Angus. Les branches de Boyne & Bamfe sont aussi de cette famille.

[q] Etat. pres. de la Gr. Bret. T. 3. p. 272.

2. BAMFE, Ville d'Ecosse dans la petite Province de même nom, à l'embouchure de la Doverne [r]. Cette ville, faute d'un bon port, ne fait pas grand négoce si ce n'est de bled & du Saumon que l'on pêche dans la riviere. Elle a titre de Vicomté.

[r] Ibid.

BAMIAN [s], Ville d'Asie dans la Province de Khorassan. Elle donne son nom à un pays particulier qui s'étend à l'Orient de la ville

[s] d'Herbelot Bibl. Orient.

ville de Balkhe en tirant vers le Kabul Province Septentrionale des Indes. Elle est située au 102. degré de longitude & au 36. d. 35'. de latitude Septentrionale. Gengizkhan s'en rendit le maitre après la prise de Balkhe & de Thalcan, & la desola entiérement l'an 618. de l'Hégire, de J. C. 1221. à cause de la mort d'un de ses petits-fils arrivée pendant le siege. Cette ville avoit appartenu autrefois aux Sultans Gaurides ou Gourides de la seconde branche, & Fakhreddin oncle de Gaiatheddin Sultan de cette même famille en avoit le gouvernement joint à celui de la Province. Elle ne s'est point rétablie depuis que les Mogols ou Tartares de Genghizkhan la ruinerent.

BAMMAGURA, Ville de l'Inde en deçà du Gange selon Ptolomée [a]. *a l. 7. c. 1.*

BAMONITIS, contrée de l'Asie mineure. Strabon [b] la met dans le voisinage du fleuve Halis. *b l. 12. p. 553.*

BAMOTH-BAAL, ancienne place de la Palestine. L'Ecriture [c] la joint avec Hesebon (ou Chesbon) Dibon, & Beth-Baal-Meon, & l'assigne à la Tribu de Ruben. Eusebe écrit qu'elle étoit située au pays des Amorrhéens au delà du Jourdain, sur l'Arnon. St. Jérôme avoit sans doute écrit simplement *Bamoth* comme Eusebe, au lieu de quoi on lit *Baboth* ; c'est une faute corrigée par l'ordre Alphabetique qui demande *Bamoth* après *Bama* & non pas *Baboth*. Outre *Bamoth-Baal* qui se trouve nommé dans Josué, on trouve dans les Nombres [d], le nom de *Bamoth* simplement pour signifier un certain lieu dans le desert proche les Moabites ; & quelques-uns ont jugé que l'un & l'autre étant dans le voisinage des Moabites n'étoient qu'un seul & même lieu. Le P. Bonfrerius [e] aime mieux les distinguer & dire que BAMOTH-BAAL, étoit une ville de la Tribu de Ruben & par consequent au delà de l'Arnon à l'égard de ceux qui venoient du desert, & que BAMOTH n'étoit pas une ville, mais un lieu du desert, & n'étoit pas au delà de l'Arnon. *c Josué c. 13. v. 17. d c. 21. v. 19. & 20. e not. in Onom. Eus. p. 33.*

BAMPTON, Bourg d'Angleterre en Devonshire. On y tient marché ; mais ce n'est pas une ville quoi que Mr. Corneille l'ait donnée pour telle sur la foi de je ne sais quel Atlas.

BAMURÆ, peuple d'Afrique, selon Ortelius qui s'appuye sur ces vers de Silius Italicus [f]. *f l. 3.*

Tum Chalybis pauper Bamura cruda Juventus,
Contenti parvâ durasse hastilia flammâ.

Je crois qu'il faut lire *Banjuræ*. Voiez ce mot.

1. BAN, en Latin *Bannum*, château de l'Ecosse Septentrionale au Comté de Murray, & vers le pays de Badenoth, & sur la Riviere de Findorn, à dix-sept mille pas d'Innerness vers le Midi. C'étoit autrefois une ville des Vacomages, nommée *Banatia*.

2. BAN (le) ou BAND, en Latin *Bannus*, Riviere d'Irlande dans la Province d'Ulster. Elle a sa source au Comté de Downe, puis s'éloignant de la Mer vers le Nord-Ouest, elle se jette dans une riviere beaucoup plus forte qui est grossie au même lieu par celle de Dalgan qui vient du Sud-Ouest & toutes trois dans un même lit entrent dans la partie méridionale de Lough-Neaugh, & en sortent au Nord Occidental & après avoir baigné Kilrough & Colraine g. , cette riviere forme deux petites Isles à son embouchure nommée *Band Haven*, sur les Cartes d'Allard. Cet Auteur nomme BAN, cette Riviere avant sa jonction avec les deux autres ; il apelle Banebal un Fort qui est à son embouchure dans le Lac Neaugh à la droite ; mais il la nomme Band depuis ce Lac jusqu'à la Mer, c'est-à-dire dans tout l'espace où elle sert de bornes au Comté d'Antrim qu'elle laisse à l'Orient, & à ceux de Nether Tyrone, & de Londonderry qu'elle laisse au Couchant. Quelques-uns écrivent BANNE.

BANA, Ville de l'Arabie heureuse selon Ptolomée [g]. *g l. 6. c. 7.*

BANAAUSI, Ville de l'Inde en deçà du Gange selon Ptolomée [h]. *h l. 7. c. 1.*

BANABAR ou BANABER, Bourg d'Irlande dans la Province de Leinster au Comté de la Reine. Mr. Baudrand le met sur le Shannon à cinq lieues au dessous d'Athlone. Les Cartes d'Allard & l'Etat present d'Irlande negligent ce lieu.

BANABE, Ville d'Asie dans la Mesopotamie selon Ptolomée [i]. *i l. 5. c. 18.*

BANADEDARI, lieu de l'Afrique selon Antonin [k] qui se met sur la grande route de Carthage à Alexandrie. Ortelius le donne à l'Afrique propre & Bertius à la Cyrenaïque. *k Itiner.*

BANAGARA, Bourg de l'Inde en deçà du Gange selon Ptolomée [l]. *l l. 7. c. 1.*

BANARA, Ville des Indes au Royaume de Bengale sur la rive gauche & Septentrionale du Gange en allant d'Agra à PATNA. Mr. Baudrand en fait deux Articles de suite sous le nom de *Banara*, & sous celui de BANARES qu'il dit être aussi appellée BANARSI. Mr. de l'Isle écrit BENARES, & Tavernier BANAROUS, en quoi il est suivi par Mr. Corneille, qui en parle ainsi sur l'autorité de Tavernier : BANAROUS [m], grande ville des Indes, située au Nord du Gange, qui court le long des murailles, & où une grande riviere se vient jetter deux lieuës au dessous du côté de l'Occident. Elle est très-bien bâtie, & la plûpart des maisons y sont de briques & de pierres de taille, & plus élevées que celles des autres villes des Indes. Mais les ruës y sont fort étroites, & c'est une grande incommodité. On y voit plusieurs Caravanseras, & un entre autres fort grand, & très-proprement bâti. Au milieu de la Cour il y a deux galeries, où l'on vend des toiles, des étoffes de soye, & plusieurs autres sortes de marchandises. La plûpart de ceux qui vendent, sont les ouvriers qui ont fait les pieces, ainsi les Etrangers ont les marchandises de la premiere main. Ces ouvriers avant que de rien exposer en vente, sont obligez d'aller trouver celui qui a la ferme, pour faire mettre le cachet du Roi aux pieces de toile ou de soye, autrement on les mettroit à l'amande & ils recevroient des coups de bâton. Les Idolâtres ont dans *Banarous* une *m Tavernier Voyage des Indes T. 2. l. 3. c. 11.*

une de leurs principales Pagodes. Elle est bâtie sur le bord du Gange, & le corps en est fait en croix, comme celui de toutes les autres, ayant ses quatre branches égales. Au milieu s'élève un dôme fort haut, comme une maniere de tour à plusieurs pans, qui finit en pointe, & au bout de chaque branche de la croix, s'élève aussi une autre tour, où l'on monte par dehors. Avant que l'on soit en haut, on trouve plusieurs balcons & plusieurs niches qui avancent, afin d'y prendre le frais, & tout à l'entour regnent des figures de relief de toute sorte d'animaux, mais qui sont assez mal faites. Sous ce grand dôme & tout au milieu de la Pagode, est un Autel, en forme de table de sept à huit pieds de long, & de cinq à six de large, avec deux dégrez au devant, qui servent de marchepied. Ce marchepied est couvert d'un tapis de soye, & quelquefois de soye & d'or, selon la solemnité de la fête qu'on celebre. L'Autel est couvert de brocard d'or ou d'argent, ou de quelque belle toile peinte, & on le voit en face de dehors la Pagode, avec les Idoles qui sont dessus, afin que les femmes & les filles auxquelles il n'est pas permis d'y entrer, non plus qu'à une certaine Tribu qui est parmi eux, ayent au moins la liberté de les saluer. Entre les Idoles qui sont sur le grand Autel, il y en a une debout, de cinq à six pieds de haut, dont il ne paroît que la tête & le col, tout le reste étant couvert d'une robe qui s'élargit par le bas. On lui voit quelquefois au col un riche chaîne d'or, ou de rubis, ou de perles, ou d'émeraudes : ils disent que cette Idole a été faite à l'honneur & à la ressemblance de Bainmadou, dont ils ont souvent le nom à la bouche, parce qu'il a été parmi eux un saint Personage. On voit aussi au côté droit de l'Autel, la figure d'un animal monstrueux, qui represente en partie un Elephant, en partie un Cheval, & en partie une Mule. Elle est d'or massif, & on l'appelle Garou. Il n'y a que les Bramins qui ayent le pouvoir d'en approcher. Leurs traditions portent que c'est la figure de l'animal dont se servoit ce saint Personage, pour aller voir si les peuples se tenoient dans le devoir, & s'ils ne faisoient tort à personne, pendant qu'il étoit au monde. En entrant dans la Pagode, entre la grande porte & le grand Autel, il y en a un petit à gauche, sur lequel est une Idole de marbre noir, assise les jambes en croix, & haute d'environ deux pieds. Tavernier rapporte que quand il entra dans cette Pagode, il y avoit un petit garçon, fils du grand Prêtre, auprès de l'Idole, à sa gauche, & que tout le peuple qui venoit à lui jettoit quelque piece de Taffetas, ou de toile brodée en maniere de mouchoir, dont il frottoit cette Idole, & ensuite la rendoit au peuple. D'autres lui jettoient des chaînes faites de grains comme de petits noyaux qui sentent bon naturellement, dont ces Idolâtres se servent pour mettre à leur col, & dire certaines prieres sur chaque grain ; d'autres des chaînes de corail, d'ambre jaune, de fruits & de fleurs pour être touchées de la même Idole, qu'ils appellent *Morli Ram*, c'est-à-dire, le Dieu Morli frere de celui qui est sur le grand Autel. Sous le grand portail de la Pagode est assis un des principaux Bramins, ayant auprès de lui un grand bassin plein d'une matiere de couleur jaune delayée avec de l'eau. Tous ces Idolâtres se presentent à lui l'un après l'autre, & il leur met sur le front de cette couleur qui leur descend entre les deux yeux jusques sur le bout du nez. Il leur en met aussi sur les bras & devant l'estomac, & c'est par ces marques que sont connus ceux qui ont lavé leur corps dans le Gange. Ce qu'on estime le plus de cette Pagode de *Banarous*, c'est que depuis la porte jusqu'à la riviere on descend par des dégrez de pierre, où d'espace en espace on trouve des plattes formes, & de petites chambres assez obscures, dont quelques-unes servent de demeure aux Bramins, & d'autres de cuisine où l'on apprête les vivres, à quoi les Idolâtres s'appliquent après qu'ils se sont lavés le corps, & qu'ils ont fait leurs prieres dans la Pagode, sans que personne qu'eux y touche, tant ils craignent que quelqu'un qui seroit immonde n'en approche, mais sur tout ils desirent avec passion de boire de l'eau du Gange, persuadez qu'aussitôt qu'ils en ont bû, ils sont nets de tout péché. On voit tous les jours grand nombre de ces Bramins aller au plus bel endroit de la riviere remplir de cette eau des pots de terre tout ronds, qui tiennent environ un seau. Quand ils sont pleins, ils les portent devant le grand Prêtre, qui en fait couvrir la bouche d'une toile fort fine en trois ou quatre doubles de couleur de feu, à quoi il met son cachet. Les Bramins portent cette eau au bout d'un bâton plat comme une late, d'où pendent six petites cordes, à chacune desquelles est attaché un de ces pots, & ils se soulagent en changeant souvent d'épaule, en sorte qu'ils font quelquefois trois ou quatre cens lieuës avec cette charge. Ils vendent cette eau, ou ils en font des presens. Il y a de ces Idolâtres qui en boivent pour quatre à cinq cens écus, quand ils font quelque festin, ou qu'ils marient leurs enfans. Ils n'en boivent que sur la fin du repas, chacun une tasse ou deux, selon que le maître du festin est liberal, comme nous buvons les plus excellentes liqueurs en Europe. Environ à cinq cens pas de la ville de *Banarous*, en tirant au Nord-Ouest, il y a une Mosquée où l'on voit plusieurs sepultures de Mahometans, dont quelques-unes sont d'une fort belle Architecture. Les plus belles sont chacune au milieu d'un jardin fermé de murailles, qui laissent des jours de demi pied en quarré par où les passans en ont la vûë. La plus considerable de toutes a un piedestal en quarré dont chaque face peut avoir quarante pas. Au milieu de cette plateforme il y a une colomne de trente-deux à trente-cinq pieds de haut, toute d'une piece, & que trois hommes auroient de la peine à embrasser. Comme elle finit en Pyramide, il y a une grosse boule sur la pointe, & au dessous de la boule, elle est environnée de gros grains. Toutes les faces de ce Tombeau sont pleines de figures d'animaux taillez en relief dans la pierre. Ceux du pays disent qu'il a été bien plus haut hors de terre qu'il ne paroît aujourd'hui, & qu'il s'est insensiblement enfoncé

foncé de plus de trente pieds. Ils ajoûtent que c'est la sépulture d'un Roi de Boutan, qu'on y enterra quand il sortit de son pays pour conquerir le Royaume, dont il fut depuis chassé par les descendans de Tamerlan.

[a] Sect. 25.
1. BANASA [a], Ville ancienne de l'Asie dans l'Osrhoene, selon les Notices.

[b] l. 5. c. 1.
[c] Itiner.
[d] l. c.
[e] l. 4. c. 1.
2. BANASA ou BANASSA, Colonie de la Mauritanie Tingitane, Pline [b] la nomme la troisieme Colonie d'Auguste, & écrit BANASA par une S. simple. Antonin [c] la nomme PANASA; Pline [d] lui ajoute le surnom de VALENTIA, Ptolomée [e] la nomme *Banassa*. Elle étoit sur la Riviere *Subur*, aujourd'hui *Sebu*, *Sebou*, ou *Cebu*. Molet l'un des Interpretes de Ptolomée, lui donne pour nom moderne FANFARA, & Marmol [f] dit que c'est TEFENSARA. Voiez TEFEN-SARA.

[f] T. 2. l. 4
c. 15. p. 149.

BANATIA, Bourg des Vacomages dans l'Isle d'Albion selon Ptolomée [g]. Cambden [h] croit que c'est presentement BANSEY. Voiez BAN.

[g] l. 2. c. 3.
[h] Britann.

BANAURIDES, Isles Thyrrheniques, ainsi nommées de *Banaurus* fils d'*Æas*. C'est ce qu'en dit Etienne le Géographe. A-t-il voulu dire qu'elles étoient dans la Mer Thyrrhene? mais le long de cette Mer, il y a tant de petites Isles qu'à moins d'avoir des indices moins vagues, il y auroit de la temérité à deviner en quel endroit elles étoient.

☞ 1. BANC, ou BANC DE SABLE; Amas de sable, ou de terre dans la Mer où il se forme une hauteur contre laquelle il est à craindre que les vaisseaux n'aillent s'engraver. En general le Banc est une hauteur d'un fonds de Mer inegal qui s'élevant vers la surface de l'eau la surmonte quelquefois, ou si elle regne au dessous, elle n'y laisse d'ordinaire pas assez de fond, pour y mettre le vaisseau à flot, ce qui l'arrétant ferme l'expose aux coups de Mer qui l'entr'ouvrent & le brisent. Il y a des Bancs qui portent assez d'eau pour faire flotter le vaisseau, & qui par ce moyen ne sont pas dangereux, tel est le grand Banc de Terre-neuve. On trouve des Bancs de sable, & des Bancs de pierre, & on a soin de les distinguer sur les bonnes Cartes, telles que sont le Neptune François, quelques Cartes de la Mediterranée publiées à Marseille & autres.

Les Bancs de sable sont marquez par de petits points proche les uns des autres, & les Bancs de Roches sont marquez par de petites croix.

Dans les grands fleuves navigables, comme l'Elbe & autres, il se forme des Bancs de sable qui, par les grandes marées, & les debordemens des Rivieres, changent de place. On a soin de marquer le veritable lit de la Riviere par des Balises, ou tonnes larges par un bout & étroites par l'autre, attachées par une chaine qui les retient flotantes sur l'eau en cet endroit pour servir d'avertissement aux vaisseaux qui descendent ou remontent. Ces Balises sont de diferentes couleurs, les grises marquent que c'est du sable, les noires designent une roche qu'il faut éviter. Comme les Bancs de sable changent de place, on est obligé de changer les Balises de lieu.

Les Bancs de Pierres sont nommez par quelques-uns HAYES DE PIERRES.

Les Mariniers nomment BAS-FOND, ou PAYS-SOMME, un fond où il y a peu d'eau, & où la crainte qu'on a d'échouer oblige à prendre des Pilotes du pays pour servir de guides & c'est ce qu'on apelle des Pilotes Côtiers. Ils sont necessaires sur tout dans les lieux, où les Bancs en trop grand nombre, & l'indigence des habitans ne permettent pas de mettre autant de Balises qu'il en faudroit.

On apelle BASSE ou BATURE, un fond mêlé de sable, de roche, ou de pierre qui s'éleve vers la surface de l'eau; & quand la Mer y vient briser de basse eau, c'est proprement une BATURE ou un BRISANT.

Les CAYES ou CAYCHES, sont des Bancs de sable ou de roche, couverts d'une vase épaisse, ou de quantité d'herbages. Beaucoup de petits bâtimens y échouent; mais la plupart s'en relevent sans danger: quelques-uns apellent ces Bancs roches molles.

Les Bancs de sable, ou de roche sont nommez DANGERS dans la Mediterranée.

On donne aux Bancs le nom d'ECUEILS, formé du nom Latin *Scopulus* qui veut dire la même chose. Les Latins apelloient *Pulvini*, c'est-à-dire COUSSINS, les Bancs de sable & SYRTES les Ecueils, mêlez de roches. Voiez ce mot. On donne aussi le nom d'écueil à de petites Isles qui ne sont pas habitées, ni ne meritent de l'être, parce qu'elles sont très-petites, ne produisent rien de ce qui seroit necessaire pour l'entretien des habitans & qu'il n'y a aucun interêt qui puisse engager les hommes à s'y établir.

On apelle ECORE le bord ou les approches d'un Banc, c'est-à-dire un précipice à l'extremité d'un Banc, & une petite écore s'apelle PILON.

Les Hollandois nomment RIF ou RIB, un Banc étroit & fort long. Ils apellent JUTSCHE RIF, ou Banc de Jutland un long Banc de sable qui partant du Jutland par les 56. d. 20'. & 59. d. va se joindre au *Kimmen* ou *Borneur*, espece de côteau au fond de la Mer, & qui s'étend depuis le Banc de Jutland par le Nord des Isles de Schetland jusqu'à la partie Occidentale des Isles Hebrides.

Ils apellent DROOGTE, ce que nous apellons SECHE, c'est-à-dire des Sables que la Mer couvre quand elle est haute, & laisse à sec quand elle est basse. Voiez SECHE.

On apelle RECIF, en Amerique, une chaine de rochers qui sont sous l'eau & VIGIES, quelques roches cachées sous l'eau vers les Azores; & ailleurs. Voiez ROCHE.

Les Bancs sont nommez quelquefois sur les Cartes faites par des Espagnols ou sur leurs Mémoires BAJOS, BAIXOS ou BAXOS; c'est la même chose que BASSE & BAS-FOND.

Voici une liste des principaux Bancs.

2. Le BANC DE L'ACADIE [i], *Syrtis Acadiæ*, Banc de l'Amerique Septentrionale qui s'étend fort de l'Orient à l'Occident, tout le long de la côte meridionale de l'Acadie, dont il est pourtant assez distant.

[i] Baudrand.

3. Le BANC DU CHIEN [k], ou DES CHIENS, *Syrtis Canis*, Banc de sable fort éten-

[k] Ibid.

étendu dans l'Ocean entre la côte d'Angleterre à l'Occident & celle des Provinces Unies & de Jutland à l'Orient, par l'espace de cinquante lieuës. Les Anglois & les Flamands l'appellent *Dogers-Banck*, & il est assez dangereux.

§ Au Nord de ce Banc entre lui & le Borneur il y a un autre Banc, mais plus petit, sur lequel on trouve d'ordinaire trente brasses.

4. Le BANC DE LA CASSE, *Syrtis Cassiæ*, Banc dans la Mer Mediterranée qui tourne comme un gouffre, engloutissant tout ce qui y passe. Il est à cinquante ou soixante milles des côtes de la Sardaigne, au Couchant en allant vers les Isles Majorque & Minorque; ainsi il est dans le Golphe de Lyon, mais il n'est point marqué dans aucune Carte.

5. Le GRAND BANC, *Syrtis Maxima*, Banc dans l'Amerique Septentrionale, & le plus grand Banc de sable que l'on ait encore pû trouver, d'où lui vient son nom. Il est vers la côte Orientale de l'Isle de Terre-neuve, n'étant pas éloigné de plus de cinquante lieuës du Cap de Raze à l'Est. Les Anglois l'appellent *Maine-Banc*. Il s'étend en long du Septentrion au Midi, l'espace de cent soixante lieuës, si on compte toutes ses pointes, mais seulement cent en longueur, si l'on prend l'endroit où il est le moins profond, & où on fait la pêche. Sa plus grande largeur du Levant au Couchant n'est guere de plus de quarante lieuës, & s'étend vers le Sud-Est de l'Isle de Terre-neuve; outre sa grandeur il est principalement remarquable par la grande pêche des moruës que les François, & les autres Européens y font tous les ans.

6. Le BANC AUX BALEINES, Banc de l'Amerique Septentrionale qui n'est pas fort considerable, au Couchant du grand Banc, & au Midi du Banc à Vert s'étendant de l'Est à l'Ouest.

7. Le BANC de l'ISLE DE SABLE, Banc dans l'Amerique Septentrionale, joignant au Midi l'Isle de Sable dans la Mer de la nouvelle France, & au Midi de l'Acadie.

8. Le BANC des ISLES, Banc dans l'Amerique Septentrionale, joignant les Isles de S. Pierre & au Midi de la côte de Terre-neuve.

9. Le BANC des ORPHELINS, Banc en Amerique, dans le grand Golfe de S. Laurent en Canada, au devant de la Baye des chaleurs.

10. Le BANC à VERT, Banc en Amerique près de la côte Meridionale de l'Isle de Terre-neuve, vis-à-vis des Bayes de Plaisance & des Trépassez.

11. Le BANC JAQUET, ou le petit Banc en Amerique au Levant du Grand Banc. Les Anglois l'appellent *Falsi-Banc*, & il s'étend en long du Septentrion au Midi; mais il n'est gueres large: on y pêche aussi les moruës.

12. Le BANC des PERLES, Banc de l'Amerique Meridionale, dans la Mer du Nord, & sur la côte du pays de Carracas, près de la Rencheria, entre la ville de Rio, de la Hacha, & le Cap de la Vela.

13. Le BANC des PERLES, Banc de l'Amerique dans la Mer du Nord, vers la côte de Venezuela, à trois lieuës au Couchant de l'Isle Marguerite, en allant vers celle de la Tortuë, où on fait grande pêche de Perles.

14. Le BANC de S. GEORGE, Banc de l'Amerique Septentrionale qui s'étend en long entre la nouvelle Angleterre au Couchant & le Cap de Sable, sur la côte de l'Acadie au Levant, on l'appelle autrement le BANC AUX ANGLOIS.

15. Le BANC DE BIMINI, Banc de l'Amerique dans la Mer du Nord, près de l'Isle de Bimini, une des Lucayes, & près de celle d'Abacoa, sur la partie Orientale de Bahama vers la Floride.

16. BANC BLANC, Banc de Sable entre les côtes du Holstein à l'Orient, de l'Ostfrise au Midi & le Doggerbanc ou Banc du Chien au Septentrion & au Couchant.

17. BANC DE WITTE WATER, ou *l'eau blanche*, Banc de Sable, entre la Frise & l'Isle de Schelling à l'Orient, le Banc de Welle au Couchant & Doggers-Banc au Nord.

18. BANC DE WELLE, Banc de Sable vis-à-vis du Golphe de Bolston en Angleterre, il est au Midi de la partie Occidentale du Doggersbanc à l'Occident du Banc de Witte-Water. Entre les 19. d. 20'. & le 22. de longitude, & entre le 53. d. 20'. & 53. d. 50'. de latitude.

19. BANC DE BAHAMA. Voiez BAHAMA.

20. BANC DU CAP DES AIGUILLES. Voiez AIGUILLES.

21. BANC DE L'ESTOILE, Banc d'Afrique à la partie la plus Meridionale de l'Isle de Madagascar à l'Ouest du Cap St. Romain.

22. BANCS DE NAZARETH, Bancs de la Mer des Indes: ils s'étendent vers le Nord à l'Orient de Madagascar, la partie Meridionale commence à la hauteur de l'Isle de Ste. Marie, & ces deux Bancs sont à peu près de même figure & presque parallèles. Ils s'étendent entre le 73. d. 40'. & le 77. d. 20'. de longitude; le plus Oriental qui est en même temps le plus Meridional commence au Midi par deux petits Islets, & s'étend depuis le 13. d. jusqu'au 17. de latitude Australe; le plus Occidental s'étend entre le 11. d. jusqu'à 15. d. 30'. Sud.

23. BANC STE. ANNE, Banc de sable dans l'Ocean Atlantique vers la côte de Malaguette. Il gît par trois degrez & demi. Jaques l'Hermite[a] le jeune le met par les 3. d. 30'. & dit qu'ils y demeurerent quelques jours à l'ancre sur 12. brasses d'eau.

Voyez aux mots ABRE-OJOS, ABROLHOS, & BASSE.

[a] Voy. de la Comp. T. 3. p. 522.

§ La connoissance exacte des hauteurs de l'eau sur les Bancs, de leur étendue, de leur juste position, fait une des plus essentielles parties de la Science du Pilote & de l'homme de Mer; car si le vaisseau est gros & tire beaucoup d'eau, alors il a besoin de beaucoup de prudence pour en éviter le danger, & si le vaisseau est petit ces Bancs deviendront pour lui un afile dans lequel il ne court aucun risque, & où il brave de gros vaisseaux qui ne peuvent en aprocher, ni par conséquent l'y venir insulter; & souvent à la faveur de cette barriere qui n'en est pas une pour lui il échape à ses ennemis qui n'osent pas la franchir parce qu'ils y periroient.

1. BANCA ou BANKA, Isle des Indes près de celle de Sumatra à l'Orient. Les Hollandois donnent à l'extremité Nord-Est de cette Isle 126. d. 45'. de longitude & 2. d. de latitude meridionale, & à son extremité du Midi 127. d. 10'. de longitude & 3. d. 35'. de latitude meridionale. Mr. Baudrand dit qu'elle s'étend en long du Levant au Couchant l'espace de cent vingt mille pas.

2. BANCA, petite place dans l'Isle de même nom. Les Hollandois y ont un Fort.

LE DETROIT DE BANCA, petit bras de Mer qui sepere l'Isle de Banca de celle de Sumatra.

BANCALIS[a], Ville de l'Inde au Royaume d'Achem, dans l'Isle de Sumatra au fonds d'une Baye où se décharge la Riviere de Racan. Mr. Corneille dit mal qu'elle est sur la côte opposée à celle de Sumatra. Dampier qu'il cite ne dit point cela. Ce qui a trompé Mr. Corneille c'est qu'on lit dans le Sommaire du VI. chapitre 1. part. du III. volume de cet Auteur: *Histoire du Capitaine Johnson: il achette un vaisseau à Malacca, & passe à Bancalis ville sur la côte opposée de Sumatra*: ce qui est juste & bien diferent de ce que dit Mr. Corneille. Bancalis est donc sur la côte de Sumatra opposée à celle de Malacca. [b]Elle est si proche de Malacca, dit Dampier, qu'elle n'en est separée que par le Détroit. Cette ville qui est la principale de ce quartier est souvent visitée par les Hollandois qui y vont dans leurs petits vaisseaux & son commerce semble entierement dependre de cette Nation; desorte qu'elle n'oseroit trafiquer avec aucune autre. Ce Voiageur croit même que c'est par l'amitié que les Hollandois entretiennent avec cette ville qu'ils font un petit commerce de poivre dans ces endroits-là, & qu'ils y debitent par ce moyen quantité de leurs marchandises; parce que les naturels de ce quartier trafiquent avec leurs voisins qui sont plus avancez dans le Continent, & portent leurs denrées à Bancalis où les Hollandois les viennent prendre: ainsi quoi que les habitans de cette ville soient Malayens comme le reste des habitans du pays, ils sont néanmoins assez civils & c'est ce que produit le commerce.

BANCARE. Voiez BRANCARE.

BANCHISCH, Province de l'Indoustan, dans les Etats du Mogol. Mr. de l'Isle écrit BANKICH, & place cette Province au Midi du Royaume de Cachemire duquel elle est separée par la Riviere de l'Inde ou du Sinde. Beisar en est la seule place remarquable.

§ Cette Province est nommée *Bakisch* par Mr. Baudrand qui ajoute qu'on la nomme aussi BAKAR, & il apelle Beschar la ville que Mr. de l'Isle nomme Beisar. Cette Province est diferente de BAKAR ou BACAR qui est sur le Gange beaucoup plus au Midi.

BANCHOR. Voiez BANGOR.

BANCIA. Voiez BANTIA.

[a] De l'Isle Atlas.

[b] T. c, p. 165.

BANCOK ou BANKOC, Ville d'Asie au Royaume de Siam, dans une Isle que forme le Menam. Cette ville située à sept lieues de la Mer, est nommée FON en Siamois & Mr. de la Loubere dit qu'on ne sait pas d'où lui vient le nom de Bancok; quoi qu'il y ait plusieurs noms Siamois qui commencent par le mot de BAN, qui signifie village. Elle est par les 120°. d. 43'. de longitude & par les 13. d. 25'. de latitude Boréale. A l'Orient de l'Isle à l'autre bord du Menam il y avoit un Fort bâti de briques, que le Roi de Siam avoit cédé à une garnison Françoise. Mais cet établissement dura peu[c]; & la mort du Roi de Siam suivie du massacre de son Ministre Mr. Constance qui favorisoit les François & la Religion Catholique, détruisit de si beaux commencemens. Le successeur monté sur le thrône par le crime n'entra point dans les dispositions de son predecesseur, & la garnison Françoise repassa en Europe après avoir resisté par une espece de miracle à toutes les forces Siamoises qui étoient venues pour l'opprimer. Mr. de la Loubere donne un plan de la ville de Bancok dans sa Description de Siam.

BANCOR. Voiez BANGOR.

1. BANDA, Isles de l'Asie, ainsi nommées à cause de la principale d'entre elles qui est à trente lieues de celle d'Amboine. [d]Le Gouvernement de Banda ne consiste pas en cette Isle seule; il en comprend plusieurs autres qui sont les unes près des autres. On les nomme HOGELAND, ou *le haut pays*; NEERO, PULOWAY, PULORON, PULO-PISANG, GUENANAPI, ROSAGAY, &c. Elles sont à 4. degrez au Sud de la Ligne, & d'Amboine.

Le principal Bureau est à NEERO, & c'est aussi là que se tient le Gouverneur. Il y a deux beaux Forts, l'un à cinq Bastions, & l'autre à quatre; tous deux bien pourvûs d'hommes & de munitions de guerre. Le nom de l'un est *Bellekyke*. Il est sur une montagne. L'autre s'appelle *Nassow*, & est au pied de la même montagne: c'est dans celui-ci que le Gouverneur & ses Conseillers habitent.

HOGELAND, qui est proprement appellé BANDA, est d'environ six lieues de circuit. Le Fort *Hollandia* est au bord Occidental, sur une montagne. On y monte par 314. degrez. Au bas & sur le Rivage est la Négrerie appellée *Lontere*, où il y a une demilune & du Canon. Outre ces fortifications, on voit autour de l'Isle, par tout où il y a la moindre apparence de pouvoir aborder, des Forts & des ouvrages de fortification; principalement près de Lontere; là est la Redoute *Kommere* dans cet endroit où l'on peut prendre de l'eau; ensuite les Redoutes *Selam*, *Dentere*, *Wayere*, *Oery* & *Lacoy*.

Dans la troisieme Isle qui est PULOWAY, est le château Orange. Elle a été autrefois la seconde. Ces trois Isles, *Neero*, *Hogeland*, & *Puloway* sont les plus fertiles de celles que la Compagnie possede, & celles qui lui portent le plus de profit; car c'est là qu'on recueille toutes les noix muscades & leur fleur qu'on porte, & dont on negotie dans toute l'Europe, & même dans tout le monde. Il y a bien d'autres

[c] Voyez Revolutions arrivées à Siam dans l'année 1688.

[d] De Graff Voyages pag. 233.

Isles

BAN.

Isles qui dependent de Banda, mais elles sont un peu éloignées, & si elles portent quelques noix muscades, on en coupe les Arbres, ou on les deracine, afin que d'autres Nations ne puissent pas en prendre les fruits. Les noms de ces Isles sont NILI, DAMME, MOO, LACKER, MANABOKE, THEEUW, GORAM, MATTE, AROE, CABBER, BELLE, &c. dans quelques-unes desquelles les Hollandois ont quelque sorte de fortifications.

Ces Isles de Banda sont aussi sujettes à de grands tremblemens de terre, principalement dans l'Automne, aux mois de Novembre & de Decembre, & même en Janvier & Fevrier. Il y eut une épouvantable tremblement sur la fin de l'an 1683. les montagnes se fendirent, les Negreries furent enfoncées, tous les bâtimens de pierre, maisons, Magazins, bastions & châteaux, furent abbatus, les uns en partie, les autres entierement. Le Gouverneur & les principaux Chefs furent obligez de se mettre dans des maisons faites de Bambous, n'ayant pas envie d'être ensevelis tous vifs sous les ruines. Il y a aussi dans ces Isles plusieurs montagnes qui jettent du feu & de la fumée, & il en sort de l'eau si chaude, qu'elle peut fort bien cuire un œuf.

Toutes les Relations ne conviennent pas du nombre des Isles auxquelles on donne le nom de BANDA. [a] Quelques-uns en mettent cinq qui font une maniere de Port, où les navires entrent de deux côtez. D'autres que l'on tient mieux informez, parlent seulement de trois, dont l'une contient les villes de *Lontoor*, *Ortatran*, & *Combert*; l'autre celles de *Labetach* & de *Nera*; & la troisiéme la ville de *Gumanapi*. Ces Isles sont à quatre degrez & demi de l'Equateur, du côté du Sud, ou selon Linschot, à cinq & à cent soixante & quatre du premier Meridien pris à S. Michel des Açores; à vint-quatre lieuës d'Amboine. On compte trois cens milles depuis les Moluques jusques à Banda. Cependant les Hollandois n'en mettent que cent ou environ depuis Banda jusques à Ternate. Elles ont la figure d'un fer à cheval, leur tour, selon quelques-uns des Anciens, est de cent milles: mais les trois premieres n'ont de longueur que cinq lieuës, selon les Modernes. Il y en a même qui ne donnent à *Banda* que trois lieuës de long & une de large. On connoît encore trois autres Isles, qui sont éloignées de *Banda*. Ce sont *Wayer* ou *Waiber*, habitée par ceux de Labetach; Polleway ou Pulloway; & Pullorin ou Pollervin, situées à demi lieuë de *Banda*, au Sud-Ouest à la même distance l'une de l'autre. A cinq lieuës de la même Isle de *Banda*, au Nord-Ouest, est celle de Poëlseton, où l'on n'ose demeurer, parce qu'on prétend que le Diable y regne. L'air n'est guére sain dans toutes ces Isles, qui sont néanmoins fertiles en drogues, & en ce qui peut être nécessaire pour la vie. Elles produisent sur tout force noix muscade & force macis. Ce fruit ne croît en aucun autre endroit de la terre, il meurit trois fois l'année, en Avril, (& c'est le meilleur) en Août, & en Decembre. Bartheme [b] dit que les habitans sont blancs ou jaunâtres, & qu'ils ont le poil avalé, avec le visage rond & large, & qu'ils sont foibles de

[a] Corn. Dict. de Banda.

[b] l. 3. c. 24.

BAN. 71

corps & d'esprit. Maffée [c] au contraire, les fait très-robustes, ce que confirment les Hollandois, qui disent qu'en 1599. ils y avoient vû des hommes de 130. ans très-forts pour leur âge. Ils sont hardis, portez à la guerre; mais si trompeurs, que les Marchands qui trafiquent avec eux descendent rarement de leurs vaisseaux afin d'éviter d'être surpris. Les hommes s'occupent à sécher des noix muscades, à les tirer de leurs gousses, & à quelques autres choses semblables. Ils se divertissent quelquefois à une maniere de jeu de Paume, en se tenant comme en rond. L'un d'eux jette la balle en haut, & les autres la reçoivent chacun à son rang, la rejettant aussi haut avec le pied que l'on pourroit faire avec la main. Ils se rendent souvent dans le Temple pour manger ensemble, ce qu'ils font de la même sorte dans les bois; où ils se trouvent quelquefois plus de cent, se faisant un grand plaisir de se réjouïr de compagnie. Ils ont coûtume de s'assembler dans les mêmes lieux, lorsqu'ils veulent conferer sur quelque chose qui regarde leur Etat. Leurs habits, selon les uns, sont pareils à ceux que portent les habitans des Isles voisines; d'autres disent qu'ils vont en chemise, sans avoir rien ni aux pieds ni à la tête. Lorsque l'un d'eux meurt, on met sur son corps une fine toile de Cotton étenduë, & il est porté au lieu de sa sépulture, sur les épaules de ceux qui sont destinez à cet office, suivi des hommes, après lesquels marchent les femmes, qui font de tristes lamentations. L'enterrement fait, on met sur la tombe un encensoir, où l'encens brûle tout un jour & toute une nuit. On y met une lampe le soir, & le lendemain chacun va prier sur le sepulcre, afin que le mort ne revienne point. Ils continuent ces prieres fort long tems. Le jour qu'il est enterré on donne un fort grand repas à tous les parens, & aux amis qui se sont trouvez à cette ceremonie.

Il se fait dans ces Isles un fort grand trafic de noix muscade & de macis. Les Javanois, les Malayes, les Chinois, & autres Indiens qui le viennent faire, y tiennent leur ménage avec une femme esclave qu'ils achettent pour le tems qu'ils y veulent demeurer. On fait aussi de ces noix muscades de la conserve & de l'huile, que les Insulaires vont porter à Malacca, où elle est fort estimée. Ils ont de l'artillerie, des épées & des arquebuses, dont ils se servent fort adroitement. Ils ont encore des javelines, & une certaine sorte d'arme crochuë, dont la pointe est fichée dans un bâton, où il y a une petite corde attachée; & quand ils sont assez proche l'un de l'autre pour pouvoir combattre de main à main, ils la jettent dans le corps de leur ennemi; c'est leur exercice le plus ordinaire. Il y a parmi eux des Gentilshommes qui portent le Corcelet & des boucliers, qui sont longs de quatre pieds. Ils se servent de *Carcoles* ou Galeres étroites sur la Mer, & les gouvernent fort habilement. Aux côtez de ces carcoles sont des échafauts de cannes, qui touchent à peine l'eau. Leurs esclaves sont assis dessus, deux ou trois en chaque rang; & au lieu de rames ils ont des houës avec lesquelles ils jettent

[c] Hist. des Indes l. 6.

l'eau

BAN.

l'eau à côté d'eux, chantant des chansons à leur maniére, mêlées du bruit que font quelques autres qui frappent sur des baffins. Il y a déja long-tems que les villes se font l'une à l'autre une fort cruelle guerre. Ils y font bonne garde la nuit, aussi bien que dans les bois, poussant de grands cris, afin que chacun demeure éveillé jusqu'au grand jour. Lorsqu'ils veulent attaquer leurs ennemis, ils viennent avec leurs galeres, & combattent vaillamment. Les victorieux emportent ordinairement quelques têtes qu'ils attachent à un bâton, les mettant sous un arbre devant la porte du *Sabandar*, qui a beaucoup d'autorité parmi eux. Après qu'ils y ont laissé ces têtes environ une heure, afin que chacun les voye comme des preuves de leur triomphe, ils les enveloppent d'une fine toile de Cotton, & les enterrent, brûlant force encens, selon leur coûtume. Quelques-uns disent que ces Isles ont un Roi particulier, auquel il n'est pas permis de parler, sans lui porter un present, (cela est commun à tout l'Orient.) Les autres assurent que ces Insulaires vivent dans un état populaire, & que lorsqu'il leur survient quelque affaire d'importance, ils en remettent la décision à l'Assemblée des plus anciens. Ce dernier sentiment est vraisemblable, puisque s'ils avoient un Roi, il ne voudroit pas permettre que les villes se fissent la guerre si cruellement. La charge de *Sabandar* fait pourtant juger, qu'ils ont quelque Gouverneur. Peut-être sont-ils au Roi de Ternate, qui domine toutes les Isles voisines. Quelques-uns sont idolâtres, & d'autres Mahometans; ces derniers marmottent souvent quelque priere, tant en public qu'en particulier. Il y a aussi quelques Chrétiens, depuis qu'on leur a prêché l'Evangile.

§ Ce que je viens d'ajouter ici sur l'autorité de Mr. Corneille est tiré de Pirard[a], Barthème[b] & de l'Histoire des Indes de Maffée[c].

[a] T. 1. c. 12.
[b] l. 3. c. 24.
[c] l. 5.

MER DE BANDA, on nomme ainsi une partie de l'Archipel des Moluques dans l'Ocean Indien, près des Isles de Banda, au Sud de celles de Ceram & de Gilolo.

2. BANDA[d], Ville de la presqu'Isle de l'Inde deçà le Gange, au Royaume de Decan. Elle est forte & considérable & est située à l'embouchure de la petite Riviere de Deri au Nord de la ville de Goa.

[d] Baudrand Ed. 1705.

§ Cette ville qui est non au Nord mais au Nord-Est, & à un peu moins de neuf lieues communes de Goa, est à l'Orient de Vingrela sur la même Riviere qui passe dans ces deux villes; & beaucoup plus près de la source de la Riviere de Deri que de son Embouchure où est Vingrela, c'est-à-dire plus d'onze lieues communes au dessous de Banda.

BANDALI & BANDILI, ces mots se trouvent dans quelques Auteurs du moyen âge par corruption, au lieu de WANDALI. Voiez WANDALES.

BANDASON, Ville de l'Indoustan au Royaume d'Agra selon Davity[e]. Il dit qu'on y trouve grande quantité des plus grossieres étofes de laines & de Toiles de Coton, de Lances, d'Arcs, de Javelots, de Mailles, d'Epées, & autres armes; que l'on

[e] Asie p. 520.

y tient marché deux fois toutes les semaines.

☞ BANDER, ce nom en Persan signifie UN PORT DE MER.

1. BANDER[f], Ville du Mogolistan en Asie dans le Royaume & sur le Golphe de Bengale à l'embouchure la plus Orientale du Gange environ à quarante lieues de la ville de Chatigan.

[f] Baudrand Ed. 1705.

2. BANDER ABASSI[g], c'est-à-dire le PORT D'ABAS; c'est-à-dire du Roi Abas le Grand, parce que ce Prince le prit sur les Portugais l'an 1614. ils s'en étoient emparez sur le Roi de Laar l'an 1612. & y avoient bâti deux forteresses; c'étoit afin d'avoir de l'eau & des vivres pour leur Isle d'Ormus qui n'en sauroit avoir que de dehors. Ce Port lorsqu'ils le prirent étoit possedé par le Roi de Laar qui s'étoit démembré de l'Empire de Perse du temps d'Ismaël Sephi grand-pere du Roi Abas. Mais ce Prince ayant réuni par conquête ce Royaume de Laar à son Empire envoya un de ses Generaux nommé *Daoud Can*, le long du Golphe, & celui-ci au bout de quelques années chassa les Portugais de leur Isle, & fonda ce Port qu'il nomma Port d'Abas, où il mit une grosse garnison pour empêcher les descentes des Portugais. Ce lieu s'apelloit auparavant GOMBRON (La plupart écrivent GOMRON, d'autres KOMRON) mot Turquesque qui signifie lieu de Douane, parce que c'étoit le Port, où l'on s'embarquoit communément pour Ormus, pour l'Arabie, & pour les Indes. C'est à présent le plus celebre abord de la Mer Persique. Le Bander Abassi[h] est bâti le long de la Mer si proche du Rivage que les flots viennent laver le pied des maisons dans les hautes marées. Il est situé justement entre les Isles d'Ormus, & de Kichmichs que l'on voit, la premiere à gauche, & l'autre à droite à environ quatre lieues de distance. La côte d'Arabie, que l'on voit aussi à la droite, n'en est qu'à vingt lieues, & comme cette côte est de hautes montagnes, on la voit fort à plein du Bander Abassi quand le ciel est serein. Cette place a aussi de hautes montagnes derriere soi, à trois lieues seulement, lesquelles ne sont pas steriles, comme dans la plus grande partie de la Caramanie deserte, mais fertiles, chargées de bois & abondantes en eaux. Le terroir du Bander au contraire est sec & sterile, un sable mouvant qui ne produit qu'à force de culture, & sur tout à force d'eau. On peut appeler le Bander une ville, car il est ceint de murs du côté de la terre ayant deux petites Forteresses; on y compte quatorze ou quinze cens maisons, le tiers d'Indiens Gentils & Idolâtres, environ cinquante Juifs & le reste de Persans naturels. Pour des Chrétiens, il n'y en a que d'étrangers, & point qui y soient établis. Le quai a plus d'un mille de longueur. Les maisons des Compagnies Orientales de France, d'Angleterre & de Hollande sont les plus commodes du lieu. Le Gouverneur de la Province qui d'ordinaire fait ici sa résidence, & non pas dans la Capitale qui est appellée *Neris*, & qui est à dix journées de chemin, y a un Palais assez grand & assez commode, à un bout de la ville à l'endroit le plus éloigné de la Mer, bâti en partie de pier-

[g] Chardin. Voyag. T. 9. p. 241.
[h] T. c. p. 233.

pierres & de marbres tirez d'Ormus. Les maisons du lieu sont toutes en platte-forme avec des tours à vent pour avoir de l'air. Ces tours, qui sont au milieu, ou aux côtez de la platte-forme, sont quarrées & hautes de dix à quinze pieds, selon la chaleur du pays ; car les plus hautes sont le plus d'air ; & de six à huit pieds de Diametre, divisées par dedans en quatre, six, ou huit espaces comme des tuyaux de cheminées afin que l'air qui entre par le haut se trouvant plus resserré se fasse mieux sentir. On le reçoit en une ou en plusieurs chambres, comme on le veut, en faisant que tous les tuyaux répondent au milieu d'une chambre ou qu'ils donnent dans les coins. On s'en sert principalement pour les appartemens des femmes, à cause qu'elles ne pourroient pas prendre le frais sur les platte-formes ou les terrasses comme les hommes, sans les voir & sans en être vûës. On voit des tours à vent particulierement aux maisons qui ne sont pas bâties sur le quai, comme n'étant pas si ouvertes à l'air. Du reste il n'y a rien de considerable dans les Edifices publics du Bander Abassi.

Cette ville n'a point de Port, ce n'est qu'une rade ; mais elle est grande, bonne & assurée, autant qu'aucune de l'Univers. Cependant il y a un grand inconvenient ; c'est que les vaisseaux qui y passent l'été, sont attaquez de vers qui les percent ; surtout les vaisseaux de l'Europe, parce que le bois n'en est pas si dur que celui des vaisseaux des Indes. Les navires sont à l'anchre à quatre ou cinq brasses d'eau en toute assurance, comme dans un bassin, sans jamais sentir d'orages, ni même de gros vents ; de sorte que l'on charge les vaisseaux fort vîte & fort commodément. L'eau du Bander est fort mauvaise, salée, pesante & amere, se tirant de puits creusez dans le sable, à trois brasses de profondeur seulement. Ce qui fait qu'il n'y a que le pauvre peuple qui en boive. Le commun boit de l'eau des Mines, qui est un hameau à une lieue du port, où les Indiens vont faire leurs devotions sous un de ces arbres des Indes, qui jette ses branches en terre, d'où elles repoussent en haut comme de nouveaux surgeons... Les gens accommodez boivent de l'eau d'*Issin*, grand & beau village à trois lieues delà au pied des montagnes. On la porte de nuit dans des pots de terre sur des Anes, quatre pots for chacun & chaque pot tient environ huit pintes d'eau. Elle est fraîche en arrivant plus qu'au sortir du puits, on l'achette huit sols la charge. Il y a aussi quelques citernes dans la ville.

Quant à l'air qu'on y respire je ne pense pas qu'il y en ait au monde un plus méchant, & plus mal sain, surtout depuis la fin d'Avril jusqu'à la fin de Septembre. Il faut dire même qu'il est mortel, sur tout aux Etrangers qui n'y sauroient faire de long sejour, mourant tous au bout de peu d'années, & si non tous, du moins neuf de dix dans l'espace de dix ans ; c'est le compte que l'on en fait d'ordinaire ; ce qui vient, ou de ce que les montagnes dont il est environné empêchent l'air de se rafraichir, ou des exhalaisons de sel & de soufre dont les Isles voisines sont couvertes ;

Tom. I. Part. 2.

ou des puantes vapeurs de la Mer durant le temps chaud, qui sont bondir le cœur la premiere fois qu'on les sent ; ou bien enfin de la nature du Climat qui est chaud, & humide au dernier degré. Les naturels du pays portent sur leur teint, & dans leur constitution les marques de cet air malin : étant jaunes & hâves, dès l'age de vingt ans & s'affoiblissant dès l'age de trente. Aussitôt que vient le mois de Mai tous les étrangers songent à s'en aller, & les naturels du pays s'en vont tous bientôt après & se retirent dans les montagnes, les plus riches à plus de distance que les autres parce que plus on s'éloigne de la Mer, moins l'air est dangereux & la chaleur incommode. Il ne demeure dans le Bander durant les six mois de l'Eté que des gens pour garder les maisons qui se relayent de dix en dix jours. Ces six mois d'Eté sont ceux durant lesquels la Moisson (*Mousson*) est fermée ; c'est-à-dire que l'on ne peut naviguer dans la Mer des Indes à cause des pluyes & des Ouragans ; ce qui fait qu'il n'y a gueres d'affaires au Bander durant ce semestre-là. Les maladies les plus ordinaires dans ce lieu sont la dyssenterie, le flux de sang & les fievres malignes. On se fait emporter hors de la ville dès que l'on s'en sent attaqué ; mais la plupart ne laissent pas d'en mourir au bout de quatre ou cinq jours ; ou si l'on n'en meurt pas on s'en sent incommodé bien des années. Ce lieu est encore sujet à des tremblemens de terre qui reviennent tous les trois ou quatre ans, & toujours dans l'automne, mais non pas également violens. On observe dans ce lieu-là que les vents y changent fort regulierement quatre fois le jour presque toute l'année. De minuit à l'aube du jour le vent vient du Septentrion & est froid. Depuis l'aube du jour jusqu'à dix ou onze heures qu'il tombe tout à fait il vient d'Orient & souffle froid aussi. Il s'en leve un autre meridional à trois heures qui dure jusqu'au coucher du Soleil & qui est chaud, venant du côté de la Mer. Du soir à minuit celui qui regne vient d'Occident, & est chaud de même, & c'est ce changement de vents froids & chauds d'heures en heures, qui cause les maladies & qui donne la mort en si peu de temps. Une chose que l'on remarque aussi generalement, c'est que plus le vent est chaud, plus l'eau qui y est exposée se rafraîchit, comme au contraire le vent froid la réchauffe au lieu de la rafraîchir. Les vivres au reste y sont bons & en abondance & particulierement le poisson... On y en apporte de frais soir & matin ; les pêcheurs rejettant à la Mer ce qu'ils n'ont pas vendu une heure après être arrivé à terre. Durant l'hyver on y aporte de l'Arabie du poisson salé qui est vermeil, & de bon gout plus que le Saumon & le Thon. Pour les viandes celle de chevreau y est la plus délicate, & en même temps la plus commune. On y mange quelquefois des Gazelles, espece de biches, & des Perdrix ; mais ce dont il y a le plus, c'est le laitage & les legumes de toutes sortes comme dans l'Europe. Quant aux fruits, on y en a aussi de toutes sortes durant l'hyver ; mais comme on en apporte de bien loin, ils ne sont pas à bon marché. Les plus communs sont les Pavis, les Coins, les Citrons,

K

trons, les Oranges, les Grenades, les Pommes, les Poires, les Noix, les Amandes, & les raisins noirs & blancs qu'on apporte en assez grande quantité pour faire du vin. L'Auteur de qui j'emprunte cet Article n'y a vu des prunes, & des figues en leur saison, & beaucoup de Melons, & de Pategues presque en tout temps. Il donne à Bander Abassi 28. d. 24′. d'élevation. Ce lieu, qui est nommé GAMARON dans les Tables de longitude & de latitude Hollandoises, y est mis à 27. d. 20′. de latitude, & à 78. d. 45′. de longitude.

4. BANDER-CONGO, BANDER-GONGO, ou comme dit Chardin[a]; le PORT DE CONGUE, c'est-à-dire, *le port des Sourds*, Port de la Mer Persique à trois journées de Bander Abassi, dans la Province du Farsistan, au lieu que Bander Abassi est dans le Kerman. Bander Congo est au Nord, & vis-à-vis de la pointe Occidentale de l'Isle de *Queixoma*; la même qui est nommée *Kismis* dans les Voyages du Sr. le Brun[b]; & *Kichmichs* par Chardin dans l'Article precedent. [c] L'air y est sain & les eaux excellentes; cependant le commerce qui y étoit lorsque la ville d'Ormus subsistoit, est anéanti, parce que depuis le détroit d'Ormus jusqu'à cette ville on trouve un grand nombre de petites Isles entre lesquelles la navigation est dangereuse, & que l'eau y est si basse qu'un vaisseau qui a plus de vingt pieces de Canon n'y peut pas passer. Chardin[d] dit que le commerce n'y est pas si grand, à cause que les vaisseaux ne sauroient y être à flot si près de terre.

§ Les Anglois aiderent aux Persans à debusquer les Portugais de l'Isle d'Ormus, & du château de Kichmich, en vertu d'un Traité, dont le troisieme Article[e] leur promettoit entre autres Privileges & avantages, la moitié des droits des douannes, qui se payent par tous les Marchands qui négocient du côté d'Ormus tant par Mer que par terre; mais la Perse a bien diminué ces avantages; & on peut voir dans les voyages de Chardin[f], les raisons qu'elle eut de ne s'en pas tenir à ce Traité. Au reste GAMARON, GAMERON, KOMRON, ou GOMRON, car les Auteurs varient, est le nom que les Portugais avoient donné au Bander Abassi. Le Sieur le Brun[g] dit qu'ils nommerent ce lieu CAMRANG, d'après les petites écrevisses appellées *Gamberi* qui s'y trouvent en abondance.

BANDERA ou MANORA[h], château de l'Inde propre au Royaume de Cambaye. Il est sur la côte de l'Ocean près du Golphe de Cambaye, & de Baçaim, & appartient aux Portugais.

BANDERMACHEN, ce mot est employé dans le premier Voyage des Hollandois[i] aux Indes Orientales pour signifier une place de l'Isle de Borneo. Cette place est nommée BENGERMARSSIN, dans un autre Voyage du même Recueil[k]; BENDARMASSIN sur les Cartes de Sanson, & BENDARMASSEN, dans le Dictionnaire de Mr. Baudrand. Voiez BENJARMASEN qui est l'Orthographe que suit Mr. de l'Isle.

BANDO, Royaume de l'Indoustan dans l'Empire du Mogol, & presque au milieu de ses Etats entre les Royaumes de Dehli & d'Agra, à l'Orient, & celui de Jesselmere au Couchant. On le nomme aussi le Royaume ou la Province d'Asmer du nom de sa Capitale; selon les Cartes de Mr. de l'Isle. Mr. Baudrand pretend au contraire que la Capitale se nomme Bando, & il la met à soixante-dix lieues Espagnoles au Levant d'Agra, & à vingt d'Asmeere au Septentrion. Les Cartes dressées pour l'Histoire de Timur Bec[l] marquent une place nommée BAND ou BATNIR; à l'Orient de la source d'une Riviere qui ne peut être que le Paddar; & cette situation s'accorde assez avec celle que Mr. de l'Isle donne à la ville d'Asmer. Mais il y a plus[m]; l'Historien sur lequel ces Cartes sont dressées raconte de quelle maniere Timur prit la forteresse de Batnir qu'il sacagea, & fit main basse sur les habitans. Cet Auteur remarque que Batnir étoit le nom de la citadelle, & que la ville avoit nom BEND, car c'est ainsi qu'il faut lire & non pas *Berid*, qui est une faute d'impression. La citadelle de Batnir, dit l'Auteur Persan dans la Traduction Françoise, étoit une place extrêmement forte & une des plus celebres des Indes. Elle est éloignée du chemin ordinaire & située dans un desert: les habitans n'ont de l'eau que d'un grand Lac qui est auprès de la porte de la ville qui ne se remplit que par des inondations. L'Histoire de ce siege fait mention des fauxbourgs qu'elle avoit alors. De ces remarques je conclus qu'ASMER, BANDO, & BEND, sont la même ville capitale du Royaume de Bando, que Batnir en étoit la citadelle & qu'enfin, le Royaume de Bando, & le Royaume d'Asmer signifient la même Province de l'Indoustan. Le P. Catrou dans son Histoire generale du Mogol sur les Memoires de Manouchi dit[n]: la ville d'Asmir donne son nom à un Royaume. Sa situation, poursuit-il, est par les 30. d. de latitude & les 120. d. 30′. de longitude. Il y a bien du rabais à ce calcul & il faudroit dire par les 93. d. 45. de longitude, & dans le 26. d. de latitude; qui est la position d'Asmer, selon Mr. de l'Isle. La Carte de l'Empire du Mogol mise au devant des Voyages de Bernier semble avoir servi de guide à Mr. Baudrand.

BANDOBENA, Ville de l'Inde en deçà du Gange sur le Choaspe fleuve qui, selon Strabon[o], baignoit la ville de Plegerion, & couloit auprès de *Gorydale* ville & traversoit *Bandobena*, & la *Gandaritide*. Ptolomée[p] place vers les sources de l'Indus les *Gandares* peuple, *Gorga* ville, & *Barborana* autre ville: ce qui rend vraisemblable la conjecture de Villanovanus, selon lequel la Bandobena de Strabon pourroit bien être la Barborana de Ptolomée.

BANDON-BRIDGE, petite ville, ou bourg d'Irlande dans la Province de Munster, au Comté de Cork sur la Riviere de Banne, où son nom signifie qu'elle a un pont. Elle est à huit milles presque à l'Ouest de Kingsale & envoye deux Deputez au Parlement.

BANE, Ville de la Palestine dans la Tribu de Dan. Il en est fait mention au livre de Josué[q].

BANE'ANES. Voiez BANIANS.

BANEAS, lieu de Syrie. Le Sr. Maundrell dans son Voiage d'Alep à Jerusalem dit[a]: Strabon nomme tout le pays, qui est entre Jebilée & Aradus, *le pays des Arades*. Il nomme aussi plusieurs places qui étoient situées anciennement le long de cette côte, à savoir *Paltus*, *Balanea* &c. Cet Auteur se contente de les nommer sans donner des marques suffisantes pour les reconnoître par leur situation. L'on croit pourtant, poursuit-il, que la Balanea de Strabon subsiste encore, & que c'est le même lieu que les Turcs nomment *Baneas* dont ils n'ont fait que changer tant soit peu le nom. Cette place est à quatre bonnes lieues de Jebilée. Elle est située sur une petite descente à une Stade de la Mer, & est arrosée au Midi d'une petite riviere fort claire & fort rapide. Elle n'est pas habitée à present, mais l'on voit bien par sa situation & par ses ruines que ç'a été autrefois une jolie ville dont la baye étoit fort avantageuse au commerce. A un quart de lieuë de Baneas, en suivant la côte de la Mer, est un vieux château sur le sommet d'une haute montagne. Il a la figure d'un triangle équilateral. L'un de ses angles s'étend du côté de la Mer. Les Turcs le nomment *Merchab*, & parlent fort des siéges qu'il a soutenus autrefois ; mais quelque fort qu'il puisse avoir été aux siecles passez, il ne sert presentement que de demeure à de pauvres Paysans. Voiez BALANEÆ.

BANF. Voiez BAMFF.

BANGIS, Riviere dont l'Anonyme de Ravenne[b] fait mention. C'est selon l'apparence la même que les BUGES de Ptolomée & de Mela.

1. BANGOR[c], Ville d'Angleterre au pays de Galles au Comté de Caernarwan. Elle est fort petite, mais néanmoins elle a un Evêché suffragant de Cantorbery. Elle est sur le détroit de Menay, vis-à-vis de l'Isle d'Anglesey, n'étant qu'à trois milles de Beaumarish au Midi ; & à six de Caernarwan au Levant d'Eté, & à cent quatre-vingts de Londres au Couchant d'Eté. [d] C'est l'ancienne ville que les Romains nommoient *Bonium*, & ce qui l'a rendu très-fameuse, c'est l'Abbaye dont il est parlé dans l'Article suivant. L'Evêché de Bangor est pauvre, c'est pourquoi l'on y a annexé un des trois Archidiaconez qu'il contient, à savoir Bangor, Anglesey & Merioneth, afin que l'Evêque puisse mieux subsister.

2. BANGOR, fameuse Abbaye d'Angleterre. L'Auteur de l'Etat present de la grande Bretagne dit en parlant de la ville Episcopale de Bangor[e], qu'elle étoit autrefois fameuse par son vaste Monastere qui entretenoit environ deux mille Moines ; mais qui tomba en ruine avant la conquête des Normands. Mais cet Auteur confond deux monasteres qu'il faut distinguer. L'Historien de l'Ordre de St. Benoît ne les confond pas. St. Daniel, dit-il[f], fonda l'Evêché & le Monastere de Bangor que l'on distingue de l'Abbaye de Bangor située sur la Riviere de Dée au dessus de Chester, laquelle fut autrefois habitée d'un grand nombre de Religieux. Voilà deux Cloitres diferens, le premier fondé par St. Daniel, & dont il est question dans cet Article. Cambden dans la Province de Caernarvonshire la nomme BANGOR ou BANCHOR, ainsi nommée selon lui à cause de la beauté de son Chœur ; ou comme d'autres l'expliquent, *le lieu du Chœur*. Ce Siege Episcopal a sous soi 96. Paroisses. L'Eglise est dediée à St. Daniel qui en a été Evêque; elle n'est pas d'une fort belle structure. La ville est à present petite, & ne merite plus comme autrefois d'être apellée BANCHORVAUR, à cause de sa grandeur. Ce que je viens de raporter ici tiré de Cambden regarde la ville Episcopale, qui est dans le pays de Caernarvon ; & ce n'est pas à ce lieu que la situation de l'ancienne BONIUM convient, mais à Bengor en Flintshire aussi au pays de Galles, où est l'autre Abbaye dont il est aussi parlé ci-dessus. Cette fameuse Abbaye étoit dans une partie de Flintshire au bord de la Dée, sur les confins de Cheshire & de Shropshire. Elle est très-bien marquée dans la Carte de Blaeu où sont les Comtez de Denbig & de Flint. Elle y est qualifiée de la plus ancienne Abbaye du monde par une exageration peu vrai-semblable. [g] C'est ce Monastere qui a succedé à la Bonium d'Antonin. Les Bretons l'appellerent BENCHOR, & BANCOR. Les Anglois le nommerent ensuite BANCORNABYRIGE, & BANCHOR. Bede cité par Cambden dit que le nombre des Moines y étoit si grand qu'ils étoient partagez en sept portions dont chacune avoit ses directeurs; qu'aucune n'avoit moins de deux cens hommes qui vivoient tous du travail de leurs mains. Ce Monastere a fourni de grands hommes à l'Eglise. On dit que Pelage, que St. Prosper apelle le serpent Breton, & dont l'heresie fit de si grands ravages dans l'Eglise, avoit été Moine de Bangor. Mais on le dit sans preuve. Il est certain, dit l'Historien de l'Ordre de St. Benoît[h], que le miserable Pelage, ennemi de la Grace de J. C. prit naissance dans la grande Bretagne, & qu'il fut aussi Moine, quoique le Pape Zozime, & Paul Orose le qualifient laïque parce qu'il n'avoit point été admis dans le Clergé. Mais nul Auteur digne de foi n'a dit qu'il se soit fait Religieux dans son pays, & c'est sans preuve que quelques-uns ont publié qu'il avoit été Moine à Winchester, ou à Bangor. Il est beaucoup plus vrai-semblable qu'il embrassa la vie solitaire en Italie ; & même à Rome où il fut perverti à l'égard de la foi par Rufin le Syrien, & étant devenu lui-même un grand maître d'erreur, il eut entre ses disciples le Moine Celestius.

3. BANGOR[i], petite ville d'Irlande dans la Province d'Ulster, au Comté de Downe. Elle est située sur la baye de Carickfergus à sept milles au Sud-Est de cette place, & envoye deux Deputez au Parlement. Le Duc de Schomberg étoit Comte de Bangor.

BANGUE[k], Riviere d'Afrique dans la Nigritie. Elle se jette dans la Mer au Midi de Sierra Liona.

BANHALOM ou BANHALMA. Mr. Corneille dit que c'est une ville de la haute Hongrie, & qu'elle est située dans le Comté de Thurtur. Il ne dit point où il a pris cela ; mais en remontant le cours de la Zeiffe on trouve à l'Orient de Zolnock dans les Cartes de de Wir Banhalon village; dans celles de Jaillot Banhalam Bourgade; sur celle de Mr. de l'Isle Bantalora village. Ce lieu qui n'est rien moins qu'une ville est dans le Comté de Zolnock, & Thurtur est un village au Comté de Tarantal.

1. BANI [a], Province d'Afrique dans la Nigritie, au Midi de la Province de Moço. Le principal village est Culeba. Celui qui y commande en a neuf ou dix autres sous lui, & ses terres s'étendent au Couchant de la Riviere de Calbarie jusqu'à Sangma.

§ Selon Mr. de l'Isle Bani est un village du Royaume de Benin assez près de l'embouchure de la Riviere Calbary ou Rio Real; dans une Isle nommée Moço; au Midi du pays de Calbary.

2. BANI, ancien peuple qui s'empara du pays de Pont sous l'Empire d'Anastase, selon les Recueils de Theodore le Lecteur, citez par Ortelius.

BANIALUCA, BANIALUCH, BAGNALUC ou VLAMMELUCCA [b], Ville capitale du Roiaume de Bosnie; elle appartient aux Turcs depuis fort long temps. Elle est vers les montagnes, & sur les frontieres de la Dalmatie à quarante milles de Sebenico vers le Levant; & à trente de Spalatro vers le Septentrion. C'est la Residence du Beglerbey de Bosnie. Cette ville est sur la Riviere de Cetina.

BANIALUCH ou BAGNALUC [c], Lac de Bosnie, auprès de la capitale qui en prend le nom.

1. BANIANA, Ville de l'ancienne Espagne dans la Bétique, au territoire des Turdules selon Ptolomée [d].

2. BANIANA, Ville des Indes sur la route de Surate à Agra à dix Costes (Cosses) d'Hindoo, & à quatorze de Verrapour qui n'en est qu'à douze d'Agra selon Tavernier [e]. Il dit qu'Hindoo & Baniana sont deux villes où, comme dans les lieux circonvoisins, se fait l'Indigo plat qui est rond, & comme c'est le meilleur de tous les Indigos il est aussi cher au double.

BANIANS, BANJANS, BANIANES, BANEANES. TEXEIRA [f] dit que leur veritable nom est VANEAN, d'où les Portugais ont formé par corruption le nom de Baneanes. Il dit de plus que Vanean est le nom general que l'on donne aux naturels du Royaume de Guzurate. Daviti met dans les Indes un Royaume particulier des Banians; on peut cependant assurer que les Banians n'ont aucun pays propre; c'est une Tribu des Bramines, & la troisiéme Caste [g] de cette nation. Car au lieu que les Bramines sont les Prêtres, & à peu près dans leur nation ce qu'étoient les Levites chez les anciens Juifs, les Rasboutes, ou Rageputes sont en possession des emplois militaires; les Banians font le commerce & s'occupent à faire travailler les artisans, & à debiter leurs ouvrages en gros & en détail. L'Historien Francois du Mogol [h] dit que les Banianes sont les plus rigides observateurs des Loix, & les plus scrupuleux à s'abstenir de chair & de poisson. La charité pour les hommes & pour les bêtes n'alla jamais plus loin que parmi eux. Outre les hôpitaux qu'ils ont érigez pour les malades & pour les Orphelins, on en voit d'autres fondez pour les vaches, pour les singes & pour les oiseaux. Les Banianes, continue cet Auteur, seroient les plus aimables de tous les hommes, si la crainte d'être souillez par le commerce des Etrangers ne les rendoit sauvages, & si la fourberie ne les rendoit dangereux dans le negoce. Un Voyageur Anglois [i], qui a publié une Dissertation Historique sur la Religion des Banians [k] dit qu'il y en a un très-grand nombre dans le Royaume de Guzarate ou de Cambaye. Ils sont pauvrement vêtus, n'aiant pour tout habillement qu'une espéce de justaucorps de toile qui leur descend assez bas. Ils ont la mine simple & efféminée & vivent en ces quartiers-là parmi les Mahometans à peu près comme font les Juifs entre les Chrétiens. Ils font profession d'être gens de bien, & fort sinceres, & parce qu'ils ont de grandes habitudes dans le pays les Marchands Anglois & Hollandois, s'en servent comme de Courtiers, pour l'achat & pour la vente de leurs marchandises. On dit pourtant qu'avec toute leur simplicité, il ne faut s'y fier que de la bonne sorte, & qu'ils trompent comme les autres hommes quand ils le peuvent impunément. Ce même Voyageur dit que l'on comprend sous le nom de Banians, ceux qui sont seulement Marchands, ou ceux qui sont courtiers pour les Marchands; on n'achete rien que par l'entremise de ceux que l'on apelle Banians, mot qui signifie selon la langue des Bramines SANS MALICE, parce qu'ils ne peuvent souffrir que l'on fasse du mal à une mouche, à un ver, ou à quelque autre chose vivante que ce soit, & aussi parce que quand on les frape, ils souffrent avec patience & sans se revanger. Le nombre de leurs familles est égal à celui des Bramines; & si on en croit le Sieur Lord, ils sont de la même Tribu, ayant le choix de se soumettre à la discipline des Visalnagranaugers, ou à celle des Vulnagranaugers, qui les instruisent dans la Religion; & comme leurs Loix sont fort conformes à celles des Bramines, ils suivent plus precisément que les autres Tribus tout ce qu'ils leur ordonnent. Cet Auteur differe en cela des autres Auteurs qui assurent que ces Tribus ne s'allient point l'une avec l'autre, & Gemelli Carreri partage la Tribu des Banianes [l] en vingt Sectes dont aucune ne se marie avec l'autre. Ils sont Idolatres, & de leurs sentimens de Religion, dont il est assez dificile de saisir la verité; car on les trouve raportez différemment en plusieurs Relations. Quoi que communément on regarde les Banians comme faisant partie des Brachmanes, ou Bramines; il y a des Relations, comme celle de della Valle, où le nom de Banians [m] se donne à tous les Indiens Idolatres; & l'on pourroit dire au sens des unes que les Bramines sont les Prêtres d'entre les Banians, & au sens des autres que les Banians sont les Marchands & Courtiers d'entre les Bramines. La maniere [n] dont ils achetent & vendent merite qu'on y fasse attention, car elle est tout-à fait diferente de celle qui se pratique parmi les autres nations. Le Courtier qui traite avec le vendeur, & qui fait le prix de sa marchandise denoue un tablier qu'il a autour

[a] Dapper Afrique p. 315.
[b] Baudrand Ed. 1705.
[c] Ibid.
[d] l. 2. c. 4.
[e] Voyage des Indes l. 1. c. 5.
[f] Relacion de los Reyes de Persia lib. 1. p. 97.
[g] Le P. Catrou Hist. gener. du Mogol. p. 58.
[h] Ibid.
[i] Lord.
[k] Cette Dissert. est dans le livre intitulé Ceremonies, & coutumes Relig. de tous les peuples du monde T. 1. 2. part.
[l] Voyages T. 3. p. 264.
[m] T. 2. p. 92.
[n] Lord. l. c. c. 12.

BAN. BAN. 77

autour du corps, & le met fur fes genoux. Par deffous en prenant la main du vendeur il marque avec le bout de fes doigts les livres, les fols & les deniers que l'acheteur en veut donner, & le vendeur fait connoître tout de même ce qu'il en veut avoir ; ils font ainfi leurs marchez fans parler, difant que cela leur eft ordonné par leur loi. Tavernier dit [a] que cet ufage eft commun aux Indiens tant Idolatres que Mahometans pour toutes fortes de marchandifes. Tout fe paffe, dit-il, en grand filence & fans que perfonne parle. Le vendeur & l'acheteur, font affis l'un devant l'autre, comme deux Tailleurs, & l'un des deux ouvrant fa ceinture le vendeur prend la main droite de l'acheteur, & la couvre avec la fienne de la ceinture fous laquelle en préfence de plufieurs autres Marchands qui fe rencontrent quelquefois dans la même fale le marché fe fait fecretement fans que perfonne en ait connoiffance ; car alors le vendeur & l'acheteur ne parlent ni de la bouche ni des yeux, mais feulement de la main, ce qu'ils font de cette maniere. Quand le vendeur prend toute la main de l'acheteur, cela veut dire mille, & autant de fois qu'il la lui preffe, ce font autant de mille Pagodes ou roupies felon les efpeces dont il eft queftion. Quand il ne prend que les cinq doits, cela fignifie cinq cens, & s'il n'en prend qu'un c'eft cent. N'en prenant que la moitié jufqu'à la jointure du milieu, cela veut dire cinquante, & le petit bout du doit jufqu'à la premiere jointure fignifie dix. Voila, dit Tavernier, tout le myftere que les Indiens apportent à leurs marchez, & il arrive fouvent qu'en un même lieu, où il y aura plufieurs gens, une même partie (de Diamans) fe vendra fept ou huit fois fans que la Compagnie fache ce qu'à chaque fois elle aura été vendue. Thevenot dans fon Voyage des Indes [b] dit qu'il y a à Multan beaucoup de Banians, & que cette ville du Mogoliftan eft leur principal rendez-vous pour negocier en Perfe ; où ils font ce que les Juifs font ailleurs; mais, ajoute-t-il, ils font bien plus adroits qu'eux, car rien ne leur échape, & ils ne négligent aucune occafion de gagner pour petite qu'elle foit. Cet Auteur donne à leur Tribu le quatrieme rang entre les Caftes, Tribus, ou Sectes des Gentils. Ils font, dit-il, les chofes fi adroitement que prefque perfonne ne fe peut paffer d'eux. On leur donne toutes fortes de commiffions. Quoi qu'on fache qu'ils en tireront du profit, on fe trouve mieux s'en fervir que de faire les chofes foi-même ; & j'ai éprouvé en plufieurs endroits, pourfuit Mr. Thevenot, que j'ai eu beaucoup meilleur marché de ce qu'ils m'ont acheté, que de ce que j'ai acheté, ou fait acheter par mes gens. Ce qu'il y a d'agréable en eux, c'eft qu'aucun fervice vil ou honorable ne les rebute, & qu'ils font toûjours prêts à fatisfaire ceux qui les veulent employer. Auffi chacun a fon Banian dans les Indes, & il y a des perfonnes de qualité qui leur confient tout ce qu'ils ont, quoi-qu'ils n'ignorent pas leur hypocrifie & leur avarice. Il y en a parmi eux qui font les plus riches Marchands des Indes, & j'en ai rencontré de cette maniere dans tous les endroits où j'ai été dans ce pays. Ils font ordinairement très-jaloux de leurs femmes; mais, fi l'on en croit Mr. de Chefé, Auteur d'un Journal fait aux Indes Orientales [c], & imprimé en trois volumes in 12. 1721 quoique les Banians ne mangent rien de ce qui a eu vie ils ne laiffent pas de traiter fplendidement chez eux les étrangers en chair & en poiffon, mais il remarque que celui chez qui il fut regalé de cette maniere ne fe mit point à table. Il ajoute qu'à la fin du repas on leur donna de jeunes filles dont on laiffa à chacun la liberté de difpofer felon fes defirs, & il avertit que c'eft une coutume repandue parmi tout ce qu'il y a de gens aifez dans l'Orient, qui ont comme des Serrails pour les étrangers, & que c'eft faire infulte à un homme que de ne s'y pas conformer, & de ne faire aucun ufage des belles qu'il offre. Il attribue mal à propos cet ufage aux fubtiles impoftures de Mahomet, & on voit dans Quinte Curfe [d] que cette coutume eft encore plus ancienne que les conquêtes d'Alexandre.

BANISÆ, ou plutôt BABANISÆ, peuple ancien de la Thrace, felon Etienne le Géographe.

BANISIA, pays autour de la Syrie, felon Curopalate cité par Ortelius [e].

BANJUBÆ, peuple ancien de la Mauritanie Tingitane, felon Ptolomée [f]. Pline [g] qui fait auffi mention de ce peuple le nomme BANURRI felon les vieilles Editions & BANJURÆ, felon celle du R. P. Hardouin. Ptolomée [h] place encore dans la Mauritanie Cefarienfe un peuple nommé BANJURI. Il eft diferent de celui dont parle Pline qui met le fien dans la Mauritanie Tingitane.

BANKEWEL, felon Davity & Mr. Corneille. Voiez BAKEWEL.

BANKICH, Province de l'Indouftan; BANKISHC felon Mandeflo & Mr. Corneille ou BAKISCH felon Mr. Baudrand. Voiez BANCHISCH.

BANNANAS, Ifles d'Afrique à une petite lieue du Rivage de l'Afrique dans la Mer Atlantique, vis-à-vis de Sierra Leona. Voiez BRAVA.

1. BANNE, BAN ou BAND [i], Riviere d'Irlande dans la Province d'Ulfter. Elle fort du Lac Neaugh, & coulant du Midi au Nord elle paffe à Colraine, & peu après fe décharge dans la Mer. Quelques Géographes la prennent pour l'ancienne ARGITA ; que d'autres difent être le Lac Foyle, & d'autres le Lac de Swilly qui font deux Lacs de la même Province.

2. BANNE ou BANNOW [k], petite ville d'Irlande dans la Province d'Ulfter au Comté de Wexford, à quatre milles au Sud de Clamine; elle envoye deux Deputez au Parlement. Elle eft fituée près d'une *Baye* commode qui porte le même nom.

BANNESDOWNE, montagne d'Angleterre au Comté de Sommerfet. Quelques-uns croient que c'eft le *mons Badonicus*, des anciens à caufe de la reffemblance de ce nom avec celui de BATHONIA, nom Latin de la ville de Bath qui eft fituée au pied de Bannesdowne.

BANNOCHORN [l], lieu d'Ecoffe dans fa partie meridionale vers la Province de Merch

[a] Voyage des Indes. l. 2. c. 15.

[b] c. 32. p. 161.

[c] T. 3. p. 70 & 71.

[d] l. 8. c. 4.

[e] Thefaur.

[f] l. 4. c. 1.
[g] l. 5. c. 2.

[h] l. 4. c. 2.

[i] Baudrand Ed. 1705.

[k] Etat d'Irlande p. 47.

[l] Baudrand, Ed. 1705.

K 3 &

& la Riviere de Twede, où l'Armée d'Edouard III. Roi d'Angleterre fut defaite, & taillée en piéces par Robert Brus Roi d'Ecosse qui par cette victoire affranchit l'Ecosse de la domination des Anglois.

§ Ce fut sous Edouard II. & non pas sous Edouard III. que se donna cette bataille, ce dernier n'aiant régné que l'an 1327. Le P. d'Orleans[a] dit: on arriva avec cette assurance sur le Rivage de BANNAEBORNE, à une petite lieue de Sterlin. L'Armée Ecossoise étoit au delà campée sur une chaine de montagnes aiant depuis là jusqu'à la riviere un espace sufisant devant elle pour se mettre en ordre de bataille. Les Anglois en avoient autant de leur côté. Cette même Bataille est nommée par Mr. Rapin Thoyras[b] *la Journée de* BANNOCKS-BROWN. Il dit que Robert s'étoit mis en bataille sur un terrain avantageux où il ne pouvoit être envelopé; une montagne herissée de rochers inaccessibles couvroit un de ses côtez, & l'autre étoit en sureté par le moyen d'un profond marais. La Riviere dont il est ici question est nommée BANNOCK-BURNE dans l'Atlas de Blaeu, & se perd dans le Forth un peu au dessus de Bentheit.

[a] Revol. d'Angl. T. 1. l. 4. p. 453.
[b] Hist. d'Angl. T. 3. l. 9. p. 105.

BANNOLES ou BAGNOLAS, petite ville d'Espagne en Catalogne à trois lieues de Girone du côté du Nord.

BANNONE. Voiez BAGNONE.

BANOU[c], Ville d'Asie dans le Cabulestan près l'Indus.

[c] Hist. de Timur Bec. l. 4. c. 32.

BANTACHIA ou BANTAKIA[d], Ville d'Asie dans l'Isle Celebes sur le bord Oriental du Golfe de Macassar, environ à trente lieues de la ville de Macassar du côté du Nord.

[d] Baudrand Ed. 1705.

BANTAM[e], Ville capitale & la plus puissante de toute l'Isle de Java dans les Indes, en Latin *Bantanum*. Elle est située à vingt-cinq lieuës ou environ de l'Isle de Sumatra, au pied d'une montagne de laquelle trois rivieres sortent. Il y en a deux qui lavent les murailles de la ville, & la troisiéme la traverse; mais elles sont toutes trois si basses, qu'elles ne sont point navigables. La ville qui est assez grande, a de fort méchantes portes qu'on enfonceroit d'un coup de levier; mais on prend tant de soin de les bien garder, qu'on en approcheroit difficilement, sans que l'on s'en apperçût. Elle n'a point de bastions, ni de tours. Au lieu de cela on y fait des échafauts à trois étages d'où l'on peut faire une fort grande dépense. Les murailles, qui sont de briques, & qui ont environ trois pieds d'épaisseur, n'ont point de terre-plein encore qu'elles soient flanquées. Bantam est rempli par tout d'arbres de Cocos, & il n'y a point de maisons qui n'en ait plusieurs. Ces maisons sont fort mal faites, de pailles & de cannes, sur des pilotis façonnez, comme les pilotis d'Achem. Ceux qui les habitent font leur toit de feuilles de Cocos, & ne ferment le corps de logis qu'avec des rideaux, afin de jouïr de l'air dont ils ont besoin dans un climat où les chaleurs sont fort grandes. Ils ont des magasins de pierre pour la conservation de leurs marchandises; mais ils ne sont couverts que de paille, & pour les garentir du feu, qui n'y est que trop frequent, ils couchent plusieurs gros arbres sur le toit, & ils les couvrent de sable afin que le feu n'y pénétre point. Les appartemens de leurs maisons ne sont séparez que par des cloisons faites de ces grosses cannes que l'on appelle Bambous qu'ils coupent si minces, qu'un seul cheval peut porter de quoi faire toutes les chambres d'une maison. Il n'y a dans la ville que trois grandes ruës principales. Elles aboutissent au Palais du Roi, qu'ils appellent *Pacebam*. La premiere va depuis ce Palais au Port. La seconde va vers la Porte qui est du côté de la campagne. C'est où les Esclaves & les autres Domestiques du Roi demeurent; & la troisiéme va à la Porte qui est au pied de la montagne. Il n'y a aucune de ces ruës pavées; mais le sable qui les couvre les rend assi propres que si elles l'étoient. Les Canaux qui coupent la ville en plusieurs endroits, sont au contraire fort sales, parceque le courant de la riviere n'étant pas assez fort pour entraîner les ordures qu'elle améne, & qu'on y jette, l'eau y croupit & fait des marais qui infectent tout. Il n'y a aucune personne de qualité qui n'ait sa Mosquée dans sa maison, à l'entrée de laquelle on trouve une cour quarrée, où est le corps de garde; car tous les Seigneurs en ont chacun un de dix ou douze hommes, & donnent là audience à ceux qui la demandent, sous une petite hute couverte de cannes ou de feuilles de Cocos. C'est dans un des coins de cette cour qu'est la Mosquée où ils font leurs dévotions à midi, & proche delà est l'auge où ils se lavent. En entrant dans le corps du logis, on trouve des deux côtez d'une allée étroite, plusieurs petites niches où sont les Esclaves qui veillent à la conservation de leur maître, n'y en aïant point qui n'ait lieu de craindre d'être tué la nuit par ses ennemis. Il y a une grande Mosquée commune auprès du Palais du Roi, du côté de l'Arsenal & de l'Ecurie. La ville est divisée en plusieurs quartiers, qui ont chacun une personne d'autorité qui y commande en tems de guerre, & qui a la direction de la Police. Il n'y a point de coin de ruë qui n'ait ses gardes, & après que le Soleil est couché, l'on retire & l'on enferme toutes les barques de passage; de sorte qu'on ne voit personne aller de nuit par les ruës. Ils ont un Tambour de la grosseur d'un de ces tonneaux d'Allemagne, qu'on appelle Foudres. Ce Tambour leur sert de cloche, & on le bat avec une barre de bois, le matin, à midi, & le soir, & quand on veut donner l'alarme. Le Roi de Bantam suit la Religion de Mahomet, & fait observer un très-bon ordre pour le commerce, ce qui soûtient sa grandeur. Les Guzurates, Malayes, Bengales, Abyssins, Chinois, Portugais, & Hollandois, demeurent hors la ville, dans laquelle il y a trois grands Bazars, où les Marchands ne manquent point de s'assembler tous les jours. Le grand Bazar ou marché, est vers la partie Orientale de la ville, & sert de rendez-vous aux Marchands forains, comme Portugais, Arabes, Turcs, Chinois, Peguans, Malayes, Guzurates, Malabares, & autres Indiens, qui s'y trouvent depuis le point du jour jusqu'à neuf heures, après quoi ils vont donner ordre à leurs affaires. Le second

[e] Corn. Dict. Mandeslo V. des Indes l. 2.

cond marché est devant la grande Mosquée, qui en est separée par une palissade. On vend dans ce marché toutes sortes de denrées, ce qui dure aussi jusqu'à neuf heures, & ensuite on ouvre le marché qui est devant le Palais du Roi, & où l'on vend des vivres de toutes sortes, & quelque poivre qui est debité aux Chinois par les habitans. Il n'y a presque point d'hommes dans la ville de Bantam qui n'ait trois ou quatre femmes. Quelques-uns en ont jusqu'à dix ou douze, sans les concubines, qui servent de suivantes aux legitimes, & qui les suivent effectivement quand elles sortent, ce qui arrive rarement. Alors tout le monde leur fait place, & le Roi même ne voudroit pas y manquer : l'on ne reconnoît celles qui sont de qualité que par leur suite; car les femmes sont habillées toutes de la même sorte, c'est-à-dire, d'une juppe de toille de Coton, ou de Soye, qui leur prend depuis le sein jusqu'à la moitié de la jambe. Elles n'ont point de chaussure, & vont la tête nuë, aïant leurs cheveux nouëz au sommet de la tête en un toupet. Mais quand elles se trouvent ou à des nôces ou à quelque autre assemblée publique, elles ont une couronne d'or, & les doigts & les bras chargez de brasselets & de bagues. Elles sont extrémement propres, & il ne se passe point de jour qu'elles ne se lavent trois ou quatre fois. Les enfans vont tout nuds, à l'exception des filles, qui couvrent d'une plaque d'or & d'argent ce que la pudeur ne permet pas de montrer. On les marie dès l'âge de huit, de neuf & dix ans, moins pour les mettre à couvert des desordres, qui sans cela seroient inevitables en ce climat-là, que parceque le Roi est heritier de ceux qui en mourant laissent des enfans mineurs, dont il fait des Esclaves, aussi-bien que des femmes & des autres Domestiques du défunt. Le mariage qu'on donne aux filles de condition consiste en Esclaves de l'un & de l'autre sexe, & en une certaine quantité de petites pieces de monnoye qui est bien considerable quand elle monte jusqu'à trois cens mille, qui font environ vint-deux écus & demi argent de France. Le Magistrat de la ville tient son siege dans la cour du Palais du Roi, depuis quatre ou cinq heures du soir jusqu'à la nuit. Le Demandeur & le Défendeur y plaident eux-mêmes leurs causes. Il n'y a qu'un seul suplice pour les criminels. On les attache à un poteau, & on les tuë d'un coup de Poignard. Les Etrangers ont le Privilége de se racheter de la mort, en contentant la partie civile, pourvû qu'ils n'ayent point tué avec avantage & de sang froid. Le Conseil du Roi s'assemble pour les affaires publiques au clair de la Lune sous un gros arbre. Il s'y trouve quelquefois jusqu'à cinq cens personnes qui ne se separent que quand la Lune se couche. On dort jusqu'à l'heure du diner, & après cela les Conseillers d'Etat donnent audience à ceux qui ont des propositions à faire au Conseil. Quand le Roi s'y trouve, il se met au milieu de deux ou de quatre de ses principaux Ministres, & propose l'affaire sur laquelle il veut avoir l'avis de son Conseil, ou il la fait proposer par le Gouverneur de la ville. On appelle au Conseil de guerre les trois cens Capitaines dont leurs armées sont composées, & qu'on leve dans la ville même. Ils ont une Police particuliere pour le feu lorsqu'il prend dans leurs maisons; les femmes seules sont employées pour l'éteindre, les hommes étant sous les armes pendant ce tems pour empêcher le pillage. Ceux qui sont de qualité, lorsqu'ils vont à la Cour, ou par la ville, font porter devant eux une pique & une épée, dans un fourreau de velours noir, & par cette marque de grandeur, ils obligent tout le monde à leur faire place, & à se retirer pour s'asseoir sur les genoux, jusqu'à ce qu'ils soient passez. Ils s'habillent ordinairement d'une étoffe ouvragée de soye, & ont un turban d'une toile fine de Bengale. Il y en a qui portent des mandilles de velours noir ou rouge cramoisi, ou d'écarlate ; & ils n'oublient pas de mettre leur poignard dans la ceinture. Ce seroit une honte parmi eux de porter des souliers par la ville; ainsi ils vont tous nuds-pieds, suivis d'un fort grand nombre d'Esclaves.

§ Depuis que l'Auteur cité écrivoit, le Sieur le Brun qui étoit à Bantam au mois de Juin 1706. fournit les particularitez suivantes qui meritent bien d'être ajoutées : on a dit qu'il n'y avoit point de Bastions aux murailles de Bantam ; ce nouveau Voyageur fait mention de deux [a], à savoir du Bastion de Speelwick, & du Bastion de Caraganto. [b] Le port où se rendent les petites barques avance assez dans la Mer, & n'a point de profondeur. Il traverse toute la ville jusques derriere le château; le peu de petites maisons qui s'y trouvent ne sont pas grand' chose, & les arbres dont la ville est entourée empêchent qu'on n'en voye le reste, & le château de ce côté-là. Ce château est un grand Bâtiment quarré assez long, ceint d'une haute muraille avec quatre bastions, & deux demi-lunes entre deux, & qui a près d'un quart de lieue de tour ; il est bien pourvû d'artillerie, & a une garnison Hollandoise d'environ 400. hommes. La ville est bâtie sur le rivage de la Mer, & a bien deux lieues de tour. La plupart des maisons en sont fort chetives, faites de branches d'arbres & couvertes de feuilles. Elle a aussi des fauxbourgs & des cabannes le long de la côte de la Mer & du côté de la terre, & est fort peuplée & remplie d'enfans. Tout le commerce de ce quartier-là ne consiste qu'en poivre. Le grand port y a près de trois lieues de tour & est aussi large que long à l'entrée, desorte que les vaisseaux y sont en pleine sureté. Bantam est à 24. ou 25. lieues de Batavia à l'Ouest.

LE ROYAUME DE BANTAM, Royaume des Indes dans l'Isle de Java dont il occupe la partie Occidentale ; desorte qu'il est entouré de la Mer de tous côtez excepté à l'Orient, où il est borné sur la côte Meridionale par le pays de Cadoewang, & par l'Empire de Mataran plus haut dans les terres. Je comprends dans le Royaume de Bantam le terrain que la Compagnie des Indes Orientales des Provinces Unies possede dans l'Isle de Java, puisque ce terrain faisoit partie de ce Royaume, avant que cette Compagnie s'y fût établie. Outre BANTAM capitale dont ce Ro-

[a] Voyages de C. le Brun. p. 349.
[b] p. 357.

Royaume porte le nom & où reside le Roi, il y a divers ports confiderables : à favoir Jacatra qui eft devenue la capitale des Indes Hollandoifes, & qui eft prefentement plus connue fous le nom de Batavia qu'elle a dans les Relations modernes. Elle eft fur la côte Septentrionale de l'Ifle, à l'Orient de Bantam. Les autres places Maritimes de quelque confideration font fur la côte Meridionale, à favoir :

Sura	Inffefucar
Palimbam	Iffefucar
Iffebongon	Junculan.

Ce Royaume a de hautes montagnes parmi lefquelles y a plufieurs volcans, comme Cheribon, Tegal, & Matam. Il y a auffi quantité de bois, de vaftes plaines couvertes de Ris, & un affez grand nombre de Rivieres dont nous ne connoiffons gueres que l'embouchure. La côte Septentrionale de ce pays eft bordée d'une infinité de petites Ifles, & d'écueils qui en rendent l'approche dangereufe aux vaiffeaux dont les pilotes ne font pas fur leurs gardes. Les Anglois avoient ci-devant un établiffement dans ce Royaume ; & voici comment l'Abbé de Choifi[a] raconte la chofe: les Anglois, dit-il, prirent la ville de Jacatra fur l'Empereur de Mataran & la brûlerent. Ils y bâtirent une loge avec un méchant petit Fort. Les Hollandois y vinrent en 1617. & fous pretexte de mettre des malades & des marchandifes à terre, ils firent defcendre de petits canons des balots, & un jour de prêche taillerent en piéces tous les Anglois & s'y établirent. Cet Auteur ne parle pas jufte. Il eft de fait que les Hollandois y avoient fait leur négoce dès le mois de Novembre 1598. Quant aux guerres que fe firent les deux Nations, Hollandoife & Angloife, il faloit raporter les jaloufies, les mauvais offices & les hoftilitez qui donnerent lieu à la rupture ; ce qui juftifie les Hollandois, & n'eft pas de mon fujet. Voiez BATAVIA. Ce même Abbé nous dépeint les deux Rois de Bantam comme deux prifonniers, & raconte ainfi de quelle maniere la Compagnie les foumit. Il y a, dit-il, cinq ou fix ans[b] que Sultan Agom[c] Roi de Bantam fe demit de la couronne en faveur de fon fils Sultan Agui, & fe retira à la campagne pour ne fonger qu'à fon falut. Il eft fort dévot Mahométan, & étoit adoré de fon peuple. Le jeune Roi voulut d'abord mettre les portes où étoient les fenêtres, & envoya en exil deux Pan-grands : ce font les grands Seigneurs Javans. Le bon homme Roi dont ils étoient les Miniftres, le trouva fort mauvais, & manda à fon fils de les rapeller : mais le fils les envoya auffitôt maffacrer. Dès que le pere le fut, il reprit les ornemens Royaux : tous les peuples fe déclarerent pour lui ; & il vint avec une armée de trente mille hommes affieger fon fils dans la fortereffe de Bantam. Le jeune Roi fe voyant abandonné de tout le monde eut recours aux Hollandois qui vinrent à fon fecours. M. de Saint Martin mit pié à terre avec trois mille hommes de troupes réglées, du canon, des bombes, des grenades. Les Javans, entre lefquels il y avoit des Ma-

[a] Journal du Voyage de Siam p. 134.
[b] Il écrivoit en 1685.
[c] Ibid. p. 119.

caffars, qui font les plus braves des Indiens, défendirent quelque tems la defcente, furent forcez, batus, mis en fuite. Les Hollandois fe faifirent de la fortereffe & du jeune Roi. Ils ont depuis atrapé le vieux Roi. Ils les gardent tous deux, mais les traitent bien differemment. Le vieux ne mange que du ris ; n'a point de femmes & ne voit perfonne. Le jeune a toutes les apparences de la Royauté ; rien ne fe fait que fous fon nom : il a fon Palais, fon Serrail, fes gardes, & fume tant qu'il veut. Cet Auteur avec fon badinage ordinaire cherche à rejouïr fes Lecteurs aux dépends de qui il appartient. On peut voir dans les Voyages du Sieur le Brun à l'endroit déja cité, que le Roi de Bantam n'eft point l'Efclave, mais l'ami de la Compagnie Hollandoife, avec laquelle il vit en bon voifin ; Mr. Baudrand a plus de tort que l'Abbé de Choifi d'avoir dit que les Hollandois y ont mis garnifon depuis peu d'années fous prétexte d'affifter le Roi de Bantam, contré fon pere, *felon leur bonne foi ordinaire*. Il y a du travers d'efprit à attaquer la Nation Hollandoife du côté de la bonne foi. Autant vaudroit accufer les Suedois de poltronnerie, les Efpagnols d'inconftance, & les Italiens de ftupidité.

Le Roi[d] Machdoem ou Soefoekoenang Goenoeng Diati étoit, felon la Chronologie des Bantamites, petit-fils du Roi Bani Ifraël, qui regnoit en Arabie. Ce Prince qui vouloit voir le monde, traverfa la Chine pour fe rendre dans la ville de Java, où il debarqua dans un lieu appellé Dammak. Après y avoir fait quelque féjour, il fe rendit à Sirrebon, où il eut bien des partifans. Il y mourut, & y fut enterré. On dit même qu'on y voit encore fon tombeau, qui eft en grande veneration ; & que ce Prince fut le premier qui y introduifit le Mahometifme : ce tombeau, qui eft entouré de plufieurs Bâtimens, & de plufieurs murailles, eft eftimé fi facré, qu'il y va tous les ans un grand nombre de Seigneurs & d'Eccléfiaftiques Mahometans, avec des prefens de la part de leurs Princes, & particulierement de celui de Bantam. Ce Roi Machdoem, ou Soefoekoenang Goenoeng Diati avoit époufé à Sirrebon, la fille de Kiay Giudhing Babadan, dont il n'eut point d'enfans. Il époufa enfuite la fille de Ratoe Ayoe, dont il eut un fils nommé Paneumbaham Sirrebon ; & puis une autre fille du même Ratoe Ayoe, cadette de la premiere, dont il eut un fils, nommé Hafanodin, Pang, ou Depati Socrafowan, qu'il déclara fon fucceffeur, & qui a été connu après la mort de ce Prince, fous le titre de Soefoekoenang ou de Pangeran Seda Kingkingh. Cet Hafanodin abandonna Sirrebon ; & fe fit déclarer Roi de Bantam, fous le nom de Pangeran. Son pere l'avoit marié à une fille du Roi de Demack, nommée Pangeran Ratoe, dont il eut plufieurs enfans. Il époufa enfuite une fille de Radja Indrapora, qui eut en mariage le païs des Sillabares, peuple de Banca Houlon ou de la côte Occidentale de Pollowbang, dont il eut deux enfans, & plufieurs de fes autres femmes & de fes concubines. Il mourut âgé de 120. ans & laiffa fa couronne à fon fils Jofeph, qui prit le nom de Pangeran Paffareean. Ce

[d] Voyages de le Brun p. 356.

Prince

BAN.

Prince eut plusieurs femmes & plusieurs enfans, & eut pour successeur son fils Machomed Pangeran Séedangrana, qui eut aussi plusieurs femmes & plusieurs enfans, & laissa sa couronne à Aboema Vacher Abdul Kader, fils d'une de ses concubines, lequel fut le premier qui prit le titre de Sultan : il épousa Ratoe-Adjoe, fille de Pangeràm Aria Ranga Singa Sari, dont il eut plusieurs enfans, & entr'autres Aboel Maali, qui fut son successeur. Ce Prince eut plusieurs femmes & une nombreuse lignée, & de sa première femme Ratoe Koelon, fille de Pangeran Djaya-Kartá, un fils nommé Abdoelphatachi, Abdoelphata, auquel il laissa sa couronne. Celui-ci, qui eut plusieurs enfans, eut pour successeur son fils Abdoel Kahar Aboenasar ; lequel eut cinq femmes, & plusieurs enfans & entr'autres Moechamad Jachein, qui regna après lui ; & Aboe Machasin Moechamad-dsjenoel abidin, qui est presentement sur le Trône (en 1706.) Van der Hagen dans la Relation de son Voyage[a] fait mention d'une singularité. Il y à à Bantam, dit cet Auteur, un gouvernement particulier pour les femmes, & elles sont gouvernées par une Princesse du Sang Royal légitimement éluë pour ce sujet, tous les diferens qui naissent entre les femmes sont portez devant elle & décidez par son autorité. Cette Princesse jouït de grands Privileges. Elle a la liberté de parler au Roi quand elle veut sans être obligée suivant l'usage general d'en demander la permission.

[a] Voyages de la Compagnie T. 2. p. 281.

BANTAYAN[b], Isle d'Asie, dans l'Océan Oriental, & l'une des Philippines proche de l'Isle de Sibu du côté du Nord-Est. Elle est environnée de quatre ou cinq autres plus petites, dans toutes lesquelles on ne compte que trois cens tributaires, occupez seulement à la pêche, & à faire des toiles & des bas de Coton. Elle n'est point marquée sur les Cartes.

[b] Gemelli Carreri Voyages T. 5. p. 117.

BANTIA, petite ville d'Italie dans la Pouille. Etienne le Géographe écrit BANTEIA par une Diphthongue. Holstenius[c] dit qu'il en reste encore le nom & les ruines, à cinq ou six milles au dessus de Forentum. Horace, dans le passage raporté à l'Article FERENTUM, fait mention des bois de Bantia, & les nomme SALTUS BANTINOS. Ce même Auteur nous aprend que cette ville n'étoit pas éloignée du mont Vultur qui séparoit la Pouille de la Lucanie. Holstenius compte douze milles ou environ entre Venuse, & le lieu nommé aujourd'hui SANTA MARIA DE VANZE, c'est le nom moderne de Bantia. Pline[d] donne cette ville à la Lucanie, & l'exprime par le nom de ses habitans BANTINI.

[c] Annot. Geogr. p. 282.
[d] l. 3. c. 10.

BANTII, Nation de la Thrace selon Etienne le Géographe.

BANTINI. Voiez BANTIA.

BANTON, petite Isle d'Asie dans l'Océan Oriental, & l'une des Philippines. Au Midi de celle de Luçon, mais beaucoup plus près de l'Isle de Panaï au Nord de laquelle elle est située. Les Cartes de Messieurs Sanson la mettent trop à l'Orient. Cette Isle, aussi bien que la precedente, est negligée dans les Tables de longitude & de latitude.

Tom. I. Part. 2.

BAN. 81

BANTRAN[e], Isle d'Asie au Royaume de Siam dans la Riviere du Menam qui la forme au dessous de la Capitale. Mr. de la Loubère lui donne 120. d. 55'. de longitude & 13. d. 6'. de latitude Boreale. Dans la partie Septentrionale il y a un village nommé Couaco ; & au Sud-Est de l'Isle sur la rive meridionale du Menam on trouve un *village* nommé BANTRAN.

[e] Carte du Cours du Menam.

BANTRE, Riviere d'Irlande dans la Province de Mounster au Comté de Desmond que quelques-uns comprennent dans celui de Cork; elle passe à Bantrey, & se perd dans la Baye nommée sur les Cartes Bantrey-bay. Les Cartes d'Allard nomment Bantre Riviere cette partie de la baye vers le fonds où se perdent plusieurs Rivieres & on y nomme MELLOGH celle à l'embouchure de laquelle est situé Bantrey.

BANTRET-YAI, Isle d'Asie au Royaume de Siam sur la Riviere du Menam au dessous de celle de Bantran. Il y a un Fort dans la partie Septentrionale & un village du même nom que l'Isle.

BANTREY ou BANTRY, petite place d'Irlande dans la Province de Mounster au Comté de Desmond, elle a titre de Baronie. Mr. Baudrand[f] la met sur la petite Riviere de Bantra; Allard[g] sur celle de Mellogh.

[f] Ed: 1705.
[g] Carte de l'Irlande.
[h] Ibid.

BANTRE-BAY[h], que quelques-uns écrivent mal BAUTRE-BAY, petit Golphe d'Irlande dans la Province de Mounster au Nord Occidental du Cap nommé *Misten Head*.

BANTURARI, ancien peuple de la Mauritanie Cesariense selon Ptolomée[i].

BANTZ[k], Ville de la basse Hongrie sur la Save entre Sirmich & Belgrade.

[i] l. 4. c. 2.
[k] Baudrand Ed. 1705.

BANUBARI, peuple de l'Arabie heureuse selon Ptolomée[l].

[l] l. 6. c. 7.

BANYA[m], en Latin *Nagibania*, *Rivulinum*, ou *Rivuli Puellarum*, petite ville de Transsilvanie, on la nomme autrement Nagibania. Elle est située sur les frontieres de la haute Hongrie, à six milles d'Allemagne de Besterze au Couchant.

[m] Baudrand Ed. 1705.

§ Mr. de l'Isle dans sa Carte de la Hongrie[n] met au bord Septentrional de la riviere de Samos à l'Orient de Zatmar NAGIBANIA ou NEUSTAT, place qu'il donne à la haute Hongrie aux frontieres de Transsilvanie. Presque toutes les villes de Hongrie ont plusieurs noms, & sont nommées diversement par les Hongrois, & par les Allemands; quelques-unes mêmes en ont un troisieme donné par les Turcs; Mr. le Comte de Marsigli m'a assuré qu'un Voiageur qui chercheroit en Hongrie les villes suivant les noms sont écrits sur les Cartes, ne seroit pas entendu la plupart du temps.

[n] 1703.

1. BANZA, ce mot veut dire COUR dans la Langue des Ethiopiens.

2. BANZA[o], Ville d'Afrique au Royaume de Congo dont elle est la capitale. Elle est située presque au milieu de la Province de Pembo sur une haute montagne, dont la plus grande partie est de roche, & qui contient plus de deux lieuës de circuit. Marmol[p] appelle cette ville AMBAS CONGO ; & les Portugais lui donnent presentement le nom de SAN SALVADOR.

[o] Corn. Dict. De la Croix Relat. d'Afrique T. 3.
[p] T. 3. l. 9. p. 94.

L

VADOR. Elle est située à cent cinquante milles de la Mer au Sud-Est de la Riviere de Zaïre, & ombragée de Palmiers, de Tamarins, de Bacoves, de Colas, de Limoniers & d'Orangers. Le côteau sur lequel elle est bâtie, est si haut, que lorsqu'on est sur son sommet, on peut porter la vûë aussi loin qu'elle peut s'étendre sans qu'aucune montagne l'arrête. Il n'y a point de murailles à l'entour, si ce n'est d'un côté vers le Midi, que le premier Roi Chrétien de Congo donna aux Portugais, pour les mettre à couvert des insultes. Il fit aussi fermer de murailles son Palais & toutes les Maisons Royales des environs, laissant la place vuide où l'on bâtit ensuite un Palais & un cimetiére. La cime de la montagne est occupée par des maisons construites fort près l'une de l'autre. Les personnes distinguées en possedent la plus grande partie, & font des enceintes de bâtimens qui ressemblent à une petite ville. Les habitations des gens du commun sont rangées de file en diverses rües. Elles sont grandes, mais les murailles ne sont que de pailles, excepté quelques-unes que les Portugais ont faites, dont les murs sont de brique, & le toit de chaume. Le Palais du Roi aussi grand qu'une ville ordinaire, est fermé de quatre murailles. Celle qui regarde sur le quartier des Portugais est de pierre & de chaux ; les autres ne sont que de paille travaillées fort proprement. Celles des salles & des chambres sont ornées de tapisseries de paille natées avec beaucoup d'art. Dans l'enceinte interieure du Palais il y a des jardins & des vergers embellis de berceaux, & de pavillons fort beaux pour le Païs. On y trouve dix ou douze Eglises, la Cathedrale, sept Chapelles dans la ville, & trois Eglises dans le château du Prince. Il y a aussi une Maison de Jesuites, qui font tous les jours le Catechisme au Peuple, & des Ecoles où l'on enseigne le Latin & le Portugais. L'eau fraîche se trouve fort abondamment en ce lieu-là, & elle est fournie par deux fontaines, dont l'une est dans le village Saint Jacques, & l'autre dans la Cour du Palais, sans parler d'un bras de la riviere de Lelunde appellée Vese qui sort du pied de la montagne au Levant de la ville. L'eau en est fort bonne, & le peuple en va puiser. Elle sert à arroser & à rendre fertiles les campagnes d'alentour, il y a des pourceaux & des chévres ; mais peu de moutons & de bœufs. On les renferme la nuit dans des parcs qui sont dans la ville auprès des maisons.

BAOL[a], Royaume d'Afrique, dans le Païs des Negres. C'est une Seigneurie qui commence au Levant du village de Camino, & qui s'étend jusqu'à Porto d'Ale, l'espace de vingt-cinq lieuës. Le Roi demeure à deux journées de la côte dans une grande Bourgade appellée Lambaye, qui est la principale habitation de ce Royaume. A trois lieuës au Nord-Ouest de cette place, est un autre grand village appellé Sangay, où ce Prince a aussi un Palais. Comme ce Païs est abondant en bétail, on tient qu'il a plus de cinq mille bœufs. Chacun de ses Gentilshommes en a à proportion. Le Roi de Baol prend le titre de Tar.

[a] Corn. Dict.
La Croix Hist. d'Afrique T. 2.

BAORUCO[b], contrée de l'Amerique dans l'Isle Espagnole ou *Hispaniola*. Elle confine avec celle d'Yacuymo, & l'accès en est fort rude pour les bêtes de charge, à cause de ses montagnes extrêmement hautes & interrompuës par des colines. La disette des pâturages y est grande. Ce fut où se refugierent au tems passé plusieurs Indiens qui avoient secoué le joug des Espagnols, & on ne pût les obliger d'en sortir qu'en leur accordant des conditions avantageuses.

[b] Corn. Dict. Laet Ind. Occ. l. 1. c. 5.

BAPARA, &
BAPARENSIS, Siége Episcopal d'Afrique dans la Mauritanie Cesariense selon la Notice Episcopale d'Afrique. Il y a lieu de soupçonner que ce nom est corrompu & qu'il faloit dire *Vabarensis*. VABAR étoit une ville de la Mauritanie Cesariense au raport de Ptolomée[c]. Cette conjecture est dans la Notice rectifiée par Mr. Dupin & publiée dans son Edition d'Optat.

[c] l. 4. c. 2.

1. BAPAUME[d], en Latin *Bapalma*, ville de France en Picardie à quatre ou cinq lieuës d'Arras, & à pareille distance de Cambray. Elle est située dans un Païs sec, où il n'y a ni riviere ni fontaines, & ce defaut d'eau fait sa principale défense. Cette ville est assez ancienne, & a été fortifiée selon la méthode du Chevalier de Ville. On y entre par deux portes diametralement opposées. Les dedans sont assez reguliers, & les rües pas mal pavées. Il y a deux places publiques, l'une sous le château & l'autre au milieu de la ville. La prémiere est plus reguliere que l'autre, & les deux grandes rues des deux portes y aboutissent. Il n'y a que quatre ou cinq Eglises. L'enceinte de cette place est d'une forme assez irreguliere ; formant une espéce de trapeze. Cette enceinte est composée de sept bastions, trois desquels entourent le château. Il y en a deux qui sont extrêmement grands & ont des places hautes, ainsi que le pratiquoit le Chevalier de Ville. A la gorge de chacun de ces bastions sont placez des cavaliers en forme de fer à cheval. La place est entourée d'un fossé dans lequel sont placées sept demi-lunes. Celle qui couvre la porte d'Arras est plus grande que les autres, & de la construction du Maréchal de Vauban, sa forme est pentagonale. Toutes ces demi-lunes sont entourées chacune de leur fossé particulier qui communique dans le grand fossé de la place. Le tout entouré de son chemin couvert avec les traverses, places d'armes & glacis à l'ordinaire. Le château est placé à l'angle le plus aigu forme l'enceinte de la ville. Ce n'est proprement qu'une petite enceinte de forme quarrée dont les trois bastions forment une partie du contour. Les deux autres côtez qui regardent la ville, ne consistent qu'en deux lignes droites qui forment un angle en dedans de la place, dont elle n'est separée que par un simple fossé sec. Sur les quatre angles, sont placez quatre cavaliers en forme de fer à cheval. Bapaume n'étoit au commencement qu'un château où s'étoit fortifié un nommé Beranger, Chef d'une troupe de voleurs l'an 1090. & qu'on eut peine à en chasser. Depuis ce temps-là ce château subsista toûjours sous les Comtes de Flandres & d'Artois. Eudes Duc de Bourgogne,

[d] Piganiol de la Force Desc. de la France T. 3. p. 71.

[e] Longuerue Desc. de la France part. 2. p. 88.

gogne, Comte d'Artois, érigea ce Bourg en ville en le faisant fermer de murailles l'an 1335. L'Artois étant venu au pouvoir de la Maison d'Autriche, & Bapaume étant sur les confins de la France, Charles V. fit fortifier cette place qui étoit alors importante, étant opposée à Peronne, qui étoit le boulevart de la Picardie. Cette place fut prise l'an 1641. par les François sous le Regne de Louis XIII. & elle a été cedée à Louis XIV. par le Traité des Pirenées.

2. BAPAUME[a], petite Riviere de France en Normandie : elle prend sa source à Cailly, Bourg du Païs de Caux, éloigné de Rouën de quatre lieuës. Elle arrose les Paroisses de S. Germain, Gouville, Fontaine le Bourg, Tandos, Montville, où elle reçoit un ruisseau qui vient du Bourg Claire. Ensuite elle coule par Saint Maurice, Saint Martin du Haume, Bondeville, Maromme & Déville ; après quoi elle vient à BAPAUME, qui est un *hameau* situé au pied de la côte de Croisset, où elle entre dans la Seine, une demi-lieuë au dessous du Château de Rouën. Cette petite Riviere en passant par Maromme y fait aller des Moulins à poudre à canon, dont on fournit toute la Province.

BAPHYRA &
BAPHYRUS, nom que portoit l'Helicon lors qu'après avoir coulé quelque temps par des souterrains il revenoit à paroître. Voiez HELICON Riviere.

BAPUTA, Ville d'Asie dans la grande Armenie selon quelques exemplaires de Ptolomée[b]. Au lieu de ce nom on lit CAPUTA dans quelques Editions, entre autres celle de Bertius.

☞ BAR, ou plutôt BAHR, ce mot en Ethiopien signifie la MER ; & se donne aussi à de grands Lacs. Ainsi en Ethiopie on nomme BAHR-NAGASH, non pas un Royaume particulier comme le disent quelques Relations, mais un Gouverneur dont le departement est sur la côte.

BAR DE DAMBRA. Voyez DAMBÉE.

1. BAR[c], petite Riviere de France en Champagne dans le Rethelois, elle a sa source au village qui lui donne le nom près de Besanci, d'où coulant au Nord elle se jette dans la Meuse auprès de Doncheri. Elle porte bâteau.

2. BAR, petite ville d'Ukraine avec un château sur une colline sur le Ruisseau de Cou, entre des marais entre Bracklaw & Kaminieck.

3. BAR, Duché entre la Lorraine & la Champagne. On le nomme indifferemment le DUCHÉ DE BAR, & le Barrois ou le DUCHÉ DE BARROIS, & autrefois le COMTÉ DE BARROIS[d], il est fort grand, s'étendant depuis la Champagne, & le territoire de Sermaise, qui est du Bailliage de Vitri, jusqu'au delà de la Moselle. Il est composé d'un grand nombre de Châtellenies, de Prevôtez & de Seigneuries, qui ont été unies en un seul corps. Il reconnoît aussi deux Dominations ; car encore que le Duc de Lorraine soit proprietaire de tout ce Duché ; néanmoins il reconnoît la Souveraineté du Roi de France

Tom. I. Part. 2.

pour ce qui est au deçà de la Meuse, & il y a appel de ses Juges au Parlement de Paris. Du reste le Duc jouït dans tout son Duché des droits Regaliens, comme font les Princes de l'Empire, ne devant rien à la Couronne de France pour le Barrois mouvant, que l'hommage & le Ressort.

Les Comtes ou Princes de ce Païs, ont pris autrefois le titre de Comtes de *Monçon* ou *Mousson*, à cause d'une ancienne Forteresse qu'ils possedoient. Frederic, qui fut créé Duc de Mosellane, ou de la haute Lorraine, par Brunon Archevêque de Cologne, Duc General du Royaume de Lorraine, pour son frere l'Empereur Othon, a été le premier Seigneur proprietaire de Bar. Ce Duc étoit proprietaire du Païs que l'on appelle aujourd'hui *Barrois*, du moins d'une partie : ce fut lui qui bâtit Bar-le-Duc, qui a donné le nom à ce Païs, qui fut possedé par Thierri fils, & par Frederic II. petit-fils de Frederic I. Frederic II. n'eut que deux filles, Beatrix & Sophie, qui n'heriterent pas du Duché de Mosellane ; car on ne le regardoit pas encore comme un propre, & une Principauté hereditaire : mais ces Dames eurent seulement les biens allodiaux.

Beatrix n'eut de son mari Boniface Marquis de Toscane qu'une fille, qui fut la celebre Comtesse Mathilde, qui mourut sans Enfans. Ainsi Sophie eut tous les biens allodiaux de Lorraine qui avoient appartenu à son pere le Duc Frederic II. l'Empereur n'ayant ôté à ces Dames que les Fiefs, & non les terres allodiales : *Adjudicatum fuit tenere allodia patris, non feoda*, comme dit Alberic de trois Fontaines en sa Chronique à l'an 1033.

Le premier fondateur de Bar-le-Duc fut Frederic Duc de Lorraine, comme nous l'apprennent de l'ancien Ecrivain des Antiquitez de l'Abbaye de S. Mihel, qui marque que Bar fut fondé sur les confins de la Lorraine & de la Champagne, pour s'opposer aux frequentes incursions des Champenois : *propter frequentes Campanorum in Lotharingiam incursiones in confinio Lotharingiæ & Campaniæ castrum extruxit.*

Manegaud Abbé de S. Mihel, étant tourmenté & vexé par Renaud II. Comte de Bar vers l'an 1150, presenta une Requête au Pape Eugene III. dans laquelle on voit (ce qui se trouve aussi dans les Antiquitez de S. Mihel) que le Duc Frederic s'étoit rendu le maître absolu de l'Abbaye de S. Mihel, dont il étoit voisin, & laquelle étoit fort éloignée des Empereurs ou Rois d'Allemagne ses veritables protecteurs. L'Abbé ajoûte, que le Duc ayant pris le titre d'Avoué & Défenseur de S. Mihel, s'étoit emparé du tiers de tous les biens & des revenus de cette Abbaye, & que de ce tiers il avoit composé le Domaine de Bar qui n'en avoit point auparavant : *de tertiâ parte prædiorum Ecclesiæ* (de S. Mihel) *castrum suum Barrense, quod extruxerat casavit* ; & il laissa cette Seigneurie en heritage à ses successeurs mâles & femelles ; c'est pourquoi après la mort de Frederic II. ses filles Beatrix & Sophie eurent Bar, avec d'autres biens allodiaux. Sophie après la mort de la Comtesse Mathilde sa niéce, eut tous les biens qu'elle apporta à son mari Louïs, que plusieurs appellent Com-

L 2

[a] *Corn. Dict. Memoires dressez sur les lieux en 1703.*

[b] *l. 5. c. 13.*

[c] *Baudrand Ed. 1705.*

[d] *Longuerue Desc. de la France 2. part. p. 177.*

te de Montbeliard, parce qu'il étoit maître de cette place, comme l'affure Hermannus Contractus : mais Alberic à l'an 1233. appelle Louïs mari de Sophie, Comte de Mouffon ou Monçon (en Latin *Moncionis.*) Quoi que l'on ne voie par aucun Acte authentique, que ce Comte Louïs ait pris le titre de Mouffon, ni d'aucune autre Place ; néanmoins ses defcendans ont porté le nom de Mouffon, ou Monçon, ou Mouzuns, qui étoit du patrimoine de Louïs mari de Sophie Dame de Bar, qui n'a point porté le titre de Comteffe de Bar dans le tems qu'elle a vêcu ; mais fon fils Thierri eft appellé Comte de Bar par le Moine Laurent de Liege, qui a achevé fa Chronique l'an 1145. Laurent a vêcu du tems des enfans du Comte Thierry, & a pu voir Thierri lui-même ; deforte que cette autorité nous empêche de douter que Bar n'ait été Comté, & que Thierri n'en ait porté le nom de Bar, étant mort dès-le-commencement du douziéme fiecle. Il laiffa trois fils ; Thierri, qui fut Comte de Montbelliard ; Louïs, qui fut Comte de Mouffon ; & Renaud, qui fut Comte de Bar, premiérement, puis de Mouffon après le decès de Louïs mort fans pofterité. Le Comte Renaud fut tige de la branche qui a porté le nom de Bar, & joignit à fes Comtez plufieurs Seigneuries, dont nous parlerons en leur lieu. Renaud joüit quelque tems du Comté de Verdun, & eut la guerre contre l'Empereur Henri IV. qui le pourfuivit comme un rebelle, l'affiégea & le prit dans le Château de Bar : il vouloit même le faire mourir, mais il lui pardonna. Les Allemands prétendoient alors que Bar étoit dans les limites de leur Royaume, que l'on appelle aujourd'hui l'Empire, & que les Allemands nomment toûjours *Das-Reich*, c'eft-à-dire, le Royaume ; c'eft pourquoi Othon de Freffingue au Liv. VII. de fa Chronique, décrivant l'expedition de l'Empereur Henri IV. en Lorraine, dit qu'il affiégea le Comte Renaud dans le Château de Bar : *in Caftro Barra in termino Regni fito.* Alberic dit la même chofe dans fa Chronique, que cette Place ou Château de Bar étoit dans les limites du Royaume, *in termino Regni* ; & peu après il ajoûte, que l'Empereur pardonna à Renaud à la priere de tous fes parens très-nobles du Royaume ; c'eft-à-dire d'Allemagne. De plus on cite dans les Notes fur la Vie de S. Gerard Evêque de Toul des Lettres des Empereurs Henri I. & Othon II. qui confirment la ville de Bar à l'Eglife de Toul.

Cependant le Barrois a toûjours dû être du Royaume de France, comme il en eft encore aujourd'hui ; & fans doute que les confirmations ci-deffus étoient de pures entreprifes des Empereurs Allemands fur nos Rois, les Evêques de Metz, Toul & Verdun, qui avoient la principale partie de leurs Dioceses fous leur domination, & qu'ils combloient de biens & d'honneurs pour les mettre dans leurs interêts, ne fongeant alors qu'à fecoüer le joug des Monarques François, comme l'a très-bien obfervé Chantereau dans fes Confiderations Hiftoriques fur la Lorraine pag. 123. C'eft ce qu'on conclut encore de ce que dit Flodoard, qu'en 951. Frederic Duc de Lorraine entra dans la France, & conftruifit à Banis ou Fanis, fans le confentement du Roi Louïs d'Outremer, un Château, d'où il ravageoit le Païs des environs, & que Louïs s'en plaignit à l'Empereur Othon, lequel repondit que Frederic n'agiffoit point par fon ordre : car foit que ce lieu de Banis ou Fanis foit celui de Bar même, comme l'a cru l'Hiftorien des Evêques de Metz, ou que ce foit feulement celui de Fain qui lui eft contigu, comme le veut l'Hiftorien des Evêques de Toul, il s'enfuivra toûjours que ce Païs-là étoit alors de la France. Auffi la Chronique de S. Mihel ne met point Bar dans la Lorraine ; mais entre la Lorraine & la Champagne, *in confinio Lotharingiæ & Campaniæ*, & aparemment que l'*in termino Regni* d'Othon de Freffingue, & d'Alberic, ne s'etend non plus que d'un Païs limitrophe au Royaume de Lorraine. Enfin les Comtes de Bar paroiffent avoir été plus dépendans de nos Rois que des Empereurs. Henri II. combattit aux côtez de Philippe Auguste contre l'Empereur Othon, à Bouvines : Thibaut II. qui avoit fait hommage à S. Louïs fut condamné par Arrêt du Parlement de France en 20000. liv. de dédommagement envers les Moines de Beaulieu en Argonne ; & Henri III. qui avoit auffi fait hommage à Philippe le Bel avant fa revolte, en faveur du Roi d'Angleterre fon Beau-pere, fut forcé de le renouveller en mille trois cens un.

Ce fut Charles IV. qui érigea l'an 1354. étant à Metz, le Pont-à-Mouffon en Marquifat. Il ne comprend que le Barrois d'au delà de la Meufe ; & c'eft ce qu'il faut feulement entendre quand Albert de Strasbourg, qui vivoit alors, dit que cet Empereur avoit érigé le Barrois de Comté en Marquifat, *ex Comitatu Barreyfi Marchionatum.* Auffi tous les Empereurs qui ont fuivi Charles IV. jufqu'à Ferdinand II. en donnant l'invefiture des Fiefs Imperiaux de Lorraine, n'ont fait mention que du Marquifat de Pont, dont le titre procede de la grace des Empereurs. Pour l'érection de Bar en Duché, il n'y a aucune apparence que les Empereurs en ayent jamais été les Auteurs, quoique les Ecrivains Allemands & Lorrains l'aient foûtenu. Les François ont de leur côté maintenu que cette érection venoit des Rois de France, & que le Roi Jean en mariant fa fille Marie avec Robert premier Duc de Bar, l'avoit faite pour favorifer fon gendre : mais on répond que Marie n'a été mariée au Duc Robert qu'après la mort du Roi Jean, arrivée à Londres l'an 1364. le 9. Avril, le Roi Charles V. fils & fucceffeur de Jean, n'aïant conclu le mariage de fa fœur avec le Duc, que le 4. de Juin fuivant ; & il y avoit déja longtems que Robert étoit Duc, puifque du Chefne cite des Lettres du même Robert dattées de l'an 1357. où il fe dit Duc de Bar. Il en allegue d'autres, des années 1360. & 1362. où Robert prend le même titre, d'où ce favant homme a conclu que Robert a été créé Duc l'an 1357. fept ans avant fon mariage ; & c'eft avec d'autant plus de raifon que l'on voit dans la Patente de l'Empereur Charles IV. donnée pour la confirmation des Privileges du Pont-à-Mouffon

du

du 21. Decembre 1356. que Robert de Bar n'avoit alors que le titre de Comte & de Marquis. Mais il y a encore quelque difficulté d'attribuer en cette année cette érection au Roi Jean, qui étoit alors prisonnier en Angleterre, ayant été pris à la bataille de Poitiers le 19. de Septembre 1356. Il faudroit donc que Bar eût été érigé en Duché par Charles fils de Jean, Regent du Royaume de France; & c'est ce qui est aussi peu vraisemblable. D'ailleurs les Lettres d'érection ne paroissent point, & n'ont jamais été alleguées, ainsi l'origine de ce titre Ducal est fort obscur. Il est plus vraisemblable que le Comte Robert l'a usurpé : il devoit aspirer après cet honneur pour s'égaler au Duc de Lorraine son voisin. Sa ville s'appelloit déja *Bar-le-Duc*, à cause du Duc Frederic son Restaurateur : il y avoit même peu de difference entre un Comte de son rang & un Duc : enfin la France étoit en ce tems-là dans une confusion terrible, & on étoit dans la nécessité de le ménager : ainsi dans ces circonstances seroit-il surprenant qu'il eût eu l'audace de s'arroger de sa propre autorité le titre de Duc, & qu'il eût sû le conserver, sur tout ayant ensuite épousé la sœur du Roi, qui en partageoit la gloire avec lui. Les Comtes & Ducs de Bar, ont marqué en détail dans leurs Actes de foi & hommage à nos Rois depuis Philippe le Bel jusqu'à present, les Seigneuries qu'ils tiennent de la Couronne. Le Barrois n'a pas toûjours ressorti nuëment du Parlement de Paris, & il y avoit autrefois appel des Juges de Bar au Bailli de Sens, mais quoique les Rois ayent changé cet usage, & qu'ils ayent même accordé les droits Regaliens, & de grands Privileges aux Ducs de Bar, ils ne leur ont cependant pas donné celui des Pairs & des Pairies.

Le titre de Duc ne demeura pas long-tems dans cette Maison de Bar; car le Duc Edouard, fils aîné de Robert, étant mort l'an 1415. il eut pour heritier son frere Louïs Cardinal de Bar. Leur sœur Yoland avoit épousé Jean Roi d'Arragon, dont étoit née Yoland d'Arragon, femme de Louïs d'Anjou II. du nom Roi de Sicile. René d'Anjou, fils de Louïs & d'Yoland d'Arragon, qui fut depuis Roi de Sicile & Comte de Provence, étoit petit-neveu du Cardinal de Bar, qui l'institua heritier de son Duché de Barrois, & de ses autres Etats & Seigneuries, par ses Lettres données à S. Mihel le 13. d'Août l'an 1419.

René après la mort de son fils Jean Duc de Calabre, & celle de Nicolas Duc de Lorraine, son petit-fils, fit son Testament l'an 1474. dans la ville de Marseille, par laquelle il institua son heritier au Duché de Bar son petit-fils René Duc de Lorraine, fils de sa fille Yoland, & de Ferri Comte de Vaudemont.

Le Roi Louïs XI. s'étoit saisi de Bar-le-Duc, & se maintint durant quelques années en possession. Après sa mort son fils Charles VIII. lui succeda, qui étoit fort jeune. Le Duc René vint à la Cour, & demanda tous les biens & tous les Etats de son grand-pere le Roi René. On nomma des Arbitres, qui debouterent René de la plus grande partie de ses prétentions; mais on lui ajugea le Duché de Bar, en rendant au Roi les mêmes hommages que ses predecesseurs.

Louïs XII. Roi de France, lui accorda par grace les droits Regaliens ; & François I. en usa de même à l'égard du Duc Antoine, qui donna ses Lettres de reconnoissance l'an 1541. dans lesquelles il avouoit qu'il ne pouvoit user de ces droits que de la grace speciale du Roi son souverain Seigneur. Les successeurs d'Antoine en ont toûjours joui au même titre. Par le Traité des Pirenées, le Barrois mouvant & non-mouvant avoit été cedé à la France ; mais le feu Roi Louïs XIV. le restitua l'an 1661. au Duc Charles, grand-oncle du Duc Leopold, qui a été remis en possession de ce Duché par le Traité de Ryswyk, & en a fait hommage au Roi comme ses prédecesseurs.

Le Barrois mouvant comprend deux Bailliages, qui sont celui de Bar-le-Duc, & celui de Bassigni : ces Bailliages sont divisez en plusieurs Prevôtez & Châtellenies.

4. BAR-LE-DUC [a], Ville capitale du Duché de Bar. Elle est située sur la pente d'une Colline dont le bas est arrosé de la petite Riviere d'Ornain, laquelle se jette dans la Marne au dessous de Vitri-le-François. Elle est fortifiée d'un ancien château. [b] Cette ville qui a donné son nom au Barrois reconnoît, comme on l'a dit dans l'Article precedent, pour fondateur Frederic I. beau-frere de Hugues Capet, qui fit bâtir la Forteresse de Bar pour servir de Boulevart à la Lorraine contre les incursions des Champenois, & il la nomma *Barrum*, c'est-à-dire *Barram* une Barre. On a donné ce nom à d'autres Forteresses plus anciennes dans les Gaules : & dans les Capitulaires des Rois de la seconde race il est fait mention de deux diferens pays de Barrois fort diferens de celui d'aujourd'hui dont Bar-le-Duc est la capitale. Cette origine de la ville de Bar a été écrite il y a près de sept cens ans par l'Auteur de l'Histoire de l'Abbaye de St. Mihel, qui temoigne avoir entrepris son ouvrage du temps & en consideration de Nanterus qui étoit Abbé de St. Mihel vers l'an 1020. Au reste on prouve que le mot BARRUM n'est pas diferent de BARRA, parce qu'Othon de Fressingue, qui vivoit il y a environ six cens ans, en parlant de la Forteresse de Bar, prise par l'Empereur Henri IV. l'appelle *Castrum Barra*, au Chapitre XV. du livre VIII. de son Histoire. Cette Forteresse est la ville haute de Bar où est le Palais Ducal. Dans la suite on a bâti la ville basse au pied de la montagne près de la Riviere d'Orney qui y passe. Les deux villes de Bar ne sont pas fortifiées ni en état de resister à une armée.

Le BALLIAGE DE BAR, se divise en deux Prevôtez ; qui sont celles de Bar-le-Duc & de Souillieres.

5. BAR-SUR-AUBE, en Latin *Barium ad Albulam*, Ville de France en Champagne. [c] Cette ville qui porte le titre de Comté, est ainsi nommée pour être située sur la riviere d'Aube, qui fait en cet endroit un Canal naturel de plus de cinq cens pieds de long sur six-vingts de large. Elle est une des plus anciennes de la Province, & quelques-uns prétendent qu'elle a été fondée par le Roi Bardus, qu'ils disent avoir été le cinquiéme Roi

[a] *Baudrand* Ed. 1705.
[b] *Longuerue* Desc. de la France part. 2. p. 181.
[c] *Baugier* Mem. Hist. de Champagne T. 1. p. 342.

des Gaulois. On dit qu'Attila prit & saccagea cette ville, & y fit mourir Sainte Germaine, qui avoit fait bâtir elle-même l'Eglise qui porte aujourd'hui son nom, & où son corps a été mis dans une châsse. Cette ville étoit du Domaine de la Couronne sous les deux premieres races de nos Rois ; elle commença néanmoins d'avoir des Comtes particuliers sous les Rois de la seconde Race, & elle fut réunie à la Couronne avec le reste de la Champagne. Il est à présumer que cette ville étoit autrefois fort considerable, puis qu'elle avoit quatre Foires franches pendant l'année, & qu'il y avoit des quartiers séparez les uns des autres, & destinez aux Allemands, aux Hollandois, aux Lorrains & aux Habitans de la Principauté d'Orange : les Juifs y avoient aussi leur Canton, dans lequel étoit leur Synagogue. On voit encore sur une petite montagne près de la ville où est l'Eglise du Prieuré de Sainte Germaine, les vestiges d'un Château, qu'on dit avoir été ruiné par les Vandales, où l'on remarque des doubles fossez, qui bien qu'à demi comblez, paroissent avoir été très-profonds. Sur la pointe de la montagne est un petit endroit escarpé, que l'on appelle encore aujourd'hui le CHATELET, qui commandoit tout le Païs, & qui servoit, ainsi qu'on le prétend, pour tenir les étrangers dans leur devoir pendant les foires. D'autres croyent avec plus de vraisemblance que sur cette montagne étoit une ville nommée FLORENCE ; & en effet son enceinte, qui est fort grande, semble avoir été plutôt celle d'une ville que d'un Château. On voit près de ce lieu un ancien tombeau, sous lequel on prétend qu'un Préfet des Romains a été inhumé ; & de fait il est construit à la maniere dont ils avoient accoûtumé d'enterrer les grands hommes de leur Nation. La ville de Bar-sur-Aube est présentement fort petite ; il y a deux magasins flanquez de deux tours : trois portes, deux desquelles sont soutenuës de deux tours chacune. Il y a encore autour de la place vingt-quatre tours ; qui ont chacune trois toises & demie de diametre dans œuvre, avec un rempart & des murailles, qui furent rébâties de neuf il y a environ trois cens ans. Il y avoit autrefois dans Bar-sur-Aube un Château, qui servoit de passage aux Comtes de Champagne quand ils alloient de Troyes à la chasse dans le Bassigny. Il fut ruiné à la fin des guerres des Ducs de Bourgogne : il n'en reste aucuns vestiges qu'une hauteur appellée LA MOTTE. Peu de tems auparavant le Roi Philippe le long ayant vendu le Comté de Bar-sur-Aube, les habitans se racheterent, afin de se conserver le titre de ville Royale, elle fut réunie à la Couronne, avec cette condition registrée en la Chambre des Comptes, que les Rois de France ne la pourroient plus vendre ni aliéner. Il croît aux environs de Bar-sur-Aube des vins qui sont assez bons.

6. BAR-SUR-SEINE, Ville de France au Duché de Bourgogne sur les frontieres de Champagne ; en Latin *Barium ad Sequanam*[a]. Cette ville est située entre une montagne qui la couvre du côté d'Occident, & la riviere de Seine qui passe à l'Orient. Elle a huit cens vingt-sept pas de long, quatre cens de large, & trois mille vingt-quatre de circuit. Elle a trois portes, celle de la Maison de Dieu, qui est au Midi, celle de Seine, qui est à l'Orient, & la troisieme est au Nord. L'Eglise Paroissiale est sous l'invocation de Saint Etienne, & le Curé n'est que le Vicaire perpetuel du Chapitre de Saint Mamert de Langres, dont les Chanoines sont Curez primitifs. Les Comtes de Champagne avoient fondé un petit Chapitre dans la Chapelle de leur Château de Bar-sur-Seine, mais après la ruine de ce Château les Chanoines furent transferez dans l'Eglise Paroissiale, où on leur donna la Chapelle du Sepulcre dans laquelle ils font leur service, sans avoir rien de commun avec le Curé. Le Couvent des Peres de la Redemption des Captifs, ou de la Trinité, est de la fondation des Comtes de Champagne. Celui des Ursulines fut bâti en 1631. L'Hôtel-Dieu a été fondé par les habitans pour douze lits. Il y a à Bar un Bailliage, une Prevôté Royale, une Election, un Grenier à Sel, une Maitrise des Eaux & Forêts, &c. Sur la montagne qui couvre à l'Occident la ville de Bar, il y a un bois appellé la Garenne des Comtes, dans lequel on montre un vieux Chêne où la tradition veut qu'on ait trouvé une image de la Vierge que l'on y révere, & qui y attire un grand concours de peuple des environs. On y a bâti depuis quarante-cinq ans une Chapelle des offrandes des pelerins, & des habitans de Bar.

Le COMTÉ & BAILLIAGE de BAR-SUR-SEINE [b], est au Midi de Troyes, & est enclavé dans la Champagne dont il a fait partie, aussi bien que de l'ancien territoire de Langres, ayant pour le temporel toûjours relevé des Evêques de Langres jusqu'à la réunion de la Champagne à la Couronne. Il y avoit dès le tems de Louïs le Debonnaire deux Pays du Barrois (c'est-à-dire, le territoire de Bar-sur-Aube, & celui de Bar-sur-Seine,) comme nous l'apprenons de Nitard qui marque, *utrumque Pagum Barrisum*, l'un & l'autre Pays de Bar. Pour Bar-sur-Seine, il a eu ses Seigneurs proprietaires avant l'an 1000. & dès le tems de Hugues Capet, Milon étoit Comte de Bar-sur-Seine. Ceux de la race de Milon ont joüi plus de deux cens ans de ce Comté. Enfin cette race étant éteinte, il vint au pouvoir de Thibaut Comte de Champagne, qui acquit l'an 1223. les droits des heritiers du dernier Comte Milon. Nous voyons que Thibaud Roi de Navarre, & Comte de Champagne, fit hommage de Bar-sur-Seine, à Robert de Torote Evêque de Langres l'an 1239. Jeanne petite-fille de Thibaud, apporta avec ses grands Etats le Comté de Bar-sur-Seine, à Philippe le Bel.

La possession de ses Etats fut laissée par divers Traitez aux Rois de la Maison de Valois ; desorte que le Roi Jean les réunit à la Couronne par ses Lettres Patentes l'an 1361. Bar-sur-Seine demeura donc uni au Domaine jusqu'à l'an 1435. que Charles VII. l'en démembra pour le donner à Philippe le Bon Duc de Bourgogne, & à ses descendans mâles & femelles, sans s'y reserver autre chose que l'hommage & le ressort. Après la mort de Char-

[a] Piganiol de la Force T. 3. p. 202.

[b] Longuerue Desc. de la France 1. part. p. 292.

BAR.

Charles fils de Philippe, Louïs XI. nonobstant l'Article du Traité d'Arras confirmé par celui de Perone l'an 1468. réunit au Domaine Bar-sur-Seine, qui a eu le même fort que le Maconnois & l'Auxerrois. Les Rois en ont joüi jusqu'au regne d'Henri IV. qui donna ou engagea le Comté de Bar-sur-Seine, à Henri de Bourbon Duc de Montpensier. Sa fille Marie femme de Gaston Duc d'Orleans en a joüi, aussi bien que sa fille Anne Marie Louïse d'Orleans Duchesse de Montpensier, qui a fait son heritier universel par son Testament Philippe fils de France, Duc d'Orleans.

7. BAR, Royaume d'Afrique dans la Nigritie au Septentrion de l'Embouchure de la Riviere de Gambie, ce Royaume est nommé BARRA, dans les Relations jointes au Voyage du Sr. le Maire[a], & il y est dit que le Roi de Barra demeure à un quart de lieue de la Mer ; que les peuples & habitans s'apellent MALDINGUES, & qu'ils sont la plupart Mahometans. Mr. de l'Isle[b] ne met point de Royaume, mais une Bourgade nommée Bar, & au Nord-Est une autre Bourgade qu'il dit être une habitation des Maldingues.

1. BARA[c], Ville de l'Abissinie en Afrique : on la met sur le Lac de Zaflan dans le Royaume de Gorgan entre la ville de Zaflan, & celle de Gorgan.

§ Cette ville pourroit bien avoir été imaginée sur la foi de quelques Memoires mal écrits ou mal entendus. Mr. Ludolfe ne connoit ni ville ni Royaume de Gorgan dans l'Abissinie, à moins que ce ne soit Gorgora Bourgade, où les Jesuites Portugais ont une residence, ou Hospice dans le Royaume de Dambée. Pour ZAFLAN, je crois que c'est le mot de Tzahfalam mal entendu, & qui veut dire un Commandant, un Gouverneur : ceux qui ont fait un Royaume de Bar-Nagash, pourroient bien avoir fait un Lac & une ville d'un autre Officier.

2. BARA, Isle dans le voisinage de Brindisi ville d'Italie au Royaume de Naples. Ce furent les habitans de cette Isle qui bâtirent la ville de Bari, (*Barium*) selon Festus[d]. Ortelius[e] croit qu'elle est nommée PHAROS par Pomponius Mela ; & il doute si ce n'est pas aujourd'hui S. ANDREA. Les Cartes marquent vis-à-vis de Brindisi, une Isle nommée IL FORTE à cause du Fort qui y est bâti : seroit-ce la Bara de Festus ?

3. BARA[f], port de la Sarmatie Asiatique selon quelques exemplaires de Ptolomée. Voiez BATA.

4. BARA, nom Latin de Dunbar ville d'Ecosse. Voiez DUNBAR.

1. BARABA, Ville Metropolitaine de l'Arabie heureuse selon quelques exemplaires de Ptolomée[g]. Ses interpretes écrivent MARA, d'autres BAMARA, d'autres MAMARA ; & semblent croire que c'est la même que la *Mariaba* de Pline[h]. Mais le R. P. Hardouin dit beaucoup mieux que cette derniere est la *Sabe Regia* de Ptolomée, & qui étoit non pas Metropole de l'Arabie heureuse, mais la capitale du peuple nommé les Sabéens du nom de cette ville. D'ailleurs Ammien Marcellin[i] qui prend ordinairement Ptolomée pour guide, écrit Baraba, ce qui prouve qu'on lisoit ainsi de son temps.

2. BARABA, grand Lac de la Tartarie au Royaume de Siberie. On le nomme aussi YAMISCH. Isbrand Ides[k] le nommé JAMUSOWA, il est entre l'Obi & l'Irtis. Sa longueur, qui est du Nord-Ouest au Sud-Est, a environ cent-dix lieues Françoises, & sa plus grande largeur est de plus vingt selon la Carte de Mr. de l'Isle. Il communique avec l'Irtis par le moyen d'une Riviere nommé Tunai, & par une autre qui est jointe au Latzik : ce Lac a plusieurs Isles dont les noms ne nous sont pas connus. Isbrand Ides[l] dit qu'il est rempli d'un sel solide. Il s'y rend, dit-il, tous les ans de la ville de Tobol vingt à vingt-cinq *Docheniques* ou barques Russiennes en remontant l'Irtis, avec une Escorte de 2500. hommes, & comme ce Lac est à quelque distance de cette Riviere, ils sont le reste du chemin par terre, coupent ce sel comme de la glace sur les bords de ce Lac, & puis le transportent à bord de leurs vaisseaux, nonobstant toute l'opposition des Kalmuques avec lesquels ils ont souvent de rudes escarmouches pour cela. Cette circonstance prouve que les deux rivieres ne sont pas navigables.

3. BARABA[m], (desert de) desert de la Tartarie au Royaume de Siberie entre le Lac de Baraba, ou plutôt entre la ville de Barabinskoi qui est au Nord de ce Lac, & l'Obi au Nord de la premiere, & au Midi Oriental de ce fleuve.

BARABINSI, BARABINSKI, & BARABINSKOI, peuple de la Tartarie au Royaume de Siberie dont il occupe une Province autour du Lac de Baraba ou d'Yamisch. La Relation d'Isbrand Ides nomme ce peuple BARABINSI. Le Journal de Laurent Langen l'apelle BARABINSKY, & Mr. de l'Isle écrit BARABINSKOI. Langen[n] nomme le desert BARABU, ce qui est peut-être une faute des Imprimeurs, & après avoir dit que c'est un grand desert qui s'étend jusqu'à Tomsky il ajoute ce qui suit. Durant l'hyver ce desert est habité par une Horde de Tartare que les Russiens nomment Tartares Barabinski, lesquels durant l'Eté se dispersent le long du Tara, & autres Rivieres. Ce sont des Payens qui menent une vie si miserable qu'on peut les comparer plutôt à des bêtes qu'à des hommes. Dans leurs demeures qui sont des trous creusez dans la terre, avec un rebord de lattes d'environ une aune de haut, & couvertes de paille, ils ont une petite Idole de bois de forme humaine, Elle est dans une petite armoire, revêtue de haillons, & d'environ d'une demie aune de long. Ils l'appellent *Schaitan*, & lui promettent un bonnet ou un collet, s'il leur procure une chasse avantageuse. Leur manger est du poisson sec & de la farine toute seche, leur boisson est de la neige fondue, car ils n'ont point d'eau dans ce desert. Ils ont peu de bestiaux excepté des chevaux qui vont chercher leur pâture dans la forêt sous la neige. Ils aiment fort le tabac, & pour peu qu'on leur en donne on peut avoir d'eux en échange tout ce dont on a besoin. Ils ne font

font aucun cas de l'argent. Leur habillement, leur coifure & leur chauffure ne font que de toutes fortes de peaux coufues enfemble & rapetaffées. Ils gueriffent leurs playes d'une maniere toute particuliere en allumant de la meche que nous appellons Amadou, & la laiffant brûler fur la playe, ils fuportent cette douleur avec une grande infenfibilité : ils payent tous les ans un tribut à l'Empereur de Ruffie auffi bien qu'au KANTUSCH. Il eft vrai-femblable que cette Nation eft iffue des Oftiaques qui habitent ordinairement le long de l'Oby, & ce qui favorife cette opinion c'eft que le culte du *Schaitan*, eft commun à ces deux peuples. L'Auteur de Journal y étoit au mois de Mars 1716. mais comme il ne s'accorde avec Isbrandz Ides qui fit ce Voyage en 1695. ni pour les noms, ni pour plufieurs circonftances je joindrai ici ce qu'il en dit [a] : En redefcendant l'Irtis au deffous de ce Lac (*Jamufowa*, ou *Baraba*,) on trouve fur la petite Riviere de Tor la ville de Tora, derniere place frontiere du Czar du côté des Etats d'un Prince Kalmuque nommé *Buftuchan*.

[a] à l'endroit cité ci-deffus.

Les habitans de ce païs-là fe nomment *Barabinfi*, & s'étendent depuis la ville de Tora, à l'Eft jufqu'à l'Oby, vis-à-vis de la riviere de Tom, & de la ville de Tomskoi. On traverfe ce païs de Barnabu en hyver & en été, & furtout en hyver, parceque l'Oby n'eft pas navigable, en cette faifon, par Surgut & Narum, de forte que les Voyageurs font obligez de paffer par Tomskoi & Jenufeskoi pour fe rendre en Siberie. Ces Barabinfi, qui font une efpece de Kalmuques, payent Tribut à fa Majefté Czarienne, & au Prince Buftuchan. Ils ont trois chefs ou *Taifchi* qui reçoivent les Droits qui leur font impofez, & font tenir au Czar la part qui lui en eft dûë; le premier à la ville de Tora, le fecond au Château de Teluwa, & le troifiéme à celui de Kulenba, le tout en pelleteries. C'eft un peuple malin & belliqueux, qui habite dans des cabanes de bois, comme les Tartares de Siberie. Ils ne fe fervent pas de fourneaux, mais de cheminées, ou plûtôt de tuyaux, par où ils font fortir la fumée, & qu'ils bouchent lorfque le bois eft reduit en charbon, pour en conferver la chaleur ; enfuite de quoi ils les rouvrent lors qu'elle eft paffée. Ils habitent dans des efpeces de villages, fous des huttes legeres en été, & en de bonnes cabanes de bois en hyver. Le Labourage eft en ufage parmi eux, & ils fement de l'avoine, de l'orge, du farazin, &c. Mais ils n'aiment pas la fégle : cependant ils n'en refufent pas le pain lorfqu'on leur en prefente; à la verité ils ne font que le mâcher affez défagréablement, & à contre-cœur & le rejettent le plus fouvent. Ils fe fervent au lieu de pain, d'orge mondé, qu'ils font griller dans un chauderon de fer ardent, jufques à ce qu'il foit dur comme une pierre, & puis le mangent le même jour. Ils font auffi de la farine de *Sarana*, ou d'oignons de lis jaunes, dont ils font de la bouillie ; & ils boivent une eau de vie diftilée, faite de lait de cavale, qu'ils nomment *Kumis*; & du *Karaza* que eft un *thé* noir, que les Bolgares leur apportent. Ils n'ont point d'autres armes qu'un arc & des fleches, comme le refte des Tartares. Leur bétail confifte en chevaux, en chameaux, en vaches, & en brebis ; mais ils n'ont point de cochons. On trouve auffi en ce païs-là toutes fortes de pelleteries, favoir des martes & des écureuils, des hermines & des renards &c. Ce pays s'étend de Tora jufqu'à l'Oby, & on n'y trouve point de montagnes ; mais il eft rempli de cedres, de bouleaux, de fapins & de bocâges, & entrecoupé de plufieurs ruiffeaux, dont l'eau eft claire comme du criftal. Ces gens-là s'habillent tant hommes que femmes, à la maniere des Kalmuques, & il leur eft permis d'avoir autant de femmes, qu'ils en peuvent entretenir. Lorfqu'ils vont à la chaffe dans les bois, ils y portent leur Saitan ; c'eft une image de bois taillée fimplement avec un couteau, & couverte d'étoffes de differentes couleurs, à la maniere des femmes de Ruffie. Elle eft enfermée dans une boëte, qu'ils tranfportent dans un traineau particulier, & lui offrent les prémices de leur chaffe fans diftinction. Lors qu'ils font une bonne chaffe, ils placent à leur retour, leur Idole dans l'endroit le plus élevé de leur cabane, dans fa boëte, & la couvrent des plus belles pelleteries, en reconnoiffance du bien qu'elle leur a procuré, & les y laiffent pourrir, étant perfuadez qu'ils commettroient un facrilege en les ôtant, ou en s'en fervant à d'autres ufages.

BARABINSKOÏ, Mr. de l'Ifle [b] met une ville de ce nom au pays des Barabinskoï, & je ne doute point qu'il ne l'ait fait fur d'excellens Memoires. Une Carte de la Tartarie inferée par J. Frid. Bernard, Libraire d'Amfterdam, dans le IV. volume de fon Recueil des Voyages au Nord place une efpece de village à l'Occident Septentrional du Lac Baraba, & on y nomme ce lieu BARABA; au bord de la communication du Lac avec la Riviere de Latzik. Mr. de l'Ifle l'y met auffi quoi qu'il donne un cours diferent à cette communication. D'un autre côté l'Etat de la Siberie compilé en Allemand de diverfes relations affure [c] que les Barabinskoï n'ont ni ville, ni habitation fixe.

[b] Carte de la Tartarie.
[c] der Allerneuefte Staat van Siberien c. 17. §. 14. p. 146.

BARACE, Ville de l'Inde en deçà du Gange felon Ptolomée [d], qui la met dans le Golphe de Canthis, ou Canthi. On ne doute point que ce Golphe ne foit celui qui eft à l'embouchure de l'Inde. Mais outre qu'on ne fait pas affez fi cette Ifle fubfifte encore, fupofé que Ptolomée ne fe foit pas trompé en la defignant, il eft affez dificile d'affurer, comme a fait Alphonfe André, que c'eft l'Ifle de DIU, puifqu'elle n'eft pas la feule qui foit dans ce voifinage, & qu'il y en a d'autres plus avant dans ce Golphe. Car pour celle de BAEAÏM que Mercator a prife pour cette *Barace*, elle n'eft pas dans le Golphe de l'Inde qui eft le Canthis de Ptolomée, mais dans celui de BARIGAZA, qui eft aujourd'hui le Golphe de Cambaye. Arrien nomme BARACE, le Golphe où elle eft au raport d'Ortelius. [e] Pline parle auffi de BARACE où il dit que l'on tranfportoit par Mer le poivre de *Cottonara*, qui eft aujourd'hui *Cochin*.

[d] l. 7. c. 1.
[e] l. 6. c. 23.

BARACH, Ville de la Paleftine dans la Tribu de Dan. Il en eft parlé au livre de Jofué [f]. La Vulgate en cet endroit lit BANE, & 44.

[f] c. 19. v.

BAR.

& BARAC, mais l'Hebreu porte en un seul mot BENEBERAK.

a Baudrand Ed. 1705.
BARACI [a], en Latin *Baracis*, ancienne ville dans l'Isle de Sardaigne. Elle est détruite depuis long-temps ; on en voit encore les ruines près de la ville de Saffari.

b Laet Desc. des Indes Occid. l. 1. c. 11. Corn. Dict.
BARACOA [b], Ville de l'Amerique dans l'Isle de Cuba. Elle a été bâtie par Diégo Velasque au côté du Nord, à dix ou douze lieues du bout le plus Oriental de cette Isle, en tirant vers l'Ouest. La Riviere de Mayes ne passe pas loin de cette ville. Il y a deux montagnes qui s'élevent sur son rivage du côté de l'Est : le côté Occidental est fermé par un Cap qui a le sommet plat, & qui s'avançant un peu en Mer fait une baye qui est le port de la ville capable seulement de contenir les petits vaisseaux. Les forêts voisines portent de fort bel Ebéne. Mr. de l'Isle nomme ce lieu BARRACOA.

c l. 5. c. 5.
BARACUM, Ville ancienne de l'Afrique interieure, & l'une de celles que Pline [c] nomme entre les conquêtes de Cornelius Balbus.

BARACURA, Ville marchande des anciens dans l'Inde au delà du Gange selon Ptolomée ; Appien croit que c'est presentement BENGELA, (peut-être BENGALE.) Voyez BACALA.

d l. 7. c. 4.
BARACUS, Riviere de la Taprobane selon Ptolomée [d]. La position que lui donne cet Auteur par raport au reste de l'Isle repond assez à celle de la Riviere qui ayant sa source au pied du Pic d'Adam tombe dans la Mer auprès de Welebe ou de Waluwe, à l'Orient meridional de l'Isle de Ceïlan.

e Genes. c. 16. v. 14.
f Dict. de la Bible.
g c. 34. v. 4.
BARAD, Ville de la Palestine dans la Tribu de Juda, située aux environs de Cades [e]. Le Chaldéen l'apelle AGARA, le Syriaque GEDAR ; & l'Arabe SADA. C'est peut-être, dit D. Calmet [f] la même qu'ARAD ou ARADA marquée au livre des Nombres [g] dans la partie meridionale de Juda.

BARÆ, Nation ancienne de l'Inde au delà du Gange selon Ptolomée dont les Interpretes l'écrivent par une double rr. BAR-RÆ.

BARAGAZA, Ville ancienne de l'Ethiopie sur la Mer Rouge. Elle doit être vers le Golphe Avalite, Pline en fait mention [h].

h l. 6. c. 29.

BARAGIA, pays sur les côtes d'Afrique où sont les ports d'Alaca, & de Malaca au delà de Zeila. Les Habitans sont Ethiopiens fort adroits aux armes, & se couvrent de toile de lin depuis la ceinture jusqu'en bas. Les plus honorables d'entre eux portent un manteau à capuchon qu'ils appellent *Bernussoé*. Leur terre est abondante en or, & en toute sorte de vivres.

§ Mr. Corneille cite sur cet Article le Voyageur curieux c. 9. Sur quoi il faut remarquer que ce Voiageur ne meritoit pas d'être cité. Ce qu'il dit du manteau à capuchon est commun aux Abissins, & autres peuples de l'Ethiopie, & c'est sur le modelle de ces Capuchons que portoient les Anachoretes de la Thebaïde, que cette sorte d'ajustement de tête a été imité des Moines, & Religieux de l'Occident.

Tom. I. Part. 2.

BAR. 89

BARAMALACUM. Voiez MARIABA.
BARAMATIS, Ville de l'Inde en deçà du Gange selon Ptolomée [i].

i l. 7. c. 1.

BARAMPOUR, Ville de l'Indoustan. Voiez BRAMPOUR.

1. BARANATHETA [k], Royaume d'Asie dans la partie plus meridionale de la grande Tartarie selon ceux qui ont été dans ces pays-là.

k Baudrand Ed. 1705.

2. BARANATHETA [l], Ville du Royaume dont il est parlé dans l'Article precedent.

l Ibid.

1. BARANCA [m], Ville de l'Amerique au Perou. On l'apelle plus souvent SANTA CRUZ DE LA SIERRA. Voiez ce nom.

m Ibid.

2. BARANCA DE MALAMBO, lieu renommé de l'Amerique où les Espagnols ont établi un Bureau de Recette. Il est situé sur le bord de la Riviere de la Madelaine à trente lieues de la ville de Carthagene, à vingt de celle de Sainte Marthe, & à six de la Mer du Nord. On y decharge hors des navires toutes les marchandises de l'Europe, & autres, & on les transporte dans des Canots, par cette Riviere jusqu'au nouveau Royaume de Grenade.

BARANGÆ, ancien peuple dont les Ecrivains de l'Histoire Byzantine font mention, & qu'ils disent avoir servi avec les Francs en Iberie, dans les troupes de l'Empereur Michel. On ne sait gueres aujourd'hui qui ils étoient.

BARANGE, Ville ancienne de l'Hyrcanie selon Ptolomée [n].

n l. 6. c. 9.

BARANGUERLIS [o], grand Etang d'Egypte sur les frontieres de la Terre-Sainte, & vers la côte de la Mer Mediterranée où il se décharge. Il y en a qui le nomment le *Golfe de Tenese*, & d'autres *Stagnone* c'est-à-dire le grand Etang. Il avoit autrefois plus de cent vingt mille pas ; mais il est aujourd'hui bien moindre, & se remplit peu à peu. Il n'y a point de port à l'endroit où il s'écoule en mer, ni même la moindre rade le long de cette côte près de l'Etang, ce qui est cause qu'on l'évite soigneusement : & cet Etang est éloigné de cent vingt-cinq mille pas de Suez ou de l'endroit le plus proche de la Mer rouge au Septentrion. Voiez SIRBON.

o Baudrand Ed. 1705.

BARANIWAR. Voiez BARANYWAR.
BARANIZ [p], montagne d'Afrique dans la Province de Cuzt, Royaume de Fez. Elle est à cinq lieuës de Tezar du côté du Nord, moins escarpée que les autres de cette Province, quoi-qu'elle soit fort pierreuse. On y recueille quantité de bled, & il y a plusieurs Oliviers avec force vignes, dont l'on fait des raisins secs. Les jardins y sont en grand nombre, & on les arrose de l'eau des fontaines qui descendent de la montagne. Les Zenetes & les Haoares qui l'habitent sont beaucoup de cavalerie, avec plusieurs fuseliers, & ne payent aucun tribut. Ils sont blancs, hardis, superbes & mieux vêtus, que ceux des autres montagnes. Ils retirent les criminels qui se retirent chez eux des autres païs, & s'entretuent par jalousie. Le Cherif Abdala les attira à son parti pour s'en servir au besoin contre les Turcs, parce qu'ils sont bons soldats. Ils sont six mille hommes de combat bien équipez,

p Corn. Dict. Marmol. T. 2. l. 4. c. 132.

M

BAR.

pez, sont du ressort de Tezar, & ont plus de trente-cinq habitations fort peuplées. Leurs femmes sont belles & fort fraîches, & portent plusieurs ornemens d'or & d'argent, comme les femmes des villes.

BARANOWA[a], petite ville de Pologne en la Russie dans la haute Volhinie, en Latin *Baranovia*. Elle est située sur la riviere de Sluks, environ à quarante-cinq lieues de la ville de Lusuc du côté du Levant.

[a Corn. Dict.]

§ Ce n'est tout au plus qu'un méchant bourg à present nommé BERESNOE ; sur les confins de la Brzescie.

BARANTOLA, Royaume d'Asie dans la grande Tartarie. Voiez TANGUT.

BARANYWAR, en Latin *Baranium*, *Varonianum*, petite ville de la basse Hongrie, au Comté du même nom ; & sur le ruisseau de Crasso, à douze mille pas de Bodrogh-au Couchant, en passant vers Cinq-Eglises, dont elle est à trente mille pas.

LE COMTÉ DE BARANYWAR, en Latin *Baraniensis Comitatus*, Province de la basse Hongrie, vers la jonction de la Drave au Danube, entre les Comtez de Bath & de Bodrogh, de Tolne & de Valpon. Il est ainsi nommé de sa place plus considerable, & étoit aux Turcs depuis plus de cent cinquante ans ; mais les Imperiaux s'en sont emparez, & le possedent encore depuis l'année 1684.

BARAOMATA, peuple de l'Inde selon Pline[b] qui les met sur la Rive Orientale de l'Indus.

[b l. 6. c. 20.]

BARASA, Ville de la Palestine. Ortelius[c] croit que cette ville que Josephe nomme ainsi est la même que Bosor ville des fugitifs. Voiez BOSOR. D. Calmet dit qu'apparemment c'est la même que *Bazora*, ou *Bozra* capitale de l'Idumée Orientale. Voyez BOZRA.

[c Thesaur.]

BARATHA, BARATTHA, ou BARATHRA, ou BARATTA ; ancienne ville de Lycaonie. Dans le Concile de Constantinople tenu sous Agapit & Menas, on trouve Epiphane Evêque de *Baratcha*, (*Barattheus*) de la Lycaonie. La Notice de Hierocles manuscrite nomme ce Siege BARATA, l'imprimée a Βαρατή au raport de Holstenius[d]. Ce dernier trouvant que le P. Charles de St. Paul met encore dans la même Province un autre Siege qu'il nomme ARANA, & dont il dit que le Concile de Chalcedoine[e] nomme l'Evêque Eugene ; Holstenius, dis-je, observe que dans l'Acte VI. de ce Concile pag. 268. il est appellé Evêque de *Baranga*, Βαράγγων, il repete sa remarque sur la Notice de Hierocles, & soupçonne que l'on a peut-être lu Βαρατων pour Βαράγγων : c'est ainsi qu'a lu l'ancien Interprete Latin manuscrit où l'on trouve *Engenius Baratorum*. Il est certain que BARATTA ou BARATHRA étoit une ville de la Lycaonie. Ptolomée[f] le dit bien distinctement.

[d In Carol. à S. Paulo Geog. Sacr. p. 244.]

[e pag. seq.]

[f l. 5. c. 6.]

BARATHEMA ou BARATHENA, ancienne ville de l'Arabie deserte aux confins de la Mesopotamie selon Ptolomée[g].

[g l. 5. c. 19.]

BARATHIA, Ville de l'Afrique proprement dite selon Ptolomée. Marmol croit que c'est presentement CAÇAR HASCEN. Voiez CAÇAR.

☞ BARATHRA, ce mot est le pluriel de *Barathrum*, en Grec Βάραθρον, mot qui signifie *un gouffre*, *un abîme*. Outre qu'il étoit commun à tous, il y avoit pourtant plusieurs endroits auxquels on peut dire qu'il étoit particulier.

BARATRA, Campagnes entre la Syrie & l'Egypte, assez près du Lac Sirbon. Les François les nomment LA MER DE SABLE, & les Flamands SANDT ZEE, ce qui signifie la même chose, & exprime en même temps ce que c'est que ces Campagnes. Voici ce qu'en raporte Diodore de Sicile[h] : Entre la Syrie & l'Egypte est un marais fort profond, nommé *Servonia*, (Sirbon,) assez étroit, mais long de plus de deux cens Stades. Ceux qui ne connoissent pas le pays y courent un danger qu'ils ne prévoient pas, car autour de ce marais il y a des monceaux de sable qui le resserrent, &, qui, lorsque le vent souffle avec impetuosité, sont emportez au dessus de l'eau, & ce sable est si épais que quoiqu'il soit tout détrempé, on le prendroit pour de la terre ferme & solide, desorte qu'il n'est pas facile de voir ce que c'est en effet. Delà vient que plusieurs ne sachant pas le chemin, se sont égarez, & perdus avec des armées entieres, car entrant dans ce sable qui de loin paroissoit ferme, on s'avance de plus en plus, après quoi on se sent entrainer dans l'abîme sans que l'on puisse ni reculer, ni se debourber ; parce qu'on enfonce dans le limon, sans pouvoir se servir de ses forces, & on est englouti par le sable dont l'eau est couverte, il n'y a ni pieds, ni bateaux qui puissent se tirer de ce limon. C'est ce qui a fait donner à ce lieu le nom de *Barathron*. La Relation d'un nouveau Voyage de Grece, d'Egypte & de Palestine[i] parle ainsi de ce Lac. J'ai parcouru le Lac de la CHARQUIÉ qui porte le nom de cette Province qui est à l'Orient de Damiette. J'ai soupçonné, sans que mes Antiquaires s'y soient opposez, que ce Lac de la *Charquié* ou de BARATHRUNE (l'Auteur n'auroit-il pas voulu écrire *Barathrum* ?) pourroit bien être le même Lac Sirbon qui a fait perir plusieurs armées selon le raport de Strabon & de Diodore. J'ai fait corrompre par mes guides les gardes qui en défendent les approches. Ce sont, poursuit l'Auteur cité, de grossiers Arabes dont l'infatuation pour les tresors cachez, l'ignorance & la superstition sont plus à craindre que leurs lances & leurs sabres. Ce Voyageur ne nous dit point ni quel motif le porta à corrompre les gardes, ni ce qu'il s'atendoit de voir en cet endroit, ni ce qu'il y vit effectivement. Le Lecteur s'apperçoit assez que le Lac de sable, dont il est ici question, est le même que celui de l'Article BARANGUERLIS tiré de Mr. Baudrand ; mais Mr. de la Croix[k] nous donne une idée bien diferente de ce qu'il appelle *Barathra*. On trouve, dit-il, à l'Orient de Damiete, & au delà de la branche la plus Orientale du Nil la ville de Tenez que Burchard prend pour Tasnis dont parle l'Ecriture ; tout près delà on voit un Golphe qu'on dit être LE LAC DE PTOLOMÉE, les Mariniers l'appellent STAGNONE ou BARATHRA, & les Habitans BAYRENE. Il y en a qui le nomment le GOLPHE DE DAMIETE, & Mantegasse dans ses Voyages lui donne le nom

[h l. 1. c. 3.]

[i p. 80.]

[k Relat. de l'Afrique 1. part. T. 1. p. 89.]

BAR. BAR. 91

nom de MARCRA. Cette espece de Lac formé par un des bras du Nil est très-dangereux à cause des Bancs de sable qui se rencontrent tantôt au dessus, tantôt au fonds de l'eau, ce qui trompe souvent les pilotes. Ces idées ne s'arrangent pas bien avec celles qui ont été données auparavant, & Mr. de la Croix suivi par Mr. Corneille confond des choses très-differentes. Le Golphe de Tenez, & le Golphe de Damiéte sont diferens, quoi que contigus, & on peut dire de l'un & de l'autre qu'ils sont formez par la branche la plus Orientale du Nil. Mais je ne pense pas que le Sirbon de Strabon ait rien de commun avec ces deux Golphes, ni même avec le Nil. Mr. de l'Isle les distingue très-bien dans sa Carte particuliere de l'Egypte, de la Nubie &c. où il met bien à l'Orient de l'Embouchure du Nil le village *Catié*, & tout auprès un Lac qui est le Sirbon des Anciens, & en même temps LA CHARQUIE' du Voyageur cité ; & ce Lac a son débouchement particulier sans aucune communication avec les bras du Nil. Cela est conforme à ce que dit Strabon[a] : Le pays qui est après Gaza, (en allant vers l'Egypte) est sterile & sablonneux ; principalement celui qui est entre le Lac Sirbon & la Mer. A distance égale de l'un & de l'autre, il y a un petit passage jusqu'au lieu nommé *Ecregma*, (mot Grec qui signifie sortie.) Sa longueur est d'environ CC. stades, & sa plus grande largeur est de L. (Voilà pour le Lac *Sirbon*, ou ce qui est la même chose *la Charquié* du Voyageur, ou ce Lac d'auprès *Catié* de Mr. de l'Isle, continuons presentement avec Strabon) Ce pays s'étend ensuite jusqu'au mont Casius & delà jusqu'à Peluse. Le mont Casius ressemble à des monceaux de sable, & s'avance dans la Mer n'ayant point d'eau luimême. C'est là que gît le corps du grand Pompée, & que l'on voit le Temple de Jupiter Casien. C'est tout auprès delà que le grand Pompée fut assassiné, par la fourberie des Egyptiens. Il y a un chemin qui méne delà à Peluse. Sur ce chemin sont les Forts nommez *Gerra* & *Chabria*, & les GOUFRES voisins de Peluse, (ce mot de goufres est exprimé par βάραθρα dans le Grec de Strabon, & par *Voragines* dans la Traduction Latine revue par Casaubon,) qui se font par les inondations du Nil ; parce que ces endroits sont creux & marécageux. Voilà donc le Lac Sirbon bien expressément distingué des Goufres (*Barathra*) d'auprès de Peluse. Le premier est le Lac *Charquié*, ou *Catié*, ou le *Baranguerlis* ; mais les Goufres d'auprès de Peluse sont le Golphe de Tenése que Mr. Baudrand confond mal avec le Lac Sirbon qui en est assez loin. Le passage de Diodore rapporté ci-dessus ne peut convenir à ces Goufres, car il parle du Lac *Servonia*, nom qui a trop de ressemblance au nom Sirbon pour qu'on le méconnoisse ; outre la longueur qui est la même dans Strabon & dans Diodore. Etienne le Géographe dit que βάραθρον est un creux que l'on nomme aussi Ὄρυγμα, après quoi il ajoute qu'il y a aussi des βάραθρα auprès du mont Casius. On voit bien qu'Etienne disoit plus que nous ne lisons aujourd'hui dans son livre.

[a] l. 17. p. 760.

Tom. I. Part. 2.

BARATHRUM ou BARATHRON. Il y avoit un lieu ainsi nommé dans l'Attique, & on y précipitoit les criminels qui avoient merité ce genre de mort. Suidas dit : Le Barathre est une ouverture ou fosse en forme de puits profonde & obscure. Elle est dans l'Attique & l'on y jettoit les malfaiteurs[b] ; dans cette fosse étoient des crocs les uns en haut les autres en bas. Le Phrygien Atys, le galant & le Prêtre de Cybele, lequel étoit devenu furieux, y fut précipité parce qu'il annonçoit que Cerès venoit pour chercher sa fille Proserpine. La Déesse irritée de cet attentat la vengea en rendant le pays sterile. Les Atheniens ayant reconnu la cause de cette sterilité comblerent de terre cette ouverture, & appaisent la Déesse par des sacrifices. Harpocration dit que c'étoit seulement la Tribu Hippothontide qui y jettoit les criminels, & il observe que Demosthene[c] employe le mot de Barathre au figuré pour signifier un séjour mortel, un lieu auquel on ne peut manquer de perir. Nous disons par la même figure qu'un homme est dans l'Abîme, d'un homme à qui il ne reste presque aucune ressource.

[b] in voce Βάραθρον.
[c] Harangues de Demosth. Oeuv. de Tourcil. T. 4. p. 200.

BARATO, Village Maritime d'Italie en Toscane, dans la Principauté de Piombino, au Couchant & à deux lieues de Piombino. Mess. Maty & Corneille disent qu'il a été bâti sur les ruines de la ville Episcopale POPULONIE dont l'Evêché a été transferé à Massa : cela n'est pas exactement vrai. Léandre dit que *Popolonia*[d] étoit sur le Promontoire qui en portoit le nom, & que *Porto Barato* est au pied[e] de ce même Promontoire. Magin[f] met *Popolonia destrutta* au fond d'une anse qu'il nomme *Porto Baraco*.

[d] Descr. di tutta l'Ital.
[e] Ibid. p. 32.
[f] Cartes d'Italie.

BARAVE[g], petite ville de France dans le Languedoc dans le Marquisat de Marquerose près de la Riviere de la Vene. Elle appartient à l'Evêque de Montpellier.

[g] Piganiol de la Force Descr. de la France T. 4. p. 91.

BARAXMALCHA. Ortelius[h] trouve un lieu de ce nom quelque part vers la Mesopotamie à deux cens stades d'*Achaiachala* : il cite Ammien Marcellin. Mais dans l'Edition de Lindebrog[i] on lit BRAXAMALCHA.

[h] Thesaur.
[i] l. 24. p. 285.

BARAZA, Ville ancienne de l'Armenie majeure, selon Ptolomée[k].

[k] l. 5. c. 13.

1. BARBA, ancienne ville d'Espagne dans la Betique selon Antonin[l] qui la met à vingt mille pas d'*Ostippo*, & à vingt quatre d'*Antiquaria*. C'étoit[m] une Colonie selon ce qu'on lit dans le Tresor de Goltzius *Julia Aug. Barba*.

[l] Itiner.
[m] Ortel. Thesaur.

2. BARBA, ce mot Latin qui signifie en François *la Barbe*, se dit en Grec POGON. C'étoit le nom d'un Port de Mer du Peloponnese au territoire de Troczenes. Voiez POGON.

3. BARBA, petite ville de Barbarie dans le Telensin au Royaume d'Alger. Voiez BUNOBARA.

BARBACOA, Ville de l'Amerique. Voiez l'Article suivant.

BARBACOAS, peuple de l'Amerique meridionale au Popayan vers les montagnes entre la Mer Pacifique, & la Riviere de Cauca selon de Laet cité par Mr. Baudrand[n].

[n] Ed. 1705.

M 2 BAR-

BARBADE (la) ou BARBOUDE; Isles de l'Amerique, entre les Antilles. Il y en a deux que l'on a tâché en vain de diftinguer par la diference de ces deux noms; mais les Navigateurs fe font obftinez à confondre ces deux noms, & à les donner fans diftinction à toutes les deux. Elles font néanmoins affez loin l'une de l'autre, & bien diferentes par raport à leurs productions. Je commencerai par la plus Septentrionale.

1. BARBADE, Mr. Baudrand la nomme BARBOUDE, d'autres BARBUDA d'autres BARBOUTHES, l'une des Antilles, à 17. d. 30'. de latitude Boréale[a]. Elle a environ 15. milles Anglois de long, & gît au Nord-Eft de Monferrat; & au Nord-Nord-Eft d'Antigoa. Les Anglois qui en font les maîtres, l'ont tellement peuplée que leur Colonie fe monte prefentement à 1000. ou 1200. ames. Ils ont eu affez de peine à s'y établir, & ils prétendent que les Caraïbes les ont une fois forcez de l'abandonner; mais qu'y étant rentrez ils ont pris fur les Sauvages une superiorité qui s'eft accrue de plus en plus, deforte qu'ils en font à prefent poffeffeurs tranquiles. Mr. Baudrand se trompe lorfqu'il la met à huit lieues de St. Chriftophle, & à dix d'Antigoa. La diftance de la *Barbade* ou *Barboude* à St. Chriftophle eft double de celle de la Barbade à Antigoa.

[a] Het Britan. Ryk in Amerika 2. deel. p. 219.

2. BARBADE (la) ou LOS BARBADOS: ce nom pluriel que les Portugais lui ont donné, a donné lieu au nom Flamand de BARBADOES; les François difent au fingulier la BARBOUDE ou la BARBADE, quelques-uns difent mal LES BARBADES. Cette Ifle qui eft bien plus au Midi, que l'autre de même nom, eft à l'Eft de Ste. Aloufie, à la hauteur de 13. d. 20'. pour fa partie meridionale où eft Chrift-Church, & de 40'. pour fa partie Septentrionale.

C'eft la plus confiderable Colonie[b] que les Anglois ayent aujourd'hui parmi cette multitude d'Ifles qu'on appelle les Canibales ou Antilles. Elle eft fituée à treize degrez, & vingt minutes de latitude Septentrionale. Son étenduë n'eft pas grande: car on ne lui donne pas plus de huit lieuës de long, & dans fa plus grande largeur, elle ne paffe pas cinq lieuës: cependant elle peut en un befoin armer dix mille combattans; ce qui joint à l'avantage de fa fituation, la rend capable de fe défendre contre des forces très-confiderables. Auffi-a-t-on toûjours vû jufqu'ici les deffeins des Efpagnols échouër, encore qu'ils ayent bien des fois effayé de s'en rendre les maîtres.

[b] Relat. de l'Ifle des Barbades p. 1. & feq.

Les Rivieres n'y font pas en grand nombre non plus que les fources d'eau vive: car il n'y en a proprement qu'une que l'on puiffe appeller de ce nom, & c'eft plûtôt un Lac qu'une Riviere. Ce Lac ne s'étend pas bien loin dans l'Ifle: mais pour fuppléer à la néceffité des habitans; la nature a fait que le pays eft bas, & prefque par tout au niveau, ce qui fait qu'il y a quantité de marais, & d'étangs pour le bétail; & d'ailleurs prefque toutes les maifons ont des puits ou des citernes, qui ne manquent jamais d'eau de pluye. Il y a pourtant une riviere que les habitans appellent la *Tuigh*, dont l'eau eft couverte d'une liqueur qui brûle comme de l'huile, & dont on fe fert communément pour les lampes. Sa fertilité eft incomparable, la terre y eft inceffamment couverte de fruits, & les arbres s'y voyent tout le long de l'année revêtus des habits & des richeffes de l'Eté: les champs & les bois n'y perdent jamais leur verdure & en rendent le fejour infiniment agréable. On y plante & on y feme en tout temps: mais principalement en Mai, & au mois de Novembre. Il n'y a que les Cannes de fucre pour qui il y a point de faifon, car toutes les faifons leur font également favorables. On peut dire en paffant que la maniere dont on fait le fucre n'eft pas feulement de grands frais, mais qu'elle eft fujette à beaucoup d'accidens facheux dans tous les lieux par où il faut qu'il paffe: car il faut du feu prefque par tout; au bouillir, aux fourneaux, aux diftillations, au rafinage.

Les commoditez que cette Ifle fournit font, le fucre, qui n'eft pas à la verité fi blanc que celui du Brefil, mais qui eft meilleur que celui-là quand il eft raffiné, car il a le grain plus beau: l'Indigo, le Cotton, la Laine, le Gingembre, & le *Lignum vitæ*. Ces denrées-là, particulierement le fucre, l'Indigo, le Cotton & le Gingembre, s'y trouvent en fi grande quantité, qu'il y en a tous les ans de quoi charger deux cens vaiffeaux, grands & petits. On tranfporte toute cette marchandife en Angleterre, & en Irlande d'où le debit fe fait très-avantageufement dans les pays étrangers: car il n'eft pas permis à cette Colonie de rien porter ailleurs que dans l'Angleterre ou dans les pays qui dependent de la Couronne, comme dans la Nouvelle Angleterre, la Virginie & les Bermudes: ils reçoivent de nous en échange toutes les commoditez de la vie, foit pour le vivre ou pour le vêtement, foit pour les meubles ou pour les uftenfiles, & les inftrumens dont on fe fert dans l'Agriculture. Une partie de ces chofes leur eft envoyée de la Nouvelle Angleterre, de la Virginie & des Bermudes, d'où ils tirent encore des ferviteurs & des efclaves, & quantité d'autres provifions & commoditez, dont la Jamaïque abonde, comme des chevaux, des chameaux, des mulets, du bétail, fans parler du poiffon, & de la viande falée, du beurre & du fromage: le beurre à la verité ne s'y conferve pas bien, à caufe des grandes chaleurs, c'eft ce qui fait qu'on s'y fert d'huile.

Les jours & les nuits y font tout le long de l'année d'une longueur prefque égale; le Soleil s'y leve & s'y couche à fix heures: vers le mois d'Octobre feulement il y a quelque peu de difference.

Le Climat de cette Ifle eft fort chaud, fur tout pendant huit mois de l'année. Ce n'eft pourtant pas en un degré fi exceffif qu'on ne puiffe même voyager, & travailler pendant ce temps-là, mais la chaleur y feroit infupportable fans les Vents qui fe levent au lever du Soleil, & qui vont fe renforçant à mefure qu'il approche du Meridien. Ces vents foufflent inceffamment au Nord-Eft vers l'Eft, excepté feulement au temps du *Turnado*. Alors pour quelques heures il tourne un peu au Midi, di, mais ne manque pas de revenir au même point, & l'on remarque qu'encore que l'on soit sujet en ce pays-là à suer extrêmement, on ne s'y trouve pas pourtant incommodé ni si fort affoibli par les grandes sueurs que nous le sommes chez nous dans le mois de Juillet & d'Août. On n'y sent pas même la soif d'une manière si pressante, à moins que ce ne soit un excès de travail ou de boire, qui cause l'alteration. On aime ici extraordinairement les eaux de vie, & beaucoup de gens y ruinent leur santé en en prenant trop, au lieu que si l'on en use moderement, on s'en trouve fort bien, leur chaleur rejouïssant & fortifiant les parties interieures, que la sueur laisse dans le froid & dans la foiblesse, sans le secours de ces breuvages-là. Il est certain que des corps nourris & accoûtumez au Climat & au froid de l'Europe, n'ont pas la même vigueur dans les pays chauds.

L'air de cette Isle ne laisse pas d'être extrêmement humide encore qu'il soit fort chaud; delà vient que tous les instrumens de fer, les Coûteaux, les Epées, les Clefs, les Serrures, &c. s'y rouillent très-facilement, & ne tardent gueres à être mangez de la rouille, à moins qu'on ne s'en serve continuellement. C'est cet excès de chaleur & d'humidité qui est la cause que les arbres, & toutes sortes de plantes y viennent si hautes & si larges.

Il y a de toutes sortes de fruits en grande abondance, comme Dattes, Grenades, Citrons, Limons, gros Limons, Raisins, Papayers, Momins, Mombains, Acajous, Icacos, Cerises, figues-d'Inde, Cocos, Plantins, Bonanoes, Guaveos, Poires, pommes de diverses sortes, melons d'eau & de terre, pommes de pin; qui est ce que les Indes ont de plus rare, oranges douces & aigres.

Le poisson de Mer y est en grande abondance, comme Cancres, Ecrevisses, Terbums, Maqueraux, Mulots, Cavalles, &c. Perroquets de Mer, Lapins d'eau, Tortues vertes, qui sont les plus délicieuses de toutes, avec quantité d'autres especes qu'on ne trouve que parmi les Isles de cette côte, les ruisseaux & les étangs de l'Isle n'ont que peu, ou point de poisson.

Il est à noter premierement qu'il n'y a point de bêtes sauvages dans l'Isle, & que de celles qui sont privées & domestiques, on n'en a que ce qui a été aporté d'ailleurs, comme des Chameaux, des Chevaux, des Mulets, des Bœufs, des Taureaux, des Vaches, des Brebis, des Chevres, & des Cochons, dont il y a grand nombre en chaque logement ou plantation. C'est la nourriture ordinaire du pays, & la chair en est estimée delicate & friande; le bœuf & le mouton y sont fort chers: la raison est, qu'il n'y en a que très-peu dans l'Isle, & qu'elle n'en a jamais été fort fournie: mais il seroit aisé d'en multiplier le nombre, si ceux qui ont de la terre en vouloient mettre quelque peu en pâturage.

Les herbes & racines qui s'y trouvent, & qui lui sont communes avec l'Angleterre, sont le Romarin, la Lavande, la Marjolaine, la Sarriette, le Thim, le Persil, le Cerfeuil, la Sauge, le Pourpier, &c. & pour les Racines: les Naveaux, les Potatois, les Oignons, l'Ail, les Raves, & de plus, on y trouve des Choux, des Choux cabuts, des Choux-fleurs, des Laituës, du Soucy, &c.

Les Oiseaux & la volaille du pays, sont les Dindons, les Poules, les Canards de Moscovie, les Pigeons, les Tourterelles, &c. avec une infinité de petits oiseaux, comme moineaux, merles, gorges-rouges, &c.

Les insectes & autres animaux qu'on y voit sont les couleuvres, dont il y en a d'une aûne & demie de long; les Scorpions; il s'en trouve de gros comme des rats, mais ils ne sont point dangereux, & ne font mal ni aux hommes ni aux bêtes. Les Lezards sont souvent dans les maisons, aiment la compagnie des hommes, & ne font jamais le moindre dommage. Il y a encore diverses sortes de Mouches & de Moucherons, qu'on appelle parmi nos gens de noms à demi Espagnols & demi Anglois, *Musketos*, *Cokroches*, & *Marrinings*; ces insectes-là sont très-incommodes la nuit & piquent furieusement; on y trouve aussi des écrevisses de terre en grande abondance, elles sont bonnes à manger; enfin il se voit dans cette Isle une petite Mouche, dont les ailes, tandis qu'elle vole la nuit, jettent une grande clarté. Les Indiens avoient accoutumé de les prendre, & de les attacher à leurs bras ou à leurs jambes pour s'en servir au lieu de Chandelles, mais il leur est défendu de le faire.

Cette Isle produit plusieurs sortes d'arbres utiles à la vie, comme la Locuste, le Mastic, le bois rouge ou *Rod-Nood*, un autre arbre piqué de jaune, que les Anglois appellent *Prickled-Yellero-Nood*, l'autre gris ou l'arche de fer & le cedre, qui sont bons pour la menuiserie & pour les bâtimens. De plus la Casse, la Fistula, la Coloquinte, le Tamarin, la Cassave dont se fait le pain du pays, l'arbre empoisonné ou Poison-Tric, & la noix medicinale, à quoi l'on peut ajoûter le calibasc dont le fruit croît dans une coque qui sert de vaisseau pour mettre de l'eau ou autre liqueur; c'est une espece de gourde. Le Mangras ou Mangras-Tric, qui est prodigieusement haut, le roucou, dont l'écorce sert à faire des cordes, & du chanvre qui étant filé est de grand service; le *lignum vitæ*, la palene qui est un très-bel arbre, avec beaucoup d'autres.

Il se trouve dans cette Isle des Caves, dont quelques-unes sont très-profondes, & assez spacieuses pour contenir jusqu'à trois cens hommes. Elles servent assez souvent d'azile, & de retraite aux Negres qui abandonnent leurs maîtres; ils y sont quelquefois long-temps cachez avant qu'on les puisse découvrir: car ils sortent rarement de jour. Cependant ces lieux-là sont fort mal sains à cause de l'humidité qui y est. On croit que ces trous-là étoient anciennement la demeure des Indiens du pays.

Toute l'Isle des Barbades est partagée en onze paroisses ou divisions, dans lesquelles il y a quatorze Eglises ou Chapelles; il y a beaucoup de lieux que l'on peut appeller du nom de Villes ou Bourgs, qui sont composez d'une longue & large ruë, & embellies de maisons

bien

bien bâties, & à dire le vrai, il y a déja assez longtemps que l'Isle est tellement occupée par les diverses Colonies qui y sont venues d'Angleterre, qu'il n'y a point de terre en friche, & qu'elle est toute couverte de maisons très-peu éloignées les unes des autres.

La Relation de laquelle j'ai emprunté ce qui precede paroissoit suffisante avant que le P. Labat eût reformé les connoissances qu'elle en donne. Je raporterai ici ses propres termes à cause de l'enjouement qui y domine, malgré son chagrin contre les Géographes, & contre les Astronomes.

[a] *Voyages T. 2. p. 129.* Nos Géographes, dit ce Pere [a], ne sont guéres d'accord sur la position de cette Isle : les uns la mettent Est & Ouest de Sainte Alousie, d'autres l'approchent de la Martinique, d'autres la placent entre Sainte Aloufie & Saint Vincent ; mais les Cartes Marines les plus exactes la mettent Est & Ouest de cette derniere Isle environ à vingt lieuës au vent, c'est-à-dire, à l'Est, & par consequent par les 13. degrez & quinze minutes de latitude Nord. Quant à la longitude je n'en dirai rien, je ne l'ai pas mesurée, il y a trop loin delà au premier meridien, & il y a tant de difference, & tant d'erreur dans les mesures de nos Astronomes, que le plus sûr est d'avoir de bons yeux, & de s'en bien servir quand on approche des Isles, *afin de ne pas se rompre le col en suivant les opinions de Messieurs les Arpenteurs des Planetes*, qui sont d'ordinaire aussi sûrs de ce qu'ils avancent, que les faiseurs d'Almanach & d'Horoscope. (Vossius ayant malheureusement donné dans les mêmes principes s'avisa de nier l'utilité des Observations Astronomiques pour la perfection de la Géographie, & s'attira dans l'Observatoire des Censeurs, à savoir le P. Gouye, Mrs. de la Hire & Cassini dont les Repliques dûrent le couvrir de confusion d'avoir voulu parler d'une Science dans laquelle il étoit très-ignorant. Voiez les Memoires de l'Academie pour l'année 1693. Edit. de Hollande p. 357. 455. 460. Le P. Labat qui n'a employé ses Mathematiques qu'à sa Profession d'Architecte, est plus excusable que Vossius qui se piquoit d'attaquer directement ce qu'il croioit savoir à fond ; quoi qu'il n'eût pas même apris les premiers élemens de cette Etude.) Quoiqu'il en soit la vûë de la Barbade me servit à corriger l'idée que je m'en étois formée, sur ce que j'en avois entendu dire. Je me l'étois figurée comme une terre platte, & unie, peu élevée au dessus de la superficie de la Mer ; je vis au contraire qu'elle étoit montagneuse & entrecoupée de falaises, sur tout dans son milieu, beaucoup plus que la grande terre de la Guadeloupe & que Mariegalande, mais aussi beaucoup moins que la Martinique & autres Isles, en comparaison desquelles les montagnes de la Barbade ne sont que des mornes mediocres ou des colines qui laissent entr'elles des fonds de grande étenduë, & des revers ou côtieres très-praticables & bien cultivez. La grande Baye du Pont d'une pointe à l'autre peut avoir une lieuë & demie de largeur, & environ une bonne lieuë de profondeur. Le mouillage y est bon, depuis trente-six brasses jusqu'à huit ou six qu'on trouve dans le fond. La pointe de l'Est qui est la plus avancée est presqu'entierement enveloppée d'un recif à fleur d'eau. Il y a sur cette pointe une batterie à Merlons fermée en maniere d'une grande Redoute où je comptai trente pieces de Canon, qui selon les apparences sont de gros calibre, afin de pouvoir défendre la Baye. La pointe de l'Ouest est beaucoup moins avancée en Mer que la premiere, mais elle est couverte de plusieurs rangs de cayes & de rochers à fleur d'eau, qui font une espece d'estacade assez avancée & dangereuse. Il y a sur cette pointe une batterie à barbette toute ouverte du côté de terre, avec huit gros Canons qui battent dans la Rade. Outre la batterie de trente Canons, dont je viens de parler, il y en a une autre de six pieces à barbette sur la Pointe & la jettée qui forme le Port, qui est devant, & joignant la ville. Cette jettée qui est du côté de l'Est est défenduë par une Redoute octogone qui a dix embrazures, & qui en pourroit avoir davantage. Celle de l'Ouest est aussi défenduë par une Redoute, où il y a douze pieces de Canons, qui battent la Rade & l'entrée du Port. Ce Port n'est pas fort considerable par son étenduë, je n'y vis que des Brigantins, des Barques & autres petits Bâtimens. Comme nous n'y mouillâmes pas, je ne puis pas dire de quelle profondeur il est : il s'y jette du côté de l'Est un ruisseau qui à proprement parler n'est que l'écoulement des eaux d'un marais qui est à côté de la ville, qui se dégorgent quand les pluyes le font croître assez pour devenir plus hautes que la Mer. C'est sur cet endroit qu'on a bâti un Pont qui a donné le nom à la ville qui le porte encore aujourd'hui, malgré tout ce qu'on a pû faire pour lui en faire porter un autre.

Je reserve à l'Article particulier de BRIDGETOWN, ce que ce Pere nous apprend de cette ville. Ce qu'il ajoute est trop curieux pour le negliger. Mais je ne garantis point qu'un peu de haine pour les Anglois ne le fasse tomber dans l'exageration. Le nombre des Esclaves Negres[b] qui sont dans cette Isle, est très-considerable. On me disoit qu'il y en avoit plus de soixante mille. J'en doute encore ; cependant suivant ce que j'ai vû dans la basse terre depuis le Pont jusqu'à Saint Jean, & supposant qu'il y en ait autant à proportion à la Cabesterre où je n'ai point été, je crois qu'il peut bien y en avoir quarante mille ou environ, ce qui est un nombre exorbitant pour une Isle comme la Barbade, qui n'a tout au plus que vingt-cinq à vingt-huit lieuës de circuit. Les Anglois menagent très-peu leurs Negres ; ils les nourrissent très-mal, la plûpart leur donnent le Samedi pour travailler pour leur compte ; afin de s'entretenir de tous leurs besoins eux & leurs familles. Leurs Commandeurs les poussent au travail à toute outrance, les battent sans misericorde pour la moindre faute, & semblent se soucier moins de la vie d'un Negre, que de celle d'un cheval. Il est vrai, qu'ils les ont à très-bon marché : car outre les Compagnies Angloises qui ont des Comptoirs sur les Côtes d'Afrique qui en enlevent tous les ans un nombre prodigieux qu'ils transportent en Amerique, les

[b] *Ibid. p. 134.*

Mar-

Marchands Interloppes en apportent encore beaucoup, qu'ils donnent à meilleur marché que les Compagnies. Les Ministres ne les instruisent, & ne les baptisent point; on les regarde à peu près comme des bêtes à qui tout est permis pourvû qu'ils s'acquittent très-exactement de leur devoir. On souffre qu'ils ayent plusieurs femmes, & qu'ils les quittent quand il leur plaît; pourvû qu'ils fassent bien des enfans, qu'ils travaillent beaucoup, & qu'ils ne soient point malades, leurs Maîtres sont contens, & n'en demandent pas davantage. On punit très-rigoureusement les moindres désobéïssances, & encore plus les révoltes, ce qui n'empêche pas qu'il n'y en arrive très-souvent, parceque ces malheureux se voyant poussez à bout plus souvent par leurs Commandeurs yvrognes, déraisonnables & barbares, que par leurs Maîtres, perdent à la fin patience, s'assemblent, se jettent sur ceux qui les ont maltraitez, les déchirent & les mettent en piéces; & quoi-qu'ils soient assûrez d'en être punis d'une maniere très-cruelle, ils croyent avoir beaucoup fait quand ils se sont vengez de leurs impitoyables bourreaux. C'est alors que les Anglois courent aux Armes, & en font de grands massacres, ceux qui sont pris & conduits en prison sont condamnez à être passez au moulin, brûlez tout vifs ou exposez dans des cages de fer, qui les serrent de maniere, qu'ils ne peuvent faire aucun mouvement, & en cet état on les attache à une branche d'arbre où on les laisse périr de faim & de rage. On appelle cela mettre un homme au sec. J'avouë que ces suplices sont cruels; mais il faut prendre garde avant de condamner les habitans des Isles de quelque nation qu'ils soient, qu'ils sont souvent contraints de passer les bornes de la moderation dans la punition de leurs Esclaves, pour les intimider, leur imprimer de la crainte & du respect, & s'empêcher eux-mêmes d'être la victime de la fureur de ces sortes de gens, qui étant ordinairement dix contre un blanc, sont toûjours prêts à se revolter, à tout entreprendre, & à commettre les crimes les plus horribles, pour se mettre en liberté. Quoi que ces sanglantes exécutions ne se fassent pas si souvent chez les François que chez les Anglois, parceque nos Esclaves ne sont pas en si grand nombre, que la Religion dans laquelle on les éleve leur inspire des sentimens plus humains, & qu'on les traite d'ailleurs avec plus de douceur & de charité que ne font les Anglois.

On prétend que les Anglois ont découvert la Barbade, & qu'ils s'y sont établis dès l'année 1627. que ce fut un de leurs vaisseaux, qui revenant du Bresil où, selon les apparences, il étoit allé faire la course, fut poussé par la tempête sur la côte de cette Isle, qui ayant fait rapport à ses Maîtres de sa découverte *, on y envoya aussi-tôt une Colonie qui y a fait l'établissement qu'on y voit encore aujourd'hui; mais j'ai peine à croire, dit le Pere Labat, qu'il soit si ancien. Car il est constant que celui des François, & des Anglois à Saint Christophle est sans contredit le premier de ces deux Nations ont eu dans le Golphe de Mexique, & cependant il n'a été fait qu'en 1627. Quelle apparence y a-t-il que

a p. 135.

les Anglois ayant fait ces deux établissemens en même tems si éloignez l'un de l'autre, & qu'ayant alors toutes les Isles à leur disposition, ils ayent choisi, & se soient placez dans celles qui étoient les plus petites, qui manquoient absolument de Ports pour retirer leurs vaisseaux, pendant que les François se sont postez longtems après eux dans les plus grandes, les meilleures, les mieux fournies de bonnes eaux, & où ils ont des Ports naturels, excellens, & très-sûrs pour mettre leurs navires en sûreté dans les plus grandes tempêtes. Quoiqu'il en soit du tems de l'établissement des Anglois à la Barbade, il est certain que leur Colonie est très-riche & très-florissante, que toute l'Isle est découverte, défrichée & cultivée, & qu'il y a long-tems que les Forêts dont elle étoit couverte sont abbatuës & consommées. On y a fait autrefois beaucoup de Tabac. On a ensuite cultivé le Gengembre & l'Indigo. On fait encore du Coton en quelques endroits, mais le sucre est à present presque l'unique chose à laquelle l'on s'attache. Le terrain, du moins celui de la Basseterre que j'ai vû d'un bout à l'autre, est extrêmement maigre, sec & usé; on est obligé de replanter les cannes au moins tous les deux ans, souvent même à chaque couppe, & malgré ce travail, elles auroient de la peine à venir dans beaucoup d'endroits si on ne fumoit pas la terre: de sorte qu'il y a nombre de petits Habitans qui ne font autre négoce que celui du fumier. Ils font ramasser par leurs Esclaves des pailles, de mauvaises herbes, du groymon, & autres ordures, & les mettent pourrir dans des trous faits exprès avec les immondices des parcs de leurs Cochons, de leurs bêtes à cornes, & de leurs chevaux, & vendent très-bien cette Marchandise. Le sucre qu'on fait à la Barbade est fort beau. Ils pourroient le terrer comme nous faisons chez nous, & réussiroient très-bien, cependant ils ne le font point, ou du moins très-rarement, il faut qu'ils ayent des raisons, ou des défenses qui les en empêchent. Ils ne mettent pas d'abord leurs sucres bruts ou Moscouades en Barrique, comme on fait aux Isles Françoises; ils les mettent dans des formes de bois ou de terre, & lors qu'il est bien purgé, ils coupent les deux bouts du pain, c'est-à-dire, la pointe qui est toûjours la moins purgée, la plus noire, & la plus remplie de Sirop, & le gros bout où est la fontaine grasse, & repassent ces deux morceaux dans leurs chaudieres, & pour le corps de la forme ou du pain, ils le font secher au Soleil avant de le piler, pour en remplir les Caisses, & les Barriques où ils le mettent. Ces preparations rendent le sucre brut fort aisé à être raffiné, avec tout cela ils me permettront de leur dire, que nous en faisons à la Martinique, à la Guadeloupe, & à S. Domingue d'aussi beau sans y faire tant de façons, & que notre sucre passé, lors qu'il est fait comme il doit l'être, est infiniment plus beau & meilleur, quoi que nous le mettions d'abord en Barrique, sans prendre la peine de le mettre en forme, de le faire sécher & piler. Il est vrai que je n'ai pas remarqué qu'ils passent leur vesou au drap comme nous faisons. Ils ont des Moulins à vent & à chevaux,

vaux. Pour des Moulins à eau il n'en faut pas parler à la Barbade, il n'y a point de rivieres pour les faire tourner, & l'eau y est quelquefois plus rare, & plus chere que la biere & le vin. J'ai vû assez souvent à la Guadeloupe des Barques Angloises d'Antigues, & d'autres endroits qui venoient se charger d'eau à nôtre riviere pour des particuliers qui en manquoient ou pour des vaisseaux qui devoient retourner en Europe. Ce défaut d'eau est commun à toutes les Isles Angloises, excepté Saint Christophle, & leur cause de grandes incommoditez surtout à la Barbade, où ils sont réduits à conserver les eaux de pluye dans des mares ou étangs, dont quelques-uns sont naturels, & les autres artificiels, mais de quelque espece qu'ils puissent être, l'eau y est bientôt corrompuë par la chaleur du Soleil, par les crabes qui s'y noyent, par les bestiaux qu'on y abreuve, par le linge qu'on y lave, & par les Negres qui ne manquent jamais de s'y aller baigner autant de fois qu'ils le peuvent : de sorte que ceux qui sont contraints de boire de ces sortes d'eaux, sont assûrez de se mettre dans le corps ce qui a servi à quantité d'autres usages, & qui est déja plus de moitié corrompu. C'est delà, à mon avis, que viennent quantité de maladies, qui font de grands ravages parmi leurs Negres, surtout le Scorbut & la petite verolle. Pour peu que les Habitans ayent de bien, ils font faire de citernes chez eux où l'eau se conserve assez pourvû qu'on ait soin que les crabes, & les rats n'y puissent pas tomber : car quand cela arrive, la corruption des corps de ces animaux gâte absolument les citernes. Il y en a d'autres qui conservent les eaux de pluyes dans des futailles, de grands canaris de terre du païs, ou des jarres qui viennent d'Europe : car on met tout en usage pour avoir de l'eau & la conserver. C'est dommage qu'une Isle si belle & si bien peuplée, & cultivée ait cette incommodité. Les Habitations ou Plantations, comme ils les appellent, sont beaucoup plus petites à proportion qu'elles ne le sont dans les Isles Françoises : & il ne faut pas s'en étonner: l'Isle n'est pas grande & elle a beaucoup d'Habitans ; il faut du terrain pour tout le monde, voilà ce qui fait qu'on en a peu, & qu'il est très-cher. Les Maisons qui sont sur les Habitations sont encore mieux bâties que celles des villes, elles sont grandes, bien percées, toutes vitrées, la distribution des appartemens est commode & bien entenduë. Elles sont presque toutes accompagnées de belles allées de tamarins, ou de gros orangers que nous appellons *Chadecq*, ... ou d'autres arbres qui donnent du frais, & rendent les Maisons toutes riantes. On remarque l'opulence & le bon goût des Habitans dans leurs meubles qui sont magnifiques, & dans leur Argenterie, dont ils ont tous quantitez considerables : desorte que si on prenoit cette Isle, cet Article seul vaudroit bien la prise des Gallions & quelque chose plus, & cette entreprise n'est pas si difficile qu'on se l'imagine ; il ne faudroit que rassembler quatre à cinq mille de nos Créolles & de nos Flibustiers, avec une douzaine de vaisseaux de guerre, pour appuyer la descente, donner de la jalousie aux Anglois, ou s'opposer aux secours qui leur pourroient venir de dehors, pour rendre bon compte de cette Isle. Mais il ne faudroit point de Troupes d'Europe qui se mêlassent à celles du Païs, on sait qu'elles ne peuvent s'accommoder ensemble, & nos Creolles leur reprochent qu'elles sont plus propres à piller, qu'à se battre dans ces païs chauds. Ils prétendent que ce qui s'est passé aux prises de Cartagene, de Saint Eustache, de Corossol, de Nieves & d'autres endroits, sont des preuves de ce qu'ils disent ; je ne veux point entrer dans cette discussion, parce que je ne dois pas prendre parti : je sais que nos Creolles & nos Flibustiers sont braves, se battent bien, sont faits au païs, accoûtumez à supporter sans peine la chaleur & les autres fatigues ; je sais aussi que les Troupes qui pourroient venir d'Europe savent en perfection l'art de faire des siéges ; mais c'est de cela dont on n'a pas besoin à la Barbade, où il n'y a ni ville fortifiée ni citadelle.

Le Rivage de cette Isle est presque par tout bordé de Roches.

BARBAGIA. Voiez BARBARICINS.

BARBAIRA, contrée de l'Isle de Sardaigne, selon la Carte de cette Isle par Magin. Cet Auteur distingue BARBAIRA IOLAI, qui est vers la source de la Riviere qui se jette dans la Mer entre *Orose* & *Galtellæ*; & BARBAIRA BERUI dans les montagnes où prend sa source la Riviere nommée le *Sepro*, & BARBAIRA SEVOLI entre les deux dont je viens de parler. Au lieu de ces surnoms *Iolai*, *Sevoli*, & *Berui*, Mess. Maty & Corneille disent *Lolai*, *Sevola*, & *Bervi*. Ils ajoutent que ce pays a pris son nom d'un ancien peuple de la Sardaigne qui vivoit dans les montagnes ; & que selon eux on appelloit BARBARICINS. Voiez BARBARICINS.

BARBALESO, Ville de laquelle Metaphraste fait mention dans les Vies des SS. Serge & Bacchus. Ortelius conjecture qu'elle étoit dans l'Asie, & peut-être dans la Capadoce, j'ajoute qu'elle est la même que BARBALISSUS. On en verra la preuve à l'Article SERGIOPOLIS. Mr. Baillet[a] la met dans la Syrie Euphratesienne. Etienne le Géographe met BARBALISSUS comme une forteresse de l'Orient. Ptolomée[b] la nomme BARBARISSOS, & Antonin[c] ARABISSUS. Ptolomée[d] nomme Chalybonitide la contrée de la Syrie où elle étoit, & Berkelius dit[e] qu'elle étoit de la petite Armenie aux frontieres de la Comagene.

[a] Topog. des Saints
[b] l. 5. c. 15.
[c] Itiner.
[d] l. c.
[e] in Stephan. p. 209. n. 53.

BARBAMBOU. Voiez BARBANDE.

BARBANA, selon Tite-Live[f] ou BARBENNA selon Vibius Sequester ; Riviere de l'Illyrie qui couloit à Scodra, & qui venoit du Palus ou Marais Labeatide. C'est presentement LA BOYANA.

[f] l. 44. c. 31.

BARBANÇON[g], beau village des Païsbas dans le Hainaut, avec un beau château qui a titre de Principauté, à une petite lieue de Beaumont. Mr. Corneille dit que cette Principauté fut érigée l'an 1614. par l'Archiduc Albert en faveur de la Maison de Ligne.

[g] Dict. Géog. des Pays-bas.

BARBANDE, Ville d'Egypte. Elle est ancienne, dit Marmol[h], & a été fondée par les Egyptiens sur le bord du Nil à cent trente-

[h] T. 3. l. 11. c. 38.

te quatré lieues du Caire; on n'y voit plus que les ruines des murs & des Temples, car les Arabes en ont transporté les colomnes, & les pierres les plus confiderables en la ville de Sienne (*Syene.*) Il ajoute qu'on trouve encore en cette contrée des medailles d'or, & d'argent, & de riches piéces d'Emeraude que l'on nomme d'Ubedie. En comparant ces paroles de Marmol, & la Carte d'Egypte que Sanson a dreffée pour cet Auteur; avec celle du cours du Nil inferée dans les Voyages de Mr. Paul Lucas, je fuis persuadé que la Barbande de Marmol est le même lieu que le Sr. Lucas nomme DANDRE dans un Voyage & ANDERA[a] dans un autre. Il referve au pays le nom de Barbambou.

[a] Voyez chacun de ces deux Articles.

BARBANISSA. Voiez SARBANISSA.

BARBARA, Village de Sicile dans la Vallée de Mazara, près de la Riviere de St. Barthelemi à une lieue de la ville de Caftel-a-Mar du côté du Midi. On voit à Barbara les ruines d'une ancienne ville qu'on nommoit ACESTA, EGESTA & SEGESTA.

BARBARES. Ce mot n'avoit pas dans fon origine la fignification qu'on lui a donnée enfuite, & c'est un de ces mots qui après avoir été pris en bonne part ont été deftinez par l'ufage à n'être plus qu'une injure. Nous entendons par le mot *Barbares* des peuples fans loix, fans mœurs, fans humanité; tels que font les Cannibales, & certains peuples de l'Afrique, & de l'Amerique. Les Grecs donnoient le nom de Barbares aux Etrangers, qui ne parloient pas la Langue Grecque. Les Romains entendoient par ce nom tout ce qui n'étoit pas foumis à leur Empire. C'est dans ce fens que St. Paul dans fon Epître aux Romains[b], dit qu'il est obligé de prêcher aux Grecs, & aux Barbares. Ce ne fut même qu'aflez tard que les Romains imiterent les Grecs en cela, car Plaute[c] parlant de Nævius, Poëte Latin, le nomme Barbare; parce qu'il n'avoit pas écrit en Grec; & en parlant de foi-même il fe fert du même mot au fujet d'une Comedie de Demophile qu'il avoit mife en Latin

[b] c. 1. v. 14.
[c] Mil. glor. Act. 2. fc. 2. v. 56.

Demophilus fcripfit, Marcus vertit Barbaré.

Horace fe fert de ce mot pour defigner la Phrygie.

[d] l. 1. Epift. 2. v. 7.

[d] *Gracia Barbaria lento collifa duello* &c.

&

[e] Epod. 9. v. 5 & 6.

[e] *Sonante mixtum Tibiis carmen lyra
Hac Lydium, illis Barbarum.*

Virgile dit dans ce fens:

[f] Æneid. 1. v. 504.

[f] *Barbarico poftes auro fpoliifque fuperbi,*

Lucrece avoit dit avant eux,

[g] l. 2. v. 501.

[g] *Jam tibi Barbarica veftes* &c.

Et dans tous ces pafiages il s'agit de la Phrygie, comme les Critiques en conviennent. Le Panegyrifte de Diocletien & de Maximien, parlant des anciens Bourguignons que Conf-

tance fit venir de l'Allemagne, & du Nord pour leur diftribuer des terres, dit: *ab ultimis Barbariæ littoribus avulfi* &c. Les Bourguignons après s'être établis dans les Gaules, & y avoir formé un Royaume particulier ne firent point de difficulté de fe nommer eux-mêmes Barbares. On le voit dans la Loi Gombette, où ces mots *tam Barbari, quam Romani,* font fouvent repetez; on doit entendre par *Romani*, les habitans des Provinces qui étoient fujettes à l'Empire Romain en Occident, & par *Barbari* tous les Etrangers qui avoient occupé ces Provinces. On voit par les propres Loix de ces derniers que bien loin de s'offenfer de ce nom ils fe le donnoient eux-mêmes. Outre l'exemple de la Loi Gombette, on en a un autre dans la Loi Salique où l'on apelle *Franc* ou *Barbare*, celui qui vit fous la Loi Salique. *Si quis ingenuus hominem Francum aut Barbarum occiderit qui Lege Salica vivit, &c.* Les Barbares de la Gaule étoient les François, les Bourguignons, & les Wifigoths, ceux de l'Efpagne étoient les mêmes Goths & les Sueves; ceux de l'Italie étoient les Oftrogoths, l'Afrique eut auffi les fiens qui furent les Vandales, & les Alains. Dans un grand nombre d'Auteurs du moyen âge, on lit *Barbara* & *Barbarica Lingua*, pour dire la langue vulgaire des Allemans. L'Auteur de la Vie de St. Deicole fait mention d'une Eloquence Barbare, *Barbarica facundia*, pour marquer un homme qui s'énonçoit facilement en Langue vulgaire. C'eft l'origine du mot *Barbarifme* pour fignifier une façon de parler qui tient moins de la Langue Latine que de la vulgaire. Gregoire de Tours fe fert prefque toujours du mot *Barbares* pour fignifier ceux qui n'étoient pas Chrétiens. BAR en Syriaque fignifioit un étranger; les canons d'Irlande[h] le prennent dans le fens d'Ennemi, & impofent quatorze ans de penitence à ceux qui fervivoient de guides aux Barbares. *Qui præbet ducatum Barbaris quatuordecim annis pœniteat.* Le Concile de Chalcedoine[i] veut que le Siége de Conftantinople ordonne les Evêques Metropolitains des Diocèfes du Pont, de l'Afie mineure & de la Thrace, & outre cela les Evêques defdits Diocefes *qui funt in Barbarico*; c'eft-à-dire hors de l'Empire. C'eft de cette fignification du mot *Barbare* pour dire étranger que les Loix maritimes nomment *Barbaries* les marchandifes naufragées que la Mer va rejetter dans un autre pays.

[h] l. 57. c. 2.
[i] Canon. 28.

1. §. BARBARIA, Riviere de la Turquie; on la nomme BAIANE dans le pays, dit Mr. Corneille[k]. Comme j'ai obfervé que lorfqu'il ne cite point fon Auteur, c'eft ordinairement l'édition Latine de Mr. Baudrand qu'il traduit, je crois que l'Article de *Barbaria* de Mr. Corneille pourroit bien être venu de celui-ci[l]: BARBANA, *fluvius Illyrici in Dalmatia, nunc la Boiana dicitur, oritur ex montibus.* Le copifte aura fait *Barbaria* de *Barbana*, & aura produit un nouveau nom.

[k] Dict.
[l] Baudrand Ed. 1682.

2. BARBARIA, les anciens ont donné ce nom aux pays habitez par les peuples qu'ils traitoient de Barbares. Mais ces pays étoient bien éloignez, & bien differens de ce que nous appellons aujourd'hui la *Barbarie*. Ptolomée nomme BARBARIA toute la côte d'Afrique

98 BAR.

a Plinian. Exerc. in Solin. p. 797.

depuis la Troglodytique jusqu'au Promontoire *Raptum* ; c'est-à-dire tout le pays qui s'étend depuis le Royaume d'Adel ou de Zeila, qui est l'Azania de Ptolomée jusqu'à la Riviere de Quilmanci. Saumaise[a] parlant de la *Rheubarbe* nommée par les Anciens *Rha Barbaricum*, distingue entre le *Rha-ponticum*, duquel a parlé Dioscoride, & le *Rha-* ou *Rheubarbarum*, & observe que quelques anciens Medecins les ont confondues mal à propos, quoi qu'elles soient très-diferentes de figure & d'effets. Isidore dit *Rheubarbarum* ou *Rheuponticum* ; celui-ci est ainsi nommé, parcequ'il naît dans le pays des Barbares, *in solo Barbarico*, au delà du Danube. (Cela convient assez avec Astracan, où coule la Riviere du Rha, & autour de laquelle ville il y a de la *Rheubarbe* en abondance.) L'autre, poursuit Isidore, parce qu'il naît autour du Pont ; & *Rheu* signifie racine. Saumaise ajoute que cette racine fut nommée *Barbarique* de la Barbarie ainsi proprement dite par les Grecs modernes. Etienne le Géographe dit que la Barbarie est un pays auprès du Golphe Arabique, ce qu'il ne faut pas entendre comme s'il disoit qu'elle étoit dans ce Golphe, mais ce mot *auprès*, παρὰ, doit s'expliquer hors le Golphe en allant vers le Midi. Marcien d'Heraclée confirme ce que je viens de dire : après la Mer rouge, dit-il, en tournant vers le Midi, & aiant la côte à sa droite, on trouve le mont Elephas & le pays qui produit les Aromates, après quoi suit la (Barbarie ou) Province Barbarique, & la Mer Barbarique dans laquelle Mer il y a plusieurs Golphes, & plusieurs *Platains* (le Grec dit Δρόμοι qui signifie courses ou lieux propres à faire une course) de ce qu'on apelle l'Azanie (qui repond à ce que nous apellons le Royaume d'Adel, comme je l'ai remarqué ailleurs.) Entre les principaux Golphes le premier se nomme *Apocopa* ; après cela de suite sont le grand & le petit rivage, puis un autre vaste Golphe jusqu'au promontoire *Raptum*.

3. BARBARIA. Ortelius trouve dans la Vie de l'Empereur Severe écrite par Lampridius, un pays sur la Mediterranée nommé *Barbaria*, & soupçonne que ce pourroit bien être le même que celui que nous appellons Barbarie.

4. §. BARBARIA. Aulugelle parlant d'un Thrace dit qu'il étoit venu du fond de la Barbarie *ex ultima Barbaria* ; ce n'est pas à dire pour cela que la Barbarie fût un des noms de la Thrace ; mais bien un nom apellatif, employé pour designer le caractère des habitans.

Voiez BARBARIE.

b Itiner.

1. BARBARIANA, Ville d'Espagne selon Antonin[b], sur la route d'Astorga à Tarracone. Mariana suivi par Ortelius dit que c'est peut-être presentement ARAVIANA, ou même ALMENARA, selon Mr. Baudrand.

2. BARBARIANA, autre ville ancienne d'Espagne entre Gibraltar & *Malaca*, selon le même Antonin à 10. mille pas de Calpe Tarpeia. Quelques-uns disent que c'est aujourd'hui BARBESOLA.

BARBARICUM EMPORIUM, port de Mer d'Asie sur l'un des bras de l'Inde

BAR.

nommé *Synthus*[c], par l'Auteur du Periple de la Mer Erythrée attribué à Arrien. Il dit qu'il y abordoit des vaisseaux de plusieurs endroits. Il entre dans le detail des marchandises que l'on y portoit. Ptolomée place une ville nommée BARBARI[d], dans une des Isles que forme l'Inde à son Embouchure, & ce doit être la même chose.

c Geog. veter. Oxon. T. 1. p. 22.

d l. 7. c. 1.

1. BARBARICUS CAMPUS, les anciens ont ainsi apellé une plaine de la Syrie dans laquelle étoient les villes de Zenobie, & de Sergiopolis. Procope en parle ainsi : Cosroès envoya pour ce sujet à Sergiopolis ville de l'obeïssance des Romains laquelle a pris son nom de Sergius si celebre parmi les Chrétiens, & qui est située dans un champ appellé *le champ Barbare*, à cent vingt-six stades de Sura du côté du Nord. L'autorité de Procope qui connoissoit l'Orient beaucoup mieux que l'Occident est sufisante pour prouver que ce champ s'apelloit ainsi. On trouvoit assez près de Sergiopolis qui auparavant s'apelloit RASAPHE, à neuf lieues de Sura, une ville nommée *Barbalisse* par la plupart des Auteurs, & *Barbarissus* par Ptolomée. Ces noms avoient peut-être la même origine.

2. BARBARICUS SINUS, Ortelius qui explique ce lieu par le Golphe de Melinde le confond assez mal avec le Golphe Troglodytique de Pline. Les Troglodytes ne s'étendoient point jusques-là, & avoient leurs Bornes qui les separoient de l'ancienne Barbarie.

Voiez BARBARIA 2.

BARBARIE, grande contrée d'Afrique, & qui en occupe les côtes Septentrionales tant de l'Océan que du Détroit & de la Mediterranée. Les Arabes appellent cette Province BERBERIE[e], nom derivé de BER qui signifie, *Desert*, parce que cette contrée n'étoit gueres peuplée avant que les Arabes s'y habituassent : ses habitans portent encore aujourd'hui le nom de BEREBERES. D'autres veulent que ce nom soit d'origine Latine, & que les Romains ayant conquis cette Province l'aient appellée *Barbarie*, par rapport à l'humeur farouche & barbare de ses habitans. On sait que c'étoit la coutume des Grecs & des Romains d'appeler *Barbares*, les peuples dont les mœurs, & les coutumes étoient differentes des leurs. Mais Jean Leon dit, que les Arabes ont appellé les Africains blancs *Barbares* de *Barbara*, qui marque le son que forme une personne qui parle entre les dents, parce que la Langue des Africains ne leur paroissoit qu'un jargon inintelligible.

e Dapper Afrique p. 116.

La Barbarie est renfermée entre le mont Atlas, l'Océan Atlantique, la Mer Mediterranée & les deserts de Libye & d'Egypte. Elle commence depuis le mont Aidvacal, qui est le premier point du Grand Atlas, comprenant la ville de Messe & le Païs de Sus, & s'étend delà au Couchant le long de l'Océan, au Septentrion le long du Détroit de Gibraltar, & de la Mer Mediterranée jusqu'à Alexandrie, à l'Orient elle a le desert de Barca, & au Midi le Grand Atlas. Sa longueur depuis l'Ocean Atlantique jusqu'en Egypte est de 600. lieües d'Allemagne, & sa largeur depuis le mont Atlas jusqu'à la Mer Mediterranée

ranée est de 82. mais cette largeur est moindre ou plus grande à mesure que les côtes, & les Montagnes avancent plus ou moins. Marmol fait la Barbarie beaucoup plus grande, & lui donne plus de 1200. lieuës Espagnoles de long depuis la ville de Messe, située vers l'Océan, & la partie Occidentale de la Barbarie jusqu'à Tripoli, où sont contenus les Royaumes de Maroc, de Fez, de Tremécen & de Tunis; & l'on peut ajoûter à cette longueur, ce qui est entre Tripoli & le Desert de Barca: une étenduë de Païs d'environ 200. milles. Il prend la largeur de la Barbarie depuis les côtes maritimes jusqu'aux deserts sablonneux de la Libye interieure, où il compte plus de 180. lieuës Espagnoles.

Les Géographes ne s'accordent pas bien dans la division de la Barbarie. Cluvier[a] & Golnitz[b], divisent cette contrée en six parties, Barca, Tunis, Trémecen, Fez, Maroc & Dara; la premiere est une Province, & les autres cinq des Royaumes. La Barbarie ainsi divisée comprend les deux Mauritanies des Anciens, la Césarienne & la Tingitane, qui sont les trois Royaumes de Dara, Fez & Maroc, la nouvelle Numidie, le Gouvernement d'Afrique, aujourd'hui Tunis; la Libye & la Marmarique présentement Barca. Mais Davity renferme Dara dans le Biledugerid, & divise la Barbarie en cinq Royaumes, Maroc, Fez, Alger, Tunis & Tripoli: & cette division peut être admise, parce que les Royaumes de Telesin, & de Trémécen sont maintenant incorporez au Royaume d'Alger, & que Barca est une des dependances du Royaume de Tripoli.

Toute la Barbarie est situëe sous une des zones temperées, n'étant ni trop près, ni trop loin de la ligne Equinoctiale. Toutes les Côtes & les Montagnes qui sont sur le bord de la Mer Mediterranée, depuis le détroit de Gibraltar jusqu'en Egypte sont plutôt froides que chaudes, & il y tombe de la neige en certains tems de l'année. Les pluyes commencent à regner à la mi-Octobre par toute la Barbarie; les mois de Décembre & de Janvier sont les plus rigoureux, cependant le froid n'y est pas si sensible qu'on ait besoin d'allumer du feu: le froid diminuë dès le mois de Janvier, & le temps est alors si inconstant, qu'il change souvent trois ou quatre fois le jour. Les vents d'Occident & du Septentrion y souflent avec violence dans le mois de Mars, & rendent la terre fertile. En Avril tous les arbres commencent à fleurir, & sur la fin du même mois on trouve des cérises mûres dans les Royaumes de Fez, d'Alger & de Tunis, & dans quelques places du Royaume de Maroc. A la mi-Mai on y cueille des figues, & à la mi-Juillet on y mange en abondance, des pommes, des poires, des prunes, & des raisins, cependant la recolte entiere des fruits ne se fait qu'au commencement de Septembre. Le printemps commence le 25. Fevrier & dure jusqu'au 28. de Mai, & le tems est toûjours beau pendant ces trois mois. Quand il n'y pleut pas le 25. Avril jusqu'au 5. de Mai, la recolte n'est pas bonne. On appelle la pluye qui tombe en ce temps-là

Tom. I. Part. 2.

[a] Introd. ad Geog.
[b] Compend. Geogr.

l'eau de *Naisan*, comme qui diroit une eau envoyée du ciel, & on la recueille en de petits vaisseaux pour la conserver. L'Eté dure depuis le 28. de Mai jusqu'au 16. d'Août. Il y fait alors fort chaud & particuliérement dans les mois de Juin & de Juillet, & s'il vient à pleuvoir pendant ce temps-là, l'air s'enflamme & cause beaucoup de févres malignes. L'automne commence le 17. d'Août, & dure jusqu'au 16. de Novembre. On y féme les plaines au mois de Fevrier, & les Montagnes au mois d'Octobre.

Les *habitans* de la Barbarie sont de trois sortes, les Africains originaires du Païs, les Turcs qui y viennent chercher fortune, & les Arabes qui se tiennent dans les deserts. Les Africains sont de deux sortes, les blancs qui demeurent sur les côtes, & dans les villes des Corsaires, comme Alger, Tunis, Salé, Tripoli, & Bone, & Bugie; & les noirs qui sont plus avant vers le Midi.

Voici ce qu'on sait de leurs *mœurs*. Un homme peut épouser plusieurs femmes en même temps. Cependant la plupart n'ont qu'une femme legitime, mais ils entretiennent plusieurs esclaves & concubines. Tous les enfans sont égaux, & quand le pere est mort, ils partagent tous également son bien. Toutes les ceremonies qu'ils observent quand ils se marient consistent en ceci: l'homme se présente devant le Cadi, & fait une déclaration par écrit comme il prend une telle en mariage. Ils peuvent se séparer quand il leur plaît, & la femme aussi bien que l'homme a droit de demander le divorce. Quand c'est la femme qui abandonne son mari, le pere est obligé de donner à l'Epoux la dot qu'il lui a promise. Quand c'est le mari qui repudie sa femme, il n'en peut rien prétendre, si ce n'est qu'il la puisse convaincre d'adultere. Les filles & les femmes se tiennent toujours voilées, & même l'Epoux ne peut voir son Epouse que le soir de ses nôces. Les Maris y sont si jaloux que les femmes n'osent parler à leurs peres mêmes, que le visage couvert. Ceux qui veulent s'y marier & s'informer auparavant de la beauté, de l'esprit & du bon naturel d'une fille, sont obligez de s'en enquerir des peres & des meres. Ils ont plusieurs méchantes coutumes; les enchantemens & les sortileges y sont en vogue quand ils sont malades, ils s'adressent à des sorcieres, qui se vantent de les guerir avec des caracteres, & des paroles tirées de l'Alcoran. Aussi n'ont-ils point de Medecins mais seulement des Chirurgiens, & sont peu d'Apoticaires & de Droguistes. Leurs devots ont de plaisantes *Superstitions*, quand ils sont malades. Ils vont visiter les sepulchres de leurs *Morabouts*, qui sont les Saints de leur Loi, & mettent force viandes sur la tombe. Que si quelque bête en mange, ils s'imaginent que cet animal prendra le mal, & que le malade guerira. Lorsque leurs femmes sont dans le travail de l'accouchement, elles envoient leurs enfans à l'école & leur donnent un grand linceul à tenir par les quatre bouts, où on met un œuf de poule: ces enfans sortent & vont chantant dans les ruës des prieres qui ont des refrains; les Turcs & les Mores émus de compassion jettent des seaux pleins d'eau au milieu

N 2   du

du linceul & au deſſus de l'œuf, s'imaginant que cette effuſion fait delivrer les femmes en couche. Voici une autre ſuperſtition qui n'eſt pas moins ridicule. Quand ils ont mal à la tête, ils prennent un agneau, ou un chevreau, & le battent juſqu'à ce qu'il tombe par terre, dans l'opinion que le mal paſſera de leur tête dans celle de cet animal. Mais en revanche, ils ont deux autres bonnes coutumes, 1. c'eſt pas dans quelque emportement qu'ils tombent, ils ne prennent jamais le nom de Dieu en vain, & même dans les Langues dont ils ſe ſervent, Arabeſque, Turque, & Africaine, il n'y a ni juremens, ni paroles de blasphème. Et quand on ſurprend quelque Renegat jurant dans les termes de ſa Langue, on le punit ſeverement. La ſeconde coutume qui n'eſt pas moins louable eſt, que quelques demêlez qu'ils aient enſemble, ils n'en viennent jamais aux coups, & beaucoup moins, juſqu'à l'aſſaſſinat & à l'homicide.

Les habitans de Barbarie ont *l'eſprit* vif, comme il paroît par leurs ouvrages ; ils ſont fort devots & fort aſſidus à frequenter leurs Moſquées, & à reciter leurs prieres ; ils ſont extrêmement ſenſibles ſur le point d'honneur, qu'ils ſont conſiſter dans la chaſteté de leurs femmes. Ils aiment paſſionnément les richeſſes, mais ils ſont ſi modeſtes dans leurs diſcours, qu'on ne les entend jamais proferer en public des paroles deshonnêtes. Les inferieurs répondent d'une maniere fort ſoumiſe à leurs ſuperieurs, & les filles ont tant de reſpect, pour leurs peres, qu'elles n'oſeroient parler de galanterie, ni chanter des airs amoureux en leur preſence. Ceux qui demeurent ſous des tentes, ſur des montagnes, ou en raze campagne, comme les Arabes, & les Bergers, ſont liberaux, vaillants, laborieux, d'un naturel humble & doux, mais ils ſont pauvres, & ont beaucoup de peine à gagner leur vie. Les habitans des villes au contraire ſont arrogans, vindicatifs, cruels à l'égard des Etrangers, avares, inquiets, & ne penſent qu'à amaſſer de l'argent. Ils ont peu d'intelligence du négoce, quoi qu'ils négotient continuellement, & ne ſavent ce que c'eſt que les banques, les lettres de change, & l'envoi des marchandiſes d'une place à l'autre, parce que comme ils ne ſe fient pas aux Etrangers, ils veulent toujours être près de leurs marchandiſes, & les portent eux-mêmes de côté & d'autre. Ils ſont vanteurs, ſuperbes, meſians & peu laborieux, enclins à croire les bruits de ville, & de mauvaiſe foi dans le commerce. Ils aiment les Sciences, & s'appliquent à l'Hiſtoire, aux Arts Liberaux, & à l'intelligence de leur Loi. Ils s'addonnoient autrefois beaucoup aux Mathematiques, à la Philoſophie, & à l'Aſtrologie, mais depuis environ 500. ans, leurs Princes les ont défenduës. Ils ſavent mener un cheval avec beaucoup d'adreſſe, & montent & deſcendent avec une agilité qui ſurprend les Etrangers.

Les principales *armes* de ceux qui demeurent dans le milieu du Païs ſont de longues piques ; qu'ils manient avec beaucoup de dexterité : mais les peuples qui demeurent ſur les côtes ſe ſervent auſſi d'armes à feu.

Les habitans de Barbarie ne paſſent pas d'ordinaire l'âge de 65. ou 70. ans, ſi ce n'eſt ceux qui ſe tiennent ſur les montagnes, où l'on trouve des vieillards au deſſus de cent ans, qui ſont encore forts & robuſtes, & labourent la terre comme des jeunes gens. Les habitans des côtes, à cauſe des vents qui y ſouflent, ſont ſujets à moins de maladies que ceux du plat païs.

La Barbarie fournit les païs Etrangers de beaucoup de marchandiſes, comme de peaux de bœufs, de toiles de lin, de coton, de raiſins, de dattes, de figues, &c. On peut comprendre combien ce Royaume étoit autrefois floriſſant, par les depenſes que faiſoient les Rois de Fez. Il y en eut un qui employa 480000. écus à bâtir un college, un autre 700000. à élever un château, & un autre quatre fois autant à rebâtir une ville. Le païs n'eſt pas aujourd'hui moins riche, ni moins puiſſant, comme il paroît par les revenus prodigieux des Rois de Maroc & de Fez, des Bachas & autres grands Seigneurs de Tripoli, d'Alger & de Tunis, de leur commerce avec les François, les Anglois, les Hollandois, les Venitiens, les Genois, ceux de Hambourg &c. ſans parler des marchandiſes défenduës dont les Corſaires trafiquent dans les ports d'Eſpagne & d'Italie, à quoi le Gouverneur ferme les yeux. Le grand nombre de Moſquées, & leurs grands revenus ſont auſſi des marques des richeſſes de Barbarie. Il y en a 100. à Alger, 300. à Tunis, autant à Fez, 700. à Maroc, dont les principales ont 200. ducats de rente par jour. Ajoutez à cela, que lorſque ceux d'Alger s'emparérent de Fez, ils y trouvérent 26000000. & que lorſque Charles-Quint emporta Tunis, qu'il abandonna au pillage à ſes ſoldats, les trois principaux Generaux de ſon armée eurent chacun pour leur part 300000. ducats monnoyez. De plus les Juifs qui trouvent un azyle aſſuré dans ce Royaume donnent beaucoup, pour pouvoir exercer impunément leurs uſures. Encore ce profit n'eſt pas comparable au butin que font les Corſaires d'Alger & de Tunis. Ainſi la Barbarie feroit un païs invincible, ſi elle étoit bien unie, & que tous les habitans fuſſent ſe ſervir des armes à feu, & de la poudre à canon, comme les Turcs & les Sujets du Royaume de Fez & de Maroc. Une partie de la Barbarie appartient à des Monarques, comme à ceux de Maroc[a] & de Fez, & à quelques autres Rois Arabes & Africains ; un autre partie, comme les Royaumes d'Alger, de Tunis & de Tripoli, eſt ſous le gouvernement des Bachas ou Viceroys, qui dépendent abſolument du Grand Seigneur[b]. Il y a auſſi des Rois vaſſaux comme ceux de Concué, & de Labez qui ſont tributaires d'Alger, & les petits Rois ou Chéques des Arabes qui ſont obligez de fournir une certaine ſomme d'argent, & un certain nombre de Gens de guerre en cas de néceſſité. Il y a auſſi des peuples qui vivent en Républicains, comme ceux qui ſe tiennent à la Campagne, & ſur les Montagnes de Barbarie. Dans toutes les villes où le Grand Seigneur a un Bacha, il y a auſſi un Cady pour rendre juſtice, qui juge en dernier reſſort de toutes les cauſes civiles & criminelles. Par toute

[a] Fez n'eſt plus qu'une Annexe de la Couronne de Maroc. Il faut s'en ſouvenir dans tout cet Article. [b] Dans les Articles particuliers on verra que cela eſt preſentement changé, & que cette dependance n'a preſque plus rien de réel.

toute la Barbarie chacun plaide soi-même, excepté dans la ville de Salé, où les Mores qui en sont les maîtres, plaident à la maniere des Espagnols par Avocats & Procureurs.

Il y a en Barbarie, des Mahometans, des Chrétiens & des Juifs ; pour les païsans qui errent dans les Campagnes avec leurs troupeaux, ils n'ont point de Religion. Les Mahometans sont le plus grand nombre. Ils n'ont point d'images dans leurs Mosquées, mais quantité de lampes, quelquefois jusqu'à 600. il y a au devant une espece de Chapelle, ou d'Oratoire dans la muraille, où se tient l'Iman, ou Morabou, c'est-à-dire le Prêtre. C'est-là qu'il fait la priére qu'on nomme *Sala*. Le peuple repete les mêmes mots, & fait les mêmes grimaces, levant les mains & les yeux au Ciel, baisant plusieurs fois la terre après s'être lavé la bouche, le nez, les yeux & les oreilles, l'extremité des piez au moyen de quoi ils s'imaginent de purifier leur Ame. Avant que d'entrer, ils laissent leurs souliers à la porte, ils n'osent y cracher, que dans leur mouchoir, ni se parler que dans une extreme nécessité. On ne permet pas aux femmes de venir dans les Mosquées, de peur que leur vue n'interrompît la devotion des hommes, & ne leur fît naître des pensées impures. On fait la priere *Sala* cinq fois le jour : à l'Aube du Jour, à Midi, à quatre heures après Midi, entre six & sept du soir, & à deux heures après minuit, mais il n'y a que les devots qui s'y trouvent: car on ne contraint personne. Ce sont ces cinq priéres qui marquent la division du jour ; parce qu'ils n'ont ni Cloches, ni Horloge, si ce n'est peut-être quelque grand Seigneur dans sa maison. Il y a dans toutes les Mosquées des gens gagez, pour appeller le monde à la priere ; ils montent sur le corridor d'une Tour fort haute, où ils plantent un drapeau. Après quoi le Morabou se tournant premierement du côté du Midi, où est la Méque & le Sépulchre du Prophete, & mettant les doits dans ses oreilles pour former un son plus grand & plus distinct, crie de toute sa force. *Dieu est, & Mahomet est son Prophete, fideles à la priere :* il se tourne ensuite des autres côtez, & prononce les mêmes paroles. Quand la priére est faite, on va querir le drapeau, C'est pourquoi lors que les Turcs veulent savoir quelle heure il est, ils demandent si le Morabou a crié ou regardent si le drapeau est sur la Tour à quoi ils peuvent conjecturer quelle heure il est. Quand le Morabou de la principale Mosquée a crié, tous les autres le suivent avec des grimaces fort plaisantes. Le Vendredi est leur jour de repos ; ce jour-là ils vont en foule aux Mosquées, particulierement l'après Midi, mais après la priére chacun retourne à son travail: ils ont des chapelets composez de cent grains de corail ; mais qui ne sont point distinguez par des croix, ni par la grosseur des grains : lors qu'ils les recitent, à chaque coral qu'ils touchent ils disent *sta Feriah*, Dieu me conserve. Et cette maniere de prier est si commune parmi eux, qu'ils s'en vont dans les ruës, leurs Chapelets pendus au coû, repetant ces paroles à haute voix. Ils celebrent toutes les années pendant un mois une fête qu'ils appellent *Ramadan*. Durant tout ce temps-là ils s'abstiennent de manger depuis le matin jusqu'au soir, & même de peur de le rompre, ils n'osent fumer du Tabac. Il n'est pas jusqu'aux Corsaires qui ne gardent le jeûne, & quand on attrape quelque Renegat qui l'enfraint, on lui donne cent ou deux cens coups de bâton sous la plante des pieds, en punition. Mais d'abord que la nuit est venuë, ils mangent & boivent tout leur soû, & même après qu'on a dormi quelque temps, il y a des gens établis qui font le tour de la ville, & excitent le peuple au son du tambour à se remplir le ventre, pour supporter mieux le jeûne du jour suivant. La solemnité du *Bayran*, qui est la Pâque des Mahometans, dure trois jours, pendant lesquels ils offrent grand nombre de Brebis, & les distribuent aux pauvres & frequentent leurs Mosquées avec beaucoup de zéle. Les Prêtres & les Saints de Barbarie sont de deux sortes, les *Santons* & les Morabouts. Leur Chef qui s'appelle Mousti demeure dans les villes, & juge des causes Ecclesiastiques. On trouve grand nombre de ces Morabouts dans les villes, & les fauxbourgs & à la campagne, où ils vivent ordinairement dans de petites cellules: les Mores ont tant de respect pour eux, que lorsqu'on a commis quelque crime, on peut s'y retirer comme dans un azyle assuré. De ces pretendus Saints il y en a qui menent une vie fort surprenante; quelquefois par la force de l'imagination, ils sont comme ravis hors d'eux-mêmes, & courent toute la ville pieds & tête nuë, avec un méchant habit & un bâton à la main, dont ils donnent des coups tantôt sur l'un, tantôt sur l'autre ; mais non pas rudement. Sur quoi les battus s'estiment fort heureux, s'imaginant que cela diminue leurs péchez. Ces Hypocrites s'addonnent d'ordinaire à la Magie, & promettent de guerir toutes sortes de maladies en vertu de certains caracteres, & de certains mots qu'ils prononcent. Dans Alger & dans d'autres villes de Barbarie il y a plusieurs petites Mosquées, où sont enterrez de ces Morabouts, qu'on honore comme des Saints ; on allume quantité de lampes devant leurs tombeaux, & on les va visiter quand on est malade. Les fous & les innocens sont respectez parmi eux ; mais particulierement ceux qui tombent du haut mal, parceque Mahomet étoit atteint de cette maladie, & leur faisoit accroire que Dieu lui reveloit alors les mysteres de sa Religion, par le ministere de l'Ange Gabriel. Leur plus grande fête est celle de sa naissance, qu'ils celebrent avec grande pompe le 5. de Septembre. Tous les Maîtres d'école amenent leurs enfans dans la principale Mosquée, d'où ils sortent en ordre, chacun avec une torche à la main, chantant dans les ruës les louanges de Mahomet. Deux de ces maîtres portent sur les épaules une grande pyramide d'ouvrages à fleurs en relief qui supporte une croix ; & sont suivis de joueurs d'instrumens. On tapisse les Carrefours, & on les orne d'une infinité de lampes ardentes. A minuit on allume un flambeau dans chaque maison, & on le met sur la table, où on le laisse brûler jusqu'à ce qu'il s'éteigne de soi-même: la raison de cette coutume est que Mahomet est né à cette heure. Cette fête dure huit

huit jours, pendant lesquels il est permis à toutes fortes de personnes, & même aux Chrétiens d'aller la nuit dans les ruës. Ce qui leur est défendu sous peine de punition corporelle dans un autre temps. Les Cuisiniers du Divan qui sont plus de deux cens, portent chacun une serviete sur les épaules & une torche ardente à la main, s'efforçant à l'envi de donner des marques de joie dans cette solemnité. Pour cet effet sur le jour depuis sept heures jusqu'à onze ils s'en vont deux à deux dans les ruës, & s'arrêtent devant la porte d'un des principaux du Divan, où ils chantent sur les instrumens les louanges de leur Prophéte. La derniére remarque que je ferai sur les ceremonies des Mahometans de Barbarie concerne leurs *funerailles*. Quand quelqu'un est mort, les parens louent de certaines femmes pour pleurer le défunt ; elles se rangent autour du corps, poussent des cris & des lamentations pitoyables, & se dechirent le visage jusqu'à ce que le sang coule. En même temps on met le mort dans une caisse de bois, sur laquelle on étend un tapis verd avec un turban par dessus. A mesure qu'on sort le corps, la tête la premiere, on entend une confusion de cris & de hurlemens, & tandis qu'on le porte en terre, il y a des Morabouts payez pour cela qui chantent incessamment, *Dieu est Dieu & Mahomet est son Prophete*. On ne met pas le corps couché de son long, mais assis, & la tête qui a une pierre pour chevet, est tournée du côté du Midi qui est celui de la Méque. Leurs cimetières sont fort grands & situez autour des villes. Ils n'enterrent pas les morts dans les Mosquées, mais en raze campagne, où chacun a une piece de terre, qu'il fait fermer de murailles & planter de fleurs, soit pour servir d'ornement, soit pour marquer la fragilité de la vie. Tous les Vendredis les femmes portent des viandes, & des fruits sur ces cimétieres, & les laissent là pour la nourriture des pauvres & en pâture aux oiseaux, après en avoir goûté: s'imaginant que c'est une œuvre de charité, & qui soulage l'ame des defunts, que de nourrir les oiseaux & les bêtes.

Elles prient dans ce lieu pour leurs maris, & leurs parens decedez, leur disant ces paroles comme pour les consoler, *attendez en patience le jour de la resurrection*. C'est que les Barbares croient que les ames des morts attendent dans le sepulcre, la resurrection, & que la presence de leurs femmes & de leurs amis, qui leur viennent rendre visite, les console extrêmement. Les Juifs de Barbarie ne different point des autres. Il y en a si grand nombre dans les villes de Darac, Alger, Tunis & dans une partie du Royaume de Fez, qu'on y compte plus de 160000. familles Juives. Les Chrétiens ne sont maîtres en Barbarie, que de quelques places qui appartiennent à l'Espagne [a], comme Larache, Oran, Mamorre, & Tanger que les Portugais ont cedé aux Anglois. Gramaye écrit qu'il y a dans Maroc, dans Fez, & dans la Libye quelques restes d'anciens Chrétiens, qui disent la Messe des *Mosarabes*, ou *Moxarabes*, traduite de Latin en Arabe, & environ 170. familles Grecques qui ont une veneration particuliere pour S. Etienne. Il y a aussi plusieurs Chrétiens de toute sorte de Nations, François, Espagnols, Hollandois, que les Corsaires font Esclaves & les vendent en leur païs, sans qu'on les puisse racheter qu'avec une rançon énorme, si ce n'est qu'ils se sauvent, ce qui arrive rarement, ou que les Chrétiens les reprennent. Ces pauvres gens menent la plus miserable vie du monde, on les bat, on les maltraite, on leur impose des travaux horribles, s'ils n'ont le bonheur de rencontrer quelque maître doux & équitable. C'est dans les Royaumes d'Alger & de Tunis que les Esclaves sont les plus maltraitez [b]. On n'a pas tant de cruauté dans ceux de Tripoli & de Fez. On vend les uns à des gens qui demeurent à la campagne, & ces maîtres leur font porter du foin sur les épaules, ou mener des ânes chargez au marché, & pour cela ils sont obligez de livrer tous les jours à leurs maîtres une certaine somme d'argent, à peine d'être batus. On amene les autres dans le Biledulgerid chez les Arabes qui leur font garder les troupeaux, ou mener la charuë, ou la tirer accouplez avec des ânes, ne leur donnant pour tout aliment que de l'eau, & de la farine, mais on ne leur épargne pas les coups. On met les autres sur les Galeres, où on les frape à grands coups de nerf de bœuf, sans leur donner autre chose que de l'eau & du biscuit. Les Esclaves qui servent dans les villes & dans les maisons font l'office des bêtes de somme: on leur fait porter de l'eau dans la ville, des marchandises dans les boutiques, des viandes au marché, & du fumier aux champs, & aux jardins ; on leur fait charrier les ordures de la maison sur le bord de la Mer, paitrir le pain, mais toujours battus & enchainez. Il y a toutes les années grand nombre d'esclaves, qui ne pouvant plus supporter les mauvais traitemens qu'on leur fait, & qui d'ailleurs étant amoureux de la liberté, & pleins d'esperance de devenir Janissaires ou de faire fortune par le mariage, se font circoncire & embrassent la doctrine de Mahomet. Il se trouve aussi beaucoup de femmes riches qui pour les y porter leur donnent la moitié de leur bien, & même des veuves de qualité, qui se marient à leurs Esclaves, pour les amener à leur Religion ; parce que c'est parmi eux la plus grande de toutes les œuvres de charité que de convertir un Infidele, ou un Chrétien [c]. Voici comment on punit ceux qu'on peut convaincre d'être dans le dessein de renoncer à la doctrine de Mahomet. On les dépouille tous nuds, & les ayant frotté de graisse, on leur met une chaine autour du corps, on les conduit au lieu du supplice, où on les attache à un pôteau & on les reduit en cendres, souvent on leur coupe quelque membre, avant que de les jetter au feu. On empale ceux qui sont accusez de conspiration ou de trahison, ou bien on les précipite pieds & poings liez, du haut d'une tour sur un crochet de fer, où ils demeurent suspendus tantôt par le ventre, tantôt par la tête, ou par quelque autre partie du corps & vivent dans les tourmens plusieurs jours de suite. D'autres fois on les lie avec une corde par le milieu du corps, on leur attache les bras & les jambes avec quatre clous contre les murailles de la ville, en forme de croix, & on les

---

[a] L'Espagne possede plus que Ceuta, les Portugais & les Anglois n'ont plus rien dans la Barbarie.

[b] L'Auteur parle sur ses Memoires exagerez auteurs. L'Histoire du Royaume d'Alger publiée depuis l'impression de l'Article d'Alger en donne une idée plus vraye & moins effrayante.

[c] Ils ne gagnent gueres à changer, car leur apostasie ne les tire pas de l'Esclavage.

les écorche tout vifs; ou on les pile dans un mortier. Le supplice du crochet est aussi fort en usage chez les Mahometans. On pend deux crochets à un gibet, où l'on attache deux chaines, l'une plus longue & l'autre plus courte, le bourreau monte le premier jusqu'au haut de l'échelle, & ayant percé la main du patient l'attache à la plus courte chaine; & descendant ensuite jusqu'au milieu de l'échelle, il lui perce le talon droit & l'attache à la chaine la plus longue; on laisse-là ces malheureux sans manger ni boire, & il demeure souvent en vie pendant trois ou quatre jours. Les Barbares punissent sur Mer les criminels en plusieurs maniéres. Après leur avoir fait essuyer plusieurs tourmens, ils les attachent au grand mât; & les percent de fleches; ou ils leur coupent bras & jambes, & mettent le tronc du corps à la bouche d'un canon qui le reduit en pieces dès qu'on tire. Ecarteler un miserable, en lui attachant les mains & les pieds à quatre vaisseaux, qui cinglent ensuite vers les quatre vents: precipiter les patiens du haut d'un écueuil, les découper en morceaux & jetter leur chair aux poissons sont des supplices communs parmi eux. Etre pendu, ou cousu dans un sac & jetté dans la Mer passe pour une punition fort douce. C'est un crime digne de mort, que de mettre les mains sur un Janissaire, ou de porter une pique qui est la marque d'honneur qui distingue les Janissaires d'avec les autres, ou de tâcher de seduire une Mahometane. Cependant ils sont plus indulgens sur ce dernier point, parce qu'ils s'imaginent qu'on peut effacer toute sorte de péchez en se plongeant dans l'eau de la Mer.

Ils n'ont presque point de meubles, & leur lit consiste en un matelas étendu sur des ais depuis une muraille jusqu'à l'autre, où ils couchent avec leurs calçons, ils étendent au devant une espece de courtine qui separe le lit de la chambre, de sorte que leur lit ressemble à un theatre de comedie. De l'autre côté de la chambre, ils enchassent des bâtons, qui leur servent de porte-manteaux pour pendre leurs hardes & leurs habits. Ils n'ont ni tables, ni chaises, ni escabeaux, ils ne font qu'étendre un grand tapis par terre, avec des coussins carrez, sur quoi les personnes de qualité s'asséient. Pour les pauvres gens ils se contentent d'une natte de feuilles de Palmier, sur laquelle ils s'asséient, les jambes en croix, & les pieds en dedans, comme les tailleurs de ce païs. Les hommes portent de la chemise des calçons de toile fort larges, & par dessus une robbe rayée qui leur descend jusqu'aux genoux, faite de drap, ou de soye, & attachée par devant avec des boutons d'or ou d'argent. Les manches ne viennent que jusqu'au coude, sur quoi ils retroussent les manches de la chemise, mais ils vont aussi souvent les bras nuds. Ils ne portent ni souliers, ni bas; mais les Grands ont au lieu de bas des bottines de cuir de Turquie. Ils se font razer ou arracher tous les cheveux, excepté un petit toupet qu'ils laissent au milieu de la tête, par où ils croient que Mahomet les emportera en Paradis, comme l'Ange fit Habacuc vers Daniel dans la fosse des Lions. Il y en a qui se font arracher le poil de la barbe, & n'en reservent que deux moustaches, qu'ils laissent venir fort grandes, d'autres portent la barbe longue & ronde, particulierement ceux qui sont avancez en âge. Leur Turban est de laine rouge, enveloppé d'une piece de Coton, blanche & longue de cinq ou six aunes. Ceux qui se vantent d'être descendus de Mahomet, ou qui ont été deux fois en pelerinage à la Méque portent un Turban de laine rouge avec le nom d'Emirs, & de Cherifs. Leurs souliers sont de cuir jaune ou rouge, finissent en pointe, & n'ont ni oreilles, ni coup de pied, ressemblant plutôt à des pantoufles qu'à des souliers; mais ils sont ferrez par dessous à la maniere des Turcs. C'est parmi eux une marque de propreté & de civilité, que de se déchausser à l'entrée des maisons. Ils portent au côté trois beaux couteaux, deux grands & un petit dans une gaine d'argent, qui a un pié de long enrichie de Turquoises & d'Emeraudes, & qui coute souvent plus de cent écus. Quand ils veulent faire de l'eau, ils se courbent sur leurs genoux jusqu'à terre, croyant qu'il est ridicule & honteux de suivre en cela la coutume des Européens. Quand on voit quelque Chrétien qui s'émancipe à pisser contre les murailles, on l'accable d'injures & de pierres. De plus les Barbares prennent grand soin d'éviter de se souiller par la moindre goutte d'eau, de peur d'être obligez à s'aller laver incontinent. Les femmes sont presque habillées comme les hommes: elles ont un couvre-chef de fin lin, mais elles ne portent point de mouchoir, & se couvrent d'une robbe qui leur descend jusqu'à mi-cuisse. Les femmes riches portent cinq ou six pendans à chaque oreille, des habits de soye, & des bracelets de pierres précieuses. Elles ont accoutumé de se frotter le bout des doits, avec une herbe appellée *Gueva*, qui est peut-être la même que notre pastel commun, & qui teint en bleu. Lorsqu'elles veulent aller en ville; elles prennent des calçons de coton, qui leur pendent jusqu'aux pieds, se mettant un bandeau sur le front, un linge blanc sur le visage, & s'enveloppent tout le corps d'un manteau de coton ou de poil de chevre, où elles mettent les mains dedans en forme de croix; desorte qu'il est impossible de les connoître dans les ruës. Mais en entrant dans la chambre de leurs amis, elles mettent bas tout cet attirail, laissant cependant leurs souliers à la porte, de peur que le maître de la maison n'y entre, ce que le mari de celle qui rend visite prendroit en fort mauvaise part. Elles font tous leurs efforts pour paroître belles: leur grand fard est de l'antimoine brûlé avec quoi elles se noircissent les cheveux & les paupieres s'imaginant que c'est une fort belle parure.

Les Peuples de Barbarie ne mangent presque jamais de viandes seches, ils se nourrissent ordinairement de Ris, de chair de mouton, de bœuf & de veau, ils ne tuent jamais de bête qu'ils ne prononcent ces paroles, *je te tue au nom de Dieu*, en même temps ils se tournent du côté de la Méque, & coupent tout net la tête de l'animal, afin qu'il en saigne mieux, sans quoi ils croient que sa chair seroit impure & defenduë. Leur boisson est de l'eau clai-

claire & du sorbet, parce que leur Loi défend de boire du vin, mais il y en a beaucoup qui ne tiennent pas grand compte de cette défense. Des tapis de cuir de Turquie étendus par terre, leur servent de nappe & leurs mouchoirs de serviette, si ce n'est qu'au temps des fêtes solemnelles, on met à côté des tapis un linge bleu pour s'y essuyer. Leurs utensiles sont d'étain ou de terre, & leurs cueillers de bois, les personnes même de la première qualité n'ayant pas la permission d'en avoir d'argent. Il n'y a que le Sultan qui soit servi en vaisselle d'or. Ils s'assemblent d'ordinaire le matin dans de grandes ruës, où il y a des Marchands, & passent le temps à parler, à boire du Caffé, & à fumer du Tabac, à quoi ils sont si addonnez, qu'ils n'entrent jamais dans une maison, qu'on ne leur presente de l'un & de l'autre.

Lors qu'ils veulent faire la debauche, ou *soulfre*, comme ils parlent, ils s'enferment dans une chambre de leur maison, où ni femmes, ni enfans ne peuvent entrer, & demeurent-là tout un jour & une nuit à manger, boire & fumer. Mais ils ne jouent jamais ni aux cartes, ni aux dez, ni aux boules, ni à aucun de nos jeux, hormis aux Dames, encore est-ce toujours sans argent. Les Bains chauds sont fort en usage parmi eux, il ne se passe point de semaine qu'ils ne s'y mettent, les hommes le matin, & les femmes l'après Midi. Il y en a dans toutes les villes & presque dans toutes les ruës, qu'on peut prendre à grand marché. On ne comprend point dans ces bains les ablutions & les purifications auxquelles la loi de Mahomet les oblige, avant que d'aller à la priere.

Il y a dans chaque ville plusieurs écoles, où l'on apprend aux enfans à lire, & à écrire, & à chiffrer, mais rien de plus : quand on les châtie, on se sert au lieu de fouet d'une baguette de bois, avec quoi on leur donne des coups sous la plante des piez. On leur fait lire l'Alcoran d'un bout à l'autre. Quand un Ecolier a parcouru son livre, on lui donne un bel habit, & ses compagnons le menent en triomphe par la ville, & publient ses louanges à haute voix.

La plûpart des fleuves de Barbarie sortent du mont Atlas, & se déchargent dans l'Océan & dans la Mer Mediterranée. Les sources de cette montagne ont un goût de terroir & sont presque toutes bourbeuses, principalement sur les confins de Mauritanie. Toute la côte de Barbarie le long de l'Océan, & les plaines qui sont entre cette Mer & le grand Atlas, depuis l'extrêmité du païs de Suez, jusqu'au détroit de Gibraltar sont fécondes en Blé, en Orge & en Pâturages. Les côtes de la Mer Mediterranée depuis les confins Orientaux du Royaume de Tripoli jusqu'au Détroit de Gibraltar sont un païs roide & plein de montagnes, qui avancent 20. ou 30. milles dans les terres. Entre ces montagnes & le grand Atlas, il y a des plaines & de petits côteaux ; & tout le terroir est fécond en blez & en pâturages, en arbres touffus, en fontaines & en Rivieres qui vont porter leurs eaux dans la Mer Mediterranée. Cette belle campagne dure jusqu'à Carvan ; mais un peu plus haut il y a des deserts sablonneux. Au delà de ces plaines, la terre est entrecoupée de vallons & de côtaux, jusqu'au grand Atlas, où l'on trouve des montagnes abondantes en forêts, & en herbages, mais peu fertiles en blé. Sur les côtes de Barbarie, dans le quartier situé près du petit Atlas qui est plutôt froid que chaud, on ne trouve pas beaucoup de blé ; mais abondamment de l'orge, qui est fort en usage parmi ces peuples. Toutes ces montagnes sont pendant tout l'été pleines d'ombrages frais & de pâturages verds, mais l'hyver il tombe tant de neiges qu'on en seroit étouffé si l'on y demeuroit. Les montagnes du grand Atlas sont inhabitables en plusieurs endroits, à cause de leur rudesse & de leur froideur excessive, & même en été l'eau des fontaines est si fraîche qu'on court risque de perdre la main, si on la tient long temps dans cette eau. Mais toutes ces montagnes ne sont pas également froides, il y en a dont l'air est fort temperé, & qui sont aussi fort peuplées. Les plus roides & les moins agréables sont situées au delà de la Province de Trémecen, & celles qui sont inhabitables, sur les confins du Royaume de Maroc. Les Bergers pourtant y mènent paitre leurs troupeaux : mais il faut qu'ils se retirent promptement dès que l'hyver s'approche ; car les vents du Nord aménent la nuit une si grande quantité de neige, qu'elle accable voyageurs, chevaux, chariots & tout ce qu'elle attrape, & couvre même la cime des arbres.

Les *fruits* qui croissent en Barbarie sont excellens & de très-bon goût. Les Raisins, les Figues, les Cerises, les Prunes, les Pêches, les Coins, les Abricots, les Grenades, les Oranges & les Citrons, y sont beaucoup plus gros & plus agréables qu'ailleurs. Les Oliviers y sont fort épais & fort hauts, particulierement dans les Royaumes de Maroc, de Fez & d'Alger ; mais ceux de Tunis ne sont pas plus grands que ceux de l'Europe. Il y a quantité d'arbrisseaux épineux, qui portent des fruits aussi gros & aussi épais que les olives d'Espagne ; on les appelle *Arguan*, ou *Erguen*, on se reserve à en parler dans la description du Royaume de Maroc. Il y croît aussi beaucoup d'arbres de Coton & du sucre. Le long des côtes de la Mer Mediterranée croît une plante marécageuse que les Arabes appellent *Achaovan Abiat*, & nous *Armoise blanche*, ou *herbe de St. Jean*. Elle a plusieurs rameaux de deux ou trois coudées de haut. Ses feuilles sont larges & ont des rayes fort profondes, noires par dedans & blanches par dehors. Ses fleurs sont d'un jaune-pâle situées les unes auprès des autres en forme de couronne, fort semblables à celles du Seneçon, & se dissipent finalement en poussiere. On cultive ici cette plante par rareté, & les Arboristes l'appellent *Cineraria*, à cause de sa couleur cendrée, ou *Jacobea marina*, parce qu'elle croît sur les bords de la Mer, & qu'elle ressemble fort au *Jacobea commun*, ou herbe de St. Jean. On dit que le suc de cette herbe resout la pierre aux reins & dans la vessie, qu'elle dissipe les obstructions des entrailles & particuliérement celles de la matrice.

Il y a dans les montagnes & les forêts de Barbarie, quantité de bêtes farouches, un nombre incroyable de Singes, de Boucs sauvages, de Lions & de Tigres, de toute sorte d'oiseaux & des serpens venimeux. La Barbarie a été quelquefois toute réunie sous un Chef, elle obeit maintenant à plusieurs maîtres.

Tous les Etats[a] qui composent ce que nous appellons la Barbarie ont quantité de ports sur la Mediterranée, & les Royaumes de Maroc, & de Fez en ont même quelques-uns sur l'Océan, qui servent également au commerce des Nations Chrétiennes, & à la retraite des vaisseaux corsaires. Les plus considerables de ces Ports, où se fait le plus de négoce, & où résident les Consuls, sont Tripoli, la Goulette, qui est celui de Tunis, qui n'en est qu'à 4. lieuës, Alger, & Salé. C'est dans ce dernier où se fait le principal commerce de Fez & de Maroc, quoi-qu'il s'en fasse aussi beaucoup à Tetouan. Arzille, Alcassar, Azamor, Saphie, & Sainte Croix, sont les autres Ports des Royaumes de Maroc, & de Fez où il y a quelque négoce. Le Royaume d'Alger a aussi Tremecen, Constantine, Bonne, Bugie, Gigery, la Calle, Cap de rose, Colle, & ce qu'on appelle le bastion de France, près du Golfe Storacourcouri, outre la Goulette, Tunis, Bizerte, & Port farine. A l'égard des Tripolitains, ils n'ont que le Port de leur ville, quelques petites places qu'ils ont sur la Mer, où il se fait peu de négoce, ne devant pas se compter. Les Nations Chrétiennes, qui ont des Consuls dans les quatre principaux Ports de Barbarie, sont les mêmes qui ont des Ambassadeurs à Constantinople, & surtout la Françoise, l'Angloise & la Hollandoise. Les Venitiens & les Genois sont ceux qui font le plus grand commerce à Tripoli. Les Marchands d'Europe n'ont des magasins que dans les principales villes de la côte. Dans la plupart des autres, ils ne descendent que rarement à terre, à cause des avanies qui y sont ordinaires, trafiquant, comme on dit, parmi eux la pique à la main, c'est-à-dire, en se tenant exactement sur leurs gardes. En general les marchandises que l'on tire de Barbarie, sont des plumes d'Autruche, de l'Indigo, de l'or en poudre, qu'on appelle Tibir; des dattes, des raisins de damas, des cuirs tannez, & non tannez; du cuivre en barres, faites en façon de briques; de la Cire, de l'Etain, des Laines, des peaux de Chevre, pour faire le Maroquin; du corail se pêche au Bastion de France, & sur quelques côtes des Royaumes de Fez & de Maroc; des grains, entr'autres des Bleds, des Orges, des Féves, du Millet; & enfin des chevaux. Le commerce des chevaux & des grains, n'est cependant pas libre par tout; & il est interdit dans les Royaumes de Fez & de Maroc, à moins qu'on ne donne en échange des armes, de la poudre & d'autres munitions de guerre, que les Princes Chrétiens de leur côté défendent qu'on ne porte, pour vendre dans aucun endroit de Barbarie. Les Marchands d'Europe chargent leurs vaisseaux pour ces côtes, de draps de France, d'Espagne, d'Angleterre, de Hollande, de toutes couleurs, & à peu près de même finesse & qualité, que ceux qui sont destinez pour les échelles du Levant; surtout de drap d'écarlate, de Brocards, de Velours, de taffetas rayez & unis: de toiles de Bretagne, de Rouen & de Hollande: de Mousselines, pour faire des Turbans: des bonnets fins, rouges & noirs, à l'usage des Maures & des Juifs: de la soye apprêtée pour les Manufactures, qui sont établies principalement à Tunis & à Maroc, où les Morisques les porterent quand ils furent chassez d'Espagne: des épiceries: toutes sortes de Drogues: du Coton, du Tabac des Isles Antilles, de Bourdeaux, du Bresil: du Sucre, du bois de Campêche, du Tartre, de l'Alun, du Souffre, de la Cochenille, & autres drogues propres aux teintures, & à la peinture: du papier de toutes façons: de l'acier, du fer, du plomb: enfin de la Quincaillerie & Mercerie, comme des Couteaux, Ciseaux, Epingles, Aiguilles, Cadenats, petits Miroirs, & des peignes de buis & d'yvoire à menuës dents. Ce n'est pas aussi un des moindres commerces, & c'est certainement celui sur lequel les Marchands Chrétiens sont les plus grands profits, y gagnant quelquefois quatre cens pour cent, que l'achat du butin, que les Corsaires rapportent au retour de leurs courses; qui ayant coûtume de mettre en vente tout ce qui ne convient pas au Païs, ou à leur Religion, & ne trouvant que des Chrétiens pour encherisseurs, sont obligez de le leur délivrer à très-bon compte. Ces Marchandises sont des vins, des eaux de vie, des biéres, des huiles, des chairs, & des poissons salez, & plusieurs autres semblables, dont on fait ordinairement des cargaisons pour les Isles Antilles. Il n'y a que les Négocians établis dans les Ports où rentrent ces Corsaires, qui puissent ainsi profiter du malheur des Nations Chrétiennes, & souvent de leurs propres compatriotes, & même de leurs parens; n'y ayant qu'eux qui puissent s'y trouver précisément, lorsque ces Infidelles y déchargent leur butin. Les Consuls font souvent ce trafic, & renvoyent en Europe ces Marchandises rachetées des mains des Infidelles. De toutes celles que l'on peut tirer de Barbarie, ce sont les cuirs qui font les plus considerables, & dont il se fait le plus grand commerce. Les François qui sont seuls le négoce du Bastion de France, en tirent & de quelques autres petits Ports voisins, plus de quatre-vingt-dix mille cuirs; par où l'on peut juger ce qu'on en peut entrer dans toute la vaste étenduë des côtes d'Afrique, qui sont sur la Mediterranée.

La plupart de la *Monnoye*, dont on se sert en Barbarie, est étrangere. Il s'en frappe cependant au coin des Rois, & des Deys, dans quelques-unes de leurs villes. Les réales d'Espagne, les écus de France, les ducats d'Hongrie, & les sultanins d'or de Turquie, sont les espéces qui y sont les plus communes, & qui y ont cours suivant les endroits. Les Monnoyes qui se fabriquent à Alger, sont les *Burbas*, petite monnoye, dont il faut six pour faire un aspre. Le *doubla* est d'argent, & vaut un peu plus de trois livres de France. La *rubic* est d'or, aussi bien que les *Medians* & les *Zians*: la premiere est de trente-cinq aspres,

[a] *Savari Dict. du commerce T. 1. p. 1032. & suiv.*

aspres ; & les Zians de cent. C'est à Tremecen particulierement que ces trois especes se frappent. Les *Metecals* sont des especes de ducats d'or, qui se fabriquent à Maroc. Les anciens sont les meilleurs, les nouveaux étant d'un plus bas titre , & encore fort incertain ; les Juifs en faisant tant qu'il leur plaît , & comme il leur plaît : n'y ayant point de Monnoyeurs en titre d'office. Les *Blanquilles* sont de petites piéces d'argent , qui valent deux sols six deniers ; & les *felours* sont de cuivre, comme de gros doubles de France : il en faut huit pour faire une Blanquille. Les reales de 8. de 4. & de 2., sont presque les seules especes étrangeres, qui ont cours à Maroc ; l'or & l'argent de France , d'Angleterre , & de Hollande , & même les pistoles d'Espagne, y étant rarement reçuës : aussi n'y en porte-t-on guéres, parceque le commerce de Maroc, se fait principalement pour avoir de l'or en poudre. Il se frappe aussi à Tunis quelques especes d'or, mais plus fortes d'un tiers que celles d'Europe : elles sont du titre de 24. Carats. Les *Nasara* sont d'argent , taillez bisarrement en quarré ; les *Doublas* & les *Burbas* qui s'y fabriquent, sont de la même valeur que ceux d'Alger. Voiez pour ce qui regarde le commerce plus particulier de la Barbarie les Articles de SALÉ, TAMBOUCTOU, & BASTION DE FRANCE.

BARBARIUM PROMONTORIUM, c'est ainsi que Ptolomée[a] apelle le Cap qui est au Midi Occidental de la ville *Olios-hippon* ou *Olioseipon* , qui est Lisbone ; ce Cap est presentement nommé CAP DE SPICHEL. Ptolomée lui donne 4. d. 45′. de longitude, & 39. d. 45′. de latitude. Mr. de l'Isle lui donne 9. d. de longitude , & 38. d. 26′. de latitude. Dans l'édition de Bertius, le Latin porte 32. au lieu de 39. qui est une grande faute. Le Grec est juste λθ. qui vaut 39.

[a] l. 2. c. 5.

BARBARO, ou MONTE BARBARO, & BARBARUS MONS, en Latin, montagnes du Royaume de Naples , auprès de Pouzzol dans la Terre de Labour. Les Anciens les ont connuës sous le nom de *Gaurus mons* & *Gaurini montes*. Voiez GAURUS.

BARBASOLA, ancienne ville d'Espagne. Voiez BARBESOLA.

BARBASOTE, port de Mer d'Afrique au Royaume de Fez au Couchant, & à peu de distance de Ceuta[b]. Ce fut là que D. Juan de Portugal aborda , lorsqu'il alla faire la guerre aux Maures sur lesquels il prit Ceuta.

[b] Marmol. T. 2. l. 4. c. 55. p. 239.

BARBASTE, Ville de France en Gascogne , dans le Duché d'Albret à une lieuë de Nerac , & sur la Gelise. On y voit un edifice fort rare composé de quatre tours, & un pont de pierre de huit arches. A demi-lieuë de Barbaste. sont les parcs de Durance , où il y a quantité de cerfs, de sangliers, de faisans, de herons & de butors. On tient ce lieu un des plus agréables de France, pour toutes sortes de chasse. Il faisoit les delices du Roi Henri IV. pendant qu'il sejournoit à Nerac.

§ Cette ville dont Mr. Corneille parle si magnifiquement, est une Bourgade au delà de la Gelise, en allant de Nerac à Castel-geloux. Le rare Edifice composé de quatre tours , & le beau pont de pierres de huit arches , sont empruntez de Coulon[c] , qui ne fait pas une ville de Barbaste. Elle est negligée par Mrs. Baudrand , Mary , Piganiol de la Force , & par l'Auteur du Dénombrement de la France.

[c] Riv. de France T. 1. p. 515.

BARBATH[d], Ville de l'Arabie heureuse. On l'appelle aussi MARBATH , elle est située dans la petite Province de Schagr , ou de Hadhramuth, qui est l'Adramytene des Anciens. Cette ville qui en est la capitale, regarde vers le Midi l'Isle de Zocotora, dans la Mer d'Yemen ou Océan Ethiopique. Les Arabes écrivent indiferemment Marbat, Merbat, Mirbath, ou Barbath. Ibn-Said cité par Abulfeda[e] dit que Merbat, est sur la côte de Ddasar, c'est une petite ville au Sud-Est de Ddasar. Edrisi cité par le même dit qu'il y a V. Stations entre cette ville, & le tombeau de Houd , & que sur les montagnes voisines, il croît beaucoup d'Arbres qui portent l'encens, lequel est transporté de là dans les autres pays. Atwal & Ibn-Said Géographes Arabes s'accordent peu sur la position de ce lieu ; le premier lui donne 72. d. 30. de longitude , & 12. de latitude. L'autre met 74. d. de longitude, & 14. d. 30′. de latitude. Edrisi[f] compte quatre journées de chemin depuis Merbat jusqu'au bourg de Hasec en y allant par terre, & deux journées quand on va par mer. Mr. de la Roque dit dans une note qu'elle est peu éloignée d'une autre petite ville nommée *Cabar Houd*[g], ou le sepulchre de Houd , & il remarque que les Arabes appellent Houd le Patriarche Heber , & disent qu'il finit ses jours en ce lieu-là après avoir tâché d'amener les Arabes Idolâtres à la connoissance du vrai Dieu.

[d] d'Herbelot Bibl. Orient.
[e] Desc. de l'Arabie Ed. Franç. p. 328. Ed. Arab. & Lat. 62.
[f] Geog. Nub. sexta pars climatis 1. p. 27.
[g] l. c.

BARBATIA, Ville des Arabes vers le Tigre ; selon Pline[h].

[h] l. 6. c. 28.

1. BARBATO[i], en Latin *Barbates* ou *Belo*, petite riviere d'Espagne dans l'Andalousie. Elle coule dans l'Evêché de Cadis , & se décharge dans la Mer Atlantique, à Porto Barbato entre la ville de Cadis , & le détroit de Gibraltar.

[i] Bauarand Ed. 1705.

2. BARBATO ou PUERTO BARBATO[k], en Latin *Barbata* ; petite ville d'Espagne en Andalousie, à l'embouchure de la Riviere de Barbato, on la prend pour la ville de l'Espagne Betique que les Anciens nommoient BELO ou BELLO , que d'autres mettent à *Conil* sur la même côte , & d'autres à *Belona*.

[k] Ibid.

BARBEAU , ou BARBEAUX , Abbaye de France dans la Brie au bord Septentrional de la Seine , à une lieuë au dessus de Melun. Elle a eu pour fondateur Louïs VII. dit le jeune , Roi de France qui y fut enterré. J. du Till. dans sa Chronique des Rois de France[l], dit que le corps de ce Monarque y fut transferé , *ad Barbeli* , & que la Reine Adele , ou Alise selon Gaguin lui éleva un mausolée orné d'or, d'argent & de perles. Guillaume le Breton[m] dans sa Chronique nomme ce lieu *Cænobium* BARBEELLUM, & Vincent de Beauvais

[l] ad ann. 1180.
[m] ad eund. ann.

BAR.

vais dit ^a : *in Ecclesia S. Mariæ de* SACRO PORTU *, quæ dicitur* BAR-BEEL *sepultus est quam ipse fundavit.* Mr. de Valois^b conclut de ces deux derniers Auteurs que dans le François de ce temps-là, *Bar* signifioit un port & *Beel* signifioit sacré. Mais les Auteurs ne s'accordent pas sur la vraye Etymologie de ce dernier nom. Le P. Daniel^c écrit BARBEAUX ou SAINPORT, en marge *Sanus Portus* ; ce qui est bien diferent de *Saint port*. Mr. Corneille en fournit une autre, à savoir *Sequanæ portus* ; c'est-à-dire *port de la Seine* ou *Seine-port*, & par contraction *Sein-port*.

BARBECINS, BARBESSINS ou BARBACINES; ou comme les Arabes les nomment, les BEREBERES. Marmol confond les deux derniers de ces noms ; quant aux Bereberes, il y en a en plusieurs endroits de l'Afrique. Voiez BER-BER & BEREBERES ; quant aux *Barbecins*, il y a un Royaume qui porte leur nom sur la côte qui est au Midi du Cap verd, entre les Rivieres de Senegal & de Gambie. Le Sieur le Maire^d divise en trois peuples, les habitans du pays qui est entre ces Rivieres ; à savoir les Geloffes, qui ont environ quarante lieues de côtes ; les Sereres qui en ont dix ou douze lieues, & le Royaume des Barbecins qui n'ont pas plus de terres que les Sereres avec qui ils sont souvent en guerre. Il remarque de plus que le Royaume des Barbecins, est nommé autrement de Jouallé du nom d'un village qu'on appelle ainsi, & qui en dépend. Mr. de l'Isle, qui écrit ces noms autrement, met un Royaume des Barbecins entre les Jalofes, & les Cereres, & ces derniers entre le Royaume des Barbecins & Joual. Ce qui justifie Mr. de l'Isle, c'est qu'une relation jointe aux Voyages du Sr. le Maire^e porte que le Royaume des Barbecins joint celui des Jôloffes, commençant à un village nommé *Jouallé*, situé sur le bord de la Mer, habité par quelques Mulatres Portugais, & encore un autre petit village qu'on apelle *Coringue*, qui est plus proche du Cap verd, & dépendant de Jouallé. Cette Relation ajoute que c'est-là où ils font ordinairement plus de commerce. Si on en croit cet Auteur le Royaume des Barbecins est fort petit, & n'a pas plus de six ou sept lieues de côtes. Voilà une diminution de presque la moitié de ce que le Sr. le Maire leur en donne. Les Barbecins sont Mahometans. Dapper & le Sr. de la Croix copié par Mr. Corneille, se sont trompez l'un & l'autre en mettant le Royaume des Barbecins, au Septentrion du Royaume de Senega, & par consequent de la Riviere de même nom. La Carte inseree dans le livre de Dapper, les met beaucoup mieux au Midi de l'un & de l'autre ; & même la suite de ce qu'ils en disent fait voir que c'est la veritable situation, car ils sont occuper aux Barbecins les Royaumes d'Ale & de Brocallo. Le premier est la même chose que Portudal sur les Cartes de Mr. de l'Isle, & Porto d'Hally dans un Relation d'un Voyage aux côtes d'Afrique^f. La capitale du pays, dit Dapper^g & la residence du Roi, est YAGOA dont les habitans nourrissent beaucoup de chevaux, & les forêts qui sont proches de cette place sont pleines d'Eléphants ; mais qui ont les dents plus petites qu'en d'autres endroits de l'Afrique. Les filles du Roi des Barbecins ont accoutumé de se déchiqueter le corps en y imprimant la figure de diverses bêtes, & frotant ces marques d'une certaine herbe qui empêche qu'elles ne s'effacent. Elles se piquent les levres, & y font des cicatrices avec des Epines, & les separent l'une de l'autre pour avoir la bouche plus grande. Ce qui est beauté dans un pays est diformité en d'autres.

LES ISLES BARBECINES^h, Isles de la côte d'Afrique au dessous du Cap verd ; elles sont desertes & au nombre de trois. Il y a de fort beaux arbres, & il s'y tient beaucoup d'oiseaux dont les noms, & les especes sont inconnues en Europe. Le rivage de ces Isles est fecond en poisson, & on y pêche des dorades de cinq livres pesant.

RIVIERE DES BARBECINS, Mr. Corneilleⁱ met dans le même pays une riviere de ce nom. Sa source semble naître dans quelques montagnes qui sont peu avant en la terre ferme. Cette Riviere qui a peu de fond, & qui est large de la portée d'un arc, se rend dans la Mer à 80. milles du Cap-Verd.

BARBELA ou VERBELA, Riviere d'Afrique au Royaume du Congo. Elle arrose la ville de S. Salvador, capitale du pays, si nous en croions Mr. Baudrand^k ; & se jette dans le Zaire un peu au dessus de son embouchure dans l'Ocean. Il se trompe aussi bien que Mr. Corneille^l, qui dit après Mr. de la Croix^m que la Barbela naît premierement du Lac d'où le Nil sort, traverse celui d'Aquilonde, arrose la ville de Pango, & s'unit ensuite au Zaire vers le Midi de ce fleuve. La Riviere de Barbela n'aproche point des sources du Nil, ni du cours de ce fleuve de quelques centaines de lieues ; elle n'a rien de commun avec la Riviere de Lelunda, qui coule au pied de S. Salvador ; quoique sur quelques Cartes, on marque comme communiquant l'une à l'autre ; & enfin elle ne traverse point le Lac d'Aquilonde. "Elle a sa source au Royaume de Matamba vers le 42. d. de longitude, & le 6. d. 40'. de latitude Sud ; au Nord-Est du Lac d'Aquelonde, d'où sort la Riviere d'Aquelonde, ces deux Rivieres ont un cours presque parallele vers le Nord Occidental, & se perdent à quelque distance l'une de l'autre dans le fleuve Coango, qui grossi de quelques autres rivieres prend le nom de Zaïre au dessous de la Cataracte. Pango est au bord Occidental de la Barbela un peu avant son entrée dans le Coango.

BARBEFLOT. Voiez BARFLEUR.
BARBENÇON. Voiez BARBANÇON.
BARBENNA. Voiez BARBANA.
BARBENTANE^o, Bourg de France dans la Provence, à l'embouchure de la Durance dans le Rhone, cinq lieues au dessous d'Avignon. C'est peut-être, dit Mr. Baudrand, le lieu anciennement nommé BELLINTIO.

BARBERANO^p, petite ville d'Italie dans l'Etat de l'Eglise, dans la Province du Patrimoine, sur le Torrent de Bieda, à moitié chemin de Bracciano à Toscanella, & à cinq milles de Vetralla au Midi. Magin^q met

met Barberano à un mille, & demi de la Bieda au Midi.

1. BARBERINO, petite ville d'Italie en Toscane, dans le Florentin, sur une montagne à seize milles de Florence au Midi. Mr. Baudrand [a] ajoute sur le chemin de Siéne ; ce qu'il ne faut pas entendre d'un chemin en droiture ; car Barberino qui est au Midi de Florence, est au Nord-Ouest de Siéne. Leandre [b] dit que ce lieu est la patrie de François grand Jurisconsulte, & bon Ecrivain en Italien, comme on peut voir par ses ouvrages. Magin ne met point là de montagne.

[a] Ed. 1705.
[b] Desc. di tutta l'Ital. p. 51. fol. verso.

2. BARBERINO, petite ville d'Italie en Toscane dans le Florentin au pied du mont Apennin, & au bord Oriental de la Riviere de Sieve, à quatre milles & au Couchant de Scarperia, à dix de la forteresse de St. Martin, & à six des frontieres de l'Etat de Bologne, & de l'Etat de l'Eglise.

BARBERINS, quelques-uns nomment ainsi le peuple qui habite le Royaume de FUNGI ou FUND, qui est une partie de l'ancienne Nubie. Voyez FUNGI.

BARBERY, Abbaye de France dans la basse Normandie au Diocese de Bayeux, sur la petite Riviere d'Aise, trois ou quatre lieues au dessus de Caen, dans le territoire du bourg de Bretteville. Cette Abbaye qui est de l'Ordre de Citeaux, & fille de Savigni est en regle, & fut fondée l'an 1176. par Robert Marmion qui la commença, & Robert son fils acheva de la bâtir.

BARBESIEUX ou BARBEZIEUX[c], petite ville de France en Saintonge à neuf lieues de Saintes, & à cinq d'Angouleme, de Pons, & de Coignac, & à quinze de Bourdeaux. [d] Elle avoit un château qui fut ruiné par les Anglois durant les guerres de Guienne, la maison de la Rochefoucaut à qui Barbesieux a appartenu le releva. Cependant il est presentement detruit, & il n'en reste plus que quelques ruines. [e] Barbesieux étoit autrefois entouré de murailles, ce qui fait qu'il porte le titre de ville. Il y a deux Paroisses, l'une de St. Ismas, & l'autre de St. Mathias qui est aussi Prieuré de l'Ordre de Clugni ; & un Couvent de Cordeliers qui est hors l'enceinte des murs. Cette Seigneurie est un Marquisat qui a long-temps appartenu à la Maison de la Rochefoucaut, & Mr. Corneille en parle comme si elle le possedoit encore ; cependant il ne pouvoit gueres ignorer que ce Marquisat avoit passé dans la Maison de Louvois. Le Marquis de Barbesieux Ministre & Secretaire d'Etat, fils du Marquis de Louvois auquel il avoit succedé en 1691. tint un rang assez éclatant jusqu'en 1701. qui fut l'année de sa mort, & brilloit precisément dans le temps que Mr. Corneille travailloit à son grand ouvrage. Aprés lui ce Marquisat a été possedé par l'Abbé de Louvois, dont les heritiers en jouïssent. Elie Vinet fameux Critique du XVI. Siécle étoit né à Barbesieux. Il a composé un Traité des Antiquitez de Bourdeaux, & de Saintes, & a corrigé, & expliqué plusieurs Auteurs anciens : ce qu'il a fait sur Ausone, Solin, & Pomponius Mela est le plus estimé entre ses ouvrages. Il mourut en 1587. âgé de 78. ans. Barbesieux est celebre par une ma-

[c] Baudrand.
[d] A. du Chêne Ant. des villes & chât. de France.
[e] Piganiol de la Force, Desc. de la France T. 4. p. 237.

nufacture de toiles, qui sont enlevées par les Anglois, ou distribuées dans le Royaume. Les chapons de Barbesieux passent pour un manger très-delicat, & on en envoye à Paris, où ils font les delices des bonnes tables.

1. BARBESOLA, Riviere d'Espagne dans l'ancien territoire des Bastules selon Ptolomée[f]. Pline[g] la nomme BARBESULA. Ortelius raporte le sentiment d'un savant Espagnol, selon lequel cette Riviere est presentement nommée RIO VERDE, c'est-à-dire la Riviere verte. Le R. P. Hardouin pretend au contraire que c'est GUADAJARA, Riviere plus Occidentale, & qui coule à Ronda. Elle est assez bien marquée sur la plupart des Cartes mais sans nom.

[f] l. 2. c. 4.
[g] l. 3. c. 1.

2. BARBESOLA, petite ville des Bastules en Espagne sur la Riviere de même nom ; Pline[h] apelle l'une & l'autre Barbesula. Mela[i] écrit BARBESUL. Ces deux Auteurs s'accordent à la mettre après qu'on a passé le détroit ; Ptolomée la place dans le detroit même entre Carteia & Transducta ; & l'éloigne de la Riviere de même nom ; puis qu'il met le mont Calpé, & la ville de Carteia entre deux. Marcien d'Heraclée[k] s'accorde avec Ptolomée, en ce qu'il met Barbesola entre Carteia & Transducta à cent stades de la premiere, & à deux cens de la seconde. Florien cité par Ortelius[l], & Vossius dans ses notes sur l'endroit cité de Mela, disent que c'est presentement MARBELLA, mais ce lieu est déja trop loin du détroit, & est à l'Occident de Rio Verde. J'ai plus de penchant à dire avec le R. P. Hardouin[m], que c'est presentement GUADAJARA, & il juge que Marbella est la Salduba des Anciens, & que la Salduba Riviere sur laquelle ils l'ont placée est Rio verde. Mr. Baudrand[n] dit que selon quelques-uns c'est ESTEPONA.

[h] l. c.
[i] l. 2. c. 6.
[k] Peripl. p. 39.
[l] Thesaur.
[m] in l. c. Plinii.
[n] Ed. 1705.

BARBESSINS. Voyez BARBECINS.
BARBESUL & BARBESULA. Voyez BARBESOLA.

BARBETIUM JUGUM, Promontoire d'Espagne dans la Bétique. Festus Avienus[o] en parle ainsi :

[o] Ora marit. p. 11. v. 425. & 426.

Hos propter autem mox jugum Barbetium,
Malachæque flumen, urbe cum cognomine.

Il paroît par ces vers que ce Cap n'étoit pas éloigné de la ville, & de la Riviere de Malaga.

BARBETS, sobriquet que l'on donne ordinairement aux habitans des bourgs, & villages de certaines vallées du Piemont des Alpes. On renferme sous ce nom ceux qui habitent les vallées de Lucerne, d'Angrogne, de Perouse & de St. Martin, sur les frontieres de Dauphiné. Ils n'ont point de villes, & reconnoissent le Duc de Savoye pour leur Souverain. La Religion P. Reformée est la dominante parmi eux ; & Mr. Baudrand[p] dit qu'ils ont été nommez Barbets à cause de leurs Ministres qu'ils apellent *Barbes*.

[p] Ed. 1705.

BARBEZIEUX, en François &
BARBEZILLUM, en Latin. Voyez BARBESIEUX.

BARBI ou BARBITANUM MUNICIPIUM, pe-

petite ville de la Betique, elle eſt détruite, & on en voit encore les ruines dans l'Andalouſie à une petite lieue de Martos, & à trois de Jaën vers le couchant ſelon Ximene cité par Mr. Baudrand [a].

BARBIA } Voiez BABIA.
BARBINUM }

BARBITANI MONTES, montagnes de l'Inde en deçà du Gange. Ammien Marcellin [b] y met la ſource de pluſieurs Rivieres qui tombent dans l'Indus.

BARBITANUM. Voiez BARBI.

BARBIUM, nom Latin de BARBY.

1. BARBORA, petite ville d'Afrique en Ethiopie ſur la côte d'Ajan ſur le Golphe de *Bab-el-mandel*; entre la ville de Zeyla & le Cap de Gardafui, au Royaume d'Adel. Mr. de l'Iſle [c] prétend que la Riviere de Haouache avoit autrefois en cette baye ſon embouchure; au lieu qu'étant preſentement partagée en quantité de canaux elle ſe perd dans les ſables des environs d'Auçagurelle.

2. BARBORA, Iſle de la Mer rouge, vis-à-vis de la ville de ce même nom qui eſt ſur la côte [d]. Les habitans ſont Negres, & portent des robes de Coton depuis la ceinture en bas, & ont tout le reſte du corps nud. Comme le terroir eſt fécond en pâturages, ils nourriſſent quantité de bétail. Cette Iſle eſt nommée ALONDI par Mr. de l'Iſle, & eſt dans une ſituée au Couchant de la baye au fond de laquelle eſt ſituée la ville de Barbora.

BARBORANA. Voïez BANDOBENA.

BARBOUDE. Voïez BARBADE 1. & 2.

BARBOSTHENES, montagnes du Peloponneſe à dix milles de Lacedemone, ſelon Tite-Live [e].

BARBOWINA ou GABOWINA, village de la baſſe Hongrie ſur la Drave, à trois lieues de la ville de Cinq-Egliſes, du côté du Midi [f]. On le prend pour l'ancienne BERBIS ou BEREBIS, ville de la baſſe Pannonie, quoique d'autres la placent à BERZECHE, ſur le Lac de Balaton.

BARBUDE. Voïez BARBADE.

§. BARBURE, Mr. Corneille dit que c'eſt une ville placée dans la Lycie par Ptolomée. Il ſe trompe, Ptolomée dit BALBURA. Voïez ce mot.

BARBUSINSKOY, Ville d'Aſie dans l'Empire Ruſſien ſur le bord Oriental du Lac Baikal, & à l'embouchure d'une petite riviere nommée Barbuſigga qui coulant d'Orient en Occident, ſe jette dans ce grand Lac ſelon la Carte de Mr. Witzen, amplifiée par Isbrants Ides. Mr. Maty a trompé Mr. Corneille qui a dit après lui que cette ville eſt ſur la Riviere d'Amur ou Yamour, vers la ſource qui eſt bien loin delà.

1. BARBY ou BERVY. Voïez BERVY.

* 2. BARBY [g], petite ville d'Allemagne ſur l'Elbe dans la haute Saxe, aſſez près du lieu, où la Sal ſe jette dans l'Elbe, & entre Saltza, & Acken deux villes de l'Archevêché de Magdebourg. Cette ville donne le nom à un Comté qui a eu ſes Comtes particuliers, dont la poſterité finit en 1659. L'Adminiſtrateur de Magdebourg qui étoit de la Maiſon de Saxe, devint maître de Barby, & après ſa mort ce Comté paſſa à ſon fils Henri qui embraſſa la Religion prétendue reformée. C'eſt la ſeule ville du Comté de ce nom.

LE COMTÉ DE BARBY [h], Seigneurie d'Allemagne dans la haute Saxe. Elle n'a qu'une petite étendue, & porte le nom d'une petite ville; qui a un château réſidence des Comtes de Barby. Cette Seigneurie eſt fort ancienne, & l'Empereur Maximilien I. l'érigea en Comté l'an 1510. Les Comtes de ce nom étoient d'une illuſtre Maiſon de Saxe; Gautier Seigneur de Barby vivoit du temps de Charlemagne qu'il ſervit dans toutes ſes guerres. Ses deſcendans acquirent la Seigneurie de Roſenberg qui étoit un fief de l'Archevêché de Magdebourg, & prirent le titre de *nobles Seigneurs*. Gautier III. acheta l'an 1278. la Seigneurie de Munch-Nienbourg, dont il fit démolir le château pour en faire bâtir un autre qu'il fit appeler de ſon nom *Walter Nienbourg*. Albert II. acquit le Comté de Muhlingen l'an 1318. & Burchard IV. y ajouta l'an 1416. la Seigneurie d'Eglens, que Gautier IV. ſon fils engagea au Chapitre de Magdebourg. Toutes ces terres retournerent aux Seigneurs dominans l'an 1659. par la mort d'Auguſte Louïs Comte de Barby dernier de ſa race. Le Comté de Barby a paſſé à la branche de Saxe Weiſſenfels. Le Comté de Muhlingen, les Seigneuries de Roſenberg, & d'Eglens ont été réunies au Duché de Magdebourg, & l'Electeur de Saxe donna à Jean George II. Prince d'Anhalt de la branche de Deſſau la Seigneurie de Walter-Nienbourg.

BARBYSES, BARBYSSUS ou BARYBYSSUS [i], petite Riviere aſſez près de Conſtantinople; elle a ſon embouchure dans le Golphe qui eſt entre cette ville & Galata. Pierre Gille dans ſon Traité du Boſphore dit qu'elle eſt nommée par ceux de Conſtantinople CHARIARICON, à cauſe des payſans qui demeurent vers ſa ſource & PECTINACORION; à cauſe d'un village voiſin.

BARC [k], Riviere des Indes Orientales. Elle a ſa ſource au mont de Gate à l'Oueſt, & ſon embouchure dans la Mer au Golphe de Bombaïn, & diviſe le Royaume de Guzurate ou Cambaye de celui de Decan.

§ Cette Riviere ne ſe nomme point *Barc*, mais BATE. C'eſt ainſi qu'on le trouve écrit ſur les Cartes de Mrs. Sanſon, & de l'Iſle, & ce qui prouve que c'eſt le vrai nom, c'eſt que Davity qui par la faute de ſes Imprimeurs apparemment écrit *Barc* [l] en un endroit, écrit *Bate* dans un autre. Mr. Corneille qui a copié Davity [m], dans ces deux en-droits en a fait deux Rivieres, quoi qu'il diſe la même choſe de l'une, & de l'autre.

BARCA [n], pays d'Afrique & partie de la Barbarie; mais fort ſterile & deſerte principalement dans le milieu, où ce ne ſont que des ſables. Ce pays a pour bornes au Levant l'Egypte, au Septentrion la Mer Mediterranée, au Couchant le Royaume de Tripoli, & les Seches de Barbarie, & au Midi le Biledulgerid. Il eſt d'ordinaire diviſé en deux parties, ſavoir le Royaume, & le deſert. Mr. Bau-

Baudrand foumet ce pays au Turc, & le fait gouverner par le Baſſa du Caire ; je paſſe le reſte de ſon Article qui n'eſt gueres plus conforme aux idées que nous avons preſentement de ce pays que ce qu'en dit Mr. Corneille, ſur le temoignage de Mr. de la Croix.

Le Royaume de BARCA. Mrs. Sanſon, Baudrand &c. nomment ainſi la partie Orientale, & maritime du Royaume de Tripoli, laquelle s'étend depuis le port Salomon ou Soliman, juſques dans le Golphe de la Sydre. On le nomme beaucoup mieux la côte de Derne, du nom de la principale ville qu'il y ait ſur cette côte ; & comprend en côtes celles des deux Regions que les Anciens ont nommées la Cyrenaïque, & la Marmarique. Cette côte eſt peuplée de villes la plupart ruinées, & reduites en villages. Les principales ſont Derne, Lameloude, Dionis, Grenne qui eſt la Cyrene des Anciens, Souſa qui en eſt le port, Juſte, La Braque, car pour *la ville de Barca*, c'eſt une chimere. Les bons Auteurs tels que Léon d'Afrique, & Mr. le Maire dont le Voyage, aux montagnes de Derne eſt inſéré dans le ſecond Voyage du Sr. Paul Lucas, n'en font aucune mention. Ce dernier[a] obſerve que *Bingazi*, que nos Géographes nomment *Berniche* (quoi que Mr. de l'Iſle les diſtingue) étoit autrefois une grande & belle ville, & la capitale du Royaume de Barca. Il eſt ſans doute arrivé à cette ville la même choſe qu'à la capitale du Royaume de Siam dont le vrai nom eſt *Si-yô-thi-yà*, défiguré en *Judia* & *Odiaa* par les Etrangers, qui même les ont abandonnez peu à peu, pour celui de *Siam* qui n'eſt pas même celui du Royaume, mais de la Nation, comme je le remarque en ſon lieu. De même on a donné le nom de Barca, qui étoit le nom du pays à la ville qui en étoit la capitale.

Mrs. Sanſon & quelques autres donnent une longueur exceſſive au Royaume de Barca ſur leurs Cartes, & l'étendent depuis environ le 47. d. de longitude, juſqu'au 60. c'eſt-à-dire qu'ils y comprennent une partie conſidérable de l'Egypte ; & preſque tout le Golphe des Arabes. Mr. de l'Iſle le reſſerre dans ſes juſtes bornes, à ſavoir depuis environ le 37. d. juſqu'au 44. d. ainſi l'avançant vers 10. d. plus au Couchant il en retranche ſix du côté de l'Orient, ce qui fait près de la moitié. Il fait auſſi ce pays plus Septentrional.

Le Desert de BARCA, pays d'Afrique. Il eſt borné au Nord par la côte de Derne, à l'Oueſt au Midi par le mont Meies qui eſt une des extrémitez de l'Atlas, qui le ſepare du deſert d'Ouguela ; & au Couchant il confine au deſert de Serte. Il fait partie du Royaume de Tripoli. Entre Derne, & ce deſert il y a des Arabes qui vivent ſous les tentes, & qui ſont tributaires de Tripoli. Léon[b] lui donne une étendue très-vaſte, puiſqu'il le fait commencer aux limites de Meſrata à l'Occident du Golphe de la Sydre, & l'étend juſqu'aux confins d'Alexandrie, deſorte, dit cet Auteur, qu'il a MCCC. milles de long, & près de CC. de large. Mais il eſt aiſé de voir qu'il y comprend le deſert de Serte, qui eſt au Midi du Golphe de la Sydre. C'eſt un terroir ſans eau, & qui ne

[a] T. 1. p. 95.

[b] l. 6. c. 10.

produit aucuns grains. Il n'étoit point peuplé avant que les Arabes fuſſent venus dans l'Afrique. Ils ſont grands voleurs ce qui fait que peu de Marchands veulent s'expoſer à les rencontrer. Mrs. Sanſon font ce deſert beaucoup plus grand que toute l'Egypte, & y joignent les deſerts d'Augela, des Leveta & de Berdoa qui ſont au Midi ; & comprennent tout cela ſous le nom de deſert de Barca ou de la Libye. Ils y mettent une ville d'Ammon, qui ne ſubſiſte plus depuis long temps.

1. BARCÆI, Elien nomme[e] ainſi un peuple de l'Heſperie qui avoit, dit-il, la coutume de brûler les corps de ceux qui étoient morts de maladie, & d'expoſer aux vautours ceux qui avoient été tuez par l'ennemi. Ortelius[d] dit qu'il aime mieux lire Baccæi en cet endroit. Mr. Baudrand[e] les place entre la Colchide & l'Iberie.

2. BARCÆI, Virgile[f] faiſant parler Anne à ſa ſœur Didon en lui remontrant les voiſins dangereux, contre leſquels elle doit ſe faire un appui, lui met ces vers dans la bouche.

Hinc Getulæ urbes, genus inſuperabile bello,
Et Numidæ infræni cingunt, & inhoſpita Syrtis,
Hinc deſerta ſiti regio, latèque furentes Barcæi.

La Syrte qui eſt le Golphe de la Sydre, & ce deſert aride, joint au nom ; ne laiſſe pas douter que les Barcéens de Virgile ne ſoient les anciens habitans du pays qui a conſervé le nom de Barca. Ce paſſage prouve auſſi que ces anciens habitans n'avoient gueres meilleure reputation que les Arabes qui ont pris leur place. Ce ſont les mêmes que les Barcitæ de Ptolomée[g], qui les met au deſſous, c'eſt-à-dire au Midi de la Pentapole, & à l'Orient des jardins des Heſperides. Mais il ne leur aſſigne qu'une petite partie de ce qu'on appelle aujourd'hui le Barca. Ils prenoient le nom de Barcéens, ou Barcites de la ville de Barce. Voiez ce mot. Syneſius cité par Ortelius les nomme Barcæni.

BARCANI, ſelon Quinte Curſe[h] & Barcanii ſelon Cteſias, & Etienne le Géographe. Le premier dit que Darius avoit parmi ſa Cavalerie deux mille Barcaniens armez de même que leur Infanterie. Ortelius dit plaiſamment que Modius les a chaſſez delà ſans qu'ils le meritaſſent. Le ſecond les nomme dans un extrait que Photius nous a conſervé, où il eſt dit que Cyrus envoya chez les Perſes l'Eunuque Petiſaca qui avoit beaucoup de credit auprès de lui afin de ramener de chez les Barcaniens Aſtyage que lui & Amitis ſa fille ſouhaitoient de revoir. Etienne les met ſur les frontieres de l'Hircanie.

BARCAR. Vincent le Blanc dit que c'eſt une bonne ville, & qu'on la trouve au delà de la Riviere d'Araba ; c'eſt-à-dire de l'Ilment qui a ſon embouchure à Araba.

1. BARCE, montagne ſur la côte Occidentale d'Afrique. Elle borne le Golphe de DCXVI. mille pas, auprès de l'Embouchure de la Riviere de Darat.

[e] *Animal.* l. 10. c. 21.
[d] *Theſaur.*
[e] *Ed. 1682.*
[f] *Æneid.* l. 4. v. 40. & ſeq.
[g] l. 4. c. 4.
[h] l. 3. c. 2.

2. BAR-

BAR.

[a l. 12. c. 10.] 2. BARCE, Ville de l'Inde. Justin[a] dit qu'Alexandre la fit bâtir en memoire de ses exploits, qu'il dressa des autels & laissa le gouvernement de la côte de l'Inde à un des Officiers qu'il aimoit.

[b l. 1. c. 7.] 3. BARCE. Le même Auteur[b] dit que Cyrus aiant defait Crœsus lui laissa la vie, une partie de son Patrimoine, & lui assigna la ville de Barce pour sa residence. Elle doit être diferente de celle dont je parle dans l'Article suivant.

[c l. 4. c. 165.] 4. BARCE, Herodote raporte[c] que Pheretime mere d'Arcesilaus, Roi de la Cyrenaïque, tué à Barce dans une sédition s'étant refugiée en Egypte, sous la protection de Cambyse fils de Cyrus, Aryande qui gouvernoit l'Egypte pour Cambyse, lui prêta main forte, assiegea Barce avec toutes les troupes [d l. 2. c. 200. & seq.] des Perses qui étoient en Egypte[d], prit la ville par une fausse capitulation, & emmena les habitans de Barce en captivité en Egypte, d'où il les envoya au Roi. Cambyse étant mort sur ces entrefaites, Darius qui lui succéda leur donna un village de la Bactriane, où ils s'établirent, & lui donnerent le nom de Barce. La defaite de Cyrus arriva l'an du Monde 3416. & Darius ne parvint à la Couronne que l'an 3442. ainsi le village qui reçut le nom de Barce ne peut être la ville de ce nom que Crœsus eut pour sa demeure.

[e l. 4. c. 160.] 5. BARCE, Ville de la Cyrenaïque dans la Pentapole. Herodote[e] écrit qu'après la mort de Battus, Roi de la Cyrenaïque, Arcesilaus son fils, & son successeur eut dès le commencement de son Regne de si violens demêlez avec ses freres, qu'ils le laisserent dans sa capitale, & s'allerent établir dans un autre lieu, & y fonderent une ville à laquelle ils donnerent le nom de BARCE. C'est cette ville qu'Ariande assiegea pour vanger la mort d'Arcesilaus petit-fils de celui-là. Cette ville de Barce que le R. P. Hardouin, croit être la pretendue BARCA d'aujourd'hui, n'est pas la même que la *Barce* qui étoit maritime, & aussi dans la même Province. La Barce dont il s'agit dans cet Article étoit dans les terres; [f l. 4. c. 4.] au raport de Ptolomée[f] & de Scylax de [g Peripl. p. 44.] Caryande[g].

6. BARCE, port de Mer de la Cyrenaïque dans la Pentapole. Strabon[h], Pline[i], & [h l. 17. p. 337.] Etienne font mention dans la Cyrenaïque [i l. 5. c. 5.] d'une ville qui après avoir été anciennement nommée *Barce*, se nomme de leur tems Ptolemaïs. Il est certain d'ailleurs que c'étoit [k l. 4. c. 4.] un port de Mer. Ptolomée[k] qui neglige l'ancien nom, & ne l'appelle que Ptolemaïs la qualifie de ville illustre Ἐπίσημος. Elle conserve encore à present ce dernier nom avec un changement de peu de lettres, & se nomme TOLEMETA. Elle est sur la côte Orientale du Golphe de la Sydre.

1. BARCELONE, Ville Maritime d'Espagne dans la Principauté de Catalogne dont elle est la capitale. Elle est à 41. d. 26'. de latitude, & d' 1. d. 5'. plus Orientale que l'Observatoire de Paris, selon les observations Astronomiques. Elle est très-ancienne[l] puis[l *Voyage Etat. pres. de l'Espagne T. 1. p. 121.*] que, selon la plus commune opinion, elle fut fondée 250. ans avant l'Ere vulgaire par *Hamilcar Barca*, General des Carthaginois. Elle fut prise par les Goths du tems du Roi Ataulphe, lequel y fut assassiné & enterré. Les Mores l'enleverent aux Goths avec le reste de l'Espagne, & s'y fortifierent si bien, que toutes les tentatives que les Espagnols firent pour la recouvrer, furent inutiles jusqu'à ce que l'Empereur Charlemagne en vint à bout en 801.

Elle est située sur le rivage de la Mer, à l'extrémité d'une vaste plaine. Sa figure tient un milieu entre la quarrée, & l'ovale. Sa grandeur approche de celle de Toulouse, & ne lui cede en rien en beauté. Elle est divisée en deux, savoir en la vieille & en la nouvelle, & l'une est separée de l'autre par une enceinte de murailles, c'est-à-dire que la vieille est renfermée dans la nouvelle. Outre que ses murailles sont très-fortes par elles-mêmes, elles sont encore défenduës par divers bastions, par quelques ouvrages à corne, par des remparts hauts & spacieux, & par de profonds fossez. La plupart de ses ruës sont assez larges, pavées de grandes pierres, & incomparablement plus propres que celle d'aucune autre ville d'Espagne. C'est le Siege, d'un Evêché, d'un Tribunal de l'Inquisition, & d'une assez belle Université. Parmi quantité de beaux bâtimens dont elle est ornée, l'Eglise Cathedrale s'y fait distinguer par sa grandeur, & par ses deux hautes tours. Celle de Notre Dame *del Pino*, est encore très-belle. Le Palais du Vice-Roi, de l'Evêque, & de l'Inquisition meritent l'attention des curieux, aussi bien que l'Arsenal, la Bourse où les Marchands s'assemblent, la *Tersana* où l'on bâtit les Galeres, & la Maison de la *Deputation*, au dessus de l'escalier de laquelle on voit une fontaine couverte, une salle magnifique, dont le plafond est tout doré, avec un beau portique où l'on peut se promener ou s'asseoir. Cette salle est ornée des portraits de tous les Comtes de Barcelone. On y voit des places publiques fort belles, particulierement celle de S. Michel, où toutes les plus grandes ruës vont aboutir. Son port est large, spacieux, defendu d'un côté par un grand mole, & revêtu d'un très-beau quai, qui a 750. pas de longueur, au bout duquel il y a un fanal, & un petit Fort où il y a toujours quelques Soldats. De l'autre, il est à l'abri des vents de l'Ouest par le moyen du Mont-Jouy, qui s'avançant dans la Mer, forme l'espece de promontoire, au pied duquel on a construit un petit ouvrage qu'on a muni de canon pour la defense du port. Ce Mont-Jouy est une haute montagne qui s'éleve au Couchant de la ville, non loin de ses murailles, au sommet de laquelle il y a une Forteresse qui sert de Citadelle à la place, & qui seroit extrêmement forte, si elle étoit munie de tous les ouvrages qu'on y pourroit faire. Comme les Barcelonois sont les peuples de toute l'Espagne les plus laborieux, il ne faut pas s'étonner si la ville de Barcelone est très-riche. Le Port procure de grands avantages à son commerce. On y fait de beaux ouvrages de verre & d'acier, sur tout des Couteaux, des Canifs, des Rasoirs, des Ciseaux qui sont fort estimez par les Espagnols. On y fabrique des couvertures qu'on connoît en Fran-

112 BAR.

France sous le nom de Catalognes, & dont on fait beaucoup de cas. En un mot tout ce qu'on peut souhaiter pour rendre une ville recommandable, s'y trouve abondamment.

a T. 2. p. 344.

L'Evêché de Barcelone *a* est suffragant de Tarragone, & fut fondé vers le III. Siécle. St Theodose en fut le premier Evêque. Cette Eglise ruinée par les Mores, fut rétablie en même temps que sa Metropole. Son Chapitre est composé d'onze Dignitaires qui sont l'Archidiacré Major, le Doyen, le Chantre, le Sacristain, l'Archidiacre de *Panades*, l'Archidiacre de Ste. Marie de la Mer, l'Archidiacre *del valle*, l'Archidiacre de *Barcelone*, l'Archidiacre de *Llobregat*, le Souchantre, & le Tresorier; de vingt quatre Chanoines, de douze Prebendiers, & de plusieurs Beneficiers. Le Diocèse s'étend sur deux cens six paroisses, sur deux Abbayes, sur dix Prieurez, & sur trois Commanderies. Mr. de Vayrac qui met une Université à Barcelone en parlant de cette ville, n'en fait point mention en parlant des

b T. 3. p. 396.

Universitez *b*; il n'en met que trois en Catalogne qui sont celles de Lerida, Tortose, & Tarragone. Je reserve le Comté de Barcelone à l'Article de Catalogne.

c Baudrand Ed. 1705.

2. BARCELONE *c*, Bourg de France en Guienne au Comté d'Armagnac, sur les confins de la Gascogne propre, & à une lieue d'Aire au Levant vers Eause.

d Ibid.

3. BARCELONE-LA-NEUVE *d*, petite ville de l'Amerique meridionale dans la nouvelle Andalousie; elle est aux Espagnols qui l'ont bâtie dans le seizieme siécle.

4. BARCELONE ou BARCELONETTE. Le premier nom est l'ancien; petite ville de France au Comté de Nice, & capitale de la Vallée de Barcelonette, au pied des Alpes ma-

e Longuerue Desc. de la France part. 1. p. 369.

ritimes sur le torrent de Hubaye. *e* Elle fut bâtie l'an 1231. par Raymont Beranger Comte de Provence qui possedoit le Comté de Nice, & il voulut que cette nouvelle ville portât le nom de Barcelone dont les ancêtres de ce Comte étoient originaires. L'Archevêque d'Embrun a toujours été reconnu pour le spirituel dans la Vallée ou le territoire de Barcelonette.

LA VALLÉE DE BARCELONETTE, contrée de France bornée au Couchant par la Provence & le Dauphiné, au Levant par le Marquisat de Saluces, le Comté de Nice dans lequel on l'a souvent comprise, & celui de Beuil; elle est au Nord du Bailliage de Seine, & prend le nom de Barcelonette; qui en est la

f Longuerue Ibid.

capitale. *f* Ce territoire a été longtemps regardé comme un membre du Comté de Nice, dont Amedée Comte de Savoye, appellé communément le Comte Rouge, s'empara l'an 1388. sur Louïs d'Anjou alors Comte de Provence. François I. ayant conquis la plus grande partie des Etats du Duc de Savoye, réunit à la Provence le territoire de Barcelonette, ce qui dura en cet état jusqu'à l'an 1559. qu'il fut restitué par Henri II. au Duc Emanuel Philibert en exécution du Traité de Câteau-Cambresis. Ce pays a plusieurs fois été pris par les François. Enfin par le Traité conclu à Utrecht l'an 1713. Victor Amedée Duc de Savoye l'a cedé à la France,

BAR.

en échange de la portion du Dauphiné, qui est à l'Orient des Alpes lesquelles, comme je le dis ailleurs, sont à present de ce côté la borne des deux Etats. Les Dauphinois ont demandé que le Territoire de Barcelonette fût uni à leur Province pour les dedommager de ce qu'ils ont perdu par le Traité d'Utrecht. Les Provençaux ont au contraire obtenu que ce pays autrefois distrait de leur Province par les Princes de Savoye y fût réuni comme on avoit fait sous François I. Louïs XIV. decida ce diferent en faveur de la Provence; de sorte que la Vallée de Barcelonnette, & tout ce qui a été cedé de ce côté-là à la France par le Traité d'Utrecht est à present du Gouvernement de Provence.

BARCELOR, Ville des Indes sur la côte de Malabar au Royaume de Canara. Dellon dans son Voyage *g* des Indes Orientales écrit Barçalor. Elle est selon Mr. de

g 2. part. c. 6.

l'Isle *h* par le 92. d. de longitude, & par les 13. d. 45'. de latitude Septentrionale. Elle

h Carte des côtes de Malabar.

a un assez bon port. Thevenot *i* compte douze lieues de Mangalor, à Barcelor, & autant de cette derniere ville à celle d'Onor. Les Portugais ont autrefois possedé ce port; mais ils l'ont perdu, & les naturels s'en sont ressaisis.

i Voyage des Indes l. 2. c. 1. p. 265.

Les Hollandois y ont une loge. Mr. Savary dans son Dictionnaire du Commerce *k* écrit

k p. 1150.

BARCOLOR, à neuf lieues de Mangalor. Ce fort, dit-il, deux des plus importantes places du Canara, soit pour le commerce, soit pour la bonté de leur rade. Les Portugais y avoient des Forts d'où les Canarins les chasserent pendant qu'ils étoient occupez dans les longues guerres qu'ils ont eues avec les Hollandois: mais la paix qui fut faite entre les deux Nations ayant donné au Viceroi de Goa la facilité de se vanger des Indiens, par des courses qui ruinoient toute la côte, le Roi de Canara voulut leur remettre les Forts de ces deux places, ce que néanmoins les Portugais refusérent, étant peu en état de les garder; se contentant d'y établir deux Bureaux ou facturies, pour recevoir la moitié des droits de tout ce qui y entre, ou qui en sort. Ces détails sont bien diferens de ce qu'avance Mr. Baudrand *l* qui dit que Barcelor appartient maintenant au Roi

l Ed. 1705.

de Bisnagar sous la tutele des Hollandois. *m* Le poivre & le ris blanc & noir, sont les princi-

m Savary Ibid.

pales marchandises qu'on tire de ces deux villes, & le commerce du ris est si considerable à Mangalor, qu'il s'y en charge tous les ans 50. ou 60. Bâtimens. Nicolas de Graaf écrit

BARSELOOR *n*, & remarque qu'on y voit de belles Pagodes. Il ne dit rien des belles Egli-

n Voyage aux Indes c. 9. p. 35.

ses que les Portugais y avoient élevées. La forteresse est à une lieue & demie de la ville selon Mr. Corneille *o*.

o Dict.

BARCELOS *p*, petite ville de Portugal avec titre de Duché dans la Province d'entre-

p Baudrand Ed. 1705.

Duero, & Minho sur la Riviere de Sourille à 2. petites lieues de la côte de l'Ocean Atlantique au Levant vers Brague, elle passe pour l'ancienne *Celiobriga Celerinorum* des Bracariens.

BARCENA. Voiez DAMBE'E 2.

BARCETUM, nom Latin de BERZETO, ville & Abbaye d'Italie au Duché de Parme. Voiez BERZETO.

BAR-

BAR.

BARCHINEENS, Mr. Corneille dit d'eux sur la foi d'un Compilateur assez moderne [a] ce que j'en ai dit, sur le temoignage d'Elien, au mot BARCÆI.

[a] Alexand.
[b] Alexand.

BARCHIN; Mr. Corneille écrit BARCHON. Village d'Espagne dans la nouvelle Castille, sur la route de Madrid à Valence, dans le Canton nommé la Sierra, parce qu'il est rempli de montagnes ; & on le trouve après que l'on a passé le Xucar. Ce village est remarquable par le Château de LA MORA ENCANTADA, ou CASTILLO del Tesoro, qui n'en est qu'à un demi quart de lieue, & que l'on pretend avoir été decouvert d'une maniere assez étrange vers l'an 1660. Voici comment Mr. Corneille[b] raconte le fait que je n'ai garde de garantir. Un soldat reva toutes les nuits pendant près de dix huit mois qu'il voyoit un château au sommet d'une montagne où le maître & la maîtresse le conviérent de venir ; & que s'y étant rendu il trouva dedans quantité d'or & d'argent. Ce songe lui venant souvent il observa si bien en rêvant la situation du lieu qu'enfin comme il n'étoit éloigné que de quatre lieues de celui de sa naissance il fut convaincu que ce devoit être celui-ci. Quoi qu'on eût toujours labouré sur la montagne, & qu'il y eut mêmes quelques arbres, il se resolut avec quelques-uns de ses amis de bêcher en cet endroit : les Juges en ayant été avertis, lui defendirent de continuer, & le Conseil de Castille y envoya un Alcade de Corte, qui y fit travailler en presence du soldat. Lorsqu'on eut creusé trois hauteurs d'homme, on commença à trouver des murailles, & enfin à découvrir tout le château comme on le voit à present. Il y a une cour, plusieurs chambres, deux degrez, une cave, & un puits dans lequel furent trouvez les os d'un geant, avec des coutelas à la Turque comme avoit dit le soldat. Il vouloit que l'on continuât à creuser pour rencontrer le tresor qu'il disoit être encore enfoncé dans la montagne ; mais la crainte de la grande dépense, où il falloit s'engager, empêcha de passer outre. Du pied de la montagne sort une fontaine qui passe dans le grand chemin. Le soldat a toujours dit que le tresor étoit à la source de cette fontaine.

[b] Cet Article est tiré du Journal d'un Voyage d'Espagne.

BARCINO, ancien nom sous lequel les Romains ont connu Barcelone aujourd'hui capitale de la Catalogne, & autrefois Colonie Romaine dans le territoire des Læetaniens ou Laletaniens, selon Ptolomée[c]. Pline[d] dit qu'elle étoit surnommée FAVENTIA. Entre les Inscriptions recueillies par Gruter[e], on lit celle-ci, COL. F. I. A. P. BARCIN. Le R. P. Hardouin lit ainsi les lettres initiales COLONIA FLAVIA JULIA AUGUSTA PIA BARCINO. Il pretend que l'F. signifie en cet endroit *Flavia*, & non pas *Faventia*, & il le prouve parce que dans la même page on lit COL. FLAV. P. BARC. Il croit fausse une medaille de Galba, sur laquelle on lit COL. BARCINO FAVENTIA. Il tient que cette medaille est supposée comme la plupart de celles du Thresor de Goltzius dans lequel elle se trouve. Voiez BARCELONE.

[c] l. 2. c. 6.
[d] l. 3. c. 3.
[e] p. 419.

BARCITÆ. Voiez BARCÆI.

BARCKSHIRE, quelques-uns écrivent

Tom. I. PART. 2.

BAR. 113

BERKSHIRE, en faveur des François qui prononcent comme *a* ce que les Anglois prononcent comme *e*. Province d'Angleterre dans sa partie Occidentale quoi qu'elle ne soit pas maritime[f] mais mediterranée, dans le Diocese de Salisburi. L'air y est bon & le terroir fertile, elle a CXX. milles de tour & contient 527000. arpents de terre, & 19906. maisons. C'est un pays fort agréable. L'air y est fort sain, & l'on y abonde en bled, en Bêtail, en Volaille, en Gibier, en Poisson, & en Laine, en bois, mais sur tout en chênes. Ses principales rivieres sont la Thamise, & le Kennet. Cette Province a titre de Comté. La capitale est Reading ; les autres villes ou bourgs où l'on tient marché, sont

[f] Etat. pres. de la Grande Bretagne T. 1. p. 40.

* Abington,	East-Isley,
* Windsor,	Maidenbeath,
* Wallingford,	Hungerford,
Newberry,	Langbourn,
Farringdon,	& Ockingham.

Les trois premieres envoyent leurs Deputez au Parlement.

BARCKSTEIN ou **BERCKSTEIN**[g], petite ville d'Allemagne dans la Regence d'Amberg, avec un Bailliage assez étendu dont elle est la capitale. J'ai deja remarqué ailleurs que le haut Palatinat est divisé en trois parties dont une est la Regence d'Amberg.

[g] La Forêt Bourgon. Geog. Hist. T. 1. p. 350.

BARCUSENA ou **JUSTINIANOPOLIS**, ces deux noms se trouvent unis pour signifier une même ville dans les Actes du V. Concile tenu à Constantinople. La Notice Patriarchale de Nilus Doxapatrius met BARCUSORUM, pour le V. des petits Archevêchez libres qui étoient du Patriarchat d'Antioche. C'est sans doute la même Siége. Seroit-ce aussi la même qu'*Evarius* ou *Justinianopolis*, que d'autres Notices mettent dans la Phenicie du Liban peu loin de Palmyre ? Ce qui semble le prouver c'est que la Notice intitulée[h] *Ordo Præsidentiæ*, met dans la Phenicie du Liban .... *Evarius*, *Palmyre* .... & *Salamias* ; or la Notice de Nilus Doxapatrius[i] compte *Salamias*, pour le premier des cinq petits Archevêchez annexez au Patriarchat d'Antioche. Pour ce qui est de la *Bergaza* de Ptolomée qui étoit auprès du Méandre, ce ne peut être la ville de *Barcusena*. Elle étoit trop loin du Patriarchat d'Antioche & trop enfermée dans celui de Constantinople. Mais, dira-t-on, il s'agit d'un Concile de Constantinople ; oui, d'un Concile Oecumenique, auquel Apollinaire Patriarche d'Alexandrie, Domnus Patriarche d'Antioche, & trois Deputez repfesentans d'Eustoche Patriarche de Jerusalem, assisterent, & où le Pape Vigile fut prié de se trouver & de présider ; ce qu'il refusa ; parce qu'il craignit que les Evêques d'Occident n'ayant pû s'y rendre il ne se fît dans ce Concile des décisions qu'il n'auroit pu empêcher ni approuver, deforte que bien qu'il se trouvât alors à Constantinople, il aima mieux, en n'assistant pas au Concile, se reserver le droit de le confirmer, ou d'y refuser son acquiescement. Ainsi il n'est nullement surprenant qu'un des Evêques du Concile general de

[h] Schelstrat. ant. Eccl. T. 2. p. 687.
[i] Ibid. p. 724.

P   Cons-

BAR.

Conſtantinople ait été du Patriarchat d'Antioche; & de la Phenicie du Liban.

1. BARD. Voiez BARDT.
2. BARD. Voiez BARDO 1.

BARDAA[*], Ville d'Aſie dans l'Armenie majeure. Lebtarikh pretend qu'elle fut fondée, & bâtie par Alexandre le Grand. Ce fut dans cette ville que mourut la fille du Roi des Khozares que Fadhel le Barmecide Viſir du Khalife Harun Raſchid devoit épouſer l'an de l'Hegire 172. Cette mort fut cauſe que les Khozariens firent la guerre à ce Khalife. Quoique cette ville ne ſoit pas des plus conſiderables de la grande Armenie, il en eſt ſorti pluſieurs hommes de Lettres qui en ont pris le titre de BARDAI.

[*] d'Herbelot Bibl. Orient.

BARDAMANA, ancienne ville de l'Inde en deçà du Gange, ſelon Ptolomée[a]. Les Cartes dreſſées ſur cet Auteur la mettent ſur le bord de la Riviere Manda. Ce lieu repond à quelque place dans les terres, vers le milieu de la côte de Coromandel.

[a] l. 7. c. 1.

BARDAOTIS, ſelon quelques exemplaires de Ptolomée[b], & BARAMATIS ſelon d'autres, ville de l'Inde en deçà du Gange, dans la partie Orientale du mont Vindius.

[b] Ibid.

BARDARUS ou BARDARIUS, nom Latin du VARDARI Riviere de la Macedoine.

BARDASHIR, Ville de Perſe dans la Carmanie. Les Géographes Orientaux, entre autres Naſſir Eddin[c], la mettent au 92. d. 30′. de longitude, & au 29. d. 50′. de latitude, dans le troiſiéme Climat.

[c] Collect. Oxon. T. 3. p. 115.

BARDAXIMA[d], Ville ancienne de l'Inde au Levant de la bouche la plus Orientale du fleuve Indus ſelon le même.

[d] Ibid.

BARDELLES. Voiez BARZELLE.

BARDERATE, Ville d'Italie aux environs du Pô ſelon Pline[e]. Il la nomme entre Iria aujourd'hui Voghiera, & Induſtria aujourd'hui Caſal. Quelques-uns croient que c'eſt preſentement le Bourg de Bra dans le Piemont ſur la Sture.

[e] l. 3. c. 5.

1. BARDES; ce nom eſt moins celui d'un peuple des Gaules que celui d'une profeſſion. C'étoient les Poëtes des Gaulois, & pour ainſi dire leurs Hiſtoriens, puiſque les évenemens remarquables ne ſe conſervoient, qu'à la faveur des Chanſons qu'ils compoſoient.

2. BARDES, Iſle des Indes ſur la côte de Malabar, à l'embouchure de Mondoa Riviere qui l'environne, & la ſepare de l'Iſle où la ville de Goa eſt ſituée; & qui eſt au Midi de celle de Barde. LE PAYS DES BARDES, car cette Iſle ſe nomme auſſi de cette ſorte, a le terrain plus haut, & les vaiſſeaux Portugais y font plus commodément, & plus en ſureté pour charger[f]. Il eſt ſous leur domination, eſt bien peuplé & l'on y voit beaucoup de villages, & de hameaux, un petit ruiſſeau le ſepare du Continent[g]. Pour reconnoître Bardes quand on eſt au Sud des Iſles Quemadas (ou Iſles brulées,) il faut ſe rallier à la terre, & courir le long de la côte au Sud-quart de Sud-Eſt, ou au Sud-Sud-Eſt, ſelon qu'on eſt plus ou moins proche des terres. Quand on a perdu ces Iſles de vue on découvre à l'Eſt une pointe de terre en eſcore,

[f] P. van Caerden 2. Voyag. p. 603. au T. 3. des Voyages de la Comp. Holl.
[g] Ibid. p. 634.

ſur quoi il y a une tour blanche, & au Sud un haut Cap ſur lequel on a bâti un Couvent qui eſt blanc de même; la riviere étant entre ces deux Caps. Lorſqu'on en eſt proche on a la vue de deux ou trois petites Iſles qui giſent auprès de la côte à trois lieues & demie du Cap où eſt la tour blanche, qui ſe nomme le CAP DE BARDES, & qui eſt la pointe Septentrionale en entrant dans le port.

BARDESEY ou BARDSEY[h], petite Iſle d'Angleterre ſur la côte du Pays de Galles, & du Comté de Carnarwan auquel elle eſt preſque adjacente, n'étant ſeparée que de trois mille pas de la pointe de Brachipult. Les Tables Hollandoiſes lui donnent 52. d. 50′. de latitude, & 12. d. de longitude. [i] On croit que les Anciens l'ont connue ſous les noms d'ANDROS, EDROS ou HEDROS.

[h] Baudrand Ed. 1705.
[i] Corn. Dict.

BARDEWICK, ancienne & fameuſe ville d'Allemagne dans la baſſe Saxe, en Latin *Bardorum vicus*. Les Annales de France la nomment BARDENWIG; le Poëte Anonyme qui a écrit la Vie de Charlemagne, Angeſiſe dans les Conſtitutions de Charlemagne[k] diſent BARDONWICH: d'autres BARDANWIK[l]; Arnold de Lubec, & Albert de Stade BARDEWIG; & VICUS BARDORUM, d'autres ont dit en Latin BARDEJUGUM, ou BARDEROPOLIS, ou *Bardonis vicus*. Si les anciennes traditions meritent quelque créance, c'étoit la plus ancienne ville de toute la Germanie. Quelques-unes la font de deux ſiecles, & même de quatre plus ancienne que la fondation de Rome. Je renvoye à l'Hiſtoire de cette ville écrite par Meibom, & inſerée au troiſiéme tome de ſa Collection des Ecrivains de l'Allemagne, ceux qui veulent en ſavoir les revolutions qu'il y a recueillies avec beaucoup de ſoin & d'érudition. Elle étoit très-floriſſante lorſqu'Henri le Lion Duc de Saxe, & de Brunſwig, irrité de ce que cette ville refuſoit de le reconnoître depuis qu'il avoit été proſcrit par l'Empereur Frederic I. l'attaqua, la prit & la raſa juſqu'aux fondemens l'an 1189. De ſes malheurs s'agrandit la ville de Lunebourg, & l'Evêché qui avoit ſon Siege dans cette malheureuſe ville fut transferé à Ferde. Il y eſt pourtant demeuré une Collegiale, la ville n'eſt plus qu'un bourg à trois lieues de Lawenbourg, & à ſept de Hambourg ſur la Riviere d'Ilmenau.

[k] l. 3. c. 6.
[l] Bruno de Bello Saxon.

1. BARDI. Voiez LOMBARDS, peuple qui a été nommé en Latin LONGOBARDI.

2. BARDI, peuple du moyen âge dans la partie Septentrionale de l'Allemagne. Adam de Breme[m] les diſtinguant des Lombards les met avec les Dryades, les Sicambres, les Huns, les Wandales, les Sarmates, les Herules, les Daces, les Marcomans, les Goths, les Normands & les Sclavons; dans le voiſinage des Sueves qui habitoient autour de l'Elbe. L'arrangement de ces Nations n'eſt gueres Géographique, auſſi ne m'en veux-je ſervir qu'à diſtinguer les Bardes des Lombards. Helmold dans la Chronique des Slaves en marque plus préciſement le lieu. Il dit[n] que Godeſcalc Prince des Slaves étant mort, & aiant laiſſé quelques enfans, & ſes Sujets aiant appellé à la Souveraineté Crucon, un Rugien Butue l'un des fils de Godeſcalc ſe refugia chez les Bardes,

[m] Hiſt. Eccleſ. l. 1. c. 3. p. 1. Ed. Lambecian. fol. 1706.
[n] l. 1. c. 26. p. 66. & ſeq. ad annum 1074.

des demandant de l'assistance aux Princes Saxons à qui son Pere avoit toujours temoigné de l'attachement, & que ces Princes le rétablirent dans son pays malgré l'aversion que le peuple avoit pour un Prince né d'un Pere Chrétien, qui avoit même été tué par les ennemis de sa Religion. Son rétablissement ne fut pas une chose fort solide, car ses Sujets s'attacherent à Crucon son competiteur, & chasserent Butue, lequel s'adressa à Magnus qui pour lors se trouvoit à Lunebourg. Ce Duc lui dit qu'il ne pouvoit marcher en personne le secourir; mais, ajouta-t-il, je vous donnerai les Bardes, les Stormariens, les Holsates, & les Tethmarches, qui vous soutiendront quelque temps. Butue prenant avec soi les plus braves d'entre les Bardes passa l'Elbe, s'avança dans la Wagrie, & marcha jusqu'à la forteresse de Ploen. Ce passage est décisif. Butue en passant l'Elbe n'avoit point les habitans de Stormar, du Holstein, ni de Ditmarse; car ils étoient au bord de l'Elbe où il s'agissoit d'aller, c'est-à-dire au bord Oriental. Il ne passa l'Elbe qu'avec les Bardes qui étoient au bord Occidental, mais pourtant voisins. Hambourg est dans le Stormar; & Bardevick n'est qu'à sept lieues de cette ville, les Bardes étoient donc dans le territoire de cette derniere Place. L'ancien Interprete de Juvenal publié par Pithou, sur la XVI. Satire de cet Auteur remarque que les Bardes étoient un peuple de France. C'est à l'occasion de ce vers [a]:

a Satyr. 16. v. 13.

Bardiacus Judex datur hac punire volenti, &c.

b Histor. Bardewic. p. 55.

Meibom [b] croit qu'il s'agit là d'un peuple d'Allemagne, & pretend que les Germains ont souvent été compris sous le nom de Gaulois.

☞ Le nom de BARDES est d'origine Teutonique, & on le voit encore d'usage entre les Saxons; tant ceux d'en deçà le Weser que ceux au delà, ils apellent 𝕭𝖔𝖗𝖉𝖊 une plaine fertile, comme Meibom le prouve par un grand nombre d'autoritez. C'est ainsi que dans le Pays de Magdebourg il y en a deux, à savoir la haute, & la forestiere les 𝖍𝖔𝖍𝖊 𝕭𝖔𝖗𝖉𝖊 & 𝖉𝖎𝖊 𝖍𝖔𝖑𝖙𝖟 𝕭𝖔𝖗𝖉𝖊. De même on trouve la Borde de Halberstadt, de Gottingen & d'Embeck, & autres. Meibom conjecture avec bien de la vraisemblance que ce mot vient de 𝕭𝖆𝖜𝖊𝖗𝖉𝖊, c'est-à-dire terre labourable; ou si 𝕭𝖆𝖜𝖆𝖗𝖉, c'est-à-dire terre qui porte du bled; qualitez qui sont naturelles au territoire de Bardewick, & des autres lieux avec qui le nom de *Borde* lui est commun.

c Baudrand Ed. 1705.

3. BARDI [c], petite ville ou bourg d'Italie, dans la Lombardie au Duché de Parme, & dans la Principauté de Val-de-Taro. Il est sur un rocher escarpé de tous côtez avec un bon château entre des montagnes, & proche du torrent de Ceno; desorte que la place est assez forte par sa situation. Elle a un territoire separé que l'on appelle le MARQUISAT DE BARDI, c'étoit-ci-devant la Residence du Prince de Val-de-Bar, qui étoit de la Maison de Landi, & depuis de la Maison de Doria; mais ce Prince l'a vendu avec Compian qui en est proche, au Duc de Parme auquel il appartient à present. Il est à XXVI. milles de Plaisance au Midi,

en allant à Pontremoli dont il est à XX. milles, & à XXVI. de Parme vers le Couchant.

BARDIABOCH, Village de Perse selon Ortelius [d].

d Thesaur.

BARDINE. Voiez CHRYSORRHOAS.

BARDINES, Suidas dit que c'est le nom d'un fleuve qu'il ne designe point autrement, sinon qu'il y avoit plusieurs grands goufres.

BARDITUS [e], ville de l'Ethiopie interieure selon Ptolomée.

e l. 4. c. 9.

1. BARDO [f], petite ville de Savoye, ou BARD comme dit Mr. Baudrand [g]. Château & bourg du Duché d'Aoste, sur la Rive de Doria-Baltea, & sur les frontieres du Piémont, & du Canavois au pied des Alpes, & à dix milles d'Italie au dessus d'Ivrée. Ce lieu, ajoute Mr. Baudrand, est fort mal attribué à l'Italie dans toutes les Cartes recentes, puisqu'il n'en est point, quoi que situé par delà les Alpes.

f Corn. Dict.
g Ed. 1705.

2. BARDO [h], Palais magnifique des Rois de Tunis. Muley Hafcem le fit bâtir à un mille de la capitale du Royaume, dans une plaine seconde. Mourat Bey embellit cet édifice, & Amouda son fils unique & son heritier, ordonna par son Testament que ce Palais seroit commun à ses trois enfans, afin que les divertissemens, qui les y assembleroient, les tinssent toûjours unis. Les guerres civiles y ont détruit tous les ornemens que l'art avoit ajoûtez aux beautez de la nature. Cette maison étoit enrichie de colonnes de marbre, & de porphyre. Tout y étoit d'une très-grande magnificence, & la somptuosité des meubles répondoit à la dorure, & aux peintures à l'Arabesque, dont tous les appartemens étoient embellis. D'ailleurs les jardins plantez d'orangers, les allées palissadées de Grenadiers, & de Jasmins, les Ombrages, les Prairies, les Parterres, les Canaux & les fontaines rendoient ce lieu le séjour le plus délicieux de toute l'Afrique.

h Corn. Dict. Hist. des dernieres revol. de Tunis.

BARDOMAG, est un village dont il est fait mention dans une ancienne Inscription conservée à Milan, & raportée dans le Tresor de Goltzius. Pighi [i] veut qu'on lise *Bardomici*, on n'en est guéres plus avancé. Ce mot est du moyen âge, & signifie *le village des Lombards*. Mais où étoit-il?

i in Herci Prodic.

BARDONE & CARDONE, Villes de l'Espagne ulterieure, c'est-à-dire au delà de l'Ebre selon Tite-Live [k], qui dit que c'étoient des places fortes qui avoient pris les armes avec Luscinus contre les Romains. Cette circonstance prouve qu'elles n'étoient pas fort éloignées l'une de l'autre; & la Cardone dont parle Tite-Live ne sauroit être la Cardone de la Catalogne qui est dans l'Espagne citerieure, c'est-à-dire en deçà de l'Ebre.

k l. 33.

BARDONGANENSES, peuple de l'Allemagne au moyen âge selon Reginon [l], cité par Ortelius qui n'en dit pas davantage.

l l. 2.

BARDONIS MONS. Voiez APENNIN.

BARDORES [m], peuple d'entre les Huns selon Jornandes.

m de Reb. Getic. c. 53.

BARDT, petite ville d'Allemagne dans la Pomeranie Citerieure, au bord de la mer Baltique qui y forme un Port, à l'Orient de Stral-

p. 155. Ed. Vulcan.

116   BAR.

BAR.

a Pomeren.
l. 6. p. 609.

Stralfund aux frontieres de Mecklenbourg. Cette ville eſt aſſez ancienne, & Micrelius[a] ne doute point que ce ne ſoit l'ancienne demeure des Lombards; elle ſemble même y faire alluſion dans ſes armes dont le chef eſt parti d'argent chargé de deux buſtes en regard avec de longues barbes. Le champ de l'écu eſt une mer chargée de trois poiſſons d'argent. Cette ville a donné autrefois ſon nom à toute une étendue de pays où ſont Stralſund, Grimmen, & Tribeſées. L'an 1256. Jaromar de l'Iſle de Rugen changea les Loix de Bardt pour leur ſubſtituer celles de Lubec, & eut pour les habitans la complaiſance de démolir le château & de s'obliger à ne bâtir aucun Monaſtere dans la ville. Bogiſlas XIII. du nom Duc de Pomeranie y fit longtemps ſa réſidence, & y fit bâtir un magnifique Palais. La ſituation de ce pays a ſouvent excité des guerres entre les Ducs de Pomeranie, les Souverains de Rugen, les Danois, & les Ducs de Mecklebourg, qui s'en diſputoient la conquête. La Suede qui la poſſede l'avoit perdue avec tout le reſte de la Pomeranie; dans la derniere Guerre, mais elle lui a été rendue par la Paix. On fait cas de la biére que l'on y braſſe, le terroir d'alentour eſt fertile en grains, & le poiſſon y eſt en abondance. Quoi que la mer en lave les murailles, elle n'arrive pourtant là qu'entre des terres, où ſon lit n'eſt pas aſſez profond pour que des navires de quelque charge puiſſent entrer dans ce Port. L'Hôpital du St. Eſprit fut bâti en 1581. Six ans après la ville fut toute conſumée par un incendie, & n'a jamais bien pu ſe remettre de ce malheur; quoi que Bogiſlas XIII. ait pu faire pour en favoriſer les habitans. La Foire s'y tient le Dimanche après la fête de St. Michel. Bertius[b] qui donne à cette ville 25. d. de longitude, & 54. d. 28'. de latitude fournit une autre Etymologie du nom de Bardt: quelques-uns, dit-il, le derivent des Lombards, d'autres de la Riviere BARTZE, qui groſſie des eaux du Ruiſſeau *Bekenitze* ſe jette près de cette ville dans la mer Baltique. Il ſe peut, continue ce Géographe, que les Lombards qui habitoient auprès de cette Riviere en aient pris eux-mêmes leur nom. La plupart raportent la fondation de cette ville à l'an de l'Ere Vulgaire 1079. ce qui s'accorde aſſez avec ſes Archives; car on pretend qu'alors les Lombards ſongeant à s'emparer de l'Iſle de Rugen choiſirent ce lieu, comme très-commode pour leur deſſein. Elle fut aſſez long-temps ſoumiſe aux Ducs de Wolgaſt; enſuite les Ducs de Stetin lui accorderent les Privileges des grandes villes. Cette ville eſt de figure ovale[c]. A environ deux milles Géographiques de Bardt eſt le village de KENTZ, fameux autrefois par un Pelerinage en l'honneur de la Ste. Vierge dont la vogue commença en 1405.[d] Preſentement on y va à cauſe des eaux minerales, qui paſſent pour être très-ſalutaires aux Gouteux, aux Epileptiques, & à ceux qui ſont oppreſſez de la poitrine. Elles ſont froides, & on les boit telles, mais on les chauſe pour le bain; on les prend vers le mois de Juillet.

b Rer. Germ.
l. 3. p. 473.

c Micrel.
l. c.

d Memoires communiquez.

BARDULI, ancien peuple d'Eſpagne ſelon Pline[e] qui dit: *Turduli qui Barduli, &*

e l. 4. c. 22.

Tapori. Ce qui a fait croire à Ortelius, & au plus grand nombre de ceux qui ont lu ce paſſage qu'au ſentiment de Pline les *Turdules* étoient auſſi nommez *Bardules* & *Tapores*; au lieu que le ſeul nom de Bardules eſt relatif à celui de Turdules, & ces mots *& Tapori* deſignent un peuple diferent de celui de *Turduli* ou *Barduli*, après lequel il eſt nommé. C'eſt le ſentiment du R. P. Hardouin. Ces mêmes Bardules ſont nommez par Ptolomée[f] Ουάρδουλοι, VARDULI; & il leur donne pour ville unique MENOSCA, au lieu que Pline[g] leur en donne pluſieurs autres. Voiez VARDULI.

f l. 2. c. 6.

g l. 4. c. 20.

1. BARDUM. Voiez BARDI 2.
2. BARDUM. Voiez BARDO 1.
3. BARDUM. Voiez BARDT.

BARDUITÆ
BARDYALI &
BARDYETÆ, ancien peuple d'Eſpagne ſur l'Ebre. Strabon dit[h] que de ſon temps on les nommoit Βαρδυάλοι, ils étoient ſelon lui auprès des Verons dont la ville étoit Veria au paſſage de l'Ebre. Le même Strabon venoit de nommer peu auparavant[i] ce même peuple Βαρδυῆται. Ils demeuroient vers les montagnes qui ſont au Nord de l'Eſpagne dans le voiſinage de l'Ebre, & peu loin de l'endroit où eſt preſentement Calahorra.

h l. 3. p. 162.

i l. 3. p. 155.

BARE. Nicetas cité par Ortelius[k] fait mention d'un lieu nommé *Bare* & *Aulonia*, ſur la mer Egée quelque part vers l'Helleſpont.

k Theſaur.

1. BAREA, ancienne ville d'Eſpagne; Pline[l] dit qu'elle étoit de l'Eſpagne Tarragonoiſe, quoi que quelques-uns l'attribuaſſent à la Betique. Ptolomée[m] la met dans la Nation des Baſtules ſur la mer d'Iberie. C'eſt preſentement VERA proche de *Muxacra* qui eſt la *Murgis* des anciens.

l l. 3. c. 3.

m l. 2. c. 6.

2. BAREA, BÁRCIA, VARIA, BARIS & BARIUM, noms Latins de BARI, ville Archiepiſcopale du Royaume de Naples.

3. BAREA. Voiez BARES.

BAREDGE ou
1. BAREGE[n], Vallée de France dans la Gaſcogne au Comté de Bigorre, aux monts Pyrenées, dont le mont Tourmalet fait partie, où eſt la ſource de l'Adour. Elle contient dix-ſept villages ou Châteaux.

n Baudrand Ed. 1705.

1. BAREGE, Village de France au Comté de Bigorre dans la Vallée de Barege à cinq lieues, & preſque au midi de BAGNIERES. Il eſt fameux par ſes bains[o]. On y en voit quatre qui ſont de quatre diferens degrez de chaleur. Le I. s'apelle le grand Bain, & conſiſte en deux ſources d'eau limpide dont l'odeur approche de celle de la boue de la mer, & eſt chaude au quatrieme degré. Lors qu'on expoſe de l'argent, & du cuivre à la vapeur de l'eau de ce bain, l'argent rougit d'abord, puis noircit ainſi que le cuivre. Ce changement eſt encore plus prompt lorſqu'on plonge ces metaux dans l'eau; ſoit que cela ſe faſſe à la ſource, ou même qu'elle ſoit froide hors de ſa ſource, & priſe dès la veille. L'eau du II. Bain eſt de la même nature que celle du premier, mais elle eſt moins chaude d'un degré, parce que le Canal qui la conduit du reſervoir commun au ſecond Bain, eſt plus long que

o Piganiol de la Force, Deſc. de la France T. 4. p. 138.

cc-

BAR.

celui qui la porte au grand Bain, & d'ailleurs il est de marbre, au lieu que celui du grand Bain est de fer. L'eau du III. Bain est encore moins chaude que celle du second. Celle du IV. ou du *Bain rond* est de la qualité des autres; mais elle est affoiblie par le mélange de quelque source froide en sorte qu'elle n'est qu'un peu tiéde. Toutes ces eaux n'ont point tiré la teinture de noix de galle, ni rougi la teinture de tournesol; ni fait aucun changement sur le syrop violat, ni fermenté avec les Acides, ni avec les Alcalis. Ces eaux acquirent une nouvelle reputation par le Voyage que fit Louïs le Grand pour les aller prendre sur les lieux. Mr. de Longuerue [a] écrit BARETGE, & dit qu'il est au pied de la montagne de Tormalet; & à une lieue du Royaume d'Arragon dont il est separé par les hautes Pyrénées.

[a] Desc. de la France part. 1. p. 206.

BAREIT ou BAREITH. Voiez BAREUTH.

BAREMA, Βαρήμα. Ortelius [b] dit que St. Epiphane apelle ainsi quelque Nation des Indes.

[b] Thesaur.

BARENA, Ville de la Medie assez près d'Ecbatane selon Etienne le Géographe.

1. BARENSIS, ce surnom dans le Concile de Nicée signifie que celui qui le portoit étoit Evéque de Baris dans la Pisidie. Voicz BARIS.

2. BARENSIS METROPOLIS, Eglise metropolitaine dans la Pouille: les Notices designent ainsi l'Archevêché de BARI. Voiez ce mot.

3. BARENSIS, une Notice nomme ce Siege dans l'Esclavonie, entre les sufragans de l'Archevêché de Raguse.

BARENTIN, Bourg de France en Normandie. au Pays de Caux à trois lieues de Rouen, à quatre de Caudebec, & à pareille distance d'Ivetot. Il est situé entre Villers & Pavilli, sur la petite riviere d'ENNE qu'on y passe sur un Pont; c'est la route ordinaire de ceux qui vont de Rouën à Fescamp, & à St. Valery en Caux. Il y a sur cette Paroisse dix-sept fiefs, des moulins à papier, & pour d'autres usages, & deux Chapelles fondées; celles de St. Elier, & une autre au hameau de la Truaumont.

BARENTINUS AMNIS, nom Latin du VASENTO, riviere du Royaume de Naples dans la Basilicate.

BARENTON, gros bourg de France dans la basse Normandie. Il est situé aux environs de Mortain, & des sources de la Riviere d'Ardée dans le Diocese d'Avranches. On y tient un gros marché toutes les semaines.

BARES [c], Ville d'Asie dans l'Hellespont. Elle étoit Episcopale sufragante de Cyzique sous le Patriarche de Constantinople. Elle est aussi nommée BAREA dans des Actes de Conciles.

[c] Carol. à St. Paulo Geog. Sacr. p. 229.

BARESCATH, Ville d'Asie dans l'Alshash contrée du Mawaralnahr, selon Abulfeda [d].

[d] Chorasm. & Mawaraln. descr. p. 38.

BARETIUM ou VARETIUM, nom Latin de Varese Bourg du Milanez.

BAREUATHRA, selon Ptolomée [e], ou BARVACRA selon son Interprete Latin, ville de l'Inde au delà du Gange,

[e] L. 7. c. 2.

BAR. 217

BAREUTH, petite ville d'Allemagne en Franconie dans le haut Burgraviat de Nuremberg avec un château où le Margrave de Bareuth de la Maison nommée ci-devant de Culmbach, l'une des branches de celle de Brandebourg, fait sa residence. Il y a un College assez renommé. Quelques-uns écrivent BAYREUT, d'autres BAREUT, d'autres BAREITH. On y professe la Religion Lutherienne.

§ Il est bon d'avertir les jeunes gens qui lisent l'Histoire que la Branche de Culmbach, & celle de Bareuth est la même; & que cette diference de nom ne vient que de ce qu'après avoir resédé quelque temps à Culmbach, elle a ensuite préféré le sejour de Bareuth.

BARFLEUR, Ville de France en Normandie dans le Côtentin. On l'appelle autrement VAL DE CERE, en Latin *Vallis Cereris*; mais son nom le plus commun est *Barfleur*. Quelques-uns du Pays prononcent BARFLEU, & même des Ruës, originaire de Côtentin, l'a écrit dans sa Description de la France. Les Etrangers, comme Guillaume Lans dans son Flambeau de Navigation, ont dit BERGHFLEUR & BARCHFLEUR. Le Sieur de la Roque dans son livre de Noblesse, Traité de l'origine des noms, dit que *Barfleur* vient de *Flux*, ce qui est conforme à ce que dit Cenalis qui l'appelle *Barræ fluctus, quem ab æstu maris refluentis ita appellatum fuisse credere fas est, si quidem acutiem salientis maris barram dicere solemus*, LA BARRE DE LA MER. Sigebert en sa Chronique à l'année 1163. appelle Barfleur, *Barbe fluvium Henricus Rex*, dit-il, *ordinatis & compositis rebus, & Castellis suis in Normannia, venit Barbe fluvium*. Barfleur étoit autrefois une belle ville, & un fort bon Port de mer. Saint Romphaire, issu d'une illustre famille de Normandie avoit été son Pasteur plusieurs années; lorsqu'en 568, il fut choisi, & sacré Evéque de Coutance. Cette ville eut le même sort que toutes les autres du Côtentin, que le Barbare Hasting réduisit toutes en cendres en 888. C'étoit le meilleur Port de cette Province. L'an 1035. Guillaume le Conquerant y fit assembler une flotte de cinquante ou soixante vaisseaux, dont il donna le commandement à Alfred, & à Euvard son frere, après la mort de Canut, Roi d'Angleterre, pour s'assurer de la Couronne de ce Royaume. Depuis la conquête d'Angleterre par Guillaume le Conquerant Duc de Normandie, ce Prince & ses successeurs Rois d'Angleterre, & Ducs de Normandie, se sont toújours embarquez, & debarquez à Barfleur. C'est ce qui fit malheureusement en 1120. Henri Roi d'Angleterre & Duc de Normandie, lorsqu'après un Traité fort avantageux qu'il avoit fait avec Louïs le Gros Roi de France, il resolut de repasser en Angleterre avec Guillaume son fils, à qui il avoit fait rendre hommage par les Normands. Comme en ce temps-là Barfleur étoit le meilleur Port de Normandie, & que les Navires y étoient en sureté, ce Prince étant venu pour s'embarquer, un nommé Thomas Airard, fils d'Etienne, lui fit present d'un marc d'or, & lui dit que son pere avoit eu l'honneur

neur de porter Guillaume le Conquerant dans son navire, lorsqu'il en alla faire la conquête, & que depuis il avoit toûjours eu l'emploi, & la qualité de Pilote Royal; & qu'il ne savoit pas moins que lui l'art de la navigation, & les routes de la mer, & qu'il avoit un vaisseau appellé *la Blanche Nef*, le meilleur voilier, & le plus commode qui fût sur la Manche, après quoi il supplia sa Majesté qu'il lui plût de s'en servir. Le Roi répondit qu'il avoit déja fait porter la plus grande partie de son équipage sur un autre vaisseau, ce qui l'obligeoit de s'y embarquer; mais que ses fils Guillaume & Robert passeroient dans son navire, avec quantité de Cavaliers, & de Dames de sa Cour, & qu'il eût soin de les conduire à bon Port. Les jeunes Princes étant entrez avec les Princesses, la réjouïssance y fut fort grande, & les Matelots qui s'enivrérent pour prendre part à la fête, ne sachant ce qu'ils faisoient, lorsqu'on eut mis à la voile, ne furent point en état de gouverner le vaisseau qui s'alla briser contre une roche. Guillaume fils du Roi, se jetta dans une petite Chaloupe, & se fût sauvé s'il n'eût entendu sa sœur Mahaut qui imploroit son secours. Ainsi il fit approcher la Chaloupe. La Princesse y fut reçûë, mais tant de personnes s'y jetterent en même temps, que l'esquif coula à fond. Un seul homme nommé Guerout, s'étant accroché au mast du navire, se sauva du naufrage, & en raconta les circonstances. Tous les Historiens de Normandie en font mention. La ville de Barfleur fut ruinée en 1346. par Edouard Roi d'Angleterre, conduit par Geofroi de Harcourt. Voici ce qu'en dit Froissard. *Ils vinrent en un bon Port de mer, & une forte ville nommée Barfleur, & la conquirent tantôt, car les Bourgeois se rendirent pour doubte de mort, mais pour ce ne demeura mie que toute la ville ne fût robée, & prins or, & argent, & chers joyaux; car ils en trouverent si grande foison que garçon n'avoit cure de draps fourrez, & firent tous les hommes de la ville issir hors, & les firent entrer en vaisseaux avec eux pour ce qu'ils ne vouloient mie que iceux se pussent rassembler pour eux grever quand ils seroient outrepassez.* Depuis ce temps-là le bassin du Port de Barfleur s'est rempli. Il y a encore dans la ville un Monastere d'Augustins fondé, dit-on, par Philippe IV. dit le Bel, Roi de France en 1286. D'autres disent que c'étoit un Convent de Sachets ou autres Moines, qui parce qu'ils n'étoient pas en état de l'entretenir, fut donné aux Augustins par ce Prince. La côte de Barfleur est merveilleuse pour le bon poisson.

On appelle CAP DE BARFLEUR, la partie Septentrionale du Côtentin, où elle s'avance beaucoup dans la Manche proche de la ville de Barfleur.

BARGA[a], petite ville d'Italie en Toscane dans le Florentin sur la Riviere de Serchio, entre Luques & Castel-nuovo, dont elle n'est éloignée que de deux lieues.

[a] Baudrand Ed. 1705.

1. & 2. BARGALONE, selon Mrs. Corneille[b] & de l'Isle[c], & BARGELONE selon Coulon[d], Riviere dans le Querci. Elle a sa source près de St. Pantaléon paroisse

[b] Dict.
[c] Atlas.
[d] Riv. de France part. 1. p. 500.

d'où passant à Moncuq elle reçoit un peu plus bas un ruisseau qui vient de Marsillac, & se charge à Montesquiou, d'une riviere nommée aussi Bargalone, avec laquelle elle va se perdre dans la Garonne entre les bourgs de Valence, & de la Magistere. Son cours est vers le Sud-Ouest.

BARGAMO, Province d'Ethiopie dans l'Abissinie selon ce qu'écrit le P. Jerôme Lobo Portugais. Le P. Tellez dans la Relation[e] abregée par le P. d'Almeida, & inserée dans le Recueil de Thevenot[f], & Mr. Ludolff dans sa Carte de l'Abissinie écrivent BAHARGAMO. Cette Province est bornée au Nord par le Royaume de Wed, nommé Oge par les Portugais, à l'Orient par le Royaume de Fatagar, & par la Province de Guma, & à l'Occident par celle de Sugamo.

[e] Page 2. col. 2.
[f] 4. part. vers la fin.

BARGARA[g], lieu maritime des Indes sur la côte de Malabar, à deux lieues de Mealy. C'est un des plus considerables Basars de toute la côte tant pour le grand négoce qui s'y fait que pour les riches Pirates qui l'habitent. Il n'y a point de riviere, ainsi les Corsaires, & les Marchands sont obligez de faire échouer leurs barques, & leurs Paros quand il faut les radouber. Le Royaume de Cananor finit à Bargara. Un Naher en est le Seigneur, & quoi qu'il soit Sujet du Roi Colitri, c'est à lui qu'on paye le tribut. Assez près du Bazar il y a un petit Golphe qui sort de la Riviere de Cogniali, & qui est fort utile aux Corsaires.

[g] Dellon voyages aux Indes p. 176.

BARGASA &
BARGAZA, Ville de la Carie selon Strabon[h], Ptolomée[i], & Etienne le Géographe. Jean Evêque de Bargaza, ou Baretta est nommé dans l'Acte VI. du Concile de Calcedoine. Ce Siege reconnoissoit Ephese pour sa Metropole.

[h] l. 14. p. 656.
[i] l. 5. c. 2.

BARGE ou BARGES, Bourg de Piémont dans la Province des IV. vallées, sur la Riviere de Ghiandon qui delà passe auprès du lieu où se donna en 1690. la bataille que l'on nomma la Journée de Staffarde du nom d'une Abbaye voisine; & ensuite se jette dans le Pô. Mr. Corneille d'après Davity en fait une ville dans le Marquisat de Saluce, & dit qu'elle est grande, & riche & renommée par les bonnes armes à feu qu'on y fait.

BARGEAC, ou comme écrivent Davity, & Mr. Corneille BARJAC, petite ville de France en Languedoc au Diocese d'Uzès, au Levant d'été de S. Ambroise. Elle a titre de Baronie.

BARGEMON ou BARGAMON, petite ville de France au Diocese de Frejus à cinq lieues de la mer, & dans la Viguerie de Draguignan[k], assez près de la source de l'Inde Riviere qui tombe dans l'Argents. Elle est située[l] sur une colline couverte de Vignes, & d'Oliviers, & entourée de montagnes. Plusieurs Chartes qu'on trouve dans la Bibliotheque du Roi, prouvent que c'étoit autrefois un apanage des Cadets des Comtes de Provence. Dans l'Eglise des Augustins Déchaussez on garde une image miraculeuse de la Vierge. Louïs Moreri, dont le nom est devenu celebre par le Dictionnaire Historique qui porte son nom, naquit à Bargemon le 25. Mars de l'an 1643.

[k] De l'Isle Carte de Provence.
[l] Piganiol de la Force Desc. de la France T. 3. p. 331.

1643. & mourut à Paris le 10. de Juillet de 1680.

BARGENI, peuple de la Troglodytique dans l'Ethiopie, selon Pline[a].

BARGENY[b], Ville de l'Ecosse meridionale dans la Province de Carrick dont elle est la capitale. C'est le BERIGONIUM des Anciens; & elle donne le titre de Lord à une branche de la famille d'Hamilton. Mr. Baudrand qui n'en fait qu'un bourg le met à huit milles de la côte de l'Ocean Occidental, & du Golphe de Clyd, en quoi il se conforme à Timothée du Pont. Dans les Cartes[c] de ce dernier qui se trouvent dans l'Atlas de Blaew, on lit mal BANGENII *Cast.* pour BARGENII.

BARGIACIS, Ville de l'Espagne Tarragonoise selon Ptolomée[d], elle étoit dans le Pays des Vaccéens, & dans les terres.

BARGILUS. Voiez BARGULUS.

BARGOSA, Ville ancienne de l'Inde: c'étoit la patrie du Philosophe Zarmanochagas dont Strabon[e] nous raporte l'Epitaphe où il est dit qu'il quitta la vie à la maniere usitée dans son pays. Il explique que ce fut sur un bucher, sur lequel il monta nud, parfumé, & avec un air de gayeté. Ortelius croit que cette Bargosa de Strabon n'est pas diferente de la Barygasa de Ptolomée.

BARGU, grandes plaines d'Asie dans la Tartarie. Mr. Corneille en fait un Article assez curieux; mais si peu exact pour la citation, & pour les choses qu'il avance sur la garantie de Marco Paolo le Venitien, que je crois devoir raporter ici ce que dit veritablement ce Voyageur, non pas aux Chapitres 24, & 46. du I. livre comme Mr. Corneille le cite quoi qu'il ne parle aucunement de ces plaines dans ces endroits, mais au 61. c. du I. livre selon les 2. Editions que j'ai de cet Auteur, l'une de Helmstad 1585. in 4°. l'autre de Bâle fol. 1532. Après que l'on est sorti de Carocaram, & que l'on a passé le mont Alchai en tirant vers le Nord on arrive aux plaines de Bargu qui ont quarante jours de marche en longueur. Ceux qui les habitent, nommez Medites (*Medita*) obéïssent au grand Cham, & ressemblent aux Tartares pour les mœurs. Ce sont des hommes sauvages qui vivent de la chair des Animaux, qu'ils prennent à la chasse sur tout des Cerfs (ou plutôt des Rennes) qu'ils ont en abondance, & qu'ils apprivoisent si bien qu'ils s'en servent comme d'Anes & de Chevaux, pour voitures. Ils n'ont ni bled ni vin. L'eté ils font de grandes chasses des oiseaux, & des animaux sauvages dont ils se nourrissent pendant l'hyver que l'on n'y en trouve point, parce que le grand froid fait fuir ailleurs le gibier. Après les quarante jours de chemin dont j'ai déja parlé, on arrive à l'Océan où l'on trouve sur les montagnes les nids des faucons que l'on envoye delà au grand Cham. Il n'y a là que de ces oiseaux avec d'autres d'une espece diferente qui sont la proye, & la nourriture ordinaire de ces faucons. Dans ces contrées Septentrionales il y a quelques Isles qui s'avancent si fort vers le Nord que le Pole Arctique leur paroît se detourner vers le Midi. Voilà ce que dit Marco Paolo. J'igno-

re d'où Mr. Corneille a pris ce qu'il lui fait dire, & je suis persuadé qu'il ne l'a nullement consulté sur cet Article. Pour savoir maintenant où sont ces *plaines de Bargu*, il faut suivre les indices que fournit cet ancien Voyageur. Elles doivent être au Nord du mont Alchai, qui lui-même est au Nord de Carocaram. Cette ville qui est nommée sur les Cartes *Caracoram*, ou *Calkahan*, ou *Thula*, est vers les sources de l'Amoer & au Midi d'une montagne que Mr. de l'Isle nomme M. Kentay, & qui semble d'abord être celle d'Alchai; mais ce que même Auteur nomme PLAINE DE BARGU, est encore loin delà. Il appelle ainsi une vaste étendue de plat pays qui est naturellement bornée par la mer d'Amoer à l'Orient, & par tout ailleurs par une longue chaine de montagnes qui sont apparemment le mont Alchai de Marco Paolo. Cette plaine de Bargu demeura indecise dans le Traité de Nipchou conclu le 3. Septembre 1689. entre les Czars Jean & Pierre & l'Empereur de la Chine. Depuis ce temps-là les Russiens s'y sont établis.

BARGUA DE REGOA, village de Portugal dans la Province de Tra-os-montes, à sept lieues de la ville de Bragance du côté du Couchant. Il est remarquable pour avoir été l'ancienne TUNTOBRIGA[f], ville des Callaïques Bracariens qui étoient de l'Espagne Tarragonoise.

BARGULIA, comme lit Ortelius dans Tite-Live[g], ou

BARGULUS, comme portent les Editions plus recentes, Place de l'Illyrie dans le voisinage du peuple *Parthini*. Cette place fut cedée aux Romains par le Traité qu'ils firent avec Philippe 204. ans avant l'Ere vulgaire.

BARGUS, Riviere de l'Illyrie aux deux côtez de laquelle habitoient les Scordisques. Elle se jette dans l'Ister, ou Danube selon Strabon[h] qui dit qu'on l'appelloit aussi MARTUS, ou *Margus* comme le soupçonne Casaubon. Niger croit que c'est le Drin de Ptolomée. Ortelius croit au contraire que ce pourroit être la Drave du même si cet Auteur ne la nommoit pas aussi.

§. BARGUS, Pline met au nombre des rivieres qui tombent dans l'Hebre une Riviere nommée BARGUS. Seroit-ce la même riviere que la precedente que l'erreur de l'un ou de l'autre de ces deux anciens auroit deguisée, ou sont-ce deux rivieres diferentes? Comme on ne sait quelles des rivieres d'aujourd'hui ont autrefois porté ce nom, il n'est pas sûr de decider.

BARGUSII, ancien peuple d'Espagne. C'est par eux que les Envoyez du Peuple Romain commencerent la commission qu'ils avoient de soliciter les peuples de preferer le parti de Rome à celui des Carthaginois[i]. Annibal dans le subjugua[k], après les Ilergetes, & soumit tout de suite les Ausetaniens, & la Lacetanie. Ils étoient éloignez des Pyrenées, & dans l'interieur de l'Espagne puis qu'ils étoient au delà de l'Ebre; & par consequent ils sauroient être les habitans de BERGUSIA, avec qui bien des Auteurs les confondent assez mal à propos. Voiez BERGUSIA.

BAR-

BAR.

[a] Plin. l. 5. c. 29. Strab. l. 14. p. 654. & Ptolom.

BARGYLA[a], ou BARGYLIA ou même BARGILIA; ancienne ville de la Carie proche de Jasos, & de Myndos selon Etienne le Géographe. Dans une Notice Ecclesiastique[b] on lit *Barbyli*, sous la Metropole Staunant. Eccl. T. 2. p. 678. ropolis dans la Province de la Carie; & l'on trouve que Dardanius son Evêque souscrivit au Concile de Chalcedoine[c]. Il n'est pas sûr que ce nom doive necessairement s'écrire par un Y ; que les manuscrits de Pline portent *Bargila*. Entre les medailles de Severe, & d'Antonin il y en a sur lesquelles on lit BAPΓYΛIHTΩN. Une ancienne Notice Grecque porte *Barbyla*.

[b] Schelstr.
[c] Carol. à S. Paulo Geog. Sacr. p. 237.

[d] l. 5. c. 29.

BARGYLETICI CAMPI, Pline[d] nomme ainsi la campagne d'autour de Bargyla. C'est à l'occasion du Méandre qui, dit cet Auteur, parcourt premierement la contrée d'Apamée, ensuite celle d'Eumenie, puis les Campagnes de Bargyla. Et ensuite arrosant de ses eaux paisibles la Carie, & fournissant à toutes ces Campagnes un Limon qui les rend très-fertiles, il se joint lentement à la mer à X. Stades de Milet. Il y a ici une dificulté que je n'entreprendrai point de resoudre. Sanson dans sa Carte du Patriarchat de Constantinople, met très-bien Bargyla qu'il nomme *Bargyllia* entre Jassus & Myndus, en quoi il s'accorde avec Pline. La dificulté consiste en ce que le Méandre étant à son embouchure plus Septentrional de dix Stades que Milet au Midi duquel *Bargylia*, & par consequent *Bargyletici Campi*, étoient situez, il n'est pas aisé de comprendre comment ce fleuve arrosoit les Campagnes de Bargylia qui n'étant pas une ville fort considerable n'avoit pas un territoire assez grand pour s'étendre jusqu'à ce fleuve.

[e] l. 5. c. 20.

BARGYLUS, montagne de la Phenicie aux confins de la Syrie selon Pline[e], en tirant vers l'Antiochene. Ainsi cette montagne n'a point de raport avec Bargylia dans la Carie ; ni avec les plaines (qu'il nomme *Bargyletici Campi*) arrosées par le Méandre.

BARI, en Latin *Barum*, *Barium*, *Bario*, *Baretum*, *Baria* & *Baris*, Ville du Royaume de Naples[f] capitale de la Province de Bari dans la Pouille, avec un Archevêché. Les François l'appellent BAR. Elle est bien munie, étant sur la côte de la mer Mediterranée, avec un Port qui étoit autrefois assez bon, avant que les Venitiens l'eussent gâté, du tems des derniers Rois de Naples. La ville est assez grande & peuplée, dans un fort bon pays, entre Polignan & Trani, à vingt-sept milles de Matera vers le Septentrion, à vingt-quatre de Barlette vers le Levant, & à six vingt milles de Naples.

[f] Baudrand Ed. 1705.

[g] Ibid.

LA PROVINCE DE BARI[g], en Latin *ager Barianus*, *Barensis*, ou *Bariensis*, est une des douze Provinces du Royaume de Naples dans la Pouille dont elle compose la meilleure partie, parce qu'elle est extrêmement fertile, & bien cultivée, surtout vers la côte du Golfe de Venise, dont elle est bornée au Septentrion & au Levant, comme l'est au Midi par la Province d'Otrante, & la Basilicate, & au Couchant par la Capitanate, dont elle est divisée par la riviere d'Ofante. Elle s'étend en long du Levant au Couchant, & est ainsi nommée de la ville de Bari sa capitale.

Les villes de la Province de Bari sont

Andria, Conversano,
Bari, Gravina,
Biseglie, Molfette,
Bitonte, Ruvo
        & Trani.

BARIA &
BARIANUS AGER. Voiez les deux Articles precedens.

BARIA. Voiez BAREA, & VARIA.

BARJAC. Voiez BARGEAC.

BARIANA, Ville de la Mesopotamie selon Ptolomée[h].

[h] l. 5. c. 18.

BARILLES[i], ou VARILLES. Mr. Sanson écrit BAREILLES[k]. Petite ville de France en Languedoc, entre Foix & Pamiers sur l'Ariege.

[i] Corn. Dict.
[k] Atlas.

BARJOLS[l], en Latin *Barjolium*, petite ville de France en Provence, assez peuplée à trois lieuës de Brignole au Septentrion, en allant vers Riez, dont elle est à cinq lieuës. Cette ville[m] étoit déja bâtie au milieu de l'onzieme siécle, & appartenoit à Rimbauld Archevêque d'Arles, qui en dota l'Eglise de Nôtre-Dame de l'Espinar, qu'il fonda l'an 1060. ce qui fut confirmé par Alexandre II. l'an 1061. Ce Pape prit cette Eglise sous sa protection, l'exemptant de toute autre puissance moyennant un Bezant d'or de cens, ou tribut annuel qui fut payé à l'Eglise Romaine par le Chapitre de l'Espinar, jusqu'à l'an 1244. Ce fut pour lors que les longs differens qu'il y avoit eû entre l'Evêque de Frejus Diocesain, qui débattoit l'exemption de cette Eglise, & le Prevôt de l'Espinar furent terminez, & que ce Prevôt fut obligé avec son Chapitre de reconnoître l'Evêque à de certaines conditions. La ville de Barjols étant chef-lieu du Bailliage a droit de deputer aux Etats, & Assemblées du pays.

[l] Baudrand Ed. 1705.

[m] Longuerue Desc. de la France part. 1. pag. 362.

BARIQUESIMETO, Province de l'Amerique meridionale dans le Pays de Venezuela, & assez avant dans les terres, selon Mr. Baudrand[n] qui écrit ce nom BARIQUICIMETO. Il ajoute que cette contrée est vers la source d'une Riviere de même nom qui en reçoit quelques autres plus petites, & qui aprés plusieurs détours se joint à la Riviere de Pato, & delà se rend dans l'Orenoque, vis-à-vis de l'Isle de Cayenne. Je doute que Mr. Baudrand en décrivant le cours de cette Riviere ait bien reflechi sur la situation où sont entre elles la Province de Venezuela, la Riviere de l'Orenoque, & l'Isle de Cayenne. De Laet dit que l'on va dans la contrée de *Bariquesimeto*, de la ville de Coro ou Venezuela, par les montagnes, nommées Xizaaras en langue Indienne, qui commencent près de cette ville.

[n] Ed. 1705.

BARK. Voiez BARCKSHIRE.

BARKAN. Ville d'Hongrie, qui n'est proprement qu'un bourg au bout du Pont de Gran, on le pourroit même regarder comme un fauxbourg de cette ville, qui couvre & qui commande ce Pont ; mais il est devenu fa-

BAR.

fameux par les deux victoires que les Chrétiens y ont remportées sur les Turcs, l'une en 1664. & l'autre en 1683. après la levée du siege de Vienne. L'avant-garde de l'armée Polonoise étant tombée le 8. d'Octobre dans une embuscade, où le Roi de Pologne & son fils Alexandre, coururent quelques risques, & où l'on perdit plus de quinze cens hommes, il fut resolu d'attaquer les Turcs, qui animez par cet avantage, se preparoient de leur côté à attaquer l'armée Polonoise. Sur cette resolution, les deux armées se joignirent le 9. & s'avancerent le 10. vers Barkan. Dans une plaine derriere une descente, étoit un corps d'ennemis, de six mille chevaux, & de deux mille Janissaires, que le Grand Vizir avoit détachez, afin de couvrir le pont de Barkan, avec un ordre exprès de combattre, quand même ils seroient inferieurs en forces. La crainte qu'on eut qu'ils ne fussent soûtenus par quelque corps de reserve, fit qu'on marcha à eux lentement en les canonnant toûjours. Les Turcs qui essuyerent ce feu avec fermeté, commencerent le combat en attaquant les Imperiaux. Ceux-ci les ayant soûtenus fort vaillamment, ces Infideles se tournerent du côté des Polonois, & les chargerent vigoureusement, avec leurs cris ordinaires. Le Grand General de Pologne soûtint ce choc, & fut si bien secouru, que les Turcs contraints de prendre la fuite perdirent deux à trois mille hommes. Une partie se retira vers Pest, & l'autre s'étant jettée dans Barkan, voulut passer le Pont, qui se rompit par le milieu, ce qui acheva la deroute des Otomans. Il y en eut un nombre prodigieux de noyez, & la plûpart de ceux qui échaperent, furent passez au fil de l'épée, ou faits prisonniers. Les Chrétiens prirent plusieurs étendarts & timbales, & firent un grand butin, qui fut augmenté depuis par la dépouille des Turcs, qu'ils repescherent dans le Danube. Ensuite le Prince de Bade avec son Regiment, & trois autres de Dragons emporta la ville de Barkan l'épée à la main. Le Château capitula; mais les Polonois ne laisserent pas de retenir cinq cens Janissaires prisonniers, & de faire main basse sur le reste de la Garnison, afin de vanger la mort de ceux de leur Nation, qui avoient été tuez dans l'embuscade du 8. & dont les têtes étoient encore exposées sur les remparts. Ils mirent le feu aussi à la ville, mais il fut éteint, & l'on y laissa garnison pour conserver ce poste, où l'on trouva seize pieces de Canon.

BARKLEY, Ville d'Angleterre en Glocestershire;[a] sur le bord Occidental de la Saverne; entre Glocester & Bristol à cinq lieues de l'une & de l'autre. Quelques-uns écrivent BERKLEY[b], en faveur des Etrangers qui prononcent l'*A*, comme *A*; & non pas comme *E* à la maniere des Anglois. Elle a titre de Comté.

[a] Baudrand Ed. 1705.
[b] Etat de la Gran. Bret. & autres.

BARLASINA[c], Bourg & Château d'Italie au Milanez entre Côme & Milan.

[c] Baudrand Ed. 1705.

BARLEDUC. Voïez BAR-LE-DUC 4.

1. BARLENGA[d], Ville d'Espagne dans la vieille Castille, au Gouvernement de Soria, dans les montagnes à quelques lieues vers le Sud-Ouest de Soria. C'est la même que BERLANGA, ou VERLANGA.

[d] La Forêt Bourgon. Geog. Hist. T. 2. p. 298.

2. BARLENGA, les Cartes de Sanson, & quelques Auteurs mettent une Isle de ce nom sur la côte de Portugal, vis-à-vis de la ville de Santarein en Estramadure. Ils ajoutent que cette Isle en a plusieurs autres autour d'elle, entre autres la Barlengote, où il n'y a rien de remarquable qu'une tour qu'on y a bâtie contre les pirates. Mr. Baudrand[e] croit que c'est la LONDOBRIS de Ptolomée que Pline, & Mela nomment ERYTHIA. Pour l'Erythia de Pline ce ne sauroit l'être, parce qu'elle étoit près d'une autre nommée aussi Gadir, que Mariana dit être detruite, & que Salazar dit au contraire être *Isla de Leon*, & tant la grande que la petite étoient aux environs du lieu où est presentement Cadix. Il est vrai que Pline ayant parlé[f] de deux Isles nommées *Erythie*, l'une grande, l'autre petite, & aiant dit que ce fut dans l'une de ces Isles qu'habitoient les Geryons de qui Hercule emmena les troupeaux, il ajoute, il y en a qui veulent que ce soit une autre Isle proche de la Lusitanie, & qui portoit le même nom. Mais il ne nous en marque pas la position d'une maniere assez precise, pour dire que c'est l'Isle Barlengue qui ne paroit gueres propre à nourrir des troupeaux. La Londobris de Ptolomée conviendroit mieux; mais il la met bien plus loin du Continent qu'elle n'est en effet. Le Neptune François, & Mr. de l'Isle ne marquent en ce lieu aucune Isle, mais simplement quelques roches, & écueils par les 8. d. 45′. de longitude, & 39. d. 25′. de latitude. Leur plus grande étenduë Nord & Sud-Est d'environ 10′. entre le Cap Fiferon, & ces Ecueils que les Cartes nomment BARLENGAS, LES BARLENGUES, ou LES BARLINGUES: on peut mouiller sur 10. 15. 20. & 25. brasses d'eau.

[e] Ed. 1682. LONDOBRIS, in voce
[f] l. 4. c. 22.

BARLETTE[g], en Latin *Barulum* & *Barolum*, Ville du Royaume de Naples dans la Pouille, & dans la Province de Bari sur la côte du Golphe de Venise. Elle est assez grande, & l'une des quatre places que l'on apelle les quatre Châteaux d'Italie, c'est le sejour de l'Archevêque de Nazareth. Elle est à quatre milles de l'embouchure de l'Ofante, au Levant vers Trani, & au milieu entre Trani au Levant, & Manfredonia au Couchant.

[g] Baudrand Ed. 1705.

BARLINGUES. Voiez BARLENGA 2.

BARLOVENTO (Isles de); on apelle ainsi celles des Antilles, qui jouïssent les premieres d'un vent frais qui s'y éleve, comme je l'ai remarqué au mot ANTILLES. Mr. Corneille dit que les Latins les nomment *Barlo ad ventum*, & cite Mr. Maty, qui dit au contraire avec Mr. Baudrand, qu'on les nomme en Latin *Insulæ ad ventum*. Si Mr. Corneille avoit eu l'usage de la vuë lorsqu'il composoit son livre, l'accusation seroit atroce.

BARMACH[h], montagne de Perse dans la Schirvan, située à un quart de lieuë de la Mer Caspienne, qui se voit de fort loin à cause de sa hauteur extraordinaire. Elle est presque ronde, & du haut de son sommet elle pousse une grande roche fort droite, & fort escarpée de tous côtez, ce qui lui a fait don-

[h] Corn. Dict. Olearius Voyage l. 4. p. 376.

donner le nom de *Barmach*, qui veut dire *Doigt*, à cause qu'elle paroît comme un Doigt étendu par deſſus les autres montagnes voiſines. Le froid eſt ſi grand ſur celle-ci, que l'herbe y eſt toute couverte de glace, tandis que le temps eſt doux, & beau dans les bas. Sur la croupe de la montagne, & au pied de la roche, on voit une plaine de cinquante toiſes en quarré, au milieu de laquelle il y a un très-beau puits revêtu de pierre. Autour de ce puits ſont les ruines d'une très-groſſe muraille, flanquée au coin de quelques tours, & de quelques boulevarts, dont ce bâtiment a été autrefois fortifié. Deux foſſez à fond de cuve revêtus de pierre de taille qui y ſont encore, font connoître que ce ſont les reſtes d'une Foretreſſe. On trouve auſſi quelques ruines d'un autre Fort vers la partie Septentrionale de la montagne. Elles facilitent l'accès à une montée taillée dans le Roc, qui conduit preſque juſqu'à ſon ſommet, où l'on voit une voûte, & le reſte d'un troiſieme bâtiment, qui a pû autrefois ſervir de Donjon ou de retraite, après la perte des deux autres Forts. Il y en a qui ſe perſuadent que c'eſt une de ces fortifications que les Anciens appelloient *Porta Caſpia* ou *Ferrea*, dont on trouve l'explication dans l'Hiſtoire Grecque, & dans la Latine. Les Perſes croyent que ces bâtimens ont été faits par Alexandre le Grand, & que Tamerlan les a démolis. A quelques lieuës de cette montagne, & à trois de Scamachie, eſt un lieu qu'on appelle *Pyrmaraas*, celebre parmi eux à cauſe d'un de leurs Saints, nommé Seïd Ibrahim, dont l'on voit le ſepulcre en ce lieu-là. Les Perſes diſent qu'il eſt fort ancien, & tellement reveré, que Tamerlan ne voulut point y toucher, quoi qu'il renverſât tout ce qu'il trouvoit en ſon chemin. Ce bâtiment a ſes murailles, & deux cours comme un Château, & il eſt compoſé de divers appartemens voûtez qui ne reçoivent le jour que par de petites fenêtres. On voit dans le premier, vis-à-vis de la porte un Tombeau élevé de deux pieds, & clos d'une baluſtrade, avec deux degrez pour y monter. On entre à main gauche par une porte dans une grande galerie fort claire, dont les murailles ſont blanches, & qui a ſon plancher couvert de deux tapis. A la droite, dans un autre appartement voûté ſont huit Tombés élevées, & de cette derniere voûte on paſſe dans une troiſiéme, où eſt le ſepulcre de Seïd-Ibrahim; le Tombeau eſt élevé de deux pieds de terre, & couvert d'un tapis de Damas jaune. A la tête, aux pieds, & aux deux côtez ſont pluſieurs cierges, ſur de grands Chandeliers de cuivre, & à la voûte pendent quelques lampes. A deux portées de mouſquet de ce lieu vers le Levant, on voit le ſepulcre d'un autre Saint appellé *Tiribalba*, fort bien bâti dans le roc. Les Perſes diſent que Seïd-Ibrahim, dont il étoit precepteur, avoit une telle veneration pour lui, qu'il pria Dieu de lui accorder, que même après ſa mort, on le pût voir dans la poſture en laquelle il ſe mettoit en faiſant ſes devotions, habillé d'une robe griſe, & à genoux, en l'état où il étoit en priant lorſqu'il vivoit. Ces deux lieux ſont fort celebres, à cauſe des pelerinages qu'y font les Perſes, ſurtout vers le temps que l'on couvre Tiribalba d'une robe neuve, & qu'on met la vieille en pieces pour la diſtribuer aux pelerins. Sur la porte de ce ſepulcre, il y a une inſcription en lettres Arabeſques, qui veulent dire, *ô Dieu, ouvre cette porte*. L'on a taillé dans le roc, pluſieurs Chambres, Niches, Cavernes, où logent les Pelerins, quand ils viennent en ce lieu faire leurs devotions. Il y en a de ſi hautes, qu'il faut des échelles de douze ou quinze pieds pour y monter. Olearius dit que ce qui le ſurprit davantage quànd il y alla, ce fut de trouver dans cette voûte, ſur le haut de la montagne, des Coquilles de moules, en ſi grande quantité en quelques endroits, qu'il ſembloit que toute cette roche ne fût compoſée que de ſable, & de coquille.

§. Une obſervation Phyſique d'Olearius, qui me paroît trop curieuſe pour être omiſe, c'eſt que l'on ne doit pas trouver étrange que ce corps ſubſiſte depuis ſi long temps, s'il faut ajouter foi à ce que dit Camerarius, dans ſes Meditations Hiſtoriques, après Varron, & Ammien Marcellin, que les corps des Perſes ne ſe corrompent point, & qu'ils ſe deſſechent ſeulement. Mais l'opinion de notre Voyageur eſt que cela ne doit s'entendre que des corps que l'on n'enterre point, & que l'on laiſſe à l'air, & encore faut-il que ce ſoient des corps fort extenuez ou par l'age ou par la maladie; car les corps replets ſont ſujets à la corruption en Perſe auſſi bien qu'ailleurs.

BARMOUTH, lieu maritime d'Angleterre dans la Principauté de Galles en Merionethſhire. Les Tables des Hollandois[a] lui donnent 12. d. 42′. de longitude: & 52. d. 53′. de latitude.

[a] p. 373.

BARMUDE. Voiez BERMUDE.

BARN[b], ce mot Anglo-Saxon qui ſignifie *Grenier*, *Grange*, entre dans la compoſition de pluſieurs noms Géographiques. Il ſe trouve en uſage chez les Anglois, les Allemands diſent BARNEN, & s'en ſervent pour ſignifier un *Fenil*. Delà eſt venu le nom de BERNIERES, commun à pluſieurs villages, & à quelques familles de Normandie. Il y en a une fort ancienne en Angleterre du nom de Berners, qui eſt le même nom que Bernieres. On prononçoit autrefois BARNERES, comme il paroit par une Bulle du Pape Innocent III. adreſſée au Prieur de l'Hôpital de Caën, où il eſt fait mention de Renaud Barneres; & cette prononciation approche davantage de l'origine. Delà ſont auſſi venus les noms de *Bernay*, de *Berneſe*, de *Berneval*, de *Berendal*, de *Barneville*, & de *Berigni*: ſi toutefois ce nom n'eſt point le même que *Verigni*. Je ſais, dit l'Auteur cité en marge, que dans la Langue Gauloiſe *Barner* ſignifie un Juge; mais, pourſuit-il, il y a plus d'apparence qu'il faut rapporter l'origine de ces noms aux Anglo-Saxons, comme les plus proches de ces temps-ci.

[b] Huet origines de Caën. c. 21. p. 418.

1. BARNA. Voiez BADARA 2.
2. BARNA. Voiez ODYSSUS.
3. BARNA. Voiez BAROA.

BARNABAL. Voiez *Varnaval*; ancienne ville d'Egypte ſur le Nil.

BAR.

BARNACIS, Ville de l'ancienne Espagne Tarragonoise dans le territoire des Carpetaniens, selon Ptolomée[a]. *[a] l. 2. c. 6.*

BARNAE, lieu dans le voisinage du Danube où Nicetas & Cedrenæ disent que les Bulgares ont autrefois habité. Le Traducteur Latin[b] de Procope fait mention d'un peuple nommé BARNÆ ou BARNI, chez qui Risildulfe alla chercher un asyle contre son oncle Ildiges. Mr. Cousin, dans sa Traduction Françoise du même Historien, rend ce mot par les *Varnes*. Ortelius demande si ce ne seroit pas presentement VARNA. Voiez ce mot. *[b] Edit. de Rome 1506.*

BARNAGAS (le). Quelques Relations mal digerées mettent dans l'Abissinie un Royaume ou une Province imaginaire, au Royaume de Tigré sur la Mer rouge. Cette erreur est venue de ce que la partie maritime de ce Royaume est nommée dans la Langue des Abissins MIDRA-BAHR, c'est-à-dire *Regio maritima*, la contrée maritime. Et dans la même langue le Gouverneur de cette contrée est nommé BAHR-NAGAH, c'est-à-dire le Gouverneur de la mer ou de la côte. Ainsi il est arrivé à ce Canton la même chose qu'à l'Indoustan, auquel des personnes mal instruites ont donné le nom de Mogol qui n'est pas celui du pays; mais du Souverain qui y commande: de même on a mis sur les Cartes, & dans les Livres une Province dont on a suprimé le nom pour y mettre le nom, ou titre que prend celui qui en a le Gouvernement.

BARNARD-CASTLE, selon Davity, & Mr. Corneille. Voiez BERNARD-CASTLE.

BARNESTABLE. Voiez BARNSTABLE.

1. **BARNEVELDT**, (*Isle de*) petite Isle d'Asie proche le Japon. Les Tables des Hollandois[c], les mettent à 161. d. 20'. de longitude, & à 34. d. 10'. de latitude. *[c] p. 373.*

2. **BARNEVELDT**, (*Isle de*) près de l'Amerique meridionale, ou plutôt au Midi de la Terre de Feu, assez près du Cap de Horne, au Nord d'une autre petite Isle, qui porte le nom de Diego Ramirez. Elle gît par les 303. d. 40'. de longitude, & 57. d. de latitude selon le Calcul des Hollandois[d], & par les 314. d. de longitude, & 56. d. 20'. selon les Cartes de Mr. de l'Isle. Je dis au mot MERIDIEN, d'où provient la diference entre les longitudes des divers Peuples. *[d] Ibid.*

3. **BARNEVELDT**, (*le Fort de*) Fort de l'Isle de Bachian selon Mr. Baudrand[e], mais il se trompe. Il est dans celle de *Labova*; delà vient qu'on l'appelle aussi *le Fort de LABOVA*. Voiez BACHIAM & LABOVA. *[e] Ed. 1705.*

BARNEVILLE[f], Bourg de France en basse Normandie. Il a haute Justice, & est situé dans le Diocèse de Coutances sur la côte de la mer à deux ou trois lieues du Bourg, & de l'Abbaye de St. Sauveur le Vicomte. *[f] Corn. Dict.*

BARNOLY[g], gros Bourg de l'Indoustan sur la route de Surate à Agra, à quatorze cosses ou lieues Indiennes de Surate, on y passe à gué une Riviere, & le terroir des environs est mêlé de bois, & de terres fertiles en bled & en ris. *[g] Le même & Tavernier Voyage des Indes l. 1. c. 4.*

BARNOUL, Ville de France en Provence selon Mr. Corneille qui cite un Atlas qu'il ne nomme point. C'est celui de Blaeu où le Graveur a malheureusement écrit ainsi le nom de BARJOLS, ce qui a empêché Mr. Corneille de le reconnoître.

BARNSTABLE, petite ville d'Angleterre en Devonshire. [h] C'est un Port de mer vers le Nord de la Province quoi qu'un peu avancé dans le pays, sur la Riviere de Taw; elle fait un bon negoce, & a un beau pont de pierre. Son havre est fort bon, & gît selon le calcul des Hollandois[i], par les 12. d. 42'. de longitude, & 52. d. 52'. de latitude. Elle tient marché & elle envoye ses Deputez au Parlement. *[h] Etat pres. de la Grande Bret. T. 1, p. 57. [i] p. 373.*

BAROA ou **DEBAROA**, ou **BARUA**, ou **DEBARUA**, ou plus mal encore **BARNA**; manieres vicieuses d'écrire le nom de **DOBARWA**, lieu où reside le Bahrnagash, en Abissinie au Royaume de Tigré. Voiez DOBARWA.

BAROCHE, Ville de l'Indoustan au Royaume de Gusurate au bord Septentrional de la Riviere de Nerdaba à dix lieues[k], de son embouchure dans le Golphe de Cambaye. Un peu à l'Orient de la route ordinaire de Surate à Cambaye, & au 21. degré 55. minutes de latitude. Baroche[l] est une grande villace accompagnée d'une vieille Forteresse; mais elle a été de tout tems fort renommée à cause de sa riviere qui a une proprieté particuliere pour blanchir les toiles, & on y en apporte pour cet effet de tous les endroits de l'Empire du grand Mogol, où l'on n'a pas la commodité des eaux. La ville[m] est sur le penchant, & au pied de la montagne. Elle a des murailles de pierre hautes d'environ trois toises, qui sont flanquées par de grosses tours rondes à 30. ou 35. pas l'une de l'autre. Les Bazards ou marchez sont dans une grande ruë qui est au pied de la montagne, & c'est où l'on fabrique ces toiles de coton appellées *Baftas*, dont il se fait un si grand debit dans les Indes. *[k] de 25. au degré. [l] Tavernier Voyage des Indes 11. part. I. Chap. 5. [m] Thevenot Voyages des Indes p. 175.*

La montagne étant haute & rude à monter, il seroit très-aisé de mettre la Forteresse hors d'état de craindre aucune attaque; mais elle est si negligée que les murailles ont plusieurs grandes breches du côté de terre que l'on ne se met pas en devoir de reparer. Il y a des Mosquées & des Pagodes, en cette ville, tant en haut qu'en bas. Outre la fabrique des toiles il se vend encore de l'agathe en cette ville, mais c'est presque tout le commerce qui s'y fait.

On paye[n] la Douane à Baroche de toutes les marchandises qui y entrent, & qui en sortent. Les Anglois y ont un fort beau Logis. Les Hollandois y tiennent un Facteur afin de faire expedier plus aisément leurs marchandises aux bureaux des Douanes. Il y a quantité de Paons dans le territoire de Baroche. La chair des jeunes est blanche, & de bon gout approchant de celui de nos Dindons, & on les voit, le jour, par troupes dans les champs. *[n] Tavernier Voyage des Indes 11. part. Liv. I. Chap. 5.*

BAROLUM ou **BARULUM**. Voiez BARLETTE.

BARONIS[o], montagne d'Afrique au Royaume de Fez, dans la Province de Chaus. Elle est à trois[p] milles de la ville de Teza tirant vers le Nord, & contient trente-cinq vil- *[o] Corn. Dict. [p] De la Croix Relat. de l'Afrique T. 1. p. 531.*

BAR.

a Ibid. p. 533.
b Ibid. 535.
c Ibid. 536.

villages. *a* Autour de cette montagne il croît force raisins rouges dont on fait de fort bon vin. *b* Les femmes y sont blanches, assez belles & portent *c* beaucoup d'ornemens d'argent.

BARONNIE, Seigneurie & terre qui donne le titre de Baron à celui qui la possede, pourvû d'ailleurs qu'il ait une naissance digne de ce titre, ou que le Prince lui confere ce qui pourroit lui manquer de ce côté-là. Autrefois on nommoit Barons les plus grands Seigneurs du Royaume, mais aujourd'hui le Baron est un Gentilhomme, qui a un titre au dessous de ceux de Comte & de Marquis, mais au dessus de celui de Châtelain. Il n'y a qu'en Allemagne, où il y ait des Baronnies Souveraines. Ce sont celles dont les Seigneurs, & proprietaires sont Membres de l'Empire, & se qualifient *Libres Barons*. En France, avant que les titres de Ducs, de Comtes, &c. fussent aussi communs qu'ils le sont, les hauts Seigneurs s'honoroient du titre de Barons: leurs Baronnies avoient souvent plusieurs Châtellenies ou hautes Justices. Il y en a eu dans la suite, qui n'avoient qu'un seul village. On peut voir le Glossaire Latin de Du Cange sur les differentes sortes de Barons.

d Longuerue Desc. de la France part. 1. p. 329.

BARONNIES *d*, (les) contrée de France dans le Dauphiné dont elle fait presque la cinquieme partie sous un même Bailliage. Le Pays des Baronnies situé au Midi du Diois & du Gapençois, & au Nord du Comtat Venaissin, est une partie considerable des Etats que le Dauphin Humbert donna aux Princes de France. On l'appelle *les Baronnies*, parce qu'il est composé de deux grandes Baronnies, de Meuoillon & de Montauban, qui étoient libres, & indépendantes d'aucun autre Seigneur que de l'Empereur, ayant été possedées hereditairement par des Barons, Vassaux du Royaume d'Arles, durant trois cens ans. Celle de Montauban fut aquise par le Dauphin Humbert I. Elle fut donnée en partage à Gui, fils cadet d'Humbert I. Après la mort de Gui, & celle de son frere Henri, elle fut unie au Dauphiné.

Quant à la Baronie de Meuoillon, qu'on appelle en Latin *Medullio*, elle fut acquise de son dernier Seigneur nommé Raymond, par le Dauphin Jean, fils de Humbert I. l'an 1300. qui la donna à son frere Henri. Celui-ci fut le dernier Baron de Meüoillon & de Montauban; car après sa mort, le Dauphin Humbert II. les réünit à perpetuité au Dauphiné; le Dauphin Humbert I. avoit aquis le haut Domaine, & la Seigneurie directe de la Baronnie de Meüoillon l'an 1293. & il l'avoit unie à ses Etats avec Montauban, l'an 1307. ce qui ne se peut entendre que de la Seigneurie directe, & non du Domaine utile, qui n'a été uni à celui des Dauphins que par Humbert II.

Il y a dans le Territoire des Baronnies deux villes, le Buy capitale de la Baronnie de Meüoillon, & Nyon de celle de Montauban. Les Dauphins ont eu en ce Pays une Cour Superieure, pour terminer en dernier ressort les Procès des Vassaux des Baronnies, qui sont aujourd'hui du ressort du Parlement de Grenoble. Le Siége Royal est au Buy, qui reconnoît aussi bien que Nyon, l'Evêque de Vaison, dans le Comtat Venaissin; mais Montauban & Meüoillon sont du Diocèse de Gap.

BAROPHTHAS, Ville des Perses vers la Perse propre, selon Zozime *e*.

e l. 3.

BAROS, lieu de la Mesopotamie. Il y avoit garnison, dit Procope *f*.

f Ædific. l. 2.

BARPANA, Isle de la mer de Toscane, selon Pline *g*. C'est sans doute celle que Pomponius Mela apelle CARBANIA *h*; c'est presentement l'Isle de CARBOLI, voisine du Cap de l'Isle d'Elbe, qui est à l'oposite de Piombino.

g l. 3. c. 6.
h l. 2. c. 7.

1. BARRA, Ville d'Italie dans le territoire des Orobiens, selon Pline *i* qui dit qu'elle ne subsistoit plus, & que les Bergamotes étoient venus delà.

i L. 3. c. 17.

2. BARRA, Isle de l'Ocean à l'Occident de l'Ecosse. *k* Elle est située au Midi de South-Wist dont elle est separée par un détroit. Elle a cinq milles de long sur cinq de large. Elle a un bon havre au Nord-Est qui abonde en poisson; & ses rivieres à l'Est sont remplies de Saumons. Cette Isle & quelques autres encore plus petites du voisinage appartiennent à Mac Neil qui se dit *Roi de Barra*, & prétend être le 34. successeur de sa famille en ligne directe. Ses Sujets sont de la Religion Catholique, & ont une veneration particuliere pour St. Barr leur patron. *l* Borg, Balnacarrig, & Kilbarra en sont les principaux lieux.

k Etat pres. de la Grande Bret. T. 2. p. 287.

l Blaeus Atlas.

3. BARRA, Royaume d'Afrique dans la Nigritie; à la bande du Nord, & à l'embouchure de la Riviere de Gambie. Le Roi demeure à un quart de lieue de la mer. Les peuples & les habitans s'apellent MANDINGUES, & sont la plupart Mahometans. Mr. de l'Isle nomme ce lieu BAR.

BARRA-BOA, Ville du pretendu Royaume d'ADEA, & peut être aussi imaginaire que ce Royaume. Ce mot est Portugais, & veut dire *bonne Côte*. Cette ville, suposé qu'elle existe, n'est pas au bord de la mer, on ne la trouve qu'en remontant le Jubo riviere, qui n'est rien moins qu'un bras du Quilmanci, quoique Mess. de la Croix & Corneille le disent. Mr. de l'Isle n'a pas jugé à propos d'en noircir ses Cartes.

BARRA-CONDA, Village de la Nigritie en Afrique, sur la rive Septentrionale de la Riviere de Gambie, au Nord de l'Isle des Elephants que cette riviere forme. Les Cartes de Mr. de l'Isle, où elle est nommée BARECONDE, la mettent bien plus à l'Occident, & plus bas que le village de Cassan, vis-à-vis duquel elle est placée par Mr. Baudrand, qui fait une ville de Barraconde & de Casan.

BARRADI, Riviere de Syrie, qui n'a pas plus de soixante pieds de large, & qui vient des montagnes du Liban. On la traverse sur un Pont appellé Dummar, & à une demie heure delà on vient au bord d'un précipice, au pied duquel elle passe, la montagne étant fendue pour la laisser couler dans la plaine de Damas, où elle se divise en trois branches. Celle du milieu qui est la plus gran-

BAR.

grande, va se rendre dans la ville de ce nom au travers d'un champ ouvert, & ces eaux sont distribuées dans toutes les cîternes & fontaines; les deux autres en fournissent à tous les jardins des environs, ensuite de quoi ces trois branches se réunissent au Sud-Est de la même ville, à trois ou quatre lieuës de laquelle leurs eaux se jettent dans un marécage, où elles se perdent sans parvenir jusqu'à la mer. Les Grecs & les Romains ont nommé cette riviere CHRYSORHOAS. Voïez ce mot.

BARRÆ. Voïez BARÆ.

BARRA-MAA, c'est-à-dire *mauvais rivage*; au contraire de *Barraboa*, qui signifie *bon Rivage*, dans la Langue Portugaise. Quelques Descriptions de l'Afrique[a] mettent une ville de ce nom dans le pretendu Royaume de ce nom, à l'embouchure de la Riviere de Sabale où il est difficile d'aborder.

[a De la Croix Relat. de l'Afrique T. 4. p. 130.]

BARRANIA, Riviere de l'Amerique Septentrionale dans la Nouvelle Galice.[b] Elle sort du Lac de Mechoacan, court rapidement vers le Nord-Ouest, & se precipitant à quatre lieues de Guadalajara du haut d'un saut de dix brasses, elle se va rendre dans la mer du Sud. On ne la traverse à gué en aucun endroit; mais sur des radeaux faits de Cannes, & de Courges sur lesquels les hommes s'asseient avec leurs hardes tandis que les Sauvages font passer les chevaux à la nage.

[b Corn. Dict. Laet Ind. Occ. l. 6. c. 1.]

§ Selon les Cartes de Mr. de l'Isle cette riviere ne passe point à Guadalajara; mais à plus de dix lieues à l'Orient de cette ville. Elle n'entre point dans la Nouvelle Galice proprement dite, mais elle la borne du côté de la Province de Xalisco: elle n'est pas nommée sur les Cartes *Barrania*, mais RIO DE SANT JAGO; c'est-à-dire *Riviere de St. Jacques*.

BARRARDA, Ville du Paropanise selon Ptolomée[c], dont les Interpretes écrivent BAGARDA.

[c l. 6. c. 18.]

BARRASSON, Ortelius[d] trouve dans l'Histoire mêlée[e], ce nom qu'il croit être celui d'un lieu en Afrique.

[d Thesaur.]
[e l. 22.]

BARRATE. Mr. Corneille[f] trompé par les Imprimeurs de Davity[g], fait une ville de ce nom en Espagne dans l'Andalousie, & la met sur une des pointes qui regardent le détroit. Voïez BARBATO 2.

[f Dict.]
[g T. 1. p. 184.]

BARRAUT, ou BARRAUX, ce dernier nom est presentement le seul usité. *Le Fort des Barraux*, est une Forteresse de France en Dauphiné, dans la Vallée de Graisivaudan dont il défend l'entrée du côté de la Savoye. Elle est sur la Riviere de l'Isere, environ à huit lieues de Grenoble, à trois de Chambery, & à deux de Montmelian. Charles Emanuel Duc de Savoye le fit bâtir en 1594. si l'on en croit Mr. Corneille, ou en 1597. selon Mr. l'Abbé de Longuerue[h], & le P. Daniel. Ce dernier en parle ainsi[i]: le Duc de Savoye qui après le combat des Molettes avoit repassé l'Isere, s'étoit campé à Barraux, & Lesdiguieres au Château de Bayard, la Riviere entre eux deux. Il prit fantaisie au Duc de faire un Fort à Barraux, dont on ne put comprendre l'utilité, car Montmelian n'étoit pas loin delà, & lui donnoit le moyen, independam-

[h Desc. de la France part. 1. p. 319.]
[i A l'année 1597. Hist. de France T. 6. p. 686.]

BAR.

ment de ce nouveau Fort', de faire des courses dans le Dauphiné. On ne sauroit s'imaginer quel autre motif l'engageoit à cela, que la pretendue gloire d'avoir bâti un Fort sur les Terres de France à la vue de l'armée Françoise; & en effet pour se faire honneur de ce beau projet, il en envoya le plan dans toutes les Cours d'Italie. C'étoit un Pentagone fortifié selon toutes les regles, & qui avoit très-belle apparence sur le papier. Lesdiguieres le lui laissa construire, nonobstant que les principaux Officiers de son Armée le pressassent de s'y opposer. Quelques-uns s'en plaignirent à la Cour, & le Roi en écrivit à Lesdiguieres avec quelque chagrin; mais il laissa parler ses Officiers, & envoya au Roi le Baron de Luz, lui dire qu'un Fort comme celui-là étoit très necessaire à sa Majesté en cet endroit pour brider la Garnison de Montmelian; que puisque le Duc de Savoye vouloit bien en faire la dépense, il falloit le laisser faire, & que dès qu'il seroit en defense, & bien fourni de canon & de munitions, il lui promettoit de le prendre sans qu'il en coûtât rien à son Epargne. Lesdiguieres tint parole, & la nuit du 13. de Mars de l'année[k] suivante il l'attaqua au clair de la Lune, & l'emporta de vive force en moins de deux heures, quoique la Garnison avertie de son dessein l'attendît sous les armes.

[k Mezerai Mars 1598.]

Avant la construction de ce Fort, Barraux n'étoit qu'un simple Bourg. Il y a Gouverneur, Lieutenant de Roi, & Major.

BARRAZAN. Mr. Corneille écrit ainsi ce nom. Voïez BATRAZAN.

BARREME[l], Bourg de France dans la haute Provence, sur la Riviere d'Asse entre la ville de Senez, & celle de Digne. Ce Bourg donne le nom à la *Vallée de* BARREME, longue d'environ cinq lieues, sur deux de large dont il est le chef-lieu.

[l Baudraud Ed. 1705.]

BARRIANO[m], Bourg d'Italie dans le Bergamasque, Province de l'Etat de Venise, sur la Frontiere du Milanez, à trois lieues de la ville de Creme du côté du Nord.

[m Ibid.]

BARROIS. Voïez BAR 3.

BARROW[n], (le) Riviere d'Irlande dans la Province de Leinster. Elle coule à Caterlogh & à Leighlin; delà étant accruë de la Nure à Rosse, & peu après de la Sheire, elle fait le havre de Waterford, & s'y jette dans la mer d'Irlande.

[n Ibid.]

BARROW-BRIDGE, Ville d'Angleterre, selon Davity & Mr. Corneille. Voïez BOROUGH-BRIDGE.

BARRUT ou BARHUT, petite ville des Etats de l'Electeur de Saxe dans la basse Luzace aux confins de la Marche de Brandebourg, sur le petit ruisseau de Goila, qui tombe dans la Sprée un peu au dessous; selon Zeyler[o] qui dit qu'elle est au Comté de Solms.

[o Sax. super. Topog. p. 15.]

BARS, petite ville de la haute Hongrie, & chef-lieu du Comté de ce nom, sur la Riviere de Gran, mais sur une Coline; les Allemands l'appellent BERSEMBOURG. Elle est à deux milles d'Allemagne de Levents au Couchant, & à sept de Strigonie ou de Gran vers le Nord. Quelques-uns disent que Bars est l'ancienne USCENUM des Jazyges Metanastes.

LE COMTÉ DE BARS, petite contrée de

la Hongrie, le long de la Riviere de Gran. Elle est bornée au Septentrion par le Comté de Bistricz, au Levant par celui de Hont, au Couchant par le Comté de Komore, & au Midi par celui de Strigonie ou de Gran. Elle a pour villes :

Bars Capitale,	Carpen &
Leuwentz,	Schemnitz.

BARSA, Isle de l'Ocean Britannique. C'est presentement L'ISLE DE BAS, en France sur la côte Septentrionale de Bretagne auprès de St. Paul de Léon. Antonin[a] fait mention de *Barsa*.

[a] Itiner.

BARSALA, Fort ayant garnison vers la Syrie, & la Mesopotamie, selon Ammien Marcellin[b]. Voiez BARZALA.

[b] l. 18.

BARSAMPSA, lieu de la Mesopotamie, selon Ptolomée qui la met près de l'Euphrate. Elle ne sauroit être la même que BAESAMPSA. Voiez ce mot.

BARSE[c], Riviere de France dans la Champagne Meridionale. Elle a sa source auprès de Vandeuvre dans l'Election de Bar sur Aube, d'où coulant vers l'Occident elle passe entre les Abbayes de Montiramé & de Lusigni, après quoi elle fait un petit arc vers le Nord, comme pour aller chercher une riviere dont elle se grossit, puis reprenant sa route vers l'Occident elle se jette dans la Seine un peu au dessus de Troyes.

[c] Cartes de Mr. de l'Isle.

BAR-SENA ou BARCENA. Voiez DAMBE'E 2.

BARSIKET[d], Ville d'Asie dans la Transoxane. Elle est sur le Sihon, & des dependances de la ville de Schasch.

[d] d'Herbelot Bibl. Orient.

BARSILT, Nation particuliere d'entre les Huns selon Calliste[e].

[e] l. 18. c. 30.

BARSIR[f], Ville d'Asie dans la Perse, dans la Province de Kerman: le Géographe Persien, qui la met dans le troisieme Climat dit qu'elle n'est éloignée de la ville de *Sirgian* que de deux lieues.

[f] d'Herbelot Bibl. Orient.

BARSITA. Voiez BORSIPPA.

BARTANENSIS. Voiez BARTIMISIENSIS.

BARTE. Voiez BARTZE.

BARTEN, en Latin *Bartonia*: Zeyler écrit BARTHEN, & en Latin *Barthonia*, petite ville du Royaume de Prusse dans le Barthenland[g]. Elle est située sur un Ruisseau. Le Château qui fut bâti en 1365. en est à quelque distance. Elle est presque à moitié chemin de Gerdawen à Rastenbourg. Homan[h] ne la marque que comme un village.

[g] Zeyler Pruss. Topog. p. 9.
[h] Atlas.

BARTENLAND ou BARTHENLAND, petit pays du Royaume de Prusse dans le Cercle de Natangen[i]. Elle est bornée au Nord par la Pregel, à l'Orient par Langerap jusqu'à l'extrémité meridionale du Lac de Spirding, & delà par une ligne tirée au Nord-Ouest jusqu'au Lac nommé Weiss Sec, qui touche aux frontieres du Palatinat de Marienbourg; & l'Evêché de Warmie qui est dans ce Palatinat acheve de borner le Bartenland à l'Occident jusqu'à la Riviere d'Alle, qui le separe du Natangen proprement dit. Les principaux lieux sont après Barten ;

[i] Cartes de Zeyler & de Homan.

Allerbourg,	Rastenbourg;
Angerbourg,	Rein,
Bartenstein,	Sensbourg &
Dringfort,	Schippenpeil.

BARTENSTEIN[k], petite ville au Royaume de Prusse dans le Bartenland, sur la Riviere d'Alle. Elle fut bâtie en 1331. & s'appella d'abord ROSEN-THAL, & l'an 1460. durant les guerres de Pologne les Bourgeois la donnerent à l'Ordre Teutonique. Il y avoit autrefois un beau Château que les guerres ont ruiné.

[k] Zeyler l. c.

BARTH. Voiez BARDT. Mr. Corneille dit que les Ducs de Stettin y font leur demeure: il est bon de savoir que Bogislas XIV. dernier Duc de Stetin de la branche de Bardt, & en même temps le dernier de l'ancienne Maison des Ducs de Pomeranie mourut le 10. Mars 1637. & que depuis ce temps-là Bardt a été à la Suede ou au Brandebourg. Le même Auteur se trompe lorsqu'il dit qu'elle est capitale du Duché de même nom. Il faut savoir que les branches des Princes d'Allemagne portent le nom de leur residence pour se distinguer les unes des autres. La branche des Ducs de Stetin étoit les Ducs de Stetin, que l'on appelloit Ducs de Bardt, non à cause que Bardt étoit un Duché; mais parce qu'ils étoient Ducs de naissance, & qu'ils avoient leur residence à Bardt.

BARTIMISIENSIS ou VARDIMISIENSIS, ou BARTINIENSIS; Siége Episcopal d'Afrique dans la Mauritanie Cesariense. La premiere de ces Orthographes est dans la Conference de Carthage[l]. La seconde est de la Notice d'Afrique[m], & la troisieme est d'Ortelius[n]. On trouve encore dans la même Conference de Carthage BARTANENSIS[o], Siége peut-être diferent de celui-là. Il est du moins certain que l'Evêque de l'un & de l'autre Siege s'appelloit Victor. Mais en suposant la diference, on ne sait sous quelle Province ranger *Bartanensis*.

[l] p. 273. Edit Dupin.
[m] Num. 45.
[n] Thesaur. Ed. c.
[o] p. 264.

BARTKE. Voiez BARTZE.

BARTON[p], Bourg d'Angleterre en Lincolnshire, à l'embouchure de l'Humber, & au Midi de la ville de Hull, qui est de l'autre côté de cette Riviere. Ce lieu est un passage & n'est remarquable que par là.

[p] Cartes d'Allart.

BARTSCH, Riviere d'Allemagne. Elle a sa source dans la Seigneurie de Wartemberg, au Nord, sur les frontieres de Pologne; & coulant vers l'Occident elle traverse la Seigneurie de Militsch, celle de Trachenberg dont elle arrose le chef-lieu; celle de Wolaw, où elle arrose Hernstad, & enfin celle de Glogaw, où elle se jette dans l'Oder, à l'Orient de Glogau selon Martin Helvigius dans sa Carte de la Silesie.

BARTZE, en Latin *Bardo*, Mrs. Maty & Corneille qui ont pris le *tz* des Allemands pour un *tk*, écrivent BARTKE. C'est le nom d'une petite Riviere de Pomeranie. Elle coule à Bardt, & c'est sur ses bords qu'on croit que les Lombards ont eu leur premiere habitation.

BARVA. Voiez DOBARVA.

BARULUM, nom Latin de BARLETTE. Voiez ce mot.

BAR. BAR. BAS.

[*l.7.c.2.] **BARUSSÆ**, Ptolomée* place dans la mer des Indes cinq Isles qu'il rassemble sous ce nom, & dont il dit que les habitans étoient Anthropophages; injure les anciens, & les modernes ont souvent attribuée à des peuples sans beaucoup de fondement, & qui reduite à sa juste valeur signifie un peuple peu connu. Quelques modernes croient que c'est CERAM, GILOLO, MACASSAR, & quelques autres du voisinage.

[a Voyage du Levant. f. 60.] **BARUTH**, Thevenot[a] & quelques autres Auteurs de Relations écrivent ainsi le nom moderne de l'ancienne Beryte.

[b Baudrand Ed. 1705.] **BARWICH**[b], on prononce BERVIC, Ville d'Angleterre dans le Northumberland à l'embouchure de la Twede. Elle étoit autrefois du Royaume d'Ecosse, & de la Province de la Marche; mais elle fut prise du temps d'Edouard IV. & depuis elle a toujours fait partie de l'Angleterre. Elle est assez bien fortifiée, à soixante milles de Duresme au Septentrion, & à deux cens quarante-neuf de Londres; & à cent huit d'Yorck en allant vers Edimbourg: on tient que c'est l'ancienne Tuesis des Ortadiniens.

BARYANDENI. Porphyrogenete nomme ainsi un peuple de l'Asie mineure. Orte-[c Thesaur.] lius[c] soupçonne avec raison que ce mot est corrompu pour MARYANDENI.

[d l.7.c.1.] [e Peripl. mar. Erythræi p. 2. & suiv.] **BARYGASA**, Ville de l'Inde en deçà du Gange. Ptolomée[d] & Arrien[e] en font mention. Ce dernier qui marque que c'étoit une ville de grand commerce surtout à cause des toiles des Indes, parle aussi du Golphe auquel elle donnoit son nom, il le decrit comme d'un abord très-difficile. Les modernes varient sur le nom moderne. Les uns veulent que ce soit BAÇAIM, d'autres BAROCHE: il y en a eu qui ont cherché l'ancienne *Barygasa* à GOA, & à Calicut.

[f l. 18.] **BARZALA**, la même que BARSALA. Ammien Marcellin[f], comme je l'ai déja remarqué, fait mention de Barsala Forteresse quel-[g l.5.c.7.] que part vers la Mesopotamie. Ptolomée[g] fait mention de Barzalo dans la petite Armenie vers l'Euphrate. Mr. Baudrand sur je ne sais quelle autorité dit que BARZALIUM, étoit une ancienne ville de Syrie, & qu'on l'appelle aujourd'hui SAN SERGIO, il a été copié par Mrs. Maty & Corneille. Mais le lieu où St. Sergius, ou, pour parler comme Mr. Baillet, St. Serge souffrit le martyre, & qui devint ensuite la ville de *Sergiopolis*, aujourd'hui S. Sergio, s'appelloit *Rasaphe*. Mr. Baudrand cite en gros Procope, Nicephore & [h Dans l'Edition latine au mot SERGIOPOLIS.] Evagrius[h]; mais ce qui me rend suspect tout l'Article, c'est que dans l'Edition Françoise il dit que S. Serge, citoyen Romain, y souffrit le Martyre avec St. Bacch: or il est prouvé que ces deux Martyrs moururent en des lieux diferens, que St. Bacchus ou Bacque fut [i au 7. Octobre.] martyrisé dans Barbalisse, & St. Serge au Bourg de Rasaphe comme il paroît par leur Vie écrite dans le Recueil de Mr. Baillet[i]. Le Martyrologe qui les met ensemble pour la commemoration dit qu'ils moururent dans la même Province, à savoir dans l'Euphratense; mais il ne dit pas que ce fut dans la même ville. Voiez SERGIOPOLIS.

BARZAN, Forteresse avec garnison dans la Perside, vers Ctesiphonte selon Ortelius[k] [k Thesaur.] qui cite l'Histoire mêlée l. 18.

[l l.6. c.18.] **BARZAURA**, Ville du Paropanise selon Ptolomée[l].

[m Piganiol de la Force, Desc. de la France T.6. p.16.] **BARZELLE**, Abbaye de France en Berry[m]. Elle est de l'Ordre de Cisteaux & de la filiation de Landais. Elle est située sur la Riviere de Mahon près Valencé, vers le Levant, & fut fondée le 17. des Calendes d'Avril de l'an 1137.

[n Baudrand Ed. 1705.] **BARZETO**[n], Bourg d'Italie dans le Parmesan. Quelques-uns disent aussi BARCEY. Il est près de la Riviere de Taro entre les montagnes de l'Apennin à huit lieues de Parme vers le Midi Occidental. Il y avoit autrefois un Monastere fondé par un des Rois Lombards.

[o Ibid.] **BARZOD**[o], en Latin *Borsania*, petite ville de la haute Hongrie, principale du Comté de ce nom. Elle appartient à l'Empereur, & est sur la Riviere d'Hernath, entre la ville de Cassovie & celle d'Agria.

[p Ibid.] LE COMTÉ DE BARZOD[p], en Latin *Borsaniensis Comitatus*, petite Province ou Canton de la haute Hongrie, à la jonction de la Riviere de Tarese avec la Teisse dans le Gouvernement de Cassovie. Elle a pour bornes au Septentrion le Comté de Torna, au Midi celui de Zabole, au Levant celui de Zemlin, & au Couchant celui de Hont. Ses principales places sont

Barzod	Tokay &
Onoth	Agria.

[q Baudrand rectifié.] 1. **BAS**[q], petite Isle de France sur la côte de Bretagne; en Latin *Basa* & *Barsa*. Elle est vis-à-vis de la ville de St. Pol de Léon: sa longueur qui est Sud-Sud-Est, Nord-Nord-Ouest, est d'environ une lieue commune. La pointe de terre ferme dont elle est séparée par un Canal d'une bonne demi-lieue, s'apelle *Rosgof*. Il y avoit autrefois dans l'Isle de Bas une Ville, & un Monastere celebre. L'un & l'autre ne subsistent plus depuis long temps; il y a néanmoins un Port, où peuvent se retirer d'assez gros bâtimens.

[r Le même Ed. 1705.] 2. **BAS**[r], Bourg d'Espagne en Catalogne dans les Monts Pyrenées avec titre de Vicomté. C'étoit anciennement un Evêché sufragant de Tarragone.

§. 3. **BAS**. Mr. Corneille met une petite ville de ce nom dans le Velai, & dit qu'elle est située à six lieues du Pui vers le Nord-Ouest: je n'en ai trouvé aucune trace, ni sur les Cartes ni dans les diverses Descriptions que j'ai consultées.

BASA. Voiez BAÇA & BAZA. C'est la même ville, & Mr. Corneille, qui en fait trois Articles diferens tirez de trois Auteurs, faute d'avoir averti que c'est la même chose, semble avoir cru que c'étoient trois villes diferentes.

[s l. 4. c. 19.] **BASABOCATES**, ancien peuple de la Gaule Aquitanique selon Pline[s], ce sont les mêmes que les Vocates de Cesar. Voiez ce mot, & BAZAS.

[t l.6.c. 28.] **BASAG**, Isle de l'Ocean Indien vers l'Arabie heureuse, selon Pline[t].

BASAL-CHOUVA, ce nom qui se trouve

128 BAS. BAS.

ve dans d'anciens Actes, est pour BASELGOW, c'est-à-dire le territoire de Basle. Voiez BA-LE 2.

a D. Calmet Dict. de la Bible. & Reland Palæst. l. 1. p. 100. & seq.

BASAN[a], (le Pays de) autrement dit LA BATANE'E, pays de la Palestine, au delà du Jourdain, au Nord des Tribus de Gad, & de Ruben, & dans le pays de la demie Tribu de Manassé. Ce pays est borné à l'Orient par les monts de Galaad, & le pays d'Ammon & l'Idumée Orientale ; au Nord par le mont Hermon, au Midi par le torrent de Jaboc, à l'Occident par le Jourdain. Og Roi des Amorrhéens possedoit le Royaume de Basan, lorsque Moïse en fit la conquête. Dans ce pays est le Canton d'Argob dont il est parlé dans l'Ecriture[b]. Basan passoit pour un des plus fertiles pays du monde. On loue principalement ses bons pâturages, ses chênes, & son beau bétail. Les Versions modernes sur l'Hebreu lisent BASCHAN. Ortelius[c] dit qu'elle est apellée GAULANITIDE par Josephe[d], & Mr. Baudrand[e], dit que ce pays fut ensuite nommé TRACHONITIDE. L'un & l'autre est suffisamment refuté par Josephe[f], qui distingue la *Perée*, la *Gamalitique*, la *Gaulonitique*, la *Batanée* & la *Trachonitide*, comme des contrées plus Septentrionales. Le même Auteur la distingue aussi de la Galaaditide, & du pays possedé par les Tribus de Gad, & de Manassé. Car il dit[g] : que le Roi de Syrie ravagea les parties Orientales du pays, situé au delà du Jourdain, & possedé par ceux de Ruben, de Gad, & de Manassé, & qu'ils accagea aussi la Galaaditide, & la Batanée. Il dit ailleurs[h], qu'Og Roi de Basan étoit Roi de la Galadine, & de la Gaulanide, & ailleurs[i] qu'il étoit Limitrophe de la Trachonitide. La Batanée, avec la Trachonitide & l'Auranitide, fut ajoutée au Royaume d'Herode[k]. Le même Historien met la ville, *Gaulan* ou *Golan* dans la Batanée. Puis donc que cette ville étoit de la Tribu de Manassé, & dans la Batanée, cette contrée ne doit pas être distinguée du pays habité par cette Tribu. Le Pays de *Basan* ou de *Baschan*, la *Batanée*, ou la *Basanitide*, comme le nomme St. Epiphane en divers passages de son livre contre les Heresies, est absolument la même chose, la Gaulanitide en faisoit partie ; mais la Trachonitide en étoit diferente & seulement pays contigu.

b Deuter. c. 3. v. 4. & 14. & 3. Reg. c. 4. v. 13.

c Thesaur.

d Antiq. l. 4. c. 5.
e Ed. 1705.
f de Bell. l. 3. c. 2.

g Antiq. l. 9. c. 5.

h Antiq. l. 4. c. 5.
i Ant. l. 17. c. 2.

k Ant. l. 15. c. 13.

BASANARÆ, ancienne Nation de l'Inde au delà du Gange selon Ptolomée[l].

l l. 7. c. 2.

BASANBURGUM, Ortelius[m] dit après Tritheme, que c'est le nom d'une Forteresse bâtie au bord du Rhin par Basan Roi des Sicambres. Il ajoute : je dirois que Batenbourg en conserve le nom si je ne craignois d'apuyer une sotise par une autre. *Dicerem Batenburgum hujus nomen retinere, si non vererer mulgenti hircum cribrum apponere*. C'est une sotise de traire un bouc. C'en est une autre de presenter un cuible pour recevoir le lait qui en viendra. Ortelius veut dire qu'il faudroit être assuré que la fondation de Basanbourg par Basan n'est pas une fable chimerique, avant que de chercher quelle ville en occupe presentement la place. Mr. Baudrand, faute d'entendre la Phrase Latine d'Ortelius, lui impute faussement[n] d'avoir dit que BASANBURGUM,

m Thesaur.

n Ed. 1682. au mot BASANBURGUM.

est presentement BATENBOURG. Voiez ce mot, & *Arx Batavorum* au mot *Batavorum*.

BASANITUS LAPIS, en Grec Βασανίτος λίθος, montagne d'Egypte selon Ptolomée[o].

o l. 4. c. 5.

BASARA[p], Ville ancienne de la Palestine dans la Galilée à vingt Stades de Gaba aux environs de Ptolemaide[q].

p D. Calmet
q Joseph. in Vita sua.

BASCA, ou BASCAMA, ou BASCATH, ou BESECH. Josephe[r] nomme BASCA le Bourg où Jonatas Machabée fut tué. L'Auteur du I. livre des Macchabées[s], le nomme BASCAMA. D. Calmet* croit que c'est la même chose que BESECH ou BASCATH[t], dans la Tribu de Juda. Besech, dit-il, n'étoit pas loin de Bethsan, où l'on passoit le Jourdain pour aller au pays de Galaad. Tryphon ayant tué Jonathas à Bascama s'en retourna tout à coup en Syrie.

r Antiq. l. 13. c. 1.
s c. 13. v. 23.
‡ Dict. de la Bible.
t Judic. c. 1. v. 4. & seq.

BASCARA[v], Ville de la partie de l'Afrique que les Arabes nomment AUSATH, c'est-à-dire moyenne, qui en commençant par l'Occident comprend tout ce qui s'étend depuis la Mauritanie jusqu'à l'Afrique proprement dite. Le terroir de cette ville est abondant en toutes sortes de grains, & de fruits, particulierement en dattes qui* y sont très-bonnes. Elle appartient au pays qu'on nomme aujourd'hui *Belad* ou *Beled-al-gerid*, & par corruption *Biledulgerid*, qui est la Numidie des anciens.

v Corn. Dict. d'Herbelot Bibl. Orient.

BASCATH. Voiez BASCAMA.

BASCATIS, Riviere de la Sogdiane selon Ptolomée[x], qui en met l'embouchure dans le Jaxarte, qui est aujourd'hui le Sihun. On peut même la considerer comme la source meridionale de ce fleuve, & c'est celle qui coule à Andecan.

x l. 6. c. 12.

BASCHAT. Voiez BASCAMA.

BASCHARIAH[y], Bourgade d'Asie dans la Mesopotamie. Elle est fort proche de la ville de Mardin, & fameuse par le campement que Tamerlan y fit pendant que ses troupes subjuguoient cette Province.

y d'Herbelot Bibl. Orient.

BASCISA *orum*, montagnes d'Egypte selon Ptolomée[z].

z l. 4. c. 5.

BASCON. Mr. Corneille écrit BASCONS, & en fait une petite ville de France en Gascogne : il ajoute qu'elle est située entre deux Rivieres dans l'Archiprêtré du Plan, environ à une lieue de Grenade. Elle est, dit-il, remarquable pour avoir servi de demeure aux anciens Gascons, qui vinrent des Pyrenées y chercher retraite. Le Denombrement de la France nomme[a] ce lieu BASTON au pays de Marsan, & lui donne 106. feux. Mr. de l'Isle le nomme BASCON, & le place au Nord de Grenade en tirant vers le mont de Marsan.

a T. 1. p. 390. Atlas.

BASCONTUM, ancienne ville de l'Espagne Tarragonoise dans le territoire des Vascons selon Ptolomée[c]. Quelques exemplaires portent CASCANTUM, qui se trouve aussi dans Antonin à qui il la met à L. mille pas de Sarragoce, & à 29. de Calahorra.

c l. 2. c. 6.

BASCULI, peuple ancien de l'Espagne. Ce mot est apparemment corrompu de BASTULI. Voiez ce mot.

BA-

BAS.   BAS.

BASENTELLUS, Platine dans la Vie du Pape Benoît VII. fait mention d'une riviere nommée ainsi vers la Calabre. Ortelius croit que c'est la même que CASUENTUM. Voiez ce mot.

BASERA, Ville de la Phenicie selon Etienne le Géographe.

BASI, ancienne ville de l'Espagne Tarragonoise. C'est presentement BAS 2.

BASIANA, ancienne ville de la basse Pannonie selon Ptolomée, & non pas de la haute comme le pretend Mr. Corneille dont l'autorité n'est nullement comparable à celle de Ptolomée[a]. Quelques Interpretes de ce dernier veulent que ce soit presentement POSSEGA. Voiez BASSIANA.

[a] l. 2. c. 17.

BASIENTINUS, ancien nom d'une Riviere qui couloit dans la Lucanie, c'est selon Mr. Baudrand[b] le VASENTO, Riviere de la Basilicate. Mais dans son Dictionnaire François ce nom de Vasento ne se trouve point, au lieu qu'on y trouve BASIENTO. Voiez l'Article suivant.

[b] Ed. 1682.

BASIENTO[c], Riviere du Royaume de Naples. Elle a sa source au mont Apennin dans la Province de la Basilicate qu'elle traverse toute d'Occident en Orient. Ensuite elle se rend dans le Golphe de Tarente entre les Rivieres de Bradano, & de Salandrella à vingt-quatre milles de Tarente vers le Couchant.

[c] Baudrand Ed. 1705.

BASIGNANA. Voiez BASSIGNANA.

BASILÆUM, Siége Episcopal de l'Asie mineure. La Constitution de l'Empereur Alexis le met sous la Metropole d'Ancyre, & Porphyrogenete met Βασιλαίον dans ces quartiers-là. C'est peut-être la même chose que BASILINOPOLIS en Bithynie. Ce dernier Siege reconnoissoit néanmoins Nicomedie pour Metropole. Voiez BASILINOPOLIS.

BASILEA. Voiez BALE.

1. BASILIA: au raport de Pline[d], Pytheas nommoit ainsi une Isle que Xenophon de Lampsaque nommoit BALTIA; & qu'il disoit être d'une étendue immense à trois journées de navigation du Rivage des Scythes. Timée[e] la nommoit aussi BASILIA, & ne la mettoit qu'à une journée de trajet du Rivage des Scythes. On ne doute point que ces Auteurs n'aient voulu designer la SCANDINAVIE, que les Anciens ont prise long-temps pour une Isle quoique ce n'en soit pas une.

[d] l. 4. c. 13.
[e] Plin. l. 37. c. 2.

2. BASILIA, Ville d'Italie selon Trallien cité par Ortelius.

3. BASILIA, selon Ammien Marcellin[f]. Voiez BALE 2.

[f] l. 30.

4. BASILIA, Ville de la Gaule Belgique entre Reims & Verdun. On croit que c'est presentement VADELAINCOURT, village de Champagne entre Rheims, & la Riviere de l'Aisne, en allant du côté de Verdun.

5. BASILIA, lieu très-fortifié dans la Scythie d'Europe sur le fleuve Tapsis vers le Bosphore Cimmerien, selon Diodore de Sicile[g].

[g] l. 20.

1. BASILICA, on lit dans l'Itineraire d'Antonin Ad Basilicam. Voiez au mot AD, l'Article AD BASILICAM.

2. BASILICA[h], c'étoit anciennement SICYONE, ville considerable du Peloponnese, où

[h] Baudrand Ed. 1705.

il y avoit un Canton nommé à cause d'elle SICYONIE. Elle est ruinée depuis long-temps. Il n'y reste maintenant que cinq ou six maisons avec une Eglise, de laquelle elle a pris le nom de Basilica qu'elle porte aujourd'hui. Ces restes sont dans la Sacanie en Morée sur une montagne auprès du Golphe de Lepante à quatre lieues de Corinthe vers le Couchant.

BASILICATE, (la) Province d'Italie au Royaume de Naples[i]. Ce Pays qui repond à la plus grande partie de la Lucanie des Anciens, est entrecoupé de montagnes[k], & produit cependant du Bled, du Vin, de l'Huile, du Safran, du Coton, du Miel & de la Cire en abondance. Sur la côte on trouve quelquefois des Perles; mais elles ne sont ni grosses ni blanches. [l]Les bornes de cette Province sont au Nord la Capitanate; au Sud la Calabre citerieure; à l'Est les terres de Bary, & d'Otrante avec le Golphe de Tarente; à l'Ouest sont les Principautez ulterieure & citerieure. Son étendue du Septentrion au Midi est de 66. milles, & sa plus grande largeur d'Orient en Occident d'environ 50. [m]Quelques Auteurs l'ont comprise sous la Calabre dont elle faisoit autrefois partie.

[i] Briet Paral. 2. part. l. 6. p. 971.
[k] Ibid. p. 935.
[l] La Forêt Bourgon. Geog. Hist. T. 2. p. 572.
[m] Baudrand Ed. 1705.

BASILICUS SINUS, Golphe de la Carie[n] qu'il divisoit de l'Ionie, c'est presentement le Golphe de MELASSO[o].

[n] Pomp. Mela l. 1. c. 16.
[o] Hard. in Plin. l. 5. c. 29.

BASILIDÆ, peuple de la Scythie en Europe selon Pline[p]. Ce sont les SAUROMATES BASILIENS d'Appien[q]. Strabon[r] & Mela[s] parlent aussi de cette Nation.

[p] l. 4. c. 12. in Mithridat.
[r] l. 4. p. 306.
[s] l. 2. c. 1.

BASILIGOROD, Ville de l'Empire Russien dans la Tartarie Moscovite, & dans la Nisovaia Deriava, c'est-à-dire dans la Seigneurie de la basse Novogorod. Mr. de l'Isle écrit BASILGOROD, Mr. Baudrand dit BASILOUGOROD, quelques-uns disent WASILIGOROD. Elle est sur la rive droite du Wolga, & sur la rive gauche de la Sura, qui se jette dans ce Fleuve en cet endroit. Olearius[t] qui y passa dans son Voyage de Perse, dit qu'elle n'a point de murailles, que toutes ses maisons étant de bois, même les bâtimens publics, on peut dire que ce n'est proprement qu'un village. Elle est, dit-il, située au pied d'une montagne à 55. degrez, & 51. minutes d'élevation. Le Czar Basile la bâtit contre les courses des Tartares & la fortifia; mais depuis que les Moscovites ont étendu leur domination bien plus loin, on n'a pas jugé necessaire d'y tenir garnison. Il y a des Sables, vis-à-vis de cette ville qui en embarassent la navigation. Mrs. Baudrand, Maty & Corneille, disent que le Grand Duc Jean Basile, en fut le fondateur. Il n'y a point eu de Czar de ce nom. Il se nommoit simplement Basile. Non seulement Olearius l'apelle ainsi; mais même le Baron de Herberstein[x], qui écrit le nom de la ville BASILOWGOROD, dit que ce fut ensuite la source de bien des maux, quod postea multorum malorum seminarium extitit.

[t] l. 4. p. 282. v en 1636.
[x] Rer. Moscov. comment. p. 47.

BASILIMPHA ou BASILINPHA[y], en Latin Nymphæus ou Nymphyus, Riviere de la Turquie en Asie dans le Diarbekir. Elle se jette dans le Tigre quelques milles au dessus de la Bourgade de Turir.

[y] Baudrand Ed. 1705.

BA-

BASILINOPOLIS, BASILIONOPOLIS, ou BASINOPOLIS. Ville Episcopale d'Asie dans la Bithynie. Son Evêque Gerontius *Basilinopolitanus* assista au Concile de Chalcedoine[a]. Il est aussi fait mention de ce Siege dans les Actes du VI. Concile de Constantinople : on lit BASINOPOLIS, dans les Lettres de Synesius[b].

[a] *Carol. à S. Paulo Geog. Sacr. p. 252.*
[b] *Epist. 66.*

BASILIONOPOLIS. Voiez l'Article precedent.

BASILIPOTAMO[c], Riviere de Grece en Morée, & dans la Province de Sacanie. Elle reçoit d'autres petites Rivieres, & après avoir coulé au Midi, elle baigne Misitra, & se jette en mer au Golphe de Castel-Rampani. Les anciens lui ont donné le nom d'HEMERUS, de MARATHON, & d'EUROTAS.

[c] *Baudrand Ed. 1705.*

BASILIPPUM, ancienne ville d'Espagne dans la Betique. Antonin[d] la met à XX. mille pas d'*Hispal* ou *Seville*. Ortelius[e] dit que c'est la même que BESIPPO.

[d] *Itiner.*
[e] *Thesaur.*

1. BASILIS, place fortifiée sur le Lac PRESPA, selon Cedrene cité par Ortelius qui croit qu'elle étoit quelque part dans la Macedoine.

2. BASILIS, Ville de l'Arcadie selon Pausanias, & Etienne le Géographe. Le premier[f] la met à X. Stades de Bathos, & dit qu'elle avoit eu pour fondateur Cypselus qui maria sa fille à Cresphonte fils d'Aristomaque; que de son temps il ne restoit plus que les ruines de cette ville entre lesquelles étoit un Temple de Cerès Eleusinienne. Elle étoit près de l'Alphée.

[f] *l. 8. c. 29.*

BASILISCÆI, peuple de la Sarmatie Asiatique selon Ptolomée[g]. Quoi qu'il y ait quelque diference dans les pays qu'on leur attribue, ce font néanmoins les mêmes que les BASILIDÆ de Pline. Voiez ce mot.

[g] *l. 5. c. 9.*

BASILISENE, petite contrée de la grande Armenie selon Ptolomée[h], Castaldo croit que c'est la TURCOMANIE. Voiez LISCENA.

[h] *l. 5. c. 13.*

BASILISSA[i]. C'est ainsi que les Grecs appellent le mont ARGENTARO, que les anciens nommoient le mont RHODOPE, qui separe la Romanie en deux. C'est une branche du mont HÆMUS, & apparemment la même chose que BASILITZA, qu'Ortelius[k] prend pour le nom de quelque contrée de la Thrace, en citant Laonic.

[i] *Baudrand Ed. 1705.*
[k] *Thesaur.*

BASILIUM FLUMEN, ou *le fleuve Royal*. C'est ainsi que Strabon[l] nomme une Riviere qui coule entre l'Euphrate & le Tigre : c'étoit moins une riviere qu'une branche de l'Euphrate, que l'on avoit detournée vers Ctesiphonte. Ammien Marcellin[m] dit : delà une partie du fleuve se partage pour aller porter ses eaux en grande quantité dans l'interieur de la Babylonie, ce qui est d'une grande utilité pour les Campagnes, & les villes circonvoisines ; l'autre nommée NAARMALCHA, c'est-à-dire *le fleuve des Rois*, passe auprès de Ctesiphonte. On voit par ce passage, que *Naarmalcha* est le nom que les Assyriens donnoient à ce fleuve, & que le nom Grec n'en est qu'une traduction. Ce Canal fut ainsi nommé à cause de quelque Roi de Babylone qui l'avoit fait creuser. [n]Long-temps après, ce Canal s'étant rempli, les Empereurs Trajan & Severe le firent nétoyer, & en y faisant entrer les eaux de l'Euphrate, établirent parlà une communication entre ce fleuve & le Tigre.

[l] *l. 16. p. 747.*
[m] *l. 24. c. 2.*
[n] *Ibid. c. 6.*

BASILUSSA, ou l'Isle d'HERCULE. Voiez l'Article suivant.

BASILUZZO[o], en Latin *Basilussa* ou *Herculis Insula*, petite Isle deserte d'Italie & l'une des Isles de Lipari dans la mer de Sicile. Elle n'a que deux ou trois milles de tour, & est à dix milles de l'Isle de Lipari au Levant.

[o] *Baudrand Ed. 1705.*

BASINGSTOOKE, Bourg d'Angleterre en Hampshire. On y voit, dit Davity[p] qui en fait une ville, une belle Chapelle consacrée au St. Esprit. Il est sur la route de Salisbury à Londres[q].

[p] *T. 1. p. 292.*
[q] *Carte d'Allart.*

BASINIANA. Voiez BASIANA & BASSIANA.

BASINNI, peuple d'Arabie selon Etienne le Géographe qui cite le troisieme livre des Arabiques de Glaucon.

BASINOPOLIS. Voiez BASILINOPOLIS.

BASIONENSIS, Village de la Gaule. Surius[r] en fait mention. Ortelius croit que ce mot est au lieu de VASSIONENSIS.

[r] *in vita Sta Lutridis.*

BASIOTHIA, Ville de la Palestine dans la Tribu de Juda[s]. Le terme ne se lit pas dans les Septante, on lit en sa place dans leur Version comme s'il y avoit *leurs bourgs & leurs métairies*, au lieu qu'il y a dans l'Hebreu BIZJOTHIA, qui est le nom propre d'un lieu particulier. D'autres lisent BISOTIA, d'autres BAZIOTHIA.

[s] *Josué c. 15. v. 28.*

BASIRI[t], Riviere de Perse. Elle coule dans la Province de Kirman, passe à Kirman & à Bassuri, & se jette dans le Golphe d'Ormus. On la prend pour le *Saganus* des Anciens.

[t] *Baudrand Ed. 1705.*

BASISTANI, mot corrompu de BASTITANI. Voiez ce mot.

BASKIRIE, ou *Pays des Tartares Baskirsi*, contrée de la Tartarie Européenne. Elle est bornée au Nord par les Tartares de Tumen, à l'Est par les Barabinskoy & par les terres d'Ablai, au Sud par la montagne de Sortora, & à l'Ouest par le Duché de Bulgar. De ce dernier côté il y a des montagnes où l'on trouve du Fer, du Crystal, & des pierres precieuses. On y voit aussi LE MONT D'ALBATRE, au Septentrion duquel sourdent deux Ruisseaux, à savoir *Vÿ* à l'Occident, & *Lotkama* à l'Orient, qui se joignant après forment la Riviere de Tobol, qui donne son nom à Tobolskoy capitale de la Siberie. La Carte de la Tartarie par Isbrand Ides ne s'écarte pas beaucoup en cela de Mr. de l'Isle, & nomme *Baskirsi Tartari*, les habitans de ce lieu. Mr. Sanson qui met ce pays plus au Midi que ces Auteurs, à la source du Jaik, se trompe en ce qu'il écarte trop les sources du Tobol de celles du Jaik, quoi qu'elles soient fort voisines les unes des autres. Car le Jaik qui tombe dans la mer Caspienne sort du Lac Jaikaia, qui est dans la Baskirie. Sanson nomme PASCATIR ou BESEGERT ce Pays, & y met les sources de Luppa, & du Bela Volga, qui sont de l'autre côté des montagnes qui separent le Duché de Bulgar, & la Baskirie. Mrs. Baudrand,

BAS.

drand, Maty & Corneille semblent preferer *Baskron*, entre les divers noms qu'ils donnent à cette contrée.

BASLE. Voiez BALE.

BASLEROY[a], Bourg de France dans la basse Normandie, avec titre de Marquisat. Il est sur la Drome dans le Diocese de Bayeux entre la ville de ce nom, & celle de St. Lo à trois lieues ou environ de l'une & de l'autre. Le Château de Basleroi est assez beau ; & ses dehors sont des mieux plantez. Ce sont des promenades charmantes. Les forges à fer font une partie du grand revenu de ce Marquisat. On tient Marché tous les Mardis à Basleroi, & il y a une Foire le premier Mardi d'Octobre.

§. BASMA, Ville d'Asie capitale de l'Isle de Cambabar ; selon Vincent le Blanc. Cette Isle est inconnue aux autres Voyageurs, & même aux Navigateurs Hollandois, qui ont le plus parcouru les mers autour de Java où elle doit être. Si l'Isle est imaginaire, que devient la capitale?

BASQUES[b], (les) ou le PAYS DES BASQUES, petit Pays de France vers les Pyrenées. Il est souvent compris sous la Gascogne, & s'étend entre l'Adour, & les Frontieres d'Espagne, l'Océan & le Bearn, l'espace de cinquante mille pas en long, & de vingt-quatre mille en largeur. Il comprend trois petites Contrées, savoir le LABOUR, la BASSE NAVARRE, & le Pays de SOULE selon Oihenart. *Bayone* est la principale ville de la première Contrée ; *St. Jean pied de Port* de la seconde, & *Mauleon* de la troisieme.

BASQUEVILLE[c], gros Bourg de France en Normandie au Pays de Caux. Il est situé à neuf lieues de Rouen, à trois de Dieppe, à deux d'Arques, à une de Longueville, sur un ruisseau nommé Vienne, qui entre dans la Seine à Gueuse. L'Eglise de la Paroisse qui porte le titre de St. Pierre, est desservie par un Chanoine regulier de l'Ordre de St. Augustin. Il y a aussi dans le même Bourg un Prieuré simple apellé de St. Blaise, dont le revenu est attribué aux Jesuites du College de Rouen. Le Château dont les bâtimens logeables n'ont pas été achevez est un ouvrage quarré, defendu par huit grosses demi-tours, peu élevées, avec des fossez à fond de cuve remplis d'eau. On y a fondé une Chapelle sous l'invocation de St. Léonard. On tient un gros Marché tous les Mercredis dans le Bourg de Basqueville, & l'on y fait quantité de serges & de toiles. Le territoire produit des grains, & il y a un Bois dans son voisinage.

BASRA[d], petite ville d'Afrique dans la Barbarie au Royaume de Fez, en la Province de Hasbat sur la Riviere de Luc vers les confins de la Province d'Asgar, environ à trente mille pas de Salé.

BASRAH. Voiez BALSARA 2.

BASS[e], en Latin *Bassa*, Isle d'Ecosse dans le Golphe d'Edimbourg au Midi de l'Isle de May, assez près de la ville de Nord-Berwick, qui est sur la côte de la Lothiane. Cette Isle est petite & peu considerable, sinon par un Fort situé sur un Rocher inaccessible. Ce Fort est imprenable pourvû qu'il soit bien avitaillé. [f] Elle est à un mille de terre, & a environ un mille de circonference. Il y a de l'herbe au sommet, & une source d'eau douce. Cette Isle, ou plutôt le rocher, abonde en oyes de mer, qu'on apelle *solan gééfe*. Elles y viennent en grand nombre au mois d'Avril, & s'en retournent en Septembre. On assure qu'elles ne pondent qu'un œuf par couvée, & qu'elles l'appliquent au rocher avec tant d'artifice que si on le remue il est impossible de le remettre comme il étoit auparavant. On ajoute que le poisson que ces oyes attrapent sert souvent d'aliment à ceux qui sont dans cette petite Isle, & que les buches qu'elles y portent pour faire leurs nids leur servent aussi de chaufage. Ces oyes étant devenues aussi grosses que les oyes communes sont fort bonnes à manger, & l'on profite de leurs chairs, & de leurs plumes.

1. BASSA, Isle de la mer des Indes au Midi, & auprès de l'Isle Taprobane selon Ptolomée[g].

2. BASSA. Voiez BASS.

3. BASSA, Ville de Perse dans la Province de Fars, à l'embouchure du Tigre dans le Golphe Persique ; selon Mr. Baudrand[h]. Mr. d'Herbelot[i] la nomme FASSA, & dit que les naturels du pays la nomment BASSA & BESSA, & que ceux qui y ont pris naissance ou leur origine sont surnommez FASSAOVI. Il dit ailleurs que c'est une ville maritime de la Province de Dara, c'est-à-dire de Darius, pays qui a fort peu d'étendue, & est compris en partie dans la Province de Fars, & en partie dans celle de Khuzistan, qui sont la Perse proprement dite & la Susiane. Il ajoute qu'elle étoit autrefois selon le Géographe Persien de la grandeur de Schiraz.

BASSAC, Abbaye de France dans la Saintonge, au Diocèse de Saintes à huit lieues de cette ville, sur la Charante auprès de la petite ville de Jarnac. Elle est de l'Ordre de St. Benoît[k]. Elle fut fondée par un des Princes d'Angoulême appelé *Guadardus de Lorichis*, en l'honneur de St. Etienne premier Martyr, selon ce qui est raporté dans les Actes de la Vie de L. Grimourd Evêque d'Angouleme, où elle est nommée *Monasterium Batiacense* ; mais dans l'Histoire d'Angouleme il est dit qu'elle eut pour fondateurs Wardrard de Jarnac & Rixende sa femme. [l] Quoiqu'il en soit, l'Eglise, & les lieux reguliers ayant été détruits par les P. Reformez, les Benedictins de la Congregation de St. Maur y ont été introduits, ont tout retabli & fait construire une belle Eglise. L'Abbé a la collation de quelques Prieurez simples, & la nomination à quelques Cures.

BASSACHITÆ, ancien peuple de la Marmarique, selon Ptolomée[m].

BASSÆ, Village d'Arcadie sur le mont Cotilius, selon Pausanias[n].

BASSALENSES, Nation d'Espagne qui ayant été chassée de sa Patrie passa en Irlande, & y porta les premiers habitans qu'ait eu cette Isle, si l'on en croit Virunnius cité par Ortelius[o].

BASSANETE, territoire de BASSANO. Voiez ce mot.

BASSANGAMAR[p], Riviere d'Afrique dans

---

[a] Corn.Dict. Memoires dressez sur les lieux en 1702.
[b] Baudrand Ed. 1705.
[c] Corn.Dict. Memoires dressez sur les lieux en 1701.
[d] Baudrand Ed. 1705.
[e] Baudrand Ed. 1705.
[f] Etat. pres. de la Grande-Bretagne T. 2. p. 246.
[g] l. 7. c. 4.
[h] Ed. 1705.
[i] Bibliot. Orient. au mot FASSA.
[k] Corn.Dict.
[l] Piganiol de la Force Desc. de la France T. 4. p. 225.
[m] l. 4. c. 5.
[n] l. 8. c. 41.
[o] Thesaur.
[p] Corn.Dict. De la Croix Relat. de l'Afrique T. 2.

dans la Nigritie. Elle a dans fon embouchure certains écueils que les habitans ont aufli nommez BASSANGAMAR. Elle eft peu éloignée de celle que les Portugais nomment *Rio-dos Oftros.*

BASSANIA, Ville des Caviens à cinq milles de Liffus, felon Tite-Live[a]. Elle étoit de la Macedoine aux frontieres de l'Illyrie.

BASSANO[b], Ville d'Italie en Lombardie. Elle eft petite, mais affez peuplée, dans l'Etat de la Republique de Venife, & dans une Vallée fort étroite de la Marche Trevifane fur la Riviere de Brente. Elle donne le nom de BASSANETE, au petit pays des environs, & n'eft éloignée que de douze milles de Vicenze vers le Septentrion. [c]C'eft la patrie de Jaques du Pont fameux Peintre plus connu fous le nom de *Le Baffan;* ceux qui aiment les tableaux n'ont pas befoin d'être inftruits de fon merite, & de celui de fes quatre fils qui fe fignalerent dans la Peinture. [d]Entre Baffano & les Alpes, il y a plufieurs collines très-fertiles, & furtout en vins extrêmement delicats. Cette ville a fous foi douze villages, & avec fon territoire elle fait environ douze mille ames.

BASSANO & BASSANELLO, Bourg de l'Etat de l'Eglife en Italie. Ce lieu eft dans le Patrimoine de St. Pierre fur une Colline, à une lieue du Tibre, & de la ville d'Orta du côté du Couchant. Ce fut en ce lieu que P. Cornelius Dolabella Conful Romain defit les Tofcans, & les Boiens.

BAS, & BASSE; ce mot adjectif, qui fignifie *inferieur,* eft très-ufité dans la Géographie pour la divifion des Pays & Provinces, & il y en a un grand nombre que l'on diftingue en hautes, & en baffes. Ainfi on dit la baffe Allemagne, la baffe Autriche, la baffe Auvergne, la baffe Bretagne, la baffe Languedoc, la baffe Navarre, la baffe Normandie, &c. Ces divifions fe prennent ordinairement en fuivant le cours des principales rivieres. C'eft felon ce principe que l'on dit le bas Rhin relativement aux pays qu'il arrofe avant que d'arriver jufques-là. On a apellé la Belgique les Païs-bas à caufe que les Rivieres qui couloient dans l'Etat des Ducs de Bourgogne s'y jettoient prefque toutes dans la Mer. Voiez ces diferens Articles fous leurs noms refpectifs.

BASSE'E, (la) petite ville des Païs-bas François, au Comté de Flandres dans la Châtellenie de l'Ifle, & aux confins de l'Artois. Elle eft fituée fur la Deule à trois lieues de Lille au Couchant, & à quatre d'Arras vers le Septentrion: les divers fiéges qu'elle a foutenus l'ont fait connoître, & lui ont donné place dans l'Hiftoire. Elle fut fortifiée fous la minorité de Louïs XIV. elle fut prife, & reprife durant la longue guerre des Païs-bas; mais fes fortifications furent rafées, & les Efpagnols la cederent à la France en 1668. par le Traité d'Aix la Chapelle.

BASSE-FONTAINE, Abbaïe de France en Champagne[e]. Elle eft fituée fur le penchant des bois de Brienne, proche d'une belle fontaine, dans un lieu bas, qui à peu de diftance fe jette dans la riviere d'Aube, d'où le nom lui a été donné. Elle fut fondée l'an 1143. par Gauthier Comte de Brienne, qui fit ajouter à l'Eglife, dediée à Nôtre Dame, une Chapelle pour lui fous le titre de Sainte Catherine; la Chartre de fondation eft du 22. Janvier 1143. le Pape Eugene approuva cette donation en 1158. & Errard fils de Gauthier l'augmenta en 1185. On voit dans l'Eglife de cette Abbaye une dent de St. Laurent, un os du bras de St. Blaife, un du bras de St. Eloy, le doigt de St. Jean Baptifte, duquel il montra notre Sauveur, en difant voilà l'Agneau de Dieu, voila celui qui ôte le péché du monde. Jean Leguifé, foixante & feizieme Evêque de Troyes, par fa Lettre paftorale de l'année 1428. déclare que le doigt index de St. Jean Baptifte eft confervé dans l'Eglife de Baffe-Fontaine, & accorde à certains jours des indulgences, & confirme celles que Pierre d'Arcies fon Predeceffeur avoit octroyées. Gilles de Luxembourg Evêque de Chaalons par fa Lettre paftorale de l'année 1504. reconnoît la même chofe, & ordonne aux Curés, & aux Paroiffes de fon Diocèfe de recevoir cette Relique avec reverence, lorfqu'elle y fera portée, & défend de travailler ces jours-là. En l'année 1166. Henri premier du nom, Comte de Champagne, affranchit les maifons, & tous les biens de cette Abbaïe. Le 9. Mai de l'année 1602. le Pape Clement VIII. donna à l'Abbé le droit de porter la Mitre, & les ornemens Pontificaux. Il n'y a gueres que trois ou quatre Religieux.

BASSEMBOURG, place d'Allemagne au Marquifat de Culembac en Franconie. Les habitans de Nuremberg la ruinerent en 1554. & furent obligez de la rétablir quelque temps après[f]. Zeyler & Hubner n'en font aucune mention.

BASSENTO[g], (le) Riviere du Royaume de Naples dans la Calabre citerieure. Elle paffe près de Cofenza, & fe jette peu après dans le Grati. On dit que les Goths enterrerent fous fon Canal leur Roi Alaric, qui mourut en ces quartiers-là. Il ne faut pas la confondre avec le Bafiento dont le cours eft bien diferent.

BASSES, ce mot fignifie des écueils, des rochers, ou des fables amoncelez fous l'eau qui font fort dangereux quand ils ne font pas affez profonds. On marque les baffes de fable fur les Cartes par des points qui reprefentent des grains de fable, & celles des rochers par de petites croix. Ces Baffes étoient nommées SYRTES par les Latins, & les Portugais les nomment BAXOS. Il eft indiferent que l'on trouve ce nom fur les Cartes écrit en François, ou en Portugais dès qu'on eft averti que *Baffes* & *Baxos,* fignifient la même chofe. Voici les plus remarquables avec la pofition de quelques unes.

BASSES DE PADUA, dans la mer des Indes fur la côte de Malabar à 93. d. 40'. de longitude, & à 12. d. de latitude Septentrionale felon les Hollandois.

BASSES DE P. DOS BANHOS, dans la mer des Indes à 94. d. de longitude, & à 4. d. 50'. de latitude meridionale.

BASSES D'OURO, dans la mer des Indes, à 100. d. de longitude pour leur partie Orientale, & à environ 99. pour l'Occidentale, & à 1. d. de latitude Nord, felon Mr. de l'Ifle.

BAS-

BAS.

BASSES D'ACHAR BANIAVE, dans la même mer à l'Ouest de celles de Padua: le milieu est par le 87. degré de longitude, & par le 12. d. 50'. de latitude Nord, selon le même.

BASSES DES CHAGAS, dans la même mer au Nord-Est de celles de P. de Bancs, leur milieu est par les 87. d. 30'. de longitude, & par les 5. de latitude meridionale, selon le même.

BASSES DE GARAYOS, dans la même mer à l'Orient du Banc de Nazareth, par le soixante & dixhuitiéme degré de longitude. Leur extremité Septentrionale est par le 15. d. de latitude meridionale.

BASSES DE ST. MICHEL, ou de S. MIGUEL, dans la même mer par le 80. degré de longitude, & par le 9. d. de latitude meridionale, selon le même.

BASSES DE ST. MARTIN, dans la même mer. Elle s'étendent depuis le 73. d. de longitude jusqu'aux Isles de l'Amirante, c'est-à-dire jusqu'au 75. d. de longitude, & occupent tout le 5. degré de latitude Australe; selon le même.

BASSES DU PATRON, dans la même mer. Le milieu est par les 67. d. 30'. de longitude, & le 5. degré de latitude Australe, selon le même.

BASSES DE ST. LAZARE, dans l'Océan Ethiopien, (ou plutôt dans le Canal de Mosambique) vers le Levant de l'Isle de Querimba (ou *Quirimba* Isles situées au Sud du *Cap del Gada*, & au Nord de Mosambique) au Septentrion de l'Isle de Madagascar; selon [a] Mr. Baudrand [a].

[a] Ed. 1705.

BASSES DU PRACEL. Voyez PRACEL.

BASSES DE LA JUDIA, entre l'Isle de Madagascar, & la terre ferme vers le 57. d. de longitude, & le 22. d. de latitude meridionale. Mr. Baudrand les nomme les BASSES DE LA JUIVE.

BASSES D'ANTOINE DE VIANA, sur la côte des Cimbebas à l'Occident de la Cafrerie, par les 25. d. de longitude, & le 17. d. de latitude meridionale selon Mr. de l'Isle qui n'en fait qu'une simple roche.

BASSES DE SAINTE ANNE, sur la mer de Guinée, à la côte de Malaguette au Sud du Cap Tigrin, & au Nord du Cap Ste Anne; par le septiéme degré de latitude Septentrionale, selon le même.

BASSES DE BARBARIE. Voyez SEICHES *de Barbarie*.

BASSES DE ST. PIERRE, dans la mer de Guinée sur la côte du Royaume de Melli, vers l'embouchure de Rio Grande & de Cacheo. Les Portugais les nomment BAXOS DE SAN PEDRO. Ils s'étendent plus de vingt lieues en long du Nord-Ouest au Sud-Est avec plusieurs Rochers, selon Mr. Baudrand. Ce sont aparemment les sables qui entourent les Isles de Bissagos au Royaume des Mallous; entre Rio Grande & la Riviere de St. Domingue ou de Farim, qui passe à Cacho selon Mr. de l'Isle.

BASSES DE ST. ANTOINE, dans la mer du Nord vers les côtes du Bresil, & de la Capitainie de Puerto Seguro avec plusieurs Rochers, selon Mr. Baudrand.

BAS. 133

BASSES DE ST. BARTHELEMI, dans la mer du Sud par les 198. d. 30'. de longitude, & par les 13. d. 20'. de latitude. Il y a d'autres BASSES DE ST. BARTHELEMI, diferentes de celles-ci. Elles sont aux Isles des Larrons par les 159. d. 50'. de longitude, & par les 14. d. 30. de latitude selon le Calcul des Hollandois.

BASSES DE ST. ROC, sur la côte du Bresil par le 344. d. de longitude, & le 4. d. 30'. de latitude, selon Mr. de l'Isle.

BASSES DE SISAL, près de Jucatan à 285. d. 25'. de longitude, & à 21. d. 40'. selon le Calcul des Hollandois.

BASSES DE TUSPA, au Mexique par les 274. d. 35'. de longitude, & par les 22. d. 10'. de latitude, selon les mêmes.

L'ISLE DES BASSES, les Portugais disent ILHA DOS BAXOS. Elle est dans le Golphe de Honduras par les 289. d. 50'. de longitude, & par 15. d. 56'. de latitude selon les mêmes.

BASSE TERRE, ce mot est dans les Isles Françoises, entre les Antilles, un terme consacré qui signifie *la partie Occidentale de l'Isle*, où les vens reglez se font moins sentir, parce qu'ils viennent de l'Orient & sont, pour ainsi dire, interceptez par la partie Orientale de l'Isle pour peu qu'elle soit plus élevée. La partie Orientale de l'Isle qui en jouit la premiere est nommée CABESTERRE par opposition. Voiez ce mot.

BASSIANA, Jornandes[b] & Antonin[c], font mention d'une ville de ce nom qu'ils mettent dans la haute Pannonie, ou ce qui est la même chose dans la premiere Pannonie. On sait d'ailleurs qu'il y avoit une ville nommée BASIANA, dans la Pannonie seconde ou inferieure. Ptolomée[d] parle clairement de la seconde. Ses Interpretes jugent que cette derniere est POSSEGA. Il reste à savoir quelle étoit l'autre.

[b] c. 53.
[c] Itiner.
[d] l. 2. c. 16.

BASSIGNI[e], (le) petit pays de France, dans la partie meridionale de la Champagne, & en partie aussi dans le Barrois vers le Midi. Il est nommé *Pagus Bassiniacensis*, dans le partage du Royaume de Lothaire l'an 870. il paroit qu'alors le Bassigni étoit de ce Royaume, & compris dans le Diocèse de Toul, dans lequel il s'étend aujourd'hui; mais une bonne partie de celui de Langres a depuis été attribuée au Bassigni. Ce qui est dans le Diocèse de Toul appartient en partie au Duc de Lorraine à cause de son Duché de Bar, & le reste est des dependances de la Champagne, & le lieu le plus celebre de cette portion du Bassigni est Vaucouleurs petite ville sur la Meuse, qui appartenoit d'ancienneté aux Comtes de Champagne. Ce lieu où les Empereurs s'abouchoient avec les Rois de France étoit censé être sur les confins des deux dominations. Chaumont qui n'étoit autrefois qu'une Bourgade, & simple Seigneurie possedée par les Comtes de Troyes, qui en faisoient hommage aux Evêques de Langres, est apresent la principale ville du Bassigni. Langres y est aujourd'hui compris. Montigni-le-Roi, Andelot & Grand en font encore.

[e] Longuerue Desc. de la France part. 1. p 39. & 2. part. p. 183.

LE BAILLIAGE DE BASSIGNI, ne comprend pas tout le Pays que l'on nomme aujour-

R 3

jourd'hui le Baſſigni, mais ſeulement une partie; & ce Bailliage, qui s'étend vers la Franche Comté & la Voſge, a été diviſé il y a long-temps en ſix grandes Châtellenies, ſelon les Lettres du Cardinal de Bar de l'an 1419. Ces Châtellenies ſont Gondrecourt qui eſt une Prevôté, la Motte & Bourmont, qui ſont des Senechauſſées, la Marche, Châtillon, & Conflans, qui ſont des Prevôtez. Outre cela ce Bailliage comprend la terre de St. Thiebaud qui s'étend tout le long de la Meuſe, & dont le Cardinal ne fait pas mention. Henri Comte de Bar dans ſes Lettres, & ſon Dénombrement donné à Philippe le Bel ne fait mention que des Châtellenies de la Marche, de Châtillon, & de Conflans en Baſſigni, qu'il ceda en propriété à Philippe le Bel, & à ſes Succeſſeurs; mais peu après le Roi les donna en fief à Thibaut de Bar Evêque de Liége, & parlà elles revinrent aux Comtes de Bar, qui les ont toujours poſſedées depuis. Le Comte en jouïſſoit l'an 1314. lorſqu'il engagea la Châtellenie de la Motte à Ferri Duc de Lorraine pour 20000. livres par l'entremiſe de Louïs fils ainé du Roi Philippe, & par l'Acte on reconnoît que cette Châtellenie relevoit du Comté de Champagne dont le même Louïs, alors Roi de Navarre, étoit en poſſeſſion. On voit auſſi que la Prevôté de Gondrecourt, qui avoit eu long-temps ſes Seigneurs particuliers, étoit réunie au Domaine de Champagne au temps du mariage de Jeanne avec Philippe le Bel, lequel donna l'an 1304. pour recompenſe à Thibaut de Bar Evêque de Liége la terre de Gondrecourt, qui devoit paſſer après la mort de l'Evêque aux Comtes de Bar, qui ſeroient tenus d'en faire hommage au Roi de France à cauſe de ſon Comté de Champagne.

BASSINGTOKE. Voiez BASINGSTOKE.

BASSITANI. Voiez BASTITANI.

BASSORA. Voiez BALSARA.

BASSY, Ville de Flandres dans l'Artois: elle eſt ſituée au bord d'un petit Lac à deux lieues de Bethune, & à trois de Pernes.

§. Mr. Corneille a dreſſé cet Article ſur l'Atlas de Blaeu, où cela ſe trouve comme il le dit. C'eſt la même choſe que la BASSÉE, le Lac dont il parle eſt perdu dans les foſſez de la ville, & le ruiſſeau qui en couloit eſt preſentement ce qu'on apelle le Canal de la Baſſée.

BASTA, Ville de la Calabre ſelon Pline[a], qui la met entre *Otrante*, & *Capo di S. Maria di Leuca*; Galatée met dans la Japigie VASTA, & pretend que ce n'eſt plus qu'un village de quinze feux tout au plus. Ortelius doute que *Vaſta* de l'Auteur moderne ſoit la même choſe que la *Baſta* de Pline. Le R. P. Hardouin l'aſſure, & dit que c'eſt preſentement VASTE Bourgade entre Caſtro & Otrante.

BASTALENSIS, Siége Epiſcopal d'Afrique: il en eſt fait mention dans la Conference de Carthage, ſelon un exemplaire qu'avoit Ortelius. Je l'ai cherché en vain dans l'Edition de Mr. Dupin.

BASTAN[b], Mr. Baudrand écrit BASTHAIM, ville d'Aſie dans le Khoraſan ou plutôt dans la petite Province apellée Komus. Les Tables Arabiques donnent à cette ville 89. d. 30'. de longitude, & 36. d. 10'. de latitude Septentrionale.

BASTANABOS, lieu ou Station de l'Arabie ſelon Etienne le Géographe.

BASTANÆI, Nation de l'Arabie deſerte, ſelon Ptolomée dans quelques exemplaires. L'Edition d'Alde les nomme BATHANEI, autrement CATANEI; & plus loin BATANI. Celle de Bertius dit: CATANII autrement BATANÆI, & plus loin BATANII. Celle de Michel Servet ne met que CATANII, & plus loin BATANEI. Celle de Strasbourg[c], met BATANÆI dans l'un, & dans l'autre endroit. Ortelius trouve qu'entre les Interpretes de Ptolomée, il y en a eu qui liſoient BATAVI, & d'autres BOTANI.

[c in fol. anh. 1520.]

BASTARNÆ, ancienne Nation de l'Europe. On ne convient pas trop ni de quel peuple ils faiſoient partie, ni quelles étoient les bornes de leur pays. Je recueillirai ce que fourniſſent les Anciens, & j'y ajouterai ce qu'en dit le ſavant Spener[d]. BASTARNÆ eſt le nom le plus uſité. Appien[e] les nomme BASTERNÆ. La Table de Peutinger porte BLASTARNI, au lieu de BASTARNI. Valerius Flaccus[f] les appelle BATARNÆ. Tacite[g] dit les Peucins que quelques-uns nomment BASTARNÆ. Pline[h] dit de même *Peucini qui & Baſtarnæ*. Zozime[i] les nomme ΠΕΥϹΑΕ Πεύϰαι; Suidas Πευϰέϛαι ΠΕUϹΕSΤÆ, & Jornandes[k] les nomme PEUCENI de l'Iſle *Peuce*. C'eſt ainſi qu'une partie des habitans de la Pomeranie a été nommée *Rugiani*, à cauſe de l'Iſle de Rugen. Mr. Spener croit au contraire qu'ils ont donné le nom à l'Iſle *Peuce*. On pourroit dire auſſi qu'ils tiroient ce nom de PEUCA montagne aux confins de la Sarmatie ſelon Ptolomée[l]. Les Auteurs ne s'accordent pas ſur la Nation à laquelle ils veulent les joindre. Tacite[m] balance; je ne ſais, dit-il, ſi je dois mettre entre les Germains ou les Sarmates les Nations des Peucins, les Vendes, & des Fennes; quoique les Peucins, que quelques-uns apellent Baſtarnes, reſſemblent aſſez aux Germains pour le langage, l'ajuſtement, & leur manière de ſe loger. C'en eſt la craſſe, & ce qu'il y a de plus engourdi. Du reſte ils reſſemblent aſſez aux Sarmates par les mariages mélangez dont ils ſe deshonorent. Pline[n] les met diſtinctement entre les V. Claſſes germaniques: la cinquiéme partie comprend, dit-il, les Peucins que l'on nomme auſſi *Baſtarnæ*, & qui ſont attenant les Daces. Strabon[o] dit: au milieu des terres ſont les Baſtarnes, qui confinent aux Tirigetes & aux Germains; & qui ſont peut-être une race de Germains. Ptolomée & Dion les comptent au rang des Scythes. Le premier[p] décrivant la Sarmatie y met les Peucins ſi bien au delà de la Viſtule, qui, ſelon le même Auteur, bornoit alors la Germanie, que les Interpretes les prennent pour les Moſcovites, dont la capitale eſt Moſcou. Dion[q] les apelle Scythes ſans autre explication. Il y en a eu qui en ont fait un[51]. peuple Gaulois. Polybe[r] après les avoir nommez Baſtarnes leur donne peu après le nom de Galates. Tite-Live[s] dit que les Baſtarnes reſſembloient aux Scordiſques Gaulois par le langage[t], & par les mœurs, & il apelle expreſ-

[d Notit. German. l. 6. c. 1.]
[e in Mithridat.]
[f Argonaut. l. 6.]
[g German. c. 46.]
[h l. 4. c. 14.]
[i l. 1.]
[k de reb. Get.]
[l l. 3. c. 5.]
[m l. c.]
[n l. 4. c. 14.]
[o l. 7.]
[p l. 3. c. 5.]
[q l. 38. & 51.]
[r Excerpt. 62.]
[s l. 40. c. 57.]
[t l. 51. paſſim & l. 42. c. 51.]

[a l. 3. c. 11.]
[b d'Herbelot Bibl. Orient.]

pressement Gaulois ceux qui certainement étoient des Bastarnes. Plutarque[a] parle dans le même sens lorsqu'il dit que Persée tâcha de debaucher les Gaulois qui habitent vers l'Ister, & que l'on nomme Bastarnes. Il dit peu après : à sa priere arrivoient les Bastarnes consistant en dix milles hommes de Cavalerie, & autant de Fantassins qui prenoient les chevaux dont les Cavaliers s'étoient laissé demonter. Tous gens à la paye qui ne savoient ni laboûrer la terre, ni conduire une barque, ni se contenter de la vie que l'on passe à nourrir des bestiaux. Ils ne songeoient qu'à se batre, & à vaincre l'ennemi dans le combat. Lors qu'ils furent dans la Medique campez avec les Macedoniens, leur grande taille & la maniere menaçante dont ils parloient des Ennemis fit croire aux Macedoniens, que les Romains n'en pourroient pas soutenir la vue ni les bravades feroces & éfraiantes. Le Pays qu'ils occuperent ne fut pas toujours le même. Pline[b] dit qu'ils habitoient vers les sources de la Vistule. Ils demeurerent aussi plus bas le long de la Vistule ; selon Ptolomée qui met au dessus des Venedes, les Bastarnes ensuite les Peucins au dessous de la Dacie. Ils occuperent aussi les sommets du mont Krapack, delà vient que leur nom a été donné à une partie des Alpes. *Alpes Bastarnicæ* se trouvent sur la Table de Peutinger. Le consentement des Historiens ne laisse pas douter qu'ils n'aient été à l'Embouchure de l'Ister, & à l'Isle de Peuce. Strabon[c] dit que du temps d'Alexandre le Grand les Triballiens habitoient l'Isle de Peuce, & que les Gétes habitoient le Pays voisin au delà du Danube. On peut en conclurre que les Bastarnes n'y vinrent qu'après le regne d'Alexandre le Grand ; il faut y ajouter qu'il paroît par le temoignage de Tite-Live[d], qu'ils s'y établirent après la guerre de Philippe Roi de Macedoine contre les Romains. Joignez-y l'autorité d'Appien[e], d'Ovide[f] de Valerius Flaccus[g], & de Dion[h]. Nous voyons souvent dans l'Histoire que des bandes de Bastarnes se jettoient sur les Provinces Romaines, qui étoient en deçà du Danube. Ce qu'ils possedoient au delà de ce fleuve étoit borné à l'Orient par ses bouches, & par le Pont-Euxin. Au Midi ils eurent d'abord pour limites l'Ister jusqu'à l'embouchure de la Riviere Hierassus, ensuite cette même riviere, puis le mont Crapack. A l'Occident il semble qu'ils s'étendoient jusqu'au pied du mont *Tatary*, & qu'en suite la Vistule les separoit des Ligiens jusqu'à l'embouchure de la Riviere de Wieprz. Au Nord on leur donne la même Riviere de Vieprz, & celle de Turla ; desorte qu'on ne sait pas trop bien les autres limites, qui distinguoient les Venedes, & les autres Sarmates d'avec les Bastarnes. Jornandes[i] donne le même Pays aux Esclavons, & aux Antes, & il n'y a point d'inconvenient à dire que les Bastarnes s'enfoncerent dans la Dacie ; qu'une partie ayant déja quité le pays pour aller avec les Goths, le reste demeura dans le Pays, où changeant de nom il a conservé encore jusqu'à present le langage & les manieres des Germains.

Sous le nom general de Bastarnes on comprenoit diverses Nations. Strabon nomme celles-ci les Atmoni, les Sidons, & les Peucins. Personne ne sauroit dire où étoient les premiers. On conclut que les Sidons étoient fort voisins de la Vistule, de ce que Ptolomée les place entierement en deçà de ce fleuve dans la Germanie. Les Peucins demeuroient vers les sources de l'Ister. Ptolomée compte entre les diverses branches de ce peuple les Avarins, les Ombrons, les Anatrophracti, les Burgions, les Arsietes, les Saboci, les Piengites, & les Biessi, tous peuples qui se suivoient depuis la source de la Vistule, où étoient les premiers jusqu'au mont Crapack, où étoient les derniers. Il est vrai qu'il ne nomme point Bastarnes ; mais il montre assez par leur position qu'ils en étoient. De plus il met entre les Bastarnes, & les Peucins, les Carpiens (*Carpiani*.) Zosime[k] joint les Borani aux Carpiens. Quant aux Burgions de Ptolomée, ils ont bien la mine d'être les mêmes qu'il nomme ailleurs *Viuburgiens*.

Comme Tacite[l] dit des Bastarnes qu'ils demeuroient dans des maisons, en quoi il les oppose aux Sarmates qui vivoient sous des tentes, on est presque en droit d'attribuer aux premiers les villes que Ptolomée donne à la Sarmatie ; soit que ce fussent des villes formées, soit que ce ne fussent que des Bourgades ou même des Hameaux ; c'est sur quoi il ne faut pas disputer. Ils avoient *Carrodunum, Metonium, Clepidava, Vibantavarium* & *Eractum*. On croit savoir aujourd'hui le lieu qu'elles occupoient, & si l'on en croit d'habiles gens, *Carrodunum*, diferente d'une autre de même nom, qui appartenoit aux Ligiens, a été le commencement de la ville nommée aujourd'hui *Leopold* ; *Metonium* est presentement *Rohatin* assez près de la Turla ; *Clepidava* est *Kaminieck*, *Vibantavarium* est *Bar* & *Eractum* est *Row*.

BASTE, Ville d'Afrique à six journées de chemin de Carthage, selon Procope[m].

BASTERBINI, ancien peuple de la Calabre selon Pline[n]. Le R. P. Hardouin observe qu'ils ne tiroient pas leur nom de *Basta*, ville de Calabre dont j'ai fait mention ci-dessus, parce qu'elle étoit au rivage de la Mer ; au lieu que les *Basterbini* étoient plus loin de la côte ; mais de quelque autre lieu que nous ne connoissons pas, ou même de Bausta que Ptolomée[o] place entre les villes des Salentins assez loin de la Mer.

BASTERNÆ. Voiez Bastarnæ.

BASTETANS, ancien peuple d'Egypte. Ils trafiquoient par échange, & sans se servir de monnoye, & avoient pour leurs malades la même coutume que les Babyloniens. Ils les exposoient dans les places publiques afin que ceux qui avoient eu les mêmes maladies enseignassent les remedes, qui avoient contribué à leur guerison.

§. Mr. Corneille cite sur cet Article le Dictionnaire de Juigné. Ces Bastetans d'Egypte sont inconnus à Pline, à Pomponius Mela, à Strabon, & à Ptolomée ; en un mot à tous les anciens Geographes.

BASTI, ancienne ville d'Espagne selon Antonin[p]. Il y a apparence, dit Ortelius, qu'elle

136 BAS.   BAS.

[a] Hist. Hisp. l. 6. c. 15.
[b] Carol. à St Paulo Geog. Sacr. p. 179.

qu'elle étoit aux Bastitains; & Mariana[a] dit que c'est la même que BAZA de son temps. Elle a été autrefois Episcopale[b], & on trouve entre ses Evêques Eutychien qui souscrivit au Concile d'Eliberi, & Théodore qui signa celui de Tolede.

1. BASTIA, Antonin dans son Itineraire d'Espagne met *Mentesa Bastia*, à vingt-cinq mille pas de Castulon en venant de Basti en cette derniere ville. C'est ainsi que lisent quelques Editeurs, entre autres Zurita[c]. L'exemplaire du Vatican porte *Mente Sabastia*, en divisant autrement les Syllabes de ces deux mots. Cette derniere leçon est la moins bonne, car *Mentesa Bastia*, se raporte aux *Mentesani* de Pline, qui, comme je le dis ailleurs, en reconnoit de deux sortes. Ptolomée fait aussi mention de *Mentesa Oretanorum*. Voiez MENTESA.

[c] p. 91.

2. BASTIA[d], Bourg ou petite ville d'Italie dans le Duché de Modene sur une petite Isle que forme la Riviere de Panaro; à quatre lieues au dessous de la ville de Modene.

[d] Baudrand Ed. 1705.

3. BASTIA[e], en Latin *Bastia*; quelquesuns disent *Bastita*, ville d'Italie dans l'Isle de Corse, dont elle est la capitale. Elle est sur la côte Orientale avec un bon port. C'est la demeure ordinaire du Gouverneur Génois de l'Isle, à environ sept milles de St. Florent vers le Levant, & à vingt-deux du Cap de Corse, au Midi, vers les ruines de Mariana. L'Evêque de *Mariana distrutta* fait sa Residence à la Bastia. On croit que c'est l'ancienne MANTINUM ou MANTINORUM OPPIDUM.

[e] Le même.

4. BASTIA[f], Village de Savoye au Septentrion de Grenoble, vers la Tarentaise. On prétend que c'est un reste de la ville de la Gaule Narbonnoise que l'on nommoit anciennement *Obilumnum*.

[f] Le même.

5. BASTIA[g], petite ville de Turquie en Europe dans l'Epire, vis-à-vis de l'Isle de Corfou; entre la ville de Butrinto, & celle de Perga; environ à quatre lieues de l'une & de l'autre.

[g] Le même.

BASTIÆI, peuple de la Beotie, selon Phavorin[h].

[h] Lexic.

☞ BASTIDE, on nomme ainsi dans les Provinces meridionales de la France, ce que les anciens nommoient *Villa*; c'est-à-dire une maison de campagne, où le maître va dans la belle saison jouïr des plaisirs de la vie champêtre, & se delasser des occupations tumultueuses de la ville: autour des grandes villes de Provence, & des autres Provinces voisines il y a de très-belles Bastides. Ce mot au reste vient de *Bâtir*, que quelques-uns écrivent encore avec une *ſ*, *Bastir*, ce qui étoit autrefois un usage general; le mot *Bastide* a conservé l'S. dans la prononciation.

1. BASTIDE CLARENCE[i], dans la basse Navarre. Elle a, dit l'Auteur cité, des restes de murailles & de fossez, & l'on n'y voit rien de considerable.

[i] Davity T. 2. p. 343.

2. BASTIDE ST. AMAND[k], Ville de France. Elle est située, dans le Languedoc au Diocèse de Castres, & on l'a nommée ainsi à cause de son assiette, vis-à-vis de la ville de St. Amand de Val Toret, dont elle n'est separée que par le Ruisseau de Tore.

[k] Jaillot Atlas.

3. BASTIDE DE SERON, petite ville de France dans le Gouvernement de Foix.[l] Elle est très-petite, & est située sur une éminence.

[l] Piganiol de la Force.

BASTILICA, Bourg de l'Isle de Corse à l'Orient de la ville d'Ajasso entre celles de Corse, & de *Casa di Santo Pietro*. Quelques Auteurs croient que c'est la même chose que ce que les anciens ont nommé TARABINORUM VICUS, quoique d'autres le mettent à *Vico*, Bourg situé sur le Limone, près de son embouchure, & d'autres à Carabeni village des environs.

Desc. de la France T. 4. p. 113.

BASTILLE[m], (la) Château de Paris près de la porte S. Antoine. On dit qu'il fut bâti par le Roi Charles V. l'an 1369. contre les courses des Anglois, & qu'Hugues Aubriot Prévôt des Marchands, qui en avoit donné le dessein, & qui y avoit posé la premiere pierre le 22. jour d'Avril 1369. y fut le premier enfermé pour crime de Religion. Il est composé de huit grosses tours avec des appartemens qui les joignent. En 1634. il fut environné de fossez, & de bastions. C'est le lieu où l'on enferme les prisonniers d'Etat.

[m] Baudrand Ed. 1705.

BASTIMENTOS[n]. Isles de la côte de l'Isthme de Darien en Amerique, & qui paroissent à un ou deux milles du Port de Seriva. Elles sont à l'embouchure de la Baye de *Nombre de Dios*, & à un demi-mille du rivage. La plûpart de ces Isles sont assez hautes, & couvertes de bois. Il y en a une dont une partie est une Baye sablonneuse; on y trouve une source d'une eau excellente à boire. Elles sont toutes entre elles & l'Isthme un fort bon Port, dont la profondeur est propre pour l'anchrage. On y entre avec le vent de mer entre l'Isle du côté d'Orient & la plus voisine, & on en sort avec le vent de terre par le même endroit. Plus loin vers l'Occident, avant qu'on arrive à Portobelo, on voit deux petites Isles plates, sans bois & sans eau douce, & qui ne sont presque pas separées l'une de l'autre. Le terrain en est sablonneux. Ces deux Isles sont environnées de rochers vers la mer, & l'Isthme en est si proche, qu'il n'y a entre deux qu'un Canal étroit, où les vaisseaux ne peuvent entrer. Le rivage de l'Isthme aux environs est composé de Bayes sablonneuses, après qu'on a passé une chaîne de rochers, qui sort de la Baye de *Nombre de Dios*, vers les *Bastimentos*: & au delà jusqu'à Portobelo, la côte est generalement pleine de rochers, & le Continent rempli de Montagnes escarpées: c'est un fort bon Païs. La plus grande partie est couverte de bois, & l'autre a été défrichée par les Indiens Espagnols tributaires de Portobelo, qui en ont fait des plantations. Ce sont les premiers établissemens qui ayent été faits sur cette côte, sous le Gouvernement Espagnol.

[n] Corn. Dict.

BASTION DE FRANCE, place d'Afrique sur la côte de Barbarie, au Royaume d'Alger, au Nord est de Bonne. [o] Ce Bastion n'a qu'un petit Port ou plûtôt une simple Plage, capable seulement de recevoir les Barques, ou Chaloupes, qui vont à la pêche du corail, en consideration de laquelle les François se sont principalement établis dans ce poste.

[o] Savary Dict. du commerce T. 1. p. 1037.

Le

a Savary Dict. du commerce. T. I. p. 1037.

Le véritable Port du Baftion où arrivent les vaiffeaux de la Compagnie, eft LA CALLE à fept milles plus haut vers le Levant, où la Compagnie a auffi quelque reduit fortifié, avec quelques foldats pour la fûreté des marchandifes; entretenant pareillement une efpece de garnifon au Cap de *Rofe*, pour le même fujet.

Le principal établiffement eft le *Baftion* même : c'eft où refide le Gouverneur, de qui les Capitaines de *la Calle*, & du Cap de *Rofe* prennent leurs ordres : c'eft auffi là où font établis les magafins, où les Corailleurs viennent décharger leur Corail, & où fe trouvent l'Eglife & les Ecclefiaftiques deftinez pour l'adminiftration des Sacremens aux François, qui ont été autrefois jufqu'à plus de huit cens; mais dont le nombre eft beaucoup diminué.

Les Soldats des Garnifons, les Commis & les Fregataires; c'eft-à-dire, ceux qui chargent les blez, ou autres marchandifes, à bord des Fregates, font François établis au Baftion, & entretenus aux dépens de la Compagnie. Les Fregataires font nourris, & ont neuf francs par mois de gages. Pour les Corailleurs, ce font des Pêcheurs qui ne travaillent que dans le tems de la Pêche, & fous les conditions dont on parlera dans la fuite.

Cette pêche fe fait depuis le commencement d'Avril, jufqu'à la fin de Juillet. Quand la faifon eft proche, les Corailleurs viennent au Baftion faire leur marché, recevoir les avances qu'on a coûtume de leur faire, & prendre poffeffion du *Satteau*, ou barque que la Compagnie leur fournit avec tous fes apparaux, dont néanmoins ils doivent rendre compte, quand la pêche eft finie.

Les avances que l'on fait aux Corailleurs, font environ de deux cens Piaftres, à condition que ni les Maîtres de barque, ni leurs Compagnons ou Matelots ne pourront vendre le Corail de leur pêche, qu'aux Commis du Magafin, à peine de punition corporelle, & feulement au prix fixé par la Compagnie, qui eft de cinquante-huit fols la livre.

On employe ordinairement vingt cinq Satreaux; & chaque Satteau ne pêche guere moins de vingt à vingt-cinq quintaux de corail par Saifon; & l'on compte, année commune, fur deux cens quintaux du produit de la pêche.

Les Patrons de Satteau, & leurs gens, payent tout ce qu'ils prennent au magafin fur le pied convenu avec eux, qui eft d'une Piaftre pour le cent de pains, deux Piaftres pour le millerolle de vin, & un afpre de la livre de la viande. Ils achettent même le fil propre à faire leurs engins à pêcher, fur le pied de vingt-cinq livres le quintal.

Le corail a beaucoup perdu de fon prix en France; mais on en fait toûjours cas dans plufieurs autres pays de l'Europe, comme en Italie, & en Portugal, particulierement dans les Echelles du Levant, & aux Indes Orientales.

Celui de la pêche du Baftion de France, fe met en caiffe du poids de cent trente livres, poids de Marfeille, où il fe vend ordinairement à raifon de trois cens Piaftres la caiffe, s'il eft beau; & au deffous, s'il eft moindre.

Tom. I. PART. 2.

La Compagnie outre le Baftion, la Calle & le Cap de Rofe, a encore dans fa conceffion, les Ports de *Bonne* & de *Colle*, dont, auffi bien que des trois autres, elle fait le commerce, à l'exclufion de tous Négocians François.

Les Grains, les Légumes, les Cuirs, les Suifs, la Cire, quelques laines furges, & les Chevaux, qu'on nomme en France Barbes, à caufe de la Barbarie d'où on les tire, font les marchandifes dont on peut trafiquer avec les Maures de la conceffion de la Compagnie.

Ceux du Baftion peuvent fournir douze mille mefures de froment, quatre mille d'orge, deux mille de féves, trois mille cuirs; & un peu de cire.

Les Chevaux qu'on y achette, payent au Checq, ou Gouverneur Maure, dix Piaftres de droits de fortie, & deux à l'Alcair. On donne auffi environ une Piaftre au Truchement.

A la *Calle* on peut traitter trente à quarante mille mefures de blé, fix mille d'orge, trois mille de féves, & fix mille cuirs. Ce que fournit le Cap de *Rofe* eft moins confiderable : trois ou quatre mille mefures de blé, mille mefures d'orge, feulement trois à quatre cens de féves, & mille ou douze cens cuirs, eft tout ce qu'on en peut tirer.

On n'enleve ni grains, ni legumes de Bonne; mais le négoce des cuirs y eft bon, & la Compagnie y charge tous les ans environ vingt mille peaux de toutes grandeurs. Elle y achette auffi trois ou quatre cens quintaux de cire, & autant de laines furges, le quintal de cent trente livres, poids de Marfeille. La Cire y revient depuis feize jufqu'à vingt Piaftres le quintal, & les laines depuis quatre jufqu'à feize.

Enfin c'eft à Colle où fe fait le plus grand négoce de cuirs, dont les achats vont quelquefois jufqu'à cent cinquante mille peaux par an. On en tire auffi quantité de cire, de confcouffons, de millet, de lentilles & de fuifs.

La plus grande partie de ces marchandifes fe tranfporte à Marfeille, à la referve des grains, & des légumes, qu'on envoye en quelques lieux d'Italie, & particulierement à Genes, où il y a vingt pour cent de benefice fur la mefure, celle des Maures étant plus grande d'une cinquième, que celle de cette ville.

Le Baftion de France eft préfentement réuni à la Compagnie du Cap Negre, place qui eft dans la dépendance du Royaume de Tunis. Cette Compagnie fe nomme auffi en Provence Compagnie d'Afrique.

BASTIRA. Voiez MASTIRA.

BASTITANI, peuple ancien de l'Efpagne Tarragonnoife felon Ptolomée[b]. Le pays qu'ils occupoient étoit nommé *Baftitania*, & le P. Brie[c] croit qu'il repondoit au territoire de Murcie, & à l'Evêché de Guadix. Ptolomée[d] leur donne pour ville *Urce*, qui eft prefentement *Vera*. Leurs autres villes à quelque diftance de la côte font felon cet Auteur,

Pucialia, aujourd'hui
Salaria, *Siruela* ou *Requenna*,

b l. 2. c. 6.
c Paral. 1. part. l. 4. p. 166.
d l. c.

S

Tur-

Turbula,	peut-être Teruel,
Saltiga,	
Bijerra,	Bejar,
Abula,	
Asso,	Ossa,
Bergula ou Belgula,	
Carca,	peut-être Caravaca ?
Illunum.	
Arcilacis,	Archisana,
Segisa,	
Orcellis,	Orihuela,
Vergilia,	
Acci,	Guadix,

Le P. Briet y place

Basti,	Baza,
Vergilia ou Veseelia--	Murcie selon le P. Briet.

Il ne faut pas les confondre avec les *Bastetani* de Strabon, qui étoient entre Carthagene & Gibraltar, ou, comme parloient les Géographes anciens entre la Nouvelle Carthage & Calpe. Ces derniers étoient les mêmes que les *Bastules*. Voiez BASTULI.

BASTOGNE, en Latin *Bastonia*, *Bastonacum* ou *Belsonancum*. Le second de ces deux noms Latins est formé de *Bastonach*, nom que donnent les Allemands à cette ville. Elle est dans le Pays bas au Duché de Luxembourg, & Comté de Chiny, dans les Ardennes. Elle a un assez grand territoire, & étoit autrefois plus considérable qu'elle n'est presentement, lorsqu'on lui a donné le nom de Paris des Ardennes, car vû l'état où elle est aujourd'hui, ce nom sembleroit avoir été imposé par raillerie. Elle n'a jamais été une place de guerre, ni capable de soutenir un siège. Elle n'est pas même fort ancienne, & on auroit peine à en trouver des traces avant le XI. Siécle. Les François l'ont possedée depuis 1681. jusqu'à la Paix de Ryswyk, qu'ils la cederent aux Espagnols. [a] Elle n'est qu'à huit lieues de Luxembourg vers le Nord.

[a] Baudrand Éd. 1705.

1. BASTON, Ville d'Angleterre. Voiez BOSTON.

2. BASTON ou BATON. Mr. Corneille met une Isle de ce nom à l'Orient de celle de Macassar. Il a voulu dire l'Isle BOUTON. Voiez ce mot.

BASTULI, ancienne Nation de l'Espagne dans la Betique. Strabon[b] la nomme BASTULI &[c] BASTETANI; & la place entre la Nouvelle Carthage & Calpe, & leur donne une étenduë de côtes de MMCC. Stades; qu'ils partageoient avec les Oretains. Pline appelle leur pays BASTITANIE. Ils s'étendoient même au midi du Détroit, & possedoient quelque chose sur l'Océan. On les appelloit aussi POENI[c], c'est-à-dire *Phœniciens* ou *Carthaginois*, à cause de leur Origine. Voici les villes que leur attribue Ptolomée.

[b] l. 3. p. 156.

[c] Ptolom. l. 2. c. 4.

Mentralia,	c'est, selon ses Interpretes, *la Gerra de Melana*, ou selon le P. Briet *Millares*.
Transducta,	
Barbesola,	Guadajara.

Carteia,	Carteia ou Conil, ou plutôt Tariffa.
Le mont Calpe,	Gibraltar.

Sur la Mediterranée.

Barbesole fluv.	
Suel,	Chipiona.
Saduca,	Guadalquivir.
Malaca,	Malaga.
Manoba,	Almuneçar.
Sex,	
Selambina,	Salobrenna.
Extensio,	
Abdara,	Almeria, selon les uns; Adra, selon d'autres.
Portus magnus,	
Charidemi Promonto-	Cabo de Gates.
rium,	
Barcia Civitas.	

Pline & le P. Briet nomment tout autrement les places des Bastules, & ce Pere ne s'accorde ni avec Pline, ni avec Ptolomée. Il croit que les Bastules repondoient à une lisiere du Duché de Medina Sidonia, les Evêchez de Malaga, d'Almeria dans la Grenade avec l'Isle de Cadix.

BASVILLE[d], en Latin *Bassivilla*, Ville de l'Amerique, dans l'Isle de la Martinique, une des Antilles. Elle a été bâtie par les François, il y a quelques années, du tems que le Sieur de Bas étoit Gouverneur de ces Isles-là, c'est pourquoi elle porte son nom. Elle est proche du Fort Royal, avec un très-bon Port.

[d] Baudrand Éd. 1705.

BASURURE[e], en Latin *Basurura*, Riviere de l'Amerique meridionale. Elle se jette dans celle des Amazones au dessus de Rio Negro, selon Pierre Texeira.

[e] Ibid.

BASY[f], en Latin *Basium*, Village du Païs-bas, dans le Brabant Walon, près de Geneppe, à deux lieuës de Nivelle au Levant, il n'est remarquable que parce que Godefroi de Bouillon Roi de Jerusalem y nâquit.

[f] Ibid.

BATA[g], Province d'Afrique au Royaume de Congo dans la basse Ethiopie. On l'appelloit anciennement AGHIRIMBA. Elle est au Nord ou au Nord-Est de Pango, à cent cinquante lieuës de la côte, & s'étend vers l'Est au dessus de la riviere de Barbela, jusqu'aux montagnes du Soleil & du Salpêtre. Au midi, elle passe au delà de ces monts, & va jusqu'aux montagnes brûlées, nommées par les Espagnols *Montes Cremados*. La ville principale a aussi le nom de BATA. Les Terres qui sont aux environs jusqu'à Pango, rapportent quantité de grains. Le long du chemin qui mene de cette ville à celle de *San Salvador*, on trouve un grand nombre de Maisons & de hameaux. C'est là que se tient le Gouverneur du pays, qui peut avoir des soldats Arquebusiers, à cause que du côté d'Orient, delà les monts du Soleil & du Salpêtre, vers le quartier Oriental & Occidental du Nil, habite une Nation farouche, nommée *Giaquas*, du nom que lui donnent ceux de Congo, & *Jagos*, selon d'autres. Cette Nation est fort addonnée à la guerre & au pillage, & fait beau-

[g] Corn. Dict. & La Croix Relat. de l'Afrique T. 3.

BAT.

beaucoup de courses aux pays voisins, jusqu'à la Province de Bata.

BATÆ, peuple de la Serique selon Ptolomée[a]. Ammien Marcellin[b] les nomme BETÆ.

BATAILLIER[c], Riviere de France; elle arrose la Provence, & a sa source dans le bois de Laverne, ensuite se vient décharger en la mer à la côte Negre.

BATALLO[d], montagne d'Afrique dans la Province de Sargel, au Royaume d'Alger. Les Turcs l'appellent CARAPULA, & les Maures GIRAFLUMAR. Elle est à deux petites lieues de Sargel vers l'Orient, & d'une telle hauteur, que de dessus son sommet, on peut découvrir un vaisseau en mer éloigné de douze lieues. Il y croît force meures rouges & blanches.

BATAN[e], Ville ou Bourgade d'Asie dans la Mesopotamie. Elle est des dépendances de celles d'Arran, qui est l'ancienne Carrac, d'où le Patriarche Abraham sortit pour venir dans la Palestine, & auprès de laquelle Crassus fut défait par les Perses. Mohammed ben Giaber, grand Philosophe, & Mathematicien, étoit natif de la ville de *Batan*, ce qui le fit surnommer *Albatani*.

BATAN CÆSARA, Ville de l'Inde en deçà du Gange selon Ptolomée[f].

BATANÆA, en François la Batanée. Voiez BASAN.

BATARNÆ. Voiez BASTARNÆ.

BATAVA, pour BATAVIA. Voiez l'Article qui suit.

BATAVES, peuple ancien maritime dans la Belgique à l'extrémité Septentrionale de la côte des Gaules: leur origine est bien marquée dans Tacite. Les Bataves, dit cet Auteur[g], tant qu'ils furent au delà du Rhin étoient une partie des Cattes. Ayant été chassez de leur patrie par une guerre domestique, ils s'approprierent l'extrémité de la côte de la Gaule où il n'y avoit point d'habitans, & en même temps d'une Isle bornée par l'Ocean d'une part, & enfermée par le Rhin de tous les autres côtez. On pourroit même croire qu'il y avoit dans le pays des Cattes un Canton particulier des BATTEN, en Latin *Batti*, & peut-être étoit-il le long de la Riviere de l'Eder; où l'on trouve encore des lieux qui portent dans leurs noms des traces de celui des *Batten*, savoir *Battenberg*, *Battenhausen*. Les Batten ou (si l'on veut ce nom en Latin) les *Batti* s'étant rendus dans cette Isle prirent un nouveau nom formé de l'ancien & du mot *Aven*, qui signifie des prairies, des pâturages. (Voiez AW.) Les Romains qui le terminerent, & l'adoucirent selon le genie de leur langue, en firent *Batavi*. Le pays qu'ils occuperent, tant dans cette Isle qu'aux environs, a été nommé à cause d'eux l'*Isle des Bataves* par Cesar[h], & par Pline[i]. Tacite[k] le nomme le *Champ ou le territoire des Bataves*; Dion Cassius[l] *Batava*; Zosime[m] *Batavia*; ce dernier nom lui est aussi donné par Eumenius[n], & par Pacatus[o]. Hadrien Junius[p] a voulu ravir ce pays à la Gaule pour le donner à la Germanie, en quoi il a été refuté par Cluvier[q]. L'entreprise de Junius a été traitée de *Temeraire*, par le savant Spencer. On ne sait pas quand se fit leur migration de la Germanie dans les Gaules. On sait seulement qu'elle a été unique; & qu'ils se sont tenus dans ce pays, étant toujours comptez entre les Belges. La Table de Peutinger, dressée ou gravée par des gens qui étoient sujets à estropier les noms, change celui de *Batavia* en *Patavia*, & nomme *Patabus*, une Riviere qui coule au dessous; on ne sait si on a voulu marquer par ce nom le Vahal ou la Meuse.

Les Bataves étoient traitez en freres, & en amis du Peuple Romain. Tacite[r] dit expressément qu'on ne les chargeoit point d'impôts, & qu'ils ne fournissoient à l'Empire Romain que des troupes courageuses, qui avoient long temps fait la guerre en Allemagne: ils s'aquirent, dit-il, une nouvelle gloire dans la Bretagne (l'Angleterre,) où il passa de leurs Cohortes commandées par les plus illustres d'entre eux, selon l'ancienne coutume. Ils avoient gardé dans leur pays, de la Cavalerie d'élite, qui ne se faisoit pas une affaire de passer le Rhin à la nage par Escadrons sans quiter ni armes, ni chevaux. [s] Les mauvais traitemens qui furent faits à Civilis les alienérent beaucoup des Romains; mais après que ces desordres eurent cessé, ils se reconcilierent de bonne foi[t], & furent amis fidelles & constants jusqu'à ce que de grands partis s'étant formez dans la Germanie en faveur de la liberté, ils aimerent mieux s'y joindre, que de continuer leur attachement aux Romains.

Le Pays des Bataves, si nous nous en raportons à Cesar & à Pline[v], étoit en partie dans le Continent avec le reste de la Belgique; & en partie dans l'Isle que forment les bras du Rhin. Tacite[x] l'apelle l'extremité de la côte des Gaules. Il s'étendoit donc depuis les Gugernes, le long de la Meuse, & du Vahal entre ces deux Rivieres jusqu'à leur confluent. C'est dans cette partie de la Batavie, qui est en deçà du Vahal par raport aux Auteurs Romains, qu'étoit la ville des Bataves à laquelle Civilis mit le feu, après sa defaite auprès de *Vetera*, que l'on croit être SANTEN; & avant que d'abandonner l'Isle aux Ennemis.

Tous les Auteurs Anciens conviennent que l'Isle des Bataves étoit formée par les deux bras du Rhin, l'un qui garde son nom, dit Tacite, & qui ne perd rien de la rapidité avec laquelle il parcourt la Germanie, jusqu'à ce qu'il arrive à l'Océan; l'autre plus large, plus tranquile coule au rivage de la Gaule, & les habitans du pays le nomment le Vahal.

Presque tous les Anciens conviennent aussi que les Bataves n'occuperent que cette Isle de ce côté, & ne possederent aucun terrain de l'autre côté du moyen Canal du Rhin. Mais on dispute si Drusus en creusant son nouveau Canal, ne changea point l'étendue de l'Isle des Bataves, & s'il n'y ajouta point de nouvelles Terres. Haemrode[y], Junius[z], Poritanus[a], & Cellarius[b] sont pour l'affirmative. Cluvier[c] est pour la negative, & en donne de fortes raisons qui me paroissent si concluantes qu'il est étonnant que Cellarius ne s'y soit pas rendu.

Pour les villes & lieux remarquables de ce pays, on en trouve un sous l'Empire de Vespapasien, à savoir *Batavorum Oppidum* ou *la ville des Bataves*, il n'étoit pas dans l'Isle; mais entre le Vahal & la Meuse. Tacite met dans l'Isle quatre villages, où il y avoit garnison, savoir *Arenacum*, *Batavodurum*, *Grinnes* & *Vada*. Entre *Batavodurum* & la Mer, c'est-à-dire dans la basse partie de l'Isle, Tacite ne met rien; mais Ptolomée y place *Lugodinum*, qui n'est que le *Lugdunum* des autres deguisé. L'Itineraire d'Antonin, & la Table de Peutinger y mettent plusieurs autres lieux; dont voici les plus remarquables. *Trajectus*, entre *Mannaricium* & *Albiniana Castra*, on voit assez que c'est *Utrecht*; *Albiniana Castra* aujourd'hui *Alfen*, *Pretorium Agrippina*, dont la distance & le nom font voir que c'est *Roomburg*, comme qui diroit Forteresse des Romains. On ne convient pas assez de ce que c'étoit anciennement que l'*Arx Britannica* ou *Brittenbourg*, Ville ou Forteresse submergée que l'on voit encore sous l'eau, pour en parler ici. Voiez BRITTENBOURG. *Forum Adriani* est connu aujourd'hui sous le nom de Vorburg. Les Bataves partageoient leur Isle avec les CANINEFATES. Voiez ce mot.

§. Quand je parle dans cet Article du Bras du Rhin, qui bornoit l'Isle des Bataves au Nord, il ne faut pas l'entendre du cours qu'il a aujourd'hui par le Leck vers Rotterdam; mais du vieux Canal qui passe à Arnhem, à Wageningen, à Rhenen, au Vieux Rhenen, à Utrecht, à Woerden, & à Leyde, & qui avoit son embouchure à l'endroit où est Catwyk. Ce que l'on apelle presentement le BETUVE, nom derivé de l'ancien, n'y repond pas assez exactement pour que l'on puisse rendre l'un par l'autre. D'Ablancourt qui s'est donné ses Traductions très-infidelles la licence de faire une Géographie à sa mode & toute nouvelle, rend toujours les Bataves de Tacite par les Hollandois, ce qui est faux; la Batavie de cet Auteur & la Hollande d'aujourd'hui sont très-diferentes l'une de l'autre. Car elle n'entroit dans la premiere qu'une partie de la Hollande meridionale ou *Suyd Holland*; encore faut-il y ajouter une partie de la Province d'Utrecht avec sa capitale. Elle a encore moins de raport avec la Hollande, prise pour les sept Provinces Unies. [a] Aimoin a nommé la Batavie BATTUA, & Rheginon BADUA.

[a] Ortel. Thelaur.

BATAVI, ce nom, qui signifie en Latin l'ancien peuple dont il est question dans l'Article precedent, s'employe quelquefois par les modernes, qui écrivent en Latin, dans un sens plus étendu & signifie les Hollandois en general.

1. BATAVIA, ou *l'Isle des Bataves*. Voiez BATAVES.

2. BATAVIA, ce mot se prend dans les Ecrits des Modernes dans un sens plus étendu que dans les Ecrits des Anciens, & signifie quelquefois toute la Republique des Provinces Unies. C'est dans ce sens que Mr. Despreaux dans son Ode Pindarique apelle BATAVES, les troupes Hollandoises, qui étoient commandées par Guillaume III. Roi d'Angleterre, lorsque Louis XIV. prit Namur.

3. BATAVIA, Ville d'Asie dans l'Isle de Java, au Royaume de Bantam. Les Hollandois qui en en sont les Souverains lui donnerent ce nom dès sa fondation. Les François la nomment BATAVIE. Elle fut bâtie en 1619. au lieu où étoit auparavant JACATRA, ville qui fut ruinée pendant les guerres; delà vient que les Javanois ne l'appellent point autrement que *Jacatra*. Je joindrai ici la description qu'en donne Nicolas de Graaf, celui des Voyageurs Hollandois, qui en parle le plus amplement, avec connoissance de cause. La relation qu'il en donne se trouve à la fin de ses Voyages [b] aux Indes Orientales.

[b] p. 275. & suiv.

Batavia est à 6. degrez 10. minutes de latitude meridionale, au côté Septentrional de l'Isle de Java, dans une Plaine unie, mais basse. Elle a la Mer, au Nord, & derriere de grandes Forêts & des Montagnes très-hautes. Une Riviere qui vient de ces Montagnes la sépare en deux. Elle est entourée de murailles de pierre où l'on compte 22. bastions, qu'on appelle Amsterdam, Middelbourg, Delft, Rotterdam, Hoorn, Enchuisen, Vianen, Gueldres, Catzenellebogen, Orange, la Porte Neuve, Hollande, Diest, Nassau, Zélande, Utrecht, Frise, Overissel, Groningue, Zeelande, Kuilenbourg, & Middelpunt, ou le bastion du milieu. Il y a quatre portes, dont deux sont fort artistement bâties; l'une est la Neuve, l'autre la Porte de Diest; les deux autres sont appellées Rotterdam, & Utrecht. Les deux côtez de la riviere sont revêtus de pierre dans toute la ville, & jusqu'à la Barriere qui se ferme tous les soirs à 9. heures, & où il y a bonne garde de soldats. La ville est environnée de fossez larges & profonds, & où il y a beaucoup d'eau, principalement dans le temps des hautes marées; car alors les chemins près de la ville sont souvent inondez. Les Ruës sont à peu près tirées à la ligne, larges de 30. pieds, & ont de chaque côté auprès des perrons des maisons, des chemins pour les gens à pied, pavez de briques. Elle a huit Ruës droites, ou de traverse qui sont bien bâties, & proprement entretenuës. La Ruë du Prince est la principale; car elle va en droite ligne du milieu du Château jusqu'à l'hôtel de ville : elle est croisée en deux endroits par des Canaux. Tous les espaces qui sont derriere les maisons sont propres & bien ornez, selon les circonstances; car la plûpart des Maisons ont des Cours de derriere qui donnent de l'air, & de beaux jardins où l'on trouve toute sorte d'Arbres, de fleurs & d'herbes potagéres. L'Eglise de la Croix est un bâtiment fort beau & considérable. Elle est de pierre & fût bâtie l'an 1640. Du milieu du Toit il s'éleve une petite Tour fort jolie surmontée d'un ouvrage de fer, qui se termine à la giroüete. Dans la Tour il y a une Cloche, qui ne sonne jamais que lorsqu'on va prêcher dans cette Eglise, qui est vaste en dedans & fort claire. Il y a pour le soir des Lustres de Cuivre, comme ceux de Hollande d'où ils ont été aportez. La Chaire du Predicateur, & les Bancs des Magistrats, & des Gouverneurs sont très-propres & bien faits, étant ornez de pieces de rapport, comme Ebéne & autre bois. L'Hôtel de ville qui fut bâti l'an 1652. est au milieu de la ville, dans une Place ce fort grande, & fort unie. Il eſt à deux Etages. La Porte qui eſt de l'ordre Corinthien eſt au milieu. Il y a au devant de la ſalle d'en haut un Balcon de pierre qui y répond, par où l'on peut regarder commodément au dehors. On y voit de belles chambres & de beaux apartemens, pour MM. les Conſeillers, pour les Echevins, pour les Directeurs des Orphelins, pour ceux des petites affaires, & pour les Chefs du Conſeil de guerre de la Bourgeoiſie. Il y a une cour en dedans entourée d'un mur de pierre fort haut, dans laquelle ſont les cachots pour garder les malfaiteurs, & les empêcher d'échaper. C'eſt auſſi là que loge le Geolier, & autres ſuppots de la Juſtice. L'Hôpital eſt ſur la Riviere; qui paſſe au milieu de la ville. C'eſt là qu'on prend ſoin des malades, qui y ſont au nombre de plus de deux cens, quelquefois même plus de trois cens. Il y a de jolis apartemens pour les Directeurs & leur ſuite, pour le Medecin, l'Apotiquaire, le Chirurgien, le Tréſorier & pour le Concierge de la Maiſon, & les Eſclaves qui doivent tenir la maiſon nette, aider les malades, les panſer & leur donner ce qui leur eſt néceſſaire. Tous ces gens-là ſont payez, & entretenus par la Compagnie. Trois perſonnes conſiderables ont l'intendance de cette maiſon, & en font la viſite toutes les ſemaines, prenant ſoin ſur tout d'examiner, s'il y a parmi ceux qui y ont été conduits quelqu'un qui ſoit en état de pouvoir reprendre ſon travail. On y trouve une Place fort agréable, où il y a des arbres, pour la recréation des malades, qui peuvent aller à la Riviere par un quai de bois, & s'y rafraichir. Tous les ſoirs & tous les matins, le viſiteur des malades fait une priere que le ſon d'une cloche annonce. Cette cloche eſt dans une petite Tour au deſſus du toit; l'exercice finit par un Cantique. Le Dimanche un Lecteur lit un Sermon où tous les malades, qui ſont tant ſoit peu en état, doivent aſſiſter. Le Spinhuis eſt une maiſon, où l'on renferme des femmes de mauvaiſe vie. Cette maiſon eſt ainſi appellée parce qu'on les y fait filer, ou travailler à quelque ouvrage qui leur convient. Il y a donc un Spinhuis à Batavia, qui n'a point de vuë au dehors, ſinon par une ouverture, qui regarde le côté Oriental du Canal, où il y a des grilles de fer, & qui eſt fermé par une fenêtre de bois que perſonne ne peut déverrouiller que le Directeur. Deux Echevins ont inſpection ſur cette maiſon avec une femme, qui met au travail celles qui ſont ainſi renfermées, & qui prend ſoin que chacune d'elles achève la tâche qu'on leur a donnée, faute de quoi elles n'ont qu'à s'attendre au foüet. Si elles commettent quelque crime, la connoiſſance en appartient aux Magiſtrats, & ce ſont eux qui les font punir. Tous les Dimanches on leur dit une Predication, en préſence des deux Inſpecteurs, pour tâcher de les retirer, s'il eſt poſſible, de leur libertinage, & leur inſpirer la crainte de Dieu. Il y a deux Boucheries au bord de la Riviere ſur des pilotis, qui ſont couvertes de tuiles, & toutes les ſaletez en ſont jettées dans la Riviere. On y tuë du bétail deux fois la ſemaine, & châque boucher y a ſon banc, pour y expoſer ſa viande, & la vendre aux Bourgeois, au prix taxé; mais avant qu'il puiſſe tuër une Bête, il faut qu'elle ait été eſtimée par le Fermier, & que le dixiéme denier en ait été payé; avec cette reſerve, que ſi le Fermier l'a eſtimée trop haut, ſelon l'avis des autres Bouchers, il faut qu'il la prenne pour le prix qu'il y a mis. La Poiſſonnerie eſt auſſi ſur des pilotis, & couverte de tuiles.. Il y a dans le milieu un Bureau pour le Crieur public qui vend le poiſſon; & c'eſt là que doivent aborder tous les Pêcheurs, qui viennent de la Mer, car le poiſſon y eſt vendu au plus offrant. Preſque tous les Poiſſonniers ſont Chinois. Ils payent tous les mois deux Rixdalles pour leur Banc, avant de pouvoir vendre le poiſſon qu'ils ont acheté. Dès qu'il eſt vendu, le Crieur lui paye argent comptant, & il a pour ſon droit deux ſous par Reale. Cette vente dure depuis le matin à dix heures juſqu'à quatre heures après midi, & chacun y peut trouver ce qu'il deſire en poiſſon de Mer, ou d'eau douce, ſelon ſes facultez. A l'oppoſite de la Poiſſonnerie, mais un peu à côté, eſt le Marché au Ris, qui eſt bâti à peu près de la même maniere, excepté qu'il n'y a point de bancs. On trouve au bout de la Poiſſonnerie le logement de l'Etalonneur qui deux fois l'année, en Janvier & en Juin, marque dans l'Hôtel de ville toutes les meſures, & tous les poids de la marque publique, en préſence de deux Echevins, & qui reçoit ſix ſols pour chaque marque. Les Habitans appellent Ganting la meſure dont on ſe ſert pour meſurer, & vendre le ris. Elle contient le poids d'environ 14. livres, qui ſe vendent d'ordinaire ſix ſols. Le marché à la volaille eſt auprès du Nouveau Pont qu'on traverſe pour aller à l'Egliſe de la Croix. On trouve là des Paniers pleins de toute ſorte de volaille, une poule mediocre s'y donne quelquefois pour deux ou trois ſols, & le reſte à proportion. Ceux qui les vendent ſont la plûpart des Mardykkes, & des Toupaſſes. Tout auprès il y a quantité de Cabanes faites de Bambous, où l'on trouve à vendre du poiſſon ſec, de l'Ail, des Oignons, des Oeufs, de la Poterie & choſes ſemblables. Pour ſe pourvoir de toute ſorte de fruits & d'herbes; on a un marché le long de la Riviere juſqu'au Pont neuf. Depuis quatre heures après midi juſqu'au ſoir, il eſt plein tant de Chinois & de Mores, qui y portent leurs denrées à vendre, que d'Acheteurs & de Curieux. Au delà de l'Hôtel de ville, au côté Occidental de la Place il y a un bâtiment de bois, qui a cinq allées remplies de part & d'autre de Boutiques. Ce ſont principalement des Chinois, qui vendent là des étoffes, & des habits tout faits. Ils donnent pour cela trois Rixdalles par mois aux Fermiers, & ſont obligez de tenir ce lieu propre. Chacun peut trouver là de quoi s'accommoder, mais il faut prendre garde à ne ſe laiſſer pas attraper par l'adreſſe des Chinois à faire paroître leur marchandiſe. Car lorſqu'ils ont trompé quelqu'un, bien loin de le cacher, ils s'en vantent, comme d'une preuve de leur habileté. L'Hôpital des malades & des vieilles gens Chinois, qui a été bâti l'an 1646. eſt près du Spinhuis. Il eſt environné d'une mu-

muraille de pierre. Il y a de bonnes Chambres pour les malades, les Orphelins, & ceux qui ne sauroient gagner leur vie ; & une cour pour récreer les malades. Tous les Chinois, qui representent des Comédies, ou qui sont joüer des feux d'artifice, ou qui se marient, ou qui font enterrer leurs morts, sont obligez de payer une certaine somme à cette maison. Plusieurs riches Chinois lui font de grands présens pendant leur vie, & s'en souviennent encore à leur mort. Deux Hollandois & deux Chinois ont inspection sur cette maison.

Il y a un Hôpital où les Orphelins sont nourris jusqu'à ce qu'ils soient devenus grands. Il est entouré d'une haute muraille de pierre, & a de bonnes chambres pour les Orphelins, & pour ceux qui doivent en prendre soin. Cette maison n'avoit point encore de revenus en 1686. & ne subsistoit que des aumônes des personnes charitables. Il n'y a point aux Indes de Rasphuis, c'est-à-dire des Maisons où les malfaiteurs sont condamnez à scier du bois de Bresil, ou à travailler comme à Amsterdam ; parce que la chaine de Rosegay, & autres endroits devant Batavia, & les Isles des Robbes, ou Chiens de Mer, & celle de Maurice devant le Cap de bonne Esperance, tiennent lieu de ces maisons pour punir, & dompter les criminels, & les méchans. On voit le Château qui est très-beau, à l'Embouchure de la Riviere tout contre la ville. Il est de pierre, & de figure quarrée, defendu par quatre Bastions dont l'un est appellé le Diamant, l'autre le Rubis, le troisieme le Saphir, & le quatrieme la Perle, qui sont revêtus de la même pierre que le corps du Château, lequel est pourvû de bons logemens, de gros canon & d'une bonne garnison. Les fossez sont larges & profonds. Dans l'enceinte du Château il y a deux grandes places. La Maison où loge le Gouverneur Géneral de tout ce que les Hollandois tiennent dans les Indes est dans la plus grande. La Maison est bâtie de brique, à deux Etages, de sorte qu'on peut la voir de fort loin en Mer, par dessus les autres Maisons, & par dessus les Bastions, & la reconnoître à la Tour, qui est au dessus du Toit précisément au milieu, travaillée fort artistement, il y a au dessus au lieu de giroüette un vaisseau de fer, qui tourne au gré du vent. L'entrée est au milieu & l'on y monte par un large Escalier de pierre, c'est là que s'assemblent le Grand Conseil, la Chambre des Comptes, & la Secretairie. Les Maisons des Conseillers des Indes sont aussi fort belles, & bien ornées. Elles sont aux côtez de la Porte qui va à la Campagne, laquelle est à l'Ouest du Château, & il y a des corps de garde aux deux côtez. Il y a de plus l'arsenal, les logemens du Capitaine de la chambre de la Mer, des Marchands, du Medecin, du Chirurgien & de l'Apotiquaire. C'est aussi-là qu'est le Laboratoire géneral pour la Chirurgie, & qu'on prepare les caisses de Medicamens qui sont envoyées dans tous les Bureaux Hollandois des Indes. C'est là aussi le Bureau géneral, & le lieu où sont les Archives : tous les Papiers & toutes les Lettres y sont gardées, toutes les affaires, qui regardent la Compagnie, y sont traitées & resoluës. Il y a un grand nombre de Magasins, où l'on garde de toutes sortes de vivres, Viande, Lard, Mom qui est une biere forte de Brunswyk, Huile, Vinaigre, Vin & autres choses necessaires ; des Caves à mettre la poudre, les feux d'artifice & autres choses dont on se sert à la guerre. Le Château a deux portes principales dont la plus considerable est celle qui va à la Campagne. Elle a été faite l'an 1636. Il y a sur le fossé un pont de pierre de taille qui a 14. Arches, 26. Toises de long & dix pieds de large. Il est pavé de brique, & a de chaque côté des garde-foux de pierre. La seconde s'appelle la Porte de l'eau : elle est au Nord & sert de corps de Garde, & de Bureau pour les Gardes-Magazins, qui logent des deux côtez le long de la Courtine. Elle a été faite l'an 1630. comme il paroit par l'inscription qui est au dessus. Il y a deux petites portes dans les Courtines à l'Orient & à l'Occident, qui servent à charger & décharger le canon, les boulets & les munitions de bouche. Ce Château est embelli d'une petite Eglise octogone qui est fort propre, & qui fût bâtie l'an 1644. elle est fort claire. Le Toit qui est apuyé sur des colomnes de bois est en terrasse. Il y a des orgues, le pavé est de pierres blanches & bleuës, polies & disposées avec art. Les fenêtres d'en haut sont de beau verre de plusieurs couleurs, & celles d'embas de Roseaux fendus, à la maniere des Indes, & disposez fort ingenieusement. La chaire du Predicateur & les bancs du Géneral, des Conseillers des Indes, & des personnes considerables sont de bois de Kajate, & autre bois aussi précieux, & travaillez aussi bien qu'il est possible.

La ville est environnée de la forteresse à l'Orient, jusqu'à la Riviere Ansjol, & à l'Occident jusqu'à la Riviere Anke le long du Golfe de Batavia : au Midi, c'est-à-dire vers la Campagne, par le Fort Noordwyk, celui de Ryswyk, qui a cinq bastions & par Jacatra, de sorte que ceux qui ont des Terres sont à couvert des irruptions, & des chagrins qu'on pourroit leur faire sans cela, peuvent cultiver leurs champs & leur ris sans rien craindre, aussi voit-on hors de la ville de belles allées, des rivières, des champs de ris & de cannes, & des jardins où il y a de toute sorte d'arbres fruitiers ; quelques-uns même ont de belles Maisons, & des lieux de plaisance fort agréables. Pour encourager les gens à cultiver la terre, & à planter des arbres, les Magistrats de Batavia firent arrêter l'an 1659. le cours de la grande Riviere, au dessus de Ryswyk, & la detournerent dans deux larges & profonds canaux dont l'un va à Ryswyk, & l'autre à Jacatra, prenant soin que les champs eussent l'eau qui leur étoit nécessaire. L'un de ces bras fut conduit dans un canal qui va droit à la ville, & qui est retenu par une digue près du second Pont de la Porte neuve. Cette eau fait aller sept Moulins, un à bled, un à scier, un à papier & les autres à poudre, qui portent beaucoup de profit à la Compagnie. On voit plusieurs Tuileries & Briqueteries, & un grand nombre de Moulins à sucre, qui rapportent beaucoup aux Propriétaires, & sont d'une grande commodité pour la ville. Il y a un lieu où l'on purifie le souphre, & un autre où l'on blanchit le linge. Afin que ce qu'on doit porter dans la ville, y vienne plus commodément, & à moins de fraix, on a fait en l'an 1658. une forte Ecluse de pierre, pourvûë de bonnes portes; mais comme le fond n'avoit pas été assez bien affermi, & qu'on ne prit pas le soin qu'il falloit, l'eau l'a gâtée par dessus, l'a ruinée & l'a renduë inutile; desorte qu'on y a fait depuis un Pont à Rouleaux, sur quoi l'on fait passer les batteaux.

On a bâti un Lazaret hors de la Porte de Diest à côté du chemin d'Anke, où tous ceux qui sont attaquez de maladie contagieuse sont transportez, & nourris. Quelques-uns des plus vieux, & des plus considerables Hollandois prennent soin de cette Maison. Les habitans de Batavia sont ou libres, ou attachez à la Compagnie. C'est un mélange de divers Peuples de divers Païs; car on voit là des Chinois, des Malayes, des Amboiniens, des Javanois, des Makassars, des Mardykkes, des Hollandois, des Portugais, des François & autres. Les Chinois y sont un grand négoce, & contribuent beaucoup à la prospérité de la ville. Ils surpassent de beaucoup tous les autres peuples des Indes dans la connoissance de la Mer, & de l'Agriculture. C'est leur grand soin & leur diligence qui entretient la grande Pêche, & c'est par leur travail qu'on est pourvu à Batavia de ris, de cannes, de grains, de racines, d'herbes potagéres & de fruits. Ils affermoient autrefois les plus gros péages, & les droits de la Compagnie. Ils vivent selon les Loix de leur Païs, ont un Chef qui prend soin de leurs interêts. Ils portent des robes très-amples qui ont des manches fort larges, de coton, ou de soye, chacun selon son état. Leurs cheveux ne sont pas coupez à la maniere des Tartares, comme dans la Chine, mais sont longs & fort joliment tressez. Leurs Maisons sont presque toutes basses & quarrées. Elles sont en differens quartiers; mais toujours où il se fait le plus de commerce. Les Malayes qui different beaucoup des Chinois en subtilité, sont aussi moins propres qu'eux au commerce. Ils s'attachent principalement à la Pêche, à quoi ils sont adroits. Ils entretiennent leurs batteaux, fort propres & fort luisans. Les voiles en sont de paille, selon la maniere des Indes, & ils savent bien les hausser pour arriver de bonne heure au marché. Le Chef de qui ils dépendent a sa maison sur le quai du Rhinocerot, où logent aussi la plûpart de ceux de cette Nation. Leurs habits sont de coton ou de soye; mais les femmes les plus considerables sont habillées d'Etofes de soye à fleurs ou à rayes, qu'elles disposent d'une maniere industrieuse, afin qu'elles flottent. Les hommes s'envelopent la tête d'une toile de coton, tant pour la tenir ferme que pour retenir leurs cheveux. Leurs Maisons sont fort peu de chose, couvertes de feuilles d'ole ou de jager, & entourées d'arbres de cocos. Ils machent continuellement du Bêtel, ou fument avec une pipe de canne vernie. Les Mores ou Mahometans sont à peu près semblables aux Malayes, & habitent au même quartier, mais ils s'attachent un peu plus aux Métiers, & à être Colporteurs. Ils vont dans les ruës avec de la mercerie, comme du Corail, des Perles de verre & choses semblables. Les plus considerables d'entr'eux exercent le négoce, sur tout celui de pierre qu'ils apportent des Isles dans leurs bâtimens, & qu'ils vendent. Leur maniere de s'habiller est la même que celle des Mores. Les Amboiniens habitent hors de la ville près du cimetiere des Chinois, sur le chemin de Jacatra. Ils ont un Chef à qui ils doivent obéïr, qui a fait bâtir en ce lieu-là une belle maison, fort parée à la maniere de cette Nation. La plûpart de ces gens-là s'entretiennent en bâtissant des maisons avec des Bambous, ce qu'ils font adroitement, accommodans les chassis des fenêtres avec des cannes fenduës en diverses figures, tantôt en étoiles, tantôt en quarré, pour recevoir le jour par là. C'est un peuple hardi, plein de courage, avec qui il est difficile de traiter, prêt à se soulever, & dont le meilleur ne merite point de confiance. Leurs armes sont de grands sabres, & de longs boucliers par le moyen desquels ils se défendent avec beaucoup d'adresse des coups de sabre, & de flêche. Les hommes ont autour de la tête une toile de coton dont ils laissent pendre les deux bouts, & ornent de fleurs cette espece de Turban. Les femmes portent un habit fort mince, au milieu du corps & s'envelopent l'épaule d'une toile de coton, & qui laisse le bras nu. Leux Maisons sont de planches, couvertes de feuilles d'Ole, & ont deux ou trois étages. Les Javanois demeurent de l'autre côté du cimetiere dans des maisons de Bambous, selon l'usage du Païs, elles sont fort proprement faites, & couvertes des mêmes Roseaux. Quelques-uns s'occupent à l'Agriculture; d'autres sont de petits bâteaux avec quoi les habitans portent leurs denrées au marché. Ils s'en servent pour la Pêche, & vont si vite sur l'eau, que les Hollandois disent qu'ils volent. Presque tous les hommes vont nuds, ayant seulement le milieu du corps couvert d'un peu de toile qui leur descend jusqu'au genou. Ils portent quelquefois une espece d'écharpe où ils cachent un Cric, ou quelqu'autre arme. Leur tête est couverte d'un bonnet, mais ils vont pieds nuds.

Tout le Gouvernement des Hollandois, dans les Indes, est partagé en six Conseils. Le premier & le superieur est composé des Conseillers des Indes: le Général en est toujours le Président. C'est dans cette Assemblée qu'on délibere sur toutes les affaires genérales & d'Etát. C'est-là que se lisent toutes les Lettres & les Ordres de Messieurs les Directeurs de la Compagnie, & qu'on y répond. Ceux qui ont quelque chose à demander à ce Conseil peuvent avoir audience tous les jours. Le second a neuf Membres, outre le Président. C'est-là proprement le Conseil des Indes. Il a en sa garde le grand Seau où est representée une femme dans un lieu fortifié, ayant une balance dans une main, & une Epée dans l'autre, avec ces mots autour: *Seau du Conseil de Justice du Château de Batavia.* Toutes les affaires qui regardent les Membres de la Compagnie, & les Chambres des Comptes viennent devant ce Conseil,

seil, qui est appellé Conseil de Justice. Quand on prétend avoir sujet de se plaindre de quelque Sentence donnée par les Echevins, on peut appeller à ce Conseil en payant 25. Reales pour l'Amende, en cas que la Sentence soit confirmée. Le troisieme est celui des Echevins qui sont neuf, entre lesquels il y a deux Chinois. C'est-là qu'on plaide toutes les affaires qui sont entre les Bourgeois libres, ou entre eux & ceux qui dépendent de la Compagnie ; avec la liberté, comme je l'ai dit, d'en pouvoir appeller au Conseil de Justice. Le quatrieme est celui des Directeurs des Orphelins. C'est un Conseiller des Indes qui y préside. Il est composé de neuf personnes, de trois Bourgeois, & deux Officiers de la Compagnie. Ils administrent le bien des Orphelins, conservent leurs heritages, & ne souffrent point qu'un homme qui laisse des enfans les quitte, à moins qu'il ne leur laisse suffisamment du bien, en cas qu'il ne revînt pas. Le cinquieme est établi pour les petites affaires. Il a pour Président un Conseiller des Indes. Tous ceux qui se marient doivent y comparoître, pour y faire signer leurs bans ou annonces, en présence de temoins. Ce Conseil prend soin d'empêcher qu'aucun Infidele ne se marie avec une Hollandoise, ou un Hollandois avec des femmes du Païs, qui ne parlent pas Flamand. Le sixieme & dernier est le Conseil de guerre des Bourgeois. Le premier Officier de ceux qui sont libres, y préside. Toutes les petites affaires y sont portées, par l'Officier, qui a le soin de la garde, & elles y sont d'abord decidées. Ce Conseil s'assemble à l'Hôtel de ville, & tient deux fois la semaine l'audience.

a Baudrand Ed. 1682.

4. BATAVIA [a], Riviere de la Terre Australe dans le Carpenterland, ou pays de Carpentier. Les Hollandois qui l'ont decouverte lui ont donné ce nom : on n'en connoît que l'embouchure.

b Alting Not. Batav. Ant. p. 18.

1. BATAVODURUM, ou BATAVORUM OPPIDUM [b], ancienne ville des Bataves située sur le bord Septentrional de la Meuse au Sud-Est du Bois sacré, & au Sud-Ouest de Nimegue. C'étoit la capitale du païs, & même la seule ville qu'il y ait eû dans ces quartiers-là jusqu'à l'Empire de Vespasien. C'est par cette raison, à ce qu'on croit, que Tacite [c] la nomme simplement *Oppidum Batavorum*, sans ajouter de nom propre, la trouvant suffisamment designée parce qu'il avoit dit qu'elle étoit la Capitale de la Nation, & l'endroit où se tenoient Cl. Civilis & Cl. Labeon : car on ne peut placer ailleurs le lieu où le même Tacite [d] dit, que les Bourgeois eûrent du different au sujet de ces deux Generaux. C'est cette même ville où Civilis, après avoir été défait par Cerealis auprès du lieu appellé pour lors *ad Vetera* l'an LXX. de l'Ere Chrétienne, mit le feu avant que de passer le *Vahal*, voyant qu'il n'étoit pas en état de la defendre par les armes. Ainsi il paroit visiblement que cette ville n'étoit point dans l'Isle des Bataves, mais à l'extremité de la Gaule. Cluvier même assure [e], qu'elle subsiste encore aujourd'hui sous le nom de BATENBURG, formé de celui de *Batavodurum*. Il paroit vraisemblable par la Carte de la Gaule de Ptolomée [f],

c V. Hist. 19.

d IV. Hist. 18.

e Ger. Ant. c. 19.
f Geogr. II. Cap. 9. Europ. Tabula III.

qu'après que la guerre fut finie la ville fut rétablie, & que l'on y fixa le siége de la Justice que les Bataves avoient déja établi auparavant dans ce même lieu en deçà du Vahal : car c'est dans l'endroit où cet Auteur place *Batenburgum*, sur la Meuse, qu'étoit *Batavodurum*. Cluvier reprend la verité Ptolomée dans cet endroit ; mais au lieu d'y avoir de l'erreur comme il le pretend, il paroît que Ptolomée ne pouvant distinguer cette ancienne ville appellée *Batavorum Oppidum* de plusieurs autres qui se trouvoient alors avoir le même nom, a jugé à propos de se servir du nom appellatif de *Forum Judiciarium*, sous lequel elle étoit également connuë, & qui la distinguoit des autres villes. Cependant comme les Bataves avoient deux de ces *Forum Judiciarium*, l'un dans un village de l'Isle, sur le Rhin, & l'autre sur la Meuse, dans l'ancienne ville, Ptolomée auroit dû écrire *Batavodurum ad Mosam* ; mais comme son principal dessein étoit de faire des Tables Geographiques, il a crû qu'il suffisoit d'avoir marqué *Batavodurum* sur le bord de la Meuse.

2. BATAVODURUM [g], ou BATAVODURUM VICUS, Village de l'Isle des Bataves sur le bord meridional du Rhin, environ à XIII. milles d'Utrecht, & à XX. de *Batavorum Oppidum*. Tacite [h] place aussi ce village sur la partie superieure du Rhin, qui étoit la seule dont les Romains fussent encore les maitres, & où ils avoient leur seconde, & leur dixieme Legion avec quelques Cohortes alliées, & quelque peu de Cavalerie. Ce village étoit peu considerable dans ce tems-là, & on y construisoit un Pont pour la defense duquel étoient preposez les Soldats de la deuxieme Legion. Cet Auteur ne marque point à quelle distance étoit *Batavodurum* d'*Arenacum*, de *Grinnes* ou de *Vada* villages des environs : il ne designe pas même la situation de ces derniers, observant plutôt dans cette énumeration la dignité des Garnisons, que l'ordre de la position des lieux : car il nomme d'abord *Arenacum* & *Batavodurum*, où étoient les camps des deux Legions, quoique ces deux lieux fussent aux extremitez, & il ne nomme que le dernier le lieu où étoient les troupes alliées quoiqu'il fût situé entré les deux autres. Cependant comme H. Junius & P. Scriverius ont fait voir par d'anciennes medailles d'or que ce *Batavodurum* a été nommé par les Romains *Dorestate*, & qu'il subsiste encore aujourd'hui sans avoir changé de place, sa juste situation se trouve à XIII. milles d'Utrecht, & à XXII. de *Noviomagus*, aujourd'hui Nimegue. On y voit à present une Ville, avec une Citadelle. La Ville s'appelle WYK, & la Citadelle DUURSTEDE, & toutes deux ensemble WYK-TE-DUURSTEDE. Cet endroit est devenu une ville considerable depuis l'établissement du Christianisme ; mais du tems de Tacite ce n'étoit qu'un village, puisque dans l'Isle des Bataves il n'y avoit dans ce tems-là encore aucune ville.

g Alting Not. Batav. Ant. p. 18.

h V. Hist. 20.

BATAVORUM INSULA. Voiez au mot BATAVES.

BATAVORUM OPPIDUM. Voiez BATAVODURUM 1.

BA-

BAT.

[a] Voyage de la Comp. Holland. T. 3. p. 110.

BATAUTINGES[a], Rochers de la Mer de Sumatra.

1. BATE, Village ou Canton de la Tribu Ægeide dans l'Attique, selon Etienne le Géographe.

[b] De l'Isle Atlas.

2. BATE[b], Riviere d'Asie sur la côte de Malabar ; elle a sa source dans les montagnes de Gate, d'où coulant vers l'Occident, elle passe au Nord de la petite ville de Bate, & se jette dans le Golphe, qui est entre Baçaim, & les Isles de Bombaïm & de Salcete.

1. BATECALO ou BATECALOU, Mr. Baudrand écrit BATICALON. Mr. le Grand dans sa Traduction de l'Histoire de Ceylan balance entre BATECALOU & MATECALOU. Knox dans sa Carte du Ceylan écrit BATTACALOW ; & dans sa Relation BATTICALON, Royaume de l'Isle de Ceylan sur la côte Orientale. Il est borné par la Mer au Levant par le pays de Cottiari au Nord, par le Royaume de Candi au Couchant, & par le pays de Paunoa ou Panua au Midi. Il peut avoir environ vingt & une lieues de côtes, depuis les 7. d. 13'. jusqu'à 8. d. 12'. de latitude Septentrionale. Sa largeur qui est inegale est d'environ douze lieues & demie au Midi, & va en diminuant jusqu'au Nord où elle n'est pas de six lieues.

[c] Voyages de la Comp. Holland. T. 2. p. 533.

2. BATECALO, Ville de l'Isle de Ceylan, au Royaume dont elle est la capitale, elle est située sur la Riviere de Paligam[c] à deux bonnes lieues de la Mer. On la nomme aussi MATECALO.

[d] Ribero Hist. de l'Isle de Ceylan p. 98.

3. BATECALO, Port de Mer de l'Isle de Ceylan au Royaume de Batecalo, à l'embouchûre de la Riviere de Paligam. Ce Port est un petit Golphe dont l'ouverture est vers le Nord, & où il y a deux Isles assez remarquables par leur grandeur. [d] Les Hollandois y abordérent en 1602 & 1603. & les Portugais ayant reconnu l'importance de ce poste resolurent d'y bâtir quelques forteresses pour empêcher les Nations étrangeres d'avoir par-là aucun commerce avec les Rois de Candy. Les terres sont hautes, & élevées du côté de Triquinimalé. Il y avoit là un fameux Pagode ou plutôt il y en avoit trois ; mais celui qui étoit sur la pointe la plus éminente, qui avançoit dans la Mer & qui dominoit sur toute la baye, étoit le plus considérable. Les Portugais l'abbatirent en 1624. & y bâtirent une forteresse, ce qui toucha vivement les Chingulais ; & comme l'air y est mal-sain & qu'on y est sujet à des fievres chaudes violentes, ces peuples superstitieux crurent que c'étoit un effet de la vengeance de leurs Dieux sur les Portugais. Peu de temps après Constantin de Sa pour achever d'enfermer le Roi de Candi, & lui ôter toute communication & tout commerce avec aucune Nation, fit encore élever un autre Fort dans une Isle, qui est à l'entrée de la Riviere de Paligam ou de Batécalo : ce fut ce qui acheva d'irriter le Roi de Candi, & le determina à recommencer la guerre. Les Hollandois alliez avec ce Prince, prirent ces Forts sur les Portugais & les lui rendirent ; parce que ne songeant alors qu'au commerce de la Canelle, & ces lieux d'ailleurs étant trop éloignez du Canton où elle se cueille,

Tom. I. Part. 2.

BAT. 145

ils se faisoient un merite auprès de Henar-Pandar de les lui rendre ; mais ils garderent Punta de Gallé, Calature, & autres places qu'ils aiderent à conquerir sur les Portugais leurs ennemis communs.

Route de Batecalo à Candi.

Aldea more demi lieue, Nilvaele 2. lieues, Occatoti 2. lieues, Vegamme 4. lieues, Viado 2. lieues, Vintane 6. lieues, Neguriti 5. lieues, Vendro 5. lieues, Candi 5. lieues, en tout 26. lieues & demie.

[e] Voyage de Spilberg ; entre ceux de la Comp. Holland. T. 2. p. 457.

RIVIERE DE BATECALO[e] : j'ai déja remarqué que cette Riviere porte également le nom de la ville, & du Royaume qu'elle arrose & celui de Paligam. Elle a sa source dans les Forêts de Tammaquod Province du Royaume de Candi, d'où elle coule vers l'Orient jusqu'à ce qu'étant entrée au Royaume de Batecalo ; elle se tourne vers le Midi Oriental passe auprès d'Aldea de More, & de la capitale qu'elle laisse sur sa Rive gauche, & à deux lieues plus loin elle se perd dans le Golphe, où sont les Isles dont je viens de parler.

BATENBOURG, Mrs. Baudrand, Maty & Corneille écrivent BATEMBOURG, par une faute qui leur est commune avec la plupart des François, qui écrivent une M pour une N dans les Syllabes, qui precedent la finale BERG ou BOURG, & disent Furstemberg, Wirtemberg pour Furstenberg, Wirtenberg &c.

[f] Dict. Géograph. de Pays-bas.

[f] Batenbourg est une petite ville des Provinces Unies des Pays-bas au Duché de Gueldre dans le Betuwe sur la rive droite de la Meuse au dessous de Ravenstein & au dessus de Megen. Elle a titre de Baronie. Le Duc d'Albe fit trancher la tête aux deux freres de Batenbourg à Bruxelles l'an 1569. Les Comtes de Horn sont sortis de cette Maison. Cette ville est ancienne. Voiez BATAVODURUM.

[g] De Wit Atlas.

[g] C'est presentement le chef-lieu d'un petit pays nommé MAES-EN-WAAL ; c'est-à-dire la Meuse & le Waal, parce qu'il est entre ces deux Rivieres.

BATENI, peuple ancien d'Asie vers l'Oxus & la Bactriane, selon Pline[h] & Solin[i].

[h] l. 6. c. 16.
[i] c. 49.

BATENMOR, place d'Asie dans la Province de Hegiaz, selon Mr. d'Herbelot. Mr. de la Roque dans sa Traduction Françoise de l'Arabie d'Abulfeda écrit BATN-MARR, Mr. Grawe divise ce mot BATN-MARR. Voiez BATN 1.

BATENSTEIN, Fort d'Afrique, en Guinée, sur la côte d'or, au pays d'Ante, auprès du village de Boutroe ou Boutry, à une lieue & demie d'Insuma, ou Dikiescoot, & à quatre lieues de Saconde & du Fort d'Orange. Il appartient aux Hollandois. Le Sr. Bosman qui le décrit n'en donne une idée fort avantageuse. Batenstein est, dit-il, un Fort très-petit & très-irregulier, bâti sur une fort haute montagne ; il est construit en long & partagé en deux, & pour fortification il a quatre méchantes bateries sur lesquelles il y a onze petites piéces de Canon. C'est fort improprement qu'on l'appelle BATENSTEIN, (nom qui signifie en Hollandois Fort

T pro-

profitable, car si on lui donnoit le nom qu'il merite, il faudroit plutôt l'appeller *Schadenstein* (nom qui signifie dans la même langue *Fort dommageable*, parce que depuis quelques années il a causé plus de perte que de profit.

BATESTANI. Voiez BASTITANI.

BATETARA, Ville ancienne au pays des Lygiens, selon Etienne le Géographe. Je remarque au mot LYGIENS les diverses demeures de ce peuple, qui étoit aux confins de la Germanie, & de la Sarmatie à l'Occident de la Wistule.

1. BATH, Mr. Baudrand écrit BATHE. Les Chroniques des Anglo-Saxons nomment cette ville BADAN, BADE, BADON, & BADANCESTER. Mr. Gibson écrit le nom moderne comme Mr. Baudrand, & remarque que ce nom lui a été donné à cause de ses bains. Ce nom vient effectivement de l'ancien BADO, qui signifie un bain; d'où s'est formé le nom Latin *Buthonia* ou *Bathonia*. On la nomme aussi *Aquæ Solis*. Ville d'Angleterre en Somersetshire [a], sur l'Avon à 10. milles de Bristol, & à 94. de Londres. Elle est fameuse par ses bains chauds, & par sa beauté. Elle est située dans un fond & environnée de quelques collines d'où sortent ses eaux minerales, qui [b] sont d'une grande vertu pour guerir plusieurs maladies entre autres la Paralysie, le Rhumatisme, la foiblesse des nerfs, les maladies scrofulaires; &c. Les eaux de ces bains sont claires & d'un goût agréable; il y a plusieurs bains chauds avec des sièges de pierre pour la commodité de ceux qui entrent dans ces bains. L'un est triangulaire de vingt-cinq pieds en longueur, & autant en largeur d'un côté. La chaleur de ce bain n'est pas si forte que celle des autres, parce qu'il y a moins de sources; on l'appelle *Cross-Bath*, parce qu'autrefois il y avoit une croix. Le second bain est celui qu'on appelle *hot-Bath* ou le *bain chaud*, parce qu'en effet c'est le plus chaud de tous; mais on ne s'y baigne plus aujourd'hui. Les deux autres sont ceux qu'on appelle les bains du Roi, & de la Reine, qui ne sont separez que par une muraille. Celui de la Reine n'ayant point de source, reçoit ses eaux de celui du Roi lequel a environ soixante pieds en quarré, & plusieurs sources d'eau chaude au milieu, qui en augmentent la chaleur. Il y a une pompe dans celui-ci pour donner la Douche. Ces eaux étoient en grande estime parmi les anciens Romains, qui avoient un Temple dedié à Minerve au même endroit où est la Cathedrale. Ptolomée [c] designe ce lieu par Ὕδατα Θερμὰ, c'est-à-dire *les eaux chaudes*, d'où Mr. Baudrand a pris le nom Latin *Aquæ Calidæ*. Antonin [d] le nomme AQUÆ SOLIS, sur quoi Mr. Gale [e] observe que ces bains semblent avoir été consacrez au Soleil, à Pallas, & à Hercule; le Soleil avoit un Temple dans la ville, qui delà prit le nom que lui donne Antonin. Solin [f] témoigne que la Déesse Pallas y avoit aussi un Temple, où l'on entretenoit un feu perpetuel; c'est à cause de cela que les Bretons avoient nommé ce lieu CAER PALLADOUR. Les representations que l'on voit encore sur les murailles de la ville marquent qu'Hercule y étoit adoré. On le voit dans l'une pressant un serpent dans chaque main, dans une autre écrasant deux serpents, & dans une troisieme levant la main gauche, & tenant sa massue de la main droite. Des inscriptions deterrées, & une entre autres trouvée en 1708. à un mille de Bath, lors que l'on racommodoit le grand chemin nommé autrefois *The fosse Way*, prouvent que la seconde & la vingtiéme Légion ont eu autrefois leurs quartiers dans cet endroit. [g] Ces Eaux sont fort frequentées au Printemps & en Automne. Le grand abord de personnes distinguées, en attire quantité d'autres qui s'y rendent moins par necessité que pour le plaisir de la conversation ou pour d'autres vues; ce qui est commun à presque tous les lieux où il y a des eaux minerales. Il y a long-temps que l'on a dit:

Tous les Buveurs d'eau de Bourbon
N'ont pas besoin d'Apoticaire.

Quoi qu'il en soit, les habitans de Bath y trouvent toujours leur compte aussi bien qu'à leur manufacture de draps dont il se fait un débit considerable. Bath est encore remarquable par son Siége Episcopal, honneur qu'elle partage avec la ville de Wels depuis l'an 1088. que Jean de Villula Evêque de Wels transfera son Siége de Wels à Bath; ce qui fit naître un diferent entre les Moines de Bath, & les Chanoines de Wels touchant l'Election de l'Evêque. Enfin il fut reglé qu'à l'avenir l'Evêque prendroit le nom des deux villes & que Bath seroit nommée la premiere, que quand le Siége seroit vacant, un certain nombre de Deputez des deux Eglises choisiroit l'Evêque; que l'Evêque seroit installé dans les deux Eglises, & autres conditions dont on convint. Cela continua jusqu'au Regne d'Henri VIII. que les Monasteres étant tous supprimez, il y eut un Acte de Parlement, par lequel il fut ordonné que le Doyen & le Chapitre de Wels feroit un seul Chapitre pour l'Evêque.

2. BATH, Riviere d'Afrique au Royaume de Fez. Sanson qui la nomme BATHUS dans sa Carte du Royaume de Fez met sa source au mont Atlas d'où coulant au Nord-Ouest, elle se joint avec la Gurgivora & avec le Ruisseau, qui arrose à Mequinez, & continuant son cours jusqu'à ce qu'elle rencontre le Suba, ou Sebu, avec lequel elle va se perdre dans l'Océan au Nord de Mahmore.

1. BATHA, Ville ancienne de l'Ethiopie sous l'Egypte selon Pline [h]. C'est peut être la même chose que le port BATHUS, ou Βαθὺς λιμὴν de Ptolomée [i].

2. BATHA [k], d'Ethiopie. Elle est située sur les confins du pays que les Arabes nomment *Berbera*, & qu'on apelle ordinairement le Zanguebar. Cette ville est éloignée de celle de Bacthy de huit journées en tirant vers le Midi & fort proche de Givah qui est aussi du Zanguebar. Ces villes sont dans le premier Climat, selon Edrissi.

3. BATHA', ou BATH, ou BATHASECK, ou même PATASECK. Mr. Baudrand la nomme *Bathe*, & en parle ainsi: BATHE, en Latin

[a] Etat pres. de la Grande Bretagne T. 1. p. 107.
[b] Ibid. p. 18.
[c] l. 2. c. 3.
[d] Itiner.
[e] in Anton. p. 132.
[f] c. 25.
[g] Etat pres. de la Grande Bretagne T. 1. p. 107.
[h] l. 6. c. 29.
[i] l. 4. c. 7.
[k] d'Herbelot Bibl. Orient.

Batha & *Batia*, petite ville de Hongrie sur le Danube, où il reçoit la Riviere de Sarwitz dans la basse Hongrie, & au Comté de Batha à cinq lieues de l'embouchure de la Drave dans le Danube. Elle est fort petite, ce qui est cause qu'on a uni son Evêché à l'Archevêché de Colocza dont il étoit sufragant apresent ; elle est reduite en village.... Quelques Géographes l'appellent Bathaseck, & d'autres en font deux villes diferentes. *Batha* & *Bataseck* sont la même selon la plupart des Auteurs de Methodes, entre autres par Mr. de la Forêt de Bourgon[a] ; mais les Cartes ne s'accordent pas. De Wit met Bataseck au Nord de la Zarwiza, Mr. de l'Isle dans une Carte de la Hongrie 1703. écrit *Batha*, & dans une autre de 1717. il place *Pataseck* dans une position très-diferente, à l'Occident d'une Riviere, qui coulant encore quatre lieues ou heures de chemin vers le Midi se jette dans le Danube au dessus de l'Isle de Mohacz qu'elle borne au Nord. Les savantes Cartes de Mr. le Comte de Marsilli nous instruiront là-dessus.

[a] Geogr. Hist. T. 1. p. 406.

4. BATHA, (LE COMTE' DE) petite Province de Hongrie vers le bas du Danube ; partie dans la haute Hongrie, partie dans la basse. Elle a au Nord le Comté de Pest ; au Nord-Est celui de Zolnoek ; à l'Est celui de Czongrad ; au Midi le pays de Bacs & le Comté de Bodrog ; & à l'Occident les Comtez de Baran & de Tolna. Plusieurs Géographes confondent tellement les bornés du Comté de *Batha*, ou de *Bath*, & de celui de Baran ou Baranwiwar qu'ils mettent Bath, ou Bateseck dans le Comté de Baran, Mrs. de la Forêt de Bourgon & Lenglet du Frenoy la mettent dans celui de Tolna. Elle doit être dans celui qui en porte le nom. Voiez BATHANATII.

5. BATHA[b], Ville ancienne d'Afrique dans la Province de Beni Arax, Royaume de Trémecen. Elle a été bâtie par ceux du pays dans une plaine agréable, à trois lieues d'Oran, au dedans des terres, & ruinée par les Zenetes, de la Tribu de Magoroas, parens des Rois de Tremecen. Ces Zenetes, qui vivent dans les montagnes de Guanaceris, eurent guerre autrefois avec Abu-Techifien, & appuyez par le Roi Joseph, d'entre les Benimerinis, ils occuperent une grande partie du Royaume de Tremecen, ruinant toutes les villes qu'il leur étoit difficile de garder. Celle-ci se trouva du nombre, & elle n'a point été repeuplée depuis. On la nommoit autrefois BUNOBURE (*Bunobora*.) Ptolomée[c] la met à quatorze dégrez trente minutes de longitude, & à trente-un dégrez trente minutes de latitude. Elle est sur le bord d'une Riviere appellée *Huet Mina*, où l'on voit de grands vergers, qui pour n'avoir pas été cultivez sont devenus comme une forêt. L'an 1520. un Morabite appellé Sidi-Cena, étant venu s'habituer dans cette contrée, la fit cultiver, parce qu'elle est bonne pour le labourage & pour les troupeaux. Comme il étoit extrêmement respecté des Rois de Fez & des Arabes, plusieurs s'y vinrent établir sous sa protection ; mais ils ne repeuploient point la ville, dont on voit encore les ruines, qui témoignent sa grandeur. Ce Morabite devint fort riche, par la quantité des aumônes qu'on lui fit. Il avoit cinq cens chevaux, dix milles chevres, deux mille bœufs, & cinq mille ducats ; & il employoit tous ses revenus à entretenir cinq cens Disciples, qui à certaines heures du jour étoient obligez de reciter quelques-uns des noms de Dieu. Ses Sectateurs se sont répandus dans toute l'Afrique, où ils ont attiré quantité de gens à leur parti. Depuis l'établissement de ce Morabite dans ces plaines, on les nomme les *Campagnes de CENA*, & la Riviere a le même nom jusqu'à ce qu'elle entre dans le Cirat.

[b] Marmol T. 2. l. 5. c. 17.

[c] l. 4. c. 2.

6. BATHA, Isle de France sur la côte de Bretagne. On la nomme l'Isle de BAS, ou de BAZ ou de BAAZ. La petite ville ou le bourg qui y est, porte la même nom. Les Auteurs du moyen âge nomment *Bathense Monasterium*, un Monastere de cette Isle où l'Abbé Paul gouvernoit un grand nombre de Religieux.

BATHANA, contrée de l'Inde au deçà du Gange. Voiez BAETHANA.

BATHANATII, lieu voisin du Danube, par lequel Bathanatius fit passer les Gaulois, qui étoient de l'armée de Brennus[d]. Lazius pretend que ce lieu étoit au confluent du Danube & de la Sarwiza au dessus de l'Embouchure de la Drave ; & il trouve dans ce nom l'origine du nom de Bathasec, du Comté de Batha & de Bathmonster. Voiez BATHA.

[d] Athenæus l. 6.

BATHANEA, Village de la Palestine, avec des eaux minerales à quelques milles de Cesarée. Voiez BETHANATHA ; car c'est ainsi qu'Eusebe écrit ce nom.

BATHASECK. Voiez BATHA 3.

BATHATA ou BATATHA, Village de la haute Palestine. C'est où commençoit la haute Galilée, selon Hegesippe[e]. Il me paroit le même que BACA 1.

[e] l. 3. c. 2.

BATHECHOR, c'est-à-dire *maison de l'Hysope* ; village de la Palestine, au delà du Jourdain. C'est la patrie de cette femme qui, au raport de Josephe, avoit fait cuire son fils pour le manger durant le siége de Jerusalem. L'ancienne version Latine[f] porte VETEZOBRA au lieu de Bathechor.

[f] De Bell. l. 7. c. 8.

BATHEL. Voiez BATHUEL.

BATHENAS, Ville de Syrie, entre Cyrrhus & Edesse selon Antonin[g].

[g] Itiner.

BATHEOS, riviere de Sicile selon Ptolomée[h]. Ce mot qui veut dire *profond*, est changé mal-à-propos en *Bathys* dans les Editions Latines de cet Auteur. C'est presentement le Tayhuro, qui tombe dans le port de Jati, au Golphe de Castel-à-Mare ; au Nord de la vallée de Mazare.

[h] l. 3. c. 4.

BATHIATES, ancien peuple de l'Illyrie, selon Appien[k].

[i] De l'Isle Atlas.

BATHINIUS. Voiez BATHYNIAS.

BATHMONSTER[l], Ville de Hongrie, en Latin *Bathiense Monasterium* ; elle est située à l'Orient du Danube, au contraire de Batha qui en est à l'Occident. L'une & l'autre sont au Comté de Bath, & Bathmonster est aux confins du Comté de Bodrog. C'est peut-être en cet endroit qu'il faut mettre le Siége de l'Evêché de Batha, qui est presentement uni à l'Archevêché de Colocza.

[k] in Illyr. Ed. Gryph. 1588. p. 999.

[l] De l'Isle Carte de Hongrie.

BAT.

BATHNE; lieu de la Palestine dans la Tribu d'Aser. [a] La Vulgate écrit ce nom BETEN, Eusebe *Batnæ*, Βατναὶ & St. Jérôme BATHNE. Eusebe dit qu'il étoit à huit milles de Ptolemaïde vers l'Orient, & que de son temps c'étoit un village nommé BEBETEN; St. Jérôme dit BETHEBEN.

1. BATHONIA, lieu d'Angleterre. Il en est fait mention dans la Vie de St. Elphege Martyr; & Ortelius [b] dit avoir trouvé dans Mathieu de Westminster que ce lieu est ordinairement appellé AKENIANCESTER.

2. BATHONIA. Voiez BATH.

BATHORES. Voiez PATURES.

BATHOS, Ville de la Peloponnése dans l'Arcadie, près du fleuve Alphée [c]; & non pas dans la Macedoine, comme le dit Mr. Corneille. On y célebroit tous les trois ans l'initiation aux mysteres des grandes Déesses. Il y a une fontaine nommée Olympias d'où il sortoit tous les deux ans de l'eau, & auprès delà il sortoit du feu de la terre. Les Arcadiens tenoient par une espece de tradition que le combat des Géans contre les Dieux s'étoit donné en cet endroit.

BATHRACUS, port d'Afrique dans la Marmarique, Servet [d] ou, ce qui est la même chose, Villanovanus conjecture que c'est le *Menelaus* de Strabon; mais Ptolomée les distingue. Mercator croit que *Bathracus* est le même lieu que l'on nomme presentement TRABUCO; que les Interpretes de Ptolomée écrivent TABRUNO.

BATHRITITES [e], Nôme de l'Égypte. C'est delà que le Roi Vaphrès envoya du secours au Roi Salomon selon Eusebe.

BATHSAMA, Village de la Palestine dans la Tribu de Juda. Il étoit situé dans une belle & grande plaine [f]. C'est la même chose que la ville de Bethsames; mais en divers temps.

BATHURA, Village bâti par un Juif Babylonien sous les ordres d'Herode, dans la Batanée pour empêcher les Trachonites, d'inquieter les Juifs, qui partoient de Babylone pour se rendre à Jerusalem [g]. On écrit aussi Bathyra.

BATHUEL, BATHUL ou BATHUM, ce nom est écrit BETHUL, dans la Vulgate au livre de Josué [h] & Bathuel au I. des Paralipomenes [i]. Il étoit dans la Tribu de Simeon.

BATHUS. Voiez BATHYS.

BATHYCOLPUS, Baye & Riviere d'Europe sur le Bosphore de Thrace. Hesyche en fait mention; & les Turcs lui donnent le nom de BIUTERE ou BIUDERÉ, le premier signifie un *grand bois*, le second une grande Riviere, selon Pierre Gille dans sa Description du Bosphore.

BATHYLLUS, fontaine du Peloponnése dans l'Arcadie auprès de Megalopolis, selon Pausanias [k].

BATHYMEDÆ, peuple vers la Lydie selon Phavorin.

BATHYMI, peuple de l'Arabie heureuse, selon Pline [l].

BATHYNIAS, fleuve de Thrace, selon Pline [m]. Ptolomée [n] le nomme BATHYNIUS; Appien [o] l'apelle BITHUAS Βίθυας, & Paterculus BATHINIUS. Pomponius Mela écrit BATHYNIS; selon les exemplaires consultez par Ortelius; mais il faut lire BITHYNIS. Voiez ce mot. C'est pourtant la même Riviere.

BATHYRA. Voiez BATHURA.

BATHYRIACA, lieu de l'Armenie comme semblent le dire Cedrene & Curopalate citez par Ortelius.

1. BATHYS, Βαθύς, Riviere de la Colchide selon Pline [p], & Arrien [q]. Ce dernier le met entre l'Acampsis, & l'Acinasis, à LXXV. Stades du premier, & à XC. du second.

2. BATHYS, Port de l'Ethiopie, selon Ptolomée [r]. Voiez BATHA I.

3. BATHYS, lieu vers la Phrygie, selon Nicetas cité par Ortelius.

BATI, peuple de l'Inde au delà du Gange, selon Ptolomée [s].

1. BATIA, Ville des Aborigenes en Italie dans le territoire des Sabins. Denys d'Halicarnasse [t] dit qu'elle étoit à trente Stades, c'est-à-dire à près de quatre milles de *Reate*, qui est presentement Rieti.

2. BATIA, selon Phavorin, Βατή, Baty, ou Vathy selon Mr. Spon, lieu de l'Attique dans la Tribu Egeïde.

3. BATIA, ou plutôt BIATIA, nom Latin de *Baeça*, ville d'Espagne.

BATIÆ, Ville de l'Epire. Elle étoit éloignée de la côte selon Strabon [v].

BATIANA, Ville de la Gaule Narbonoise dans le territoire des *Segalauni*, selon Mr. Baudrand, qui cite Antonin. Mais cet Auteur parle aussi peu de la ville que du peuple. C'est Ptolomée qui fait mention des SEGALAUNI que Pline appelle SEGOVELLAUNI; mais ni l'un ni l'autre ne font aucune mention de *Batiana*.

BATICA ou VATICA, Bourg de la Morée auprès du Cap Malée, vis-à-vis de l'Isle de Cerigo, au lieu où étoit l'ancienne BOB ou BOIA selon Niger [x]; qui n'écrit que *Vatica*. F. de Wit écrit BATICA & *Vatica*.

BATIÇALA [y], petit Royaume des Indes sur la côte de Malabar, au Nord du Royaume de Canara entre ce Royaume & celui d'Onor, au Roi duquel il est soumis [z]. Les Portugais se l'étoient rendu tributaire [a]. C'étoit auparavant un Royaume particulier; il n'y a que la capitale nommée *Baticala*, outre quelques petites places de si peu d'importance qu'il n'est pas necessaire d'en parler, dit le Voyageur cité en marge. Baticala, qui en est la capitale, est par les 92. d. 50'. de longitude, & par les 14. d. 8'. de latitude selon Mr. de l'Isle, qui écrit ce nom par un E. Batecala. Les Hollandois ont privé les Portugais du commerce de ce petit pays.

BATIENI, ancien peuple de l'Italie, dans la Ligurie; Ptolomée [b] le nomme ainsi, Paterculus écrit BACIENNI; Varron [d] BAGIENNI: ce qui montre que ce sont les VAGIENNI de Pline [c] vers la source du Pô. Ils sont nommez BAGITENNI dans la Table de Peutinger [e]. Voiez VAGIENNI. Ptolomée nomme leur ville AUGUSTA BATIENORUM. Voiez cet Article au mot AUGUSTA.

BATIMENA, Royaume de la côte de Malabar. Il a son Roi particulier; [g] & l'on

---

[a] Josué c. 19. v. 25.
[b] Thesaur.
[c] Pausanias l. 8. c. 29.
[d] l. 4. c. 5.
[e] Præpar. Evang. l. 9.
[f] Joseph ant. l. 6. c. 2.
[g] Ibid. l. 17. c. 2. & in Vita sua.
[h] c. 19. v. 4.
[i] c. 4. v. 30.
[k] l. 8. c. 32.
[l] l. 6. c. 28.
[m] l. 4. c. 11.
[n] l. 3. c. 11.
[o] in Mithridat.
[p] l. 6. c. 4.
[q] Perip. Pont. Eux. p. 7.
[r] l. 4. c. 7.
[s] l. 7. c. 2.
[t] Antiq. Rom. l. 1.
[v] l. 7. p. 324.
[x] Geog. Comment.
[y] De l'Isle Carte des côtes de Malabar & de Coromandel.
[z] Baudrand Ed. 1705.
[a] Schouten Voyages T. 1. p. 435.
[b] l. 3. c. 1.
[d] De Re Rust. l. 1. c. 51.
[c] l. 3. c. 5. & 20.
[e] Segm. 2.
[g] Hist. du Christ. des Indes l. 4. p. 306.

y obſerve une coutume abominable, qui n'eſt peut-être uſitée en aucun autre lieu du monde. Il n'y a point de femme de quelque rang & de quelque qualité qu'elle ſoit, qui ne ſoit obligée ſous peine de la vie de ſe ſoumettre à la brutalité de quiconque oſe lui faire des propoſitions deshonnêtes. Si elle les refuſe l'homme eſt en droit de la tuer ſur le champ & ce crime autoriſé par la Loi, n'eſt ſujet à aucune punition. Catiapaly depend de ce Royaume. Ce Royaume eſt voiſin des montagnes de Gate & le Royaume de Cochin, & ſi peu connu d'ailleurs que Mr. de l'Iſle l'a entierement negligé dans ſa Carte des côtes de Malabar & de Coromandel.

1. BATINA, Ville imaginaire fondée ſur le SALTUS BATINI que quelques Grammairiens ont lu dans Horace au lieu de BANTINI. Voiez BANTIA, qui eſt le vrai nom de ce lieu.

2. BATINA, Ville de la Medie, ſelon Ptolomée[a].

BATINI. Voiez BATENI.

BATINNA. Voiez BAGINNA.

1. BATMAN[b], Riviere d'Aſie dans le Courdiſtan, où elle ſe décharge dans le Tigre.

2. BATMAN, Ville d'Aſie dans le Courdiſtan ſur la Riviere, dont elle porte le nom. Elle avoit ſon Prince particulier lorſque Timur-Bec[c] fit conquête de ce Pays-là.

BATMIZOMANES, Nation ancienne de l'Arabie ſelon Agatarchide. Cet Auteur[d] parlant d'un Golphe, qui doit avoir ſelon lui au moins D. Stades, c'eſt-à-dire 82. milles Romains, & demi, dit qu'il étoit habité par un peuple nommé Batmizomanes grands chaſſeurs; qu'après cela on trouvoit trois Iſles où il y avoit pluſieurs ports; la premiere conſacrée à Iſis, la ſeconde nommé Succaba & la troiſiéme nommée Salybo. Ptolomée[e] met une Iſle d'Iſis dans le Golphe Adulitique. Seroit-ce le Golphe dont parle Agatarchide? Les Arabes ont autrefois habité ce pays-là.

BATN-MARR, petite Region de l'Arabie heureuſe. [f]Elle contient quantité de villages avec des eaux courantes & des palmiers. Elle eſt éloignée de la Meque d'une journée de chemin ſituée ſur celui que tiennent les pelerins d'Egypte & de Syrie depuis Batn-marr juſqu'à la vallée de Nachblah, ce ſont des palmiers & des champs labourez continuels de Batn-marr & d'Altaif; on porte à la Meque des fruits, des dattes, & d'autres vivres, & lorſque l'eau vient à manquer à la Mécque à Mony, les pelerins vont en chercher à Batn-marr & la portent à Mony. Le pays de Batn-marr eſt ſelon les Tables d'Abulfeda[g] à 67. d. de longitude, & à 21. d. 55'. de latitude. Le même Auteur compte 33. milles d'Oſfan à Batn-marr[h].

BATN-MECCA, c'eſt-à-dire la VALLÉE DE LA MECQUE. Voiez au mot MECQUE.

BATN-MOHASSIR[i], Vallée de l'Arabie heureuſe entre Mony & Mozdelaſah, & qui pourtant ne depend ni de l'un ni de l'autre de ces lieux.

☞ BATN, veut dire VALLÉE.

BATNÆ, Ville de l'Oſrhoëne ſelon Etienne le Géographe. Zoſime & Ammien Marcellin[k]; ce dernier dit que c'étoit un *Municipe* dans l'Anthemuſie, bâti anciennement par les Macedoniens à peu de diſtance de l'Euphrate, rempli de riches Marchands & que chaque année vers le commencement de Septembre il s'y tenoit une Foire où ſe rendoit une multitude de perſonnes de tous Etats pour y acheter les denrées qu'on y envoyoit des Indes, & de la Serique, & autres marchandiſes qu'on avoit coutume d'y voiturer tant par Mer que par Terre. Il ſemble que du temps de Trajan elle étoit ſoumiſe aux Parthes auſſi bien que Niſibe; car Xiphilin[l] dit que cet Empereur après la conquête de ces deux villes prit le nom de Parthique. L'Empereur Juſtinien la fit fermer de murailles & en fit une place de defenſe; on l'avoit tout à fait negligée auparavant, dit Procope[m], & il y fit mettre tous les ornemens qu'on y voioit du temps de l'Hiſtorien. L'Empereur Julien[n] ne ſe contente pas de décrire cette place; mais il la prefere même pour la beauté à Tempé de Theſſalie. Ce nom eſt écrit BATNE & BATNA par Ammien Marcellin[o], & BATHNÆ par Antonin[p].

BATNIR[q], place forte dans l'Indouſtan & l'une des plus importantes de cet Empire. Elle eſt à diſtance preſque égale, entre le Gange & l'Indus, & cependant elle eſt éloignée du chemin ordinaire & ſituée dans un deſert. La ville dont elle eſt, pour ainſi dire, la citadelle ſe nomme Bereid. Les habitans n'ont de l'eau que d'un grand Lac, qui eſt auprès de la porte de la ville, qui ne ſe remplit que par des inondations. Timur-Bec demantela Batnir, la brûla, & la ſacagea au mois de Novembre 1408.

BATOCHINE[r], Iſle de l'Océan Oriental dans l'Archipel des Moluques. Son circuit eſt de deux cens cinquante lieues & elle eſt ſous la domination de deux Rois, qui ſont ceux de Gilolo & de Loloda. Les peuples de Batochine, qui habitent du côté du Nord ſont Sauvages & vivent dans des lieux deſerts ſans Loi, ſans Roi, & ſans habitations fixes. Ceux qui demeurent à l'Orient de cette même Iſle ont des villages & des bourgs bien peuplés au bord de la Mer. Ils s'entendent tous les uns les autres bien qu'ils parlent des Langues diferentes.

§. BATOCHINE n'eſt point diferente ni ſeparée de l'Iſle de Gilolo; ce n'eſt qu'un des noms de l'Iſle. L'Auteur même cité par Mr. Corneille dit que les Iſles compriſes ſous le nom de Moluques ſont proche de l'Iſle de Gilolo, nommée par les Portugais Batochina de Moro, & par les habitans des Moluques ALEMAERA. Il faut diviſer ces deux mots BATOCHINA & DE MORO. Dans les Voyages de la Compagnie Orientale Hollandoiſe on lit[s]: Gilolo, autrement nommée MAURICA & BATOCHINA &c. Batochine eſt la partie de l'Iſle de Gilolo, qui eſt au Midi de la Ligne, le reſte eſt nommé l'Iſle du More, ou de Gilolo.

BATON, c'eſt la même que l'Iſle BOUTON. Mr. Baudrand en ayant marqué la poſition ſous le premier nom, en fait un autre Article ſous le ſecond, où il ne fait comment en marquer la poſition.

a l.6.c.2.

b Hiſt. de Timur-Bec l.3.c.36.p.266.

c Ibid.

d De Mari Rubro p.58.

e l.4.c.8.

f Abulfeda Deſc. Arab. Ed. Oxon. p.54. & 55.

g Ibid. p.33.

h Ibid. p.14.

i Abulfeda Ibid. p.4.

k l.14.p.8. & l.23.p.257. Ed. Lindebr.

l In Vit. Traj. V. Hiſt. Rom. de Mr. Couſin T.1.

m p.301. Ed. Amſterd. Ædific. l.2.c.7.

n in Epiſt.

o ubi ſuprà.

p Itiner.

q Hiſt. de Timur-Bec l.4.c.14.T.3.p.65.

r Corn. Dict. & Argenſola Conquête des Moluques T.1.

s T.2.p.167.

BAT.

BATONII MONTES, Lazius prétend que ce sont les montagnes de SCHILTBERG, dans la basse Hongrie, où ils s'étendent vers le Midi depuis Gran & le Danube jusqu'à Platten Sée auprès de Wesprin & de Stuhl-Weissenbourg.

BATRACHARTA, ancienne ville d'Asie dans la Babylonie, selon Ptolomée[a]. [a l.5.c.20.]

BATRACHE[b], Ville de la Sarmatie Asiatique selon le même. Quelques exemplaires portent MATRACHA. [b l.5.c.9.]

BATRACHOCASTRUM, lieu de la Thrace selon Nicetas, cité par Ortelius.

BATRASABBES, Ville de l'Arabie heureuse, dans le territoire des Omans, selon Pline[c]. Le R. P. Hardouin doute s'il ne vaut pas mieux lire PETRÆ SABES; car, dit-il, le Géographe de Nubie[d] nous apprend que la capitale des Omans étoit nommée Hagiar, c'est-à-dire Petra. [c l.6.c.28. d part. 2. Clim. 2. p. 54.]

BATRAZAN[e], (le pays de) on appelle ainsi celui qui est entre Choffir sur la Rive Occidentale de la Mer Rouge, & l'Isle de Suakem. [e Dapper Afrique p. 407.]

1. **BATTA** ou **BATA**[f], petite ville ou bourg d'Ethiopie au Congo, sur une petite Riviere qui se perd dans celle de Boquian assez près de sa source; à vingt-huit lieues,[g] & à l'Orient de St. Salvador. C'est le chef-lieu d'un Duché de même nom. Dapper[h] remarque que son ancien nom étoit AGHIRIMBA; c'est sans doute l'Agisymba des Cartes de Sanson. [f De l'Isle Atlas. g D'une heure de chemin. h Afrique p. 342.]

2. **CONGO DE BATTA**[i], autre Bourg situé à l'Occident, à six ou sept lieues de Batta en allant vers St. Salvador. [i De l'Isle Atlas.]

3. **LE DUCHÉ DE BATTA**[k], Province de la Basse Guinée ou du Congo. Elle a au Nord le Duché de Sundi & le Marquisat de Pango; à l'Orient les terres du Dembo Amulaça; au Midi les montagnes du Salpêtre, qui la séparent du Dembo Ambuila; au Sud-Ouest le Marquisat de Pemba. Ce pays est arrosé de diverses Rivieres. L'Aquelonde le traverse, le Boquian, le Quincon, & la Riviere qui se perd dans celle de Zaïr au Nord de Sundi y ont leurs sources. Le Lac d'Aquelonde & la Riviere de Barbele sont bien loin delà plus à l'Orient. [k Ibid.]

BATTERGOA[l], petit Royaume d'Asie dans l'Isle des Celebes sur la côte de Macassar. [l Voyages de la Comp. Holland. T. 3. p. 172.]

BATTI HORTI, ou les *Jardins de Battus*, auprès de Babylone. Théophraste[m] dit qu'il y avoit une espece de palmier auquel on donnoit le nom de Royal. Pline[*] parle bien de ces Jardins; mais il les nomme *Jardins de Bagoas*, in horto Bagoû, Βαγώου, ce qui paroît plus juste. [m Ortel. Thesaur. * l.13.c.4.]

BATTI SEPULCHRUM, ou le SEPULCHRE DE BATTUS, dans la Cyrenaïque. Catulle en fait mention dans ces vers[n]: [n Carm. 7.]

Quam magnus numerus Libyssæ arenæ
Laserpiciferis jacet Cyrenis
Oraclum Jovis inter æstuos,
Et Batti veteris sacrum Sepulchrum.

C'est-à-dire autant qu'il y a de Sables dans la Cyrenaïque entre le Temple de Jupiter Ammon, & le Sepulchre de l'ancien Battus. Ce Battus fondateur de la ville de Cyréne fut enterré en cet endroit. Il étoit Pere de Callimaque, delà vient que Catulle nomme ce Poëte Battiades.

Mitto [ad Ortel. Carm. 63.]
Hæc excerpta tibi carmina Battiadæ

&

Sæpe tibi studioso animo venanda requirent [ad Gellium Carm. 115.]
Carmina uti possem mittere Battiadæ, &c.

C'est par la même raison que Silius Italicus[q] nomme BATTIADÆ, les habitans de Cyréne, parce que leur ville avoit été fondée par Battus. [q l.2.&3.]

BATTI SPECULA, lieu du Peloponése vers le mont Menale, selon Liberalis cité par Ortelius.

BATTINA, Ville ancienne de la Perse propre, selon Ptolomée[r]. [r l.6.c.4.]

BATTLE, Bourg d'Angleterre dans la Province de Sussex à quatre milles de Winchelsea. [s] Il a pris ce nom de la fameuse bataille entre Harold Roi d'Angleterre & Guillaume Duc de Normandie le 14. d'Octobre 1066. Elle fut décisive, le premier fut tué, & sa mort mit son competiteur en possession du Royaume. [s Etat de la Grande Bretagne T. 1. p. 118.]

BATTURES. Voiez BANC 1.

BATUA. (le Comté de) Voiez BETUWE.

BATUECAS, peuple d'Espagne au Royaume de Léon au Diocése de Coria dans une vallée très-fertile, que l'on appelle le Val de Batuécas, entre Salamanque au Septentrion, Coria au Midi, la Riviere de Tormes au Levant & la Roche de France au Couchant. Ils ont été ignorez jusqu'au XVI. Siécle que le Duc d'Albe les découvrit par un pur hazard, comme Mariana le raconte, & Mr. Baudrand[t] après lui. Ce dernier ajoute: on croit que ce sont des restes des anciens Goths, qui étoient demeurez cachez dans cette vallée entre de montagnes fort hautes, de crainte des Maures. [t Ed. 1705.]

BATULUM, Virgile dit[v]: [v Æneid. l. 7. v. 739.]

Quique Rufas Batulumque tenent, atque arva Celennæ.

Il nomme en un même vers trois villes, qui apparemment étoient voisines. On ignore presentement la situation de Batulum & de Celenæ; mais celle de RUFÆ ou RUFRÆ, ou *Rufrium* est connue; c'est aujourd'hui RUVO. Elles étoient apparemment toutes les trois dans la Campanie.

BATUM, Riviere d'Italie dans le pays des Brutiens, selon Pline[x]: quelques manuscrits portent BALETUM. [x l.3.c.5.]

BATUSABER, Ville d'Asie au Royaume de Johor dont elle est la capitale, dans l'extremité meridionale de la Presqu'Isle de Malaca. [y] Elle est située sur la Riviere de Johor, à cinq ou six lieues de la Mer. Cette Riviere est belle & profonde, & il y a flux & reflux jusques devant la ville; mais le long de [y Voyage de Mate-lief, au Recueil de la Comp. Holl. T. 3 p. 258] de la ville l'eau est douce : presque tout le pays est bas, il n'est gueres peuplé que le long de la Riviere. Les maisons sont élevées sur des piliers de bois. Il y a deux Forteresses, au moins on leur donne ce nom. L'une s'apelle BATUSABER ou BATUSABAR, ou BATUSAWER, & l'autre, qui est au delà de la Riviere, se nomme COTTA SABRANG.

La premiere a environ 1300. pas de circuit, & est quarrée; elle est entourée de palissades de quarante pieds de haut dont les pieux se touchent, & située dans une plaine, au bord de la Riviere qu'on pourroit aisément faire passer tout autour. Les plus prochaines montagnes en sont à un quart de lieue. Les maisons sont faites de paille & fort serrées; il y en a pourtant quelques-unes des principaux Seigneurs, qui sont de bois aussi bien que le Palais du Roi. Il y a dans Batusawer & dans Cotta Sabrang, à peu près trois ou quatre mille hommes capables de porter les armes, la plus grande partie du peuple demeurant hors de ces villes ou forteresses. Ceux-ci, lorsque la nécessité le requiert, brûlent leurs maisons & se retirent dans les villes, & dès que le peril est passé, ils retournent avec leurs esclaves se faire de nouveaux bâtimens. Toutes ces terres appartiennent au Roi ; mais on ne les estime pas beaucoup ; ceux qui en demandent en obtiennent autant qu'ils veulent, cependant elles paroissent assez fertiles ; car il y a quantité de beaux arbres & on y va dans les herbes jusqu'à la ceinture, c'est dommage qu'elles ne soient pas cultivées; le pays abonderoit sans doute en toutes sortes de denrées, au lieu qu'il y a disette de la plupart des choses dont on auroit besoin.

L'autre Forteresse nommée COTTA-SABRANG, est aussi quarrée & a quatre à cinq cens pas de circuit. Elle n'est pas bien peuplée, mais elle est aussi entourée de Palissades. Le terrain est bas & demeure inondé pendant les hautes eaux, desorte qu'on ne peut y faire de batteries ni se servir du Canon.

BAVAROIS, habitant de la Baviere. Voiez BAVIERE & BOII.

BAVAY, autrefois ville considerable & présentement petit village des Pays-bas dans le Hainaut, à quatre lieues de Mons. C'est le BAGANUM de Ptolomée[a], & la BAGACUM d'Antonin[b]. Cette place qui est la seule des Nerviens dont Ptolomée fasse mention est Tournay selon quelques-uns, mais les routes Romaines qui aboutissent à Bavay prouvent qu'il faut à chercher la capitale des Nerviens. Elle dependoit de la seconde Belgique,[c] & ayant été ruinée par les Barbares, qui ravagerent plusieurs fois les Gaules dans le v. Siécle, les villes voisines Cambrai & Tournai s'accrurent de ses ruines. On la trouve nommée dans les monumens des anciens *Bagacum*, *Baganum*, *Bacacum*, & *Bavacum*.[d] Outre les ruines, les décombres & les medailles que l'on trouve en fouillant la terre des environs, on en a une autre preuve dans le nombre des chaussées, ou grands chemins qui conduisent à des villes anciennes & considerables. L'une de ces chaussées conduit à Mastricht & à Cologne par Tongres ; une autre à Rheims, laquelle traverse ensuite toute la Champagne;

a l. 2. c. 9.
b Itiner.

c Longuerue Desc. de la France part. 2. p. 98.

d Piganiol de la Force. Desc. de France T. 6. p. 221.

une autre à Soissons ; une à Amiens qui est continuée jusqu'à Montreuil ; une à Mardick qui passe aussi à Valenciennes & à Tournay ; une à Utrecht & la derniere à Gand. Ces chaussées furent faites du temps d'Auguste par Agrippa, tant pour occuper les Legions Romaines que pour faciliter la marche des armées, & la conduite des vivres. Il paroît qu'elles étoient tirées à la ligne autant qu'il se pouvoit & assez élevées au dessus du terrain. On y trouve en plusieurs endroits des pierres à fusil & des cailloux, qui n'ont pu y être apportez que de fort loin. Brunehaut Reine d'Austrasie les fit reparer presque toutes environ six cens ans après leur premiere construction, & c'est pour cela qu'on leur donne presque par tout le nom de chaussées de Brunehaut. Bavay n'est présentement qu'un village de quinze à vingt feux. Mr. Baudrand dit dans son Edition Françoise que ce fut en cet endroit que *Milon tua Claudius*. Cela ne se trouve point dans le Latin. Ce seroit une grande ignorance si l'on avoit voulu signifier parlà le combat où Clodius fut tué par Milon pour qui Ciceron fit l'excellent Plaidoyer que nous avons, car ils se rencontrerent auprès de *Bovilla*, comme ils revenoient à Rome l'un de *Lanuvium* & l'autre d'*Aricie*, tous bien éloignez de Bavay & de la Belgique. C'est pourtant comme l'entendent presque tous ceux qui lisent cet Article sans discernement. Voiez BAUCO.

BAUBULA[e], Village d'Espagne dans l'Aragon sur la Riviere du Xalon à demi lieue au dessous de la ville de Calataiud. On tient qu'il occupe la place de l'Ancienne BILBILIS, ville des Celtiberiens & Patrie de Martial. Voiez CALATAIUD & BILBILIS.

e Baudrand Ed. 1705.

BAUCAUDÆ[f], Zozime[g] semble mettre ce peuple dans les Alpes, peut-être dans la Savoye. On doute si ce ne sont pas les BAGAUDÆ d'Eutrope. Sous Diocletien on donna ce nom dans les Gaules aux Païsans, qui ravageoient la Provence. Orose[h] les nomme VOCAUDÆ. Salvien dit[i] BAOGANDÆ ; on trouve ce nom corrompu en celui de BACHARIDÆ dans la Chronique de Eusebe, c'est d'eux qu'a pris son nom *Bagandorum Castrum*, aujourd'hui St. Maur des fossez sur la Marne.

f Ortel. Thesaur.
g l. 6.

h l. 7.
i l. 5. de Provident.

BAUCIDIAS, Isle de Grece dans le Golphe Saronique, selon Pline[k].

k l. 4. c. 12.

BAUCIUM. Voiez BAUX.

BAUCO[l], Bourg d'Italie dans la Campagne de Rome près de la Terre de Labour entre la petite ville de Sora & le bourg de Frosinone. On croit que c'est la *Bovilla* des anciens, où *Milon tua Clodius*, comme Mr. Baudrand[m] le remarque très-bien. Mr. Maty avoit aussi remarqué ce combat à l'Article BAUCO traduit de l'Article Latin *Bovillæ* de Mr. Baudrand. Ce dernier, ou ceux qui ont dirigé son Dictionnaire François trouvant cette circonstance dans Mr. Maty, l'ont fourrée à la fin de l'Article de BAVAY, où elle ne convenoit pas, au lieu de la mettre à celui de Bauco, auquel elle convient, supposé que ce soit la BOVILLÆ des anciens. Voiez BOVILLÆ.

l Baudrand Ed. 1705.

m Ed. 1682.

BAUCONICA, nom Latin d'*Oppenheim*.

BAU-

BAU.

BAUDEANICUS ATURRUS. Voiez Adour 3.

BAUDEMONT[a], ancien Château de France en Normandie sur la Riviere d'Epte à deux lieues au dessous de St. Clair, & deux lieues au dessus de Giverni. Ce Château qui a titre de Baronie a été bâti sur le haut de la côte pour défendre l'entrée de la Normandie & le passage de l'Epte, & il fut autrefois habité par le Roi St. Louïs dont on y voit encore la chambre. Tous les dedans sont presque tombez en ruine, & l'on n'entretient plus ni ses murailles, ni ses belles tours qui se détruisent. La Baronie de Baudemont, dont la haute Justice est établie dans le bourg d'Escos, comprend les paroisses de Sourges, de Bray, de Baudemont, de Bus, d'Escos, de Civieres, de Valcorbon, de Bois-roger, & la belle maison de Grumenil. On y trouve près du même Château l'Abbaye des Bernardines dites *du tresor* sur la paroisse de Bus. Le territoire de Baudemont & de plusieurs autres paroisses au dessus & au dessous à la côte de la Riviere d'Epte est en partie planté de vignes. Il porte aussi des arbres à fruit & des grains, & il y a quelques bosquets.

[a] *Corn. Dict. Memoires dressez sur les lieux en 1703.*

BAUDOBRICA ou BAUDOBRIGA, nom Latin de Boppart. On trouve dans l'Itineraire d'Antonin BAUDOBRICUM, bourg ancien dans le territoire de Treves. C'est le même.

BAVE[b], (la) Riviere de France, elle a sa source dans le Querci, Election de Figeac; où elle se charge d'un autre Ruisseau auprès de St. Meart. Puis dans au Midi de Terrou, d'où coulant vers l'Occident elle arrose St. Seré, puis serpentant vers le Nord-Ouest du côté de Castelnau de Bretenoux, elle va se jetter dans la Dordogne; un peu au dessous de l'Embouchure de la Sere dans la même Riviere.

[b] *Jaillot Atlas.*

BAVERT. Voiez ABIVERT.

1. BAUGE'[c], & non pas BEAUGE', comme écrivent quelques-uns; en Latin *Balgiacum*, *Baugeium*, *Baugium* & *Balgium*; petite ville de France en Anjou sur la Riviere de Coesnon à quatre lieues de la Fléche. Elle a été bâtie par Foulques Nerra au commencement du XI. Siécle. Il y a un Château qui aussi bien que la ville a son Gouverneur particulier. Il y a aussi un Siége Royal dont le ressort s'étendoit autrefois jusques dans l'Angoumois, qui n'en releve aujourd'hui que pour les cas Royaux. Il n'y a dans Baugé qu'une seule Paroisse, qui est desservie par un bon nombre d'Ecclesiastiques. On compte dans cette ville cinq cens quatre vingt huit feux.

[c] *Piganiol de la Force, Desc. de la France T. 6. p. 120.*

2. BAUGE' LE VIEUX[d], Bourg de France dans l'Anjou à un quart de lieue de Baugé, aussi sur le Coesnon en tirant vers Angers. C'est ce dernier qui est fameux par la defaite du Duc de Clarence frere du Roi d'Angleterre.

[d] *De l'Isle Carte de l'Anjou.*

3. BAUGE', Mrs. de Longuerue & Piganiol de la Force écrivent l'un BAUGE', & l'autre BEAUGE'. Ville de France, dans la Bresse dont elle étoit autrefois la capitale. Beaugé, dit Mr. Piganiol de la Force[e], est située sur une hauteur à une lieue de Macon: sa longueur depuis la porte de Bourg jusqu'aux murs du Château, qui servent de clôture à la ville est de cinq cens pas & son circuit d'environ douze cens soixante. Elle fut érigée en Marquisat l'an 1576. par Emanuel Philibert Duc de Savoye. Le Seigneur Marquis de Beaugé a son Juge ordinaire, son Juge d'appel & ses autres Officiers. Outre le second degré de jurisdiction, cette Justice prétend encore être *ad instar* des Pairies; mais les Officiers du Presidial de Bourg se moquent de ses prétentions dans les cas qu'ils croient leur appartenir. Il n'y a qu'une seule Paroisse dans cette ville. L'Hôtel-Dieu est mal bâti & fort pauvre, n'ayant que deux cens cinquante livres de revenu. Guichenon dans l'Histoire de Bresse assure que plusieurs titres font mention dès l'an 940. de Hugues, qui étoit un puissant Seigneur de ce pays-là, & avoit le titre de Seigneur de Baugé, en Latin *Balgiaci* ou *Baugiaci*, & que les successeurs de Hugues ont porté le même titre jusqu'à ce que le pays est venu au pouvoir des Comtes & des Ducs de Savoye. Les descendans mâles de Hugues ont joui de la Seigneurie de Baugé & d'une grande partie de la Bresse, jusqu'à Guy qui mourut l'an 1268. & ne laissa qu'une fille nommée Sibylle, qui épousa l'an 1272. Amé IV. Comte de Savoye, qui unit par ce mariage la Bresse & ses autres Etats. [f]Depuis ce temps-là les Ducs de Savoye ont demembré Baugé de leur Domaine, l'ayant donné en pleine proprieté, à la Maison d'Urfé, en échange de la Souveraineté de Marro près d'Oneille à la Riviere de Génes; & le Duc érigea en Marquisat cette ville de Baugé qui est à une lieue de Macon sur un côteau dans un terroir fertile.

[e] *Desc. de la France T. 3. p. 225.*

[f] *Longuerue Desc. de la France part. 1. p. 297.*

BAUGENCI, Ville de France dans l'Orleanois proprement dit: quelques-uns écrivent mal *Beaugenci*. [g]Cette ville nommée *Balgentiacum* en Latin est située sur un côteau au Midi, & au bas duquel coule la Loire sous un Pont de vingt-deux Arches. Elle a titre de Comté & [h]étoit déja celebre vers l'an 1100. Ce fut là que le Cardinal Richard Legat assembla un Concile pour donner l'absolution à Philippe I. Roi de France à cause de son mariage avec Bertrade de Montfort. Cette petite ville avoit son Seigneur particulier que l'on nommoit alors Raoul, du temps duquel fut fondé le Monastere des Chanoines reguliers dedié à notre Dame. Cette Terre fut acquise d'un des successeurs de Raoul, & qui portoit le même nom l'an 1291. par Philippe le Bel. Elle fut ensuite donnée en appanage au Duc d'Orleans Philippe, & ensuite à son neveu Louïs, dont le fils Charles étant prisonnier en Angleterre, vendit à Jean d'Harcourt Archevêque de Narbonne Baugenci pour la somme de seize mille écus. Cette Seigneurie de Baugenci passa des mains de l'Archevêque dans plusieurs autres, & vint enfin à François d'Orleans Marquis de Rothelin, qui en jouïssoit sous le regne de François I. Ce fut pour lors que le Procureur General prétendant que Baugenci étoit un Domaine & n'avoit pû être aliené, en fit depposseder le Marquis de Rothelin en exécution de deux Arrêts du Parlement rendus dans les années 1543 & 1547. Outre le Concile de Baugenci, dont j'ai déja parlé, [i]il y en eut encore un autre assemblé la

[g] *Piganiol de la Force, Desc. de la France T. 5. p. 195.*

[h] *Longuerue Desc. de la France part. 1. p. 109.*

[i] *Piganiol de la Force l. c.*

la femaine de devant Pâques fleuries l'an 1152. pour connoître de la parenté, qui étoit entre le Roi Louïs VII. dit le Jeune & Eleonor de Guienne sa femme. Le Concile ayant trouvé qu'ils étoient parens du trois au quatrième degré cassa & annula le mariage.

Baugenci a le titre de Comté, & quelques-uns prétendent que Simon en étoit Seigneur dès le temps du Roi Chilperic, c'est-à-dire environ l'an 580. Il reste encore une tour d'un Château qu'on dit avoir été bâti par les Gaulois. Il a été détruit par le temps, & par les siéges que cette petite ville a soufferts ; car le voisinage d'Orleans l'a exposée à autant de siéges que la ville d'Orleans en a essuyez. Le commerce de cette ville consiste presque tout dans les eaux de vie & dans les vins. [a] On y fait des Serges tremiéres, des Serges à deux Estains, des Frocs, & des Baguettes, & de plus des Serges drapées. [b] Il y avoit ci-devant un commerce de tannerie assez considerable ; mais les grands droits que payent les cuirs l'ont fait tomber.

BAUGERAIS, Abbaye de France, de l'Ordre de Cîteaux, au Diocése de Tours, à trois lieues de Châtillon sur l'Indre du côté du Nord, à trois lieues de Loches. [c] Quelques personnes dévotes firent bâtir en cet endroit une Eglise l'an 1153. pour y faire le service divin. Henri II. Roi d'Angleterre & Duc de Touraine, donna cette Eglise & ses dependances aux Moines de Louroux en Anjou, lesquels y établirent une Abbaye de leur Ordre en 1173. Il n'y a que trois Religieux, outre l'Abbé.

BAVIERE, en Latin *Bavaria*, *Bajoaria*, Province des plus considerables d'Allemagne [d]. Elle étoit anciennement comprise, partie dans la Vindelicie, & partie dans la Norique. Quelques peuples Gaulois d'origine, qui avoient été chassez de la Bohême par les Marcomans s'y établirent sous l'Empire de Valens, & s'y maintinrent malgré les efforts des Barbares, qui se jettoient alors de toutes parts sur les Terres de l'Empire. Ils partagerent leurs Etats en quatre Gouvernemens, sous l'autorité d'un même Prince. Théodon I. issu d'Aguilulfe en fit hommage à Theodoric Roi des Goths. Utilon son fils lui succeda l'an 558. Théodon II. fut baptisé par Saint Robert Evêque de Saltzbourg, qui convertit à la foi les Bavarois. Theodobert son fils regna après lui, & il eut pour successeur Hugibert. Enfin Thassillon s'étant ligué avec Didier Roi des Lombards, fut dépouillé de ses Etats par Charlemagne, qui le relegua dans l'Abbaye de Jumiéges, & divisa la Baviere en plusieurs Gouvernemens particuliers. L'Empereur Louïs le Debonnaire en fit un Royaume qu'il donna à Louïs son troisieme fils, qui prit le nom de Germanique ensuite du partage qu'il fit avec ses freres après la bataille de Fontenai. Arnoul fils naturel de Carloman, second fils de Louïs le Germanique, s'en empara ; & après la mort de Louïs son fils, qui ne laissa point d'enfans, ce Royaume fut demembré en plusieurs Principautez, dont la principale fut la Baviere, qui depuis a été possedée par les Ducs Souverains, Membres de l'Empire.

Tom. I. PART. 2.

[a] Savary Dict. du commerce T. 1. Col. 869.
[b] Piganiol de la Force l. c.
[c] Piganiol de la Force, Desc. de la France T. 6. p. 68.
[d] Baudrand Ed. 1705.

Le Duché de Baviere est borné par la Bohême, & le haut Palatinat au Nord, par l'Autriche, l'Archevêché de Saltzbourg, & l'Evêché de Passau à l'Orient, par l'Evêché de Brixen, & le Comté de Tirol au Midi, & par l'Evêché d'Augsbourg, le Marquisat de Burgau, & le Duché de Neubourg à l'Occident. Le pays en est beau, & le Duché de Baviere peut avoir quarante lieuës du Couchant au Levant, & trente-cinq du Sud au Nord. Il est arrosé par un grand nombre de Rivieres, dont les principales sont le Danube, l'Inn, l'Iser, & le Lech. L'air en est temperé & sain, le terroir beau & fertile; & quoique chargé de montagnes & de bois il ne laisse pas de produire du vin, quantité de froment, & d'avoir de bons pâturages. Il y a aussi quelques mines; cependant il n'est pas fort riche, parce qu'il manque de commerce. Le Duc de Baviere qui est une branche de la Maison Palatine, n'a la Dignité Electorale que depuis le 5. Mars 1623. pendant les guerres de Bohême que Ferdinand II. en depouilla Frederic V. Electeur Palatin, & en investit Maximilien I. Duc de Baviere. Ce qui fut confirmé par le Traité de Paix de Westphalie, où l'on érigea un huitieme Electorat pour le Prince Palatin du Rhin. La Baviere que les habitans appellent DIE BAYERN, étoit anciennement beaucoup plus étenduë, & comprenoit aussi la haute Autriche, jusqu'au tems de l'Empereur Frederic I. qui l'en sépara. Elle est presentement divisée en deux parties, savoir en haute Baviere, où est la Regence de Munich, & en basse Baviere, où sont les trois Regences de Burckhausen, de Landshur, & de Straubingen. Munich est la residence ordinaire de l'Electeur. L'Electeur de Baviere possede encore outre la Baviere, le haut Palatinat, qu'on appelle aussi le Palatinat de Baviere, qui appartenoit à l'Electeur Palatin ; mais il en fut depouillé pendant les mouvemens de Bohême, & le Duc de Baviere en fut investi, ce qui fut confirmé par la Paix de Westphalie. Le haut Palatinat a pour capitale la ville d'Amberg, principale de cette Regence, qui n'est pas proprement une partie de la Baviere, mais du Païs de Nortgau. Dans la Baviere sont les Comtez d'Ortenbourg, de Hohenwaldeck, la Seigneurie de Breiteneck, qui ont leurs Seigneurs particuliers. La ville de Ratisbonne est libre & se gouverne par elle-même. L'Evêché de Ratisbonne, l'Evêché de Freisingen & l'Evêché de Passau, qui sont à leurs Evêques Princes de l'Empire, sont enclavez dans la Baviere. La ville de Ratisbonne & le Duché de Neubourg sont à l'Electeur Palatin, quoi qu'ils soient enfermez dans la Baviere. L'Archevêché de Saltzbourg fait aussi partie de la Baviere ; mais il n'est pas dans l'Etat de cet Electeur, étant entre son Païs & l'Autriche, sous la puissance de son Archevêque : cela n'empêche pas que l'Electeur ne soit fort puissant & très-consideré en Allemagne, tant pour ses Etats & sa puissance, que pour sa famille & ses belles Alliances.

Les Etats de l'Electeur de Baviere sont le Duché de Baviere, le haut Palatinat, le Landgraviat de Leuchtenberg, la Principauté

V de

BAV.

de Mindelheim en Suabe & la Seigneurie de Wiesenfteig aussi en Suabe. Les principales Villes de l'Electeur sont

Munick,	Schaerdingen,
Burckhausen,	Landsberg,
Landshut,	Friedberg,
Straubingen,	Mosburg,
Ingolstadt,	Dingelfingen,
Kelheim,	Landau sur l'Iser
Donawerth,	Vasserburg sur l'Inn,
Braunau,	Oettingen.

LE CERCLE DE BAVIERE, *Bavariæ Circulus*, une des neuf parties ou Cercles de l'Allemagne, aiant le second rang parmi les autres. Il est borné au Levant, & au Midi par le Cercle d'Autriche, au Couchant par ceux de Souabe, & de Franconie, & au Septentrion par le Royaume de Bohéme. Il comprend le Duché de Baviere avec le haut Palatinat, l'Archevêché de Saltzbourg, les Evêchez de Freifingue, de Paffau & de Ratisbonne, le Duché de Neubourg, & la Ville de Ratisbonne qui est la seule libre & Imperiale qui soit dans ce Cercle.

LE PALATINAT DE BAVIERE, *Palatinatus Bavariæ*, Province d'Allemagne au Cercle de Baviere. On l'appelle plus souvent le haut Palatinat; c'est une partie du Nortgau. Elle étoit autrefois à l'Electeur Palatin, mais il la perdit dans les troubles de la Bohéme en 1623. Elle fut pour lors accordée par l'Empereur Ferdinand II. au Duc de Baviere qui en eut la confirmation par le Traité de Westphalie, & ainsi elle lui est demeurée avec le Comté de Chamb qui lui est annexé. Sa capitale est la Ville d'Amberg, voiez le *haut Palatinat*.

BAULI, lieu voisin de la Ville de Bayes, c'étoit une Maison de Campagne entre Bayes & le Lac Lucrin. Servius [a] écrit BAULE & dit que ce lieu fut nommé *Boaulia*, parce qu'Hercule y avoit fait un parc pour y enfermer des bœufs qu'il avoit emmenez de la demeure de Geryon. C'est par rapport à cette tradition que Silius Italicus [b] nomme ce lieu *Herculeos Baulos*. Dion nous en marque la situation lorsqu'il dit de Caligula [c] qu'il se mit en tête d'aller à cheval sur la mer, ce qu'il fit en faisant faire un pont qui alloit de Pouzzol à Bauli; d'où il s'ensuit, selon l'observation de Holstenius, que Bauli étoit entre Bayes & le Lac Lucrin: car l'ordre & la suite des piliers y mene tout droit. Tacite [d] nous aprend que c'étoit une Maison de campagne & non pas un Bourg, quand il dit que Neron étant allé jusqu'au rivage où devant de sa mere, qui venoit d'Antium, l'embrassa, lui donna la main & la mena à Bauli, c'est, poursuit-il, le nom d'une Maison de campagne que bat la mer en se courbant entre le Promontoire de Misene & le Lac de Bayes. Cette maison étoit si connue que l'on se servoit de son nom pour marquer où étoient celles de son voisinage. Ciceron [e] dit, à la terre d'Hortensius laquelle est auprès de Bauli; &c. il dit ailleurs [f] croyez-vous que nous qui sommes auprès de Bauli & qui voyons Pouzzol,

[a] Ad Æneid. l. 7. v. 662.
[b] l. 12. v. 156.
[c] l. 59.
[d] l. 14. c. 4.
[e] Quæst. acad. l. 4. c. 3.
[f] c. 11.

BAU.

&c. C'est aujourdhui BAULI ou Bagola dans la Terre de Labour.

BAULME Voiez BAUME.

BAUMA Ville de l'Ethiopie sous l'Egypte selon Pline [g].

[g] l. 6. c. 29.

BAUMÆ, (Ville de la Mesopotamie sur l'Euphrate selon Ptolomée [h], ses Interpretes par un renversement de Lettres lisent MAUBÆ.

[h] l. 5. c. 18.

BAUMAN [i], (LA CAVERNE DE) *Baumanni Specus*. Cette Caverne dont Eckstormius fait la description, est dans la Basse Saxe en Allemagne. Elle a son entrée environ à un mille du Bourg de Wernigerode ou Eiligerorode, à six lieues de la Ville de Goslar du côté du Levant. Cette entrée est ronde, taillée dans le rocher, & si étroite qu'il ne peut y passer qu'une personne à la fois. Auprès de l'entrée, cette caverne s'élargit beaucoup; on y trouve plusieurs sentiers qui se bouchent insensiblement, parceque les païsans y remuent la terre pour y chercher les os de divers animaux qu'ils vendent pour la Corne de Licorne. Les sentiers qui sont encore menent si loin, que personne n'en a pû trouver le bout, quoique plusieurs croient y avoir avancé jusqu'aux environs de la Ville de Goslar. On trouve dans cet antre une source d'eau, qu'on prétend être bonne pour guerir de la pierre. Il distille aussi de l'eau de divers endroits de la voute de cette caverne, qui produisent une espece de Tuf que l'on nomme *Stalactises*. On le pulverise & il sert à desécher les playes des animaux.

[i] Baudrand Ed. 1705.

BAUME LES MOINES, Abbaye de France en Franche-Comté près de Lyon le Saunier au Diocese de Besançon. Ce sont des Benedictins de la Congrégation de Clugni qui l'occupent [k]. Ce n'étoit qu'une petite Cellule lorsque le Comte Bernon fondateur & premier Abbé de Giny entreprit d'en faire un Monastere considerable, & y mit un Abbé l'an 926. On dit que le même Comte Bernon en tira quelque-temps après des Religieux pour établir l'observance dans le Monastere de Clugni, qui étoit nouvellement bâti. Le Pape Eugène III. suprima le titre d'Abbé en 1147. & reduisit cette Abbaye en un simple Prieuré dependant de l'Abbaye de Clugni. Le titre d'Abbé y fut rétabli peu d'années après à la solicitation de l'Empereur Frederic I. [l] Mr. Baillet fait remonter plus haut l'Epoque de la fondation de ce Monastere, & la met sous Louïs le Debonnaire, en quoi il s'accorde avec l'Historien de l'Ordre de St. Benoît d'Aniane. Le Bienheureux Bernon, poursuit-il, en fut fait Abbé l'an 894. avant qu'il le fût de Clugni; il y mit la reforme, & y fit un si grand changement que plusieurs l'en ont cru le fondateur, ou le premier Abbé [m]. Pour être reçu Moine dans cette Abbaye, il faut faire preuve de Noblesse de quatre générations, tant du côté paternel que maternel. Il y a un siécle & demi pour le moins qu'elle est en commande.

[k] Piganiol de la Force desc. de la France T. 6. p. 383.
[l] Topogr. des Saints p. 59.
[m] Piganiol de la Force l. c.

1. BAUME LES NONES [n], ou BAULME LES NONAINS, petite Ville de France sur le Doux en Franche-Comté. Le passage inévitable des gens de guerre l'a presque ruinée. Elle a un Bailliage qui ressortit au Presidial de Besançon; un Couvent de Capucins; une Maison

[n] Piganiol de la Force. ibid. p. 405.

son de Religieuses qui font preuve de Noblesse, une Paroisse & une *Familiarité*. On apelle ainsi certaines Chapelles ou Prebendes fondées, dans une Eglise Paroissiale, & qui ne sont conferées qu'à des Prêtres actuellement établis dans cette même Paroisse. Il y a en tout environ mille habitans.

2. BAUME LES NONES, Abbaye de filles, en France dans la Franche-Comté. Son Origine est très-incertaine, dit Mr. Piganiol de la Force [a]. Cependant Mr. Baillet [b] dit que ce Monastere fut bâti par les deux Freres St. Romain Abbé de Condat, &: St. Lupicin Abbé de Lauconne assez près de leurs Abbayes en Franche-Comté ; mais dans le Diocèse de Besançon sur le Doux , & qu'ils y établirent leur propre sœur pour Abbesse vers le milieu du V. Siécle. Il ajoute que St. Romain s'y fit enterrer. Mr. Piganiol ne convient pas de cette antiquité. On sait seulement, dit-il [c], qu'elle étoit considerable du temps de Charlemagne, & de son fils Louïs le Debonnaire, qui en ont parlé dans leurs Capitulaires. Sainte Odille premiére Abbesse de Hombourg avoit été élevée dans l'Abbaye de la Baume les Nones dans laquelle on ne reçoit pour Religieuses, que des filles de qualité qui font preuve exacte de leur Noblesse. Cette Abbaye est peu riche.

§. Mr. Corneille à l'occasion de la Ville de ce nom parle d'une glaciere très-singuliére, & décrit la grote d'où l'on tire la glace. Elle en est à environ trois lieues, auprès du Village de LEUGNE'. Voiez-en la description sous ce titre LEUGNE'.

SAINTE BAUME, c'est-à-dire la SAINTE CAVERNE, grote sur une Montagne de France en Provence, entre Aix, Marseille & Toulon & à deux lieues de St. Maximin. On prétend que Sainte Madelaine y a achevé ses jours dans les austeritez de la plus rigoureuse penitence. C'est du moins la tradition nationale. Je ne prétends ni autoriser ni refuter un sentiment que d'habiles gens de part & d'autre ont défendu & attaqué avec beaucoup d'érudition & je raporterai simplement l'extrait que Mr. Corneille a fait du recit d'un Voyageur [d] qui avoit visité ce lieu. Quoique le nom de Baume ne convienne qu'à la grote, l'usage a voulu qu'on ait donné le nom de Sainte Baume à tout le rocher qui est d'une hauteur prodigieuse. Il est à deux lieues de St. Maximin, & à six d'Aix & de Toulon, entre ces deux Villes. Ce rocher est si uni, & tellement escarpé, que de loin on le prendroit plûtôt pour un bâtiment, que pour un lieu naturel de rochers. Avant que d'y arriver on voit plusieurs Croix sur le chemin, où sont répresentées les pieuses actions de l'illustre Penitente, jusqu'à ce qu'étant proche de la Caverne, où elle se retira, on trouve le chemin appropriéé par des dégrez contre le rocher, où avec assez de peine on parvient à quelques pertes, qui donnent entrée sur une petite avance contre ce même rocher, sur laquelle avance on a pratiqué avec beaucoup d'artifice un petit Convent où sont pour l'ordinaire six ou sept Religieux de S. Maximin, avec un Concierge qui reçoit les Pelerins dans un petit logis qu'on a aussi pratiqué en ce lieu-là. Au dessus

[a] l. c. p. 383.
[b] Topogr. des Saints p. 59.

[c] l. c.

[d] *Jouvin de Rochefort Voyage de France.*

s'éleve le rocher escarpé en façon d'une haute muraille, où la Caverne paroît entre ces deux édifices. Elle est taillée naturellement dans la roche vive, environ au milieu de la hauteur de la montagne , de vingt-cinq ou trente pas en quarré, & haute de trois toises dans le milieu, se terminant presque en voûte tout à l'entour. C'est une merveille que par toute la grotte l'eau dégoute de la voûte, excepté un seul endroit où la Sainte couchoit sur un lit de la même roche, comme on le voit encore avec sa figure qui la represente à demi couchée, & pleurante. Dans la partie la plus éloignée & la plus affreuse, est un petit rocher qui s'éleve, & sur lequel on voit une Statuë de marbre de Sainte Magdelaine prosternée, & dans l'action la plus severe de penitence. Elle est éclairée de quelques Lampes qu'on y fait brûler sans cesse. Ce petit rocher est environné de grilles de fer, & sert d'appuy à un Autel, orné de quelques piliers de marbre, où tous les jours on dit plusieurs Messes. C'étoit en ce lieu qu'elle faisoit ses plus profondes méditations. On descend par quatre ou cinq marches dans le plus creux de ce lieu, qui est comme la salle de ce premier étage, & dans le fond on voit un sepulcre de notre Seigneur, dont les personnages sont très-bien représentez. Comme ce lieu est plus spacieux, elle y faisoit sa demeure la plus ordinaire. Il y a une fontaine, dont l'eau s'entretient claire , & nette sans tarir jamais, quoi-qu'elle ne soit que dans un roc, qui ne devroit souffrir naturellement que de la secheresse. Le premier étage ne tire aucun jour que de son entrée, où d'un côté est le petit Chœur des Religieux, qui viennent y chanter l'Office. La Sacristie est de l'autre côté. Ce Convent a été fondé depuis cinq ou six cens ans par un Evêque de Mende qui le fit bâtir, avec un petit Cloître de quelques cellules, le tout si bien menagé dans le rocher, qu'il semble se soûtenir de soi-même , & on diroit qu'il n'y auroit aucun bâtiment. Il faut descendre quelques dégrez pour monter le chemin du Saint *Pilon*, qui en Langue Provençale veut dire Pilier. Ce chemin a été accommodé pour en rendre la montée un peu moins rude, jusqu'à ce qu'on soit arrivé au plus haut de la montagne, où est ce Pilier, qu'on y a mis pour marquer l'endroit où l'on tient que la Sainte Penitente fut enlevée par les Anges. Il tient à une petite Chapelle bâtie au bord du précipice, en forme de Dôme, où il y a un tableau qui represente cet enlevement. De ce lieu on ne voit d'un côté que montagnes & rochers, & de l'autre la Mer du côté de la Ciotat, qui n'en est éloignée que de deux lieuës. Au bas du rocher après la Sainte Baume , est une plaine environnée de montagnes. Il y a au pied du même rocher une forêt de Sapins, mêlez avec d'autres arbres, partie plantez dans la plaine, partie sur le penchant de la montagne, ce qui fait comme un cercle autour de cette fameuse solitude.

BAVOTA, Ville d'Italie au territoire des Salentins selon Ptolomée [e]. Ses Interprétes lisent BAUBOTA; ou même BAUSTA. On croit que c'est présentement PARABITA Village

[e] l. 3. c. 1.

[f] *Baudrand Ed. 1682.*

lage du Royaume de Naples dans la Terre d'Otrante à six milles de Gallipoli vers le Levant.

BAUSKE, ce nom, comme le remarque Zeyler [a], est diversement écrit sur les Cartes & dans les Relations des Voyageurs; BAULSKE, BAUSCHE, BAUSENBORGH, & BAUTSCHBURG. Un entre autres assure que ce n'est qu'une petite Ville ouverte appartenante au Duc de Curlande qui y a une Maison, & qui reside à Mittau à sept milles delà. Mais, continue l'Auteur cité en marge, il se peut faire que Bauske ait été fortifié depuis ce temps-là; car (de son temps, c'est-à-dire vers le milieu du XVII. siécle) on l'a regardé comme une des plus importantes Places de la Semigalle. Le Roi de Suede Gustave Adolphe la prit en 1625. après quoi il livra le 7. Janvier 1626. la Bataille où les Polonois furent défaits à plate couture & perdirent tout leur bagage & toute leur Artillerie. Elle est aux Frontieres de la Samogitie au dessus de la jonction des Rivieres de Mussa & de Sussa, qui vont à Mittau se perdre avec un grand nombre d'autres ruisseaux.

[a] Livon. Topogr. p. 10.

BAUTZEN, en Latin *Budissina* Ville d'Allemagne dans la haute Lusace dont elle est la principale Ville, & [b] qui à cause d'elle a eu quelquefois le nom *Marchia Budissinensis*. Dresserus dans la description qu'il en a faite dit qu'on tient que le nom lui fut donné par un Duc de Boheme vers l'an 800. & qu'auparavant le pays s'appelloit *Nissen* ou *Nissana*, & qu'enfin avant l'an de l'Ere Vulgaire 1466. on ne trouve dans les Ecrits aucun vestige de la division de la Lusace en haute & en basse. La Citadelle qui étoit vis-à-vis de Bautzen au delà de la Sprée, & que l'on nommoit BROTSCHENBERG, doit être fort ancienne, & quoi qu'elle ne subsiste plus on en trouve encore d'anciens murs dans la terre, & la montagne où elle étoit en conserve toujours le nom. La Sprée sur laquelle la Ville de Bautzen est située a sa source environ deux milles au dessus dans le Village de Spreuburg. L'an 1086. Boleslas Chabri premier Roi de Pologne prit Bautzen. L'Empereur Henri II. la reprit avec bien de la peine & la rendit contribuable à l'Empire. Dans la suite Henri IV. trouvant que les Wendes l'avoient enlevée à l'Empire, & se voyant aidé des Saxons & de Wratislas alors Duc & ensuite Roi de Boheme, obligea les Wendes à ceder à la Boheme cette Ville avec la Lusace, & de son côté le Roi de Boheme donna Bautzen & les environs à sa fille Judit femme de Wipert Comte de Groitz, à titre de dot vers l'an 1080. Judith mourut à Bautzen l'an 1091. & fut enterrée à Pegau en Misnie dans l'Eglise de St. Jacques qu'elle avoit fondée. Wipert II. leur fils étant mort sans enfans Bautzen, & son territoire fut affligé de mille malheurs & passa à la Boheme; après avoir été ravagé & presque ruiné. L'Eglise Collegiale paroît avoir été fondée par ceux de Misnie: car les Prévôts sont toujours plus d'entre les Chanoines de Misnie & le Chapitre de Bautzen, & ses revenus relevent de l'Eglise de Misnie. La Paroisse de Bautzen a été ou bâtie ou rebâtie par Bruno Evêque de Meissen l'an 1213. ou 1219. L'Electeur de Saxe Jean

[b] Zeyler de Thuringiæ Misniæ & Lusat. Topogr. p. 26. & suiv.

George l'assiégea en 1620. au nom de l'Empereur Ferdinand II. & y fit de grands dégats par son Artillerie: l'année suivante le Château fut brûlé par la negligence des Soldats. L'Electeur de Saxe s'étant allié avec les Suedois, & les Imperiaux s'étant emparez de la Ville & voyant que ceux-ci les y alloient assiéger mirent le feu au Fauxbourg au mois d'Avril 1634. & le reduisirent en cendres; mais la violence du vent fit, que le feu gagna la ville où il ne resta pas une seule maison, & qu'il y perit plusieurs centaines de personnes, & sur tout beaucoup d'enfans. Cette ville souffrit beaucoup jusqu'à la paix qui lui rendit sa premiere tranquilité. Elle appartient à l'Electeur de Saxe, & est à sept milles de Dresden, & à quatre de Gorlitz. Sa situation est haute & basse & son Château est naturellement fort par son assiete, étant sur des roches hautes & escarpées.

BAUX, (les) Bourgade de France en Provence au Diocese d'Arles à trois lieues de cette Ville allant vers Aix. Le Denombrement de la France ne le compte que pour six feux [c]. Mr. de Longuerue en fait une Ville. On l'a nommée en Latin *Baltium*, & par corruption *Baucium*. Elle est [d], dit-il, du nombre des Terres adjacentes qui ne sont pas Membres du Comté de Provence. C'étoit autrefois un Etat libre & independant de tout autre, que des Empereurs, Successeurs des Rois de Bourgogne & d'Arles. Hugues étoit Seigneur des Baux dès l'an 1040. sous le Regne de l'Empereur Henri fils de Conrad le Salique. Ce Seigneur dans une Charte sur son Sceau, paroît à cheval avec l'écu au cou & l'épée à la main; ces Seigneurs aquirent dans la suite jusqu'à soixante-dix-neuf Places en Provence, qui furent nommées à cause d'eux Terres BAUSSENQUES, dont les habitans étoient exempts de tous tributs. Bertrand Seigneur des Baux épousa Tiburge héritiere de la Principauté d'Orange. Ces Seigneurs des Baux firent long-temps la guerre aux Comtes de Provence. Enfin l'an 1178. Hugues Seigneur des Baux se soumit, tant pour sa Terre des Baux, que pour toutes les TERRES BAUSSENQUES, à Alphonse Roi d'Arragon Comte de Provence à qui il fit hommage à la charge qu'on conserveroit tous ses privileges avec les libertez, & les immunitez de tous ses Sujets. Cette Maison des Baux finit en Provence en la personne de Raimond des Baux Prince d'Orange, qui n'eut que deux filles; l'ainée Marie, qui avoit épousé Jean de Challon, fut Princesse d'Orange, & la Cadette nommée Elis qui avoit eu en partage la Seigneurie des Baux, mourant sans posterité l'an 1426. la laissa à ses parens établis dans le Royaume de Naples, descendans par mâles de Bertrand des Baux qu'on écrit en Italien *del Balzo*, & elle leur substitua ses parens les Princes d'Orange, descendus de sa sœur Marie des Baux. Les Officiers du Comté de Provence s'emparerent de la Terre des Baux qu'ils confisquerent, parce qu'elle avoit été donnée à des étrangers sujets au droit d'aubeine, sans que la substitution faite en faveur des Princes d'Orange leur servit de rien. Cette Seigneurie fut donc unie au Domaine du Comté de Provence & mise

[c] T. 2. p. 321.

[d] Descr. de la France 1. part. p. 357.

mise au nombre des Terres adjacentes. Elle en a été défunie & démembrée par Louis XIII. qui l'ayant érigée en Marquisat l'a donnée au Prince de Monaco l'an 1642.

BAUXARIS, nom d'un lieu dont il est fait mention au Code de Theodose [a].

☞ BAYA, Voïez BAYE.

BAYA DE LAS ALMADIAS, ou la *Baye des Barques* ou *des Nacelles*, petit Golphe d'Afrique au Royaume de Congo, dit Mr. Corneille qui cite le Voyageur curieux.

BAYA HERMOSA, *Sinus Hermosus*, petit Golfe d'Afrique dans la partie Méridionale de la Cafrerie. Les François l'appellent le *Beauport*, & les Hollandois *het Mossel-Bay*. Il a été découvert par les Portugais qui lui ont donné ce nom. Il est entre le Golfe de St. Catherine au Couchant & celui de St. François au Levant, environ à cent lieues du Cap de Bonne Esperance vers l'Orient.

BAYA-HONDA, petit Golfe d'Amerique dans l'Isle de St. Domingue sur la côte septentrionale de l'Isle.

BAYA DE TODOS OS SANTOS, *Sinus omnium Sanctorum*, petit Golfe de l'Amerique Meridionale au Bresil & sur la côte Orientale. Les François l'appellent la *Baye de tous les Saints*. Elle est joignant la Capitainie de ce nom & proche de la Ville de St. Sauveur qui est sur la côte Orientale, à qui elle communique souvent son nom puisqu'on l'appelle aussi la *Baye de St. Sauveur*, ou *St. Sauveur la Baye*. Il y a quelques Isles dans ce Golfe, l'Isle de Cazhayra, dos Fontes, dos Frados ou des Moines, de Mare, & de Taparica qui est la plus grande; les Rivieres qui s'y rendent sont celles de Jeguaripe, Peroazu, Matuym, Seregippe del Conde, Pitanga & Tapezipa.

☞ BAYE, *Sinus*; c'est un enfoncement de la Mer dans les Terres, ou un Golfe dont l'entrée est plus large que l'enfoncement, à la difference de l'Anse dont l'entrée est plus sérrée : mais on ne s'arrête gueres à ces differences. Quand il a plû à un Matelot ou à un Voyageur de nommer quelqu'un de ces enfoncemens, Anse ou Baye ou Golfe, le nom lui en est demeuré.

LA CAPITAINIE DE LA BAYE, *Sinus Capitania*, *Præfectura*, Pays de l'Amerique Meridionale, & une des treize Provinces du Bresil.

BAYE D'ANTONGIL, *Antonii Ægidii Sinus*, petit Golfe d'Afrique, sur la côte Orientale de l'Isle de Madagascar & dans sa partie Septentrionale près de l'Isle de Ste Marie. Ce sont les Portugais qui l'ont ainsi nommé quand ils le découvrirent. Monsieur Flacour marque que ceux du Pays l'appellent *Manghabei*. Il a environ quinze lieues de long, ayant au Septentrion le pays de Vohemare.

BAYE DE BAFFIN, *Baffini Sinus*, grand Golfe de l'Ocean glacial, dans les Terres Arctiques, au Septentrion de l'Amerique. Il s'étend fort à l'Occident du détroit de Davis, & fut decouvert en 1623. par Guillaume Baffin Anglois qui lui donna son nom.

BAYE DES BASQUES, *Vasconum Sinus*, Golfe dans l'Amerique Septentrionale,

[a] 6. tit. de Palatinis.

sur la côte Occidentale de l'Isle de Terre-neuve, au Nord du Cap de Raye.

BAYE DE BUTTONS, *Buttonii Sinus*, Golfe de l'Amerique Septentrionale vers les Terres Arctiques, qui fait partie de la Baye de Hudson, Voïez BUTTONS-BAYE.

BAYE BLANCHE, *Sinus Albus*, Golfe dans l'Amerique, sur la côte Orientale de l'Isle de Terre neuve, entre Belle-Isle & l'Isle aux Oiseaux.

BAYE DE BONAVENTURE, *Bonaventuræ Sinus*, petit Golfe de la Mer Pacifique en Amerique sur la côte du Royaume de Popaian.

BAYE DE CADIX, *Gaditanus Sinus*, petit Golfe de l'Ocean, sur la côte d'Espagne près de l'Andalouzie, entre l'Isle de Cadix au Midi, & les embouchures des Rivieres de Guadalquivir & de Guadalete vers le Septentrion.

BAYE DE CANCALE, petit Golfe de la Manche, sur la côte de France & de la Bretagne près de St. Malo, entre la Bretagne & la Normandie. Il s'étend jusqu'à Avranche. C'est environ au milieu de ce Golfe qu'est le Mont St. Michel. Quand la Mer s'est retirée ce n'est plus qu'une grève.

BAYE DE CARDRONAC, *Cardronucensis Sinus*, Port d'Angleterre dans la partie Septentrionale de la Province de Cumberland, à l'embouchure de la petite Riviere de Wampul, & proche du Golfe de Solway dans la côte de la Mer d'Irlande.

BAYE DE CAVITE, *Sinus Manilæ* ou *Cavitæ*; Golfe de l'Ocean des Indes aux Philippines. Il s'étend fort au long dans la partie Occidentale de l'Isle de Manille, & jusqu'à quatre vingt mille pas proche de la Ville de Manille, d'où vient qu'on l'appelle aussi quelquefois la Baye de Manille.

BAYE DES CHALEURS, *Sinus Calorum*, Golfe de la nouvelle France & partie du Grand Golfe St. Laurens vers la côte du Canada. Il s'étend vers l'Acadie entre l'Embouchure de la Riviere de St. Laurens au Septentrion, & l'Isle de St. Jean au Midi. Son fonds du côté du Couchant s'appelle l'Anse de la Chaudiere.

BAYE DE LA CHESOPEAK, *Chesapecus Sinus*, Golfe de l'Amerique Septentrionale, & partie de la Mer du Nord, entre la Virginie & le Maryland, où il se décharge plusieurs Rivieres considerables, nommement celles de Sasquahana, Patomeck, Rappahanock, Pocomoack, Chaptanck, Yorck, & James avec d'autres moins considerables.

BAYE DE LA CONCEPTION, *Sinus Conceptionis*, Golfe de l'Amerique dans la nouvelle France & dans la côte Orientale de l'Isle de Terre-neuve près de la Baye de la Trinité qui est au Septentrion.

BAYE DE DINGLE, *Sinus Dingliæ*, petit Golfe d'Irlande sur la côte Meridionale de la Province de Mounster, & au Comté de Kerry où se jette la Riviere de Magni.

BAYE DE DOVARNENES, *Sinus Dovarnena*, petit Golfe de France, dans la Basse Bretagne près de la Ville de Dovarnenes qui lui donne le nom, au Diocèse de Cornouaille.

V 3   BAYE

BAYE DE LA WARE, *Sinus Varæ*, Baye en Amerique entre le Pays de Maryland & la nouvelle Angleterre.

BAYE DE FONSECA, *Sinus Fonseca*, Baye de l'Amerique Septentrionale dans la Nouvelle Espagne au Pays de Guatimala, sur la côte de la Mer Pacifique. On l'appelle autrement le *Golfe d'Amapalla*.

1. BAYE DE FRANCE, *Sinus Francicus*, Golfe de l'Afrique, sur la côte de la Guinée, & près du Cap de Sierra-Liona. Il a été ainsi nommé par les François, qui ont navigé les premiers en ces quartiers-là, vers l'an 1384. selon Bellefond.

2. BAYE DE FRANCE, *Sinus Francicus*, partie considerable de l'Ocean sur la côte Occidentale de France, que l'on appelle autrement la *grande Baye de France*, & le *Golfe de France*. C'est le nom que tous les Pilotes donnent à cette partie de l'Ocean Occidental, qui fait un grand Golfe entre le Cap de St. Mahé dans la Basse Bretagne au Septentrion, & le Cap de Finesterre au Midi, en s'étendant vers les côtes de la Bretagne, du Poitou, de la Saintonge, de la Gascogne, de la Biscaie, de l'Asturie & de la Galice. Sur quoi il est bon d'observer que ce Golfe ou Baye est omise dans toutes les Cartes recentes, qui marquent en cela leur peu d'exactitude, & que la partie qui est sur la côte de Gascogne entre les monts Pyrenées & la Gironde est fort souvent nommée la Baye de Bourdeaux par les Anglois.

BAYE FRANÇOISE, *Sinus Francicus*, Golfe de la nouvelle France, & une partie de la Mer du Nord, dans l'Acadie, vers le Port-Royal, entre la Nouvelle Angleterre au Couchant & le Cap de sable à l'Orient. La Baye des Mines en fait partie.

BAYE DE GALLOWAY, *Gallivensis Sinus*, Golfe sur la côte Occidentale de l'Irlande dans la Province de Connaught proche du Comté & de la ville de Galloway, d'où lui vient son nom, & du Comté de Kerry.

BAYE DE GLENLUZ, *Glenlucensis Sinus*, Golfe d'Ecosse & partie de la Mer d'Irlande dans la Province de Galloway, dans l'Ecosse meridionale, & proche de la ville de Withern.

BAYE DE GUATIMALA, *Guatimala Sinus*, petit Golfe de la Mer du Sud, sur la côte Meridionale de la Nouvelle Espagne, & dans la Province de Guatimala, proche de la ville de Santiago de Guatimala.

BAYE GUEUSC ou DES GURUX[a], dans l'Amerique meridionale, sur la côte Septentrionale de la Terre de Feu & dans le Détroit de Magellan, environ à trois lieues au dessus de la Baye Mennise en tirant vers le Cap Desiré. Elle fut ainsi nommée par le General Olivier de Noort dans le Voyage qu'il fit autour du monde en 1600. Cette Baye est d'un assez bon mouillage : on y trouve quantité d'oyes, qui ne peuvent voler qu'à fleur d'eau, & faciles à tuer.

BAYE DE HENRI[b], dans l'Amerique meridionale sur la côte Septentrionale de la Terre de Feu & dans le Détroit de Magellan à demi lieue au dessus de la Baye Maurice, en tirant vers le Cap Desiré. La rade n'y est pas bonne, parce qu'elle n'a presque point d'abri contre les vents d'Ouest. Elle fut ainsi nommée par le General Olivier de Noort, dans le Voyage qu'il fit autour du monde en 1600.

BAYE DE HUDSON, *Hudsonius Sinus*, Golfe très-considerable dans l'Amerique Septentrionale & partie de la Mer dans les Terres Arctiques ; elle fut ainsi appellée par Henri Hudson Anglois, qui la découvrit le premier en 1612. Les François la nomment la *Baye du Nord*, à cause qu'elle est au Septentrion de la nouvelle France, n'étant qu'à cent lieues de Quebec, & à autant du grand Lac des Hurons. Elle est fort étendue du Nord au Sud. Le Golfe de Buttons fait une partie de cette Baye, dans laquelle se jettent plusieurs Rivieres considerables, entre autres celles des Assinibouls, des Kiristinous, des Monsoni, des Outabitibi, & des Pechicourounious, & celles de Kechischiaven, Nemisco, & Penachischioven, selon Jolliet & Radisson, qui ont couru sur les côtes meridionales de cette Baye, où les Anglois avoient ci-devant trois petites habitations ; mais on les a fait retirer en 1686. depuis que les François s'en sont rendus les maîtres.

BAYE DES ISLES, *Insularum Sinus*, Baye en Amerique sur la côte meridionale de l'Acadie, dans la Nouvelle France ; elle est ainsi appellée parce qu'elle renferme onze petites Isles.

BAYE DE KNOCFERGUS, *Fergusi Sinus*, Golfe d'Irlande, sur la côte Orientale de la Province d'Ulster proche de la ville de Knocfergus. Il est assez petit, & situé entre les Comtez d'Antrim & de Downe.

BAYE DE MAROSQUILLO, *Sinus Moraquilla*, Baye dans l'Amerique meridionale sur la côte de la Terre ferme, & dans la Mer du Nord, entre Cartagene au Levant & le Golfe d'Uraba au Couchant.

BAYE MAURICE[c], dans l'Amerique Meridionale sur la côte Septentrionale de la Terre de Feu & dans le Détroit de Magellan. Elle est derriere une petite Isle ronde & à couvert des vents par un Cap de la côte Meridionale du Détroit ; elle est profonde & on a de la peine à y trouver fond. Ce fut le General Noort, qui lui donna ce nom dans le Voyage qu'il fit autour du monde en 1600.

BAYE MEMNISTE, dans l'Amerique Meridionale, sur la côte Meridionale du Détroit de Magellan à quelques lieues au dessus de la Baye Maurice en tirant vers le Cap Desiré. [d] Elle a été ainsi nommée parce que le Pilote, qui la découvrit le premier en 1600. étoit de la Secte des Anabaptistes Memnistes.

BAYE DE MILASSE, *Sinus Mila*, Baye sur la côte Septentrionale de l'Isle de Sicile, assez petite & entre la ville de Milazzo, qui lui donne son nom, & le Fare de Messine. Ceux du pays l'appellent le Golfe de Milazzo.

BAYE DES MINES, *Sinus Fodinarum*, Baye dans la Nouvelle France, & la partie Orientale de la Baye Françoise dans l'Acadie.

[a] Voyage de la Comp. des Indes Occid. T. 2. pag. 30.

[b] Ibidem. pag. 28.

[c] Voyages de la Comp. des Indes Occid. T. 2. pag. 27.

[d] Ibid. pag. 29.

BAY.

BAYE DE MOBILA, *Sinus Mobile*, Golfe de l'Amerique Septentrionale, sur la côte de la Floride, entre les Isles de St. Diegue au Couchant, & la Baye de Pesangoula au Levant.

BAYE DES MOLUES, *Sinus Asellorum*, Baye en Amerique sur la côte Meridionale de l'Isle de Terre neuve, au Couchant de la côte du Chapeau rouge.

BAYE DU MONT ST. MICHEL, *Sinus montis S. Michaelis*, partie de la Manche sur la côte de France, entre la Bretagne, la Normandie & l'Isle de Jersey, vers S. Malo, & le mont St. Michel, qui lui communique son nom. Elle est assez remplie d'écueils & de Bancs de sable, sur tout à l'Orient. Il est à remarquer qu'il n'est fait aucune mention de cette Baye dans aucune Carte marine ni autre : en sorte que beaucoup de gens ont crû qu'elle n'avoit point de nom. Il y en a quelques-uns qui l'appellent la Baye de Cancale.

BAYE DES MOULES, *Sinus Ostrearius*, Baye en Afrique, sur la côte des Cafres. Les Hollandois l'appellent *Mossel-Bay*, & les Portugais *Seno Formoso*. Elle est environ à 90. lieuës de distance de la Baye de la Table vers le Levant.

BAYE DE NASSAU[a], Golfe de l'Amerique Meridionale sur la côte Meridionale de la Terre de Feu.

[a] Voyage de la Comp. des Indes Occid. T. v. pag. 32.

BAYE DU NORD, partie de la Mer vers les Terres Arctiques, en forme d'un grand Golfe que l'on appelle aussi la Baye de Hudson. Voiez ce mot.

BAYE D'ORGE, *Sinus Hordei*, Baye dans l'Amerique, sur la côte Orientale de l'Isle de Terre-neuve, entre la Baye Blanche & le Cap Rouge.

BAYE DE PLAISANCE, *Sinus Placentia*, Baye en Amerique, dans la partie meridionale de l'Isle de Terre-neuve, où il y a un Fort & une habitation de François, & plusieurs Isles entre les Caps de St. Laurent & de Ste Marie.

BAYE DES PUANTS, *Sinus Putidorum*, partie du Lac des Ilinois, dans la nouvelle France, & dans sa côte la plus Occidentale. Elle s'étend en long & a plus de 70. lieuës de tour, selon le Sr. de Galinée & d'autres qui ont été en ces quartiers-là. On l'appelle aussi quelquefois le Lac de Puteotamites, (*Pouteouatamis*) ce qui signifie la même chose dans la Langue du Pays. Le Baron de la Hontan décrit ainsi cette Baye :[b] elle est éloignée de Missilimakinac d'environ quarante lieues. L'ouverture en est presque fermée d'Isles. Elle a dix lieues de largeur, & vingt-cinq de profondeur.

[b] Voyage T. 1. p. 137.

BAYE DE ROSES, *Sinus Rosa*, partie de la Mer Mediterranée, sur la côte de la Catalogne, qui est plus vers les Pyrenées, proche de la ville de Roses & le Cap de Creux.

BAYE DE SAGUINAN[c], ou de SAKINAN, petit Golphe de la nouvelle France à l'Occident de la partie meridionale du Lac des Ilinois. Elle tire son nom d'une Nation nommée les Sakis que les Iroquois ont détruite. Elle a six heures de traverse & on trouve au

[c] La Hontan Ibid. p. 112.

milieu deux petites Isles, qui sont quelquefois d'un grand secours lorsque le vent s'élève dans le trajet.

BAYE DE STE. ANNE, *Sinus S. Anna*, grande Baye de l'Amerique Septentrionale, en Canada ou Nouvelle France, dans l'Isle de Gaspey vers l'Acadie qu'elle traverse presque toute & se joint à l'Océan dans sa partie Orientale. On l'appelle aussi le *Golphe de Labrador*.

BAYE DE ST. AUGUSTIN, *Sinus S. Augustini*, Baye en Afrique dans la partie meridionale de l'Isle de Madagascar, où elle tend au Couchant. Ceux du Pays l'appellent *Jonghe-lahé*. Il y avoit autrefois une Colonie de François sur sa côte

BAYE DU ST. ESPRIT, *Sinus S. Spiritus*, partie du grand Golfe de Mexique, sur la côte de la Floride. Les Espagnols l'appellent quelquefois *la Culata* & *Lugo de Lodo*, c'est-à-dire Lac de Bouë, & aussi *Mar Pequeno*; mais il n'y a point de Colonies d'Européens aux environs. Elle reçoit trois ou quatre Rivieres considerables, entre autres celle de Mississipi.

BAYE DE ST. JULIEN, *Sinut S. Juliani*, petit Golfe de l'Amerique meridionale sur la côte Orientale de la Magellanique, & près du Détroit de Magellan.

BAYE DE ST. MARTIN, *Sinus S. Martini*, petit Golfe d'Afrique, & partie de l'Océan d'Ethiopie sur la côte Meridionale de la Cafrerie & au Levant du Cap de Bonne Esperance.

BAYE DE SALDAGNE, *Saldania Sinus*, Baye dans la Cafrerie, sur la côte Occidentale du Cap de Bonne Esperance. Elle a été ainsi nommée par Antoine de Saldagne Portugais, qui la découvrit en 1503. Elle est assez petite, à 15. lieuës au Nord du Fort que les Hollandois ont bâti à la Baye de la Table.

BAYE DE SCHAPENHAMS[d], dans l'Amerique Meridionale au Sud de la Terre de Feu : l'ancrage y est fort bon, & les vaisseaux y sont en sûreté contre les brisans. Assez proche de cette Baye on trouve à terre de l'eau douce, qui descend des montagnes. On y peut aussi faire du bois, & prendre du sel. Elle fut ainsi nommée du nom du Vice-Amiral de la Flotte de Nassau en 1623.

[d] Voyages de la Comp. des Indes Orient. T. v. pag. 33.

BAYE DE SLEGO, *Sinus Slegensis*, Baye fort petite sur la côte Occidentale d'Irlande, dans la Province de Connaught au Comté de Slego, près de la Bourgade de ce nom.

BAYE DE LA TABLE, *Sinus Tabula*, partie de l'Océan d'Ethiopie, sur la côte Meridionale de la Cafrerie, au Cap de Bonne Esperance. On lui donne ce nom parce qu'elle est proche de la montagne qu'on appelle ainsi vers le Midi. Elle a 6. lieuës de circuit, & au devant de son ouverture il y a l'Isle des Lappins ou Robben-Eyland; & c'est près de cette Baye, au pied du mont de la Table que les Hollandois ont bâti un Fort depuis environ cinquante ans, avec une Colonie qui en est proche, & qui se rend toujours plus considerable dans le pays des Hotentots,

sui

suivant que le marquent Dapper & les nouveaux Voyages de long cours.

BAYE DE TOUS LES SAINTS, *Sinus omnium Sanctorum*, Baye sur la côte meridionale du Bresil, proche de la ville de St. Salvador. Les Portugais l'appellent *Baya de Todos os Sanctos*. Voiez ST. SALVADOR pour la ville. [a] Cette Baye est comme divisée en plusieurs reculs & canaux, & entre dans le Continent plus de quatorze lieuës, ce qui est d'une grande commodité pour les habitans des environs. Trois Rivieres assez grandes y descendent du dedans du Pays. La premiere qui est la plus proche de San Salvador, ville principale du Gouvernement, se nomme Pitange, & les deux autres Geresipe & Cachocra. A main droite quand on entre dans la Baye de tous les Saints, qui est ouverte au Sud, & s'enfonce vers le Nord, on voit le Continent du Bresil, & à la gauche la longue Isle de Taperica. Elle est large de plus de trois lieuës entre cette Isle & la Terre-ferme, & en cet endroit il y a à la main gauche une pointe de terre obtuse auprès de laquelle est située la Forteresse de S. Antoine & Villa Veya, sur un petit recul barré vers le Nord d'un Cap, depuis lequel la côte se courbe vers l'Est, faisant un recul circulaire où l'on a bâti la ville de San Salvador. Ce recul finit par une pointe de terre qui s'avance en cet endroit en angle aigu, au dedans de la Baye où l'on voit le Château de Tapagipe. Là le passage jusqu'à l'Isle de Taperica est le plus étroit, quoique large de deux lieuës. De cet angle aigu la côte se tourne de nouveau vers l'Est, & la Baye qui s'élargit fait un Golfe mediterranée, qui après s'être pressé dans une embouchûre assez étroite, s'étend au dedans comme en deux bras. Depuis cette embouchûre la côte court encore vers le Nord jusqu'à l'entrée de la Riviere Pitange, dont l'étroite embouchûre s'élargit peu à peu vers le Levant, recevant diverses petites Rivieres, au bord desquelles il y a plusieurs moulins à sucre. Quand on a passé cette embouchûre, la côte continuë vers le Nord presque une lieuë, & alors elle se recourbe comme un coude vers l'Ouest, faisant dans ce pli un recul demi circulaire, au dedans duquel est une petite Isle cultivée. La côte continuë ensuite droit à l'Ouest environ deux lieuës jusqu'à une pointe de terre obtuse. Dans l'espace qui est entre deux, on trouve l'Isle qu'on nomme de Mare. Elle a environ une lieuë de longueur, & est étenduë en long au devant de l'embouchûre de la Riviere Pitanya, laissant entre deux un détroit large de deux lieuës. Au devant de la derniere pointe de cette côte où elle tire vers l'Ouest, il y a une autre Isle triangulaire appellée l'Isle des Moines, qui a sa basse tournée vers la Terre-ferme. De cette pointe la côte retourne encore vers le Nord, ayant vis-à-vis ou droit à l'Ouest, l'embouchûre de la Riviere de Cachocra, qui en est à deux lieuës. D'ailleurs cette côte, qui depuis cet angle obtus court du Sud au Nord, est coupée de deux petites Rivieres, & bordée de quatre petites Isles qu'un petit Détroit sépare du Continent. La premiere de ces Isles qui est proche de la pointe même,

[a] Corn. Dict. De Laet. Ind. Occid. l. 15. c. 22.

s'appelle *Burapebara*, & celle qui en est voisiné *Porto Madero*. Depuis la derniere qui est au devant de la bouche d'une petite Riviere, la côte de la Terre-ferme retourne comme un coude vers l'Ouest, & au devant de la pointe qu'elle fait il y a une petite Isle nommée *De Fontes*. Ensuite la côte court vers le Nord, & à peu de distance delà, la petite Riviere qu'on appelle *Rio Tambaria* regorge dans la Baye, d'où après plusieurs détours elle se va rendre à l'embouchûre de la Riviere de Geresipe, ou au plus profond de la grande Baye. Cette Riviere descend de devers le Nord, & en reçoit plusieurs autres petites à droite & à gauche. Au devant de son embouchûre il y a deux petites Isles, dont celle qui en est la plus proche se nomme *Pycca*, & l'autre *Carcibe*. Il y en a une troisiéme qui est comme au dedans de son embouchûre, & qui la divise en deux canaux.

Depuis la Riviere de Geresipe, la côte tourne comme un coude vers le Sud, & là elle a une Riviere bordée de quelques petites Isles, & qui en enferme une dans son embouchûre; puis suivant le même cours presque trois lieuës, elle se rend à l'embouchûre de celle de Cachocra, qui sortant dans la Baye a au dedans un large sein comme un Golfe où il y a quelques Isles. Vis-à-vis de son embouchûre est située l'Isle de Mevet, & enfin la côte continuë toûjours vers le Sud, crenelée de diverses Bayes, & coupée de plusieurs petites Rivieres ayant vers l'Est la longue Isle de Taperica, dont elle est separée par un Détroit assez large.

Il n'y a point de Gouvernement dans tout le Bresil, qui soit plus peuplé & plus riche que celui de la Baye de Tous les Saints. Il a environ quarante moulins à sucre, épars dans les Isles, dans les anses, & au bord des Rivieres qui se rendent dans la Baye. Il y croît du côton en grande abondance, & l'on y trouve fort souvent de l'ambre gris sans parler des grosses baleines qui y sont poussées, & qui demeurent là sec sur le rivage de l'Isle de Taperica. Outre la ville de San Salvador, il y en a une autre appellée *Faripe*, qui en est à quatre lieuës au dedans des terres.

BAYE DES TREPASSEZ, *Sinus Mortuorum*, Baye dans l'Amerique Septentrionale & dans la partie de la grande Isle de Terre-neuve, qui regarde le Midi. Elle est fort frequentée par les Pêcheurs François, étant au Couchant du Cap de Ratz, en passant vers la Baye de Plaisance.

BAYE DE LA TRINITÉ, *Sinus Trinitatis*, Baye dans l'Amerique Septentrionale, sur la côte Orientale de l'Isle de Terre-neuve & au Nord de la Baye de la Conception.

BAYE DE VALENTIN [b], dans l'Amerique meridionale & dans le détroit de le Maire. Elle est dans la partie Occidentale de la Terre de Feu, appellée communément *Mauritius-Landt*, & entre la seconde & la troisiéme pointe de ce Détroit.

[b] Voyage de la Comp. des Indes Orient. T. v. pag. 28.

§. Les Articles ci-dessus qui n'ont point de citation sont tirez de Mr. Baudrand.

BAYERN, c'est ainsi que les Allemands nomment la BAVIERE.

BAY.

BAYES, Ville d'Italie. *Voiez* **BAIES**.

BAYEUX, Ville Episcopale de France en baſſe Normandie ſur la Riviere d'Aure. Le pays dont elle eſt la Capitale eſt nommé le BESSIN, & eſt apparemment le même qu'ont occupé les CADETES de Ceſar; voiez ce mot. Mr. l'Abbé de Longuerue prétend que le Beſſin, où ſont les Villes de Caen & de Bayeux, eſt le territoire des anciens peuples Biducaſſes marquez dans Ptolomée, ou Viducaſſes, comme l'écrit Pline, leſquels étoient du nombre des Armoriques. Ils portoient encore ce nom Viducaſſes du temps de l'Empereur Gordien, ſous le Conſulat de Pius & de Pontianus l'an 238. comme on le voit par une ancienne inſcription trouvée à Torigni dans le Dioceſe de Bayeux. Les noms de pluſieurs Villes commençant à s'alterer cent ans ou environ après que cette inſcription eut été gravée, on changea le mot Viducaſſes en Bajocaſſes, comme on le voit par ces vers d'Auſone,

*Tu Bajocaſſis ſtirpe ſatus
Beleni ſacratum ducis e templo genus;*

comme on le voit dans la Notice de l'Empire où on lit [a]: *Præfectus lætorum Batavorum & Gentilium Suevorum Baiocas*, à Bayeux, & *Conſtantia Lugdunenſis ſecundæ*, à Coutances. Ainſi on diſoit en ce temps-là *Trecas* pour *Trecaſſes*; *Drocas* pour *Durocaſſes*. Dans toutes les anciennes Notices on voit au nombre des ſept Citez de la ſeconde Lyonnoiſe, *Civitas Bajocaſſium*. Gregoire de Tours nomme BAJUCASSINS [b], ces peuples Viducaſſes dans ſon Hiſtoire: & Fredegaire corrompant ce mot appelle les mêmes peuples BAGASSINS dans ſa Chronique abregée [c]. Charlemagne nomme ce pays *Bajocaſſinus Pagus* dans ſes Capitulaires. Charles le Chauve dans les ſiens appelle le même pays *Bageſinus Pagus*. Orderic Vital [d] dit qu'il y a ſix Villes Epiſcopales ſujettes à Rouen *Rothomago ſex urbes ſubjacent Bellocaſſium*, qu'on doit corriger (ſelon Mr. de Longuerue dont je ne fais que raporter les paroles) *Bedocaſſium* ou *Biducaſſium*, id eſt *Bajocas*. Adrien Valois dans ſa Notice des Gaules veut que Bayeux ait été appellé par Ptolomée en ces termes ΒΙΔΟΥΚΕΣΙΟΙ ΩΝ ΠΟΛΙΣ ΑΡΓΕΝΟΥΣ mais ces mots ΩΝ ΠΟΛΙΣ ne ſe voient pas dans les vieilles Editions Grecques de Ptolomée. L'ancien Traducteur Latin veut au contraire qu'Argenus ſoit une Riviere *Argenis fluvii Oſtia*. Valois prétend outre cela qu'un lieu appellé dans la Carte de Peutinger AREGENUS ſoit cette Ville d'Argenus ce qui eſt fort incertain. De tout ce que je viens de raporter cet Abbé conclut ainſi. On ne doit point douter que *Vidugaſſes*, *Viducaſſes*, *Biducaſſes*, *Bajocaſſes*, *Bajoca*, Bayeux ne ſoient une même Ville chef d'un Dioceſe & d'un pays qu'on nomme aujourd'hui Beſſin.

Non ſeulement je crois qu'on en doit douter mais même que tout bien examiné ce n'eſt nullement la même choſe. Biducaſſes ou Biducaſſez des anciens ſont le peuple qui habitoit partie de ce qu'on appelle preſentement le Beſſin, mais les ΒΙΔΟΥΚΕΣΙΟΙ de Ptolomée ne ſont point une Ville, & ſi

[a] Sect. 65.
[b] l. 5. c. 27.
[c] c. 80.
[d] l. 5.

BAY.

ΑΡΓΕΝΟΥΣ n'en étoit pas une cet Auteur n'en fait point connoître qui leur appartint. *Viducaſſium Civitas* n'étoit point à Bayeux. L'Academie Royale des Inſcriptions en a publié les preuves que l'on peut voir au mot VIDUCASSES.

Bayeux eſt à une lieue & demi de la Mer, ſur le bord de la petite Riviere d'Aure, & a un Château & un Gouverneur. Les habitans ſont laborieux, & propres au commerce; mais la peur d'exciter la jalouſie de leurs compatriotes, fait qu'ils ſe tiennent renfermez chez eux. Cette Ville renferme dix-ſept Paroiſſes, en y comprenant celles des Fauxbourgs, cependant le nombre des taillables n'eſt que de dix-ſept cens perſonnes. Il y a ſept Couvents, trois de Religieux & quatre de Filles; cinq Juriſdictions, ſavoir la Vicomté, le Bailliage, l'Election, le Grenier à Sel, & la Maîtriſe des Eaux & Forêts. Les Jeſuites ont un Collége dans cette Ville, & la Miſſion de St. Lazare un Seminaire nouvellement bâti. L'Evêché de Bayeux reconnoît Saint Exupere, ou Spire, pour ſon premier Evêque. Quinze de ſes Succeſſeurs ont auſſi été mis au nombre des Saints. Quelques Evêques de Bayeux ont donné à leur Evêché la qualité de *Prototrone* de leur Province. On conſulta le Pape là-deſſus l'an 1581. mais ſa reponſe ne fut pas favorable. Le Dioceſe de cet Evêché renferme ſix cens onze Paroiſſes diſtribuées ſous quatre Archidiaconez. Le revenu de l'Evêque eſt d'environ ſoixante mille livres de rente. Le Chapitre de la Cathedralle eſt compoſé de douze Dignitez, & de quarante-neuf Chanoines, ſans y comprendre le bas Chœur qui conſiſte en ſix grands Vicaires, ſix petits, douze Chapelains, & ſix enfans de Chœur. Le Doyenné vaut environ ſix mille livres de revenu. Quant aux autres Dignitez & Canonicats, le revenu en eſt inégal, & n'eſt pas conſiderable. L'Egliſe Cathedrale eſt dediée à la Vierge, & eſt une des plus grandes & des mieux bâties de la Province. Son Portail, & ſes trois clochers, dont celui du milieu ſert d'horloge à la Ville, attirent les regards des curieux. On garde dans la Sacriſtie une Relique qu'on appelle *la Chaſuble de Saint Regnobert*. Elle eſt renfermée dans un petit coffre d'Yvoire & de figure antique, dont la ſerrure eſt d'argent en plaque de figure ronde. Sur cette plaque on voit une inſcription gravée autour de la ſerrure. Elle eſt en langue Arabe, & écrite en ancien Caractere Arabe appellé *Couphi* ou *Cuphique*. Feu Mr. Petis de la Croix fut le premier qui en connut les caracteres, & qui en fit la traduction que voici: *Quelque honneur que nous rendions à Dieu, nous ne pouvons pas l'honorer autant qu'il le mérite; nous ne l'honorons par ſon ſaint nom*. On eſt perſuadé que cette inſcription a été miſe par un Mahometan, mais il ne paroît pas aiſé de deviner comment la Relique de Saint Regnobert, & le petit coffre à inſcription Mahometane ont pû ſe rencontrer dans le lieu où on les voit aujourd'hui. Le Pere de Tournemine dont les conjectures ne ſont pas moins ingénieuſes que ſavantes, va nous l'apprendre. Il croit que Charles Martel ayant vaincu les Sarra-

[e] Piganiol de la Force. Deſc. de la France T. 5. p. 87.

[f] Ibidem p. 19.

[g] Ibidem p. 87.

Sarrasins proche de Tours, leur camp fut pillé. La cassette fut apparemment prise en cette occasion, & donnée dans la suite par Charles le Chauve à la Reine Ermentrude sa femme, laquelle la consacra à renfermer les Reliques de Saint Regnobert, qui avoit guéri le Roi son mari. Les Historiens font mention de cette guérison, & de la reconnoissance d'Ermentrude[a]. Le commerce de l'Election de Bayeux, n'est pas fort considerable. La ville n'étant qu'à une lieüe & demie de la Mer, il seroit aisé d'en faire une ville fort marchande, les habitans d'ailleurs ne manquant, ni d'industrie, ni de bonne volonté, comme ils en donnerent des marques dans le tems que Mr. de Chamillard étant Intendant de cette Generalité les obligea d'établir des Manufactures de Draps, de Serge, & de bas d'Estame. Ils y réussissoient parfaitement bien, & leurs serges n'étoient gueres inferieures à celles de Londres; mais l'envie détruisit ces beaux Etablissemens. Les Marchands se trouvant surchargez de taille, furent contraints non seulement d'abandonner leur commerce; mais encore de quitter cette Ville, & de s'aller établir ailleurs. Caen est la capitale de ce Canton de la Normandie & son voisinage fait beaucoup de tort à la Ville de Bayeux.

BAYKALA. Voiez BAIKAL.

BAYON[b] Ville de Lorraine sur la Moselle, à cinq lieues au dessus de Nancy, au Midi en allant vers Mirecourt.

1. BAYONE, Ville d'Espagne dans la Galice. Voiez BAYONNE.

2. BAYONE, Bourgade d'Espagne dans la nouvelle Castille entre les Rivieres de Xamara, & de Tajuna, un peu au dessus de leur confluent, à cinq lieues[c] & demie & au midi Oriental de Madrid; & à trois petites lieues & demie au Nord d'Aranjués.

1. BAYONE[d], Ville de France au pays de Labourd sur la Nive & l'Adour. Elle a pris selon quelques-uns le nom qu'elle porte aujourd'hui du mot *Baia* & de celui d'*Ona*, qui en langue basque signifient *Bonne Baye*, ou *Bon Port*. Sanson a cru que Bayonne étoit l'*Aqua Augustæ* & *Tarbellica* des Anciens; mais presque tous les Géographes conviennent présentement que ces *Aquæ* doivent être cherchées à *Dacs*. D'ailleurs Bayonne n'a jamais été une Cité, ni eu Evêque & Eglise Cathedrale avant le dixiéme Siécle. Ce fut alors qu'un certain Léon fut Evêque de Labourd sous Charles le simple: Arsius fut Evêque de *Labourd*, (c'étoit alors le nom de Bayonne; au mot LAPURDUM), sous Hugues Capet & dans un Acte passé par ce Prelat, on voit que son Diocèse s'étendoit jusqu'à St. Sebastien, & jusqu'aux hautes Pirenées. Effectivement les Evêques de Bayonne ont toujours joüi du Spirituel dans cette partie du Guipuscoa & dans les Vallées de Lerin & de Bastan, qui dépendent de Pampelune, jusqu'au Regne de Philippe II. Roi d'Espagne. Ce Prince, à l'occasion de l'Heresie qui s'introduisoit en France, obtint du Pape que la partie du Diocèse de Bayonne située dans les terres d'Espagne seroit soustraite de la jurisdiction de son Evêque & se-

[a] Ibidem p. 47.
[b] Baudrand Ed. 1705.
[c] Lieues d'une heure de chemin.
[d] Longuerue Desc. de la France part. 1. p. 193.

roit gouvernée au Spirituel par un Vicaire Apostolique. Ce Vicariat a été mis entre les mains de l'Evêque de Pampelune qui en joüit encore aujourd'hui. L'Evêché de Bayonne a été durant plusieurs années occupé par les Evêques de Gascogne, & il fut rétabli après le milieu de l'XI. Siécle par Austindus Archevêque d'Auch, en sorte que cette Eglise a toujours eu ses Evêques particuliers jusqu'à present. Quant aux Seigneurs particuliers qui ont possédé la Ville de Bayonne & le pays de Labourd, voiez à l'Article LABOURD. Bayonne[e] est d'une mediocre grandeur & d'une grande importance, éloignée d'environ une lieue de la Mer, & partagée en trois parties. La grande Ville est en deça de la Nive; la petite Ville est entre la Nive & l'Adour; & le Faubourg du Saint Esprit est au delà de cette derniere Riviere. Le grand & le petit Bayonne sont entourez d'une vieille enceinte, & d'un fossé sec que l'on a conservé. Il y a dans chacune de ces deux Villes un petit Château. Celui du grand Bayonne est flanqué de quatre tours rondes: c'est dans ce Château que loge le Gouverneur. Le Château neuf est flanqué de quatre tours en forme de Bastions. Cette premiere enceinte est couverte d'une nouvelle, composée de huit Bastions reparez par le Maréchal de Vauban, qui y a aussi ajouté un grand ouvrage à corne, & une demi-lune, le tout entouré d'un bon fossé, & d'un chemin couvert. Le pont du Saint Esprit communique au Faubourg de son nom. Cette partie de la Ville est très-peu de chose par elle-même; mais excellente par sa fortification. Elle consiste en une enceinte réparée principalement par le Maréchal de Vauban, & formée par quatre Bastions couverts d'un grand ouvrage à corne, le tout défendu de trois demi-lunes de terre, & entouré d'un bon fossé & d'un chemin couvert. La Citadelle est située au delà de l'Adour du côté du Faubourg du Saint Esprit, sur une hauteur qui commande aux trois parties de la Ville, au port & à la campagne. C'est un quarré regulier, fortifié à la maniere du Maréchal de Vauban, accompagné de trois demi-lunes, une du côté du Faubourg du Saint Esprit, & les deux autres du côté de la Campagne; le tout entouré d'un bon fossé sec, & d'un chemin couvert. Les habitans ont conservé le privilége de garder deux des trois portes de la Ville, & celle qui est dans le réduit du Saint Esprit est la seule qui soit gardée par les Troupes du Roi[f]. L'Eglise Cathedrale est sous l'invocation de la Vierge, & son Chapitre ne consiste qu'en douze Chanoines; [g] mais cette Eglise, ni les autres Edifices, tant publics, que particuliers, n'ont rien de remarquable. Il n'en est pas de même du commerce qui se fait dans cette ville. C'est un des plus considerables du Royaume. Cette Ville est la seule en France qui ait l'avantage d'avoir deux Rivieres qui ont flux & reflux. La Nive la traverse, l'Adour baigne ses murailles, & elles se joignent ensuite. Les Marchands[h] font un grand commerce. Ils reçoivent toutes sortes de Marchandises étrangeres, par le moyen de la Mer, & les envoyent en haute Navarre,

[e] Piganiol de la Force, Descript. de la France T. 4. p. 211.
[f] Ibid. p. 158.
[g] Ibid. p. 212.
[h] Ibid. p. 181.

re, & en Arragon par des mulets qui y viennent souvent chargez des laines d'Espagne, & s'en retournent avec des Marchandises de France & des étrangères. L'on envoyoit autrefois beaucoup de Sucres, & Castonades dans la haute Navarre, où l'usage du Chocolat est cause d'une grande consommation; mais depuis quelque-tems la haute Navarre les fait venir de Saint Sebastien. Ils font aussi un gros commerce de laines d'Espagne, qu'ils envoyent dans tous les pays où l'on en a besoin. Cette ville reçoit de petits mâts par la Riviere de Nive; mais il en vient de très-beaux par le Gave d'Oleron, que l'on tire des vallées d'Aste & de Baraton, dans les Pyrénées. Ceux des vallées de Baraton sont les plus beaux, on les conduit cinq lieuës par terre jusqu'au Gave d'Oleron, d'où l'on les mene par des radeaux jusqu'à la Riviere d'Adour à une lieuë au dessous de Peyrourade. Ces mâts étant arrivés à Bayonne, l'on met dans une fosse faite exprès pour les ramasser. On les envoye ensuite à Brest & dans les autres Ports, où l'on construit des Vaisseaux pour le Roi. Cette Ville & le Pays de Labour envoyent tous les ans plusieurs Bâtimens, à la Pêche de la baleine, & à celle de la moruë. Ce furent des Barques de ce Païs qui commencerent d'aller à la Pêche de la baleine proche l'Isle de Finland, & en Groenland l'an 1605. & comme ils en sont fort éloignez, & que la baleine seroit corrompuë avant qu'ils fussent de retour, ils ont trouvé le secret de la fondre à la Mer, & de la mettre en huile & en fanon.

LE GOLPHE DE BAYONNE, ou la MER DES BASQUES, partie du Golphe de Gascogne entre le Labourd & la Biscaye.

2. BAYONNE, petite Riviere de France au Vexin François. Elle a trois sources à peu de distance de St. Cyr sur Chars, puis arrose Chars g. passe à Courcelles, à Osni, à St. Martin, & à Pontoise, où elle se perd dans l'Oise. Mr. Corneille en fournit le nom, mais il la met en Champagne, en quoi il se trompe. Mr. de l'Isle dans sa Carte de la Prevôté & Vicomté de Paris en décrit le cours, mais sans la nommer.

1. BAYZE, Ville & Riviere de France en Bourgogne. Voiez BAIZE.

2. BAYZE [a], Riviere de France, elle a ses sources partie dans le Nebousan; delà coulant vers le Nord, elle arrose Galan, d. dans le Magnoac, Berdoues & Mirande, g. dans l'Estarac, se chargeant en chemin de quelques autres Rivieres au Nord de l'Isle de Noe. Elle sert de bornes au haut Armagnac qu'elle laisse à l'Orient où elle baigne Clarence; puis entrant dans le Condomois, elle passe à Condom, d. & à Nerac qu'elle traverse; Elle coule vers Lavardac au Midi duquel elle reçoit la Gelise avec laquelle elle va se perdre dans la Garonne une demie lieue [b] au dessus d'Eguillon.

BAZA, c'est la même que BAÇA & BAEÇA. Voiez BAÇA 3. & BAEÇA 1.

BAZACATA, Isle de la Mer des Indes selon Ptolomée. Castald dit que c'est BASSE. Ptolomée [c] la met dans le Golphe du Gange plus à l'Orient que ce fleuve, mais plus

[a] De l'Isle Atlas.
[b] De 19. au degré.
[c] l. 7. c. 2.

à l'Occident qu'elle ne doit être. Il y en a un assez grand nombre sur la côte d'Ava, & vers la Presqu'Isle de Malaca. Et je crois avec Mr. de l'Isle que c'est la plus grande d'entre les Isles des Andamans; & peut-être toutes les Isles comprises sous ce nom n'en formoient-elles qu'une seule du tems que vivoient ceux dont les Mémoires ont servi à Ptolomée.

BAZACITIS, contrée de l'Afrique propre selon Ptolomée, si ce n'est pas la même chose que la Byzacene, c'en étoit au moins une partie, & Mercator dans ses Cartes sur les Notices de Ptolomée la met aux deux côtez du Bagradas.

BAZACLE, Lieu de France dans le Languedoc sur la Garonne auprès de Toulouse. Il y a un moulin fameux dont je parle dans l'Article de Toulouse.

BAZADOIS, (le) Province de France & partie de la Basse Gascogne, entre la Guienne propre au Couchant & au Septentrion, l'Agenois au Levant & le Condomois au Septentrion. Le Basadois, qui a toûjours appartenu en propre aux Ducs de Gascogne [a], tant qu'il y en a eu, a pris aussi bien que sa Capitale BAZAS, son nom des peuples Aquitains *Vasates*, dont il n'est fait aucune mention, ni dans les Commentaires de Cesar, ni dans Strabon, ni dans Pline. Il est vrai que Cesar au troisième livre de ses Commentaires, parle de certains peuples Aquitains qui sont écrits en quelques Editions *Vocontii* & en d'autres *Vocates*, que nos Mss. & aprés lui Sanson, veulent être les mêmes que les Vasates; mais tout cela n'étant fondé que sur de vaines conjectures & sur un très-leger rapport de nom; il faut avouer de bonne foi que nous ignorons non seulement ce qu'ont été les prétendus *Basabocates* de Pline, mais les peuples *Vocates*, les *Cocosates*, les *Sibutsates*, les *Tarusates* & les *Preciani*, dont on lit les noms dans les Livres de la Guerre des Gaules, & que nos Géographes ont placé selon leur caprice; ces noms ne se trouvant dans aucun monument de l'antiquité; & Cesar qui n'a jamais passé la Garonne ni mis le pied dans l'ancienne Aquitaine, nommée depuis Novempopulanie, paroissant fort peu informé de l'état de ce Pays, où Crassus son Lieutenant avoit seulement fait une course, & qui ne fut conquis que du temps d'Auguste par Messala. Car encore que Hirtius assure dans le Suplément de la Guerre des Gaules, que Cesar marcha avec son armée pour entrer en Aquitaine, il nous apprend que le même Cesar étant arrivé sur la Frontière de ce pays, tous les peuples d'Aquitaine lui envoyérent des Députez pour se soumettre, dont il se contenta, & passa aussi-tôt à Narbonne pour y prendre des quartiers. Peu de tems aprés, la Guerre Civile ayant commencé, les Aquitains se remirent en liberté comme auparavant & s'y maintinrent plusieurs années. Pline paroit aussi moins instruit de ce pays-là, que des autres Provinces des Gaules. Ainsi il n'y a aucun Auteur qui fasse mention des *Vasates* qui soit plus ancien que Ptolomée; ce Géographe nous apprend que la Capitale de ces peuples s'appelloit *Cossio*; & ce nom a été en usage jusqu'au

[a] Longuerue Descr. de la France part. 1. p. 186.

temps

temps d'Aufone qui s'en sert encore. Mais Ammien Marcellin, & tous les Ecrivains qui l'ont suivi, ne donnent à cette Ville que le nom du peuple *Vasates*. Gregoire de Tours parle plusieurs fois de la Ville des *Vasates*, ou *Civitas Vasatica*; & dans les livres des Miracles, il pretend qu'il y avoit des Chrétiens à Basas, peu après le tems où Jesus-Christ avoit vécu : ce qui est certain, c'est que cette Eglise, qui est encore aujourd'hui sous la Metropole d'Auch, est très-ancienne; le pays où elle est située n'est pas fertile en grains, (car c'est le commencement des Landes); c'est pour cela que Saint Paulin dans une Lettre à Aufone, appelle Bazas sablonneuse, *Arenosas Vasatas*, à cause de son Territoire, que Sidonius Apollinaris méprise fort dans une de ses Lettres, où écrivant à un certain Trigresius, il dit, *tantumne te Vasatium Civitas non Cespiti imposita, sed pulveri tantum. Syrticus ager ac vagum solum & volatiles, ventis altercantibus arena sibi possident?* Sidonius s'étonnoit qu'un ami demeurât si long-temps à Bazas dans un pays stérile; & qu'il refusât d'aller à Bourdeaux, qui étoit une Ville puissante & dans un Terroir fort fertile. Les Evêques de Bazas ont été long-temps les seuls Evêques de toute la Gascogne; & on voit que le Prince Gombaud qui étoit de la Maison des Ducs de ce pays avoit la qualité d'Evêque de Gascogne. Les Eglises Cathedrales ont été long-tems sans Pasteurs à cause que les Normands avoient plusieurs fois desolé les Villes de cette partie de l'Aquitaine; & qu'après cela les Sarazins ayant défait entierement les Chrétiens en Espagne l'an 920. à la Bataille de Val de Jonquere, & ayant ensuite passé les Pyrenées, avoient saccagé & brûlé les Villes de Gascogne jusqu'à Toulouse, du tems du Duc Garcie dit *le Courbé*. Ce fait est prouvé par des titres authentiques dans les Recherches des Antiquitez de Navarre de Joseph de Moret. Ce ne fut que dans le Siécle suivant que les Eglises Cathedrales de Gascogne furent pourvues de Pasteurs. Alors Basas eut son Evêque particulier vers l'an 1060.

Le Duché de Gascogne ayant été réuni à celui d'Aquitaine, cette Ville fut toujours sous la domination de ses Ducs, & ensuite de celle des Rois d'Angleterre, leurs héritiers, jusqu'au regne de Charles VII. qui chassa les Anglois de toute la Guyenne. La Sénéchaussée de Basadois est fort grande, s'étendant jusqu'aux confins du Béarn & de la Bigorre.

BAZAIM. Voiez BAÇAÏM.

BAZALA ou BAXACA. Le dernier est dans le Texte Grec de Ptoloméée,[a] le premier est dans les exemplaires que l'ancien Interprete Latin a suivis. C'étoit une Ville de la Mesopotamie.

BAZANIS, Ville de l'Heptapole dans l'Armenie; elle en étoit la Metropole, & avoit été nommée auparavant LEONTOPOLIS, comme nous l'apprend Eustathe dans son Commentaire sur Denys le Periégete[b]: surquoi Stuckius remarque qu'elle fut nommée JUSTINIANOPOLIS à cause de Justinien; mais Procope dit cela plus exactement, il donne le nom de *Bizana* à un Canton & non pas à une Ville; & il y a lieu de croire que Bazanis & Byzana tiroient leur nom l'une de l'autre[c]. S'il (Justinien) n'a point fait de fortifications dans la Bizane, c'est que le pays est trop plat; qu'il est perpetuellement detrempé par une eau croupissante & marécageuse, mal sain aux habitans & ouvert aux étrangers. Justinien méprisant donc le lieu dont je parle fonda dans un autre nommé Tzumine, dont l'air étoit fort pur, & fort temperé, à trois milles de Bysant une autre Ville à laquelle il donna son nom. Procope dit au commencement *dans la Bysune*; voilà le pays ou le Canton. Il dit ensuite *à trois milles de Bysane une autre Ville*; Bysane étoit donc aussi une Ville, la même qu'Eustathe nomme *Bazanis*. Ce n'est point elle qui fut nommée la Ville de Justinien comme le dit Stuchius; mais une nouvelle Ville à trois milles delà.

BAZARIDIDACA, la Conference de Carthage[d] fait mention de ce Siege Episcopal, & on y trouve *Publianus Episcopis plebis Bazarididacensis*; mais on ignore de quelle Province d'Afrique étoit ce lieu.

BAZARIE, contrée d'Asie dans la Scythie. Quinte Curse[e] qui nomme ce pays dit que ce fut-là qu'Alexandre tua un lion d'une épouventable grandeur. Alexandre partit de Maracande pour y aller & delà il revint à Maracande. Mais cela ne nous instruit pas beaucoup. Un Fragment du XVII. livre de Diodore qu'Henri Etienne nous a conservé fait mention de BASISTIS Ville qu'Ortelius croit avoir été dans la Bazarie.

BAZARITANA, *plebs* ou VAZARITANA, Ville Episcopale d'Afrique : la Conference de Carthage[f] nomme *Adeodatus Episcopus Plebis Bazaritana*; Elle nomme aussi son adversaire[g] *Calipodius Episcopus Vasaritanus*, quoique ce fût le même Siege dont l'un étoit l'Evêque legitime & l'autre un intrus. On sait d'ailleurs par la Notice des Evêques d'Afrique, que ce Siège étoit dans la Numidie, & l'on y trouve *Vitalianus Vazaritanus*.

BAZAS[h], en Latin COSSIO, *Cossium Vasatum* & *Vasata*, petite Ville de France en Bazadois dont elle est la capitale. Elle est située sur un Rocher à deux lieues & demie de la Garonne. Elle[i] est le Siege d'un Evêché très-ancien puisqu'un de ses Evêques assista au Concile d'Agde en 506. & à celui d'Orleans en 511. Il y a 234. Paroisses dans ce Diocèse & 37. Annexes, ce qui fait en tout 271. Clochers. La Cathedrale est dediée à St. Jean Baptiste, & le Chapitre a six Dignitez, dont l'Archidiaconé est la premiere, & dix-huit Canonicats[k]. Le Sénéchal de Bazas est d'épée & sa charge perit par mort. Voiez BAZADOIS.

BAZDAH, ou BAZDAD, Ville & Château d'Asie. Abulfeda[l] dit qu'elle est dans le Mawaralnahr, que les Tables de Longitude lui donnent 89. d. 35′. de Longitude & 38. d. 45′. de Latitude; & cite Allebab. Il ajoute : Bazdah est une place fortifiée à environ 6. parasanges de Neckshab, Mr. d'Herbelot dit à une journée de Neckscheb; ce qui est la même chose.

BAZEL, Ville de Suisse vers les Frontieres d'Allemagne. Elle est située, dit Mr. Cor-

BAZ.

Corneille, sur le Rhin que l'on y passe sur un Pont à deux lieues de Rheinfeldt. Cet Auteur cite un Atlas pour garant ; mais pouvoit-il en consulter un sans s'appercevoir que c'est la ville de Bâle dont il parle amplement sous le nom François ? Voiez BALE 2. & les Articles, qui y sont annexés.

BAZENSIS LIMES[a], Poste où il y avoit garnison avec un Commandant en Afrique, dans l'Afrique propre selon Ortelius[b]. Voiez BAZIENUS.

BAZES, Ville de Cappadoce dans Tyanitide selon Ptolomée[c], qui écrit βάζεις ; ses Interpretes écrivent BAZIS.

BAZIE'GES[d], en Latin *Badera*, en Languedoc, dans le territoire de Thoulouse, entre cette ville & Carcassone.

BAZIELE ou BAZUELLE. Mr. Corneille nous décrit sous ce nom une ville d'Egypte, qu'il dit être grande & avoir pourtant passé pour être un des fauxbourgs du Caire. Il donne pour garand Vincent le Blanc, sous le nom duquel on a autrefois publié une mauvaise compilation de Voyages Romanesques, où l'on trouve presque partout des traits d'ignorance. C'en est une d'avoir metamorphosé en grande ville une des sept portes du Caire. [e] Le P. Vanleb nous apprend que la premiere des sept se nomme *Bab Zueile*. Toutes les autres ont *Bab* au commencement de leur nom, & ce mot veut dire *porte*.

BAZIENUS ou BAZITENSIS, on trouve dans la Conference de Carthage un Prêtre qui marque son Diocèse par le mot *Basienus*[f], en souscrivant pour son Evêque, & dans la même Conference[g] il est parlé de Lucidus *Episcopus plebis Marcellianensis & Basitensis*. On croit que ces deux noms *Bazienus* & *Bazitensis* signifient le même Siége. Voiez MARCELLIANA.

BAZIOTHIA, Ville de la Palestine dans la Tribu de Juda. Il en est fait mention au livre de Josué.[h] Quelques-uns lisent BIZ-JOTHJA, ce terme ne se lit pas dans les LXX. selon la Remarque de D. Calmet. On lit en sa place *leurs bourgs & leurs metairies* ; comme je l'ai dit à l'Article BASIOTHIA, qui est le même nom.

BAZIRA[i], Ville de l'Inde vers le haut du fleuve Indus. Elle fut prise par Alexandre, au rapport d'Arrien. Quinte Curse[k] la nomme BEZIRA.

BAZITENSIS. Voiez BAZIENUS.

BAZIUM, Promontoire d'Egypte sur la côte Occidentale de la Mer rouge. Ptolomée le met au 23. degré de latitude. C'est à peu près la position du CAP DE RAMOS.

BAZOCHE[l], (la) ou LA BAZOCHE GOUET, Bourg de France, au bas Perche sur la Riviere de Coitron, qui se jettant dans la Braye au dessus de Vibraye se va perdre avec elle dans le Loir. Ce lieu est nommé la Basoge dans le Dénombrement de la France[m], & y est mis comme un bourg de 241. feux, dans la Generalité de Tours, Election du Mans.

BAZOIS[n], petite contrée de France dans le Nivernois dont elle fait partie. Ce sont quelques vallées qui sont au bas des montagnes du Morvant, & du côté du Nivernois. Cette contrée est mediocrement fertile en froment & en seigle ; mais elle abonde en pâturages, en bois & en mines de Charbon de pierre. On y trouve

Moulins-Engilbert, Decize,
Montruillon, Saint Saulge,
Cercy, Châtillon,
& Luzy.

BAZUNA[o], Ville d'Afrique sur l'Océan Ethiopique ou Oriental. Elle est située, entre le pays de Berbera & celui de Zenze dont elle a le premier au Septentrion, & l'autre au Midi. Cette ville est assez peuplée & l'on dit que ses habitans ne vivent que de serpens & de grenouilles. Bazuna n'est éloignée que de six journées de la ville de Carna, qui appartient au pays de Barbera nom que l'on donne aujourd'hui à la côte des Cafres & au Zanguebar.

BAZZANO, MONTE BAZZANO, montagne d'Italie au Royaume de Naples dans l'Abruzze Ulterieure, au territoire d'Aquila. Mr. Baudrand la nomme en Latin *Offidius mons*. Voiez OFFIDIUM.

B C.

BCODT, selon Mr. Corneille. Voiez BROD.

B E A.

BEALT[p], en Latin *Bealta*, Ville d'Angleterre dans la Principauté de Galles au Comté de Brecknock sur la Riviere de Wye aux limites du Comté de Radnor. Il y a un ancien Château & ce fut proche delà que fut tué Léolin dernier des Princes de Galles de la race des anciens Bretons par Roger Stronghow en 1282. du temps d'Edouard I. Roi d'Angleterre. On croit que c'est *Bullæum Silurum* de Ptolomée. Voiez BULLÆUM. Camden[q] nomme ce lieu BUELTH.

BEANA, Ville d'Asie dans la Babylonie selon Ptolomée[r]. Quelques exemplaires portent BEONA Βεῶνα.

BEAREFORD, Bourg & Monastere que les Danois avoient bâti dans le xv. Siécle sur la côte meridionale du Groenland par les 339. d. de longitude, & presque sous le cercle polaire ; selon les Cartes des Anglois[s]. Le Bourg & le Monastere ne subsistent plus que sur les Cartes Géographiques.

BE'ARN, Province de France au pied des Pyrénées, avec titre de Principauté. Elle prend son nom d'une ville nommée BENE-HARNUM, dont Antonin est peut-être le premier qui ait fait mention. Voiez BENEHARNUM. [t] Cette Principauté est bornée à l'Orient par le Comté de Bigorre ; au Couchant par la Prevôté de Dacqs, & par une partie de la Soule & la Basse Navarre ; au Midi par les montagnes d'Arragon, & de Ronçalde en haute Navarre, & au Septentrion par le bas Armagnac, le Tursan & le Chalosse. Ce pays a seize lieues de Gascogne sur douze de large. Il est montueux, & assez sec. Les plaines y sont

X 3

font assez fertiles. On y seme peu de froment & de seigle ; mais quantité de Mailloc, (*Manioc*) qui est un bled venu des Indes, dont le peuple se nourrit. On y seme aussi beaucoup de lin dont on fait des toiles. Sur les Côteaux, il y a beaucoup de vignes dont le vin est excellent en quelques endroits. Ceux de Jurençon &c. ont de la reputation. Dans les montagnes de la Senechaussée de Moneins, il y a des mines de plomb, de cuivre, & de fer, & quantité de sapins dont on fait des mâts de navires, & une grande quantité de planches. Dans la vallée d'Ossau, on trouve les eaux minerales d'*Aigues-Caudes*, qui sont bonnes pour les maux de tête & d'estomach, & d'autres, qui sont bonnes pour les playes. Dans la vallée d'Aspe sont les Eaux minerales d'ESCOT, qui sont fort rafraichissantes, & près d'Oleron celles d'OGEU, qui sont de même qualité.

Il y a dans ce pays deux Rivieres principales, qui portent le nom de Gaves. L'une appellée le Gave Béarnois, & l'autre le Gave d'Oleron. Voiez GAVE.

Les Béarnois sont robustes, laborieux, sobres, économes, vifs, peu sinceres & extrémement attachez à leurs interêts. En 1695. on trouva qu'il y avoit en Béarn cent quatre vingt dixhuit mille personnes.

L'Aquitaine ayant été conquise par les Romains, le Béarn qui en faisoit partie, fut aussi sous leur domination. Sous l'Empire de Nepos, Evaric Roi des Goths s'empara de tout le Païs qui est entre la Garonne & les Pyrénées. Alaric son fils en jouit jusqu'en 806. que Clovis Roi de France lui ayant déclaré la guerre, le tua de sa propre main à la bataille de Vouglai, & se rendit maître de tous ses Etats. Après la mort de Clotaire II. le Béarn & la Gascogne se souleverent, & ce païs ne rentra sous l'obéïssance des Rois de France, que sous le regne de Charlemagne. Louïs le Debonnaire son fils investit en 820. le fils de Loup Centulle, Duc des Gascons, de la Vicomté de Béarn, qui a été gouvernée jusqu'en 1134. par des Princes de cette Maison, dont les uns ont porté le nom de Centulle, & les autres celui de Gaston. Centulle cinquième du nom ayant été tué cette même année dans une Bataille contre les Maures, sans laisser de posterité, Guiscarde sa Sœur lui succeda. Elle avoit épousé Pierre Vicomte de Gavaret. Leur fils Gaston VI. fut par sa mere Vicomte de Béarn, & par son pere Vicomte de Gavaret. En 1170. Gaston VII. fils de Gaston VI. étant mort sans enfans, Marie sa Sœur lui succeda en la Souveraineté de Béarn, & fut mariée à Guillaume de Moncade, un des plus grands Seigneurs de Catalogne. Les Moncades ont possedé le Béarn jusqu'en 1290. que Marguerite de Moncade, fille de Gaston VII. dernier Prince de la Maison de Moncade, porta le Béarn dans celle de Foix, en épousant Roger Bernard troisième du nom, Comte de Foix. La ligne masculine de la Maison de Foix s'étant éteinte en 1399. par la mort de Mathieu Comte de Foix, Isabelle de Foix sa Sœur épousa Archambaud de Grailly, Captal de Buch, & lui porta le Vicomté de Béarn. Leurs successeurs en ont joui jusqu'en l'an 1482. que mourut François Phœbus Comte de Foix, le dernier de la Branche aînée de la Maison de Grailly-Foix. Il étoit petit-fils de Gaston IV. Comte de Foix, & d'Eleonor Reine de Navarre, sa femme. Catherine de Foix Sœur de François Phœbus, succeda à son frere au Comté de Foix, à la Souveraineté de Béarn, & au Royaume de Navarre, & porta ces Etats dans la Maison d'Albret, en épousant Jean second du nom, Sire d'Albret. Henri d'Albret leur fils, Roi de Navarre, Souverain de Béarn, & Comte de Foix par sa mere, épousa Marguerite Sœur de François I. & ne laissa de son mariage que Jeanne d'Albret Reine de Navarre qui épousa Antoine de Bourbon, & fut mere du Roi Henri le Grand, qui parvint à la Couronne de France en 1593.

La Justice se rend en Béarn, conformément aux Coûtumes du Pays, qu'on appelle *Fors*. Les Souverains du Béarn jugeoient les differens de leurs Sujets en dernier ressort en leur *Cour Majour*, qui étoit composée des Evêques de Lescar & d'Oleron, & de douze Barons. Henri II. Roi de Navarre & Souverain de Béarn érigea un Conseil Souverain à Pau, duquel & de la Chancelerie de Navarre, qui étoit une Compagnie Superieure, Louïs XIII. forma un Parlement l'an 1620. sous le titre de *Parlement de Navarre séant à Pau*. Le même Henri II. Roi de Navarre, établit en 1527. une Chambre de Comptes à Pau, à laquelle Louïs XIII. unit en 1624. la Chambre des Comptes de Nerac, & voulut que ces deux Chambres des Comptes n'en fissent qu'une, sous le nom de *Chambre des Comptes de Navarre*. Le Roi par son Edit de l'an 1691. a uni cette Chambre des Comptes au Parlement de Pau, qui à cause de cette union connoit de toutes les affaires, qui sont de la competence des Chambres des Comptes, & même du fait des Monnoyes, dont cette Chambre connoissoit dans son ressort. Par ce même Edit le ressort de ce Parlement, qui ne comprenoit que la basse Navarre, a été agrandi & augmenté du Béarn, & du Pays de Soulle, qui étoient auparavant du Parlement de Guyenne. Le Parlement de Pau est aujourd'hui composé d'un premier Président, de sept Présidens à Mortier, de quarante-six Conseillers, de deux Avocats Generaux, & d'un Procureur General. Il y a un Senéchal d'Epée en Béarn, au nom duquel la Justice se rend dans les cinq Senechaussées de cette Province, dont les Juges sont, à proprement parler, les Lieutenans du Senéchal. Ces cinq Jurisdictions Royales ou Senéchaussées, ont leurs Siéges dans les villes de Pau, Morlas, Oleron, Sauveterre, & Ortez. Les Juges de ces Jurisdictions connoissent de toutes matieres civiles à la reserve des Decrets, concurremment avec le Parlement. Les Juges du Senéchal sont employez dans les états des Finances de Navarre pour soixante-sept livres dix sols de gages chacun, & se payent sur les donations que le Pays fait au Roi.

Le Roi est Seigneur Haut-Justicier dans tout le Béarn, & les Seigneurs particuliers n'ont que la moyenne & basse Justice. Les Ju-

Juges des Seigneurs sont appellez *Jurats*. Ils connoissent de toute sorte d'affaires. Ils sont même des Decrets privativement aux Juges du Senéchal, & au Parlement ; mais ils ne peuvent pas juger dans les crimes qui meritent peine afflictive, ils ont seulement la liberté de donner leur avis, qui est porté au Parlement. L'appel des Jugemens des Jurats en matiere civile peut être porté aux Juges des Senéchaussées, ou au Parlement au choix des parties. Elles peuvent même sans subir le jugement des Jurats, ni celui des Juges du Senéchal, aller *rectà* au Parlement. Il y avoit autrefois trois Monnoyes dans ce Gouvernement : celles de Morlas, de S. Palais, & de Pau. Mais il n'y a que cette derniere qui ait été conservée.

Le Béarn est un Païs d'Etats. Ces assemblées ne sont ici composées que de deux corps. Le Clergé & la Noblesse n'en font qu'un, & le Tiers-Etat est le second. Ceux du Clergé qui entrent aux Etats sont les Evéques de Lescar & d'Oleron, & les Abbez de Saubelade, de la Reule & de Luc. A la tête de la Noblesse sont douze anciens Barons, & quatre moins anciens. Tous ceux qui sont Seigneurs de Paroisse ont droit d'entrer aux Etats, de même que les Abbez Laïques, c'est-à-dire ceux qui ont des dîmes inféodées avec droit de patronage, & de nomination aux Cures. Plusieurs autres qui ont des Terres érigées en fief y ont aussi entrée en vertu des Commissions qui leur ont été accordées pour les services rendus à l'Etat. En tout, le Corps de la Noblesse a cinq cens quarante entrées aux Etats.

Le Tiers-Etat est composé des Maires & Jurats de quarante-deux villes où Communautez, dont le Roi est seul Seigneur. Il y a deux Syndics Généraux, l'un d'Epée, & l'autre de robe, un Sécretaire & un Tresorier. Ces Etats se tiennent tous les ans, & l'Evêque de Lescar y préside toûjours, soit qu'ils se tiennent dans son Diocèse, ou ailleurs, & en son absence c'est l'Evêque d'Oleron, & au défaut des deux ce seroit le plus ancien Abbé. Les Evêques sont au haut bout de la salle avec les Commissaires du Roi, & les Abbez sur une même ligne. Les Evêques & le Commissaire du Roi, qui est à la droite du Président, sont assis dans des Fauteuils ; les Abbez n'ont que des chaises & sont assis à la gauche des Evêques. La Noblesse se met sur des bancs, qui sont des deux côtez de la salle. Les douze Barons anciens sont sur la droite à la tête du banc sans distinction entr'eux, ensuite les quatre Barons moins anciens, puis les Gentilshommes indifferemment selon qu'ils arrivent. Le Roi envoye tous les ans une Commission au Gouverneur ou au Lieutenant de Roi, en son absence, pour tenir les Etats. La convocation s'en fait comme dans les autres Païs. Les Etats étant assemblés on va à l'Hôtel de celui qui est chargé de la Commission du Roi, pour lui faire compliment, & c'est toûjours un Baron qui lui porte la parole. Le Gouverneur est de bout & couvert, à côté du Fauteuil du Roi. Ce compliment étant fait, les Etats vont au lieu de leur Assemblée, & nomment dix Commissaires qui pendant les trois premiers jours s'occupent à recevoir, & à examiner les requêtes qu'on présente. Les Syndics font ensuite leur rapport au premier Ordre des requêtes qui ont été examinées, & après on delibere. Ils font ensuite leur rapport au Tiers-Etat de l'avis du premier Ordre, on le fait opiner jusqu'à trois fois sur la même affaire, & s'il persiste toûjours à être d'un avis different, l'affaire tombe, & on n'en parle plus à moins que le Gouverneur ou celui qui à la Commission du Roi pour tenir les Etats ne concilie les deux avis. Comme les Etats ne s'assemblent qu'une fois l'an, ils nomment douze Commissaires de la Noblesse, & autant du Tiers-Etat pour les affaires, qui peuvent survenir pendant le cours de l'année. Ce Corps s'appelle l'*Abregé des Etats*, & il est convoqué toutes les fois que les occasions le requierent, par les Syndics avec la permission du Commissaire du Roi, & de l'avis de l'Evêque de Lescar, qui préside à l'Abregé comme aux Etats. Ces Syndics y proposent le sujet de la convocation. Ces Commissaires déliberent, & leurs délibérations sont portées aux Etats prochains qui les approuvent, ou les rejettent selon qu'ils le jugent à propos. Après que les Etats ont nommé les Commissaires qui doivent composer l'Abregé, & qu'ils ont déliberé sur les autres affaires, ils procedent à la donation du Roi & aux autres. Ils nomment ensuite cinq Commissaires du premier Ordre & neuf du second, savoir les Jurats de Morlas, d'Orthez, d'Oleron, de Sauveterre, & des trois vallées sous le nom des Montagnes, & quatre des autres Villes ou Bourgs, qui y roulent par tour. Ces Commissaires du premier & du second Ordre sont ensemble le montant de la depense génerale, & la répartition sur les Paroisses du Païs à proportion des feux dont elles sont composées, à raison de tant par feu payable en deux termes ; puis ils remettent cette repartition au Trésorier pour en faire le recouvrement, & pour aquiter l'Etat des charges. Il rend compte de deux en deux ans. Le Commerce du Païs consiste dans le débit qu'on fait des vins que produit un Canton de la Senéchaussée de Morlas. Ils souffrent le transport, & en tems de Paix les Anglois & les Hollandois en enlevent tous les ans. Les habitans de cette Province vendent en Espagne leurs voiles, leurs bestiaux, & quantité de petits chevaux, qui sont fort propres pour le Païs de montagnes. Un grand nombre de Béarnois vont d'ailleurs en Espagne pour y travailler aux terres & faucher les prez, & ils en rapportent de l'argent. Tous ces moyens contribuent à mettre le peuple de cette Province assez à son aise.

BEAUBEC, Abbaye de France en Normandie au Diocèse de Rouen[a], dans le pays de Bray à trois lieues de Gournay vers l'Occident Septentrional, & à une lieue de Forges & de Gaillefontaine. Elle est de l'Ordre de St. Bernard, & de la filiation de Savigni. [b] Elle fut fondée sous l'invocation de St. Laurent en 1127. par Hugues de Gournai, ou selon d'autres, par Guillaume de Fescamp ; elle est presentement en regle. Son Eglise bâtie en croix,

[a] *Corn. Dict.*
[b] *Piganiol de la Force, Desc. de la France T. 5. p. 18.*

croix, est grande & vaste, & la maison des Religieux fort propre.

BEAUCAIRE, en Latin *Belloquadra*, selon Mr. Baudrand, ville de France en Languedoc au bord du Rhône, vis-à-vis de Tarascon, & à quatre lieues de Nismes[a]. Elle a pris son nom d'un Château de forme quarrée qui fut démoli en 1632, & au pied duquel elle étoit située; & qui fut autrefois cedé avec la Terre d'Argence aux Comtes de Toulouse. Voiez Argence. Cette ville est principalement connue par sa Foire de la Madeleine; elle doit durer trois jours francs sans compter les fêtes, ce qui fait qu'elle en dure toûjours six à cause de la fête de la Madeleine, de celle de St. Jaques & de celle de Ste Anne. Il s'y fait pour plus de six millions de commerce. [b] Elle se tenoit autrefois dans l'enceinte de la ville, & l'on y voit encore les Arcades, qui traversent les rues & où les Marchands faisoient leur étalage; mais depuis fort longtemps sa reputation & le concours qui s'y fait, se sont tellement accrus qu'on a été obligé de la tenir en partie en pleine campagne sous des tentes que l'on élève dans une prairie voisine de la ville. [c] Cette Foire est franche de tous droits par un Privilege que Raimond Comte de Toulouse accorda aux habitans l'an 1217. Ce Privilege qui a été confirmé par Charles VIII. Louïs XII. & Louïs XIII. reçut néanmoins quelque atteinte en 1632. lorsqu'on établit un droit appellé *réapréciation* sur toutes les marchandises. Année commune ce droit monte à vingt-cinq mille livres. Les Fermiers exigent aussi un petit droit appellé *abonnement* de douze sols par balles des marchandises, qui ne sont point débalées, & ce droit leur produit environ cinq mille livres. Les Marchans se rendent à la Foire de Beaucaire de toutes parts, Italiens, Allemands, Espagnols, Turcs, Armeniens, Levantins, &c. & il n'y a point de marchandises, quelque rares qu'elles soient, qu'on n'y puisse trouver. [d] L'Eglise Collegiale est la principale de la ville, & son frontispice est orné de quelques figures Gothiques. La Porte du Rhône est belle & bien bâtie. On croit que cette ville s'appelloit autrefois Ugernum. Voiez ce mot.

[a] *Piganiol de la Force, Desc. de la France T. 4. p. 99.*

[b] *Savary Dict. du commerce au mot* Beaucaire.

[c] *Piganiol de la Force, l. c. p. 63.*

[d] *p. 99.*

BEAUCE. Voiez Beausse.

BEAUCE[e], Château de France dans l'Anjou sur la Riviere de Sarte. On tient que ce nom est derivé de celui de Beausejour. C'est un lieu délicieux tant par la beauté de sa situation que par les riches vues bien terminées de près & de loin, qui satisfont l'œil de tous côtez. Les Cartes ne le marquent point.

[e] *Corn. Dict.*

BEAUCOUT, place de l'Asie sur la côte de Malabar à l'Ouest de Sumatra, dit Mr. Savary dans son Dictionnaire du Commerce[f]. Il n'est pas fort aisé de comprendre comment un lieu situé sur la côte de Malabar est à l'Ouest de Sumatra. Il ajoute que l'air y est mauvais, & le pays sujet à des tremblemens de terre: qu'il y a une très-bonne Forteresse, où les Anglois qui ont là un Etablissement envoyent les deserteurs & les malfaiteurs de leurs diferens Etablissemens, & qu'on y charge deux ou trois vaisseaux pour l'Angleterre.

[f] *p. 1122.*

BEAUFOIS[g], Abbaye des Pays-bas à une lieue & demie de la ville de Liége.

[g] *Dict. Géogr. des Pays-bas.*

1. BEAUFORT[h], petite ville de France en Anjou près de la Riviere d'Authion; à une lieue de la Loire, & à cinq d'Angers au Levant. On le nomme aussi [i] *Beaufort en Vallée*, & *Beaufort en Franchise*. Ce sont deux parties de la ville separées par un bras du Coesnon, qui tombe dans l'Authion. Beaufort[k] a eu d'illustres Seigneurs de diferentes Maisons; mais est aujourd'hui réuni au Domaine du Roi. La jurisdiction s'étend sur sept Paroisses, que l'on appelle ordinairement *les Fillettes de Beaufort*. Quoi que la ville soit petite, elle a néanmoins deux Paroisses, & un Couvent de Recolets. On n'y compte que quatre-vingt trois feux. Il se fait aux Marchez de Beaufort un très-grand commerce de bled.

[h] *Baudrand Ed. 1705.*

[i] *De l'Isle Carte de l'Anjou.*

[k] *Piganiol de la Force, T. 6. p. 136.*

2. BEAUFORT[l], Duché de France en Champagne dans l'Election de Troyes. On l'appelle presentement Monmorenci. Il a été érigé par Lettres Patentes du Roi Henri IV. au mois de Juillet 1597. en faveur de Gabrielle d'Estrées Marquise de Monceaux, & de Cesar de Vendôme fils naturel de ce Roi. Ce Duché aiant été vendu par le Duc de Vendôme en Mars 1688, au Duc de Montmorenci, dit depuis de Luxembourg, il a fait changer ce nom de Beaufort en celui de Montmorenci par Lettres Patentes du Roi du mois d'Octobre 1689. Le lieu auquel ce titre est attaché est un [m] Bourg & un Château au bord de la petite Riviere de Voire à cinq quarts de lieue du Bourg de Rhonay, lieues communes de Champagne de 25. au degré.

[l] *Baugier Mem. Hist. de Champagne T. 2, p. 322.*

[m] *De l'Isle Carte de la Champagne.*

3. BEAUFORT, Baronie de France en Dauphiné dans l'Embrunois. [n] Cette Baronie & celle de Guillestre sont appellées les Baronies de l'Empire.

[n] *Longuerue Desc. de la France part. 1. p. 326.*

4. BEAUFORT, Bourg ou petite ville du Duché de Savoye à une lieue de la ville de Monstier, du côté du Nord. Elle a une jurisdiction sur plusieurs villages, & ce district est ce qu'on apelle le Mandement de Beaufort.

BEAUJEU[o], autrefois ville de France dans le Beaujolois, dont elle étoit la capitale avant que Villefranche fût bâtie. Les Seigneurs y avoient leur Château, qui commandoit la ville, qui n'est veritablement aujourd'hui qu'un gros Bourg, [p] environ à trois lieues de la Saone au Couchant, à cinq de Mascon au Midi en allant vers Lyon, & autant de la Riviere de Loire au Levant. Il y a à Beaujeu une Eglise Collegiale desservie par un Doyen & par dix Chanoines dont le logement est dans le Château, qui est fort & spacieux. Berard (ou *Beraud*) Seigneur de Beaujolois & Vandolmode sa femme la fonderent l'an 1076. ,, Voire afin de la rendre plus re-,, marquable & recommandable" dit André du Chêne[q]; ,, la décorerent d'un beau (mar-,, bre) blanc, qui s'y voit encore auquel est ,, insculpé en ouvrage de relief un sacrifice ,, Antique apellé *Solitaurilia* des Latins : ou-,, vrage où vous remarquez le Prêtre assis en ,, une chaise paré des ornemens de Pontife, & ,, tenant la coupe sur l'autel par dessus les en-,, trailles des bêtes immolées. En ce sacrifice ,, étoient offertes & immolées trois sortes de ,, bêtes

[o] *Piganiol de la Force, T. 5. p. 306.*

[p] *Baudrand Ed. 1705.*

[q] *Antiq. des Villes & Chât. de France p. 655. m.*

„ bêtes, favoir-eft, des Taureaux, des Pour-
„ ceaux & des Brebis, lefquelles toutes font fi
„ bien relevées en cette tablature de marbre,
„ les unes menées au Sacrificateur, les autres
„ déja immolées ; que c'eſt bien l'une des
„ plus rares & admirables piéces du Royau-
„ me. " Ce Seigneur Berard déja, en ce
temps encore obfcur, curieux de conferver les
vieilles marques & veſtiges de l'Antiquité, la
fit inferer en la porte de fon Eglife tant pour lui
fervir de frontifpice & pour être-là confervée
que pour être contemplée & admirée de tous
ceux qui entreroient dans icelles. Voiez auffi
l'article qui fuit.

a Longuerue Defc. de la France part. 2. p. 274.

BEAUJOLOIS, Province de France. [a] Elle eſt fituée au Nord du Lyonnois, & au
Midi du Mâconnois ; la Loire vers l'Occident
la fepare du Forez, & la Saone vers l'Orient
la fepare de la Principauté de Dombes. Le
Beaujolois a pris fon nom de BEAUJEU, en
Latin *Bellusjocus*, qui n'eſt aujourd'hui qu'u-
ne fort petite ville fituée fur la Riviere
d'Ardiere, au pied d'une montagne, fur laquelle a été bâti un vieux Château, qui paſſoit
autrefois pour une bonne place. S. Pierre le
Venerable Abbé de Clugni, dit que de fon
temps, au commencement du XII. Siecle, ce
Château de Beaujeu étoit le plus confiderable
de tous ces Pays-là, tant par fes Bâtimens ou
Fortifications qu'il appelle fa Nobleſſe, que
par la valeur des Seigneurs qui l'avoient poſſedé. Ces Seigneurs étoient connus dès le commencement de l'onziéme Siecle, & fous le regne
de Robert fils de Hugues Capet ; ils ne depen-
doient d'aucun autre Seigneur Suzerain que
du Roi ; & quoique leur Château & la plûpart de fes dépendances fût dans l'Evêché &
ancien Territoire de Mâcon, on ne voit pas
qu'ils fe foient jamais foûmis aux Comtes hé-
reditaires, & Propriétaires du Mâconnois.

Le premier Seigneur de Beaujeu qu'on
trouve eſt Wifchard ou Guichard, qui vivoit
fous le Roi Robert. Guichard eut pour heritier fon fils Beraud. Le dernier mâle de
cette race, lequel poſſeda cette Seigneurie, fut
Guichard, qui étant mort fans Enfans l'an
1265. eut pour heritiere fa fœur Iſabeau,
femme de Renaud Comte de Forez. Renaud
& Iſabeau eurent deux fils, l'aîné Guy fut
Comte de Forez, & l'autre Louïs fut Seigneur de Beaujeu, & époufa Léonor de Savoye : il eut pour heritier fon fils aîné Guichard
dit le Grand, dont le dernier defcendant mâle
fut Edouard Seigneur de Beaujeu, de Dombes & de Perreux, qui ayant jetté par la fenêtre un Huiſſier du Parlement qui lui de-
noit un ajournement perfonnel, à cauſe d'un
Crime de Rapt qu'il avoit commis, & ayant
été enfuite pris prifonnier & mené à Paris, il
donna à Louïs II. Duc de Bourbon (qui lui
fit obtenir fa grace) toutes fes terres de Dombes & de Beaujolois l'an 1400.

Le Duc Louïs de Bourbon prit poſſeſſion
des biens du Seigneur de Beaujeu, & fes defs-
cendans èn ont joüi jufqu'à Suzanne Ducheſ-
fe de Bourbon, qui mourut fans Enfans. Son
mari Charles de Bourbon Connétable de France fe porta pour heritier de fa femme, contre
les pretentions de Louife de Savoye Mere de
François I. laquelle gagna fon Procès contre

le Connétable. Ce Prince fe revolta, & fes
biens furent confifquez l'an 1527. La même
année il fut tué devant Rome, & après cela
Louïſe de Bourbon fe porta héritiere du Connétable ; elle avoit un fils qui étoit cadet de
la Maifon de Bourbon-Vendôme, qui avoit
alors le Titre de Prince de la Roche-fur-
Yon, & depuis on l'appella Duc de Montpenfier. Il eut de grands Procès avec le Roi &
avec fon Procureur Général au Parlement de
Paris ; enfin par une Tranſaction paſſée au
commencement du Regne de Charles IX. a-
vec Louïs de Bourbon Duc de Montpenfier,
la propriété & la Seigneurie du Beaujolois,
furent laiſſées au Duc. Il fut arrêté auſſi, que
la Juſtice feroit adminiſtrée par des Officiers
qui prendroient leurs Lettres du Roi fur la
nomination du Duc de Montpenfier Seigneur
de Beaujolois. Cette belle Seigneurie vint à
Marie Louïſe d'Orleans, à caufe de fa mere
héritiere des biens de la Maifon de Montpenfier. Cette Princeſſe a donné par Teſtament
le Beaujolois avec fes autres biens à Philippe
de France Duc d'Orleans.

Le Territoire du Beaujolois, qui s'étend
le long de la Saone, eſt du Dioceſe de Lyon ;
néanmoins les Seigneurs de Beaujeu n'ont jamais reconnu pour le temporel, ces Prélats, fi-
non pour quelques Terres qui font du Beaujolois vers le Forez. Humbert Seigneur de
Beaujeu fonda, comme Seigneur abfolu, l'Abbaye de Belleville fur Saone pour des Chanoines Reguliers l'an 1160. & Guichard Archevêque de Lyon dans fes Lettres de confirmation données l'an 1179. ne paroît exercer que
les droits & la Juriſdiction ordinaire des autres Evêques.

Les Seigneurs de Beaujeu de la Maifon de
Forez, agrandirent Villefranche, lieu fitué
commodément fur la Saone ; ils y demeurerent fouvent, ce qui fit décheoir peu à peu
l'ancienne Ville de Beaujeu, de forte que Villefranche eſt devenuë la capitale de tout le pays,
& le lieu où eſt établi le principal Siege de
Juſtice.

Ce pays, qui n'a que dix lieues de longueur fur huit de large, eſt très-fertile, fur
tout aux environs de Villefranche, ce qui
a fait dire que la lieue d'Anfe à Villefranche eſt la meilleure du Royaume. On remarque dans cette petite Province Beaujeu,
Villefranche, Belleville, Lay, &c. Je parle
de fon commerce à l'article du Lyonnois.

b Piganiol de la Force defc. de la France T. 5. p. 305.

1. BEAULIEU, petite Ville & Abbaye
de France en Touraine fur la Riviere d'Indre
qui la fepare de la Ville de Loches [c]. Agnès
Sorel Maitreſſe de Charles VII. Roi de France étoit Dame de Beaulieu ; qui eſt prefentement une Baronie [d]. Il y a dans cette Ville
une Abbaye de l'Ordre de St. Benoît de la
Congrégation de St. Maur. Elle fut fondée
& bâtie l'an 1010. par Foulque Nerra Comte
d'Anjou & Seigneur de Loches.

c Corn. Dict.

d Piganiol de la Force defc. de la France T. 6. p. 92. & p. 66.

2. BEAULIEU, autre Ville & Abbaye
de France dans le Limofin ou plutôt dans la Vicomté de Turenne fur la Dordogne au Dioceſe
de Tulles fur les Frontieres du Quercy Proche de la Ville de Martel [e]. On y revere Ste.
Felicité compagne de Ste. Perpetuë. L'Abbaye a été fondée par Charlemagne, fi nous

e Baillet Vie des Sts. au 7. Mars.

Tom. I. PART. 2.   Y   en

BEA.

[a] T.2.l.5. c.2.p.387.

en croyons Mr. Baillet, mais l'Historien de l'Ordre de St. Benoît [a] n'en convient pas. Charlemagne mourut en 814. & Beaulieu au Diocèse de Limoges est le troisième Monastere que fonda St. Rodulfe Archevêque de Bourges. Il en donna le fond à Chunibert Abbé de Solignac & à d'autres Religieux de sa Communauté pour y bâtir un Monastere en l'honneur de St. Pierre, comme il se voit par sa Charte de 846. Un autre Acte fait voir que l'Eglise en fut encore dediée sous l'invocation de St. Denis, de St. Benoît, de St. Eloy, de St. Theau, & d'autres Saints. Le premier Abbé fut Gairulfe Religieux de Solignac.... Les revenus de ce Monastere furent encore augmentez par Frotaire Successeur de Rodulfe, par Stolide Evêque de Limoges & par d'autres Evêques.

3. BEAULIEU, Bourg de France dans le Gatinois, dans l'Election de Gien : on y compte 363. feux. Mr. de l'Isle le marque comme une petite ville au bord Occidental de la Loire au dessus de Chatillon.

[b] Baugier Memoires Hist. de la Champagne T.2.p.164.

4. BEAULIEU [b], Abbaye de France en Champagne au Diocèse de Chalons, à deux lieues de Clermont en Argonne du côté du Midi & d'autant de Ste. Menehoud. Elle est de l'Ordre de St. Benoît de la Congregation de S. Vanne, & a dix-huit villages qui en dependent. Ce qui donne le nom de terre de Beaulieu à cette petite contrée, elle est située dans un endroit des plus charmans, la vûë en est très-agréable & fort étenduë. Cette Abbaye est sur une montagne, d'où l'on découvre sept ou huit lieuës de beau païs du côté de l'Orient, & du Midi & de l'Occident. Elle a été fondée par un Gentilhomme du païs, nommée Austrasine (Austrese) (parce que sa famille étoit descenduë d'Austrasie) qui donna à S. Louïs premier Abbé de Beaulieu, une étenduë de douze lieuës de bois, qui ayant été par succession de tems défrichées par le travail des Religieux depuis l'an 640. il s'en est formé les dix-huit villages qui sont dépendans de cette Abbaye, dans tous lesquels l'Abbé & les Religieux ont tous la haute, moyenne & basse Justice, & dont tous les habitans sont obligez en tems de guerre d'aller faire garde en cette Abbaye, d'où l'on découvre tous ces villages du côté du Midi, & deux lieuës de bois du côté du Septentrion. Cette Abbaye prétend avoir titre de Comté, avec Bailliage & Gruerie, elle fut brûlée en 1300. par Henri Comte de Bar, ce qui détermina le Roi Philippe le Bel de lui déclarer la Guerre. Elle fut brûlée une seconde fois pendant la guerre civile en 1401. & une troisiéme en 1591. par les Allemans qui entrérent en France pendant la Ligue. Le Commerce des habitans de ce païs est en bois & en mairie. L'Eglise fut rebâtie en 1650. & depuis on a rétabli les lieux réguliers qui sont très-propres. Il y a vingt Religieux. La réforme y fut mise dès l'an 1621. L'ancien nom de cette Abbaye étoit Vasloy. Voiez ce mot.

[c] Ibid. p. 215.

5. BEAULIEU [c], Abbaye de France en Champagne au Diocèse de Troyes. Elle est de l'Ordre de Prémontré, l'Abbé est regulier à la nomination du Roi, il y a huit Religieux. On a donné le nom de Beaulieu à cette Abbaye, parce qu'elle est dans une belle plaine proche la Riviere d'Aube. En l'année 1107. trois Saints Prêtres nommez Osbert, Alard & Odon, demandérent à Philippe IV. du nom Evêque de Troyes, tant pour eux que pour leurs Confreres qui vivoient selon la Regle de St. Augustin, l'Eglise de S. Marc deserte & à demi ruinée, dans la Paroisse de Berville, pour la rebâtir & y demeurer : ce qu'il leur accorda, & il mit sous sa protection ce Monastere qui portoit le nom de Saint Sauveur & de St. Marc ; ce qu'il confirma par une Charte donnée à Troyes l'an 1112. l'an 31. de son Pontificat, Hugues étant Comte de Troyes. Les Comtes de Brienne qui étoient voisins de cette Abbaye, lui donnerent des biens considérables, & particulierement Erard Comte de ce lieu. Ce Monastere prit la regle de Prémontré en l'année 1140. Il y a dans l'Eglise de cette Abbaye plusieurs reliques, entr'autres de la vraye croix ; des cheveux de la Sainte Vierge, des os de S. Thomas Apôtre, de S. Marc, de S. Laurent, de S. Vincent, de S. André & plusieurs autres. En l'an 1200. Garnier, soixante-uniéme Evêque de Troyes, ayant vû la Charte de Philippe, l'un de ses Prédecesseurs reçut cette Abbaye en commande, parce qu'elle étoit chargée de grosses dettes qu'il acquitta, & répara les bâtimens qui tomboient en ruïne. Grand exemple pour les Abbez commendataires.

6. BEAULIEU [d], Abbaye de France en Champagne au Diocèse de Langres de l'Ordre de Citeaux. Elle est située à 3. lieues de Langres. Gauthier de Bourgogne Evêque de Langres, donna le fond aux Prêtres Religieux qui y vinrent, & les affranchit de toutes Dîmes & redevances ; ce qui fut ratifié en l'an 1166. mais il n'y eut point d'Abbé avant l'an 1170. tems auquel les bâtimens furent faits aux depens des Seigneurs voisins. Jean fut le premier Abbé, & Hugues son Successeur. Il n'y a que quatre Religieux.

[d] Ibid. p. 83.

BEAUMARISH [e], Beaumarich ou Beaumaris, Ville de l'Isle d'Anglesey sous la Couronne de la Grande Bretagne, & dans les annexes du pays de Galles ; à 184. milles de Londres. Elle est presentement la capitale de l'Isle, honneur qu'elle a enlevé à l'ancienne Ville d'Aberfraw [f]. Cette ville est située sur le detroit de Menay vis-à-vis du Comté de Caernarvan environ à trois milles de Bangor vers le Nord. Edouard I. la fonda dans un lieux marécageux d'où elle tire son nom ; il y a un bon port defendu par un Château ; elle envoye ses Députez au Parlement.

[e] Etat de la Gr. Bret. T. 1.p.135.

[f] Baudrand Ed. 1705.

BEAUMESNIL [g], Bourg de France dans la haute Normandie. Il est situé dans le Diocèse d'Evreux près de Grosslai à deux lieues de Beaumont le Roger entre Conches & Berney. Ce Bourg est le titre d'une Baronie qui comprend sept Paroisses, avec le patronage de sept Cures. Le Château de Beaumesnil est bien bâti, à la moderne, & d'une belle apparence avec des fossez à fond de cuve remplis d'eau. Un Sénéchal y administre la Justice de la Baronie. On tient un Marché tous les Lundis à Beaumesnil, & une Foire le jour de la St. Simon, St. Jude.

[g] Corn. Dict. Memoires dressez sur les lieux.

1. BEAU-

BÉA. 171

a Baudrand Ed. 1705.

1. BEAUMONT [a], petite Ville de l'Isle de France sur la pente d'une Montagne au pied de laquelle coule la Riviere d'Oise, que l'on y passe sur un beau pont; à cause de quoi on nomme cette Ville BEAUMONT-SUR-OISE. Elle est sur les confins du Beauvoisis, à huit petites lieues de Paris, au Septentrion & à pareille distance de Beauvais, à deux lieues au dessus de Pontoise [b]. Il y a au haut de la colline un Château presque ruiné qui commande sur toute la ville. Elle n'a de remarquable qu'une grande rue qui passe dans le Marché. A côté de cette place on voit la tour de l'Horloge & l'Eglise principale dont le Doyenné est d'une grande étendue. Ce Beaumont qui a titre de Comté fut érigé en Pairie par le Roi Philippe de Valois en 1328. en faveur de Robert d'Artois. Le Duc Charles d'Orleans à qui cette ville appartenoit, étant prisonnier en Angleterre, les Bourguignons, grands Ennemis de cette Maison, la prirent & la pillerent en 1416. Les Ducs de Vendôme l'ont depuis tenue en titre Ducal.

b Corn. Dict.

2. BEAUMONT, petite Ville, ou gros Bourg de France en Picardie, entre les Rivieres d'Aisne & de Marne proche de Villers-Cotterets, selon Mr. Corneille [c] qui ne cite aucun garant. Les Cartes que j'ai consultées n'en font point mention.

c Dict.

3. BEAUMONT [d], Ville des Païs-Bas dans le Hainault entre Sambre & Meuse; elle est petite mais assez peuplée avec titre de Comté qui a été possedé par les Seigneurs Cadets de la Maison de Ligne-Aremberg. Cette branche ayant été éteinte en la personne d'Ernest-Dominique Prince de Chimay mort sans enfans, le Comté de Beaumont & ses autres biens vinrent par heritage au Comte de Bossu en Hainaut petit-fils d'Anne de Ligne tante paternelle du dernier Prince Ernest Dominique laquelle avoit épousé Eugene de Henin Comme de Bossu. Cette Ville étoit déja fondée dès l'onzième Siécle & relevoit du Comte de Hainaut. Elle avoit un Seigneur dont l'heritage passa à la Maison de Croy, & ensuite à celle de Ligne. [e] Les Espagnols la cederent aux François en 1684. mais Guillaume III. Roi d'Angleterre l'ayant prise en 1691. en fit sauter le Château.

d Longuerue desc. de la France 2. part. p.100. & suiv.

e Memoires du temps.

4. BEAUMONT EN AUGE [f], Bourg de France dans la Normandie, en Latin *Bellomons in Algia*. Il est situé dans le Diocèse de Lizieux sur une montagne, à une lieuë & demie du Pont l'Evêque, & à deux de Touques. Il y a un Prieuré Claustral de Benedictins de la Congregation de Saint Maur, sous le titre de Nôtre Dame, fondé en 1060. par Robert Bertrand Vicomte de Rocheville, & par Suzanne le Tort sa femme. De la terrasse du Jardin de ce Prieuré qui dépend de l'Abbaye de Saint-Ouën de Rouën, l'on decouvre jusqu'à vingt-quatre Paroisses du pays d'Auge. L'on voit Pont l'Evêque, Rocheville, Touques & la Mer. Les Benedictins y ont un Collége où ils enseignent les Humanitez & la Rhetorique. On tient dans ce Bourg tous les Jeudis un Marché celebre pour le gros bétail, ce qui fait qu'on le nomme quelque fois BEAUMONT PIED DE BOEUF. On y tient aussi la jurisdiction de la Vicomté de Roncheville, qui appartient au Duc d'Orleans. L'Eglise Paroissiale porte le titre de S. Sauveur.

f Corn. Dict. Memoires dressez sur les lieux en 1704.

5. BEAUMONT LE ROGER [g], petite Ville de France, dans la haute Normandie, avec titre de Comté. On l'a appellée ainsi, à cause qu'elle a été bâtie ou du moins augmentée par Roger l'un de ses Comtes. Rotrode ou Raoul Archevêque de Rouën dans l'onzième Siécle, étoit descendu de ce Roger. Cette Ville, que quelques-uns nomment Bourg, à cause qu'elle n'est point fermée de murailles, est située à quatre lieuës du Bec & de Conches, à trois de Bernay, de Brionne & de Neubourg, à deux d'Harcour, de Tibouville, de Beauménil, & de Romilly, & à onze de Rouën. Elle n'a qu'une seule ruë assez bien pavée, & son Eglise Paroissiale porte le titre de Saint Nicolas, & le Prieuré de la Sainte Trinité qu'on y trouve est très-considerable, & desservi par deux Prêtres depuis que les Benedictins qui l'habitoient se sont retirez à l'Abbaye du Bec dont il dépend, après que leurs bâtimens ont été détruits pendant les guerres. On voit dans cette Eglise de très-anciennes Reliques, & les Benedictins du Bec y viennent faire le Service divin dans les fêtes solemnelles. Il y a une haute Justice, un Maire, un Capitaine, & un Lieutenant de Ville à Beaumont. On y fait de la draperie, des toilles, & l'on y voit un grand nombre de Cloutiers. Le Marché s'y tient tous les Mardis & tous les Samedis, & une Foire à la St. Michel. Il y avoit autrefois un fort Château, bâti sur une roche escarpée en precipice, auprès de l'Eglise de Saint Leonard, Paroisse de Bossu, mais ce Château est détruit entierement. Le gros village nommé Vieille, où l'on blanchit quantité de toilles, n'est séparé de Beaumont que par un pont de pierre sur la Rille où sont ses moulins.[h] Beaumont le Roger a pris son nom de son Fondateur ; ce n'étoit alors qu'une Seigneurie ou Baronnie qui a été tenue par de simples Gentilshommes. Saint Louïs acquit l'an 1253. cette Terre par échange de Raoul de Meulant : elle fut réunie au Domaine durant environ cent ans, ayant été quelquefois depuis ce temps-là attribuée aux Reines & des Enfans de France, mais l'an 1353. le Roi Jean ayant fait la Paix avec Charles d'Evreux Roi de Navarre, donna cette Terre en partage à Louïs Frere du Roi Charles, & il en jouït jusqu'à sa mort arrivée l'an 1372. laissant pour héritier son Frere le Roi Charles : car ce Prince Louïs n'avoit point laissé d'Enfans légitimes, mais un Fils naturel nommé Charles, qui prit le surnom de *Beaumont*, & s'établit dans le Royaume de Navarre : son fils Louïs fut Connétable de ce Royaume & Comte de Lerin. Lui & ses Successeurs furent Chefs en Navarre de la faction de Beaumont ou de *Los Biamonteses*, opposée à celle des Grammonts ou *Agramonteses*; ces deux Maisons ont depuis été éteintes, étant tombées en quenouille ; celle de Beaumont est fonduë dans celle des Alvares de Toledo, Ducs d'Albe, & la Maison de Grammont en celle des Seigneurs de la Maison d'Aure, Vicomtes d'Astier. Charles III. Roi de Navarre, qui étoit

g Memoires dressez sur les lieux en 1703.

h Longuerue desc. de la France 1. part. p. 74.

BEA.

étoit Propriétaire de ce Comté de Beaumont, le ceda avec Evreux à Charles VI.

6. BEAUMONT [a], Ville de France en Normandie, dans le Cotentin, proche de la Mer entre les Villes de Cherbourg, de Valogne, & de St. Sauveur le Vicomte. C'est plutôt un Bourg qu'une Ville.

a Corn. Dict.

6. BEAUMONT-VILLE, c'est, selon Mr. Baudrand [b], un Bourg de Normandie auprès de Beaumont le Roger. Il veut parler sans doute de VIEILLE, gros Village qui est à l'autre côté de la Rille, le nom de Beaumont mal placé, & celui de Vieille mal écrit dans quelque Carte ont donné lieu sans doute à cet article.

b Ed. 1705.

7. BEAUMONT-LE-VICOMTE, Ville de France dans le Maine sur la Sarte, presque à moitié chemin entre Alençon & le Mans, & environ à trois lieues de la Normandie [c]. Elle a été bâtie par les anciens Vicomtes du Mans, qui étoient les Lieutenans des Comtes; & c'est d'eux que cette Ville a pris le surnom de Beaumont le Vicomte. Elle fut prise plusieurs fois par Guillaume le Conquerant Duc de Normandie, & Roi d'Angleterre, & suivit le sort de la Province du Maine, qui changea trois ou quatre fois de Maîtres en moins de trente ans. Cette ville a donné son nom à deux grandes familles, qui ont duré plus de trois cents ans. La première commença par Hubert de Beaumont Vicomte du Mans, qui vivoit au commencement du dixiéme Siécle, & finit à Richard de Beaumont troisiéme du nom qui laissa sa succession à Agnès sa sœur, mariée à Louïs de Brienne Roi de Jerusalem, duquel mariage sont issus les Seigneurs de la Maison de Beaumont, qui est fondue en celle de Chamaillard. Marie de Chamaillard porta cette ville en dot l'an 1371. à Pierre Comte d'Alençon, d'où elle passa dans la Maison de Bourbon par le mariage de Françoise d'Alençon, fille aînée de René Duc d'Alençon & de Marguerite de Lorraine, avec Charles de Bourbon Comte de Vendôme. Elle fut érigée en Duché-Pairie l'an 1543. & c'est le premier titre que le Roi Henri IV. porta du vivant de son Pere, après la mort de son frere, qui en avoit été revêtu. Beaumont est présentement possédé par la Maison de Fessé. Il n'y a qu'une seule Paroisse, & l'on y compte quatre-cens quatre-vingt-cinq feux, & environ quinze-cens habitans [d]. François I, lorsqu'il érigea Beaumont en Duché, voulut qu'il y eût deux Siéges de Justice, l'un à Beaumont, pour la partie de ce Duché qui est dans le Maine, & l'autre à la Fleche, pour ce qui est en Anjou.

c Piganiol de la Force desc. de la France T. 5. p. 147.

d Longuerue desc. de la France 1. part. p. 96.

8. BEAUMONT [e], Bourg de France en Gâtinois, dans l'Election de Nemours, au Midi & à une petite lieue & demie de Puiseaux. C'est aparemment le même que le Comté de BEAUMONT-LES-BOIS dont parle Mr. Corneille.

e De l'Isle Atlas.

9. BEAUMONT, Bourgade de France dans le Nivernois. On le nomme BEAUMONT SUR SARDOLLE.

10. BEAUMONT LE CHETIF, ou LE CHARTIF, gros village de France, dans l'Election de Chartres, à moitié chemin de l'Abbaye de Tiron au Bourg d'Auson.

11. BEAUMONT [f], Ville de France dans l'Auvergne, Election de Clermont. Mr. Corneille n'en fait qu'un Bourg, il a titre de Ville, & de Vicomté, & on y compte 218. feux.

f Denomb. de la France T. 1. p. 339.

12. BEAUMONT, ville de France dans le Comté de Gaure selon Mr. Corneille [g], ou en Gascogne dans la Lomagne selon Mr. Baudrand [h], sur la Gimone, aux confins de l'Armagnac, à trois lieues de la Garonne, sur le chemin de Leitoure à Toulouse.

g Dict.

h Ed. 1705.

13. BEAUMONT, ville de France en Perigord dans l'Election de Sarlat. Elle a titre de Comté & Justice Royale non ressortissante. On n'y compte que 235. feux selon le Denombrement de ce Royaume [i].

i T. 1. p. 374.

14. BEAUMONT, Château & Seigneurie de France dans le Rouergue avec une Abbaye de l'Ordre de St. Augustin dont le Prieur est Seigneur du lieu: cette Abbaye est au Diocèse de Vabres.

15. BEAUMONT, Bourg de France en Dauphiné, dans l'Election de Valence.

16. BEAUMONT-EN-ARGONE, petite ville de France, en Champagne, en Argonne, sur un petit Ruisseau, qui se jette un peu au dessous dans la Meuse. Beaumont est à une lieue & demie de Mouzon, & à deux de Stenai en droite ligne.

17. FORET DE BEAUMONT. Voiez FORET.

1. BEAUNE, Ville de France en Bourgogne, entre Dijon, Autun & Challon, à trois lieues de la Saone dans un pays aussi agréable que fertile, & cette situation avantageuse a engagé plusieurs Ducs de Bourgogne à y établir leur Cour. [k] Elle est arrosée par le Ruisseau de l'Aigue, & par la Riviere de Bougeoise, qui prennent leur source à cinq cents pas de la ville. Quelques Auteurs ont voulu que ce soit la Bibracte dont parle Cesar; mais Mr. de Valois dit que c'est sans raison; Beaune, étant une petite ville que l'on ne découvre, que dans les Chroniques des Monasteres de Bourgogne [l]. Le BEAUNOIS, (car nos ancêtres écrivoient BEAULNE): le BEAUNOIS, en Latin Pagus Belnisus, étoit néanmoins un pays connu sous ce même nom du temps des Rois Carlovingiens, comme on le voit par leurs Capitulaires. Sa principale ville dont il s'agit ici, & qui n'étoit qu'une Bourgade ou Château, n'a été érigée en ville que par Eude III. Duc de Bourgogne l'an 1203. Il lui donna de grands privileges qui furent confirmez par son fils Eude IV. l'an 1232. le même Duc Eudes acheta de son parent André Dauphin de Viennois ce qu'il avoit à Beaune, & à Challon sur Saone, comme on voit par les Lettres de Renaud de Forez Archevêque de Lyon, & par celles d'André qui avoit quitté ce nom pour prendre celui de Dauphin [m]. La figure de cette ville est presque ovale. Elle a deux cens douze toises de long, cent quatre vingt quinze de large, & sept cens quatre-vingt du circuit; les fossez en sont beaux, & les murs assez bons; les parapets en sont ruinez en plusieurs endroits. Elle est fortifiée par quatre grands bastions, deux ravelins, & six boulevares revêtus d'un mur, dont les pierres sont taillées

k Piganiol de la Force desc. de la France T. 3. p. 191. & seq.

l Longuerne desc. de la France. 1. part. p. 283.

m Piganiol de la Force ubi supra.

BEA.

^a *Longuerue ubi supra.*

taillées en pointes de Diamans. ^a Il y avoit autrefois un Château, qui passoit pour la plus forte place du Duché de Bourgogne ayant été bâti par Louïs XII. pour la defense & la sureté du pays; mais Henri IV. ayant été forcé d'abandonner le Maréchal de Biron à la severité des Loix, & craignant que le parti de ce rebelle dont le fort étoit en Bourgogne ne se servît de ce Château pour continuer le Plan de la revolte concertée ordonna qu'on le demantelât; ce qui fut fait en 1602. ^b On entre dans la ville par quatre portes qui prennent les noms de St. Nicolas, de St. Martin, de la Bretonniere & de la Magdelaine. L'Eglise Collegiale de Beaune sous l'invocation de Nôtre Dame porte le titre d'*Insigne*, & est desservie par trente Chanoines, selon Mr. Corneille, ou trente-trois, selon Mr. Piganiol de la Force. On peut accorder en disant que l'un compte les Chanoines honoraires, & que l'autre ne les compte pas. Ils sont Curez primitifs de la ville où il y a deux Paroisses, & des Fauxbourgs où il y en a trois. ^c On remarque à l'Autel du Chœur de la Collégiale, un grand & magnifique reliquaire long d'environ huit pieds sur deux & demi de haut. Ce sont diferents quadres distinguez par des Pilastres, le tout enrichi de Pierreries sur un fond d'or; c'est un riche monument de la pieuse liberalité des Ducs de Bourgogne. Les orgues de cette Eglise sont aussi d'une beauté, qui attire les regards des Curieux; les autres Eglises de Beaune & de ses fauxbourgs, sont Nôtre-Dame Paroisse dans la Collégiale, St. Pierre, St. Martin, la Magdelaine, les Couvens des Dominicains, des Minimes, des Religieuses, de la Visitation, des Ursulines, des Dominicaines, & des Carmelites. On voit dans le Monastere de ces dernieres le tombeau de la bien heureuse Sœur Marguerite du St. Sacrement morte dans ce Monastere en odeur de sainteté. Il y a aussi à Beaune une Abbaye de Bernardines appellée le LIEU DIEU. Les Capucins sont dans un Fauxbourg, & à un quart de lieue entre deux Fauxbourgs est une Chartreuse qu'Eudes Duc de Bourgogne fit bâtir l'an 1303. Une des plus belles choses de Beaune; c'est le magnifique Hôpital que fonda en 1443. Nicolas Rollin Chancelier de Philippe Duc de Bourgogne. Chacun sçait la reflexion de Louïs XI. à qui on vouloit faire admirer la charité de ce Chancelier en lui montrant cet Hôpital; il étoit bien juste, dit ce Prince, qu'aiant fait tant de pauvres pendant sa vie, il fit bâtir avant sa mort une maison pour les loger. Ce Bâtiment est vaste, & l'un des plus beaux de France. Sa grande Cour est bordée de galeries, qui donnent entrée dans toutes les Sales où sont les Malades, les Offices sont dessous. La Bougeoise qui passe dans cet Hôpital contribue beaucoup à y entretenir l'extrême propreté qu'on y admire. Il y a cinq Sales pour les malades du commun, & quatre Chambres pour les personnes de distinction, qui s'y font porter & y sont servis en payant. Il est desservi par des Religieuses, qui ne font vœu que pour un an. Il y a une coutume singuliere établie à la profession de ces Dames. Lors qu'une d'elles fait ses premiers vœux, elle fait present à la Maison de

^b *Piganiol de la Force l. c. p. 192.*

^c *Memoires particuliers.*

BEA.

douze douzaines de Dindons, d'autant de Poulets, d'autant de Pigeons, d'autant de Perdrix, d'autant de Lièvres, &c. Les revenus sont administrez par des Maîtres, qui n'exercent que durant trois ans, & qui sont nommez par le Marquis d'Epinac, qui en est le Patron, étant descendu par femmes du fondateur. Il y a encore un autre Hôpital general pour des Orphelins & des Orphelines. On les y occupe à carder, & à filer de la Laine; le nombre n'en est pas fixé. Outre ces deux Hôpitaux; il y a encore une Chambre des Pauvres, dont le Bureau est composé du Maire qui y preside, de deux Chanoines, de deux Officiers Royaux, de deux Echevins, & de quatre Bourgeois. Ils changent tous les trois ans. Les revenus sont employez à faire subsister des pauvres honteux, & à faire apprendre des métiers aux enfans de l'un & de l'autre sexe. Il y a encore un beau Collége où les PP. de l'Oratoire enseignent toutes les classes jusqu'à la Philosophie inclusivement. Quoi que cette ville n'ait que quatre portes, elle a néanmoins sept Fauxbourgs. Le Baunois ou Beunois a deux choses, qui se rendent très-remarquable, à savoir la celebre Abbaye de Cîteaux chef d'Ordre, & les vins de Beaune blancs & rouges: on en connoit le prix depuis long-temps; car Guillaume le Breton dans la Vie de Philippe Auguste qu'il a écrite en vers Latins dit en parlant de Beaune,

Frugifero jocunda solo nihilominus illi
Cum multis suberat aliis vinosa Bealnia
Indicens cerebris vino fera bella jubenti.

2. BEAUNE, petite ville de France dans le Gâtinois à quatre lieues & demie de Briare, & de Pithiviers, à deux & demie de Bellegarde & à une petite lieue & demie de Bois commun, dans l'Election de Montargis. Mr. de l'Isle^d n'en fait qu'un Bourg. Elle a néanmoins le titre de Ville, & a été autrefois plus grande qu'elle n'est à present. On y compte 482. feux.

^d *Carte de la Beauté du Gatinois &c.*

3. BEAUNE, Mr. de l'Isle^e écrit BEONE. Coulon dans son Traité des Rivieres de France dit LA BEAUNE. Elle a sa source à la paroisse de St. Geniez en Perigord, & coulant vers le Sud-Ouest passe à Marquais, puis à Tayac où elle se perd dans la Vesere avec laquelle elle tombe dans la Dordogne à Limeil.

^e *Carte du Bourdelois & du Perigord.*

1. BEAUPORT, petite Baye d'Afrique dans la Cafrerie: les Portugais la nomment BAYA HERMOSA.

2. BEAUPORT^f, Port & Château de l'Amerique dans la côte meridionale de l'Isle de St. Domingue. Les Espagnols l'appellent EL PUERTO HERMOSO dans le pays, où il s'étend l'espace de quelques lieues. Il est à dixhuit lieues de la ville de St. Domingue au Couchant.

^f *Baudrand Ed. 1705.*

3. BEAUPORT^g, Abbaye de France en Bretagne au Diocèse de St. Brieu. Elle est de l'Ordre de Premontré, & de la filiation de l'Abbaye de la Luzerne. Elle fut fondée par Alain Comte de Goelo, & par Petronille sa femme l'an 1202.

^g *Piganiol de la Force, Desc. de la France T. 4. p. 300.*

BEAUPREAU^h, petite ville de France en

^h *Ibid: T. 6. p. 136.*

en Anjou, sur la rive droite de l'Isere. Elle fut honorée en 1562. du titre de Duché-Pairie, & appartient presentement à la Maison de Villeroy. Il y a deux Paroisses, & on y compte 483. feux. Outre les Paroisses il y a une Eglise Collegiale dont le Clergé n'est pas nombreux.

BEAUPTEIS, petite Riviere de France en Normandie, elle se perd dans la Douë, selon Coulon [a].

[a] Riv. de France 1. part. p. 211.

BEAUQUESNE, Bourg de France en Picardie dans le Doyenné de Dourlens. Il y a Prevôté & Justice Royale non ressortissante, & environ 245. feux. La Prevôté est composée d'un Prevôt, un Procureur du Roi qui est le même qui sert au Bailliage d'Amiens, un Substitut & un Greffier.

1. BEAUREGARD [b], petite ville de France l'une des onze Châtellenies de la Principauté de Dombes.

[b] Corn. Dict.

2. BEAUREGARD [c], petite ville de France dans la Principauté d'Orange.

[c] Ibid.

3. BEAUREGARD [d], Bourg de France en Auvergne. L'Evêque de Clermont y a une fort belle maison.

[d] Ibid.

4. BEAUREGARD [e], Château de France dans l'Orléanois, à l'extremité de la Forêt de Russi, à deux lieues de Blois. Les beautez de cette maison la font surnommer dans le pays Beauregard le Royal. Le Bâtiment n'étoit pas considerable du temps de Jean du Thier, Seigneur de Beauregard & de Menars. Mais Messieurs Ardier Pere & fils, à qui il a appartenu depuis, l'ont fait augmenter. La Gallerie d'enhaut est ornée des Portraits des hommes illustres qui ont paru dans l'Eglise, à la Cour, dans les Armées, & dans les Universitez depuis le temps de Philippe de Valois jusqu'au regne de Louïs XIV. Le carreau de cette Galerie est façon de Hollande, & représente une armée rangée en bataille avec son General & ses Officiers. On voit dans la Chapelle, qui est à un des bouts de cette Galerie, quelques ouvrages à fresque du Signor Nicolo.

[e] Piganiol de la Force. Desc. de la France T. 5. p. 219.

BEAURENG ou BEAUREINS [f], Seigneurie du pays de Liége à trois grandes lieues de Rochefort en Ardennes, & autant de Charlemont sur la Meuse.

[f] Dict. Geogr. des Pays-bas.

BEAUREVOIR, Bourg de France en Picardie, à l'Orient du Castelet & à la source de l'Escaut sur les confins du Cambresis. [g] Il y a un vieux Château à demi ruiné [h].

[g] Sanson Atlas.
[h] Baudrand Ed. 1705.

BEAUROUNE [i], Riviere de France en Perigord. Elle a sa source au Nord Oriental de Perigueux au dessus de l'Abbaye de Ligneuil où sont des Benedictines; & serpentant vers le Midi Occidental, elle arrose St. Martin d'Agonat, Preissac d'Agonat, Château-l'Evêque, Beauronne, l'Abbaye de Chancelade & tombe dans l'Isle au dessous & au Couchant de Perigueux.

[i] De l'Isle Atlas.

BEAUSSE, Pays de France [k] qui commence à huit ou dix lieuës de Paris, & qui par de vastes plaines très-fertiles en froment s'étend jusqu'à la Loire. Le Pays Chartrain avec le Dunois & une partie de l'Isle de France, & de l'Orléanois composent le pays qu'on nomme la Beausse, en Latin Belsia, ou Belsa, dont Fortunat qui vivoit sur la fin du VI.

[k] Piganiol de la Force T. V. p. 151.
[l] Longuerue Desc. de la France part. 1. pag. 113.

Siécle, fait mention dans la Vie de Saint Germain Evêque de Paris. La Beausse néanmoins n'a jamais fait une Province, & il n'y a point eû de Seigneur, qui se soit qualifié Duc ou Comte de Beausse.

[m] La Beausse est un Pays très abondant en froment, & c'est pour cela qu'il est appellé le Grenier de Paris; mais il est d'ailleurs sans Vignes, sans Prez, sans Bois, sans Rivieres, sans Montagnes, ni fontaines. Les puits y sont fort profonds, parce que le pays est haut & élevé, ce qui oblige les habitans de conserver l'eau de pluye dans des marres profondes & des citernes.

[m] Piganiol de la Force l. c.

La Beausse particuliere, ou le pays Chartrain est d'une étenduë assez resserrée, & ne comprend que les villes de Chartres, de Nogent-le-Roi, de Gallardon, de Bonneval, de Maintenon &c.

BEAUTÉ [n], ancienne Maison Royale de France, en Latin Bellitas ad Matronam. Ce lieu étoit situé sur le bord de la Marne, dans le voisinage du Bois de Vincennes. Il fut nommé Beauté à cause de l'agrément de sa situation. Froissart le place dans le bois même de Vincennes: mais la relation de l'entrevuë & de l'entretien qu'eurent l'Empereur Charles IV. & Charles V. Roi de France distingue le Château de Beauté sur la Marne qu'il nomme Maison Royale, du Château de Beauté dans le Bois de Vincennes. Nicolaus Ægidius semble faire la même distinction lorsque parlant de ces deux Princes il dit; le Roy le mena & le festoya au Bois de Vincennes, à Beauté & ailleurs: & dans la Vie de Charles VII. La place & Chastel de Beauté près le bois de Vincennes. A quoi on peut ajouter ce qui est dit du même Charles V. qu'il mourut en 1380. en son Hôtel en Beauté sur Marne, près celui du bois de Vincennes. On voit encore aujourd'hui des restes de ce Château de Beauté sur lesquels on a élevé une maison assez magnifique; mais qui n'est plus Maison Royale. Voiez VINCENNES.

[n] De Re Diplomat. Lib. IV. pag. 251.

§. BEAUTÉ, Mr. Huet dans ses Memoires sur l'origine de Caën veut que Baltha, Melsis & Balduentum soient les anciens noms de Beauté, Meautis & Bavent. Il les croit de même origine que le mot Belth, d'où il dit que la Mer Baltique a pris son nom, sans cependant dire quelle est l'origine de ce mot Belth.

1. BEAUVAIS, Ville de France, capitale du Beauvoisis, dans le Gouvernement de l'Isle de France. On ignore son ancien nom, Cesar l'ayant conquise voulut qu'elle s'appellât Cesaro-Magus, nom qu'elle a ensuite quité pour prendre celui du peuple BELLOVACI. [o] Sanson le Geographe a voulu que Cesaro magus fût la même chose que Bratuspantium, place du Beauvoisis dont Jules Cesar fait mention; mais ce n'est qu'une conjecture, qui n'est appuyée sur aucune autorité des Anciens. Les Anglois [p] assiégerent cette ville inutilement en 1443. & Charles Duc de Bourgogne ne fut pas plus heureux l'an 1472. quoi qu'il eût une armée de quatre vingt mille hommes. Ce fut pendant ce dernier siége que les femmes de Beauvais signalerent leur valeur sous la conduite de Jeanne de Hachette; dont

[o] Longuerue Desc. de la France part. 1. pag. 22.
[p] Piganiol de la Force, Descr. de la France T. II. pag. 190.

BEA.

dont on voit le Portrait dans la maison de ville. C'est en mémoire de la belle défense qu'elles firent, qu'elles marchoient les premieres à une procession qu'on fait tous les ans le 10. de Juillet.

Beauvais est situé sur le Therin à 16. lieues de Paris, & à autant de Rouen. Il est de 15'. plus Occidental que l'Observatoire de Paris; & sa latitude est de 49. d. 26'. selon les observations de l'Academie Royale des Sciences. Sa situation [a] n'est pas desagréable. Une partie des eaux du Therin remplit ses fossez, & l'autre sert aux Ouvriers, qui travaillent à la laine dont on fait de petites étoffes. Ce seroit une ville assez forte, si elle n'étoit point commandée par les montagnes qui l'environnent presque par tout, principalement du côté des Portes de Paris, de l'Hôpital & de Bresle, où à cause de cela on a fait de doubles fortifications pour une plus sûre défense. Entre ses ruës dont la plûpart sont belles & droites, celles de l'écu & de St. Sauveur sont les plus grandes. Cette premiere aboutit au grand marché qui fait le plus beau quartier de la Ville, quoique les maisons n'en soient bâties que de bois. Il y a Presidial & Bailliage à Beauvais. St. Pierre est l'Eglise Cathedralle d'où relevent quatre autres petites Eglises; sçavoir St. Barthelemy, St. Nicolas, St. Michel, & Nôtre Dame; ce qui fait qu'on les appelle les 4. filles de St. Pierre. Le Chœur de cette Cathedrale qui fut commencé l'an 1391. est une piéce admirable tant pour sa hauteur & sa largeur que pour le dégagement de son travail, la belle ordonnance de sa voute & ses dehors. Il a dix piliers de chaque côté dans sa longueur avec des Chapelles tout à l'entour. Le pavé du sanctuaire qui est très-vaste est tout de marbre. La tribune ou jubé qui separe le Chœur de la Nef en est toute incrustée & enrichie de 14. colomnes, & autres accompagnemens aussi de marbre avec de grandes figures & des Tableaux aux deux Autels, qui sont aux deux côtez de la porte du Chœur; mais il manque à cette Eglise une Nef dont on n'a encore bâti que deux travées, & par un malheur que l'on n'a pu reparer jusqu'à présent la magnifique Pyramide du milieu ayant écroulé, l'Eglise est demeurée sans tours & sans clocher d'apparence. Ses grosses cloches sont dans une espéce de basse cour, bâtie environ à 15. pas de son portail. Cette Cathedrale est fournie d'une quantité extraordinaire des plus belles Chappes du Royaume, soit pour la beauté, la qualité & la richesse des étoffes, soit pour la délicatesse & la varieté des Portraits de soye d'or & d'argent travaillez à l'aiguille. Son tresor renferme un grand nombre de précieuses reliques, & l'on voit à son Autel les chasses de St. Germer, de St. Evroul & de St. Just. Ce qui rend la ville plus considerable, ce sont VI. Eglises Collegiales, sçavoir St. Barthelemy, St. Nicolas, St. Michel, Nôtre-Dame du Chastel, St. Laurent, & St. Wast. XIII. Paroisses & plusieurs autres Eglises & Maisons Ecclesiastiques de pieté. Entre les Eglises de Beauvais après la Cathedrale & St. Lucien, celles de St. Sauveur, de St. Etienne & de St. Nicolas, sont remarquables pour leur grandeur & leur

a Corn. Dict. sur des Memoires dressez sur les lieux en 1704.

BEA.

architecture. Il y a 3. Abbayes, quatre Monasteres d'hommes & trois de filles. Les Cordeliers, les Dominicains, & les Minimes, les Cordelieres dites filles de St. François, les Ursulines & les Chanoinesses de l'Hôtel-Dieu sont dans la ville; mais les Capucins, les Abbayes de St. Lucien, de St. Quentin, & de St. Symphorien, sont hors de son enceinte. L'Abbaye de St. Lucien appartient aux Benedictins de la Congregation de St. Maur. Leur Eglise est bâtie en croix, elle est vaste & belle & a un large coridor qui regne tout à l'entour. Elle a 15. Piliers de châque côté avec des Chapelles autour du Chœur. Le corps de St. Lucien qui est dans une chasse au haut du grand Autel attire beaucoup de monde qui vient l'honorer en cette Eglise, dans le tresor de laquelle on conserve d'autres reliques très-precieuses & très-anciennes. La maison des Religieux bâtie à neuf, est en bon air & d'un dessein magnifique. L'Abbaye de St. Quentin, qui appartient aux Chanoines Reguliers de St. Augustin de la Congregation de Ste Geneviéve, a une Eglise assez grande. Ils ont la chasse de Ste Romaine martyrisée à Mont-mille, où il y a une Chapelle avec Prieuré simple autrefois regulier, où l'on honore St. Lucien & Ste Romaine. L'Abbaye de St. Symphorien que les grands Benedictins ont possedée est presentement occupée par des Peres de la Mission. L'Eglise est petite; mais ils ont élevé sur la croupe de la montagne de grands bâtimens pour le Seminaire Episcopal qu'ils gouvernent. La Terrasse de leur Jardin domine de fort près la ville, qui commence au pied de cette montagne assez escarpée. La petite Riviere d'Avelon entre dans le Therin au pied de la montagne de St. Symphorien après avoir arrosé un des fauxbourgs de Beauvais. Cette ville a cinq portes qui sont celles de Bresle, de l'Hôpital, de Limaçon, de St. Jean & de Paris. Les environs de Beauvais sont couverts de grands vignobles d'un côté, de prairies & de Jardinages de l'autre.

L'Evêché de Beauvais [b] a eû St. Lucien pour premier Evêque vers le milieu du troisiéme siécle, & l'on compte depuis lui jusqu'à M. de St. Aignan, qui en est aujourd'hui Evêque, xc. Prelats. Cet Evêché a le titre de Comté-Pairie. Ce fut en cette qualité que l'Evêque de Beauvais suivant l'attribution de sa Pairie porta en 1179. le Manteau Royal au sacre du Roi Philippe Auguste. Le Comté de Beauvais fut uni à l'Evêché en 996. par Roger fils du Comte de Blois & Evêque de Beauvais. Ce Roger avoit eû le Comté de Sancerre en Berry, pour sa part dans la succession de son Pere, & celui de Beauvais étoit échu à Eudes son frere. Ils firent un échange & Roger ne fut pas plutôt en possession de celui de Beauvais qu'il en fit present à son Eglise, avec la permission du Roi Robert. Parmi les Evêques de Beauvais l'on en trouve deux, qui par leur auguste naissance ont fait beaucoup d'honneur à cette Eglise. Le premier est Henri de France fils de Louïs le Gros, & frere du Roi Louïs VII. Il étoit Evêque de Beauvais en 1148. & fut ensuite Archevêque de Rheims. L'autre est Philippe

b Piganiol de la Forte, Desc. de la France T. II. pag. 176.

pe de Dreux petit-fils de Louïs le Gros, & neveu de cet Henri de France, dont il vient d'être parlé. Philippe étoit Evêque en 1175. Simon de Clermont, qui fut Regent du Royaume sous trois de nos Rois, Jean de Dormans, Cardinal & Chancelier de France, Odet de Coligny Cardinal de Châtillon, & Charles de Bourbon ont été Evêques de Beauvais, & ont autant édifié leur Diocèse que le Cardinal de Châtillon scandalisa tous les Catholiques en embrassant la pretendue Reforme de Calvin, l'an 1561. Cet Evêché vaut cinquante mille livres de revenu, & s'étend sur douze Chapitres, 14. Abbayes, dont celles de l'Ordre de St. Benoît sont St. Lucien lez Beauvais, St. Symphorien, St. Germer de Flaix, & de Breteuil Celles de l'Ordre de Citeaux sont Royaumont, Froidmont, Lannoy, Beaupré. De l'Ordre de St. Augustin, St. Quentin lez Beauvais, & St. Martin aux Bois, autrefois nommée St. Martin de Ruricourt. L'Abbaye de St. Just est de l'Ordre de Premontré. St. Paul lez Beauvais est une Abbaye de filles de l'Ordre de St. Benoît : Moncel près de Pont St. Maixance est aussi Abbaye de filles, mais de l'Ordre de Ste Claire. On compte dans ce Diocèse 48. Prieurez 442. Curez & 300. Chapelles.

Le Chapitre de la Cathedrale est composé de six Dignitez, qui sont le Doyen, l'Archidiacre de Beauvais, le Chantre, le Tresorier, l'Archidiacre de Beauvoisis & le Soûchantre. Les Chanoines sont au nombre de 42. [a] parmi lesquels il y a le Chancelier & le Penitencier, à quoi il faut joindre six demiprebendez, quatre Prebendez, quatre Marguilliers & d'autres Chapelains Chantres. Tous ces Benefices sont conferez par l'Evêque à l'exception du Doyen, qui est élû par le Chapitre.

[b] L'Hôtel-Dieu est desservi par des Religieuses, & a environ 12000. livres de rente. Il y a 48. lits dont la moitié est destinée pour les hommes, & l'autre pour les femmes. Il est gouverné pour le spirituel par un Recteur, qui est Religieux de Ste Geneviéve, & qui avoit même autrefois l'administration du temporel ; mais en 1684. le Roi attribua cette derniere à l'Evêque conjointement avec le Chapitre de la Cathedrale & le Corps de Ville. Depuis ce tems l'Evêque nomme un Administrateur Ecclesiastique, le Chapitre un autre & le Corps de Ville deux Administrateurs seculiers. L'Hôpital general a été principalement fondé des liberalitez de feu M. Choard de Buzenval Evêque de Beauvais, qui obtint des Lettres Patentes du Roi en 1658. il a autant de revenu que l'Hôtel-Dieu, & l'administration est presque la même, à cette difference près, qu'il a huit Administrateurs dont deux sont nommez par l'Evêque, deux par le Chapitre, & ces quatre sont Ecclesiastiques, & quatre par le Corps de Ville, qui sont seculiers. Il y a ordinairement dans cette maison 300. personnes, Vieillards, Invalides, ou Enfans.

[c] Il y a à Beauvais un Presidial, une Justice Seigneuriale tenuë en Pairie, une Election, un Grenier à sel & une Marechaussée. Le Presidial de Beauvais, fut établi sous le regne d'Henri III. l'an 1580. comme son Ressort s'étend sur plusieurs Bailliages, & Prevôtez qu'on a distraits du ressort de plusieurs autres Juridictions, cela est cause que les Procès y sont décidez selon differentes Coutumes. Une partie est reglée par la Coûtume de Senlis & les autres par les Coûtumes de Clermont, d'Amiens, & de Mont-Didier. Le Siége de Beauvais est composé de 18. Officiers, y compris les chefs.

La Justice de la ville de Beauvais appartient à l'Evêque, & est exercée par un Bailli, qui a sous lui trois Lieutenans, un Procureur & un Avocat Fiscal, un Substitut & un Greffier. Il a encore une jurisdiction pour les Eaux & Forêts de son Evêché ; & les appellations de ces deux Justices de l'Evêque sont portées au Parlement.

On fabriquoit[d] autrefois à Beauvais des Draps, qui étoient d'un assez bon debit, mais depuis environ 60. ans cette manufacture est tombée, parcequ'on en a diminué le fil, & qu'on les a rendus par là de mauvaise qualité. On établit dans la ville de Beauvais une manufacture de tapisseries l'an 1664. Cet établissement auroit été très-utile, & auroit fait honneur au Royaume sans les guerres presque continuelles que la France a été obligée de soutenir depuis ce tems-là. On y fait de très-beaux ouvrages dont la qualité est aussi bonne que celle des tapisseries de Flandres. Les eaux du pays contribuent infiniment à la beauté de la teinture : on fabrique aussi à Beauvais, & aux environs des Serges & des Draps, qu'on transporte dans les Provinces du Royaume, & dans les Pays étrangers, surtout en Savoye & en Italie. Ce Commerce est grand & très-considerable de même que celui des toiles que l'on fait dans le plat pays. Celles que l'on appelle demi-Hollandes, se font à Bulles à quatre lieuës de Beauvais, avec du lin excellent, qui croît aux environs.

Plusieurs personnes illustres par leur naissance, par leur merite & par leur savoir sont nées à Beauvais ou dans le Beauvoisis. On compte parmi ces illustres cinq grands Maîtres de l'Ordre de St. Jean de Jerusalem, Jean & Philippe de Villiers-l'Isle-Adam, Claude de la Sengle, Aloph & Adrien de Vignacourt, Antoine Loisel fameux Jurisconsulte, Jean Foy Vaillant, savant Antiquaire, Adrien Baillet & plusieurs autres, qui ont tenu un rang distingué dans la Republique des Lettres.

2. BEAUVAIS, Bourg de France au Haut Languedoc sur le Tescou à cinq lieues de Montauban, au Levant en passant dans l'Albigeois.

BEAUVAISIS ou BEAUVOISIS, en Latin Bellovacensis ager, Province de France qui fait partie du Gouvernement de l'Isle de France, & qui est ainsi nommée de Beauvais sa ville capitale. Elle faisoit anciennement partie de la Picardie ; mais elle en a été tirée depuis plusieurs années, & à present elle a pour limites au Septentrion la Picardie propre, au Couchant le Vexin Normand, dont elle est separée par la Riviere d'Epte, au Midi le Vexin François, & au Levant le Bailliage & Comté de Senlis, dont elle est divisée par la Ri-

---

[a] Mr. Pigañiol de la Force en met 52.

[b] Pigañiol de la Force ubi supra.

[c] Le même p. 279.

[d] p. 283.

BEA. BEB.   BEB.   177

Riviere d'Oife, ayant pour lieux les plus confiderables outre fa Capitale, Clermont & Gerberoy.

BEAWDLEY. Voiez BEWDLEY.

1. BEAUVOIR, Bourgade de France dans le Dauphiné, & non pas ville, comme le dit Mr. Corneille. Elle n'a que cinquante-fix feux & eft au Diocèfe de Grenoble à l'Occident d'Eté, & à quatre lieues communes de Grenoble. Ce lieu eft remarquable parce qu'on y paffe fur un pont l'Ifere, fur le bord Oriental de laquelle il eft fitué; mais il a été autrefois plus remarquable à caufe du Palais qu'y avoient les Dauphins Souverains du Dauphiné qui y ont fait quelque refidence. Il eft nommé en Latin *Caftrum belli Vifus in Royanis*. Mr. Corneille dit qu'il y a encore un Couvent de Carmes fondé par Humbert Dauphin.

2. BEAUVOIR, *fur Mer*, ville Maritime de France en Poitou, dans l'Election des Sables d'Olone, elle a titre de Marquifat & un Bureau des cinq groffes Fermes. Elle eft comptée fur le pied de 388. feux dans le Denombrement de la France [a].

[a] T.1.p.251.

BEBAI. Voiez BEBE.

BEBASE [b], Maifon de Campagne entre Nifibe & l'Euphrate & par confequent dans la Mefopotamie, à cent milles de Conftance, dont elle étoit feparée par un defert aride.

[b] Ammien Marcellin l. 18. p. 138. & 142. Edit. Lindebrog.

BEBBA, ancienne Ville Royale de la Grande Bretagne, Bede en fait mention, & Ortelius qui le cite juge qu'elle étoit en Northumberland. Les Chroniques Saxonnes [c] nomment ce lieu diverfement *Bebbanburc*, *Bebanburgh*, *Bekamburgh*, *Bahanburch*, *Babbanburgh*, *Bebhamburg*, *Baenburg*, *Bamburgh*, c'eft aujourd'hui BAMBORROW. Voyez ce mot.

[c] Gibfon in Chron. Saxon. p. 14.

BEBE, Ortelius dit que c'étoit un Bourg voifin de Bethulie & cite le XV. Chapitre du Livre de Judith. On y lit effectivement dans le Grec [d]: *& Ozias envoya à Baitomafthaim & Bebai, & Chobai, & Cola*, & à toutes les extremitez d'Ifraël des Courriers pour annoncer ce qui s'étoit fait afin que chacun tombât de tous côtez fur l'ennemi pour achever de le détruire. Au lieu de quoi la Vulgate dit feulement: *Ozias envoya donc des Courriers par toutes les villes & les contrées d'Ifraël*. Au premier livre d'Efdras [e] on lit que les enfans de Bebai revinrent de la captivité de Babylone au nombre de fix cens, vingt-trois. Mais ces deux paffages ne nous apprennent pas la fituation de Bebai.

[d] V. 6.

[e] C. 2. v. 11.

BEB-EL-MENDER, nom corrompu de BAB-EL-MANDEL. Voiez ce mot.

§. BEBELLOCH, Mr. Corneille [f] après Daviti dit que Babelloc, ou Bibelloh eft un gros Bourg d'Afrique, & qu'il paffe pour un des fauxbourgs du Caire dont il eft éloigné d'un mille. Il fait, dit-il, environ vingt mille feux. On y voit des Artifans & des Marchands de toutes fortes, & une grande place nommée Jazbachie où eft un fort grand Palais avec un College. C'eft en ce Bourg que fe tiennent les cabaretiers, les femmes du bas-metier, & les Charlatans qui fervent à donner du plaifir au peuple. Le P. Vansleb parlant des neuf Boucheries publiques qui font dans le Caire ou dans fes Fauxbourgs donne pour la quatriéme celle de BAB-ILLUK ou *du quartier des bordels* : ce font fes propres termes, & il eft plus fûr de s'en raporter à lui qu'à Daviti.

[f] Dict.

BEBELO. Voiez BEBULO.

BEBIANI, furnom d'une partie des Liguriens. Voiez au mot LIGURES.

BEBIUS, montagne d'Italie dans la Campanie. On croit que ce mot s'eft gliffé dans le Livre de Vibius Sequefter au lieu de VESUVIUS, le Vefuve. Les manufcrits varient fur ce qu'au lieu de FLUVIUM *emittens* on lit dans quelques-uns FLUMEN *emittens*. Bocace a lu fans doute dans fon manufcrit *ignem* au lieu de *Flumen*, car il dit: *Bebius Campaniæ mons eft ignem ad inftar Ætnæ Siculæ vaporans*.

BEBLINGEN, petite Ville d'Allemagne dans la Suabe au Duché de Wirtenberg, au Sud-Oueft & à un mille & demi de Stutgard, près de la fource de la Riviere de Wirm. Ce lieu qui eft fur les hauteurs eft entouré de forêts, de prairies, de terres labourables & de Vignobles. C'eft le chef-lieu d'un Bailliage de même nom où il y a un Château, quelques Villages & la petite Ville de Sindelfingen; felon Zeyler [g].

[g] Suev. Topogr. p. 14.
[h] Baudrand

BEBRE [h] (la) Riviere de France dans le Bourbonnois: on la nomme auffi la CHABRE. Elle a fa fource près de Montmorillon, paffe à la Palice & à Jaligne, & fe decharge dans la Loire vis-à-vis Bourbon-Lanei. Son nom Latin eft *Besbria*.

BEBRIACUM. Voiez BEDRIAC.

1. BEBRYCES & BEBRYCIE, en Europe, peuple & contrée de la Gaule Narbonnoife en deçà des Pirenées. [i] Les Poëtes ont fupofé que Pirene Bebrycienne, & fille du Roi ayant été violée par Hercule, & n'ofant plus fe montrer à la Cour de fon Pere, fut errante dans les montagnes où les bêtes fauvages la dechirerent, que ces montagnes en porterent le nom depuis cela.

[i] Cellar. Geog. ant. l. 2. c. 2.

Nomen Bebrycia duxere a Virgine colles
Hofpitis Alcidæ crimen. Plangebat in antris
Et promiffa viri filvis narrabat opacis
Donec mærentem ingrato raptoris amores,
Tendentemque manus atque Hofpitis arma vocantem
Diripuere feræ.

[k] Sil. Ital. l. 3. v. 420.

Hercule revenant d'Efpagne trouva les membres difperfez de cette infortunée Princeffe & fit retentir les montagnes de fes regrets.

Defletumque tenent montes per facula nomen.

La Bebrycie étoit entre les *Volcæ*, & l'Efpagne; cela paroit par la marche des Carthaginois.

Bebrycia Pœnus fines tranfcenderat aulæ;
Inde ferox quæfitum armis per inhofpita rura
Volcarum populatur iter.

Zonare dit que la Mer nommée autrefois Bebrycienne s'appella enfuite Narbonnoife, & Feftus Avienus [m] dit Gens-

[l] T. 2. de init. Belli Hannibal. p. 70.
[m] In Ora. Marit.

Tom. I. PART. 2.   Z

BEB. BEC.

Gensque Bebrycum prius
Loca hæc tenebat: atque Narbo civitas
Erat ferocis maximum regni caput.

2. BEBRYCES, & Bebrycie en Asie, ancien nom de la Bithynie & de ses premiers habitans, selon Servius dans son Commentaire sur l'Eneide de Virgile [a].

BEBULO, ancienne mine d'argent en d'Espagne qu'Annibal avoit fait ouvrir, & qui lui raportoit par jour trois quintaux de mineral. Pline [b] dit qu'on avoit creusé quinze cens pas dans la montagne, & que les Aquitains en tiroient l'eau jour & nuit suivant la mesure de l'huile ; c'est-à-dire que le temps du travail se regloit sur la durée d'une certaine mesure d'huile, que l'on mettoit dans les lampes, & qu'après qu'elle étoit consumée, de nouveaux ouvriers continuoient le travail. De ce que ces Aquitains y étoient employez Ortelius juge que cette mine devoit être vers les Pirénées ; mais le R. P. Hardouin avec sa sagacité ordinaire trouve qu'il vaudroit mieux lire *Accitani*, peuple de la dependance de Carthagene.

☞ BEC, pointe de terre, que deux Rivieres resserrent entr'elles lorsqu'elles se joignent ensemble dans un même lit; ce mot s'entend aussi de la jonction même. Le BEC D'AMBE est le lieu où la Garonne, & la Dordogne mêlent leurs eaux ; & on apelle BEC D'ALLIER la rencontre de l'Allier qui se perd dans la Loire.

☞ BEC, se dit aussi d'un Cap ou d'une pointe de terre, qui s'avance dans la Mer ; tel qu'est le BEC DU RAS en Bretagne.

LE BEC [e], Bourg de France en Normandie, avec une Abbaye fort riche & fort grande. On lui a donné ce nom à cause qu'il est situé sur un *Bec*, ou langue de terre, au confluent de deux Rivieres. Ce Bourg est à neuf lieuës de Rouën, à cinq de la Bouille & de Pont-au-de-Mer, à quatre de Bernay, & à trois de Bourgtheroulde, & à une lieuë ou environ d'Harcourt & de Brionne. L'Abbaye, qui est de l'Ordre des Benedictins de la Congregation de St. Maur, est extrémement considerable. L'Eglise bâtie en croix, porte le titre de Nôtre Dame, & Saint Anselme en est le second Patron. Le Chœur est un des plus grands du Royaume, puisqu'il y a dix piliers de chaque côté dans sa longueur. Le grand Autel, qui est achevé depuis quelques années, est accompagné de huit colonnes d'un beau marbre ; elles sont disposées en demi-cercle, & soûtiennent une grande demi Couronne Imperiale, dont les branches sont toutes dorées, & enrichies de Sculpture ; il y a aussi de grands Anges, des Cherubins & autres ouvrages dorez, qui font un bel effet. Sur l'autel qui est entre ces colomnes, l'Enfant Jesus est representé dans sa Crêche, accompagné de la Sainte Vierge & de Saint Joseph, qui paroissent l'adorer. La pierre qui forme l'Autel est de porphyre, d'une grandeur extraordinaire, & l'on tient qu'elle a été benite par Saint Anselme. Derriere le grand Autel, entre les deux derniers piliers du Chœur, l'on voit une grande figure de Vierge, de pierre dorée, le marchepied de l'Autel, & le pavé du Sanctuaire, qui est fort grand, sont de marbre noir veiné de blanc, & l'on prépare [d] le marbre pour en paver aussi tout le Chœur. Les deux gros Chandeliers de l'élevation, une grande figure de Moïse & le Lutrin, sont de cuivre très-bien ouvragé ; mais le Lutrin est d'un dessein singulier, fort grand, & digne qu'on l'examine en détail. La façade de la Tribune ou Jubé, qui sépare le Chœur de la Nef, est toute incrustée, ornée & enrichie de marbre. Il y a onze Chapelles autour du Chœur ; chacune avec une contre-table de different dessein, elles sont toutes ornées de marbre, les unes entierement & les autres en partie, & on compte onze croisées autour de celle de la Vierge, qui est derriere le Chœur. La croisée du milieu de cette Eglise est vaste ; mais la Nef n'a que deux travées de longueur, le reste ayant été ruiné. L'Orgue que l'on estime extraordinairement pour sa bonté ; & pour le grand nombre des jeux qui la composent, est au dessus du Portail, qui est d'une ordonnance d'Architecture assez propre. Les figures des douze Apôtres & autres Saints representez en pierre, beaucoup plus hauts que nature, sont adossées contre les piliers de cette Eglise, qui est entierement couverte de plomb ; dont les dehors sont ouvragez & ornez de quantité de belles pyramides : une balustrade de pierre termine & couronne en dehors tout le corps de l'Eglise ; & en dedans il y a une petite gallerie tout à l'entour, au dessous des grands vitraux. La Sacristie est ornée d'une belle menuiserie, avec une ferrure très-bien travaillée. L'on y voit dans des armoires quelques Reliques, & six gros Chandeliers triangles, avec une croix d'argent, d'un fort bel ouvrage, & quantité d'ornemens très-riches pour le service de l'Autel, & pour celebrer l'Office divin dans les fêtes solemnelles. La grosse sonnerie est dans une grande & haute Tour, bâtie proche de l'Eglise ; & l'on dit que la grosse cloche pesa environ dix milliers. La petite sonnerie qui est fort harmonieuse, est dans le clocher élevé sur le milieu de la croisée de l'Eglise. Le Cloître de cette Abbaye est beau, bâti à la moderne, large, & orné de beaux pilastres. Les bâtimens qui l'accompagnent sont solides & assez nouveaux ; & la Bibliotheque qu'on y voit est fournie de bons Livres, pour les differentes études des Religieux. Le Refectoire est grand, & une fontaine d'eau claire qui sert de lavoir, y donne de l'eau par six robinets, & retombe dans un grand bassin d'airain. L'on voit dans le Chapitre des Tombeaux de plusieurs anciens Abbez du Bec, & quelques Tableaux qui representent des Religieux de cette Abbaye vêtus de blanc, ce qu'on attribue à la devotion particuliere que Saint Anselme avoit pour la Sainte Vierge ; les Religieux du Bec ayant porté l'habit blanc jusqu'à l'établissement de la reforme des Religieux de la Congregation de Saint Maur dans cette Maison. Elle a été fondée vers l'an 1077. par le bienheureux Herluïn, en Latin *Hirluinus*, son premier Abbé, qui eut pour Disciple Saint Lanfranc, & Saint Anselme, tous deux successivement Arche-

[a] l. 5. v. 373.
[b] l. 33. c. 6.
[e] Corn Memoires dressés sur les lieux en 1703.
[d] en 1703.

BEC.

Archevêques de Cantorberi en Angleterre. Cette Abbaye possede la Baronnie de Bonneville, proche le Bec, qui a été selon la tradition du lieu, le patrimoine & le manoir du bienheureux Herluïn, ce qui est cause que le Bourg du Bec est nommé le BEC HERLUÏN. Elle a aussi la Seigneurie & le Patronage de ce Bourg, & nomme à quantité de Cures, entre autres à celles de Saint Jean & de Saint Gervais de Paris. La petite Riviere du Bec prend ses sources, trois quarts de lieuë au dessus de l'Abbaye à Buot, Paroisse située au pied de la côte de Calville, & après avoir passé par Saint Martin du Parc, & traversé le Territoire de l'Abbaye, elle entre dans la Rille à Pontautout, un quart de lieuë au dessous du Parc de cette Abbaye. Ce Parc a environ une demie lieuë de longueur, & il est enclos de murailles. Il y a une haute Justice dans le Bourg, où l'on tient deux Foires tous les ans le jour du Vendredi Saint, & l'autre le jour de la fête de Saint André.

BEC CRESPIN [a], Bourg de France en Normandie, avec Château, & titre de Baronnie. Il est situé dans un vallon au dessous de la source de la Laizarde, dans le pays de Caux, à une lieuë de Montiviliers, à trois du Havre de Grace, à cinq de Fescamp, & à seize de Rouën. Son Eglise Paroissiale est sous l'invocation de Nôtre Dame. Le Château est fort logeable, & son enceinte est flanquée de six hautes Tours, accompagnées de larges fossés à fond de cuve remplis d'eau avec un étang, des reservoirs, des moulins, des bosquets, & un plant de chênes & de sapins. La Baronnie du Bec-Crespin a dans sa dépendance cinq Paroisses en Seigneuries & en Patronage ; sçavoir Nôtre Dame du Bec, Saint Martin du Bec, Escuquetot, Beaurepaire, Bretteville ; & l'on compte trente-huit Fiefs Nobles qui en relevent médiatement ou immédiatement.

[a] Memoires dressés sur les lieux en 1702.

BEC D'ALLIER. Voiez & BEC.

BEC d'AMBEZ. Voiez AMBEZ.

BEC D'ARIEUX, on dit présentement BEDARIEUX. Voiez ce mot.

BEC DE GALLOWAI, petite Presqu'Isle d'Ecosse dans la Province de Gallowai, dans la Mer d'Irlande. On l'appelle en Anglois THE MUL OF GALLOWAY.

BEC DU RAS. Voiez RAS.

BECAR [b], Province d'Asie dans l'Indoustan: elle comprend les pays de DOUAB, Jesuat, & Udesse, & est arrosée par les fleuves qui se déchargent dans le Gange. Non seulement elle est à l'Orient de Dehli ; mais encore elle est la plus Orientale du Mogolistan, par le pays d'Udesse qui la ferme avec ses Montagnes. Et comme cette grande Province est riche à cause de sa grande fertilité, elle raporte par an au Mogol plus de XIV. millions. Elle a plusieurs bonnes Villes ; les principales sont Sambal, Menapour, Rageapour, Jehanac & sur tout BECANER qui est presentement la capitale située à l'Occident du Gange. Ce pays est le même que BACAR. Voiez ce mot.

[b] Thevenot Voyage des Indes p. 183.

BECARE, Port de l'Arabie selon Pline [c] ; dans les Editions qu'ont eues Pinet & Ortelius, ce lieu étoit, ou plutôt selon Ortelius,

[c] l. 6, c, 23.

BEC. 179

car Pline ne dit point que ce port fut dans l'Arabie. Il le met dans le pays des *Necanides*, selon quelques exemplaires ; des *Neacrides*, selon d'autres ; ou des *Nelcydes*, que le R. P. Hardouin aime mieux. L'Auteur du Periple de la Mer Erythrée [d] met ce Port entre le Sinthe & Barigaza. Il seroit aisé de le reconnoître à la description qu'il en fait si elle étoit fort juste ; car il compte sept Isles ; il dit que le fond de ce Golphe est très-dangereux par les roches qui coupent les cables sous l'eau, la Mer y est orageuse, les Lames y sont grosses, mais il nomme ce Port *Barace* ; Ptolomée [e] l'appelle BACARE ; mais comme il dit qu'il est à l'Embouchure d'une Riviere nommée *Barios*, le R. P. Hardouin a raison de juger que le Port prenant le nom de la Riviere a dû s'appeller *Barace* ; que l'ancien Interprete Latin prefere. Voiez BARACE.

[d] Collect. Oxon. T. 1. p. 23. & 24.

[e] l. 7. c. 1.

BECCENSES & MOLISMENSES, sont des peuples de la Gaule. Ives de Chartres [f] en fait mention dans ses Lettres.

[f] Epist. 9. & 112.

BECENE [g], nom de lieu, duquel il est fait mention dans les Canons du III. Concile de Carthage. D'autres exemplaires portent DECENA.

[g] Ortel. Thes.

BECERRA, Ville Episcopale d'Arabie selon Guillaume de Tyr [h]. Ce Siege étoit Metropole, & est nommé *Beterensis* dans la Notice du Patriarchat de Jerusalem [i], où il est dit qu'il avoit été demembré de celui d'Alexandrie. Nous y voyons que l'on avoit détaché quatre Metropoles en faveur du Siége Patriarchal de Jerusalem, à sçavoir Cesarée, & Scythopolis de celui d'Antioche, & Rabba & BETERRA de celui d'Alexandrie ; mais dans la liste [k] qui suit ces remarques on lit BERYRA. Une description du Diocèse de Jerusalem nomme ce même lieu BOSTRA [l]. Ce dernier nom est le plus usité. Voiez BOSTRA.

[h] Ortel. Thes.

[i] Schelstrate Ant. Eccles. T. 2. p. 742.

[k] Ibid.

[l] Ibib.

BECERRITANUS, Ortelius trouve dans un Fragment manuscrit de Victor d'Utique un Evêque dont le titre est BECERRITANUS, & dont le Siége doit avoir été dans la Numidie : la Notice d'Afrique [m] nomme Felix BERCERITANUS & Mr. Dupin dans ses Notes sur la Conference de Carthage dit que ce dernier Siége lui semble être le même que *Plebs* VESCERITANA [n] de laquelle il y est fait mention.

[m] Schelstrate ibid. p. 657.

[n] p. 161.

BECHAL, BEDDARACH, BEIBAL, DAMASTAGAR, DESERIDAN & RUSA, divers Châteaux qui appartenoient à Cosroès Roi des Perses. Ortelius juge, sur la foi de l'Histoire mêlée dont il cite le 18. livre, qu'ils étoient situez dans le voisinage de Ctesiphonte. L'Empereur Heraclius les fit démolir.

BECHE ou BECH, c'est, selon Mr. de la Forêt de Bourgon [o], un petit Bourg memorable par la Victoire que le Prince Eugene de Savoye y remporta sur les Turcs en 1697. Il dit qu'il est sur la Teiss qui se jette un peu au dessous dans le Danube. Nous devons à Mr. le Comte de Marsilli le vrai nom & la position de ce lieu. Mr. de l'Isle dans sa Carte de Hongrie publiée en 1703. nommoit ce lieu BESCHE & le plaçoit à l'Orient au confluent du Danube & de la Teysse, de l'autre côté de Titul sur la rive Orientale de cette derniere

[o] Geog. Hist. T. 1. p. 395.

Tom. I. PART. 2. Z 2

niere Riviere. Il s'est corrigé dans celle de 1717. il écrit BELCKIS, à l'autre côté du Danube au dessous de Salankemen & au desfus de Belgrade, ce qui est conforme à la Carte du Danube qui doit paroître dans le grand Ouvrage de Mr. le Comte de Marsilli; dans laquelle ce nom est écrit PELCKIS & est dans la même position que lui donne la derniere Carte de Mr. de l'Isle.

BECHIN [a], BECHINIE, WECHIN, en Latin *Bechinum*, petite Ville de Bohéme dans le Cercle auquel elle donne son nom; à l'Occident de Sobieslow, & au Nord Oriental de Teyn. Durant la guerre des Hussites elle fut attaquée l'an 1428. par Procope Rasus qui en assiégea le Château & le prit par capitulation. Le Général Buquoi la prit encore en 1619. avec une Armée d'Imperiaux & ayant pris le Château, brûla cette Ville avec quinze Villages.

[a] Zeyler Bohem. Topogr. p. 10.

BECHIRES, Nation d'Asie. Pline [b] la nomme ainsi. Etienne le Géographe dit : BECHEIR Nation d'entre les Scythes. Scylax [c] nomme ce même peuple BECHIRI βέχειροι; & fait mention du Port de Bechir, & d'une Ville Grecque nommée BECHIRIAS qu'il dit avoir été une Ville Grecque. Apollonius [d] parle aussi des Bechires.

[b] l.6.c.4.
[c] p.32. Edit. Hudson.
[d] l.2.v. 395.

BECH-PARMAC [e], Bourg d'Asie dans le Curdistan.

[e] Hist. de Timur Bec T.2.p.214.
[f] Dict.

BECHRIA [f], Mr. Corneille observe que quelques-uns nomment, ainsi la contrée d'Afrique qui s'étend tant sur la Mer Mediterranée que sur le bras Oriental du Nil qui se rend à Damiéte. Ce pays, dit-il, commence aux limites de Rosette & finit à Faramide, ce qui fait, ajoutent-ils, que les Egyptiens le nomment d'un mot qui signifie maritime. C'est la partie du Delta qui est entre les branches Orientale & Occidentale du Nil le long de la Mer.

BECHUNI, ancien peuple d'Italie selon Ptolomée [g] qui le met à l'Occident du pays nommé alors Venetia. Leurs Villes étoient selon lui,

[g] l.3.c.1.

Vannia,	aujourd'hui *Lovino*,	selon ses
Carraca,	aujourd'hui *Caravagio*,	Interprêtes
Bretina,	aujourd'hui *Brindes*,	
Anonium	aujourd'hui *Non* ou *Nan*,	selon le Pere Briet.

Ce Pere qui veut que *Vannia* soit présentement Civedo ou Cividado, donne cette Ville aussi bien que celle d'*Anonium* non pas aux *Bechuni* dont il ne parle point, mais aux Euganéens dont les *Bechuni* faisoient partie. Le pays des Bechuni étoit à peu près ce que nous appellons aujourd'hui la Vallée de CAMONICA.

☞ BECK, cette syllabe entre comme finale dans la composition de quelques noms Géographiques de lieux de l'Allemagne, & est derivée du mot BACH, qui signifie un RUISSEAU dans la Langue Allemande. Cette remarque doit aussi servir pour connoître l'étymologie des noms terminez en *Bach* qui sont en bien plus grand nombre. Le changement d'A en E, est très-ordinaire.

BECKE. Voiez BEEKE.

BECKEM ou BECKEN [h], petite Ville d'Allemagne en Westphalie dans l'Evêché de Munster; à la source de la Verse entre Munster & Lipstadt.

[h] Baudrand Ed. 1705.

BECKLE, ou comme l'écrit l'Auteur de l'Etat present de la Grande Bretagne [i], BEECLES petite Ville d'Angleterre au Comté de Suffolc, sur le Waveney. Elle se distingue par son Ecole publique.

[i] T.1.p. 113.

BECLAM, Cedrene nomme ainsi un Château de Cosroès Roi de Perse. C'est apparemment le même que BECHAL. Voiez ce mot.

BEC-OISEAU [k], ancien Château de France en Champagne, on en voit encore les masures à quatre lieues de Meaux & à l'entrée de la Forêt de Crecy.

[k] Baugier Mem. Hist. de Champagne T.1. p. 367.

BECSANGIL, Province de la Turquie Asiatique & partie de la Natolie. Mr. Baudrand croit qu'elle répond à la Bithynie des anciens. Elle est, dit-il, bornée au Septentrion par la Mer Noire, au Couchant par la Mer de Marmora & un peu par l'Archipel, au Midi par la Natolie propre, & au Levant par la Province de Bolli. Ses Villes principales sont *Biurse* (Brouse anciennement Pruse); *Isnich* (anciennement *Nicée* fameuse par le Concile & le Symbole qui en portent le nom); *Comidie* (anciennement *Nicomedie*) & *Scutaret* (que l'on croit être l'ancienne *Chrysopolis.*) Il est remarquable que des personnes bien instruites qui ont eu occasion de nommer ainsi cette Province ne l'aient pas fait, entre autres, Mr. Ricaut dans le denombrement des Bachas de l'Empire Ottoman, & Mr. de Tournefort qui a vu & décrit la Capitale.

BECTILETH, Campagne entre la Cilicie & la Syrie; il en est fait mention au second Chapitre de Judith [l], selon le texte Grec; car le Latin n'en parle point. Il y est dit qu'Holophernes étant parti de Ninive après une marche de trois jours arriva dans la plaine de Bectileth, & delà fut camper à la montagne d'Ange située à la gauche de la haute Cilicie. D. Calmet croit que *Bectilet* est la Campagne de BAGDANIE [m] à la gauche ou au Nord du mont Argée appellé dans la Vulgate montagne d'Angé.

[l] V.12.
[m] Dict.

§. BED, Grande chaine de montagnes en Afrique dans l'Ethiopie entre l'Abissinie & le Monoemugi, selon quelques Geographes Modernes qui veulent à quelque prix que ce soit trouver dans l'Ethiopie les montagnes de la Lune que Ptolomée y a placées sur des Memoires peu authentiques. Ils ont poussé l'entêtement jusqu'à y mettre les sources du Nil que l'on sait présentement être bien loin delà.

BEDA [n], Village dans le voisinage de Trêves. Antonin en fait mention, & dit que ce n'étoit qu'un Village. Mr. Corneille en fait une Ville. Antonin le met sur la route de Tréves à Cologne, à douze lieues de la premiere.

[n] Itiner.

BEDACCHAN [o], Royaume d'Asie dans la Tartarie, entre la Transoxiane & le Tebet. Timur Bec [p] Il fait partie du Zagataï, & confine au Gihon vers le Royaume de Catlan. C'est la même chose que le pays nommé BADACHSHAN dans la description de la Chorasmie [p] & du Mawaralnarh tiré des Tables d'Abulfeda. Le même Ouvrage [q] fait mention du *Fleuve* nommé BADACHSHAN & HARRAT, duquel le pays prenoit

[o] Hist. de Timur Bec T.1.p.27.
[p] p. 27.
[q] p. 78.

BED. BED. 181

prenoit vraisemblablement le nom. Voiez BA-
DASCHIAN.

BEDAIN [a], petite place de France au
Comtat Venaiſſin au Nord-Eſt de Carpentras,
& au Sud-Eſt de Vaiſon, à pareille diſtance de
l'une & de l'autre; elle eſt ſur une montagne
peu diſtante du mont Ventoux.

BEDAR, lieu municipal dans la Syrie dans
le territoire de la ville d'Arca, ſelon Guillaume
de Tyr, cité par Ortelius.

BEDARIDES, petite place de France au
Comtat Venaiſſin, entre la ville de Sorgues &
la Principauté d'Orange, au bord Septentrional de l'Ouveſe que l'on y paſſe ſur un Pont,
à deux lieues d'Avignon.

BEDARIEUX, ou BEC D'ARIEUX ou
BEDERIEUX, ou même BEC DE RIOUX.
Ville de France dans le Languedoc au Dioce-
ſe de Beſiers, & non pas au Dioceſe de Mon-
tauban, comme le dit par erreur Mr. Corneille.
Elle eſt comptée ſur le pied de 471. feux dans le
Dénombrement de la France [b], & n'eſt remar-
quable que par les laines que l'on y travaille.

BEDAS, Peuple d'Aſie, dans l'Iſle de
Ceylan, & que Mr. le Grand [c] croit être
iſſu de quelques perſonnes qui ont fait naufrage
en cette côte avant qu'elle fût habitée. C'eſt
une eſpece d'hommes preſque toute differente
des autres. Ils ont leur demeure le long de
la côte entre deux Rivieres, dont l'une les ſé-
pare du Royaume de Jafanapatan & l'autre
de celui de Trinquemale. Leur Pays qui a dix
lieues de longueur ſur huit de largeur, eſt
tout couvert de bois ſi épais qu'on n'y ſauroit preſque entrer. C'eſt dans ces bois qu'ils
ſe cachent, n'ayant ni commerce, ni communication avec perſonne, ils s'enfuyent ſitôt qu'ils apperçoivent quelqu'un qui n'eſt
pas de leur eſpece. Ces Sauvages ſont blancs
comme des Européens, & il y a même des
roux parmi eux. Leur langue n'a aucun
rapport avec celle qu'on parle dans l'Iſle ou
dans toutes les autres parties des Indes. Ils
n'ont ni villages, ni maiſons, & demeurent
ſix mois dans un endroit & ſix mois dans l'autre, en attendant toûjours que les grains qu'ils
ont ſemez ſoient en maturité. La recolte faite, ils vont demeurer ailleurs. Leurs habits
ſont faits des peaux des animaux qu'ils tuent
dans leurs bois, qui ſont remplis de ſangliers,
de cerfs, & autres animaux. Ils ſont fort a-
droits à tirer de l'arc & de la flêche. Ce ſont
les armes dont ils ſe ſervent. Ils ne cuiſent
point leur viande; mais ils la confiſent, pour
ainſi dire, dans le miel qu'ils ont en grande
abondance, à cauſe du nombre infini d'abeilles, qui font leur miel dans le tronc des arbres, au pied deſquels ils vont frapper, le
faiſant tomber par gros rayons quand ils en
veulent avoir. Ils ne mangent pas une fois
leur chair fraîche. Ils la gardent ordinairement toute une année. Ainſi lorſqu'ils ont
tué quelque animal, ils le coupent par morceaux, & le vont mêler avec du miel dans le
trou d'un arbre, à la hauteur de terre d'une
braſſe. Ils font eux-mêmes ce trou, & le
bouchent enſuite avec un tampon. Ils y
laiſſent leur viande une année, & au bout de
ce temps-là ils la vont prendre & la mangent.
Lorſqu'ils ont beſoin ou de haches ou de flê-

ches, ils font un modele avec des feuilles d'arbres, & vont le porter la nuit, avec la moitié d'un ſanglier ou d'un cerf, à la porte
d'un Armurier, qui voyant le matin cette
viande entend ce que cela ſignifie. L'Armurier travaille auſſitôt, & trois jours après, il
pend les flêches ou les haches au même endroit
où étoit la viande, & le Beda l'y vient prendre pendant la nuit. S'il eſt content du travail de l'Artiſan, il lui rapporte encore un
quartier de viande, de cerf, ou de ſanglier,
ou de quelqu'autre animal. Voici ce que l'on
conte dans l'Iſle touchant l'origine des Bedas.
On pretend qu'un jeune Roi qui y demeuroit, fort cruel & addonné à toutes ſortes de
vices, & mangeant les hommes, ce qui eſt le
plus grand crime parmi ces Gentils, fut pris,
& arrêté par ſes Sujets, qui le condamnerent à
perdre la vie avec tous ceux qui l'avoient ſervi dans ſes cruautez, ou à ſe retirer avec eux
dans ces Forêts, deſorte que jamais il ne parut ni aucun de ceux qui avoient été les compagnons de ſa fuite, & que depuis ce temps-
là, leurs Deſcendans éxecutent la Sentence,
& ne ſortent point de ces Forêts. Ceci tient
bien de la fable. S'il étoit vrai qu'on eût relegué le Roi avec pluſieurs de ſes Miniſtres,
& toutes les femmes qu'ils entretenoient, cette Nation auroit dû ſe multiplier beaucoup davantage. On voit au contraire que bien loin
d'être nombreuſe, elle n'occupe qu'une très-
petite contrée, & que les hommes ſont beaucoup de temps ſans ſe rencontrer, quoi qu'ils
ſoient errans dans ces Forêts paſſant tantôt
d'un côté & tantôt de l'autre. Jean Ribeiro
Portugais, qui parle ainſi des Bedas dans ſon
Hiſtoire de l'Iſle de Ceylan [d], rapporte qu'il
a connu un metif Indien, qui ayant fait naufrage ſur la côte de ces Peuples en reçut un
accueil ſi favorable, qu'ils l'obligerent à ſe
marier avec leur Reine, qui ſe trouva veuve
en ce temps-là; mais cet Indien s'ennuya bientôt d'être toûjours dans les bois, & avec une
Nation ſi ſauvage. Il ſe ſauva ſur les terres
des Portugais, à qui il apprit entre autres
choſes que ces Bedas n'avoient ni Temple ni
Idoles, ni aucun Culte; que les familles demeuroient ſeparées les unes des autres; qu'ils
avoient une Reine, à qui ils portoient tour à
tour & tout ce qui étoit neceſſaire, pour elle
& pour ſept perſonnes dont ſa Cour étoit compoſée; qu'ils lui preſentoient eux-mêmes ce
qu'ils apportoient, l'abordant & lui parlant
avec beaucoup de ſoûmiſſion; qu'elle n'entendoit point ce qu'on lui diſoit, à moins qu'on
ne lui parlât par ſignes, que ſon Palais étoit
une Chaumiére, garnie par dedans de quelques peaux, qu'elle en avoit auſſi quelques-
unes pour ſe couvrir, & une autre pour s'aſ-
ſeoir; que leur viande confite dans le miel a-
voit très-bon goût, qu'ils l'apprêtoient encore
d'une autre maniere, l'enveloppoient de
feuilles, l'enterroient & faiſoient un fort
grand feu par deſſus, & que cette viande ainſi
apprêtée étoit fort tendre; qu'ils ne mangeoient
point de ſel, que même ils ne le connoiſſoient
pas; & qu'ils avoient beaucoup de miel & de
ris.

BEDAT [e], (le) Riviere de France dans
l'Au-

[a] Jaillot Atlas.

[b] T. 2. p. 271.

[c] Corn. Dict. Hiſt. de l'Iſle de Ceylan c. 24. p. 177. & ſuiv.

[d] Ibid. p. 181.

[e] Coulon Riv. de France part. 1. p. 267.

Z 3

l'Auvergne. Mr. Corneille écrit BEDART. Enflé des eaux de l'Embene il porte bateaux à Maringue où coule aussi la Murge assez proche de son Embouchure. Il passe au milieu de Montferrand, & se jette dans l'Allier.

BEDDARACH. Voiez BECHAL.

BEDDORO, Ville ancienne de la Palestine selon Ptolomée[a]. Ce nom est corrompu de BETHORON. Voiez ce mot. *a l.5.c.6.*

BEDEGENE, lieu de Syrie aux environs de Damas au pied du mont Liban; il est arrosé d'eaux claires & vives, delà vient qu'on l'apelle la maison de volupté: c'est ce qu'en dit Guillaume de Tyr cité par Ortelius[b]. *b Thesaur.*

BEDEILLES[c], Château de France en Béarn, avec titre de Principauté. Il appartient à la Maison d'Albret. *c Baudrand Ed. 1705.*

BEDER, Ville d'Asie dans l'Indoustan au Royaume de Décan, dans la Province de Telenga dont elle est la capitale, comme elle l'étoit autrefois de tout le Décan. Voici l'état où elle étoit lorsque Mr. Thevenot[d] y passa. Elle est grande, dit-il, & est ceinte de murailles de brique, qui ont des creneaux tout à l'entour, & d'espace en espace des tours. Elles sont garnies de grosses pièces de Canon, dont il y en a qui ont la bouche large de trois pieds. Il y a ordinairement dans cette place trois mille hommes de garnison, moitié Cavalerie, moitié Infanterie avec sept cens Canonniers. La Garnison y est bien entretenue. Le Gouverneur loge dans un Château, qui est hors de la place: ce Gouvernement lui vaut beaucoup. Quelques-uns, dit Mr. Baudrand[e], prennent *Beder* pour la BETANA des Anciens. *d Voyage des Indes c. 47. p. 237.* *e Ed. 1705.*

BEDESE, (la) en Latin *Bedesis*, Riviere d'Italie dans l'Etat de l'Eglise. Elle tire sa source de l'Apennin dans la Romagne Florentine, où elle arrose Ste Sophie, & delà passant au Septentrion par la Province de la Romagne, à Meldola, à Forli, où elle prend le nom de *Fiume Acquedotto*, elle se jette dans le Golphe de Venise auprès de Ravenne. C'est ce qu'en dit Mr. Baudrand. Mais dans les Cartes de Magin cette Riviere ne passe nullement à Forli; il part seulement de cette ville un Canal nommé le *Canal de la Cocolia*, qui porte dans la Bedese les eaux détachées des Rivieres Fagnone & Fiumana, qui se communiquent au Nord, & au dessous de *Citta del Sole*, & se separent de nouveau pour se raprocher à Forli. Au reste Magin dit que la BEDESE, ou le RONCO est nommé présentement *Fiume Aquedotto*.

BEDFORD[f], Ville de la grande Bretagne au Royaume d'Angleterre en Bedfordshire, sur la Riviere de l'Ouse à trente-huit milles au Nord de Londres, avec titre de Comté; elle a cinq Paroisses & deux Marchez par semaine. [g] Cette ville fut ruinée par les Danois, & rebâtie par Edouard le Vieil. Edouard III. après la mort du Baron de Bedford de la Maison de Beauchamp créa Engelrand de Coffey Comte de Bedford en 1335. Henri V. étant parvenu à la Couronne érigea ce Pays en Duché en faveur de son frere Jean, néanmoins après la mort de Guipar de Hatfield dernier Duc de Bedford, Edouard VI. *f Etat pres. de la G. Bret. T.1. p.40.* *g d'Audifret Geogr. T.1. p.147.*

rétablit le titre de Comte qu'il donna à Jean Russel dont les descendans jouïssent encore à présent.

BEDFORDSHIRE[h], Province méditerranée de la grande Bretagne au Royaume d'Angleterre, dans le Diocèse de Lincoln. Le pays y est fertile en blé, & en pâturages, surtout du côté du Nord. Elle a LXXIII. milles de tour, & contient environ 260000. arpents de terre, & 1217. maisons. Elle est bornée à l'Orient par les Comtez de Cambridge & de Hartford, au Midi en partie par ce dernier & par celui de Buckingham, au Nord-Ouest par celui de Northampton, & au Nord-Est par celui de Huntington. Ses Villes & Bourgs où l'on tient Marché sont *h Etat pres. de la G. Bret. T. 1. p.39.*

Bedford Capitale, Luton,
Dunstable, Shefford,
Woburn, Bigleswade,
Amphill, Potton.
Leigthon,

BEDHAH, Ville d'Asie, dans le Fars ou Perse proprement dite. Elle fut bâtie par Kischtab fils de Lohorasb second Roi de la Dynastie des Perses, & nommée Bedhah à cause de son Château dont la couleur étoit blanche & la figure ovale; cette ville n'est éloignée de celle de Schiras que de huit Parasanges que Mr. d'Herbelot[i] évalue à 15. ou 16. lieues Françoises. *i Biblioth. Orient.*

BEDIDON[k], petite Riviere de Natolie dans la Caramanie. On l'appelle aussi BEZIZON, & elle coule près de Tharse. *k Baudrand Ed. 1705.*

BEDIFORD ou BIDIFORD[l], Ville de la grande Bretagne au Royaume d'Angleterre en Devonshire. C'est un Port de Mer sur la Turridge, que l'on y passe sur un Pont si élevé qu'un navire de 60. Tonneaux peut passer librement dessous. Cette ville fait un bon negoce. *l Etat pres. de la G. Bret. T. 1. p.57.*

BEDIRUM ou BEDEIRON, Ville de la Libye interieure selon Ptolomée. Voiez DEBRIS.

BEDIS, BELLIS, BELIZ, ou VELEZ. Voiez VELEZ, & PIGNON de VELEZ.

BEDOESE, Bourgade de France dans le Gevaudan.

BEDOUINS[m], Peuple de l'Arabie, qui demeurent toûjours à la Campagne sous des tentes, ne reconnoissent aucun Prince des lieux où ils demeurent, & vivent dans les deserts, ne se soumetant qu'aux Emirs leurs Princes naturels, ou à leurs Cheikhs qui sont d'autres Seigneurs subalternes. Pour bien comprendre l'état de ces Peuples, il est bon de savoir que les Arabes en general ont deux origines; ils tirent la premiere de Jectan arriere-petit-fils de Sem, dont les enfans ont peuplé la Peninsule, appellée depuis Arabie[n], du nom d'*Iarab* l'un de ses fils ou d'*Arabat*, nom d'une contrée qui est dans la même Peninsule. La seconde origine des Arabes est celle qu'ils tirent d'Ismaël, fils d'Abraham & d'Agar, qui vint s'établir dans le même Pays parmi ces premiers & anciens Arabes, & fut le Pere des Arabes Ismaëlites dont quelques Tribus s'apliquérent au Commerce & à l'Agriculture, *m Extrait d'un Voyage de la Palestine par Mr. de la Roque.* *n Voiez au mot ARABIE une Etymologie qui me paroît plus naturelle.*

&

& les autres, en plus grande quantité, occuperent les deserts, & menerent le genre de vie qu'ils crurent convenir le mieux à leur condition & à leur origine ; tels sont les Arabes Bedouins, dont il est ici question, lesquels ont succedé aux anciens Ismaëlites, habitans des deserts d'Arabie, que l'Ecriture Ste. appelle aussi *Cedareniens*, *Agareniens*, & quelquefois les *Fils de l'Orient* ; les mêmes enfin que les Auteurs profanes ont appellez *Nomades*, & *Scenites*, à cause de leur genre de vie & de leur continuel campement sous des tentes. Ces Arabes s'appellent *Bedouins* du mot *Bedouy*, qui en leur langue signifie *Champêtre* ou *habitant du Desert* ; car *Badiat*, d'où est formé *Bedouy*, signifie en Arabe un *Desert*, une *solitude champêtre*. Ce nom convient parfaitement à leur état, à leur profession & à leur origine ; cette illustre naissance dont ils se piquent extrêmement, ne leur permet pas d'éxercer les Arts méchaniques, ni de cultiver la terre : ils ne travaillent point du tout ; leur emploi est de monter à cheval, de nourrir leurs troupeaux, & de faire des courses sur les grands chemins. Ils s'allient rarement aux Turcs & aux Maures (qu'ils considerent d'ailleurs comme leurs Bâtards, & comme les usurpateurs de leur heritage) pour ne pas deroger à leur noblesse.

Les Bedouins campent ordinairement dans les deserts auprès des eaux & des pâturages pour la commodité de leur bétail & n'habitent point dans les Villes, ni dans les lieux où ils puissent être surpris, parce que leurs voleries les rendent ennemis de toutes sortes de Nations. Cela n'empêche pas qu'ils ne soient hospitaliers, bons & civils à leur maniere, & qu'ils ne gardent beaucoup de fidelité à ceux qui vont à eux de bonne foi. Ils n'ont point de Royaumes dont ils soient absolument les Maîtres ; mais ils sont gouvernez, comme je l'ai dit, par des Emirs particuliers, qui n'obéïssent point d'ordinaire les uns aux autres, à moins qu'ils ne soient d'une même famille. On a cependant donné la qualité de Roi des Arabes, au Prince de ceux qui sont dans les deserts d'entre le Mont Sinaï & la Mecque, auquel les Turcs payent un tribut annuel, de crainte qu'il ne pille la Caravanne des Pelerins de la Mecque : & en effet ce Prince commande à une plus grande quantité d'Arabes, dans un Pays plus étendu, & a beaucoup plus d'autorité que ceux qui sont dans la Syrie, dans la Palestine, & dans les autres Pays de l'Asie & de l'Afrique. Les *Cheikhs* obéïssent aux Emirs. Ce sont comme des Seigneurs particuliers, qui commandent à une moindre quantité d'Arabes dévouez à leurs familles, qui leur tiennent lieu de Soldats, de Sujets, & de Domestiques. Ce mot *Cheikh* signifie *ancien* ou *Vieillard* ; ils donnent aussi cette qualité aux gens de Lettres, & à ceux qui ont quelque autorité sur le Peuple quelque jeunes qu'ils soient.

Les Arabes n'ont point d'autres armes qu'une lance, une épée, une masse de fer & quelquefois une hache : Ils ne se servent point de Pistolets, de Mousquets, ni de Fusils, & moins encore de canons pour faire la guerre. Aussi ne se mettent-ils point en peine de se fortifier dans des Villes, d'attaquer, ou de se defendre dans les formes militaires. Le bruit de la poudre les épouvante, ils abhorrent les armes à feu, & ils ne peuvent comprendre qu'elles puissent tuer les hommes sans les toucher. Ils sont bien montez ordinairement, & ils n'attaquent gueres, s'ils ne sont assurez de vaincre : on les a battus quelquefois ; mais on n'a jamais pû les détruire. Le Grand Seigneur les laisse vivre dans son Empire, comme il leur plaît, & quand il en a besoin pour châtier quelques rebelles de leur voisinage, il les prie honnêtement de marcher & leur fait même des presens pour cela, sans quoi ils mépriseroient ses ordres. Ces Emirs envoyent aussi quelques presens au Grand Seigneur des plus beaux chevaux qui se rencontrent chezeux, & des autres raretez de leur Pays ; mais ils n'envoyent aucun Arabe pour les presenter, parce que cette Nation ne se fie point aux Turcs, & ne veut pas se mêler avec eux pour quelque raison que ce soit. Ainsi ces Princes font remettre leurs presens à quelque Bacha de leurs amis, qui prend le soin de les faire passer à Constantinople.

Outre les Arabes Bedouins, qui demeurent dans les deserts d'Egypte, & qui sont de la même race & de la même qualité de ceux dont je viens de parler, il y a une autre race de Bedouins qui sont habituez dans la ville d'Alexandrie d'Egypte, qui vivent à peu près comme ces *Bohemiens*, qu'on appelle en France *Egyptiens*. Ils campent entre le rivage de la Mer & les murailles de la Ville sous des tentes, où les hommes, les femmes, les enfans, & leur bétail logent ensemble, comme s'ils étoient en pleine campagne. Les femmes n'ont qu'une grande chemise bleuë, pour tout habillement ; les hommes & les garçons un peu avancez s'en font d'une piéce de bouracan blanc, & les petits enfans vont tout nuds dans quelque Saison que ce soit. Ces Bedouins d'Alexandrie n'ont presque point d'autre métier pour gagner leur vie que le louage de leurs Anes : c'est la seule voiture dont les Marchands étrangers peuvent se servir dans les Villes d'Egypte pour aller à leurs affaires un peu éloignées. Il y a très-peu de Marchands en ce pays-là qui n'ayent quelques jeunes Bedouins pour servir dans leurs maisons. Ils sont fideles & parlent la Langue Franque & souvent le Provençal.

Les Arabes qui sont dans l'Afrique n'ont pas le même avantage que ceux d'Asie, ils sont mélez entre les Maures & les Peuples de la Numidie, du Biledulgerid &c. Ceux qui sont dans le voisinage d'Alger, de Tunis, & de Tripoli, sont traitez par les Turcs de la même façon qu'ils ont accoûtumé de traiter les Maures, c'est-à-dire avec beaucoup d'inhumanité, l'éloignement de leur centre affoiblit extrêmement l'autorité qu'ils auroient ailleurs. Il n'y a que leur langue qu'ils conservent dans toute sa pureté, & qui est le même que celui des Arabes Orientaux. Il y a encore une autre Nation dans la Syrie & dans la Palestine, qui vit à peu près comme celle des Arabes Bedouins, excepté que leurs tentes sont faites de toile blanche. On les appelle TURKOMANS. Voiez ce mot.

A

A l'égard de la Religion des Bedouins, elle est la même que celle des Turcs : les uns & les autres suivent la Loi de Mahomet avec plus ou moins d'exactitude & de superstition. Ils ne s'appliquent gueres cependant à approfondir les mysteres de l'Alcoran : il n'y a ordinairement que les Emirs, les Cheikhs & leurs Secretaires qui sachent lire & écrire : le peuple se contente d'écouter ce qu'on leur en lit par occasion, & ne fait consister les preceptes de cette Loi que dans la Circoncision, dans le jeûne & dans la priere. Ils suivent au surplus la Loi de nature, dans laquelle ils vivent moralement bien, reconnoissant d'ailleurs l'unité & l'immensité de Dieu, la recompense & la felicité dont les bienheureux joüiront dans l'autre vie, & les peines éternelles qui sont destinées aux mechans, de la maniere que Mahomet en a parlé. Ils font circoncire leurs enfans mâles, lorsqu'ils sont dans un âge à pouvoir s'en ressouvenir ; on fait de grandes réjouissances à cette occasion dans les familles, ainsi que dans le tems des mariages. Ils jeûnent exactement les trente jours du mois appellé *Ramadan*, & ne mangent ni ne boivent depuis le point du jour, jusqu'au coucher du Soleil : alors ils commencent par boire de l'eau & par prendre quelques rafraîchissemens, & après avoir fait la priere, ils mangent le potage & les viandes qu'on leur a preparées, tant & aussi longtems qu'ils veulent. Ils passent une grande partie de la nuit à tout ce qui leur peut faire plaisir & ils dorment pendant le reste du jour, s'ils n'ont autre chose à faire. Les vieillards & les jeunes gens peuvent se dispenser du jeûne quand leur devotion est au dessous de leurs forces : ils ne punissent pas corporellement comme les Turcs ceux qui rompent ce jeûne, & ils sont assez raisonnables pour croire qu'on n'est pas obligé à l'impossible. A l'égard de la priere, chacun la fait en son particulier, sous sa tente ou à la campagne sans aucune affectation. Ils remarquent à peu près l'heure dans laquelle ils doivent la faire & ils s'y acquittent les uns plûtôt, les autres plus tard, parce qu'ils n'ont point de tentes dans leur Camp, qui leur servent de Mosquée, ni de gens pour les y convoquer aux heures reglées, comme l'on fait plus commodément dans les villes & dans les villages. Mais les Vendredis & les jours de Ramadan, les Emirs, les Cheikhs, & les autres principaux Arabes font étendre des tapis & des nates au milieu du Camp, ou dans quelque lieu propre & agréable & ils prient Dieu en commun : les Secretaires & les autres gens de Lettres, qui s'y rencontrent font la fonction d'Imams, & s'il y en a quelqu'un qui soit capable de leur faire quelque exhortation, il est écouté avec beaucoup d'attention, & de respect, après quoi chacun se retire. Les Turcs & les Maures prennent leurs ablutions regulierement avant que de faire leur priere : les Arabes qui n'ont pas la commodité de trouver de l'eau à point nommé, ne se lavent que quand ils se rencontrent auprès des fontaines & des rivieres. Ils se plongent quelquefois dans la Mer, lorsqu'ils ont besoin d'une purification plus forte, afin de se presenter à Dieu avec cette propreté exterieure que leur Religion demande. Les Arabes aussi bien que les autres Mahometans font quelquefois des sacrifices à la naissance & à la circoncision des enfans, à l'entreprise de quelque affaire de consequence, & ensuite de quelque peril dont ils seront échappez. Ils les font indifferemment sur les lieux où ils se trouvent, dans leurs maisons, aux champs, & sur le sujet auquel ils veulent attirer quelque benediction. Tout ce sacrifice ne consiste qu'en quelques bœufs ou quelques moutons qu'on égorge en invoquant le nom de Dieu, après quoi ils les écorchent & ils distribuent la chair aux pauvres afin qu'ils joignent leurs prieres, & leurs intentions à celles du bienfaiteur.

Les Chrétiens sont fort bien traitez sous la domination de ces Arabes : ils les laissent dans une grande liberté, & ne se mêlent aucunement de notre Religion, ni de nos exercices. Il n'y a point de danger chez eux à cet égard, comme il y en a chez les autres Mahometans, qui font quelquefois des avanies à ceux qu'ils accusent d'avoir dit du mal de leur Religion. Une des raisons pour lesquelles les Arabes n'affectent pas une trop grande regularité dans leur Religion, (outre que leur état & leur vie champêtre ne leur permettent pas de s'appliquer à l'étude pour en approfondir les mysteres & les preceptes,) c'est qu'ils comptent beaucoup sur les merites de Mahomet leur Prophete & leur Compatriote, qui doivent suppléer, selon eux, à tous les defauts & à toutes les nullitez qu'il peut y avoir dans l'accomplissement de leurs obligations. En effet Mahomet est veritablement issu de la race des Arabes Ismaëlites selon tous les Auteurs Orientaux, & sa Généalogie est continuée en remontant de Haschem jusqu'à Adnam & d'Adnam jusqu'à Ismaël fils d'Abraham, en avouant cependant que d'Adnam à Ismaël les traditions ne sont pas si sûres & si authentiques que celles de la descendance depuis Adnam jusqu'à Mahomet.

Ceux qui n'ont vû les Arabes que sur les grands chemins, & qui ne les connoissent que par leurs rapines auront de la peine sans doute à s'imaginer qu'il y ait de la bonne foi & de l'hospitalité chez eux : mais ils ne trouveront point si étrange qu'ils fassent des courses sur les passans, s'ils considerent que c'est le seul partage, qui est échu à leur origine, & qu'ils se contentent de prendre les biens & les hardes sans faire aucun outrage aux gens qu'ils depouillent, à moins qu'ils n'ayent été blessez par ceux qu'ils ont attaquez ; car alors ils ne pardonnent pas le sang, & ils tuent tous ceux qu'ils peuvent attraper. Mais quand on va chez eux de bonne foi, on y remarque des choses qui peuvent faire honte aux Nations de l'Europe, où l'on ne peut vivre qu'à force d'argent. Il n'en est pas de même chez les Arabes : un Etranger n'est pas plûtôt arrivé à leur Camp qu'on le reçoit sous une tente ; un Bedouin ne peut lui donner qu'une natte pour s'asseoir & pour se coucher, parce qu'ils n'ont point de meubles plus précieux, à moins que sa qualité ou la consideration qu'on aura pour sa personne n'oblige l'Emir, ou quelque Cheikh à lui envoyer des matelats, des coussins, & des couvertures ; mais il ne

lui

lui manque rien pour l'accueil & pour la bonne chére. Il est entierement défrayé ; ses valets, son équipage sont traitez avec le même soin, sans qu'il lui en coute autre chose qu'un *Dieu vous le rende*, lorsqu'il prend congé pour se remettre en chemin. Ils commencent à recevoir l'Etranger par plusieurs complimens réïterez pour lui témoigner la joye qu'ils ont de son arrivée ; ils lui demandent de tems en tems l'état de sa santé, & après qu'ils l'ont fait asseoir, on lui apporte à manger. On lui sert du Café, & ensuite on lui presente du Tabac. Ils s'entretiennent le plus agréablement qu'ils peuvent, tandis que les femmes préparent les viandes pour le regal, & que d'autres gens prennent soin d'accommoder les chevaux, de ranger le bagage, & de pourvoir à toutes les choses dont lui, sa compagnie, & ses Domestiques peuvent avoir besoin. On vient ensuite à manger ; chacun prend sa place autour des jattes pleines de ris, de potage, & de viandes qu'ils ont accommodées à leur maniere. Personne ne parle durant le repas, & après qu'on a mangé, on porte le reste aux Domestiques ; ensuite on sert du Café & du Tabac, & la conversation continuë jusqu'à ce qu'il leur prenne envie de dormir; alors chacun se retire chez soi & on laisse l'Etranger avec ses gens dans une pleine liberté. Si cet Etranger ne s'en va pas le lendemain, & qu'il veuille demeurer quelques jours dans le Camp on a soin de le faire dejeuner, dès qu'il est levé ; il reçoit des visites, on le mene à la chasse, aux exercices de la lance, à la promenade, aux villages, aux Camps des autres Emirs, & par tout où il peut trouver quelque divertissement. Il trouve par tout des gens qui le caressent, qui lui témoignent de l'amitié, & quand il veut poursuivre son voyage il remercie ses hôtes & monte à cheval.

Les Bedouïns sont naturellement graves, serieux, & moderez : ils affectent tant de sagesse dans leurs actions que les choses du monde les plus plaisantes ne sauroient presque les faire rire, quand ils sont parvenus à l'âge d'être mariez, & qu'ils ont la barbe assez longue pour ne paroître plus de jeunes garçons. Ils tiennent que ceux qui rient aisément pour la moindre chose, ont l'esprit foible & maltourné, & que cet air gracieux, riant, & enjoué n'est agréable que sur le visage des filles & des jeunes femmes. Ils parlent fort peu & jamais sans nécessité, toujours l'un après l'autre, sans s'interrompre par aucune sorte d'empressement. Ils sont accoutumez à ne faire non plus de mouvement que des statuës, & s'ils pouvoient parler, pour ainsi dire, sans remuer les levres, ils croiroient être parvenus au plus haut degré de sagesse. Ils écoutent cependant patiemment le babil des femmes, des enfans & des grands causeurs, sans les interrompre, ni leur repondre, quand même il dureroit depuis le matin jusqu'au soir. Leurs conversations sont fort honnêtes : la medisance n'y regne jamais. Ils disent naturellement du bien de tout le monde, à moins qu'ils ne soient obligez d'avoüer les vices d'un scelerat, s'ils sont assez publics pour ne les plus dissimuler. Ils ont même la politesse de ne point dementir ceux qui deguiseroient la verité en leur presence ou qui se serviroient d'une exageration trop forte dans le recit de quelque Histoire, qui leur paroîtroit peu vraisemblable ou incroyable. Lorsqu'il survient quelque different entre eux, & qu'insensiblement ils se mettent en colere, ils reviennent d'abord, & se remontrent les uns aux autres leur devoir par de bons raisonnemens, par des comparaisons & par des sentences. Si quelqu'un par exemple s'est emporté jusqu'à traiter un homme de Cocu, d'excommunié, d'homme sans honneur, qui sont leurs injures les plus ordinaires, on les raccommode sur le champ : & on les voit rarement se frapper, quelque semblant qu'ils fassent quelquefois de tirer leur poignard. Enfin les Bedouïns ne s'enyvrent jamais ; ils ne jouent que pour passer le tems & ne jouent jamais d'argent ; ils se traitent avec respect & avec civilité, ainsi ils sont toujours bons amis, & ils vivent ensemble avec une grande union. Il n'y a parmi eux que la haine du sang qui soit irreconciliable : & si un homme en a tué un autre, l'amitié est rompuë entre leurs familles & toute leur posterité ; elles n'ont plus de communication ensemble, plus de commerce, ni d'alliance ; si elles se trouvent dans quelque intérêt commun, ou s'il y a quelque mariage à proposer, on repond honnêtement, *vous savez qu'il y a du sang entre nous, cela ne se peut pas ; nous avons notre honneur à conserver.* Ils ne pardonnent pas là-dessus, jusqu'à ce qu'ils soient vengez ; mais ils ne se pressent pas ; ils attendent leur tems & l'occasion de le faire bien à propos. En un mot malgré la prevention, les Bedouïns ne sont pas naturellement cruels, & il est rare que les Princes de cette Nation fassent mourir quelqu'un.

Les Bedouïns ont tant de respect pour la barbe qu'ils la considerent comme un ornement sacré que Dieu leur a donné pour les distinguer des femmes, ils ne la rasent jamais & la laissent croître dès leur premiere jeunesse. Il n'y a point aussi de marque d'infamie plus grande que celle de la raser. C'est même un point essentiel de leur Religion, parce que Mahomet ne l'avoit jamais rasée, & c'est aussi une marque d'autorité & de liberté parmi eux, aussi bien que parmi les Turcs. Les Persans qui la rognent & la rasent par dessus la machoire sont reputez hérétiques. Les femmes baisent la barbe à leurs maris & les enfans à leurs Peres, quand ils viennent les saluer : les hommes se la baisent reciproquement & des deux côtés, lorsqu'ils se saluent en se rencontrant ou lorsqu'ils arrivent de quelque voyage. Ces baisers sont réïterez de tems en tems parmi les complimens qu'ils se font les uns aux autres.

Il n'y a ni Avocats ni Greffiers parmi les Bedouïns, l'Emir regle souverainement les differens sur la déposition des Parties & des témoins, quand ils n'ont point de Papiers, le tout verbalement & sans rien écrire. Son Jugement est exécuté sur le champ, & quand il a une fois ordonné quelque chose, il est obéi sans appel. Un Cheikh juge dans les lieux

lieux où l'Emir n'est point, mais ce n'est pas en dernier ressort. Ils vont le moins qu'ils peuvent devant l'un & l'autre; ils s'adressent plutôt au premier venu ou à plusieurs personnes desinteressées pour juger de leurs démêlez, ils plaident doucement, & civilement représentant leur droit aux gens qu'ils ont choisis pour leurs Juges, sans criailler & sans s'interrompre. Ils s'en tiennent toujours à la decision des Arbitres; ils font ce qui leur est ordonné, & demeurent ensuite les meilleurs amis du monde. Comme ils n'ont d'ordinaire aucune possession dans les terres où ils habitent, leurs procès ne peuvent gueres venir que du commerce qu'ils ont ensemble, en vendant, en achettant, ou en troquant leur bétail & leurs denrées. Ils observent cette formalité singuliére de mettre une poignée de terre sur ce qu'ils échangent, & ils disent devant les témoins, *Nous donnons terre pour terre;* alors ils ne peuvent plus rompre le marché ni se faire de procès là-dessus. Ils en mettent ainsi sur les chevaux, sur les bœufs, sur les moutons & sur les autres animaux pour n'être plus sujet à aucune garentie.

Il n'y a point de Bedouïn, quelque misérable qu'il soit, qui n'ait des chevaux. Les Arabes se passeroient plutôt des choses les plus nécessaires que de monture pour aller à leurs affaires, pour chercher fortune sur les grands chemins & pour s'échapper de leurs ennemis. Ils montent ordinairement les Cavales comme plus propres au métier qu'ils font: l'experience leur a appris qu'elles résistent mieux à la fatigue, à la faim, & à la soif, que les chevaux; elles sont plus douces, moins vicieuses, & leur rapportent tous les ans un poulain, qu'ils vendent d'abord, ou ils le nourrissent s'il est beau & de bonne race pour en faire de l'argent, quand il est en état d'être monté: leurs cavales ne hennissent point, ce qui leur est fort commode dans les embuscades qu'ils font, pour surprendre les passans, & ils les accoûtument si bien à être ensemble qu'elles demeurent quelquefois un jour entier & en grand nombre sans s'incommoder les unes des autres.

Le commun des Arabes ne se soucie pas de sa généalogie; pourvû qu'ils connoissent leurs Peres, & leurs grands Peres, c'est assez; ils ne savent pas ordinairement le nom de leurs predecesseurs ni de leurs familles; mais ils sont très-curieux de celle de leurs chevaux. Il y en a qu'ils appellent *Kebhilan*, qui sont nobles, d'autres *Aatiq*, qui sont d'ancienne race & mesalliez; après ceux-là vient la derniere espéce nommée *Guidich*, comme nous dirions un cheval de charge. On a ceux-ci à fort bon marché, les seconds sont plus chers, on les vend pourtant au hazard sans prouver leur race. Ceux qui s'y connoissent en trouvent d'aussi bons & d'aussi beaux que de la premiere sorte, & dont ils ne font pas moins de cas; ils ne font jamais couvrir leurs Cavales du premier rang, que par un Etalon de la même qualité, ils connoissent par une longue habitude toutes les races des chevaux, qui sont parmi eux & chez leurs voisins. Ils savent le nom, le surnom, le poil, & les marques de tous les chevaux, & de toutes les cavalles en particulier; & quand ils n'ont pas chez eux des chevaux nobles ils en empruntent de leurs voisins, moyennant quelque argent pour couvrir leurs cavalles, & cela en presence de temoins qui en donnent une attestation scellée & signée par devant le Secretaire de l'Emir, ou quelqu'autre personne publique, où toute la generation avec le nom de ces animaux est rapportée dans les formes. On appelle encore des temoins quand la cavalle a pouliné, & on fait une autre attestation, dans laquelle est contenu le sexe, la figure, le poil, les marques du poulain, & le tems de sa naissance, qu'ils donnent à celui qui l'achette. Ces billets donnent le prix aux chevaux, & on les vend cherement. Il y en a beaucoup de mille écus, de douze cens, de six cens, & de deux mille.

Les Bedouïns sont naturellement secs, & robustes d'une complexion froide & un peu melancholique; le froid & le chaud auquel ils s'accoûtument dès leur jeunesse, l'incommodité de coucher sur la dure, & tant d'autres fatigues qu'ils ont dans leur camp, & dans leurs voyages leur rendent le corps si endurci aux travaux que rien ne sauroit plus les incommoder. Ils appliquent le feu sur la tete, sur les autres parties du corps où ils sentent quelque douleur avec une petite méche de coton, laquelle brûlant peu-à-peu communique sa chaleur à la partie affligée, & en approchant enfin de la chair la cauterise d'une maniere que la cicatrice y demeure toujours. Ils aimeroient mieux mourir que de prendre des lavemens, ce qu'ils regardent comme une indecence insupportable. Ils n'ont point d'Apoticaires pour leur composer des Medecines, ni de Medecins pour les ordonner, & ils souffrent patiemment leurs maux, & ne se font point d'autres remedes que de ceux qui leur sont proposez par certaines femmes qui ont des secrets particuliers dont elles se servent pour toutes sortes d'infirmitez. Ils ont de la foi pour certains caracteres que leurs gens de Lettres leur font avaller, aussi bien que pour d'autres qu'ils portent pendus au col. Les Princesses & les autres Dames Arabes sont belles, bien faites, & fort blanches parce qu'elles sont toujours à couvert du Soleil. Mais les femmes du commun sont extrémement hâlées, outre la couleur brune, & bazannée qu'elles ont naturellement.

BEDOUSE, c'est, selon Mr. Corneille, une Riviere de France. Elle vient des Pirenées, & après avoir passé le long des Frontieres de Guienne, elle mêle ses eaux avec celle de Gôve. Il cite un Atlas à son ordinaire. Celui de Blaeu porte BIDOUZE. Voiez ce mot où cet article est rectifié.

BEDRIAC, en Latin *Bedriacum*, il y a peu de noms qui aient été écrits avec une plus grande varieté d'Orthographes. Plutarque dit Βητριακὸν, BETRIACON [a], Suétone dit aussi BETRIACUM [b], selon les meilleurs manuscrits au raport de *Casaubon* & de *Grævius*. Il ne se dit pas pour une fois, ce nom se retrouve en plusieurs occasions. St. Jérôme dans sa Chronique dit VETRIACUM. Josephe [c] dans son Histoire de la Guerre des Juifs dit Ὀρμγδιακὸν, ce qui est une faute, mais une faute qui prouve

[a] In Ottone.
[b] In Ottone 9. Vitell.
[c] l. 4. c. 33. 10. & 15. Vespas. 5. &c.

prouve qu'il faut lire *Bédriacum*, car le g. est superflu, l'r. est transposée, le φ a pu facilement se confondre avec le *B*. & alors il reste *Bedriacon*. Tacite dit *Bedriacum* [a], & dit que c'étoit un Village entre Verone & Cremone; Plutarque à l'endroit cité dit que c'étoit une Bourgade voisine de Cremone, & Dion-Cassius [b] parlant du Combat de Bedriac, dit *le Combat de Cremone*, parce que Bedriac étoit plus près de Cremone, que de Verone. Mais Aurelius Victor dit qu'Otton fut mis en deroute à *la Bataille de Verone*; en quoi il s'écarte du vrai lieu. Car Tacite marque expressément où étoit le champ de bataille par ces paroles: on jugea à propos d'avancer l'armée jusqu'à quatre milles de Bedriac . . . . . Le confluent de l'Adda & du Po est à 16. milles delà. Pline dit *Bebriacensia bella* [c], les guerres civiles de Bebriac. C'est peut-être à son imitation qu'Eutrope dit *apud Bebriacum* en parlant de la defaite de l'Empereur Otton. On peut conclurre du passage de Tacite raporté que Bedriac étoit en allant de Cremone à Verone, à 20. milles Romains du confluent de l'Adda & du Po; c'est-à-dire à 16. milles Italiens communs de soixante au degré. Ainsi ce ne sauroit être Canetto qui est à 26. des mêmes milles de ce confluent, ou les distances des Cartes de Magin sont fausses.

BEDUNESIENS (les) peuple ancien de l'Espagne Tarragonoise selon Ptolomée qui ne leur donne que la seule Ville de BEDUNIA de laquelle ils prenoient sans doute leur nom.

BEDUNIA, Ville du peuple nommé Bedunesiens dans l'Espagne Tarragonoise. Antonin met sur la route d'Astorga à Sarragoce BETUNIA à xx. mille pas de la premiere, & il compte xx. autres mille pas à *Brigecum* : dans une seconde route il ne nomme point *Betunia*; mais il met XL. mille pas d'Astorga à *Brigecum*, ce qui revient au même : quelques-uns croient que c'est presentement le Village de NORENA dans l'Asturie d'Oviédo.

BEECKEWOORT [f], Commanderie dans les Pays-Bas, à une grande lieue de Diest en Brabant.

BEEKE [g], petite Riviere des Pays-Bas en Brabant. Elle a sa source au pays de Liége, passe à Avernas d. à Montenaken, d. à Landen, à Runsdorp, g. à Neerlanden, g. à Dormael, d. à Halle d. & à Leewe, où elle se perd dans la Gheete.

BEELMAUS, &
BEELMEON. Voiez BAAL-MAON.

BEELSEPHON : Les Hebreux étant sortis de l'Egypte après trois jours de marche arriverent à Beel-sephon, où ils passerent la Mer [h]. D. Calmet conclut delà que Beelsephon étoit donc près de *Clisma*, ou *Colsum*, car, dit-il, c'est-là que les anciens nous disent que les Hebreux passerent la Mer Rouge. On peut voir sa Dissertation sur le passage de cette Mer [i], & le suplement [k]. On croit, ajoute-t-il, que Séphon ou Zephon étoit une Divinité Egyptienne, qui donnoit le nom à la Ville de Beelsephon, mais on ne sait precisement qui étoit cette Divinité. *Sephon* en Hebreu signifie le *Septentrion*, ou le *Caché*. Adonis à l'égard des Egyptiens étoit le Dieu du Septentrion puis qu'il avoit été tué dans le mont Liban, & qu'on l'adoroit principalement à Byblos dans la Phenicie. Il étoit aussi le Dieu Caché & les Egyptiens l'appelloient *Tammuz* qui signifie [l] *Caché*; parce que dans ses mysteres on le tenoit enfermé comme un mort dans un Cercueil, & qu'ensuite ou feignoit qu'il étoit ressuscité ; ou parce que l'on disoit qu'il passoit six mois sur la terre avec Venus, & six mois dans les enfers avec Proserpine [m]. Les Rabbins disent que Beel-sephon étoit une idole ou figure constellée, placée en cet endroit par Pharaon, afin d'arrêter les Hebreux, & les empêcher de sortir. Il y en a qui lui donnent une figure de chien.

BEEMSTER. (le) grand Marais desséché, & Canton particulier des Provinces-Unies dans la partie Septentrionale de la Hollande, au Nord de la Ville de Purmerend. Le fameux Diplome de Thierri V. Comte de Hollande daté de l'année 1083. nomme *la Riviere de BAMESTRA*. Stokius [n] dit que *Bemster* étoit le plus grand Lac de Westfrise. Voila les preuves de l'Origine de ce lieu : une Riviere forma un Lac, & ce Lac couvroit une étendue de terre, que l'on trouva moyen de dessecher, & dont on a fait d'excellentes prairies entrecoupées de Canaux. Peut-être me contestera-t-on l'existence de cette Riviere, comme on m'a nié celle de la Riviere de Purmer, sous prétexte qu'il n'y en a point aujourd'hui qui soit sensible. Mais outre le témoignage que je viens de raporter & celui de Docte Alting qui me l'a fourni, il faut remarquer que l'industrie Hollandoise a entierement changé la surface du pays; telle Riviere a été connue lorsque coulant dans son lit, elle étoit resserrée entre ses bords. Son embouchure venant à se combler avec le temps de vase, de limon & du sable de la Mer & même par les digues, elle a formé un Lac, où la source de la Riviere se trouve couverte, & n'est plus sensible. Les terres & le fumier que l'on y apporte pour combler le Lac, achevent de deguiser la Riviere qui alors se perdant insensiblement dans les Canaux dont ces prairies sont entrecoupées, & comme isolées, ne laisse pas de couler quoique par des voyes plus cachées. Mais dira-t-on si ces Canaux sont grossis par des Rivieres, ils doivent en peu de temps regorger, & causer une nouvelle inondation. Je reponds premierement que toutes les Rivieres ne sont pas le Rhin, l'Elbe, ou le Pô, il y en a de petites. D'ailleurs lorsque leur source est accablée de terre, l'eau ne coule plus qu'en partie en cet endroit & prend en partie d'autres routes d'autant plus dificiles à connoître que tout le pays est plein de Canaux qui aboutissent de temps en temps à des Lacs qui leur servent de décharge; &, de plus ceux qui connoissent la Nord-Hollande peuvent dire ce qu'elle seroit bientôt sans ce grand nombre d'Ecluses, de digues, & de moulins qui servent les unes à retenir les eaux que l'on veut empêcher de se repandre, & de submerger le pays, les autres à vuider les eaux qui s'amassent trop abondamment dans les Canaux. Le Beemster [o] dans l'état où il est aujourd'hui est divisé en quatre *Polders*. On apelle *Polder* un lieu au-

Tom. I. Part. 2.   A a 2   tre

Marginal notes:

[a] Hist. l. 2. c. 23.
[b] Voiez aussi Xiphilin, in Otton.
[c] Hist. l. 2. c. 39.
[d] c. 40.
[e] l. x. c. 49.
[f] Dict. Geog. des Pays-Bas.
[g] Ibid.
[h] Exod. c. 14. v. 2. & 9.
[i] Devant l'Exode p. XI.
[k] p. 54.
[l] Ezechiel c. 8. v. 14. Voiez aussi St. Jerome sur ce passage.
[m] Voiez le Scholiaste de Théocrite.
[n] In Dider. 11.
[o] Mémoires communiquez.

tre fois inondé & que l'on a regagné fur l'eau en le faignant par des Canaux. Le plus Meridional est nommé le Polder fuperieur du Comté (*Graeflyckheyds Boven Polder*) le plus Occidental est nommé le Polder mitoyen du Comté (*Graeflyckheyds Middel Polder*), le plus Oriental est appellé le Polder d'Arenberg (*Arenberfche Polder*) & celui qui est entre ces deux derniers est nommé le Polder inferieur du Comté (*Graeflyckheyds Onder Polder.*) Ce pays est partagé en grands quarrez par des Canaux en droite ligne tant dans fa longueur que dans fa largeur. Le plus long de ces Canaux dans fa longueur est de 2580. toifes du Rhin. Le plus long dans fa largeur est de 2040. toifes du Rhin, mais les digues qui renferment le Beemfter, & qui vraifemblablement ont été tirées fur la trace du rivage de l'ancien Lac, font d'une figure qui n'est rien moins que reguliere. Le pays qu'elles enferment confifte en d'excellens pâturages. Il n'y a ni Ville, ni Bourg, ni Village, c'est proprement tout un Village dont les Maifons & les Metairies font difperfées le long des Canaux, & des chemins qu'on y a pratiquées.

☞ BEER ou BEERA, ce mot fignifie un puits en Hebreu, & est commun à plufieurs lieux dont il est parlé dans l'ancien Teftament.

BEER, Ville de la Paleftine à quatre lieues de Jerufalem, tirant vers Sichem ou Naploufe [a]. C'est aparemment, dit D. Calmet [b], en cet endroit que fe retira Joatham fils de Gedeon, de peur de tomber entre les mains de fon frere Abimelech [c].

[a] *Maundrell Voyage.*
[b] *Dict.*
[c] *Judic. c. 9. v. 21.*

BEER-ELIM, en Latin *puteus Elim* [d] c'est-à-dire, le *puits des Princes*, aparemment le même dont il est parlé au livre des Nombres fous le nom de *puits des Princes*, BEERSARIM.

[d] *Ifaie c. 15. v. 8.*

BEEROTH [e], Ville des Gabaonites, dans la Paleftine [f]. Elle fut cedée à la Tribu de Benjamin. Eufebe dit que Beeroth est fituée à fept milles de Jerufalem tirant vers Nicopolis. St. Jerôme au lieu de *Nicopolis* lit *Neapolis*, qui est Naploufe. Mr. Reland, [g] prefere la leçon d'Eufebe.

[e] *D. Calmet Dict.*
[f] *Jofué c. 9. v. 17.*
[g] *Palæft. l. 3. p. 618.*

BEERSABE', ou le *puits du Jurement*, ou le *puits des Sept*, Voiez BERSABE'E.

BEESTERA, c'est le même que BOSTRA ou BOZRA. Voiez BOSTRA.

BEFORT, Ville de l'Allemagne Françoife dans le Sundgow propre dont elle est la Capitale. Elle est fituée au pied d'une montagne à quatre lieues de Montbeliard; c'est un grand paffage, & très-fûr pour aller en Franche-Comté: c'étoit un boulevard du pays, & on l'eftimoit une place importante par fa fituation, même avant qu'elle fût dans l'état où elle est prefentement [h]. Elle a eu autrefois des Comtes particuliers. Enfuite elle a appartenu à la Maifon d'Autriche, qui la céda à la France par le Traité de Weftphalie en 1648. [i] Le feu Roi Louïs XIV. aiant reconnu de quelle confequence elle étoit pour couvrir les deux Bourgognes la fit fortifier. [k] Elle est petite, mais affez forte, il n'y a tout au plus dans la Ville que cent Maifons, & fept-cens habitans. Elle appartient au Duc Mazarin: fa figure est pentagonale, & les hau-

[h] *Baudrand Ed. 1705.*
[i] *Longuerue Defc. de la France part. 2. p. 244.*
[k] *Piganiol de la Force, Defc. de la France T. 6. p. 347. & feq.*

teurs dont cette place est commandée ont obligé le Maréchal de Vauban d'inventer un nouveau Syftème de fortifications. Ce Syftème confifte en *Tours* qu'il appelloit *baftionnées*; lefquelles n'ont pas la capacité d'une tour; mais font faites en forme de baftions couverts d'un autre grand baftion ou contre-garde. Ces bâtimens font coupez de plufieurs grandes traverfes pour éviter l'enfilade. Quatre des Courtines de cette place font couvertes par autant de demi-lunes, deux defquelles couvrent les portes. La grande enceinte qui envelope prefque toute la Ville depuis les hauteurs est entourée d'un foffé plein d'eau avec fon chemin couvert. Dans cette nouvelle enceinte il y a des rues tirées au cordeau, & dont les Maifons font d'une égale fymetrie, la vieille Ville est au pied de la hauteur. Le Château est un affez grand Ouvrage placé fur des hauteurs efcarpées dont les Ouvrages ont été reparez par le Maréchal de Vauban. Il refte encore de l'ancien bâtiment une muraille fur le bord de la hauteur du côté de la Ville, & quelques tours rondes à l'antique, il y a une ligne de communication pour la Ville, tirée de la pointe du Baftion qui est fur la hauteur à une des ailes de l'Ouvrage à Couronne qui enferme le Château. Le Château & le Baftion font entourez d'un foffé, & d'un chemin couvert, & la porte du fecours ou de la Campagne est couverte d'une petite demi-lune à flancs. Au delà du chemin couvert on a avancé un grand Ouvrage à Corne felon la methode du Maréchal de Vauban, entouré d'un foffé fec & d'un chemin couvert. Sur une hauteur oppofée au Château & de l'autre côté de la Ville, on a élevé un grand Ouvrage à Corne irregulier, conftruit par reffauts pratiquez à caufe du commandement fur lequel il est conftruit. Son front est couvert d'une demi-lune, & le tout envelopé d'un foffé & d'un chemin couvert. Cette Ville est environ à quatre lieues de Ferrete à l'Occident, en tirant vers la Ville de Montbeliard dont elle n'est qu'à trois lieues.

LE BAILLIAGE DE BEFORT, est fur les confins des Etats de Montbeliard & de Porentru & est voifin de la Franche-Comté.

BEFROY, forte de tour affez haute fur laquelle, il y a une ou plufieurs fentinelles afin d'avertir lorfqu'ils voyent de loin venir plufieurs hommes par les avenues de la Ville, ou du bourg, pour éviter d'être furpris par les partis, ou lorfqu'ils voyent l'apparence de quelque incendie. Dans le Befroy est une cloche particuliere que l'on fonne en cas d'allarme, ce qui repond à ce qu'on appelle en quelques endroits fonner le tocfin. Dans les places de Flandres, lorfqu'il n'y a point de Befroy particulier la principale tour de l'Eglife fert à cet ufage.

BEG. Voiez BEGH.

BEG-ERI [l], petite Ifle d'Irlande près de la ville de Wexford dans le petit Golphe que forme la Riviere de Slany à fon Embouchure. On doute fi c'est cette Ifle, ou celle de Bardfey, qui est prefentement l'Andros, Edros ou Hedros des anciens. Voiez les Articles ANDROS 3. EDROS, & BARDESEY.

[l] *Baudrand Ed. 1705.*

BEGANNA, Ville de l'Arabie deferte, felon

BEG.   BEG.   189

[g l. 5. c. 19.] selon Ptolomée [a]. Ses Interpretes lisent RHE-GANNA. Elle étoit voisine de la Mesopotamie.

[b Piganiol de la Force, Desc. de la France T. 4. p. 299.]

BEGARD [b], Abbaye de France en Bretagne au Diocèse de Treguier. Elle est de l'Ordre de Cîteaux de la filiation de celle de l'Aumône, & fut fondée dans le XIV. Siécle par Etienne III. Comte de Penthiévre & Avoise de Guingham sa femme. [c] Elle est à cinq lieues de Treguier du côté du Midi.

[c Baudrand.]

BEGARRA. Voiez aux mots BIGERRIONES & BIGORRE. Mr. Maty ne dit point ce que Mr. Corneille lui attribue.

BEGASAR, ou plutôt BEGBASAR, ou BEYBAZAR, Mr. Baudrand dit : BEGAZAR petite ville de la Turquie d'Asie dans la Natolie, & dans la Province de Becsangil sur la Riviere de Sangari (ou *Sacari*;) elle a été autrefois assez peuplée & avoit un Evêché; mais depuis qu'elle est aux Turcs, elle est fort déchue & presque réduite en village. C'est sans doute la même que BECBAZAR, BEGBASAR, BEYBASAR, BEBASAR & BABASAR, car si l'on en excepte les deux dernieres Orthographes, qui sont des fautes des Européans, ce nom peut également venir de *Bec*, ou *Bey*, qui veut dire *Seigneur* & de *Bazar*, qui signifie *marché*. Mr. Paul Lucas dans son Voyage de l'Asie mineure [d] dit formellement qu'il s'y tient un grand Bazar tous les Samedis. Cette ville, dit-il, n'est pas desagréable. Elle est bâtie sur de petites montagnes, ce qui de loin la fait paroître beaucoup plus considerable qu'elle n'est. Les habitans me parurent bonnes gens. Mr. de Tournefort [e] la décrit ainsi : Beybazar est une petite ville bâtie sur trois collines, à peu près égales, dans une vallée assez resserrée. Les maisons sont à deux étages, couvertes assez proprement avec des planches ; mais il faut toûjours monter ou descendre. Le Ruisseau de Beybazar se jette dans l'Aiala après avoir fait moudre quelques moulins, & porté la fertilité dans plusieurs campagnes partagées en fruitiers & en potagers. C'est delà que viennent les excellentes poires que l'on vend à Constantinople sous le nom de *poires d'Angora*, mais elles sont fort tardives. Tout ce quartier est sec & pelé excepté les fruitiers. Les chevres n'y broutent que des brins d'herbe, & c'est peut-être, comme remarque Busbeque, ce qui contribue à conserver la beauté de leur toison, qui se perd quand elles changent de climat & de pâturage. Les Bergers de Beybazar, & d'Angora ont soin de les peigner souvent, & de les laver dans les ruisseaux. Ce pays, poursuit Mr. de Tournefort, me fait souvenir de la *terre sans bois* [f], dont parle Tite-Live [g], laquelle ne devoit pas être éloignée de Beybazar, puisque le fleuve Sangaris y rouloit ses eaux. On n'y brûloit que de la bouze de Vache, comme l'on fait en plusieurs endroits de l'Asie. Ces paroles de Mr. de Tournefort font juger que Beybazar est bien dans le voisinage du Sacari, le Sangaris des anciens ; mais qu'elle n'est pas sur cette Riviere, comme le dit Mr. Baudrand. Elle est sur un ruisseau qui y tombe. Car l'Aiala, *Aiala*, *Zacarat*, *Sacari* & *Sangaris*, sont des noms de la même Riviere.

[d T. 1. p. 106.]

[e Voyage du Levant T. 2. p. 186.]

[f Axylon.]
[g l. 38. c. 18.]

BEGER. Voiez BEJAR.
BEGERI. Voiez BEG-ERI.
BEGERITANI &
BEGERRI. Voiez BIGERRIONES.
BEGESELITANA &
BEGETSELITANA, Siége Episcopal d'Afrique qu'occupoit *Rheginus*, dont il est fait mention au Concile de Carthage selon Ortelius [h]. Un autre exemplaire portoit *Reginus Baget Seliana regionis*, au lieu de quoi les Commentaires de Balsamon sur ce Concile veulent qu'on lise *Seletiana*. On ne doute presque plus que ce Siége ne soit le même que *Vegeselitana plebs*, dont il est fait mention dans la Conference de Carthage [i]. Le P. Charles de St. Paul [k] met bien *Vegesela* pour un des Siéges de la Numidie ; mais il n'a pas remarqué qu'il y en avoit encore un autre de même nom dans la Bisacéne. Voiez VEGESELA.

[h Thesaur.]
[i p. 270. Ed. Dupin.]
[k Geogr. Sacr. p. 96.]

BEGGIE, Ville d'Afrique sur la côte de Barbarie au Royaume de Tunis. [l] Elle est ancienne & située sur la pente d'une montagne au grand chemin de Constantine à huit lieues de la côte, & à trente-quatre de Tunis du côté de l'Occident. Aben-el-Raquic Historien Arabe raporte que les Romains bâtirent cette ville en un lieu où il y en avoit une autrefois, que cela fut cause qu'on la nomma vieille ville, & que le nom s'étant corrompu ensuite on l'a appellée Beggie. Elle est fermée de murs élevez & fort anciens, & a sur le haut un vieux Château qui la commande ; mais Hamida Roi de Tunis en fit faire un autre vis-à-vis de celui-là, avec de l'artillerie, un Gouverneur, & une garnison pour tenir les habitans dans le respect. Cette place est une des plus riches de l'Afrique en bleds parce qu'elle a une grande contrée, qui en foisonne & qui en pourvoit Tunis, & tout le voisinage. Ce qui fait dire ordinairement à ceux de Tunis que s'il y avoit encore une ville comme celle là, le bled seroit aussi commun que le sable. Les habitans néanmoins sont pauvres.

[l Marmol T. 2. l. 6. c. 31.]

BEGH, BEC, BEG, ou BEY. Mr. d'Herbelot dans sa Bibliotheque Orientale dit : Begh que l'on écrit aussi BEK, & que l'on prononce souvent BEY est un mot Turc, qui signifie proprement *Seigneur*. Mais on l'applique en particulier, à un *Seigneur de Banniere*, que l'on appelle aussi dans la même langue *Sangiakbeghi* ou *Bey*. Sangiac qui signifie *Banniere* & *Etendard* chez les Turcs, est la marque de celui qui commande dans un lieu considerable de quelque Province. Il est le chef d'un certain nombre de Spahis ou Cavaliers entretenus d'une Province auxquels on donne aussi le nom de *Timariotes* à cause des *Timars*, ou Commandes qu'ils possedent. Toutes les Provinces de l'Empire Turc sont divisées en plusieurs de ces Sangiacs ou Bannieres, & chacun de ceux qui en sont pourvûs se qualifie *Begh* ou *Sangiake Beghi* ; & comme tous ces Seigneurs obéïssent dans chaque Province à un Gouverneur General, ce Gouverneur porte le titre de *Beghiler-Beghi*, ou *Beyler-Bey*, qui signifie Seigneur des Seigneurs, ou des Beys de toute la Province. Les Beys en un mot sont à peu près, ce qu'étoient autrefois en France les Chevaliers

A a 3   Ban-

Bannerets, qui commandoient la Noblesse dépendante de leurs Banieres, lorsqu'il falloit aller à la guerre. L'Historien François de *Timur Lenc* ou *Timur le Boiteux*; que nos Européens ont nommé mal à propos *Tamerlan*, le nomme *Timur-Bec*, c'est-à-dire le *Seigneur Timur*. Mr. Bespier très-versé dans les connoissances Orientales se déclare pour Beg dans ses savantes Notes sur la Traduction de l'Etat de l'Empire Ottoman par Mr. Ricaut. Je joindrai ici sa remarque. [a] *Beg* en Turc signifie *Seigneur*, & s'écrit *Beg* & quelquefois *Beig*, sur quoi il n'est pas hors de propos de remarquer que Vigenere dans ses Illustrations sur Chalcondyle distingue mal à propos entre *Beg* & *Bey*, comme si *Bey* étoit beaucoup plus honorable que *Beg*. Mais c'est la même chose écrite diversement en notre Langue. Minadoi dans son indice sur l'Histoire de la guerre des Turcs, & des Perses remarque plus à propos que *Bey*, *Beg* ou *Bech*, comme il l'écrit, sont une même chose. Voici ses mots : *Bey voce Turchesca detta enco Bech, da noi Capo & Signore*. Il faut donc prononcer & écrire partout *Beg*, pour suivre l'écriture & la prononciation des Turcs, & de même dans les noms composez, comme *Begler-beg* Seigneur des Seigneurs, *Sangiac-beg* Seigneur d'un Sangiac ou d'une Province, *Haffam-beg* Seigneur ou le Prince *Haffan*, *Tomam-beg* le Seigneur parfait. Vigenere écrit ces deux noms *Affambey* & *Tomombey*, dont le premier est le nom d'un Roi de Perse, & l'autre celui du dernier Souldan d'Egypte. Il pretend que cette écriture, & cette prononciation *est chose trop plus Seigneuriale que si l'on disoit Affambey & Tomombeg, & ayant toute telle diférence que du Prince Souverain aux Seigneurs, qui sont sous lui ou de Monseigneur à Sieur*. Je ne sais, continuë Mr. Bespier, d'où il a pris cela; mais je pense qu'il se trompe, & qu'il n'y a nulle diference entre *Affambey* & *Affam-beg*, à l'égard de la signification. Je remarquerai en passant qu'*Affambeg* ou plutôt *Haffan-beg*, est le même que la plupart des Historiens apellent *Usum Caffan*, où le nom *Caffan* est écrit pour *Haffan*, qui étoit son veritable nom. Le mot d'*Usum* est une Epithéte, & signifie *long* ou *grand* : ainsi *Usum-Caffan* ou *Haffan*, est *Haffan le long* ou *le grand*. Olearius apelle ce Roi *Haffan Padschach*, & ajoute qu'il fut surnommé *Usum Caffan*, c'est-à-dire le grand Seigneur, & qu'il étoit de la famille des Asfimbeïs. Il y a de l'apparence qu'il se trompe en distinguant *Caffan* de *Haffan* & en faisant *Affambey*, ou *Affimbey*, (comme il est écrit dans la Version Françoise de son Voyage de Perse) un nom de famille, au lieu que c'est le nom propre de ce Prince mal écrit pour *Haffan-beg*, qui, comme on l'a déja dit, signifie le Prince ou le Seigneur *Haffan*, comme *Haffan Padschach* signifie le Roi *Haffan*. *Begler* [b] est le pluriel de *Beg*, & signifie Seigneurs : il est indiferent pour la signification qu'on trouve écrit *Beglerbeg* ou *Beglerbey*; cela revient au même. Les Beglerbegs sont appelez Bachas. Mr. d'Herbelot dans sa Bibliotheque Orientale écrit *Beghiler-Beghi*, ou *Beyler-Bey*. Il ajoute : sous le Regne d'Amurath III. il n'y avoit en Europe que six de ces Gouverneurs, ou Lieutenans Generaux des Provinces, soixante & dix en Asie, du nombre desquels étoit celui d'Egypte, & celui de la Mer, & trois seulement en Afrique. Tous ces Gouverneurs en general portent le titre de *Bacha*. Ceux de Bude & d'Egypte ont celui de *Bacha de la Mer*, qui fait sa residence à Gallipoli porte le titre particulier de *Capudan Bacha* (Mr. Ricaut traduit par Mr. Bespier écrit *Capoutan*) nous l'appellons ordinairement le *Capitan Bacha*. Je donne à l'Article de Turquie une table de ces Beglerbecs avec les Sangiacs, qui dependent de chacun d'eux. Le Gouvernement d'un Beglerbeg est nommé BEGLERBEGLIC ou BEGLIERBEGLIC.

BEGIS, Ville des Tralléens, selon Etienne le Géographe, qui écrit Βηγις. Le même Auteur parlant de *Boluros* [c] dit : ville de l'Illyrie. Elle est aux Tralliens, car Begis & Boluros sont partie de l'Illyrie.

BEGORRITES, Lac de la Macedoine selon Tite-Live [d]. Il n'étoit pas loin de l'Elimée, ni du fleuve Aliacmon.

BEGRAS, Ville de la Turquie en Asie, en Syrie au pied du mont noir entre Alexandrette & Antioche. Elle est à demi deserte selon quelques relations modernes. Voiez PAGRÆ.

BEHAT, Riviere d'Asie dans l'Indoustan. Elle a sa source auprès de Caboul capitale du Cabulestan, d'où après avoir coulé un peu vers le Nord, puis vers l'Orient elle se recourbe vers le Midi Oriental, traversant la Province de Haiacan & va se perdre dans l'Indus, dans le Moultan, un peu au dessus de la ville de Moultan. On l'appelle aussi *Cow* selon Mr. de l'Isle [e]. Ce ne peut être l'Arachotis de Ptolomée, comme le croit Davity cité par Mr. Corneille. Car il en met la source dans le Zableftan, où n'est pas celle du Behat.

BEHBEHAN [f], Ville de Perse dans la Province de Fars. Les Géographes du pays lui donnent 86. d. 25′. de longitude, & 30. d. 30. de latitude.

BEHETHELIM, petite ville dont Guillaume de Tyr fait mention, & qu'Ortelius [g] croit avoir été quelque part vers la Mesopotamie.

BEJA ou BEXA, en Latin *Beja*, *Baxa*, *Baxæ*, & anciennement *Pax Julia*, Ville de Portugal dans la Province de l'Alentejo. Elle est assez grande & assez forte avec titre de Duché, à deux lieues seulement de la Guadiana au Couchant en allant vers la côte de l'Océan Atlantique dont elle est à onze lieues, & à neuf d'Evora. Le nom de *Bexa* que les Portugais prononcent, comme nous prononçons la derniere syllabe de *mangea*, ce qui a donné lieu d'écrire *Béja*, ne s'éloigne pas beaucoup du mot *Pax*, & comme je l'ai dé-marqué, on tient que cette ville tient la place de l'ancienne Colonie Romaine nommée *Pax Julia* ou *Pax Augusta*. [h] Les antiquitez qu'on y voit ne consistent plus presentement que dans les ruines d'un Aqueduc, dans les restes de quelques inscriptions &c. Voiez au mot PAX. Le territoire de la ville est assez fertile. Il y a tout proche delà un Lac que l'on

BEJ. BEI.

l'on nomme le Lac de BEKA ; qui porte certains poissons noirâtres très-excellens qu'on nomme *Turtures*, ce Lac presage la pluye & la tempête par un grand bruit qui s'y fait ; & qui pareil au mugissement d'un taureau se fait entendre à dixhuit milles.

1. BEJAR, BIAR ou BUAR, Village d'Espagne au Royaume de Murcie sur les confins du Royaume de Valence, entre la ville d'Origuela , & celle de Xativa. On le prend pour l'ancienne BIGERRA des Bastitans que d'autres placent à *Villena* Bourg voisin ; parce qu'on y a trouvé des inscriptions où l'on lit le nom de Bigerra , & d'autres encore à Begarra ou Bogarra, village de la montagne d'Alcaras.

2. BEJAR DE MELENA ou BEJER, petite ville d'Espagne dans l'Andalousie vers la côte du Détroit de Gibraltar. Elle est à demi ruinée , entre l'embouchûre du Barbato & les ruines de Tarifa , à neuf lieues de Cadix au Midi , & autant de Gibraltar à l'Occident.

BEIBAL , Palais d'Asie auprès de l'ancienne ville de Ctesiphonte. Il étoit un de ceux qui appartenoient à Chosroès Roi de Perse, qui furent détruits par Heraclius ; comme on voit au livre 18. de l'Histoire mêlée cité par Ortelius.

BEIBAZAR. Voiez BEGBAZAR.

BEICHLINGEN [a], (le Comté de) petite contrée d'Allemagne dans la Turinge au Cercle de la haute Saxe, sur l'Unstrut vis-à-vis de Naumbourg. Il est borné au Sud par le Duché de Weymar , & au Nord par le Comté de Mansfeld. [b] Il peut avoir sept lieues de long, & environ trois lieues de large. La famille des Comtes de Beichlingen est éteinte, & ce Domaine a passé à celle de Wertern. Beichlingen, qui en est le seul lieu considerable, est à sept lieues d'Erfurt, & à huit de Mansfeld.

BEIDHAD , Ville d'Asie, en Perse, dans la Province de Fars , à seize lieues de Chiras selon Mr. Baudrand.

BEIJE , Mr. Corneille fait un Article de cette ville sans avertir que c'est la même qui est nommée Beggie par Marmol , & dont il fait un Article sous ce nom.

BEILA , Forêt dont il est parlé dans la Vie de St. Bavon, & qu'Ortelius croit être dans la Flandre.

BEILAGON , Ville de Perse à 63. d. 53'. de longitude, & à 41. d. 20'. de latitude, dans le voisinage de Derbent, vers la Mer Caspienne. Son territoire est fertile en bleds & en fruits. C'est Tavernier [c] qui le dit ainsi ; je crois qu'il se trompe ; cette ville étant sans doute la même, qui est nommée sur les Cartes BANLANGAIR , au Nord de la Riviere d'Akza ou Axai , & des montagnes du Daghestan, au dessus de St. André & à l'Orient de Tarku , elle est hors des frontieres de la Perse, & dans le pays des Tartares du Daghestan.

1. BEILSTEIN [e], Bourg ou petite ville d'Allemagne au pays de Tréves pour la Moselle , à trois lieues de Montroial. C'est une Seigneurie qui appartient aux Comtes de Metternich.

[a] *Baudrand Ed. 1705.*
[b] *Hubner Geogr. Frag. p. 590.*
[c] *Voyage de Perse l. 4. c. dernier. Carte de la Mer Caspienne chez Ottens. Carte de Perse par Reland.*
[e] *Hubner Geogr. Frag. p. 463.*

BEI. 191

2. BEILSTEIN [f], petite ville d'Allemagne dans la Veteravie dans les Etats de la Maison de Nassau dont la branche de Hadamar la possede. Elle est à moitié chemin entre Coblents à l'Occident , & Marpurg à l'Orient. C'est le chef-lieu d'un Comté de même nom.

BEIMONT [g] , Abbaye de France en Champagne, Monastere de Filles de l'Ordre de Cîteaux, de la filiation de Morimont, située presque au pied d'une montagne , au sommet de laquelle elle fut d'abord établie & fondée en l'an 1140. ou 1148. Guy Philippe d'Achey, Gerard de Conflans ou Coublans , & Richard son Frere, donnérent à Petronille ou Pernelle sa Sœur toute la montagne dite de Belmont, pour bâtir une Abbaye, & ils y ajoûterent depuis la contrée de la Vacherie , & tout ce qu'ils y possedoient en terres, prez, & bois. Cette Pernelle fut la premiere Abbesse. Godefroi Evêque de Langres confirma cette fondation en l'an 1148. par une Chartre, dans laquelle il nomma cette Abbaye , pauvre maison. Il n'y a presentement que quatre Religieuses. Elles se sont mises depuis quelque tems en clôture , & ont embrassé une espéce de reforme , pour éviter qu'on ne mît d'autres personnes en leur place.

BEINFELD. Voiez BENFELD.

BEINHEIM [h] , petite ville d'Allemagne dans la basse Alsace , sur la Riviere de Sur, près de son embouchure dans le Rhin , vis-à-vis de la ville de Rastat.

BEIRA , Province de Portugal, c'est la troisiéme en ordre & la plus grande du Royaume. [i] Elle a trente lieues de long , & presque autant de large. Elle renferme le pays de Ribeira de Coa depuis Coimbre jusqu'à Guarda & Aveiro. Elle a pour bornes au Nord les Provinces de Tra os montes & d'entre Duero & Minho ; au Midi l'Estramadure Portugaise , à l'Orient l'Estramadure d'Espagne , & à l'Occident la Mer Atlantique. On la divise en six territoires qu'on appelle *Comarcas*. L'abondance des grains & des fruits y est également grande ; mais la Noblesse n'y est pas si nombreuse que dans les autres Provinces: les Citez sont Coïmbre, Lamego, Guarda & Idame. Les villes sont Aveiro , Ovar, Buarcos , Castel Rodrigo , Couillan , & Troncoso. Les quatre Citez sont Episcopales. Cette Province a deux Duchez , qui sont Aveiro & Troncoso , trois Marquisats, savoir Castel-Rodrigo, Figueira, & Goveya, & plusieurs Comtez qui sont Montsanto , Sabogal , Idanhe, Lumiarez, St. Jean de Pesqueira , Castrodairo , Tentugal , & Mira. Les Milices de cette Province composent huit Regimens chacun de mille hommes , & il n'y a que trois Compagnies de Cavalerie. Les six parties ou *Comarcas* sont

Coimbre,
Lamego,
Viseo,
Aveiro,
Castro Branco,
Guarda.

BEIRUT , BARUTH , BARUT , BEROOT

[f] *Baudrand.*
[g] *Baugier Mem. Hist. de la Champagne T. 2. p. 88.*
[h] *Baudrand.*
[i] *Maugin Desc. du R. de Portugal p. 6.*

ROOT ou BERYTE. Ce dernier eſt l'ancien nom, le premier eſt employé par Mr. d'Herbelot dans ſa Bibliotheque Orientale, le ſecond par Mr. Thevenot, & le troiſiéme par le Miniſtre Maundrell. Voiez BEROOT.

BEIT AL MOKDES ou AL MOCADDES[a], c'eſt-à-dire la *Maiſon Sainte* : c'eſt ainſi que les Arabes appellent la ville de JERUSALEM, à cauſe de la ſainteté de ſon Temple, auquel ce nom convient plus particulierement. Ils la nomment encore ſimplement CODS, & CODS MOBAREK, ville ſainte & benie, auſſi bien que *Cods Scherif*, ville ſainte & illuſtre; & enfin ILIA ou ELIA, d'un nom que lui donna l'Empereur Hadrien, après l'avoir entierement démolie. Les Grecs & les Latins l'ont auſſi toûjours appellée *Ælia* du nom de cet Empereur, juſqu'à ce que les Arabes Muſulmans s'en emparerent ſous le Khalifat d'Omar II. ſucceſſeur de leur faux Prophete. Le mot de *Cods* ſe prend auſſi emphatiquement pour le nom de la ville de Jeruſalem, à cauſe de la ſainteté de ſon Temple; on ne laiſſe pas cependant d'y ajoûter ſouvent quelque épithete, comme de *Scherif* qui ſignifie *Noble*, & de *Mobarek* qui ſignifie *Benite*. Le nom de *Beit almocaddas*, ou *Beit almacdes* qui ſignifie Maiſon ſainte, lui eſt auſſi ſouvent donné par rapport à ſon Temple; & c'eſt ainſi que la plûpart des Géographes Orientaux le nomment, & diſent qu'elle eſt ſituée dans la Province de *Feliſthin* ou Paleſtine, au troiſiéme Climat, à 66. degrez 30'. minutes de longitude, & à 31. degrez 50'. minutes de latitude Septentrionale. Ils l'appellent auſſi ſouvent *Ilia*, qui eſt un nom corrompu de celui d'*Aelia*, que l'Empereur Hadrien lui donna après l'avoir entierement ruinée. L'Auteur du *Lebtarikh* dit que ce fut Kireſch ou Cyrus, qui la rebâtit après la ruine qu'elle ſouffrit du tems de Nabuchodonozor : mais le Tarikh Montekheb, veut que ce fut Ardſchir Bahamam qui la rétablit. La ville de Jeruſalem paſſa des mains des Perſans en celles d'Alexandre, & des Rois de Syrie ſes ſucceſſeurs. Les Romains la prirent enſuite ſur les Juifs, qui y étoient rentrez pendant les guerres de Syrie, & les Empereurs Grecs de Conſtantinople l'ont tenue juſqu'à ce que les Arabes Muſulmans s'en rendirent les maîtres ſous le Khalifat d'Omar premier de nom, l'an 16. de l'Hegire, & de J. C. 637. Il eſt vrai que Khoſroes Parriz Roi de Perſe prit Jeruſalem l'an 615. de J. C. mais les Perſes ne la garderent que juſques en l'année 629. qui étoit la huitième de l'Hegire; car ce fut dans cette année qu'Heraclius rentra triomphant dans cette ville avec la croix de Nôtre Seigneur ſur Hormizdas, ou ſelon quelques-uns, Siroës fils de Khoſroes lui avoit rendue. Depuis que les Muſulmans ſe furent rendus maîtres de Jeruſalem, cette ville ne laiſſa pas d'être encore ſujete à de grandes revolutions : car les Turcs Selgiucides en chaſſerent les Arabes, & en depouillerent ainſi les Khalifes. Ils la poſſederent juſqu'à ce que les diviſions ſurvenues entr'eux ſous le regne du Sultan Barkiarok les ayant affoiblis, le Khalife d'Egypte les en chaſſa, pendant que Moſtadher Billah tenoit le Khalifat de Bagdet. Ce fut

[a] d'Herbelot Bibl. Orient.

donc Moſtaâli Billah Khalife de la race des Fathemites, qui aſſiegea dans Jeruſalem Socman & Ilgazi tous deux fils d'Artak, & Sunege leur oncle qui y commandoient, ou pour les Princes Selgiucides qui ſe faiſoient la guerre les uns aux autres, ou de leur propre chef : les Turcs qui n'attendoient aucun ſecours, lui rendirent bientôt la place : mais il n'en joüit pas long-tems, comme nous allons voir. Dans la même année que les Egyptiens furent entrez dans Jeruſalem, à ſavoir l'an 492. de l'Hegire, & de J. C. 1098. les Francs ou François les en chaſſerent après 35. jours de ſiége, & la poſſederent 91. ans. L'an de l'Hegire 583. de J. C. 1187. Saladin Roi d'Egypte & de Syrie la reprit ſur les Chrétiens, avec toute la Paleſtine & la Galilée : on dit que Muhibeddin Poëte Arabe de ce tems-là avoit predit à Saladin qu'il la prendroit au mois de Regeb. Cette conquête de Saladin a été décrite fort amplement dans le livre intitulé *Fath al coſſi ſi feth al Codſi*. Cependant elle ne fut pas ſi aſſurée à ſa poſterité que 70. ans après Malek Al Moâdham Sultan de Damas ſon neveu ne fût obligé de la démolir de peur que les Chrétiens qui avoient pris Damiette, ne s'en emparaſſent. L'an de l'Hegire 626. de J. C. 1228. Malek Al Kamel de la race des Jobites, & de la poſterité de Saladin, fit treve avec les Francs ſur leſquels il avoit repris Damiette, pour aſſurer ſon Royaume d'Egypte, & ceda à Anbarthon Roi des Francs le Royaume de Jeruſalem. Cet Anbarthon que les Arabes interpretent *Malek Alomra* Roi des Princes, eſt l'Empereur, & par conſequent il faut lire Anberathor qui veut dire *Imperator* ou Empereur; c'étoit Frederic Barberouſſe, qui pour lors faiſoit la guerre aux Sarraſins en Egypte, & en Paleſtine. Jeruſalem fut remiſe entre ſes mains à condition que les murailles n'en ſeroient point relevées, que les Mahometans ne demeureroient point dans la ville; mais qu'ils habiteroient ſeulement dans les villages d'alentour où ils auroient leurs Juges, & qu'ils viendroient faire leurs devotions au Temple appellé *Cobbat Alſakhra*, le Dôme de la pierre de Jacob, & au *Giamê Al Acſa*, qui eſt le lieu où étoit bâti le Temple de Salomon. En ce tems-là les Jobites ſe faiſoient la guerre entr'eux, & aſſiégeoient Damas. Iſmaël ſurnommé Malek Aſſaleh de la même race des Jobites, & des deſcendans de Saladin reprit ſur les Francs ou Chrétiens Latins la ville de Jeruſalem l'an de l'Hegire 637. de J. C. 1239. & démolit le Château qu'ils y avoient bâti : mais l'an 641. la puiſſance des Francs croiſſant tous les jours dans la Syrie, & ce Sultan craignant de perdre ſon Royaume de Damas, il leur abandonna Aſcalon & Tiberiade, & leur permit de s'établir dans Jeruſalem. Le Cadhi Gemaleddin fils de Vaſſel écrit qu'en paſſant dans Jeruſalem pour aller en Egypte, il vit les Prêtres Chrétiens, qui portoient des Phioles de verre pleines de vin deſſus la Sakhra, c'eſt-à-dire, ſur la pierre près de laquelle les Muſulmans avoient bâti leur Temple de la pierre. Cette pierre eſt celle que Jacob avoit mis ſous ſa tête, lorſqu'il eut la viſion de l'échelle myſterieuſe : on l'appelle encore aujourjourd'hui la pierre de l'onction, à cause que le Patriarche après son reveil, l'oignit, & pour ainsi dire, la consacra. Depuis ce tems-là Jerusalem tomba entre les mains des Sultans de Damas, de Bagdet, & d'Egypte, jusqu'à ce que Selim premier Sultan des Turcs ayant conquis l'Egypte & la Syrie sur les Mamlucs, s'en rendit le maître, & ses Successeurs l'ont possedée jusqu'à present sous le titre de *Hami*, c'est-à-dire de *Protecteurs*, & non pas de *Maîtres*.

Jerusalem a toûjours été un lieu de grande veneration pour les Musulmans. Mahomet ordonna dans les premieres années de la publication de sa Secte, que tous les Musulmans se tourneroient vers le Temple de Jerusalem, en faisant leur priere. Ses compagnons pour la plupart étoient d'avis après sa mort, que l'on l'enterrât dans l'enceinte de cette Ville. Le Temple qu'Omar y fit bâtir sur la pierre de Jacob, est censé le premier des pelerinages, & des lieux de devotion que les Musulmans visitent après ceux de la Mecque & de Medine. Valid fils d'Abdalmalek Khalife de la race des Ommiades, le fit rebâtir plus magnifique qu'il n'étoit. Le pelerinage de la Mecque ayant été interrompu par l'incursion des Carmathes, les Musulmans firent celui de Jerusalem, qu'ils appelloient Tharik al-forât, le chemin de l'Euphrate, pour y suppléer. Cette interruption dura depuis l'an de l'Hegire 317. sous le Khalifat de Moctader, jusqu'à l'an 339. sous celui de Radhi. Plusieurs Auteurs ont écrit sur ce pelerinage, aussi bien que sur celui de Hebron en Palestine. Calimi a composé un Ouvrage intitulé *Uns alkhalil fi tarikh al Cods u al Khalil*, dans lequel il est traité de tous les deux. *Mogireddin Al Hanbali* a écrit l'Histoire de Jerusalem fort au long jusqu'en l'an de l'Hegire 900. de J. C. 1494. & *Kemaleddin Al Mesri* qui est mort l'an 916. a fait sur le même sujet le livre intitulé *Abian al khessas fi ahsanalkessas*. Codsi, & Mocadessi est le surnom de plusieurs Auteurs Arabes natifs de Jerusalem, ou de quelque autre lieu de la Terre Sainte.

Les Orientaux disent que Jerusalem a été bâtie par Melchisedec fils de Sem qui y transporta le corps d'Adam que Noé avoit conservé dans l'arche. Ils soutiennent aussi qu'elle est située au milieu de la terre habitable suivant ce passage du Psalmiste: *Operatus es Salutem in medio terræ*. Lorsque Jerusalem fut prise par Khoruziah Général des Armées de Khosroes Aparviz, les Eglises du Crane ou Calvaire, de Constantin, & d'Helene, furent brulées avec la *Giasmaniah* où étoit le sepulcre de la Sainte Vierge. Après que les Persans l'eurent abandonnée, Modestus Abbé du Monastere de Saint Theodose nommé Douakes, alla quêter par les Villes de Syrie où il recueillit suffisamment de quoi les rétablir, & fut secouru aussi abondamment par Saint Jean l'Aumonier Patriarche d'Alexandrie. Lorsque cette Ville fut emportée par les Arabes Musulmans sous Omar leur second Khalife, Sophronius qui en étoit Patriarche, obtint de ce Khalife que les Musulmans n'auroient qu'une seule Mosquée dans son enceinte.

BEJUDA, Ville de Perse, selon Suidas [a]. [a] In Voce Σιανιε.

BEKA ou BQUA, c'est ainsi que les Europeans expriment le nom d'une contrée que les Arabes nomment ALBKAA. [b] C'est une plaine aux environs de Balbec, le plus agréable terroir & le mieux cultivé de toute la Syrie. Cette plaine s'étend jusqu'aux Montagnes qui la separent du territoire de Damas. Ce Canton est arrosé par la Riviere de Letane, & par quantité d'autres eaux. C'est un pays delicieux & pour ainsi dire enchanté, & qui ne cede en rien au territoire de Damas si renommé chez les Orientaux. Le Beka produit entre autres choses ces beaux & excellens raisins que l'on envoye de tous côtez sous le nom de raisins de Damas. [b] La Roque Voyage de Syrie & du Mont Liban T. 1. p. 116.

BEKAVA, petite Ville de Pologne. Elle n'a ni cloture ni grandes places, & on la trouve à une lieue de Strissovitsé, & à trois de Toursbin. Il y a une Eglise de brique assez bien entretenue, mais ce lieu n'est proprement qu'un Village que les Juifs ont rendu meilleur que ceux qui sont hors de la route de Lublin. Ni Bekava, ni Strissovitsé, ni Toursbin ne se trouvent sur les Cartes de Mrs. Sanson & de l'Isle. Ce dernier pourroit bien être ce que Mr. de l'Isle nomme Turobin au Palatinat de Russie aux Frontieres de celui de Lublin.

1. BEKE. Voiez BEEKE.

2. BEKE, Mr. Corneille nomme ainsi une Riviere de Flandre dans le Duché de Gueldre, elle vient, dit-il, du côté d'Arnheim, & va se decharger dans la Mer après avoir arrosé la Ville d'Amersfort. Sur quoi il cite un Atlas. J'ai déja remarqué ailleurs que la Riviere qui coule à Amersfort se nomme Eem. Cette place est, pour ainsi dire, le rendez-vous d'un grand nombre de ruisseaux. Le mot *Ruisseau* se rend en Flamand par celui de *Beek*; ainsi ce mot n'est pas le nom particulier d'aucun de ces ruisseaux, mais un nom général qui leur convient à tous : delà vient qu'ils ont la plupart un surnom distinctif par exemple *Flierbeek*, ou le Ruisseau du fureau, *Hoevelakerbeek*, à cause du Village d'Hoevelaken, *Morsterbeek*, parce qu'il passe au Village de Morster.

BEKIA [c], Isle de l'Amerique l'une des Antilles sur la hauteur de douze degrez & 24. minutes; au Sud-Ouest de l'Isle de St. Vincent dont elle n'est éloignée que de quatre ou cinq lieues. Elle en a dix ou douze de circuit & seroit assez fertile si elle étoit cultivée. Il y a un fort bon havre pour les Navires, qui y peuvent être à l'abri de tous vents ; mais comme elle est dépourvue d'eau douce , elle n'est frequentée que de quelques Caraïbes de St. Vincent, qui vont quelquefois y faire la pêche ou cultiver de petits Jardins, qu'ils y ont en quelques endroits. Le P. Labat [d] dit l'Isle de BEQUIA, c'est, ajoute-t-il, le plus grand de ces Islets qu'on appelle les Grenadins, le plus au Nord & le plus voisin de l'Isle de St. Vincent. On l'appelle aussi la PETITE MARTINIQUE à cause qu'aussi bien que cette Isle, il nourrit quantité de viperes très-

[c] Rochefort Hist. des Antilles p. 24.

[d] Voyages IV. part. c. 21.

très-dangereuses. On auroit dû, poursuit ce Voyageur, le nommer également la petite Sainte Aloufie puisqu'il lui ressemble aussi par le même mauvais endroit. Car nous ne connoissons dans toutes les Antilles que ces trois endroits, où il y ait de ces méchans animaux.

BELA, Montagne d'Afrique vers le Detroit de Gibraltar. Ce mot s'est glissé dans Strabon par la faute des Copistes, au lieu d'Abele ou plutôt Abyle: trouvant dans le Grec Ονομα Ἀβύλη, ils ont confondu l'A final du premier mot avec l'A initial du mot suivant, ce qui est souvent arrivé dans les anciens qui ont passé par bien des mains ignorantes avant que d'arriver jusqu'à nous. Voiez au mot ABYLA.

BELABITENA, contrée vers l'Armenie au Livre I. du Code [a]. Il faut lire en ce passage BALBITENA.

[a] Tit. de Magist. milit.

BELAC, Ville de France dans la basse Marche sur la petite Riviere d'Unicon près de la Gartempe à une lieue de Dorat, & à sept de Limoges vers le Septentrion. Belac est le Siége d'une Election sous la Généralité de Limoges, si nous en croions Mrs. Baudrand, Maty, & Corneille. Ils se trompent, [b] Belac est de l'Election de Limoges, mais ils devoient dire qu'il y a une Senechaussée, Justice Royale non ressortissante, Maitrise particuliere & Maréchaussée. Elle est comptée pour 630. feux.

[b] Denombr. de la France T. 1. p. 317.

BELAD EL BESCHARA, c'est-à-dire, *Pays de l'Annonciation.* Mr. Corneille dit sur le témoignage du P. Michel Nau Jesuite qu'on appelle ainsi la partie Septentrionale de la Terre Sainte qu'on appelloit autrefois la Galilée. Ce Pere dans son Voyage de la Terre Sainte parle effectivement ainsi [c]: cette Galilée qui est la haute renfermoit les Tribus d'Aser & de Nephthalim; la basse qui est plus meridionale, celles de Zabulon & d'Issachar. Les gens du pays ne font plus cette distinction, & ils appellent cette partie de la Terre Sainte *Belad-El-beschara*, le pays de l'Annonciation, ou de l'Evangile, & je crois que ce nom lui a été donné parce que c'est-là que le Fils de Dieu, & ses Apôtres ont premierement prêché la Doctrine Celeste qui est le Principe de notre Salut, & que c'est delà qu'elle s'est répandue par tout le monde. Les terres en sont bonnes & grasses; mais beaucoup sont en friche, le pays étant à présent ruiné & presque desert. Au moins n'y voit-on plus ce grand peuple que Josephe écrit y avoir été de son temps, disant qu'il étoit rempli de Villes & de Bourgs & que le moindre n'avoit pas moins de quinze mille hommes. Il y a pourtant des Villages & des Bourgs habitez. Leurs noms sont *Mahhrequeh* à trois grandes lieues de l'Embouchure du fleuve Eleuthere, (cet Auteur se trompe sur cette Riviere comme je le prouve ailleurs) tirant vers *Saphet,* c'est-à-dire de l'Orient au Midi; *Beithlouth* une lieue après & à une autre lieue delà *Schahou*, & plus au Sud *Teriebnan,* ensuite *Tebnin*, & plus haut vers l'Orient *Coumin* & *Aialeh*, où il y a une espece de Château & de Forteresse. Une bonne partie de ces lieux, & peut-être tous, étoient de la terre de Kabul. C'est ainsi que

[c] L. 5. p. 5. p. 55.

Hiram Roi de Tyr la nomma par mepris, se trouvant fort mal-payé des Cedres, des Sapins, de l'Or & des autres choses qu'il avoit fournies à Salomon pour le bâtiment de son Temple, & n'en ayant reçu que vingt Villes qui étoient dans cette contrée.

BELAIN, la Carte de Bretagne dans l'Atlas de Blaeu, marque une assez grande Ville à la source d'une Riviere, qui coulant vers le Sud-Ouest vient tomber dans la Loire assez près de l'embouchure de cette Riviere dans la Mer; Mr. Corneille en a fait un article conforme à cette Carte; sur quoi il y a plusieurs remarques à faire. 1. Ce n'est rien moins qu'une Ville, c'est une Paroisse de 41. feux. 2. Le nom sur les meilleures Cartes est écrit *Blain*, & *Blaim* dans le Denombrement de la France, au Diocèse de Nantes. 3. Ce lieu n'est pas à la source de la Riviere designée, mais au Nord de la Riviere Isaac qui se jette dans la Villaine au dessus de Rieux.

BELALCAÇAR [d], Bourg d'Espagne en Andalousie & sur les Frontieres de l'Estramadure. Ce mot veut dire *beau palais*, dans la Langue des Maures qui lui ont donné ce nom. Ce lieu est dans une plaine sur la petite Riviere de Cuyar, à une lieue de la Inoiosa au Septentrion, & à neuf de Cordoue sur le chemin de Magazeda.

[d] Baudrand Ed. 1705.

BELAMORESKOI. Voiez BELLAMORESKOY.

BELANÇON ou BALANÇON [e], Bourg de France dans la Franche-Comté au Midi de la Riviere du Lougnon au Bailliage de Gray; au Sud-Est & à deux lieues de Pesme, au Nord-Est & à deux lieues & demie de Montmirey.

[e] Jaillot Atlas.

BELAY. Voiez BILEY.

BELBAIS, Village d'Egypte sur une des Embouchures du Nil, vis-à-vis de la Ville de Damiete: quelques-uns croient que ce Village est à la place de l'ancienne *Pelusium* Ville Archiépiscopale, des ruines de laquelle Damiéte s'est agrandie: leur sentiment est plus fondé que celui de ceux qui prennent *Pelusium,* & Damiéte pour une même Ville. Elles sont diferentes non seulement pour les temps; mais encore pour leur situation, comme j'en avertis ailleurs, quoi que ce soit le même Siége qui a été transferé.

1. BELBINA, Isle de l'Archipel dans le Golphe Saronique près du Promontoire Sunium, à l'oposite du Promontoire Scyllæum où étoit Troesene. Pline [f], Strabon [g], Scylax de Cariande [h], & autres anciens Géographes font mention de cette Isle.

[f] l. 4. c. 12.
[g] l. 8 p. 375.
[h] Peripl.

2. BELBINA, Etienne le Géographe dit que c'étoit une Ville du Peloponnese dans la Laconie, & cite Pausanias où dans le passage qu'Etienne avoit en vüe il est question de BELEMINA. Voiez ce mot. Mais Plutarque fait mention de Belbina dans la Laconie. Il s'en explique très-nettement dans la Vie d'Agis & de Cleomene [i]. Dès que les Ephores furent informez de cet acte d'hostilité, ils envoyerent Cleomene s'emparer du Temple de Minerve, qui est près de la Ville de Belbine: car ce lieu-là est l'entrée de la Laconie & il étoit alors en contestation entre les Lacedemoniens, & les

[i] Trad. de Mr. Dacier. T. 7. p. 41.

BEL. BEL. 195

[a] l. 38. c. 34. les Megalopolitains. Tite-Live [a] parlant de Megalopolis dit de même. Le Territoire de Belbine (*Belbinites ager*, ou selon d'autres exemplaires *Belbinatis*) que les Rois de Lacedemone avoient injustement possedé fut rendu à cette Ville conformément à un ancien Decret des Achéens qui avoit été rendu sous le regne de Philippe fils d'Amyntas. On ne peut donc pas douter qu'il n'y ait eu une Ville nommée Balbine dans le Peloponnese dans la Laconie. Mais il reste une question, si elle étoit diferente de la *Belemina* de Pausanias [b], & de la *Blemmina* de Ptolomée [b]. Il est assez vraisemblable que c'est la même Ville dont le nom a été differemment écrit, peut-être même qu'Etienne a trouvé de son temps ce nom écrit *Belbina* dans Pausanias, & que ce sont les Copistes ou les Critiques qui en ont fait *Belemina*. Cependant Mr. de l'Isle dans sa Carte de l'ancienne Grece les distingue, & met *Belbina* Ville à l'Orient de l'Eurotas, & *Blemmina*, plus bas à l'Occident de cette Riviere; il ne fait qu'un Village de Blemmina.

[b] l. 8. c. 35. & Lacon.
c. 21.
[b] l. 3. c. 16.

BELCA. Voiez BELEA.

BELCANIA, Ville de la Grande Armenie selon Ptolomée [c].

[c] l. 5. c. 13.

BELCAS : on lit ce vers dans Ausone,

Usque in Tectosagas primævo nomine Belcas.

Quelques-uns ont lu par une Correction vicieuse *Belgas* ne s'appercevant pas qu'il ne s'agit point de *Belges* parmi les *Tectosages*; mais des *Volca*. Turnebe & Vinet n'y ont pas été trompez. Voiez *Volca*.

[d] Baudrand Ed. 1705.

BELCASTRO [d], Ville d'Italie au Royaume de Naples, & dans la Calabre ulterieure. Elle a un Evêché Sufragant de Ste. Severine, & est située sur le torrent de Nascaro près du Golphe de Squillace; mais elle est fort petite & diminue de jour en jour. Elle est entre Catanzaro, & Ste. Severine. Les habitans pretendent que St. Thomas d'Aquin est né dans leur Ville.

[e] Ibid.

BELCHITE [e], en Latin *Belia*, petite Ville d'Espagne en Arragon, sur la Riviere d'Almonazir à six lieues de Saragoce au Midi en allant vers Montalvan.

BELCIANA, Ville d'Asie dans l'Assyrie selon Ptolomée [f].

[f] l. 6. c. 1.

BELCIONACA, Isle de France, dans le voisinage de la Seine, & peut-être même dans cette Riviere qui en forme plusieurs. Il en est fait mention dans la Vie de St. Ouen Evêque de Rouen raportée par Surius [g].

[g] 24. August.

BELEA, c'est ainsi qu'Ortelius lit dans Antonin, cependant l'exemplaire du Vatican, les Editions de Bertius & de Surita, & la Table de Peutinger portent *Belca*, lieu de la Gaule sur la route d'Alisincum à Paris à xvi. mille pas de *Brivodurum* aujourd'hui *Briare*; & à xxii. M. P. de *Cenabum*, pour *Genabum*, aujourd'hui *Orleans*. Ce lieu n'étoit pas loin de celui qu'occupe presentement Sully sur la Loire.

BELED, petite Ville d'Asie dans la Mesopotamie sur le Tigre un peu au dessus de Mosul, selon Gollius cité par Mr. Baudrand.

[h] d'Herbelot.

BELEGEK ou BELEGIUK [h], Château de

Tom. I. PART. 2.

Turquie dans la Natolie. Les Grecs le perdirent sous le Khalifat de Harun Raschid. Il fut conquis fort long-temps après sur les Arabes par Aladin, Sultan des Selgiucides, & ensuite par Othman premier Empereur des Othomans.

BELEGRA, Mr. Baudrand met une Bourgade de ce nom dans le *Picenum*, & après avoir cité Ptolomée, il conjecture que c'est presentement CIVITELLA place forte de l'Abruzze ulterieure. Belegra est un nom inconnu non seulement à Ptolomée; mais encore à Strabon, à Pline & à Pomponius Mela, & j'oserois dire à tous les anciens Géographes.

BELEGUANZE, Royaume imaginaire d'Afrique dans l'Abissinie entre la Riviere Abanhus, & les Royaumes de Bagamedri & d'Amara avec une Ville de son même nom entre celle d'Amara au Midi & celle d'Angote au Nord. Mr. Ludolfe [i] a decouvert & montré l'origine de ce pretendu Royaume. Il y a dans l'Abissinie deux pays assez éloignez l'un de l'autre, l'un est *Bali*, l'autre *Ganz*, en joignant ces deux noms, on en a fait un qui ne signifie plus rien & on y a attaché l'idée d'un Royaume qui ne subsiste que dans les Oeuvres de quelques Géographes que Mr. Ludolffe n'a point encore detrompez.

[i] l. 2. c. 1. n. 47.

BELEIA, Ville d'Espagne selon Antonin [k] sur la route d'Astorga à Bourdeaux. Voiez BELIA & VELIA.

[k] Itiner.

BELEM [l], Bourg de Portugal à deux lieües au dessous de Lisbonne sur la Riviere du Tage. Le Baron de la Hontan [m] nomme ce lieu BELIN; le Sr. *Dellon* [n] l'appelle BETHLEEM & *Monconys* écrit BELEN. Au devant de ce Bourg on voit la tour de Belem bâtie dans la Riviere qui est étroite dans cet endroit. Cette place est bien gardée & l'on y tient des Commis à qui tous les Vaisseaux Marchands entrans, & sortans sont obligez de montrer leurs Passeports, Factures & Connoissemens, afin de payer les droits de leur cargaison; & c'est auprès de cette Tour que les navires mouillent, en attendant leurs Depêches. Le Bourg est assez considerable, bien peuplé, & l'on y trouve toutes sortes de rafraichissemens. Il y a sur tout un Couvent de Bernardins, selon le Sr. Dellon, (ou de Freres de St. Jerôme, comme les nomme Monconys,) qui est une des plus rares piéces du Pays; il est consacré à JESUS-CHRIST naissant; il s'appelle Bethléem & communique son nom au Bourg & à la Tour [o]. L'Eglise, le Dortoir, & le Cloître de ce Monastere sont de pierres de taille ouvragées. L'Eglise est presque aussi large dans la Nef que dans la Croisée; ce qui fait que la voute de la croisée paroit une piéce fort hardie, ayant 42. pas de long & 28. de large, depuis la separation de la nef jusqu'à la Chapelle du Grand-Autel, autrement le fond de l'Eglise. Toutes les voutes de l'Eglise, qui sont de pierre de taille, sont composées de diverses voutes qui se joignent en forme de compartiment dont la plupart, & les grandes principalement du milieu panchent en bas, au contraire des voutes ordinaires. Aux deux côtez de la Croisée entre la Nef, & la Chapelle Major, sont deux Cha-

[l] Voyage de Portugal pag. 137.
[m] Voyage des Indes Or. p. 275.
[n] Voyage T. 1. p. 104.

[o] Monconys pag. 104.

Chapelles au fond defquelles eſt un Grand-Autel, & à châque côté trois grandes voutes dans les murailles. Dans la voute du milieu eſt un Autel, & dans les quatre autres quatre tombeaux des Princes, & Infans de Portugal, de marbre rouge & blanc : & differens de ceux des Rois feulement, en ce qu'il n'y a point de couſſins au deſſus ni de couronnes, & qu'ils ne font point fupportés par des Elephans. Dans ces tombeaux font les Corps de Dom Fernand & de Dom Antonio; de Dom Doarte, de Doña Maria & du Cardinal Dom Alfonce. A la Chapelle de la main droite eſt la repreſentation du tombeau de Dom Sebaſtien que le Peuple croit y être enterré. Le fond de l'Egliſe, ou la Chapelle du Grand-Autel eſt faite d'un Dorique diſtribué en neuf faces ; dont les quatre plus éloignées de l'autel font feparées l'une de l'autre par deux grandes colomnes de marbre blanc du même ordre, & dans châcune de ces faces, favoir deux de châque côté, font les tombeaux de Dom Emanuel, de Doña Maria fa femme, fille de Dom Fernand, Roi de Caſtille & de Doña Elizabeth, du côté de l'Evangile. De l'autre côté vis-à-vis de celui de Dom Emanuel eſt le tombeau de Dom Joan III. & de Doña Catalina fa femme, fille de Philippe I. Roi d'Eſpagne. Après ces quatre Faces, il y en a cinq autres, qui vont en rond formant la Chapelle, & qui ne font feparées que d'une feule Colomne. Les deux plus prochaines des Tombeaux font deux fenêtres, & les trois autres font remplies châcune d'un tableau qui forment l'Autel, & les deux côtez. Cet ordre de Colomnes Doriques eſt continué d'un autre au deſſus, & puis d'un plus petit.

Le Cloître qui eſt tout vouté, eſt de la même pierre de taille ouvragée : il a 10. pas de large & 84. de long : dans le milieu il y a un parterre d'eau de quatre grands quarrez ou étangs. Le dedans du Cloître eſt de même, & au dehors on trouve un petit coridor de même ſtructure que le reſte. Le Dortoir eſt auſſi fort long, il contient 72. chambres, dont les unes ont la vuë de la Mer, & les autres d'un grand clos planté de citronniers & orangers. Toutes les portes des chambres font de menuiſerie, avec leur Architecture. Enfin au fond du Monaſtere eſt une plateforme avec une aſſez belle fontaine, d'où on a la vuë de la pleine Mer. Les Jardins font remplis de fontaines, & le Sr. Jouvin de Rochefort dit que l'on y montroit de fon temps le premier Oranger qui eût été apporté en Portugal, où cette forte d'arbre a tant multiplié depuis.

BELEM, Ville d'Amerique, Voiez PARA qui eſt le nom qu'on lui donne plus communément.

BELEMINA. Voiez BELBINA & BLEMMINA.

BELEMOTH, Ville de la Paleſtine dans la Tribu d'Iſſachar. St. Epiphane [a] dit que c'étoit la patrie du Prophete Ofée. Dorothée cité par Ortelius le dit auſſi. Dom Calmet [b] dit que Belemoth n'eſt autre apparemment que Beel-meon vers Eſdrélon dans la même Tribu.

BELENDI [c], Peuple de la Gaule dans l'Aquitaine. Hadrien de Valois [d] dit que ce nom

[a] De Vit. Prophet.
[b] Dict. à l'Article d'Oſeë.
[c] Plin. l. 4. c. 19.
[d] Not. Gall. p. 524.

ſemble s'être conſervé en celui de Belin ſur la Riviere de l'Eyre. Ce lieu eſt ſur la Route ordinaire de Bourdeaux à Bayone dans la contrée nommée le Buſch, à quatre lieues & demie de Bourdeaux, & à vingt-ſix lieues & demie de Bayone.

BELEOCURUS. Voiez HIPPOCURA.

BELERIDES, Pline [e] dans l'Edition de Dalechamp dit que quelques-uns mettent près de l'Iſle de Sardaigne les Belerides. Ce Commentateur croit que ce ſont les deux petites Iſles nommées le TAUREAU & la VACHE, *Il Toro & la Vacca*. Le R. P. Hardoüin change ce nom en celui de BERELIDES & doute s'il faut lire BALARIDES, qui ſe trouve dans Martien, & qui viendroit des Balares Peuple de la Sardaigne deſquels Pline fait auſſi mention ; ou BOARIDES nom marqué dans la Table de Peutinger ; deſorte que ce ſeroient les deux écueils *Il Toro & la Vacca*, qui ſont auprès de l'Iſle de *Sant Antioco*, ou enfin BANAURIDES comme on lit dans Etienne qui nomme ainſi des Iſles de la Mer de Toſcane.

[e] l. 3. c. 7.

BELESME [f], pluſieurs écrirent BELLESME, Ville de France dans le Grand-Perche dont elle prétend être la premiere Ville, comme effectivement elle en eſt la plus ancienne. Elle eſt néanmoins petite & a un ancien Château aſſez negligé ; mais elle a de grands Fauxbourgs. Elle eſt à quatre lieues de Mortagne, au Midi, ſur le chemin de la Ferté-Bernard, & un peu plus de Nogent le Rotrou, à l'Occident vers Memers.

[f] Longuerue deſc. de la France 1. part. p. 99.

BELESTAT, Bourg de France dans le Languedoc au Dioceſe de Mirepoix, & dans le Comté de Foix.

BELESTE, Fontaine de France au Languedoc, au Comté de Foix, & près du Bourg de Beleſtat dans la plaine de Mazeres. C'eſt pour cela que Coulon l'appelle la Fontaine de Belleſtat. Voici ce qu'il en dit : ,, les Philoſophes & qui ont employé leurs maximes, ,, leurs plus belles veritez en la recherche des ,, choſes naturelles ſont fort empêchez à rendre ,, raiſon d'un miracle continuel qui ſe voit ,, tous les jours dans la Fontaine de Belleſtat ,, d'où le Lers tire ſon origine, & les Aſtrologues qui ſe perſuadent qu'il n'eſt rien ſur ,, la terre capable d'occuper leur eſprit, & ,, qui n'ont des yeux que pour conſiderer les ,, aſtres, y peuvent remarquer une horloge plus réglée & plus juſte que tous ,, les Cadrans du Soleil, car cette vive ſource ,, coule douze fois & tarit douze fois en vingt-,, quatre heures, par des intervales ſi égaux ,, & ſi accordez que vous prendriez le ruiſ-,, ſeau de cette Fontaine pour une eſpece de ,, Clepſydre, ou d'horloge d'eau que la ,, Nature a fabriquée pour meſurer les temps ,, de ſes plus importantes occupations. La ,, deſcription qu'en fait Du Bartas merite d'ê-,, tre raportée en ce lieu.

[g] Riv. de France 1. part. p. 480.

Mais tout ce que j'ai dit en merveilles n'approche
Aux merveilles du Lers, quand il ſort de ſa roche.
. . . . Contemplant la Fontaine ;
Qui lave de ſes Flots de Mazeres la plaine,
Et nées à Belleſtat, non loin des monts de Foix,
Le peuple Toloſain, cette pourvoit de bois,
Chaque jour que Phœbus parfaiſant ſa carriere

Sur

BEL. BEL.

Sur les deux horizons reconduit la lumiere ;
Son eau porte radeaux durant quatre ou cinq mois,
Vingt & quatre fois naît, meurt vingt & quatre fois,
A sec on peut passer demie-heure sa source
Et demi-heure après on ne peut de sa course
Soutenir la roideur : car son flot écumeux
Naissant tâche égaler les fleuves plus fameux :
Flot docte à bien compter, qui guidé par nature,
Le temps si sûrement sans horloge mesure.

Mr. Baudrand écrit BELESTE le nom de cette Fontaine, & ajoute, on dit qu'elle a un flux & reflux toutes les heures du jour depuis la fin de Juillet jusqu'au commencement de Juin. Le Denombrement de la France nomme BELESTA de 375. feux, au Diocêse de Mirepoix, Généralité de Toulouse. C'est le même lieu.

BELESUM, Château de la Macedoine selon Gregoras cité par Ortelius [a].
a Thesaur.

BELEUS. Voiez BELUS.

BELEY. Voiez BELLEY.

1. BELEZ [b], Riviere de Catalogne selon Mr. Corneille, en Latin *Belesus fluvius*. Il ajoute : cette Riviere qu'on appelloit anciennement *Subi* se décharge dans la Mer mediterranée, entre les villes de Barcelone & de Tarragone. Ceci est tiré de Mr. Baudrand [c]. Ce dernier dit : SUBI Riviere de l'Espagne citerieure, selon Pline. C'est presentement EL RIO BELES, petite Riviere d'Espagne en Catalogne, selon Morales, entre Barcelone & Tarragone, elle se jette dans la Mer mediterranée à Subur. Le R. P. Hardouin [d] prétend que Subi est la Riviere qui arrose Tarragone ; ainsi se seroit le Francoli ; mais il ne coule pas entre cette ville & Barcelone, comme il y doit couler selon Moralès. D'ailleurs outre la Caya, & la Bregat, qui sont nommées sur les Cartes ; il y en a plusieurs qui y sont marquées, mais anonymes, entre ces deux villes. La ville de Subur determine. Le R. P. Hardouin convient que *Subur* est présentement *Villa-Nova*, il y coule une Riviere dans les montagnes auprès de Laguna, & passe à *Villa-Franca* de Panades ; avant que d'arriver à *Villa-Nova*. Cette Riviere est le Subi des Anciens, qui couloit à la ville de Subur, & le Belez des Modernes, qui coule à *Villa-Nova*.

b Corn. Dict.
c Ed. 1682.
d in Plin. L. 3. c. 3.

2. BELEZ, Lac de Pologne dans le Palatinat de même nom, selon l'Auteur des Voyages Historiques de l'Europe. Le Palatinat est celui de BELZ. Voiez ce mot.

3. BELEZ, petite ville de l'Amerique dans la Nouvelle Grenade, & dans la contrée de Tunia. [e] Elle est à quinze lieues de la ville de Tunia, proche d'un Volcan qui jette souvent des pierres, & à trente lieues de Santa Fé vers le Nord. Il y a un Couvent de Cordeliers.

e De Laet l. 9. c. 6.

§. J'ai remarqué ailleurs que les Espagnols usent assez indifferemment de l'V. consone au lieu du B. & du B. au lieu de l'V. Voiez VELEZ.

BELFAST [f], Ville d'Irlande dans la Province d'Ulster dans le Comté d'Antrim à huit milles presqu'au Sud de Carrickfergus sur l'embouchure de Lagenwater. Elle envoye deux Deputez au Parlement & la bonté de son port y attire des negocians, qui trafiquent en Ecosse & en Angleterre ; elle augmente de jour en jour son commerce. Le Sr. Jouvin de Rochefort [g] disoit dès le siécle passé : il y a un très-beau Château, & trois ou quatre grandes rues droites, comme dans une ville bâtie tout nouvellement.

f Etat de l'Irlande p. 58.
g Voyages Corn. Dict.

BELFORT, Ortelius [h] trouve un Municipe de la Palestine nommé BELFROOT par Guillaume de Tyr, & conjecture qu'il faut peut-être lire BELFORT.
h Thesaur.

BELFORTE [i], en Latin *Belfordium*, Village d'Italie au Royaume de Naples dans la Calabre Ulterieure, près de la Riviere de Metramno, au Midi de la ville de Mileto. On y voit les ruines de l'ancienne *Subcinum* ou *Subsicinum*, ville des Brutiens.
i Baudrand Ed. 1705.

§. Il faut dire SUBCISIVUM, c'est ainsi que ce nom se trouve dans les meilleurs exemplaires d'Antonin, tels que celui du Vatican, & ceux que Zurita a suivis.

BELGÆ. Voiez BELGES. Le premier est Latin, & le second est François.

BELGARD ou BELGRAD, ancienne ville de la Pomeranie Ulterieure dans la Cassubie sous la domination du Roi de Prusse, à deux milles Géographiques de la Mer Baltique, & à trois de la ville de Colberg. Elle est nommée dans les Actes *Belgrensis urbs*, BIALOGROD, BELGROD, *Belgradia*, *Belgardia*. [k] Quoique l'origine de cette ville soit assez incertaine, on n'a pas manqué cependant d'Auteurs, qui se sont exercez à lui trouver une ancienneté fort reculée. Quelques-uns ont voulu, mais sans preuve, qu'elle dût son origine aux Romains, ou aux Teutons ; d'autres ont eu recours au nom de l'Idole Belus dont ils ont dérivé celui de Belgard. Mais sans s'arrêter aux fables, & aux imaginations de quelques Historiens ; il est constant que l'on ne peut en trouver de traces bien assurées que vers le tems que l'Evangile a commencé à être prêché dans la Pomeranie. L'Auteur de la Vie de l'Evêque Othon en fait mention & donne entr'autres cette louange aux habitans d'avoir embrassé sans peine la foi de J. C. aussitôt qu'elle leur fut prêchée. Elle florissoit aussi bien que *Vineta* & *Julin*, & dans le même tems que ces deux villes ; elle étoit fameuse par le nombre de ses habitans, & par leur courage dont ils avoient souvent donné des preuves. Il y avoit déja du tems, dit Mathias de Michow [l], que cette ville s'étoit rendue redoutable par le nombre de ses habitans, & par ses armes lorsqu'elle fit sentir aux Saxons, aux Danois, & surtout aux Polonois que ce n'étoit pas impunément qu'on l'attaquoit. [m] Ainsi tout bien examiné, l'origine de cette ville peut se rapporter vers l'onzième siécle. On ne peut gueres la placer au delà, d'autant que les meilleurs Ecrivains conviennent que l'on n'a commencé que fort tard à construire des villes dans la Germanie, surtout dans cette partie voisine de la Mer Baltique. On ne peut aussi lui donner une origine posterieure au douzième siécle, si l'on considere l'ancienneté des vestiges de ses édifices, & la structure de ses murailles.

k Schurzfleisch, Disput. Hist. XXXVIII.
l Lib. III. cap. 7.
m Schurzfleisch, Disput. Hist. XXXVIII.

Malgré les differentes Guerres auxquelles Belgard a été exposée, elle s'est toûjours conservée sous la domination des Ducs ses premiers Souverains. Elle a eu néanmoins le fort de plusieurs autres villes dans le tems des Guerres, dont elle a eû beaucoup à souffrir, tant par rapport aux contributions qu'aux hostilitez qui y ont été commises : mais ce qui l'a principalement ruinée & reduite à un état dont elle n'a pû se relever, ce sont les incendies. En 1506. elle fut entierement consumée par le feu. Les maisons furent à la verité bientôt rebâties, mais avec moins de magnificence que les premiéres. L'Eglise fut aussi relevée, mais à peine avoit-on mis la derniére main à sa tour, que le tonnerre la renversa. On la rétablit en 1562. & en 1564. le tonnerre tomba encore dessus.

Après la Paix de Westphalie Belgard commençoit à se relever de toutes les pertes qu'elle avoit faites, lorsqu'un nouvel embrasement en reduisit un tiers en cendres, & le reste qui fut épargné cette année fut consumé l'année suivante par un semblable incendie.

BELGEIDA, Mr. Corneille[a] dit après Davity que c'est une ville d'Espagne au Royaume de Valence, & qu'on l'appelloit autrefois BELGIDA. Voiez ce mot.

[a] Dict.

BELGEIT, LE FORT DE BELGEIT ou BELGIQUE, en Latin *Belgica* ou *Arx Belli visus*, Forteresse des Hollandois en Asie, dans l'Isle de Nera, qui est une des principales Moluques de Banda.

§. C'est ainsi que Mr. Baudrand dans son Dictionnaire Latin, & dans le François donne le nom de ce Fort. Cet Article est rectifié à l'Article BELGICA 3.

1. BELGES, en Latin BELGÆ, ancien peuple des Gaules dont ils occupoient la partie Septentrionale; nommée la Belgique de laquelle le *Belgium* étoit un Canton particulier. Voiez BELGIQUE & BELGIUM.

2. BELGES, en Latin *Belgæ*, ancien peuple de la partie de l'Isle d'Albion que les Romains nommoient la seconde Bretagne. Leur pays repondoit à ce que nous appellons aujourd'hui Wiltshire, Somersetshire, Hampshire, & l'Isle de Wight; leurs places étoient

Aquæ Calidæ ou *Solis Aquæ*, aujourd'hui *Bath*,
Sorbiodurum ou *Sarriodurum*, aujourd'hui *Salisbury*, ou plutôt *Old Sarum*.
Theodorum, aujourd'hui *Wels*,
Ellandunum, aujourd'hui *Wilton*,
Vindonum Segontiacorum, presentement *Silcester*, ou *Sylchester*.
Venta Belgarum, aujourd'hui *Winchester*,
Portus magnus, aujourd'hui *Portsmouth*,
Vectis ou *Veeta*, aujourd'hui l'Isle de Wight.

Il est remarquable qu'entre les anciens habitans de la grande Bretagne, il se trouve des noms de peuples que l'on voit aussi entre ceux des Gaules. Les BELGES, les ATREBATES, les PARISI, &c. Voiez BELGIUM.

BELGEVAN, Ville d'Asie dans la Tartarie au Royaume de Bokara dans la Province de Catlan[b]. Les Orientaux lui donnent

[b] Hist. de Timur-Bec T. 1. p. 64.

104. d. 30'. de longitude, & 39. d. de latitude.

BELGIAN, Desert d'Asie dans la grande Tartarie vers les confins des Caimachites, dit Mr. Baudrand[c]. Il ne cite personne en particulier & dit seulement : comme raportent quelques-uns, *ut tradunt nonnulli*; ce quelques-uns designe Mrs. Sanson, qui dans leur Carte de la grande Tartarie mettent le desert de Belgian, au Nord de la Province d'Ergimul dont Campion est selon eux la capitale. Mais cette Carte est faite sur de mauvais Mémoires. On y supose que Campion n'est que de quelques minutes, c'est-à-dire un peu moins d'un degré plus Septentrional que Cambalu, & on y met Pequin sept degrez plus au Midi, & près de six degrez plus à l'Occident que Cambalu, quoi que Pequin & Cambalu ne soient qu'une même ville nommée diferemment. Dans l'Edition Françoise, au lieu de *quelques-uns*, on lit *selon quelques Relations recentes*; celles que j'ai consultées ne font mention ni du pays, ni du desert de Belgian, & ce nom ne se trouve point dans la Carte de la Tartarie de Mr. de l'Isle.

[c] Ed. 1684.

1. BELGICA. Voiez BELGIQUE.

2. BELGICA, Antonin[d] dans la route de Treves à Cologne met *Belgica* à VIII. mille pas de *Marcomagum*, & à x. M. P. de *Tolbiac*, d'où il compte XVI. M. P. jusqu'à Cologne. Ces distances font connoître que c'est le village de BALCHUSEN, qui est sur la même route, & conserve encore quelque chose de l'ancien nom.

[d] Itiner.

3. BELGICA, Fort des Hollandois en Asie dans l'Isle de Nera l'une de celles de Banda. Rechteren[e] en parle ainsi : notre principal Fort est dans Nera. Il se nomme Nassau.... il y en a encore un autre plus petit situé sur une montagne, qui a le nom de Belgica. Nicolas de Graaf[f] nomme l'Isle Neero &c dit : il y a deux beaux Forts, l'un à cinq bastions, l'autre à quatre ; tous deux bien pourvûs d'hommes & de munitions de guerre. Le nom de l'un est BELLEKYKE ; il est sur une montagne ; l'autre s'appelle Nassow & est au pied de la même montagne : c'est dans celui-ci que le Gouverneur, & ses Conseillers habitent. C'est sans doute de ce nom de *Bellekyke* corrompu que s'est formé le *Belgeit* de Mr. Baudrand, qui le rend en Latin par *Arx Belli visus*, comme qui diroit le *Fort de belle vue*. Il est certain qu'en Flamand le mot *kyken* signifie *voir*, *regarder* ; mais je doute que dans cette Langue le mot de *Belle*, ait jamais signifié ce qu'il signifie en François. *Bel* signifie une *Clochette*, & *Bellen* veut dire sonner, ou faire un signal avec une Clochette ; cette étymologie est d'autant plus vraisemblable qu'elle convient à un Fort situé sur une montagne, d'où découvrant de plus loin les vaisseaux qui viennent, il est aisé d'en avertir le Fort, qui est au pied de la Montagne.

[e] Voyage entre la Compagnie T. 5, p. 116.
[f] Voyages P. 233.

4. BELGICA. Voiez l'Article suivant.

BELGIDA, ancienne ville de la Celtiberie, laquelle fut prise par Pompée au raport d'Orose[g] cité par Ortelius[h]. Fabricius change ce mot en celui de SEGEDA. Le même Ortelius ajoute qu'un ancien exemplaire de Flo-

[g] l. 5. c. 23
[h] Thesaur.

BEL.   BEL. 159

[a] l.4.c.12. Florus[a] porte le même nom. Quelques imprimez en font BELGIGA. Cellarius dans sa Carte de l'ancienne Espagne met sur la rive Septentrionale du fleuve *Sucro Segeda sive Belgida*. Le Sucro est le Xucar d'aujourd'hui. Ainsi, c'est sur ses bords qu'il faut selon lui chercher Belgida ; en quoi il ne s'écarte pas beaucoup d'Ortelius, qui croit trouver dans le Royaume de Valence que traverse le Xucar un Bourg nommé Belgida. Mais Moralès Auteur Espagnol veut que l'ancienne *Belgida* se trouve plus près d'Huesca ; & plusieurs Auteurs assurent que c'est presentement Balbastro. J'ignore sur quelles preuves convainquantes ils fondent leur opinion ; mais si la convenance du nom & celle du Canton du pays étoient une autorité suffisante j'aimerois mieux dire que c'est presentement BELCHITE petite ville du Royaume d'Arragon au Midi de Sarragoce, sur la petite Riviere d'Almanazir.

BELGIOIOSA, en Latin *Belgioisum*, Château & Bourg d'Italie en Lombardie au Duché de Milan, & dans le territoire de Pavie. Il est aux Comtes de Barbiani. Les François l'appellent BELJOYEUSE. Il est proche du Pô, & à cinq milles de Pavie au Levant.

BELGIQUE, (la) ou la GAULE BELGIQUE, grande partie & la plus Septentrionale des Gaules. [b]Cette Province faisoit une des quatre parties de l'ancienne Gaule. Son nom a beaucoup exercé les Etymologistes ; mais il seroit difficile de decider laquelle des interpretations est la veritable. Les uns prétendent tirer le mot Belgique de *Belgen* ou *Velgen*, qui signifient *étranger*, d'autres veulent qu'il ait été formé de *Balgen*, *se mettre en colère* ; Isidore & Hesyche disent que ce nom a été donné au pays à cause de celui de la ville *Belgis*, en quoi ils pretendent s'autoriser du suffrage des Annales des Pays-bas ; mais il seroit encore plus difficile de faire voir en quel lieu de la Terre a jamais subsisté cette ville. Enfin Ortelius a soupçonné que ce nom pouvoit venir de celui d'un ancien Capitaine des Belges nommé *Belgius*, dont Justin fait mention, & que Pausanias appelle *Bolgius*, mais à dire vrai, aucune de ces interpretations ne paroit assez autorisée pour mériter qu'on s'y attache.

[b] Briet Parall. II. part. Lib. VI. c. 7.

[c]Si on s'en rapporte au sentiment de Strabon la Belgique a été anciennement d'une étendüe énorme. Il veut que cette Province ait commencé au Rhin & fini à l'embouchure de la Loire, & qu'elle se soit étendüe vers l'Océan jusqu'au pays des *Veneti*. Mais Strabon accoutumé d'ailleurs à suivre Cesar aveuglément, s'est éloigné en cela de son guide ordinaire ; car Cesar a marqué positivement que la Seine & la Marne séparoient les Belges des Celtes ou Gaulois. De plus une autre raison qui fait rejetter en cette occasion le sentiment de Strabon, c'est qu'en étendant la Belgique au delà de la Seine & jusqu'à la Loire, on ne trouveroit plus d'endroit pour placer les Celtes ou Gaulois proprement dits, parce que la Loire fut donnée par Auguste pour bornes à l'Aquitaine.

[c] Ha.lr. Valesii Not. Gall. p.78.

Il faut s'en tenir aux limites marquées par Cesar [d], qui les designe assez précisément en cet endroit de ses Commentaires où il dit : *Gallos*, (c'est ainsi qu'il appelle les Celtes) *ab Aquitaniâ Garumna flumen ; a Belgis Matrona & Sequana dividit.... Proximi* (Belgis) *sunt Germani, qui trans Rhenum incolunt, quibuscum continenter bellum gerunt..... Belgæ ab extremis Galliæ finibus oriuntur : pertinent ad inferiorem partem fluminis Rheni : spectant in Septentriones & orientem Solem*. Ainsi l'on voit clairement que la Belgique étoit bornée par l'Océan, la Seine, la Marne, le Rhin, par les Helvétiens & les Sequaniens, qui dans ce tems-là faisoient une partie de la Celtique.

[d] De Bello Gall. Lib. 1. cap. 1.

[e]Les mêmes limites de cette Province furent conservées dans la division des Gaules faite sous Auguste. Il n'y eut que du côté du Midi qu'il fut fait du changement, car les Sequaniens & les Helvetiens furent détachez de la Celtique & joints à la Belgique, de même que l'on separa aussi dans le même tems de la Celtique XIV. Peuples pour les joindre à l'Aquitaine. De cette façon les bornes de la Celtique, qui du tems de Cesar finissoient à la Saône & au mont de Vosge furent poussées sous Auguste jusqu'au Lac de Genéve & au Rhône. Voici la Notice qu'en a donnée le Pere Briet [f] :

[e] Spener Not. Germ. ant. Lib. VI. cap. 4.

[f] Gall. ant. Il. Pars Lib. VI. cap. 7.

BELLOVACI. *Le Beauvoisis & le Diocése de Senlis.*	CÆSAROMAGUS, SYLVANECTÆ, *Sylvanectes, & Sylvanecti,*	Aujourd'hui *Beauvais,* selon l'opinion commune. Dont la ville principale étoit AUGUSTOMAGUS *Senlis.*
ATREBATII *L'Artois.*	NOMETOCENNA, *Nemetacum* & *Nimetacum.* ORIGIACUM.	*Arras* selon quelques-uns, *Lens,* ou *Namur* selon d'autres. Aujourd'hui *Orchies,* à ce qu'on croit.
AMBIANI *l'Evêché d'Amiens.*	SAMAROBRIVA, *Samarobrina* & *Samarobriga,* CANTOVICUS. AD LULLIA. CARACOTINUM, ou par corruption *Gravinum.*	Ainsi nommée du Pont de la Somme, c'est aujourd'hui la ville d'*Amiens. Cantuik*, proche de *Waben,* on n'en voit aujourd'hui que les ruines sur le bord de la Mer. On croit que c'est *Argoulles. Le Crotoy.*

BRI-

	BEL.	BEL.
	Britannia.	On a cru autrefois par erreur que c'étoit une ville, maintenant on est persuadé que c'est le petit pays appellé *le Vimeu*.
Veromandui Le Vermandois.	Augusta Veromanduorum,	*Vermand*, selon quelques-uns & *Saint-Quentin* selon d'autres.
Morini Le Boulonois ou pays reconquis, & la Flandre Teutonique.	Teruana	Capitale des *Morins*, personne ne doute que ce ne soit *Terouanne* ville ruinée.
	Gessoriacum Morinorum navale ou *Gissorigia*,	On avoit voulu que ce fût *Bruges* ou *l'Ecluse*, mais à présent on le prend pour *Boulogne*, dont le territoire est appellé *Gessoriacus Pagus*.
	Itius Portus,	Quelques-uns l'ont confondu avec *Gessoriacum*, *Boulogne*; d'autres veulent que ce soit *Mardik*; d'autres *St. Omer*; d'autres *Calais*; & d'autres *Witsant*, *Isten*, *Vissen*, & *Essen*. Voiez Iccius.
	Oromansaci,	Ordinairement on les prend pour *le pays reconquis*.
	Helena,	Le vieux Hesdin.
Nervii, le Hainaut, Cambresis, & la Flandre Françoise.	Bagacum, *Baganum* ou *Baiatum*,	*Bavay* en Hainaut, selon d'autres *Tournay*.
	Valentinianæ,	*Valenciennes*.
	Pons Scaldis,	*Condé*.
	Cameracum,	*Cambray*.
	Succoni *sous les Nerviens occupoient les environs de Tournay*.	où étoient Centrones, Grudii, Levaci, Plemosi, Gorduni, dont la juste situation est difficile à marquer.	Tornacum, ou *Turnacum* aujourd'hui *Tournay*.
Menapii partie de Flandre, Brabant, Gueldre, Cleves, Juliers & quelque peu du Colonois.	Castellum Menapiorum, ou *Menapum*,	Aujourd'hui *Kessel*, & non pas *Horn*, comme quelques-uns l'ont voulu.
	Gugerni, peuples qu'Auguste emmena d'au delà du Rhin; on les nommoit auparavant		Vetera, Santen, Colonia, Ulpia Trajana: *Kellen*
	Sicambres, ils avoient pour villes		Asciburgium: *Asburg* village.
Toxandri ou Taxandri La Zelande	Helium Castellum,	*Briel* dans l'Isle de *Voorn*.
	Medioburgium ou Mattiacum,	*Middelbourg* en Zelande.
Batavi partie de Hollande & de Gueldres.	Batavodurum, ou *Oppidum Batavorum*,	*Battenbourg*, ville des Bataves dans l'Isle de ce nom que ces peuples habitoient.
	Lugdunum Batavorum ou *Lugodinum*,	*Leyden*.
	Noviomagus	*Nimégue*.
	Arenacum	*Arnhem*. Voiez cet Article.
	Ostia Rheni Le Rhin n'avoit d'abord que deux Embouchures, ce qui lui fit donner le nom de Bicornis; mais dans la suite il s'en fit une troisiéme.	Vahalis Fl.	L'Embouchure Occidentale du *Rhin* & de la *Meuse*, ou selon d'autres *le Vahal*, ou *le Vehel*.
		Alveus Civilis	Le *Lech*, ou Canal par lequel *Civilis* detourna le *Rhin*.
		Rhenus,	Le *Rhin*, dont l'Embouchure du milieu de ce fleuve, a retenu le nom.
		Fossa Corbulonis,	Le Canal que fit creuser *Corbulon*, autrement le *Fliet*.
		Salæ ou Issalæ, Flevus, selon d'autres.	L'*Isselle* ou l'*Issel*. Voiez ces Articles où ceci est rectifié.

BEL.   BEL.

	TUNGRI, ou THEUTISCI, communément appellez GERMAINS par les Gaulois de *Ger-ra* guerre, & de *Man* homme qui veut dire homme de guerre. Du tems de Cesar ce pays étoit occupé par les *Condrusiens* & les *Segniens* auprès du Rhin ; à l'Occident étoient les *Cæresiens*, & les *Pæmanes* : les *Eburons* étoient entre les Segniens & la Meuse, & dans la suite y furent placez les peuples suivans.		On ne leur connoît qu'une seule ville nommée ATTUATUCA ou mieux VATUCA, aujourd'hui *Tongeren*.
TUNGRI ou GERMANI, les pays de Liége, de Cologne, de *Julliers*, de Limbourg, de Namur, & partie du Luxembourg.	UBII le Colonois & partie de *Julliers*.	AGRIPPINA COL,	Anciennement ville des *Ubiens* ensuite *Cologne*, & en Allemand *Coln*.
		ARA UBIORUM, dans la suite *Colonia Julia* & *Bonna*,	Bonne.
		NOVESIUM, *Novesiæ*, *Novensio* & *Nivesium*,	Nuys.
		GELDUBA,	*Geldub*, village qui a retenu l'ancien nom.
	SUNICI, *Limbourg & partie de Julliers*.	CATTHI, ces peuples habitoient, au delà du Rhin, mais Auguste les plaça en deçà.	THEUDERIUM ou selon d'autres, THEUDUNUM, *Tudder*. CORIOVALLUM ou CORIOVALLIUM *Valgenbourg*.
	ADUATICI, *Comté de Namur & partie du Brabant*.	C'est ainsi que Jules Cesar les appelle, Tacite les nomme BETHASII.	GEMINIACUM, *Gemblours*. PERVICIACUM, *Pervis*.
TREVIRI, le pays de Tréves au deçà du Rhin, & partie du Luxembourg.	AUGUSTA TREVIRORUM, *Treverorum* ou *Trivirorum*, autrement *Treviri*,		Treves, en Allemand *Trier*.
	CONFLUENTES, ou *Obrincum*,		Coblents.
	BINGIUM ou *Vincum*, par corruption,		Bing, au confluent du *Nahe* & du *Rhin*.
VANGIONES, partie des Terres de Mayence & du Palatinat.	BORBETOMAGUS ou *Borgetomagus*.		*Vormes*, capitale des *Vangions* peuples qui avant l'arrivée de Cesar étoient venus d'au delà du Rhin avec les *Tribocces* & les *Nemetes*. Cette Ville se trouve aussi appellée VANGIONES.
	MOGUNTIACUM ou *Maguntiacum*,		Mayence.
NEMETES, l'Evêché de Spire,	NEOMAGUS, ou *Noviomagus*,		Spire.
TRIBOCCI, ou Triboci & Treboci l'Evêché de Strasbourg.	ARGENTORATUM,		Strasbourg. Ptolomée l'a pris mal à propos pour VANGIONES.
	HELLELUS, ou *Helvelus*, ou même par corruption *Elcebus*.		Elle, sur le fleuve *Ellus*, *Ill*, qui a donné son nom à l'Alsace.
	BRENCOMAGUS, ou *Brocomagus*,		Brunt, autrement *Brumat*.
	RUFIANA, ou *Rufiniana*,		Ruffac.
	ARGENTOUARIA,		Colmar, selon l'opinion commune ou le village d'*Horbourg* près de *Colmar*, selon une tradition populaire.
MEDIOMATRICES, *le pays Messin, la plus grande partie de Lorraine & quelque peu du Luxembourg*.	DIVODURUM, ou *Diviodurum*,		Metz, selon l'opinion commune, on le trouve une seule fois pris pour *Thionville*, mais mal à propos.
	TOTONIS-VILLA, ou *Villa Theodonis*,		Thionville.

RHEMI, les Diocèses de Rheims, de Châlons & de Laon.	DUROCORTORUM, *Durocortum* & *Duricortora*,	*Rheims.*
	BIBRAX de César, sur lequel il y a eu tant de différens sentimens	*Braisne*, ou *Beuvray* en Rethelois, selon quelques-uns.
	DURONUM,	Doren en Tierasche, village.
	LAUDUNUM, surnommé *Clavatum*,	*Laon.*
Catalauni, l'Evêché de Châlons.	CATALAUNUM, ou *Durocatalani*,	*Châlons sur Marne.*
	VICTORIACUM,	*Vitri le Bruslé.*
SUESSIONES, Diocèse de Soissons & quelque peu de celui de Noyon.	AUGUSTA SUESSIONUM, ou *Vessonum*,	*Soissons* sur l'*Aisne.*
	NOVIOMAGUS,	*Noyon.*

Sous le même regne d'Auguste, la Belgique fut encore divisée en deux parties : celle qui étoit du côté de la Mer fut nommée inferieure, & celle qui regardoit le Midi eût le nom de superieure. Dans la suite on appella ces deux parties, Premiere & Seconde Consulaire, dans le tems que l'on fit une nouvelle division de la Belgique, telle qu'on la voit ci après tirée de la Notice de l'Empire, & donnée au public par le même Pere Briet[a]: on seroit fort embarassé cependant à dire en quel tems cette Notice a été faite. Tout ce qu'on en fait de certain, c'est qu'elle a été composée après le regne de Constantin, & avant ceux d'Arcadius & d'Honorius.

[a] Gall. ant. 2. part. Lib. vi. cap. 8.

PREMIERE CONSULAIRE.	Metropolis CIVITAS TREVERORUM,	*Diocèse de Tréves.*
	CIVITAS MEDIOMATRICUM, id est *Metis*,	*Diocèse de Metz.*
	CIVITAS LEUCORUM, c'est-à-dire *Tullum*, ou *Tullo*,	*Diocèse de Toul.*
	CIVITAS VIRODUNENSIUM, ou *Vordonensium*.	*Diocèse de Verdun.*
SECONDE CONSULAIRE.	Metrop. CIVITAS REMORUM,	*Diocèse de Rheims.*
	CIVITAS SUESSONUM,	*Diocèse de Soissons.*
	CIVITAS CATALAUNORUM,	*Diocèse de Châlons sur Marne.*
	CIVITAS VEROMANDUORUM,	*Diocèse de Noyon.*
	CIVITAS ATREBATUM,	*Diocèse d'Arras* ou l'*Artois.*
	CIVITAS CAMERACENSIUM,	*Diocèse de Cambray.*
	CIVITAS TORNACENSIUM,	*Diocèse de Tournay.*
	CIVITAS SYLVANECTUM,	*Diocèse de Senlis.*
	CIVITAS BELLOVACUM,	*Diocèse de Beauvais.*
	CIVITAS AMBIANENSIUM,	*Diocèse d'Amiens.*
	CIVITAS BONONENSIUM,	*Diocèse de Boulogne sur Mer.*

Il ne faut pas confondre LA BELGIQUE, qui étoit un grand pays avec le BELGIUM, qui n'en étoit qu'une portion assez petite, de laquelle je parle ci-après dans un Article particulier. Je suis au reste si éloigné de vouloir garantir la Table du Pere Briet que je viens de donner, que je prie les Lecteurs de n'y compter qu'autant qu'elle se trouvera conforme aux Articles particuliers des peuples & des lieux, dont il marque les raports selon son opinion, qui est souvent rectifiée dans cet ouvrage.

BELGIS. Quoique j'aie déja donné cette ville pour chimerique je ne laisserai pas de mettre ici ce qu'en dit Ortelius. BELGIS, dit cet Auteur, Βέλγης, ville qui a donné le nom de Belgique à la Province; selon Isidore, Honorius, & Hesyche : delà vient Βελγαῖος nom national, selon Phavorin. Le commun des Auteurs nomme cette ville BAVAY, & si j'avois quelque bon Auteur Grec ou Latin, qui eût fait mention du nom *Belgis* j'oserois en faire *Veltsig* ou *Veltsick*, non seulement à cause de la grande ressemblance du son, mais même pour la grande ancienneté de ce lieu, laquelle est prouvée par la quantité de vestiges que l'on en deterre, & d'où l'on tire chaque jour toutes sortes d'antiquitez comme des statues, des medailles, des vases, des boucles, &c. Car si au lieu de B. on prononce V. & G. au lieu d'S. ce qui est ordinaire aux Flamands, à peine la diference entre *Belgis* & *Velsick* paroîtra-t-elle sensible.

BELGITES, ancien peuple de la Pannonie, selon Pline[b].

[b] l. 3. c. 25.

BELGIUM, ancienne contrée des Gaules dans la Belgique; de laquelle elle étoit distinguée, comme la partie l'est du tout. Cesar far dit dans ses Commentaires[a] : aiant tiré ses vaisseaux à sec, & tenu à Amiens l'assemblée des Gaulois, il fut contraint, parce que les sécheresses avoient causé dans les Gaules une disette de grains, de régler les quartiers d'hyver autrement que l'année precedente & de disperser ses Legions. Il en envoya une chez les Morins, (pays de Terouenne) sous la conduite de Q. Fabius; une autre chez les Nerviens (le Cambresis) sous celle de Q. Ciceron; une autre chez les *Ædui*, (Voiez l'Article Essui) sous celle de L. Roscius ; une quatrième dans les Rhemois sous T. Labienus aux frontieres du Pays de Treves. Il en plaça trois dans le Belgium ; & en donna le commandement à M. Crassus Questeur, à L. Munatius Plancus, & à C. Trebonius, Lieutenans generaux. On voit par ce passage que Cesar distingue expressément le Belgium d'avec les Morins, les Nerviens, les Rhemois &c. qui étoient des peuples de la Belgique ; mais hors du *Belgium*. Mr. d'Ablancourt substitue à son ordinaire les noms modernes aux anciens sans trop examiner s'ils y conviennent ; cependant il ne s'écarte pas beaucoup de la verité, lorsqu'il rend le Belgium par *le Beauvoisis & les environs*; car quoi que le Beauvoisis ne soit qu'une partie du Belgium, il est sûr qu'il en étoit, comme je le prouve ci-après. Mais si cette ancienne Province n'eût pas été plus grande, Cesar n'y auroit pas mis trois Legions. Encore moins y en eut-il mis quatre, comme on lit dans le VIII. livre[b] des Commentaires, qui est de Hirtius. Le Belgium devoit donc être plus grand, & il l'étoit en effet comme on verra plus bas. Hirtius, à l'endroit que je viens de citer, dit que Cesar mit IV. Legions dans le *Belgium*, sous la conduite de M. Antoine, de C. Trebonius, de P. Vatinius & de Q. Tullius. . . . . . Après cela il s'en alla retrouver les Legions , qui étoient dans le Belgium & passa l'hyver à Nemetocenna, (Voiez l'Article d'Arras.) Là il apprit qu'il y avoit eu une action entre sa cavalerie & Comius l'Artesien. Car Antoine étant entré dans ses quartiers d'hyver, & le Canton des Atrebates, (aujourd'hui l'*Artois*) persistant dans l'alliance des Romains, Comius depuis sa blessure étoit toûjours prêt à exciter ses compatriotes au soulevement &c. On voit par ce passage, & par tout ce qui suit, qui seroit trop long à copier, qu'Antoine étoit chez les Atrebates, & qu'ils faisoient partie du Belgium. Le Beauvoisis en étoit aussi[c]; car Cesar dans le passage ci-dessus ayant mis dans le Belgium trois Legions, dont une étoit sous les ordres de M. Crassus Questeur[d], dit peu après qu'il étoit dans le Beauvoisis: Cesar aiant reçu ces Lettres vers la XI. heure du jour , envoye aussitôt un courrier dans le Beauvoisis (*in Bellovacos*) vers M. Crassus Questeur dont les quartiers d'hyver n'étoient qu'à vingt-cinq milles de César. Comme les *Ambiani* (ou l'Amiennois,) étoient entre les *Bellovaques* , (ou le Beauvoisis) & les *Atrebates* , (ou l'Artois) ils étoient par consequent du *Belgium*, & il n'y a aucun lieu d'en douter ; mais il n'en est pas de même du Diocèse de Senlis (*Silvanectes*) & du Vermandois; & il n'est pas si certain qu'ils fussent du Belgium. Quant au Diocêse de Senlis, on le presume , sur ce que les *Silvanectes* semblent avoir été une dépendance des Bellovaques. On en apporte encore en preuve une conjecture ; savoir que Cesar ayant placé trois Legions dans le Belgium sous trois Generaux, M. Crassus, L. Plancus & C. Trebonius , on sait que le premier étoit chez les Bellovaques , c'est-à-dire dans le Beauvoisis. On ajoute que peut-être Plancus étoit dans le Diocèse de Senlis, du moins cette suposition s'accorde avec ce qu'on lit dans les Commentaires de Cesar qu'il l'envoya en hâte au pays Chartrain pour y étouffer les semences de revolte que Tasgece commençoit d'y jetter. De tout le Belgium la Légion qui étoit à Senlis, étoit plus à portée d'accourir à Chartres que les autres, qui étoient au Nord de Beauvais, & par consequent plus éloignées. Ceux qui placent ainsi la Legion de Plancus à Senlis, mettent celle de Trebonius dans le Vermandois. Mais outre qu'on n'en donne aucune preuve , on supose faussement qu'il n'y avoit apparemment que ces lieux où les Legions dussent hiverner , au lieu qu'il y avoit encore l'Artois , du moins en partie & tout l'Amiennois. Les deux raisons que Sanson apporte pour prouver que le Vermandois étoit du *Belgium* sont bien foibles, la premiere est que Cesar met les *Veromandui* dans la revolte des Atrebates; la seconde que le P. Briet[e] trouve plus probable, ne me paroit pas plus convaincante, c'est , dit-il, que dans le passage de Cesar déjà plusieurs fois allegué dans cet Article le *Belgium* semble être enfermé par les Morins , les Nerviens, & les Rhemois, or le Vermandois se trouve dans cette enceinte. Quiconque lira attentivement le passage de Cesar n'y trouvera pas ce qu'on lui fait dire. Il n'est pas impossible que le Vermandois & le Diocèse de Senlis fussent compris dans le *Belgium* ; mais il n'est pas sûr qu'ils en fussent, & on ne le sait pas ; comme on sait au contraire que l'Artois , & le Beauvoisis en étoient. Pour ce qui est de l'Amiennois qui est entre-deux, on peut decider qu'il en étoit, non seulement par une preuve de convenance que fournit sa situation , mais encore parce qu'on sait que le Belgium s'étendoit jusqu'à la Mer ; or Cesar[f] dit que les peuples qui habitoient les côtes de l'Angleterre étoient venus du *Belgium*; ce qui ne peut convenir qu'à l'Amiennois , qui occupoit alors les environs de la Riviere de Somme. Alors il ne sera pas étonnant que des gens passez du *Belgium* dans l'Isle de la grande Bretagne y aient conservé leur nom de Belges ; & comme les *Atrebates* faisoient partie du *Belgium*, il est naturel que ceux d'entre ce peuple qui eurent part à cette peuplade , aient aussi gardé le même nom en Angleterre.

Au reste les habitans du *Belgium* étoient les vrais Belges , & ce fut à cause d'eux que les Romains donnerent le nom de Gaule Belgique au pays qui étoit derriere eux. Les autres peuples qui ont été compris sous le nom de Belges , ne sont appellez ainsi que parce qu'ils étoient de la Belgique, grande contrée qui prenoit elle-même ce nom du *Belgium*. La Belgique & le Belgium sont donc deux cho-

choses très-diferentes. La premiere comprenoit les Pays-bas situez au Nord de la Picardie & de l'Artois, jusqu'au Rhin & renfermoit une partie de la Champagne, le pays de Treves, & les autres que l'on peut voir dans l'Article particulier de la Belgique: au lieu que le *Belgium* étoit la Picardie d'aujourd'hui. Ceux-là sont donc dans une erreur bien grossiere, qui, écrivant en Latin nomment en cette Langue *Belgium* ce que nous appellons en François les Pays-bas; ou du moins les pays où la Langue Flamande est en usage. C'est un abus qui n'a d'autre fondement que l'ignorance de ceux qui l'ont introduit; mais ceux qui aiment la justesse de l'expression se gardent bien d'employer ce mot dans une signification si fausse. Car ceux qui savent la Langue Latine, & qui ont lu les Ecrits de Cesar, le seul des anciens qui ait parlé exactement de la Gaule Septentrionale, ne s'aviseront point d'expliquer par les Pays-bas, le nom de *Belgium* qui ne leur convient point; mais ils entendront toûjours la Picardie. On doit respecter les noms auxquels plusieurs siécles ont attaché une idée, & ne pas mettre un Lecteur dans l'embaras de ne savoir si l'Auteur, qui nomme le *Belgium* en Latin, a parlé juste, & a pris ce mot dans sa vraie signification, ou si par ignorance il l'a employé dans un sens que les personnes un peu instruites ne lui donneront jamais.

BELGIUS, Riviere de la Libye, selon Hesyche.

BELGNÆA, Ville de l'Arabie deserte, selon Ptolomée [a]. Quelques exemplaires portent BELYNÆA.

a l. 5. c. 19.

1. BELGRADE, Ville du Royaume de Hongrie dans la Servie au confluent du Danube & de la Save [b]. Son nom Latin est *Alba Græca* ou *Taurunum* : les Allemans la nomment GRIECHISCH WEISSENBURG, & les naturels du Pays BELGRADE & NANDOR ALBA. C'est une Ville très-grande, très-forte, très-peuplée, & où on fait un grand trafic. Elle a le Danube [c] au Septentrion & la Save à l'Occident & non à l'Orient, comme le dit le Voyageur déja cité. Le Danube [d] est fort large devant cette Place & paroit très-rapide. Les eaux de ce fleuve y paroissent plus blanches & plus troubles que celles de la Save, qui sont plus noires & plus claires. [e] Cette Place est bâtie à l'antique, ses murailles ont double enceinte, avec une quantité prodigieuse de Tours. Le seul endroit qui n'est pas défendu par l'une des deux Rivieres dont nous avons parlé est fortifié par un Château placé sur une éminence & tout bâti de pierres quarrées. Les Fauxbourgs de la Ville sont vastes & extrêmement fréquentez par des Marchands Turcs, Grecs, Juifs, Hongrois & Esclavons. [f] Les ruës où se fait le plus grand trafic, sont couvertes de bois, aussi bien que dans plusieurs autres Places de commerce, & les Marchands y sont à couvert du Soleil & de la pluie. Il n'y a presque que des boutiques, qui sont même fort petites; & où on ne voit rien autre chose qu'un banc sur lequel le maître de la maison est assis & vend les marchandises à ceux qui lui en demandent, sans que personne pour cela entre dans le logis. On

a Edouard Brown Voy. de Hongrie p. 57.

c Marsilli Danubii Topogr. p. 14.
d Ed. Brown. Ibid.

e Hist. des Troubles de Hongrie. Preface.

f Ed. Brown. Ibid.

remarque deux grandes places bâties de pierres & presque de la même forme que la Bourse de Londres; mais elles sont toûjours si pleines de marchandises qu'on n'en peut pas voir la beauté. Il y a encore deux autres grandes places, qu'ils appellent *Bezestens*, où on vend les plus riches marchandises. Elles sont bâties en forme d'Eglise Cathedrale, & elles ressemblent assez par le dedans à la vieille Bourse de Londres. Tous les Pays des environs entretiennent grande correspondance dans cette Ville. Les Ragusiens y commercent beaucoup, & la Compagnie Orientale de Vienne y a un Commis. Il est certain qu'il n'y a point en Europe de Ville mieux située pour le trafic. Car outre le Danube & la Save qui mouillent les murailles de la Ville, Belgrade n'est qu'à une petite distance du lieu où le Tibisc communique au Danube. Le Drau n'en est pas éloigné non plus que la Morave & le Danube lui-même communique à la Mer noire, ainsi cette Ville peut avoir avec une grande facilité commerce avec les pays les plus éloignez [g]. Elle est le Siége d'un Evêque Grec, autrefois Suffragant de celui de Bude avant que les Turcs se fussent rendus maîtres de Belgrade.

g Marsilli Danubii Topogr. p. 14.

[h] Amurath II. assiegea cette Ville; mais ce fut en vain. Mahomet le Grand se presenta devant, mais il en fut vigoureusement repoussé par la valeur d'Hunniades & des troupes Auxiliaires qu'avoit amassé le Pere Capistran. Hunniades sortit de la place, se vint camper hors de la Ville, & fit ensuite un grand carnage de toutes les troupes des Turcs. Mahomet y fut même blessé à la poitrine, & y perdit toutes ses machines de guerre, avec environ 200. vaisseaux qui furent defaits par le moyen d'une Flotte, qui arriva de Bude. Elle ceda cependant en 1521. à la bonne fortune du grand Soliman.

h Ed. Brown. p. 60.

Un des Grands Visirs a fait bâtir un Palais fort magnifique dans la Ville de Belgrade. On y voit au milieu de la Cour une belle fontaine, & assez près du Palais une Mosquée avec une fontaine à l'entrée. On y a aussi bâti un Metreseck, ou College pour faire étudier les Enfans.

2. BELGRADE [i], place en Turquie dans la Romanie sur la Mer noire, à six ou sept lieuës de Galata au Septentrion. On l'a appellée ainsi à cause de sa beauté. Le Pays est élevé, ombragé de quantité de bois, arrosé de plusieurs sources d'eau claire, fourni de diverses sortes de chasses & garni de plusieurs petits villages à une distance raisonnable l'un de l'autre. L'air y est très-bon & sain, & plusieurs personnes de qualité s'y retirent pour en joüir pendant les grandes chaleurs de l'Eté, & pour chasser dans la saison. Il y a plusieurs maisons de plaisir fort agréables. Quelques-uns se contentent d'y avoir des pavillons qu'ils tendent sous de hauts arbres, près de quelque source fraîche. Toutes ces sources sont recueillies avec beaucoup de dépense en differentes Citernes, qui sont toutes auprès de quelque haute Chiosque ou maison d'Eté. La forme de ces Chiosques est quarrée. Elles sont bâties avec de grands abat-vents pour l'ombre, quoi qu'elles soient ouvertes de tous cô-

i Corn. Dict. Wheler Voyages T. 1. p. 194.

côtez, afin qu'on puisse jouïr librement de la bonté & de la fraîcheur de l'air sans être incommodé de la chaleur du Soleil. On y monte par quatre ou cinq dégrez dans une place pavée de fayence ou de marbre, couverte de quelques nattes ou tapis, avec des balustres tout au tour. Le plat-fond est peint de differentes couleurs, rouge, vert, blanc & jaune, avec de jolis nœuds de figures que l'on y voit ouvragez. L'eau des Citernes est conduite sous terre par des canaux dans divers Aqueducs, qui la portent en faisant plusieurs détours à travers des basses vallées du haut des montagnes, sur d'autres montagnes, jusqu'à ce qu'enfin elle soit renduë à Constantinople. On voit entr'autres un de ces Aqueducs à moitié chemin de Belgrade à Galata. Il joint deux montagnes en croisant, & en traversant une vallée, qui est tout au moins d'un quart de lieuë. Cet Aqueduc est composé de deux rangs d'Arches, dont celui de dessous en a cinquante & une. Il peut y avoir trente brasses depuis le fond de la vallée, jusqu'au haut de l'Aqueduc. On en voit un autre du côté de l'Orient qui est courbé, & qui fait un angle, où sont trois rangs d'Arches l'un sur l'autre; mais elles ne sont pas en si grand nombre. Il y en a un troisiéme au Nord du premier qui joint deux montagnes ensemble sur une vallée étroite; mais fort profonde. Il n'a que quatre Arches en deux rangs; mais ces Arches sont excessivement grandes, & peuvent avoir cinquante pieds de largeur. Les Villages voisins sont chargez du soin de ces eaux, & de nettoyer les Aqueducs & les Canaux, ce qui les fait exempter de toutes autres taxes. La plûpart de ces Aqueducs ont été bâtis par les derniers Empereurs Romains & Grecs & dans la suite du temps les guerres & la negligence les ayant laissé tomber en ruïne, ils ont été rétablis par les soins de Soliman II. surnommé le magnifique, ces eaux étant portées dans Constantinople y sont rassemblées en plusieurs Citernes, & dispersées dans des Canaux en differens quartiers de la Ville.

a Baudrand Ed. 1705.
1. BELGRADO [a], petite Ville d'Italie sous la domination des Venitiens dans le Frioul, près de la Riviere de Tajamento entre la Ville d'Udine & celle de Concordia à quatre lieues de l'une & de l'autre.

b le même.
2. BELGRADO [b], petite Riviere de la Turquie en Europe dans la Romanie. Elle se decharge dans la Riviere de Chartericon, & toutes deux se jettent dans la Riviere de Machlena ou de Biutere qui baigne la Ville de Constantinople, on croit que c'est l'HYDRALIS des anciens.

BELIA, Ville de l'ancienne Espagne Tarragonoise au pays des Hedetains, selon Ptolomée [c]. Voiez VELIA.

c. l. 2. c. 6.

d l. 23. p. 259. Edit. Lindebrog.
1. BELIAS, Riviere d'Asie. Ammien Marcellin [d] dit qu'elle se decharge dans l'Euphrate; que sa source étoit à Davana, & que l'Armée qui s'y rafraîchit, arriva le lendemain à Callinise.

e Thesaur.
2. BELIAS, Sylburge cité par Ortelius [e] dit que l'on trouve écrit ainsi par une L. simple le nom de BELLIAS, qui doit avoir été un Siége Episcopal, dont étoit Evêque Philicus, dont il est fait mention dans les Actes du Concile d'Ephese, qui est le III. des Conciles généraux.

BELICA [f], nom Latin d'une Ville Episcopale des Gaules dans la cinquiéme Lyonnoise; Elle est aussi nommée BELLICIUM CIVITAS; on l'apelle presentement BELTEY. Voiez ce mot.

f Carol. à S. Paul. Geogr. Sacr. p. 152.

1. BELICE, Riviere de Sicile dans la Vallée de Mazare. Elle a sa source au Village de Piana, d'où coulant vers le Midi le long des Montagnes de Busamar, elle se grossit à Petra Longa du Torrent de Fratimo, & des Rivieres de Bichinello, & de Sanctayano déja réunies dans un même lit plus bas auprès de Tirazzia, elle reçoit encore la Riviere de Baticano, & celle de Bruca jointes ensemble. Puis à Donna, elle se charge des eaux d'une Riviere nommée aussi BELICI; mais avec le surnom de DESTRO, parce qu'elle vient se joindre du côté droit de cette Riviere; & enfin elle se perd dans la Mer à l'Orient de Mazare, & au Nord-Ouest de Sciacca. C'est l'Hypsa des anciens; mais ce nom lui convient qu'à la Riviere de Belice, & non pas au *Belici-Destro* qui est peu de chose en comparaison, quoi que Mr. Baudrand [g] ne fasse mention que de ce dernier.

g Ed. 1705.

2. BELICE-DESTRO, Riviere de Sicile dans la Vallée de Mazzare: elle a sa source à l'Occident du Château de Calatamaur; puis passant auprès de Sinurio, & de Missilindino, elle reçoit un ruisseau auprès de Poggio reale, & va se rendre dans dans la grande Riviere de Belice à Donna.

3. BELICE, Château de Sicile dans la Vallée de Mazare, entre la Riviere dont il porte le nom & le Bourg de Partana sur la route de Mazare à Sciacca.

§. Ces trois Articles sont pris de la Carte de Sicile par Mr. de l'Isle. Cependant je ne dois pas dissimuler que le P. Coronelli dans la sienne met les choses tout autrement; car il suppose que le Belice de la droite a sa source beaucoup plus au Nord, & par consequent son cours beaucoup plus long que celui de la gauche. Mais pour le dire ici j'ai remarqué dans ce Pere une si grande hardiesse à renverser capricieusement les Notions Géographiques les plus certaines que je ne le cite gueres qu'en compagnie, ou sur les pays qu'il a lui-même parcourus, & sur lesquels nous n'avons point d'Auteurs qui fournissent des lumieres plus sûres que les siennes. De plus on sait que Cluvier a parcouru lui-même la Sicile qu'il a decrite dans un ouvrage particulier. Selon lui l'Hypsa est la Riviere de la gauche, & celle dont la source est la plus Septentrionale. Le *Crimissus* est le nom qu'il prétend que les anciens ont donné à celle de la droite dont le cours est bien moins long, & qui est le *Belice-destro* de Mr. de l'Isle. Ces deux derniers Auteurs qui examinoient scrupuleusement les choses sont d'une autorité superieure à celle du P. Coronelli. Si ce Pere est pour Mr. Baudrand [h] qui prend l'*Hypsa* pour le *Belice-destro*; Cluvier, Cellarius & Mr. de l'Isle marquent au contraire que c'est le *Crimissus* & non pas l'*Hypsa*. Le P. Briet qui dans sa Carte de l'ancienne Sicile a très-bien mis l'*Hypsa* à la droite, & le *Crimissus* à la gauche, & a donné à la seconde moins de cours qu'à la premiere, est tombé dans l'erreur dans

h Ed. 1705. 1682. cette erreur ne se trouve point. Dans celle de

sa

sa Carte de la nouvelle Sicile en donnant au Belice de la gauche moins de cours qu'à celui de la droite. Mr. Corneille accuse à faux Cluvier de croire que BELICE SENESTRO est le *Crimisus*, ou *Crimisus* des anciens. Cluvier dit tout le contraire [a]. Voici ses propres paroles: *Crimisus .... tandem in dextram Hypsæ amnis ripam, in Selinuntiorum agro effunditur; vulgari tunc & communi cum ipso Hypsa nomine* BELICI *dictus;* ET AD DISCRIMEN ILLIUS, INTERDUM *Belicis dexter* COGNOMINATUS. S'il étoit question d'un Auteur qui eût écrit en une Langue peu intelligible à Mr. Corneille, je ne sais si ce dernier seroit excusable de lui avoir attribué une sotise sans avoir cru la lire dans son livre. Ce n'est pas Mr. Baudrand non plus qui l'a trompé, car ce dernier dit très-bien dans son Dictionnaire Latin que *Belice-destro* est le *Crimissus* des anciens, & que *Belice* est leur *Hypsa*. C'est Mr. Maty a égaré Mr. Corneille sans qu'il y ait eu de sa faute. Son livre étant en François, il est étonnant que Mr. Corneille l'ait si mal compris. Mr. Maty dit donc que: le Belice a deux sources, qu'on les distingue par les noms de *Belice dextro* & de *Belice senestro*, celui-ci au Levant (c'est-à-dire le dernier) & l'autre que Cluvier croit être le *Crimisus* ou *Crimisus* des anciens, au Couchant. Ces deux circonstances au Levant, & au Couchant auroient épargné cette méprise à quiconque auroit consulté quelque Carte de la Sicile.

☞ Les mots de DROIT & de GAUCHE, lorsqu'il est question de Rivieres, doivent toujours s'entendre de la droite, ou de la gauche d'un homme que l'on suppose à la source de cette Riviere, le visage tourné vers le chemin qu'elle fait pour arriver à son embouchure.

BELICASTRO. Voiez BELCASTRO.

BELIGANE, Riviere d'Afrique dans la partie Septentrionale de la Cafrerie, selon Mr. Baudrand [b]. Elle coule, dit-il, le long du petit Royaume de ce nom, & puis se rend dans l'Océan dans la Baye de Laurent Marquez selon Faris. La Carte d'Afrique du Sr. Tillemont met un Village à la source d'un petit ruisseau qui tombe dans cette Baye, & le nomme MILANGANA: ce pourroit bien être la même chose que la Riviere & le Royaume de Beligane de Faris.

BELIGRATZ [c], petite Ville d'Allemagne dans la haute Carniole sur le torrent de Billi, & à trois milles d'Allemagne de Laubach vers l'Occident. Zeyler [d] écrit ce nom BILIGRATZ, & observe que selon Lazius le mot Gratz entre dans la composition de plusieurs noms, comme *Bayrisch-Gratz*, que l'on nomme simplement Gratz, *Windisch-Gratz*, *Bili-Gratz*; on retrouve encore ce nom de Gratz dans la Bohême & dans le Voigtland.

BELINAS, Village de Syrie dans la Terre Sainte. On croit qu'il occupe la place où étoit l'ancienne CESARE'E DE PHILIPPE. Voiez ce mot. Une description de la Terre Sainte publiée par Schelstrate [e] sur un manuscrit de la Bibliotheque de Christine Reine de Suede, nous apprend l'origine de ce nom. On y lit que Belinas est au pied du Liban à XXIV. milles de Damas, & que c'est la Ville de *Paneas*, c'est-à-dire *Belinas*, nommée *Abilina* à cause de la qualité du lieu, laquelle a été aussi appellée Cesarée de Philippe à cause de Cesar. On voit par-là que le nom de Belinas n'est autre que celui d'Abilene. Voiez ce mot, qui lui-même est derivé d'Abila, ou Abel. Ce lieu a été un Siége Episcopal. La Notice de l'Evêque de Cathara [f] porte qu'il est éloigné de Tyr d'une journée de chemin que l'on fait dans de profondes Vallées. *Item Cæsaream* (*Cæsaream*) *Philippi, quod Belinas Vulgariter nuncupatur, Episcopali Sedes & debet esse filia dicti Principis* (il est fait mention plus haut dans cette Notice, du Prince de Galilée Seigneur de Tiberiade,) *& hæc terra protenditur per unam Dietam super Tyrum in Cavas maximas.*

BELINGEN [g], Château de France en Picardie dans des Marais au Comté de Guines, entre Guines & Ardres.

BELINGUER. Voiez BRENINGUER.

BELINZONE. Voiez BELLINZONE.

BELJOCO [h], Village d'Espagne dans l'Aragon près de la Ville de Boria [g]. Quelques Geographes le prennent pour l'ancienne *Belsinum* ou *Balsio*, Ville des Celtiberiens; d'autres la mettent à Boria.

BELION, ancien nom d'une Riviere d'Espagne. Voiez LIMÆA.

BELIPPO, Ville ancienne de l'Espagne dans le departement de Gades, *Gaditani Conventus*, dit Pline [i]; les autres Auteurs n'en font point mention. Il ne faut pas la confondre avec BÆSIPPO, autre Ville plus connue que Pline nomme dans la même ligne.

BELIRA [k], petite Riviere d'Espagne dans la Catalogne. Elle a sa source aux Pyrenées & passe par la Vallée d'Andorre, puis se rend dans la Segre près d'Urgel.

BELISAMA, ou BALISAMA, selon les divers exemplaires de Ptolomée, Golphe de l'Isle d'Albion, Cambden [l] croit que c'est celui de REBEL sur la côte Occidentale de la Grande Bretagne, en Lancashire près de Preston.

BELISENSIS, ou plutôt BELICENSIS *Ecclesia*, Siége Episcopal de France duquel il est fait mention dans le Concile de Lyon, Ortelius dit: seroit ce *Blays*? Ce nom est derivé de *Belica* que j'ai dit plus haut être le nom Latin de l'Evêché de BELLEY. Voiez ce mot.

BELISMUM. Voiez BELESME dont il est le nom Latin.

BELISSO, Ville d'Espagne entre Tarragone & Astorga selon l'Itineraire d'Antonin. Il l'appelle aussi BALSIO dans un autre endroit. Ortelius croit que c'est la même que Ptolomée appelle BELSINUM. Voiez ce mot, & l'article BELJOCO.

BELITANI, ancien peuple d'Espagne, selon Pline [m]. Leur Ville étoit BELBIA que le R. P. Hardouin dit être aujourd'hui Belchite.

BELITIO. Voiez BELLINZONE.

BELITRÆ. Voiez VELITRÆ.

BELKIN [n], Ville de la Basse Egypte vers le milieu du Delta au Midi du Canal de Rossete, & au Nord de celui de la Sabonniere.

[a] Sicil. ant. p. 269.

[b] Ed. 1705.

[c] Baudrand ibid.

[d] Prov. Austriac. Topogr. p. 68.

[e] Ant. Ecclef. T. 2. p. 542.

[f] ibid. p. 775.

[g] Baudrand Ed. 1682.

[h] Baudrand Ed. 1705.

[i] l. 4. c. 1.

[k] Baudrand Ed. 1705.

[l] Britann.

[m] l. 3. c. 3.

[n] P. Lucas, Carte de la Basse Egypte.

niere au Couchant un peu Septentrional, & à environ onze lieues Françoises de la Grande Mahalle.

BELLA AQUA, nom Latin de BELLE AIGUE. } Voiez aux noms François.
BELLA BRANCA, nom Latin de BELLE BRANCHE.

BELLAC, petite Ville de France dans la Province de la Marche [a] à sept lieues de Limoges. Elle contient environ 770. feux & trois mille personnes. La Seigneurie en appartient au Roi. [b] Il y a une Senechaussée dans le ressort de laquelle sont les Châtellenies Royales de Rancon & de Champagnat. Elle est regie par le Droit écrit, & les Appellations en sont portées au Parlement de Paris, ou au Presidial de Gueret dans les cas de l'Edit. [c] Il y a aussi une Maréchaussée à Bellac, composée d'un Vice-Senechal, d'un Assesseur, d'un Procureur du Roi & de douze Archers, pour toute l'étendue des Senechaussées de Dorat & de Bellac.

[a] Piganiol de la Force desc. de la France T. 5. p. 382.
[b] p. 379.
[c] p. 380.

BELLAMORE, ou BELA-MORE, nom que les Peuples Septentrionaux donnent au Golphe qui s'étend en ligne presque circulaire à l'extremité Orientale de la Laponie ; nous l'appellons la Mer Blanche. Voiez son article particulier au mot MER.

BELLAMORESKOI-LEPORIE [d], c'est-à-dire, l'une des trois Parties qui composent la Leporie; & plus precisement celle des trois qui s'étend le plus le long de la Mer Blanche. Quelques Géographes nomment Leporie la Laponie Moscovite. La partie ou Province dont il question est bornée au Nord par Mouremanskoi-Leporie ; à l'Orient par Terskoi-Leporie, par la Mer Blanche, & par un bout de la Province Cargapolskaia-Corela ou Carelie Moscovite, au Midi & au Sud-Ouest par la Finlande, & par la Laponie Suedoise. Voiez LEPORIE.

[d] Sanson & de l'Isle Atlas.

BELLANDA, Mr. Baudrand [e] dit que quelques-uns veulent que ce soit un ancien nom de la Ville de Nice en Provence, Capitale du Comté de même nom. Voiez NICE.

[e] Ed. 1682.

BELLANO [f], petite Ville d'Italie dans le Milanez, sur le bord Oriental du Lac de Côme, à huit lieues de la Ville de Côme.

[f] Baudrand Ed. 1705.

BELLA-PERTICA. Voiez BELLE-PERCHE.

BELLAQUENSIS SYLVA, quelques Modernes expriment ainsi en Latin la FORET DE FONTAINE-BLEAU.

BELLAQUEUS-FONS. Voiez FONTAINE-BLEAU.

BELLA-STELLA. Voiez BELLE-ETOILLE.

BELLA VALLIS. Voiez BELLEVAL; & BELLA-VILLA. Voiez BELLE-VILLE, BELLE-VAUX.

BELLE-AIGUE, Abbaye de France dans la Basse Auvergne au Diocèse de Clermont. [g] Elle fut fondée en 1137. & est de l'Ordre de Cisteaux, de la filiation de celle de Montpeiroux.

[g] Piganiol de la Force desc. de la France T. 5. p. 326.

BELLEBRANCHE, Abbaye de France dans le Maine sur la petite Riviere de Vergeste, à deux lieues du Bourg de Sablé, du côté du couchant. Elle est de l'Ordre de Citeaux [h]; & fut fondée le 27. Juillet 1152. par Robert de Sablé II. du nom. Le Roi Henri le Grand ayant fondé le College des Jesuites de la Fléche en l'année 1607. leur assigna vingt mille livres de rente. Mr. Menage [i] dit deux mille. Pour faire cette somme de vingt mille livres, ce Prince unit à ce College la Manse Abbatiale de Bellebranche, & celle de plusieurs autres Benefices.

[h] ibid. p. 129.
[i] Hist. de Sablé p. 165.

BELLE-ETOILLE [k], Abbaye de France en Normandie au Diocèse de Bayeux. Elle est de l'Ordre de Premontré sous l'invocation de la Sainte Vierge. Elle fut fondée en 1215. par Henri de Beaufort, & l'an suivant la fondation fut ratifiée [l] par Robert des Ableges XXXVIII. Evêque de Bayeux ; & Thomas de Frauville Successeur de Robert lui donna la plupart des Dîmes qu'elle possede. [m] Cette Abbaye se trouve dans la Paroisse de St. Jean de Cerisi entre Tinchebray, Flers & Condé sur Noireau.

[k] Piganiol de la Force ibid. p. 22.
[l] Hermant Hist. du Diocèse de Bayeux. T. 1.
[m] Corn. Dict.

1. BELLEGARDE, Ville de France en Bourgogne, sur la Saone, aux Frontieres de la Franche Comté. C'est la même que la petite Ville de SEURE qui étant venue au pouvoir de Roger de Bellegarde Grand Ecuyer de France fut nommée Bellegarde, & érigée en Duché-Pairie par le Roi Louïs XIII. Ce titre est éteint depuis la mort de ce Duc decedé sans enfans. Voiez SEURE.

2. BELLEGARDE, Forteresse de France au Comté de Roussillon, au-dessus du Col de Pertuis & sur la Frontiere de Catalogne entre Ceret & Jonquieres. C'est une Place forte, mais non une Ville, comme le dit Mr. Corneille [n] dans son Dictionnaire Geographique. Ce n'étoit d'abord qu'une tour sur le haut d'une des Montagnes des Pyrenées par delà le passage nommé la Cluse, pour défendre le Col de Pertus. Les Espagnols la prirent en 1674. & y firent quelques fortifications. Le Maréchal de Schomberg leur enleva ce poste sur la fin de Juillet de l'année suivante, & après la Paix de Nimegue en 1679. Louïs XIV. fit construire en cet endroit une place reguliere, composée de cinq bastions. Quand on a grimpé sur la montagne, on entre dans la place par le côté, le long du chemin couvert à gauche. L'on trouve ensuite à droite la porte de la place qui est une longue voute très-roide à monter, & qui méne à la place d'armes, qui est vaste & plus longue que large. A main gauche dans le fond de la place, est la Chapelle qui est belle, & en forme d'Eglise. La Maison du Gouverneur est à côté. Il y a au bout du premier appartement une Tribune, de laquelle il peut entendre la Messe sans descendre dans la Chapelle. Aux autres côtez de la place d'armes, sont les Logemens du Major, de l'Aide-Major, des Officiers, & les Casernes pour les Soldats de la Garnison. A un bouts de cette place est un puits des plus profonds, bâti en ovale & fort large, que l'on montre par curiosité.

[n] Piganiol de la Force, Descr. de la France T. 6. p. 444.

Sur un rocher qui est un peu plus bas, & à un des Angles de la Place est un Fort en forme d'ouvrage à corne, composé de deux demi-bastions & de deux longs côtez inégaux.

Il y a à la gorge de cet ouvrage un angle saillant qui forme une espece de demi-lune defendue d'une petite Redoute, ou Cavalier quarré, le tout taillé dans le roc. Le foſſé ne regne point tout autour de cet ouvrage, il envelope ſeulement le plus petit des longs côtez, & une partie du front, le reſte étant inacceſſible. Une partie de ce foſſé eſt remplie d'eau qui tombe de la montagne, & ſert d'abreuvoir. Le chemin couvert environne cet ouvrage de tous côtez, & communique à celui de la place. Le Lieutenant de Roi demeure dans ce Fort. Au bas de la montagne, & à gauche du grand chemin, on trouve deux Hôtelleries, & le Jardin du Gouverneur.

3. BELLEGARDE, Château de France en Gaſcogne dans l'Eſtarac entre Serre & Maſſeoube, ou ce qui revient au même entre l'Arrats & le Gers.

4. BELLEGARDE, Baronie de France en Languedoc au Diocèſe de Nîmes. Elle appartient au Duc d'Uſez.

5. BELLEGARDE [a], Château de Suiſſe dans le Bailliage de même nom dans la partie Orientale du Canton de Fribourg, & dans les montagnes qui confinent au Bailliage de Sibenthal qui eſt dans le Canton de Berne. Il y a le Village de Joun ou Jaun.

[a] Delices de la Suiſſe T. 2. p. 394.

1. BELLE ISLE, Iſle de France ſur la côte de Bretagne dans l'Evêché de Vanne à ſix lieues de la Terre ferme. Les anciens la nommoient CALONESUS nom qui veut dire en Grec la même choſe que Belle-Iſle. Les Hollandois la nomment Boelyn.[b] Elle a environ ſix lieues de long ſur deux de large, & a autrefois appartenu à l'Abbaye de Ste Croix de Quimper, mais Charles IX. la donna au Comte de Rais, & l'érigea en Marquiſat en ſa faveur l'an 1573. Belle Iſle paſſa enſuite à M. Fouquet le dernier Surintendant des finances, & ce ſont encore ſes deſcendans qui en jouïſſent parce qu'après la diſgrace de ce Miniſtre, elle fut adjugée à ſa femme pour ſes couventions matrimoniales. Il y a dans cette Iſle un Etat Major & une Garniſon, qui eſt ordinairement de vingt-deux Compagnies d'Infanterie & quelquefois davantage. Les Paroiſſes de Sauzon, du Palais, de Locmaria, & de Bangor ſont les lieux les plus remarquables de cette Iſle.

[b] Piganiol de la force T. 4. p. 343.

2. BELLE ISLE, petite Iſle de l'Amerique Septentrionale dans le Detroit entre la côte de la nouvelle France, vers le Cap de Sable ou des Châteaux au Nord, & l'Iſle de Terre-neuve, où eſt le Cap de Grace au Midi. Elle donne le nom à ce Detroit que l'on apelle le PASSAGE DE BELLE-ISLE.

3. BELLE ISLE. Voiez FORMOSE.

4. BELLE ISLE. Voiez FAIRE.

BELLELEY [c], Abbaye de Suiſſe dans le Territoire de Delemont, à trois lieues de Moutiers-Grand-Val. Elle eſt belle & riche & fut fondée environ l'an 1140. Elle dépendoit autrefois des Chanoines de Moutier, auxquels elle donne tous les ans une livre de cire d'hommage, parce qu'elle eſt bâtie ſur leurs Terres. Mais dans le Concile de Conſtance, & le Pape Martin donna à l'Abbé de Belleley la Croſſe & le Titre de Prélat, & l'Empereur Sigismond l'affranchit en même temps de la Juriſdiction de l'Evêque de Bâle ; tellement qu'aujourd'hui l'Abbé tient le premier rang entre les Etats de l'Evêché. On dit que le nom de Belleley eſt corrompu de BELLE-LAYE ; & qu'il a été ainſi nommé, en mémoire de ce que Siſenand ſon fondateur s'engagea à bâtir cette Abbaye, par un vœu qu'il en avoit fait, étant égaré à la chaſſe, dans un bois épais, où il pourſuivoit une laye. C'eſt de ce lieu que viennent les excellens fromages, qui ſont ſi rénommez pour leur délicateſſe, & qui ſont connus dans la Suiſſe, ſous le nom de fromages de Bellelaye. Cette Abbaye eſt ſous la protection de la Seigneurie de Soleurre.

[c] Delices de la Suiſſe T. 3. p 556.

BELLENCOMBLE [d], Bourg de France dans la Normandie, avec un Château. Il eſt ſitué entre Rouën & Dieppe, dans le Pays de Caux, à ſix lieuës de l'une & de l'autre Ville, à deux de Boulehard, à une lieuë & demie de Sain-Saën, & ſur la même Riviere. On y tient marché tous les Lundis. Le Château qui eſt bâti ſur le penchant de la côte eſt très-logeable, & entouré de foſſez profonds. L'Egliſe eſt dans l'enceinte des dehors de ce Château qui a été autrefois une bonne place de guerre pour défendre la Vallée, & le paſſage du Pont ſur la Riviere. Bellencomble a une haute Juſtice, c'eſt une Châtellenie qui comprend Saint Martin d'Ignonville, Orival, & Saint Elier. Il y a ſous Bellencomble un Prieuré qui porte le titre de tous les Saints, fondé anciennnement par les Seigneurs de la Heuſe, pour les Religieux de l'Ordre de Saint Auguſtin, qui l'ont deſſervi aſſez long temps. Aujourd'hui c'eſt un Prieuré ſimple à la nomination du Roi.

[d] Corn. Dict. Memoires dreſſez ſur les lieux en 1706.

BELLENTZ, &

BELLENZONE. Voiez BELLINZONE.

BELLEPERCHE [e], Abbaye de France dans la Gaſcogne, ſur la Garonne, à trois lieues de la Ville de Montauban [f]. Elle eſt de l'Ordre de Ciſteaux, de la filiation de Clairvaux & fut fondée en 1143.

[e] Baudrand Ed. 1705.
[f] Piganiol de la Force Deſc. de la France T. 3. p. 30.

BELLESME. Voiez BELESME.

BELLEVAL [g], Abbaye de France en Champagne dans l'Argone. Elle eſt l'Ordre de Prémontré & fut fondée par Adalberon Evêque de Verdun environ l'an 1133. ou 1137. Elle eſt à deux lieues de Beaumont. Les Religieux y ſont d'ordinaire au nombre de neuf. Mr. Baudrand écrit BELVAL dans l'Edition Latine de 1682. & BELLEVALLE dans la Françoiſe de 1705.

[g] Baugier Mem. Hiſt. de Champagne T. 1. p. 57.

BELLEVAUX [h], Abbaye de France en Franche-Comté, de l'Ordre de Ciſteaux à deux lieues de Beſançon ſur Lougnon, qu'il ne faut pas confondre avec Beſançon ſur le Doux Capitale de la Province.

[h] Baillet Topogr. des Saints.

BELLEVESVRE, Mr. Corneille [i] dit BELLEVESURES, petite Ville de France ſur les Frontieres de la Franche-Comté. Elle eſt ſituée dans une petite Iſle formée par une Riviere qui ſe decharge dans la Seille après avoir ſerpenté long-temps. Il cite un Atlas. Celui de Blaeu porte *Belle-œuvre*, mais la ſituation ne convient point & ce n'eſt pas delà que Mr. Corneille a pris ſon article. Mr. de l'Iſle [k] met BELLEVESVRE non pas dans l'Iſle,

[i] Dict.
[k] Carte de Bourgogne.

le, mais au Levant Meridional de l'Isle, que forme cette Riviere qui est la Braine; & n'en fait qu'un Bourg de Franche-Comté; aux confins de la Bresse Chalonnoise.

BELLEVILLE, petite Ville de France dans le Beaujolois près de la Riviere de Saone. Mr. d'Audifret [a] la met sur l'Ardiere Riviere qui se jette dans la Saone; mais il parle de la Ville. Mr. de Longuerue [b] parlant de l'Abbaye de Belleville dit qu'elle est sur la Saone. Mr. Piganiol [c] de la Force parlant de l'Abbaye dit : Belleville sur Saone, & non pas sur l'Ardiere, comme le dit Corneille, est une Abbaye de Chanoines Reguliers de l'Ordre de St. Augustin, qui fut fondée par Humbert, Seigneur de Beaujeu l'an 1160. Mr. de Longuerue [d] dit de même : Humbert Seigneur de Beaujeu fonda comme Seigneur absolu, l'Abbaye de Belleville sur Saone pour des Chanoines Reguliers l'an 1160. & il ajoute que Guichard Archevêque dans ses Lettres de confirmation données l'an 1179. ne paroît exercer que les droits & la jurisdiction ordinaire des autres Evêques. Ainsi la Ville & l'Abbaye de Belleville sont sur la Riviere de Saone, celle d'Ardiere n'en est pas fort éloignée & se jette un peu au-dessus dans la Saone.

BELLEY [e], Ville de France & la Capitale du Bugey. Elle est située entre des Collines, & petites Montagnes environ à 2000. pas du Rhône. Son nom Latin est *Belica*, qu'on ne trouve en aucun livre ou acte plus ancien que la Domination des François Merovingiens. Ce qui est certain, c'est que Vincent Evêque de Belley assista au second Concile de Paris dans le milieu du VI. Siécle, sous Childebert fils de Clovis. On pretend que Belley a eu des Evêques plus anciens, & les gens du Pays nomment un Evêque *Audax* qui tenoit ce Siége au commencement du cinquiéme Siécle. Belley est donc une Cité detachée de celle des Sequaniens, & qui a de tout tems reconnu Besançon pour sa Métropole.

Les Empereurs Allemands laisserent cette Ville sous la Domination de ses Evêques, & Frideric Barberousse fut si touché du merite d'Anthelme pour lors Evêque de Belley qu'il lui donna, & à son Eglise tous les droits de Regale, comme celui de battre monnoye, & la Seigneurie absoluë de cette Ville, ne se reservant que la Souveraineté [f] : de sorte que dès ce tems-là ces Prelats ont été Princes de l'Empire, & admis aux Dietes, tandis que le Bugey a été du Corps de l'Empire. Cet Anthelme étoit de l'ancienne famille des Seigneurs de Migain en Savoye. Il fut tiré de la Chartreuse des Portes en 1163. par le Pape Alexandre III. pour être Evêque de Belley. La sainteté de sa vie & les frequens miracles qu'il a operez après sa mort, l'ont fait canoniser. Son corps reposoit sous une tombe platte dans l'Eglise Cathedrale; mais en 1630. Mr. Passelaigue Evêque de Belley le fit lever de terre, & mettre dans une châsse sur l'autel de la Chapelle qui porte le nom de ce Saint.

[g] Les Comtes de Savoye n'avoient point originairement de superiorité sur l'Eglise de Belley, ni sur la Ville : on voit même qu'Amedée ou Amé IV. Comte de Savoye & Pierre de la Baulme Evêque de Belley reglerent, sur la fin du XIII. Siécle, les differens qu'ils avoient pour les confins de leurs terres en Bugey comme étant independans l'un de l'autre. L'an 1412. le Prince de Savoye aiant acquis de l'Evêque Rodolphe de Bonet certains droits Seigneuriaux de l'Evêché de Belley, il se departit de ses pretentions : néanmoins les Evêques, qui étoient nez Sujets & partisans de la Maison de Savoye, & les habitans de Belley s'assujettirent peu à peu aux Ducs ; de sorte que l'Evêque Guillaume Didier ayant eu different avec tout le Corps de la Ville de Belley, pour l'établissement d'un Capitaine ou Commandant, ils plaiderent volontairement devant le Conseil Ducal & l'Evêque obtint un Arrêt en sa faveur. Depuis ce tems-là les Evêques, & les habitans de Belley passerent pour des Savoyards, jusqu'à l'an 1601. qu'ils furent cedez à la France par le Duc Charles-Emanuel.

[h] Aujourd'hui le Siége du Bailliage Royal du Bugey est établi en cette Ville, & les appellations en sont portées au Presidial de Bourg dans le cas de l'Edit. Il y a aussi un Juge Châtelain qui est celui de l'Evêque ; une Election, Marechaussée, Grenier à sel, &c. L'Eglise de Saint Laurent est la seule Paroisse qu'il y ait dans Belley. Les Chanoines de la Cathedrale en sont les Curés Primitifs. Les Cordeliers de l'Observance; les Capucins; les Filles de la Visitation; les Ursulines; les Bernardines ont des Couvens dans cette Ville. Ces dernieres occupent l'Abbaye de St. Pons qui est de Fondation Royale.

Le Chapitre [i] de la Cathedrale de Belley est composé d'un Doyen, d'un Archiprêtre, d'un premier & second Chantre qui sont Dignitez, & de dix-huit Chanoines. Le Doyenné vaut douze cens livres, & les Canonicats trois cens. Le Chapitre élit le Doyen & l'institue *pleno jure*. L'Evêque & le Chapitre nomment aux Prebendes ; mais l'Evêque n'a que la voix. Les affaires du Clergé de Belley se traitent dans la Chambre Ecclesiastique, qui est composée de l'Evêque, de l'Abbé de St. Sulpice, de deux Curez, du Procureur du Chapitre de la Cathedrale & du Prieur de la Chartreuse de Pierre-Châtel. C'est l'Evêque qui convoque la Chambre Ecclesiastique, laquelle fait les rôles d'imposition & nomme un Receveur.

On dit que cette Ville fut brûlée en 1385. & que ce fut Amedée VIII. Duc de Savoye qui la fit rétablir. A present sa longueur est d'environ 560. pas, sa largeur de 400. & son circuit de 2000. L'Empereur Frideric Barberousse avoit accordé aux habitans le droit d'avoir des halles, c'est-à-dire, un marché couvert, & elles ont subsisté jusqu'en 1684. qu'elles furent démolies, par ordre de M. de Harlai, pour lors Intendant en Bourgogne.

§. Le nom Latin de ce Siége Episcopal varie dans les Auteurs Latins; on y lit BELICA, BELLICA, BELLICUM.

[a] Geogr. T. 2. p. 241.
[b] Descr. de la France 1. part. p. 275.
[c] Desc. de la France T. 5. p. 279.
[d] l. c.
[e] Longuerue desc. de la France 1. part. p. 300.
[f] Piganiol Descr. de la France T. 3. p. 230.
[g] Longuerue Descr. de la France
[France] p. 300.
[h] Piganiol T. 3. p. 231.
[i] Ibid. p. 172.
[Ibid.] p. 231.

BEL-

210 BEL. BEL.

[a] De Bell. Hispan. p. 937. 938. & 949.

BELLI, nom d'un ancien peuple d'Espagne selon Appien[a] qui les joint presque toujours avec deux autres nommez TETTHII & ARVACEI. Ortelius conjecture que ce font peut-être les *Bellitani* de Pline. Mais dans ce dernier on lit presentement *Belitani*, & le R. P. Hardouin dit qu'ils étoient ainsi appellez du nom de leur Ville BELEIA qui, selon lui, est presentement BELCHITE.

BELLIAS. Voiez BELIAS.

BELLICADRUM, nom Latin de BEAUCAIRE.

[b] Ed. 1682. au mot VILICA.
[c] Thesaur.

BELLICH, Village d'Allemagne sur le Rhin près de Dusseldorp, & de Nuys à cinq milles Allemands de Cologne vers le Nord, selon Mr. Baudrand[b] qui cite les Vies des Saints des Pays-Bas, où selon lui ce lieu est nommé *Vilica*. Il a pris cela d'Ortelius[c] qui dit beaucoup mieux, *Vilica* lieu dont il est parlé dans la Vie de Ste Adelaide. Seroit-ce presentement BELLICH près de Dusseldorp au Comté de Berg? Ortelius devine & Mr. Baudrand decide sans autre fondement que le doute de son Predecesseur.

BELLIDENSES, quelques exemplaires des Commentaires de Cesar portent ce nom écrit ainsi au lieu de BULLIDENSES, c'étoient les habitans de BULLIS. Voiez ce mot.

BELLIFORAMEN. Voiez BELORADO.

[d] Zeyler Brandeb. Topogr. p. 24. & Hubner Geogr. p. 631.

BELLIN[d], Ville fort petite en Allemagne dans la moyenne Marche sur le Rhin; elle est capitale d'un Cercle de même nom dans le Havellandt. Il y a un Bailliage qui appartient à l'Electeur de Brandebourg, & un passage, où l'on traverse la Riviere pour aller à Prignitz, ces sortes de passages sont nommez FEHR en Allemand. C'est pourquoi quelques-uns nomment cette Ville FEHRBELLIN. Elle n'est gueres connue que par la Victoire que l'Electeur de Brandebourg y remporta en 1676. sur les Suedois.

BELLINGAN, Ville Maritime de l'Isle de Ceylan. Son vrai nom est BILLINGAM. Mr. Corneille dit que Bellingam est situeé à quatre lieues de Matecalo, & à deux de Maturé; & cite Mandeslo. Cela est impossible puisque de Matecalo à Mature en droite ligne il y a du moins trente-cinq milles de quinze au degré. Aussi Mandeslo ne dit-il pas ce que Mr. Corneille lui impute. Mais après

[e] l. 2, p. 288.

avoir[e] marqué la route de la côte depuis Punto Gale en tirant vers le Couchant, il reprend la route de ce même lieu en tirant vers l'Orient du côté de Matecalo, & compte de Punto de Gale à Bellingan 4. lieues, & delà à Maturé deux lieues; & continuant la même route jusqu'à Matecalo, il fournit les distances des lieux qui sont entre ce lieu & Bellingam, dont la somme est de 34. lieues & demie: ce qui est très-different de la bévuë que fait Mr. Corneille qui lui impute de ne compter que six lieues entre ces deux Villes, & suppose que Bellingam est sur la route de l'une à l'autre, au lieu que c'est tout le contraire.

[f] Dict. Geogr. des Pays-Bas.

BELLINGHEN[f], Abbaye d'hommes dans le Hainaut, à une petite lieue & au Couchant de la Ville de Halle, aux Frontieres du pays de Gaesbeck[g].

[g] De l'Isle Carte du Hainaut.

BELLINGWOLDER, Fort des Provinces-Unies dans la Seigneurie de Groningue aux confins de l'Oostfrise à deux lieues communes de Winschoote.

[h] Delices de la Suisse T. 3. p. 515.

BELLINZONE[h], Ville de Suisse dans celui des trois Bailliages Italiens qui porte le même nom. Elle en est la capitale: les Allemands l'appellent BELLENTZ. On la nomme en Latin *Beleni Zona*, ou *Bilitionum*. Quelques-uns écrivent BELENZONE, d'autres BELLINZONE. Cette Ville qui est mediocrement grande, est située dans une plaine, au pied des Alpes, & au bord du Tesin, entre trois côteaux, qui s'élevent autour de la Ville & la commandent de tous côtez: ces trois côteaux sont couverts, chacun d'un vieux Château fort qui servent tour à tour de residence aux Baillifs. On les nomme CASTEL-GORBE, CASTEL-PICILE & CASTEL-GRAN.

[i] Ibid.

LE BAILLIAGE DE BELLINZONE[i], Bailliage de Suisse. C'est le plus Meridional des trois Bailliages Italiens qui appartiennent aux petits Cantons. Il est d'une assez grande étendue contenant dix-sept Paroisses. Il y a bon nombre de Villages qui sont fort peuplez. Il est arrosé en partie par le Tesin, & en partie par une Riviere nommée *Mesuca* qui vient des Grisons, du Maxoerthal & qui se jette-là dans le Tesin. Ce Bailliage suit la Religion Catholique & on y parle Italien; comme dans tous les pays de la Suisse qui sont au delà des Alpes.

BELLISSO. Voiez BELISSO.

BELLITÆ, ou BELITÆ. Voiez BELYTES.

[k] Brandeb. Topogr. p. 24.

BELLITZ, Zeyler écrit[k] BELITZ, petite Ville d'Allemagne dans la Marche de Brandebourg, à six milles de Berlin & à trois de Guterbock. La Chronique de Silesie raporte[l] que l'an 1478. les Soldats de Jean Duc de Sagan s'emparerent de cette Ville s'y étant glissez durant la foire. Le Margrave en étant averti assiégea cette Ville durant trois semaines, & la brûla. Micrelius qui a écrit l'Histoire de Pomeranie raporte[m] qu'en 1247. des Juifs ayant engagé une fille Chrétienne à leur procurer une hostie consacrée prirent un plaisir sacrilége à percer cette hostie, mais qu'étant éfrayez de ce qu'il en sortoit du sang en quantité, ils la lui rendirent. Une lumiere miraculeuse fit découvrir ce crime; les Juifs & la fille furent punis. L'Auteur qui est Lutherien dit que cette hostie fut ensuite l'objet d'un culte Idolâtre. En suposant le miracle tel que Micrælius le raporte, il y a bien de l'impiété à nommer Idolâtre un culte rendu à Jesus-Christ, qui s'est si visiblement manifesté dans cette hostie.

[l] Part. 2. fol. 86.
[m] l. 3. p. 435.

[n] De l'Isle Carte du Bearn.

BELLOC[n], Bourg ou petite Ville de France en Béarn aux confins du Chalosse sur le même Gave qui coule à Pau & à Orthes; à deux lieues & un quart de cette derniere Ville & à même distance de Castel Sarrazin. Les lieues employées dans cet article sont de 3000. toises chacune.

BELLOMARISCUS, nom Latin de BEAU-MARISH.

[o] Baillet Saints p. 64.

BELLOMER[o], en Latin *Bellus Launomarus*, Monastere de la France dans le Perche. On prétend qu'il fut bâti par St. Lomer dans une Forêt pour des hommes. C'est main-

BEL.

maintenant un Monastere de filles de l'Institut de Font-Evraud.

BELLOMONTIUM, nom Latin de diverses Villes que l'on appelle BEAUMONT, ou BELMONTE en Langue vulgaire.

BELLOQUADRA, ou plutôt BELLIQUADRUM. Voiez BEAUCAIRE.

BELLOSANNA. Voiez BELLOZANNE.

BELLOVACÆ, en Latin, ou BELLOVACES ou BELLOVAQUES, en François. Les Anciens ont ainsi nommé un peuple de la Gaule dans le pays qu'ils appelloient BELGIUM. Voiez ce mot. Ce peuple en étoit le principal. Ceux qui croient qu'il remplissoit tout le Belgium se trompent. Il n'occupoit gueres que ce que nous appellons presentement le BEAUVOISIS.

BELLOZANNE, Abbaye de France en Normandie au Diocèse de Rouen, & à une lieue de Gournay. Elle est de l'Ordre de Prémontré & fut dotée par Hugues de Gournay l'an 1198. [a] Jaques Amiot fils d'un boucher de Melun, s'éleva par son merite aux dignitez d'Evéque d'Auxerre, & de Grand Aumonier de France. Entre autres ouvrages on a de lui une Version Françoise de l'Histoire Ethiopique de Théagéne, & de Cariclée ; une autre des Poemeniques de Longus, & enfin une Traduction de Plutarque qui a conservé jusqu'à present son ancienne reputation ; quoiqu'au jugement de Mr. de Thou les Traductions d'Amiot soient plus élegantes que fidelles. Il étoit Abbé de Bellozane, & on ne l'appelloit pas autrement au Concile de Trente où il exécuta une commission très-délicate. On dit même [b] que François premier voulant le recompenser de la Traduction des Ethiopiques lui donna cette Abbaye vacante par la mort du Docte Vatable qui l'avoit possedée. Ainsi Bellozanne peut se vanter d'avoir eu successivement deux Abbez que l'on doit mettre entre les plus grands hommes de leur Siécle.

BELLUNESE. Voiez BELLUNOIS.

BELLUNO, Ville d'Italie dans l'Etat de Venise & dans la Marche Trevisane. Elle est capitale du Bellunois, avec un Evêché suffragant du Patriarche d'Aquilée. Elle est située sur la Piave, & assez peuplée quoique petite ; à quinze milles de Feltri au Levant d'Eté. Mr. Baudrand [c] dit : c'est la patrie de Titian Vecelli un des plus grands Peintres de son temps. Mr. de Piles [d] plus croiable sur cette matiere que Mr. Baudrand ne dit pas cela. *Titien Vecelli*, ou simplement le Titien, nâquit selon lui à Cador dans le Frioul. Mr. Baudrand auroit-il pris pour le nom de la patrie du Titien, celui du Maître sous lequel il étudia la peinture ? Il se nommoit Jean Bellin.

BELLUNOIS, (le) petit pays d'Italie dans l'Etat de la Republique de Venise, où il fait partie de la Marche Trevisane. Les Cartes faites en Italie le nomment *il Bellunese*; & on en trouve une dans l'Italie de Magin. Il est borné au Nord par le Cadorin, & partie par le Frioul, à l'Orient par le Frioul, au Midi par le Trevisan, & par le Feltrin, & au Couchant partie par le Trentin & par le Tirol. A l'Orient est une grande Forêt de

[a] *Thuani* Hist. l. 100, ad ann. 1591.

[b] *Teissier* Elog. des Savans T. 2. p. 176. Ed. 1696.

[c] Ed. 1705.

[d] Vie des Peintres p. 250.

Magin. Ibid.

BEL.

seize milles de long, nommée *Bosco da Remi di S. Marco*. Les principaux lieux du Bellunois sont,

Belluno Capitale,
Castello,
Castello di ponte,
Censenighe,
Agoro,
Castello Agordino.

BELLURUS, Ville de Thrace dans l'Europe proprement dite, selon Procope [f].

BELMEN, Βελμὴν, Ville de Judée de laquelle il est fait mention dans le Grec du Livre de Judith [g], la Vulgate n'en parle point. Le même livre fait aussi mention de BELMA ou BELMON [h], on lit *Belma* dans la Vulgate & *Belmaim* dans le Grec. Mr. Reland [i] fournit sur le mot *Belmen* les Observations suivantes. Les Juifs envoyerent des Deputez à Bethchoron, à Belmen & à Jerico [k]. L'Interprete Latin rend ce mot par *Baalmaim*. Je crois qu'il faut lire *Belthem*, ou si *Belmen* doit être conservé, il faut lire aussi de la même maniere ce nom au c. 7. v. 3. & qu'ainsi c'est le même lieu dont il est question en ces deux endroits. Car dans l'un on arrivoit par des montagnes vers la Judée, & il étoit important d'avertir les habitans de bien garder les passages des montagnes par où l'ennemi pouvoit venir. Or au 7. Chapitre on lit que le Camp d'Holopherne, qui s'étoit avancé pour assieger Bethulie, s'étendoit depuis Dothaim jusqu'à Belthem. D'autres lisent BELMAIM & BELBAIM, diference qui a pu naître facilement de la ressemblance des lettres θ, μ, β, comme on les écrivoit anciennement. La Vulgate ne dit pas comme le Grec que le Camp d'Holopherne s'étendit depuis Dothaim jusqu'à Belmaim ; mais on y lit ainsi le verset entier. *Tous se preparérent également contre les enfans d'Israël, & ils vinrent le long de la croupe de la montagne jusqu'à un sommet qui est au dessus de Dothaim depuis le lieu nommé Belma jusqu'à Chelmon qui est auprès d'Esdrelon.* D. Calmet [l] dit que Belmen est apparemment le même que Beelmaim, peut-être Abel-maim de la Tribu de Nephthali [m], ou Abel-mehula, comme lit le Syriaque dans les endroits du Livre de Judith déja citez : Ensorte que BELMA, BELMAIM, BELMEN, & BELMEHULA, BELBAIM & BELTHEM, ne seroient que des variations d'un nom, ou plusieurs noms qui ne designeroient qu'un seul & même lieu.

BELMINATIS, contrée des Lacedemoniens dans le Peloponnese, selon Polybe [n]. Tite-Live [o] la nomme BELBINITIS, comme lit Ortelius, ou, comme portent d'autres exemplaires, AGER BELBINITES, ou BELBINATIS. C'étoit le territoire de la Ville nommée *Belbina* par Plutarque dans la Vie d'Agis & de Cleomene. *Belmina* par Pausanias [p], & *Blemmina* par Ptolomée [q].

BELMINDON, Siége Episcopal de Syrie, sous la Metropole Bostra, selon Guillaume de Tyr, cité par Ortelius.

BELMONT [r], Monasteré de Grecs en Syrie environ à deux lieues au Midi de Tripoli.

[f] Ædific. l. 4.

[g] c. 4. v. 4.

[h] c. 7. v. 3.

[i] Palæst. p. 622.

[k] Judith l. 4. v. 4.

[l] Dict.

[m] Paralip. l. 2. c. 16.

v. 4.

[n] l. 2.

[o] l. 38. c. 34.

[p] l. 8. c. 35.
[q] l. 3. c. 21, l. 3. c. 16.

[r] *Maundrell* Voyage d'Alep à Jerusalem p. 45.

poli. Le Fondateur de ce Couvent étoit un des Comtes de Tripoli. Il est situé sur un rocher élevé dont la vuë donne sur la Mer. L'accès en est très-dificile bien que les pauvres Religieux l'ayent rendu aussi accessible qu'ils l'ont pu. Leur Chapelle est grande, mais obscure, & l'autel est environné de telle maniere qu'il n'y a que le Prêtre qui en puisse approcher à la maniere des Eglises Grecques : ils assemblent leur Congrégation par une espece de son que forment deux maillets contre une planche suspendue à la porte de l'Eglise.

BELMONTE [a], Château & Bourg du Royaume de Naples dans la Calabre Citerieure proche de la côte de la Mer de Naples, & à trois milles de l'Amantea vers le Septentrion.

a Baudrand

BELNA. Voiez BEAUNE.

BELO, Βελών, ancienne Ville d'Espagne dans la Betique sur une Riviere de même nom. C'est delà que se faisoit le plus grand passage d'Espagne à Tingis en Afrique, selon Strabon [b]. Antonin dans son Itineraire maritime l'appelle BELLON, & compte CCXX. Stades de trajet de Bellon à Tingis de Mauritanie. Pline [c] l'appelle aussi Belon & compte pour cette même distance XXX. mille pas. Solin [d] & Martianus Capella [e] la font de XXXIII. mille pas. Strabon, comme on vient de voir, ne la détermine point & se contente de dire que le passage se faisoit-là; & que c'étoit un lieu de Commerce. Mela parle aussi de Belo ; mais la periode où il en parle est si maltraitée par les Copistes que jusqu'ici les plus habiles Critiques n'ont fait que des efforts assez inutiles pour lui donner un sens sur lequel il ne reste aucun scrupule. Je raporte leurs conjectures au mot TINGIS. Quelques-uns croient que c'est le Port de BARBATO, sur la Riviere de même nom ; d'autres que c'est BELONA, lieu dont le nom convient assez, & qui a un port sur la côte d'Andalousie, auprès de la Riviere Barbato, entre Tariffa, & la Bourgade de *Conil* qui, selon eux, s'est accrue des ruines de l'ancienne Belon, & pourroit être nommée la *nouvelle Belona*.

b l. 3. p. 140.
c l. 5. c. 1.
d c. 24.
e l. 6.

BELOCASSES, BELLOCASSES. Voiez VELIOCASSES.

BELONA [f], Village d'Espagne dans l'Andalousie sur la côte du Lac de Las Yeguas près de la Riviere de Barbato. Voiez BELO.

f Baudrand Ed. 1705.

BELORADO, ou VILLORADO, c'étoit autrefois une Ville Episcopale de l'Espagne Tarragonoise ; maintenant ce n'est qu'un petit Bourg de la Castille vieille au pied des Montagnes de Cogollos, entre Burgos & S. Domingo de la Calçada, à 11. lieues de Burgos & à 5. de l'autre Ville.

BELRIGUARDO, Palais autrefois magnifique en Italie dans le Ferrarois. Il étoit sur une branche du Pô, à trois lieues de la Ville de Ferrare, en tirant vers l'étang de Comachio.

BELSA, Hadrien de Valois [g] remarque que les anciens Historiens de France ont ainsi nommé la Beausse, que les Modernes appellent présentement *Belsia* en Latin. Il observe encore que dans une Lettre d'Alcuin à Charlemagne on lit : *Per aridos Belgicæ latitudinis iter agenti Campos*, & qu'au lieu de *Belgicæ* il faut lire *Belsicæ*, adjectif formé de *Belsia*, n'étant

g Notit. Gall. p. 81.

là nullement question de la Belgique, mais de la Beausse.

BELSEPHON, Josephe [h] nomme ainsi le lieu de la Palestine que l'Ecriture [i] nomme BAAL HASOR.

h Antiquit. l. 7. c. 7.
i Reg. l. 2, c. 13.

BELSIA, nom Latin de la Beausse Province de France.

BELSINNACA, Isle de France en Normandie dans la Riviere de Seine. Il en est fait mention dans la Vie de St. Condédé Moine de l'Abbaye de Fontenelles. Il y est dit que ce Saint Religieux charmé du silence, & de la solitude qui regnoient dans cette Isle la demanda au Roi de France Thierri fils de Clovis, & de Balthilde qui lui en fit present. Fredegode dans la Vie de St. Oüen appelle cette Isle BELSONACA. Les sentimens sont partagez, dit Hadrien de Valois [k]. Les uns disent que les violentes marées l'ont detruite, d'autres prétendent qu'elle subsiste encore, & qu'elle conserve l'ancien nom de Belcinac, & que c'est l'Isle qui appartient au Monastere de Fontenelle, aujourd'hui l'Abbaye de St. Vandrille.

k Notit. Gall. p. 82.

BELSINUM, Ville de l'Espagne Tarragonoise. Ptolomée [l] la donne aux Celtiberiens, il y a bien de l'apparence que c'est la même que la BALSIO d'Antonin à XX. mille pas de *Turiaso* qui est aujourd'hui Taraçona. Cette distance ne convient pas avec l'opinion de ceux qui cherchent Belsinum ou Balsio à Borja Village d'Arragon entre Sarragoce & Taraçona, dont ils ne le mettent qu'à trois lieues. La distance est trop courte de la moitié, si celle d'Antonin est veritable.

l l. 2. c. 6.
Itiner.

BELSONACUM. Voiez BASTOGNE.

BELT, je ne crois pas qu'il soit aisé de déterminer ce que les Anciens ont entendu par le nom de Belt. C'est de ce nom qu'est venu celui de Baltia Isle dont Xenophon de Lampsaque a fait mention ; & que l'on croit être presentement la Scandinavie que les Grecs & les Romains ont prise long-temps pour une Isle quoique ce n'en soit pas une. C'est aussi du nom de Belt que la Mer Baltique a été appellée. Il est très-ancien, & l'on sait d'ailleurs que *Belt*, *Balth*, & *Bold*, étoient des mots usitez dans la Langue des Goths ; il y avoit même une famille des Balthes, qui ne cedoit en dignité qu'à celle des Amales selon Jornandes [m], qui explique le mot *Baltha* par celui de Hardiesse. Ces mots venoient sans doute de la même source. Cependant on ne se trouve dans les anciens Grecs ou Romains aucune trace du nom Baltique que nous donnons aujourd'hui à cette Mer, qui est entre le Danemarc, l'Allemagne & la Suede. Les plus anciens qui l'aient ainsi nommée sont peut-être Helmold & Adam de Breme [o]. Le premier [p] donne une Etymologie qui est une pure niaiserie : cette Mer, dit-il, est nommée ainsi parce qu'elle s'étend fort loin en forme de Baudrier, *in modum Balthei*, jusqu'à la Grèce. Albert Crantz [q] releve fort cette Etymologie, en quoi il a raison ; mais il a tort d'appeller tous les Géographes, & les Cosmographes à son secours pour prouver que la Mer Baltique ne communique point avec la Mediterrannée. Aussi n'est-ce pas le sens d'Helmold. Les Ecrivains, tels qu'Adam de Breme & Helmold, par

n De Reb. Getic. c. 5. & 29.
o Hist. Eccles. c. 2. 16. Edit. Lambec. p. 57.
p Chronic. Slavor. l. 1. c. 1. Vandal. l. 2. c. 17. & 20.

par les noms de Gréce & de Grecs entendent presque toûjours la Ruffie & les Ruffiens, qui ont plufieurs fois conquis, perdu, puis reconquis des contrées à l'Orient de la Mer Baltique. On peut voir un des Articles au mot GRECE, où j'éclaircis cette matiere. Il dit beaucoup mieux dans fon Hiftoire de Danemark & des Lombards : Pline dit qu'elle eft appellée *Baltia*, par Xenophon de Lampfaque, d'où l'on doit croire que la Mer, qui la baigne, a pris fon nom de Baltique. Ortelius trompé par ce paffage de Crantz s'eft figuré qu'il citoit Xenophon, comme fi cet Auteur eût parlé de la Mer Baltique fous ce nom qui lui étoit inconnu. C'eft ce qui lui fait dire *Balticum mare*, *Xenophonti* : en quoi il fe trompe, faute d'avoir remarqué que ce n'eft pas une citation, mais une reflexion de l'Hiftorien moderne fur la citation de l'Auteur allegué fur l'autorité de Pline.

Le nom de BELT, qui étoit autrefois d'une fignification plus étendue, eft maintenant reftraint à deux Detroits de Danemarck, auxquels il eft commun, & que l'on apelle le Grand Belt, & le petit Belt pour les diftinguer.

Le GRAND BELT, eft un bras de Mer, qui fait la communication du Schager Rack avec la Mer Baltique, & paffe entre l'Ifle de Séelande à l'Orient, & celle de Funen ou Fionie à l'Occident.

Le PETIT BELT eft entre cette derniere Ifle à l'Orient, le Jutland & le Sleswig à l'Occident. Ce dernier eft quelquefois nommé MIDDELFART, ou MITTELFART. Ce nom ne veut pas dire ici que ce foit le paffage du milieu, comme fa fignification femble le marquer, puis qu'au contraire, c'eft le troifiéme & le plus Occidental des trois canaux, qui menent dans la Mer Baltique. Il prend ce nom de *Middelfart* où *Mittelfart* Bourgade de la Fionie, fituée fur ce Détroit vis-à-vis du Golphe, qui fepare le Jutland d'avec le Sleswig.

Voiez au mot MER l'Article MER BALTIQUE.

BELTIN. C'eft felon Mr. Baudrand un Village d'Egypte fur la côte de la mediterranée proche d'un des bras du Nil que l'on appelle à caufe de cela le Bras de Beltin, dans l'Errif ou la Baffe Egypte, & au Califat de Menoufia; mais ce bras eft fort petit, enforte qu'à peine peut-il porter de petits bateaux. Il eft entre Damiette au Levant & Rofette au Couchant : quelques-uns prennent Beltin pour l'ancienne BOLTINA que d'autres mettent à Rofette.

§. Cet Article qui eft entierement de Mr. Baudrand ne s'accorde gueres avec les dernieres Relations. Voiez BELKIN. Car c'eft ainfi que ce nom fe trouve écrit dans la meilleure Carte que nous ayons de la Baffe Egypte.

BELTURBET[a], petite Ville d'Irlande dans la Province d'Ulfter au Comté de Cavan, à l'extremité de Lough Earne près des frontieres de Fermanagh à 16. milles ou environ au Sud-Eft d'Eniskilling, & à fept milles au Nord de Cavan.

BELVAL, Abbaye de France en Champagne. C'eft la même que Belleval en Argonne.

[a] Etat pref. d'Irlande p. 59.

1. BELVEDERE, contrée de l'Europe & l'une des grandes Provinces de la Morée. Elle renferme l'Elide, la Meffenie & partie de l'Arcadie des anciens, & c'eft à proprement parler la côte Orientale du Peloponnefe. Bien des Auteurs s'accordent à dire qu'elle a le Duché de Clarence au Couchant ; mais il y a difficulté, car Belvedere fa capitale eft plus Septentrionale que la Ville de Clarence ; qu'elle a la Zacanie au Levant ; il faut y ajouter la Province nommée *Braffo di Maina*; qui eft prefentement le pays des Magnotes. La Mer termine le Belveder au Midi & au Couchant. Ses Golphes font ceux de

L'Arcadia,
Zonchio,
Coron,

Ses Places font

Belvedere
Chiarenza, Port de Mer.
Dimizzana fur la Riviere de même nom.
Caftel Tornefe, Port de Mer.
Longanico fur l'Erafino.
L'Arcadia ⎫
Navarin   ⎪
Modon   ⎬ Ports de Mer.
Coron   ⎪
Calamata   ⎭

2. BELVEDERE, Ville de la Morée dans la Province de Belvedere dont elle eft la capitale. Elle tient la place d'Elide Ville fituée fur le Penée ; qui eft la même Riviere à l'embouchure de laquelle eft Cotichi. Belvedere eft une affez grande Ville, fa fituation eft charmante, & fi on y avoit pris les mêmes foins que l'on prend en quelques autres lieux des peuples Chrétiens, ce feroit un des plus agréables lieux de l'Europe, mais l'efclavage où font les Grecs, & l'indiference Barbare que les Turcs à qui la Morée eft foumife, ont pour les embelliffemens que l'on peut faire à un pays, font caufe que celui-là n'a pas les charmes qu'il avoit du temps des anciens Grecs.

3. BELVEDERE[b], Château du Royaume de Naples dans la Calabre Citerieure fur la côte de la Mer de Naples & au pied de l'Apennin entre *Cirella* & *Citraro*.

4. BELVEDERE[c], lieu autrefois agréable dans la Sicile, près de la Ville de Syracufe. Mr. Baudrand doute s'il n'auroit point été détruit avec la Ville par le tremblement de terre, qui y a caufé tant de ravages.

BELVER[d], Château d'Efpagne en Catalogne dans la Cerdaigne, fur la Segre, entre la Seu d'Urgel & Puicerda. Quelques-uns écrivent BELVERT. Mr. Corneille écrit BELVEDERE.

BELVES ou BELVEZ. Mr. Corneille écrit BELVER, & en fait une Ville. Belves eft un Bourg de France en Perigord dans le Sarladois fur une petite Riviere, qui coulant vers le Midi fe jette dans la Dordogne à environ deux lieues au deffus de Limeil. Ce Bourg eft marqué pour 708. feux dans le Denombrement de la France[e].

BELUGARA, Ville d'Afrique au Mo-

[b] Baudrand Ed. 1705.
[c] Ibid.
[d] Ibid.
[e] T. 1. p. 374.

BEL.

nomotapa, sur la Riviere de Ste Luce au deſſous de Sophala. Le pays y eſt fertile & abondant en chaſſe ; ſelon Mr. Corneille & Vincent le Blanc. Mrs. Sanſon écrivent BELEGURA. Mr. de l'Iſle neglige ce lieu.

BELVOIR[a], BELVOIR-CASTLE ou BEVER-CASTLE, Château d'Angleterre au Comté de Lincoln, entre la Ville de Nottingham & le Bourg de Grantham. On croit que ce Château a été bâti ſur les ruines de MARGIDUNUM ancienne Ville des Coritains. Voiez ce mot où cette opinion n'eſt pas ſuivie.

[a] Baudrand Ed. 1705.

BELUNUM, Ptolomée nomme ainſi la Ville, qui eſt preſentement appellée BELLUNO.

1. BELUS ou BELEUS[b], Ruiſſeau de la Paleſtine dans la Galilée. Il tombe dans la Mediterranée à deux ſtades de Ptolemaïde[c]. Pline[d] dit qu'il a ſa ſource dans un Lac ou marais nommé Cendevia. Il ne coule qu'environ dans l'eſpace de cinq milles. Ses eaux ne ſont pas bonnes à boire. Son fonds eſt marécageux ; mais l'eau de la Mer qui remonte dans ſon lit en lave le ſable dont on fait le verre. Le bord où l'on tire ce ſable n'a pas plus de cinq cens pas d'étendue, & quoi qu'on en tire depuis tant de ſiécles continuellement, on ne peut néanmoins l'épuiſer & il fournit toûjours de nouvelles matieres. Joſephe[e] & Tacite[f] en parlent de même ; Pline ; mais les Auteurs des guerres ſaintes ne font mention de ce ſable du Belus que comme d'une choſe qui de leur temps étoit hors d'uſage, & que l'on ne connoiſſoit que par les Ecrits des Anciens. On tient que ce ſable a donné lieu à l'invention du verre. Pline raconte ainſi l'Hiſtoire de cette découverte[g]. Un vaiſſeau chargé par des Marchands qui trafiquoient en nitre, ayant abordé en cet endroit, l'équipage ayant mis pied à terre voulut faire la cuiſine. Ne trouvant point de pierres pour élever les chaudieres, on tira du vaiſſeau quelques piéces de nitre & le feu les ayant échauffé & mêlé avec le ſable du rivage on vit couler des ruiſſeaux tranſparens d'une liqueur toute nouvelle. Voilà, dit-il, l'origine du verre. Je remarquerai ici à la honte de l'eſprit humain que la plûpart des inventions les plus commodes ſont dues au hazard.

[b] D. Calmet Dict.
[c] Joſeph de Bell. l. 2. c. 9.
[d] l. 5. c. 9.
[e] l. c.
[f] Hiſt. l. 5. c. 7.
[g] l. 36. c. 26.

2. BELUS, Ville d'Eſpagne près des Colonnes d'Hercule, ſelon Etienne le Géographe. C'eſt apparemment la même que BELO. Voiez ce mot.

BELYTES, peuple d'Aſie. Quinte Curſe[h] nomme les *Belytes* ou BELLITES, ſelon les divers exemplaires, entre les troupes que Darius oppoſa à l'Armée d'Alexandre, & il les met avec les Armeniens, les Babyloniens & ceux qui habitent les montagnes des Coſſéens.

[h] l. 4. c. 12.

BELTZKO[i], Ville du Royaume de Pologne dans la Ruſſie rouge au Palatinat auquel elle donne le nom. Elle eſt bâtie toute de bois, & eſt aſſez petite. Sa ſituation eſt dans des marais entre Leopol & Zamoski à cinq milles Polonois de la Riviere de Bug.

[i] Baudrand Ed. 1705.

BEL. BEM.

LE PALATINAT DE BELTZKO[k], petit pays de Pologne dans la Ruſſie rouge & l'un de ſes gouvernemens ; entre le Palatinat de Leopol, la terre de Chelm, & la Volhinie & eſt diviſé en quatre territoires, qui ſont ceux de *Beltzko*, de *Buſco*, *Grodla* & *Grabaw*, ſelon que remarque Starovolski.

[k] Le même.

BELZELINGEN, Mr. Maty ayant malheureuſement mal formé le T. dans Betzelingen qu'il trouvoit ainſi écrit dans l'Hiſtoire de Suiſſe par Plantin, quoi qu'il lui donne pour nom Latin *Betſelinga*, ſes Imprimeurs l'ont pris pour une L. Mr. Corneille & l'Editeur François de Mr. Baudrand l'ont copié de même ſans examen. Le nom de ce lieu n'eſt pas Belzelingen ; mais BOTZELINGEN ; l'O de la premiere ſyllabe étant adouci, comme diſent les Grammairiens Allemands, doit être prononcé, comme *oeu* dans *oeuf*. Pour exprimer à peu près cette prononciation Plantin, qui écrivoit en François, a changé cet *o* en *e* & écrit BETZELINGEN. Voiez BOTZELINGEN.

BEM ou BEMBE[l], Ville de Perſe, à trois journées de Multan ſur les frontieres de l'Inde. On tient qu'elle a été bâtie par le Calife Mouktader. Les Orientaux lui donnent 74. d. 15. minutes de longitude, & 28. d. 20'. de latitude.

[l] Tavernier Voyage de Perſe l. 3. c. dernier.

☞ BEMA & BEMATIZEIN, ſont deux mots Grecs dont le premier eſt un nom qui ſignifie un pas, & le ſecond eſt un verbe qui veut dire compter les pas d'un lieu à l'autre. Polybe[m] s'en ſert pour marquer que l'on avoit meſuré l'Eſpagne de huit ſtades en huit ſtades, c'eſt-à-dire par milles Romains. Strabon[n] employe auſſi le mot de *Bebematiſmené*, pour dire que la voie Egnatienne avoit été meſurée par milles depuis Apollonie vers la Macedoine ; Heſyche explique le mot Βηματιζειν par ποσι μετρειν, & c'eſt ce que Strabon appelle ailleurs μιλιᾶσθαι. Nous dirions *toiſer un chemin*, pour ſavoir combien il y a de pas Geometriques d'un lieu à un autre.

[m] l. 3. c. 39.
[n] l. 7. p. 322.

BEMARIN, contrée de l'Amerique Septentrionale dans la Floride au pays des Apalaches ; au Nord de Ste Marie d'Apalache, & à l'Orient de la Riviere d'Apalache. Mr. Baudrand lui donne pour capitale Melilot ; & Mr. Corneille qui ne voulant pas le nommer a mieux aimé citer De Laet, ſans marquer ni le Livre, ni le Chapitre contre ſa coutume, change ce nom en Melitor.

BEMATRA. Voiez BIMATRA.

BEMISTER[o], Bourg d'Angleterre en Dorſetshire, à la ſource d'une petite Riviere qui paſſe à Lyme au Nord-Oueſt, & à quinze milles Anglois de Dorſet. On y tient marché, mais ce n'eſt pas une Ville, comme le dit Mr. Corneille.

[o] Allard Atlas.

BEMBINA, Village du Peloponneſe, dans l'Arcadie, au Canton appellé Némée[p].

[p] Stephan.

BEMBINADIA[q], contrée de l'Arcadie. C'eſt la même que NEMEE, region. Voiez ce mot.

[q] Plin. l. 4. c. 6.

BEMBINÆI, Théocrite[r] nomme ainſi un peuple qui eſt apparemment le même que les habitans de la Némée.

[r] Eidyl. 32.

BEMMARIS, lieu ou Ville de Syrie vers la Comagene. Antonin le met à huit milles

de

de BATNÆ. Voiez au mots BETHAMMARIA & BEUMARIS.

1. BENA, Ville de l'Isle de Créte, selon Suidas cité par Ortelius.

2. BENA[a], Royaume d'Afrique en Nigritie au milieu des Terres près de la Riviere de Guinala, vers la haute Guinée & le Royaume de Melli dans les montagnes de Sierra-Liona. [b]Ce Royaume porte le nom de sa capitale, & ses habitans celui de Souses. Le terroir du Pays est fort raboteux : ce n'est presque que Montagnes & Côteaux couverts d'arbres, de verdure & entrecoupez de Rivieres. On connoît à la couleur de la terre des Montagnes qu'il y a des mines de fer, & que ce metal y est plus fin qu'en Europe. Il y a des serpens aussi gros que la cuisse d'un homme, mouchetez de diverses couleurs aussi vives qu'il se puisse. Le Roi tient d'ordinaire un de ces serpens entre les bras, aussi l'appelle-t-on pour cette raison le *Roi des Serpens*: il le caresse comme on fait ici les petits chiens, & en fait tant de cas que personne n'oseroit le tuer.

Lorsque quelqu'un des habitans de ce Royaume est mort, le bruit s'en repand parmi tous les Parens & va même jusqu'à ceux qui demeurent dans d'autres Villages. Ces gens-là se mettent d'abord à jetter de grands cris, & s'assemblent ensuite pour assister aux funerailles du defunt. Ils portent avec eux du Drap, de l'or, & autres choses necessaires à la vie, pour en faire une offrande sur son sepulchre : ils partagent cette offrande en trois parties, l'une est pour le Roi, l'autre pour ceux qui ont pris soin de l'enterrement du defunt, & ils mettent la troisiême dans la biere, croyant que les morts trouveront dans l'autre monde, tout ce qu'on enterre avec eux. On ensevelit ordinairement les Rois & les Grands Seigneurs la nuit dans des lieux écartez, sans bruit & sans suite. C'est sans doute pour empêcher qu'on n'enleve les grandes sommes d'or & d'argent qu'on enterre avec eux ; c'est pourquoi on les ensevelit souvent dans l'embouchure des Rivieres, detournant leur cours jusqu'à ce que le tombeau soit creusé & laissant aller l'or, lorsque le corps y a été deposé & que la fosse est recouverte. On met aussi quelquefois sur le sepulchre des personnes de consideration une petite tente de drap, qu'on y laisse jusqu'à ce que l'air & le tems l'ayent consumée. Les parens du defunt viennent souvent dans ces tentes décharger dans leur sein les chagrins qu'ils ont sur le coeur, afin qu'ils prient Dieu qu'il les en delivre.

Le Roi de Bena & tous ses Sujets sont idolâtres : il commande à sept Royaumes quoi qu'il soit Vassal lui-même du *Conche*, Empereur de tous les *Soufos*.

BENACAFIZ[c], Ville d'Afrique au Royaume de Maroc dans la Province de Duquela. Cette Ville est à 15. lieues d'Azamor & à deux de la Montagne verte du côté du Levant. Elle est au bord de l'Ommirabi, sur un tertre assez haut & tout rond, & est ceinte de murs & de vieilles Tours, comme étant de fondation très-ancienne Les Arabes de Charquié errent dans les plaines qui l'environnent, qui sont fort belles. Elle étoit autrefois bien peuplée de Bérebéres ; mais après la conquête d'Azamor les Portugais l'allerent saccager avec une bicoque voisine & les brûlerent toutes deux, sans qu'on ait songé depuis à les retablir, à cause de la peste & de la famine; desorte qu'elles sont demeurées desertes avec plusieurs autres, & les Arabes de Charquié possedent maintenant ces contrées. Il y a encore quelques autres habitations en ces quartiers qui sont peu de chose. GUILEZ, TERRER & CE'A, qui étoient de quelque consideration, sont maintenant deshabitées & leurs terres possedées par les Arabes.

BENAC, en Latin *Benacus*, en Italien LAGO DI GARDA, en Allemand GARDSE'E. Pline* dit : le Lac Benac en Italie est dans le territoire de Verone, & le Mincio en sort. Les limites sont changées depuis. Car la partie Orientale est du Veronnois, & la Septentrionale est de l'Evêché de Trente. Les habitans des environs de ce Lac sont nommez *Benacenses* dans d'anciennes inscriptions[d]. Quelques Auteurs ont prétendu qu'il y a eu autrefois une Ville nommée BENACUM au bord de ce Lac qui en tiroit le nom ; & ils croient en trouver les ruines au village nommé *Tusculano*. Mais ils n'en fournissent aucune preuve tirée de l'antiquité, & ce que dit Vopiscus à la fin de la Vie de l'Empereur Probus, que la posterité de Probus pour se mettre à couvert de la jalousie quita Rome, & s'alla établir en Italie circa *Veronam, Benacum* & *Larium*, peut aussi bien s'entendre du Lac que d'une Ville dont personne n'a parlé.

BENACUM, Ville imaginaire. Voiez l'Article precedent.

BENADAD, Ortelius en fait le nom d'une Ville ; ayant mal expliqué ces paroles de Jeremie[e] *& succendam ignem in muro Damasci & devorabit moenia Ben-Adad* : j'allumerai un feu dans les murs de Damas, & il détruira les murailles de Ben-Adad. Ortelius a cru que les murailles de Ben-Adad signifioient une Ville de ce nom, au lieu que c'est le nom d'un Roi de Damas, comme on peut voir dans l'Article de Damas ; Dieu dit par son Prophête qu'il allumera à Damas un feu qui détruira le Palais de ce Roi, qui y avoit sa Cour.

BENÆ. Voiez BENNA.

BENAGURUM, Ville de l'Inde en deçà du Gange selon Ptolomée[f]. Elle étoit au pays des Salacenes, près des monts *Arurai*.

BENAKET[g], Ville d'Asie dans la Transoxane. Abulfeda lui donne 90. d. de longitude, & 41. d. 20'. ou 42. d. 30. de latitude Septentrionale. Elle est située sur une Riviere, qui porte son nom & fortifiée par un bon Château. Cette ville fut prise pour servir de limites entre les Etats du Sultan Mohamed Khuarezm Schah, & ceux de Kufchlek fils du Roi de Cara-Cathai.

BENARES ou BENNARA. Voiez BANARA.

BENARNA. Voiez BENCHARNUM.

BENAROU[h], Ville de Perse, sur les frontieres de la Province de Fars & du Royaume de Lar, au pied d'une montagne, sur laquelle on voit encore des restes d'un grand Château.

BE-

216 BEN. BEN.

a Baudrand Ed. 1705.

BENAVARI[a], petite Ville d'Espagne au Royaume d'Arragon au Comté de Ribagorça dont elle est la capitale, avec un ancien Château, sur les confins de la Catalogne, & à six lieues de Balbastro au Levant.

BENAVENT. Voiez BENEVENT 4.

b Baudrand Ed. 1705.

BENAUGES[b], petit pays de France, avec titre de Comté, dans la Guienne propre, sur la Garonne, au dessus de Bourdeaux & aux confins du Bazadois. Il n'a presque que *Cadillac* pour lieu de consideration.

c d'Herbelot Bibl. Orient.

BENCATH[c], Ville d'Asie dans la Transoxane. Elle est des dependances de celle de Schasche, qui est comme la capitale d'une étenduë de pays assez considerable. Abulfeda lui donne 89. ou 90. degrez de longitude, & 41. ou 42. de latitude Septentrionale. Cette ville a un Château, qui est renfermé avec elle par la même enceinte; mais hors de ce mur il y a un fort grand espace rempli de jardins par où l'on peut entrer dans la Forteresse sans entrer dans la Ville, & tout cet espace est encore fermé par une seconde muraille, qui a deux lieuës de tour. Tous ces jardins sont arrosez d'eau courante, & il n'y en a pas moins hors de la seconde enceinte.

d Corn. Dict. & Dampier Suplement 1. part. c. 9.

BENCOULI[d], place des Indes Orientales, sur la côte Occidentale de l'Isle de Sumatra, à près de 4. degrez de latitude Meridionale. Elle est assez remarquable en Mer, à cause d'une haute montagne qui est dans le Pays. Cette place a devant elle une petite Isle, où les vaisseaux peuvent jetter l'ancre. La pointe de Sillabar, qui est à son Sud, en est éloignée de deux ou trois lieuës. Elle s'avance plus que tout le reste de la côte, & forme une petite Baye. Outre ces marques, lorsqu'on est à deux ou trois lieuës du rivage; on voit le Fort Anglois, qui paroît très-beau, & qui fait face à la Mer. Il y a une petite Riviere au Nord-Ouest de ce Fort, & à son embouchûre est une grande maison, qui sert de magasin pour le poivre. On trouve un petit Village Indien à plus d'un quart de mille de la Mer, & tout proche de la Riviere du même côté où est le Fort, dont il n'est guere éloigné. Les maisons sont petites & basses, toutes bâties sur des pieux, à cause que le lieu est situé dans un terrain marécageux. Les Malayens choisissent ordinairement de semblables endroits bas, proche des Rivieres, pour y bâtir, afin de pouvoir se laver commodément, à quoi ils prennent un plaisir extrême. C'est aussi pour eux un point de Religion, puis qu'ils sont Mahometans; & lorsqu'ils le peuvent, ils bâtissent sur des pieux dans la Riviere même. Il y a là de fort grosses pluyes en Septembre, Octobre & Novembre, & des chaleurs assez violentes. Lorsqu'il fait gros vent, ce qui n'est pas rare, l'air devient froid; & dans le beau temps, les brises de Mer sont d'ordinaire assez fraîches & agréables. Les vents de terre passent sur les marais, & sont ainsi presque toûjours accompagnez d'une odeur puante. Cet endroit en general est un lieu assez mal-sain. On voit au Sud du Fort une très-belle prairie ou Savana, qui a un mille ou deux en quarré, & que les Anglois appellent GREENHILL, c'est-à-dire, en leur Langue, *Côteau de Verdu-*

re. Elle produit de l'herbe, longue & épaisse, fait face à la Mer du côté du Nord-Ouest & se trouve bordée au Sud-Est par de grands bois de haute futaye. Le terroir de ce pays est très-different selon sa situation. Le dedans est montagneux; quoique ces montagnes soient couvertes d'arbres, qui font connoître qu'il est assez fertile. Le pays-bas auprès de la Riviere, & surtout contre la Mer, étant fort humide, ne produit que des roseaux ou Bambous. Le terroir plus élevé, qui est d'une hauteur médiocre est extrêmement fecond. La terre en est profonde, noire ou jaune, & il y a de l'argile en quelques endroits, ou une espece de terre, qui est propre à faire des briques, la plûpart des arbres des Forêts sont gros, droits & hauts; il y en a de diverses sortes. Les fruits du Pays sont des Limons, Oranges, Guavas, Plantains, Bananes, Noix de Coco, Jacks, Durians, Mangos, Mangastans, Citrouilles, Pommes de Pin & du Poivre. Ils ont pour racines des Patates & des Yames. Le ris y vient assez bien. Les animaux terrestres sont des Bufles, des Taureaux, des Dains, des Cochons sauvages, des Porcs-épis, des Lezards & autres: on y voit des Oyes, des Canards, des Poules, des Perroquets, des Perruches, des Pigeons, des Tourterelles, & diverses sortes de petits oiseaux. Les Naturels du Pays sont Indiens & bazanez, minces de corps, droits, actifs, industrieux, sociables pour le commerce; mais traîtres, & vindicatifs si on leur fait quelque injure. Ce fut le negoce du poivre qui engagea les Marchands Anglois à s'y établir, & ils eurent le bonheur d'y arriver les premiers & de prevenir les Hollandois. Les Malayens qui demeurent auprès du Fort Anglois, sont d'ordinaire employez à travailler pour la Compagnie des Indes Orientales. Ceux de la campagne s'occupent presque tous à l'Agriculture. Ils plantent des vignes, du ris & des arbrisseaux qui portent le poivre.

e Chardin Voyage en Perse Tom. IX. pag. 43.

BEND-EMIR[e], Riviere d'Asie dans la Perse. Ce fleuve est celui que les anciens ont appellé le petit *Araxe*, pour le distinguer du grand Araxe, qui separe la haute Armenie de la Medie. Les Géographes Persans font naitre le *Bend-Emir* dans le Corasson, qui est la Bactriane des anciens, proche d'un lieu nommé Concourah, il tire de cet endroit au Midi & va se rendre à la Mer à trois journées en deçà d'Ormuz, traversant le grand chemin qui y méne, à un lieu nommé *Koureston*. Ce fleuve est surnommé KERVAN dans les anciens Auteurs Arabes; mais communément on l'appelle Bend-Emir, de BEND mot Persan qui signifie LIEN, BARRIERE, DIGUE, & d'EMIR, mot Arabe qui signifie CAPITAINE, GOUVERNEUR, REGENT, CHEF, & qui repond à celui d'*Emin*, tant de fois employé dans les livres de *Moïse*, & que les Bibles Françoises (Protestantes) traduisent par le mot de *Duc*. Ce mot *Emir* est aujourd'hui en usage parmi les Arabes, parmi les peuples Maritimes de l'Afrique, qu'on appelle Barbaresques, & generalement parmi tous les Mahometans, dans la même signification. Bend-Emir est donc comme qui diroit *digue de Prince*, ce nom lui a été donné depuis que *Ezzet deulet*, com-

BEN.

comme qui diroit *l'honneur du Thrône*, Prince de la race des *Deilémites*, qui regnoit au VI. Siécle de l'Hegire dans cette partie de l'Empire de Perse, où est située Persepolis, a fait faire dans ce lieu une longue & forte digue pour retenir ses eaux, parce qu'étant groffies des pluyes & des neiges, elles inondoient souvent les pays voisins, principalement la belle plaine de Persepolis.

Ce fleuve court dans cet endroit avec une extréme rapidité, dans des Roches profondes & affreuses, & avec un bruit effroyable. On n'a pas l'affurance de le regarder fixement de deffus le Pont, qui est à quinze toises au deffus, parce qu'il étourdit les oreilles & éblouït la vûë. Ce Pont est de pierres de taille, haut élevé, fait en dos d'Ane, comme la plupart des Ponts de Perse, qui sont sur les grands chemins, de manière que pour les passer, il faut toujours monter & descendre. La grande Arche est creuse & il y a une chambre pour prendre le frais & pour regarder le fleuve, ce qui se trouve aussi aux autres Ponts de Perse. Celui-ci s'appelle PULINEU, c'est-à-dire *le Pont neuf*. Ce fut un Marchand des Indes, qui avoit gagné beaucoup de bien dans ses Voyages qui le fit bâtir. Il faut observer que le commun du Peuple, appelle le *Bend-Emir*, en cet endroit ABPULNEU, qui veut dire *le fleuve du Pont-neuf*, & qu'on ne l'appelle presque par son nom de *Bend-Emir*, que proche de la digue, qui lui a fait donner ce nom, laquelle se trouve à dix lieuës de ce Pont, entre l'Orient & le Midi. On lui donne auffi divers autres noms pris des lieux où il paffe : ce qui trompe fouvent ceux qui ne connoiffent pas là-deffus, le genie de ces Peuples. A une lieuë & demie du Pont on trouve de belles fources d'eau couvertes de grands arbres, vis-à-vis desquelles, il y a des Caravanserais. On appelle ces fources ABGUERM, c'est-à-dire *Eau chaude*, à caufe qu'il s'en trouve quelques-unes de chaudes. A deux lieuës & demie delà, on se trouve dans une grande plaine, à perte de vuë, la plus belle, la plus gaïe, & la plus fertile qu'on puisse voir : elle est toute coupée de fleuves & de ruiffeaux & toujours verte, en quelque faison que ce soit.

Mr. Corneille apelle cette Riviere BENDIMIR, en quoi il suit Mr. Maty ; qui pourtant est plus louable en ce qu'il dit BENDIMIR ou BEND-EMIR.

BEND-MAHI, lieu d'Asie aux confins de l'Armenie & du Courdistan, c'est proprement l'endroit [a] où se décharge une petite Riviere dans le Lac de Van, & où l'on prend quantité de petits poissons nommez Taric.

1. BENDA, Riviere de l'Inde en deçà du Gange, selon Ptolomée [b].

2. BENDA [c], (le) petit pays de la Turquie dans l'Albanie vers Croye, & affez éloigné de la côte du Golphe de Venise. Il avoit autrefois pour capitale la Ville de Benda, qui avoit un Evêché Suffragant de l'Archevêque de Durazzo ; mais elle est entierement ruinée depuis long-temps & il y a encore en ce pays-là *la Sermenica*, qui est un quartier affez fertile, & l'Evêque fait fa résidence dans le Château de Mammoli.

Tom. I. PART. 2.

[a] *Hift. de Timur-Bec T. 1. p. 417.*
[b] *l. 7. c. 1.*
[c] *Baudrand Ed. 1705.*

BEN.   217

3. BENDA, Ville de l'Albanie. Voiez l'Article précédent.

1. BENDARMASSEN [d], Royaume des Indes Orientales dans l'Ifle de Borneo, fur la côte meridionale, qui regarde celle de Java. Quelques-uns difent BANDERMAHEN.

2. BENDARMASSEN [e], Ville des Indes dans l'Ifle de Borneo, au Royaume de Bendarmaffen dont elle est la capitale, avec un bon Port sur la côte meridionale de l'Ifle à l'embouchure de la Riviere de Saccandan.

BENDEMIR. Voiez BEND-EMIR.

BENDENA, ancienne Ville de l'Afrique propre, felon Ptolomée [f]. Il la met entre la Ville de Tabraca, & le fleuve Bagradas.

BENDER, petite place de Turquie au Nord de la Beffarabie, au bord du Niefter. Ce font les Turcs qui la nomment BENDER, car on l'appelle autrement TEKIN ou TECHNIA. Ce lieu est remarquable dans l'Histoire de Charles XII. Roi de Suede par le long sejour qu'il y fit après avoir été défait par le Czar Pierre, le Grand à la journée de Pultawa. Comme ce sejour fut long & que le mot *Bender* fignifie *Tombeau*, ceux qui aprirent cette fignification crurent fauffement qu'il étoit mort.

BENDIDIUM, Temple de Thrace dont parle Tite-Live [g]. Strabon [h] & Lucien [i] en parlent auffi.

1. BENE', Βένη, la même que BENA, Ville de Crète.

2. BENE [k], petite Ville d'Italie en Piémont avec un ancien Château & titre de Comté, fur les frontieres du Montferrat & proche du Tanaro. Elle donne le nom au pays voifin que l'on appelle le BENESE ; elle est à cinq milles de Querasque au Midi, en allant vers Mondovi.

3. BENE [l], Ruiffeau de France dans le Dauphiné ; il coule à Gap, & près de Saulce où est la fontaine falée, qui fournit du Sel à tout le pays.

BENE-BARAH [m], Ville de la Palestine dans la Tribu de Dan. La Vulgate en fait deux noms BANE & BARACH.

BENEBENDOS, Ville de la Campanie, selon Etienne le Géographe, qui la fait diferente de BENEVENT. Ortelius juge que c'est pourtant la même, & que la diference n'est que dans quelques lettres du nom.

BENECAFIZ. Voiez BENACAFIZ.

BENEDICTIO DEI, nom Latin de l'Abbaye de NISORS. Voiez NISORS.

BENEDICTION. (Vallée de) Voiez VALLE'E.

BENEFENSIS. Voiez BENNEFENSIS.

BENEHARNUM, BENEARNUM ou BENEARNENSIUM CIVITAS, Ville ancienne des Gaules. Il n'en est fait aucune mention avant l'Itineraire d'Antonin, où l'on trouve cette Ville marquée. Elle devoit même être affez considerable, puis qu'elle étoit à l'extrémité d'un chemin depuis Sarragoffe en Espagne *ufque ad Beneharnum*, jufqu'à la Ville de Béarn. Il en est fait enfuite mention dans l'Histoire de Gregoire de Tours ; mais on ne voit pas qu'il y ait eu d'Evêques en cet-

[d] *Baudrand Ed. 1705.*
[e] *Ibid.*
[f] *l. 4. c. 3.*
[g] *l. 38. c. 41.*
[h] *l. 10.*
[i] *Icaro-menippo.*
[k] *Baudrand Ed. 1705.*
[l] *Coulon Riv. de France part. 2. p. 179.*
[m] *Josué c. 19. v. 45.*

E e

cette Ville avant le cinquieme siécle. Le premier Evêque de Béarn que l'on connoisse étant Galactoire, qui étoit en possession de cet Evêché l'an 506. lorsque le Concile d'Agde fut tenu sous Alaric Roi des Wisigoths. On voit par la Vie de ce Prelat que peu après le Concile, (& avant la mort d'Alaric tué l'an 507.) il prit les armes contre les Goths Ariens qui maltraitoient les Catholiques, & que dans un combat, cet Evêque fut tué, & ses gens furent taillez en piéces. C'est pour cela qu'il a été mis au nombre des Saints & des Martyrs. La Ville de Béarn ayant été possedée, comme le reste de la Novempopulanie, par les Rois de France & par les Princes de Gascogne, qui avoient dans le territoire de Béarn des Vicomtes sous leurs ordres ; cette Ville fut plusieurs fois saccagée par les Normands, & par les Sarrazins, desorte qu'elle fut entiérement détruite, de manière qu'il n'en resta point de vestiges. Il faut avouer qu'on ne sait pas certainement le lieu où l'ancienne Ville de Béarn a été située ; car ceux qui veulent qu'elle ait été au même lieu où est présentement Lescar ne se fondent que sur de simples conjectures.

BENENNUM. Voiez BEN-HENNON.

BENESOUEF ou BENESUAIF, Ville de la haute Egypte à un quart de lieue du bord Occidental du Nil, selon le Sieur Lùcas[a]. Cet Auteur écrit BENESUE'ES, dans un Voyage BENESOUEF, & BENESOUET dans celui que je viens de citer. Mr. Baudrand[b] écrit Benesuaif, & dit qu'elle est la principale du Califat ou du Gouvernement de même nom, & qu'elle est à cent milles au dessus du Caire. Voiez BENI-SUAID.

[a] Voyage fait en 1714. &c. l. 5. p. 10.
[b] Ed. 1705.

1. BENEVENT, Ville du Royaume de Naples dans la Principauté *Ulterieure* ; elle est située au confluent du Sabato & du Calore.

Cette Ville se nomma anciennement MALEVENTUM, selon le temoignage des Anciens Auteurs. *La Colonie des Hirpins*, dit Pline[c], BENEVENTUM, *nom dans lequel cette Ville a converti celui de* MALEVENTUM *qu'elle portoit autrefois*. Tite-Live[d] dit la même chose, en rapportant la défaite des Samnites, qui périrent tous, ou furent faits prisonniers, à la réserve de ceux qui se purent sauver à *Maleventum*, Ville qui a changé son nom en celui de BENEVENTUM, qu'elle porte aujourd'hui. Le même Auteur[e] appelle les habitans BENEVENTANI. On peut prouver l'antiquité de cette Ville par l'ancienneté du fondateur qu'on lui donne ; car les Historiens s'accordent à dire que ce fut Diomede Roi des Etoliens, lequel se trouva à la guerre de Troye, qui la fonda. On sait, dit Solin[f], qu'Arpi & Benevent ont été fondées par Diomede. Servius[g] rapporte la chose plus au long : *Diomede*, dit-il, *ayant appris que par un effet de la colère de Venus qu'il avoit blessée, sa femme Ægialie qui étoit à Argos s'etoit abandonnée à Cillabarus, selon Lucilius, ou à Cometa, selon d'autres, & menoit une vie infame, ne voulut plus retourner dans sa Patrie …. mais il prit la route de la Pouille où après avoir défait les Peuples qui habitoient le Mont Gargan, il bâtit plusieurs Villes, entre lesquelles on compte* Benevent, &c.

[c] Lib. III. cap. 11.
[d] Lib. VIII.
[e] Lib. XXIV.
[f] Cap. VIII.
[g] Ad Virgili Æneid. Lib. VIII.

Toutes les Villes des Samnites ayant été ruinées par le Consul Sylla, comme le temoignent Strabon[h], Ciceron[i] & Valere Maxime[k], la Ville de Benevent fut la seule épargnée selon le même Strabon[l]. Dans la suite le Cesar *Nero Claudius* y transporta une Colonie que Frontin[m] dit avoir été appellée *Concordia*; ce qui se trouve appuyé par une inscription que rapporte Holstenius dans ses remarques sur l'Italie de Cluvier[n], laquelle est conçuë en ces termes : COLONIA IV. LIA. CONCORDIA. AUG. FELIX. BENEVENTUM. Le même Frontin[o] ajoute que Cesar attribua à la Colonie de Benevent la Ville *Caudium* avec tout son territoire. En effet du tems de Septime Severe la même Ville *Caudium* dépendoit du territoire de Benevent, comme on le voit aussi par une inscription rapportée par Fabretti[p] laquelle paroît avoir été consacrée à la memoire de Julie mere du même Severe. Cete inscription est conçuë en ces termes : COLONIA. JULIA. CONCORDIA. AUG. FELIX. BENEVENTUM. DEVOTA. MAJESTATI. AUGG. IN. TERRITORIO. SUO. QUOD. CINGIT. ETIAM. CAUDINORUM. CIVITATEM. MURO. TENUS.

[h] Lib. V. pag. 250.
[i] De Divi. nat. l. 1. c. 33.
[k] Lib. I. c. 6. n. 4.
[l] Ibidem.
[m] de Colonii p. 136. Ed. 1674.
[n] pag. 266.
[o] Ibid pag. 137.
[p] pag. 105. n. 248.

La Ville de Benevent qu'Auguste avoit mise dans la seconde region de l'Italie & que Pline[q] attribuë aux *Hirpini* anciens habitans du Samnium, fut renfermée, dans la Campanie par l'Empereur Adrien, ainsi que l'a fait voir Camillus Peregrinius[r] fondé sur l'Itineraire d'Antonin, qui dans la description du chemin de Capouë à *Equus Tuticus*, qui étoit aux frontieres de la Campanie, suit cet ordre & compte XXI. milles de Capouë à Caudium, de Caudium à Benevent XI. milles & de Benevent à *Equus Tuticus* XXI. milles. L'Itineraire de Jerusalem confirme cete opinion : car décrivant le chemin d'Otrante à Rome par Brindes, après avoir marqué les confins de la Pouille & de la Campanie, il ajoute

[q] Lib. III. cap. 11.
[r] in Apparatu ad Antiq. Capuæ p. 45.

Mansio ad Equum Magnum M. P. VIII.
Mutatio vico Fornonovo M. P. XII.
Civitas Benevento M. P. X.
Civitas & Mansio Caudis M. P. XII.
Mutatio Novas M. P. XII.
Civitas Capua M. P. XII.

D'où on peut conclure que les confins de la Campanie, du côté de la Pouille, s'étendoient au delà d'*Equus Tuticus*, & que la Ville de Benevent se trouvoit enclavée dans la Campanie même après la division qui fut faite sous l'Empire de Constantin. C'est pour cela qu'on voit dans la souscription du Concile de Sardique en 347. l'Evêque Janvier nommé Evêque de Benevent en Campanie, usage qui a été observé dans la suite, lors-même que la Ville de Benevent eut été remise dans le Samnium ; car on lit[s] pareillement dans la souscription du Concile de Rome tenu par le Pape Agathon en 680. *Barbatus gratia Dei Sanctæ Beneventanæ Ecclesiæ, Provincia Campaniæ*. A cela on peut encore ajouter, comme une nouvelle preuve, les inscriptions anciennes, qui temoignent que les habitans de Benevent éleverent des statuës aux Consuls de Campa-

[s] Concil. Tom. VI. pag. 693.

BEN.

nie, telles sont celles que Gruter rapporte avoir été élevées a l'honneur d'Avonius Marcellinus & de Claudius Pacatus, la premiere contenant ces mots [a] OB POPULI TÆDIA SEDATA, & la seconde ceux-ci [b] OB ÆQUITATEM JUDICII. Ces raisons ont porté Peregrinius[c] à soupçonner que Paul Diacre[d], qui appelle Benevent la capitale de sa Valerie & du Samnium, a suivi en cela quelque ancienne division de l'Empire qui lui a fait mettre cette Ville dans le Samnium. Le même Peregrinius estime que cela a pu se faire du tems de Procope[e], qui parlant de Totila dit, qu'il partit de Toscane & qu'après avoir passé le Tibre il n'entra point sur le territoire de Rome, mais qu'il se jetta dans la Campanie & dans le Samnium où il soumit sans peine la Ville de Benevent, qui passoit néanmoins pour une Ville très-forte, & qu'il en fit abattre entierement les murailles. Le même Paul Diacre fait une faute bien moins pardonnable, à l'endroit déja cité, lorsqu'il nomme cette Ville, *Samnium*, en quoi il a été repris par Cluvier avec d'autant plus de raison que dans toute l'Histoire Romaine l'on ne trouve pas une seule fois le nom de *Samnium* donné à quelque Ville que ce soit. Mais il paroit que cet Auteur a donné dans cette erreur pour n'avoir pas pris le sens de ce passage de Florus[f] où il est dit en parlant de la ruine entiere des Villes du *Samnium* que l'on auroit de la peine à trouver le *Samnium* dans le *Samnium* même *(ut hodie Samnium in ipso Samnio requiratur.)*

Benevent[g] fournit aux Romains un grand secours d'hommes & d'argent contre Annibal; mais cette Ville qui avoit résisté à ce grand Capitaine, ne pût arrêter le progrès des armes de Totila Roi des Goths, qui, comme on l'a déja vû, se rendit maître de cette Ville en 545. & la ruina entierement. Autharis ou Antariche Roi des Lombards la repara en 589. l'érigea en Duché, & y joignit une grande partie de ce qui compose aujourd'hui le Royaume de Naples en faveur de Zothus l'un de ses Courtisans. Les successeurs de ce Duc sont celebres dans l'Histoire entre autres Grimoald I. qui chassa Aribert Roi des Lombards, & s'établit sur son trône vers l'an 663. & Aragise Gendre de Didier, qui après avoir donné bien des affaires à Charlemagne, fut contraint d'implorer sa clemence. L'Empereur Louïs II. chassa le Duc Adelgise d'Italie en 851. & créa Gouverneur un certain Simbaticius, qui y eût plusieurs successeurs. Henri III. dit le Noir, donna en 1053. ce Duché au Pape Leon IX. son parent, qu'il avoit élevé au Pontificat; le même Pape y mit un Gouverneur nommé Rodolphe, auquel succeda Landolphe III. après la mort duquel, arrivée en 1097. les Pontifes n'y ont point envoyé de Gouverneurs, qui pussent leur donner de l'ombrage.

La Ville de Benevent a été si souvent maltraitée par les tremblemens de terre qu'elle est devenuë presque deserte & fort delabrée, principalement en 1703. Son Archevêché érigé[h] en 969. est presque toujours possedé par un Cardinal à cause de son revenu, qui est bien plus considerable que ceux des autres Archevêchez du Royaume de Naples, si l'on en excepte celui de la Capitale.

Ce fut dans la Plaine de Benevent que Charles d'Anjou Roi de Naples défit & tua Mainfroi son competiteur le 26. Fevrier 1266.

La Ville de Benevent[i] a donné naissance à plusieurs grands hommes au nombre desquels on remarque: Le Pape Gregoire VIII., Rofredo & Odofredi, deux fameux Jurisconsultes, dont le dernier eut une chaire dans l'Université de Boulogne, & a été le chef de la famille des Odofredi dans cette derniere Ville. Benevent se glorifie aussi d'avoir produit le fameux Grammairien Orbilius, qui fleurissoit du tems de Ciceron. Enfin la persecution des Chrétiens sous l'Empire de Diocletien donna à cette Ville trois Sts. Martyrs; savoir St. Janvier & deux Diacres.

2. LA VALLE'E DE BENEVENT, c'est le nom que l'on donne aux environs de la Ville de Benevent, que l'on appelle aussi quelquefois le Détroit & qui s'étend jusqu'aux sources du Silaro. Cette Campagne est delicieuse, fertile & d'un aspect charmant: aussi y trouve-t-on un grand nombre de belles Maisons de Plaisance.

3. LE DUCHE' DE BENEVENT, Etat Souverain en Italie, du temps des Lombards qui le formerent, comme je l'ai dit dans l'Article de la capitale. Son territoire étoit autrefois bien plus grand que celui de cette Ville.

4. BENEVENT ou BENAVENTE, petite Ville d'Espagne au Royaume de Léon & dans la Province de Campos, sur la Riviere d'Ezla, avec un ancien Château presque au milieu entre Léon au Septentrion & Zamora au Midi. Ce fut en cette Ville que mourut Ferdinand Roi de Leon l'an 1188. Cette Ville, selon Mr. de Vayrac, qui écrit BENAVENTE[k] fut donnée en 1369. à titre de Duché par Henri II. Roi de Castille, & de Leon à D. Frederic de Castille son fils naturel qu'il avoit eu de Doña Beatrix Pouce de Leon, & selon le sentiment des meilleurs Historiens Espagnols, c'est le *premier Duché*, qui ait été érigé en Espagne. Mais ce nouveau Duc aiant machiné contre l'Etat, fut pris & conduit prisonnier au Château d'Almadovar, & y finit ses jours miserablement, & comme il mourut sans enfans, son Duché fut éteint & réuni à la Couronne. En 1398. Henri III. Roi de Castille érigea en Comté la Ville de Benevente en faveur de Jean Comte de Pimentel Chevalier Portugais, qui étoit passé de Portugal en Castille, avec l'Infante Doña Béatrix femme de D. Jean I. Roi de Castille, en recompense des Villes de Bragance, & de Vinaes, qu'il lui avoit cedées après les avoir défendues jusqu'à la derniere extrémité contre le Roi de Portugal.

5. BENEVENT ou BENAVENTE, Village de l'Estramadure de Portugal, sur le Tage, vis-à-vis d'Alanguer, à neuf lieues au dessus de Lisbonne. On croit qu'il tient la place de l'ancienne ARITIUM, petite Ville de la Lusitanie. Voiez ARITIUM PRÆTORIUM.

BENFELD[l], petite Ville de France en Alsace, sur l'Ill, avec un Château que les Evêques

---

[a] p. 357. 5.
[b] p. 390. 1.
[c] Apparat. ad Antiq. Capuæ pag. 60.
[d] Lib. II. cap. 20. de Gestis Langobard.
[e] De Bello Gothic. Lib. III. c. 6.
[f] Lib. I. c. 16.
[g] La Forêt de Bourgon. Geogr. Hist. T. II. p. 554.
[h] Dominic. Georgius de Antiq. Italiæ Metropol. pag. 79.
[i] Leandro Alberti Descr. di tutta Ital. pag. 209.
[k] Etat de l'Espagne T. 3. p. 49.
[l] Zeyler Alsat. Topogr. p. 3.

vêques de Strasbourg avoient pris plaisir à embellir. Les Lorrains s'en étant emparez en 1592. durant la guerre de Strasbourg, ils commencerent l'année suivante à s'y fortifier, l'Archevêque Leopold d'Autriche, qui avoit été Evêque de Strasbourg augmenta encore les fortifications en 1621. Les Suedois ayant assiegé & pris par capitulation cette place en 1632. y firent de nouveaux travaux ; & la garderent quelque temps, mais par la Paix de Westphalie, il fut réglé qu'après la restitution de Benfeld (à l'Eglise de Strasbourg) on raseroit les fortifications de cette place, & qu'il ne pourroit y avoir aucun soldat en garnison, non plus qu'à Saverne & autres lieux qui eurent le même sort.

Traité de Munster Art. 52.

1. BENGALE, Royaume d'Asie dans l'Indoustan, à l'Orient meridional de l'Empire du Mogol, & des deux côtez du Gange dont il renferme toutes les bouches. Il confine au Nord avec les Royaumes de Narvar, Patna & Jesuat ; à l'Orient avec ceux de Tipra & d'Arracan ; le Golphe qui en prend le nom de Golphe de Bengale & le Royaume d'Orixa le bornent au Midi ; les Royaumes de Berar & de Malva achevent de l'enfermer à l'Occident. La Riviere de Ganga qu'il ne faut pas confondre avec le Gange le separe d'avec le Royaume d'Orixa. Mr. Thevenot [b] nomme ce Royaume la Province d'Ouesser : il ajoute que les Idolâtres la nomment Jaganat à cause de la fameuse Idole de la Pagode de Jaganat qui y est. Sur quoi il est bon de remarquer 1. que ce mot d'Ouesser a beaucoup de ressemblance avec celui d'Udesse que nos Géographes reconnoissent pour le nom d'une contrée, qui est du Bengale à l'Orient du Gange. 2. Que la Pagode de Jaganat est aparemment celle que Mr. de l'Isle nomme simplement Pagode à l'Orient de la bouche la plus Orientale du Gange. Le même Voyageur raporte que cette Province est habitée par des Gentils fantasques, & qu'il y a aussi beaucoup de Mahométans, qui ne sont pas plus gens de bien que les Gentils. Les habitans pour la plupart y sont extraordinairement voluptueux ; ils ont l'esprit captieux & subtil & sont fort enclins à voler. Les femmes y sont hardies, impudiques : [il n'y a point d'adresse dont elles n'usent pour corrompre les jeunes hommes & particulierement les étrangers, desquels elles viennent aisément à bout, parce qu'elles sont pour la plupart bien faites & bien vétues. Les peuples sont fort à leur aise dans cette Province, à cause de sa fertilité & plus de vingt mille Chrétiens s'y sont habituez. Le pays étoit autrefois bien mieux reglé sous les Rois *Patans* ; c'est-à-dire avant que les Mahometans & les Mogols en fussent les maîtres. Le desordre y est entré avec le Mahometisme, & la diversité des Religions y a causé la corruption des mœurs. Le pays est rempli de Châteaux & de Villes. Celles de Philipatan, de Satigan, de Patane, de Casanbazar & de Chatigan sont très-riches. (Celle que l'Auteur cité nomme *Patane* est *Patna* capitale d'un Royaume particulier que Mr. de l'Isle distingue de celui de Bengale, car Patan est encore plus loin delà.) Le Bled, le Ris, le Sucre, le Gingembre, le Poivre long, le Coton, la

b Voyage des Indes c. 40.

Soye & plusieurs autres marchandises croissent dans ce pays ainsi que les fruits & particulierement les Ananas. Le Gange qui traverse ce Royaume y est entrecoupé d'Isles agréables où il y a les plus beaux arbres des Indes, & on jouït de leur beauté pendant plus de cinq journées en navigeant sur cette Riviere. Il y a dans ces Isles & en quelques autres lieux du Bengale une espéce d'oiseau appellé *Meina*, dont on fait beaucoup de cas. Il est de la couleur du Merle, & presque aussi gros que le Corbeau. Il a le bec de même excepté qu'il est jaune & rouge. Il a à chaque côté du col une bande jaune, qui couvre toute la joue jusqu'au dessous de l'œil : ses pieds sont jaunes. On lui apprend à parler comme au Sansonnet. Il a le ton & la voix de même, mais outre sa voix ordinaire, il en a une plus grosse qui semble venir de fort loin : il contrefait parfaitement le hennissement du cheval, & se nourrit de pois chiches qu'il concasse. Un Indien consulté par Mr. Thevenot fait monter le revenu annuel du Mogol en cette Province jusqu'à dix millions ; mais j'ai, dit-il, apris d'ailleurs qu'à peine elle lui en raporte neuf, quoi qu'elle soit bien plus riche que d'autres qui fournissent davantage. La raison que l'on en donne est qu'elle est située à une des extremitez de l'Empire, & qu'elle est habitée par des peuples capricieux qu'on est obligé de ménager, à cause de la proximité des Rois ennemis à qui ils pourroient se donner, s'ils étoient vexez. Le P. Catrou [c] parle bien differemment des revenus que cette Province donne tous les ans au Mogol, car selon lui, il est de quatre Carols. J'ai déja dit ailleurs qu'un Carol vaut cent Lacs, c'est-à-dire dix millions. Ainsi la somme que Mr. Thevenot trouve excessive ne seroit encore que le quart de la veritable. Le Pere Catrou dit [d] que le Mogol y entretient en tout temps une armée de quarante mille chevaux. Mais je ne sais si on doit convenir que Bengale soit de tous les Royaumes du Mogol le mieux connu en France. Les richesses prodigieuses qu'on en transporte toutes les années en Europe, sont, poursuit-il, une marque de sa fecondité. On peut dire qu'il ne cede en rien à l'Egypte, & qu'il la surpasse même par la recolte de ses Soyes, de ses Cottons, de son Sucre, & de son Indigo. Tout y abonde, les Fruits, les Legumes, les Grains, les Toiles fines, les Etofes d'or & de Soye. Ce Royaume est si peu connu qu'on ne sait pas encore au juste s'il y a veritablement une Ville nommée Bengale, qui lui donne le nom. On connoît en gros sa fertilité. Cependant on convient assez que la capitale du Bengale est la Ville de *Daca*, ou *Daac*. Mr. Thevenot [e], le P. Catrou [f], & quantité d'autres le disent de même. Les autres lieux remarquables du Bengale sont

c Hist. Genér. du Mogol p. 370.

d Ibid. p. 350.

e l. c.

f l. c. p. 363.

Azo aux confins de Jesuat sur la Riviere de Laquia.

Casanbasar ou *Cassambasar*, *Chatigan*, } Villes de commerce sur le Gange.

Jaganat Pagode, *Loricoul* entre Daca & Chatigan.

Mo-

BEN.

Monera Pagode, entre Patna & Soepra à environ demi-lieue du Gange.

Malda, entre les Rivieres de Martnadi, & de Laquia, & le Gange.

Mongher sur le Gange.

Moxedabat, jolie Ville à trois lieues au dessus de Cassambasar.

Ougli, Ville de grand Commerce sur le grand Canal Occidental du Gange au-dessus de l'Isle de Gale.

Philipatan Ville riche.

Ragi-Mohol, ou *Ragemale* à l'Orient du Gange presque sous le tropique du Cancer. Il y a une monoye où l'on fabrique des pieces d'or qu'on appelle *Roupies de Bengale*.

Satigan Ville de grand Commerce.

Soepra ou *Soupra* la derniere des Villes où les Hollandois trafiquent en remontant le Gange.

^a Nic. de Graaf Voyages p. 44.
^b Ibid. 49.
^c Ibid 51.

Entre Ougli & Cassambasar ^a sont les Bourgs & Villages de *Nata*, *Trippina*, *Amboa*, *Nedia*, *Lallamatti & Sedebat*. Entre Ragi-Mohol, & Mongher sont ceux de ^b *Rampou*, *Tiena*, *Jagarnatpour*, *Siabatpour*, *Katioca*, *Goerassi*, *Laigola Gorgate*, ^c *Katta*, *Gola*, *Killonpar*, *Haalpour*, *Manei*, *& Hernimora*.

2. BENGALE, Ville d'Asie dans l'Indoustan, capitale d'un Royaume de même nom, selon quelques Voyageurs. Nicolas de Graaf semble dire qu'il y a une Ville de ce nom. Si vous mourez en ce trou, ^d lui disoit-on à Mongher où il étoit prisonnier, nous vous jetterons dans le Gange & vous irez ainsi à Bengale, d'où vous dites que vous venez. Il dit ensuite, cependant nous écrivimes à Bengale, à Ragi Mohol, à Cassambasar & à Patna. Quelques-uns ont cru que Bengale n'est autre que Chatigan, & qu'on lui a donné le nom du Royaume par abus comme il est arrivé à Siam & autres Villes d'Asie dont le vrai nom est presque ignoré des Navigateurs à qui elles ne sont connues que sous celui du pays. Mais de Graaf n'avoit point remonté le Gange à l'Orient où sont Chatigan & Daca, il y étoit entré à l'Occident par Ougli, de maniere que s'il avoit vû une Ville nommée Bengale, ce ne pouvoit être Chatigan, ni Daca. Ce qui est à remarquer, c'est qu'il distingue assez tous les lieux de son passage, & ne fait aucune mention de son arrivée dans une Ville nommée Bengale. Ainsi il faut qu'il ait entendu par ce nom ou la Ville d'Ougli, ou celle de Cassambasar. Dans le grand nombre de Voiages de l'Indoustan que j'ai lûs je n'en ai jamais trouvé où il soit parlé de Bengale comme d'une Ville dont on ait dit quelques particularitez capables d'en certifier la position, ni même l'existence.

^d Ibid. p. 54.

LE GOLPHE DE BENGALE. Voiez GOLPHE.

^e Dapper Afrique p. 374.

BENGUELA ou BENGUELE ^e, Royaume dans la partie Occidentale de l'Afrique. Il s'étend, selon quelques Geographes, du Septentrion au Midi le long de la côte depuis le Fleuve de Quansa ou Coanza jusqu'au Cap Negro. Mr. de l'Isle ^f cependant ne le fait commencer qu'au vieux Benguela au Septen-

^f Carte du Congo & du Pays des Cases 1708.

BEN.

trion, & l'étend jusqu'au même Cap Negro. Le même Auteur borne ce Royaume du côté du Septentrion au pays de *Soua Fuchi Canbari*, & à la Riviere de Cubegi. Il lui donne les Terres du Jaga Casangi à l'Orient, & la Province d'Ohila avec quelques Nations Sauvages au Midi.

Les noms des Villages, des Rivieres, & des Bayes de la côte depuis le Quansa jusqu'au Cap Negro sont le Golfe de Maisotte à cinq lieues du Quansa. Au devant de ce Golfe il y a quelques petits Ecueils à fleur d'eau. De-là jusqu'au Cabo-Ledo on compte cinq grandes lieues, de ce Cap à celui des trois pointes huit lieues, delà jusqu'au Cabo Falso quatre & jusqu'à Cabo St. Bras onze. Depuis ce Cap jusqu'à la Baye des poulets, *Hoenderbay*, qui porte ce nom, à cause de la quantité de ces animaux qu'on y trouve, la côte est basse & fertile pendant dix lieues, & le Pays s'appelle *Benguela Viella*. Voiez ce mot. A cinq lieues de cette Baye on trouve *Rio Longo* ou *Rio Moreno* dont l'embouchure est à 11. dégrez de latitude Meridionale. Manikicongo est à 8. lieues de la Riviere Longue : à quinze lieues de ce Village est l'embouchure de Caton-belle, au Nord de laquelle la Mer forme un Golfe où les Mariniers trouvent un fond si propre à y jetter l'ancre, que les Hollandois lui ont donné le nom de la *Bonne Baye*. La côte est basse & fertile en cet endroit, mais les terres plus éloignées de la Mer sont hautes, & couvertes de quelques forêts. A deux lieues de Caton-belle vers le Midi il y a une Riviere d'eau fraîche qui ne se décharge dans la Mer que dans les saisons pluvieuses. Avançant toujours au Midi on trouve la Baye de Benguela : Voiez l'Article suivant. Au Couchant de la Baye de Benguela, il y a une Montagne plate que les Portugais nomment *Sombriero* & les Flamans *Klap-Muts*, parce qu'à la voir de loin on la prendroit pour un bonnet de Prêtre de forme triangulaire ; on trouve une Baye tout auprès qui porte le nom de la Montagne ; l'eau en est claire, mais elle n'est pas bonne à boire : le Rivage au Sud-Est est une grande plaine de sablons, qui aboutissent à une belle vallée couverte d'arbres. A six lieues de là tirant vers l'Ouest-Sud-Ouest il y a une saline où l'on fait du sel gris comme celui de France, & en si grande abondance qu'on en fournit les Provinces voisines.

^g Dapper Afrique pag. 374.

Les principaux lieux du Royaume de Benguela selon Mr. de l'Isle sont

Sur la côte du Septentrion au Midi.	Le vieux Benguela ou Benguela viella, Manikikongo, Le Fort de Cabuto, St. Philippe ou Benguela, Angra S. Maria, Baya Farsa, Baya Tortuga, Angra de Negros, Gr. Wissers Bay.
Provinces & Pays Maritimes.	Libolo & Aio, Soua Caria, Soua Calemba grande, Le Pays des Sumbis, Le Pays des Quimbondos.

Ee 3   S. Nan-

BEN.

Dans les Terres sont les Provinces de
- S. Nanboa Angonga,
- Soua Tende,
- Genge ou des Quillenges,
- Zemba-Catira,
- Soua Quilembi,
- Bembe ou des Guimbandos,
- Soua Angola Ginbo,
- Zamba-gando,
- Petit Bembe,
- Soua,
- Pallanca,
- Jaga Canhica,
- Soua Guitata,
- Casañi Caquitendele,
- Jaga Calembe,
- Jaga Caconda, &
- Le Pays des Musumbes.

Les principales Rivieres sont.
- Rio Longo ou Moreño,
- Nica,
- Caton-belle,
- Gubororo ou Riv. de St. François,
- Chabenia, &
- Cutembo.

a Dapper, Atrique, pag. 375.

Entre les Bêtes farouches de Benguele, il y en a une espéce fort particuliere qu'on nomme *Abada*. C'est un animal de la grosseur d'un Poulain de deux ans, il a une corne sur le front & une autre sur la nuque. Celle du front est unie, longue de deux, trois ou quatre pieds, épaisse vers la racine, comme la jambe d'un homme, mais pointuë par le bout & recourbée en devant : celle de la nuque est plus plate & plus courte : la couleur en est noire & d'un brun enfoncé, & cependant la limure en est blanche. Sa tête n'est pas si longue que celle d'un cheval, elle est plus plate & plus courte, son poil est aussi plus épais & plus rude ; sa queüe ressemble à celle d'un bœuf, quoi qu'elle ne soit pas de la même longueur : il a du crin comme un Cheval, ses pieds sont fendus comme ceux du Cerf, mais beaucoup plus gros. Tandis que l'Abada est encore fort jeune, sa corne du front est droite, mais à mesure qu'elle croît, elle se recourbe comme les défenses d'un Elephant. On dit que quand cette Bête veut boire, elle plonge sa corne du front dans l'eau, comme pour chasser le venin qu'il y pourroit avoir. Quoiqu'elle soit fort legere à la course, elle ne peut pas néanmoins éviter toujours les dards, & les fleches des Negres qui la poursuivent pour avoir sa corne, parce qu'elle passe pour un excellent antidote : mais il y en a qui sont plus d'effet les unes que les autres selon l'âge de ces animaux lorsqu'on les tuë. Pour en faire l'épreuve les Portugais mettent le bec de la corne sur le plancher, & suspendent directement au-dessus une épée qui touche la corne par la pointe, & dont la garde est attachée à un fil. Quand la corne est bonne, elle est dure, & l'épée ne pouvant pas entrer ne fait que tourner autour de son centre : mais lorsqu'elle n'est pas bonne l'épée s'y enfonce. On fait un cataplasme des os de cet animal reduits en poudre & mêlés avec de l'eau : on l'applique sur les parties ou l'on sent une douleur interieure.

BEN.

BENGUELE VIELLA[b], ou le vieux Benguele. On donne ce nom au pays qui est depuis le Cabo S. Bras jusqu'à la Baye des Poulets. C'est proprement un Golphe qui peut avoir deux lieues de long, une demie lieuë de large, 10. ou 12. brasses de profondeur, sur un fond limoneux. A côté vers le Midi, sur une Montagne, est situé un grand Village, où l'on trouve des vaches aussi grosses que celles de France, des moutons, des poulets & des dents d'Elephant à acheter ; & c'est à ce seul endroit, ce semble, que M. de l'Isle restraint le nom de Benguela le vieux. Les mousquets y sont fort recherchez ; mais il n'y a point d'eau fraîche, & il faut que les habitans aillent chercher des vivres plus avant dans la terre ferme.

[b] Ibidem. p. 374.

La BAYE DE BENGUELA[c], sur la côte Occidentale de l'Afrique au Royaume de même nom, & entre les Rivieres de Catonbelle & de Gubororo ou St. François. Cette Baye est un fond propre à jetter l'ancre ; elle s'étend en largeur d'un angle à l'autre l'espace de deux lieuës ; & depuis le centre jusqu'au point le plus reculé de son enfoncement, elle a une lieuë & demie. Du côté du Nord est le Village de Benguelle, où l'on à bâti un Fort. Au devant de ce Village, il y a un banc de Sable qui empêche les Vaisseaux d'aborder ce Village, & qui les oblige à jetter l'ancre à une grande lieuë de la côte, où ils ne trouvent plus que cinq brasses d'eau. Le Château de Benguelle est fermé de palissades, & de fossez entourez de Maisons, & ombragez de Bannanes, d'Orangers, de Limoniers, de Grenadiers, & de Bacoves, avec un puits d'eau fraiche sur le derriere. Il y a sept Villages aux environs de celui de Benguele qui en relevent ; savoir Molonde, Peringa à une lieuë & demie du Château, & à un quart de lieuë l'un de l'autre, Mani-Kinsomba (une grande habitation qui peut mettre trois mille hommes sur pied,) Mani-nomma, Mani-Kinsomba, Pikene, Mani-Kilonde, auxquels on peut ajouter les Mondombes & Mondondes peuples Vassaux de Benguela. Les Portugais s'y étoient habituez ; mais craignant de se voir investis par les originaires du Pays, ils se sauverent à Massingan, les Negres les poursuivirent & en firent perir un grand nombre.

[c] Ibidem. P. 375.

§. Il ne faut pas confondre *Benguela le vieux*, avec *Benguela* autrement *Saint Philippe*, le premier est par les 10. d. 40'. de Latitude Sud, & le second par les 12. d. 26'. Latitude Sud.

Les Tables Hollandoises mettent Bengale au pays d'Angola à 12. d. 20'. c'est la méme Place que Benguela ou St. Philippe.

BEN-HENNON, ou
BEN-HINNON, ou CEH-HINNON ou GEH-BENE-HENNON, c'est-à-dire *Vallées des enfans d'Hennon*.[d] Vallée de la Palestine. Elle étoit à l'Orient & au Midi de Jerusalem on dit que c'étoit la Voirie de Jerusalem & la figure de l'enfer, d'où vient que l'on a donné le nom de *Gehenna*, à l'Enfer. Nôtre mot de *Géne* & cette façon de parler *être à la Géne* viennent de cette source. Cette Vallée s'appelloit aussi TOPHET. Voiez ce mot.

[d] *Josué* c. 15. v. 8. & *Reg.* l. 4. c. 23. v. 10.
[e] *Eusebe* in Voce I'AI ENNOIM,

BE-

BENI. Voiez BENIN.

BENI ABDALA,[a] Ville d'Afrique dans la Province d'Alger. Elle a été appellée ainsi d'un Peuple qui s'y est habitué, & se nommoit autrefois SISLI, on y voit plus de cinq cens Maisons, ou bâties de terre grasse, ou divisées par quartiers, & toutes ne valent rien. Cette Ville est auprès d'une Riviere qu'on appelle *Huet Icer*.

[a] *Marmol.* T. 2. l. 5. c. 43.

BENI-ACMET ou **BENI-HAMET**,[b] Montagne d'Afrique dans la Province d'Errif au Royaume de Fez. Elle est rude & inégale, chargée de vignes, d'oliviers & de figuiers, avec de grands bois d'arbres fruitiers, & ne produit point de bled. Sa largeur est de deux lieuës, & sa longueur est de six, d'Orient en Occident, les habitans sont grands bûveurs, & font cuire le vin qu'ils recueillent, afin de le conserver, de sorte qu'il peut se garder quinze ou vingt ans. Outre qu'ils en ont pour toute l'année, ainsi que du raisin, ils en vendent à leurs voisins, qui se rendent toutes les semaines à un Marché de vivres qui se tient dans cette Montagne, où les Marchands de Fez viennent acheter du raisiné, des cabats de raisins, des figues & de l'huile. Ils sont quatre mille combattants, tous gens de pied si pleins d'orgueil, quoique pauvres, qu'ils sont toujours en querelle avec leurs voisins. Il y a même souvent parmi eux des démêlez, à cause de diverses factions, qui s'y sont entretenuës de tout temps. Les Rois de Fez[c] d'un côté & les Seigneurs de Valez d'un autre, les tourmentent fort, ce qui les rend miserables, sans qu'ils se puissent affranchir du joug, à cause de leur foiblesse. L'eau des fontaines est amere & trouble, & la terre couleur de chaux.

[b] Ibid. l. 4. c. 92.

[c] Les Rois de Fez ne subsistent plus & leurs Etats sont annexez à ceux de Maroc.

BENI-ARAX ou **BENI-RASID**,[d] contrée d'Afrique ou Etat particulier, qui est un des endroits élevez, qui dependent du Royaume d'Alger. Sa longueur est de dix-sept lieuës, sur neuf de largeur. Tout le côté du Midi est une plaine & celui du Nord n'est que Collines qui abondent en bleds, en miel & en pâturages. On y trouve en quelques endroits des jujubes, des figues & plusieurs autres sortes de fruits. Il y a aussi quantité de gros & menu bétail. Les habitans sont Bereberes, de la Tribu de Magaroas, & de la lignée de Beni-Arachida, ils sont distinguez en deux: ceux des montagnes demeurent en des lieux fermez & en des Villages, & travaillent aux champs & aux vignes: les autres errent par les campagnes comme les Arabes, & étant plus riches ils ont quantité de chevaux, & de chameaux. Il y a quatre Villes principales, savoir *Beni-Arax* qui porte le nom de l'Etat, *Calaa, Mohascar* & *Bata*.

[d] Ibid. l. 5. c. 14.

La Ville de BENI-ARAX, Capitale du pays a plus de deux mille Maisons, & c'est la plus ancienne. Il y demeure beaucoup de Noblesse & de personnes de condition, quoiqu'elle ne soit pas fermée de murailles. Ptolomée qui l'appelle VILLEBOURG, la met à 12. degrez 40. minutes de longitude, & à 32. degrez de latitude. Cette contrée peut fournir 25000. hommes. Tous ceux qui l'habitent sont Mahometans.

Ptolomée ne dit point *Villebourg*; mais Οὔιλλα κώμη, que ses interpretes Latins rendent par *Villa Vicus*, c'est-à-dire, *le Village nommé la metairie*, parce que ce n'étoit d'abord qu'une seule Maison de campagne. Nous avons de même en France des Villages, qui conservent le nom des Maisons qui en ont été le commencement, comme le Mesnil, la Maison Rouge & quantité d'autres. Il n'y a rien dans l'endroit cité de Ptolomée qui puisse signifier un Bourg, & c'est se jouer des Lecteurs que de leur dire qu'il ait appellé un endroit d'Afrique *Villebourg*.

BENI-AROZ,[e] Montagne d'Afrique en la Province de Habad, au Royaume de Fez. Elle est proche d'Alcaçarquivir, & autrefois on la nommoit EPTA-DELFE. Ptolomée la met à 7. degrez 40. minutes de longitude, & à 33. degrez 50. minutes de latitude. Sa longueur est de sept lieuës, d'Orient en Occident, & sa largeur est de trois. Quand le Roi de Portugal étoit Maître d'Arzile, elle lui payoit tribut, & étoit alors peuplée d'une Nation vaillante d'entre les Gomeres, appellée *Beni-Aroz*. Elle abondoit en toutes choses & avoit un Bourg qu'on nommoit BENI-MARAZ, & qui en étoit comme la Capitale. Plusieurs Gentils-hommes y demeuroient, mais ils exerçoient une telle tyrannie que la plus grande partie du peuple les abandonna pour aller s'établir ailleurs. Ainsi il n'est resté que quelques hameaux sur le haut, peuplez de Bérébéres, quoique depuis les Portugais ont abandonné Arzile, quelques-uns sont retournez demeurer à ce grand Bourg. C'est delà qu'étoient sortis les Laroces, qui étoient Gouverneurs d'Ezagen, & d'Alcaçarquivir & de la Rache, & qui seconderent le Cherif dans la conquête du Royaume de Fez. Ce sont les Principaux du Pays.

[e] Ibid. l. 4. c. 59.

BENI-BECIL ou **BENI-BASIL**,[f] petite Ville de la Province de Fez propre, bâtie par les Cinhagiens, entre Fez & Miquenez, presque à égale distance de l'un & de l'autre, sur le rivage d'une petite Riviere appellée *Huet Nija*, dont la source qu'on nomme *Ainzove*, n'est qu'à demi-lieuë. Elle fut détruite dans les guerres de Sayd, & demeura fort longtemps déserte, jusqu'à ce que Muley Nacker, Seigneur de Miquenez, étant de retour de la Province de Benguale, la repeupla en 1514. de quelques habitans, qu'il avoit amenez des environs d'Axamor, pour les affranchir du joug odieux des Portugais. Elle étoit autrefois des dependances du Royaume de Fez, & elle est sujette à Minequez depuis qu'on l'a repeuplée. Les habitans se sont repentis souvent d'avoir quité leur pays, pour venir s'habituer en un lieu où ils ne possedent rien, & où ils sont obligez de payer tribut aux Arabes d'Ibni Melicsohan, pour toutes les terres qu'ils cultivent. La plûpart sont Tisserans, à cause de la quantité de lin & de chanvre qu'on séme dans une plaine, qui est devant cette Ville. On y recueille aussi beaucoup d'orge, & de toutes sortes de legumes; mais la trop grande humidité de la terre la rend incapable de

[f] Ibid. T. 2. l. 4. c. 21.

de porter du bled. Près delà est la *Montagne* de Beni-Becil, qui s'étend jusques vers Miquenez. On en fait venir de l'eau dans la Ville par des Aqueducs.

BENIBESSERI [a], contrée d'Afrique dans le Biledulgerid. C'est une habitation au pied du Mont Atlas, du côté qui regarde le Midi, il y a dans cette habitation trois Châteaux bâtis par les anciens Afriquains, & remplis de Fontaines, de Fruits, & de toutes sortes d'herbes potageres. On n'y trouve ni dates ni bled, & même on y voit fort peu de bétail. Le principal trafic de ceux du pays vient d'une mine de fer, où ils s'exercent, & qui se debite par toute cette contrée. Aussi y a-t-il peu de Villages, & ceux qu'on y rencontre dépendent des Seigneurs de *Dubudu*, & des Arabes de ces quartiers-là.

[a] De la Croix Hist. d'Afrique T. 2.

BENI-BUHALUL, [b] Ville d'Afrique dans la Province de Cuz. Elle est à quatre lieuës de Fez, sur la pente d'une montagne du grand Atlas, & a été bâtie par les anciens Afriquains, pour la sureté des passages de la Numidie. Cette Ville est enceinte de vieux murs, & habitée par des gens si pauvres, qu'ils gagnent leur vie à mener dans Fez du bois des Forêts voisines, qui sont du côté du Midi. Aux autres endroits il y a de grands Clos de Vergers & d'Oliviers, & de bonnes terres, où l'on recueille de l'orge, du chanvre & du lin. Le pays n'est point propre à rapporter du froment.

[b] Marmol T. 2. l. 4. c. 114.

BENI-BUZEYBET [c], Montagne d'Afrique dans la Province d'Errif, au Royaume de Fez. Elle est si froide & si rude qu'on n'y seme point de bled. On n'y nourrit point non plus de troupeaux, il y a de grandes Forêts de Noyers, qui fournissent de noix la Ville de Fez, & les autres de la contrée. Les habitans ont quantité de vignes dont ils font de fort bon vin clairet, avec force raisiné, & les meilleurs raisins secs de toute l'Afrique. Ils sont d'une branche des Gomeres qu'on nomme *Benizeibet*, & les plus brutaux de tout le pays. Ils se piquent de valeur, sont fort robustes & de grand travail, & font trois mille hommes de combat, parmi lesquels il y a fort peu d'Arquebusiers. Ils n'ont point de Cavalerie, & payent tribut au Roi de Fez. Ces Montagnards portent sur la chair, des tissus de Laine en forme de Saye avec des botines à leurs pieds, & des bandes de Laine roulées autour de leur tête, avec quoi ils résistent aux neiges de ces Montagnes. Leurs armes sont des frondes, & des dards, & ils se nourrissent de pain d'orge, & de raisiné avec des féves, & quelques sardines salées, & des oignons, ou ciboules.

[c] Ibid. l. 4. c. 84.

BENI-GARIR ou *Beni-Oriegan*, Montagne d'Afrique dans la province d'Errif, au Royaume de Fez. Elle est proche de Targa & a trois milles de long & deux de large. Voiez BENI-ORIEGAN.

[d] Ibid. l. 4. c. 81.

BENI-GEBARA [d], Montagne d'Afrique au Royaume de Fez. Elle est fort haute & fort droite, habitée d'un peuple de même nom, pauvre & orgueilleux qui paye tribut au Seigneur de Chechuan. Il peut fournir plus de deux mille hommes de combat, parmi lesquels il y a quelques Arquebusiers sans Cavalerie. Cette montagne où l'on voit beaucoup de vignes, & de figuiers & où l'on ne recueille ni bled, ni orge, est dans la Province d'Errif, sur le chemin de Tetuan à Chechuan. Il en sort plusieurs fontaines, ainsi que des montagnes voisines, qui forment un fleuve appellé *Halefugus*, ce qui signifie *passé en jurant*, à cause qu'on est obligé de le traverser plus de quarante fois en allant d'une Ville à l'autre. Il y a de grands troupeaux de chévres parmi ces bruyeres, & des vaches si petites qu'elles ne paroissent que des genices.

BENIGEBARE [e], autre Montagne d'Afrique fort haute & fort escarpée au Royaume de Fez. Elle est dans la Province de Cuz, & n'a que cinq lieues de long sur trois de large, mais elle est fort peuplée, & les avenues en sont extrémement difficiles. Ses habitans sont des Zenettes, braves & vaillans, qui ont trouvé l'art de défendre leur liberté contre tous les Rois de l'Afrique. Ils n'ont point de commerce dans la plaine, & quand on y en trouve quelqu'un on les fait pendre par l'ordre du Roi de Fez, & du Seigneur de Tezaron. Cette rigueur les oblige à se renfermer dans leur montagne, où ils ont quantité de bled, & de troupeaux avec beaucoup de vignes, de jardins, & d'oliviers, & plusieurs fontaines. Ainsi ils y vivent libres sans craindre qu'on les puisse reduire par la famine, quand on les tiendroit dix ans assiegez. Ils ont deux fontaines dont sont formées deux Rivieres qui se déchargent dans celle de Cebu. Le Cherif Mahomet ne les ayant pû soûmettre, ses Successeurs furent obligez de faire Alliance avec eux. Ils sont sept mille hommes de combat, tous gens de pied bien équipez à la façon du pays, & ont des mousquets & des arbalètes. Ils sont proprement de l'Etat de *Tezer*, & ne payent aucun tribut, il faut néanmoins qu'ils payent un droit que reçoit le Roi de Fez, pour un Marché qui se tient dans la place, parce qu'il leur laisse le commerce libre avec ceux de la contrée. Ils n'ont ni Château, ni lieu fermé, & sont par tout couverts de Forêts & de bocages, où il y a beaucoup de Lions & de Sauvagines.

[e] Ibid. l. 4. c. 134.

BENIGUALID ou BENIGUELID [f], contrée de Barbarie au Royaume, de Fez dans la Province d'Errif. Ce sont des montagnes dont les avenues sont très-difficiles: aussi les habitans ne payent-ils qu'un petit tribut au Roi pour avoir la liberté de trafiquer. Ils ont plus de soixante Villages & recueillent tout ce qui leur est nécessaire pour la vie. Ils peuvent mettre jusqu'à six mille hommes sur pied. On dit que leur pays est un azyle pour tous les criminels qui s'y retirent, & que c'est un privilege qu'ils se font confirmer par chaque Roi.

[f] Baudrand Ed. 1705.

BENIGUAMUD [g], Montagne d'Afrique que l'on trouve à l'endroit même où la Province d'Errif se joint à celle du Fez propre. Cette montagne qui n'en est separée que par une Riviere a vingt-cinq Villages bien peuplez, dont les habitans payent au Roi chaque année plus de six mille ducats. Leur principal trafic est de Savon, & le voisinage de la Ville

[g] Marmol T. 2. l. 4. c. 95.

Ville de Fez, qui n'en est éloignée que de trois lieuës, les met à leur aise, parce qu'ils y viennent débiter leurs denrées toutes les semaines. Quoiqu'il y ait peu de fontaines, la Terre est si fertile, que jusqu'au moindre quartier tout s'y trouve cultivé. Il y a sur les côteaux quantité de vignes & d'oliviers. L'on y recueille du bled, & l'on y nourrit beaucoup de gros & de menu bétail. Le peuple, qui est plus civil que celui des autres montagnes, fait quatre mille hommes de combat, dont il y a quelques Cavaliers.

BENIGUARID[a], Montagne d'Afrique au Royaume de Tunis. C'est une partie du grand Atlas, elle est peuplée de Bereberes Africains, qui maintiennent leur liberté par les armes sans vouloir reconnoître aucun Seigneur de la Barbarie ni de la Numidie. Leurs terres produisent beaucoup d'orge, & ils ont dans la plaine de vastes contrées de palmiers qui donnent du fruit en quantité. Il se tient chaque semaine un grand Marché au pied de cette montagne. Tous les peuples du pays & les Arabes du Desert y accourent, pour vendre leur bétail, leur beurre, & leurs laines. Ils ont aussi beaucoup d'huile. Les Villages où ils demeurent sont au moins au nombre de cent cinquante. Ils n'y craignent rien à cause de la difficulté des avenuës. D'ailleurs ils sont plus de vingt mille hommes de combat, parmi lesquels il y a plusieurs Arquebusiers. Ils se sont battus fort souvent contre les Turcs, & quelquefois avec avantage. Le commerce les a obligez de rendre quelque reconnoissance tous les ans aux Seigneurs de Tripoli; mais ils ne souffrent point que personne leur vienne donner des ordres dans leurs retraites.

BENI-GUARITEN[b], habitation d'Afrique à sept lieuës de Fez, du côté de l'Orient. Elle est occupée par des Arabes appellez Uled Motza & Uled Abacha, qui logent dans des maisons, ainsi que les Bereberes, & non sous les tentes comme font les autres. Ils ont plus de deux cens villages & recueillent quantité de bled. Le Pays, quoique fort rempli de vallées & de montagnes, est propre pour le labourage & pour nourrir des troupeaux. L'on y pourroit planter force vignes, oliviers, & autres fruits; mais leur trafic principal est de bétail & de bled, avec quantité de ris qu'ils vont vendre à Fez & en d'autres Villes. Ce sont gens continuellement occupez à leur ménage, sans politesse, & qui ne se piquent ni de puissance ni d'un Gouvernement qui soit fixe, & c'est par cette raison qu'ils n'entretiennent point de Cavalerie. Il y a quelques autres peuples du nom de *Beniguariten*, mêlez d'Arabes & de Bereberes, qui errent par ces quartiers sans domicile certain. Ils ne laissent pas d'être fort riches en bled, ainsi qu'en bétail, & d'avoir de grands haras de chevaux & de chameaux. Les Rois de Fez ont accoûtumé de donner ce pays en appanage à leurs Freres & à leurs Neveux, tandis qu'ils sont en bas âge à cause qu'il est proche de la Ville.

BENI-GUAZEVAL ou BENIZARVAL[c], ce sont trois Montagnes d'Afrique qui n'en font qu'une, & qui ont ensemble dix lieuës de long sur trois de large. Elles sont dans la Province d'Errif au Royaume de Fez, & aux frontieres de celle d'Alcai & de Beniyedi, dont elles sont separées par de petites Rivieres qui en proviennent. Ces trois Montagnes payent plus de vingt-cinq mille ducats tous les ans au Roi de Fez, & contiennent plus de six-vingts villages, de cent & deux cens feux. Il y a beaucoup de vignes, de figuiers, & d'oliviers, qui portent d'excellents fruits & en quantité, avec force lin, dont on fait de la toile, & beaucoup d'orge & de millet. A l'endroit le plus fertile est une Ville fermée & bien peuplée, qui a aux environs quantité d'arbres, & qui portent aussi des fruits excellens, Pêches, Coins, Pommes, & Poires, qu'on vend à Fez & ailleurs à cause qu'ils sont meilleurs qu'à Fez même. Dans cette Ville sont plus de cent maisons de Marchands & Artisans Juifs; mais le peuple y est si rempli d'orgueil, qu'il s'entretuë pour la moindre chose. Ils sont plus de vingt-cinq mille combattans, & ont quelques Arquebusiers & gens de cheval, & guerre perpetuelle avec leurs voisins. Comme leur pays est difficile à défendre par la quantité des avenuës, ils s'offrent volontairement aux Seigneurs de Velez & aux Rois de Fez, quand ils ont besoin de leur service. Il se tient un grand marché dans la Ville où abordent tous les Montagnards. Au plus haut de la Montagne est une ouverture, d'où sortent quantité de flames de soufre.

BENI-GUEDARFETH, Montagne d'Afrique dans la Province de Habad, au Royaume de Fez. Elle est près de Tetuan[d], & pleine de buis, où on fait de bons peignes.

BENI-GUERIAGEL ou BENIVRIEGUIL[e], Montagne d'Afrique dans la Province d'Errif au Royaume de Fez. Elle est voisine de celles de Beniguazeval & d'Alcai, & a plus de soixante & dix villages, peuplez de gens courageux & fort legers. C'est delà que viennent les plus grands Sauteurs & Coureurs de toute la Barbarie. Ils sont environ douze mille combattans tous gens de pied, & parmi lesquels il y a quelques Arquebusiers ou Arbalétriers. Ils ont toûjours querelle avec leurs voisins pour les terres qu'ils cultivent, & seroient fort riches, si les Seigneurs de Velez & les Rois de Fez les chargeoient de moins d'impôts. Leur Pays n'étant pas fort ils sont obligez de subir le joug. Au pied de leur Montagne sont de grandes plaines qui s'étendent jusqu'à la Province de Fez, & que la Riviere d'Erguil arrose, ce qui en cause la fertilité. Ainsi on y recueille quantité de bled, d'orge, d'huile & de lin.

BENI-GUERNID[f], Montagne d'Afrique en Barbarie où elle s'étend jusqu'à une lieuë de Tremécen, & est fort peuplée de villages & de hameaux. Elle a de grandes Forêts de vergers, où l'on recueille divers fruits qu'on porte vendre à la Ville. Outre de grands bois, dont les habitans font du charbon, il y a de bon labourage, parce que le pays est fertile en bled, en orge & en troupeaux. Cette Montagne est des dependances de Tremécen. Ainsi elle en a suivi la fortune; ce qui fait qu'elle est aujourd'hui sujette aux Turcs.

[a] *Marmol* T. 2. l. 6. c. 59.
[b] Ibid. l. 4. c. 35.
[c] Ibid. l. 4. c. 90.
[d] *Léon d'Afrique dit près de Tetuguin* l. 3.
[e] *Marmol* T. 2. l. 4. c. 91.
[f] Ibid. L 5. c. 26.

§. Les Turcs n'ont rien aujourd'hui à Tremécen.

a Marmol.T. 2 l. 4. c. 131.

BENI-GUERTENAX[a], haute Montagne d'Afrique dans la Province de Cutz, au Royaume de Fez. Quoi qu'elle soit couverte de bois fort épais, & pleine de fondrieres, & de rochers escarpez, il ne laisse pas d'y avoir beaucoup de terres labourables & de pâturages, avec quantité de vignes & d'oliviers, & de beaux jardins remplis de Citrons, & d'Orangers, de Coins, & de toutes sortes d'excellens fruits. Il y a aussi un grand nombre de menu bétail. Le gros s'y plaît moins, à cause de l'apreté de la montagne. Les habitans sont Bereberes de la Tribu des Zenetes, gens civils & honorables, qui vont vêtus comme les Bourgeois, & ont trente-cinq grands villages. Ils sont cinq mille hommes de combat, bien équipez, parmi lesquels il y a peu de gens à cheval, parce que la montagne est trop pierreuse. Ils ont toûjours été francs de tout tribut; & enfin le Cherif Abda les a soûmis. Les *Benimerinis* sont sortis de cette montagne.

b Ibid. T. 3. l. 7. c. 36.

BENI-GUMI[b], habitation au desert de Numidie en Afrique. Elle est sur la Riviere de Guir, qui coule du Mont Atlas, par des Deserts arides & secs, & qui passant par Benigumi, se va rendre dans les sablons de la Libye, où elle se perd après avoir formé un grand Lac. Ptolomée qui donne le nom de Quelonide à ce Lac, le met à 40. degrez 20. minutes de latitude. Quoi que ce quartier-là soit fertile en dates, ceux qui l'habitent sont de pauvres gens, qui s'employent aux fonctions les plus basses dans Fez & ailleurs; & quand ils ont gagné quelque chose, ils en achetent des chevaux qu'ils vendent aux Marchands qui trafiquent dans la Nigritie. Ils sont à quinze lieuës de la Province de Sugulmesse, entre le Midi & le Levant, & ont huit petits Châteaux & quinze villages. Les Arabes d'*Uled Carragi*, grands voleurs & grands brouillons, qui ont plus de quatre mille chevaux, sont Seigneurs de ces quartiers, & occupent plusieurs lieux en Numidie, ils passent l'hyver dans le Desert, & ils se rendent l'Eté sur la frontiere de Trémecen. Les Princes qui gouvernoient ce Royaume avoient accoûtumé de se servir d'eux à la guerre, & leur donnoient des appointemens.

c Corn. Dict.

BENI-GURIACHIL[c], Montagne dans la Province d'Errif en Afrique. C'est celle que Marmol appelle *Benigueriagel* ou *Bini-vrieguil*. Cependant le Sieur de la Croix dans le premier Tome de son Histoire d'Afrique, en parlant des agréables plaines, qui sont au pied de cette montagne, & qui confinent au terroir de Fez, dit que le fleuve de *Guarga* les arrose; au lieu que Marmol appelle *Erguil* la Riviere, dont elles sont traversées. Voiez BENIGUERIAGEL.

d Marmol T. 2. l. 4. c. 61.

BENI-HASCEN[d], montagne d'Afrique dont les habitans portent le nom, & sont d'entre les Gomeres. Elle est dans la Province d'Abad, au Royaume de Fez, fort haute & fort droite. Ses avenuës sont si difficiles, que sans autre fortification, ceux qui l'habitent y vivent en assurance. Ce sont les plus belliqueux des montagnes de cette contrée. Ils sont plus de quinze mille hommes de combat, & ont passé plusieurs fois en Espagne contre les Chrétiens. Les Historiens du pays disent qu'autrefois ils étoient Vassaux de la Noblesse; mais que n'en pouvant souffrir la tyrannie, ils se revolterent, & s'étant rendus maîtres, l'asservirent à un tribut. Un jeune Gentilhomme appellé Alibarrax, ou Alibenres indigné de cet affront passa en Espagne avec quelques autres, & après avoir rendu de fort grands services au Roi de Grenade, contre les Chrétiens, il retourna aguerri en Barbarie, & alla demeurer en la montagne de Chechuan, où quelques-uns de ses Camarades s'étoient retirez. Il fit là une Compagnie de Cavalerie, avec laquelle il resista avec tant d'intrepidité & de bravoure aux Portugais de la frontiere, que le Roi de Fez les renforça de quelques troupes de Cavalerie & d'Infanterie. Alors il fit la guerre au Peuple, qui avoit assujetti la Noblesse, & l'ayant dompté, il se fit nommer Seigneur de Chechuan, & prit ensuite tous les revenus du Roi de Fez & se soûleva. Ce Prince l'étant allé attaquer avec de puissantes troupes, Alibarrax lui vint demander pardon, & obtint de lui la confirmation de l'Etat qu'il avoit osé usurper, à la charge de quelque reconnoissance. Ce pardon lui fut accordé en consideration de sa famille, qui étoit descenduë d'Idriz, fondateur de Fez. Les habitans de la montagne de Beni-Hascen, ont force troupeaux, & quantité de miel, de cire, & de cuirs; mais ils n'ont pas beaucoup de froment, ni d'orge. Cela vient de ce que le Pays est trop raboteux pour le pouvoir cultiver.

BENI-HASCIN ou **BENI RASIN**[e], montagne d'Afrique dans la Province d'Errif au Royaume de Fez. Elle est éloignée de la côte, & habitée de gens riches & superbes, qui pour tout tribut ne payent que la dîme de leurs troupeaux & de leurs moissons, & qui recueillent quantité de bled, d'huile & de vin. La difficulté des avenuës les met à couvert des guerres étrangeres. Ils sont recherchez par les Seigneurs de Velez, qui sont bien aises de les avoir pour amis à cause de leur valeur. Ils sont plus de quatre mille hommes de combat bien équipez, avec quantité d'Arquebuses & d'Arbalêtes. Leurs femmes prennent le soin du menage, du labourage, & des troupeaux, tandis qu'ils s'occupent à chasser, à cause qu'il y a quantité de sauvagine dans cette montagne, laquelle s'étend vers la Ville de Targa.

e Ibid. l. 4. c. 79.

BENI-HUED-FILEH ou **BENI-GUED-EL-FETOH**[f], petite montagne d'Afrique dans la Province de Habad, au Royaume de Fez. Elle est près de la Ville de Tetuan, & fort peuplée de gens robustes & belliqueux, qui se sont toûjours soûmis aux Seigneurs de cette Ville. La Garnison de Ceuta les a tourmentez quelque temps, principalement à la mort d'Almandari, qu'elle courut jusqu'aux Portes de Tetuan. C'est par cette raison qu'on les a exemptez de tous impôts, quoi qu'ils payent quelque espece de tribut au Gouverneur de Tetuan pour les terres qu'ils cultivent. Ces terres ne sont pas fort bonnes, à cause que le

f Ibid. l. 4. c. 64.

Pays

BEN.

Pays est un peu sterile. Il y vient quantité de buis, que vont acheter ceux de Fez & d'autres Villes, pour faire des peignes & divers petits ouvrages.

BENI-HULUD [a], Ville de la Province de Chaus en Afrique dans le Royaume de Fez. C'étoit autrefois *Benta*. Cette Ville est située sur le penchant du Mont Atlas du côté de Fez, dont elle n'est éloignée que de trois milles. Ses habitans sont incivils & brutaux. Près de cette Ville est un chemin qui conduit en Numidie, & de la Montagne descendent plusieurs ruisseaux qui vont l'arroser.

[a] De la Croix Hist. d'Afrique T. 1. p. 529.

BENI-JECHFETEN [b], Montagne d'Afrique, dont tout le haut est sec & sterile. Elle est dans la Province du Cutz, au Royaume de Fez. Sur la pente il y a des mines de fer, que les habitans font valoir. Cela est cause qu'ils sont Forgerons pour la plûpart. Ils ne recueillent que du millet, dont ils se nourrissent, & vont nuds & sans souliers. Les femmes ont des anneaux, des pendans d'oreilles & des brasselets de fer, & broffent sans chauffure à travers les halliers, & portant du bois sur leurs dos. Il n'y a parmi eux ni Marchand, ni aucun homme, qui sache lire. Ainsi on peut dire qu'ils vivent comme des bêtes, & sont les plus miserables de toute cette Province. Ils payent contribution aux Seigneurs de Dubudu, quoi qu'ils soient du ressort de Tezar. Leurs maisons sont des hutes couvertes de petites nates de jonc, desquelles quelques-uns font des souliers, en les liant avec de l'osier. Au pied de leur montagne, sont de grands vergers remplis de figuiers, de palmiers, & de ceps de vignes. Il y a une si grande quantité de pêches, qu'ils en gardent de séches toute l'année.

[b] Marmol T. 2. l. 4. c. 129.

BENI-JOSEF [c], montagne d'Afrique dans la Province d'Errif, au Royaume de Fez. Elle est à l'Orient de celle de *Beni-Mansor*, & peuplée de miserables qui ne recueillent qu'un peu de millet, tant le Pays est sterile. Ils le font moudre avec des pepins de raisin, ce qui fait du pain comme du charbon. Ils ont quelques chévres, & un peu d'heritages qu'ils prennent soin d'arroser de l'eau des fontaines, c'est ce qui leur fournit de quoi vivre. Ils ont aussi des herbes potageres, & quelques vignes parmi des rochers. Malgré leur misere, ils ne laissent pas de payer tribut aux Seigneurs de Velez. Ils sont plus de trois mille hommes de combat, tous gens de pied. Leur Montagne a quatre lieuës de long d'Orient en Occident sur trois de large.

[c] Ibid. l. 4. c. 77.

BENI-JUBAR [d], Montagne d'Afrique des dépendances du petit Atlas. C'est la principale de la Province de Bugie, à huit lieuës de la Ville de ce même nom. Sa longueur est de plus de dix lieuës sur dix de largeur. Elle est haute & escarpée, & il en naît diverses fontaines. On y voit de grands bocages de noyers & de figuiers, & sur son sommet non seulement on y recueille beaucoup d'orge; mais on y nourrit force troupeaux. La Riviere de Bugie passe sur la pente de cette montagne, dont les habitans font *Azuagues*, de ceux qui se font des croix au visage & aux mains. Ils sont vaillans, mais d'une telle bru-

[d] Ibid. l. 5. c. 56.

Tom. I. Part. 2.

BEN. 227

talité qu'ils s'entretuent pour la moindre chose. Comme la Montagne est rude on ne va point les y tourmenter. Cela est cause qu'ils n'obéïssent qu'à un Chef, qu'ils se choisissent eux-mêmes. Il y a parmi ces Barbares d'excellens Arquebusiers. Quoi qu'ils ne nourrissent pas beaucoup de chevaux, à cause que la terre est fort pierreuse, ceux qu'on y voit sont très-bons. Ces Peuples sont souvent brouillez avec ceux de *la Abez*, & avec les autres Azuagues, qui errent par les champs à la façon des Arabes. Ils ont aussi guerre avec les Turcs, & sont en état de ne craindre rien, parce qu'ils ont force troupes bien armées, & que les avenuës de la montagne sont trop difficiles pour y pouvoir monter aisément. Lorsque Bugie étoit aux Chrétiens, la garnison venoit quelquefois les attaquer; mais elle ne s'avançoit que sur la côte ou dans la plaine où elle pilloit quelques villages, ce qui se faisoit si promptement, qu'elle étoit de retour à Bugie, avant que ceux de la Montagne qui pouvoient en moins de quatre heures mettre sur pied cinq mille hommes de combat, pussent avoir avis de leur entreprise.

BENI-JUS [e], Montagne d'Afrique au Royaume de Fez dans l'Errif. Elle a environ douze milles de longueur & huit de largeur.

[e] Davity 2. part. p. 139.

BENI-MAGER [f], Montagne d'Afrique dans la Province de Duquela. Elle est à quatre lieuës de Safie du côté de l'Orient, & les Anciens lui donnoient le nom de Montagne du Soleil. Ptolomée la met à six degrez 45. minutes de longitude, & à 31. & 15. minutes de latitude. Elle est haute sans être fort roide, & a quelques villages des Bereberes, avec un Château qui porte son nom, mais qui n'est fort ni par art, ni par nature. Quand Safie étoit aux Portugais, il y demeuroit un Gouverneur Maure appellé Budurberg, avec trois cens chevaux, qu'il tenoit aux environs, & qu'il y assembloit, lorsqu'il avoit quelque course à faire sur les Chrétiens. Dans le temps que ces derniers se rendirent maîtres de Safie, les habitans se retirerent dans cette Montagne qui est abondante en bleds, en oliviers & en troupeaux; mais ils s'y défendirent inutilement, ils furent contraints de subir le joug, & de se faire Vassaux du Roi de Portugal, comme ils l'étoient encore quand le frere du Roi de Fez vint au Pays, d'où il en emmena quelques-uns, les autres s'étant retirez avec les Portugais, afin de pouvoir conserver leur bien. Depuis que Safie est retournée en la puissance des Maures, la Montagne de Benimager, & ceux qui l'habitent, dépendent comme autrefois, de celui qui est Gouverneur de cette Place. Les villages sont fort peuplez de Bereberes de la lignée d'Uled-Chedma. Les Arabes d'Abda & de Garbie font des courses dans les plaines d'alentour où il y a force pâturages.

[f] Marmol T. 2. l. 3. c. 67.

1. BENI-MANSOR [g], Montagne d'Afrique dans la Province d'Errif, au Royaume de Fez. Elle est au Levant de celle de Beni-origan, & s'étend l'espace de cinq lieuës le long de la côte. Sa largeur n'est que de deux. Il y a de grands bocages épais, remplis de belles fontaines. Ses habitans sont forts & legers,

[g] Ibid. l. 4. c. 73.

Ff 2

gers, mais pauvres, leur nourriture n'eſt que d'un peu d'orge, & de quelque millet & de raiſins ſecs. Ils font du vin de quelques vignes qu'on a plantées ſur les côteaux, & ont quelques chévres. Ils tiennent un Marché toutes les ſemaines, & l'on n'y vend que des vivres. Ils ſont trois mille hommes de combat & leurs armes ſont des dards, des poignards, & des frondes. On leur a porté quelques Arquebuſes ou Arbalêtes, mais ils s'en ſervent fort mal.

2. BENI-MANSOR [a], autre Montagne de la même Province au Midi de celle de Botoye, & a trois lieuës de long d'Orient en Occident & un peu plus d'une de large. On y recueille peu de bled, mais beaucoup de vin. Ses habitans ſont courageux & robuſtes, mais fainéans ; de ſorte qu'ils paſſent tous les jours à boire. Ils ſont cruels & ſi ſujets à la jalouſie , qu'ils s'entretüent fort ſouvent ſur le ſujet de leurs femmes qui vont toûjours aprés leurs troupeaux, & qui ne ſont pas moins portées à l'amour, que leurs maris à l'yvrognerie. C'eſt ce qui fait dire à ceux de Fez, quand ils veulent faire entendre qu'une femme n'eſt pas chaſte, qu'elle eſt de l'humeur de celles de Béni-Manſor, qui filent tandis que leurs maris boivent. Les hommes ſe font redouter de leurs voiſins à cauſe de leur orgueil, & ſont environ trois mille cinq cens combattans ; mais ils ne combattent qu'à pied.

BENI-MARAZ [b], Montagne d'Afrique au Royaume de Fez dans la Province de Habat près du Détroit, & vis-à-vis de Ceuta. Les Anciens appelloient cette Montagne les SEPT FRERES, Septem fratres, parce qu'elle a ſept ſommets, qui ſe reſſemblent.

BENI-MESGILDA [c], grande montagne d'Afrique dans la Province d'Errif, au Royaume de Fez. Elle eſt voiſine de celle de Beni-Zanten, & de la Riviere d'Erguil, & a par tout de grandes contrées d'oliviers, qui rendent quantité d'huile. Le Savon eſt le principal trafic des habitans, qui le portent vendre à Fez & ailleurs. Ils ont toûjours guerre avec les Arabes qui errent dans les campagnes voiſines, & ſont plus de douze mille combattans, dont il y a quelques Arquebuſiers & Arbalêtriers. Autrefois on y enſeignoit publiquement la Negromancie, & les Docteurs & les Ecoliers avoient accoûtumé d'employer leurs Sortileges pour gâter les vignes & les moiſſons de leurs voiſins. Le Cherif Mahomet défendit cette Science, & augmenta les impôts qui étoient fort petits, à cauſe que les habitans entretenoient les Docteurs & les Ecoliers. Sitôt qu'il paroît quelque Flotte de Chrétiens, les Arabes de ces Campagnes, ainſi que quelques Bereberes des montagnes, ſe refugient à Velez. Ils boivent tous du vin, & leurs Docteurs qui le défendent, ne laiſſent pas d'en boire eux-mêmes juſqu'à s'enyvrer.

BENI-ORIEGAN [d], Montagne d'Afrique, la premiere de la Province d'Errif du côté de l'Occident au Royaume de Fez. Elle eſt des dépendances de Targa, & quelques-uns la nomment BENIGUARIT. Sa longueur eſt de trois lieuës, & ſa largeur d'une lieuë &

[a] Marmol. T. 2. l. 4. c. 76.
[b] Baudrand Ed. 1705.
[c] Marmol. T. 2. l. 4. c. 94.
[d] Ibid. l. 4. c. 72.

demie. Ses habitans qui portent ſon nom ſont de la Tribu des Gomerés. Ils ſont pauvres, ne recueillant qu'un peu d'orge, & n'ayant guere de bétail ; mais en recompenſe ils y vendent & boivent beaucoup de vin ; auſſi leur montagne eſt plantée de force vignes. Il s'y trouve auſſi des oliviers & quantité de cédres. C'eſt un bois odoriferant, & propre à faire des galeres, parce qu'il eſt dur & leger. L'on en fait divers ouvrages qui ſont eſtimez dans le Pays. Cette Nation eſt orgueilleuſe & fort jalouſe à cauſe du panchant que les femmes ont à l'amour.

BENI-QUILIB ou BENI-QUELID [e], petite Montagne d'Afrique dans la Province d'Errif, ſur le chemin de Velez à Fez. Elle eſt extrêmement froide & couverte d'une épaiſſe forêt de grands arbres, où il y a force cédres & pluſieurs fontaines ; mais la terre eſt ſi ſterile, que l'on n'y peut recueillir du bled. Il y a quelques vignes dont on fait du vin & des raiſins ſecs. Ses habitans ſont Vaſſaux des Seigneurs de Velez, & peuvent fournir trois mille hommes de combat. Ils vivent dans une telle indigence qu'ils ſont contraints de voler ſur les grands chemins pour payer les impôts.

BENI-SABIH ou MUCUBA [f], Ville d'Afrique dans le Royaume de Darha. Elle eſt ſituée ſur le rivage du fleuve Darha.

BENI-SAYD [g], Montagne fort grande en Afrique dans la Province de Garet, au Royaume de Fez. Elle s'étend juſqu'à la Ville de Caçaça : & confine avec la Province d'Errif, où elle eſt ſeparée de celle de Garet par la Riviere de Nocor. Elle eſt partagée en trois Peuples, qui ſont *Beni-Sayd*, *Beni-Manſor*, & *Beni-Ulid*, tous trois belliqueux & riches, de la Tribu des Gomeres. Le Pays eſt fort propre pour les troupeaux, à cauſe des pâturages des Valons. Il rapporte beaucoup d'orge. Il y a auſſi des mines de fer, d'où naiſſent pluſieurs fontaines. Ceux qui s'employent à y travailler ont leurs forges & leurs maiſons près delà. On y vient de Fez acheter des fers de charruë, des grilles de fer, des bêches, des pics & autres uſtenciles de labourage, avec des boules de fer parce qu'on ne met pas le fer en barre dans ce Pays-là, comme en Europe. Ils manquent d'acier & le font venir d'ailleurs. Il y a en cette montagne un Château qu'on appelle CALAA. C'eſt la Forterefſe du Pays. Les habitans ſont Vaſſaux du Roi de Fez, & lui payent tribut. Ce n'eſt pas qu'ils ne ſoient plus de huit mille hommes de combat parmi leſquels il y a plus de cinq cens Arquebuſiers ou Arbalêtriers, avec quelque Cavalerie ; mais comme leur Pays eſt trop ouvert, ils ne peuvent maintenir leur liberté. Lorſque Caçaça étoit aux Chrétiens, ils étoient dans une apprehenſion perpetuelle, ſans avoir pourtant abandonné leur Montagne.

§. BENI-SUAYD [h], petite Ville d'Afrique, ſituée au bord du Nil, à vingt lieuës du Caire, en remontant le long de ce fleuve. Elle eſt au milieu d'une grande plaine, où l'on recueille quantité de lin & de chanvre, auſſi en fournit-elle toute l'Egypte. Le lin eſt excellent. C'eſt celui qu'on appelle Alexandrin, & que l'on transporte en Barbarie & ail-

[e] Ibid. l. 4. c. 75.
[f] Corn. Dict.
[g] Marmol l. 4. c. 102.
[h] Marmol T. 3. l. 11. c. 30.

BEN.   BEN.   229

ailleurs, parce qu'on en fait de la toile, très-fine, & très-forte. Le Nil en se debordant, enleve quelquefois des terres & des palmiers de cette Contrée, sans quoi ce seroit une des plus riches Villes de l'Egypte. Delà en haut, ce Fleuve engendre des Crocodiles qui mangent les hommes. C'est la même que BENE-SOUEF.

a Ibid. l. 6. c. 57.

BENI-TEFREN [a], grande Montagne d'Afrique, sur la frontiere des Esfaques & des Gelves, dix lieuës au dedans du Pays vers le Midi. Elle est haute & raboteuse, fort froide & separée du Desert de Numidie. On n'y sauroit recueillir qu'un peu d'orge tant elle est sterile. Cette montagne est peuplée d'Africains fort belliqueux, qui sont de la secte nommée *Hambelia*, & qui est celle du Sophi de Perse, que les Docteurs Mahometans tiennent pour heretique, à cause que c'est la secte d'Ali qui condamne celle d'Omar & d'Abubéquer. La doctrine de cet Ali étoit suivie anciennement par tous les Peuples d'Afrique, jusqu'à ce que les plus habiles d'entre les Mahometans établirent la Secte d'Abubéquer & d'Omar; mais les habitans des Gelves, des Esfaques, des Montagnes de Benitefren, & de Nefusa refuserent de l'embrasser, & il n'y a eu qu'eux en Afrique qui l'aient rejettée. Quand ils vont à Tunis ou ailleurs pour chercher à travailler, à cause de la pauvreté de leur contrée, ils n'oseroient dire quelle est leur Religion, dans la crainte d'être châtiez par les Alfaquis. Ces gens accoûtumez à vivre dans l'indépendance, se défendent par l'âpreté de la Montagne qu'ils habitent quand il y a quelque division au Pays, ou que les Rois n'ont pas une autorité fort absoluë. Ils ne laissent pas de payer quelquefois tribut aux Turcs, qui sont les Maîtres en l'Isle de Gelves, & d'autres lieux de la côte où ces Montagnards vont trafiquer.

b Ibid. l. 4. c. 60.

BENI-TELIT ou CHEBIT [b], Montagne d'Afrique en la Province de Habad, au Royaume de Fez. Elle est au dedans du pays, à huit lieuës de Tanger vers le Midi, & donne son nom à ses habitans qui sont d'entre les Gomeres, il y avoit autrefois sept Bourgs où ils vivoient comme des Bourgeois de Ville. Quand les Portugais eurent pris Tanger, plusieurs de ceux qui y demeuroient vinrent s'établir dans cette montagne; mais étant tourmentez de la Garnison Chrétienne, quelquefois ils payoient tribut, & d'autrefois ils se retiroient, ne pouvant être secourus des Gouverneurs d'Al-Caçar-qui-vir & de Tetuan qui étoient trop éloignez. Ils ont beaucoup de troupeaux, & recueilloient autrefois quantité d'orge, de froment, & de cire, de miel & de vin ce qui les auroit fait vivre fort à leur aise sans les courses de cette Garnison.

§. Maintenant ils en sont delivrez.

e Ibid. l. 4. c. 44.

BENI-TEUDI [c], Ville d'Afrique dans la Province de Habad Royaume de Fez. Elle est sur le bord de la Riviere d'Erguil, & donne son nom aux Bereberes qui habitent les Campagnes d'alentour. Ce sont les anciens Africains qui l'ont bâtie dans une agréable plaine, à dix-huit lieuës de la Ville de Fez du côté du Septentrion. Elle se nommoit *Baba* ou *Julia-Campestre* selon le nouveau Ptolomée [d], qui la met à huit degrez & dix minutes de longitude, & à trente-quatre degrez vingt minutes de latitude, on dit qu'autrefois elle avoit au moins six mille maisons. Le Calife Schifmatique Caïm la ruina dans la guerre qu'il eut contre ceux d'Idris, quand il fit la conquête de cette Province, desorte qu'on n'y voit plus que les murailles, & des restes de quelques superbes édifices. Il y a trois Fontaines avec de grands bassins de marbre, & d'albâtre, qui font connoître que ce sont des sépulcres de personnes distinguées; on compte cinq lieuës depuis ces ruines jusqu'aux premieres montagnes de la Gomere: le Pays est fort fertile. Les Bérébéres qui le possedent relevent de quelques Arabes plus puissans qu'eux, & riches en bleds & troupeaux.

d §. C'est ainsi que dit Mr. d'Ablancourt; Ptolomée fait mention de *Baba*; mais *Julia-Campestre* lui est inconnue. C'est Pline qui fournit *Julia-Campestris*, & les Interprétes de Ptolomée croient qu'elle est la même que *Baba*. *Julia-Campestre* est d'autant plus vicieux qu'il n'est d'aucune Langue, ni que la Latine & la Françoise le rejettent également.

BENI-TIZIRAY [e], Montagne d'Afrique dans la Province d'Errif, au Royaume de Fez. Elle est attachée à celle de Beni-yerso, & l'on y a vû autrefois des Villes & des Châteaux, dont les ruines témoignent que les Romains en ont été les Fondateurs. On n'y recueille qu'un peu d'orge, & il y a fort peu de gros Bétail; mais quantité de chévres, parce que le pays y est propre. Les habitans, quoique pauvres, payent tribut aux Seigneurs de Chechuan. Ils sont d'entre les Gomeres, & fort environ mille combattans, mais mal équipez & tous à pied. Il y a dans cette Montagne quantité de vignes, & de grands bois d'arbres fruitiers, d'où naissent plusieurs fontaines dont l'eau est très-fraîche. Ceux qui cherchent des Tresors en la Montagne de Tagat, en viennent aussi chercher en celle-ci, & l'ont creusée presque par tout.

e Ibid. l. 4. c. 83.

BENI-YAZGA [f], Montagne d'Afrique dans la Province de Cutz, au Royaume de Fez. Elle est peuplée de Bereberes qu'on appelle *Zenetes Cinhagis*, gens riches qui vivent comme les Villes, & sont bons Soldats. Ils sont Vassaux du Roi de Fez, qui assignoit les contributions que l'on tiroit d'eux aux Gouverneurs de la Ville. Elles lui valoient quinze mille Pistoles tous les ans. Quand le Cherif conquit Fez pour la derniere fois, ils ne voulurent pas lui obéir, ce qui l'obligea d'envoyer contre eux six mille hommes, dont il y avoit deux mille Fuseliers, mais ils se défendirent si opiniâtrement, qu'après en avoir tué plus de mille, & entre autres un Oncle & un Frere du Général qui les commandoit, ils contraignirent leurs ennemis de se retirer dans Fez. L'an 1560. le Cherif Mahomet voulut aller venger cet affront avec de plus grandes forces; mais les Alfaquis intervinrent, & firent leur accord, à la charge de payer annuellement pour chaque feu six onces de fin argent. Il y a par tout dans cette Montagne des terres fertiles en froment, avec quantité de vignes & d'oliviers, & plusieurs troupeaux de gros & menu bétail. La Laine en est si fine & si déliée, que les femmes en font des sayes & des mantes aussi belles que si elles étoient de soye. La même Montagne contient trente-huit Villages bien peuplez, qui fournissent six mille hommes de combat, dont il y a quelques Cavaliers. Proche delà coule le Fleuve de Cebu, entre deux rochers étroits & fort hauts; ensorte que pour la passer

f Ibid. l. 4. c. 127.

Ff 3   on

on a inventé une maniere de pont très-surprenante. On a planté de part & d'autre dans le roc deux grosses poutres où sont deux grands anneaux, par où passe un gros Cable de Jonc qui fait deux tours. En l'un des côtez est attaché un panier qui peut tenir plus de dix personnes. Quand on veut traverser le fleuve, on se met dans le panier, & tirant la Corde de dessous on est porté sans beaucoup de peine. Si le fond de ce panier venoit à se rompre, on tient que l'on tomberoit dans le fond de la Riviere de la hauteur de plus de quinze cens brasses.

[a] Marmol.T. 2. l. 4. c. 88.

BENI-YEDI [a], Montagne d'Afrique dans la Province d'Errif au Royaume de Fez. Elle est fort grande & a plus de cinquante Villages & six mille combattans tous gens de pied. Il y a quantité de vignes qui portent des raisins noirs dont on fait du vin, & des raisins sechez au Soleil; mais les habitans sont pauvres, ne recueillant, ni orge, ni bled, à cause de l'âpreté de la Montagne, qui nourrit peu de troupeaux. Cette indigence les rend grands voleurs. Ils détroussent les passans, & leurs brigandages les mettent toujours en guerre avec leurs voisins. Autrefois ils étoient libres; mais les Seigneurs de Velez assistez des Rois de Fez les assujettirent l'an 1510. & les forcerent de payer tribut.

[b] Ibid. l. 4. c. 82.

BENI-YERSO [b], Montagne d'Afrique dans la Province d'Errif, au Royaume de Fez. Elle a plusieurs fontaines dont l'eau est fort fraîche; mais on y recueille fort peu de bled. Il y a aussi des oliviers & des vignes & de grandes Forêts d'Arbres fruitiers, avec beaucoup de troupeaux de gros & menu bétail. Les habitans sont plus de cinq mille hommes de combat. Ils sont d'entre les Gomeres, & plus doux & moins superbes que ceux des autres montagnes. Cela vient peut-être de ce que plusieurs personnes considerables demeuroient dans celle-ci avant la grandeur d'Alibarrax, parce qu'on y étoit savant dans la Loi de Mahomet, & qu'il y avoit une Université où les Lettres, & les Sciences étoient enseignées, ainsi que dans Fez, ce qui l'exemptoit de tous tributs; mais un Tyran s'en étant rendu le maître en 1504. à la faveur du Roi de Fez, il abolit l'Université, & fit vendre les livres dont il tira plus de quatre mille ducats.

[c] Ibid. l. 4. c. 93.

BENI-ZANTEN ou BENYE-GINEFEN [c], petite Montagne d'Afrique dans la Province d'Errif au Royaume de Fez. Sa longueur est de trois lieuës & demie, & sa largeur d'un peu plus d'une. Elle est séparée de celle de Benihamet par un grand ruisseau qui prend sa source des fontaines d'alentour, & il y a quantité de vignes dont l'on fait du vin, & des raisins secs. Les habitans ne recueillent point de bled; mais ils ont de grands troupeaux de Chévres, qui sont leur principal soutien, outre que cette Montagne est couverte de vergers; ce sont de pauvres gens, mais glorieux, qui sont trois mille hommes de combat, tous à pied, & qui ont toujours guerre avec ceux des autres Montagnes.

[d] Ibid. l. 4. c. 78.

BENI-ZARVAL [d], Montagne d'Afrique dans la Province d'Errif au Royaume de Fez. Elle rapporte quantité de fruits, de vignes & d'oliviers, desorte qu'avec ce qu'elle a de bled & de troupeaux, le peuple seroit à son aise sans les impôts excessifs qu'il est contraint de payer aux Seigneurs de Chechuan dont il reléve. Les habitans gens simples & toujours occupez à leur travail, sont deux mille combattans, parmi lesquels il y a des Arquebusiers & quelques gens de Cheval. On tient dans cette Montagne un Marché de vivres toutes les semaines, où les autres Montagnards accourent.

BENI-ZENETE [e], Montagne d'Afrique, qui fait une branche du grand Atlas, & qui prend le nom des peuples qui y demeurent. Ce sont des Berebers d'entre les Zenetes. Sa longueur est de dix lieuës sur cinq de largeur. Elle est à dix-huit lieuës de Tremecen vers l'Occident, & touche d'un côté au Desert de Garet, & de l'autre à celui d'Angad. Cette Montagne est haute, rude, escarpée & toute remplie de Forêts de Carrobiers. Les terres ne produisent point de bled. Ainsi les habitans se nourrissent principalement de Carrouge, & mangent de la chair de leurs troupeaux, qui sont en grand nombre. Ils vivent dans des Villages tout ouverts & sont braves & honorables. Au plus haut, il y a un lieu fort, par art & par nature, où demeure le Commandant qui a plusieurs Cavaliers & Arquebusiers, & peut faire plus de vingt mille combattans bien experimentez dans les armes, à cause des guerres continuelles qu'ils ont avec les Turcs, & avec les Arabes des Deserts, dont ils se défendent par l'âpreté de leur Montagne. Il y a d'ordinaire de grandes factions, & de grandes inimitiez entres ces Barbares sur le sujet du Gouvernement, ce qui les expose à de rudes démêlez, lorsqu'ils n'ont point d'ennemis au dehors; car lorsqu'ils en ont, ils se joignent tous pour leur resister. Les Turcs, qu'ils haïssent mortellement, n'ont jamais pû les assujettir.

[e] Ibid. l. 5. c. 24.

BENI-ZEQUER [f], Montagne d'Afrique en la Province de Habad au Royaume de Fez. Elle commence à celle d'Arhon, & a de longueur huit lieuës d'Occident en Orient, & trois de largeur. Les habitans qui prennent le nom de leur montagne, recueillent peu de froment, & n'ont que de méchante orge; mais ils ont force troupeaux, & vivent assez à leur aise. Ils sont d'entre les Gomeres, & il y a parmi eux plusieurs Corroyeurs & Tisserans. Ils ont grande abondance de miel, & vendent quantité de Cire tous les Samedis, en un Marché qu'ils tiennent, & où se rendent les Marchands de Fez & d'autres Villes, & particulierement les Chrétiens qui trafiquent en Barbarie. Ils sont quinze mille hommes de combat; gens orgueilleux, barbares, & qui s'entretuent souvent par jalousie. Quelques-uns appellent cette montagne BENI-FENSECARE, mais mal à propos.

[f] Ibid. l. 4. c. 58.

BENJAMIN, est le nom du dernier fils de Jacob & de Rachel. La posterité de ce Patriarche est nommée la Tribu de Benjamin; mais en fait de Géographie, on appelle TRIBU DE BENJAMIN la portion qu'elle eut dans la Terre promise. C'est dans ce sens que l'on dit d'une

BEN.

d'une Ville qu'elle étoit dans la Tribu de Benjamin. Les bornes de cette Tribu sont ainsi décrites au Livre de Josué [a] : ,, les enfans de ,, Benjamin . . . . . eurent pour leur part le ,, pays situé entre les enfans de Juda & les en- ,, fans de Joseph. Leur Frontiere vers le ,, Septentrion est le bord du Jourdain, d'où ,, elle s'étend au côté Septentrional de Jericho. ,, Delà elle monte vers l'Occident sur les ,, montagnes & vient jusqu'au desert de Be- ,, thaven. Elle passe ensuite vers le Midi le ,, long de Luza qui s'appelle aussi Bethel ; ,, elle descend à Ataroth-Addar près de la ,, Montagne qui est au Midi de la basse Be- ,, thoron ; puis elle tourne en baissant vers la ,, Mer au Midi de la Montagne, qui regarde ,, Bethoron du côté du Midi, & elle se ter- ,, mine à Cariath-Baal, qui s'appelle aussi Ca- ,, riath-Iarim, Ville des enfans de Juda. C'est ,, là son étendue vers la Mer du côté de l'Oc- ,, cident. Du côté du Midi sa Frontiere s'é- ,, tend depuis Cariath-Iarim vers la Mer, & ,, vient jusqu'à la Fontaine des eaux de Neph- ,, toa. Elle descend jusqu'à la partie de la ,, montagne qui regarde la vallée des en- ,, fans d'Ennom, & qui est du côté du Sep- ,, tentrion à l'extrémité de la vallée des Géans. ,, Elle descend vers Gehennom, c'est-à-dire, ,, vers la vallée d'Ennom, au côté des Jebu- ,, séens au Midi, & elle vient jusqu'à la Fon- ,, taine de Rogel. Elle passe vers le Septen- ,, trion, s'étend jusqu'à 'en Semes, c'est-à- ,, dire, la Fontaine du Soleil. Elle passe ,, jusqu'aux tertres élevez qui sont vis-à-vis ,, de la montée d'Adommim. Elle descend ,, jusqu'à Aben-Boën, c'est-à-dire, la pierre ,, de Boën fils de Ruben, & elle passe du ,, côté du Septentrion jusqu'aux Campagnes ,, & descend dans la plaine. Elle s'étend vers ,, le Septentrion au delà de Beth-Lagla, & ,, elle se termine à la pointe de la Mer Sa- ,, lée, vers le Septentrion, au bout du Jour- ,, dain qui regarde le Midi, & qui la termi- ,, ne du côté de l'Orient. Ce sont-là, dit l'E- ,, crivain sacré, les limites & l'étendue du ,, partage des enfans de Benjamin distribuez ,, selon leurs familles." [b] Mr. Reland taxe d'erreur ceux qui étendent le pays de cette Tribu jusqu'à la grande Mer, c'est-à-dire jusqu'à la Mediterranée. Josephe la décrit ainsi [c] : les enfans de Benjamin eurent en partage le pays qui s'étend en long depuis le Jourdain jusqu'à la Mer. Sa largeur se prend depuis Jerusalem jusqu'à Bethel. Cette portion étoit la plus resserrée à cause de la bonté du terroir ; car on leur donna Jerusalem & Jericho. A l'égard de la question, savoir si Jerusalem étoit de cette Tribu, voiez l'Article particulier de cette Ville. Pour ce qui est de l'opinion de Mr. Reland qui pretend que cette Tribu ne s'étendoit pas jusqu'à la Mer, il la prouve [d] par l'Ecriture qui fait passer les bornes Occidentales de cette Tribu par Cariath-Iarim ou selon l'Hebreu que suit Mr. Reland, Kiriath-Jearim, & autres lieux situez à quelque distance de la Mer. Il refute l'autorité de Josephe qu'on pourroit lui opposer, par cet Auteur même qui donne à la Tribu de Dan toute la côte maritime depuis Azot jusqu'à Dora ; ce qui ne laisse rien à la Tribu de Benjamin au bord de la Mer.

[a] c. 18. v. 11. & suiv.

[b] Palæst. l. 1. p. 155.

[c] Antiq. l. 5. c. 1.

[d] Ibid. p. 540.

BEN. 231

Le détail des Villes & des lieux que possédoit cette Tribu doit se prendre de l'Ecriture Sainte [e].

Ses Villes sont

Jericho,	Avim,
Beth-hagla,	Aphara,
La Vallée de Casis,	Ophera,
Beth-Araba,	La Ville d'Emona,
Samaraim,	Ophni,
Bethel,	Et Gabée.

[e] Josué c. 18. v. 21, & seq.

Qui toutes sont douze Villes avec leurs Villages : à quoi elle ajoute

Gabaon,	Jarephel,
Rama,	Tarela,
Beroth,	Sela,
Mesphe,	Eleph,
Caphara,	Jebus, qui est la
Amosa,	même que Jerusalem,
	Gabaat,
Recem,	Et Cariath.

Qui toutes sont quatorze Villes avec leurs Villages.

Le Livre de Josué marque aussi que quatre Villes de cette Tribu furent données aux enfans d'Aaron Grand Prêtre, savoir Gabaon, Gabaé, Anathot & Almon avec leurs Fauxbourgs.

BENIBERA. Voiez Ascalon.

BENIM ou BENIN [f], Ville, Riviere & Royaume d'Afrique dans la Guinée.

[f] Corn. Dict.

Le Royaume a pris son nom de sa Ville capitale, & est borné au Nord-Ouest par Ulcami Laboc, Isago & Odobo ; au Nord par Gaboé, qui est à huit journées du chemin du grand Benim ; au Levant par Istanna, Forçado & Ouwerre ; & au Midi par la Mer. On ne sait point encore précisément jusqu'où va son étenduë du côté du Nord, parce qu'il y a des lieux qui sont séparez par des bois impenetrables. Tout ce que l'on sait, c'est que d'Occident en Orient, sa longueur est de cent cinquante lieuës. Il y a aussi beaucoup de Villes & une infinité de Villages, dont les noms sont ignorez. Les Villages sont entre la Ville de Benim, le Royaume d'Ulcami, & le long de la Riviere qui porte le nom du pays. Cette Riviere, que les Portugais appellent *Rio de Benim*, & les habitans Arbo, coule au Levant de Rio Lagos, à vint cinq lieuës delà son embouchûre est fort large, quoi qu'il y ait un banc de Sable au devant, les Yachts & les Chaloupes y peuvent entrer facilement, mais quand on est remonté jusqu'entre Arbon & Goton, on s'apperçoit que son lit est fort étroit & le rivage fort recourbé. Au milieu de son embouchûre, dans le temps même que l'eau y est la plus haute, elle n'a que dix pieds de profondeur. Il en sort beaucoup de petits ruisseaux qui arrosent le pays, & un entre autres qui va se rendre dans le Rio-Lagos.

La Riviere de Benim est la plus considerable de toutes celles du Royaume, & l'on y trouve comme dans toutes les autres, des Crocodilles, des Hippopotames, & plusieurs sortes

tes d'excellens poissons. On y en prend un quelquefois qui est fort petit, & qui fait qu'on se sent fremir le bras aussitôt qu'on l'a touché. Près de l'embouchûre de cette même Riviere, est le Village de Locbo, & en remontant vingt lieues, on trouve une Bourgade appellée Arbon ou Argon, qui a cinq cens pas de long sur cent de large. On ne voit que des buissons dans la Campagne, & quelques sentiers si étroits, qu'à peine deux hommes peuvent y passer de front. Proche de la source de Benim, qui est trente lieues plus haut, on découvre le Village de Goton; il est un peu plus large qu'Arbon, & de la même longueur. A quatorze ou quinze lieues de ce Village tirant vers le Nord, est une *Ville* que les Hollandois nomment le GRAND-BENIM, parce qu'en tous ces quartiers il n'y en a point de plus grande.

Elle a huit lieuës de circuit, en y comprenant le Palais de la Reine qui en a trois. Elle est fermée d'un côté d'une muraille de deux pieds de haut, faite d'une double palissade d'arbres, avec des fascines au milieu, entrelacées en forme de croix, & garnies de terre grasse. De l'autre côté est un marais, bordé de buissons, qui s'étendant d'un bout de la muraille jusqu'à l'autre, sert de rempart naturel à cette Ville. Il y a plusieurs Portes, hautes de huit ou neuf pieds & larges de trois, elles sont de bois tout d'une piece & tournent sur un pieu, comme les clayes qui ferment les prez. Quant à la Ville elle est composée de trente grandes ruës fort droites, & larges de six vingt pieds, outre une infinité de petites qui traversent. Les Maisons sont en bon ordre, & rangées près l'une de l'autre. Elles ont des toits, des auvents, & des balustres, & sont ombragées de feuilles de palmier & de bananas, parce qu'elles n'ont qu'un étage de hauteur. Celles des Gentilshommes ont de grandes galeries par dedans, & plusieurs Chambres, dont les murailles & le plancher sont de terre rouge. Ces peuples font paroître une grande propreté, ils lavent & frotent si bien leurs Maisons, qu'elles sont polies & reluisantes comme une glace de miroir. Le Palais du Roi est au côté droit de la Ville, au sortir de la Porte de Goton. C'est un assemblage de bâtimens qui occupe un grand espace, & qui est fermé de murailles. Il y a plusieurs appartemens pour les Ministres du Prince, & des belles galeries, dont la plûpart sont trèsgrandes. Elles sont soûtenuës par des pilliers de bois enchaffez dans du cuivre, où sont gravées ses Victoires. Le plus grand nombre de ces Maisons Royales est couvert de branches de palmier, disposées, comme des planches quarrées. Chaque coin est embelli d'une petite tour en pyramide, sur la pointe de laquelle est perché un oiseau de cuivre étendant les ailes. Le Roi de Benin entretient un grand nombre de femmes, quelquefois plus de mille. Quand il meurt on enferme dans un Serrail celles avec qui il a eu commerce, elles sont gardées par des Eunuques, & chacune y a sa chambre à part. Son Successeur herite des autres. Ce Prince paroît en public une fois toutes les années. Il est à cheval, couvert de ses ornemens Royaux, avec une suite de trois ou quatre cens Gentilshommes. Il a aussi une troupe de joueurs d'instrumens, dont les uns précedent & les autres suivent. La Cavalcade se fait autour du Palais, sans s'en éloigner beaucoup. On mene enchainez quelques Leopards apprivoisez, & quantité de Nains & de sourds qui servent de divertissement au Roi. Pour achever la solemnité, on étrangle, ou l'on coupe la tête à douze ou quinze Esclaves, dans la Créance que ces malheureux vont dans un autre pays où ils ressuscitent, & où leur condition devient meilleure, & que quand on y sera arrivé chacun retrouvera ceux qui lui appartiennent. Il y a un autre jour où l'on fait voir les Tresors royaux, qui consistent en jaspes, en corail, & en d'autres raretez. Dans ce même jour le Roi donne les charges, & distribuë les recompenses, qui sont ordinairement des femmes & des Esclaves. Il ne se fait rien de considerable qu'on n'en consulte la Reine sa mere, à laquelle il fait rendre de grands honneurs sans qu'il leur soit permis de se voir. Il y a une Loi qui le défend. Elle demeure dans une belle maison hors de la Ville, où elle est servie par un grand nombre de femmes. Quand la mort du Roi arrive, on creuse dans son Palais un sepulcre si profond, que les travailleurs tombent fort souvent dans l'eau & se noyent. Le Corps étant apporté on le jetter dans la fosse, tous ses Favoris & Serviteurs se presentent pour accompagner leur maître, & l'aller servir en l'autre Monde. Ceux qui obtiennent cet avantage, descendent dans son tombeau, sur l'ouverture duquel on roule une pierre, & des gens demeurent pour y veiller jour & nuit. Le lendemain, après avoir levé cette pierre, on demande à ceux qui sont enfermez dans le tombeau, ce qu'ils y font, & si personne n'est allé servir le Roi, cela dure quelques jours, pendant lesquels on répond que tels & tels ont pris les devans, & quand on n'entend plus aucune voix qui réponde, ce qui est une assurance, que tous ces zelez Courtisans sont morts, on le fait savoir au Successeur présomtif de la Couronne, qui fait d'abord allumer un grand feu sur le tombeau, & y rôtir de la chair que l'on y distribuë au peuple. C'est là la ceremonie de son installation. On enterre avec le Roi mort la plûpart de ses habits, de ses meubles, & de ses coquilles des Indes. Quelques-uns disent qu'on ne jette dans cette fosse que des Cadavres sans tête couverts d'une piece de drap, que personne n'ose ôter, & que pour cela on tue grand nombre de gens par les ruës & dans les maisons. Quand le Roi n'a point d'enfans, ce qui est fort rare, à cause de la grande quantité de femmes qu'il a, la Couronne tombe à ses Freres. Ce Prince sentant approcher sa derniere heure, fait venir un de ses Gentilshommes, qui porte le titre d'*Onegma*, auquel il declare lequel de ses fils il a choisi pour son Successeur. Ce Dépositaire de ses volontez est après sa mort Regent du Royaume pendant quelques jours, & alors tous les heritiers présomtifs de la Couronne, lui vont offrir de grands avantages en cas qu'il les nomme. Il fait ensuite appeller le Général de l'armée, qu'on appelle *Ouase Asserri*, ou *Siassere*, qui ayant appris

de

de lui la volonté du feu Roi, proclame celui qu'il lui a nommé. Le Prince élû se tient à genoux dans ce moment, après quoi s'étant levé, on le revêt des ornemens de la Royauté, & il va s'asseoir sur son Thrône, où tous les Généraux de l'armée, qui le viennent saluer se mettent à genoux devant lui. La cérémonie finie, le nouveau Roi va tenir sa Cour dans un Village nommé Ocsebos, parce qu'on ne lui permet pas de faire d'abord les fonctions de Souverain. On le laisse pourtant entrer dans Benin, lorsqu'on y fait des sacrifices d'hommes & d'animaux sur le tombeau de son Pere, & on fait aspersion sur lui du sang des victimes. Lui-même institue à l'honneur de son Prédécesseur des Fêtes annuelles, qui sont celebrées par des sacrifices de plusieurs hecatombes, & de quatre ou cinq cens hommes. On en tuë vingt-trois par jour, qui presque tous sont des criminels dignes de mort, qu'on garde pour cette solemnité. Quand le temps des sacrifices approche, & qu'il n'y a pas un assez grand nombre de victimes, on fait la ronde de la Ville la nuit, & l'on mene en prison tous ceux qui se trouvent sans flambeau dans les ruës. Si ce sont des malheureux, leur procès est bientôt fait; les riches se peuvent tirer de ce mauvais pas à force d'argent. Le nouveau Roi ayant fait connoître par sa conduite qu'il n'est pas indigne de regner, le Général le va querir, & il fait son entrée dans la capitale. Un des premiers soins qu'il ait, est de pourvoir à la sureté de sa personne & de ses Etats, en se défaisant de ses freres. On dit qu'il les contraint de se pendre eux-mêmes, parce qu'il n'est pas permis de mettre la main sur les Princes du Sang, ce qui étant fait, on les enterre avec pompe. Il est rare qu'il les laisse vivre plus de vint-cinq ans, dans la crainte qu'ils ne causent quelque émotion. Durant le siécle passé un Roi de Benin étant malade, un de ses freres entreprit de l'empoisonner d'intelligence avec quelques Nobles. Le Roi l'ayant sû, le fit étouffer, & ayant fait venir tous ceux qui étoient de la conspiration, il leur fit couper la tête.

Après le Général de l'armée, les trois grands Fiadors sont les trois premiers Ministres d'Etat. Chacun d'eux gouverne un quartier de la Ville de Benin. Les autres Villes ou Bourgades ont aussi leurs Fiadors. Goton en a cinq, & Arbon sept. Ceux-ci jugent des causes civiles. Les criminelles vont toutes dans la Capitale, & tombent entre les mains des grands Fiadors, qui donnent souvent le tort à celui qui a moins de coquilles des Indes pour se racheter. Le Roi de Benin peut mettre en un jour vingt mille Soldats sur pied, & lever en peu de temps une armée de quatre vingts & de cent mille hommes, ce qui fait la terreur de ses voisins, & la crainte de ses peuples. Leurs armes sont la Pique & l'Ecu, la Zagaie, l'Arc, & les Fléches empoisonées. Les Gentils-hommes qui vont faire une Campagne, portent un bel habit d'écarlate, un collier de dents d'Elephant & de Léopard, & un turban rouge, fourré & bordé de peau de Léopard ou de civette, d'où pend une queuë de cheval. Les Soldats sont nuds depuis la ceinture en haut, & portent sur le reste du Corps un habit d'une étoffe aussi fine que la soye. Ils n'oseroient rien garder du butin qu'on fait, si ce n'est à la dérobée, & en s'exposant beaucoup. Il appartient tout entier au Général. Ils sont hardis & généreux & n'abandonnent jamais leur poste, quoiqu'ils aient la mort devant les yeux. Après le combat ils vont remercier le Prince de l'honneur qu'il leur a fait de les employer à son service. On rapporte le reste des fléches dans l'arsenal, & les Fetiseros ou Prêtres en empoisonnent de nouvelles pour remplacer celles qui se sont perduës. Le Roi de Benin a pour Vassaux les Rois d'Istana, d'Ouwerre, de Jaboe, d'Isago & d'Odobo, & tous ses Sujets sont autant d'Esclaves. Ils portent même une incision sur leur corps, comme une marque de servitude, qui leur est imprimée dès leur enfance. Les Negres sont plus civilisez que les autres de la même côte. Ce sont gens qui ont une Police bien réglée, & qui vivent en fort bonne intelligence. Ils en usent fort honnêtement avec les Etrangers, & n'aiment ni le larcin ni l'ivrognerie. Les hommes y sont mieux faits que les femmes, & portent quatre ceinturons comme à Arder, excepté que le menu peuple n'en porte qu'un. Les femmes ont une cotte qui leur descend jusqu'au gras de jambes, les cheveux frisez autour de la tête, comme une guirlande la moitié teinte en noir & l'autre en rouge, & des boucles de cuivre au bras. Personne à la Cour n'ose se couvrir d'un habit s'il ne l'a reçû du Roi, ni laisser croître ses cheveux s'il n'en a la permission expresse. Quelquefois au lieu d'un habit, ce Prince donne une femme aux jeunes gens, & ils obtiennent par-là le privilege de s'habiller, & d'entretenir leur chevelure. Les filles même n'osent porter une robe, jusqu'à ce que celui qui les prend en mariage leur en donne; de sorte que l'on voit des personnes de l'un & de l'autre sexe courir tout nuds par les ruës, sans s'en faire aucune honte. Les hommes peuvent épouser autant de femmes qu'ils veulent, & entretenir encore des Concubines; mais il est défendu aux femmes Negres, sur peine de la vie, d'avoir habitude avec les Etrangers blancs. Lors qu'une femme a un fils, son mari mourant, elle devient son Esclave, & ne sauroit se remarier s'il ne le permet. Si quelqu'un veut avoir la mere, il est obligé de la demander au fils, & de lui donner une jeune fille en sa place, pour obtenir son consentement. Ce fils exige ordinairement de celui auquel il veut bien accorder sa mere, qu'il ne pourra la vendre sans la permission du Roi. Pour les filles, sitôt qu'elles ont treize à quatorze ans, elles cessent d'être sous la direction de leur Pere.

Quand un homme est mort, toutes les femmes qui lui appartiennent, & avec lesquelles il a couché, sont à la disposition du Roi. Les autres tombent en partage aux enfans mâles qu'il a laissez, qui les gardent pour eux ou les remarient à d'autres. De ces femmes qui dépendent du Roi, ce Prince en fait souvent les plus jolies Regetaires, c'est-à-dire, des courtisanes, qui sont obligées de lui faire part du gain qu'elles font. Si par hazard l'une d'elles devient grosse, & qu'elqu'elle accouche d'un fils, elle est affranchie de ce tribut. Si c'est d'une fille le Roi prend cette fille sous sa protection. Ces Regetaires forment une espece de Republique à part, & ont leurs Officieres Collecteuses, qui ressortissent immediatement aux grands Fiadors.

Le meurtre n'effraye point ces Peuples, & la mort des personnes distinguées entraine ordinairement un grand nombre de leurs Esclaves. On raconte d'une femme qu'étant prête de mourir, elle ordonna que l'on immolât soixante & dix-huit Esclaves qu'elle avoit, & que pour fournir le nombre de quatre vingt, elle voulut qu'on y ajoutât deux de ses enfans, un garçon & une fille. Ils enterrent les morts avec leurs habits. Les sept jours qui suivent celui de la Sepulture, sont des jours de fêtes, pendant lesquels on danse au son du tambour & des instrumens, autour du tombeau : quelquefois ils ouvrent le sepulcre pour faire de nouvelles offrandes d'hommes & de bêtes à ces Cadavres. Après la mort d'une femme, ses parens prennent les pots, les caisses, les coffres, & tous les meubles qu'ils trouvent dans la Maison, & les portent sur leur tête dans les rues, chantant sur des instrumens les louanges de la défunte. Le mari demeure le Maître de tout, & les enfans n'ont de leur mere que ce qu'elle a pû leur donner pendant sa vie. Au contraire, les femmes n'heritent de rien & tombent même en la puissance du Roi par la mort de leurs maris.

Quoique ces Negres reconnoissent un Dieu qui gouverne tout, & qui a créé le Ciel & la Terre, ils s'imaginent que comme il est bon de sa nature, il n'est pas necessaire de le servir, mais qu'il faut appaiser le Diable par des sacrifices, pour empêcher qu'il ne leur fasse du mal. Ils nomment Dieu *Orisa*. Ils adorent des Idoles d'herbe verte, de bois & d'autre nature, qu'ils apellent *Fetiss*. Ils entretiennent des Prêtres qui contrefont les Magiciens, auxquels ils demandent conseil dans leurs doutes. Ces Prêtres sont nommez *Fetisero*. Les Beniniens font tous les ans un grand sacrifice à la Mer afin qu'elle leur soit favorable ; & leur plus grand serment lorsqu'ils jurent est par l'Océan & par leur Roi. Ils ont plusieurs fêtes qu'ils celebrent avec des jeux & des danses, & beaucoup de bonne chere, ce qui les rend assez agréables, mais ils les souillent par des sacrifices d'hommes. Près de l'embouchûre du fleuve Benin, dans le Village de Loebo demeure un fameux Fetisero, qui en est Seigneur, & qu'on dit descendu de pere en fils de celebres Magiciens. Ses premiers ancêtres se faisoient passer pour les Maîtres de la Mer & des Tempêtes, & l'on prétend qu'ils avoient prédit que des vaisseaux Etrangers aborderoient en leur pays, longtemps avant que l'on y en vît paroitre. Cela obligea le Roi de Benin de leur faire present de ce Village, & de tous ses habitans. Leurs successeurs en jouïssent encore presentement, & font le même metier. Comme ce prétendu Magicien fait le possedé, pour se conserver de la reputation, ceux de Benin n'osent l'aller voir lorsqu'ils viennent dans ce Village, & il lui est aussi défendu d'entrer dans Benin.

Le terroir de ce Royaume est bas, couvert de bois & entrecoupé de Rivieres, & d'étangs en quelques endroits, il y en a d'autres où il manque d'eau, comme sur le chemin de Goton au grand Benin. Le Roi paye des gens pour en fournir aux voyageurs. Ces Officiers ont soin d'en tenir de grands pots pleins d'espace en espace, avec une conque pour boire ; mais personne n'oseroit en prendre sans payer, & si l'on ne trouve point le Commis, on y laisse l'argent & on poursuit son chemin. La terre est feconde en bêtes farouches & privées, l'on y voit des Elephans, des Tigres, des Léopards, des Cerfs, des Sangliers, des Singes & des Civettes, des Chats Sauvages, des Chevraux, des Anes, des Liévres, des Chevres & des Brebis qui ont du poil au lieu de la laine. On y trouve aussi de toute sorte de reptiles, Serpens, Limaçons, Crapaux & de plusieurs especes d'oiseaux, des perroquets, des pigeons, des tourterelles, des cicognes, des perdrix & des autruches. Les plantes y viennent fort bien, & le chemin de Goton à Benin est tout bordé d'Orangers & de Limoniers. Il y croît du poivre, mais moins qu'aux Indes & la graine en est plus petite.

C'est le pays du Coton. Les arbres qui le portent en produisent beaucoup, & les habitans en font des habits. Ces habits sont de fil de Coton, composez de quatre bandes, & ont deux aunes & demie ou trois, un quart moins de long sur deux de large. Il y en a de plus petites qui ne sont que de trois bandes. Tous les quatre jours on tient un Marché à Goton, où l'on apporte des provisions de bouche, & des habits à vendre, d'Arbon, de Benin & de Cofo, qui est à une journée au delà de Benin vers le Levant. Il y a entre Benin & Goton plusieurs grandes plaines qui servent de Marché, & de Rendez-vous aux paysans d'alentour pour se fournir de toutes les choses dont ils ont besoin. Lorsqu'il survient quelque different entr'eux, ce sont les Nobles du Pays qui le décident. Le Commerce, & la Milice sont des offices separez, & personne n'a droit de rien acheter des Européens, que les Fiadors & les Marchands que le Roi nomme pour aller negocier avec eux. Un Soldat ne sauroit entrer dans le Magazin des Chrétiens, sans se mettre en danger d'être puni.

Sitôt qu'un Vaisseau a jetté l'ancre sur cette côte, on en donne avis au Roi, qui mande quelques Fiadors & vingt ou trente Marchands, ausquels il donne pouvoir d'aller trafiquer avec les Blancs. Ces Commis se rendent en diligence à Goton où les Hollandois ont un Magazin, & prennent sur le chemin autant de canots & de rameurs qu'il leur en faut pour arriver promptement. Ils marquent là les Maisons les plus commodes, & y font porter leurs Marchandises, sans s'informer si le Maître en est content. Il faut même bien souvent que les habitans de Goton abandonnent leurs Maisons, & se retirent ailleurs pour leur faire place. La premiere entrevûe des Fiadors & des Hollandois n'est qu'une visite de civilité. Les premiers les vont saluer de la part du Roi superbement habillez, & portant un collier de jaspe ou de Corail fin. Ils leur de-

BEN. BEN. 235

demandent des nouvelles de l'Europe, après leur avoir offert quelques fruits que le Prince leur envoye. Les Hollandois répondent à leurs complimens par truchement, & ils ne les interrompent que pour boire. Le lendemain les Fiadors reviennent, & demandent à voir les Marchandises que les Hollandois ont apportées. Si ce sont des choses qu'ils ayent déja vûës, ils les prennent sur le même pied, & si c'est quelque chose de nouveau, ils marchandent tant qu'ils peuvent, & souvent des mois entiers.

Les Marchandises que les Hollandois apportent dans ce Pays-là, sont des Draps d'or & d'argent, des draps rouges & de l'écarlate, des pots à boire qui ont des rayes rouges au bout, de toute sorte de Coton fin, de la toille, des oranges, des limons, & autres fruits verts, confits, du velours rouge, des brasselets de cuivre jaune, du poids de cinq onces & demie, de la lavande, du fleuret violet, du Corail fin, des étoffes de Harlem fort gommées & à fleurs, des pendans d'oreilles de verre rouge, des miroirs dorez, des barres de fer, des pierres cristalines, des Bojes ou Coquilles des Indes, qui leur servent de monnoye. Les Marchandises que les Hollandois prennent en échange sont des habits de Coton rayez, qui se debitent sur la Côte d'Or, & des bleus qu'on vend sur la Riviere de Gabon, & sur celle d'Angola, des pierres de jaspe, des femmes Esclaves; car ils ne veulent pas vendre les hommes, des peaux de Leopards, du poivre & de l'acori, qui est une espece de Corail bleu, qui croît dans l'eau sur un fond pierreux en forme d'arbre.

BENIT, (le Lac) Lac de Savoye dans le Faussigni, au-dessus d'une Montagne du côté de Bonneville [a]. Il a mille pas de circuit. On l'appelle ainsi parce que deux Paroisses voisines vont tous les ans y faire une Ceremonie le jour de St. Claude, pour être preservées de son inondation.

[a] Davity T. 2. p. 447.

BENLAUNI, ancien peuple de la Vindelicie selon Ptolomée [b]. Ses Interprètes [c] mettent en marge Perlacherheyd, comme si c'en étoit le nom moderne; & comme Ptolomée avant ce peuple parle de deux autres peuples qu'il nomme Leuni & Consuantæ, ces mêmes Interprètes ajoutent en marge. Aujourd'hui dans ce même Canton est la petite Ville de Weilheim. Ortelius [d] le dit dans les mêmes termes, non pas des peuples Leuni & Consuantæ, mais des Benlauni. Mr. Baudrand [e] raporte le sentiment d'Ortelius & écrit Vueilheim. Il ajoute que d'autres croient qu'ils étoient dans le pays où est presentement le Marquisat de Burgow en Suabe du côté d'Ulme.

[b] l. 2. c. 13.
[c] Ed. Bertii.
[d] Thesaur.
[e] Ed. 1682.

BENNA, Etienne le Géographe dit que c'étoit une Ville de Thrace, qu'on écrivoit ce nom tantôt avec deux N, tantôt avec une seule; que quelques-uns l'écrivoient par une Diphthongue & d'autres par un E simple, & il témoigne approuver ces derniers. Il appelle Βέννα, apparemment Βέννιος, un homme de cette Ville. Il dit que le Golphe Bennique, Βεννικὸς Κόλπος, en prenoit le nom. Il ajoute que les habitans de ce pays étoient nommez Bennasiens. Le Canton où étoit cette Ville est sans doute ce que Ptolomée nomme

Tom. I. Part. 2.

Bennique dans la Thrace [f], & Pline [g] en appelle les habitans Benni.

[f] l. 3. c. 11.
[g] l. 4. c. 11.

BENNAVENNA, Bennaventa, & Bennavento; c'est ainsi qu'on lit dans les divers exemplaires de l'Itineraire d'Antonin: c'est le nom d'une Station Romaine dans la Grande Bretagne sur la route de Blatum-Bulgium au port Ritupæ, c'est-à-dire, de Boulnesse à Stonar. Mr. Gale dit [h] que c'est Weedon. Il y avoit autrefois, dit-il, une Station Romaine à l'endroit où est presentement Castle-Dikes, qui se voit à environ mille pas de Weedon. Dans cette contrée, ajoute-t-il, sont les sources de deux Rivieres nommées également en Latin Aufona. L'une qui garde un reste de l'ancien nom s'apelle l'Avon, l'autre est nommée Nen. Le mot Pen dans l'ancienne Langue des Bretons signifie la tête, & les Romains disoient la tête d'une Riviere pour dire sa source. De ce mot Pen & du nom d'Avon, ce lieu avoit été nommé Pennavenna. Il est à XX. milles Anglois de Cleybrook, que le même Mr. Gale prend pour le Venonis d'Antonin qui compte entre Venonis & Bennavenna dix-sept milles. On trouve, poursuit-il, à Weedon des preuves de son antiquité, & j'y ai moi-même ramassé des Medailles Romaines. Dans une autre Route Antonin compte de Venonis à Bannavantum XVIII. mille pas; & dans cet endroit Mr. Gale [i] prétend que c'est le même lieu qu'Isanavatia. Voiez ce mot.

[h] In Antonin, p. 59.
[i] Ibid. p. 108.

§. Mr. Corneille fait deux Articles de suite, l'un sous le titre de Bennavenna, cité ancienne des Catieuchlains; & il dit que cette Ville est celle d'Angleterre qu'on nomme presentement Northampton. L'autre sous le titre de Bennaventa, Ville ancienne des Catieuchlains. Les Géographes, dit-il, croient que cette ancienne Ville est le Bourg ou Village du Comté de Northumberland que l'on appelle aujourd'hui Weedon. Ce qui a trompé Mr. Corneille, c'est qu'il a pris ces deux Articles dans deux diferens livres. La double Orthographe & la double explication l'ont abusé. Ortelius cite Cambden & veut que cet Auteur ait dit que Bannavantum est presentement Northampton. Cambden dit au sujet du Comté de Northampton, que Weedon est la Bannavenna d'Antonin, qu'il craindroit de trahir la verité s'il pensoit autrement. Il avoue qu'il a été autrefois d'une autre opinion & allegue les motifs qui l'en ont fait changer.

BENNEFENSIS ou Benefensis, Siége Episcopal d'Afrique, dans la Bizacene, selon la Notice d'Afrique qui fait mention d'Hortulan Evêque de Benefe, Benefensis. On trouve dans la Conference de Carthage [k] Æmilianus Bennefensis. L'Auteur de la Vie de St. Fulgence [l] dit que le Monastere où ce St. se retira étoit contigu au Rivage de Benefe, Benefensis Littori maxima ex parte contiguum. Guntasius, Benefensis, Evêque de Benefe, souscrivit au Concile nommé Cabarsussitanum Concilium par Mr. Dupin, Cabarsiessitanum par le P. Labbe, qui dit qu'il fut tenu sous le Pontificat de Syrice l'an 394.

[k] p. 270. Ed. Du pin.
[l] c. 14.

BENNINGDON, on trouve dans les Chroniques Saxones d'Angleterre Benningtun, Bysintun, Benesingtun, Benetone.

Gg 2

TONE. On doute si c'est aujourd'hui Bensson ou Bensington, au Comté d'Oxford aux Frontieres de Berckshire, ou *Bennington*, en Hardfordshire. Ces mêmes Chroniques nomment *Benefica* une des trois Rivieres qui coulent en Hardfordshire & entre lesquelles le Roi Edouard fit bâtir un Fort l'an 913. Il y a deux petites Rivieres qui tombent dans la Lea entre Hardford & Ware, & elles ne sauroient être que celles que l'on appelloit autrefois *Memera* & *Benefica*; mais laquelle des deux est Memera ou Benefica? C'est ce qu'on ne peut decider que sur de legeres conjectures au raport de Mr. Gibson. L'une des deux a sur sa rive un Village nommé Bennington, & ces trois lettres *Ben*, qui sont initiales dans les deux noms, font conjecturer que le nom de la Riviere a fourni celui du Village, ce que l'on voit assez communément en Angleterre. L'Auteur cité laisse à chacun la liberté d'en croire ce qu'il lui plaira. Vers l'an 850, dit le P. Labbe il se tint à Benningdon un Concile, sous le Regne de Bertulfe Roi de Mercie. Mr. Corneille sur ces indices dit: Benningdon Ville d'Angleterre dans le pays des Merciens: ensuite de quoi il parle du Concile. Il y a lieu de douter que la Benningdon où s'est tenu le Concile soit le même lieu de Benningdon, duquel parle Mr. Gibson, & dont il est fait mention dans la Chronique Saxone d'Angleterre. On y lit que l'an 571. Cutwulf fit la guerre aux Bretons auprès de Bedicanford, (Bedford) & prit quatre petites Villes, savoir Lygeanburgh, (*Leighton*) Egelsburgh (*Ailesbury*) Bennington, & Egonesham (*Ensham* en Oxfordshire). Il est remarquable que quelques exemplaires de cette Chronique n'ont pas Benningtun mais Benesingtun; & Mr. Gibson dans sa Carte Saxone met Bensington au Nord de la Tamise au-dessous de Dorchester; assez loin de Hardford qui n'étoit pas du Royaume de Mercie, où il faut que le Concile se soit tenu; mais Bensington en étoit, au lieu que Bennington Village situé sur une des deux Rivieres qui tombent dans la Lea n'en sauroit avoir été.

a Thesaur. & Baillet Topogr. des Saints p. 560.

BENNOPOLIS, Surius cité par Ortelius [a] dit que la Ville de Hildesheim a été nommée Bennopolis à cause de St. Bennon qui y étoit né.

b Zeyler Palat. Topogr. p. 12.

BENSHEIM [b], Ville d'Allemagne au Palatinat dans le Bergstrass, & dans le Bailliage de Starkenburg, sur le Ruisseau de Lauter à deux milles de Weinheim en tirant vers le Nord; sur la route de Heidelberg à Francfort. Ce nom étoit connu avant celui de Heidelberg, dès l'Empire d'Otton I. ce n'étoit d'abord qu'une metairie, puis un Village. Otton à la priére de l'Imperatrice y institua un Marché, toutes les semaines ou une Foire annuelle, & le produit de la douanne fut donné en partie au Monastere de Lorsch. L'an 1504. le Landgrave de Hesse l'assiégea. La Bourgeoisie se defendit si bien qu'elle sonna à l'Electeur Philippe le temps de venir de Heidelberg la dégager. Le Landgrave leva le siége & incendia tous les environs en se retirant. Elle a été prise & reprise plusieurs fois & sacagée, durant les longues guerres civiles d'Allemagne.

BENTHEIM ou BENTHEM [c], Bourg d'Allemagne au Cercle de Westphalie & au Comté de même nom; avec un Château bâti sur le sommet d'une Montagne au pied de laquelle, passe la Riviere de Wecht. Ce Château donne le nom au pays, & à une famille qui est partagée en trois Branches [d]. L'aînée a le Comté de Teklenbourg, la seconde le Comté de Bentheim, & la troisiéme le Comté de Steinfurt. A l'égard de cette famille voiez les Articles de Steinfurth & Teklenbourg.

c Baudrand Ed. 1705.
d Hubner. Geogr. p. 509.

LE COMTÉ DE BENTHEIM, petit pays d'Allemagne en Westphalie, il s'étend en long du Septentrion au Midi le long de la Riviere du Wecht entre le pays de l'Evêque de Munster, au Levant l'Overissel & la Twente au Couchant. Il prend son nom du Château de Bentheim.

BENTENSIS, les Notices de l'Empire [e] mettent entre les Procurateurs des Gynecies, *Procurator Gynaecii in Britannis Bentensis*, selon l'Edition du Louvre; celle de Pancirole porte *Biennensis*, & dans son Commentaire il change ce nom en celui de Dremtensis. J'aime mieux croire avec Ortelius [f] que *Bentensis* est le vrai nom, qui avec le seul changement d'un V. en B, a été mis pour *Ventensis* de *Venta*. Il y avoit plus d'une Ville de ce nom dans la Bretagne. Ces Gynecies étoient des lieux où l'on assembloit beaucoup de femmes que l'on occupoit à filer des laines pour les habits des troupes, & à préparer des chanvres à faire des Cordes pour les Machines & des Voiles pour les Vaisseaux, & autres usages qui concernoient l'utilité publique. Ces Gynecies avoient un Procurateur chargé de la subsistance des personnes qui y étoient occupées, & du soin de fournir ce qui leur étoit nécessaire pour le travail. Les Romains en avoient dans beaucoup de grandes Villes des Gaules, à Arles, à Lyon, à Rheims, à Tournay, à Tréves, à Mets, &c. & ils en avoient aussi en Angleterre & principalement à Venta. C'est ce que la Notice nomme *Bentense Gynaecium*.

e Sect. 42.
f Thesaur.

BENTICHI. Voiez HERACLE'E.
BENTITIANA. Voiez VENTOTIENE.
BENTIVOGLIO, Bourg & Château d'Italie dans l'Etat de l'Eglise, au Bolonois, à dix milles de Bologne au Septentrion sur le chemin de Ferrare. Ce lieu étoit autrefois considerable; mais il fut ruiné par le Pape Jule II. & est encore à present en très-mauvais état. C'est delà que vient la famille de Bentivoglio, qui a eu la Principauté de Bologne durant plusieurs années.

BEOL. Voiez BOHOL, Isle d'Asie l'une des Philippines.

BEOLOY-OSTROF, Isle de l'Empire Russien. Les Hollandois lui donnent 70. d. de Latitude Septentrionale & 84. d. de Longitude.

BE'OTIE, quelques-uns écrivent BE'OCE, ancienne Province de Grece, en Latin *Bœotia*. Elle étoit entre l'Attique, la Locride & la Phocide. Ephorus, au raport de Strabon [g], disoit que cette Province a cela de singulier, en quoi elle l'emporte sur les autres contrées, savoir qu'elle touche à trois Mers, & à quantité

g l. 9. p. 400.

tité de Ports. Les trois Mers qu'il entendoit font la Mer Superieure, qui est entre la Macedoine & l'Ionie ; la Propontide & la Mediterranée, par où les Béotiens pouvoient naviger jusqu'en Egypte, & par le Golphe de Corinthe il leur étoit aisé de faire voile vers l'Italie. Le même Ephorus regardoit l'Euboée comme partie de la Béotie vû qu'elle n'en est separée que par l'Euripe, Canal qui est fort étroit. Il ajoute qu'elle étoit en état de se faire un vaste Empire ; mais que l'indocilité de la Nation toujours mecontente de ses Chefs, avoit été un obstacle à son agrandissement. Les Béotiens, dit-il, negligeoient les Lettres & le savoir-vivre & ne s'atachoient qu'à l'art militaire. La Béotie fut d'abord occupée par des peuples Barbares, savoir par les Aones & les Temnices, qui faisoient des courses depuis Sunium, les Leleges & les Hyantes. Elle fut ensuite peuplée de Pheniciens que Cadmus avoit amenez de Phenicie, & ce Chef ayant enceint de murailles la Ville *Cadmeia* qui porta son nom, laissa la couronne à ses descendans. Ceux-ci ajouterent à la Ville de Cadmus celle de Thebes qu'ils bâtirent, & gouvernerent la plus grande part de la Béotie, & étendirent leur Royaume jusqu'à la guerre des Epigones. Dans ce temps-là ils abandonnerent en quelque façon la Ville de Thebes, mais ils y revinrent. Les Thraces & les Pelasges les aiant chassez ils établirent en Thessalie avec les Arnéens une Republique qui dura long-temps, & ils furent tous appellez Béotiens. Dans la suite ils rentrerent en possession de leur pays, après que l'on eut assemblé à Aulide de Béotie la Flote Æolienne pour mener les fils d'Oreste en Asie. Ayant ajouté l'Orchomenie à la Béotie, (car Strabon prouve que ces deux contrées n'étoient pas unies anciennement parce qu'Homere ne nomme pas les Orchomeniens avec les Béotiens, mais à part sous le nom de Minyes.) Ils joignirent leurs forces, ensemble, chassérent du côté d'Athénes, les Pelasges dont le nom fut donné à une partie de leur Capitale, & qui se retirerent au pied du mont Hymette. Ils obligerent les Thraces de reculer jusqu'au Parnasse. Les Hyantes allerent bâtir Hyampolis dans la Phocide. Ephorus raporte que les Thraces firent une trève avec les Béotiens, & que lorsque ceux-ci se croioient en Paix negligeoient de faire bonne garde les Thraces les attaquerent de nuit & furent repoussez. Comme on leur reprochoit leur mauvaise foi ils repondirent qu'ils avoient bien fait la trève pour le jour, mais non pas pour la nuit. Cette reponse donna lieu au proverbe la *subtilité des Thraces*. Il raconte aussi que durant la guerre les Pelasges & les Béotiens envoyerent consulter l'Oracle. Il ne dit pas quelle reponse eurent les premiers ; mais il dit que la Prêtresse repondit aux Béotiens qu'ils feroient bien leurs affaires s'ils commettoient une impieté. Leurs Députez crurent qu'elle se moquoit d'eux parce qu'elle étoit compatriote des Pelasges, la saisirent & la jetterent dans le feu ; pretendant avoir satisfait aux ordres de l'Oracle si elle l'avoit rendu de bonne foi, ou l'avoir punie, si elle les avoit voulu tromper. On les saisit, & les gardes du Temple n'oserent pas les faire mourir sans leur donner des Juges. On choisit pour cela des Prêtresses ; mais elles n'étoient plus que deux. Les Deputez alleguerent que les femmes n'ont nulle part le droit de juger. On joignit deux hommes aux deux Prêtresses. Ceux-ci déclarerent innocens les Deputez, que les Prêtresses condamnoient à la mort, les voix étant égales pour & contre, celles qui étoient favorables l'emporterent. Delà vint que lorsque les Béotiens consultoient l'Oracle, c'étoient des hommes qui leur repondoient, au lieu que c'étoient des femmes pour toutes les autres Nations...... La guerre que les Perses firent auprès de Platées fit beaucoup de tort à la Béotie, mais elle se rétablit si bien que les Thebains se virent ensuite en état de disputer l'Empire de toute la Grece ; ils gagnerent deux batailles sur les Lacedemoniens. La derniere victoire ne laissa pas de leur être funeste, car ils y perdirent Epaminondas, & avec lui l'esperance de la Primauté qu'ils prétendoient. Ils épouserent néanmoins la querelle des Grecs contre les Phocéens, qui avoient pillé un Temple, qui étoit commun à toutes les Nations de la Grece. Cette guerre les affoiblit, les Macedoniens ravagerent ensuite la Capitale qui du temps de Strabon meritoit à peine d'un village remarquable. Il dit que les autres Villes de la Béotie eurent le même destin. Il n'en excepte que Tanagre & Thespies. Ce passage de Strabon rectifie l'idée que feroit naître sans lui ce que dit Etienne le Géographe ; savoir que la Béotie a été anciennement nommée AONIE, MESAPIE, OGYGIE & CADMEÏDE. On voit assez que le nom d'Aonie vient des Aones dont parle Strabon. Mais quoi qu'Etienne cite Thucydide, je ne trouve point dans cet Auteur qu'il ait parlé de Mesapie. Le nom de Cadmeïde vient naturellement de Cadmus. Pour celui d'Ogygie je doute que nous en ayons une autre autorité que celle d'Etienne. Il est vrai que Varron [a] dit que la plus ancienne Ville que l'on eût bâti dans la Grece étoit Thebes en Latin, & que le Roi Ogyges en fut le fondateur. C'est apparemment sur quoi est fondé le nom d'*Ogygie* ; mais Thebes fut ajoutée à la Ville de Cadmeïde, qui étoit par consequent plus ancienne. Varron [b] parlant du liévre que quelques-uns pretendoient avoir été nommé *Lepus* en Latin, à cause de la legereté de ses pieds, (*quod levipes esset*) ajoute qu'il croit plutôt qu'il vient de quelque ancien mot Grec, & apporte en preuve que les Béotiens le nommoient aussi *Lepus*. Ces ÆOLES-BEOTIENS sont faciles à trouver lorsqu'on sait ce que dit Strabon que les Béotiens aiderent à Penthile à conduire une Colonie Æolique en y envoiant quantité de leurs gens, desorte que cette Colonie fut surnommée Béotienne Βοιωτική. Justin dit [c] que la Béotie étoit le nom du Pays, & Pelasges celui de la nation. *Populi Pelasgi, Regio Bœotia dicebatur*, & ce qui est surprenant, c'est qu'il le dit de la Macedoine, comme si la Béotie avoit été le nom de ce pays au commencement de la Monarchie ; ce qui est bien contraire à ce que dit Strabon ; plus croiable sur cette matiere que Justin. Solin [d] dit : les Béotiens sont les mêmes que l'on a appellez Leleges. C'est par

[a] de Re Rust. l. 3. c. 1.
[b] l. 3. c. 12.
[c] l. 7. c. 1.
[d] c. 7. Ed. Salmas.

leur

leur pays que coule le fleuve Céphife pour fe rendre à la Mer. Cet Abreviateur de Pline eft un trifte exemple du peu de fond qu'il y a à faire fur les abregez. Pline[a] dit tout au contraire que c'eft chez les Locres Epicnemidiens appellez autrefois Leleges que coule le Cephife. Il eft certain que les Leleges peuple vagabond a été quelque temps dans la Béotie, puis dans la Locride. Voiez LELEGES ; mais il n'eft pas moins vrai que Solin parle d'une maniere peu correcte de la Béotie de l'aveu même de Saumaife fon Commentateur, qui n'a pu s'empêcher de le relever. Le nom de Béotie a plufieurs Etymologies diferentes raportées par Etienne. Quelques-uns difent que Bœotus avoit pour Pere Iton fils d'Amphictyon, qui étoit le plus jeune fils de Deucalion & de Pyrrha. Le paffage d'Etienne a des preuves manifeftes de quelque omiffion confiderable, car il met ces mots *felon lui* par maniere de citation, quoi qu'il n'y ait encore aucun Auteur nommé jufque-là dans cet Article. Mais, ajoute-t-il, Nicocrate dit qu'il étoit fils de Neptune & d'Arné : fur quoi il cite des vers d'Euphorion Poëte Grec; dont le fens eft que Bœotus naquit d'Arné avec laquelle Neptune avoit eu commerce, & qu'il eut ce nom parce que des Bergers raporterent qu'on l'avoit trouvé expofé fur le fumier des bœufs de fon Pere. Euripide a un vers qui dit qu'il fut ainfi nommé parce qu'on le trouva jetté auprès d'un Bœuf. Caftor parle bien du Bœuf; mais c'eft à l'occafion de Cadmus à qui il fervit de guide. Ovide[b] dit dans le même fens

Bos tibi, Phœbus ait, folis occurret in arvis,
Nullum paffa jugum, curvique immunis aratri;
Hac duce carpe vias, & qua requieverit herba,
Mœnia fac condàs, Bœotiaque illa vocato.

C'eft-à-dire, vous trouverez, dit Apollon, une vache dans un lieu folitaire. Elle n'a point encore porté le joug ni tiré la charue, fuivez-la, & à l'endroit où vous la verrez fe repofer bâtiffez-y une Ville que vous appellerez Béotie. Hygin raconte la chofe autrement[c].

Cadmus courant le pays arriva à Delphes où l'Oracle lui repondit qu'il devoit acheter des Paftres un bœuf, qui eût au côté une tache de la figure de la Lune ; enfuite le chaffer devant foi, & remarquer l'endroit où le bœuf fe coucheroit. L'Oracle ajouta que fa deftinée étoit d'y élever une Ville & d'y regner &c. La Béotie, continue l'Auteur cité, a été nommée ainfi à caufe du bœuf que Cadmus avoit eu pour guide. Etienne, dont les paffages d'Ovide & d'Hygin m'ont fait interrompre les remarques ajoute encore celle-ci, favoir que quelques-uns expliquoient cette Etymologie tirée du mot *bœuf* par la pefanteur d'efprit attribuée aux Béotiens. En effet ils étoient fort décriez de ce côté-là, & paffoient pour les plus groffiers de toute la Grece. Le Ciel d'Athénes eft pur, dit Ciceron[d], d'où vient que les habitans de l'Attique font plus fubtils, & ont plus d'efprit que les autres Grecs. Le Ciel de Thebes eft groffier, c'eft pourquoi les Thebains font épais & forts. Horace n'en parle pas mieux. Car pour marquer le peu de difcernement qu'Alexandre avoit pour les ouvrages de bel efprit, il dit[e] que fi on lui en avoit demandé fon fentiment on l'auroit pris pour un Béotien.

Bœotium in craffo jurares aere natum.

Cette groffiereté des Bœotiens, dit Mr. Dacier, avoit donné lieu aux proverbes *Auris Bœotia*, oreille de Bœotie, & *fus Bœotia*, pourceau de Béotie. Pindare qui étoit Béotien né à Thebes ne diffimule point ce décri. Il exhorte le maître de la Mufique à faire chanter fi bien le Chœur qu'on puiffe connoître qu'il a évité l'ancien reproche qu'on faifoit aux Béotiens en les appellant *pourceaux* de Béotie à caufe de leur ignorance & de leur ftupidité. C'eft pourtant une chofe remarquable que nonobftant ce reproche la Béotie n'a pas laiffé de produire de grands hommes dans les Armes, dans la Politique, dans l'Hiftoire, & même dans la Poéfie, comme je le dirai plus bas. C'eft dans ce pays-là que fe trouvent des lieux où la Mythologie place le féjour des Mufes.

Divifion Géographique de la Béotie.

Ses Villes & lieux remarquables.

Thebæ, Capitale, aujourd'hui *Stives*, ou *Stibes*; fameufe par les avantures d'Oedipe, par la naiffance de Pindare, & par d'autres égards. Voiez THEBES.
Cadméa, Ville ancienne qui devint la citadelle de Thebes qu'on bâtit au deffous.
Plate ou *Platea*.
Hiria, auprès d'Aulide. Le Lac Hiries en portoit le nom.
Copa; Ville fituée fur le Lac Copaïs.
Tanagra, aujourd'hui *Anatoria*, felon Caftald.
Leuctra, en François *Leuctres*, Ville diferente d'une autre de même nom qui étoit dans la Laconie.
Haliartus, fur le Lac Copaïs.
Thefpia ou *Thefpia*, aujourd'hui *Tefpe* : fur le mont Helicon; d'où eft venu aux Mufes le furnom de Thefpiades. Là étoit la fontaine de Linope, où Narciffe devint amoureux de lui-même.
Afcra, Village où naquit le Poëte Hefiode.

BEO. BEP. BER.   BER.   239

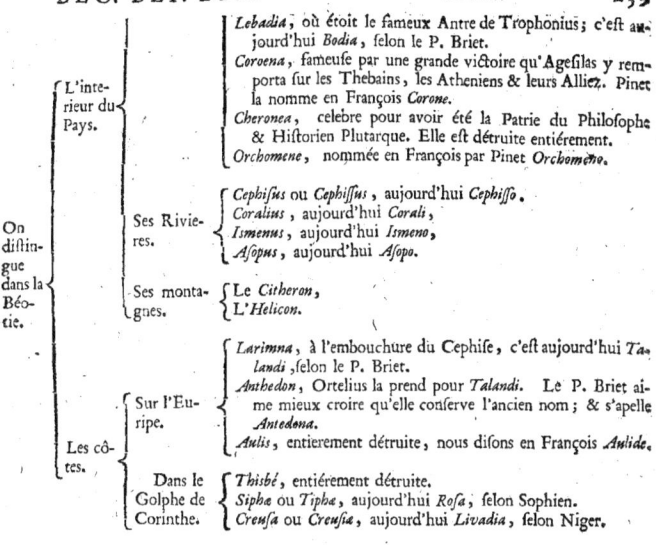

On distingue dans la Béotie.
- L'interieur du Pays.
  - *Lebadia*, où étoit le fameux Antre de Trophonius ; c'est aujourd'hui *Bodia*, selon le P. Briet.
  - *Coroena*, fameuse par une grande victoire qu'Agesilas y remporta sur les Thebains, les Atheniens & leurs Alliez. Pinet la nomme en François *Corone*.
  - *Cheronea*, celebre pour avoir été la Patrie du Philosophe & Historien Plutarque. Elle est détruite entierement.
  - *Orchomene*, nommée en François par Pinet *Orchomeno*.
- Ses Rivieres.
  - *Cephisus* ou *Cephissus*, aujourd'hui *Cephisso*.
  - *Coralius*, aujourd'hui *Corali*,
  - *Ismenus*, aujourd'hui *Ismeno*,
  - *Asopus*, aujourd'hui *Asopo*.
- Ses montagnes.
  - Le *Citheron*,
  - L'*Helicon*.
- Les côtes.
  - Sur l'Euripe.
    - *Larimna*, à l'embouchure du Cephise, c'est aujourd'hui *Talandi*, selon le P. Briet.
    - *Anthedon*, Ortelius la prend pour *Talandi*. Le P. Briet aime mieux croire qu'elle conserve l'ancien nom ; & s'apelle *Antedona*.
    - *Aulis*, entierement détruite, nous disons en François *Aulide*.
  - Dans le Golphe de Corinthe.
    - *Thisbé*, entierement détruite.
    - *Sipha* ou *Tipha*, aujourd'hui *Rosa*, selon Sophien.
    - *Creusa* ou *Creusia*, aujourd'hui *Livadia*, selon Niger.

Cet Auteur se trompe en cela comme en mille autres décisions qu'il fait sans fondement. Livadia, comme le remarque Mr. Spon, est corrompu de *Lebadia* ancienne Ville très-differente de celle-là. Le nom de Livadie est presentement celui d'une Ville, & de toute une grande Province qui repond à l'Etolie, la Doride, la Phocide, la Béotie, & l'Attique des anciens. Mr. Baudrand dit que la Béotie faisoit une partie considerable de l'Achaïe. Cela est vrai pourvû que l'on distingue les temps. Mr. Corneille dit qu'on la nomme presentement STRAMUZUPA. Au reste il faut ajouter aux lieux fameux de ce Canton *Pimpla* montagne voisine de l'Helicon, & consacrée aussi bien que lui aux Muses, qui en ont eu le surnom de *Pimpleides*, les fontaines d'*Aganippe*, d'*Arethuse*, de *Dircé*, & l'*Hippocrene* tant celebrées dans les Ecrits des Poëtes. La Béotie étoit separée de la Thessalie par le mont Oeta que l'on ne pouvoit franchir de ce côté-là que par le fameux pas des Thermopyles, ainsi nommé à cause des sources d'eaux chaudes.

BEPARA, petite Ville de Thrace selon Procope [a], qui la met au nombre des Forteresses élevées par Justinien.

BEPYRUS, Mercator dans son Ptolomée place une Ville de ce nom à l'Orient du Gange, & dit qu'elle s'appelle presentement BONPRUO. Ortelius [b] a raison de dire que Bepyrus est une Ville inconnuë à Ptolomée ; cet Auteur nomme *Bepyrrhus* [c] une montagne à laquelle il donne huit degrez d'étenduë du Nord au Sud, & six d'Occident en Orient.

§. BER, c'est ainsi que se trouve écrit en abregé sur les medailles le nom de la Ville de Beryte. COL. BER. sur une medaille d'Hadrien. Col. Jul. Aug. Fel. Ber. C'est-à-dire *Colonia*, *Julia*, *Augusta*, *Felix* du même Empereur, & autres medailles qu'explique le R. P. Hardouin.

BERA ou plutôt BERRA [d]. Voiez la remarque & l'Article BEER. Eusebe met une Ville de Bera à huit milles d'Eleutheropolis, vers le Septentrion.

BERA [e], en Latin *Byrrha*, petite Riviere de France au haut Languedoc ; elle se jette dans le Lac de Sigean entre Perpignan & Narbonne. Ce fut sur cette Riviere que Charles Martel remporta une mémorable victoire sur les Sarasins.

BERABÆ, Ville de l'Inde au delà du Gange, selon Ptolomée [f].

BERABONA, Ville de l'Inde au delà du Gange, selon le même [g].

BERACUM, lieu dont il est parlé dans le Code [h].

BERAMBE, Ville d'Asie dans la Babylonie selon Ptolomée [i]. Son Interprete Latin lit *Birande*.

BERANENSIUM CIVITAS, le livre des Dignitez cité par Ortelius fait mention de cette Ville dans la Populanie contrée de l'Aquitaine. Cenalis croit que c'est BIERNE. Ortelius dit que c'est BENEHARNUM d'Antonin. Voiez BENEHARNUM.

BERANGE', Riviere de France au Languedoc. Elle a sa source au dessus de Castries, passe à Fontmagne, à St. Brez, & se rend dans l'étang non de Taur, mais de Perols.

Davity [k] de qui cet Article est tiré dit l'Etang de Perols. Tassin dans ses Cartes des côtes de France dit Perotz, c'est ce que les Ecrivains d'aujourd'hui nomment l'Etang de Perrault.

BERAR, Royaume de l'Indoustan, dans l'Empire du Mogol & en sa partie Meridionale. [l] Il a pour confins à l'Orient le Royaume de Bengale, au Septentrion celui de Malvay,

[a] Ædific. l.4.c.11.
[b] Thesaur.
[c] l.7.c.2.
[d] Judic.c.9, v.21,
[e] Baudrand Ed. 1705.
[f] l.7.c.2,
[g] Ibid.
[h] l.7. Tit. 19.
[i] l.5.c.20,
[k] T. 2. p. 347.
[l] Baudrand Ed. 1705.

..vay, & à l'Occident celui de Candis dans le même Empire ; mais au Midi il est limitrophe du Royaume de Golconde dont il est separé par la Riviere de Guenga, & sa principale Ville est celle de Saphora. Mr. Baudrand distingue ici le Royaume de Golconde de l'Empire du Mogol, duquel il fait à present partie. La Riviere de Ganga & non pas Guenga, le separe du Royaume d'Orixa, car pour celui de Golconde, il ne va point jusqu'à cette Riviere. Le nom de la capitale est SHAPOUR, dont Saphora est un déguisement. C'est presque le seul lieu que nous connoissons de ce Royaume, & je ne le crois pas diferent de la Ville de Berar dont il est parlé dans le Voyage des Indes par Mr. Thevenot[a]. Ce dernier observe que ceux qui ont réduit les Provinces du Mogol, ont joint à la Province de Candish le Berar, & ce que le Mogol possede de l'Orixa. Le P. Catrou dans son Histoire du Mogol nomme ce Royaume BARAR en plus d'un endroit. Il dit[b] que le Mogol y entretient sept mille chevaux de garnison. Il dit ailleurs[c] : un des plus abondans Royaumes de l'Indoustan est celui du Barar. On y recueille du bled, du ris, & l'on y seme des legumes. C'est-là que le pavot, dont on tire l'opium, abonde ; les cannes de sucre y croissent presque sans culture. Mais ce qu'il ajoute n'est pas exact. La capitale d'un Royaume si fertile est, dit-il, par les 23. d. de latitude, & par les 125. d. 40′. de longitude. Il met un degré & demi de trop sur la latitude ; mais il en met environ 27. qui font au moins 540. lieues plus qu'il ne faut dans la longitude.

[a] c. 42. p. 211.
[b] p. 350.
[c] p. 363.

BERASUCABA[d], autrement IBIRAGOIABA ; Montagnes de l'Amerique méridionale à trente lieuës de la Ville de St. Paul, du Gouvernement de St. Vincent au Bresil. Ces montagnes abondent en veines de fer, & en ont aussi quelques-unes d'or, que les Sauvages, appellez CANANE´AS, ont coûtume de tirer : les Portugais ont bâti dans ces montagnes une petite Ville de peu d'importance qu'ils ont nommée St. Philippe. La Riviere d'*Injambi* s'élargit en cet endroit-là.

[d] Corn. Dict. de Laet Ind. Occid. l. 15, c. 17.

BERAUN ou WERAUN[e], en Latin *Verona*, Ville Royale de Bohême, peu distante de Carolstein, & à trois milles de Prague, auprès d'un Monastere que l'on nomme aussi Beraun. Cette Ville a souffert d'afreux ravages en divers temps. L'Empereur Sigismond la prit d'assaut le 12. d'Avril 1421. passa tous les hommes au fil de l'épée sans en excepter plusieurs personnes de qualité, qui y avoient cru trouver un azyle. En 1432. les eaux emporterent la moitié de la Ville. Ce fut-là qu'après la longue guerre de Bohême, on fit le 18. Juillet 1435. une Paix de Religion telle qu'elle avoit été resolue au Concile de Basle. L'an 1600. la Ville de Beraun fut entierement reduite en cendres : à peine commençoit-elle à se rétablir qu'en 1611. les troupes de Passau la prirent, & en 1632. elle fut incendiée de nouveau par les Crabates. Mr. Baudrand la nomme en Latin *Berauna*, & dit que les Allemands la nomment BERN. L'Auteur dont je tire cet Article est Allemand, & a écrit en sa Langue, mais il ne dit rien du nom de Bern.

[e] Zeyler Bohem. Topogr. p. 11.

BERBECINS. Voiez BARBECINS.

BERBER, Ville de Perse, selon Niger & Mr. Baudrand[f], qui croient que c'est l'ARBIS des Anciens. Ce dernier dit qu'on la nomme presentement BILBER, mais que Niger l'appelle BERBER.

[f] Ed. 1682, in voce ARBIS.

BERBERA[g], Ville d'Afrique Capitale d'une Province qui porte le même nom, & que l'on peut appeller la Barbarie Ethiopique. En effet elle est située sur la côte des Abissins qui regarde l'Océan Ethiopique ou Oriental auprès d'un Golfe que Ptolomée appelle *Sinus Barbaricus*, qui est entre la Mer rouge, & la côte de Mozambique. Abdelmoal dit dans sa Géographie que les Esclaves noirs tant mâles que femelles que l'on transporte de ce pays-là dans toutes les Provinces du Musulmanisme, sont beaucoup plus estimez que ceux de Nubie, d'Ethiopie, ou du Senega, parce qu'ils tirent plus sur le rouge, au lieu que les autres tirent sur le jaune. Outre la Ville de Berbera il y a encore celle de *Meherage* dans la même Province, & selon Abdelmoal les habitans de ces deux Villes sont presque tous Musulmans. Edrissi compte entre les Villes de la Barbarie Ethiopique *Alengia*, *Karkuna*, *Maraka*, & *Tarma*, & fait aussi mention d'une montagne ou Promontoire nommé *Khakuni*, dont les habitans se nourrissent principalement de tortues marinées. Ce pays pourroit être celui des Ichtyophages. Le Géographe Persien marque la position de ce pays entre la ligne Equinoctiale & le premier Climat, le pays des Zenges ou le Zanguebar, & la côte de Cafrerie en sont fort proches. Voiez l'Article BARBARIA 2.

[g] d'Herbelot Bibl. Orient.

§. BERBERAC, Ville de France en Languedoc. Elle est sur la Riviere d'Atax à quatre lieuës de Carcassonne & à pareille distance de Grace. C'est ce qu'on lit dans le Dictionnaire de Mr. Corneille qui cite un Atlas : c'est celui de Blaeu ; cet Atlas donne le nom Latin de la Riviere, au lieu du nom François qui est l'Aude. On y appelle la Grace dont on fait un Bourg, ce qui n'est qu'un village nommé la Grasse. Cependant Mr. Corneille s'exprime d'une maniere à faire soupçonner qu'il a entendu par ce nom la Ville Episcopale de Grace ou Grasse, qui est bien loin delà dans la Provence. L'Atlas porte BERBERAT, & non pas *Berberac* ; ce lieu paroît être le même que BARBEIRAN, Ville au Diocèse de Carcassone selon le Denombrement de la France[h]. La Carte de la Generalité de Toulouse la nomme BARBEYRAC. Ce nom est moins connu aujourd'hui pour être celui d'une Ville de Languedoc que pour être celui d'un savant Professeur de Groningue en Jurisprudence, qui l'a rendu immortel par des Ecrits remplis d'une érudition peu commune ; comme il est né dans le Languedoc, sa famille pourroit bien être originaire de ce lieu-là.

[h] T. 2. p. 135.

BERBERES, Gregoire de Tours dans son Traité des miracles de St. Martin met une Riviere de ce nom en Bourgogne, & dans la Vie de Lupicin, il fait mention d'un village nommé BERBERENSIS VICUS, ajoutant qu'on l'appelloit de son temps LIPIDIACUM ; comme le remarque Ortelius.

BERBICE, (la) Riviere de l'Amerique Me-

BER.

meridionale à 6. d. 30'. de latitude Septentrionale, selon De Laet[a]: ce qui se doit entendre de son embouchûre qui a un quart de lieue de large & environ deux brasses de profondeur. Quoi qu'elle ait un peu plus d'eau au dedans, elle n'est point propre pour de grands Navires. Cette Riviere se precipite avec un grand bruit à cinquante lieues de son Embouchûre sur des rochers, qui sont au dessous du saut qu'elle fait. La terre est basse d'un côté & d'autre de son embouchûre & quand on a monté vingt ou vingt-cinq lieues elle est un peu plus haute & fort sablonneuse, s'étendant en plaines qu'ils appellent *Sabanas*; (ce sont des Savanes, ou prairies pour le pâturage,) & où les arbres ne peuvent croitre. Les Sauvages qui l'habitent sont Arwaques Nation humaine & fidelle aux Etrangers. Il s'y trouve beaucoup d'animaux de chasse comme des cerfs & des sangliers de deux sortes; mais ils ne sont pas faciles à prendre. Les Sauvages, qui ont presque toûjours la guerre avec les Caribes, qui demeurent aux bords de la Riviere de Coretive, n'entrent pas sans crainte dans les bois où leurs ennemis se tiennent souvent en embuscade pour les tuer par surprise. La terre n'y produit que des Cotonniers, & la teinture qu'on apelle Orellan. La plûpart des autres arbres y sont inutiles & sauvages. Les habitans y ont une incommodité fort particuliere, c'est une démangeaison si grande aux talons & aux pieds qu'à peine ils la peuvent suporter. Pour peu qu'on se grate, on est en danger d'être boiteux quelques mois. [b]C'est une des quatre Colonies que les Hollandois ont dans la terre ferme de l'Amerique meridionale, & qui prennent chacune le nom de la Riviere auprès de laquelle elles ont leur établissement. Les Cotonniers sont communs à cette Colonie & aux trois autres, avec cette difference que les siens sont en plus grande quantité. L'Orellane qui lui est particuliere se tire d'une plante de même nom, en la cultivant & la preparant à peu près comme l'Indigo.

BERBIESCA. Voiez BIRVIESCA.

BERBIS, ancienne Ville de la basse Pannonie selon Ptolomée[c]; Lazius croit qu'on en doit chercher les ruines à BARBOWYNA.

BERCE[d], Ville des Indes au Royaume de Decan, à trois lieues des Villes d'Arecq & de Mirsie.

BERCETESIUS, Montagne de Grece dans la Macedoine, selon Ptolomée[e].

BERCETUM[f]. Luitprand au raport de Paul Diacre, éleva un Monastere de ce nom dans les Alpes, au Mont-Bardon. Ce dernier nom détruit l'équivoque du mot Alpes. Il s'agit-là de l'Appennin, & apparemment de BERZETTO au Parmesan. Voiez ce mot & l'Article BARCETUM.

BERCHEIM[g], petite Ville d'Allemagne au Duché de Juliers, sur les frontieres du Diocèse de Cologne sur la Riviere d'Erp, & sur une Montagne presque au milieu entre Cologne au Levant & Juliers au Couchant.

BERCHS. (le Comté de) Voiez BARCKSHIRE.

BERCHTELSGADEN ou BERCHTOLSGADEN. Mr. Baudrand semble préferer BERTELSGADEN ou BERTOLSGADEN, petite Ville d'Allemagne dans la haute Baviere. Elle est enclavée dans l'Etat de l'Archevêque de Saltzbourg, sur le Ruisseau d'*Aba* & appartient néanmoins au Prevôt. Cette Dignité qui est Ecclesiastique donne à celui qui en est revêtu le rang & les prerogatives de Prince de l'Empire, & la Souveraineté d'un petit Etat situé aux environs de la Ville, & que l'on appelle la Prevôté de Berchtolsgaden. On en trouve dans les Topographies de Zeyler une Carte particuliere. La Ville qui en est le cheflieu n'est qu'à trois milles Germaniques de Saltzbourg & fournit de sel à tout le voisinage. Cette Prevôté qui est de l'Ordre des Chanoines Reguliers de St. Augustin, ne reconnoît que le Pape pour la jurisdiction Ecclesiastique & l'Empire pour la Justice seculiere.

BERCK, Mr. Corneille dit sur la foi d'un Atlas qu'il ne designe point autrement que c'est une Ville des Pays-bas dans la Gueldre. Elle est, dit-il, située au bord du Rhin. Cette place, quoique petite, s'est aquis de la reputation par l'exercice des armes ayant éprouvé tantôt celles des Etats & tantôt celles des Espagnols, parce qu'elle a été sous la domination des uns & des autres. Il n'y a dans la Gueldre au bord du Rhin aucune Ville, ni aucun Bourg de ce nom. Je soupçonne que le Lecteur de Mr. Corneille trouvant au bas d'une Carte particuliere de la Gueldre, mais hors des bornes de cette Province, Rhinbarck, comme on lit dans l'Atlas de Blaeu, il a cru que Berck sufisoit & que la syllabe Rhin n'y étoit pas essentielle.

BERCKEL ou BORCKEL[h], Riviere d'Allemagne au Cercle de Westphalie. Elle a sa source au Diocèse de Munster au dessus de Coeffel, passe à Recken, g. au Château d'Eybergen, g. à Borkelo, d. à Lochem, d. au Château d'Eese d. à Allmen, d. au Château de Welden, g. & se perd dans l'Issel à Zutphen.

BERCORCATES, ancienne Nation de la Gaule dans l'Aquitaine, selon Pline[i]. L'Auteur d'une Vie de Radulfe Ardens imprimée avec ses Oeuvres & citée par Ortelius[k] veût, sur je ne sai quel fondement, que ce soit presentement BEAULIEU village; d'autres[l] sur des conjectures aussi incertaines disent qu'ils faisoient partie du Bazadois, à l'endroit où sont presentement les petites Landes & la Commanderie de BESSAUT entre le Bazadois au Septentrion & le Condomois au Midi. Le R. P. Hardouin dit beaucoup mieux qu'on ne sait aujourd'hui ce que c'étoit que cette Nation: *Prorsus ignota Gentes*, dit ce savant Critique.

BERCORIUM, nom Latin de BERSUIRE, Ville de France au Poitou.

BERCS. Voiez BARCKSHIRE.

BERCU[m], il y a deux villages de ce nom en Afrique dans la Guinée sur la côte d'Or. Le premier nommé *le grand Bercu* est le principal Village du Pays de Jean Concomo & est situé sur une Montagne à six lieues d'Acara; le second appellé *le petit Bercu* est baigné par une petite Riviere.

---

[a] Ind. Occid. l. 17. c. 16.

[b] Savary Dict. du Commerce p. 1328.

[c] l. 2. c. 16.

[d] Corn. Dict. Manteslo Voyage des Indes l. 1.

[e] l. 3. c. 13.

[f] Ortel. Thesaur.

[g] Baudrand Ed. 1705.

[h] Dict. Géogr. des Pays-bas.

[i] l. 4. c. 19.

[k] Thesaur.

[l] Baudrand Ed. 1682.

[m] Dapper Afrique p. 286.

BERDA, Ville d'Asie, au Pays d'Arran entre la Riviere de Cyrus & l'Araxe. Il en est fait mention dans la Vie de Timur-Bec[a] & le Traducteur François dit dans une Note[b] qu'elle est dans l'Arran. Cette Province est au Midi de la Géorgie, & à l'Ouest du Schirwan ou, comme cet Auteur écrit, *Chirouan*. Mais dans une autre Note[c] il écrit Berdaa Ville de Chirouan au Midi de la Géorgie à 83. d. de longitude, & 40. d. 30'. de latitude. C'est cependant le même lieu. Sa Carte marque Berdaa au milieu de l'Arran, de sorte que l'une de ces Notes vient apparemment d'un manque de mémoire, ce qui est très-pardonnable dans un travail si long & si dificile.

[a] l. 5. c. 41.
[b] p. 406.
[c] l. 5. c. 8. p. 139.

BERDIGUM FLAVIUM, Ville ancienne d'Espagne dans l'Asturie. Le Grec de Ptolomée porte Βέρδιγον Φλαούιον, le Latin a au contraire BERGIDIUM FLAVIUM par un renversement & un accroissement de lettres. Peut-être que cela est venu de la Ville *Bergidum* d'Antonin, avec qui on a voulu concilier Ptolomée. Voiez BERGIDUM.

BERDOA, vaste desert d'Afrique dans la Nigritie. Il fait partie du Saara ou Zara, & est entre les deserts de Gaoga au Levant & de Lempta au Couchant; il a le Biledulgerid au Nord & le Royaume de Borneo au Midi. Il tire son nom de la Ville de Berdoa, qui est au milieu de ce desert précisément sous le Tropique du Cancer.

§. Mr. de l'Isle nous donne une autre idée de ce pays. Il appelle les Berdoa un Peuple, qui campe sous des tentes vers le 22. d. de latitude Nord. Au Midi de ce Peuple est le desert de Berdoa, d'une grande secheresse, où il n'y a pas de sureté pour les Marchands à cause des voleurs. A l'extremité Occidentale du Pays de Berdoa presque sous le Tropique est une petite Ville nommée ARCAN presque aux confins des Lemptunes. Plus au Nord sur les mêmes confins est une autre petite Ville nommée ROUDAN MAJALAT située au Midi du Royaume du Faisan. Vers les 24. d. de latitude, & 36. de longitude est une troisiéme Ville nommée MEDHERAM ISA; au Nord de laquelle sont des puits où se fournissent d'eau les habitans de ZAOUILA, qui est du Royaume du Faisan. Au Nord du pays assez près des Montagnes, qui le séparent du Royaume de Tripoli est Zala où il y a des Foires & des Marchés celebres. Le Nord est habité par les Levata ou Lebietes Peuple, qui habite pour la plus grande partie sous des tentes. On y trouve néanmoins deux petites Villes ou Bourgs; savoir AIAT & AÏN CAÏS. Ce que Mr. de l'Isle appelle plus particulierement encore le Pays de Berdoa s'étend le long & au Nord du Tropique, & comprend cinq ou six Villages & trois Châteaux.

BERDOE[d], Ville de Perse à 63. d. 15'. de longitude, & à 35. d. 30'. de latitude, l'air de cette Ville est excellent. Il y a de bons pâturages & en abondance, ce qui fait que les habitans y nourrissent force bétail & sur tout de bonnes mules; on les accoûtume de bonne heure à aller l'amble, en leur attachant les pieds avec deux cordes d'égale longueur soutenües au milieu par deux autres petits cordons attachez à la selle. On les promene de la sorte soir & matin & on leur regle le pas qui se rend fort doux.

[d] Tavernier Voyage de Perse l. 1. l. 3. c. dernier.

BERDONA. Voiez l'Article suivant.

BERDOUES[e], en Latin *Bardum* & *Berdona*, Abbaye de France de l'Ordre de Cîteaux & de la filiation de Morimond, au Diocèse d'Auch. Elle fut fondée en 1134. & ce furent Bernard Comte d'Astarac & Sanche II. son fils qui donnèrent la Terre de Berdoues, & toutes ses dépendances pour ce saint œuvre. A ces bienfaits les Seigneurs de Barbasan & ceux d'Orbessan, de Mauleon, &c. en ajoutérent plusieurs autres. Le Pape Jean XXIII. érigea cette Abbaye en Evêché à la priere du Comte d'Astarac & de l'Abbé de Berdoues, & le Siége de cet Evêché devoit être à Mirande petite Ville qui depend de l'Abbaye de Berdoue; mais Berenger Archevêque s'y opposa & ayant su faire entrer le Roi Charles VI. dans ses interêts l'an 1413. cette érection n'eut point lieu.

[e] Piganiol de la Force Desc. de la France T. 4. p. 153.

BERDRIGEI, Peuple d'Asie vers la Margiane, selon Pline[f].

[f] l. 6. c. 16.

BERDUN, Bourgade d'Espagne au Royaume d'Aragon, au bord de la Riviere qui porte le même nom que le Royaume, trois lieues au dessous de la Ville de Jaca, & au Midi de la Vallée d'Anso. Les Alliez qui soutenoient les prétentions de l'Archiduc d'Autriche à present Charles VI. Empereur sur la Monarchie d'Espagne se rendirent maîtres de Berdun en 1706.

1. **BERE'**, Ville de l'Arabie deserte, selon Ptolomée[g].

[g] l. 5. c. 19.

2. **BERE'**, Ville de l'Inde en deçà du Gange, selon le même[h].

[h] l. 7. c. 2.

3. **BERE'**[i], Bourg d'Angleterre en Dorsetshire. Il n'a rien de remarquable que le Marché qui s'y tient.

[i] Etat pres. de la G. Bret. T. 1. p. 58.

BEREBERES[k], nom que les Auteurs Arabes donnent aux Barbares, ou Peuples qui ont habité les premiers les deserts Orientaux de l'Afrique. Ils sont issus de la Tribu des[l] Sabéens, qui passa de l'Arabie heureuse en Afrique sous la conduite de leur Roi Melek Ifriqui: & l'on nomme Chilohes ceux qui demeurent dans la Tingitane, la Numidie & la Libye. Des dissensions s'étant élevées entre ces Peuples, les vainqueurs demeurerent Maîtres de la Campagne, & ayant pillé les troupeaux des vaincus, les contraignirent à se retirer dans les Montagnes & les lieux habitez. Ceux-ci se mêlant avec les autres Africains, comme les Chilohes & les Getules vinrent chez eux, habiterent dans des Maisons comme faisoient ces Nations & s'assujetirent à leurs Ancêtres. C'est la raison pourquoi on trouve en Afrique des Bereberes, qui ont des maisons & d'autres qui vivent sous des tentes, au milieu des champs, quoi qu'ils soient tous de même origine.

[k] Marmol Afrique p. 1. c. 4.
[l] Dapper Afrique p. 21.

Il est vrai que ceux qui se tiennent dans les Campagnes, à la façon des Arabes sont estimez plus nobles que les autres & sont aussi plus puissans & plus riches en bétail: mais les uns & les autres conservent soigneusement l'antiquité de leur extraction, & la Généalogie

gie des Peuples dont ils sont sortis : ce qui les fait distinguer parmi les Africains. D'ailleurs ceux qui ont des maisons les ont situées dans l'endroit le plus fort du lieu où ils habitent, & sont repandus dans les Provinces de la Barbarie, de la Numidie & de la Libye.

[a] Marmol Ibid. part. 2. L 3. c. 17.

[a] La plus grande partie des Bérébéres de la Province de Hea vivent dans les Montagnes : ceux qui font leur demeure sur le grand Atlas que les Africains nomment Ayduacal ont des maisons faites de bois & de carreaux, & couvertes d'ardoise ou de branches d'arbres. Ils ont plusieurs villages, & quelques-uns fort grands, quoique les habitans errent la plûpart de l'année avec leurs troupeaux pour chercher de l'herbe. Ils trainent alors avec eux des maisons faites de bois à la façon de celles des anciens Africains, & lorsqu'ils veulent passer quelque tems dans un même lieu, ils les garnissent ou couvrent de paille, ou de feuillage. Leur principal revenu est en troupeaux de chevres qu'ils ont en quantité. Ils recueillent beaucoup d'orge, de miel & de cire qu'ils vendent aux Marchands Chrétiens qui trafiquent à Safi, à Testane, & au Cap d'Aguer. Ces Peuples ne portent aucun habillement qui soit cousu, & il n'y a parmi eux ni homme, ni femme qui sache coudre. Ils n'ont ni Juges, ni Alfaquis, ni Mosquées & ne se soucient pas fort des choses spirituelles. Ils sont generalement sauvages, avares, cruels, & grands ennemis des étrangers. Ils sont bien vingt mille Combattans qui font des merveilles dans ces Montagnes dont ils connoissent les détroits & toutes les avenuës ; mais hors delà ce sont les plus pauvres soldats de toute l'Afrique. Quand le Cherif veut faire quelque entreprise il en mène quantité distribuez par compagnies pour tirer le canon & pour porter les vivres, & munitions à quoi ils sont fort propres parce qu'ils sont de grand travail.

[b] Ibid. c. 18.

[b] Les Bérébéres de la Montagne de Tenzéra qui confine avec la precedente & s'étend 22. lieuës du côté du Levant, ont leurs habitations dans des lieux hauts & escarpez ; mais quoi qu'elles soient grandes elles ne sont pas fermées de murailles. Ils nourrissent quelques chevaux parce que le pays abonde en orge & en millet, qui est comme de l'alcandie. Il sort de ces Montagnes plusieurs sources, qui arrosent les terres des valons & qui se vont rendre vers la Tramontane dans la Riviere de Siffaye, qu'on nomme Chenchava du nom d'une Ville par où elle passe. Ces Bérébéres sont plus riches que ceux des autres Montagnes, parce qu'outre l'orge, le miel, la cire & les troupeaux, ils ont de fort bonnes mines de fer dont ils ne sont pas des barres, mais des boules qu'ils debitent par toute la contrée. Ils sont aussi plus habiles que les autres, se traitent mieux & vont mieux vêtus à cause qu'ils ont plus de commerce avec les Etrangers. Il y a parmi eux plusieurs Marchands & Artisans Juifs, qui sont naturels du Pays, & non pas de ceux que les Rois Catholiques ont chassé d'Espagne, qui se sont retirez dans les principales Villes de la Barbarie. Il y a par toute cette Montagne de

Tom. I. Part. 2.

grandes forêts de bouïs & de lentisques, qui sont fort hauts avec une espéce de Cédre de très-bonne odeur, & de grand profit. On y voit de grands noyers, qui fournissent tant de noix, qu'outre ce qui s'en mange & s'en debite, on en fait de l'huile. Le Pays peut fournir plus de vingt mille combattans tant à pied qu'à cheval qui vaillent mieux que ceux de la Montagne Atlas dont il vient d'être parlé. L'an 1539. on y découvrit une mine de cuivre : & l'on en transporta à Maroc pour faire de l'artillerie.

[c] Ibid. c. 24.

[c] A quatre lieuës de Tarudan sur les confins d'Eusfaran qui est du Sus éloigné on trouve le principal quartier d'une Communauté de Bérébéres qui vivent sous des tentes ; ils sont riches & belliqueux & sont plus de cinq mille chevaux. Leurs Chefs furent les premiers qui favoriserent les Cherifs & qui les suivirent dans toutes leurs guerres ; aussi eurent-ils les principales Charges. Ali fils de Bucar en étoit, qui égorgea Muley Hamet & ses petits-fils dans Maroc, lorsqu'il fut la mort du Cherif. Tout le côté de cette Province qui regarde la Libye appartient à ces Peuples & lorsque les habitans le veulent semer, il faut qu'ils leur en payent tribut.

[d] Ibid. p. 3. l. 7. c. 1.

[d] Il y a encore des Bérébéres dans la Numidie en tirant vers l'Orient : ceux-ci courent çà & là & sont puissans. Leur richesse ne consiste cependant que dans les dates & dans le bétail ; car ils ont peu de bled ; mais la recolte des dates supplée à ce defaut, & ce sont les meilleures de toute l'Afrique, en effet plus on approche du Levant & meilleures elles sont. Marmol doute si ce ne seroit point d'elles dont parleroit Homere, quand il dit qu'il y a dans cette contrée un arbre appellé Lotos, dont on n'a pas plutôt goûté que l'on oublie son Pays, où l'on ne retourne que par force, comme firent les Compagnons d'Ulysse.

BERECINA. Voiez BERESINA.

BERECINGUM, lieu d'Angleterre chez les Saxons Orientaux selon Bede cité par Ortelius[e].

[e] Thesaur.

BERECYNTES, ancien Peuple d'Asie dans la Phrygie, selon Strabon[f]. Ortelius dit qu'ils étoient près du mont Ida. Cela ne se peut comme on verra dans les Articles suivans.

[f] l. 10. p. 469.

1. BERECYNTIA Ville. Le seul passage des anciens où il en soit parlé se trouve dans Festus[g]. Le voici. Agathocle dit qu'il y a plusieurs Ecrivains qui prétendent qu'Enée fut enseveli dans la Ville Berecyntie près du fleuve Nolos, que quelqu'un de ses descendans nommé Romus vint en Italie, & y bâtit la Ville nommée Rome. Pomponius Sabinus[h] repete à peu près la même chose, & nomme le fleuve Molos. On pourra savoir où étoit cette Ville quand on aura découvert en quel pays est le fleuve Nolos, ou Molos ; car on ignore également l'un & l'autre.

[g] in voce ROMAM.
[h] in v. Æneid.

2. BERECYNTIA, Ville de la Phrygie selon Etienne. Elle étoit sans doute habitée par les Berecyntes de Strabon.

BERECYNTIA REGIO, contrée d'Asie vers le fleuve Sangar ; selon Etienne le Géographe. Vibius Sequester[i] met sur le fleu-

[i] in voce SAGARI.

Hh 2

fleuve Sagaris en Phrygie une place forte nommée CASTELLUM BERECYNTIUM : cette place donnoit le nom à cette contrée : & le prenoit elle-même de BERECYNTUS, ou BERECYNTIUS *mons*, Montagne de Phrygie consacrée à la Mere des Dieux, comme le dit Servius [a]. Pline donne à la Carie un Canton qu'il appelle BERECYNTIUS TRACTUS, & le R. P. Hardouïn dit qu'il étoit auprès de Nysa, & du fleuve Marsyas, sur quoi il cite un passage d'Hesyche, qui dit que les Berecyntes étoient une Nation de Phrygiens, & n'oublie pas les Berecyntes de Strabon. Ce que le R. P. Hardouïn du voisinage du fleuve Marsyas & du Mont Berecynte est conforme à ce que dit Plutarque le Géographe : près de ce fleuve est le Mont Berecintien, qui a reçu le nom de Berecyntus premier Prêtre de la Mere des Dieux.

BERECZIOW, petite Riviere de la basse Hongrie au Comté de Tarantal où elle serpente d'Orient en Occident, puis se tournant vers le Midi, elle separe ce Comté de celui de Zolnock, & se joint au Kerez avec lequel elle va se perdre dans la Teisse [b].

BEREGABA, défilé de la Bulgarie, selon Cedrène cité par Ortelius.

BEREGARD, selon Mr. Corneille Ville de la Franche-Comté. Elle est, dit-il, située en une plaine à deux lieues d'Orgelet, & à trois de St. Laurent. Cette prétendue Ville n'est qu'un Château nommé Beauregard accompagné d'un Village, au Nord & à deux petites heures de chemin d'Orgelet, au Levant d'été & à trois heures de St. Laurent de la Roche [c].

BEREGLAS. Voiez BEREGZAS.

BEREGRANI, peuple ancien d'Italie dans le Picentin selon Pline [d]. C'est ainsi que le R. P. Hardouïn laisse ce nom. Ortelius dit avoir trouvé Veregrani dans trois Manuscrits, mais les copistes n'ont pas remarqué qu'en ce cas-là ce nom seroit deplacé, parce que Pline suit l'ordre Alphabetique en denombrant les divers peuples qu'il nomme en ce passage. *Auximates, Beregrani, Cingulani, Caprenses,* &c. Il est vrai qu'on trouve dans Frontin [e] VERAGRANUS AGER; qui est le Territoire de cette Ville. Ptolomée la donne aux Prægutiens & la nomme BERETRA au lieu de Beregra. Ortelius dit après François Pamphile que c'est aujourd'hui MONTE *Granario*, (GRANARO,) lieu situé au Midi & à peu de distance du Chiento dans la Marche d'Ancone; au Nord Occidental & à environ sept milles de Fermo selon Magin [f].

1. BERENICE, Ville d'Asie, vers la Syrie, comme parle Etienne le Géographe ; il ajoute qu'on la nommoit PELLA. Mais au mot Pella il en fixe davantage la position & l'attribue à la Celesyrie. Or Pella de Syrie est la même qu'APAMÉE. Voiez ce mot.

2. BERENICE, Ville Maritime située au fond de la Mer Rouge. Il y en avoit quatre dans ce grand Golphe. Celle-ci qui est la premiere est placée par Mela [g] entre le Promontoire d'Heroöpolis & celui de Strobile, qui est le même que Ptolomée nomme le Promontoire près de Phara; & qui separoit le Golphe d'Ælana & celui d'Heroöpolis. Cette Berenice est aussi nommée par Josephe, qui dit en parlant de la Flotte de Salomon qu'elle fut construite à Asiongaber. Il ajoute que de son temps on nommoit ce Port Berenice, & qu'il n'étoit pas loin d'Ælana. J'ai déja remarqué [h] que D. Calmet croit que Josephe s'est trompé en mettant de ce coté de la Mer rouge une Berenice qui étoit à l'autre bord. Vossius croit au contraire que la Berenice de Josephe est la même que celle de Mela.

3. BERENICE, nommée aussi CHIOS. C'est tout ce qu'en dit l'Abreviateur d'Etienne. Berkelius doute si ce second nom ne seroit pas corrompu de PANCHRYSOS. Pline [i] met dans la Trogloditique une BERENICE surnommée Panchrysos, c'est-à-dire toute d'Or. Le R. P. Hardouïn croit que c'est la même Berenice, que Strabon met [k] auprès de Sabæ. Mais ce qui m'empêche d'être de son sentiment c'est, que la Berenice-Panchrysos de Pline étoit dans la Trogloditique, c'est-à-dire au Couchant de la Mer Rouge, au lieu que celle de Strabon près de Sabæ étoit à l'autre côté de cette Mer dans l'Arabie heureuse.

4. BERENICE, surnommée *Epidires*, Pline lui donne ce surnom parce qu'elle étoit sous le Promontoire, & la Ville de Diræ; de même qu'Antioche a été nommée *Epidaphnes*, parce qu'elle étoit au-dessous d'un lieu fameux nommé Daphné. Cette Berenice étoit à l'entrée de la Mer Rouge à la gauche, & fort près du detroit de Bab-el-Mandel. C'est la même qu'ARSINOÉ 13.

5. BERENICE, Port & Ville vers le milieu de la côte Occidentale de la Mer Rouge. C'étoit où abordoient les Marchandises destinées pour Coptos dont elle étoit éloignée de CCLVIII. mille pas; & Pline [l] ajoute que comme ce voyage se faisoit presque toujours pendant la nuit à cause de la fraîcheur, & que l'on campoit durant le jour, on arrivoit d'une de ces Villes à l'autre le douziéme jour. Il dit ailleurs que cette Ville portoit le nom de la Mere de Philadelphe [m]. Elle étoit au fond d'un Golphe, & on croit que c'est presentement COSSIR dont le Golphe porte le nom.

6. BERENICE, Ville d'Afrique dans la Pentapole selon Ptolomée, qui dit qu'on l'appelloit aussi HESPERIDES. C'est la sixiéme d'Etienne le Géographe qui la met dans la Libye, & dit qu'on la nommoit anciennement HESPERIS au Singulier. On trouve dans Pomponius Mela cette Ville nommée HESPERIA dans les vieilles Editions, & *Hesperis* dans celle de Vossius. Si on en croit Marmol [n], son nom moderne est presentement BERIC au Royaume de Tunis dans la Province de Mesrate.

7. BERENICE, ancienne Ville de la Cherfonnese d'Epire. Plutarque [o] en fait mention, de même qu'Appien [p].

8. BERENICE, Ville de Thrace selon Etienne le Géographe [q].

9. BERENICE, Ville de Cilicie selon Etienne le Géographe dont elle est la cinquiéme de ce nom.

BERENICIÆÆ, peuple de l'Attique de la Tribu Ptolemaïde selon Etienne le Géographe. Hesyche écrit BERONICIDÆ.

BE-

BER. BER. 245

BERENTHE, petite Ville du Peloponnese dans l'Arcadie *a*. Etienne n'en fait qu'un nom de deux Syllabes & écrit BRENTHE: & c'est ainsi qu'il faut lire dans tous les deux. Car Pausanias lui-même *b* que cite Ortelius en faveur de Berenthe nomme Brentheate la Riviere, qui y passe. Sylburge a remarqué qu'il faloit lire Βρένθης & Βρενθεάτης, & sa remarque a été suivie dans l'Edition de Kuhnius. Pausanias au reste ne parle de Brenthe, que comme d'un lieu dont on ne voioit plus que les ruines.

a Ortel. Thes.
b l. 8. c. 28.

BERENTHEATE *c*, ou plutôt BRENTHEATE petite Riviere du Peloponnese dans l'Arcadie, où elle se jette dans l'Alphée.

c Pausan. ibid.

BERES, Ville de Thrace selon Etienne le Géographe.

BERESINA, Riviere de Pologne. Elle a sa source en Lithuanie au Palatinat de Minski *d*; serpentant vers le Sud-Ouest elle reçoit un ruisseau qui vient de Doxico, *d*. puis coulant vers le Sud-Est elle baigne Borissow *g*. reçoit le ruisseau de BOWR, *g*. & peu après prend son cours vers le Midi, se charge de la Riviere de Suislocz qui vient de Minski, & des ruisseaux de WOLOZNA, BOBRVIA, auprès de Bobruisk, de PRODUVIN, & d'USZA *d*. d'OLHA *g*. ZERDZIA, SWIECK & WIEDRZYES, & se jette près delà dans le Nieper; un peu au dessus de Rzekzyca dans la Terre de même nom.

d De l'Isle Atlas.

BERETHIS, Village d'Ethiopie à l'Orient du Nil selon Ptolomée *e*.

e l. 4. c. 7.

BERETHRA, Strabon dit que les Grecs nommoient ainsi ce que les Arcadiens appelloient ZERETHRA. C'étoient des Goufres près du Marais de Stymphale. C'est sans doute le même mot que *Barathra*, qui signifie des Goufres, des Fondrieres.

BERETRA, ancienne Ville d'Italie au Territoire des Pregutiens, selon Ptolomée: ses Interpretes doutent si c'est CELINO, ou MONTORIO.

BEREX, peuple d'Asie entre l'Inde & l'Ethiopie. Vossius *f* croit que ce nom est corrompu & qu'il doit y avoir BECHEIRES, & que c'est le même peuple que les BECHIRI de Pomponius Mela. Il pretend de plus qu'il est question en cet endroit d'une Ethiopie, & d'une Inde près du Pont Euxin. J'ai remarqué *g* que ces noms ont été apliqués à des pays très-diferens de ceux qu'ils signifient à présent dans le style des Géographes Modernes. Il y a eu des Ethiopiens au delà de l'Euphrate & des Indiens, à l'Occident du Nil. C'est ce qui rend la conjecture de Vossius très-incertaine.

f Ad Melam.
g A l'Article ETHIOPIE.

BERG, les Allemands écrivent BERGEN, qu'ils prononcent *Berghen* pays d'Allemagne avec titre de Duché dans le Cercle de Westphalie, à l'Orient Septentrional du Rhin; qui le separe de l'Archevêché de Cologne, excepté en quelques endroits, où les Frontieres ne suivent pas exactement le cours de ce fleuve, & laissent d'un côté ou d'autre une lisiere ou échancrure, de l'un ou de l'autre pays. Il a au Nord le Duché de Cleves, & partie du Comté de la Marck avec la Seigneurie de Harderberg. Le Comté de la Marck & le Comté de Homberg l'enferment à l'Orient,

la Seigneurie de Wildenbourg, & la Weteravie le terminent au Midi. Ce pays a eu ses Seigneurs particuliers. *h* Marie fille de Thierry IX. porta cette Seigneurie à Alphonse II. Comte de la Marck. Ses Successeurs prirent le qualité de Comtes de Berg, & l'Empereur Wenceslas érigea ce Comté en Duché l'an 1389. en faveur de Guillaume I. Par le Mariage de Marie fille unique de Guillaume VI. Duc de Juliers & de Berg, il passa dans la Branche des Ducs de Cleves. Leur race s'étant éteinte, il se fit un partage de leur succession entre les Electeurs de Brandebourg, qui eurent Cleves & le Comté de la Marck; & le Duc de Neubourg qui eut les Duchez de Juliers, & de Bergh. Je parle plus amplement de ce partage à l'Article de CLEVES. C'est un pays fort montueux & plein de Bois dans la partie Orientale, celle qui est le long du Rhin est plus unie. Ses habitans *i* s'adonnent fort au commerce. *i* Les principales Rivieres qui l'arrosent sont la Roer, qui en coupe une petite partie au Nord; la Wipper, l'Agger, & la Sieg. Ces deux dernieres se joignent à Mulhoven, & toutes se rendent dans le Rhin, outre un grand nombre de ruisseaux qui s'y jettent immédiatement, où qui vont grossir quelqu'une des grandes Rivieres. Les principaux lieux de ce Duché sont

h D'Audifret Geogr. T. 3. p. 254.
i Sanson Atlas.

Dusseldorp, Capitale,
Sollingen, sur la Wipper,
Mulheim, sur le Rhin,
Wipperfurd,
Hockeswagen,
Elverveld.
} Sur la Wipper

Siegberg,
Blankenberg.
} Sur la Sieg,

Ratingen, &
Medman.

1. **BERGA**. Voiez BERGE.
2. **BERGA**, Château & Bourg d'Espagne en Catalogne à cinq lieues de Puicerda au Midi en allant vers Manresa, sur la Riviere de Lo-bregat à l'Orient de la Ville de Solfone; selon Mr. Baudrand *k*.

k Ed. 1705.

BERGAMASQUE *l*, (le) pays d'Italie dans les Etats de la Republique de Venise en Lombardie; il a appartenu aux Ducs de Milan dont le Duché la borne au Couchant & au Midi; mais les Venitiens s'en étant rendu Maîtres le possedent depuis 1428. Il a pour Frontieres au Levant le Bressan; & au Septentrion la Valteline. Ce pays qui est extrêmement peuplé & fertile *m* est arrosé de Rivieres, qui descendent des Alpes, & que les habitans divisent en une infinité de ruisseaux par toute la campagne quand il en est besoin. Cela remedie aux desordres des sécheresses, & entretient la Terre dans une merveilleuse fertilité. Mais cette fecondité n'est pas égale par tout. Les deux principales Vallées, savoir la Brembana, & la Seriana *n* ainsi nommées cause des Rivieres, qui les arrosent, sont pauvres & steriles; mais les habitans y supléent par le travail & par l'industrie,

l Ibid.
m Misson Voyages T. 3. p. 16.
n Botero Relat. d'Europa 1. part. l. 1. p. 42.

en

en faisant valoir leur fer, leurs laines, & leurs beſtiaux, & tranſportant la terre qu'ils ſavent diſpoſer d'une maniere, qui aide à la nature, ils y recueillent de fort bons vins. [a] Ce pays abonde en pierres dont on fait des meules de Moulin, en Marbre & en Fer. Le langage des habitans eſt le plus groſſier de toute l'Italie; ce qui fait que les farceurs & les bateleurs affectent de s'en ſervir, comme étant le plus propre à faire rire la populace.

[a] Corn. Dict.

BERGAME, Ville d'Italie en Lombardie dans le Bergamaſque dont elle eſt la Capitale. C'eſt une Place forte & une Ville de Commerce. Elle eſt ſituée ſur une petite Montagne au pied des Alpes. Outre que ſes fortifications ſont bien revêtues & en bon état, elle a ſa Citadelle avec quelques Forts, & quelques ouvrages avancez qui defendent les Eminences, qui la commanderoient. Bergame a cinq Fauxbourgs qui valent chacun une petite Ville. On fait voir à la Cathedrale le tombeau de Barthelemi Coglione, qui commanda les Troupes de Veniſe contre les Milanois. Ce fut ce Général qui s'aviſa le premier de mener du Canon en Campagne. Dans le Chœur de l'Egliſe des Dominicains on fait remarquer la Marqueterie des bancs. Elle eſt de même nature & de la même main, que la Marqueterie des Dominicains de Bologne. La moitié de ſes habitans ont la gorge goitreuſe, ce mal leur eſt comme naturel, & on y eſt ſi accoûtumé qu'on leur fait dire que la queſtion eſt douteuſe de ſavoir lequel eſt un défaut ou d'avoir un goître, ou de n'en pas avoir. Cette Ville eſt ancienne. Mr. Corneille dit qu'elle fut fondée vers l'an 170. de Rome par les Gaulois Cenomanois ou Manceaux. Pline ne dit pas cela. Au contraire il lui donne une origine Grecque. Voici le paſſage entier. *Caton écrit que Come, Bergame (*Bergomum*) & *Forum Licini* (Voiez au mot FORUM), & quelques autres peuples des environs ſont de la race des Orobiens. Mais il avoue qu'il ne ſait pas l'origine des Orobiens mêmes. Cornelius Alexander fait voir qu'ils étoient Grecs; ce qu'il trouve dans leur nom, qui ne ſignifie autre choſe ſinon des gens qui vivent dans les Montagnes. Telle étoit la ſituation de Barra petite Ville des Orobiens, qui ne ſubſiſte plus, & d'où Caton dit que les Bergamaſques (*Bergomates*) étoient venus, & on voioit de ſon temps que la ſituation en étoit plus haute qu'avantageuſe.

[*] Plin. l. 3. c. 17.

BERGAME. Voiez PERGAME.

BERGAN, ancienne Ville d'Aſie dans la Suſiane ſelon Ptolomée [b]. Elle étoit vers le milieu des Terres.

[b] l. 6. c. 3.

BERGAS, Ville de Turquie dans la Romanie, au pied du mont Baſiliſſa ou Argentaro près de la Riviere de Lariſſe avec un Archevêché Grec entre Andrinople au Couchant & Araclea au Levant. Voiez BERGULÆ.

1. BERGE, ancienne Ville de Thrace vers la Cherſonneſe ſelon Etienne le Géographe. Ptolomée [c] place une Ville nommée Berga en Macedoine dans l'Edonide. Mais cet Auteur nomme Macedoine ce qu'on doit nommer Thrace, car l'Edonide étoit bien au delà du Strymon, qui eſt ordinairement la borne de ces deux pays. Le même Etienne met BERGEPOLIS Ville des Abderitains; c'eſt apparemment la même que Berge de Thrace; car Abdere confinoit à l'Edonide dont elle n'étoit ſeparée que par le Neſtus.

[c] l. 3. c. 13.

2. BERGE, lieu d'Afrique. Antonin le met ſur la route de Leptis la grande à Alexandrie. Ce lieu étant au delà de Leptis ſe trouve dans la Tripolitaine, & non pas dans l'Afrique propre, comme le dit Ortelius, elle ne s'étendoit point juſques-là. Ortelius dans ſon *Parergon* dit que c'eſt la BARATHIA de Ptolomée. Et Mr. de l'Iſle dans ſa Carte pour la Notice Eccleſiaſtique d'Afrique dit qu'on l'appelloit autrement VIRGA.

1. BERGEN, les Allemans nomment ainſi la Ville de MONS en Hainaut. Voiez MONS.

2. BERGEN, Duché d'Allemagne au Cercle de Weſtphalie. Voiez BERG.

3. BERGEN-OP-ZOOM. Voiez BERGH-OP-ZOOM.

4. BERGEN, Ville de Norwege; où elle eſt la Capitale d'une Province nommée Bergenhus; & de tout le Royaume de Norwege. Il eſt inutile de rechercher l'origine de ſon nom que l'on derive de l'Allemand ou de BERG *Montagne*, ou de BERGEN *cacher*, *mettre à couvert*. Cette Ville eſt ancienne. Il en eſt fait mention dans les Oeuvres de Mela [d] & de Pline. Le premier dit: Thule eſt à l'opoſite du Rivage de Bergen; & a été celebré dans les vers des Poëtes Grecs & des nôtres. Il eſt vrai que les Editions de Gronovius, de Voſſius & d'autres portent: *Thule Belgarum* (ou *Belcarum*) *Littori oppoſita eſt*, *Grajis & noſtris celebrata Carminibus*. Mais plus d'un Savant du Nord pretend qu'il faut lire *Bergarum* & non pas *Belgarum*; & ils ont pour eux une convenance Géographique, ſi l'on ſuppoſe que la Thule des anciens eſt l'Iſlande des Modernes. Le paſſage de Pline eſt plus formel. Il y a, dit-il [e], des Ecrivains qui font connoître d'autres Iſles, ſavoir la Scandie, la Dumne & Berges, *Scandiam*, *Dumnam*, BERGOS. Il n'eſt pas étonnant que dans un temps où la Scandinavie paſſoit pour une Iſle, le pays où eſt le Port de Bergen ait été pris pour une autre. Jornandes qui vivoit longtemps après ces Auteurs, c'eſt-à-dire, environ cinq cens ans après Pline, parlant des diverſes Nations de la Scandinavie [f] compte entre elles *Bergio*, qu'il faut apparemment entendre du même peuple, qui habitoit le pays que les Auteurs dont Pline raporte le ſentiment appelloient *Bergi*, & prenoient mal-à-propos pour une Iſle. La Ville de Bergen & ſon port eſt dans un recoin où l'on arrive par le Détroit nommé Carmeſunt [g]: des rochers heriſſez de part & d'autre en bordent l'entrée l'eſpace de pluſieurs milles. Le Golphe eſt profond & des vaiſſeaux de plus de 400. tonneaux y peuvent aborder tous chargez juſque devant le Magazin du Marchand; où ils peuvent ſe mettre à l'ancre ou s'amarer à des pierres; car on a attaché aux rochers des anneaux pour cet uſage. De Bergen à Schagen lieu ſitué à l'extrémité du Jutland & fort connu des gens de Mer, on compte environ

[d] l. 3. c. 6.

[e] l. 4. c. 16.

[f] De Reb. Getic. c. 3. p. 10. Edit. Vulcanii.

[g] Blaeu Atlas T. 1. p. 9.

BER.

ron LXXX. milles du Nord au Sud. Le plus long jour de Bergen est de xx. heures, & le plus court est de quatre. Les habitans sont en partie originaires d'Allemagne; ce sont des familles que le Negoce a engagées à s'y établir; en partie des naturels du pays, avec des Danois; ce pays étant soûmis au Roi de Danemarck. Au Couchant est une Citadelle Royale, où le Gouverneur exerce l'autorité qu'il a reçue du Roi. C'est un Siége Episcopal Suffragant de l'Archevêque de Drontheim. Mais tant l'Evêque que le Peuple y sont de la Confession d'Augsbourg; qui est la Religion dominante à la Cour, & dans les pays de la Domination du Roi de Danemarck. Les Eglises y sont assez bien bâties, de même que les Edifices élevez par le Corps Anseatique: les maisons du commun peuple sont de piéces de bois horisontales couchées les unes sur les autres & enchassées ou coulisse dans d'autres piéces debout, & un gazon de verdure tient lieu de toit. Les avantages que le Roi de Danemarck fait aux Etrangers pour les attirer sont cause qu'ils y aportent les vivres que le pays ne produit pas. On y charge des poissons sechéz au vent, de riches pelleteries & des bois de sapin. On y porte du froment, du seigle, de la Farine, du biscuit, de la biere, du vin, & des eaux de vie. Le poisson sec est des Merluches & Stockfichs. La pêche s'en fait au mois de Janvier durant le plus grand froid, & on l'expose au vent qui le durcit comme un bâton. On le pêche non seulement en pleine Mer; mais aussi dans les Golphes & dans les Lacs où l'eau salée est mêlée d'eau douce. Les pêcheurs de Drontheim & des environs envoyent à Bergen le poisson qu'ils ont pris & seiché, ou pour leur propre compte, ou ils le vendent à des Marchands qui l'y font transporter. [a] Cette Ville est à couvert de surprise par le Château de FRIDRICHSBURG, qui la défend du côté de la Mer, & de montagnes d'une hauteur prodigieuse la protegent du côté des terres.

Il y a à Bergen un Comptoir nommé le Cloître, & les Marchands qui l'occupent sont appellez Moines quoi qu'ils n'ayent ni l'habit, ni la regle, ni aucun autre raport avec l'Etat monastique si ce n'est qu'ils ne sont pas mariez. [b] Cette Ville fut presque entiérement consumée par le feu l'an 1702. dans cette occasion perirent ces maisons de bois dont j'ai parlé sur le raport d'un Auteur du siécle passé. Mais l'heureuse situation de cette Ville pour le commerce, a fait qu'on l'a rebâtie de pierres; & quatre ans après ce malheur la plûpart des édifices étoient retablis, de sorte qu'elle est presentement plus belle & plus solide qu'elle n'étoit avant l'incendie.

5. BERGEN, Bourg d'Allemagne en Pomeranie dans l'Isle de Rugen dont elle est presque le seul lieu considerable; depuis que la Ville d'Arkona a été détruite. L'Isle de Witow où Arcona étoit située ne tient à l'Isle de Rugen que par un Isthme fort long & fort étroit & peut être consideree comme une Isle particuliere, ou comme faisant partie de celle de Rugen. Les Géographes Allemands lui donnent [d] 30. d. de longitude, & 54. d. 48′. de latitude. Ce lieu fut érigé en Ville l'an 1190. mais sans murailles; & on y établit des Saxons. Jaromar Prince de Rugen y fonda l'an 1193. un Monastere de filles, qui fut brûlé avec l'Eglise, & tout ce qu'il y avoit de précieux l'an 1145. mais on le rétablit dans la suite plus beau qu'auparavant, & il subsiste encore presentement. Il y a aussi une Prevôté, au Synode de laquelle sont subordonnées vingt-sept Paroisses. [a] Bergen n'a gueres que quatre cens feux. Au Nord-Ouest du Bourg sont des montagnes, & des bois & au delà est un Lac d'où le ruisseau de DUVEN (Duven Beeck) prend sa source. Mr. Corneille dit, sur de mauvais Mémoires: Bergen Ville d'Allemagne située sur un petit Lac au milieu de l'Isle de Rugen dont elle est la Capitale.

6. BERGEN, petite Ville ou Bourg d'Allemagne dans la basse Saxe au Comté de Danneberg à deux heures, & demie de chemin au Sud-Ouest de Danneberg aux confins du Brandebourg. Mr. Baudrand se trompe sur la distance qu'il fait de huit lieues.

7. BERGEN, Monastere d'Allemagne dans la haute Saxe au Duché de Magdebourg, auprès de cette Ville. Ce fut-là que l'an 1576. les Théologiens Lutheriens firent la revision du fameux livre Formula concordiae par lequel on avoit tâché de remedier aux divers égaremens des Disciples de Luther, qui se livrant chacun à son propre sens se faisoient des dogmes particuliers. Ce Monastere où la Confession d'Augsbourg est introduite a un Abbé Lutherien [f], & les Conventuels sont des Etudians en Théologie.

BERGENHUS [g], Province de Norvege, ainsi nommée de sa Capitale qui est Bergen. Mr. Baudrand & les François écrivent Bergenhus; mais Hermanides écrit BERGERSHUSEN. C'est la Province la plus Occidentale de la Norvege. Elle est bornée au Midi, au Couchant, & en partie au Nord par l'Océan; elle a au Nord-Est la Province de Drontheim; & celle d'Agerhus la termine au Levant. Mr. Baudrand se moque de ses Lecteurs; quand il dit qu'elle est bornée au Levant par les montagnes, qui la separent de la Suede. Leurs limites n'ont rien de commun puisqu'il y a tout le Gouvernement d'Agerhus entre deux. Cette Province en a deux autres sous elle, savoir la TELLEMARCHIE qu'Ortelius croioit conserver des traces de la fameuse Thule, sur quoi il a été refuté; & STAVANGER. Voiez ces deux Articles.

En suivant la Mer du Nord au Sud on trouve les Prefectures suivantes; Sudmer, Sogn, Nordhorn, Bergenhus, Sudhorn. Tout au Nord est Sorendal, ou la Vallée de Soren; Elserdal ou la Vallée Orientale est dans les montagnes au Midi de la contrée nommée Valdros. Il n'y a dans toute la Province, aucune Ville considerable que la Capitale; & Stavanger.

BERGENTIO. Voiez BREGETIO.

BERGERAC, petite Ville de France dans le Perigord noir, sur la Dordogne; à cinq lieues de Perigueux. [h] Le passage de cette Riviere la rendoit autrefois importante. Les Anglois la fortifierent dans le XIV. siécle, mais Louïs Duc d'Anjou frere du Roi Charles V. la leur enleva l'an 1371. les habitans ayant embraſſé la pretendue Reformation de Calvin, ſe revolterent en 1561. & pendant toutes les guerres que la difference de Religion a cauſées, la Ville de Bergerac a pluſieurs fois été priſe & repriſe, & c'eſt ce qui lui a donné quelque reputation. Car cette Ville, comme le remarque Mr. de Longuerue [a], n'étoit anciennement qu'une Bourgade nommée BRAJERAC, en Latin *Brajeracum*, & une ſimple Seigneurie poſſedée longtemps par les Sires de Pons en Saintonge. Elle vint au pouvoir des Comtes de Perigord quand le Comte Archambaud épouſa Jeanne de Pons. Depuis ce tems-là Bergerac fut réuni au Comté de Perigord; il y a environ quatre ſiécles. Les Religionnaires la fortifierent regulierement & avec beaucoup de dépenſe. Cela n'empêcha pas Louïs XIII. de s'en rendre le maître l'an 1621. après quoi il en fit démolir toutes les fortifications. [b]Bergerac eſt l'entrepôt de Lyon & de l'Auvergne à Bourdeaux. Cette Ville eſt exempte de Tailles. Elle étoit ſi marchande & ſi peuplée qu'il y avoit, dit-on, plus de quarante mille Pretendus Reformez tant à Bergerac qu'à ſix lieues aux environs, au temps de la Revocation de l'Edit de Nantes. [c]Par Edit de l'an 1551. on y créa un Preſidial; mais il ne ſubſiſta pas. Bergerac eſt aujourd'hui une petite Sénéchauſſée, qui eſt ancienne, ayant été établie avant l'an 1474. Les appellations de cette Sénéchauſſée ſont portées, ſeulement au cas de l'Edit, au Preſidial de Perigueux.

[a] Deſc. de la France 1. part. p. 175.
[b] Piganiol l. c.
[c] Ibid. p. 165.

BERGERSHUSEN. Voiez BERGERHUS.

BERGERDORF, Bourg d'Allemagne à la pointe Occidentale du Duché de Lawenbourg ſur la Riviere de Bille, qui ſe jette dans l'Elbe à Hambourg. C'étoit autrefois une Ville fortifiée, & aſſez importante. [d]Eric III. Duc de Saxe-Lawenbourg l'engagea à la Ville de Lubec, avec la citadelle. Les Lubecquois en confierent la garde à un Gentilhomme nommé Othon de Ritzerou. Le Duc Eric IV. s'étant introduit dans le Château, en chaſſa Ritzerou, & s'attira ſur les bras par cette hoſtilité les Lubecquois & les Hambourgeois, qui envoyerent contre lui huit cens chevaux & trois mille hommes d'Infanterie, on ſe ſaiſit de Bergersdorf, & de Ripenbourg ce qu'on apelle les IV. Pays (*Vier Landen*) qu'il ceda à perpetuité, de peur qu'on ne lui en enlevât davantage. Cela arriva l'an 1420. Depuis ce temps-là le Bourg & [e]le Bailliage de Bergersdorf, avec les quatre Pays ou Cantons; ſavoir Gamm le Vieux; Gamm le Nouveau, Koflack, & Kerckwerder ſont demeurez aux Villes de Lubeck & de Hambourg, qui les poſſedent en commun.

[d] Hermanides Hiſt. Deſcr. Daniæ & Norv. p. 975.
[e] Ibid. p. 1048.

[f]BERGHEICK, petite Ville des Pays-bas dans la Campine, on la nommoit autrefois *Eyck*, qui veut dire un Chêne, ou *Eyckenberch*, c'eſt-à-dire un haut Chêne. L'Egliſe de St. Pierre qui releve alternativement de l'Abbé de St. Jaques à Liége & de celui de Tongerlet, eſt, pour parler ainſi, la mere de pluſieurs Egliſes des environs. Elle eſt grande & belle & la Chapelle du St. Sacrement commencée l'an 1537. par une Confrerie de Bourgeois fut achevée en 1540. comme il paroit par une inſcription. La Chapelle de St. Sebaſtien fut bâtie aux frais de Jean van den Berghe principalement; & celle de St. Pierre par une Société d'Arquebuſiers (*Hantbogen*) à qui les Ducs ont accordé de grands Privileges. Cette Egliſe eſt entourée d'une terraſſe & en temps de guerre ſert d'Aſyle contre les partis. La maiſon de Ville entourée d'un foſſé d'eau, où il y a eu autrefois garniſon Royale faiſoit leur ſureté; mais les Hollandois conduits par le Prince Maurice d'Orange, aiant manqué Maſtricht, & s'en revenant prirent Bergheick. Les choſes demeurerent dans cet état juſqu'à ce qu'il plut à Mondragon de deſarmer les habitans de la Campine & de faire raſer les trois principales places entre leſquelles étoit cette Ville.

Les habitans s'apliquent à l'Agriculture, & au métier de Tiſſeran. Ces derniers ſe firent bâtir en 1470. une Chapelle ſous l'invocation de la Ste. Vierge. La peſte de 1531. emporta plus de quatre cens Bourgeois. Une patente d'un Duc de Bourgogne datée du 31. Mars 1468. à Heſdin, leur accorde le droit d'un Marché qui ſe tient les Samedis; & celui de deux Foires annuelles, ſavoir le Mardi devant Noel & Mardi devant la fête de St. Jean Baptiſte: le Duc Charles y en ajouta deux autres; ſavoir le lendemain de l'Aſcenſion & du jour de St. Luc, ſi l'on s'en raporte à une Lettre du Conſeil de Bruxelles du 15. Mars 1486. adreſſée au Bourgmeſtre & Conſeil de la Ville de Bergeick, *Civitatis Bergeicana*. L'an 1468. le Duc de Bourgogne perſuadé que cette Ville étoit un rempart contre les Liégeois permit aux Bourgeois de fortifier leur Ville, & pour les frais leur accorda d'impoſer durant XV. ans conſecutifs un impôt ſur toutes les marchandiſes qu'on apporteroit aux foires; de vendre les terres communes &c. Les armes de Bergheick ſont l'écu de Bourgogne ſuſpendu à un chêne, accompagné d'un St. Pierre avec ces mots *ſigillum Scabinorum Villa de Bergeick*.

[f] Grammaye Campinia c. 5. p. 27.

BERGIDUM, ancienne Ville de l'Eſpagne Tarragonoiſe au Pays des Ilergetes, ſelon Ptolomée [g]. Une ancienne inſcription inſerée dans le Recueil de Gruter [h] porte

[g] l. 2. c. 6.
[h] p. 478.

C. VALESIO. ALBINO.
FLAMINI. E BERGIDO.

On doute ſi ce n'eſt pas la même choſe que la VERGIUM de Tite-Live [i], qui étoit chez les Lacetains peuple Limitrophe. Cellarius [k] croit qu'il faut chercher ce lieu au Comté de Ribagorça, & raporte divers ſentimens. Quelques-uns diſent que c'eſt BENAVARRI, d'autres ROTA, ou quelque autre lieu entre Balbaſtro & Urgel. Mr. Baudrand pretend que c'eſt BALBASTRO elle-même, quoi qu'il avoue que d'autres veulent que ce ſoit BERDUN en Catalogne dans la plaine d'Urgel. Moraléz cité par Ortelius croioit que c'eſt VIERÇO. Voilà bien des conjectures dont peut-être pas une n'eſt juſte.

[i] l. 34. c. 21.
[k] Geogr. ant. l. 2. c. 1.

BER-

BER.

BERGINE, Ville de la Gaule Narbonnoise, selon Festus Avienus[a]. Elle étoit sur le rivage de la Mer, car cet Auteur ne décrit que la côte dans cet ouvrage.

[a] Ora marit. v. 192.

Gens hic Veragri, Bargineque civitas
Salyes atroces, oppidum Maftramela.

BERGINTRUM ou **BERGNITRUM**, selon les diferens exemplaires d'Antonin[b], si nous en croyons Ortelius, Simler l'explique du Monastere de St. Bernard situé sur un des sommets des Alpes. Mr. Valois[c] dit que ce même Simler l'explique de SENTRON, village de Savoye dans la Tarentaise. Mr. Baudrand[d] le dit aussi ; mais ce n'est qu'après avoir dit que c'est St. Maurice petit lieu dans la même Province sur l'Isere. Comme je n'ai pas l'Ouvrage de Simler presentement entre les mains, je ne puis savoir qui a raison d'Ortelius, ou de Mr. Valois. L'exactitude de l'un & de l'autre dans les citations me fait soupçonner qu'il pourroit bien avoir avancé les deux opinions diferentes.

[b] Itiner.
[c] Notit. Gall. p. 83.
[d] Ed. 1682.

BERGIO, ce nom se trouve entre ceux de divers Peuples Barbares de la Scandinavie rapoitez par Jornandes[e]. On croit que le nom s'en est conservé dans celui de Bergen Ville de Norwége.

[e] De Reb. Getic. c. 3. p. 10. Edit. Vulcanii.

BERGISTANI, Peuple ancien de l'Espagne entre l'Ebre & les Pirenées. Tite-Live en fait mention[f], & dit que sept Places fortes de cette Nation changérent de parti. Mr. de Marca[g] les met à l'Orient du Peuple *Lacetani*. Il avoit dit[h] que *Vergium* étoit vers les montagnes des Bergitains ; car on nommoit ce Peuple également BERGISTANI & BERGITANI. Ortelius dit que Tite-Live semble le nommer peu après *Vergiftani* ; mais dans les Editions de Jean Frederic Gronovius & de Mr. le Clerc, on lit par tout *Bergiftani*. Mr. Baudrand qui pour mieux cacher ses fausses citations ne marque jamais ni le Livre, ni le Chapitre, attribue à Mariana d'avoir dit que le village de BERGA, situé dans le voisinage d'Huesca en Arragon conserve quelque trace de ce Peuple. Le livre de l'Historien Espagnol est trop gros pour le parcourir afin de verifier s'il a dit cela; mais le nom y convient assez.

[f] l. 34. c. 16.
[g] Marca Hispan. l. 2. c. 23. Sect. 8.
[h] Ibid Sect. 7.

BERGITANI. Voiez l'Article precedent.

BERGIUM, Ville de la grande Germanie, selon Ptolomée[i].

[i] l. 2. c. 11.

BERGNITRUM. Voiez BERGINTRUM.

BERGOIATE, Bourg de France au Vivarais près du Rhône. C'est presentement la petite Ville de St. Andeol ; & elle a pris le nom de ce Saint qui y a été martyrisé. Voiez au mot SAINT l'Article SAINT ANDEOL.

BERGOMUM, nom Latin de BERGAME.

BERGON, Pline[k] semble en faire une Isle, d'où l'on passoit à l'Isle de Thule. Les anciens connoissoient mal la Scandinavie. C'est bien assez qu'ils en aient eu dans leur temps une idée confuse. On a lieu de croire que *Bergon* ou *Bergos*, étoit où est presentement la Ville de Bergen en Norwége.

[k] l. 4. c. 16.

BER.

BERG-OP-ZOOM, petite Ville du Pays-bas dans le Brabant Hollandois. Grotius[l] là nomme en Latin *Berga ad Zomam*. [m] Le nom de cette Ville n'est pas tiré, comme plusieurs Auteurs modernes, qui se font copiez les uns les autres, l'ont pretendu, du nom de la Riviere de Zoom qu'ils se sont imaginez qui traversoit cette Ville, puisqu'il n'y a jamais eû de Riviere de Zoom. Ce qui les a fait donner dans cette erreur, c'est qu'ils ont appellé Riviere, un Canal qui a été creusé pour pouvoir transporter plus commodement dans la Ville les tourbes dont les habitans se servent pour faire du feu. Il est plus vraisemblable de dire qu'on a nommé cette Ville du nom de *Berg-op-Zoom* qui signifie *Montagne sur le bord* ; parce qu'en effet elle se trouve située sur une Montagne qui se dit *Berg* en langue vulgaire, & que le Pays des environs est nommé *Zoom*, *bord* dans les anciens titres, par la raison sans doute qu'il se trouve sur le bord de la Mer & à l'extremité du Brabant.

[l] Annal. Belg. ad ann. 1508.
[m] Jo. Blaers Theatr. urb. Belg.

Cette Ville quoique de figure irreguliere est une des plus fortes Places des Pays-bas, elle fut très-bien fortifiée en 1629. Du côté d'Anvers on a ajouté des ouvrages qui s'étendent jusqu'au Fort de *Kyck-in-de-pot*, on la regarde presque comme imprenable à cause des marais qui environnent l'élevation sur laquelle la Ville est bâtie. Il y a depuis cette Ville jusqu'à la Mer quantité de Forts & de Redoutes. Son Port est beau & defendu de côté & d'autre par de bons ouvrages. Elle est mise au nombre des Villes Maritimes parce qu'elle est assez près de la Mer à laquelle elle communique par l'Escaut : ses maisons sont bien bâties & ses places publiques d'une belle grandeur. Outre son Port il y a un Canal qui communique à la Mer par où on pourroit introduire du secours dans la place en cas que celui qui joint au Port ne fût pas libre.

Il y a une Eglise toute voutée d'une rare structure dediée à Sainte Gertrude, & érigée en Collegiale pour huit Chanoines l'an 1442. par Jean de Glimes alors Seigneur de cette Ville. On y voit aussi un Palais, qui est la demûre des Marquis de Berg-op-Zoom. Le Monastere de filles a été changé en un Hôpital pour les malades parce que celui qui étoit destiné à cet usage hors des murs de la Ville se trouva détruit pendant les guerres. Il y a encore trois édifices publics qui sont assez considerables, savoir les Halles, où se tiennent les Foires, le Marché au poisson, & la Halle au bled.

[n] Berg-op-Zoom fut vendu par Jean premier Duc de Brabant à Gerard de Wesmale, qui y fit bâtir une Ville en 1287. Elle passa quelque tems après aux Seigneurs de Worne ; & ayant plusieurs fois tombé en quenouille, elle vint à Jean de Brabant Seigneur de Glimes, par le mariage de Jeanne héritière de Bergue. Elle demeura dans cette Maison de Glimes jusqu'à l'an 1567. Elle passa ensuite par mariage à la Maison de Merode, de celle de Merode à celle de Withem, d'où elle vint aux Comtes de Berg ou de Scherenberg. Henri Comte de Berg n'eut de sa femme

[n] Longueruë Descr. de la France 2. part. p. 55.

Marguerite Withem, heritiere de Berg-op-Zoom, qu'une fille qui épousa Eithel-Frideric Prince de Hohen-Zollern. Il n'y eut qu'une fille de cette alliance, qui a épousé le Comte d'Auvergne Cadet du Duc de Bouillon. Leur fils & heritier du Marquisat mourut l'an 1709. n'ayant laissé qu'une fille sous la curatelle des Etats Generaux, qui sont Souverains de cette Ville. Le Prince de Parme l'assiégea inutilement en 1588. & le Marquis de Spinola en 1622. Les assiegez se défendirent si vaillamment, & le Prince d'Orange prit des mesures si justes pour le secourir que Spinola fut obligé de lever le siége, après avoir perdu plus de dix mille hommes devant cette place.

Les armes de Berg-op-Zoom sont d'argent aux trois Sautoirs de Gueule, & au pié une Montagne de Sinople.

BERGSCHOTTEN [a], nom que l'on donne aux habitans des Montagnes d'Ecosse.

[a] Hubner Geogr. p. 467.

BERGSTAEDTE, ou les Villes des Montagnes. On remarque dans la haute Hongrie deux Cantons que l'on appelle les SEPT VILLES DES MONTAGNES, mais avec quelque distinction.

I. A l'Orient du Comté de Neutra, & à l'Occident de celui de Torna sont les sept Villes des Montagnes. Ces Villes sont

Schemnitz,	Libeten,
Altzoll,	Trentschin,
Neuzoll,	Leutsch,
& Bukans.	

Assez près de Neuzoll est Kremnitz fameux par les Ducats, qui en portent le nom.

II. Outre ces sept Villes des Montagnes, il y en a sept autres plus à l'Orient, entre les Comtez de Gemer & de Saros. Pour les distinguer de celles dont j'ai déja parlé on les appelle les sept petites Villes des Montagnes; savoir

Swedler,	Stois,
Einsidl,	Golnitz,
Smelnits,	Krumpach,
& Wagendriss.	

Ce sont plutôt des Bourgades que des Villes. Ni les unes, ni les autres n'ont rien de commun avec le Comté de Bistritz, ou Bistrics, qui est bien loin delà quoique dise Mr. Baudrand. La plupart de ces Villes, sur tout les dernieres, doivent leur fondation aux mines voisines, & ont été bâties pour loger ceux qui y étoient employez.

BERGSTRASSE, en Italien STRADA MONTANA que Mr. Baudrand & Mr. Hubner [b] ont pris plaisamment pour le nom Latin; comme si Strada se trouvoit dans aucun Auteur de cette Langue.

[b] Geogr. p. 464.

Ce qu'on appelle le Bergstrasse, ou le chemin de la Montagne est une longue lisière sur la droite du Rhin entre Heidelberg & Darmstadt; où l'on trouve les petites Places de Weinheim, Bensheim, ou Pensheim, & Heppenheim. Le Bergstrasse avoit été en 1464. engagé à l'Electeur Palatin; mais l'E-lecteur de Mayence à qui ce pays appartenoit le degagea après la Paix de Westphalie, en exécution du XIII. Article du Traité de Munster.

BERGUES ST. WINOX [c], Ville du Pays-bas dans la Flandre Françoise au Diocèse d'Ipres. Cette Ville que l'on surnomme St. Winox, à cause que ce St. y fit bâtir un Monastere auprès duquel elle s'est formée, est située sur la Riviere de Colme, au pied d'une Montagne, qui portoit autrefois le nom de Groenberg, c'est-à-dire la Montagne verte. St. Vinoch, ou Vinox, Breton & parent de St. Josse, fut fait premier Abbé de Wormhout à deux lieues environ de l'endroit où l'on a bâti la Ville de St. Omer, par St. Bertin premier Abbé de Sithiu. Il y mourut & y fut enterré vers l'an 717. Le Monastere de Wormhout ayant été ruiné par les Normands, le corps du Saint fut transporté au Château de Berg à deux lieues delà, vers Dunkerque où le Saint avoit demeuré avant que de s'etablir à Wormhout. On y bâtit une Eglise sous son nom & son culte y devint si celebre qu'il y forma la Ville appellée depuis Berg, ou Bergues St. Vinox. Les devotions des Peuples ne laisserent pas de continuer toûjours à Wormhout; ce qui porta les Comtes de Flandres à entretenir le lieu avec l'Eglise dont on a fait un Prieuré, qui appartient aux Benedictins.

[c] Piganiol de la Force, Desc. de la France T. 6. P. 198. Baillet vie des Saints, 6. Novemb. & Topogr. P. 67.

Bergues à mille huit cens vingt huit toises de circuit, & est une place fort irréguliere. On y entre par quatre differentes portes, sans compter la porte d'eau, ni quelques poternes. La Ville est fort mal bâtie, les rues sont irregulieres & mal percées, & il y a trois assez vilaines places. On trouve à Bergues plusieurs Eglises, dont les plus remarquables sont celles de l'Abbaye, celle de Saint Martin laquelle est paroissiale, & celle des Jesuites qui y ont un College. Cette Ville est coupée par plusieurs Canaux, particulierement le quartier Saint Martin qui est presque entouré d'un Canal, lequel est une espece de cercle parfait. La petite Riviere de Colme passe aussi au travers d'un des quartiers de la Ville. On compte dans Bergues environ sept cens soixante huit maisons, & trois mille cent soixante & quinze habitans. L'enceinte de la place consiste en une vieille muraille, avec plusieurs tours rondes à l'antique, distribuées particulierement aux portes, à chacune desquelles il y a deux de ces tours. Il entre beaucoup d'eau par la porte d'eau, au moyen de divers canaux qu'on y a pratiquez: la sortie de ces eaux est remarquable, à cause d'une grande écluse que l'on y voit, & qui est couverte d'un ouvrage en forme de paté. Le reste de l'enceinte de la place est fermé par trois grands bastions nouvellement construits. Les courtines des deux fronts qui forment cette nouvelle enceinte, sont couvertes de deux fausses brayes en forme de tenaillons. Ces tenaillons sont d'une construction toute particuliere, car les flancs sont partagez en deux, savoir un flanc couvert & un épaulement. Autour de cette nouvelle enceinte regne une grande Berme. Le fossé n'est pas des plus larges; on y a placé plus de dix-sept de-

demi lunes, parmi lesquelles on remarque celle qui est à la porte de Cassel, couverte d'un ouvrage à corne irrégulier, dans lequel est un magasin. La plupart de ces ouvrages sont de la construction du Maréchal de Vauban, aussi bien que le chemin couvert & le glacis. Plusieurs beaux canaux viennent se rendre à Bergues, entre autres celui de Dunkerque. A la portée du canon de cette Ville sont placez deux petits Forts ou redoutes; l'un est appellé le Fort Lapin, & l'autre le Fort Suisse. Ils consistent l'un & l'autre en une redoute quarrée, entourée d'un double fossé. La campagne peut être inondée depuis le Fort Suisse jusqu'au Canal de Dunkerque. A une lieuë de Bergues il y a un Fort qui en dépend, appellé le Fort-Saint-François. Il est sur le Canal de Dunkerque, & est composé de quatre bastions. [a] Ce Fort est dépendant du Gouvernement de Bergues, & a un Commandant avec 3800. livres d'apointemens & un Major, qui a 1000. l. [b] La Ville de Bergues St. Winox a un Gouverneur particulier, un Lieutenant de Roi, un Major, un Aide-Major, & un Capitaine des Portes. Ce Gouvernement raporte au Gouverneur dix-neuf ou 20000. l. par an; la Lieutenance de Roi six mille livres, & la Majorité quatre mille cinq cens livres. [c] Le College des Magistrats de Bergues est composé d'un Bourg-mestre, de quatorze Echevins, de deux Pensionnaires, de quatre Greffiers & d'un Receveur. Il y a outre cela un Bailly hereditaire & un Vicomte, qui ont droit de commettre un Lieutenant, qui en leur absence a séance dans les assemblées des Magistrats, & a voix décisive dans les affaires de police & dans celles des finances. Ce College des Magistrats a haute, moyenne & basse Justice dans la Ville & Châtellenie à la reserve de six Seigneuries, dont les Seigneurs, vassaux de la dite Châtellenie ont leur Justice à part. Outre le Magistrat; il y a à Bergues une Cour Feodale nommée le *Perran de Bergues*, d'où relevent la Vicomté & plusieurs Fiefs particuliers peu importants. [d] La Châtellenie de Bergues est considérable. Elle comprend outre la petite Ville de Honschotte six Seigneuries & quatre villages.

1. BERGULA, Ville de Thrace, selon Ptolomée [e]. Elle étoit sur le fleuve Bithyas entre Burtudisum & Drusipara sur la route d'Olympiade, aujourd'hui Andrinople, à Constantinople. Cedréne qui la nomme BERGULIUM dit qu'on l'appella aussi Arcadiopolis. On la nomme présentement BERGASE.

2. BERGULA, ancienne Ville d'Espagne au Canton des Bastitains; quelques Exemplaires de Ptolomée [f] portent BELGULA.

BERGULIUM. Voiez BERGULA 1.

BERGUN [g], Village de Suisse dans la Ligue de la Caddée ou Maison de Dieu, & dans la Communauté d'Oberfatz. Ce village est paroissial.

LA SEIGNEURIE DE BERGUN, s'étend dès la source de l'Albula & comprend quatre villages paroissiaux; savoir BERGUN près de la source de la Riviere (l'Auteur se trompe, cette source est beaucoup plus au Midi au Mont Albula;) LATSCH, en Latin *Latium*; STULS, en Latin *Stulium*; & FELISUR, en Latin *Vallis aurea*.

BERGUSIA, Ville de l'Espagne Tarragonnoise au Pays des Ilergetes, selon Ptolomée [h]. Le Peuple qui l'habitoit se nommoit en Latin BERGUSII & BARGUSII. Polybe & Tite-Live le distinguent des Ilergetes. Le premier [i] parlant du départ d'Hannibal pour l'Italie dit qu'ayant passé l'Ebre, il soumit les Ilergetes & les Bergusiens. Tite-Live [k] dit de même : il fit passer l'Ebre à son Armée & subjugua tout de suite les Ilergetes, les *Bargusiens* & les Ausetains. Ces peuples étoient voisins, & en deçà de l'Ebre. Ainsi quand Etienne dit qué les Bargusiens étoient une Nation Occidentale au bord de l'Ebre, il ne faut pas entendre ce mot *Occidentale*, comme s'il eût voulu dire par raport à cette Riviere, car Polybe & Tite-Live disent le contraire. Comme il cite pour son garant le troisième livre de Polybe; il faut lui prêter quelque autre raport, ou avouer de bonne grace qu'il s'est trompé. Mr. de Marca [l] ne trouve entre les Villes qui subsistent encore, aucune qui puisse mieux convenir à la situation de Bergusia que la Ville de BALBASTRO. Tite-Live [m] dit : les Ambassadeurs Romains suivant les ordres dont ils avoient été chargez à Rome, passerent de Carthage en Espagne afin d'en parcourir les Villes, de les attirer dans le parti des Romains & de les détourner de l'alliance des Carthaginois. Ils vinrent premierement chez les Bargusiens, qui les reçurent bien parce qu'ils étoient las de la domination Carthaginoise. Ils exciterent divers peuples au delà de l'Ebre par le desir d'un changement d'état. Cellarius s'est allé imaginer qu'il s'agissoit là d'un autre peuple nommé aussi Bargusiens; mais situez vers la Mer au delà de l'Ebre, & par consequent diferens des autres, qui étoient en deçà. Je crois au contraire que ce sont les mêmes. Il suppose que les Ambassadeurs débarquerent chez ce peuple ce qui n'est pas nécessaire; il suffit qu'étant arrivez en Espagne & débarquez, l'Historien ne dit point en quel endroit, ils employerent leurs premieres sollicitations à gagner les Bargusiens en deçà de l'Ebre, & n'y ayant pas eu d'obstacle, parce que ceux-ci y étoient déja disposez, ils s'attacherent à gagner quelques Nations au delà de l'Ebre. C'est pour cela qu'Annibal soumit en s'avançant vers l'Italie, les Bargusiens, les Ilergetes, & autres peuples qui tenoient le parti des Romains, comme on a vu dans les autres passages citez. C'est toûjours le même peuple. Je ne dois pas dissimuler que Cellarius a pris cette distinction de Mr. de Marca.

BERGUSIA, Ville de la Gaule Narbonnoise sur la route de Milan à Vienne; à xx. M. P. de la derniere & à xvi. M. P. d'*Augustum*, selon Antonin [o].

BERG-ZABERN, Ville d'Allemagne au Duché de Deux-Ponts, à un mille de Cron-Weissenbourg, & à peu de distance du Rhin. Cette Ville & l'autre qui se nomme aussi *Zabern*, & que nous appellons en François *Savene*, ont pris leur origine des Romains qui les nommoient AD TABERNAS; nom qui se se conserve encore dans celui qu'elles portent à present. Zeyler[a] explique ce mot par *Boutiques*, & pretend que les Romains entretenoient-là des troupes contre les Germains, & que les soldats s'y occupoient à divers travaux. Mais sans examiner ici si les soldats Romains travailloient & levoient boutique sur tout dans un lieu où ils étoient aux portes d'un pays dont le peuple guerrier & toûjours en garde contre le joug qu'on lui preparoit le tenoit continuellement en haleine; le mot *Taberna* ne signifie pas seulement une Boûtique, il veut dire encore une *Hôtellerie*, un *Cabaret*, & les Anglois aussi bien que nous en ont pris le mot de *Taverne*. Il signifioit aussi une loge, une Baraque. Il y avoit en Italie sur la voye Appienne peu loin de Rome un lieu nommé *tres Tabernæ*, qu'on doit rendre par les *trois Loges*. Cellarius[b] remarque très-bien qu'il n'est pas sûr qu'il soit fait mention dans les Ecrits des Anciens de ce lieu *Taberna* situé dans les montagnes & appellé à cause de cela *Berg-Zabern*, quoi qu'ils aient bien marqué *Zabern* sur le Rhin, aujourd'hui *Rhein-Zabern*, & *Taberna Tribocorum*, aujourd'hui Saverne en Alsace. Voiez TABERNÆ & ZABERN.

BERIA[c], lieu de la Syrie vers la Seleucide. St. Jerôme en fait mention dans la Vie de St. Malch.

BERIARÆ. Voiez au mot ARABIE l'Article ARABIE DESERTE.

BERIDE[d], lieu Maritime dans le voisinage de Constantinople, selon Cedrene.

BERIGIENA, Montagne de la Ligurie auprès de Gènes. On lit ce nom dans une ancienne inscription gravée sur l'airain & trouvée en cet endroit-là au raport d'Ortelius.

BERIGONIUM. Mr. Corneille[e] dit: Cité ancienne des Novantes: quelques Géographes tiennent que c'est le Bourg de BARGENI, dans la Province de Carrick en Ecosse, à cause de la conformité des noms de *Bargeni* & de *Berigonium*. Ce n'est pas que Mr. Corneille ait trouvé dans aucun Géographe le nom de *Berigonium*. Il a pris cela de Mr. Baudrand[f], qui cite Timothée du Pont. Ce dernier qui est inseré dans l'Atlas de Blaeu cite Ptolomée comme aiant parlé de *Berigonium*; mais l'Edition de Strasbourg fol. 1520. porte *Rherigonium*. Celle de Cologne 1546. in 8°. porte *Rhetigonium Ῥεϱιγόνιον*; celle des Aldes 1562. lit sans aspiration *Retigonium* & de Bertius lit de même. Timothée du Pont convient bien qu'on lit *Rerigonium* dans quelques Editions de Ptolomée; mais il en cite une ancienne de Rome imprimée, dit-il, l'an 1380. dans laquelle on lit *Berigonium*. Il y a plus d'une bévue dans cette date, qui est absolument fausse, puisque l'Imprimerie n'a été inventée que vers le milieu du siécle suivant. En second lieu les deux plus anciennes Editions de Ptolomée que l'on connoisse sont celle de Vicenze 1475. fol. & celle de Rome 1490. avec des Cartes. N'ayant pas presentement sous les yeux ces deux Editions, je ne puis dire si quelqu'une favorise la leçon de *Berigonium*. Mais rien n'est plus ordinaire que la temerité des conjectureurs, qui pour

preter quelque vraisemblance à leur opinion donnent la torture aux anciens pour leur faire dire ce à quoi ils n'ont peut-être jamais pensé.

BERINGEN, petite Ville des Pays-bas dans l'Evêché de Liége sur les confins du Brabant[g].

BERIPARA, Ville de Thrace, selon Procope, ou plutôt selon Ortelius, qui cite le IV. livre des Edifices de cet Auteur.

BERIS, Riviere de Cappadoce, selon Arrien dans son Periple du Pont-Euxin[h]. Il le place entre le Termodon & le Thoar; à quatre vingt-dix stades du premier, & à soixante du second.

BERISA, Siége Episcopal d'Afrique. Quod-vult-Deus son Evêque est nommé dans les Canons du Concile de Carthage. Ortelius met ce Siége dans l'Afrique propre.

BERISSA[i], Ville d'Afrique dans la Nigritie, au Royaume de Guber, sur la rive Orientale de la Riviere de Senegal, qui sortie du Lac de Segisines coule quelque temps vers le Nord pour prendre ensuite sa course vers le Couchant. Berissa est par le 20. d. de longitude, & par les 14. d. 16. de latitude.

BERITHRUS, Βηρίθρος, Ville d'Asie dans la Troade, selon Etienne le Géographe. Ortelius & Berkelius croient que c'est la même que cet Auteur nomme *Berytis Βηρυτις*, quoiqu'il n'en avertisse pas.

1. BERKEL[k], gros Village des Provinces-Unies dans la Zuyd-Hollande, à deux lieues de Delft dans le territoire de cette Ville. Quelques-uns écrivent BERKEL; entre autres l'Auteur cité.

2. BERKEL, Riviere des Pays-bas. Elle a sa source dans l'Evêché de Munster, au dessus de Coesfel, passe à Recken, g. au Château d'Eybergen; g. à Borkelo; d. à Lochem, g. au Château d'Eese, d. à Allmen, d. au Château de Welden g. & se perd dans l'Issel à Zutphen.

BERLANGA, quelques-uns écrivent BARLENGA, d'autres VERLANGA. Tous entendent par l'un de ces noms une Ville d'Espagne dans la Vieille Castille; mais ils ne s'accordent guéres sur sa position. La grande Carte de Sanson la met à l'Occident Septentrional de Soria, en une plaine enfermée au Nord par la Sierra d'Urbion. Mr. Baudrand dit, qu'elle est dans une plaine près de la Riviere de Douere (*Duero*,) qui y reçoit celle de Talagones entre le Bourg d'Osma & Garay. Il cite Mariana; mais accoutumé de citer à faux il se peut faire qu'il n'ait rien trouvé de pareil dans cet Auteur. Mr. de l'Isle place VERLANGA bien loin delà au Midi d'Osma à 17. ou dixhuit lieues de la plaine, qui est dans la Sierra d'Urbion, & n'en fait qu'un simple village. L'Atlas de Blaeu met *Berlanga*, comme un Bourg au Nord d'Osma, & au Couchant Meridional de Numance dont selon cette Carte le nom moderne est Garay, entre les sources du Duero; mais pas un de ces Auteurs, si ce n'est Mr. Baudrand, n'y fait couler Riviere, ou ruisseau. Il pretend que c'est la VALERANTIANA des anciens. Il n'auroit point mal fait de dire quel des Anciens lui fournit ce nom.

BER-

[a] Topogr. Palat. infer. p. 13.

[b] Géogr. ant. l. 2. c. 3.

[c] Ortel. Thesaur.

[d] Ibid.

[e] Dict.

[f] Ed. 1705.

[g] Dict. Géogr. des Pays-bas.

[h] p. 16. Ed. Hudson. Oxon.

[i] De l'Isle Atlas.

[k] Dict. Géogr. des Pays-bas.

BER.

a Zeyler Haſſia & Vicin. Region. Topogr. p. 13. & Carte de la Haute Heſſe du même.

BERLEBOURG[a], petite Ville d'Allemagne avec un Château dans la Veteravie au Comté de Wittgenſtein. Cette Ville & ſon Château furent bâtis vers l'an 1258. Elle tire ſon nom d'un ruiſſeau, qui y paſſe, & que l'on apelle BERLEBACH. On aſſure qu'anciennement il y avoit là un Deſert peuplé d'ours en Allemand (Beeren/) & que c'eſt de là que vint au ruiſſeau le nom de *Beerenbach* d'où s'eſt formé le nom moderne. Cette petite Ville eſt entre les ſources de l'Eder, à 3. milles & demi d'Allemagne de la Ville de Dillembourg au Nord-Nord-Eſt de cette Ville.

b Zeyler Brandenb. Topogr. p. 26. & ſuiv. c De Reb. Anſeat. 3. part. c. 23. fol. 338.

BERLIN, Ville d'Allemagne dans la haute Saxe & dans la moyenne Marche dont elle eſt la capitale auſſi bien que de l'Electorat de Brandebourg. Quelques-uns[b] pretendent qu'Albert ſurnommé l'Ours (der Beer) Comte d'Anhalt la bâtit. Werdenhagen[c] dir que cet Albert d'Anhalt, qui fut Margrave de Brandebourg ne fit qu'aggrandir cette Ville & l'entourer de murailles, & que c'eſt pour cela qu'elle en prit le nom; de même que Beernaw, Beerwald, Beernſtein, & autres lieux qu'il bâtit. Cet Albert vivoit du temps de l'Empereur Conrad III. La ſituation avantageuſe de cette Ville, & l'induſtrie de ſes habitans furent cauſe qu'elle s'acrut fort promptement. Un incendie en 1380. n'en fit qu'un monceau de cendres; mais l'Electeur Sigismond, qui fut enſuite Empereur, ayant eu ce Pays de ſon frere Wenceſlas travailla efficacement à relever cette Ville, & en gratifia les Bourgeois de pluſieurs franchiſes. L'an 1440. ceux-ci devenus inſolens par leurs richeſſes exceſſives, ſe revolterent: ce qui obligea le Margrave Frideric à leur diminuer leurs Privileges, & à bâtir une citadelle pour les tenir dans le reſpect. Les Electeurs de Brandebourg y transfererent enſuite leur reſidence; ce qui acheva de rendre cette Ville très-importante.

Elle eſt ſituée ſur la Sprée, que Pirckheim, Dreſſer, Willichius, Magin, Bertius & autres Savans prennent pour le *Suevus* de Ptolomée. Mais ils ſe trompent, & n'ont pas pris garde que le *Suevus* va ſe perdre dans la Mer Baltique, ce qui ne ſauroit convenir à la Sprée, qui ſe perd près de Spandaw dans le Havel, & va ſe rendre avec elle dans l'Elbe. On paſſe la Sprée ſur deux Ponts & on trouve de l'autre côté une Ville nommée Cöln/ c'eſt-à-dire Cologne, ou plûtôt Colonie, parce que cette Nouvelle Ville a été bâtie par les habitans de l'ancienne. Il y a dans la nouvelle Ville deux Egliſes, ſavoir celle de la Ste Trinité, qui étoit la Cathedrale & dont en 1615. on ôta les Autels, les fonts Baptiſmaux, & les Images des Saints. L'autre Egliſe eſt celle de St. Pierre. C'eſt auſſi dans cette Ville neuve qu'eſt le Palais Electoral.

Cette Ville eſt paſſablement grande, & a reçu un nouveau luſtre, ſous les Electeurs Frederic Guillaume, & Frederic III. Premier Roi de Pruſſe. Le premier y attira les refugiez François, qui firent fleurir Berlin par leurs manufactures; & ſon Fils l'orna de ſomptueux Edifices. Toute[d] la Ville eſt diviſée

d Toland Relat. des Cours de Pruſſe & de Hanover p. 19. & ſuiv.

BER. 253

en deux principales parties, dont la premiere, ſavoir la *Vieille Ville*, ſe ſubdiviſe encore en trois quartiers qui ſont BERLIN, COLOGNE & le WERDER. La nouvelle qu'on a auſſi commencé à fortifier eſt diviſée en deux parties dont l'une s'apelle FRIDERICKSTADT, & l'autre DOROTHE'ESTADT; du nom de l'Electeur Frideric & de l'Electrice Dorothée. Ainſi la Ville entiere eſt compoſée de cinq quartiers, ſans y comprendre les Fauxbourgs. Les Rues y ſont grandes & belles, beaucoup mieux pavées que ne le ſont ordinairement les Villes d'Allemagne. On a planté dans la plûpart de ces rues des rangs d'arbres qui forment de belles allées, & qui ne ſont pas moins profitables qu'agréables à la vûë. Les diferens quartiers de cette Ville ſont ſeparez par de beaux Canaux, ſur lesquels on a conſtruit des Ponts levis faits ſur le modéle de ceux de Hollande, & qui ne leur cedent pas en beauté. Les Maiſons nouvellement bâties ſont pour la plûpart dans toutes les regles de la meilleure Architecture; étant generalement ornées par dehors, & aſſez bien meublées par dedans. Le peu de vieux bâtimens qui reſtent ſont en comparaiſon des autres ce que ſeroit un nain difforme & couvert de haillons en comparaiſon d'un homme bien fait & bien vêtu.

Dans le Palais il y a une Bibliotheque pour l'entretien & l'augmentation de laquelle on a établi un fonds annuel. Il y a un grand nombre de livres bien choiſis & bien conditionnez. Proche de la Bibliotheque Royale il y a un cabinet de raretez, qui renferme pluſieurs productions merveilleuſes de la nature & de l'art; telles qu'il ſeroit dificile d'en trouver de ſemblables, & en ſi grand nombre chez d'autres Princes. C'eſt auſſi dans ce cabinet de raretez qu'on a mis l'excellent Recueil de Medailles fait par le Pere du Roi qui regne aujourd'hui; & dont Mr. Beger (& non pas Berger) a tiré ſon *Theſaurus Brandenburgicus*. La ſtatue Equeſtre de l'Electeur Frideric Guillaume eſt placée ſur le beau Pont de pierres de taille que ſon fils a fait conſtruire ſur une des branches de la Sprée. L'homme & le cheval ſont d'une ſeule piéce, qui a été jettée tout d'un coup. Elle peſe trois mille quintaux, & a couté quatorze mille écus. Une ſtatue de Frederic ſon fils eſt dans l'Arſenal.

Cet Arſenal eſt ſitué dans le quartier qu'on appelle le Werder. C'eſt un grand bâtiment quarré où l'on a pour ainſi dire prodigué toutes les beautez de l'Architecture, & où l'on n'a rien épargné de tout ce qui peut contribuer à la commodité, & à l'ornement.

Près de l'Arſenal, il y a une Ecluſe qui étoit autrefois de bois; mais qui eſt aujourd'hui entierement de Pierre de Taille, auprès de laquelle eſt un beau & large baſſin, qu'on peut bien appeller le Port de Berlin, puisqu'on y voit continuellement un grand nombre de bâteaux qui montent, ou deſcendent la Riviere, ſans compter les barques de la Ville.

Dans le quartier de la Ville qui s'appelle proprement Berlin, on voit proche du rem-

Ii 3　　part

part un amphithéatre destiné pour le combat des Ours, des Lions, des Taureaux, des Bufles nommez par les Latins *Uri*, & par les Allemands *Urochsen*; (on trouve une ample description de ces animaux dans la Vie du Cardinal Commendon, & j'en parle dans l'Article de Prusse,) & de plusieurs autres bêtes sauvages, dont on garde toûjours un grand nombre dans les Cavernes, qui sont sous cet amphithéatre.

Quoique les vieilles Ecuries près du Palais soient fort grandes, cela n'a pas empêché le feu Roi d'en faire bâtir d'autres dans la Nouvelle Ville. Ces dernieres sont si magnifiques, que souvent les étrangers s'y méprennent, s'imaginant que c'est l'Hôtel de quelque Ministre d'Etat. Elles sont divisées en deux cours, & en neuf pavillons situez à une distance égale l'un de l'autre. Sur ces Ecuries est l'Academie des Sciences, de Peinture, & des autres Arts liberaux, qui y sont extrêmement cultivez; on y a aussi élevé un Observatoire pour les Astronomes. Mais rien n'est plus digne de la curiosité d'un étranger que le nouveau Palais Royal dans le quartier de Cologne, bâti par le feu Roi. Quoique la Religion de la Cour soit la P. Reformée, les Lutheriens, qui sont en grand nombre dans ses Etats, & même les Catholiques ne laissent pas d'y joüir de la liberté de conscience. Ils y ont leurs Eglises, où ils celebrent le service divin.

La Ville de Berlin est encore remarquable par les Maisons de plaisance, qui sont aux environs. Les principales sont ORANGEBOURG, POSTDAM, KEPPENICH, CHARLOTTENBOURG, & KAPPUT. Voiez leurs Articles particuliers.

Wagenseil. Synops. Geogr. p. 285.

Selon les Observations de l'Academie Royale des Sciences de Paris Berlin est de 11. d. 7'. 15". plus Oriental que Paris. Sa latitude de 52. d. 53'.

§. Il y a à Berlin une tradition populaire, que quand il doit mourir quelque Prince, ou quelque Princesse du Sang, on voit un fantôme sous la figure d'une femme envelopée d'un suaire blanc, qui ne manque jamais d'être l'avantcoureur de cette mort.

§. 2. BERLIN, Mr. Corneille met une Ville de ce nom dans la Suisse au Canton de Fribourg, sur une Montagne à deux milles de Voulx & à quatre de Fribourg, & cite je ne sais quel Atlas. Je ne trouve rien de pareil dans celui de Blaeu, ni dans les Cartes de Mrs. de l'Isle & Scheuchzer. Les Suisses que j'ai consultez sur cette Ville, m'ont assuré qu'on ne sait ce que c'est dans ce Pays-là.

BERLINGUE (la) ou BERLINGUES, (les) Isles de l'Océan sur la côte d'Espagne. Voiez BARLANGA 2.

b Baudrand Ed. 1705.

BERMEO ou VERMEO[b], petite Ville d'Espagne en Biscaye dans une plaine sur la côte de l'Océan, où elle a un bon port à cinq lieues, & au Couchant de Bilbao.

1. BERMIUS, Montagne de la Phrygie selon Strabon[c], qui parle de ses metaux dont Midas s'étoit enrichi.

c l. 14. p. 680.

2. BERMIUS, Montagne de la Grece, dans la Phthiotide, selon Pline[d]. Ptolomée[e] & Strabon[f] la nomment aussi.

d l. 4. c. 8.
e l. 3. c. 13.
f l. 7. p. 336.

BERMUDE ou BERMUDES, ou BARMUDE. Quelques-uns disent la Bermude, quoi qu'il y ait plusieurs Isles qui portent ce nom & qui sont voisines l'une de l'autre; mais ils ne font attention qu'à la principale. Ces Isles prennent leur nom d'un Espagnol, qui les découvrit en 1503. Un Anglois nommé SOMMER y ayant fait naufrage ceux de sa Nation les nommerent les ISLES DE SOMMER, *Sommers* est le genitif de ce nom; & quelques personnes qui ne savoient pas aparemment que ce fût un nom propre, & qui savoient que *Summer* en Anglois veut dire l'Eté, ont fait une bevûë ridicule, & par une plaisante traduction ont nommé ces Isles *Æstivæ Insulæ*, en François les Isles d'Eté. D'habiles gens y ont été trompez; Mr. de l'Isle entre autres les nomme ainsi dans une de ces Cartes. Selon un Auteur Anglois[g] ces Isles sont à 15. ou 16. cens lieues d'Angleterre, à 1000. ou 1200. de Madere, à 400. d'Hispaniola, à près de 300. de la Caroline, qui en est la moins éloignée de toutes les Terres. L'Auteur Flamand qui a donné une description de l'Amerique Angloise[h] dit que l'endroit du Continent, qui en est le plus proche, savoir le Cap de Hattoras, en est à trois cens heures & qu'elles gisent entre le 32. & le 33. d. de latitude Nord. Dans ces Isles à peine y en a-t-il la huitieme partie de peuplée, & toutes celles qui le sont à la reserve de celles de St. *George*, de St. *David*, & de *Cooper* n'ont que très-peu de maisons, encore sont-elles dispersées en haut & en bas. Elles sont toutes ramassées dans une circonference de six ou sept heures. Il n'y en a aucune d'une grandeur considerable, quoi qu'il y en ait de plus grandes les unes que les autres, & leur grandeur elle-même depend de la Marée, qui en couvre ou decouvre une partie.

g Descript. de la Jamaïq. & autres Isles avec les observat. du Sr. Thomas p. 55.
h Het Britan. Ryk in Amerika p. 312. & seq.

La plus grande & la plus considerable de ces Isles est celle de St. George; elle a environ seize milles Anglois de longueur Est-Nord-Est & Ouest-Sud-Ouest. Elle n'a pas une heure dans sa plus grande largeur; mais tout-à-l'entour elle est naturellement fortifiée par des roches, qui avancent fort avant dans la Mer. Outre cette defense naturelle l'art a fortifié par des Forts, des bâteries, & autres ouvrages le côté Oriental de l'Isle qui est le plus à découvert, & les bâteries y sont si bien menagées qu'elles commandent les Canaux & les avenues. Il n'y a que deux endroits par où l'on puisse facilement aborder; une suite contigue de rochers rend l'entrée très-dificile à trouver; il faut pour cela des pilotes qui connoissent bien l'endroit sans quoi le naufrage est infaillible. La plûpart des roches se montrent à découvert lorsque la marée est basse; & elle n'y hausse que de cinq pieds. Le rivage est de roche pour la plûpart. Il seroit dificile de trouver une Isle plus environnée d'écueils, & ces roches semblent menacer d'une perte inevitable les vaisseaux, qui auroient la temerité d'en approcher. Les Espagnols y en ont tant perdu eux-mêmes qu'ils les nomment en leur langue LOS DIABOLOS, *les Diables*.

La

BER.   BER.

La Ville de St. George est au fond du Port de même nom : elle a six ou sept Forts ou bateries ; savoir *Kings-Castle*, ou le Fort de la Reine, *Charles-Fort*, *Pembrock-Fort*, *Cavendish-Fort*, *Davyes-Fort*, *Warwick-Fort*, & *Sandys-Fort*, & il y a environ soixante & dix piéces de canon, qui tiennent dans le respect les vaisseaux, qui voudroient aborder par cet endroit. Cette Ville a une belle Eglise avec une Bibliotheque dont les habitans sont redevables au Docteur Thomas Bray le Protecteur des Lettres en Amerique. Il y a environ mille Maisons. La Ville est bien bâtie, & a une Maison de Ville où s'assemblent le Gouverneur & le Conseil.

Outre St. George & son departement il y a huit Quartiers ou Cantons; savoir

Hamilton,	Pagets,
Smiths,	Warwik,
Devonshire,	Southampton,
Pembrock,	Sandy.

Devonshire est au Nord, & Southampton est au Midi. L'un & l'autre est paroisse, avec une Eglise & une Bibliotheque particuliere. Dans toute l'Isle on voit quantité d'orangers & de meuriers, & autres arbres du crû du Pays, qui y sont une très-belle vue. Dans le District de Southampton, il y a un Port de même nom. Les autres Havres sont *Great Sound*, *Harringtons Inlet* dans le District d'Hamilton ; le Port Paget dans le District de Paget ; &c. Quelques-unes des petites Isles ont des Eglises paroissiales, & tous les habitans sont partagez sous l'un, ou sous l'autre, des huit Quartiers ou Districts. Quant à l'air il y a près d'un siécle qu'il passoit pour un des plus sains du monde jusques-là qu'on y transportoit les malades de l'Amerique pour y recouvrer la santé. Depuis quelque temps les Ouragans terribles ont tellement corrompu l'air que cette Isle est aussi sujette aux maladies que les Antilles ; quoi qu'en apparence l'air y soit aussi pur & aussi beau qu'auparavant. Il y regne un printemps éternel. A peine les feuilles tombent des arbres que d'autres commencent à pousser. Les tonnerres & les éclairs y sont affreux, & les tempêtes viennent à chaque nouvelle Lune, & on a remarqué que quand cette Planette a un Cercle, c'est le presage d'un Ouragan, plus ou moins grand à proportion du Cercle. Les vents de Nord & de Nord-Ouest regnent le plus, & changent l'Eté en Hyver. Les pluyes durent peu ; mais il pleut à verse & alors le temps est fort obscur.

Le terroir de l'Isle de St. George & des autres Bermudes est de diverses couleurs ; la terre brune est la meilleure, la blanche qui ressemble un peu à du sable est moins bonne, mais meilleure que la rouge qui participe de la Glaise. L'eau est saumache, & on recueille celle de la pluye dans des citernes. Du reste le terroir est fertile, & on y fait deux moissons l'année. On séme en Mars, pour recueillir en Juillet, & on séme en Août pour recueillir en Decembre. La nourriture ordinaire est le Mahis ou blé d'Inde. On y séme du Tabac qui y vient assez bien ; mais ce n'est pas de la bonne espece & par consequent il rapporte peu aux habitans. [a] Les Oranges, la Cochenille, quelque peu de Perles & d'ambre gris ; voilà en quoi consiste le trafic. On y trouve quantité de tortues ; c'est la viande la plus ordinaire. Elle est très-delicate & d'un goût fort agréable. Les Espagnols y menerent au commencement des pourceaux, qui ont foisonné à merveille. Il y a force volaille & quantité d'oiseaux sauvages de diverses especes ; grand nombre de Cigognes & un oiseau de Mer, qui fait ses petits en terre comme un lapin. Il n'y a point de bête venimeuse : les araignées mêmes n'ont point de venin ; elles sont bigarrées de diverses couleurs. Dans les grandes chaleurs elles font leurs toiles si fortes que souvent les petits oiseaux s'y prennent. Les cedres de ces Isles ont beaucoup de choses particulieres, qui les distinguent des cedres des autres Pays. Le bois en est de fort bonne odeur.

BERNALDE ou BERNARDE, selon Mr. Baudrand ; BERNAUDA selon Mr. Corneille ; [b] Bourg d'Italie au Royaume de Naples dans la Basilicate, sur la Riviere de Basiliento, environ à deux lieues de son embouchûre dans le Golphe de Tarente.

BERNAMA, ancienne Ville de l'Espagne Tarragonnoise au territoire des Hedetains ; selon Ptolomée [c]. Quelques exemplaires portent BERNAVA.

BERNARD-CASTLE [d], Bourg d'Angleterre au Diocèse de Durham, aux confins du Comté d'Yorck, sur la Tees, à cinq lieues de la Ville de Durham. Il a titre de Baronie [e].

BERNARDE } Voiez BERNALDE.
BERNAUDA }

BERNAW [f], Ville d'Allemagne dans la basse Saxe dans la moyenne Marche de Brandebourg en allant vers Strausberg à deux ou trois milles de Berlin. On croit qu'elle prend son nom d'Albert l'Ours aussi bien que Berlin. On y brasse une biére d'une extraordinaire bonté, & que l'on transporte assez loin delà. L'an 1433. les Hussites l'assiégerent, & furent defaits auprès de cette Ville. Les Suedois la prirent le 1. Septembre 1638. & la ravagérent. Elle fut prise & reprise plusieurs fois durant cette longue guerre civile d'Allemagne.

BERNAY [g], petite Ville de France dans la haute Normandie, avec titre de Comté, Bailliage & Election. Elle est située sur la Carentone, à trois lieues de Beaumont-le-Roger & de Brionne, à quatre du Bec, à six de Lisieux, & à douze ou treize de Rouen, & renommée par une grande & riche Abbaye de Benedictins de la Congregation de Saint Maur. Comme ils sont Curez primitifs de Bernay, c'est dans leur Eglise, dédiée à Nôtre-Dame, que se font toutes les ceremonies publiques, & où le Clergé de la Ville & des Faux-bourgs, qui est assez nombreux, s'assemble pour faire des processions generales. Cette Eglise est grande & belle, l'on y garde un ossement de Saint André Apôtre. La menuiserie des Chaires du Chœur est fort bien tra-

[a] Descr. citée-ci dessus.
[b] Baudrand Ed. 1705.
[c] l. 2. c. 6.
[d] Baudrand Ed. 1705.
[e] Etat. pres. de la Gran. Bret. T. 11 p. 62.
[f] Zeyler Brandenb. Topogr. p. 29.
[g] Memoires dressez sur les lieux en 1703.

travaillée, & la Maifon des Religieux, bâtie nouvellement & très-folidement, eft d'une grande apparence. Sainte Croix eft le titre de la paroiffe, c'eft une Eglife affez propre, & l'on y montre un morceau de la vraye Croix de Nôtre Seigneur, qui attire beaucoup de veneration des Peuples. Il y a dans Bernay des Cordeliers, des Religieufes de la Congregation de Nôtre Dame, une Abbaye de Cordelieres Annonciades, qui gouvernent l'Hôtel-Dieu, & un Collége où l'on enfeigne les Humanitez. La Paroiffe de Nôtre Dame de la Coûture, & le Couvent des Penitens, font dans le fauxbourg. On y trouve auffi un Hôpital General bien bâti à neuf, & en fort bon air, dont on a donné le foin à des Religieufes venuës depuis peu de Vimoutier, & fur la côte une Chapelle de Saint Michel, avec plufieurs autres fondées dans le territoire. Deux Bailliages tiennent leur Tribunal dans Bernay; l'un eft celui de Montreuil, & l'autre celui d'Orbec. Le corps de Ville eft compofé d'un Maire & de quatre Echevins; il y a une Maifon de Ville & un Lieutenant de Police. Le Commerce principal confifte en bleds, en lins, en toiles, & en draperies. Un gros ruiffeau qui prend fa fource au pied de la côte voifine, traverfe la Ville de Bernay, & fait aller fes Moulins. On y tient un grand Marché tous les Samedis, & une Foire avant le Dimanche des Rameaux. On l'appelle la *Foire Fleurie*, & elle dure deux jours.

a Zeyler Super. Saxon. Topogr. p. 29.

BERNBOURG*a*, petite Ville d'Allemagne dans le Cercle de haute Saxe, & dans la Principauté d'Anhalt, fur la Sala, dans un territoire très-fertile, avec un Château & refidence ordinaire d'une des branches de la Maifon d'Anhalt. Le Château eft feparé de la Ville par la Riviere. Les Wendes la ravagerent en 1115. Les troupes de l'Electeur de Saxe la prirent le 11. Mars 1636., firent main baffe fur les Suedois qui l'occupoient & fur la plûpart des Bourgeois, après avoir donné cinq affauts; & mirent la Ville au pillage. Elle revint pourtant au pouvoir des Suedois, & en celui de l'Empereur au mois de Mai 1644. La Paix de Weftphalie repara ces defordres.

b Zeyler infer. Palat. Topogr. p. 10 & 61.
c Ibid. p. 52.
d Ed. 1705.
e Fol. 11.
f Arch. Trevir. Topogr. p. 30.

BERN-CASTEL*b*, ou BEREN-CASTEL, ou comme écrit Mr. Baudrand*d*, BERNE-CASTEL. Les deux premieres façons font employées par Zeyler. C'eft une Ville d'Allemagne dans l'Electorat de Treves. Freher dans fon Commentaire fur la Mofelle d'Aufone*e* nomme Bern-Caftel, *Caftellum Tabernarum* & peut-être, dit Zeyler*f*, que ce lieu s'appelloit anciennement *Tabernae*. Cette Ville qui a auffi un Château eft au pied de trois Montagnes au bord de la Mofelle entre Veldens, & Trarbach. On lit dans la Chronique de Tréves que l'Evêque Henri de Fiftingen bâtit en 1277. le Château de BERIN-CASTEL; & que l'Evêque Boémond de Warnesberg, qui mourut l'an 1299. l'embellit en y faifant de nouveaux appartemens, & une enceinte de murs & de tours. Il engagea de plus l'Empereur Rodolphe par fes prieres à confirmer par le pouvoir imperial les privileges qu'il avoit accordez à ce lieu.

Braun*g* dans fa defcription des Villes dit de même que les privileges accordez à Bern-Caftel par l'Evêque Boémond furent confirmez par Rodolphe, Adolphe & Albert Empereurs. Il ajoute que cette Ville commença à devenir de quelque reputation lorfque Poppon Evêque de Tréves en eût chaffé des voleurs de grands chemins, l'eut rafée & entierement détruite. Sous le Regne de l'Empereur Frideric I. les Comtes de Caftel la prirent, & y bâtirent un Château & des fortifications; mais Jean Evêque de Treves ne tarda gueres à s'en reffaifir, & fit reparer les dommages que le fiége avoit caufez aux maifons. Ainfi Bern-Caftel devint un lieu floriffant jufqu'à l'année 1277. que le Château tombant en ruine fut rebâti par l'Evêque Henri de Fiftingen, comme il a été dit ci-deffus. Cette Ville eft avantageufement située, & a outre cela d'excellens vignobles. La bonté de fes vins y attire quantité de marchands. Elle a beaucoup foufert par les guerres.

g v. pet.

BERNE*h*, (le Canton de) l'un des XIII. Cantons de la Suiffe, & celui qui tient le fecond rang. Il pourroit tenir le premier, fi les Cantons regloient leur rang felon leur puiffance; car il eft le plus grand de tous, & on peut dire qu'il occupe lui feul le tiers de la Suiffe, dont il tient prefque toute la longueur. Auffi lui donne-t-on foixante lieuës ou environ d'étenduë en longueur, & trente dans fa plus grande largeur. On le divife en deux grandes parties dont l'une eft le *Pays Allemand* depuis Morat jufqu'au Rhin; l'autre eft le *Pays Romand*, plus connu fous le nom de *Pays de Vaud*, depuis Morat jufqu'à Geneve.

h Delices de la Suiffe T. I. p. 104.

Le PAYS ALLEMAND fe partage en XXXV. Gouvernemens ou Bailliages, qui font

Ibid. p. 124.

Dans le voifinage de *Berne*.
{ Laupen,
Thorberg,
Friensberg,
Fraubranner,
Buchfi.

Du côté de *Bienne*.
{ Arberg,
L'Ifle de *St. Jean d'Erlach*,
Erlach,
Nidau,
Gottftatt,

Dans l'*Argaw*.
{ Buren,
Bipp,
Wangen,
Aarwangen,
Aarbourg,
Zoffingen,
Lentzbourg,
Kunigsfelden,
Biberftein,
Schenkeberg.

Dans l'*Emmethal*.
{ Burgdorff,
Landshut,
Brandis,
Summiswald,
Trachfelwald,
Signaw.

Dans

BER.   BER.   257

Dans l'Ober-   ⎧ *Thoun*,   jugent nécessaire pour quelque raison que ce
land, ou *Pays*   *Oberhofen*,   soit.
d'en haut.   *Underseuven*,
                     Interlaken,   Le Senat s'assemble tous les jours, excepté le
                     Hasli,   Dimanche, & il est chargé de l'expedition
                     Frutingen,   des affaires ordinaires du Gouvernement, au
                     Ober Sibenthal,   lieu que le Grand Conseil ne s'assemble que
                     Nider Sibenthal &   deux fois la semaine, à moins qu'il ne survien-
                     Sanen ou *Rougemont*. ne quelques affaires extraordinaires. Il y a
                                            quelques prerogatives particulieres attachées au
Le Pays Romand pour la partie qui ap-   Senat, entierement independantes du Grand
partient aux Bernois, se divise en XIII. Bail- Conseil, comme entre autres la distribution
liages, qui sont   de tous les Emplois Ecclesiastiques, & de
                                            quelques Charges Civiles. Mais pour bien
Au Midi   ⎧ *Aigle*,   distinguer les fonctions de ces deux Conseils,
& le long du   *Vevay*,   l'on peut dire dans un sens limité que le
Lac   *Lausanne*,   Grand Conseil a le Pouvoir legislatif, & que
                     Morges,   l'execution des Loix est commise au Senat,
                     Nyon.   ainsi que l'expedition des affaires ordi-
                                            naires.
Le long du   ⎧ *Bon Mont*,   On tire les Senateurs du Grand Conseil
Mont *Jura*,   *Aubonne*,   duquel ils restent Membres, & y prennent
ou de la *Joux*.   *Romainmotier*.   seance toutes les fois qu'il s'assemble. Desor-
                                            te que le Senat se perd dans le Grand Con-
                     ⎧ *Yverdun*,   seil, & n'a aucune existence pendant que ce-
Au milieu   *Moudon*,   lui-ci est assemblé. A l'égard du droit d'éli-
du Pays.   *Oron*,   re les Membres du Grand & du Petit Conseil
                     Payerne &   il appartient entierement à ces deux Conseils,
                     Avenche.   qui se choisissent l'un l'autre. C'est à di-
                                            re que le Grand Conseil élit hors de son pro-
Sans compter les quatre Bailliages que les pre corps le Conseiller ou Senateur, qui vient
Bernois possedent par indivis avec les Fribour- à manquer, avec cette restriction que ni pere
geois; savoir,   & fils, ni deux freres ne peuvent être dans le
                                            Petit Conseil au même tems; & au contraire
Morat,   *Orbe* &   le Senat, conjointement avec seize Membres du
Schwartzbourg,   *Granson*.   Grand Conseil, remplit les places vacantes de
                                            celui-ci. Les places qui viennent à vaquer
ª Le Pouvoir Souverain du Canton de Ber-   dans le Senat, se remplissent aussitôt qu'un Seine reside dans le *Grand Conseil*, qui, lorsqu'il gneur est enterré ou deposé, parce qu'il est
est complet, consiste en deux cens quatre vingts necessaire que ce Conseil soit toûjours com-
dix neuf Membres; mais comme près de qua- plet. Mais dans le Grand Conseil on attend
tre vingt dix neuf en sont absens ordinaire- qu'il y ait jusqu'à 80, ou 100. places vacan-
ment, sur leurs Bailliages, ou à d'autres oc- tes. Ils disent qu'ils usent de ce delai pour
casions, il s'en assemble rarement plus de deux pouvoir contenter un plus grand nombre de
cens à la fois, & c'est pour cela qu'on l'ap- Candidats à la fois. Mais la veritable raison
pelle le Conseil des *Deux Cens*. Ce Conseil est que moins le Grand Conseil est nombreux,
fait la Paix, la Guerre, & les Alliances: il moins il a de Compétiteurs aux Bailliages &
dispose du Tresor public & de tous les Em- à d'autres Charges, n'y ayant que les Mem-
plois civils, qui sont de quelque importance; bres de ce Conseil, qui puissent prétendre aux
& il exerce generalement tous les actes de la Emplois de quelque importance.
Souveraineté absoluë.   Les seize Membres du Grand Conseil que
   Outre ce Conseil on en choisit un autre, l'on joint au Senat, pour faire une nouvelle
qu'on appelle le *Senat*, ou le *Petit Conseil*, promotion, sont appellez *Seizeniers* du nom-
qui est composé de 27. personnes, y compris bre de 16. dont ils sont composez. On les
les deux Chefs, nommez *Avoyers*, lesquels choisit parmi les vieux Baillifs, c'est-à-dire
president annuellement aux deux Conseils, entre ceux qui ont achevé leur terme d'an-
chacun à leur tour. Les Membres du Petit nées dans quelque Bailliage. On peut voir
Conseil sont appellez proprement Senateurs ci-dessous à l'Article de la Ville de BERNE l'ori-
ou Conseillers, & les deux plus jeunes ont le gine & les fonctions de ces *Seizeniers*.
titre de Conseillers Secrets. Ceux-ci sont les   Ce sont les Membres du Senat & les seize
Gardiens de la liberté du Peuple & leur char- Seizeniers qui ont le droit d'Election, &
ge ressemble à celle des *Tribuns du Peuple* dans auxquels ceux qui veulent entrer dans le
la Republique de Rome. Ils ont le pouvoir Grand Conseil s'appliquent à faire leur cour.
de convoquer le Grand Conseil lorsqu'on   Chacun des Electeurs a la liberté de nommer
propose quelque matiere, ou que l'on forme un Membre, & châque Avoyer en nomme
quelque dessein en Senat, qui est préjudicia- deux. Il est aussi permis au Chancelier, &
ble aux Droits & aux Privileges des Bour- au Greffier d'en nommer chacun un. Outre
geois, ou bien même toutes les fois qu'ils le cela le Commissaire General, & quelques au-
                                            tres Officiers pretendent avoir le droit d'être
                                            faits Membres des Deux Cens en vertu de leurs
                                            Charges, & ils le sont ordinairement. De

Tom. I. PART. 2.   K k   cer-

ª *Stanian*
Etat de la
Suisse p. 73.

cette manière il y en a toûjours près de cinquante qui sont sûrs d'être élus. Les autres Candidats sont choisis à la pluralité des voix. Il y a deux conditions requises pour être capables de prétendre au Grand Conseil : l'une est que l'on soit Bourgeois de Berne, & de quelque Abbaye ; & l'autre que l'on soit du moins entré dans sa trentième année.

[a] Les deux Chefs qui sont à la tête du Gouvernement sont appellez *Schultheissen* en Allemand & *Avoyers* en François. Leurs Emplois sont à vie & ils les exercent annuellement tour à tour. Celui qui est en charge est appellé l'Avoyer Regnant, qui préside au Grand & au Petit Conseil ; qui propose les matieres qui doivent être débatuës, qui garde les Seaux publics ; enfin qui est le principal Magistrat auquel s'adressent les personnes, qui ont quelques affaires à passer dans l'un des Conseils. L'autre Avoyer qui est hors de charge, n'est que le premier Sénateur en rang, jusqu'à ce que l'année soit expirée ; alors il prend les Seaux du premier, & il est Avoyer Regnant à son tour. Ces postes sont extrêmement recherchez tant à cause du rang qu'ils donnent à ceux qui les occupent, qu'à cause de l'influence qu'ils ont sur le maniment des affaires publiques ; ce qui fournit de fréquentes occasions de faire du bien ou du mal à un grand nombre de personnes ; quoique d'ailleurs ils soient si peu lucratifs, du moins à des gens de probité, que quiconque les prendroit à ferme à mille écus par an, perdroit certainement au marché.

Le second Emploi en rang est celui des IV. *Banderets*, ainsi nommez parce qu'ils portent les étendards de la Ville, qui est divisée en quatre quartiers, ou districts dont chacun a son Porte-étendard. Ces postes sont toûjours donnez aux Senateurs du premier Ordre, étant honorables & à vie ; mais à peine vallent-ils quatre cens écus par an. L'autorité des Banderets étoit autrefois beaucoup plus grande qu'elle n'est à présent, & ils s'étoient approprié tout le Gouvernement de la Republique. Car ils créérent conjointement avec les Seizeniers tous les Membres du Grand Conseil ; & comme la nomination même des Seizeniers leur appartenoit, l'on peut dire que les Banderets seuls remplirent toutes les places vuides du Conseil des Deux Cens, & qu'ils eurent les suffrages de tous ces Membres à leur disposition. Mais les Bourgeois voyant que le pouvoir exorbitant des Banderets tendoit à l'Oligarchie, ils commencerent par leur ôter la nomination : ensuite ils leur retrancherent insensiblement toutes leurs autres prerogatives, enforte qu'ils sont dépouillez à l'heure qu'il est de tout pouvoir, qui puisse mettre en danger la liberté publique.

Ceux qui suivent les Banderets dans l'ordre sont les deux *Tresoriers*, l'un appellé le Tresorier du Pays Allemand, & l'autre celui du Pays Romand. Leur occupation est de recueillir les revenus du Souverain, chacun dans leur Departement. Ces Emplois ne durent que six ans ; mais ils passent pour les meilleurs de l'Etat ; parce que ceux qui ont le maniment des deniers publics trouvent toûjours le moyen de s'enrichir malgré tous les Reglemens. Les huit Emplois dont il vient d'être parlé sont les principaux de la Republique, & se donnent toûjours aux Senateurs, comme des recompenses de leurs longs & fideles services. On peut y ajouter une autre Charge considerable, qui ne sort jamais du corps des Senateurs ; c'est celle d'Intendant General des Bâtimens Publics. Tous les autres Officiers de la Republique, comme nous tres Officiers de la Republique, comme le Chancelier, le Greffier, le Commissaire General &c. sont ordinairement choisis parmi les Membres du Grand Conseil, & il y a de moindres postes occupez par des Bourgeois, qui n'en sont pas ; mais il arrive très-rarement qu'un Bourgeois, qui n'est pas des Deux Cens, obtienne un Emploi fort profitable.

Comme les Bernois ont une grande étenduë de Pays, ils l'ont partagée, comme nous l'avons dit plus haut, en divers Bailliages où ils envoyent des Gouverneurs, qu'ils appellent *Landsfogt*, & les François *Baillifs*, pour administrer la Justice & la Police. Ces Charges ne durent que six ans ; mais elles sont d'un grand revenu, aussi sont-elles courues avec beaucoup d'avidité. On a fait en differens tems des Loix pour empêcher les brigues & les sollicitations ; mais elles ont été toutes à la fin inutiles. [b] C'est pourquoi pour aller à la source du mal on a reglé que tous les Emplois se distribueroient par le sort, & que le hazard seul decideroit des prétentions des Competiteurs. Desorte que lorsqu'on veut disposer d'un Bailliage ou d'un autre Emploi compris dans ce Reglement l'on met dans un sac autant de balles qu'il y a de Competiteurs : l'une de ces balles est dorée & celui qui la tire obtient le Bailliage. Il semble qu'il y ait du ridicule à remettre au hazard le choix des personnes destinées à rendre la Justice dans un Etat & à y entretenir la Police, cependant l'on avouë de bonne foi & à l'honneur du sort que depuis qu'il dispose des Bailliages il ne paroît point qu'il en ait fait une distribution plus inégale que n'en faisoit le Grand Conseil, avant que le Reglement fût introduit. Ces Baillifs ont chacun dans leur district la direction principale des affaires civiles & militaires. Chacun est le General de la milice de sa Province, & le Juge suprême dans les causes Civiles & Criminelles. A la verité il y a d'autres personnes de leurs Bailliages, qui assistent à leurs Cours de Justice ; mais le Baillif seul a le pouvoir de sentencier comme il le trouve à propos. Cependant dans les causes criminelles où il va de la vie, il faut que la Sentence soit confirmée par le Grand Conseil avant qu'elle puisse être exécutée : & dans les causes civiles lorsqu'elles passent une certaine valeur il y a appel de sa Sentence. Pour cet effet il y a deux Chambres d'Appellations, qui resident toûjours à Berne, l'une pour le Pays Allemand & l'autre pour le Pays de Vaud. Même ceux du Pays Allemand peuvent appeller, par un privilege particulier de la Chambre des Appellations au Grand Conseil ; mais l'on n'a pas accordé ce droit à ceux du Pays de Vaud, parce qu'ils ont naturellement l'esprit si porté à la chicane

que

que le Conseil perdroit trop de tems à faire la revision de leurs procès.

Quoique les places du Grand & du Petit Conseil soient à vie, néanmoins celles du premier ne donnent point d'émolumens immédiats, si ce n'est qu'elles conduisent à tous les Emplois de l'Etat. A la verité on distribuë à chaque Membre un peu de grain & de bois pour l'usage de sa famille ; mais cela ne monte qu'à une bagatelle. Pour ce qui est des salaires des Conseillers, ils ne vont pas à plus de 300. Ecus par an, y compris même quelques profits casuels, qui y sont annexez. Desorte qu'il n'y a peut-être point de Pays au monde où les Magistrats servent le Public à moindres gages que dans celui-ci.

J'ai dit que le Senat a le soin des affaires ordinaires du Gouvernement : cependant il y a plusieurs Commissions ou Magistrats separez, qui sont établis pour la direction des affaires particulieres, & composez tous de Membres du Grand Conseil. La plus importante de ces Commissions est le Conseil secret, formé de l'Avoyer hors de Charge, qui y preside, des IV. Banderets, des deux Tresoriers & des deux Conseillers secrets. L'on remet à ce Conseil les matieres d'Etat, qui demandent un plus grand secret, que celui qu'on peut se promettre d'une assemblée nombreuse. Ils sont revêtus d'autorité pour agir en certains cas comme ils le jugent utile pour le bien public, sans consulter le Grand Conseil. Mais lorsque le danger de divulguer le secret est passé, il faut que leurs décisions y soient ratifiées avant qu'elles puissent sortir leur effet. Ils sont aussi des especes d'Inquisiteurs d'Etat, qui prennent connoissance de toutes les matieres, qui peuvent interesser la Republique.

La seconde Commission est la Chambre des Banderets, autrement appellée la Chambre *Oeconomique*, qui examine & passe les comptes des Baillifs, & de tous les autres qui sont Comptables au Souverain. Cette Chambre est composée des Banderets en Charge & des deux Tresoriers, qui y president chacun à leur tour.

Le *Consistoire* est la troisième Commission. C'est une Chambre composée d'Ecclesiastiques & de Seculiers, quoique le nombre des derniers soit plus grand, afin que la superiorité du Souverain en matiere Ecclesiastique puisse être mieux maintenuë. Cette Chambre prend connoissance de toutes les causes Matrimoniales, de l'Adultere, de la Fornication, & de toutes les autres actions contre les bonnes mœurs.

Il y a aussi un Magistrat ordonné pour surveiller à l'éxecution des Loix somptuaires : on l'appelle la *Chambre de Reforme*. Elle est fort exacte à mettre à l'amende ceux qui portent quelque chose de defendu, tant parce que les amendes sont au profit de la Chambre, que parce qu'il importe beaucoup à l'Etat que ces Loix soient rigoureusement observées.

[a] Delices de la Suisse T. I. p. 105.

2. BERNE[a], Ville Capitale du Canton de même nom. Elle est situeé sur une longue Presqu'Isle que la Riviere d'Aar forme presque au milieu du Canton. Berchtold V.

Tom. I. PART. 2.

& dernier Duc de Zeringuen la fonda l'an 1191. & l'appella Berne, à cause d'un Ours qu'il prit, dit-on, à la chasse, à l'endroit où il vouloit commencer l'ouvrage : car les Allemans appellent un Ours, Beer. Un Gentilhomme, qui avoit la conduite de l'ouvrage poussa la Ville depuis la pointe de la Presqu'Isle jusqu'à la tour de la Grande Horloge, qui se trouve aujourd'hui à peu près au milieu de la Ville, & qui en étoit alors la porte comme elle en conserve encore la figure. L'on y voit aussi quelques restes des anciens fossez, qui sont occupez par des Tanneurs. Environ un siécle après un Comte de Savoye la prolongea jusqu'à la Tour de la Prison, qui étoit aussi alors la porte de la Ville : c'est pourquoi ce quartier s'appelle *Neustatt*, c'est-à-dire la *Ville-Neuve*, & les anciens fossez ont été en partie conservez pour servir de logement aux Ours que l'on entretient. Le reste de la Ville depuis ces fossez jusqu'à la Porte de Goliath, y a été ajoûté dans la suite des tems, & la Ville fut toute pavée l'an 1399. deux siécles après sa fondation.

Berchtold étant mort l'an 1218. la Ville de Berne tomba sous la puissance des Empereurs d'Allemagne ; [b]mais elle obtint bientôt sa liberté de la part de l'Empereur Frederic II. Après sa mort l'Allemagne se trouvant divisée, les Bernois furent attaquez par leurs voisins, & ils se virent reduits à une telle extremité qu'ils furent contraints de se jetter entre les bras de Pierre Comte de Savoye à qui ils se donnerent l'an 1260. La Ville de Berne fut soumise aux Comtes de Savoye environ l'espace de 50. ans, c'est-à-dire jusqu'à l'an 1325. Ce fut alors qu'Edouard Comte de Savoye ayant été vaincu par le Dauphin de Viennois, & se voyant pressé par ses Ennemis fut contraint de chercher du secours, & pour en avoir des Bernois, il les remit dans leur ancienne liberté. Ils entrérent ensuite dans la grande Alliance du Corps Helvetique l'an 1353., & dans l'année 1397. l'Empereur Wenceslas leur accorda le droit de rendre la Justice en dernier ressort & déclara qu'à l'avenir ils ne seroient plus obligez de plaider aux Chambres Imperiales.

[b] Longuerue Descr. de la France part. II. p. 256.

La Ville a été augmentée & fortifiée de nouveau dans le dernier siécle. [c]L'année de sa fondation a été marquée par les anciens dans ce vers memorial :

[c] Delices de la Suisse T. I. p. 107.

Et DVX BerChtoLDVs BernaM
strVXIsse notatVr.

La Ville de Berne est assez longue ; mais peu large. Sa longueur est d'une petite demi-heure de chemin ; mais pour sa largeur, elle suit la forme de la Presqu'Isle qu'elle occupe, qui est au commencement si étroite qu'elle ne forme qu'une ruë, puis elle s'élargit & en forme deux ; & enfin trois. Il est vrai que les ruës y sont larges surtout celle du milieu, qui a encore l'avantage d'être coupée par un beau ruisseau d'un bout de la Ville à l'autre, ce qui sert à la tenir toûjours propre. Outre cet avantage Berne peut être regardée comme une des plus belles Villes, & des

des plus commodes de toute la Suisse & des environs. Les Maisons y sont toutes bâties de belles Pierres de Taille, à la reserve d'un petit nombre dans les extrêmitez : & toutes ont des Arcades sur le devant avec un beau pavé aussi de Pierre de Taille, où l'on peut aller d'un bout de la Ville à l'autre, à l'abri des injures de l'air ; & ces devans de Maisons sont pour la plûpart garnis de boutiques. Quant à la situation le terrain s'éleve fort sensiblement, dès la porte de Zurich, qui est à la pointe de la Presqu'Isle, environ 3. à 400. pas ; mais après cela il est assez uni, du moins la pente en est insensible. La Ville est fort élevée au dessus de l'Aar, qui coule à ses 3. côtez dans un lit profond & rapide ; ainsi elle est bien fortifiée de trois côtez par la seule Nature. Du quatrième côté qui est celui du Couchant, on y a fait deux rangs de fossez, avec des remparts à la moderne ; mais comme il y a si longtems que les Bernois jouïssent d'une Paix profonde, & qu'ils ont une entiere confiance dans la fidelité de leurs Sujets, ces remparts sont assez negligez & ils n'ont gueres d'autre usage que de servir de promenade. La porte par où l'on entre dans la Ville de ce côté est appellée par les Allemans, *la Porte de St. Christophle*, & par les François *la Porte de Goliath*, parce qu'on voit dans une grande niche qu'on a pratiquée dans la Tour, un Colosse de Bois ou grande statuë armée d'épée & de pique que les uns prennent pour un St. Christophle ; & les autres pour Goliath.

On remarque dans Berne le Grand Temple, qui fut fondé l'an 1421. Il a un assez beau Clocher, qui est demeuré imparfait, quoi qu'il soit d'une hauteur considerable. Du sommet on a la vûë sur toute la Ville, & sur la campagne des environs qui est fort agréable. Au bas du Clocher est la grande porte qui a un large Vestibule, où l'on voit le dernier Jugement representé en sculpture à demi-relief. Il est fermé d'une grande grille de fer. Dans le Temple on remarque la Table où l'on celebre la Cêne & où l'on baptise : elle a été apportée de Lausanne, où elle servoit d'Autel dans l'Eglise Cathedrale ; elle est de beau marbre noir. Aux deux côtez de la voûte sont suspendus divers drapeaux remportez par les Bernois sur leurs Ennemis. Près du Chœur on a dressé un monument à la gloire du Duc Berchtold fondateur de la Ville ; où on lit l'inscription suivante.

IN MEMORIÆ MONUMENTUM
PERPETUÆ BERCHTOLDI V.
ZAERINGIÆ DUCIS FORTISS.
URB: BERNÆ CONDITORIS
INCLYTISS :
P. PATRIÆ ILLUSTRISS: SENATUS BERN: G. L. Q. P.
MCXCI. FRID. II. ROM. IMP.
BER. COND.

A côté de ce Temple est une des belles terrasses qu'on puisse voir, & d'où l'on a une des plus belles vuës. Comme le terrain étoit étroit en cet endroit-là, & formoit une Colline fort élevée dont la pente étoit roide & la descente très-rapide ; on a trouvé à propos de la revêtir de trois côtez d'épaisses murailles de plus de 100. pieds de hauteur ; ensuite on a comblé le terrain d'entre-deux jusqu'au niveau du Temple. Cet ouvrage fut commencé l'an 1334. Ainsi c'est aujourd'hui l'une des plus belles places de Berne, où l'on se promene à l'abri du soleil sous plusieurs rangs d'arbres qu'on y a plantez : & aux deux côtez on a construit des degrez de bois couverts pour descendre dans une espece de Fauxbourg, qui est au bord de la Riviere.

A quelques pas au dessus du Temple, on trouve le College où l'on enseigne la jeunesse, qui se destine au Ministere de l'Eglise P. R. C'étoit autrefois le Couvent des Cordeliers ; on y a fait de belles reparations & on l'a changé en Ecole Illustre. Il y a six Professeurs, qui enseignent regulierement les Langues & les Sciences necessaires à un Ministre. C'est dans ce Collége qu'on trouve la Bibliotheque, qui est fort belle, & qui a été enrichie de celle de Bongars, dont les heritiers ont fait present au Public. On y voit outre les Livres imprimez, qui y sont en grand nombre, quantité de beaux & anciens Manuscrits, sur toutes sortes de matieres. C'est dans ce lieu que l'on conserve les depouilles de la tente de Charles le Hardi Duc de Bourgogne, que l'on gagna à la Bataille de Morat l'an 1476. Ces depouilles consistent en plusieurs tapis magnifiques en broderie d'or avec ses armoiries. On y voit aussi les tableaux de plusieurs grands hommes, particulierement celui du Roi Henri IV. donné par ce Prince, ceux des Avoyers de Berne &c. A côté de la Bibliotheque est le Cabinet des raretez où l'on a ramassé grand nombre de curiositez de la Nature & de l'Art.

Outre le grand Temple il y en a quatre autres où l'on prêche ; celui de Nidek au bas de la Ville, celui de l'Hôpital à l'extremité opposée, celui des Dominicains, & celui de l'Isle. Celui des Dominicains est remarquable parce que ce fut dans son enceinte & à ses côtez que se joüa la sanglante Tragedie des Jacobins, qui furent brûlez à Berne l'an 1504. Ce Couvent a été changé en un Hôpital. Ce qu'on appelle l'Isle étoit aussi un Couvent de Religieuses du même Ordre, qui a été changé en Infirmerie pour l'usage des pauvres malades du Pays.

La Maison de Ville est bâtie à l'antique, on y monte par un grand perron double fort exhaussé & l'on entre d'abord dans une sale où l'on voit quelques Tableaux, qui representent les antiquitez de Berne ; mais le tems les a à demi effacez. A côté de cette Maison est la Chancellerie & l'Imprimerie.

L'Arsenal est beau & grand & l'un des mieux fournis de la Suisse ; on y montre les Armes de Berchtold V. fondateur de la Ville & la figure de Jean François Nægueli, qui étoit General de l'Armée Bernoise lorsqu'elle fit la guerre à Charles III. Duc de Savoye, & lui prit les Pays de Vaud, de Gex & de Chablais, l'an 1536. On y montre aussi diverses depouilles de l'Armée des Bourguignons, leurs mousquets & leurs pistolets, enrichis d'or & d'yvoire & plusieurs Charretées
de

de cordes que le Duc Charles, presumant trop de sa bonne fortune avoit fait apporter pour pendre tous les Suisses. On y voit aussi des armes antiques, qui étoient en usage avant l'invention de l'Artillerie.

[a] Dans la Ville de Berne il y a XII. Societez ou Confrairies de Gens de métiers, qu'ils appellent *Abbayes* ; savoir quatre grandes & huit petites. Il faut que chaque Bourgeois, Gentilhomme ou Artisan, s'enrôle dans une de ces Confrairies, parce que personne n'est capable d'entrer dans les Deux Cens, ou d'avoir aucun bon Emploi à moins qu'il ne soit de l'une de ces *Abbayes*. Elles ont chacune leur Chef qu'on appelle *Seizenier* : les grandes en ont deux chacune, & les petites un qui font ensemble le nombre de seize. Il faut que ces *Seizeniers* soient Membres de l'Abbaye pour laquelle ils servent, & on les prend du nombre des vieux Baillifs, qui sont dans le Conseil des Deux Cens & hors d'emploi. Ainsi lorsqu'on va faire de nouveaux Seizeniers, tous les vieux Baillifs s'assemblent sur leurs differentes Abbayes, où les Seizeniers sont élus, non à la pluralité des voix, mais par le sort. Car on met dans un sac autant de balles qu'il y a de concurrens à ces postes, l'une des balles est d'or & les autres d'argent, & celui qui tire la balle d'or est Seizenier. Toutes les Abbayes pratiquent la même methode dans les Elections des Seizeniers, qui d'ordinaire sont choisis lorsqu'on remplit les places vacantes dans le Grand Conseil, & continuent dans leurs Emplois jusqu'à une autre promotion.

Outre le droit des Membres des Deux Cens conjointement avec le Senat, ils ont quelques prerogatives considerables qui leur sont particulieres. Ils sont proprement les Representans de la Bourgeoisie dans le Grand Conseil, & chacun d'entre eux est obligé de prendre garde qu'il ne s'y passe rien au préjudice de sa Confrairie ou Abbaye : & ils ne representent pas seulement la Ville ; mais le soin de tout l'Etat leur est commis en quelque maniere. Car ils ont seuls le droit de faire des remontrances au Conseil sur les Griefs que les Bourgeois peuvent avoir, & de proposer de nouvelles Loix, qu'ils croyent être avantageuses, ou d'en abolir d'autres qu'ils jugent être préjudiciables au Public en general, ou à leurs *Abbayes* en particulier. Ils sont même réellement les seuls Souverains pour un petit espace de tems conjointement avec les quatre *Banderets*. Car tous les autres Emplois dans l'Etat cessent pendant les trois derniers jours avant Paques, & alors ils sont autorisez de rechercher la conduite de chaque Membre de l'Etat, & de le priver de sa charge s'ils en ont de justes causes. Mais ils exercent ce pouvoir avec beaucoup de menagement ; desorte que chacun est toujours confirmé dans son Emploi le Lundi de Paques, à moins qu'il ne soit trouvé coupable de quelque crime notoire. A la verité les quatre Banderets & les Seizeniers ne peuvent pas degrader un Membre du Grand Conseil sans que leur Sentence soit confirmée par le même Conseil ; mais pour les Senateurs ils les deposent, quand ils en ont des raisons, sans appel & sans autre ressource.

[a] *Stanian. Etat de la Suisse p. 77.*

[b] Le Commerce n'étoit pas bien grand à Berne avant l'arrivée des François qui s'y sont refugiez ; mais comme le nombre en est devenu grand, ils se sont associez avec les Bourgeois Negocians, & quelques-uns y ont introduit des Manufactures d'Etofes. Mais l'Auteur cité en marge doute s'il y ont fait autant de bien que de mal ; car avec le Commerce & l'argent, ils y ont introduit les manieres Françoises & le luxe, qui ont chassé cette ancienne frugalité & simplicité Helvetique.

[b] *Delices de la Suisse T. I. p. 116.*

[c] Les environs de Berne sont partagez en quatre grands Gouvernemens qu'on nomme *Lands Gericht*, qui sont ressortissans de la jurisdiction immediate de la Ville, & sous le commandement des quatre Banderets ; savoir *Sefftigen*, *Sterneberg*, *Konolfingen* & *Zollickhofen*. Le Pays est inégal, en partie montueux & couvert de bois en divers endroits. A la porte de Berne du côté du Couchant on trouve un beau bois de sapins fort épais, qui est une agréable promenade. C'est un Pays de Blé, & de paturage. On n'y voit point de vin, sinon sur une Colline, qui est vis-à-vis de Berne, au delà de l'Aar ; mais c'est plutôt par curiosité qu'on entretient ces vignes que pour la bonté du vin. Tous les environs de Berne sont couverts de belles Maisons de Campagne une lieuë à la ronde. Il y a par-ci par-là quelques bains d'eaux miherales, qui sont de quelque usage pour la guerison de certaines maladies ; comme celui de NEUHAUSS, proche de Berne, & ceux des villages de GERZENSE'E & de BLUMENSTEIN, dans le Gouvernement de Sefftigen. L'eau du dernier teint en rouge le linge qu'on y trempe.

[c] *Ibid. p. 121.*

La Riviere d'Aar, qui environne la Ville de 3. côtez fournit de bon poisson, & en assez grande abondance. Outre cet usage elle sert encore au commerce par le moyen de la Navigation, étant navigable de Berne jusqu'au Rhin. Elle est fort rapide, & dangereuse à cause des roches cachées sous l'eau en quelques endroits, & elle est incommode à cause des tours & détours qu'elle fait, serpentant tellement ; surtout aux environs de Berne, qu'il faut près de deux heures pour arriver dans un lieu nommé *Neubruk* ou le *Pontneuf*, où l'on va par terre dans une heure de tems. Mais après cela l'on regagne bien par la vitesse de la Navigation le tems que l'on a perdu. Dans un jour on peut aller de Berne à Broug, & comme on ne peut pas remonter la Riviere, les Bateliers vendent leurs bâteaux à Broug, ou plus bas, & s'en retournent à pied.

BERNE-CASTEL. Voiez BERN-CASTEL.

BERNENSES. Voiez BERUNENSES.

BERNEVAL[d], gros Village de France en haute Normandie au Pays de Caux, sur la côte à une lieue de Diépe vers le Nord-Est de cette Ville sur le chemin de la Ville d'Eu. On le nomme *Berneval le Grand* pour le distinguer de *Berneval le Petit*, qui est au fond d'un valon au bord de la Mer. Ce dernier n'a point d'Eglise paroissiale ; mais simplement une Chapelle. L'Eglise paroissiale est à Ber-

[d] *Memoires dressez sur les lieux.*

Berneval le Grand. L'un & l'autre appartiennent au Duc du Maine, & étoient autrefois à Mademoiselle de Montpensier.

BERNICA. Ortelius[a] trouvant qu'Appien[b] nomme BERNICA, Ville d'Epire, & qu'Eusebe au livre VII[c]. de son Histoire Ecclesiastique fait mention d'Ammon Evêque de *Berenice*, croit qu'il y a peut-être faute dans ces deux Auteurs, & qu'il faut lire *Beronice*. Voiez BERENICE 6. qui est la même.

[a] Thesaur.
[b] in Mithridat.
[c] C. 21.

BERNICHE ou BERENICE, ou VERNICHE, Ville d'Afrique en Barbarie au Royaume de Barca sur la côte de la Mer Mediterranée & du Golphe de la Sidre, dans la Province de Mesrate, & environ à cinquante mille pas de Barca, selon Mr. Baudrand[d]. C'est la même que BERENICE 6.

[d] Ed. 1705.

BERNICIE, Province ancienne du Royaume d'Angleterre, selon Bede cité par Ortelius[e]. Les Historiens d'Angleterre en font quelquefois un Royaume, parce que lorsque l'Angleterre étoit partagée en sept Royaumes, qui est ce qu'on appelle l'Heptarchie, le Northumberland, en étoit un, se divisoit en deux parties, comme le remarque très-bien Mr. de Rapin-Thoiras[f], savoir la DEÏRIE & la BERNICIE; la premiere étoit proprement le Northumberland Meridional, & l'autre le Northumberland Septentrional; celle-ci étoit en partie située au Nord de la muraille de Severe, & s'étendoit en pointe du côté de l'Orient jusqu'à l'embouchûre de la Twede. Après la mort d'Ida premier Roi du Northumberland entier arrivée en 559. son Royaume fut partagé entre Adda & Alla: le premier regna en Bernicie, le second en Deïrie. Ces deux Royaumes furent réunis, & séparez plusieurs fois.

[e] Thesaur.
[f] Hist. d'Angleterre. T. 1. l. 3. p. 154.

BERNOW. Voiez BERNAW. Mr. Corneille en fait deux Villes diferentes. Il se trompe; c'est la même.

BERNSTADT, en Latin *Bernardostadium*, *Berolstadium*, & *Beriltovia*, selon Mr. Baudrand[g], petite Ville du Royaume de Boheme, en Silesie, au Duché d'Olh, sur la Riviere de Weida, avec un ancien Château des Ducs environ à trois milles Allemands de Breslaw, en allant vers la Pologne.

[g] Ed. 1705.

BERNY, Château de France, sur la Bievre ou petite Riviere des Gobelins au Midi de Paris, sur la route d'Orleans au Couchant du Château de Frêne, & au Midi Oriental de Sceaux. [h] Il a appartenu autrefois au Chancelier de Belliévre. Il appartient aujourd'hui aux Abbez de Saint Germain des Prez de Paris. Cette Maison est distinguée tant pour ses ornemens que pour les beautez singulieres de ses canaux & fontaines, & la rareté & l'excellence des fruits, qui croissent dans ses jardins. Au devant est une esplanade quarrée au milieu de laquelle est un petit jet d'eau. A gauche est un corps d'architecture, qui sert d'entrée au jardin. La porte qui est au milieu, est surmontée d'un second ordre. A droite & à gauche sont six niches remplies de statuës, trois de chaque côté, & décorées de colonnes couplées & de frontons chargez de Medaillons en bas reliefs. La façade du Château presente un corps avancé qui occupe le milieu & qui sert d'entrée, il est plus élevé d'un étage que le reste de l'édifice. La porte est une Arcade decorée de quatre colonnes, qui soûtiennent une petite terrasse ou balcon orné sur le devant d'une balustrade de pierre. Quatre pavillons quarrez, deux de chaque côté occupent les côtez du Château. Aux deux angles des premiers de ces pavillons on a pratiqué deux niches remplies de statuës.

[h] Piganiol de la Force, Desc. de la France T. 2. p. 251.

1. BEROE, ancienne Ville de Syrie. Antonin[i] met Beroe sur la route de Cirre à Emese à XLII. M. P. de la premiere. C'est la même chose que BERROEA, Ville Episcopale de la premiere Syrie sous le Patriarchat d'Antioche, de laquelle il est parlé dans la Notice dressée du temps du Patriarche Photius, & sous l'Empire de Leon le Sage, inserée au second Tome de Scheltstrate[k]. Elle est nommée par une simple r Beroea Βέροια dans la Notice de Hierocles[l], qui la donne aussi à la I. Syrie. C'est cette Ville qu'on croit être presentement ALEP. Voiez ce mot.

[i] Itiner.
[k] p. 685.
[l] Ibid. p. 712.

2. BEROE. Voiez BERRHOE, Ville de Thrace.

3. BEROE, petite Ville de la basse Mœsie auprès du Danube. Antonin la met sur la route de *Viminatium*, à Nicomedie à soixante mille pas d'Axiupolis qu'il compte ainsi selon l'exemplaire du Vatican.

Axiupoli	
Capidava	M. P. XVIII.
Carso	M. P. XVIII.
Cio	M. P. X.
Beroe	M. P. XIIII.

BEROGOMUM CASTRUM, Château ou Place forte d'Ecosse dans la Province de Lorn, sur le grand Lac de Leave. On y rendoit autrefois la Justice, dit Cambden[m], & il n'étoit pas loin de Dunstafag, ou le Mont St. Etienne où étoit anciennement la residence des Rois.

[m] Scotia.

BEROMI, lieu de la Palestine d'où étoit l'un des Braves de David[n]. Les nouvelles Versions disent qu'il étoit BARHUME'EN.

[n] 2. Reg. c. 23. v. 31.

BERONES, ancien peuple de l'Espagne Tarragonoise, selon Ptolomée[o]. Il leur donne pour Villes

[o] l. 2. c. 6.

Tritium Metallum ou *Tritii Metallum*,
Oliba   &   *Varia*.

Ils confinoient selon lui aux Autrigons & aux *Arevaca*. Le P. Briet[p] explique *Tritium Metallum* de TRIEJO village près de Najara, & dit que *Varia* est ALFARO, & place les Berons dans une partie de la contrée de Rivogia.

[p] Parall. 2. part. l. 4. p. 208.

BERONICE. Voiez BERENICE.

BEROOT, BEIRUT, ou BERYTE, Ville de la Phenicie, sur la Mer Mediterranée, à cinq ou six lieuës de Sidon ou Seid du côté du Septentrion, & à 66. milles de Balbec vers le Midi. [q] Cette Ville se nommoit autrefois *Berytus*: ensuite Auguste qui l'estimoit fort, lui accorda de grands privileges, & la nomma JULIA FELIX. Elle n'a
plus

[q] Maundrell Voyage d'Alep. à Jerusalem p. 64.

BER.

plus rien de son ancienne beauté si ce n'est la situation qui est très-agréable; étant bâtie sur le bord de la Mer dans un terroir parfaitement beau & fertile. Elle n'est élevée au dessus de l'eau salée qu'autant qu'il le faut pour n'être pas sujette aux inondations & aux autres inconveniens, qui proviennent de cet Element. On y trouve de très-belles sources d'eau, qui y tombent de dessus les Montagnes, & qui sont dispersées par toute la Ville dans des fontaines commodes & assez belles; le reste de la Ville n'a rien de remarquable; on peut dire même qu'elle est sombre & sale. Les ruës sont étroites, elles ont un ruisseau au milieu où marchent les chevaux & un chemin de châque côté relevé, où passent les hommes.

<small>Voyage de Monconys en Syrie part. 2. p. 76.</small>

<small>b Maundrell pag. 64.</small> b L'*Emir Faccardin* faisoit sa principale residence dans ce lieu-là. Il étoit, sous le regne du Sultan Morat, quatriéme Emir ou Prince des Druses, peuple que l'on suppose descendu des restes dispersez des Armées Chrétiennes, engagées dans les Croisades faites pour recouvrer la Terre Sainte. Voiez DRUSES. Faccardin étant Prince de ces peuples-là ne se contenta pas d'être renfermé dans les Montagnes comme ses Predecesseurs; il étendit, par son courage & par son adresse, ses Etats jusques dans la plaine, qui est le long de la côte de la Mer depuis Beroot jusqu'à St. Jean d'Acre. Ce Prince bâtit un Palais au Nord-Ouest de la Ville de Beroot, & l'on en voit encore aujourd'hui des restes considerables, qui font voir son ancienne magnificence. Il y a une fontaine de marbre à l'entrée plus belle qu'elles ne le sont ordinairement en Turquie. Ce Palais est composé au dedans de plusieurs cours, presque toutes ruinées à present, & qui n'ont peut-être jamais été finies. Les écuries, les cours pour les chevaux, les loges des Lions & autres bêtes sauvages, les jardins &c. ne seroient pas indignes de la grandeur des Princes Chrétiens, s'ils avoient la perfection qu'ils sont capables de recevoir, & qu'il semble que le premier entrepreneur leur ait voulu donner. Mais ce qu'il y a de plus beau dans ce Palais, & qui attire le plus l'admiration, c'est l'orangerie. Ce lieu est un quarré divisé en seize autres plus petits, quatre de front avec des allées entre-deux. Ces allées sont ombragées d'orangers d'une grandeur extraordinaire, & d'une si grande beauté, qu'on ne sauroit rien imaginer de plus parfait dans cette espéce. Chacun des seize petits quarrés de ce jardin est bordé de pierres, & l'on avoit eu soin d'y former de petits reservoirs avec beaucoup d'adresse. Ils servoient à conduire l'eau par tout le jardin; & à arroser par le moyen de certains petits tuyaux, qui passent à côté de chaque arbre. Mais le seul usage auquel les Turcs employent ce lieu de delices, n'est qu'à servir de clôture à des brebis & à des chevres; desorte qu'en plusieurs endroits on trouve de la boüe jusqu'aux genoux. Il y avoit deux terrasses à l'Orient du jardin qui s'élevoient l'une sur l'autre, chacune de douze degrez. Elles sont remplies de beaux orangers, & aboutissent au Nord à des berceaux, & autres appartemens agréables.

BER.

Il y a lieu de s'étonner que cet Emir ait été capable de former un dessein aussi regulier & aussi juste que l'est celui de ce jardin; vû que les jardins des Turcs ne consistent ordinairement qu'en un mélange confus d'arbres, sans parterres & sans allées, ni salles de verdure ou berceaux, de façon qu'ils ressemblent plus à des bocages qu'à des jardins. Mais Faccardin avoit été en Italie où il avoit vû les choses qu'il avoit fait imiter dans son Pays.

On voit dans un autre jardin plusieurs pied-d'estaux pour des statuës, d'où on peut conclure que cet Emir n'étoit pas Mahometan zelé. Il y avoit dans un des coins du même jardin une tour de 60. pieds de haut que l'on avoit eu dessein d'élever beaucoup davantage pour y placer des gardes. Les murailles en ont douze pieds d'épaisseur.

Il n'y a dans cette Ville qu'une Eglise Chrétienne dont le bâtiment est fort peu considerable. Les Grecs en sont en possession. Elle est ornée de plusieurs vieux tableaux. On y voit la figure de Nestorius, qui est un des Saints que l'on trouve ordinairement peints dans les Eglises *Grecques* de sa secte. Mais ce qu'il y a de remarquable est une figure étrange d'un Saint, de grandeur humaine, avec une barbe, qui descend jusqu'à ses pieds. On dit qu'elle represente St. Nicephore; & on en fait un conte tout à fait ridicule. L'ancienne Eglise Chrétienne que l'on dit avoir été dediée à St. Jean l'Evangeliste sert aujourd'hui de principale Mosquée aux Turcs.

c L'abord du côté de la Mer est tout plein <small>c Monconys pag. 73.</small> de coloquintes, qui croissent dans les chemins & dans les Champs; tout le terroir est couvert d'arbres, entre autres de beaux mûriers blancs pour les vers à soye, d'arbres de glu & de fort beaux pins dont il y a une forêt plantée en ligne droite par l'Emir Faccardin. d A <small>d Thevenot Voyage du Levant pag. 442.</small> une demi-heure de Beroot, le long de la Mer en tirant vers Tripoli on voit à droite la Caverne, qui servoit autrefois de retraite à un grand dragon; à deux cens pas au delà est une Eglise des Grecs, au même lieu, à ce qu'ils disent, où St. George tua ce Dragon, qui étoit prêt de devorer la fille du Roi de Beroot. A demi-heure de chemin delà est un pont appellé le Pont de Beroot, soûtenu de six Arcades; on y paye une caffare. e A <small>e Monconys pag. 74.</small> moitié chemin on trouve une vieille masure, qu'on dit être le Palais du Roi de ce tems-là: d'autres disent que c'étoit l'endroit où l'on mettoit les filles, qui devoient être devorées. f Environ à deux heures de chemin du <small>f Thevenot p. 442.</small> pont dont il vient d'être parlé, on en trouve un autre sous lequel passe une Riviere appellée en Arabe *naar-el-Kelb*, c'est-à-dire le *fleuve du Chien*, sans doute à cause qu'on y voit un anneau taillé dans le rocher, où est attaché un grand chien fait de la même roche, qui paroit encore dans la Mer. On dit qu'autrefois ce chien aboyoit par enchantement quand il venoit quelque Armée, & que sa voix s'entendoit de quatre lieuës loin. Un peu au dessus de la descente où est le chien, sont gravées sur le rocher en gros caracteres ces lettres IMP. CÆS. M. AURELIUS. AN-
TO-

TONINUS. PIUS. FELIX. AUGUSTUS. PART. MARI. BRITANNIUS. Au bout de ce Pont, il y a une pierre de marbre d'onze palmes de long, & de cinq de large où sont écrites six lignes en caractères Arabesques.

BEROSABA. Voiez BERSABEE.
BEROSUS. Voiez LIBROSUS.

1. BEROTH, Ville de la Tribu de Benjamin[a]. C'est la même que BEEROT. Voiez ce mot.

[a] Josué c. 9. v. 17.

2. BEROTH[b], Ville dont il est dit que David fit la conquête sur Adadezer Roi de Syrie. D. Calmet[c] doute si c'est Beroé de Syrie, ou Berythe en Phenicie autrement BARUTH. Si Beroé de Syrie étoit au lieu où est présentement Alep, comme le veut la tradition du Pays qui est assez vraisemblable, il ne l'est gueres que David ait poussé ses conquêtes si loin de ce côté-là. *Baruth*, *Beryte* ou *Beroot* étoit proche de la Palestine, & convient beaucoup mieux à ce passage cité en marge. Le P. Bonfrerius dans ses Notes sur l'Onomasticon d'Eusebe & de St. Jerôme, Mr. Sanson dans son Indice Géographique, D. Calmet dans son Dictionnaire & autres Savans semblent convenir que la Beroth d'où David remporta de riches dépouilles est la même que BEROTHA dont parle Ezechiel[d]. Je ne sais pourquoi D. Calmet dit que Berotha dont ce Prophete fait mention étoit entre Hethalon & Emese; car outre qu'Ezechiel ne dit rien de pareil si elle avoit été entre ces deux Villes telles que D. Calmet les place dans sa Carte de la Terre promise, ce ne pourroit être Beryte, Barut ou Beroot; car Emath ou Emese est sur l'Oronte bien à l'Orient de Catala ou Hethalon, Bourgade située au bord de la Mer, & Beryte, *Barut* ou *Beroot* étant une Ville maritime aussi doit être au Nord ou au Midi d'Hethalon & par conséquent ne sauroit être entre Hethalon & Emese.

[b] 2. Reg. c. 8. v. 8.
[c] Dict.
[d] c. 47. v. 16.

3. BEROTH, des fils de Jacan. St. Jerôme[e] lit *Filiorum Jacin*, en quoi il semble se conformer à Eusebe, qui dit *Zacim*. Lieu particulier dans les deserts d'Arabie. C'est-là que mourut le Grand Prêtre Aaron frere de Moïse. Eusebe & St. Jerôme disent que de leur temps on y montroit le lieu de sa sepulture sur le sommet d'une Montagne à dix milles de la Ville de Petra. Il est parlé de ce lieu Beroth au livre du Deuteronome[f]. C'est le même que BANE-JACAN ou BENE-JAACAN, dont il est fait mention au livre des Nombres[g].

[e] de Locis Hebr. in voce BEROTH.
[f] c. 10. v. 6.
[g] c. 33.

BEROU[h], petite Ville de l'Arabie heureuse sur le Golphe de Balsera, environ à vingt lieues de la Ville de Mascalat du côté du Nord Oriental. Mr. Baudrand dit que c'étoit anciennement BILOENA ou BILBENA.

[h] Baudrand Ed. 1705.

1. BERRE[i], petite Ville de France en Provence à l'entrée de la petite Riviere d'Arc dans l'Etang de Martigues que l'on apelle aussi l'Etang de Berre. [k] Elle a été autrefois estimée une des plus fortes places de cette Province. Charles Emanuel Duc de Savoye la prit après un long siége l'an 1591. durant les guerres de la Ligue, & quoique toute la Provence se fût soumise au Roi Henri IV. il ne pût chasser de Berre les Savoyards, qui n'en sortirent que l'an 1598. en exécution du Traité de Vervins. Il se fait en ce lieu du sel excellent en très-grande quantité dont on fournit la Provence, & les Provinces voisines & même la Savoye. Berre est du Diocèse d'Arles, mais de la Viguerie d'Aix. Le Roi René Comte de Provence l'érigea en Baronie en la donnant à son neveu Charles du Maine. Mr. Piganiol[l] observe qu'elle est connue par les reliques de son Eglise, & par la quantité & la bonté du sel qu'on y fait. Les reliques sont, à ce qu'on dit, des cheveux, & du lait de la Ste. Vierge, des ossemens de St. Laurent, un doigt de St. Germain, une des Tuniques de la Vierge &c. Sans vouloir rien diminuer de la veneration due aux vraies reliques il semble qu'un siécle aussi éclairé que le nôtre devroit écarter ce qu'une pieté simple & ignorante a autrefois reçu comme vrai, de la main de gens qui par fraude ou par ignorance lui ont presenté des reliques imaginaires. Celles qui regardent la Ste Vierge sont plus suspectes que d'autres. On montre de ses cheveux en tant d'endroits, que si on les mettoit les uns auprès des autres pour en faire la comparaison, on concluroit qu'ils ne sauroient avoir crû sur une même tête. C'est cette émulation d'avoir des reliques fameuses, qui a fait que trois Abbayes de Benedictins se vantent d'avoir le corps de St. Benoît, & que trois Villes diferentes prétendent posseder le chef de St. Jean Baptiste. L'air de Berre est fort mal-sain.

[i] Ibid.
[k] Longuerue Desc. de la France part. 1. p. 352.
[l] Desc. de la France T. 3. P. 319.

2. BERRE, Riviere de France au Languedoc. Voiez BERA.

BERRESA, Ville de l'Ethiopie sous l'Egypte, selon Pline[m]. Le R. P. Hardouin conjecture que ce pourroit bien être Berex que Timocrate dans Etienne, dit être une Ville entre l'Inde & l'Ethiopie; position vague & qui ne determine pas assez où elle étoit.

[m] l. 6. c. 29.

§. BERRHOEE, BERRAIA, BEROEA, BEROE & même BOREA. Il y avoit trois Villes, dont les noms ont été écrits d'une maniere très-confuse, & peu exacte par diferens Auteurs.

1. BERRHOEE, Ville de Syrie dans la Cyrrhestique, selon Ptolomée[n]. Elle étoit entre Antioche & Hierapolis & Procope[o] dit qu'elle étoit à une distance égale de ces deux Villes. Ainsi il y a faute dans la IV. Carte de l'Asie de Ptolomée où elle est mise fort près d'Hierapolis, & à proportion fort loin d'Antioche. C'est la même que BEROE que nous avons dit être la même qu'Alep. Outre ce que j'en ai dit au mot ALEP, on peut ajouter qu'Ortelius[p] le prouve par l'autorité de Zonare, de Choniates, de Cedrene, & de Pierre Gylle. Le Droit Oriental cité par le même Ortelius en fournit une preuve hors de toute contestation; on y lit: BERRHOEA *sive* CHALEPO. En retranchant la forte Aspiration, il reste *Alepo* ; & cette Aspiration forte est si fort du goût des Orientaux, qu'un Persan né dans le Diarbeck, & qui avoit apris un peu de François ne pût jamais dire les Indes, comme je tâchai de le lui faire prononcer dans une conversation; il dit

[n] l. 5. c. 15.
[o] Persic. l. 2. c. 7.
[p] Thesaur.

BER. BER. 265

dit toûjours *les Hhindes*. Mr. Cousin dans sa Traduction Françoise de Procope [a] nomme mal cette Ville BEREE. [b] La Notice de Nilus Doxa-Patrius met cette Beroée pour le premier des huit grands Archevêchez, qui dépendoient du Patriarchat d'Antioche.

2. BERRHOE'E, Ville de la Macedoine dans l'Emathie selon Pline [c], au pied du Mont Bermius selon l'Abreviateur de Strabon [d]. Pline écrit BEROEA; Ptolomée BERRHOEA, Βέῤῥοια; l'Abreviateur de Strabon dit Beroea, Βέροια; le Texte Grec des Actes des Apôtres [e] varie un peu : quelques exemplaires portent Βέροια, d'autres Βέῤῥοια; de même les Versions Latines. La Vulgate dit BEROA ou BEROEA, beaucoup de modernes BERRHOEA. St. Paul y prêcha l'Evangile, & y fit beaucoup de fruit. Cedrene cité par Ortelius dit qu'ayant été rebâtie par l'Imperatrice Iréne, elle fut nommée IRENOPOLIS. Cependant les Notices Episcopales lui conservent l'ancien nom. La Notice de Hierocles [f] la nomme *Beroea*, Βέροια, & la met dans l'Illyrique ou la I. Macedoine. L'explication d'Andronic Paleologue le vieux, sur le rang des Metropoles soumises au Patriarche de Constantinople, met au xxx. rang Berrhoée & ajoute [g] : celle-ci qui appartient au Siége de Thessalonique, que d'autres veulent, à celui d'Achride, a été honorée du titre de xxx. Throne. C'est-à-dire que de Suffragante de l'un de ces deux Siéges qu'elle étoit, elle fut érigée en Metropole. Peut-être même ne fit-on cette érection que pour mettre d'accord les deux Metropolitains qui y pretendoient. Le P. Charles de St. Paul, qui à la fin de sa Géographie Sacrée a donné une Notice Grecque & Latine de divers Auteurs, entre lesquelles celle de Hierocles se trouve confondue & commence à la page 18. Ce Pere, dis-je, lit dans le Grec Βέροια au lieu de Βέῤῥοια qu'on lit dans la vraie Notice publiée par Schelstrate. Ortelius remarque que, selon Sophien, cette Ville est nommée VERIA, & Leunclavius BOOR. Il doute s'il ne faut point pour les accorder dire que les Grecs l'appellent VERIA, & que les Turcs la nomment BOOR.

3. BERRHOE'E, Ville de Thrace; entre Nicopolis Ville de la Moesie & Philippopolis Ville de Thrace, comme on peut juger d'un passage de Jornandes [h]. Ammien Marcellin en parle comme d'une grande Ville. Il dit que la Thrace proprement dite avoit Philippopolis, Eumolpias l'ancienne & Beroée, grandes Villes. La Notice de Hierocles [i] la nomme Beron Βηρόν dans la Province de Thrace. La Notice sous Leon le Sage & sous Photius le Patriarche [k] la met pour une des Metropoles de la Thrace; ainsi elle étoit alors le Siége d'un Archevêque. Sa situation entre Nicopolis & Philippopolis, montre qu'elle est differente de BEROE, BIROE ou BIREUM, Ville située sur le Danube. Voiez BIREUM. Zonare & l'Histoire Mêlée [l] disent de celle-ci ce que Cedrene dit de Berrhoée de Macedoine, savoir qu'ayant été rebâtie par l'Imperatrice Irene, elle en prit le nom d'IRENOPOLIS.

BERRI [m], Province de France au milieu du Royaume avec titre de Duché. Le Ber ri est borné du côté du Septentrion par la Province d'Orléanois; à l'Orient il a le Nivernois; au Midi le Bourbonnois & la haute Marche; & à l'Occident il a le Poitou. Le nom de Berri, & celui de Bourges sa Capitale, sont venus des BITURIGES. Ces peuples *Bituriges* étoient surnommez CUBI, pour les distinguer des autres *Bituriges* surnommez VIBISCI, qui sont ceux de Bourdeaux. Les *Bituriges Cubi* étoient autrefois des plus illustres entre les Celtes, comme l'assûre Jules Cesar dans ses Commentaires. Mais après sa mort, Auguste attribua à l'Aquitaine ces peuples avec ceux de Bourges fussent les premiers de cette nouvelle Aquitaine, & que leur Ville principale nommée *Avaricum*, fût Capitale de toute cette Province, qui s'étendoit depuis la Loire jusqu'aux Pyrenées.

[n] La domination des Romains dura jusqu'en 475. que le Berri avec la Ville de Bourges tomba sous la puissance de Wisigots, qui furent enfin vaincus par Clovis à la Bataille de Vouillé près de Civeaux. Le Berri fut gouverné sous les François, comme il l'avoit été sous les Romains & sous les Goths, c'est-à-dire par des Comtes qui dans la suite firent un fief hereditaire d'une dignité qui n'étoit que personelle. Cette Province eut donc ses Comtes qui portoient le nom de Comtes de Bourges, de la même maniere que les Comtes de Languedoc se qualifioient Comtes de Toulouse. Bollon ou Ollon est le plus ancien dont le nom soit venu jusqu'à nous. Il vivoit sous le regne de Gontran, & ce fut lui qui tua Gondebaud. Les Vicomtes succederent aux Comtes & le Berri eut les siens pendant 170. ans ou environ, à compter depuis Geofroi qui vivoit en 917. jusqu'au Vicomte Eudes Arpin, qui vendit cette Province au Roi Philippe I. en 1100. Dès lors elle fut unie à la Couronne, & n'en fut demembrée que par le don que le Roi Jean en fit à Jean de France son troisiéme fils en faveur duquel il l'érigea en Duché l'an 1360. Ce Prince étant mort sans posterité masculiné le Duché de Berri fut réuni à la Couronne. Le Roi Charles VI. le donna en 1406. le 30. Juin à Jean de France son fils & après sa mort à Charles de France son autre fils, qui regna dans la suite sous le nom de Charles VII. Celui-ci le donna en appanage en 1453. à Charles de France son fils qui le ceda pour la Normandie au Roi Louïs XI. son frere l'an 1463. Louïs XI. le donna à François, son troisiéme fils de la Reine Charlote de Savoye sa seconde femme, ensuite à sa fille Jeanne de France qui étant morte Religieuse, le Berri revint à la Couronne. François I. en accorda la jouïssance & l'usufruit à la Princesse Marguerite par Lettres Patentes de l'an 1517. Henri II. fit même don à Marguerite de France sa Sœur, qui fut mariée à Emanuel Philibert Duc de Savoye. Henri III. étant parvenu à la Couronne donna le Berri au Duc d'Alençon son frere pour supplément d'appanage. Enfin le Roi Henri le Grand en laissa l'usufruit à Louïse de Lorraine, veuve du Roi

Tom. I. PART. 2.   L l

Roi Henri III. & voilà la derniere Duchesse de Berri.

a Ibidem. p. 29.

[a] On divise ordinairement le Berri en Haut & Bas. Le haut s'étend au Levant d'Eté, depuis le Cher jusqu'à la Loire ; le Bas est renfermé entre le Cher & la Creuse au Couchant d'hyver. Les Villes les plus remarquables du Berri sont ; savoir

Dans le Haut Berri
- Bourges,
- Dun-le-Roi,
- Château-neuf,
- Mehun,
- Vierzon,
- Argens,
- Châtillon-sur-Loire,
- Aubigni,
- Concorsault,
- La Chapelle-Dam-Gillon,
- Les Aix-Dam-Gillon,
- Henrichemont,
- Sancerre,
- Montfaucon, &c.

Dans le Bas Berri
- Yssoudun,
- Charost,
- Linieres,
- Château-meillant,
- La Châtre,
- St. Chartier,
- Aigurande ou Agurande,
- Boussac,
- Blanc,
- Château-roux,
- Bourg-de-Déols,
- Levroux,
- Valence,
- St. Aignan,
- Celles,
- Vastan,
- Graçay,
- Lury, &c.

b Ibidem. p. 3.

[b] Le Berri est arrosé par plusieurs Rivieres dont la plûpart sont peu connuës. Les principales sont

Rivieres du Berri
- La Loire,
- La Creuse,
- Le Cher,
- L'Indre,
- L'Orron,
- L'Evre ou Yevre,
- L'Aurette,
- Le Moulon,
- La grande & petite Saudre,
- La Nerre.

c Ibidem. p. 5.

[c] Quoique le Berri n'ait pas ce grand nombre d'Evêchés qu'on remarque dans quelques autres Provinces du Royaume, & que même l'Archevêché de Bourges soit le seul qu'il y ait, on peut néanmoins assurer qu'il y a peu de Provinces, où le Clergé soit aussi nombreux & aussi florissant qu'il l'est dans celle-ci. On compte dans ce Diocèse 34. Eglises Collegiales, 9. Archidiaconez, 20. Archiprêtrez, environ 900. Paroisses & 35. Abbayes.

[d] Tout le Berri est du ressort du Parlement de Paris, & regi par une Coutume particuliere, appellée *la Coutume de Berri*, qui fut redigée, corrigée & reformée en 1539. par Pierre Lizet premier Président du Parlement de Paris & Pierre Mathé Conseiller au même Parlement, tous deux Commissaires en cette partie. Depuis ce tems-là cette Coutume a été tenuë pour Loi dans la Ville & *Septaine* de Bourges, dans une partie du ressort du Bailliage de cette Ville, dans tout le ressort d'Yssoudun, de Dun-le-Roi, Mehun, & Vierzon & dans celui de Concressault pour les rotures seulement ; car pour les Fiefs ce dernier Bailliage est regi par la Coutume de Lorris, comme aussi la Baronie de la Chapelle, & la Châtellenie des Aix-Dam-Gillon.

d Ibidem. p. 18.

Il n'y a qu'un Grand-Bailli dans toute cette Province ; il est un des quatre plus anciens du Royaume. Son Siége fut établi à Bourges, & non pas à St. Pierre le Moutier; ce qui se prouve parce qu'il a toûjours été appellé Bailli de Berry, & en second lieu parce que la Ville de Bourges a été acquise à la Couronne sous le regne de Philippe I. & que le Pariage de St. Pierre le Moutier entre le Roi Louïs le Jeune & le Prieur n'est que de l'an 1165. Par le titre du Pariage il est même porté que le Roi n'y établit qu'un simple Prevôt. L'Office de Bailli de Berri a été presque toûjours uni à celui de Gouverneur de cette Province, & on a la liste des Baillis de Berri depuis l'an 1190. jusqu'à present. Ce Bailli a six Lieutenans Generaux, qui exercent la Jurisdiction Royale & rendent la Justice au nom dudit Bailli dans six Bailliages particuliers qui sont

Bourges,	Dun-le-Roi,
Issoudun,	Vierzon &
Mehun,	Concressault.

Ces six Bailliages ressortissent au cas de l'Edit au Presidial de Bourges, qui fut établi par l'Edit du Roi Henri II. du mois de Mars 1551. & ce Presidial est le seul qu'il y ait dans la Province de Berri.

Il y a dans cette Province deux Bureaux des Traites foraines ; l'un à Château-roux, où l'on paye les droits des marchandises qui sortent du Royaume ; & l'autre à Argenton, où l'on paye les droits de celles qui y entrent. Il paroît par les Etats du Roi que le Berri a fourni dans les dernieres guerres jusqu'à deux millions deux cens vingt neuf mille trois cens soixante & dix sept livres, par an.

Le Berri a un Gouverneur, un Lieutenant General & deux Lieutenans de Roi. Les Charges de ces deux derniers ont été créées par Edit du mois de Fevrier de l'an 1692. Le Roi n'a aucune Place forte dans cette Province.

La Marechaussée de Berri consiste en deux Compagnies, la Generale & la Provinciale. La Generale est composée d'un Prevôt, d'un Lieutenant, & de vingt Archers. La Provinvinciale confifte en un Prevôt, deux Lieutenans dont l'un refide à Bourges & l'autre à Argenton, où il a douze Archers fous fes ordres, & toute cette Compagnie n'eft que de vingt-neuf Archers.

Ibid. p. 2. ᵃ L'air de cette Province eft fort temperé & le terroir y produit du froment, du feigle, & des vins qui en quelques endroits ne cedent gueres à ceux de Bourgogne ; tel eft celui qu'on recueille à Sancerre, à St. Satur, & à Lavernuffe. Il s'en faut beaucoup qu'ils ne foient auffi bons dans les autres vignobles du Berri, où ils font foibles, & ont un goût de terroir qui ne plaît pas, pour peu qu'on s'y connoiffe. Les fruits y font affez bons & en quantité, & la bonté des pâturages contribué avec la temperature du Climat à l'engrais des moutons & à la finesse de leur laine. Ce Pays produit auffi beaucoup de chanvre & de lin. On dit même qu'il y a en Berri plufieurs mines de fer & d'argent ; mais on neglige entierement d'y travailler, & les carrieres de pierre qui font à une demi-lieuë de Bourges font d'une plus grande utilité. Il y a pourtant dans la paroiffe de St. Hilaire, auprès de Vierzon, une mine d'ocre qui fert à fondre les metaux & à la teinture, & qui ne laiffe pas d'avoir fon utilité, parce qu'il y en a fort peu dans le Royaume.

BERRUYERS, (les) on appelle ainfi les habitans du Berri. Mais ce nom ne repond pas entierement à celui de *Bituriges*, qui s'étendoient bien au delà du Berri. Voiez BITURIGES.

ᵃ D. Calmet Dict. BERSABÉ ᵃ, Bourg de Paleftine dans la Galilée, au Midi de la haute Galilée, & au Nord de la baffe. Jofephe l'Hiftorien le fit rétablir & fortifier, comme il nous l'apprend *ᵇ De Bell.* lui-même ᵇ.
l. 3. c. 2. l. 2. c. 25. & in Vita fua.

BERSABÉE, BEERSABÉE, BEERSHEBA, BEROSABA, & BERZAMMA, Ville fituée au Midi de la Paleftine. Son nom fignifie *le puits du Serment*, ou *le puits des Sept* ; parce que c'eft-là qu'Abraham fit alliance avec *ᶜ Genef. c. 21. v. 22.* Abimelec Roi de Gerare ᶜ, & qu'il lui donna fept brebis pour fervir de monument de l'alliance qu'ils venoient de jurer enfemble. Berfabée fut d'abord donnée par Jofué à la *ᵈ Jofué c. 15. v. 28.* Tribu de Juda ᵈ, & enfuite cedée à celle de *ᵉ Ibid. c. 19. v. 2.* Simeon ᵉ. Elle étoit fituée à vingt milles d'Hebron vers le Midi, & il y avoit Garnifon Romaine du temps d'Eufebe & de St. *ᶠ In locis.* Jerôme ᶠ. Leur temoignage eft confirmé par *ᵍ Sect. 21.* ce qu'on lit dans la Notice de l'Empire ᵍ : *fub difpofitione viri fpectabilis Ducis Palæftinæ equites Dalmatæ Illyriciani Berofabæ*. Dans l'Ecriture on marque fouvent les deux extremitez de la Terre Sainte par ces termes : *de* *ʰ 2. Reg. c. 17. v. 11. &c.* *puis Dan, jufqu'à Berfabée* ʰ. Dan étoit à l'extremité Septentrionale & Berfabée à l'extremité Meridionale du Pays. Le P. Bonaventure Brocard Jacobin Allemand dans fon *ⁱ p. 51. Ed. Col. 1624. in 8.* Voyage de la Paleftine ⁱ dit que le nom moderne de Berfabée eft GIBLIN, & il compte delà à Gaza quatre lieues. Ortelius reprend Poftel d'avoir dit que Ptolomée la nomme BERSAMNE ; & ajoute qu'il l'a peut-être trouvé ainfi dans quelque exemplaire Latin, au lieu, dit-il, que le Grec de Ptolomée porte MEZARMAE ; il faut diftinguer les exemplaires ᵏ. Il y en a qui ont Μεζαρμαι, *ᵏ l. 5. c. 18.* *Mezarma* & d'autres Βερζαμμα *Berfamma*, ce qui ne s'écarte gueres de l'Orthographe de Poftel. Guillaume de Tyr cité par Ortelius dit que *Berfabée* eft nommée BETH-GABRIM ; c'eft-à-dire la Maifon de Gabriel: & l'Anonyme, qui a écrit l'Hiftoire de la Croifade dit qu'elle s'appelle TURBAYSEL. Elle a été Epifcopale comme il paroît par une Notice publiée par Schelftrate au fecond Tome de fon Antiquité de l'Eglife ˡ. *ˡ p. 770.*

BERSABORA, grande Ville d'Afie dans la Perfe près du Naarmalcha ou fleuve Royal. Zofime dit ᵐ qu'elle étoit grande, forte *ᵐ Ortel. Thefaur.* & bien peuplée. Ammien Marcellin ⁿ la nomme PYRISABORA, & dit de même qu'elle étoit *ⁿ l. 24. p. 186. Edit. Lindebrog.* grande, fort peuplée, & qu'elle avoit des foffez qui en faifoient une Ifle ; *ambitu Infulari circumvallatam*.

BERSAN ou SERTOPOLIS, Metropole de la troifieme Paleftine, felon Guillaume de Tyr cité par Ortelius ᵒ. Ce dernier propofe fi au lieu de ces deux noms il ne faut pas *ᵒ Thefaur.* lire BETSAN & SCYTHOPOLIS?

BERSCH ou BERSE ᵖ, petite Ville de *ᵖ Baudrand Ed. 1705.* France dans la Baffe Alface, au Diocèfe de Strasbourg, entre la Ville d'Ober-enheim, & celle de Rosheim environ à une lieue de l'une & de l'autre.

BERSECHE, BERSENCHE, ou BREZENTZ ᑫ, Mr. Baudrand qui fournit ces *ᑫ Ibid.* trois noms dit : Bourg ou petite Ville de la Baffe Hongrie dans le Comté de Sighet fur la Drave, au Midi du Lac de Balaton à huit lieuës de Canifa. Il ajoute : quelques Géographes mettent à Berfech l'ancienne Ville de BERBIS ou BEREBIS ; d'autres la mettent à Barbowina.

§. Mr. de l'Ifle dans fa Carte de Hongrie de 1703. écrit BRESENTZ au deffous de Kanifcha en fuivant le bord Septentrional de la Drave, & n'en fait qu'un village. Dans fa Carte de 1717. dreffée fur de nouveaux Memoires il n'en fait auffi qu'un village qu'il nomme BRESNITZA.

BERSELLO ʳ, en Latin *Brixellum*, Ville d'Italie en Lombardie dans l'Etat du Duc *ʳ Baudrand Ed. 1705.* de Modene fur le Pô, & au territoire de Reggio. Elle eft petite, mais forte, ayant un bon Château. Elle eft vis-à-vis de Viadana, qui eft de l'autre côté du Pô, aux confins du Mantouan & de l'Etat du Duc de Parme, à huit milles de Parme en paffant vers Mantoue, entre Cremone & Reggio. Ce fut là que mourut l'Empereur Othon après avoir été defait à Caneto par Vitellius. (Il falloit dire par fon armée ; car il étoit bien loin delà.) Le Comte de Soiffons General des troupes de l'Empereur s'empara de Berfello l'an 1702. & y laiffa une forte garnifon. L'Editeur de Mr. Baudrand entend apparemment par le Comte de Soiffons le Prince Eugène de Savoye. Le Duc de Vendôme reprit cette place le 23. de Juillet de l'année fuivante, & l'Editeur de Mr. Baudrand dit que quand il écrivoit il y avoit déja huit mois que les troupes de France affiégeoient Berfello. Je dis l'Editeur ; car Mr. Baudrand étoit mort dès le printems de 1700. ainfi il n'a pu parler de ces évenemens pofterieurs à fa mort. Voiez BRI-

BER.

BRIXELLUM. Quelques-uns disent BRESEL-LE pour BERSELLO.

BERSIAMITES[a], Peuple de l'Amerique Septentrionale dans la nouvelle France sur la côte Septentrionale du Golphe de St. Laurent, vis-à-vis du Canada. Ce peuple est de peu de consideration.

BERSILIA. Voiez BERZETIA & BERZILIA.

BERSIMA, Ville de la Mesopotamie selon Ptolomée[b], cité par Ortelius[c]. Il n'est pas sûr que ce fût une Ville ; car à la tête de la liste où elle est nommée Ptolomée dit expressement *Villes dans la Mesopotamie & villages Κῶμαι le long de l'Euphrate*. Et il nomme ces Villes, & ces villages pêle-mêle sans les qualifier.

BERSINUM, Ortelius dit BERSINUM ou BELSINUM, Ville de la Gaule Aquitanique à XII. mille pas de Lyon. Sur quoi il faut remarquer que l'Exemplaire du Vatican, l'Edition de Surita & celle de Bertius nomment ce lieu ou *Belſinum* à l'accusatif, ou *Belſino* à l'ablatif, ce qui revient au même. Quant à la distance Ortelius s'est trompé, ou pour mieux dire a été trompé par quelque Manuscrit defectueux. L'exemplaire du Vatican & l'Edition de Surita comptent XXIII. M. P. de *Belſinum* à Lyon. L'Edition de Bertius en met XXIV. La distance de *Belſinum* à *Climberrum* est très-variée dans les exemplaires. Celui du Vatican en compte XII. Surita & Bertius en mettent XV. il s'en trouve même, qui n'y en mettent que X. Il est certain qu'il faut chercher ce lieu sur la route d'Agen à Lyon entre cette derniere Ville & *Climberrum*, qui par consequent est très-diferent d'une autre Ville de même nom que l'on croit être la Ville d'Auch ; car outre qu'Auch n'est point sur la route d'Agen à Lyon, *Climberrum* dont parle ici Antonin est presque à moitié chemin d'Agen à Lyon, comme il paroît par cette route

AB AGINNO LUGDUNUM M. P. LXV. sic

Lacturam	XV.	M. P.
Climberrum	XV.	M. P.
Belſino	XII.	M. P.
Lugdunum	XXIII.	M. P.

Ainsi le total est juste ; mais il est faux dans l'Edition de Surita, qui met de *Climberrum* à *Belſinum* XV. car alors cela fait LXVIII. Il est encore plus faux dans l'Edition de Bertius, qui met non seulement XV. à Belſinum ; mais encore XXIV. à Lugdunum, ce qui fait que le total est excessif de IV. mille pas ; au lieu que le Calcul de l'exemplaire du Vatican est fort juste. Les mêmes raisons qui empêchent que *Climberrum*, aujourd'hui *Auch*, ne soit la *Climberrum* d'Antonin, ne permettent pas de croire avec Velser que Belſinum soit le Beſino de la Table de Peutinger. Car bien loin d'être sur la route d'Agen à Lyon, Agen y est mis, au contraire, sur la route de Beſino à Lyon ; comme je le ferai voir plus amplement dans mon Commentaire sur Antonin.

BERSOBE, Village de la Galilée fortifié

[a] Ibid.
[b] l. 5. c. 18.
[c] Theſaur.

BER.

par Joſephe qui le dit dans ſa Vie. Ortelius[d] de qui eſt cet Article lit dans cet Auteur Βηρσόβη. C'eſt le même lieu que BERSABE'. Voiez ce mot.

BERSTOLSGADEN. Mr. Corneille qui dit que les Latins la nomment *Bertolgada*, fait un mauvais Article ſous ce titre & cite Davity ; faute de ſe ſouvenir qu'il avoit traité beaucoup mieux cette même Ville dans l'Article BERCHTOLSGADEN, qui eſt ſon vrai nom. Je remarquerai ici que cet Auteur entend ſouvent par les Latins Mr. Baudrand tout ſeul, qui ne ſe fait pas une affaire de latiniſer à ſa maniere les noms Géographiques. Cette remarque eſt neceſſaire à ceux, qui trouvant dans Mr. Corneille cette façon de parler *les Latins la nomment* &c. ſeroient aſſez bons pour s'imaginer que les Anciens qui ſeuls meritent le nom de Latins, ont parlé du lieu en queſtion & qu'ils l'ont appellé ainſi. *Les Latins* dans le ſtyle de cet Auteur ne ſignifie que Mr. Baudrand, qu'il n'oſe nommer.

BERSTUM, Ortelius trouve qu'il eſt fait mention de ce lieu dans le Code 11. Tit. 4.

BERSUIRE, en Latin *Berſuria* ou *Bercorium*[e], Ville de France dans le bas Poitou, à trois lieues de Partenay & autant de Thouars au Couchant. Elle eſt petite, & eſt nommée fort ſouvent BRESSUIRE par ceux de dehors.

BERSYNGA. Voiez SYPA.

BERTA, ancienne Ville de Macedoine dans la Biſaltie, ſelon Ptolomée[f].

BERTINORO, Ville d'Italie dans l'Etat de l'Egliſe dans la Romagne. Elle eſt ſur une agréable Colline, chargée de vignes près de la petite Riviere de Bedeſe à cinq milles au Levant de Forli & à ſept de Ceſene au Couchant. Elle eſt défendue par une bonne Citadelle & eſt le Siége d'un Evêché, qui étoit autrefois à Forlimpopoli, & qui eſt Suffragant de Ravenne. Elle eſt nommée par l'Hiſtorien de Ravenne[g] *Britonorium*. Hugue Comte de Bertinoro dit dans ſon Teſtament du 16. d'Août MXXXIX. *ideo Ego Ugo exiguus Comes Britonorii quamvis ſim æger corpore, tamen mente ſanus ſum* &c. Ce Teſtament eſt curieux en ce qu'il inſtitue ſon fils Gerard Legataire univerſel à condition de donner à ſa Sœur quelques terres qu'il avoit dans la Romagne, & au défaut d'enfans mâles il veut que Bertinoro ſoit rendu à l'Archevêque de Ravenne parce que, dit-il, c'étoit un fief qui ne pouvoit paſſer aux filles. *Et ſi Gerardus ſine filiis maſculis mortuus fuerit, totum quod habeo in plano ſcilicet, caſtrum Britonorii, cum toto tenimento ſuo & cum paſſaio de Forimpopuli & cum Malliano ; quia tenimentum Malliani uſurpavi de tenimento Meldula ; & totum quod habeo in plano Archiepiſcopo Ravennati reſtituantur . . . . tamen ſi filia fœmina habuerit, habeat totum quod in montaneis partibus habeo, quia Caſtrum Britonorii non eſt mihi conceſſum, ut filiæ fœminæ habeant*. Gerard ſon fils par ſon teſtament du mois de Janvier MLXII. laiſſe à ſa fille Drudicia une terre dont elle ſe doit contenter, ou de deux cens livres. *Drudicia ſit hæres apud Sanctam Ma-*

[d] Theſaur.

[e] Baudrand Ed. 1705.

[f] l. 3. c. 13.

[g] Hieron. Rubei Hiſt. Ravenn. p. 281.

Ibid. p. 295.

BER.

Mariam in balneo & sufficiat ei vel ducentas libras ei detur. Il laisse tous ses autres biens & Châteaux à son fils, & en cas qu'il n'ait point d'enfans il partage ses biens à ses neveux excepté les restitutions ordonnées par son pere & il veut qu'elles se fassent en ce cas-là. On voit dans cet Historien[a] diverses investitures données par les Archevêques de Ravenne aux Comtes de Bertinoro. Ce fut[b] en 1358. qu'elle fut honorée du Siége Episcopal après la destruction de Forlimpopoli. Jerome Capugnano Dominicain dans ses additions à l'Itineraire d'André Schottus[c] nomme cette Ville BRITTONORUM, & dit qu'elle est riche en huile d'olive, en vin, & en eau, & qu'elle jouït d'un air très-salubre. Que delà comme d'un Donjon (*tanquam super speculam*) on peut parcourir des yeux la Mer Adriatique, la Dalmatie, la Croatie, le Pays de Venise & la Romandiole. A l'Article FORUM TRUENTINORUM, au mot FORUM j'ai remarqué que quelques-uns pretendent que c'est presentement *Bertinoro*. Mr. Corneille travestit ce mot en celui de *Forum Frutariorum* qu'il attribue à Pline. Mr. Baudrand[d] lui donne pour noms Latins *Britinorium*, *Bretinorium*, *Bertinorium* & *Petra Honorii*.

BERTISCUS, Montagne de la Macedoine selon Ptolomée[e]. L'Abreviateur de Strabon en parle aussi.

BERTISUM, lieu de la Thrace selon Procope[f] cité par Ortelius. Je trouve au Chapitre XI. du livre cité, Traduction de Mr. Cousin, BERGISUM dans la Province de Rhodope; & ce qui me persuade que c'est le même lieu c'est qu'Ortelius ne parle point de *Bergisum*. Procope au reste n'en dit que le nom dans une liste des Forts que Justinien avoit fait bâtir dans la Thrace.

BERTOLSGADEN, Orthographe vicieuse que Mr. Baudrand prefere à BERCHTOLSGADEN, qui est la vraye.

BERTRANDOPOLIS. Voiez SAINT-BERTRAND.

BERTULA, petite Isle adjacente à l'Isle de Sardaigne sur sa côte Occidentale, selon Ptolomée[g]. On l'appelle presentement LA COXA DI DONNA, ou en François la cuisse de la Dame.

1. BERVA & BERUENSES, lieu & peuple dont on trouve qu'il est fait mention dans une inscription ancienne raportée au Tresor de Goltzius. Ortelius[h] juge que ce lieu étoit aux environs de Feltri & d'Altino dans la Gaule Cisalpine.

2. BERVA[i], Ville d'Afrique dans la partie la plus Meridionale du Pays nommé Kiaserah par les Arabes, & que nous apellons Cafrerie. Edrisi dit qu'ils n'ont aucune Religion, & qu'ils élevent seulement certaines pierres qu'ils frottent avec de la graisse ou avec de l'huile de poisson. La Ville de Berva est sur le rivage de l'Océan Ethiopique à trois journées de celle de Neduba qui est plus au Nord.

BERVAN, Ville d'Asie dans la grande Tartarie; au Royaume de Thibet, près du Lac de Bervan. On conjecture, dit Mr. Baudrand, que c'est la Ville de la Scythie en de-

BER. 269

çà de l'Imaus que les Anciens appelloient Chauranay. Il y a aussi de l'apparence, poursuit-il, que Bervan est le même lieu que Witsen dans sa Carte de la Tartarie appelle PARVAN, & qu'il place environ à vingt lieues des sources du Chesel, du côté de l'Orient.

§. Mr. Baudrand se trompe quand il dit que Chauranay est mis par les Anciens dans la Scythie d'en deçà l'Imaüs. Ces Anciens qui ont parlé de CHAURANA se reduisent à Ptolomée, qui la met bien expressément dans la Scythie d'au delà. Le Géographe de Nubie[k] met Bervan entre les principales Villes du Pays de Thibet qu'il nomme Tobbat. Il dit qu'auprès des Villes de Bervan & de Ug, qui sont voisines, il y a à leur Midi un Mont Courbé comme la lettre ⊃ sur le sommet duquel on ne peut monter qu'avec peine; de ses deux extrémitez il touche aux Montagnes de l'Indoustan. Au pied de cette Montagne est une Chapelle quarrée dans sa porte, de laquelle si vous approchez, ou même que vous passiez devant quoi qu'un peu loin, vous sentirez une joye pareille à celle que donne l'yvresse: on dit de plus que si quelqu'un monte jusqu'au haut de cette Chapelle il ne peut s'empêcher de rire, & se precipite dedans sans qu'on le revoye jamais. Les Orientaux sont riches en ces sortes de traditions.

LE LAC DE BERVAN, Lac d'Asie dans la grande Tartarie au Royaume de Thibet; près de la Ville dont il porte le nom. Le Géographe de Nubie[l] dit qu'il a quarante lieues de long & soixante; douze milles de large, & que son eau est douce.

BERVANT[m], Riviere des Pays-bas. Elle a sa source au Duché de Limbourg d'où elle va en serpentant dans le Comté de Dalem, arrose la Ville de Dalem dans les fossez de laquelle elle se mêle avec la Riviere de Bervine.

§. Ce que Mr. Corneille dit de la Riviere de Bervant ne convient qu'à celle de BERVINE. Voiez ce mot.

BERUBIUM ou VERUVIUM, Promontoire de l'Isle d'Albion, selon Ptolomée[n]. Robert Gordon, Buchanan & autres disent que ce Cap est presentement DUNGIS BY HEAD, dans la Province de Caithness en Ecosse. Cambden est néanmoins d'une opinion diferente, comme en convient Mr. Baudrand[o].

BERVINE[p], Riviere des Pays-bas au Duché de Limbourg. Elle a sa source dans le Ban de Herve, passe à Huye, g. au Château de Best, d. à Beaumont, g. à l'Abbaye de Vaux-Dieu de l'Ordre de Citeaux, d. à Gudsleben, d. à Mortrou, d. à Elbene, g. à Nuborg, d. à Dalem, d. à Vourst, d. à Bolebane, d. à Millingen, d. à Berne, d. à Molan, d. à Navagne, g. & se perd dans la Meuse au Fort de Navagne.

BERVIRA[q], Montagne d'Afrique au Royaume de Fez. Elle touche à celle de Gualid, & les habitans nommez Gomeres sont de même sorte, c'est-à-dire riches, bien vêtus & fort peu chargez d'impôts. Les Montagnes qu'ils habitent n'étant gueres accessibles à ceux qui voudroient les y aller inquiéter.

Ll 3

quiéter. Ils ne sont jamais d'accord avec ceux de Gualid, parce que les femmes pour peu qu'on les maltraite s'enfuient d'une Montagne à l'autre où elles se remarient, ce qui cause entre eux de la jalousie & du dépit; ils s'entrefont la guerre pour les ravoir, & s'ils font quelquefois la Paix, c'est à condition que le nouveau mari quitera la femme, ou rembourfera les frais des noces qui font grands parmi les Maures. Ils ont quelques *Alfaquis*, qui les reglent là-dessus; mais qui ont plus de soin de s'enrichir que de maintenir la Justice. Ce peuple est riche en troupeaux & en vignes, qui portent du raisin noir dont on fait du vin, des raisins secs, & du raisiné. Ils ont aussi plusieurs figuiers & oliviers, qui raportent quantité de figues & d'huile, que l'on porte vendre à Fez & ailleurs. Ils ne payent pas grand tribut & font bien cinq mille combatans, armez à l'usage du pays; mais ils n'ont point de chevaux, & ont fort peu d'Arquebusiers.

BERVLIET. Voyez BIERVLIET.

BERUNENSES, anciens habitans d'une Ville de la Rhetie: on croit que c'est présentement BELLUNO. Voiez ce mot. Quelques Editions de Pline ont dit BERUENSES, & Cluvier [a] dit qu'il ne doute pas qu'anciennement on n'ait pu dire au lieu de *Belunum Βελοῦνον*, *Berunum Βερῦνον*, d'où il est arrivé qu'au lieu de *Belunenses* pour designer les habitans on a dit *Berunenses*, & même par abreviation *Beruenses*. On oppose contre l'opinion qui veut que ce soit *Belluno*, que Pline ayant mis les *Berunenses* dans la Rhetie, met [b] expressément *Belunum* dans l'Italie au Pays des Venetes dans le même Chapitre. On oppose encore l'autorité de Ptolomée, qui dit que *Belunum* étoit une des Villes Mediterranées de la Venetie. Cluvier répond en rejettant l'autorité de Ptolomée, & en opposant à Pline l'autorité de Pline même: car si selon cet Ancien, la Ville de Feltri étoit de la Rhetie, à plus forte raison Belluno qui étoit plus éloignée que Feltri des Limites des Venetes. Cette reponse ne me satisfait pas, & on peut en faire une meilleure en disant que Pline a raison dans ces deux passages, & que Ptolomée ne s'est nullement trompé en cela. Il y avoit *Berunum*, dont le peuple étoit *Berunenses* & c'est Belluno; ce lieu étoit dans la Rhetie, & est présentement la principale place, qui en prend le nom de BELLUNESE. Ce lieu étoit diferent de Belunum, autre lieu que Pline & Ptolomée placent dans le Pays des Venetes & par consequent hors de la Rhetie; mais où étoit ce lieu? Le R. P. Hardouin lui donne pour nom moderne BELUNA. Je trouve dans la Marche Trevisane entre Trevise & Feltri, un lieu nommé M. BELLUNO, qui est arrosé par des ruisseaux, qui tombent dans la Piave. Le nom & le lieu ne conviennent pas mal. Quoi qu'il en soit, le BELUNUM de Pline & de Ptolomée est diferent de Belluno. Il faut aussi se garder de confondre un de ces lieux avec *Berunus* dans la Norique, dont parle Etienne le Géographe. Je fais voir au mot VIRUNUM que Pierius Valerianus a fait une grande faute & est tombé dans de grandes abfurditez pour ne les avoir pas distinguez.

[a] *Ital. ant. p. 119.*

[b] *l. 3. c. 19.*

BERUNUS. Voiez VIRUNUM.

BERWALDT, petite Ville d'Allemagne dans la nouvelle Marche de Brandebourg, selon Mr. Baudrand [c]. Zeyler [d] mieux instruit nomme cette Ville de la nouvelle Marche BERNWALDE. Il est vrai que dans sa Carte il la nomme BERWALDE, sans n. Zeyler ajoute qu'elle a eu son nom d'Albert l'Ours; qu'elle est entre Kustrin, & Konigsberg; qu'il y a à l'entour des lieux fort agréables comme *Morin*, *Bernewichen*, *Furstenfeld*, *Quartzen*, *Dam* &c. Il écrit ensuite ce nom autrement & dit: BEERENWAL fut pillée & saccagée en Octobre 1633. par les Imperiaux.

[c] Ed. 1705.
[d] *Brandenb. Topogr. p. 30.*

A l'occasion de cette Ville du Brandebourg, Zeyler parle d'une autre qui est dans la Pomeranie, & qui est nommée BEERWOLDE ou BERWALDE, pas fort loin du nouveau Stetin en allant vers la Pologne. Celle-ci est vers les sources de la Riviere, qui coule à Belgart & se perd dans la Mer Baltique à Colberg; & elle appartient aux Maisons de Wolde & de Zastrowen; & pour le spirituel elle depend du Synode du nouveau Stetin.

BERWICK, quelques-uns écrivent BARWICK, ce qui revient à la même maniere de prononcer, puisque l'*A* des Anglois se prononce presque toûjours comme notre E. [e] Berwick est une Ville d'Angleterre dans la Province de Northumberland, sur la Twede, & sur la frontiere de l'Ecosse à laquelle elle a autrefois appartenu. Elle est à quarante milles au Nord de Newcastle, & est située sur une Colline, qui avance dans la Mer. Une Riviere l'arrose au Midi & en fait une Presqu'Isle. Cette Ville est grande, bien peuplée, & bien fortifiée. Le Château fut bâti par Henri II. & la Reine Elizabeth y fit faire de nouveaux ouvrages; quand les Ecossois pénétrerent en Angleterre en 1640. ils prirent Berwick. Cette place avoit changé fort souvent de maîtres, tantôt entre les mains des Anglois, tantôt entre celles des Ecossois. Quand Guillaume Roi d'Ecosse fut fait prisonnier dans la journée d'Alnwich par les Anglois sous le Regne de Henri II. Berwick fut livré à Henri pour ôtage, jusqu'à ce que la rançon fût payée. La rançon étant payée au Roi Jean fils de Henri la place fut rendue aux Ecossois. Enfin elle fut prise diverses fois jusqu'au regne d'Edouard IV. que le Chevalier Thomas Stanley la reprit sur les Ecossois pour la derniere fois. Berwick est une de ces Villes, qui ne dépendent point du Lieutenant de la Province.

[e] *Etat. pres. de la Gran. de Bretagne T. I. p. 96.*

BERVY, Bourg de l'Ecosse Septentrionale, sur la côte du Comté de Mernis, à trois lieues & au Nord de la Ville de Montross. Allard écrit ce nom Bervic sur sa Carte d'Ecosse. Mr. de l'Isle écrit BERWY; & n'en fait qu'un village aussi bien que de Montross.

BERYBRACES, Peuple maritime de l'ancienne Espagne Tarragonnoise, comme il paroît par des vers de Festus Avienus qu'Ortelius allegue sans les raporter, ni dire si c'est dans sa Traduction de Denys le Periegete, ou dans son Poême des côtes de la Mediterranée.

BE-

BER. BES.

BERYTE. Voiez Beroot.

BERYTIS, Ville de la Troade, selon Etienne le Géographe. Il a été dit au mot Berythrus que ce pourroit bien être la même Ville.

BERYTOS, &
1. BERYTUS } Voiez Beroot.

2. **BERYTUS**, Βηρυτὸς, Ville de l'Arabie selon Etienne le Géographe, qui dit qu'elle étoit auparavant nommée Diospolis. Il la distingue bien expressément de Beryte en Syrie.

BERZETIA, lieu de la Bulgarie, vers la Thrace, selon Cedrene cité par Ortelius[a]. Paul Diacre fait mention de Beritia[b], qui pourroit bien être la même chose; & l'Histoire Mêlée[b] nomme Berzitia. Ortelius doute si c'est la même chose que Berzilia que la même Histoire Mêlée[c] met comme une contrée de la premiere Sarmatie.

BERZETHO, Βηρζηθὼ, Village de la Palestine, selon Josephe[d]. Selon Ortelius ce même lieu est nommé Berea dans les Machabées[e].

[a] Thesaur.
[b] l. 22.
[c] l. 19.
[d] Antiq. l. 12.
[e] l. 1. c. 12.
[f] Ortel. Thesaur.

BERZOBIS, Priscien dit[f]: *inde Berzobim, deinde Aixi processimus*, & cite le premier livre des guerres de Trajan contre les Daces. Comme nous n'avons pas cet Ouvrage, & que l'on ne peut savoir ni ce qui precede, ni ce qui suit, on ne peut gueres deviner où étoient ces lieux.

1. **BESA**, Ortelius juge que c'est le nom d'un lieu particulier d'Egypte, sur ce qu'Ammien Marcellin dit[g]: *Oppidum est Abydum in Thebaidis parte situm extrema, hic Besae Dei localiter appellati Oraculum quondam futura pandebat, priscis circumjacentium regionum ceremoniis solitum coli.* La dificulté tombe sur ces mots *Besae Dei localiter appellati*, Ortelius les entend comme si l'Historien avoit voulu dire le Dieu de Besa ainsi nommé du nom du lieu où étoit son Oracle; mais je ne crois pas que ce soit le sens d'Ammien Marcellin. Car il ne dit point que l'Oracle fût ailleurs qu'à Abydum Ville située à l'extrémité de la Thebaïde. Là, poursuit-il, l'Oracle du Dieu apellé Besa par les gens du pays (il ne fait point sous quel nom cette Divinité étoit connue des Payens Grecs & des Latins) predisoit autrefois l'avenir, & les peuples circonvoisins avoient coûtume d'y aller faire des Ceremonies établies par un ancien usage. Pierre Pithou[h] a travaillé à éclaircir ce passage. Si mon explication est bonne comme j'en suis persuadé, il est question du nom local de ce Dieu, & non pas du nom du lieu qu'il prenoit aussi à cause des Oracles qu'il y rendoit. La conjecture d'Ortelius, si Besa n'est point la même chose que Bessa auprès de Memphis, ne convient point, à cause de la distance.

[g] l. 19. p. 164. Edit. Lindebrog.
[h] Adversar. l. 1. c. 2.

2. **BESA**, Tribu de l'Attique. Les habitans en sont nommez Βησαιεῖς par Strabon[i] & **Besaenses** en Latin. Mr. Spon dans sa liste de l'Attique met[k]: Βῆσα, *Bisa* de la Tribu Antiochide: elle se doit écrire avec une S. simple pour la distinguer de Bissa de Locride, comme le remarque Strabon auquel ses inscrip-

[i] l. 9. p. 426.
[k] n. xxix.

BES.

tions sont conformes, sur quoi Mr. Spon en raporte quelques-unes.

BESADAE, Βησαδαὶ, Ptolomée[l] parlant des Peuples d'Asie, dans ce qu'il appelle l'Inde au delà du Gange, nomme les Passadae, selon quelques exemplaires, Passalae selon d'autres, ensuite de quoi il ajoute: après ceux-là au dessus du Meandre (Montagne d'au delà le Gange,) sont les Pladae (quelques exemplaires portent Tiladedae.) C'est ainsi, poursuit-il, qu'on appelle les Besadae, car ils sont contrefaits, courbez, trapus, avec un front large, & la peau blanche. Au lieu de *Besada*, qu'il faut lire selon le Grec, les Versions Latines portent Basadae. Le pays que Ptolomée leur assigne repond à peu près au Royaume d'Asem.

[l] l. 7. c. 2.

BESAENSES. Voiez Besa 2.

BESAGNO, petite Riviere d'Italie dans l'Etat de Génes. Elle sort de l'Apennin près de Toriglia, & après un cours de quelques milles, elle passe le long des murs de la Ville de Genes, à l'Orient & se jette dans la Mer Mediterranée. Les Anciens l'ont connue sous le nom de Feritor; si on s'en raporte à la Carte de l'ancienne Italie de Mr. de l'Isle, à Cluvier[m] & à Mr. Baudrand; cependant le R. P. Hardouin est d'un autre sentiment, comme je le raporte à l'Article Feritor. Outre le nom Latin de *Feritor* Mr. Baudrand[n] donne encore à cette Riviere celui de Bisamnis.

[m] Ital. ant. l. 1. p. 72.
[n] Ed. 1705.

BESALTIA, contrée de la Macedoine. Voiez Bisaltia.

BESALU[o], en Latin *Bisuldunum*, petite Ville d'Espagne en Catalogne dans l'Ampourdan sur la Riviere du Fluvian au pied des Pyrenées. Elle a eu autrefois ses Comtes particuliers avant que d'être réunie au Comté de Barcelone. Elle est éloignée de sept lieues de la côte de la Mer Mediterranée, à huit lieues de Rosés, & à cinq de Gironne en tirant vers Perpignan. Il y a une Abbaye considerable.

[o] Baudrand Ed. 1705.

BESANCON, Ville de France en Franche-Comté, en Latin *Vesontio, Visontium*, & *Besantio.* [p] C'est sans doute de ce dernier nom Latin qu'on a fait celui de *Besançon*, de même que de *Brigantio* on a fait *Briançon* &c. Il s'en faut infiniment que nous ne soyons aussi certains de l'origine du nom Latin de cette Ville. Chifflet que l'amour de la patrie, & le goût qu'il avoit pour l'Histoire, avoient également engagé à cette recherche, est si peu content de ce qu'il a trouvé là-dessus dans les Livres de ceux qui ont écrit avant lui, qu'il se rabat sur d'anciennes légendes manuscrites qu'on garde dans les Archives de l'Eglise Metropolitaine, & dans lesquelles on lit sur le v. de Septembre, que c'est une tradition établie dans le Païs que dans le tems qu'on rétablissoit cette Ville dans un terrain champêtre; on y trouva un de ces bœufs sauvages que les Latins appellent *Vison*, & que c'est delà que cette Ville fut appellée *Bisuntica*, en mettant la lettre B. en place d'un V. [q] *Eo namque tempore quo restaurabatur, sylvester adhuc locus cùm esset, Vison ibi fera reperta fuit, & inde vocabulum perenne est sortita, id est Bisuntica,* B. *pro* V. *litterâ (sicut earum est affinitas)*

[p] Piganiol de la Force; Desc. de la France T. 6. p. 397.
[q] Chiflet Vesont. part. l. p. 44.

po-

posita. Ce paſſage ne contente que mediocrement ſur la véritable étymologie du nom de Beſançon, & nous jette dans une nouvelle curioſité ſans la ſatisfaire. Il nous apprend que cette Ville fut rebâtie dans un Païs couvert de bois ; où étoit-elle donc ſituée auparavant, & quel nom portoit-elle ? C'eſt ce que ni le paſſage, ni l'Auteur qui le raporte, ne nous apprennent en aucune maniere. Outre ce nom Latin, la Ville de Beſançon en a eu un Grec dans la ſuite. Quelques Hiſtoriens l'ont appellée CHRYSOPOLIS, *Ville d'or*.

Le Pape Jean VIII. écrivant au Roi Charles le Gros, appelle Thierri Archevêque de *Chryſopolis*. L'origine de ce nom n'eſt pas plus connue que celle du nom de Beſançon. M. de Valois croit que parce qu'il y avoit une monnoye d'or appellée *Beſan*, pour avoir été fabriquée à Biſance, & qu'Ammien Marcellin a appellée *Beſantio*, & Charlemagne *Biſançion* la Ville que nous avons nommée Beſançon, la reſſemblance des noms fit croire que la monnoye d'or y avoit été frapée, & cette erreur fut cauſe que l'on donna à la Ville de Beſançon le nom de *Chryſopolis*, c'eſt-à-dire Ville d'or.

Le tems de la fondation de Beſançon n'eſt pas plus connu que l'origine de ſon nom. Chifflet dit avoir lû dans des manuſcrits qu'on gardoit dans cette Ville, qu'elle avoit été fondée quatre cens trente-quatre ans avant Rome, & c'eſt d'après cette opinion qu'avoient été fait les vers qu'on liſoit dans l'Arſenal de Beſançon, du tems de l'Hiſtorien que je viens de citer.

Martia Romulidum ſenior Veſontio gente
Magnanimos habui Martis in arte viros :
Nondum Cæſar eras, nec lilia ſceptra gerebant,
Cum ceſſit juſſis Sequana terra meis.

[a] De Bell.
Gall. l. 1.

Ceſar[a] a parlé de Beſançon comme d'une Ville des plus fortes des Gaules. Il dit qu'elle étoit ceinte de tous côtez par la Riviere du Doux, hormis l'eſpace de ſix cens pas qui étoit fermé par une haute Montagne dont le pied touchoit des deux côtez à la Riviere, & laquelle étoit encloſe avec la Ville par le moyen d'un mur, qui l'environnoit ſi bien qu'elle lui ſervoit comme de Foreteresse. Les Romains la crurent ſi propre à leurs deſſeins, qu'ils en firent une place d'armes, & la rendirent une des plus magnifiques des Gaules. On voit encore hors des murs les reſtes d'un Amphithéatre d'environ cent vingt pieds de Diametre. On y trouve auſſi les reſtes de quelques Temples, & pluſieurs quartiers tant dedans que dehors la Ville, qui retiennent encore aujourd'hui les noms que les Romains leur avoient donnez. Dans la Ville ſont les clos *Sacra Septa*, le Champ de Mars *Campus Martius*, Charmont *Charitum Mons*, Romchau, *Collis Roma*, Champ-carno *Campuscarne*, rue de Chaſteur *vicus Caſtoris*, la Rhée *vicus Rhea*, rue de la Lue *vicus Luæ*, rue de la Vennie *vicus Veneris*. Cette Ville fut floriſſante pendant pluſieurs ſiécles, & principalement ſous l'Empire d'Aurelien, en l'honneur duquel elle érigea un arc de triomphe dont on voit encore les reſtes. Elle avoit déja été ruinée du tems de Julien l'Apoſtat, par les Allemans qui étoient entrez dans les Gaules, ſous la conduite du Roi Crocus ; mais elle fut rétablie depuis, & détruite une ſeconde fois par Attila. Les Bourguignons l'ont rebâtie depuis dans l'état où elle eſt.

Beſançon eſt ſituée ſur le Doux, ainſi que je l'ai dit, & cette Riviere partage la Ville en deux parties preſque égales, dont l'une s'appelle la haute Ville, & l'autre la baſſe. On compte dans cette Ville huit Paroiſſes, deux Chapitres, deux Abbayes d'hommes, deux de filles, un Seminaire, un College de Jeſuites, ſept Couvens d'hommes, cinq de filles, un Hôtel-Dieu où on éleve de pauvres enfans, garçons & filles, un Hôpital General, un Hôpital du Saint Eſprit pour les enfans trouvez, un refuge où l'on enferme les filles débauchées, & en tout onze mille cinq cens vingt habitans.

La Cathedrale porte le nom de Saint Jean, & eſt bâtie au pied du Mont Saint Etienné, autrefois appellée *Mons Cœlius*. La tradition du Païs veut que Saint Lin du tems de l'Empereur Claude bâtit ici auprès d'une fontaine une petite Egliſe qu'il dedia au Sauveur reſſuſcité, à la Sainte Vierge, & à Saint Etienne premier Martyr. Saint Lin ſanctifia cette ſource par l'uſage qu'il en fit, car il s'en ſervit pour baptiſer ceux qu'il convertiſſoit à la Religion Chrétienne. La fontaine qui étoit dans ce lieu perſuada à Chifflet que Saint Lin avoit plutôt choiſi cet endroit pour y faire bâtir un Oratoire, que le ſommet du Mont Cœlius où il n'auroit pas été aiſé d'avoir de l'eau pour adminiſter le Baptême aux Payens qui ſe convertiſſoient.

S. Maximin rétablit l'Oratoire que Saint Lin avoit élevé, & comme il ſe trouvoit trop petit pour contenir l'affluence du peuple, qui venoit entendre ſes prédications, il fit bâtir une Egliſe auprès du Capitole, qui fut achevée & enrichie par les liberalitez de l'Imperatrice Helene, mere de Conſtantin. Cette Egliſe porta d'abord le nom de Saint Etienne, puis on y ajoûta celui de Saint Jean, qu'elle a retenu ſeul depuis qu'on en eut bâti une autre, dont Saint Hilaire Evêque de Beſançon avoit jetté les fondemens ſur le Mont Cœlius, & laquelle fut dediée à Saint Etienne. Ces deux Egliſes ſe ſont ſouvent diſputées le titre de Metropolitaine ; mais l'an 1668. le Roi d'Eſpagne termina le different en faiſant raſer celle de Saint Etienne, pour faire conſtruire en ſa place une Citadelle. On conſerve dans l'Egliſe Cathedrale de Beſançon pluſieurs Reliques précieuſes, entre autres le chef de Saint Agapit, qui eſt en très-grande veneration dans la Province ; mais le Saint Suaire eſt celle de toutes ces Reliques qui eſt la plus fameuſe, & qui attire deux fois l'année dans cette Egliſe une foule incroyable de peuple des Païs les plus éloignez. L'on prétend que cette Relique fut apportée à Beſançon ſous le Pontificat de Saint Chelidoine Evêque de cette Ville. On le montre au peuple tous les ans le jour de Pâque, & le Dimanche d'après l'Aſcenſion. Cette ceremonie ſe fait avec beau-

beaucoup de précaution, & de peur qu'un excès de zèle ne porte le peuple à se jetter sur une si précieuse Relique, on ne la montre dans ces deux jours que du haut d'une gallerie, qui regne au dessus de la corniche du dehors de l'Eglise.

Le Couvent des Religieuses Cordelieres, dites de Sainte Claire, n'a rien de remarquable pour son bâtiment ; mais les curieux vont voir dans son Eglise le tombeau de Jacques de Bourbon second du nom, Comte de la Marche, & Roi de Sicile par sa femme Jeanne II. Ce Prince se fit Religieux du Tiers Ordre de Saint François, & voulut être enterré dans une Chapelle qu'il avoit fait bâtir ici, & que de son nom l'on appelle la Chapelle du Roi Jacques. Voici l'Epitaphe qu'on lit sur son tombeau.

a Olivier de la Marche dans ses Memoires, & Brantôme dans ses Dames Illustres, se sont égayez sur la prise d'habit de ce Prince.

[a] *Ci gist Jacques de Bourbon, très-haut Prince & excellent, de Hongrie, Hierusalem, & Sicile, Roi très-puissant, Comte de la Marche, de Castre, & Seigneur d'autres Païs, qui pour l'amour de Dieu laissa freres, parens, & amis, &c. & par devotion entra en l'Ordre de Saint François ; lequel trépassa le vingt & troisieme jour de Septembre de l'an 1438. Priez Dieu pour son ame devotement.*

L'Hôtel de Ville, la Maison du Gouverneur & l'Hôtel de Granvelle sont les plus beaux bâtimens de Besançon. On voyoit dans ce dernier tout ce que la curiosité la plus ingenieuse, & la richesse d'un particulier peuvent ramasser de statues, de tableaux, de livres, de manuscrits &c. On remarque en differens quartiers de la Ville cinq belles fontaines. La premiere est dans la place de Battane. On y voit une statue de pierre qui represente Bacchus couronné de pampre, & assis sur un tonneau, qui donne de l'eau avec abondance. Une autre est dans la place, qui est devant l'Hôtel de Ville. Cette fontaine est une espece d'apothéose de l'Empereur Charles-Quint. Une aigle de bronze & à deux têtes, jette de l'eau par l'un & l'autre Bec. Charles-Quint couronné de laurier est sur cette aigle, tient d'une main un globe du Monde, & de l'autre une épée. Au dessus est l'ancienne devise de la Ville, PLUT A DIEU. C'est apparemment pour n'avoir pas entendu le Latin de Chifflet, qu'on a dit dans le Dictionnaire Géographique de Corneille que la figure en bronze de Charles-Quint se voyoit à la façade du dehors de l'Hôtel de Ville. La fontaine de Neptune est devant le Couvent des Carmes. Une statue de pierre represente ce Dieu, qui a un trident à sa main droite, & est assis sur un Dauphin, qui jette de l'eau dans un grand bassin. Enfin la derniere fontaine est ornée d'une statue de pierre rousse, qui réprésente une Nymphe tout nue, qui jette de l'eau par ses mammelles. Besançon a été Ville libre & Imperiale jusqu'à la Paix de Munster qu'elle fut cédée à l'Espagne par l'Empereur & l'Empire en échange de Frankendal, dont Sa Majesté Catholique s'étoit emparée, & qui fut rendue à l'Electeur Palatin à qui elle appartenoit. Besançon étant passée sous la domination de l'Espagne, continua de se gouverner en Republique par son Magistrat, qui étoit composé de quatorze Gouverneurs & de vingt-huit Notables, qui étoient élûs tous les ans par tous les chefs de famille. Le Roi de France Louïs XIV. s'étant rendu maître de cette Ville en 1674. cette forme de Gouvernement fut abolie, & en sa place Sa Majesté établit un Bailliage, & un Magistrat pour la Police composé de vingt Conseillers, parmi lesquels on choisit le dernier jour de chaque année un Maire & trois Echevins. Outre cela il y a un Secretaire, un Tréforier, un Controlleur, un Syndic, & un Sous-Syndic.

La Ville de Besançon est la patrie d'Antoine Perrenot de Granvelle, Cardinal Archevêque de Besançon, & un des principaux Ministres de Charles-Quint & de Philippe II. Il étoit né l'an 1516. d'un pere de basse naissance ; mais qui par son merite s'étoit élevé à la dignité de Chancelier de l'Empereur Charles-Quint. Le Cardinal de Granvelle mourut à Madrid le 21. Septembre de l'an 1586.

La famille de Chifflet a été féconde en gens de Lettres, qui ont employé leur savoir ou à éclaircir l'Histoire de leur Païs, ou à défendre les droits des Princes leurs maîtres. Jean Jacques Chifflet Medecin a été un des plus savans de ceux qui ont porté ce nom. Il naquit à Besançon en 1588. & mourut vers l'an 1660.

Quant aux fortifications, cette Ville est située sur une Presqu'Isle du Doux qui forme son fossé. Le Roi Louïs XIV. y a fait faire une nouvelle enceinte irreguliere sans bastions, mais flanquée de huit tours bastionnées. La haute Ville a une de ses parties separée par un fossé que l'on appelle le champ de Mars. La basse Ville est de l'autre côté de la Riviere & est fortifiée d'une nouvelle enceinte fort irreguliere, composée de trois grands bastions, de quatre courtines, & d'un réduit, ou bastion retranché par la gorge. Trois des fronts de l'enceinte sont couverts par autant de demi-lunes. Les bastions sont surmontez de grands cavaliers. Cette enceinte est enfermée d'un grand & large fossé, & d'un chemin couvert revêtu.

La Citadelle est élevée sur un haut rocher escarpé. C'est un quarré long composé de quatre bastions irreguliers. Les deux petits fronts sont couverts chacun d'une demi-lune, & d'un petit fossé. Au bas du rocher du côté de la Ville, & entre la Ville & la Citadelle il y a un front de fortification couvert d'une demi-lune, d'un petit fossé, & d'un chemin couvert revêtu. Cette Citadelle est separée de la campagne par un profond fossé taillé dans le roc, qui barre toute la Presqu'Isle, & regne d'un bord à l'autre côté de la Riviere.

On trouve aux environs de Besançon quantité de lieux, dont les noms prouvent le séjour que les Romains ont fait dans ce Païs. Mont-Jouot, *Mons Jovis*; Mercuro, *Mons Mercurii*, Montermo *Mons Termini*; Mont-Delié *Mons Delii*, Charmarin *Collis Marini*, (sive Neptuni,) Champ-Vacho *Campus Bacchi*, Champ Forgeron *Campus Dei Fabri*; Champs de la Veste, *Campi Vestæ*; Mont de Bri-

Brigille *Mons Brigillæ*; Port Joan *Portus Jani*; Chal'Ese *Campus Isis*; Chal'Eseuse *Campi Eleusini*; Chamuse *Campus Musarum*; Pallante *Campi Pales*, (*sive Minervæ*,) Chau-Dane *Collis Dianæ*; Challuc *Collis Lucinæ*; Prels de Pandor *Prata Pandæ*; Rosemont *Mons Rosarum*.

[a] L'*Archevêché* de Besançon est ancien, & quoi qu'on ait quelquefois disputé à ses Prelats la qualité de Metropolitains dans les premiers siécles, ils l'avoient incontestablement dans le VIII. L'Archevêque prend la qualité de Prince de l'Empire, & doit être élu par le Chapitre de l'Eglise Metropolitaine selon le Concordat Germanique que cette Eglise a reçu. L'Archevêché de Besançon a pour Suffragans les Evêques de Lauzanne, de Bâle, & de Belley. Il en avoit anciennement un quatrieme qui étoit celui de *Windisch*, Bourg de Suabe en Allemagne; mais cet Evêché fut transferé à Constance l'an 597. Le revenu de cet Archevêché est d'environ dixhuit mille livres par an.

[a] Ibid. p. 375.

On compte dans le Diocèse de cet Archevêché huit cents soixante & seize Cures ou Eglises meres distribuées sous quinze Doyennez ruraux. Ces Doyennez sont appellez

De Sexte,	De Trave,
De Salins,	De Favernay,
De la Montagne,	De Luxeuil,
De Lons le Saünier,	D'Ajoye,
De Neublanc,	De Granges,
De Dole,	De Rougemont,
De Gray,	De Baume,
& de Varaix.	

Par un usage singulier dans cette Province la plûpart des Eglises paroissiales ont des *Filles Membres*, ou Eglises Succursales qui en dépendent. Il y en a même quelques-unes, qui en ont jusqu'à six ou sept. Ces Eglises Filles sont desservies séparément de leurs Eglises meres par des Vicaires, qui sont au choix des Curez, & amovibles à leur volonté. Ces derniers ne laissent à leurs Vicaires que la subsistance, & retirent de ces annexes un profit annuel en argent, sans parler du gros casuel de ces Eglises qu'ils se reservent toûjours; en sorte que ces pauvres Vicaires ne sont à proprement parler que les fermiers des Curez. Il y auroit (dit Mr. Piganiol de la Force) de la justice & de la bienséance d'ériger ces Eglises filles en titre de Cures, & d'y établir des Curez perpetuels au lieu de ces Fermiers ou Vicaires amovibles. Des 876. paroisses dont le Diocèse est composé, il y en a 38. d'où les Lutheriens de Montbeliard ont chassé les Catholiques il y a plus d'un siécle; ainsi ce Diocèse n'a réellement que 838. Paroisses dont 43. sont situées dans la Bresse, dans le Bassigni, ou dans le Comté d'Auxone. Il y a quatorze Chapitres dans le Diocèse de Besançon, en y comprenant celui de la Cathédrale ou Metropolitaine.

Le *Chapitre* de l'Eglise Metropolitaine est exempt de la jurisdiction de l'Archevêque, & avoit autrefois deux Eglises à desservir. Celle de St. Etienne qui étoit située sur une colline, & celle de St. Jean bâtie au pied de la même colline. Chacune de ces deux Eglises avoit ses Dignitez & ses Chanoines, & elles se sont long-temps disputé la qualité de Cathédrale & de Metropolitaine, comme on a déja vu. Leur union se fit par l'autorité du Pape en 1253. & au lieu de 35. Chanoines qu'il y avoit dans chacune, ils furent reduits à 19. dans celle de St. Etienne, & à 26. dans celle de St. Jean. On suprima encore dans la suite deux de ces Canonicats dont le revenu fut affecté à l'entretien de quatre Enfans de Chœur dans l'Eglise de St. Etienne, & de dix dans celle de St. Jean. L'an 1668. le Roi d'Espagne ayant fait bâtir une citadelle sur la colline de St. Etienne, l'Eglise & les Maisons Canoniales furent rasées, & les Chanoines de St. Etienne obligez de descendre & de faire le service dans l'Eglise de St. Jean. Depuis ce temps-là, ces deux Chapitres ont été véritablement unis de fait & de droit. Ce Chapitre est composé de quatre Dignitez qui sont le grand Doyenné, le grand Archidiaconé, la grand' Chantrerie, & la Thresorerie; de quatre Personats, qui sont les quatre petits Archidiaconez de Salins, de Favernay, de Gray, & de Luxeuil; & de 43. Canonicats ou Prebendes[b]. Le bas Chœur consiste en un Souchantre, plusieurs habituez, un Maître de Musique & six Enfans de Chœur, tous à la disposition du Chapitre, de même que le reste des Officiers, Serviteurs & Supots de cette Eglise. Le Chapitre est par privilege en droit, & en possession de conferer par Election les quatre Dignitez & les quatre Personats. Il confere aussi par la même voye, les Canonicats & les Prebendes alternativement avec le Pape, qui confere par exemple les Canonicats, qui viennent à vaquer pendant le mois de Janvier, & le Chapitre ceux qui vaquent au mois de Fevrier, & ainsi de même pendant le reste de l'année, conformément au Concordat Germanique. La Prebende Théologale en quelque mois qu'elle devienne vacante, est toûjours conferée par le Chapitre, au concours des Docteurs en Théologie, qui disputent publiquement pour l'obtenir. Tous les Chanoines de cette Eglise par privilege du Pape Paul V. portent par tout la soutane violette, comme les Evêques, officient en certains jours à l'autel avec la mitre & les autres ornemens pontificaux, & sont inhumez avec les mêmes ornemens. Le Souchantre a aussi le privilege de porter le violet pendant sa vie, & d'être inhumé ayant la mitre en tête.

[b] *Chifflet* 1. part. p. 277.

Le Chapitre de l'Eglise Collegiale de Ste. Marie Madelene de Besançon fut fondé l'an 1064. par Hugues de Salins premier du nom Archevêque de Besançon, & est composé de douze Chanoines, dont le Tresorier de l'Eglise Metropolitaine est le Doyen né. Le Pape confere les Prebendes pendant huit mois, & le Chapitre celles qui vaquent pendant les mois de Mars, de Juin, de Septembre, & de Decembre.

BES.

Les autres Chapitres de ce Diocèse sont

Le Chapitre de
{
St. Anatoille de Salins,
St. Michel de Salins,
St. Maurice de Salins,
Calmoutier transferé à Salins,
Dole,
St. Hippolyte fur le Doux,
Beaupré,
La Chapelle du Château de Gray,
Ray,
Arbois,
Noſeroy,
Poligny,
Viller-Seyſſel.
}

a Ibid. p. 368.

[a] Besançon est le Siége d'un *Parlement*, qui étoit ambulatoire dans son origine, & suivoit toûjours le Prince dans ses Voyages. Philippe le Bon le rendit sedentaire à Dole en 1422. & lui donna *toutes les puissances de la Souveraineté, même de adviser sur les constitutions du Prince, pour les émologuer, publier, surseoir, pour dispenser contre les édits, pour les habiliter, proroger temps, donner restitutions en entier, & enfin de commander ce que le Prince commanderoit, sauf pour les deniers publics, légitimation de Batards, grace pour delists, derogations à la Coutume generale* [b]. Ce Parlement étoit pour lors composé d'un Président, de deux Chevaliers d'honneur, de deux Maîtres des Requêtes, d'onze Conseillers, de deux Avocats Fiscaux, d'un Procureur Fiscal, d'un Substitut du Procureur Fiscal , d'un Greffier & de quatre Huissiers. Loüis le Grand ayant rendu cette Province par le Traité d'Aix-la-Chapelle en 1668. le Roi d'Espagne suspendit ce Parlement, & établit à Besançon une Chambre de Justice avec la même autorité qu'avoit le Parlement. Cette Chambre subsista jusqu'en 1674. que Loüis le Grand ayant conquis la Franche-Comté pour la seconde fois, rétablit le Parlement à Dole; mais par Lettres Patentes du 22. Août de l'an 1676. il le transfera à Besançon, qui donna trois cens mille livres pour être employées aux fortifications. Depuis ce temps-là il y fit plusieurs augmentations d'offices, & en rendit toutes les charges venales l'an 1692. au lieu qu'auparavant lorsqu'il vaquoit une Charge, le Parlement nommoit trois sujets pour la remplir, & le Roi en choisissoit un. Ce Parlement est aujourd'hui composé d'un premier Président, de cinq Présidents à Mortier, de trois Chevaliers d'honneur, de quatre Maîtres des Requêtes, de quarante-cinq Conseillers, de deux Avocats Generaux, d'un Procureur General, d'un Greffier en chef, de trois Greffiers au plumitif, & de deux Substituts du Procureur General. Le ressort de ce Parlement ne s'étend pas plus loin que la Province, qui est divisée par raport à la Justice en quatorze Bailliages, qui sont

b Gollut Mem. Hist. de la Repub. Sequan. p. 145.

Besançon,   Lons le Saunier,
Vesoul,   Orgelet,
Gray,   La terre de St. Claude,
Beaume,   Poligni,
Dole,   Salins,

Tom. I. Part. 2.

BES. 275

Arbois,   Ornans &,
Pontarlier,   Quingey.

Tous ces *Bailliages* ressortissoient directement au Parlement de Besançon avant l'Edit du mois de Septembre de l'an 1696. par lequel le Roi créa cinq Presidiaux où les appellations de ces Bailliages se portent. Ces Presidiaux sont à

Besançon,   Gray,
Vesoul,   Lons le Saunier,
   & Salins.

L'an 1696. le Roi établit à Besançon la jurisdiction de la *Monnoye* composée d'un Directeur General, de deux Juges-gardes, d'un Procureur du Roi & d'un Greffier. Besançon a pour Gouverneur celui de la Province avec un Lieutenant de Roi, un Major, deux Aides Majors, & deux Capitaines des Portes. La Citadelle a un Gouverneur particulier, un Lieutenant de Roi, un Major, un Aide Major & un Capitaine des Portes. Le Fort Griffon n'est à proprement parler qu'un Bastion retranché, qui a néanmoins un Commandant & un Aide Major.

Gollut [c] pretend que l'*Université*, qui est aujourd'hui à Besançon, fut fondée par Othon, & établie à Gray l'an 1292. Le même Auteur ajoute que Philippe le Bon en fut le restaurateur en 1422. & 1423.; & que ce Prince la transfera de Gray à Dole. Enfin cette Université fut transferée à Besançon l'an 1691. Que Philippe le Bon en ait été le fondateur ou le restaurateur, il est constant qu'il l'établit à Dole dans ce temps-là & qu'il obtint pour elle des privileges du Pape Martin V. L'Archevêque de Besançon & le Bailli de Dole furent nommez pour être les Conservateurs de ses privileges. Le premier est Chancelier perpetuel de cette Université, & l'autre a jurisdiction conjointement avec le Recteur magnifique dans les cas, qui meritent correction corporelle. Cette Université eut d'abord un Recteur, ses Professeurs, ses Chapelains, ses Secretaires, ses Tresoriers, ses Bedeaux, ses Massiers, ses Laquais, ses Sergens, ses Imprimeurs, ses Libraires, ses Papetiers, ses Parcheminiers, ses Tapissiers & autres Officiers. Quant aux Professeurs il n'y eut au commencement qu'un Professeur en Théologie, deux Canonistes, deux Legistes, un Instituraire, & quatre Philosophes. Mais peu de temps après on y ajoûta un Professeur en Medecine, afin que ce Corps eût toutes les Facultez, & que ce fût veritablement une Université. L'Empereur Charles V. & Philippe II. son fils augmenterent le nombre des Professeurs dans chaque Faculté, & même le dernier de ces Princes établit un Professeur pour la Langue Grecque, & pour la Langue Hebraïque.

[c] Mem. Hist. de la Repub. Sequan. p. 155. & 160.

J'ai remarqué ailleurs que la Franche-Comté étoit anciennement divisée en trois grands Bailliages, qui étoient le Bailliage d'Amont, celui de Dole ou du milieu & celui d'Aval. Mais Loüis XIV. après la conquête qu'il en fit en 1674. en créa un quatriéme composé de la Ville de Besançon & de cent Communautez, qui furent demembrées des autres Bailliages pour former celui-ci.

Mm 2   BE-

BESANDUCE, Βησανδουκή, Village de la Palestine, & patrie de St. Epiphane. J'en parle par occasion dans l'Article d'Eleutheropolis, dont ce village étoit une dependance.

1. BESARA, lieu dont parle l'Historien Josephe dans sa Vie. Il étoit à vingt stades, ou 2500. pas de Gaba, aux confins du territoire de Ptolemaïde.

2. BESARA, selon Ortelius, ancienne Ville de la Gaule Narbonnoise; sur quoi il cite Avienus. Ce dernier dit Besarus[a] dans l'Edition que j'en ai qui est celle d'Oxford. Ce Poëte en parle ainsi :

[a] Ora Marit. 590.

Gens Elefycum *prius*
Loca hæc tenebat, atque Narbo *civitas*
Erat ferocis maximum regni Caput.
Hic salsum in æquor amnis Attagus *ruit :*
Heliceque rursus hic palus juxta. Dehinc
Besarum *stetisse fama cassa tradidit.*
At nunc & Ledus, *nunc &* Orobis *flumina*
Vacuos per Agros & ruinarum aggeres,
Amœnitatis indices priscæ, meant.

On voit que le Poëte ne se pique pas d'une exactitude Géographique dans ses expressions. Car il ne qualifie qu'*Amnis* l'Aude qu'il nomme *Attagus*, & qu'il apelle fleuves deux Rivieres, savoir le *Leez*, qui coulant à l'Orient de Montpellier se rend auprès de l'Isle de Lattes qu'il forme, & se perd dans l'Etang de Perols, ou Peraut; & l'Orb qui passe à Beziers, quoi qu'il n'y ait pas de comparaison entre le Leez & l'Orb; encore moins entre le Leez & l'Aude. Il dit qu'une tradition peu prouvée, *Cassa fama*, veut qu'il y ait eu au delà du Marais d'*Helice* que je crois pouvoir expliquer par l'Etang de Vendres, une place nommée *Besarus.* Elle ne subsistoit plus de son temps. Ce n'étoit plus que des campagnes inhabitées & des ruines, qui laissoient encore entrevoir l'ancienne beauté de ce lieu. Ces campagnes & ces ruines sont, dit-il, arrosées par le Leez & l'Orb. Cela seroit bon si ces deux Rivieres étoient fort voisines; mais pourquoi courir du Grau de Vendres au Port de Lattes. Si au lieu du Leez il avoit dit le Libron & l'Eraut qu'on trouve de suite à l'Orient de l'Orb, la vraisemblance y seroit : mais pourquoi passer, outre les Rivieres du Libron & de l'Eraut, celles de Palas, de Laverne, de Coulazou & 'de Maufou, qui toutes sont entre l'Orb & le Leez ? Il n'est pas concevable comment ces deux dernieres Rivieres ont pu arroser les ruines d'une Ville, & certainement il y a faute ou dans la composition même de l'Auteur, ou dans les impressions de son livre. La fausseté Géographique, qui s'y trouve par raport au pretendu voisinage du Leez & de l'Orb, m'empêche de dire avec Ortelius que c'est presentement *Beziers*. Il est vrai qu'on lit dans son Thresor *Beliers* ; mais c'est une faute des Imprimeurs.

BESARUS. Voiez l'Article precedent.

BESARO, Pline[b] met ce lieu dans l'Espagne dans le departement de *Gades.* Il est le seul des anciens, qui en ait fait mention.

[b] l. 3. c. 1.

BESBICOS, Isle de la Propontide. Pline[c] la met à l'embouchûre du Rhyndacus, & lui donne dixhuit milles de circuit. Etienne le Géographe dit : Besbicos petite Isle voisine de Cyzique. Il raporte une petite fable Mythologique sur l'origine de cette Isle. Les Géans, dit-il, arrachant de grosses piéces du rivage les rouloient dans la Mer, & tâchoient ainsi de fermer l'embouchûre du Rhyndacus; mais Proserpine craignant pour l'Isle de Cyzique affermit ces roches & en fit une Isle, qui fut ensuite nommée Besbicos par un des Pelasgues qui l'habiterent, & Hercule y détruisit les restes de ces Géants. Pline[d] déja cité dit qu'anciennement ce n'étoit pas une Isle ; mais qu'elle tenoit à la Bithynie dont elle fut detachée. Il est vraisemblable que le nom moderne de cette Isle est CALOLIMNO ; Mr. de Tournefort n'en marque point le nom moderne ; il se contente de dire qu'on reconnoît l'embouchûre du Rhyndacus par une Isle que les anciens ont nommée Besbicos.

[c] l. 5. in fine.
[d] l. 2. c. 88.

BESBIUS, corrompu de VESUVIUS. Voiez VESUVE.

BESBRE ou BEBRE[e], (la) petite Riviere de France au Bourbonnois. Elle a sa source vers Monmorillon d'où elle va passer à la Palice, & se rend dans la Loire vis-à-vis de Bourbon-Lancy.

[e] Baudrand Ed. 1705.

BESCHIK-TASCH[f], Cap sur le Bosphore de Thrace, du côté de l'Europe, à quatre milles de Constantinople, ou plutôt de Galata. Il a été nommé le Promontoire de Jason (*Jasonium*) par les Anciens, & les Turcs lui ont donné le nom de BESCHIK-TASCH, qui signifie la *Roche du Berceau* à cause de sa figure. Les Européens apellent communément ce Cap BEZICTASCH ; & les Grecs modernes DIPLOKIONION à cause de deux colomnes qui y sont dressées. C'est en ce lieu que fut enterré le fameux Pirate Barberousse, qui mourut âgé de plus de 80. ans, en 1547. après que Soliman II. lui eut donné la qualité de Bacha de l'intendance des affaires de la Marine.

[f] d'Herbelot Bibl. Orient.

BESCIA, Etienne le Géographe la donne au peuple qu'il nomme *Ausoniens.* Ambroise Léon cité par Ortelius croit que cette Ville étoit dans le *Samnium* ; mais qu'après qu'elle eut été détruite les restes de ses habitans s'assemblérent dans un endroit du voisinage, & y bâtirent une Ville nommée aujourd'hui *Vesciano.* Tite-Live parle de VESCIA & VESCIANUM est nommé par Ciceron. Voiez ces deux mots.

BESECHAT ou BESECA, ou plutôt BEZEC, BEZECA ou BEZACA, ou BEZECATH, ou enfin BEZECHAT. On croit qu'Adoni-Besech fut pris, & mis à mort par les enfans de Juda[g], qui se vantoit d'avoir coupé les extrêmitez des pieds & des mains à LXX. Rois, étoit Roi de Besech. Saül voulant marcher contre Jabes de Galaad fit la revuë de son armée à Besech[h]. Eusebe dit qu'il y a deux Villes assez près l'une de l'autre à sept milles de Sichem, tirant vers Scythopolis. D. Calmet[i] dit : nous croyons que *Bezech* ou *Bezechat* étoit en effet située vers le passage du Jourdain qui étoit à Scytho-

[g] Judic. 1. v. 4. & seq.
[h] 1. Rog. c. 11. v. 8.
[i] Dict.

BES. BES. 277

thopolis, ou aux environs. C'est la même que Beth-Seca.

BESEDIS, pour BEDESIS.

a l. 1.
BESEMELEL. Egesippe[a] nomme ainsi une Ville de Palestine que Josephe apelle BE-MESELIM[b].

b De Bello l. 1. c. 3.

BESER. Voiez BESOR 1.

BESERMAIN. Mr. Corneille dit que c'est une Ville de la haute Hongrie au Comté de Kalo ; mais Kalo est elle-même une Ville du Comté de Zablocz. Mr. de l'Isle dans sa Carte generale de Hongrie en 1703. nomme *Béezermen* un lieu au Midi de Tockay, au Couchant de Kalo , & au Nord de Debrezen ; & dans sa Carte particuliere de la Hongrie publiée en 1717. il nomme ce même lieu BESSERMENY sur la route de Tockay à Debrezen , & c'est selon lui la 5. des Villes nommées Heydoniques.

c D. Calmet Dict.
BESETHA , Montagne[c] de la Palestine l'une de celles sur lesquelles la Ville de Jerusalem étoit bâtie : elle étoit du côté du Septentrion[d] par raport au Temple.

d Joseph. De Bello l. 6. c. 10.
e l. 2. c. 6.
BESIDA , ancienne Ville de l'Espagne Tarragonoise, selon Ptolomée[e]. Le Grec porte BESSIDA , selon quelques exemplaires & BESEDA , selon d'autres. Le peuple auquel cette Ville appartenoit s'appelloit *Castellani* ; selon cet Auteur, & faisoit partie de la Catalogne d'aujourd'hui suivant le P. Briet[f], qui croit que cette Ville est presentement BESSA-LU. Il se trompe; *Besalu* ou *Bessalu* est SE-BELDUNUM ou SEBENDUNUM que Ptolomée donne au même peuple , comme le remarque très-bien le savant Mr. de Marca[g], au lieu que Besida ou Beseda est presentement SAN JOAN DE LAS BADESAS, sur le Ter, au dessous & au Midi de Campredon. Mr. Sanson dans sa Carte de la Catalogne écrit mal *S. Joan de Abadassas*. Il faut dire avec Mr. de Marca[h] *de las Badesas*. *Badesa* est une corruption du mot *Besada*. On trouve dans un ancien acte[i] *Sancti Johannis de Badesa*, ce qui est juste; mais il y en a où l'on trouve ce nom latinisé d'une maniere barbare & changé en DE AB-BATISSIS. L'envie de chercher l'origine de ce nom, qui n'avoit d'autre fondement que l'ignorance de ceux qui l'ont employé, a fait recourir à une fable impertinente, savoir que dans ce Bourg il y avoit eu un Monastere de Religieuses , où il y avoit plusieurs Abesses. Ce conte est d'autant plus ridicule qu'il n'y a jamais eu de Monastere de filles en cet endroit; mais bien un de Chanoines reguliers de St. Augustin que le Pape a secularisez.

f Parall. 2. part l. 4. p. 269.

g Marca Hispanic. l. 2. c. 21. p. 188.

h p. 189.

i p. 190.

BESIDIÆ , ancienne Ville d'Italie au pays des Brutiens , selon Tite-Live. Quelques-uns ont cru que c'étoit la BESCIA d'Etienne le Géographe. Cela ne se peut. BESI-DIÆ est presentement BISIGNANO. Voiez ce mot.

BESIERS. Voiez BEZIERS.

k Baudrand Ed. 1705.
BESIGHEIM[k], petite Ville d'Allemagne dans le Cercle de Suabe, au Duché de Wurtenberg entre Stutgard & Heilbron , sur la petite Riviere d'Entz environ à une lieue de son Embouchûre.

BESIKEN , Mr. Corneille copiant cet Article de Mr. Maty change le *Wurtenberg* , en *Furstenberg*. Ce qui lui donne lieu de faire de Besiken une nouvelle Ville du Duché de Wirtemberg sur l'Entz. Il y a en cela trois fautes, 1. en ce que trouvant Wurtemberg dans Mr. Maty , il a cru que c'étoit pour Furstenberg : au lieu que Wurtenberg est la vraye Orthographe de ce nom. Wirtenberg n'est qu'une Orthographe étrangere formée sur la prononciation Saxonne , qui change en I. tous les *u* adoucis , c'est-à-dire qui ne se prononcent pas comme notre *ou*. 2. en ce qu'il distingue *Besiken* de *Besigheim* quoi qu'ils ne different que pour l'Orthographe. 3. en ce qu'il met l'un dans le Furstenberg & l'autre dans le Wirtenberg, quoique ce soit une même Ville du Wurtenberg.

BESILLUS , ancien nom d'une Riviere d'Espagne dans la Betique selon Ortelius, qui cite Sextus Avienus. L'Edition d'Oxford porte BISILUS. Il paroît par la suite du discours que cette Riviere couloit vis-à-vis l'Isle d'Erythie.

Hinc Erythia est insula
Diffusa glebam, & juris olim Punici :
Habuere primo quippe eam Carthaginis
Prisca Coloni : interfluoque scinditur
Ad continentem quinque per stadia modo
Erythia ab arce : qua diei occasus est
Veneri Marina consecrata est insula,
Templumque in illa Veneris & penetral cavum
Oraculumque. Monte ab illo quem tibi
Horrere sylvis dixeram, in Veneris jugum
Littus recline ac molle arenarum jacet
In quas Bisillus atque Cilbus flumina
Vergent fluentum.

Le *Besillus* ou *Bisilus*, & le *Cilbus* doivent se chercher dans la Baye de Cadix.

BESIMOTH , Ville de la Palestine. La même que BETH-IESIMOTH au delà du Jourdain.

BESIPPO , Ville ancienne de l'Espagne dans la Betique. Voiez BÆSIPPO.

BESIRA , Citerne de la Palestine. Josephe[l] la met à 20. stades d'Hebron. Ce que D. Calmet[m] rend par sept lieues. Ce calcul n'est pas aisé à comprendre, car le stade étoit ordinairement de 125. pas, & vingt stades ne feroient que deux mille cinq-cens pas ; & quand D. Calmet les doubleroit , cela resteroit bien au dessous de sept lieues ; mais ce n'est point son Systeme. Le stade, dit de même Auteur[n], mesure de chemin qui étoit de cent vingt-cinq pas Géometriques. Les huit stades faisoient un mille , & les trois mille stades font la lieue commune. Il renvoye ensuite à la Table des mesures. Or dans cette Table il dit de même que tous les Géographes que 20. stades font 2500. pas , ce qui ne fait qu'une lieue, encore s'en faut-il un sixiéme ; puisque dans la table suivante il compte 24. stades pour la lieue d'une heure de chemin. Il y a donc une faute de Calcul ; qu'il éclaircira lui-même , quand il le jugera à propos. C'est la même chose que la citerne de SIRA, dont il est parlé au second livre des Rois.

l Antiq. l. 7. c. 1.
m Dict. au mot BEZI-RA.

n au mot STADE.

BESMELIANA ou BASMELIANA[o], Village d'Espagne au Royaume de Grenade, près de la côte , entre la Ville de Malaga & la Bour-

o Baudrand Ed. 1705.

Bourgade de Velez de Malaga à l'Orient de la premiere. Quelques-uns y ont placé la Menoba des anciens. Voiez MENOBA.

BESONS, petit Village de France, situé sur la Riviere de Seine, à une lieue ou environ d'Argenteuil, & à trois de Paris. La Paroisse est dediée à St. Fiacre dont on y celebre la fête le 30. d'Août, & le Dimanche suivant on tient à Besons une foire, qui est tout ce qu'il y a de remarquable à Besons. Il s'y rend des lieux voisins une infinité de personnes des deux Sexes & de toutes conditions. Ce ne sont que des parties de plaisir. On y voit des masques, & des dances de tous côtez, & il y a plusieurs endroits où l'on trouve tout ce qui est necessaire, pour goûter les plaisirs qui attirent à cette foire. On en trouve une description assez naïve dans la petite Comedie d'un acte intitulée *la Foire de Besons*, dans le Recueil de Dancourt.

BESOR, BOSOR, OU BESER, torrent au Midi Occidental de la Palestine. Il tombe dans la Mediterranée entre Gaza & Rhynocorura, selon D. Calmet qui ajoute : ou plutôt entre Rhinocorure & l'Egypte, selon St. Jérôme sur le VI. Chapitre d'Amos. Comme cette partie de la Palestine n'a gueres été parcourue par les Voyageurs modernes, delà vient que la Géographie n'en a pas été éclaircie à beaucoup près autant que celle des parties Septentrionales. Le torrent de Besor en est une preuve. Sanson le fait tomber dans celui qui a son embouchure à l'Occident de Gaza; & le confond avec le fleuve d'Egypte qu'il soutient être le même, en quoi il se trompe; par les raisons alleguées au §. de l'Article EGYPTE. D. Calmet dans sa Carte de la Terre promise met entre Rhinocorura, & le Lac Sirbon un torrent qu'il nomme le Torrent du Desert, il ajoute qu'il est nommé faussement le fleuve d'Egypte, & assez près de la source de ce torrent qu'il place près d'Asemona, il le grossit du Torrent de Besor dont il met la source auprès de Cades-Barné, au Midi de cette Ville. Le P. Bonfrerius dans sa Carte met bien la source du Torrent de Besor auprès de Cades-Barné; mais au Nord de cette Ville, & il lui donne son embouchûre auprès de Gaza, de même que Sanson. Moins temeraire que ces Auteurs Mr. Reland s'est abstenu de le mettre sur sa Carte. Car comme l'Ecriture n'en dit pas assez pour nous apprendre où étoit ce Torrent, & que les Géographes anciens & modernes ne nous en apprennent rien de positif, & se partagent entre des conjectures qui n'ont pas plus de fondement les unes que les autres, il vaut mieux avouer qu'on ne sait où il étoit jusqu'à ce qu'on en ait de nouvelles lumieres. D. Calmet dit encore que c'est le Torrent du Desert d'Amos, & que plusieurs l'ont pris mal à propos pour le torrent ou le fleuve d'Egypte. Par malheur le mot *mal à propos* employé ici, & celui de *faussement* qu'on lit sur la Carte, ne sont qu'une décision depourvûe de preuves.

BESOS, petite Riviere d'Espagne dans la Catalogne; elle a sa source auprès de Samalus, & coulant entre la Viguerie de Vich, & celle de Barcelone auxquelles elle sert de bornes; durant un espace elle est grossie par un ruisseau un peu au dessus de Granoles, Bourg qu'elle arrose. Elle en reçoit un autre à Vall Romanes village & un autre au dessus de Moncada Château, & se perd dans la Mediterranée à l'Orient, & à cinq mille pas Geometriques de Barcelone, selon Sanson[*]. Mr. Baudrand se trompe fort quand il rend ce nom par le Latin BOEZULO, & qu'il ajoute que c'étoit anciennement BESA. Pour *Besa*, c'est une chimere de sa façon; pour BOEZULO, c'en est une autre de ses Imprimeurs, au lieu de Betulo comme il y a dans le Dictionnaire Latin. Mela écrit BÆTULLO, & dit que c'est une petite Riviere; auprès de la Montagne de Jupiter *juxta Jovis Montem*[a]. Ce qui a trompé Mr. Baudrand & d'autres, c'est qu'il y a effectivement Mont Joui à Barcelone, & cela leur a fait croire que le Betula devoit être près de cette Ville. Ils n'ont pas fait assez de reflexion que cette Montagne, & cette Riviere doivent se trouver entre Empurias & Blanes. On y trouve en effet le Mongri, dont le pié est arrosé par le Ter; ce Mont a une branche qui s'avance vers la Mer, & que l'on appelle MONT JOU; à la gauche de laquelle l'ancienne Ville d'Empurias étoit située. Ainsi *Betullo*, *Bætulo* ou *Betulo* est le Ter, & non pas le Besos.

[*] Carte de la Catalogne.
[a] l. 2. c. 6.

Pline[b] & Mela[c] parlent d'une Ville, peuplée de citoyens Romains, selon ce dernier nommée aussi *Batulo*, ou *Baetullo*, ou même *Baetula* par Pline. Le R. P. Hardouin croit que c'est Badalena, village sur la côte à quatre lieues de Barcelone. Le Besos coule entre deux; & c'est ce qui me persuade que ce Pere ne l'a cherché là qu'à cause de la conformité du nom de la Ville & de la Riviere. Mais le *Batulo* n'étant point le *Besos*, comme le prouve très-bien Mr. de Marca[d], la convenance ne subsiste plus; ainsi il faut chercher ailleurs la Ville de *Batulo*, & apparemment sur le bord du Ter.

[b] l. 3. c. 3.
[c] l. c.
[d] *Marca Hispan.* l. 2. c. 17.

1. BESSA, Ville de Grece dans le Pays des Locres Epicnemidiens, selon Strabon, Homere & Etienne le Géographe. Homere dit[e]:

[e] In Catal. v. 39.

Βῆσσάν τε, Σκάρφην τε, καὶ Αὐγειὰς Ἐρατεινὰς.

Seneque dans sa Tragedie de la Troade avoit ce vers en vûë lorsqu'après avoir fait demander par le Chœur

Quæ vocat sedes habitanda captas?

Il ajoute[f]:

[f] v. 848.

Bessan & Scarphen? Pylon an senilem.

Strabon dit[g]: Calliarus n'est plus habitée, Bessa n'est plus qu'une Campagne, on en ignore la situation. Mr. Spon écrit BISSA.

[g] l. 9. p. 416.

2. BESSA. Voiez BESSI.

3. BESSA, dans l'Attique. Voiez BESA.

4. BESSA, Village d'Egypte auprès de Memphis, selon Heliodore[h] cité par Ortelius[i].

[h] 6. & 7.
[i] Thesaur.

BESSAE, Peuple de Thrace. Voiez BESSI.

BES.

BESSAN, Village de France en Guienne dans le territoire de Bourdeaux. Vinet cité par Mr. Baudrand [a], tient que c'est *Bissonum* dont parle Venance Fortunat. Voiez Bissonum.

a Ed. 1682.

BESSAPARA, Ville de Thrace. Il en est fait mention dans l'Itineraire d'Antonin, & elle y est marquée à xii. M. P. de Philippopolis. C'est peut-être la même que Besyparum de Procope.

BESSARA, ancienne Ville d'Assyrie selon Ptolomée, qui la met du côté du Tigre.

b l. 6. c. 1.

BESSARABIE, petit pays entre la Moldavie à l'Occident & partie au Nord, le Danube au Midi, la Mer noire à l'Orient, & la petite Tartarie au Nord. Ce Pays est aussi nommée Budziac. Les Villes qu'on y trouve sont

Keli ou *Kilia nove*,
Smiele ou *Ismail*, } sur Danube.

Akerman ou *Bialogrod*, c'est-à-dire la Ville blanche sur la Mer noire.

Teckin ou *Technia*, les Turcs la nomment Bender, c'est où Charles XII. Roi de Suede a séjourné si longtemps. Elle est sur le Niester.

Tatare-Bazar est plus vers les terres, & presque au milieu du Pays.

Au Nord de Keli il y a des Salines. Mr. Baudrand & quelques autres mettent les Tartares habitans de ce pays sous la puissance du Turc. L'Auteur de l'Histoire Genealogique des Tatars en parle autrement dans une de ses notes [c]. Voici ce qu'il en dit.

c p. 473.

Les Tartares de Budziack habitent vers le rivage Occidental de la Mer noire, entre l'embouchûre du Danube, & la Riviere de Bog. Ces Tartares sont à la verité une branche des Tartares de la Crimée; mais ils vivent en gens indépendans, sans obéïr au Chan de la Crimée, ni à la Porte. Leur exterieur, leur Religion & leurs Coutumes sont tout-à-fait conformes à celles des Tartares de la Crimée, excepté qu'ils sont plus braves qu'eux. Ils prétendent se nourrir de leur bétail & de l'agriculture; mais le brigandage fait la principale occupation de leur vie: il n'y a ni paix, ni treve, ni amitié, ni alliance qui les en puisse retenir; ils vont même quelquefois faire des courses sur les Terres des Turcs, d'où ils enlevent tous les Chrétiens sujets de la Porte qu'ils peuvent attraper; après quoi ils se retirent chez eux. Lorsque les Turcs, ou autres Puissances voisines envoyent contre eux de gros Corps d'Armée, ils se retirent sur certaines hauteurs environnées de Marais, vers le rivage de la Mer noire, d'où il est presque impossible de les déloger, parce qu'on n'y peut aborder ni par Mer, ni par Terre, que par des défilez fort étroits, où 50. hommes peuvent facilement arrêter toute une Armée quelque nombreuse qu'elle puisse être; & comme ces hauteurs, qui sont d'une assez grande étenduë, sont les seules Terres que les Tartares de Budziack cultivent, & que les pâturages ne leur y manquent pas, ils n'ont rien qui les presse de sortir delà, avant que

BES. 279

leurs ennemis se soient retirez. Cependant ils ménagent les Turcs le plus qu'ils peuvent, & sont ordinairement de la partie lorsque les Tartares de Crimée ont quelque grand coup à faire.

Les Tartares de Budziack n'ont point jusqu'à present de Chan particulier; mais ils vivent sous le commandement des Murses, Chefs des differentes Ordes qui composent leur Corps: ils peuvent faire environ 30000. hommes.

BESSE, petite Ville de France en Auvergne dans l'Election de Clermont. Elle est comptée pour 244. feux dans le Dénombrement de la France [d].

d T. i. p. 339.

§. Il y a dans la même Election une Paroisse que l'on appelle BESSE en CHANDEZE pour la distinguer de cette Ville. Elle est de 190. feux [e].

e Ibid.

BESSE', Bourg de France dans le Maine, & dans l'Election du Château du Loir, au bord Occidental de la Riviere de Braye, qui se jette un peu au dessous dans le Loir. Le Denombrement de la France lui donne 374. feux.

BESSI, Peuple ancien, qui habitoit une contrée de la Thrace. Solin [f] & Pline [g] les mettent autour du Nessus. Tite-Live [h] & Strabon [i] près de l'Hemus; ce qui s'accorde avec ce que dit Eutrope [k] que Lucullus fut le premier d'entre les Romains, qui porta la guerre chez les Besses; & qui les défit dans une bataille décisive sur le Mont Hemus: il poursuit ainsi: il assiégea la Ville d'Uscudama que les Besses habitoient, & la prit la même jour. Voiez Uscudama. Strabon à l'endroit déja cité dit, la plus grande partie du Mont Hemus est peuplée par les Besses surnommez LESTÆ, Λησαι, c'est-à-dire *Brigands*, parce qu'il y en avoit beaucoup parmi eux. St. Jérôme dans l'Epitaphe de Nepotien [l] remarque que les Besses surpassoient les autres Thraces, & le reste des Barbares en ferocité. St. Paulin Evêque de Nole [m] dit qu'ils étoient plus rigoureux que leurs neiges.

f c. 10. p. 27. Ed. Salmas.
g l. 4. c. 11.
h l. 39. c.
i l. 7. p. 318.
k l. 6. c. 8.
l Epist. 3.
m Carm. xvii. ad Nicetam. v. 206.

Et sua Bessi nive duriores.

Pline [n] fait entendre qu'ils avoient plusieurs noms. *Bessorumque multa nomina*, & qu'ils habitoient sur le Nestos, qui tournoie au pied du Mont Pangée. Ptolomée [o] nomme leur pays BESSICA, Βεσσικὴ Στρατηγία, & le met au dessus de la Mædique. Leur principale Ville étoit Philippopolis selon le R. P. Hardouin, qui soupçonne que Bessa étoit peut-être son ancien nom & allegue Antonin, qui fait mention de Bessa dans la Thrace. Les Editions ordinaires ont BESSAPARA. L'exemplaire du Vatican porte BESSA, d'autres BASSA. Il est aussi parlé de Bessa dans le Code Théodosien [p].

n l. 4. c. 11.
o l. 3. c. 11.
p l. 30. De Decurion.

BESSIN, (le) petit pays de France dans la basse Normandie; outre ce que j'en ai déja dit dans les Articles BAYEUX, & CADETES, j'ajouterai ce qu'en dit Mr. Piganiol de la Force [q]: Quoique l'Evêché de Bayeux s'étende depuis la Riviere de Vire jusqu'à celle de la Dive, il ne faut pas croire que le Bessin ait

q Desc. de la France T. 5. p. 86.

ait toûjours eu cette étendue. Quelquefois il s'est terminé à la Riviere d'Orne. Ce pays est generalement planté de pommiers, dont les Cidres se consument sur les lieux, ou sont transportez par Mer à Rouen & à Paris. Le Climat est assez temperé. Les habitans y sont vifs & laborieux, sans quoi ils auroient peine à vivre, le pays n'étant pas excellent, si ce n'est vers la Mer, où il y a des pâturages. On y fait néanmoins bonne chere, & l'on vante avec raison les poulardes de *Bayeux*, le cidre & le beurre d'*Isigni*, le veau & le beurre de *Treviers*, les Moutons & les Lapins de *Cabour*, les soles de *Grancan*, l'Alose d'*Orne*, & les Huitres de la Riviere de Vire. On divise le Bessin en IX. Sergenteries, qui composent l'Election de Bayeux, l'Auteur du Denombrement de la France n'en met que sept, qui sont

Bayeux,   Les Vez,
Tour,   Isigni,
Cerify,   Briquesar.
Gray,

On borne le Bessin par le Lieuvin à l'Orient, par l'Avranchin au Midi, par le Cotentin au Couchant, & par la Mer au Septentrion [a]. On le divise en haut & en bas. Le Haut Bessin est au Levant vers la Riviere d'Orne, & on y trouve la Ville de Caen. Le Bas Bessin est à l'Occident vers la Riviere de Vire, & il y a St. Lo & Bayeux. On voit dans le Bessin la forêt de Cerify & quelques autres; le bois de sapins & les belles avenues de la Maison de Basseroi sur la Drome, avec ses forges à fer; quelques carrieres d'Ardoise dont la meilleure est à Turi, aujourd'hui titre du Duché d'Harcourt. On y voit aussi quantité de beaux clochers aux paroisses, qui bordent la côte de la Mer. Particulierement à la côte d'Estrehan, de Nôtre Dame de la Delivrande, & de Bernieres. La fosse de Colville, assez proche d'Estrehan, y paroît comme un Lac profond, & il semble qu'on en pourroit faire un bon Port de Mer.

BESSYGA, Ville marchande des Indes, selon Etienne le Géographe. Le même Auteur fait mention d'une Riviere qu'il nomme BESSYGAS, & d'un peuple appellé BESSYGITÆ, qu'il dit avoir été Anthropophages.

BESTEDE [b], Château d'Islande, dans l'Océan Septentrional, proche du Golphe d'Alta; c'est la demeure ordinaire d'un Gouverneur pour le Roi de Danemarck.

BESTERCZE. Voiez BISTRICZ.
BESTINI. Voiez VESTINI.

BESUCHIS, Ville d'Asie auprès de Ctesiphonte, selon Zosime [c] cité par Ortelius. Ammien Marcellin [d] en parle aussi; mais sans la nommer, & se contente de la designer en disant qu'elle étoit dans une des Isles que formoit en cet endroit l'Euphrate en se divisant en plusieurs Canaux.

BESYNGETI, Nation Anthropophage de l'Inde au delà du Gange, selon Ptolomée [e]. Etienne la nomme BESSYGITÆ. Voiez BESSYGA.

BESYPARUM, place de Thrace, selon Procope [f]. Mr. Cousin dans sa Traduction de cet Auteur, dit VESIPARUM. C'étoit un des Forts que Justinien avoit élevez dans la Province de Rhodope.

§. BETA, Ville de l'Ethiopie sous l'Egypte selon Pline [g], dans quelques exemplaires. Dalechamp écrit BEDA; le R. P. Hardouin PETA; comme Pline est le seul des anciens qui ait nommé ce lieu, on ne peut gueres savoir laquelle de ces trois Orthographes est la meilleure.

BETA [h], Riviere de l'Amerique Meridionale. Elle coule dans le pays de Paria, & se rend dans l'Orenoque du côté d'Occident, vis-à-vis du Lac de Casipa. Elle est nommée META par Mr. de l'Isle [i]. Elle se joint aux Rivieres de PATO & CASANAR, & après avoir coulé ensemble dans un même lit cette Riviere se partage en deux branches dont l'une va au Sud de l'Isle d'AMAPARA, se joindre à la Riviere de Guiare, avec laquelle elle se perd dans l'Orenoque, l'autre branche va au Nord de la même Isle se joindre à la Riviere de Vocari déja prête à tomber aussi dans l'Orenoque.

BETACHORA. Voiez BETHORON.
BETAGABEORUM ou TAGABEORUM VICUS [k], Village de la Palestine à douze lieues de Gaza, selon Surius dans la Vie de St. Euthyme Abbé.

BETAGBARA, on trouve dans la Conference de Carthage qu'il y est fait mention entre les Evêques d'Afrique, de Janvier Evêque de ce lieu *Januarius Episcopus Betagbaritanus*. On ne sait en quelle Province étoit ce Siège.

BETANCOS ou BETANZOS [m], Ville d'Espagne dans la Galice près de la côte de l'Océan, & vers le Havre de la Corogne, entre les Rivieres de Mandeo & de Cascas; à trois lieues de la Ville de Corogne, & à neuf de Compostelle. Mr. Corneille [n] distingue *Betanços* dont il parle sur la garantie de Mr. Maty d'avec BETANCE dont il fait un autre Article tiré du Voyage de Jouvin de Rochefort. C'est pourtant la même chose.

BETANE. Voiez BETHANIE.
BETARIS, Village de l'Idumée, selon Josephe [o].
BETARMONES. Voiez CURETES.
BETARO [p], Ville Maritime de la Phenicie entre Diospolis & Cesarée de Straton. Il en est fait mention dans l'Itineraire d'Antonin. Simler lit aussi BETHARO & BEDARO, & Hermolaus croit que ce lieu est nommé BAETHARRUM par Etienne le Géographe.

BETASII, ancien peuple de la Gaule Belgique. Pline [q] & Tacite [r] en font mention. Le R. P. Hardouin [s] observant que Pline nomme de suite ces peuples *Sunuci, Frisiabones, Betasi* &c. explique les SUNUCI par le pays, qui est aujourd'hui le *Luxembourg*; les BETASI par le pays de *Juliers*, & pour les FRISIABONES, qui sont entre deux il les place dans le pays de Limbourg. Ce nom s'écrit BETASI, BETASII & BETHASII. Quelques-uns, comme Bearus Rhenanus, l'entendent du Brabant. Divaeus est aussi de ce sentiment & dit: auprès de Hale en Brabant est un village

lage nommée BEETZ. Je ne voudrois pas assurer qu'il tire son nom des Betasiens; mais je suis persuadé qu'ils ont habité cette contrée. Ortelius parle encore d'un Auteur, qui met Maftricht dans le pays des Betasiens. Le R. P. Hardouin remarque que ceux qui cherchent au delà du Rhin les peuples que Pline a nommez dans le passage cité, ne le font que faute de savoir quelles étoient les bornes de la Gaule Belgique, où ces peuples étoient situez.

a Ortel. Thesaur.

BETASIMUS [a], nom d'une Riviere quelque part vers l'Egypte, ou la Syrie. Jean Moscus en parle dans la Vie de Theodore.

BETAU. Voiez BETUVE.

b La Roque Voyage de l'Arabie heureuse p. 104.

BETELFAGUI [b], Ville de l'Arabie heureuse dans l'Yemen à environ dix lieues Françoises de la Mer rouge. Elle est au Nord, & à environ trente-cinq lieues de Moka. On y va en deux petites journées en côtoyant les Montagnes, & on trouve vers les deux tiers du chemin la Ville de Zebit ou Zebide, où l'on couche ordinairement : cette derniere paroît avoir été grande & considerable, & il n'y a presque point d'eau, quoique quelques Géographes y marquent une Riviere. Il est vrai que sur toute cette route on trouve divers petits ponts qui servent à passer les ruisseaux, ou plutôt les torrens qui descendent des Montagnes en certains temps; mais qui n'arrivent presque jamais jusqu'à la Mer, se perdant dans les sables brûlans de cette côte.

La Ville de Betelfagui, quoique plus grande que celle de Moka, est du même Gouvernement; & le Gouverneur de Moka y tient un Lieutenant, qui prend aussi la qualité de Gouverneur. Elle est ornée de fort belles Mosquées, dont les hautes Tours, ou Minarets, sont blanchies en dehors comme en dedans. Les Maisons y sont de brique, à un & deux étages, avec des terrasses. La Ville n'a point de murailles; mais à une portée de mousquet on voit un fort joli Château, où il n'y a point d'autre eau que celle d'un puits extrémement profond, dont l'eau que l'on tire par le moyen d'un Chameau, sort toute fumante comme si elle bouilloit, desorte qu'il est impossible d'en boire d'abord; mais en la laissant reposer pendant la nuit, elle devient la meilleure & la plus fraîche qu'on sauroit trouver.

Il y a en cette Ville un fort grand *Bazar*, ou Marché au Café, qui occupe deux grandes cours avec des galeries couvertes. C'est là que les Arabes de la Campagne viennent apporter leur Café dans de grands sacs de natte; ils en mettent deux sur chaque Chameau. Les Marchands qui en veulent acheter, le font par l'entremise des Banians, gens qui font en Arabie toutes les fonctions des Juifs de Turquie & des Courtiers d'Europe, surtout pour le commerce du Café, qu'ils savent parfaitement connoître.

Dans le milieu du fond du Bazar, il y a un Divan ou Sopha, élevé de quatre piez, où se mettent sur des tapis les Officiers de la Doüane, & quelquefois le Gouverneur en personne. Ces Officiers tiennent registre du poids qui se fait en leur presence, & du prix de tout le Café qui est vendu, pour en faire payer les droits au Roi. Les peseurs se servent de grandes balances; & pour poids, de grosses pierres enveloppées dans de la toile.

Pour tout droit de vente sur le Café, le vendeur seul paye la valeur d'un sol par Piastre du prix qu'il est acheté ; & il faut toûjours payer ces achats comptant, les Villageois Arabes ne faisant aucun crédit. On paye en Piastres Mexicaines, celles du Perou & les Sevillanes n'ayant presque pas de cours depuis que les Portugais leur en melerent, disent-ils, de fausses de cette espece ; de quoi ils n'ont jamais perdu le souvenir. Ils reçoivent aussi l'or en sequins.

On porte journellement du Café à Betelfagui de la Montagne, qui n'en est qu'à trois lieues de distance. Le Marché s'y tient tous les jours, à l'exception du Vendredi, que le Gouverneur & les Doüaniers vont à la Mosquée l'après Midi, accompagnez de leurs Officiers & de Soldats, portant les Drapeaux de Mahomet, & ceux du Roi. Les Païsans ont l'adresse de n'apporter gueres de Café, quand le prix n'en est pas tel qu'ils peuvent le souhaiter.

C'est à Betelfagui que se font les achats de Café pour toute la Turquie : les Marchands d'Egypte & ceux de Turquie y viennent pour ce sujet, & en chargent une grande quantité sur des Chameaux, qui en portent chacun deux bâles, pesant chacune environ deux cens soixante dix livres, jusqu'à un petit Port de la Mer rouge, qui est à peu près à la hauteur de cette Ville, à dix lieuës d'éloignement. Là ils le chargent sur de petits bâtimens, qui le transportent cent cinquante lieuës plus avant dans le Golphe, à un autre Port plus considerable, nommé *Gedda* ou *Ziedden*, qui est proprement le Port de la Mecque.

De ce Port le Café est encore rechargé sur des vaisseaux Turcs, qui le portent jusqu'à Suès, dernier Port du fond de la Mer rouge, & qui appartient au Grand Seigneur ; d'où étant encore chargé sur des Chameaux, il est transporté en Egypte & dans les autres Provinces de l'Empire Turc, par les differentes Caravanes, ou par la Mer Mediterranée : & c'est enfin de l'Egypte que tout le Café qui s'est consommé en France, a été tiré, jusqu'au temps que ses vaisseaux ont entrepris le Voyage d'Arabie. J'ai remarqué ailleurs que l'arbre, qui produit le Café ne se trouve en grande abondance dans l'Yemen que dans trois Cantons principaux qui sont ceux de Betelfagui, de Sanan ou Sanaa & de Galbani, & que le Caffé du Canton de Betelfagui est plus estimé & plus recherché que celui des deux autres Cantons. Jean Owington Voyageur Anglois [c] nomme *Betelfagui* BETLEFUCK, & *Senan* ou *Sanaa* SONANY, surquoi j'ajouterai ici une reflexion. Il est permis non seulement aux Anglois, mais même à tous les peuples du monde, d'accommoder les noms étrangers suivant le genie de leur Langue, quoique ce soit un mal, & qu'il fût plus avantageux que tous les peuples respectassent les noms propres & les prononçassent, & écri-

c Voyages T. 2. p. 170.

viſſent d'une maniere uniforme: après tout l'uſage prévaut ſur l'utilité qui en reviendroit. Mais je ne ſais ſi un Traducteur François eſt bien louable lorſque trouvant dans une Langue étrangere un nom propre eſtropié, & écrit d'une maniere qui le rend meconnoiſſable à ceux qui liront ſa Traduction, il ſe pique d'une ridicule fidelité & l'exprime de la même maniere qu'il eſt écrit dans l'original. Je voudrois qu'avant que de traduire ces noms, il cherchât s'il n'y a pas déja dans la Langue, en laquelle ſe fait l'interpretation, un uſage établi par les Voyageurs, qui ont fait la même route & nommé le même endroit. En voici un exemple qui ſert d'éclairciſſement, & de preuve à ma reflexion. Chacun ſait que les Grecs nommoient une Ville d'Afrique Καρχηδὼν, *Carchedon*, les Latins la nommerent *Carthago* dont nous avons pris notre mot *Carthage*. Je demande à ces Traducteurs negligens ſi un homme, qui ne ſait que le François doit être fort content d'un Ecrivain, qui traduiſant en notre Langue un Hiſtorien Grec, mettroit *la Ville de Carchedon* toutes les fois qu'il le trouve dans ſon Auteur, au lieu de dire *la Ville de Carthage*, qui eſt le vrai nom François. C'eſt cette diverſité qui a jetté tant de faux Articles dans le Dictionnaire de Mr. Corneille. Un Traducteur peut & doit remedier à cette diverſité en mettant dans le texte le mot déja uſité dans ſa Langue, & en ajoutant en marge, ou dans une note le nom particulier qui eſt dans l'original. Si cette Maxime étoit obſervée, on liroit la Traduction avec plus de plaiſir & d'utilité. Il eſt vrai que le Traducteur en iroit moins vîte, & que cela lui couteroit plus de peine ; mais ſon devoir eſt d'applanir autant qu'il eſt poſſible les difficultez du Livre qu'il interprete, & d'en faciliter l'intelligence. Il n'appartient qu'aux ouvriers à la toiſe, aux Traducteurs de commande, qui traduiſent à la hâte & au hazard, de ne ſe point embarraſſer, ſi ce qu'ils font peut être entendu.

BETEMESTHAM, le Grec du livre de Judith[a] nomme ainſi une Ville voiſine de Bethulie, & elle eſt nommée *Betomaſtham* au xv. Chapitre du même livre.

BETERA, Village d'Eſpagne au Royaume de Valence entre Murviedro & Llirias. Il n'eſt conſiderable que parce qu'il a retenu le nom des anciens BETERONS dont parle Tite-Live, qui dit que le Carthaginois Hamilcar fut tué chez eux, ſelon Mr. Baudrand[b]. Ortelius ni Cellarius n'en parlent en aucune façon.

BETERRÆ, nom Latin de BEZIERS. Voiez ce mot.

☞ BETH, mot Hebreu qui ſignifie MAISON. Il entre dans la compoſition d'un grand nombre de noms de Villes, de Bourgs & de Villages de la Terre Sainte. En voici les plus importants. D. Calmet a fourni la plus grande partie de ces Articles.

BETHABARA[c], c'eſt à Bethabara au delà du Jourdain que St. Jean baptiſoit. Le texte Latin de St. Jean lit *Bethania*, au lieu de *Bethabara*: mais la vraye leçon eſt Bethabara, comme le remarquent Origene[d], St. Chryſoſtome[e] & St. Epiphane[f]. L'on croit que *Bethabara*, qui en Hebreu ſignifie LA MAISON DU PASSAGE, eſt le lieu où les Iſraëlites paſſerent le Jourdain ſous Joſué ; & que c'eſt le gué ordinaire du Jourdain.

BETHACAD, Village à quinze milles de Legion, dans le Grand-Champ. Euſebe[g] le nomme Βαιθακαὲδ.

BETHACHAMAR, c'eſt, ſelon St. Epiphane[h], le lieu où étoit né le Prophete Abdias. La Chronique Paſchale écrit Βιθαχαράμ, Dorothée *Bethacaram* & Mr. Huet BETHACAD. On lit[i] cependant dans le même St. Epiphane Βηθαχαμάρ à la page 246.

BETHACHARA ou BETH-HACHEREM[k], Ville ſituée ſur une hauteur, entre Jeruſalem & Thecué. Melchias fils de Rechab, étoit Prince de Bethacara ſuivant Eſdras[l].

BETHAGABRA ou BETHOGABRI, ou BETHOGABRIA. La Table de Peutinger met BETHOGABRI, entre Aſcalon & Jeruſalem. Ptolomée met BETHOGABRIA au 65. d. 30'. de latitude, & au 31. d. 30'. de longitude. Joſephe[m] met *Begabris* au milieu de l'Idumée. Guillaume de Tyr dit que les Arabes donnent à Béerſabée le nom de *Bethgabril*, & qu'elle eſt à douze milles d'Aſcalon. Benjamin dit que *Bethgaberin* eſt à cinq paraſanges d'Hebron, & que c'eſt la même que *Mareſa* : & les Actes de Saint Ananie la placent dans le territoire d'Eleutheropolis. Tous ces caracteres réunis nous déterminent à la placer entre Eleutheropolis & Hebron.

BETH-AGATHON[n], Village de la Paleſtine : ce fut le lieu de naiſſance d'Alexion. Il en eſt parlé dans Sozomene *Hiſt*. III. 14.

BETH-AGLA[o]. Il y a deux lieux de ce nom : l'un placé par Euſebe[p] à huit milles de Gaza, & l'autre placé par St. Jerôme[q] deux milles du Jourdain. Joſué attribue *Beth-Agla* à la Tribu de Juda. C'eſt apparemment celle dont parle Euſebe. Et le même Joſué XVIII. 21. attribue à Benjamin l'autre Beth-Agla, dont parle St. Jerôme.

BETH-AI[s], c'eſt le lieu où Ozias envoya après la nouvelle de la mort d'Holoferne. L'Interprete Latin écrit *Bethbir*.

BETHALAGON[v], Village dans le deſert que fortifierent Jonathas & Simon. Il eſt nommé Βαιθβασὶ, au 1. des Macc. IX. 62.

BETHAMAR, Village auprès de Gabaa. Euſebe en parle au mot Βααλδαμάρ. Il eſt fait mention dans les Actes des Saints[x] d'un lieu de la Paleſtine dont le nom approche fort de celui-ci : c'eſt BETAMARIS.

BETH-AMMARKEVOTH[y], Ville de la Tribu de Simeon. *Joſué* XIX. 5.

BETHANATH, Ville de la Tribu de Nephtali. *Joſué* XIX. 38.

BETHANIE, étoit à 15. ſtades[z] ou environ deux mille pas de Jeruſalem, au pied du Mont des Oliviers, à l'Orient de Jeruſalem, ſur le chemin de Jericho à Jeruſalem. C'eſt-là où demeuroient Marthe & Marie & leur frere Lazare, que JESUS-CHRIST reſſuſcita. C'eſt-là auſſi que Marie repandit un parfum ſur la tête du Sauveur. On a déja averti au mot *Bethabara*, que dans les exemplaiplaires Latins de St. Jean, Ch. 1. ℣. 28. où lisoit *Bethania* au lieu de *Bethabara*. Voiez SUIDAS sur *Bethania*. Plusieurs Exemplaires Grecs sont corrompus en cet endroit, aussi bien que les Latins.

BETHANIM, Village à quatre milles d'Hebron, & à deux milles du Térébinthe d'Abraham[a].

BETH-ARABA[b], Ville de la Tribu de Juda[c]. Elle fut ensuite donnée à celle de Benjamin[d].

BETHARAN ou BETHHARAM[e], ou BETHARAMPHRA, nommée depuis LIVIADE, au delà du Jourdain, vers la Mer morte[f]. Voiez ci-après BETH-HARAN.

BETHAVEN[g], c'est la même que *Béthel*. Depuis que Jeroboam fils de Nabat eut mis ses veaux d'or à *Béthel*, les Hebreux attachez à la Maison de David donnerent par derision à cette Ville le nom de *Bethaven*, c'est-à-dire *Maison de néant* ou *Maison d'iniquité*, au lieu de BETHEL, *Maison de Dieu*, que Jacob lui avoit donné lorsqu'il eut la vision de l'Echelle Mysterieuse[h], par laquelle les Anges montoient & descendoient du Ciel en Terre[i]. On peut voir ci-après BETHEL.

BETH-BAAL-ME'ON[k], *Josué* XIII. 17. La même que *Baal-Méon*. *Num*. XXXII. 37.

BETH-BERA[l], lieu au delà du Jourdain. *Judic*. VII. 24. Apparemment le même que *Bethabara* dont on a parlé ci-devant.

BETH-BESSEN[m], Ville dans la Tribu de Juda que Siméon & Jonathas Maccabées[n] firent fortifier & où Bacchide les assiégea sans aucun succès. Le Grec dit BETH-BASI, au lieu de *Beth-Bessen*.

BETH-BIRI[o], Ville de la Tribu de Siméon. 1. *Par*. c IV 31.

BETH-CAR[p], Ville de la Tribu de Dan. 1. *Reg*. VII. 11. Josephe[q] nomme ce lieu Κοῤῥέαιοι.

BETH-CHOGLA[r], Ville dans la Tribu de Benjamin; *Jos*. XVIII. 21. aux confins de la Judée; car les limites du Septentrion de la Judée montoient depuis le Jourdain jusqu'à *Beth-Chogla*; *Jos*. XV. 6. & les limites du Midi de la Tribu de Benjamin s'étendoient jusqu'à la partie Septentrionale de *Beth-Chogla*. *Jos*. XVIII. 19.

1. BETH-DAGON[s], Ville de la Tribu d'Aser; *Josué* XIX. 27. *Beth-Dagon* signifie la *Maison* ou *le Temple de Dagon*.

2. BETH-DAGON[t], Ville de la Tribu de Juda, ainsi nommée apparemment parce qu'il y avoit un Temple de Dagon[v], avant que les Israëlites la possedassent.

BETHEKED ou BETH-AKAD[x], que quelques-uns entendent dans un sens general, pour *une Cabane de Pasteurs*. Mais les Septante & plusieurs bons Interpretes l'expliquent d'un lieu situé entre Jezrael & Samarie. C'est peut-être le même que *Beth-Kar*.

BETHEL[y], Ville au Couchant d'Haï[z] sur les confins des Tribus d'Ephraïm & de Benjamin. Le Patriarche Jacob fuyant la colére de son frere Esaü[a], & allant en Mesopotamie, arriva après le coucher du Soleil, en un certain lieu, où il voulut passer la nuit;

& ayant pris une des pierres qui étoient-là, & l'ayant mise sous sa tête, il s'y endormit. Alors il vit en songe une échelle, dont le pied étoit appuyé sur la terre, & le haut touchoit au ciel; & des Anges de Dieu, qui montoient & qui descendoient par cette échelle. Il vit aussi le Seigneur appuyé sur le haut de l'échelle, qui lui dit: Je suis le Seigneur, le Dieu d'Abraham & le Dieu d'Isaac, cette terre où vous dormez. Votre race sera nombreuse comme le sable de la Mer, & toutes les Nations seront bénies dans vous, & dans celui qui sortira de vous. Je serai votre conducteur par tout où vous irez, & je vous ramenerai dans ce Païs. Jacob s'étant éveillé après cette vision, dit: *le Seigneur est vraiment en ce lieu, & je ne le savois pas;* & tout saisi de crainte il ajoûta: *Que ce lieu est terrible! Certes ce n'est autre chose que la Maison de Dieu; & la porte du Ciel.* S'étant donc levé de grand matin, il prit la pierre qu'il avoit mise sous sa tête, l'érigea en monument, répandant de l'huile par dessus, & donna le nom de *Béthel* à la Ville, qui auparavant s'appelloit LUZA; c'est-à-dire qu'il donna le nom de Béthel au désert, où il passa la nuit, lequel étoit auprès d'une Bourgade nommée *Luza*, à qui les Hebreux donnerent le nom de Béthel, lorsqu'ils se furent rendus Maîtres du Païs de Chanaan. Eusebe[b] dit que Béthel est à douze milles, ou quatre lieuës de Jerusalem, sur le chemin de Sichem. Les Rabbins disent que la pierre sur laquelle Jacob reposa sa tête à Béthel, fut mise dans le Sanctuaire du Temple, bâti depuis le retour de la captivité; que l'on plaça sur cette pierre l'Arche d'Alliance; & que long-tems depuis la ruine du Temple, les Juifs avoient accoûtumé d'aller pleurer leur malheur sur cette pierre. Les Mahometans croyent que leur Temple de la Méque est fondé sur cette même pierre, & ils ont pour elle beaucoup de veneration. C'est de l'onction que Jacob donna à la pierre de Béthel, qu'est venuë la superstition des anciens pour les *Bethules*, qui étoient des pierres que l'on oignoit, & que l'on consacroit à la memoire des grands hommes, après leur mort. Sanchoniaton, ou plûtôt Porphyre, Auteur du fragment qu'Eusebe[c] nous a conservé sous le nom de Sanchoniaton, attribuë l'invention de ces Béthules aux Dieux des Payens; à Saturne, au Soleil, & aux autres Dieux. Et Hesyche assure que les anciens donnoient le nom de *Béthule* à la pierre que Saturne avoit engloutie, croyant manger son fils Jupiter. Asclépiade cité dans Damascius, raconte quantité de choses surprenantes des Béthules de la Déesse Venus Aphachité.

BETHELIA[d], Village aux environs de Gaza. Voici la description qu'en donne Sozomene dans son Histoire Ecclesiastique[e]: *Bethelie Bourg fort peuplé dépendant de la Ville de Gaza, où il y a des Temples que l'antiquité rend fort venerables à ceux du pays, & entre autres le Pantheon bâti sur une hauteur faite de mains d'hommes, & qui commande le Bourg de tous côtez: le nom de ce Temple a été traduit du Syriaque, & signifie que c'est le lieu où tous les*

Dieux

Dieux font leur demeure. Mr. Reland veut que ce soit de ce village que St. Jérôme a parlé, lorsqu'il dit dans la Vie de St. Hilarion *cum infinito agmine prosequentium venit Betuliam*: mais D. Calmet soutient que *Bethelia* n'est autre chose que BETHULIE. Voiez ce mot.

BETH-EMEK, Ville frontière d'Aser. *Josué* XIX. 27.

BETHENIM, Village aux environs du Terebinthe. Eusebe en fait mention au mot Ἡναΐμ. Le Terebinthe étoit éloigné de deux milles de Chebron ainsi que le demontre Eusebe au mot Ἀρί.

BETHENNABRIS, Village dont il est parlé dans Josephe. C'est le même que l'on trouve ailleurs nommé Σεννεαβρις & Ἐναβρίς.

BETHER, il est parlé des Montagnes de BETHER ou BITTHER, dans le Cantique des Cantiques. L'Auteur de la Vulgate a lû les Montagnes du Parfum, Cant. VIII. 14. & plusieurs Exemplaires Latins lisent *Béthel* au lieu de *Béther*. Mais l'Hebreu en l'un & en l'autre endroit, lit *Béther*. On demande ce que c'est que Béther, & quelle est sa situation. Quelques-uns croyent que c'est *Béthoron*, appellée Béther dans Eusebe, *Béthara* dans Joseph, & *Béthra* dans un ancien Itineraire. Il est souvent parlé dans les Ecrits des Hebreux de Béther, prise par l'Empereur Adrien dans la révolte de *Barchochebas*. Le nombre des Juifs qui s'y étoient renfermez, étoit si grand, disent les Rabbins dans la Gemare, que le sang des morts qui couloit dans la Mer, entraînoit des pierres de la grosseur de quatre Seahs, (le *Seah* ou *Satum*, étoit une mesure creuse, qui tenoit neuf pintes, chopine, demi-setier, un posson & un peu plus,) & qu'il couloit jusques dans la Mer, à la longueur de quatre mille pas. Vous direz peut-être que c'étoit une Ville maritime. Point du tout. Elle étoit à quatre milles de la Mer. Plusieurs, comme nous l'avons dit, croyent que c'est la même que Bethoron. D'autres veulent que ce soit *Betharis*, entre Cesarée & Diospolis, marquée dans l'ancien Itineraire dont nous avons parlé; ou enfin *Bæther*, marquée dans les Septante, *Josué* XV. 60. entre les Villes de Juda. Pour moi, continue D. Calmet, je tiens que c'est Bethoron la haute, ou Bethora, entre Diospolis & Cesarée. Eusebe parle de *Betharim*, près de Diospolis; & en parlant de Béther prise par Adrien, il dit qu'elle étoit voisine de Jerusalem. Hist. l. 4. c. 6.

BETHERE, signifie, selon les Interpretes, *la Maison des Deux*. C'est le lieu où David se sauva, & où les Philistins se preparoient à l'attaquer.

BETH-EZDA, ou, comme elle est appellée dans les exemplaires de la Vulgate, BETHZAÏDA, ou *Piscine Probatique*, parce qu'on y lavoit les brebis destinées pour le sacrifice, & que ces brebis en Grec s'appellent *Probata*. Beth-Ezda signifie, selon plusieurs Interpretes, *la Maison de Misericorde*, apparemment à cause des Malades, qui étoient sous les Portiques qui l'environnoient, ou, selon d'autres, *Maison de l'Egout*, ou de *l'écoulement*, parce que c'étoient des eaux qui venoient du Temple, & du lieu où l'on lavoit les victimes. Eusebe & Saint Jerôme disent que leur tems on montroit deux piscines, ou une espece de reservoir double à Jerusalem. L'un de ces reservoirs se remplissoit tous les ans, par les eaux de la pluye, & l'autre étoit rempli d'une eau entierement rouge, comme si elle eût encore conservé quelque chose du sang des victimes que l'on y lavoit autrefois. L'Evangile nous apprend qu'autour de cette piscine il y avoit cinq galeries, apparemment parce que la piscine étoit de figure pentagone; & qu'il y avoit toûjours-là quantité de malades, qui attendoient que l'eau fût remuée, pour y descendre; car l'Ange du Seigneur descendoit en certain tems, & remuoit l'eau; & le premier malade qui y descendoit alors, étoit gueri quelque maladie qu'il eût. Les Voyageurs disent que cette piscine étoit à l'Orient de Jerusalem.

BETHEZOBA, c'est la patrie de cette femme dont parle Josephe, laquelle pendant le dernier Siége de Jerusalem par les Romains, mangea son propre enfant.

BETH-GABRIS ou BETH-GABRIL. Voiez ci-devant BETHAGABRA.

BETH-GAMUL, Ville des Moabites dans la Tribu de Ruben.

BETHHAARAVA, Ville de la Tribu de Juda. *Jos.* XV. 6. & 61. Elle est donnée à la Tribu de Benjamin. *Jos.* XVIII. 22. C'est la même que BETH-ARABA.

BETHHAKKEREM, Village de la Judée, sur une Montagne, entre Ælia & Theuca. *Hieron. in Comm. ad Jerem* VI. C'est la même que BETHACHARA.

BETHHAMMARKEVOTH, Ville de la Tribu de Siméon *Jos.* XIX. 5.

BETHHARAM, Ville de la Tribu de Gad. *Jos.* XIII. 27. Elle paroit être la même qui est nommée בית הרן *Num.* XXXII. 36. Eusebe & St. Jerôme la placent sur le bord du Jourdain. Les Syriens l'avoient appellée BETHRAMPHTA, & Herode dans la suite lui donna le nom de LIVIADE; quoique cependant le Talmud la nomme Βηθραμδὰ, & Josephe Ἰουλιάδα. Mais le plus souvent on lui donne indifferemment le nom de Liviade & de Juliade.

BETHHASSCHITTA, c'est le lieu où les Madianites mis en fuite par Gédeon, se sauverent. *Jud.* VII. 23.

BETHIA, fille de Pharaon femme de Mered 1 *Par.* IV. 18.

BETH-IESIMOTH, Ville de la Tribu de Ruben; *Josué* XIII. 20. Elle fut dans la suite occupée par les Moabites. Ezechiel predit sa ruine avec celle des autres Villes de Moab. Eusebe dit que BETH-IESIMOTH est à dix milles du Jourdain; mais il y a beaucoup d'apparence qu'il la confond avec *Jesimon*, dont il est parlé 1 *Reg.* XXIII. 24. & qui étoit au deçà du Jourdain.

BETH-LEBAOTH, Ville de la Tribu de Siméon *Josué* XIX. 6. Quelquefois on l'appelle simplement LEBAOTH; *Josué* XV. 32.

BETH-LEHEM ou BETH-LECHEM, Ville de la Tribu de Juda nommée ordinairement *Betlehem de Juda*, pour la distinguer d'une

BET.

d'une autre Ville de même nom, dans la Tribu de Zabulon [a]. Le premier nom qu'a porté cette aimable Ville eſt celui d'EPHRATA. Elle l'a eû de la ſeconde femme de Caleb qui s'appelloit ainſi; & ce nom qui ſignifie *fertilité* & *abondance*, marque bien la qualité de cette contrée & le bonheur qu'elle devoit avoir un jour de donner à toute la terre le fruit de vie & de ſalut. Caleb ce genereux & fidele Eſpion qui alla reconnoître la terre promiſe, & qui anima le peuple à en entreprendre la conquête, lorſqu'il deſeſperoit de le pouvoir faire, lui donna vraiſemblablement ce nom, quand il alla prendre poſſeſſion du Pays d'Hebron. On la nomma enſuite BETHLEHEM, du nom d'un des enfans de *Her*, qui fut l'Aîné de cette Ephrata. Ce nom ne fut pas moins ſignificatif, ni moins Prophetique. Il ſignifie *Maiſon de Pain*, & chez les Arabes *Maiſon de Chair*, BEYTHLEHAM; & ce devoit être en effet la Maiſon de ce Pain vivant venu du Ciel, qui donne la vie au monde, & qui eſt la vraie chair du Fils de Dieu.

Abeſan qui eſt le neuviéme des Juges [b] qui gouvernerent le Peuple de Dieu, cet homme ſecond qui eût trente fils & trente filles, de ſon mariage, & qui les vit tous mariez dans ſa Maiſon, étoit de Bethlehem. Quelques Rabins ont voulu le faire paſſer pour Booz, l'ayeul de David, qui avoit de grands biens & qui prit pour femme la prudente Moabite Ruth belle-fille de la vertueuſe Noëmi, & eut d'elle un fils appellé Obed, Grand-Pere de David, & un des Ancêtres du Fils de Dieu. Je ne ſai ſur quel fondement ils font de cet Abeſan & de ce Booz un même homme n'y en ayant aucune marque dans l'Ecriture. Il eſt vrai que Booz peut avoir été du même tems qu'étoit Abeſan; mais pour avoir été ſon contemporain il ne s'enſuit pas qu'il ſoit la même perſonne.

Ce Levite, qui ſe fit Prêtre de l'Idole de Michas, étoit auſſi de Bethlehem & pareillement cette pauvre femme qu'un autre Levite de la Tribu d'Ephraïm avoit épouſée & qui lui fut enlevée par ceux de Gabaa, qui en abuſerent de façon qu'elle ſe trouva morte le lendemain à la porte de ſon mari, lequel ayant coupé ſon corps en douze piéces, & les ayant envoyées à toutes les Tribus les porta à vanger un ſi grand crime, ce qu'elles firent par la ruine preſque totale de la Tribu de Benjamin de laquelle étoient les coupables, dont il ne reſta que ſix cens hommes, qui ſe ſauverent dans le deſert.

David étoit auſſi né à Bethlehem; & ce fut-là que Samuel l'alla trouver pour le conſacrer Roi d'Iſraël : ce qui fit que dans la ſuite cette Ville fut appellée de ſon nom CIVITAS ET CASTELLUM DAVID. Ce vaillant Elchana *Adeodatus*, Dieu-donné, qui tua un ſecond Goliath, frere de celui que David abbatit avec ſa fronde, & qui étoit Geant comme lui prit auſſi naiſſance à Bethlehem. Quelques Auteurs écrivent que Ste Anne Mere de la Ste. Vierge en étoit native; enfin ce lieu a été la patrie de St. Joſeph, de St. Mathias l'Apôtre & celle d'Evariſte Pape IV.

Mais ſi cette Ville a été conſiderable pour avoir produit pluſieurs perſonnes celebres,

[a] *Le P. Nau p. 436.*

[b] *Judic. 12.*

BET. 285

elle [c] l'eſt infiniment plus pour avoir donné la naiſſance au Meſſie. Michée relevant cet avantage de Bethlehem, lui dit : & vous Bethlehem de Juda, quoique vous ſoyez une des moindres Villes de Juda, il ſortira de vous un Dominateur, qui regnera ſur tout mon Peuple d'Iſraël. Il ne vouloit pas ſans doute marquer David, qui étoit né tant de ſiécles auparavant; mais JESUS-CHRIST, qui y prit naiſſance pluſieurs ſiecles après.

Bethlehem, ſelon les Interpretes [d], étoit ſituée ſur le penchant d'une coline, à ſix milles, ou deux lieuës de Jeruſalem, vers le Midi. Joſephe [e] ſemble ne l'éloigner que de trente ſtades, qui font trois mille ſept cens cinquante pas; & St. Juſtin Martyr [f], de trente-cinq ſtades, qui font quatre mille trois cens ſoixante & quinze pas. Mais il y a quelque apparence que les chiffres, qui marquent cette diſtance, ſont corrompus dans ces deux Auteurs; car tous les autres, tant anciens que modernes, mettent conſtamment deux lieuës de diſtance de Jeruſalem à Bethlehem. St. Jerôme [g] met quarante ſix milles de Joppé à Bethlehem.

La grote où nâquit notre Seigneur, n'eſt pas préciſement dans la Ville; mais au dehors de Bethlehem. St. Jerôme [h] dit qu'elle eſt du côté du Midi. St. Juſtin le Martyr [i], & Euſebe [k] diſent ſimplement qu'elle étoit hors de la Ville, & à la Campagne. L'Hôtellerie où la Ste Vierge & St. Joſeph ſe retirerent étoit apparemment un Carvanſeras, ou Maiſon Publique, où l'on recevoit les Hôtes gratuitement, & où on leur donnoit ſeulement le couvert. Mais comme la foule étoit grande lorſque St. Joſeph & Marie arriverent, toutes les châmbres étoient priſes & ils furent contraints de ſe retirer dans une Caverne, qui ſervoit d'étable au Carvanſeras. St. Jerôme [l] nous apprend que l'Empereur Adrien pour effacer la Memoire du lieu où JESUS-CHRIST étoit né, avoit fait planter au deſſus de la Caverne un bois de ſutaye en l'honneur de *Thammuz* ou *Adonis*; enſorte que dans les fêtes de cette infame Divinité, on entendoit retentir la Ste Grotte des lamentations que l'on faiſoit en l'honneur de l'amant de Venus: *in ſpecu ubi quondam Chriſtus parvulus vagiit, Veneris Amaſius plangitur.*

[m] Bethlehem n'eſt plus à preſent qu'un village, qui eſt aſſez grand & aſſez peuplé. Sa longueur eſt de l'Occident à l'Orient ſur une Montagne plus baſſe que celle de Jeruſalem; mais élevée pourtant, & entourée de pluſieurs autres, qui ſont plus loin & à ſes côtez. Il a une ſituation avantageuſe, de vallées & de collines, qui ſont en partie incultes, & en partie labourées, & qui par leur varieté donnent du plaiſir à l'œil & du divertiſſement à l'eſprit. Les habitans ſont Chrétiens & Mahometans. Ils y vivent entr'eux de bon accord pour ſe maintenir dans leurs droits, & ils ont amitié avec les Arabes, qui dans leur beſoin ne leur manquent pas. Ils ſont terribles, quand on les irrite; & ils n'épargnent pas même les gens du Baſſa quand ils veulent leur faire quelque tyrannie. Les Chrétiens étoient preſque tous Grecs autrefois. Mais la charité des Peres de la Terre Sain-

[c] *D. Calmet Dict.*

[d] *Euſeb. Jerom. Sulpit. Sev. Phocas, &c.*

[e] *Antiq. l. 5. c. 2.*

[f] *Apolog. 2.*

[g] *Epiſt. ad Dardanum.*

[h] *Hieron. Ep. ad Marcellam.*

[i] *Dialog. cum Tryphone.*

[k] *Demonſt. Evang. l. 7. c. 4.*

[l] *Epiſt. ad Paulin.*

[m] *Le P. Nau Voyage de la Terre Sainte p. 395.*

Sainte, & leur vie plus exemplaire que celle des autres Religieux de diverses Nations Chrétiennes de cet Orient, en a converti un grand nombre. Et je crois qu'il n'y a gueres moins de cinquante familles de bons Catholiques, qui suivent le rite Romain. Il n'y a gueres d'hommes parmi ces Catholiques qui ne sachent l'Italien, & qui ne servent de Truchemans. Leur metier & celui des autres Chrétiens & même des Mahometans, est de faire des Chapelets, qu'on benit sur les saints lieux, qu'on envoye en Europe, & dont les Pelerins se chargent, pour les distribuer à leurs amis. Les plus habiles font de belles croix & des représentations de toute l'Eglise du S. Sepulcre, & de toute celle de Bethlehem, de la sainte Grotte & du S. Sepulcre ; mais avec tant de justesse, qu'il n'y manque pas un pillier, ni la moindre colomne. L'Eglise & la Grotte de la nativité de nôtre Seigneur, & les Convents qui l'environnent, ne sont point dans le village : ils sont au bout à son Orient. Vous trouvez d'abord une grande porte, dont les murailles sont fortes & épaisses, comme sont celles des Villes. C'est un reste des ruines de l'ancien Monastere, par où l'on entre dans une grande cour, qui est au devant de l'Eglise, où il y a plusieurs citernes. Cette cour est fermée au Midi par un ancien bâtiment, qu'on nomme l'École, ou la sale de Saint Jerôme : parce qu'on tient que cet admirable Docteur faisoit-là ses savantes leçons sur l'Ecriture Sainte, dont nous avons le precis & la substance dans ses excellens ouvrages, & que c'étoit-là aussi qu'il recevoit ceux, qui venoient le consulter. La voûte de cette sale est soûtenuë de cinq ou six colomnes de marbre : elle a bien 30. ou 40. pas de longueur, & 15. ou 16. de largeur. Elle appartient aux Armeniens, qui la font servir d'étable pour leurs chevaux & les mulets de leurs pelerins. L'autre côté de la cour est tout ouvert, & c'est l'endroit où l'on ensevelit les Chrétiens. De cette cour on va dans l'Eglise. La grande porte en est murée, & celle qu'on y voit aujourd'hui est fort basse & fort étroite. On l'a faite ainsi à dessein, pour empêcher les Turcs d'y faire entrer leurs chevaux. La premiere fois que les Chrétiens y entrent, ils payent aux Mahometans une petite piéce d'argent, qui vaut environ dix-huit deniers. On trouve ensuite une sale de mediocre grandeur, où il y a deux portes ; celle qui est à main droite, conduit au Monastere des Armeniens ; l'autre qu'on a devant foi est celle de l'Eglise.

Cette Eglise est un beau & grand vaisseau, on y compte jusqu'à cinquante colomnes de marbre, toutes d'une piéce chacune, & fort hautes, qui y servent de piliers, distinguent la nef des ailes, & forment le Chœur. La frise qui regne sur ces colomnes le long de la nef, n'est que de bois ; mais d'un bois bien travaillé. Elle soutient de côté & d'autre une muraille ouverte de plusieurs fenêtres, qu'on a élevée dessus jusqu'à la charpente. Ces deux murailles étoient autrefois ornées & enrichies d'ouvrages à la Mosaïque, faits de petites piéces de verre de toutes sortes de couleurs, & de figure quarrée, qui par leur arrangement forment divers tableaux & écritures ; mais avec tant d'art & de finesse, qu'on eût dit, que c'étoit plûtôt des ouvrages du pinceau que de maçonnerie. Il en reste encore quelque chose ; mais il en est bien tombé depuis l'année 1668. Sur la muraille qui est au Midi on lisoit dans des Cartouches à la Mosaïque, l'abregé des sept premiers Conciles Oecumeniques, écrit en Grec, excepté celui du septiéme, qui est en Latin. Dans la muraille opposée, qui est celle du Septentrion, sont les Conciles particuliers ; mais dont l'autorité est de grand poids dans l'Eglise. On y lit le sujet de celui d'Ancyre, de celui d'Antioche, de celui de Sardique, de Gangres, de Laodicée & de Carthage. Dans l'entre-deux de leurs Cartouches l'on voit un pupitre dépeint avec un livre qui représente le Saint Evangile, qui a d'un côté un encensoir, & de l'autre un chandelier & une croix. Toutes les Colomnes portent aussi l'image de quelque Saint en peinture platte. Les plus belles figures étoient sur les murailles du Chœur, & sur celles de la croisée, car cette Eglise est faite en forme de croix. Les principaux mysteres de notre foi étoient-là bien representez : il n'en reste plus que l'Apparition de notre Seigneur à Saint Thomas après sa Resurrection, quelque chose de son Ascension & de l'Assomption de la Vierge.

Le Chœur est separé de la nef par une muraille que les Grecs ont fait bâtir, pour en être plus maîtres & joüir plus en repos de la sainte Grotte, qui est au dessous. Il est plus élevé que le plein pied du reste de l'Eglise, à la hauteur de trois degrez. Les mêmes Grecs y ont fait faire des siéges pour leurs Prêtres, & un Autel à leur mode. L'Eglise n'est point voûtée ; mais la charpente en est si bien faite, qu'elle l'orne autant qu'une voûte. Le pavé étoit tout de marbre, les murailles en étoient revêtuës ; mais les Infideles l'ont enlevé pour en parer leurs maisons & leurs Mosquées. Ils ont voulu autrefois abbatre même les Colomnes, & l'on voit encore les marques des coups. Ce qui les empecha d'achever, ce fut, dit-on, que du milieu des Colomnes, Dieu fit sortir des serpens, qui sembloient s'élancer sur eux, & dans quelques-unes on montre encore les fentes, par où l'on dit qu'ils sortirent. Sanut[a] écrit que cela fut fait par ordre d'un Soudan de Babylone, qui vouloit les fait mettre dans un Palais qu'il bâtissoit. On dit que Constantin & Sainte Helene ont fait élever cette Eglise ; mais je crois plus ce que dit notre Auteur Arabe Eutychius Sayd ebn Batrik, que celle que nous voyons aujourd'hui, est l'ouvrage de l'Empereur Justinien, qui ne trouvant pas celle de Constantin assez belle, envoya un Architecte avec ordre de l'abbatre, & d'en bâtir une à la place, qui surpassât en beauté toutes celles de Jerusalem ; ce que l'Envoyé n'aiant pas executé à son gré, il lui fit couper la tête. Je crois que les ornemens, qui y sont, y ont été faits pour la plûpart par ordre de nos Princes François ; au moins il est hors de doute, que ceux du Chœur, dont presque toutes les écritures sont Latines, ont été faites de leur tems. Il y a trois Autels

[a] l. 3. part. 14. c. 11.

tels dans l'Eglise, celui du Chœur qui est aux Grecs est au dessus de la sainte Grotte que le Sauveur a consacrée par sa naissance. L'autre qui est à main gauche dans la croisée est dedié aux trois Saints Mages; parce qu'on tient qu'ils descendirent-là de cheval, voyant leur Etoile s'arrêter sur ce sacré lieu. On nommoit le troisiéme, qui est à l'opposite à main droite, l'Autel de la Circoncision, comme si elle s'étoit faite-là. Ce bel édifice tomboit tout en ruine. Le plomb qui le couvroit aiant été derobé en plusieurs endroits, la pluye avoit corrompu le bois & gâtoit tout. Les Grecs ont fait une dépense d'approchant cent mille écus, pour reparer ce Sanctuaire, & pour obtenir de l'Empereur des Turcs la permission de le faire. On ne s'arrête gueres la premiere fois à considerer la beauté de cette Eglise: toute l'ame tend à la sainte Grotte de la naissance du Sauveur du monde. Elle est, comme j'ai dit, sous le Chœur de l'Eglise; & on y descend du côté du Midi & du Septentrion, c'est-à-dire de l'un & de l'autre côté de ce Chœur par douze à quatorze degrez de marbre & de porphyre. Les portes sont d'un bronze fort poli & fort ouvragé, on quitte ses souliers en y entrant. Cet antre n'a de longueur que 40. pieds à peu près, & 12. de largeur. Il est plus large pourtant à son entrée, & il se retressit insensiblement jusqu'au bout; mais la difference n'est pas considerable. Vous voiez d'abord dans le milieu qui est entre les deux escaliers un enfoncement, & comme une niche profonde, qui est coupée environ à la moitié par une table d'Autel, où l'on dit la Messe devant une image à la Greque. Le dessous de cet Autel est revêtu de belles pierres de marbre: il est pavé d'une qui est encore plus riche, & qui est percée d'un petit rond à son milieu, où l'on en a enchaffé une autre de Jaspe, ou de porphyre à deux pouces de profondeur. On l'a entourée d'un cercle d'argent plein de rayons de même matiere. Dans cette même pierre, dont est pavé le dessous de l'Autel, on voit du côté le plus approchant de la porte, qui est au Midi, comme une Image de la Vierge. On l'a couronnée d'un petit diadême d'argent doré, pour la rendre plus visible, & la faire mieux distinguer.

BETHLEHEM, Siége Episcopal établi en France dans le Nivernois. Les Chrétiens ayant été chassez de la Terre Sainte, Reinier Evêque de Bethlehem en Palestine suivit Guy Comte de Nevers, en France. Celui-ci lui donna le Bourg de *Pantenor lez Clamecy oultre la Riviere d'Yonne*, (c'est-à-dire au delà.) *Avec le Gaignage & Domaine de Cembeuf*, ou Sambert, & la Ville Sous-Saisi, apellée la Maison-Dieu de Bethlehem & le Bourg, qui est *oultre les Ponts de Montruillon*. Ce qui est prouvé par une Charte de l'an 1223. Cette Charte dont Mr. Piga[n]iol a cité que je viens d'emprunter de lui est bien posterieure à l'établissement, qui fut fait en 1180. selon Mr. l'Abbé de Longuerue. Ce dernier ajoute[a]: il y avoit au même lieu un Hôpital nommé l'Hôpital de Bethlehem, qu'on disoit être une dependance de l'Eglise de Bethlehem de Palestine. Il y a aussi des Titres qui font

[a] Desc. 1. part. p. 121.

voir que ces biens qui appartiennent à l'Eglise de Bethlehem près de Clameci avoient été donnez à celle de Palestine par Guillaume IV. Comte de Nevers, qui étant mort à Acre Ville maritime de Syrie avoit voulu être enterré en cette Eglise de Bethlehem de Palestine. C'est aussi ce que reconnut Charles VI. dans ses Lettres Patentes données l'an 1412. où il confirmoit les biens & **les privileges des Evêques de Bethlehem**; dont il veut que les Prelats jouïssent des mêmes prerogatives dont jouïssent les autres Evêques de France. Ce savant Abbé omet une condition que Mr. de Piganiol n'a pas oubliée, & que je dirai ci-après. [b] L'Evêque de Bethlehem lez Clamecy transporta dans la suite à Robert Comte de Nevers *la Jurisdiction, Festaige, & Foires*, qu'il avoit au dit Bourg lez Clamecy, & au Bourg de Montruillon, & ne reserva à son Eglise que le Domaine & la jurisdiction sur ses Freres & Convers de sa Maison & sur ceux qui se donnent à l'Hôpital de Bethlehem, moyennant la recompense de certaine rente. La Charte est de l'an 1291. Le Roi Charles VI. par une Charte de l'an 1412. au mois de Fevrier de laquelle j'ai déja parlé confirma tous les dons faits à l'Eglise de Bethléhem & ordonna que ses Evêques s'ils sont originaires du Royaume, ou s'ils y ont demeuré long-temps, après serment prêté jouïront des mêmes privileges que les autres Evêques de France. En ce lieu de Bethléhem près Clamecy, cet Evêque a territoire Episcopal, & s'il est consacré, il exerce au dit lieu tous actes appartenans à l'ordre Episcopal. Mais il n'exerce que rarement chez soi, pour ne pas donner de chagrin aux autres Evêques à qui cet établissement déplait beaucoup. La nomination à cet Evêché n'appartient pas au Roi, comme celle aux autres Siéges; mais au Comte de Nevers. Cet Evêque ayant un Diocèse si borné n'auroit gueres d'occupations pour le Ministere Episcopal, s'il ne soulageoit pas comme il fait ordinairement les Prelats riches ou infirmes pour lesquels il va faire les ordinations, & autres fonctions reservées aux Evêques. Cela lui procure des pensions & des gratifications, qui suplèent à la mediocrité de son revenu. On n'a pas mal rencontré quand on a dit que personne ne peut prendre à plus juste titre la qualité de Serviteur des Serviteurs de Dieu que cet Evêque.

[b] Desc. de la France T. 5. p. 230

2. BETHLEHEM, Ville de la Palestine dans la Tribu de Zabulon; elle n'est gueres connuë[c] que parce qu'elle porte le nom de la Ville, que donna à la naissance au Roi David, & à JESUS-CHRIST Roi des Rois.

[c] *Josué* XIX. 15.

BETH-LEPHTHEPHA[d], Ville & Toparchie de la Judée, connuë dans Josephe[e] & dans Pline[f]. Elle étoit au Midi de la Ville de Jerusalem; ce qui pourroit bien être la même que *Beth-Lebaoth*, dont on a parlé ci-devant.

[d] D. Calmet Dict.
[e] De Bell. l. 5. c. 4.
[f] l. 5. c. 14.

BETH-MAAKA, ou ABEL-MAACHA, ou ABEL-BETH-MAACHA. Voiez ce dernier mot.

BETH-MAON[g], Ville des Moabites dans la Tribu de Ruben[h].

[g] D. Calmet Dict.
[h] Jerem. c. 48. v. 23.

BETH-

BETH-MARCHABOTH. Voiez BETH-AMMARKEVOTH.

BETH-MAUS[a], Village dans la Galilée, entre Sephoris & Tibériade, à cinq stades de cette derniere Ville. [b] Ce même lieu est nommé *Beth-Meon* dans le Thalmud, suivant la remarque de Ligtfort[c].

BETH-ME', Ville de la Tribu d'Aser[d].

BETH-MELLO ou BETH-MILLO[e], lieu voisin de Sichem. 4 *Reg.* XII. 20.

BETH-NABRIS[f], Village au delà du Lac de Génezareth, à cinq milles de Liviade ou Bethzaïde, vers le Nord[g].

BETH-NEMRA, Ville de la Tribu de Gad, *Num.* XXXII. 36. Je croirois, dit D. Calmet[h], que c'est la même que NEMRIM, *Jerem.* XLVIII. 34. ou que BETH-NABRIS dont on vient de parler, qui étoit à 5. milles de Liviade, vers le Nord. La difficulté est d'étendre la Tribu de Gad jusqu'à *Nemrim*, du côté du Midi, ou jusqu'à *Beth-Nabris*, du côté du Nord.

BETHOM, ou plutôt BETHORA, ou BE'THARAN, autrement *Julias* Patrie du Prophete Joël[i].

BETHOME[k], Ville des Juifs, qui s'étant revoltée contre Alexandre Jannée, [l] fut prise & ses habitans envoyez Captifs à Jerusalem. C'est la même que BETHOM.

BETHORA[m], apparemment la même que BETHORON. Voiez Josephe *Ant.* l. v. c. 1. & l. xii. c. 10.

BETHORON[n], apparemment la même que BETHORA, BETHRA, BETHER & BITTHER. L'Ecriture nous parle de deux Villes de Bethoron ; l'une nommée *Bethoron la haute*, & l'autre *Bethoron la basse*. Les Israëlites de la Tribu d'Ephraïm ayant reçu Bethoron dans leur lot, céderent cette Ville aux Levites[o]. Elle étoit, selon Eusebe, à douze mille pas ou à quatre milles de Jerusalem, vers Sichem ou Naplouse, c'est-à-dire au Nord de Jerusalem. Il ajoute que Bethoron la haute fut bâtie par Salomon, & Bethoron la basse cedée aux Levites, pour leur servir de demeure. Josephe[p] met Bethoron environ à cent stades de Jerusalem. Saint Jerôme dit que Ste. Paule passa par les deux Bethoron, en allant de Naplouse à Jerusalem.

BETH-PHAGE[q], petit village au pied du Mont des Oliviers, entre Bethanie & Jerusalem. C'est à Beth-Phagé que JESUS-CHRIST venant de Bethanie, dit à ses Disciples de lui aller chercher un Ane pour sa monture, & pour lui servir à son entrée triomphante à Jerusalem. On ne met que quinze stades, ou mille huit cens soixante & quinze pas de Jerusalem à Bethphagé.

BETH-PHALETH ou BETH-PHELETH, Ville située dans la partie la plus Meridionale de la Tribu de Juda. *Jos.* XV. 27. 2 Esdr. 11. 26. Cette Ville étoit une de celles qui avoient été cedées à la Tribu de Simeon.

BETH-PHESES[r], Ville de la Tribu d'Issachar. *Jos.* XIX. 21.

BETH-PHOGOR[s], Ville de Moab attribuée à la Tribu de Ruben. *Deut.* IV. 4. 6. *Josué* XV. 20. On y adoroit le Dieu *Phogor*.

1. BETHZAIDE[t], Ville située au delà du Jourdain, sur la Mer de Tiberiade, presqu'à l'endroit où le Jourdain se décharge dans cette Mer. Le Tetrarque Philippe orna & augmenta la Ville de Bethzaïde & la nomma Juliade. Josephe[v] marque distinctement que Bethzaïde étoit dans la Gaulonite & au delà du Jourdain ; au Couchant & non à l'Orient de la Mer de Tiberiade[x]. Voiez la *Dissertation sur la Géographie à la tête de Josué par Dom Calmet*, pag. XLIX. l. Bethzaïde n'est point connuë sous le nom de Juliade dans le Nouveau Testament. Les Apôtres St. Pierre, St. André & St. Philippe étoient de Beth-Zaïde. Notre Sauveur y fit souvent ; il y guerit un aveugle en mettant de la salive sur ses yeux ; il le mena hors du Bourg, & lui ayant imposé les mains il lui demanda s'il voyoit quelque chose. Il dit qu'il voyoit des hommes qui marchoient, & qui lui paroissoient comme des arbres. JESUS lui ayant mis encore une fois la main sur les yeux, l'aveugle fut tellement gueri, qu'il voyoit distinctement toutes choses. JESUS y fit un très-grand nombre d'autres miracles ; mais les habitans ne profiterent pas des leçons qu'il leur donna, ni des Miracles qu'il lui virent faire ; ce qui l'obligea un jour de dire : [y] *Malheur à vous, Corozaim, malheur à vous, Bethzaïde, car si les Miracles, qui ont été faits au milieu de vous avoient été faits dans Tyr & dans Sidon*, (qui étoient des Villes Payennes) *il y a longtems qu'elles auroient fait penitence dans le sac & la cendre*. Le mot Hebreu *Bethzaïde* signifie *la Maison de la chasse, ou de la pêche*.

2. BETHSAIDE[z], les Exemplaires Latins de St. Jean lisent *Bethzaïda*, au lieu de *Bethesda*, en parlant de la piscine probatique de Jerusalem ; mais la vraye leçon est *Bethesda*, comme on l'a remarqué sous ce mot. Il y en a qui croyent que c'est dans cette piscine que Jeremie, & les Prêtres avoient caché le feu sacré à la place duquel on trouva du tems de Néhemie, au lieu de feu, de l'eau boüeuse[a], qui ayant été versée sur l'Autel des Holocaustes prit feu dès que le Soleil commença à briller. Mais cette opinion n'a aucun fondement solide.

BETH-SALISSA, apparemment la même que Baal-Salisa. Eusebe[b] dit que Beth-Salisa est à quinze milles de Diospolis, vers le Septentrion, dans le Canton de Thamna.

1. BETH-SAMES, Ville sacerdotale de la Tribu de Juda[c]. Elle ne se trouve pas toutefois, au moins sous ce nom, dans le denombrement des Villes de Juda donné par Josué. Eusebe dit que *Beth-Samès* est à dix milles d'Eleutheropolis, vers l'Orient, tirant vers Nicopolis. Mr. Reland[d] croit qu'on doit distinguer *Hir-Schemesh* ou *Irsamés* de la Tribu de Dan[e] de *Beth-Samés* de la Tribu de Juda. Mais D. Calmet[f] ne se rend point à ses raisons, & pretend que les passages mêmes de *Josué* XIX. rapportez par Mr. Reland & comparez à 3 *Reg.* IV. 7. où *Hir-Semes* est mise comme parallèle à *Beth-Semés*, doivent persuader que ce n'est que la même Ville. *Hir-Semés* signifie *la Ville du Soleil*, & *Beth-Semés la Maison du Soleil*. Comme les Tri-

Tribus de Dan & de Juda sont limitrophes, la même Ville est attribuée tantôt à une de ces Tribus, & tantôt à l'autre. Les Philistins ayant renvoyé l'Arche du Seigneur, elle arriva à *Beth-Samés*, & quelques-uns du Peuple ayant voulu la regarder avec trop de curiosité, le Seigneur en fit mourir soixante & dix des Principaux, & cinquante mille du Peuple[a].

[a] 1 Reg. vi. 9. 10. &c.

2. BETH-SAMES, Ville de la Tribu d'Issachar, *Josué* XIX. 22.

§. Il y en a qui en mettent encore une troisiéme dans la Tribu de Nephtali, *Josué* XIX. 38. *Judic.* I. 33.

Mr. Corneille en met une quatriéme en Egypte. C'est HELIOPOLIS. Voiez ce mot.

BETH-SAN[b], plus connuë sous le nom de *Scythopolis*. Le second livre des Maccabées XII. 29. met six cens stades ou soixante & quinze milles, qui font vingt lieuës à 3. milles la lieuë de cette Ville à Jerusalem. Josephe[c] dit qu'elle étoit à cent vingt stades de Tiberiade. Ainsi elle ne peut être aussi près du Lac de Tiberiade que le prétendent quelques Géographes. Elle étoit au deçà & au Couchant du Jourdain, à l'extremité du grand Champ. Abulfeda dit qu'il y a une petite Riviere, qui tombe dans le Jourdain à Scythopolis. Le nom de SCYTHOPOLIS, ou *Ville des Scythes*, lui est venu selon George Syncelle[d], des Scythes qui firent irruption dans la Palestine sous le regne de Josias fils d'Amos, Roi de Juda. Le Géographe Etienne & Pline lui donnent aussi le nom de NYSA. Dans le texte Hebreu de l'ancien Testament elle n'est nommée que *Bethsan*; mais les Septante *Judic.* I. 27. lisent Bethsan, autrement la Ville des Scythes. Et dans les livres des Maccabées & dans Josephe, elle est assez souvent appellée Scythopolis. Après la bataille de Gelboë, les Philistins ayant pris les corps de Saül & de Jonathas, les pendirent aux murailles de Bethsan : mais ceux de Jabes de Galaad, delà le Jourdain, vinrent la nuit, enlevérent ces corps & les enterrerent honorablement dans la chénaye, qui étoit près de leur Ville[e].

[b] D. Calmet Dict.
[c] Lib. de Vitâ suâ p. 1015.
[d] p. 214.
[e] 1 Reg. xxxi. 10. &c.

BETH-SCHEARIM[f], lieu où fut établi le Grand Sanedrin après la ruine de Jerusalem.

[f] Reland Palæst. T. II. p. 657.

BETH-SECA[g], Ville au deçà du Jourdain, que Bacchide surprit, & dont il jetta tous les habitans dans un Puits. C'est apparemment la même que *Bezech* ou *Bezecath*.

[g] D. Calmet Dict.

BETH-SEMES. Voiez BETH-SAMES.

BETH-SETTA[h], Gedeon poursuivit les Madianites jusqu'à Beth-Setta.

[h] Ibidem.

BETH-SIMOTH[i]. La même que *Beth-Iesimoth*[k] au delà du Jourdain dans les deserts de Moab.

[i] Num. xxxiii. 49. Jos. xii. 3.
[k] Josué xiii. 20. Ezech. xxv. 9.

BETH-SUR[l], ou plutôt BETH-ZURA. Forteresse importante, principalement du tems des Maccabées. Roboam Roi de Juda la fit fortifier[m]. Lysias Regent du Royaume de Syrie sous le jeune Antiochus, fils d'Antiochus Epiphanes, mit le siége devant Beth-Sure avec une armée de soixante & dix mille hommes de pied, & de cinq mille chevaux. Judas Maccabée étant venu au secours de la

[l] D. Calmet Dict.
[m] 2 Par. xi. 7.

place, obligea Lysias de lever le siége.[h] L'année suivante, du Monde 3841. avant JESUS-CHRIST, 159. avant l'Ere vulgaire 163. Lysias l'ayant attaquée de nouveau, la prit[o], & elle demeura en la puissance des Syriens, jusqu'au Gouvernement de Jonathas Maccabée[p] qui la conquit sur eux, l'an du Monde 3860. avant J. C. 140. avant l'Ere vulgaire 144.

[n] 1 Macc. iv. 26 & vi. 7.
[o] 1 Macc. vi. 31. 32. & seq.
[p] 1 Macc. xi. 65.

BETHSURE[q], étoit à la Tribu de Juda *Josué* XV. 38. Elle étoit à l'opposite de l'Idumée Meridionale; [r] c'est-à-dire qu'elle défendoit l'entrée de la Judée du côté de l'Idumée. On lit dans le second livre des Maccabées c. XI. v. 6. que Beth-Sure étoit à cinq stades de Jerusalem : mais c'est une faute visible. Eusebe la met à vingt milles ou sept lieuës de Jerusalem en allant vers Hebron. On montre au pied de la Montagne de Bethsure la fontaine où l'on tient que l'Eunuque de la Reine de Candace fut baptisé[s].

[q] D. Calmet Dict.
[r] 1 Macc. iv. 61. 2 Macc. xiii. 19.
[s] Eusèb. & Hier. in Loc. voce BETHSUR.

BETHAPHUA, ou plutôt BETH-TAPHUA, c'est-à-dire la *Maison de la Pomme*, ou *du Pommier*[t], Ville de la Tribu de Juda. Eusebe dit que Beth-Taphua est la derniere Ville de la Palestine tirant vers l'Egypte, & qu'elle étoit située à quatorze milles de Raphia.

[t] Josué xv. 58. Onom. in Beth-Taphut.

BETHUL ou BETHUEL, Ville de la Tribu de Simeon; *Josué* XIX. 4. apparemment la même que Bethelia, dont parle Sozomenes[v] dans son Histoire. J'en ai raporté le passage à l'Article BETHELIE. St. Jerôme dans la Vie de St. Hilarion parle aussi de Bethelie, & dit que delà à Peluse il y a cinq petites journées de chemin. Enfin on trouve un Evêque de Bethelie parmi les Evêques de la Palestine[x]. Dom Calmet veut que Bethul soit la même Ville que *Bethulie*. Voiez l'Article suivant.

[v] l. v. c. 15.
[x] Reland l. 1. c. 35. p. 208.

BETHULIE, Ville célèbre par le siége qu'en fit Holofernes, & auquel il fut tué par Judith. Dom Calmet soutient dans son Dictionnaire, comme il l'a fait dans son Commentaire[y] sur Judith, que cette Ville n'étoit autre que celle de BETHUL ou BETHUEL, dont on vient de parler à l'Article precedent. Judith, dit-il, & son mari & les principaux de Bethulie étoient de la Tribu de Simeon[z]. Le dessein d'Holofernes étoit d'aller en Egypte. Il avoit soumis toute la Galilée, tout ce qui est au delà du Torrent de Cison, & même les Montagnes qui separoient le Royaume de Juda des terres de Samarie. Il ne lui restoit donc plus à assujettir que les terres de Juda & de Simeon pour ensuite entrer en Egypte.

[y] J. Comment. p. 411. & 412.
[z] Judith. vi. 11. & vii. 1. 2. 3. & ix. 2.

Mais, dira-t-on, continuë ce Pere, comment accorder cela avec ce, que l'Ecriture dit, que Bethulie étoit au voisinage de Dothaïm & d'Esdrelon, de Cadmon & de Bethlehem? On sait que ces Villes étoient dans le grand Champ, & aux environs, bien éloignées de Bethul. Il repond que dans cet endroit, l'Auteur du Livre de Judith marque la marche de l'armée d'Holofernes, & donne la description du Camp qu'elle quitta pour aller faire le siége de Bethulie, & non pas le Camp qu'elle occupa, en faisant ce siége : [b] Holofernes ordonna à son armée de marcher contre Bethulie. . . . . *Ils se preparerent donc tous au combat contre les enfans*

[a] Judith. iv. 3. vii. 3.
[b] Judith. vii. 1. 3.

BET.

a Judith.
IV. 5.

d'*Israël*, & *ils s'avancerent par le pied de la Montagne, jusqu'à la hauteur qui est dessus de Dothaïm*. Leur camp s'étendoit *depuis Belma*, ou *Belmaïm, jusqu'à Chelmon qui est vis-à-vis d'Esdrelon*. [a] *Le grand-Prêtre Eliacim écrivit à tous ceux qui demeuroient vis-à-vis d'Esdrelon & du grand Champ, contre Dothaïm, de se saisir des hauteurs pour empêcher l'armée d'Holofernes de penetrer dans le Pays de Juda*. Jusques-là il n'y a rien de contraire à ce qui a été dit de Bethulie, située vers Gaza dans la Tribu de Simeon. Il est vrai que les Voyageurs nous parlent d'une Ville de Bethulie située dans la Tribu de Zabulon, à une lieuë de Tiberiade, & à pareille distance d'Abeline, à 3. lieuës de Dothaïm, & au Nord de Scythopolis; mais cette Ville n'est connuë d'aucun Ancien. Ni Josué, ni Josephe, ni Eusebe, ni St. Jerôme, ne connoissent aucune Ville de Bethulie, en cet endroit; ce qui nous fait croire que celle qu'on y a montrée depuis les Croisades, n'y a été fixée que par conjecture; les Voyageurs ayant ainsi souvent donné à tout hazard des noms anciens à des lieux, qu'ils s'imaginoient être en la place des anciennes Villes, qui leur étoient d'ailleurs connuës par l'Histoire.

BETH-ZACHARA ou BETH-ZACHA-

b D. Calmet Dict.

RIA [b], lieu situé au voisinage de Beth-Sure, où se donna le combat entre Judas Maccabée & Antiochus Eupator, dans lequel *Eleazar*, surnommé *Saura*, fut écrasé sous le ventre d'un Elephant qu'il avoit percé de son Epée [c].

c 1 Macc. vi.
32. 33.

St. Epiphane dans son livre de la Vie des Prophetes, dit que le Prophete *Abacuc* étoit natif du territoire de Beth-Zachar. St. Luc [d]

d c. 1. y.
39. 40.

dit que la Ste Vierge alla saluer Sainte Elizabeth & entra dans la Maison de Zacharie; ce que l'on peut entendre de Beth-Zachar, qui signifie la *Maison de Zacharie*, qui est dans les Montagnes de Juda, & aux environs d'Hebron. Mais il est plus naturel de dire que St. Luc n'a pas marqué le nom de la Ville où demeuroit Zacharie; mais simplement qu'elle entra dans le logis de Zacharie.

e D. Calmet
Dict.

BETH-ZECHA [e], apparemment la même que BEZECH ou BASECH, BASACH, &c. Voiez ci-devant.

BETH-ONEA ou BETH-OANEA, à quinze milles de Cesarée vers l'Orient, où Eusebe & St. Jerôme disent qu'il y a des bains d'eaux chaudes, très-utiles pour la santé [f].

f Euseb. ad
vocem *Aviά*.

BETH-OANNABA ou BETH-HANNA-

g D. Calmet
Dict.

BA [g], Eusebe dit que c'est un Bourg à quatre mille pas de Diospolis, vers l'Orient. St. Jerôme dit que plusieurs le mettent à huit milles de Diospolis. Il semble que Bethoannaba conserve quelques vestiges du mot *Nobé*, où le Tabernacle d'Alliance demeura quelque tems, [h] sous le regne de Saül. St. Jerôme

h 1 Reg.
XXI. 1.

dans l'Epitaphe de Ste Paule, dit que Nobé n'étoit pas loin de Diospolis.

BETHOGABRA. Voiez ci-devant BETHAGABRA.

i D. Calmet
Dict.

BETHOMESTEM [i], Ville dénommée dans *Judith* IV. 5. xv. 3. Au lieu du Grec *Bethomestem*, le Latin lit *Esthamo*, qui est une Ville de Juda.

BET.

BETHONIM [k], Ville de la Tribu de Gad, vers l'extremité Septentrionale de cette Tribu [l] & frontiere de Manassé.

k Ibidem.

l Josué XIII.

1. BETHUNE, petite Ville de France, aux Pays-bas en Artois, Province dont elle est la troisiéme Ville; elle est sur la petite Riviere de Biette à 2. ou 3. lieues de Lilliers, à cinq d'Aire, & à sept de St. Omer. Guy de Dampierre [m], Comte de Flandre, l'acquit par son mariage avec Mathilde Fille de Robert VII. Seigneur de Bethune, & de Tenremonde. On y compte cinq mille deux cens personnes, & son Bailliage s'étend sur trente Communautez. On entre dans cette Ville par quatre portes. Les maisons y sont assez mal-bâties & les ruës mal-pavées. On y trouve plusieurs Eglises, devant l'une desquelles les Dames de la Ville ont élevé un Calvaire depuis quelques années, pour se rappeller la Passion de nôtre Seigneur. La place publique est fort grande, parfaitement quarrée & peut-être une des plus belles qu'on puisse voir.

m Piganiol
de la Force,
Descr. de la
France
T. 3. p. 66.
& seq.

L'enceinte consiste en cinq bastions, sans parler de plusieurs tours rondes d'une assez mauvaise construction. Le fossé est assez irregulier, tantôt large, tantôt étroit. Le Marechal de Vauban y a fait plusieurs ouvrages, & a principalement couvert un des angles de cette place, par un grand bastion de sa façon. Plusieurs demi-lunes & contregardes sont placées dans le fossé, qui du côté qui est les dehors est sec, & du côté qui bat la muraille est plus profond & plein d'eau.

La figure de la Ville de Bethune, en y comprenant le Château, est d'une forme triangulaire. Le Château occupe un des angles & est d'une forme très-irreguliere. Du côté de la campagne il y a une enceinte flanquée de plusieurs tours rondes à l'antique, & du côté de la Ville deux bastions, qui forment un front de fortification. Ce Château tout defectueux qu'il est ne laisse pas d'avoir son merite: car on l'a couvert de differens ouvrages dont on auroit de la peine à donner le nom, parce qu'ils ne sont pas d'une figure assez ordinaire. On n'y connoît guéres que des contregardes retranchées. Tout cela est couvert d'une grande demi-lune, & cette invention, qui est du Maréchal de Vauban, n'a pas laissé de rendre, pour ainsi dire, le fossé plus regulier qu'il n'étoit. Le chemin couvert qui accompagne ce fossé a ses traverses & places d'armes à l'ordinaire. Le glacis est accompagné d'un avant-fossé du côté du Château, que l'on a été obligé d'assujettir au terrein large dans des endroits, étroit dans d'autres; on peut le traiter d'irregulier.

On remarquera du côté du fauxbourg d'Aire, au delà du glacis, plusieurs redoutes ouvertes seulement d'un chemin couvert qui communique dans celui de la place.

Bethune du côté du Château, & du côté d'Annezin, est entourée de plusieurs marais avec des Canaux pour des blanchisseries de toile.

A une bonne portée de Bethune, est le Château d'ANNEZIN, qui est seulement un gros corps de bâtiment de figure pentagonale, qui n'est entouré que d'un fossé sec.

2. BETHUNE, Riviere de France, en hau-

BET.

haute Normandie au Pays de Caux. Elle à sa source au Sud-Est du Bourg de Gaille-fontaine d'où coulant vers le Nord-Ouest elle arrose divers villages, puis la Ville de Neuchatel qui est sur sa droite, le Bourg de Bure, se joint à la Riviere d'Arques au Nord, & au dessous de cette Ville, puis se grossissant de l'Eaune qui vient d'Envermeu, elles vont se jetter dans la Mer en traversant le Port de Dieppe. Quelques-uns conservent à la Bethune son nom jusqu'à la Mer: d'autres disent qu'elle se perd en se joignant à la Riviere d'Arques. Il est sûr que la Bethune est la plus considerable des trois Rivieres, qui coulent dans un même lit dans la Vallée où Dieppe est situé.

BETHURA, Ville ancienne d'Assyrie, selon Ptolomée[a]. Quelques exemplaires portent THEBURA.

a l. 6. c. 1.

BETISI, Bourg de France dans le Valois. Il est connu, dit Mr. Piganiol de la Force[b], par son ancien Château qui a servi de Maison de chasse à quelques-uns de nos Rois. Ce Château est situé sur une petite hauteur, & tombe en ruine. André du Chêne dans ses Antiquitez des Villes &c. met à BETHYSY, la troisieme Prevôté & Châtellenie de Valois, & la fait ressortir au Presidial de Senlis. Je me servirai de ses propres termes en rapportant la description qu'il fait de ce Bourg & de son Château. ,, Le Bourg de Bethysy ,, est, dit-il, situé en une gorge assez large ,, & spacieuse de la Vallée d'AUTONNE abreu- ,, vée d'une petite Riviere de même nom, la- ,, quelle prenant sa source entre les Villes de ,, Couliolles & Pisseleu près Villiers-Coste- ,, Rez, & venant de partir (partager) & tra- ,, verser la prairie du dit Bethisy, Saintines ,, & Verberie, se rend enfin & degorge dans ,, la grande Riviere d'Oise. . . . . A un ,, des coins de ce Bourg au pied de la Mon- ,, tagne, du côté du Septentrion, sur le ,, sommet d'un haut tertre & Roc en figure ,, conique, ou de Cloche, se montre & des- ,, couvre d'assez loing le rond d'une grosse & ,, épaisse muraille en forme de Couronne, que ,, l'on nomme la tour du Chasteau antique & ,, ruiné, fourni toutefois pour le jourd'hui ,, de bonne quantité de maisons basties pour ,, la plus grande part à la descente & pente du ,, dit Chasteau.

,, Et se peut observer qu'il étoit de defen- ,, ce dès les regnes des Roys Louys le Gros ,, & Louys le Jeune, lors que Lisuard & ,, Gessen Evesques de Soissons par Chartes ,, des Années 1123. & 1138. donnerent & ,, quitterent la garde des autels d'iceluy aux ,, Moines & Religieux de Sainct Crespin, ,, avec congé du Roi . . . . dont les Lettres ,, furent expediées au Palais du Roi séant au ,, dit Bethisi en l'hôtel le Roi, qui pour ,, lors étoit en son entier, & assis sous la di- ,, te tour vis-à-vis, & au dessous du Prieu- ,, ré de Saint Adrian basty & fondé par le ,, Chancelier du Roi Jean. C'est en cette ,, Maison Royale que Philippe Auguste te- ,, nant son Parlement & grand Conseil l'an ,, 1182. peu auparavant l'acquisition de tout ,, le Valois, confirma les Lettres d'usage en la ,, Foreft de Guyse octroyées par Louys le

b Desc. de la France T. 2. p. 302.

,, Gros son ayeul aux habitans de Civriéres, ,, ayant en l'an 1221. par especial favorisé ,, de quelque bois à censive un nommé Hue ,, de Bethisy son loyal amy, comme parlent ,, les Lettres, ainsi que Philippe le Hardi, en ,, l'an 1290. ratifia l'usage en la dite Forest ,, à Jean de Bethisy son Physicien, ou Me- ,, decin, fils de Regnault de Bethisy qui a- ,, voit doté la Chapelle de Piseux l'an 1220. ,, ... Ce Chasteau de Bethisy fut par ,, un fort long temps negligé, parce qu'il ,, avoit esté tout esbreché, rompu & diffor- ,, me tant par inconvenient de feu, que par le ,, degast & malheur, premierement de la ,, guerre des Anglois les quels toutefois fu- ,, rent bien reteins à deux traicts d'Arbaleste ,, du dit Chasteau en la place, qui se nomme ,, encore aujourd'hui *la Vallée* ou *Cavée aux* ,, *Anglois*, & plus loin pres de la forest en ,, pleine campagne, au lieu dit *Champ do-* ,, *lent*, où l'on dit qu'ils furent achevez ,, d'estre defaits & du depuis à l'occasion des ,, Tumultes & contentions d'entre les maisons ,, d'Orleans & de Bourgogne, le fort du dit ,, Chasteau par plus de deux cents ans a esté ,, abbandonné & desolé comme il seroit enco- ,, re n'eust esté que depuis cinquante ans à ,, l'intercession & diligence des Capitaines & ,, gardes d'iceluy de par la permission, qui ,, leur en fut donnée du Roy & de la Roy- ,, ne sa mere adonc Duchesse du dict Valois, ,, à l'aide & contribution des pauvres habi- ,, tans, la place avec les avenues a été quel- ,, que peu reparée, tellement qu'elle est assez ,, de defense contre les invasions, pilleries & ,, saccagemens des coureurs". L'Auteur publia ce livre en 1610. ainsi ce qu'il dit : *depuis cinquante ans*, doit s'entendre comme s'il eût dit vers l'an 1560. L'Auteur du Traité qui tient lieu de IV. livre à la Diplomatique de D. Jean Mabillon, écrit en François BESTISY ; & en Latin *Bistisiacum*, il nomme en Latin *Ottenetta*, & en François *Ottenette*, la petite Riviere qui y passe, & qu'André du Chesne appelle *Autonne*. Il dit qu'on attribue la fondation de ce Château à Robert Roi de France, ou du moins à la Reine Constance sa femme. Car on sait que cette Princesse après la mort du Roi son mari s'appropria une bonne partie du Royaume, & entre les places dont elle se saisit on trouve bien nettement exprimé *Castellum Bistisiacum*. Louïs VII. dans deux Actes en faveur des Religieuses de St. Jean dans la Forêt de Cuise, que nous appellons la Forêt de Compiegne, en Latin *Silva Cottia* aux années 1155. & 1161. fait mention de la Maison Royale de Bestisy, *Bistisiacensis Regia Villa*, & fait assez connoître qu'il y séjournoit quelquefois. Ces Ordonnances (*Præcepta*) furent confirmées par Philippe Auguste son fils l'an 1183. le quatrieme de son régne, la confirmation est datée à Bestify. Il avoit peu auparavant obligé Philippe Comte de Flandres d'en lever le siége. Guillaume le Breton parle de ce siége dans son Poëme de la Philippide.

Dum nova Bestisios perterritat undique muros
Obsidio, votoque Comes suspirat inani

Tempore tam parvo tam forte retundere Castrum,
Sylvanectenſi rex agmina fudit ab urbe.

Il dit peu après que le Comte ſe ſauva par la Forêt de Compiegne.

At Comes infauſta feſtinus ab obſidione,
Per Cuiſam fugiens, comitante pudore receſſit.

Deux ans après la levée de ce même ſiége le même Roi Philippe érigea une Chapelle à Choiſi (*Cauciaci*) la patente en eſt de Beſtiſi où il étoit alors, ſavoir l'an 1185. & des Lettres qu'il donna pour l'Hôpital de Compiegne portent *Aëtium Beſtiſiacenſi Palatio*. Il s'en trouve d'autres de l'année 1193. Lorſque les Rois eurent quité ce ſejour il y eut des Châtelains, qui étoient des plus grands Seigneurs de France, & dont il eſt ſouvent fait mention dans les archives des Egliſes & des Monaſteres.

§. Il y a eu encore un autre Château auſſi appellé BETISY, *Biſtiſiacum Caſtrum*; mais en Picardie, comme on le voit dans le livre des Miraclés de St. Angilbert Abbé de Centule.

BETLIS, Ville d'Aſie, au Curdiſtan. Tavernier dit que c'eſt la principale Ville d'un Bey ou Prince du Pays des Curdes, le plus puiſſant & le plus conſiderable de tous, puiſqu'il ne reconnoît ni le Grand Seigneur ni le Roi de Perſe, au lieu que chacun des autres Beis relevent de l'une de ces deux Puiſſances. Cette Ville eſt entre deux hautes Montagnes, qui ne ſont diſtantes l'une de l'autre que de la portée d'un canon. Le Château eſt bâti ſur une bute qui eſt faite tellement en pain de ſucre, & eſcarpée de tous côtez, qu'on n'y peut monter qu'en tournoyant. Le haut eſt comme une plate-forme où le Château eſt bâti, & avant que d'y arriver on trouve trois ponts levis. On paſſe enſuite par deux grandes cours, & de là par une troiſiéme qui eſt plus petite, & qui fait face aux ſalles de l'appartement du Bey. Il faut avoir de très-bons chevaux pour monter à ce Château tant le chemin eſt fâcheux. Il n'y a que le Bey & ſon Ecuyer qui y montent à cheval; d'autres que cet Ecuyer n'ayant pas ce privilege. La Ville s'étend de côté & d'autre du pied de la bute juſqu'au deux Montagnes, & il y a deux Caravanſeras; l'un dans la Ville au pied de la bute & l'autre comme hors de la Ville. Les Marchands ſe retirent en celui-ci plûtôt qu'en celui de la Ville, qui eſt ſujet à être rempli d'eau en un inſtant, quand cinq ou ſix ruiſſeaux qui ſortent des Montagnes voiſines, & qui paſſent dans les ruës, viennent à groſſir. Le Bey ou Prince qui commande en ce lieu-là peut mettre ſur pied vingt ou vingt-cinq mille chevaux, & quantité de très-bonne Infanterie compoſée de Bergers du Pays, qui ſont toûjours prêts au moindre commandement. Ainſi le Roi de Perſe & le Grand Seigneur, ont intérêt de ne pas rompre avec lui, parce que de quelque côté qu'il ſe rangeât il pourroit aiſément fermer le paſſage à ceux qui voudroient prendre la route d'Alep à Tauris, ou de Tauris à Alep. Il n'y a point de detroits de Montagnes plus faciles à garder; dix hommes les défendroient contre mille. En approchant de Betlis, quand on vient d'Alep, on marche un jour entier entre de hautes Montagnes eſcarpées, & l'on a toûjours de côté & d'autre les torrens & la Montagne, le chemin étant taillé dans le roc en beaucoup d'endroits.

BETONIA, petite Ville ou Bourg de la Morée dans la Zaconie, ou pays des Mainotes, à l'Occident & à cinq ou ſix lieues de Malvaſia, ſelon Mr. Sanſon dans ſa Carte de la Morée.

BETORICÆ INSULÆ, Æthicus le Sophiſte, cité par Ortelius, dit: il trouva quantité de letton (*Orichalcum*) dans les Iſles Orcades, & dans les Iſles Betoriques: *apud Orcades inſulas & Betoricas Orichalcum plurimum invenit*. Ortelius entrainé par l'autorité de Camden dit après lui qu'Æthicus a voulu deſigner par-là les Hebrides.

BETPHAGÉ. Mr. Corneille fait un grand Article ſous ce titre. Le vrai nom eſt BETH-PHAGÉ. Voiez ce mot.

BETPROCLUM, ſelon Ortelius qui dit que c'étoit une Ville de Phenicie; il cite le livre des Notices de l'Empire où l'on trouve [a] ſous le departement de Phenicie que les Sarazins y étoient en garniſon. *Equites Saraceni indigenæ Betproclis*. Il liſoit apparemment *Betprocli*, au genitif; au lieu que l'Edition du Louvre porte *Betproclis*, à l'ablatif. Le nominatif étoit *Betproclæ*, ſelon le P. Labbe.

[a] Sect. 23.

BETRIACUM. Voiez BEDRIAC.

BETTEGENE, lieu de la Paleſtine, ſelon Guillaume de Tyr cité par Ortelius.

BETTERES, Βεττέρες, ancien Peuple de l'Eſpagne Tarragonoiſe vers la Mer, entre l'Ebre & les Pyrenées ſelon Ortelius. Il cite Strabon [b] qui ne dit pas que ce fût un peuple. Il eſt queſtion dans ce dernier de la route, qui va des Trophées de Pompée à Tarragone en paſſant *per Jungarium Campum & Beterres & Campum Fœnicularium*. Il entend par les Trophées de Pompée ce que les Itineraires appellent *Summum Pyrenæum*, qui eſt le paſſage des Pyrenées nommé Col de Pertus. *Jungarius Campus*, ou plutôt *Juncarius* eſt expliqué à l'Article FIGUERAS. La même route eſt exprimée plus en detail, dans l'Itineraire d'Antonin.

[b] l.3.p.160.

Summo Pyrenæo	M. P.
Juncaria	XVI.
Ci niana	XV.
Aquis Voconis	XIII.
Secerras	XV.

Caſaubon croit que *Secerræ* d'Antonin eſt la même choſe que Betteres de Strabon.

BETTMERSDORFF [c], Bourg d'Allemagne au Cercle de la baſſe Saxe, dans la Principauté de Halberſtadt, ſur la Riviere de Selke, à quatre lieues de la Ville de Halberſtadt vers le Midi.

[c] Baudrand Ed. 1705.

§. Ce Bourg eſt inconnu à Zeyler.

BETTONA, Château ſelon Mr. Baudrand, Village ſelon Magin, en Italie dans l'Ombrie, au bord Meridional du Topino, qui à peu de diſtance ſe joint avec le Chiaſcio

BET.

cio avec lequel il va se perdre dans le Tibre. C'est la *Vettona* des Anciens.

BETULA. Voiez BÆCULA 2.

BETULIE. Voiez BETHULIE.

BETULLO, BÆTULLO ou BÆTULO, Mela [a], selon quelques Editions, a *Betullo*, & selon d'autres *Bætullo* ; Ptolomée de l'Edition de Bertius fait bien mention d'un peuple qu'il nomme les BETULES; auquel il donne le Promontoire Lunarien, Diluron, & Blanda. J'expliquerai ces lieux par leurs noms modernes dans la suite de cet Article. Le texte même de Ptolomée porte

BAITOTAΩN,

Λουνάριον *Lunarium Pro-* 18 d. 30'. 41 d. 30'.
Ἄκρον   *montorium*
Διλωρῶν *Diluron*   11   0 41   45.
Βλάνδα   *Blanda*   18 15 42   0.

Personne ne doute que *Blanda* de cet Auteur ne soit aujourd'hui Blanés : ce point fixe servira à trouver les autres. Ce mot ΒΑΙΤΟΤΑΩΝ semble avoir été regardé par Mr. de Marca, comme le nom particulier d'un lieu. Si c'étoit celui d'une Ville, Ptolomée y auroit ajouté la longitude & la latitude, ce qu'il n'a pas fait. Ortelius cite aussi Ptolomée comme ayant parlé d'une Ville : par où l'on voit qu'il a suivi l'Edition Latine, où Betulon a une longitude, & une latitude savoir 17. d. 30'. & 41. d. 20'. Ceux qui suivent cette opinion mettent Betulon, & les trois lieux marquez ci-dessus dans le pays du peuple Lætaniens. Bertius prend ΒΑΙΤΟΥΛΩΝ pour le nom d'un peuple, & l'exprime en Latin par *Bætulorum* au Genitif, suivant l'usage ordinaire de Ptolomée. Molet dans son Edition des Aldes ajoute au mot *Bætulon* en forme d'explication (*Betholon fluv. est Beson vulgo*). Cela veut dire selon lui que le Bætulon de Ptolomée, appellé Betholon par d'autres est une Riviere nommée vulgairement *Beson*. On voit bien qu'il a voulu parler du Besos, & il faut convenir que la longitude, & la latitude que les anciennes Editions de Ptolomée ajoutent au mot *Bætulon* conviennent assez à l'embouchûre du Besos, si l'on suppose que celles que Ptolomée donne à la Ville de Barcelone est juste, & alors le peuple *Batuli* de Bertius ne sera plus qu'une Nation imaginaire de l'invention d'un copiste, qui n'a pas copié exactement. L'autorité de Pline [b] n'est nullement favorable à ceux qui prennent le Bætulon de Ptolomée pour une Riviere ; car il en fait une petite Ville de citoyens Romains. *Oppida civium Romanorum : Bætulo*, *Iluro*: *flumen Lærnum*: *Blande*: *flumen Alba*; *Emporia* &c. Il connoit donc *Bætulo*, & *Iluro* pour deux petites Villes. Le R. P. Hardouin dit à cette occasion que Tite-Live au l. xxvii. fait mention de *Bætula*, d'où il semble conclurre que c'est la même Ville ; mais *Bætula* ou *Bæcula*, dont parle Tite-Live en cet endroit (car les exemplaires varient) étoit bien loin delà; puisqu'elle étoit dans le voisinage de Castulon & qu'Asdrubal, vaincu auprès de cette Ville, passa le Tage pour se rendre vers les Pirénées. *Frater Tagum flumen ad Pyrenæum tendit*. Voiez l'Article BÆCULA 2. Cette Ville n'est

[a] l. 2. c. 6.

[b] l. 3. c. 3.

BET.

point la Bætulo de Pline ; puisque la Bæcula ou Bæcula de Tite-Live étoit au delà du Tage par raport aux Pyrenées. L'Iluro de Pline étoit sur la côte en allant de Barcelone à Ampurias entre *Betulo* & *Blanda*. C'est la *Diluron* de Ptolomée, ou plutôt *Ailuron*. L'Α des Grecs diferant peu du Δ il y a apparence que la Ville Bætulo étoit sur la Riviere de même nom ; car il y avoit fleuve & Riviere, selon Mela. Cependant Mr. de Marca explique la Ville de Bætulo par Badalona [e], qui n'est plus qu'un village à vi. M. P. de Barcelone, & comme il le remarque fort bien, la Riviere Bætulo ne sauroit être le Besos, qui passe auprès de Badalona ; car il couloit auprès du Mont de Jupiter, qui n'est pas Monjoui auprès de Barcelone ; mais la Montagne de Mongri contigue à Montjou, au pied de laquelle passe la Riviere de Ter. Car, selon Mela [c], le Mont de Jupiter se trouvoit entre Ampurias & Blanes, c'est aussi entre ces deux Villes qu'est l'embouchûre du Ter, qui est le Bætulo de Mela. Ilurum ou Iluro, dont il est parlé ci-dessus, est la Ville de *Mataro*. Pour ce qui est du Promontoire *Lunarium* ce nom qui vient d'une figure en forme de Croissant fait connoître que c'est celui qui forme la Baye de Palamos : il est nommé par quelques-uns Pointe de Palamos, & par d'autres C. Draconis.

Il faut donc conclurre savoir qu'il y avoit dans l'ancienne Espagne une Ville BETULLO, BÆTULLO, ou *Bætulo*, très-diferente de la *Bætula* de Tite-Live. Et la Ville de Betullo étoit, à ce qu'on croit, assez près du lieu où est présentement BADALONA ; il y avoit aussi une Riviere de même nom, qui ne peut être que le *Ter* sur les indices qu'en donne Pomponius Mela ; la varieté des Editions de Ptolomée laisse incertain s'il a nommé un peuple ou une Riviere.

BETULO ; c'est la même Ville que BÆCULA 3.

BETUM &
BETUNA. Voiez BETUSA.

BETUNE. Voiez BETHUNE.

BETUNIA, ancien lieu d'Espagne, selon l'Itineraire d'Antonin, vers Astorga, à vingt milles de cette Ville sur la route de Sarragosse. Les Editions de Surita & de Bertius ont BETUNIA ; Ortelius lit BETUNICA. Il y a des exemplaires qui portent BOTIMIA ; d'autres BOTUNIA ; l'exemplaire du Vatican lit BEDUNIA, qui est la meilleure maniere & la plus conforme à ce qu'écrit Ptolomée [f] qu'il y avoit un peuple nommé *Bedunienses* dont la Ville étoit nommée *Bedunia*.

BETURIA. Voiez BÆTURIA.

BETUSA, ancienne Ville de la Mesopotamie près du Tigre. Quelques exemplaires de Ptolomée [g] portent BETUNA, son ancien Interprete Latin lisoit BETUM.

BETUVE, (le) BETUWE, BETAUW & BETUÉ [h], dans des Actes de l'an 1188. il est nommé *Batua* contrée des Pays-bas ; au Duché de Gueldres dans la République des Provinces Unies. C'est une Isle, entre le Rhin, le Waal, & le Leck, & une partie considerable de l'ancienne demeure des Bataves dont ce Pays porte encore le nom avec quelque peu de

[e] *Marca Hispanic. l.* 2. c. 15. *d l.* 2. c. 17.

[c] l. c.

[f] l. 2. c. 6.

[g] l. 5. c. 18.

[h] *Halma Tonneel der Vereenigde Nederlanden* T. 1. p. 133.

de changement. La Gueldre se divise en quatre quartiers, qui sont, comme je l'explique ailleurs, celui de Nimégue, de Ruremonde, de Zutphen, & d'Arnheim ou le Veluwe.

Le quartier de Nimégue se subdivise en quatre autres qui sont

't Ryk van Nimweegen, ou *District de Nimégue*,
d'*Over-Betuw*, ou *le haut Betuve*,
Maas en Waal, c'est-à-dire *entre la Meuse & le Waal*,
Neder-Betuw, ou *le bas Betuve*,
Thieler-Waerdt, ou *le territoire de Tiel*,
Bommeler-Waerdt, ou *le territoire de Bommel*.

Pour ne parler ici que du Betuve ; la distinction en *haut* & en *bas* est ancienne. Le haut commence au Fort de Schenk Forteresse située à l'endroit où le Rhin & le Waal se separent pour former une grande Isle ; & s'étend entre ces deux Rivieres, de maniere néanmoins qu'il prend encore une lisiere au Nord du Rhin puisqu'il comprend la Ville de Wagening, & les environs jusqu'à la Riviere de Grebbe. La separation du Haut & du Bas Betuve se prend à la hauteur de Wageningen par une nouvelle digue qui traverse, & c'est-là que finit le haut Betuve, & que commence le bas, qui va jusqu'aux Villes de Tiel & de Bommel. Le terroir du haut Betuve est excessivement humide, surtout en automne ou quand le Rhin surmonte ses digues & se deborde : c'est un fond de glaise qui venant à se détremper, rend les chemins très-incommodes au Voyageur. Après une petite pluye ils sont encore passables ; mais si les pluyes sont fortes & qu'elles durent, ils deviennent glissans, & ensuite ils ne sont presque plus praticables. Il en est à peu près de même dans le petit Pays de Maas en Waal ; au bas Betuve & aux petits Cantons de Bommel & de Tiel, c'est là où l'on a le plus à essuyer le courant & l'impetuosité de l'eau. Les habitans du Betuve sont fort incommodez de l'eau faute d'avoir des moulins pour l'enlever hors de leurs terres. Ils tâchent de la faire écouler par des rigoles qu'ils creusent ; mais c'est aux depends de leurs pâturages dont il y a quelquefois un tiers de perdu à cause de cela. Durant les guerres d'Espagne contre la Republique naissante des Provinces Unies, ceux du Betuve eurent beaucoup à souffrir de la part des Espagnols qui étoient alors dans la Gueldre, & ils aimoient mieux leur payer des contributions que d'être sans cesse exposez aux incendies & aux pillages. Les Evêques d'Utrecht ont aussi fort souvent incommodez par les guerres. L'an 1527. l'Evêque Henri de Baviere fit une irruption dans le Betuve qu'il ravagea brulant, & saccageant tout ce qu'il put. Il obligea ceux de Murick & de Ryswyck de lui payer de grosses sommes d'argent, & s'en retourna à Wyk te Duursteede chargé de butin. Ce pays fit encore de grandes pertes lorsque Louïs XIV. Roi de France fondit tout à coup sur ces Provinces & s'avança jusqu'à Utrecht, à la tête d'une armée. Je parle suffisamment de l'ancien état du Betuve à l'Article de BATAVES.

BETZELINGUE,[a] selon la prononciation Françoise ; car l'Orthographe Allemande demande BOTZELINGEN,[b] Village de Suisse au Canton d'Ury, à demi lieue d'Altdorff ; ce lieu n'est remarquable que parce qu'on y tient les Assemblées generales du pays. Mr. Corneille dit que c'est un Bourg, où l'on fait toutes les années le renouvellement des Magistrats. Cela n'est gueres exact. L'assemblée se tient tous les ans le premier Dimanche du mois de Mai.

BEU,[c] Bourg de France en Normandie dans le Hurepoix, à deux lieues de Dreux à l'Orient, & à même distance de Houdan à l'Occident. Il y a un beau Château.

BEVAGNA, petite Ville d'Italie dans l'Etat de l'Eglise, en Ombrie sur le Clitunno, à six milles de Foligni vers le Couchant, & à treize de Spolette. Mr. Baudrand dit que ses habitans sont nommez BENEVATI. C'est la MEVANIA des anciens.

BEVAIS[d], grand Village de Suisse au Comté de Neuchâtel. Il y avoit autrefois un Prieuré.

BEUCENNENSIS, Ortelius nomme ainsi un Siége Episcopal d'Afrique dont il est fait mention dans la Conference de Carthage[e]. Mais Mr. Dupin lit BENCENNENSIS, & croit qu'il faut peut-être lire BENEVENTENSIS ou BENENTENSIS, qui étoit un Siége de la Province Proconsulaire. Dans les souscriptions du Concile d'Arles de l'an 314. entre les Evêques d'Afrique se trouve Anastase Evêque *de Civitate Beneventina*. L'Evêque du Siége *Bencennensis* dont il est parlé dans la Conference de Carthage étoit Adeodat. La Notice Episcopale d'Afrique[f] met entre les Evêques de la Province Proconsulaire Gulosus *Beneventensis* relegué dans l'Isle de Corse la sixieme année du Roi Hunneric.

BEVECLI ou BEVECLAR, petite Ville d'Angleterre dans la partie Orientale du Comté d'Yorck. Mr. d'Audifret[g] dit que les anciens l'ont nommée PETUARIA cité des Parises, & qu'elle est celebre par la naissance de Jean Fisher Evêque de Rochester décapité à Londres le 21. Mars 1535. pour avoir condamné le mariage d'Henri VIII. avec Anne de Boulen, & refusé de prêter les sermens que ce Roi éxigeoit de lui. Voiez BEWERLEY.

BEVELAND, (l'Isle de) Mr. Baudrand[h] dit *la Bevelande*, contrée des Provinces Unies en Zélande. Ce n'étoit autrefois qu'une seule Isle formée par deux branches de l'Escaut. [i] L'Empereur Othon II. fit l'an 974. de magnifiques liberalitez à l'Abbaye de Gand, qui porte le nom de St. Bavon ; quelques-uns des biens qu'il lui donna étoient situez *in pago Bevelandia*. Il est remarquable que le *Beveland* est un nom derivé du nom de ce Saint, & devroit se traduire en Latin *Sancti Bavonis regio*. Cette Isle étoit fort grande avant que l'Escaut l'eût partagée par diverses routes qu'il s'y est faites, & qui la divisent en bien des parties. Il y en a deux principales. La plus grande est appellée ZUIT-BEVELAND, parce qu'elle est au Midi par raport à l'autre, qui étant plus au Nord est nommée NOORT-BEVELAND. Entre deux est l'Isle de WOLFERSDYCK.

[a] *Longuerue* Desc. de la France 2. part. p. 273.
[b] Delices de la Suisse T. 2. p. 297.
[c] *Baudrand*.
[d] Delices de la Suisse T. 3. p. 535.
[e] p. 265.
[f] n. 9.
[g] Geogr. T. 1. p. 114.
[h] Ed. 1705.
[i] Germ. inser. 2. part. p. 27.

Le

BEV.

Le Zuit-Beveland a perdu beaucoup de terrain par les inondations du bras Oriental de l'Escaut puisqu'il s'étendoit jusqu'au village de St. Martin, qui n'est plus qu'une fort petite Isle à l'endroit où l'Escaut se separe en deux branches. On peut dire que cette Riviere en a empieté un bon tiers dans la partie Orientale, sans ce qu'elle a pris dans la partie Occidentale. Ce qui s'est garanti de ces ravages a pour capitale la Ville de Goes au Nord. Il y a au Sud-Ouest de l'Isle deux Forts, dont l'un est nommé Suyd-Oost Fort; & l'autre Keysers Fort.

Le Nort-Beveland est beaucoup plus petit & n'a que trois villages. Mr. Baudrand dit : il faut remarquer qu'il n'y a point de Bourg nommé Bevelant dans l'Isle de Nord Bevelande quoi qu'il y en ait un marqué dans quelques Cartes recentes. L'Auteur du Dictionnaire Géographique des Pays-bas met *Beveland*, village dans l'Isle de Nort Bevelandt en Zeelande; ce qui justifie Sanson qui y met ce village. Cependant il faut avouer que les Cartes dressées dans ces Provinces ne l'y mettent point. Le village de Cats qui conserve l'ancien nom des Cattes, ou Chattes se defend encore à peine du fort qu'ont eu Westkerck, & Cortgeen villages submergez. En échange ces Cartes mettent au Nord de Nort-Beveland, Colynsplaet village obmis par Mr. Sanson.

BEVER, Riviere
BEVER ou
BEVEREN, Ville } Voiez Beverungen.

[a] *Dict. Geogr. des Pays-bas.*

BEVEREN [a], ancienne Seigneurie des Pays-bas dans la Flandre Austrichienne à deux lieues de Rupelmonde, & à deux & demie d'Anvers.

[b] *Baudrand Ed. 1705.*

BEVERGERN [b], petite *Ville* d'Allemagne au Cercle de Westphalie, dans la basse partie du Diocèse de Munster, entre la Ville de Tecklenbourg & celle de Rhene. Elle donne le nom à une *contrée*, qui s'étend le long de la Riviere d'Embs entre le Comté de Benthem au Couchant & les Comtez de Lingen, & de Tecklenbourg au Levant.

BEVERLEY, Beverlac, Bewerley ou Bewerlac, petite Ville d'Angleterre en Yorkshire, à 5. ou 6. milles au Nord de Hull. Si nous en croions l'Auteur de l'Etat present de la Grande Bretagne [c], ce lieu est remarquable pour avoir donné la naissance à Jean de Beverley, Archevêque d'Yorck. Il ajoute que ce Prelat, homme de grande érudition & d'une pieté exemplaire étant devenu vieux, resigna son Archevêché & se retira à Beverley pour y passer le reste de ses jours dans la devotion. Il mourut en 721. Ethelstan Roi Saxon, poursuit cet Auteur, respectoit si fort la Memoire de ce St. homme qu'en sa consideration il accorda de grands privileges à la Ville. Mr. Baillet [d] ne dit pas que Jean Evêque d'Yorck y fut né; mais il pretend que voulant avoir un lieu de retraite pour y prendre du repos & respirer de ses fatigues, il acheta la terre de Bewerlac ou Bewerlich, vulgairement Bewerley d'où lui est venu le surnom qu'il porte. C'étoit dès lors

[c] *T. 1. p. 128.*

[d] *Vie des Saints 7. Mai n. 3. & Topogr. des Saints p. 75.*

une paroisse dediée à St. Jean, & depuis il s'y forma une Ville considerable, qui a beaucoup diminué depuis ; mais qui subsiste encore aujourd'hui dans la partie Orientale du Duché d'Yorck qu'on appelle *East-Riding*. Il y bâtit deux Monasteres, l'un pour des hommes l'autre pour des filles. Il mit Saint Brithun pour Abbé dans le premier, & s'étant demis de son Evêché l'an 717. il s'y renferma lui-même, & mourut l'an 721. Mr. Baillet a raison de ne pas dire que cet Evêque fut né à Beverley ; car il étoit effectivement de Harpham [e] dans le Duché d'Yorck. Beverley pour parler selon la Géographie de ce temps-là étoit au Royaume de Northumberland vers le Midi du Pays. Ce nom dans les Chroniques Saxonnes se trouve diversement écrit Beoverlic, Beverli & Beverlith. C'est le même que Bevecly ou Beveclar, de Mr. d'Audifret dont les Imprimeurs ont pris une *r*, pour un *c*. Mr. Corneille s'y est trompé & en fait deux Villes, qui toutes deux selon lui sont la Petuaria des anciens.

[e] *Hist. de l'Ordre de St. Benoît. T. 2. l. 4. c. 63.*

BEVERUNGEN, petite Ville d'Allemagne au Cercle de Westphalie, dans l'Evêché de Paderborn au confluent de la Riviere de Bever & du Weser; environ à huit lieues, & à l'Orient de la Ville de Paderborn. Mrs. Baudrand & Corneille écrivent mal Beverunden. Zeyler [f] dit *Beverungen*, & ajoute qu'on la nomme communément Bever & Beveren ; qu'elle est sur le *ruisseau* de Bever, qui y tombe dans le Weser ; auprès de Blanckenowe, & de Harstelle, & à peu de distance de Borcholte.

[f] *Anhang ad Calcem. Topogr. Westphal. p. 74.*

BEVERWYCK, grand Village aux Pays-bas dans la Hollande Septentrionale, à deux lieues & au Nord de Harlem. Ce village qui est très-beau & qui meriteroit mieux le nom de Ville que quelques-unes que j'ai vûës tant en France qu'en Allemagne, a un port sur un petit Golphe nommé 't Wycker-Meer, & qui est une continuation de l'Ye. Il est remarquable qu'il se trouve dans la liste des Villes, qui prêterent serment de fidelité à Charles Duc de Bourgogne l'an 1468. Voici l'ordre dans lequel elles sont nommées *Dordrecht*, *Harlem*, *Delft*, *Leiden*, *Amsterdam*, *Gouda*, *Roterdam*, *Schiedam*, *Alkmaar*, *Beverwyk*, *Monikkedam*, *Edam*, *Woerden*, *Oudewater*, *Schoonhoven*, *Gorkum*, *Heusden*, *St. Geertruidenberg*, *Hoorn*, *Enkhuizen*, *Medenblik*. Il y a des preuves fondées sur des Actes authentiques que l'ancien nom de ce lieu étoit Ste Agathe, *Agatha Kerk* ou *Aagten-Kerk*. On peut voir diverses opinions sur l'origine du nom moderne de ce lieu, dans le Dictionnaire de François Halma intitulé *Tonneel der Vereenigde Nederlanden*, &c. T. 1. Ce qui en fait un grand ornement ce sont les belles maisons de campagne qu'y ont fait bâtir de riches particuliers d'Amsterdam, de Harlem & autres Villes voisines.

BEUF, en Latin *Beuxum*, lieu de France en Forez, Generalité de Lion, Election de St. Etienne. Mr. Baudrand [g] en fait un Bourg. [h] Le Denombrement du Royaume de France en fait une paroisse de 151. feux. Elle est au bord du Rhône près des frontieres du Va-

[g] *Ed. 1705.*
[h] *T. 1. p. 302.*

varais; à deux lieues au deffous de Condrieu, & à quatre de Vienne. On l'appelle auffi quelquefois Saint Pierre du Bœuf.

BEUIL. Voiez BUEIL.

BEUMARIS, felon l'Itineraire d'Antonin de l'Edition des Aldes. Celle de Simler porte YEUMARIS, d'autres exemplaires ont Eumaris. Ortelius qui raporte ces diverses leçons, juge que ce peut être Bemmaris dont il eft parlé ailleurs dans l'Itineraire. L'exemplaire du Vatican porte *ab Eumari Neapolim*, quelques-uns ont lû *a Beumaris*, dont Surita & autres Editeurs d'Antonin ont fait *a Bemmari Neapolim*, felon la conjecture d'Ortelius. Il croit que c'étoit une petite Ville de Celefyrie ; & peut-être la même que BET- [a l. 5. c. 15.] HAMMARIA, Ville que Ptolomée[a] place dans la Syrie près de l'Euphrate.

[b Zeyler Bohem. Topogr. p. 12.] BEURATH[b], petite Ville de Boheme au Comté de Glats ; elle appartient au Seigneur de Tertzky.

BEVIO, Village de Suiffe dans la Caddée au Sud-Oueft du Mont Albel, dans la Vallée d'Ober Halbflein ; à l'Orient de la branche du Rhin dont la fource eft voifine de la fource du Danube, felon Mr. Scheuchzer.

BEUS, Riviere de la Macedoine, felon [c l. 31. c. 33.] Etienne le Géographe. Tite-Live[c] en fait auffi mention.

[d Corn. Dict.] 1. BEUSEVILLE[d], gros Bourg de France en baffe Normandie avec titre de Marquifat, fur la Douve entre Carentan & St. Sauveur le Vicomte au Diocèfe de Coutance.

[e Ibid.] 2. BEUSEVILLE[e], Bourg de France en Normandie, au Diocèfe de Lifieux, entre les Villes de Pont-Audemer & Pont l'Evêque. Son territoire produit de bons bleds.

[f Zeyler Topogr. Bohem. Morav. & Silef. p. 124.] 1. BEUTHEN[f], en Latin *Bethania*, & non pas *Beuthenia*, comme le dit Mr. Baudrand. Petite Ville de Silefie fur l'Oder, au Duché de Glogau, peu loin de la Ville capitale dont ce Duché porte le nom ; entre elle & Freyftatt. On l'apelle auffi BOUTHEN, & BYTOM, ou *Bitomia*. George Baron de Schonaich Vice Chancelier de Silefie, Seigneur de ce lieu y avoit fondé un College, où étoit Profeffeur le celebre Gafpar Dornavius. Durant les guerres de Pologne fous l'Empire de Frederic I. les Polonois faccagerent la Pologne; Beuthen, & d'autres belles Villes en furent ruinées & détruites. Les habitans rebâtirent la Ville plus bas au bord de l'Oder ; mais plus à l'Occident. Deforte qu'un fort Château, qui étoit autrefois la defenfe de l'ancienne Ville, fur une Montagne, auprès de l'Oder, en eft prefentement à un demi mille d'Allemagne. L'an 1475. la Ville de Beuthen fut confumée par le feu, & il n'en refta que l'Eglife. Elle foufrit encore beaucoup durant les guerres civiles d'Allemagne ayant été prife, & reprife plufieurs fois.

[g Ibid. p. 135.] 2. BEUTHEN[g], Ville de Silefie au Duché d'Oppeln, à feize milles & à l'Orient de Neiffe, & fort proche des frontieres de Pologne ; qui eft feparée de la Silefie dans ce voifinage par le ruiffeau Brendnitz, qui tombe dans la Viftule. Entre Beuthen & ce ruiffeau eft un bois qui occupe prefque entierement cet intervalle. Cromer dit[h] qu'il y [h l. 12. fol. 317.] avoit à Bythom des mines de plomb & d'argent ; mais qu'elles fe diffiperent & tarirent fi l'on peut parler ainfi, après que les habitans eurent miferablement fait mourir deux Prêtres, favoir Pierre Curé de la Ville & Nicolas Predicateur, ce qui arriva en 1364. ou 1365. mais il ne dit point quelle étoit cette Bythom, ou *Beuthen*, car le nom de *Bythomia* a été anciennement commun à ces deux Villes, & celle dont il s'agit dans cet Article eft nommée BYTHOM en divers Actes de Pologne. Elle étoit autrefois du Duché de Jagersdorf ; mais par fentence folemnelle du 16. d'Avril 1617. elle en fut detachée & declarée devoir être à l'avenir de la Principauté d'Oppeln. L'an 1627. elle fut prife par les Troupes du Duc de Saxe-Weymar.

BEUVRAY, lieu de France en Bourgogne environ à une lieue d'Autun, ou ce qui revient au même, à trois ou quatre mille pas à l'Occident de cette Ville aux confins du Nivernois. Du temps de Marlien, qui vivoit fous le Regne de Louïs XII. c'étoit un Bourg fitué au pied d'une Montagne, & il prétend que c'eft la BIBRACTE de Cefar. Voiez BIBRACTE. Mr. Baudrand dit que c'eft un lieu defert, chargé de ronces & de broffailles. Quoique ce lieu foit ruiné il ne laiffe pas de donner fon nom à deux lieux voifins, à St. Prix, fous Beuvrai paroiffe fituée au Nord, & à St. Leger fous Beuvray, paroiffe à l'Orient de Beuvray, ce qui marque que ce lieu a été autrefois célèbre.

BEUVERONE, Riviere de France dans la Brie. Elle a fes fources au deffus de Stain (ou plutôt au deffus de Monfly le vieil,) coule par Thieux, & au deffous reçoit un ruiffeau formé de deux autres dont l'un a fa fource à Julli, l'autre à Vinante, & qui fe joignent à Nantouillet. Les lieux qu'elle arrofe plus bas font Greffy, Govilly, & Claye. Elle ne paffe pas loin de Fresne, & tombe dans la Marne au deffus d'Anet. Selon Mr. de l'Ifle fa veritable fource eft dans la Paroiffe de St. Vic, & fon nom eft BREVONNE.

1. BEUVRON, Bourg de France en Normandie dans le Pays d'Auge, avec titre de Marquifat, entre Pont-l'Evêque, Lifieux & Caen. Il appartient à la Maifon d'Harcourt. On y tient un gros Marché toutes les femaines.

[i De l'Ifle Atlas.] 2. BEUVRON[i], Riviere de France dans la Sologne. Elle a fa fource dans l'Election de Gien ou d'un village nommé les Gaillards, puis coulant vers le Midi Occidental, elle fe groffit du ruiffeau de Quione, prend fon cours vers le Couchant, paffe à Coulon, d. à Serdon, d. à Chaon, d. à la Motte-Beuvron Château de la Maifon de Ventadour; d. à la Ferté-Avrain, puis entrant dans l'Election de Blois, elle borde la Forêt de Chambort & de Bologne après avoir reçu la Canle, d. paffe à Bracieux, d. reçoit la Bonneure g. paffe à Sellettes, d. où elle reçoit le Conon, g. qui vient de Cour & de Chiverni. Puis fe chargeant enfin de la Biévre g. qui vient de Contres, elle entre dans la Loire entre Choufi & Onzain, au deffous de Blois.

BEUX[k], Village de France en Bourgogne [k Baudrand Ed. 1705.]

gne près du Bourg de Segnelay. Il n'eſt remarquable que par un payſan, qui ſans étude devint ſi habile dans la connoiſſance des maladies par les urines & des remedes, que Jean Colbert Miniſtre d'Etat l'obligea de s'établir à Segnelay; où l'on venoit de toutes parts le conſulter. On l'appelloit le Medecin de Beux. Il laiſſa, dit-on, un fils heritier de ſes ſecrets, & de cent mille écus qu'il avoit acquis.

☞ §. La Providence ſe plaît à gratifier de temps en temps divers pays de ces hommes rares & utiles au public. Dans le village de Nieuwendam qui confine à celui de Buyckſloot, où j'écris ceci, eſt un Magiſtrat nommé Mr. *Ruts*, qui ſans avoir feuilleté ni Hippocrate, ni Galien, ſans avoir couru les Academies ni pris de degrez, par la ſeule inſpection des urines, connoît & guerit des maladies, qui bravoient les remedes de la Faculté. J'en ſuis moi-même une preuve, & je lui ai obligation de m'avoir rendu la ſanté dont je jouïs preſentement, quoi que mes amis m'ayent regardé comme un homme mort, lorſque l'on eut recours à lui. On vient de fort loin le conſulter, & une circonſtance qui lui fait beaucoup d'honneur, c'eſt que pour les conſultations, on ne donne que ce que l'on veut, cela ſe met dans un tronc, où tout ce qui ſe trouve eſt diſtribué aux pauvres, ſans qu'il ſe reſerve rien que la ſatisfaction d'être utile à tous ceux qui s'adreſſent à lui. Les Lecteurs me pardonneront cette digreſſion en faveur de ma reconnoiſſance envers un homme qui m'a mis en état d'achever, s'il plaît à Dieu, la reviſion de cet ouvrage.

BEWDLEY, Bourg d'Angleterre en Worceſterſhire ſur la Saverne à quatre lieues au deſſus de Worceſter. Il envoye des Deputez au Parlement.

BEWERWAERT [a], ancien Château des Pays-bas dans la Province d'Utrecht ſur le Rhin à deux lieues & demie au deſſus d'Utrecht.

BEWERWYK. Voiez BEVERWYCK.

BEXA. Voiez BEJA, Ville de Portugal.

BEYÇAMA ou VEYÇAMA. Voiez SEGIMONENSES.

BEYE, ancienne Ville de Macedoine ſur la Riviere nommée *Beus*, ſelon Etienne le Géographe.

BEYERLAND [b], Iſle des Pays-bas, dans la partie Meridionale de la Hollande proche celle d'Iſſelmonde & celle de Putten.

BEYERN, gros Bourg d'Allemagne dans la Suabe au Comté de Furſtenberg, ſur le Danube, à quatre lieues de Dutlingen, & environ à cinq d'Uberlingen. On le prend pour l'ancienne BRAGODURUM, BRIGODURUM, ou BRIGOBANNA ancienne Ville de la Vindelicie que Mœtius met pourtant à Pfullendorf.

BEYLAN, Ville de Syrie ſur la route d'Alep, à Conſtantinople, à environ treize lieues de la premiere, ſi nous en croions Jouvin de Rochefort ſuivi par Mr. Corneille [c]. Elle eſt ſituée ſur une Montagne, qui ſepare la Syrie de la Cilicie & qu'on appelloit autrefois le Mont Aman, ou la Montagne noire,

au bord d'un torrent qui ſe precipite de fort haut. On ſe ſert de cette eau à faire tourner des moulins, & pour d'autres commoditez de la Ville qui ne conſiſte qu'en une rue, où quelques autres petites ſe rendent. Le Village de Scander ou d'Alexandre n'en eſt pas fort éloigné; il eſt au bord de la Mer &c. Ce Village de Scander n'eſt autre qu'Alexandrette, l'une des échelles du Levant. *Beylan* ou *Bailam*, comme écrit le Sieur Paul Lucas [d], eſt un Caſabas, où l'on va d'Alexandrette en une après Midi, pour ſe rendre à Antioche. Le lieu eſt, dit-il, aſſez gros; il eſt bâti en amphitheatre, & ſur trois penchants de Montagnes qui de loin le font extrêmement paroître. Delà il y a neuf heures de marche juſqu'à Antioche par où l'on paſſe pour aller d'Alexandrette à Alep.

1. BEZAT, BASIA ou BESARA [e], Ville d'Afrique au Royaume de Fez à ſept lieues d'Alcaçarquivir dans la Province de Habat. Cette Ville a été bâtie ſur la Liſſe dans une plaine qui eſt entre deux Montagnes, par le fils du fondateur de Fez dont elle eſt éloignée de vingt-quatre lieues. Il la nomma Bezat, en memoire d'une autre de même nom qui eſt en l'Arabie heureuſe, où Ali le Gendre de Mahomet eſt en grande eſtime, & où quelques-uns diſent qu'il eſt mort. Il y a eu plus de deux mille Maiſons, & les habitans étoient fort riches en bled & en bétail, à quoi le pays eſt très-propre. Les Rois de Fez avoient coutume d'y aller paſſer l'été à cauſe de la fraîcheur des eaux & des bois, & que c'eſt un beau lieu de chaſſe. Mais elle fut détruite avec le reſte de la Province par le Calife Caim, & les Arabes pour jouir en paix de la contrée n'ont pas ſouffert qu'on la repeuplât depuis. On voit encore les murs, où il y a quelques brèches & les ruines des Palais & des Moſquées; & les jardins d'alentour ſont devenus une forêt faute de culture.

2. BEZAT, Ville de l'Arabie heureuſe ſelon Marmol, qui dit que ſelon quelques-uns Ali y mourut.

BEZDAH ou BAZDAH, Place forte de la Tranſoxane ou Mawaralnahr. Abulfeda [f] écrit BAZDAH, & Mr. d'Herbelot [g] ſuivi par Mr. Corneille écrit *Bezdah*. Le Livre des longitudes, Livre Arabe, cité par Abulfeda met la poſition de cette Place à 89. d. 35′. de longitude, & à 38. d. 45′. de latitude. Allebah dit que c'eſt une Place forte à environ ſix Paraſanges de Nachſhab, que Mr. d'Herbelot appelle Nakhſchah, ou Naſſaf.

BEZE ou BAISE [h], Abbaye de France en Champagne au Dioceſe de Langres; de l'Ordre de St. Benoît. Elle eſt bâtie dans un fond proche la Riviere de *Baiſe* dont la ſource a cela de particulier qu'elle forme d'abord une Riviere, & fait tourner un Moulin; & à trente pas delà une Forge. Brunon, Evêque de Langres, fit rebâtir & reformer cette Abbaye l'an 1016. Lambert auſſi Evêque fit une donation à cette Abbaye & en 1017. il lui fit reſtituer pluſieurs Seigneuries, qui lui avoient été enlevées. Elle a été fondée en l'année 590. ſelon quelques-uns, & ſelon d'autres en 620. par Almagarice Duc & Maire du Palais ſous le Roi Clotaire II. & par Aquiline ſon Epou-

[a] Dict. Géogr. des Pays-bas.

[b] Dict. Geogr. des Pays-bas.

[c] Dict.

[d] Voyage de l'Aſie Mineure T. 1. p. 285.

[e] *Marmol* T. 2. l. 4. c. 50. p. 215.

[f] p. 37. Biblioth. Orient.

[g]

[h] Baugier Memoires de Champagne T. 1. p. 14.

Tom. I. PART. 2. Pp

Epouse. Les Religieux sont au nombre de sept.

BEZECH. Voiez BESECH.

BEZEDEL[a], Village de la Palestine près d'Ascalon[b], où les Juifs poursuivis par Antoine Capitaine Romain, se retirerent & où ils soutinrent assez long-temps l'éfort des Romains dans une forte Tour qui y étoit ; mais enfin les Romains s'en rendirent maîtres après y avoir mis le feu.

[a] D. Calmet Dict.
[b] Joseph De Bell. l. 3. c. 1.

BEZENI, ancien Peuple d'Asie dans la Galatie, selon Ptolomée[c].

[c] l. 5. c. 4.

BEZER, BEZOR, ou BOZRA, ou BOSTRA, ou BESTERA. Voiez BOSOR & BOZRA.

BEZEREOS, c'est ainsi qu'Ortelius lit dans Antonin[d]. Cependant les Editions de Surita & de Bertius portent *Berezæos* ; mais le manuscrit du Vatican porte BEZEREOS. Ce qui a plus de raport avec ce qu'on lit dans la Notice de l'Empire[e], où l'on trouve BIZERENTANUS *limes*, qui apparemment étoit la même chose puisqu'il étoit dans le departement du Commandant de la Tripolitaine, où étoit aussi Bezereos ; sur la route de Tacape à la grande Leptis ; à CXXXI. M. P. de la premiere.

[d] Itiner.

[e] Sect. 55.

BEZETH ou BEZETHO, lieu de la Palestine aux environs de Jerusalem puisque Bacchide étant sorti de cette Ville, y alla camper[*].

[*] Macch. I. 1. c. 7. v. 19.

BEZETHA ou BETZETA, quartier de Jerusalem sur une Montagne, & environné de bonnes murailles. C'étoit comme une nouvelle Ville ajoutée à l'ancienne. *Betzeta* étoit au Nord de Jerusalem & du Temple[f].

[f] Joseph. De Bello, l. 6. c. 10.

BEZIERS[g], Ville de France, dans le Languedoc, située à l'Orient de Narbonne. Son ancien nom est BLITERRÆ, qu'on écrit aussi BITERRÆ, BOETERRÆ & BETERRÆ. C'est une très-ancienne Colonie, fondée par celle de Narbonne. Les Romains établirent en cette Ville des Soldats Véterans de la septiéme Légion : c'est pourquoi elle est nommée la Colonie des Septimaniens.

[g] Longuerus Descr. de la France, pr. part. p. 246.

Les Wisigoths[h] se rendirent les Maîtres de cette Ville dans le même temps qu'ils prirent Narbonne ; & ils en joüirent toûjours jusqu'à l'entiére ruine de leur Monarchie. Les Sarrazins, après avoir dompté l'Espagne, subjuguérent la Gothie ; & Beziers fut en leur pouvoir jusqu'à ce qu'elle fut prise & démantelée par Charles Martel l'an 737. Les Wisigoths, alors sujets des Sarrazins, s'y établirent peu après ; mais Pepin au commencement de son Regne l'an 752. se rendit Maître de Beziers & de toute la Gothie, excepté de Narbonne. Lorsqu'il eut conquis l'Aquitaine sur Gaifre, il joignit la Septimanie ou Gothie ; & Charlemagne établit pour gouverner ce Païs, non seulement des Ducs & Comtes; mais encore des Vicomtes.

[h] Ibid.

Les Comtes & les Vicomtes de Septimanie se rendirent dans le dixiéme siécle les Maîtres absolus des Villes dont ils étoient Gouverneurs. On ne sait point certainement l'origine & la suite des premiers Vicomtes de Béziers : on voit seulement, que sous le Regne de Lothaire, Guillaume étoit en possession de cette Vicomté, lorsqu'il fit avec sa Femme Ermentrude une donation à Bernard Evêque de Beziers, dans la vingt-huitieme année du Roi Lothaire. Dans le siécle suivant, Pierre Raymond étoit en possession de la même Vicomté avant l'an 1040. ensuite il eut les Comtez de Carcassonne & de Razez. Les descendans de ce Seigneur se rendirent Vassaux des Comtes de Barcelone, qui devinrent Rois d'Arragon : & comme les Evêques de Beziers avoient une partie de la jurisdiction temporelle de la Ville, & ne reconnoissoient point le Roi d'Arragon, on distingua ce qui appartenoit à l'Evêque & au Vicomte, par un Traité passé l'an 1194. On voit par cet Acte, qu'en ce tems-là Roger Vicomte de Beziers vouloit transporter tout le droit qu'il avoit sur cette Ville au Roi d'Arragon, qui se contenta néanmoins de la Seigneurie directe, & laissa l'utile au Vicomte, qui en joüit toûjours jusqu'à ce qu'il en fut dépoüillé dans la guerre des Albigeois, par les Croisez. Le dernier de ces Seigneurs fit une cession de tous ses biens en faveur du Roi St. Loüis, auquel Jacques Roi d'Arragon céda ses prétentions sur Beziers en particulier, par le Traité de l'an 1258.

[i] Cette Ville est située sur une colline, au pied de laquelle coule la Riviere d'Orbe. On la passe sur un pont de pierre assez beau, d'où l'on monte à la Ville par deux chemins, l'un tout droit & roide, & l'autre qui côtoye la colline, & que l'on appelle le chemin neuf. Son enceinte est grande en général ; mais elle n'est pas peuplée à proportion de sa grandeur, n'ayant que trois mille-six cens-trente neuf Familles. On peut dire sans exagération, que les environs de Beziers sont les plus beaux de France ; & que les dix Ecluses acolées du Canal, qui sont à la vûë de cette Ville, forment un des plus beaux coups d'œil qui soient peut-être en Europe. La Cathédrale est une Eglise médiocrement belle : on remarque cependant sur le frontispice quelques figures assez estimées. Les Orgues de cette Eglise sont belles. La terrasse ou *Belveder*, qui est au devant, est un point de vûë enchanté : & s'étend sur le vallon dans lequel passe l'Orbe. Ce vallon s'éleve insensiblement, & forme un Amphithéâtre couvert d'oliviers & de vignobles. L'Evêché est une Maison jolie & réguliére, & dont les vûës sont aussi parfaitement belles. Le Belveder de la Citadelle est une promenade en terrasse, dont les vûës sont encore très-agréables. Le Collége des Jesuites fut fondé par les habitans en 1599. Ces Péres pour imiter les jeux séculaires de l'ancienne Rome, célebrerent au mois de Fevrier de l'an 1699. la centieme année de cette Fondation. Cette Fête consistoit principalement en des discours de tout genre & de toute espece, qui y furent prononcez.

[i] Piganiol de la Force, Descr. de la France T. IV. p. 84.

[k] L'Evêché de cette Ville est Suffragant de l'Archevêché de Narbonne. On croit que Saint Aphrodise est le plus ancien de ses Evêques. Agristius, l'un de ses successeurs, souscrivit au premier Concile d'Arles en 314. Guillaume, Evêque de cette Ville, abolit en 1145. la coûtume par laquelle les Chrétiens de Beziers avoient droit & faculté de souffleter & de battre tous les Juifs qu'ils rencontroient,

[k] Ibidem. p. 23.

BEZ.

troiant, depuis le Samedi avant le Dimanche des Rameaux, jusqu'à la seconde Fête de Pâques. Les Juifs donnérent une somme considérable d'argent à l'Eglise de St. Nazaire, pour obtenir cette abolition. Le Chapitre de la Cathédrale, qui est dedié à St. Nazaire, est composé de six Dignitez & de douze Chanoines. Ce Diocèse comprend cent-six Paroisses, & trois Abbayes d'hommes; savoir l'Abbaye de St. *Jacques*, Ordre de St. Augustin; l'Abbaye de *Juncels* (*Juncellum*) Ordre de St. Benoît; & l'Abbaye de St. *Aphrodise* de Beziers, du même Ordre. Cette derniére a pris son nom de St. Aphrodise son Fondateur. Elle porta d'abord le nom de St. Pierre, & fut pendant un temps la Cathédrale de Beziers; mais parce qu'elle est dans un Fauxbourg, le Siége Episcopal fut transferé dans la Ville; & l'on établit dans cette Eglise une Abbaye de l'Ordre de St. Benoît. Le Pape accorda à l'Abbé le privilege d'officier avec les ornemens Pontificaux. Il a aussi toute jurisdiction temporelle sur le Fauxbourg, & il la fait exercer par son Juge. Au reste cette Abbaye a été secularisée depuis plusieurs siécles, & est une Eglise Collégiale.

a Ibidem. p. 59.

[a] Le terroir de ce Diocèse est un des plus fertiles de la Province, en partie dans les Montagnes, & en partie dans la plaine. Il produit de très-bons vins, du bled beaucoup plus qu'il n'en faut pour la nourriture des habitans, & beaucoup d'huile. La situation de Beziers est très-avantageuse pour les Manufactures; mais le génie des habitans n'est pas tourné de ce côté-là, & elles n'y ont pas réussi jusqu'à présent. Il y a à ROQUEBRUNE des carriéres de marbre. [b] On trouve à GABIAN une Fontaine qui rend une huile qui nage sur l'eau, & dont on se sert utilement pour les blessures. Elle est aussi très-bonne pour d'autres usages, principalement pour les chevaux. Proche de cette Fontaine est une source d'eau Minérale bonne pour la goutte. Il y a dans le même endroit des mines de charbon de pierre, & une espece de gomme propre à faire du goudron. On fait à *Bedarieux*, & aux environs de beaux droguets qu'on débite en Allemagne: & dans un petit Canton nommé GRAISSESAC, composé de six petits Bourgs, tous les habitans travaillent en clouterie.

b Corn. Dict. sur des Memoires manuscrits.

[c] La *Sénéchauffée* de Beziers n'a aucun Bailliage Royal, excepté la Sénéchauffée & le Presidial. Le Sénechal a les mêmes droits qu'à Carcassonne; & ses appointemens sont compris dans ceux de cette Sénechauffée.

c Piganiol de la Force, Descr. de la France T. IV. p. 57.

[d] Cette Ville donna naissance, dans le dernier siécle, à Paul Riquet, Entrepreneur du Canal de Languedoc; & à Paul Fontanier Pelisson, de l'Academie Françoise, un des plus beaux Esprits & des plus polis que la France ait eûs; quoique quelques-uns prétendent [e] qu'il soit né à Castres.

d Ibidem. p. 185.

La charmante situation de Beziers a donné lieu de dire que si Dieu vouloit choisir un sejour sur la Terre, il n'en prendroit point d'autre que Beziers, ce que l'on a exprimé par ce vers Latin

e Voicz la Supplement de Moreri imprimé en Hollande en 1716.

Sit Deus in terris, vellet habitare Biterris.
Tom. I. PART. 2.

BEZ.

Quelqu'un qui croioit avoir lieu se plaindre des habitans ajoûta *ut iterum crucifigeretur*; voulant faire entendre qu'il n'y viendroit que pour être crucifié de nouveau.

BEZIOTHA. Voicz BASIOTHIA.

BEZIRA, Ville d'Asie dans les Indes. Quinte-Curse[f] dit: Ptolomée prit plusieurs petites Villes d'emblée. Alexandre emporta les grandes & après avoir rejoint toutes ses forces, passa la Riviere de Choaspe, & laissa Cœnus au Siége d'une Ville riche, & peuplée que ceux du pays appellent Bezira. Il y a des exemplaires de Quinte-Curse où l'on lit BAZIRA, & c'est ainsi que Vaugelas exprime ce nom. D'autres ont BEIRA sans Z. comme le remarque Ortelius, qui ajoute qu'Arrien dit aussi BAZIRA.

f l. 8. c. 18.

BEZONA, Ville d'Afrique, selon le Géographe de Nubie. Voici ce qu'il en dit: Dé la Ville de Nogia, à Carnua petite Ville située au bord de la Mer, il y a huit journées de chemin. De Carnua à Bezona Ville grande & peuplée il y a six jours de marche. Les habitans de cette Ville & du pays voisin mangent des grenouilles, des serpents, & autres animaux que la nature humaine a horreur de manger. Ce pays confine à celui des Zengites, c'est-à-dire au Zanguebar. Carnua & Bezona sont peuplées d'infidelles.

BEZOUART[g], gros Bourg des Indes, sur la route de Masulipatan à Gandicot. Il est habité par des Idolâtres; & est remarquable par une grande Pagode qu'on y voit au milieu d'une cour, plus longue que large, & entourée de murailles qui sont enrichies dedans & dehors de plusieurs figures. Une galerie soûtenuë de soixante & six piliers, comme une maniere de Cloître, regne en dedans tout autour de cette muraille. On entre dans la cour par un grand Portail, au dessus duquel sont deux grandes niches, l'une sur l'autre. La premiere est soûtenuë de douze piliers, & la seconde de huit. La Pagode n'est point fermée de murailles. Il y a cinquante-deux colomnes de vingt pieds de haut ou environ, qui soûtiennent un plancher tout plat de grandes pierres de taille. Elles sont ornées de plusieurs figures de relief, qui representent des Démons affreux, & quantité d'animaux. Quelques-unes de ces figures de Démons ont quatre cornes; d'autres plusieurs jambes & plusieurs queuës; d'autres tirent la langue; & l'on en voit d'autres en postures encore plus ridicules. Il y a de pareilles figures taillées dans les pierres du plancher, & dans l'entre-deux des colomnes, des statuës des Dieux de ces Idolâtres, elevées chacune sur un piedestal. Au bas des mêmes colomnes paroissent de vieux caracteres Indiens, que leurs Prêtres ont bien de la peine à déchifrer.

g Corn. Dict. Tavernier Voyage des Indes l. I. c. 18.

A peu de distance de Bezoüart, on trouve une autre Pagode bâtie sur une hauteur. On y monte par un escalier de cent quatre-vingt-treize marches, chacune d'un pied de haut. Elle est quarrée, avec un dôme au dessus, & il y a des figures de relief autour de la muraille, ainsi qu'à celle qu'on vient de décrire. Au milieu est une Idole assise à la mode du Pays, les jambes croisées; & dans cette posture elle est à peu près haute de quatre pieds.

Sa tête est couverte d'une triple couronne, d'où sortent quatre cornes, & elle a un visage d'homme tourné vers l'Orient. Les Pelerins qui vont à cette Pagode joignent les mains en y entrant, & les portent contre leur front, après quoi ils vont vers l'Idole en la branlant , & en repetant plusieurs fois le nom de *Ram*, qui veut dire Dieu. Quand ils en sont proche ils sonnent jusqu'à trois fois une cloche suspenduë à l'Idole même, après avoir barbouillé la face & le corps de cette figure en plusieurs endroits, avec quelques peintures. Quelques-uns apportent des fioles d'huile dont ils oignent l'Idole, & lui font une offrande de sucre, & d'autres choses bonnes à manger, à quoi les plus riches joignent de l'argent. Soixante Prêtres sont employez à servir cette Pagode, & vivent de ces offrandes avec leurs femmes & leurs enfans ; mais afin que les Pelerins croyent que leur Dieu les prend, les Prêtres les laissent deux jours devant la statuë, & se reveillent ils s'en accommodent vers le soir. Quand un Pelerin vient à cette Pagode pour être guéri de quelque incommodité , il apporte selon ses moyens en or, en argent, ou en cuivre, la figure de la partie affligée, & en fait present à son Dieu. Il se met ensuite à chanter, ce que pratiquent aussi tous les autres qui font des offrandes. Devant la porte de la Pagode, il y a un toit plat soûtenu de seize piliers, & vis-à-vis on en voit un autre soûtenu de quatre. C'est sous ce dernier qu'on fait la cuisine pour les Prêtres. Du côté du Midi on a taillé dans la Montagne une grande place-forme où l'on est à l'ombre sous quantité de beaux arbres, & l'on y trouve un fort beau Puits. La grande Fête de ce lieu-là est au mois d'Octobre. On y vient de fort loin en pelerinage, & les pauvres y sont nourris des aumônes que les Prêtres reçoivent des riches.

B I.

a l. 6. c. 7.

BIABANA, ancienne Ville de l'Arabie Heureuse, dans les terres, selon Ptolomée[a]. Quelques exemplaires portent BIAVANNA, Βιαύαννα, au lieu que d'autres ont Βιαβάνα.

b part. 1. p. 576.

BIABARS, Peuples des Indes repandus dans le Malabar, dit Mr. Corneille. Il cite Davity,[b] ; mais ce dernier ne dit pas que ce soit des Peuples ; voici ses paroles dont il donne Barbosa pour garant ; il y a dans le Malabar certains Idolâtres nommez Biabars, qui trafiquent dans le pays en toutes sortes de marchandises. Ils sont grands changeurs, & ont ce privilege que les Rois ne les peuvent faire mourir par justice ; mais lorsqu'ils sont convaincus de quelque crime, les principaux Biabars s'assemblent, & les font mourir du consentement des Rois. Ces Biabars ont une seule femme, & leurs enfans heritent de leurs biens. Quand quelqu'un d'eux meurt, on le brûle, & sa femme l'accompagne en pleurant, & s'ôtant du col une petite feuille d'or qu'il lui a donnée à ses noces, la jette sur lui dans le feu, puis retournant au logis ne se marie plus, pour jeune qu'elle soit, & si la femme vient à mourir la premiere, le mari la fait brûler, puis se remarie si bon lui semble.

§. Il est surprenant que le Medecin Dellon & François Pirard, qui ont fait quelque sejour à la côte de Malabar, & qui en ont décrit des parties considerables aient passé sous silence ce nom, & ces détails que Barbosa a inserés dans sa Relation.

c De l'Isle Atlas.

BIAFAR[c], Royaume d'Afrique dans la Nigritie à la source de la grande Riviere de Camarones. Il est borné par le Royaume de Benin au Couchant, par celui de Medra au Nord, par celui de Mujac au Levant & au Midi. A dire vrai on n'en connoît que la Capitale qui porte le même nom ; encore ne la connoît-on gueres. Il ne faut pas confondre ce pays avec un Peuple nommé BIAFARES ou BIAFARS, qui est fort loin delà.

d Ibid.

BIAFARS ou BIAFARES[d], Peuple d'Afrique dans la Nigritie sur la côte, près des Isles des Bisagos. Dapper[e] en parle ainsi. Les Negres de ce quartier portent le nom de Biafars, & leur pays celui d'un bras de Rio grande, nommé Guinala, autour duquel il est situé, ayant au Midi les Bijagos & les Maluces à l'Orient. La Capitale du pays est le Havre de Guinala, & tout contre est le Havre de LA CROIX, qui dépend des Portugais. Comme l'air est pur & les alimens bons on s'y porte aussi fort bien. Voiez GUINALA, où ce que dit cet Auteur est rectifié.

e p. 244. & 245.

§. Mr. Baudrand parle de la Ville & du Royaume de Biafara, & ne connoît point le Peuple des Biafares. C'est apparemment par l'ignorance de ses Imprimeurs que l'on voit dans l'Article de cette Ville qu'elle est en *Guyenne* pour dire qu'elle est en *Guinée*. Mais je ne saurois attribuer à ces ouvriers la fausse citation par laquelle Mr. Baudrand attribue à Jean Leon l'Africain de lui avoir fourni son Article ; ce qui n'est pas vrai : cet Auteur ne parle de Biafara en aucun endroit, ni du *Royaume de Gouffode* que Mr. Baudrand doit être aussi le nom de ce pays ; ni de la Riviere de Camarones, ou des Camarons sur laquelle Biafara est veritablement située ; mais ce sont des modernes qui le disent & non pas Jean Leon, qui ne connoît ni la Ville, ni le Royaume, ni la Riviere.

§. BIAGRASSO, Mr. Corneille dit Ville d'Italie dans le Milanez : elle est située sur le Naullin qui vient du Tesin, & qui coule vers Milan. S'il eût consulté les Cartes de Magin ou d'autres, il auroit vu que c'est la même chose que le Bourg d'ABIAGRASSO dont il parle en son veritable lieu. Comme il est au confluent de deux Rivieres & d'un ruisseau il est également sur le Naullin & la Ticinelle.

§. BIALA, Mrs. Baudrand, Maty & Corneille disent qu'il y a une Ville de ce nom en Moscovie dans la Province de Severie dont elle est la principale après Smolensko, avec un ancien Château. La Ville est imaginaire. Smolensko n'est point dans la Severie, il en est bien loin quoi que le Duché de Smolensko y confine. Ils ont sans doute suivi quelque relation peu exacte ou peu claire où il s'agissoit de *Bielha*, *Biella* ou *Biela*, qui n'est ni dans la Severie, ni au Duché de Smolensko ; mais dans une Principauté dont elle est la capitale, & qui en porte le nom. Voiez BIELA.

BIA-

BIA.

BIAŁA-CERKIEW, quelques-uns écrivent BIALOCERKIEW; d'autres BIELAZERKIEW, Ville d'Ukraine au Palatinat de Kiovie, sur la Riviere de Rosl, qui se jette dans le Boristhene. Elle est à la Pologne.

BIALEGRODKO ou BIALEGRUDK, petite Ville de Pologne au Palatinat de Kiovie sur la Riviere d'Irpien, au Couchant d'hyver de Kiow, & à deux lieues d'Ukraine de cette Ville. Elle est aux Polonois quoique voisine de Kiow, qui est à la Russie.

BIALEZERKIEW. Voiez BIALA-CERKIEW.

[*a* Baudrand Ed. 1705.] **BIALLA**[a], petite Ville de Pologne au grand Duché de Lithuanie dans la Polesie à dix lieues de la Ville de Brestili (*Brzescie*,) & à 23. de Lublin. Il y a une Université de celles que l'on appelle en ce pays-là des Ecoles Illustres & un Palais magnifique des Princes de Radziwil.

§. Ces Ecoles Illustres sont des Ecoles, où l'on n'apprend pas seulement la Langue Greque & la Latine comme dans nos Colleges; mais même les Langues Orientales en quelques-unes, l'Histoire, le Droit public & autres Sciences; mais elles ne donnent point de degrez comme les Universitez, & c'est en cela que consiste leur diference.

BIALOCERKIEW. Voiez BIALA-CERKIEW.

BIALOGOROD, ou selon quelques Ecrivains BIALOGROD, ou BIELLOGROD, selon quelques autres, Ville de Bessarabie sur la Mer noire à la pointe de terre, qui est au Midi du Lac Widovo, à l'embouchûre du Niester. Mr. de l'Isle la met par les 49. d. 20′. de longitude, & par les 46. d. 24′. de latitude. On la nomme aussi Akerman, on l'a aussi appellée MONCASTRO. Voiez AKERMAN. Je doute qu'il faille faire grand fonds sur ce que dit Mr. Baudrand que les Moscovites l'appellent BELOGOROD, les Turcs AC-GIR, & les Walaques Moncastro, ce qui selon lui signifie partout *Château blanc*. Mr. Maty se trompe quand il la met sur le Niester environ à deux lieues de son embouchûre dans la Mer noire. Elle tient lieu à present de deux Villes assez voisines que Ptolomée place dans l'angle que forme la rencontre du Niester avec la Mer noire; savoir Thyras sur la Riviere de même nom & Hermonactus sur la Mer noire; elle n'occupe néanmoins la place ni de l'une, ni de l'autre; Tyras étoit au Nord-Ouest, & Hermonactus plus au Sud-Ouest. Bialogrod est également sur la Mer noire & sur le Niester, ou plutôt sur le Golphe qu'il fait à son embouchûre, & que Mr. de l'Isle nomme Lac de *Vidovo* ou *Obidovo*. Mr. Corneille pretend que les Turcs la nomment ACOIMEN; les Grecs modernes Procastron & les Allemands Nester Alba, & que tous ces noms veulent dire *Ville blanche*. Je ne dis rien du Turc *Acoimen*, qui me paroit corrompu d'*Akerman* par quelque Ecrivain peu exact; mais il est certain que Procastron ne signifie point en Grec moderne une Ville blanche, & que Nester ni Alba ne sont point des mots Allemands. Mais *Alba* est un nom Latin que les Allemands peuvent bien avoir donné à cette Ville & pour la distinguer d'Albe Greque,

BIA.

d'Albe Julie &c. lui ajoutant le nom du Niester, sur lequel elle est située, la nommer *Niesters-Alba*; c'est ce que je ne dois ni refuter, ni confirmer.

BIALY-KAMEN[b], ou BIALY-KAMIEN[c], petite Ville de Pologne au Palatinat de Lemberg près de la source de la Riviere de Bug, qui tombe dans la Wistule. Mr. de l'Isle ne la met pas sous ce nom-là; mais au même lieu à peu près où Mess. Sanson la placent. On trouve dans sa Carte de Pologne SOLOCZOW. Je crois que c'est la même Ville sous deux noms differens.

[b Baudrand Ed. 1705.] [c Sanson Atlas.]

BIANA, Ville d'Asie dans l'Indoustan[d] à l'Occident, & à environ trente lieues d'une heure d'Agra. Thevenot dans son Voyage des Indes[e] dit que cette Ville est une de celles, qui fournissent le meilleur Indigo des Indes. [f] On voit à deux lieues de cette Ville des debris d'anciens Palais, & de plusieurs autres édifices. [g] Sur le chemin d'Agra à Biana il y a une Maison Royale que la Reine mere d'Ecbar (d'Akebar) a fait bâtir & qui est accompagnée de jardins bien entretenus, & il y a dans Biana quelques Serrails & un long Meïdan; mais cette Ville est peu habitée.

[d De l'Isle Atlas.] [e p. 117.] [f Ibid.] [g Ibid. p. 118.]

BIANCO. (CAPO) Voiez au mot CAP les Articles le CAP BLANC.

BIANDINA, Ville ancienne du Peloponese dans la Laconie selon Ptolomée[h]; elle toit dans le Golphe même de cette Province, tout au fonds sur la route d'Asopus à Helos presque à distance égale de l'une & de l'autre. Les Interpretes de ce Géographe la nomment presentement *Prignico*. L'Edition de Bertius porte Frignico. Plethon cité par Ortelius lit Biadyna Βιάδυνα.

[h l. 3. c. 16.]

BIANDRA[i], autrefois Ville, presentement Village d'Italie au Duché de Milan dans le Novarez sur la Riviere de Sessia environ à deux lieues de la Ville de Novare.

[i Baudrand Ed. 1705.]

BIANNA. Voiez VIENNA.

BIANORA, Caton dans ses origines dit que la Gaule nommée Cispadane (par les Romains, parce qu'elle étoit en deça du Pô à leur égard,) fut anciennement appellée BIANORA, ensuite FELSINA, & enfin AURELIA & ÆMILIA. Ortelius ne paroit pas fort persuadé de la bonté de cette remarque, quoi qu'il la rapporte dans son Thresor Géographique[k].

[k ad vocem GALLIA CISALPINA.]

BIANZAY, Bourg d'Italie au Montferrat selon Davity, ou plutôt BIANZE dans la Seigneurie de Verceil aux confins du Montferrat, sur la route de Chivas à Verceil en passant par Salugia & Livorno; à deux milles de Piémont[l] de cette derniere; c'est-à-dire à une lieue Françoise de 25. au degré. Quoi qu'il n'ait que le nom de Bourg à cause qu'il est ouvert, il n'est pas moins considerable qu'une bonne Ville, selon Mr. Corneille qui cite Davity.

[l Il en faut cinquante au degré.]

BIAR, Bourg d'Espagne au Royaume de Valence aux confins de la nouvelle Castille sur la Riviere qui naissant tout auprès coule à ELDA petite Ville g. à Aspe, d. passe auprès d'Elche, & tombe dans une anse, au Nord de l'Embouchûre de la Segura. Biar que les Cartes de Sanson apellent Biiar, est à l'Orient & à deux lieues communes de Villena, qui est dans la nouvelle Castille. Mr. Corneille dit

Pp 3 que

que la principale richesse de Biar consiste en miel excellent dont ses habitans ont grande abondance : ce miel est blanc & si dur qu'il se rompt, & se met en poudre comme le sucre, sans perdre sa dureté par la chaleur, non pas même en changeant de pays & d'air. Mr. l'Abbé de Vayrac dit la même chose ; mais du miel de tout le Royaume de Valence en général.

☞ BIARS, terme usité dans la Laponie où il signifie *Contrée*, *Canton*. La Marche de la Laponie se divise en cinq Provinces dont chacune se divise en plusieurs Biars. Voiez LAPONIE, dans cet Article je donne les noms de tous ces Biars, & marque à quelle Province chacun appartient.

BIAS, ruisseau du Peloponnese dans la Messenie selon Pausanias[a], qui ajoute: on croit qu'il a reçu ce nom de Bias fils d'Amithaon.

a l. 4. c. 34.

BIASARI ; on lit dans Strabon[b] qu'entre l'Inde & l'Hydaspe étoit une Ville nommée Taxile, entourée d'un pays dont le Roi nommé aussi Taxile, & les habitans reçurent Alexandre comme un ami. Il ajoute : au dessus de ce pays est celui d'Abisarus ; mais il y a de la difficulté. Xylander lit Abisarus, quoi qu'il y ait, dit-il, dans le Grec BIOSARI, parce qu'on lit ABIASARES dans Quinte Curse: à la verité c'est le nom d'un Roi ; mais rien n'empêche qu'avec le mot de pays ce ne pût être aussi le nom d'un Royaume, de même que le Royaume d'*Attale*, & tant d'autres exemples que je pourrois rapporter ici, Suidas fait d'ABISARUS un nom de lieu. Cependant le Grec porte ἡ τοῦ Βιασάρου Χώρα. D'un autre côté Casaubon dans une note pretend que les manuscrits portent Ἀβισάρου, que Diodore de Sicile dit EMBISARUS. Arrien ABISSARES & Quinte Curse l. 8, c. 12. ABIASARES : heureusement cette difficulté n'est pas fort importante. Ces passages nous apprennent seulement que vers les sources de l'Indus & de l'Hydaspe au Nord du Royaume de Taxile il y avoit un Royaume nommé ABISARUS, ABISARES, ABISSARES, BIASARI ou EMBISARI. Plût au ciel que nous n'eussions que cette diversité dans les noms à reprocher aux Historiens d'Alexandre ; mais l'esprit fabuleux qui les dominoit leur a fait imaginer des pays. Strabon dit d'Onesicrite qu'on devoit plutôt l'appeller le chef des narrations fabuleuses, & incroyables touchant Alexandre que le Commandant de sa Flote. Si cet Auteur qui certainement avoit suivi Alexandre, & parcouru les mêmes peuples que lui, doit être suspect au jugement de Strabon ; quel fonds peut-on faire sur Arrien & Quinte-Curse, qui ont vécu bien des siécles après ce Heros, & en qui l'esprit Grec & Poëtique a suplée au defaut du vrai Historique & Géographique.

b l. 15. p. 698.

BIATIA, ancienne Ville d'Espagne selon Ptolomée[c]. Elle étoit dans le territoire des Oretains, selon cet Auteur. Le lieu & le nom s'accordent si bien avec BAEZA ou BARÇA I. Ville du Royaume de Jaen, qu'on croit que c'est la même Ville.

c l. 2. c. 6.

BIBACTA & DOMA, Isles d'Asie dans la Mer des Indes vers l'embouchûre de l'Indus, selon Arrien[d]. Ortelius conjecture que c'est la BIBAGA de Pline.

d in indicis.

BIBACUM, ancienne Ville de la Germanie, selon Ptolomée[e]. Villanovanus son Interprete l'explique par BIBERAC ; mais quel Biberac ? car il y en a plusieurs. Mr. Baudrand qui n'en connoit qu'un lui attribue d'être BIBACUM. D'autres veulent que ce soit BIBOURG, que l'on appelle aussi WILSBIBURG parce qu'il est situé sur la Riviere de Wils, au Sud-Est & à deux milles de Landshut en Baviere. Voiez BIBOURG. Ce sont des conjectures très-incertaines.

e l. 2. c. 11.

§. Je remarquerai ici que quantité de Villes ont la terminaison en ACUS ou ACUM ; quelques-uns l'ont voulu deriver d'ACUS *aiguille* comme l'Aiguille d'un clocher, une *tour pointue*, une *Pyramide* ; parce qu'il y avoit quelque chose de pareil dans les lieux qui portoient ce nom. Cela seroit vraisemblable s'il étoit bien sûr 1. qu'il y en avoit dans toutes ces Villes, 2. que les Romains ont eux-mêmes donné cette terminaison à ces noms, & 3. qu'ils ne l'ont pas déja trouvée établie chez des Peuples dans la Langue de qui cette Etymologie n'a point lieu. J'aime mieux le deriver du Celtique ACHES, qui signifie *une Riviere*, *un ruisseau*. Cela est conforme à la situation des Villes dont le nom se termine ainsi.

BIBAGA, Isle de la Mer des Indes, au voisinage de l'Embouchûre de l'Indus selon Pline[f], qui ajoute qu'elle étoit pleine d'Huitres & de Coquillages. Le R. P. Hardouin ne doute point que ce ne sût la Bibacta d'Arrien. Il me fournit un passage d'un Livre ancien non imprimé de la mesure de la terre où il est dit qu'elle étoit à douze mille pas de Crotale, & à huit d'Oraliba. Ce dernier nom se trouve un peu differemment dans Pline cité par ce même livre. Car il dit Toraliba, & met la distance de IX. mille pas & non pas de VIII.

f l. 6. c. 21.

BIBALI, ancien Peuple de l'Espagne Tarragonoise. Leur Ville étoit FORUM BIBALORUM qu'on croit être presentement FOMILLAN. J'en parle sous ces deux noms. Pline[g] parle du peuple, Ptolomée[h] parle du peuple & de la Ville.

g l. 3. c. 3.
h l. 2. c. 6.

BIBASIS, fleuve des Indes où jl tombe dans l'Indus, selon Ptolomée[i]. C'est l'*Hypasis* de Pline. Voiez HYPASIS. Ce seroit[k] Ortel. bien aussi l'Hyphasis de Philostrate dans la Vie Thesaur. d'Apollonius[l] si cet Auteur ne le faisoit pas aller jusqu'à la Mer[m].

i l. 7. c. 1.
k Ortel. Thesaur.
l l. 2.
m l. 3.

BIBASTUS, Ville de Thrace, selon Etienne le Géographe.

BIBELSBOURG, BIBELSPURG, Bilibaldus Pirckeymer[n] pretend que c'est dans ce lieu de la Suisse qu'il faut mettre l'ancienne AVANTICUM, c'est, dit-il, une chose certaine.

n German. descript.

1. BIBERACH, Ville d'Allemagne en Suabe dans l'Algow sur le ruisseau de Russ. Elle prend son nom des Bibers ancien peuple, qui habitoit le marais où cette Ville est bâtie. Zeyler[o] croit qu'on la nomma d'abord BIBERBACH, c'est-à-dire le ruisseau des Bibers ; ce qui n'est pas necessaire par la remarque qui suit l'Article BIBACUM. Il convient que de toutes-

o Suev. Topogr. p. 15.

BIB.

toute antiquité cette Ville a pour ses armes un castor que les Allemands nomment Biber. Il ajoute les particularitez suivantes qu'il a recueillies dans divers Auteurs ses compatriotes. On ne sait pas bien dans quel temps cette Ville a commencé. Les Comtes de KESSELBERG eurent leur *Château* & leur residence sur la Montagne de même nom auprès de Biberac, & donnerent au bas dans le Planethal une bataille aux Huns. Le Comte & trois de ses fils y perirent. Le quatriéme mourut de chagrin sans laisser de posterité. Le Château & l'Eglise de Kesselberg furent alors detruites; Biberac étoit un gros Bourg lorsque cela arriva en 800. On trouve que l'an 751. Pepin Roi de France fut à Biberach, qui n'étoit qu'un village. On ne sait pas quand cette Ville fut entourée de murailles, quoi qu'il y ait long-temps qu'elle est Ville Imperiale; il est vraisemblable que ce fut sous l'Empereur Frideric II. sous lequel on en fortifia encore d'autres dans la Suabe, comme *Reutlingen*, *Eslingen*, *Heylbron* &c. elle étoit autrefois bien plus petite qu'elle n'est, & ne s'étendoit que jusques au cimetiere. La partie basse est extrêmement humide; on n'y sauroit avoir de caves, à peine y a-t-on creusé deux ou trois pieds que l'eau y vient. Devant la Ville est une prairie nommée SODEN, qui s'étoit tellement affaissée, qu'elle en étoit devenue inutile & qu'on ne pouvoit ni y mettre des Bestiaux, ni y recueillir du foin si on ne l'eût pas rehaussée sur de nouvelles Terres. Dans la partie basse de la Ville on ne peut élever les maisons que sur des Pilotis. Au commencement de la Montagne nommée Gigelberg il y a une tour nommée la tour blanche, qui ne fut bâtie qu'en 1481. quand on en creusa les fondemens on trouva des ossemens d'hommes, des arcs & des fléches, ce qui donne lieu de croire qu'il s'étoit donné là une bataille, après laquelle on jetta en cet endroit les morts avec leurs armes. La Ville est située dans une Vallée, entourée de Montagnes entre lesquelles sont des vallons fort agréables, avec de belles prairies, des jardins & des terres labourées; ces valons sont entrecoupez de ruisseaux. L'Air y est sain & l'eau excellente, le ruisseau d'Alebronnen ne lui fournit pas seulement de l'eau pour les besoins des habitans; mais encore un peu au dessous de sa source il fait tourner quelques moulins, & plus loin traversant la Ville il y en fait tourner un autre, avant que de se jetter dans la Russ. Je ne sais s'il est different de la Riviere de BIBER que Mr. de l'Isle[a] fait passer à Biberac; & vers la source de laquelle il met MITTEL-BIBERACH paroisse. En comparant la situation de cette Ville sur sa Carte avec le plan qu'en fournit Zeyler, on peut decider que non. Il passe encore dans la Ville, dit Zeyler, un autre ruisseau formé en partie par les eaux de la Riss (ou *Russ*,) & en partie par celles de quelques sources, & hors de la Ville est le ruisseau nommé SCHUARTZBACH, à cause que ses eaux sont noires. Ces ruisseaux se joignent au dessous des murailles de la Ville, & tombent ensemble dans la Riss. L'eau de cette derniere est poissonneuse & dans le territoire de la Ville, tout auprès il y a un bain nommé *Jourdain*

[a] Carte de Suabe.

BIB.

(Jordan) dont l'eau semble venir d'une source chargée de soufre. On la fait chauffer; & on y prend le bain au printemps, surtout pour la gale & autres maladies de la peau. Il y a une auberge pour les baigneurs. Le grand trafic de cette Ville est en Futaine, delà vient que de tous les corps de metiers il n'y en a point de plus nombreux que celui des Tisserans. Il y a un grand hôpital pour les malades, pour les orphelins & pour les enfans des pauvres, qui y sont entretenus & élevez. On en doit la fondation en 1239. à la pieté de la Maison d'Essendorf, qui avoit sa residence au Château de Horn à un petit mille de Biberach. Cette famille est éteinte. L'an 1516. un incendie consuma cet Hôpital, quelques Magasins de Grains, & une partie de la Ville. L'Hôpital fut rebâti & achevé en 1519. La Ville est habitée par des Catholiques, & par des Lutheriens; les uns & les autres ont l'exercice libre & public de la Religion, & remplissent les Charges & les Offices. Ils ont aussi leurs Ecoles Latines. Cette Ville a beaucoup souffert dans les guerres d'Allemagne.

2. BIBERACH, Village de Suisse au Canton de Zurich, sur le Rhin entre Stein & Dissenhoven.

BIBERIS, ou plutôt BIBER, l'Auteur de la Vie de St. Germain Evêque de Paris nomme ainsi une Riviere, qui se joint avec la Seine. C'est apparemment la BIEVRE. Voiez ce mot.

BIBERSTEIN[b], petit Bourg de Suisse, au Canton de Berne au bord de l'Are presque vis-à-vis d'Arau; il y a un Château où reside le Bailli.

LE BAILLIAGE DE BIBERSTEIN prend son nom de ce Bourg.

[b] Delices de la Suisse.

BIBESIA, Ortelius lit ainsi dans Plaute[c]. L'Edition de Gronovius & quelques autres portent PERBIBESIA; quoi que ce nom semble tenir lieu d'un nom de Province ce n'en est pas un. C'est un boufon qui parle, & qui dans une liste de pays qu'il pretend avoir été conquis par un Capitan insere pour badiner des mots forgez à plaisir tels que sont *Peredia*, *Perbibesia*. C'est comme si Arlequin disoit que son maître a remporté de grandes victoires en Albanie, en Bulgarie, en Servie, en Gloutonnie, en Goinfrerie & autres noms qui ont raport aux excès du boire & du manger.

[c] Curcul. Act. 3. Sc. 1. v. 74.

BIBIANE, Village de Savoye dans les Vallées des Vaudois, sur la Riviere de Pelict, a une lieue au dessous de Lucerne. On dit que c'est le FORUM VIBII des Anciens, que d'autres placent à CASTEL FIORI, d'autres à Paesana villages voisins. Quelques-uns écrivent BIBIENNE.

BIBISCUM, l'Itineraire d'Antonin met ce lieu entre *Augusta Prætoria*, aujourd'hui Aoste, à *Augusta Rauracorum* qui est Augst. C'est dans la route de Milan à Mayence par les Alpes Pennines; quelques Editions comme celle de Bertius portent *Ubiscum*. Simler l'explique par VIVIS comme écrit Ortelius; Mr. Baudrand écrit *Vevay*. Il y a en effet une petite Ville de ce nom en Suisse au bord du Lac de Geneve. Voiez VEVAY.

BIBIUM, ancienne Ville de la Liburnie[d]. Antonin dans son Itineraire la nomme sur la Thesaur.

[d] Ortel.

rou-

route d'Aquilée à Sifcia entre Arupium, & Romula à dix mille pas de l'une & de l'autre. L'exemplaire du Vatican porte BIBIUM, & Simler l'explique de BILLIGRATZ. Lazius lit BILBILIS, & l'explique de Spilenberg. Mr. Baudrand[a] dit: Bibium, ou, comme portent d'autres exemplaires, BILBILIS & BIBILIS, fut une Ville des Japodes dans la Liburnie selon Antonin ; auprès du fleuve Colapis (la Riviere de Kulp) à dix milles de *Metulum* (aujourd'hui *Troia*.) C'est auprès de ses ruines que dans le dernier siécle (c'est-à-dire le XVI. siécle) s'éleva la Ville de Carlostadt, dans la Croatie &c. Qui ne croiroit sur l'attestation de Mr. Baudrand qu'Antonin parle des Japodes, & que c'est lui qui fournit la distance de *Bibium*, *Bilbilis*, ou *Bibilis* à *Metulum*, cependant les Japodes ne sont nommez nulle part dans l'Itineraire, & Metulum ne se trouve en aucune façon sur cette route. C'est Ortelius qui a fourni à notre Abbé les trois noms employez dans les divers exemplaires d'Antonin. Cet Article n'est pas un de ceux que les amis de Mr. Baudrand doivent citer pour preuve de sa bonne foi dans les citations. A l'égard des ruines de cette Ville auprès desquelles on a bâti depuis peu la Ville de Carlostadt, il y manque deux choses : l'une d'avoir nommé l'Auteur sur la garantie duquel cela s'est dit, car celle de Mr. Baudrand est comptée pour rien si elle est toute seule ; l'autre est de nous apprendre quel est le nom moderne de ces ruines.

[a] Ed. 1682.

BIBLE. Voiez BILBA.

BIBLIA, contrée de la Thrace[b], selon Athenée. Elle fut ensuite nommée TISARE & OESYMA. Etienne le Géographe fait mention d'une contrée qu'il nomme BIBLINE Βίβλινη, & ce qui peut persuader que c'est la même chose, c'est qu'ils disent l'un & l'autre que c'est delà qu'un certain vin étoit appellé Biblinon. Ce vin est nommé dans la XIV. Idyle de Theocrite. Hesyche, l'Auteur du grand Etymologique, Suidas & autres en font aussi mention.

[b] Ortel. Thesaur.

BIBLIAPHORIUM, Village du Nôme de Libye dans le voisinage de l'Egypte, selon Ptolomée[c].

[c] l. 4. c. 5.

BIBLINA & BIBLINE } Voiez BIBLIA.

BIBLIS, ancienne Ville d'Asie dans la Carie peuplée par les Milesiens ; selon Pausanias ; ou plutôt selon Ortelius qui le cite ; car je ne trouve dans cet Auteur qu'une fontaine nommée Biblias[d], ou Biblis[e]. Ovide[f] raconte dans ses Metamorphoses d'une maniere très-Poëtique quelle étoit l'origine de cette fontaine. On y voit que BIBLIS, ou BYBLIS devint éperdûment amoureuse de son frere Caunus, qui étant assez vertueux eut toute l'horreur qu'il devoit avoir d'une passion si criminelle. Le chagrin la prit, elle se livra au desespoir, courut le pays comme une folle & revint apparemment dans le sien, puis qu'Ovide dit que les Nymphes Lelegeïdes, c'est-à-dire de Carie, tâcherent de la guerir de sa fureur ; à force de pleurer sa douleur la consuma, & elle fut changée en une fontaine. Mr.

[d] l. 7. c. 24.
[e] l. 7. c. 5.
[f] l. 9.

Baudrand dit : fontaine de Lycie & cite Ovide. Ce Poëte ne dit point que cette fontaine fût en Lycie, aussi en étoit-elle bien loin, puisqu'elle étoit auprès de Milet dans la Carie ; où étoit aussi une Montagne de même nom. Voiez BYBLIS.

BIBLUS, Riviere de l'Isle de Naxie, selon Etienne le Géographe. Il y en a qui croient que c'est sur ses bords que venoit le vin nommé *Biblinon*, & non pas à Bibline, ou à Biblia contrée de la Thrace.

BIBONA, la Table de Peutinger[g] nomme ainsi une Ville d'Aquitaine sur la route de Bourdeaux à Segodum , qui n'est pas plus connue. En comparant cet Itineraire avec celui d'Antonin il en resulte que la Bibona de l'un est nommée par l'autre Vesunna ; mais on n'en est gueres plus avancé. Velser dit qu'il a soupçonné l'Itineraire d'être corrompu en cet endroit, que VESUNNA lui étoit suspect. La Table fournit aussi VESONNA ; mais hors de cette route. Il vaut mieux avouer qu'on ne sait presentement ce que c'est.

[g] Segm. 1.

BIBONICUM PROMONTORIUM. Ælien[h] nomme ainsi un Cap auprès duquel on pêchoit quantité de Thons. Le Grec porte Βιβώνιον & Βιβώνικου, comme Ælien ne dit point dans quelle Mer , Ortelius[i] avoue qu'il ne sait où étoit ce Cap, peut-être, dit-il, qu'il est quelque part vers le Pont-Euxin.

[h] Hist. anim. l. 15.
[i] Thesaur.

BIBONUM CIVITAS, *la Cité des Bibons* alliée des Romains , selon Tacite[k] cité par Rhenanus, qui le trouvoit ainsi dans son Exemplaire. Mais les autres portent *Civitas JUHONUM* ; cet Auteur cherche cette Ville sur le Necker vers les champs Decimates ; & observe que les noms de *Bebelingen*, & de *Bebenhausen* ne s'écartent pas beaucoup de ce nom. Mais dans Tacite , il est question d'un nom tout different , & bien des doctes conviennent qu'il s'y agit de Huy Ville sur la Meuse au pays de Liége ; ainsi il y a bien loin de l'une à l'autre. Voiez JUHONUM.

[k] l. 13. c. 57.

BIBRACTE , ancienne Ville des Gaules au pays des Ædui. La celebrité de cette Ville a partagé les Géographes & les autres Savans ; les uns ont dit que c'est AUTUN, d'autres que c'est BEVRAY ; d'autres que c'est PEBRAC en Auvergne ; d'autres enfin que c'est BEAUNE. Avant que de raporter sur quoi ils fondent leurs sentimens ; il faut rassembler les passages des Anciens qui ont parlé de cette Ville. Jule Cesar dit[l] qu'elle étoit la plus grande & la plus riche des Ædui : BIBRACTE *oppido Æduorum longe maximo ac copiosissimo* : il dit ailleurs[m] : que Litavicus avoit été bien reçu par les Ædui à Bibracte Ville , qui a le plus d'autorité & de credit entre eux. *Litavicum Bibracte ab Æduis receptum quod est oppidum apud eos maxima auctoritatis*. Il parle ensuite d'une Assemblée de toute la Gaule indiquée à Bibracte[n]. Strabon qui vivoit sous Auguste, ce qui est remarquable par une raison que l'on va voir, Strabon , dis-je, parle de Bibracte & dit[o] : entre le Doux & la Saone habite la Nation des Ædui, ayant pour Ville Châlons & la forte Place de Bibracta. Le mot Φρούριον dont il se sert, dans ce passage ne signifie pas simplement un Fort ; mais une Ville bien fortifiée. Il est remarquable aussi qu'il soit

[l] De Bello Gall. l. 1. c. 23.
[m] l. 7. c. 55.
[n] c. 63.
[o] l. 4. p. 192.

soit le dernier des Anciens, qui ait nommé cette Ville.

Ceux qui croient que c'est Autun en tirent une preuve pour assurer que c'est la même qu'Autun. Le savant Sanson dans ses Remarques sur sa Carte de l'ancienne Gaule en parle ainsi [a] : BIBRACTE, *Æduorum Oppidum*, est l'ancien nom ou plutôt un nom Latin formé sur l'ancien nom Celtique de la Ville capitale du Peuple *Ædui* ; laquelle Ville du depuis a quité son ancien nom, & pris celui d'AUGUSTODUNUM (Autun) à l'honneur du nom d'Auguste, comme ont fait plusieurs autres Villes de la Gaule, qui ont pris leur nom de Cesar, de Jules, d'Auguste avec quelque Diction Gauloise comme il se voit en *Cesaromagus*, *Cesarodunum*, *Juliomagus*, *Juliobona*, *Augustomagus*, *Augustodunum*, &c. ce qui ne s'est fait que sur la fin ou incontinent après le temps d'Auguste. Ce passage n'est que vraisemblable parce qu'il n'est fondé sur aucune preuve convaincante. Ce ne sont que des raisons de convenance, qui ne subsistent que jusqu'à ce qu'on les détruise par une autorité vraiment ancienne & anterieure aux disputes. On fortifie néanmoins cette opinion en remarquant que ceux qui ont parlé de Bibracte, comme Cesar & Strabon, n'ont point nommé *Augustodunum* : en échange Tacite, Ptolomée & les autres qui ont parlé d'*Augustodunum* ne font nulle mention de Bibracte. Delà on conclut que c'est la même Ville, Capitale du Peuple *Ædui*, & la plus considerable de ce Peuple, nommée *Bibracté* par Jules Cesar, qui y passa un quartier d'hyver & qui devoit savoir comment elle s'appelloit ; que Strabon à son exemple l'a nommée de même ; mais qu'ayant quité ce nom pour prendre celui d'Auguste, elle n'a plus été appellée que de cette derniere façon. Ainsi, disent ceux qui tiennent pour ce sentiment, l'ancien nom a peri ; mais la Ville a subsisté sous le nouveau nom, & subsiste encore sous celui d'Autun. Pierre de St. Julien dans son Livre de la Bourgogne, Thomas d'Autun dans sa Dissertation particuliere sur la Ville de *Bibracte*, Holstenius dans ses Remarques sur Ortelius, Sanson dans l'endroit cité ci-dessus, d'Ablancourt dans sa Traduction de Cesar, le P. Briet dans ses Paralleles de l'ancienne & de la nouvelle Géographie, le P. Labbe dans sa Géographie Royale ; & quantité d'autres decident que c'est *Autun*. Mr. Piganiol de la Force est aussi de ce nombre ; mais quoiqu'il y mette encore Cellarius & Hadrien de Valois, on ne doit pas tout-à-fait l'en croire. Il l'a cru, puisqu'il le dit ; mais ces deux Auteurs disent eux-mêmes le contraire & distinguent *Augustodunum* & *Bibracte* qu'ils assurent être deux Villes très-diferentes l'une de l'autre.

Ceux qui refusent à Autun la gloire d'être la Bibracte des Anciens, observent que Jule Cesar dit que c'étoit la plus grande Ville, la plus riche, & la plus puissante en credit du Peuple *Ædui* ; mais il ne dit pas que ce fût la capitale. C'est assez la coutume des Auteurs, qui parlent d'une Ville sous un nouveau nom, d'y joindre l'ancien, surtout quand il est célèbre, & c'est ce que pas un n'a fait,

Tom. I. Part. 2.

on ne trouve nulle part *Augustodunum olim Bibracte*, ni rien de semblable. Le silence des Géographes posterieurs à Strabon touchant Bibracte, n'est pas assez décisif : cette Ville pouvoit avoir été ravagée par les guerres, par les incendies, & être déchue de sa grande splendeur & *Augustodunum* enrichie de ses dépouilles attiroit peut-être alors l'attention, de maniere qu'on ne songeoit plus à Bibracte qu'elle avoit entierement obscurcie. On prouve que Bibracte prit le nom de Julia à cause de Jule Cesar ; Auguste à qui la memoire de son Pere par adoption fut si chere auroit-il permis que cette Ville eût quité le nom de *Julia* pour prendre le sien ? mais il y a plus. Du temps de Constantin *Bibracte* & *Autun* étoient deux Villes diferentes. Cette derniere s'appelloit FLAVIA ÆDUORUM, & étoit la Capitale de ce Peuple. Le Rheteur Eumene composa le Panegyrique de Constantin en actions de graces au nom des Flaviens ; c'est-à-dire de ceux d'Autun, & comme le remarquent Hadrien de Valois & Cellarius, il y distingue Autun *Flavia civitas Æduorum*, de Bibracte. Voici le passage. *Quoique vous soyez le maitre de toutes les Villes de toutes les Nations*, nous avons neanmoins l'honneur de porter presentement vôtre nom & non pas l'ancien. A la verité *Bibracte*, *Pola*, & *Florence* ont été jusqu'à present surnommées *Julia*; mais la Ville des Ædui est *Flavia*; le voici en original : *omnium sis licet Dominus Urbium, omnium Nationum, nos tamen etiam nomen accepimus tuum jam, non antiquum. Bibracte quidem huc usque dicta est Julia, Pola, Florentia, sed Flavia est civitas Æduorum.* C'est comme s'il eût dit : A la verité la Ville de Bibracte chez le Peuple *Ædui*, celle de Pola en Istrie, & celle de Florence en Toscane ont porté le nom de Jule Cesar, en prenant celui de Julia ; mais la Capitale de ce même Peuple *Ædui* (savoir Autun) n'a pas un nom moins Auguste puisqu'elle a reçu celui de Flavia des Empereurs Flavius Constantius, & Flavius Constantinus ses restaurateurs. Voilà Autun bien formellement distingué de Bibracte, par un homme du pays, dans un Remerciment fait au nom de sa Nation, en un mot dans des circonstances, qui donnent un grand poids à son discours. Bibracte n'étant point Autun, où est-elle donc ? Il est humiliant qu'un homme tel que Marlien l'ait mieux trouvé que les autres. Il vivoit sous le Regne de Louis XII. & Hadrien de Valois dit qu'il passa pour le plus habile homme de son temps ; quoi que ce qu'il a fait sur les Commentaires de Jules Cesar soit très-peu de chose il n'a pas laissé de deviner que *Bibracte* reduit en forme de champ, & placé au pied d'une Montagne peu loin d'Autun qu'il appelle *Ædua Civitas*, garde encore son ancien nom. Ortelius s'informa du fait & une personne qu'il nomme Johannes Macarius lui apprit que ce lieu s'appelloit *Beurect*, qu'il étoit à iv. milles d'Autun, & situé vers le Septentrion & un peu vers l'Occident ; mais que c'étoit un lieu desert & couvert de ronces & de buissons. Le raport se trouve vrai, si ce n'est dans la position de ce lieu à l'égard d'Autun ; car il est au Couchant, & non pas au Septentrion

Occidental de cette Ville. On le nomme Beuvray sur les Cartes de Mr. de l'Isle ; on trouve près delà St. Prix sous Beuvray, St. Leger sous Beuvray noms qui prouvent que Beuvrai a été un lieu celebre. La distance est de trois lieues & demie de Bourgogne, ou de 21. ½ au degré ; ce qui ne s'écarte pas beaucoup des quatre milles de Johannes Macarius. Je ne sais sur quel fondement Mr. Baudrand réduit cette distance à une lieue[a]. Il avoit beaucoup mieux dit 4. *Milliaribus*[b], apparemment que son éditeur a pris ce mot dans la signification de mille pas, qui n'est pas le sens de l'Auteur cité. Le sentiment qui met Bibracte à Beuvray a des defenseurs illustres. Ortelius, Hadrien de Valois, Cellarius, Livineius de Gand, qui a fait des notes sur les XII. Panegyriques des anciens distinguent Bibracte d'Augustodunum ; Bertius dans son Tresor Géographique est si éloigné de les confondre qu'il adopte la Carte d'Ortelius, où cet Auteur a mis Bibracte differente d'Augustodunum, quoi que voisines l'une de l'autre ; mais en se trompant néanmoins car il met Bibracte au Levant d'été d'*Augustodunum* au lieu qu'il la devoit mettre de l'autre côté au Couchant. Mr. l'Abbé de Longuerue ne dit point où étoit Bibracte ; mais il se contente de la distinguer d'Autun qu'il croit avoir été fondé par Auguste.

On peut ajouter un troisième sentiment avancé il y a déjà long-temps par Orontius, qui prétend que la *Bibracte* de Cesar est la Ville de BEAUNE. Il a été suivi par Vigenere savant Interprete de Jules Cesar, & dans ces derniers temps Mr. l'Abbé Maumenet de l'Academie Françoise a ressuscité cette opinion en faveur de Beaune sa patrie. L'an 1706. le P. Jaques l'Empereur Jesuite entre ses Dissertations sur diverses matieres d'antiquité, en inséra une sur l'ancienne Ville de Bibracte. Je ne l'ai point vue. Je sais seulement qu'on y repondit à Beaune, & qu'Hugue Salin Docteur en Medecine lui soutint que c'est la Ville de Beaune, qui en occupe presentement la place. Mr. l'Abbé Maumenet a fait aussi une Dissertation sur Bibracté, & [c]prétend que ce soit la Ville de Beaune & non pas Autun, & encore moins Beuvray. Ses principales raisons sont tirées des Commentaires de Cesar dont les passages où il est parlé de Bibracte ne sauroient, selon lui, convenir qu'à la Ville de Beaune. J'ai déja rapporté les passages ; ainsi sans le repeter inutilement je dirai seulement ici ce que Mr. Maumenet en infere. Outre que *longe maximum* n'a jamais designé une Ville capitale, le mot de *copiosissimum*, qui signifie très-abondante & très-riche ne peut s'entendre de la Ville d'Autun, qui n'a ni commerce ni fertilité. A l'égard de ce que dit Cesar *quod est Oppidum apud eos maxima authoritatis*, il demande si ce seroit un bel éloge pour une Ville capitale que de dire qu'elle a beaucoup de credit dans la Province dont elle est la capitale, & si la Ville de Dijon se trouveroit fort honorée quand on diroit d'elle qu'elle est fort considérable parmi les Bourguignons. Comme je n'ai point la Dissertation de cet Abbé, je n'en raporte que ce que dit Mr. Corneille son Confrere à l'Académie.

Mais si cet Abbé que j'ai l'honneur de connoître n'avoit pas allegué des raisons plus particulieres, & plus convainquantes en faveur de Beaune on pourroit lui dire avec Terence :

Quasi necesse sit, si huic non dat te illam uxorem ducere.

Comme si parce que vous faites voir que ce ne peut pas être Autun il s'ensuivoit dela qu'il faut que ce soit vôtre Ville de Beaune, qui en ait l'honneur ; mais, comme je viens de dire, n'aiant point vû cette Dissertation je ne puis que presumer qu'il y a mis des preuves plus concluantes que celles que Mr. Corneille apporte. Mr. Baudot cité par Mr. Piganiol de la Force[d], examine aussi les paroles de Cesar, & trouve que c'est Autun, & non pas Beaune dont la situation est plus Orientale de six ou sept lieues que celle de Bibracte. Ce raisonnement seroit bon si on avoit un détail exact de la situation de Bibracte par les longitudes ou par quelque autre signe Géographique. Que l'on dise de combien de minutes, & de secondes Beaune est plus Orientale qu'Autun, à la bonne heure, on le peut savoir assez au juste ; mais qu'on le dise de Bibracte, cela est puerile, & plus encore si on se sert de cette pretendue difference, puisque c'est alleguer en preuve, ce qui est encore en question. Il ajoute : on voit dans Autun des restes de monumens de l'ancienne Bibracte au lieu qu'on auroit de la peine à en trouver même la place à Beaune. Cette preuve fait contre Beaune, & ne fait rien contre Beuvrai. Rien n'empêche que des debris & des materiaux de Bibracte, qui tomboit déja en décadence n'aient été transportez & employez à Autun : le voisinage, qui n'est que de trois petites lieues & demie, facilitoit ce transport ; & on convient qu'Autun a succedé à Bibracte non pas pour la situation Géographique ; mais pour la dignité & pour la puissance dans la Province dont elle fut la capitale dès le temps d'Auguste. On allegue qu'Autun eut l'établissement du Christianisme a eu la distinction que méritoit une Ville aussi considerable que Bibracte. Je reponds que lorsque le Christianisme s'établit dans les Gaules ce ne fut que long-temps après la mort d'Auguste. Autun florissoit alors & Bibracte étoit tellement oubliée que Mela, Pline, en un mot les Géographes, qui ont décrit les Gaules, ne la connoissoient pas. On ne laisse pas de concluire que si Beaune étoit *Bibracté* on y auroit infailliblement établi un Evêché. La consequence n'est pas juste ; elle seroit plus specieuse si l'on disoit que le Christianisme a suivi l'ordre qu'il trouvoit établi dans le Gouvernement des Provinces ; dont les Capitales ont été le Siège d'un Evêché ; que Beaune n'ayant point eu d'Evêché elle n'étoit donc point Capitale, au premier établissement du Christianisme ; mais l'Auteur de ce raisonnement prouve tout au plus une chose, savoir qu'Autun étoit Capitale de la Province lorsqu'elle devint Episcopale ; mais il s'exprime mal, quand il dit que si *Beaune* étoit *Bibracté*, on y auroit infailliblement établi un Siège Episcopal. Je ne vois pas quelle liaison

[a] Ed. 1705. au mot BEVRAY.
[b] Ed. 1682. ad vocem BIBRACTE.
[c] Corn. Dict.
[d] Desc. de la France T. 3. p. 196.

BIB.

liaison si necessaire il y a entre le nom de Bi-braête & un Evêché. Ceux qui établirent les premiers Siéges n'avoient aucune raison d'en fonder un à Bibraête ; mais dans la Capitale de la Province qui étoit alors Autun. On poursuit : deux marbres antiques & une plaque de Bronze trouvez à Autun semblent enfin decider la question en faveur de cette Ville. Il faudroit savoir ce qu'il y a de gravé sur ces marbres & sur ce bronze ; car Autun étant aussi ancienne que le siécle d'Auguste , il seroit peu étonnant qu'elle ait eu ses inscriptions , & qu'entre celles-là il y en ait où la Ville de Bibraête soit nommée par occasion ; où que cette derniere Ville venant à être negligée on en ait emporté des marbres , & autres monumens auxquels des familles illustres s'interessoient , & qu'on les ait placez à Autun ; il n'y a rien en cela que de vraisemblable. J'ai déja averti qu'il faut effacer Mr. de Valois & Cellarius de la liste de ceux qui mettent Bibraête à Autun quoi que Mr. Piganiol de la Force les nomme sur ce pied-là. J'ajouterai seulement sur le temoignage de Mr. Corneille que Mr. Moreau de Mautour de l'Academie Royale des Belles Lettres à Paris a fait aussi une Dissertation sur *Bibraête* au sujet d'un bronze antique dans laquelle il fait connoitre que cette ancienne Ville est le village de Bourgogne à deux lieues d'Autun, nommé Bevray ou Beuvray, où il y a une Montagne de même nom , au sommet de laquelle on tient une foire considerable tous les ans le premier jour de Mars.

Il est aisé de s'appercevoir que dans les diferentes Dissertations que l'on a faites en faveur d'Autun & de Beaune le prejugé & l'amour de la patrie ont fait pancher les Ecrivains vers l'un ou vers l'autre parti. Pour moi qui n'ai aucun motif de faveur , ni de desaveur à l'égard de ces deux Villes, je suis pour le sentiment de ceux qui distinguent Bibraête d'Augustodunum , & je tiens que ce ne sauroit être Autun. Beuvray me paroît plus propre que Beaune à remplir ce vuide dans la Géographie. Je ne parle point de Pebrac en Auvergne. J'ignore quels Auteurs l'ont mis sur les rangs & quelles raisons ils ont alleguées pour donner de la vraisemblance à leur Hypothese.

BIBRANTENSIS, Ives de Chartres dans sa 89. Lettre qualifie ainsi un Archidiacre. Ortelius[a] qui croit que ce lieu est dans les Gaules doute s'il ne faudroit point lire BIBRACTENSIS, de *Bibraête*.

a Thesaur.

BIBRAX, ancienne Ville de la Gaule au pays des Rhemois selon Jules Cesar , qui en fait mention [b]. Cesar aiant exhorté & encouragé les Rhemois . . . & apprenant que toutes les Troupes des Belges venoient ensemble vers lui, & qu'elles n'étoient pas loin se hâta de faire passer à son Armée la Riviere d'Aisne, qui est sur la frontiere des Rhemois & il y campa. Par ce moyen la Riviere couvroit un côté de son camp, il mettoit en sureté ce qui étoit derriere lui , & faisoit que les convois qu'on pouvoit lui envoyer du Rhemois , & d'ailleurs pouvoient arriver sans aucun danger. Il y avoit un Pont sur la Riviere, & il y mit une garde & à l'autre rive il laissa Q. Titurius

b De Bell. Gall. l. 2. c. 5. & 6.

BIB. 307

Sabinus avec VI. Cohortes. A huit milles de son camp étoit une Ville des Rhemois nommée Bibrax. Les Belges l'attaquerent chemin faisant. Les détails du siége ne font rien à l'éclaircissement du lieu où elle étoit. D'Ablancourt traduit par BRAINE. Vigenere dit aussi BRESNE. Cependant Mr. Sanson dans ses Remarques sur sa Carte de l'ancienne Gaule dit : Bibrax ne se peut expliquer mieux que FISMES suivant toutes les circonstances , qui se peuvent recueillir de Cesar. Nous l'avons fait voir bien clairement dans notre seconde partie de nos *Disquisitions Géographiques* contre le *Phare* du Pere Labbe. Comme je n'ai point actuellement ce livre qu'il cite , je ne puis rien dire des preuves dont il se sert pour prouver son sentiment. Mais il est refuté par Mr. Jacques Robbe Avocat dans sa Dissertation , qui selon le temoignage du P. le Long dans sa Bibliotheque Historique de la France étoit encore en manuscrit entre les mains de l'Auteur lorsque ce Pere publia ce livre, c'est-à-dire en 1719. En voici un extrait fourni par Mr. Corneille. Il est d'autant plus precieux que l'Ouvrage n'est pas encore public.

,, Elle étoit située à huit mille pas du camp
,, de Cesar , qui étoit posté au delà d'un
,, Pont , au Nord & sur la rive droite de la
,, Riviere d'Aixne, & occupoit la Montagne
,, voisine. Les Belges assemblez dans leur
,, pays en corps d'armée , marchant pour aller
,, combattre les Romains attaquerent Bibrax
,, en passant, comme un poste de conséquence;
,, mais ils en furent repoussez par les Rhemois,
,, alliez du peuple Romain ; delà ils s'avance-
,, rent à deux mille pas du camp de Cesar sur
,, les hauteurs opposées un marais entre deux ;
,, mais n'ayant pu engager les Romains à une
,, action generale ils marcherent vers la Rivie-
,, re d'Aixne pour la passer à gué & aller at-
,, taquer le Fort , qui couvroit l'autre bout
,, du Pont, à dessein de leur couper les vivres
,, qui leur venoient du côté de Rheims ; mais
,, ils y furent mis en deroute avec un grand car-
,, nage. On a ignoré jusqu'aujourd'hui quel-
,, le étoit cette place si celebre dans les Com-
,, mentaires de Cesar. Perrot d'Ablancourt a
,, cru que c'étoit BRAINE ; mais il n'a pas
,, fait reflexion que cette Ville est au Midi
,, de l'Aixne , & dans le pays des Soissonnois
,, qui faisoient partie des Belges ennemis des
,, Romains. Sanson qui a peut-être connu
,, cette erreur a dit que c'étoit FISMES , qui
,, est à la verité , sur les frontieres des Rhe-
,, mois ; mais cette Ville est aussi au Midi
,, de l'Aixne, & les Belges en marchant à Ce-
,, sar, qui avoit passé cette Riviere, venoient
,, du côté du Nord & Bibrax se trouvoit sur
,, leur passage ; ainsi ce n'est ni *Braine* ni *Fismes* ; mais c'est la Ville de LAON , qui est
,, nommée dans plusieurs anciens monumens
,, MONS BIBRAX. Sa situation sur un Mont,
,, qui est seul dans une plaine lui a fait donner
,, le surnom de BIBRECH-DUN , qui veut
,, dire en langage Gaulois Teutonisé Mont se-
,, paré , ou morceau de Montagne : & ce qui
,, prouve cette verité , c'est que son autre
,, nom LAODUN ou LABDUN en langage pur
,, Gaulois signifie la même chose. Les La-
,, tins en ont fait LAODUNUM & LAUDU-
,, NUM,

» NUM, & les François Laon. C'est une er-
» reur de croire que cette Ville fut nommée
» Bibrax à cause que le Mont a deux bras.
» La raison est que Cesar qui étoit Latin ne
» pouvoit pas écrire autrement Bibrech com-
» me les Gaulois & les Allemands le pronon-
» cent ". On a objecté à cet Article que
la Ville de Laon est à quatre lieues & demie
de la Riviere d'Aisne où Cesar étoit campé :
que cela ne repond pas aux huit milles Romains de distance marquez par Cesar. Cette
objection est foible. Les huit milles Romains
font près de trois lieues, le reste étoit occupé
par l'armée de Cesar , qui ne compte pas la
distance de Bibrax à la Riviere, mais aux derniers retranchemens de son camp, qui étoit
entre deux. Le P. Briet dans ses Paralleles [a]
dit BIBRAX *Cæsaris de quo tanta controversia*
Braisne, *aliis* Beuvray en Rhetelois. L'un
& l'autre est également une faute. Braisne
étoit au pays des Suessonnois ennemis de Cesar:
pourquoi auroient-ils attaqué leur propre Ville? & Bibrax étoit aux Rhemois. En quel-
qué Canton du Rethelois que soit placé ce
Beuvrai qui m'est inconnu, & qui me paroît
y avoir été apporté de Bourgogne, il ne sauroit être Bibrax ; à moins que les Belges ne
vinssent du Luxembourg , ce qui n'est pas
vraisemblable ; ils venoient de la Picardie &
de la Flandres, qu'auroient-ils été chercher dans
le Rhetelois ?

[a] 2. part. l. 6. c. 7.

BIBROCASSI,
BIBROCI , ancien Peuple de la Grande
Bretagne. Quelques Editeurs lisent *Bibrocassi*
en retranchant la derniere syllabe du nom *Bibroci*, & le joignant avec *Cassi* qui suit, &
qui est le nom d'un autre Peuple. Camden
dit que leur nom s'est conservé en celui de
Bray, près de Maydenhead , sur la Thamise.
Ce sont des conjectures , & je ne repeterai
point ici la reflexion que j'ai faite à l'Article
d'ANCALITES.

BIBRUC, c'est ainsi qu'écrit Mr. Baudrand. Il faut dire BIBURG 1.

1. BIBURG. Voiez EPONA. Il est au
Midi d'ABENSBERG , un peu plus haut sur
la même Riviere.

2. BIBURG. Voiez WILSBIBURG.

BICANER , Ville d'Asie dans l'Indoustan à l'Occident du Gange dans la Province
de Becar dont elle est à present la capitale, selon Thevenot [b].

[b] Voyage des Indes c. 38. p. 183.
[c] Ed. 1705.

BICCARI, on fait dire à Mr. Baudrand [c]
petite Ville de la Vallée de Mazara en Sicile,
entre les sources du Biccari & du Belice : suivant quelques Géographes c'est l'ancienne
HICCARUM, que d'autres placent à MURO-
CARINI, autrement *Garbolangi*, qui est une
vieille Tour avec quelques masures sur la côte Occidentale de l'Isle vis-à-vis de Palerme.
Il y a bien des niaiseries dans cet Article ;
& comme elles ne se rencontrent point dans l'E-
dition Latine , on peut les mettre sur le compte de Mr. Maty de qui l'Editeur François les
a empruntées. Les meilleures Cartes de la Sicile nomment le lieu que Mr. Baudrand avoit
en vue VICARI, & non pas BICCARI ; &
c'est ainsi qu'il le nomme lui-même dans l'E-
dition Latine au mot HYCCARUM. La pretendue Riviere de Bicari est le Margamo
ruisseau qui tombe dans le Termini. Le Vicari, qui est situé à la droite du Termini,
ne sauroit être entre la source du Biccari ou Margamo , & celle du Belice. La
Ville de Vicari , ou Bicari étant éloignée de
la Mer ne sauroit être l'Hyccarum ou l'Hyccara des Anciens, qui étoit selon les Itineraires
à l'extremité du Cap que l'on appelle presentement Capo dell' Ursa ; à l'Orient du Golphe
nommé par les Anciens *Sinus Longuri*, & par
les modernes *Golfo di Castel a mare* ; on ne
peut dire ni de ce Cap , ni de Vicari qu'ils
soient vis-à-vis de Palerme que de la même
maniere que toutes les Villes du monde sont
vis-à-vis l'une de l'autre. Vicari, ou Bicta-
ri n'est sur aucune côte. HYCCARA, ou ses
ruines nommées aujourd'hui MURO DI
CARINI ne sont point sur la côte Occidentale ; mais dans la partie Occidentale de la côte
Septentrionale de Sicile.

BICE. Voiez BYCE.

BICENSA [d] , Village du Royaume de
Naples en Italie dans la Principauté Citerieure
sur la Riviere de Bientino , à deux lieues de
Salerne du côté du Levant ; c'est un reste de
l'ancienne PICENTIA capitale des Picentins.
Voiez PICENTIA. Cluvier parle bien de quelques ruines nommées Vicenza ; mais il n'y met
point de Riviere, comme je l'observe à l'Article cité.

[d] Baudrand Ed. 1705.

BICENSIS , Ortelius trouve un Siége
d'Afrique ainsi nommé dans la Conference de
Carthage. Comme il ne dit point le nom de
l'Evêque , ni celui de la Province où étoit
cette Ville , que ce nom ne se retrouve plus
dans la bonne édition de cet Ouvrage , je ne
sais s'il tient la place de VICENSIS qui étoit
dans la Numidie, ou de BIDENSIS qui étoit
dans la Mauritanie. Il y avoit dans la Bysacene
un Siége nommé *Dicensis*, & entre ceux qui
signerent la Lettre des Evêques de cette Province dans le Concile de Latran sous le Pape
Martin on trouve Candide Evêque de l'Eglise *Patriæ Dicensis*.

BICENTION, pour VESONTIO. Voiez
BESANÇON.

BICESTRE , (l'S) ne se prononce point.
Quelques-uns écrivent Bicêtre, d'autres BISSES-
TRE. Château de l'Isle de France dans la campagne voisine de Paris sur le côteau de Ville-Juif,
au dessus du village de Gentilli. Son nom
étoit Vincestre, comme le remarque du Chesne [e] ; & il a pris ce nom d'un Evêque de
Winchester. Mr. Corneille raporte ce qui
suit. Une Chartre de l'an 1290. fait connoître qu'il appartenoit en ce temps-là à un Evêque de Paris , & que cette Maison étoit appellée la GRANGE AUX GUEUX. L'Auteur
des Remarques sur les Oeuvres de Mr. Boileau
Despréaux reprend Mr. Menage d'avoir lu aussi
la *Grange aux Gueux* pour *la Grange au Queux*,
ce qui, ajoute-t-il, est bien diferent. *Queux*
est un vieux mot formé de *coquus* & veut dire la même chose , c'est-à-dire un cuisinier.
Rabelais dit :

[e] Antiquitez des Villes de France.

Les maîtres Queux souvent lardent perdrix.

Et encore actuellement sur l'état de la Maison
du Roi, il y a des Cuisiniers appellez *maitres
Queux*.

BIC.

Queux. Ce Château ayant été possedé ensuite par Jean Evêque de Winchester qui y fit sa demeure, il fut appellé *Château de Winchester*, & on l'a nommé depuis par corruption. Il a conservé ce nom quoi que dans la suite des temps il ait été demoli & rebâti plusieurs fois. André du Chesne dans ses Antiquitez des Villes de France rapporte que Jean Duc de Berri le fit relever pendant le Regne du Roi Charles V. & sous Charles VI. son fils & successeur. Les Bouchers & écorcheurs de Paris suscitez & armez en faveur du Duc de Bourgogne le pillerent, & en renverserent la plus grande partie. Du Chesne parle comme s'il n'eût jamais été relevé, & il est vrai qu'il ne l'étoit pas encore quand le livre où il en parle fut publié. Louïs XIII. y fit bâtir un bel Hôpital, qui servit à retirer les soldats estropiez, appellez presentement les invalides ; mais Louïs le Grand leur ayant fait bâtir le magnifique Palais où ils sont presentement, ils quitterent la Maison de Bicestre. L'Hôpital general de Paris & les autres petits Hôpitaux, qui lui sont réunis ne suffisant pas pour contenir l'extrême quantité de pauvres & de mandians que l'on arrêtoit, on y a ajouté l'Hôpital de Bicestre où l'on enferme les hommes. Cet Hôpital a les mêmes directeurs que l'Hôpital General de Paris dont il est une annexe. C'est en même temps un Hôpital & une prison où l'on enferme les gueux, les vagabons, les coureurs, & les jeunes garçons dont les parents sont mal contens. C'est à cette qualité de sejour des mandians qu'on y retient que l'on a fait dire à Cassaigne dans la parodie du Cid ou Chapelain décoifé

Reduit au triste choix ou de trahir mon maître
Ou d'aller à Bicêtre,
Des deux côtez mon mal est infini.

& c'est à l'occasion de ces vers que la remarque alleguée ci-dessus touchant la Grange au Queux a été faite.

BICOQUE, les Italiens disent BICOCA, Mr. Corneille en fait une petite Ville d'Italie au Milanez. Le P. Daniel dit beaucoup mieux que ce lieu si fameux dans l'Histoire de France par le sanglant combat qui s'y donna (en 1522.) & qui eut tant de suites n'étoit qu'un Château dans un parc de très-grande étendue où les anciens Ducs de Milan prenoient le plaisir de la chasse. Il étoit entouré de toutes parts de profonds & larges fossez. C'étoit un camp tout fait, où l'armée ennemie n'eut gueres que la peine de se loger, & très-avantageux par sa situation & le voisinage de Milan, qui n'en étoit qu'à une bonne lieue ; c'est-à-dire à trois milles Italiens dont Mr. Corneille fait autant de lieues, triplant ainsi la distance. Bicoque, ou comme dit le P. Daniel, la Bicoque, est entre Milan, & la petite Ville de Monza, non pas en droite ligne ; mais un peu sur la gauche. Cette Bataille est nommée la *Journée de la Bicoque*.

☞ BICOQUE, nous appellons de ce nom une place mal fortifiée & sans defense. L'usage de la guerre est, dit-on, de pendre le Gouverneur, qui ose attendre le canon d'une ar-

BIC. BID.

mée Royale dans une Bicoque. Ce nom tire son origine du Château dont il est parlé dans l'Article precedent.

BICURGIUM, ancienne Ville de la grande Germanie, selon Ptolomée[a]. Ses Interpretes croient que c'est presentement Erfort.

BIDA, ancienne Ville & Colonie de la Mauritanie Cesarienses, selon Ptolomée[b]. C'est d'elle qu'il faut entendre le *Præpositus limitis Bidensis* des Notices de l'Empire[c]. Elle est Episcopale, car la Notice des Evêques d'Afrique nomme son Evêque CAMPANUS BIDENSIS[d]. Il ne faut pas confondre ce Siége avec un autre de la même Province nommé *Bitensis*[e] dont Pannonius étoit Evêque dans le même temps.

BIDACHE[f], Château & petite Ville de France dans la Basse Navarre aux confins de la Gascogne, (& non pas dans la Gascogne même comme le dit Mr. Baudrand, qui écrit ce nom Bidasche) sur la Riviere de Bidouse déja grossie des Rivieres de Lentubat, de Langor & de l'Ihoure, & qui coulant ensuite vers le Nord arrose le Comté de Guiche, puis se perd dans l'Adour. La terre & Seigneurie de Bidache est très-illustre, située sur les confins de l'Amix ; depuis plusieurs siécles les Seigneurs y ont pretendu avoir quelques droits de Souveraineté, ce qui leur est contesté par les Magistrats, qui sont chargez de la defense des droits du Roi. Cette Terre appartient aux Ducs de Grammont.

BIDAIUM, ancien lieu dont parle Antonin dans son Itineraire. Lazius croit que c'est presentement DIETMAINUNG en Autriche ; d'autres que c'est BIRCKHAUSEN, comme l'écrit Simler. Voiez BIDACUM.

BIDASCHE. Voiez BIDACHE.

BIDASPIS, Riviere d'Asie ; où elle se jette dans l'Indus, selon Ptolomée[g]. C'est la même que l'HYDASPE. Voiez ce mot.

BIDASSOA[h], Riviere d'Espagne sur les frontieres de la France ; elle a sa source dans les Pyrenées au Mont Maya, sur la route de Bayonne à Pampelune, delà serpentant vers le Midi, puis vers le Sud-Ouest, elle commence à St. Estevan qu'elle arrose, à couler vers le Couchant, & se recourbant vers le Nord jusqu'à Yranci, qui est sur sa gauche aussi bien que St. Estevan ; elle se tourne un peu vers l'Occident à Lessaqua, qui est sur la gauche ; à Berha ou Vera lieu situé sur sa droite, & où est le passage ordinaire pour aller de Bayonne à St. Sebastien, elle forme ensuite l'Isle des Faisans, nommée l'Isle de la Conference depuis que les Rois d'Espagne & de France y eurent ensemble resserré les nœuds de leur Amitié par une alliance. J'en parle au mot FAISANS. Ensuite elle serpente jusqu'à la Mer où elle se jette entre Andaye, qui est de la France & Fontarabie, qui est de l'Espagne. Cette Riviere en prend le nom d'ANDAYE, selon Mr. l'Abbé de Longuerue[i]. Coulon dans son Traité des Rivieres de France dit la Riviere Bidassoa ou d'Anday[k], Mr. Baudrand[l] l'appelle LA BIDASSE. Les Espagnols aussi bien que les François pretendent que la Riviere entiere leur appartient. Les premiers disent que le rivage du côté de la France est à eux, afin,

dit

[a] l. 2. c. 11.
[b] l. 4. c. 2.
[c] Sect. 50.
[d] n. 85.
[e] n. 83.
[f] De l'Isle Atlas & Longuerue Descr. de la France part. 1. p. 213.
[g] l. 7. c. 1.
[h] De l'Isle Atlas.
[i] Descr. de la France part. 1. p. 193.
[k] 2 part. p. 578.
[l] Ed. 1705.

dit l'Auteur du Journal du Voyage d'Espagne[a], de ne pas avouer qu'en l'entrevue de Louïs XI. avec Henri Roi d'Espagne, celui-ci ait passé en France pour parler à Louïs. Et pour sujet Mariana l. 23. c. 5. faisant le recit de cette entrevue dit que Henri ayant passé le fleuve Bidassoa avoit un bâton à la main, avec lequel il marqua sur le sable l'endroit où la Riviere alloit quand elle avoit plus d'eau : *Onda el agua podia en la mayor creciente dixo que alli era en el Suyo*, & dit, qu'il étoit sur sa terre, & mettant un pied au delà de la raye qu'il avoit marquée; il dit que pour lors il étoit en France & en Espagne, & que le Roi Louïs XI. en demeura d'accord &c. Ces pretentions ne subsistent plus, & chacune des deux Nations y a renoncé. Mariana dit precisément au livre 29. c. 23. qu'il y eut une si grande dispute entre ceux de Fontarabie, & ceux d'Andaye pour la proprieté de cette Riviere qu'on en vint aux mains, & qu'enfin des Juges nommez par les deux Rois, qui étoient alors Louïs XII. & Ferdinand, ordonnerent qu'elle seroit commune. Mr. l'Abbé de Vayrac[b] y est conforme quand il parle ainsi : la Bidassoa a été pendant long-temps un sujet de contestation entre la France & l'Espagne; mais dans le xv. siécle Louïs XII. & Ferdinand le Catholique convinrent qu'elle seroit mitoyenne entre les deux Nations, desorte que les François partagent avec les Espagnols les Droits de passage, c'est-à-dire que les premiers reçoivent le payement de ceux qui passent d'Espagne en France, & les derniers les droits de ceux, qui vont de France en Espagne. Le Traité fait entre ces deux Monarques a été si religieusement observé que quelques guerres qu'il y ait eu entre les deux Couronnes les Droits ont toûjours été perçus par ceux à qui ils appartenoient. L'endroit par où passe cette Riviere est marécageux; & elle croît & diminue selon le cours du flux & du reflux : desorte que quand la Mer fait refluer ses eaux, elle est extrêmement grosse & *quand le descendant arrive*, (cet Abbé n'a pas le pied marin, il veut dire quand la Mer refoule, ou quand la marée baisse) elle est gayable en plusieurs endroits. Quand on dit que la possession & la proprieté de cette Riviere est contestée, cela ne doit s'entendre que dans l'endroit où elle separe les deux Royaumes, ce qui ne s'étend pas depuis son embouchûre jusqu'à Berha ou Vera. Car dès cette Ville jusqu'à sa source elle est, uniquement dans les terres Espagnoles, & dans le Guipuscoa.

BIDERISIS. Voiez BIDA.

BIDERIS, Ville d'Asie dans l'Inde en deçà du Gange, selon Ptolomée[c]. Quelques exemplaires portent Berderis.

BIDIL, lieu municipal d'Afrique dans la Mauritanie Cesariense. Antonin met ce Municipe sur la route de *Rusuccurum* à *Salda*, à xxvii. M. P. de Tigiri, & à xli. M. P. de l'ancienne Tubul. Je sais que ces noms sont diferens dans les éditions ordinaires; mais je me sers de celle de Rome dont Ortelius avoit une copie, car ses citations s'y accordent presque toûjours. L'Edition de Bertius nomme ce lieu BADIL.

BIDIMA, Isle de l'Océan Oriental en Asie : c'est une des Isles des Larrons, qui porte aussi le nom de Sahavedra. Elle est encore aux habitans.

§. C'est ce qu'en dit Mr. Baudrand[d], & on voit qu'il a été guidé par la Carte de ces Isles inserée dans l'Asie de Mrs. Sanson, où l'on trouve effectivement au 184. d. de longitude, & au 10. de latitude l'Isle de Bidima ou de Sahavedra; mais j'ai déja averti ailleurs que cette Carte est faite sur de fort mauvais Memoires, & est fausse dans la position, & dans les noms de toutes ces Isles ; comme je le prouve à l'Article general des Isles Marianes. La pretendue Isle de Bidima est un écueil entouré de roches principalement au Nord & à l'Occident, & c'est ce que Dudley appelle les BASSES DE ST. BARTHELEMY. Il est fâcheux que par la friponnerie de quelques Voyageurs Romanesques d'aussi habiles gens que Mess. Sanson ayent été employez à nous tracer des tableaux imaginaires de l'Asie, au lieu qu'ils auroient pu donner d'excellentes Cartes s'ils avoient eu des Memoires fidelles & exacts; mais ce qui est encore plus deplorable pour le public ; c'est que cette Illustre famille persistant dans les erreurs une fois adoptées les perpetue encore dans des Cartes très-nouvelles. L'Asie que Mr. Moulard-Sanson a inserée dans l'Edition nouvelle de l'Introduction à la Géographie, ont à l'étendue de l'Asie les mêmes fautes exorbitantes dont il y a déja bien des années que l'on est desabusé. La côte Orientale de la Chine y est avancée au delà du 160. degré, au lieu qu'elle est toute à l'Orient du 140ᵉᵐᵉ. Le respect que l'on doit à ses Ancêtres devroit-il s'étendre jusqu'à leurs fautes, ne seroit-il pas plus glorieux de reformer ce qu'ils ont fait de vicieux, & de faire dans leurs Ouvrages des corrections qu'ils y auroient faites eux-mêmes, s'ils avoient été instruits des nouvelles découvertes, qui rectifient leurs opinions ? C'est une grande matiere à éloge pour Mons'. de l'Isle d'avoir travaillé jusqu'à sa mort à perfectionner ses Cartes plutôt qu'à en augmenter le nombre. Il n'a point eu de honte de substituer à ses propres ouvrages déja universellement applaudis, les mêmes sujets diferemment traités, mais d'une maniere plus exacte & plus conforme aux lumieres qu'il avoit acquises avec le temps. Il est vrai que ses dernieres Cartes comparées avec ses premieres font connoître qu'il s'y étoit trompé en plusieurs choses. Mais c'est en cela qu'il est très-louable d'avoir marché vers la perfection sans avoir aucun égard que pour elle, & loin que sa gloire en ait été diminuée elle en a reçu au contraire un nouvel éclat. En fait de Géographie comme en bien d'autres Sciences il faut tâtonner quelque temps, avant que de saisir son objet. C'est un malheur attaché à la condition humaine de n'arriver quelquefois à la verité que par des erreurs que l'on a le courage d'abandonner. Quoique j'aie toûjours parlé de Mr. de l'Isle sur le même ton, sa mort me rend encore plus libre que je n'étois, & je n'apprehende plus que l'on prenne les louanges que le cœur me dicte à son sujet, pour des flateries interessées. Cependant quelle que soit la haute idée que j'ai de ses Ouvrages, je ne me me laisse pas aveugler par l'admiration, & si j'avois par exemple à donner une Carte des Provinces Unies, je me garderois bien de prendre la sienne pour modelle à tous égards, & je n'y mettrois point des Lacs & des marais qui ont été tels autrefois, mais que l'on a dessechez & qui sont presentement de riches prairies chargées de troupeaux, & remplies de villages très-peuplez. Je l'en avois averti, & je dois ce temoignage à sa Memoire, qu'il reçut cette critique avec plaisir. Je sais que s'il eût vécu encore quelque temps, il auroit fait pour cette Province ce qu'il a fait pour quelques autres.

Cette digression ne sera pas inutile, si l'on veut bien en conclurre, 1. que les veritables longitudes de l'Asie ne se trouvent que dans un petit nombre de Cartes très-modernes, & qu'il y a des excès énormes dans les anciennes. 2. Qu'à quelque degré de savoir & de reputation qu'on soit arrivé en fait de Géographie, il y a toûjours une necessité de conformer ses Ouvrages aux nouvelles lumieres qu'on acquiert. 3. Que les grands noms ne doivent jamais servir à autoriser l'erreur; les plus doctes doivent être les premiers à l'abandonner; qui que ce soit qui la leur montre. 4. Que plus une erreur a été adoptée par des hommes illustres, plus on doit prévenir contre elle ceux qui pourroient y être entrainez par des guides d'autant plus dangereux que ceux mêmes, qui les critiquent ne peuvent leur refuser de très-sinceres éloges. 5. Qu'il n'y a point de prescription de temps, qui puisse servir de titre à maintenir l'erreur au prejudice de la verité, ni de consideration qui doive empêcher de reconnoître la fausseté de nos opinions, ou de celles des personnes que nous reverrons le plus, quand elle nous est démontrée.

BIDINE, Ville ancienne de Scythie, selon Suidas. Ortelius trouve Βιδίνη, Ville des Bulgares dont Cedrene & Zonare ont parlé, & je doute si elle étoit au Peuple nommé BUDINI. Voiez ce mot.

BIDINI, ancien Peuple de Sicile, selon Pline[a]. Ciceron[b] en nomme la Ville Bidis, & dit que c'étoit une petite Ville près de Syracuse. Il en nomme les habitans *Bidini* onze fois, d'où Cluvier conclut que le mot *Bidenses*, qui se trouve aussi dans cet Orateur est une faute. Etienne le Géographe les nomme aussi *Bidini*; & dit: BIDOS Forteresse en Sicile. Ce nom est du genre neutre; on le trouve écrit par une diphthongue (*Bcidos*) ou par un simple i (*Bidos.*) Le nom national est *Bidinus.* Cluvier[c] nous apprend que dans le territoire de Syracuse à environ quinze mille pas & au Couchant d'hyver, sont les restes d'une ancienne Ville avec une Eglise nommée vulgairement S. GIOVANNI DI BIDINI. Il remarque que les anciens ont écrit BIDIS & BIDOS, ce qui est prouvé par l'autorité de Ciceron & d'Etienne.

BIDIS. Voiez l'Article precedent.

BIDIUS, autre Forteresse ancienne de la Sicile, au Nord de la partie Orientale du Mont Etna. Etienne le Géographe est le seul Ancien qui en ait parlé, & tout ce qu'il nous en apprend se reduit à ceci. Après avoir dit de *Bidos* ce que j'en ai rapporté ci-dessus,

[a] l. 3. c. 8.
[b] 4. in Verrem n. 54.

[c] Sicil. ant. l. 2. c. 10. p. 359.

il ajoute: il y a aussi dans le territoire de Tauromenium une autre Forteresse nommée *Bidius.* Le nom national est Bidinus. Cluvier[d] dit: on ne sait pas certainement où elle étoit parce qu'aucun des Anciens n'en a parlé, & que dans tout le territoire de Tauromenium, il ne se trouve aucuns anciens vestiges de Ville. Cependant, poursuit-il, Fazel[e] dit: les nouveaux habitans se voyant chassez de Catane, & ne sachant dans quelle Ville se refugier, ni quel parti prendre, se sauverent vers les hauteurs du Mont Etna & habiterent une Ville nommée auparavant Inessa à environ douze mille pas de Catane; & ils l'appellerent Ætna. Il n'en reste plus rien presentement & on ne peut reconnoître en quel lieu elle étoit, si ce n'est qu'auprès de Mascalis on voit aujourd'hui autour de la Citadelle des monumens d'une ancienne Ville détruite, & la plûpart guidez par l'opinion & la conjecture croient que c'est elle. La Ville d'Ætna, ou d'Inesse, ajoute Cluvier, étoit entre Catane & Centuripes aujourd'hui Centorbe. C'est pourquoi j'aurois du penchant à croire que l'ancienne forteresse de Bidius est presentement Mascalis (*Mascaris,*) si ce lieu-là n'étoit pas plus proche de Catane que de Tauormina. Cependant il a pu arriver que le territoire de cette derniere s'étendît jusqu'au pied du Mont Etna. Dans sa Carte de l'ancienne Sicile il met au pied, & au Nord-Est de ce Mont cette Ville qu'il nomme CALLIPOLIS & BIDIUS, & met Inessa ou Etna au Midi de cette Montagne. Cependant Etienne qui fournit *Bidius* & *Callipolis* les distingue. Mr. de l'Isle les distingue aussi, & met dans son ancienne Sicile Callipolis à peu près au lieu où est Mascary & Bidius, plus au Nord, à la source de la Riviere, qui coule au Midi de celle que les Anciens nommoient *Tauromenius*, qui est la Cantara des modernes. A la source de cette premiere Riviere que nous connoissons sous le nom de *Fiumefreddo*, est LINGUA GROSSA Forteresse qui tient à peu près la place de l'ancienne *Bidius*.

BIDOURLE[f], petite Riviere de France au bas Languedoc. Elle prend sa source aux Sevennes, d'où elle passe à St. Hippolite, à Sauve, à Sommieres & à Massillargues, d'où elle se rend dans l'Etang de Peraut, à trois lieues au Levant de Montpellier & près d'Aigues-mortes, selon Mr. Baudrand qui dit l'avoir vu en passant en ces quartiers-là.

BIDOUZE[g], Riviere de France en Basse Navarre. Elle a sa source dans l'Ostabares, aux Pyrenées, aux confins du pays de Soule; au dessous de St. Just village elle se joint à un ruisseau dont la source est au Midi de Hosta autre village; delà serpentant vers le Nord jusqu'à St. Palais; elle reçoit au Nord de cette Ville la Riviere de LENTUBAT, puis celle de l'Ihoure avant que d'arriver à Bidache, après quoi elle va se perdre dans l'Adour; un peu au dessous de la jonction de cette Riviere avec les Gaves de Pau & d'Oleron.

BIDUCASSES. Voiez BAYEUX & BIDUCESII.

BIDUCESII, Ptolomée parle deux fois d'un Peuple de la Gaule Lionnoise nommé ainsi. La premiere fois il en fait un Peuple ma-

[d] Sicil. ant. l. 2. c. 6. p. 308.

[e] Decad. 1. l. 3. c. 1.

[f] Baudrand Ed. 1705.

[g] De l'Isle Carte du Bearn &c.

maritime, & met chez lui Argenis ou Argenus, Biducesion Argenous, Βιδουκεσίων Αργένους. On a tout lieu de douter si Argenus étoit une Ville ou une Riviere. J'ai raporté aux mots ARGENUS & BAYEUX quelle est la diversité des exemplaires, & celle des interpretations que l'on fait de ces noms. La seconde fois que Ptolomée parle des *Biducesii* quelques exemplaires portent Βιδουκέσιοι, d'autres Ουϊδουκαίσιοι VIDUCÆSII, qui ne s'éloigne gueres de VIDUCASSES. L'Interprete Latin de Ptolomée met sans raison BIDUCENSES, au lieu de BIDUCESII, qui convient mieux au Grec. Voiez VIDUCASSES.

[a Baudrand Ed. 1705.]

BIDUMI[a], Pays de la Turquie en Asie, & partie Meridionale de la Sourie entre la Terre Sainte au Septentrion, l'Egypte au Couchant & l'Arabie au Midi & au Levant; mais elle est presque deserte & a seulement quelques villages, dispersez çà & là : faisant presque le même pays que l'on appelloit autrefois l'Idumée.

BIDUS. Voiez BIDINI.

BIDYNE, Βιδύνη. Voiez BIDINE.

[b Baudrand Ed. 1705.]

BIECZ[b], en Latin *Becia*, petite Ville de la haute Pologne au Palatinat de Cracovie sur la Riviere de Wiseloke, aux confins du Palatinat de Sendomir, à vingt lieues de Cracovie, au Midi Oriental (ou plutôt à l'Orient Meridional) de Cracovie. Il y a dans le territoire de Biecz de bonnes mines de Vitriol.

[c Ibid.]

1. BIEDA[c], Château & Bourg d'Italie dans l'Etat de l'Eglise, au Patrimoine de St. Pierre, sur un ruisseau nommé aussi BIEDA; à dix milles de Sutri, à l'Occident, en allant à Toscanelle dont il est à pareille distance.

[d Ital.]

Selon Magin[d] Bieda est sur une Montagne au pied, & au Midi de laquelle passe le ruisseau de Bieda.

[e Magin. Ital.]

2. BIEDA[e], ruisseau d'Italie dans la Province du Patrimoine. Il coule entre Bieda & Barberano d'Orient en Occident, & après une course d'environ dix milles d'Italie il va grossir la Riviere de Veia, qui tombe un peu au dessous d'Ancarano dans la Marta laquelle porte à la Mer de Toscane les eaux du Lac de Bolsena.

1. BIEL, petite Ville d'Espagne en Arragon[f] vers les Montagnes, au Diocèse de Pampelune, à six lieues de Jaca, au Couchant & à neuf d'Huesca, & à douze de Sarragosse. Mr. Baudrand dit que c'est *Ebellanum* d'Antonin. Je trouve effectivement dans cet Auteur EBELINO, selon l'exemplaire du Vatican, Ebellano selon d'autres à XXII. M. P. de *Forum Gallorum*, & à XXIV. M. P. de Portus (*Summo Pireneo*;) mais Mr. Baudrand n'est pas exact quand il cite cet Auteur comme s'il eut dit qu'Ebellanum étoit une Ville des Vascons dans l'Espagne Tarragonnoise. Les Vascons & l'Espagne Tarragonnoise ne sont point nommez par Antonin.

[f Baudrand Ed. 1682.]

2. BIEL, en Suisse. Voiez BIENNE.

1. BIELA, Principauté de l'Empire Russien aux confins de la Lithuanie où le Palatinat de Witepes la borne à l'Occident. Elle est terminée au Nord par le Duché de Rzewa; & au Levant partie par ce même Duché, & partie par celui de Moskow, & au Midi par celui de Smolenskow. Mr. Baudrand la borne au Nord par la Riviere Dzwina, il falloit dire la Duna dont l'embouchûre est à Riga, & sa source au Duché de Rzewa aux frontieres de cette Principauté dont elle arrose la partie Septentrionale. Il écrit BIELHA. Il la distingue de BIELKI dont il fait un Article separé, c'est néanmoins la même chose. Quelques-uns écrivent BIELLA.

2. BIELA[g], Ville de l'Empire Russien dans la Principauté de même nom dont elle est la Capitale, sur le bord Occidental de la Riviere d'Opscha.

[g De l'Isle nouvelle Carte de Moscovie.]

1. BIELA-OSERO, BIELOSERO[h], ou BELOZERO, Lac de l'Empire Russien dans la Province à laquelle il donne son nom. Il s'étend en long & fort peu en large & est formé par la Badagh Konsa Riviere; ainsi nommée parce qu'elle arrose Badagh Ville du pays nommé OB ONESKAIA PETINA, c'est-à-dire *quartier d'au deçà de l'Onega*. Presque au dessous de cette Ville cette Riviere entre dans la Province de Biela-Osero, & tout auprès de la Ville de Biela-Osero, elle commence le Lac, qui s'étend depuis le 59. d. de latitude jusqu'au 58. d. 10'. après quoi elle va chercher le Wolga.

[h Ibid.]

2. BIELA OSERO ou BELOZERO[i], Ville de la Province nommée de même & au Nord du Lac, qui donne le nom à l'une & à l'autre, sur la rive Occidentale de la Riviere de Badagh Konsa. Elle en est la Capitale.

[i Ibid.]

3. BIELA OSERO ou BELOZERO[k], Province de l'Empire Russien, avec titre de Duché. Elle prend son nom du Lac dont il est parlé dans les deux Articles precedens. Elle est bornée au Nord-Ouest par le quartier d'au deçà de l'Onega au Nord-Est, & partie de l'Orient par la Province de Vologda, & partie par le Duché de Voroslavle. Au Midi le Wolga la separe du Duché de Rostow; & le Duché de la grande Novogorod acheva de la terminer à l'Occident. C'est un pays de marais dont une partie est noyée sous l'eau. Belozero, ou Biela Ozero en est la capitale; mais dans sa partie Meridionale elle a deux Villes au bord du Wolga, savoir RIBNAIA SLOBODA sur la rive Occidentale de la Riviere de Schosna, c'est le nom que porte celle de Badagh Konsa au sortir du Lac pour tomber dans le Wolga, elle est au confluent de ces deux Rivieres. A l'Occident, à quelque distance du Wolga est GOLOLOBOVA SLOBODO, à l'Orient de la Riviere de Mologa, qui se jette aussi dans le Wolga entre cette Ville & celle de Mologa.

[k Ibid.]

BIELICA[l], petite Ville de Lithuanie au Palatinat de Troki sur la rive Septentrionale de la Riviere de Niemen; à environ trois milles & demi d'Allemagne au Nord-Ouest de la Ville de Novogrodeck.

[l Ibid.]

BIELLA[m], Ville d'Italie au Piemont, assez ancienne & peuplée : les François disent Bielle. Elle est au pied des Montagnes, sur la petite Riviere de Cervo, & la principale du Biellois, environ à dix milles d'Yvrée vers le Septentrion, & autant au Couchant de Masseran sur la Chiesa.

[m Baudrand Ed. 1705.]

§. Ce

BIE.

§. Ce n'est qu'un Bourg, nommé BIELE, sur les meilleures Cartes Françoises. Il n'est pas sur la petite Riviere de Cervo ; mais à quelque distance comme d'un demi-mille de Piémont [a], & au Midi d'une assez belle Riviere nommée Cerva.

BIELLESE, en Italien, la Province de *Biele*, ou le *Biellois*, selon les Auteurs François,[b] petit pays d'Italie en Piémont. Il appartient au Roi de Sardaigne, qui est aussi le Duc de Savoye ; & il le possede depuis l'an 1379. il est terminé au Septentrion par les Alpes, au Couchant par le Duché d'Aouste, au Levant par le Vercellois & le petit Etat de Masseran, & au Midi par le Canavois (*Canavez*) : la Ville de Biele en est la principale & la seule. Ce pays ne comprenoit ci-devant que vingt-cinq Villages ou Châteaux ; mais dans la nouvelle partition des Provinces de Piémont elle en comprend à present quarante deux.

Il est à remarquer, dit Mr. Baudrand, que ce pays est entierement separé du Vercellois, comme on le peut connoître par les descriptions qu'Augustin de la Chiesa Evêque de Saluces, Guichenon & les autres ont fait du Piémont ; quoique Gruter, Mogin & d'autres faiseurs de Cartes en ayent fait une partie du Vercellois.

§. La collection de Cartes que j'ai faite jusqu'à present se monte au delà de cinq mille. Je n'en connois aucune de Gruter, pour Mogin c'est apparemment Magin que Mr. Baudrand a eu tort de traiter du nom meprisant de faiseur de Cartes. C'étoit un Géographe infiniment superieur à Mr. Baudrand. Les Cartes qu'il nous a données de l'Italie sont en gros ce qu'il y a de meilleur sur ce pays-là, quoi que par des changemens arrivez depuis son travail, ou par des fautes qu'il n'est gueres possible d'éviter entierement, il y ait plusieurs choses à y corriger. Mais dans le fait dont Mr. Baudrand le reprend Magin a raison, & c'est Mr. Baudrand qui se trompe. Il faut distinguer la Province de Verceil d'avec la Seigneurie de Verceil. La Seigneurie comprend la Province de même nom & le Bellese. Ainsi Mr. Baudrand ne distinguant pas est tombé lui-même dans l'erreur. Si par le Vercellois il entend la Province de Verceil il a raison ; le Bellese en est separé, & n'en est pas ; aussi est-il vrai que personne ne l'y met. Si par ce mot il entend la Seigneurie de Verceil, il se trompe ; le Bellese en est une partie essentielle. Mr. de l'Isle ne s'y est pas trompé, & a très-bien distingué ces trois diferens pays. Du reste Mr. Baudrand a eu tort de parler avec tant de hauteur ceux qui font des Cartes Géographiques, lui qui a eu le malheur de laisser son nom sur la plus mauvaise Carte de toutes celles que nous avons de la Grece.

En érigeant Bielle en Ville, Mr. Baudrand ne devoit pas faire à quelques Bourgs dont plusieurs sont plus considerables que la capitale, l'injustice de les appeller Villages. Car le Bielleze comprend les Bourgs suivans.

Bielha chef-lieu	Mosso,
Pie di Cavallo,	Morohego,
Trivier,	St. Damiano,
Piaro,	Cavaglia,
Andorno,	Ales,
& Livorno.	

Peut-être les a-t-il designez par le mot de Châteaux, trompé par le mot Italien *Castello*, qui signifie un Bourg aussi souvent qu'un Château.

BIELSK ou BIELSKO, Ville de Pologne au Duché & Palatinat de Podlaquie dans la petite Pologne, entre la grande, & le grand Duché de Lithuanie ; à l'une des sources de la Riviere de Narew ; Mr. Baudrand[c] nomme cette source le ruisseau de BIALA ; mais en quoi il se trompe, c'est qu'il la met en Mazovie, comme si la Podlaquie en étoit, ce qui n'est pas. Ces deux Duchez & Palatinats ont leurs bornes qui les distinguent : celui de Mazovie est dans la grande Pologne, celui de Podlaquie est de la petite.

BIENDIUM., PORTUS, Port de la Cantabrie, selon les anciennes Editions de Pline. Dalechamp avoit déja mis en marge *Blendium*. Le R. P. Hardouin le prefere comme étant conforme aux manuscrits. Voiez BLENDIUM.

*BIENNE, Ville de Suisse au bout Septentrional du Lac, qui en porte le nom. Les Allemands & les Suisses nomment la Ville BIEL, & le Lac BIELERSEE en leur langue. Elle est frontiere du Canton de Berne dans une plaine arrosée par la Riviere de Schuse, selon Mr. Ruchat[d] Professeur en Belles Lettres dans l'Academie de Lausane, qui est le veritable Auteur des Delices de la Suisse, le nom qui est au frontispice du livre étant supposé ; cette Riviere est nommée Suze par Mr. Scheuchzer dans sa Carte de Suisse. La Ville est au pied d'un côteau couvert de vignes. Elle est sous la dependance de l'Evêque de Basle que les Suisses nomment PRINCE DE PORENTRU à cause qu'il y fait sa residence, cependant elle jouït de privileges si grands qu'elle en est presque independante. Comme elle est attachée à la R. P. Reformée l'Evêque n'y a aucune jurisdiction spirituelle & pour le temporel il nomme le Maire, qui preside en son nom dans le Conseil lorsqu'il s'agit d'affaires criminelles, & qui doit être toujours pris du Conseil de la Ville. Les droits du Prelat ne consistent qu'en quelques petits revenus, comme la moitié des amendes qui passent en écu ; quelques Dimes & autres rentes. Les ports, péages, & douane appartiennent à la Ville. Outre cela les Bourgeois sont obligez de servir l'Evêque pour sa defense aux dépends de la Ville, mais ce secours est très-borné, car ils ne s'éloignent de la Ville que d'une journée ; s'ils vont plus loin, ce doit être à ses dépends, [e] encore ne faut-il pas que ce soit contre le Canton de Berne dont ils sont Combourgeois, & en ce cas-là ils doivent demeurer neutres. [f] Il ne peut leur imposer aucune charge, ni engager la Ville, ni la vendre, ni l'aliener de quelque maniere que ce soit.

Il y a deux Conseils dans Bienne ; le grand qui a trente Conseillers & le petit vingt-quatre. Les Bourgeois sont partagez en six Compagnies & Confrairies dont chacune donne un certain nombre de Conseillers. Le Bourg-mestre,

BIE.

qui eft le Chef de la Ville prefide dans le Confeil quand il s'agit d'affaires purement civiles ; j'ai déja dit que dans les matieres criminelles, c'est le Maire qui prefide. Mr. de Longuerue[a] dit qu'il precede le Bourg-meftre. [b] Le Banderet eft avec ce dernier le protecteur du Peuple, & en particulier celui des Orphelins. Il eft le feul qui s'élife par tout le peuple. Outre ces avantages Bienne a pour le fpirituel & le temporel la Seigneurie du Val St. Imier, que l'on appelle autrement la SEIGNEURIE D'ARGUEL, qui eft partagée en plufieurs Communautez dont chacune a fon chef & fa Juftice inferieure. Les appels fe portent au Confeil de la Ville de Bienne. Pour fe conferver tous ces avantages, les Biennois ont cherché de bonne heure de puiffantes protections. Ils font alliez à trois Cantons par autant de Traitez particuliers de Combourgeoifie ; avec Berne depuis l'an 1352. ; avec Soleurre depuis l'an 1382. ; & avec Fribourg dès l'an 1407. Leur Traité avec les Bernois fut renouvellé l'an 1367.[c] (Mr. de Longuerue ne parle que de celui-là) ce fut à l'occafion de Jean de Viana Evêque de Bafle qui les inquietoit. Les Bernois leur aiderent à fe garentir de fa domination, & ils demolirent un fort Château que les Evêques avoient dans leur Ville. L'Allemand eft la Langue dominante à Bienne : cependant le Romand ou le François y eft en ufage depuis plufieurs fiécles, auffi y a-t-on établi un Temple François.

LE LAC DE BIENNE[d], en Allemand BIELERSE'E ; il eft au Nord-Eft du Lac de Neuchâtel avec lequel il fait prefque une même ligne du Nord-Eft au Sud-Oueft. Ces deux Lacs fe communiquent par la Tiele Canal, qui fepare le pays de Neuf-Châtel & le Canton de Berne, & qui fe partage en deux, formant une Ifle où eft Landeron Bourg fitué fur le Lac de Bienne. Neuftatt, ou la bonne Ville qui eft auffi à l'Evêque de Bale, eft fur la rive du Nord-Oueft de ce Lac. Bienne eft à fon extremité Septentrionale. Au Midi en entrant fur les terres du Canton de Berne on trouve au bord Oriental du Lac Nydau dans une Ifle formée par un Canal, qui partant du Lac va porter une partie de fes eaux dans la Riviere d'Aar, & paffe auprès de Gottftatt. En fuivant le Lac fans fortir de ce Canton on trouve Erlac precifément au Midi du Lac, & fort près de Landeron dont j'ai déja parlé. Vers le milieu du Lac pris dans fa longueur eft une petite Ifle nommée l'Ifle de St. Pierre.

1. BIENNUS, ancienne Ville de l'Ifle de Crete, felon Etienne le Géographe.

2. BIENNUS, autre ancienne Ville dans la Gaule felon le même, qui raporte à ce fujet une fable que voici. La Mer s'étant entierement emparée de l'Ifle de Créte les habitans fe refugierent ailleurs, quelques-uns auprès d'Otrante Ville d'Italie qui n'étoit pas encore bâtie, mais ayant été avertis par l'Oracle de chercher un lieu fort marécageux, ils en trouverent un auprès du Rhône Riviere de la Gaule, où ils s'établirent, & la nommerent la Ville à l'occafion de ce qu'une des filles, qui les accompagnoient nommée Bianna étant à danfer fut engloutie dans la Terre. Etienne

[a] Defc. de la France 2. part. p. 281.
[b] Delices l. c.
[c] l. c.
[d] Scheuchzer Carte de la Suiffe.

BIE.

ajoute qu'Eufebe en fait fouvent mention dans fon Hiftoire Ecclefiaftique. Cette Ville eft Vienne en Dauphiné fur le Rhône. Voiez VIENNE 1.

1. BIENTINA[e], Château & Bourg d'Italie en Tofcane dans le territoire de Pife, à deux milles de la Riviere d'Arne, & fur le bord Meridional du Lac de Bientina.

§. Il en eft à un mille, fur la Riviere par où le Lac fe décharge dans l'Arne.

2. BIENTINA, (LE LAC DE) Lac d'Italie ; fa partie Occidentale eft dans l'Etat de la Republique de Luques, l'Orientale eft dans l'Etat du Grand Duc de Tofcane. On l'appelle auffi LAC DE SESTO à caufe d'une Abbaye de ce nom, qui eft à l'Occident Meridional de ce Lac. Il eft groffi par plufieurs Rivieres & ruiffeaux. Les plus confiderables font la Zafeffa, Il Leccio, Foffa Nueva & Regio, ce dernier communique avec l'Ozzori Riviere du pays de Luque laquelle tombe dans le Serchio ; felon Magin[f] la plus grande longueur de ce Lac eft près de fix milles d'Occident en Orient, & fa plus grande largeur eft de près de cinq milles.

BIEPHI, ancien Peuple de la Dacie, felon Ptolomée[g].

BIERBEC[h], Baronie des Pays-bas en Brabant, à une lieue & demie de Louvain.

BIERIES. Voiez BIHRI.

BIERRE (LA FORET DE) on appelloit ainfi autrefois la Forêt de Fontainebleau. Voiez FONTAINEBLEAU.

BIERVLIET[i], (les deux é ne fe prononcent point) Foltereffe des Pays-bas dans la Flandre Hollandoife à une lieue d'Ifendyck, & à cinq de l'Eclufe. Guillaume Beukelings, qui trouva le moyen de faler les harangs en caques ou tonneaux, comme on fait aujourd'hui, mourut en ce lieu-là l'an 1397. L'endroit où elle eft fituée étoit autrefois une affez grande Ifle au Midi de la Foffe Ottonienne, ou Canal d'Otton ; qui eft le bras Occidental de l'Efcaut, & dont il fe détachoit un bras qui paffoit à Axel, & fe joignant à quelques autres Rivieres aboutiffoit à la Mer au Couchant de l'Ifle de Cadfant ; deforte que Cadfant, Biervliet & Axel étoient des lieux de la même Ifle. Cela eft bien changé par les ravages de la Mer, qui en couvre prefentement une partie. Une inondation arrivée le 12. de Novembre 1377. fubmergea auprès de Biervliet dix-neuf Villages. C'eft en ce lieu que le Comté Gui ayant attiré fon neveu Florent Comte de Hollande fous pretexte de fe reconcilier avec lui, l'arrêta prifonnier l'an 1287. par une perfidie que la pofterité ne pouvoit manquer de detefter.

BIESBOS[k], (l'é ne fe prononce point) pays fubmergé aux Pays-bas, dans les Provinces Unies, entre les Villes de Dordrecht & Gertruydenberg. L'an 1421. la Mer étant fort groffe, & les Digues s'étant rompues par la violence de la tempête, prefque toute la Hollande Meridionale fut inondée ; outre les habitans & les Maifons de la Nobleffe, il y eut foixante & douze Villages fous l'eau. La Mer s'étant retirée en partie, on tâcha de repârer ce malheur, & on remit ces Villages à fec, hor-

[e] Baudrand Ed. 1705.
[f] Ital.
[g] l. 3. c. 8.
[h] Dict. Géogr. des Pays-bas.
[i] Dict. Géogr. des Pays-bas.
[k] Dict. Géogr. des Pays-bas.

BIÉ.

hormis vingt & un, & deux Monasteres dont la Mer ne se dessaisit point, & qui demeurerent entierement submergez. Ce malheur couta la vie à plus de cent mille personnes, selon Boxhornius dans son Theatre de Hollande.

BIESSI, ancien Peuple de la Sarmatie en Europe, selon Ptolomée [a]. Ils étoient auprès du Mont Krapack.

[a] l. 3. c. 5.

BIETALA ou BIUTALU [b], Forteresse de la Grande Tartarie. Elle est située à l'extrémité du Royaume de Barantola, & renommée à cause que c'est la demeure d'un des deux Rois du Pays qu'on appelle Grand Lama. Cette Forteresse est sur le sommet d'une Montagne, & fortifiée de plusieurs grosses tours quarrées. Le Pere Kirker qui en parle, lorsqu'il traite de la Chine, dit que hors de son enceinte sur le terrain, où ceux qui entreprendroient de l'assiéger pourroient faire des logemens, on a élevé plusieurs redoutes, dont quelques-unes sont jointes par un mur au corps de la place, & que pour empêcher l'ennemi de se prévaloir d'une autre Montagne qui est tout proche, on en a fortifié le haut par des tours quarrées. Quelques-unes de ces tours ont deux de leurs côtez en angles saillans vers la Campagne. Afin de rendre ce poste encore plus sûr, l'enceinte en a été étenduë jusqu'à celle du Château, & comme il est important de ne pas laisser gagner aisément à l'ennemi le pied de ces deux Montagnes, on a bâti du côté par où elles sont inaccessibles, (accessibles) un mur flanqué de distance en distance par de grosses tours quarrées, dont quelques-unes ont aussi leurs côtez disposez en angles saillans.

[b] Corn. Dict.

BIETIGKHEIM [c], Ville d'Allemagne, en Suabe, dans le Wurtemberg. Zeyler raporte une plaisante origine de son nom, qui, si elle étoit vraie, demanderoit que l'on écrivît ce nom Bietierzkein. Il pretend qu'autrefois on la nommoit Hüte dich, c'est-à-dire prenez garde à vous, HUTE DICH, à cause des voleurs de grands chemins, qui infestoient ces quartiers-là. Ensuite quand le pays fut netoyé de ces brigands, elle changea de nom & en prit un de ce que pour rassurer les Voyageurs inquiets on leur disoit Beit jetzt kain, c'est-à-dire à present nul ne mord, comme pour leur dire il n'y a plus de danger, ne traignez rien. Elle fut premierement sous la puissance de divers Seigneurs particuliers: elle ne fut Ville que l'an 1386. qu'elle vint à la Maison de Wurtenberg. Elle a quatre portes & est située dans une plaine à l'endroit où le ruisseau de Metter tombe dans l'Ens. Elle est bien pourvuë d'eau, recueille de bon vin, d'excellens fruits, ne manque ni de poisson, ni de forêts assez belles & jouït d'un air salubre. Elle a dans son voisinage BESICKAIM, BINNIKAIM, & le fort Château d'ASPERG.

[c] Zeyler Suev. Topogr. p. 17.

BIETTE, petite Riviere de France dans l'Artois; elle passe à Brouay, à l'Abbaye de Chocques g., à Robeque d. à Calonne où elle se rend dans le Lis. Cette Riviere est nommée CLARENCE par Mr. de l'Isle [d], & après qu'elle est jointe à la Nave qui vient de Liller, il la nomme Riviere de Robec.

[d] Carte de l'Artois.

☞ BIEU, nom qui est commun à quelques

BIÉ. 315

Canaux en Normandie. Mr. Huet en parle ainsi [e] : Nous avons en Normandie l'ancien nom de Bieu, pour signifier un courant d'eau, que je soupçonne être venu du Saxon quoi que je ne le trouve dans aucune Langue du Nord. Ce mot a une grande affinité avec les noms de Bevron, Beveron & Brevon, qui est commun à plusieurs petites Rivieres. Il y en a une de ce nom dans le Diocèse d'Avranches, & une autre dans le Diocèse de Chartres, vers Amboise. Delà viennent aussi les noms de Beuvron, & de Beuvrigny, & celui même du Village de Biéville, situé entre Caen & la Mer, sur un Bieu que les habitans appellent DOIT, nom formé du Latin Ductus. On a appelé BIEU DE L'ODON un nouveau Canal tiré du vieux Canal de l'Odon. Ce partage se fait, dit le même Auteur, au dessus de Bretteville, dans la paroisse de Fontaines-Estoupefour. L'on a élevé des terres pour soutenir, & conduire ce nouveau Canal nommé dans les anciennes Chartres le Bieu de l'Odon, qui ayant traversé Breteville & ensuite le Bourg l'Abbé, & l'Abbaye de St. Etienne entre dans Caen par derriere la Paroisse de St. Etienne le Vieil; & l'ayant parcouru jusqu'au moulin de Gemare se detourne le long de la ruë des Teinturiers, & va tomber dans l'Orne près du lieu où y tombe l'ancien Canal de l'Odon. La suite du temps a fait voir l'utilité de cette entreprise; car le nouveau Canal est bien plus profitable à la Ville de Caen que l'ancien, par la quantité de Tanneurs, de Foulons, de Megissiers, & de Teinturiers; auxquels il sert pour exercer leurs métiers; & l'on peut remarquer que les quartiers de la Ville de Caen par où il passe sont les plus peuplez. Aussi a-t-on pris grand soin de l'entretenir : dont fait foi cette forte muraille qui fut bâtie en 1538. pour soutenir son cours, & qu'on appelle le dos d'asne. On le met néanmoins tous les ans à sec le jour de St. Barnabé, & il mele ses eaux avec l'ancien Odon jusqu'au premier jour d'Août pour l'usage des prairies & des foins; & la Ville se trouve privée de ces Ecours pendant ce temps-là. C'est un droit que les Religieux du Mont St. Michel se reserverent quand l'Odon fut partagé. Leurs titres portent que cette eau sera détournée à l'endroit du Manoir de Breteville quinze jours devant la St. Jean, & quinze jours après pour pouvoir faucher les prez, qui sont au dessous de ce Manoir.

[e] Origines de Caen c. 21. p. 439.

Ibid. p. 4.

BIÉVRE [g], Riviere de France. Elle a sa source au Midi Occidental de Versailles, assez près de l'étang d'Arci, d'où serpentant vers l'Orient d'hyver, elle passe à Buc d. à Jouy d. à Vauboyan g, où on la passe en allant de Paris à Chevreuse ; à Igny d, & se separe en deux branches: elle enferme Balinviller dans une Isle, delà elle se tourne en se rejoignant vers l'Orient d'été jusqu'à Bernay g. vis-à-vis de Fresne d. ; puis se tournant plus vers le Nord, elle baigne Cachant & Arcueil g. Gentilli au dessous duquel elle fait une courbure comme si elle alloit retourner vers le Midi; mais reprenant sa route vers le Nord, elle perd son nom pour prendre celui de Riviere des Gobelins, à cause de la manufacture de ce nom à laquelle elle fournit des eaux très-

[g] De l'Isle Carte de la Prevôté & Vicomté de Paris.

Tom. I. PART. 2.   R r 2   bon-

bonnes pour les teintures en Ecarlate, & pour d'autres usages dont je parle ailleurs. Elle se perd dans la Seine après avoir traversé le champ de l'Allouette, & les Fauxbourgs St. Marceau.

BIFERNO, (le) Riviere d'Italie, que les Anciens ont connue sous le nom de TIPHERNUS ou TIFERNUS. Magin le lui conserve encore, & la nomme TIFERNO. Mr. Baudrand l'appelle BIFERNO, qui est le nom le plus usité, il l'appelle en Latin *Tifernus* & *Phiternus*. C'est, dit-il, une Riviere d'Italie au Royaume de Naples. Elle tire sa source de l'Apennin, au Comté de Molisse, près de Boviano; d'où prenant son cours vers le Levant d'Eté, elle passe à Guardia Alferez, & vers Larina, & enfin se jette dans le Golphe de Venise auprès de Termini, entre les embouchûres des Rivieres Fortore & Trigno; sur quoi il cite Jean Antoine Magin; mais cet Auteur dit *Tiferno* ou *Tiferna*, comme je l'ai déja remarqué.

a Origin. Cœnob. Belg. c. 61.

BIGAERDEN [a], Abbaye des Pays-bas en Brabant, entre Bruxelles & Asche. Aubert le Mire en parle ainsi : il y a auprès de Bruxelles capitale du Brabant deux Monasteres de Religieuses Benedictines, tous deux nommez en Latin *Bigardia*. L'un surnommé le grand, *Bigardia major*, l'autre le petit, *Bigardia minor*. Le premier est riche, ayant titre d'Abbaye n'est presque que de filles de qualité. Son fondateur fut Godefroi le Barbu Duc de Lorraine & de Brabant, qui accorda son lieu inculte de son Domaine à la bienheureuse Wivine (dont le nom se voit au 17. Decembre dans le Martyrologe Romain,) & à Emware, filles devotes, pour y bâtir un Monastere & les soumit à l'Abbé d'Afflingem. L'Acte de Donation est daté de l'an 1133. indiction XI. Cette Abbaye est à deux milles de Bruxelles.

b Ibid. c. 62.

[b] L'autre Monastere qui n'a que le titre de Prieuré, à un mille de Bruxelles, étoit autrefois situé sur la Montagne de Ste Marie nommée par les Brabançons *Varenberch*, auprès de Pepingen village du territoire de Bruxelles. Il fut fondé vers l'an 1234. sur le fonds, & par la liberalité d'un Gentilhomme, nommé Jean du Mont, comme il paroît par le Diplôme du Pape Gregoire IX. daté de Viterbe le 14. Decembre la neuviéme année de son Pontificat. Il y reste encore une Chapelle, qui marque où étoit ce Monastere ; mais Henri fils aîné d'Henri II. Duc de Lorraine, & de Brabant dans son Diplôme donné en faveur de ce Monastere l'an 1234. déclare avoir accordé à un certain G. de Bellengem la permission d'ériger une maison de Religieuses. Quoi qu'il en soit, il est certain que les Religieuses trouvant que sur la Montagne de Ste Marie elles manquoient d'eau à cause de la hauteur du lieu, elles passerent à celui où elles sont presentement, & qui est nommé OBBIGARDEN. Il leur fut donné avec les campagnes & prairies d'alentour, par Godefroi de Louvain, Seigneur de Leeuwe, frere d'Henri II. Duc de Lorraine & de Brabant, & par sa femme Marie, comme il est prouvé par le Diplôme de l'an 1251. ce fut apparemment leur fils que Jean de Louvain dont on voit le tombeau de marbre dans le cœur de la petite Bigaerden avec une inscription en Langue vulgaire qui signifie : Ci gist enterré Jean de Louvain, qui fut jadis Seigneur de Louvain, de Herstal, & de Gasbec, il mourut le 6. d'Août l'an 1324. Ces Dames avoient dès le commencement pris la regle de Cisteaux ; mais comme l'Abbé & le General de l'Ordre faisoient difficulté de les admettre à la Société & Communauté, elles se joignirent aux Benedictines, comme on le voit par un Diplôme de l'Evêque de Cambrai donné l'an 1253. adressé au Doyen de Hall, & à Maurice Chanoine de Ste Gudule à Bruxelles portant commission d'aller au Prieuré, & de s'informer juridiquement si la Prieure & les Religieuses avoient fait leurs diligences, & n'avoient pu obtenir d'être incorporées à l'Ordre de Cîteaux quoi qu'elles en eussent pris l'habit & la regle; & de lui en faire leur raport. Ce fut dans ce temps-là que ces Religieuses quitterent l'habit noir & blanc de Cîteaux pour prendre l'habit noir des Benedictines, & Pierre Cardinal de St. George Legat du St. Siége étant à Utrecht confirma ce changement par ses Lettres du 24. Septembre 1254.

BIGASTRUM, ancienne Ville Episcopale d'Espagne. Elle avoit Tolede pour Metropole; comme on voit par les anciennes Notices. Il en est fait aussi mention au Concile de Tolede. Morales cité par Ortelius dit qu'elle étoit dans la Manche vers CAPORLA. C'est un de ces Siéges dont les Maures ont détruit jusqu'aux vestiges.

1. BIGEN, Ville du Japon dans l'Isle ou Presqu'Isle de Niphon. Selon Mr. Baudrand [c], c'est la principale d'un Royaume, ou petit Etat de même nom, au pays de Ietsengo, environ à vingt mille pas de la côte vers le Nord; & à près de quatre vingt de la Ville de Méaco vers le Couchant d'hyver.

c Ed. 1705.

2. BIGEN, Royaume du Japon, assez petit dans l'Isle de Niphon, selon le même [d] & dans la Province ou pays de Jetsingo, il est borné au Levant par le Royaume de Farima, au Septentrion & au Couchant par le pays de Jamastero ; & au Midi par le Golphe de Méaco. Sa principale Ville est aussi nommée Bigen, selon que le remarque le P. François Cardin dans son Histoire du Japon.

d Ibid.

La Carte du Japon tirée par Mr. Reland des Cartes des Japonnois mêmes ne fournit aucun endroit, qui reponde à ces indices, si ce n'est BISEEN Province située au Levant de celle de Bitsfio, au Midi de celle de Mimasacka, au Couchant de celle de Farima & au Nord d'un bras de Mer, qui la sepàre de l'Isle de Siodesma. Et ce qui me persuade que le nom de Biséen est juste ; c'est que dans l'état du revenu des Rois, & autres Seigneurs du Japon avec le nom de leur residence & de leurs terres on lit [e] Matsendeyto Lonvey, Prince de la Province de Bisen : d'Ossaiamma est sa residence; 310000. Cockiens de revenu; chaque Cockien vaut environ 400. Ecus, monnoye de France.

e Voyages du Nord T. 3. p. 64.

BIGERMANICIANA. Voiez GERMANICIANA.

1. BIGERRA, ancienne Ville d'Espagne. Tite-Live [f] dit qu'elle étoit amie des Romains,

f l. 24. c. 41.

que

que pour cette raison les Carthaginois l'attaquerent, & qu'elle fut secourue par Scipion. Prolomée la nomme bien sous les Bastitains dans la Tarragonnoise; cependant sa situation ne laisse pas d'être encore fort incertaine par raport à l'Espagne moderne. Ortelius[b] raporte le sentiment de divers Auteurs comme de Beuterus & de Vasæus qui disent que c'est Bejar. Florien est assez sage pour avouer qu'il ne sait où elle étoit. Clusius croit que c'est Villena, & le prouve par d'anciennes inscriptions qu'on y a trouvées dans lesquelles on lit BIGERRA; cela paroît décisif; mais Ortelius se trompe quand il met Villena dans le Royaume de Valence; Villena quoique sur la frontiere de Valence est de la Castille nouvelle. Mr. Baudrand dit que selon d'autres c'est Bigarra village de la Castille neuve sur la Riviere de Madera, aux frontieres du Royaume de Murcie, à deux petites lieues d'Alcaraz. Je trouve sur une Montagne à l'Orient de cette Ville une Bourgade nommée Bogarra, sa situation qui est forte d'elle-même, & son nom me persuadent que c'est non seulement la BIGERRA de Tite-Live & de Ptoloméé; mais encore la Bigastrum du Concile de Tolede. Bigastrum pourroit bien être venu par abreviation de Bigerra Castrum; nous avons une foule d'exemples de ces sortes d'accourcissemens de noms. Cependant je n'affirme rien, je dis seulement ce que je pense. J'ai déja dit que les inscriptions où un nom se trouve peuvent être transportées, souvent même on y parle d'un lieu voisin par occasion. Il faut les avoir entieres pour en juger, ou du moins en avoir des fragmens considerables; la situation dans laquelle elles se trouvent enterrées sert aussi à decider. Tout cela nous manque pour les inscriptions dont parle Clusius.

2. BIGERRA & BIGERRICA. Voiez l'Article qui suit.

BIGERRI ou BEGERRI, selon Pline,[e] BEGERITANI selon Ausone, BIGERRONES selon Jules Cesar[j], ancien Peuple de la Gaule; le dernier les met entre les Peuples Tarbelli, & Preciani. Quelques-uns lisent dans ses Commentaires BIGERRIONES. C'est ainsi que lisoit Ortelius, & que lit Mr. Davies dans son Edition de Cesar. Pline les met entre Convenæ, Commingès, & Tarbelli quatuor Signani, qui n'est point Tarbe, comme l'a crû Hadrien de Valois; mais Acs ou Dacqs. St. Paulin[*] les appelle BIGERRI, & leur donne le surnom de Pelliti.

Dignaque pelliti habitus deserta Bigerris;

à cause des habits de peaux ou tout au moins fourrez de peaux qu'ils portoient pour se garantir du froid que causent les neiges & les glaces des Pyrénées[f]. Cette sorte d'habit est appellée par Sulpice Severe dans la Vie de St. Martin *Bigerrica vestis hispida*; & par Fortunat,

Hirsuta Bigerrica Palla.

Les habitans de la Bigorre & du Bearn s'en servent encore & c'est ce qu'ils appellent *Mar-*

lota. [g] Les noms de BIGERRA & BIGERRICA se trouvent dans les signatures de quelques Conciles sous les Rois Merovingiens; mais ce fut dans ce temps-là que le nom fut changé en BIGERRA & BEGORRA que l'on trouve toûjours dans Gregoire de Tours, & ce nom étoit alors commun au pays & à sa capitale, qu'on appelloit *Castrum Bigorra*. [h] Le II. Concile de Mâcon fait mention de *Ecclesia Bigorritana*. Les modernes se servent indifferemment de ces noms BIGORRI, BEGERRI BEGORRI & BEGORRI, aujourd'hui en langage du pays ce peuple se nomme les Bigarrats. Voiez BIGORRE. Une ancienne Notice des Villes de Gaule porte; dans la Province Novempopulania civitas Turba cum castro Bigorra. Turba est là pour *Tarbe*. La Ville a gardé son ancien nom, & Bigorre a donné le sien au pays.

BIGIS, ancienne Ville d'Asie dans la Drangiane, selon Ptolomée.[i]

1. BIGORRE, (la) (Mr. Baudrand fait ce nom Masculin, par un caprice auquel l'usage n'a pas voulu se conformer, Mr. de l'Isle & les autres bons Auteurs disent la Bigorre.) Province de France, qui a au Nord l'Armagnac & l'Astarac; à l'Orient le Pays de Commingès; à l'Occident le Bearn, & les hautes Pyrénées au Midi, ce pays a pris son nom des anciens Peuples BIGERRONES. Voiez BIGERRI.

[k] La Bigorre a eu le même sort que la Novempopulanie; ce que l'on peut voir à cet Article; & à celui de Gascogne. Les Ducs ou Princes de Gascogne avoient pour inferieurs les Seigneurs de Bigorre, qui avoient la qualité de Comtes. Le premier que nous trouvons, qui ait été veritable proprietaire de ce Pays, est Raymond qui vivoit au milieu du Xe. siécle. Il eut pour successeur son fils Louis, qui vécut jusqu'à l'an 1019. & eut pour successeur son fils Garcie-Arnaud, du tems duquel fut fondée l'Abbaye de St. Pey, autrement St. Pierre de Generès; par Sanche Duc & Prince de Gascogne, qui non seulement la Souveraineté de la Bigorre, mais qui y possedoit en propre plusieurs biens qu'il donna à ce Monastere, dont il établit pour Avoüé ou Défenseur, le Comte Garcie-Arnaud. Ce titre qui est rapporté en entier au III. livre de l'Histoire de Bearn, démontre invinciblement la superiorité du Duc de Gascogne sur le Comté de Bigorre; mais la race de ces Ducs ayant été éteinte, la Principauté étant venuë aux Comtes de Poitiers Ducs d'Aquitaine; ceux de Bigorre ne voulurent point faire hommage à ces nouveaux Princes de Gascogne, & ils joüirent de leur pays comme libres & indépendans durant quelques années, jusqu'à ce, que l'an 1062. Bernard Comte de Bigorre se rendit volontairement & par devotion Vassal de l'Eglise Cathedrale de Nôtre-Dame du Puy en Velay & de son Evêque, qui étoit alors Pierre de Merceur; l'Acte de cette soumission est rapporté au IX. livre de l'Histoire de Bearn. Cet hommage fut continué envers cette Eglise par les successeurs de ce Comte jusqu'au Comte Eschivat.

Bernard, qui le premier avoit fait cét hommage,

mage, ne laiſſa qu'une fille nommée Béatrix; qui époufa Centule Vicomte de Béarn, dont elle eut un fils nommé Bernard Centule, qui fucceda à ſa mere Béatrix au Comté de Bigorre. La petite-fille de Bernard Centule, nommée auſſi Béatrix, étant heritiere du Comté de Bigorre, époufa Pierre Vicomte de Marſan. Leur petite-fille (*Stephania*) Etiennette époufa Bernard Comte de Comminges, de qui elle eut une fille unique nommée Perronelle, laquelle époufa pluſieurs maris, & entre autres Guy fils de Simon de Montfort; Guy aſſiſté de ſon pere ſubjugua la Bigorre, & en chaſſa l'épée à la main les Albigeois qui s'en étoient rendus Maîtres. Elle eut de ce mari une fille nommée auſſi Perronelle, qui époufa Jourdain Seigneur de Chabanois, dont elle eut deux fils, Eſquibat ou Eſchivat, & Jourdain, auquel Gaſton de Béarn, qui avoit époufé Mathe fille de Perronelle & d'un dernier mari, diſputa la ſucceſſion du Comté de Bigorre; mais il fut débouté de ſes prétentions par une Sentence Arbitrale que rendit le Comté de Foix l'an 1256. & auſſitôt après Eſchivat, & ſon frere Jourdain donnerent au Comte de Montfort leur Comté de Bigorre par deux Actes, l'un de l'an 1256. & l'autre de l'an 1258. Ils ſe repentirent après de ce qu'ils avoient fait, & pour ſe rétablir ils firent hommage du Comté de Bigorre à Henri III. Roi d'Angleterre & Duc de Guienne, au préjudice de l'Evêque & de l'Egliſe du Puy, dont les Comtes de Bigorre étoient feudataires. L'Evêque ayant même été maintenu en ſon droit par un Arrêt & un jugement ſolemnel, cela fit tomber en commiſe ce Comté, parce que les Propriétaires avoient deſavoué le veritable Seigneur Féodal, & en avoient reconnu un autre. Le Comte de Montfort joignit ce droit à celui qu'il avoit ſur la Bigorre, & il le céda à Thibaud le Jeune Roi de Navarre & Comte de Champagne, qui reconnut l'Evêque du Puy pour Seigneur Suzerain de ce Comté. Le Roi Thibaud laiſſa ſes Etats & ſes pretentions à ſon frere Henri, qui demeura maître de la Bigorre dont herita ſa fille unique Jeanne femme de Philippe le Bel; le Roi Philippe aſſigna à ſon plus jeune fils Charles l'an 1311. le Comté de Bigorre; ce qui fut confirmé par Philippe le long l'an 1316. Ce Comté fut donné à Charles de France pour le tenir immediatement du Roi, parce que Philippe le Bel avoit acquis l'an 1307. tous les droits de l'Evêque & de l'Egliſe du Puy. Ce Prince Charles dit le Bel ſucceda au Royaume après la mort de ſon frere Philippe le long.

La Bigorre fut enſuite réunie à la Couronne; mais pour peu d'années ſeulement; car elle en fut ſeparée par la conquête qu'en fit Edouard III. Roi d'Angleterre à qui on fut contraint de ceder non ſeulement la proprieté; mais encore la Souveraineté de ce Pays par le Traité de Bretigny; Charles V. reconquit ce que ſon Pere le Roi Jean avoit perdu. Le Comté de Bigorre fit après cela partie du Domaine Royal durant cinquante ans, c'eſt-à-dire juſqu'à l'an 1423. Ce fut pour lors que Charles VII. donna ce Comté en pleine proprieté au Comte de Foix, dont les Succeſſeurs tant de la Maiſon de Foix-Grailly que d'Albret ont joüi juſqu'à Jeanne d'Albret mere d'Henri IV, lequel réunit ce Pays à la Couronne, l'an 1607.

Le Comté de Bigorre a ſes privileges diſtinguez du reſte de la Gaſcogne, & l'on y aſſemble tous les ans les Etats dont l'Evêque de Tarbe eſt Preſident. [a] La tenuë de ces Etats dure huit jours, & c'eſt le Senechal Gouverneur de Bigorre qui en fait l'ouverture, comme Commiſſaire du Roi. Tous les Deputez ſont dans la même ſale; cependant on y opine par Chambre, ſelon la forme des Etats-Generaux, & ceux qui ſont à la tête du Clergé, de la Nobleſſe, & du Tiers Etat, rapportent le ſentiment de leur Corps. Le Corps du Clergé eſt compoſé de l'Evêque de Tarbe, de quatre Abbez, de deux Prieurs & d'un Commandeur de l'Ordre de Malte. Le Corps de la Nobleſſe eſt compoſé d'onze Barons, & ceux qui poſſedent ces Baronies entrent aux Etats, ſoit qu'ils ſoient Gentilshommes ou Roturiers. Le Tiers Etat eſt compoſé des Conſuls de Tarbe, de Vic, de Bagnieres, de Lourde &c. Les Deputez des Sept Vallées ſont auſſi Membres de ce Corps. Les impoſitions ſe font dans la Bigorre ſur les biens, & par conſequent la Taille y eſt réelle.

[b] Le Senechal de Bigorre eſt d'Epée. Il commande la Nobleſſe lors de la convocation du Ban. La Juſtice ſe rend en ſon nom, & il eſt employé dans l'Etat des frais municipaux du Pays, pour la ſomme de quinze cens livres qui lui eſt payée tous les ans, ſavoir douze cens livres pour la tenuë des Etats, & trois cens livres pour la convocation d'*Iceux*. La Senechauſſée eſt du Parlement de Touloufe.

Le Comté de Bigorre à 18. lieues de long & 3. de large. On le diviſe communément en trois parties, qui ſont les Montagnes, la Plaine & le Ruſtan. Les Villes & les Bourgs les plus remarquables ſont

Tarbes,	Bagnieres,
Vic de Bigorre,	Barége,
Lourde,	St. Sever de Ruſtan,
	Jornac &c.

[a] Piganiol de la Force, Deſcr. de la France T. IV. p. 173.

[b] Ibidem. p. 168.

2. BIGORRE [c], ancienne Forterefſe de France au pays de même nom. Elle étoit Epiſcopale & la capitale du pays; cela ſe voit dans l'Article BIGERRI. C'étoit apparemment la même que Tarbe où eſt encore preſentement l'Evêché. Le nom de VIC-BIGORRE paroît favorable à ceux qui y voudroient chercher le *Caſtrum Bigorra* de la Notice déja citée, qui diſtingue en quelque façon *Civitas Turba*, d'avec cette Forterefſe; mais elles n'étoient pas ſi éloignées l'une de l'autre. Mr. de Longuerue s'explique ainſi ſur cette matiere : Tarbe a ſuccedé à l'ancienne Ville de Bigorre nommée *Begorra* ou *Beborra* par Gregoire de Tours, & le nom Tarbe ne ſe trouve point marqué avant ſept à huit cents ans : car les Notices où l'on voit ces noms *Turba*, *Tarba*, *Travia*, & quelquefois *Turſambica* ne ſont point anciennes; (cependant celle que le P. Sirmond, Hadrien de Valois, Schelſtrate & autres ont publiée & qui porte de grandes preu-

[c] Longuerue Deſcr. de la France 1. part. p. 205.

BIG. BIH.

preuves d'antiquité, comme entre autres la distinction des sept Provinces, savoir la Viennoise, la premiere & la seconde Aquitaine, la Novempopulanie, la premiere & la seconde Narbonnoise, & les Alpes Maritimes, d'avec les Provinces qu'elle nomme Gallicanes, ce qui a donné lieu de croire qu'elle est du temps d'Honorius; cette Notice, dis-je, met au nombre des douze Villes de Novempopulanie *Civitas Turba*, *ubi castrum Bigorra*. Ce mot *Ubi* au lieu de *Cum* que l'on trouve dans d'autres fait voir la proximité de ces deux lieux. L'un étoit la Ville, l'autre le Château ou la Forteresse, ce qui confirme encore le sentiment du savant Auteur cité.) [a] On voit seulement dans Gregoire de Tours qu'il y avoit auprès de la Ville de Bigorre, *in termino Behorretanæ Urbis*, deux lieux assez celebres, l'un nommé *Sectiacum* & l'autre *Talva*, & il est probable que le nom de ce dernier est corrompu en *Talba* ou *Tarba*. L'ancienne Bigorre, nommée *Civitas Begorrensis* & *Castrum Bigorrense*, a été ruinée avec la plupart des autres Villes de Gascogne par les invasions des Barbares; Tarbe s'est accrue de ses ruines. L'Eglise Cathedrale est néanmoins toûjours dans le lieu où étoit *Castrum Begorrense* qu'on nomme à cause de cela aujourd'hui LA SEDE. Voiez TARBE.

[a] Ibid.

BIGUA, Monastere d'Afrique à Carthage, auprès d'une Eglise nommée la Celebrine. Ce fut là que l'on enterra les sept Martyrs d'Afrique dont Baronius raporte la passion à l'année 484.

BIGUBA [b], Royaume d'Afrique en Nigritie, au dessus de celui de Guinala, & autour de ce bras du Rio grande qui porte le même nom; & les Peuples qui l'habitent sont appellez *Biafars* nom qui leur est commun avec d'autres Peuples. Les principales habitations sont le HAVRE DE BIGUBA où il y a quelques Portugais, & celui de Balola où demeurent les Tangos-maos. Ces Peuples sont issus, dit-on, des Portugais qui s'allierent avec les Negres; mais ils n'ont aujourd'hui nulles marques du Christianisme. Ils vont tout nuds; & ils se font des incisions dans le corps, & vivent d'une maniere aussi barbare que les autres Idolâtres de Biguba dont les mœurs diferent fort peu de celles de Guinala. Quand le Roi est mort, les plus puissants se battent entre eux pour savoir à qui demeurera la couronne, & l'on ne joüit d'aucune paix jusqu'à ce que la defaite & la soumission des vaincus ayent terminé ce diferent.

[b] Dapper Afrique p. 245.

BIGUEN, Ville du Royaume de Mongibir dans l'Empire du grand Negus, c'est-à-dire Ville imaginaire d'un Royaume imaginaire en Abissinie où il a plu à Vincent le Blanc de la mettre pour se divertir.

BIHATZ [c], Ville du Royaume de Hongrie dans la Croatie sur la Riviere d'Unna. Quelques-uns la nomment *Bihitz*. Elle donne son nom à la petite contrée de Bihats qui est aux environs, & dans la partie de la Croatie qui appartient aux Turcs. Elle est située près du Mont Plessivitza. Les Imperiaux l'assiégerent en vain l'an 1697. §. Son nom est BIHACS, & la Riviere d'Unna l'entoure de tous côtez en formant l'Isle où elle est située.

[c] Baudrand Ed. 1705.

BIH.

BIHOR [d], Canton de la Basse Hongrie avec titre de Comté. Il a au Nord les Comtez de Zabolcz & de Krasna; à l'Orient ce dernier, & la Transilvanie; au Midi ceux de Zarand & d'Arad; à l'Occident ce dernier encore & celui de Tarantal. C'est dans ce Comté qu'est le grand Waradin. Cette place & celle de St. Job sont les seules, qui soient de quelque importance. Il prend son nom de Bihor petit lieu, qui se trouve en allant du grand Varadin à Debrezen. Mr. de la Forêt de Bourgon [e] dans sa Géographie Historique nous en donne une autre idée. 1. Il met Bihor petite Ville dans la haute Hongrie, au lieu qu'il est dans la Basse; 2. il le range sous le Comté de Kalo, au lieu qu'il donne son nom au Comté où il est, qui en est appellé Comté de Bihor. 3. il y fait couler une Riviere de Kalo que l'on y passe sur un Pont. Les Memoires les plus recents, & les Cartes les plus estimées ne marquent rien de pareil.

[d] De l'Isle Carte de la Hongrie.

[e] T. 1. p. 396.

BIHRI, petite Ville de Perse sur la route d'Ispahan à Ormus au coin d'une plaine, qui aboutit à une haute Montagne. Le Caravanserai est neuf & bâti assez magnifiquement par la mere d'Aimas Kan de Lar; le grand Cha Abas ayant pris ce pays-là sur les Guebres, qu'il contraignit de se faire Mahometans. C'est ce qu'en dit Tavernier dans son Voyage de Perse [f]. Chardin [g] qui y a aussi passé dit que c'est un village de deux cens Maisons, agréable pour sa situation, bien fourni de puits & de citernes. Il y a une petite Mosquée au milieu dans laquelle est la sepulture d'un personnage tenu pour saint par les Persans Mahometans, & nommé Emir Achmed, fils de Mahamed, fils d'Aly, & de Fatmé fille du faux Prophéte Mahomet. Le Peuple tient que la sepulture est dans cette Mosquée depuis neuf cens vingt-trois ans, (ce qui doit s'entendre jusqu'au temps où Chardin s'en informoit.) La structure en est pourtant assez nouvelle, faite en dôme ayant au dessus une maniere de petit clocher d'une assez industrieuse façon. La tombe qui est élevée de trois pieds, n'est couverte que d'une petite Serge rouge. Contre la muraille de la Mosquée, à la gauche en entrant on apperçoit un Caillou gros comme les deux poings pendu à un crampon de fer. Ce Caillou a deux trous au milieu l'un près de l'autre, & les gens du pays racontent que le St. l'a enterré étant à la guerre. Un de ses ennemis l'ayant découvert comme il faisoit ses prieres il lui jetta un Caillou gros comme la tête, justement comme il levoit les mains en haut; lequel tomba sur ses doits & se brisa en deux; une moitié qui est le Caillou appendu entrant dans ses deux doigts sans lui faire le moindre mal. Il a cette vertu, à ce que disent les gens du lieu, que faisant couler de l'eau à travers les deux trous; elle guerit les playes qu'on en lave. Sous ce Caillou, on lit une sentence d'Ali dont le sens est tel: *Quand Dieu vous a donné la victoire, la meilleure action de grace que vous lui en sauriez rendre; c'est de pardonner à vos ennemis. Ce pardon est la decime de la victoire que vous avez remportée sur eux.* A l'entrée de la Mosquée aux côtez il y a deux chambres, où l'on tient

[f] l. 5. c. 22.

[g] Voyages T. 9. p. 210. & seq.

les

520　BIH. BII. BIJ.　　　　BIJ. BIK. BIL.

les écoles, & au derriere deux cours qui servoient de logement aux pauvres passans avant qu'il y eût de Caravanserai dans ce Bourg. Au reste je dois remarquer au sujet de ce Saint des Mahometans qu'il y a sur toute cette route, & generalement dans toute la Perse, grand nombre de Chapelles & de tombeaux de pareils Saints. Les Persans les appellent PIR, ou SAHIED, ou IMAN ZADE, comme nous disons Saint & Bienheureux. Le Caravanserai de Behri a été bâti par la mere d'un Gouverneur de *Laar* nommé Ahvez bec & consacré à son nom; c'est un des plus beaux & des plus spacieux de la Perse, tout de pierre vive de foixante-douze pas de face fur foixante-deux pieds de hauteur, couvert d'une terrasse fort unie, munie de rebords de deux pieds de haut. Le dedans est divisé en vingt-huit logemens séparez de chaque côté. Celui du milieu le double plus grand que ceux des côtez, & derriere sont des écuries larges de dix-sept pieds entre de hauts portiques pour le logement des palfreniers. Il n'y a point de Caravanserai pareil sur toute la route d'Ispahan ou Golphe Persique, ni si bien entretenu. On lit sur le haut du portail une inscription en vers dont la fin a des lettres numerales, qui marquent l'année de sa fondation, savoir l'an 1058. de l'Hegire, qui repond à l'année 1648. de l'Ere Chrétienne. Chardin nomme ce lieu BEHRI, & le qualifie tantôt Village, tantôt Bourg. Un Voyageur Hollandois[a], qui y passa en 1705. nomme ce lieu BIERIES, & le traite de Village. Nous arrivames, dit-il, à une heure du matin au Caravanserai de Bieries, dans la plaine après une traite de cinq lieues. C'est un grand & bel Edifice de pierre, bien bâti auffi bien que le reste du village, qui est rempli de palmiers & autres arbres. On trouve à une lieue delà les ruines d'une ancienne Fortereffe, une muraille autour de la Montagne, & quelques ruines fur le fommer. On nomme cet endroit Koetel Beries, & il y a un puits taillé dans le roc. Chardin[b] met Behri à huit grandes lieues de Laar en venant d'Ispahan.

[a] Corn. le Brun Voyage de Moscovie & de Perse p. 316.

[b] l. c.

BII, Bioi, ancien Peuple de la haute Panonie, selon Ptolomée[c].

[c] l. 2. c. 15.
[d] Corn. Dict.

BIJAGOS[d], Negres qui habitent plusieurs Isles qu'on trouve au delà de celles de Buramos vers le Sud. Ces Isles qu'on dit être au nombre de dix-sept sont situées vis-à-vis des pays sujets aux Rois de Guinala & de Besegui. Elles sont belles & fertiles, & rendent fort bien toutes les semences qu'on y jette; même elles sont telles que les habitans en retirent de quoi se nourrir sans les cultiver. Il y croît une infinité d'arbres & entre autres des palmiers dont ils tirent du vin, de l'huile & force autres choses. Il y a beaucoup de ris, & cette fertilité vient de plusieurs Rivieres, qui arrosent toutes ces Isles. On y trouve auffi du fer, de la cire, de l'yvoire, & du poivre long que les Portugais appellent *Pimenta de Cola*, qui est une marchandise fort estimée même des Turcs & des Sarrazins. Ces Insulaires pourroient encore avoir de l'ambre gris, s'ils le connoissoient; mais la Mer qui en pouffe souvent sur le rivage le remporte sans qu'ils se mettent en

[Jarric l. 5. c. 44. & 47.]

peine de le chercher. Ils ont auffi divers animaux Terrestres, & grande abondance de poissons. Ils sont fort cruels, & font une rude guerre aux Biafares & aux Portugais, qui demeurent dans leurs terres. Comme ce pays est entrecoupé de bras de Mer, les Bijagos sortent de leurs Isles lorsqu'on y pense le moins, & avec leurs bâteaux qui sont fort legers, ils se jettent à l'improviste dans les lieux voisins où ils font un grand dégât. Ces peuples sont si puissans, qu'ils ont reduit quelquefois le Roi de Biguba à se cacher dans les bois avec ses Sujets, par la crainte qu'il avoit d'éprouver la Barbarie de ces Insulaires.

§. Ces Peuples ne diferent point des BISAGOS ou BISEGOS. Voiez BISAGOS.

BIKEND, Ville d'Asie dans la Tartarie au delà de l'Oxus à une journée de la Ville de Bokhara dont elle dépend. Quelques-uns même la placent dans l'enceinte du grand mur de douze Parasanges de tour, qui enferment toutes les Bourgades de Bokhara. On lui donne 96. ou 97. d. 50. de longitude, & 39. ou 40. d. de latitude Septentrionale. On voit affez que Mr. d'Herbelot a pris cela d'Abulfeda où l'on trouve

Bicand selon { Albiruni 86. d. 30'.　　de longitude
　　　　　　　 { Alfaras 87. d. 50'.

Mais tous les deux s'accordent à 39. d. 0. de latitude. On y lit enfuite: au commencement du cinquième climat, l'une des Villes de Bochra, en dedans de la muraille: elle est à présent ruinée. Comme Naffir-Eddin & Ulug-Beg n'en parlent point dans leurs Tables, je ne fais où Mr. d'Herbelot a pris la diversité de 39. ou 40. degrez de latitude. Ce n'est aucun de ces trois Auteurs qui la fournit. Abulfeda, comme on a vû, en parle comme d'une Ville détruite. Cependant Mr. d'Herbelot dit: cette Ville a une muraille très-forte, & une belle Mofquée accompagnée d'un portique dont les ornemens font enrichis d'or & d'azur.

BIKOUT ou BICOUT[e], Ville d'Asie, au Mogoliftan. Les Géographes Arabes lui donnent 133. d. de longitude fur 52. de latitude. Elle est à l'Orient Meridional du Lac de Kitay, au Midi du Lac Baycal, & par conséquent la longitude est très-excessive.

[e] Hift. de Timur-Bec l. 3. c. 6. p. 47.

BIL[f], Fortereffe d'Asie, en Georgie près de la Ville de Semavé à la bouche du détroit de Georgie. L'Historien de Timur-Bec en parle ainsi: à la bouche du détroit il y avoit une Fortereffe, qui étoit fort élevée & de dificile accès. Cependant notre armée ne fut pas plutôt arrivée qu'elle eut ordre de l'affiéger, & le siége & la conquête de la place ne furent presque qu'une même chose, l'ayant prise ils la raferent de peur qu'elle ne fût une autre fois utile aux ennemis.

[f] Ibid. l. 5. c. 91. p. 246.

BILAENA ou BILBANA, ancienne Ville de l'Arabie heureuse, selon Ptolomée[g] dont les Exemplaires varient. On tient que c'est présentement la petite Ville du Berou. C'est Ortelius[h] qui le dit après Caftald; Mr. Baudrand parlant de Berou[i] dit qu'elle s'appelloit anciennement *Bilaena*, *Bilbana*; ni l'un, ni l'autre

[g] l. 6. c. 7.
[h] Thefaur.
[i] Ed. 1705.

BIL.

tre ne se trouvent dans Ptolomée. Les exemplaires ont *Bilaena* ou *Bilbana*.

BILAEUS, BILIS, & BILLÆUS. Voiez ZALISCUS.

BILAGIR, Montagne d'Asie, au Mogolistan; l'Historien de Timur-Bec[a] dit que ce Prince decampa de Jalich, & que passant par Cagirtou (Bourg) & par Bilagir, on se rendit à Yulduz où l'on campa. Le Traducteur met cette Montagne à 135. d. de longitude, & à 50. de latitude.

[a] l.3.c.6. p.53.

BILBA, ancienne Ville d'Asie dans la Babylonie, selon Ptolomée. Quelques exemplaires portent BIBLE', au raport d'Ortelius; celui de Bertius dit BILBE', Βίλβη, ou Βίβλη BIBLE'.

BILBANA. Voiez BILAENA.

BILBAO; quelques Espagnols écrivent VILVAO par l'affinité qu'ont dans cette Langue les deux lettres B. & V. Mr. Baudrand dit BILBAU, d'une maniere vicieuse; car quoique l'o final soit très-bref il ne laisse pas de se faire sentir: Ville d'Espagne, avec un Port de Mer dans la Biscaye dont elle est la capitale. [b]Cette Ville est située dans une plaine où aboutissent des Montagnes très-hautes. La marée qui monte dans la Riviere d'Ybaiçabal y forme un Port de *Barre* fort assuré, ce qui fait qu'il est extrêmement frequenté, & qu'on y charge tous les ans un grand nombre de vaisseaux, pour divers endroits de l'Europe. C'est un séjour fort agréable, à cause de la beauté du lieu, des agrémens de sa situation, de la bonté de l'air qu'on y respire, qui y est fort temperé, de la fertilité de son terroir, & de la grandeur du commerce qui s'y fait, & qui rend cet endroit l'entrepôt de la plus grande partie des marchandises, qui vont en Espagne de France, de Hollande & d'Angleterre, & de celles qui vont d'Espagne en ces pays-là. Un Seigneur de Biscaye nommé D. Diégo Lopez de Haro, fonda cette Ville environ l'an 1300. dans l'endroit où étoit anciennement le Port des Amanes, où la *Flaviobriga* des Anciens & l'appella BELVAO, c'est-à-dire *beau gué*, d'où par corruption on a formé le nom de Bilbao. La fertilité du pays fait que les vivres y abondent tellement, & y sont si bon prix, qu'il n'y a point de Ville en Espagne qui lui soit comparable à cet égard.

[b] Vayrac Etat pres. de l'Espagne T.1.p.305.

BILBER, Ville d'Asie dans la Perse, [c]dans le Circan contrée du Sigistan, & à la source de la Riviere d'Imentel, qui se décharge dans l'Ilment. Mr. Baudrand a pris cela de la Carte de l'Empire du Sophy des Perses par Mrs. Sanson; mais ce pays est si peu connu encore à present qu'il y a bien à rabattre des connoissances que cette Carte en donne. Presque toutes sont très-incertaines; mais ce qu'ajoute Mr. Baudrand, que Bilber peut être l'ancienne *Arbis* Ville de la Gedrosie, n'est qu'une conjecture fondée sur une legere ressemblance de nom. Si l'Arbis étoit sur l'Ilment, & que cette Riviere soit la même que l'Arbis des Anciens, ce ne sauroit être Bilber. Voiez ARBIS 2.

[c] Baudrand Ed. 1705.

1. BILBILIS, ancienne Ville de l'Espagne Tarragonnoise dans la Celtiberie, selon Strabon[d]. Antonin dans son Itineraire la met

[d] l.3.p.160.

BIL. 321

dans deux diferentes routes de Merida à Sarragoce entre *Aquæ Bilbilitanæ* dont je parlerai ensuite, & Nertobriga, à XXIV. mille pas de ces eaux & à XXI. mille de cette derniere. Par le calcul de cet Itineraire elle étoit à LI. M. P. de Sarragoce. On a jugé assez precipitamment que c'étoit CALATAIUD; mais il est prouvé qu'elle ne le sauroit être. Martial dont elle étoit la patrie fournit dans ses vers de quoi refuter cette erreur. J'en touche quelque chose au mot *Calataiud*. J'ajouterai ici & les preuves de ce que j'y dis, & des particularitez qui regardent cette ancienne Ville. Martial dit

Municipes, Augusta mihi quos Bilbilis *acri*
Monte creat rapidus quem Salo *cingit aquis.*

Cela ne convient point à Calataiud, qui n'est point sur une Montagne; mais dans une plaine, & il faut qu'elle soit sur une Montagne entourée du Xalon. Surita dit que l'on a trouvé des ruines de Bilbilis au village de Huermeden; mais on trouve à presque une demie lieue Espagnole de Calataiud une Montagne nommée Baubala presque entourée des eaux du Xalon, où se trouvent encore à present quantité de ruines d'antiquitez, des medailles de diferentes sortes de metaux; ces circonstances jointes à la ressemblance du nom, & à la description de Martial deviennent autant de preuves. [e]Cette Ville avoit le surnom d'*Augusta*, qui se trouve dans quelques Medailles de Tibere. Sur l'une on lit M. AUGUSTA BILBILIS. TI. CÆSARE III. c'est-à-dire *le Municipe de Bilbilis Augusta sous le troisiéme Consulat de Tibere Cæsar*. Sur une autre on lit M. AUGUSTA BILBILIS TI. CÆSARE V. L. ÆLIO SEJANO. [f]Le R.P. Hardouin fournit aussi deux Medailles dans l'une desquelles il y a MUN. AUGUSTA. BILBILIS L. COR. CALDO. L. SEMP. RULLO. II. VIR. & sur le revers AUGUSTUS DIVI F. PATER PATRIÆ. L'autre avec la même qualification fut frapée sous Caligula; mais une Medaille publiée par Patin[g], & qui est presentement dans le cabinet du Roi de France porte BILBILIS ITALICA. C'en seroit assez pour quelques-uns qui voudroient trouver une Ville de ce nom en Italie; mais le R. P. Hardouin remarquant un Cavalier explique ce mot *Italica*, comme s'il signifioit que des recrues avoient été levées à Bilbilis pour completter la Legion Italique. *Vox* ITALICA *notat scriptos ex ea Colonia milites in Legione Italica mereri stipendia potuisse*. La Cohorte Italique est nommée dans les Actes des Apôtres où il est dit que Corneille étoit Centurion de cette Cohorte. *Cornelius Centurio Cohortis qua dicitur Italica.* Les Traducteurs François sous-entendent de la Legion; ce n'étoit pas seulement cette Cohorte qui étoit appellée Italique, ou Italienne, c'étoit la Legion entiere dont elle faisoit partie. Cette Ville étoit fameuse par ses forges. Ce n'est pas qu'il y eût des mines de fer; mais parce que les eaux du Xalon avoient en cet endroit une merveilleuse qualité pour tremper le fer & l'acier. Pline dit[h] toutes les eaux ne sont pas également bonnes pour y tremper le fer chaud. Il y a par-ci-par-

[e] Cellar. Geogr. ant. l.2.c.1.T.1.p.128.

[f] Numi antiqui p.35.

[g] P.35.

[h] l.34.c.3.

Tom. I. PART. 2. § s

là des lieux auxquels le fer a donné de la reputation à cet égard ; comme Bilbilis & Taraçona en Espagne , & Côme en Italie quoi qu'il n'y ait point de mines de Fer. Martial n'a eu garde d'oublier les éloges du fer de Bilbilis. Il en parle ainsi[a] dans une de ses Epigrammes.

[a] l. 4. Epigr. 55.

Nostra nomina duriora terræ
Grato non pudeat referre versu:
Sævo Bilbilin optimam metallo,
Quæ vincit Chalybasque, Noricosque.

2. BILBILIS, Riviere d'Espagne ; Justin l'Abreviateur de Trogue Pompée dit parlant des Galliciens : la principale matiere de leurs armes est le fer auquel la trempe donne plus de force qu'il n'en avoit. Aucun trait ne passe pour bon s'il n'est trempé dans le fleuve Bilbilis ou dans le Chalybe, d'où vient que les Chalybes, qui habitent dans le voisinage de cette Riviere passent pour avoir de meilleur fer que les autres. Hierome Pablo de Barcelone[b] croit que cette Riviere Bilbilis est la même que le Xalon, & il y a tout lieu de le croire. Justin entendant parler du fer de Bilbilis, a cru que la Riviere s'appelloit comme la Ville. Cependant comme il n'est pas aisé de dire comment les Galliciens chez qui étoit le Chalybe, avoient du fer trempé à Bilbilis dans le Xalon, Ortelius dit : je sais néanmoins un certain homme, qui met cette Riviere de Bilbilis dans la Galice, & lui donne pour nom moderne BUBAL. Cela est aussi très-vraisemblable.

[b] De Flum. Hisp.

3. BILBILIS. Voiez BIBIUM.

BILBILITANÆ AQUÆ, eaux minerales & medicinales sur la route de Merida à Sarragoce, comme l'enseigne Antonin dans son Itineraire à vingt-quatre mille pas de Bilbilis, & avant que d'y arriver. Quelques-uns croient que ce sont les Eaux d'ALHAMA. Voiez ALHAMA 3.

BILBINA, Ville d'Asie dans la Perse, selon Etienne le Géographe.

BILBIS, ancienne Ville d'Espagne dans la Celtiberie, selon Ptolomée[c]. C'est une faute ; il faut lire BILBILIS.

[c] l. 2. c. 6.

BILBIUM, ancien nom d'un lieu d'Espagne, nommé à present CASTILLO VILLOVIO, peu loin du Monastere nommé *Santa Maria de la Cogolla*, près de Naiara, selon Moralès au 2. livre de la Chronique d'Espagne citée par Ortelius[d]. Ce lieu est dans le petit pays de Rioja.

[d] Thesaur.

BILCAS, Riviere de l'Amerique Meridionale au Perou. Elle prend sa source dans la Province de Soras, & tire son nom d'un Palais appellé aussi Bilcas, qui fut anciennement le plus somptueux de ce grand Empire. Il n'en reste aujourd'hui que quelques masures. Il y a presentement une Bourgade d'Indiens entourée de tous côtez de plusieurs Villages, qui ont leur Corregidor. La terre y est extrêmement haute. On compte sept lieues de Bilcas jusqu'à Vramarca, & au milieu de l'une & de l'autre coule la Riviere de Bilcas qu'on passe sur un Pont, qui a cent soixante pas de longueur.

Il ne paroît pas que cette Riviere seule rende un tel pont necessaire à moins qu'en certaines saisons elle ne soit debordée par quelques torrens. Sa source est par le 306. degré de longitude, & par le 14. degré de latitude Sud. Son cours est vers le Nord-Est, & après un cours d'environ 45. lieues elle se mêle avec la Vinoque avec laquelle elle se va perdre dans la Riviere de Maragnon. La Bourgade de Bilcas est sur sa rive gauche avant sa jonction avec la Vinoque, & du côté de Guamangas dans l'Audience de Lima.

BILCHES, Village d'Espagne en Andalousie au Royaume de Jaen à trois lieues d'Ubeda, au Nord de Baeça sur la rive droite de la petite Riviere, qui tombe dans le Guadalquivir auprès d'Anduxar. Quelques-uns y cherchent ABULA ancienne Ville de l'Espagne Betique ; que d'autres cherchent à Villa Gorda Village du Royaume de Grenade.

BILEDULGERID, quelques-uns écrivent pour abreger BILDULGERID, c'est-à-dire *le pays des Dates* ; grand pays d'Afrique. Ce pays a des bornes bien diferentes dans les ouvrages des Géographes, & ils ne sont guéres d'accord sur l'étendue qu'ils doivent lui donner, les uns l'agrandissent, les autres le resserrent. Marmol qui en a voulu parler, ne sait pas trop ce qu'il en doit dire. Tantôt il dit : [e] le Biledulgerid ou le pays des dates a été nommé par les anciens Gétulie ou Numidie, des Nomades ou Pasteurs, parce que ces peuples errent continuellement par la campagne après leurs troupeaux, & la plupart habitent dans des cabanes faites de branches d'arbres que les Anciens appelloient *Mapalia*. Je me dispense de relever ici la fausseté de ce qu'on lit en marge, savoir que Ptolomée nomme la partie la plus Orientale de la Numidie la Libye Cyrenaïque ou Pentapolis, à cause qu'elle contient cinq grandes Villes. Je ne sais à qui attribuer cette remarque ou à Marmol, ou au Traducteur, ou à Richelet qui a été chargé de l'édition après la mort d'Ablancourt. Je me contente de dire que Ptolomée ne donne aucun lieu de lui attribuer cette extravagance, & qu'il ne dit nulle part que la Numidie s'étendît jusqu'à la Pentapole, ni ne la nomme Libye Cyrenaïque. Il sembleroit de la maniere que Marmol s'explique dans les paroles citées ci-dessus que la Numidie, & la Getulie fussent la même chose. C'étoient au contraire des pays très-diferens. Marmol parle ailleurs bien differemment de ce pays-là. Sans nous dire en quoi consiste le Biledulgerid pris dans un sens très-étendu, il traite au Chapitre 53. du VII. livre de la partie du Biledulgerid, qui en porte particulierement le nom. C'est, dit-il, la partie du Biledulgerid, qui s'étend depuis la frontiere de Biscara jusqu'à l'Isle de Gelves. Elle est fort éloignée de la Mer du côté où sont les Villes de Teusar & de Cassa ; ce sont des lieux fort chauds & fort secs où il ne croît point de bled ; mais il y a de grandes contrées de palmiers, qui raportent une infinité de dates, ce qui a donné le nom au pays, qui en fournit toute la côte du Royaume de Tunis, & plusieurs Villes de la Barbarie. Nous raporterons, poursuit-il, ses Villes & ses habitations, & nous contenterons de dire ici que c'est l'état des Carthaginois

[e] L. 1. c. 5.

BIL.

nois que l'on appella Nasamoniens dont une des Places garde encore le nom. Ces Peuples ont au Levant les Cyrenéens, dont la plûpart sont maintenant sujets aux Seigneurs de Tripoli, qui est à l'Orient de cette Province. Il y a dans tout ceci un Galimatias qu'il n'est pas facile de débrouiller. Où est-il allé prendre qu'il y avoit des Carthaginois nommez Nazamoniens? Voiez NASAMONS.

Si j'avois l'original de Marmol je saurois si c'est lui ou son Traducteur, qui a entassé tant de choses qui ne determinent rien. A dire vrai, je soupçonne ce dernier d'avoir mal entendu l'Espagnol & d'avoir rendu obscurité pour obscurité. Mr. Baudrand ne trouvant que de l'obscurité dans Marmol a fait un Article du Biledulgerid d'après les Cartes de Mrs. Sanson, & le met sur le compte de Jean Léon qu'il n'a certainement pas consulté, puis qu'excepté le nom de Biledulgerid, cet Africain n'a pas un seul mot de ce que Mr. Baudrand lui fait dire. Le Bildulgerid, dit Mr. Baudrand[a], Region d'Afrique fort étenduë de l'Orient à l'Occident. Les *Allemands* l'appellent BELED EL GERID, c'est-à-dire le pays de Dates. (Comme ce nom n'a nul raport avec la Langue Allemande, & que les Allemands n'ont rien à voir dans le pays dont il est ici question, Mr. Baudrand a sans doute voulu dire *les Arabes* ou *les Africains* ou quelque chose de pareil.) Il est un des plus grands d'Afrique, ayant au Septentrion la Barbarie, au Levant l'Egypte, au Midi le Zaara ou le desert, & au Couchant il va jusqu'à l'Océan Atlantique ou Occidental. Il comprend beaucoup de pays sous lui & les principaux sont ceux de Tesset, Dahra, Tafilet, Segelmesse, Tegorarin, Zeb, le Biledulgerid proprement dit, & le desert de Barca, selon Jean l'Africain & Sanut. Si ce dernier n'a pas été plus consulté que l'autre, la citation est fausse sans nulle exception. Voici les propres paroles de Jean Leon: [b] la seconde partie de l'Afrique est nommée Numidie par les Latins & Biledulgerid par les Arabes, c'est ce pays qui produit les Dates. Au Levant il commence à Eloacat Ville distante de l'Egypte de cent milles; il s'étend à l'Occident jusqu'à Nun Ville de la Mer Mediterranée: au Nord il est fermé par l'Atlas, savoir par la partie de la Montagne qui est exposée au Midi: il est terminé au Midi par le desert sablonneux de la Libye. Quoique cette description soit assez mal orientée elle prouve que selon Jean Léon le Biledulgerid ne s'étend point depuis l'Egypte jusqu'à la Mer Atlantique; puisque du côté de l'Egypte il s'en faut cent milles qu'il n'aille jusques-là, & que de l'autre il s'étend jusqu'à la Mediterranée; ce qui ne sauroit être vrai. J'ai déja raporté ce que dit Marmol du Biledulgerid proprement dit. Les Cartes depuis long temps donnoient au Biledulgerid toute l'étenduë raportée ci-dessus dans l'Article de Mr. Baudrand, & comme ceux qui font des Cartes sont fort portez à se copier les uns les autres, cette disposition se retrouve dans quantité d'Afriques, qui quoique sous des noms diferens, car chacun y veut mettre le sien, ne font en gros que des multiplications des Cartes de Messieurs Sanson.

Tom. I. PART. 2.

[a] Ed. 1705.

[b] l. 1. fol. 1. verso. Edit. Antuerp. 1556. ou bien c. 3. p. 2. Edit. Tiguri. 1559.

BIL. 323

Elles se retrouvent dans celle du P. Coronelli & de Mr. l'Abbé du Tralage, Auteur qui a fait graver diverses Cartes sous le nom de Tillemont. Mr. de l'Isle est venu ensuite qui trouvant que cette énorme étendue du Biledulgerid n'étoit fondée sur aucune autorité Géographique l'a reduite à ses justes bornes. Selon lui le Biledulgerid est un petit pays d'environ soixante lieues en quarré, précisément au Midi du Royaume de Tunis, bordé à l'Orient par des Montagnes, qui le separent du Royaume de Tripoli, au Midi par une vallée qui le separe du pays des Gadamis, & à l'Occident par une chaine du Mont Atlas, qui est entre lui & la partie Meridionale du Royaume d'Alger. Il n'est lui-même que la partie Meridionale du Royaume de Tunis, coupé en deux par une chaine de Montagnes. Dans toutes les Sciences purement humaines il faut un grand courage pour oser les ramener à la simplicité des premieres connoissances, & à depouiller le peu que l'on fait effectivement d'avec l'alliage que des personnes temeraires y ont ajouté de plus, afin de paroître savoir ce que d'autres qu'eux ne savoient pas. D'habiles gens venant ensuite trouvant les hommes accoutumez à telle ou telle disposition du pays, la regardent comme une chose déja prescrite jusqu'à ce qu'il paroisse un homme assez éclairé pour appercevoir l'erreur, & assez hardi pour heurter l'opinion publique; il est rare qu'on le fasse impunément, & il en coute des contradictions.

BILEFELD[c], Ville d'Allemagne au Cercle de Westphalie. Son nom s'écrit aussi Bielfeld. Elle est à sept milles d'Osnabrug, & à deux d'Hervord entre les Comtez de Rietberg & d'Engern, dans celui de Ravensperg. Son nom vient de l'Allemand Biel ou Beil, qui signifie une hache pour abbâtre des arbres, & du mot *Feld*, qui veut dire une plaine, car on essarta beaucoup d'arbres dans la plaine & sur la Montagne voisine pour bâtir la Ville. On trouve encore beaucoup de bois aux environs. Hors la Ville sur la Montagne, & sur une roche est le fort Château de Sparenberg. Cette Ville étoit autrefois Anséatique: on y fait d'assez belle toile. Peu loin delà est la source du ruisseau Lutter, qui assez près de cet endroit va se mêler avec un autre ruisseau. Cette Ville fut prise & reprise plusieurs fois durant les guerres civiles d'Allemagne.

BILENOS[d], Ville de Turquie en Asie, en Natolie dans le Becsangil. Quelques-uns la prennent pour la POLICHNA des Anciens. Voiez ce mot.

BILHOM. Voiez BILLON.

BILIBUM, une Notice Episcopale[e] met sous le Patriarchat d'Antioche sous la Metropole de Tyr, un Siége nommé ainsi. Une autre[f] nomme ce même Siége BIBLIENSIS, & dit que la Ville anciennement nommée BIBLIUM étoit alors nommée GIBELECH. Voiez BYBLOS.

BILIBUSCA, petite Ville de Turquie en Europe, en Macedoine, sur les confins de la Romanie, & au pied du Mont Karopnize. Quelques-uns l'appellent BAGNABEBUSSO; il y a un Evêque Grec, selon Mr. Baudrand qui cite Holstenius.

[c] Zeyler Westph. Topogr. p. 10.

[d] Baudrand.

[e] Schelstrate Ant. Ecclef. T. 2. p. 770.

[f] Ibid. p. 750.

BI-

BIL.

BILIGA, Paul Diacre dans son Histoire des Lombards nomme tout de suite plusieurs Châteaux situez dans le territoire des Venitiens vers le Frioul ; sçavoir *Biliga*, *Conihona*, *Memasum*, *Osopinm*, *Artenia*, *Reumari*, *Glemona*. Tous ces noms sont bien diversement écrits dans differens Exemplaires entre les Variantes que fournit Ortelius. On peut voir celles que donne Bonaventure Vulcanius, qui a publié cet Historien. Au lieu de *Biliga*, quelques exemplaires portent *Bilige*, d'autres *Ibligine*, d'autres *Mibligine* à l'Ablatif. Les autres noms varient à proportion. Ortelius trouve que tous ces lieux ont gardé leurs anciens noms, & qu'on les retrouve encore dans le Frioul où l'on les appelle Osopo, Gemona, Artegnia, &c. Il croit que *Memasum* est presentement l'Abbaye de Mazo, ou Mozza comme écrit Magin. Tous ces lieux se trouvent aux environs du Taiamento: auprès de Gemona sont Artegno, Osopo, &c. L'Abbaye de Mozza est un peu plus haut vers le Nord. Lazius dit que *Conihona* doit être *Coniglona*.

BILINA, Riviere de Suede dans l'Helsingland. Le Quartier de Sundhede l'un des trois de cette Province est partagé en deux parties presque égales par le Lac & la Riviere de Bilina, selon Zeyler [a].

[a] Sueciæ nova desc. p. 10.

BILIS. Voiez ZALISCUS.

BILITIO ou BILITIONUM. Voiez BELLINZONE.

[b] Sanson Atlas.

1. **BILLA** [b], petite Riviere ou ruisseau, de la Carniole aux confins du Frioul ; elle a sa source au Nord de la Ville de Friuli dans les Montagnes, qui separent les deux Provinces ; passe à BILLA Bourg d. à Chiavoretto g. ensuite elle se jette dans le Lisonzo ; dans la vallée de Chiavoretto.

2. **BILLA**, Bourg de la Carniole sur une Riviere de même nom.

3. **BILLA**, ancien Village d'Afrique dans la Marmarique. La Version Latine [c], à ne consulter qu'elle, en fait une Ville. Car à la tête de la liste dont Billa est la derniere, on y lit *in Marmarica Oppida Maritima*, ce qui signifie de *petites Villes* ou du moins *des Bourgs*; mais le Grec porte Κῶμαι, *des Villages*.

[c] Ptolom. l. 4. c. 5.

BILLE, Riviere d'Allemagne au Cercle de la basse Saxe. Elle a sa source non dans la Wagrie ; mais à Limou en Stormarie & à Boghorst en Lawenbourg ; de là coulant vers le Sud-Ouest entre ces deux Provinces auxquelles elle sert de bornes jusqu'à Bergerdorp, elle prend un cours à peu près parallele à celui de l'Elbe jusqu'à Hambourg, où elle se perd dans ce fleuve ; comme je l'ai remarqué plusieurs fois étant sur les lieux en 1705. & 1719.

BILLERSBECK, Bourg d'Allemagne en Westphalie dans l'Evêché de Munster, au Quartier de Horstmar, selon Mr. Baudrand [d]. Ce n'est qu'un village au Nord-Est de Coesfeld. Il y en a encore un de même nom au pays de Brunswig au Bailliage de Gandersheim.

[d] Ed. 1705.

BILLEVELT. Voiez BILEFELDT.

1. **BILLI**, petite Ville de France en Bourbonnois. Mr. Piganiol de la Force [e] nous en donne une fort chetive idée quand il dit qu'el-

[e] Desc. de la France T. 5. p. 267.

le n'a qu'environ soixante & huit feux, & deux cens habitans dont la plupart vivent des Aumônes que leur font ceux qui passent pour aller à Vichi.

2. **BILLI** [f], Baronie de France en Artois, à une lieue de la Bassée, sur les confins de la Flandre.

[f] Dict. Géogr. des Pays-bas.

3. **BILLI-EN-GOHELE** [g], Village de France en Artois entre Lens & Hennin-Lietard.

[g] Ibid.

4. **BILLI** [h], petite Riviere d'Allemagne dans la haute Carniole. Elle a sa source dans les mêmes Montagnes où le Lizonzo a aussi les siennes, elle passe à Billigrats d. à Kestenboch Village, puis se recourbant vers le Sud-Est elle se va joindre aux Rivieres d'Igg, & du petit Laubach, & vont ensemble par la Ville de Laubac se perdre dans la Sawe.

[h] Sanson Atlas.

BILLIGRATZ [i], Bourg d'Allemagne au Cercle d'Autriche dans la haute Carniole sur la Riviere de Billi environ à quatre lieues de la Ville de Laubach du côté de l'Occident.

[i] Baudrand Ed. 1705.

BILLON, en Latin BILIOMAGUS, Ville de France en Auvergne. Elle est assez grande ; mais pauvre. Il y a un Chapitre qui a trois Dignitez, l'Abbé, le Doyen & le Chantre. L'Abbé est à la nomination du Marquis du Terrail en qualité de Seigneur de Montaigu, Listenois & Reignac, l'Abbaye aiant été fondée des Prebendes supprimées de Reignac. Le Chapitre confere le Doyenné, la Chantrerie, & quatorze Prebendes Hebdomadales affectées aux Choristes : toutes les autres Prebendes sont à la collation de l'Evêque de Clermont. Le College des Jesuites a été fondé par Guillaume du Prat Evêque de Clermont. Cette Ville fut donnée à l'Evêque de Clermont par la famille des Aycelin originaire de Montaigu Listenois près de Billon de laquelle il y a eu trois Cardinaux, dont deux ont été Chanceliers de France. Gilles Aycelin, appellé le Cardinal de Montaigu fut fait Chancelier de France le 27. Fevrier de l'an 1309. & fonda le College de Montaigu à Paris en 1314. Hugues Aycelin, appellé le Cardinal de Billon, fut aussi Chancelier de France, & mourut le 5. Decembre de l'an 1378. Pierre Aycelin, frere du precedent, fut Religieux Benedictin, Evêque de Laon, Cardinal, & Chancelier du Duc de Berry, lorsqu'il n'étoit que Comte de Poitiers.

BILSEN, petite Ville des Pays-bas au pays de Liége, au Comté de Lootz, sur la Demer à une grande lieue au Septentrion de Tongres, & à deux lieues de Mastricht à l'Occident. Elle appartient à l'Evêque de Liége.

BILSTEIN [k], gros Bourg d'Allemagne dans la Weteravie aux confins du Comté de Solms, & donne son nom à une Seigneurie, qui confine avec les Principautez de Dilenbourg, de Hadamar & avec les Comtez de Solms & de Weilbourg. Cette Seigneurie fait partie de l'ancien Patrimoine des Comtes de Nassaw, & appartient à la branche de Hadamar.

[k] Corn. Dict. & d'Audifret Géogr. T. 3.

BILTA, ancienne Ville Episcopale d'Afrique, selon Ortelius [l] qui cite St. Augustin, St. Cyprien, & le Concile de Carthage. On disoit également BILTA & VILTA, de sorte que

[l] Thesaur.

BIL. BIM. BIM. BIN.

que *Biltensis* & *Viltensis* ne sont qu'un même Siége, qui étoit dans la Province Proconsulaire. Felicien est surnommé *Viltensis* dans la Conference de Carthage[a]. Entre les souscriptions de l'Epitre Synodale d'Evêques de la Province Proconsulaire au Concile de Latran sous le Pape Martin, on lit Theodore Evêque *Biltensis*. Le Concile de Carthage tenu l'an 525. sous Boniface est souscrit par Restitute Evêque *Plebis Viltensis*.

[a] p. 287. Ed. Dupin.

BILTEN, Village de Suisse au Canton de Glaris. Tous les habitans sont de la Religion P. Reformée[b], & ont leur Eglise particuliere, au lieu qu'autrefois ce Village étoit de la Paroisse de Schennis, qui est vis-à-vis dans le Bailliage de Gaster, & de l'autre côté de la Lint.

[b] Delices de la Suisse T.2.p.340.

BILTERA, Strabon nomme ainsi la Ville de Besiers, dans quelques exemplaires, au lieu de BLITERÆ. Voiez ce mot.

BILUDIUM, ancien lieu de la Dalmatie. Antonin le met sur la route de Dalmatie en Macedoine, ou de Salone à *Dyrrachium*, à XIII. M. P. de Tronus, & à XVIII. d'*Aufustiana*. Ortelius[c] en fait une Ville. Je doute que c'en fût une ; car Antonin le seul qui en ait parlé ne nomme pas seulement des Villes ; mais encore des Bourgades & même des Auberges, des Gîtes, *Mansiones*. Un seul exemplaire porte *Bilubium*, tous les autres manuscrits ont *Biludium*, au rapport de Surita[d].

[c] Thesaur.
[d] in Antonin. p.493.

BILUMNUM, quelques exemplaires portent OBLIMUM, & c'est ce dernier nom que Surita prefere. Il avoue pourtant ne l'avoir trouvé que dans un manuscrit, & que tous les autres ont *Bilumum*. L'exemplaire du Vatican porte BELUMNUM. Cependant je crois avec Surita qu'il faut lire plutôt OBLIMUM que des deux autres manieres, quoi qu'il n'en dise pas la raison : c'est qu'il approche davantage du même nom dans la Table de Peutinger, & dans l'Anonyme de Ravenne.

Antonin	La Table de Peutinger.
Bergintrum	*Bergintrum*
	Axunam VIII. M. P.
Darantasia XVII. M.P.	*Darantasia* X. M. P.
Oblimum XIII. M.P.	*Obilonna* XIII.
Ad Publicanos III. M.P.	*Ad Publicanos* III.
Mantana XVI.M.P.	*Mantala* XVI.

[e] l.4.c.26.

L'Anonyme de Ravenne[e], qui copie souvent la Table de Peutinger, nomme ce lieu OBELONON. Ortelius dit que c'est une Ville de la Gaule Narbonnoise ; il ajoute que Simler l'explique par BEAUVOIS dans sa description du Valais. Il n'est gueres possible que ce lieu ait jamais été de la Gaule Narbonnoise. Il n'étoit certainement pas de la premiere Narbonnoise, & la seconde ne s'est jamais étendue si près de la Ville de Tarantaise. Je marque une explication plus vraisemblable de ce lieu, qu'il faut écrire *Obilumnus*, au mot AD, Article *Ad Publicanos*. Mr. Baudrand[f] copie l'Article d'Ortelius sans le citer ; mais il cite Simler, comme s'il l'avoit lû.

[f] Ed. 1682.

BIMARIS, les Latins ont donné ce surnom à quelques lieux, qui étoient situez sur deux Mers. Horace[g] parlant de Corinthe

[g] l. 1.Od. 7.

Laudabunt alii claram Rhodon, aut Mitylenem,
Aut Ephesum, Bimarisve Corinthi
Mœnia.

C'est-à-dire, les uns loueront la fameuse Rhode, ou Mitylene, ou les murs de Corinthe, Ville située entre deux Mers ; parce que Corinthe est sur un Isthme entre le Golphe d'Engia & celui de Lepante. Ce nom convient non seulement à Corinthe ; mais encore à tous les lieux, qui ont une situation pareille.

BIMATRA, Βυμάτρα, *Bemaira*, Ville d'Asie dans la Mesopotamie, selon Ptolomée[h].

[h] l. 5. c.18.

BIMINATIUM. Voiez VIMINATIUM.

BIMINI[i], Isle de l'Amerique Septentrionale, l'une des Lucayes dans la Mer du Nord, peu loin de la Floride & au Midi de l'Isle de Bahama, où le courant du Canal de Bahama est le plus vehement. Elle est encore aux naturels du pays & est assez petite. Il n'y a point d'habitans Européans, quoi qu'elle soit bonne & agréable à cause de la difficulté qu'il y a d'y aborder ; parce qu'outre les courants elle est environnée d'écueils.[k] Elle a cinq lieues de largeur, & est couverte d'une agréable forêt. Il y a plusieurs fontaines d'eau douce qui l'arrosent. Elle fut autrefois cherchée avec grand empressement par un homme à qui les Indiens avoient dit qu'il s'y en trouvoit une dont l'eau étant bue faisoit recouvrer la jeunesse à ceux qui l'avoient perdue.

[i] Baudrand Ed. 1705.
[k] Corn. Dict. De Laet Desc. des Indes Occid. l. 1. c. 16.

Grand dommage est que ceci soit sornettes,
Filles connois qui ne sont plus jeunettes,
A qui cette eau de jouvence viendroit
Bien à propos.

BIMMEN, Village d'Allemagne au Duché de Cleves, sur le Wahal. Quelques-uns croient que c'est un reste de l'ancienne Ville BURGINATIUM. Voiez ce mot.

BIMONCHEER, Ville de Perse, selon Tavernier[l]. Elle est, dit-il, à 74. d. 10'. de longitude, & à 32. d. 16'. de latitude. Il se fait en cette Ville un grand negoce de soye qu'on transporte ailleurs.

[l] Voyage de Perse l. 3. c. dernier.

BIMONIUM. Voiez BINCESTRE.

BINAROS, BINARUX, ou VINEROS, petite Ville d'Espagne, au Royaume de Valence, vers les confins de la Catalogne, à l'embouchûre d'une Riviere dont les Cartes ne nous apprennent point le nom. Le Portulan de la Mer Mediterranée la nomme VINEROS, & en parle ainsi[m]. Il y a entre Peniscola & la Montagne de Ravitta (*Rapita*) une grande plage bordée de sable avec une grande plaine, où l'on voit plusieurs petites Villes & Villages : entre autres, & presque par le milieu de cette plage sur le bord de la Mer, est la petite Ville de Vineros devant laquelle on peut mouiller avec les vents à la terre, à la petite portée du canon, où il y a six, huit, & neuf brasses d'eau, fond de sable vaseux, comme tout le reste de la plage. On la reconnoît par une grande Eglise & un haut clocher, qui est presque au milieu de la Ville ; elle est entourée de murs, & il y a quelques fortifications à l'an-

[m] p. 36.

BIN.

l'antique pour se défendre de la descente des Turcs. Au devant de la Ville, sur le bord de la Mer, il y a plusieurs Maisons & Magazins de pêcheurs, qui empêchent d'abord de voir les murs de la Ville. Sur le bord de la Mer, joignant la Ville, il y a un petit Fort armé de quatre à cinq pièces de canon pour sa défense. Dans la Ville & au dehors il y a plusieurs puits où l'on peut faire de l'eau, qui est très-bonne. C'est un lieu où ordinairement il y a une grande abondance de vin & où plusieurs barques vont charger. Ces puits sont d'autant plus remarquables qu'ils semblent assez inutiles à une Ville située au bord d'une Riviere. Le silence de cet Auteur, qui ne dit point qu'il y ait là de Riviere, joint à ce qu'on ne nous en dit point le nom, me la rend un peu suspecte. Cependant Mr. Baudrand n'est pas le seul qui l'y mette. Les Cartes de Mess. Sanson & de l'Isle la marquent aussi.

BINAGARA, Ville de l'Inde en deçà du Gange, selon Ptolomée[a]. [a] l.7.c.1.

BINASCO, Village d'Italie au Milanez, sur la route de Pavie à Milan, & presque à moitié chemin. Mr. Baudrand[b] le nomme en Latin *Bina* & *ad Bacenas*, & cite Gaudentius Merula. [b] Ed. 1682.

BINCESTRE. Ortelius[c] cite Humfroy Lhuyd & dit que cet Auteur pretend que BINONIUM de Ptolomée est presentement la Ville d'Angleterre nommée *Binceftre*. Il ajoute: on lit dans Ptolomée *Vinnovium* Οὐιννούιον, Ville des Brigantes. Antonin la nomme VINOVIA. Camden lit BINONIUM, & dit qu'il n'y a plus qu'une ou deux Chaumieres; mais qu'on y trouve beaucoup de ruines & de Medailles des Romains. Voyez VINOVIA. [c] Thesaur.

BINCH ou BINCHE, quelques-uns écrivent BINS. Mr. Corneille dit encore plus mal BINCK, BINS, ou BINCKE, petite Ville des Pays-bas dans le Hainaut Austrichien, entre Mons & Charleroy; à trois lieues de la premiere, & à quatre de la seconde. Marie Reine de Hongrie Sœur de Charles V. embellit cette Ville d'un beau Château, & en fit bâtir encore un autre à Marimont. Mais les troupes de Flandres ayant incendié la belle Maison de Folembrai, Henri II. Roi de France fit brûler par represailles le Château de Marimont, & celui de Binch l'an 1554. On a bâti à la place du premier une Maison de chasse que j'ai vûë en 1705. & où l'Electeur de Baviere étant Gouverneur des Pays-bas pour le Roi d'Espagne alloit quelquefois prendre ce divertissement. J'y ai vu d'assez beaux jardins ornez d'allées de verdure taillées de maniere qu'elles representent une chasse entiere; des gens à cheval & des chiens courant après le cerf. Il y avoit alors une statue de marbre au haut de l'Escalier. Pour ce qui est du Château de Binch, l'Architecture en paroissoit encore au dehors assez entiere; mais le dedans est fort endomagé, & comme il est entierement abandonné le temps acheve peu à peu de ruiner ce que le feu avoit épargné. La Ville, comme le remarque Mr. de Longuerue[d], n'a jamais été bien fortifiée; mais c'est encore pis presentement, car les murailles en sont presque tout écroulées, & c'est une Ville entierement ouverte. Elle est arrosée d'un côté par un ruisseau, qui a sa source au Village de Bouvrine, passe à Epinoi, g. à Binch d. à Vaudre g. à Perone Village, d. & tombe dans la Haine, au dessous de Triviéres. [d] Desc. de la France 2. part. p. 101.

LA CHATELLENIE DE BINCH s'étend le long de la Sambre jusqu'aux confins du Comté de Namur. Louïs le Grand ayant pris Binch en 1667. elle lui fut cedée par le Traité d'Aix la Chapelle; mais il la rendit à la Maison d'Autriche par le Traité de Nimegue.

BINDA. Voiez BENDA 1.

BINDEREN[e], Abbaye de filles aux Pays-bas dans le Brabant Hollandois, dans le Peeland près d'Helmont. [e] Dict. Géogr. des Pays-bas.

BINDIMIR. Voiez BEND-EMIR.

BINDIONUM, Yves cité par Ortelius nomme ainsi le lieu où le Roi Dagobert fils de Clotaire fut enterré. Dagobert fut pris de sa maladie mortelle à Epinoi (*Spineti*,) sur Seine & fut enterré à St. Denis. Ainsi ce ne peut être Dagobert I. Dagobert second n'étoit pas fils d'un Clotaire; mais de Sigebert Roi d'Austrasie à qui il succeda. Il se trouve un troisième Dagobert, fils de Childebert II. Le P. Daniel dit simplement qu'il mourut après un regne d'environ cinq ans; mais il ne marque ni le lieu de sa mort ni celui de sa sepulture.

BING. Voiez BINGIUM.

BINGA, lieu maritime au Japon. Les Tables Hollandoises lui donnent 153. d. 25'. de longitude, & 34. d. 10'. de latitude. C'est apparemment la même chose que BINGO. Voiez ce mot.

BINGAZI, Ville d'Afrique. C'est le veritable nom moderne de l'ancienne Ville de Berenice de la Pentapole. Voiez BERENICE 6. Quelques-uns la nomment BERIC, BERENICHE, BERNICHE ou VERNICHE, toutes manieres vicieuses. Mr. le Maire, Consul de France à Tripoli, est plus croyable sur ce qu'il a vû, que tous les Auteurs, qui n'ont écrit que sur des ouï-dire, & sur des Memoires d'autrui. Heureusement nous avons la Relation de son Voyage dans les Montagnes de Derne, & le Sieur Paul Lucas a rendu un vrai service au public en la lui communiquant[f]. Voici ce qu'on y trouve de l'Etat present de cette Ville. Il y a de Derne à *Bingazi* soixante & dix lieues. BINGAZI, dit Mr. le Maire[g], que nos Géographes nomment Bereniche, étoit autrefois une grande & belle Ville & la capitale du Royaume de Barca. Bingazi en Arabe veut dire la *fille de la Guerre*. Il y avoit autrefois un très-beau & grand Port que les temps ont rentr'ouvé & presque comblé: mais il peut encore entrer des bâtimens de deux cens tonneaux: il y a actuellement quatorze pieds d'eau à l'entrée, & il peut contenir aisément jusqu'à trente bâtimens. L'entrée en est dificile en hyver. Le Port est fort bon en toutes Saisons. C'est proche de ce Port que l'on a trouvé cette belle statue de marbre, qui est dans la Galerie de Versailles que je crois une Vestale. (Elle est à côté de la chambre du Roi.) J'ai été plusieurs fois dans le lieu où elle a été trouvée, en faisant le fondement de la Maison du Cadi de Bingazi: elle étoit dans le sable, la face en bas, enfoncée à 15. ou 16. pieds, & sans aucun [f] Voyages dans l'Asie Mineure, l'Afrique &c. T. 2. p. 93. [g] Ibid. p. 95.

cun vestige de bâtisse auprès d'elle; ce qui me fait juger qu'elle avoit été (ᵃ destinée à être) transportée à Rome, & que l'on l'avoit ensevelie dans le sable pour la conserver. Cette fameuse Ville est devenue à present un Village, où il y a environ mille Maisons, presque deshabitées par la peste, qui est souvent en ce pays-là. Dans le dernier Voyage que j'y ai fait en 1705. pour aller chercher des chevaux pour S. A. S. M. le Comte de Touloufe, j'y restai deux mois. Je fis toute sorte de diligence, pour tâcher de découvrir quelques curiositez. J'y trouvai quantité de Medailles de bronze presque toutes éfacées; j'en trouvai aussi quelques-unes d'or & d'argent sans inscriptions. La Ville ne paroît pas avoir été superbe en bâtisse de marbre : j'y ai seulement vu quelques petites colomnes de marbre, de Jaspe & de Granite. Celui qui gouverne est un Bey, mis de la main du Bey de ce Royaume. Son Gouvernement s'étend jusqu'au bas des Montagnes de Derne, à un lieu qu'on appelle MERGE, à deux journées à l'Est de Bingazi. Il commande aussi jusqu'au milieu du Royaume de Barca & du Golphe de la Sidre , & dans les terres plus de cent cinquante lieues jusqu'à Sioune à cinquante lieues au delà d'Ougella du côté de l'Est.

ᵃ Ces paroles m'ont paru necessaires pour le sens; ou bien il faut lire ensuite *transportée de Rome*.

BINGEN, Ville d'Allemagne dans l'Electorat de Mayence, sur le bord du Rhin. Elle est fort ancienne, & Tacite en fait mention[b]: Tutor, dit-il, accompagné de ceux de Treves laissant Mayence à côté, se retira à Bingen (*Bingium*) se fiant à la situation du lieu parce qu'il avoit coupé le Pont de la Riviere de Nave. Cette Riviere est presentement nommée par les Allemans Mahe; & Bingen est encore presentement situé au lieu où cette Riviere tombe dans le Rhin. Il est fait encore mention de *Bingium* dans les Notices de l'Empire[c], où sous le Commandant de Mayence on trouve *Præfectus militum Bingensium Bingio*. L'Itineraire d'Antonin porte

[b] Hist. l. 4. c. 70.

[c] Sect. 64.

Noviomagum
Bingium   XXV. M. P.
Antunnacum   XXXII. M. P.

& dans une autre route,

Baudobricam
Salissonem   XXII. M. P.
Bingium   XXIII. M. P.
Magontiacum XII. M. P.

Cellarius donne ces distances comme si elles étoient de la Table de Peutinger ; c'est une meprise. Elles n'y sont point, PINGUIA. de l'Itineraire d'Antonin. Le même Itineraire doit être corrigé dans la route de Leyde à Strasbourg , *a Lugduno capite Germaniarum Argentoratum*, on y lit:

Confluentes
Vincum   XXVI. M. P.
Noviomagum XXXVII. M. P.
Treveros   XIII. M. P.

Les distances font connoître que VINCUM est là pour *Bingium*. Le changement de B en V est frequent dans les manuscrits, & Ammien Marcellin lui-même dit VINGIUM pour *Bingium*, selon quelques exemplaires[d]. Le C & le G se ressemblent assez pour qu'un Copiste peu attentif ait pu s'y tromper. Ausone[e] qui vivoit longtemps après Tacite parle ainsi de cette Ville :

[d] l. 18. c. 2.

[e] in Mosella.

Transieram celerem nebuloso lumine Navam
Addita miratus veteri nova mœnia vico.

C'est-à-dire *j'avois passé durant un brouillard la Riviere rapide de Nave, & j'avois admiré les nouveaux murs dont on a ceint cet ancien Village*. Il avoit passé le Pont dont parle Tacite, & en le passant il avoit vu les nouvelles murailles que les doctes conviennent n'être point diferentes de la Ville de Bingen. Ce n'est pas que ce lieu n'eût pas été fortifié auparavant ; mais les guerres ayant ruiné & demantelé la Ville , elle avoit été reduite à la condition de Village durant quelque temps, & on se venoit de relever les fortifications lorsqu'Ausone y passa. On ne sait pas trop sous quel peuple on doit ranger cette ancienne Ville. Cluvier assigne Mayence aux Vangions, qu'il borne à la Riviere de Nave, & cependant, quoi que *Bingium* soit en deçà de cette Riviere par raport à ces peuples, il aime mieux le donner à Treves, parce, dit-il, que Tutor qui étoit de Treves ayant quité le parti des Romains, ne passa point à Mayence; & se retira à Bingen comptant d'y être en sureté après avoir coupé le Pont : en quoi il fut trompé, comme le dit Tacite[f]. Cellarius[g] ne trouve pas ce raisonnement fort juste , car dans le tumulte de la guerre , on n'a point d'égard aux justes bornes , & on se place où l'on peut , dans le poste le plus avantageux sans trop se soucier à qui il est ; il est très-probable, ajoute-t-il, que de quelque peuple qu'ait été Mayence , les limites de son pays finissoient à cette Riviere , & il est entierement croiable que Bingen étant en deçà de la Riviere étoit du même peuple que Mayence. Ces preuves ne sont point décisives de part ni d'autre. Nous voyons tous les jours des peuples bornez par une Riviere posseder néanmoins au delà une Ville & son territoire, qui font une exception à la regle. C'est ainsi que le Duc de Meckelbourg, qui est naturellement borné par l'Elbe à Domitz, & à Botzenbourg, ne laisse pas d'avoir encore en deçà un petit terrain enfermé entre la rive gauche de ce fleuve , & les Etats de la Maison de Brunswig. Zeyler[h] qui cite en gros Tacite, Ammien Marcellin & Ausone, dit que les Ecrivains posterieurs la nommeront PINGUIA. Elle est à quatre lieues au dessous de Mayence sur le Rhin, & au confluent de la *Nave* ou Mahe, & a autrefois appartenu au Chapitre de la Cathedrale de Mayence. Le Pont qu'elle a sur la Nave est de pierre, un peu au dessus de la Ville. Il y a encore près de la Ville une fontaine nommée DRUSELBRUNN parce qu'on pretend que Drusus en a fait quelque usage. Il y a aussi une Montagne qui porte le nom de St. Rupert ou Robert que l'on veut avoir été un Prince de la Maison Palatine; Ste. Hildegarde dont Tritheme parle souvent dans sa Chro-

[f] Hist. l. 4. c. 70.

[g] Geogr. ant. l. 2. c. 3. p. 314.

[h] Archiep. Mogunt.

Chronique de Hirfchaw, en écrivit la Vie longtemps après. Le Martyrologe d'Ufuard[a] dit: à Bingen St. Robert, Duc Comte Palatin du Rhin & Confeffeur. Ste. Hildegarde qui avoit gouverné le Monaftere du Mont de St. Difibod, vint auprès de Bingen, bâtit un Monaftere de filles au Mont St. Rupert, auprès du tombeau de ce Saint. Cette fondation arriva l'an 1148. elle s'y renferma avec fes Religieufes, mourut l'an 1180. & y fut enterrée après fa mort. Touchant ce St. Rupert on peut voir Serrarius dans fon Hiftoire de Mayence[b], auffi bien que ce qu'il dit des ravages qu'y firent les Normans. Vers l'an 1400. trente-fix Bourgeois de Bingen ayant embraffé les erreurs des Vaudois Conrad Archevêque de Mayence les fit brûler. L'an 1403. le feu prit à la Ville, & il en refta à peine le quart. L'an 1490. un nouvel incendie confuma 240. maifons. L'an 1639. en Novembre elle fut prife par les troupes du Duc de Saxe-Weymar auffi bien que fon Château. Les Imperiaux y rentrerent en 1640. Les François s'en rendirent maîtres à leur tour l'an 1644. La Ville eft prefentement affez jolie.

A une portée de Carabine au deffous de la Ville eft dans le Rhin une petite Ifle fur laquelle eft la fameufe Tour nommée 𝔐𝔞𝔲𝔰̧𝔱𝔥𝔲𝔯𝔫, c'eft-à-dire la Tour des Rats, bâtie fur la roche. Quand les eaux du Rhin font baffes on voit fur le roc autour de la Tour qu'il y a eu autrefois ou des murailles, ou quelque autre forte de bâtiment, dont on n'avoit pu pofer les fondemens fans de grands travaux. Tritheme dans fa Chronique de Hirfchaw[c] dit que cette Tour fut anciennement bâtie pour la fureté de la Douane du pays. Il y a des vers qui en attribuent l'érection à Willigife Archevêque. Ils fe fentent fort de la barbarie du fiécle auquel ils ont été compofez. En voici trois:

Pontem conftruxit apud Afchaffburg; bene duxit
Ac Pontem per 𝔑𝔞𝔥𝔢: *miles tranfit, quoque verna,*
Et bene neceffe prope 𝔅𝔦𝔫𝔤 𝔐𝔞̈𝔲𝔰̧𝔢𝔫 *dedit effe.*

Comme la garde qui y étoit avoit foin que rien ne paffât fans payer la Douane, & que les Commis chargez de ces fortes de vifites font communément appellez *Rats* par les Allemands, (nous difons *Rats de Cave* dans nôtre Langue à peu près dans le même fens.) Serrarius dit avec bien de la vraifemblance qu'elle fut nommée *la Tour des Rats*. Il en donne encore une autre raifon. C'eft que les vieux bâtimens abandonnez font ordinairement appellez des *nids-à-Rats*. Une Etymologie fi raifonnable n'eft pas fuffifante pour le Peuple. Ce n'eft pas toûjours le nom qui eft fondé fur un point d'Hiftoire, c'eft fouvent l'Hiftoire que l'on invente après coup, pour rendre raifon du nom, & quand elle a du merveilleux, elle fait fortune à coup fûr. On a donc pretendu que Hatton II. du nom, Archevêque de Mayence, s'y étoit enfui, parce que les Rats le pourfuivoient partout, qu'ils l'y fuivirent & qu'ils l'y devorerent. Cette Hiftoriette eft devenue une tradition populaire; & des Auteurs graves l'ont écrite fort ferieufement. Entre autres Mr. Hubner dans fa Géographie, qui n'eft pas fort exact dans les faits Hiftoriques, dit qu'elle fut bâtie en 968. par un Archevêque de Mayence à caufe qu'il n'étoit pas en fureté contre les Rats, lorfqu'il étoit en Terre ferme. Cet Auteur confond l'érection de la Tour avec l'Hiftoire pretendue de Hatton II. Les vers que j'ai rapportez font certainement anciens. Ils attribuent à Willigife la conftruction de cette Tour. Or il fucceda à Rupert qui fut Archevêque fix ans, & qui avoit été élu après la mort de l'Archevêque Hatton que l'on dit avoir été mangé par les Rats. Comment peuvent-ils l'avoir mangé dans cette Tour fi elle ne fut bâtie que par l'Archevêque, qui n'eut la Souveraine puiffance que fix ans après cette pretendue vengeance? Je remarque au refte que le nom de Hatton n'a point été heureux pour les Archevêques de Mayence. Hatton I. Duc de Franconie, & pourvû de ce Siége par Arnulphe l'an 891. dont il avoit tenu le fils fur les fonts baptifmaux eut le même malheur d'être mangé dans un fujet de Roman, car après avoir joui de cette dignité 21. ans, il paya le tribut à la nature l'an 913. & on publia que les Demons l'avoient emporté tout vivant dans les goufres du Mont Etna. C'étoit le XXVI. Archevêque de Mayence. Le XXXII. qui fut Hatton II. avoit été Abbé de Fulde, & ce fut l'Empereur Otton, qui l'honora de cette illuftre Prelature dont il ne joüit qu'un an. Guillaume Duc de Saxe fon predeceffeur mourut l'an 968. lui-même mourut en 969. C'eft bien preffer les evenemens que de lui faire brûler une grange pleine de pauvres, bâtir cette Tour, s'y retirer & y être pourfuivi, & détruit par les Rats fes ennemis en fi peu de temps; ajoutez celui qu'il employa au Voyage qu'il fit à Ravenne pour affifter au Concile où l'on convint d'établir un Archevêché à Magdebourg, & où il en figna l'Acte raporté par Meibom[d]. Le Chronographe Saxon publié par feu Mr. Leibnitz, la Chronique de Minden, & quantité d'autres raportent cette érection à l'année 969. qui fut celle de fa mort.

Quoique je me fois un peu plus étendu fur les faits Hiftoriques que les loix que je me fuis impofées ne femblent le permettre, je ne puis m'empêcher ici de remarquer mon étonnement que l'on ait permis à Paris l'impreffion de la Traduction des Annales du Moine Witikind de Corbie en François. La Traduction que Mr. Coufin en a donnée eft faite fur un exemplaire falfifié & rempli de mille impoftures, comme on le peut voir en comparant ou la Traduction, ou le texte Latin publié par Meibom avec les extraits que Mr. Leibnits[e] a tirez des manufcrits, où l'on trouve un caractère d'Hatton tout different des affreufes imputations que lui fait le Witikind de Meibom & de Mr. Coufin.

BINGIUM. Voiez l'Article precedent.

BINGO, petite Ville du Japon dans l'Ifle ou Prefqu'Ifle de Niphon, où elle eft la capitale du Royaume de Bingo au pays de Jamaiftero; environ à vingt mille pas loin de la côte de la Mer Meridionale vers le Nord, & à près de cent mille pas de Méaco, co, au Couchant selon Cardin cité par Mr. Baudrand[a]. [a Ed. 1705.]

BINGO, petit Pays ou Province du Japon au pays de Jamaistero en Niphon, vers la côte du Golphe de Méaco qui le borne au Midi, avec le Royaume d'Aqui au Levant. Il confine avec celui de Bitcu au Septentrion, & avec celui d'Idzu, & au Couchant avec le Royaume d'Ivami, selon Cardin. Sa principale Ville est Bingo, qui lui donne son nom.

§. La Carte du Japon par Mr. Reland borne ainsi cette Province. Elle a celle d'Aki au Couchant & non pas le Royaume d'Ivami, qui est au Nord d'Aki & de Soewo. Elle est bornée au Nord par la Province d'Idsoemo, prononcez Idsoumo, c'est l'Idzu de Mr. Baudrand. Elle seule borne celle de Bingo de ce côté. A l'Orient elle est terminée par les Provinces de Foki & de Bitsio, qui est apparemment la Bitchu de Mr. Baudrand, tant s'en faut qu'elle soit au Nord de Bingo qu'au contraire elle s'étend plus au Midi, & moins au Septentrion que Bingo. [b] Un état du revenu des Rois, & autres grands Seigneurs du Japon avec le nom de leur résidence met Assaino Taysima Prince de la Province de Bingo; 420000. *Cockiens* de revenu, qui font 1680000. écus; d'Oki est sa résidence. [b Voyages du Nord T. 3. p. 64.]

BINNA, Ville d'Asie dans l'Assyrie, selon Ptolomée[c]. Quelques exemplaires portent CINNA. [c l. 6. c. 1.]

BINOVIUM. Voiez BINCESTRE & VINOVIA.

BINSITTA, ancienne Ville de la Mauritanie Cesariense, selon Ptolomée[d]. [d l. 4. c. 2.]

BINTAM, Isle de la Mer des Indes; Marco Paolo[e] la nomme PETAN. Mr. Corneille[f] dit de cette Isle: elle est au delà de Malaca environ quarante lieues dans le Canal ou Détroit de Singapura & arrosée d'une grande Riviere, qui coule par le milieu & qui se va rendre dans la Mer, faisant un Port capable de contenir un grand nombre de vaisseaux. La Ville de Bintam est assise sur cette Riviere, & communique son nom à l'Isle, qui a environ trente lieues de tour. Ceci ne se trouve pas dans le Voyage de Marco Paolo. Mr Corneille se trompe quand il dit que cet Auteur nomme cette Isle *Pintam*, il la nomme *Petan*. Il ne l'a pas pris non plus de Mr. Baudrand; mais de Davity[g] qui dit précisément la même chose que Mr. Corneille & cite Jarric. l. 1. c. 17. & Estev. Rom. l. 2. on y lit que M. Pol la nomme *Pentam*; ce qui n'est pas plus vrai; cet Auteur dit *Petan*. Le nom de cette Isle est écrit *Bintan* dans les Cartes de Mr. de l'Isle; & dans les Cartes Marines des Hollandois. Elle est située au Midi du Cap Romania; qui est l'extremité Orientale & Meridionale de la Presqu'Isle de Malaca. Elle n'a rien de commun avec *Bantam*, & il est surprenant qu'elle ne soit pas sur les Tables Hollandoises des longitudes & latitudes. [e l. 3. c. 13.] [f Dict.] [g Asie p. 751.]

1. BINTAN 1. Voiez l'Article precedent.

2. BINTAN, contrée de l'Isle de Ceylan dans le Golphe de Bengale. Robert Knox qui a vécu long temps dans cette Isle & en a publié une belle description, parle ainsi du pays de Bintan. Allout-neur est, dit-il, situé au Pays de Bintan, où je n'ai jamais été; mais je l'ai vu du sommet d'une Montagne, & à mon avis c'est un pays tout uni & peu embarassé de Montagnes. La grande Riviere (Mawilgango ou Riviere de Trinquilimale) le traverse; on y voit de grandes forêts, qui fournissent quantité de Daims; mais aussi l'air en est sec & mal-sain. Les Bois dont il est couvert sont la demeure d'une espece de Sauvages. Knox les nomme WADDAHS, ce sont les mêmes que les BEDAS. Voiez cet Article. Le Pays de Bintan, & celui des Bedas sont pourtant marquez diferemment sur les Cartes de l'Isle de Ceylan par Mrs. Reland & de l'Isle. Ils ne sont pas mêmes limitrophes. Le Pays de Bintan est aussi nommé VINTANE.

1. BINTHA, ancienne Ville de la Libye Interieure aux environs du Niger, selon Ptolomée[h]. [h l. 4. c. 6.]

2. BINTHA, lieu d'Asie dans l'Osrhoene, selon le livre des Notices de l'Empire[i]. On y lit *Ala prima Victoriatorum contra Bintha*. [i Sect. 25.]

BINTZ, petite Riviere de Suisse au Canton de Zurich. Mr. Scheuchzer la nomme BUNTZ; ce qui pour les Allemans revient à la même prononciation. Elle a sa source auprès de Muri, d'où serpentant vers le Nord, elle se retourne vers le Nord-Ouest, puis reçoit auprès de Hembrunn un ruisseau qui vient du Lac de Hallwyl, formé par les eaux de l'Aa, auquel il va les rejoindre à cette Riviere dans laquelle il se perd une lieue au dessus du confluent de l'*Aar* & de l'*Aa*.

BINUSUM, lieu de l'Asie Mineure. Il en est fait mention dans l'Histoire Mêlée citée par Ortelius.

BIOBIO, Riviere de l'Amerique Meridionale au Royaume de Chili. Elle a sa source dans les Montagnes des Andes, & se rend dans la Mer Pacifique près de la Ville de la Conception, & de l'Isle d'Aviquirina selon Alphonse d'Ovale, cité par Mr. Baudrand. Voiez au mot *Aviquirina* le vrai nom de cette Isle. Pour celui de la Riviere dont il est ici question c'est BOBIO. Voiez ce mot.

BIOEA, ancien nom d'un Port de Mer de l'Isle de Sardaigne, dans sa partie Meridionale. Le P. Briet[k] dans ses Paralleles dit BIOTA, on l'appelle aussi autrement BITHIA, Ville & Port: c'est BIORA d'Antonin; aujourd'hui PORTO BOTA. Il a pris cela de Cluvier. Ce dernier dit[l]: Le Port, nommé par Ptolomée Βίοια λιμήν, *Bioea portus*, est nommé dans un exemplaire du Vatican Βιβλία πόλις, *Bithia oppidum*. Aujourd'hui après l'Isle de St. Antioco, on trouve un Port nommé vulgairement *Porto Bota*, le nom & la situation attestent que c'est le même Port que celui de Ptolomée. On lit dans Antonin [k part. 2. l. 5. p. 686.] [l Sardin. ant. p. 491.]

Alio itinere ab Ulbia Caralis M. P. CLXXIII. *sic;*

Caput Tyrsi	XL. M. P.
Sorabile	XLVI. M. P.
Biora	XLVI. M. P.
Caralis	XLII. M. P.

Surita qui a expliqué Antonin veut que *Biora* de cet Auteur soit *Bioea* de Ptolomée, & tient qu'il faut corriger ce nom dans le dernier sur l'Itinéraire. Il est certain, ajoute Cluvier, que si d'Olbia à Cagliari le chemin étoit de CLXXIII. mille pas, il falloit donc que l'on fit de grands détours ; mais soit dit sans diminuer l'estime que mérite le savoir, & l'exactitude de Cluvier, Surita ne donne son sentiment que comme une conjecture, & avec le correctif d'un peut-être ; voici sa note entiere : [a] *Bioram* M. P. XLV.] Habent Regium & Blandianum, & Longolianum exemplar. FORTE *ea designatur statio qua Ptolemæo* Βιοία λιμὴν *ut sit scribendum Biora*, Βιόρα. Cluvier réfute cette correction, par la raison, dit-il [b], que le nombre de XL. M. P. que l'Itinéraire compte entre Olbia & *Caput Thyrsi* ne convient ni à la source, ni à l'embouchûre de cette Riviere ; on peut donc en inferer que ce nombre est corrompu, & peut-être tous les autres aussi bien que lui. Il reprend encore cette matiere [c], & ajoute: le mot de source, *Caput Thyrsi*, fait voir que ce chemin se faisoit à travers les terres, & comme la longueur de toute l'Isle n'est que de CLXX. milles ; il est clair que les nombres de l'Itinéraire sont corrompus, & par conséquent il n'est pas aisé de savoir ce que c'est que cette *Biora*, & dans quelle situation elle étoit. [d] Le nom moderne le conduit à soupçonner qu'il y a eu de la faute des copistes, qui ont mis Βίοεα ou Βίοβα, ce qui est assez vraisemblable & sur ce que quelques exemplaires & mettent un Port, d'autres une Ville, il les accorde en disant que Ptolomée y mettoit peut-être l'un & l'autre, & qu'il avoit écrit Βιόεα πόλις καὶ λιμὴν, c'est-à-dire *Biotha Port & Ville*. Pour *Bithia* il approche encore davantage du nom *Bioea* que portent les exemplaires imprimez ; & la difference est petite entre O & Θ ou ο & θ surtout dans une écriture formée négligemment comme est celle de quantité de manuscrits, où beaucoup de lettres sont très-équivoques. Mr. Baudrand cite Ptolomée, comme s'il eût dit *Biotha*, quoi qu'il y ait dans les imprimez *Bioea*, *Biotha* n'est qu'une conjecture de Cluvier. Mr. Baudrand [e] a pris *Biotha* & *Bithia* du P. Briet, qu'il ne cite pas ; en défigure il cite Ptolomée qu'il n'a point consulté. Je ne sais quel plaisir il prenoit à copier un Auteur, & à en citer un autre très-diferent ; mais cela lui arrive bien plus souvent qu'il ne seroit à propos.

BION, Βίων ou BOEO Βοιῶ, Ville de la Doride, selon Ptolomée [f]. Cette Doride n'est pas celle qui étoit dans l'Asie Mineure ; mais celle qui étoit en Grece, & qui faisoit partie de l'Achaïe prise dans un sens fort étendu. Pline [g], Strabon [h] & Etienne s'accordent à nommer cette même Ville Boïon Βοίον. C'étoit une des quatre Villes, qui firent donner le nom de Tetrapole au pays que les Doriens habiterent anciennement, auprès du Mont Oeta.

BIONIA, il semble, dit Ortelius, que c'étoit une Ville d'Italie : surquoi il cite Phlegon Trallien, qui en parle à l'occasion de Cajus Lallius Tionius, qui vécut fort long-temps & qui en étoit originaire.

BIORKA ou BIRKA ; ou plutôt BYRKA ou BYRCA : Mr. Baudrand dit : c'étoit une Ville de Suede, capitale de l'Ostrogothie, dans une Isle du Lac de Meler entre la Ville de Telge & celle de Sighina ; mais elle est ruinée ensorte qu'on en connoît à peine les vestiges.

§. La Vie de St. Anschaire écrite par St. Rembert le Cooperateur de ses travaux Apostoliques, & son successeur au Siége de Hambourg, nous apprend que ce St. Prelat se rendit en Suede ; [i] ils marcherent à pied pendant un très-long espace de chemin, & traversant de temps en temps les Mers, qui étoient sur leur passage ils arriverent enfin à un Port de Mer nommé Byrca, où ils furent favorablement reçus du Roi *Bern* lorsqu'il eut appris le sujet de leur venue &c. ils prirent leur route par le Danemarck ; cela se fait assez connoître par ces divers bras de Mer qu'ils traverserent. La Ville de Birka étoit un Port de Mer, & outre cela la résidence d'un Roi. Le nom de *Bern* employé par St. Rembert est le même qu'Eric d'Upsal [k] nomme *Bero*. On croit, dit-il, que *Bero* régna à 𝔅𝔦ö𝔯𝔠ö𝔬 Biorkoo, dans le même temps que St. Anschaire prêcha & convertit Erigaire avec plusieurs autres l'an 845. Je ne puis m'empêcher de relever une faute qu'on lit dans l'Histoire de Suede de Puffendorf imprimée à la suite de son Introduction à l'Histoire [l]. On y trouve : pendant que *Bero* ou *Biorn* regnoit en Suede un Moine nommé Ansgaire, (*Anschaire*) qui étoit du Monasteré de Corwey, & qui devint ensuite Evêque de Brême, fut envoyé en Suede par l'Empereur Loüis le Pieux pour y prêcher la Foi Chrétienne ; mais comme le Roi de Suede *ne lui voulut pas donner audience ni lui permettre de prêcher l'Evangile*, il fut détrôné lui-même &c. Le fait est absolument faux. St. Rembert Auteur contemporain & témoin oculaire est d'une autorité infiniment plus grande que cent Historiens comme Puffendorf. Or il dit au contraire qu'aussitôt qu'il fut informé du sujet de leur arrivée, il tint conseil avec les personnes en qui il se confioit, & du consentement de tous leur permit de demeurer & d'y prêcher l'Evangile de JESUS-CHRIST, laissant la liberté de l'embrasser à tous ceux qui le voudroient. Ce saint Prelat raconte ensuite les progrès qu'ils y firent durant un an, & demi que St. Anschaire demeura en Suede dans ce Voyage. Je remarquerai encore ici par occasion une faute de Mr. Baillet, qui n'a pas entendu ce que vouloit dire *altero dimidio anno* ; il a cru qu'*Altero* vouloit dire la seconde année, & qu'en ajoutant encore demie année *& dimidio* cela fait deux ans & demi. Il n'a pas sû que c'est un Germanisme, de mot à mot 𝔘𝔫𝔟𝔢𝔯𝔱𝔥𝔞𝔩𝔟𝔢 𝔍𝔞𝔥𝔯 veut dire un an & demi, à la lettre la moitié de la seconde année. Il a mis deux ans & demi & cette année brouille la Chronologie de ce Saint ; mais revenons à Byrca. Le même Historien Eric d'Upsal déja cité parlant des conversions de Suede ajoute [m] : de même à Biorkoo qui étoit en ce temps-là une des grandes Villes & la plus ancienne de toutes ; car alors il y en avoit trois grandes & fameuses, savoir *Sigtonia*, *Scharia*, & *Biorkoo*: alors

Al-

---

[a] p. 246.
[b] l. c.
[c] p. 499.
[d] p. 491.
[e] Ed. 1682.
[f] l. 3. c. 15.
[g] l. 4. c. 7.
[h] l. 9. p. 427.
[i] Ed. Lambecii. p. 57. dans le Recueil *Rerum Germanic. Septentrion. Scriptores.* Hamb. 1706. fol.
[k] Hist. Suec. cor. l. 1. p. 34. Edit. Stockhol. 1615. in 4°.
[l] Ed. 1721. T. 5. p. 52.
[m] l. c. p. 38.

Aldalvard qui demeuroit dans l'Uplande renversa les Idoles que l'on adoroit à Upsal, & s'adonna à la Predication & selon quelques-uns le Peuple de l'Uplande le fit mourir pour avoir renversé les Idoles ; selon d'autres, il mourut de mort naturelle dans un âge fort avancé & fut enterré à Biorkoo. Zeyler[a] dit: Birka étoit autrefois une Ville très-celebre & capitale de l'Ostrogothie, à deux journées de chemin d'Upsal, si on en croit Pontanus ; & il y a six cens ans que c'étoit la Ville la plus marchande du Royaume, & comme elle étoit la plus ancienne de toutes, toutes les autres avoient dressé leurs Loix civiles sur le modelle des siennes. C'est dans ce lieu que St. Anschaire Apôtre de Suede, avec la permission de Beron IV. du temps de l'Empereur Louïs I. ou le Pieux, commença de prêcher publiquement l'Evangile, éclaira cette Ville & tout le voisinage en leur donnant les lumieres de la Religion Chrétienne ; mais comme l'instabilité est le partage des choses humaines, la gloire de cette Ville a entiérement disparu, & il en reste à peine le souvenir. Stephanus Stephanius dans ses notes sur Saxon le Grammairien dit : il n'y a point de doute que *Birca* n'ait été autrefois la premiere Ville, la plus peuplée & la plus illustre, dès les anciens temps. Elle étoit presque au milieu de la Suede si nous en croyons Adam de Breme[b] ; & Jean Messenius[c] dit que l'on y montre encore de grandes masses de ses débris. Elle étoit dans une des Isles, qui sont à l'Orient de Stockholm, qui n'étoit pas encore bâtie & qui lui a succedé, non pour occuper la même place ; mais pour s'approprier toutes les Prérogatives de cette Ville.

[a] Regni Sueciæ nova desc. p. 91.
[b] De situ Daniæ au Recueil cité ci-dessus p. 59. n. 80.
[c] Sueopentaproto. p. 84.

BIORNEBOURG, petite Ville de Suede dans la Finlande Septentrionale, à l'embouchûre de la Riviere de Cumo, dans le Golphe de Bothnie, vis-à-vis de l'Helsingland. Elle a été ainsi nommée, comme qui diroit le Château des Ours, & est à vingt milles Suedois d'Abo. Elle n'a que fort peu d'habitans.

BIOZIMETÆ. Jornandes nomme ainsi un Peuple & SCANDIOPOLIS une Ville, qui doivent avoir été quelque part vers la Sarmatie Européenne. Ortelius[d] avoue que ces noms lui sont inconnus. Conrad de Lichtenau, dit-il, s'explique beaucoup mieux dans sa Chronique où au lieu de *Biozimetas & Scandiopolis* ; il lit *Bizim & Archadiopolim*, pour *Bizya & Arcadiopolis*.

[d] Thesaur.

BIPEDIMUI, Peuple de l'ancienne Gaule dans l'Aquitaine. Pline[e] les nomme avec les Bercorcates autre Nation également inconnue.

[e] l. 4. c. 19.

BIPONTINUS DUCATUS, en François LE DUCHÉ DE DEUX PONTS.

BIPUR ou BIPOUR, petit Pays des Indes dans la Presqu'Isle de Malabar. Davity[f] dit sur l'autorité d'Osorio : [g] les pays de Bipur & de CUCURRAM sont voisins de la Montagne, qui confine avec le Royaume de Narsingue au Levant. Ces deux Pays ont un même Roi tributaire du Roi de Calecut, qui mena 12000. hommes de secours au Samory l'an 1504. Mr. Baudrand[h] dit que Bipur capitale de ce Royaume est environ à soixan-

[f] Asie p. 596.
[g] l. 3.
[h] Ed. 1705

te mille pas à l'Orient de Calecut, & autant d'Angamale vers le Septentrion.

BIR chez les Orientaux signifie *un puits*.

1. BIR, (le) Ville de la Turquie en Asie dans le Diarbeck, & aux confins de la Sourie sur l'Euphrate, & à quatre journées d'Alep. C'est là qu'est le passage ordinaire de l'Euphrate, qui y peut avoir environ trois cens pas de largeur[i]. Tavernier nous en donne l'idée d'une grande Ville ; ce qui ne s'accorde pas avec le temoignage des autres Voyageurs. Le P. Avril la nomme BIRE' petite Ville. Mr. Thevenot[k] dit : nous descendimes à terre au Bir, qui est une petite Ville bâtie sur le bord de la Riviere en Mesopotamie, dont les bâtimens commencent depuis l'eau jusqu'au haut d'une Montagne. Le Château qui paroît assez beau est situé de même sur un penchant. Les murailles de la Ville sont entieres, & bâties de même que les Maisons de petites pierres quarrées prises de la Montagne, qui est toute de roc tendre ; mais le dedans de la Ville n'est que Mazures. [l] Comme le Bir est de l'autre côté de l'Euphrate, & que les marchandises ne peuvent pas quelquefois se décharger toutes en un jour, il y a en deçà du fleuve un beau & grand Caravanserai, qui ferme bien à cause des courses des Bedouins, qui viendroient inquiéter les Marchands & les voler s'ils n'étoient en un lieu bien sûr & bien clos de toutes parts. On passe l'Euphrate dans de grands bacs, & dès qu'on est de l'autre côté le maître de la Douane accompagné de ses Commis vient compter toutes les balles, & écrire le nom des Marchands à qui elles appartiennent. La Caravane n'entre point dans la Ville ; mais elle passe à côté par un chemin qui est très-facheux, pour gagner un Caravanserai, qui est au dessus de la Montagne. Il y a tout autour plusieurs chambres pratiquées dans le roc, où quand le Caravanserai est plein ceux qui n'y ont pu trouver place vont se retirer. Sur le soir le Douanier vient prendre ses droits, qui sont deux piastres pour chaque charge de marchandise soit de cheval soit de mule, quoi que les mules portent beaucoup plus que les chevaux, & demi piastre pour chaque bête qui porte les provisions. Le Douanier ne prend rien des chevaux ou mules de selle. Le Bir est nommé BERYGEON par les gens du pays. Il y a au bas près de l'Euphrate un Château, qui marque fort son antiquité. Il tient en longueur la moitié de la Ville ; mais il est étroit & sans defense, sinon d'une tour qui bat sur la Riviere, & où il y a huit ou neuf méchantes Coulevrines. Au lieu le plus éminent de la Ville il y a un Château où demeure le Gouverneur, qui est un Aga & que quelques-uns appellent Bacha, qui a pour sa milice environ deux cens Janissaires, & quatre cens Spahis. La Ville est mal bâtie comme la plupart des Villes de Turquie ; mais il y a abondance de toutes choses necessaires à la vie, d'excellent pain, de bon vin, de beaux fruits & quantité de poisson des meilleures sortes. Mr. Corneille cite Tavernier comme s'il eût dit que le Bir a été une Ville Episcopale sous la Metropole d'Edesse. Tavernier ne dit point cela, c'est Mr. Baudrand qui l'assure, en quoi je suis persuadé qu'il se trompe. Je trou-

[i] Le P. Avril Voyage p. 21.
[k] Suite du Voyage du Levant c. 9. p. 77.
[l] Tavernier Voyage de Perse l. 2. c. 4.

trouve bien sous la Metropole d'Edesse *Birborum*; mais ce lieu étoit dans l'Osrhoéne en deçà de l'Euphrate, & le Bir est au delà. Voiez BITHIAS.

2. BIR, EL-BIR, ou BIRA [a], Village de la Palestine, entre Jerusalem & Naplouse, on croit que c'étoit autrefois une Ville nommée Machmas.

[a] Baudrand Ed. 1705.

BIRACELUM, ancien Bourg de la Toscane, selon Ptolomée [b]; Βιράκελον peut être également lû *Biracelum* & *Viracelum*. Ses Interpretes suivent l'opinion de Leandre, qui dit que c'est VICARELLO. Cluvier [c] croit que c'est la Bourgade de VERICOLO. Mr. Baudrand [d] avec son infidelité ordinaire dit Verucola, & cité Cluvier. Ce dernier écrit *Vericolò*, & le nomme Bourg, (*Oppidum*) & non pas Village, comme dit Mr. Baudrand, *Vicus*. Pour ce qui est de *Vicarello*, Ortelius observe que Volaterranus l'appelle en Latin *Vicus Aurelis*; mais il ajoute que ce nom Latin lui semble moderne.

[b] l. 3. c. 1.
[c] *Ital. ant.* l. 1. c. 10. p. 75.
[d] *Ed.* 1682.

BIRANDE. Voiez BERAMBE'.

BIRCKENFELD [e], petite Ville d'Allemagne dans le Cercle du haut Rhin, au Comté de Sponheim, près de la Riviere de Nau, sur les frontieres de l'Electorat de Treves, & du Palatinat du Rhin. Elle donne le nom à un des Princes de la Maison Palatine, qui la possede & il y a un Château où mourut Charles III. Duc de Lorraine le 17. Septembre 1675. Elle est éloignée de cinq milles d'Allemagne de Treves au Levant en tirant vers Bingen, & de quatre de Trarbach au Midi.

[e] Baudrand Ed. 1705.

La PRINCIPAUTÉ DE BIRKENFELD [f], en Latin *Principatus Bircofeldensis*, est un démembrement de l'ancien Comté de Sponheim. Autrefois ce Comté comprenoit à peu près tout le Hundsruck; & étoit separé en deux parties, savoir le Comté *Citerieur* & le Comté *Ulterieur*, où est Birckenfeld.

[f] Hubner *Geogr.* p. 454.

Le Duc de Birckenfeld possede, outre cette Principauté, le Comté de RAPOLDSTEIN duquel il parle en son lieu, & se regarde comme heritier du Duc de Deux-Ponts, qui n'a point d'enfans.

BIRDAMA ou BRIDAMA, selon les divers exemplaires de Ptolomée; Ville de l'Inde en deçà du Gange, & la Capitale d'un Peuple nommé *Porvari*.

BIRDIGUM. Voiez BERDIGUM FLAVIUM.

BIRE [g], petite Riviere de Suisse. Elle coule à Bâle, & s'y jette dans le Rhin.

[g] Delices de la Suisse T. 2. p. 374.

BIREUM. Voiez BEROE'.

BIRGEGIUM, lieu d'Espagne. Morales en fait mention dans sa Chronique d'Espagne citée par Ortelius [h].

[h] Thesaur.

BIRGI, en Latin *Birgis*, petite Riviere de Sicile dans la Vallée de Mazare. Elle se jette dans la Mer près du Cap de Coco entre la Ville de Marsala, & le Bourg de San Theodoro.

BIRGIGELLORUM CIVITAS. St. Athanase nomme ainsi une Ville des Gaules, & même dit qu'elle avoit un Evêque nommé Eusebe. C'est tout ce que nous apprend Ortelius, qui cite le Concile d'Alexandrie.

BIRGINIUM. L'Evêque de Gironne appelle ainsi une Ville de l'Espagne Tarragonoise nommée communément BERGA.

BIRGUS, Riviere d'Irlande selon Ptolomée [i]. Ses Interpretes disent que le nom moderne est BARTOWS.

[i] l. 5. c. 2.

BIRIAS, Ville d'Italie. Cedrene cité par Ortelius [k] dit que Narses la prit sur les Goths.

[k] Thesaur.

BIRICHE, le même Géographe [l] observe que Serapion [m] donne ce nom au Mont Etna.

[l] Ibid.
[m] *in capit. de Asphalto.*

BIROE. Voiez BEROE.

BIRON, Bourg & Château de France en Guienne dans le Perigord. Il est dans les Montagnes entre Bergerac & Cahors. Il n'est remarquable que par les deux Maréchaux de France de la Maison de Gontaut, qui en portoient le nom. Le dernier ayant conspiré contre l'Etat fut décapité à la Bastille le 31. Juillet 1602. La terre de Biron avoit été érigée en Duché en sa faveur; mais ce titre fut éteint, & ce n'est plus à present qu'un Marquisat.

BIRRICHII MONTES, Montagnes dans le voisinage du Pont Euxin, selon Barlet dans son Histoire de Scander-Beg [n].

[n] l. 2.

BIRRUS. Voiez BYRRHUS.

BIRS, selon Mr. Corneille. Voiez BIRE.

BIRSECK [o], Seigneurie de Suisse au Canton de Bâle. Arlesheim qui n'est qu'à une bonne lieue de Bâle en est le principal endroit. Les habitans avoient embrassé la P. Reformation en même temps que la Ville de Bâle, & ils la suivirent pendant cinquante ans; mais ils reprirent ensuite la Religion Catholique dès l'an 1589.

[o] Delices de la Suisse T. 3. p. 551. & 552.

BIRTELLA, Ville de la Pelagonie, selon Guillaume de Tyr cité par Ortelius [p].

[p] Thesaur.

1. BIRTHA, Ville de la Mesopotamie, selon Ptolomée [q]. Mr. Baudrand la prend pour BIR qu'il dit être aussi nommée BITHIAS. Il y a plus d'une erreur dans cette opinion. BIRTHA étoit près du Tigre selon Ptolomée, *Bithias* Ville diferente de Birtha étoit entre les deux fleuves & dans le milieu du pays, selon le même Ptolomée. Ce ne sauroit donc être ni cette BIRTHA, ni BITHIAS.

[q] l. 5. c. 15.

2. BIRTHA ou BITHRA, Ville de l'Arabie deserte, sur l'Euphrate, selon Ptolomée [r]. Ce ne peut être le Bir, qui est de l'autre côté de ce fleuve.

[r] l. 5. c. 19.

BIRTHAMA ou BITHABA, ancienne Ville d'Assyrie, selon Ptolomée [s].

[s] l. 6. c. 1.

BIRTONA. Voiez ORTONA.

BIRVIESCA, Ville d'Espagne dans la Vieille Castille, au petit pays de Bureva dont elle est la capitale. Quelques-uns écrivent ce nom VERUESCA. Voiez ce mot.

1. BIRUN [t], Ville d'Asie au pays de Khuarezme. Elle n'est remarquable que pour avoir donné naissance à Abu Rihan célebre Philosophe & Mathematicien, qui en a été surnommé AL-BIRUNI. Abulfeda le cite beaucoup comme garant des longitudes & des latitudes qu'il donne à certaines Villes.

[t] d'Herbelot Bibl. Orient.

2. BIRUN [v], Ville des Indes dans le Send, Province, qui s'étend le long du fleuve Indus. Elle n'est éloignée de Mansura que de xv. Parasanges, qui font trente lieues Françoises & n'est peuplée que de Musulmans, depuis que

[v] Ibid.

BIR. BIS.

les Sultans Gaznevides & Guarides s'en furent rendus les maitres.

BIRZE, petite Ville de Pologne dans la Samogitie entre la Ville de Mitaw en Semgal, & Braslaw en Lithuanie. Zeyler nomme ce lieu BIRSSA, & n'en fait qu'un Village dans sa Carte. Une petite Riviere y passe & tombe ensuite dans la Musza, qui coule à Mitaw.

BIRZIMINIUM. Voiez RHIZINIUM.

1. BISA, Ville de Thrace, selon Etienne le Géographe. [a] Le même dit aussi BIZIA, aussi bien que Suidas, & Ptolomée[a] qui l'avoit dit avant eux. Ortelius[b] croit que c'est la Bysia de Solin[c] dans la Caenique près de la Colonie Flaviopolis. Voiez BIZYE.

a l. 3. c. 11.
b Thesaur.
c c. 10. Ed. Salmas.

2. BISA, fontaine de Grece au Peloponese, selon Strabon[d], qui parlant de l'origine du nom de la Pisatide, dit que quelques-uns derivoient ce nom d'une Ville à laquelle le nom de Pise étoit commun avec une fontaine, laquelle avoit été ainsi nommée comme qui diroit PISTRA, c'est-à-dire POTISTRA, ou *qui donne à boire* .... D'autres soutiennent que cette Ville est une chimere, que ce n'étoit qu'une fontaine voisine de la Ville de Cycesie.

d l. 8. p. 356.

3. BISA ou BIZA, ou BIZEN, c'est-à-dire *Vision*, en Langue Ethiopique, lieu d'Afrique dans l'Ethiopie assez près de la Mer rouge. L'Auteur de la description de l'Empire du Prête-Jean[e] en parle ainsi : Biza doit aussi être reputé du Royaume de Tigre. Il y a assez proche de Malzua une Ville à deux journées de Debaroa sur des Montagnes hautes & desertes, où il y a des forêts pleines de bêtes sauvages. Entre plusieurs Monasteres, il y a celui de la Vision de l'Abbé Eustache, d'où vient que les habitans appellent ces Montagnes-là Biza. Les scelerats & les criminels y trouvent un Asyle, assuré parce qu'elles sont à l'extremité du Royaume. Le même Auteur ajoute : la Ville de Debaroa ou de Barua est à trois journées du Monastere de la vision : ce qui doit s'entendre selon la coutume d'Ethiopie, eu égard à la difficulté des chemins. Mr. Corneille change ce Monastere en une Ville au lieu que dans la description Biza est le nom d'un Monastere, qui se donne aussi aux Montagnes où il est situé. La description met trois journées de Debaroa au Monastere, & deux journées de cette même Ville de Debaroa à la Ville qu'elle ne nomme point ; mais qui doit être du moins à une journée du Monastere. Mr. Ludolf dans sa Carte d'Ethiopie ne met aussi qu'un simple Monastere en cet endroit & le nomme BIZEN ; mais il avertit ailleurs [f] qu'il ne faut pas entendre par les mots de *Moines*, & de *Monasteres* ce que nous nous figurons d'ordinaire selon les usages d'Europe. Les Moines de ce Pays-là cultivent chacun leur champ, vivent de leur recolte & en disposent comme il leur plait, vont & viennent librement où & quand ils veulent, desorte que les Maisons où ils demeurent ne doivent pas s'appeller des Monasteres, ni eux des Moines. La Psalmodie & le Celibat sont tout ce qui les distingue des autres.

e p. 18.

f l. 3. c. 3.

BISACCIA, selon quelques-uns, Magin[g] écrit BISAZZA, Ville d'Italie au Royaume

g Ital.

de Naples dans l'Apennin, & dans la Principauté Ulterieure à huit milles de Candela qui est de la Capitanate, & à treize ou quatorze de Melfi, qui est de la Basilicate. Elle étoit le Siége d'un Evêché uni avec celui de St. Angelo. Elle a aussi titre de Duché[h].

h Baudrand Ed. 1705.

BISAGNO, (le) Riviere d'Italie dans l'Etat de Genes. Voiez BESAGNO.

BISAGOS (ISLES DES) Isles de l'Océan en Afrique sur la côte de Nigritie, à l'embouchûre de Rio grande, à l'Ouest du Pays de Guinala. Elles sont pour la plupart au Midi de l'onzieme degré de latitude Septentrionale, & occupent presque tout le deuxieme degré de longitude. Quelques-uns disent BIJAGOS, d'autres BISEGOS, d'autres BIGIOHOS. Voici ce qu'en dit Dapper[i]. Il y en a dix-sept qui sont habitées par des Peuples nommez *Bi-jagos*. La plus considerable de toutes est celle que les Portugais appellent *Ilha Formosa* ou Isle de Ferdinand de Pô, qui l'a découverte le premier. Son extremité Septentrionale est à 11. d. 43′. de latitude, & à six ou sept lieues de *Cabo rosso* (ou Cap rouge.) Comme ces Isles sont arrosées de plusieurs ruisseaux, elles sont aussi fort fertiles ; la terre est couverte d'arbres, & on y recueille du vin de palmier, de l'huile, & plusieurs sortes de fruits. Le terroir est plain & uni & sans beaucoup de culture il est fort propre à raporter toute sorte de grain ; mais on n'y séme ordinairement que du ris. On y a aussi de l'yvoire, de la cire, du poivre long, dont les Turcs & les Sarrasins font grand état. La Mer jette aussi fort souvent de l'ambre gris sur le rivage. Il y a de plusieurs sortes d'animaux, & l'Océan & les Rivieres y sont fécondes en poissons.

i Afrique p. 244.

Les habitans sont de grands hommes, grêles, & courageux. Leurs armes sont les mêmes que celles des gens de Besu & de Catcheo, quoi qu'ils ne prennent pas tant de peine à les polir ; mais en échange ils sa vent mieux manier. Ils sont presque toûjours en guerre avec leurs voisins, qui demeurent en terre ferme, & font grand nombre de prisonniers qu'ils vendent aux Portugais. Chaque Isle a un Seigneur particulier ; mais ils sont tous Vassaux du Roi de Formosa.

§. Dapper semble dire que *Bisegos* est le nom des Isles, & *Bi-Jagos* celui du Peuple qui les habite. *Bisagos*, *Bisegos*, *Bijagos*, ou *Bigiohos*, sont diverses Orthographes d'un même nom, qui est celui de la Nation qui vit dans ces Isles & qui le leur donne.

BISALTIA, contrée de la Macedoine aux confins de la Thrace. La Bisaltie étant toute à l'Occident du Strymon, doit être comptée pour être de la Macedoine ; mais, comme je l'ai remarqué ailleurs, cette Riviere n'a pas toûjours été la borne des deux Royaumes ; ainsi la Bisaltie a été tantôt de l'un & tantôt de l'autre. Ptolomée écrit Besaltia Βησάλτια, & y met les lieux suivans, savoir

Arolus,   Calliteræ,
Euporia,   Ossa,
        & Berta.

Etienne le Géographe y met une Ville nommée

BIS.

[a Georg. l. 2. v. 400.] mée auſſi Biſaltia. Virgile parle* du Peuple nommé *Biſaltæ*

Biſaltæ quo more ſolent, acerque Gelonus.

Mais, comme le remarque très-bien le P. Catrou, il y avoit encore d'autres Biſaltes vers la Sarmatie. Etienne nomme auſſi une Riviere nommée Biſaltes. Valerius Flaccus met des Bisaltes vers la Colchide ſur le Pont-Euxin, au raport d'Ortelius. Comme il ne cite point dans quel livre, je n'ai pu me réſoudre à lire tout le Poëme des Argonautes pour juſtifier cette citation ; mais je ne doute point que ce ne ſoient les Biſaltes voiſins de la Sarmatie dont parle le P. Catrou.

BISANCE. Voiez Constantinople & Bysance.

[a Baudrand Ed. 1705.] BISANO ou Bisegna[a], Bourg & Montagne de même nom en Italie, dans l'Abruzze Ulterieure, au Royaume de Naples, entre Aquila & Aſcoli.

BISANTAGAN, Ville d'Aſie dans l'Indouſtan au Royaume de Cambaye ou de Guſurate. On la laiſſe à main droite lorſqu'on va de Patan à Amandabat. Le Sr. Mandeſlo [b Voyage des Indes l. 1. p. 193.] en parloit[b] ainſi l'an 1638 : la Ville de Biſantagan eſt une des plus grandes de toute la Guzuratta, ayant près de vingt mille Maiſons : elle eſt ſituée quaſi au milieu du Royaume & n'étoit qu'un village il n'y a pas longtemps. La fertilité de ſon terroir l'a fait élever à la grandeur où on la voit aujourd'hui ; car on y nourrit quantité de bétail, & il y vient quantité de riz, de bled & de coton dont on fait du fil & des toiles.

BISANTHA, ancienne Ville de Thrace [c l. 3. e. 11.] ſelon Ptolomée[c], qui dit qu'on l'appelloit auſſi [d Theſaur.] Rhædestum. Ce mot perſuade à Ortelius[d] que c'eſt preſentement Rhodosto, & que la Ville garde ſon ancien nom. Il conjecture qu'elle eſt nommée Doroston dans l'Itineraire de Benjamin. Voiez Dorosto.

[e Ibid.] BISARCHIO[e], Village de l'Iſle de Sardaigne dans ſa partie Septentrionale, près de la Riviere de Coquinas à l'Orient de Saſſari. C'eſt apparemment l'ancienne Breſurgia dont l'Evêché a été uni à celui d'Algeri.

BISCARA, Ville d'Afrique dans la Province de Zeb ou Bileduldgerid, ſelon Dapper[f]. [f Afrique p. 213.] Mr. de l'Iſle la met au Royaume de Labez, qui fait partie de l'Etat d'Alger, & la nomme Bescara. Quelques-uns l'appellent Pescare. C'eſt, dit Dapper, une fort ancienne Ville, bâtie par les Romains & ruinée par les Arabes, qui la rebâtirent depuis, & elle eſt encore mediocrement peuplée. Ses habitans ſont aſſez civils ; mais il naît dans les Maiſons beaucoup de Scorpions ſi venimeux qu'on meurt ſitôt qu'on eſt piqué ; ce qui fait que les habitans vont demeurer tout l'été dans des Villages, & n'en reviennent qu'au mois de Novembre ; Monsr. Laugier de Taſſy dans ſon [g l. 1. c. 9. p. 145.] Hiſtoire d'Alger[g] dit : Biſcara eſt de la Province de Zeb dans la Numidie, au Sud du Royaume de Labez. Les Algeriens en y faiſant des courſes toutes les années pour enlever des Eſclaves, s'en ſont enfin rendus maîtres pour pouvoir pénétrer dans les pays du Sud avec plus de facilité. On y voit les reſtes d'une ancienne Ville dont ce pays porte le nom, où il y a toûjours garniſon pour contenir les habitans de cette Province, qui campent ſous des tentes. Le pays eſt fort miſerable. Ce ſont les Biſcaras qui apportent dans les Ports de Mer du Royaume d'Alger, les lions, les tigres & les autres bêtes féroces qu'on y trouve domeſtiquées & ils les vendent aux étrangers, qui veulent en avoir. Il y a toûjours dans Alger un nombre de ces Arabes connus ſous le nom de Biſcaras, qui y viennent pour faire les plus vils ouvrages.

BISCATONGES, Sauvages de l'Amerique Septentrionale. On les ſurnomme Pleureurs, parce qu'à la premiere approche des Etrangers, ils ſe mettent tous, tant hommes que femmes, à pleurer amerement. Cela vient de ce qu'ils ſont perſuadez que leurs parens & leurs amis quand ils ſont morts, ſont allez en Voyage ; & comme ils attendent toûjours leur retour, l'abord des nouveaux venus ne fait qu'augmenter leur affliction, parce qu'ils ne trouvent pas en eux ceux dont ils regrettent l'éloignement. Leur coûtume eſt de pleurer beaucoup plus à la naiſſance de leurs enfans qu'à leur mort, à cauſe que ſelon eux cette mort n'eſt qu'un Voyage dont on revient après quelque temps ; mais ils regardent leur naiſſance comme une entrée dans un lieu rempli de perils & de malheurs. Leurs cabanes ſont très-proprement nattées, & leur manger ordinaire conſiſte en du bœuf & en du cerf boucanné, avec de la *Sagavite*, eſpece de pain qu'ils font d'une racine appellée *Toquo*, qui eſt une ſorte de ronce. On la lave, on la féche, on la broye, & on en fait une pâte, qui étant cuite, eſt d'un très-bon goût. Cet aliment eſt fort aſtringent. Ces Peuples n'adorent que le Soleil pour Divinité.

§. Cet Article eſt de Mr. Corneille, qui cite une nouvelle Relation de l'Amerique Septentrionale de l'an 1697. Pendant qu'il avoit ce livre en main il devoit bien voir, & nous dire dans quelle partie de toute l'Amerique Septentrionale ce peuple eſt ſitué.

BISCAYE, (la) Province Maritime d'Eſpagne dans ſa partie Septentrionale. [h] Elle a [h Vayrac Etat preſent de l'Eſpagne l. 1. p. 301.] l'Océan au Nord, l'Aſturie au Couchant, la vieille Caſtille, la Province d'Alava au Midi, & le Guipuſcoa au Levant. Elle eſt de figure ronde, & peut avoir environ onze lieuës de longueur & autant de largeur.

Le terroir y eſt inegal & pierreux. Dans de certains endroits il ne produit rien, en d'autres il produit un peu de vin, & aſſez de blé pour nourrir ſes habitans : & partout il eſt fertile en pommes dont on fait d'excellent cidre, qui repare en quelque maniere le defaut du vin. La Mer y fournit d'excellent poiſſon & toutes ſortes de coquillages. Les côtes y ſont ſi fertiles en oranges & en citrons, que pour un prix très-modique on en peut charger un mulet. Les vaſtes forêts dont le païs eſt couvert produiſent quantité de reſine & une ſi grande abondance de bois à bâtir des navires, que l'on en peut fournir des flottes à toute l'Eſpagne. Il y a des mines de fer, de plomb & d'autres metaux plus précieux.

La commodité de ſa ſituation ſur l'Océan &

BIS.   BIS.   335

& dans le voisinage de la France, fait que le commerce y est plus considerable que dans aucune autre Contrée d'Espagne, si on en excepte la basse Andalousie. Il s'y fait surtout un grand debit de fer & de toutes sortes d'armes & d'huile de Baleine qu'on transporte dans les païs étrangers. On tient qu'il s'y fabrique tous les ans pour 300000. quintaux de fer & d'acier tant en armes qu'en cloux, ferremens pour les vaisseaux, & en barres. L'air y est doux, pur & plus temperé que dans les autres Provinces d'Espagne.

Les Biscayens ont été de tout tems en réputation de bravoure & de courage. Toutes les fois que l'Espagne a changé de maître, ils ont toûjours été les derniers subjuguez : & comme les Romains avoient eu toutes les peines du monde à ranger les Cantabres sous le joug de leur domination, les Sueves & les Goths, qui vinrent après eux, eurent la même peine à les leur enlever. Les anciens peuples de ces païs ne connoissoient d'autre plaisir que celui de porter les armes, & ils haïssoient tellement le repos, que quand la vieillesse commençoit à glacer leur sang, ils prevenoient les malheurs d'un âge decrépit, en se précipitant du haut de quelque rocher. A la verité aujourd'hui ils attendent les approches de la mort avec un peu plus de patience ; mais ils sont toûjours d'un temperament extrêmement actif, promt, vigilant, enclin à la guerre & à la navigation : ils passent pour les meilleurs soldats & pour les plus habiles mariniers de toute l'Espagne ; & ce n'est pas depuis peu qu'ils ont acquis cette reputation. L'Histoire nous apprend que 200. ans avant JESUS-CHRIST, ils voguoient sur l'Océan avec des bâteaux faits d'un tronc d'arbre creusé & couvert de cuir, & qu'avec une flotte ainsi composée ils firent voile vers l'Hibernie, dont ils se saisirent à main armée. Ils sont si agiles qu'ils grimpent avec autant de vitesse & d'habileté que le feroit un daim. Les jours de bonnes Fêtes, on voit des gens en chemise & en caleçons, qui dansent avec des épées nuës, au son de la flute & du tambour de Basque, faisant mille tours de souplesse.

Ils n'ont pas tant de flegme que le reste des Espagnols ; mais ils sont plus animez, d'une humeur plus franche, plus ouverte, & d'un commerce plus aisé & plus commode. Ils sont civils, honnêtes, assez polis, quoi qu'un peu vains & orgueilleux. Ils ont beaucoup d'esprit & sont très-propres pour s'accommoder aux usages & au manege de la Cour : aussi en voit-on beaucoup qui s'y élevent. Les femmes y sont gaillardes, dégourdies, vigoureuses, robustes, bien faites, passablement belles, & d'une vivacité qui fait plaisir. Il n'y a pas long-tems qu'elles portoient un bonnet jaune, ou rouge, fait à peu près comme un turban, qui leur servoit de coeffure.

Ces qualitez les ont toûjours fait estimer des Rois d'Espagne, qui les ont laissez en possession de diverses immunitez dont ils sont fort jaloux, comme il paroît par une levée de bouclier qu'il firent en 1632. lorsque le Roi ayant voulu mettre un impôt sur le sel, les habitans de Bilbao se souleverent & massacrerent tous les Commis preposez pour en faire le recouvrement & les Officiers du grand Amiral : & comme on détacha contre eux 3000. soldats pour les punir d'une telle rebellion, ils les battirent à plate couture, & en jetterent plusieurs dans la Mer, tellement que la Cour trouva à propos de les laisser en paix, sans leur rien demander.

Ils ont une langue qui leur est tout à fait particuliere, & qui n'a aucun rapport avec les autres Langues de l'Europe, ce qui semble prouver qu'elle est fort ancienne.

Les Rois d'Oviedo & de Léon y envoyerent des Comtes ou Gouverneurs, qui exercerent leur autorité jusqu'en 859. auquel tems les Biscayens se voyant sans Chef, à cause que Zeno, qui les commandoit, fut fait prisonnier, se souleverent & prirent les armes pour resister à Ordogne, fils d'Alfonse III. dont la domination leur paroissoit trop rude, élurent pour Chef un nommé Suria, issu du sang Royal d'Ecosse du côté de sa Mere, & gendre de Zeno leur Gouverneur : lequel ayant vaincu Ordogne en 870. ils l'élurent pour leur Seigneur, & sa posterité qui porta dans la suite le nom de Haro, lui succeda de pere en fils jusqu'à ce que le Roi Don Pedro le Cruel, après avoir fait mourir ceux qui en étoient en possession, s'en rendit le Maître, & l'unit à la Couronne de Castille sous le nom de Seigneurie, à laquelle il y a de grands privileges attachez, dont le plus remarquable est, que le Roi n'en peut prendre que le titre de Seigneur : anciennement elle en avoit une autre beaucoup plus considerable, qui étoit que celui qu'elle reconnoissoit pour son Seigneur, devoit visiter la Province dans l'année sous peine d'être privé de ses revenus ; ce qu'il y avoit de plus humiliant pour lui, c'est qu'il devoit y entrer avec un pié déchaussé ; mais il y a plusieurs siécles que cet usage est aboli.

On y compte jusqu'à 21. Villes ceintes de murailles, dont les principales sont Orduña, Laredo, Portugalete, Bilbao, Durango, Holorio & Sant Andero.

La Biscaye est divisée en plusieurs petits quartiers ou Merindades, sçavoir

Les Merindades de
{
Garnica,
Uriba,
Busturia,
Arratia,
Bedia,
Corcona,
Durango,
Marquina,
& Prestamero Major.
}

Les quatre Villes de la côte sont

Laredo,   Castro de Urdiales,
Sant Andero,   Sant Vincent de la Varquera.

La capitale de la Province est Bilbao.
LA BISCAYE FRANÇOISE. Voiez au mot BASQUES.
LA NOUVELLE BISCAYE, Province de l'Amerique Septentrionale au Mexique dans l'Au-

l'Audience de Guadalajara. Elle a le nouveau Mexique au Nord, le Culiacan au Couchant, le Zacatécas au Sud & le Panuco avec la Floride au Levant, selon Mr. Baudrand. Mr. de l'Isle borne autrement la nouvelle Biscaye. Elle est terminée au Nord par le nouveau Mexique; à l'Orient par le nouveau Royaume de Leon au Midi, au Midi par le Zacatecas, & au Couchant par les Cantons de Culiacan & de Cinaloa. La Nation des Batopilas y occupe un coin au Nord-Ouest de cette Province; de même que dans la Biscaye Européenne il y a une Ville de Durango. Elle est arrosée par la Riviere de las Nassas, & par quelques autres. Il y a quelques mines d'argent auprès desquelles on a bâti des Bourgs; celles de Ste Barbe ont été abandonnées.

BISCHE. Voiez BITCHE.

BISCHOPS CASTLE. Voiez BISHOPS-CASTLE.

BISCHOFS-WERDA, Ville d'Allemagne au Cercle de la haute Saxe dans la Misnie aux confins de la haute Lusace, & à trois milles Germaniques de Dresden. Zeyler[a] dit qu'elle est entre Bautzen & Dresden à 4. milles de l'une & de l'autre; il ajoute qu'un Auteur ne compte que deux milles entre Dresden & Bischoffswerda. Anciennement, poursuit-il, on la nommoit Werda, & ce n'étoit alors qu'une petite Bourgade. Bennon Evêque de Meissen en fut le fondateur vers l'an 1076. comme on peut voir dans la Vie de cet Evêque écrite par Emser, & dans le Theatre Saxon de Peccenstein[b], c'est l'origine de son nom, qui ne signifie pas l'Isle de l'Evêque, comme le dit Mr. Baudrand. Ceux qui le lui ont expliqué ainsi se mocquoient apparemment de lui. C'est aussi pour cela que cette Ville dependoit de la Cathedrale de Meissen. Elle a pourtant un *Surintendant* Ecclesiastique particulier. Les Lutheriens d'Allemagne nomment *Superintendant* une sorte de Dignité qu'ils ont imaginée à la place de l'Episcopat. Ce n'est proprement qu'un Archiprêtre, c'est-à-dire que ses prerogatives sont d'être le premier d'entre les Prêtres de son district; mais presque sans aucune jurisdiction, il ne peut rien statuer de lui-même, ni pour les matieres Consistoriales, qui vont au Conseil Consistorial du Souverain auquel il assiste avec les Conseillers du Prince, ni pour infliger des peines Canoniques. Il a l'inspection de la conduite des Ecclesiastiques; mais il faut qu'il se plaigne au Prince, qui renvoye souvent l'affaire à un Conseil. Ce détail m'a paru necessaire pour rectifier les idées de plusieurs, qui se figurent que ces Surintendans en Allemagne sont des Evêques. On leur erreur; mais les Lutheriens de Suede & de Danemarck ont conservé l'Episcopat; ce n'est pas ici le lieu de discuter, si leur consecration est valide & si ce sont de vrais Evêques. Je laisse cette matiere à qui elle appartient. Bischoffswerde fut saccagée par les Hussites l'an 1429. Elle fut entierement brûlée en 1596. & l'an 1631. après la bataille de Leipsig les Imperiaux la pillerent. Les Suedois la prirent en 1639. & y exercerent de grandes barbaries sans distinction d'âge ni de Sexe. Ils la prirent encore le 2. Mai 1641. & la pillerent.

[a] Misniæ &c.Topogr. p. 30.

[b] part. 3. fol. 148.

BISCHOFS-ZELL[c], (Celle de l'Evêque, en Latin *Episcopi Cella*) est une jolie Ville dans le Turgow, au bord du Thour, à l'endroit où le Sitter se jette dans cette Riviere, presque à moitié chemin de Constance à S. Gal. Elle doit son nom & son origine à un Monastere, que Salomon Evêque de Constance fonda là vers l'an 900. & qui attira un si grand nombre de familles, qui s'y habituerent à cause de l'avantage de sa situation, que vers l'an 940. Bischoff-Zell étoit un beau Bourg, auquel l'Empereur Othon I. donna des privileges. Dans la suite les Moines de ce Convent mirent bas le froc, & voulurent être Chanoines séculiers, & convertirent leur Abbaye en Eglise Collegiale: & c'est l'état où est aujourd'hui cette Maison. La Ville appartient à l'Evêque de Constance; mais sur le même pié qu'Arbon, tant pour les affaires civiles, que pour la Religion. Il y a un Château, où demeure le Baillif de l'Evêque, qui tire la moitié des amendes; mais il n'a rien à commander à la Ville. Les jugemens du Conseil sont sans appel. Cette Ville a produit plusieurs grands hommes, entr'autres Théodore Bibliander, grand Théologien & Philosophe, Theodore Zwinger, Jean Jung, Philippe Scherb, & Melchior Goldast, à qui l'Histoire de Suisse a beaucoup d'obligation, &c. Les habitans de Bischoff-Zell en bannirent la Religion Protestante au mois de Fevrier 1529. Mr. de Longuerue[d] explique le nom de Bischoff-Zell par *le cellier* de l'Evêque, je crois qu'il faut dire la *Cellule* de l'Evêque, sçavoir de l'Evêque de Constance. Il en est Seigneur & non pas Souverain; la Ville étant libre se gouverne par ses propres loix, & par des Magistrats qu'elle se choisit.

[c] Delices de la Suisse T. 3. p. 470.

[d] Desc. de la France 2. part. p. 293.

BISECHE, ruisseau d'Afrique dans la Nigritie au Royaume d'Oualle, assez près de l'embouchûre du Senegal. Ce n'est proprement qu'un bras de ce fleuve, qui s'en separant pour couler vers le Midi Occidental s'y rejoint auprès de la Barre, & enferme un terrain que Mr. de l'Isle nomme l'Isle aux Biches.

BISEGLIA, Ville d'Italie, au Royaume de Naples, dans la Pouille & dans la Terre de Bari, sur une Colline & sur la Côte de la Mer Hadriatique. Son Evêque est Suffragant de Trani. Elle est assez peuplée & dans un quartier fertile & agréable, distante de cinq milles au Levant de Trani vers Molfette & Giovenazzo. Voiez VIGILIÆ.

BISEGOS. Voiez BISAGOS.

BISENTAL[e], Bourg d'Allemagne dans la moyenne Marche de Brandebourg au district nommé Teltowischen Craiss/ Il y a un Bailliage & une Maison à l'Electeur. Mr. Baudrand en fait une Ville, & la met sur la Riviere de Schwarte, à sept lieues de Berlin vers le Nord.

[e] Zeyler Brandeb. Topogr. p. 31. Ed. 1705.

BISENTINE[g], petite Isle d'Italie dans la Province du Patrimoine, sur le bord Occidental du Lac de Bolsena.

[g] Baudrand Ibid.

BISENTO[h], Bourg du Royaume de Naples, dans l'Abruzze Ulterieure, sur la Riviere de Salino, à deux lieues de Civita di Penna. Voiez VISENTUM.

[h] Ibid.

BISENTUM. Voiez VISENTUM.

BIS.

BISERTA VECCHIA, ou l'ancienne Biserte, Bourg d'Afrique sur la côte de la Mediterranée entre Biserte & Tabarca, au Royaume de Tunis,[a] le Bourg n'est gueres peuplé, & son Port qui est assez bon est peu frequenté. On prend ce lieu pour l'HIPPON DIARRHYOS des Anciens. Voiez HIPPON.

BISERTE, Ville Maritime d'Afrique au Royaume de Tunis. Mr. Baudrand dit[b] qu'elle a un grand Port ou plutôt un petit Golphe sur la côte de la Mer Mediterranée. Il ajoute : elle étoit autrefois puissante sous le nom d'Utique, & la premiere de tout ce pays-là après Carthage, elle est même encore assez considerable ; mais infame par les Pirateries de ses habitans dont la plupart vont en course. Je prouve ailleurs que ce ne sauroit être l'ancienne Utique, & qu'elle est située très-diferemment de cette Ville. Voiez UTIQUE.

BISGARGITANI, ancien Peuple d'Espagne[e], ainsi nommé d'une Ville des Ilercaons au milieu des terres. Elle est nommée BISSARGIS Βισσαργὶς par Ptolomée[d]. L'exemplaire de Bertius porte BISCARGIS Βισκαργίς. Ce qui est plus conforme à ce qu'on lit sur une Medaille de Germanicus raportée au Tresor de Goltzius[e] MUN. BISCARGIS.

BISHOPS-CASTLE, Bourg d'Angleterre en Shropshire vers le Comté de Mongommery à deux lieues de Mongommery. Il appartient à l'Evêque de Hereford, & a séance au Parlement.

BISIGNANO[f], Ville d'Italie au Royaume de Naples, dans la Calabre Citerieure. Elle a un Evêché Suffragant de Rossano, & le titre de Principauté dans la Maison de San Severino. Elle est sur une Colline près de la petite Riviere de Cotile, qui se rend peu après dans celle de Grati ; elle est assez peuplée pour le pays & défendue par une fort bonne Forteresse ; mais entourée de tous côtez de fort hautes Montagnes. Elle n'est qu'à seize milles de Cosenza vers le Septentrion, & presque à moitié chemin entre Rossano à l'Orient, & la côte de la Mer de Toscane à l'Occident à quinze milles de l'un & de l'autre. C'est la BESIDIÆ de Tite-Live.

BISITAS ou **DIPLOCIANA**, Cap de la Turquie en Europe dans la Romanie près de la Ville de Constantinople. Mr. Baudrand dit que c'est le *Jasonium Promontorium* des Anciens.

BISMANTUA, en Latin BISMANTUM. Surius nomme *Bismantum* un lieu d'Italie, (*Castrum Italiæ*) dans la Vie de St. Bertulphe. Celsus Contadinus croit que c'est le même lieu dont parle Dante.

Montasi su in Bismantua Cacumine
Con esso i pie.

Ortelius[g], de qui est cet Article, ajoute que c'est une Montagne escarpée de tous côtez, & très-haute dans le territoire de Rhegio. Mr. Baudrand dit[h] que c'est une Montagne où il y a un Village de même nom dans le territoire de Rhegio, Province des Etats du Duc de Modene.

BISMARCK, Bourg d'Allemagne dans

Tom. I. PART. 2.

BIS. 337

la vieille Marche de Brandebourg entre la Riviere d'Ucht, & celle de Biese à quatre lieues de la Ville de Stendel, selon Mr. Baudrand[i]. Zeyler[k] dit que c'est une petite Ville sur la Riviere de Bise entre Kalb, & Osterbourg.

BISMEO ou **BIXMEO**, Bourg d'Afrique sur la côte du Royaume d'Alger, environ à dix lieues de la Ville d'Alger du côté du Couchant. Mr. Baudrand dit de plus[l] qu'on prend Bismeo pour l'ancienne Vabar Ville de la Mauritanie Cesarienne. Cet *on* signifie Castello qui le dit, ou Ortelius qui raporte le sentiment de cet Auteur.

1. **BISNAGAR**, Royaume des Indes dans la Presqu'Isle d'en deçà le Gange : on le nommoit autrefois le Royaume de NARSINGUE ; on l'appelle aussi le Royaume de CARNATE. Voiez NARSINGUE.

2. **BISNAGAR**, Ville capitale du Royaume de même nom. Voiez CHANDEGRI.

BISONTII pour VESONTIO, nom Latin de Besançon.

BISSAUX. Voiez BISAGOS.

BISSCHOPIA[m], Ville ancienne de l'Isle de Chypre. On en voit les ruines au milieu d'une grande plaine arrosée d'une belle Riviere. On dit qu'anciennement il y croissoit beaucoup de cannes de sucre. Aujourd'hui elle est plantée d'arbres, qui portent le coton. Il y a une assez grande pêche en ce quartier-là. Le lieu est environ à mille pas du Cap de la Gata Abdima, & à deux cens de la Mer. On voit tout à l'entour plusieurs petits bocages d'Oliviers.

§. Cette Ville est sans doute la CURIUM[n] de Ptolomée. Etienne la nomme EPISCOPIA, & Niger l'appelle CARMIA. Elle a été Episcopale & Zenon son Evêque (*Curii Episcopus*) est nommé dans le Concile d'Ephese. Cette même Ville est appelée CYRENIE Κυρηνία dans la Notice de Hierocles.

BISSONIS TURRIS. Voiez au mot TURRIS l'Article LIBISSONIS TURRIS.

BISSONUM, ancien nom d'un lieu voisin de Bourdeaux. Fortunat dit[o]

Incola Bissonum vocat hunc de nomine prisco
Millia septem urbs hinc Burdegalensis abest.

Vinet au raport d'Ortelius croit qu'on l'appelle presentement BESSAN.

BISTESIACUM[p], lieu particulier de France. Ives de Chartres en parle dans ses Lettres[q].

BISTIRUS, Ville de Thrace, selon Etienne le Géographe. Voiez PISTIRUM.

BISTONES, Peuple de Thrace, selon Isace Commentateur de Lycophron cité par Ortelius.

BISTONIA, Ville de Thrace, selon Etienne le Géographe.

BISTONIS LACUS, selon Ptolomée[r].

BISTONIUM STAGNUM, selon Solin[s], Lac de Thrace : c'est presentement le Lac de BOURON[t].

§. Ortelius semble dire que ces lieux sont à aux environs du Pont-Euxin, & s'appuye du nom d'Ovide. Ce seroit une erreur. Ce Lac est au fond & au Nord de l'Archipel ;

dans

V v

338 BIS. BIT.

dans la Romanie, assez loin de la Mer noire.

1. BISTRICZ, BISTRITZ, ou BISTRIZ [a], Riviere de Transsilvanie, elle a sa source aux frontieres de la Pokutie dans la même Montagne d'où sort la Pruth; & coulant vers le Sud-Ouest, elle passe à Bistritz, puis se recourbant en demi-cercle vers le Nord, elle se joint à la Riviere de Samos, aux limites du Comté de Neubania.

[a] *De l'isle Atlas.*

2. BISTRICZ [b], Ville de Transsilvanie sur la Riviere, & au Comté de même nom au Nord Oriental, & à environ dix sept lieues ou heures de chemin de Coloswar.

[b] *Ibid.*

3. BISTRICZ [c], (le Comté de) petit pays de Transsilvanie sur la Riviere de même nom, au Nord de la Transsilvanie, & aux confins de la Hongrie, qui avec la Pokutie le borne au Septentrion; le Comté de Maroseck le termine à l'Orient; celui de Maros Vasarhel au Midi, & celui de Neubania à l'Occident. Outre sa capitale qui est une Ville fortifiée, il y a un lieu nommé Radna, qui n'est remarquable que parce que c'est le point de réunion de deux routes dont l'une va en Hongrie, & l'autre en Pologne.

[c] *Le même.*

4. BISTRICZ ou BISTRITZA [d], Château de la haute Hongrie sur une Montagne au Couchant de la Riviere de Vag; au Comté de Turocz & aux confins de la Moravie.

[d] *Ibid.*

5. BISTRICZ. Voiez PISTRENSIS VILLA.

BISULA. Voiez VISTULA.

BISULCUM, Ville d'Espagne dans la Lusitanie, selon Mr. Baudrand [e], qui cite Haubert de Seville, & ajoute que quelques-uns l'expliquent par TOMAR Ville de Portugal.

[e] *Ed. 1682.*

BISULDUNUM, nom Latin de BESALU, Ville de Catalogne.

BISURGIS. Voiez VISURGIS.

BISUTIUM, nom Latin de BESOZZO [f], Village du Milanez, à trente-cinq milles de Milan.

[f] *Ibid.*

BITAZA, selon Ptolomée [g], Ville d'Asie dans l'Arie. Quelques exemplaires portent aussi BITAXA.

[g] *l. 6. c. 17.*

BITBOURG ou BIDBOURG, ou BIETBOURG [h], petite Ville des Pays-bas dans le Luxembourg à quatre lieues de Vianden; avec titre de Prevôté.

[h] *Dict. des Pays-bas.*

BITCHE, quelques-uns écrivent BICHE, petite Ville d'Allemagne dans un Comté dont elle est la capitale aux confins de la Lorraine. Mr. de Longuerue [i] en parle ainsi: Bitche qui est au delà de la Sarre sur les confins du Duché des Deux Ponts & de la Basse Alsace, fait partie de la Lorraine, puisqu'il appartenoit au Duc Gerard d'Alsace, qui le laissa à son fils Thierri, & celui-ci à son fils Thierri d'Alsace Comte de Flandre, qui ceda le Comté de Bitche à son frere le Duc Simon I. Simon le laissa à son fils Matthieu I. comme l'assure le Duc Matthieu II. dans une Lettre écrite au Comte de Saverden au sujet des limites de ce Comté de Bitche, *hos terminos Comes Gherardus; (c'est Gerard d'Alsace) moriens jure haereditario reliquit.* Matthieu II. laissa ce Comté à un de ses Cadets nommé Frederic, qui fut Pere de Ferri I. ou Frederic, qui succeda

[i] *Desc. de la France t. ... part. p. 160.*

BIT.

à son oncle Simon II. au Duché de Lorraine. Les Ducs tenoient ce Comté comme un franc alleu, desorte qu'ils le donnerent en fief à des Seigneurs. Nous trouvons qu'Herman Comte des Deux Ponts le possedoit avant la fin du quatorzieme siécle, & que les descendans mâles de ce Comte en jouïrent toûjours jusqu'à Jacques Comte des Deux Ponts & de Bitche, qui mourut l'an 1570. laissant pour heritiers les enfans de sa fille Marguerite Louïse mariée à Philippe Comte de Hanau, morte avant son pere l'an 1569. Le Comte de Hanau fit foi & hommage de ce Comté à Charles II. Duc de Lorraine, qui lui en donna l'investiture; mais dans la suite le Duc à cause de la felonie du Comte confisqua le Comté de Bitche, & se rendit maître de cette Place, dont le Duc Charles III. quoique dépouillé de la Lorraine, demeura en possession jusqu'à la mort, quoique l'Empereur Léopold & les Etats de l'Empire fussent convenus avec le feu Roi Louïs XIV. que Bitche seroit mis en Sequestre, lorsque les François occuperent la Lorraine l'an 1670. Le Duc Charles avoit investi de ce Comté son fils naturel Charles Henri Prince de Vaudemont. Plusieurs Seigneurs qui avoient part au Domaine de ce Comté lui avoient vendu leurs portions, & avoient déclaré que c'étoit un franc-alleu membre immediat de l'Empire, ce qui ne détruisoit point le droit Féodal des Ducs de Lorraine. Le Duc Charles retiré à Vienne en Autriche, & neveu de celui qui avoit été dépouillé, ayant refusé d'accepter le Traité de Nimegue, le Roi Louïs XIV. s'empara de Bitche, & le fit bien fortifier. Il en jouït jusqu'au commencement de l'an 1698. que sa garnison en sortit en execution du Traité de Ryswyc, dans lequel Bitche étant reconnu à l'Article XXX. pour une Place du Duc de Lorraine, il est dit que le Roi Très-Chrétien évacuera le Château de Bitche avec ses dependances, après en avoir fait démolir les fortifications, qui ne pourront plus être rétablies.

La proprieté de ce Comté par un accord fait avec le Prince de Vaudemont, appartient à present au Duc de Lorraine, & l'Evêque de Metz n'y a rien ni pour la Seigneurie directe, ni pour l'utile, nonobstant l'Arrêt de la Chambre de Metz rendu l'an 1680. qui a été cassé comme tous les autres de la même Chambre par l'Article IV. du Traité de Ryswyc qui est general, & par le XXXI. qui est particulier pour la Lorraine. C'est en vertu de cet Article que les choses ont été rétablies au même état où elles étoient l'an 1670. dans le Comté de Falckenstein, qui est contigu à celui de Bitche & sur les confins de la basse Alsace, & que l'Arrêt de la Chambre de Metz qui avoit mis en possession de ce Comté l'an 1681. le Comte de Manderscheit-kail, a été annullé. Ce Comté avoit été autrefois un Fief immediat de l'Empire; mais l'an 1458. l'Empereur Frederic d'Autriche donna ce Fief au Duc de Lorraine, à la charge de laisser jouïr de la Seigneurie utile les mâles de la Maison de Falkenstein; ainsi cette Terre devint un Fief de Lorraine, & les Comtes ou Seigneurs de Falkenstein reçurent l'investiture des Ducs de Lorraine jusqu'à Guillaume Wirich de Falken-

BIT.

kenstein, qui la reçut solemnellement du Duc Charles III. dans la Ville de Wormes l'an 1641. Le Comte de Manderscheit s'y opposa, prétendant que ce Comté lui appartenoit à cause de sa femme fille de Stenon Levenhaupt, & petite-fille de Sidonie de Falkenstein. Il porta ses plaintes à la Chambre de Spire, à la Diete de Ratisbonne & à l'Assemblée pour la Paix generale à Osnabruc. Par le Traité on arrêta que le Comté de Falckenstein seroit restitué à celui à qui il appartenoit de droit. Le Comte de Manderscheit entreprit de s'emparer de ce Comté par la voie de fait, & le Comte Guillaume de Falckenstein se voyant sans enfans, vendit la propriété de ce Comté l'an 1667. à Charles III. Duc de Lorraine, qui en investit son fils naturel le Prince de Vaudemont. La propriété de ce Comté & de celui de Bitche, aussi bien que la Seigneurie utile, appartiennent à present au Duc Leopold I. qui a été rétabli dans les mêmes droits dont joüissoit le Duc Charles III. son grand oncle,

La Ville de Bitche est [a] au pied des Montagnes près de la Riviere de Schwolbe, qui y fait un étang. Il y a tout auprès sur une hauteur un ancien Château très-fort par sa situation sur un roc escarpé au milieu, entre la Ville de Deux Ponts au Septentrion & Haguenau au Midi; à onze lieues de Strasbourg.

BITCHU ou BITCOU, petit Royaume ou Province du Japon, au pays de Jamastero de l'Isle de Niphon, entre les pays de Bigen au Levant & de Bingo au Couchant, étant aussi baigné au Midi par le Golphe de Meaco. Il est ainsi nommé du Bourg de Bitchu, qui est son principal lieu.

§. Selon Mr. Reland [b] cette Province est nommée BITSIO. Elle est bornée au Nord par celle d'Idsoemo; à l'Orient par celles de Mima Sacka & de Biséen; au Midi par un bras de Mer des Isles de Siodesma & de Sikoke, & au Couchant par la Province d'Aki, dans la partie Septentrionale de l'Isle ou Presqu'Isle de Niphon. Dans l'état du revenu des Rois, [c] & autres grands Seigneurs du Japon, je trouve Jeckenda Bitchiou Capitaine du Château de Metsjamma; le Château de BITCHIOU est sa residence; & Jammasacka Kaynokamy Seigneur de la Province de Bitchiou : le Château de Narse est sa residence. BITCHU, BITSIO, & BITCHIOU sont de legeres diferences d'un même nom prononcé par divers Peuples Européens.

BITELLA, Βίτελλα, ancienne Ville d'Italie, selon Etienne le Géographe. Tite-Live en fait mention & dit qu'elle fut prise [d] par les Romains sous le Consulat de M. Minucius, & A. Sempronius qui revient à l'an de Rome 263. il la nomme Vitellia. Les Romains en firent une Colonie, & elle avoit cette qualité [e] lorsque les Eques la prirent: la plupart des habitans se sauvérent à la faveur de la nuit, & se refugierent à Rome. Voiez VITELLIA.

BITENSIS, Siége Episcopal d'Afrique dans la Mauritanie Cesariense. La Notice Episcopale d'Afrique nomme Pannonius Evêque de cet endroit *Pannonius Bitensis*; & deux lignes plus bas *Campanus Bidensis*. Ce qui

[a] Baudrand Ed. 1705.

[b] Carte du Japon.

[c] Voyages du Nord T. 3. p. 67.

[d] l. 2. c. 39.

[e] l. 5. c. 29.

BIT. 339

fait voir que *Bida* & *Bita* étoient deux Evêchez diferens, quoi que dans la même Province, & qu'on ne doit pas les confondre.

BITETIA. Voiez VICENTA.

BITETTO [f], Ville d'Italie au Royaume de Naples, dans la Province de Bari, avec un Evêché Suffragant de l'Archevêque de Bari. Elle est fort petite, & mal peuplée environ à huit milles de distance de la côte du Golphe de Venise, & de la Ville de Bari en allant vers Matera. Il est à remarquer que son Evêché ne comprend que l'enclos de ses murailles, ainsi que quelques autres de la Pouille.

§. L'Italie est remplie de Cures desservies par des Evêques; ou ce qui revient au même, d'Evêchez dont le territoire & le Diocèse a quelquefois moins d'étendue qu'une bonne Cure de France.

BITHABA, Ville d'Asie dans l'Assyrie, selon quelques exemplaires de Ptolomée [g], d'autres portent BIRTHAMA.

BITHALBES ou BETALBES. Voiez DREPANUM.

BITHERA, Caliste nomme ainsi une Ville voisine de Jerusalem [h]. Je conjecture que ce doit être la même, qui est nommée Beryra Metropole de l'Arabie Petrée dans une Notice, qui lui donne les mêmes Villes subordonnées qu'une autre Notice donne à Bostra, ainsi c'est la même Ville. Voiez BOSTRA.

BITHEREMAN. Voiez BITHREREBIS.

BITHIA, ancienne Ville d'Asie dans la Medie [i]. Voiez VITIA.

BITHIAS, Ville d'Asie dans la Mesopotamie, selon Ptolomée [k]. Ortelius dit que les habitans l'appellent BIT. Voiez ce mot.

BITHIBANITÆ ou CITHEBANITÆ, selon divers exemplaires de Ptolomée [l], ancien Peuple de l'Arabie heureuse. Ortelius soupçonne que c'est le même que les *Gebanitæ* de Pline.

BITHIGA, Ville d'Asie dans la Mesopotamie, selon Ptolomée [m].

BITHRA. Ortelius observe que Zosime appelle ainsi un Bourg nommé MAIOZAMALCHA par Marcellin; & il ajoute que c'est le même que celui de Ptolomée situé près de l'Euphrate dans l'Arabie deserte, lequel est nommé mal à propos Birtha par ses Interpretes.

BITHREREBIS, Ville de la Palestine, selon Ortelius, qui cite Caliste [n] & Sozomené [o]. Je trouve dans ce dernier à la fin de son Histoire Ecclesiastique traduite par Mr. Cousin [p] que ce lieu est nommé BITHEREMAN. Le passage entier aidera à faire connoître plus précisément où étoit ce Bourg. Il y avoit aux extremitez du territoire d'Eleutheropole, Ville de Phenicie, un Bourg nommé Cafar de Zacharie, où Calemere étoit fermier : il étoit fidelle à son maître; mais fâcheux & injuste même aux autres. Bien qu'il eût ces mauvaises qualitez, le Prophéte ne laissa pas de lui apparoître, & de lui dire en lui montrant un jardin, fouillez en cet endroit à deux coudées de la haye, le long du chemin par où l'on va à la Ville de Bithéréman &c. Il faut qu'Ortelius

[f] Baudrand Ed. 1705.

[g] l. 6. c. 2.

[h] Ortel. Thesaur.

[i] Ptolom. l. 6. c. 2.

[k] l. 5. c. 18.

[l] l. 6. c. 7.

[m] l. 5. c. 18.

[n] l. 4. c. 8.
[o] l. 9. c. 17.
[p] Hist. de l'Eglise T. 3. p. derniere.

Tom. I. Part. 2.   Vv 2   telius

telius ait eu plus d'attention aux termes de Caliste que je n'ai pas vû, qu'à ceux de Sozomene, ou que Mr. Cousin n'ait pas traduit ce dernier fort exactement. Car il n'est point question ici de la *Palestine* ; mais de la *Phenicie*, ce lieu est nommé *Bithereman*, & non pas *Bithrerebis*, il y est qualifié *Ville* & non pas *Bourg*.

BITHYÆ, ancien Peuple de Thrace, selon Etienne le Géographe.

BITHIAS, ancien nom d'une Riviere de Thrace, selon Appien[a]. Voiez BATHYNIAS.

a in Mithrid.

1. BITHYNIE, Pays d'Asie dans la partie Septentrionale de l'Asie Mineure le long de la Propontide & du Pont-Euxin. On a vû au mot BEBRYCES 2. que c'est l'ancien nom des habitans de la Bithynie ; que l'on appelloit BEBRYCIE. Du temps de l'expedition des Argonautes elle avoit pour Roi Amycus, qui fut fils de Neptune & de la Nymphe Melie, & qui fut tué en combat singulier par Pollux, comme le rapporte Servius[b], qui ajoute que la Bebrycie est la Bithynie. Hygin[c] dit : Amycus fils de Neptune & de Melie Roi de Bebricie, & Valerius Flaccus en son Poëme des Argonautes[d] dit :

b In Æneid. l. 5. v. 373.
c Fab. 17.
d l. 4. v. 99.

Proxima Bebrycii panduntur limina regni :
Pingue solum, & duris regio non invida tauris :
Rex Amycus.

Les Bebryciens furent depossedez de ce pays par les Peuples de Thrace nommez BITHYNI & THYNI, comme le remarque Strabon[e]. Pline[f] distingue les Peuples *Bithyni* & les *Thyni*, après avoir parlé du Bosphore & des Villes adjacentes il ajoute : les *Thyni* occupent la côte & les *Bithyni* possedent le dedans du pays. Cela s'accorde avec ce que dit Strabon[g] que l'on appelloit THYNIAS le rivage auprès d'Apollonie & de Salmydessus. Eustathe expliquant le vers 795. de la Periégése de Denis dit : à l'opposite (de la Thrace) au dessus du Pont les Peuples *Thyni* habitent les Montagnes jusqu'à la Riviere de Cales ; desorte que les Peuples *Thyni*, & *Bithyni* sont voisins. Avec le temps cette distinction cessa d'être entre ces deux Peuples, & on les appella tous indifferemment *Bithyni*, & le pays auparavant divisé en *Thynie*, & en *Bithynie*, n'eut plus que ce dernier nom.

e l. 12.
f l. 5. in fine.
g l. c.

Les bornes de la Bithynie sont assez bien marquées par les anciens Géographes, si ce n'est qu'ils ne s'accordent pas sur les limites à l'Orient. Elle avoit au Couchant le Bosphore de Thrace, & la Propontide, au Midi le Rhyndacus & le Mont Olympe, & au Nord le Pont-Euxin. A l'Orient Pline l'étend jusqu'au Fleuve Parthenius, puisqu'il met dans la Bithynie une Riviere nommée BITHYNION, qui coule entre le Fleuve Hypius & le Parthenius. Ptolomée l'étend davantage aux depends de la Paphlagonie. Cellarius[h] de qui sont ces remarques observe que sous le nom de Bithynie on a compris divers Peuples, savoir les *Bebryces* ou *Bithyni* au Couchant ; ensuite les *Mariandyni* & les *Caucons* dont parle Homere: ainsi il considere separément la Bithynie proprement dite, & la Bithynie ajoutée.

h Geogr. ant. l. 3. c. 8. p. 283.

Moyennant cette distinction il croit que la Bithynie propre s'étendoit jusqu'au fleuve Hypius ; mais que dans le sens le plus étendu & y comprenant les annexes ; elle étoit bornée par le Parthenius où commençoit la Paphlagonie. Il confirme son sentiment par le nom de la Ville Bithynion située dans cette Bithynie ajoutée, & à laquelle les Bithyniens l'avoient sans doute donné, lorsqu'ils furent maîtres de ses environs & de son territoire.

J'ai déja remarqué que les autres bornes de la Bithynie sont plus certaines : le Rhyndacus la separoit de la Mysie, & le pays situé à l'Orient de la Bithynie propre entre elle & la Paphlagonie fut nommé dans la suite l'Honoriade ; c'est proprement la Bithynie ajoutée dont nous avons parlé.

La Bithynie avoit de grandes & belles Villes. Je n'en suivrai point ici le denombrement de Ptolomée parce qu'il joint ensemble dans un même Chapitre le Pont & la Bithynie. Chalcedoine étoit une de ces importantes Villes. En suivant la côte vers le Midi le long de la Propontide on voyoit Chrysopolis, Aftacus, Nicomedie, Prusiade, Dascylium, & enfin le Fleuve Rhyndacus, qui bornoit cette Province de ce côté-là. En retournant à Chalcedoine & courant la côte le long du Pont-Euxin étoient la Riviere de Calpa, & un Port à son Embouchûre. Celles du Sangar & de l'Hypius, la Riviere du Lycus, Heraclée, Psylla, Teius, le fleuve Bilhs & le Parthenius, qui bornoit la Province à l'Orient comme nous l'avons dit. Dans les terres étoient Nicée, Libyssa, Cesarée, Pruse, Bithynion, nommée ensuite Claudiopolis, Juliopolis, Cratée ou Flaviopolis. Pour ce qui est de Germanicopolis, comme elle étoit aux confins de la Bithynie & de l'Isaurie, on l'a donnée tantôt à l'une & tantôt à l'autre de ces deux Provinces.

§. Pline nous apprend que la Bithynie avoit eu les noms de CHRONIA THESSALIS, MALIANDE, & de STRIMONIS. J'explique ces noms en leur lieu.

2. BITHYNIE, Isle. Voiez THYNIAS.

BITHYNION. Voiez CLAUDIOPOLIS.

BITHYNOPOLIS, Etienne nomme ainsi une Ville fondée par Bithyas. Les Critiques ont bien vû qu'il faut lire BITHYOPOLIS, reste à savoir où elle étoit ? c'est de quoi les Grammairiens tels qu'Hermolaus se soucient peu. Il leur suffit de savoir qu'on en formoit *Bithyopolita*, & que le nom national *Bithyniapolita* se trouve au v. livre des Bithyniaques d'Arrien. L'utile découverte pour les Sciences !

BITHYCUCAR. Dorothée nomme ainsi la patrie du Prophete Abacuc[i]. D. Calmet qui cite cet Auteur & St. Epiphane appelle ce lieu BETHZACAR.

i Ortel. Thesaur.
k Dict. de la Bible.

BITLIS. Voiez BETLIS.

BITO[l], petit Royaume d'Afrique dans la Nigritie. Il est au Midi du Niger qui le separe du Royaume de Zegzeg ; le Royaume de Cassena, ou de Ghana le borne au Septentrion ; celui de Temian au Levant, ceux de Gabou & d'Isago au Midi, & celui de Guber au Couchant. Il a au Couchant, & au Midi de hautes Montagnes. Mr. Baudrand[m] dit qu'il est entre les Royaumes de Benin & de

l De l'Isle Atlas.
m Ed. 1705.

de Zanfara & cite Jean Leon. Cette citation est inutile, car Jean Léon ne dit rien de pareil. Il falloit citer quelque Auteur Chinois plutôt que Jean Léon dont le livre est très-commun & que Mr. Baudrand n'a pourtant point lû, comme il paroît à la quantité de fois qu'il le cite faussement. Mr. de l'Isle dit que les habitans du Royaume de Bito sont riches.

BITOANA, Ville de la Lydie, selon Ptolomée: dans quelques exemplaires la premiere Lettre est retranchée, desorte qu'on lit I-TOANA, dit Ortelius. Je trouve dans l'Edition de Bertius[a] *Bitoana*, Ville de la Carie.

[a] l.5.c.2.
[b] Baudrand Ed. 1705.

BITONTO[b], Ville d'Italie au Royaume de Naples, dans la Pouille, & dans la Province de Bari. Elle est le Siége d'un Evêque Suffragant de l'Archevêque de Bari. Elle est située dans une belle plaine à cinq ou six milles de la côte du Golphe de Venise, & à huit milles de Bari au Couchant, en allant vers Ruvo, & un peu plus près de Bitette. Voiez BUDRUNTUM & BITUNTUM.

[c] Sect.21.

BITSAMA, on trouve dans les Notices de l'Empire[c], qu'il y avoit au departement de Palestine un lieu nommé BITSAMA. On ne doute plus que ce ne soit BETH-SAMES.

[d] Zeyler Saxon. Super. Topogr. p.31.

BITTERFELD[d], petite Ville d'Allemagne au Cercle de la haute Saxe, dans la Misnie, au territoire de Leipsig à quatre petits milles de Hall en Saxe, & à quatre grands milles de Wittenberg & entre ces deux Villes. Elle appartenoit autrefois à la Maison d'Anhalt; mais l'an 1276. Friderie Landgrave de Thuringe & Margrave de Misnie la lui enleva, parce qu'elle avoit pris le parti d'Eric Evêque de Magdebourg contre qui il avoit guerre. Cette Ville qui est dans le voisinage de l'Archevêché de Magdebourg est arrosée par la Mulde, qui y reçoit un ruisseau. Il y a un Surintendant, (sorte d'emploi Ecclesiastique que ceux qui suivent la Confession d'Augsbourg en Allemagne ont substitué à l'Episcopat.)

BITTI ou RIO DE BITTI, Riviere de l'Isle de Sardaigne dans la Province de Logudori; en sa côte Orientale vers Posada, selon François de Vico cité par Mr. Baudrand[e].

[e] Ed. 1705.
[f] l.7.c.1.

BITTIGO, Montagne de l'Inde en deçà du Gange, selon Ptolomée[f] qui y met les Brachmanes.

BITTORES, Ortelius trouve au second livre d'Agathias un Peuple ainsi nommé entre les Huns, & avertit que l'ancien Traducteur change ce mot en BRITTONES: peut-être ne sont-ils pas diferens des BITTUGORES que Jornandes[g] met entre les Huns.

[g] De Reb. Getic. c.53.
[h] l.2. Epigr. 48.

BITUNTUM. Martial dans son Epigramme à Rufus,[h] après avoir nommé un certain nombre de choses qu'il juge necessaires pour passer agréablement la vie finit ainsi: fournissez-moi tout cela quand ce seroit à Bitonte, & je ne vous envierai point les Thermes de Neron.

Hæc præsta mihi, Rufe, vel Butuntis,
Et Thermas tibi habe Neronianas.

[i] l. 4. Epigr. 55.

Dans une autre Epigramme à Lucius[i] après une suite de noms étrangers il ajoute: Lecteur qui avez l'oreille delicate vous riez sans doute d'entendre ces noms rustiques. Riez-en, je le veux bien. Tout rustiques qu'ils sont je les aime pourtant davantage que le sejour de Bitonte:

Hæc tam rustica, delicate Lector,
Rides nomina? rideas licebit.
Hæc tam rustica malo quam Butuntos.

Au lieu de *Butuntis* & de *Butuntos* quelques Editeurs de Martial, entre autres le P. Jouvenci, lisent *Bitonti*[k] & *Bitontum* au singulier. Calderin qui a fait un Commentaire sur Martial s'est figuré que c'étoit une Ville d'Espagne en quoi il se trompe. Ortelius cite un livre où il y avoit *Britannos* dans la seconde citation; mais que feroient ici les Bretons? il s'agit de *Bitontum*, *Bituntum*, ou *Butentum*, ou *Butenti*, qui est aujourd'hui BITONTO, ou du moins la même que BUDRUNTUM. Voiez ce mot. Martial en parle avec chagrin comme d'un lieu fort desagréable dans les passages raportez. Cependant on vient de voir que Bitonto est agréablement situé. La source de ce chagrin est apparemment cachée dans quelque avanture arrivée à Martial, & que nous ne savons pas.

[k] Chez lui ces Epigrammes sont la 39. du 2. liv. & la 43. du Epigr. retranchées.

BITURGIA, Ville d'Italie dans la Toscane au milieu des Terres, selon Ptolomée[l]. Leandre l'explique de *Borgo San Sepulcro*, au raport d'Ortelius[m], qui ne donne point d'autre sentiment. Cependant Mr. Baudrand[n] lui attribue d'avoir dit que c'est presentement CITERNA. Ortelius fait bien mention de Cisterna; mais il le met au lieu anciennement appellé TRES TABERNÆ, & s'appuye sur l'autorité de Baronius. Mr. Baudrand n'est pas plus fidelle en rapportant le sentiment de Cluvier, qui, si nous l'en croyons, met *Biturgia* sur le Tibre proche de Perouse. Cluvier dit tout le contraire. Voici ses propres paroles traduites simplement. [o]Quelques Géographes de nôtre siécle ont expliqué Biturgia par le Bourg situé sur la rive gauche du Tibre, peu loin de sa source & que l'on appelle *Borgo di San Sepolcro*; mais comme Ptolomée s'est fort écarté de la veritable situation des Villes dont je viens de parler; cette *Biturgia* a sans doute été aussi déplacée; car elle ne sauroit être diferente de celle que l'on trouve nommée par corruption Bituriha dans la Table Itineraire[p] (de Peutinger) entre l'Ombrone & Florence. Cluvier se livre après cela à des conjectures; savoir que quelque Copiste a mis l'*Ombrone* pour l'*Ambra*, qui lui étoit moins connu, & que Biturgia étoit sur la rive gauche de cette derniere Riviere. Sans grossir inutilement cet Article on peut assurer que Mr. Baudrand en citant Ortelius & Cluvier ne les a consultez ni l'un ni l'autre, & qu'ils ne font nullement de l'opinion qu'il leur attribue.

[l] l.3.c.1.
[m] Thesaur.
[n] Ed. 1682.
[o] Ital. ant. l. a. p. 570.
[p] Segm. 3.

BITURIGES, ancien Peuple de la Gaule. On entend ordinairement par ce nom les habitans du BERRI; mais il y a une distinction à faire entre deux Peuples très-diferens nommez l'un & l'autre *Bituriges*. Pline[q] les distingue très-bien. Ceux qui habitoient le Berri furent surnommez CUBI. Cesar les nomme simplement *Bituriges*. Leur Capitale nommée *Avaricum* par Ptolomée est appellée

[q] l.4.c.19.

Bi-

Biturigum Civitas[a] par J. Cefar ; c'eft prefentement BOURGES. Voiez cet Article où l'on parle plus au long de ces *Bituriges*.

Dans l'angle que fait la rencontre de la Garonne avec l'Océan, il y avoit une autre Nation de Bituriges furnommez VIVISCI ou VIBISCI, Nation étrangere à l'égard de l'Aquitaine où elle étoit venue s'établir, c'étoit proprement une Colonie des *Bituriges Cubi*, comme on le peut conclure des paroles de Strabon[b]. Il eft vrai qu'il corrompt le furnom de *Vibifci* qu'il change en Ἰοσκος Ἰοσκοὺς. Pline[c] ne le corrompt gueres moins lorfqu'il les appelle *Ubifci*. Ptolomée dit mieux *Vibifci* Οὐίβισκοι, par le changement de l'V en B. Cellarius[d] pretend que l'ancienne & vraye maniere d'écrire ce nom eft VIVISCI par V. Il le prouve par l'autorité d'Aufone, qui eft d'autant plus croyable fur cet Article qu'il étoit du pays, & qu'il parle de fa patrie. Il dit dans fon Poéme de la Mofelle[e]:

Hæc ego, Vivifca ducens ab origine gentem.

Cellarius apporte encore en preuve l'infcription d'un autel de Bourdeaux fournie par Gruter[f]

AUGUSTO SACRUM
ET GENIO CIVITATIS
BIT. VIV.

Le R. P. Hardouin[g] la croit fauffe fans dire pourquoi. Ce n'eft pas qu'il n'y ait aufli des infcriptions, qui favorifent l'Orthographe de Pline. Le Recueil de Gruter[h] fournit celle-ci

JULIUS LUPUS C.
BITURIX V. B.
DE ANN. XXXV.
FIL. EJUS F. C.

Mais, ajoute Cellarius, il vaut mieux s'en tenir à la premiere Orthographe parce qu'on n'eft pas affez affuré de la realité de cette pierre, ni s'il y a effectivement ces paroles, fi ce n'eft point une faute de l'ouvrier, ou peut-être de celui qui l'a copiée.

Ptolomée[i] donne deux Villes aux Bituriges d'Aquitaine; favoir *Noviomagum* & Bourdeaux; mais il ne donne que la feule Ville d'*Avaricum* aux Bituriges de la Celtique qui font ceux du Berri.

Le Pere Labbe qui étoit de Bourges dit[k]: Cluvier s'eft contenté de rapporter quelques-uns de ces XIV. Peuples, qui furent joints aux Anciens Aquitains par l'Empereur Augufte; il a omis les autres, ou les a affociez mal à propos aux Peuples de la Province Narbonnoife. Ceux qui manquent en ce lieu font *Bituriges Vibifci*, ainfi furnommez pour les diftinguer des anciens Berruyers que l'on appella *Bituriges Cubi* pour les feparer de ces nouveaux avanturiers, qui étoient fortis de leur pays pour bâtir la Ville de Bourdeaux. La penfée de ce Pere eft très-conforme à la maniere dont les Anciens ont parlé de ces deux Peuples. Tite-Live & Cefar nomment fimplement *Bituriges* fans diftinction, il n'en falloit point, puifque ce Peuple ne faifoit qu'un

feul corps. La diftinction ne fut neceffaire qu'après la migration d'une partie de ce même Peuple, qui alla s'établir en Aquitaine; aufli la trouve-t-on marquée exactement depuis l'Empire d'Augufte fous lequel elle commença.

Dans le moyen âge le nom des Bituriges a été diverfement écrit, BETURIGES, BETORICI, BITORICES, BITURICES, BITURICI, & BITURICENSES. Hadrien de Valois[l] conjecture que les *Bituriges Cubi* avoient fondé BITURGIA en Tofcane, qu'il dit être prefentement BETOGI & BITURIS, Ville des Vafcons dans l'Efpagne Tarragonnoife.

BITURIS, ancienne Ville de la Gaule Tarragonnoife au pays des Vafcons, felon Ptolomée[m].

BITURIX, Gregoire de Tours[n] nomme ainfi la Ville de BOURGES.

BITYLA, Ville ancienne du Peloponnefe dans la Laconie affez loin de la Mer, felon Ptolomée[o]. Ortelius conjecture que c'eft la TYLO de Strabon. Voiez ce mot.

BITYLE, ancienne Ville de la Paleftine I. & la XXII. felon un Supplement de la Notice de Hierocles, inféré dans notre collection des Notices de l'Empire & de l'Eglife. C'eft peut-être la même chofe que BETHULIE.

BITZINE, Siége Epifcopal, fous le Patriarchat de Conftantinople, felon Balfamon & Curopalate citez par Ortelius[p]. La Notice pour regler le rang des Metropoles de ce Patriarchat, fous Andronic Paleologue, donne le XCV. à BITZINA.

BIVAL[q], Abbaye de France en Normandie au Pays de Caux, Diocèfe de Rouen entre Beaubec & Neufchâtel à une lieue de l'une & de l'autre fur la droite du chemin de Neufchâtel à Aumale. Ce font des Bernardines.

BIVAR[r], Ville de l'Efclavonie, Province de Hongrie, fur une Ifle de la Save nommée Metabar, qui eft entre les embouchûres de la Bofne & du Drin.

§. Cette Ifle de Metabar & la Ville de Bivar ne fe trouvent point dans les Cartes de De Witt, de Jaillot & de Mr. de l'Ifle.

BIUDA. Voiez BEIUDA.

BIUDERE, Riviere de Turquie dans la Romanie. Elle fe jette dans un petit Golphe de même nom près de Conftantinople, felon Pierre Gilles. Mr. Baudrand de qui eft cet Article ajoute pour noms Latins *Bathycolpus*, BATHYNIUS & BITHYNIUS. Voiez BATHYCOLPUS & BATHYAS.

BIULA, Village[s] confiderable d'Afie, en Carie, dans les plaines du Méandre. Mr. de l'Ifle écrit ce nom BOEULA. Ortelius en fait une Ville & fe trompe.

1. BIVONA[t], petite Ville de l'Ifle de Sicile, dans la Vallée de Mazare, fur la cime d'un grand rocher avec titre de Duché, à deux lieues de la Ville de Calatabellota du côté du Nord.

2. BIVONA. Voiez VIBO-VALENTIA.

BIUTERE. Voiez BIUDERE.

BIZABDA. St. Jerôme[v] nomme ainfi une Ville des Perfes qu'il dit avoir été prife fous l'Empereur Conftance. Ortelius ajoute qu'elle étoit dans la Mefopotamie; & ne la croit pas diferente de BEZABDE, Ville d'Affyrie

BIZ.

rie qu'Ammien Marcellin[a] dit que les Anciens ont appellée PHOENICA.

BIZACENE. Voiez BYZACENE.

BIZANCE. Voiez BYZANCE.

BIZANONIA, Siége Episcopal sous la Metropole de Sergiopolis, selon Ortelius, qui cite Guillaume de Tyr parce qu'il lui attribue une Notice, qui se trouve dans un des Manuscrits du Vatican où est aussi l'Histoire de la Croisade par cet Auteur. C'est proprement la Notice du Patriarchat d'Antioche. Selon le Manuscrit du Vatican ce Siége est nommé BOZONOVIAS.

BIZENIA, place forte que l'on appella ensuite MELINCUM. Ortelius qui ajoute qu'il est de la Bohême cite Æneas Silvius dans la Vie de St. Wenceslas. Ce Pape n'a point écrit de Vie particuliere de St. Wenceslas, que je sache; mais il l'a traitée dans son Histoire de Boheme. On y lit[b] *Ludmilla filia fuit Comitis Slamborii Castelli Bizenie quod postea Melinca dictum est.* Dans les deux Editions citées en marge on trouve *Melinca*, & non point le *Melincum* d'Ortelius. Mr. Baudrand qui n'a lu que ce dernier dit aussi *Melincum* & cite Æneas Sylvius, & la Vie de St. Wenceslas comme deux autoritez diferentes.

BIZERENTANUS LIMES. Voiez BEZEREOS.

BIZES, Riviere de Bithynie entre le Rheba & le Psylis, selon Ammien Marcellin[c].

BIZIA. Voiez BYZA.

BIZICANIA. Voiez BYZACIUM.

BIZONA. Voiez BYZUS.

BIZONTIUM, nom Latin de BESANÇON, pour VESUNTIO.

BIZU, Ville d'Afrique en Barbarie, au Royaume de Maroc, dans la Province d'Escure. C'est, dit Marmol[*], une ancienne Ville de quinze cens feux, en une situation fort avantageuse, sur une haute Montagne du grand Atlas avec des murs & des tours de pierre liée avec de la chaux à sept lieues d'Elgemuha du côté du Levant. Le terroir est fertile en bled & en huile & l'on y nourrit force troupeaux; elle est environnée de vergers & de jardinages que l'on arrose des ruisseaux, qui descendent de la Montagne & la Riviere des Negres (ou des Noirs) passe à une lieue delà, du côté du Levant, laissant entre deux une grande plaine, où sont la plupart des jardins. Il y a tant de raisins & de figues qu'on les seche & les vend aux contrées voisines d'où l'on retire beaucoup de profit aussi bien que des noix, qui sont en grand nombre. Les habitans sont riches & courtois & aiment bien les étrangers, ils sont bien vêtus pour le pays, de draps & de toile fine, comme les habitans de Maroc, & sont Bereberes de la Tribu de Muçamoda. Les femmes y sont blanches, belles & bien parées. Il y a une belle Mosquée dans la Ville, où passe un ruisseau qui se rend delà dans la place, puis descend dans la plaine & arrose en passant les jardins, qui sont sur la pente. Il n'y a point d'autres Villes dans la Province; mais il y a trois Bourgs fermez, peuplez de la même Nation, savoir Daraa de Itendiguen, Ben Zemat, & Buhalir, avec plusieurs Vilages dans les Vallées.

BIZUS, Riviere de la Scythie sur le Pont-Euxin, selon le Periple d'Arrien, qui par le nom de Scythie entend la basse Moesie. Il la met entre Tetrisiade & Dionysiade. C'est ainsi qu'en parle Ortelius[d]. Je ne sais quel exemplaire il avoit du Periple cité; mais l'Edition d'Oxford[e] dit que depuis Tetrisiade à Bizus lieu desert il y a soixante stades, & quatre-vingt stades de ce lieu à Dionysopolis. Un Fragment d'un autre Periple du Pont-Euxin imprimé au même volume de la Collection d'Oxford[f], met depuis Tetrisiade ou Acra, jusqu'à Bizon Bourgade Πολίχνιον, où une rade, soixante milles. Il y a de plus que selon quelques-uns cette Bourgade est une Colonie des Barbares, & selon d'autres de la Mesembrie: la Ville qui suit y est aussi nommée Dionysopolis. C'est la Bisona de Strabon & de Mela. Le premier dit[g] que la plus grande partie en avoit été absorbée par un tremblement de terre, & la met entre Calatis & Apollonie. L'autre dit qu'elle fut entierement détruite[h], il ne faut pas la confondre avec *Bizya*.

BIZY[i], petit Village de France en Normandie au Diocèse d'Evreux. Il a passé autrefois pour un Fauxbourg de Vernon, & dépend de la Paroisse de Sainte Geneviéve de la même Ville, dont il est éloigné de demi-lieuë. Ce Village est remarquable par la Maison du Seigneur, qui est un titre de Marquisat, érigé vers l'an 1670. Cette Maison est plus qu'à mi côte, ce qui lui donne une vuë très-agréable sur une vallée de cinq lieuës d'étenduë, tant du côté de Rouen que de celui de Mante. Elle est d'ailleurs accompagnée de très-grands jardins remplis de diverses piéces d'eau. Il y a une haute Justice dans Bizy; un Prieuré de Religieuses de l'Ordre de Saint Benoît fondé en 1661. & une Chapelle de Sté Catherine, dans laquelle on dit la Messe les Dimanches & les Fêtes.

BIZYE, ancienne Ville de Thrace dans l'Astique dont elle étoit la capitale, selon Etienne le Géographe. Saumaise[k] taxe d'erreur Solin pour l'avoir mise dans la Cænique contrée très-diferente de l'Astique. Solin[l] ajoute qu'elle avoit été autrefois la Forteresse du Roi Terée. Pline[m] avoit dit avant lui d'une maniere plus generale que c'étoit la residence des Rois de Thrace. Ce dernier dit[n] que les Hirondelles n'entrent jamais dans la Ville de Bizye à cause des crimes de Terée. Tout le monde sait la Fable de Progné & Ovide l'a traitée avec son agrément ordinaire dans ses Metamorphoses auxquelles je renvoye le Lecteur plutôt que d'en grossir cet Article. Ptolomée la met entre les Villes éloignées de la Mer; ainsi il ne faut pas la confondre avec *Bizon* d'Arrien, qui étoit au bord du Pont-Euxin.

BLA.

BLABE, Isle du Bosphore de Thrace, selon Denis de Byzance, Auteur different du Periegete, & qui avoit composé une description du Bosphore de Thrace dont nous n'avons plus que des fragmens recueillis dans la Collection d'Oxford[o]. On y lit[p] que du côté d'Asie & de Chalcedoine auprès d'un Promontoire

toire nommé Lembus, est joignant le rivage une petite Isle auprès de laquelle il y a des brisans à cause des roches cachées sous l'eau, qui renvoyent le poisson du côté de l'Europe.... que les Chalcedoniens ont donné à cette Isle le nom de Βλиβη, qui lui convient fort. Ce mot Grec signifie *perte*, *dommage*.

BLACHERNÆ, lieu voisin de la Mer, hors des murs de Constantinople. Voiez BLAQUERNE.

BLACHI, Ortelius[a] observe que ce mot a été employé par des Auteurs peu anciens, & qu'il signifie les Walaques. Curopalate, dit-il, nomme la MAUROBLACHIE & l'UNGROBLACHIE. Il croit que celle-ci est la haute Moesie, qui est proche de la Hongrie, & que l'autre est la basse Moesie voisine de la Mer noire à laquelle le mot *Maurum* se rapporte.

[a] Thesaur.

BLACHIA MAGNA. Nicetas[b] nomme ainsi les hautes Montagnes de la Thessalie.

[b] in Balduino.

BLACKBOURN[*], quelques-uns écrivent BLACKBORNE, d'autres BLACKBURNE, petite Ville d'Angleterre en Lancashire à vingt-deux milles de Lancastre & à dixhuit de Manchester.

[*] Allard Atlas.

BLACKMORE, Montagne d'Angleterre au Midi de la Ville de Durham. Voiez BADONICUS MONS.

1. BLACKWATER, Riviere d'Irlande dans la Province de Munster; c'est la même qui est nommée MOORE ou BROODWATER, sur la Carte de l'Irlande par Allard. Voiez MORE. Le cours que lui donne Mr. Baudrand[c] ne convient à aucune Riviere d'Irlande; mais rien n'est moins sensé que la maniere dont il compose le nom Latin de cette Riviere. Il veut que ce soit BLACKWATERRA, & comme si ce n'étoit point assez de la barbarie de ce nom, il le rend par AQUA ALBA, c'est-à-dire *eau blanche*. Où a-t-il pris que le *Black* des Anglois, qui signifie *noir* reponde à l'*Albus* des Latins, qui signifie *blanc*?

[c] Ed. 1705.

2. BLACKWATER[d], grande Riviere d'Irlande dans la Province d'Ulster. Elle a ses sources dans les Montagnes du Comté de Cavan, traverse en deux lits differens le Comté de Monaghan, où les deux branches se réunissent aux confins du côté d'Armagh qu'elle borne au Nord-Ouest, & continuant sa course vers le Nord-Est, elle perd son nom dans le grand Lac nommé Lough neaugh. La seule Ville qu'elle arrose est Charlemond. Mr. Baudrand repete encore ses deux noms Latins pour cette Riviere, qu'il appelle *eau blanche*. *Aqua Alba*.

[d] Allard Atlas.

3. BLACKWATER[e], petite Riviere d'Angleterre au Comté d'Essex. Elle a sa source près de Newport d'où serpentant vers le Sud-Est jusqu'auprès du village de Backing, elle se tourne à l'Est, & coule ensuite vers le Midi où elle se joint avec quelques autres Rivieres, puis après avoir arrosé Malden elle s'élargit considerablement jusqu'à la Mer, où elle a son embouchûre dans le même Golphe où se perd aussi la Colne.

[e] Ibid.

BLADIENSIS, on trouve que dans la Conference de Carthage il est fait mention de deux Evêques en Afrique, l'un nommé *Potentius* & l'autre *Pancrace*, & tous deux Evêques *Bladiensis*. Mr. Baluse veut qu'on lise BADIENSIS. On trouve que Dativus à *Badis* assista au Concile de Carthage sous St. Cyprien, & l'Anonyme de Ravenne met une Ville *Bada* dans la Mauritanie Gaditane. C'est pourquoi le Siége de Bada ou Badia (Badiensis Sedes) pourroit bien n'être pas le même que le *Vadensis* dont il est parlé dans la Notice. Cette Remarque est de Mr. Dupin dans sa 27. note sur la Conference de Carthage.

BLADNOCK[f], Riviere d'Ecosse au Comté de Gallowai. Elle a son embouchûre dans la Mer d'Irlande entre la Ville de Withern, & le petit Golphe de Ferrytown.

[f] Baudrand Ed. 1705.

BLAEANDER, Ville d'Asie dans la grande Phrygie, selon Ptolomée[g]. Le Grec porte Βλαίανδρος, & le Latin de l'Edition de Bertius BLÆANDRUS. Voiez BLEANDER.

[g] l. 5. c. 2.

BLAENA, Strabon nomme ainsi un lieu de la Paphlagonie aux environs du Mont Olgassus.

BLAGIANÆ. Voiez BLANGIANÆ.

BLAIGUEZ[h], petite contrée de France dans la Guienne où elle fait partie du Bourdelois, aux environs de la Ville de Blaye dont elle prend çe nom. Le Blaiguez étoit autrefois un Comté, qui appartenoit aux cadets de la Maison d'Angoulême.

[h] Corn. Dict. d'*Audifret* Geogr. T. 2. p. 250.

1. BLAINVILLE[i], en Latin *Bleoni Villa*[k], Bourg de Lorraine sur la rive Meridionale de la Muerthe, à l'Orient de sa jonction avec la Montagne à une lieue & au Midi Occidental de Luneville.

[i] Baudrand Ed. 1705.
[k] Jaillot Lorraine.

2. BLAINVILLE[l], Bourg de France en Normandie au Pays de Caux, à deux lieues de Buchi & à une lieue & demie du Prieuré de Beaulieu, sur un ruisseau qui va tomber à Vacueil dans la Riviere d'Andelle. Ce lieu nommé en Latin *Beleni Villa* est situé dans un Vallon, d'un côté au pied d'un bois & de l'autre au pied d'une campagne élevée fertile en bons grains. Il y a une Eglise Collegiale sous l'invocation de St. Michel: elle est assez bien bâtie avec un joli clocher en Pyramide sur la croisée & fut fondée l'an 1488. par Jean d'Estouteville, fils de Guillaume d'Estouteville Sieur de Torcy & de Blainville. Le Chapitre est de six Chanoines, dont le Tresorier est le Chef & Curé de St. Germain Paroisse du Bourg. On voit sur une éminence un beau & grand Château bien bâti & fort logeable accompagné de six grosses & hautes tours, de grands fossez très-profonds avec une forte porte, & une grande cour ou place d'armes. Le ruisseau sur lequel est assis ce Bourg prend sa source au dessous à St. Germain des Essaux, arrose Fontaine, Semonville, Crevon, St. Arnoul, Cray, & Saint Denys. La Seigneurie de Blainville comprend les Paroisses de Crevon, de St. Arnoul, en partie Elbœuf-sur-Andelle, Saint Aignan, Catenoy, Frêne l'Eplan & Rue St. Pierre.

[l] Corn. Dict. Memoires dressez sur les lieux en 1703.

3. BLAINVILLE[m], autre Bourg de France en Normandie sur la Riviere d'Orne entre Caen & la Mer.

[m] Ibid.

BLAIR, petite Ville d'Ecosse dans la Province d'Athol dont elle est la capitale. Il y a un Château & elle est située sur une peti-

BLA.

te Riviere à huit lieues de la Ville de Perth.

1. BLAISE, (LA) Riviere de France en Champagne. Elle a sa source à deux lieues & demie de Chaumont dans l'Election de même nom. Ensuite prenant un cours presque parallele à celui de la Marne elle passe à Blaise le Châtel g. à Vassi d. à Esclaron d. où elle se partage en deux branches, qui forment une Isle & se rejoignent pour tomber ensemble dans la Marne au Couchant de Larzicour.

§. Cette Riviere, dont le cours est du Sud au Nord (environ de treize à quatorze lieues, a sa source, si nous en croions Coulon [a] à deux hautes Montagnes dont l'une a nom la Renaudiere & l'autre la Perche au dessus du Couvent de Brazancourt, qui est la premiere Maison qu'ait eu en France St. François de Paule fondateur des Minimes. Mr. de l'Isle qui a fait avec grand soin une Carte de Champagne n'y fait mention ni de ces deux Montagnes, ni de ce Couvent.

[a] Rivieres de France 1. part. p. 95.

2. BLAISE, (la) petite Riviere de France au Pays Chartrain. [b] Elle a sa source au dessus de St. Ange de Thimerais & arrose les campagnes, & les anciennes Forêts des Druides avant que de se joindre à l'Eure auprès de Dreux à la Tour de Fermaincourt.

[b] Ibid. p. 289.

BLAISOIS, (le) Province de France dans le Gouvernement General d'Orleans. [c] Le Blaisois est borné au Nord par la Beausse particuliere; au Levant par l'Orléanois; au Midi par le Berry; & au Couchant par la Touraine. Le Comté de Blois est un des plus anciens & des plus nobles du Royaume. L'opinion la plus vraisemblable veut que Guillaume, frere d'Eudes Comte d'Orléans, & tué avec lui pour la querelle de Louïs le Débonnaire, ait été le premier Comte de Blois. Eudes, qui selon quelques Historiens, étoit fils de Guillaume, ou son neveu selon d'autres, lui succeda au Comté de Blois. Il mourut sans laisser de posterité de Gundelmode sa femme l'an 861. Robert, dit le Fort, succeda à Eudes son oncle, & suivit le parti de Pepin Roi d'Aquitaine son cousin, contre le Roi Charles le Chauve. Il fit sa paix avec le Roi dans une entrevue qu'ils eurent à Mehun sur Loire, & les Etats generaux tenus depuis à Compiégne l'an 861. le déclarerent Duc & General des François. La victoire qu'il remporta sur Louïs le Begue qui s'étoit revolté contre son Pere, lui aquit une grande réputation, & obligea le Roi d'ajoûter à ces Seigneuries les Comtez d'Auxerre & de Nantes, & de lui donner l'Abbaye de S. Martin de Tours. Après avoir defait les Normans Danois à Brissante en Anjou, il y fut tué en 867. Robert son fils lui succeda au Comté de Blois, & à quelques autres Seigneuries. Il fut aussi Abbé de St. Martin de Tours, & quelques Ecrivains assurent même qu'il le fut de Saint Denis & de S. Aignan d'Orléans. Il épousa Beatrix Sœur d'Herbert Comte de Vermandois, second du nom. Il fut d'abord dans le parti du Roi Charles le simple, qui le fit Duc des François, & Comte de Paris. Ils se brouillérent dans la suite, & Robert ayant déclaré la guerre au Roi Charles le simple, lui prit la Ville de Laon, & se fit couronner

[c] Piganiol de la Force, Desc. de la France T. 5. p. 206.

Roi à Rheims par l'Archevêque Hervé. Charles le Simple le surprit ensuite auprès de Soissons où Robert fut tué à la tête de son armée. Hugues soutint le parti de son pere contre Charles le Simple, & servit si bien Raoul son beau-frere qu'il fut Roi de France après la mort de Charles, & son petit-fils Hugues, surnommé Capet, succeda à Raoul. Thibaud surnommé le vieux & le Tricheur, fut Comte de Blois après Robert, fils de Robert le Fort; mais on ne sait si cela fut par succession, par donation, ou par acquisition. Il eut de Leudgarde de Vermandois sa femme, plusieurs enfans, dont Eudes lui succeda aux Comtez de Blois & de Chartres, l'an 973. Eudes, ou Odon I. fut le premier Comte hereditaire de Blois, & le sixiéme en ordre de succession. Il épousa Berthe fille de Conrard Roi de Bourgogne, second du nom, & de Mahaud de France, & mourut à Tours l'an 996. laissant six enfans. Thibaud second du nom son aîné lui succeda au Comté de Blois; mais étant mort sans posterité, Eudes, second du nom, son frere, fut Comte de Blois. Il épousa en 1005. Mahaud fille de Richard I. Duc de Normandie, de laquelle il n'eut point d'enfans. Etienne son cousin germain, & Comte de Meaux & de Troyes, étant mort sans enfans, Eudes se saisit de sa succession, & prit la qualité de Comte de Champagne & de Comte du Palais. Eudes épousa en secondes nôces l'an 1020. Ermengarde d'Auvergne, niece de Constance d'Arles, seconde femme du Roi Robert, & fille de Robert Comte d'Auvergne premier du nom, & d'Ermengarde d'Arles. Il en eut trois fils, dont Thibaud l'aîné fut Comte de Blois. Ce Thibaud, troisiéme du nom, fut marié deux fois, la premiere avec Gersende fille de Herbert Comte du Mans, qu'il répudia pour cause de parenté & en secondes nôces avec Alix de Crespy, ou de Valois, fille de Raoul, second du nom, Comte de Valois. Il eut de cette derniere quatre fils, dont l'aîné, appellé Henri Etienne, fut Comte de Blois après la mort de son pere, arrivée l'an 1088. Il se rendit fameux par ses exploits dans la Terre Sainte, & fut surnommé le Sage, le Pere du Conseil, & le Pacifique. Il fut tué à la bataille des Rames le dixhuit de Juillet 1102. & laissa d'Adelle sa femme, Sœur de Henri Duc de Normandie & Roi d'Angleterre, premier du nom, huit ou dix enfans. Guillaume, l'aîné de tous, fut si extravagant, qu'il se qualifioit *Seigneur du Soleil*. Il fut privé de son droit d'aînesse, & n'eut pour son partage que la Ville de Chartres. Il épousa Agnès de Sully, & d'eux sortit la Branche de Champagne-Sully. Thibaud IV. second fils d'Etienne, & d'Adelle herita du Comté de Blois, & aquit ceux de Champagne & de Brie de son oncle Hugues. Il fut surnommé le Saint & le Grand, & épousa l'an 1126. Mahaud fille d'Engilbert III. Duc de Carinthie, de laquelle il eut cinq fils. L'aîné appellé Henri, fut Comte de Champagne; & le second appellé Thibaud, fut Comte de Blois & de Chartres. Ce Thibaud, cinquiéme du nom, Comte de Blois, fut surnommé le bon & le grand Senéchal, parce qu'il le fut en ef-

Tom. I. PART. 2.   X x   fet,

BLA.

fet, & le dernier qui porta cette qualité en France. Il épousa Alix de France, fille du Roi Louïs le jeune. Il mourut en la Terre Sainte en 1167. après y avoir donné de grandes preuves de valeur. Il eut, entre plusieurs enfans, Louïs Comte de Chartres & de Blois, Marguerite, & Elisabeth. Louïs fut pere de Thibaud VI. mort sans enfans en 1218. auquel Marguerite & Elisabeth ses tantes succederent; celle-ci au Comté de Chartres, & Marguerite à celui de Blois. Cette derniere fut mariée en troisiémes nôces à Gautier d'Avesnes, & Marie d'Avesnes leur fille avec Hugues de Châtillon Comte de Saint Paul, environ l'an 1225. duquel elle eut Jean de Châtillon Comte de Blois, qui le fut aussi de Chartres par la mort de Mahaud d'Amboise sa cousine, morte sans posterité en 1254. Il avoit épousé Alix de Bretagne; & leur fille nommée Jeanne, mariée à Pierre de France Comte d'Alençon, étant morte sans enfans en 1291. laissa le Comté de Blois à Hugues de Châtillon, second du nom, son cousin, depuis lequel Guy premier du nom, Louïs I. Louïs II. Jean & Guy II. de la même Maison, en ont joüi successivement jusqu'en 1391. qui est le tems que Guy II. le vendit à Louïs de France Duc d'Orléans, qui s'obligea de lui payer deux cens mille francs d'or pour l'achat des Seigneuries de Blois, de Dunois, de Romorantinois, de Château-Renaud, & de leurs dépendances, aux charges & conditions qu'il joüiroit de ces Seigneuries pendant sa vie, & que le Duc l'acquitteroit du Douaire qu'il devoit à la Princesse Marie de Berry, & envers le Roi, de tous profits de quint & de requint, avec faculté de rentrer dans son heritage, rendant le prix qu'il avoit touché, en cas qu'il eût enfans vivans jusqu'à l'age de douze ans. Ce sont les termes du Contrat de vente. Louïs laissa ces Seigneuries à Charles d'Orléans son fils. Ce dernier fut Pere de Louïs XII. sous lequel fut uni à la Couronne, & plus parfaitement encore sous le Roi Henri II. à qui ce Comté pouvoit appartenir en qualité d'heritier de la Reine Claude sa mere, femme de François premier. D'Audifret dit que les Ducs de Lorraine ont eu des prétentions sur ce Comté, comme étant descendus de Claude de France, fille de Louïs XII. par Claude de France, seconde fille du Roi Henri II. & de Catherine de Medicis. Ils disoient que les biens de cette Princesse devoient passer à ses heritiers, sans pouvoir être incorporez au Domaine, parce que ce Comté avoit été acheté par Louïs Duc d'Orléans, des deniers dotaux de Valentine de Milan sa femme, & que Louïs XII. avoit declaré par ses Lettres patentes de l'an 1505. & 1509. que Blois, Coucy & Soissons étoient du Domaine particulier des Ducs d'Orléans, & qu'il n'entendoit pas qu'ils fussent confondus avec le Domaine de la Couronne; mais il est aisé de repondre que dès qu'un Prince parvient à la Couronne, tous les Etats qu'il possedoit auparavant y sont unis. En second lieu le Comté de Blois relevant de la Couronne, Louïs XII. n'avoit pû déroger par sa Declaration au droit commun, & d'ailleurs la Princesse Claude en épousant Charles

BLA.

I. Duc de Lorraine, avoit renoncé par son contrat de mariage à tous les droits paternels & maternels, qui lui pouvoient échoir. Ce contract avoit été fait en presence du Duc de Lorraine, de cinq Princes de sa Maison, & de son Conseil, qui l'avoient ratifié, ce qui fut suivi d'un Edit de Charles IX. qui déclare que la Seigneurie de Blois est un ancien Domaine de la Couronne. Le Roi Louïs XIII. donna en 1635. le Comté de Blois pour augmentation d'apanage à Gaston Jean Baptiste de France son frere, & par sa mort ce Comté a été réuni à la Couronne.

BLAMONT[a], Bourg de Lorraine. C'est une Seigneurie, qui a aujourd'hui le titre de Comté. C'étoit un Fief ou un Franc-alleu de l'Evêché de Metz il y a cinq cens ans, & les Seigneurs dans le treiziéme siécle en ont fait plusieurs fois hommage lige aux Evêques, & particulierement aux Evêques Jacques de Lorraine & Bouchard d'Avesnes. La même chose se voit au quatorziéme & quinziéme siécles.

[a] *Longuerüe Descr. de la France part. 2. p. 173.*

Ces Comtes ou Seigneurs de Blamont, étoient les mêmes que les anciens Comtes de Salmes, ou ils étoient de leur Maison. Richer Moine de Senone, dit dans son Histoire que Jacques Evêque de Metz acheta de Ferri de Blamont fils d'Henri Comte de Salmes, le Château & le Bourg de Blamont, qui étoit un Franc-alleu de l'Evêché, & qu'ensuite l'Evêque le lui donna en Fief. Oulri de Blamont Evêque de Toul, donna les Seigneuries de Blamont & de Deneuvre à René Duc de Lorraine, qui en fit hommage à son oncle l'Evêque Henri; & son fils & successeur Antoine rendit le même devoir au Cardinal Jean son frere Evêque de Metz; mais le Duc Antoine unit quelque temps après à son Duché Blamont, que l'on appelle en Allemand BLANCKENBERG, ou *de Albo Monte*, & il passa pour une des appartenances du Duché de Lorraine dans la Transaction passée entre l'Empereur, & les Etats de l'Empire, & le Duc Antoine l'an 1542; desorte que depuis dans les investitures des Empereurs, jusqu'à celle de Ferdinand II. on a toûjours compris le Comté de Blamont (*de Albo Monte.*) Comme il y avoit de grandes contestations entre les Ducs & les Evêques sur le droit de l'Eglise de Metz, François de Beauquere Evêque de Metz, vendit ce droit comme celui qu'il avoit sur Deneuvre, & le transporta à Charles Duc de Lorraine par le contract de l'an 1561.

§. Blamont ou Blanckenberg est assez grand & situé sur la petite Riviere de Vesouze, & ce Comté qui porte presentement le titre de Prevôté, est entre l'Evêché de Metz, & le Bailliage de Nanci, selon Mrs. d'Audifret & Corneille.

BLANC[b], (LE) Ville de France en Berri à l'extrêmité, du côté du Poitou sur la Riviere de Creuse, qui la partage en deux. Elle est du Gouvernement & de la Generalité de Berri; mais dans le ressort du Presidial de Poitiers. Le nom Latin de cette Ville est OBLINCUM. Le Château est dans la haute Ville & dans la basse sont le Prieuré de St. Genitor & un Couvent d'Augustins. Cette Châtellenie releve en foi & hommage de la Baronie de Châ-

[b] *Piganiol de la Force, Descr. de la France T. 6. p. 47.*

BLA.

Château roux. *Le Château & Forteresse est jurable & rendable aux Seigneurs Dominans à grande & petite force en temps de paix & de guerre.* Le Blanc est le Siége d'une Election.

[a] Le terroir de l'Election du Blanc est sterile & ingrat. Il y a beaucoup de bois & de forges, & une si prodigieuse quantité d'étangs qu'on en compte trois cens neuf dans la seule terre du Bouchet, qui appartient au Duc de Mortemar. Aux environs de la Ville du Blanc il y a un vignoble dont le vin est d'assez bonne qualité. Quoique la Riviere de Creuse qui passe dans cette Election n'y soit pas navigable, elle sert néanmoins au debit de quantité de bois qu'on met en merain, qu'on jette à bois perdu sur cette Riviere & qu'on rassemble au Port de Pilés.

BLANCA, petite Isle sur la côte Septentrionale de l'Amerique Meridionale au Nord Occidental de la Marguerite dont elle est à seize lieuës. [b] Cette Isle n'est pas cultivée & il n'y habite ni Espagnols, ni Sauvages: les premiers y vont seulement chasser aux chevres, qui s'y sont tellement multipliées qu'on les y voit par milliers. Il y a peu d'autres animaux. Elle a environ six lieuës de tour, & l'on y prend quelquefois du sel, quoique les salines soient placées dans un lieu fort incommode. Sa principale Rade est au côté de l'Ouest dans une Baye de sable, il croît fort peu d'arbres de ce côté-là à l'exception de quelques petits bocages, qui sont presque tous d'arbres de Gayac. Le côté de l'Est est tout couvert de bois. Sous les arbres croissent beaucoup d'arbrisseaux d'une espece de sauge sauvage, qui rend une bonne odeur. Toute la terre est pierreuse ou seche, & il ne s'y trouve aucune eau douce que celle des pluyes, qui s'assemble en certains étangs. Il y a fort peu de Montagnes dans cette Isle. Voiez BLANCO qui est la même Isle.

BLANCA GUARDA, c'est-à-dire le *Corps de garde Blanc*, lieu particulier de la Palestine auprès d'Ascalon, selon Guillaume de Tyr cité par Ortelius. Ce lieu étoit remarquable du temps des Croisades.

1. BLANCHE[c], (LA) ou l'ALBE, petite Riviere des Pays-bas. Elle a sa source à St. Vit, & coule le long des Abbayes de Malmedi & de Stavelo, elle se mêle avec l'Ourt, qui porte ses eaux dans la Meuse au pays de Liége.

2. BLANCHE[d], (LA) & LA NOIRE, Rivieres des Pays-bas. La Blanche vient de la Principauté de Chimay, & se joint à la Noire dans les fossez de Marienbourg, & elles vont ensemble se perdre dans la Meuse à Vireu.

3. BLANCHE, (NOTRE DAME DE LA) Abbaye de Religieuses Bernardines en France, dans la Normandie au Diocèse d'Avranches près de Mortain à deux petites lieuës de l'Abbaye de Lonlay.

4. BLANCHE, (LA) Abbaye de France dans l'Isle de Noirmoutier au Diocèse de Luçon. Voiez NOIRMONTIER. Cette Abbaye nommée *la Blanche* par les Libraires Auteurs du Dictionnaire de la France est nommée *Noirmontier* par Mr. Piganiol de la Force, qui

Tom. I. Part. 2.

BLA. 347

appelle l'ISLE DIEU ou LA BLANCHE une autre Abbaye de l'Ordre de Cisteaux de la filiation de Buzai fondée en 1172. au même Diocèse de Luçon.

BLANCHE-COURONNE, Abbaye de France en Bretagne au Diocèse de Nantes, & à huit lieuës de cette Ville, selon Mr. Piganiol de la Force[e], & selon la Carte du Diocèse de Nantes par le P. Lambilli Jesuite Professeur d'Hydrographie. Mr. Baudrand[f] reduit cette distance à deux lieues, en quoi il se trompe, cette Abbaye étant à trois quarts de lieue au Sud-Ouest de Savenay. Elle est occupée par des Benedictins & est fort ancienne.

BLANCHE-LANDE[g], Abbaye de France en basse Normandie au Diocèse de Coutance. Elle est de l'Ordre de Prémontré, & [h]eut pour fondateur l'an 1155. Richard Baron de la Haye Connétable de Normandie.

1. BLANCKENBERG. Voiez BLAMONT.

2. BLANCKENBERG, petite Ville d'Allemagne en Westphalie au Duché de Berg sur la Riviere de Sieg à quatre ou cinq lieues de Bonne vers l'Orient.

3. BLANCKENBERG[i], Bourg d'Allemagne dans la Thuringe. C'est le chef-lieu d'un Bailliage, qui en porte le nom & qui est du Comté de Schwartzbourg.

BLANCKENBERGE[k], Village de la Flandre Autrichienne, entre Ostende & l'Ecluse au bord de la Mer.

1. BLANCKENBOURG, Ville d'Allemagne en Westphalie au Comté d'Oldenbourg, selon Mr. d'Audifret[l].

2. BLANCKENBOURG[m], gros Bourg avec un Château en Allemagne dans les Etats de la Maison de Brunswig. C'est le chef-lieu d'un Comté situé entre l'Abbaye de Quedlinbourg & le Comté de Reinstein. C'est un ancien Fief du Duché de Brunswig, qui fut possedé par une branche de la Maison de Reinstein. Henri-Jules Duc de Brunswig le réunit à son Domaine après la mort de Jean-George dernier Comte de Blanckenbourg. Le Comté n'a qu'une fort petite étendue & ne consiste presque tout qu'en Montagnes, il est peu habité & par consequent peu cultivé. Le Bourg est assez gros & a un Château[n], qui est presentement la residence d'une branche de la Maison de Brunswig. C'est de cette branche de Blanckenbourg qu'est l'Imperatrice Regnante. La mere du jeune Empereur de Russie Sœur de l'Imperatrice d'Allemagne en étoit aussi. Elles étoient filles de Louis Rodolphe de Blanckenbourg.

3. BLANCKENBOURG[o], petite Isle des Pays-bas dans la Riviere de la Meuse en descendant de Rotterdam à la Brille.

BLANCO, Isle de la Mer des Indes d'une assez grande étendue, & presque au Nord de celle de Sainte Marguerite, à 11. degrez & 50. minutes de latitude Septentrionale, & à 30. lieuës du Continent. Elle est plate, unie, inhabitée, seche & saine. La plus grande partie n'est que Savanas ou pâturages à herbe longue, & il y vient quelques arbres de *lignum vitæ*, environnez d'autres arbrisseaux. La rade est du côté du Nord-Ouest, contre une

Xx 2   pe-

petite Baye fablonneufe. On ne peut mouiller que là, l'eau étant profonde & fort proche de la terre. Il y a une petite fontaine à l'Occident, & autour de l'Ifle font des Bayes fablonneufes, où force tortuës y viennent à terre de nuit. Quelques Relations portent qu'il y a des chévres dans cette Ifle ; mais il ne s'y en trouve plus aujourd'hui. On y voit grand nombre de Guanos. Le Guano eft de la figure d'un lézard ; mais il le furpaffe de beaucoup en groffeur. Cette groffeur égale l'endroit qui fait le deffous du gros de la jambe d'un homme, & fa queuë va toûjours en diminuant jufqu'au bout qui eft fort petit. Si on le prend par la queuë, à moins qu'on ne la prenne bien près du derriere, il fe rompt, fe partagent à une de jointures, & s'échappe. Les Guanos font leurs œufs, comme la plûpart des animaux amphibies, & font très-bons à manger. Ils font de differentes couleurs, il y en a de noirs prefque en toutes leurs parties, d'un brun clair, d'un brun enfoncé, d'un gris obfcur, d'un verd clair, de jaunes & de marquetez. Ils vivent tous dans l'eau & fur la terre, & quelques-uns fe tiennent toûjours dans l'eau & entre les rochers. Ceux qui font dans les lieux fecs, tels qu'eft l'Ifle de Blanco font d'ordinaire jaunâtres. Cependant ils ne laiffent pas de vivre dans l'eau, & font même quelquefois fur les arbres.

Cet Article eft de Mr. Corneille. Il eft étonnant qu'il n'ait pas reconnu dans cette defcription tirée de Dampier[a] que c'eft la même Ifle qu'il a traitée fous le nom de Blanca qui en eft le vrai nom ; & dont il a pris de De Laet ce qu'il en dit. Voiez BLANCA.

1. BLANDA, ancienne Ville de l'Efpagne Tarragonnoife. Mela[b] & Ptolomée[c] en parlent. C'eft aujourd'hui BLANES. Voiez ce mot. Pline[d] la nomme BLANDÆ.

2. BLANDA, ancienne Ville d'Italie au territoire des Brutiens. Mela[e] & Pline[f] la nomment ainfi au fingulier ; mais Tire-Live la nomme BLANDÆ au pluriel, & la donne à la Lucanie[g]. Gabriel Barri dit que c'eft BELVEDER ; d'autres que c'eft BUCINO[h].

BLANDÆ. Voiez les deux Articles precedens.

BLANDENONA, lieu de la Gaule Cifalpine. Ciceron[i] écrivant à fon frere lui dit : le même jour de mon arrivée j'ai reçu vos lettres datées de Plaifance & le lendemain celles que vous m'avez écrites de Blandenona. Ortelius propofe un changement, & doute s'il ne faut point lire *Laude nova* la nouvelle Lodi. On peut voir la remarque de Surita fur la *Blandona* d'Antonin dans fon Commentaire fur l'Itineraire de cet Auteur[k].

BLANDFORD, Bourg d'Angleterre en Dorfetshire, à fept lieues [l] de la Ville de Dorchefter vers l'Orient Septentrional, & à cinq de Salisburi.

BLANDIANI. Voiez BLANGIANÆ.

BLANDIGNI, en Latin *Blandinium*, Surius dans la Vie de St. Bertulphe en fait mention ; Monaftere autrefois fameux dans la Ville de Gand. Mr. Baillet dans la Vie de St. Amand dit que ce Saint étant dans le cours de fes Miffions bâtit à Gand deux Monafteres vers l'an 635. fous le nom de St. Pierre : que l'un fut appellé depuis du nom de *St. Bavon*, qui y fut enterré vers l'an 653. & que l'autre fut nommé BLANDINBERG, à caufe de fa fituation fur la Montagne de BLANDIN. Aubert le Mire nous aprend qu'il y avoit les anciens Maufolées des Comtes de Flandres, & que ces tombeaux de marbre furent détruits avec l'Eglife durant les guerres de Religion. *Eft autem Blandinienfe Cœnobium intra muros hodie urbis Gandenfis, in monte Blandinio fitum, Flandriæ Comitum olim Maufoleum quorum tumulos marmoreos ibi fpectari folitos unà cum Bafilica ampliffima, anno fuperioris fæculi octavo & feptuagefimo funditus exfciderunt.* C'eft-à-dire 1578. Il y avoit d'abord des Chanoines Reguliers : ce fut le Bienheureux Gerard Abbé, qui l'an 941. en chaffa les Chanoines pour y introduire la vie Monaftique. Voiez GAND.

BLANDIN,
BLANDINBERG, &
BLANDINIUM. Voiez BLANDIGNI.
BLANDINUS. Voiez TURRES.

BLANDONA, ancienne Ville Maritime de la Liburnie. Antonin[m] la met entre Iader & Araufa, à xx. mille pas de l'une & de l'autre.

BLANDOS, lieu de la Cappadoce. Antonin le met fur la route de Sebaftie à Cocufon à xxiv. M. P. de la premiere.

Ce nom doit s'appeller BLANDI, dont *Blandos* eft l'accufatif. J'ai fuivi Ortelius.

BLANDUSIÆ FONS, fontaine d'Italie dans la Sabine. Horace l'a celebrée par une belle Ode[n]. Acron fon Commentateur pretend que Blandufia étoit le nom d'un Canton particulier de la Sabine ; prefque toutes les Editions de ce Poëte portent

O fons Blandufiæ, fplendidior vitro.

Cependant Cruquius avoit averti, qu'il y a longtemps, que tous les anciens exemplaires portent BANDUSIÆ ; & comme l'on a écrit longtemps les *ae* par un *e* fimple avec une petite marque au deffous qui étoit fouvent negligée, Cruquius a peut-être écrit *Bandufia* pour *Bandufie* qui eft au vocatif. C'eft de cette maniere qu'on lit dans la belle Edition d'Horace par Mr. de Cuningam.

O fons Bandufie, fplendidior vitro.

Si l'on dit que *Bandufie* eft bref, il ne faut que fe fouvenir que les anciens Poëtes Latins comptoient pour longue une voyelle breve quand le mot fuivant commençoit par plufieurs confonnes de fuite. Il y en a quantité d'exemples tant dans Virgile que dans Horace.

BLANES, petite Ville maritime d'Efpagne en Catalogne près de la Riviere de Tordera, & au Nord de fon Embouchûre. Michelot dans fon Portulan de la Mediterranée n'en fait qu'un Village, & décrit ainfi les environs par rapport à la navigation. Entre le petit Village de Taville & le Village de Blanes, qui eft fort grand eft une grande plaine par laquelle coule une petite Riviere (la Tordera) bordée d'arbres ; elle forme une longue pointe de fable, qui s'avance un quart de lieue

en

[a] Voyages autour du monde T. I. c. 3.
[b] l. 2. c. 6. n. 27.
[c] l. 2. c. 6.
[d] l. 3. c. 3.
[e] l. 2. c. 4. n. 60.
[f] l. 3. c. 5.
[g] l. 24. c. 20. Ortel.
[h] Thefaur.
[i] ad Quint. frat. l. 2. Epift. 15.
[k] p. 435.
[l] Baudrand Ed. 1705.
[m] Itiner.
[n] l. 3. Ode 13.

BLA.   BLA.

en Mer. Ces arbres aident à la reconnoître. Le Village de Blanes est situé sur le bord de la Mer, à un mille & demi à l'Est de l'Embouchûre de la Riviere. Vis-à-vis le Village de Blanes, il y a un grand Couvent qui paroit ruiné, qui en donne la connoissance ; & entre la Riviere & ce Village on voit une espece de Tour située sur une Colline. Du côté de l'Est de ce Village il y a une grosse pointe qui s'avance un peu en Mer ; sur l'extremité de laquelle il y a un grand Couvent de Capucins. Cette pointe paroit isolée de loin : & lorsqu'on est proche de la côte un peu au dessus de ce Couvent, on voit sur une autre hauteur une grande Tour en ovale, & quelques petites fortifications. On voit aussi tant soit peu plus haut sur une plus haute éminence une autre tour ronde revêtue de quelques fortifications. Proche cette pointe vers l'Ouest, il y a deux ou trois écueils hors de l'eau : on peut mouiller avec des galeres & moyens bâtimens vis-à-vis de Blanes, avec les vents à la terre, & on y peut être à l'abri des vents d'Ouest au moyen de la pointe qui s'avance au large. Lorsqu'on vient de l'Ouest & qu'on est au large par le travers de cette côte on découvre entre Mataron & Blanes tant soit peu plus proche de Mataron une haute Montagne en pain de sucre & assez aiguë ; & vers l'Est de cette Montagne une autre toute plane sur le haut, qui fait reconnoître ce lieu. Les courans le long de cette côte le plus souvent vont au Sud-Ouest & quelquefois au Nord-Est.

BLANGIANÆ ou BLANDIANI. Ortelius trouve un Peuple de Germanie ainsi nommé par Isidore, & avertit qu'un manuscrit portoit BLAGIANÆ.

BLANGIES ou BLANGIS, ou BLANGY, Village des Pays-bas au Hainaut dans la Prevôté de Mons entre Condé, Mons & Bavay. Ce fut entre ce Village & celui de Malplaquet que se donna en 1709. le 11. Septembre la fameuse bataille entre l'armée de France commandée par les Maréchaux de Boufflers & de Villars & l'Armée des Alliez commandée par le Prince Eugene, & par le Duc de Marlborough. Comme les Alliez étoient du côté de Blangis, & les François du côté de Malplaquet, delà vient que cette journée[a] fut nommée la bataille de BLANGIS par les uns & de MALPLAQUET par les autres.

1. BLANGIS. Voiez l'Article precedent.

2. BLANGIS[b], Village de France en Artois, avec une Abbaye de l'Ordre de St. Benoît sur la petite Riviere de Ternois entre Hesdin & St. Pol.

BLANGY[c], gros Bourg de France dans le Comté d'Eu en Normandie. Il est situé sur la Brêle à quinze lieuës de Rouen, à cinq d'Abbeville & de Neuchâtel, & pourroit passer pour une petite Ville, puisqu'il est fermé de murailles, avec des portes, des fossez, & un corps d'Officiers de Ville, qui ont soin de la Police ; mais ses Maisons ont peu d'apparence. La Riviere de Brêle, dont le cours commence à deux lieuës au dessus d'Aumale, & qui entre dans la Mer au Tréport, se partage en plusieurs branches entrant dans Blangy, & son plus large Canal, qui lui sert de fossé du côté d'Abbeville, sépare la Normandie de la Picardie, & le Diocèse de Rouen de celui d'Amiens. Il y a deux Paroisses dans l'enceinte de ses murailles, savoir Nôtre Dame & Saint Denis gouvernées par un seul Curé, qui est Chanoine Regulier de Saint Augustin, nommé par l'Abbé de Saint Laurent d'Eu. La Nef de l'Eglise de Nôtre Dame est grande, & assez bien bâtie ; mais une partie de la voute tomba en 1689. L'on voit près de cette Eglise un Hôpital fondé par feu Mademoiselle d'Orleans de Montpensier Comtesse d'Eu, qui a établi dans cette Maison quatre Sœurs de la Charité, avec une petite Chapelle où l'on dit la Messe. La Justice est administrée par les Officiers de la Ville d'Eu, qui viennent tenir la jurisdiction à Blangy, où il n'y a qu'un Lieutenant particulier, qui est le Juge du lieu. Ses habitans, qui sont fort laborieux, cultivent quelques terres à bled & à chanvre, & recueillent quelques fruits. Ils frequentent les grands Marchez de marchandises d'Abbeville, d'Aumale, de Neuchâtel, de la Ville d'Eu, & autres, se trouvant heureusement situez, comme au centre de ces quatre Villes, dont ils ne sont éloignez que de cinq lieuës ou environ. Une cinquantaine de Taneurs font une partie du commerce de ce Bourg, où la Riviere fait aller plusieurs Moulins pour divers usages. L'on y éleve des poulins dans les prairies, parce que le troisiéme Mecredy de chaque mois, il y a un très-gros Marché franc, où l'on vend quantité de chevaux, de bêtes à cornes, pieds fourchez, des étoffes, des toiles, & plusieurs autres sortes de marchandises & denrées. L'on y tient aussi les Marchez ordinaires tous les Lundis, les Mecredis, & les Vendredis, sous des Halles couvertes où l'on debite le bled, le chanvre & les autres grains. Dans le fauxbourg de Blangy qui en est separé par la Riviere, il y a un petit Convent de Cordeliers, qui est du Diocèse d'Amiens, aussi bien que la Paroisse de ce Fauxbourg, comme aussi l'Abbaye SERY, qui n'en est éloignée que d'un quart de lieuë. Cette Abbaye appartient aux Prémontrez Réformez, ils y ont bâti une Eglise assez propre. La Forêt d'Eu, dans laquelle il y a plusieurs Verreries est à un quart de lieuë de Blangy, elle s'éleve sur un agreable côteau, d'où l'on découvre quantité d'objets qui plaisent à la vûë. Le Moulin d'Hollande appellé ainsi, parce qu'il a été bâti & long-temps gouverné par un Hollandois, en est seulement à demi lieuë. L'on y dégraisse toutes les années pour environ un million de drap de la Manufacture d'Abbeville. En descendant la Riviere de Brêle, outre l'Abbaye de Sery & ce Moulin, on voit à trois quarts de lieuë de Blangy, le Château ruiné de Montchaux. Plus bas est celui de Gamaches ; le Château de Rieux est dans les terres, à côté de Montchaux ; ce sont toutes Maisons de grande apparence, situées au milieu des terres, qui produisent un bon revenu aux Seigneurs à qui elles appartiennent. Le Château de Pierre Court & celui de Sénerpont sont au dessus de Blangy.

BLANII ou EBLANI, selon les diferens exemplaires de Ptolomée, ancien Peuple de l'Irlande. Ortelius dit que dans le sien on lisoit HEEDYNI Ἐβδοῦνοι. Voiez EBLANIENS.

BLAN-

[a] Hist. du Temps.

[b] Dict. Géogr. des Pays-bas.

[c] Corn. Dict. Memoires dressez sur les lieux en 1700.

BLA.

BLANKENBERG. Voiez BLANCKEN-BERG.

BLANKENBOURG. Voiez BLANC-KENBOURG.

BLANKENHEIM ou BLANCKENHEIM[a], petit pays d'Allemagne dans celui d'Eyffel dont il fait partie. Il confine avec l'Archevêché de Cologne, & le Duché de Juliers. Le chef-lieu de ce Comté est Blankenheim petit Bourg défendu par un Château bâti sur le sommet d'une Montagne. Les Comtes de Blankenheim étoient autrefois fort puissans dans le pays d'Eyffel. Gerard qui fut le dernier ne laissa que deux filles & par une Loi observée dans la Maison, l'ainée qui avoit épousé Gerard Comte de Lestein & Seigneur de Juliers herita des biens de son pere; mais Guillaume son fils étant mort sans enfans l'an 1480. cette succession passa à Jean Seigneur de Sleiden, qui avoit épousé Anne fille puinée de Gerard de Blankenheim. Elizabet fille unique de Jean le porta en dot à Thierri III. Comte de Manderscheid.

[a] d'Audifret Geogr. T. 2. p. 395.

BLANONA, ancienne Ville de la Liburnie, selon Ptolomée[b].

[b] l. 2. c. 17.

BLANQUEFORT[c], Bourg de France en Gascogne dans le Medoc près de la Garonne, & environ à deux lieues de Bourdeaux au Couchant d'Eté.

[c] Baudrand Ed. 1705.

BLANQUETADE[d], lieu de Picardie au dessous d'Abbeville. On y peut passer à gué la Riviere de Somme, & Edouard Roi d'Angleterre l'y passa en effet avec son Armée, lorsque Philippe de Valois Roi de France le poursuivoit. Comme ce lieu n'est guéable que durant la basse marée le Roi de France, qui n'arriva que lorsque la Mer montoit, ne put passer & étant obligé de passer à Abbeville fatigua son armée que les Anglois defirent à la Bataille de Creci l'an 1346.

[d] Le P Daniel Hist. de France T. 3. p. 463. & suiv.

BLANSAC. Voiez BLANZAC.

BLANUTUM, pour BLAVUTUM. Voiez BLAVIA.

BLANZAC, Ville de France[e] dans l'Angoumois, aux frontieres de la Saintonge, sur la Riviere de Nay, entre la Valette, Bouteville, & Angoulême. Blanzac a un Chapitre composé de six ou sept Chanoines, qui n'ont que de quoi vivre mediocrement[f], & dont le chef porte la qualité d'Abbé.

[e] Baudrand Ed. 1705.

[f] Piganiol de la Force. Desc. de la France T. 4. p. 227.

BLANZY, paroisse de France en Bourgogne dans le Charolois; à deux lieues de Mont-cenis & à six de Charolles & d'Autun. Elle n'est remarquable que parce qu'elle a un Pont sur la Bourbine, & parce qu'il y a seize hameaux qui en dépendent.

BLAQHAIN[g], Bourg de l'Ecosse Meridionale dans la Province de Carrick, vers les confins de celle de Kyle à trois lieues de la Ville de Bargeny du côte du Levant.

[g] Baudrand Ed. 1705.

BLAQUERNES: Procope[h] parlant des Edifices de Justinien dit: la premiere Eglise qu'il ait bâtie en l'honneur de la Vierge a été dans un lieu nommé Blaquerne proche des murailles de la Ville; car il est raisonnable de lui attribuer la gloire des bâtimens, qui ont été élevez sous le Regne de son oncle Justin, puisqu'il possédoit dès lors une autorité Souveraine. Cette Eglise est sur le bord de la Mer; la structure en est magnifique, & la longueur est

[h] l. 1. c. 3.

BLA.

proportionnée à la largeur. Elle n'est soutenue que par des colomnes de diverses piéces de marbre tiré de l'Isle de Paros. Ces colomnes sont posées en ligne droite, excepté au milieu, où elles forment de chaque côté un demi-cercle. On ne peut entrer dans cette Eglise sans s'étonner de sa hauteur qui ne l'empêche pas d'être solide, & de sa magnificence qui ne laisse pas d'être reguliére. Nicephore Patriarche de Constantinople dit dans la Vie de l'Empereur Heraclius[i] en parlant des Avares, qui s'étoient avancez jusqu'aux portes de Constantinople qu'ils croyoient prendre d'assaut: ils avoient commandé aux Sclavons qu'ils avoient parmi leurs troupes de s'approcher sur leurs bâteaux dès qu'ils verroient du feu au haut de la Tour de Blaquernes que l'on appelle *Aile*, & de faire un grand bruit. Le Patrice Bon ayant eu avis de cet ordre, prepara des galeres & des armes & fit allumer des flambeaux pour donner aux Sclavons un faux signal. Ils ne l'eurent pas sitôt apperçu qu'ils partirent de l'embouchûre du fleuve Barnysse. Les nôtres allerent au devant d'eux & en firent un tel carnage que la Mer fut teinte de leur sang: on trouva beaucoup de femmes parmi les morts. Cette disgrace leur ayant fait perdre l'esperance de prendre la Ville, ils s'en retournerent en leur pays. Le Patriarche & l'Empereur allerent rendre graces à Dieu dans l'Eglise de Blaquernes, & ils éleverent une muraille pour la fortifier. On voit par ces deux passages 1. que *Blaquernes* étoit un lieu maritime, aux Portes de Constantinople, hors de la Ville; 2. qu'il y avoit une Eglise dediée sous l'invocation de la Ste Vierge, bâtie par Justinien, & la même sans doute où l'on alla remercier Dieu de la defaite des Avares. Ce fut aussi apparemment cette même Eglise qu'on entoura d'une muraille, afin qu'elle ne fût point exposée en cas de quelque autre pareille irruption. Mr. Baudrand dit qu'il y avoit le magnifique *Palais des Blaquernes* que l'on nomma PENTAPYRGION, ou des cinq tours, & que l'Empereur Heraclius le fit enfermer dans la Ville à cause des courses des Barbares. Il ne se trouve rien de pareil dans l'Edition Latine de son Dictionnaire, & sans doute que l'Editeur François a pris cela de Mr. Maty qui dit: ,, BLAQUERNES, c'étoit autrefois un ,, lieu proche de la Ville de Constantinople. ,, On y bâtit un fauxbourg & entre autres é- ,, difices magnifiques le Palais des Blaquernes ,, qu'on appella *Pentapyrgion*, c'est-à-dire le *Châ-* ,, *teau des cinq Tours*. Dans la suite des temps ,, l'Empereur Heraclius, à cause des courses ,, que les Barbares faisoient souvent, fit en- ,, fermer dans la Ville ce Château dont on ,, voit encore des restes près de la Porte Xy- ,, locernos ". L'Editeur François & Mr. Corneille ont pris l'Article de Mr. Maty sans le nommer. Mr. Corneille ne fait que remanier un peu les Phrases & dit précisément la même chose, après quoi il cite l'Histoire de Constantinople. Il devoit ajouter laquelle. Pour moi je ne trouve point de Palais de Blaquernes dans la Vie d'Heraclius par Nicephore. Je n'y vois qu'une Eglise qu'on entoura d'une muraille, & une Tour d'où les Sclavons attendoient qu'on leur donnât le signal pour seconder

[i] c. 5.

BLA.

der les Avares. La description du Bosphore de Thrace par Denys de Bysance[a] fait mention du nom de Blaquernes, car après avoir nommé le Golphe où plusieurs Rivieres se mêlent avec l'eau salée de la Mer, & qu'il appelle Σωτηρὰ Θάλασσα; il ajoute : le premier endroit de cette Mer est nommé *Polyrrhetius*, du nom d'un homme appellé Polyrrhete ; après cela est le lieu Βαθεῖα σκοπιὰ à cause de la profondeur de la Mer, & le troisiéme est nommé *Blachernas*, d'un certain Roi qui regnoit en cet endroit-là. J'ai déja averti plus d'une fois que les Grecs grands Etymologistes n'étoient jamais embarassez de trouver l'origine des noms de lieux car ils avoient toûjours en poche quelque Roi, ou quelque Heros, ou même des Nymphes, qui y avoient donné occasion. Le même Nicephore déja cité parle encore une fois de Blaquernes dans la Vie d'Heraclius. C'est à l'occasion du bois de la vraye croix qu'Heraclius fit apporter à Constantinople. Le Patriarche Sergius partit, dit-il, de l'Eglise de Blaquernes qui est consacrée en l'honneur de la Mere de Dieu, chantant les Litanies & reçut la croix, & la porta dans la grande Eglise. Pas un seul mot du Palais. Ce fut dans cette même Eglise de Blaquernes que se tint le faux Concile de Constantinople au VIII. siécle[b]. La description de Constantinople, selon ses Regions, ou quartiers écrite par un Auteur qui vivoit sous Arcadius ou sous Theodose le jeune, ne fait aucune mention de Blaquernes ; parce que ce lieu n'étoit pas encore regardé comme faisant partie de la Ville. Ce fut Pulcherie Sœur de ce Theodose & femme de Marcien, qui, comme nous l'apprenons de Zonare[c], fit élever à Blaquernes une Eglise en l'honneur de la Ste Vierge, vers l'an 451. Cette Eglise subsistoit du temps de Leon successeur de Marcien. Ce fut sous son regne, dit Zonare[d], que la très-précieuse Robe de la très-Sainte Vierge fut apportée de Palestine à Constantinople, & mise dans l'Eglise de Blaquernes dans une chasse d'argent, d'où l'Eglise même a été depuis appellée la *Sainte chasse*. Ce ne fut que sous Justin le Justinien, qui aimoit fort à bâtir, fit travailler à cette Eglise, c'est-à-dire un peu moins d'un siécle après la mort de Léon. Justinien n'en fut donc pas le fondateur. Anastase predecesseur de Justin avoit fait bâtir à Blaquernes une grande sale Μέγαν Τρίκλινον, dit Suidas[e], qui ajoute que de son temps elle étoit encore appellée *Anastasiaque*. Tibere l'un des successeurs de Justinien fit élever un bain public à Blaquernes. Ce n'est pas qu'il n'y ait eu aussi un Palais dans la suite, & Nicetas dans la Vie de Manuel parlant d'une insulte que Roger Roi de Sicile envoya faire à cet Empereur jusques dans sa Capitale dit[f] : le Roi envoya Maion avec une Flote de XL. Vaisseaux vers Constantinople pour le proclamer Seigneur de Sicile, d'Aquilée, de Capoue, de Calabre, & des Isles d'alentour ; & pour insulter à l'Empereur par des termes pleins de mepris & d'outrages. Maion ayant évité Malée & ayant passé le Golphe d'Egée alla par l'Hellespont vers Constantinople, où étant abordé au *Palais de Blaquernes*, il tira contre les murailles avec des fléches dont les pointes étoient d'argent

doré, & s'étant un peu arrêté, il éleva son maître jusqu'au ciel par ses louanges excessives &c. mais l'Auteur de la Vie d'Heraclius n'en fait aucune mention ; ainsi les modernes qui disent que cet Empereur fit enfermer ce Palais dans la Ville devoient citer leurs Auteurs. Ce qu'ajoute Mr. Maty qu'on voit encore quelques restes de ce Château près de la Porte de Xylocernos n'est pas exact. Pierre Gyles[g] dit que lorsqu'il arriva à Constantinople il restoit encore des vestiges de ces anciens Edifices ; mais que depuis on y avoit foüi & détruit tout.

BLARU, grosse Paroisse de France en haute Normandie, au Diocèse d'Evreux, avec titre de Marquisat, dans le voisinage de Vernon, à une lieue ou environ de la Seine.

BLASCON, Isle de France à l'embouchûre du Rhône, selon Pline[h] qui la distingue de Metina. Festus Avienus[i] dit :

Blasco propter insula est,
Teretique forma cespes editur salo.

Martianus Capella semble donner Blascon comme un surnom de METINA, *Metina quæ Blascorum vocatur*; comme le remarque Ortelius.

BLASSENBOURG[k], Château d'Allemagne en Franconie dans les Etats du Markgrave de Culmbach sur une Montagne auprès de Culmbac dans l'angle que forment en s'unissant les deux sources du Mayn, distinguées jusque-là par les noms du Mayn rouge & du Mayn noir. Mr. d'Audifret[l] dit que c'est une place très bien fortifiée, & que ceux de Nuremberg l'ayant ruinée l'an 1554. durant la guerre qu'ils firent au Marquis Albert II. furent condamnez par Ferdinand Roi des Romains à la faire rebâtir à leurs dépends.

BLASTOPHOENICES, ancien Peuple en Espagne[m], peut être dans la Lusitanie[n]. Appien croit que c'étoit Annibal, qui les y avoit menez de la Libye.

BLATUM-BULGIUM, ancien nom d'un lieu de la grande Bretagne. Antonin[o] en fait mention ; & dit que c'est Bulnesse dans le Cumberland. Mr. Gale[p] donne diverses explications de ces mots d'Antonin *a Blato Bulgio Castra exploratorum* M. P. XII. L'origine de ce nom se doit prendre de choses, qui soient particulieres à ce pays. *Belatucadrus* y étoit adoré comme Dieu national. Les deux premieres syllabes sont encore reconnoissables dans le mot BLATO ; mais cela ne suffit pas. Mr. Gale soupçonne que *Belatucadrus* étoit une Riviere, ou plutôt une des sources de l'Eden, qui a sa source à l'extremité du Westmorland un peu au delà du Bourg de CABER, près de Kirby Stephen, & qui est nommé BELAW depuis sa source coulant dans un même lit avec l'Eden, il se rend à *Blatum Bulgium*. On sait que les Anciens adoroient comme des Divinitez les sources des grandes Rivieres[q], delà vient qu'il y avoit dans le Cumberland tant d'autels dediez au Dieu Belatucadrus. Mr. Gale fournit deux inscriptions où ce nom se lit. L'une fait connoître que Mars & Belatucadrus étoient une même Divinité :

DEO

DEO MARTI
BELATUCADRO
RO. ÜR. RP. CAII
ORUSII M.

☞ & de savans Anglois ont remarqué que dans l'ancienne Langue Bretonne CAD signifie *un combat*, CADER *un camp*, & CADR *fort*, *courageux*.

Mr. Gale propose une autre explication du *Blatum Bulgium*. C'est en divisant ces lettres A BLATO *Bulgio* autrement que l'on ne fait, & en lisant *Ab Lato Bulgio*; c'est-à-dire du *large Golphe*; car, dit-il, cela convient à ce Golphe, & le petit Cap qui s'avance en cet endroit est nommé à présent Boulmesse. L'ex- ☞ plication de *Bulgium* par un Golphe s'accorde avec la Langue Bretonne dans laquelle BWLCH signifie une *coupure*, ou quelque chose de rompu & de brisé. La préposition *Ab* devant une consonne n'est pas sans exemple dans Antonin; on y trouve AB STILIDA ZEPHYRIUM, & AB SCABRIS FALESIAM, & il n'est pas impossible qu'il ait aussi écrit AB LATO BULGIO. Mr. Gale a raison de dire que cette explication est très-simple. En voici une troisième.

On pourroit lire en ajoutant une S. SABLATO BULGIO, & appuier cette leçon sur le stile même d'Antonin, qui met après Milan *Sablones*. Ce qui l'autoriseroit c'est la qualité du lieu dont les Sables & les Bancs de Sable ont fait donner à un endroit voisin le nom de *Burgh upon the Sands*. Comme l'obscurité d'un passage donne un champ libre aux conjectures Mr. Gale en fait ici une qui est fort ingenieuse. La Riviere qui repand ses eaux dans ce Golphe est l'*Eden* ou *Aden*, & ce mot en Langue Bretonne signifie une aile. Edenburrow, est la même Ville que Ptolomée appelle Στρατόπεδον Πτερωτὸν, *Alatum Castrum*. Pourquoi, poursuit Mr. Gale, ne seroit-il pas permis de former du mot Eden, EDEN-BWLCH en Latin ALATUM BULGIUM. Des Critiques plus hardis ne feroient pas difficulté de deriver de ce *Bulgium* le nom du Peuple *Abulci*. Du moins on trouve ces *Abulci* nommez avec les *Exploratores* dans les Notices de l'Empire: personne jusqu'à present n'en a marqué l'origine. Cette remarque en produit un autre qui explique ce que c'étoit que le *Castra exploratorum* dont parle Antonin immediatement après.

A BLATO BULGIO CASTRA EXPLORATORUM M. P. XII.

Les uns disent que c'est DRUMBUGH, d'autres que c'est BURGH UPON THE SANDS. Deux choses augmentent la dificulté, c'est que les Manuscrits ne s'accordent point sur le nombre des milles, & que contre la coûtume d'Antonin, on ne voit point le nom du lieu où étoit ce *Castra exploratorum*. Il compte donc pour rien le M. P. XII. & lit de suite

A Blato Bulgio Castra exploratorum, ad Lugwallium M. P. XII.

Antonin dans une route de Mauritanie met *ab exploratione quae est Mercurii*. Voilà qu'il fixe le lieu où étoit ce Corps de Garde avancé; il dit de même en d'autres endroits, *Sincium Castra*, *Singidunum Castra*; la situation même de *Blatum Bulgium* est très-favorable à cette explication; ce lieu se trouve avancé au bord de la Mer, à l'extremité du mur de Severe, il étoit par conséquent très-propre à découvrir de loin l'ennemi dont les courses s'étendoient jusques-là. Si on objecte qu'en retranchant ces douze mille pas le total de la route marqué dans Antonin ne se trouvera point juste, on repond qu'il ne l'est point en les conservant; Ainsi *Blatum Bulgium* est l'ancien nom de Boulnesse, & *Castra exploratorum*, n'est pas le nom d'un lieu particulier; mais une denomination du même lieu prise de ce que les Romains y avoient une garde avancée.

BLAUBEUREN, Ville d'Allemagne en Suabe, dans les Etats du Duc de Wirtenberg. Zeyler[a] écrit ce mot BLAWBEUREN, & en [a Suev. To. donne deux Etymologies. Les anciens Francs, pogr. p. 18.] dit-il, appelloient 𝔛𝔥𝔬𝔦𝔫 *un ruisseau*, & 𝔅𝔶𝔯𝔥𝔬𝔫𝔫 les lieux situez auprès d'un ruisseau. Delà vient que cette Ville du Wirtenberg fut nommée 𝔅𝔩𝔞𝔲𝔟𝔶𝔯𝔥𝔬𝔫𝔫. Le Pape Urbain II. dans un acte appelle *Buhrense* ou *Burrhonense* l'Abbaye de Benedictins située hors la Ville. Le ruisseau nommé BLAW, qui a sa source sous Justingen passe auprès de cette Abbaye, & va tomber à Ulme dans le Danube. L'autre origine du nom se prend des armes que Frederic IV. donna à la Ville, qui sont un paysan vêtu de bleu en Allemand 𝔅𝔩𝔞𝔴 𝔅𝔞𝔴𝔯𝔢𝔫. Conrad Comte de Helfenstein la vendit avec les Châteaux de Gernhausen Ruck, & Blawenstein, & treize Villages &c. au Comte Louïs de Wirtenberg l'an 1447. Mr. Baudrand la met entre Ulme & Tubinge à deux milles d'Allemagne de la premiere, & à cinq de la seconde.

BLAUDUS, Ville ancienne de Phrygie, selon Etienne le Géographe qui cite Menecrate. Ortelius doute si ce ne seroit pas la *Blandos* d'Antonin. Voiez BLANDOS.

1. BLAVET, (le) Riviere de France en Bretagne, au Diocèse de Vannes. Après avoir arrosé l'ancien Blavet, & le Port-Louïs, elle se jette dans l'Océan, vis-à-vis de Belle-Isle.

2. BLAVET, petite Ville de France, en Bretagne & dans sa partie Meridionale sur la Riviere de même nom, au Diocèse de Vanne. Mr. Corneille dit après Jouvin de Rochefort, qu'elle est defendue d'un fort Château, qui depuis quelques années a été bâti sur des rochers, qui font une Presqu'Isle toute occupée de la Ville, au bout de laquelle un large fossé où entre la Mer en sepa re ce Château; ce qui la rend une place d'importance; ensorte qu'on l'a choisie pour y construire les gros Vaisseaux du Roi à cause que le pays voisin est couvert de grands bois, qui fournissent les arbres propres à ce travail. Cette place l'une des mieux fortifiées de la côte de Bretagne fut donnée aux Espagnols par ceux de la Ligue & rendue en 1598. par le Traité de Vervins. Il n'est presque plus parlé de Blavet, & elle est presque ruinée depuis que le Port-Louïs a été bâti sur la même Riviere, & une demie lieue au dessous. Cette nouvelle Ville a presque en-

BLA. BLA. BLE.

entiérement détruit l'ancienne. Voiez l'Article Port-Louïs.
BLAVIUM ou BLAVUTUM. Voiez l'Article suivant.
BLAYE ou BLAYES, en Latin BLAVUTUM, BLAVIUM, ou BLAVIA, ou selon quelques-uns PROMONTORIUM SANTONUM, Ville de France en Guienne dans le Bourdelois, sur la Garonne, à deux lieues au dessous du Bec d'Ambez. [a] Elle étoit connue dès le temps des Romains, puisqu'Ausone en fait mention dans sa dixieme Epitre, où il appelle cette Place *militaire*, comme nous voulant faire entendre qu'il y avoit-là des troupes en garnison ou en quartier

Aut iteratarum, quà Glarea trita viarum
Fert militarem ad Blaviam.

(C'est ce même passage qu'Ortelius entend de Blavet.) Elle est aussi marquée tant dans l'Itineraire d'Antonin, que dans la Carte de Peutinger, où elle est appellée BLAVUTUM. Là Notice de l'Empire faite sous Valentinien III. nomme *Blavia* ou *Blabia*, que Gregoire de Tours écrit *Blavia* au livre de la Gloire des Confesseurs, où il dit que St. Romain, ami ou Disciple de St. Martin, y a été enterré. Cette Place a toûjours été estimée fort importante, parce qu'étant située sur le bord Septentrional de la Garonne, elle domine sur cette Riviere qui est néanmoins large en cet endroit-là de quatre lieues & conserve cette même largeur depuis qu'elle s'est jointe à la Dordogne. Blayes étant sur les confins du Bourdelois & de la Saintonge étoit disputée par les Ducs d'Aquitaine & de Gascogne avant la réunion de ces deux Duchez. On lit dans la Chronique d'Aimar que Guillaume Comte d'Angoulême, assisté de Guillaume II. Duc d'Aquitaine, assiégea Blayes & la prit; ensuite il en fut Comte en ayant reçu l'investiture du Duc. Après la mort de ce Comte, son fils Alduin lui succeda; cependant Joffred frere d'Alduin surprit Blayes qui fut ensuite reprise par Alduin; mais Alduin touché de generosité donna à Joffred les trois quarts de Blayes & de son territoire, pour tenir le tout de lui en Fief, & il ne se reserva en propre que la quatrieme partie. Les Comtes de Blayes descendans de Joffred joüirent de cette Seigneurie jusqu'à ce que leur race ayant été éteinte, les Ducs de Guienne réunirent le Comté de Blayes au Bourdelois dont il n'a point été separé depuis. Voiez l'Article BLAIGNEZ.

[b] Blaye est bâtie sur un rocher, & sa Citadelle a quatre bastions. C'est ce qu'on appelle la Ville haute. La Ville basse, ou le Fauxbourg, est separée de la haute par une petite Riviere où la marée remonte. C'est-là que demeurent les Marchands, & où sont leurs magazins. Le Roi Charibert mourut à Blaye en 570. & y fut enterré dans l'Eglise de St. Romain. Les Protestans ayant surpris cette Ville en 1568. ruinerent toutes ses Eglises, & n'épargnerent point le tombeau de ce Roi. Ceux du parti de la Ligue s'étant rendus maîtres de Blaye quelque temps après, le Maréchal de Matignon l'assiégea pour le Roi en 1593. mais il ne put point la prendre. Les Vaisseaux qui vont à Bourdeaux sont obligez de laisser ici leur canon, & leurs armes suivant l'Ordonnance de Louïs XI. de l'an 1475. La Riviere a 1900. toises de large vis-à-vis; & cette grande distance fut cause qu'en 1689. on fit la baterie dans une Isle qui n'est qu'à sept cens toises de cette Ville afin de pouvoir tirer sur les vaisseaux ennemis s'ils hazardoient d'entrer dans cette Riviere & vouloient monter jusqu'à Bourdeaux. Cette Isle est à onze cens toises de la côte de Medoc qui est vis-à-vis de Blaye, où l'on a bâti un Fort de terre, & de gazon à quatre bastions. Blaye a un état Major [c]. Le Port de Blaye [d] est frequenté par des Vaisseaux étrangers & par des Barques Bretonnes, qui y viennent charger des vins du Blayois. Comme on recueille beaucoup de bled dans les marais du voisinage qu'on a desséchez on en charge une grande quantité à Blaye, pour les pays étrangers, lorsqu'il est permis d'en faire sortir du Royaume.

BLEANDER, Ville ancienne dont il est souvent fait mention dans le Recueil des Conciles. Ortelius [e] dit que c'est peut-être la même que BLAEANDER que Ptolomée [f] place dans la grande Phrygie.

BLEAUDI FONS ou BLIAUDI. Voiez FONTAINEBLEAU.

BLECHISFELD. Voiez PELODA.

BLECOURT [g], Village de France en Champagne à deux lieües de Joinville. Il est remarquable par son Eglise qui n'étoit autrefois qu'une Chapelle dediée à la sainte Vierge; quelques Historiens écrivent que le Roi Dagobert étant attaqué d'une fievre maligne, dans le tems que les Esclavons entroient dans son Royaume, ce Prince fit væu que s'il recouvroit la santé, il feroit bâtir une belle Eglise au lieu où étoit cette Chapelle: il obtint sa guerison, exécuta son væu, & en chargea un Architecte nommé Walbert. Quoiqu'il en soit, on voit encore aujourd'hui des restes curieux de l'Architecture Gothique de ce tems-là. On y remarque autour de la Nef une Galerie sourde, ornée de piliers en forme de peristyles; au bas du Chœur à main droite est un gros pilier de pierre de trois pieds de haut sur six de circonference, qui portoit un bassin de cuivre servant de piscine, que Dagobert avoit donné, qui ne se voit plus. Jean Sire de Joinville, avant son départ pour la Terre Sainte donna à cette Eglise un vitrage, où étoit peinte l'Histoire de la Sainte Vierge, dont on voit des restes dans le Presbytere.

BLEDA [h], Ville d'Italie dans la Toscane. Voiez HERCULIA.

BLEICHERODE [i], Bourg d'Allemagne au Cercle de haute Saxe, en Thuringe, dans le Comté de Hohenstein, sur la petite Riviere de Bode, à trois lieues de Nordhausen, & à cinq de Mulhausen.

BLEIDENSTADT ou BLEIDERSTADT [k], petite Ville d'Allemagne en Veteravie dans la Principauté de Dietz, à la source de la Riviere d'Aar, vers le Couchant à deux lieues de la Ville de Visbaden.

BLECKING (le) ou
LA BLEKINGIE, Province de Suede dans

[a] Longuerue Desc. de la France part. 1. p. 170.

[b] Piganiol de la Force, T. 4. p. 191.

[c] p. 184.
[d] p. 180.

[e] Thesaur.
[f] l. 5. c. 2.

[g] Baugier Mem. Hist. de la Champagne T. I. p. 341.

[h] Sigon. Regn. Ital.
[i] Baudrand Ed. 1705.

[k] Ibid.

Tom. I. PART. 2.   Y y

dans sa partie Meridionale. Elle est bornée au Nord par la Province de Smalande ou Gothie Meridionale, à l'Orient & au Midi par la Mer Baltique, & à l'Occident par la Schonen, ou Scanie proprement dite. Sa plus grande largeur du Nord au Sud-Est du côté de Schonen, n'est que de sept milles Géographiques, & d'environ cinq lieues & demie de ces lieues Suedoises évaluées à dixhuit mille aunes de Suede chacune, ensuite elle va en retrecissant jusqu'à la côte Orientale, qui n'a gueres plus de trois de ces mêmes lieues. C'est sur cette même côte que se trouve le Port de Christianopel. La côte Meridionale est toute bordée de petites Isles ou d'écueils, cependant on y trouve les Ports de Carlscroon, Carlshamm, & d'Ahuys. Cette Province est coupée par quantité de Rivieres ou de ruisseaux, qui pour la plupart ont leurs sources aux Montagnes, qui sont au Nord de la Blekingie. Christianstat est aussi de cette Province quoi qu'aux confins de Schonen. *Runeby* que Mr. Baudrand appelle *Rotenby*, & qu'il érige en une des Places considerables n'est qu'une Bourgade, qui n'est pas comparable à celles qu'on vient de nommer. Les Rois de Dannemarck ont autrefois possedé la Bleckingie avec la Schonen ; mais elle revint aux Rois de Suede par le Traité de Roschild.

BLEMENA. Voiez l'Article BELBINA 2. où j'en parle par occasion.

BLEMMENIA. Ortelius trouvant dans St. Epiphane ce nom avec celui d'EZOMITIS & d'ANUBITIS, comme étant des contrées d'Ethiopie dans lesquelles passoit le Nil, explique *Blemmenia* par le pays qu'habitoit le Peuple nommé Blemmies.

BLEMMINA, quelques-uns ont voulu confondre ce nom avec celui de BELBINA. Mr. de l'Isle les distingue en mettant l'Eurotas entre deux. Voiez BELBINA 2.

BLEMMYES ou BLEMYES, ancien Peuple de l'Ethiopie, sous l'Egypte. Quantité d'Auteurs en ont fait mention, & pour me borner à Pline[a] il faut remarquer qu'il les met entre les Peuples peu connus, savoir les Ægypans, les Satyres & autres que l'on se figuroit sous les figures les plus étranges. Ce n'est pas que St. Augustin n'ait cru qu'il pouvoit y avoir quelque chose de réel dans ce qu'on en disoit. Pline ajoute qu'à ce qu'on disoit les Blemmyes n'avoient point de tête ; mais que leur bouche & leurs yeux étoient attachez à leur poitrine. St. Augustin dans son livre de la Cité de Dieu[b] dit : que comme dans chaque Nation il se trouve des hommes monstrueux en particulier, de même dans tout le genre humain, il se peut bien trouver des Nations monstrueuses. Vopiscus raconte dans la Vie de l'Empereur Probus que ces Blemmyes furent vaincus, qu'on en prit quelques-uns, qu'on les envoya à Rome & que le Peuple fut surpris de voir leur étrange figure. J'explique cette figure par celle de l'espece de bonnet dont ils se couvroient la tête.

[a] l. 5. c. 8.
[b] l. 16. c. 8.

BLENDA, petite Isle de l'Archipel près de la côte de la Morée dans le Golphe d'Egine au Midi de la Ville d'Athènes. Mr. Baudrand[c] dit qu'on la prend pour l'ancienne BELBINA.

[c] Ed. 1705.

BLENDIUM PORTUS, ancien Port de Mer d'Espagne. Le R. P. Hardouin[d] dit que les manuscrits portent ce nom ainsi écrit & non pas *Blendium*. Il ajoute que c'étoit le Port de Mer de la Ville que nous appellons aujourd'hui Santillane.

[d] in Plin. l. 4. c. 20.

BLENEAU ou BLESNEAU[e], petite Ville de France, au Gouvernement d'Orléanois & dans la Puisaye, sur la Riviere du Loin, à quatre lieues de Briare à l'Orient en tirant vers Auxerre. Elle appartient au Prince de Courtenay.

[e] Baudrand Ed. 1705.

BLENINA, petite Ville ou Bourg du Peloponnese dans l'Arcadie, selon Pausanias[f].

[f] l. 8. c. 27.

BLENTANA CIVITAS, Ville d'Italie. Ortelius[g] observe qu'il en est fait mention au Concile Romain tenu sous Gregoire I.

[g] Thesaur.

BLEPSIADA, le même Géographe[h] trouve dans Pindare & dans le Scholiaste de ce Poëte une Tribu ainsi nommée dans l'Isle d'Ægine.

[h] Ibid.

BLERA ou BLERE, ancienne Ville d'Italie en Toscane dans les terres selon Ptolomée[i]. Pline[k] en nomme les habitans BLERANI. C'est presentement BIEDA, Ville du Patrimoine. Voiez ce mot.

[i] l. 3. c. 1.
[k] l. 3. c. 5.

BLERANCOURT, Château de France dans l'Isle de France, & dans la Generalité de Soissons, à la source d'un petit ruisseau, qui tombant dans la Dellette va se perdre avec elle dans l'Oise auprès de Chauny. Le Château de Blerancourt[l] est une belle Maison à vingt-quatre lieues de Paris, bâtie par Bernard Potier, & Charlotte de Vieux-pont sa femme. Sa figure est quarrée, & il est entouré de fossez revêtus de pierre de taille. La porte est ornée de colonnes & d'un fronton. Aux deux angles de la façade sont deux pavillons quarrez dont la coupe est chargée d'un autre petit pavillon à jour. Au milieu de la cour s'eleve le Château qui consiste en un corps avancé qui en occupe le milieu, & en deux ailes dont les quatre angles exterieurs sont occupez par autant de gros pavillons quarrez, plus élevez que le reste du bâtiment, & dont la coupe est terminée par un petit pavillon quarré. Toute l'architecture est entenduë & decorée de colonnes, de pilastres & d'un grand fronton en demi-cercle sur la principale façade, chargé des armes de Potier & de Vieux-pont. Les jardins qui accompagnent ce Château ont de l'étenduë & de la beauté.

[l] Piganiol de la Force, Desc. de la France T. 2, p. 304.

BLERATI, Strabon[m] nomme ainsi, Βλητάτοι, une Ville de la Toscane dans les Terres. C'est sans doute la même chose que la BLERA de Ptolomée, & les BLERANI de Pline.

[m] l. 5. p. 226.

BLERE', en Latin *Blera*, selon Mr. Baudrand, *Bliricum* selon Mr. Piganiol, *Blereum* selon Mr. de Thou :[n] petite Ville de France en Touraine sur le Cher. Elle étoit autrefois si considerable que les Rois y mettoient un Gouverneur, & y entretenoient une Garnison. Elle renferme environ trois cens cinquante feux & mille quatre cens personnes. Elle est dans l'Election d'Amboise, & a appartenu fort long-

[n] Piganiol de la Force, T. 6. p. 88.

BLE.

long-temps aux Seigneurs de ce nom. L'Abbé de St. Julien de Tours est Seigneur d'une partie de cette Ville, & le Sieur Guilleraut Conseiller au Parlement de Paris l'est de l'autre, & porte le nom de Bleré. C'est une grande route pour les gens de guerre; ce qui fait que cette Ville est aujourd'hui moins peuplée qu'elle n'étoit autrefois.

BLESÆ &
BLESENSE CASTRUM, noms Latins de BLOIS. Voiez ce mot.

BLESINO, Bourg de l'Isle de Corse du temps de Strabon [a]. Il se contente de le nommer avec CHARAX, ENICONIÆ & VAPANES sans marquer l'endroit de l'Isle où étoit chacun de ces lieux.

[a] l. 5. p. 124.

BLESMOTH ou SEMONT, en Latin SEUDUNUM, ou *Pseudunum*, dit Mr. Baillet dans la seconde partie de sa Topographie des Saints. Dans la première il ne dit rien de Blesmoth; mais il y écrit [b] que St. Florentin & St. Hilier, martyrisez du temps d'Honorius au v. siécle, demeuroient à Pseudun Ville du Pays de Duemois en Bourgogne au Diocèse d'Autun; il ajoute qu'il ne reste plus de cette Ville que le petit Village de Sémont dependant de la Paroisse de St. Marc près de la Riviere de Seine.

[b] au titre d'*Autun*.

BLESTIUM, Antonin met sur la route d'*Isca* à *Calleva* dans la Grande Bretagne *Blestium* entre *Burrium* & *Ariconium*; à XI. M. P. de l'une & de l'autre. L'exemplaire du Vatican est conforme aux Editions de Surita & de Bertius; & on y lit *Blesio* ou *Blestium*; cependant Mr. Gale prend occasion d'un manuscrit unique où, dit-il, on lit GLESCIO, de faire un changement encore plus grand, c'est de mettre GLESCLIO ou plutôt ESCLIO. Sur le ruisseau d'Eskel, aux frontieres de Herefordshire, on voit encore OLD TOWN que les Bretons ont appellé CASTLE HEN, c'est-à-dire l'ancienne forteresse. Mr. Gale croit que le lieu designé par Antonin est le même que celui-ci. Il ne laisse pas de sentir la difficulté. *Blestium* est à XI. milles de *Burrium*, *Burrium* est selon lui *Brubege*, or *Old Town* est à douze milles Anglois de *Brubege*; & il est certain que les milles Anglois, qui étant évaluez comme ceux d'Italie à soixante pour un degré; sont par conséquent plus longs que ceux d'Antonin. Ainsi il n'est pas fort aisé d'accorder le sentiment de Mr. Gale aux principes de la Géographie, aussi ne peut-il l'accorder avec le texte qu'en le changeant & en lui faisant violence.

BLETANA, Maximé est nommé Evêque *Bletanæ Ecclesiæ*, dans le Corps du Droit Canon [c]. Ortelius demande si ce mot est pour BLERANÆ.

[c] Decret I. Dist. 96.

BLETISA. Voiez LEDESMA.

BLETONESIENS, BΛετουεσίοι, ancien Peuple d'entre les Barbares. Plutarque dit [d] que les Romains ayant appris que ce Peuple immoloit des hommes dans ses sacrifices, firent venir les principaux de la Nation & leur defendirent de le faire. Plutarque en racontant ce fait ne dit rien qui détermine le pays qu'habitoit ce Peuple. L'Analogie fait connoître qu'ils habitoient une Isle & de même qu'on a dit *Peloponnesii* de *Peloponnesos*, de *Tim. I. PART. 2.*

[d] in Quæst. Rom. 83.

BLE. BLI. BLO. 355

même on a dit *Bletonesii*, de *Bletonesos*, & en retranchant *Nesos* qui veut dire Isle, reste le nom distinctif de cette Isle; mais faute d'avoir d'autres Auteurs qui en ayent parlé, nous ne savons point ce qu'elle étoit, ni dans quel climat.

BLETTERANS, Ville de France dans la Franche-Comté, près des confins de la Bourgogne, sur le ruisseau de la Seille, à neuf lieues de Dole & de Challon. Elle a un Château & étoit autrefois assez bien fortifiée; mais on l'a demantelée.

BLEUE (LA MER.) Voiez MER.
BLIARIDES. Voiez BALEARES.
BLIARUS, par abreviation pour MEMBLIARUS. Etienne dit que l'Isle d'Anaphe auprès de Thera fut ainsi nommée du nom d'un des Compagnons de Cadmus qui cherchoit Europe. C'est presentement NANSIO. Voiez ce mot.

BLITERÆ, ancienne Ville des Gaules dans la Septimanie. Voiez BEZIERS.

BLIULÆI, ancien Peuple de l'Arabie heureuse. Ils étoient voisins des Zecrites & des Omanites, selon Ptolomée [e].

[e] l. 6. c. 7.

BLOCK, petite Riviere d'Afrique dans la Nigritie, où elle se jette dans la Riviere de Gambie par le bord Meridional à quelque distance de l'Embouchûre de cette grande Riviere. Mr. Froger [f] dans la relation de son Voyage dit: à la pointe du jour nous montames avec deux de nos chaloupes trois lieues avant dans une petite Riviere, qui reçoit son nom du Bourg de Block où réside un Roi qui porte le titre d'Empereur, & qui est presque continuellement en guerre avec le Roi de Bar. . . . . En descendant cette Riviere nous mimes à terre au Bourg de BARIFET où il y a un petit Roi tributaire de celui de Block. L'embouchûre de la Riviere de Block, à l'Orient de laquelle les Bourgs de Block & de Barifet sont situez, est presque vis-à-vis d'une Isle où les Anglois avoient bâti le FORT ST. JACQUES que Mr. de Genes détruisit en 1695.

[f] Voyage de Mr. de Genes. p. 26.

BLOCKZYL, prononcez BLOCSEIL, Mr. Baudrand [g] écrit BLOKZILL. Quelques-uns écrivent BLOCZIEL, & alors l'e ne se prononce point. [h] Petite Ville & forteresse des Pays-bas au Nord-Ouest de la Province d'Overyssel à l'endroit où la petite Riviere d'Aa se perd dans le Zuyderzée, aux confins de la Frise, entre Volenhoe, Kuinder & Steenwyk. Il y a deux grandes écluses qui font le passage ordinaire des bâteaux chargez de tourbes que l'on tire des *Veenes* de l'Overyssel & du Pays de Drente, & que l'on transporte en Hollande par le Zuyderzée. L'an 1580. Rennenberg assiégea Steenwyk pour le Roi d'Espagne & le siége duroit encore l'année suivante lorsque le Colonel Sonoy ayant embarqué quelques soldats vint à Blockzyl, & y construisit un Fort qui obligea Rennenberg à lever le siége de Steenwyck. Ce Fort est ensuite devenu une place très-importante. L'an 1672. lorsque la Republique des Provinces Unies se vit attaquée tout à la fois par les Flottes de France & d'Angleterre, & par les armées de France, de Cologne & de Munster, ces dernieres prirent sans beaucoup de peine tou-

[g] Ed. 1705.
[h] Halma Tooneel der Vereenigde Nederlanden, au mot BLOCZYL.

toutes les places de l'Overyssel. Blockzyl eut le même sort, cependant les Bourgeois aidez des troupes de Frise recouvrerent leur liberté.

BLOETINI & ISANGRINI; l'Auteur qui a écrit en vers Latins l'Histoire de Philippe Auguste appelle ainsi des Peuples de Flandres. Ils relevoient des Villes de Furnes & de Bergue. Ortelius ajoute qu'un autre exemplaire portoit BLAVOTINI.

BLOIS, Ville de France, au Blesois dont elle est la capitale & qui fait partie du Gouvernement general de l'Orléanois.

[a] Cette Ville qui est appellée par les Latins *Castrum Blesense*, *Blisium Castrum*, *Blesum Castrum*, & *Blesa* est située sur le bord de la Loire, partie en plaine & partie sur une éminence, au milieu d'un des plus agréables païs qu'il y ait en France. Un Savant[b] prevenu en faveur de sa patrie, a cru que Blois a été bâti par des soldats de Jules Cesar, pendant qu'ils étoient en quartier d'hyver aux environs; mais ce sentiment n'est soutenu d'aucune preuve. Papire Masson n'est pas mieux fondé à soutenir que Blois est le CORBILLO de Strabon. Ce dernier parle de *Corbillo* avec des circonstances qui de son tems ne pouvoient pas convenir à la Ville de Blois. Gregoire de Tours[c] est le premier qui ait parlé de la Ville de Blois, & l'on voit dans les Capitulaires de Charles le Chauve, que du tems de ce Prince elle étoit déja fort considerable. Sous les Rois de la seconde race on y battoit une espece de monnoye d'argent, differente de celle qu'on y a battue depuis sous le tems de Gui de Châtillon Comte de Blois, premier du nom; en ce que cette derniere a pour legende d'un côté *Castro Blesis*, & de l'autre *Guido Comes*; au lieu que la premiere, d'un côté *Blesianis Castro*, & de l'autre *Misericordia Dei*[d]. Le Château est l'ornement le plus remarquable de cette Ville. Au coup d'œil il en paroît separé, cependant il est joint par un chemin pratiqué dans le roc. Cette Maison Royale est l'ouvrage de plusieurs Seigneurs, & de plusieurs Princes. Les Seigneurs de la Maison de Champagne, & ceux de la Maison de Châtillon avoient fait bâtir le corps qui étoit vers l'Occident, & dont il ne reste plus qu'une grosse tour. Quelqu'un de la Maison de Châtillon, & même quelques Princes de celle d'Orleans ont changé dans la suite ce corps de bâtiment, soit en le detruisant, ou en l'augmentant. Louïs XII. a fait bâtir la face qui regarde l'Orient, comme aussi celle qui regarde le Midi, & cette derniere communiquoit aux deux autres. C'est de ce bâtiment que parle Jean d'Auton, lorsqu'il raporte que l'an 1502. le Roi faisoit faire son Château de Blois tout de neuf, *tant somptueux que bien sembloit œuvre de Roi*. Parmi les ornemens qui embellissent ce bâtiment, on y remarque les armoiries du Roi, & celles de la Reine Anne de Bretagne sa femme, leurs chiffres & devises, &c. mais ce qui frappe davantage, est la statue équestre de Louïs XII. que l'on voit sur le portail de ce Château. La face du côté du Nord est l'ouvrage de François premier; quoique ce bâtiment soit Gothique, il ne laisse pas d'être magnifique.

[a] *Piganiol de la Force, Desc. de la France T. 5. p. 211.*

[b] *Du Pont sur la Coutume de Blois Tit. 3. art. 5.*

[c] *Hist. Franc. l. 3.*

[d] *Petau Recueil des Monnoyes. Bern. Hist. de Blois.*

Les devises de ce Roi s'y voyent en plusieurs endroits du dedans & du dehors; il y a plusieurs chambres & cabinets qui font ressouvenir des Rois Henri II. Charles IX. & Henri III. C'est en une des chambres de ce bâtiment que fut tué Henri Duc de Guise, premier du nom qui sous prétexte de Religion vouloit detrôner son Roi & son bienfaiteur. L'on a cru voir long-tems des caracteres formez par le sang de ce rebelle. Joignant ce bâtiment en allant du côté du Couchant est une Tour appellée la *Tour de Château-Regnaud*, ainsi nommée parce que du haut on voit cette Seigneurie, quoi qu'elle en soit éloignée de sept lieues. On emprisonna le Cardinal de Guise & l'Archevêque de Lyon dans cette Tour, à la porte de laquelle le Cardinal fut tué à coups de pertuisanne. A l'extremité de ce bâtiment, du côté du Levant, il y en a un petit, qui est en partie ancien, & en partie moderne. L'ancien s'appelle la Salle des Etats, & a pris ce nom des Etats qui y furent assemblez en 1576. & en 1588. Quant au moderne, il est du Roi Henri III. qui sur la fin de son regne y fit commencer un appartement. Le bâtiment que Gaston Jean-Baptiste, de France, Duc d'Orleans, fit faire en la place de celui qu'il fit demolir du côté d'Occident l'an 1635. est un ouvrage digne de ce grand Prince, & de François Mansard, un des plus habiles Architectes que la France ait eus. Cet Architecte y fit travailler pendant trois ans, & y fit employer trois cens trente mille livres. Il assuroit[e] qu'avec les materiaux qui restoient, il ne falloit plus que cent mille livres pour rendre ce bâtiment logeable, lorsque des affaires plus importantes survinrent au Prince, & l'obligerent de laisser l'ouvrage imparfait, & tel que l'on le voit aujourd'hui. Ce qu'on admire le plus dans ce superbe édifice, est le grand escalier qui est de figure quarrée, tout en l'air, & décoré d'ornemens qui sont d'un grand goût. L'avantcour de ce Château, où l'Eglise Collegiale de Saint Sauveur est bâtie, est une de plus grandes qu'il y ait en France. On y fit le beau tournoi pour l'arrivée du Prince de Castille, promis à Claude de France, & celui du mariage du Marquis de Montferrat avec la Princesse Sœur du Duc d'Alençon.

[e] *Memoires manuscrits de Mansard.*

Les jardins repondoient à la beauté & à la magnificence du Château. Une galerie de Charpente appellée la Galerie des Cerfs, parce qu'il y en avoit plusieurs figures à mi-corps, separoit ces jardins en haut & en bas; mais en la place de celle-là le Roi Henri IV. en fit bâtir une de pierre de taille l'an 1600. qui subsiste encore, & a quatre vingt-dix sept toises de long sur plus de trois de large, avec de belles croisées de deux côtez. Dans le jardin haut on remarque un puits d'une largeur, & d'une profondeur extraordinaire, que le Roi Louïs XII. fit faire pour fournir de l'eau au jardin bas.

Revenons à la Ville & avertissons qu'on voit l'image de la Vierge sur toutes ses portes depuis l'an 1631. que cette Ville étant desolée d'une cruelle peste, elle en fut miraculeusement delivrée dès que ses habitans eurent fait un vœu à cette Reine du Ciel. On voyoit an-

anciennement sur les portes de *Coste, Guichard, & du Pont*, une inscription qui conservoit le souvenir des bontez qu'Etienne-Henri Comte de Blois & Adele sa femme, avoient eues pour leurs Sujets de Blois. Comme il y avoit cinq cens ans qu'elle étoit sculptée, & qu'elle étoit presque effacée du tems de Henri III. elle fut renouvellée & gravée sur la premiere de ces portes, où l'on lit COMES STEPHANUS, ET ADELA COMITISSA, SUIQUE HEREDES PERDONAVERUNT HOMINIBUS ISTIUS PATRIÆ BUTAGIUM (sorte de Corvée) IN PERPETUUM, EO PACTO UT IPSIUS CASTELLUM MURO CLAUDERENT, QUOD SI QUIS VIOLAVERIT, ANATHEMA SIT. DATHAN QUOQUE ET ABIRON MALEDICTIONEM HABEAT.

Il y a dans cette Ville plusieurs Chapitres, plusieurs Paroisses, & plusieurs Maisons Religieuses de l'un & de l'autre sexe. La Paroisse de Saint Solenne étoit la plus grande de Blois. Son Eglise fut presque entierement détruite par un orage qu'il fit la nuit au mois de Juin de l'an 1678. mais elle a été rebâtie depuis avec la magnificence que la pieté de Loüis XIV. savoit donner aux Maisons du Seigneur. Comme c'étoit la plus belle Eglise de la Ville, c'est ici qu'on a établi le Siége de l'Evêque, & le Chapitre Cathédral.

Les Jesuites s'établirent à Blois dans un lieu appellé la *Bretonniere* l'an 1624. Ils succederent à des Regens séculiers, qui enseignoient dans un College que le Roi Henri III. avoit fondé l'an 1581. Nicolas Caussin qui étoit du nombre de ces Regens séculiers, se fit Jesuite un peu avant que la Compagnie de Jesus prit possession de ce College. Les fondemens de leur Eglise furent jettez peu de tems après; mais elle ne fut achevée qu'en 1671. Le frontispice est décoré de trois Ordres d'Architecture, du Dorique, de l'Ionique, & du Corinthien ; mais le seul Dorique orne le dedans. A côté du grand Autel on a élevé deux monumens, l'un pour Gaston de France, Duc d'Orleans, & l'autre pour Mademoiselle de Montpensier sa fille.

Quant aux bâtimens publics de la Ville de Blois, la tradition veut que les prisons soient le plus ancien. La Tour qui en fait partie, fut achetée en 1256. par Loüis de Châtillon Comte de Blois, second du nom, de Jean de Saint Brisson, Sieur de la Ferté-Hubert, qui la vendit pour la somme de trois cens florins.

L'Hôtel de Ville est un assez grand corps de logis, accompagné d'une belle Cour. Jean de Saveuse, Ecuyer & premier Chambellan de Monsieur le Duc d'Orleans, Bailly & Gouverneur de son Comté de Blois, en fit present à la Ville de Blois, après l'avoir acheté en 1457. la somme de trois cens écus, de Jeanne & Catherine de Beauvilliers.

Le Palais où l'on rend la Justice, a été bâti par les Comtes de Blois, Ducs d'Orleans, & par les Rois Loüis XII. Henri II. & Henri III. En bas sont les Halles, & en haut la grand-Salle, & les Chambres du Presidial, de l'Election, des Eaux & Forêts, & des Comptes.

Le Pont qui est sur la Loire, & par le moyen duquel on passe de la Ville dans le Fauxbourg de Vienne, étoit bâti avant l'an 1078.

Les Fontaines de Blois meritent d'être mises au rang des choses les plus utiles & les plus singulieres du païs. Leurs eaux viennent d'un lieu souterrain, qui est à un petit quart de lieue de la Ville. Elles coulent des fentes de roches dans un large aqueduc, que l'on croit être un ouvrage des Romains. Il est fait en forme de grotte, prise & taillée dans le roc si artistement, que plusieurs personnes y pourroient marcher de front en quelques endroits. Toutes ces eaux tombent dans un reservoir qui est près des murs de la Ville, & que l'on appelle la fontaine des *Arsis*, d'où elles sont distribuées par plusieurs Canaux de plomb en divers quartiers de la Ville. La plus considerable des fontaines est appellée la grande fontaine, que le Roi Loüis XII. fit décorer de plusieurs ornemens. Le sejour que la Cour a souvent fait à Blois, a donné lieu de dire que les habitans de cette Ville sont ceux du Royaume qui ont le meilleur accent, & parlent le mieux notre Langue. Quoique la Cour n'y demeure plus, ils ont conservé jusqu'à present la reputation d'esprit & de politesse. Cette Ville a donné la naissance à plusieurs personnes qui se sont distinguées dans les Sciences & dans les Arts. Les Peres Morin & Vignier de la Congregation de l'Oratoire sont ceux dont le profond savoir a fait le plus de bruit dans la Republique des Lettres. Tous deux nez de parens Protestans embrasserent la Religion Catholique, & entrerent dans la Congregation des Prêtres de l'Oratoire où ils moururent après avoir servi l'Eglise & le Public par des ouvrages dignes de leur pieté & de leur érudition.

[a] L'Evêché de Blois fut érigé par le Pape Innocent XII. l'an 1697. il est Suffragant de l'Archevêché de Paris : David-Nicolas Bertier en est le premier Evêque. Tout ce qui compose ce nouveau Diocèse a été distrait de celui de Chartres. On y compte v. Abbayes; plus de LX. Eglises Collegiales, III. Eglises Collegiales, un grand nombre de Chapelles & près de deux cens Paroisses. Les Chapitres des deux Eglises Collegiales de St. Sauveur & de St. Jacques de Blois ont été unis pour former celui de la Cathedrale établie à St. Solenne (Mr. Baillet le nomme St. Souleine Evêque de Chartres,) qui, comme on a déja vû, étoit une des paroisses de Blois. La Manse Abbatiale des Abbayes de St. Laumer (ou *Lomer*) de Pont-Levoy, & de Bourg-Moyen de Blois ont été unies à l'Evêché de Blois.

[b] Le Bailliage de Blois a les mêmes bornes que le Comté. (Voiez le BLESOIS.) Les Appellations des Châtellenies Royales de Romorentin & de Millançay sont portées au Parlement excepté les cas Presidiaux, car pour lors elles sont relevées au Presidial de Blois Siége principal du Bailliage. Le Bailliage de Blois commence à l'Orient vers Lestiou Village sur la Loire au dessous de Beaugency, & finit à l'Occident au Bourg de Cangi. Du côté du Nord, il renferme dans la Beausse le Bailliage de Châteaudun, les Châtellenies de Marchenoir, de Freteval, Morée, Courtalin, le

a Piganiol de la Force, Ibid. p. 169.

b Ibid. p. 175.

plessis d'Echelles, Molitar, Patay, Châteauvieux & beaucoup d'autres Justices qui en dépendent. Du côté du Midi il s'étend jusqu'à Châteauroux, & comprend dans la Sologne entre plusieurs Justices considerables celles des Comtez de Chiverni, & de Celles, Valençay, Buxeuil, Levroux, Vatan, Menetou sur Cher, Villefranche, la Ferté-Imbault, Trembleuf, la Ferté-Aurain, Antorche, Herbaut, la Ferté-St.-Aignan, & la Prévôté Royale de Chambort. Saint-Aignan & Menards étoient aussi du ressort du Bailliage de Blois; mais ils en ont été distraits l'un & l'autre lorsque le premier a été érigé en Duché-Pairie & le second en Marquisat, ensorte qu'ils ont aujourd'hui leurs Bailliages particuliers.

a Ibid. p. 178.
b p. 180.
c p. 183.

On suit à Blois une *Coutume* particuliere[a], qui fut reformée le 18. Avril de l'an 1523. il y a Maîtrise des eaux & forêts[b]; une Capitainerie des chasses déclarée Royale l'an 1670. une Chambre des Comptes aux Officiers de laquelle appartient la connoissance & la jurisdiction du Domaine[c]. Cette Chambre des Comptes est fort ancienne, & a commencé sous les Comtes de Blois de la Maison de Champagne qui l'*autoriserent de la connoissance & reddition des comptes de tous leurs Domaines*, comme firent ensuite les Comtes des Maisons de Châtillon & d'Orleans. Loüis XII. étant parvenu à la Couronne la confirma pour connoître des Domaines de Blois, Ast & Coussy, & autres Terres de ses *acquets & conquets qui n'étoient pas de la Couronne*. Les Lettres patentes de ce Roi sont de l'an 1498. au mois de Mars. Ses Successeurs ont confirmé cette Chambre par des *Déclarations authentiques & l'autorisent à l'instar des autres Cours du Royaume*. Elle est composée d'un Tresorier General des Finances & Domaines, Intendant des bâtimens & Maisons Royales du Comté de Blois, de quatre Maîtres des Comptes, d'un Procureur du Roi & d'un Greffier. Par arrêt du Conseil le Lieutenant General au Bailliage de Blois y a séance, voix deliberative & y preside alternativement avec le Tresorier General des Finances.

Blois est le Siége d'une Election sous la Generalité d'Orleans.

d p. 186.

[d]Le *Commerce* de Blois & de Beaugency consiste presque tout dans les eaux de vie & les vins. Ces deux Elections jointes ensemble produisent à peu près la même quantité de vins que celle d'Orleans. On les enleve sur la Loire pour Orleans, Paris, Tours, Angers, Laval, la Hollande, & quelquefois par terre pour la Normandie. Il y avoit autrefois à Blois & à Beaugency un commerce de Tannerie assez considerable; mais les grands droits que payent les cuirs l'ont fait tomber. On fait aussi à Blois des serges & des étamines qui sont très-bonnes; cependant ce commerce n'est pas bien considerable.

La FORET DE BLOIS est au Couchant de la Ville. Elle est de haute futaye & couvre 5300. arpents[e].

e p. 156.

§. BLOISE. Mr. Corneille dit en citant Davity: Riviere de France en Champagne. Elle vient d'une fontaine à cent pas du Couvent de Brazancour qu'elle arrose, remplit les fossés du *Château de* BLOISE, passe à Doulevant, à Passi, à Esclaron & se jette dans la Marne au dessous de St. Dizier. Cette Riviere de Bloise est nommée la Blaise par les bons Auteurs, qui disent aussi le Château de Blaise.

BLONAY[f], Château, Village & Baronie de Suisse au Pays de Vaud dans le Bailliage de Vevay. La Baronie de Blonay est la plus considerable Seigneurie de ce Bailliage, & on peut dire que la Maison qui la possede est l'une des plus illustres & des plus anciennes qu'il y ait non seulement dans la Suisse; mais même dans toute l'Europe par l'endroit que je vais dire & qui est fort rare. C'est que les Seigneurs de cette Maison ont toûjours possedé Blonay depuis 700. ans pour le moins de pere en fils sans que jamais cette Terre ait passé en des mains étrangeres. Aussi n'ont-ils point d'autre nom de famille que celui de leur Terre. Ils sont étroitement alliez à l'illustre Maison de Salis dans les Grisons.

f Delices de la Suisse T. 1. p. 188.

Blonay est un grand Village à une lieue au dessus de Vevay dans un enfoncement au pied d'une Montagne. Le Château est sur une hauteur bâti partie à l'antique, partie à la moderne. On y joüit d'un très-bel aspect. La vue s'y promene à plaisir sur tout le Lac, sur le pays voisin, & sur la Savoye. Au dessus de Blonay il y a dans la Montagne une fontaine soufrée dans un lieu nommé Lalay qu'on dit être bonne pour la guerison de quelques maux. Plusieurs personnes en vont boire en été, d'autres s'en font porter chez eux. Blonay est le seul endroit du pays de Vaud, où l'on se serve de trompettes dans l'Eglise pour le chant des Pseaumes.

BLONICZ[g], petite Ville de la grande Pologne au Palatinat de Rava, à l'Occident de Warsovie & près de la source d'un ruisseau, qui se joignant avec la Riviere, qui vient de la Ville de Rava se perd avec elle dans la Wistule, au confluent de ce Fleuve avec le Boug.

g De l'Isle Atlas.

§. Mr. de l'Isle ne la marque que comme un Village. Mr. Baudrand la nomme une Ville; mais, comme je l'observe à l'Article de POLOGNE, on appelle Villes dans ce Royaume des Lieux, qui ne seroient que des Bourgs en France & en Hollande. Dès qu'il y a une Eglise paroissiale, un Curé & un Marché par semaine, c'est une petite Ville.

BLOUTIER[h], Prieuré de France en Normandie, au Diocèse de Coutances, dans le voisinage de Ville-Dieu. Ce sont des Chanoines Reguliers de St. Augustin, de la Reforme du Pere Moulin, dont le Noviciat est au Bourgachard.

h Corn. Dict.

BLUBIUM ou BLUCIUM, selon divers exemplaires de Strabon[i]. Cet Auteur dit que les Tolistobogiens (Peuple de Galatie) étoient voisins de la Bithynie & qu'ils avoient deux Forteresses, savoir *Blucium* & *Peium*, l'une où Dejotarus avoit sa Cour, l'autre où il tenoit ses tresors.

i l. 12. p. 567.

BLUDENTZ. Voiez PLUDENTZ.

BLUMBERG. Voiez FLEURMONT, qui en est le nom François.

BLUSIACUS MONS pour BRISACUS MONS. Voiez BRISACUS.

BLUS-

BLU. BNI. BOA.

a Ortel.
Thesaur.

BLUSTIEMELUS[a], ce nom qui doit être celui d'une coline se trouve dans une ancienne inscription gravée sur l'airain & conservée à Génes.

B N.

b l. 3.

BNIZOMENÆ ou **CNIZOMENES**. Diodore de Sicile[b] nomme ainsi un ancien Peuple dans le voisinage du Golphe Arabique. Ortelius remarque que la premiere maniere de lire ce nom n'étoit qu'en marge & que la seconde étoit dans le Texte. Le Traducteur Latin écrit BANIZOMENA qu'il a sans doute trouvé dans l'exemplaire sur lequel il travailloit : il a été aisé à un copiste mal-adroit d'écrire ce mot d'une maniere équivoque, qui laissât douter s'il commence par un B ou par un K.

B O.

BOACRÆ, lieu d'Italie sur la voye Aurelienne dans la route de Rome à Arles par la Toscane & les Alpes Maritimes ; en allant de Pise à Genes entre Luna & Bodetia à XII. M. pas de l'une & à XXVII. M. P. de l'autre selon Antonin[c]. On croit que c'est la même chose que BOACTUS.

c Itiner.

BOACTUS, Riviere d'Italie dans la Ligurie, selon Ptolomée[d]. Quelques-uns l'expliquent de la VERA, ou la VELLA qui a sa source dans l'Apennin & tombe dans la Macra ; d'autres comme Cluvier l'expliquent par la BRIGNOLE.

d l. 3. c. 1.

BOAE, selon Ptolomée ou **BOEÆ** selon Pausanias, Ville du Peloponnese dans la Laconie près d'un Golphe, qui en prenoit le nom de BOEOTIACUS SINUS. C'étoit, dit Pausanias[e], une des Villes des *Eleutherolacons*, c'est-à-dire du Peuple de Laconie, qui avoit conservé sa liberté. [f]Elle étoit à la pointe du Golphe dont j'ai parlé & reconnoissoit Boeus l'un des fils d'Hercule, & s'étoit formée d'une Colonie tirée de trois Villes, savoir Etiade, Aphrodisiade & Sida. Quant à ces trois Villes on pretendoit qu'Enée s'enfuiant en Italie & étant jetté en ces quartiers par une tempête en avoit fondé deux, & en avoit nommé une du nom d'Etias sa fille, (l'autre du nom de Venus sa mere,) & que la troisiéme avoit son nom de Sida fille de Danaus. Des hommes qui se sauvoient de ces trois Villes, cherchant en quel lieu ils s'établiroient, on leur repondit que Diane leur montreroit le lieu où ils devoient bâtir une Ville. Un lievre ayant paru ils le suivirent & comme il se refugia auprès d'un myrthe, ils y commencerent à bâtir. En memoire de ces circonstances ils conservoient cet arbre avec veneration & adoroient Diane comme leur conservatrice. Dans la place publique étoit une Chapelle dediée à Apollon, & dans un autre quartier il y avoit celle d'Esculape. Les Interpretes de Ptolomée donnent pour le nom moderne de ce lieu VASICA ; Gemiste dit BATICA & NIGER VATICA.

e l. 3. c. 21.
f Ibid. c. 22.

2. **BOÆ**, Isle de la Dalmatie, selon Ammien Marcellin[g].

g l. 22. p. 222. & l. 28. p. 386. Ed. Lindebrog.

BOAGRIO, Torrent de la Grece dans la Thessalie, & sur les confins de l'Achaye. Il se décharge dans le Golphe de Zeyton, vis-à-vis de la pointe Occidentale de l'Isle de Negrepont. Il est quelquefois à sec & d'autres fois il s'enfle si prodigieusement qu'il a deux milles de largeur, selon Mr. Baudrand. Strabon[h] qui le nomme *Boagrios*, Βοάγριος, marque qu'il s'appelloit aussi MANES, Μάνης, & passoit à Thronium. Il ajoute qu'on pouvoit quelquefois le passer sans se mouiller les pieds, qu'en d'autres temps il avoit la largeur de deux arpens. Ce Torrent couloit dans la Locride & Ptolomée[i] détermine en quelle Locride en disant chez les Locres Epicnemidiens.

h l. 9. p. 426.
i l. 3. c. 15.

BOANÆ. Voiez BOANE.

BOANDUS. Voiez BUVINDA.

BOANE, Lac d'Asie en Bithynie près de Nicomedie. Evagre[k] & Caliste[l] en font mention. Ortelius observe que Constantin ou Denys d'Utique dans son quatriéme livre[m] de l'Agriculture nomme BOANÆ & *Tarsenæ*, comme des contrées de la Bithynie. Ce doit être la même chose.

k l. 2. c. 14.
l l. 5. c. 20.
m c. 1.

BOANENSIS, on lit dans la Notice Episcopale d'Afrique, entre les Evêques de la Byzacene *Donatus Boanensis*. Entre les Evêques de la même Province, qui souscrivirent la Lettre Synodale à Constantin, au Concile de Latran sous le Pape Martin, on trouve Janvier Evêque *Banensis*. On ne doute point que ce ne soit le même Siége. La Conference de Carthage[n] fournit Victor Evêque du Peuple *Bahanensis*, qui est une troisiéme maniere d'écrire le même nom.

n p. 264. Ed. Dupin.

BOANISTA, on trouve dans l'ordre naturel de cette Orthographe, dans le Dictionnaire François de Mr. Baudrand, ce nom qu'il traduit par *Insula boni visus*; c'est une faute. Il faut écrire BOA-VISTA.

BOARIUM FORUM. Voiez au mot FORUM.

BOARNO, Village d'Italie dans l'Etat de Venise, au Bressan sur la Chiese à six lieues de Brescia du côté du Nord. Il n'est remarquable que parce qu'on croit qu'il tient la place de l'ancienne VOBERNUM.

BOAS, ancien nom d'une Isle de la Dalmatie, selon Ammien Marcellin, cité par Ortelius ; mais ce nom est à l'accusatif. Voiez BOÆ 2.

BOATES &
BOATIUM CIVITAS, ancienne Ville de France. [o]On trouve dans les anciennes Notices des Provinces & Villes des Gaules *Civitas Boatium* ; on lit aussi, mais dans une seule, *Civitas Boëium*. Cette Cité est comprise entre les XII. de la Novempopulanie & a dans toutes les Notices le sixiéme rang, excepté dans une où elle n'a que le septiéme. Mais ce que quelques-unes de ces Notices ajoutent, que cette *Civitas Boatium* est le BOIUS dans le Bourdelois, a été mis par erreur. Comme aussi c'est par meprise que Robert, dans sa Chronique qu'il a poussée jusqu'à l'an 1210. a avancé que cette *Civitas Boatium* étoit la Cité des Tarbiens. Il eût parlé plus juste s'il eût dit que *Civitas Boatium* étoit la Cité des Tarbelliens, car cette Cité est en effet située dans le pays des Tarbelliens, au lieu que *Givitas Tarbia* ou *Tarbiensium* est dans la Bigorre

o Hadr. Valesii Not. Gall. p. 161.

re ou Pays des Bigarrats. Ainsi on peut dire que Robert a été trompé par la ressemblance des noms, ce qui lui a fait confondre les Tarbelliens qu'il a pris pour le même Peuple. Quelques modernes sont tombez dans la même erreur, entre autres Scaliger qui trompé par quelques Notices defectueuses a expliqué *Civitas Boatium* par *Boiorum pagus*, le PAYS DE BUCHS, mais il est constant que ce pays de tout tems a été compris avec le Bourdelois dans la II. Aquitaine & non dans la Novempopulanie, outre qu'il n'y a jamais eu de Cité dans le Pays de Buchs; mais seulement quelques Villages de peu de consequence. Scaliger a néanmoins dans la suite reconnu sa méprise & changé de sentiment.

Je ne puis cependant m'empêcher de dire qu'il y a lieu de s'étonner de ce que l'on ne trouve les *Boates* ou *Boatium Civitas* que dans les Notices des Gaules, sans qu'il en soit fait mention ailleurs. Je trouve, il est vrai, dans Scaliger que cet Auteur a crû que les *Boates* étoient les *Vocates* de Cesar; mais la plupart des Historiens veulent que ces *Vocates* soient les *Vasates* habitans du Bazadois. Je remarque seulement dans Pline parmi les peuples de l'Aquitaine les *Sediboniates* placez auprès des AQUENSES dont je crois qu'on peut dire après Mr. de Valois qu'a été formé le nom de *Boates*. Surtout si l'on dit que les *Sediboniates* ont été ainsi nommez de *Sede bona*, noms Latins qui designent la situation avantageuse du pays, & que de *Sediboniates* on a fait *Boates*, comme dans la suite de *Boates* on a fait *Baona* & ensuite *Bajona*, & en François *Bayonne*.

Une nouvelle raison qui doit convaincre que la *Boatium Civitas*, qui se trouve dans les Notices des Gaules, est la Ville de Bayonne d'aujourd'hui, c'est que comme nous avons connoissance de toutes les autres anciennes Citez de la Novempopulanie, qui sont aujourd'hui toutes Episcopales à la reserve d'Eause, nous ne pouvons attribuer la *Civitas Boatium* sur laquelle il paroît quelque obscurité, à d'autres Villes qu'à Bayonne; à moins que l'on ne s'avise de dire que les Notices ont omis de faire mention d'une des plus anciennes Villes de la Novempopulanie, qui devint le Siège d'un fameux Evêché, ce qui est hors de toute vraisemblance.

J'ai déja marqué au mot BAYONNE l'état present de cette Ville, je reserve à l'Article LAPURDUM, qui est son ancien nom, à marquer quel a été son premier état.

BOA-VISTA, c'est-à-dire bonne vue, Isle de la Mer du Sud, & l'une de celles qu'on appelle les Isles de Salomon. Elle est fort petite. Mr. de l'Isle la nomme BELLEVUE dans sa Carte de l'Hemisphere Meridional. Elle est par le 10. d. de latitude Sud assez près de l'Isle Isabelle.

BOAULIA, Ville de Scythie, selon Etienne le Géographe.

BOBBA, Ville d'Afrique dont parle St. Augustin cité par Ortelius, qui ne dit point en quel ouvrage.

BOBENHAUSEN[a], petite Ville & Château d'Allemagne en Veteravie sur la petite Riviere de Gersbrentz, qui tombe dans le Mayn à Stockstadt entre Seligenstadt & Aschaffenbourg. Elle appartient à la branche des Comtes de Hanaw Busweiler; & est à quatre milles de Francfort. C'est un Fief qui releve de la Couronne de Boheme. On remarque qu'en l'automne de 1395. Ulric Comte de Hanaw, qui gouvernoit alors, fit encaver une piéce de vin du cru de la même année, qui s'y conservoit encore l'an 1592. L'an 1521. ce lieu obtint de l'Empereur Charles V. des actes de confirmation, d'inféodation & le pouvoir de juger à mort. Il souffrit beaucoup durant les longues guerres civiles d'Allemagne ayant été pris par les troupes de Tilli, & ensuite par les Suedois.

BOBER[b], Riviere de Silesie. Elle a sa source dans les Montagnes qui separent la Bohéme de la Silesie, & serpentant vers le Nord elle traverse dans toute sa longueur la Principauté de Jawer, & y reçoit à Sprottaw la Riviere de Sprotta. Ensuite se recourbant vers l'Occident elle entre dans la Principauté de Sagan, dont elle baigne la capitale, puis reprenant son cours vers le Nord, elle passe à Naumbourg surnommé *Naumbourg am Bober*, & entrant enfin dans la Principauté de Crossen, elle se perd dans l'Oder à l'Occident de la Ville de Crossen. L'Atlas de Blaeu appelle en Latin cette Riviere HEBRUS.

BOBERSBERG, lieu de Silesie dans la Principauté de Crossen à un mille & demi de Crossen sur une Montagne à l'Orient de laquelle coule le Bober, d'où lui vient son nom. L'Atlas de Blaeu en fait une petite Ville.

BOBIANUS. Voiez BOVIANUM.
BOBJERCA. Voiez VOBERCA.
BOBIESE. Voiez BOBIO.
BOBILE. Voiez BOVILLÆ.
BOBIO, en Latin *Bobium*, Ville d'Italie au Duché de Milan sur la Trebia, dans une plaine entre des Montagnes, selon Mr. Baudrand[c]. Mr. Baillet[d] s'exprime diversement, & dit dans la Ligurie aux extremitez du Milanez. Cela revient à peu près au même pourvû qu'on l'entende ainsi, que Bobio est dans le Milanez à l'extremité, & sur les frontieres de l'Etat de Génes. Elle doit son origine à un Monastere fondé par St. Colomban. Ce St. Irlandois ayant demeuré quelque temps en France, & se voyant persecuté par Thierri[e] Duc de Bourgogne passa en Lombardie chez Agilulphe, qui d'Arien qu'il étoit auparavant avoit été ramené à la Foi Catholique par les soins de la Princesse Theodelinde sa femme, qui étoit fille de Garibaud Roi ou Duc de Baviere. Agilulfe accorda sa protection à St. Colomban, & lui permit de s'établir où il voudroit dans le pays de sa domination. Le St. usant de ce pouvoir repara une ancienne Eglise de St. Pierre, qui étoit près des Rivieres de Bobio & de Trebia dans une solitude du Mont Apennin, il bâtit alentour des lieux reguliers & fonda ainsi un Monastere, qui a depuis porté le nom de Bobio. On dit qu'outre l'Eglise de St. Pierre, il en fit encore construire une fort petite en l'honneur de la Sainte Vierge, & que ceux qui étant travaillez de quelque peine d'esprit y venoient implorer le secours du Ciel, étoient delivrez de leur chagrin & en sortoient tous consolez. Il mourut

à

[a] Zeyler Carte de la haute Hesse & pays voisins. Le même *Hassia & vicinar. Region.* Topogr. p. 14.

[b] Sanson Atlas.

[c] Ed. 1705.
[d] Topogr. des Saints. p. 78.

[e] Abregé de l'Hist. de l'Ordre de St. Benoît. l. 3. c. 45.

à Bobio l'an 615. & eut pour successeurs les Abbez Attale, Bertulfe & Bobolen. Ce fut, dit-on, du temps de Bertulfe que l'Abbaye de Bobio *a* fut exemptée de la jurisdiction de l'Evêque par le Pape Honorius I. La Ville de Bobio est devenue avec le temps le Siége d'un Evêché dont le Diocèse s'étend jusqu'au Duché de Plaisance & en Ligurie. L'Evêque y est Suffragant de Génes quoique pour le civil la Ville soit du Duché de Milan. Mr. Baudrand dit que Bobio *b* est une Ville mal peuplée, quoi qu'elle soit Capitale du petit pays nommé BOBIESE étendu aux environs; qui fait partie du Comté ou Territoire de Pavie. Bobio est sur les frontieres du Duché de Parme, & proche de celle de l'Etat de Génes à trente-cinq milles de Tortonne & autant de Génes; en allant vers Plaisance, & presque autant de Pavie.

a Baillet l. c.

b l. c.

BOBONIA, on trouve ce mot dans Etienne le Géographe. Ortelius conjecture qu'il est corrompu & mis pour BOLONIA.

BOBRISO, BOBRIX ou VOBRIX. Voiez VOBRIX.

BOBURES *c*, (LES) Peuple Sauvage de l'Amerique dans la Province de Venezuela près du Lac de Maracaibo & de la Ville de Merida, selon De Laet. Leur pays passe pour être mal-sain, à cause de l'humidité de la terre, de beaucoup de marais, & de la grande quantité de Mousquites ou Moucherons dont ils sont fort tourmentez.

c De Laet Ind. Occid. l. 15. c. 14.

BOCA ou BOCALBALBEL *d*, contrée d'Asie dans la Syrie entre les Montagnes du Liban & de l'Antiliban.

d Baudrand Ed. 1705.

☞ BOCAGE, petit bois, ou lieu planté de quelques arbres entre lesquels on a ménagé quelques allées pour y aller goûter la fraîcheur de l'ombre, & le plaisir de la promenade. La Scene de la plupart des avantures amoureuses dans les Poësies Pastorales est presque toûjours dans quelque Bocage. Il y en a qui ont été produits par la nature au bord d'un ruisseau, ou sur le penchant des collines, il y en a d'autres que l'art a fait planter pour accompagner les Maisons, & les jardins des personnes riches.

BOCAGE *e*, (LE) petit pays de France en basse Normandie, vers les sources des Rivieres d'Elle, de Drome, d'Aure, d'Odon, entre l'Orne, la Vire, & le Noireau. La premiere le borne au Levant, & le separe de la campagne de Caen. La seconde le borne au Couchant & le separe du Coutentin, excepté à St. Lo où les limites s'écartent un peu de la Riviere qu'elles quittent au dessus de cette Ville pour la rejoindre un peu au dessous; de sorte que St. Lo quoique situé à l'Orient de la Vire n'est pourtant point du Bocage, & enfin le Noireau dans toute la longueur de son cours separe ce pays d'avec le pays de Houlme. Il a au Nord le Bessin. Vire en est la Capitale & en même temps la seule Ville, si on veut ne compter Torigni que pour un Bourg. Les Bourgs sont

e Memoires communiquez.

Torigni,   Villers,
Evreci,   Aunay,
Clecy,   Vassi,
Condé   &   Tinchebray.

Outre les Rivieres dont j'ai déja parlé le pays est arrosé de quantité de ruisseaux.

BOCALIAS. Voiez BOCARUS.

BOCALIUM, petite Ville du Peloponnese dans l'Arcadie selon Pline; dans les anciennes Editions qu'a eues Ortelius. Il faut lire BUCOLIUM, comme il y a dans celle du R. P. Hardouin. Voiez BUCOLIUM.

BOCANA. Voiez COMANA.

BOCANI, ancien Peuple de l'Isle Taprobane selon Ptolomée, sur la côte Orientale vers le Midi.

f l. 7. c. 4.

BOCANUM HEMERUM, ancienne Ville de la Mauritanie Tingitane, selon le même. Les Modernes croient qu'elle étoit au lieu où est presentement MAROC, capitale d'un grand Empire en Barbarie.

g l. 4. c. 1.

BOCARA. Voiez BOKHARAH.

BOCARUS, qu'on appella ensuite BOCALIAS, Riviere de l'Isle de Salamine, selon Strabon *h*.

h l. 9. p.

BOCCA, les Italiens & autres Peuples emploient ce nom pour designer quelques Détroits tant sur la Mer que sur la Terre. Nous disons BOUCHE dans le même sens.

LA BOCCA DEL DRAGO, en Latin *Fretum Draconis*, on appelle ainsi le Détroit, qui est entre la pointe Occidentale de l'Isle de la Trinité, & la pointe du Continent qui lui est opposé au Pays de Cumana, qui fait partie de la nouvelle Andalousie en Amerique dans la Terre ferme. Mr. de l'Isle *i* dit en François la BOUCHE DU DRAGON.

i Atlas.

BOCCA DEL LUPO, en François la *Gueule du Loup* passage fort étroit de la Grece dans la Province de Comanolitari & au Mont Bunina. Ce nom moderne ne signifie presentement que le fameux pas des THERMOPYLES. Ce dernier nom est le seul qui ait été adopté par les Savans, qui traduisent dans les Langues vivantes les Historiens Grecs. Dans de pareils Ouvrages on seroit ridicule de ne le pas conserver puisqu'il est bien plus connu que *Bocca del Lupo* que l'on ne trouve que dans les Relations d'un petit nombre de Voyageurs. Voiez THERMOPYLES.

BOCCHE, (LE) DI BONIFACIO. Voiez au mot BOUCHES l'Article BOUCHES DE BONIFACE.

BOCCHE, c'est ainsi que l'Interprete Latin de Ptolomée nomme certains lieux de l'Armenie, que le Grec appelle BACHAS. Voiez ce mot.

BOCCHURE. Voiez BAHUR.

BOCCHYRIS, Village de la Marmarique éloigné de la Mer, selon Ptolomée. Son Interprete Latin écrit BONCHYRIS; mais il fait une plus grande faute en ce qu'il met au haut de la liste Bourgs, *Oppida*, quoique Ptolomée ne mette que Villages, Κῶμαι.

BOCCORI. Voiez CONCORDIENSES.

BOCHAR. Voiez BOKHARAH.

BOCHEIRA, selon Mr. Corneille, ou BOCHIR, selon Mr. Baudrand qui dit: petite Ville d'Egypte dans la Province d'Errif: les François l'appellent souvent BOUQUIER avec un Port à l'embouchûre du Canal Occidental du Nil, que l'on nomme delà le bras de Bochir dans la Mediterranée; mais il n'est gueres considerable à present, & est à vingt-cinq mil-

BOC.

mille pas d'Alexandrie vers l'Orient. On croit que Bochir est l'ancienne *Canopus* ou *Canobus*, Ville Episcopale. Elle est presque ruinée.

§. Sans examiner d'où Mr. Baudrand a pris cet Article il vaut mieux en faire remarquer les fautes. Premierement pour le nom de ce lieu il est très-diferent, selon les Voyageurs. Copin dit BOUQUER. Thevenot[a] dit BOUKER. Le Sr. Lucas[b] dans sa Relation & dans la Carte du Delta dit BEQUIER, & le Sieur Gemelli Careri[c] dit BICHIER. L'idée qu'ils en donnent tous ne ressemble rien moins qu'à une Ville. Copin dit[d] : quatre milles au delà d'Alexandrie, du côté des deserts, il se trouve encore un Château qui s'appelle le *Bouquer* pour garder une rade où les vaisseaux peuvent mouiller. Il est sur une petite langue de terre un peu isolée, la figure en est quarrée, & il y a une tour dans chacun de ses coins : du reste il est à la maniere ancienne tout découvert & sans aucuns travaux pour le defendre ; ses murs n'ont qu'une épaisseur mediocre, & comme cette place est peu de chose, il n'y a qu'une petite garnison sous un Aga. Parmi quelques piéces de canon qui y sont il y en a deux que St. Louïs laissa à la Mansoure dont l'une est marquée aux armes de Marseille. (Je laisse aux Historiens à examiner si Saint Louïs avoit du canon dans son armée.) Ce Château n'a point d'eau que celle qu'on lui porte de fort loin : il y avoit autrefois un Aqueduc, qui lui en conduisoit d'Alexandrie ; mais comme les Turcs ne sont pas soigneux d'entretenir les lieux qui tombent en leur puissance, ils l'ont laissé deperir sans se mettre en peine de le reparer. Voilà pour le Château ; si à cette description j'ajoute celle que donne Gemelli Careri[e] on aura une description entiere du lieu. Bichier, dit-il, petit Château à dixhuit milles encore plus haut qu'Alexandrie, muni de quelques piéces d'Artillerie avec une garnison de deux cens Turcs : il y a quelques cabanes d'Arabes autour de ce Château : leurs mœurs & leurs noms sont également barbares, ils font peur à voir, & quoi qu'extrêmement pauvres ils sont plongez dans une si grande fainéantise que rien ne les peut engager à travailler : on y trouve assez de poisson & surtout des mulets ; on en donne une tranche considerable pour deux liards & quantité d'œufs sechez pour un quart de Ducat. Les gens du pays ne vivent que de poisson-là & de fruits, car pour de viande on n'y en voit point du tout.

La distance de vingt-cinq milles que Mr. Baudrand met d'Alexandrie au Bochir est excessive. Les quatre milles de Copin doivent s'entendre de milles Géographiques dont chacun revient à cinq milles d'Italie. Thevenot fournit de quoi concilier ces vingt milles avec les dixhuit de l'autre Voyageur cité. Nous passâmes[f], dit-il, devant Bouker éloigné d'Alexandrie de vingt milles ; mais fort petites. C'est un Château qui defend une rade qui est là auprès. Il n'est pas vrai que *Bochir* soit sur le Canal Occidental du Nil ; je remarque même ailleurs qu'il n'est pas sûr que le Canal, qui aboutit à ce lieu communique avec le Nil si ce n'est lorsqu'il est extrêmement enflé. Et en dernier lieu *Bochir*, le *Bequier*, le *Bouker*, ou

[a] Voyage d'Egypte l. 3. c. 4. p. 136.
[b] Voyage du Levant 1. part. c. 3.
[c] Voyages T. 1. p. 31.
[d] l. c.

[e] l. c.

[f] l. c.

BOC.

le *Bouquer*, n'a rien de commun avec la Canopus des anciens.

BOCHERVILLE ou BOSCHERVILLE[g], Bourg de France en Normandie au Pays de Caux sur la Riviere de Seine. Sa Paroisse reconnoît St. Martin pour son Patron, & jouït des privileges de la Banlieue de Rouen dont ce Bourg n'est éloigné que de deux lieues. Les Bois, les Prairies, les Terres de Labour, & les pommiers fournissent à son commerce. Le cidre qui vient de ce crû est assez recherché. Bocherville est particulierement considerable par une *Abbaye* de Benedictins de la Congrégation de St. Maur appellée *St. George de Bocherville*, leur Eglise est assez grande & solidement bâtie : une figure Colossale, qui represente St. George à cheval perçant un Dragon est à côté du grand Autel ; auprès des tombeaux des Comtes de Tancarville fondateurs de cette Abbaye. Un gros clocher est porté sur le Chœur & deux hautes tourelles s'élevent en maniere de clochers au dessus du grand portail. Le Dortoir neuf est un grand bâtiment de Pierre de Taille d'un beau dessein, très-bien degagé, ce qui donne au Bourg un air de Ville. Ce bâtiment est accompagné d'un beau jardin, qui s'éleve & qui s'étend jusques au bois.

BOCHIANA, Ville ancienne de l'Ethiopie sous l'Egypte, selon Pline[h].

BOCHIM, c'est-à-dire le lieu des Pleurants, ou des Meuriers. Voiez CLAUTHMON.

BOCHINIA ou BOCHNIA, le premier de ces noms est de Mr. Corneille, le second est preferé par Mrs. Baudrand & de l'Isle. Mr. Baudrand dit[i] : petite Ville de la haute Pologne dans le Palatinat de Cracovie, à sept lieues de la Ville de Cracovie vers le Levant (d'hyver.) Elle est considerable par ses mines de sel. Crommer[k] parle ainsi de cette Saline qu'il appelle. *Salina Bochnensis*: on y trouve, dit-on, quelque chose de semblable à de la poix figée qu'on appelle, dit-il, le *Carboncle* ; ce qui étant broyé & bû lâche le ventre. On y entend quelquefois dans les plus profondes cavernes un bruit, qui ressemble à l'abboi des chiens, au chant du coq, & au cri de divers autres animaux, & on le regarde comme le presage de quelque desastre dont on est menacé.

BOCHIR. Voiez BOCHEIRA.
BOCHOLT. Voiez BOCKOLT.
BOCHOUTE. Voiez BOCKHOUT.

BOCINO ou BUCINO[l], petite Ville d'Italie, au Royaume de Naples, dans la Principauté Citerieure au confluent des Rivieres de Selo & de Negro, à six lieues de la Ville de Consa, vers le Midi. Voiez VOLCEIUM.

BOCKE, Bourg d'Allemagne en Westphalie, au Diocèse de Paderborne, sur la Lippe entre Lipstadt & Paderborne. Les Historiens de Charlemagne font mention de ce lieu au sujet des Angariens qui lui amenerent des ôtages, se soumirent à lui, & jurerent la paix en cet endroit en 775. Badurad Evêque de Paderborne y mit les os de St. Landolin apportez du Diocèse de Cambray, on les y conserva jusqu'en 1101. & il y a encore actuellement à Bocke une Eglise dediée à ce Saint. L'an 1104. Erpon Comte de Padberg y commen-

[g] Corn. Dict. Memoires dressez sur les lieux.

[h] l. 6. c. 29.

[i] Ed. 1705.

[k] l. 1.

[l] Baudrand Ed. 1705.

mença un Monastere. Bernard de Horbe Gentilhomme bâtit le Château de Bocke en déclarant que c'étoit un fief lige de l'Evêque Henri & de ses successeurs. Son fils Bernard y bâtit une Chapelle, & son petit-fils Philippe Maréchal de Westphalie & d'Engern, & Prevôt de Munster après la mort de sa femme l'enrichit de vases & d'ornemens précieux & de reliques. La posterité de Bernard étant éteinte au XVI. siécle, Theodore de Furstenberg se ressaisit du Château. Les Suedois le brûlerent avec la Chapelle l'an 1646. mais Theodore Adolphe le rétablit. Ferdinand de Furstenberg dans son docte livre des Monumens de Paderborne[a] dit BOCA en Latin.

[a] p. 139.

BOCA. VETUS. CAROLO. MEMORABILIS.
HOSPITE. PAGUS
LUPPIA. QUAM. RAPIDIS. PRÆTERIT.
AMNIS. AQUIS
ANGARIOS. VIDIT. PACEM. VENIAMQUE.
PRECANTES
SUPPLICITER. FRANCO. SUBDERE.
COLLA. JUGO
OBSIDIBUSQUE. DATIS. JURANDO. JURE.
PACISCI
OBSEQUII. STABILEM. TEMPUS. IN
OMNE. FIDEM.

[b] apud Reuber.

L'Astronome[b] qui a écrit les Annales de France écrit BUCHI *in pagum qui Buchi vocatur.* Le Poëte Anonyme écrit BUKKI

In pagum rediit quem dicunt nomine Bukki.

BOCKENBOURG, BUCKEBURG ou BUCKENBOURG, petite Ville d'Allemagne en Westphalie, à un mille de Minden, à deux de Stadthagen. Chytræus[c] dans sa belle Histoire dont Mr. de Thou a bien profité, parlant d'Otton Comte de Schawenbourg, qui mourut le 22. Decembre 1576. à Buckenbourg nomme ce lieu ARX BRUCTERORUM. Zeyler[d] qui cite cet Auteur fort juste cite aussi Cluvier; mais je n'ai rien trouvé de pareil à l'endroit où Cluvier traite des Bructeres; de plus Zeyler cite le IX. livre de la Germanie ancienne qui n'a que trois livres en tout. Cette Ville est au Comté de Schawenbourg, ou *Schaumbourg* comme écrit Zeyler. J'ai remarqué au mot SCHAWENBOURG que le dernier Comte de cette famille étant mort en 1640. le Comte de la Lippe succeda en partie à cette Maison, & qu'au Traité de Westphalie le Comté ayant été cedé au Landgrave de Hesse, ce Prince & les Comtes de la Lippe s'accomoderent ensemble à l'amiable. Bockenbourg, avec son Château, est demeuré au Landgrave de Hesse. Cependant la Maison de la Lippe est partagée entre deux branches, sçavoir celle de Detmold & celle de Buckenbourg.

[c] l. 23. p. 642.
[d] Westphal. Topogr. p. 22.

BOCKOLT ou BOCHOLT, petite Ville d'Allemagne en Westphalie sur le ruisseau d'Aa au Diocèse de Munster. On la nomme aussi BUCKOLT, dit Mr. Baudrand[e]. Elle est sur la frontiere du Duché de Cleves à trois milles d'Allemagne de Wesel vers le Septentrion, en allant vers Grol. Elle est Capitale d'une petite Contrée qui porte son nom.

[e] Ed. 1705.

* BOCKHOUT ou BOCHOUTE, gros Village, ou Bourg des Pays-bas, au Pays de Waes entre le Sas de Gand & Philippine avec une belle jurisdiction. Bockhout est l'un des quatre Offices. Voiez au mot AMBACHT, l'Article IV. AMBACHTEN.

BODANUM ou BOBACUM[f], Vallée de France au Diocèse de Sisteron. On l'a appellée Val de BANNES, & BEVONS, ou BEUVOUX, & même BODON & BEUDUN, d'autres enfin VAL BENOIT. Voiez ce mot.

[f] Baillet Topogr. des Saints p. 516. & 563.

BODECIA, lieu d'Italie sur la route de Rome à Arles par la Toscane & les Alpes Maritimes en allant de Pise à Genes, selon Antonin[g], entre Boacées & Tegulata à XXVII. M. P. de la premiere, & à XII. de la seconde, selon l'Edition de Surita qui écrit BODETIA; mais il avoue que divers Manuscrits portent Bodecia par un *c*. Le nombre n'est pas aussi le même dans les Manuscrits; quelques-uns portent XXVII. d'autres XXI. d'autres XXVIII. & c'est ce dernier chifre, qui se trouve dans l'Edition des Juntes à Florence 1519. Ortelius[h] juge que ce pourroit bien être la Bondelia de Ptolomée.

[g] Itiner.
[h] Thesaur.

BODEGRAVE, fort beau Village des Provinces Unies dans la Hollande Meridionale entre Leyde & Utrecht, sur le Rhin, & entre Alphen & Woerden. Il est ancien & l'Empereur Henri IV. en fait mention dans un Diplôme de l'an MLXIV[i]; mais il semble le placer au côté Occidental du Rhin, au lieu qu'il est à present sur l'autre rive opposée, à X. mille pas de Leyden. C'étoit autrefois un Comté de Thierri Bavon qui relevoit d'Utrecht, & l'Empereur se plaint de ce que Thierri V. Comte de Hollande l'avoit enlevé par la force à St. Martin; c'est-à-dire à l'Evêché dont l'Eglise Cathedrale étoit dediée à S. Martin. [k]Le Duc de Luxembourg commandant l'Armée de France en 1672. fit attaquer ce poste, qui étoit gardé par les troupes de Hollande & l'ayant forcé, il se fit piller & brûler; mais depuis la Paix de Nimegue ce beau Village s'est rétabli.

[i] Alting Infer. part. 2. p. 25.
[k] Dict. Géogr. des Pays-bas.

BODELOO[l], Abbaye des Pays-bas, Ordre de Cîteaux. Elle étoit ci-devant à quatre lieues de Gand, vers l'Orient d'Eté & à deux lieues de Stekem du côté du Couchant dans le Pays de Waes; mais elle a été transferée à Gand.

[l] Baudrand Ed. 1705.

BODENA, Château dont parlent Cedrene, Glycas & Curopalate. Le premier dit qu'il étoit sur une roche escarpée à travers laquelle l'eau du marais Ostrobi s'écoule dans la terre, & ressort ensuite delà. Ortelius[m] met ce lieu dans la Macedoine ou dans la Thessalie.

[m] Thesaur.

BODENHAUSEN[n], petite Ville d'Allemagne au Cercle du haut Rhin dans la Hesse sur la Riviere de Werra près du Duché de Brunswig, entre la Ville de Cassel & celle de Duderstadt.

[n] Baudrand Ed. 1705.

BODENI, Peuple de la Sarmatie en Europe, selon Ptolomée[o]. Voiez BUDINI.

[o] l. 3. c. 5.

BODENWERDER, petite Ville d'Allemagne dans la basse Saxe, au Duché de Brunswig, dans une Isle que forme le Weser au dessus de la Ville de Hamelen aux confins de la Principauté de Wolfenbutel, & à l'extremité Orientale d'un petit Canton, qui est en-

entre cette Principauté & l'Evêché de Hildesheim.

BODENSE'E, nom Allemand du Lac de Constance. Voiez après l'Article Constance.

BODERIA. Voiez BODOTRIA.

BODIANUS, c'est ainsi que lit Ortelius dans le livre des limites. Ce lieu, dit-il, étoit en Italie, si je ne me trompe, voyez s'il ne faudroit point lire Bodianus. Je trouve au livre des Colonies par Frontin[a] un Bourg nommé *Bobianus*. J'y trouve aussi un Bourg nommé *Bovianum*. Tous deux sont également qualifiez *Oppidum*. Tous deux devoient au Peuple un chemin de dix pieds. Bovianum avoit été repeuplé de Soldats, sans colons, par un Décret de Jules Cesar. Bobianus avoit été aussi peuplé en vertu d'un Decret du même ; mais on ne dit point si c'étoient des Soldats ou des Bourgeois qu'on y avoit menez. *Bobianus* est apparemment le même que Bodianus ; mais il est different de *Bovianum*.

[a] p. 125. Ed. Gomesii.

BODINCOMAGUM, Pline[b] disant du Pô que dans la Langue des Liguriens il étoit appellé BODINCUS, mot qui signifie *sans fond*. Il allegue comme une preuve de cela, que le Bourg nommé de son temps INDUSTRIA, & anciennement BODINCOMAGUM, étoit sur ce fleuve à l'endroit où il commence à avoir sa principale profondeur. *Argumento adest oppidum juxta* Industria, *vetusto nomine* Bodincomagum *ubi præcipua altitudo incipit*. Le R. P. Hardouin explique le lieu par CASAL.

[b] l. 3. c. 16.

BODINCUS ou, BODINGUS, nom du Pô, dans la Langue des Liguriens. Voiez l'Article precedent.

BODIOCASSES. Voiez VIDUCASSES.

BODIONTII, ancien Peuple de la Gaule. Ils avoient pour Ville *Dinia*, qui est aujourd'hui la Ville de DIGNE. Voiez au mot DIGNE quelques remarques sur le nom de ce Peuple.

BODMAN[c], petite Ville d'Angleterre dans la partie Occidentale du Comté de Cornouailles. Elle a été autrefois Ville Episcopale & assez grande. Elle est à huit milles de la côte, à quinze de Plimouth & à cent quatre vingt quinze de Londres. Quelques-uns écrivent BODMIN.

[c] Baudrand.

BODMEN[d], Château d'Allemagne dans la Suabe, & au Septentrion du Lac de Constance à qui il donne le nom. Il est dans les Terres de la Maison d'Autriche à quinze mille pas de Constance vers le Nord.

[d] Ibid.

BODOBRICA, Ville ancienne de la Germanie sur le Rhin. Il en est parlé dans le livre des Notices[e], qui la range au département de Mayence. Antonin[f] met BAUDOBRICA sur la route de Treves à Strasbourg à XVIII. M. P. de la premiere. Birckheimer croit que c'est BOPAREA. Voiez BOPPART.

[e] Sect. 64.
[f] Itiner.

BODON-MUNSTER[g], ou BOUDONVILLE, BAUDONVILLE, ou BOUSONVILLE, en Latin BODONIS MONASTERIUM, Abbaye & Bourg en Lorraine, au delà de la Muerte au Nord de Moyen-Moutier.

[g] Baillet Topogr. des Saints. p. 563.

BODONA, Ville de Grece dans la Perrhebie, selon Etienne qui cite Apollodore ;

mais, ajoute-t-il, d'autres l'attribuent très-bien à la Thessalie. ΒΩΔΩNH est le même lieu que ΔΩΔΩNH, Dodone.

BODOTRIA, Tacite dit[h] que sous Domitien Agricola s'étant avancé jusqu'à Bodotria & à Glotta fortifia ce petit espace de terre & renferma ses ennemis, comme dans une autre Isle. C'est-à-dire qu'Agricola ayant achevé la conquête de ce que nous appellons l'Angleterre, & voulant se mettre à couvert contre les incursions des Peuples, qui défendoient encore courageusement leur liberté & qu'il avoit poussez en Ecosse, il se retrancha & fortifia ce petit espace de terre qui est resserré d'un côté par la Riviere de *Glotta* qui est aujourd'hui la Cluyd, & de l'autre côté par *Bodotria*, c'est-à-dire par le Golphe de Forth. Ce retranchement traversoit les petites Provinces de Lenox & de Sterling. *Glotta* étant une fois connue pour la Cluyd ne laisse aucun lieu de douter que *Bodotria* ne soit le Golphe de Forth ou d'Edimbourg. Toute autre Riviere conviendroit mal à l'idée que donne Tacite. *Glotta* & *Bodotria* repoussée fort loin par le flux & le reflux de deux Mers diferentes ne sont separées l'une de l'autre que par un petit espace de terre. *Bodotria* est dans Tacite ce qu'est *Boderia* dans Ptolomée[i].

[h] Vit. Agri. col. c. 23.
[i] l. 2. c. 3.

BODROGH, (LE) Riviere de Hongrie. Elle a sa source au Mont Crapack, aux confins de la Pologne dans le Comté de Saros, où elle se charge d'une autre Riviere, ensuite elle traverse les Comtez d'Ungwar & de Zemplin, elle se grossit dans ce dernier des Rivieres de Latorcza & d'Ung, & quelques autres moindres dont elle porte les eaux dans la Theisse à Tokay.

§. BODROGH, Mrs. Baudrand, Maty & Corneille mettent sur un bras du Danube une Ville ainsi nommée & capitale d'un Comté de même nom. Mr. de l'Isle l'avoit aussi marquée vis-à-vis de l'Isle de Mohatz dans sa Carte de 1703, il l'a effacée dans celle de 1717. & s'est contenté de nommer le pays où on la mettoit *Pays de Bacs, Comté de Bodrog*, comme étant deux noms d'un même Canton, dont Bacs, Ville située à l'Orient d'Essek & au Nord-Ouest de Petri-Varadin, est le chef-lieu. Le Danube de Mr. le Comte de Marsilli, n'a ni Ville ni Comté de Bodrogh. On y voit seulement le Comté de Bacs.

BODUNNI, Peuple de l'Isle de la grande Bretagne. Ils se soumirent à l'Empereur Claudius, selon Dion Cassius[k]. Il faut lire DOBUNI.

[k] l. 60.

BOD-WARI, ruines d'un ancien Bourg des Ordovices en Angleterre au Comté de Flint, près de la Riviere de Lloyd & de la Ville St. Asaph.

§. Les Imprimeurs de Mr. Baudrand[l] ont mis la Riviere de *Cluyd* pour de *Lloyd*.

[l] Ed. 1705.

BOEA. Ortelius[m] dit que c'étoit un lieu Episcopal en Afrique, sur quoi il cite la Conference de Carthage, & le Concile tenu sous St. Cyprien. Zurita a eu raison de trouver que ce mot étoit corrompu. C'est OEA qu'il faut lire. Voiez ce mot.

[m] Thesaur.

1. BOEÆ, Ville de l'Isle de Crete, selon Etienne le Géographe.

2. BOEÆ.

BOE.

2. BOEÆ. Voiez BOÆ.

BOEAMBA ou COIAMBA, selon les divers exemplaires de Ptolomée[a]; Ville d'Asie dans la Gedrosie.

[a] l. 6. c. 21.

BOEBAIS, Voiez XYNIA.

1. BOEBE, Marais de l'Isle de Crete, selon Etienne le Géographe.

2. BOEBE, Contrée de la Thessalie près du marais Boebeïs, selon le même.

3. BOEBE. Voiez BOEBUS.

BOEBEIS, Marais de la Thessalie selon Strabon, Βοιβηΐς. Sophien dit qu'on l'appelle ☞ presentement ESERO. Peut-être ne savoit-il point qu'OSERO en langue Esclavonne signifie un *Marais*, un *Lac*.

BOEBUS, petite Ville de Thessalie. Homere & Orphée en font mention. Strabon aussi & la nomme BOEBE. Il dit qu'elle étoit sur le Marais; & il la met au nombre de quelques autres Bourgs dont on prit les habitans pour peupler la Ville de Demetriade, & que ce ne fut plus que des Villages dépendans de cette Ville.

BOEDRIAS, Theophraste[b] fait mention d'un lieu de la Béotie où il croissoit d'excellens roseaux; dans le voisinage du Cephise. Peut-être faut-il lire Boagrias, Riviere dont la source n'étoit pas fort loin d'Elatée Ville qu'arrosoit le Cephise.

[b] Hist. Plant. l. 4.

BOEN[c], petite Ville de France dans le Forez au pied des Montagnes, & sur une côte joignant la Riviere du Lignon qui passe au bas; à quatre lieues de la basse Auvergne vers l'Orient, en allant vers la Loire; à même distance de la Ville de Feurs, & à cinq lieues de Rouane.

[c] Baudrand Ed. 1705.

BOENASA, Ville du Pont Galatique en Cappadoce au milieu des Terres, selon Ptolomée[d].

[d] l. 6. c. 6.

BOENNE. Mr. Baudrand nomme ainsi une petite Ville de France en Beausse près du Gâtinois, à deux lieues de Pluviers vers l'Orient. Cette petite Ville se reduit à un petit Village que Mr. de l'Isle appelle BOINES.

BOEO. Voiez BION.

BOEODURUM. Voiez BOIODURUM.

1. BOEON, Ville de la Chersonnese Taurique, dans les Terres, selon Ptolomée[e]. Ses Interpretes donnent pour le nom moderne CZURGATI.

[e] l. 3. c. 6.

2. BOEON, Ville de la Doride, selon Thucydide[f]. Son Scholiaste dit qu'elle étoit près du Parnasse.

[f] l. 1.

BOEOTIA. Voiez BEOTIE.

BOEOTII, Peuple de Grece au Peloponnese. Ils avoient pour Villes Leuctre, Chacadra & Thalamus, selon Strabon[g].

[g] l. 8.

BOETZAU, Bourg d'Allemagne dans la Moyenne Marche sur la Riviere de Havel. On en a fait une petite Ville nommée ORANGEBOURG. Le Roi de Prusse y a une belle Maison de plaisance, qui porte ce dernier nom. Le pays où elle est située ressemble fort à la Hollande & tout à l'entour on voit de belles prairies à perte de vue, qui sont arrosées & separées par divers canaux qu'on a tirez du Havel. Ces prairies sont environnées de bois au travers desquels on a pratiqué plusieurs perspectives si belles, & si longues que quelques-unes s'étendent jusqu'à d'autres Maisons de Plaisance. Voiez ORANGEBOURG.

BOEUM. Voiez BOEON 2.

BOFET, Siége Episcopal d'Afrique dans la Numidie. Il en est parlé dans la Conference de Carthage[h] à laquelle Hilarus son Evêque assista. Mr. Dupin croit qu'il faut lire *Bosetanæ Ecclesiæque Bofetanæ*.

[h] p. 261.

BOFFINGUE[i], petite Ville d'Allemagne dans la Suabe, sur le ruisseau d'Eger, près de Nordlingen, environ à trois milles d'Allemagne d'Awlen vers le Levant, & autant de Dunckelspiel vers le Midi. Elle est Imperiale.

[i] Baudrand Ed. 1705.

BOG[k], Riviere de Pologne. Elle a sa source dans la Podolie qu'elle separe de la Volhinie; delà passant vers l'Orient à Kmielnick, à Bracklaw & à quelques autres lieux de moindre consideration, & partageant le Palatinat de Bracklaw en deux parties, elle reçoit la Riviere de Siniawada avant que d'arroser les Terres des Tartares d'Oczakow; chez eux elle se grossit de la Riviere d'Augulet-Wielski, & se perd enfin dans le Borysthene au dessus d'Oczakow.

[k] De l'Isle Atlas.

BOG DE GICHT. Mr. Baudrand dit que c'est une petite Ville de l'Ecosse Septentrionale dans le Vicomté de Banf, sur la Riviere de Spey, près de son embouchûre dans le Golphe de Murray. Il ajoute qu'elle est défendue par un Château. Ce lieu est aussi marqué comme une petite Ville sur les Cartes d'Allard. L'Auteur de l'Etat present de l'Ecosse[l] ne parle point de cette Ville; mais décrivant les divers petits Cantons du Pays de Banfe ou Bamfe il dit: ENZIE au Nord de Strathyla est très-fertile en blé & appartient la plupart au Duc de Gordon, qui a ici une des plus belles Maisons de l'Ecosse Septentrionale. Elle est située sur le Spey & s'appelle BOG OF GICHT.

[l] Etat pres. de la Grande Bretagne T. 2. p. 273.

BOGADIA. Voiez BORADIA.

BOGADIUM, ancienne Ville de la Germanie, selon Ptolomée. Selon Ortelius Villeneuve dit que c'est Forstleiß, selon l'Edition de Ptolomée par Bertius ce nom est écrit Forstler, & si nous en croyons Mr. Baudrand[m] Villeneuve dit que c'est FRIZTLAR dans la basse Hesse. Voiez FRITZLAR.

[m] Ed. 1682.

BOGAR-FIORD, c'est-à-dire le *Golphe de Bogar*. C'est ainsi que Mr. Baudrand[n] nomme un Golphe, qui est à l'extremité Occidentale de la côte Meridionale de l'Isle d'Islande, & il cite Theodore Thorlac Islandois. Les Atlas de Mercator, d'Ortelius, & de Blaeu nomment ce Golphe BORGER-FIORD.

[n] Ibid.

BOGARRA, Bourg d'Espagne dans la nouvelle Castille sur une Montagne à l'Orient, & à quatre heures de chemin d'Alcaraz, & à trois des frontieres de Murcie.

BOGAS, (LE) Isle située à l'embouchûre du Canal du Nil, qui passe à Rossete. Il y en a deux, savoir la plus Occidentale que l'on nomme le GRAND BOGAS, & la plus Orientale qui s'appelle le PETIT BOGAS. Le principal passage pour entrer de la Mediterranée dans le Canal de Rossete est au Midi du grand Bogas. Le Sr. Lucas[o] parlant de deux méchants Châteaux, situez sur les deux rivages de l'embouchûre du Nil en cet endroit, après avoir ob-

[o] Voyage fait en 1714. T. 1. l. 6. p. 311. & suiv.

observé qu'ils étoient autrefois près de la Mer, & qu'ils en sont à present à quelque distance, poursuit ainsi : ce changement a été causé par le Fleuve dont l'entrée n'est praticable en cet endroit qu'en certains temps de l'année & pour d'assez petits bâtimens. Le Nil entraine avec lui du Limon, qui étant repoussé par les vagues de la Mer, il s'y mêle du sable, & de ce mélange il s'en fait des élevations, qui se détruisent ensuite, ce qui fait qu'on demande ordinairement sur cette côte *le Bogas est-il bon? est-il mauvais?* Ainsi le Bogas ou cette petite Isle, qui est à cette Embouchûre du Nil est quelquefois plus près de la terre, & quelquefois plus avancé dans la Mer. Un jour il y a plus de fond ; un autre il y en a moins, ce qui fait qu'on est obligé d'y tenir de petits bâtimens pour y sonder à chaque moment. La chose n'étoit pas ainsi autrefois. On voit encore les restes de quelques digues, à la faveur desquelles ce passage aujourd'hui si dangereux étoit toûjours sûr.

a Le P. Avril Voyage l. 3. p. 146.

BOGDOI[a], Grande Nation d'Asie dans la Tartarie. Les Chinois les appellent Tartares Orientaux, & les Monguls NIOUCHI ou NUCHI. Leur Pays est fort étendu & fort peuplé. Ils ont plusieurs Taïfo, c'est-à-dire Princes ou Kans. Il y a dans le Bogdoï une Province particuliere que les Moscovites appellent Diutchari & les Monguls Dioursky. Elle est située entre la Mer d'Orient & les grands Fleuves Chingala & Yamour. Le peuple qui l'habite, quoique Tributaire de la Chine, n'étoit pas autrefois fort connu : comme il n'avoit aucun Prince on n'en faisoit pas grand cas : on ne commença proprement à le connoître & à l'apprehender que lorsqu'il fut entré dans la Chine, & qu'il en eut subjugué six Provinces. Il se seroit entierement rendu maître de ce grand Empire, si les Tartares des Usbecs ne fussent venus pour secourir les Chinois, ou plutôt pour chasser les Bogdoï & se mettre en leur place. Ils firent l'un & l'autre & ils mirent sur le trône la famille d'Ivena, qui après avoir regné jusqu'à l'an 1368. fut chassée par les Chinois, qui mirent en sa place la famille de Taïminga. Cette famille a regné paisiblement jusqu'à l'an mil six cens quarante quatre que les mêmes Diutchari sont entrez à la Chine qu'ils ont à la fin entierement subjuguée. Chunchi qui étoit leur Prince, a été le premier Empereur de cette Nation, & le chef de la famille de Taitsinga, qui regne aujourd'hui dans la Chine.

Dans le Bogdoï on ne voit que des Maisons de terre, comme dans la Province de Dauri. Ces Peuples font un grand commerce de fourures de Zibelines & de Renards noirs, aussi bien que de racine de Ginseng ; ils ne sont pas riches en bétail : leurs chevaux sont fort petits, & ils ne les ferrent jamais. Pour eux ils ressemblent entierement de visage & de taille aux Tartares de la Krimée ; mais ils sont beaucoup plus polis & civilisez à cause du grand commerce qu'ils ont avec les Chinois. Ils n'ont à proprement parler aucune Religion; mais on en voit plusieurs parmi eux, qui portent des croix qu'ils appellent *Lamas*. Ils ont de l'inclination pour la Religion Chrétienne, & plusieurs se sont déja fait Catholiques. Ils n'aiment point les Mahometans, ni les Nestoriens, parce que ce sont eux qui donnerent autrefois du secours aux Tartares Occidentaux, lorsqu'ils furent repoussez de la Chine. C'est depuis ce temps-là que les Mahometans se sont établis dans la Chine, il y en a grand nombre à Pekin, où ils ont sept Mosquées hors de la Ville. Ils parlent la Langue Persane plus communément que la Turque. Pour celle de Bogdoï elle a beaucoup de rapport à la Langue ordinaire de Perse. Leurs caracteres sont fort semblables à ceux de notre Langue ; mais ils écrivent & lisent comme les Chinois de haut en bas, & ils ont plus de 60. lettres dans leur Alphabet. Voiez NIUCHE.

BOGDOMANTIS, contrée de l'Asie Mineure, selon Ptolomée[b]. Les Cartes dressées sur cet Auteur la mettent entre le Mont Olympe & le Lac de Nicée. *b l. 5. c. 1.*

BOGESUND, Bourgade de Suéde dans la Westrogothie au Midi, & à quatre lieues Suédoises de Falkoping ; à l'Orient d'un Lac que forme la Riviere d'Aas presque en sortant de sa source. On peut voir dans *Chytraus*[c] les détails de la bataille, qui se donna en ce lieu le 20. Janvier de l'an 1520. entre les Suedois & les Danois. Stenon Sture Regent du Royaume de Suede y fut blessé mortellement à la cuisse. *c l. 19. p. 228.*

BOGGIO, ruisseau de Suisse chez les Grisons au Comté de Chiavenne ; il a son cours d'Occident en Orient & se perd dans la Majera, qui entre peu après dans le Lac de Chiavenne.

BOGHAR. Voiez BOKHARAH.
BOGORRA. Voiez TURSAMBICA.
BOGOTA, petite contrée de l'Amerique, au pays de Terre ferme dans la nouvelle Grenade, aux confins du Popayan, au haut de la Montagne de la Madalena. La Ville de Santa Fe en prend le nom de Santa Fe de Bogota, pour la distinguer des autres Villes de l'Amerique, qui sont aussi appellées Santa Fe. Cette Province est plus froide que celle de Tunia qui en est voisine, & moins riche en veines d'or & en Emeraudes. Elle abonde en froment & en la plupart des choses necessaires à la vie. Les Bogotes sont de grande taille, & bien faits de corps, leurs femmes sont assez belles & beaucoup moins brunes, que celles des Provinces voisines. Ils sont extrêmement adonnez aux danses, & fort peu industrieux pour apprendre les Arts Mechaniques. *d Corn. Dict.*

BOGRAS[e], Ville de la Turquie en Asie en Syrie, & sur les frontieres de la Natolie près du Mont Nero & d'Alexandrette. Elle est à present à demi ruinée. Voiez PAGRÆ. *e Baudrand Ed. 1705.*

BOGUDIANA. Voiez MAURITANIE.
BOGUSLAW, petite Ville d'Ukraine, au Palatinat de Kiovie, sur la Riviere de Ross, au dessus & à cinq milles Polonois de Korsum.

BOHABEL, Ville de Syrie, selon Guillaume de Tyr[f]. *f l. 22. c. 14.*

BOHAIM[g], Bourg de France en Picardie, avec un vieux Château presque ruiné, à quatre lieues de Cambrai, & autant de St. Quentin. *g Baudrand Ed. 1705.*

BOHEME, Royaume de l'Europe, entou-

entouré de Montagnes & de Forêts, de sorte qu'en sa figure ovale, il ne ressemble pas mal à un Amphithéatre. Il faut distinguer entre le Royaume de Bohême proprement dit, & le Royaume de Bohême avec ses annexes qui sont la Silesie & la Moravie. Comme je traite ces deux pays séparement chacun a son Article; il suffit de parler ici de la Bohême propre.

Elle est bornée au Nord par la Misnie & par la Lusace, au Levant par la Silesie & la Moravie, au Midi par l'Autriche, & au Couchant par la Baviere. Sa longueur est de 40. milles d'Allemagne, sa largeur de 35. & son circuit de 110. Les Allemands l'appellent 𝔅𝔬𝔥𝔪𝔢𝔫. Quelques-uns écrivent en François BOEME; mais cette Orthographe n'est pas suivie. Quoique le mot de Bohême ne se trouve pas expressément dans les anciens Géographes, ils n'ont pas laissé de connoître & de décrire le pays. Strabon[a] dit qu'au milieu de la Forêt Hercinie est un pays très-propre à être bien peuplé. Velleius Paterculus[b] dit de même les campagnes entourées par la Forêt Hercinie & habitées par les Marcomans; & ensuite nommant expressément le lieu BOIOHOEMUS il ajoute; c'est le nom du pays qu'habitoit Maroboduus. Ce pays étoit rempli de Forêts où regnoit l'effroi & la terreur quand Sigovese, Prince Gaulois, y conduisit une Colonie de Boïens environs 612. ans avant JESUS-CHRIST. Ils defricherent ce desert infructueux, & lui donnerent leur nom, d'où s'est formé celui de BOHEME. Les Marcomans les en chasserent du temps de l'Empereur Auguste. Ceux-ci furent chassez à leur tour vers le milieu du VI. siécle par les Esclavons. Ce Peuple, qui s'étoit repandu le long des côtes Meridionales de la Mer Baltique, s'étendoit vers le Midi; à l'exemple des Vandales dont il avoit envahi le pays dès le siécle precedent partagé entre plusieurs Chefs, la Bohême eut les siens en particulier. Zecco & Lecco, freres, sont les plus anciens que l'on connoisse: on se sert du mot de Ducs pour exprimer leur dignité; mais ce mot convient mal, car il signifie un Chef subalterne qui reconnoît un superieur, dont il ne fait qu'exercer le pouvoir, ou du moins de l'autorité de qui la sienne est émanée. Au lieu que les anciens Ducs de Bohême n'avoient point de superieur, mais possedoient l'autorité Souveraine quoique temperée par la puissance des autres Grands. Il y en a qui prétendent que Zecco & Lecco conduisirent une florissante Colonie dans ce pays, qui étoit alors tout couvert de Forêts & inhabitable. Quoi qu'il en soit, Zecco gouverna la Bohême vers le milieu du VI. siécle. Après sa mort il se passa quelques années pour que le peuple se determinât sur le choix d'un nouveau maître. Lassé enfin des divisions qui le déchiroient il se soumit à Craco, qui ne laissa point de fils. Lubissa sa fille regna seule durant 13. ans, après quoi comme on la pressoit de se marier elle épousa un laboureur nommé Primislas. Leur posterité a regné sur la Bohême avec le titre de DUCS jusqu'à l'année 1086. que Uladislas II. du nom & XXII. Duc de Bohême fut declaré ROI par l'Empereur Henri IV. dans la Diéte de l'Empire;

[a] l. 7.
[b] l. 2. c. 108. & 109.

& devint Uladiflas I. Roi de Bohême. Cette Couronne passa successivement à diverses familles jusqu'à l'an 1306. que Rodolphe Duc d'Autriche fils de l'Empereur Albert I. y parvint par son mariage avec Anne fille de Wenceslas IV. comme il ne vécut pas l'année entiere, il eut pour successeur Henri Duc de Carinthie, qui ayant été déposé après trois ans de regne Jean de Luxembourg lui succeda l'an 1310. Après un Regne de 36. ans, il laissa le trône à son fils Charles, qui fut l'Empereur Charles IV. Les Rois de Bohême, qui suivent furent aussi Empereurs jusqu'à 1439. qu'Albert II. eut pour successeur à l'Empire Frederic IV. & au Duché de Bohême Uladislas son fils qui n'étoit pas encore né. La minorité de ce Prince, qui ne vécut que dix-huit ans, donna lieu à George Poggebrache, Seigneur de Bohême, de se ménager le chemin du trône qu'il occupa treize ans favorisant les Hussites. Après sa mort arrivée l'an 1471. Uladislas fils de Casimir Roi de Pologne fut élu Roi de Bohême, & neuf ans après Roi de Hongrie. Louïs son fils herita de ces deux Couronnes; mais ayant peri dans la deroute après la bataille de Mohatz, il eut pour successeur Ferdinand d'Autriche frere de Charles V. qui avoit épousé Anne Sœur de Louïs & fille d'Uladislas. Ainsi la Bohême revint à la Maison d'Autriche, qui ne s'en est plus desaisie depuis ce temps-là. Il est vrai que la Nation Bohémienne pretendant que le Royaume étoit hereditaire, & ne s'accommodant pas de Ferdinand second, Catholique zelé, les Protestans crurent trouver mieux leur compte avec Frederic Comte Palatin du Rhin qu'ils élurent. Ce fut leur perte & la source de mille malheurs pour cette Maison, comme on le peut voir dans les Histoires de ce temps-là.

[c] La Bohême est très-fertile en bled, & ne cede en cela à aucun pays d'Allemagne. Elle produit du safran & le houblon qu'on y recueille est de la meilleure espece. C'est pourquoi la biere y est excellente; mais le raisin n'y meurit pas bien. On y nourrit quantité de gros bétail, de chevaux & de brebis & des oyes dont on envoye la plume ailleurs sans en rien garder, car excepté à Prague, il n'y a presque nulle part des Auberges où l'on ait des lits. Il y a dans le pays des mines d'argent, d'étain & de plomb. Dans le gravier & entre les petits cailloux, il se trouve des Diamants, des Amethystes, des Saphirs, des Emeraudes &c. mais qui n'ont pas la beauté des Orientales. Dans les Rivieres on voit des paillettes d'or. Les Etangs ne manquent point & il y a du poisson pour en fournir aux peuples voisins qui en manquent: ce qui manque le plus à la Bohême c'est le sel que lui fournissent la Saxe & la Pologne. Les habitans de Bohême sont un mélange d'Esclavons & d'Allemands. Les Esclavons qui vivent dans les Villages sont esclaves. Les habitans des Villes n'aiment ni la profession des armes, ni le commerce, ni les beaux Arts, ils sont contents d'une vie oisive & tranquile.

[d] Les Bohémiens sont grands & bien faits; ils sont subtils, mais grands voleurs, de maniere qu'on ne peut marcher dans la campagne que

[c] Wagenseil Synops. Geogr. p. 314.

[d] La Forêt de Bourgon. Geogr. Hist. T. 1. p. 410.

que bien accompagné, & même dans les Villes, lorsque le Soleil est couché. On leur reproche d'être de grands ivrognes, & fort dissolus dans leurs repas. Leur Langue est l'Esclavonne mêlée de plusieurs mots Allemands. Les derniers siécles y ont vû naître diverses heresies, qui ont couté bien du sang. Avant la bataille de Prague, où ces gens perdirent leur principal appui par la déroute de l'Electeur Palatin, on y comptoit dix ou douze Sectes ; mais à present il n'y a que la Religion Catholique, qui soit permise: on y tolere les Juifs. Il y a encore, principalement en Silesie, des Hussites, des Anabaptistes, des Lutheriens & des Calvinistes.

La BOHEME proprement dite se divise en ORIENTALE & en OCCIDENTALE. La Riviere de Muldaw en fait la separation ; & chacune de ces deux parties se divise en neuf Cercles, ou petites Provinces.

Les IX. Cercles de la partie Orientale sont les Cercles de Prague, de Kaursim, de Bechyn, de Czaslaw, de Chrudim, de Koniginkrays, de Glatz, de Boleslaw & de Leitomeritz.

Les IX. Cercles de la partie Occidentale sont Satz ou Ziatech, Schlany, Rakonick, Elnbogen, Egra, Podebroc, Pilsen, Muldaw ou Ultaw, & Prachen. Voiez BOIRNS 1.

BOHEMIENS, habitans de Bohême.

BOHEMIENS, sorte de Vagabonds. Voiez EGYPTIENS 2.

b Baudrand Ed. 1705.
BOHERI [a], Abbaye de France en Picardie, de l'Ordre de Citeaux, au Diocèse de Laon, sur la Riviere d'Oise, à une lieue au dessous de Guise. Elle avoit été ruinée parce qu'elle étoit exposée aux courses de la garnison de Cambrai ; mais elle est presentement rebâtie par les soins des Religieux de la Reforme de Cîteaux.

Mr. Corneille ne consultant pas assez l'Histoire, lorsqu'il explique ces guerres où la garnison de Cambrai ruinoit ce Monastere par ses courses, de la guerre qui a été suivie de la Paix de Ryswyck ; mais durant cette guerre Cambrai étoit à la France, & il n'est pas vraisemblable qu'une Garnison Françoise eût inquieté un Monastere de France. Comme Cambrai vint à la France l'an 1677. cette guerre doit s'entendre de celle qui fut terminée par le Traité de Nimegue.

BOHILLA, Bourg d'Italie. Nonnius Marcellus donnant l'origine de ce nom dit : qu'il y vint un bœuf tirant ses intestins par une playe : sur quoi Ortelius demande si ce ne seroit pas BOVILLÆ, & observe que Cornutus attribue la même Histoire à cette derniere Ville.

b Baudrand Ed. 1705.
BOHMISCH-BRODA [b], Bourg de la Bohême propre au Cercle de Caurzim entre l'Elbe, & la Ville de Caurzim à six lieues de Prague du côté du Couchant.

BOHOL ou BOOL, petite Isle d'Asie dans l'Océan Oriental entre les Philippines. Elle a l'Isle de Cebu au Nord-Ouest, celle de Leyté au Nord-Est & celle de Mindanao au Midi. Gemelli Careri dans son Voyage autour du Monde [c], dit que c'est la troisiéme dont les Peres Jesuites ont le soin. Sa longueur *c T. 5. p. 112.*
du Nord au Sud, continue-t-il, est de seize lieues & sa longueur de huit & de dix ; sa partie Meridionale est la plus habitée ; c'est-à-dire depuis LOBOG sa capitale jusqu'à la Presqu'Isle ou petite Isle de Panglao. Ces deux places sont aux deux extrêmitez de la côte Meridionale.

BOHRUS [d], Riviere d'Asie. Elle est grande & fort rapide & fort des Montagnes du Curdistan, après quoi coulant vers le Midi, elle va se décharger dans le Tigre. On y pêche d'excellent poisson, sur tout de très-belles truites. Il n'y a ni Pont, ni bâteaux sur cette Riviere, ce qui est très-incommode pour les Caravanes, qui sont obligées de la passer. Voici de quelle maniére on s'y prend. On lie de longues perches ensemble cinq ou six l'une par l'autre, comme un train de bois floté, ce qu'en leur Langue les gens du pays nomment un KILET. Ils le font quarré, & ils mettent au dessus environ cent peaux de boucs pleines de vent, afin que le Kilet qui en est supporté soit plus haut sur l'eau. Il faut que le Marchand ait soin d'étendre dessus de gros feutres épais qu'il porte avec lui, afin que l'eau ne puisse percer & que les bales de marchandises qui font enfoncer le Kilet, ne soient pas mouillées. Il y a quatre perches aux quatre coins qui servent de rames, & qui ne peuvent pas faire grand effet pour surmonter la rapidité de l'eau ; de sorte qu'on est contraint de remonter du côté de deçà, environ quatre cent pas, & de descendre autant de l'autre, au dessous du lieu où on doit aborder, tant l'eau est forte, principalement après la pluye qui fait enfler la Riviere. Quand on a gagné l'autre bord, il faut à force d'hommes remonter le Kilet jusqu'au lieu où les marchandises doivent être déchargées : toutes les bales étant à terre, on tire le Kilet hors de l'eau, tant pour raccomoder les outres, que pour le remonter plus aisément à force de mules sur lesquelles on le charge. Pour ce qui est des chevaux, des mules & des ânes, qui portent tant les hommes que les marchandises, dès que les Pastres qui sont dans les Montagnes voisines découvrent une Caravanne, ou quelques gens à cheval, ils viennent promptement au bord de la Riviere pour les passer. Ils n'ont qu'un sac de toile ou de poil de Chévre qui leur sert d'habit, & quand il faut passer, ils tirent ce sac de dessus leur corps, & se l'entortillent autour de la tête comme un Turban. Chacun d'eux se lie une peau de bouc enflée sur l'estomac & deux ou trois des plus experts montant sur pareil nombre des meilleurs chevaux qui sont bridez, entrent les premiers dans l'eau, & d'autres se mettent à la nage pour chasser devant eux ses chevaux & les mules. Ils prennent d'une main la queüe de l'animal, & de l'autre ils le frappent, & s'ils en reconnoissent quelqu'un de foible ils lui attachent une outre enflée sous le ventre pour le soulager. Par ces dificultez qui se trouvent à passer cette Riviere il est aisé de juger qu'une Caravanne de cinq ou six cens chevaux y employe plus d'un jour.

Le Pere Avril dans ses Voyages [e] donne une pareille description de la maniere dont il passa le Tigre.

d Tavernier Voyage de Perse l. 2. c. 5.

e l. 1. p. 30.

1. BOIA,

BOI.

1. BOIA, Isle de la Mer Egée, selon l'Itineraire Maritime d'Antonin.

2. BOIA. Jule Cesar dans ses Commentaires [a] raportant une harangue de Vercingetorix, dit qu'il conseilla: *Vicos atque Ædificia incendi oportere*, HOC EST, SPATIO A BOIA QUOQUO VERSUS, *quo pabulandi causa adire posse videantur*. C'est-à-dire; qu'il falloit incendier les Villages & les Maisons autour de Boia, de tous côtez, où ils pourroient se rendre pour fourager. Au lieu de ces mots *a Boia* Pierre Ciaconius & Fulvius Ursinus ont mis *ab hoste*, & Joseph Scaliger a enfermé ces mêmes mots entre deux crochets, pour marquer qu'il ne les croioit pas du texte. Cependant les Manuscrits les conservent, & la Version Grecque les employe. On y lit ἀπὸ τῆς Βοίας. Rien n'empêche que les Anciens n'ayent dit *Boia* le pays des Boiens, comme ils ont dit *Venetia* pour le pays des Venetes. Mr. Davies dit pourtant qu'il ne sauroit pas mauvais gré à qui diroit que ces mots *hoc est spatio a Boia quoquo versus* ont passé de la marge dans le texte. J'ai déja dit ailleurs [b] que ces fortes d'insertions sont frequentes.

[a] l. 7. c. 14.
[b] au mot ARTAXATA.

1. BOJADOR, Mr. Corneille dit Cap de l'Isle de Luçon l'une des Philippines; c'est, poursuit-il, la pointe de cette Isle, qui joint la côte Septentrionale avec l'Orientale.

§. Ce Cap est nommé par Mr. de l'Isle BAXCADOR, & par Gemelli Careri [c] BOXCADOR; sa situation est opposée à celle que lui donne Mr. Corneille, étant au Nord de la côte Occidentale, & à l'Ouest de la Septentrionale. Le Cap dont Mr. Corneille donne la position n'est pas le Cap de *Bojador*, *Baxcador* ou *Boxcador*; mais celui de l'Ingaño, à l'autre extremité de la côte du Nord.

[c] Voyages T. 5. p. 8.

2. BOJADOR, Cap d'Afrique sur l'Océan au Pays de Ludaya. Il est fort mal placé sur les Cartes du Père Coronelli, de Mess. du Treillage ou Tillemont, & Sanson. Les deux premiers le mettent à l'Orient de la partie Septentrionale de Forte Ventura l'une des Canaries; le troisième le met à la hauteur de la partie Meridionale de cette même Isle. Il est plus à l'Occident puisqu'il est sous le même Meridien que la partie Occidentale de cette Isle, & plus Meridional qu'elle à un degré & environ 35'. Mr. de l'Isle ne s'y est pas trompé.

BOIANO, Ville d'Italie au Royaume de Naples au pied de l'Apennin, sur le Biferno au Comté de Molise près des confins de la Terre de Labour. Quoique petite & mal peuplée, elle a un Evêché Suffragant de Benevent, & est à treize milles d'Isernia, & à vingt-trois de Capoue. Voiez BOVIANUM.

BOIATUM. Voiez BOATES & BOATIUM CIVITAS.

BOIBE, Βοίβη, ancienne Ville de Grece dans la Thessalie, selon Homere [d]. C'est la même chose que Boebe, près du marais BOIBEIDE, ou *Boebeis* dont Homere parle aussi dans le vers qui precede. Etienne ou son Abreviateur dit que c'est la même chose que BOION; c'est une erreur. Car BOION ou BION étoit dans la Doridie & Homere ne parle en cet endroit que des Villes, qui étoient de la Thessalie.

[d] Iliad. l. 2. v. 714. & T. 2. p. 85. de la Trad. de Mr. Dacier Ed. Paris.

BOIBO, petit Village d'Italie dans la Romagne près de Sarcena. C'est un reste des anciens Boiens. Voiez BOIENS 4.

BOICALE. Voiez BAIKAL.

BOICUS AGER. Voiez BOÏENS 4.

BOIEMUM, selon Tacite & BOIOHEMUM, selon Paterculus, ancien nom du pays que nous appellons la BOHÊME. Voiez ce mot & l'Article BOÏENS 1.

BOIENS, il y a eu divers Peuples de ce nom. Il y en avoit dans la Germanie, dans les Gaules, en Italie & même en Asie. Nous les considererons séparément.

1. BOIENS, anciens Peuples de la Germanie, qui habitoient les Terres situées au milieu de la Forêt Hercynienne: ce sont eux qui ont donné le nom au pays appellé en Latin *Boiohemum* ou *Bohemia*, & dans la langue du Pays *der Boier* ou *Boienhaim*, d'où l'on a formé les differens noms de BOIHAIM, BOHAIM, BOMEN, & enfin celui de BOHÊME en François. L'obscurité de ces tems reculez a causé differens sentimens sur l'origine des Boïens. Les uns les ont pris pour une Nation étrangere de l'Allemagne, qui est venuë y chercher une demeure plus commode, d'autres les ont soutenu originaires du Païs. Les anciens Auteurs cependant donnent tous unanimement aux Boïens une origine Gauloise. Cesar [e] designe ne pouvoir en douter, l'établissement des Gaulois dans le Pays des Boïens. Il fut un tems, dit-il, où les Gaulois plus courageux que les Germains, & toûjours prêts à faire quelque irruption, voyans leur pays trop chargé d'hommes, envoyérent au delà du Rhin des Colonies, qui s'emparerent des pays les plus fertiles qu'ils trouverent autour de la Forêt Hercynienne, & y fixérent leur demeure. Tacite [f] en parle dans les mêmes termes & ajoute que ces peuples s'appelloient Boïens, qu'ils étoient Gaulois d'origine, & qu'ils avoient donné leur nom au pays. Tite-Live [g] ajoute de nouvelles circonstances: vers le regne du vieux Tarquin, dit-il, Ambigat déja avancé en âge voyant son Royaume trop chargé d'habitans, prit la resolution, pour le soulager, d'envoyer Bellovése & Sigovése ses neveux chercher à faire de nouveaux établissemens dans les premiers pays que la fortune leur presenteroit. Ils emmenerent avec eux un nombre d'hommes suffisant pour pouvoir se faire jour dans les endroits où l'on voudroit leur boucher le passage. Bellovése prit la route d'Italie, & Sigovése celle de la Forêt Hercynienne. Les Historiens qui ont écrit les Annales de la Bohême, comme Velser, Brunner, & Adelzreiter ont tous suivi le sentiment de ces anciens Auteurs; cependant malgré l'évidence de ces preuves il n'a pas laissé de se trouver quelques Auteurs modernes comme Spener [h], Cocceius [i] & Mr. Leibnitz dans sa Preface sur les Annales d'Adelzreiter, qui jaloux de la gloire de leur patrie n'ont pû se resoudre à donner aux Boïens une origine étrangere. Ils ont inventé une nouvelle opinion dont ils ont été les Auteurs & les seuls défenseurs. Ils ont dit qu'il n'étoit pas vraisemblable que les Gaulois ayent pû se faire jour pour penetrer jusqu'à la Forêt Hercynienne, d'autant que la Germanie étoit dès lors un pays très-

[e] De Bello Gall. l. vi. c. 24.
[f] De Morib. Germ. l. vi. c. 28.
[g] l. v. c. 53. & 34.
[h] Notit. Germ. ant. l. v. c. 6.
[i] Jur. publ. Prud. Proflegom & c. 3.

très-peuplé, & qu'il étoit plus naturel de dire que les Germains avoient envoyé des côtes de l'Océan des Colonies en différens endroits, & qu'il avoit pû se faire qu'il en fut venuë une s'habiter dans la Bohême: mais on voit le cas que l'on doit faire de ce raisonnement, & je ne puis m'empêcher de dire qu'il est surprenant que des Auteurs d'ailleurs très-judicieux ayent pû, pour une vaine gloire, donner dans des imaginations si frivoles.

Environ le Regne d'Auguste, Marobodus Roi des Marcomans fit la guerre aux Boïens, les defit en plusieurs occasions & enfin les chassa de leur pays, & s'y établit. On ignore ce que devinrent alors les Boïens, on conjecture cependant qu'une bonne partie put demeurer dans le pays & qu'ils ne perdirent pas tant le lieu de leur demeure que le pouvoir absolu, qui passa aux Marcomans leurs vainqueurs, qui le conservérent avec gloire pendant longtems sous le nom de *Boemi* ou *Boiohoemi*. Tibére les attaqua sans succès & dans les diverses guerres qu'ils eurent dans la suite avec les Romains ils en sortirent quelquefois vainqueurs, quelquefois à perte égale, mais jamais vaincus. Quelques Historiens cependant ne pouvant concevoir que la Bohême fut assez grande pour contenir en même tems les Boïens & les Marcomans qui avoient avec eux les Sedusiens, & les Harudes s'en sont tenus au sentiment, qui veut que les Boïens ayent été chassez de leur pays; les uns les ont placez dans la Bavière, d'autres dans la Vindelicie, & enfin d'autres ont voulu qu'ils se fussent soumis aux Romains qui leur donnérent de nouvelles terres à habiter; mais ils n'ont pû designer en quel lieu. Quoiqu'il en soit, après leur defaite ils perdirent la gloire dans laquelle ils s'étoient maintenus pendant longtems, & c'est de ce tems-là que les anciens Historiens ont cessé de faire mention des Boïens; car quoique la Bohême ait toûjours conservé son ancien nom après que les Marcomans s'en furent emparez, & que les Marcomans ayent été appellez *Boemiens* ou *Boiohoemiens*; il est constant que c'étoit un peuple différent, & que les Boïens cesserent d'être regardez comme un peuple particulier.

2. BOÏENS, Peuples de la Gaule dans le Pays des Æduens. Cesar[a] dit qu'ils venoient d'au delà du Rhin, & qu'après avoir fait une irruption dans la Norique, ils s'étoient rendus auprès des Helvetiens avec qui ils s'étoient joints. Ils avancérent avec eux dans les Gaules; mais Cesar les ayant defaits, il envoya le reste des Helvetiens dans leur pays, & retint les Boïens qu'il plaça vers les confins du pays des Æduens, qui les avoient demandez à cause du courage qu'ils avoient remarqué en eux pendant la bataille. Les Boïens habitérent[b] le pays d'entre la Loire & l'Allier, aujourd'hui le Bourbonnois, & peut-être encore quelque chose aux environs; ils demeurerent[c] cependant dans la Gaule comme étrangers & quoi qu'ils eussent une Cité ou *Civitas Boia*, ils ont toûjours été regardez comme un Peuple à part dans les Assemblées des Gaulois. Cela se reconnoît en ce que Ptolomée faisant le dénombrement des soixante & tant de principaux Peuples de la Gaule ne fait aucunement men-

[a] De Bell. Gall. l. 1. c. 5. 25 & 28.
[b] Hadr. Valesii Notit. Gall. p. 104.
[c] d'Ablancourt remarque sur l'ancienne Gaul.

tion d'eux. Et quand le premier établissement des Diocèses fut fait, savoir d'un Diocèse en chaque Peuple, il ne s'en est fait aucun chez les Boïens.

3. BOÏENS[d], Peuples des Gaules vers les confins de la Novempopulanie compris avec le pays de Bourdeaux dans la II. Aquitaine. St. Paulin fait mention de ces Peuples dans sa premiere Lettre à Ausone en ces termes.

[d] Hadr. Valesii Notit. Gall. p. 104.

Placeat reticere nitentem
Burdigalam, & piceos malis describere Boios.

On les appelle aujourd'hui, dit Mr. de Valois, BUJES, & leur Canton BUCHS, BURTZ & BUCH, du nom de leur Village situé sur la Laire environ à deux journées de Bayonne. On trouve dans d'anciens titres le Seigneur des Boïens nommé *Capitalis Boiorum*, le *Capteau de Buch*, & son territoire *Capitaletum*, le *Captalat*, qui est aujourd'hui une Principauté, la Chronique de Guillaume de Nangis l'appelle *Castal de Beuf*. Le même Mr. de Valois remarque dans l'endroit cité que c'est par erreur que dans les IV. Notices des Provinces & des Villes des Gaules, les *Boates* ont été confondus avec les *Boïens* & la Cité *Boatium* avec le *Vicus Boius*. Car, dit-il, *Vicus Boius* est BUCH chef-lieu des Boïens, & est compris avec le Pays de Bourdeaux dans la II. Aquitaine, quoique situé au delà de la Garonne aux confins de la Novempopulanie. Et les *Boates*, ajoute-t-il, sont les habitans du Lampourdan & du pays des Basques à l'autre extremité de la Novempopulanie. *Buch* est éloigné de Bourdeaux de XVI. mille pas selon l'Itineraire d'Antonin, & de XLVII. milles de Dacqs.

4. BOÏENS, Peuples de la Gaule Cisalpine[e] qui firent partie des Gaulois, qui entrerent en Italie la 364. année de la fondation de Rome, & qui s'empèrent de l'Umbrie & de l'Etrurie. Polybe dit de même: au desus du Pô, près de l'Apennin on trouve en premier lieu les Ananes, ensuite les Boïens, après eux en tirant vers Hadria les Ægons, & enfin les Senons au bord de la Mer (Adriatique.) Ils y demeurérent environ deux cens ans & presque toûjours en guerre avec les Romains[f] sur lesquels ils remporterent souvent de grands avantages; mais enfin en l'an 561. de la fondation de Rome P. Corn. Scipion en defit environ vingt-huit mille, soumit le reste du pays, & leur ôta la moitié des terres qu'ils habitoient. Festus[g] nomme leur contrée *Boicus ager*; & Strabon[h] dit qu'aiant été defaits par les Romains, ils passerent vers le Danube, s'établirent chez les Taurisques, & qu'aiant fait la guerre contre les Taurisques ils furent entierement détruits. Diodore de Sicile[i] fait mention de la Ville des Boïens prise par Marcus Furius & P. Cornelius.

[e] Tite-Liv. l. 5. c. 35.
[f] Ibidem. l. XXXVI. c. 38.
[g] in voce Boicus.
[h] l. 5. p. 212.
[i] l. 14.

5. BOÏENS, Peuples de l'Asie, autrement *Tolistoboiens*. Tite-Live[k] en fait mention, il dit qu'ils étoient Gaulois d'origine, qu'ils partirent sous la conduite de Brennus leur Chef avec un grand nombre d'autres Gaulois & qu'ils s'avancerent d'abord jusqu'à Byzance, livrant bataille à ceux qui leur resistoient & imposant des tributs à ceux qui leur deman-

[k] l. 38. c. 16. & seq.

mandoient la Paix. Il ajoute qu'ils pénétrerent jufque dans l'Afie jettant la terreur partout, & qu'ils fe fixérent dans l'Eolie & l'Ionie après s'être rendu tributaire toute la partie de l'Afie, qui eft en deçà du Mont Taurus. Ils y devinrent fi puiffants que les Rois de Syrie fe virent contraints de leur payer tribut. Le premier Roi de l'Afie qui ofa fecouer le joug fut Attale, qui leur livra bataille & remporta quelqu'avantage fur eux: ils demeurerent cependant à peu près dans la même puiffance, & avec les mêmes richeffes jufqu'à l'arrivée des Romains, qui les défirent vers l'an 563. & leur impoférent des loix. Après avoir fubjugué les autres Gaulois leurs voifins, avec qui ils ne firent plus qu'un même Peuple foumis aux Romains.

BOILLÆ. Voiez BOVILLÆ.

BOIOARIENS, Peuple de la Germanie. [a] Les anciens Auteurs Latins ont appellé ces peuples *Boioarii, Baiouarii* & *Baiwarii*, & le pays qu'ils habitoient *Bagoaria, Bouera, Bagueria* & *Baioaria*: les modernes les nomment ordinairement *Bavari* & leur pays *Bqvaria*. Enfin ceux qui prennent plaifir à attribuer une ancienne origine aux peuples fur la moindre reffemblance des noms ont prétendu que le nom de *Boivarii* fut formé de *Boii*. Ils fe font perfuadé que les anciens Boiens, qui ont habité la Bohême après avoir été chaffez de leur pays par Marobodus, s'étoient établis dans la Vindelicie, où ils demeurerent jufqu'à la décadence de l'Empire Romain qu'ils pafférent le Danube pour aller habiter chez les Narifques, d'où étant retournez encore dans la Vindelicie & la Norique ils formerent un peuple, qui fut connu fous le nom de BOIOARII dont on a formé dans la fuite celui de Bavarois. Quoique cette opinion ait été regardée de plufieurs Auteurs comme une pure imagination, & que l'on puiffe dire dans le fonds que ce foit une fiction dans laquelle on a eû plutôt en vûe la gloire de la Nation que la verité; il faut convenir cependant qu'il a pû fe faire que quelques-uns des defcendans de ces Boïens, qui avoient été chaffez de leur pays, foient entrez dans la confederation des Boioariens & qu'ils ayent été reçus parmi eux, dans le tems que tous les Peuples de la Germanie fongerent à fe liguer, & que l'on commença à entendre parler du nom & de la confederation des Boioariens.

Ce fut fous l'Empire d'Honorius que ces differentes ligues fe firent en Germanie, dans le deffein de fecouër le joug des Romains. Celle des Boariens fut compofée, felon l'opinion commune, des Buriens, des Marcomans & des Narifques. A la faveur de Theodoric Roi d'Auftrafie ils s'établirent en deçà du Danube; mais on ne dit pas fi ce fut d'abord dans la Vindelicie ou dans la *Norique Ripenfe*. Le même Roi Théodoric les mit à l'abri des infultes des Francs, qui vers la fin du cinquiéme fiécle remportérent de grands avantages fur les Allemands; mais après la mort de Theodoric, quoique quelques Hiftoriens pretendent que ce fut auparavant, ils fe foumirent d'eux-mêmes aux Francs, dont ils redoutoient la puiffance & le bonheur. Par cette foumiffion ils furent confervez dans toute leur liberté & non feulement ils conferverent leur établiffement dans la Norique & la Vindelicie; mais ils trouverent même le moyen de s'étendre encore plus loin du confentement des Francs. Ils avancerent dans la partie de la Norique, qui avoit appartenu au Roi Théodoric jufques aux Alpes: ils pousférent leurs conquêtes dans la Rhetie & dans la Vindelicie jufques à la Riviere de Lech, & ne furent bornez de ce côté-là que par l'Italie.

Leurs conquêtes furent fi rapides que dès le commencement du fixiéme fiécle la Baviére fe trouvoit l'Etat le plus grand de toute la Germanie. Elle comprenoit les deux Noriques, la Rhétie premiére depuis l'Inn jufqu'au Lech & prefque toute la feconde, qui eft au delà du haut de l'Inn; elle s'étendoit encore au delà du Danube, dans le pays des anciens Narifques & dans celui des Marcomans, en deçà de la Forêt Hercynienne. Paul Diacre[b] dit que fes limites étoient à l'Orient la Pannonie; au Septentrion la Franconie & la Bohéme; à l'Occident la Suabe, & l'Italie au Midi. Il eft vrai[c] qu'à l'Occident le Lech formoit les limites de la Baviere & de la Suabe, & que plus haut vers les Alpes l'Inn feparoit les Boioariens des Suabes; au Midi les Alpes faifoient auffi la feparation de l'Italie d'avec la Baviére: mais à l'Orient, fi on prend pour bornes de la Pannonie le Mont Cetius, qui étoit à l'extremité de l'ancienne Pannonie, il eft conftant que dans le fiécle dont il s'agit la Hongrie ne s'étendoit pas jufque-là. Mais fi par l'extremité de la Pannonie on entend celle du pays des Huns, & la partie de l'Efclavonie, qui eft en deçà du Danube, dans ce fens on pourra dire que la Pannonie confinoit à la Baviere. En effet dès le fixiéme fiécle l'Ens faifoit la feparation du Pays des Bojoariens d'avec celui des Huns. Sous le regne de Charlemagne, à la verité, les Boioariens étendirent encore leurs frontieres du côté de l'Orient; mais ce ne fut que dans ce tems que les Provinces conquifes fur les Huns furent ajoutées à leur pays. A l'égard des bornes que Paul Diacre lui donne au Septentrion, il eft conftant que la Franconie joignoit la Baviere au delà du Rhin du côté du Septentrion & de l'Occident, & que la Bohême la terminoit d'un autre côté; mais il feroit difficile de défigner precifément quelles bornes les Francs y avoient mifes, d'autant que les Hiftoriens n'en font aucune mention.

BOINE. Voiez BOYNE (LA.)

BOINITZ[d], Ville de la haute Hongrie au Comté de Zoll affez près & à l'Occident de Privitz ou Pribnitz, en allant de cette derniere à Trenfchin, qui eft éloignée de Boinitz de fix bons milles Hongrois. Il y a à Boinitz cinq bains naturels qui ne font ni trop froids, ni trop chauds & on s'y baigne avec plaifir. Le Comte de Palfi Prince Palatin de Hongrie les a fait embellir, & les a tous fait couvrir. Le premier eft celui des Nobles, qui eft bâti tout de pierre, & dans lequel on defcend de tous les côtez par dix marches de pierre. Les quatre autres font de bois; mais très-joliment bâtis. Il croît dans ces quartiers-là du fafran en quantité.

BOIODURUM, Ville de la Vindelicie fur

[a] *Jac. Car. Spener Not. Germ. Mediæ cap. IV. §. 36.*
[b] *Rer. Lon-gob. l. 3. c. 30.*
[c] *Jac. Car. Spener Not. Germ. mediæ cap. IV. §. 36.*
[d] *Ed. Brown Voyages p. 161.*

[a] l. 2. c. 13.
[b] Itiner.
[c] R. P. R.
[d] l. 1.

sur le Danube, selon Ptolomée[a]. Antonin[b] met sur la route d'Ovilabis à Augusta Vindelicum entre *Stanacum* & *Quintianæ* à xx. M. P. de la premiere, & à xxiv. pas de la seconde de BOIODORUM selon l'édition de Bertius & de Surita, BELODORUM selon l'exemplaire du Vatican. Lazius[c] dit que dans la suite du temps une Cohorte de Bataves ayant eu ses quartiers d'hyver marquez en cet endroit il en prit le nom de BATAVIA OU PATAVIA. Cet Auteur, Aventin & Pirame citez par Ortelius croient que c'est presentement PASSAU. Gaspar Bruschius croit que c'est INSTADT, à l'embouchûre de l'Inn. Cuspinien dans son Autriche dit que c'est BEWTERN Village sur l'Inn ; & Welser juge qu'il reste des traces de l'ancien nom *Boiodurum* en celui de BOITRE. reste à savoir où est ce dernier lieu.

BOIOHEMUM. Voiez BOIEMUM, BOHEME & BOIENS 1.

BOION. Voiez BION.

☞ BOIS, petite Forêt, ou espace mediocre de terre couvert d'arbres. Il y a des Bois qu'on laisse croître & que l'on conserve pour l'agrément de la vue, de la Promenade, ou pour quelque autre raison. On les nomme bois de HAUTE FUSTAYE, ou FUTAYE. Un Bois, dit Loisel, est reputé de haute Futaye quand on a demeuré trente ans sans le couper. De même la Coutume de Sens dit qu'un Bois est censé Bois de haute Futaye, quand il est planté de temps immemorial, & qu'il est propre à bâtir.

☞ Il y a au contraire des Bois que l'on coupe de temps en temps en ne laissant que les racines & le bas du tronc. On les appelle en France BOIS TAILLIS. On les met en coupes ordinaires tous les dix ans au moins. C'est un Bois qui est au dessous de quarante ans. Car au delà on l'appelle Futaye sur taillis. Les Bois taillis sont en pâture, c'est-à-dire qu'on y met les troupeaux, pendant toutes les saisons de l'année que les bestiaux ne peuvent nuire au jeune bois ; mais les Coûtumes qui conviennent qu'on ne les y peut mettre que quelques années après que le bois a été coupé, varient pour la determination de ce temps. Celles de Berri, de Bourbonnois & d'Auvergne le fixent au mois de Mai trois ans après la derniere coupe ; celles de Nivernois & de Bourgogne à quatre ans que l'on peut encore proroger ; celle de Poitou à quatre ans, & pour les chevres à cinq ans; celles de Troyes, de Vitri, & de Chaumont jusqu'à cinq ans, & aux chevres pour toûjours. Celles de Sens & d'Auxerre jusqu'à ce que par jugement le bois ait été déclaré assez fort. On appelle BOIS MARMENTEAUX ou BOIS DE TOUCHE un Bois autour d'une Maison, ou d'un parterre pour servir d'abri, ou d'ornement, & auquel on ne touche point. Voiez aussi l'Article FOREST.

Les lieux deshabitez se couvrent facilement de broussailles, ensuite de Bois & de Forêts. L'Allemagne, la France & les Pays-bas n'étoient autrefois que Bois & Forêts, que l'on essarta à mesure que ces pays se peuplerent afin d'avoir des terres labourables. L'usage en détruisit aussi beaucoup, & à la fin il falut faire des loix, pour en moderer la consomption &

conserver les Bois & les Forêts ; ces loix furent peut-être moins un effet de la prudence des Rois, & de leur amour pour le Peuple que de leur forte passion pour la chasse : les Loix varient selon les divers pays. Les Rois de France des deux premieres races établirent des Gardes ou Forestiers, qui n'étoient chargez que de la garde des bêtes des Garennes, & n'avoient aucune jurisdiction. Ils rendoient compte de leurs charges aux grands Veneurs ou aux Commissaires generaux que les Rois envoyoient tous les ans dans les Provinces. Ce fut sous Philippe Auguste qu'on commença à conserver les Bois & les Forêts. On continua sous Philippe III. Charles V. & Charles VI. qui firent des ordonnances pour la conservation des Bois & Forêts de leur Domaine, & établirent des Maîtres des Eaux & Forêts, & autres Officiers pour les faire exécuter. Sous François premier les Forêts furent conservées avec plus de soin que jamais. Depuis Etienne Bienfaite qui étoit maître des Eaux & Forêts du Roi en 1294. jusqu'au Regne d'Henri III. cette Charge a été unique & toûjours remplie par des personnes des Maisons les plus distinguées, comme de Montmorenci, de Châtillon, d'Harcourt, d'Estouteville, de Levis, d'Alegre, &c. Henri III. par son Edit de l'an 1575. la suprima & créa six Conseillers, Grands Maîtres enquêteurs & generaux reformateurs des Eaux & Forêts. Il y a eu depuis plusieurs augmentations, & suppressions d'offices faites en differens temps. L'état de ces Charges & Offices étoit tel en 1714. Les Eaux & Forêts sont distribuées en xvii. Grandes Maîtrises dans chacune desquelles il y a des Grands Maîtres anciens, alternatifs & Triennaux, qui ont été créez par les Edits de 1689. 1703. & 1706. Ces Grandes Maîtrises sont

1. Paris,
2. Soissons, Valois, Senlis,
3. Picardie,
4. Champagne,
5. Hainaut,
6. Alsace,
7. Duché & Comté de Bourgogne,
8. Lyonnois, Forez, Beaujolois, Auvergne, Provence & Dauphiné,
9. Languedoc,
10. Guienne,
11. Poitou, Aunis, Saintonge, Angoumois, Limousin, haute & basse Marche, Bourbonnois & Nivernois.
12. Touraine,
13. Bretagne,
14. Rouen,
15. Caen,
16. Alençon,
17. Blois & Berry.

Une énumeration de tous les Bois de l'Univers, seroit le fruit d'un travail auquel la vie d'un homme ne suffiroit pas; mais de même que j'ai donné une liste des principales Forêts, j'en joindrai une des principaux Bois, sur tout de ceux de France. Je ne parle point d'une infinité de petits Bois, qui accompagnent des Châ-

Châteaux le nombre en eſt trop grand. Cette liſte toute imparfaite qu'elle eſt pourra ſervir de commencement à ceux qui feront plus à portée que moi de la rendre plus complette. *Non omnia poſſumus omnes.*

BOIS D'ARET, dans le Béarn, dans la Vallée de Barretons.

BOIS D'ARMANVILLIERS, Bois de l'Iſle de France dans la Brie. Il touche au Nord à la Forêt de Creſſi.

BOIS D'ARROUAISE, dans la Thierache aux confins du Cambreſis au Nord de Guiſe.

BOIS D'AUBERIVE, à la ſource de la Riviere de l'Aube dans la Champagne aux confins de la Bourgogne.

BOIS D'AUBRI, en Touraine, aux frontieres du haut Poitou.

BOIS DE BAILLEAU, au pays Chartrain à l'Occident Septentrional de Chartre.

BOIS DE BAS, en Champagne près de Grandpré, & de la Riviere d'Aiſne.

BOIS DE BEECKBERGEN, dans le Veluwe, il eſt contigu à celui d'Uchelen.

BOIS DE BERGEN, dans la Gueldre Hollandoiſe au Comté de 's Heerenberg.

BOIS DES BERGERIES, en Touraine, au Nord de la Haye.

BOIS DU BISCHWAL, en Lorraine, dans la Châtellenie de St. Avold. Il eſt contigu à celui de Woderſpech.

BOIS DE BLERVILLE, dans la Prevôté de la Marche en Barrois à l'Occident de Blerville.

BOIS DE BONDI, Bois de l'Iſle de France; à la ſource des Rivieres de Moleret, la Morée, la Reneuſe & Dupin.

BOIS DU BOSSE', en Touraine, au Midi de Preuilli.

BOIS DE BOULOGNE, Bois de l'Iſle de France, au Couchant de Paris.

BOIS DE BRIS EN FEU, en Lorraine, dans le Barrois à l'Occident de Ligni en Barrois entre la Riviere de Seaux & celle d'Orney.

BOIS DE BUAN, en Bourgogne, au Couchant d'Arnay-le-Duc.

BOIS DE BUIRE, Bois de France en Picardie, au Bailliage de Montreuil.

BOIS DE CHAMUSSAI, en Touraine, à l'Orient de la Guierche.

BOIS DE CINGLAIS, en Normandie, dans la campagne de Caen, au côté gauche de la petite Riviere de Laye.

BOIS DE CISTEAUX, en Bourgogne autour de l'Abbaye de Ciſteaux.

BOIS DE CLERVAUX, en Champagne, autour de l'Abbaye de Clairvaux ſur l'Aube.

BOIS DE COCAMBRES, Bois du Hainaut près des Bois de Podberg.

BOIS DE CRENE, Bois de l'Iſle de France, dans le Hurepois au Levant, & au Nord-Eſt de Rochefort. Le Bois qui eſt de l'autre côté de la Ville au Nord-Oueſt s'appelle la HAYE DE ROCHEFORT.

BOIS DE DORU, en Poitou, près d'Ervaut.

BOIS DE DYDAM, Bois de la Gueldre Hollandoiſe, au Comté de 's Heerenberg. Il eſt contigu à celui de Dydam.

BOIS DE EEDE, dans le Veluwe. Il eſt contigu à ceux de Wecckrom.

BOIS D'ELSPEET. Voiez BOIS DE WISSEN.

BOIS D'ESSIN, en Lorraine, dans la Châtellenie de St. Avold, ou de Hombourg.

BOIS DE L'ETANÇONNIERE, en Artois, au Bailliage de St. Omer, aux confins du Boulenois.

BOIS D'EVERSANT, Bois de Flandre, dans la Châtellenie de Furne au Nord de Poperingue.

BOIS D'EVES, en Touraine, au Midi Occidental de Ste More.

BOIS DE LA FERTE', dans l'Orléanois au Midi d'Orléans.

BOIS DE FRETOI, dans le Nivernois, au Nord de Coulange.

BOIS DE GANELON, dans l'Iſle de France entre Paris & Pontoiſe dans un fond. On dit que Ganelon y dreſſa des embuches à Charlemagne. On l'appelle auſſi BOIS DE TRAHISON.

BOIS DE GIVRY, en Bourgogne, au Sud-Oueſt de Challon.

BOIS DE GORTEL. Voiez BOIS DE WISSEN.

BOIS DE LA HAITRE, en Normandie dans le Pays d'Auge, au Midi Occidental de Liſieux.

BOIS DE HAYE, en Lorraine, dans la Prevôté de Gondreville du Bailliage de Nanci.

BOIS DE HEULLE, dans la Flandre, au voiſinage de Courtrai.

BOIS DE HIRMONT, dans l'Evêché de Mets partie dans la Châtellenie de Moyen, & partie dans celle de Rambervilliers, entre Moyen & Denœuvre.

BOIS DE HOOGHSOREN, dans le Veluwe. Il eſt contigu à ceux de Wiſſen, de Gortel & d'Elſpeet.

BOIS DES IVELINES, Bois de l'Iſle de France, au Pays Chartrain, à l'Orient de Rambouillet. La Drouete en arroſe la Liſiere Occidentale.

BOIS JURE', en Lorraine, dans le Barrois au Midi de Bar-le-Duc.

BOIS DE KERCHEN, en Flandre près de Thielt.

BOIS DE LATOIS, en Bourgogne, Diocèſe d'Autun au Midi de Saulieu.

BOIS DE LOONEN, dans le Veluwe, près de Loonen.

BOIS DE LOREUIL, en Touraine, aux confins du haut Poitou.

LE BOIS LOUET, le grand & le petit, ſe touchent, ces deux Bois ſont en Bourgogne, au Bailliage de Semur en Auxois, à l'Orient de Vitaux.

BOIS DE LOUIE, Bois de l'Iſle de France, dans la Beauce, auprès & au Sud-Oueſt de Dourdan.

BOIS DE MIDDACHTEN, dans le Veluwe-Zoom près du Canal, qui porte le Rhin dans l'Yſſel.

BOIS DE MORMAUX, en Hainaut, entre le Queſnoy & la Sambre dans le voiſinage de Landreci & de Barlemont, au côté gauche de la Sambre.

Aaa 3 BOIS

BOIS DE MORTAGNE, Bois de Lorraine, à l'Occident de St. Diey.

BOIS DE MOSSE, dans le Veluwe, il est contigu à ceux de Eede & de Weekrom.

BOIS DE MUSSY, en Lorraine, dans le Barrois au Couchant de Bar-le-Duc.

BOIS DE NONNE ou NUNNENBOSCH, en Flandre, dans la Châtellenie d'Ypres, & dans le voisinage de cette Ville.

BOIS DE NIEPE, Bois de France dans la Flandre, au Nord de St. Venant.

BOIS DE PACAU, petit Bois de France en Artois, dans l'Avouerie de Betune au Nord, & à une lieue & demie de cette Ville.

BOIS DE PASSAVANT, dans la Prevôté Royale de Passavant.

BOIS DES PIEDS, en Touraine entre le Bois d'Eves, & celui des Bergeries dont il est en quelque sorte une continuation.

BOIS DE PODBERG, en Hainaut, sur les confins de la Flandre Imperiale entre Ath & Oudenarde.

BOIS DE PRADAU, au Condomois, entre Bazas & Roquefort.

BOIS DE PUTTEN, dans le Veluwe, du côté d'Harderwyck.

BOIS DE RAMBOUILLET, Bois de France, au Pays Chartrain au Couchant de Rambouillet.

BOIS DE RAYON, en Hainaut, au côté gauche de la Sambre entre Binch & la Bussiere.

BOIS DE RHEEDE, dans le Veluwe-Zoom, c'est le même que le Bois de Middachten.

BOIS DU ROI, Bois de France en Artois, au Bailliage de Hedin, au Midi du Vieil Hedin.

BOIS DES ROSIERS, en Touraine, près de Vilaines.

BOIS DE ST. AMAND, en Hainaut, entre les Rivieres de l'Escaut & de la Scarpe, & entre les Villes de Valenciennes, Condé, & de St. Amand.

BOIS DE ST. HUBERT, dans le Duché de Luxembourg, entre Givet & Bastogne.

BOIS DE ST. SIX, en Flandres, dans le voisinage de Popperingue.

BOIS DE SOIGNE, en Brabant. Il commence auprès de Bruxelles & s'étend jusqu'à Braine-aleu.

BOIS DE SOIGNIES, en Hainaut, entre Soignies, & Braine-le-Comte.

BOIS DE STEMPECHE, en Lorraine, au Marquisat de Fauquemont.

BOIS DE SUDAIS, partie dans la Touraine & partie dans la Beauce, entre la Loire & la Riviere de Masse.

BOIS DE LA TOUCHE, en Poitou, près d'Airvaut.

BOIS DE TRAHISON, le même que BOIS DE GANELON.

BOIS DE TRAPPES, Bois de l'Isle de France dans le Hurepois entre Trappes, & les ruines de la celebre Abbaye de Port Royal des Champs.

BOIS DE LA TURBALIERE, en Touraine, à l'Occident de Ste More.

BOIS DE VARNET, en Lorraine, partie au Comté de Sarbric, & partie au Bailliage Allemand.

BOIS DE VAUDREMONT, en Champagne, près du Bois de Clervaux, dont il semble être la partie Orientale.

BOIS D'UCHELEN, Bois de Gueldre dans le Veluwe.

BOIS DE VERRIERES, Bois de France entre Sceaux & le detour que fait vers le Midi la Riviere de Biévre, qui tombe aux Gobelins à Paris.

BOIS DE VICOGNE, c'est le même que le Bois de St. Amand.

BOIS DE VINCENNES. Voiez VINCENNES.

BOIS DE WISSEN, dans le Veluwe proche de Loo.

BOIS DE WEECKROM, dans le Veluwe. Il est contigu à ceux de Mosse & de Eeden, près de Wageningen.

BOIS DE WODERSPECH, en Lorraine, au Midi de Fauquemont dans ce Marquisat au Midi.

BOIS DE WYNENDAAL, en Flandre, entre Dixmuyde & Torout.

Il y a plusieurs remarques à faire sur la maniere dont les Bois sont exprimez sur les Cartes. 1. Il ne faut point s'attendre que les Bois soient dessinez dans les Cartes generales; on ne leur donne place que dans les particulieres. 2. On marque où les grands chemins, qui traversent les Bois par de petites rues qu'on y laisse en blanc. 3. Le Géographe laisse vuide un espace pour y écrire le nom du Bois. Il ne faut pas se figurer qu'il n'y ait pas effectivement de Bois en cet endroit. 4. Dans les Cartes generales on ne grave quelquefois que quelques buissons; souvent même un seul arbre y tient lieu de toute une Forêt. Il n'en est pas de même des Cartes Topographiques, ou même Chorographiques, dans lesquelles le contour du Bois ou de la Forêt, les routes, & les allées qui les coupent jusqu'aux Chapelles & autres circonstances particulieres de tous leurs détours sont dessinées avec justesse. 5. il y a des Provinces où l'on appelle FORET ce qu'on appelleroit BOIS en d'autres lieux.

Les Bois de l'antiquité sont un digne objet de la recherche des Géographes. Les Latins avoient le mot de *Lucus* fait exprès pour signifier des Bois consacrez aux fausses Divinitez. Ils étoient plantez auprès d'un Temple, ou du tombeau de quelque Heros. C'étoit un crime, un sacrilege d'en couper la moindre branche. Ainsi ils devenoient si épais que les raïons du soleil n'y pouvoient entrer. Quelques-uns disent que le mot de *Lucus* avoit été fait à contre-sens pour designer l'obscurité qui y regnoit. Ne seroit-il point plus naturel de croire qu'il vient de ce que faute de la lumiere du jour ceux qui y entroient pour celebrer les mysteres y portoient des flambeaux? Personne n'ignore les impuretez qui se commettoient dans les Bois consacrez à Venus.

Les Bois d'apresent sont remarquables pour les usages journaliers qu'on en fait, l'Histoire en exige souvent la connoissance à cause de l'avantage que d'habiles Generaux en ont su tirer en des jours de bataille; ou par d'autres éve-

évenemens dont elle se charge de conserver le souvenir.

Il est arrivé bien des fois que des Solitaires fuiant le monde se sont enfoncez dans des Bois. Leur vertu ayant attiré des Disciples il s'y est fondé des Monasteres peuplez de saints Religieux. Des familles se sont établies dans leur voisinage, ont formé insensiblement des Bourgs & des Villes, qui ont détruit les bois & cultivé les terres après les avoir défrichées, deforte qu'à present, il n'y a plus aucune trace de Bois ou de Forêt dans des lieux où il n'y avoit alors que des arbres.

Il n'est pas étonnant, ceci posé, que plusieurs lieux conservent le nom de Bois, comme faisant partie de celui qu'ils portent.

a Baudrand Ed. 1705. BOIS-AUBRI[a], Abbaye de France dans la Touraine Ordre de St. Benoît à trois lieues de la Ville de l'Isle Bouchard.

BOIS-BELLE, Ville & Principauté en France dans le Berri avec un Château à cinq lieues de la Loire, & autant de Bourges. On *b Piganiol de la Force, T. 6. p. 54.* l'appelle aussi HENRICHEMONT. [b] C'est une Souveraineté, c'est-à-dire un Franc-aleu noble, qui ne reconnoît aucun Seigneur superieur. Charles d'Albret dit dans ses Lettres du 19. Août de l'an 1443. qu'il ne tenoit sa Souveraineté de Boisbelle que de Dieu & de l'Epée. Aussi les Seigneurs de cette Terre en ont-ils toûjours joüi avec les prééminences & avantages dont joüissent les Souverains. Ils ont fait battre monnoye en leur nom & à leur image, ont octroié toutes Lettres même de grace, remission, pardon & abolition. Marie d'Albret en accorda de remission le 15. Fevrier de l'an 1534. à Pierre de Bau natif du Royaume de Bois-Belle. Tous ces privileges ont été confirmez par le Roi Henri IV. au mois d'Avril de l'an 1598. Septembre & Decembre de l'an 1608. par le Roi Loüis XIII. au mois de Septembre de l'an 1635. & par Loüis le Grand au mois de Juillet de l'an 1664. Ce petit pays est donc exempt de toutes tailles, aides, gabelles & generalement de toutes sortes de droits. Le sel y est vendu à la verité par les Fermiers Generaux à trente sols le minot; mais c'est par la permission du Duc de Sully qui en est le Souverain, & à qui ils donnent environ quatorze mille livres pour cette permission. Cette Souveraineté a été long-temps possedée par l'ancienne Maison de Sully, de laquelle elle passa dans celle d'Albret par le mariage de Marie de Sully avec Charles d'Albret Connétable de France sous le Regne de Charles VI. en 1400. Le fameux Maximilien de Bethune l'aquit l'an 1597. & elle est demeurée depuis à ses descendans, qui en joüissent encore aujourd'hui. Voiez HENRICHEMONT, qui est le nom de la Ville.

c Baudrand Ed. 1705. BOIS-COMMUN[c], petite Ville de France dans le Gâtinois, aux confins de l'Orléanois, près du ruisseau des Ondes, à six lieues & au Couchant de Montargis, avec un Château.

BOIS-DAUPHIN, Seigneurie d'Anjou proche du Maine.

BOIS-LE-DUC, anciennement BOS-LE-DUC, & par corruption BOLEDUC & BOLDUC; en Flamand 's HERTOGENBOS; elle est sur la petite Riviere de Dommele & d'Aa,

qui s'y joignant prennent le nom de Dyse, à deux lieues de la Meuse, dans le Brabant Hollandois. [d] Son nom Latin est *Silva Ducis* ou *Boscum Ducis*, qui veut dire Bois du Duc. *d Longuerue Descr. de la France part. 1. p. 55.* Elle a été ainsi nommée, parce que ce n'étoit anciennement qu'un Bois où Henri Duc de Brabant fit bâtir une Maison pour la chasse l'an 1172. La situation importante de ce lieu-là qui est sur les confins du Duché de Gueldres, engagea le Duc Godefroi à y fonder une Ville qu'il fit fermer de murailles l'an 1183. Elle devint si considerable qu'elle fut l'une des quatre premieres du Duché, après que celle de *Tillemont* lui eut cedé cette prérogative. Elle a fait longtems partie du Diocese d'Utrecht; mais l'an 1559. le Pape Paul IV. à la priere de Philippe II. Roi d'Espagne, y érigea un Evêché, & son Eglise principale dediée à St. Jean l'Evangeliste fut faite Cathedrale. Son premier Evêque fut François Sonnius. Cette Ville fut fort attachée à la Religion Catholique & au Roi d'Espagne, elle étoit très-forte par sa situation dans les marais qui la rendent presque inaccessible, elle resista longtems aux Etats Generaux. Enfin leur Armée commandée par Frideric Henri de Nassau Prince d'Orange, l'ayant assiegée l'an 1629. elle fut contrainte faute de secours de se rendre. Les habitans de la Ville & de toute la Mairie, qui est de grande étenduë ne purent obtenir le libre exercice de la Religion Catholique, qui y fut entierement supprimé. L'Evêque Michel Ophovius avec tous les Ecclesiastiques, les Religieux & les Religieuses furent obligez de se retirer dans les Terres d'Espagne, emportant seulement leurs ornemens & leurs meubles : mais tous les biens en fonds furent confisquez par les Etats. Les Catholiques qui sont encore en très-grand nombre ont obtenu cependant de s'assembler dans des Maisons particulieres pour y faire l'Office divin ; & il y a jusqu'à onze Maisons destinées à cet usage.

Bois-le-Duc[e] est d'une figure triangulaire, *e Jo. Blaeu Theatr. urb. Belg.* l'enceinte de ses murailles est assez grande, & c'est tout ce que pourroit faire un homme à pied que d'en faire le tour en une heure & demie. Ses murs, quoique d'une fortification irreguliére, sont flanquez de sept gros bastions & entourez de fossez larges & profonds dans lesquels coulent la Dommele & l'Aa, dont l'abondance des eaux est si grande que quelquefois, principalement en hyver, on ne peut aller de la Campagne dans la Ville qu'en bâteau, tous les environs se trouvant inondez. Au Sud-Ouest de la Ville dans l'endroit le plus élevé environ à cent quatre vingt toises de la *Vuchterpoorte*, il y a un Fort bâti par les Espagnols que l'on nomme le Fort Saint Antoine, qui défend l'entrée de la Riviere de Dommele sur les bords de laquelle il est construit. Un peu plus haut on en voit un autre, qui est un pentagone regulier à cinq Bastions, que l'on nomme le Fort Isabelle, ou le grand Fort. A l'Orient de la Ville à la distance d'environ deux cens trente cinq toises on trouve encore un autre Fort aussi à cinq bastions, nommé le Fort *Petlar*. Celui de Crevecœur à l'embouchûre de la Meuse à deux lieües ou environ de Bois-
le-

le-Duc a été rasé durant la guerre que le feu Roi Louis XIV. a fait aux Hollandois.

Il y a cinq portes dans cette Ville, savoir la *Vuchter-poorte*, dite la porte de Picardie, l'*Hintemmer-poorte* du côté de Grave & Nimégue, l'*Orter-poorte*, vers Bommel & Utrecht, la porte de St. *Jean* vers Heusden, & la porte de St. *Antoine* appellée vulgairement *Duck-poorte* ; outre trois portes d'eau, dont la grande qui est vers la Hollande, se nomme den *Boom*, l'autre le grand *Hekel* & la troisiéme le petit *Hekel*. Il y a plusieurs canaux qui traversent la Ville dont quelques-uns portent bâteaux , on compte pour l'usage du public jusqu'à LI. ponts de pierre, XXXIII. de Bois, & presque autant de ponts particuliers. La Maison du Gouverneur est fort belle.

Entre les Edifices publics on remarque la grande Eglise de St Jean, qui a ci-devant servi de Cathedrale & qui passe pour une des plus belles des Pays-bas, il y avoit un Chapitre de XXX. Chanoines fondé l'an 1366. par Jean d'Arckel Evêque de Liége. Le clocher de l'Eglise est de bois soutenu par quatre colomnes de pierre, il fut construit l'an 1526. il étoit placé au dessus du Chœur, & sa hauteur étoit telle qu'on en pouvoit découvrir la Ville d'Anvers. Le 24. de Juillet 1584. la foudre brûla cette Tour, & on en ôta la partie superieure. On estime beaucoup les orgues de cette Eglise. Le tombeau de l'Evêque Masius subsiste encore, ainsi que le maître-autel, où l'on a placé deux Tables avec les Commandemens de Dieu.

Il y avoit outre la Cathedrale quatre autres Paroisses, savoir celle de Ste. Catherine, celle de St. Jacques, celle des Croisiers & celle de St. Pierre sur la plaine du Château. Ces Paroisses avoient été érigées en 1569. par l'Evêque François Sonnius. On y comptoit aussi XVI. Monasteres, savoir des Dominicains, des Guillelmites, des Recolets, des Croisiers, des Bogards, des Alexiens, des Jesuites, des Capucins, des Chartreux, des Clarisses, des Religieuses de Ste Gertrude, des Sœurs noires, des Hospitaliéres & des Beguines. Tous ces Couvens sont maintenant employez à d'autres usages.

BOIS-LE-VICOMTE, Château de France dans le Vicomté de Paris.

BOIS-SEIGNEUR-ISAC; Prieuré d'hommes au Pays-bas dans le Brabant Espagnol à une petite lieue de Nivelle.

BOISCI[a], ancien Peuple Scythe dont parle Jornandes, qui dit qu'il fut du nombre des Nations vaincues par les Huns.

BOITZEMBOURG. Voiez BOTZENBOURG.

1. BOIUM, Diodore[b] nomme ainsi une Ville occupée par les Gaulois. Ortelius avertit qu'il faut lire VEIUM.

2. BOIUM, Forteresse quelque part vers la Thrace, selon Cedrene. Gabius lit BION dans Curopalate ; cette remarque est d'Ortelius[c].

BOKE-MEALE ou BOUKE-MEIALE[d], Province d'Afrique sous l'Equateur, qui la coupe en deux parties dont la plus grande est en deçà. Elle a les Royaumes de Gabon & de Loango au Couchant, les Forêts de Bakke-Bakke au Levant. Les Anzicains au Midi & le Royaume de Biafara au Nord. Les Jagas peuple qui habite une partie du Royaume de Loango peuplent aussi cette Province, qui tire son nom de la Ville située dans sa partie la plus Meridionale. Comme les Forêts de Bakke-Bakke sont remplies d'Elephants ces Jagas en vont negocier les dents, dont ils trafiquent ensuite avec ceux de la côte : ils sont tributaires du Roi de Loango ensorte qu'ils sont obligez de l'accompagner à la guerre. Dapper dit[e] : ce sont les Lovangois qui vendent le plus d'yvoire aux Européens, ils le vont acheter des Jagas à *Bokke-Meale* où ils portent du sel dans des paniers sur la tête de leurs esclaves. Les Jagas tirent des dents d'Elephant de certains petits hommes nommez *Mimos*, & Bakke-Bakke sujets du grand Macoco. Les Jagas assurent (appariemment pour mieux faire valoir la marchandise, chaque pays ayant ses fourberies de Commerce) que ces Nains savent se rendre invisibles lorsqu'ils vont à la chasse & qu'ainsi ils n'ont pas grand'peine à percer de traits ces animaux dont ils mangent la chair & vendent les defenses. Les Lovangos trafiquent aussi à Bokemeale de grands couteaux de Majumbu, qui est un autre quartier d'où vient le Bois rouge. Ils y debitent encore de l'huile de palme, des lits de plume, de l'Ananas, de petits pots à boire, & les échangent contre ces piéces d'étofe qu'on nomme Libongos. Au reste toutes les dents que les Mimos vendent ne sont pas des Elephans qu'ils ont tuez eux-mêmes à la chasse, car toutes les années durant la secheresse, ils mettent le feu à des brossailles pour y chercher des defenses de ces animaux morts & ils en trouvent, qui sont à demi-gâtées qu'ils ne laissent pas de bien vendre. Entre le Royaume de Lovango il y a une grande forêt de cinq ou six journées de chemin ; mais qui n'est peuplée que des bêtes farouches.

BOKHAH, Ville d'Afrique sur la côte de Sofalah qui regarde l'Océan Ethiopique : c'est la plus Meridionale de toute la côte.

BOKHARAH, BOCAR, BOGHAR, BOKARA, BUCHAR & BOUCHARA, Ville de la Tartarie, au Pays des Usbecks, près du Gihun & de Bikunt, sur la même Riviere qui coule à Samarcand dans le Zagathai, au Pays des Usbecks. Voici ce qu'en dit Mr. d'Herbelot[f]. BOKHARAH, Ville de la Transoxane. C'est ainsi que l'on peut appeller la Province, qui est au delà de l'Oxus vers le Septentrion, que les Arabes appellent Mavar al Nahar, comme qui diroit Transfluviale, car on nomme le Gihon, qui est l'Oxus des Anciens, par excellence la *Riviere* ou la *grande Riviere*. La Ville de Bokharah a passé autrefois pour la capitale de tout ce pays-là, avant que les Tartares eussent mis celle de Samarcand en reputation ; car elle est située dans une grande plaine riche & abondante en toutes sortes de grains & de fruits. Cette grande Ville, outre son mur particulier, a une autre enceinte qui enferme plus de quinze petites Villes ou Bourgades dans l'espace de quatre lieues d'étendue de chaque côté. La Sogde qui est la vallée ou la plaine de Samarcand du côté du Levant, & la Montagne nommée Varka du cô-

[a] *De reb. Get.* c. 23.
[b] l. 14.
[c] *Thesaur.*
[d] *De l'isle Atlas.*
[e] *Afrique* p. 358.
[f] *Biblioth. Orient.* p. 207.

côté du-Septentrion, bornent fon terroir, quoique fa jurisdiction s'étende fur plufieurs Villes, qui font au delà de fon grand mur. Mirkhond écrit dans l'Hiftoire qu'il a faite de la pofterité de Japhet que Bokharah étoit la capitale du Turqueftan du tems d'Ogúz Kahn, un des plus anciens Rois des Mogols ou Tartares, & que les Villes d'Ilaki, Bikund, Kermina, Thavavis, Zufch, Farbar, Debuffia, &c. font cenfées être de fes dependances. Depuis ce tems-là la Ville de Bokharah devint la capitale de l'Etat des Samanides, qu'Ifmaël fils d'Ahmed, fils d'Affan, fils de Samán fonda l'an 297. de l'Hegire, de J. C. 909. fous le Khalife Motadhed. Elle fut toûjours depuis le féjour des Princes de cette Maifon jufqu'à Naffer fils d'Ahmed, lequel transfera le Siége de fon Empire à Herat Ville du Khorafan, dont il difoit que l'air étoit meilleur dans toutes les faifons de l'année. Cette tranflation du Siége Royal des Samanides obligea les Grands de fa Cour d'employer le credit que le Poëte Rudexi avoit fur l'efprit de ce Prince, pour lui faire changer de réfolution. Après la chûte de l'Empire des Samanides, les Mogols du Cathai s'en rendirent les Maîtres: mais Mohammed furnommé Khuarezm-Schah, qui étoit Roi du Khuarezm & de plufieurs autres grands Etats, la reprit fur eux l'an 594. de l'Hegire & de J. C. 1197. auffi bien que la Ville de Samarcand. Cette conquête des Khuarezmiens donna l'allarme aux Nations du Nord, & attira au deçà du Gihon ces grandes armées de Mogols & de Tartares, qui défolerent les plus belles Provinces de l'Afie. On remarque qu'après que les Khuarezmien eut affiégé la Ville de Bokharah, fes habitans enflez d'une fotte gloire, méprifèrent fi fort fa puiffance, qu'ils en vinrent jufqu'à lui dire des injures, & à lui reprocher qu'il étoit borgne. Mais ce grand Prince qui poffedoit une veritable grandeur d'ame, méprifa fi fort leurs railleries, qu'il n'en temoigna pas le moindre reffentiment, lorfqu'il fe trouva en état de punir leur infolence. L'an de l'Hegire 617. de J. C. 1220. Genghizkhan prit la Ville de Bokharah fur les Khuarezmiens; mais ceux-ci s'étant cachez en divers endroits de la Ville, y mirent le feu, & la reduifirent en cendres. Giagathi fils de Genghizkan ayant herité de fon pere les Etats de la Tranfoxane, eut dans fon partage la Ville de Bokharah. Sous le regne de ce Prince un fameux Impofteur nommé Mahmud Tárabi, ayant excité un foulevement dans cette Ville fut caufe d'une nouvelle defolation que fes habitans fouffrirent. L'an 772. de l'Hegire, de J. C. 1370. ou environ, Tamerlan prit la Ville de Bokharah fur le Sultan Huffin, qui fut le dernier Prince de la Maifon de Genghizkhan, & les Timurides, ou les defcendans de Tamerlan la poffederent jufques environ l'an 904. de l'Hegire, de J. C. 1498. car alors Babur fut depoüillé de tous fes Etats de la Tranfoxane & du Khorafan par Schaibekkhan, qui l'obligea de s'enfuir aux Indes, & la Ville de Bokharah a toûjours demeuré depuis ce temps-là aux Uzbeks, qui font une guerre prefque continuelle aux Perfans fur cette frontiere-là. Bokharah eft encore aujourd'hui fort connuë dans la Mofcovie: car les Marchands Ruffes & autres qui ont commerce reglé avec les Chinois, prennent ordinairement le chemin de cette Ville, pour arriver jufqu'à la grande muraille qui fepare ces Peuples des Tartares. Ils appellent même du nom de Bokharah tout ce grand pays, qui eft entre les Etats du Czar, & ceux de la Chine.

Antoine Jenkinfon écrit BOGHAR, & cela produit un nouvel Article dans Mr. Corneille, qui ne s'eft point apperçu que c'étoit la même Ville que *Bocara*, & que fous ce titre il avoit employé l'Article de Mr. d'Herbelot, quoi que ce dernier écrive BOKHARAH. Voici ce qu'en dit Jenkinfon [a]. La Ville de Boghar eft fermée d'une haute muraille de terre, & divifée en trois quartiers. Le Roi avec fa Cour en occupe deux; le troifiéme eft pour les Marchands & les étrangers, & dans ce troifiéme chaque Art ou Marchandife a fon departement particulier. La Ville eft fort grande, leurs Maifons font bâties pour la plupart de terre; mais les bâtimens publics, les Temples, par exemple, & leurs Monumens, font fort fuperbes, fort dorez par dedans; mais furtout les bains qui font les plus beaux du monde. La defcription en feroit trop longue pour l'inferer ici. Il y a une petite Riviere, qui court au milieu de cette Ville; mais l'eau en eft fort mal-faine car il vient ordinairement des vers d'une aune de long aux jambes de ceux qui en ufent; ce qui arrive principalement aux étrangers. Ce Ver fe forme entre la chair & la peau & fe roule en plufieurs cercles. Les Chirurgiens du pays ont une grande adreffe à le tirer; car s'il fe rompoit en le tirant, la partie où fe trouve le refte du ver deviendroit morte, ou gangrenée; c'eft pourquoi on le tire chaque jour la longueur d'un pouce. Cependant il ne leur eft point permis de boire du vin, ni d'autre boiffon forte. On punit feverement ceux dans la Maifon defquels il s'en trouve. Cette feverité vient de celui qui eft Chef de la Religion, dont l'autorité eft fi grande qu'il depofe quelquefois le Prince, comme il depofa celui qui regnoit de notre tems: il en avoit fait de même à fon Predeceffeur qu'il avoit affaffiné de nuit dans fa chambre; ce Prince aimoit fort les Chrétiens.

[a] Voyages du Nord T. 4. p. 123.

Boghar a été fujette autrefois aux Perfans, & fait maintenant une Province ou Royaume feparé. Ces peuples font continuellement en guerre avec les Perfans; & une des raifons de cette guerre, c'eft que les Perfans ne veulent pas couper leurs mouftaches comme font les Tartares, qui croyent que c'eft un grand crime d'en ufer autrement, & qui appellent par cette raifon les Perfans infideles, quoiqu'ils s'accordent avec eux dans prefque tous les autres points de la Religion Mahometane. Le Roi de Boghar n'a point de plus grand revenu que celui qu'il tire de cette Ville où toutes les Marchandifes qui fe vendent lui payent le dixieme; outre que quand il a affaire d'argent, il prend par force des marchandifes dans les boutiques. Ils ont de la monnoie d'argent & de cuivre. Leur monnoye d'argent vaut environ douze fols. Celle de cuivre eft appellée

pellée *Pole*, & il en faut six-vingt pour faire douze sols. Cette monnoye de cuivre y est plus ordinaire que celle d'argent. Elle change de prix selon le caprice du Prince ; de mon tems elle haussa & baissa deux fois en un même mois. Ce desordre, le droit du dixiéme que tire le Prince, les frequens changemens qui arrivent dans le Païs où un même Prince ne regne gueres plus de deux ans, est cause de sa pauvreté & de sa ruine.

Il vient à Boghar beaucoup de Marchands tous les ans des Indes, de Moscovie, de Perse & de Balgh ; mais ils y apportent fort peu de marchandises & y demeurent quelquefois deux ans pour les vendre, si bien qu'il n'y a pas grand fondement à faire sur ce commerce. Les Indiens y apportent des toiles de Coton blanches, dont les Tartares font des turbans, leurs habits sont aussi faits de cette étoffe & de *Crasko*. Ils n'y apportent ni or, ni argent, ni pierres précieuses, ni épiceries ; leur retour est de soye travaillée, de peaux de vache de Russie, d'esclaves & de chevaux. J'offris à ces Indiens entre lesquels il y en avoit des rives du Gange & du Golphe de Bengale des Kreslez & des draps ; mais ils n'en firent aucun cas. Les Persans y apportent du Crasko, des draps de laine, des toiles, des étofes de soye, de l'Argomack. Je connus qu'ils se fournissoient de drap par la voye d'Alep. Les Moscovites y portent des peaux de Russie, des peaux de mouton, des brides, des selles, des plats de bois, & en raportent des étofes de laine, & du Crasko ; mais en petite quantité. En tems de Paix que le commerce avec le Catay est ouvert, on leur apporté du Musc, de la Rhubarbe, du Satin, & du Damas.

On ne s'accorde pas sur la latitude de cette Ville : les extraits tirez par Ismaël Bouillaud de la Syntaxe des Perses du Medecin George Chrysœocca lui donnent 86. d. 50′. de longitude, & 39. d. 20′. de latitude. Albiruni compte 86. d. 30′. de longitude, & 39. d. 20′. de latitude. Alfaras met 87. d. 50′. de longitude, & la latitude est la même que celle d'Albiruni. Nassir-Eddin compte 96. d. 50′. de longitude, & 39. d. de latitude. Ulug-Beig 96. d. 30′. & 39. d. 50′. il faut compter pour rien la difference, qui se trouve entre les longitudes. Avant la précision que la methode de nos modernes a donnée à cette sorte de supputations, on ne mettoit guere les longitudes qu'à peu près : d'ailleurs la difference de 86. à 96. d. pour la longitude ne subsiste plus, quand on sait que quelques Arabes prennent leur premier Meridien avec Ptolomée aux Canaries & d'autres Arabes le prennent au détroit de Gibraltar. C'est la source de cette diversité d'expression, quoi qu'à parler selon l'exacte Géographie ce Détroit soit de plus d'xi. d. plus Oriental que l'Isle de Fer.

BOLA, ancienne ville d'Italie au pays des Æques. Virgile [a] :

a Æneid. l. 6.
v. 775.

Pometios castrumque Inui, Bolamque Coramque.

Etienne le Géographe dit : Bola Ville d'Italie. Diodore de Sicile [b] dit BOLÆ au pluriel.

[b] l. 14. in fine.

Tite Live [c] dit par un V. VOLÆ aussi au pluriel & écrit partout VOLÆ, ou *Volani* lors qu'il parle de ses habitans. Pline [d] dit BOLANI par un B. & Denys d'Halicarnasse [e] dit Βωλανῶν πόλις. Pline la met dans le Latium. C'est Tite Live qui nous apprend qu'elle étoit une ville des Æques. *Æquos*, dit-il, *accepta clades prohibuit Volanis, suæ gentis populo, præsidium ferre.* Il fait voir dans un autre passage qui suit qu'elle n'étoit pas éloignée de Lavicum & que leurs territoires se touchoient. Plutarque [f] dit qu'elle n'étoit qu'à treize mille pas de Rome.

[c] l. 4. c. 49.
[d] l. 3. c. 5.
[e] L. 8.
[f] In Coriolano.

BOLACA, Ville du Peloponnése dans la Triphylie selon Polybe [g].

[g] L. 4.

BOLANI voiez BOLA.

BOLAODYPARA, Βολαοδύπαρα, Bourg de Thrace, où l'on faisoit Commerce de bœufs, selon Procope [h].

[h] Ædific.

BOLASUM ville des Æques peuple d'Italie. Βόλισσου, comme écrit Diodore de Sicile cité par Ortelius : ce doit être la même chose que BOLA.

[l. 4.

BOLBÆ, Ville d'Asie dans la Carie, selon Etienne le Géographe. Il avertit qu'on la nommoit aussi Heraclée.

BOLBÆOTES. Le même Etienne nomme ainsi une Riviere, si on en croit les Editions ordinaires. Ortelius a même crû que ces mots, *on la nomme aussi Heraclée* qui paroissent transposez dans le Grec regardent la Riviere, ce qui est une erreur. Berkelius croit avec plus de fondement que *Bolbæotes* n'est pas le nom d'aucune Riviere, mais bien un adjectif qui designe un habitant de *Bolbæ*.

BOLBE, Βόλβη, Ville & Marais, selon Etienne. Thucydide [i] en fait mention. Elle étoit dans la Macedoine près d'Apollonie selon Scylax [k]. Eschyle [l] & Aristote [m] en parlent aussi.

[i] L. 4.
[k] Peripl.
[l] In Persis.
[m] De Hist. Anim. l. 2.

BOLBENA, Contrée d'Asie dans la grande Armenie, selon Ptolomée [n].

[n] l. 5. c. 13.

BOLBITINA, Βολβιτίνη, Ville d'Egypte, selon Etienne le Géographe. C'est de là sans doute que prenoit son nom la seconde bouche du Nil que Ptolomée [o] apelle BOLBITINUM OSTIUM. Pline [p] le nomme de même ; il prend presentement le BRAS DE RASCHIT OU DE ROSSETE, nom qu'il prend d'une Ville voisine.

[o] l. 4. c. 5.
[p] l. 5. c. 10.

BOLBONE, *Abbaye de France au Comté de Foix, dans le haut Languedoc, au Diocèse de Mirepoix ; Elle est de l'Ordre de Cisteaux.

*Baudrand Ed. 1705.

BOLBULÆ, Isle d'Asie sur la côte d'Ionie, selon Pline [q].

[q] l. 5. c. 31

BOLCANES, (LES) Mr. Baudrand donne ce nom à la plus Septentrionale des Isles Marianes.

BOLCKENHAYN, selon Zeyler, BOLCKENHEIM, selon Mr. Baudrand [r], petite Ville de Silesie au Duché de Schweidnifs.

[r] Baudrand Ed. 1705.

BOLDO [s], Bourg d'Asie dans la Phenicie en Syrie, près de la Ville de Giblet. On tient que c'est l'ancienne PALTUS qui étoit Episcopale.

[s] Ibid.

BOLDORA, ou BOLDERAVIA [t] Riviere du Duché de Courlande, où elle se forme des eaux de la Mussa & de quantité de Ruisseaux dont la plûpart s'y perdent au dessus de Mittau qu'elle arrose ; de là elle se jette dans le Golphe de Livonie, dans la partie Meridionale duquel elle a son Embouchure.

[t] De l'Isle Atlas.

BOL-

BOL.

BOLDUC, voiez BOIS-LE DUC.
BOLEGALGUS, selon quelques exemplaires d'Antonin; ou BOLELASGUS.
BOLEI, lieu du Peloponnese au Royaume d'Argos, selon Pausanias; [a] qui dit que c'étoit des amas de pierre de taille.
BOLELASGUS, selon quelques exemplaires d'Antonin, ancien lieu de la Galatie, sur la Route d'Ancyre à Tavia, à XXIV. M. P. de la premiere.
BOLENA, Ville de la Morée, [b] au Duché de Clarence, à cinq lieues du Golphe de Lepante & à douze de Patras. C'est le Siège d'un Evêque qui reconnoît l'Archevêque de Patras pour son Metropolitain.
BOLENBERG, ou [c] BOLENBOURG, Bourg d'Allemagne dans la Basse Saxe, au Duché de Mecklenbourg, sur la mer Baltique, entre Wismar & Travemunde, à cinq lieues de la premiere.
BOLENE, petite Ville de France dans la Provence, au Comtat de Vaisons sur la Riviere de Letz à une lieue & demie de St. Paul-trois-Chateaux. Elle appartient au St. Siège & étoit autrefois défendue par un Château dont on voit encore les ruines.
BOLENSIS, Siége Episcopal d'Afrique. St. Augustin [d] a fait mention de deux Evêques qu'il designe ainsi par leurs Sieges *Bolensis* & *Colossitanus*. Seroit-ce pour *Bullensis* & *Culusitanus*, qui étoient des Sièges connus d'ailleurs dans l'Afrique Proconsulaire?
BOLENTIUM, Ville de la Haute Pannonie, selon Ptolomée [e]. Villanovanus croit que c'est presentement Ꭱacfelsburg.
BOLERUM, Lieu de Bulgarie, selon Cedrene & Curopalate citez par Ortelius [f]. Voiez BOLYRUS.
BOLERUS. Voiez BOLYRUS.
BOLESK. Voiez TOBOLSKOY.
BOLESLAFF, ou BOLESLAU ou BUNTZLAU, [g] Ville de Silesie qu'il ne faut pas confondre avec deux autres Villes nommées de la même maniere & qui sont dans la Bohême. Celle-ci est sur la Riviere de Bober & dans le Duché de Jauer, à cinq Milles de la Ville de Lignitz. C'est la Patrie du celebre *Opitius*. L'an 1468. elle fut une des Villes ravagées par Henri Duc de Munsterberg Fils de George Roi de Bohême parce qu'elles s'étoient données à Mathias Roi de Hongrie. Cette Ville fut prise & reprise à diverses fois durant les longues Guerres civiles d'Allemagne, & même elle fut brûlée & sacagée par les Suedois.
BOLESLAVIA. Voiez BUNTZLAU 1 & 2.
BOLI. Voiez BOLLI.
BOLICANO. Voiez BOLLICANO.
BOLINA, Ville Maritime du Peloponnese dans l'Achaïe, auprès de laquelle couloit une Riviere que Pausanias [h] apelle BOLINÆUS, assez près de la Ville d'Argyre. Elle ne subsistoit déja plus de son temps.
BOLINÆUS. Voiez BOLINA.
BOLINGÆ, Peuple de l'Inde auprès du fleuve dont cette partie de l'Asie porte le nom. Βολίγγαι, selon Ptolomée [i], Βαλίγγαι, selon Etienne le Géographe, est une Nation de l'Inde & il cite le [x]. livre des Bassariques de Denys. [k] Pline en fait aussi mention, Ptolo-

[a] l. 2. c. 36.
[b] Baudrand Ed. 1705.
[c] Ibid.
[d] Vit. Ambros.
[e] l. 2. c. 15.
[f] Thesaur.
[g] Zeyler Bohem. Morav. & Silesiæ Topogr. p. 126.
[h] l. 7. c. 23.
[i] l. 7. c. 1.
[k] l. 6. c. 20.

Tom. I. PART. 2.

BOL.

mée leur donne deux Villes, savoir *Tagabaza* ou *Stagabaza*; & *Baramatis*, ou *Bardaotis*. Il les place dans la partie Orientale du Mont Vindius. Au lieu de *Bolingæ* quelques exemplaires portent *Biolongæ*.
BOLISCUS. Voiez BOLISSUS.
BOLISSUS, Ville d'Asie, dans l'Æolie, selon Herodote [k]. Etienne en fait aussi mention. Elle étoit voisine de Chio, & Thucydide en parle aussi [l]. Il paroit que l'exemplaire de cet Auteur dont Etienne s'est servi appelloit ce lieu BOLISCUS.
BOLITÆ. Voiez CABOLITÆ.
BOLKOWITZ [m], ou POLCKWITZ, ou Pulckwitz, petite Ville de Silesie, au Duché de Glogau entre Luben & Ꭱeustädtlain. Elle est assez ancienne & soumise depuis très-long-temps aux Ducs de Glogau. Elle fut brûlée le 16. Mars l'an 1457. & eut encore le même malheur en 1563. Assez près de cette petite Ville étoit la Forteresse de HEINTZENDORFF, que cent hommes pouvoient deffendre contre une Armée de dix mille hommes. Elle ne laissa pas d'être prise par les Suedois & par les Imperiaux durant les Guerres Civiles d'Allemagne; & comme on vit qu'avec le temps elle servoit peu en temps de Guerre & qu'elle étoit devenue une retraite de brigans, on l'a rasée & demolie jusqu'aux fondemens. Pour ce qui est de la Ville, c'est fort peu de chose.
BOLLI, Ville de Natolie, dans sa partie Septentrionale. C'est l'ancienne BULLIS, mais elle est à demi-ruinée [n]. C'est le Siège d'un des quatorze Sangiacs du Beglerbeg de Natolie [o]. Il y a quatorze Ziamets & cinq cens cinquante & un Timars dans le Sangiac de Bolli. Mr. Ricaut écrit avec une *l*. BOLI.
BOLLIA [p], Riviere de la Pannonie, selon Jornandes. Lazius croit que c'est presentement le POLAN qui coule dans la Basse Styrie.
BOLLICANO, (BAGNI DI BOLLICANO,) [q] Bains d'Italie au Patrimoine de St. Pierre entre la Ville de Viterbe & Montefiascone.

1. BOLM [r], Contrée d'Afrique dans la haute Guinée au Midi de la Montagne de Serre Lionne au Royaume de Quoja ou des Carous & au Nord Occidental de la Riviere de Madrebomba [s]. Le nom de cette Contrée signifie en la langue du Pays que ce sont des terres basses & marécageuses sujettes à être inondées par les rivieres lors qu'elles sont grossies. L'Isle de Massacoye, ou Farellons borde la côte de Bolm au Midi.

2. BOLM, selon Zeyler [t], BOLMEN selon Mr. Baudrand [v], BOLNES selon Mr. De l'Isle [x], Lac de Suede dans la Province de Smalande ou Gothie Meridionale. Il a sa décharge dans la Riviere de Laga, qui traverse la Province de Hallande.
BOLMEN, &.
BOLNES. Voiez l'Article precedent.
BOLOCASSIUM CIVITAS, pour *Baiocassium*. Voiez BAYEUX.

1. BOLOGNE, Ville de France en Picardie. Voiez BOULOGNE.

2. BOLOGNE, Bourg de France en Gascogne. Mr. Baudrand le place dans l'Armagnac sur la Riviere de Gesse. Mr. De l'Isle au contraire le met sur la Gimone à l'extre-

[k] Vita Hom.
[l] L. 8.
[m] Zeyler Bohem. Morav. & Silesiæ Topogr. p. 127.
[n] Ricaut Etat Pref. de l'Emp. Ottoman.
[o] l. 1. c. 12. ol. 3. c. 3.
[p] Ortel. Thes.
[q] Baudrand Ed. 1705.
[r] De l'Isle Atlas.
[s] De la Croix Relat. de l'Afrique T. 2.
[t] Suec. Nova Descript. p. 24. Edit. 1705.
[x] Atlas.

B b b 2   mité

mité Occidentale du Bas Comminge, aux frontieres du Magnoac, & il avertit que c'est une enclave de La Riviere-Verdun.

3. BOLOGNE, Ville d'Italie dans l'Etat de l'Eglise. Quelques uns écrivent BOULOGNE, & font une faute. Cette Ville est ancienne & si nous en croyons ses Historiens, sa fondation preceda de plusieurs siécles celle de la Ville de Rome. Pline [a] dit qu'on l'avoit autrefois nommée FELSINA & qu'elle étoit alors la Capitale de la Toscane. Tite-Live [b] la nomme aussi *Felsina*. Il y a apparence que ce furent les Gaulois, qui la nommerent *Bononia*, accoutumez à porter en Italie où ils s'établirent les noms de leur Patrie; ils donnerent à cette Ville celui de la Ville de Boulogne dans la Belgique, sur le Detroit qui separe l'Angleterre du Continent. C'est ainsi qu'ils donnerent le Nom de *Rhenus* (*Reno*) à la Riviere qui passe à Bologne. Si nous en croyons Silius Italicus Bologne donna du secours aux Troyens dans la Guerre contre Turnus.

[c] *Et quondam Teucris comes in Laurentia bella Ocni prisca Domus parvique Bononia Rheni.*

Durant les Guerres puniques elle se declara pour Annibal contre les Romains, qui l'ayant ensuite reprise en firent une Colonie où furent envoyez par un Decret du Senat trois mille hommes. Tite-Live [d] qui nous apprend le temps & les details de cet établissement remarque que les Romains avoient chassé les Gaulois Boyens de ces terres & que ces Gaulois en avoient auparavant chassé les Toscans. Vellejus [e] nomme les Consuls sous qui la Colonie fut envoyée, Cn. Manlius Volson & M. Fulvius Nobilior. Elle eut comme les autres Colonies Latines le Droit de se gouverner par ses propres Magistrats. Elle s'attacha à la famille des Antoines, & Octavius qui prit ensuite le surnom d'Auguste [f] lui permit de suivre le parti de Marc Antoine l'un des Triumvirs. Ce fut dans le Territoire de Bologne que ces deux Generaux & Lepide partagerent entre eux l'Empire Romain [g]. Ce même Cesar Auguste au commencement de la Guerre d'Actium accrut la Colonie de Bologne [h]. Un grand Incendie l'ayant fort ravagée sous l'Empire de Claudius, Neron qui étoit encore jeune & qui faisoit gloire de descendre des Antoines par son ayeule paternelle Fille de Marc Antoine interceda pour la Ville de Bologne auprès de l'Empereur & du Senat & en obtint [i] un secours considerable pour la relever. Vitellius y fit bâtir un Amphithéatre [k], où dans la suite Fabius Valens donna au Peuple un Spectacle de Gladiateurs, ayant fait venir de Rome tous les preparatifs necessaires. [m] Ce fut à Bologne que le Senat Romain s'assembla pour deliberer sur les troubles causez par les Guerres Civiles entre Othon & Vitellius qui se disputoient l'Empire. Cette Ville étoit trop importante pour n'être pas une des premieres dont ses Concurrents tâchoient de se saisir lors qu'ils aspiroient à la Dignité Imperiale, de là vient qu'elle fut sujette à beaucoup de revolutions. Elle souffrit de la revolte du Tyran Maxime, & Theodose l'auroit detruite, comme il fit Thessalonique en

[a] l. 3. c. 15.
[b] l. 33. c. 37.
[c] l. 8. v. 599.
[d] l. 37. c. 57.
[e] l. 1. c. 15.
[f] Sueton. in Augusto. c. 19.
[g] Flor. l. 4. c. 6. Dio Cass. l. 46. prope fin.
[h] Dio. l. 50.
[i] Suet. in Nerone c. 7.
[k] Tacit. Annal. l. 12.
[l] Tacit. Hist. l. 1.
[m] Ibid.

Macedoine, si St. Petrone son Evêque ne l'eût garantie de ce malheur. Ce St. Prelat fit plus: il obtint pour elle de l'Empereur un Privilege qui en fit la Mere des Sciences & des Etudes; & ensuite Lothaire II. Empereur permit d'y enseigner les Loix, dont il n'y avoit alors des Ecoles qu'à Constantinople & à Rome & on vit le Jurisconsulte Azzon professer le Droit en presence d'un Auditoire de dix mille Etudians. Les Docteurs de Bologne furent en une si haute estime que Gregoire-IX. Boniface VIII. & Jean XXII. leur adresserent les Decretales & les Clementines. Christierne Roi de Danemarck ayant voulu être present à la ceremonie de deux de ses Gentilshommes qui furent reçus Docteurs, refusa de monter sur un trône qu'on lui avoit preparé & dit qu'il se tenoit suffisamment honoré d'être au niveau de ceux qui passoient pour les hommes les plus sages de l'Univers.

Charlemagne ayant detruit le Regne des Lombards delivra Bologne de leur Domination. Otton le Grand en fit une Ville libre, & elle se gouverna par des Consuls particuliers, comme plusieurs autres Villes d'Italie; & elle fut si jalouse de cette liberté qu'elle jetta par les fenêtres dans la place Bozzon Gouverneur Imperial qui vouloit dominer trop absolument.

Les habitans de Bologne se distinguerent dans les Croisades, & on conserve encore dans les Archives des Actes qui font foi de la part qu'elle eut à la prise de Damiete. L'état d'independance qui lui étoit commun avec d'autres Villes d'Italie fut cause qu'elle eut souvent avec elles des démelez pour le reglement de ses Frontieres. Ce fut dans ces temps de liberté qu'elle se forma le Gouvernement & cette forme de Magistrature qui en fit une espece de Republique. Quelques Victoires lui assujettirent la Romagne. Je n'entrerai point dans un plus grand détail de son Histoire qui a été amplement traitée par divers Auteurs. La latitude de la Ville de Bologne suivant les observations de Mr. Cassini, du P. Riccioli, de Montanari, Guillelmini, Manfredi & autres, prise sur la grande Meridienne tirée dans l'Eglise de St. Petrone par Mr. Cassini, est de 44. d. 27'. 20". La difference de son Meridien d'avec celui de Paris, calculée sur les Eclipses de Lune, de Soleil, & des Satellites de Jupiter observées par Manfredi à Bologne, & par les Astronomes de l'Academie Royale des Sciences à Paris, a été trouvée de 36'. de temps qui reviennent à 9. d. à l'Orient. La diference de ce même Meridien d'avec celui de Rome calculée sur des Observations correspondantes de Manfredi à Bologne & de Mr. Bianchini à Rome est de 4'. 20". de temps, ce qui est la même chose, d' 1. deg. 5'. à l'Occident.

Si nous en croions un Gentilhomme qui a voyagé en Italie & publié une Relation assez detaillée de ce qu'il y a vû de remarquable [n], Bologne a cinq milles de circuit, deux milles de longueur, un mille de largeur & même un peu plus. Elle n'a pour fortification que ses Murailles qui sont de brique. Elle est sur la voye Emilienne & dans la Romagne; son terrain est si fertile qu'on lui a donné le surnom de Grasse. *Bologna la Grassa*. Elle est bien bâtie, bien peuplée, & sur tout pleine de Noblesse qui

[n] Journal d'un Voyage de France & d'Italie, Paris 1667.

qui ne peut trafiquer fans deroger. Le Pape y envoye un Legat & elle depute vers le Pape un Ambaſſadeur, pour ſe maintenir dans ſes droits & dans ſa liberté qui eſt pourtant bien diminuée, & quoi que ſon Gouvernement en ait conſervé encore les marques, il s'en faut bien qu'il en ait gardé la réalité.

Si vous regardez Bologne d'un lieu élevé hors de la Ville, vous lui trouvez quelque reſſemblance avec un Navire qui a une proue & une poupe. La Tour *de Gli Aſinelli* fait le mât, la Tour de Gariſende l'échelle, & les autres Tours les Sarties ou Cordages.

Ses Egliſes ſont magnifiques & ont preſque toutes quelque beauté particuliere qui les diſtingue. Celle de Saint Sauveur eſt grande & belle, non ſeulement à cauſe qu'elle eſt appuyée ſur des Colomnes cannelées; mais parce qu'elle eſt enrichie d'excellentes peintures. A main gauche dans une Chapelle il y a une Aſcenſion bien faite, mais ſurpaſſée de beaucoup par un Sauveur repreſenté dans la Tribune, ouvrage du Guide Boulonnois.

L'Egliſe de S. Petrone Evêque de la Ville, eſt conſiderable dans ſa hauteur, ſa largeur, & ſa longueur; riche en ſes peintures, magnifique dans le deſſein de ſon Portail qui eſt imparfait, & elle eſt ſoûtenuë de Piliers d'une prodigieuſe groſſeur & hauteur. Ce fut en ce lieu que Charles V. fut couronné Empereur par les mains du Pape Clement VII.

L'Egliſe de S. François poſſedée par des Cordeliers, eſt grande, le Tabernacle de Marbre qui eſt ſur le Maître-Autel, eſt une choſe à voir, il eſt à trois étages & enrichi de bas reliefs. Au premier les miracles de S. François y ſont repreſentez: au ſecond les Apôtres; & au troiſiéme les Saints de l'Ordre. Ce chef-d'œuvre eſt de Lazare Ceſario Boulonnois, comme il eſt marqué dans ſon Epitaphe qui eſt à un pilier de l'Egliſe. A côté il y a une Statuë de marbre de S. François & une autre de S. Antoine de Padouë. Dans une place qui eſt à côté de l'Egliſe, il y a une Statuë de Saint François élevée ſur une haute Colomne.

L'Egliſe de S. Barbatien eſt jolie: le Tabernacle eſt à jour, ſoûtenu de petites Colomnes, le tout d'un bois ſi bien marbré, que les plus fins le prendroient pour du Marbre veritable.

Autour de l'Egliſe du bon Jeſus gouvernée par des Prêtres Seculiers, on voit des peintures qui repreſentent les Miracles que Dieu a operez en faveur de ceux qui ont invoqué le ſaint nom de Jeſus.

L'Egliſe de Saint Paul, une des plus belles de la Ville eſt deſſervie par les Peres Theatins. La ſtructure en eſt délicate & ingenieuſe, les peintures en ſont exquiſes & les dorures magnifiques; comme elles ne ſont point épargnées dans les Chapelles, elles leur donnent un grand éclat. Au deſſus du Maître-Autel il y a un Tabernacle de Marbre des plus beaux qui ſe puiſſent voir & dont l'invention eſt merveilleuſe. Il y a quatre groſſes Colomnes, entre leſquelles eſt repreſenté un Tyran tenant le ſabre à ſa main & S. Paul en poſture de recevoir le Martyre. Il eſt à jour & tout de Marbre: auſſi bien que le pavé de la Tribune & les baluſtres qui l'enferment. Cet ouvrage fut fait aux depens du Cardinal Spada dans le temps qu'il étoit Legat, il fit auſſi reparer une partie de l'Egliſe.

L'Egliſe de Saint Dominique gouvernée par des Peres Dominicains, ſurpaſſe de beaucoup la precedente. Entre pluſieurs belles Chapelles celles du Roſaire & de S. Dominique ſont conſiderables par leur grandeur & riches dans leurs peintures. Derriére l'Autel où il faut monter eſt le lieu dans un Tombeau de Marbre enrichi de bas reliefs, & dans un Tabernacle eſt ſon chef orné de pluſieurs figures d'Or & d'Argent. Il ne ſe peut rien voir de plus riche. Le Chœur de cette Egliſe eſt travaillé avec un merveilleux artifice. Là eſt repreſentée l'hiſtoire de l'ancien & du nouveau Teſtament ſur le bois de petites pieces rapportées enſemble ſi adroitement, qu'il ne ſe peut rien de mieux. Mais ce qui eſt remarquable en cette Egliſe, c'eſt le Reliquaire où l'on conſerve de très precieuſes Reliques. Si l'Egliſe eſt rare dans tout ce qui la compoſe, le Couvent n'eſt pas moins magnifique : les Cloîtres en ſont beaux, les Chambres des Religieux commodes, les Dortoirs ſont autant de belles galeries, la Bibliotheque eſt vaſte & remplie de bons Livres : les Caves ſont remarquables pour leurs voutes & pour leur étenduë. Dans le lieu où étoit la cellule de S. Dominique, on a pratiqué une belle Chapelle; & ce Saint y eſt repreſenté dans un quadre, comme prenant ſon repos. L'on montre auſſi dans un lieu ſeparé dans le Cloitre, une Lampe d'Argent travaillée avec beaucoup de délicateſſe. Je ne parle point des Tombeaux des hommes Illuſtres de leur Ordre que l'on voit de tous côtez. Je dirai ſeulement qu'en ſortant de l'Egliſe j'apperçus deux Colomnes : ſur une eſt la Vierge, & ſur l'autre S. Dominique.

Dans l'Egliſe de Saint Procule Abbaye de l'Ordre de S. Benoit, l'on honore les corps des Saints Procules dont l'un fut Archevêque de Boulogne & l'autre fut martyriſé. On voit dans ce Monaſtere la Cellule où Gratien compoſa les Decretales, & en ſortant de l'Egliſe on lit ſur la muraille ces deux vers Latins.

Si procul à Proculo Proculi campana fuiſſet;
Tunc procul à Proculo Proculus ipſe foret.

Ces Vers furent faits à l'occaſion d'un jeune homme nommé Procule, qui ſe retiroit à l'étude toutes les fois qu'il entendoit la Cloche de ce Couvent, ce qu'il réitera ſi ſouvent qu'il en mourut.

La place qui eſt devant l'Egliſe de S. Petrone reçoit pas un petit éclat des Palais dont elle eſt environnée. Dans celle qui eſt tout proche, outre les maiſons magnifiques on y admire une Fontaine, au haut de laquelle il y a une grande Statuë de Bronze, qui repreſente Neptune avec ſon Trident. Aux quatre coins à ſes pieds ſont quatre Tritons qui tiennent chacun un Dauphin qui jettent de l'eau. Entre ces Tritons il y a quatre Têtes de Lion qui donnent l'eau par les yeux, par la gueule & par les oreilles. Un peu plus bas il y a quatre Coquilles bien travaillées, qui reçoivent ces eaux de ces Tritons, qui les rendent par pluſieurs jets d'eau, & tout en bas aux quatre coins de la Fontaine, il y a quatre Femmes qui repreſentent quatre Charitez, qui de chaque mamelle forment six filets d'eaux, & deux à leurs pieds.

Le premier jour de Mai l'Image miraculeuse de S. Pierre *in Borgo* est portée en procession par ceux de la Confrairie de S. Roch habillez en Penitens.

Il n'y a peut-être point de Ville en Italie, où la Noblesse imite davantage la mode, les coûtumes & les mœurs des François. Les hommes & les Femmes sont habillez à la Françoise: & la jalousie ne donne pas si fort au martel en tête à ces premiers qu'ils ne laissent leurs femmes dans une honnête liberté & conversation. Ses Habitans sont ingenieux, civils, sur tout aux François.

Les ruës sont droites & larges. Entre plusieurs beaux Palais il y a ceux de Campeggi, où un Concile s'assembla au têmps de Jules III. des Pepoli, des Malvezzi, de Rovina, des Fachinetti appartenant autrefois au Pape Innocent IX. & l'on montre la place du Palais des Bentivoglio, qui a été ruiné & dont la place à present s'appelle *il Guasto*. Les Maisons sont proprement meublées; mais ce qu'elle a par dessus les autres Villes d'Italie, c'est qu'elle est accommodée de portiques des deux côtez des ruës, où l'on va à couvert de l'ardeur du Soleil, & de l'incommodité de la pluye & où en se promenant l'on découvre à droite & à gauche des perspectives dans les Courts qui arrêtent les passants pour se divertir agréablement.

L'Eglise du *Corpus Domini* desservie par des Religieuses de Sainte Claire n'a rien de considerable, sinon qu'elle a en dépot le corps de la B. Catherine de *Vigri*, qui prit naissance à Boulogne l'an 1413. & qui mourut en ce Couvent qu'elle fonda l'an 1463. On la voit à travers une murâille où il y a une petite fenêtre grillée, autour de laquelle est un Ange en peinture qui tient entre les mains une Lyre, où ces paroles sont écrites: *Cecinit Angelus in Lyra, & Gloria ejus in te videbitur:* Elle est assise dans une Chaise & vétuë en Religieuse, son visage, ses pieds & ses mains sont decouverts: Elle a une Couronne d'Or sur la tête, des bagues aux doigts toutes couvertes de Diamans très-precieux: Elle a un Crucifix en sa main droite, & de sa gauche elle tient un petit Livre qu'elle a composé, appellé *le sette armi Spirituali.* Plusieurs personnes dignes de foi rapportent encore en cette même Ville qu'ils lui ont vû depuis quarante ou cinquante ans couper les ongles & les cheveux de temps en temps, qui lui croissent visiblement. C'est assurément une Relique des plus entières, je ne dirai pas seulement de l'Italie, mais de toute l'Europe.

Le Jardin des Simples est grand & regulier & enfermé d'une grille de fer, qu'il faut faire ouvrir pour reconnoître la grande diversité des plantes qui s'y rencontrent. Le Palais public [a] est beau. Au dessus du portail on voit la Statue en Bronze de Gregoire XIII. & à côté celle de Boniface VIII. la premiere pese onze mille livres & passe pour être très-belle. Elle est d'Alex. Mingenten qu'Augustin Carrache appelloit le *Michel Ange inconnu.* L'autre a pour inscription: BONIFACIO VIII. P. M. OB EXIMIA ERGA SE MERITA S. P.

[a] Misson Voyage d'Italie T. 2. p. 348.

Q. B. A. M. CCCI. [b] La Chapelle en est remarquable par sa grandeur & par ses peintures exquises. Le Legat, & le Gonfalonier avec ses Conseillers sont magnifiquement logez dans ce Palais.

[b] Journal d'un Voyage. p. 785.

L'Appartement où l'on reçoit les Princes & les Ambassadeurs, merite d'être vû. Après avoir passé six ou sept Chambres de plein pied proprement meublées, on trouve une Galerie embellie de peintures, au bout de laquelle il y a une fenêtre qui donne vuë sur la grande place. Descendant de ce Palais qui a quatre faces, où tout est grand, superbe & magnifique, l'on trouve un Corps de Logis qui est l'Appartement pour loger les Officiers.

Le Monastere de S. Michel aux Bois, est aux Peres Olivetans. Ils sont vêtus de blanc & suivent la regle de S. Benoît. Leur Fondateur est Bernard Ptolemée de la Ville de Sienne, à quinze milles de laquelle sur le Mont Olivet, il jetta les fondemens de cet Ordre celebre par toute l'Italie, il y a trois cens ans ou environ. L'on ne sait où est son Corps. Quelques-uns conjecturent qu'il est sous la coupole du Dôme de Sienne. On a de la peine pour arriver en ce lieu, mais l'on est bientôt recompensé de ses fatigues pour la quantité de belles choses que l'on y voit. La situation en est d'autant plus charmante, qu'elle fait découvrir la Ville dans toute son étenduë, representant la figure d'un Navire. Elle est considerable aussi pour l'air doux que l'on y respire. Ces Cloîtres soûtenus sur des piliers, les Dortoirs d'une largeur & longueur considerable, la Bibliotheque remplie de Livres exquis, sont une partie de la beauté de ce Couvent. Dans un Dortoir fait en Ovale & soutenu de Piliers, sont representez la naissance, la vie & les Miracles de S. Bernard par d'habiles Peintres: on y admire par dessus toutes les autres peintures l'Ouvrage du Guide qui a dépeint plusieurs personnages qui faisoient des presens à S. Benoit: cette Piéce est un chef-d'Oeuvre. Là est aussi representé comment ce Saint par le signe de la Croix ôte les obstacles que le Diable avoit mis pour empêcher la construction d'un Monastere: & on y voit des personnes qui veulent remuer des Pierres & qui n'en peuvent venir à bout.

L'Eglise dans sa petitesse est jolie & propre, après avoir monté quelques Marches on arrive au Chœur, où les Sieges des Religieux sont travaillez de petites pieces de bois raportées ensemble. Cet Ouvrage est curieux. Le quadre du Maitre-Autel qui represente l'Assomption, merite l'attention des curieux, comme aussi la Sacristie qui en son genre surpasse encore toutes les autres beautez de ce Couvent. Elle est grande & large, & en partie revêtuë d'une boiserie à personnages de pieces rapportées, & en quelques endroits enrichie de peintures, qui representent quelques Actions des Peres, tant de l'Ancien que du Nouveau Testament. Mais ce qu'on y admire davantage c'est l'Archange S. Michel tenant une lance à la main & terrassant le Diable: ouvrage de Bronze fort estimé.

L'Eglise de l'Annonciade est desservie par des Religieux de S. François. Ils ont trois Cloi-

Cloitres & trois Jardins. Leur Eglife eft enrichie de peintures; celles qui font à l'entour de la Nef, font accompagnées de Vers Latins à main droite. En voici quelques-uns dans leur ordre.

Ante crucem luge: crux & dabit ista salutem.

Elle eft au deffus de Jefus-Chrift tenant fa Croix entre fes bras.

Cœleſtis floret ſic quem rigat imber amoris;

fe lit au-deffus d'un S. Jofeph, aiant entre les mains une baguette verdoyante & chargée de fleurs. Au deffus de la porte au dedans de l'Eglife d'un côté,

Fas Virgo reparet, mulier ſi perdidit Orbem;

eſt au deffus de la Vierge donnant ſon confentement à un Ange qui eſt de l'autre côté tenant un Lys à la main, fous lequel font écrites ces paroles:

Vincula ſunt Virgo per te ſolvenda Tyranni.

Au deffus de S. Petrone montrant la Ville de Boulogne:

Quas terris jam pavit Oves, nunc ducit ad aſtra.

Au deffus de la Vierge tenant le petit Jefus, & Sainte Catherine aiant la Couronne ſur la tête, faiſant vœu de ſe donner à lui, on lit ce Vers,

Virgo nupta Deo mortales odit amantes.

Enfuite ce Vers,

Ut precibus gignas fructus, tibi Lilia florent,

eſt au deffus de S. Antoine de Padouë, tenant de ſa main droite un Livre, & de l'autre un petit enfant.
De l'autre côté de la Nef vers le Maitre-Autel, font écrites ces paroles:

Relligio tantis timeat quid nixa Columnis?

Au deffus eſt S. Dominique mettant la main fur l'épaule de S. François.
Enfuite,

Clavibus hic cœli tibi regna recluſerit alti.

On voit Saint Pierre au deffus ayant deux Clefs fur les bras, & les mains fermées.
Enfuite,

Obſtitit externis intus ſtans ignibus ignis.

Au deffus un Cardinal en priere.
Enfuite,

Angelico conceſſa Choro mihi crede tributa.

Au deffus eſt une Image de la Sainte Vierge.
Enfuite,

Imperat en morti, mortis qui juſſa ſubivit.

Enfuite,

Vulnera ne peccans addas, ſatis iſta fuere.

Au deffus eſt encore la Vierge qui a le cœur percé des ſept Flêches d'amour.
Enfuite,

Suſpiciens Cœlos, Cœlorum regna recludo.

Les Eglifes des Religieux de Camaldule & de Val-Ombreufe font belles & ornées de peintures & de Statuës. L'Eglife de S. Pierre qui eſt la Cathedrale, merite d'être confiderée. Elle eſt plus large que longue, n'étant pas achevée. C'eſt un grand Vaiſſeau, l'on admire ſa voûte pour ſa large & haute ſtructure. Dans le Chœur de chaque côté il y a ſix Colomnes canelées, dont la hauteur & la groſſeur ſont prodigieuſes. Je ne parle point des Reliques des Saints qui y repoſent, ni des peintures & des ſculptures, dont elle peut tirer une partie de ſon éclat. Je dirai ſeulement que l'Archidiacre a par deſſus tous le Privilege de faire les Docteurs.

L'Eglife de S. Jacques eſt gouvernée par des Hermites qui ſuivent la Regle de S. Auguſtin; on y conſerve du bois de la vraie Croix, le corps de la B. Helene *d'All' Oglio*; on y voit le Tableau de Sainte Cecile, chef d'œuvre de Raphaël d'Urbin.

L'Eglife des Servites eſt belle; mais ce qui ſurprend davantage eſt le Couvent où toutes choſes font grandes & magnifiques. Il y a de grands Dortoirs les uns ſur les autres; où l'on voit tout du long les Buſtes qui repreſentent les Religieux de l'Ordre qui ſe font ſignalez en ſainteté ou en ſcience. La Bibliotheque eſt embellie de peintures, remplie de très-bons Livres, le Vaiſſeau en eſt grand, & les efcaliers pourroient être un ornement dans les plus beaux Palais: on y montre une Cruche qui ſervit, dit-on, aux Nôces de Cana en Galilée, lorſque N. Seigneur convertit l'eau en vin. Il y a à l'entour des Arbres & des fleurs qui y font gravées; & l'on ne ſait preciſement de quelle matiere elle eſt.

L'Ordre des Servites fut fondé il y a quatre cens ans ou environ par ſept Florentins, qui ſe retirerent ſur une Montagne à 7. milles de Florence. Ils ont un bien-heureux Philippe dans leur Ordre, mort il y a deux cens ans. Ils le repreſentent avec la Thiare aux pieds, à cauſe qu'il ſe retira dans les deſerts de peur d'être Pape. Ils ont encore S. François de Sienne à Sienne, mais S. Pellegrin qui étoit auſſi de cette Ville, eſt à Forli.

L'Eglife de S. Etienne eſt une des plus confiderables de la Ville, pour le grand concours de monde qui y va continuellement, & qui y eſt attiré par les Reliques. Elle eſt fort ancienne, & l'on tient qu'elle fut

fut bâtie pas S. Petrone parent de l'Empereur Théodose.

Elle est divisée en quatre parties. Dans l'une est le Sepulchre de Marbre de S. Petrone enrichi de bas-reliefs & environné de Colomnes. Il a la forme du Sepulchre de N. Seigneur, dont il y a même quelques Morceaux. Dans une autre est le corps de S. Isidore Evêque de Seville, & les corps des trois Maries. Dans une autre repose le corps de S. Florian Patron de la Ville & Martyr, qui y est representé en bas-relief, autour du tombeau où il est, avec quarante autres Martyrs. Dans le dernier enfin est le corps de Ste. Julienne, & dans une Chapelle l'on honore les Tombeaux de S. Vital & de S. Agricole Boulonnois. Leur Martyre est representé en peintures dans cette Chapelle.

Les trois plus belles ruës de la Ville sont celle de S. Donat, la grande ruë, & celle de S. Etienne outre que les portiques qui sont autant de Galeries, en sont fort beaux, la largeur & la longueur en est considerable. Elles sont ornées de tous côtez de beaux Palais où il fait beau voir les perspectives que l'on découvre dans les Maisons en allant par les ruës.

Hors la Ville l'on honore une Vierge faite par S. Luc: on la voit dans la Chapelle de *Montegardia*. Elle fut apportée par un Catholique de la Ville de Constantinople où elle étoit auparavant.

Les Chartreux sont à un mille de la Ville. Leur Cloître, leurs appartemens, & leurs Jardins sont spacieux. Ils ont un Canal de la Riviere du Reno, lequel fait quantité de petits ruisseaux dans le Jardin, qu'ils rendent fort fecond. L'Eglise est belle. En entrant elle se forme en Croix; aux deux côtez sont deux Chapelles ornées de beaux quadres de peintures. L'un represente la Communion de S. Hierôme faite par un Carache, & l'autre une Assomption. A l'entour sont cinq grands quadres de peintures les plus exquises, & des Peintres les plus fameux: il y a de beaux tableaux autour de la Nef, & du Chœur; mais on admire sur tout, le Couronnement d'épines de N. Seigneur & la Flagellation, ouvrages des Caraches.

L'Eglise des Mendians pour les excellentes Peintures, surpasse sans comparaison toutes les autres. Ce sont tous chef-d'œuvres des Peintres les plus fameux de l'Italie. Les deux Tableaux dont l'un represente N. Seigneur mort, & l'autre Job retabli dans ses richesses, & plusieurs personnes qui lui viennent apporter des presens, sont du Guide, & celui qui represente N. Seigneur appellant S. Mathieu à l'Apostolat, est de Carache, outre plusieurs autres.

Le Palais du Marquis de Cespi, est une chose à voir. Entre une infinité de Peintures & d'autres raretez qui sont dans une Galerie, & dans les Chambres, on y trouve les trois chef-d'œuvres de Guide, dont l'un represente Joseph arrêté par son manteau : un autre S. Sebastien ; le dernier la Mort & la Vie sur une même personne. Les deux quadres qui representent deux païsages, sont de *Rosa* Espagnol; & celui où un Maitre presente un Miroir à son Ecolier pour lui donner connoissance de

soi-même est de Baptiste Volaterra. On voit aussi un Miroir où des fleurs sont peintes avec un grand artifice. Le Cabinet fait de Pierres precieuses est une chose tout à fait magnifique, même l'argenterie que l'on voit au dessus, ne lui donne pas un petit éclat.

Le Palais du General Caprara est un des plus beaux de la Ville. Nous parlerons ci-après de celui de Celesi à l'occasion de l'Institut.

L'Eglise de St. Petrone la plus grande Eglise de Bologne est remarquable à cause de la Meridienne que le celebre Cassini y a tirée. C'est une Ligne marquée sur une lame de Cuivre enchassée dans le pavé & longue de deux cents vingt deux pieds. L'Eglise étant à peu près située Est & Ouest il se trouve que cette Ligne commençant à l'entrée de la grande Nef à main gauche rencontre un juste passage entre les Piliers & traverse sans obstacle presque jusqu'à l'extremité de la petite Nef. Justement au midi de la ligne à la voute de cette derniere Nef a une petite ouverture par où vient un rayon de Soleil & il arrive que ce rayon marque sur la ligne le Solstice & les Equinoxes.

[a Misson l.c

Entre les Tours remarquables de la Ville de Bologne, celle qu'on apelle d'Asinelli l'emporte par sa hauteur qui est de 376. pieds. Elle fut faite l'an 1109. par Gerard Asinelli. Mais la Tour de Garisende est la plus regardée quoi qu'elle n'ait que 130. pieds d'elevation parce qu'elle n'est pas achevée. Elle fut bâtie par Othon & par Phil. Garisende l'an 1119. elle panche de neuf pieds hors de dessus ses fondemens. Les avis sont partagez sur ce fait, & on doute si elle a été ainsi bâtie exprès par l'Architecte, ou si elle est devenue ainsi penchante avec le temps. Misson doute qu'elle ait panché au commencement : cela, dit-il, n'a point été bâti pour servir d'ornement & il n'étoit pas question de faire le bel esprit quand on l'eleva, il étoit plus à propos de songer à lui donner de la solidité que des airs panchez qui ne signifient rien ; d'ailleurs ce n'est point une chose qui soit si difficile de bâtir une tour qui soit un peu penchante, comme on peut facilement l'éprouver en mettant en pile les Dames d'un Tric-trac.

Les pierres luisantes que l'on appelle pierres de Bologne se prennent à trois milles de cette Ville au bas du Mont Paterno, on trouve aussi en plusieurs autres endroits d'Italie. Elles sont blanchâtres en dehors avec quelques points brillans, grosses comme un Oeuf mediocre & ordinairement plus petites. Ces Pierres étant cassées, le dedans est brillant & fort semblable à du Talc qu'on trouve aux endroits où l'on fait le plâtre. Elles servent à plusieurs Experiences physiques qui paroissent n'être que de pure curiosité, mais qui servent pour les consequences qu'on en tire à devoiler le mechanisme de la Nature.

Le superbe Palais Celesi est devenu un des plus grands ornemens de Bologne & de l'Italie. J'ai déja dit que la Ville de Bologne avoit été anciennement fameuse par le surnom de MERE DES ETUDES qu'elle conservoit depuis plusieurs Siécles. Après la renaissance des Lettres en Italie les principales

Vil-

Villes d'Italie formerent des Societez litteraires. Bologne eut la sienne qui prit le nom de *Gli Inquieti*. Elle avoit été enrichie des ouvrages des plus excellens Peintres & étoit devenue une Ecole fameuse pour les beaux Arts aussi bien que pour les Sciences. Il s'y étoit formé une Academie de Peinture, de Sculpture & d'Architecture. On y a ajouté dans ces derniers temps une nouvelle Société dont le principal soin est de rassembler les Sciences les plus utiles par leur raport mutuel. L'Academie de *Gli Inquieti* a été unie à cette nouvelle Société & n'en fait plus qu'une avec elle sous le nom de l'Academie du nouvel Institut des Sciences. On a joint aussi à ce corps l'Academie Clementine des beaux Arts, de sorte que l'Institut comprend maintenant les Sciences & les Arts & assure à la Ville de Bologne la qualité de Mere des Etudes dans toute l'étendue de sa signification.

Les matieres Philosophiques qui se traitent dans cette Academie sont partagées en six chefs, savoir, la Physique, les Mathematiques, la Medecine, l'Anatomie, la Chimie & l'Histoire naturelle. Elle a entre ses Professeurs qui sont des leçons publiques, des Savans du premier ordre qui enseignent l'Histoire naturelle, l'Hydrometrie, l'Astronomie, les Mathematiques, la Physique experimentale & la Chimie.

Outre ces Academies qui quoiqu'unies ensemble se gouvernent pourtant chacune par des reglemens particuliers qui leur sont propres, il y en a encore à Bologne une autre qui porte le nom de *Gli Otiosi*, par opposition à celle *des Inquieti*. Ces noms où il paroît tant de contrarieté signifient le même penchant pour les Sciences. Les *Oisifs* s'apellent ainsi à cause qu'ils consacrent à l'étude le loisir dont ils jouïssent, & les Inquiets renoncent à l'oisiveté en faveur des Sciences qu'ils cultivent avec un zele infatigable.

[a] *Misson.l.c.* [a] Il faut remarquer que Bologne est le Siége d'un Archevêque & la seconde Ville de l'Etat de l'Eglise. On assure qu'elle est un peu plus grande que Florence, plus peuplée d'un tiers & même plus riche. Après quantité de guerres qu'elle avoit eues avec ses Voisins & après plusieurs divisions intestines qui l'avoient cruellement déchirée, elle se donna au Pape Nicolas l'an 1278. à condition qu'on ne la mettroit point sous le fleau d'une Citadelle ; que les biens de ses Citoyens ne seroient point sujets à confiscation sous quelque pretexte que ce fût, ce qui fait qu'on dit : *Bolognese senza fisco & citadella* ; & qu'elle auroit toujours un Auditeur de Rote & un Ambassadeur à Rome ; clauses qui ont été jusqu'ici fidellement observées.

L'Université de Bologne fut fondée l'an 425. par Theodose le jeune. C'est par raport à cet ancien Privilege qu'elle met sur sa monoye *Bononia docet*, elle y met aussi le mot *Libertas* dans l'Ecu de ses armes.

La petite Riviere de Reno qui y passe ne lui seroit pas d'un grand trafic pour son commerce sans le Canal de communication qui joint cette Riviere au Po. Il y a dans cette Ville quatre cens moulins à soye. Elle fait aussi Negoce de Cire, de Chanvre, de Lin, de Jambons, de Saucissons, de Savonnetes, de Tabac, de parfums. Les petits chiens de Bologne ont été fort à la mode en France & ailleurs.

Les Maisons de cette Ville sont communément bâties de Pierre & de Brique avec un enduit qui couvre le tout : il y en a aussi quelques-unes de Pierre de Taille. Presque toutes les ruës ont de doubles portiques, comme à Padoue, mais ces portiques sont beaucoup plus larges & plus exhaussez. Les ruës sont assez droites, & à mettre le tout ensemble on peut dire que Bologne est une belle & bonne Ville.

BOLONOIS [b], (LE) en Italien IL BOLOGNESE, Province d'Italie dans l'Etat de l'Eglise. Il faisoit autrefois partie de la Romagne, & prend ce nom de Bologne sa Capitale. Il est borné au Nord par le Duché de Ferrare, à l'Orient par la Romagne, au Couchant par le Duché de Modene & au Midi par la Toscane dont le mont Appennin la separe. Le Pays est très-agréable & très fertile en toutes choses, mais il n'a point d'autre Ville considerable que sa Capitale. Il est d'ordinaire gouverné par un Cardinal Legat de la part du Pape. [b] *Baudrand Ed. 1705.*

BOLSENA [c], petite Ville d'Italie dans le Patrimoine de St. Pierre, connue des Anciens sous le nom de VULSINII, ou VOLSINII. Voiez VULSINII. Elle est près du Lac auquel elle donne son nom, sur son bord Septentrional, aux confins du territoire d'Orviete, sur la route de Siene à Rome. C'étoit autrefois le Siége d'un Evêché qui a été transferé à Orviete. Elle en est à dix milles au Midi, à neuf milles d'Acquapendente & à six milles de Montefiascone. [c] *Ibid.*

BOLSENA, (Lac de) Lac d'Italie dans le Patrimoine de St. Pierre. Voiez au mot LAC son Article particulier.

BOLSWERT [d], ou Bolswart, Ville des Provinces unies, dans la Frise, au Comté de Westergoe, à deux lieues & demie de Franecker & à deux petites lieues du Zuiderzée. [d] *Dict. Geog. des Pays-Bas.*

BOLTON [e], petite Ville d'Angleterre au Comté de Lancastre, environ à vingt milles de cette Ville au Midi en allant vers Chester, & à cent quarante-six milles de Londres. [e] *Baudrand Ed. 1705.*

BOLUDUI, (LE) c'est, selon Mr. Baudrand, une Riviere d'Espagne au Royaume de Grenade. Elle a, dit-il, sa source vers Tresignano, passe à Santa Cruz & sous Tergue reçoit la Riviere de Marchena : ensuite prenant le nom de Rio d'Almeria passe à Almeria où elle se jette dans la Mediterranée.

§. Cette Riviere n'est connue que sous le nom de Riviere d'Almeria. Sa source est marquée auprès de Fañana par Mess. Sanson & de l'Isle qui ne la nomment point : ce dernier met sur ses bords un Village nommé ALBOLODUI. Le premier en met plusieurs de suite, savoir Dona Maria, Albolodui, Santa Cruz, Venta d'Alcober, Terque, & lui joint une Riviere grossie de plusieurs autres au dessus d'Alhambra la Seca, avant que de la faire arriver à Almerie. Mais il ne nomme aucune de ces Rivieres, Mr. de l'Isle fait entrer cette seconde Riviere au dessus d'Albolodui.

BOLUM, Ville d'Asie dans la Persarmenie, elle étoit aux Laziens & voisine de la Ville de Theodosie selon Procope [a].

[a] *Persicor. l. 1.*

1. BOLURUS, Ville de Grece dans la Thesprotie, selon Etienne.

2. BOLURUS, Ville des Tralliens dans l'Illyrie selon le même. C'est peut-être la BOLERUS de Cedrene & de Curopalate, selon Ortelius.

BOLYCA, Etang de Grece dans la Macedoine près de la Ville d'Olynthe, dans lequel se jettoient deux Rivieres, savoir, Amnites & la Riviere d'Olynthe, à ce que nous apprend Athenée [b]. Ortelius met BOLICA dans l'ordre alphabetique quoiqu'il donne pour le nom Grec ΒΩΛΥΚΗ.

[b] *l. 8.*

1. BOLZANO [c], Ville d'Allemagne au Comté de Tirol & dans le petit pays d'Etschland. Les Habitans la nomment POZZEN ou BOZZEN, ce sont les Italiens qui l'appellent Bolzano. Elle est sur la Riviere d'Eisoch qui se rend dans l'Adige deux milles pas plus bas. Elle est presque au milieu entre Bressenon au Nord & Trente au Midi, à six milles d'Allemagne de chacune, & à même distance du Mont Verner; & à douze milles d'Inspruck.

[c] *Baudrand Ed. 1705.*

2. BOLZANO [d], Bourg d'Italie dans l'Etat de Venise, au Vicentin, à deux lieues ou environ de la Ville de Vicenze, du côté du Levant.

[d] *Ibid.*

BOMAREI, ancien Peuple d'Asie, vers la Margiane, selon Pline [e].

[e] *l. 6. c. 16.*

BOMARZO, en Latin *Polymartium*, Château & Bourg d'Italie dans l'Etat de l'Eglise dans la Province du Patrimoine, avec titre de Duché. Il y a un Bourg qui a été autrefois plus grand & est au milieu entre Viterbe au Couchant & Horta au Levant, à quatorze milles de Citta Castella en allant à Orviete. C'étoit autrefois une Ville Episcopale.

BOMBAEA, Montagne d'Afrique. Elle étoit creuse, & Synesius [f] dit que l'art & la nature avoient concouru à en faire une Forteresse. Ortelius [g] croit qu'elle étoit auprès de Cyrene.

[f] *Epist. 104.*
[g] *Thesau.*

BOMBAÏM, quelques-uns écrivent BOMBAY; entre autres le Traducteur François du Voyage d'Ovington.

C'est une petite Isle de la mer des Indes, sur la côte de Décan. Elle est située au 19. degré de latitude Septentrionale. [h] Cette Isle tire son nom de la bonté de son port, elle a été decrite par Ptolomée sous le nom de MILIZIGERIS. Avant que de tomber entre les mains des Indiens, elle a appartenu à la Couronne de Portugal, qui la céda à l'Angleterre, en faveur du mariage de l'Infante de Portugal avec le Roi Charles II. en 1662. Elle a été donnée depuis à la Compagnie des Indes Orientales, pour la commodité de ses Vaisseaux, & la facilité de son commerce.

[h] *Ovington Voyages T. 1. p. 125.*

Cette Isle produit une grande quantité de Coco dont on fait un grand débit, mais en recompense il n'y a guéres de bled, ni de Bétail que celui que l'on y porte des lieux voisins; on y en porte même fort peu, encore ne s'y trouve-t-il pas bon. L'eau n'y vaut rien non plus, & tout cela joint avec le mauvais air fait que l'on y perd beaucoup de Matelots & de Soldats. Si l'on a donné le nom d'Isles fortunées à certaines Isles de l'Occident, à cause de la pureté, & de la bonté de leur air, on peut avec raison nommer cette Isle d'Orient, *Isle Infortunée*, parcequ'elle a des qualitez entierement opposées. En effet, soit que ce soit la puanteur du poisson, que l'on met au pied des arbres, au lieu de fumier, qui corrompe l'air, soit que l'air soit lui-même corrompu par les exhalaisons de la terre, il est constant que le séjour de cette Isle est mortel aux Européens. On y meurt si promptement que les Anglois disent comme en proverbe; que deux Moussons font, dans cette Isle, l'âge d'un homme. La quantité prodigieuse de vermine, & d'Insectes que l'on y trouve, fait voir jusqu'à quel point l'air y est corrompu; les Araignées y sont grosses comme le pouce, & les crapeaux ne le sont guéres moins qu'un petit Canard. Les blessures & les contusions s'y guérissent rarement, & s'il arrive quelquefois qu'on en réchappe, ce n'est qu'avec beaucoup de peine & avec un soin extraordinaire. Cette corruption se fait sur tout sentir aux enfans qui par leur délicatesse sont moins capables d'y resister : l'on a remarqué plusieurs fois que de vingt enfans à peine y en a-t-il un qui puisse parvenir à un âge mûr. De la vient la difficulté que l'on a à peupler cette Isle, & l'obligation où l'on se trouve d'y envoyer continuellement de nouvelles Colonies.

Bombay a une Forteresse qui fait sa deffense; elle est construite suivant les regles de l'art, & commande le Port & les lieux circonvoisins. Un des Facteurs de la Compagnie Angloise y reside avec la qualité de Gouverneur: c'est lui qui régle & décide toutes les affaires de l'Isle tant par rapport aux Habitans, que par rapport aux Soldats.

L'Isle est embellie de plusieurs beaux bâtimens, où logent les Anglois & les Portugais; ceux-ci y ont libre exercice de leur Religion, & la liberté de bâtir des Eglises. Les Anglois n'ont pas encore pû parvenir à en avoir une, parceque la guerre qu'ils ont eû avec le Mogol a interrompu la construction d'un bâtiment magnifique qu'ils ont commencé. Ils se servent en attendant d'une chambre où ils font le service deux fois le jour. Les Infidéles aussi bien que les Chrétiens ont la liberté de Religion, & on tolére le Culte Idolâtre. Voici ce qu'en rapporte l'Auteur cité comme temoin oculaire: ,, J'entrai, un jour par hazard, ,, dans un de leurs Temples. Ce Temple étoit ,, si petit à peine pouvoit-il y tenir en mê- ,, me tems neuf ou dix personnes dans le fond; ,, on voyoit par terre l'Idole, qui ne consis- ,, toit qu'en un visage fait d'étain, avec un ,, nez large & écrasé, & des yeux aussi grands ,, qu'un écu. A droite de l'Idole étoit pen- ,, duë une petite bourse destinée à recevoir les ,, Offrandes du peuple; à gauche & fort pro- ,, che de l'Idole, il y avoit un peu de ris brû- ,, lé, que le Barime (peut-être Bramine) lui ,, avoit offert & sacrifié. A l'entrée de la ,, porte, étoit un Trompette qui jouoit pen- ,, dant tout le tems du sacrifice.

La guerre que les Anglois ont eû avec le Mogol a fait beaucoup de tort à cette Isle, qu'elle a fort depeuplée; elle en a ruiné les arbres

BOM BON.

bres fruitiers, & principalement les Cocotiers qui font une bonne partie de la richesse des Habitans.

BOMBI [a], Bourg d'Afrique en Ethiopie au Royaume de Congo, dans le Duché de Bamba. Son Seigneur particulier qui a titre de Marquis est Vassal du Duc de Bamba.

BOMBON, Province de l'Amerique Meridionale au Perou, dans le Gouvernement de Lima, au pied des Andes. Bombon, dit le P. Feuillée [b], est un terrain des plus élevez du Perou, à dix degrez de la Ligne du côté du Sud. Cette Elevation rend ses campagnes extrémement froides & fait qu'il y tombe aussi très-souvent de la grêle. Le Maragnon ou la Riviere des Amazones prend sa naissance dans cette Province d'un grand Lac appellé LAGUNA de CHINEACHOCA qui a environ dix lieues de circuit aux environs duquel les naturels du Pays font leur demeure. Le grand froid rend ce Pays peu fertile, le Mays même qui sert aux Indiens n'y vient que très-difficilement & si la Providence n'avoit pourvû ces peuples de MACHAS, ce Pays resteroit desert. La Province de Bombon depend du ressort de Guanuco Ville bâtie par les Espagnols sur les confins de cette Province. Voiez GUANUCO.

BOMBOS, Riviere d'Asie dans la Cilicie, selon Pline [c].

BOMBYLIUS, ce nom étant employé par Lycophron, Isace son Commentateur assûre que c'est le nom d'une Montagne & d'une Ville de Grece dans la Beotie. Ortelius [d] avertit qu'au lieu de ce mot il y avoit en marge Βαμφύλιας.

BOMI, Βωμοί, Collines de Grece dans l'Etolie, selon Etienne le Geographe. Thucydide en fait mention [e].

BOMI FLAVII. Voiez ARÆ FLAVIÆ.

BOMITE, Ville d'Asie sur le Mont Aman qui separoit la Syrie de la Cilicie, selon Pline [f].

BOMIUM. Voiez BOVIUM.

BOMMEL, Ville des Provinces-Unies des Pays-Bas, au Duché de Gueldre, dans le Betuve, sur la Rive gauche du Wahal, à trois lieues [g] de Bois-le-Duc. [h] Elle étoit autrefois fortifiée mais ayant été prise en 1672. par les François, ils ne la quiterent l'année suivante qu'après l'avoir demantelée.

BOMMELSWAERD [i], petit Pays des Provinces-Unies; on donne ce nom à une Isle qui est enfermée entre la Meuse & le Wahal depuis le Fort de St. André jusqu'au Château de Louwenstein. Elle prend son nom de la Ville de Bommel qui y est située. Mr. Baudrand [k] lui donne treize mille pas de longueur.

BONA, ce nom avec [l] *Campogenestum*, *Sabonarium*, & quelques autres noms de lieux dans la Gaule, se trouvent employez dans la Vie de St. Liboire. Il est fait plusieurs fois mention au Concile de Latran d'un Siége *Bonensis*, mais il étoit en Italie.

BONÆ DEÆ SACELLUM, chapelle: elle étoit en Italie au delà de *Bovilla*, en allant de Rome à Aricie, selon Asconius Pædianus [m].

a Baudrand Ed. 1705.

b Journal des Observations 1 part. p. 423.

c l. 5. c. 27.

d Thasaur.

e l. 3.

f l. 5. c. 22.

g Dict. Géogr. des Pays-Bas.
h Baudrand Ed. 1705.

i Dict. Géogr. des Pays-Bas.

k Ed. 1705.

l Ortel. Thes.

m In Milonian.

BON.

BONÆ FORTUNÆ, Ἀγαθοῦ Δαίμονος, c'est-à-dire l'Isle de la bonne fortune. Isle de l'Ocean Oriental, selon Ptolomée. Ses Interpretes disent que c'est l'Isle de Borneo. Cela ne se peut, car l'Isle dont parle Ptolomée est plus Occidentale que la Presqu'Isle d'au delà du Gange, au lieu que Borneo est plus à l'Orient que cette même presqu'Isle.

BONA MANSIO, lieu dont il est parlé dans le Code [n], & dans le Code Theodosien [o]. Ortelius soupçonne que ce pourroit bien être BONAMASIUM qui étoit à XL. mille pas audessus de Philippes de Thrace, comme nous l'apprenons de la Vie de St. Alexandre Martyr.

1. BONAIR, ou BONAIRES. Voiez BUENOS AYRES.

2. BONAIR, ou plutôt *Bonaire*, en Latin *Bonus Aer*, ou *Bona Area*, petite Isle de la Mer du Nord, sur la côte Septentrionale de la Terre ferme. Cette Isle [p] est la plus Orientale des Isles Hollandoises, & la plus grande des trois qu'ils ont en ces quartiers, quoi qu'elle ne soit pas la plus considerable. Le milieu de l'Isle est à douze degrez seize minutes de latitude. Elle est à environ vingt lieuës du Continent, & à 9. ou 10. de Curaçao. On compte qu'elle a 16. ou 17. lieuës de tour. La rade est au Sud-Oüest, près du milieu de l'Isle. Il y a une Baye d'une raisonnable profondeur. Les Vaisseaux qui viennent du côté d'Orient passent au plus près du rivage Oriental, & mouillent à 60. brasses d'eau, loin de terre de la longueur d'un demi Cable. Mais il faut en même temps qu'ils ayent une chaloupe toute prête pour porter un Cable à terre & l'y attacher; autrement le vent de terre venant pendant la nuit rejetteroit le Vaisseau en Mer; car le fond est si dur qu'il n'y a point d'ancre qui puisse s'y prendre. A environ demi mille à l'Occident de cet ancrage il y a une petite Isle basse, & un Canal entre elle & la terre ferme.

Les Maisons sont à environ demi-mille dans le Païs, vis-à-vis de la rade. Il y a là un Gouverneur avec Commission du Gouverneur de Curaçao, & sept ou huit Soldats, cinq ou six familles d'Indiens. Il n'y a point de Fort; & les Soldats en temps de paix n'ont presque rien à faire qu'à manger & à dormir; car ils ne font jamais de garde qu'en tems de guerre. Les Indiens entendent l'Agriculture, & plantent du Mahis & du bled de Guinée, quelques Yames & Patates: Mais leur principal emploi est d'élever du bétail; car cette Isle est fort abondante en chevres, & on en envoye tous les ans quantité de salées à Curaçao. Il y a des Chevaux, des Taureaux, & des Vaches, mais peu ou point de brebis. Le côté Meridional est bas, & il y a de plusieurs sortes d'Arbres, mais qui ne sont pas fort gros. Il y a une petite Fontaine auprès des Maisons, dont les habitans se servent quoique l'eau ait un petit goût de sel. A l'Occident de l'Isle il y a une bonne Fontaine d'eau douce, auprès de laquelle demeurent trois ou quatre familles d'Indiens; mais ailleurs il n'y a ni eau ni maisons. Du côté du Midi près du côté Oriental il y a un bon Marais salant, où les Hollandois viennent charger de sel leurs Vaisseaux.

n l. 12. tit. 38.
o tit. de E-rogat. Milit. annon.

p Dampier Voyag. T. 1. p. 54.

Tom. I. Part. 2.   Ccc 2   Cet-

Cette Isle est située entre celle de Curaçao & celles d'Aves. Leur situation est parallele à la côte de Venezuela dont elles sont très-voisines.

BONAMASIUM, voiez BONA MANSIO.

BONANDREA, Village d'Afrique en Barbarie au Pays de [a] Barca, avec un assez bon Port, sur la côte de la Mediterrannée à trente-cinq-mille pas de Cairoan au Levant d'Eté. On croit qu'il occupe la place d'APOLLONIE, voiez APOLLONIE 27., & que le Port est le NAUSTATHMUS des Anciens. Mr. Baudrand dit que cette Ville étoit Episcopale, & qu'elle depend de l'Egypte.

[a] Baudrand Ed. 1705.

BONAVENTURA, Baye, Port & Fort de l'Amerique Meridionale au Popayan sur la Mer du Sud. Ce Port, dit de Laet, [b] est situé au fond d'une profonde Baye nommée *Baya de Bonaventura*. Il est à trente lieues de la Ville de Cali dans la nouvelle Grenade sur la hauteur de 3. dégréz & 30. scrupules de la Ligne vers le Nord, selon Herrera. Cette place est habitée de quelques familles d'Espagnols qui y demeurent pour recevoir les Marchandises qu'on y apporte de la nouvelle Espagne, & d'ailleurs, afin de les renvoyer à Popayan & aux autres Villes. Elle est fort humide & mal saine, à cause que tout le Pays circonvoisin est herissé de hautes Montagnes, où il pleut presque toûjours. Ainsi il en sort plusieurs Rivieres qui se dechargent toutes dans la Mer du Sud, & une dans le Port même. Ce Port est caché, & son embouchûre est mal aisée à trouver. On a besoin d'un Pilote expert pour y entrer sans peril. Pedro de Cieça a écrit que comme on ne sauroit se servir de bêtes de charge, à cause que les lieux sont raboteux & très-difficiles, il n'y a qu'un seul moyen pour transporter les Marchandises de là à la Ville de Cali, qui est de se servir des Sauvages. Ces Sauvages, sont si forts qu'ils ont accoûtumé de se charger de fardeaux de trois ou quatre Arobes, & de porter outre cela sur leur dos un homme ou une femme assis dans une Chaise, par les Montagnes & au travers des Rivieres, sans qu'ils en reçoivent aucun profit qui revient entier aux Espagnols qu'ils ont reconnu pour Maîtres. L'Arobe est un poids d'Espagne qui revient à trente-cinq de nos Livres.

[b] Ind. Occid.l.9.c.14.

Voici ce que Coréal [c] dit du Fort qu'il appelle de St. Bonaventure. Nos Espagnols ont, dit-il, fait bâtir un Fort dans cette Bayé, pour assurer la côte en cet endroit-là, & tenir en bride les Indiens des environs. Ce Fort renferme quelques Maisons de Bois assez chétives. Il est defendu par quatre Bastions sur lesquels on a posé quelques piéces de Canon faites au Perou. Mais il seroit necessaire que ce poste très-important fût mieux entretenu d'Hommes & de Munitions, quoi qu'on n'ait peut-être rien à craindre de ce côté-là que de la part des Armateurs. A l'égard des Indiens, il n'est pas difficile de les tenir éloignez. Cette Baye est disposée de telle maniere qu'il seroit aisé de la rendre inaccessible aux Ennemis. Elle a un autre avantage c'est d'être le Port d'Etape de Cali, de Popayan & de Santa Fé & generalement des parties Meridionales de la Terre ferme.

[c] Voyage T.2.p.123.

BONAVISTA, ou, comme écrivent les Portugais, BOAVISTA, Isle de l'Océan Atlantique; c'est une des Isles du Cap-Verd, & la plus Orientale de toutes, selon Mr. Baudrand [d]. Mais Dampier [e] qui se contente de la nommer dit que c'est l'Isle de Salé (du Sel) qui est située à l'Orient de toutes les autres.

[d] Ed. 1705.
[e] Voyage T.1.p.77.

L'Isle de Buena ou Boavista, dit Dapper, [f] est d'Afrique peut-être ainsi appellée à cause qu'en la découvrant on est en Mer, elle paroit fort agréable à la vuë. Son bout Septentrional est à huit lieuës de l'Isle du Sel & le Meridional n'en est éloigné que de sept. Il est facile de la distinguer de celle du Sel, quand on est en Mer par plusieurs Rochers blancs qui sont situez le long de la côte Septentrionale que l'on decouvre d'assez loin, ce que l'Isle du Sel n'a point de ce côté-là. Elle est un peu plus élevée que celle du Sel & on lui donne vingt lieuës de tour. Toute la côte Orientale de cette Isle s'étend pour la plus grande partie du Sud-est au Nord-Ouest & est toute bordée de Dunes; mais le dedans du Pays est un peu montagneux; il y a une longue chaine de Bancs & de Rochers qui avancent du bout Septentrional vers le Nord-est & le Nord-est-quart à l'Est une demie lieuë, ou, comme quelques-uns veulent, une lieuë entiere dans la Mer, où les vagues se viennent briser avec beaucoup d'impetuosité. Le Vaisseau Narden de la Compagnie Hollandoise des Indes Orientales y échoua l'an 1623. On sauva pourtant du Naufrage l'argent qu'il portoit. Il y a encore un autre banc accompagné comme le precedent de vagues impetueuses qu'on peut reconnoître par des Pierres qui sont au-dessus de l'eau, qui avance de la pointe Meridionale de l'Isle vers l'Orient & l'Est-quart-au-Nord-est une lieuë & demie au delà de cette pointe, où la côte s'étend du Sud-est au Nord-Ouest. La meilleure rade & le meilleur Port de toute l'Isle est sous la pointe qui regarde vers le Sud-Ouest où la côte s'étend de l'Est-Nord-est à l'Ouest-Sud-Ouest, où l'on peut être à l'ancre sur un très-bon fonds de sable, de cinq à seize brasses d'eau.

[f] Afrique p. 497.

BONCHÆ. Voiez BONCHNÆ.

BONCHIS, Ville de l'Ethiopie, selon Etienne le Géographe. Elle étoit près de la troisième Cataracte.

BONCHNÆ, ancien Peuple d'Asie. Etienne les met entre l'Euphrate & le Cyrus. Le Grec porte Βόγχναι.

BONCONVENTO, petite Ville d'Italie dans la Toscane, au Siénois, sur une Montagne, près de la Riviere d'Ombrone, à douze lieuës de Siéne, au Midi, sur le chemin de Viterbe à Rome. C'est en ce lieu que mourut l'Empereur Henri VII. de la Maison de Luxembourg. Mr. Baudrand [g] prend occasion de ce lieu pour nier ce que rapportent plusieurs Historiens, sçavoir que ce Prince fut empoisonné par un Religieux. Il traite de personnes mal informées ou mal intentionnées ceux qui l'ont écrit, & leur reproche de n'avoir pas assez examiné ce qu'en disent les Historiens contemporains qui prouvent le contraire.

[g] Ed. 1705.

BON.   BON.   389

a Corn. Dict. Recherche faite sur les lieux en 1704.

BONCOURT, [a] Bourg de France en Normandie, dans le Diocèse d'Evreux. Il est situé sur la Riviere d'Eure, à deux lieuës de Vernon, & à cinq quarts de lieuës de Pacy, & remarquable seulement par une chose très-singuliere arrivée en ce lieu-là vers l'an 1670. Le feu prit tout d'un coup à la maison d'un Gentil-homme appellé M. du Homme, dont les Ancêtres avoient fondé à perpétuité une Lampe dans la Paroisse dediée à Saint Jean Baptiste. Ce Gentil-homme étant au service du Roi dans les Gendarmes, le soin de la Lampe, qui avoit été toûjours bien entretenuë, fut négligé, & c'est à quoi ceux du Pays ont attribué l'évenement, qui fit tant de bruit en ce temps-là, & dont voici les particularitez selon le rapport qu'en ont fait plusieurs Habitans qui en ont été témoins. Le feu prit d'abord à la tapisserie de la Salle, pendant qu'on dînoit, sans que personne y eût contribué en la moindre chose, & il fut éteint aussi-tôt, sans avoir causé plus de dommage. Quelques jours après il se mit dans le fumier de la Cour, & fut éteint de la même sorte. Environ un mois s'étant écoulé, il prit de nouveau dans un Grenier, où jamais on ne portoit ni feu ni chandelle. Tout le mal qu'il fit ce fut d'endomager un peu le Pignon. Il parut ainsi de temps en temps pendant trois ans & demi dans plusieurs endroits de la Maison; mais toûjours en ceux que l'on observoit le moins, & où il sembloit que l'on ne devoit pas le craindre. Enfin le Sieur du Homme étant revenu chez lui après la Campagne, il prit à la Grange, où par bonheur il n'y avoit ni paille ni grain. Delà, il se mit sous les pieds de ses chevaux, qui étoient dans une écurie fort éloignée, & ensuite alla brûler deux petites Maisons de l'autre côté des murailles, & ne fit point d'autre tort dans tout le Village; les Chevaux même ne furent que legerement endommagez: quoi qu'on le vit souvent paroître, il n'avoit pas la violence de feu ordinaire, & on l'éteignoit facilement. Quelques-uns disent que la Maison fut abandonnée, & d'autres assurent que non. Ce qu'il y a de certain c'est qu'elle est habitée presentement, sans qu'on y ait vû depuis ce temps-là aucune marque de feu. La Lampe est entretenuë à l'ordinaire dans l'Eglise de la Paroisse.

Mr. Baudrand ne trouve rien que de naturel dans ce feu-là. Voici comment il raconte le fait avec des circonstances bien differentes. Les quatre années dit-il, qui precederent l'an 1670. il y regna une espece de feu volage, ardent, & puant, de couleur bleuë, qui se prenoit à toutes sortes de matiere combustible. Il brûla en divers temps tout le Village, à la reserve de deux ou trois Maisons; il brûla aussi un petit Hameau composé d'une douzaine de Maisons. On peut voir par les recherches que Mr. Corneille a fait faire sur les lieux que la relation de Mr. Baudrand exagere fort les dommages causez par ce feu. Ce dernier ajoute, Cet accident n'est pas singulier; l'année passée, (c'est-à-dire vers la fin du siécle passé)

un semblable feu consuma une partie des Arbres du Clos de l'Abbaye du Bec en Normandie. On crut que c'étoit le feu du tonnerre qui s'étoit attaché aux racines des Arbres. On l'éteignit en faisant un grand Fossé où l'on jetta beaucoup d'eau.

BONDELIA, ancienne Ville d'Italie dans la Toscane dans les Terres, selon Ptolomée. [b] Ses Interpretes doutent si ce n'est point la *b l. 3. c. 1.* **BODERIA** d'Antonin.

BONDENO, Bourg d'Italie au Duché de Ferrare à l'endroit où le Panaro se jette dans le Po, à neuf-milles [c] au-dessus de la Ville de *c Baudrand* Ferrare vers le Couchant. Quelques-uns écri- *Ed. 1705.* vent aussi **BUONDENO**.

BONDICOMAGUS, c'est ainsi [d] qu'on *d Ortel.* lit à Rome dans une ancienne inscription, au *Thesaurus.* lieu qu'on lit dans Pline [e] **BODINCOMAGUM**. *e l. 3. c. 16.* C'étoit l'ancien nom d'un Bourg nommé ensuite **INDUSTRIA**. Le R. P. Hardouin donne ainsi sur l'autorité de Chorier l'Etymologie de ce nom: *Inc*, dit-il, veut dire *sans*, & *Bod*, signifie *la fin*, nous disons presentement le *bout*; ainsi ces deux mots *Bodinc* signifient sans fin, sans bout, ou sans fond, ce qui revient aux mots latins *Fundo carentem significet* de Pline qui pretend que les Habitans de la Ligurie nommoient *Bodincus* la Riviere. La terminaison *Magum est* commune. Voiez INDUSTRIA.

BONDINUS. Voiez **BUDINUM**.

BONDITRA[f], *Βονδίτρη*, Siége Episcopal *f Ortel.* dont il est fait mention dans les Ordonnances *Thesaur.* Pontificales des Empereurs d'Orient.

BONDONIZA, ancienne Ville des Locres Epicnemidiens, connue anciennement sous le nom de **SCARPHIA**. Elle étoit en Grece au fond du Golphe de Zeiton, elle a été entierement engloutie par un tremblement de terre.

BONDOUR, Ville d'Asie dans la Natolie, dans les terres, au Nord Occidental du Golphe de Satalie, au Midi d'un Lac appellé Agi Gueil, ou Lac amer.

Le Sr. Lucas parle de ce Lac ainsi dans son Voyage dans l'Asie Mineure: [g] Ce Lac nom- *g T. 1. p.* me **AGIGUEUL** a bien 80000. Pas de tour & *240.* est plus long que large, ce qu'il a de particulier, c'est que l'eau en est amere & qu'il n'y a aucun poisson. L'on remarque même que quand les Rivieres qui se jettent dans le Lac y en amenent quelques-uns, ils meurent sur le champ. Il seroit assez difficile d'en assigner la veritable cause. On dit qu'il croît au fond certaines herbes qui font ainsi mourir le Poisson. En general les gens du Pays regardent ce Lac comme un lieu maudit & rendu tel par une punition celeste. Ils disent qu'à la place de ce Lac étoit autrefois un Pays fertile, bien habité, & où il y avoit plusieurs belles Villes; mais que les habitans ayant porté leurs crimes au comble, Dieu les a abîmez & ensevelis sous les eaux dont l'amertume est une marque qu'elles portent encore de la vengeance divine. Il parle ensuite de la Ville. Elle n'est pas, dit-il, peuplée à proportion de ce qu'elle devroit l'être, mais elle ne laisse pas d'être jolie. Il la décrit plus amplement dans son Voiage de Turquie en Asie [h]: La Ville *h T. 1. p. 174.* de Bondour est, dit-il, située au pied des Mon-

Ccc 3

tagnes, & il paroît qu'elle a été autrefois bien plus considerable. Les gens du Païs assûrent qu'elle étoit dix fois plus grande, & qu'elle s'appelloit CARAGACIA, & on n'a pas de peine à le croire lorsqu'on sort à la Campagne, où l'on trouve plusieurs ruines dans les Vignes qui sont aux environs; j'y vis un Temple presque entier : mais qui est si enfoncé dans la terre, qu'on n'y peut entrer que par les fenêtres, & un autre où il n'y a que la voute qui paroît. Il y a grande apparence que cette Ville a été detruite par quelque tremblement de terre: ou, selon la tradition du Païs, par un deluge d'eau, qui submergea cette Ville & l'entraina dans le Lac dont je viens de parler, où l'on voit encore des ruines. Comme je voulois savoir la raison pourquoi le Poisson ne pouvoit vivre dans ce Lac ; on me dit que cela venoit de la qualité de l'herbe amere qu'on y trouve en si grande quantité, qu'elle couvre toute la surface de l'eau. Les Habitans du Païs l'appellent l'herbe du Diable, elle me parut à moi une espece de Titimale. J'en arrachai & m'aperçûs qu'en la rompant il en sortoit une especé de lait, ce qui m'obligea à en exprimer assez pour en remplir une petite Fiole. On ne manqua pas de m'avertir que cette herbe étoit très-venimeuse.

BONE, Ville d'Afrique. Voiez BONNE 1.

BONEF, Bourg & Abbaye d'hommes aux Païs-Bas[a], dans le Comté de Namur, sur la Mehaigne. Elle est de l'Ordre de Premontré; à trois lieuës de la Ville de Namur vers le Nord.

[a] Baudrand Ed. 1705.

BONELLE[b], Bourg de France, dans l'Isle de France, à neuf lieuës de Paris, vers le Couchant d'Hyver, sur le chemin de Chartres.

[b] Ibid.

BONENSIS, Voiez BONA.

BONESTABLE, Voiez BONNESTABLE.

BONFATTI[c], Bourg d'Italie au Royaume de Naples dans la Calabre Citerieure près de la Mer Tyrrhéne à trois lieuës de a n Marco vers le Couchant. Quelques-uns croient que c'est l'ancienne HYELA des Brutiens. Voiez ce mot.

[c] Baudrand Ed. 1705.

BONI, ancienne Ville de l'Afrique interieure. Elle fut prise par Cornelius Balbus, au rapport de Pline[d]. L'Edition du R. P. Hardouin porte BOÏN.

[d] l. 5. c. 5.

1. BONI PORTUS. Voiez BON PORT.

2. BONI PORTUS. Voiez au mot PULCHER l'Article PULCHER PORTUS.

BONI-AGRI PORTUS, Port voisin de la Propontide, selon la conjecture d'Ortelius.[e] Il en est fait mention dans l'Histoire Mêlée[f].

[e] Thesaurus.
[f] l. 21.

BONIFACIO, Ville de l'Isle de Corse dans sa partie Meridionale. Cette Ville petite, mais[g] forte & assez peuplée, est située sur une Montagne escarpée au bord de la Mer, qui l'environne en partie, avec un assez bon Port; sur le detroit qui separe l'Isle de Corse d'avec celle de la Sardaigne, & que l'on apelle les *Bouches de Boniface*. Le quartier où est cette Ville est nommé de-là les Monts. La Republique de Genes à qui la Corse appartient a rendu Bonifacio la meilleure Place de l'Isle par ses nouvelles fortifications. Elle fut assié-

[g] Baudrand Ed. 1705.

gée en 1420. par Alphonse V. Roi d'Arragon qui, y étant en personne fut obligé de lever le Siége après y avoir été défait par les Génois, selon Foglieta dans son Histoire de Génes.

BONIMATOUR, Bourg de France, en Poitou, sur la Vienne, trois ou quatre lieuës au-dessus de Chatelleraut & à environ cinq lieuës de Poitiers.

BONIS, Ville de l'Inde en decà du Gange, selon Ptolomée[h].

[h] l. 7. c. 1.

BONIUM, ou BOVIUM, ancien lieu de la grande Bretagne. Antonin[i] en fait mention sur la route depuis l'ancien fossé au Port de *Rituþœ*, qui est presentement, STONAR, & le met entre *Deva*, aujourd'hui CHESTER, & *Mediolanum* aujourd'hui, MEIVOD, à dix mille pas de la premiere & à vingt de la seconde. Mr. Gale dans ses remarques sur l'Itineraire dit[k] que c'est presentement BANCHOR (BANGOR) autrefois Monastere célèbre en Angleterre ; ce mot *Banchor* signifie *Chœur elevé*. La Riviere de Dée traverse presentement ce lieu, ayant changé sa course, ce qui est assez ordinaire aux Rivieres. Il est justement à dix M. P. de Chester, & la charue y deterre souvent des Monnoies Romaines & des Pierres de Massonnerie. On y trouve même, si on en croit Leland, des Os & des habits des 1200. Moines qui y furent massacrez du temps de St. Augustin l'Apôtre de l'Angleterre, comme il est raporté par une Histoire Manuscrite qui se conserve dans la Bibliotheque de l'Archevêque de Cantorberi à Lambeth, sous le titre de Chronique de St. Alban.

[i] Itiner.
[k] p. 54.

BONITIUM, nom Latin d'un lieu de Toscane que Leandre[l] dit être vulgairement appellé POGGI BONZI. Le Biondo[m] nous apprend que Charles I. Roi de Sicile le sacrifia aux Florentins, pour leur faire plaisir au prejudice des Pisans qui l'avoient premierement ruiné, puis rebâti. Les Florentins après cette seconde destruction rebâtirent ce Château que l'on voit presentement au pied de la Colline, sur laquelle il étoit d'abord, mais ils le firent moins grand que le premier. Il fut alors nommé *Poggi Bonzi*, au lieu de POGGI BONITIO, comme l'écrit Platine dans la Vie de Clement IV. Pape. Volaterranus dit que ce lieu appartenoit anciennement aux Sienois.

[l] Descrit. di tutta Ital.
[m] Hist. L. p. 51. fol. verso.

1. BON-LIEU[n], Abbaye de France dans la Marche, au Diocèse de Limoges, sur la Riviere de Tarne, à quatre lieuës d'Aubusson du côté de l'Orient. Elle est de l'Ordre de Cisteaux.

[n] Baudrand Ed. 1705.

2. BON-LIEU[o], Abbaye de France du même Ordre en Guienne, entre la Garonne & la Dordogne dans la contrée que l'on appelle le Païs d'entre deux Mers, à deux lieuës de Bourges vers le Nord.

[o] Ibid.

3. BON-LIEU[p], Abbaye de Filles du même Ordre de Cisteaux, en France, au Diocèse du Mans, à une lieuë du Château du Loir, vers l'Orient Septentrional.

[p] Ibid.

4. BON-LIEU[q], autre Abbaye de Filles du même Ordre en France dans le Forez, au Diocèse de Lyon.

[q] Ibid.

5. BON-LIEU[r], autre Abbaye de Filles du même Ordre, en France, dans le Dauphiné, au Diocèse de Valence.

[r] Ibid.

BONNAIGUE[s], en Latin *Bona Aqua*, Ab-

[s] Ibid.

BON.

a Corn. Dict.

Abbaye de France, au Diocèse de Limoges, Ordre de Cisteaux [a]. Elle fut fondée l'an 1143.

1. BONNE, Ville Maritime d'Afrique en Barbarie, au Royaume d'Alger, dans la Province de Constantine [b]. Lorsque Constantine avoit ses Rois particuliers, ce Port, que l'on croit être l'ancienne Hippone, étoit la Capitale d'une Province de ce Royaume. La Ville d'Hippone bâtie par les Romains & renommée par son Evêque St. Augustin étoit belle & florissante, comme nous le dirons en son lieu à l'Article HIPPO. Les Africains d'aujourd'hui pretendent que Bonne n'est pas la même Ville, qu'Hippone; ayant été prise, reprise & détruite plusieurs fois dans les differentes Guerres, on avoit bâti de ses ruines, une Ville à une petite lieuë de là nommé *Baled el Uined*, ou la place des Jujubes, à cause qu'il y a beaucoup de Jujubiers autour de la Ville que l'on prend à present pour l'ancienne Hippone. Il est assez probable que ce n'est pas la même; car à la distance d'une petite lieuë il y a dans un champ de figuiers, des ruines qu'on dit être de l'Eglise Episcopale de St. Augustin. On voit encore parmi ces Ruines une Statue de Marbre toute mutilée & dont on ne peut connoître la representation. Il y a auprès une source d'une eau très-belle & excellente que les Gens du Païs appellent communément la Fontaine de St. Augustin, de même que les figuiers. Les Matelots Italiens & Provençaux qui y abordent ne manquent pas de boire de cette Eau & de faire leurs Prieres à genoux devant cette Statue mutilée, pour y addresser leurs Prieres à St. Augustin: quelques-uns en rompent de petites pièces pour les garder, ou en détachent & en raclent ce qu'ils peuvent. A chacun de ces figuiers, dont le fruit est très-beau & très-bon, on voit pendre entre les branches des Chapelets de figues ameres & seches. Les Maures pretendent que les Figues ameres attirent toute l'amertume du Figuier & que le fruit en devient plus doux.

Cette Ville de Bonne fut prise sur les Tunisiens & annexée au Royaume d'Alger par Barberousse lorsqu'il s'en rendit le Maître. En 1535. elle fut reprise par les Tunisiens, mais peu de temps après les Algeriens s'en ressaisirent encore & l'ont gardée depuis. Au-dessus de la Ville il y a un petit Fort qui la domine avec une Garnison de 300. Soldats Turcs, sous les ordres d'un Aga qui commande la Place.

La Rade de Bonne où l'on mouille ordinairement est le Port Genois à une lieuë à l'Ouest de la Ville, devant laquelle le Mouillage ne vaut rien, outre qu'il n'y a pas de fonds.

Les Genois vont pêcher du Corail dans une plage qui est à l'Orient du petit Golphe de Bonne.

2. BONNE, Ville d'Allemagne sur le Rhin, dans les Etats de l'Electeur de Cologne dont elle est la residence ordinaire, à trois milles Allemands au-dessus de la Capitale. Cette Ville est ancienne. Corneille Tacite [c] & Antonin [d] la nomment BONNA; comme le premier n'en fait mention que vers la fin de l'Empire de Neron, on pourroit douter si elle étoit plus ancienne; mais on a une Medaille frappée sous Auguste, où elle est nommée COL. JULIA BONNA. Cela fait connoître que c'est d'elle que parle Florus [e] au sujet de Drusus qui vivoit sous Auguste. Il faut lire dans cet Auteur *Bonnam & Gesoriacum Pontibus junxit*, & non pas *Bonnam & Gesoniam cum Pontibus* &c. Il est aussi parlé de Bonne dans la Table de Peutinger & dans l'Histoire d'Ammien Marcellin [f] qui la met au rang des Villes situées sur le Rhin. Voici la description qu'en fait Monconis [g]. Bonn (c'est ainsi qu'il écrit ce nom) est une très-petite Ville, ronde, fermée de Murailles, sans fortifications, dont la porte est à demi-ruinée. Elle ne vaut pas Vaugirard, & c'est pourtant la demeure de l'Electeur de Cologne: sa Maison est fort peu de chose; mais il a au bout de sa Cour un parterre quarré fermé de Murailles où il y a force Orangers & une Fontaine au milieu de quatre Lions de Bronze dressez sur les bords du grand bassin, qui est soutenuë d'un Pilier lequel s'éleve du milieu dudit Bassin, & du milieu de cette coupe sort un assez beau jet d'eau qui retombant dans cette coupe se degorge par quatre tuyaux. Un des côtez du Jardin est une Galerie au bout de laquelle il y a une aussi belle Grotte qu'on en puisse voir, composée d'une infinité de figures faites de Coquillage, grande comme nature, d'hommes, & de Bêtes dans des Niches & dans un Dome qui est au fond de la Grotte où l'on fait joüer une infinité de divers jets d'eau, de Cascades, & d'autres Galanteries. L'Ecurie qui est détachée du Logis, où il y a place pour soixante Chevaux est étroite & n'est pas si grand'-chose qu'on se fait. L'Electeur a un autre Jardin à une demie-lieuë de la Ville. Il en parloit ainsi en 1663. Le Sr. Misson qui y passa vingt quatre ans après n'en parle pas plus avantageusement. Bonn [h] lui a paru qu'une petite Ville assez sale, les fortifications en sont negligées & le Palais de l'Electeur de Cologne qui y fait sa residence ne lui semble qu'une fort mediocre Maison. Il en est repris par l'Auteur des Remarques Historiques & Critiques [i]. Ce dernier trouve que Bonn est une mechante Ville & une bonne Place de Guerre. Il n'est pas entiere dans le Palais, mais l'apparence ne sauroit selon lui être plus belle: Grand Palais d'une structure uniforme, & égale, au moins dehors, & dans lequel le peuple dit qu'il y a autant de Fenêtres qu'il y a de jours dans l'année, comme l'on dit à Rome du Palais de St. Pierre au Vatican, & ailleurs de beaucoup d'autres. Au [k] milieu de la Ville il y a un Marché assez grand & à demi rond. Il y a encore une assez belle Place plantée d'Arbres devant la principale Eglise. C'est une Collegiale assez belle qu'on dit avoir été bâtie par Ste. Helene, Mere de Constantin, sous les noms des deux Sts. Martyrs Florentin & Cassius dont elle trouva les Corps en cet endroit-là. Il y a aussi une petite Chapelle auprès de cette Eglise sous le nom de Ste. Helene. La paroisse de la Ville est assez bien bâtie, mais l'Eglise des Cordeliers passe pour la plus belle de toutes. On trouve encore une petite Eglise d'Observantins proche du Château,

b Laugier de Tassi Hist. du R. d'Alger p. 130. & suiv.

c Hist. l. 4. c. 19. 20. 25. & 77.
d Itiner.

f l. 18. c. 2.

g Voyages T. 3. p. 12.

h Voyage d'Allemagne T. 1. p. 55.

i T. 2. p. 70.

k Joly Voyage de Cologne. Corn. Dict.

teau, où le Prince vient par une Galerie qui est le long des Murs de la Ville, entendre la Messe dans une Tribune menagée au jubé de cette Eglise. A une demie lieuë de Bonne, sur une haute Montagne, au milieu des bois est une petite Eglise bien propre avec un petit Couvent de Servites. C'est un Pelerinage presque semblable à celui du Mont Valerien proche de Paris; il y a sept Stations de cinquante en cinquante pas, où la Ste. Vierge est representée en autant de circonstances douloureuses de sa Vie.

Bonne est située en un endroit plat dont le Paysage est très-agréable & est en partie environnée de Vignes, ce qui ne se voit point plus bas sur le Rhin. Les Montagnes & les bois qui n'en sont pas éloignez rendent le lieu fort propre à la chasse.

§. Les Sts. Florentin & Cassius dont il est parlé dans cet Article sont nommez St. Cassie & St. Florence par Mr. Baillet [a]. Il dit qu'ils étoient détachez de la Legion Thebéenne & envoyez par avance dans les territoires de Treves & de Cologne contre les Barbares. Ils furent martyrisez à Bonne même & leurs Corps y demeurerent. Cette même Ville est nommée VERONA par quelques Auteurs du moyen âge, entre autres dans la Vie de St. Annon.

[a] Topogr. des Saints p. 80.

3. BONNE, petite Ville de Savoye dans le Faussigni [b], sur le Ruisseau de Menoi, entre des Montagnes & à trois lieuës de Geneve vers le Levant d'hyver.

[b] Baudrand Ed. 1705.

BONNE COMBE [c], Abbaye de France dans le Rouergue, à trois lieuës de la Ville de Rhodez du côté du Midi, Ordre de Cisteaux.

[c] Ibid.

1. BONNE ESPERANCE [d], Abbaye de France dans le Hainaut, au Diocese de Cambray, à une demie-lieuë de Binche vers le Midi, Ordre de Premontré.

[d] Ibid.

2. BONNE ESPERANCE [e], (LE CAP DE) voyez CAP.

[e] Ibid.

1. BONNE FORTUNE [f], (L'ISLE DE) Isle d'Asie dans la Mer des Indes environ à trente-cinq lieuës de la côte Occidentale de Sumatra & à vingt-cinq de la ligne Equinoctiale vers le Pole Antarctique.

[f] Ibid.

2. BONNE FORTUNE [g], (L'ISLE DE) Isle de la Mer du Nord, entre les terres Arctiques au Septentrion de la terre de Labrador, dans l'Amerique Septentrionale, où commencent les détroits de Hudson & de Davis.

[g] Ibid.

BONNESTABLE [h], Ville de France, dans le Maine, à cinq lieuës du Mans sur le chemin de Rouen. Elle portoit autrefois un nom tout opposé à celui qu'elle a aujourd'hui, car on la nommoit MALESTABLE, ou *mauvaise Auberge*, pour marquer que c'étoit un mauvais gîte & un lieu où les Voyageurs ne trouvoient point toutes leurs commoditez. La Jurisdiction s'étend sur quinze Paroisses. La Ville contient six cens quatre-vingt quatorze feux & on y compte jusqu'à trois mille Communians. Les marchez ordinaires sont fort frequentez & on y fait un grand trafic de Bleds.

[h] Piganiol de la Force Desc. de la France T. 5. p. 148.

BONNEVAL [i], Ville de France dans la Beausse, avec une belle Abbaye de l'Ordre de St. Benoît, au Pays Chartrain, sur le Loir, à trois lieuës de Châteaudun en allant vers Vendôme.

[i] Baudrand Ed. 1705.

BONNEVAUX [k], Abbaye de France en Dauphiné, Ordre de Cisteaux, au Diocèse de Vienne. Elle a été fondée par le Pape Calliste.

[k] Baillet Topogr. des Saints. p. 364.

1. BONNEVILLE [l], petite Ville de Savoye, au Faussigni, dont elle est la Capitale, avec un ancien Château sur la Riviere d'Arve. Elle est dans le bas Faussigni, à deux lieuës au-dessous de Cluse, & à quatre d'Anneci vers le Levant.

[l] Baudrand Ed. 1705.

2. BONNEVILLE, petite Ville de Suisse, dans l'Evêché de Basle, au Midi & au bord du Lac de Bienne [m]. Elle est petite, assez jolie, & occupe une Plaine étroite serrée entre le Lac & la Montagne, à trois lieuës de Neuchâtel. A côté de la Ville est le Château de l'Evêque qui y tient un Châtelain. Les Bourgeois ont de beaux Privileges, mais moindres que ceux de Bienne. Ils ont leur Conseil, leur Chef de Police, leur Bandoret & autres Officiers & le Peuple y est fort fier & fort jaloux de sa liberté. Du temps que le Pays étoit de la Religion Catholique, cette Ville & celle de Bienne dépendoient pour le Spirituel de l'Evêché de Lausane qui s'étendoit jusqu'à Pierre Pertuis; mais depuis l'établissement du Calvinisme, cela n'est plus. Ces deux Villes suivent la Religion Reformée.

[m] Delices de la Suisse T. 3. p. 561.

1. BONNY [n], ou BONY, petite Ville de France, de la Puisaye ou du Gastinois, à l'Embouchure de la Riviere de Bonny dans la Loire, environ à trois lieuës au-dessus de Briare.

[n] Baudrand Ed. 1705.

§. Ce n'est tout au plus qu'un Bourg.

2. BONNY, petite Riviere, ou Ruisseau de France, dans le Gastinois, dans l'Election de Gien. Elle a sa source dans une Forêt au Couchant de St. Fargeau, passe aux Villages de Lavaux & de Faverelles, & à Bonny, où elle se jette dans la Loire.

BONOCHÆMÆ, Βονοχαῖμαι, ancien peuple de la Germanie selon Ptolomée [o].

[o] l. 2. c. 11.

BONOE [p], (prononcez *Bonou*) Mr. De l'Isle écrit BONOU; petit Pays d'Afrique dans la haute Guinée, sur la côte d'Or dans les terres, il a le petit Acanis au Nord, celui de Dinkira au Levant, celui de Guifaro au Midi, & celui de Vanqui au Couchant. Il est peu connu.

[p] De l'Isle Atlas.

1. BONONIA, Ville d'Italie, voyez FELSINA & BOLOGNE qui sont ses autres Noms.

2. BONONIA, Ville de la Basse Pannonie. Il en est fait mention dans l'Itineraire d'Antonin, dans la Route le long du Danube entre Cuss & Cucci, à seize milles de l'une & de l'autre. Ammien Marcellin [q] parle aussi & dit qu'elle étoit à dix-neuf mille pas de Sirmium. Simler croit que c'est Bonmonster sur le Danube. Lazius qui est du même avis dans un endroit, doute ailleurs si ce ne seroit point Sophie.

[q] L. 21. 203 ed. Lindebr.

3. BONONIA, Ville de la Haute Pannonie, mais sur la Drave, selon Ptolomée [r].

[r] L. 2. c. 15.

4. BONONIA, Ville de la Dacie Ripense, ou sur le Danube. Il en est fait mention dans le livre des Notices.

5. BO-

BON. BOO.

a Itiner.

5. BONONIA, Ville de la Haute Moesie. Antonin ^a la met sur la Route de Viminiacum à Nicomedie entre Dorticon & Ratiaria, à XVII. M. P. de la premiere & à XVIII. M. de la seconde.

BONPORT, Abbaye de France en Normandie, elle est de Bernardins de l'Ordre de Cisteaux ^b, & est située à trois lieuës de Roüen, sur le Rivage de la Riviere de Seine, du même côté que le Pont de l'Arche, dont elle n'est éloignée que d'un petit quart de lieuë. Elle fut fondée l'an 1190. par Richard I. Roi d'Angleterre & Duc de Normandie. Il lui aumôna de grands biens en Fiefs Nobles & en Baronnies. Cette Abbaye est grande, dans son Eglise dédiée à nôtre Dame, dans ses bâtimens, dans son enceinte, dont les murailles sont flanquées de tourelles. Il y a beaucoup d'argenterie pour le service de l'Autel, & la Sacristie est ornée d'une menuiserie qu'on estime, & dont la ferrure est très-propre. Sa situation accompagnée d'une vuë charmante, est dans une vallée qui produit des grains, des herbes pour les teintures, & du Chardon pour peigner les étoffes de laine.

b Memoires dressez sur les lieux en 1702.

BONTÆ, & TABÆ, ou TAPÆ, Jornandes ^c nomme ainsi les deux seuls passages pour entrer dans la Dacie ; ce qui fait juger que ce doit être ceux de ROTTENBOURG & de BROSS. Voiez Lazius ^d dans son Livre de la Republique Romaine. Voiez aussi l'Article TAPÆ.

c Ortel. Thes.

d Sect. 12. c. 2.

BONTUDA ^e, Ruines de la Basse Hongrie près de la Ville de Komore. On croit que c'est la Place d'une ancienne Ville qu'on nommoit *Bregatium*, *Bregitio*, ou *Bergemio*; que d'autres mettent à Komore ou à Strigonie.

e Baudrand, Ed. 1705.

BONUSTENSIS, Siége Episcopal d'Afrique dans la Province Proconsulaire, comme nous l'apprend la Notice Episcopale d'Afrique, où se trouve *Cyprianus Bonustensis*. Il est aussi parlé dans la Conference de Carthage ^f de *Rufinien* Evêque de ce même lieu.

f p. 268. Ed. Dupin.

BOOL, petite contrée d'Afrique dans la Nigritie, sur la côte de l'Océan, près des Barbecins; on l'appelle autrement le PORTUDAL à cause qu'il y a un bon port. Voiez PORTUDAL.

1. BOON, *Boῶν*, Port de la Cappadoce sur le Pont Euxin entre Cotyora & le Promontoire de Jason, selon Arrien ^g.

g Peripl.

2. BOON, Village de l'Ethiopie, près du Nil à l'Occident de ce fleuve, selon Ptolomée ^h.

h l. 4. c. 7.

BOONESCHANTS, Fort des Provinces-Unies ⁱ dans la Province de Groningue, vers les Confins du Comté d'Embden, environ à une lieuë du Golphe de Dollaert du côté du Midi.

i Baudrand, Ed. 1705.

BOONETA, lieu particulier de la Ville de Lacedemone, selon Pausanias.

BOOSCEPHALA. Voiez BUCEPHALA.

BOOSCOETÆ, voiez GERMANICOPOLIS.

BOOT, Isle d'Ecosse dans sa partie Meridionale dans le Golphe de Cluyd, entre le

BOO. BOP. BOR. 393

Païs d'Argyle & l'Isle d'Aran. Elle s'étend l'espace de huit milles en long, mais elle n'est pas si large, & est assez peuplée selon le rapport de Timothée du Pont.

BOOTÆ ^k, Hippocrate nomme ainsi un Torrent, mais sans designer en quel Pays il étoit.

k De Morb. vulgar. l. 2.

BOPFINGEN, petite Ville d'Allemagne au Cercle de Suabe. Plusieurs disent BOFFINGUE.

BOPLO ^l, Montagne qui fait partie du Mont Apennin. Une inscription sur le cuivre gardée à Gènes en fait mention.

l Ortel. Thes.

BOPPART ^m, petite Ville d'Allemagne dans l'Archevêché de Treves, au Cercle Electoral du Rhin. Elle a été autrefois Ville libre & imperiale; mais elle fut engagée en 1312. à Baudouin Electeur de Treves par l'Empereur Henri VII. son Frere, & en 1494. elle fut unie à perpetuité à l'Electorat de Treves sous Jean de Bade qui en étoit Archevêque & Electeur. Elle est dans dans le Hundsruck, au pied d'une Colline, sur le bord du Rhin près des Monts de Pedernach & sur les frontieres du bas Comté de Catzenellnbogen, à deux milles Allemands au-dessous de St. Goar, & à cinq de Bingen en allant vers Coblens dont elle est à pareille distance.

m Baudrand, Ed. 1705.

BOPUS, lieu d'Egypte entre Thoenis & Diospolis selon Agatharchide, cité par Ortelius.

BOPYRUS. Voiez NOBOPYRUS.

BOQUERANE ⁿ, petite Isle d'Asie, dans la Mer des Indes, environ à dix lieuës de l'Isle de Borneo vers celle de Mindano.

n Baudrand, Ed. 1705.

BOQUIR, Ville ancienne d'Egypte, dans la Province d'Errif, sur la côte de la Mer, à trois lieuës d'Alexandrie vers le Levant. Voiez BOCHEIRA.

1. BORA, Montagne de la Macedoine. Tite Live ^o en fait mention & met la quatriéme Région de la Macédoine au delà de cette montagne ; de sorte qu'un côté confine à l'Illyrie & l'autre à l'Epire. Ce Mont ne doit pas être le même que le *Boreas* de Vibius Sequester qui étoit dans le Voisinage de Durazzo.

o l. 45. c. 29.

2. BORA, ou BOURA Ville Maritime d'Egypte ^p auprès de laquelle on pêche un Poisson nommé *Kefal*, & que les Italiens appellent *Cefalo*. Ces noms sont tirez du Latin *Cephalus* qui est une espece de Muge des œufs duquel on fait la Boutargue. Ce Poisson & sa Boutargue s'appellent aussi Bori ou Buri, du nom de la même Ville.

p d'Herbelot. Biblioth. Orient.

BORADI ^q, nom d'un Peuple dont il est parlé dans une Lettre de St. Gregoire Thaumaturge. Il semble que ce soit une Nation d'entre les Goths.

q Ortel. Thes.

BORÆTA, Ville de l'Inde au delà du Gange, selon Ptolomée ^r.

r l. 7. c. 2.

BORANI, peuple Scythe, dont parle Zosime cité par Ortelius. Ils avoient leur établissement auprès du Danube & ensuite sous l'Empereur Julien ils passérent le Bosphore & allerent en Asie.

BORBETOMAGUS, ancienne Ville de la Germanie, selon Ptolomée ^s. Elle appartenoit aux Vangions, & quelques-uns ont cru que c'étoit OGERSHEIM, d'autres aiment mieux

s l. 2. c. 11.

Tom. I. Part. 2.   Ddd   mieux

mieux que ce soit Worms. On lit dans l'Itineraire d'Antonin BORBITOMAGUM & BROMITOMAGUM.

BORBO, petite Riviére d'Italie. Elle prend sa source dans le Canave contrée du Piémont & se jette dans le Tanaro à Asti.

BORBONIUM. Voiez BOURBON.

BORBORUS [a], Riviere de Grece dans la Macedoine, où elle couloit autour de la Ville de Pella.

[a] Plutarc. de Exil. & Diog. Laert. in Aristotel.

BORBOTANA, contrée de la Grece, selon Laonic cité par Ortelius.

BORCA, Bourg d'Afrique en Guinée, au Royaume de Biafara, sur la Riviere de Borca. Cette Riviere marquée sur les Cartes du Sr. Tillemont & de Nolin ne se retrouve plus dans celles de Mr. de l'Isle.

BORCANI, ancien Peuple d'Italie dans la Pouille, selon Pline [b].

[b] l. 3. c. 11.

BORCEOS [c], Village de la Palestine, aux confins du territoire de Samarie. On le nommoit aussi ANUATH Ἀνυάθ. C'étoit la Frontiere de la Judée propre au Septentrion.

[c] Joseph. Bell. Jud. l. 1. Egesipp. 3.

BORCH [d], Bourg d'Allemagne dans la Basse Saxe, au Duché de Magdebourg, sur l'Elbe à quatre lieuës de Magdebourg & à six de Tangermunde.

[d] Baudrand Ed. 1705.

BORCHLOEN [e], petite Ville du Païs de Liége au Comté de Looss, ou Looz. Elle est entre Tongres & St. Tron, aux frontieres du Duché de Brabant, à trois milles d'Allemagne de Mastricht, au Levant. Son nom veut dire le CHATEAU DE LOOZ.

[e] Ibid.

BORCKEN [f], Bourg d'Allemagne en Westphalie dans l'Evêché de Munster, sur l'Aa, à six lieuës de Coesfeld vers le Couchant.

[f] Ibid.

BORCKHOLM [g], Bourg & Château de Suede, dans l'Isle d'Oeland, dans la Mer Baltique du côté qui regarde l'Ostrogotland & la Ville de Colmar dont il n'est separé que par un trajet de dix mille pas.

[g] Ibid.

BORCKHOLT [h], petite Ville d'Allemagne en Westphalie, dans l'Etat de l'Evêque de Munster, sur l'Aa, aux frontieres du Païs-Bas.

[h] Ibid.

BORCKLO, ou BORCKELO', Place forte des Provinces-Unies au Comté de Zutphen ; à peu de distance de Lochem. C'est une Seigneurie qui a appartenu aux Evêques de Munster & qui a donné lieu à de grandes disputes.

[i] Hubner Geograph. p. 247.

BORCOBE, ancienne Ville de Thrace dans le Canton des Scythes nommez Aroteres, selon Pline [k].

[k] l. 4. c. 11.

BORCOVICUM, Ville de l'Isle de la Grande Bretagne, selon les Notices de l'Empire. On croit que c'est BARWYCK, ou WARWYCK, dans le Northumberland, & Cambden qui écrit BORWYCK est de ce sentiment.

BOREÆ ANTRUM, c'est à dire l'Antre de Borée, Caverne au voisinage du Tanaïs, selon Plutarque le Geographe [l]. Ortelius juge qu'elle étoit dans la Taurique près du Cap nommé Criu Metopon, ou le Front du Belier.

[l] De flumin.

BOREÆ TAURUS, le même Plutarque dit que quelques-uns ont donné ce nom au Mont Caucase ; Βορέου καίτη. On peut voir dans cet Auteur les raisons fabuleuses qu'il en donne.

BOREADUM COLUMNÆ, Colomnes érigées par Hercule dans l'Isle de Tenos. Apollonius en parle dans son Poëme des Argonautes.

BOREAL, comme les Anciens appelloient Boreas BORE'E le vent de Nord, il s'en est formé l'adjectif Borealis, BOREAL, pour signifier ce qui est du côté du Nord. Ainsi on dit latitude Boréale, pour exprimer les degrez qui se comptent depuis l'Equateur jusqu'au Pole Arctique. Le Borée des Grecs est le même que l'Aquilon des Latins. La Mythologie va chercher l'origine de ce nom dans celui d'un certain Roi de Thrace ; d'autres Grammairiens aiment mieux le deriver du mot ἀπὸ τῆς Βοῆς, parce qu'il soufle avec violence & avec bruit.

[m] l. 1.

1. BOREAS. Voiez l'Article precedent.

2. BOREAS, Montagne d'Epire, dans le Territoire de Durazzo, selon Vibius Sequester.

3. BOREAS, lieu d'Asie dans la Chalcidique contrée de Syrie, selon Ortelius qui n'en parle pourtant qu'avec defiance. Videtur, dit-il. Il a été trompé par un exemplaire vicieux de l'Itineraire.

BORECHS, Village de France dans la Guienne, près de la Ville de Bourdeaux. C'est l'ancienne VORREGIUM ou VEREGINIS VILLA selon Mr. Baudrand.

BOREOSTOMA, Ptolomée nomme ainsi la cinquieme bouche du Danube, c'est la même que Boreum Ostium dont il est parlé dans l'Article DANUBE. Voiez ce mot.

1. BOREUM, Promontoire de l'Isle d'Irlande, selon Ptolomée [n]. Ortelius croit que c'est TELLINGHEAD, d'autres que c'est HELENSHEAD.

[n] l. 2. c. 2.

2. BOREUM [o], Montagne de Grece, au Peloponnese dans l'Arcadie selon Pausanias.

[o] l. c.

3. BOREUM, Port de l'Isle de Tenedos, selon Arrien [p].

[p] Alex. 1.

4. BOREUM, Promontoire d'Afrique dans la Cyrénaïque à l'extremité du Golphe de la grande Syrte selon Ptolomée [q]. Marmol croit que c'est CABO DE TEIONES.

[q] l. 4. c. 4.

5. BOREUM, Riviere & Promontoire d'Asie selon Orose cité par Ortelius.

1. BORGHETO [r], Bourg d'Italie dans le Patrimoine de St. Pierre, sur le Tibre, à dix milles au-dessus de Rome. Cette distance est cause qu'on le nommoit autrefois AD DECIMUM.

[r] Baudrand Ed. 1705.

2. BORGHETO [s], Bourg d'Italie, dans l'Etat de l'Eglise, au Duché de Castro, sur le bord Occidental du Lac de Bolsena à deux lieuës de la Ville d'Acquapendente vers le Midi.

[s] Ibid.

BORGI, Ancien Peuple Asie dans l'Arie selon Ptolomée [t]. Ils étoient voisins des ÆTYMANDRES.

[t] l. 6. c. 17.

BORGO, Ville de Suede en Finlande dans la Province de Nylande, sur la côte Septentrionale du Golphe de Finlande, vis-à-vis de l'Isle de Paling au bord Oriental d'une petite Riviere entre laquelle & celle de Kimen est le Territoire de Borgo à l'Orient de la terre de Raseborg. Elle n'est ni grande

BOR.

de ni bien peuplée, mais elle est ancienne.

a Baudrand Ed. 1705. BORGO-FORTE[a], petite Ville d'Italie dans le Duché de Mantoue, sur le Pô, un peu au-dessus du Confluent de l'Oglio entre la Ville de Mantoue & celle de Nouvellara.

BORGO SAN-DOMINO, Ville d'Italie, au Duché de Parme dans l'Etat de Busseto. Elle a un Evêque Suffragant de l'Archevêque de Bologne depuis l'an 1601. qu'il fut érigé par le Pape Clement VIII. Mr. Baudrand[b] dit que les François l'appellent LE BOURG DE ST. DONIN; elle est à quinze Milles de Parme au Couchant en allant vers Plaisance dont elle n'est éloignée que de vingt Milles.

b Ibid.

c Ibid. BORGO DI SAN PETRO[c]; c'est la Partie de la Ville de Rome qui est au côté Occidental du Tibre, & le quartier où sont le Palais du Vatican & la Basilique de St. Pierre.

d Ibid. BORGO DI SAN SEPOLCRO[d], Ville d'Italie dans les Etats du Grand Duc de Toscane dans l'Ombrie, sur la Frontiere de Toscane, près du Tibre avec un Evêché suffragant de l'Archevêché de Florence. Elle étoit autrefois de l'Etat de l'Eglise, mais le Pape Eugene IV. l'engagea aux Florentins auxquels elle est demeurée depuis & elle appartient au Grand Duc. Son Evêché fut érigé en 1515. par Léon X. Elle est à cinquante Milles de Florence au Levant, & à huit seulement de Citta di Castello.

e Ibid. BORGO DI SESIA[e], Bourg d'Italie au Duché de Milan, & dans le Territoire de Novare sur la Sesia, & aux confins du Piémont & du Territoire de Verceil dont il a fait autrefois partie, à vingt quatre Milles de Verceil, au Septentrion à douze du Lac Major, au Couchant, & à vingt de Novare.

f Ibid. BORGO DI VAL DI TARO[f], petite Ville d'Italie au Duché de Parme, Capitale de la Principauté de Val di Taro, au pied des Montagnes de l'Apennin. Elle appartenoit autrefois aux Princes de Val di Taro de la Maison de Landi, qui en avoit hérité des Fiesques; mais depuis plusieurs années elle est au Duc de Parme qui s'en est accommodé avec les heritiers. Elle est à trente cinq Milles de Cremone au Midi en allant vers Sarsane dont elle est à pareille distance & à vingt cinq Milles de Bobio au Levant.

g l. 6. c. 28. BORGODI, peuple Ancien de l'Arabie heureuse, selon Pline[g].

BORGUM CENTENARIUM, comme lit Ortelius, ou BURGUM CENTENARIUM, comme porte l'Edition des Notices de l'Empire faite de l'impression du Louvre[h]. C'étoit un lieu de Garnison dans la Valerie Province sur le Danube. Lazius croit que c'est presentement Zentmar & dit que ce lieu est nommé dans l'Itineraire d'Antonin. Il faut donc que ce soit le BURGIUM de cet Auteur.

h Sect. 57.

BORGUS CENTENARIUS. Voiez l'Article precedent.

i Arrian. Peripl. BORGUS, Riviere de la Sarmatie Asiatique où elle se jette dans le Pont Euxin[i]. Stuckius croit que c'est la Riviere BURCA, Βούρκα, de Ptolomée.

k Baudrand Ed. 1705. BORIA[k], petite Ville d'Espagne, au

Tom. I. PART. 2.

BOR. 395

Royaume d'Arragon, sur les Frontieres de la Navarre à trois lieuës de Taraçone au Levant sur le chemin de Sarragosse & autant de la Riviere d'Ebre.

BORICUS OCEANUS[l]. Priscien observe sur ce Vers de Virgile,

l Ortel. Thes.

Oceanum interea surgens Aurora reliquit:

que ce mot signifie la même chose qu'Ethiopique.

BORIIARIUS, ancien lieu de la Thrace, selon Procope[m].

m Ædific.

BORIQUEN[n], Isle de l'Amerique Septentrionale (Mr. Baudrand dit Meridionale & se trompe) à six lieuës ou environ au vent de Port-Ric; à 17. degrés 10'. de Lat. Sept. & peut avoir 8. à 10. lieuës de circonference. Les Flibustiers la nomment aussi L'ISLE A CRABES. Elle est belle & assez grande. Il y a des Montagnes & du plat Païs & par consequent des sources & des Ruisseaux. Les Anglois s'y étoient établis il y a nombre d'années & y avoient déja fait beaucoup d'habitations. Mais les Espagnols connoissant le prejudice que ce Voisinage leur pourroit apporter, firent un armement, les surprirent & taillerent en pieces tous les hommes & emmenerent les femmes & les enfans qui furent dispersez dans Port-Ric & St. Domingue, où ils sont encore aujourd'hui. Cette Isle est à present entierement deserte. Il y a apparence que les Espagnols l'ont habitée autrefois: car il n'est pas possible que les Lizieres d'Orangers & de Citronniers qu'on trouve par tout ayent été plantées & cultivées par les Anglois dans le peu de tems qu'ils y ont demeuré. C'est avec raison que les Flibustiers ont appelé cette Isle, *l'Isle à Crabes*, elle en est toute pleine & on y en trouve de toutes fortes d'espéces. On y trouve aussi & en quantité des Pommes de raquettes que les Anglois appellent Poires piquantes. Il faut être adroit pour les cueillir, & pour les peler, sans se remplir les doigts de leurs Epines, qui sont presque imperceptibles. Ce fruit est tout à fait rafraichissant; il approche plus de la figure d'une Figue que de tout autre fruit. Sa premiere Peau est verte, assez épaisse & toute herissée de petites épines. Il a sous cette peau une envelope blanche plus mince & plus molle, qui renferme une substance d'un rouge très-vif, toute parsemée de petites graines comme les figues. Ce fruit a un gout agréable, sucré avec une petite pointe d'aigreur qui rejouït & qui semble netoyer l'estomac. Il teint l'urine en couleur de sang, sans cependant causer aucun mal. On voit encore dans cette Isle quantité de ramiers, de perdrix, de perroquets, de grives, d'ortolans, d'oiseaux de mer & d'eau douce, des cochons marons, des Lezards & des Tatous. On trouve en differens endroits des Cannes de sucre & des ignames sauvages tant que l'on en veut. C'est dommage qu'un Pays si agréable & si fecond soit abandonné, & que la Politique des Espagnols ne permette pas aux autres Européens de s'y établir; en effet il pourroit à la fin y venir des gens si puissants que leur Voisinage deviendroit incommode & même dangereux pour leur Colonie

n Le P. Labat Voy. aux Isles de l'Amer. T. 2. p. 283.

Ddd 2

Ionie de Port-Ric. Au reste ce lieu est fort sain, les eaux en sont bonnes, les arbres beaux & point chargés de Mousse, les fruits gros & bien nourris & le Gibier gras & d'un très-bon goût.

L'Isle n'a point de port à la verité, mais elle a de bonnes rades, & un acul du côté de Porto Ricco qui pourroit bien tenir lieu de Port.

BORISSOW [a], ou BORYSOW, Ville de Pologne, au Duché de Lithuanie, sur la Riviere de Berezina au Palatinat de Minsky, au Levant d'Eté & à vingt-trois lieuës de la Ville de Minsky. Cette Ville qui a pris & conservé ce nom de Boris, Fils de Polocko son fondateur, a été considerable, mais les guerres contre les Moscovites l'ont presque ruinée. Elle est défendue par un Château.

[a] Baudrand Ed. 1705.

BORISTHENE. Voiez NIEPER, qui est le nom moderne & vulgaire de cette Riviere.

BORKELO. Voiez BORCKLO.

BORKUM, petite Isle des Provinces-Unies du Pays-Bas; à l'embouchure de la Riviere d'Ems, qu'elle partage. Le cours de cette Riviere qui passe au Sud-Ouest est nommé WESTER EMBS, celui du Nord est appellé OOSTER EMBS. Il y a dans l'Isle un Village nommé BORCUM dans la partie Occidentale. Les Anciens ont connu cette Isle sous le nom de FABARIA. Voiez ce mot.

BORMANNI, ancien nom d'un lieu de la Gaule Narbonnoise quelque part vers le Languedoc, selon Pline [b].

[b] l. 3. c. 4.

BORMES [c], Bourg sur la côte de Provence, entre Toulon & St. Tropes.

[c] Baudrand Ed. 1705.

BORMIA, (LA) Riviere d'Italie. Elle a sa source en Piemont, dans les Langues, au Marquisat de Ceves; d'où étant accrue de quelques torrens, elle passe à Acqui, & ayant reçu la Riviere d'Orbe, se rend dans le Tanare au-dessous d'Alexandrie.

BORMIÆ AQUÆ. Cassiodore [d] qui fait mention de ces eaux & dit qu'elles sont utiles aux gouteux, ne dit point où elles étoient. Ortelius dit que Fournier lit BORNITIÆ AQUÆ & demande si ce ne sont pas les mêmes que *Burmienses*, que Baccius & Simler décrivent dans le Voisinage de l'Adda. Ce sont des eaux entre les sources de l'Adda & de l'Oglio, où sont aujourd'hui les eaux de Bormio. Voiez au mot AQUÆ.

[d] Variar. 10.

BORMIO, Ville du Pays des Grisons, les Allemands l'appellent WORMS. Elle est la Principale du Comté de même nom. Elle est [e] située au cœur de ce Comté, au confluent de l'Adda & de l'Isolaccia, dans un Vallon profond, presque au pied des Montagnes. C'est là que demeure le Gouverneur qui y va de la part des Grisons & qu'on appelle le *Podestà*. Cette Ville a souffert plusieurs incendies: néanmoins elle est encore jolie & bien peuplée. Il y a un Archiprêtre avec des Chanoines; c'est aussi la residence de la Magistrature du Pays. Il y a quelques Villages dans le Voisinage qui font une Communauté avec la Ville.

[e] Delices de la Suisse T. 4. p. 679.

Le Comté de Bormio est une des trois parties du Pays des Grisons & en occupe la partie Orientale. C'est une Vallée située entre de hautes Montagnes qui l'environnent de toutes parts, ne laissant qu'une seule ouverture par où l'Adda passe. Ce Comté est partagé en cinq Communautez qui sont,

LA COMMUNAUTÉ DE BORMIO,
LA VALLÉE DE FORBA,
La *Vallée Interieure*,
LA VALLÉE INFERIEURE,
ET LA VALLÉE LUVINO.

La *Communauté de Bormio* comprend, comme on vient de dire, la Ville de Bormio & quelques Villages voisins. La *Vallée Forba* comprend plusieurs Villages, St. Nicolas, St. Antoine, Maglia-Vacca &c. La *Vallée Interieure* comprend deux paroisses, St. Gallo & Pedenuci, chacune composée de deux Villages. Dans la premiere au-dessus du Village de Molina près du grand chemin qui conduit par les Montagnes de Bormio, ou Mont Brajo (*Juga Rhetica* en Latin & *Wormser Joch* en Allemand) dans la Vallée de Munster à deux milles d'Italie au-dessus de Bormio, on trouve des bains chauds dont l'eau est chaude au second degré & salutaire pour la guerison de diverses maladies froides & humides, Catarrhes, Fluxions, Rhumatismes, Apoplexie, &c. Les habitans les appellent les bains de St. Martin à cause d'une Chapelle dediée à ce Saint. La paroisse de Pedenuci comprend entre autres lieux celui de FREEL, ou FERA VALLE, où il y a des mines de fer. On y voit aussi un Champ où il ne se trouve jamais de Fleur. On dit qu'il y eut là autrefois un grand combat contre les Ariens du temps de St. Ambroise, & l'on en a trouvé quelques vestiges, sçavoir des armes de diverses sortes & des ossemens humains d'une taille gigantesque qu'on y a deterrez. La *Vallée Inferieure* comprend Cepina, Murignono, &c. La cinquième est une Solitude agréable à côté du Val de Munster.

Les Grisons envoyent là un Gouverneur ou Podestat pour deux ans. Il preside dans les affaires Civiles & Criminelles & il a ses Lieutenans pour les unes & pour les autres. Les habitans ont de grands Privileges. Ils choisissent tous les autres Magistrats, & pour éviter les brigues ils font leur Election par le sort, se servant de Feves blanches & de noires. Chaque premier jour du mois de Mai il y a une Assemblée Generale du Peuple composée de soixante personnes de Bormio & autant des trois Vallées, mais Luvin n'en donne que trois. Ils élisent deux *Officiali*, (c'est la premiere dignité parmi eux) seize Juges Criminels dont dix sont de la Ville & six des Vallées; & seize Conseillers pour la Police qui sont tous de la Ville. Tous les appels se portent à la Diète des trois Ligues. Ils ont aussi leur Capitaine & Officiers Militaires qui ont cinq cens hommes enrollez sous leur commandement.

BORMITOMAGUS, ou BORBETOMAGUS, ancien nom de la Ville de Worms en Allemagne.

BORN; &

1. BORNA [f], Bourg d'Allemagne, au Cercle de la Haute Saxe, dans la Misnie,

[f] Baudrand Ed. 1705.

sur

BOR.

sur la Riviere de Pleiss, entre Leipsig & Altenbourg.

2. BORNA, ou BURNBA, Village d'Italie au Territoire de Viterbe, Ville du Patrimoine de St. Pierre. Voiez TURRENA AUGUSTALIS.

☞ BORNE, marque fixe & certaine qui sert à terminer un Champ, un Territoire, une Province, un Etat, & à le separer d'un autre. Il y a des bornes naturelles, comme font une Riviere, une Forêt, une chaine de Montagnes, il y en a d'artificielles, comme font des Murailles, des remparts, des fossez, ou même des Pierres de distance en distance; & quelquefois des lignes imaginées depuis un terme dont on est convenu jusqu'à un autre terme. Quelques Pays ont des bornes naturelles, telles sont l'Espagne & l'Italie, qui sont l'une & l'autre environnées par la Mer comme des Presqu'Isles & jointes au Continent, celle-ci par les Alpes & celle-là par les Pirenées. Telles étoient aussi les Gaules lorsqu'elles étoient bornées par le Rhin, les Alpes, la Mer Mediterranée, les Pirenées & l'Ocean. Les bornes de l'Allemagne sont artificielles & ont varié en divers temps. La France qui les a communes avec elle de ce côté-là a souvent éloigné ou raproché ces bornes selon les succès qu'elle a eüs dans ses guerres. Les Bornes des Etats sont sujettes à beaucoup de changemens.

a Baudrand Ed. 1705.

1. BORNE ^a, ou BOURN, Bourg d'Angleterre en Lincolnshire, à dix lieuës de Lincoln & à trois de Peterboroug.

b Ibid.

2. BORNE ^b, petite Contrée de France en Languedoc, sur les confins des Diocèses de Viviers, de Mende, & d'Uzès.

1. BORNEO, Isle d'Asie dans la Mer des Indes & l'une des trois Isles de la Sonde. L'Isle de Borneo, éloignée de Malacca de deux cens quarante milles, est coupée en deux par la Ligne Equinoctiale, & a mille six cens cinquante milles d'Italie de tour. Toutes les côtes en sont occupées par des Mores appellez Malais, qui après plusieurs années de possession y ont établi des Rois. Mais le dedans du Païs est possédé par des Payens appellez BEAJOUS, ausquels la Prédication de l'Evangile n'étoit pas encore parvenuë depuis plus de deux cens ans que le chemin des Indes est ouvert, parceque tout le monde les avoit crûs Barbares, sauvages, & nullement propres à être persuadez. Les Mores sont gouvernez par plusieurs Rois, dont les principaux sont ceux de *Manjar-Massen*, de *Succadan*, qui est Seigneur d'une Riviere où l'on trouve de très-beaux diamans, de Borneo & autres. Les *Beajous* n'ont point de Rois, mais des Princes & d'autres Chefs. Ceux qui sont sujets du Roi de Manjar, ou qui demeurent sur ses confins, lui payent tribut.

Il y a divers Ports dans l'Isle, mais le plus frequenté est celui de *Manjar-Massen*, pour le commerce des drogues, surtout par les Habitans de Macao. Il est formé par une grande Riviere d'eau douce, large de trois milles, & qui a quatorze brasses de profondeur à son embouchure. Si l'on y monte quatre journées de chemin, on trouve trois petites Isles, dont la plus grande a deux milles de longueur, & sur laquelle les Portugais ont dessein de bâ-

BOR 397

tir un Fort pour y établir un Comptoir: les deux autres sont plus petites, proche de terre, & par consequent très-peu propres pour ce dessein.

Tout le Païs est fort fertile & abonde sur tout en Ris, qui est le meilleur de toute l'Asie: pour les fruits, outre la grande abondance ils sont tous differens des nôtres d'Europe, & pour la couleur, & pour le goût & pour la grosseur. Il y a aussi une grande quantité de casse, de cire, de camphre le meilleur du monde, du poivre noir & blanc, qu'on appelle Vatian, qui sert pour la Medecine, de la laque de fourmi, & plusieurs excellentes teintures. Elle produit aussi des herbes aromatiques, des Racines de bois noir, & une autre espece qui sent comme le bois d'Aigle, du Calambouch. Il y a des Forêts prodigieuses où l'on trouve quantité de bois pour bâtir des Vaisseaux, & d'où l'on retire beaucoup de poix & de resine. Ils negligent les Métaux, parcequ'ils ne savent pas les fondre; on y ramasse cependant l'Or en poudre qui se trouve dans le sable de plusieurs Rivieres de l'Isle. Il y a une grande quantité de ces nids d'oiseaux que les Chinois & plusieurs autres Nations estiment tant, qu'ils donnent trois cens Pieces de huit pour un Pico, s'imaginant que cela contribuë beaucoup à la generation & y excite fort. Ce n'est au reste rien autre chose que des Nids que font les Hirondelles (qui sont en Asie de couleur cendrée) dans les fentes des rochers escarpez, & que des gens dans leurs bâteaux, font tomber avec de grandes perches. Ils ressemblent à une pâte très-fine, en sorte que les uns croient qu'ils sont faits de la bave de ces Oiseaux, & les autres de quelque sorte de limon: les Chinois voluptueux achetent pour le même usage, les Nageoires des Requiens que l'on trouve dans les mers aux environs de cette Isle, & les payent quarante Pieces de huit le Pico. Cela est cause que les Mandarins avalent beaucoup d'Or en peu de bouchées, parcequ'ils n'en mangent que les petits Nerfs, comme ils font aussi des cerfs.

Le Païs surpasse tous les autres pour la diversité prodigieuse de ses beaux Oiseaux; & quant aux animaux à quatre pieds qu'il produit, on y en voit beaucoup d'une figure extraordinaire & inconnuë en Europe. Il y en a un entre autres qu'on ne doit pas passer sous silence, que l'on appelle *Beajous*, c'est-à-dire *homme sauvage*, il ressemble fort à l'homme dans toutes les actions exterieures qui marquent quelque passion. Celui que j'ai vû étoit grand comme un Babouin, mais il avoit la panse si grande, que ne pouvant se lever sur les jambes, il étoit contraint de se traîner sur les fesses. Lorsqu'il changeoit de place, il emportoit sa natte avec lui, pour se coucher dessus. On y voit aussi des singes de plusieurs couleurs; les uns rouges, les autres noirs & blancs, qu'on appelle *Oncas*, & qui sont les plus estimez: ils ont une raie noire qui commence sur le sommet de la tête, & descendent sous le menton, forme un cercle assez beau. Il y a encore un autre animal dans l'Isle, qui a une fourure fort semblable à celle du Castor. Les Beajous tirent de ces singes les meilleures

Ddd 3   Pier-

Pierres de Bezoars qui foient au monde. Ils les frappent affez legerement avec leurs dards afin qu'ils ne meurent pas fur le champ : mais pendant que cette plaie les rend foibles & malades la Pierre fe forme dans leurs entrailles & on les tuë pour la prendre.

Les mœurs & la Religion des Beajous font très-remplies de fuperftitions, ces peuples étant fort attachez aux augures. Ils n'adorent point d'Idoles, & les Sacrifices qu'ils font de bois de fenteur & de Parfums font offerts à Dieu feul, qu'ils croïent devoir recompenfer les bons dans fa gloire, & punir les mauvais dans l'Enfer. Ils n'époufent qu'une feule femme; & regardent le manque de foi dans le mariage, tant d'un côté que d'un autre, comme un crime fi haïffable, qu'ils le puniffent de mort, ou les parens le font. Les femmes auffi y font fort modeftes & retirées, fur tout les Filles que leurs Epoux ne voyent jamais avant le jour du mariage, que quand elles leur portent leur Dot. Les Beajous font ennemis du Vol & de la Fraude, & reconnoiffans du bien qu'on leur a fait. Ils vivent entre eux dans une grande charité & union : jufques-là, que lors qu'un homme a récueilli ce qu'il a femé pour fon propre ufage, ce qui fe trouve de refte dans les Vallées & dans les Montagnes, eft commun à tous. Ils ont quelque chofe de noble dans leurs plaifirs, & aiment à acquerir de l'honneur à la chaffe, ils tâchent d'y attraper quelques cornes pointuës, qu'ils poliffent & portent enfuite pour ornement à leur ceinture. Cette ceinture n'eft autre chofe qu'une longue bande de Toile, qui paffant entre les cuiffes, couvre ce que la nature leur enfeigne de cacher, & dont un bout pend par devant, & l'autre par derriere. Les Païfans font des Toiles d'écorce d'Arbres, qui après avoir été lavées & battuës, deviennent auffi douces que du Cotton; mais ces Arbres étant au pouvoir des Malais, les Gentils s'expofent à la tyrannie & aux infolences des Mahometans. Les uns vont le refte du Corps nud, les autres portent un petit pourpoint fait de mêmes écorces, qu'ils teignent de la couleur qu'ils veulent & pour fe garantir la tête du Soleil ou de la Pluïe, ils ont un Chapeau de feuilles de Palmier, fait en pain de fucre, dont les bords font pendans. Les armes, dont ils fe fervent font des couteaux à peu près comme les Cangiares des Mores, & des farbacanes de fix palmes de long, par le moyen defquels ils foufflent de petites Fleches armées de fer à un bout & d'une cartouche à l'autre, ils atteignent ce qu'ils veulent, quoique d'affez loin ; le fer de ces fleches eft fouvent empoifonné avec des herbes, & rend la bleffure mortelle. Ils fe fervent auffi de petites boules de terre, pour tuer les Oifeaux. Les Beajous font bazanez, bien faits & robuftes.

Les Malais qui habitent comme nous l'avons dit, les parties exterieures de l'Ifle, tiennent cette pauvre Nation fous l'oppreffion, font gens fans foi, inconftans ambitieux, traîtres & grands voleurs. Outre les armes blanches, ils ont encore quelques armes à feu, dont ils fe fervent fur Mer. Plufieurs d'entr'eux vont nuds, & quelques autres fe couvrent de la ceinture en bas d'une Toile qui fait comme une demie juppe. Ils n'ont qu'un mouchoir de toile autour de la tête ; mais quand il pleut ils fe fervent du Chapeau de feuilles de Palmier. Leurs maifons font dans des *Paraos* ou barques, comme font auffi celles des Beajous fur la Riviere de Manjar-Maffen, ou bien fur cinq piliers au bord de la même Riviere, pour y pouvoir vivre dans le tems des débordemens. Le Roi de Manjar demeure fort avant dans le Païs, où il mene une vie miferable, fon Royaume ayant été divifé entre plufieurs branches de la famille Royale pour leur donner de quoi pouvoir fubfifter.

2. BORNEO [a], Ville des Indes Orientales dans la grande Ifle de Borneo. Elle eft grande & fort peuplée, fait un grand Commerce par le moyen de fon Port, au fond d'un petit Golphe. Elle eft dans un Marais fur la côte Septentrionale de l'Ifle, bâtie fur Pilotis, avec des Canaux comme Venife.

[a] *Baudrand Ed. 1705.*

BORNHEIM [b], Château des Pays-Bas, au Comté de Flandres, fur l'Efcaut, entre Aloft au Midi & Anvers au Septentrion. Il donne fon nom au petit Pays des environs.

[b] *Ibid.*

BORNHOLM [c], Ifle de la Mer Baltique, au Danemarck, vers la Schoone. Elle n'eft gueres peuplée, & n'a de confiderable que le Château de Sand Hamer & le Bourg de Nex. Elle eft éloignée de quatre milles d'Allemagne de la Schoone. On la croit longue de fept milles d'Allemagne & large de deux.

[c] *Ibid.*

BORNO, Pays d'Afrique dans la Nigritie. Mr. de l'Ifle écrit BOURNOU, & le place ainfi. Il lui donne le Pays de Caour, & le defert de Lumptunes & le defert de Berdoa au Nord; les Royaumes de Gaoga & de Gorhan à l'Orient, les Royaumes de Medra & de Dauma au Midi; ceux d'Ouangara, de Zanfara & de Canum à l'Occident. Ce Pays fe trouve entre le 10. d. & le 20. d. de Latitude Septentrionale & s'étend depuis le 32. d. jufqu'au 41. d. de Longitude. Au Nord-Oueft eft le Mont de Tanton où il y a de très-bonnes mines de fer. Au Nord-eft eft le DESERT DE BORNO ou BOURNOU. Vers le Midi le Pays eft traverfé par le fleuve Niger qui après s'être perdu fous terre au pied d'une Chaine de Montagnes reparoit de l'autre côté, traverfe un Lac que l'on appelle le LAC de BOURNOU, & arrofe BOURNOU Capitale du Royaume de même nom & la feule Ville de ce Pays ; au Nord de laquelle on trouve AMAZEN, SAGRA & SEME-GONDA qui font des Bourgs. En allant de Sagra vers l'Orient on en trouve deux autres, favoir NEBRINA & SAMA. Ce dernier eft fur la frontiere affez près des Royaumes de Gaoga & de Gorhan. Les parties Orientales & Occidentales font habitées par des peuples qui vivent fous des tentes. Quelques-uns Cluvier croient que c'eft la demeure des anciens Garamantes, mais c'eft une conjecture peu prouvée [d]. Cette Contrée confifte en Plaines & en Montagnes qui font fort peuplées, car il y a plufieurs lieux dans la plaine, où l'on trouve des gens fort traitables, c'eft pourquoi plufieurs Marchands étrangers tant blancs que noirs y demeurent. Les Montagnes font remplies de Troupeaux de gros & de menu bé-

[d] *Dapper Afrique, p. 223.*

BOR.

bétail quoiqu'on ne laisse pas d'y semer du millet & d'autres Grains & d'y recueillir du Coton. Les Pasteurs vont tous nuds l'été avec de petits tabliers de cuir, l'hyver ils s'habillent de peaux de brebis qui leur servent aussi à se coucher. Ces peuples n'ont ni Loi, ni Religion & il n'y a parmi eux, ni Juifs, ni Chrétiens, ni Gentils, ni Mahometans. Ils vivent presque comme les bêtes, les femmes y sont communes & les enfans aussi. Ils n'ont point de nom propre ; mais on les distingue par quelque particularité ou quelque deffaut, comme le long, le boiteux, le cagneux, &c. On dit que le Roi de Borno est très-riche & que tous les Utensiles dont il se sert sont de pur Or jusqu'aux brides de ses Chevaux & aux Eperons de ses botes.

BORNOS, ancienne Place forte de Thrace. Ce mot est à l'accusatif Pluriel de BORNI. On lit ce passage dans la Vie d'Alcibiade attribuée à Æmilius Probus. *Id ille ut audivit domum reverti noluit, & se Patara contulit: Ibique tria Castella communivit, Bornos, Bisan, Themeontichos.* Ortelius trouvant ce passage corrompu le corrige ainsi *& se Pactiam contulit, ibique tria Castella communivit Bornos, Bisanthen & Macrontichos.* Ce qui s'accorde avec Plutarque [a] & avec la description de la Thrace par Ptolomée. Ce dernier effectivement nomme de suite *Bisanta* ou *Rhaedestum*, *Macron Tichos*, & *Pactya*, mais il ne nomme point *Borni* qui en devoit être voisin.

[a] in Alcibiad.

BORON, Ville de l'Ethiopie sous l'Egypte, selon Pline [b]. Elle étoit dans les terres.

[b] l. 6. c. 19.

☞ BOROUGH, ce mot veut dire en Anglois un Bourg, & ajoûté à la fin de quelques noms de lieux entre dans la composition de leurs noms propres. Comme PETERBOROUGH, MARLBOROUGH. Cette terminaison Angloise est équivalente à celle de *Bourg* dans les noms Allemands. *Stratsbourg, Mecklenbourg,* &c.

BOROUGBRIDGE [c], Village d'Angleterre au Comté d'Yorck sur la Rivière d'Youre, à quatre lieuës de la Ville d'Yorck : on pretend que ce lieu est l'ancienne ISURIUM Ville des Brigantes.

[c] Baudrand Ed. 1705.

BORRAMA, Strabon [d] nomme ainsi une retraite où des Brigands se retiroient près du Mont-Liban. Ce nom est écrit *Borama* par une seule r. dans l'Edition dont je me sers.

[d] l. 16. p. 755.

BORRIANO [e], Château & Bourg d'Espagne, au Roïaume de Valence & près de l'embouchure de la Rivière de Millas, dans le Golphe de Valence à sept lieuës de la Ville de Valence au Septentrion, en allant vers Tortose.

[e] Baudrand Ed. 1705.

BORRU, Rivière d'Asie, quelque part vers l'Arie, selon Pline [f].

[f] l. 6. c. 23.

BORSALO [g], Roïaume d'Afrique en Nigritie. Il n'est pas loin de la Côte, & s'étend le long du bord Septentrional de la Rivière de Gambea jusqu'à Tantaconde. La Ville ou habitation de Borsalo est au milieu du Païs, à quatre-vingt lieuës de la côte. A l'embouchûre de cette Rivière, on trouve un Village que l'on a nommé *Barra*, à cause que

[g] Corn. Dict. De la Croix Hist. d'Afrique. T. 2.

BOR.

tous les Vaisseaux qui viennent mouiller dans cette côte, sont obligez de donner une Barre de fer au Roi de *Borsalo*. A neuf lieuës de Juala, vers le Midi, est l'Embouchûre de la Rivière qui porte ce même nom de *Borsalo*. Cette embouchûre est fermée par de grands bancs. Il faut remonter quatre ou cinq lieuës le long de cette Rivière, avant qu'on puisse trouver quatre ou cinq brasses de profondeur. La Rive est bordée de force Villages. Quand on a remonté le *Borsalo* jusqu'à quinze lieuës de la côte, on rencontre sur le bord Oriental, proche d'un grand Arbre, qui a quatre brasses d'épaisseur, une belle source d'eau fraîche, où ceux qui demeurent dans les Villages voisins, viennent s'en pourvoir, l'eau du Fleuve étant salée jusqu'à cet endroit, à cause du flux & du reflux de la Mer, qui remonte plus de soixante lieuës dans la Rivière.

BORSCHEID [h], ou BURSCHEID, Village aux Portes d'Aix la Chapelle. Il y a des bains comme dans la Ville, & même on leur attribuë plus de vertu qu'à ceux-là. Il y a une Abbaye dont l'Abbesse est Princesse de l'Empire. Lorsqu'on va d'Aix la Chapelle à Borscheid par la prairie, on passe sur une Chaussée étroite qui separe deux Ruisseaux dont l'un est d'une grande fraicheur, & l'autre si chaud qu'il consume les Plantes que la terre pourroit produire sur ses bords.

[h] Memoires dressez sur les lieux.

BORSIPPA, Ville d'Asie dans la Babylonie. Strabon [i], Ptolomée [k], & Josephe [l] en font mention mais dans Ptolomée elle est nommée BARSITA Βαρσιτα. Strabon dit qu'elle étoit consacrée à Diane & à Apollon, qu'on y faisoit beaucoup de Toiles, & qu'il y avoit une très grande quantité de Chauves souris qui étoient plus grandes qu'ailleurs, qu'on les saloit & qu'on en faisoit des provisions pour les manger.

[i] l. 16. p. 459.
[k] l. 5. c. 20.
[l] contre Apion.

BORT [m], ou BORD, petite Ville de France, dans le Limosin, sur la Dordogne, à l'extremité du Limosin, vers l'Auvergne entre le Port-Dieu & Mauriac.

[m] Baudrand Ed. 1705.

BORTANGE. Voiez BOURTANG.

BORTIA, lieu quelque part vers la Thrace, il en est fait mention dans la Vie de St. Alexandre Martyr, citée par Ortelius [n] qui avoüe qu'il ne sait pas ce que c'est.

[n] Thesaur.

BORTINE. Voiez BURTINA.

BORTNA. L'Auteur de la Vie de St. Boniface Archevêque appelle ainsi une Rivière de Frise, laquelle separe l'Oestergoe d'avec le Westergoe. Ortelius trouve dans son Manuscrit ALMA.

BORUA [o], petite Ville de Portugal dans l'Alentejo en une plaine, à deux lieuës de Villa-Viciosa, avec une Forteresse qui la deffend. Il y a environ quatre cens habitans en une seule paroisse.

[o] Corn. Dict. Descr. Sumar. del Reyno de Portugal.

BORUCTUARII, Peuple ainsi nommé dans la Vie de St. Swibert, ils avoient un lieu nommé VELSENBERCH. Ortelius [p] soupçonne qu'ils étoient vers le Comté de Berg annexe du Duché de Cleves, & ajoûte que ce sont peut-être les mêmes que les Bructeres. Il doute si Brouck entre Duisbourg & Werden ne conserve pas cet ancien nom.

[p] Thesaurus.

BORUSSI, ancien Peuple de la Sarmatie Européenne, selon Ptolomée. C'est aujourd'hui d'hui la Prusse. Voiez ce mot. Le Grec porte Borusci Βορούσκοι.

BORYSA, ancienne Ville du Pont, selon Etienne le Géographe.

BORYSTHENE, (le) Riviere de la Sarmatie en Europe. Voiez au nom moderne qui est le Nieper.

BORYSTHENIS, ancienne Ville de la Sarmatie Européenne selon Pomponius Mela [a]. Cet Auteur dit que le Borysthene après avoir arrosé un peuple de même nom a son embouchure auprès de Borysthenide & d'Olbia, deux Villes Grecques. Voiez l'article suivant.

[a] l. 2. c. 1.

BORYSTHENITÆ, Peuple de Scythie près du Borysthene & de la Mer. Herodote [b] dit que les Grecs établis près de l'Hypanis appelloient ce peuple Borysthenites, mais qu'il s'appelloit lui-même Olbiopolite. Cela est expliqué par le passage de Mela raporté dans l'article precedent. Herodote confond les peuples de deux Villes differentes, ou peut-être le nom de Borysthenites qui étoit propre aux habitans de Borysthenides étoit-il commun à toute la Nation dont Olbia faisoit partie.

[b] l. 4. c. 18.

BOS, Ville de l'Isle de Sardaigne, selon Ptolomée [c]. Elle étoit dans les terres, & Antonin la met entre Corbia & Corni à XXV. M. P. de la premiere & à XVIII. M. P. de la seconde sur la Route de Tibulæ à Sulci. Pline [d] en nomme les habitans Bosenses. Cette Ville garde encore son ancien nom & s'appelle Bosa, dans la Province de Logudori sur la côte de la Mer de Sardaigne, où elle reçoit une Riviere à laquelle elle donne son nom, dans la partie Occidentale de l'Isle. Cela semble ne s'accorder pas trop bien avec ce que dit Ptolomée qu'elle est Ville Mediterranée. Il en faut conclure que si elle l'étoit autrefois, elle a changé de place puisqu'elle est précisément au bord de la Mer, au fond d'un petit Golphe au Sud d'Algheri [e]. Elle a un Château nommé Sarravalle & un assez bon Port; mais elle est très mal peuplée à cause du mauvais air, quoi qu'elle ait un Evêché suffragant de l'Archevêché de Saffari. Elle est éloignée de trente milles d'Oristano au Nord en allant vers Saffari.

[c] l. 3. c. 3.
[d] l. 3. c. 7.
[e] Baudrand Ed. 1705.

BOSARA, Ville maritime de l'Arabie heureuse, selon Ptolomée; quelques exemplaires écrivent Coseude, au lieu de ce nom.

BOSC [f], petite Riviere de France en basse Normandie dans le Cotentin. Elle se forme de plusieurs Ruisseaux qui ont leur source à la Belliere, à St. Sauveur de la Pommeraye & au Correur. Elle passe par Vouclon & tombe enfin dans le fauxbourg de Granville dont elle nettoye le port.

[f] Corn. Dict. Manusc. Geogr.

BOSCAUDON [g], Abbaye de France en Dauphiné, de l'Ordre de St. Benoît ; à une lieuë de la Ville d'Embrun vers le Midi.

[g] Baudrand Ed. 1705.

BOSCHERVILLE, ou St. George de Boscherville, Abbaye de France en Normandie sur la Seine, deux lieuës au-dessous de Rouen. Elle est de l'Ordre de St. Benoît. Il y a de beaux Jardins qui s'élevent en Amphithéatre, une vuë agréable sur la Riviere & sur toute la Campagne.

[h] Corn. Dict. Jouvin de Rochefort Voyage de Malte.

BOSCHETTO [h], (il) Terre de l'Isle de Malte & lieu de plaisance des Grands Maîtres de Malthe, à deux milles de Cittavechia. On l'appelle communément le Bosquet. Il est devenu très-delicieux par les soins du Grand-Maître de Verdale, de la Langue de Provence, qui y fit bâtir un Palais en forme de Château. Après qu'on a traversé une grande cour, bordée du Logement des Officiers, on passe le Pont levis du Château, flanqué de quatre petites tours rondes, par l'une desquelles on monte pour aller à la plate-forme qui le couvre. Ce Château est bâti de grosses pierres de taille que le Canon ne perceroit qu'avec peine. Mais le dedans ne consiste qu'en une grande salle, embellie de quelques tableaux, où il y a quantité d'armes, comme dans quelque petit arsenal, qui tient le milieu des petits Cabinets dans les Tourelles qui sont aux quatre coins de la Salle, d'où l'on a la vuë sur le grand Jardin qui est au pié du Château. Ce Jardin occupe une petite Vallée toute entiere, bordée de Collines qui lui donnent la forme d'une Gondole ; & l'on y descend par une allée d'Orangers, de Cedres, de Citronniers, d'Oliviers & de Figuiers, de plus d'un mille de long, jusqu'à-ce qu'on trouve plusieurs compartimens, qui sont autant de petits Jardins, remplis, l'un d'Arbres fruitiers, l'autre de fleurs, & les autres de quelque chose de particulier. Dans ce même lieu on voit encore son ancien nom & s'appelle une verdure de Printems toute l'année, à cause des eaux qui coulent d'une grote qu'on voit à côté de ce Jardin, enrichie de coquillages, de petits rochers faits au naturel, & de plusieurs figures de Nymphes, de Dauphins & de Sirenes. On monte de là dans un petit Bois, où l'on voit quantité de bêtes fauves, qui rendent ce lieu délicieux pour la chasse.

BOSCHI, BOSCH, BOSC, ou Bosco, Petite Ville d'Italie dans l'Etat de Milan & dans l'Alexandrin sur la Riviere d'Orbe, aux Frontieres du Montferrat, au Diocese de Tortone, à trois milles d'Alexandrie de la Paille. C'est le lieu de la Naissance du Pape Pie V. il y naquit le 17. Janvier 1504. entra dans l'Ordre de St. Dominique en 1518. devint Evêque de Sutri, Inquisiteur General & Cardinal. Il fut élu Pape le 7. Janvier 1566. & mourut le 1. Mai 1572. Le Pape Clement X. le béatifia en 1672.

BOSCOBELLUM, ancien nom d'Enrichemont en Berri.

BOSIRE [i], Bourg d'Egypte sur le Nil près du vieux Caire. C'étoit autrefois une Ville considerable nommée Busiris. Elle est à présent ruinée, suivant le rapport de Vansleben. Elle n'a rien de commun avec Bosiri.

[i] Baudrand Ed. 1705.

BOSIRI [k], Ville d'Egypte sur la côte à sept lieues d'Alexandrie vers le Couchant. Elle est très-ancienne, & la premiere qu'on rencontre, lorsqu'on est sorti des deserts de Barca. Il paroît qu'elle a été fermée de bonnes murailles. Elle a tout

[k] Marmol. Afrique T. 3. c. 13.

à

à l'entour de grands Clos de Palmiers, mais elle est entierement depeuplée. Quand Almeric Roi de Jerusalem reprit la Ville d'Alexandrie sur les Turcs en 1567. les habitans abandonnerent celle de Bosiri pour se sauver au Lac Buchaïra.

BOSLEHARD [a], Bourg en Normandie au Pays de Caux avec titre de Baronie. Il est à quatre lieues & demie de Rouen sur le grand chemin de Dieppe & à une grande lieue de Claire, de Fontaine, du Bourg de Cailli, & de l'Abbaye de St. Victor. L'Eglise de la Paroisse porte le titre de St. Jean Baptiste. Elle est au milieu d'une très-belle Campagne fertile en bons grains & environnée des Paroisses de Claville, de Toufreville, de Grenensville, de Bractait, de Biennais, de Frischemenil, & des Autels-sur-Claire. On y tient Foire le jour de Sr. Jean Baptiste & le lendemain jour de St. Eloi. Il y a Marché tous les Mecredis.

[a] Memoires dressez sur les lieux.

BOSNA [b], Riviere de la Turquie en Europe dans la Bosnie, où elle a sa source & son cours; assez près de la Ville de Bosna-Saray & se perd dans la Save près d'Arcki. Cette Riviere reçoit la Migliataska.

[b] De l'Isle Carte de Hongrie.

BOSNA-SARAI [c], ou Bosna-Serai, Ville de la Turquie en Europe dans la Bosnie sur la Riviere de la Migliataska qui se jette peu après dans la Bosna. Voyez SARAIO.

[c] Ibid.

BOSNIE [d], (LA) quelques-uns disent la BOSSINE. Les Allemands disent Bostnien, Bossen, ou Wossen, Contrée de la Turquie en Europe, ainsi nommée de la Riviere Bosna qui y coule. Elle faisoit autrefois partie du Royaume de Hongrie, & étoit regardée comme la partie Occidentale de la Servie. Ayant été augmentée par les Pays de Rama, d'Usora & de Salé au dedans du Pays & de celui de Chulmie qui est vers la côte de la mer Adriatique, elle fut érigée en Royaume & a eu ses Rois propres depuis l'an 1357. jusques en l'an 1465. que les Turcs s'en rendirent Maîtres. Etienne le cinquieme & dernier de ses Rois fut pris par Mahomet II. qui le fit écorcher vif & subjugua tout le Royaume & le reduisit en Beglierbeglic. Ce Pays a pour frontiere au Septentrion l'Esclavonie dont il est separé par la Save; à l'Occident la Croatie & partie de la Dalmatie qui le borne aussi au Midi; & à l'Orient la Servie.

[d] Divers Memoires.

On la divise en deux parties, savoir la HAUTE BOSNIE qu'on appelle autrement le Duché de St. Saba & l'Hertzegovine. Cette partie est au Midi. Et la BASSE BOSNIE ou la BOSNIE PROPRE.

Cette derniere se divise encore en deux parties; en INFERIEURE qui est au Couchant où sont les petits Pays de Busko, Glamosko, Livasko, Modriza, & Vares & le Pays d'Usora pour Annexe, & en Superieure qui est à l'Orient, & qui a pour annexes les Pays de Rama & de Salé. La principale Ville du Pays est Jaicze. Les autres plus considerables sont Seraio, Banialuc, Magolai, & Medizer.

La Bosnie qui étoit autrefois partie de la

Tom. I. PART. 2.

Moesie est le departement d'un Bacha qui a sa Residence à Banialuc, & qui a sous lui huit Sangiacs, savoir, HERSEK, KELIS, ESDERNICK, PUZGA, FERAGINE, ZAGINE, KIRKA & RAHUIGE.

BOSOCH [e], contrée de la Turquie en Asie dans la partie la plus Orientale de la Natolie & dans le Pays d'Aladuli entre le Taurus, l'Antitaurus & l'Euphrate, assez près des Frontieres de l'Armenie.

[e] Baudrand Ed. 1705.

BOSONVILLE, Bourg de Lorraine sur la Nide, les Allemands le nomment Busendorff & il y a une Abbaye. Il est à six ou sept lieues de Mets au Levant, en allant vers Vaudrevange & Sarlouis dont il n'est qu'à trois lieues.

BOSOR [f], ou BOZRA ou BOSTRES, Ville de la Palestine au delà du Jourdain, donnée par Moïse à la Tribu de Ruben [g], fut destinée par Josué pour servir de Ville de refuge à ceux qui avoient commis un meurtre involontaire [h]. Elle fut cédée aux Lévites de la famille de Gerson, pour leur servir de demeure. L'Ecriture, en parlant de Bosor, ou Bosra, le met toûjours *dans la Solitude*; parce qu'en effet elle étoit dans l'Arabie Déserte, & dans l'Idumée Orientale, environnée de deserts de tous côtez. Isaïe [i] menace Bozra de très-grands malheurs, & il décrit un Conquerant, qui vient de Bozra, ayant ses habits tous-couverts de sang [k]. On croit que ce Conquerant n'est autre que Judas Maccabée, qui prit Bosor, ou Bosra, & y fit de grands ravages [l]: il tua tout ce qu'il trouva de mâles dans cette Ville, la pilla & y mit le feu.

[f] D.Calmet Dict.
[g] Deuter. c.4.v.44.
[h] Josué c. 20.v.8.c. 27.
[i] c.34.v.16.
[k] Ibid.c.63. v. 1.
[l] Maccab. l.1.v.26-28.

Jérémie [m] fait aussi de grandes menaces contre Bozra; & D. Calmet croit qu'elles eurent leur accomplissement, lorsque Nabuchodonosor porta ses armes contre l'Idumée & les Provinces voisines [n], cinq ans après la prise & la désolation de Jérusalem. Eusebe [o] met Bostra à vingt-quatre milles d'Adraa ou Edraï. Cette Ville est quelquefois attribuée à Ruben, quelquefois à Moab, & quelquefois à Edom; parce qu'étant Frontiere de ces trois Provinces, elle étoit tantôt à l'une, & tantôt à l'autre, selon que la force & le sort des armes en décidoient. On trouve des Médailles de Bostres. La Ville est très-célebre dans les Anciens. Il y a divers Evêques de Bostres, qui ont signé dans les Conciles. Elle est quelquefois attribuée au Pays de Galaad, quelquefois à la Trachonite, quelquefois à l'Auranite, & le plus souvent à l'Arabie ou à l'Idumée. Quelques Géographes admettent plusieurs Villes de Bosor ou Bozra: mais D. Calmet ne voit point de nécessité de les multiplier.

[m] c.48.v.24. 25. c.49. v. 13.22.&c.
[n] Joseph. Ant.l.10. c. 11.
[o] Hieron. in Jerem.c.25. v.32. Onomast. in voce Bozra.

BOSPARA, place forte de Thrace, selon Procope au troisieme Livre des Edifices.

1. BOSPHORE, les Grecs nommoient ainsi les bras de Mer qu'un bœuf peut passer à la nage. Ainsi ce mot ne signifie proprement qu'un Détroit. On ne voit gueres que deux Détroits auxquels ils ayent donné ce nom. Le premier est celui de Constantinople entre cette Ville & Chalcedoine; il separe l'Asie d'avec l'Europe. Ils supposent que la fille d'Inachus transformée en genisse le passa à la nage. Comme je ne vois point de fable pareille attachée au Bosphore Cimmerien entre la

Mer

BOS.

Mer Noire & les Palus Meotides je crois qu'on ne lui donna ce nom que par analogie à cause de sa ressemblance avec le premier. Voiez les Articles suivans.

2. BOSPHORE.[a] Le Prophete Abdias parlant du retour de la Captivité des Juifs, dit [b] : *L'Armée des Enfans d'Israël, qui avoit été transportée hors de son Païs, possedera toutes les Terres des Cananéens, jusqu'à Sarepta ; & les Villes du Midi obeiront à ceux qui avoient été amenez de Jerusalem jusqu'au Bosphore.* On connoit trois Bosphores, où les Hebreux pouvoient avoir été amenez. 1°. Le *Bosphore Cimmerien*, à l'extrémité du Pont Euxin, entre cette Mer & les Marais Méotides. 2°. : Le *Bosphore de Thrace*, qui est celui de Constantinople, ou le Bras de Mer entre Chalcédoine & Constantinople. 3°. : Le Bosphore, ou le Bras qui sépare l'Espagne de l'Afrique. On nomme ces Détroits *Bosphores*, ou plûtôt, *Bosporos* en Grec ; parcequ'un Bœuf les peut passer à la nage, & parceque la fille d'Inachus, transformée en genisse, passa à la nage le Détroit de Thrace, entre Constantinople & Chalcédoine. Ce Détroit n'a que quatre Stades, ou cinq cens pas de largeur.

Les Interpretes sont partagez sur le Détroit dont parle Abdias. Le Juif que St. Jérôme consultoit dans ses difficultez sur l'Hebreu, lui dit que le Bosphore marqué dans le Prophete, étoit le *Bosphore Cimmerien*, où l'Empereur Adrien avoit relégué plusieurs Juifs dans la guerre qu'il fit dans la Palestine : circonstance toutefois, dont on ne trouve rien dans l'Histoire. D'autres croyent avec plus de raison, que les captifs marquez dans Abdias, avoient été releguez par Nabuchodonosor vers les *Palus Méotides*, qui passent pour un des plus affreux Païs du monde, & où les persécuteurs des Chrétiens ont souvent relégué les Confesseurs de notre Religion. Enfin plusieurs autres entendent l'Hebreu, de l'Espagne : ils traduisent ainsi Abdias : *Les captifs de Jerusalem qui sont à Sepharad*, c'est-à-dire, dans l'Espagne, *possederont les Villes du Midi.* Les Historiens Prophanes, comme Mégasthenes & Strabon, avancent que Nabuchodonosor poussa ses Conquêtes jusques dans l'Afrique & dans l'Iberie, au-delà des Colomnes ; ce que nous entendons des *Colomnes* d'Hercule. Or ce fut, dit-on, dans cette expédition contre l'Espagne, qu'il transporta plusieurs Juifs dans ce Païs. Ainsi on concilie la version où l'on lit *le Bosphore*, avec le sentiment des Juifs & des Auteurs qui les ont suivis, en interprétant *Sepharad*, de l'Espagne.

Mais on peut douter que Sepharad signifie l'*Espagne :* Quelques-uns l'entendent de la *France* ; & les anciens Interprêtes Grecs ont conservé le terme Hébreu sans le traduire. Du tems de St. Jérôme, les Hebreux l'expliquoient du *Bosphore*. Les Septante ont lû *Ephrata*, au-lieu de *Sepharad*. Je croirois que *Sepharad* signifie quelque Païs au-delà de l'Euphrate, comme le Païs des *Sapires*, ou *Saspires*, vers la Medie ; ou la Ville de *Hippara*, dans la Mésopotamie.

BOSPHORE DE THRACE, ou CANAL DE CONSTANTINOPLE. Quoi qu'au mot CANAL j'aie rassemblé ce qu'il y a de plus remarquable sur ce sujet je ne laisserai pas d'ajoûter ici la description qu'en fait Chardin.

[c] LE BOSPHORE DE THRACE est assurément un des beaux endroits du Monde. C'est un Canal de 15. milles de longueur, & d'environ deux de largeur, en des endroits plus, & en d'autres moins. Ses rivages sont des Montagnes couvertes de maisons de plaisance, de bois, de Jardins, de parcs, d'agréables vûes, & de beaux déserts, avec mille sources d'eau par tout. L'aspect de Constantinople, quand on le voit de dessus ce Canal, à deux milles d'éloignement, est incomparable, & c'est à mes yeux comme à ceux de tout le monde, la plus charmante perspective qui se puisse rencontrer. La promenade du Bosphore est aussi la plus agréable, & la plus divertissante qu'on puisse faire sur l'eau. Le nombre des Barques qui s'y promenent durant les beaux jours est fort grand. Le Résident de Genes m'a dit plusieurs fois, qu'un jour il prit plaisir à compter les Bâteaux qui passérent devant son Logis, depuis Midi jusqu'au Soleil couché, & qu'il en avoit compté près de 1300. Il y a quatre Châteaux sur le Bosphore, bien munis de Canon, vis-à-vis, l'un de l'autre : deux à 8. milles de la Mer Noire : deux tout proche de l'Embouchure. Ces derniers ont été bâtis il n'y a que 40. ans pour empêcher l'entrée du Canal aux Cosaques, aux Moscovites, & aux Polonois, qui auparavant venoient avec des Barques faire des courses jusqu'à la vûe de Constantinople. On s'en sert comme de prison, & des deux autres aussi, pour des gens pris à la guerre & pour des personnes de marque dont on veut tirer quelque jour du service. Le Fanal, ou la Lanterne, qui montre l'entrée du Canal, en est dehors à quelque deux milles. C'est pour servir de Phare aux vaisseaux la nuit, & leur faire connoître la route qu'il faut tenir. Ils la reconnoissent de jour à une colomne de Marbre blanc qui est du même côté que le fanal, sur une haute roche qui fait une Isle ; car ce rocher, qu'on tient être une de ces Isles Flotantes, dont les Poëtes ont conté tant de fables, sous le nom des *Isles Cyanées* ; ce rocher, dis-je, est isolé, c'est-à-dire, environné de la Mer de tous côtez. On l'appelle la colomne de Pompée, & on prétend qu'elle fut élevée pour monument des Victoires de ce Grand Consul Romain sur Mithridate, qui étoit Roi de cette partie de la Mer Noire. La structure en doit être d'une solidité merveilleuse, puis que les Tempêtes & les bourrasques qui la battent continuellement depuis tant de siécles, ne l'ont pas ébranlée, & c'est ce qu'elle a de plus remarquable ; car d'ailleurs la colomne n'est pas fort haute, & le pied-d'estal ne paroit pas avoir autant de Diametre que l'art le requiert. Voiez CYANÉES. De vieux Capitaines Turcs ont assuré à l'Auteur [d] qu'il y a 1500. Bâtimens sur la Mer Noire & que tous les ans il en perit cent. Le lieu où les Naufrages sont le plus à craindre sur cette Mer, c'est l'entrée du Bosphore : cette entrée est étroite ; il y souffle souvent des vents opposez, & il en sort presque toûjours un qui repousse les vaisseaux, & qui même lorsqu'il est violent les

fait

---

[a] *D. Calmet Dict.*
[b] v. 20.
[c] *Chardin Voyages T. 1. p. 95.*
[d] *p. 106.*

BOS.

fait échoüer à la Côte, laquelle est toute de rochers escarpez. Il s'y est brisé tant de Galéres, & tant de Vaisseaux, qu'on n'en sauroit dire le nombre. Il y a peu de tems que dix-sept Galéres, y perirent en un même jour, & l'année derniere trente-six Saïques y perirent aussi en un même jour, qui étoit celui de St. Dimitre, comme les Grecs le nomment. Je marque le jour, parce qu'il est tenu des Grecs & des Turcs pour funeste sur la Mer. Aussi est-ce l'ordre constant de la Marine Turquesque, de ne se mettre en Mer que le jour de St. George, qui est à la fin d'Avril, & d'être rentré dans le Port le jour de St. Dimitre, qui arrive au commencement d'Octobre; leçon prise des Grecs, qui ayant eu de tout tems une veneration particuliere & extrême pour ces deux Saints, avoient marqué les Saisons de la Navigation par leur fête. Les Portugais à leur imitation marquent celles des Indes Orientales par les fêtes de Noël & de la Passion; la premiere à partir de Goa pour Lisbone, l'autre à partir de Lisbone pour Goa. Une chose qui marque bien notablement le nombre des Naufrages, qui se font à l'Embouchure de la Mer Noire, c'est que les Villages qui en sont proches, sont tout édifiez des débris; les habitans n'y employant pas d'autre charpente. Et ce qui fait horreur à rapporter, c'est qu'on assure, que ces barbares allument des fanaux durant les Tempêtes sur les plus dangereux écueils de leur côte, afin que les navires seduits par ces feux trompeurs, viennent y faire naufrage. Il n'y a point de doute que les frequens Orages, qui en toutes Saisons s'élevent sur la Mer Noire, ses flots courts & entrecoupez, son lit étroit & serré, les mauvaises côtes, dont elle est ceinte en partie, ne soient la principale cause des divers Naufrages qui s'y font; mais il n'y a point de doute aussi, que de bons Pilotes & de bons Matelots sauveroient la moitié des Bâtimens qui s'y perdent.

BOSPHORE CIMMERIEN, (LE) c'est la même chose que le DETROIT DE CAFFA. Voiez au mot DETROIT. Les Italiens l'ont nommé BOCCA SAN JOANNI.

1. BOSPHORUS, Ville de l'Inde, selon Etienne le Géographe.

2. BOSPHORUS, Ville vers l'Hellespont, selon Suidas, qui dit qu'elle fut ravagée par Bochan General Turc, sous l'empire de Justinien.

3. BOSPHORUS, autre Ville sur le Pont Euxin près du Golphe Cimmerien, comme dit Etienne, ou vers le Palus Méotide, comme écrit Procope, au troisiéme Livre des Edifices. Appien en fait mention plus d'une fois dans son Histoire des guerres de Mithridate.

BOSRA. Voiez BOSOR.

BOSSOGRADA, petite Ville ou Bourg d'Europe dont parlent Cedrene & Curopalate. Ortelius [a] le met quelque part vers la Bulgarie.

BOSSUT [b], Château des Pays-Bas Autrichiens au Comté de Hainaut, sur la Riviere de Haisne avec titre de Comté. Il est beau, & situé proche de St. Guilain & à

[a] Thesaur.

[b] Baudrand Ed. 1705.

BOS. 403

deux-lieues de Mons, en allant vers Condé.

BOST [c], petite Ville de Perse dans le Segestan, ou Sistan sur une Riviere qui tombe dans l'Indus. Quelques-uns écrivent BUST.

BOSTINE, pour BORTINE. Voiez BURTINA.

1. BOSTON [d], en Latin *Bostonium* & *Fanum Sancti Botolphi*; Ville d'Angleterre dans la Province de Lincoln, sur la petite Riviere de Witham qui se jette dans l'Océan Germanique ou Manche du Nord deux milles plus bas. Elle est fort petite & éloignée de vingt-sept milles de Lincolne au Levant d'Hyver, & de quatre-vingt-quatorze de Londres vers le Septentrion. Les Anglois prononcent le premier *o*, comme *a* & disent BASTON. [e] Cette Place est forte, & il y a une Tour qui passe pour la plus belle en Angleterre.

2. BOSTON [f], Ville de l'Amerique Septentrionale dans la Nouvelle Angleterre, avec un bon Port sur la côte près du Cap Anne, c'est une des plus importantes Villes de l'Amerique Angloise. Sa situation au bord de la Mer la rend très-propre pour le Commerce. Elle a du côté de la Mer un fort Château bâti sur une Isle à l'entrée du port, & nommé CASTLE ISLAND, ou le Château de l'Isle; & du côté de la terre elle est defendue par divers Forts placez sur trois hauteurs voisines. La Ville est ornée de beaux édifices tant publics que particuliers, entre autres la maison des Assemblées publiques, & celle du Chevalier William Phips qui est très-belle. Il y a de fort belles rues, on y compte près de douze mille habitans. La Garnison y consiste en quatre Compagnies de Cavalerie. Il y a deux Eglises de paroisse pour les Anglois, une pour les François, & deux Maisons où l'on s'assemble. Les deux anciennes Eglises, savoir celle du Nord, & celle du Sud, servent aux Presbyteriens ou Calvinistes dont la Religion est la dominante. L'Eglise Françoise est pour les Protestans refugiez de cette Nation. Les deux maisons d'Assemblées sont occupées, l'une par les Anglicans ou Episcopaux & l'autre par les Anabaptistes. Ce Port est regardé comme le meilleur de la Colonie Angloise. Il en part tous les ans trois ou quatre cens Vaisseaux chargez de Poisson, de Bœuf, ou de Lard destinez pour divers endroits de l'Europe ou de l'Amerique. Cette Ville est la Residence du Gouverneur du Pays & le lieu de l'Assemblée des Membres de la Regence, pour les Conseils, & les Tribunaux. En un mot Boston est une fort belle Ville & ne doit ceder le pas qu'à très-peu de Villes de l'ancienne Angleterre. On y tient Marché les Jeudis de chaque Semaine. Il y a deux Foires par an, savoir le premier Mercredi de Mai & d'Octobre, & chaque Foire dure trois jours.

BOSTRA. Voiez BOSOR.

BOSUETHA [g], Riviere de la Basse Hongrie en Esclavonie. Elle passe près de la Ville de Szereim & peu après se rend dans la Save & sert de bornes de ce côté-là, entre la partie de la Hongrie qui demeura à l'Empereur par le Traité de Carlowitz & celle qui demeura aux Turcs par le même Traité. Celui de Passarowitz a changé ces bornes. On prend

[c] Baudrand Ed. 1705.
[d] Baudrand Ed. 1705.
[e] Etat Pres. de la G. Bret. T. 1. p. 85.
[f] Het Brittan. Ryk in Amerika P 76.
[g] Baudrand Ed. 1705.

Tom. I. Part. 2. Eee 2 cette

cette Riviere pour le BACUNTIUS des Anciens.

BOSUTENSIS, BOSETENSIS, ou BUSITANUS; il y avoit en Afrique deux Evêchez de ce même nom. L'un dans la Province Proconsulaire, l'autre dans la Numidie. Dans la Lettre des Evêques de la Province Proconsulaire dans le Concile de Latran tenu sous le Pape Martin on lit la souscription de Cresciturus Evêque *Ecclesiæ* BUSITANÆ; un autre exemplaire Manuscrit de Beauvais porte BOSITANÆ. Dans la Conference de Carthage [a] on lit Palatinus *Episcopus* BOSETENSIS; & Felix son concurrent au même Siége est nommé tout bas VOSETANUS. A l'égard du Siége qui étoit en Numidie, la Conference de Carthage [b] fournit Hilarus *Episcopus Ecclesiæ* BOFETANÆ, ou plutôt BOSETANÆ : il est fait mention de ce Siége entre les Villes de Numidie, dans les Actes de St. Mammaire & de ses Compagnons.

[a] p. 264. Edit. Dupin.
[b] p. 261. Ibid.

BOSWORT, Bourg d'Angleterre dans la Province de Leicestre environ à deux lieues de Leicestre vers le Couchant.

BOTABA [c], petite Isle d'Asie dans le grand Océan Oriental. L'une des Isles des Larrons ou de Marie-Anne, des plus avancées vers le Midi & près de celle de Bacim. Elle s'étend de l'Orient à l'Occident, étant assez peuplée, & occupée par les naturels du Pays. Les Européens n'y ont aucun établissement & n'en ont decouvert que la côte.

[c] Baudrand Ed. 1705.

§ Mr. de l'Isle n'en fait aucune mention.

BOTACHIDÆ, Lieu du Peloponnese dans l'Arcadie, selon Etienne. Voiez POTACHIDÆ.

BOTHNIE, (LA) Province du Royaume de Suede fort étendue vers le Nord entre la Laponie qui la borne au Septentrion, & la partie la plus avancée de la Mer Baltique qui la termine au Midi & prend delà le nom de Golphe de Bothnie. On la divise ordinairement en ORIENTALE & en OCCIDENTALE. L'Orientale est aussi nommée CAJANIE. Voyez ce mot. [d] C'est le Golphe qui en fait la distinction. Les parties Orientales & Septentrionales sont remplies de Montagnes; & tout le Rivage le long du Golphe est assez peuplé de Villages, parmi lesquels il y a quelques Bourgs & fort peu de Villes. Ce Pays au Couchant du Golphe a pour borne Meridionale la petite Riviere d'Angera; & au Levant du même Golphe celle de Kyro. Les Rivieres que l'on trouve en allant vers le Nord sur la rive Occidentale sont celles d'Uhmå avec un Bourg de même nom, de Testa, de Tasselå, de Lille, de Rickelå, de Burè, de Skeleftå, d'Hagå, de Byskå, d'Abyå, de Pitheå avec un Bourg de même nom, de Roosvick, de Luhleå avec un Bourg de même nom, de Päderso, de Rahnå, de Calix, de Torno avec un Bourg de même nom, de Kimi avec un Bourg nommé de même : c'est entre cette Riviere & celle de Simo qui suit que sont les bornes qui avec le Golphe separent la Bothnie Orientale de l'Occidentale. On trouve ensuite les Rivieres de Jio, d'Ula qui arrose Ulaborg, de Sikajoki, de Pyhajoki, ou Piaski, de Kalajoki, de Lochtoa; les deux Bourgs de Carleby

[d] De l'Isle Atlas.

entre lesquels est celui de Jacobstat sont chacun à l'Embouchure d'une Riviere. Wasa que ceux du Pays apellent Muftafar, & le Bourg de Christinestat sont les autres lieux plus considerables de cette côte.

GOLPHE DE BOTHNIE, Golphe de la Mer Baltique, dont il est la partie la plus Septentrionale. Il est situé, entre l'Uplande, l'Helsingie, la Medelpadie, l'Angermanie, la Bothnie Occidentale & la Bothnie Orientale & la Finlande. Son entrée est fort retrecie par l'Uplande qui avance vers l'Orient, & par les Isles d'Aland qui sont au milieu. Il s'étend du Sud au Nord Oriental depuis les 60. d. 20'. de Latitude Nord, jusqu'aux 65. d. 40'. il est large d'environ 45. lieues Marines depuis les Isles d'Aland jusqu'au 63. degré qu'il se retrecit considerablement. Il est très-étroit vis-à-vis des Isles de Querken, mais ensuite il s'élargit de nouveau; & à environ vingt-six lieues marines vis-à-vis d'Ulaborg.

BOTIÆI. Voiez BOTTIÆA.

BOTIÆUM, Ville de Phrygie avec un Etang qui produisoit du Sel, selon Etienne le Géographe. Il en est aussi fait mention dans l'Epitome de Strabon. Le Lexique de Phavorin nomme Βότιον une Contrée voisine d'*Ilium*.

BOTOLIANA ECCLESIA, Lieu dont il est fait mention dans l'Histoire Ecclesiastique de Sozomene [e]. Ortelius la cherche vers la Palestine.

[e] l. 7. c. 27.

BOTOM [f], petit Pays d'Asie dans la Transoxane. Il est extrémement resserré entre des Montagnes, dont le sommet est toujours convert de Neiges. Il y a plusieurs Bourgades, & Villages dans leur enceinte; mais ce qu'on y voit de plus remarquable, c'est une grotte dans laquelle il s'éleve une vapeur qui ressemble à la fumée pendant le jour, & qui paroît être du feu pendant la nuit. C'est de cette vapeur condensée que se forme le Nuschader, c'est-à-dire, le Sel Ammoniac. Si on n'use d'une très-grande précaution & d'une extrême diligence pour le trésor, on est en danger de perdre la vie. Ceux qui y vont recueillir doivent être vétus de grosses étoffes, & se retirer fort promptement; cependant cette vapeur n'est mortelle que lorsqu'elle est renfermée.

[f] d'Herbelot Biblioth. Orientale.

BOTONTINUS AGER, Campagne d'Italie, dans l'ancienne Calabre, selon le Livre des Limites. Voiez BUTINTINENSIS.

BOTORDUS. Voiez BOTRODUS.

BOTOYE [g], Montagne d'Afrique dans la Province d'Errif, au Royaume de Fez. Elle est au Levant de celle de Beni-Mansor. Cette Montagne a cinq lieues de long du Levant au Couchant, & trois de large du Midi au Nord. Quoique rude elle abonde en bled & en bétail, & a plusieurs vignes & vergers. Il y a sur tout un vallon au bas, où l'on recueille quantité de bled, ainsi que sur les côteaux. Ses habitans peuples belliqueux d'entre les Gomeres, & qu'on apelle Beni-Botoye, sont les plus riches Bereberes de la Province. Ils ne payent ni impôts ni tailles, en consideration d'un Morabite du lieu, qui est enterré proche d'un puits hors la Ville de Velez. Ces Peuples vont

[g] Marmol. Tome 2. l. 4. c. 74.

BOT.

vont bien équipez, sont adroits aux armes, & ont quelques chevaux, avec plusieurs arquebuses & arbalêtes; mais ils sont barbares, & font main basse sur tout ce qu'ils rencontrent. Ils haïssent extrêmement les Chrétiens, & peuvent fournir plus de quinze mille hommes de Combat, qui en valent bien trente mille dans leurs Montagnes. Ils sont moins redoutables ailleurs.

BOTRI, Torrent, ou Vallée. Voiez NACHAL-ESCOL.

BOTRIANENSIS, on trouve entre les *a p. 176.* Evêques de la Conférence de Carthage [a] Donat *Edit Dupin.* Evêque de ce Siége, mais rien ne désigne de quelle Province il étoit.

BOTRODUS; Martial dit dans une de *b l. 1. Epigr.* ses Epigrammes [b]:
50.

Et delicati dulce Botrodi nemus.

c l. 12. Il dit ailleurs [c]:
Epigr. 18.

Hic pigri colimus labore dulci
Bothrodum, Plateamque, Celtiberis
Hæc sunt nomina crassiora terris.

d Martial. Le Pere Jouvenci [d] dit que Botrodus étoit une *p. 59.* petite Ville ou Bourg (*Oppidum*) dans la Celtiberie, qui étoit remarquable par un bois & un lieu planté de Pommiers. Nicolas Perrot prétend que c'étoit un Village voisin de Segobriga, & que ç'avoit été auparavant une Ville ruinée par Gracchus; surquoi il cite Polybe qui dit effectivement dans un fragment que Gracchus détruisit une trentaine de Villes des Celtiberiens, mais sans en nommer aucune. Perrot veut lire BOTRODUS, Turnebe veut qu'il faille lire *Boletinemus.* La correction est inutile.

BOTROU. Voiez BOUTRY.

e Baudrand BOTRUN, ou BOTERON [e], petite Vil-
Ed. 1705. le de la Turquie en Asie, dans la partie Septentrionale de la Sourie, sur la côte de la Mer Mediterranée. Elle est presque ruinée; elle est entre Tripoli au Septentrion, & Ziblet au Midi. Voiez BOTRUS. Le vrai nom moderne est PATRON.

BOTRUS, en Grec Βότρυς, BOTRYS, ancienne Ville de Phénicie. Pline [f] dit en par-
f l. 5. c. 20. lant de la côte où cette Ville est située: les Villes sont *Byblos, Botrys, Gigarta, Trieris,*
& Calamos. La Table de Peutinger met de *g l. 5. c. 15.* même *Biblo* XII. *Botrus* XX. *Tripoli.* Ptolomée [g] parle aussi de cette Ville aussi bien que Stra-
h l. 16. bon [h], mais dans ce dernier on lit BOSTRA qui est une faute au lieu de Botrys. Volaterranus dit que c'est présentement BOTERON. Postel écrit BOTRUN & dit que les Chrétiens la nomment ainsi, mais que les gens du Pays disent ELPATRON. Voiez PATRON. Cette Ville étoit Episcopale, selon le Suplement de la Notice de Hieroclès.

* Baudrand BOTTE, * LE BOTTE, ERICHES, ou
Ed. 1705. STILO, petite Ville de la Morée sur la côte Meridionale du Golphe de Napoli de Romanie, environ à huit lieues de Misitra, du côté du Levant & à cinq de Malvasia; son port nommé PORTO DE LE BOTTE, OU DE STILO, avoit autrefois le nom de CYPHANTA qui lui étoit commun avec la Ville.

BOTTIA & BOTTIÆA, contrée de Grece dans la Macedoine, au voisinage de la Thrace. Entre les ouvrages d'Aristote qui se sont perdus, il y en avoit un où il décrivoit le Gouvernement de cent cinquante huit Republiques; & entre autres de celle des *Bottiéens*, ou comme écrit Mr. Dacier, *Bottiéiens.* Plu- *i Vie des* tarque [i] qui avoit vû ce Livre, nous en a *hommes il-* conservé un fragment, où nous apprenons *lustres. T. 1.* l'origine des Bottiéens. Après avoir parlé *p. 37.* des Enfans de tribut que les Atheniens envoyoient en Crète pour être mis au Labyrinthe; il ajoute: Aristote lui-même dans sa Republique des Bottieiens témoigne assez clairement qu'il ne croioit point du tout que ces Enfans fussent mis à mort par l'ordre de Minos, puis qu'il assure qu'ils vieillissoient dans l'esclavage, en gagnant miserablement leur vie par le travail de leurs mains. Il raconte (Aristote) qu'il y a plusieurs Siécles que les peuples de Crète voulant s'acquiter d'un ancien vœu envoyerent à Delphes leurs premiers nez; que les descendans de ces Esclaves Atheniens s'étant joints à cette troupe y allerent avec eux; que n'y trouvant pas de quoi vivre, ils passerent en Italie & s'etablirent dans la Rouille; qu'ils repasserent en Thrace où ils furent appellez Bottieiens, & que de là vient que leurs filles dans un sacrifice solemnel, qu'elles font toutes les années, chantent toûjours à la fin ce refrain *Allons à Athenes.* Strabon parlant de la Thrace dit que le Fleuve Axius separe la Bottiée de la terre Amphaxite, & reçoit le Fleuve Erigon. Mais, comme le remarque Mr. Dacier [k], le passage de Plutarque *k c.* fait entendre qu'ils donnent eux-mêmes ce nom à la terre qui les reçut, & ils l'appellerent Βοττιαίαν, terre nourrice, parce qu'elle se trouva assez bonne pour les nourrir. La Bottiée étoit constamment bornée par l'Axius & ainsi entierement de la Macedoine. Herodote [l] y *l l. 7. c. 123.* met *Ichna & Pella*: il y a apparence que de son temps cette derniere Ville en étoit encore, mais que par la suite ayant été agrandie par Philippe, elle fut attribuée à l'Emathie comme à une Province plus celebre & qui tenoit un plus haut rang. Pline [m] met les Bottiéens dans la *m l. 4. c. 11.* Thrace. On pourroit croire qu'il en étend les bornes en deça du Strymon, l'agrandissant aux depends de la Macedoine; mais cela n'est pas, il les met au delà du Strymon. Il faut en conclure qu'il s'est trompé ou qu'il y avoit deux Peuples de ce nom, car il y avoit certainement des Bottieens en deça du Strymon aux Frontieres de la Chalcide, dans le voisinage de Thrace, mais en Macedoine, comme on peut voir dans Thucydide [n] qui joint aussi la *n l. 1. & 2.* Bottiée & la Pierie, comme contrées voisines. Mr. de l'Isle a très-bien mis les bornes de la Bottiée dans sa Carte de l'ancienne Grece, savoir l'Erigon au Nord, l'Axius au Nord-est, le Golphe Thermeen à l'Orient; la Pierie au midi; & l'Emathie au Couchant. Outre les Villes de *Pella & d'Ichna*, il y ajoute SPARTOLUS qui étoit aussi très-certainement de la Bottiée, selon le temoignage de Thucydide déjà cité. Ortelius [o] ne croit pas que les Bottieens *o Thesaur.* de Thrace fussent differens de ceux-ci. En ce cas il faut avouer que Pline a eu tort de les mettre à l'Orient du Strymon. Le R. P. Har-

Hardouin fans avertir de cette difficulté rapporte les paſſages d'Herodote, de Thucydide & d'Ariſtote aux Bottiéens de Pline, quoi que ces paſſages ne conviennent qu'à la Bottiée en deça du Strymon & même de l'Axius par raport à la Macedoine.

BOTUA, [a] NOSTRA SIGNORA DE BOTUA ; Village d'Eſpagne dans l'Eſtramadure, entre Badajos & Albuquerque. On voit en Portugal près de ce Village les Ruines de l'ancienne Ville de PLAGIA OU PLAGIARIA.

[a] Baudrand Ed. 1705.

BOTZAWOU, ancien nom d'un lieu du Brandebourg où l'on a bâti un Château & une Ville qui portent le nom d'ORANGEBOURG. Voiez ce mot.

1. BOTZBERG, Village de Suiſſe au Canton de Berne, entre Bade & Lauffenbourg. Il donne ſon nom à la Montagne, que les Anciens ont connue ſous le nom de VOCETUS OU VOCETIUS ; & qui eſt une partie du mont Jura.

2. BOTZBERG, Montagne de Suiſſe, en Latin VOCETUS & VOCETIUS ; c'eſt une partie du mont Jura & s'étend entre la Riviere d'Aar, & les Villes foreſticres, dans les Cantons de Soleure & de Bâle & dans l'Evêché de Bâle juſqu'à la Franche-Comté.

BOTZELINGEN, ou BETZELINGEN, Village de Suiſſe au Canton d'Uri ; environ à demi-heure de chemin d'Altdorff. C'eſt où ſe tiennent les Aſſemblées generales du païs.

§ L'o dans la premiere ſyllabe de ce nom & de celui qui ſuit eſt purement Allemand & s'appelle un ô adouci qui ſe doit prononcer comme notre œu dans le mot œuvre. Quelques-uns le prononcent comme un e fermé, & de là vient que Plantin dans ſon Hiſtoire de Suiſſe écrit Betzelingen.

BOTZEN, Ville d'Allemagne dans le Tirol. Elle eſt belle & grande, quoi qu'elle ne ſoit point fermée de murailles. Toute ſa défenſe conſiſte en un gros torrent qui en barre l'entrée. Celle du pont eſt défenduë d'un méchant petit ouvrage pratiqué dans le roc, & prolongé de quelques méchantes courtines ſans autres flancs & ſans foſſé. Le trafic eſt grand dans cette Ville, mais particulierement en peaux paſſées de toutes ſortes. Les rues ſen font droites & larges, & des deux côtez on y va ſous des arcades. Le Dôme & l'Egliſe des Dominiquains ſont les deux plus belles pieces qu'on y voit. Le Dôme eſt un grand Vaiſſeau dont les voûtes ſont d'un travail hardi. Le Clocher entre autres eſt d'une fort grande délicateſſe, extrêmement exhauſſé, à quatre étages de baluſtrades fort bien travaillées. L'Aiguille qui fait la pointe de ce clocher, a l'extrémité de laquelle on voit une groſſe pomme dorée, accompagnée de quatre autres plus baſſes, eſt un ouvrage à jour merveilleux. Le cimetiere eſt, comme par toute l'Allemagne, enjolivé de Croix dorées de diverſes matieres & figures. Au ſortir de cette Ville on trouve la riviere d'Adige. Les Montagnes qui la bordent de part & d'autre en cet endroit-là, quoi qu'elles paroiſſent inacceſſibles & ſauvages, ſont pourtant cultivées, & font un paſſage ſi diverſifié de prairies, de bois, de labourage & hautes Caſcades, que les yeux en ſont charmez.

BOTZENBOURG, prononcez BOEUTZENBOURG, petite Ville d'Allemagne au Cercle de Baſſe Saxe, dans le Duché de Meckelbourg, ſur la rive droite de l'Elbe, avec un château. Cette Ville fut fort endommagée par le feu vers la fin du Siécle paſſé, ce qui a donné lieu de remplir de plus beaux édifices les ruës que l'on a reparées : les guerres civiles qui troublent ce païs depuis l'an 1714. n'ont pas permis d'achever ce qui étoit heureuſement commencé. Cette Ville n'eſt rien moins que fortifiée, mais il ſeroit aiſé de la rendre forte. Elle a du côté des terres un grand étang qui eſt fort poiſſonneux, & l'Elbe lui doit un tribut de toutes les barques qui montent ou deſcendent cette Riviere, & qui y doivent payer le péage, ce qui dans les années communes vaut au Duc de Meckelbourg environ quatre-vingt ou quatre-vingt-dix mille écus de revenu ; ce Prince a une pareille Douane à Dömitz. Lorſque cette Famille étoit partagée en deux branches qui formoient deux Souverainetez independantes, les Ducs de Mecklenbourg-Guſtrow avoient la Douanne de Bötzenbourg & les Ducs de Mecklenbourg-Schwerin avoient celle de Dömitz, mais depuis que la premiere branche eſt éteinte, ces deux Douannes ſont réunies & poſſedées par le même Duc.

BOVA, [b] Ville d'Italie au Royaume de Naples dans la Calabre ulterieure avec un Evêché ſuffragant de l'Archevêché de Rhegio. Elle eſt petite & fort mal peuplée, ſur une haute Montagne entourée de tous côtez de Rochers eſcarpez & près de la côte la plus Méridionale de la Calabre qui regarde la mer de Sicile dont elle n'eſt éloignée que de cinq milles : elle eſt du Domaine de l'Archevêque de Rhegio qui en eſt Seigneur & à ſept milles du Cap de Spartivento en allant vers Rhegio.

[b] Baudrand Ed. 1705.

BOUC, [c] LA TOUR DU BOUC ; Tour de France ſur les frontieres de la Provence ſur une petite Iſle, ou plutôt ſur un Rocher à l'entrée de la mer de Martigues dont elle garde le paſſage.

[c] Corn. Dict.

1. BOUCAN, Province d'Ecoſſe. Voiez BUCHAN.

2. BOUCAN, [d] OU LE VIEIL BOUCAN Bourg & Fort maritime de France dans le Duché d'Albret. Ce Fort étoit autrefois l'embouchure de l'Adour & l'abord des vaiſſeaux que l'on faiſoit monter à Bayonne ; mais le Canal eſt à ſec par l'ouverture qui a été faite près de cette ville.

[d] Corn. Dict. & Davity.

BOUCARENSIS, Siége Epiſcopal d'Afrique, ſelon Ortelius [e] qui cite la Conference de Carthage. Mais l'Edition de Mr. Dupin porte Felix Epiſcopus BONCARENSIS, & c'eſt ainſi qu'il faut lire, puiſque la Notice Epiſcopale d'Afrique marque entre les Evêques de la Mauritanie Ceſarienſe Victor VONCARIENSIS qui eſt le même Siége : d'autres exemplaires ont Voncarianſis.

[e] Theſaur.
[f] p. 287.

BOUCHAIN, [g] Ville du Pays-bas dans le Hainaut, en Latin Buccinium & Bochonium. C'eſt la capitale de l'Oſtervant, elle eſt ſituée ſur la rive gauche de l'Eſcaut, entre Cambray & Valenciennes, à trois lieuës de cette premiere Ville, & à quatre de l'autre. Le Roi Pepin la fit bâtir en memoire de la bataille qu'il gagna par la défaite des troupes de Theodoric, Roi des Goths. Son aſſiette eſt ſur la pente d'une hauteur, & la riviere qui la borne d'un côté,

[g] Memoires dreſſez ſur les Lieux en 1687.

côté, separe la ville haute de la basse. La haute est un corps de place à quatre petits bastions défendus, aussi bien que ses murailles, par de grandes demi Lunes, avec des fossez larges & profonds : on y voit la Paroisse, la Maison de ville & deux hauts Cavaliers qui dominent la Campagne, & qui servent de Donjon & d'Arsenal. La basse ville où l'on trouve un Couvent de Recolletes, avec un Hospice de Recollets, est fortifié de deux ouvrages à corne qui font l'un devant l'autre. Il y a des écluses à Bouchain, & par le moyen de ces écluses on peut faire monter l'eau dans les fossez de ses dehors. Les François la prirent le 12. de Mai 1676. après six jours d'attaque, & lui firent perdre le nom de pucelle qu'elle avoit auparavant. L'Armée du siége étoit commandée par Philippe de France, Monsieur, Duc d'Orléans, tandis que le Roi commandoit en personne la grande Armée qui venoit de prendre Condé.

BOUCHART. Voiez au mot ISLE, L'ISLE BOUCHART.

1. BOUCHAUD, Abbaye de France dans le Perigord, Ordre de Cisteaux. Elle est fille de Châteliers sous Clairvaux, & fut fondée au Diocése de Perigueux en Avril 1159.

2. BOUCHAUT, voiez BOCKHOUT.

☞ BOUCHE ; ce mot s'emploie en Géographie pour exprimer les ouvertures par lesquelles un Fleuve se jette dans la mer, lorsque formant divers passages entre des Isles qu'il separe il y arrive par plusieurs chemins, on dit l'Embouchure d'une Riviere quand ses eaux se rendent à la mer par un même lit ; mais on dit les Bouches du Nil, du Rhône, du Danube, du Gange &c.

☞ BOUCHE, signifie aussi l'entrée d'un Golphe, lors qu'il est plus resserré en cet endroit que vers le fond.

☞ BOUCHE, se dit aussi de quelques Detroits & Bras de mer ; comme les *Bouches de Boniface*, Detroit qui separe les Isles de Sardaigne & de Corse. Voiez BONIFACE. *Bouches des Dardanelles*. Voiez DARDANELLES. *Bouches de Constantinople*, voiez BOSPHORE & CANAL.

LES BOUCHES DE CAPRI, Detroit d'Italie, dans la mer de Naples, sur la côte du Royaume de Naples, entre le Cap Campanella qui est dans la Principauté citerieure & l'Isle de Capri qui lui donne le nom : il n'est large que de trois ou de quatre milles.

[a] Piganiol de la Force T. 1. p. 245.

LE BOUCHET, [a] Château & maison de plaisance dans l'Isle de France à six lieues de Paris. Il a appartenu autrefois à Henri de Guenegaud, Secretaire d'Etat, qui l'eut par échange de la belle maison qu'il avoit à Paris & qui s'appelle aujourd'hui Hôtel de Conti. Comme Mr. de Guenegaud étoit un des plus riches & des plus magnifiques hommes de son tems, il n'épargna rien pour embellir la maison du Bouchet. Ce Château fut érigé en Marquisat en faveur d'Abraham du Quesne, Lieutenant General des Armées du Roi, & un plus des grands hommes de Mer que la France ait jamais eus. Comme il étoit de la Religion Reformée & qu'on ne pût jamais lui faire embrasser la Catholique, il fut ignominieusement enterré au Bouchet sur le bord d'un fossé. De ce château dependent les Vilages de Val-grand, & de Val-petit & la ferme de Montaubert qui est à huit lieues de Paris sur le chemin de Fontainebleau. Val-grand contient environ six cens feux, & Val-petit est la paroisse du château : la ferme de Montaubert est considerable principalement pour sa garenne dont le Gibier est estimé.

Le Château de Bouchet est situé dans une plaine assez étendue & diversifiée par ses vignes & par ses terres labourables. Il appartient à Mr. Bosq Maitre des Requêtes & ci-devant Sur-Intendant de la maison d'Adelaïde de Savoye Dauphine de France.

L'avenuë qui conduit à ce Château commence à mi-chemin de Valgrand & est d'une grande demie lieuë. Elle forme un croissant à son entrée & peut contenir six carosses de front & trois dans chacune des allées qui sont au côté, au bout de cette avenuë on en trouve autre à main droite plantée de noyers & à gauche une troisiéme plantée de chataigners.

On rencontre d'abord un pavillon auquel on monte par deux degrez à droite & à gauche ; on entre ensuite dans une cour fort longue & bordée par deux especes de parapets au bout desquels est une demi-lune à châque côté de laquelle est une porte fort belle qui sont les entrées de châque clos. Par un pont-levis qui est sur un fossé assez large & assez profond, l'on entre dans une grande cour, aux côtez de laquelle on en voit deux autres qui servent de basse-cour, & où sont les écuries, les cuisines, les offices, & les greniers. Le Bâtiment est au milieu de deux tours qui servent de Colombiers. Le principal corps du bâtiment consiste en plusieurs salles dont quelques-unes sont assez richement ornées de peintures. Dans l'aile gauche est une Galerie d'environ vingt toises de long sur quatre de large pavée de fort beaux carreaux de marbre, & enrichie de plusieurs ornemens de sculpture dans la voute. Elle est encore ornée de vingt bustes de marbre qui sont fort estimez. A un des bouts de cette Galerie du côté du bâtiment est une niche remplie par un groupe de pierre bien travaillé, qui represente Apollon & plusieurs Muses. A l'autre bout est un Vestibule en dôme fort enjolivé. L'Escalier qui conduit aux appartemens est assez spacieux & bien bâti, la rampe de fer en est sur tout parfaitement bien travaillée. Les Appartemens sont fort ornez par les sculptures, les peintures, & la menuiserie, & les seconds sont à la Mansarde.

Le jardin consiste en un parterre d'un dessein ancien au bout duquel est la riviere d'Estampes qui étoit autrefois navigable avant qu'on en eût fait un autre bras, plusieurs pieces d'eau qui sont tant dans ce jardin qu'aux environs du Château, donnent à l'un & à l'autre beaucoup d'agrément.

BOUCONIA, ancienne Ville de la Germanie entre Worms & Mayence selon l'Itineraire d'Antonin ; quelques exemplaires portent BAUCONICA, elle étoit à treize mille pas de la premiere & à XI. M. Pas de la seconde.

BOUDOBRICA, voiez BODOBRIGA.

BOUDRON, Lieu de la Natolie, [b] dans l'an

[b] Spon. Voyage du Levant. T. 1.

l'ancienne Carie, il est inhabité, vis-à-vis de l'Isle de Cos, & n'est remarquable que par de grandes ruines que l'on y voit & qui font des restes de l'ancienne HALICARNASSE.

BOUDRY, ou BAUDRY petite Ville de Suisse dans la Principauté de Neufchâtel. Elle est capitale d'une Châtellenie, & située sur une Colline à deux lieues de Neufchâtel.

BOUDZIAC, voiez BUDZIAC.

BOVENNA. Les Anciens ont nommé BOARIS & BOVENNA deux petites Isles au midi de la Sardaigne. Nous les appellons IL TORO & LA VACCA, le Taureau & la Vache.

BOUFLERS,[a] Bourg de France dans le Beauvoisis, on l'appelloit CAGNI avant qu'il eût été érigé en Duché sur la fin du dernier siécle en faveur du Maréchal de Bouflers. Il est situé sur le Terain trois lieues au dessus de Beauvais & à quatre de Gournay; il y a Siege Royal, & le Duché comprend dix-sept Paroisses, devant le château est une statue Equestre de Louis le Grand, ouvrage de Girardon & fondue par Keller de Zurich en Suisse.

[a] Corn.Dict. Mem. dressez sur les lieux, en 1703.

BOUGIE, voiez BUGIE.

☞ BOUGUES, on appelle ainsi en France, au Cotentin, contrée de la Basse Normandie des lieux sablonneux au bord de la mer dont le sable est mouvant. [b] *Les Bougues de Quenéville, Bougues de Ravenouville, Bougues d'Andoville*, entre la Hougue & le Vez. Ce mot vient de l'Anglois-Saxon BOG qui signifie une terre marecageuse & mal assurée & qui engloutit les passans. BOGGE; *molliere fondriere*.

[b] Hurt Origines de Caen. p. 440.

BOUGUIS,[c] Province de l'Isle des Celebes dans l'Océan Indien. C'est une Souveraineté particuliere à l'Orient du Royaume de Macassar. Boné en est la Capitale. On connoît mal les bornes qui la distinguent de Soppen, autre Souveraineté qui est plus au midi au fond du Golphe de Saleyer. Gabé lieu maritime est sur la côte Orientale de l'Isle.

[c] De l'Isle Atlas.

BOVIANUM, Ville d'Italie au païs des Samnites. Pline[d] en connoît deux, sçavoir le vieux, *Bovianum vetus*, & la Colonie des Soldats de la XI. Legion, *Alterum cognomine Undecumanorum*. Cette Ville située au pied de l'Appennin garde encore son nom avec un leger changement & s'appelle BOIANO. Voiez ce mot.

[d] l. 3. c. 12.

BOVIASMUM; Strabon[e] appelle ainsi la Ville Residence du Roi Maroboduus & Cluvier croit qu'il faut lire Βοΐαιμον Boiæmum, si les Manuscrits s'y accordoient. Ce sont peut-être les commencemens de la Ville de Prague.

[e] l. 7.

BOVILLÆ, Ville d'Italie auprès du Lac d'Albano. La Table de Peutinger nomme ce lieu BOBELLÆ & le met à x. M. Pas de Rome. On voit qu'il étoit voisin du mont Albano, car Velleius Paterculus[f] dit que Clodius fut tué par Milon auprès de *Bovilla* & Ciceron[g] parlant du même fait dit qu'il arriva au pied du mont Albano. Il en est fait souvent mention dans Tacite, c'est presentement BAUCO dans la Campagne de Rome selon Mr. Baudrand.

[f] l. 2. c. 47.
[g] pro Milone.

LA BOUILLE, Bourg de France en Normandie, fort connu à cause qu'il est le passage pour aller de Roüen dans les Dioceses de Lizieux, de Séez, d'Avranches, de Coutance, & de Bayeux. Il est situé sur la Seine, à cinq lieuës de Roüen, proche de Mauny, à deux de Bourgtheroulde & du Bourgachard. On trouve à la Bouille de grands batteaux couverts, qui en partent tous les jours trois fois pour Roüen, & qui en reviennent le même jour. On y trouve aussi des chevaux de traite pour le Pont-audemer, qui n'en est éloigné que de sept lieuës, & pour plusieurs autres routes. L'Eglise Paroissiale de ce Bourg est sous l'invocation de la Magdelaine, & le Jeudi on y tient Marché, & le Samedi une grosse Boucherie.

BOUILLE', Bourg de France en Anjou, dans le Craonnois, à deux grandes lieuës de Craon sur la petite Riviere de l'Araise. On y fait beaucoup de Toiles.

BOUILLON,[h] petite Ville de France au Duché de même nom, aux Païs-bas, enclavé dans le Duché de Luxembourg & dans le Comté de Chiny sur la Riviere de Semoy & dans la forêt des Ardennes, sur une Colline, près des Frontieres de Champagne. Il a le titre de Duché & a long-tems appartenu aux Evêques de Liége, comme on verra dans l'Article qui suit. Il n'est qu'à quatre lieuës au Levant de Charleville & de Mesieres en allant vers Arlon, & à vingt milles d'Allemagne au Midi de Liége. Il a été fortifié par les François qui le gardent.

[h] Baudrand Ed. 1705.

LE DUCHÉ DE BOUILLON, petit païs des Pays-bas, enclavé dans la Province de Luxembourg dont il est environné presque de toutes parts, ne tenant que du côté du midi à la Principauté de Sedan.

Ce Duché[i] est une ancienne Seigneurie demembrée du Comté d'Ardenne, & de laquelle Godefroy, Fils d'Eustache, Comte de Boulogne, étoit proprietaire, l'ayant euë de sa mere Ide. Comme il avoit été investi du Duché de la Basse-Lorraine, & qu'il étoit Duc, on l'appella depuis, le Duc *Godefroy de Bouillon*, & de là le nom de Duché passa à cette Terre.

[i] Longueruë desc. de la Franc. 2. part. p. 134.

Ce lieu s'appelle en Latin *Bullio*; & Gerbert (qui fut depuis le Pape Silvestre II.) l'appelle *Bublio*, dans une de ses Lettres. La Croisade ayant été publiée l'an 1095., au Concile de Clermont, un grand nombre de Seigneurs se croiserent, & l'un des principaux fut *Godefroy*, Duc de la *Basse-Lorraine*, qui vendit à Otbert ou Albert, Evêque de Liége, le Château de *Bouillon, Castrum Bullionis*, & ses dépendances pour trois-cens marcs d'argent & un marc d'or, comme l'assûre Laurent de *Liége* en sa Chronique achevée l'an 1144. Gilles, Moine d'Orval, qui vivoit dans le Siécle suivant, assûre que cette acquisition fut faite pour treize-cens marcs: de sorte qu'il y a apparence que le mot *mille* a été omis par le Copiste du Manuscrit de l'Histoire de Laurent. Alberic de Trois-Fontaines, Contemporain de Gilles d'Orval, met quinze-cens marcs, & dit qu'Ide, mere du Duc Godefroy, laquelle vivoit encore alors, avoit consenti à cette vente. Alberon, Evêque de Liége, acquit l'an 1127. de Renaud, Archevêque de Reims, tout le Fief que l'Eglise de Reims avoit à *Bouillon*. Mais quelques années après le Château de Bouillon fut surpris de nuit l'an 1135.

par

par Renaud, Comte de Bar, qui avoit corrompu ceux qui gardoient la Place. Alexandre de Louvain, Frere de Geofroy Duc de Brabant, étoit alors Evêque de Liége, comme le raconte le Chanoine Nicolas en son Triomphe de St. Lambert. Cet Auteur Contemporain a été suivi par Gilles, Moine d'Orval, & par Alberic de Trois-Fontaines.

Hugues, Fils du Comte Renaud, s'établit à *Bouillon*, croyant qu'il lui demeureroit : mais il fut contraint de rendre la Place l'an 1142. à l'Evêque Alberon de Gueldres, & à son Eglise de Liége, dont les Prélats ont joüi de Bouillon paisiblement durant plus de trois-cens ans, jusqu'à la fin du quinziéme Siécle. Ce fut pour lors que l'Evêque & l'Eglise de Liége furent troublez dans la possession de *Bouillon*; parceque Guillaume de la Marck ayant tué Louïs de Bourbon, Evêque de Liége, il entra dans cette Ville le plus fort, & contraignit le Chapitre à donner les provisions de Châtelain de Bouillon à son Frere Robert, qui prêta Serment à l'Eglise l'an 1482.

Guillaume de la Marck recommença peu après la guerre contre l'Evêque Jean de Horn, laquelle finit par le Traité de Paix conclu à Tongres l'an 1484. par lequel l'Evêque promit de donner trente-mille Livres à Guillaume; & pour sûreté, l'Evêque lui engagea le revenu du Marquisat de Franchimont & le Duché de Bouillon. Robert, Frere de Guillaume, devoit demeurer Gouverneur du Château ; & Guillaume ne prenoit d'autre qualité que de *Manbourg*, ou *Defenseur de l'Eglise du païs de Liége & du Duché de* Bouillon.

La guerre ayant recommencé encore entre les Liégeois & ceux de la Maison de la Marck, l'Evêque Jean de Horn fit un nouveau Traité l'an 1492., par l'entremise de l'Empereur Maximilien & de Charles VIII. Roi de France, par lequel ce Prélat s'engagea de payer à la Maison de la Marck la somme de cinquante-mille livres par portions égales. Ensuite Robert de la Marck, Seigneur de Fleuranges, Maréchal de France, ayant acquis toutes les Actions de ses Parens, joüit du Duché de Bouillon, comme Engagiste du Domaine & Châtelain. Il tranchoit néanmoins du Souverain, & il osa faire la guerre à *Charles-Quint*, qui le chassa l'an 1521. du Duché de Bouillon, où il rétablit l'Evêque de Liége, qui en fut non-seulement Duc & Souverain, mais Seigneur utile.

L'Empereur étant à Gand l'an 1528., confisqua toutes les Actions des Seigneurs de la Marck sur l'Evêché de Liége, & les donna aux trois Etats de cet Evêché. L'année suivante 1529. par le Traité de *Cambrai* on convint que, si Robert de la Marck, ses Enfans, ou quelques autres, vouloient faire quelque entreprise sur le Château & Duché de *Bouillon*, conquis par l'Empereur, & délaissés à l'Eglise de Liége, à laquelle ils appartenoient d'ancienneté, le Roi Très-Chretien ne pourroit donner assistance contre cette Eglise à celui qui feroit cette entreprise. Néanmoins la Maison de la Marck demandoit toûjours de grosses sommes aux trois Etats du Païs de Liége, qui s'en défendoient.

Les Princes de Sedan ne prirent jamais le titre de *Ducs de Bouillon* jusqu'à l'an 1548. que le Maréchal de la Marck donnant un pouvoir pour régler les limites de Sedan & de Bouillon, y prit le titre de *Duc de Bouillon* : ce que les Liegeois ne voulurent point souffrir ; car ils rompirent le Traité ; & se pourvûrent devant l'Empereur Charles-Quint, qui condamna l'entreprise du Maréchal par un Décret du 29. Décembre 1548.

La guerre ayant recommencé sous Henri II. entre l'Empereur & le Roi, le Connétable de *Montmorenci* attaqua le Château de *Bouillon*, qui se rendit l'an 1552. Le Maréchal de la Marck en prit possession au nom du Roi, & non au sien. Aussi sept ans après, Henri II. rendit cette Place à l'Evêque de Liége, en exécution du Traité de *Cateau-Cambresis*. Ces Prélats continuérent depuis à joüir paisiblement du Duché & du Château de Bouillon, ne souffrant pas que les Princes de Sedan prissent le titre de *Ducs de Bouillon*, quand les Evêques ou leurs Officiers traitoient avec eux.

Il y avoit eu une reserve au Traité de *Cateau-Cambresis* pour les prétentions de la Maison de la Marck, qui devoient être jugées par Arbitres ; & il y en eut une semblable au Traité de *Vervins*; ce qui n'eut point d'exécution : car les trois Etats de Liége soûtenoient que les sommes demandées par ceux de la Maison de la Marck, n'étoient pas dûës légitimement. Les Vicomtes de Turenne, subrogés aux droits & prétentions de la Maison de la Marck, firent plusieurs demandes aux Liegeois.

Enfin *Frederic-Maurice de la Tour* étant Gouverneur de *Mastricht* pour les Etats-Généraux, & dans un poste à se faire craindre des Liegeois, ils se résolurent à le satisfaire ; & après qu'il fut convenu qu'il ne prendroit pas le titre de *Duc de Bouillon* dans l'Acte, il fit une Transaction l'an 1641. avec les trois Etats du Païs de Liége, qui s'obligérent à payer en plusieurs payemens au Vicomte de Turenne, *Prince de Sedan*, la somme de 150. mille florins, monnoye de Brabant : moyennant quoi le Prince Frederic-Maurice renonça à toutes ses prétentions sur *Bouillon* & sur le Païs de Liége. La somme fut entierement payée l'an 1658.; & l'année suivante il ne fut fait aucune mention de *Bouillon* au Traité des *Pyrénées*.

Les Liégeois ayant pris le parti de l'Empereur l'an 1676., les François assiégerent & prirent Bouillon cette même année. Deux ans après, le Roi Louïs XIV. donna ce Duché au *Duc de Bouillon*, son Grand-Chambellan, qui y établit une Cour Souveraine : ce qui faillit à faire rompre le Traité de *Nimegue*. Mais les Etats & le Chapitre de Liége aimérent mieux laisser le Duc en possession, que de voir recommencer la guerre : ils se contentérent de faire des protestations pour la conservation de leur droit ; & il fut dit, qu'à l'égard du Château & du Duché de *Bouillon*, le Duc de ce nom demeureroit en possession, & que la question de la propriété seroit décidée entre l'Evêque de Liége & le Duc, par des Arbitres : ce qui n'a pas été fait ; & depuis dans les Traitez de *Ryswyck* & de *Bade*, conclus avec tout le Corps de l'Empire, il n'a été fait aucune mention du Duché de *Bouillon.*

Le Roi de France a la garde du Château, qui eſt une très-forte Place par ſa ſituation ſur un rocher preſque inacceſſible. La *Semoy* paſſe à Bouillon : Cette Riviere, qui prend ſa ſource à *Arlon,* & ſe jette dans la Meuſe un peu au-deſſous de Château-Renaud, eſt appellée par le Roi Sigebert dans le ſeptiéme ſiécle, en une Patente, *Seſomiris,* & par ceux qui l'ont ſuivi, *Seſmarus.*

BOUIN. (l'Iſle de) Voiez au mot ISLE l'Article L'ISLE DE BOUIN.

BOVINIACUM, LONNIA, & SOLOMANNIA, ce ſont les noms de trois Villages quelque part au Luxembourg, dont il eſt parlé dans la Vie de St. Remacle. Ortelius croit reconnoître BOVINES & SALMAGNE ſur la Meuſe; mais il avoue ne pas ſavoir ce que c'eſt que LONNIA.

BOVINO, Ville d'Italie au Royaume de Naples dans la Pouille & dans la Province de la Capitanate, avec un Evêché Suffragant de l'Archevêque de Benevent. Elle eſt ſur une Montagne au pied de l'Apennin & près de la Riviere de Cerbaro aux Frontieres de la Principauté Ulterieure, mais fort mal peuplée, à ſix milles de Troya au midi, en allant vers Aſcoli & à douze d'Ariano.

BOVIS AULA, Βοὸς Αὐλὴ, Strabon [a] dit qu'on nommoit ainſi un antre de l'Iſle d'Euboée parce qu'Io y accoucha d'Epaphus. Il ſoupçonne que le nom même de l'Iſle pouvoit bien venir delà.

[a] l. 10. p. 445.

1. BOVIUM. Voiez BONIUM.

2. BOVIUM, ou BOMIUM, Lieu de la Grande Bretagne. Il en eſt parlé dans l'Itineraire d'Antonin, ſur la route de Calleva à Uriconium. Mr. Gale croit que c'eſt BOVERTON en Glamorganſhire dans la Principauté de Galles. Aſſez près de là eſt COWBRIDGE, nom qui ſemble être caché dans celui de PONTVOBICE employé par l'Anonyme de Ravenne, pour PONT-IBWCH qui en langage Breton ſignifie le *Pont de la Vache,* ou le pont aux bœufs.

LA BOULAYE [b], Bourg de France en Normandie dans le Dioceſe d'Evreux, avec titre de Baronnie, Haute Juſtice & Château. Il eſt ſitué ſur la Riviere d'Eure à trois lieuës de Vernon. Le Château de la Boulaye eſt grand, de belle apparence, & très-bien bâti, dans une agréable Vallée. Il eſt fort logéable, avec des foſſez à fond de cuve, remplis d'eau, & des bâtimens pour les équipages d'un grand Seigneur. Le Territoire eſt partagé en prairies & en terres de labour. Il y a un bac de paſſage ſur la Riviere devant le Château.

[b] Memoires dreſſez ſur les lieux en 1704.

BOULENOIS (LE) ou LE BOULONNOIS, contrée de France dans la Picardie dont il fait la partie Septentrionale. [c] Il s'étend depuis la Canche juſqu'aux Confins de la Flandres, & prend ſon nom de la Ville de Boulogne qui en eſt la Capitale. L'ancien nom de la Ville eſt GESORIAC ou GISORIAC, que Ptolomée met entre le port *Iccius,* & l'Embouchure de l'Eſcaut, en diſtinguant ainſi formellement le port Iccius de Giſoriac. Enſuite cette Ville fut nommée *Bononia* [Boulogne] ſous Conſtantin; car Eumenius, qui dans ſon Panegyrique à l'honneur de Conſtantius Chlotus, appelle en deux endroits cette Ville ou Port Geſoriac *Geſoriacenſes muros,* & enſuite *a Geſoriacenſi littore* : il la nomme dans le Panegyrique à Conſtantin, *Bononienſis Oppidi Littus.* Le Païs de Boulenois faiſoit autrefois partie de l'ancien Comté de Flandre, & lorſque Boulogne commença à avoir ſes Comtes particuliers, ils furent vaſſaux premierement des Comtes de Flandres, puis de ceux d'Artois, après que ces deux Pays, la Flandres & l'Artois, eurent été ſeparez.

[c] Longuerue deſc. de la France part. 1. pag. 57.

Boulogne a eu ſes Comtes dès le dixieme ſiécle : le premier ſe nommoit Guillaume Pere de Hernulfe, & Grand-Pere d'Euſtache, premier Comte de Boulogne qui vivoit du temps du Roi Robert. Son fils Euſtache II. épouſa Ide fille de Godefroy Duc de la baſſe Lorraine, ou de Brabant. Euſtache eut trois fils, Godefroy & Baudouin, qui furent ſucceſſivement Rois de Jeruſalem, & Euſtache III. Comte de Boulogne qui n'eut qu'une fille nommée Mahaud, qui épouſa Etienne de Blois, lequel fut depuis Roi d'Angleterre : ſon fils Guillaume, qui ne lui ſucceda point au Royaume, fut ſeulement Comte de Boulogne. Il n'eut point d'Enfans mâles : & ſa fille Ide lui ayant ſuccedé au Comté de Boulogne, épouſa Rainaud de Dammartin dont il vint une fille nommée Mahaud, laquelle apporta ce Comté en mariage à Philippe fils de Philippe Auguſte Roi de France : leur fille Jeanne n'ayant point eu de poſterité, le Comté de Boulogne revint aux Heritiers de Mahaud ſœur Cadette d'Ide, laquelle Mahaud avoit épouſé Henri Duc de Brabant. Leur fille Alix de Brabant eut ſeule le Comté de Boulogne, & le porta à ſon Mari Guillaume Comte d'Auvergne. Les mâles de cette race finirent vers l'an 1389. & Jeanne fille de Jean II. Comte d'Auvergne apporta le Comté de Boulogne à ſon Mari Jean fils de France Duc de Berry : mais n'ayant point eu d'Enfans, ſon Heritiere fut Marie, ſa Couſine, veuve de Bertrand Seigneur de la Tour. Elle laiſſa ce Comté à ſon fils Bertrand de la Tour, qui en fut depoſſedé par le Duc de Bourgogne Philippe, qui contraignit par le Traité d'Arras de l'an 1435. Charles VII. à lui ceder en proprieté le Comté de Boulogne, en chargeant ce Roi de dédommager Bertrand à qui le Comté appartenoit. Loüis XI. conquit le Boulenois ſur Marie de Bourgogne après la mort du Duc Charles, & l'unit à perpetuité à la Couronne, ayant donné en échange au Comte d'Auvergne le Comté de Lauraguais en Languedoc.

Le Roi Loüis XI. après cette aquiſition, donna la mouvance du Comté de Boulogne à l'Egliſe de Nôtre Dame où il y avoit alors une Abbaye de Chanoines Reguliers, qui fut ſeculariſée après qu'on eut transferé à Boulogne le Siége Epiſcopal de Terouenne, ancienne Capitale des Morins, celebres ſous les Empereurs Romains. Cette tranſlation fut faite par Pie IV. l'an 1559. & la ſeculariſation des Chanoines Reguliers par Pie V. l'an 1566. On attribua au Siége de Boulogne les Paroiſſes qui étoient ſous la Domination de France, & les autres furent miſes ſous les nouveaux Evêchez de Saint Omer & d'Ypres.

La Partie Septentrionale du Boulennois a été

BOU.

été dès long-temps séparée du Comté de Boulogne : on l'appelle aujourd'hui le Pays reconquis, parce qu'il a été reconquis sur les Anglois qui s'en étoient emparez, & en avoient joüi plus de deux cens ans. Ce Pays s'appelloit autrefois le Comté de Guines, voiez ce mot & l'Article BOULOGNE. Comme [a] le Pays de Boulenois relevoit en plein fief du Comté d'Artois tous les Rois depuis Loüis XI. jusqu'à present l'ont déclaré quite & exempt de toutes sortes de tailles, subsides, Gabelles, & impositions mises & à mettre dans le Royaume. Les dernieres Lettres patentes confirmatives de ces Privileges sont du mois de Novembre 1656. & du mois de Mars de l'an 1682. Le Roi ayant envoyé dans le Boulenois des troupes en quartier d'Hyver l'an 1660., elles y firent tant de desordres que les habitans offrirent la somme de quarante mille Livres par an pour n'y être plus exposez. Cette imposition a toûjours été continuée depuis & même a été un peu augmentée. [b] On transporte des mines du Boulenois beaucoup de Charbon de terre en Artois & en Flandres par le Canal de Calais & la Riviere d'Aa, pour les Corps de gardes, les Briqueteries, les fours à chaux & pour les forges des Maréchaux. Il sort aussi de la fosse du Boulenois beaucoup de beurre qu'on transporte en Artois, en Champagne & même jusqu'à Paris.

[c] Le Boulenois a environ douze lieues de long sur huit de large. Ce Pays a un Gouverneur particulier qui pretend être independant du Gouverneur de Picardie.

BOULIEU [d], petite Ville de France dans le haut Vivarais proche d'Annonay & à deux petites lieues du Rhône.

1. BOULOGNE, Ville de France en Picardie dans le Boulenois dont elle est la Capitale, sur la côte de la Manche avec un Port [e] à l'Embouchure de la petite Riviere de Liane, d'où vient qu'on l'appelle quelquefois BOULOGNE SUR MER. C'est selon quelques-uns L'ICCIUS PORTUS des Anciens ; c'est selon d'autres GESORIACUS PORTUS, different de ce Port. Elle est divisée en haute & basse Ville. Cette derniere est habitée par les Marchands qui y sont plus à portée de leur Commerce. St. Nicolas est la paroisse de cette partie de Boulogne. La Ville haute est ornée de beaux bâtimens tels que l'Eglise Cathedrale & le Palais où l'on rend la Justice.

[f] L'Evêché de Bologne s'étend non seulement dans les Gouvernemens du Boulenois, de Calais & d'Ardres, mais encore dans celui d'Artois. Les Benefices qui sont dans l'Artois ne payent point de Decimes. Ce Diocese est divisé en XVII. Doyennez & comprend deux cens soixante & dix-sept Cures & cent quarante-sept Secours ou Annexes dans l'Artois. L'Eglise Cathedrale est dans la haute Ville & sous l'invocation de la Sainte Vierge. L'infeodation que fit Loüis XI. en 1478. du Comté de Boulogne à cette Eglise est fort singuliere. Il est dit dans les Lettres patentes que lui & les Rois ses Successeurs tiendront à l'avenir le Comté de Boulogne immediatement de la Sainte Vierge par un hommage d'un Cœur d'Or à leur avénement à la Couronne. Loüis XIV. donna douze mille Livres pour son avénement &

Tom. I. Part. 2.

[a] Piganiol de la Force desc. de la France T. 3. p. 28.

[b] Ibid p. 38.

[c] Ibid p. 53.

[d] Baudrand Ed. 1705.

[e] Piganiol de la Force desc. de la France T. 3. p. 53.

[f] p. 16.

BOU. 411

celui de Loüis XIII. son Pere. Le Chapitre de la Cathedrale est composé de vingt & une Prebendes qui sont à la nomination de l'Evêque, à l'exception du Doyen qui est électif, des deux Archidiacres, du grand Chantre & du Thresorier.

Il y a dans Boulogne plusieurs Maisons Religieuses de l'un & de l'autre Sexe. Une Maison de Prêtres de l'Oratoire qui enseignent les Humanitez & la Philosophie. Un Seminaire dirigé par les Prêtres de la Mission de St. Lazare & un Hôpital magnifiquement bâti par les soins & les liberalitez de la Maison d'Aumont.

[g] Le mouillage devant Boulogne est très-mauvais pour toute sorte de Bâtimens, à moins que les vents ne soient depuis le Nord jusqu'au Suest-Est. De tous les autres vents il est impossible d'y tenir, car la Mer y est fort grosse & la tenuë très-mauvaise. Il n'y a qu'un seul endroit à une portée de Canon de terre, au Sud-Ouest de la tour neuve, où les pécheurs, & les bâtimens Marchands mouillent de basse Mer en attendant le flot dont ils se servent pour entrer dans le Port. Il y est entré quelquefois avec ces mêmes circonstances des Fregates de quatorze Canons : quant aux vaisseaux de guerre qui voudroient s'approcher de Boulogne, ils ne peuvent mouiller que dans la rade de St. Jean qui s'étend pendant une lieue & demie en tirant vers le Nord ; encore faut-il que les vents soient depuis le Nord jusqu'au Sud-Est. La Tour d'Ordre est tombée en ruine, & on a bâti en sa place un petit Fort pour la defense du Port.

[h] Il y a à Boulogne une Senechaussée composée d'un Senéchal, d'un President, d'un Lieutenant General, d'un Lieutenant Criminel, d'un Lieutenant Particulier, d'un Assesseur, de trois Conseillers, d'un Avocat du Roi qui est aussi Conseiller, d'un Procureur du Roi, d'un Substitut & d'un Greffier. Les appellations de cette Senechaussée vont directement au Parlement de Paris.

2. BOULOGNE, Ville de France au Bas Comminge. Voiez BOLOGNE.

3. BOULOGNE, Ville d'Italie. Voyez BOLOGNE.

4. BOULOGNE, Seigneurie des Pays-Bas dans le Luxembourg à deux lieues & demie d'Arlon.

1. BOULONOIS, (le) voiez BOULONOIS, Contrée de France.

2. BOULONOIS, (le) voiez BOLONOIS, Contrée d'Italie.

BOULOULIE [i], Village de Syrie dans le voisinage de la petite Ville Choug. Il est situé dans un creux, & n'est remarquable que par l'indigne conduite de ses habitans. Ce sont des Arabes qu'on tient avoir quitté le fond de l'Arabie, pour venir habiter ce lieu où les terres sont d'un grand rapport. Ils vivent dans un oubli entier de tout ce qui s'appelle Religion, & sont divisez en Tribus & en familles, qui multiplient à la maniere des bêtes sans faire aucune distinction de degrez de parenté au mepris des loix de la nature. Ces Arabes ignorent les moindres devoirs de la vie. La porte d'aucun d'eux n'est jamais ouverte aux Etrangers. Ils ont la dureté de laisser à

[g] p. 53.

[h] p. 23.

[i] Carré Voyage aux Indes Orientales.

Fff 2

l'ardeur du Soleil & aux injures de l'air, des passans accablez de la fatigue, & n'offriroient pas une goutte d'eau à qui que ce soit.

BOUQUENON [a], Petite Ville des Pays réunis de Lorraine, sur la Sare, au voisinage de Saarverden qui étoit autrefois au Comte de Nassau; mais le Duc de Lorraine s'en rendit maitre l'an 1628. elle est à demie-lieue du Château de Saarverde.

[a] *Baudrand Ed. 1705.*

BOUQUER, c'est la même Place que BOQUIR.

BOUQUINGAM. Voiez BUCKINGHAM.

BOURBON L'ARCHAMBAUD, Ville de France dans le Bourbonnois à qui elle a donné son nom. Cette [b] petite Ville, appellée en Latin *Burbo Erchenbaldi*, ou *Archembaldi*, a pris son nom de la bourbe qui est dans ses eaux [c], & cette étymologie est préférable à celle qu'en donne Olivier de la Marche, qui croit qu'on a dit Bourbon pour *Bourg-bon*. Elle est à cinq lieues de Moulins, & étoit dès l'an 761. une Ville forte & importante; car durant les guerres qu'eut Pepin contre Gaifre Duc d'Aquitaine, il prit les Villes de Bourbon, de Chantelle, & de Clermont. Bourbon n'a point de murailles; elle est très-mal située, dans un fond, entre quatre collines sur une desquelles est un vieux Château quarré, autrefois la demeure de ses Seigneurs, dont neuf ont porté le nom d'Archambaud. Il n'y a plus rien d'entier dans ce Château que trois petites Eglises ou Chapelles. La premiere est dediée à Nôtre Dame, c'est l'ancienne Chapelle du Château. On ne sait pas le tems de sa fondation, ni le nom de son fondateur; mais on conjecture qu'elle a été bâtie par un des Archambauds, Seigneur de Bourbon.

[b] *Piganiol de la Force desc. de la France T. 5. pag. 263.*
[c] *Valef. notit. Gall.*

La seconde appellée la Sainte Chapelle, est dediée à Jesus-Christ crucifié. Comme la premiere Chapelle étoit trop petite, Jean second du nom, Duc de Bourbon, fit commencer cette Sainte Chapelle; mais ayant été prevenu par la mort, elle ne fut achevée que l'an 1508. par Pierre second du nom, Duc de Bourbon. C'est une des plus belles Saintes Chapelles du Royaume. On y voit les statuës de Jesus-Christ & de ses douze Apôtres; le blazon & la Généalogie de la Royale Maison de Bourbon & de ses alliances, en bas relief. Les Chaires du Chœur sont d'une très-belle menuiserie, & l'on voit au dessus les chiffres de Pierre de Bourbon, second du nom, & d'Anne de France sa femme, entrelassez de cerfs ailez. Les vitres sont très-belles, & peintes à l'antique. Je crois que l'on auroit de la peine d'en trouver de plus anciennes, ni de mieux conservées. Sur la premiere on a peint le Sacrifice d'Abraham; sur la seconde Jesus-Christ qui guerit le Paralytique; sur la troisiéme un Crucifix; sur la quatriéme l'Empereur Constantin qui delibére s'il donnera Bataille, & un Ange qui lui promet la victoire, & lui montre la Croix avec ces paroles, *in hoc signo vinces*; sur la cinquiéme Sainte Hélène qui demande à un Juif où étoit la Croix, sur laquelle Jesus-Christ étoit mort; sur la sixiéme, Sainte Hélène qui decouvre par miracle la vraïe Croix; sur la septiéme, l'Empereur Heraclius, qui après avoir vaincu Cosroës, recouvre la Sainte Croix; sur la huitieme enfin, l'Empereur Heraclius en chemise, & nuds pieds qui porte en triomphe la Sainte Croix. Dans la même Sainte Chapelle sont les figures d'Adam & d'Eve, en pierre; & sur le portail celles de Saint Louïs, de Pierre de Bourbon, & d'Anne de France sa femme.

La troisiéme Chapelle est appellée le Trefor. Elle est souterraine & bien claire. On y descend par un escalier de pierre de taille de vingt marches de quatre pieds de longueur. C'est dans cette Chapelle que l'on garde une très-belle Croix d'or de ducat, qui pese environ quatorze Marcs, dont le montant est long d'un pied & demi, le travers d'environ un pied, & la largeur de l'un & de l'autre est de quatre travers de doigts. Au haut de cette Croix est une couronne d'or, qui porte cette Inscription sur une de ses bandes: *Louïs de Bourbon, second Duc de ce nom, fit garnir de pierreries & dorures cette Croix l'an 1393.* Cette Croix est enrichie de trente grosses perles & de cinq pierres precieuses; mais ce qui est encore plus precieux, c'est une des Epines de la couronne de Jesus-Christ qu'elle renferme, comme aussi une Croix faite du vrai bois de la Croix sur laquelle le Sauveur du monde a souffert la mort. Une Montagne de vermeil sert de Piedestal à cette Croix. Au bas sont à genoux le Duc Jean de Bourbon & la Duchesse Jeanne de France sa femme couronnez & revêtus des habits de ceremonie. Le haut de cette Montagne, ou Calvaire est fait en pointe, & comme une colonne torse percée au bout, où est plantée la Croix d'or. Cette Colonne est embrassée d'un côté par la Madelaine qui est à genoux, & vis-à-vis est la figure de la Vierge dans l'attitude d'une personne qui ne peut se soutenir, & qui est suportée par Saint Jean. Sur cette Montagne il y a une tête avec quatre ou cinq petits ossemens de mort, sont d'argent. La Colonne & la Montagne sont d'argent doré, & pesent avec tout ce qu'elles portent, treize Livres poids de Marc. On garde dans les armoires un pied de Saint Paul Hermite, un os des Saints Innocents, un des pouces de Saint Blaise, & la machoire inferieure du même Saint. L'Eglise paroissiale est dediée à Saint George, & est située sur une Colline à l'autre extrémité de celle du château. Au reste, la petite Ville de Bourbon est assez bien bâtie. On y compte environ trois cens six feux, & mille deux cens personnes. Au dessus du Couvent des Capucins, il y a une promenade qui consiste en trois allées, l'une au dessus de l'autre, plantées dans une terre achetée par le Maréchal de la Meilleraye, qui la donna aux Capucins à condition d'en tenir la porte ouverte pour la commodité publique. C'est le lieu le plus agréable de Bourbon, & la promenade ordinaire des bûveurs.

[d] Les eaux minerales de Bourbon l'Archambaud sont enfermées dans trois especes de puits, qui ont chacun cinq pieds huit pouces de diametre. A ne point examiner la chose de près on croit que ces trois puits sont trois sources differentes; cependant ce n'en est qu'une seule. Comme on remarque que les bouillons du puits du milieu sont plus abondants, on est porté à croire que la source sort de terre en cet endroit-là, & que l'eau passe ensuite aux puits

[d] *Piganiol de la Force desc. de la France T. 5. p. 246.*

puits latéraux. Au deſſous de ces puits il y a un grand Bain quarré que l'on appelle le *Bain des Pauvres*; & à deux pas de là il y a une maiſon où l'on trouve trois chambres au rez de chauſſée de la ruë, qui ſont voutées & ſeparées par un mur mitoyen; c'eſt là où ſont les bains. Ils ont trois pieds d'eau, il y en a un pour les hommes, un dans lequel on ne ſe baigne preſque point, & le troiſieme eſt deſtiné aux femmes. L'eau de ces puits eſt claire, limpide, & ſi chaude, qu'on n'y peut ſouffrir la main plus d'un moment ſans ſe brûler; cependant les œufs qu'on y met ne s'y cuiſent point, & l'oſeille ne s'y flétrit point. Ces eaux n'ont point de goût, ſi ce n'eſt peut-être un goût de nitre. Lorſqu'on s'en lave les mains, on les trouve onctueuſes; & ce qui prouve encore qu'elles ſont oléagineuſes, c'eſt qu'il y ſurnage une petite graiſſe. M. Spon, & deux autres habiles Medecins de Lyon, ayant fait évaporer quatre livres de cette eau, en tirerent une dragme & demie de ſel qu'ils jetterent ſur des charbons ardens, ſans qu'il fulminât comme le ſalpêtre; mais crepita, & devint noir comme le nitre, ou natron des Anciens. Ils jetterent enſuite de ce même ſel ſur la diſſolution de ſublimé corroſif en eau commune, & il ſit un precipité jaune de même que le natron. Toutes ces experiences n'ont pas réuſſi de même avec le ſel polychreſte, ce qui ſuffit pour refuter ceux qui veulent qu'il y ait un Polychreſte naturel dans les eaux de Bourbon. Mais comment y en auroit-il, puiſqu'il ſe fait avec du ſouffre & du Salpetre; & que dans les eaux de Bourbon il n'y a point de Salpetre? On dira peut-être que l'on donne le nom de nitre au Salpêtre, & qu'en convenant qu'il y a du nitre, c'eſt convenir qu'il y a du Salpêtre. Mais il eſt aiſé de repondre que les noms ne changent point les eſſences des choſes, & qu'il y a une grande difference entre le nitre Salpêtre, & le nitre des Anciens appellé natron. L'huile de tartre par deſaillance, jettée en petite quantité ſur les eaux de Bourbon, les rend laiteuſes, d'une odeur & d'un goût très-deſagreable. L'écorce de grenade, & la noix de galle pulveriſée n'y ont fait aucun changement, lorſqu'on en a jetté dedans. Au reſte ces ſources ſont un excellent Almanach naturel pour les habitans du Païs; car lorſqu'il doit faire un beau tems, il s'élève ſur l'eau un limon verd, qui diſparoît quand il doit pleuvoir. De toutes ces experiences les trois ſavans Medecins que j'ai citez, conclûrent que les eaux de Bourbon participent d'un ſel nitreux, & d'un ſouffre exactement mêlez & incorporez. Elles ſont également bonnes pour la boiſſon & pour le bain. Outre ces Fontaines d'eaux chaudes, il y en a une froide qui eſt derriere les Capucins. On l'appelle *la Fontaine de Jonas*, du nom d'un Suiſſe de Gaſton de France, Duc d'Orleans. On juge par le goût qu'elle a, & par ſa boue, qu'elle eſt ferrugineuſe, & comme la noix de galle qu'on y a jettée, a donné à ſon eau une couleur de roſe foncée, cela fait croire qu'elle eſt auſſi un peu vitriolée.

[a] M. Geofroy étant à Bourbon a examiné ces eaux en Chimiſte. Il a trouvé que les eaux de Bourbon lentement évaporées, avoient ſur une pinte qui peſe 18432. grains, 63.

[a] Hiſt. de l'Acad. des Sciences an. 1702. p. 57.

grains de matiére étrangére, en reſidence ſaline qui demeuroit au fond du vaiſſeau; que cette matiére eſt un ſel acre lixiviel, tout pareil à celui qui ſe tire des plantes, & qui par conſequent fermente avec tous les acides, qu'il eſt mêlé de quelque portion de ſouphre, ce qui ſe reconnoît par une lueur très-ſenſible & aſſez durable que jette cette matiére ſaline miſe ſur une pelle rouge dans un lieu obſcur. M. du Clos examinant les eaux de Bourbon n'y avoit trouvé que 59. grains, de cette matiére ſaline, au lieu des 63. de M. Geoffroy; mais cela vient, ſelon que le même M. Geoffroy l'a crû, de ce que M. du Clos avoit travaillé ſur ces eaux tranſportées, & de ce qu'elles avoient depoſé aux parois des vaiſſeaux une portion de leur matiére ſaline en forme de tartre, comme elles font à la ſurface de leurs baſſins & de leurs puits. Voici ce qu'en dit encore M. Burlet.

Les eaux chaudes de Bourbon n'étoient autrefois en uſage que pour baigner : peu de perſonnes oſoient en boire. C'eſt pour cela qu'on appelle encore aujourd'hui Bourbon l'Archambault. BOURBON LES BAINS.

[b] Mem. de l'Acad. des Sciences an. 1707. pag. 145. & ſuiv.

Ces eaux avant Mrs. de Lorme & Aubri, Médecins célèbres de Moulins, n'étoient point dans cette reputation où elles ſont aujourd'hui. Ce ſont eux qui en ont appliqué & étendu l'uſage à un grand nombre de maladies intérieures & qui ont appris à n'en pas redouter l'abondante boiſſon.

L'Eau des trois puits de Bourbon qui eſt fournie également par la même ſource, eſt preſque toujours à la même hauteur de 7. pieds, ou environ, & elle ne décroît pas même dans les chaleurs & les ſecherſſes les plus grandes. Elle boût d'une maniere ſenſible & exhale une fumée aſſez abondante. La ſurface de cette eau, quand elle n'eſt point agitée, paroît un peu terne, & il s'y forme une pellicule graſſe & onctueuſe, ſi mince néanmoins & ſi ſuperficielle que quelques efforts que l'on faſſe & quelque ſoin que l'on prenne, on ne peut la recueillir.

L'Eau de Bourbon eſt très-claire & très-limpide dans le verre, ſans preſque aucune odeur, d'une chaleur vive, mais qui n'a rien d'acre ni de brûlant : d'une ſaveur qui tire ſur le Salin Lixiviel, bien plus foible, & bien moins ſenſible que dans l'Eau de Vichi.

Ayant plongé le même Thermomètre dont je m'étois ſervi à Vichi, dans le puits du milieu, la liqueur a monté à près de 54. lignes; de maniere que l'eau de Bourbon a deux degrez de chaleur ſur l'eau la plus chaude de Vichi.

Cette chaleur des eaux de Bourbon ſe conſerve très-long-tems, & une eau commune chauffée au même degré, & la plus bouillante même eſt refroidie quand celle-ci eſt encore plus que tiéde.

Tout le monde ſait que ces eaux tirées de leur ſource & remiſes inceſſamment ſur le feu ne bouillent pas plus promptement que l'eau commune la plus froide. On ſait encore que dans ces eaux, quoique très-chaudes, les plantes ne s'y flétriſſent point.

Pour découvrir le principe mineral des eaux de Bourbon, je me ſuis ſervi des mêmes eſſais, & j'ai preſque fait les mêmes experiences que j'ai fait ſur les eaux de Vichi; voici

Fff 3

la différence que j'y ai trouvée. Aiant mêlé de l'eau des bains avec la diſſolution de Sel de Nitre filtrée, il ne s'y eſt fait ni lait virginal, ni caillé, ni précipitation ; l'eau eſt demeurée claire. Ayant ajouté à ce mélange quelques goûtes d'eſprit de vitriol, il s'y eſt fait d'abord un lait virginal, qui s'eſt précipité enſuite en une eſpéce de caillé blanc. La même choſe eſt arrivée en faiſant cette experience ſur les eaux de Vichi.

La diſſolution de Couperoſe qui avoit la couleur d'un verd naiſſant, mêlée avec l'eau des bains, l'a jaunie d'abord, puis y a fait un caillé par floccons, leſquels ſe précipitant peu à peu ont pris une couleur rougeâtre. Le même changement eſt arrivé, mais bien plus promptement & plus ſenſiblement dans les eaux de Vichi.

L'eau de *Bourbon non plus que celle de Vichi n'a point changé la couleur de la ſolution de tourneſol. Mêlée avec le vinaigre diſtilé, l'aigre de ſouffre, & les autres acides, elle bouillonne & fermente, mais plus obſcurément que l'eau de Vichi. Le papier bleu rougi par l'eſprit de vitriol reprend ſa couleur dans l'eau de Bourbon. La poudre de noix de galles, qui donne une couleur de vin paillet à l'eau de Vichi, n'a point ou peu changé l'eau de Bourbon. L'eau de Vichi verdit le ſirop violat ; celle de Bourbon ne lui donne qu'une couleur de Grisdelin. Cette même eau mêlée avec l'infuſion de roſes rouges ſans acidé, ne l'a point changée ; mais l'ayant mêlée avec la teinture de roſes, rougie par l'eſprit de vitriol, elle l'a renduë d'un beau violet Amarante.

Par tous ces premiers eſſais, la Raiſon fait d'abord concevoir que le minéral qui domine dans les eaux de Bourbon, eſt auſſi un Sel Alkali, qui ne paroît guéres different du Sel Alkali des eaux de Vichi. Pour s'en aſſurer davantage, & démêler les autres principes de ces eaux, j'en ai fait faire l'analyſe de la maniére ſuivante.

J'ai fait mettre 12. Livres d'eau des bains dans une terrine pour la faire évaporer lentement ſur le feu. Dès qu'elle a commencé à chauffer, elle a donné une odeur de moût de vin cuit ; & à meſure qu'elle s'eſt évaporée, elle s'eſt renduë de plus en plus ſalée au goût. Il eſt reſté aux bords de la terrine une reſidence blanchâtre inſipide, & qui craquoit ſous la dent. L'Eau conſumée & reduite à huit ou neuf onces, je l'ai fait filtrer, il s'en eſt ſeparé & attaché au papier gris une matiére épaiſſe, graſſe & comme mucilagineuſe qui après la filtration finie peſoit une dragme & quinze grains pour le moins. La liqueur filtrée remiſe ſur le feu s'eſt encore évaporée, & quand elle a commencé à faire une pellicule, je l'ai fait porter à la cave : il s'eſt formé quelques cryſtaux fort brillants, très-minces & qui paroiſſoient taillés à facettes. Ce que j'en ai pû ramaſſer quand ils ont été deſſechés, ne peſoit que cinq ou ſix grains : leur ſaveur étoit fort douceâtre, & d'un vrai goût lixiviel. Enfin l'évaporation faite juſqu'à ſiccité, il eſt reſté au fond de la terrine trois gros & plus de deux ſcrupules de reſidence ſaline.

J'ai examiné enſuite toutes ces portions, dont la ſomme monte à cinq dragmes ou environ ; ſavoir une dragme & quinze grains de matiére mucilagineuſe adherente au papier gris, cinq ou ſix grains de cryſtaux, trois dragmes & deux ſcrupules de reſidence, & dix ou douze grains de ſubſtance blanchâtre ratiſſée ſur les parois de la terrine à meſure que l'eau decroiſſoit. Par l'examen de ces portions ſéparées, il m'a paru que cette ſubſtance blanchâtre adherente, & qui craque ſous la dent, n'eſt qu'une pure terre Alkaline, car elle fermente un peu avec les acides. Que la matiére mucilagineuſe attachée au papier gris, eſt encore cette même terre, mais mêlée de matiére ſulphureuſe & de quelque legére portion de fer. La ſubſtance ſulphureuſe dans cette portion ſe manifeſte d'une maniére ſenſible en engraiſſant le papier, & y laiſſant une impreſſion d'huile. D'ailleurs jettée ſur les charbons ardens, elle y rougit d'abord, noircit enſuite en jettant quelques petites étincelles.

Avec le couteau aimanté j'ai enlevé quelques particules de fer de la terre noire qui eſt reſtée après l'avoir calcinée. Les trois gros & deux ſcrupules de reſidence ſaline contenoient un Sel lixiviel, mêlé de quelque portion de terre ; & ce ſel par tous les eſſais n'a pas paru different du Sel des eaux de Vichi tiré auſſi par évaporation. Il a fermenté violemment avec les acides de toutes eſpéces. Par cette analyſe on trouveroit preſque les mêmes principes dans les eaux de Bourbon que dans celles de Vichi, mais dans des proportions differentes.

M. Saignette prétend qu'après avoir examiné avec une grande attention la reſidence ſaline des eaux de Bourbon, & après avoir démêlé les differens ſels qui la compoſent, il a trouvé ſans pouvoir en douter preſque portion égale de ſel Marin & de ſel Alkali ; que ces deux ſels lui ont paru fort diſtincts & par leur figure & par les épreuves qu'il en a faites. Qu'aiant mis 14. livres des eaux de Bourbon évaporer, il en avoit eû après une ſuffiſante évaporation par la cryſtalliſation à froid, des cryſtaux pentagones, hexagones, longs de la figure & du goût du ſel ſucrain, ou ſel Calcarius, décrit dans M. Liſter, faiſant le maroquin entre les dents, d'une légére ſtipticité, douceâtre, & qui ſe bourſoufloient au feu comme l'alun, ſans avoir d'acidité apparente non plus que de ſaveur Alkaline. Qu'ayant enſuite fait évaporer la liqueur davantage, il avoit eû des cryſtaux de ſel Alkali diſtinct, & du ſel Salin ou Marin grumelé, qui ſe trouvoient tels ſans équivoque.

Je n'ai pû verifier cette experience dans toutes ces circonſtances marquées ; & dans les trois dragmes & deux ſcrupules de reſidence ſaline qui m'eſt reſtée, je n'y ai pû démêler par les eſſais, & reconnoître qu'un ſel Alkali, comme je viens de le dire, dont le mélange avec toutes ſortes d'acides excite de violentes fermentations.

M. Geoffroy aſſure qu'après beaucoup de recherches, & après l'examen le plus exact du ſel contenu dans la reſidence de ces eaux, il avoit reconnu un peu de ſel marin mêlé avec le ſel Alkali minéral de ces eaux : mais qu'il ſoit preſque en partie égale avec l'Alkali mineral ;

ral; il y a beaucoup lieu d'en douter, quoi qu'en dise M. Saignette; & les Medecins des lieux qui ont souvent fait l'Analyse de leurs eaux le nient positivement.

Un Auteur Moderne qui depuis quelques années sous le nom de Paschal, a donné un Traité des Eaux de Bourbon, rejette la plûpart des Analyses de ces eaux faites par le secours du feu. Il prétend que si l'on fait évaporer ces eaux du Soleil, le Sel tiré par cette évaporation lente & douce est fort different de celui tiré par le moyen du feu; qu'il touche les acides, sans les exciter à aucune fermentation sensible; qu'il ne précipite aucune dissolution faite par un menstruë acide, & en un mot qu'il n'est point Alkali. Il avance que le Sel des eaux de Bourbon a le caractere d'un Sel Androgin, & qu'il est composé d'un acide Volatil & d'un Alkali fixe, dont l'alliage qui n'est pas à l'épreuve du feu, à cause qu'il est trop acre & trop pénétrant, resiste à la chaleur du Soleil qui évapore ces eaux d'une maniére lente & douce, & fait ou que ce Sel demeure dans son entier, ou qu'une partie de son Volatil s'y conserve & que ce qu'il y a de fixe en demeurant empreint, il n'est capable d'aucuns de ces effets qui conviennent aux Sels lixivieux que le feu a rendus ouverts, vuides & perméables aux acides. Il ajoûte qu'il y a dans les eaux de Bourbon un autre principe actif intimement repandu, un souffre vif, mobile, animé, qui n'est sensible que par sa chaleur, qui par sa subtilité & sa dissipation prompte, échape à toutes les recherches analytiques de la Chymie, qui pour la plûpart sont très-infideles, & qui par consequent ne peuvent nous donner que de fausses ou de très-imparfaites connoissances des principes des mixtes. C'est donc, selon lui, un Sel nitreux purifié, rempli de parties volatiles, qui est le Sel naturel des eaux de Bourbon, & non ce Sel Alkali fixe qui nous reste après l'évaporation, & qui n'est tel que par l'action du feu. Cet Auteur soutient son Hypothése par beaucoup de preuves & d'expériences bien raisonnées.

Il est trop vrai, & je l'avouë avec lui, qu'il y a dans les eaux de Bourbon, & vraisemblablement dans celles de Vichi, dont j'ai déja parlé, & dans toutes les eaux minérales chaudes beaucoup de parties volatiles & sulphureuses, qui ne restent point dans les residences: mais je ne puis croire que le Sel tiré par l'évaporation faite au Soleil, soit si different de celui tiré par celle du feu; que l'action des rayons du Soleil soit si lente & si douce, qu'elle ne change presque point la tissure du Sel des Eaux, & qu'on le retrouve sous sa forme naturelle.

La Saison trop avancée & le peu de sejour que j'ai fait à Bourbon ne m'ont pas permis de verifier cette experience de l'évaporation des Eaux par le Soleil; & l'Auteur même avouë qu'elle lui a été communiquée & qu'il n'a pû la faire lui-même. Il est certain que l'évaporation faite au bain de sable laisse un Sel vraiement Alkali; cette évaporation est néanmoins fort lente & douce. Et s'il faut raisonner des eaux de Bourbon par rapport à celles de Vichi, le Sel qui naturellement, & sans le secours d'aucun agent étranger, s'éléve de ces derniéres, & se crystallise aux voutes pendant l'Hyver, n'est point different de celui qu'on retire par le feu, il est Alkali, & prouvé tel par tous les essais.

Il seroit inutile de s'étendre davantage sur la discussion & la recherche des principes minéraux des eaux de Bourbon. Dans ces matiéres il est des bornes qu'on ne peut guéres outrepasser.

Il me reste à dire quelque chose des vertus médicinales de ces eaux: mais elles sont si universellement reconnuës, & on en a déja tant écrit, que je me contenterai de rapporter quelques observations que j'ai eu lieu de faire, qui peuvent être de quelque utilité dans la pratique de ces eaux.

Comme elles sont fort peu purgatives, & qu'il est d'usage de les aider, ou par le mélange des eaux de Vichi qui le font beaucoup plus, ou par l'addition de quelques Sels, comme le Sel végétal, la crême de Tartre, le Sel Polychreste de la Rochelle &c. J'ai trouvé que l'*arcanum duplicatum* de Mynsich, qu'il nomme autrement *sal e duobus*, *sal sapientia*, leur donnoit une efficacité bien supérieure à celle de tous ces autres Sels, & que les personnes qui n'étoient point purgées avec le secours de ces Sels ordinaires, l'étoient beaucoup par l'addition de celui-ci. On sait que ce Sel est tiré de la tête morte de la distillation de l'eau forte, & que c'est par consequent un Sel lixiviel bien alkalisé qui resulte de la partie fixe du nitre & du vitriol. Il a une légére stipticité mêlée de quelque amertume qui le rend fort subtil & fort pénétrant. Il se fond très-aisément, il s'allie avec le Sel naturel de ces eaux, dont il augmente de beaucoup la vertu purgative, sans qu'elles en agissent moins pour cela par les voyes des urines & celles de la transpiration. J'en ai vû de merveilleux effets, & je ne doute point que dans la suite ce Sel ne devienne & à Bourbon & à Vichi d'un usage très-familier. La dose est d'ordinaire d'un gros & demi à deux gros dans les deux premiers verres de boisson, de deux jours l'un, ou même tous les jours quand les eaux sont lentes, & qu'elles ne purgent point, comme il arrive souvent.

J'ai remarqué qu'on vomit aisément ces eaux quand on en boit trop, sur tout les prémiers jours, & qu'on en presse la boisson.

L'Eau de Bourbon prise en lavement adoucit beaucoup, elle resserre même, & on s'en sert dans les dyssenteries, aussi bien que dans les coliques. On la donne chaude comme elle sort des puits, sans que les malades se plaignent de sa trop grande chaleur. On ne pourroit recevoir, ni retenir une eau commune chauffée au même degré.

Quand il faut fondre, redonner aux liqueurs leur prémiére fluidité, ranimer dans le sang & dans les viscéres les Levains qui s'y trouvent deprimés & languissans, c'est pour lors qu'elles agissent presque à coup sûr: mais si elles trouvent des humeurs trop mobiles & des fermens agités, elles causent le plus souvent du desordre, & on est obligé d'en faire cesser l'usage. Elles sont cependant bien moins vives & ont quelque chose de plus doux & de plus
bal-

balsamique que celles de Vichi. Le merite de ces eaux comme de tous les autres remédes, dépend beaucoup de la justesse de leur application.

Il est bien important que les malades qui ont bû & pris les bains de Bourbon évitent pendant quelque tems avec toutes sortes de précautions les injures de l'air, & sur tout les vents du Nord, les pluyes, les brouillards; parce que leurs corps par l'action de ces eaux animées se trouvant tout ouverts & comme percez à jour, s'il m'est permis de me servir de cette expression, la moindre impression du froid les resserre, il se fait des reflus de la matiére transpirable, d'où naissent de grandes & subites maladies. C'est pour cette raison que la saison printanière qui devance l'été est préférable à celle de l'Automne que l'Hyver suit de si près, & les malades n'ont pas les mêmes accidens à craindre au retour des Eaux.

BOURBON-LANCI, Ville de France au Duché de Bourgogne dans l'Autunois. On la nomme en Latin *Borbonium Anselmum*, c'est-à-dire, l'*Anseaume*[a], parce qu'Anseaume Frere aîné d'Archambaut de Bourbon, dont la Ville de Bourbon en Bourbonnois fut nommée Bourbon l'Archambaut, a été Seigneur de celle-ci. Elle est située sur le penchant d'une Montagne à douze lieuës d'Autun, à sept de Moulins & à quatorze de Nevers. Elle est divisée en trois parties. Les murs ou l'enceinte de la premiere n'ont qu'environ quatre cens cinquante pas de circuit avec trois portes & trois tours; c'est là proprement la Ville, dont le Château n'est separé que par un fossé. La situation de ce Château le rend extrêmement fort. La seconde partie de Bourbon est connue sous le nom de Fauxbourg, & joint les murs de la Ville du côté du Nord. C'est là qu'est le Couvent des Capucins. Le Fauxbourg St. Leger fait la troisiéme partie, il est dans un fond, au pied du même rocher sur lequel est bâti le Château. C'est là que sont les bains & environ trente ou quarante maisons pour loger les personnes qui viennent boire les eaux ou prendre les bains. Il y a trois Paroisses à Bourbon, un Couvent de Capucins, un d'Ursulines, & deux petits Hôpitaux. Il y a un Bailliage Royal, un Grenier à Sel & l'Hôtel de Ville. [b] Ces eaux furent découvertes en 1580. Les Fontaines sont dans une cour quarrée qui a environ cinquante pas de long sur quinze de large. On appelle ces Fontaines le *Grand Limbe*, *St. Leger*, *la Reine*, *la Cardinale* ou *des Cures*, & trois qui n'ont point de nom. Elles ont presque toutes des Canaux par lesquels on les peut épuiser, & ces Canaux vont se décharger dans de grands aqueducs qui portent ces eaux à plus d'un quart de lieuë au delà du Bourg & qui sont si grands qu'un homme pourroit aisément y aller à cheval. Le grand Limbe est la seule qui n'en a pas & qui se vuide par dessus. Le grand bain est tout près des fontaines. C'est un rond pavé de marbre qui peut avoir soixante pieds de Diamêtre & contenir cinq cens personnes. C'est là un ouvrage des Romains. Ce bain n'a point de source & reçoit les eaux des Fontaines qu'on vient de nommer. Au delà de ce grand bain rond,

[a] Piganiol de la Force desc. de la France T. 3. p. 198.

[b] Ibid. p. 153.

on en voit un autre qui est quarré & d'environ huit pas de Diamêtre qu'on a fait pour les pauvres. Il ne reste plus qu'à faire quelques remarques sur la qualité de ces eaux. Celle de la Fontaine appellée le grand Limbe est si chaude qu'on n'y peut souffrir la main l'espace d'un *Pater* sans se brûler. Cependant on peut y laisser un œuf pendant une heure sans qu'il y cuise, non plus que des feuilles d'oseille; & lors que l'on boit de cette eau, elle ne brûle point les levres, & on ne la sent pas chaude dans l'estomac. Toutes ces eaux Minerales de Bourbon-Lanci sont fort insipides & n'ont ni goût ni odeur, & par les experiences qu'on en a faites sur les lieux on a reconnu qu'elles participent d'un Sel semblable au Sel Marin & d'un peu de soufre. A l'égard du Sel Marin, on le prouve par les mêmes experiences que celles que Mr. du Clos a faites à Paris & pour le soufre voici les raisons qui persuadent qu'il y en a. 1. on remarque une pellicule qui nage sur ces eaux. Leur limon est jaunâtre & a une odeur de soufre & quand on en boit elles laissent la bouche pâteuse. 2. quand on y trempe une bague d'or, & même qu'on l'expose à la fumée qui s'en exhale, la bague se blanchit & pâlit un peu. 3. quand on a jetté du Sel de tartre dans ces eaux leur couleur devient laiteuse & l'odeur desagréable.

BOURBON, (L'Isle) on la nomme aussi Mascaregne. Voyez Mascaregne.

BOURBONNE, petite Ville de France en Champagne dans le Bassigni, à deux lieues de Châtillon sur Saone vers le Couchant. Elle est celebre par ses bains chauds. Elle est à six lieues de Langres.

BOURBONNOIS, (le) Province de France presque au milieu du Royaume. Elle a pour bornes au Septentrion le Nivernois & le Berry, au Couchant la haute Marche; au Midi l'Auvergne, & à l'Orient la Bourgogne & le Forez. Ce n'est point une ancienne Cité des Gaules, mais un Pays composé de plusieurs territoires demembrez de ceux de Bourges, d'Autun & d'Auvergne. Le Bourbonnois a pris son nom de la Ville de Bourbon, en Latin *Burbo*, qui étoit déja une Place bien connuë sous Pepin, qui la prit l'an 761. sur Gaifre Duc d'Aquitaine; elle étoit alors des dependances du Berry. C'est pourquoi l'Auteur des Annales de Mets dit que Bourbon étoit *in Pago Biturico*. Quelques Geographes, comme Sanson, veulent que le mot de Bourbonnois & de Bourbon soit venu des Peuples *Boii*, dont Cesar fait mention dans ses Commentaires; mais ces Geographes se trompent fort, puisque Cesar assure que les *Ædui*, ou ceux d'Autun établirent dans leur propre Territoire les *Boii*, où jamais Bourbon n'a été; pour ne pu occuper le Pays qui est entre l'Allier & la Loire, où est la Ville de Moulins, n'ont pû donner leur nom à Bourbon, surnommé Lancy, qui est dans la Bourgogne & à Bourbonne en Bassigny. Ce mot *Burba* aiant signifié parmi les Gaulois ou les vieux François, non seulement des bourbes, mais toutes Eaux Chaudes & Medecinales. Bourbon a eu ses Seigneurs proprietaires, que quelques-uns nomment Comtes & d'autres Sires, dont le premier a été Guy Sire de Dampierre,

[c] Longuerue desc. de la France part. 1. p. 129.

pierre, qui vivoit vers l'an 1030. & fut Pere d'Archambaud I. Seigneur de Bourbon, dont les Successeurs ont presque tous porté le nom d'Archambaud. Archambaud VII. du nom n'eut qu'une fille nommée Mahaud, qui épousa Guy, Sire de Dampierre, Bouteiller de Champagne, & qui par elle fut Seigneur de Bourbon, & en eut deux fils, Archambaud & Guillaume. Celui-ci qui étoit le Cadet, épousa l'Heritiere de Flandre, & nous aurons occasion d'en parler ailleurs. Archambaud qui étoit l'aîné, fut Seigneur de Bourbon, & mourut avant son Pere Guy, & laissa un fils Archambaud IX. qui fut Seigneur de Bourbon. Il épousa Yoland, Heritiere de Nevers, dont il eut deux filles, Mahaud & Agnès. Mahaud eut le Comté de Nevers & épousa Eudes Prince de Bourgogne, dont le Frere Cadet nommé Jean épousa Agnès, qui lui apporta la Seigneurie de Bourbon; Jean & Agnès n'eurent qu'une fille nommée Béatrix, qui épousa Robert fils de France, Comte de Clermont en Beauvaisis, le plus jeune des fils de Saint Louïs. Robert fut Pere de Louïs qui herita des biens de son Pere & de sa Mere, & la Seigneurie de Bourbon ayant été érigée en Duché & Pairie par Philippe de Valois l'an 1329. ce Duc & ses descendans prirent le nom de Bourbon qu'ils ont toujours porté depuis. Le Duc Louïs eut deux fils Pierre & Jacques. Jacques qui étoit le Cadet fut Comte de la Marche : c'est de lui que descend la Maison qui regne aujourd'hui en France, & de son aîné Pierre descendirent tous les autres Ducs de Bourbon jusqu'à Charles Connétable de France, qui s'étant revolté contre son Roi, & ayant pris ouvertement le parti de Charles-Quint, ses biens furent confisquez, & le Duché de Bourbon fut réuni à la Couronne, nonobstant les pretentions de Louïse sœur du Connétable mariée au Duc de Montpensier. Enfin l'an 1659. par le Traité des Pyrenées ce Duché a été démembré du Domaine, aiant été donné en pleine propriété à Louïs de Bourbon Prince de Condé, pour le recompenser du Duché d'Albret qu'on lui avoit transporté avant qu'il quittât la France, & qu'on avoit cédé durant son absence au Duc de Bouillon, pour la recompense de Sedan.

[a] Piganiol de la Force desc. de la France T. 5. p. 144.

[a] Ce Païs est uni, assez fertile, principalement en bled, fruits, & pâturages qui servent à nourrir des bestiaux, & quantité de gibier. Il y a dans cette Province quantité de bois & d'étangs. On y recueille aussi de fort bons vins, qui ne pouvant souffrir le transport, se consomment dans le Païs.

Le Climat est fort temperé, quoiqu'il se ressente souvent de la froideur des neiges des Montagnes d'Auvergne, & de celles des Forêts, qui attirent tous les ans beaucoup d'orages & de grêle qui ravagent les moissons. La fonte de ces neiges grossit tellement l'Allier, que cette Riviere se deborde ordinairement vers le Mois de Juillet, & ce debordement cause de grands desordres le long de son rivage.

Les trois principales Rivieres de ce Gouvernement sont la Loire, l'Allier, & le Cher. Outre ces trois, il y en a d'autres moins connues. La Sioule vient d'Auvergne, arrose le Païs,

& les petites Villes d'Ebreuil, de Saint-Pourçain, traverse l'Election de Gannat, & se jette dans l'Allier vers les Echerolles. La Besbre est aussi une petite Riviere, qui après avoir passé par la Palisse, Jaligny, & par la fameuse Abbaye de Sept-fons, se jette enfin dans la Loire.

Il n'y a aucune mine d'or ni d'argent dans ce Gouvernement; mais il y a quelques mines de Charbon de pierre qui sont peu considerables, & ne servent que pour l'usage de la Province.

On trouve près de Bourbon l'Archambaud, des rochers avec des veines, dont les petites pierres ressemblent à de vrais diamants, & coupent le verre de même. Lorsqu'elles sont bien mises en œuvre, les plus habiles connoisseurs s'y trompent. Ce sont-là de ces choses qui mériteroient d'être suivies, afin qu'on leur donnât toute la perfection dont elles sont capables.

Le Bourbonnois est une des Provinces de France où il y a le plus de Fontaines minérales.

BOURBOURG [b], en Latin *Broburgus*, petite Ville de la Flandre Françoise sur le Canal qui va de Dunkerque à la Riviere d'Aa, elle a pris son nom de sa situation qui est dans un terrain *Bourbeux*, car *Brod*, *Brud*, *Bruch*, & *Broc* signifient de *la Boue* & semblent derivez de *Brodium*. Elle a été plusieurs fois brûlée, prise & reprise, ensorte que le nombre de ses habitans est diminué de moitié. Elle a été cédée à la France par le Traité des Pyrenées, & on en a rasé les Fortifications. La Ville & la Chatellenie qui renferme dix Villages sont gouvernées par un même Magistrat. [c] Il est composé d'un grand Bailli Hereditaire, d'un Vicomte, d'un Bourgmestre, de huit Echevins, d'un Pensionnaire, d'un Procureur-Syndic, & d'un Greffier. Il exerce la haute, moyenne, & basse Justice dans la Ville & Chatellenie à la reserve de quatre Villages appellez les *quatre Vassaux* : qui ont leur Justice particuliere haute, moyenne, & basse. Il y a aussi à Bourbourg une Cour féodale qui appartient au Roi & de laquelle dépendent sept cens deux Fiefs ou arriere-fiefs. [d] On voit à Bourbourg une Abbaye de filles de l'Ordre de St. Benoît.

[b] Piganiol de la Force T. 6. p. 198.

[c] p. 165.

[d] p. 198.

BOURDALIE [e], Ville d'Asie dans la Transoxiane sur le bord du Gihon au pied de la Montagne du même nom vers Carschi.

[e] Hist. de Timur-Bec l. 2. c. 5. p. 216.

BOURDE, (LA) Ruisseau de France, voiez BOURDEAUX 2.

1. BOURDEAUX, Bourg de France en Dauphiné, sur le Ruisseau de Roubion au pied des Monts, à sept lieues de Valence au Midi & à cinq de Die.

2. BOURDEAUX, Ville de France dans la Guienne dont elle est la Capitale. Quelques-uns écrivent BORDEAUX; & pretendent être fondez sur une raison tirée de la situation de cette Ville qui est *au bord des eaux*. D'autres soutiennent que son nom lui vient de deux gros ruisseaux, savoir BOURDES & JALLES, qui ne sont pas éloignez de la Ville, & qui à l'endroit où ils entrent dans la Garonne, qu'on dit être à present sous l'Eglise de St. Pierre, ont marqué celui où la Ville a été bâtie & qu'elle

en a pris le nom Latin de BURDIGALA. Mais on detruit cette Etymologie en obfervant que *la Bourde* fe décharge dans la Garonne un quart de lieue au deffus de Bourdeaux, & *la Jalle* à plus d'une lieue au deffous. On ajoute qu'il n'y a pas d'apparence que la Bourde ait donné le nom à une grande Ville arrofée de la Garonne & entourée de Marais où fe noyoit ce ruiffeau avant que de s'approcher de la Ville, fuppofé qu'il ait eu le cours qu'on lui donne. Voiez fur ce fujet deux Lettres imprimées dans le Recueil des Piéces Curieufes & Nouvelles [a] à la Haye chez Adrien Moetjens 1705.

[a] T. 3. p. 118. & p. 510.
[b] Pigamol de la Force defc. de la France T. 4. p. 186.

[b] Bourdeaux eft une des grandes Villes du Royaume, dont la forme eft à peu près triangulaire. Le côté de la Mer reprefente une efpece d'Arc, dont la Riviere de Garonne eft la Corde. On entre dans cette Ville par douze differentes portes. Les rues font affez étroites, & il n'y a que celle du Chapeau rouge qui foit confiderable. La place qui eft devant l'Hôtel de Ville, celle du Marché, & celle qui eft devant le Palais font les plus remarquables. On compte plus de cinq mille maifons dans la Ville & les Faubourgs, & quarante-deux ou quarante-trois mille perfonnes. Cette Ville ne paye point de Tailles, & n'eft point comprife dans l'étendue de fon Election. L'Eglife Metropolitaine, appellée Saint André, eft une des plus belles de France, La Nef en eft fpacieufe, & au pourtour regne une large Corniche. Le Palais Archiépifcopal eft une affez belle maifon, où l'on remarque une fort grande & fort belle Sale. L'Eglife de Saint Michel eft remarquable par fon Clocher, d'où l'on decouvre toute la Ville, & une très-belle Campagne. Le Cimetiere de l'Eglife de Saint Severin eft fort curieux. On y remarque un tombeau de pierre élevé fur quatre Piliers, du haut duquel il decoule des deux côtez des goutes d'eau qui augmentent à ce qu'on dit, lorfque la Lune eft dans fon plein, & diminuent dans le declin. Le Collége des Jefuites eft très-beau & agréablement fitué. La Chartreufe eft belle & fon Eglife magnifique. Son Autel eft couvert de très-belles glaces & de beaux Criftaux, fous lefquels on conferve un grand nombre de Reliques. Les reftes d'antiquité que les Curieux remarquent à Bourdeaux prouvent fuffifamment que cette Ville eft ancienne. Le fameux Spon à fon retour de Grece & d'Italie les jugea dignes de fon attention. La porte baffe eft un monument antique dont la conftruction folide reffent le fiécle d'Augufte, fous lequel on bâtiffoit pour l'éternité. Les Goths & les Vandales, les Sarafins, les Normans lorfqu'ils ont defolé cette Ville par le fer & le feu, n'ont point endommagé ce bel ouvrage.

> Bourdeaux, vante ton monument;
> Tel de la vieille Rome étoit le fondement.
> Plus augufte eft la *porte baffe*,
> Que le haut Portail d'un Palais;
> Son antique & fuperbe maffe
> Voit les fiécles couler fans s'ébranler jamais.

Le Palais de TUTELE étoit un Temple confacré aux Dieux tutelaires, fa forme étoit longue, & il avoit huit grandes Colonnes en longueur de chaque côté, & quatre en largeur à chaque bout, qui faifoient le nombre de vingt-quatre; defquelles il en reftoit dix-huit, lorfqu'on le fit abattre pour agrandir le Château-Trompete.

Le Palais GALLIEN, porte encore le nom de l'Empereur, fous lequel il fut bâti. C'étoit un bel Amphitheatre que les anciens titres de Bourdeaux nomment les *Arenes*, & un ovale qui avoit deux cens & vingt fept pieds de long fur cent quarante de large.

La Fontaine qu'on appelle de DUGE donne une fi grande quantité d'eau qu'elle forme un ruiffeau fort utile aux Tanneurs, qui demeurent dans le Faubourg où il paffe. Aufone a celebré cette fontaine par ces vers:

> *Salve, Fons, ignote ortu, facer, alme, perennis,*
> *Vitree, glauce, profunde, fonore, illimis, opace,*
> *Salve Urbis Genius, medio potabilis hauftu,*
> *Divona, Celtarum lingua, Fons addite Divis.*

L'Hotel de Ville n'a rien de magnifique. C'eft où s'affemblent le Maire, qui eft toujours une perfonne de qualité, & les quatre Echevins qu'on appelle Jurats, qui conjointement avec le Maire & quelques autres Officiers compofent le corps de Ville.

Bourdeaux n'eft entouré que d'une vieille muraille avec quelques tours quarrées & rondes çà & là. Les maifons qui font le long du quai, font bâties ou appuyées contre ces murs, & l'on s'eft refervé de paffer par les chambres de ces maifons en cas de neceffité pour le chemin des rondes. Cette enceinte eft defendue par trois Forts, qui font le CHATEAU-TROMPETTE, le CHATEAU DU HAA, & le FORT-SAINT LOUÏS ou de SAINTE CROIX.

Le CHATEAU-TROMPETTE eft à l'entrée du quai, & commande le Port. C'eft une Citadelle ancienne que l'on commença de bâtir en 1454. mais que le Maréchal de Vauban a reparée & fort augmentée fous le regne de Louïs le Grand, y ayant ajouté un chemin couvert, deux demi-lunes, & une grande contre-garde. Cette Citadelle eft d'ailleurs compofée de fix baftions, dont il y en a trois du côté de la Riviere. Le logement du Gouverneur eft dans celui du milieu. Il eft embelli d'un parterre à l'Angloife, au milieu duquel eft un cabinet qui eft un reduit delicieux par fa propreté, fon élévation, & la belle vuë qu'on y a de tout le Païs des environs. On croit être fur Mer dans la chambre de poupe d'un vaiffeau.

Le CHATEAU DU HAA eft un vieil édifice qu'on commença à bâtir en même tems que le Château-Trompette, fa forme eft un quarré long, flanqué aux quatre angles d'autant de tours rondes à l'antique, fans compter deux tours quarrées qui donnent du côté de la Campagne pour la porte de fecours qui eft couverte par un ouvrage en forme de fer à cheval, & fans parler non plus d'une autre tour ronde dans laquelle on paffe pour entrer dans la Ville. Au refte ce Château eft fitué du côté de l'Archevêché, & auprès d'un lieu que l'on nomme l'*Ormée* qui a été fort renommé pendant les guer-

guerres civiles. La Garnison est une Compagnie d'Infanterie qu'on y envoye du Château-Trompette, & que l'on change tous les mois.

Le FORT S. Loüis ou de Sainte Croix est sur la Riviere & à l'angle opposé à celui du Château-Trompette. Le Roi le fit élever en 1676. & la Garnison ordinaire est de deux Compagnies d'Infanterie que l'on y envoye du Château-Trompette ; & que l'on change tous les mois.

On remarque en dehors l'Hopital neuf, où il y a une Manufacture. J'ai insinué au commencement de la description de cette Ville que son port étoit formé en croissant. A l'un des bouts est la Ville & à l'autre bout est le Faubourg des Chartreux, & le Château-Trompette est entre la Ville & le Faubourg, ce qui fait une symmetrie très-agréable, & offre aux yeux une façade de Ville qui fait un très-bel effet. Au reste, le Faubourg des Chartreux, ou le Faubourg du Port, est sans doute un des plus beaux qu'il y ait en Europe par son étenduë & par la magnificence de ses bâtimens.

a Longuerue desc. de la France I part. p. 169.

a Bourdeaux a cela de commun avec toutes les anciennes Villes, d'avoir essuyé de grandes revolutions. Les Sarrazins la ravagerent du temps du Duc Eudes l'an 732. lorsqu'ils s'avancerent jusqu'à Poitiers. Elle fut detruite par les Normands dans le siécle suivant. Ayant été quelque temps deserte & abandonnée, elle fut rétablie vers l'an 900. sous le Regne de Charles le simple, ensuite le Comte Raimond en fut Seigneur absolu & laissa ce Comté à son fils Guillaume surnommé le Bon qui fonda l'Abbaye de Ste Croix. Ce Comte ayant été pris prisonnier par ses Ennemis & delivré par Sanche Duc de Gascogne il le donna par reconnoissance son Comté au fils du Duc Sanche, nommé Guillaume, qui unit le Comté à son Duché sous le Regne du Roi Lothaire. Les Successeurs de Guillaume joüirent de Bourdeaux jusqu'à l'extinction de leur race ; après quoi le Duché de Gascogne fut uni à celui d'Aquitaine par les Comtes de Poitiers.

b Piganiol de la Force desc. de la France T. 4. p. 147.

b L'Archevêché de Bourdeaux est fort ancien. Il y en a qui prétendent que St. Gilbert en a été le premier Evêque & qu'il vivoit dans le premier siécle. Il n'est pas fort nécessaire d'adhérer à ce sentiment, mais il est constant que ce Siége avoit des Prélats vers l'an 300. Aurientál Evêque de Bourdeaux assista avec Favien son Diacre au premier Concile d'Arles qui fut tenu contre les Donatistes en 314. On ne sait pas précisément le temps que cet Evêché fut érigé en Archevêché. Les Archevêques de Bourdeaux prennent la qualité de Primats d'Aquitaine, quoi qu'elle leur soit disputée par les Archevêques de Bourges. Il y a quatre cens cinquante Paroisses dans l'étenduë du Diocèse de Bourdeaux, & environ cinquante Annexes, ce qui fait cinq cens Clochers. Les terres de Montravel, de Belvez, de Bigaroque & autres qui sont en Perigord, appartiennent en propre à l'Archevêché, quoiqu'elles soient dans le Diocèse de Perigueux & dans celui de Sarlat. Ce fut Arnault Archevêque de Bourdeaux & Neveu du Pape Clement V. qui les acheta en 1307. L'Eglise Cathedrale est dediée à St.

Tom. I. PART. 2.

André ; son Chapitre est composé d'un Doyen, de trois Archidiacres qui sont ceux de Medoc, de Cerne & de Blaye ; d'un Chantre, d'un Treforier, d'un Sacristain, d'un Ecolâtre, d'un Soudoyen, d'un Souchantre, & de vingt-quatre Chanoines. Dans le Fauxbourg de St. Sernin il y a une Collegiale qui porte le même nom & ce Chapitre après celui de la Cathedrale est le plus considerable du Pays. Dans le douziéme siécle c'étoient des Chanoines Reguliers de St. Augustin qui ont été secularisez depuis. La Collegiale de St. Emilion est encore un Chapitre assez considerable du Diocèse de Bourdeaux. Il y a trois Seminaires à Bourdeaux, dont le plus ancien fut fondé en 1442. par un Archevêque de cette Ville pour entretenir de jeunes gens dans les Etudes & les élever jusqu'à ce qu'ils soient Prêtres. Le grand Seminaire est dirigé par les PP. de St. Lazare qui sont aussi obligez de faire des Missions. Le troisiéme est celui des Irlandois qui étudient. Il a été doté en partie par la Reine Mere.

L'Abbaye de Ste Croix de Bourdeaux étoit autrefois hors de l'enceinte de cette Ville : on croit qu'elle fut fondée par Clovis II. vers l'an 650. mais qu'ayant été détruite par les Sarrazins Charlemagne en fut le restaurateur. Elle fut encore détruite & n'étoit qu'un simple Oratoire du temps de Guillaume II. Comte de Bourdeaux. Il la fit rebâtir, la dota & y mit treize Moines, & un Abbé. Elle est de l'Ordre de St. Benoit & de la Congrégation de St. Maur.

c Le Pape Jean XXII. donna pour nouveaux Suffragans à cette Métropole, outre les anciens qu'elle avoit déjà, Condom, Sarlat, Luçon, & Maillezais, vers l'an 1317.

c Baillet Topogr. des Saints.

d Le Parlement de Bourdeaux fut établi par le Roi Louïs XI. en 1462. & ce même Prince ayant donné la Guienne en Appanage à son frere en 1469. le Parlement fut transferé à Poitiers où il tint ses séances jusqu'en 1472. que Charles étant mort cette Cour fut rétablie à Bourdeaux. La Generalité de Bourdeaux, la Saintonge, le Limousin sont du ressort de ce Parlement. La Soule en étoit aussi ; mais elle en fut distraite, vers la fin du siécle passé pour l'unir au Parlement de Pau. Le Parlement de Bourdeaux n'étoit d'abord composé que d'un petit nombre d'Officiers, mais on a fait depuis tant de Créations de charges qu'à présent il y a au moins cent treize Officiers, savoir un premier Président, neuf Presidens à Mortier dont cinq servent à la Grand' Chambre & quatre sont envoyez tous les ans à la Tournelle ; quatre vingt-dix Conseillers dont trente servent à la Grand'-Chambre, & trente dans chacune des Chambres des Enquêtes. De ceux de la Grand'-Chambre on en envoye dix tous les ans à la Tournelle, & cinq de chaque Chambre des Enquêtes. Ces dernieres ont chacune deux Presidens, qui outre leur commission de President sont obligez d'avoir une charge de Conseiller. Outre ces Chambres, il y a une Chambre des Requêtes du Palais qui juge en premier instance les causes de ceux qui ont droit de *Committimus*, & dont les appellations sont portées au Parlement. Cette Chambre est composée de deux Présidens, & de huit Conseillers.

d Piganiol de la Force T. 4. p. 164.

Ggg 2

lers. Ces charges n'ont été créées que pour servir dans cette Chambre; & les Conseillers qui veulent posseder des charges dans le Parlement, & conserver leur rang de Conseiller dans la Chambre des Requêtes, sont obligez de s'en faire pourvoir dans cinq ans, après lesquels s'ils entrent dans les charges du Parlement, ils n'ont rang que du jour de leur réception. Il y a un Procureur-Général & deux Avocats-Généraux.

Il y a dans la Généralité de Bourdeaux neuf grandes Sénéchaussées, avec Siéges Présidiaux. Celle de Bourdeaux est appellée la Sénéchaussée de Guyenne. Celle de Libourne a fait partie de celle de Guyenne jusqu'en 1639. qu'elle fut érigée en Sénéchaussée. Périgueux, Sarlat, Agen, Condom, Nerac, Bazas, les Lanes, ou Dax. Ces Présidiaux, à la reserve de ceux de Libourne, Sarlat & Nerac, ont été créez en 1551., & établis en 1552. sous le regne d'Henri II.

Le *Senéchal* de Bourdeaux prend la qualité de Grand Sénéchal de Guyenne. Sa charge est d'épée & perit par mort. Les Jugemens qui se donnent au Siége du Senéchal sont prononcez en son nom & les Sentences s'expedient aussi en son nom. La fonction de ce Senéchal est d'assembler la Noblesse lorsqu'il en reçoit l'ordre du Roi, & de la commander. Il a aussi le droit de confirmer les Maires qui sont faits tous les deux ans dans les Villes de Libourne, Blaye, Bourg, & St. Emilion, pour raison de quoi il a un droit de retribution de dix-sept écus d'or pour Libourne, autant pour Blaye, de dix pour Bourg & de pareille somme pour St. Emilion. Il a d'ailleurs six cens trente Livres de gages assignez sur le Convoy de Bourdeaux.

Les Jurats de Bourdeaux ont la Justice criminelle par prevention avec le Lieutenant Criminel, & comme ils ont une Compagnie de soixante Archers qui font garde à l'Hôtel de Ville & qu'ils sont par là plus à portée de faire exécuter leurs Décrets, cela fait qu'on s'adresse plus volontiers à eux & qu'ils jugent la plûpart des affaires criminelles qui s'y commettent.

On a établi dans la Generalité de Bourdeaux deux Siéges d'Amirauté, dont l'un est à Bourdeaux, & l'autre à Bayonne. Chacun de ces Siéges a un Lieutenant Général de l'Amirauté & un Procureur du Roi.

a p. 172. ᵃ La Cour des Aides de Bourdeaux fut établie en 1629., & est aujourd'hui composée de six Présidens & de vingt-huit Conseillers, sans compter les deux Avocats-Généraux & le Procureur-Général. Elle n'a dans son ressort que six Elections, qui composent presentement le Païs taillable de cette Généralité. Sa Jurisdiction ne s'étend pas sur le Marsan, la Bigorre, le Païs de Labour & la Soulle. Lorsqu'il y a des contestations pour les Tailles dans le Marsan ou la Bigorre, elles sont portées aux Sénéchaux, si le Commissaire départi n'en prend point connoissance. Quant au Païs de Labour & de la Soulle, il n'y a point d'impositions ordinaires pour le Roi; mais il y en a eu plusieurs d'extraordinaires pendant la derniere guerre.

b Ibid. ᵇ Le Bureau des Finances de Bourdeaux est un des seize établis par François I. il fut d'abord à Agen, & ne fut composé, comme les autres, que de cinq Tresoriers. Henri III. fit deux créations de deux Trésoriers en chaque Bureau. Elles sont des années 1577. & 1586. il y a eu depuis plusieurs autres créations: ensorte que ce Bureau a aujourd'hui vingt-cinq Trésoriers, deux Avocats, & deux Procureurs du Roi, parcequ'on en établit un pour le Domaine en 1639. Le ressort de ce Bureau étoit autrefois d'une grande étenduë: mais on en détacha onze Elections, lorsqu'on forma celui de Montauban en 1635. Et pour indemniser en partie celui de Bourdeaux, on lui donna les Elections de Saintes & de Cognac, qui en ont été démembrées en 1694., lorsqu'on a établi une Généralité à la Rochelle. Le Bureau des Finances de Bourdeaux a aujourd'hui la même étenduë que la Cour des Aides. Le ressort de l'un & de l'autre ne comprend que les six Elections de Bourdeaux, de Périgueux, de Sarlat, d'Agen, de Condom, & des Lanes, ou de Dax. Dans les trois premieres de ces six Elections les Tailles y sont personnelles, & les Ecclésiastiques, les Gentilshommes, & ceux qui ont des Priviléges, n'y sont point taxez. Elles sont réelles au contraire dans les Elections d'Agen, Condom & des Lanes. Personne de ceux qui possedent des biens roturiers, n'est exempt de payer la Taille; & chacun est cotisé à proportion des biens roturiers qu'il possede.

ᶜ Le Domaine du Roi dans la Généralité de *c p. 175.* Bourdeaux est presentement peu considérable. Le Duché d'Albret ayant été donné en échange au Duc de Bouillon, & les Comtez d'Agenois & de Condomois ayant été donnez en engagement au Marquis de Richelieu, il ne reste au Roi dans cette Généralité que huit ou neuf Jurisdictions d'une assez grande étenduë, qui ont donné des sommes au Roi pour empêcher l'aliénation. La Bigorre & la Soulle ne font point partie de la Ferme du Domaine de Bourdeaux; car elles ont été unies à celle de Bearn & de Basse Navarre. Le papier & parchemin timbré, les droits de Controlle & celui du Tabac, &c., ont lieu dans cette Généralité. Quant au Tabac, il est permis d'en semer dans l'Agenois & le Condomois; & les Fermiers du Roi ont droit de prendre par préférence tous les Tabacs dont ils ont besoin, en les payant au prix qu'ils se vendent. Pour les autres, ils donnent des permissions de les transporter à Marseille, afin de les envoyer en Italie: car il s'en charge peu par Mer à Bourdeaux. Au reste les droits pour la vente du Tabac sont établis dans cette Généralité comme dans le reste du Royaume.

ᵈ La Gabelle & les Aides n'ont point lieu *d p. 176.* dans la Généralité de Bourdeaux. L'on prend des droits sur le Sel au Convoi & à la Comptablie de Bourdeaux, comme l'on en prend sur d'autres marchandises; & les Marchands font le commerce du Sel, comme celui de toute autre chose.

ᵉ L'Université de Bourdeaux fut établie en *e p. 178.* 1441. Le Pape Eugene IV. lui accorda plusieurs Priviléges, qui furent ensuite augmentez par le Roi Louïs XI. Il y a dans cette Université des Professeurs pour la Théologie, le Droit, la Medecine & les Arts. On enseigne aussi la Théologie dans plusieurs Couvents

de

BOU.

de Bourdeaux ; & les Profeſſeurs aſſiſtent aux Aſſemblées de l'Univerſité.

Il y a à Bourdeaux un Collége dont les Jurats ſont Patrons : Ce ſont des Séculiers qui enſeignent ; & le Principal eſt nommé par les Jurats.

Les Jeſuites ont auſſi un beau Collége à Bourdeaux, où ils enſeignent avec leur ſuccès ordinaire.

En 1712., le Roi par ſes Lettres Patentes établit une Académie pour les Sciences & les Belles Lettres à Bourdeaux : elle étoit ſous la protection du feu Duc de la Force ; & on y diſtribuë tous les ans le premier jour de Mai une Médaille d'or du prix de trente piſtoles à celui qui a fait le Syſtême le plus probable ſur un point de Phyſique propoſé par cette Académie.

[a] p.179.

[a] Bourdeaux étant dans un Païs fort abondant en vin, les avantages de cette ſituation donnent lieu aux Etrangers d'y venir faire des cargaiſons très-conſidérables de vins & d'eaux de vie. Lorſque le commerce n'eſt point interrompu par la guerre, on charge tous les ans à Bourdeaux cent mille tonneaux de vin, que l'on tranſporte hors du Royaume. Ces vins ne ſont pas ſeulement du crû de la Généralité de Bourdeaux, il en vient une grande quantité de la Généralité de Montauban & du Languedoc. Tous les vins qui ne ſont pas de l'Election de Bourdeaux, ne doivent pas entrer dans la Ville : on les porte au Fauxbourg des Chartrons, conformément à une Tranſaction paſſée en 1500. entre le Languedoc & la Ville de Bourdeaux. Cette Tranſaction regle auſſi le tems de la deſcente de ces vins à Noël, afin que l'ancienne Senéchauſſée de Bourdeaux puiſſe vendre les ſiens avant que les autres ſoient arrivez.

[b] Ibid.

[b] On tient tous les ans à Bourdeaux deux Foires, qui durent quinze jours chacune : elles ont été accordées par Charles IX. l'an 1565.: l'une commence au premier Mars, & l'autre au quinziéme d'Octobre. Elles ſont exemtes du droit de Comptablie pour tout ce qui ſe vend en foire. La derniere eſt la plus conſidérable, parceque l'on y vient acheter & charger des vins dans la primeur. On voit alors dans le Port de Bourdeaux quatre ou cinq cens Vaiſſeaux Etrangers, dont quelques-uns ſont de 500. tonneaux. Les Etrangers font auſſi leurs cargaiſons en prunes, en vinaigre, en eaux de vie, en reſine &c. Enfin on peut juger du commerce qui ſe fait à Bourdeaux, par ce que j'ai déja dit, & que je répete encore ici, c'eſt qu'il y a eu ces années où le droit de Comptablie a valu au Roi plus de quatre millions de livres.

BOURDELOIS, (LE) Contrée de la France dans la Guienne dont elle fait partie. Elle eſt ſituée aux environs de Bourdeaux qui en eſt la Capitale & dont elle porte le nom. On l'apelle auſſi la GUIENNE PROPRE, en Latin *Ager Burdigalenſis*.

[c] Longuerus deſc. de la France part. 1. p. 168.

On le nomme [c] encore la SENE'CHAUSE'E DE GUIENNE, & ce nom lui eſt reſté parce qu'avant le Regne de Louis XI. il n'y avoit qu'un ſeul Senéchal dans la Guienne duquel la Juriſdiction s'étendoit juſqu'à Bayonne & aux Confins d'Eſpagne. Ce fut ce Roi

BOU. 421

qui créa de nouvelles Senéchauſſées dans la Province.

Le Bourdelois eſt borné au Couchant par la Mer Océane, au Midi par le Bazadois & la Gaſcogne, à l'Orient par l'Agenois & le Perigord, & au Nord par la Saintonge.

Le Pays eſt fort abondant en Vin & a donné ſon nom à une eſpece de raiſin qu'on nomme *Bourdelois*, qui étoit déja celebre du tems de Pline & de Columelle qui font mention de cette eſpéce de raiſin & de la Vigne qui le produiſoit nommée *Vitis Biturica* à cauſe qu'il venoit dans le Pays des *Bituriges Vibiſci*, c'eſt ainſi qu'on appelloit les Peuples du Bourdelois du tems des Romains pour les diſtinguer des autres *Bituriges* ſurnommez *Cubi* qui étoient à Bourges. Jules Ceſar qui n'a pas été en perſonne dans l'Aquitaine l'ayant fort peu connue ne fait aucune mention des Bituriges du Bourdelois, mais Strabon qui vivoit ſous Auguſte & Tibere, les marque très-bien & parle de leur Capitale qui devint enſuite une des Villes les plus conſidérables de l'Empire Romain. Elle ne fut néanmoins Métropole que ſous Valentinien I. après qu'on eut diviſé l'Aquitaine en premiere & en ſeconde.

Les Wiſigots s'emparerent de Bourdeaux & du Bourdelois lorſqu'ils s'établirent dans les Gaules au v. ſiécle & ils ne perdirent cette Ville qu'avec le reſte de l'Aquitaine. Les François s'étant emparez de Bourdeaux on voit par Gregoire de Tours qu'elle étoit ſoumiſe aux Rois qui regnoient en Neuſtrie & même à celui qui avoit ſon Siége à Paris. Le Duc Eudes s'en rendit maître abſolu & le Roi Pepin la prit ſur Gaifre petit-fils d'Eudes l'an 768. Les Succeſſeurs de Pepin la gouvernerent par des Officiers ou Comtes qui n'étoient pas propriétaires.

BOURDEROU, ou BOURDOUR, Village & Ruines d'une ancienne Ville de la Natolie qu'on croit être celles de l'ancienne Sagalaſſar. Mr. Paul Lucas en parle [d] ainſi: Pour ne pas rendre mon ſejour inutile dans la Ville de Sparte je pris avec moi ſix hommes bien armez, pour aller viſiter tous les environs ; on m'aprit qu'au delà des Montagnes, qui ſont à trois ou quatre lieuës de là, on trouvoit les ruines d'une ancienne Ville : je traverſai ces Montagnes, qui ſont extremement élevées, avec une peine infinie ; mais rien ne coute à la curioſité. En deſcendant on me fit tourner à main gauche, par des chemins fort dificiles ; & après une demi-heure de marche, je me trouvai auprès des ruïnes qu'on m'avoit indiquées. Le premier coup d'œil offre un ſpectacle ſi triſte, qu'il tire les larmes des yeux. On voit d'abord dans la Montagne, une infinité de Niches taillées dans le roc ; on aperçoit enſuite les vaſtes débris d'une Ville bâtie en Amphithéâtre, dans le penchant de la Montagne, qui eſt une Racine du Mont Taurus, & ces ruines s'étendent juſque dans la plaine. Je jugeai que la Ville pouvoit avoir cinq ou ſix milles de tour. Après avoir marché quelque-tems ſur des monceaux de pierres & de marbre, j'aperçus un grand Temple, dont les quatre murailles ſubſiſtent encore. On obſerve dans les Friſes quantité d'ornemens, parmi leſquels on remarque des enfans avec des ailes,

[d] Voyage de Turquie en Aſie t. 2. p. 176.

Ggg 3

ailes, qui tiennent à la main des Couronnes & des Guirlandes de fleurs. Je comptai 52. édifices qui paroissent avoir été très-beaux & il est aisé de les distinguer des autres bâtimens, qui la plûpart sont entierement détruits; ceux mêmes qui sont encore sur pied sont si ensevelis dans la terre, qu'on n'en voit plus que le comble & les voutes, & le dedans est si rempli de décombres qu'on ne sauroit y entrer. Je ne doute nullement que cette Ville n'ait peri autrefois par un tremblement de terre; & de la maniere dont elle paroit ensevelie, il faut que presque tous les habitans aient eu le même sort que leur Ville. Ce qui y reste de plus entier, est un grand Amphithéâtre d'une extrême beauté & qui a plus de 150. pieds de diamêtre. On y compte 30. sieges, depuis le bas jusqu'aux galleries, & vingt des galleries jusqu'au plus haut étage. La Loge où se mettoit le Prince, étoit bâtie de grosses pierres de taille, & elle est encore bien conservée. Au dessous des Loges sont plusieurs petits appartemens, qui servoient apparemment à enfermer les animaux qu'on faisoit combattre dans les spectacles. Je ne pus trouver parmi toutes ces ruïnes que quatre inscriptions qui sont même fort mêlées : je souhaite que les Savans puissent en tirer quelque connoissance pour determiner quelle fut autrefois cette Ville infortunée. Je soupçonnai d'abord que ce pouvoit être la Ville de Laodicée, non pas celle de Pisidie qui étoit près du Fleuve Lycus; mais celle qui étoit dans le Royaume d'Amyntas, & qu'on surnommoit la *brûlée*, parce qu'elle périt par des feux qui sortirent de la Montagne, au pied de laquelle elle étoit bâtie, avec de si grands tremblemens de terre, qu'elle fut entierement renversée, comme on peut le voir dans les Historiens qui parlent de cet événement. Mais comme cette Ville étoit à plus de dix lieuës de l'endroit où j'étois alors, je revins bientôt de cette premiere idée. Comme je trouvai dans ce quartier plusieurs Medailles de la Ville CAΓAΛACCEΩN je ne sai si ce ne seroit point *Sagalassus*, Ville de Pisidie, avec laquelle les Lacédémoniens avoient fait alliance, comme il paroît par une Medaille raportée par M. Vaillant; peut-être que c'étoit *Seleucie*, ou *Antioche* qui étoient voisines de Sagalassus; mais je laisse aux Savans à décider ce point de Geographie; si j'avois eu la commodité de prendre la juste position de ce lieu, l'affaire seroit décidée; car Strabon a marqué la situation de Sagalassus. Quoiqu'il en soit, on donne le nom de *Bourderou* à ces ruïnes & à un petit Village qui est dans la plaine voisine, dans lequel il n'y a rien de remarquable, qu'un grand nombre de sources d'eau vive, qui passoient apparemment dans la Ville dont je viens de parler.

☞ BOURG, il n'est pas aisé de donner de ce nom une definition exacte & sans reproche. On ne convient pas même de la difference qu'il y a entre *Bourg* & BOURGADE. Richelet dit BOURG s. m. il vient de l'Italien *Borgo*. Gros Village qui d'ordinaire est fermé de méchantes murailles. Exemple, Gonesse à quatre lieues de Paris est l'un des plus fameux Bourgs de France. BOURGADE s. f. de l'Italien *Borgata*. C'est un gros Bourg. Exemple, cette Comté a dix Villes, trente Bourgades & quatre à cinq cens Villages. *Patru Plaidoié* 7. Il se trompe pour l'Étymologie; car le mot Bourg est du moins aussi ancien que le *Borgo* des Italiens & ils viennent l'un & l'autre de l'ancien Celtique, comme nous le ferons voir ensuite.

L'Academie Françoise de laquelle nous devions attendre plus d'exactitude que n'en avoit Richelet, dit avec un peu de negligence, ce me semble; BOURG s. m. Gros Village ordinairement entouré de Murailles & où l'on tient Marché. Exemples, gros Bourg, grand Bourg, Bourg fermé, un habitant du Bourg, le Bailli du Bourg. BOURGADE s. f. petit Bourg. Une Bourgade de tant de Maisons, de tant de feux. Ozanam dans son Cours de Mathematiques, confond les notions de *Bourg* & de *Bourgade*. Du reste il me paroît plus exact que les autres. Voici ce qu'il dit [a] : Le *Bourg*, qu'on appelle aussi *Bourgade*, est un gros Village ou une petite Cité, dont les habitans s'occupent à plusieurs sortes d'ouvrages & de Marchandises, y ayant toutes les Semaines un Marché, & des Foires à certains jours de l'année.

[a] Geographie T. 5. p. 156.

Avant que de dire quelle est ma pensée sur ce sujet, il est bon d'examiner quelle est l'origine de ce mot & les differentes idées qu'on y a attachées.

On trouve dans Vegece [b] le mot BURGUS expliqué par ceux-ci *Castellum parvulum*, un petit Fort; un petit Château. Les Glossaires rendent le mot Grec πύργος par ceux de *Turris*, une Tour, & *Burgus*; surquoi Casaubon sur Strabon, & le P. Sirmond sur Sidonius, croyent que ce mot vient du Grec & plus particulierement de la Langue des Macedoniens & des Thraces qui disoient Βύργον pour πύργον. Cluvier est d'un sentiment contraire & soutient que le mot est purement de la Langue des Gaulois & des Teutons; que ces peuples appelloient *Burg*, l'assemblage de plusieurs maisons, quoi qu'on soit obligé d'avouer que les Latins appelloient *Burgus* une Tour, ou quelque ouvrage de Fortification ayant une Tour & situé sur la Frontiere, comme il paroit par le Code [c]. On voit dans Orose [d] & Isidore [e] qu'on appelloit Bourg plusieurs maisons bâties ensemble *Crebra habitacula constituta*. Luitprand dit [f] qu'un Bourg étoit un assemblage de maisons qui n'étoient pas dans l'enceinte d'un mur, *Domorum Congregatio quæ muro non clauditur*. L'Auteur de la Vie de St. Faron Evêque de Meaux [f] dit que les Bourguignons *Burgundiones*, tiroient leur nom de cette Origine. Voici le passage entier.

[b] l. 4. c. 10.
[c] c Leg. 11. Cod. de Offic. Præf. Præt. Afr.
[d] l. 7. c. 22.
[e] l. 9. c. 11.
[f] c. 8.

Olim a Romanis devicta est Germania quæ post Scythiam inferiorem a Danubio inter Rhenum Fluvium Oceanumque conclusa cingitur: in qua fuit constitutum quoddam genus per limites Castrorum a Tiberio Cæsare pro Officio militari. Ubicunque enim Castra Romanorum Custodiam Militarem expectabant hoc genus circa se per limites ordinabant; audebantque illi animas atque corpora sua credere curasque securitatis cum die noctuque partiri, atque in gentem coaluit magnam, & EX LOCIS NOMEN SUMSIT, QUIA PRO LIMITIBUS CREBRA HABITACULA CONSTITUTA *Burgos* VULGO VO-

BOU.

VOCANT ; *unde sunt Burgundiones vulgo dicti*, FACTO NOMINE A NOMINE BURGI.

Afin de concilier ces opinions, on peut convenir que les Latins & mêmes les Gaulois & les Germains appellerent d'abord du nom de *Burg* des assemblages de maisons à peu près comme ce que nous appellons presentement *Villages* & que ce mot n'est pas tellement originaire de Grece que les Gaulois & les Teutons ne s'en soient également servis ; mais qu'avec le temps après que l'on eut ajouté des Tours & des Forteresses à ces *Burgs* des Soldats Germains qui étoient rangez aux Frontieres du Rhin & de l'Empire, on continua de les appeller de ce nom qui commença à signifier une *Forteresse*. Cela se prouve par les noms de quantité de lieux qui se terminent en *Burg* & qui ne marquent pas seulement un assemblage de maisons, mais les travaux que l'on avoit faits pour les fortifier. Freher [a] nous en donne un exemple dans la Ville de *Lobodo*, ou *Lobodune* que l'on appella ensuite *Lobdenburg* après qu'on l'eut fortifiée. On en a quantité d'autres, comme BATENBURG, qui signifie non le Village, mais le Fort des Bataves. Et sans aller fort loin dans la Ville de Leiden on a conservé le nom de BURGH à une espece de Fort situé sur la seule hauteur qu'il y ait dans ce terrein, & qui se trouve au cœur de la Ville.

Il faut pourtant avouer que le mot *Burgus* ou *Burgum* employé absolument & sans être composé avec un autre nom ne signifie pas toujours une fortification ou un Château : *Conradus de Fabaria de Casibus Sti. Galli* c. 14. p. 142. dit : *Quo levius Castrum potuisset obtinere cum Burgo Wille*, & Hovede dit : *Erant quidem infra Vernolium tres Burgi praeter Castellum* &c. Voila les Châteaux ou Forteresses bien distinguez de l'habitation qualifiée *Burgus* ou *Burgum*.

Voici les idées que Mr. Corneille donne pour expliquer le mot de Bourg. ,, BOURG, ,, dit-il, ancien mot Gaulois ou Allemand, ,, que quelques-uns font venir du mot Grec ,, *Pyrgos* qui signifie une Tour. On entendoit ,, autrefois par ce mot de Bourg un Château ,, environné de quelques maisons, ou du moins ,, un lieu fermé & qui pouvoit se deffendre. ,, Cela se connoît en ce que les noms de plu- ,, sieurs Châteaux & Villes d'Allemagne finis- ,, sent en *Bourg*. Les Romains bâtissoient ,, leurs Bourgs en quarré, & les Saxons, les ,, Normands & les Goths les construisoient en ,, rond. Les anciens Bretons donnoient le ,, nom de *Bourg* & de *Ville* à un bois dans le- ,, quel ils se retranchoient en l'environnant ,, d'un rempart & d'un fossé. Les François ,, appellent presentement Bourgs les lieux clos ,, ou non clos qui sont moins qu'une Ville ,, & plus qu'un Village. Ce même nom est ,, donné en Angleterre aux lieux qui jouïssent ,, du Droit municipal & qui envoyent leurs ,, Deputez aux assemblées du Parlement.

Comme les idées que nous attachons aux mots de *Ville*, *Bourg*, *Village*, *Hameau*, &c. ne sauroient être trop claires, puisque nous nous en servons en Géographie à qualifier les lieux dont nous parlons, je crois devoir hazarder ici l'idée que j'en ai moi-même : je commencerai par les moindres lieux.

[a] Orig. Palat. c. 7.

BOU. 423

Le HAMEAU est composé de quelques maisons, mais sans Eglise, ni Jurisdiction locale.

Le VILLAGE plus grand que le Hameau a une Eglise desservie par un Curé, une espece de Jurisdiction Subalterne, comme d'un Bailli &c. & quelquefois une Foire tous les ans, qui se tient dans la plupart des Villages à l'anniversaire de la Dedicace de l'Eglise, ou vers la fête du St. Patron. Les habitans d'un Village sont Paysans, Laboureurs, &c. excepté la Noblesse qui y fait sa residence.

Le BOURG plus grand que le Village a une Paroisse, & quelquefois une espece de Magistrature, & outre la Foire annuelle un Marché à certains jours reglez de la Semaine. Les habitans du Bourg sont en partie Laboureurs, Artisans, ou Marchands en détail. Quelques Bourgs sont accompagnez d'un Château où demeure le Seigneur. Et en Italie le mot CASTELLO signifie également un *Bourg* & un *Château*. Je remarque ailleurs que Mr. Baudrand s'est quelquefois trompé à la signification de ce mot. Quelques Bourgs ont été fortifiez soit durant les guerres civiles soit à cause du voisinage de la Frontiere, mais comme en les fortifiant on n'a rien changé à la condition des habitans, ils ont conservé le nom de Bourgs ; au lieu que des Villes démantelées sont demeurées Villes parce que les habitans ont été maintenus dans leurs droits.

La VILLE est un gros Bourg, & outre la Paroisse, une ou plusieurs Foires annuelles, un Marché toutes les Semaines, a un Magistrat nommé le corps de Ville qui administre la Justice à la Ville & à son ressort. Les habitans de la Ville sont Bourgeois, & jouïssent en vertu de leur naissance, ou par un droit acquis par argent ou par quelque Acte appellé Naturalisation, des Franchises & des immunitez accordées par l'usage ou par la Concession du Souverain à la Ville dont ils sont Bourgeois. Plusieurs Villes ont des Fortifications pour les deffendre de l'ennemi, sur tout celles qui étant Frontieres sont les plus sujettes à soutenir les premiers efforts d'un voisin armé. Plusieurs n'ont qu'une simple muraille pour arrêter les voleurs & empêcher la contrebande, avec des portes qui se ferment & s'ouvrent à des heures reglées du soir & du matin. Plusieurs aussi ont tellement negligé l'entretien de leurs murailles, ou en ont été privées par la politique du Souverain, de maniere qu'elles sont ouvertes de tous côtez.

Ce ne sont point les murs qui distinguent le Bourg d'avec la Ville, puisqu'il y a des Bourgs murez, & des Villes sans murailles. Ce n'est point aussi la quantité plus ou moins grande de maisons, car il y a des Bourgs très-grands comme Argenteuil qui a 3800. habitans, & des Villes très-petites comme Argençon dans le Dauphiné qui n'en a que 256.

La distinction de la Ville & du Bourg est fondée sur les droits de Bourgeoisie & sur les Priviléges dont jouïssent les habitans de la Ville & dont ne jouïssent pas ceux du Bourg. Le Bourg relève presque toujours d'une Ville, mais on ne voit point de Ville qui relève d'un Bourg, au moins en France.

Le mot de BOURGADE est moins distinct
dans

dans sa signification & on donne ce nom aux lieux dont on ne sauroit dire s'ils sont *Villages*, ou *Bourgs* & qui sont dans un état douteux entre ces deux qualifications.

Ces idées ne sont pas tellement exactes qu'elles conviennent generalement à tous les Pays. C'est souvent l'usage & le hazard qui font nommer Bourg ou Ville un lieu des Pays étrangers. Il y a en Pologne des Villes qui n'approchent pas des Villages de Hollande; & en Amerique on a donné le nom de Ville à des lieux qui meritent à peine le nom de hameau. Il est arrivé qu'en decouvrant une mine on a autrefois commencé tout auprès un établissement. Sur les esperances que l'on avoit du succès de ce travail on s'est flaté qu'il s'y formeroit une Ville avec le temps & on l'a nommée ainsi par anticipation. Dans la suite les esperances s'étant dementies, la mine a été abandonnée & la Ville est à peine demeurée assez peuplée pour être un Village. Cependant le nom lui est demeuré, dans les écrits des Voyageurs, à moins qu'il ne s'agisse de quelques Places dont la description determine, ou de quelques Pays où les lieux sont qualifiez par le gouvernement comme à la Chine où chaque lieu est rangé sous la classe à laquelle il appartient, il ne faut pas trop presser à la rigueur le sens de ces mots *Ville* & *Bourg* ; & souvent le mot *Bourg* ne signifie qu'une *petite Ville*, sans aucun égard aux droits des Citoyens qui en font en France la distinction essentielle.

Ce nom de BOURG est commun à plusieurs Villes, non seulement comme terminaison de leur nom propre, comme BOURBOURG, STRASBOURG, VURTZBOURG, &c. mais aussi separément & à la tête du nom.

[a] *Baudrand Ed. 1705.*

BOURG [a], (la Vallée de) Vallée de France en Champagne. On l'appelle aussi la basse Champagne. Elle s'étend sur la Riviere d'Aisne jusqu'au Barrois & jusqu'à la Meuse. Elle est très-fertile, & bien peuplée quoi qu'elle ait beaucoup souffert dans les longues guerres contre l'Espagne lorsqu'elle étoit Frontiere.

[b] *Corn. Dict. Memoires dressez sur les lieux en 1704.*

BOURG-ACHARD [b], (LE) Bourg de France en Normandie dans le Roumois, à sept lieues de Rouen, à cinq de Pont-audemer, & à deux de la Bouille. L'Eglise de la Paroisse, qui porte le titre de Saint Mathieu, est une assez grande Fabrique bien bâtie avec une grosse Tour, & ne fait qu'un corps de bâtiment avec celle du Prieuré Claustral des Chanoines Reguliers de Saint Augustin, de la Reforme du Pere Moulin. Ce Prieuré est le Noviciat de cette Reforme, & un Seminaire Episcopal de Rouen. Ce sont les Religieux de cette Maison qui desservent la Cure de la Paroisse du Bourg-Achard, & six autres du voisinage, qui sont celles de Saint Paul, Oncmare, Bouquetot, Saint Oüen, Saint Martin, & Caumont, toutes à la nomination du Prieur Commendataire de cette même Maison, & situées au milieu de belles campagnes, de terres de labour, qui produisent de bons grains. On tient un gros Marché dans le Bourg-Achard toutes les semaines, & c'est un grand passage de Roüen dans une partie de la basse Normandie. Ce lieu est encore remarquable dans la Province, parce que c'est le lieu d'éxil & de correction où l'Archevêque de Rouen envoye les Prêtres de son Diocèse qui ont commis quelque faute grave contre les bonnes mœurs.

BOURG ARGENTAL, (LE) petite Ville de France en Forez aux Confins du haut Vivarais & au pied du Mont Pila, à une lieue de BOULIEU & à trois du Rhone au Couchant.

BOURG D'AULT, ou BOURG D'EAU [c]. Gros Bourg de France en Picardie dans le Diocèse d'Amiens, sur la côte de la Mer, entre la Ville d'Eu & celle de Saint Valery sur Somme. Ce Bourg où il y a une haute Justice, est composé de huit cens maisons, dont une partie est occupée par des Pêcheurs. Son Eglise paroissiale porte le titre de Nôtre Dame. Il y a un Hôpital servi par des sœurs de la Charité, dites filles Grises. L'Eglise de Felicour est une succursale du Bourg d'Eau.

[c] *Memoires dressez sur les lieux en 1704.*

BOURG EN BRESSE, Ville de France dans la Bresse dont elle est la Capitale [d], elle a été fondée par les anciens Seigneurs de Baugé & on ne voit pas que cette Ville soit plus ancienne que le XIII. siécle. C'est dans ce temps-là qu'Alexandrine de Vienne femme d'Ulric Seigneur de Baugé est nommée la Dame de Bourg en divers Actes depuis l'an 1230. jusqu'en 1242. Gui dernier Seigneur de Baugé fut celui qui donna le droit de Ville libre & franche à Bourg qui depuis ce temps s'agrandit & se peupla. Le Duc de Savoye Emanuel Philibert y fit bâtir sur une hauteur l'an 1569. une Citadelle qui passoit pour une des plus fortes Places & des plus regulieres de l'Europe. Charles Emanuel fils de Philibert fut obligé de la remettre à Henri IV. l'an 1601. en exécution du Traité de Lyon, & ce Roi y mit pour Gouverneur le Baron de Boësse-Pardaillan qui s'étant brouillé après la mort du Roi avec le Duc de Bellegarde Gouverneur de la Province, la Reine regente Marie de Medicis sous pretexte du bien de l'Etat fit raser cette Place l'an 1611. quoique cette Place fût alors un boulevart de la France.

[d] *Longuerue desc. de la France 1 part. pag. 296.*

Cette Ville a été quelque temps Episcopale. La principale Eglise dediée à Nôtre Dame fut érigée en Cathedrale par le Pape Léon X. l'an 1515. & on y établit un Chapitre composé de dix-sept Canonicats & d'autant de Prebendes sans y comprendre les Dignitez. Cette érection fut faite à la prière de Charles Duc de Savoye en faveur de Louïs de Gorrevod Cardinal, mais l'année suivante 1516. ce Pape à la sollicitation de François I. revoqua cette érection en maintenant néanmoins le Chapitre qui y avoit été établi. Cependant ce Pape pressé par les instances de l'Empereur Charles V. rétablit cet Evêché de Bourg, l'an 1521. Louïs de Gorrevod eut pour Successeur Jean Philibert de Charles. Mais Paul III. à la priere de François I. supprima cet Evêché l'an 1535. & le réunit à l'Archevêché de Lyon, sans qu'on ait parlé depuis de le rétablir, ces Archevêques ayant toujours paisiblement joüi de la Jurisdiction Spirituelle & ayant établi une Cour Ecclesiastique dans la Ville de Bourg pour la partie de leur Diocèse qui a appartenu au Duc de Savoye & qui depuis

puis l'an 1601. a été mise sous le ressort de Dijon.

[a] *Piganiol de la Force T. 3. p. 220. & suiv.*

[a] La Ville de Bourg est sur la Riviere de Resousse presque au centre de la Bresse. Elle a douze cens pas de long, neuf cens de large & environ deux mille six cens pas de circonference. On y entre par trois portes dont l'une s'appelle la *Porte de Lyon*, la seconde la *Porte de Macon*, & la troisieme la *Porte des Halles*.

La Ville est partagée en sept quartiers sous sept Capitaines, autant de Lieutenans &d'Enseignes & un Major. Il y a aussi un Gouverneur, un Lieutenant de Roi, & un Major. L'Eglise de Notre-Dame est Collegiale & paroissiale. Les Cordeliers, les Jacobins, les Capucins, & les Jesuites ont des Couvens dans cette Ville, de même que les filles de Ste Claire, celles de la Visitation, les Ursulines & les Hospitalieres. Ces dernieres ont deux mille livres de rentes separées du revenu de l'Hopital. L'Hôtel-Dieu est administré par six Administrateurs de tous les Ordres & jouït de six mille livres de revenu. Il est composé de quatre Salles de douze lits chacune. L'Hôpital General est un établissement assez nouveau où l'on instruit à la piété & au travail dix-huit ou vingt pauvres filles. Le Roi Henri IV. immediatement après le Traité de Lyon en 1601. supprima toutes les Jurisdictions établies par les Ducs de Savoye & créa un Bailliage & un Presidial dans la Ville de Bourg. C'est à ce dernier que ressortissent les Bailliages de Belley & de Gex dans le cas de l'Edit. L'Election a été aussi établie depuis l'échange de même que la Maréchaussée, la Jurisdiction de la traite foraine, celle des Gabelles, celle des Eaux & Forêts &c. Les Ducs de Savoye avoient obligé les Juges particuliers & Seigneurs à tenir leurs audiences dans la Ville de Bourg, & la même chose s'y est observée sous la Domination des Rois de France. Ces Juges sont appellez *Bannerets*.

Quoique la situation de Bourg ne soit pas propre pour le commerce, on a néanmoins établi un grand nombre de Foires dans cette Ville. Il y en a deux de franches & chacune dure trois jours. L'une commence le 25. d'Avril & l'autre le 15. Juin. Tout le commerce consiste en chevaux, & bestiaux, & en peaux que l'on y blanchit parfaitement & que l'on vend à des Marchands de Grenoble & de Lyon.

C'est une circonstance remarquable que la petite Ville de Bourg une des plus éloignées de la Cour & de la Capitale ait été la patrie de trois Ecrivains François qui ont été de l'Academie Françoise vers le temps de sa naissance; sçavoir Claude Gaspar Bachet Sieur de Meziriac, Claude Faure Sieur de Vaugelas & Nicolas Faret. On peut voir leurs Eloges dans l'Histoire de l'Academie Françoise par Pelisson qui s'est trompé sur la patrie de Vaugelas. Il le croit né à Chamberi, quoiqu'il fût né à Bourg pendant qu'Antoine Faure son Pere y exerçoit la charge de Juge Mage de Bresse. Comme il fut ensuite premier President de Chambery, il y transporta son Domicile & sa famille, ce qui a fait croire à Mr. Pelisson que Vaugelas l'Academicien y étoit né, ce qui n'est pas.

Tom. I. PART. 2.

BOURG-CHARENTE, Bourg de France dans l'Angoumois, au Diocèse d'Angoulême Election de Cognac.

BOURG-DEOLS, ou BOURG-DIEUX. Voiez DEOLS 1.

BOURG D'IRE'[b], Bourg de France dans l'Anjou, sur la petite Riviere de Verfée dans le Craonnois & dans l'Election d'Angers entre Pouancé & Segré 1.

[b] *De l'Isle Atlas.*

BOURG D'OYSANS[c], petite Ville de France dans le Dauphiné, sur la Romanche, à huit lieues de Grenoble du côté du Levant. Cette Ville est Capitale de la Vallée d'Oisans qui est fort étroite & bordée d'affreuses Montagnes dont quelques-unes sont chargées de Neiges presque pendant toute l'année.

[c] *Baudrand Ed. 1705.*

BOURG-LA-REINE, Bourg de la France à deux lieues de Paris, sur le chemin d'Orleans.

BOURG-LE-ROI, Ville de France dans le Maine, Diocèse & Election du Mans.

BOURG-ST. DONNIN. Voiez BORGO DI SAN DONINO.

BOURG DU ST. SEPULCHRE. Voiez BORGO DI SAN SEPULCRO.

BOURG SUR LA ROCHE. (LE) Bourg de France dans le Poitou, Diocèse de la Rochelle, Election de Fontenay.

BOURG-SUR-MER, Ville de France en Guienne dans le Bourdelois sur la Dordogne & près du Bec d'Ambez où la Garonne & la Dordogne se joignent ensemble. Elle a été autrefois fortifiée, & est assez ancienne. Sidonius Apollinaire en parle en termes magnifiques dans le Poëme qu'il addresse à Leontius Archevêque de Bourdeaux. Il dit que le premier qui fit ceindre le Roc de Murailles fut Leontius Paulinus, mais elles doivent avoir été ruinées par le temps ou abbatues par les guerres, puisque les murs qu'on voit aujourd'hui à Bourg ont été construits depuis quatre ou cinq cens ans. Il y a un assez bon Port, où les Vaisseaux remontent avec le flux de la Mer. Elle est à une lieue au dessus de Blaye & à cinq lieues au dessous de Bourdeaux. Il y a à Bourg une Abbaye d'hommes de l'Ordre de St. Augustin sous le vocable de St. Vincent. Il ne reste plus que l'Eglise où les Religieux font service & vivent en Chanoines Reguliers ayant chacun leur maison particuliere. L'un de ses derniers Abbez a acheté pour lui & ses Successeurs une maison fort jolie qui est dans le Fauxbourg. La Manse Abbatiale n'est que de deux mille deux cens livres. On trouva dans ses ruines l'an 1658. un Sepulchre de pierre avec un Corps tout entier & une Phiole pleine d'eau avec une lame de plomb sur laquelle étoit cette Inscription: *Ici repose Dom Guyraut premier Abbé de cette Eglise qui la conduisit durant trente-sept ans moins deux jours: que son ame repose dans le Ciel: ce Saint homme mourut l'an de l'incarnation du Seigneur mille cent soixante & un.* Ainsi la fondation de ce Monastere doit se rapporter à l'an 1124.

BOURG DE THISY, ou BOURG-LE-COMTE[d], petite Ville de France en Beaujolois, sur la Loire, six lieues au dessus de Roanne.

[d] *Baudrand Ed. 1705.*

BOURGANEUF, Ville de France dans la Province de la Marche; mais qui fait partie du

Hhh

du Poitou, fur la Riviere de Taurion, à fix lieues au deſſus de Limoges & à quatre-vingt de Paris. Bourganeuf eſt le Chef-lieu d'une Election.

BOURGES, Ville de France en Berri dont elle eſt la capitale, ſur la Riviere d'Evre qui y reçoit celle d'Avron & quelques autres moindres Rivieres. On l'appelle en Latin *Avaricum*, *Biturigæ*, *Biturica*, & *Avaricum Biturigum*. C'eſt une des plus grandes Villes du Royaume. [a] Quelques perſonnes ont crû qu'*Avaricum*, dont Ceſar fait mention dans le ſeptiéme Livre de ſes Commentaires, n'eſt pas la Ville de *Bourges*, mais celle de *Vierzon*. Joſeph Scaliger à qui les injures ne coûtoient pas beaucoup, traite ceux qui ſont de ce ſentiment, de fous & d'inſenſez. Sans adopter ici ſes expreſſions, je remarquerai ſeulement que tout ce que Ceſar dit d'*Avaricum*, me paroît ne pouvoir convenir qu'à la Ville de Bourges, qui eſt la plus ancienne, la plus grande, & la plus forte de Berry. Elle eſt ſituée entre deux petites Rivieres, l'Evre, & l'Avron, ſur une colline qui deſcend en pente douce juſqu'au bord de ces deux Rivieres, qui forment preſque ſon enceinte ; je dis preſque, parce qu'il y a une avenuë, qui eſt celle de la porte *Bourbounoux*, laquelle n'eſt arroſée par aucune de ces deux Rivieres, ni par aucune autre. Cette Ville eſt fort ſpacieuſe, & à voir le terrein qu'elle occupe, on la prendroit pour une Ville du premier rang ; mais il y en a une grande partie, que l'on appelle le *Pré-fichaud*, qui eſt ſans maiſons. Le reſte n'eſt pas fort peuplé ; l'on n'y voit preſque que des Eccleſiaſtiques, des Gentils-hommes, ou des Ecoliers ; & l'on n'y compte en tout, que quatorze mille huit cens perſonnes. Il n'y a d'autre commerce que celui qui eſt neceſſaire pour la ſubſiſtance des habitans. C'eſt au Privilege de Nobleſſe accordé par le Roi Louïs XI. aux Maire & Echevins de Bourges, qu'il faut attribuer le grand nombre de Gentils-hommes qui ſont dans cette Ville, & l'indolence que les habitans ont témoignée depuis long-tems pour le commerce. On diſtingue encore aujourd'hui l'ancienne Ville de la nouvelle.

L'ancienne eſt plus élevée que la nouvelle, & on en peut voir les murs preſque tous entiers, qui commencent près du lieu où étoit la groſſe Tour, continuent le long de la ruë Bourbounoux, & Porte-Gordaine, juſqu'à la porte neuve ; de là dans la ruë des Arenes juſqu'à la Porte-d'Orron, puis à la porte Saint-Paul, &c.

La nouvelle Ville eſt preſque auſſi grande que l'ancienne, & renferme les Paroiſſes de Saint Urſin, de Saint Jean des Champs, de Saint Bonnet, de Saint Ambroiſe, de Saint Medard, de Sainte Croix, de Saint Fulgent, &c. Cette Ville, ainſi que je l'ai dit, étant environnée d'eau, excepté depuis la porte Bourbounoux, juſqu'à celle de Saint Paul, étoit défenduë de ce côté-là par la groſſe Tour, dont les murailles étoient d'une épaiſſeur extraordinaire conſtruites de pierres très-dures, & taillées en pointe de diamants. Cette Tour a été détruite, & quoi qu'en diſe Mr. Corneille dans ſon Dictionnaire Géographique, il n'en reſte plus rien aujourd'hui.

[a] Piganiol de la Force deſc. de la France. T. 6. pag. 29.

La Ville de Bourges eſt diviſée en quatre quartiers, de *Bourbounoux*, d'*Orron*, de *Saint Sulpice*, & de *Saint-Privé*. A chaque quartier commande un Echevin : Les quatre Echevins avec le Maire qui eſt leur Chef, les Avocats & Procureurs de la Ville, & les trente-deux Conſeillers, ont le Gouvernement de la Ville, des affaires communes, de Juſtice & Police, de l'Adminiſtration des deniers, & revenus communs. On compte dans Bourges ſeize Paroiſſes & cinq Chapitres, ſans parler des deux qui ont été unis au Seminaire. L'Egliſe Patriarchale porte le nom de Saint Etienne ; c'eſt un très-bel ouvrage Gothique. Elle eſt ſituée dans l'endroit le plus élevé de la Ville. Là ſur un vaſte perron on trouve cinq grandes portes. Aux deux côtez de ce Frontiſpice ſont deux belles & hautes Tours, l'une ancienne, appellée la *Tour ſourde*, & l'autre nouvelle, qui fut bâtie en la place d'une ancienne, qui tomba en 1506.

Cette derniere Tour qui eſt l'une des plus belles & des mieux bâties qui ſe voyent, & qui a cent quatre vingt dix-huit pieds de hauteur, fut commencée l'an 1507. & achevée l'an 1538. ſous la conduite de Guillaume Pellevoiſin, un des plus fameux Architectes de ce tems-là. L'on a conſtruit un Pilier d'une groſſeur prodigieuſe, & une Arcade voûtée qui paſſe pour un Chef d'œuvre d'Architecture, afin d'appuyer la Tour ſourde, & pour empêcher qu'elle n'ait le ſort de celle qui tomba en 1506. L'Egliſe de Saint-Etienne a dans œuvre cinquante-quatre toiſes & demi de longueur, vingt-une toiſes cinq pieds & demi de largeur, ſans y comprendre les Chapelles. La nef a ſix toiſes, deux pieds, deux pouces de largeur ; les deux premieres ailes, quinze pieds & demi ; & les deux autres treize pieds & demi. Par ce que je viens de dire l'on comprend qu'outre la nef, il y a deux ailes de chaque côté. La voute de la nef eſt plus élevée que celles des deux premieres ailes, & ces deux premieres ſont plus hautes que les deux dernieres. Ces voutes ſont ſoutenues par des Piliers d'ordre Corinthien, qui ſont d'une hauteur & d'une legereté ſurprenantes. Sous le Chœur eſt l'Egliſe ſoûterraine, bien voûtée & ſoutenue par des Piliers d'une groſſeur prodigieuſe.

La *Sainte Chapelle* a été fondée par Jean de France, Duc de Berry, pour ſervir de Chapelle à ſon Palais. Cette Egliſe fut bâtie en 1400. & l'Architecture ne cede en rien à celle de la Cathédrale. Le Clocher & la couverture ont été conſumez par un incendie arrivé au mois de Juillet de l'an 1693. & les Chanoines ont fait couvrir cette Egliſe de tuiles, en attendant un tems plus favorable pour la remettre dans l'état où elle étoit avant cet accident.

Le Palais fut bâti par ordre du même Prince Jean de France, Duc de Berry. Une partie de ce bâtiment eſt appellé le *Logis du Roi*, & ſert de Logement aux Gouverneurs de la Province. L'autre partie eſt appellée le Palais, & eſt occupée par le Preſidial, & les autres Juriſdictions Royales de la Ville. La grande Salle eſt une des plus grandes & des plus belles du Royaume. Elle eſt ſans Piliers, & ſert à tenir

tenir les Assemblées generales des Etats de la Province, & celle des Nobles convoquez pour le Ban & Arriere-Ban. On y tient aussi la Foire de Noël. C'est dans cette Salle que se tint l'Assemblée du Clergé convoquée par Charles VII. & que fut faite la *Pragmatique Sanction* en 1438.

L'*ancien Hôtel de Ville* fut bâti l'an 1488. mais cette maison ayant été acquise par les Jesuites, la Ville choisit la maison de Jacques Cœur pour y tenir ses Assemblées, & depuis ce tems-là c'est l'Hôtel de Ville. Ce Palais fut bâti par Jacques Cœur Argentier du Roi Charles VII. & c'est une des plus belles maisons qu'un particulier ait jamais fait bâtir. Les seules murailles couterent cent trente cinq mille Livres, Somme très considerable pour lors. Les armes de Jacques Cœur s'y voyent en plusieurs endroits accompagnées de cette devise. *A vaillans Cœurs rien impossible.* Cette maison est fort grande, solidement bâtie, & decorée de tous les ornemens d'Architecture qui étoient en usage dans ce tems-là. Elle a passé depuis Jaques Cœur à plusieurs particuliers qui l'ont successivement acquise, & ayant enfin été achetée par Jean Baptiste Colbert, Ministre d'Etat, le treize de Mai de l'an 1679. il la ceda au Maire & Echevins de Bourges par contrat du trente de Janvier de l'an 1682. à la charge d'un écu d'or de cens annuel envers le Marquisat de Chateauneuf, & de quatre en quatre ans d'une Medaille d'argent de la valeur de dix livres, sur l'un des côtez de laquelle doivent être les armes du Marquis de Chateauneuf, & de l'autre celles de la Ville de Bourges, avec l'inscription du nom du Marquis de Chateauneuf, & du Maire de la Ville, & outre moyennant trente-trois mille Livres de deniers d'entrée, &c.

Le *Palais Archiepiscopal* seroit un des plus beaux qu'il y ait en France, si quelque Archevêque de Bourges vouloit bien suivre le dessein dont Michel Phelypeaux de la Vrilliere Archevêque de cette Ville a jetté les fondemens, & a même avancé l'exécution.

La place *Bourbon* est la plus grande de la Ville. C'est ici qu'étoient les Arenes, ou l'Amphitéatre. On ne sait pas en quel tems il a été détruit, mais il est constant qu'il en restoit encore des vestiges en 1539. puisque la Coûtume de Berry defend de porter aucunes immondices en la fosse des Arenes [a]. Cette fosse fut comblée & aplanie en 1620. & l'on y transfera le Marché. Elle porte le nom de Bourbon pour avoir été aplanie sous le Gouvernement de Henri de Bourbon second du nom, Prince de Condé.

Le *Seminaire* est gouverné par des Prêtres de la Communauté de Saint Sulpice; le dessein du bâtiment est d'une grande beauté, mais il est à craindre que de long tems il ne soit entierement achevé.

Le Couvent des Religieuses de l'*Annonciade* a été bâti en 1503. des liberalitez de Jeanne de France, fille du Roi Louïs XI. & femme de Louïs Duc d'Orléans, qui la repudia. Cette Princesse est fondatrice de tout l'Ordre, dont le Couvent de Bourges est le premier. Elle ordonna que son corps fut inhumé dans le Chœur des Sœurs, & sa volonté fut accomplie;

[a] Article 2. des Servitudes.

mais en 1562. trois soldats des troupes commandées par d'Yvoi le deterrérent, & le firent brûler publiquement.

Les Capucins sont dans le Faubourg de Bourbounoux, & ont une des plus belles avenues que l'on puisse voir.

On remarque aussi une belle Promenade qui commence à la porte Saint Michel par une demi-lune, & va se perdre dans la Campagne. Elle est formée par quatre rangs d'arbres qui font trois allées, dont celle du milieu est extremement large & belle.

Le mail est fort long, & s'étend depuis la porte de Saint Sulpice jusqu'à celle de Saint Ambroise.

[b] L'Archevêché de Bourges reconnoît St. Ursin pour son premier Archevêque; & depuis lui jusqu'à Leon Potier de Gêvres, qui l'est aujourd'hui, on en compte cent-cinq. Cet Archevêque prend les qualitez de Patriarche, de Primat des Aquitaines & de Métropolitain. Comme Patriarche, il a jurisdiction sur les Archevêques de Narbonne & de Touloufe; & en qualité de Primat, sur ceux de Bourdeaux & d'Ausch, Métropolitains de la seconde & troisiéme Aquitaine; & enfin comme Métropolitain, il a cinq Suffragans, qui sont les Evêques de Clermont, de St. Flour, du Puy, de Tulle & de Limoges. Autrefois il en avoit onze: mais l'Evêché d'Alby, qui en étoit un, ayant été érigé en Archevêché, il fut distrait de la Jurisdiction de l'Archevêché de Bourges, de même que les Evêchez de Mande, de Rodez, de Vabres, de Castres & de Cahors, dont les Evêques devinrent Suffragans de l'Archevêque d'Alby. Il fut pris en échange quinze-mille livres de rente sur l'Archevêché d'Alby, qui furent annexées à l'Archevêché de Bourges par contract du sept Mars 1675.; & par ce moyen l'Archevêché de Bourges, qui ne valoit que douze mille livres de revenu, a valu depuis vingt-sept mille livres.

L'Archevêque de Bourges appuye ses qualitez sur une ancienne possession, sur les jugemens de plusieurs Papes, & sur l'autorité d'un grand nombre d'Ecrivains. Théodulphe, Evêque d'Orleans, écrivit avant l'an 820. une Elégie à Saint-Aout, Archevêque de Bourges, dans laquelle il lui donne le titre de Patriarche: & ce qui est encore plus fort, c'est que Sigebaud, Archevêque de Narbonne, reconnoît Raoul, Archevêque de Bourges, pour son Patriarche, ainsi qu'il paroît par la trente-neuviéme Epitre du Pape Nicolas I., laquelle est rapportée par Yves de Chartres, par Gratien & par le Pere Sirmond.

Les guerres que la Reine Eléonor alluma entre la France & l'Angleterre, firent naître l'envie à l'Archevêque de Bourdeaux de sécouer le joug de la Primatie que l'Archevêque de Bourges avoit sur lui; mais il ne fut pas heureux: car le Pape Grégoire IX., par sa Bulle du neuf des Calendes d'Octobre, de la treiziéme année de son Pontificat, ordonna qu'il seroit permis à l'Archevêque de Bourges de visiter de sept en sept ans la Province de Bourdeaux. Le Pape Innocent IV. confirma ce reglement quelque tems après. Les Archevêques de Bourges ne se sont pas bornez à l'ob-

[b] Piganiol de la Force desc. de la France T. 6. p. 6.

Tom. I. PART. 2. Hhh 2

l'obtention de ces Bulles, ils les ont mises en exécution; puisqu'Aimon de Bourbon, Archevêque de Bourges, visita la Province de Bourdeaux, & consacra l'Eglise, de même que le Monastere de St. Front de Périgueux l'an 1047. Pierre de la Chastre, Guérin, Henri de Seuli & plusieurs autres ont fait la même chose. Ce dernier consacra l'Eglise Cathédrale de Saintes, dans le cours d'une de ses visites.

Enfin les Auteurs les plus estimés & les moins prévenus, se sont déclarez pour la Primatie de l'Archevêque de Bourges sur celui de Bourdeaux. On peut voir ce qu'en ont écrit Yves de Chartres, Surius, Charles du Moulin, Chopin, de Marca, Hauteserre, Pinson &c.

L'Eglise Cathédrale est dédiée à St. Etienne; & son Chapitre est composé d'un Doyen, d'un Chantre, d'un Chancelier, d'un Grand-Archidiacre, de quarante Chanoines Prébendés &c. Le Doyenné vaut mille-huit cens livres de revenu; la Chantrerie, huit cens livres; la Chancelerie, mille-trois cens; l'Archi-diaconé, deux cens livres; les Prébendes, environ cinq cens livres. Ce Chapitre, est exemt de la Jurisdiction de l'Archevêque, & releve immediatement du St. Siége. L'Eglise de St. Etienne est entourée d'un Cloître fermé, où sont les maisons Canoniales. Le Chapitre a toute Justice dans ce Cloître & sur tous ceux qui y demeurent, par concession du Roi Louïs VII. de l'an 1174.

Le Chapitre de la Sainte-Chapelle a été fondé par Jean de France, Duc de Berry, en 1400. il est composé d'un Trésorier, de douze Chanoines, de treize Chapelains & de treize Vicaires. La Collation de ces Bénéfices fut accordée au Duc de Berry & à ses Successeurs: ainsi elle appartient aujourd'hui au Roi, qui est aux droits du Duc de Berry. La Trésorerie est d'environ quatre mille livres de revenu, & les Prébendes de huit cens livres. Le Trésorier a toute sorte de Jurisdiction sur les Chanoines, Vicaires & Chapelains, & la Jurisdiction Episcopale dans l'étenduë de leurs Paroisses de la Ville. Je dois remarquer ici comme un des beaux droits de ce Chapitre, que l'exercice de la Justice Royale cesse tous les ans pendant sept jours dans la Ville de Bourges, à commencer le seize de Mai jusqu'au vingt-trois du même mois, & qu'elle est exercée pendant ce tems-là par les Officiers de la Sainte-Chapelle, appellés vulgairement, les Bonnets verds [a]. Il n'est pas aisé de fixer au vrai l'origine de ce Droit : ce qu'il y a de constant, c'est que ce Chapitre en est en possession depuis plus de deux cens ans.

[a] Voy. la Thaumassiere, Hist. de Berry, pag. 60.

L'Eglise Collégiale de St. Désiré fut fondée par St. Désiré, Archevêque de Bourges, qui mourut en 552. [b] Elle porta le nom de St. Symphorien, à qui il l'avoit dédiée : mais environ l'an 558. le corps de St. Ursin, premier Archevêque de Bourges, y ayant été transporté, elle prit le nom de ce Saint. L'an 1220., le nombre des Canonicats fut réduit à dix-huit, savoir deux pour le Prieur, & seize pour autant de Chanoines. Aux entrées des Rois & des Princes, qu'on va recevoir processionnellement aux portes de la Ville, le Chapitre de St. Ursin est à la tête du Clergé, parce que celui de la Cathédrale est en possession de ne point sortir de l'enceinte de la Ville en pareilles occasions.

[b] Grégoire de Tours.

L'Eglise Collégiale de Nôtre-Dame de Salles, ou Sales, a été fondée par St. Ursin. Elle fut d'abord occupée par des Moines, puis par des Religieuses, & enfin par des Chanoines Réguliers de St. Augustin, qui furent sécularisez sous le Pontificat de Guillaume, soixante-huitiéme Archevêque de cette Ville. Ce Prélat fixa le nombre des Prébendes à douze, savoir deux pour le Prieur, & dix pour autant de Chanoines. Il se reserva la Collation des unes & des autres ; & en cas de vacance du Siége Archiépiscopal, il l'attribua au Prieur : ce qui fut approuvé & confirmé par le Pape Innocent III.

Les Chapitres de Montermoyen, & de St. Pierre le Puellier, ont été unis au Séminaire de cette Ville.

L'Eglise Collégiale de St. Aoustrillet du Château lez Bourges fut fondée par Simplice quinziéme Archevêque de cette Ville. Ce Chapitre est composé d'un Prieur & de douze Chanoines. Le Trésorier de la Sainte-Chapelle de Bourges a la Collation de toutes ces Prébendes, & toute Jurisdiction, tant civile que criminelle, sur ceux qui en sont pourvûs.

[c] L'Université de Bourges est un des plus grands ornemens de cette Ville & une des plus anciennes de France si, comme le disent les Freres de Ste Marthe, elle a été établie par St. Louïs. Ce qu'il y a de certain, c'est que son rétablissement se fit par Louïs XI. dont les Lettres patentes sont du mois de Decembre de l'an 1463. Ce fut en consequence de ces Patentes & des Bulles du Pape Paul II. de l'an 1464. que les Recteurs, Docteurs & Regens de toutes les Facultez furent installez & mis en possession avec beaucoup de Ceremonie le 9. Mars 1466. Cette Université est composée des quatre Facultez. Celle de Théologie fut fondée au College des Jesuites par Henri de Bourbon l'an 1625. & ces Peres remplissent les quatre Chaires de Professeurs en Théologie. La Faculté de Droit est composée de quatre Professeurs & de douze Docteurs aggregez. Les quatre Professeurs de Droit partagent entre eux les Emolumens qui proviennent des degrez qu'on accorde aux Ecoliers & par dessus cette repartition qui est d'environ mille cinq cens livres pour chacun, les deux plus anciens ont une pension sur les deniers communs de la Ville.

[c] p. 25.

Les Jesuites ont un beau & grand College à Bourges & c'est le seul qu'ils ayent dans le Berri, ils y ont été appellez & fondez l'an 1575. par Jean Niquet Abbé de St. Gildas qui leur fit des Donations très-considerables, & pour rendre cet établissement plus digne de ces Peres, on unit la Maison & le Jardin que le Sr. Niquet avoit donné en leur faveur au College de Ste Marie que Madame Jeanne de France Duchesse de Berri avoit fondé le 10. de Janvier de l'an 1504. & de ces deux fondations on n'en fit qu'une. Ce College a été augmenté depuis par Henri de Bourbon Prince de Condé, qui donna quatre mille livres de rente

rente pour l'entretien de quatre Profeſſeurs de Theologie par Contract du 16. Octobre 1627. & laiſſa à ces Peres pour le payement de la dite Somme la Seigneurie de Surin, les Prieurez d'Yvernault, de Mere, & autres terres & droits, & douze mille livres en deniers, pour une fois payer , aux charges exprimées dans ledit Contract.

[a] *Longuerue deſc. de la France. p. 123.*

§ [a] Bourges a conſervé ſon ancien nom juſqu'au cinquiéme Siécle, puis qu'on trouve encore ce même nom *Avaricum*, tant dans la Carte de Peutinger que dans l'Itineraire d'Antonin. On commençoit dès-lors néanmoins à lui donner le nom de *Bituriges* dont ſe ſert Ammien Marcellin qui vivoit dans le quatriéme Siécle. Le Territoire de ces Peuples Bituriges étoit plus étendu que ne l'eſt aujourd'hui le Berri puis qu'il contenoit une partie du Bourbonnois & même un quartier de la Touraine qu'on nomme la Brenne. Le nom de *Bituriges* ou *Biturica* prevalut entierement ſur la fin du V. Siécle, & on n'appella plus cette Ville *Avaricum*. Ce nom venoit de celui d'une petite Riviere ſur laquelle Bourges eſt ſitué, nommée *Avara*, ou *Avera*, & par corruption *Evra*, en François *Evre*, ou *Yevre*.

1. BOURGET, Bourg de Savoye ſur le bord du Lac auquel il communique ſon nom.

Le LAC DU BOURGET, Lac de Savoye, dans la Savoye propre, où il reçoit la petite Riviere de Laiſſe qui vient de Chamberi & ſe décharge dans le Rhône près de Bellai ; il a environ quatre lieues de long, mais il a peu de largeur.

2. BOURGET, (le) Bourg de France à quatre lieues de Paris ſur le chemin de Compiégne.

BOURGOGNE (LA) Pays de France. Ce nom ſignifie des Pays bien differens, ſoit pour l'étendue & les limites, ſoit pour les formes du Gouvernement. Il faut diſtinguer les BOURGUIGNONS qui étant venus des bords de la Mer Baltique vers le Rhin, paſſerent dans les Gaules où ils fonderent un nouvel Etat nommé le ROYAUME DE BOURGOGNE. LE DUCHÉ DE BOURGOGNE pris dans le ſens general, c'eſt à dire des Etats que poſſedoient les Ducs de Bourgogne qui ont paſſé dans la Maiſon d'Autriche. LE GOUVERNEMENT DE BOURGOGNE, l'un des grands Gouvernemens de France. LE DUCHÉ DE BOURGOGNE proprement dit & LA COMTÉ DE BOURGOGNE. Nous renvoyons ce qui regarde les anciens établiſſemens des Bourguignons tant au delà qu'au deçà du Rhin, & ce qui concerne le Royaume de Bourgogne à l'Article BOURGUIGNONS. Voiez ce Mot.

Le DUCHÉ DE BOURGOGNE où

[b] *Longuerue deſc. de la France. part. 1. p. 278.*

lee ETATS DES DUCS de ce nom. [b] Les premiers Ducs de Bourgogne n'étoient d'abord que de ſimples Officiers qui devinrent très-puiſſans ſous le Regne de Charles le ſimple, de ſorte que les François ayant depoſé & enfermé ce Roi dans une priſon ils élurent à ſa place Raoul Duc de Bourgogne Roi de France. Après cela le Duché de Bourgogne fut donné à Hugues Duc de France & Comte de Paris. Trois de ſes fils, Eudes, Othon & Henri furent ſucceſſivement Ducs de Bourgo-

gne & n'eurent point d'enfans, le dernier mourut l'an 1001. & quoi qu'il eût inſtitué heritier Othe-Guillaume Comte de Bourgogne, Robert Roi de France neveu du defunt Duc s'empara de ce Païs qui fut depuis donné en partage à Robert ſecond fils du Roi Robert. Et ce Prince Robert fut la Tige de la premiere Maiſon de Bourgogne, laquelle a joüi de ce Duché plus de trois cens ans. Le dernier Duc de Bourgogne de cette Branche fut Philippe de Rouvre mort ſans poſterité. Il eut pour Heritier le Roi Jean, parce qu'il étoit fils de Jeanne de Bourgogne, ſœur du Duc Eudes grand-pere du Duc Philippe.

Pluſieurs ont voulu que le Duché de Bourgogne ait été alors réuni à la Couronne en vertu de la Loi des Appanages par laquelle tout ce qui eſt donné aux enfans de France doit revenir à la Couronne au deffaut des deſcendans mâles de celui à qui l'appanage a été donné ; mais ces gens-là ont fait voir leur ignorance dans l'Hiſtoire, tant parce que la Loi des Appanages n'a été faite que quatorze ans après la mort du Duc Philippe, par le Roi Charles V. que parce qu'il reſtoit alors pluſieurs deſcendans mâles legitimes des anciens Ducs de Bourgogne qui auroient herité inconteſtablement de Philippe de Rouvre ſi cette Loi avoit déjà été faite. Auſſi le Roi Jean déclara-t-il dans ſes Lettres de la même année 1361. pour l'union de ce Duché qu'il lui étoit venu de ſucceſſion & non point par le Droit de ſa Couronne à laquelle au contraire il en faiſoit don, en y joignant encore les Comtez de Champagne & de Thoulouſe, afin de la dedommager des Domaines qu'elle avoit perdus pour le retirer de la priſon des Anglois. *Inſeparabiliter conjungimus . . . & ſic ſolidatos in perpetuum dictæ Coronæ per præſentes volumus.* C'eſt ſur cette union inſeparable & ſolidaire comme on le voit, [c] que Louïs XI. s'appuya pour rentrer en poſſeſſion du Duché après la mort du Duc Charles qui n'avoit laiſſé qu'une fille, depuis femme de Maximilien d'Autriche, quoi que le même Roi Jean en l'accordant en 1363. à Philippe ſon quatriéme fils, Biſayeul de Charles, eût expreſſément marqué qu'il le lui donnoit de la même maniere qu'il l'avoit reçu, & comme Louïs dit auſſi [d] qu'il y revenoit au defaut de mâles, puis que Jean de Nevers lui ſurvécut, il faut neceſſairement que ce dernier Prince eût conſenti qu'il ſe rendît dès lors maître de ce Duché. Mais c'eſt ce qui ne doit pas ſurprendre, puis que ce Comte n'avoit non-plus que des filles & qu'il avoit été contraint de ceder au feu Duc Charles le Brabant & le Limbourg qui étoient de ſon partage, outre qu'il n'étoit pas de force à pouvoir diſputer la Bourgogne à la fille de Charles & qu'il avoit de grandes obligations à Louïs.

[c] *Dupuis. Pag. 484.*

[d] *Ibid. p. 749.*

Louïs XI. s'en aſſura la poſſeſſion par la paix qu'il fit avant ſa mort avec Maximilien & avec les Flamands. La poſſeſſion du même Duché fut laiſſée à la France par le Traité de Senlis l'an 1492. Néanmoins l'Archiduc Maximilien, ni ſon petit-fils Charles V. ne renoncerent point à leurs pretentions ſur la proprieté de ce Duché ; de ſorte que lors qu'on traita la paix à Madrid l'an 1525. l'Empereur Char-

Charles V. exigea de François I. alors son prisonnier, qu'il le mît en possession du Duché de Bourgogne & même qu'il lui en cedât la Souveraineté qui avoit toujours appartenu aux Rois de France.[a] Nous avons dit ci-dessus que Philippe dernier Duc de l'ancienne Maison de Bourgogne mourut sans posterité. Ce Prince étoit marié avec Marguerite Heritiere du Brabant, de Flandres, de Limbourg, d'Anvers, de Malines, de Nevers, & de Retel. Mais étant mort avant la consommation du mariage sa veuve garda pour elle cette riche succession, & la grossit encore de l'Artois & de la Comté de Bourgogne qui lui vint du chef d'Othelin de Bourgogne son Bisayeul, & de Mathilde d'Artois sa Bisayeule. Jeanne mere du Duc Philippe garda pour elle les Comtez de Boulogne & d'Auvergne qu'elle avoit apportez pour sa dot ; & le Duché de Bourgogne revint au Roi Jean comme nous avons dit. Ce Roi le donna à son plus jeune fils Philippe le Hardi & à sa posterité. Ce Prince épousa l'Heritiere de Philippe qui lui apporta la FLANDRE, l'ARTOIS, le COMTÉ DE BOURGOGNE, ANVERS, MALINES, NEVERS, & RETEL. Jean l'intrepide son fils partagea ses Etats entre trois fils qu'il avoit. Jean eut le Duché & la Comté de Bourgogne, la Flandre, l'Artois, Anvers, & Malines. Antoine eut le Brabant & le Pays de Limbourg & Philippe eut Nevers & Rhetel. Le partage de ce dernier revint de bonne heure à la France, comme nous le dirons ailleurs. Jean fils d'Antoine épousa Jacobée Heritiere de Hollande, de Zelande, de Hainaut & de Frise. Ce mariage ne fut pourtant pas heureux. Philippe le Bon fils de Jean l'intrepide se rassembla par la voye de succession un Etat qui valoit bien un Royaume, il herita de son pere l'une & l'autre Bourgogne, la Flandre, l'Artois, Anvers & Malines ; de son cousin Jean fils d'Antoine le Brabant & le Limbourg ; de sa cousine l'Heritiere de Hollande, la Hollande, la Zelande, le Hainaut, & la Frise ; & enfin il aquit par la voye d'achat le Duché de Luxembourg & le Comté de Namur. Il y avoit bien là de quoi faire un beau Royaume, il fut cependant assez modeste pour refuser la Couronne Roiale que l'Empereur Frederic III. offroit de lui conferer. Charles le Hardi son fils augmenta encore sa domination en achetant le Duché de Gueldre & le Comté de Zutphen, & il ne lui manquoit plus pour avoir tous les Païs-bas que la Seigneurie d'Utrecht, l'Overyssel, & Groningue ; Charles V. les aquit & les joignit à cette importante Succession. Mais Charles le Hardi ne laissa qu'une seule fille qui étant mariée à Maximilien I. Roi des Romains porta à la Maison d'Autriche tous ces Etats, excepté le Duché de Bourgogne dont Louis XI. se ressaisit comme on a vû ci-devant, comme d'un appanage dévolu à la Couronne par le defaut de descendans mâles. Nous avons déjà touché les efforts que fit Charles V. pour y revenir. La possession de ce Duché fut laissée à la France l'an 1529. par le Traité de Cambrai, sans que les Princes de la Maison d'Autriche ayent voulu renoncer à la propriété. De là vient que l'Empereur & le Roi d'Espagne

[a] Hist. des Ducs de Bourgogne.

conservent la qualité de *Duc de Bourgogne* dans leurs titres.

LE GOUVERNEMENT DE BOURGOGNE, partie considerable de la France. Elle contient le Duché de BOURGOGNE, la BRESSE, le BUGEY & le Bailliage de GEX. Voiez ces Articles particuliers en leur lieu.

LE DUCHÉ DE BOURGOGNE ou la BOURGOGNE PROPRE, Province de France ; on l'appelle quelquefois BOURGOGNE INFERIEURE OU BASSE BOURGOGNE. Elle est dans la partie Orientale du Royaume & a plus de trente lieues d'étendue d'Occident en Orient, & environ quarante-cinq du Septentrion au Midi. Elle est bornée à l'Orient par la Franche-Comté, à l'Occident par le Bourbonnois & le Nivernois, au Midi par le Lyonnois, & au Nord par la Champagne.

[b] S'il n'y a gueres de Provinces qui soient plus fertiles en grains & en fruits que la Bourgogne, l'on peut dire qu'il n'y en a pas qui produisent d'aussi excellens *Vins* que ceux de Nuis, de Chambertin, de Belz, de Coulange, de Chassagne, de Beaune, & de Volenai. Outre la Seine & la Saone, elle est encore arrosée par les Rivieres la Dehune, la Brebince ou Bourbince, l'Armançon, l'Ouche, la Suzon, la Tille, &c.

[b] Piganiol de la Force desc. de la France. T. 3. p. 152.

Des quatre *Fontaines minerales* qui sont en Bourgogne, il y en a deux moins fameuses, savoir celle d'APOIGNY proche de Segnelay dont l'eau est froide & ferrugineuse ; & celle de PREMEAU proche Nuis, dont l'eau est tiede & insipide. Les deux autres sont à Bourbon Lanci & à Sainte Reine. Les *grottes d'Arci* & la fontaine de Sel qui est auprès de Vezelai sont deux morceaux d'Histoire naturelle très-curieux. Voiez aux articles GROTTE, & VEZELAI. On trouve à Pourrain à trois lieues d'Auxerre de l'ocre fort estimée dont les Teinturiers & même les Etrangers se servent utilement. Il ne croît point en Bourgogne de plante rare & extraordinaire, hors le tabac qui croît parfaitement bien du côté de Pailly dans le Bailliage de la Montagne.

[c] La Justice est rendue dans tous les Bailliages du Duché de Bourgogne conformément à la Coutume de ce Duché. Il n'y a que le Bailliage de Châllon dans l'étendue duquel on trouve quelques Châtellenies Royales, comme celles de *Cuiseri*, de *Sagi* & leurs dependances qui soient soumises à la disposition du Droit Romain de même que quelques terres qu'on appelle *d'Outre-Saone* qui sont vers la Comté de Bourgogne & de la Bresse Savoyarde. La raison de cette difference vient de ce que ces Châtellenies furent cedées à Robert Duc de Bourgogne par Amé IV. surnommé le Grand, Comte de Savoye l'an 1289. & qu'étant soumises au Droit écrit lors de cet échange, elles se sont conservées dans ce même usage.

[c] Ibid. p. 173.

Le *Parlement* de Dijon fut créé par Louis XI. en 1478. pour tenir lieu des Jours generaux que les Ducs de Bourgogne de la premiere race avoient établis dans les Villes de Beaune & de St. Laurent lez Châllon, auxquels ce Roi avoit donné le pouvoir de juger en dernier ressort : car avant lui les appellations des Jugemens de ces Tribunaux ressortissoient au Parlement de Paris.

Ce Parlement est composé de la Grand' Chambre, de la Tournelle, de la Chambre des Enquêtes & de celle des Requêtes. Il y a dix Presidens à mortier en y comprenant le premier, deux Chevaliers d'honneur, soixante & dix Conseillers, deux Avocats Generaux, un Procureur General, deux Greffiers en chef, huit Sécretaires, huit Substituts, &c. Les Presidens de la Chambre des Requêtes n'ont que le rang de Conseillers.

Les Abbez de St. Benigne & de St. Etienne sont Conseillers d'Honneur de ce Parlement. Les Evêques d'Autun & de Châllon y entrent par leur caractere comme Conseillers d'honneur. L'Abbé Chef & Géneral de Cisteaux prend la qualité de premier Conseiller né & a séance du côté & au dessus du Doyen.

Cette Province renferme un grand nombre de *Bailliages* & *huit Presidiaux*, qui sont ceux de Dijon, d'Autun, de Châllon, de Châtillon sur Seine, d'Auxerre, de Semur, de Macon & de Bourg. Ils ressortissent tous au Parlement de Dijon à la reserve du Presidial de Macon, du Bailliage de Bar sur Seine & du Presidial d'Auxerre qui sont du Parlement de Paris.

Les Ducs de Bourgogne avoient une *Chambre des Comptes* dont leur Chancelier étoit le Chef. Les Prelats & les grands Officiers y avoient Séance avec les Maitres & les Auditeurs. Cette Compagnie est à present composée de huit Presidens, en y comprenant le premier Président: de trois Chevaliers d'honneur, de vingt-huit Maîtres des Comptes, de neuf Correcteurs, de douze Auditeurs, de deux Avocats & d'un Procureur Général, de deux Greffiers en chef, de six Secretaires, &c.

Le *Bureau des Finances* est composé de vingt-quatre Tresoriers, dont les plus anciens ont la qualité de Presidens, d'un Avocat & d'un Procureur du Roi; d'un Substitut, de trois Greffiers en chef, d'un Receveur des Epices, &c. Ce Bureau est pour la Bourgogne & pour la Bresse.

Il y a aussi à Dijon une *Chambre de la Monnoye* & une *Jurisdiction consulaire*. Il y a un Grand *Maitre des eaux & forêts* pour le departement de Bourgogne, Bresse, Bugei & Pays de Gex: il a dans son departement cinq Maitrises particulieres; une à Dijon, une à Autun, une à Châlon, une à Châtillon sur Seine, & une à Avalon. Bourbon Lanci n'est qu'une Gruerie.

On compte dans le Departement de Bourgogne cinquante Bureaux des *Gabelles*; trente-quatre sous la direction de Dijon & seize sous celle de Lyon. Il y a aussi sous ces deux directions cinquante-sept Bureaux pour les traites foraines.

Il n'y a en Bourgogne que quatre *Elections*, *Macon*, *Bourg*, *Bellay* & *Bar-sur-Seine*, sans compter les Commissaires des Aides d'Auxerre qui connoissent de la taille; partout ailleurs les Juges ordinaires en connoissent.

ETATS DE BOURGOGNE.

Ce sont les Etats de cette Province qui en ont l'administration politique. Ils s'assemblent regulierement de trois en trois ans & ordinairement au mois de Mai, à moins que la Cour n'ait des raisons pour en avancer ou en retarder la convocation. Les Etats s'assemblent par l'ordre du Roi & sont composez des Deputez du Clergé, de la Noblesse & du Tiers état.

Ceux du Clergé qui ont droit d'assister à ces Assemblées sont les Evêques d'Autun, de Châllon, d'Auxerre & de Mâcon. Ils y assistent en Camail & en Rochet. L'Evêque d'Autun se pretend être President né des Etats, il se fonde sur la possession, & sur un Arrêt du Conseil d'Etat du 3. Avril de l'an 1658. qui le maintient dans ce Droit & fait deffenses à l'Evêque de Châllon de le troubler & inquieter pour ce regard. L'Evêque de Châlon siége après celui d'Autun, l'Evêque d'Auxerre siége après celui de Châlon sans pouvoir le preceder, ainsi qu'il est porté par l'Arrêt d'union du Comté d'Auxerre aux Etats generaux du Duché de Bourgogne. L'Evêque de Macon a formé quelques contestations contre celui d'Auxerre pour la Preséance, & l'affaire n'est pas encore décidée. Les Evêques sont assis dans des fauteuils.

Après eux sont les Abbez assis sur des chaises à dos & sur des formes. Ce sont les Abbez de Cisteaux, de St. Benigne de Dijon, de St. Etienne, de la Ferté, de Fontenay, de Flavigni, de la Bussiere, de St. Pierre de Châlon, de St. Martin d'Autun, de St. Seine, du Monstier St. Jean, de Mezieres, d'Oigni, de Ste. Marguerite, de St. Germain d'Auxerre, de Rigni, de Châtilllon sur Seine, & de St. Marian d'Auxerre.

Les Doyens viennent après les Abbez. Le Doyen de la sainte Chapelle siége le premier, ceux des Cathedrales lui contestent cette preséance, mais il s'est maintenu dans cette possession.

Le Corps de la Noblesse siége vis-à-vis le Clergé. L'Elu actuellement en place est à la tête de la Noblesse dans un fauteuil vis-à-vis le premier Evêque. Les autres Gentils-hommes sont far des chaises à dos sans garder aucun rang entre eux, tous ceux qui sont reconnus Gentils-hommes par les Commissaires des Etats & qui possedent une Seigneurie ou Fief dans l'étendue du Duché de Bourgogne ont droit d'entrer dans cette Chambre. Le Tiers état est composé des Deputez des Villes qui ont droit d'entrée aux Etats, c'est le Maire de Dijon qui preside au Tiers état, à sa gauche siégent les deux Echevins deputez de la Ville de Dijon. Tous ces Deputez sont élus dans des Assemblées des habitans, ils sont ordinairement pris de la Magistrature & n'ont qu'une voix pour chaque Ville.

Les Commissaires du Roi, qui sont ordinairement le premier Président du Parlement & l'Intendant, assistent à l'ouverture des Etats, & sont assis dans des fauteuils entre le Gouverneur & les Evêques.

Les Lieutenans generaux au Gouvernement de cette Province, sont aussi dans des fauteuils placez entre le Gouverneur & l'Elu de la Noblesse, vis-à-vis les Commissaires du Roi. Deux Tresoriers de France sont assis sur des chaises à dos entre les Lieutenans generaux & l'Elu de la Noblesse. Les Officiers des Etats sont font autour d'un Bureau qui est au bas de l'estrade sur laquelle est le Gouverneur.

L'ouverture des Etats se fait par un Discours de l'ancien Tresorier de France qui presente les Lettres Patentes pour la convocation des Etats. Le Gouverneur explique ensuite les intentions du Roi. Le premier President fait un Discours aux Etats, lequel est suivi de celui de l'Intendant qui presente la Commission du Roi pour y assister, & fait les propositions conformes à sa Commission.

Les Etats se séparent & chacun des trois Ordres qui les composent va deliberer sur la proposition de l'Intendant, qui n'assiste point non plus que le premier President dans les Assemblées particulieres.

Chaque Corps tient ses Assemblées dans une chambre particuliere dans le même ordre que dans l'Assemblée generale. Un des deux Sécretaires des Etats retient les deliberations de la chambre du Clergé. L'autre Secretaire retient les deliberations de la chambre de la Noblesse, & un des Commis des Greffiers retient celles de la chambre du Tiers Etat.

Lorsqu'il a été fait quelque proposition dans l'une des trois chambres, elles se députent pour se faire part de leur deliberation, sur laquelle les deux autres chambres font la leur. Ce sont deux Commissaires nommez par le President de chaque chambre qui y rapportent les Requêtes.

Lorsque toutes les affaires ont été terminées dans ces trois chambres, elles prennent un jour pour faire la clôture des Etats. Ce jour venu, les trois Ordres s'assemblent dans une chambre de la Conference. C'est là que sont rapportées les deliberations particulieres de chaque chambre, & lorsque deux chambres sont d'un même sentiment on en fait un Decret dont l'exécution est renvoyée aux Elus des ordres. Le jour de la Conference chaque Ordre nomme un Elû, pour avoir soin des affaires pendant les trois ans d'intervalle qu'il y a entre la tenue des Etats. La chambre du Clergé nomme pour Elu alternativement un Evêque, un Abbé & un Doyen. Celle de la Noblesse nomme un Gentil-homme qui selon la regle doit avoir un Fief dans l'étendue de la Province de Bourgogne ou des Comtez qui en dependent. Celle du Tiers Etat nomme un Elu alternativement des Villes d'Autun, de Beaune, de Chalon, de Nuis, de St. Jean de Laune, de Semur, de Montbar, d'Avalon, de Châtillon, d'Auffone, de Seurre, & d'Auxerre. Les autres Villes n'ont que le droit d'envoyer leurs Députez aux Etats. Les nouveaux Elus entrent en fonction le jour de la Conference & tiennent leurs Seances ordinaires pendant la triennalité, dans la Maison du Roi à Dijon.

La chambre de l'Election est composée des trois Elus des Ordres, de l'Elu du Roi qui a des provisions de Sa Majesté, de deux Deputez de la chambre des Comptes, & du Maire de Dijon. Les Elus des trois Ordres ont chacun leur voix dans les Deliberations, mais les Députez de la chambre des Comptes non plus que le Maire de Dijon & l'Elu du Tiers Etat n'ont qu'une voix.

Peu de temps après la tenue des Etats les nouveaux Elus vont à la Cour presenter les Cahiers au Roi; & c'est ce qu'on appelle le voyage d'honneur. Les Elus dans leurs Assemblées reglent les impositions & envoyent les commissions.

Il y a deux Greffiers des Etats qui servent alternativement année par année. Chaque chambre nomme deux Alcades de son Ordre, pour examiner la *Gestion* des Elus à la fin de la triennalité & en rendre compte aux Etats. Ils s'assemblent ordinairement au mois de Decembre qui precede l'Assemblée des Etats; & quinze jours avant la convocation, les Elus des Ordres presentent leurs comptes aux Alcades qui font leurs observations qu'ils redigent en forme de mémoire & le remettent aux Etats.

Quoique le Charolois fasse partie du Duché de Bourgogne, il a néanmoins ses Etats particuliers qui dépendent en quelque maniere des Etats generaux de la Province, desquels ils reçoivent les commissions pour faire l'imposition de la cotité des charges generales que le Charolois doit supporter. Ces Etats s'assemblent dans la Ville de Charolles. Le Maconnois a aussi ses Etats particuliers qui font l'imposition des charges que le Maconnois doit supporter. Cette cotité étoit autrefois un quatorzième; mais aujourd'hui elle est d'un onzième quoi que la Ville de Marsigni en ait été distraite.

[a] Le commerce de Bourgogne se fait en Bleds, en Bois, & en Bestiaux & principalement en vins. Il n'y a dans tout ce Gouvernement aucune Université, mais seulement plusieurs Colleges, où l'on enseigne les Humanitez, la Philosophie & même la Theologie en quelques-uns.

[a] *Piganiol de la Force,* T. 3. p. 184.

Sous le Gouvernement de Bourgogne il y a six Lieutenances Generales. La premiere renferme les Bailliages de Dijon, de la Montagne & de Bar-sur-Seine. La seconde comprend l'Autunois, l'Auxerrois & l'Auxois; la troisième s'étend sur le Châlonois; la quatrième sur le Mâconnois; la cinquième sur le Charolois; la sixième comprend la Bresse, le Bugey, le Val Romey, & le Pays de Gex.

On ne compte dans ce Gouvernement que cinq Places fortifiées, Dijon, Auxonne, Châlon sur Saone, Bourg en Bresse, & Pierre-Châtel.

Quelques Géographes divisent la Bourgogne en XIII. petits Pays. Savoir,

Le Dijonois,	Le Charolois,
L'Autunois,	Le Briennois,
Le Châlonois,	Le Mâconnois,
Le Bailliage de la Montagne,	La Bresse,
L'Auxerrois,	La Principauté de Dombes,
L'Auxois,	Le Bugey,
& le Pays de Gex.	

Mais la Bresse, la Principauté de Dombes le Bugey & le Pays de Gex ne sont que des annexes & non pas des parties de la veritable Bourgogne; & même la Principauté de Dombes est un Etat très-Indépendant.

La COMTÉ DE BOURGOGNE est connue sous le nom de FRANCHE-COMTÉ, Voiez en l'article sous ce nom.

Le CERCLE DE BOURGOGNE. J'ai marqué

marqué à l'Article ALLEMAGNE que le Cercle de Bourgogne fut une imagination politique dont le motif étoit de mettre sous la protection de l'Empire les Pays-bas & la Franche-Comté que la Maison d'Autriche possedoit alors & pour interesser les Peuples d'Allemagne à leur conservation. J'ai marqué en même temps les raisons qu'eut l'Empire de compter pour rien cette pretendue érection de Cercle. Voiez ALLEMAGNE.

BOURGOIN, en Latin *Bergusia* ou *Bergusium*, petite Ville de France en Dauphiné, dans le Viennois, sur la petite Riviere de Pin, un peu au dessus du Lac de Bourgoin, à cinq lieues de Vienne vers le Levant, & à six de Lyon en allant vers Chamberi. Les Cartes de Jaillot appellent cette Riviere la BOURBE au Couchant de laquelle Bourgoin est situé.

LAC DE BOURGOIN, petit Lac de France en Dauphiné sur la Riviere de Pin ou la Bourbe qui le traverse dans sa longueur près du Bourg de Verpilliere.

BOURGOU, Voiez BURGAU.

BOURGTHEROULDE, [a] Bourg de France en Normandie, dans le Roumois, Diocèse de Rouen. Il est situé à six lieues de la Ville de ce nom, à deux de la Bouille, & à pareille distance du Bourg-Achard. L'Eglise de la Paroisse est sous l'Invocation de Saint Laurent & desservie par un Curé & par quatre Chanoines, dont les Prébendes sont à la nomination du Seigneur du lieu. Ce Bourg qui a titre de Baronnie, est au milieu d'une belle Campagne de terres de labour, & l'on trouve un bois dans son voisinage. On y tient Marché tous les Samedis, & une Foire à la St. Laurent.

BOURGUEIL, [b] petite Ville de France dans l'Anjou, avec un Château & une célèbre Abbaye de l'Ordre de Saint Benoît; en Latin *Burgolium*. Elle est située à une lieuë de la Loire, à deux & demi du Bourg de Vermantes, & environ à quatre de Saumur. On y tient Marché toutes les Semaines, & plusieurs Foires dans l'année. Son Territoire est l'un des plus agréables de la Province. Il produit des grains, des fruits, des chanvres, & de bons Vins.

BOURGUIGNONS, en Latin BURGUNDIONES, lors qu'il est question des Bourguignons qui étant venus des parties Septentrionales de la Germanie vers le Rhin s'y établirent, & entrerent dans les Gaules, & BURGUNDI lorsqu'il s'agit des Citoyens du Royaume de Bourgogne qui s'y forma d'abord & qui dura 128. ans sous V. Rois depuis l'an 406. jusqu'à l'an 534. Ammien Marcellin a avancé [c] que ces Peuples se disoient sortis des Romains; mais il faut prendre garde qu'ils ne le disoient que pour se concilier l'amitié de Valentinien, & pour avoir la liberté de faire la guerre plus facilement, & de s'emparer des Terres de leurs Ennemis. C'est ce que fait voir clairement un Historien [d] lorsqu'il dit [e] *Burgundiones quoque, qui veri fuerunt Vandali, se à Romanis jactitabant provenisse*. Au reste les autres Historiens conviennent generalement que ces Peuples étoient originaires de Germanie, & qu'ils ne faisoient qu'une même Nation avec les Vandales. Mais comme les Anciens ne determinent point precisement le lieu de la premiere demeure de ces Peuples; les Modernes ont hazardé leurs conjectures, suivant ce qui leur a paru le plus vrai semblable. [f] Cluvier a placé les *Burgundiones* sur la Vistule, & s'est fondé en cela sur ce que Zosime [g] dit que sous l'Empire de Probus ces Peuples avancerent jusques au Rhin, avec les *Logiones* ou *Ligii*, que l'on met ordinairement aux environs de la Vistule. Claudius Mammertus joint les *Burgundiones* aux Allemans & aux Erules. Mr. de Valois [h] distingue deux sortes de *Burgundiones*, plaçant les uns dans la Germanie, & les autres dans la Sarmatie. Enfin Schurtzfleisch [i] veut qu'ils ayent habité les côtes de la Mer Baltique. La diversité de ces sentimens ne surprendra pas quand on fera attention que les Romains n'ont porté leurs armes que fort peu au delà de l'Elbe.

[k] On trouve les Bourguignons dans la Germanie interieure; & leur premiere irruption se fit dans le Pays des Marcomans, où ils demeurerent quelque tems & après avoir donné le nom à quelques Villages & autres lieux, ils avancerent vers l'Occident & s'approcherent du Rhin. Ce fut là que le desir de s'emparer des Gaules, les porta à forcer les Barrieres de l'Empire Romain. Ils furent ainsi les premiers d'entre les Peuples de la Germanie qui oserent se faire une Domination particuliere dans les Provinces mêmes des Romains, sur qui ils remporterent de grands avantages. Procope dit que de son tems ils habitoient auprès des Thuringiens, & Cluvier se sert de ce temoignage pour prouver qu'ils ont demeuré dans le Pays des Cattes. Quoi qu'il en soit, ils ne se fixerent pas dans cette demeure. Ils ne furent pas long-tems sans concevoir le dessein de s'étendre encore plus loin. La fertilité du Païs; ou le desir de la gloire, les inviterent à embrasser la premiere occasion favorable à leur projet. Il ne manqua pas de s'en presenter une. Les Bourguignons eurent quelques differens avec les Allemans pour l'étenduë de leurs limites & entre autres pour la proprieté de certaines Salines. Valentinien crut ces differens favorables à ses interêts, c'est pourquoi bien loin de penser à les arrêter, il travailla au contraire à aigrir davantage ces Peuples les uns contre les autres; il fit enfin alliance avec les Bourguignons & leur promit des secours considerables & qu'il attaqueroit les Allemans d'un côté, lorsqu'ils leur feroient la guerre de l'autre. Ces promesses firent prendre les armes aux Bourguignons; ils avancerent même jusques sur le bord du Rhin; mais voyant que le secours qui leur avoit été promis ne venoit point au jour marqué, au lieu d'engager le combat avec les Allemans, ils penserent à la retraite & priérent Valentinien de leur envoyer tout au moins quelques troupes pour empêcher que les Ennemis ne les poursuivissent, lorsqu'ils se retireroient. Valentinien pendant ce tems-là travailloit à construire des Forts pour defendre ses Frontieres, & trouvoit toujours quelque pretexte pour retarder le secours. Alors ils commencerent à s'appercevoir que Valentinien n'avoit cherché que leur perte dans l'alliance qu'il leur avoit proposée & changerent

a Memoires dressez sur les lieux en 1704.

b Memoires dressez sur les lieux en 1706.

c Lib. XXVIII.

d Johannes Tilius.
e Lib. I. de reb. Gall.

f Cellarius Geogr. ant. Lib. II. c. 2.
g Lib. I. c. 67.

h Rer. Franc. Lib. 1. p. 50.

i Disput. X. de Populo Burgundico. p. 1.

k Ibidem. p. 7.

gerent leur amitié dans une haine implacable. En effet depuis ce tems-là ils se declarerent les Ennemis jurez des Romains, ils firent des incursions sur leurs terres & s'emparerent de plusieurs de leurs Provinces. C'est ici qu'on place le commencement de la decadence de l'Empire Romain dans l'Occident.

Les Allemans voyant les progrès des Bourguignons, attaquerent aussi en diverses occasions les Romains qui remporterent sur eux deux grandes victoires. Mais les vaincus ne perdirent pas courage pour cela, & ne cesserent point leurs hostilités qu'ils n'eussent mis la Republique Romaine à deux doigts de sa perte. Pendant ce tems-là les Bourguignons qui avoient fixé leur demeure auprès du Rhin & du Mein, regardoient tranquilement les guerres des Allemans & des Romains, & n'y prenoient aucune part. Tel fut l'état de ces Peuples jusqu'au tems de l'Empereur Honorius, qui trouvant les affaires de l'Empire d'Occident plus brouillées que jamais, pour avoir la paix avec les Bourguignons leur assigna une nouvelle demeure, en deçà du Rhin, qu'il leur permit d'appeller du nom de Germanie premiere & d'y établir une Republique ou Domination independante, à la façon de celles des autres Nations de la Germanie.

A peine furent-ils établis en deçà du Rhin qu'ils inquieterent les Belges leurs voisins & firent des courses dans leur Pays, ce que les Romains souffrirent pendant quelque tems à cause de la paix qu'Honorius venoit de faire avec eux. A la fin vers l'an 435. Aëtius General de la Milice Romaine perdit patience; il porta d'abord les Francs & les Huns à leur faire la guerre & se joignit ensuite avec eux pour le même dessein. L'imprudence de Gundicaire alors Roi des Bourguignons faillit à faire perir sa Nation entiere; car Aëtius ayant forcé ses retranchemens, tailla son armée en piéces & Gundicaire fut obligé de demander la paix, qu'il obtint cependant; mais à condition que son peuple sortiroit de la Germanie premiere & iroit s'établir dans la Savoye. Cette nouvelle demeure leur fut assignée pour leur ôter l'occasion de remuer ou de se joindre aux Ennemis des Romains. En effet lorsqu'ils eurent été transferez sur les bords du Rhosne & de la Saone en 443. on les trouva dociles & soumis aux Empereurs, principalement dans le tems que le siége de l'Empire fut transferé dans la Ville d'Arles d'où il eut été aisé d'appercevoir leurs mouvemens & de decouvrir leurs moindres demarches.

[a] Les Bourguignons virent tranquilement les Goths envahir les Provinces du Peuple Romain & s'avancer jusques à Arles, sans oser rien entreprendre de leur côté, enfin cependant fatiguez des incursions continuelles des Huns, ils prirent les armes uniquement pour se defendre, & repousserent vivement ces Barbares. Le succès de leurs armes leur donna du courage: ils les avoient prises pour se defendre; ils s'en servirent pour attaquer même les Frontieres des Romains. Mais Aëtius homme consommé dans le métier de la guerre, accourut aussi-tôt, defit les Bourguignons & accorda la paix à Gundicaire leur Roi. L'échec qu'ils venoient de recevoir les retint encore quelque tems dans

[a] Ibidem. p. 25.

leur devoir; mais dans la suite se voyant puissans & connoissans leurs forces, [b] ils étendirent peu à peu leurs limites & se trouverent à la fin les Maîtres de la premiere Lionnoise, du Pays des Sequaniens, de la plus grande partie de la Province Viennoise, des Alpes Pennines, & Graïenes, & d'Embrun Metropole des Alpes Maritimes. Dans la seconde Narbonnoise ils possederent les Villes d'Apt, de Gap & Sisteron; & enfin dans la quatriéme Lionnoise, la Ville de Nevers. Cette Partie de la Gaule fut alors nommée Bourgogne du nom de ses Maîtres comme on le voit dans *Senator* & dans Gregoire de Tours. De sorte qu'en l'année 517. suivant que nous l'apprenons du Concile d'Epaune & des Historiens de France, le Royaume de Bourgogne contenoit vingt-huit Citez, sçavoir,

[b] Hadr. Valere in not. Gall. p. 105.

Lyon, *Lugdunum*, Metropole,
Autun, *Augustodunum*,
Langres, *Civitas Lingonum*,
Chalon, *Cabilonum*,
Macon, *Matisco*,
Besançon, *Vesontio*, Metropole,
Avenche, *Aventicum*,
Windisch, *Vindonissa*,
Basle, *Basilia*,
Beley, *Belica*,
Vienne, *Vienna*, Metropole.
Geneve, *Geneva*,
Grenoble, *Gratianopolis*,
Viviers, *Alba Helviorum*, ou *Vivarium*.
Die, *Dea Vocontiorum*,
Valence, *Valentia*,
St. Paul trois Châteaux, *Augusta Tricastinorum*,
Vaison, *Vasio*,
Orange, *Arausio*,
Cavaillon, *Cabellio*,
Carpentras, *Carpentoracte*,
Tarentaise, *Civitas* Centronum Darantasia, Metrop.
Martinach, *Octodurum Vallensium*,
Embrun, *Ebrodunum*, Metropole.
Apt, *Apta*,
Gap, *Vapincum*,
Sisteron, *Segustero*,
Nevers, *Nivernum*.

Dans la suite, les Rois de France Childebert & Clothaire subjuguerent la Bourgogne, dont les François & les Goths avoient deja enlevé quelques Villes sous les derniers Rois Sigismond & Gondomar. Après la mort de Clothaire, Guntchramn, l'un de ses quatre fils eut une partie des Etats de son oncle dont la Ville d'Orleans étoit la Capitale & la *Bourgogne* entiere; ce qui fait qu'on le trouve souvent appellé *Roi de Bourgogne*, & ses Sujets tant François que Gaulois nommez *Bourguignons*. L'on appella donc *Bourgogne* presque tous les Pays qui avoient été soumis à Guntchramn & jusqu'au Regne de Théodoric fils du jeune Clovis, ces mêmes Pays furent compris dans le Royaume de Bourgogne & dans la dependance des Rois Merovingiens. Or Guntchramn le premier des François qualifié Roi de Bourgogne n'avoit pas possedé seulement la Bourgogne propre qui avoit appartenu

aux

BOU.

aux Bourguignons, mais aussi une bonne partie des Royaumes d'Orleans & de Paris & la Province d'Arles. Tous ces Pays joints ensemble après la mort de Charibert Frere de Guntchram (si l'on en excepte ce qui étoit situé dans l'Aquitaine & dans la Provence) furent appellez Bourgogne du nom de la plus grande partie de ce tout.

Sous le Regne des descendans de Merovée, la France étoit partagée en trois Royaumes, savoir la Neustrie, l'Austrasie & la Bourgogne, ainsi qu'on le voit dans l'abregé de la Chronique de Marius, dont l'Auteur étoit contemporain de Clothaire le jeune, dans la Vie de Leodegarius Evêque d'Autun, dans les Gestes des François & dans Fredegaire. Mais après que Clothaire le Jeune eût fait son fils Dagobert Roi d'Austrasie, la Bourgogne fut unie à la Neustrie & un seul Prince posseda ces deux Royaumes, par la raison que l'Austrasie seule égaloit par l'étenduë de ses Terres & par le nombre de ses habitans la Neustrie & la Bourgogne jointes ensemble.

Dans la suite, c'est-à-dire l'an 855. Charles le dernier des Enfans de l'Empereur Lothaire posseda la plus grande partie de la Bourgogne & la Provence & prit la Ville de Lion pour sa Capitale. En 879. Boson trouva moyen de se faire un Royaume dans la Bourgogne à la faveur des Archevêques de Vienne, de Tarentaise, d'Aix, d'Arles, de Besançon, & de xvii. Evêques dont la plupart étoient de Bourgogne: & son fils Louïs fut en l'an 890. élu Roi & sacré en cette qualité par les Archevêques de Lion, d'Arles, d'Embrun, & de Vienne, &c. Néanmoins quelque tems auparavant, savoir l'an 888. Rodolphe fils de Conrad s'étoit emparé de tout le Pays qui est entre le Mont-Jura & les Alpes Pennines; il prit aussi tôt le titre de Roi & se fit couronner à St. Maurice par quelques Prêtres & en présence des Principaux du Pays. Ce petit Royaume se trouve appellé dans les Annales de l'Abbaye de Fulde, BOURGOGNE SUPERIEURE; quelques-uns l'appellent BOURGOGNE TRANS-JURANE; & Frodoard la nomme *Gaule Cisalpine*, mais Constantin Porphyrogenete, Herman le petit, Marianus Scotus, Sigebert, &c. lui donnent simplement le nom de *Bourgogne*, improprement néanmoins puis que ce n'étoit qu'une petite partie de la Bourgogne. De sorte que ce Royaume comprenoit

Winter Thurn,	Martinach,
St. Maurice,	Soleurre,
Nuenbourg,	Avenche,
Morat,	Sion,
Lausanne,	Le Beley, &
Geneve,	Lyon.

a Chronic. Monast. S. Benigni.

ᵃ Je dis en dernier lieu *Lyon* parce que la Princesse Mathilde fille de Louïs d'Outremer & sœur du Roi Lothaire porta en effet cette Ville en Mariage avec son territoire à Conrad Roi de Jura. ᵇ Ce Royaume comprenoit encore le Montbeliart, selon nos anciens Historiens; ainsi le Royaume des Rodolphes n'étoit pas borné, comme Reginon le marque, par le mont Jura & les Alpes Pennines, mais il s'étendoit dans le Pays des Sequaniens

b Not. Gall. ibidem.

Tom. I. Part. 2.

BOU.

entre les monts Jura & de Vosges & comprenoit plusieurs Villes & Bourgs des Allobroges & du Pays de Suze. Il paroit même par d'anciens Titres qu'il s'étendoit dans une partie du Comté de Mâcon, dans le Territoire de Grenoble & dans la Vallée de Maurienne. Enfin on doit remarquer que Glaber Rodulphe appelle ce Royaume, le *Royaume d'Austrasie*; mais c'est une erreur grossiere, d'autant qu'on ne sera pas voir que ce nouveau Royaume de Bourgogne ait été composé d'aucune partie de celui d'Austrasie qui puisse lui avoir fait donner ce nom.

L'an 1032. Rodulphe III. Roi de cette Bourgogne superieure & surnommé *le lâche*, par quelques Auteurs, donna en mourant sa Couronne & ses Etats à l'Empereur Conrad; & c'est depuis ce tems-là que les Rois d'Allemagne & les Empereurs se sont dits proprietaires de cette Bourgogne; & ont regardé comme un Membre de l'Empire, sous le nom de Royaume d'Arles, tout le Pays qui se trouve depuis le mont Jura jusqu'aux Bouches du Rhosne, prétention chimerique s'il en fut jamais, puis qu'il est notoire que les Rois Rodolphes, ni même les Premiers Rois de Bourgogne, n'ont jamais possédé tout ce Pays, & l'on ne fera pas voir que le Comté d'Arles ou de Provence non plus que la Franche-Comté leur ayent jamais appartenu. En effet du tems que regnoit le Roi Robert en France & Rodulphe le lâche dans la Bourgogne superieure, les Provençaux avoient leur Comte particulier qui faisoit sa Residence ordinaire dans la Ville d'Arles. Glaber Rodulphe ᶜ appelle ce Comte *Willermum Arelatensem*, c'est-à-dire Guillaume Comte d'Arles ou de Provence; quelques autres Auteurs le nomment Duc d'Arles. Il y avoit aussi dans le même tems un autre Guillaume Comte de la Franche-Comté ou *Bourgogne Trans-araïque*, ou de delà la Saone; il étoit surnommé le Captif, & un ancien E'crivain l'appelle *Comes Transsagonnanus*. Ce fut lui que le Roi Robert chassa du Duché de Bourgogne dont il s'étoit emparé en grande partie & l'obligea de se contenter de son Comté.

c Lib. III. c. 11.

La Bourgogne inferieure, c'est-à-dire ce qu'on appelle aujourd'hui le Duché, fut à la fin donnée par Charlemagne à Hugues son fils naturel surnommé le Grand & l'Abbé. Voyez au mot BOURGOGNE.

BOURMONT, en Latin *Burnonis Mons*, ᵈ Bourg de France dans le Barrois, au Bassigni sur une Montagne près de la Meuse & sur la Frontiere de Champagne à neuf lieues de Chaumont vers le Levant.

d Baudrand Ed. 1705.

BOURNIQUET, ᵉ en Latin *Burnichildis Castrum*, petite Ville de France, en Guienne, dans le Querci, sur l'Aveyron aux confins du haut Languedoc & de l'Albigeois, à quatre lieues de Montauban, à l'Orient en allant vers Ville-Franche, avec un Château sur un Rocher, à deux lieues au dessous de St. Antonin vers Negrepelisse dont elle est à pareille distance.

e Ibid.

Le BOURNIQUET, lieu dont il est parlé dans les Poësies du Pere du Cerceau. Il est très-different de la Ville du Querci, ce Pere lui même dit que c'est une Maison dans

le

le Fauxbourg d'Orléans où demeuroit le Cardinal de Bouillon avant sa sortie de France.

BOURNONVILLE, Lieu de France en Picardie dans le Boulenois. Il fut érigé en Duché l'an 1600. en faveur d'Alexandre de Bournonville Comte de Hennin. Les Lettres de cette Erection ne furent point verifiées & le Duché est éteint comme le remarque Mr. Piganiol de la Force [a]. Il y a pourtant entre les Plenipotentiaires de Sa Majesté Catholique au Congrès de Soissons un Seigneur qui porte le titre de Duc de Bournonville.

[a] Desc. de la France. T. 3. p. 44.

BOURO [b], Isle d'Asie dans la grande Mer des Indes, entre l'Isle des Celebes & l'Isle de Ceram. Mr. de l'Isle écrit ce nom BURRO. Il ne paroît pas que les Européens y ayent aucun établissement. Ce Géographe la compte pour l'une des Isles Moluques.

[b] Baudrand Ed. 1705.

BOURON [c], Ville de la Turquie en Europe dans la Romanie & dans sa partie Meridionale, au Midi du Lac de Bouron, avec un Evêché de Grecs, au Nord & à quinze milles de la côte Septentrionale de l'Archipel.

[c] De l'Isle Cartes de la Grece.

LE LAC DE BOURON, Lac de Turquie dans la Romanie. Les Anciens l'ont connu sous le nom de *Bistonis Pálus*. Il se forme de plusieurs Rivieres dont la principale est celle de Bracs, que les Latins appelloient *Compsatus*; & se jette dans l'Archipel par un lit sur le bord Occidental duquel la Ville de Bouron est située. Voiez BISTONIA & BISTONIUM STAGNUM.

BOUROU-IERDE [d], Ville de Perse, selon Tavernier qui dit après les Géographes du Pays qu'elle est à 74. d. 30'. de Longitude & à 34. d. 20'. de Latitude. Il y a quantité de bons fruits; mais ce qu'il y a de plus particulier, est qu'il s'y recueille beaucoup de Saffran qui se transporte dans tout le Pays. Il est sorti de ce lieu-là de grands personnages qui ont laissé de fort beaux Ecrits.

[d] Voyage de Perse l. 3. c. dernier.

BOURSE. Voiez BURSE.

BOURTANG, Fort des Provinces Unies dans la Seigneurie de Groningue, dans les Marais à huit lieues de Groningue & à quatre petites du Fort d'Eideler sur les Confins du Bas Evêché de Munster. M. Baudrand dit assez mal qu'il est dans la Province de la Transsislane, c'est ainsi qu'il appelle l'Overissel, preferant le nom Latin au nom vulgaire. Il ajoute que le Fort a été bâti depuis quelques années dans le Pays de Drente entre des Marais. Il devoit dire que ce Fort est situé dans un grand Marais, & que ce Marais étant fort étendu est divisé entre diverses Provinces qui s'en approprient une partie. La Septentrionale où est le Fort de Bourtang est de la Seigneurie de Groningue, l'Orientale est du bas Evêché de Munster, la Meridionale est du Comté de Benthem, & l'Occidentale est du Pays de Drente.

BOURI, ou BOVERI, Village d'Allemagne au Cercle de Westphalie dans l'Evêché de Liége. Ortelius a cru que c'étoit une ancienne Ville nommée EBURONIA; Cluvier au contraire pretend qu'*Eburonia* étoit non une Ville particuliere, mais le Pays du Peuple nommé *Eburones*. Voiez EBURONIA.

BOUSQUET, (LE) Lieu particulier de l'Isle de Malte; lieu de plaisance du Grand Maître. Nous l'avons déja decrit à l'Article BOSCHETTO.

BOUSSAC, petite Ville de France dans la partie Meridionale du Berri & vers les Frontieres du Bourbonnois & de la Marche. [e] Elle n'a environ que cent maisons, mais elle est ceinte de Murailles flanquées de tours à dix toises l'une de l'autre. Les deux tiers de cette Ville sont sur le bord des precipices & sur des rochers escarpez. Il n'y a qu'un seul côté où les charettes puissent aborder & qui n'a pas soixante pas de largeur. Elle a trois portes, la grande, la porte Gaunat & celle du Portereau. Le Château joint la Ville & est bâti sur un rocher presque inaccessible. Les murailles en sont fort épaisses & munies de tours dont l'une est des plus hautes & des plus grosses qui se voyent. Ce Château, excepté la grosse tour, a été bâti par Jean de Brosse Maréchal de France.

[e] Piganiol de la Force desc. de la France T. 6. p. 46.

BOUSSEVILLER [f], ou BUSCHWEILLER, (LA SEIGNEURIE DE) petit Canton des Pays réunis de Lorraine; aux Confins de l'Alsace, entre la Principauté de Lutzelstein & les Seigneuries de Neuville & de Lichtenberg; c'est un ancien Fief de l'Eglise de Mets en 1436. & 1461. & par les Comtes de Deux Ponts & de Hanau qui succederent à la Maison de Lichtenberg dont le dernier nommé Louïs ne laissa que deux filles qui furent ses Heritieres. Anne épousa Philippe Comte de Hanau & Elizabeth Simon Vecker Comte de Deux-Ponts. Philippe IV. Comte de Hanau acquit la portion des Comtes de Deux-Ponts par son Mariage avec Marguerite-Louïse fille de Jacques Comte de Deux-Ponts & depuis ce temps-là les Comtes de Hanau ont possedé cette Seigneurie laquelle consiste au Bourg de Bousseveiler & d'Ingweiler & aux Villages d'Obersultzbac, Nedersultzbac, Outweiler, Menguenhof, Quifchtwiller, Mittelhonsen, Otzenheim, Franquenheim, & Volthim. Voiez l'article HANAU-LICHTENBERG.

[f] d'Audifret Geogr. T. 2. p. 373.

§ Mr. Piganiol de la Force [g] nomme ce lieu BOUXVILLER, en fait une petite Ville qu'il décrit ainsi: Bouxwiller est une petite Ville située dans un fond au milieu de trois Montagnes dont elle est commandée, jusqu'à voir distinctement tous ceux qui passent dans les ruës. Son enceinte est de maçonnerie de vingt-cinq pieds de hauteur, percée de crenaux assez éloignez les uns des autres, & flanquée de tours d'espace en espace. Il y a un Chemin de ronde couvert de tuiles qui communique tout autour de la place. Il reste au pied du mur quelques vestiges d'une fausse-braye qu'il y avoit autrefois, de même que du revêtement du fossé qui est large de huit à neuf toises, & dans lequel est une petite fontaine dont on peut retenir l'eau quand on veut. Le Comte d'Hanau a son château dans l'endroit de la Ville le plus bas. Il n'y a d'autre defense qu'un fossé qui l'entoure, & qui a dix ou douze toises de largeur sur dix de profondeur. Les Environs de cette Ville sont très-fertiles.

[g] Desc. de la France T. 6. p. 341.

BOUSSOLE, instrument qui par le moyen d'une aiguille de fer touchée avec la Pierre d'Aiman sert à faire connoître de quel côté est le Nord du lieu où l'on est sur tout sur

Mer,

Mer, même fur terre en des lieux que l'on ne connoît pas affez pour s'y orienter. Cet Inftrument feroit d'un ufage très-fimple & d'une utilité beaucoup plus grande qu'il n'est en effet, s'il montroit toujours exactement le vrai Nord; mais on a obfervé qu'il s'en écarte plus ou moins en divers lieux & c'est ce qu'on appelle DECLINAISON & cette déclinaifon eft fujette à de grandes variations en un même lieu; & après quelques années il n'est plus la même. L'Hiftoire des obfervations qu'on a faites à ce fujet en divers lieux & en divers temps eft quelque chofe de bien curieux. On s'eft trop hâté de dreffer des Syftêmes generaux pour connoître les Longitudes, par le moyen de ces Syftêmes. D'autres obfervations qui ne s'y accordoient pas ont tout renverfé. Cette Hiftoire meriteroit d'avoir ici fa place, mais elle demande trop d'étenduë & nous la refervons pour la publier à la fin de cet Ouvrage. Auffi bien c'est un Traité indépendant qui vaut bien la peine d'être donné à part.

1. BOUTA, ancienne Ville de la Libye intérieure, felon Ptolomée [a]. En Grec Βοούτα. Ce mot eft de trois Syllabes, Bo-u-ta. Cette Ville étoit vers la fource du fleuve Ciniphe.

a l. 4. c. 6.

2. BOUTA, Ville de la Pruffe Polonoife au Territoire de Mirchaw, à cinq milles Géographiques & au Sud-Oueft de Dantzig, à un peu moins de deux & demi de Mirchaw, & à cinq quarts de mille de Bernn. Il ne faut pas la confondre avec Butow.

BOUTAN, Royaume des Indes, d'une fort grande étenduë; mais dont on n'a pas une exacte connoiffance. Voici ce que Tavernier [b] témoigne en avoir apris de quelques gens du Pays qu'il a trouvez à Patna la plus grande Ville de Bengale, & la plus fameufe pour le Negoce, d'où part tous les ans une Caravane fur la fin de Decembre. Cette Caravane arrive le huitiéme jour à Gorrochepour, derniere Ville de ce côté-là des Etats du Grand Mogol, où les Marchands font leurs provifions pour une partie du Voyage. De là jufqu'au pied des hautes Montagnes, il y a huit ou neuf journées où la Caravane fouffre beaucoup, à caufe que le Pays eft plein de Forêts où font quantité d'éléphans fauvages qui viennent fans bruit emporter les vivres dont ils fe peuvent faifir. Ces Montagnes font connuës aujourd'hui fous le nom de Naugrocot, & on ne les peut paffer en moins de neuf ou dix jours. Comme elles font fort étroites, avec de grands précipices, quantité de gens defcendent de divers lieux, & la plus grande partie eft de femmes & de filles qui viennent faire marché avec ceux de la Caravane pour porter les hommes, les marchandifes & les provifions au-delà de ces Montagnes. Ces femmes ont un bourlet fur les deux épaules, & elles y attachent un gros couffin pendant fur le dos fur lequel l'homme eft affis. Il y a trois femmes qui fe relayent pour porter un homme tour à tour, & quant aux provifions & au bagage, on le charge fur des boucs qui portent jufqu'à cent cinquante livres. Ceux qui veulent mener des chevaux font contraints fouvent dans des paffages étroits & dangereux de les faire guinder avec des cordes. Au fortir de ces Montagnes on a des bœufs, des chameaux & des chevaux, & même des Pallekis pour voiturer jufqu'à Boutan. Le Pays eft bon, & il y croît du bled, du ris, des legumes, & du vin en abondance. Tout le peuple, tant hommes que femmes, s'habille l'Eté de groffe toile de coton ou de chanvre, & l'Hiver de gros drap qui eft prefque du feutre. La coëffure des uns & des autres eft un bonnet, autour duquel il y a pour ornement des dents de porc, avec des morceaux ronds & quarrez d'écaille de tortuë, grand comme une de nos pieces de quinze fols. Les plus riches y mêlent des grains de corail ou d'ambre jaune, dont leurs femmes fe font auffi des colliers. Ils portent tous des braffelets au bras gauche, depuis le poignet jufqu'au coude; mais ceux des femmes font fort étroits. Ceux des hommes font de la largeur de deux doigts. Ils ont à leur col un cordon de foye où ils pendent un grain de corail ou d'ambre jaune, ou une dent de porc qui leur vient fur l'eftomac, & à leur côté gauche ils ont des ceintures, où des dents de porc pendent encore & des attaches de ces mêmes grains de corail ou d'ambre. Ils font Idolâtres, & ne laiffent pas de manger de toute forte de viande, hormis de la vache qu'ils adorent comme étant la mere nourrice de tous les hommes. Ils aiment fort l'eau-de-vie, & quand ils ont fini leur repas, ils brûlent de l'ambre jaune. On fait un fort grand trafic de mufc au Royaume de Boutan, & c'est où l'on trouve la plus excellente rhubarbe. Il y croît de la femencine, qui eft de la poudre aux vers, & d'autres fortes de drogues. Ce Pays eft auffi fort abondant en martres, ce qui fait qu'on en apporte de belles fourrures. Les Peuplés de Boutan font gens robuftes & de belle taille; mais ils ont le vifage un peu plat, & le nez fur tout. Les femmes font plus grandes & plus vigoureufes que les hommes, qui ne favent ce que c'est que le métier de la guerre. Le Grand Mogol feroit à craindre pour eux; mais de ce côté-là, qui eft à leur Midy, tout le Pays eft plein de hautes Montagnes & de paffages étroits, & il n'y a que des bois du côté du Nord, & prefque toûjours des neiges. Au Levant & au Couchant, ce font de vaftes Deferts, où l'on ne trouve quere que des eaux ameres, & ce qu'il y a de Pays appartient à des Rajas, qui n'ont pas beaucoup de forces. Le Roi de Boutan a toûjours fept ou huit mille hommes pour fa garde. Leurs armes ordinaires font l'arc & la fléche. La plûpart ont auffi la hache & la rondache, avec une pointe de l'autre côté comme un marteau d'armes. Il y a déja long-temps qu'ils ont l'ufage du moufquet & du canon, comme auffi de la poudre, qui a le grain long, & qui eft extraordinairement forte. Leurs canons font de fer, & les chiffres & les lettres que l'on voit deffus font de plus de cinq cens ans. Ils ne peuvent fortir du Royaume fans la permiffion expreffe du Gouverneur, & il leur eft défendu d'emporter un moufquet, à moins que leurs plus proches parens ne répondent qu'il fera rapporté fidellement. Les Bramins font accroire à ceux de Boutan que leur Roi eft un Dieu en terre. Ainfi il en eft comme adoré, & il n'y a point de Souverain au monde plus craint & plus refpecté de fes Sujets. Quand il rend Juftice,

[b] Voyage des Indes l. 3. c. 15.

ou quand il donne audience, tous ceux qui se presentent devant lui ont les mains jointes élevées sur le front, & se tenant éloignez du Trône, ils se prosternent à terre sans oser lever les yeux. C'est dans cette humble posture qu'ils lui font leurs supplications, & quand ils se retirent ils marchent à reculons jusqu'à ce qu'ils soient hors de sa presence. Il y a toûjours cinquante éléphans autour de son Palais pour sa garde, & vingt ou vingt-cinq chameaux, qui ont sur leur selle une petite piece d'artillerie d'environ demi-livre de balle. Un homme est assis sur la croupe du chameau, & cette piece étant plantée sur une fourche qui tient sur la selle, il la manie comme il veut, haut & bas, à droite & à gauche. Le Roi fait battre des pieces qui sont de la valeur des roupies, ce qui fait connoître qu'il y a des mines d'argent dans ce Royaume. Ces pieces ne sont pas rondes, mais à huit angles, & il y a dessus des caracteres qui ne sont ni Indiens ni Chinois. Pour l'or, le peu qu'ils en ont leur est apporté par les Marchands qui viennent du côté du Levant.

a Dict. Géogr. des Pays-Bas.
BOUTERSEM ^a, ancienne Baronie des Pays-Bas dans le Brabant Austrichien entre Louvain & Tillemont.

BOUTIERES, (les) petit Pays de France, dans le Vivarais, vers Privas. Le Dictionaire de la France dit: BOUTIERS est un quartier du Vivarais couvert de Montagnes steriles qui ne sont propres que pour le pâturage des bêtes à Laine: l'on y recueille du chanvre, & quelque peu de chataignes. C'est le plus mauvais Pays du Languedoc.

b Dampier Voyage T. 2. c. 16. p. 130.
BOUTON ^b, Isle d'Asie dans la grande Mer des Indes au Sud-est de l'Isle de Celebes à environ trois ou quatre lieues de distance. Elle est longue & à environ vingt-cinq lieues de longueur du Sud-Ouest au Nord-est & environ 10. de large. Les terres en sont assez élevées & paroissent assez unies, plates & pleines de bois. Il y a à l'Orient de cette Isle un bon Havre à 4. d. 24′. de Latitude Meridionale. A une lieue de là est la Ville de CALLA SUSUNG. Voiez ce mot.

BOUTONNE, (la) Riviere de France dans le Poitou, où elle a sa source à Chef-Boutonne, & a son cours par les Generalitez de Poitiers & de la Rochelle. Elle commence d'être navigable à St. Jean d'Angeli & tombe dans la Charente au Port de CARILLON, à douze lieues de sa source en droite ligne.

BOUTROU, Fort d'Afrique dans la Guinée sur la côte d'Or. Il est, dit Mr. Baudrand ^c, sur une haute Montagne près de la côte à dix lieues d'Achim, & appartient aux Hollandois qui y font le trafic.
c Ed. 1705.

d Allard Atlas.
BOW ^d, Bourg d'Angleterre en Devonshire près de l'une des sources du Taw, Riviere qui coule à Barnestable. Il n'a rien de remarquable que le Marché public qui s'y tient.

e Ibid.
BOWES CASTLE ^e, Château d'Angleterre en Yorckshire aux confins de Durham & de Westmorland; quelques-uns y cherchent LAVATRA. Voiez ce mot.

f Dict. Géogr. des Pays-Bas.
BOUVINES ^f, petite Ville des Pays-Bas au Comté de Namur sur la Meuse. Elle a été ruinée par les guerres.

§ Quelques Historiens ont cru que c'est sur le Pont de cette Ville que Philippe Auguste Roi de France deffit l'Empereur Othon l'an 1213., & les Flamands dont le Comte y fut fait prisonnier; mais on s'est rangé plus generalement du côté de ceux qui mettent cette Bataille à PONT-à-BOUVINES petit Village de Flandres entre Lille & Tournai sur la Riviere de Marque.

PONT A BOUVINES. Voiez l'Article precedent.

BOUXACH, selon les Arabes &
BOUXENGH ^g, Ville d'Asie dans la Province de Khorasan environ à dix-sept lieues au Midi de la Ville de Herat de laquelle elle depend.
g Baudrand Ed. 1705.

BOUZANNE ^h, (LA) Riviere de France au Berri. Elle a sa source aux Confins de la Marche près d'Aygurande, passe à Cluys dessous qu'elle arrose, circule vers le Nord, puis vers le Couchant & grossie de divers Ruisseaux, elle va se perdre dans la Creuse, au dessous d'Argenton, & au dessus de St. Gautier. Mr. Corneille l'appelle la BOUZINE.
h Sanson Atlas.

BOXBERG ⁱ, petite Ville d'Allemagne en Franconie; quoi qu'elle appartienne à l'Electeur Palatin avec son Territoire qui est très-petit. Elle est voisine des Cantons de Mergentheim & de Königshofen. Et par la raison de sa dependance elle est attribuée au Cercle du Rhin. Cette Ville & son Territoire appartenoit anciennement à la Maison de Rosenberg. George, Arnould & Michel de Rosenberg ayant negligé de nétoyer les Chemins, & s'étant moquez d'une maniere outrageuse des sommations qui leur en étoient faites; l'Electeur de Mayence, l'Electeur Palatin, & l'Evêque de Wurtzbourg attaquerent conjointement la Ville & le Château de Boxberg l'an 1468. & partagerent entre eux trois cette conquête. Le Château des Rosenberg fut détruit & rasé jusqu'aux fondemens. D'autres Historiens mettent cette demolition l'an 1469. d'autres enfin disent que vers l'an 1470. Frederic le Victorieux, Comte Palatin, ayant pris ce lieu le rendit aux Rosenbergs à de certaines conditions. Cependant cette petite Ville est revenue au pouvoir des Comtes Palatins. C'est à present le Chef-lieu d'un Bailliage d'où relevent quelques Bourgades.
i Zeyler Francon. Topogr. p. 13.

BOXTEHUDE ^k, petite Ville d'Allemagne au Cercle de Basse Saxe dans le Duché de Breme sur le Ruisseau d'Esse, ou Este, & peu loin de l'Elbe à environ trois milles Geographiques de Harbourg. Elle tire son nom d'un Monastere de filles qu'y fonderent quelques Gentils-hommes de la famille de Boxtehude. Leur nom passa au Monastere qui le donna à ce lieu-là. Il s'accrut si bien que du temps de l'Empereur Rudolphe I. Gisselbert Evêque de Breme l'orna des Droits & des Privileges dont jouïssent les Villes, & enfin Boxtehude entra dans l'alliance des Villes Hanséatiques. Quoique l'Este ne soit qu'un ruisseau qui vient du Pays de Lunebourg, l'Elbe qui le reçoit s'enfle tellement au dessous de Boxtehude qu'elle le rend capable de porter des bateaux chargez qui peuvent remonter jusqu'à la Ville. Un Duc de Brunswig tâcha inutilement de prendre cette Ville l'an 1424. & l'an 1552. Volrad Comte de Mansfeld perdit son
k Zeyler Saxon. Infer. Topogr. p. 41.

BOX. BOY. BOZ.

son temps à l'assiéger, mais de dépit il incendia le Monastere de filles qui étoit tout auprès. Les Suedois la prirent & la reprirent durant les guerres civiles d'Allemagne : Ils la garderent avec le reste du Duché de Breme jusqu'à ce que tout ce Pays leur ait été enlevé par les armes du Roi de Danemarck qui s'en est accommodé avec l'Electeur d'Hanover.

BOXTEL, Bourg des Pays-Bas dans le Brabant Hollandois, au quartier d'Osterwyck sur le Dommel [a], à deux lieues de Bois-le-duc & à quatre de Breda. Il y a une Eglise Collegiale. Ce lieu est avantageux en ce qu'il a la disposition des Ecluses & peut retenir ou lâcher les eaux. [b] Ce Bourg est le Chef-lieu du quartier d'Osterwyck. Les Seigneurs ne relevoient autrefois que de l'Empire & ne dépendoient point des Ducs de Brabant jusqu'à l'an 1440. après quoi les Ducs de Bourgogne & de Brabant contraignirent les Barons de Boxtel de la Maison de Ranst de reconnoître leur Souveraineté. Ce Fief Imperial avoit été long-temps tenu par ceux de la Maison de Merhem de laquelle la Baronie passa à celle de Ranst l'an 1430. parce qu'Henri de Ranst épousa la fille unique & Heritiere de Théodore de Merhem, & de cette Maison de Ranst elle est venue par Mariage à celle des Comtes ou Princes de Horn.

BOYLE [c], petite Ville d'Irlande dans la Province de Connaught, au Comté de Roscommon près du Lac de Key. Elle est remarquable par son ancienne Abbaye. Elle est à dix milles au Nord d'Elphin.

1. BOYNE [d], (LA) Riviere d'Irlande. Elle a sa source dans le Comté du Roi, coule vers le Nord-Est, baigne Trim, Navan, Slaine, & Drogheda & va se perdre dans la Mer d'Irlande. Cette Riviere est fameuse par la bataille qui s'y donna en 1690. entre les troupes du Roi Jaques II. & celles de son Gendre Guillaume élu Roi d'Angleterre en 1689. qui y étoit en personne.

2. BOYNE [e], petit Canton d'Ecosse dans la Province de Buchan. C'est un petit Territoire fertile sur la côte & montagneux ailleurs. CULLEN sur la côte en est le principal Bourg.

BOZYCHISTRAN, Ville de Grece dans la Livadie propre, au Couchant de la Ville d'Ayton, voiez PLEURON.

BOZO [f], Montagne d'Italie, au Milanez, dans le Novarez.

BOZOLO, Bourg & Château d'Italie, au Mantouan. Il faisoit autrefois partie du Mantouan dont il a été separé & est devenu une Principauté particuliere qui a pour Prince de la Maison de Gonzague. Le Territoire qui est fort petit confine au Cremonois. Le Bourg n'est qu'à deux milles de la Ville d'Oglio & presque au milieu entre Mantoue & Cremone.

LA PRINCIPAUTÉ DE BOZOLO, petit Pays d'Italie en Lombardie, au Mantouan dont il fait partie, entre le Duché de Mantoue & le Cremonois.

1. BOZOR, &
BOZRA. Voiez BOSOR.

2. BOZOR, petite Riviere d'Italie dans l'Isle de Corse & dans sa partie Meridionale. Elle se jette dans le Golphe de Talabo à l'Occident de l'Isle, selon le Pere Coronelli [g].

a Le P. Bousingaut Voyages des Pays-Bas.
b Longuerue desc. de la France part. 2. pag. 56.
c Etat de l'Irlande p. 32.
d Ibid p. 20.
e Etat de la Gr. Bret. T. 2. p. 172.
f Corn. Dict.
g Isolario.

BRA.

BRA.

BRA [h], Bourgade d'Italie dans le Piémont près du Montferrat & de la Riviere de Sture à une lieue de la Ville de Chérasco, dans son Territoire, sur la route de Carmagnole. Voyez BARDERATE.

BRABANÇON. Mrs. Baudrand, Maty & Corneille nomment ainsi un Château des Pays-Bas avec titre de Principauté dans le Hainaut. Il faut dire BARBANÇON. Voiez ce mot.

BRABANT, (le) grande Province des Pays-Bas, avec titre de Duché. Il est borné du côté du Nord par le Comté de Hollande & le Duché de Gueldre ; à l'Orient par le même Duché & par l'Evêché de Liége ; au Midi par les Comtez de Namur & de Hainaut, & à l'Occident par la Flandre & la Zelande.

[i] Le nom de Brabant se prononçoit autrefois BRACHBANT ; & ce mot devoit déjà être en usage dès le VII. siécle, puisqu'on voit dans la Vie de Ste. Gudule qu'elle étoit née sous les Rois Sigebert & Clovis II. dans le Pays de Brachbant. Il est aussi fait mention de *Pagus Brachbantus* au IX. siécle dans le partage du Royaume de Lothaire fait entre Louïs le Germanique & Charle le Chauve. Ce Pays de *Brachbant* étoit alors de grande étendue puisque Cambrai en dépendoit & il étoit voisin de la Toxandrie qui est aujourd'hui la Campine & fait maintenant partie du Brabant. Lorsqu'Othon II. investit l'an 977. le Prince Charles fils de Louïs d'Outremer du Duché de la basse Lorraine il lui donna le Brabant ou une grande partie de ce Pays-là ; car le Duc qui commandoit sur toute la basse Lorraine, n'avoit pas la propriété de la plupart des Villes ou des places du Pays, lesquelles avoient leurs Comtes qui se rendirent ensuite absolus ; & Louvain n'a pas toûjours eu son Souverain particulier.

Ces Ducs ne prenoient point le titre de Ducs de Brabant : mais seulement de LORRAINE, ou LOTIER, que les Ducs de Brabant ont toujours porté jusqu'à present.

Charles ayant pris le parti de son bienfaiteur Othon & de son fils l'Empereur Othon III. ennemis des François, il fut si haï de cette Nation qu'après la mort de Louïs V. son neveu, les François le priverent de sa succession & élurent pour Roi Hugues-Capet ; ce qui excita une guerre entre les deux Princes. Charles fut pris prisonnier, & mourut à Orleans : il eut pour Successeur en son Duché de Lorraine son fils Othon qui mourut sans enfans l'an 1005. l'Empereur St. Henri donna ce Duché à Godefroi qui le laissa à ses descendans. Le dernier fut Godefroi le bossu tué l'an 1076. comme il n'avoit point d'enfans, il eut pour Successeur, son neveu Godefroi, fils de sa sœur Ide & d'Eustache Comte de Boulogne.

Ce Duc Godefroi, dit de Bouillon, alla à la conquête de la Terre Sainte & fut proclamé Roi de Jerusalem. Cependant l'Empereur donna le Duché de Godefroi qu'on nommoit alors *Duché de Lorraine* à Henri de Limbourg qui

h De l'Isle Atlas.
i Longuerue desc. de la France part. 2. p. 47.

qui s'étant révolté fut privé de son Duché par Henri IV. & cet Empereur en investit Godefroi Comte de Louvain qui fut appellé depuis *Duc de Louvain*, & quelquefois Duc de Lorraine *Dux Lotharingiæ*; titre que ses Successeurs portèrent durant près de cent cinquante ans. Le Duc Henri III. fut le premier qui l'an 1247. joignit le titre de Brabant à celui de Lorraine, ce que ses Successeurs ont toujours fait jusqu'à présent. Les Princes de la Maison de Louvain ont toujours possédé ce Duché de Mâle en Mâle, jusqu'au Duc Jean III. qui mourut sur la fin de l'an 1355. & ne laissa que deux filles, l'une appellée Jeanne & l'autre Marguerite. Jeanne qui étoit l'aînée fut Duchesse de Brabant & mourut sans enfans l'an 1405. sa sœur Marguerite avoit épousé Louis Comte de Flandres dont elle avoit eu une fille unique nommée Marguerite, femme de Philippe le Hardi Duc de Bourgogne qui en eut trois fils, savoir Jean, Antoine, & Philippe.

Antoine fut institué Héritier du Duché de Brabant par Jeanne sa grande tante, du consentement du Duc Philippe. Cette Princesse substitua au Duc Antoine, son frere Cadet Philippe : Antoine de Bourgogne Duc de Brabant, fut tué à la bataille d'Azincourt l'an 1415. & il eut pour Successeur son fils Jean qui mourut sans enfans l'an 1426. Jean eut pour Successeur son Frere Philippe qui mourut aussi sans enfans légitimes l'an 1430. Philippe le Bon, Duc de Bourgogne fils du Duc Jean & neveu d'Antoine s'empara du Brabant & se fit reconnoître Duc par les Etats sans s'arrêter à la substitution faite par Jeanne Duchesse de Brabant, & privant ainsi de cet Héritage son Cousin le Comte de Nevers, il promit à ce Comte de lui donner une récompense & même le Comté d'Auxerre. Mais le Comte de Nevers ne put jouïr de rien & perdit tout; il ne lui resta que sa prétention qu'il laissa à ses Successeurs & à la Maison de Cleves dans laquelle les biens de cette Branche de Bourgogne entrerent, comme nous le dirons en parlant du Nivernois.

Le Duché de Brabant passa à la Maison d'Autriche par le Mariage de Marie de Bourgogne avec Maximilien, & Philippe leur fils fut reconnu Duc de Brabant après la mort de sa Mere. Ses Heritiers mâles en ont jouï jusqu'à Charles II. Roi d'Espagne qui mourant sans enfans l'an 1700. institua son Heritier Philippe fils de France, Duc d'Anjou qui lui succeda en ses Etats. L'Empereur s'y étant opposé, appuyé de la plus grande partie des Puissances de l'Europe, le Roi d'Espagne fut dépouillé du Duché de Brabant l'an 1706; & ce Duché a été remis à l'Empereur & à la Maison d'Autriche en exécution des Traitez de Paix conclus à Utrecht, à Rastadt, & à Bade.

Il y a néanmoins une partie du Brabant qui n'appartient point à la Maison d'Autriche; parce que Philippe IV. Roi d'Espagne la ceda en toute Souveraineté aux Etats Generaux des Provinces Unies par la Paix de Westphalie. De là vient la division naturelle par laquelle on distingue,

LE BRABANT AUSTRICHIEN,

LE BRABANT HOLLANDOIS.

Tout le Brabant se divise ordinairement en quatre grandes parties ou Quartiers qui prennent leurs noms de leurs principales Villes. Ainsi on y trouve

LE QUARTIER DE { BRUXELLES, LOUVAIN, ANVERS, BOIS-LE-DUC.

Voiez les Articles sous les noms de ces Villes.

Mr. de l'Isle apelle le PETIT BRABANT un petit Canton situé au Midi du Pays de Waes; & au Couchant de Malines.

Le BRABANT HOLLANDOIS, comprend d'Orient en Occident,

1. LA TERRE DE CUYCK,
2. LA MAIRIE DE BOIS-LE-DUC,
3. LA BARONIE DE BREDA,
4. LE PRINCE LAND,
5. & LE MARQUISAT DE BERG-OP-ZOOM.

BRABISCUS. Voiez DRABESCUS.

BRABON, Bourg de Grèce dans l'Attique, selon le Lexique de Phavorinus, en Grec Βραβῶν. Seroit-ce pour Brauron, Βραύρων?

BRABONIACUM. Voiez BROVONACIS.

BRACA. Voiez HEBRAICA.

BRACAR AUGUSTA. Voiez AUGUSTA BRACARUM.

BRACARI. Voiez BRÆCARI.

BRACCATA, surnom Latin d'une partie de la Gaule, c'étoit la Narbonnoise. Voiez Gaule.

BRACCAS [a], Isle de l'Amerique & l'une de celles que l'on appelle CAYMANES. Elle est située près de l'Isle de Cuba & à environ trente lieues du Cap Negrillo qui est la pointe Occidentale de la Jamaïque : c'est une Isle basse & presque égale à la Mer, sans habitans & où l'on ne trouve point d'eau douce. Son circuit est de cinq lieues. Il y territ ordinairement quantité de Tortues de Mer, depuis la fin d'Avril jusqu'au commencement de Septembre. Le grand Caymen n'en est qu'à douze lieues.

[a] *De Laet Ind. Occid. l. 1. c. 14.*

BRACCIANO, petite Ville d'Italie dans l'Etat de l'Eglise, dans la Province du Patrimoine avec titre de Duché dans la Maison des Ursins, sur le Lac de Bracciano. Elle est assez agréable, postée sur une hauteur à dix milles de la côte de la Mer Mediterranée vers le Septentrion, & à vingt milles de Rome au Couchant vers Cornete & Civita Vecchia.

LE DUCHÉ DE BRACCIANO, petite Contrée d'Italie dans le Patrimoine de St. Pierre autour du Lac de Bracciano. Après la Capitale qui lui donne son nom, Palo & Anguillara en sont les principaux lieux.

LE LAC DE BRACCIANO, Lac d'Italie dans le Patrimoine de St. Pierre. Il est fort près d'Anguillara la Rivière de l'Arone qui coulant vers le Midi se perd dans la Mediterranée. Les Anciens l'ont nommé SABATINUS LACUS.

BAGNI DE BRACCIANO, Bains célèbres

BRA. BRA. 441

bres d'Italie au Duché de Bracciano, entre le Lac de même nom & la Bourgade de Stigliano. D'où vient que quelques-uns les nomment aussi Bagni di Stigliano.

BRACHBANT. Nous avons déjà remarqué que le nom de Brachbant a été anciennement usité au lieu de Brabant. Cela suffit pour expliquer les passages où ce mot se trouve. On a déja vu celui de la Vie de Ste Gudule, on peut y ajouter la Vie de St. Landoald & celle de St. Ludger, & quantité d'autres. Mais quelques Savans ne se sont pas contentez de cela. Ils ont cherché à quelque prix que ce fût un Canton particulier auquel le nom de Brachbant convient, selon eux. Ortelius croit que c'est presentement le petit Brabant, Klein Brabant, aux Confins de la Flandre & du Brabant d'aujourd'hui. Mr. Baudrand pretend que c'est une Contrée dans la partie Septentrionale du Comté de Hainaut. Il ajoute: on l'appelle aussi quelquefois Burbant. C'est, dit-il, une des trois parties du Territoire de Valenciennes, & elle s'étend entre l'Escaut, le Tournaisis, le Comté d'Alost, & la Riviere de Haisne ayant pour places considerables Ath, Condé, & Leuse, selon Henri Outreman & autres, même autrefois elle étoit bien plus grande & le Château d'Eenhame près d'Oudenarde étoit sa principale place. Malheureusement pour cette decouverte l'autorité d'Outreman ne vaut pas mieux que celle de Mr. Baudrand pour faire passer cette conjecture sans d'autres preuves. Mr. Baillet dit beaucoup mieux dans sa Topographie des Saints : *Brachbantum* nom donné vers le VII. siécle à tout le Pays d'entre la basse Austrasie & la Frise & reduit dans la suite à ce que nous appellons maintenant le Duché de Brabant.

BRACHMANES, anciens Indiens, fameux par les étranges Systêmes qu'ils suivoient. Ils avoient une grande conformité avec les Gymnosophistes d'Egypte. Mais les uns & les autres étoient une Secte de Philosophes qui avoient des Dogmes & même une Religion à part, plutôt que des peuples particuliers. Ils se sont perpetuez presentement & nous les appellons Bramines. Ce sont les Idolatres des Indes; mais leur nombre s'est diminué depuis que le Mahometisme s'est établi dans les principales Cours de l'Asie. La Religion Chrétienne a tâché aussi de gagner quelques-uns de ces infidelles, & de fervens Missionnaires sont encore occupez à leur conversion. A l'égard de ces Bramines d'aujourd'hui, on peut voir ma Dissertation sur les mœurs & sur la Religion des Bramines, inserée dans le Livre des *Ceremonies & Coutumes Religieuses*; avec les autres Ouvrages de cette nature qui la suivent dans ce Recueil.

BRACHODES, Promontoire de l'Afrique propre, selon Ptolomée [a]. Ce doit être le Cap qui est auprès d'Esfaques. [a l.4. c.3]

BRACHONESIUM [b], Isle de la Propontide. Il en est parlé dans les Constitutions de l'Empereur Emanuel Comnène. L'Interprête Latin lisoit Tragonesium. [b Ortel. Thes.]

BRACKLAU [c], Ville de Pologne dans la Russie Rouge & dans la Podolie, sur la Riviere du Bog. Elle est la Capitale d'un Palatinat qui porte son nom. Elle fut prise en 1672. [c Baudrand d'Audifret & Hubner.]

par les Turcs qui la saccagerent. Les Polonois la reprirent trois ans après & on a tâché depuis ce temps-là de la reparer. Elle est forte, à cent dix mille pas de Kaminieck & à cinquante-cinq mille de Bar; & environ à cinquante mille des Frontieres de la Valachie.

Le Palatinat de Bracklau, petite Province de Pologne & partie Orientale de la Podolie. Il a au Nord le Palatinat de Kiovie; à l'Orient les *Dzyke Pole* ou Campagnes desertes; au Sud-est les Tartares d'Oczakow; & au Sud-Ouest le Niester qui le separe de la Moldavie, & le Palatinat de Podolie le borne au Couchant. La Riviere de Bog le traverse dans toute sa longueur & y reçoit plusieurs petites Rivieres dont la Sinawada est la plus considerable. Vinnicza, Krasne, Kalnick, Human, & Ladizin en sont les principaux lieux.

BRACKLEY, Ville d'Angleterre en Northamptonshire. Elle envoye ses Deputez au Parlement, tient marché toutes les Semaines & a une Ecole publique.

BRACOMOROS, peuple du Perou, le même que les Paçamores. Voiez ce mot.

BRADA, Riviere d'Italie vers la Pouille. Antonin met dans son Itineraire sur une des Routes,

Venusium Civitas,	M. P.	x.
Opino.	M. P.	xv.
Ad Fluvium Bradam,	M. P.	xxix.
Potentia.	M. P.	xxiv.

C'est presentement le BRADANO [d], Riviere du Royaume de Naples dans la Basilicate. Elle a sa source dans l'Apennin entre Venose & Potenza, d'où prenant son cours vers l'Orient, elle passe entre la Cerenza & Oppido ensuite vers Monte Peloso, Megliomenico, & Monte Scagliofo; après quoi elle se jette dans le Golphe de Tarente, sur les Confins de la Province d'Otrante qu'elle separe de la Basilicate, & à dix-huit milles de Tarente vers le Couchant. [d Baudrand Ed. 1705.]

BRADFORT, Bourg d'Angleterre en Wiltshire vers les Confins des Comtez de Glocester & de Sommerset. On y tient Marché public.

BRADNICH, Bourg d'Angleterre en Devonshire à sept milles au Nord-est d'Exceter. Il a aussi le droit de tenir un marché public.

BRAECARII, selon Ptolomée [e], ou Bracari, selon Pline [f]. Surnom d'une partie du Peuple Callaici dans l'ancienne Espagne. Ils prenoient ce nom de Bracara leur Capitale qui est aujourd'hui Brague. [e l.2. c.6, f l.3 c.3.]

BRÆSI, ancien peuple de Grece dans la Macedoine, selon Etienne le Géographe qui cite le troisieme Livre des Bassariques de Denys.

BRÆSII. Voiez Prasiana.

BRAGA. Voiez Brague.

BRAGÆ, Isles desertes de l'Arabie heureuse vers l'Orient, selon Pline [g]. [g l.5. c. 28.]

BRAGANCE, en Latin Brigantia [h], Ville de Portugal dans la Province d'entre les Monts, & sur les Frontieres du Royaume de Léon & de la Galice; elle est située dans [h Baudrand]

Tom. I. Part. 2. Kkk

une plaine entre des Montagnes sur la petite Riviere de Fervenza & près de celle de Salor ; & divisée en ancienne Ville & Cité [a]. Elle est fermée d'une double muraille à laquelle tiennent cinq petits bastions du côté de la Cité, mais sans fossez. Un Château attaché aussi à la muraille lui sert de deffense de l'autre côté. La Cité est au pied de la Montagne avec un Fort Royal de quatre bastions revêtus. Elle est le Chef-lieu d'un Duché de même nom qui est de grande étendue & qui fut érigé par le Roi Alphonse V. Un Duc de Bragance a rétabli le Royaume de Portugal en l'état d'indépendance où il est presentement depuis 1640.

[b] Cette Maison tire son origine des Rois de Portugal par ALPHONSE de Bragance, premier du nom, Duc de Bragance, Comte de Barcellos & de Guimaraes fils naturel de Jean I. Roi de Portugal & d'Agnes Perez. Il mourut l'an 1461. laissant de Beatrix de Pereira, fille & Heritiere d'Alvarès de Pereira, Connétable de Castille, Comte de Barcellos, FERDINAND I. Duc de Bragance, Marquis de Villa Viciosa & Gouverneur de Ceuta, qui laissa de Jeanne de Castro son Epouse FERDINAND II. Duc de Bragance; celui-ci ayant encouru la disgrace du Roi Jean II. eut la tête coupée à Ebora le 21. Juin 1483. JACQUES son fils qu'il eut d'Isabelle fille de Ferdinand de Portugal, Duc de Viséo, épousa Eléonor de Gusman, fils de Jean, Duc de Medina Sidonia, & d'Isabelle de Velasco, & fut Pere de THEODORE I. qui ayant épousé Isabelle fille de Denys de Bragance Comte de Lemos en eut JEAN I. Duc de Bragance & Connétable de Portugal. Ce dernier voyant que Philippe II. Roi d'Espagne s'étoit saisi de la Couronne de Portugal qu'il n'étoit pas en état de lui disputer, s'accorda avec lui pour ses pretentions & fut fait Chevalier de la Toison d'or en 1581. il mourut l'année suivante laissant de Catherine fille puinée d'Edouard de Portugal THEODOSE II. qui mourut à Villa-Viciosa le 29. de Novembre 1630. JEAN II. son fils, Duc de Bragance qu'il avoit eu d'Anne de Velasco & de Giron, fut mis sur le Throne de Portugal par la Revolution subite qui arriva dans tout le Royaume en 1640. Les Etats le reconnurent pour Roi sous le nom de Jean IV. & il mourut d'une retention d'urine le 6. de Novembre 1656. laissant de Louise fille aînée de Jean Emanuel Perez de Gusman, Duc de Medina Sidonia le Roi ALPHONSE VI. qui fut deposé & PIERRE II. qui succeda à son frere. Ce dernier mourut en 1706. & laissa pour Successeur son fils JEAN V. qui regne aujourd'hui ; car Jean II. comme Duc de Bragance étoit Jean IV. comme Roi de Portugal.

BRAGARA, pour BRACCARA. Voiez AUGUSTA BRACARUM.

BRAGE. Voiez BRIGE.

BRAGODURUM, Βραγόδουρον, Ville de la Rhetie, selon Ptolomée [c]. Lazius dit que c'est BIBRACH & Rhenanus dit que c'est Rottenburg.

BRAGUE, en Latin Braga, Braccara, Augusta Braccarum & Braccara, Ville de Portugal dans la Province entre le Duero & le Minho. Les Portugais la nomment Braga.

[a] Corn. Dict.

[b] Le Quien de la Neuville. Hist. Generale de Portugal.

[c] l. 2. c. 12. d'Ortel. Thes.

Elle est entre les Rivieres d'Este & de Cavado. Elle étoit autrefois Capitale du Peuple CALLÆCI, dont une partie en prenoit le nom de Bracarii, ou Braccari pour se distinguer de l'autre. Les premiers Rois Sueves y établirent leur Residence, & le Poëte Ausone en vante la richesse & l'antiquité dans ses Ouvrages. Elle est à près de huit lieues de la Mer, prenant les lieues pour une heure de chemin. Cette Ville a été Chrétienne de bonne heure, & entre ses Evêques [e] il y en a que l'Eglise a mis au nombre des Saints ; entre autres St. Martin Evêque de Dumie Monastere voisin de Brague qu'on avoit érigé exprès pour lui : il fut ensuite élevé sur le Siége Metropolitain de Brague même vers l'an 570. St. Fructueux en fut Evêque au VII. siécle en 656. après avoir été aussi Evêque de Dumie. On trouve quatre Conciles tenus en cette Ville. L'un en 563. sous le Pape Jean III. la troisiéme année de Theodemir, ou d'Ariamire Roi des Sueves. Il se tint le 1. Mai, & fut composé des Evêques de la Galice. Le second en 572. la seconde année de Miron Roi des Sueves, au Mois de Juin, durant la vacance du St. Siége après la mort de Jean III. Le troisieme en 610. sous Boniface IV. & le quatriéme en 675. sous le Pape Adeodat. Le P. Labbe [f] qui fournit cette liste Chronologique des IV. Conciles de Brague dans son Indice Alphabetique des Conciles & des Synodes, obmet le troisiéme dans la liste des Conciles rangez sous les Papes durant le Pontificat desquels ils se sont tenus & appelle en cette liste [g] III. Concile de Brague celui qui est le IV. [h] dans l'Indice Alphabetique. L'Archevêque de Brague & celui de Toléde se sont disputé long-temps la primatie de toute l'Espagne.

BRAGULÆ, quelques Exemplaires d'Antonin nomment ainsi une Ville de Thrace la même que BERGULÆ.

BRAHIC, maintenant RAY [i], Desert habité par St. Josse près de la Mer, vers la décharge de la Riviere d'Authie en Ponthieu dans la basse Picardie, puis Monastere, Prieuré dependant de l'Abbaye de St. Josse au bois.

BRAHILOW [k], Ville de Valaquie près du Danube, vis-à-vis de Silistrie, aux Confins de la Moldavie. Elle étoit autrefois Episcopale.

BRAIACUM [l], Bourg de France dans le Perche avec un Monastere. On l'appelloit aussi BRAIORUM CASTRUM.

BRAID-ALBAIN [m], Province d'Ecosse dans sa partie Septentrionale, au Sud-Est de Lochaber. Elle est quelquefois nommée François l'ALBANIE ; & s'appelle en Ecossois BRAID-ALBAIN & ses habitans sont nommez ALBINNICH. Ils sont descendus des anciens Scots (ou Ecossois) dont ils ont retenu le langage, l'habillement & la maniere de vivre. C'est un peuple guerrier & qui vit avec une extrême frugalité suivant la maniere de ses predecesseurs. Ils habitent dans le mont Grampius (ou grands bains). C'est de ce Pays que les fils de la Maison Roiale d'Ecosse ont pris le titre de Ducs d'Albanie, & depuis peu encore le Duc d'Yorck Ernest Auguste Prince de Brunswig-Luneburg, Evêque d'Osnabrug Oncle de George II. Roi de la Grand' Bretagne

[e] Baillet Topogr. des Saints. p. 88.

[f] Synops. Concil.

[g] p. 84.
[h] p. 304.

[i] Baillet Topogr. des Saints. p. 564.

[k] Baudrand Ed. 1705.

[l] Baillet Saints.

[m] Etat. pres. de la Gr. Bretagne T. 2. p. 263.

tagne étoit Duc d'Albanie. (Ce Prince mourut le 4. d'Août 1728.) C'est dans cette Province vers le Sud-est qu'on trouve le Lac Tay un des plus beaux Lacs de l'Ecosse; d'où sort la Riviere de même nom & qui fait la separation de l'Ecosse Septentrionale d'avec la Meridionale.

Cette Province est bornée au Nord par celles de Lochaber & d'Athol; cette derniere lui sert aussi à l'Orient; celles de Strathern, de Menteith, & d'Argyle la terminent au Midi, & elle a à l'Occident une partie de la Province de Lochaber.

BRAILA, place Forte de Moldavie près du Danube, selon Mr. Corneille. C'est apparemment la même que BRAHILOW.

BRAILOW[a], Bourgade de Pologne au Palatinat de Bracklaw, sur une petite Riviere qui tombe dans le Bog sur lequel la Ville de Bracklaw est située.

[a] De l'Isle Carte de la Pologne.

BRAINE, petite Ville de France, dans l'Isle de France, dans le Soissonnois, à quatre lieues de Soissons en allant vers Fismes, dont elle n'est qu'à trois lieues, dans une belle plaine sur la Riviere de Vesle. [b] Elle est Chef d'un Comté connu il y a plus de six cens ans, & qui est aujourd'hui une annexe du Duché de Valois, ayant néanmoins son Comte proprietaire, dont les Predecesseurs ont été Vassaux & Pairs des Comtes de Champagne, lesquels tenoient cependant les Fiefs de Braine & de Roucy de l'Eglise de Reims, dont les Comtes de Braine étoient Arriere-Vassaux.

[b] Longuerue desc. de la France part. 1. pag. 19.

Adrien Valois & l'Auteur du Livre de Re Diplomatica veulent que Braine soit la même chose que le Palais Royal nommé *Brenacum* par Gregoire de Tours, & par d'autres Ecrivains de l'Histoire des Merovingiens; mais il ne paroit pas que de *Brenacum* on puisse tirer un autre mot François que BERNAY ou BRENAY, ni que Braine en puisse venir: & nous devons croire que *Braina* est l'ancien nom de cette Ville, puisque Flodoard dans sa Chronique la nomme *Braina* dès l'an 930. Ainsi la situation du Palais *Brenacum* nous est entierement inconnue, aussi bien que *Bernacum*, où se tint une célebre Assemblée au commencement du Regne de Pepin.

À l'égard de Braine, nous voyons dans Flodoard que cette Ville apartenoit pour le Temporel aux Archevêques de Rouën: mais depuis elle fut alienée ou usurpée, & elle étoit possedée sur la fin de l'onzieme siécle par la Maison de Baudiment en Champagne; car alors André de Baudiment possedoit les Seigneuries de Braine, de Fere en Tardenois, de Baudiment, & quelques autres, & il étoit Senéchal de Champagne. Il eut un fils nommé Guy qui lui succeda, & celui-ci n'eut qu'une fille nommée Agnès, qui porta à son Mari Robert fils de France Comte de Dreux, le Comté de Braine. Ses descendans jouïrent de pere en fils de ce Comté de Braine jusqu'à Robert V. Comte de Dreux qui donna entre vifs la Terre de Braine à Jean Comte de Rouci: & de cette Maison les terres de Rouci & de Braine passerent dans la Maison de Sarrebruch par le Mariage de Jeanne de Rouci avec Robert de Sarrebruch Seigneur ou Damoiseau de Commercy. Leur petite-fille Guillemette de Sarrebruch apporta le Comté de Braine à son Mari Robert de la Marck Souverain de Sedan, Maréchal de France. Ce Comté a démeuré dans la Maison de la Marck jusqu'au dernier siécle & au Regne de Louïs XIV. Alors le Marquis de la Boulaye de la Maison d'Eschalars, épousa l'Heritiere de cette Branche de la Marck: les biens ont passé à celle de Duras, & il n'y a aujourd'hui que deux filles Heritieres des biens de la Branche de la Maison de la Marck de Braine.

BRAINE L'ALLEU, ou L'ALLEUD, petite Ville des Pays-Bas Austrichiens entre Bruxelles, Mons & Nivelle, dans la partie Meridionale du Brabant. Elle est libre & a une petite Jurisdiction.

BRAINE LE CHATEAU, Bourg des Pays-Bas Austrichiens, aux Confins du Brabant, sur la même petite Riviere qui a sa source près de Braine l'Alleu & tombe dans la Senne.

BRAINE LE COMTE, petite Ville des Pays-Bas Austrichiens du Hainaut, au Couchant de Nivelle & au Midi Occidental de Halle, à environ trois petites heures de chemin de la premiere & à un peu plus de la seconde: c'est une Châtellenie.

BRAINT, ou BRAINTE[c], Abbaye d'Allemagne dans la Suabe, sur la Riviere de Schuss, une lieue au dessous de Ravensburg.

[c] Baudrand, Ed. 1705.

BRAKEL[d], petite Ville d'Allemagne en Westphalie, dans l'Etat de l'Evêque de Paderborn, auquel elle est presentement soumise, au lieu qu'elle étoit autrefois Ville libre & Imperiale. Elle est sur le Ruisseau de Brugt qui se rend peu après dans la Nethe. Elle est éloignée de cinq milles d'Allemagne de Paderborn au Levant d'Eté, & à deux de Heuxter.

[d] Ibid.

BRAMA[e], Royaume de l'Inde delà le Gange, ainsi nommé de Brama sa Capitale que l'on appelle autrement CARPA, qui est sur la Riviere de Pegou, à cent quatre-vingt mille pas de la Ville de ce nom vers le Septentrion. Ce Royaume qu'on appelle aussi BREMA étoit autrefois sujet au Roi de Pegou; mais à present il est au Roi d'Ava.

[e] Ibid.

§ Mr. Baudrand a suivi les Cartes de Mrs. Sanson qui pour cette partie de l'Asie sont dressées sur des Relations fabuleuses. Les Relations plus recentes & plus exactes ne confirment pas ces Notions. Mais elles mettent entre les Villes d'Ava & de Pegu un Peuple nommé LES BRAMAS; aux extremitez des Royaumes d'Ava & de Pegu.

BRAMAGARA. Voiez ARAMAGARA.

BRAMAGUM, ou BROMAGUM, ancienne Ville dont il est parlé dans l'Itineraire d'Antonin sur la route d'*Augusta Pretoria* à *Rauracum*, c'est-à-dire, entre Aoste & Augst; Simler dans ses Notes sur Antonin[f] dit que c'est ROMONT. Il rend ailleurs ce nom par ceux de BRAGANS & de BRAMASANS, preuve de l'incertitude où il étoit lui-même sur la vraye situation de l'ancien lieu. Voiez BRAMASANT.

[f] p. 274.

BRAMANT[g], Bourg de Savoye dans la Maurienne; sur l'Arche à sept lieues au dessus de St. Jean au Levant, en allant vers le Mont Cenis & Lanslebourg dont il est à trois lieues.

[g] Baudrand Ed. 1705.

1. BRAMAS, (LES) peuple d'Asie. Voyez BRAMA.

2. BRAMAS, (LES) Peuple d'Afrique dans la baſſe Ethiopie au Royaume de Loango entre les Anzicains & la côte de l'Océan. Mr. Baudrand de qui eſt cet article cite Leon l'Africain qui ne dit rien de ſemblable ; & qui ne parle ni des Bramas, ni du Royaume de Loango.

BRAMASANT, Village de Suiſſe au Pays de Vaux, ſur le Lac de Genéve. On le prend pour BRAMAGUM, ou BROMAGUM Ville des anciens Helvetiens que d'autres placent à BRO Village à une grande lieuë de Genéve entre Lauſanne & Vevay.

BRAMENIUM. Voiez BREMENIUM.

BRAMMA, ou BREMA, Ville d'Aſie au Pays des Sines, ſelon Ptolomée [a]. [a] l. 7. c. 3.

BRAMPOUR, Ville d'Aſie dans l'Indouſtan, dans les Etats du Mogol au Royaume de Candiſch dont elle eſt la Capitale. Voici ce que nous en apprend Thevenot dans ſon Voyage des Indes. [b] Brampour eſt une grande Ville, dont le ſol eſt inégal, il y a des ruës extrèmement exhauſſées, & il y en a d'autres ſi baſſes, qu'il ſemble que ce ſoient des foſſez quand on eſt dans les hautes ruës. Ces irregularitez de ruës ſont ſi frequentes, qu'elles cauſent une extrème fatigue. Les maiſons n'y ſont point belles, parce qu'elles ne ſont pour la plûpart bâties que de terre : Elles ſont pourtant couvertes de tuiles verniſſées, & les diverſes couleurs des toits jointes au verd de quantité d'arbres de differentes eſpeces, plantez de tous côtez, la rendent aſſez divertiſſante : Il y a deux Carvanſeras, un deſtiné à loger les Etrangers, & l'autre à garder l'argent du Roi que les Treſoriers tirent de la Province : celui des Etrangers eſt bien plus ſpacieux que l'autre, & eſt quarré & tous deux ſont face au Meidan. Cette Place eſt fort grande, car elle a bien cinq cens pas de long, & trois cens cinquante de large, mais elle n'eſt pas agréable, parce qu'elle eſt remplie de méchantes huttes, où les Fruitiers étalent leurs herbages & leurs fruits. L'entrée du Château eſt dans ce Meidan, & la porte principale eſt entre deux groſſes tours. Ses murailles ont ſix à ſept toiſes de haut ; elles ont par tout des Crenaux & il y a par intervale de groſſes tours rondes qui ſortent beaucoup en dehors & ont environ trente pas de Diametre. Ce Château enferme le Palais du Roi, & on n'y entre point ſans permiſſion. Comme le Tapty paſſe le long de cette Ville du côté du Levant, il y a une face entière du Château ſur le bord de cette Riviere, & en cet endroit les murailles ont huit toiſes de hauteur, parcequ'il y a des Galleries aſſez propres ſur le haut, où le Roi quand il eſt à Brampour vient joüir de la belle vûë, & voir le Combat des Elephans qui ſe fait pour l'ordinaire au milieu de la Riviere. Il y a en ce même lieu la figure d'un Elephant de grandeur naturelle : il eſt fait d'une pierre rougeâtre & luiſante, il a le derriere au fond de l'eau, & panche ſur le côté gauche : l'Elephant que cette figure repreſente mourut en cet endroit, combattant en preſence de Châgehan Pere d'Aurenzéb, qui voulut ériger un Monument à cette bête, parcequ'il l'aimoit, & les Gentils le vont barboüiller de couleur, comme ils font leurs Pagodes. On ne boit pas ordinairement à Brampour de l'eau du Tapty, parcequ'elle eſt fort ſale, mais on a recours à un grand baſſin quarré qui eſt dans le Meidan, dont l'eau vient d'une ſource éloignée, & paſſe avant que de remplir ce baſſin par le Carvanſera des Etrangers qu'elle fournit : Elle ſe cache enſuite ſous terre, pour ſe rendre dans le grand baſſin de la Place, qui ſouvent ſe trouve vuide le ſoir, à cauſe de la quantité d'eau que l'on y puiſe tous les jours, mais il ſe remplit la nuit, & ainſi on n'en manque preſque jamais. Il y a encore quantité de Maiſons de l'autre côté du Fleuve, & on peut dire qu'elles font une ſeconde Ville.

[b] Thevenot Voyage des Indes. p. 209.

Le grand Trafic eſt de toiles de Cotton, & il s'en fait un auſſi grand Negoce en cette Ville, qu'en aucun lieu des Indes : on y en vend de peintes comme par tout ailleurs, mais l'on eſtime particulierement les blanches, à cauſe du beau mélange d'Or & d'Argent que l'on y fait & dont les perſonnes riches font des voiles, des écharpes, des mouchoirs & des couvertures : mais ces Toiles blanches ainſi ornées ſont cheres.

BRAMPTON, Bourg d'Angleterre [c] au Comté de Cumberland ſur la Riviere d'Irting près des ruines du Mur de Severe, à trois lieuës de la Ville de Carlile. [d] Il a droit de tenir Marché. [e] C'étoit autrefois une Maiſon Royale. Mr. Baudrand n'en fait qu'un Village & dit qu'on le prend pour Bremenuracum des Anciens.

[c] Baudrand Ed. 1705.
[d] Etat preſ. de la Gr. Bret. T. 1.
[e] Galein Antonin. p. 53.

BRANA, ancienne Ville d'Eſpagne dans la Bétique, ſelon Pline [f]. Mais le R. P. Hardouin ſoupçonne qu'il ſeroit plus à propos de lire URBONA qui eſt l'Οὐρβώνη.

[f] l. 3. c. 1.

BRANAW. Voiez BRAUNAW.

BRANCASTRE, Bourgade d'Angleterre, au Comté de Norfolk, au Nord-Oueſt de cette Province. [g] On croit que c'eſt le BRANODUNUM des Anciens, du temps des Romains.

[g] Etat preſ. de la Gr. Bretagne T. 1. p. 92.

BRANCHIADÆ, ancien Peuple de l'Aſie vers l'Oxus, ſelon Quinte Curſe [h] qui dit que leur Ville fut ſi bien détruite qu'il n'en reſta pas la moindre trace. Strabon le met dans la Sogdiane [i]. Diodore de Sicile en parloit auſſi dans ſon XVII. Livre, mais le paſſage manque & il n'en eſt plus fait mention que dans le ſommaire de ce livre-là.

[h] l. 7.
[i] l. 11.

BRANCHIDARUM ORACULUM, Lieu de la Carie, ſelon Pline [k], où il y avoit un Oracle qui fut enſuite appellé l'Oracle d'Apollon Didyméen. L'ancien nom d'Oracle des Branchides étoit venu de Branchus Prêtre d'Apollon, de qui la poſterité fut appellée les Branchides. Strabon [l] en parle & Mela [m] auſſi. Mais ces deux Auteurs mettent cet Oracle dans l'Ionie. Il étoit aux Confins de l'une & de l'autre de ces Provinces. Herodote [n] & Pauſanias [o] le placent au bord de la Mileſie.

[k] l. 5. c. 29.
[l] l. 9. p. 421.
[m] l. 1. c. 17.
[n] l. 1.
[o] l. 9.

BRANCION [p], petite Ville de France, au Duché de Bourgogne, à trois lieuës de Tournus & à quatre de Cluni. Elle eſt compriſe dans le Chalonnois.

[p] Baudrand Ed. 1705.

BRANCOSI, ancien Peuple des Indes, ſelon Pline [q].

[q] l. 6. c. 20.

BRANDAM, Ville des Indes, dans l'Iſle de Java, ſur la côte Septentrionale vers l'Orient à ſix lieuës & au Couchant de Surubaye.

1. BRANDEBOURG, Ville d'Allemagne au Cercle de la Haute Saxe dans l'Electorat

torat de Brandebourg, & dans le Canton appellé la Moyenne Marche. Les Allemands écrivent Brandenburg [a]. Cette Ville est ancienne & quelques-uns lui donnent pour Fondateur un certain Brennus Chef des Gaulois Senonois. C'étoit le Siége d'un Evêché fondé par Othon le Grand [b] l'an 946. La principale Eglise est celle de la Sainte Vierge. C'est un monument de la pieté de Henri l'Oiseleur qui l'éleva sur les debris d'un Temple où les habitans encore Payens avoient adoré une Idole à trois têtes nommée *Triglas*. L'Idolatrie lui rendoit un culte auquel les Venetes, ou Vendes se portoient avec ferveur. C'étoit la même Divinité que Diane, & les trois têtes representoient les trois personnages qu'elle faisoit dans le Systême du Paganisme : on sait que Diane étoit Diane sur la terre, la Lune dans le Ciel & Proserpine dans les Forêts. On voit dans cette Ville une Statue de Roland, qui a cela de particulier qu'il tient à la main une épée nue. Cette Ville est située sur la Riviere de Havel qui la sepáre en deux parties, savoir la vieille Ville, Alt Brandenburg, & la Ville neuve New Brandenburg. [c] Son Evêché que l'Empereur Othon avoit richement fondé fut usurpé par les Protestans l'an 1563. Il étoit Suffragant de l'Archevêché de Magdebourg qui a été aussi secularisé. La Ville est située entre Berlin & Magdebourg. En entrant on passe sur un grand pont bordé de plusieurs Moulins [d], où commence la vieille Ville qui est une espece de Fauxbourg de la Nouvelle, n'étant fermée d'aucune muraille ; mais la Riviere lui sert de remparts & de fossé. Un des gros bras de la Riviere la sépare de la Ville neuve, comme nous avons dit, & coule le long de ses murailles garnies de plusieurs petites tours rondes qui font paroître leur antiquité. Ce sont là toutes ses fortifications. La place ne laisse pas d'être forte à cause de son assiete qui est au milieu d'un grand étang. Elle a d'un côté des Marais qui l'environnent, & de l'autre une petite Montagne toute couverte de Vignobles dont le dessus est occupé de la belle Eglise de Ste Marie, autrefois l'une des plus riches Abbayes d'Allemagne & l'une de ses Eglises les mieux bâties. Ses deux hautes tours quarrées font qu'on découvre de loin la Ville de Brandebourg. Quoique les murailles de la Ville Neuve paroissent fort anciennes, les rues sont la plupart droites & belles. Il y en a deux qui vont d'un bout de la Ville à l'autre, & qui se croisent au milieu des autres rues, y ayant à l'endroit où elles se coupent une grande place où est la Maison de Ville. Le Havel qui arrose la Ville porte de grands bâteaux qui y remontent de l'Elbe, & y voiturent les Marchandises qui viennent des Villes situées le long de ce fleuve.

2. BRANDEBOURG [e], Ville du Royaume de Prusse sur le Frische Haf; elle est passablement grande & a un beau Château.

LA NOUVELLE BRANDEBOURG [f], Petite Ville d'Allemagne dans la Basse Saxe, au Duché de Meckelbourg, dans les Etats de la Branche de Strelitz, & dans la Seigneurie de Stargard, elle est assez grande, mais elle n'est ni bâtie ni peuplée à proportion de son étendue.

[a] *Wagenseil Synops. Geogr. p. 284.*
[b] *Baudrand Ed. 1705.*
[c] *d'Audifret Geogr. T. 3.*
[d] *Jouvin de Rochefort, Voyages.*
[e] *Hubner Geogr. p. 370.*
[f] *Memoires dressez sur les lieux.*

L'ELECTORAT DE BRANDEBOURG, Grand Pays d'Allemagne dans la haute Saxe. Comme ce Pays a été long-temps Frontiere de l'Empire & Limitrophe des Wendes, Peuple Payen & féroce qui avoit succedé aux Vandales, les Empereurs y établirent un Margrave ou Comte des Frontieres : titre que les Princes qui ont possedé ce Pays ont conservé jusqu'à present, de même que le nom de MARCHE qui signifie Frontiere est demeuré au Pays.

Il faut distinguer deux idées très-differentes l'une de l'autre qu'on peut se former par ces mots *Electorat de Brandebourg*. Car on peut entendre par là tous les Etats soumis à l'Electeur de Brandebourg, ou simplement les Pays tellement attachez à la Dignité Electorale qu'en cas de partage, ils doivent toujours appartenir à celui des Successeurs qui parvient à l'Electorat. Dans ce dernier sens il n'y a proprement que la Marche de Brandebourg qui suive l'Electorat & qui en soit le partage inalienable.

Les autres Etats de l'Electeur de Brandebourg, sont

LA POMERANIE ULTERIEURE,
STETIN & les autres Conquêtes faites sur la Suede en dernier lieu.
Le Duché de MAGDEBOURG.
La Principauté d'HALBERSTADT,
La Principauté de MINDEN,
Le Duché de CLEVES,
Les Comtez { de LA MARCK,
{ de RAVENSBERG,
de Lingen,
de Moeurs,
de Tecklenbourg.

Il a outre cela droit de Protection à QUEDLINBOURG, une garnison dans NORDHAUSEN, & possede une partie de la BASSE LUSACE, outre la PRUSSE DUCALE érigée en Royaume. De tous ces Pays qui forment ensemble une puissance très-considerable il n'y a que la Marche de Brandebourg qui soit, à proprement parler, l'Electorat.

C'est d'elle seule que nous allons traiter dans cet article. On peut voir les autres parties dans leurs Articles.

La Marche de Brandebourg étoit anciennement habitée par les Sueves Peuple subdivisé en quantité d'autres. Ses habitans étoient les Semnons & sur tout les Lombards avant qu'ils en partissent pour aller faire de nouveaux établissemens près du Danube & ensuite au delà des Alpes. Comme vers le temps de la naissance de Jesus-Christ les Romains avancerent leurs Conquêtes jusqu'à l'Elbe, il est vraisemblable que le Pays où est aujourd'hui la Marche de Brandebourg, ne leur fut point inconnu. Mais les Vandales arrêterent le cours de ces conquêtes & vers le v. siécle depeuplant eux-mêmes leur patrie, s'avancerent vers le Midi & laisserent leur propre Pays en proye aux Wendes, Wenetes ou Henetes, qui trop resserrez près de la Vistule profiterent de cette migration des Vandales, s'emparerent de tout le Pays qui borde la Mer Baltique au Midi, & y formerent un nouveau Peuple connu sous le nom de SLAVI, peuple ennemi juré de la Religion Chrétienne. Les Rois Francs & sur tout

tout Charlemagne subjuguant peu-à-peu les voisins de cette Nation eurent souvent des guerres à soutenir. Les Successeurs de Charlemagne n'oubliérent rien pour tenir en bride ces Vendes si dangereux. L'Empire d'Allemagne qui se forma des debris de celui que Charlemagne s'étoit fait par sa valeur sentit plusieurs fois combien il importoit de former contre eux une barriere qui les enfermât entre lui & la Mer. Mais aucun n'y réussit que Henri l'Oiseleur, qui vers l'an 925. 927. ou 928. établit le Margraviat de Brandebourg; desorte qu'il y a huit cens ans (en 1728.) que cette Dignité subsiste. Ce Margraviat n'a pas toujours été possedé par la même Famille, il a été sujet à beaucoup de changemens & c'est ce qui est exprimé par ce vers Latin

Mutavit Dominos Marchia sæpe suos.

Je marquerai seulement les principaux. Lors qu'Henri l'Oiseleur eut créé cette Dignité de Margrave ou de Comte de la Frontiere, il en revêtit Sigfrid, son beau-frere, Comte de Kingelheim. On pretend qu'il descendoit de Witikind le Grand. Othon I. comprit dans le Margraviat les Pays de Havelberg & de Brandebourg. Sigfrid avoit un Frere nommé Geron, Comte de Stade, dont le fils de même nom que le Pere avoit été établi Margrave de Lusace vers l'an 930. après la mort de son oncle, Othon I. lui confera encore celui de Brandebourg, ce qui lui fit une puissance formidable aux Wendes.

L'an 965. il eut pour Successeur Brunicon, de la Maison des Comtes de Wettin. Celui-ci eut quatre fils, Mainfroi, Hermán, Hugue, & Sighart; qui furent Margraves de Brandebourg. Hugues suivit Othon III. en Italie, où il fut établi; Mainfroi & Herman moururent aparemment sans posterité, puis qu'on trouve qu'après eux Theodoric fils de Sighart fut Margrave. Ce Prince perdit tout par ses airs de hauteur; Mistevojus II. Roi des Wendes s'étant avisé de demander une Princesse de Saxe en Mariage, il la lui refusa avec mepris & s'atira une guerre qui le depouilla du Brandebourg & le reduisit à n'avoir pour toute ressource qu'un Canonicat de Magdebourg. Ce revers arriva l'an 1120. Il est vrai que les Wendes n'envahirent pas toute la Marche de Brandebourg, car il s'établit de nouveaux Margraves dont nous allons parler ; mais ces peuples ne laisserent pas de s'y affermir de maniere qu'il falut au moins cent trente ans pour y detruire leur pouvoir. Vingt ans après cette invasion, c'est-à-dire, vers l'an 1040. l'Empereur Henri IV. confera le Margraviat, ou plutôt les debris du Margraviat à Sigfrid, qui voyant que les Wendes étoient maîtres du Pays alla faire sa residence à Landsberg, sur les Frontieres de la Pologne. Son fils Udon qui vivoit l'an 1085. fut plus heureux & regagna quelques places de la Marche. Udon II. fils de ce dernier perdit ces avantages par sa revolte contre l'Empereur Henri IV. car les Wendes voyant qu'il n'avoit aucun appui à esperer de ce Prince, reprirent le dessus & l'affoiblirent. Il mourut l'an 1106. son fils encore jeune lui succeda, mais il fut empoisonné de bonne heure.

Rudolphe I. Frere d'Udon II. & son fils Rudolphe II. furent les derniers de la Maison de Stade qui aient possedé le Margraviat de Brandebourg, supposé même qu'ils en aient joüi.

L'an 1152. L'Empereur Frederic Barberousse voyant que la Marche avoit besoin d'un Prince capable de la netoyer, en investit Albert premier surnommé l'Ours, de la Maison d'Ascanie, (qui est le nom que portoit alors la Ville d'Ascherleben) ce Prince eut d'autant plus de facilité à chasser les Wendes de ses Etats que leur Royaume étoit en decadence & en ruine. Il tira de Saxe, de Westphalie, & de Frise des Colonies dont il repeupla plusieurs Villes qu'il trouva dégarnies d'habitans. Son fils Bernard fut Electeur de Saxe & Othon I. son autre fils fut tige des Electeurs de Brandebourg dont la posterité s'éteignit en 1322. avec Jean IV. dernier Electeur de cette Maison qui possedoit cet Electorat depuis 170. ans.

Comme cette Branche s'éteignit dans le temps que Loüis de Baviere étoit Empereur, il declara que la Marche étoit un Fief devolu à l'Empire & en investit son fils Loüis ; quoiqu'avant la mort de Waldemar II. Predecesseur de Jean IV. dernier Margrave de la Maison d'Anhalt se fut fait assurer la Succession éventuelle du Brandebourg. L'Empereur Loüis ne s'en tint point là. Il voulut obliger les Ducs de Pomeranie de tenir leur Duché comme Fief des Electeurs de Brandebourg. Cette pretention aboutit à donner aux Electeurs la premiere expectative qu'ils aient eus sur ce Duché. L'Electeur Loüis traversé par mille contre-temps, se borna enfin à d'autres Etats qu'il avoit eus de sa femme Marguerite Maultasch heritiere de la Carinthie & du Tirol, & se reservant le titre d'Electeur qu'il conserva jusqu'à sa mort il ceda le Pays de Brandebourg à son frere Loüis le Romain. Ce dernier mourut sans enfans, & son autre frere Othon perdit par sa mauvaise conduite, cet Electorat qui avoit été cinquante ans dans la Maison de Baviére. Cet Othon avoit épousé Anne fille de l'Empereur Charles IV. & il étoit stipulé dans le Contract de Mariage que s'il mouroit sans enfans la Marche de Brandebourg seroit devolue à la Boheme. Charles, outre l'Empire possedoit encore ce Royaume ; Othon ne se voyant point de posterité voulut se moquer de son beaupere qui le dépouilla, desorte que l'Electorat de Brandebourg passa dans la Maison de Luxenbourg de laquelle étoit Charles IV. Il en investit aussi-tôt Wenceslas son fils qui le ceda l'an 1378. à son frere Sigismond. Celui-ci pour deliver sa femme Marie qui étoit prisonniere en Hongrie engagea à Josse & Procope Margraves de Moravie, ses Cousins, la Marche de Brandebourg. Guillaume le Riche Margrave de Thuringe la posseda aussi à titre d'engagement, mais Sigismond la racheta vers l'an 1411. Il la ceda ensuite l'an 1417. à Frederic Burgrave de Nurenberg de la Maison de Hohen Zollern ; dont les descendans ont joüi & joüissent encore de l'Electorat. On peut voir dans les Articles particuliers de quelle maniere cette Maison est parvenue à assembler tous les Etats dont elle joüit.

BRA.

La Marche de Brandebourg, est bornée au Nord par la Pomeranie & le Mecklebourg; à l'Orient par la Pologne; au Midi par la Silesie, la Lusace, la Haute Saxe, & Magdebourg; au Couchant par le Pays de Lunebourg.

On la divise en cinq principales parties qui sont,

La vieille Marche,
Le Pregnitz,
La Moyenne Marche,
L'Ukermarck,
& La Nouvelle Marche.

La Vieille Marche, est bornée au Nord par le Duché de Lunebourg qui la termine aussi au Couchant. L'Elbe la separe à l'Orient du Pregnitz & du Duché de Magdebourg qui acheve de l'enfermer au Sud-Ouest. Elle confine aussi par une lisiere au Duché de Brunswig. Les principaux lieux sont,

Stendal,	Tangermunde,
Saltzwedel,	Seehausen,
Gardelegen,	Osterburg,
Bismarck,	Arneburg,
& Verben.	

Le Pregnitz est enfermé au Nord-Ouest & au Nord-est par le Duché de Meckelbourg, il a au Sud-est la Moyenne Marche, au Midi le Rhin petite Riviere qui tombe dans le Havel, & cette derniere Riviere avec l'Elbe dans laquelle elle se perd le borne au Sud-Ouest. Les principaux lieux sont,

| Perleberg, | Witstock, |
| Havelberg, | & Kyritz. |

On peut y ajouter les Bourgs de Stawenow, Wittenberg, Wilsnack, & Neustadt.

La Moyenne Marche est la plus grande de toutes. Elle a au Nord le Pregnitz, le Meckelbourg, l'Ukermarck, & la Nouvelle Marche; à l'Orient cette derniere Province & la Silesie; au Midi la Lusace, & le Duché de Saxe; au Couchant le Duché de Magdebourg. Les principaux lieux sont,

Berlin,	Fehrbellin,
Brandebourg,	Rupin,
Francfort sur l'Oder,	Joachimsthal,
Spandau,	Ratenau,
Oranjebourg,	Bernaw,
Postdam,	& Lebus.

L'Ukermarck, c'est-à-dire, la Marche d'auprès la Riviere d'Uker; elle est bornée au Nord-Ouest par le Meckelbourg; au Nord, & au Levant par la Pomeranie & par la Moyenne Marche qui l'enveloppe aussi au Midi & au Couchant. Les principaux lieux sont,

Prenslow,	Loecknitz,
Templin,	Suet,
Strasbourg, & Oderburg.	

La Nouvelle Marche confine avec la Moyenne au Couchant & au Sud-Ouest, à la Si-

BRA. 447

lesie au Midi, à la Pologne au Levant & à la Pomeranie dans laquelle elle s'enfonce vers le Nord. L'Oder la separe de la Moyenne Marche & de l'Uckermarck. Elle a été longtemps possedée par les Chevaliers de Prusse & vers l'an 1290. Othon le Long Margrave de Brandebourg eut guerre avec les Polonois, à l'occasion de ce Pays qu'il avoit acheté de ces Chevaliers. L'Electeur Frederic II. la racheta l'an 1455. de l'Ordre Teutonique à qui Josse Margrave de Moravie l'avoit engagée pour cent mille Florins d'or, & ce ne fut qu'à la charge de retrovendition; mais l'Electeur Joachim en obtint la pleine & entiere jouïssance du Grand Maître de cet Ordre avec faculté de pouvoir la transmettre à ses heritiers. Les principaux lieux sont,

Custrin,	Landsberg,
Driesen,	Custriniken,
Sternberg,	Berlinichen.

Outre cela il y a Sonneburg qui étoit une Commanderie de Malte.

La Marche de Brandebourg prise en general est arrosée par plusieurs belles Rivieres. Les principales sont l'Elbe, le Havel, la Sprée, l'Ucker, l'Oder, & la Warthe, qui reçoit la Netze. On y suit la Religion Protestante, quoique la Cour soit Calviniste, la plûpart des habitans sont Lutheriens. Les Catholiques y sont tolerez.

BRANDEIS [a], petite Ville de Bohéme, [a Sanson dans la Bohéme propre, sur le bord Meridional de l'Elbe un peu au dessous de la jonction de la petite Riviere de Gizera avec ce fleuve, à quatre heures & demie de chemin & au Nordest de Prague.

BRANDONS [b], Ville de France en Bourgogne, aux Frontieres du Charolois, à quatre lieues d'Autun. [b Ibid.]

BRAND'OE' [c], petite Isle de Danemarck [c Baudrand dans le Detroit de Middelfart ou le petit Belt; Ed. 1705. entre le Duché de Sleswig au Couchant & l'Isle de Funen au Levant. Ce fut par-là que Charles Gustave Roi de Suede passa le Detroit du petit Belt en 1658. sur la glace pour aller du Sleswig dans l'Isle de Funen.

BRANGONIA. Voiez Branovium.

BRANISOBA', Ortelius [d] trouvant ce [d Thesaur. nom employé par Nicetas & par le Continuateur de Glycas, croit qu'ils ont voulu parler d'une Ville de Hongrie. Ce nom lui paroit Moderne.

BRANNACUM, Lieu de Campagne dans la Gaule: Gregoire de Tours [e] cité par [e Hist.l.4. Ortelius en fait mention. Voiez Brennacum.

BRANNODUNUM. Voiez Branodunum.

BRANNOGENIUM, ancienne Ville de l'Isle d'Albion au Pays des Ordovices, selon Ptolomée [f]. Ses Interprétes disent que c'est [f l.2.c.23. Worcester.

BRANNOVICES, &

BRANNOVII, ou Aulerci Brannovices [g], ancien peuple de la Gaule, selon [g De Bell. Cesar dans ses Commentaires. Il dit que les Gall. l.7. Gaulois ayant fait une Assemblée ordonnerent c.75. au Peuple Ædui, & à leurs Clients qu'il nomme

me *Segusiani, Ambivareta, Aulerci Brannovices, Brannovii*, de fournir trente cinq mille hommes. Suit une longue énumération des Contingens que d'autres peuples devoient fournir ; & qui ne fait rien à notre sujet. Davies qui nous a donné une belle édition de Jules-Cesar remarque dans une Note qu'il n'est fait ailleurs aucune mention des *Aulerci Brannovices*. Il ajoute : tous les Manuscrits distinguent ces mots par des Virgules *Aulercis, Brannovicibus*, & *Brannoviis*. Le Grec distingue de même τοῖς Ἀυλέρκοις, τοῖς τε Βραννοουΐκι, καὶ τοῖς Βραννοβίοις, desorte qu'en suivant cette Leçon ce sont trois peuples diferens ; mais, poursuit-il, dans une matiere si obscure on ne peut rien dire de fort positif ; cependant il vaut beaucoup mieux s'arrêter aux Manuscrits que de corrompre le texte sous pretexte de le corriger ; comme ont fait Pierre Ciaconius & Joseph Scaliger qui effacent le dernier nom. J'avoue, continue Davies, que les *Brannovii* ne sont nommez nulle part ailleurs, ni les *Brannovices* non plus, mais cela n'empêche pas qu'il n'y ait eu des peuples de ce nom. C'est tout ce qu'on peut dire de plus raisonnable. En fait de Géographie les autoritez uniques sont embarassantes, puisqu'elles laissent toujours à desirer un passage parallele pour appuier la Leçon si elle est juste, ou pour la corriger si elle est defectueuse. Mais les Savans ont souvent le défaut de rejetter comme suspect tout ce qui leur est inconnu. Vossius est souvent ridicule dans son Edition de Mela par l'envie qu'il a de changer dans cet Auteur tout ce qui lui est inconnu. Mr. Sanson avoit d'abord commis cette faute, mais il s'en est ensuite un peu corrigé. Voici comment il s'explique dans ses remarques sur sa Carte de l'Ancienne Gaule.
,, J'ai cru autrefois, dit ce savant homme, ou
,, que tous ces noms étoient corrompus, ou
,, qu'ils devoient être tirez du texte de Cesar
,, comme superflus. C'est pourquoi je n'en
,, ai fait aucun état dans ma grande Carte de
,, l'ancienne Gaule ni dans la petite imprimée
,, environ dix ans après. Mes raisons étoient
,, que ces deux noms ne se trouvent ni l'un ni
,, l'autre dans pas un ancien Auteur ; l'un
,, semble être la repetition de l'autre. Et de plus
,, le nom d'*Aulerci*, très-apparemment est ici
,, superflu, n'y ayant aucune apparence que
,, ce nom se doive trouver ailleurs, que là
,, où sont les peuples *Cenomani*, *Diablintes*, &
,, *Eburovices*, à quoi toute l'antiquité s'accorde & non parmi les Cliens des Peuples *Ædui*,
,, qui en sont fort éloignez & toutefois sans
,, rejetter aucune chose du texte de Cesar, nous
,, pouvons faire que *Brannovii* & *Brannovices*,
,, repondront, l'un des deux au Briennois qui
,, est du Diocèse d'Autun & qui retient quelque chose de l'ancien nom ; l'autre au Mâconnois, ou Diocèse de Mâcon qui est contigu & à l'Orient du Briennois ; ou à la
,, Bresse, comme la plupart veulent croire.
,, Nous pouvons aussi corriger *Aulerci* en
,, *Ambarri*, Cesar ayant estimé ci-devant *Ambarri* entre les sujets des Peuples *Ædui* ; &
,, ici, là où il fait le denombrement entier de
,, tous les sujets & Cliens des Peuples *Ædui*,
,, ces *Ambarri* ne s'y trouvant point, il les y
,, faut placer, au lieu de ce nom *Aulerci* in-

,, connu en ces quartiers, & bien connu ail-
,, leurs." Où Cesar dit-il, que son dessein est de faire un denombrement entier de tous les sujets & cliens des peuples *Ædui* ? Mais les *Aulerci* sont inconnus en ces quartiers ; ils cessent de l'être lors que Cesar les nomme en cet endroit. Les *Ambarri* étoient sujets des *Ædui* ; cela conclud-il que les *Aulerci* de ce Canton n'en étoient pas ? C'étoient peut-être des peuples également existans. Cesar ne nomme point ici tous les cliens des *Ædui*, mais seulement ceux à qui on demanda des troupes en cette occasion. Les *Aulerci* de ce Canton ne sont connus que par ce passage, mais il suffit ; tous les Manuscrits s'accordent sur ce nom & c'est assez, pour ne devoir rien changer legerement au texte. Faut-il effacer des livres Géographiques de Pline, de Ptolomée, tous les noms qui ne se trouvent que dans un passage unique ? quel bouleversement ne feroit-on pas dans leurs Ouvrages, si au lieu de ces noms une orgueilleuse Critique s'avisoit de substituer des noms plus connus, mais qui ne signifieroient plus ni les mêmes lieux, ni les mêmes peuples ? On ne sauroit trop s'élever contre la temerité de ceux qui réforment ainsi les Ecrits des Anciens pour les mettre au niveau de leur savoir.

BRANODUNUM, Ville ancienne de l'Angleterre. La Notice de l'Empire [a] la met dans le Departement du Comte qui commandoit le Rivage Saxon dans la Grande Bretagne. Camden croit que c'est BRANCASTRE au Comté de Norfolc. Quelques-uns écrivent BRANNODUNUM. *a* Sect. 52.

BRANOVIUM. Voiez BRAVINIUM.

BRANSKO, petite Ville de l'Empire Russien, Mr. de l'Isle [b] écrit BRANSKI. Elle est dans le Duché de Severie, sur la rive Orientale de la Desna ; à cent vingt-cinq Werstes de Novogorod Sevierski, & à un peu plus de cent Werstes de Demetriowicz qui est à l'extrémité Septentrionale de cette Province. *b* Carte de la Moscovie.

BRANSLE [c], (LA) Riviere de France. Elle a sa source dans le Vendomois près de Cruchéré d'où coulant vers le Midi, puis serpentant vers le Sud-Ouest le long des Frontieres de la Touraine depuis les Assis jusqu'à Neuville, elle entre dans cette Province, arrose la Ville de Château Renaud, d. les Bourgs de Villedômé & de Reugny, g. & se jette à Vernou dans la Cisse un peu au dessus de sa jonction avec la Loire. *c* Del'Isle Carte de la Touraine.

BRANTÔME, ou BRANTOSME, (l's ne se prononce point) ; petite Ville de France dans le Perigord sur la Drôme vers sa source ; à quatre lieues de Perigueux vers le Nord [d]. Il y a près de cette Ville une Abbaye de l'Ordre de St. Benoît fondée par Charlemagne en l'honneur de St. Pierre & de St. Paul. Cette Abbaye est resserrée entre la Riviere & un rocher. Elle a donné le nom & apparemment l'origine à cette Ville. *d* Baudrand Ed. 1705.

BRANTUSPANTIUM, ancienne Ville des Gaules dans la Belgique. Voiez BRATUSPANTIUM.

BRAS DE MAINE. Pays de Grece dans la Morée. Les Italiens le nomment ARAZZO DI MAINA. C'est l'ancien Pays de Lacedemone ; & il repond à la Laconie des Grecs. Le Vasilipotamo qui est l'Eurotas des Anciens

BRA.

le traverse du Nord au Sud & coule à Mifitra qui est la fameuse Sparte. Les habitans sont nommez MAGNOTES. Voiez ce nom. Voiez aussi MAINA Château dont ce Pays & ce Peuple prennent leur nom.

BRAS DE MER, Canal où la Mer separe deux terres voisines l'une de l'autre, c'est la même chose qu'un Détroit.

BRASIÆ. Voiez PRASIA.

BRASLAW, Ville de Pologne au Duché de Lithuanie, dans le Palatinat de Wilna sur un petit Lac avec un Château sur la Roche; environ à cinq Milles Polonois de la Dwina & des Frontieres de la Livonie & de la Courlande. Mr. Baudrand la met mal à propos dans le Palatinat de Vitebsco; mais cette Ville n'est nullement dans ce Palatinat ni dans celui de Vitepsk qu'il vouloit dire apparemment. C'est apparemment lui qui a trompé Mr. Hubner qui à son exemple place Braslaw dans le Palatinat de Witepskie. Mrs Sanson & de l'Isle le placent comme il faut dans celui de Wilna. Mr. Hubner observe que c'est une grande Ville & que quelques Cartes en font un Palatinat particulier.

BRASSAW, ou BRASSOW[a], Ville du Royaume de Hongrie en Transsilvanie, les Allemands l'appellent CRONSTADT. Elle est sur la Frontiere de la Valachie au pied des Montagnes, dans le Burchland, sur le petit Ruisseau de Burcz qui se rend peu après dans l'Alaut; & donne son nom à la Contrée. Cette Ville est assez forte pour le Pays où elle est située, elle a trois Fauxbourgs, l'un habité par des Hongrois, l'autre par les Bulgares & le troisième par les Saxons. Elle est à quinze milles Géographiques d'Hermanstadt & à vingt-huit de Clausenbourg.

[a] *Baudrand rectifié.*

BRASSIEUX, Gros Bourg[b] de France dans la Sologne, au bord du Beuvron qu'on y passe sur un pont, nommé le pont d'Ariant au Midi de Chambort. On y tient Marché tous les Jeudis & outre l'Eglise paroissiale il y a deux Couvens. Mr. de l'Isle écrit BRACIEUX & n'en fait qu'un Village.

[b] *Corn. Dict.*

BRATA, Bourg d'Afrique sur la côte du Royaume de Tripoli, entre la Ville de Lebeda & le Golphe de Sidre, selon Mr. Baudrand[c]. Berthelot dans sa Carte de la Mediterrannée nomme ce lieu BARATA & le met plus précisément entre Capo Baratua & la Succa.

[c] *Ed. 1705.*

BRATUSPANTIUM, ancien Peuple de la Gaule Belgique dont parle Cesar dans ses Commentaires. Les Savans ne s'accordent point sur le lieu où elle étoit. Quelques-uns veulent que ce soit CLERMONT dans le Beauvoisis, d'autres que c'est BEAUMONT sur l'Oise; d'autres GRANVILLE, d'autres enfin disent que c'est GRATEPANCHE. Il y a même eu des Auteurs qui poussant encore plus loin la hardiesse des conjectures ont cherché dans ce mot l'origine de celui de BRACBANT, ou BRABANT. Il est du moins certain que cette Ville a duré jusque dans le moyen âge. Car il en est fait mention dans la Vie de St. Guibert, & dans celle d'Ansfride Evêque d'Utrecht par Sigebert. Louvet dit[d] que c'est BRETEUIL: *tant parce que son nom de Brantus Panteuil, dit-il, qu'elle portoit, que pource que proche d'icelle une très-grande Ville dont elle peut*

[d] *Hist. des Antiq. du Pays de Beauvoisis T. 1. c. 4.*

Tom. I. Part. 2.

BRA.

avoir pris le nom, sa naissance & son accroissement, a été ruinés; dont le plan & assiette qui est d'une demie lieue, est entre les Villages de Beauvoir, Vandeuil, Capli, Eruseau & Enonseau & dont la Vallée est environnée de trois Collines, sur l'une desquelles étoit bâtie la Forteresse dont la Motte retient encore le nom de Catelet. Et combien que ladite Ville ait été totalement ruinée, néanmoins paroissent encore des fondemens fort massifs, de grands espaces de Logis, grand nombre de puits & caves; quantité de Medailles d'argent & de cuivre; & principalement quand cette grande Campagne est ensemensée en bled, on y reconnoît encore le compassement & les endroits des rues où le bled est plus petit qu'aux lieux où les Maisons étoient bâties. Quoique ce soit, elle étoit du temps de Jules Cesar une grande Cité en Beauvaisis laquelle exceloit en credit & autorité entre les Belges, en laquelle les Beauvaisins s'étoient refugiez avec leurs moyens, & laquelle bailla pour Ostage à Cesar six cens hommes.

Nicolas Sanson parle ainsi de cette Ville dans ses remarques sur sa Carte de l'ancienne Gaule. *Bratuspantium*, dit-il, ce nom a reçu diverses explications par divers Auteurs. Suivant notre methode il doit & ne peut être estimé que pour BEAUVAIS qui s'est appellé du depuis CÆSAROMAGUS, & enfin BELLOVACI. Le premier & le plus ancien nom étant un nom Latin, tiré & façonné sur l'ancien nom Celtique; le second un nom donné à l'honneur du nom de Cesar & le dernier un nom commun au peuple & à la Ville Capitale du peuple: ce qui s'est observé en beaucoup d'autres Villes Capitales des Peuples de la Gaule chevelue.

Quant à[e] *Grattepanche* que quelques-uns veulent faire repondre à *Bratuspantium* cela ne se peut. *Grattepanche* n'est encore & n'a jamais été qu'un chetif Village, à trois lieues d'Amiens & bien avant dans le Diocèse d'Amiens; & par consequent *in Ambianis* & bien éloigné d'être *in Bellovacis* où l'assiete de *Bratuspantium* doit être suivant Cesar, & suivant les bonnes maximes la Capitale des Peuples Beauvaisins & non une des moindres de leur Etat. Pour les antiquitez encore que l'on prétend à *Grattepanche*, elles sont imaginaires & ne doivent avoir lieu que parmi les contes des bons paysans, comme il s'en fait souvent ailleurs. Ainsi l'allusion du mot *Grattepanche* avec celui de *Bratuspantium*, ne peut ici de rien servir. Toutes les bonnes marques qui se doivent observer pour connoître l'assiete de *Bratuspantium* étant contraires à celles de *Grattepanche*.

[e] *Sanson là même.*

1. BRAVA[f], Isle la plus Meridionale de celles que l'on nomme Isles du Cap-Verd, au Couchant de celle de Fuego. On y recueille du Vin aussi excellent que celui des Canaries. Sous l'Isle de Brava le fond est de Roches aigues, ce qui fait que les Vaisseaux qui y abordent pour l'aiguade demeurent sous les Voiles. Un des Voyages de la Compagnie[g] Hollandoise explique ce nom de *Brava*, par celui de sauvage; elle est pourtant habitée par une Colonie de Portugais.

[f] *Baudrand Ed. 1705.*
[g] *T. 1. p. 544.*

2. BRAVA, Ville d'Afrique en Ethiopie, au Zanguebar sur la côte d'Ajan, avec un

L ll

un assez bon Port. C'est un petit Etat indépendant. Elle est à près de cent mille pas de Magadoxo vers le couchant d'Hyver, selon Mr. Baudrand [a]. Mr. de l'Isle [b] lui donne un degré de Latitude Septentrionale, & met la Longitude par les 59. d. 10. ou 12′. Mr. Corneille [c] se trompe quand il dit que Brava est au delà de l'Equateur, elle est de tout un degré en deçà comme nous avons dit. Il ajoute qu'elle est entre les bras de la Riviere de *Quilmaner*. Il n'y a point de Riviere de ce nom, en ces quartiers, car pour celle de *Quilmanci*, elle n'en approche pas.

[a] Ed. 1705.
[b] Carte de l'Ethiopie.
[c] Dictionn.

BRAUBACH [d], petite Ville d'Allemagne avec un Château sur le Rhin, dans la Weteravie au bas Comté de Catzenelnbogen. Elle appartient au Landgrave de Hesse-Darmstadt, & est un peu au dessus de Boppart.

[d] Baudrand Ed. 1705.

BRAVINIUM, ou BRANOVIUM, ancien lieu de la Grande Bretagne : Antonin en parle dans son Itineraire sur la route de *Calleva* à *Urioconium*. Mr. Gale [e] qui pretend que cette derniere place est presentement Wroxeter, prend *Bravinium* pour RUSHBURY. Il pretend que dans la Langue des Cambres ou des Bretons *Bruynen* signifie un *Jonc* & ajoutant qu'elle doit être Rushbury en Shropshire, il en apporte pour preuves la distance qui, selon lui, est la même depuis *Magna* qu'il dit être *Old-Radnor*, & le grand Chemin qui passe par ce Bourg en droiture pour aller à *Urioconium*. Il soutient que ce ne sauroit être WORCESTER qui est à quarante Milles du Chemin sur lequel il faut chercher BRAVINIUM.

[e] p. 127.

BRAULIO [f], (LE MONT) Montagne de Suisse dans les Alpes dont elle fait partie. C'est la principale des Montagnes que les Anciens appelloient les Alpes Rhetiques. Elle est au Pays des Grisons aux Frontieres du Tirol, & près de Bormio. C'est dans cette Montagne que l'Adda a sa source.

[f] Baudrand Ed. 1705.

BRAUNAW [g], Ville d'Allemagne dans la basse Baviere sur la Riviere d'Inn ; à six milles de Passaw, en allant vers Inspruck.

[g] Ibid.

BRAUNECKEN, ou BRAUNECK [h], Bourg d'Allemagne dans le Tirol, avec un Château bien fortifié, à trois lieues de Brixen ou environ. Il donne le nom à la Vallée où il est situé. Voiez BRIONUM REGIO.

[h] Ibid.

BRAUNSBERG [i], en Latin *Brunonis Mons*, petite Ville de Pologne dans la Prusse Royale sur la Riviere de Passerg qui tombe dans le Frisch-Haf. C'étoit le sejour ordinaire de l'Evêque de Warmie. Cette Ville est presque à moitié chemin entre Marienbourg & Königsberg, mais plus près d'Elbingue. Les Polonois l'ont engagée au Roi de Prusse qui en jouït depuis l'an 1667. Ainsi l'Evêque n'y reside plus.

[i] Ibid.

BRAURON [k], petite Ville de Grece dans l'Attique, proche de Marathon. Elle étoit célebre à cause de son Temple de Diane surnommée *Brauronienne* & des Fêtes que l'on celebroit à son honneur. Elle est à demie lieue de Marathon, & s'appelle maintenant URANA, ce n'est plus qu'un hameau. Mr. Spon [l] dit ailleurs que c'est un méchant Village, ou plutôt dix ou douze metairies d'Albanois.

[k] Spon Liste de l'Afrique.
[l] Voyage T. 2. p. 183.

BRAVUM, ancienne Ville de l'Espagne Tarragonnoise, au Pays des Murboges, selon Ptolomée [m]. On croit que c'est presentement BURGOS.

[m] l. 2. c. 6.

1. BRAY [n], (LE PAYS DE) petit Pays de France en Normandie, en Latin *Braium*, ce mot est interpreté *Lutum*, c'est-à-dire, *Fange*, aussi le Pays de Bray est-il très-mauvais, & très-fangeux dans le temps de pluyes. C'est une des quatre petites contrées qui composent le Diocèse de Roüen. Elle est située entre le Pays de Caux, le Vexin Normand, le Vexin François, & le Diocèse d'Amiens, & contient la Ville de Neuchâtel, & celle de Gournay, les Bourgs de Gaille-Fontaine, Forges, & la Ferté, les Seigneuries de Vardes, d'Alges, d'Elbeuf en Bray, Dampierre & autres. Les Abbayes des Bernardins de Beaubec, & des Prémontrez de Bellozane, & le Prieuré des Bernardines de Saint Augustin. La Riviere d'Epte qui traverse ce Pays, y prend sa source aussi-bien que celles d'Andalle & du Therin, & plusieurs ruisseaux qui forment divers étangs, ce qui rend le Terroir très-abondant en gras pâturages. Le beurre que l'on y fait est fort estimé, & l'on en transporte une grande quantité à Roüen & à Paris. Il produit aussi beaucoup de grains & de fruits. La Forêt de Lions le borne du côté de la Riviere d'Andelle, & l'Evêché de Beauvais comprend dans sa Jurisdiction Spirituelle la partie de ce Pays qui s'étend depuis le Beauvoisis jusqu'à l'Epte, où l'on trouve le Comté d'Ons en Bray, & l'Abbaye des Benedictins de Saint Germer.

[n] Memoires dressez sur les lieux en 1704.

2. BRAY [o], petite Ville de France en Champagne dans le Senonois, sur la Riviere de Seine, aux Confins de la Brie entre Nogent au Levant & Montereau-Faut-Yonne au Couchant. [p] Thibaut Comte de Champagne ceda cette Ville au Roi St. Louïs, & le Roi Charles VI. la vendit au Roi de Navarre en 1404. Depuis ce temps-là elle fut achetée par le Comte de Dunois, & un Mariage la fit passer de cette Maison dans celle de Nemours. Ce fut du dernier Duc de Nemours que le President de Mêmes l'acheta en 1648.

[o] Baudrand Ed. 1705.
[p] Corn. Dict.

2. BRAY, Ville de France en Picardie sur la Riviere de Somme entre Peronne, Amiens, & Corbie. C'est le chef-lieu d'une petite Contrée qu'on appelle le PAYS DE BRAY.

BRAYCHYPULT POINT, Cap de la côte Occidentale d'Angleterre dans la Principauté de Galles, à l'extremité la plus Occidentale de la Province de Caernarvan, au Nord de la petite Isle de Bardsey. Quelques-uns la prennent pour le *Cranganorum Promontorium* des Anciens.

BRAYE [q], (LA) Riviere de France. Elle a sa source dans le petit Perche près de St. Bomert d'où serpentant vers le Sud-Ouest & se grossissant de plusieurs ruisseaux, elle passe à Vibraye qui est du Maine, de là circulant vers le Sud-est & vers le Midi, elle se perd dans le Loir.

[q] De l'Isle Atlas.

BRAZE [r], Bourg de France en Bourgogne. Il étoit autrefois plus considerable, on y tient Marché & Foires. Il est entre Dijon & St. Jean de Laune, à deux lieues & demie de chacune de ces deux Villes.

[r] Corn. Dict. Memoires dressez en 1705.

BRAZZA, Isle du Golphe de Venise sur la

la côte de Dalmatie près de Trau, & de l'Isle de Lesina, entre Spalato & Narenta. Elle est aux Venitiens & n'a rien de remarquable qu'un Bourg de même nom.

BRAZZA DI MAINA. Voiez BRAS.

BRE', Place forte de la Thrace, selon Procope au IV. livre des Edifices.

BREA, Ville des Atheniens qui y envoyerent ensuite une Colonie au raport d'Etienne le Géographe.

BREAMPOUR. Voiez BRAMPOUR.

BREANIA, nom Latin du Comté de Cavan en Irlande dans la Province d'Ulster. Voiez CAVAN.

BRECEY, Bourg de France dans la basse Normandie, au Diocèse d'Avranches.

BRECHE, (LA) ou la BRESCHE, Riviere de France; elle a son cours dans le Beauvoisis & tombe dans l'Oise.

BRECHIN [a], Ville de l'Ecosse Septentrionale dans la Province d'Angus, sur la Riviere d'Esk, sur laquelle il y a un beau pont à deux arcades. Elle est considerable par son negoce de Saumon & de Bétail. C'étoit autrefois un Evêché Suffragant de St. André.

[a] Etat. pref. de la Gr. Bret. T. 2. p. 167.

BRECKNOCK [b], en Latin *Brechinia*, Ville d'Angleterre au Pays de Galles, dans la Province Brecknockshire, elle est située à l'embouchure des Rivieres Hodney & Usk, à 124. milles de Londres. C'est une Ville bien bâtie, qui fait un bon commerce d'étoffes de Laine, & c'est le lieu où l'on tient les Assises. Elle a deux Marchez par Semaine.

[b] Etat. pref. de la Grande Bretagne T. 1. p. 140.

BRECKNOCKSHIRE, Province Mediterranée d'Angleterre au Pays de Galles, dans le Diocèse de Landaff, au Couchant d'Herefordshire. Elle a 106. milles de tour, & contient environ 620000. Arpens, & 5934. Maisons. Elle est divisée en Montagnes & en Valées. Le blé, le bétail, le poisson, & quelques fourrures de Loutres, sont ses principales productions. Elle contient 61. Paroisses, & 4. Bourgs où l'on tient Marché. Mais la Capitale en est le seul lieu qui merite le nom de Ville.

BREDA [c], Ville des Pays-Bas, au Brabant Hollandois, avec titre de Baronie attaché tant à elle qu'à son Territoire. Elle est située dans la Baronie de même nom dont elle est la Capitale. La Riviere de la Merck qui la traverse, va se jetter dans le Roovaert près du Fort de Black par où cette Ville a communication avec la Mer. Elle est à huit lieues de Bois-le-Duc, à six de Bergen-op-Zoom & à dix d'Anvers.

[c] Memoires manuscrits communiquez.

Ce n'étoit autrefois qu'un Bourg que Henri fils de Godefroi érigea en Ville l'an 1252. en lui accordant le droit d'avoir des Echevins. Elle n'eut des murailles & des fossés qu'en 1534. Et Henri de Nassau qui lui procura cet avantage fit aussi bâtir le château en 1567. Le Duc d'Albe la déclara confisquée avec toute la Baronie au profit du Roi d'Espagne & y mit une forte garnison. En 1577. la garnison livra la Place aux Etats, mais en 1581. Claude de Barlaimont la leur enleva le 18. Juin, en quoi il fut aidé du Baron de Fresin qui y étoit prisonnier. Delà vient la maxime qu'ont les Provinces-Unies de ne point souffrir de Prisonniers de guerre dans les Places Frontieres.

Le 4. Mars 1590. le Prince Maurice s'en ressaisit sur les Espagnols par le moyen d'un bâteau de Tourbes [d] dans lequel un Capitaine, un Lieutenant & 70. hommes étoient cachez. C'est ainsi que ce Capitaine & son monde furent admis dans le Château dont ils se rendirent maîtres; & d'autres troupes s'emparerent de la Ville. Spinola la reprit le 5. Juin 1625 après un siége de dix mois & Frederic Henri Prince d'Orange la remit sous les Provinces-Unies le 20. Octobre 1637. après quatre mois de siége. Elle leur est demeurée jusqu'à present, & comme c'est la plus importante Clef du Pays du côté du Brabant on l'a fortifiée & on en a fait une des Places les plus regulieres des Pays-Bas. Elle fut choisie pour y traiter la Paix qui fut conclue en 1667. entre les Hollandois & les Anglois.

[d] Sorte de Gazon sec & souffré que 'o brûle au lieu de bois & qui est le principal chauffage dans la Hollande & Provinces voisines.

La Ville est assez grande, belle & bien percée, la plupart des rues sont larges & belles; quantité de Maisons font rebâties à la moderne; il y a quatre places publiques. La grande place est tirée au cordeau. Les autres sont le Marché aux bêtes, le Marché aux herbes, & la Poissonnerie. Le poisson de Mer & de Riviere y abonde également à cause de la communication de la Merck dont j'ai déjà parlé. On vante dans tout le Pays les chapons de Breda. L'air y est fort sain.

Les Remparts ont plus d'une lieue de circuit, ils sont flanquez de quinze bastions & défendus par autant de demi-lunes, outre cinq ouvrages à Cornes détachez & une très-bonne Contrescarpe. Ils sont bordez d'une rangée d'arbres qui fait une agréable Promenade. Mais ce qui rend l'accès de la Ville fort meurtrier pour une armée qui la voudroit assiéger, ce sont les eaux & les Marais dont elle est presque environnée.

Les Reformez occupent trois Eglises, dont la principale est nommée la grande Eglise dediée à Nôtre Dame. Elle est belle & contient quelques tombeaux, entre autres ceux des anciens Barons de Breda; mais le tombeau le plus remarquable c'est celui d'Englebert II. de Nassau mort en 1504. & de Marie de Bade sa femme. Henri son Neveu le fit faire de Marbre blanc & noir. On y voit quatre grands hommes de l'ancienne Rome qui portent son cercueil; savoir Numa Pompilius, Scipion, Jules Cesar, & Caton. On a voulu exprimer par ces quatre Heros l'amour de la Religion, la Prudence militaire, la Bravoure & l'austere Vertu. Ceux d'Englebert I. mort en 1441. & de Jean de Nassau mort en 1473. qui y sont inhumez avec leurs femmes ont été fort endommagez durant les guerres des Pays-Bas. Cette Eglise étoit autrefois une Collegiale dont le Chapitre étoit composé de douze Chanoines & d'un Doyen & avoit été fondé en 1303. par un Prêtre nommé Jacques Curé de Gissen & Doyen rural de l'Assemblée de Beck. Les revenus de ce Chapitre furent ensuite augmentez par Rason de Gavre & sont aujourd'hui partie des revenus du Baron de Breda. La tour de cette Eglise est fort belle & a trois cens soixante & deux pieds de haut.

Les autres Eglises sont celle de *Merckendael*, près de la Merck, c'est la plus ancienne de toutes. Elle est aussi bien que la precedente occupée par les Reformez Hollandois. L'Eglise Françoife pour les Refugiez François eft celle des Capucins qui furent chaffez & dont le Couvent fut detruit après la prife de Breda l'an 1637. Les Jefuites qui en fortirent dans le même temps y avoient été établis en 1625. par la protection d'Ifabelle.

Les Catholiques qui font en bien plus grand nombre que les Proteftans ont le libre exercice de leur Religion dans trois Chapelles deffervies par des Seculiers, des Jefuites & des Recollets, mais aucun Prêtre n'eft admis à Breda à exercer les fonctions Paftorales fans l'approbation du Baron ou de fon Droffart. Les Lutheriens ont une Eglife particuliere & un Miniftre qu'entretient leur Communauté.

La Maifon de Ville eft un grand Edifice fitué fur la grande place, les appartemens en font reguliers & magnifiquement meublez. Dans la Chambre où le Confeil s'affemble on voit le Portrait de la Princeffe d'Orange tenant fur fes bras fon fils Guillaume III. on y a mis auffi le Portrait du Prince de Naffau-Orange Stadhouder de Gueldre.

On pourra voir une plus ample Defcription de cette Ville dans le fecond Volume de l'Etat des Provinces unies de Mr. Janiçon.

Breda eft fituée dans une Campagne fi fertile & fi agréable que le Prince Maurice l'appelloit fon lieu de plaifance. Outre la Merck qui la traverfe l'Aa baigne fes Murailles, & quelques-uns tiennent que le nom de Breda vient du nom de cette derniere Riviere joint à l'adjectif *Breed* qui fignifie large, comme fi l'on vouloit dire que la Riviere d'Aa s'élargit en cet endroit.

Henri de Naffau fit commencer en 1350. le vieux Château, mais environ l'an 1680. Guillaume Prince d'Orange depuis Roi d'Angleterre en fit bâtir un nouveau qui eft un grand ornement de la Ville. C'eft un édifice qui enferme une Cour quarrée, & eft entouré des eaux de la Merck. Du l'autre côté du foffé eft l'Arfenal de la Ville, & par devant il y a le VALKÉNBOURG, qui eft le jardin du Prince. Il eft orné de plufieurs allées qui y rendent la promenade delicieufe.

La BARONIE DE BREDA, Canton des Pays-bas dans le Brabant Hollandois. Elle a pour bornes au Nord la Hollande, à l'Orient la Mairie de Bois-le-Duc, au Midi la Mairie de Hoogftraten & la Terre de Ryen & à l'Occident le Prince-land & le Marquifat de Berg-op-Zoom. Elle a environ neuf lieues de longueur d'Orient en Occident & quatre ou cinq de largeur du Nord au Sud. Cette Baronie eft fort ancienne & comprenoit autrefois le Marquifat de Berg-op-Zoom, le Comté de Hoogftraten & les Villes de Gertruydenberg & Sevenbergen. Mais aujourd'hui outre la Capitale qui porte le même nom elle ne renferme que XVII. Villages & Seigneuries.

Cette Seigneurie eft un Fief mouvant du Duché de Brabant & faifoit autrefois une partie confiderable de l'ancien Comté de Streyen qui fut entierement demembré après la mort de Hilzondis derniere Comteffe de Streyen, vers l'an 1100. Le Duc de Brabant s'empara de la meilleure partie de ce Comté que lui difputoit le Comte de Hollande à la bienféance de qui il n'étoit pas moins ; cela caufa de grandes guerres jufqu'à ce qu'enfin en Novembre 1203. il fe fit un accord entre eux en vertu duquel Henri Duc de Brabant & Thierri Comte de Hollande partagerent entre eux ce Comté. La Seigneurie de Breda tomba dans le partage du Duc, car on trouve que l'an 1212. elle appartenoit à Godefroi de Bergue comme Feudataire de ce Duc. Ce Godefroi laiffa un fils nommé Henri dont la fille unique Elifabeth époufa Arnould de Louvain : de ce mariage fortirent deux filles mariées, l'une à Razon de Liedekerk & l'autre à Gerard de Wefemale. Cela donna lieu au partage que Jean I. Duc de Brabant fit de la Terre de Breda en 1287. Le premier eut la Seigneurie de Breda proprement dite, le fecond eut celle de Berg-op-Zoom, avec tout ce qui en depend aujourd'hui. Ce Duc leur conféra ces deux Terres ainfi feparées comme leur portion de l'heredité maternelle avec tous les Droits Domaniaux & Regaliens fans s'en referver aucun que celui de foi & hommage.

Razon de Liedekerk fut pere d'Alix qui époufa Gerard de Raffelghem. Celui-ci vendit cette Baronie de Breda à Jean de Polane Seigneur de la Leck, du confentement de Jean Duc de Brabant. Jean de Polane laiffa une fille unique nommée Jeanne qui porta cette fucceffion l'an 1404. à fon Mari Englebert de Naffau dont les defcendans l'ont poffedée jufqu'à la mort de Guillaume III. Roi de la Grande-Bretagne mort fans pofterité en 1702. Cette Baronie, comme tous les autres biens de fa Succeffion eft prefentement en litige ; & eft difputée par le Roi de Pruffe & le jeune Prince de Naffau-Orange.

La Souveraineté de la Baronie & de la Ville de Breda appartient aux Etats Generaux, qui y levent les mêmes droits que dans tous les autres Pays de la Generalité ; & le Seigneur releve du Confeil de Brabant à la Haye comme tous les autres Feudataires du Brabant-Hollandois. Cependant le Baron de Breda jouït de grandes Prerogatives. Il a la nomination du Magiftrat de la Ville, & de tous les hauts & bas Officiers du Pays de même que de tous les Miniftres des Eglifes. Perfonne ne peut chaffer dans le Pays fans fa permiffion ou fans celle du Droffard à qui fa charge donne ce droit. Il poffede divers Domaines en fonds de terre, tous les Moulins, tous les biens Ecclefiaftiques des Catholiques Romains plufieurs dixmes, & quantité de cens & de redevances.

BREDENARDE,[a] petite Contrée de France en Artois au Nord de cette Province, à l'Orient de la Ville d'Arde. Elle peut avoir une lieue & demie dans fa plus grande largeur & environ un quart de lieue de plus dans fa longueur. Elle eft bornée au Nord par le Canal de Liette Wat, & à l'Orient par les Rivieres de Mardick & du Drak. Ortelius fait de Bredenarde un des grands Bailliages, ou Chatellenies de l'Artois. Il fe trompe. Voiez ARTOIS.

[a] *De l'Ifle Atlas.*

BREDENBERG, petite Ville d'Allemagne au Duché de Holftein. Le vrai nom eft BREITENBERG & c'eft ainfi qu'il eft écrit fur la Carte de Jean Meyer dreffée fur les lieux. Cependant l'ufage le plus commun eft pour Breden-

[b] *Danckwerth.*

Bredenberg. Elle est située sur le bord Oriental de la Riviere de Stoer, dans le Stormar, aux confins du Bailliage de Rendsbourg à l'Orient & à un demi-mille Germanique d'Itzehoe.

BREDERODE,[a] ancienne & noble Seigneurie des Pays-bas dans la Province de Hollande dans les Dunes entre Harlem & Beverwick. Il y avoit un Château qu'on a ruiné. Les Comtes de ce nom ont été très-illustres: un d'entre eux accompagné de trois cens Gentils-hommes confederez presenta à Marguerite d'Autriche Duchesse de Parme Gouvernante des Pays-bas la Requête contre l'Inquisition & les autres nouveautez que le Conseil d'Espagne vouloit introduire l'an 1566. Cette Maison est presentement éteinte.

[a] Dict. Géogr. des Pays-bas.

BREFAR, Isle de la Couronne de la Grande Bretagne, l'une des Sorlingues, au Couchant de Cornouailles, entre la Mer d'Angleterre & celle d'Irlande.

BREFORD. ou BREDFORT. Voiez BREVOORT.

BREGÆTIUM, Ville de la haute Pannonie selon Ptolomée.[b] Ses Interpretes disent que c'est presentement BREGNITZ. Lazius dit que le lieu où l'on voit encore les Ruines de *Bregætium* est presentement nommé BONTUDA. Ortelius croit que la *Bregætium* de Ptolomée est la même que BREGETIO d'Ammien Marcellin & BERGENTIO d'Aurelius Victor. Ils nomment ainsi la Ville où Valentinien mourut lorsqu'il traitoit avec les Ambassadeurs des Quades. Paul Diacre la nomme BERGIO & Caliste BRIGITIO.

[b] l. 2. c. 15.

BREGANÇON,[c] fort Château de France en Provence sur un Rocher; & dans une petite Isle sur la côte de la Mer Mediterranée, près des Isles d'Hieres & au milieu entre Toulon & St. Tropez.

[c] Baudrand Ed. 1705.

BREGENTIUM, nom Latin de BREGENTZ.

1. BREGENTZ, Ville d'Allemagne en Suabe, dans le Comté de même nom dont elle est la Capitale, sur le Lac de Constance qui y reçoit la Riviere de Bregentz, & en prend le nom de Bregentzer See que les Allemands lui donnent aussi. Elle est nommée en Latin BREGENTIUM & BRIGANTIA & le Lac *Brigantinus Lacus*. Elle est annexée au Comté de Tirol avec le Pays voisin & appartient à la Maison d'Autriche, & fait partie du Cercle d'Autriche par cette raison quoi que située dans la Suabe. Elle est à une lieue de Lindau, & près de quatre de Wanger.

2. BREGENTZ, Riviere d'Allemagne au Comté de même nom, elle a sa source au mont Arula, qui separe ce Comté de celui du Tirol, auprès de Girsboden; delà coulant vers l'Occident & serpentant ensuite vers le Nord, elle reçoit en chemin quantité de ruisseaux de l'un & de l'autre côté, & arrose une Vallée qui en prend le nom de BREGENTZER-THAL; après cela elle se replie vers le Couchant & va se perdre dans le Lac de Constance au Midi de la Ville de Bregentz.

LE COMTÉ DE BREGENTZ, petit Pays d'Allemagne, en Suabe; mais au Cercle d'Autriche dont il est une annexe. Il est borné au Nord par le Territoire de Wangen; à l'Orient par l'Evêché d'Augsbourg & par le Comté de Tirol; au Midi par les Comtez de Pludentz, & de Montfort; au Couchant par le Rhin & par le Lac de Constance. Il y a quantité de hautes Montagnes sur tout dans la partie Orientale. Il étoit autrefois aux Comtes de Montfort qui le vendirent à la Maison d'Autriche qui le possede à present.

BREGENTZER-THAL, Vallée d'Allemagne au Comté de Bregentz. Elle est ainsi nommée de la Riviere de Bregentz qui y coule.

BREGES. Voiez PHRYGIE.

BREGETIUM. Voiez BREGÆTIUM.

BREGNA, (VAL) Voiez VAL-BREGNA; & BREUNA.

BREISICH,[d] petite Ville d'Allemagne au Duché de Juliers, sur la Rive gauche du Rhin, vis-à-vis d'Huningen qui est sur la Rive droite de ce Fleuve.[e] Elle est dans une Campagne très-fertile qui est mêlée de Vergers, de Prairies, de Terres de Labour & de Jardinages.

[d] Sanson Atlas.
[e] Mem. & p'ans Géogr. graph.

BREMA,[f] Bourg d'Italie dans le Milanez près du Po & de l'Embouchure de la Sessia & sur les Frontieres du Montferrat dans la Laumeline. Il a été autrefois fortifié à cause de sa situation dans des Marais; mais on en a rasé les Fortifications, On le trouve à moitié chemin entre Casal & Valence & à vingt-huit milles de Pavie au Couchant.

[f] Baudrand Ed. 1705.

BREMBO, (LE)[g] Riviere d'Italie en Lombardie. Elle a sa Source dans la Montagne de Morbigno, aux Frontieres de la Valteline, d'où coulant au Midi par le Bergamasque dans la Vallée de Brembo, elle se rend dans l'Adda à huit milles de Bergame.

[g] Ibid.

BREMEN, Ville d'Allemagne dans le Cercle de la Basse Saxe au Duché dont elle est la Capitale & qui en porte le nom. Elle est située sur le Weser. Irenicus est, au jugement de Bertius,[h] le premier qui se soit avisé de dire que c'étoit la PHABIRANUM de Ptolomée. & quoi qu'il l'eût avancé sans le prouver, Pierre Appien ne laissa point de le suivre en cela. Bertius croit que ce n'étoit d'abord qu'un Village dont on ne parloit point, *Vicus ignobilis*; & que ce lieu dût son accroissement à celui de la Religion Chrétienne après la Fondation de l'Eglise que Charlemagne y commença l'an 788. Ce Prince ayant à cœur la conversion des Saxons avoit choisi St. Willehad ou Guillad Missionnaire Apostolique & l'avoit établi Evêque de la Basse Saxe dès l'année precedente; ce St. Homme établit à Breme le Siége de son Episcopat, son Diocèse s'étendoit depuis la Frise jusqu'à l'Elbe. Cet Evêché subsista ainsi jusqu'au temps de St. Anschaire qu'on peut appeller l'Apôtre du Nord, & qui fut premier Archevêque de Hambourg. Ce fut en sa faveur que l'an 849. ces deux Siéges furent unis parce qu'alors il étoit question de la conversion du Danemarck & de la Suede, à laquelle ce pieux Prélat travailla beaucoup. St. Rembert le Compagnon de ses Voyages & de ses travaux Apostoliques & qui a été son Historien lui succeda au Gouvernement des deux Diocèses. St. Rembert étoit donc le second Archevêque de Hambourg, mais le V. Evêque de Breme. Cette union des

[h] Comment. rer. German. l. 3. p. 487.

deux

deux Siéges continua dans ses Successeurs qui avoient leur principale Résidence à Hambourg qui étoit alors Metropole, jusqu'à Albert I. surnommé le Grand XVIII. Evêque de Breme & XV. Archevêque de Hambourg. Ce Prelat se brouilla avec Swenon II. Roi de Danemarck pour s'être opposé à un mariage incestueux. Craignant les fureurs de ce Prince, il quita le séjour de Hambourg & alla à Bréme où il étoit moins exposé à sa vengeance. Quelques-uns ont cru que ce fut alors que la dignité de Siége Metropolitain passa de celui de Hambourg à celui de Bréme, mais il n'y eut alors qu'un changement de Résidence pour quelque temps & le changement de la dignité de Metropole d'un Siége à l'autre n'arriva que l'an 1223. en effet Albert étant reconcilié avec le Roi Suenon retourna à Hambourg.

La desunion des deux Diocèses commença après la mort de Hartwick II. qui étoit le XXIII. Archevêque de Hambourg, arrivée l'an 1208. Le Chapitre de Breme se hâta sans consulter celui de Hambourg de nommer un Successeur & choisit Waldemar Evêque de Slefwick. Ceux-ci pour s'en vanger élurent de leur côté Burchard Prevôt de Breme & l'ayant attiré à Hambourg l'élurent pour leur Archevêque. Waldemar Roi de Danemarck soutint ce choix des Chanoines de Hambourg avec d'autant plus de chaleur qu'il étoit fort irrité contre l'Evêque de Slefwig qui ne laissa pas de trouver de la protection auprès de l'Empereur Philippe. Les deux partis se donnerent de grands chagrins jusqu'à ce qu'enfin les deux Chapitres s'accorderent par un Acte que l'on peut voir dans les Origines de Hambourg écrites par Lambecius. Gerard n'y prend que le titre d'Archevêque de Breme. L'Eglise de Hambourg consent que le Titre & la Dignité d'Archevêque demeure à l'Eglise de Breme, que l'Archevêque de Breme tienne des Synodes & des Assemblées de Chapitres & fasse les Fonctions Ecclesiastiques dans l'Eglise de Breme & dans celle de Hambourg; que trois Chanoines de Hambourg, sçavoir le Prevôt, le Doyen & l'Ecolâtre soient appellez & ayent droit de voter pour l'Election d'un Archevêque de Breme, au nom de l'Eglise de Hambourg, qu'il n'y ait point un plus grand nombre de Chanoines de la part de celle de Bréme; que si ceux-là étant invitez ne s'y trouvent pas ils perdent leur droit d'élire pour cette fois seulement. Ainsi finit cette querelle entre ces deux Eglises, elle duroit depuis l'an 1072. quand les barbares saccagerent la Ville de Hambourg. Depuis cet Accord de l'an 1223. l'Archevêché de Hambourg n'a plus subsisté qu'uni avec celui de Breme. On peut voir les preuves de tout ce que je viens de dire dans l'Histoire des Archevêques de Bréme & dans les Origines de la Ville de Hambourg. L'un & l'autre Ouvrage est inferé dans le Recueil Latin des Historiens de l'Allemagne Septentrionale par Lambecius.

C'est à ses Prélats que Bréme doit cet éclat où elle est ensuite parvenue; plusieurs d'entre eux prirent plaisir à la fortifier, à l'augmenter & à l'embellir. Le premier de tous en fit un lieu remarquable en y mettant le Siége de son Evêché. Libentius entreprit de la fortifier contre les Sclavons, Herman son Successeur continua l'ouvrage selon Bertius; mais l'Historien de l'Archevêché de Breme dit que ce fut Herman qui forma le dessein d'entourer la Ville d'un mur, & que les fondemens en étoient à peine jettez qu'il mourut l'an 1025. n'ayant pas joüi trois ans de sa Dignité. Bezelin qui lui succeda la posseda dix ans & fit plus. Le cloître du Chapitre n'étoit que de bois, il le rebâtit de pierres, continua les murs de la Ville commencez par Herman, les éleva en quelques endroits jusqu'à la hauteur des Boulevards & en d'autres il se contenta de les avoir élevez de cinq à sept coudées & les laissa ainsi imparfaits. Cela vint de ce qu'il étoit partagé entre trop de soins à la fois. L'Eglise de Hambourg & le cloître qui n'étoient que de bois étant exposez aux incendies des barbares, Bezelin fit bâtir l'Eglise de notre Dame de pierre de taille & fit encore élever quelques autres édifices capables de resister à la furie des ennemis. Mais pour nous borner à ce qui regarde la Ville de Breme il y fit élever au Couchant une belle porte avec une grosse tour; mais il eut la douleur de voir l'Eglise brulée 270. ans après qu'elle avoit été fondée. Presque toute la Ville fut reduite en cendres. Le Tresor, les Livres, tous les Ornemens, tout y perit. L'Archevêque étoit alors à faire un voyage en Frise, il revint d'abord pour ses pas & dès l'été suivant il jetta les fondemens d'une nouvelle Eglise & prit pour modéle l'Eglise de Cologne. Il auroit achevé cet ouvrage en peu d'années, puis qu'avant l'hyver les fondemens de l'Eglise étoient jettez, les Colomnes dressées, les Arcades cintrées, & les côtez élevez à une hauteur considerable; mais sa mort arrivée le Mercredi de la Semaine Sainte de l'an suivant, laissa l'ouvrage à achever à ses Successeurs. La date de l'embrasement dont je viens de parler est remarquable en ce que c'est l'époque du relâchement qui changea ensuite le Chapitre. On y avoit mené jusqu'alors la vie Monastique, mais le derangement fit que les Moines se seculariserent & vécurent en Chanoines; ce qui éteignit l'ancienne ferveur. Albert Successeur de Bezelin voulant reparer sa Cathedrale detruisit une partie des Murs de la Ville & y en employa les materiaux, aussi bien que ceux de la belle porte & de la grosse tour que son Predecesseur avoit élevées. C'est ainsi que peu-à-peu cette Ville fut mise dans l'état où nous la voyons, ce qui acheva de lui donner un grand éclat, c'est que sa situation sur le Weser la rendant très-propre au Commerce, elle fut admise entre les Villes Hanseatiques. Vers la fin de l'Archevêché cette Dignité fut briguée par des Cadets de Maisons Souveraines, ces Princes auroient voulu dominer à Bréme, mais leur domination trop absolue ne s'accordoit pas avec la liberté des habitans qui devenus puissans par leur commerce surent faire de la Capitale une Ville libre & Imperiale qui se gouvernoit par elle-même. Il faut remarquer que Bréme est comptée comme Ville de Westphalie par Bertius; [a] elle en étoit anciennement son Evêque étoit suffragant de Cologne. Mais la Dignité Archiepiscopale conferée au Siége de Hambourg Ville de la Basse Saxe, & l'union des deux Siéges

[a] l. c.

BRE.

Siéges firent que dans la suite Breme fut comprise dans ce dernier Cercle.

J'ai dit que les Princes avoient brigué cette Dignité d'Archevêques de Breme dans les derniers temps ; ce fut la source des pertes qu'y fit la Religion Catholique. Durant les guerres civiles de l'Allemagne cet Archevêché étoit dans la Maison de Holstein déjà Protestante & soutenue par Christian IV. Roi de Danemarck General des Troupes des Princes liguez contre l'Empereur. Les Suedois qui entrerent dans cette guerre profiterent de l'occasion, se saisirent de l'Archevêché de Breme, & pousserent si loin leurs avantages qu'on le secularisa au Traité de Westphalie en faveur de la Couronne de Suede qui acquit par là le Duché de Breme, avec les annexes, entre autres les Droits que l'Archevêque avoit eus dans la Ville de Hambourg ; mais ce fut avec la reserve [a] qu'on laisseroit sans trouble & empêchement quelconque à la Ville de Breme, à son Territoire & à ses Sujets leur present Etat, Liberté, Droits, & Privileges, dans les choses tant Ecclesiastiques que Politiques.

[a] Traité d'Osnab. Art. X. §. 3.

La Suede a possedé cette acquisition jusqu'à l'an 1712. que le Danemarck l'en a depouillée. Cette derniere Couronne s'en est ensuite accommodée avec l'Electeur de Brunswig-Hanover Roi de la Grande-Bretagne, qui en vertu de cet Accord possede le Duché de Breme.

La Couronne de Suede a fait de grandes brêches à la liberté de la Ville de Breme, & a voulu par force la priver de sa qualité de Ville libre & Imperiale. On tâcha de suspendre les pretentions des Rois de Suede par un Accord l'an 1665. selon lequel la Ville, sans renoncer à ses Privileges contestez, consentoit à n'en point user durant un certain nombre d'années.

[b] Zeyler Saxon. Infer. Topogr.

[b] Outre la Cathedrale dont on a parlé les autres Eglises de Breme sont 1. l'Eglise de St. Wilhad qui étoit autrefois une Collegiale, mais le Chapitre en fut uni avec celui de St. Etienne. 2. Celle de Ste. Marie. C'est la plus ancienne Paroisse de la Ville, bâtie l'an 1160. du temps de l'Archevêque Adalberon. Ce fut d'abord l'unique Eglise Paroissiale jusqu'à l'an 1229. que le Pape Gregoire ayant égard à la quantité du Peuple partagea la Ville en IV. Paroisses. Cette Eglise a deux tours, de belles orgues & c'est où se tient l'Assemblée du Ministere Ecclesiastique. 3. L'Eglise de St. Martin est la seconde Paroisse, les Bourgeois commencerent à la bâtir en 1375. 4. L'Eglise de St. Anschaire Paroissiale & Collegiale, bâtie en 1182. il y avoit un Chapitre fondé par l'Archevêque Hartwic II. dont le tombeau est au milieu du Chœur, elle a une haute tour de pierres de taille couverte de cuivre. La pointe en fut emportée par un coup de Tonnerre la nuit du 8. Avril 1647. mais on la repara ensuite. 5. La petite Eglise de St. Jacques, desservie jadis par les Chanoines de St. Anschaire. 6. L'Eglise de St. Nicolas, c'est presentement un Hôpital pour de pauvres veuves. 7. L'Eglise de St. Etienne quatriéme Paroisse. 8. Dans le Fauxbourg près de l'Hôpital de St. Rembert est une Eglise qui servoit de Paroisse non seulement aux habitans de ce Fauxbourg, mais même à quelques Villages voisins. Elle fut brûlée durant le siége de l'an 1547. & rebâtie en 1596. 9. Enfin il y a une Eglise dans la Ville neuve.

Il y avoit à Breme l'Abbaye de St. Paul, Ordre de St. Benoît, elle fut entierement detruite en 1523. Il y avoit aussi 1. le Couvent de Ste. Catherine fondé pour les Dominicains l'an 1225. les Reformez l'ont rebâti de neuf & en ont fait un College & ce qu'ils appellent l'Ecole illustre. 2. Le Monastere de St. Jean, c'étoit un Couvent de Cordeliers dont on a fait un Hôpital.

Cet Hôpital est enrichi des dépouilles de deux autres, savoir d'un qui étoit auprès de l'Eglise de St. Anschaire, & qui fut brûlé l'an 1597. ses revenus aussi bien que ceux de l'Hôpital de Ste. Gertruide changé en un Magazin à bled ont été apliquez à celui de St. Jean. Il y a outre cela les Hôpitaux de Ste. Elizabeth & de St. Nicolas où des Veuves sont entretenues.

Le Beginage est une Maison où vivent des filles qui ne se marient point & qui instruisent de jeunes filles.

La Maison des Orphelins a commencé par une Donation que fit un Napolitain nommé Tarquinio de Molignano qui ayant demeuré quelques années à Breme y mourut l'an 1598. quelques autres personnes ayant fait des legs considerables en faveur de cet établissement, on est parvenu à y élever beaucoup d'Orphelins à qui on apprend à gagner leur vie.

L'Hôpital des Mariniers fut fondé l'an 1545. par les liberalitez de quelques Marchands & gens de Mer, on y entretient des Matelots qui sont hors de service, par quelque malheur, comme d'avoir été estropiez, &c.

Hors de la Ville est l'Hôpital de St. Rembert, on y loge & nourrit de vieilles gens. On peut ajouter à ces Hopitaux la Maison de correction, où l'on enferme les personnes de l'un & de l'autre sexe qui tombent dans un dereglement public & scandaleux & on les y oblige au travail. La place publique est assez belle , on voit au Nord en perspective les Clochers des Eglises de St. Etienne & de St. Anschaire ; à un côté de la place est la Maison de Ville, & à l'autre est la Maison publique des Marchands. C'est un grand édifice de pierres de taille bâti l'an 1537. La Maison de Ville est ornée par dehors de diverses Statues d'Empereurs, Electeurs & de quelques hommes illustres de l'antiquité comme Platon, Aristote, Platon, Ciceron, &c. Entre les plus remarquables évenemens de cette Ville on peut distinguer ceux-ci. L'an 913. les Huns qui sont les Hongrois d'aujourd'hui ravagerent l'Allemagne , se firent jour jusqu'à Breme , renverserent l'Eglise qu'ils y trouverent bâtie. On dit qu'alors il y eut un grand Tonnerre qui effraya ces barbares, quelques-uns en furent frapez, plusieurs se noyerent dans le Weser, & d'autres furent taillez en piéces par les Bourgeois. L'an 1135. les Bremois donnerent la chasse aux Ascomans, Corsaires Danois qui osoient remonter le Weser & les batirent près de la Riviere de Lessen.

La Ville est grande, bien peuplée, & bien fortifiée, on y fait une biere qui se debite dans

dans les Pays voifins. La Religion Dominante eſt la Reformée quoi que ceux qui en ont banni la Religion Catholique fuſſent Lutheriens. Il y a au bord de la Riviere une Machine qui élève des eaux dans un reſervoir où par des canaux ſouterrains elles ſe diſtribuent dans les differens quartiers de la Ville. Le pont ſur lequel on y paſſe le Weſer eſt de bois, mais d'un bel ouvrage. La tête en eſt deffendue par un Fort bien gardé.

Le Duché de Breme, Souveraineté d'Allemagne au Cercle de la Baſſe Saxe. Il eſt borné par l'Elbe au Septentrion, par le Duché de Lunebourg & la Principauté de Ferden au Levant, par le Weſer au Midi & par le Comté d'Oldenbourg au Couchant. Comme ce n'eſt autre choſe que l'Archevêché de Breme ſecularifé j'en ai deja rapporté l'Hiſtoire.

Ce Pays eſt arroſé de beaucoup de Rivieres, la Tech, l'Umme, & la Hamma ſe joignent enſemble & ſe perdent dans le Weſer. La Drepte, la Lun, la Stotel & pluſieurs ruiſſeaux s'y rendent auſſi. L'Eſſe qui baigne Boxtehude & la Schwingel qui coule à Stade & la Riviere d'Ooſt tombent dans l'Elbe. Le milieu du Pays eſt rempli de Marais ou de Bruyeres. Il n'y a proprement de ce Duché que les deux côtez le long de l'Elbe & du Weſer qui ſoient fertiles. Les principaux lieux de ce Duché ſont,

Breme, Capitale.	Boxtehude,
Stade,	Wildhauſen,
Bremerverde,	Otterſberg,
	& Carsbourg.

BREMENIUM, Ville ancienne de l'Iſle d'Albion ſelon Ptolomée, [a] c'eſt à dire ancienne Ville de la Grande Bretagne au Pays des *Otadeni*. C'eſt la *Bramenium* d'Antonin, on croit que c'eſt Brampton ſur la Riviere de Bramiſch, au Northumberland. Voiez les preuves que Mr. Gale en apporte dans ſes remarques ſur l'Itineraire d'Antonin.

[a] l. 2. c. 3.

BREMERFERDE, BREMERFURDE, BREMERVERDE, ou BREMERVORDE, [b] petite Ville d'Allemagne au Cercle de la Baſſe-Saxe au Duché de Breme preſqu'au cœur de cet Etat. C'étoit autrefois la Reſidence de l'Archevêque. [c] Elle eſt ſur la petite Riviere de l'Ooſt à quatre milles de Stade. Elle eſt ornée d'un aſſez beau Château.

[b] Hubner Geogr.
[c] D'Audifret Géogr. T. 3.

BREMETONACA, lieu de la Grande Bretagne. L'Itineraire le nomme ſur la Route de *Glanoventa*, Gebrin, à *Mediolanum*, Meivod, entre *Galacum* aujourd'hui Whellep Caſtle & *Coccium*, Ribble Cheſter. Mr. Gale [d] croit que les Bretons l'appelloient *Bremeinig-Tan*, & que ce nom peut ſe rendre par ces mots une Colline de pierre ſur laquelle on met du feu & que le mot Saxon *Ingleburrough-Hill* ſignifie la même choſe. Il en conclut que Camden ne ſe trompe pas quand il place *Bremetonaca* à OWERBURROW au pied de cette Montagne. Il ajoute: Outre le nom, les Medailles, les pierres gravées, & les pavez de Marqueterie font voir que les Romains y ont eu une place.

[d] In Antonin. p. 119.

BREMGARTEN, [e] Ville de Suiſſe ſur la Riviere de Ruſs, ſur laquelle elle a un pont de bois. C'eſt un paſſage important pour la communication des deux Cantons Proteſtans. Bremgarten eſt aſſez grande & compoſée de deux Villes, la Haute eſt ſur un côteau & la Baſſe eſt au bord de la Riviere. Elle eſt riche & bien bâtie & ſa ſituation eſt ſi avantageuſe qu'on en pourroit faire une forte Place. Car la Riviere l'environne de trois côtez. Il s'y fait un aſſez grand commerce & l'on y a particulierement une grande Fabrique de Papier. On y profeſſe la Religion Catholique On y avoit introduit le Calviniſme, mais dès l'an 1532. on reprit l'ancienne Religion. Elle jouït de très-beaux Privileges & de grandes exemptions ſous la Souveraineté des Cantons dont elle relève immediatement ne reconnoiſſant point le Bailli des Provinces libres. Elle a ſon Avoyer, ſon grand & ſon petit Conſeil, ſa police & ſa Juriſdiction, & poſſéde une Seigneurie nommée KELLER-AMPT c'eſt-à-dire l'Office de la Cave qui comprend les Villages de Jonen, d'Æle, & de Lunghofen. Elle y a baſſe Juriſdiction, mais la Haute Juriſdiction & la connoiſſance des affaires criminelles appartient à Zurich depuis l'an 1429. Au deſſous de Bremgarten eſt un Monaſtere de Benedictins nommé GNADEN-THAL c'eſt-à-dire Val de Grace fondé l'an 1371. Au deſſus de la Ville on voit à quelque diſtance un Couvent de filles nommé HERMETSCHWYL (en Latin *Hermetis Villa*) qui eſt environné de la Ruſs. Il eſt auprès d'un Village de même nom. L'an 1080. les Religieuſes furent envoyées à Muri dont elles dependent; mais l'an 1178. elles furent rétablies dans leur Maiſon de HERMETSCHWYL. Cependant elles ſont toujours ſous l'inſpection de l'Abbé de Muri.

[e] Delices de la Suiſſe T. 3. p. 401.

BREMPT, petite Ville d'Allemagne dans l'Electorat de Treves, ſur la Moſelle, entre la Ville de Cocheim, & la Forterêſſe de Mont-Royal. Elle eſt maintenant reduite en Village.

BRENCI. Voiez BREUNI.

BRENDA, &

BRENDESIUM. Voiez BRUNDISIUM.

BRENDICE, c'eſt ainſi qu'on lit ce nom dans l'Itineraire d'Antonin tel qu'il ſe trouve dans l'Exemplaire du Vatican, & dans l'Edition de Simler. Cet Editeur avertit par une note qu'on peut lire auſſi BRISICE, & Bertius met BRICIZE, mais dans une autre route; car dans celle-ci il écrit BRENDICE. Ce lieu *Brendice* ſelon l'Itineraire devoit être dans la Thrace à xxi. M. P. de Maximianopolis en allant vers Trajanopolis. Il eſt preſentement inconnu. Mais il n'eſt pas certain que ce ſoit le même que BRISICE ou BRICIZE qui ſelon le même Itineraire dans une autre route étoit à xxxvii. M. P. de *Trajanopolis*; quoique dans la route où *Brendice* eſt nommée, le compte ſoit le même. Savoir:

Brendice,	
Milolitum,	M. P. XII.
Timporum,	M. P. XVI.
Trajanopolim,	M. P. IX.

ce qui revient à xxxvii. M. P. mais *Briſice* & *Brendice*

BRE.   BRE.   457

Brendice pouvoient être deux lieux differens. Car fi leur diftance eft la même à l'égard de Trajanopolis elle differe à l'égard de Maximianopolis que le même Itineraire met à xxi. M. P. de Brendice & à xx. M. P. de Bricize, ou de Brizice.

BRENDOLO. Voiez Brondolo.

[a] l. 4.
[b] l. 3.

1. BRENNACUM, [a] Ville de la Gaule felon Gregoire de Tours. [b] Aimoin en parle auffi. On croit que c'eft Mezieres, ou St. Michel en Brenne fur la Claife.

2. BRENNACUM, autre lieu de France dans le Soiffonnois. Quelques-uns croyent que c'eft Braine. Voiez ce mot.

[c] Taffin côtes de France.

BRENINGUER [c], petite Ifle de France fur la côte de Bretagne, à l'Occident du Conqueft. Elle n'a rien de remarquable que quelques Roches fous l'eau qui en rendent l'ancrage très-dangereux excepté au Sud-Sud-eft de l'Ifle.

1. BRENNE, Ville de France en Picardie. Voiez Braine.

2. BRENNE, petit Pays de France partagé entre plufieurs provinces. [d] Il eft nommé en Latin *Saltus Brionæ*, c'eft-à-dire la forêt de Brione, c'eft ainfi que l'on appelloit un grand bois qui couvroit ce Pays-là & que l'on a défarté. Il eft du Dioçèfe & de la Generalité de Bourges, mais du Gouvernement de Touraine. De là vient que quelques-uns la mettent dans la Touraine & d'autres dans le Berri. Cependant [e] il n'y en a dans la Touraine que ce qui eft entre les Rivieres d'Indre & de Claife; ce qui fe trouve entre la Claife & la Creufe eft du Poitou ou du Berri. Sa figure eft prefque Triangulaire; mais il eft plus long que large. [f] C'eft une Terre humide, marécageufe & pleine d'étangs. Chatillon fur Indre & St. Michel en Brenne en font les Principaux lieux.

[d] Longuerue defc. de la France part. 1. p. 107.

[e] Davity France.

[f] Piganiol de la Force defc. de la France T. 6. p. 56.

BRENNER, (le Mont) Montagne d'Allemagne au Comté du Tirol, entre les Rivieres d'Inn, de l'Adige & de l'Eifock; ces deux dernieres y ont leurs fources auffi bien que quantité de Ruiffeaux qui vont groffir l'Inn ou l'Adige. Cette Riviere eft mal nommée Ferner fur la Carte du Tirol gravée chez Jaillot. Mr. de l'Ifle la nomme très-bien le Grand-Brenner. C'eft une partie des Alpes. Elle eft environnée des Villes d'Infpruck au Nord-eft, de Brixen à l'Orient Meridional, de Bolzano au Midi de fa partie Orientale, & du Château de Tirol qui donne le nom à tout le Comté eft au Midi de cette Montagne.

BRENNUS Mons. Voiez Pyrenæus.

[g] Baudrand Ed. 1705.

BRENO, [g] Bourg d'Italie dans l'Etat de Venife au Breffan fur l'Oglio entre Breffe & Bormio.

BRENTE (la) en Latin *Brentefia* & *Medoacus*; [h] Riviere d'Italie dans l'Etat de Venife. Elle a fa fource dans les Alpes au Comté de Tirol, & dans le Trentin, d'où coulant au Midi par l'Etat de la République de Venife entre le Vicentin & la Marche Trevifane, elle reçoit le Cifmone & paffe à Baffano; d'où traverfant le Padouan, & coulant près de Padoue vers l'Orient, elle fe rend enfin dans les Lagunes tout près de Venife. Mais au deffus de Il Dolo elle fe partage en deux Branches dont l'une va fe perdre à Lifla Fufina près

[h] Ibid.

Tom. I. Part. 2.

de Venife & conferve le nom de Brente, l'autre nommée la Nouvelle Brente coule plus au Midi & va fe perdre auprès de l'Ifle de Brondolo & de celle où eft Chiofa.

BRENTES (les)

BRENTESIA. Voiez l'Article precedent & Medoacus.

BRENTFORD, Bourg d'Angleterre au Comté de Middlefex fur la Tamife à l'oueft & à fept milles de Londres.

BRENTII, Peuple d'Italie dont parle Hefyche. Apparemment il a voulu dire *Brutii*; Voiez ce mot; mais comme il ne dit point où étoit ce Peuple, peut-être que felon la conjecture d'Ortelius [i] de qui eft auffi la correction precedente, il y avoit Brentorum Regio; au lieu où Lazius met Brentonicum & Brentoni Castrum. Voiez l'Article qui fuit.

[i] Thefaur.

BRENTONICUM, ou Brentoni Castrum; place forte felon Paul Diacre [k] qui la met dans le Trentin. Lazius dit qu'elle eft près de l'Adige entre Trente & Verone. Ortelius [l] croit qu'elle eft dans le Pays du Peuple *Brenti*. On voit un Bourg nommé Brentonego fur un ruiffeau qui tombe peu après dans l'Adige, & à l'Occident de laquelle cette Ville eft fituée, entre cette Riviere & le Lac de Garde. C'eft le même lieu.

[k] De geftis Langobard. l. 3. c. 32.

[l] Thefaur.

BRENTONEGO. Voiez l'Article précedent.

BRENTORUM, ou Brentonorum, Brebtorum, Brionum, Bentorum & Britonorum Regio. Paul Diacre [m] fait mention de Sinduald, qu'il qualifie Roi des Brentes ou des Brentons. Car ce nom varie extrêmement dans les Manufcrits. Le Biondo croit que ce font les mêmes que l'on appelloit auparavant les Herules; & il se place dans un coin des Alpes & de l'Apennin, où le Tanaro, deja groffi de trente Torrens, arrofe le Pays. Mais le Tanaro qui tombe dans le Pô un peu au deffous de Valence eft bien loin de *Brentonego*, ainfi la conjecture d'Ortelius ne peut avoir lieu.

[m] De geftis Langobard. l. 1. c. 3.

BREONES. Voiez Ibriones.

BREOULX, [n] petite Ville de France en Provence vers les confins du Dauphiné & à quatre lieues de la Ville d'Embrun.

[n] Baudrand Ed. 1705.

BRESCAR [o], Ville d'Afrique au Royaume de Tremecen dans la Province de Tenez. Quelques Auteurs Arabes la nomment Bersac; Elle eft à huit lieues de Tenez fur la côte de la Mediterranée & doit fa fondation aux Romains. Ptolomée la nomme *Campi Germani*. Elle eft fermée de Murs, & a plufieurs anciens bâtimens & autres antiquitez Romaines. Le Peuple eft groffier & la plupart Tifferans, mais il eft robufte & fort leger. Il eft de ces Azagues qui avec le fecours des Bereberes de la Montagne de Zatima qui étoient leurs amis fe maintinrent contre les Seigneurs de Tenez jufqu'à ce que Barberouffe s'en empara pour les Turcs; (mais ceux-ci ont perdu cette Conquête.) La contrée rapporte force Bled, Orge, & Lin, & a quantité de troupeaux. Il y vient les meilleures figues d'Afrique que l'on porte à Tenez, à Alger, à Conftantine, & quand elles font feches, par toutes les Villes de la Barbarie & jufqu'à Tunis.

[o] Marmol. Afrique. l. 5. c. 32.

Mmm   BRES-

458 BRE.

BRESCIA, Ville d'Italie dans le Breſſan. Voiez Breſſe 2.

BRESCIANO. Voiez Bressan.

BRESCOU, Château de France au bas Languedoc dans une petite Iſle de la Mer Mediterranée, tout près de la côte & du Cap d'Agde, à une lieue de la Ville d'Agde au Midi, & à ſix lieues de Narbonne à l'Orient, en tirant vers Montpelier.

BRESIL, (LE) grand Pays de l'Amerique Meridionale ; avec titre de Principauté affectée à l'heritier préſomtif de la Couronne de Portugal. Mr. Baudrand n'y ſongeoit pas quand il a dit qu'il eſt de l'Amerique Meridionale la partie la plus avancée vers l'Orient & vers l'Europe. Le Breſil qui eſt tout entier au delà de la ligne n'avance aucunement vers l'Europe ; mais bien vers le Congo & la Cafrerie dont l'Ocean Ethiopique le ſepare à l'Orient. On fait grand uſage en Europe d'un bois que l'on appelle *bois de Breſil*, & la plupart s'imaginent qu'il eſt ainſi appellé du nom du Pays d'où on l'aporte. C'eſt une erreur que Mr. Huet [a] a refutée. C'eſt, dit-il, la Province qui a tiré ſon nom de ce bois. Il cite pour garant Barros Auteur Portugais qui dans ſon Recueil [b] dit expreſſément que le Pays du Breſil a tiré ſon nom du bois de Breſil. Il en ajoute une autre autorité encore bien plus forte & hors de toute contradiction, ſavoir celle du Rabbin David Kimchi, qui dans ſon Commentaire ſur les Paralipomenes & dans ſon livre des racines dit que le bois appellé dans l'Ecriture *Algummin* eſt le même qu'on appelle Breſil, d'où il s'enſuit que le bois de Breſil étoit donc ainſi nommé dès le temps de ce Rabbin qui eſt beaucoup plus ancien que celui de la découverte du Breſil.

L'Epoque de cette découverte eſt miſe aſſez generalement à l'année 1501., & on l'attribue à Alvarès Cabrac Portugais qui en prit poſſeſſion au nom de ſon Roi, & comme il decouvrit cette terre, le jour où l'Egliſe celebre la memoire de la Croix du Sauveur, on la nomme PROVINCE DE STE. CROIX. Les François y firent enſuite quelques établiſſemens vers l'an 1584. ſavoir à Pareba, à Rio grande ou Potengi & à Canabata, mais ils en furent dépoſſedez par les Portugais en 1601. Ribaut y établit en 1594. une Colonie de François dans l'Iſle de Maragnan, & la Ravardiere autre François y bâtit en 1612. un Fort qu'il nomma le ST. LOUÏS. La Couronne de Portugal ayant été unie à celles d'Eſpagne par Philippe II. & ce Prince ayant pouſſé à bout les Peuples des Pays-Bas où ſe forma la Republique des Provinces unies, cette Republique enleva au Portugal alors Eſpagnol une partie conſiderable des côtes du Breſil ; en treize ans de guerre elle ſe ſaiſit des Capitainies ou Gouvernemens de Pernanbouc, de Tamaraya, de Pariba, & de Rio grande. Cette Conquête avec celle de quelques autres Pays ſituez au Nord du Breſil de la Compagnie des Indes Occidentales qui en avoit fait les depenſes un Etat aſſez conſiderable. Elle y envoya le Prince Maurice de Naſſau pour Gouverneur Général & lui donna pour Conſeillers quelques Directeurs qui l'accompagnerent au Breſil où la Ville de Pernambouc fut choiſie pour être

[a] Huetiana Art. 106. p. 168.
[b] Decad.I. l.5.p.2.

BRE.

la Capitale de ce Gouvernement. Pendant huit ans que le Prince y fut il ajouta aux acquiſitions de la Compagnie les Capitainies de Siara, de Maragnan & de Sereigippe. Cette Compagnie prenant trop de confiance ſur ſes forces ſignalées par des progrès ſi rapides, s'affoiblit trop tôt elle-même en faiſant de trop groſſes repartitions aux intereſſez. La Trêve conclue en 1641. entre les Provinces unies fit regarder comme inutile le ſejour du Prince Maurice de Naſſau qu'elle rapella en 1644. avec deux mille hommes de Troupes reglées. Elle ſe contenta d'un Conſeil formé de Negocians, qui firent tant de fautes que les Portugais en profiterent & les chaſſerent du Breſil où les Hollandois ne garderent pas une ſeule Place. Depuis ce temps-là les Portugais ſont demeurez maîtres de ce Pays qui eſt leur principale reſſource. Le Breſil eſt la partie la plus Orientale de l'Amerique Meridionale & s'étend depuis la Riviere des Amazones, à un degré de l'Equateur au Midi juſqu'à la Riviere de la Plata où il finit en pointe au 35. d. de Latitude Meridionale. Au Nord de la Capitainie de St. Vincent le Pays eſt fort large & eſt ſeparé du grand Pays des Amazones par une ligne imaginée depuis la jonction de la Riviere d'Yay ou Ginipape avec le fleuve des Amazones & tirée vers le Midi dans un Pays deſert ou inconnu juſqu'au 21. d. de Latitude Sud, le reſte eſt reſſerré près de la Mer comme une liſiere par le Pays de Paraguai. Il faut avouer que la grande largeur qu'il a au deſſus n'eſt pas fort utile aux Portugais & qu'il n'y a que la côte que l'on puiſſe dire peuplée, le reſte eſt inconnu aux habitans mêmes du Breſil.

Le Breſil eſt diviſé en xv. Gouvernemens que les Portugais appellent *Capitania*, ou CAPITAINERIES. Les voici ſuivant l'ordre de la côte.

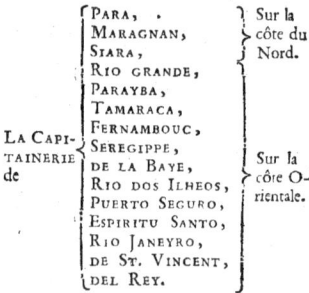

LA CAPITAINERIE de	PARA, MARAGNAN, SIARA,	Sur la côte du Nord.
	RIO GRANDE, PARAYBA, TAMARACA, FERNAMBOUC, SEREGIPPE, DE LA BAYE, RIO DOS ILHEOS, PUERTO SEGURO, ESPIRITU SANTO, RIO JANEYRO, DE ST. VINCENT, DEL REY.	Sur la côte Orientale.

Sur la côte & dans la Capitainerie de Siara on trouve les Pays de Dele & de Petaguey, qui ne ſont pas aux Portugais quoi qu'enclavez dans le Pays qu'ils poſſedent.

Outre cela il s'eſt formé dans la Capitainerie de St. Vincent une eſpece de Republique dans la Ville de ST. PAUL. Voiez ST. PAUL.

Outre les Portugais, le Breſil eſt habité par beaucoup de Peuples qui ne leur ſont point ſoumis. Aux bords de la Riviere de PARANAYBA eſt un Peuple de même nom ami des

Portu-

Portugais. Les Rivieres de Pacaxas & de Tocantin ont aussi des Peuples nommez comme elles. Entre les Capitaineries de Maragnan, de Siara, de Rio Grande, de Paraiba, & de Tamaraca est la Nation des Tapuyes composée de plusieurs fleuves differens de mœurs & de langage, quoique la Langue Guarani soit entendue par ces Peuples aussi bien que par les autres Nations du Bresil. Les Meriquites Peuples errans sont à l'Occident de la Capitainerie de Fernambouc. Les Obacatiares habitent les Isles de la Riviere de St. François. Les Guyaves, les Taicuivii & les Tupinambes sont dans la Capitainerie de la Baye. Les Waymores, les Quirigujes, & les Maribuces & Tucanuces dans celle de Rio dos Ilheos. Les Amixocores, les Carajes, les Pories & les Augarari sont au Nord de Rio Dolce, & ont eux-mêmes au Nord les Tupiques Nation qui s'étend jusqu'à Fernambouc & les Tupinaques reduits aujourd'hui à un petit nombre. Les Tupinimbes, d'autres Tupiques, les Tomomimes, les Arapes, les Tamvies sont dans la Capitainerie du St. Esprit. Les Guaitaiques & les Wayanas dans celle de Rio Janeiro.

L'air du Bresil est chaud, puis que la plus grande partie est entre l'Equateur & le Tropique du Capricorne. Cependant il est assez sain & les Peuples y vivent long-temps. Les eaux sont excellentes, & le Terroir y produit du Tabac, du Coton, des Mayz, du Millet, des Citrons, des Oranges & d'autres fruits, mais la plus grande fertilité consiste en sucre qui y est en plus grande abondance qu'en aucun autre Pays du monde & auquel les Portugais font travailler un nombre presqu'infini de Negres qu'ils y transportent d'Afrique. On y trouve aussi quantité de Bétail & des forêts entieres de ces arbres dont le bois a donné le nom son Pays.

Les principales Rivieres du Bresil sont; la Paranaiba qui en reçoit trente autres, celles de Para, de Paxacas, de Tocantin, de Maracu, de Tapocoru, de Moni, de St. François, Rio Real, Rio dos Ilheos, Rio Dolce, l'Aniembi & la Parana qui ont leurs sources & vont grossir la Riviere de la Plata; & enfin Rio Grande de Alagoa.

Je reserve à des Articles particuliers ce qui regarde les Capitaineries pour le détail. Je me contente d'ajouter ce qui regarde les Naturels, les animaux, les arbres & les fruits du Bresil. J'ajouterai quelques particularitez de la Religion & de plusieurs usages des Sauvages.

a Correal Voiages T. 1. c. 2. p. 182. & suiv.

*Les Sauvages du Bresil sont subdivisez en plusieurs Peuples, sous le nom de Margajates, Ovetacates, Makkes, Tapuies, Toupinamboux, &c. Les Margajates, & en général tous les Bresiliens mangent leurs ennemis. Ils vont nuds & se frottent tout le corps avec une certaine liqueur noire. Les hommes portent leurs cheveux en couronne comme les Prêtres, & se percent la levre inferieure, où ils mettent une pierre qui est une espèce de jaspe verd. Cela les rend si difformes, qu'on diroit qu'ils ont deux bouches. Je ne puis concevoir le sujet de ce bisarre ornement. Les femmes laissent croître leurs cheveux & ne se percent point les levres; mais bien les oreilles, & cela d'une telle maniere, qu'on y mettroit le doit tout entier. Elles y mettent des osselets blancs & des pierres qui leur pendent sur les épaules. Il y a chez les Margajates beaucoup de bois de Bresil.

Les Ovetacates, qui sont toujours en guerre avec leurs voisins, ne souffrent pas que personne vienne trafiquer chez eux. Quand ils ne se sentent pas les plus forts, ils fuient de telle sorte qu'il n'y a point de cerf qui coure plus vite. Ils vont nuds. Ils ont de commun avec les autres Bresiliens, & ceci de particulier qu'ils laissent croître leurs cheveux jusques sur le milieu du dos, excepté qu'ils les coupent un peu sur le front. Ils mangent la chair crue comme les chiens. Ajoutez à cela leur air sale & dégoutant, leur regard farouche, leur Physionomie qui tient de la bête. La nature, qui toute simple & sans ornement est quelquefois si agréable, est bien laide & bien choquante en ces Sauvages.

Ce Peuple a un langage particulier, assez different de celui de ses voisins. Son naturel sauvage & barbare est cause qu'on ne lui apporte pas beaucoup de choses. On ne s'y fie que de loin, & muni de quelques armes à feu, afin d'émousser, par la terreur que ces armes leur inspirent, un apetit desordonné qui se réveille à la vûe de la chair des Portugais. On fait les échanges à quelques centaines de pas les uns des autres de cette maniere-ci. On porte en un endroit neutre, également éloigné des Troqueurs, la marchandise qui se négocie. On se la montre de loin sans dire mot, & chacun va prendre ce qu'il doit avoir en retour. Il y a tout à la fois de la défiance & de la bonne foi dans cette maniere de négocier: Mais d'ailleurs ces Sauvages ont assez de lumières pour se défier des Portugais.

En général les Bresiliens nous ressemblent pour la taille. Ils sont bien proportionnez de corps, mais plus robustes que nous & peu sujets aux maladies. On ne trouve chez eux gueres de paralytiques, ni d'estropiez, ni d'aveugles, ni de boiteux, ni de personnes contrefaites. Plusieurs vivent, dit-on, jusqu'à cent-vingt ans. Je le crois presque, car ils vivent sans soucis & n'accumulent pas pour l'avenir. On n'en voit gueres qui deviennent gris, preuve d'un air bien temperé, & qui n'est sujet ni au grand froid, ni à la corruption. Les arbres & les Campagnes y sont dans une verdure éternelle, & les Sauvages toujours également gais. Ils sont heureux de ne connoître ni l'avarice ni les autres passions qui en dépendent: Mais ils connoissent à fond la vangeance & toutes ses suites. Leur teint n'est pas noir, mais brun comme celui des Espagnols. Hommes, femmes, enfans, tout y va nud, excepté qu'aux jours de fêtes & de réjouïssances ils se couvrent de la ceinture en bas avec une toile ordinairement bleue & rayée. Ils pendent à cette toile des sonnettes qu'ils prennent en troc des Portugais, ou de petits os fort durs. Ce sont leurs instrumens de Musique, & l'oreille des Bresiliens y est faite. En tems de guerre ils endossent une espèce de Manteau de peau: Mais excepté ces occasions, ils sont toujours nuds

b C'est un Espagnol qui parle.

comme des vers. Ils commencent maintenant à cacher ce qu'on doit cacher. Ils ne se laissent aucun Poil sur le corps, & s'il en vient, ils l'arrachent avec des pincettes ou le coupent avec des ciseaux que les Portugais leur fournissent ; mais ils conservent une touffe de cheveux derriere la tête, qu'ils laissent pendre quelquefois jusques sur le milieu du dos. Ils ont la levre inférieure percée dès leur enfance, & l'on y passe pour l'ornement un os blanc comme de l'yvoire. Cet os se tire & se remet quand on veut. Lorsqu'ils sont venus en âge d'homme, au lieu de cet os ils passent dans le trou de la levre du Jaspe ou une émeraude bâtarde, & l'accommodent de telle sorte qu'elle ne puisse tomber. Cette pierre est quelquefois de la longueur du doit. Quelques-uns ne se contentent pas d'une pierre ou d'un os dans la levre ; ils en enchassent dans leurs joues, & cela fait un effet bien désagréable, sur tout aux yeux de ceux qui n'y sont pas accoutumez. Ils ont le nez plat, & ils le font tel à leurs enfans dès qu'ils sont nez. Cela leur paroît fort beau. Ils se peignent le corps de plusieurs couleurs. Les jambes & les cuisses sont peintes en noir, de sorte qu'on diroit de loin qu'ils portent des culottes noires abattues sur les talons. Le suc avec lequel ils se noircissent ainsi ne peut s'effacer de fort long-tems. Ils portent au col des colliers d'offelets blancs comme albâtre. Ces os sont de la forme d'un croissant. Ils les enfilent en de petits rubans de coton ; mais pour la diversité ils portent quelquefois au lieu d'offelets, de petites boules d'un bois noir & reluisant, dont ils font une autre sorte de collier. Comme ils ont quantité de poulets dont la race est venue d'Europe, ils en choisissent les plus blancs & leur ôtent le duvet, qu'ils teignent en rouge ; puis ils se l'appliquent sur le corps avec une gomme fort tenante. Ils se parent aussi le front de plumes de plusieurs couleurs.

Il y a au Bresil un oiseau noir comme la Corneille, que les Sauvages nomment *Tochan*. Ces oiseaux ont autour du col de petites plumes très-fines, jaunes & rouges. Ils se les appliquent quelquefois sur les joues avec de la cire ; mais cet ornement est réservé pour les jours de cérémonie. Ils déguisent de cette façon leur visage lorsqu'ils vont à la guerre, ou quand ils célebrent une fête. Une des plus solemnelles, c'est lorsqu'on doit tuer un homme pour le manger. Alors, afin que rien ne manque à la solemnité du jour, ils font une espèce de Chaperon de plumes vertes, rouges, jaunes, & s'en ornent fort proprement les bras, de manière qu'ils semblent parez de manches de velours bigarré. Ils ornent de pareilles plumes leurs *Tacapes*, qui sont de ce bois dur & rouge que nous appellons bois de Brefil. Sur leurs épaules ils mettent des plumes d'Autruche. Ceux qui entre eux veulent passer pour gens de réputation, & qui ont mangé beaucoup d'ennemis, se font des taillades & des balafres à la poitrine & en d'autres endroits du Corps. Après cela ils y font pénétrer une poudre noire qui rend ces balafres hideuses. A voir ces taillades de loin, on les prendroit pour des pourpoints déchiquetez à la mode de nos péres. Il faut avoir de la patience de reste, pour se taillader ainsi par vanité ; mais qu'on ne s'y trompe point, ces taillades ne leur font pas plus de mal, qu'en font aux Pelerins qui viennent de Jerusalem les marques qu'ils se font imprimer sur la main ou sur le bras. Quand ils sont en réjouissance, ils prennent provision de certains fruits qu'ils nomment *Ahouai*. Ils les creusent & les emplissent de petites pierres ; ensuite de quoi les enfilant à des Cordons, ils se les attachent aux jambes & dansent au son des *Ahouai*. Ils ont encore dans les mains outre ces *Ahouai*, des Calebasses creuses, pleines aussi de petits cailloux. Ils attachent ordinairement ces Callebasses au bout d'un bâton, & se donnent l'essor à la Musique des cailloux. Ce digne Instrument s'appelle *Maraque*.

Les femmes vont nues comme les hommes, & se coifent avec une Coifure de Coton ; mais sans que cela les empêche d'avoir les cheveux épars sur les épaules. Elles ne se percent ni les levres ni les joues, mais pour leurs Oreilles, elles sont percées à y passer le doit tout entier, & on les orne de pendeloques de Coquilles si grandes, qu'elles pendent sur les épaules & jusques sur la poitrine. Elles se fardent à la Bresilienne, c'est-à-dire qu'elles se peignent la face de plusieurs couleurs. Ces femmes portent aussi des brasselets de petits os fort proprement joints ensemble avec de la gomme & de la cire. Pour les habits, quand on leur en présente, elles s'excusent de les recevoir, en disant qu'elles n'ont pas l'usage d'en porter, & que cela les empêcheroit de se baigner. C'est ce que les Bresiliens font plusieurs fois dans le jour. Ils plongent comme des Canars. Si, pour se divertir, on présente des habits à ces Bresiliennes, elles s'en habillent par complaisance ; mais de retour chez elles, elles se deshabillent fort vite, & courent ensuite toutes nues sans honte de côté & d'autre. A l'égard de ce qu'on pourroit penser, que cette nudité produit la lubricité, il semble au contraire qu'elle rende moins luxurieux ; & je crois que la parure des femmes Européenes excite plûtôt la convoitise des hommes, que la simple & grossière nudité des Indiennes. Il est bien vrai que cette nudité frape d'abord les nouveaux venus, mais ils s'y accoutument bien tôt. La convoitise se dégoûte, & l'on reprend plûtôt que l'on ne croit, le sens froid de la chasteté. Quoique puisse être ensuite ce que l'on voit, l'œil n'en est pas moins tranquille.

Les Bresiliens se nourrissent ordinairement de deux sortes de racines ; l'*Aipy* & le *Manioc*. Au bout de trois ou quatre mois qu'on les a plantées, elles sont hautes de demi pié pour le moins, & grosses comme le bras. Etant hors de terre, les femmes les sechent au feu sur ce que les Avanturiers appellent un boucan. On les ratisse avec des pierres aigues, comme on ratisse des navets, & la farine qu'on en tire est du goût de l'amidon. On cuit cette farine dans de grands pots, en la remuant jusqu'à ce qu'elle devienne épaisse comme de la bouillie. Ils en font de deux sortes. Ils la font cuire jusqu'à ce qu'elle soit presque dure, afin de la garder pour la provision : Ils en usent à la guerre. L'autre n'est que legèrement bouillie,

lie, & a le goût du pain blanc quand elle eſt fraîche. Cette bouillie eſt fort nourriſſante, mais ni l'une ni l'autre ne valent rien pour faire du pain. On en peut bien faire du levain comme celui de froment, mais ce levain cuit ſe brûle & ſe ſeche par dehors, & reſte entièrement mol au dedans. De l'une & de l'autre farine apprêtées avec du jus de bonne viande, on en fait un mets aſſez approchant du ris bouilli : De ces mêmes racines pilées fraîches, & preſſées enſuite, ils en tirent un jus blanc comme du lait ; & ce jus mis au Soleil s'y reſſerre, enſorte qu'il devient propre à être cuit & mangé comme des œufs. Ils rôtiſſent auſſi & mangent beaucoup d'*Aipy*. Cette racine ſe ramollit & a le goût des chataignes. Pour le *Manioc* il faut le réduire en farine & le cuire, ſans quoi il ſeroit fort dangereux à manger. Ces deux racines ſont à peu près comme un petit Genevrier, & leur feuille reſſemble à la *Peonia*.

Leur breuvage eſt un extrait de ces deux racines & de Maïz ; mais les femmes ſeules ont le privilège de le compoſer, car les Breſiliens croyent que s'il étoit fait par des hommes, il auroit un fort mauvais goût. On coupe ces racines par tranches comme des navets : On fait enſuite bouillir toutes ces tranches en des pots, juſqu'à ce qu'elles ſoient molles. Les femmes qui ſont aſſiſes autour de ces pots, mâchent & remâchent ces racines molles & les jettent dans un autre pot deſtiné à cela. Ces racines y ſont une autre fois bouillies & bien remuées avec un bâton, auſſi long tems qu'elles le jugent néceſſaire. On verſe après tout cela en un autre pot où elles ſont pour la troiſième fois bouillies & écumées. Cette liqueur eſt couverte enſuite & conſervée pour leur ſervir de boiſſon. Elles ſont de même façon un breuvage de Maïz, que ces Sauvages nomment *Caouin*. Ce breuvage eſt trouble, épais & preſque du goût du lait. Ils en ont de blanc & de rouge comme nos vins.

Quand on s'aſſemble pour quelque feſtin (& ce feſtin eſt ordinairement le préparatif du maſſacre de quelque captif dont la chair doit ſervir à les régaler) les femmes font du feu auprès des vaiſſeaux où eſt ce digne breuvage. Elles ouvrent enſuite un des pots & en puiſent en une courge que les hommes prennent en danſant & qu'ils vuident d'un ſeul trait. Ils retournent ainſi tour à tour aux pots avec les mêmes Céremonies, juſqu'à ce que tout ſoit vuidé. Trois jours ſe paſſent ainſi à boire, chanter, ſauter & danſer. De tems en tems ils exhortent à ne pas manquer de courage contre l'ennemi, & alors ils interrompent les danſes & la boiſſon pour écouter des exhortations. Les Breſiliens ont cela de particulier, qu'ils mangent & boivent en divers tems ; c'eſt-à-dire, qu'ils s'abſtiennent de manger à l'heure qu'ils boivent, & de boire à l'heure qu'ils mangent. Alors ils s'abſtiennent auſſi de traiter d'affaires, &, s'il y a quelque choſe à dire, on renvoye après le repas. Je crois que l'on s'imagine aſſez que les apprêts de ces repas ne ſont pas exquis. Des bras, des cuiſſes d'hommes aſſommez, ou maſſacrez, voilà leurs grands mets dans les jours de fête, comme je l'ai déja dit : Mais pour l'ordinaire on ſert l'*Onipou* & l'*Onientan* (ce ſont les deux bouillies de farine dont j'ai parlé) dans un pot où toute la famille fourre la main tour à tour. Le *Caouin* ſe boit de même. Ils mangent quand ils ont faim, & boivent quand ils ont ſoif ; car il n'y a pas d'heure fixe pour leurs repas. Quand on a mangé, on parle de ſes affaires ; comme d'aller attaquer celui-ci ou celui-là, de le prendre, l'engraiſſer & enſuite l'aſſommer pour le manger. Les plus voiſins des Portugais commencent aujourd'hui à s'humaniſer, & ne mangent plus tant les gens.

Le Breſil a divers ANIMAUX inconnus chez nous ; par exemple le *Tapiroſſou*. C'eſt un animal qui tient du bœuf & de l'ane. Il a le poil long & roux, & n'a point de cornes. Son col eſt court, ſes oreilles longues & pendantes, ſes jambes roides & tortues ; la corne du pié telle que celle de l'ane & la queue courte. Il a les dents aigues, mais il ne fait point de mal, car il fuit devant les hommes. Les Sauvages le pourſuivent à coups de flèches ou l'aſſiégent dans ſon trou pour avoir ſa peau qu'ils font ſecher au Soleil pour en faire des boucliers ; car, par la chaleur du Soleil, elle s'endurcit de telle ſorte, qu'on ne peut la percer à coups de flèches. La chair de cet Animal a preſque le goût du bœuf. Le *Sarigai* eſt un Animal puant, dont la chair eſt pourtant fort bonne, quand on a ôté les rognons où ſe trouve l'infection. Le *Tatou* ou *Armadille* eſt auſſi d'aſſez bon goût : Il a la chair blanche. Le *Jacara* eſt une eſpèce de Crocodile, ou plûtôt de gros lezard : Il ne nuit pas, & il s'en trouve fréquemment dans les maiſons. Les petits Breſiliens jouent ſans crainte avec ce Jacara. Pour les *Crocodiles* du Breſil, ils ont la gueule large & affreuſe ; la queue fort mince au bout, les piez aſſez hauts & épatez. On y voit encore une eſpèce de *Lezard* marqueté & long de quatre à cinq piez. Ces Lezards ſont raiſonnablement gros & fort laids. Ils ſe tiennent dans les Rivieres & dans les Marais comme les Grenouilles, ſans pourtant faire aucun dommage. Les Naturels du Païs les nomment *Tovous*. On ne les trouve pas trop mauvais au goût ; la chair en eſt courte & blanche, comme la chair du chapon. Ces Sauvages mangent auſſi de certains gros crapaux rôtis au boucan, & des ſerpens longs de cinq piez pour le moins, & auſſi gros que le bras. Il s'en trouve d'autres, principalement dans les Rivieres, longs, menus & verds comme l'Herbe, où ils ſe cachent quelquefois. Leur piquûre eſt fort dangereuſe. Un animal nommé JANOWARA n'y vit que de proie. Cette bête ne reſſemble pas mal à nos levriers par la hauteur & la gracilité des jambes, & ſa viteſſe à la courſe. Elle porte ſous le menton une eſpèce de barbe à long poil, & a la peau tachetée. Ce *Janowara* eſt redoutable ; il déchire tout ce qu'il rencontre, & dévore ſa proie comme un Lion : Mais les Breſiliens ſe vangent de ſa cruauté ; car, quand ils le peuvent ſurprendre dans ſa tanière, ils le font mourir à petit feu. Il y a des Singes petits & noirs, que les Sauvages nomment *Cay*. Le *Sagouin* eſt une autre ſorte de ſinge, qui de la couleur reſſemble à un écureuil, & du muſeau à un Lion. Ce Sagouin eſt fort hardi, mais d'ailleurs

leurs le plus joli petit Animal qui se puisse voir. Le *Hay* est de la grandeur d'un chien: Il a le regard d'un singe, le ventre comme une mamelle pendante, la queue & les griffes longues. Quoique ce soit un Animal qui vit dans les bois, on le peut apprivoiser; mais les Sauvages ne s'y frottent pas, parcequ'étant nuds, ils craignent les griffes aigues de cette bête. Personne, disent-ils, ne l'a vu manger, à cause de quoi ils s'imaginent qu'elle vit de l'air. Le *Coaty*, qui est de la hauteur d'un lievre, a le poil court & tacheté, de petites oreilles, la tête petite, le museau élevé, long d'un pié, rond & d'égale grosseur par tout. Il a la gueule si étroite, qu'à peine y pourroit-on faire entrer le plus petit doit. Cet Animal est assez singulier : Quand il se sent pris, il se ramasse en un monceau, se laisse rouler de côté & d'autre, mais il ne se défait point qu'on ne lui donne quelques fourmis ou quelque autre insecte. C'est d'insectes qu'il vit dans les bois. Il ne manque pas d'oiseaux de toutes espèces au Bresil : Il y en a beaucoup de bons à manger. Les coqs d'Indes y abondent ; les Bresiliens les appellent *Avignou Aussou*. Les poules y ont été apportées par les Portugais. Il s'en trouve de blanches fort estimées chez les Sauvages, à cause de leurs plumes qu'ils teignent de verd pour s'en parer. Cependant ils n'en mangent d'aucune sorte, & croyent que les œufs sont venimeux. Ils sont même fort surpris de ce que nous en mangeons : Aussi y a-t-il une si grande quantité de poules dans les Villages où les Portugais ne vont point, qu'on peut les avoir pour rien. Ils ont des canards dont ils ne mangent pas non plus, de peur de devenir tardifs & pesans comme les oiseaux ; ce qui seroit cause, disent-ils, qu'ils seroient facilement vaincus par leurs ennemis. Cette même raison les empêche de manger de quelque Animal que ce soit qui marche ou qui nage pesamment. En cela ils ne sont pas trop sauvages ; car l'experience confirme leur raisonnement. Ils ont aussi une espèce de poulets noirs, marquetez de blanc & qui ont le goût des faisans : D'autres qui sont grands comme des Pans, ou peu s'en faut, marquetez de même ; & deux sortes de perdrix de la grandeur des canards. Pour les oiseaux qu'on ne mange pas, il s'y en trouve de bien des sortes differentes. Il y a en a des perroquets fort beaux, & entre autres ceux qu'ils nomment *Arao* & *Canidas*, des plumes desquels ils se parent, parce qu'elles sont fort belles, & qu'elles sont de plusieurs couleurs, rouges, bleues, jaunes, dorées. Outre cela ils en ont de quatre autres sortes; par exemple les *Cakotous*, qui ont la tête marquetée de rouge, de jaune & de violet. Les ailes sont d'un fort beau rouge; leurs longues queues sont jaunes, & le corps vert. Ces perroquets apprennent à parler distinctement. Il y a en a d'une autre sorte qu'on nomme *Maragnas*, & qui sont aussi communs au Bresil que les Pigeons en Espagne. Les Bresiliens ne les estiment point du tout. Mais un oiseau fort singulier entre tous les autres, c'est le *Tochan*, dont j'ai déja dit quelque chose. Cet oiseau est grand comme un Pigeon & aussi noir qu'un corbeau par tout le corps, excepté sous le ventre & à l'estomac, qu'il a jaune avec un petit cercle de plumes rouges. Les Bresiliens appellent ces plumes, *plumes à danser*, parcequ'ils s'en parent aux jours de fêtes & de danses. Cet oiseau a le bec plus grand que tout le reste du corps. Il y en a un autre de la grandeur & de la couleur d'un merle, excepté que sous l'estomac il est d'un brun rouge comme du sang de bœuf. Ils appellent cet oiseau *Panou*, & se servent de ses plumes comme de celles du Tochan. Ils en ont encore un autre qu'ils nomment *Quanpian*, qui est rouge comme l'écarlate. Il ne faut pas oublier le *Colibri*, qui n'est pas plus gros qu'une grosse mouche, & qui a de petites ailes luisantes, un chant fort haut & mélodieux, semblable à celui du rossignol. Il est presque incroyable que d'un si petit corps il en puisse sortir une voix si forte. Enfin il y en a divers autres de differentes couleurs, & tous fort differens des nôtres. Les Sauvages en observent un sur tous les autres, qu'ils respectent & qu'ils regardent comme un oiseau de présage & de bon augure. Il est gris & de la grandeur d'un Pigeon : Son chant triste & lugubre se fait entendre plus fréquemment la nuit que le jour. Les Sauvages disent que ces oiseaux leur sont envoyez de leurs parens & amis défunts, pour leur apprendre des nouvelles de l'autre monde ; &, en attendant qu'ils y aillent prendre place, les encourager à la guerre contre l'ennemi. Comme, selon eux, cet oiseau est un messager qui vient de derriere les Montagnes, (c'est le Paradis de ces Sauvages,) ils croyent qu'en observant bien son chant, fussent-ils après leur mort vaincus par leurs ennemis, ils iront trouver leurs peres derriere ces Montagnes, pour y être sans cesse dans les plaisirs & y danser éternellement. On reconnoit à cela qu'ils ont assez de raison pour croire que leur ame n'est pas mortelle, & pour l'enseigner à leurs enfans. On voit au Bresil des chauve-souris, de la grandeur des Corneilles. La nuit elles entrent hardiment dans les maisons, & si elles trouvent quelqu'un endormi & couché nud, elles lui sucent le sang. Les abeilles de ce Païs-là sont plus petites que les nôtres, & font leur miel dans les troncs d'arbre. Les Sauvages Bresiliens n'employent la cire qu'à fermer les étuis où ils serrent leurs plumes, afin de les garantir des vers.

Disons un mot de leurs POISSONS. Ils ont deux sortes de barbeau qu'ils tuent dans l'eau à coups de fléches ; ce qui n'est pas difficile, parceque ces poissons nagent en troupe. Quelquefois ils en atteignent deux ou trois d'un trait. Ils font de la farine de la chair de ces barbeaux, qui est tendre & courte. Ils ont de plusieurs autres sortes de poissons ; une espèce d'anguille, des raies plus grandes que les nôtres, & qui ont des cornes sur le devant de la tête : Leur queue est longue, menue & venimeuse. Je ne m'étendrai pas davantage sur les animaux du Bresil, mon dessein n'étant point du tout de donner l'Histoire Naturelle d'aucun Païs. Je dirai quelque chose des PLANTES de ce beau Païs.

Il croît au Bresil quantité de ce bois inconnu en Europe sous le nom de *bois de Bresil*. Les habitans naturels l'appellent *Araboutan*. En grandeur & pour l'épaisseur du feuillage, il ressemble assez à nos Chênes : On en trouve
qui

BRÉ.

qui ont plus de trois braffes d'épaiffeur, mais cet Arbre ne porte aucun fruit. Sa feuille eft femblable à celle du buis. On tranfporte ce bois avec beaucoup de peine & de travail aux Vaiffeaux, & les Brefiliens naturels ne s'y employent pas volontiers : auffi faut-il beaucoup de tems pour en freter un Navire, à caufe de la difficulté que l'on a à le couper & à le fendre. Ajoutez à cela que, par la négligence & la pareffe des Portugais, quelquefois il n'y a point de bêtes de charge pour le tranfporter ou pour le traîner aux Vaiffeaux. Il faut alors que cela fe faffe par le travail des Negres que les Portugais ont à leur fervice. Ces Negres font l'office de bêtes de charge, (auffi les Portugais les mettent-ils au rang de ces bêtes;) ils coupent ce bois, le fendent, le chargent fur leurs épaules & le portent jufqu'au Vaiffeau. On en brûle auffi quantité : Ce bois eft naturellement fort fec : Il fait peu de fumée au feu; les cendres en font rouges comme le bois. On a au Brefil diverfes fortes de Palmiers, & une efpèce de bois d'ébene, dont les feuilles reffemblent à celles du Palmier. Son tronc eft garni d'épines aiguës; fon fruit eft raifonnablement grand, & a au milieu un pepin blanc comme neige, mais qui n'eft pas bon à manger. Ce bois eft noir & fort dur : Les Sauvages en font leurs *Tacapes*, (c'eft une efpèce de halebarde) & leurs fléches. Il eft fi pefant, qu'il s'enfonce dans l'eau comme une pierre. Il y a diverfes autres fortes de bois d'ébene, & de l'ébene jaune comme du buis, de la violette, de la verte, du bois blanc comme du papier, du rouge pâle, du rouge vernis, du rouge obfcur, dont ils font auffi des Tacapes. Ils ont un autre bois, qu'ils nomment *Copau*, & qui reffemble au Noyer d'Europe. Il en diftile un baume excellent, mais il ne porte aucun fruit. Ce bois étant travaillé, a des veines agréables comme celles du Noyer. Ils en ont encore dont les feuilles font fort petites; d'autres dont les feuilles font grandes & longues d'un demi pié. Il croît auffi au Brefil un arbre fort beau & d'une odeur plus agréable que l'odeur de rofe, furtout lorfqu'on l'a coupé : Mais en revange l'*Aouai* eft fort puant. Le bois de cet arbre brûlé ou fcié, jette une odeur infupportable. Ses feuilles font comme celles du pommier, & fon fruit femblable au gland eft fi venimeux, que, fi l'on en mange, on reffent auffi-tôt fon mauvais effet. Le Brefil produit encore plufieurs fortes de fruits. Il y a des pommes vers le rivage de la Mer, dont l'apparence eft fort belle, mais elles font fort dangereufes à manger : Nous les appellons *Mancenillas*. L'*Hyourvahe*, qui croit en ce Païs-là, eft une écorce de l'épaiffeur d'un doit & demi. Cette écorce, qui eft d'un bon goût étant fraîche, eft un remède fpécifique pour guérir la vérole. Les Brefiliens s'en fervent contre les *Pians* : C'eft une maladie auffi mauvaife chez eux que la vérole. Un autre arbre de hauteur moyenne, dont les feuilles reffemblent en forme & en couleur à la feuille de Laurier, porte un fruit de la groffeur des œufs d'Autruche, mais qui ne vaut rien à manger. Les Sauvages en font des *Maraques*, & des gobelets à boire. Le *Sabuca* porte un fruit de la longueur de plus de deux pouces. L'*Acajou* eft de la grandeur d'un Sorbier : Son fruit eft connu fous le nom de Pomme d'Acajou : auffi eft-il de la couleur d'une Pomme & plus gros qu'un œuf de poule. Ces pommes d'Acajou font bonnes à manger, & renferment un jus un peu aigre & rafraîchiffant : Mais comme ces pommes croiffent au plus haut des arbres, elles font bien fouvent mangées par les Sagouins & les autres Singes, avant que l'on ait pu les abbattre. Le *Paco* eft un arbriffeau de dix à onze piez de haut : Son tronc, auffi gros que la cuiffe d'un homme, eft fi mol, qu'on peut l'abbattre d'un feul coup. Le fruit qu'il porte reffemble au Concombre & en a la couleur, étant venu à maturité : Il en croît vingt-cinq fur une branche. Les Cotoniers font de moyenne hauteur : La fleur eft jaune comme la clochette d'une Citrouille. Il en fort une petite pomme, qui, étant mure, s'ouvre en quatre & donne le Coton que les Naturels appellent *Amenijou*. Au milieu il y a des grains noirs ferrez enfemble, dans une difpofition prefque femblable à celle des rognons d'un hommé. Les femmes fauvages amaffent ce coton, le travaillent & en font des tabliers, qui leur fervent à couvrir la ceinture & les parties naturelles, des hamacs & autres pareilles chofes.

Les Portugais ont planté au Brefil des Citroniers qui viennent fort bien, & qui portent des Citrons de très-bon goût. Les cannes de fucre y abondent & produifent du fucre en quantité, dont on fait un grand commerce pour le Portugal. On fait que ces Cannes étant fraiches, rendent une odeur très-douce, & qu'étant un peu flétries & humectées dans de l'eau, elles font de très bon vinaigre. Outre les Cannes à fucre, il fe trouve dans les bois de certains rofeaux de l'épaiffeur de la jambe d'un homme. Ces rofeaux, qui, quand ils font verds, font facilement coupez & abbattus d'un feul coup, deviennent, étant fecs, d'une fermeté & d'une dureté à toute épreuve : Les Sauvages en font des fléches. Le *Maftyx*, qui eft une gomme excellente que l'Ifle de Chio nous envoye, fe produit auffi au Brefil. Il y a enfin beaucoup de fleurs & d'herbes odoriferantes. Et, bien qu'aux environs de Cabo Frio, il pleuve & vente beaucoup, cependant ni la neige, ni la pluie, ni la grêle n'empêchent pas les arbres d'être toujours verds, comme chez nous au mois de Mai. C'eft en Decembre que la plus grande chaleur regne, & que les jours font les plus longs; mais, excepté dans les tems des chaleurs violentes, l'air y eft affez agréable & auffi bon qu'en Efpagne. Je ne parlerai point des *Ananas* : Ce fruit eft fi connu en Europe, qu'il feroit inutile de repeter ce que les autres en ont dit. Il feroit auffi inutile de parler du tabac dont on fait un grand commerce.

Les Sauvages de l'Amerique ne fe font point la guerre les uns aux autres par un principe d'interêt, ni pour conquerir des terres, ou pour fatisfaire à leur ambition. Ces motifs & les paffions qui les produifent leur font inconnus. Ils ont pour but de vanger la mort de leurs parens & amis que d'autres Sauvages ont mangez. Quand on remonteroit à l'infini, on ne trouveroit pas d'autre origine à leurs guerres; ou

du

du moins ils n'auroient pas d'autre raison à alleguer que celle-là. Ils ont la vangeance si fort à cœur, qu'il n'y a aucun quartier à esperer, quand on a le malheur d'être leur captif. Cependant, quelque difficile qu'il soit de déraciner cette passion de leur cœur, il paroit que ceux qui sont le plus voisins des Européens, s'adoucissent tant soit peu, qu'ils perdent cette rage qui les porte à manger les hommes. Il faut esperer qu'à la fin l'humanité prendra le dessus ; car, quand on leur reproche cette cruauté, & qu'on leur fait voir avec douceur qu'il n'y a rien qui approche plus des bêtes sauvages, que de se manger ainsi les uns les autres, ils baissent la vue & paroissent fort honteux des reproches qu'on leur fait.

Voici, autant que j'ai pu l'apprendre étant sur les lieux, comment les Sauvages du Bresil se font la guerre. Ils n'ont ni Princes ni Rois. L'un n'est pas chez eux plus grand que l'autre ; mais ils se contentent d'honorer & de consulter leurs anciens, à cause, disent-ils, *que l'âge leur donne de l'experience & que, par leurs bons conseils, ils fortifient les bras des jeunes guerriers, ne pouvant plus agir eux-mêmes.* Ces anciens sont comme les Directeurs des *Aldejas* qui sont les Villages de ces Sauvages ; ou plûtôt ces sont les Conseillers Présidens de quatre ou cinq Cabanes Bresiliennes, posées les unes près des autres, qu'ils appellent une *Aldeja*. Les anciens sont aussi les Orateurs des Sauvages, & c'est leur éloquence qui anime, quand il leur plait, ces Sauvages à la guerre. Ils donnent le signal de la marche, & ne cessent en marchant d'exhorter les guerriers à se vanger de leurs ennemis, & à montrer du courage contre ceux qui ont mangé quelqu'un des leurs. Dans leurs harangues ils leur representent le tort qu'ils reçoivent des *Perosuchipa*, (c'est ainsi qu'ils appellent les Portugais & leurs autres grands ennemis,) les violences qu'ils leur font & le mépris avec lequel ils en font traitez, lorsqu'ils sont vaincus. Alors les Sauvages frappent des mains, se donnent des coups sur les épaules & sur les fesses en criant tous unanimement, *Tououpinambaoüs* (ce mot veut dire *Compagnons*) *vangeons-nous, ne souffrons point de lâcheté, prenons les armes, & soyons tuez ou vangez.* Les harangues durent quelquefois six heures, &, pendant qu'elles se font, l'assemblée écoute avec beaucoup de respect. Après ces exhortations, plusieurs Aldejas se joignent, & chacun s'arme de sa *Tacape*, qui est de bois de Bresil ou d'une espèce d'ébene noire fort pesante & fort massive. Cette Tacape a six piez de long, & un pié de large. Elle est ronde à l'extremité, fort tranchante aux bords, & d'un pouce d'épaisseur au milieu. Outre la Tacape, ils prennent leurs *Orapats*, qui sont des arcs faits du même bois que la Tacape. Ces Sauvages se servent de leurs arcs avec une dexterité admirable. Leurs boucliers sont faits de peau de tapiroussou. Ils sont larges, plats & ronds comme le fond d'un tambour, Ils se parent de plumes, ainsi que je l'ai déja dit. Ils marchent dans cet équipage au nombre de cinq ou six mille & plus, avec quelques femmes, pour porter les vivres & autres choses nécessaires. Ceux des anciens qui peuvent encore agir & qui ont tué & mangé beaucoup d'ennemis, sont choisis pour Géneraux de cette Armée. Ils ont, pour donner le signal, une espèce de Cornet, qu'ils appellent *Inubia*, & ils sont des flutes des os des jambes de leurs ennemis. Ils sont quelquefois leurs expeditions par eau, mais alors ils ne s'éloignent pas du rivage, à cause que leurs Canots, qui sont faits d'écorce d'arbre, ne sauroient résister contre la force des vagues. Cependant il y a de ces Canots qui peuvent bien tenir jusqu'à cinquante hommes, qui tous ensemble manient l'aviron avec adresse. Les moins vigoureux restent derrière avec les femmes à une journée ou deux de chemin, pendant que les guerriers s'avancent dans le Païs de l'ennemi. Pour faire leur coup ils se cachent dans les bois, & s'y tiennent avec une patience admirable, jusqu'à ce qu'ils ayent pu surprendre leurs ennemis, &, quand ils ont eu le bonheur de les surprendre & de les vaincre, ils en amenent le moins qu'ils peuvent. Ils les tuent sur le champ, les rotissent sur leurs boucans, & les mangent. Ils s'attaquent & se surprennent d'autant plus facilement les uns les autres, que les Villages de tous ces Sauvages sont sans défense, & que leurs cabanes ne sont fermées qu'avec quelques branches de palmiers, Cependant les Aldejas, qui sont les plus voisines des terres de leurs ennemis, sont fermées d'une espèce de palissades de six pieds de long ; & c'est là qu'est le rendez-vous des guerriers, quand ils vont faire quelque exploit de guerre. Ils tuent & mangent tous ceux qu'ils attrapent fuyant, ou les armes à la main : Mais quand ils se battent de pié ferme en pleine campagne, ils le font avec une furie & une cruauté inexprimable. A la première vue de leurs ennemis, ils jettent des cris effroyables : A l'approche ils redoublent ces cris, sonnent de leurs cornets, jouent de leurs flûtes, & font des menaces, en montrant les os de leurs ennemis & leurs dents enfilées à des cordons de la longueur de deux aunes, qu'ils portent pendus au col. Ils commencent la bataille par les fléches. On dit que ceux qui en sont atteints se les arrachent du corps, les mordent comme des chiens enragez, sans pour cela quitter le combat ; car leur férocité est telle, que, tant qu'ils ont une goute de sang dans le corps, ils ne prennent jamais la fuite. Pour moi qui ai vu la férocité des Anglois sur Mer, je ne trouve rien d'incroyable en cela. Cette Nation brave & guerriere autant qu'il se puisse, porte le courage jusqu'à la fureur, & les Avanturiers Anglois croyent qu'il y va de leur honneur de se faire hacher, plûtôt que de donner quartier ou d'en recevoir. Il faut aussi dire qu'ils savent fort bien, que quand ils sont pris, ils sont perdus sans ressource. On assure que, quand ces Sauvages ont fait des prisonniers, & qu'ils sont obligez de les emmener chez eux, ils les nourrissent & les engraissent. On donne des femmes aux hommes, mais on ne donne pas des hommes aux femmes que l'on a prises. Ce qu'il y a de plaisant est que ceux qui ont fait ces prisonniers ne font pas difficulté de leur donner leurs filles ou leurs sœurs pour les servir ; & parmi eux une femme de service tient aussi la place de Maitresse ; car elle sert également aux besoins du ménage & du Mariage. Ces femmes servent de cette manière le captif jusqu'au qu'au jour qu'il doit être massacré & mangé. En attendant ce jour, le prisonnier passe le tems à la chasse & à la pêche. Les femmes qu'on leur donne ont soin de les engraisser, bêchent ou remuent la terre, élevent les enfans à leur mode, si elles en ont. Le jour de la mort n'est pas fixe & déterminé : Il dépend du bon ou du mauvais état du captif. S'il est gras, on l'expedie bien-tôt ; mais s'il est maigre, il faut l'engraisser. Quand le jour du massacre est venu, ceux des Aldejas les plus proches, sont invitez à se trouver à la fête, tant hommes que femmes & enfans. Tous ces Sauvages se divertissent à boire & à danser. Le prisonnier lui-même est de la partie, bien qu'il sache que sa vie ne tient plus à rien ; mais on assure qu'il ne laisse pas pour tout cela de surpasser autant qu'il peut tous les autres à boire & à danser. Si cela est, il faut convenir qu'ils n'estiment guères la vie. Quoiqu'il en soit, après quelques heures de danses, deux ou trois Sauvages robustes l'empoignent & le lient au milieu du corps avec des cordes de coton, sans que pour tout cela le prisonnier fasse mine de remuer ou d'avoir peur. Il a pourtant les mains libres. Ils le menent ainsi garrotté en triomphe dans les Aldejas, & le prisonnier les regarde d'un air fier & assuré, leur raconte fort hardiment ses exploits, & leur dit comment il a souvent lié de cette façon ses ennemis, qu'il a ensuite rôtis & mangez. Il leur prédit que sa mort sera vangée, & qu'ils seront un jour mangez comme lui. On le met en montre pendant quelque tems aux autres Sauvages qui lui viennent dire des injures ; & cependant les deux hommes qui le gardent se reculent, l'un à droit, l'autre à gauche, à la distance de huit ou dix piez, tirant toujours également les cordes dont ils le tiennent lié, ensorte que le captif ne puisse ni avancer ni reculer. Un autre apporte plusieurs pierres à ce miserable, & ceux qui le gardent se couvrent de leurs boucliers de Tapiroslou, lui demandent si, avant que de mourir, il ne veut pas vanger sa mort. Le captif prend ces pierres & les jette avec fureur contre ceux qui l'environnent, & s'ils ne se retirent au plus vite ou ne se couvrent de leurs boucliers, il y en a toujours quelques-uns de bien blessez. Si toutes ces particularitez sont véritables, on doit dire qu'ils traitent la mort d'une façon fort comique. Quand le prisonnier a achevé de jetter ses pierres, celui qui doit être son Bourreau, & qui s'étoit tenu caché jusques-là, se présente avec sa Tacape parée de plumes. Il en est orné lui-même de toutes les sortes. Ce Bourreau a divers entretiens avec le prisonnier, & l'on peut dire que les discours qu'il tient à ce malheureux sont à peu près l'accusation & la sentence de mort. Le Bourreau lui demande par exemple, s'il n'est pas vrai qu'il a tué & mangé plusieurs de ses compagnons ; l'autre l'avoue & le défie même, en lui disant, *donne-moi la liberté & je te mangerai toi & tes tiens*; Le Bourreau replique, & lui dit, *hé bien, nous te préviendrons, je vais t'assommer, & tu seras mangé aujourd'hui*. Le coup suit la menace de fort près, car il est aussi-tôt assommé, & la femme de service se jette vite sur le corps du mort pour y pleurer un moment. C'est une grimace qui est sans doute attachée à la Cérémonie ; car la bonne femme doit avoir sa part du festin & mange de celui qu'elle a aidé à engraisser. Après cela les plus jeunes femmes apportent de l'eau chaude dont elles lavent & frottent le corps. D'autres viennent, le coupent en pièces avec une extrême promptitude, & de son sang frottent leurs enfans, pour les accoutumer de bonne heure à la cruauté. Avant la venue des Européens, ils découpoient les corps morts avec des pierres aigues ; aujourd'hui ils le font avec des couteaux que les Portugais leur troquent. Le corps étant ainsi découpé & les entrailles bien nettoyées, on en rôtit les pièces sur des boucans de bois. C'est la commission des vieilles, qui restent jusqu'à ce que tout soit rôti. Ces vieilles coquines ne cessent, en mangeant de cette viande, d'exhorter les jeunes gens à bien faire leur devoir à la guerre, afin d'avoir bonne provision de chair humaine pour leurs festins. Voilà ce que j'ai appris de ces cruels mangeurs d'hommes. Il ne faut pas douter de la vérité de la chose, puisqu'il n'y a point de Sauvage au Brésil qui n'avoue que c'est leur coutume, & qui ne soutienne qu'il n'y a pas de meilleur moyen pour exterminer ses ennemis, que de les manger, à mesure qu'on les attrape. J'en ai vû quelques-uns, qui, tout convertis qu'ils étoient au Christianisme, ne pouvoient s'empêcher de faire gloire d'avoir mangé plusieurs prisonniers. Cependant il faut esperer qu'ils perdront cette coutume cruelle, à mesure que l'on avancera dans leurs terres, & qu'ils prendront des mœurs plus douces, par la fréquente communication qu'ils ont avec les Portugais.

Ces Sauvages n'ont ni Temples ni Monumens à l'honneur d'aucune Divinité, fort differens en cela des Mexiquains & des Péruans. Ils ne savent ce que c'est que la création du Monde, & ne distinguent les tems que par les Lunes : Mais on ne peut pas dire qu'ils n'ont absolument point d'idée de la Divinité ; car ils levent souvent leurs mains vers le Soleil & la Lune en signe d'admiration & s'écriant à plusieurs reprises *Teh Teh.* C'est comme s'ils disoient, voilà qui est admirable. Outre cela ils racontent souvent qu'un *Mair*, (c'est-à-dire, un étranger) fort puissant & qui haïssoit extrêmement leurs Ancêtres, les fit tous périr par une violente inondation, excepté deux qu'il réserva pour faire naître de nouveaux hommes dont ils se disent descendus : Et cette tradition, qui désigne assez le déluge, se trouve dans leurs chansons. Ils s'effrayent fort du tonnerre, & montrent le Ciel en soupirant quand il tonne ; mais ils répondent à ceux qui leur disent à cette occasion, qu'il faut adorer Dieu qui est l'Auteur du tonnerre : *C'est chose étrange que Dieu, que vous dites si bon, épouvante les hommes par le tonnerre.* Enfin il est sûr que, malgré cette grossière ignorance, ils croyent l'immortalité de l'ame ; car ils assurent que les ames de ceux qui ont vécu en gens de bien s'en iront derrière les hautes Montagnes trouver les ames de leurs Ancêtres, & habiter avec elles dans des jardins agréables, où elles riront, chanteront & sauteront éternellement. Vivre en gens de bien chez eux, c'est massacrer ses ennemis & les manger ensuite, comme

Tom. I. Part. 2. Nnn *nous*

nous l'avons déja dit. Affurément l'idée qu'ils ont du Paradis s'accorde fort bien avec l'idée qu'ils ont de la vertu. C'eſt pourquoi ceux qui travaillent à convertir ces Sauvages devroient commencer par leur donner une juſte idée de l'honnêteté civile & de ce que l'on ſe doit par l'humanité; avant que de leur parler des myſtères de la Religion. Ils devroient auſſi leur donner de bons exemples & les traiter doucement, afin de gagner par des choſes ſenſibles des hommes qui ne connoiſſent rien que ce qui touche leurs ſens. Comme ils ont l'idée d'un bonheur à venir, auſſi l'ont-ils de quelques peines pour ceux qui auront mal vécu. Ils croyent que ceux qui ont vécu ſans honneur, & ſans avoir eu ſoin de ſe défendre contre les ennemis communs, ſeront emportez par le Diable, qu'ils nomment *Agnian*, & qu'ils ſeront ſous ſon pouvoir en des peines éternelles. On dit qu'ils ſe plaignent ſouvent d'être battus de cet Agnian. Une autre preuve qu'ils ont quelque idée de la Religion, c'eſt qu'ils ont une eſpèce de Prêtres. Ceux-ci leur font accroire qu'ils ont une ſecrette intelligence avec Agnian, & qu'ils peuvent donner de la force & du courage à qui il leur plaît, pour pouvoir par ce moyen ſurmonter leurs ennemis. Ces Prêtres ſont des anciens d'Aldejas, qui ſe vantent que c'eſt par eux que les plantes & les fruits croiſſent. Ils ont aſſez d'adreſſe dans leur impoſture, pour pouvoir jouer le role d'Agnian, & perſuader enſuite aux Sauvages que c'eſt lui qui les maltraite & les tourmente. Ils s'en plaignent ſurtout la nuit. C'eſt qu'elle eſt plus favorable à l'impoſture. Enfin une de leurs fêtes acheve de perſuader qu'ils ont connoiſſance d'un Principe ſuperieur aux hommes. Ils s'aſſemblent & font une troupe à laquelle préſident ces anciens que j'ai appellez leurs Prêtres. Ceux-ci entonnent de certaines chanſons & danſent au même tems, tenant chacun ſa *Maraque*. Ils prennent, en danſant & en chantant toujours, les autres perſonnes de l'aſſemblée, qui danſent & chantent comme eux en faiſant les mêmes poſtures. Les femmes s'agitent & écument comme ſi elles étoient attaquées du haut mal. Les hommes & les enfans ſe frappent à la poitrine, & font avec un bruit Diabolique toutes les figures d'un poſſedé. Après tout ce tintamarre on ſe repoſe, on prend un air un peu plus calme, & l'on chante d'un ton plus doux. On ſe met à danſer une danſe ronde en ſe tenant par la main, en pliant un peu le corps, branlant & tirant un peu à ſoi la jambe droite, tenant la main gauche pendante, & la droite ſur les feſſes. En cette poſture ils continuent à danſer & à chanter. Ils ſe diviſent alors en trois cercles, & trois ou quatre Prêtres emplumez préſident à chaque branle & préſentent aux danſeurs cette vénérable *Maraque*, d'où ils diſent que l'eſprit leur parle. Pour faire cette Ceremonie ces Prêtres ſe tournent de côté & d'autre en danſant toujours. Après cela ils prennent de longs roſeaux qu'ils empliſſent de tabac allumé, & ſe tournant toujours de côté & d'autre, ils en ſoufflent la fumée ſur les danſeurs, en diſant, *Recevez tous l'eſprit de force, par lequel vous pourrez vaincre les ennemis*. Cette Ceremonie dure pour le moins ſix ou ſept heures, & ſe pratiquoit auſſi chez les Caribes, avec quelque petite difference. Il eſt certain, ce me ſemble, qu'elle ſuppoſe quelque connoiſſance d'un Eſprit ſuprême; à moins qu'on ne veuille ſoutenir que tout ce qu'ils diſent en ces occaſions n'eſt autre choſe que des mots, comme un Miſſionnaire Portugais le prétendoit dans une converſation que j'eus un jour avec lui ſur cet article. Pour moi je crois que partout où il y a quelque apparence de raiſon, il y a auſſi quelque idée fauſſe ou vraie, d'un Etre ſuprême : Et, ſi les lumières ne ſont pas aſſez vives pour éclaircir cette connoiſſance, il s'en conſerve toujours quelques principes groſſiers, que les plus brutaux agencent à leur manière, juſqu'à ce qu'il plaiſe à Dieu de les éclairer des lumières de ſon Saint Evangile. Si l'on me demande ſur quoi roulent donc les chanſons de ces Sauvages? Je répons qu'elles font mention de leurs beaux faits d'armes. Elles conſervent la mémoire de la mort de leurs vaillans Ancêtres. Elles parlent du courage & de la force de ceux d'entre eux qui ont eu la gloire de manger bon nombre d'ennemis. Elles leur font eſperer qu'ils iront ſuivre un jour ces Heros derrière ces Montagnes. Enfin elles menacent leurs ennemis d'une prompte deſtruction. On reconnoît encore en ces chanſons des traces aſſez viſibles du Déluge, ainſi que je l'ai déja dit. Après que les Prêtres ont paſſé quelques heures à envoyer l'eſprit de courage à droite & à gauche ſur l'Aſſemblée, on les traite avec honneur & reſpect, ſans oublier de les régaler à la Breſilienne. Il eſt bien juſte que de tels Prophétes vivent aux dépens de ceux qu'ils abuſent par l'artifice du Diable. Ces mêmes Prêtres, (je ne ſai quel autre nom leur donner, ayant oublié celui qu'ils ont au Breſil,) quand ils font la viſite de leur Diocèſe dans les Aldejas, n'oublient jamais leurs Maraques, qu'ils font adorer ſolemnellement. Ils les élevent au haut d'un bâton, fichent le bâton en terre, les font orner de belles plumes, & perſuadent les Habitans du Village de porter à boire & à manger à ces Maraques; parce que, ſelon les Prêtres, cela leur eſt agréable, & qu'elles ſe plaiſent à être ainſi régalées. Ils les préſentent au Peuple avec un reſpect exterieur qui excite le reſpect des autres Sauvages. Les Chefs ou les Peres de famille des Sauvages viennent offrir à ces Maraques leur farine, leur poiſſon, leur *Caouin* & leurs autres proviſions.

Je conſens qu'on regarde tous les Sauvages de l'Amerique comme fort éloignez des principes d'une bonne morale & de la véritable honnêteté; mais quelles que ſoient les abominations de ces malheureux Idolâtres preſque Athées, les plus ſimples devoirs de la nature ne ſont pas abſolument effacez en eux. Les Sauvages du Breſil évitent dans leurs mariages de prendre pour femme leur mère, leur ſœur ou leur fille. Pour les autres degrez de parenté, on n'y prend pas garde parmi eux. Dès qu'un garçon eſt en âge d'approcher des femmes, il lui eſt permis de ſonger à s'en donner une. Il n'eſt pas queſtion, comme en Europe, de ſavoir ſi l'eſprit a la force de ſoutenir un ménage & le poids des affaires civiles. Celui qui a jetté les yeux ſur quelque fille, parle aux pa*rens*

rens de la fille ; si elle n'a point de parens, il s'adresse aux amis ou même aux voisins de cette fille, & leur demande cette personne pour femme. S'ils l'accordent, il la prend sans autre façon, & elle est dès ce moment sa femme. S'ils la refusent, il se retire, il jette les yeux sur une autre. Ils ne se tiennent pas à une seule. Celui qui a beaucoup de femmes est fort estimé chez eux, parceque c'est une marque qu'il veut avoir beaucoup d'enfans, qui seront un jour des guerriers. Ce n'est pas la peine de nourrir les femmes & les enfans qui leur coûte : Il n'y a qu'à courir les champs pour vivre. L'étofe & l'éducation leur coûtent encore moins. Ces femmes vivent assez en paix ensemble. Elles n'ont ni amitié, ni envie, ni jalousie ; & pour l'honneur, elles ne le connoissent pas. Il me semble qu'il faut avoir un peu d'éducation & quelque délicatesse pour être attaqué de ces passions. L'occupation de ces femmes est de faire des hamacs, des filets &c. & de cultiver la terre. On assure qu'ils ont assez de lumiere naturelle pour avoir en horreur les femmes qui se prostituent, & qu'il est permis à leurs maris de les tuer. Si cela est, ils doivent savoir ce que c'est qu'honneur. Pour les galanteries des filles, ils ne s'en embarassent pas : mais, quoi qu'il en soit, ces Peuples du Bresil ne sont pas les plus lascifs des Indes Occidentales. Les femmes sont plus laborieuses que les hommes : celles qui sont enceintes ne laissent pas de travailler bien fort. Les hommes plantent, cultivent les arbres, chassent, pêchent, font des Tacapes, des Arcs, des fléches &c. Lorsque les femmes accouchent, les hommes reçoivent les enfans, leur coupent le cordon avec les dents, & leur écachent le nez. Après cela le Père lave son enfant, & le peint de rouge & de noir. Ils ne savent ce que c'est qu'emmailloter un enfant, mais sans autre façon, ils le portent au hamac, où le Père met près de l'enfant, si c'est un garçon, un petit arc de bois, de petites fléches & un petit couteau. Il lui fait un discours à sa manière, pour l'exhorter à être courageux & à se vanger de ses ennemis, tout comme si l'enfant l'entendoit. Ensuite il lui donne un nom qu'ils empruntent de choses qui leur sont connues & sensibles. Pour la nourriture qu'ils lui donnent, c'est, outre le lait de la mère, de la farine machée ou délayée. L'accouchée ne sait ce que c'est que de se faire soigner & prendre les airs s'empara d'une femme tout fraichement devenue mère. Elle s'en va fort peu après à l'ouvrage, & ne s'en porte pas plus mal. C'est un effet de la coutume ou du climat, ou plûtôt de leur manière de vivre dure & sauvage. Les enfans viennent fort bien, sans être contrefaits ni tortus, quoiqu'on les éleve sans les emmailloter comme nous. Aussi-tôt qu'ils sont devenus grands, on les mene tuer & manger des hommes. Si quelque different survient entre eux, personne ne s'en mêle que les Parties, à qui il est permis de décider comme il leur plaît. Il paroit qu'ils traitent comme on les traite ; c'est-à-dire, que si on leur a arraché un œil, ils en arracheront un à leur tour. Leurs biens sont tels que les peuvent avoir des gens qui n'amassent rien, & qui n'ont d'autre souci que la guerre. On compte dans quelques-unes

Tom. I. Part. 2.

de leurs Aldejas, jusqu'à six cens têtes par Cabane. Elles sont très-longues & percées de telle manière que l'on peut voir d'un bout de la Cabane à l'autre, quand elle auroit trois ou quatre cens pas de longueur. Les Aldejas ne sont ordinairement qu'un assemblage de cinq ou six de ces Cabanes. Ils appellent Chefs de famille celui qui préside sur chaque Aldeja. Dans les Capitainies où il se trouve de ces Aldejas, les Portugais leur donnent un Inspecteur de leur Nation ; mais ceux des terres ne demeurent guères que cinq ou six mois en un même endroit : Après cela ils prennent les materiaux de leurs Cabanes & s'en vont quelquefois à mille ou deux mille pas de leur première demeure. Ils croyent que ces changemens sont fort salutaires & que leurs pères ont toujours eu cet usage, d'où il s'ensuit qu'ils doivent le suivre. Ils ajoutent qu'ils ne vivroient pas long tems s'ils faisoient autrement. Peut-être que l'experience leur a fait connoître l'utilité de cette coutume, qui seroit fort incommode pour des gens qui vivroient autrement que des Sauvages. Lorsqu'ils vont à la chasse ou à la pêche, ils portent l'hamac avec eux. Les femmes prennent les ustenciles du ménage : Elles ont de la vaisselle de plusieurs façons differentes, des plats, des tasses, des pots ; tout cela assez mal fait en dehors, mais vernissé en dedans avec tant d'art, que nos potiers ne feroient pas mieux. Ils font aussi une certaine composition de blanc & de noir détrempée dans l'eau, & de cette composition ils peignent plusieurs figures sur leur vaisselle. Ils font aussi de petites Corbeilles tissues fort proprement avec une espèce de jonc.

À l'égard de leur manière de recevoir les étrangers, on en jugera par la reception qui me fut faite dans une Aldeja aux environs de Rio-Janeyro. Nous étions un Portugais habitué depuis plus de vingt ans au Bresil & moi en voyage de ce côté-là, & nous nous trouvions à plus de cent pas des demeures de ces Sauvages, quand il en sortit une vingtaine, qui vinrent au devant de nous, en nous disant, *Mair ma apadu* ; ce qu'ils répeterent plusieurs fois, en nous faisant divers signes d'amitié à leur manière. Le Portugais m'expliqua ces mots qui signifient en Bresilien, *Etrangers bien venus.* Ils nous prenoient entre leurs bras & nous pressoient la tête contre leur estomac. Ensuite un de ces Sauvages nous prit nos chapeaux, un autre s'empara de nos habits, & cela avec une telle rapidité, que je crus qu'ils nous alloient mettre nuds. Ce que je trouvai de plus plaisant fut, qu'avec la même rapidité qu'ils nous dépouilloient, deux autres Sauvages endossoient chacun nos habits. Après cela ils nous conduisirent à leurs Cabanes, & pour plus grande courtoisie, nous invitèrent à nous reposer dans leurs hamacs, où l'on nous laissa un petit espace de tems dans un grand silence. Les femmes vinrent ensuite nous rendre la visite de Ceremonie, & s'accroupissant à terre sur leur derrière & sur leurs talons, en se couvrant le visage de leurs mains, elles nous félicitèrent apparemment sur notre heureuse arrivée ; car, suivant le Portugais, c'étoit à peu près le sujet de leur visite. Pour les complimenter dans les regles de leur civilité, il auroit fallu leur répe-

Nnn 2 ter

ter les mêmes chofes, & prendre les mêmes poftures. Le maitre du logis nous fit à fon tour compliment, & nous dit; *Bien venus; comment vous appellez-vous? Avez-vous faim? Avez-vous foif?* Et, fans attendre notre réponfe à ces queftions, il nous préfenta de l'*Ouicou*, du poiffon, de la chair crue & du *Caouin*. Tout cela fut mis à terre devant nous; &, pour ne pas leur faire affront, il fallut gouter de ces chofes, ou du moins en faire le femblant; car fans cela, nous leur aurions fait un grand outrage. Enfuite ils nous apportèrent diverfes fortes de leurs denrées, & nous invitèrent à les prendre en troc contre de petits miroirs, des couteaux & quelques autres bagatelles que nous avions prifes pour échanger. Lorfque nous primes congé de ces Sauvages, ceux qui nous avoient deshabillé en entrant, nous rendirent nos habits avec la même courtoifie qu'ils nous les avoient ôtez; & les femmes qui avoient toujours refté accroupies fur leurs feffes comme des Singes, fe couvrirent le vifage en pleurant & en foupirant de ce que nous nous en allions. Voilà le ceremoniel Brefilien, tel qu'il fe pratiqua à notre occafion. Il eft fans doute burlefque & comique, furtout en le comparant à nos manières; mais je ne fai fi la mode ne feroit pas capable de lui donner en Europe le même mérite qu'elle donne aux civilitez obligeantes que l'on fe fait reciproquement de bouche entre gens qui favent vivre. Lorfqu'un Etranger paffe la nuit avec eux, le Chef lui fait apporter un hamac bien net, autour duquel il allume du feu qu'il foufle avec un *Tapacou*; c'eft une efpèce d'éventail qui reffemble affez aux nôtres. Ce feu n'eft pas feulement un feu de Céremonie & de civilité; c'eft auffi pour eux un feu de Religion, puifqu'ils croyent qu'il fert à chaffer *Agnian*. Ils allument leur feu avec deux pièces de bois qu'ils frottent l'un contre l'autre. L'une des pièces eft molle, l'autre dure & longue d'un pié, aiguë à l'un des bouts comme un fufeau. Ils font entrer la pièce dure dans la pièce molle, & l'y tournent avec toute la force dont ils font capables. C'eft de cette manière que le feu s'allume, que la fumée en fort, & qu'ils s'en fervent à s'éclairer. Si l'Etranger eft un peu honnête, il fait préfent à fon Hôte de quelque couteau ou de cifeaux. Il donne aux femmes quelques peignes & un miroir, aux enfans des filets pour pêcher, ou un petit arc. Les Sauvages du Brefil n'ont pas l'ufage des bêtes de charge. Si leurs Hôtes fe trouvent las & fatiguez, ils les foulagent, leur aident à porter leurs fardeaux, & même ils chargent leur perfonne fur les épaules. Ils ont entre eux les uns pour les autres une affection naturelle plus forte que celle de quelque Nation Européenne que ce foit; car ils ne laiffent fouffrir perfonne. Ils ont compaffion des Etrangers, & foulagent du mieux qu'ils peuvent ceux qui font en peine. Mais ils font impitoyables quand on leur a fait du mal, ou quand on les a payez d'ingratitude. Enfin je fuis perfuadé qu'on fera quelque chofe de bon de ces Sauvages, quand on prendra une véritable peine à cultiver leur naturel & à adoucir leurs mœurs. J'ai dit qu'ils vivent très-long tems, & qu'ils font fort fains. Ils ne font pas cependant tout-à-fait exempts de maladies, mais elles n'y font pas fréquentes comme chez nous. On eft fujet au Brefil à deux ou trois fortes de *Bicho*. La première forte eft celle que forme un petit ver long & délié qui s'attache aux jambes des hommes, & principalement lorfqu'on fatigue beaucoup, que l'on fe tient les piez nuds & les jambes découvertes, ou quand on n'a pas foin d'être propre, & de changer de chauffure. Ce *Bicho* groffit entre cuir & chair, forme des ulcères & caufe fouvent la gangrene, fi l'on n'a foin de le faire tirer de bonne heure. Les Sauvages font fort experts à le tirer, & cela eft caufe qu'ils ne s'embarraffent pas beaucoup de ce mal. On eft encore attaqué au Brefil d'une maladie qui commence par une inflammation dans le fondement, avec des maux de tête infupportables & une fievre continue. Les nouveaux venus préviendront cette maladie, s'ils ont foin de fe bien laver après avoir été à la felle. Les *Pians* font une efpèce de vérole. Les Sauvages font faire une très-rude diéte à leurs malades, jufqu'à ce qu'ils n'en puiffent plus. Ils difent pour raifon qu'ils tuent le mal par la faim; cependant quand le malade eft prefque épuifé, ils lui donnent à manger. Comme l'experience & le raifonnement font toujours confondus en eux avec la plus groffière brutalité, il ne faut pas s'étonner qu'en quelque état que foit le malade, ils chantent, danfent, mangent & boivent à leur ordinaire, fans s'embaraffer fi la tête du malade en fouffre: Mais s'il vient à mourir, & que ce foit un Chef ou un Père de famille, les chants fe tournent en pleurs & en lamentations, qui durent toute la nuit d'après la mort du malade. Les femmes hurlent & font des plaintes réiterées d'une voix aigre & tremblante. Ces plaintes roulent fur le mérite du défunt. Après cela on ôte le corps, on lui fait une foffe ronde en forme de puits ou de tonneau, & on l'y defcend droit fur fes jambes. Le corps du Chef, fi c'en eft un, eft entortillé dans fon hamac orné de toutes fes plumes & de fes autres ornemens. Comme ils croyent qu' *Agnian*, ou le Diable emporteroit le corps du défunt s'il ne trouvoit de la viande autour de la foffe, ils ont foin d'y mettre des pots avec de la farine, de la viande, du poiffon & du *Caouin*. Ils réiterent cette offrande jufqu'à ce qu'ils croyent le corps corrompu. Comme ils changent fouvent de demeure, afin que l'endroit où eft la foffe ne devienne pas inconnu, ils la couvrent de *Pindo*; (c'eft une plante du Brefil) & toutes les fois qu'ils paffent près de ces foffes, ils font des chants lugubres à l'honneur des morts avec un tintamarre épouvantable. On diroit qu'ils veulent les reffufciter.

BRESINI, ou BREZINI, petite Ville de la grande Pologne au Palatinat de Lenciczsa, fur une petite Riviere qui tombe dans la Pilera aux frontieres du Palatinat de Sandomir & de celui de Rava, entre Rava & Opoczna.

BRESLAU, Ville d'Allemagne dans la Silefie au Duché de Breflau, fur l'Oder entre les Villes d'Olfe & de Schweidniz, avec une Univerfité & un Evêché Suffragant de Gnefne. Quelques-uns croient que c'eft la *Budorigum* des Anciens. Les Allemands l'appellent en Latin moderne WRATISLAVIA. elle eft grande, riche, bien bâtie, très-peuplée, & la capitale

a Jouvin de Rochefort Voyages d'Allemagne & de Pologne.

pitale de toute la Silesie. *a* L'Oder a en cet endroit plus de trois cens pas de large & coule avec une telle rapidité que si le pont venoit à se rompre par quelque accident il seroit difficile de passer cette Riviere sans peril. Elle lui sert aussi d'ornement puis qu'elle paroît un grand Canal bordé de belles prairies & d'arbrisseaux qui font une perspective très-agréable. Breslau a trois Places remarquables. La premiere qu'on appelle la grande Place renferme le superbe batiment de la Maison de Ville, à l'entrée de laquelle il y a un Corps de Garde. La tour de l'horloge est, dit-on, la plus haute & la plus belle de toute l'Allemagne. Toutes les fois que l'horloge sonne l'heure, on entend sur une Galerie d'en haut un concert de plusieurs trompetes & de quelques autres instrumens. Dans cette place qui est quarrée & peut avoir mille pas de tour sont les Magazins en façon de trois halles couvertes longues de plus de cinq cens pas, & remplies de boutiques où les Marchands de la Ville vendent des Etoffes de Soye de toutes sortes, des draps fins de toutes couleurs, & autres marchandises de prix. Ces Magazins au dessous desquels il y a des boutiques de Merciers, de Clincailliers, & autres divisent la place en deux parties; d'un côté sont les Magazins, de l'autre les Maisons des Marchands qui se servent de ces Magazins; & d'un autre côté on voit de grands édifices très-bien peints par le dehors, comme sont toutes les Maisons dans cette Ville, avec une Architecture particuliere qui les fait paroître comme de petits Châteaux à cause des Creneaux qui s'élevent le long du toit du côté qui regarde la rue.

Le Marché au Sel est sans contredit la plus belle place de Breslau si on a égard aux grandes Maisons qui l'environnent, dont la magnificence & l'Architecture attirent les regards du Voyageur. La troisiéme place est le Marché neuf. Elle n'est pas fort éloignée de la belle Eglise de la Magdélaine, dont le bâtiment est à remarquer aussi bien que la hauteur de ses deux tours Pyramidales. Celle de Ste. Elizabeth ne lui cede en rien pour la beauté de l'Architecture. Elle est toute bâtie de grosses pierres de taille & ses voutes sont larges & bien ornées: sa tour est remarquable par plusieurs figures & bas reliefs qui sont à l'entour. Le dessus est couvert de plomb, & les curieux de belles peintures ont de quoi se satisfaire à voir les tableaux qui sont dans la nef de cette Eglise dont le Maître-Autel fait le plus bel ornement.

Les Catholiques ont été contraints de la ceder avec plusieurs autres aux Lutheriens, ils n'ont pas laissé de conserver la liberté d'en faire usage. L'Eglise Cathedrale de St. Jean est dans un Fauxbourg de même nom, de l'autre côté de l'Oder, & on a construit deux ponts sur cette Riviere afin d'y arriver par deux endroits differens. On y voit aussi l'Eglise Collégiale de Ste. Croix où il y a quelques peintures & d'anciens tableaux. Il y a dans ce Fauxbourg une belle rue qui se fourche pour aller à l'un & à l'autre pont. Elle est si large dans toute sa longueur qu'on la prendroit pour une grande place.

Ce sont les Bourgeois qui gardent la Ville.

Ils la gouvernent presque en Republique bien qu'elle appartienne à l'Empereur comme tout le reste de la Silesie; comme annexe du Royaume de Bohême. Elle étoit autrefois Ville libre & Imperiale, mais elle a été depuis retranchée de la Matricule de l'Empire, cependant elle est gouvernée par ses propres Magistrats qui sont Lutheriens & jouït de plusieurs grands Privileges.

Les plus belles Eglises sont occupées par les Lutheriens dont la Religion est la dominante. Les Catholiques y jouïssent de la protection du Souverain & ont aussi leurs Eglises. Les Augustins & les Cordeliers y ont aussi des Couvents. Les Jesuites y ont un grand & beau College qui consiste en quatre Corps de logis lesquels renferment au milieu une grande Cour quarrée.

Les rues de Breslau sont droites & si larges que si elles n'étoient pas trop longues, on verroit facilement d'une porte de la Ville à l'autre.

Ce qu'elle a encore d'avantageux c'est la petite Riviere d'Olaw, qui passe dans un quartier où elle servoit autrefois de fossez à ce côté-là, comme on le peut remarquer par les vieilles murailles & les anciennes portes qui sont à tous les ponts de cette petite Riviere qu'on passe pour entrer dans la partie de la Ville qu'elle separe de l'autre. Après qu'elle a rempli ses fossez d'une partie de ses eaux, elle arrose une grande Prairie fort basse en plusieurs endroits, ensorte qu'il est aisé de la couvrir d'eau par le moyen des Ecluses. Les pluyes mêmes rendent ce lieu comme un grand étang, & les environs sont d'autant plus forts de ce côté-là qu'on n'y sauroit aborder qu'avec peril d'être submergé. Ensuite de ce grand Marais il y a un petit Fauxbourg, éloigné de la Ville de plus de mille pas, afin qu'en cas d'attaque il ne pût servir de refuge à l'ennemi.

La Ville de Breslau fut incendiée par les Tartares au XIII. Siécle, l'Empereur Charles IV. qui l'aimoit beaucoup l'aggrandit, & donna de beaux Privileges à ses habitans. Elle a beaucoup souffert durant les guerres civiles d'Allemagne. La Principauté de Neisse ou Grotkau appartient à l'Evêque de Breslau.

LA PRINCIPAUTÉ DE BRESLAU. (Mr. Baudrand, & ceux qui le suivent en font un Duché) petit Pays d'Allemagne en Silesie au milieu de ce Duché des deux côtez de l'Oder, au dessus & au dessous de la Capitale. Elle a au Nord les Principautez de Wolau & d'Olsse & la Baronie de Wartenberg, au Levant la Principauté de Brieg, au Midi cette même Principauté & celle de Schweidnitz, à l'Occident la même & celle de Lignitz.

Breslau & *Namslau* en sont les seules Places remarquables.

1. BRESLE *b*, (la) petite Ville de France dans le Lyonnois, dans un fond au milieu des Montagnes à quatre lieues de Tarare & à trois de Lyon. Elle est sur la petite Riviere de Tardine & fut submergée en partie la nuit du 14 au 15 Septembre 1715. La Tardine & une autre petite Riviere qui n'en est pas loin & qu'on passoit à pied sec sur des pierres, s'enflerent tout d'un coup si prodigieusement, au moyen d'une pluye violente qui survint, *a Piganiol de la Force desc. de la France T. 5. pag. 303.*

qu'en

qu'en moins de trois heures, elles renverserent le Pont de St. Bel & quatorze Maisons de ce même Village qui est à demie lieue au dessus de la Bresle. Les poutres de ses Maisons & de gros arbres deracinez dans la Campagne par la force des eaux se croiserent entre les arbres du pont de pierres de la Bresle, arrêterent l'inondation & tout d'un coup les eaux se trouverent au niveau du premier étage des Maisons du Fauxbourg. Les habitans qui étoient la plupart dans leurs lits ne s'apperçurent du danger que sur le minuit, & il ne se sauva que ceux qui purent monter sur les toits de leurs Maisons. On compte qu'il y eut vingt-deux personnes de noyées, neuf Maisons rasées jusqu'aux fondemens, deux Moulins emportez & le pont de pierre tellement entrainé, qu'à peine, restat-il quelques vestiges de ses fondations. Cette inondation fit aussi perir une infinité de Bestiaux de toutes especes. Mr. Baudrand dit qu'on la nommoit autrefois l'ARBRESLE.

a Corn.Dict.
Memoires dressez sur les lieux.

2. BRESLE [a], (LA) Riviere de France en Normandie au Pays de Caux qu'elle arrose. Elle separe par son cours la Normandie de la Picardie ; & le Diocèse de Rouen de celui d'Amiens. Elle prend sa source à Lanoi deux lieues au dessus d'Aumale, & grossie par plusieurs ruisseaux elle coule par Aumale, Senerpont, Néle, Normandeuse, où l'on voit le grand Château de Pierrecourt. Ensuite elle passe au travers de Blangy, arrose le Jardin de l'Abbaye des Prémontrez Reformez de Sery ; coule par Soreng, Epinay, Gammaches, Lieu-Dieu Abbaye de Bernardins Reformez, Beauchan, Oute, Pons, Marais, la Ville d'Eu & le Tréport. Après avoir reçu dans son cours plusieurs ruisseaux & arrosé le Duché d'Aumale, & huit lieues des Terres du Comté d'Eu, elle entre dans la Mer à quatorze lieues de sa source, en sortant du Bourg & Port de Tréport, à travers les deux longues jettées bâties que le Roi a fait bâtir au pied des Eglises de la Paroisse & de l'Abbaye des Benedictins de la Congrégation de St. Maur. Les Barques remontent avec le Flot de la Mer jusqu'à la Ville d'Eu qui est à trois quarts de lieues du Tréport.

§ 3. BRESLE, (la) en Latin BROLIUM,
b Ed.1705. selon Mr. Baudrand [b] qui ajoute que c'est une Abbaye de filles de l'Ordre de Cîteaux dans le Diocèse de St. Flour, en Auvergne sur la Riviere d'Alagnon à six lieues de la Ville de St. Flour vers le Nord. Mr. Piganiol de la
c Desc. de la Force [c] dit: ST. PIERRE DE BLESLE est une
France.T.5. Abbaye de filles de l'Ordre de St. Benoît. On
p. 319. voit par une Lettre que les Religieuses de Blesle écrivirent au Pape Urbain II. que leur Abbaye a été fondée par Hermengarde femme de Bernard Plantepelue Comte d'Auvergne qui vivoit sous le Regne de Charles le chauve.

BRESLOIA, Ville d'Italie dans l'Etat de Venise. Il y a un fort bon Château, une jolie Maison de Ville, de belles Eglises, un fort bon rempart & de belles eaux qui coulent dans les rues. Cette Ville est particulierement celebre pour les excellens Armuriers que l'on y trouve. Mr. Corneille qui cite le voyage de Lassels auroit bien dû nous apprendre d'une maniere moins vague où est cette Ville.

BRESSAN [d], (LE) en Italien BRES-
d Magin &
CIANO, & en Latin BRIXANUS AGER; Pro- Taillot Ital.
vince d'Italie en Lombardie dans l'Etat de Venise, ainsi nommée de Brescia sa Capitale que nous appellons en François Bresce ou Bresse. C'étoit autrefois une partie du Duché de Milan ; mais elle est aux Venitiens depuis plus de deux Siécles. Elle a au Nord les Grisons & surtout le Comté de Bornio ; au Nord-Ouest le Trentin ; au Levant le Lac de Garde, le Veronese & le Duché de Mantoue ; au Midi ce même Duché & le Cremonese ; au Couchant la même Province, le Bergamasc & la Valteline. Le Lac de Garde à l'Orient & le Lac d'Iseo à l'Occident la baignant de leurs eaux aussi bien que la Riviere de l'Oglio qui y a ses sources & qui en arose la partie Septentrionale avant que d'entrer dans le Lac d'Iseo, au sortir duquel il lui sert de bornes jusqu'à Ustiano Ville située au Midi de Bresse. Les Rivieres de Mela, de Garzo, de Navilio & de Chiefé y coulent aussi, les trois premieres se joignent presque ensemble auprès de la Capitale & se partagent ensuite au Midi en quantité de coupures, pour se mieux repandre dans le Pays. Comme le Pays est fort haché de Rivieres on le distingue par Vallées. VAL CAMONICA est le nom de la partie Septentrionale. Vers le milieu entre les Lacs d'Iseo, on trouve d'Occident en Orient VAL DE TROPIA, VAL DE SABIO & VAL DI SALO. Vers le Midi on trouve de même FRANZA CURTA & CAMPAGNA DI MONTE CHIARO ; la Ville de Bresse est entre ces deux Contrées.

Mr. Baudrand divise cette Province en PODESTARIES ; quatre grandes qui sont BRENO, AZOLA, SALO, & GLI ORCI NOVI ; & trois petites, savoir : LONATO, CHIARI & PALAZZUOLO. Les principaux lieux du Bressan sont ;

Azola,	Lonato,
Breno,	Monte Chiaro,
Bresse, Capitale,	Orci Nuovi,
Chiari,	Orci Vecchi,
Defenzano,	Palazzuolo,
Ghedi,	Pont-Oglio,
Guardo,	Rudiano,
Idro,	Sabio,
Iseo,	Salo,
& Urago.	

BRESSE, BRESCE, ou BRESCIA, Ville d'Italie dans l'Etat de Venise au Bressan dont elle est la Capitale, avec un Evêché suffragant de l'Archevêque de Milan. Elle est située dans une belle plaine sur la Riviere de Garza, les Rivieres de Mela & de Navilo passent auprès de ses murailles, la premiere au Couchant & la seconde au Levant. Mais la Garza la traverse. [e] Elle est plus longue que large, & e Scheti Iti-
bien peuplée quoi qu'elle n'ait que trois milles ner.l. 1. p.
de circuit. Elle est à vingt mille pas au Couchant de Defenzano qui est au bord du Lac de Garde. Quelques-uns derivent son nom Latin Brixa de Brixin qu'ils disent avoir signifié dans la Langue des Gaulois Senonois à qui ils en attribuent la fondation, des arbres chargez de fruits. Gaudentes arbores quasi pomorum onere

onere gaudere videantur. Cette Ville eſt fort ancienne ; & connue des Anciens ſous le nom de *Brixia.* Voiez ce mot, ſous lequel je rapporte ce qu'ils en ont dit. Elle étoit autrefois plus grande qu'elle n'eſt à preſent, comme on le peut voir par les antiquitez qu'on a déterrées hors de ſon enceinte. Elle eſt dans la Plaine au pied d'une Colline. Quoi qu'elle ne ſoit pas grande elle renferme un Peuple nombreux & quantité d'aſſez beaux édifices. Elle eſt arroſée du torrent Garza & de pluſieurs Fontaines qui y ſont conduites par un aqueduc que Didier Roi des Lombards a fait conſtruire. La Maiſon de Ville eſt très-belle & bien bâtie. La Ville a cinq Portes & une Citadelle bâtie ſur la Colline ; elle paſſe pour imprenable. Cette Ville a beaucoup ſouffert des revolutions de l'Italie & on obſerve qu'en vingt-huit ans ſous l'Empire de Louïs III. & d'Othon, elle changea ſept fois de Maître. On ne peut lire ſans horreur les Annales de cette Ville, où l'on ne voit que ſaccagemens, que meurtres, proſcriptions, qu'exils, que rapines, qu'incendies, & que ravages. Elle jouït à preſent d'une douce tranquilité ſous la Domination des Venitiens. Les Rois Lombards l'ont poſſedée autrefois. Elle ſuivit longtemps la même fortune que Vicenze & Verone juſques vers le XIV. Siécle qu'elle paſſa ſous la Domination des Ducs de Milan. Et l'an 1517. François premier la fit rendre aux Venitiens. On peut mettre entre ſes principaux événemens le malheur qu'elle eut d'être ſaccagée par Attila, ſa demolition par les Lombards, ſes frequentes pertes durant les guerres des Guelphes & des Gibelins. Le Chriſtianiſme s'y établit l'an 119. par St. Apollinaire Evêque de Ravenne. Il y a des Egliſes fort anciennes, telles ſont celles de Ste. Afre & de St. Pierre Olivier. Les Dominicains y ont un fort beau Monaſtere, & une Egliſe magnifique dont le Chœur eſt parfaitement beau. La grande Egliſe eſt ancienne & à demi ſouterraine ; mais on a commencé à en rebâtir une autre. On y conſerve une Croix que les Italiens nomment *Oro Fiamma,* nous dirions *Oriflamme:* quelques-uns aſſurent que c'eſt la même que Conſtantin vit en l'air lors qu'il alloit combatre Maxence, elle eſt d'un bleu celeſte qui tire ſur le rouge. L'Evêque de cette Ville prend le Titre de Duc, de Marquis, & de Comte.

Il y a une autre Egliſe conſiderable dediée à Ste. Julie Martyre, par Didier Roi de Pavie l'an 753. il y ajouta un Monaſtere qu'il orna de riches preſens & de Reliques. Il a été ſi fameux autrefois qu'Anſilperge ſœur & Hermingarde fille de ce Roi, Hermingrande ſa femme, Giaff fille de l'Empereur Lothaire I. Angilberge ſœur de l'Empereur Charles II. & Berthe fille de Berenger qui uſurpa l'Empire, & beaucoup d'autres Princeſſes ont choiſi ce lieu pour s'y conſacrer à Dieu ſous la regle de St. Benoît. Entre les Saints de la Ville de Breſſe on compte St. Jovite & St. Fauſtin Martyrs, & on voit encore aux Murailles du côté de Verone des traces de leur Martyre. On compte entre ſes Evêques trente Prélats que l'Egliſe met au rang des Saints à qui elle rend un culte public. La Ville renferme environ quarante mille ames & l'on croit que ſon Evêque en a plus de ſept-cens mille à ſa charge. Scaliger a fait ces ſix vers en l'honneur de cette Ville :

Quæ pingues ſcatebras ſpeculâ deſpectat ab alta
Poſtulat Imperii Brixia magna vices.
Cœlum hilare eſt, frons læta urbi, gens neſcia fraudis,
Atque modum ignorat divitis uber agri.
Si regerent Patrias animis concordibus Oras
Tunc poterat Dominis ipſa jubere ſuis.

[a] Les Montagnes qui ſont au Nord de Breſſe ſont froides, & ſteriles en grains & en vignobles ; mais il y a des Pâturages & des Mines de Fer. Apparemment ce Fer donne lieu en partie aux ouvrages qui s'en font dans la Ville. On trouve auſſi dans ces Montagnes du marbre noir qui eſt aſſez beau. Elles fourniſſent auſſi des Meules de Moulin & des pierres à aiguiſer. Mr. Corneille dit que les habitans de Breſſe ont un Privilege particulier, ſavoir qu'aucun étranger ne peut acheter de Terres dans tout le Pays, quand même il ſeroit Gentil-homme Venitien. Cela fait, dit-il, qu'ils jouïſſent de leur bien ſans aucun trouble.

[a] *Miſſon Voyage d'Italie. T. 3. p. 228.*

BRESSE, (la) Province de France, avec Titre de Comté. [b] Le Géographe Nicolas Sanſon a voulu tirer l'Etymologie du nom de Breſſe de *Brannovices* & a ſoûtenu que les Breſſans ſont les mêmes que les *Aulerci Brannovices* dont Ceſar fait mention dans ſes Commentaires ; mais il ne ſe fonde que ſur un ſimple rapport de nom qui n'eſt pas une preuve. On prouve au contraire que le nom de Breſſe eſt venu d'une Forêt qui couvroit une partie de ce Pays-là, & s'appelloit BREXIA. Le premier qui a fait mention de cette Forêt ou de *Saltus Brexius* eſt Aimoin qui vivoit vers l'an 1000. & qui dit que le Roi Gontran bâtit l'Egliſe de St. Marcel dans le Territoire des Sequaniens, & dans la Forêt de Breſſe. Auſſi les premiers Seigneurs de ce Pays n'ont point porté le Titre de Seigneurs de Breſſe, mais des principales Places qu'ils occupoient & de celles où ils reſidoient. D'ailleurs les *Aulerci Brannovices* habitoient à l'Occident de la Saone ſur les Confins des Autunois ou *Ædui* & des Seguſiens. Mais les Limites de ces *Aulerci Brannovices* ne ſont pas connues aujourd'hui ; ce qui n'eſt pas ſurprenant, puis qu'aucun Auteur n'a fait mention de ce Peuple après Jules Ceſar. La Breſſe priſe en general telle qu'elle eſt aujourd'hui [c] faiſoit partie du Royaume de Bourgogne, lorſque les Bourguignons Peuple venu d'Allemagne, eurent donné ce Titre au Pays dont ils s'étoient emparez dans les Gaules. Après que ce Royaume eut été uni à la Monarchie Françoiſe la Breſſe y fut ſoumiſe à ſon tour & ce ne fut que dans la décadence de la Maiſon de Charlemagne que pluſieurs Seigneurs particuliers s'y rendirent abſolus. Juſques là ce n'étoit point une Province nommée la Breſſe, mais divers Territoires où les proprietaires s'érigeoient en Souverains. Les principaux furent les Sires de Baugé, de Coligni, de Thoire Seigneurs de Villars &c. Les Sires de Baugé en poſſedoient

[b] *Longuerui deſc. de la France part. 1. part. p. 296. & 299.*

[c] *Piganiol de la Force deſc. de la France T. 3. p. 219.*

doient la meilleure partie qui passa dans la Maison de Savoye par le Mariage de Sibylle fille unique & Heritiere de Gui Sire de Baugé avec Amé IV. du nom Comte de Savoye l'an 1272. De là est venue la division de la Bresse

en { Bresse Savoyarde,
     Bresse Chalonnoise.

L'une & l'autre est comprise entre la Riviere de Saone au Couchant & celle de l'Ain au Levant. Elles ont au Nord la Bourgogne, au Nord-est la Franche-Comté, au Levant la Savoye, au Midi le Viennois, au Couchant la Principauté de Dombes, & la Saone qui separe la Bresse du Maconnois.

La BRESSE PROPRE, est aussi nommée Savoyarde parce qu'elle a été possedée par les Ducs de Savoye à titre de Comté. Cependant les Ducs de Savoye n'en ont gueres joüi paisiblement, car toutes les fois qu'ils se broüilloient avec la France, la Bresse étoit la premiere chose que les Rois de France leur enlevoient. Charles Emanuel Duc de Savoye fut enfin contraint de la ceder à perpetuité à la France par le Traité de Lyon 1601. en échange du Marquisat de Saluces dont il s'étoit emparé durant les troubles de France.

[a] La Province de Bresse a ses Etats particuliers. Le Tiers Etat, le Clergé & la Noblesse tiennent leurs Assemblées Generales, où l'on discute les interêts de la Province. Le Tiers Etat s'assemble dans l'auditoire du Palais de Dijon au jour marqué par le Gouverneur de Bourgogne, ce qui se fait toujours peu de temps avant la tenuë des Etats de Bourgogne. Les Syndics du Tiers Etat après avoir reçu l'Ordre du Gouverneur, en donnent avis aux Communautez qui sont au nombre de vingt. Elles nomment des Deputez qui se rendent à Bourg. La veille de l'Assemblée generale on en tient une particuliere chez le Bailli pour examiner les propositions que l'on doit faire le lendemain. Ces propositions sont arrêtées & redigées en écrit par le Secretaire de la Province. Le jour de l'Assemblée generale du Tiers Etat étant venu, le Bailli se rend au Palais accompagné des Syndics generaux. Le plus ancien des Syndics fait l'ouverture des Etats par un Discours qui tend à demander la lecture des Cahiers & le Secretaire les lit. Il fait ensuite lecture des Lettres du Gouverneur qui marquent ses intentions sur les sujets qui lui paroissent les plus propres pour remplir les fonctions de Syndics, de Conseillers de Province & de Secretaire ; puis on procede à leur Election.

On traite ensuite des affaires de la Province & l'on examine la gestion & le maniment des anciens Syndics. Leurs Cahiers arrêtez sont portez au Gouverneur de la Province & à l'Intendant par le plus ancien des Syndics dans le temps qu'on tient les Etats generaux de la Province de Bourgogne. Ce même Syndic se rend ensuite à la Cour pour presenter les Cahiers au Roi & solliciter des Lettres d'assiéte pour l'imposition des sommes qui ont été arrêtées dans l'Assemblée generale. L'Intendant donne son Ordonnance sur ces Lettres d'assiéte

[a] Piganiol de la Force desc. de la France T. 3. pag. 181.

pour l'imposition. Les Syndics rendent compte des deniers qui leur ont été remis à la Chambre des Comptes de Dijon.

Il se tient de deux sortes d'Assemblées particulieres. Les unes ne sont composées que de trois Syndics qui conferent entre eux sur les affaires qui se presentent & qui rendent compte des plus importantes au Conseil de la Province. Ce Conseil est la seconde espece d'Assemblée particuliere. Il est composé de trois Syndics, de six Conseillers & d'un Secretaire, nommez dans l'Assemblée. Ce sont les Syndics qui convoquent le Conseil de la Province. Il se tient chez le Bailli qui y preside.

Quant à l'Assemblée generale des trois Ordres, elle se tient pour des affaires communes aux trois Ordres, & qui regardent l'interêt general de la Province. Loüis XIV. a ordonné par arrêt du Conseil du 23. Avril 1697. que pour regler les sommes dont la levée avoit été ordonnée par Sa Majesté, les Syndics des trois Ordres s'assembleront pour convenir à l'amiable de la somme que chaque Ordre doit payer; & qu'au cas qu'ils ne puissent convenir lesdites sommes seront reparties entre les trois Ordres par l'Intendant. L'Imposition des sommes qui doivent être levées sur le Tiers Etat se fait par l'Intendant seul, ou conjointement avec les Officiers de l'Election ; ou enfin par lesdits Officiers seuls, lorsque l'Intendant est absent & qu'il l'a ainsi ordonné. Le Deputé de Bresse se joint aux Elus des Etats de Bourgogne pour presenter les cahiers au Roi & il est à genoux pendant le Discours que l'Elu de l'Eglise fait à Sa Majesté & ne se leve qu'après que cet Elu a presenté les cahiers des Etats de Bourgogne. Alors il s'approche du Roi & lui presente ceux de sa Province.

[b] La Noblesse de Bresse tient de trois en trois ans des Assemblées pour deliberer sur les affaires qui regardent ce Corps en particulier. Les Syndics presentent Requête au Gouverneur pour obtenir permission de convoquer l'Assemblée & lorsqu'ils l'ont obtenuë, ils en donnent avis au Bailli qui par des Lettres circulaires convoque les Gentils-hommes à un certain jour pour deliberer sur les affaires qui concernent le Corps de la Noblesse. Cette Assemblée se tient chez le Bailli, & on n'y fait autre chose que nommer les Syndics & examiner les Titres de ceux qui se presentent pour être aggregez au Corps. La nomination des Syndics qui ne font ordinairement que trois & la reception des Gentils-hommes se font à la pluralité des voix & les Actes de Deliberation sont inserez dans les Registres par le Secretaire qui est aussi choisi par l'Assemblée. Les Syndics de la Noblesse sont pendant trois ans les affaires de leur Corps & lorsqu'ils ont fait quelque recepte, ils en rendent compte à l'Assemblée generale.

[b] Ibid. p. 185.

[c] Plusieurs Arrêts ayant declaré le Clergé de Bresse & de Bugey separé de celui de France, il tient ses Assemblées à Bourg, en vertu du pouvoir que lui accorde l'Archevêque de Lyon. On élit dans ces Assemblées quatre Députez; un pour les hauts Beneficiers ; un pour les Chapitres, un pour les Curez, & le quatriéme pour les Chartreux. Ces Deputez font la repartition des Decimes & des autres impositions qui

[c] Ibid. pag. 171.

qui sont payées entre les mains d'un Receveur qui est nommé par l'Assemblée.

Le Clergé de Bresse & de Bugey ayant été declaré faire corps à part du Clergé du Royaume de France, les Ecclesiastiques de ces deux petites Provinces payent la taille de tout ce qui dépend de leurs Benefices, à moins qu'ils n'ayent d'ailleurs des charges qui les exemptent.

Pour ce qui est des affaires qui sont communes aux trois Ordres; elles se décident dans les Assemblées generales du Clergé, de la Noblesse & du Tiers Etat, dont je viens de parler.

La Bresse étoit autrefois separée de l'Archevêché de Lyon. Elle en fut détachée par le Pape Léon X. qui établit un Evêché à Bourg, & le Cardinal de Gorrevod en fut le premier Evêque. Jean Philibert de Loriol fut le second & le dernier, car Paul III. à la sollicitation de François I. supprima l'Evêché de Bourg, & soumit de nouveau la Bresse à l'Archevêché de Lyon. L'Abbaye de la Chassagne est la seule Abbaye qu'il y ait en cette Province. Il y a six Chapitres, savoir à Bourg, à Montluel, à Pont de Vaux, à Châtillon, à Varambon, & à Maiximieux. Les principales Villes de la Bresse sont

Bourg Capitale,   Montluel,
Pont de Vaux,   Châtillon,
Pont de Vesle,   Beaugé.

Les autres lieux sont

Romanay,   Totiat,
St. Trivier,   Pont d'Ain,
St. Julien,   Loye,
Tresfort,   Mirebel,
Marbos,   Doligni Seigneurie,
Meillona,   Perouges Baronie.
   & Villars Marquisat.

Les Rivieres qui arrosent la Bresse sont la Saone à l'Occident laquelle reçoit la Chalarine qui sourd auprès de Birieu, passe au Marquisat de Villars, traverse la Principauté de Dombes, rentre dans la Bresse où elle arrose Châtillon & rentre dans la Principauté de Dombes; Le Remon, l'Yvrance, & le Viougon qui grossissent la Vesle; la Resousse qui coule à Bourg, à St. Julien & à Pont de Vaux; Le Chevron a sa source près de Meillona, passe à Marbos, & se va perdre dans la Seille qui tombe ensuite dans la Saone. Le Saran tombe dans l'Ain qui, comme j'ai dit ci-dessus, borne la Bresse à l'Orient.

La Bresse se divise en XXIII. Mandemens, savoir:

Les Mandemens
{ de Pont de Vaux,
de St. Trivier,
de Baugé,
de St. Julien,
de Montrével,
de Coligni,
de Langes,
de Jasseron,
de Tresfort,
de Mont-Didier. }
dans sa partie Septentrionale.

Les Mandemens
{ de Pont de Vesle,
de Bourg,
de Ville Reversure,
de Châtillon,
de St. Paul,
de Pont d'Ain,
de Varambon. }
Vers le milieu.

Les Mandemens
{ de Villars,
de Loye,
de Perouges,
de Mirebel,
de Montluel,
de Gourdans. }
dans la partie Meridionale.

La BRESSE CHALLONNOISE Pays de France en Bourgogne. Elle comprend tout ce qui est du Diocèse de Challon entre la Saone & la Franche-Comté. Ce Pays faisoit autrefois partie du Pays des Sequaniens, ce que l'Historien Fredegaire qui vivoit sous Dagobert I. & Clovis II. assure & dit que l'Eglise de St. Marcel encore qu'elle soit dans un Fauxbourg de Challon est néanmoins dans le Territoire des Sequaniens. Il n'y a dans la Bresse Challonnoise aucune Place considerable. Elle a la Bresse propre ou Savoyarde au Midi. On n'y voit que quelques Bourgs comme

Bouhans,   Louans,
Mervans,   Cuzeaux,
Branges,   Cusery.

Et St. Laurent qui est un Fauxbourg de Challon à l'Orient de la Saone.

La BRESSELE, Riviere de France en Normandie. Voiez la BRESLE 2.

BRESSELLO, mot corrompu pour BERSELLO. Voiez ce mot.

BRESSENON, Ville Episcopale du Tirol. Voiez BRIXEN.

BRESSUIRE. Voiez BERSUIRE.

BRESSUS, ou BREPUS, selon les differents exemplaires de Ptolomée. [a] Ville ancienne de la grande Armenie près de l'Euphrate.   [a] l. 5. c. 13.

BREST, Ville de France en Basse Bretagne au Diocèse de Leon, avec un Port de Mer l'un des plus beaux & des plus sûrs de tout le Royaume, dans une grande Baye, quelques-uns la prennent pour le *Brivates Portus* des Anciens; mais Mr. de Longuerue [b] croit qu'elle n'est pas ancienne & dit qu'elle n'est bien connue que depuis la réunion de la Bretagne à la Couronne de France.
[b] desc. de la France. part 1. p. 94.

[c] La Ville est petite & les rues étroites: le Château est sur un Rocher escarpé du côté de la Mer & qui du côté de Terre est deffendu par un large fossé & par quelques fortifications. Les Jesuites ont dans cette Ville une belle Maison qui sert de Seminaire aux Aumoniers de la Marine. Les Carmes déchaussez y ont aussi un Couvent qui est situé fort près du Château. Le Port est entre la Ville & le Fauxbourg de Recouvrance, qui est aussi grand que la moitié de la Ville. Une tour qui est à l'opposite du Château, deffend de ce côté l'entrée du Port. L'Eglise de Nôtre-Dame de Recouvrance est belle & fort frequentée.
[c] Piganiol de la Force T. 4. p. 345.

Le Port est revêtu de deux fort beaux quais & entouré de Magazins, où l'on trouve tout ce qui est necessaire pour les armemens. La rade est magnifique & pourroit contenir cinq cens vaisseaux de guerre, mais l'entrée en est difficile à cause des roches cachées sous l'eau & que d'ailleurs elle est fort étroite, ce qui lui a fait donner le nom de *Goulet.* [a] Il y a toujours une forte Garnison & un Etat Major au Château de Brest. Selon Mr. Baudrand Brest est à quatre lieues de St. Mahé, à onze de Morlaix & à douze de Quimper. Louis XIV. y a fait bâtir un Arsenal pour lequel Santeuil a fait cette Inscription:

[a] Ibid. p. 331.

Quæ Pelago sese arx aperit metuenda Britanno
Classibus armandis, omnique accommoda bello,
Prædonum terror, Francis tutela Carinis,
Æterna regni excubia, domus hospita Maris,
MAGNI *opus est* LODOICI. *Hunc omnes omnibus undis*
Agnoscant Venti Dominum & Maria alta tremiscant.

BRESTE. Voiez BRZESTIE.

BRETAGNA, Village d'Espagne dans la Galice. C'étoit autrefois une Ville nommée BRITONIA. Elle étoit Episcopale, & le Siége en a été transferé ailleurs. Mr. Baudrand dit que *Mondenego* qui en est à huit mille pas lui a succedé. Cela peut s'entendre de la Dignité de Siége Episcopal, & c'est ainsi que l'entend Mr. Maty, & Mr. Corneille l'a copié. Cependant la Notice d'Espagne faite d'après le réglement du Concile de Toléde tenu sous le Roi Wamba met sous Bracara Metropole, *Ovetum vel Britonia,* ce qui marque qu'Oviedo & Britonia étoient un même Evêché. Une autre Notice tirée d'un Manuscrit de Seville de l'an 962. met *Britonia* & omet Oviedo. Une autre Notice tirée d'un Manuscrit de l'Eglise d'Oviedo met aussi *Britonia* sans Oviedo. Ce qui me persuade qu'Oviedo a succedé pour l'Episcopat à *Bretagna.*

BRETAGNE, Province de France sur l'Océan, dans sa partie la plus Occidentale. [b] C'est une Presque-Isle environnée de tous côtez de l'Océan excepté vers l'Orient, où elle confine avec l'Anjou & le Maine: elle touche aussi à la Normandie du côté de l'Orient d'Eté & au Poitou vers l'Orient d'Hiver. La Bretagne a pris son nom des Bretons qui furent contraints d'abandonner l'Isle de la Grande Bretagne vers le milieu du V. Siècle à cause de l'invasion des Anglois & des Saxons. Les Bretons ayant passé la Mer, après avoir été quelque temps vagabonds dans les Gaules, ils s'établirent dans le Territoire des *Curiosolites* & des *Ossismes,* qui étoient des *Armoriques,* & même ils occupérent presque tout le Territoire de Vannes, excepté la Ville, dont les anciens habitans demeurerent en possession. C'est à cause de ces nouveaux habitans que cette extremité Occidentale des Gaules fut nommée Bretagne, *Britannia* ; néanmoins ce nom ne se trouve point avant Gregoire de Tours, qui l'employe au cinquiéme livre; à l'égard des Bretons, ils joüirent alors d'une pleine liberté, comme Conquerans; mais les François

[b] Longuerue desc. de la France. part. 1. p. 84.

sous Childerie pere de Clovis, s'étant emparez des Villes Romaines du voisinage des Bretons, les Bretons dans la suite furent contraints de recevoir la loi des plus forts, quoi qu'ils se soumissent avec beaucoup de peine & se revoltassent très-souvent, comme on peut voir dans l'Histoire de Gregoire de Tours, qui dit que ces peuples & leurs Seigneurs qui portoient le Titre de Comtes, étoient Vassaux & même Tributaires des Rois de France, puisque *Varoc* promit au Roi Gontrand de lui payer tous les Tributs, & tout ce qui lui seroit dû tous les ans; *Tributa, vel omnia quæ exindè debebantur nullo admonente dissolveret,* [c] comme dit cet Historien, & les habitans de la Ville de Vannes assuroient qu'ils avoient toujours été fideles Sujets des Rois de France, mais que les Bretons Usurpateurs de leur Ville, les avoient tyrannisez; *Nihil nos Dominis nostris Regibus culpabiles sumus, nec unquam contra utilitatem eorum superbi extitimus; sed in captivitate Britannorum positi gravi jugo subditi sumus.* Ces paroles de Regalis Evêque de Vannes sont raportées par Gregoire de Tours son contemporain. [d] Judicaël Seigneur ou Chef de ces Bretons, fut obligé de reconnoitre Dagobert I. pour son Souverain & de lui faire hommage dans le Palais de Clichi. Dans la suite ce qui s'est passé dans ce Pays-là est presqu'inconnu, l'Histoire de France étant elle-même très-obscure. Ce qui est certain, c'est que Charlemagne étoit Maître absolu dans ce Pays-là, & y avoit une Flote qu'il opposoit aux Pirates Normands ou Danois & il n'y avoit aucun Seigneur Breton qui osât tenir tête à ce puissant Empereur: les choses changérent sous son fils Louis le Debonnaire. Les Normands ayant fait plusieurs descentes en France, où ils firent de grans ravages, les fils de Louis le Debonnaire par leurs Guerres civiles ruinérent entierement leur Patrie, & les Barbares saccagerent la Ville de Nantes qui apartenoit à la France depuis Childeric & Clovis, aussi bien que Rennes. Ces divisions & ces malheurs donnerent occasion à Neomene ou Numenoius Chef des Bretons, de s'emparer de Nantes & de tout le Pays qu'on nomme aujourd'hui la haute Bretagne dont les habitans sont Gaulois d'origine, & non pas Bretons. Enfin ce Numenoius eut la hardiesse de se faire proclamer Roi: il chassa ensuite de ces Pays-là les anciens Evêques, sous pretexte qu'ils étoient Simoniaques, ce qui étoit une pure calomnie, & non seulement il créa de son autorité des Evêques & de nouveaux Siéges Episcopaux dans les Monasteres de Treguier, de Saint Brieuc & de Dol, mais il entreprit de soustraire tout ce Pays à la jurisdiction du Metropolitain de Tours: on verra plus bas la suite de ce procedé extraordinaire. Numenoius se maintint par les armes contre le Roi Charles le Chauve, à qui il fit la guerre s'étant joint avec les Normands. Il eut pour Successeur Herispée ou Herispoius, qui joüit de la Souveraineté, & porta le Titre de Roi, qu'il laissa à son successeur Salomon. Celui-ci ayant été tué par des Conjurez, qui conspirerent contre lui, ces mêmes conjurez demeurerent les Maîtres de la Bretagne & se contenterent de porter le Titre de Comtes,

[c] l. 5. c. 26.

[d] l. 10. c. 9.

sans

sans qu'il paroisse que ces Seigneurs ayent reconnu les Rois de France qui étoient alors très-foibles, les Ducs & les Comtes commençant à se rendre proprietaires & absolus. C'est ce qui obligea Charles le Simple qui vouloit satisfaire Rollo Chef des Normands, à lui ceder outre le Pays qu'on nomme Normandie, la Bretagne, c'est-à-dire, qu'il la lui donna à conquerir : ce qui fut executé par Guillaume longue-épée fils & Successeur de Rollo Chef des Normands. Ce fait est raporté par Dudon Doyen de St. Quentin, qui écrivoit sur la fin du dixiéme Siécle, par Guillaume de Poitiers contemporain de Guillaume le Conquerant, & par Guillaume de Jumiéges qui vivoit sous les Enfans de ce Roi. Les Normands ne joüirent pas paisiblement de leur Conquête, car les Bretons portant impatiemment le joug reprirent de tems en tems les Armes. La suite de tous ces évenements apartient plûtôt à l'Histoire generale qu'à cet ouvrage. Tous ces differends finirent, parce que Conan Comte de Bretagne maria sa fille unique Constancé avec Geofroi Comte d'Anjou fils d'Henri II. Roi d'Angleterre & Duc de Normandie. Ce Prince Geofroi laissa un fils nommé Artus, que Jean sans Terre son oncle fit mourir l'an 1200. pour s'assurer la Couronne d'Angleterre, & les autres Etats du Roi Richard *Cœur de Lion*, qu'il avoit usurpez. Aprés la mort du jeune Artus, la Bretagne vint à sa sœur uterine Alix de Thoüars fille de la Princesse Constance, qui avoit épousé en secondes Noces Gui de Thoüars. Alix épousa Pierre de Dreux, fils puiné de Robert II. Comte de Dreux Prince du Sang de France. Et c'est par ce Mariage que la Bretagne entra dans la Maison Royale de Dreux. Son petit-fils Jean II. fut créé Duc & Pair de France par Philippe le Bel l'an 1297. son fils Artus II. fut marié deux fois. Il épousa premierement Alix de Limoges, dont il eut deux fils ; Jean III. Duc de Bretagne, & Gui Comte de Ponthiévre : & de la seconde Yoland de Dreux Comtesse de Montfort-l'Amauri, il eut Jean Comte de Montfort. Le Duc Jean III. mourut sans Enfans, l'an 1341. après quoi il y eut une grande guerre pour sa Succession. Jeanne de Bretagne avec son Mari Charles de Blois pretendirent recueillir la succession du Duc Jean, comme Heritiere de son pere, le Comte Gui aîné de Jean Comte de Montfort : & au contraire Jean de Montfort pretendit que ce Duché lui apartenoit comme étant frere du deffunt Duc. Son fils Jean dit *le Vaillant* & *le Conquerant*, ayant vaincu son ennemi Charles de Blois, demeura paisible possesseur de la Bretagne, quoi que les Heritiers de Charles soûtinssent toûjours leurs pretensions & prissent même le nom de Bretagne. Son petit-fils Charles Comte de Ponthievre, Baron d'Avaugour, n'eut qu'une fille nommée Nicolle, qui épousa Jean de Brosse Seigneur de Boussac, dont le petit-fils René de Brosse, Mari de Jeanne de Comines eut pour Heritiere Charlotte de Brosse, qui épousa François de Luxembourg Vicomte de Martigues : leur fils Sebastien de Luxembourg n'eut qu'une fille unique Marie de Luxembourg, qui épousa Philippe Emanuel de Lorraine Duc de Mercœur qui à cause d'elle pretendoit se faire Duc de Bretagne pendant les troubles de la Ligue ; mais il échoüa dans ses desseins & depuis lui cette pretention est anéantie. A l'égard des descendans mâles de Jean le Vaillant ils ont joüi paisiblement du Duché de Bretagne jusqu'à la mort de François II. Duc de Bretagne, qui laissa pour Heritiere sa fille Anne, qui épousa successivement les deux Rois Charles VIII. & Loüis XII. Cette Reine Anne laissa de son second Mari deux filles, Claude & Renée : l'aînée épousa François premier qui unit la Bretagne à la Couronne du consentement & à la priere des Etats de la Province l'an 1532. François I, étant mort l'an 1547. son fils & Successeur Henri II. quitta le nom de Duc de Bretagne qu'il avoit porté aussi bien que son frere le Dauphin François, & le nom de Duc fut aboli dans cette Province, dont les Rois de la Maison de Valois ont joüi comme en toutes les autres Provinces du Royaume jusqu'à la mort d'Henri III. l'an 1589. Néanmoins nonobstant une union si solemnelle, Philippe II. Roi d'Espagne pretendit que ce Duché apartenoit à sa fille l'Infante Isabelle Claire Eugenie, comme representant sa mere Isabelle & étant Heritiere d'Henri III. dont Isabelle étoit la sœur aînée, encore que cette Reine eût par son Contract de Mariage renoncé à toute Succession des biens de son Pere & de sa mere. Mais cette pretention, quoi qu'injuste, servit à traverser celle du Duc & de la Duchesse de Mercœur qui avoient contre eux les deux grands Rois Henri IV. & Philippe II. Ce dernier n'assista pas fortement le Duc de Mercœur qu'il sçavoit avoir des interêts opposez aux siens ; ainsi Henri IV. força ce Duc à se soumettre, en lui rendant Nantes l'an 1598. au tems de la conclusion de la Paix de Vervins.

* La Bretagne est une des plus considerables Provinces du Royaume tant par son étenduë que par ses florissantes Villes, par le nombre de ses habitans & par sa richesse. Sa situation la met d'ailleurs à portée de participer par le moyen du Commerce aux richesses des autres Pays. On compte environ soixante lieuës dans sa plus grande longueur du Levant au Couchant ; mais pour sa largeur, les differentes pointes qu'elle jette dans la Mer, & les Golphes qui font sur ses côtes la rendent assez inégale. Sa plus grande largeur est depuis Nantes jusqu'à St. Malo, & cette distance est d'environ 45. lieuës.

Il y a quantité de Ports sur la côte ; mais cette Province n'a presque point de Rivieres navigables, si ce n'est la Loire qui y termine son cours, & la Vilaine qui passe à Rennes. Les autres Rivieres qui ont leur source dans le Pays & se perdent dans l'Ocean, sont presque toutes navigables dans l'espace où le Flot remonte ; mais cela ne s'etend pas bien loin.

Le Pays en general est mêlé de plaines & de Montagnes. Il y a plus de Montagnes dans la Basse Bretagne, qui en est traversée par une Chaine que l'on nomme LE MONT ARRE. Il y a des Cantons de Pays fort couverts, & d'autres qui ont de grandes Landes ou terres incul-

a Piganiol desc. de la France T. 4. p. 287.

incultes. Le Bois des Forêts est ordinairement le Hêtre, le Chêne, le Châtaigner, & le bois blanc. L'air est par tout assez temperé : mais plus gras & plus humide au voisinage de la Mer.

a Ibidem pag. 289.

[a] Cette Province est l'ARMORIQUE des Anciens. Voyez ce mot. Les plus anciens Armoricains que nous connoissions avec certitude sont,

Les *Nanetes*,   Les *Ambiliates*,
Les *Rhedons*,   Les *Venetes*,
Les *Diablintes*,   Les *Osismiens*, &
            Les *Curiosolites*.

On peut voir ce qui est dit de ces Peuples à leurs Articles particuliers.

b Ibidem pag. 333.

[b] On divise la Bretagne de plusieurs manieres; mais il y a deux divisions qui sont plus en usage que les autres, la premiere est en HAUTE & BASSE BRETAGNE ; & c'est celle des Geographes, selon lesquels

La HAUTE comprend les Evêchez de
- Rennes,
- Saint-Brieu,
- Nantes,
- Dol, &
- Saint Malo.

La BASSE comprend les Evêchez de
- Vannes,
- Leon,
- Quimper, &
- Treguier.

On parle François dans la Haute, & Bas-Breton dans la Basse. Cette derniere Langue est constamment une Langue matrice & l'une des plus anciennes qui soient au Monde. Si l'on en croit les plus savans Antiquaires c'est celle qu'ont parlé les Gaulois qui ont été les premiers & les plus anciens Peuples de ce Pays-ci, & qui doivent même s'y être établis immediatement après le deluge. Voiez l'article CELTES.

La seconde division de la Bretagne est celle qui est partage en neuf Evêchez : c'est celle qui est en usage dans l'Assemblée des Etats, & dans les impositions que l'on met sur cette Province.

c Ibidem pag. 292.

[c] On croit que St. Clair est le premier qui ait annoncé l'Evangile en Bretagne. Il fut envoyé à Nantes, dont il fut premier Evêque, par Saint Gatien premier Evêque de Tours vers l'an 277. La Religion Chrétienne ne fit pas d'abord de grands progrès dans cette Province ; & lorsque les Bretons y passerent, les Peuples de l'Armorique, si on en excepte ceux de Nantes & quelques-uns de leurs Voisins, étoient encore plongez dans l'Idolatrie. Les Bretons dissiperent les tenebres du Paganisme & communiquerent aux Armoricains les lumieres de l'Evangile. En 468. il se tint un Concile à Vannes, où assisterent Nunnechius Evêque de Nantes, Paterne Evêque de Vannes, Athenius Evêque de Rennes, &c. Ce fut Perpetuus Archevêque de Tours qui presida à ce Concile, qui fut assemblé pour l'ordination d'un Evêque de Vannes qu'on croit être Paterne. Lorsque les Bretons se furent affermis, ils ordonnerent, ainsi qu'il a déja été dit, des E-

vêques à Leon, à Dol, à Treguier, & à Quimper sans la participation de l'Archevêque de Tours ; ce qui obligea Euphronius qui occupoit alors ce Siége, de convoquer à Tours en 566. une Assemblée d'Evêques François, dans laquelle il fut defendu d'ordonner aucun Evêque soit *Breton*, soit *Romain*, sans la participation du Metropolitain, sous peine d'excommunication. Depuis ce tems-là l'Archevêque de Tours continua d'exercer en Bretagne son droit de Métropolitain jusqu'à ce qu'en 847. Nominoë voulant se faire declarer Roi, entreprit de faire deposer les Evêques qui avoient reçu l'ordination de l'Archevêque de Tours & y réussit dans le Synode qu'il convoqua à Coitlou au commencement de l'an 848. Il donna en même tems la qualité d'Archevêque & de Metropolitain à l'Evêque de Dol. Depuis cette érection il n'y eût presque point de Pape auquel le different de l'Archevêque de Tours & de l'Evêque de Dol ne fut porté. Ils deciderent tantôt pour l'un & tantôt pour l'autre. Enfin Innocent III. qui étoit grand Jurisconsulte donna une Sentence définitive le premier de Juin de l'an 1199. par laquelle il decida que l'Evêque de Dol reconnoîtroit l'Archevêque de Tours pour son Metropolitain & lui rendroit la même obéïssance que les autres Suffragans. Le Duc Artus consentit à l'execution de cette Sentence, & depuis ce tems-là les Eglises de Bretagne ont toujours été soumises à la Jurisdiction de l'Archevêque de Tours. Les Papes ont cependant accordé aux Evêques de Dol quelques prerogatives. Boniface VIII. ordonna l'an 1299. que quand l'Archevêque de Tours convoquera ses Suffragans, il écrira séparément à l'Evêque de Dol ; ou tout au moins mettra son nom à la tête des autres s'il lui écrit dans la même Lettre. Alexandre VI. permit aux Evêques de Dol, l'an 1492. de faire porter devant eux dans leur Diocèse la Croix Archiépiscopale.

Il est à remarquer que comme cette Province n'étoit pas encore unie à la Couronne de France, lorsque le Pape Leon X. & le Roi François I. firent le Concordat, les Rois de France ne nomment aux Benefices Consistoriaux de cette Province qu'en vertu d'un Induit. Celui de Louïs XIV. étoit du Pape Urbain VIII. & de l'année 1644. A l'égard des autres Benefices, par un Concordat fait entre le Pape Eugene IV. & le Clergé de Bretagne, le Pape confere les Benefices qui vaquent pendant huit mois de l'Année ; & les Evêques, les Abbez & les autres Collateurs ne jouïssent de leurs droits que pendant les autres quatre mois. Mais Innocent VIII. fit en 1484. une Régle de Chancellerie par laquelle il consent que les Evêques residans conferent alternativement avec lui pendant six mois.

Pendant que la Bretagne a été gouvernée par ses Ducs, elle releva à foi & hommage de la Couronne, & les appellations des Juges de ce Duché étoient portées au Parlement de Paris. Par un Traité fait entre le Roi Charles VIII. & la Bretagne l'an 1492., il est porté que les *Grands Jours* subsisteront comme par le passé & que de ce Tribunal il y aura appel au Parlement de Paris. François I. ordonna que ces *Grands Jours* jugeroient en dernier ressort jusqu'à qu'à la somme de 300. livres de rente ; ainsi c'étoit une espece de Jurisdiction Presidiale. Le Roi Henri II. voulant épargner aux Bretons la peine & la depense de venir demander la Justice à Paris érigea les Grands Jours en Parlement avec pouvoir de juger sans appel. Cette érection est de l'an 1553. & le Roi y établit deux *Semestres* qui subsistent encore aujourd'hui ; c'est-à-dire, que la moitié des Présidens & Conseillers servent six mois, & l'autre moitié les six autres mois de l'année. Cette Cour se tint d'abord alternativement à Rennes & à Nantes; mais par Edit du 4. Mars 1560. elle fut renduë sedentaire à Rennes où elle est actuellement. Ce Parlement est aujourd'hui composé d'une Grand-Chambre, d'une Chambre des Enquêtes, d'une Chambre de Tournelle & d'une Chambre des Requêtes. Outre les affaires dont la connoissance est attribuée aux Parlemens, celui de Bretagne a la Jurisdiction qui dans les autres Provinces est attribuée aux Cours des Aides; c'est-à-dire, celle qui regarde les Gabelles, & les droits sur les boissons, qui sont comme les droits d'Aides dans les autres Provinces.

Toutes les Jurisdictions de la Province de Bretagne ressortissent à ce Parlement. Les plus considerables sont les quatre Senechaussées de Vannes, de Rennes, de Nantes, & de Quimpercorentin, qui ont chacune un Présidial, auquel ressortissent dans les cas Presidiaux toutes les autres Jurisdictions Royales, qui sont connuës sous les nom de Barres, Senechaussées, ou Prevôtez Royales. Dans les autres cas les Appellations de ces Jurisdictions sont portées au Parlement. Ces IV. Presidiaux ont été créés par le Roi Henri II. en 1551.

La Chambre des Comptes établie à Nantes tient le second rang entre les Cours superieures de cette Province. Sa création est ancienne puisqu'elle est du tems des Ducs de Bretagne; ses Officiers servent par Semestre de même que ceux du Parlement, & cette Cour en Bretagne les mêmes attributions qu'ont les Chambres des Comptes dans les autres Provinces.

Le Bureau des Finances tient le troisième rang & a été créé par Edit du Mois d'Avril de l'an 1694. Ses attributions sont les mêmes que celles des autres Bureaux des Finances.

Le Roi Louis XIV. par son Edit du Mois de Juin 1691. créa sept Siéges d'Amirauté pour la Bretagne & les établit par le même Edit à St. Malo, à Nantes, à St. Brieu, à Morlaix, à Brest, à Vannes & à Quimper. Leurs attributions sont reglées par l'Ordonnance de la Marine du Mois de Novembre 1684. & les appellations des jugemens de ces Siéges sont directement portées au Parlement.

Il y a dans la Bretagne huit Maitrises particulieres des Eaux & Forêts établies à Rennes, à Nantes, à Vannes, à Karaix, à Ville-Cartier, à Fougeres, au Gasvre, & à Jugon. Leurs attributions sont reglées par l'Ordonnance des Eaux & Forêts de l'an 1669. & les appellations doivent être relévées à la Table de Marbre qui se tient à Rennes; mais ordinairement elles sont portées au Parlement.

On a établi des Jurisdictions Consulaires à Nantes, à St. Malo & à Morlaix.

L'Edit du Mois de Mai de l'an 1691. a établi une Jurisdiction des Traites qui connoît en premiere instance de tous les differens civils & criminels qui surviennent pour la perception des droits de Traite, Entrées, sorties, & impositions Foraines & Domaniales.

Il y a eu de tout tems deux Hôtels des Monnoyes dans la Bretagne; l'un à Rennes, l'autre à Nantes. La Monnoye de Rennes a toujours été celle du Royaume, après celle de Paris, où il s'est fabriqué une plus grande quantité d'Espéces.

La Bretagne a sa Coutume particuliere, conformément à laquelle on rend la Justice. Elle fut redigée par écrit en 1330. mais elle a été reformée deux fois depuis par des Commissaires nommez par le Roi & par des Deputez des Etats de la Province. La premiere reformation fut faite en 1539. & la seconde en 1580. La derniere est la seule qui soit suivie dans les Jurisdictions.

La Marechaussée de Bretagne n'est pas assez considerable pour l'étenduë de cette Province n'étant composée que d'un Grand Prevôt, de trois Lieutenans & de 28. Archers. Le Grand Prevôt & un de ses Lieutenans resident à Rennes : des deux autres Lieutenans l'un est pour le Comté Nantois, l'autre pour la Basse Bretagne.

Les droits & les revenus dont le Roi jouït dans cette Province sont differens de ceux dont sa Majesté jouït dans les autres Provinces du Royaume ; car comme cette Province n'est point sujette aux Tailles, aux Aides, ni aux Gabelles, le Roi y jouït de certains revenus particuliers qui ne sont pas si considerables à proportion que dans les Provinces.

Le Don gratuit est le premier de ces revenus. Le Roi le demande tous les deux ans à la Province dans l'Assemblée des Etats qui se tient à ce sujet : Ce Don gratuit n'est pas fixe, & le Roi demande tantôt plus, tantôt moins, suivant les secours qu'il juge lui être necessaires. Le second article des Revenus est celui du Domaine du Roi qu'on peut évaluer année commune à la somme de trois cens cinquante mille livres. Le troisième consiste en cinq ou six parties differentes, dont la premiere est l'imposition des *Fouages*, ou espéce de Taille réelle, qui se leve sur tous les biens roturiers de la Province, possedez par des personnes de condition commune. Cette imposition est toujours de la même somme ; la seconde imposition est celle du *Taillon*; la troisiéme porte le nom de *Garnisons*; la quatriéme est le fonds que les Fermiers du *petit devoir* de la Province sont tenus de remettre au Receveur Général pour le payement d'une partie des gages des Officiers du Parlement ; la cinquiéme est celle qui se fait pour la *cruë* des Prevôts des Marechaux ; la sixiéme est le fonds qui provient des Aides des Villes, non contribuables aux Fouages d'une part & de celle qui est payée par quelques Paroisses des Marchez communs de Bretagne & de Poitou, & de celle qui provient du droit d'ancrage au port de Croisic. Le quatriéme Article des revenus du Roi est celui du prix de la ferme du droit d'Impôts & Billots, & de la distribution du papier & parchemin timbrez. Ces droits sont joints à la Ferme generale des Gabelles, & sont regis par des Soufermiers qui en payent le prix aux Fermiers Generaux. Le droit d'*Impôt* est un ancien droit des Ducs de Bretagne; il est de 45. sols sur chaque pipe de vin cru hors de la Province, & de moitié moins sur celui qui est crû dans la Province. On leve le même droit sur les eaux de vie. Le droit de *Billot* consiste dans celui de 12. pots par châque pipe, soit de vin, soit de cidre ou de biere de quelque crû qu'ils soient. Il se paye à raison de ce que châque pot est vendu en détail par le Cabaretier, ensorte qu'il augmente ou diminuë à proportion que ces boissons sont plus ou moins cheres. Le cinquiéme Article est le droit du Tabac. On ne peut pas marquer précisément ce qu'il produit dans cette Province; on sait seulement que cela va à plus de cinq cens mille livres. Le sixiéme est le produit des coupes des Forêts que le Roi a en Bretagne & qui monte année commune toutes charges payées à la somme de trente-deux ou trente-trois mille livres. Le septiéme est celui des droits de la Prevôté de Nantes qui est presentement uni à la Ferme Generale, avec les nouveaux droits établis par Arrêt du Conseil sur les sucres étrangers & autres marchandises. Le produit en augmente & diminue suivant le Commerce; mais on peut le mettre année commune sur le pied de quatre vingt mille livres & les nouveaux droits sur le pied de cent mille livres. Le huitiéme revenu est celui des droits des Ports & Havres; il se perçoit sur les marchandises qui entrent dans les differens Ports de la Province, & ce produit monte par an à soixante & dix mille livres ou environ. Le neuviéme est celui du droit annuel qui se paye par les Officiers de la Province, & qui monte année commune à quatre-vingt six mille livres.

La Province de Bretagne a ses revenus particuliers dont l'emploi est destiné en partie au payement du Don gratuit qu'on fait au Roi & en partie aux depenses auxquelles elle est tenuë. Ces revenus ne sont composez que de deux parties. La premiere est celle des droits qui se levent sur les vins, cidres, bieres, & eaux de vie qui se consument en détail dans toutes les Villes, Bourgs & Paroisses de la Province. Le *grand devoir* consiste en 4. sols par pot sur le vin de la Province; ce qui fait 40. Liv. par pipe à deux cens pots: en 2. sols 8. den. par pot sur le vin cru dans le Pays, mais transporté d'un Evêché dans l'autre, ce qui fait par pipe 26. liv. 13. sols 4. den. En 1 sol, 4. den. par pot sur le vin consumé dans l'Evêché où il est crû; ce qui rapporte par pipe 13. liv. 6. sols 8. den. En 8. deniers par pot de cidre & biere, ce qui revient par pipe à 6. liv. 18. sols 4. den. En 25. sols par pot d'eau de vie & des liqueurs qui en sont composées, ce qui rapporte 250. liv. par pipe. Le *petit devoir* consiste en 5. liv. 10. sols par barrique de vin hors du crû, ce qui produit 11. livres par pipe. En 2. liv. 15. sols par barrique de vin du crû du Pays, cidre & biere, ce qui revient à 5. liv. 10. sols par pipe.

Le Revenu que la Province tire de ces eaux fortes de droits monte à environ deux millions par an, sans y comprendre cinquante & une mille cinq cens livres que les adjudicataires sont obligés de payer & dont le Gouverneur de Province en distribuë trente mille par forme de gratification ou pension aux Gentils-hommes de la Province : neuf mille livres d'aumônes qui se donnent aux Evêques à raison de mille livres chacun, pour les distribuer aux pauvres de leurs Diocèses : six mille livres d'aumône que le Gouverneur distribuë : quatre mille cinq cens livres qui se payent aux deux Presidens & au Procureur du Roi du Bureau des finances pour la reception qu'ils font des Cautions du Bail; & deux mille livres qui se donnent au Procureur General Syndic de la Province.

La seconde partie des revenus de la Province provient d'une imposition qualifiée du nom d'*Emprunt*, que les Etats levent sur les contribuables aux fouages, & elle est ordinairement par an de deux cens vingt-huit mille livres, ce qui fait dans les deux années quatre cens cinquante-six mille livres.

Voilà les revenus ordinaires de la Province; mais comme ils ne suffisent pas pour les depenses dont elle est chargée en tems de guerre, le Roi lui permet souvent de lever un redoublement sur les fouages, ce qui les augmente de deux cens vingt-huit mille livres par an & lui procure un fonds extraordinaire de quatre cens cinquante-six mille livres en deux ans; ainsi on peut compter que la Province par ce moyen reçoit deux millions quatre cens cinquante-six mille livres par an, & dans les deux années quatre millions neuf cens douze mille livres.

Les charges que la Province est tenuë d'aquiter, sont ordinaires ou extraordinaires. Les ordinaires consistent dans l'aquit des appointement du Gouverneur & des Officiers Generaux de la Province; dans le payement d'une partie des gages des Officiers du Parlement; dans les gages des Officiers des Etats & de la Maréchaussée, dans les frais des Deputations; dans ceux de la tenuë des Etats; dans les interêts des sommes qui sont duës à contract de Constitution par la Province; & dans la solde d'un Regiment de Dragons que la Province entretient depuis la guerre.

Les charges extraordinaires augmentent ou diminuent suivant les depenses qui surviennent, & qui sont toujours très-considerables pendant la guerre. Le premier article de ces charges est le Don gratuit; le second est la depense des Etapes, dont la Province est chargée; le troisiéme est celui des Ponts, Chaussées & grands Chemins qui pendant la guerre n'est pas considerable, & ne passe guères trente mille livres; le quatriéme & dernier article est le plus fort; c'est celui des taxations & droits de recette du Tresorier General de la Province & des Interêts des avances qu'il fait pour elle.

Toutes ces depenses ordinaires & extraordinaires mises ensemble ont toujours monté pendant la guerre à plus de sept millions tous les deux ans; & comme elles excedoient de beaucoup les revenus de la Province, le Roi lui a permis, pour lui donner le moyen de faire ces fonds, d'ajuger ses fermes par avance, d'emprunter à contract de Constitution, d'augmenter les droits des devoirs &c.

Comme c'est l'Assemblée des Etats qui établit & conserve la forme du Gouvernement de la Bretagne, & que c'est elle qui règle le Don gratuit qu'on accorde au Roi, comme auſſi toutes les depenſes de la Province, il paroît à propos de parler ici des perſonnes qui compoſent cette Aſſemblée & de la maniere dont elle ſe tient.

a Piganiol Ibidem p. 309.

a Les Etats de la Bretagne ſe tenoient autrefois tous les ans ; mais depuis l'année 1630. on ne les aſſemble plus que de deux ans en deux ans. La convocation s'en fait par des Lettres de cachet du Roi, adreſſées premierement aux Evêques, Abbez & Chapitres de la Province, enſuite aux Barons, à un certain nombre de Gentils-hommes, enfin à toutes les Communautez de Bretagne ; & c'eſt ce qui compoſe les trois Corps des Etats ; l'Egliſe, la Nobleſſe & le Tiers Etat. Les Lettres du Roi ſont ordinairement accompagnées de celles du Gouverneur qui invite de ſe trouver au lieu & jour deſignez pour la tenuë & l'ouverture des Etats. Le Corps de l'Egliſe eſt compoſé des neuf Evêques de la Province, des Députés des neuf Chapitres des Cathedrales, & de quarante-deux Abbez. Les Evêques & les Abbez entrent dans l'Aſſemblée en rochet & en camail & les Capitulaires en bonnet & en ſoutane. Le Corps de la Nobleſſe eſt compoſé de neuf Barons, & de tous les Gentils-hommes appellés par les Lettres du Roi, ou non appellez, pourvû qu'ils ſoient originaires de la Province, ou qu'ils y poſſedent des biens. Les neuf Barons de Bretagne étoient anciennement ceux d'Avaugour, de Leon, de Fougeres, de Vitré, de Rets, de la Rochebernard, de Châteaubriant, de Lanvaux, de Pont & d'Ancenis : mais les Baronies d'Avaugour, de Fougeres, & de Lanvaux ayant été réunies au Domaine Ducal, on en a ſubſtitué trois autres, qui ſont Maleſtroit, Derval, & Quintin.

Les Baronies de Bretagne ſont donc aujourd'hui Vitré & Leon, (qui ſont tellement les deux premieres que la Preſidence des Etats & du Corps de la Nobleſſe leur appartient alternativement,) Chateaubriant, la Rochebernard, Ancenis, Pont-Château & Pont-l'Abbé ; les Barons de ces deux dernieres ne jouïſſent alternativement que d'une place, parcequ'on ne peut pas decider lequel des deux eſt le veritable Baron de Pont ; Derval, Maleſtroit & Quintin.

C'étoit autrefois le plus ancien Evêque qui preſidoit à l'Aſſemblée ; mais c'eſt aujourd'hui l'Evêque dans le Dioceſe duquel les Etats ſont aſſemblés & en ſon abſence le plus ancien des Evêques ou des Abbez. Pareillement en l'abſence des Barons de Vitré ou de Leon, c'eſt le plus ancien des autres Barons qui preſide de droit & ſans être nommé, & à leur defaut celui que la Nobleſſe choiſit. Les Senéchaux ou Preſidens des quatre grandes Senéchauſſées preſident aux Deputés du Tiers Etat, chacun dans leur Canton, quand ils ſont eux-mêmes deputés, ſans quoi ils n'auroient pas d'entrée aux Etats.

Le Roi de ſon côté a ſes Commiſſaires en grand nombre, qui ſont le Gouverneur, les deux Lieutenans Generaux, & les trois Lieutenans de Roi de la Province ; deux Commiſſaires du Conſeil ; le premier, le ſecond, & le troiſiéme Preſidens du Parlement de Bretagne ; le premier, & le ſecond Preſidens de la Chambre des Comptes ; les gens du Roi du Parlement, & le Procureur General de la Chambre des Comptes, les deux Preſidens & le Procureur du Roi du Bureau des Finances, le Grand-Maître des Eaux & Forêts, le Receveur General du Domaine & les Controleurs Generaux des Finances de la Province.

Les Commiſſaires s'étant rendus au lieu deſigné pour l'Aſſemblée, le Gouverneur en fait proclamer l'ouverture pour le lendemain que les differens Membres des Etats s'aſſemblent dans une grande Sale, où l'on a bâti un Théatre élevé de ſept ou huit marches, qui tient la moitié de la Sale. Au fond du Théatre & contre la muraille ſous un dais qui avance beaucoup, ſont placées deux Chaiſes à bras égales, & qui ſe joignent, pour les Preſidens de l'Egliſe & de la Nobleſſe, & à côté de l'un & de l'autre des bancs pour les Evêques & les Barons ; les premiers tiennent la droite & les autres la gauche. Le reſte du Théatre eſt partagé en trois eſpaces, l'un au milieu qui demeure vuide, l'autre au retour & à la ſuite du banc des Evêques, qui eſt ſeparé par une ſimple cloiſon de bois à hauteur d'appui, eſt rempli dans la partie d'enhaut par les Abbés & Deputés des Chapitres, & dans l'autre par ceux du Tiers Etat, dont le Preſident occupe la premiere place. L'autre côté du Théatre au retour du banc des Barons eſt entierement rempli par la Nobleſſe, ſi ce n'eſt à l'extremité d'en bas où l'on met le bureau des Officiers des Etats.

Le jour de l'ouverture étant arrivé, les trois Corps ſe rendent à la Sale, & y occupent leurs places ; après quoi le Procureur Syndic propoſe de deputer aux Commiſſaires du Roi, ce qui s'execute auſſi-tôt par une deputation de ſix perſonnes de chaque ordre à la tête deſquelles il y a toujours un Evêque. Les Commiſſaires ſont reçus à la porte de la Sale par les mêmes Deputés, & étant montés ſur le Théatre ils y prennent leurs places, ſavoir le Gouverneur dans une chaiſe à bras couverte d'un tapis de velours miparti des Armes de France & de Bretagne, laquelle eſt placée ſur une plate-forme élevée, & ſous le Dais ayant le dos tourné vers les deux Preſidens. Les deux Lieutenans Generaux ont leurs chaiſes à bras à droite & à gauche du Gouverneur, & dans le même aſpect ; mais elles n'ont point de tapis & ſont ſur une eſtrade plus baſſe. Celles des trois Lieutenans de Roi ſont à la gauche du Gouverneur ſur le plancher du Théatre. A la droite & hors du haut Dais le premier Preſident du Parlement a une chaiſe à bras qui tourne le Dos à l'Egliſe. Enſuite ſur la même ligne doivent être le ſecond & troiſiéme Preſidens & le Procureur General en des chaiſes ſans bras ; mais les Preſidens ne s'y trouvent point à cauſe de cette diſtinction. A gauche & vis-à-vis le premier Preſident, eſt le premier Commiſſaire du Conſeil dans une chaiſe à bras ayant le dos tourné à la Nobleſſe. Après lui eſt le ſecond Commiſſaire dans une chaiſe ſans bras, & enſuite les deux Preſidens du Bureau avec le Procureur du Roi, le Receveur General des Finances de la Province, le Grand-Maître des Eaux & Forêts, le Receveur du Domaine & les Controlleurs. En face du Gouverneur doivent être

être le premier & le second Président de la Chambre des Comptes sur un banc à dos, couvert d'un tapis verd; mais ils ne s'y trouvent point, parceque la place ne leur paroît pas honorable. Le Procureur General de ladite Chambre se met à la suite de celui du Parlement & cela est toleré.

L'Assemblée étant ainsi formée, les gardes du Gouvernement occupent la montée du Théatre, & le Grand-Prevôt de la Province garde la Porte de la Sale pour empêcher l'entrée à ceux qui n'en ont pas le droit. Le Gouverneur prend ensuite la Commission generale du Roi de la main de son Secretaire & la fait donner au Greffier des Etats qui en fait une lecture publique. On lit ensuite les Commissions particulieres, après quoi le Gouverneur & le premier President font chacun un petit discours auquel le Syndic de la Province répond, & la premiere journée se passe en ces sortes de Ceremonies. Avant que d'enregistrer les Commissions, les Etats les font examiner pour voir si elles sont conformes à celles de l'année 1626. qui servent de regle.

Le lendemain après une Messe Pontificale du St. Esprit, les Commissaires s'étant rendus aux Etats, le Gouverneur remet au Greffier les Commissions des deux Commissaires du Conseil, & après qu'elles ont été luës, le premier d'entre eux fait au nom du Roi la demande du don gratuit. Le Procureur General de la Province répond à son discours pour representer l'état où elle se trouve & le besoin qu'elle a des bontés du Roi. Les Commissaires se retirent aussi-tôt, pour donner lieu à la deliberation, qui étoit autrefois assez longue, puis qu'avant que de la faire il étoit d'usage d'examiner les contraventions aux précedens Contracts, d'en former une plainte aux Commissaires, & enfin de negocier long-tems sur la quotité de la somme demandée; mais à présent les Etats l'accordent toujours unanimement sans que les Corps fassent même aucune deliberation particuliere ou generale. Ainsi l'on ne tarde pas à faire savoir aux Commissaires par six Deputés de chaque ordre, à tête desquels sont toujours les Presidens de l'Eglise & de la Noblesse, que la demande du Roi a été accordée; & le Gouverneur en donne aussi-tôt part à la Cour.

Le troisiéme jour les Etats commencent à donner les Commissions, pour vuider les differentes affaires qui se presentent; mais quoiqu'elles ne regardent que les interêts des Etats, il est d'usage d'en informer les Commissaires du Roi, ainsi que des resolutions qui sont prises, lesquelles n'ont force, qu'au moyen de leur approbation & signature. Il en est néanmoins de telle nature qu'elles ne peuvent être vuidées sans des Conferences avec ces mêmes Commissaires, & telle est particulierement celle des contraventions, ou griefs, qui est ordinairement la plus considerable, & la plus longue à décider.

Il y a une Deputation particuliere des Etats à la tête de laquelle est toujours un Evêque, qui est commise pour s'instruire des atteintes données aux Privileges de la Province & des contraventions faites aux contracts précedens, passés par les Commissaires du Roi & en son nom. Après une exacte recherche, cette Deputation fait son rapport public sur lequel chaque ordre delibere separament, après quoi l'on arrête les articles publiquement, & ayant demandé audience aux Commissaires du Roi, la même Deputation se rend au lieu & à l'heure marquée pour ouvrir la conference. Elle se tient ordinairement dans une grande Sale, dont le milieu est rempli par une table fort longue de deux pieds & demi de large; le Gouverneur est assis au bout d'enhaut, & à droite & à gauche les autres Commissaires dans le rang qu'ils tiennent aux Etats. La Deputation y étant introduite, les Chefs de l'Eglise & de la Noblesse prennent leur place à l'autre bout de la table en face du Gouverneur & le reste de la Deputation en occupe les côtés jusqu'aux Commissaires. Les Deputés du Tiers-Etat demeurent derriere les Presidens. Alors l'Evêque (car la Presidence de l'Eglise est toujours remplie par l'un de ce Corps) prend la parole & remonte les griefs. Le Gouverneur y repond, & quelquefois le premier President & le premier Commissaire du Conseil; mais cette affaire dure toujours au moins deux journées.

Après qu'elle est terminée, les Etats demandent ordinairement deux autres conferences, l'une pour regler les conditions des baux qui sont à faire, & l'autre pour convenir des conditions du contract qui est à faire avec le Roi & qui est le terme & le resultat de toutes les deliberations. Toutes ces choses étant reglées, on dresse le Contract, duquel on fait deux expeditions égales qui sont signées du Procureur General & des Lieutenans Generaux. Après quoi le Gouverneur les prend en ses deux mains, & par une ceremonie assez bizarre, mais qui a été introduite pour égaler le premier President & le premier Commissaire du Conseil, il les croise, & les presente en même tems à l'un & à l'autre. Cependant l'expedition signée par le Commissaire ne l'est que par honneur, celle du premier President étant regardée comme l'Original, & veritable minute, qui demeure aux Notaires ou Secretaires des Etats, lesquels en font une expedition qu'ils envoyent au Conseil pour obtenir les Lettres patentes necessaires à l'enregitrement. Les Signatures de cette minute sont sur trois colomnes, celle de la droite est pour le Gouverneur, les Lieutenans Generaux, le premier President & les autres Presidens, le Procureur & l'Avocat General. Celle de la gauche est remplie par les Deputés des Etats; & celle du milieu par les Commissaires du Conseil, & les Officiers des Finances.

Cette Signature étant consommée, les Etats prient les Commissaires de se transporter en leur Assemblée, pour y faire l'adjudication de baux en leur presence, ce qui s'execute aussi-tôt, l'un des Presidens du Bureau tenant la bougie & le Gouverneur prononçant l'adjudication. Cette adjudication finie, les Deputés nommés pour le reglement des fonds, qui est l'état de la depense, font leur rapport public, l'arrêtent & le portent ensuite au Gouverneur & autres Commissaires pour le signer. Ce qui étant consommé, les mêmes Commissaires viennent terminer l'Assemblée, dont le Gouverneur fait la cloture par un petit Discours sur la satisfac-
tion

tion que le Roi a reçuë de la conduite des Etats, & la sienne particuliere; à quoi le Syndic de la Province fait sa reponse.

L'on n'a pas cru devoir entrer ici dans le detail de toutes les Commissions & deliberations particulieres qui sont données & faites par les Etats pour leurs affaires : on s'est absolument restraint à donner une idée generale de ce qui se passe dans cette illustre Assemblée, & d'ajouter à ce qui vient d'être dit, que pendant la tenuë des Etats toutes les actions civiles cessent contre les Gentils-hommes, & qu'on ne peut pas même agir contre eux quinze jours avant la tenue de cette Assemblée, ni pendant les quinze jours d'après qu'elle est finie.

On doit encore remarquer qu'avant que l'Assemblée des Etats finisse, on élit un Deputé de chaque Ordre pour porter les Cahiers au Roi, & c'est ce qu'on appelle la grande Deputation. Le Deputé du Clergé & celui de la Noblesse ont chacun douze-mille livres pour leur voyage & celui du Tiers-Etat huit-mille livres.

L'on élit aussi en même tems d'autres Deputés pour porter ces Cahiers à la Chambre des Comptes de Nantes, & y examiner le Compte du Tresorier dont on fait le rapport aux Etats qui se tiennent deux ans après ceux de la nomination. C'est ce qu'on nomme la petite Deputation, dont le Deputé du Clergé & de la Noblesse ont chacun six mille livres & celui du Tiers-Etat quatre mille livres.

Les Bretons quoique plus occupés de la profession des armes & du Commerce que de toute autre chose, ne laissent pas d'avoir des secours & des moyens pour devenir savans. L'Université de Nantes fut fondée par le Pape Pie II. à la priere de François II. dernier Duc de Bretagne vers l'an 1460. Il y a aussi des Colleges dans toutes les bonnes Villes de la Province. Les Jesuites y en ont trois considerables, qui sont dans les Villes de Rennes, de Vannes & de Quimper. Ils ont un grand établissement à Brest où ils tiennent le Seminaire des Aumôniers de la Marine & une Maison à Nantes, qui est peu de chose. Les Peres de l'Oratoire ont un College fameux dans cette derniere Ville, où ils ont toujours des Professeurs distingués par leur savoir. Le célèbre Pere Prestet y a enseigné pendant long tems les Mathematiques avec tout le succès qu'on pouvoit attendre d'un aussi habile Maître.

Le Commerce qui se fait en Bretagne est un des plus grands & des plus vifs du Royaume; mais pour en avoir une connoissance plus parfaite on peut voir à l'article de chaque Evêché le commerce particulier qui s'y fait.

[a] Le Gouvernement de Bretagne a toujours passé pour un des plus considerables du Royaume, & cela avec beaucoup de raison; car outre l'étenduë & la richesse de cette Province, l'Amirauté de Bretagne est jointe au Gouvernement, & c'est à cause de cette union que le Gouverneur a le dixiéme de toutes les prises qu'on amene dans les Ports de cette Province.

Le Gouvernement General de Bretagne renferme deux Lieutenances Generales & plusieurs Gouvernemens particuliers. L'une de ces Lieutenances s'étend sur huit Evêchés de la Province, & l'autre est renfermée dans le Comté & Evêché de Nantes. Les Gouvernemens particuliers qui sont compris dans la premiere sont ceux de Rennes, de Vitré, de Fougeres, de la Ville & Château de St. Malo, de Carhaix, de Lannion, du Fort & Isle des Ebyens, de Ploermel, de la Ville & Château de Dinan, d'Hennebond, de Vannes, de Redon, du Port Louïs, de la Presqu'Isle de Rhuis & Château de Sucinio, de la Citadelle de Belle-Isle, de Quimper, de Concarneau, de Quimperlé, de la Ville & Château de Brest, de Morlaix, du Fort & Château de Torro, de St. Brieu, de Guingamp, &c.

Dans cette Lieutenance Generale il y a deux Lieutenans de Roi, dont l'un a dans son Departement les Diocèses de Rennes, de Dol, de St. Malo, & de Vannes. L'autre Lieutenant de Roi a dans sa Lieutenance les Diocèses de St. Brieuc, de Treguier, de St. Paul de Léon, & de Quimper.

La Lieutenance Generale du Pays & Comté Nantois ne s'étend pas au delà du Diocèse de Nantes, & il n'y a que deux Gouvernemens particuliers; celui de la Ville & Château de Nantes qui est joint à la Lieutenance Generale, & celui de Guerande & du Croisic. Dans cette Lieutenance Generale il n'y a qu'un Lieutenant de Roi & sa charge est Hereditaire par l'Edit de Création qui est de l'an 1692.

Comme la Bretagne est une Presqu'Isle entourée de la Mer presque de tous côtés, il y a plusieurs Châteaux où le Roi entretient des Garnisons ordinaires. La plus forte de ces Garnisons est celle de la Citadelle de Belle-Isle où il y a eû jusqu'à vingt-cinq Compagnies d'Infanterie en Garnison. Le Roi y entretient un Etat-Major. Il y a aussi une assez forte Garnison & un Etat-Major au Château de Brest, de même que dans la Citadelle de Port-Louïs. Dans le Château de St. Malo il y a Garnison, un Gouverneur, un Lieutenant de Roi, mais point de Major. Dans le Château de Nantes il y a Garnison, un Gouverneur, un Lieutenant de Roi & un Major. Au Château de Torro qui defend l'entrée de la Riviere de Morlaix, il y a une Garnison composée de deux Compagnies, dont l'une est entretenuë aux depens du Gouverneur, au moyen des droits d'impôts & billots de la Ville de Morlaix dont il jouït. La Garnison de Concarneau n'est que d'une Compagnie.

Outre tous ces Gouvernemens particuliers dont il vient d'être parlé, il y en a encore un grand nombre d'autres qui ont été créez & vendus pendant la guerre qui a précedé la paix d'Utrecht. On s'est trouvé obligé pendant cette guerre de bâtir des Tours & des Fortins en quelques Isles de la côte pour empêcher les Corsaires de s'y tenir à l'abri pour prendre le tems de la sortie des Bâtimens. Ces Forts sont gardez par des detachemens des Garnisons des Places voisines, ou par des Milices. Telle est la Tour de l'Isle du Pilier à l'Embouchure de la Riviere de Loire. Telles sont celles des Isles Doua & de Hoëdic, sur la Côte de Vannes. Tel est aussi le Fort de l'Isle de Bats qui defend la Rade de Roscof sur la côte de Léon. Tels sont enfin les Forts qui defen-

[a] Ibidem p. 329.

dent le Havre de St. Malo, la Conchie, l'Hiflete, le petit Bay, l'Ifle Herbon, & Roteneuf, avec la Tour de Zebiens, & le Château de la Latte. Ces derniers font gardés par des Milices.

Les Duchez-Pairies de ce Gouvernement font Penthievre, Rohan, Coiflin & Quintin.

Voiez les Articles particuliers de chaque Evêché.

2. BRETAGNE, (LA GRANDE) grande Ifle de l'Océan, laquelle comprend les Royaumes d'Ecoffe & d'Angleterre. On la furnomme la grande pour la diftinguer de la Bretagne Province de France. Les Anciens l'ont auffi connue fous le nom d'ALBION. Voyez ce mot; fous lequel j'ai mis les divifions qu'ils en ont faites. Ce n'eft pas qu'ils n'aient auffi ufé du nom *Britannia*. Mais le nom d'Ifles Britanniques étant commun à plufieurs Ifles, on diftinguoit les deux plus grandes par les noms particuliers d'*Albion*, la grande Bretagne, & d'*Hibernie* qui eft l'Irlande. Agathemer [a] dit: les Ifles les plus remarquables dans la Mer exterieure font les deux Britanniques l'Hibernie & Albion. Pline dit [b] que vis-à-vis des Embouchures du Rhin eft l'Ifle Bretagne fameufe par les Ecrits des Grecs & des Latins, entre le Septentrion & l'Occident (par raport à la Gaule.) Elle eft, dit-il, à l'opofite des plus grandes parties de l'Europe, la Germanie, la Gaule & l'Efpagne. On la nommoit Albion lors que toutes les Ifles s'appelloient *les Bretagnes*. Ptolomée voulant décrire la plus grande de ces Ifles intitule ainfi le troifiéme Chapitre du fecond livre. *Situation d'Albion, Ifle Britannique.* Delà vient que dans la fuite le nom general de ces Ifles fut donné à la plus grande, & celui d'Albion qui lui étoit affecté ceffa peu-à-peu d'être en ufage. Cet ufage étoit déja aboli du temps de Pline. *Albion ipfi nomen fuit.* Cefar la nomme fimplement *Britannia* & l'oppofe à l'Irlande qu'il nomme Hibernie. Les Grecs ont écrit ce nom de *Britannia* par un E dans la premiere Syllabe, BRETANNIA & BRETTANNIA. On en peut voir la preuve dans Strabon [c], dans Diodore de Sicile [d] & dans Dion Caffius, & dans quelques Medailles Grecques. Dans le moyen âge au lieu de *Britannus* on commença de dire BRITO & BRITTO. Aufone dit:

[a] l.2.c.4.
[b] l.4.c.16.
[c] l.4.
[d] l.5.c.21.

Silvius hic bonus eft. Quis Silvius? ifte Britannus.
Aut Britto hic non eft Silvius, aut malus eft.

Juvenal avoit deja dit:

Qua nec terribiles Cimbri, nec Brittones unquàm.

Et cela dans un temps où les Bretons n'étoient point encore entrez dans l'Armorique.

On peut voir au mot ALBION, quels étoient les Peuples qui occupoient anciennement cette Ifle. Elle eft prefentement divifée en deux Royaumes réunis fous un même Roi & fous un même Parlement. C'eft pour ainfi dire le tronc d'une Monarchie très-puiffante, qui a autrefois étendu affez loin fes branches, en Europe, furtout dans la France où elle poffedoit de belles Provinces, qu'elle a perdues avec le temps comme la Normandie, la Guienne &c. comme on le peut voir aux Articles de ces Provinces. En échange elle a aquis le Royaume d'Ecoffe qui lui eft uni après avoir fubfifté feparément jufqu'au Regne de Jaques Stuard VI. du nom en Ecoffe, & premier Roi de la Grande Bretagne unie fous un même Souverain. Il faut diftinguer les ISLES BRITANNIQUES & la Monarchie de la Grande Bretagne dont elles ne font qu'une partie, quoiqu'elles en foient le Centre & le Corps.

Voici une table Géographique de ces Ifles compofée par Meffrs. Sanfon. Je la donne telle qu'ils l'ont publiée eux-mêmes & m'abftiens d'y faire aucun changement par les raifons que j'explique ailleurs.

Tables des Divisions de toutes les parties, & Isles, comprises sous les Noms des ISLES BRITANNIQUES.

LES ISLES BRITANNIQUES COMPRENNENT.
- L'ISLE DE LA GRANDE BRETAGNE qui se divise en
  - ANGLETERRE, où sont LES PROVINCES DE
    - Essex,
    - Kent,
    - Sussex,
    - Ouestsex,
    - Mercie,
    - East Angles,
    - Northumberland,
    - Galles.
  - Ecosse, qui se divise en
    - Ecosse deça le Tay,
    - Ecosse delà le Tay.
- L'ISLE D'IRLANDE, où sont LES PROVINCES DE
  - Lagenie,
  - Ultonie,
  - Connacie,
  - Momonie.
- & plusieurs petites Isles qui sont
  - aux environs de L'ECOSSE, savoir
    - Westernes, ou Inchgalles,
    - Orcades,
    - Schetland,
    - Fero.
  - aux environs de L'ANGLETERRE, savoir près de L'IRLANDE
    - Wight,
    - Anglesey,
    - Man,
    - Les Sorlingues,
    - Raglins.

ESSEX qui comprend les SHIRRERIES ou COMTEZ de
- MIDDLESEX, où sont
  - Londres,
  - Westminster,
  - Hamptoncour,
  - Brentford.
- ESSEX, où sont
  - Colchester,
  - Maidon,
  - Dumnow,
  - Barking,
  - Halsted,
  - Roleghe.
- HARTFORD, où sont
  - Hartford,
  - St. Albans,
  - Baldock.

KENT, où est LA SHIRRERIE, ou COMTÉ de
- KENT, où sont
  - Canterbury,
  - Rochester,
  - Douer,
  - Sandwick,
  - Gravesend,
  - Maidstone,
  - Leneham,
  - Appledore.

SUSSEX, où sont les SHIRRERIES, ou COMTÉ's de
- SUSSEX, où sont
  - Chichester,
  - Lewes,
  - La Rye,
  - Hasting,
  - Arondell,
  - Mydhauft,
  - Stenyng,
  - Newsorham,
  - Battel.
- SURREY, où sont
  - Kingston,
  - Guilfort,
  - Richmont,
  - Nonsuch,
  - Ebourn.
- HANTSHIRE, où sont
  - Winckester,
  - Southampton,
  - Portsmouth,
  - Foram,
  - Chrischurch,
  - Ringwood,
  - Stockbridge,
  - Andouer,
  - Overton,
  - Alchester,
  - Alton.

L'ANGLETERRE comprend les PROVINCES de

WESTSEX, où sont les SHIRRERIES ou COMTE's de
- DORCETSHIRE, où sont
  - Dorchester,
  - Weymouth,
  - Poole,
  - Birdport,
  - Blandfort.
- DEVONSHIRE, où sont
  - Excester,
  - Plymouth,
  - Barnstable,
  - Darmouth,
  - Exmouth,
  - Seton,
  - Teverton,
  - Lyston,
  - Bedtfort.
- CORNWAIL, où sont
  - Launston,
  - Bodman,
  - Pensans,
  - Penryn,
  - Paditow,
  - Foye,
  - Tregnye.
- SOMERSET, où sont
  - Bristoll,
  - Bath,
  - Wels,
  - Taunstaun,
  - Dunster,
  - Huntsill,
  - Axelbridge,
  - Wellow,
  - Sommerton.
- WILTSHIRE, où sont
  - Salesbury,
  - Ambesbury,
  - Malmesbury,
  - Trubridge,
  - Ramsbury,
  - Creklade,
  - Wylton.
- BARCK, où sont
  - Redding,
  - Windsor,
  - Wallingford,
  - Abbington,
  - Niewburye.
- GLOCHESTER, où sont
  - Glochester,
  - Thewkesbury,
  - Lechlade,
  - Niewneham,
  - Barkley.
- OXFORD, où sont
  - Oxford,
  - Bambury,
  - Burford,
  - Tame.
- BUCKINGHAM, où sont
  - Buckingham,
  - Highe Wikham,
  - Alesbury.
- BEDFORD, où sont
  - Bedford,
  - Leighton,
  - Schefford.

MERCIE, ou OUEST ANGLES, où sont les SHIRRERIES, ou COMTE's de
- HUNTINGTON, où sont
  - Huntington,
  - Yaley.
- NORTHAMPTON, où sont
  - Northampton,
  - Peterburg,
  - Trupston,
  - Deventre.
- RUTLAND, où sont
  - Ouekam.
- LEICESTER, où sont
  - Leicester,
  - Longhborow,
  - Harburgh.

EAST ANGLES, NORTHUMBERLAND, GALLES.
- WARWICK, où sont
  - Warwick,
  - Conventré,
  - Bitford,
  - Kyneton,
  - Coghull.
- WORCESTER, où sont
  - Worcester,
  - Upson,
  - Bewdeley.

Mercie, comprend encore les Shirreries, ou Comté's de	Hereford, où sont	Hereford, Raffe, Penbridge, Lemster.
	Monmouth, où sont	Monmouth, Caerlion, Cheptow, Abergwennew.
	Shropshire, où sont	Shrowesbury, Ludlow, Bridgenorth, Brayton, Wem, Bishops.
	Chester, où sont	Chester, Frodesham, Nortwyche, Altringham, Nantwyche.
	Stafford, où sont	Stafford, Lichfield, Alton, Ecclesball.
	Darbye, où sont	Darbye, Blanckewel, Chesterfeld, Workesworth.
De Mercie, sont encor les Shirreries, ou Comté's de	Nottingham, où sont	Nottingham, Litteburgh, Maunsfeld, Newarck.
	Lincolne, où sont	Lincolne, Grantham, Borne, Boston, Waynfliet, Saltfelt, Barton, Marketrabe.
East Angles, comprend	Nortfolcke, où sont	Norwiche, Kingesflynne, Yermouth, Thetforde, Clay, Burnham.
	Suffolke, où sont	Ipswiche, Burye, Clare, Orford, Sowwoulde, Lestoste, Ays.
	Cambridge, où sont	Cambridge, Ely, Littleport.
Northumberland comprend les Shirreries, ou Comté's de	Yorck, où sont	Yorck, Hull, Richmond, Witby, Bridlington, Scarbroug, Kirkby, Duncaster, Halyfax.
	Lancaster, où sont	Lancaster, Manchester, Preston, Vigan.
	Westmorland, où sont	Kendall, Appleby.
	Cumberland, où sont	Carlile, Penreth, Werkinton, Ravenglas.
	Durham, où sont	Durham, Hartlepoole, Darington.
	Northumberland, où sont	Barwick, Newcastle, Hexam, Carram, Alnewych, Billingham.
Southwalles.	Penbrock, où sont	Penbrock, St. Davides, Newport.
	Caermarden, où sont	Caermarden, Laneishye, Langadick.
	Glamorgan, où sont	Cardife, Landaf, Aberavan.
	Brecknock, où sont	Brecknock, Bealt.
	Rodonor, où sont	Radnor, Rayadergowy.
La Principauté de Galles, comprend les Shirreries, ou Comté's, savoir dans	Cardigan, où sont	Cardigan, Aderyftuyth, Lanbeder.
	Montgomery, où sont	Mongommery, Matrawalhal, Machenleth.
	Merioneth, où sont	Harlegh, Bala.
Nortwalles.	Denbigh, où sont	Denbigh, Ruthim.
	Flint, où sont	Flint, S. Asaph.
	Carnaruan, où sont	Carnaruan, Bangor, Pulhely.
	Lothiane, où sont	Edenburg, Liutlitquo, Lith, Dunbar, Nortberwyck, Dunglas.
	Merche, où sont	Coldinghan, Hoome, Cailso.
Ecosse deça le Tay, où sont les Provinces de	Tuwedal, où sont	Ledburg, Edderstoun, Lauder.
	Tuwedal, où sont	Pebils, Selkirck.
	Lidesdale, où sont	Hermitage, Castetoun.
Ecosse se divise en	Eskedale, où est	Black Esk.
	Annandale, où est	Annan.
	Nithesdale, où sont	Damfrees, Gierkairn, Kumnocktowne, Carlaurock.
Ecosse de la le Tay.	Cluydesdale, où sont	Glasquo, Hamiltoun, Douglas, Biggar, Lanar, Krawfurd.
De l'Ecosse deça le Tay, sont encore les Provinces de	Galloway, où sont	Withern, Wigftoun, Kirkubright, Chapell, Treef, Kenmoir.

Bar-

BRE. BRE. 485

De L'Ecosse deçà le Tay, font encore les Provinces de	Galloway, où sont	Carrick, où est	Bargeny.	L'Irlande se divise en	Lagenie, où font les Comté's de	Wexford, où font	Wexford, Rofte, Fernes, En Icort.
		Kile, où sont	Ayr, Dundonald, Vchiltre.			Kilkenny, où sont	Kilkenny, Thomas Towne.
		Kuningham, où sont	Reinfraw, Largis, Irwia, Sempill.			Caterlagh, où sont	Caterlagh, Laghin.
		Sterling, où est	Sterling.			Kildare, où font	Kildare, Cabre.
		Fife, où sont	St. Andrews, Kingarn, Dumfermelin.			Kingscountye, où est	Kingftowne.
		Strathherne, où est	Abernethy.			Queneescountye, où est	Queneftowne.
		Menteith, Ouest	Dumblain.			Westmeath, où est	Molingan.
		Lennox, où font	Dunbriton, Buchanan, Rofti.			Eastmeath, où font	Tryme, Kelles.
		Argile, où font	Dunwin, Kilmore.		Momonie. Conacie. Ultonie.	Longford, où font	Longford, Ardragh.
		Cantyre, où font	Terbart, Kileun.			Louth, où font	Louth, Drogheda, Ardee, Dundalke, Carlingford.
		Lorne, où est	Dunftafag.			Waterford, où font	Waterford, Lismore.
Dans l'Ecosse dela le Tay, font les Provinces de		Perth, où font	Perth, Dunkeld, Scone.			Tipperary, où font	Cashell, Holycroffe, Carick, Clonmell.
		Angus, où font	Brechin, Ardbrock, Penbrid.		Dans la Province de Momonie les Comté's de	Corck, où font	Korke, Cloney, Kyfule, Roffe, Agamer, Corkbey, Yonghall, Palace.
		Gowre'e, où est	Innergut.			Desmond, où font	Donckyne, Ardey, Doncboy, Donoghan.
		Marr, où font	New Aberdeen, Cafteltoun.				
		Mernis, où est	Dumnotyr.			Kerry, où font	Ardorf, Dingley, M. Trayle, Clonomell.
		Buchan, font	Banf, Tarues, Inneroúries.	L'Irlande comprend.		Lymerick, où font	Lymerick, Kilmalock.
		Murray, où font	Elgin, Innernes, Nairn.			Clare, où font	Clare, Kilfenerogh, Ki'aloe, Barrat.
		Athole, où est	Blair.				
		Broad Albin, où font	Killinen, Loch Tay.			Galway, où sont	Galway, Glonefort, Kingftoune, Letrum, Kilmacalo, Clare.
		Locquaby, où font	Innerlochy, Megary.		Dans la Province de Connacie les Comté's de	Roscoman, où font	Rofcoman, Elphen, Atlone.
		Ross, où font	Chanrie, Tayne, Cromatie.				
		Southerland, où est	Dornock.			Letrim, où font	Letrim, Achoury.
		Strathnavern, où est	Tung.			Sleigo, où font	Sleigobille, Belcke.
		Caitness, où font	Wick, Thurfo.			Mayo, où font	Moy, Rafraine.
L'Irlande se divise en	Lagenie, où font les Comté's de	Dublin, où font	Dublin, Houth, Oldcourt.				
		Wicklo, où font	Wicklo, Arencklo, Battenglas.				

BRE.   BRE.

L'IRLANDE comprend

Dans la Province de Ultonie les Comtés de

{
- ARMAGH, où sont { Armagh, Mountnorris, Bundorlin.
- DOWN, où sont { Down, Strangford, Arglas, Newry, Dromore, Dondrom, Ardes.
- ANTRIM, où sont { Antrim, Knockferjus, Older Fleete, Conor a Bishopsée, Dunlace, Faire Forland.
- LONDONDERRY, où sont { Londonderry, Colraine, Dungewin, Kilrough, Coldagh.
- DONEGALL, où sont { Donegall, Rapoe, S. Patrichspurgatory, Kilbeghauen, S. Helene, Dramboe.
- UPPER TIROEN, où sont { Strebane, Donelonge, Omey, Newtowne.
- NETHER TIROEN, où sont { Dunganon, Drumboe, Beneberck.
- FERMANAGH, où sont { Eniskilling, Skée, Belteberd.
- MONAGHAN, où sont { Monaghan, Clogherainshopée, Raglin, Kilmore.
- CAVAN, où sont { Cavan, Kilmore.
}

Près de L'ANGLETERRE.

- L'ISLE DE WIGHT, où sont { Newport, Yarmouth.
- LES ISLES SORLINGUES, où sont { Ste. Marie, Silley, S. Martin, Ste. Helene, St. Agnes.
- L'ISLE D'ANGLESEY, où sont { Beaumaris, Aberfraw.
- L'ISLE DE MAN, où sont { Rushin, Douglas, Laxi, Ramsy.

LES L'ISLES WESTERNES, ou INCH GALLES, dont les plus considerables sont.

- L'ISLE DE LEWIS, où sont { Stornua, Sherboit, Grimsetter, Koll.
- L'ISLE DE VXAT, où sont { Kilphedre, Kiluanen, Taleborg.

LES ISLES WESTERNES, ou INCH GALLES, dont les plus considerables sont

- L'ISLE DE SKYE, où sont { Dunwegen, Dundonald, Kilmoiruy.
- L'ISLE DE MUL, où sont { Arrois, Killoumar.
- L'ISLE DE COLMKILL, où est { Sadore.
- L'ISLE DE LIVRA, où sont { Livra, Trebart.
- L'ISLE DE YLE, où sont { Falingham, Downousig.
- L'ISLE DE ARRAN, où sont { Arran, Brodwick.
- L'ISLE DE BOOT, où est { Botesay.

AUX ENVIRONS DES ISLES BRITANNIQUES, sont plusieurs PETITES ISLES, savoir.

Près de L'ECOSSE.

LES ISLES ORCADES dont les plus considerables sont

- MAINLAND, où sont { Kirckwalle, Kirkabuster, Birsa.
- HOY.
- SOUTHRANALS.
- WESTER.
- NORTHRANALS.
- STROMSA.
- SAND.
- EDA.
- SIAPINS.
- PAPA.

LES ISLES DE SCHETLAND dont les plus considerables sont

- MAINLAND, où sont { Burg, Catfurd.
- YELL. { Sandwick, Yell.
- UNST. { Norwick, Clugo.
- PHEODORE. { Stranderburg.
- FAYRE.
- STROMO. { Witman.
- SUDRO. { Sauy.
- SANDO. { Quaeines.
- WAGE. { Wage.

LES ISLES DE FERO, dont les plus considerables sont

- MOGGENES.
- OSTRO.
- CALSO. { Calso.
- CUNNO.
- BORDO. { Huysgarde.
- WIDRO. { Widro.
- SWINO. { Swino.
- FULO. { Bishopfarro.

Près de L'IRLANDE la plus considerable

- L'ISLE DE RAGLINS. { Raglins.

Les

BRE.

Les autres Etats de la Monarchie de la Grande Bretagne outre les Isles Britanniques font :

Les Isles de { Jersey, Garnesey } sur les côtes de France.

L'Isle de Minorque, La Ville de Gibraltar } détachées de l'Espagne.

Quelques Forts sur la côte d'Or en Guinée :

Les Isles de { La Jamaique, Barbades, Ste. Alousie, St. Vincent, La Dominica, Antigoa, Monserrat, Newis, St. Christophle, La Barbude, L'Anguille, Bahama, Sommer, Terre Neuve, Cap-Breton, St. Jean, Anticosti, } En Amerique.

Au Continent les Pays { L'Acadie ou La Nouvelle Ecosse, La Nouv. Angleterre, La Nouvelle Yorck, Le Nouveau Jersey, La Pensilvanie, Le Maryland, La Virginie, La Caroline. }

Elle a aussi quelque chose dans la Baye de Hudson.

Quelques Places sur la côte de Coromandel en Asie, comme Gondelour, Madras, ou le Fort St. George, Visigapatan, Ganjam, & autres lieux où les Anglois ont leur part du Commerce des Indes Orientales.

LA MER DE BRETAGNE, la MANCHE OU CANAL [a], Detroit de l'Océan qui s'étend entre les côtes au Nord, & celles de France au Sud depuis les Isles d'Ouessant jusqu'au pas de Calais, où commence la Mer d'Allemagne.

[a] Baudrand Ed. 1705.

La NOUVELLE BRETAGNE, Pays & Presqu'isle de l'Amerique Septentrionale au Canada, au Nord du grand Fleuve de St. Laurent & de l'Isle de Terre-Neuve, au Midi des Nations du Nord ; & à l'Est de la Baye Sauvage & de la Baye de Hollande. On y a bâti la NOUVELLE BREST sur le Cap Meridional vis-à-vis de Belle-Isle. Elle s'étend en largeur depuis le 52. d. de Latitude jusqu'au 55. & peut avoir quatre-vingt lieues de longueur.

Ce sont les François de la Province de Bretagne qui ont ainsi nommé ce Pays. Mr. de l'Isle n'y a point eu d'égard & appelle PETITS ESKIMAUX ceux qui occupent ce terrain dans sa Carte du Canada. C'est la partie la plus Orientale de la Terre de Labrador.

BRETANI, &
BRETANIA. Voiez GRANDE BRETAGNE.

BRETENHAM, ou plûtôt BRETTENHAM, Village d'Angleterre dans la Province de Suffolck sur la Riviere de BRETTON. C'est le COMBRETONIUM de l'Itineraire d'Antonin.

1. BRETEUIL [b], petite Ville de France dans la haute Normandie, avec titre de Comté. Elle est située sur la Riviere d'Iton, à six lieues d'Evreux, entre cette Ville & celle de l'Aigle, de Verneuïl, de Conches, de Damville & de Tillers. On y tient Marché tous les Lundis & les Samedis, & il y a Foire le jour de la Saint Marc. La Ville de Breteüil fut donnée à Robert de Montfort, par Henri II. Duc de Normandie & Roi d'Angleterre, & Amicie sœur de Montfort la vendit au Roi Philippe Auguste l'an 1210. Ensuite elle devint le partage de Charles Roi de Navarre, qui la ceda l'an 1410. au Roi Charles VI. en échange d'autres terres.

[b] Corn. Dict. Memoires dressez sur les lieux en 1705.

1. BRETEUIL [c], petite Ville de France dans le Diocèse de Beauvais. Elle est située à six lieues d'Amiens, entre Mondidier, Crevecœur & Conty, au dessous des sources d'un ruisseau qui forme un étang d'où sort une petite Riviere. On voit en cette Ville une Abbaye de Benedictins de la Congregation de Saint Maur, du titre de Nôtre-Dame de Breteuil, en Latin *Beata Maria de Bretolio*, dont dépendent sept Prieurez & vingt-huit Cures. Les Normands ayant ruiné cette Abbaye, elle fut rétablie par le Comte Gilduin ou Hilduin, qui obtint du Pape Leon IX. la confirmation de son revenu l'an 1050. L'Eglise fut consacrée le 25. de Mai 1165. par Messire Barthelemy Evêque de Beauvais. Le Roi en est Patron. Ce Gilduin étoit Comte de Breteuil & de Clermont & Vicomte de Chartres. Il y a plusieurs Chapelles à Breteuil, savoir celles de la Vierge, de Saint Jean, du Château, des Maladreries & de l'Hôtel-Dieu. On y tient toutes les Semaines un Marché considérable sous une fort grande Halle.

[c] Corn. Dict. Memoires dressez sur les lieux.

BRETIGNI [d], Village de France dans l'Isle de France sur la Riviere d'Orge au dessous de Montl'heri, & à une lieue plus bas que Châtres. C'est où fut conclu en 1360. le Traité de paix entre la France & l'Angleterre. Il est à remarquer que la plupart de ces Auteurs se sont trompez au sujet de ce Village. Comme il est à une lieue de Châtres, lieu qu'ils ne connoissoient pas, ils ont dit qu'il étoit mis pour Chartres, quoi qu'aux environs de cette Ville il n'y ait aucun lieu nommé *Bretigni*. Celui-ci est à cinq lieues de Paris, au Midi en allant vers Estampes.

[d] Baudrand Ed. 1705.

BRETON. (le CAP) Voiez au mot CAP.

BRETON. (le PERTUIS) Voiez PERTUIS.

1. BRETONS, (LES) anciens habitans de l'Isle de la Grande Bretagne.

2. BRETONS, (LES) habitans de la Bretagne Province de France.

1. BRET-

BRE.

a Baudrand Ed. 1705.

1. BRETTEN[a], Ville d'Allemagne dans la Suabe au Creichgou, elle appartient à l'Electeur Palatin avec son Bailliage ou Territoire. Elle est petite & située sur la Frontiere du Wirtenberg dont elle faisoit partie; à dix mille pas de Philisbourg au Levant.

b Del'Isle Couronnes du Nord.

2. BRETTEN[b], petite Ville de Suede dans la Dalie à l'extremité la plus Occidentale du Lac Wäner. Mais elle n'est pas à l'endroit par où la Riviere de Trolbeta sort de Lac & est differente de Venerburg, ou Vänersborg, avec laquelle Mr. Baudrand la confond.

BRETTENHAM. Voiez BRETENHAM.

BRETTIGAU, vallée de Suisse au Pays des Grisons, entre le Rhin & le Comté de Tirol le long de la Riviere de Lanquart. La Forteresse de CASTELS en est le principal lieu.

1. BREVAL, Seigneurie de France en Normandie près de la Ville de Cherbourg.

2. BREVAL, Abbaye de France en Normandie au Diocèse de Rouen. Ce sont des Dames de l'Ordre de Cisteaux.

c Baudrand Ed. 1705.

BREVAL, ou BREUIL-BENOIT[c], Prieuré de France en Normandie, Ordre de Citeaux, dans la Paroisse de Marcilli, au bord Septentrional de la Riviere d'Aure en Normandie à sept lieues d'Evreux du côté du Midi.

d d'Audifret Geogr. T. 3.

BREUBERG[d], (le) petit Pays d'Allemagne dans le Cercle de Franconie, le long du Meyn, entre le Comté d'Erpach & l'Archevêché de Mayence: il peut avoir cinq lieues de longueur & une ou deux de largeur. On n'y trouve que des Villages & le Château de Breuberg dont il a tiré son nom. C'est une Seigneurie qui appartient en commun aux Comtes d'Erpach & à ceux de Wertheim, & ce fut Rodolphe Comte de Wertheim qui l'acquit en épousant Elisabeth, Heritiere de Michel Seigneur de Breuberg. Les Comtes de Lœuwenstein la possedoient avec les Comtes d'Erpach depuis la Transaction qu'ils firent en 1551. Ils y derogerent depuis les uns & les autres; savoir Jean Thierri Comte de Lœuwenstein l'an 1637. lorsqu'il demanda à l'Empereur d'avoir seul le droit d'y tenir Garnison dans le Château de Breuberg, & George Albert Comte d'Erpach l'an 1644. par l'invasion de ce Château. La Transaction confirmée tout de nouveau par les Traitez de Westphalie dans le IV. Article desquels il est dit que la Maison d'Erpach, & particulierement les Heritiers de George Albert, seront rétablis dans le Château de Breuberg, & dans tous les Droits dont ils jouïssent en commun avec les Comtes de Lœuwenstein, tant pour ce qui concerne la direction de la Garnison que pour les autres affaires.

e l. 2. c. 16. f l. 3. c. 25. g l. 7. p. 314. h l. 55. p. 568.

BREUCI, ancien Peuple de la Pannonie selon Ptolomée.[e] Pline[f] les met auprès de la Save. Strabon[g], & Dion[h] Cassius parlent aussi de ce Peuple.

BREUCOMAGUS. Voiez BROCOMAGUS.

BREUIL, lieu particulier de France dans la Brie. Il est remarquable par l'Hermitage de St. Fiacre dont il porte le nom.

BREUIL-GROLLAND, ou BOIS-GROLLAND[i], Abbaye de France en Poitou, au Diocèse de Luçon. Elle étoit anciennement de l'Ordre de St. Benoît & a été ensuite de l'Ordre de Cisteaux.

i Baudrand Ed. 1705.

BREUNA, Riviere de Suisse dans les Bailliages d'Italie où elle coule dans une vallée que l'on apelle VAL BREUNA, & par corruption VAL-BRENNA ou VAL-BREGNA[k]. Cette vallée est la troisiéme & le dernier de ces trois Bailliages qui est long & étroit, enclavé entre le Liviner-Thal du Canton d'Uri & le Galanker-Thal qui est des Grisons. Les Latins la nomment *Vallis Plenia*; les Allemands PALENZER-THAL & BREUNER-THAL. Ce dernier nom lui vient des BREUNES anciens Peuples dont Pline fait mention entre les habitans des Alpes; ou de la Riviere nommée BREUNA qui l'arrose, & non pas *Brenna* comme les Cartes la marquent d'une Orthographe vicieuse. Cette Riviere y prend sa source dans l'extrémité du Pays dans le Vogelberg. Cette vallée contient un petit nombre de villages dont les principaux sont *Palenza* d'où vient le nom de *Palenzer-Thal* raporté ci-dessus; *Marvalia*; *Abeliasca* en Allemand *Ablorsch*. Auprès de ce dernier dans les Rochers des Montagnes qui separent cette vallée d'avec le Canton d'Uri, on tiroit autrefois des escarboucles qui ne cedoient en rien à celles qui viennent de l'Orient; mais comme la dépense qu'il y faloit faire surpassoit le profit qu'on en tiroit on a abandonné la recherche de ces sortes de pierreries. Il se trouve aussi dans la même vallée des mines de cuivre & de plomb, où l'on travaille.

k Delices de la Suisse. T. 3. p. 526.

1. BREUNI, ancien Peuple de la Vindelicie selon Ptolomée[l]. Aventin croit que c'est presentement Perlacherheyd, il ajoute qu'ils sont nommez BRENNI par Horace & par Florus.

l l. 2. c. 13.

2. BREUNI, Peuple des Alpes chez les Lepontiens selon Pline[m]. Voiez BREUNA.

m l. 3. c. 20.

BREVOGNE[n], petite Riviere de France en Normandie dans le Cotentin où elle a quatre sources, dont les principales viennent de la Forêt de St. Sever. Etant réunies elles passent sous les Ponts Gentil & à la Malade, proche Clinchamp, Pont-Vieil près de Coulonce. Cette Riviere grossie de quatre ruisseaux qui n'ont point de nom tombe dans la Vire au dessus d'Etouri.

n Corn. Dict. Vaudome Manusc. Geograph.

BREVOORT[o], petite Ville des Pays-Bas, aux Provinces unies, dans le Comté de Zutphen sur les Confins du Pays de Munster.

o Dict. Geogr. des Pays-bas.

BREUSCH, (la) Riviere de France dans l'Alsace.

BREY[p], petite Ville d'Allemagne au Pays de Liége sur les Frontieres du Brabant au Comté de Lootz; environ à quatre lieues de Mas-Eick.

p Ibid.

1. BREYN[q], Bourg de l'Ecosse Septentrionale dans le Comté d'Assint; avec un Château sur le Lac qui porte le même nom.

q Baudrand Ed. 1705.

2. BREYN[r], Lac de l'Ecosse Septentrionale dans le Comté d'Assint. Il s'étend en forme de Golphe de l'Est à l'Ouest l'espace de quinze milles & se rend ensuite dans l'Océan Occidental.

r Ibid.

BREYSICH. Voiez BREISICH.

BREZE[s], Bourg de France en Anjou,

s Ibid.

avec

avec Titre de Marquisat, au Midi de Saumur.

BREZOLLE [a], Bourg de France dans le Perche, à trois ou quatre lieues de Verneuil.

BREZOLLES, Bourg de France dans le Querci près de la Ville de Montauban.

BRIADA, Ville d'Asie dans la Pisidie selon Artemidore cité par Strabon, [b]. Le nominatif Grec est BRIAS.

BRIANÇON, Ville de France dans le Dauphiné à sept lieues d'Ambrun. Cette Ville est ancienne [c], & située dans la partie la plus haute du Dauphiné sous un Château qui est sur un Roc escarpé. Ceux de la Ligue s'en saisirent dans le XVI. Siécle, mais Lesdiguieres la leur enleva en 1590. Deux ruisseaux, dont l'un porte le nom de Dure & l'autre celui d'Ance, se joignent au dessous de Briançon & composent le nom de la Riviere de Durance. La Manne de Briançon [d] passe pour la sixiéme Merveille du Dauphiné, on la recueille près de cette Ville sur les feuilles d'une espece de Pin qu'on nomme Meleze. La Manne tombe la nuit sur les feuilles de cet arbre, & se fond au premier rayon du soleil. Elle n'est jamais si abondante que pendant les chaleurs excessives. A quelque distance de cette Ville on trouve une roche percée que l'on appelle PERTUIS ROSTANG au dessus de l'entrée de laquelle on lit cette Inscription. *D. Cæsari Augusto dedicata. Salutate eam.*

BRIANÇONNET [e], Forteresse de Savoye dans la Tarentaise auprès de la Ville de Moustiers. C'est un Rocher rond, inaccessible de tous côtez, si ce n'est du côté de la Riviere où sont deux ou trois cens degrez pour y monter : il fut pris l'an 1600. sous le Regne d'Henri IV. par le Duc de Lesdiguieres. Le passage commun de la Savoye à la Tarantaise & delà à l'Italie est en cet endroit ; & il étoit aisé de le garder par le moyen de cette Forteresse, mais elle est presque ruinée.

BRIANÇONNOIS [f], (LE) Pays de France dans le Dauphiné, à l'Orient du Graisivaudan, & à l'Occident du Piemont. Il faisoit autrefois partie des Alpes Cottiennes & ensuite du Marquisat de Suse dont on croit qu'il a été démembré. Briançon sa Capitale, en Latin *Brigantio*, qu'on écrit quelquefois *Brigantia* ou *Vrigantia*, étoit une des Villes des Segusiens, comme Ptolomée le remarque, c'est-à-dire du Territoire de Suse. L'Empereur Julien dans sa Lettre aux Atheniens dit que Brigantia étoit dans les Alpes Cottiennes. L'Itineraire d'Antonin & la Carte de Peutinger marquent *Brigantio*, & l'Itineraire de Bourdeaux à Jerusalem sous Constantin place Briançon dans les Alpes Cottiennes comme fait l'Auteur de la Carte de Peutinger. Le Briançonnois s'étendant des deux côtez des Alpes étoit entre les deux Royaumes de Bourgogne & d'Italie, & le Pays étant environné de Montagnes de très-difficile accès, les habitans étoient presque libres. On ne sait point en quel temps ils reconnurent le Dauphin de Viennois ou les Comtes d'Albon & de Graisivaudan. Mais on veut que du temps de Frederic Barberousse, Guigues qu'on nommoit aussi Dauphin obtint le droit aussi de batre

Tom. I. PART. 2.

monnoye dans la Bourgade de Cezane, au pied du Mont-Genevre. Il lui accorda aussi une mine d'argent qui appartenoit à l'Empire dans l'Ambrunois à RAME ou ROAME qui est un lieu fort ancien, puis qu'il en est fait mention dans l'Itineraire de Bordeaux à Jerusalem & dans celui d'Antonin.

A l'égard des habitans du Briançonnois ils avoient leurs Loix & leurs libertez particulieres distinguées de celles des Sujets du Dauphin, & ils ne vouloient reconnoître leurs Princes, même ceux de la Maison de France, qu'à la charge de les maintenir dans l'état où ils avoient été de temps immemorial. Les Dauphins prenoient la qualité de MARQUIS DE CEZANE ; & toutes les Dépendances du Briançonnois qui sont à l'Orient des Alpes du côté du Piémont, & qui pour le spirituel ont toujours fait partie des Diocèses de Turin &. de Saluces, ont été cedez par Louis XIV. au Traité d'Utrecht l'an 1713. au Duc de Savoye qui en échange a cedé à la France tout ce qui lui appartenoit à l'Occident des Alpes dans le Diocèse d'Ambrun.

BRIANEA COLLIS [g], Colline d'Asie quelque part vers la Galatie : il en est fait mention dans la Vie de St. Theodore Abbé.

BRIANTICA, Contrée de la Thrace : on la nommoit autrefois GALAICA, selon Herodote [h] ; qui ajoute qu'elle appartenoit de plein droit aux Cicones. Ortelius croit que c'est le PRIATICUS CAMPUS de Tite Live [i]. Solin [k] parle d'un Peuple nommé BRIANTÆ ; comme lit Ortelius. Saumaise qui lit *Briantes* observe que dans les anciennes éditions on lit PRIANTES. Pline [l] que Solin copie nomme ce même Peuple PRIANTÆ.

BRIANZA, (MONTI DI) Montagnes d'Italie au Milanez vers le Lac de Come à l'endroit où l'Adda en sort.

BRIARE, en Latin *Brivodurum*, & *Brihodorum*, [m] petite Ville de France en Gâtinois sur la Loire. Elle ne consiste qu'en une rue dans laquelle sont plusieurs hôtelleries. Elle n'a de la celebrité qu'à cause du Canal auquel elle donne son nom & qui fait la communication de la Loire à la Seine. Voiez au mot CANAL l'Article CANAL DE BRIARE.

BRIATESTE [n], petite Ville de France au haut Languedoc, dans l'Albigeois, sur le Dadou à cinq lieues d'Albi en tirant vers Lavaur.

BRICA, &

BRICASSES. Voiez BRIEUX.

BRICECUM, ou BRICICUM, lieu d'Espagne, selon quelques exemplaires d'Antonin ; d'autres portent BRIGECUM. Voiez BRIGÆCIUM.

BRICINNIA, Forteresse de Sicile dans le Territoire de la Ville de Leontines selon Etienne le Géographe & Thucydide [o].

BRICTATES FLUVIUS, Riviere de laquelle Vibius Sequester parle ainsi : *Brictates ex Timato monte Arno miscetur*. Bocace lisoit *Brictates Fluvius est ex Timaro monte progrediens misceturque Arno*. Ainsi voila le nom de cette Riviere, celui de la Montagne où elle a sa source & celui de la Riviere où elle se perd, changez par cet Auteur. Il faut avouer qu'à l'égard de la Montagne il y a plus d'un

Qqq Manu-

Manuscrit qui porte *Timaro*. Pour ce qui est de l'Arno où tombe le *Brictates*, *Arno & Arino* y conviennent également. Car on a dit *Arinus & Arnus*. Caton fonda sur le bord de l'Arno une Colonie qui en prit le nom d'*Arinianum*, & que l'on nomme presentement *Arignano*. Cependant la Riviere Brictates n'en est pas plus connue.

BRIDAMA. Voïez BIRDAMA.

☞ BRIDGE, ce mot qui signifie un Pont dans la Langue Angloise, entre dans la Composition de plusieurs noms propres Géographiques, soit au commencement soit à la fin de ces noms. Comme *Cambridge*, *Pembridge*, *Tunbridge*, *Bridgenorth*, *Bridgewater*, &c. Ces lieux sont tous aux passages de quelques Rivieres.

BRIDGENORTH [a], petite Ville d'Angleterre en Shropshire sur la Severne avec un beau Pont de Pierres sur cette Riviere : on l'appelle autrement THE BOROUGH OF BRUGES. Il y a deux Paroisses. Autrefois cette Ville étoit defendue par une bonne muraille, un fossé & un Château bâti sur un rocher, mais il est tombé en ruine. On y tient Marché & elle envoye ses Deputez au Parlement.

[a] Etat. pref. de la Gr. Bretagne T. 1. p. 105.

BRIDGETOWN [b], Ville de l'Amerique Angloise dans l'Isle de la Barbade, au Nord-est de l'Isle : on l'appelle aussi *la Ville de St. Michel*, ST. MICHAELS & BRUGGE-STADT en Flamand. C'est une traduction de son nom qui veut dire la *Ville du Pont*. La Ville est belle & assez grande, ses rues sont droites, larges, propres & bien percées. Les Maisons sont bien bâties dans le goût de celles d'Angleterre, avec beaucoup de fenêtres vitrées ; elles sont meublées magnifiquement ; en un mot tout y a un air de propreté, de politesse & d'opulence, qu'on ne trouve point dans les autres Isles, & qu'il seroit difficile de rencontrer ailleurs. La Maison de Ville est très-belle & très-bien ornée. Les Boutiques, les Magazins des Marchands sont remplis de tout ce qu'on peut souhaiter de toutes les parties du Monde. On voit quantité d'Orfevres, de Joüailliers, d'Horlogeurs & autres ouvriers qui travaillent beaucoup, & qui paroissent fort à leur aise, aussi s'y fait-il un commerce des plus considerables de l'Amerique. On prétend que l'air de la Ville n'est pas bon, & que le Marais qui en est proche rend le lieu fort mal sain. C'est pourtant ce que je n'ai point remarqué dans le teint des habitans qui est beau, & sur-tout celui des femmes, tout y fourmille d'enfans : car tout le monde est marié, & les femmes sont fort fecondes. Il est vrai que le mal de Siam enleve bien des gens, mais cela leur est commun avec les François, Hollandois, Portugais & autres Européens qui habitent l'Amerique.

[b] Le P. Lab. Voyages. T. 2. p. 131. Ed. in 4.

BRIDGEWATER [c], bonne Ville d'Angleterre en Sommersethire sur le Parret petite Riviere à dix ou douze milles de la Mer. Elle a seance au Parlement & le droit de tenir Marché.

[c] Etat Pref. de la Gr. Bretagne T. 1. p. 108.

BRIDLINGTON [d], Bourg maritime d'Angleterre dans Yorckshire au Sud-Ouest de Flamburg. Il n'a ni Marché public ni Deputez au Parlement.

[d] Allard Atlas.

BRIDOBORUM, ou BRIVODURUM, selon les divers exemplaires de l'Itineraire d'Antonin, ancien lieu de la Gaule sur la route d'*Augustodunum*, à Paris ; entre *Condate & Belca* à XVI. M. P. de la premiere, & à XV. M. P. de la seconde. Simler & quelques autres disent que c'est Briare sur la Loire.

BRIDPORT, Bourg d'Angleterre en Dorsetshire, à l'Est de Lyme. Il a droit de tenir Marché & d'envoyer ses Deputez au Parlement. C'étoit autrefois le seul endroit où se faisoient les Cordages pour la Flotte Royale. Aujourd'hui on y travaille encore, parce que les terres voisines produisent beaucoup de chanvre & que le Peuple y est fort adroit à faire des Cables.

BRIE'. Voïez BRIEI.

BRIE, (LA) Pays de France, ainsi nommé d'une Forêt qu'Aimoin appelle BRIGENSIS SALTUS [d] ; Jonas dans les Vies de St. Colomban & de St. Eustaise Abbez nomme *Brigensis Saltus ad fluviolum Reshacem & Saltus Pagusque Briegins*. Bede [e] appelle ce Canton *Brige*. La Brie étoit autrefois bien plus petite qu'elle n'est presentement puisque l'on en distinguoit le Territoire de Meaux, & celui de Provins que l'on y comprend aujourd'hui.

[d] Valef. noban tit. Gall. T. 3. p. 96.
[e] l. 3. c. 8.

Elle a pour limites au Septentrion la France propre & le Soissonnois ; au Levant la Champagne ; au Midi & au Couchant la Riviere de Seine qui la sepdre du reste de la Champagne, du Gâtinois & de l'Hurepoix. Elle s'etend en long de l'Orient à l'Occident l'espace de vingt-deux lieues, savoir depuis Sezanne jusqu'à Conflans près de Charenton où la Marne se jette dans la Seine ; mais sa largeur n'est pas si grande.

[f] Baudrand Ed. 1705.

Elle est jointe à la Champagne depuis plusieurs Siècles, & elle fait encore actuellement partie du Gouvernement de Champagne, excepté qu'il y a une petite partie, la plus proche de Paris, & depuis Lagni jusques à Melun qui fait partie du Gouvernement de l'Isle de France. De là vient cette distinction :

LA BRIE PARISIENNE,
LA BRIE CHAMPENOISE.

La Brie est ordinairement partagée en trois parties, savoir,

LA HAUTE BRIE, qui est vers la Marne, dont la Capitale est Meaux.

LA BASSE BRIE, qui s'étend vers la Seine : sa Capitale est Provins.

LA BRIE POUILLEUSE, ou GALLEUSE, qui est aussi sur la Marne vers la Champagne & le Soissonnois ; & dont Château-Thierri est la Capitale. C'est presentement Meaux qui est la Capitale de toute la Brie.

Mr. de Valois [g] dit que la Brie d'apresent occupe partie des Territoires de quatre Peuples, savoir les Parisiens, ceux de Sens, de Troyes & de Meaux. Du Territoire de Paris sont

[g] Notit. Gall.

Noisi,   Tournan,
Gournay,   Lesigni,
Lagni,   Ville Neuve St. George,
Torci,   Brie-Comte-Robert.

Du Territoire de Sens sont,

Pro-

BRI.

Provins, & Chaume.

Du Territoire de Meaux sont

Creci,   Jouare,
Colommiers,   &
La Ferté-Gautier, La Ferté sous Jouare.

Du Territoire de Troyes sont,

Sezane   & Chatillon sur Morin.

La Brie est divisée en six Elections; qui sont entierement de la Brie, savoir:

L'Election de
{
Meaux,
Colommiers,
Rossay,
Melun,
Provins,
Château-Thierri:
}

ce qui est de la Brie aux environs de Lagni est de l'Election de Paris.

BRIE-COMTE-BRAINE, petite Ville de France dans le Soissonnois, au bord Oriental de la Vesle qui se jette peu après dans l'Aisne, à trois lieues & demie communes & au Levant d'Hyver de Soissons.

BRIE-COMTE-ROBERT, petite Ville de France dans la Brie Parisienne sur la Riviere d'Ierre à six lieues de Paris. [a] Ce nom est corrompu de celui de BRAYE qu'elle portoit autrefois & qui se trouve dans les Anciens Actes où même en François & en Latin cette Ville est constamment appellée BRAIA COMITIS ROBERTI. Le mot *Bray* signifie en vieux François une *Terre grasse* & *bourbeuse* comme est le Terroir de cette Ville. Son Fondateur est Robert fils de France, Comte de Dreux, qui possedoit la Seigneurie de Braye sans qu'on sache à quel Titre; car on ne trouve rien d'écrit sur cela: & on ne voit pas que Braye ait été en quelque consideration avant ce Comte Robert. La Seigneurie de Brie-Comte-Robert demeura long-temps dans la Maison de Dreux: & depuis Pierre Mauclerc de la Branche Cadette de Dreux qui tenoit le Duché de Bretagne, eut en partage la Seigneurie de Brie-Comte-Robert. De cette Maison elle passa dans celle d'Artois par le mariage de Blanche fille de Jean second Duc de Bretagne avec Philippe d'Artois Seigneur de Conche. Marguerite leur fille en épousant Philippe de France Comte d'Evreux lui aporta en dot Brie-Comte-Robert. Leur fille Jeanne d'Evreux épousa le Roi Charles le Bel dont elle eut une fille nommée Blanche qui donna Brie-Comte-Robert à Charles le Sage dont le fils Louïs Duc d'Orleans eut en Appanage cette Seigneurie qu'il donna à son plus jeune fils Jean d'Orleans Comte d'Angoulême. François premier petit-fils de Jean étant parvenu à la Couronne de France y réunit son Patrimoine.

[b] On remarque dans cette Ville l'Eglise Paroissiale qui a une grande Tour, un Couvent de Minimes & le grand Marché.

BRIEG [c], (l'e ne se prononce point en François) Ville d'Allemagne dans la Silesie, Capitale d'un Duché de même nom, sur la rive gauche de l'Oder que l'on y passe sur un pont, au dessus de Breslaw, au dessous d'Oppelen, à environ sept heures de chemin de l'une & de l'autre. [d] C'est une des meilleures & des plus belles Villes de la Silesie; elle est bien fortifiée; & ce qui la rend celebre c'est un beau College où les Professeurs sont Lutheriens, & une Academie où la Noblesse aprend les exercices.

LE DUCHÉ DE BRIEG [e], Contrée d'Allemagne dans la Silesie, sur l'Oder qui la traverse. Il est borné au Nord par la Principauté de Breslaw & par la Baronie de Wartenberg, à l'Orient par la Pologne. Au Midi la Riviere de Brinnitz le separe dans la plus grande partie de son cours de la Principauté d'Oppelen; il confine encore au Midi aux Principautez de Grotka & de Monsterberg. Celle de Schueidnitz l'enferme au Couchant; La Riviere de Law y a sa source & le traverse du Sud au Nord, celle d'Olaw de même; la Neiss y entre assez près de son Embouchure dans l'Oder. Le Ruisseau de Browits & de Brinnitz l'arrosent aussi. [f] Il avoit ses Ducs propres qui descendoient de George Podibrach Roi de Boheme & qui avoient encore les Duchez de Lignitz & de Volow. Le dernier de ces Ducs mourut en 1675. & ce Pays est revenu à l'Empereur comme Roi de Bohême & Duc de Silesie.

BRIEI, BRIE', BRIY, Bourg de Lorraine au Duché de Bar sur la Rive gauche de la Mance Riviere qui se perd dans l'Orne au Bailliage de St. Mihel, & chef-lieu d'une Prevôté de même nom.

[g] La Prevôté de Briei marquée dans la Donation du Cardinal de Bar, a été tenue comme un Franc-alleu par les premiers Ducs de Mosellane & elle vint comme un bien allodial à la Marquise Beatrix fille de Frederic II. La Comtesse Mathilde fille de Béatrix étoit Dame de Brié; & il y avoit dans cette Place un Avoué nommé Albert qui étoit frere de Richer Evêque de Verdun. Cet Avoué obtint de la Marquise & Comtesse Mathilde la propriété de ce Château & de cette Seigneurie, comme dit Laurent de Liege dans sa Chronique. Brié n'etoit alors que Châtellenie; mais depuis qu'Albert fut devenu proprietaire, il prit le Titre de Comte. Brié fut ensuite acquis par les Evêques de Mets qui en jouïrent quelque temps & jusqu'à ce qu'il fut donné en fief & hommage lige à Henri Comte de Bar l'an 1225. par Jean d'Apremont Evêque de Mets, pour les hoirs mâles & femelles de Henri en augmentation de fief à cause que ce Comte tenoit de l'Eglise de Mets le Fief de Thiocourt en Barrois, & de Fribourg en Lorraine; & cette Infeodation fut faite avec le consentement du Duc de Meranie Comte Palatin de Bourgogne qui vrai-semblablement y avoit interêt; par là Brié fut uni au Comté de Bar. Les Successeurs du Comte Henri se sont rendus independans. Cette Prevôté contigue au Pays Messin, s'étend jusqu'aux Confins du Luxenbourg.

BRIEL. (LA) Voiez la BRILLE.

BRIENNE, petite Ville de France en Cham-

a Piganiol de la Force T. 2. p. 331.
e Jaillot Atlas.

a Longuerue desc. de la France part. 1. p. 14.

d Hubner Geogr.
e Jaillot Atlas.
f Baudrand Ed. 1705.
g Longuerue desc. de la France part. 2. p. 185.

Champagne près de la Riviere d'Aube, & plus de quatre lieues (de 25. à un degré) de Bar sur Aube. Mr. Baudrand la met sur l'Aube, elle n'y est pas ; & sa distance de Bar est au moins d'un quart plus grande. Mr. de Longuerue[a] la fait de cinq lieues. Brienne, dit-il est divisée en deux Bourgades ; l'une située sur l'Aube s'appelle BRIENNE LA VILLE. (Mr. de l'Isle la met à un gros quart de lieue de la Riviere & la nomme BRIENNE LA VIEILLE) & l'autre qui en est éloignée de mille pas est nommée BRIENNE LE CHATEAU (cette derniere est à demie lieue de l'Aube.) Ce lieu s'appelle en Latin *Brena* & Flodoard en fait mention au milieu du x. Siécle, dans sa Chronique où il nous apprend que la Forteresse (*Munitio Brena*) avoit été bâtie & fortifiée par deux freres, Gotbert & Angilbert, qu'il appelle des Brigands (*Latrones*.) Le Roi Louis d'outremer l'attaqua & la prit sur eux & la ruina l'an 951. Elle fut depuis rebâtie & donnée à des Seigneurs qui la tenoient en fief des Comtes de Champagne. Erard Seigneur de Brienne portoit le Titre de Comte dès l'an 1104. ses descendans mâles furent reconnus Pairs du Comté de Champagne. Erard II. petit-fils d'Erard I. eut deux fils, Gautier & Jean : celui-ci fut Roi de Jerusalem & Empereur de Constantinople ; & Gautier qui étoit l'aîné fut Comte de Brienne. C'est de lui que descendoit en ligne directe Gautier IV. Comte de Brienne Connétable de France qui étant mort l'an 1355. laissa le Comté aux enfans de sa sœur Isabelle avec le Titre de Ducs d'Athenes. Isabelle avoit épousé Gautier Seigneur d'Enguien dont elle avoit eu plusieurs Enfans. Sohier qui étoit l'aîné fut Comte de Brienne ; auquel succeda son fils Gautier qui ayant été tué à la Bataille d'Azincourt eut pour Heritier son oncle, Louis d'Enguien frere de Sohier. Louis laissa le Comté de Brienne à sa fille aînée Marguerite femme de Jean de Luxembourg, Seigneur de Beauvoir. C'est de ce Jean de Luxembourg que descendoient les Ducs de Luxembourg-Piney , dont le dernier Henri Duc de Luxembourg ne laissa que deux filles, Charlote-Marguerite Duchesse de Luxembourg & Liesse Duchesse de Ventadour qui vendirent le Comté de Brienne au Secretaire d'Etat de Lomenie qui acquit par là le Titre de Comte de Brienne que ses descendans portent aujourd'hui. Ce nouveau Comte de Brienne étoit fils d'Henri Auguste de Lomenie Seigneur de la Ville aux Clercs & de Louïse de Béon fille de Bernard de Béon & de Louïse de Luxembourg.

[a] Longuerue desc. de la France 1. part. p. 37.

BRIENNOIS[a], (le) petit Pays de France fort différent du Comté de Brienne dont on vient de parler. Il s'étend le long de la Loire, aux Confins du Bourbonnois. Il a pris son nom de BRIENNE lieu ruiné depuis longtemps & dont on ne voit aucuns vestiges. La principale Place est Semur en Briennois pour le distinguer de Semur en Auxois. Voiez SEMUR.

[a] Ibid. p. 285.

1. BRIENTZ[b], village de Suisse au Canton de Berne, au pied des Montagnes, au bord d'un Lac de même nom , à trois milles de Lucerne.

[b] Delices de la Suisse. T. 1. p. 166.

2. BRIENTZ, (LE LAC DE) Lac de Suisse , au Canton de Berne, dans le Bailliage d'Interlachen. L'Are descendant des Montagnes du Pays de Ahasli forme le petit Lac de Brientz qui a environ une lieue de long, & la moitié autant de large, & est bordé de jolis villages & de Vignes. Brientz qui lui donne le nom est sur sa Rive droite & le principal lieu du Bailliage.

BRIESCIE. Voiez BRZESCIE.

BRIEULLE[c], Bourg de France en Champagne au Pays d'Argonne sur la Riviere de Bar ; de là vient qu'on l'appelle souvent BRIEULLE-SUR-BAR.

[c] Baudrand Ed. 1705.

BRIEUX, village de France en Normandie. Il est situé sur les bords de l'Orne proche de Vieux. Ce nom, au jugement de Mr. Huet[d], semble être derivé du mot Gaulois BRICA, ou BRIGA ou BRIA qui signifie un *Pont* ; y ayant eu probablement un Pont en ce lieu, sur la Riviere d'Orne. Brieux viendroit donc de BRICASSES ; comme qui diroit en Latin *Pontani* ; en François ceux qui demeurent au Pont.

[d] Origines de Caen. p. 17. & 28.

BRIEY. Voiez BRIEI.

BRIFFUEIL[e], gros Village des Pays-Bas dans le Hainaut à deux lieues de Condé.

[e] Dict. Geog. des Pays-Bas.

BRIGÆCIUM, ancienne Ville d'Espagne. Ptolomée dit Λεγιὼν ζ΄ Γερμανικὴ Βριγαικινῶν, Βριγάικιον , c'est-à-dire *la Legion VII. Germanique des Brigæciens, Brigæcium*. Comme si une Ville des Brigæciens avoit été peuplée par la septiéme Legion Germanique ; mais comme Vasæus[f] & avant lui Diegue Neila l'ont observé, il n'y a ni Titres ni inscriptions où il soit fait mention de cette Legion VII. Germanique & au contraire on en a plusieurs qui font mention de LEG. VII. GEM. dans ces mêmes quartiers à deux lieues de Leon on lit sur d'anciennes pierres LEG. VII. GEM. & à Chaves (*Aquæ Flaviæ*) on trouve LEG. VII. GEM. FEL. il a été aisé par l'addition d'une seule R. de changer GEM. en GERM. & c'est delà sans doute que la faute est venue dans Ptolomée. Le nom de BRIGÆCINI a été donné au Peuple à cause de la Colonie *Brigæcium*, & le nom de *Legio* en Latin est demeuré à la Capitale, qu'on appelle presentement LEON. La Ville de BRIGÆCIUM qu'il nomme ensuite est differente. Elle étoit apparemment le Chef-lieu du Peuple à qui elle donnoit le nom ; mais avec le temps, la Colonie Romaine lui ravit cette Primauté. Antonin dans son Itineraire fait mention de *Brigecum* sur la route d'Astorga à Sarragoce & *Betunia*, entre Astorga & *Brigecum* à xx. M. P. de l'une & de l'autre. Dans une autre Route d'Astorga à Sarragoce, il nomme *Brigecum* immediatement après Astorga, mais la distance est de XL. M. P. ce qui revient au même. Molet croit que c'est presentement BRIVIESCA & Tarapha juge que c'est OVIEDO. Ortelius aime mieux l'expliquer de la Ville même de LEON. Cela n'est pas incompatible avec Ptolomée , si l'on suppose que *Brigæcium* n'est selon lui que le nom qu'avoit deja ce lieu avant que la septiéme Legion doublé l'eût repeuplé.

[f] Chron. Hispan. ad annum CVI.

1. BRIGANTES , ancien Peuple de l'Isle de la Grande Bretagne. Ptolomée[g] les met au dessous, c'est-à-dire au Midi des Elgoviens

[g] l. 2. c. 3.

viens & des Otadins & les étend d'une Mer à l'autre, c'est-à-dire dans toute la largeur de l'Isle. Il leur donne pour Villes,

Epiacum.	Isurium,
Vinnovium,	Rhigodunum,
Caturactonium,	Olicana,
Calatum,	Eboracum.

[a] Paral. l. 1. part. 2. p. 183.
Selon le P. Briet [a] le Pays qu'occupoit ce Peuple repond à la plus grande partie d'Yorkshire, à Durham, à Lancashire, au Westmorland & au Cumberland.

Il y place:

Eboracum, ou *Eburacum*, ou *Brigantium*, aujourd'hui *York*.
Belisamæ Æstuarium, aujourd'hui *Ribel*.
Ribodunum, ou *Regodunum* peut-être le même que *Bremetonacum* d'Antonin, ou *Bremeturacum* des Notices de l'Empire, aujourd'hui *Riblechester*.
Danum, aujourd'hui *Dancastre*.
Olicana, qui ne peut être *Alifax* (Halifax) qui est un lieu nouveau.
Catarractium, peut-être le *Curractonium* d'Antonin, aujourd'hui *Catarricke* Village.
Mancuvium, ou *Manucium*, aujourd'hui *Mancester*.
Alone, ou *Alione*, peut-être *Lancastre*.
Maricambe Æstuarium, aujourd'hui la Baye de Kirby.
Cambodunum, mal nommé par Ptolomée *Camulodunum*, c'est le *Campodunum* de Bede, aujourd'hui *Almond-Biri*.
Arbeia, aujourd'hui *Gerbi*.
Luguvallum, ou *Lugubalinum*, que l'on juge être aujourd'hui *Carlile*.

[b] l. 2. c. 2.
2. BRIGANTES, ancien peuple d'Irlande au Midi de la côte Orientale, selon Ptolomée [b]. Ainsi ils occupoient les Comtez de Wexford & de Kilkenni. Mais je crois qu'il y a dans Ptolomée un renversement de deux lettres & qu'il faut lire BIRGANTES, parce qu'ils prenoient indubitablement leur nom de la Riviere *Birgus* qui arrose leur Pays; & que Camden explique par le *Barrow*.

3. BRIGANTES. Voiez BRIGES.

BRIGANTIA. Voiez BREGENTZ, BRIANÇON & BRIGANTIUM.

[c] l. 9. c. 17.
BRIGANTINUS LACUS, Lac de la Rhætie, selon Pline [c]. Erythræus dans son Indice sur Virgile s'est trompé grossierement quand il a dit que c'est presentement le Lac d'Idro dans les Alpes aux Confins du Trentin. Ammien Marcellin plus exact que lui dit que le Rhin le traverse. C'est le même Lac que nous appellons Lac de Constance; & auquel les Allemands ont presque conservé l'ancien nom, car ils l'appellent Bregentzer See de Bregents qui est sur ses bords.

1. BRIGANTIUM, Ville de la Rhætie, selon Ptolomée. C'est presentement BREGENTZ sur le Lac de Constance. Voiez BREGENTZ.

2. BRIGANTIUM, Ville des Gaules au Pays des Segusiens. C'est aujourd'hui BRIANÇON. Voiez BRIANÇON.

3. BRIGANTIUM Oppidum, c'est YORCK en Angleterre.

BRIGAODORUM, ou BREVIODURUM, Noms Latins de BRIARE. Voiez ce mot.

BRIGE. Voiez BRIDGE.

BRIGENOORT. Voiez BRIDGENORT.

BRIGETOWN. Voiez BRIDGETOWN.

BRIGGES, ou BRIG-KAUSTEVEN, Bourg d'Angleterre en Lincolnshire, au bord Oriental de la Riviere d'Ankam. Quelques-uns y cherchent les ruines de l'ancienne CAUSENNÆ qui étoit bien loin delà auprès de Nottingham.

BRIGES, peuple ancien de la Thrace, selon Etienne le Géographe qui ajoute qu'il est nommé *Brigantes* par Herodien.

[d] Ortel. Thes.
BRIGIA SILVA [d], selon la Vie de St. Ouen de Rouen, Forêt de la Gaule. Aimoin l'appelle BREGENSIS SALTUS; c'est cette Forêt qui a donné le nom au Pays que l'on nomme aujourd'hui la Brie.

[e] Baudrand Ed. 1705.
BRIGNAIS [e], petite Ville de France dans le Lyonnois sur le Garon, à deux lieues de Lyon, au Couchant; en allant vers St. Chamont. On la nomme en Latin PRISCINIACUM.

1. BRIGNOLES, petite Ville de France en Provence sur le Ruisseau la Caranne, dans une plaine entre les Montagnes, à deux lieues de St. Maximin, du côté de Frejus dont elle est à huit lieues; & à six lieues de Toulon. El-[f] Longuerue desc. de la France part. 1. p. 359.
le a pris son nom de ses excellentes prunes nommées par les anciens *Brinones*, en François *Brignons*, ou *Brugnons*. Ainsi le nom ancien de la Ville est *Brinonia* corrompu en *Brinnola* dès l'XI. siécle, comme on voit par une Bulle de Gregoire VII. L'Eglise Paroissiale desservie par plusieurs Ecclesiastiques est du Patronage de l'Abbaye de St. Victor de Marseille, & la Paroisse est du Diocèse d'Aix. La Ville est assez grande & située dans un beau & bon Pays. Les Comtes de Provence, & sur tout ceux de la Maison d'Anjou, y ont souvent fait leur residence. Elle est le chef-lieu d'une Viguerie & depuis l'an 1570. elle est le Siége d'un Lieutenant de la Senéchaussée. Brignoles est du Domaine du Comté de Provence, car l'alienation que la Reine Jeanne I. en avoit faite en faveur du Comte d'Armagnac ne tint pas. Elle n'est point forte; desorte que lorsque la Province a été envahie par des armées étrangeres, ou durant les troubles, elle a été plusieurs fois prise & reprise.

2. BRIGNOLES, Riviere d'Italie dans l'Etat de Genes, selon Mr. Baudrand qui dit que c'est la même BOACTUS, ou BOACTES des Anciens; il a pris cela sans doute de Cluvier [g] qui parlant de la Riviere *Boactes*, dit [g] Ital. Ant. p. 73.
que, selon la place que lui donne Ptolomée ce doit être la même Riviere qui passe au Bourg de Brignolo & tombe dans la Magra du côté droit, c'est-à-dire, au Couchant. Magin ne nomme *Brignolo* ni *Brignoles* aucun Bourg ni aucune Riviere de ces quartiers. Mais Mr. Baudrand fait couler la Riviere à Brugneto.

BRIGNON [h], Ville de France en Cham-[h] Baudrand Ed. 1705.
pagne dans le Senonois sur la Riviere d'Armançon, entre Joigni & St. Florentin.

BRI.

BRIGNON-LA-LIE, ou LA LIE EN BRIGNON [a], Abbaye de France, Ordre de St. Benoît, aux Confins de l'Anjou & du Poitou, entre Thouars & Monftier-Bellay, à une lieuë du Pui-Notre Dame vers le Couchant.

[a] Ibid.

BRIGOUDIS [b], (LES) Peuple d'Ethiopie dans la Caffrerie au Nord-Oueft du Cap de Bonne Efperance. Ce Peuple eft inconnu aux Hollandois. Ils favent feulement par le raport des Namaquas que c'eft une Nation puiffante & riche en bétail.

[b] Dapper Afrique p. 381.

BRIGUE [c], (LA) en Italien LA BRIGA. Bourgade d'Italie dans le Piémont, au Comté de Tende, fur un petit Ruiffeau qui tombe dans la Roya. Il y a près de là une Eglife nommée Notre Dame de Fontaine aux Confins de la Seigneurie de Génes.

[c] De l'Ifle Atlas.

BRIGUEIL [d], petite Ville de France dans la baffe Marche, aux Confins du Poitou & de l'Angoumois, près de la Vienne, à fept lieuës de Limoges.

[d] Baudrand, & Corn. Dict.

BRIHUEGA [e], petite Ville d'Efpagne dans la Nouvelle Caftille au pied d'une Montagne fur la Riviere de Tajuna, à quatre lieuës de Guadalajara vers Siguença.

[e] Baudrand Ed. 1705.

BRILESSUS, Montagne de Grece dans l'Attique. Solin [f] & Thucydide [g] en font mention. Pline [h] en parle auffi &, femble la nommer ailleurs BRILETTUS ; lorfqu'il dit qu'auprès d'une Montagne de ce nom on trouvoit des liévres qui avoient deux foyes.

[f] c. 7. Edit. Salmaf.
[g] l. 2.
[h] l. 4. c. 7.

BRILLE [i], (LA) Ville maritime des Provinces Unies des Pays-Bas dans celle de Hollande en l'Ifle de Voorn dont elle eft la Capitale, à l'Embouchure de la Meufe, à la gauche, à cinq lieuës au deffous de Rotterdam & à quatre de Delft. Cette Ville eft très-remarquable à plufieurs égards; en premier lieu c'eft un paffage de la Hollande en Angleterre. C'eft le lieu de la naiffance de l'Amiral Tromp; l'an 1572. le 1. Avril Guillaume Lumay, Comte de la Marck, fous les ordres du Prince d'Orange ayant armé avec quelques autres Capitaines de Mer quelques Navires au Port de Douvres en Angleterre fut jetté par la tempête devant la Brille comme par hazard; mais ayant pris confeil fur le champ il attaqua la Ville & s'en rendit maître. Ce fut comme le fondement de la Republique; car cette conquête encouragea à en tenter d'autres qui réuffirent & deconcerta les vuës du Duc d'Albe. Cette Ville fut donnée avec celle de Fleffingue & le Fort de Ramekens en Zeelande pour nantiffement à Elizabeth Reine d'Angleterre lorfqu'elle fournit des fecours à la Republique naiffante.

[i] Dict. Géogr. des Pays-Bas.

BRIMAIS [k], Bourg de France dans le Lyonnois, à deux lieuës de Lyon vers le Couchant, Septentrional.

[k] Baudrand Ed. 1705.

BRIMEU [l], Village de France en Picardie près d'Abbeville; il n'eft remarquable que parce que quelques Géographes y cherchent l'ancienne *Lutomagus* que d'autres croyent trouver à Montreuil.

[l] Ibid

BRIN. Voiez BRINN.

BRINCAS [m], Ville d'Italie. Narfes la reprit fur les Goths au raport de Cedrene.

[m] Ortel. Thef.

BRINCI, Βρίγκοι, ancien Peuple de la Thrace, près des Hedones, felon Suidas [n].

[n] in Voce THAMYRIS.

BRINDES, Ville d'Italie dans la terre d'Otrante, avec un Archevêché, une Fortereffe, & un bon Port fur la côte du Golphe de Venife. Elle eft ancienne. Les Grecs l'ont appellée Βρεντέσιον, & les Latins BRUNDISIUM. Elle a plufieurs Ports enfermez dans une feule entrée; comme Strabon l'a obfervé. C'étoit du temps des Romains le meilleur paffage pour la Grece; plus long à la verité que celui d'Otrante, mais moins dangereux. On paffoit de là à Durazzo; beaucoup plus fouvent qu'aux Mons Cerauniens, trajet dont parle Strabon. C'eft à l'égard de ceux qui s'embarquoient pour ce Voyage que Silius Italicus dit [o]:

[o] l. 8. v. 575.

Brundifium quo definit Itala tellus.

Elle étoit anciennement dans le Territoire des Sallentins, lorfqu'on y envoya une Colonie Romaine. [p] Tite-Live la nomme BRUNDUSIUM, & parle de fon Promontoire [q]. Ciceron fait mention de ce lieu comme d'une Colonie [r], & nomme les habitans *Brundifini*. Ce lieu eft remarquable par la mort de Virgile qui y termina fa Carriere & par la naiffance de Pacuvius autre Poëte celebre entre les Latins & dont nous n'avons plus que quelques fragmens. [s] Elle n'eft plus fi grande qu'elle étoit autrefois; mais elle ne laiffe pas d'être encore affez grande & bien peuplée, quoi que les Venitiens ayent gâté une partie du Port qui eft affez fpacieux en forme de Baye, avec un fort Château dans une Ifle qui eft à l'entrée. Elle eft à trente-fix milles de Tarente, à trente-neuf d'Otrante, à foixante-quatre de Bari, à vingt de Leve & à quinze d'Oria.

[p] Livii Epitom. 19.
[q] l. 10. c. 2.
[r] ad Attic. l. 4. Ep. 1.
[s] Baudrand Ed. 1705.

BRINDISI, les Italiens nomment ainfi la Ville de BRINDES. Voiez l'Article précedent.

BRINN, Ville de Bohême dans la Moravie dont elle eft la Capitale. Il y a un bon Château, fur la Swarte qui s'y rend dans la Zwitta. Elle eft nommée BRUNO par les habitans, felon Mr. Baudrand. Zeyler [t] écrit BRNO, & dit qu'elle s'appelloit anciennement *Brun*, que delà eft venu le nom Latin *Bruna* & que les Bohemiens & les peuples qui parlent Efclavon difent BRNO. Elle partage alternativement avec Olmutz l'honneur de voir tenir les Etats du Pays chez elle. Elle eft affez grande & bien bâtie, mais affez mal peuplée. Il y a quatre portes. On y remarque la grande Eglife, ou la Prevôté, le College des Jefuites auquel l'Empereur Ferdinand II. fit le 30. Mai 1623. une donation de quelques biens, & de huit mille florins: Le Cloître de St. Thomas où Jean Marquis de Moravie Frere de l'Empereur Charles IV. & Joffe le Barbu fon fils, élu Empereur, font enterrez; le Monaftere de St. Etienne, où font des Religieufes & celui de St. Jofeph. Il y a de plus d'autres Eglifes; le Palais de l'Evêque; la Maifon Provinciale & autres édifices publics.

[t] Morav. Topogr. p. 92.

Hors de la Ville fur une hauteur eft le Château de SPILBERG, affez fortifié par la nature & par l'art, entouré d'un double foffé & d'une double muraille, fans ce Château la Ville feroit de peu de défenfe. Elizabeth femme du Roi Wenceflas mort l'an 1305. & enfuite du Roi Rudolphe, étant veuve de ce dernier bâtit dans le Fauxbourg de Brinn un Monaftere re de filles de l'Ordre de Cisteaux que l'on appelle le *Riche Cloître*, ou le *Cloître de la Reine*. On peut voir dans Zeyler les diverses revolutions arrivées à cette Ville.

BRINTA. Voiez la BRENTE.

1. BRION [a], Isle de l'Amerique Septentrionale au Canada, dans le Golphe de St. Laurent, à cinq lieues de celle qu'on appelle l'Isle aux Oiseaux. Quartier Navigateur François qui lui a imposé ce nom l'ayant découverte le premier, lui donne deux lieues de long & autant de large. D'autres disent que son circuit est beaucoup moins grand. La Mer qui l'entoure est fort poissonneuse & son terroir est fertile, plein de pâturages & propre aux Semences. Près de cette Isle il y en a une autre que l'on nomme L'ISLE BLANCHE.

[a] De Laet Ind. Occid. l. 2. c. 6.

2. BRION [b], Château de France dans le Vivarais, avec titre de Comté.

[b] Baudrand Ed. 1705.

BRIONES, petite Ville d'Espagne dans la vieille Castille, au Pays de Rioja sur la Riviere de l'Ebre qui reçoit le Ruisseau de Tiron, aux Frontieres de la Navarre, à six lieues de St. Domingue de la Calzade en allant vers Treviño.

BRIONI [c], trois Isles de la Mer Adriatique sur la côte Occidentale de l'Istrie dans l'Etat de la République de Venise, vis-à-vis de la Ville de Pola. *Brioni* n'est à proprement parler que le nom de la plus grande. Les deux autres sont appellées COSEDA & S. GEROLAMO. Voiez PULLARIÆ INSULÆ.

[c] Ibid.

BRIONNE [d], Ville de France en Normandie, dans le Roumois, avec titre de Comté. Elle est située sur la Rille au pied d'une côte dans une agréable Vallée à dix lieues de Rouen, à six de Pont-audemer & de la Bouille, à trois de Bernay & de Beaumont-le-Roger & à une de Harcourt, du Bec & d'Autou. La Paroisse de cette Ville porte le titre de St. Martin. Il y a un Monastere de Benedictines, une haute Justice, une Foire à la St. Denys & un grand Marché aux grains tous les Jeudis. La mesure de Brionne est une des grandes de Normandie: son Territoire est fertile en bons grains & il y a des prairies dans la Vallée. L'Eglise de St. Denys qui est de l'autre côté du pont est Succursale de celle de St. Martin. Au dessus de cette Eglise on voit un Ruisseau qui tombe de la côte & qui fait aller un Moulin, avant que de se perdre dans la Rille.

[d] Corn. Dict. Mem. dressez sur les lieux.

BRIORD [e], Château de France dans le Bugey, sur un rocher, près du Rhône, entre le Belley & Lyon. On croit que c'est le lieu où Charles le Chauve Empereur & Roi de France mourut le 29. Septembre 877.

[e] Baudrand Ed. 1705.

BRIOS, Lieu du Piemont près de Verceil. C'est où mourut l'Empereur Charles le Jeune, selon Onuphre.

BRIOU, Bourg de France dans le Poitou, sur la Riviere de Boutonne, entre Poitiers & Saintes. C'est le lieu de la naissance de St. Junien le Reclus [f].

[f] Baillet Topogr. des Saints. p. 565.

BRIOUDE [g], Ville de France dans la basse Auvergne sur l'Allier, qui n'est pas fort éloignée de sa source en cet endroit. C'est un lieu très-ancien, son nom Latin est BRIVAS qui étoit déja fort célèbre par le Tombeau de St. Julien Martyr dans le v. siécle du temps de Sidonius Apollinaris qui en fait mention dans ces vers:

[g] Longuerue desc. de la France part. 1. pag. 135.

Hinc te suscipiet benigna Brivas,
Sancti quæ fovet Ossa Juliani.

C'est là que l'Empereur Avitus qui étoit Auvergnat fut enterré.

Il y a deux BRIOUDES.

L'une est nommée VIEILLE BRIOUDE & c'est l'ancienne *Brivas*. Il y a un pont d'une seule Arche & d'une structure merveilleuse qui ne peut être qu'un Ouvrage des Romains, quoi qu'il n'y ait ni Inscription ni monument qui fasse connoître celui qui l'a bâti. Cela doit s'être fait avant la ruine de l'Empire Romain, puisque le pont a donné le nom à la Ville; car en Langue Gauloise *Briva* signifie un pont, comme *Samarouriba* & autres noms de lieux en font la preuve; & le lieu où St. Julien fut enterré s'appelloit *Brivas* du temps des Empereurs Romains, comme on a déja vû.

L'autre Brioude s'appelle BRIOUDE-GLISE, à cause de l'Eglise de St. Julien Martyr, où il y a un Chapitre de Chanoines seculiers. Cette Eglise a été autrefois seule & separée, mais une petite Ville s'y est formée à l'entour, plusieurs maisons y ayant été bâties. La [h] Seigneurie & la Justice de la Ville appartiennent au Chapitre de St. Julien. Brioude est aussi le Siége d'une Election. On a plusieurs fois proposé d'y établir un Presidial. Mais ce dessein n'a point été exécuté.

[h] Piganiol de la Force desc. de la France T. 5. p. 347.

Le Chapitre de St. Julien de Brioude est [i] sans contredit le plus noble de la Province & un des plus illustres du Royaume. Il est composé de deux Dignitez qui sont la Prevôté & le Doyenné, & de vingt-cinq Canonicats. La Prevôté vaut environ cinq mille livres de Revenu & le Doyenné trois mille. Les Canonicats, année commune, ne valent pas quatre cens livres. Les Chanoines de ce Chapitre sont obligez de faire les mêmes preuves que ceux de St. Jean de Lyon & prennent la qualité de Comtes de Brioude. Guillaume I. dit le Pieux Duc de Guienne & Comte d'Auvergne institua en 898. vingt Chevaliers pour faire la guerre aux Normands, & ces Chevaliers sont depuis devenus des Chanoines. Ce Chapitre n'est d'aucun Diocèse & relève immédiatement du St. Siége.

[i] p. 328.

BRIOVERA [k], Lieu de France en basse Normandie. On croit que c'est la Ville de St. Lo, sur la Riviere de Vire, où ce St. tenoit souvent le Siége Episcopal, comme ont fait encore d'autres Evêques de Coutances.

[k] Baillet Topogr. des Saints p. 565.

BRIOUSE [l], Bourg de France en Normandie, dans l'Evêché de Seez.

[l] Baudrand Ed. 1705.

BRIQUEBEC [m], Bourg de France dans la basse Normandie, au Diocèse de Coutances, sur la côte de la Mer; à trois lieues de Valogne, de St. Sauveur le Vicomte, & de Barneville; ce Bourg a haute Justice & on y tient Marché toutes les Semaines.

[m] Corn. Dict. Mem. dressez sur les lieux.

BRIQUENAY [n], Bourg de France en Champagne, vers la Meuse, à une lieue & demie de Grand Pré. Il étoit autrefois fortifié.

[n] Baudrand Ed. 1705.

BRIQUERAS, Bourg d'Italie en Piémont sur les Frontieres de Dauphiné sur une Montagne, près de la Riviere de Peles, à quatre

tre milles de Pignerol vers le Midi. Il y a un Château qui paſſoit autrefois pour imprenable. Cependant Lesdiguieres s'en rendit maître l'an 1592. Charles Emanuel Duc de Savoye le reprit le 24. Octobre 1594. Ce lieu a été fameux durant les guerres de Piémont arrivées en 1629. 1630. & 1631.

1. BRISA, Promontoire de l'Iſle de Lesbos, ſelon Etienne le Géographe.

2. BRISA, ancien lieu de la grande Armenie, ſelon les Autentiques que cite Ortelius [a] qui doute ſi ce ne ſeroit pas la BRIZACA de Ptolomée.

[a] Theſaur.

BRISABRITÆ, ancien Peuple des Indes, ſelon Pline [b] de l'Edition de Dalechamp. Celle du R. P. Hardouin porte BISAMBRITÆ.

[b] l. 6. c. 20.

BRISAC, Ville d'Allemagne dans le Brisgow dont elle étoit ci-devant la Capitale; avec un Pont ſur le Rhin. Le nom eſt ancien, & l'Itineraire d'Antonin met *Briſacus Mons* entre les Villes de Baſle & de Strasbourg. Elle étoit autrefois Ville Libre & Imperiale. Mais elle fut ôtée de la matricule de l'Empire l'an 1330. & accordée à la Maiſon d'Autriche qui en a joüi trois ſiécles juſqu'à l'an 1638. qu'elle fut priſe par les François que commandoit le Duc de Saxe-Weimar, après un long ſiége & pluſieurs combats, & elle leur avoit été cédée par les Traitez de Weſtphalie en 1648, & cette ceſſion fut confirmée par d'autres Traitez. Mais au Traité de Ryswyck conclu l'an 1697. la partie de Briſach qui eſt ſituée au delà du Rhin fut renduë à l'Empereur en échange de la Ville de Strasbourg, & les François démolirent la partie & les Forts qui étoient au deçà du même fleuve du côté de l'Alſace. Cette Ville que l'on appelle le VIEUX BRISACH pour le diſtinguer de celui dont nous parlerons dans l'Article qui ſuit eſt diviſée en VILLE HAUTE qui eſt ſur une éminence & en VILLE BASSE. On y avoit encore bâti dans une Iſle au bout du Pont le Fort de St. Jacques & une Nouvelle Ville que l'on nommoit la Ville neuve où étoit établi le Conſeil Souverain de toute l'Alſace. Mais ſuivant le Traité de Ryswyck le Pont & le Fort St. Jacques ont été détruits.

LE NOUVEAU BRISACH. Ville de France en Alſace. [c] Cette Place eſt nouvellement bâtie vis-à-vis de l'ancien Briſac qui a été rendu à l'Empereur par les Traitez de Ryswyck & de Bade, en échange de Strasbourg. Le nouveau Briſac eſt en deçà du Rhin, & à demi-lieuë de ce fleuve. C'eſt un ouvrage du Maréchal de Vauban. La Place eſt un Octogone regulier compoſé de huit tours baſtionnées jointes par autant de courtines briſées. Elle eſt couverte par une autre enceinte compoſée de huit baſtions détachez ou grandes Contregardes, entre chacune deſquelles eſt un ouvrage appellé tenaillon. Entre ces deux enceintes régne un foſſé ſec, & au dehors en régne un autre dans lequel il y a huit demi-lunes retranchées d'autant de petites demi-lunes qui couvrent les tenaillons & les courtines. On entre dans cette Place par quatre portes diamétralement oppoſées qui aboutiſſent toutes à une fort grande place quarrée, par de belles ruës dont les maiſons ſont d'une égale ſymétrie. La ſeconde enceinte eſt ſinguliere pour ſa conſtruction, car la

[c] *Piganiol de la Force deſc. de la France T. 6. p. 325.*

muraille ne s'éleve qu'un peu plus haut que le rez de chauſſée; le reſte n'eſt qu'un rempart de terre gazonné & fraiſé au pied duquel il y a un chemin large de neuf à dix pieds que l'on appelle une *berme*. Elle eſt garnie d'une haye vive appuyée par derriere d'une bonne paliſſade, ce qui couvre ceux qui ſont les rondes dans ce Chemin. Le foſſé exterieur eſt ſec, mais au milieu on a pratiqué une *cunette* ou petit foſſé plein d'eau qui régne auſſi autour des demi-lunes. Le Chemin couvert eſt à redans, & régne auſſi par tout. Le Canal qui va de cette Place à Ruffac a été fait pour apporter les pierres & materiaux neceſſaires pour la conſtruction de cette Ville. Les Cazernes ſont conſtruites ſur les côtez de la Ville. Elles ſont à deux étages, & ſervent également à la Cavalerie & à l'Infanterie. Il n'y a que deux Egliſes dans le neuf Briſac, la Paroiſſe & les Recolets.

LE FORT DU MORTIER eſt ſur le Rhin, & près du nouveau Briſac. Il conſiſte en une grande demi-lune entourée d'un foſſé & d'un Chemin couvert. Cette demi-lune a au centre un reduit percé de crénaux. Sur cette demi-lune on a élevé une grande batterie qui défend le paſſage du Rhin. Ce Fort doit être joint à la Ville du neuf Briſac par le Chemin couvert d'un glacis qui régnera de deux côtez & au milieu de cette communication on doit conſtruire une Redoute de terre entourée d'un foſſé plein d'eau & d'un Chemin couvert avec des places d'armes. Du centre de cette baterie s'élevera une ſeconde Redoute de maçonnerie quarrée à Machicoulis.

BRISAGAVI, peuple dont il eſt fait mention dans la Notice de l'Empire [d]. Ortelius [e] doute ſi ce ſeroient les habitans du Brisgow en Allemagne.

[d] *Sect.* 38. & 40.
[e] Theſaur.

BRISAGO [f], Bourg d'Italie au Duché de Milan aux Confins des Bailliages des Suiſſes ſur le Lac Major environ à deux lieuës de Locarno du côté du Midi.

[f] *Sanſon Atlas.*

BRISCA, BRISCHA, ou BREXAR, Ville Maritime de la côte de Barbarie, au Royaume d'Alger dans la Province de Tenez, à l'Occident de la Ville de ce nom. On doute ſi c'eſt ICOSIUM ou CASTRA GERMANORUM des Anciens.

BRISEMBOURG [g], Château de France dans la Saintonge.

[g] *Baudrand Ed. 1705.*

BRISGAW, Pays d'Allemagne dans le Cercle de Suabe, à l'Orient du Rhin qui le ſepare de l'Alſace. C'eſt un des Etats hereditaires de la Maiſon d'Autriche qui en joüit entierement ſi nous en croyons Mr. Hübner. Cependant elle n'en poſſede qu'une partie qui eſt à la verité la principale & où ſont Briſach qui donne le nom au Pays & Fribourg qui en eſt devenuë la Capitale. La Maiſon de Bade-Dourlach poſſede dans le haut Brisgau les Seigneuries de Badeweiler & de Rotelen, & dans le bas le Bailliage de Hochberg. Les principaux lieux du Brisgau ſont,

Briſach, Neuenbourg,
Fribourg, Villingen,
& Heidersheim qui eſt à l'Ordre de Malthe.

Ce Pays étoit autrefois partagé entre les Landgraves

graves de Brisach & les Comtes de Fribourg. Les Margraves de Bade ont possedé le Landgraviat de Brisach, & les Comtes de Furstenberg acquirent le Comté de Fribourg par le mariage d'Agnès fille de Berchtold IV. Duc de Zäringen avec Egon IX. Comte de Furstenberg. Ensuite ceux de Fribourg s'étant mutinez & ayant eu l'avantage dans la guerre qu'ils eurent contre leurs Seigneurs, ils s'affranchirent de la Souveraineté d'Egon XIV. pour deux mille marcs d'argent & se donnerent quelque temps après aux Ducs d'Autriche.

BRISICH. Voiez Breisich.

BRISIGUELA, petite Ville d'Italie dans la Romagne & dans l'Etat de l'Eglise au pied de l'Apennin, sur la Riviere de Lamone, à dix milles des Frontieres de l'Etat du Grand Duc de Toscane & à six de Fayence. On fait un petit conte de cette Ville. On dit que s'étant brouillée avec les habitans d'Imola la haine fut poussée si loin que les habitans firent défense de nommer la Ville ennemie : un Ecclesiastique lisant l'Office prononça ces mots *qui immolatus est pro nobis*, on le prit à partie comme ayant contrevenu à la défense. Il eut beau soutenir que ces mots étoient de l'Office. Ces bonnes gens prétendirent qu'il devoit dire *qui Brisiguellatus est pro nobis*.

BRISSAC, petite Ville de France dans l'Anjou. On l'appelloit autrefois Brochesac, en Latin *Braccum-Saccum*. Elle est située sur la Riviere d'Aubance à quatre lieues d'Angers. On remarque auprès de là le fameux champ où se donna une sanglante bataille l'an 1067. entre Géofroi le Barbu & Foulques Rechin son Frere. Cette Ville n'est pas d'une grande étendue & n'a qu'une seule paroisse, dans laquelle on ne compte que soixante & un feux. Elle a donné son nom à une ancienne famille qui s'éteignit vers le XIII. siécle dans celle de Chemillé. Elle passa de cette derniere dans celle de Cossé sur la fin du XIV. siécle & a été érigée en Duché-Pairie en sa faveur au Mois d'Avril l'an 1611. Les Lettres patentes de cette érection ont été confirmées par d'autres patentes du 7. Septembre 1616. & enregistrées en vertu des Lettres de Surannation du 18. Septembre de l'an 1619. par arrêt du 20. Juillet 1620.

1. BRISTOL [c] Ville d'Angleterre sur l'Avon, qui la separe en deux parties, dont une est dans la Province de Sommerset & l'autre dans celle de Glocester. Elle est à 114. milles de Londres. Après Londres, c'est la Ville la plus marchande & la plus riche d'Angleterre, elle est heureusement située pour le Commerce des Indes Orientales & pour celui du Pays de Galles. Elle est belle, grande & bien peuplée. Sur la Riviere elle a un beau pont de pierre avec des maisons de chaque côté qui font une rue, comme le Pont de Londres. Elle a aussi un quai fort commode pour charger & pour décharger les Navires. A dix milles de là l'Avon entre dans la Severne à son Embouchure. Bristol a été autrefois une Place forte & il y avoit un Château où le Roi Etienne fut détenu prisonnier pendant quelque temps par l'Imperatrice Mathilde. Mais ce Château fut démoli par Olivier Cromwel & on y a bâti des rues. Cette Ville est independante des Lieutenans des deux Provinces & est un des six nouveaux Evêchez de Henri VIII. Près de Bristol on trouve le Roc qu'on appelle *S. Vincent's Rock*, on en tire du Crystal qui approche du Diamant & que l'on appelle *Bristol-Stones*, pierres de Bristol.

§ Quelques-uns prennent Bristol pour Venta Icenorum. Voiez cet Article.

La Manche de BRISTOL, partie de la Mer d'Irlande, c'est le Golphe où la Severne se perd. On l'appelle aussi le Canal de St. George.

2. BRISTOL [d], Ville de l'Amerique Septentrionale dans l'Isle de Barbade. Les Anglois à qui elle appartient, comme tout le reste de l'Isle, l'appellent *little Bristol*, c'est-à-dire, le *petit Bristol*. La Baye où il est bâti étoit nommée *Sprights Bay* ou la *Baye gaillarde*. Cette Ville est environ à quatre lieues de St. Michel ou Bridgetown ; elle est fort peuplée & fait un grand Commerce. La rade est fort bonne & l'abord bien gardé par deux bons Forts.

1. BRITANNI, habitans de la Grande Bretagne. Voiez au mot Bretagne l'article de la Grande Bretagne.

2. BRITANNI, peuple de la Gaule près de la Loire. Sidonius les nomme ainsi [e]. Voyez l'Article Bretagne.

3. BRITANNI, ancien peuple de la Gaule Belgique entre l'Amiennois & le Boulenois, selon Pline [f]. Le R. P. Hardouin croit que leur Pays étoit celui où sont maintenant Estaples, Montreuil, Hedin & le Ponthieu. Ortelius a cru qu'ils étoient à l'Embouchure du Rhin ; & que ce sont les Britanniciani de la Notice de l'Empire. Mais ces derniers étoient employez en Angleterre *cum viro spectabili Comite Britanniarum*.

BRITANNIA MAJOR, nom Latin de l'Isle de la Grande Bretagne.

BRITANNIA MINOR, nom Latin de la Bretagne Province de France.

§ On a aussi donné le même nom à l'Irlande, lorsque le nom de *Britannie* étoit commun à la Grande Bretagne & à cette Isle. Les surnoms de grande & de petite servoient à les distinguer.

BRITANNICÆ INSULÆ, c'est-à-dire, les Isles Britanniques. Voiez l'article de la Grande Bretagne.

BRITANNICIANI. Voiez Britanni 3.

BRITANNICUS, *Portus Morinorum*. Voiez Iccius Portus.

BRITINIA, ou Britonia. Voiez Bretagna.

BRITOLAGÆ, ancien peuple de la basse Mysie, selon Ptolomée [g], vers l'Embouchure du Danube, dans la Mer Noire.

BRITOLENSIS, Ortelius trouve un Siége Episcopal de ce nom dans le troisiéme Concile de Tolede. Aparemment pour *Britoniensis*. Voiez Bretagna.

BRITONES, voiez l'article de la Grande Bretagne.

BRITTIA [h], Isle de laquelle parle Procope ; & dont pas un autre Auteur n'a parlé ni devant ni après lui. Il pretend néanmoins que c'est une grande Isle dans l'Océan près de l'Embouchure du Rhin, à l'oposite de la Grande

Grande Bretagne, qu'elle étoit habitée par des Bretons, des Anglois, & des Frisons, chaque peuple étant gouverné par un Roi particulier; & si peuplée qu'elle envoyoit tous les ans des Colonies pour habiter les côtes de France qui étoient alors presque desertes; il ajoute qu'elle joignit ses Deputez à ceux que les Francs envoyoient à l'Empereur Justinien; peut-être pour demander à l'Empereur qu'il accordât à leurs Rois la proprieté de leur Isle. Il ne seroit pas si étrange qu'une Isle aussi grande que celle-là se fut montrée tout à coup dans l'Océan qu'il le seroit qu'une telle nouvelle dont toute la terre auroit parlé n'eût pourtant été sue que de cet Auteur. Il ne fait donc que raconter confusément ce qu'on avoit appris en Grece peu distinctement touchant le passage encore recent des Anglois & des Frisons dans l'Isle de la Grande Bretagne; où ils avoient été admis au partage de cette Isle avec les Bretons ses anciens habitans, & d'où ils entretinrent des liaisons avec leurs Compatriotes qui étoient établis aux Embouchures du Rhin, pour s'envoyer des secours mutuels en cas de besoin. Afin que leur correspondance ne put être empêchée, ces peuples éleverent une Forteresse qu'ils bâtirent de neuf, ou qu'ils releverent sur les fondemens d'une autre à l'Embouchure moyenne du Rhin, c'est-à-dire, à l'extremité maritime du bras qui passe à Utrecht; & ils nommerent cette Forteresse BRITTIA. Cela est bien plus plausible que non pas l'établissement d'un Royaume dans une Isle que personne ne connoissoit auparavant & que personne n'a vue depuis. Au reste lorsqu'ils se furent étendus de l'autre côté du Rhin & qu'ils avoient peut-être à ce sujet des démélez avec les Francs, rien n'empêche qu'ils n'ayent pu envoyer des Deputez à l'Empereur pour en obtenir les mêmes Franchises dont les Francs jouïssoient dans les terres qu'ils possedoient dans l'Empire. Si Procope avoit ajusté ainsi son recit, personne ne l'eût contredit quand même nul autre n'auroit parlé de ce fait & même on auroit la veritable Origine de la Forteresse *Brittia*, en Flamand 't huys te Britten. C'est de ce lieu qu'Ortelius entend les BRITANNI (3.) de Pline.

BRITTONES, les mêmes que *Britones*, les Bretons. Nom commun aux anciens Anglois & aux Bretons de France.

BRIVAISARÆ. Voiez PONT-OISE.

BRIVAS. Voiez BRIOUDE.

BRIVATES PORTUS, ancien Port de la Gaule Lyonnoise auprès de l'Embouchure de la Loire, selon Ptolomée. Scaliger croit que c'est BREST. D'Argentré qui avoit plus approfondi ce qui regarde la Bretagne croit que c'est le Port de Croïsic.

BRIVE LA GAILLARDE, en Latin *Briva Curretia*, ce qui marque sa situation. [a] Ville de France en Limousin sur la Coureze qu'l'on y passe sur un Pont & qui y reçoit la Vezere, elle est à dix-sept lieues de Limoges & à cinq de Tulle dans un Vallon dont les côteaux sont plantez de Vignes ou de Chataigniers. C'est sans doute la beauté de sa situation qui la fait nommer Brive la Gaillarde. C'est la seule jolie Ville de cette Province. On y compte environ mille feux & près de quatre mille ames,

[a] Piganiol de la Force desc. de la France T. 5. p. 371.

les maisons en sont assez bien bâties. Le College est une maison d'une Architecture assez recherchée, & le frontispice est décoré de plusieurs ornemens de Sculpture. On trouve dans cette Ville toutes les commoditez de la vie & on n'y manque pas de Promenades. La chaussée qui est le long de la Riviere, l'Isle qui est remplie d'arbres, les remparts & tous ces endroits en offrent d'agréables en été. Gondebaut, fils naturel de Clothaire premier du nom, revenant d'Italie en France & ayant apris la mort de Chilperic *fut par plusieurs de son parti élevé Roi à Brive la Gaillarde en Limosin sur un grand Pavois ou bouclier & porté par le Camp, selon la maniere des lors usitée de recevoir & couronner les Rois des François*. [b] Les Peres de la Doctrine Chrétienne ont un College en cette Ville. Brive est le Chef d'une Election qui comprend quatre vingt dix paroisses. [c] Il y a aussi une Senechaussée & un Presidial.

[b] p. 366.
[c] Longuerue desc. de la France. part. 1. p. 142.

BRIVIESCA. Voiez BIRVIESCA.

BRIVIO, petite Ville d'Italie au Duché de Milan sur l'Adda entre la Ville de Como & celle de Bergame.

BRIVODURUS, voiez BRIARE.

BRIXABA, Montagne voisine du Tanaïs. Ce mot signifie le front du Belier, Κριοῦ μέτωπον, selon Plutarque le Géographe [d]. Il fait la dessus un conte à son ordinaire. Phryxus ayant perdu sur le Pont Euxin sa sœur Hellé & étant chagrin de cette mort, monta seul sur cette Montagne. Quelques Barbares l'ayant vû, coururent à lui avec des armes. Mais le belier de la toison d'or avançant la tête les apperçut & prenant une voix humaine éveilla Phryxus & le porta à Colchos; de là vint, selon cet Auteur, le nom de front de Belier à cette Montagne.

[d] De Fluviis p. 28.

BRIXANTES. Voiez BRIXENTES.

BRIXELLUM; ancienne Ville d'Italie, aujourd'hui Bersello. Pline en fait une Colonie Romaine. Ce fut là que perit l'Empereur Othon après la perte de la bataille de Bedriac à laquelle il ne se trouva point [e]. Tacite dit qu'il attendit à Berssello des nouvelles de cette bataille. Voiez BERSELLO.

[e] Sueton. c. 9.

BRIXEN, Mr. Baudrand dit qu'on l'appelle aussi BRESSENON. Ville d'Allemagne dans le Tirol, au pied du Mont Breuner; au confluent des deux Rivieres la Rientz & l'Eisock. Cette Ville est le Siége d'un Evêché, & a tout à l'entour un beau Pays & des Vignobles [f]. Elle est bien bâtie & a de belles grandes places publiques. Entre autres Edifices on remarque le Château qui est sur la hauteur, le Palais qui est très-beau, le Couvent des Dominicains, la Maison de Ville, la Cathedrale & la Paroisse, l'Eglise de Ste Julie avec le Monastere. Le vin rouge qui se recueille aux environs est fort estimé, & le Terroir est très-fertile. Assez près de Brixen est un Chapitre de Chanoines Reguliers de St. Augustin, nommé NEUSTIFFT, c'est-à-dire, la *Nouvelle Collegiale.*

[f] Die vornehmsten Europæischen Reisen. p. 65.

L'EVECHÉ DE BRIXEN [g], petit Pays d'Allemagne au Tirol; entre le Tirol propre, l'Evêché de Trente, l'Etat de Venise, & l'Archevêché de Saltzbourg, dont l'Evêque est Suffragant. Il est aussi Prince de l'Empire sous la protection du Comte de Tirol qui est

[g] Divers Memoires.

est l'Empereur. Cet Evêché fut fondé par St. Cassien l'an 360. sous le Pape Damase I. le Siége étoit d'abord à Sabionne à présent Siben. Les barbares en ayant chassé ce St. Evêque St. Richpert, d'autres disent St. Albuin, le transfera à Brixen; & plusieurs Princes enrichirent cette Eglise par de grandes Donations. Les terres de l'Evêque de Brixen sont: La Ville de Brixen sa résidence, Ehrenburg Baronie, le Château de Bruneck, la Seigneurie de Veldes dans la Carinthie, avec l'Isle de Notre Dame donnée au commencement de l'onziéme siécle par Henri II. Il possede encore d'autres petites terres.

BRIXIA, nom Latin de la Ville de Bresce ou Bresse Capitale du Bressan. Voiez aussi BRIXEN.

BRIXIANUM. Voiez FAGITANA.

BRIXILLUM. Voiez BERSELLO & BRIXELLUM.

BRIXINA, ou BRIXIA, nom Latin de BRIXEN.

BRIZACA, Ville de la grande Arménie, selon Ptolomée [a]. Voiez BRISA.

BRIZANA, selon Arrien [b], ou BRISOANA, selon Ptolomée [c], Riviere de la Perse propre. Le premier dit que son Embouchure est dangereuse à cause des bancs & des roches qui y sont.

BRIZEN, Bourg d'Allemagne dans la Moyenne Marche sur la Riviere d'Ada, environ à cinq lieues de la Ville de Wittenberg vers le Nord.

BRIZIA. Voiez BRIZEN.

BRIZICA, Ville de Thrace, selon Antonin dont l'Itinéraire la met entre Maximianopolis & Trajanopolis. Voiez BRENDICA.

BRNO, voiez BRINN.

BRO. Voiez BRAMASANT.

BROAD, (LE LAC DE) Lac d'Irlande dans la Province d'Ulster, entre le Lac d'Earne & la Baye de Dungall. Ce Lac n'est point marqué sur les Cartes. Mr. Baudrand dit qu'il y a plusieurs petites Isles.

BROCALO, Contrée d'Afrique dans la Nigritie, avec titre de Royaume, vers la côte de l'Océan Atlantique entre le Cap verd & Rio grande, selon Léon l'Africain, ou plûtôt selon Mr. Baudrand qui le cite.

BROCHOTUS, Montagne d'un accès difficile sur laquelle il y a un beau Palais, au raport de Curopalate & de Cedrene citez par Ortelius. Ce Géographe [d] croit qu'elle étoit quelque part dans la Galatie.

BROCHUS [e], Ville de Phénicie entre le Liban & l'Antiliban. Polybe [f] dit qu'elle étoit située près d'un Marais.

BROCKERMER, ou BROUKERMER. Voiez BROEK.

BROCKERSBERG. Voiez HARTZ.

BROCKLEIHILL, Colline d'Angleterre dans le Comté de Harford vers les Confins de celui de Middlesex; on y voit encore les Ruines de l'ancienne *Sulloniacæ*.

BROCOMAGUS, BROTOMAGUS, ou BREUCOMAGUS; ancien lieu de la Germanie. L'Ammien Marcellin de Lindebrog [g] porte *Brotomagus*, celle de Mrs. de Valois [h] lit BROCOMAGUS & c'est ainsi qu'il faut lire. Antonin dit Brocomagus entre *Argentoratum* Stras-

bourg & Concordia, à xx. M. P. de la premiere & à xviii. M. P. de la seconde. Dans une autre route il met

Magontiacum,
Brotomagum, M. P. xviii.
Noviomagum, M. P. xviii.
Argentoratum, M. P. xviii.

Cette varieté derange fort les calculs. Ptolomée [i] met BREUCOMAGUS qui est le même lieu assez près & au dessous de Strasbourg. On croit que c'est présentement le Bourg de BRUMAT; sur la Riviere de Sor, dans la route de Strasbourg à Haguenau. Mr. de l'Isle écrit BRUMPT & appelle Forêt de Brumpt, celle qui est au Midi de ce lieu.

BROCOVO. Voiez BROVONACÆ.

BROD. Voiez BRODT.

BROD-NEMEKI, ou DEUTSCHEN BROD [k], c'est-à-dire, la BROD DES ALLEMANDS, petite Ville de Bohême au Cercle de Czaslaw sur la Riviere de Sozawa, près des Frontieres de la Moravie.

BRODENTIA, ancienne Ville de la Germanie, selon Ptolomée [l].

BRODERA, ou BRODRA, Ville d'Asie dans l'Indoustan au Royaume de Guzurate. Elle est située, dit Mandeslo [m], dans une plaine sablonneuse sur la petite Riviere de Wafset à quinze lieues de Broitschia. Cette Ville est fort moderne & n'est éloignée que d'une demie lieue de L'ANCIENNE BRODRA que l'on nommoit Radjapor, des ruines de laquelle Rasja Ghié fils de Sultan Mahomet Begeran dernier Roi de Guzurate la fit bâtir. Elle a de bonnes murailles, avec des Bastions à l'antique & cinq portes dont l'une est murée parce qu'aucun grand Chemin n'y aboutit. Ses habitans & particulierement ceux du grand Fauxbourg qui est vers la partie Occidentale de la Ville sont la plupart Tisserans, Teinturiers, & autres Ouvriers en coton, parcequ'il n'y a aucun lieu où l'on fasse de plus belles toiles, elles sont plus serrées, mais aussi un peu plus étroites & plus courtes que celles de Broitschia & c'est par-là qu'on les connoît parmi les autres. La Jurisdiction du Gouverneur de Brodra s'étend sur deux cens dix Villages dont soixante & quinze sont destinez pour la subsistance de la Garnison. Le Mogol dispose des autres en faveur de quelques Officiers de la Cour qui ont leurs pensions assignées sur ces Villages. Il y en a un à huit lieues de la Ville appellé SINDIKERA, qui rend tous les ans plus de deux cens cinquante quintaux de laque. Ce Pays produit aussi beaucoup d'Indigo. Aux environs de Bodra on voit beaucoup de Sepulchres magnifiquement bâtis & accompagnez de grands Jardins qui sont ouverts à tout le Monde.

Cette Ville de Brodra est nommée BROUDRA par Thevenot [n] qui en parle ainsi: Broudra est une des meilleures Villes (de Guzurate). Elle est entre Baroche & Cambaye, mais plus avancée vers l'Orient; & située dans une Campagne très-fertile quoique sablonneuse: elle est grande & moderne, & a retenu le nom d'une autre Ville ruinée qui n'est qu'à trois quarts de lieue de là; qu'on a appellée Broudra-

& Rageapour : Elle a d'assez bonnes murailles & des tours : elle est habitée de quantité de Banians & comme les plus belles toiles de Guzurate se font dans cette Ville, elle est remplie d'ouvriers qui y travaillent incessamment. Elle a plus de deux cens Bourgs ou Villages dans sa Jurisdiction & on y voit beaucoup de laque parce qu'il s'en cueille grande quantité dans le territoire d'un de ses Bourgs appellé Sindiguera.

On voit par le raport de ces deux Voyageurs que *Brodra* & *Broudra* sont une même Ville. Mr. Corneille les distingue mal-à-propos & en fait deux Villes differentes.

BRODT, ou BROD, Place forte de Hongrie, au Comté de Possega, sur le bord Septentrional de la Save ; au Midi Oriental de Possega.

BRODY, Ville de Pologne aux confins de la Volhinie & de la Russie, à trois lieues de Podohortsé. C'est [a] une grande Ville de bois, mais bien bâtie, percée de larges ruës avec une belle place, fort peuplée & fort riche, sur tout en Marchands Juifs, dont il y a un très-grand nombre : on y voit des maisons de brique aussi apparentes que celles de Jaroslawe, & si elle étoit dans un pays de Commerce comme l'autre, il n'y auroit aucune comparaison entre ces deux Villes. Quelques-uns mettent Brody en Volhinie, mais il est certain qu'elle est de Russie, & la derniere Ville de ce côté-là : & que la Volhinie ne commence qu'à un quart de lieue plus loin. Elle est située dans une vaste plaine sablonneuse, entourée de forêts de Sapin, & semée par intervalles de petits bosquets ; coupée d'un étang ou marais, sur le bord duquel est la Citadelle, qui en est entourée de trois côtez. C'est un Pentagone parfait & bien exécuté ; les Bastions revêtus de briques, les Cordons, & les autres ornemens, de pierre de taille ; mais point de dehors, point de ravelin à la porte ; le fossé même assez étroit, couvert à la verité par le Marais, qui fait un assez bon dehors à la place. Son Esplanade du côté de la Ville est belle & d'une juste proportion ; la porte, bien pratiquée, avec une large route ; le pont levis fort grand, la place d'armes interieure très-vaste & debarassée ; enfin à la grandeur près, c'est le même plan de la Citadelle de Stenay, comme la Ville de Brody est à peu près de la valeur de cette Ville-là : mais les dedans de la Citadelle de Brody sont d'une autre maniere, & d'une structure bien plus magnifique. Ses courtines sont de grands appartemens voutez avec des enfilades, soutenus de Pilliers & de traverses de fer, percez sur la cour par de belles croisées : le dessus entouré de balustrades à hauteur d'appui, regnant tout autour de la place ; cinq Escaliers à la Romaine, comme ceux de la terrasse des Thuilleries, qui servent pour monter sur les terre-pleins & les Bastions. Ces appartemens sont fort reguliers & très-commodes ; on ne voit point aussi d'autre maison dans la place d'Armes ; il y a un simple Logis de bois assez long construit à la maniere Polonoise, pour servir de Logement au Gouverneur.

Le dessous des Bastions est encore disposé en Logemens destinez pour la garnison, avec des écuries pour la Cavalerie : ce sont de larges voutes portées sur un seul pilier planté au milieu ; & tant celles-ci que celles des courtines, d'une épaisseur & d'un ciment à l'épreuve, chargées encore de dix pieds de terre au moins. Il y a un beau puits au milieu de la cour, & un Arcenal sous une Courtine, bien pratiqué & fort à couvert. Les deux bastions de la face qui regarde la Ville, ont des Cavaliers fort elevez ; & tous une belle artillerie de fonte, marquée aux armes du Seigneur ; entr'autres pieces, huit ou dix couleuvrines de douze livres de bale , d'une grandeur considerable ; avec grand nombre d'autres moindres. L'Arcenal est fourni aussi de tout l'attirail de guerre imaginable, boulets, carcasses, grenades de fer & de verre, chaines, cartouches, mortiers, bombes, armes, enfin generalement de tout ce qui sert à deffendre une Place ; en quoi paroit principalement la puissance du Maître qui l'a fait bâtir & fortifier.

BRODZIECK [b], petite Ville de Pologne dans la Lithuanie, sur la Riviere de Berezina au Palatinat de Minski, à trente-quatre lieues de la Ville de ce nom. Mr. de l'Isle n'en fait qu'un Village.

BROECK, (prononcez *Brouc*) gros Village de la Hollande Septentrionale dans le Waterland, sous la Jurisdiction de Monikendam, sur la Route d'Amsterdam à cette Ville par Buycksloot. Il est remarquable par la richesse de ses habitans qui font un très-gros Commerce à Amsterdam, principalement en grains & en Bestiaux qu'ils font venir des Pays étrangers. On voit aux jours de Marché, à la Bourse negocier des Lettres de change qui seroient peur à bien des banquiers dans de bonnes Villes de France & d'Allemagne.

§ Mr. Baudrand appelle BROCKERMER, ou Broukermer un Lac de Northollande entre Amsterdam & Monnikendam. Il ajoute que les habitans l'ont desseché & en ont fait de bons Paturages. Il veut dire sans doute le Waterland.

BROITSCHIA [c], Ville d'Asie dans l'Indoustan ; à douze lieues de Surate & à huit de la Mer, sur une Riviere qui vient des Montagnes qui separent le Royaume de Décan d'avec celui de Baligate. Elle est bâtie sur une Montagne assez élevée, & a des Murailles de pierre de taille assez bonnes pour meriter d'être mise au nombre des fortes Places du Pays. Du côté de Terre elle a deux portes & deux autres petites sur la Riviere par laquelle on y amene beaucoup de bois à bâtir, qu'on n'ose décharger sans la permission expresse du Voyageur. On y fait garde tant pour la place même qui est fort considerable que parce qu'on y fait payer deux pour cent de toutes les Marchandises qui y passent. La Ville est assez bien peuplée aussi bien que ses deux Fauxbourgs ; mais il y a fort peu de personnes de condition. La plupart des habitans sont des Tisserans qui y font cette sorte de toile de Coton que l'on appelle *Baftas* ; ce sont les plus fines de toutes celles qu'on fait dans la Province de Guzurate. La Jurisdiction de la Ville de Broitschia s'étend sur quatre-vingt quatre villages dont le Domaine lui appartient & autrefois son Territoire comprenoit encore

[a] Anecdotes de Pologne T. 2. P. 303.
[b] Baudrand Ed. 1705.
[c] Mandeslo Voyage des Indes. L. 1.

trois

BRO.

trois autres Villes qui ont aujourd'hui leurs Gouverneurs particuliers. Toute la Campagne des environs est plate & unie, si ce n'est qu'à cinq ou six lieues delà vers le Sud-est paroissent quelques Montagnes nommées *Piudatsche*; qui s'étendent jusqu'au delà de Brampour, & qui sont très-fertiles, aussi bien que le reste du Pays, où il vient du ris, du froment, de l'Orge & du Coton en grande abondance. C'est de ces Montagnes qu'on tire l'Agathe dont on fait plusieurs beaux ouvrages dont on trouve le debit à Cambaye. Quatre lieues au dessous de Broitschia la Riviere se partage en deux branches qui y forment une Isle d'une demie lieue de grandeur, au dessous de laquelle la Riviere entre dans la Mer par deux embouchures. Elle n'a point de Port, mais seulement une rade d'autant plus dangereuse que les navires qui peuvent y mouiller à sept brasses d'eau s'y trouvent exposez à tous les vents. A huit lieues de la même Ville, sur le chemin de Cambaye est un grand Village qu'on appelle JANHUYSAR ou JAMBOUSER où l'on fait de l'Indigo en fort grande quantité: & sur le chemin d'Amadabat, on voit le sepulchre d'un Saint Mahometan nommé Polémedony, où les Maures ou Mogols vont en pelerinage avec tant de devotion que quelques-uns se mettent un Cadenat à la bouche, pour s'empêcher de parler & ne l'ôtent que dans le temps du repas. Les autres s'attachent aux bras avec des Chaînes de Fer, & ils content que les Cadenats s'ouvrent, & que les Chaînes se détachent par une puissance surnaturelle, sitôt qu'ils se sont acquitez de leurs voeux auprès du sepulchre.

a Davity Sicile.
BROLO [a], Forteresse de Sicile dans la vallée de Demona, entre le Cap de Calava & celui d'Orlando, dans un Golphe, sur des rochers fort escarpez.

b l. 1.
BROMISCUS, Ville de Gréce à l'endroit où l'Etang de Bolbé se vuide dans la Mer, selon Thucydide [b]. Elle étoit donc dans la Macedoine, comme le conclut Ortelius. Voiez BORMISCUS.

BROMITOMAGUM. Voiez BORMETOMAGUS.

BROMSBERG, petite Ville de Pologne dans la Prusse Royale. C'est la même que BYDGOST. Voiez ce mot.

BRON. Voiez ST. REMBERT.

c Dict. Géog. des Pays-Bas.
BRONCHORST [c], Bourg des Provinces unies des Pays-Bas; avec Titre de Comté, dans le quartier de Zutphen entre la Ville de ce nom & celle de Doesbourg, sur la rive droite de l'Issel.

BRONDOLE, Mr. Corneille met une Ville de ce nom en Italie dans le Vicentin. C'est BRENDOLA.

d Coronelli Isolar. parte 1. pag. 62.
BRONDOLO [d], petite Isle du Golphe de Venise, auprès de la Ville Chioggia; Pline la nomme BRUNDULUS; le Dandolo l'appelle tantôt BRENTALIS & tantôt *Brondulus*, elle est formée par les deux Rivieres l'Adige & le Tartaro. Elle renfermoit autrefois beaucoup plus de terrain & étoit très-peuplée. La Mer qui est devant cette Isle se resserroit en un Port fort sûr, large d'environ quatre milles, avec un banc au milieu formé du Chariage des deux Rivieres qui s'y debouchoient, de

BRO. 501

sorte qu'on a vû en même temps deux armées Navales, l'une des Venitiens, l'autre des Genois, sans aucune confusion entre elles. Le Territoire qui fut brûlé en 808. recommença à se rétablir, mais ensuite il fut entierement saccagé par les Genois l'an 1379. & pour les en chasser entierement les Venitiens detruisirent à coups de Canon un Château qui étoit separé de l'Isle par un profond Canal. Il y en a qui pretendent qu'en un lieu de la Mer surnommé *Sacrato*, Sacré, où l'on voit sous l'eau de vieilles Murailles, il y avoit un Monastere de filles de Ste. Catherine du desert qui ont été ensuite transferées à Chioggia. On ne voit aujourd'hui à Brondolo d'autre Eglise que celle de St. Michel, dont le P. Coronelli rapporte plusieurs Miracles. Elle étoit autrefois très-frequentée; mais cette devotion est fort refroidie & il n'y a plus qu'un seul Chapellain. Vers le milieu du Siécle passé la Republique voulant assurer les ports les plus proches de la Capitale fit élever un Fort exagone à l'entrée de celui-ci; mais la nouvelle Coupure de la Brente & les eaux de divers Canaux qui y aboutissent, y ont apporté tant de limon que ce Fort ayant été reculé du Rivage est devenu inutile. Outre le Chapelain dont on a parlé il n'y a d'autres habitans dans l'Isle qu'une seule famille qui garde les Ecluses qui soutiennent la Brente & donnent l'entrée dans la Lagune de Chioggia.

BRONGUS, Riviere de la Moesie où elle se perd dans l'Ister selon Herodote. J'en rapporte le passage au mot ANGRUS.

BRONI, Bourg d'Italie au Duché de Milan, dans le Pavesan, à trois lieues de Pavie, & à sept de Plaisance & de Tortose. Mr. Baudrand dit que c'est la BLANDENONA des Anciens. Voiez ce mot.

BRONIUM, Village dont il est parlé dans la Vie de St. Gerard Abbé, in *Lomacensi Pago*; au Pays de Lomme; c'est ce que nous appellons aujourd'hui le Pays d'entre Sambre & Meuse.

e Faillot Atlas.
BRONS [e], Bourg de France en Bretagne, environ à cinq lieues & demie de Montcontour, & de la Trinité, à quatre & demie de Comper & à deux & demie d'Ingon sur la Riviere de Men, dans l'Evêché de Saint Malo.

BRONSBROO, ou BROMSEBRO, Village de Suede dans la Blekingie aux Consins de la Province de Smaland, avec un Pont sur un Ruisseau au fond d'un petit Golphe, où l'on passe en allant par terre de Christianople à Calmar à cinq lieues de cette premiere Ville. Ce lieu est celebre par le Traité qui s'y fit l'an 1645. entre les Couronnes de Suede & de Danemarck.

f Chronic.
BRONTOTAS, lieu d'Italie à trois milles de Rome. C'est où Anthemius prit possession de l'Empire selon Cassiodore [f].

BRONTRUT. Voiez PORENTRU.

BROODWATER. Voiez BLACKWATER, 1.

BROSSE, ou BROUSSE, Bourg de France, dans la Marche, sur la Riviere d'Anglin assez près de sa source.

g Baudrand Edit. 1705.
BROTO, ou BRATOU [g], Bourg d'Espagne au Royaume d'Arragon dans les Pyré-

Rrr 3

BRO.

Pyrénées sur la petite Riviere d'Ara au deſſus d'Ainſa. Ce Bourg donne ſon nom à une vallée par laquelle on paſſe en Bigorre Province de France.

BROTOMAGUS. Voiez BROCOMAGUS.

1. BROU, Ville de France dans le Perche avec Titre de Baronie, ſur la Riviere de la Douxaine au deſſus de Dangeau entre la Ville de Châteaudun & celle de Nogent le Rotrou.

2. BROU [a], Egliſe de France en Breſſe à un mille ou environ à l'Orient de la Ville de Bourg. Marguerite d'Autriche veuve de Philibert II. Duc de Savoye fit bâtir ce beau morceau d'Architecture, qui eſt digne de la curioſité des Connoiſſeurs : on a ſouvent vû les Architectes les plus habiles ſe detourner de leur route, pour aller examiner ce Chef-d'œuvre. Le Monaſtere, l'Egliſe, & les ornemens neceſſaires pour le ſervice des Autels furent commencez en 1515. & finis en 1528. L'Egliſe eſt mediocrement grande, mais la beauté de l'Architecture y rend tout riant & agreable. Parmi ce qu'on admire le plus dans l'interieur de cet édifice, ſont les trois Mauſolées qui ſont placez dans le Chœur. Celui qui eſt au milieu renferme le corps du Duc Philibert de Savoye, mari de la Fondatrice. La repreſentation de ce Prince eſt ſi finie, qu'il n'y a peut-être pas en Europe une plus belle Statuë. Les Gentils-hommes qui portent les Armes de Prince, & qui ſont autour du Lit de parade ſont comparables aux Antiques du meilleur goût. Le tombeau de Marguerite de Bourbon mere du Duc Philibert eſt à droite de celui de ſon fils. On voit au bas de ce monument des pleureuſes, dont les figures ſont très-recherchées, & finies dans la derniere exactitude. Le Mauſolée de la Fondatrice eſt à gauche de celui du Prince ſon mari, & on met au deſſus de tout ce qu'il y a de plus parfait en ſculpture, les deux pleureuſes qui ſont aux pieds de cette Princeſſe. Outre ces tombeaux on eſtime infiniment le Piedeſtal d'une Statuë de St. André. Il eſt à jour, & d'une delicateſſe ſurprenante, par rapport au poids de la Statuë dont il eſt chargé. Quoique les formes du Chœur ſoient de bois de Chêne, & que ce bois ſoit rude, rien n'eſt plus délicatement fini que cet ouvrage. On admire ſur tout les Statuës qui en font la ſeparation : ce ſont les anciens Patriarches & les Prophetes repreſentez dans leurs ſaints Enthouſiaſmes, dans des Attitudes qui marquent un goût excellent, & beaucoup de genie & d'imagination dans les Sculpteurs. On n'eſtime pas moins les peintures des vitres dont le coloris eſt d'une vivacité ſurprenante. Ce Couvent eſt occupé depuis quelque-tems par des Auguſtins dechauſſez : & quoique cette Maiſon n'ait pas été dotée à proportion de l'entretien du bâtiment & des ſervices dont elle eſt chargée, les Religieux qui en ſont en poſſeſſion, ont neanmoins fait juſqu'à preſent toutes les reparations neceſſaires avec beaucoup d'exactitude & de depenſe.

BROUAGE, petite Ville de France en Saintonge avec un Port de Mer & des Salines les plus belles de tout le Royaume. La marée monte juſque ſous ſes Murailles & une lieue plus haut. Adrien de Valois croit que c'eſt le SANTONUM PORTUS de Ptolomée ; mais Mr. de Longuerue [b] aſſure que Brouage eſt un lieu fort moderne, inconnu à toute l'antiquité & dont il n'eſt fait aucune mention part. 1. avant la troiſiéme race des Rois de France. Ce n'étoit autrefois, ſelon ce ſavant Abbé, qu'un village & une ſimple Seigneurie qui appartenoit à la Maiſon de Pons, d'où elle vint par Succeſſion aux Seigneurs de Mirambeau & c'eſt d'eux que les Rois ont acquis cette Seigneurie qu'ils ont unie à leur Domaine. Elle fut d'abord nommée [c] Jacqueville du nom de Jacques de Pons ſon Fondateur & fut fortifiée par Hardouin de Villiers après la Bataille de Moncontour, pour la deffendre contre les Réformez. [d] Cette place qui eſt de difficile accès à cauſe des Marais qui l'environnent a été fort bien fortifiée ſous Louïs XIII. par le Cardinal de Richelieu. Ce grand Miniſtre obtint du Roi que ce Gouvernement ſeroit diſtrait de la Province de Saintonge, comme il eſt encore aujourd'hui & il laiſſa cette même Place en mourant à ſon neveu le Duc de Brezé qui lui avoit ſuccedé à la charge de Grand Maître & Sur-Intendant de la Navigation. Le Duc ayant été tué l'an 1646. au Siége d'Orbitelle ſur la côte de Toſcane, Louïs Foucaut de St. Germain Comte d'Ognon Vice-Amiral de France qui commandoit pour le Duc de Brezé à Brouage s'en empara, fit la guerre au Roi pendant les troubles & le contraignit à lui donner le Bâton de Maréchal de France pour rendre cette importante Place l'an 1653. Enſuite elle a été ſoumiſe au Gouvernement d'Aunix.

BROUAGE [e] eſt très-connu par la bonté & l'abondance de ſon ſel : on peut voir la maniere dont on le fait dans le livre cité en marge [f], d'autant plus que cette deſcription doit être accompagnée de l'Eſtampe qui s'y trouve. Il y a ordinairement une Garniſon de cinq à ſix cens hommes dont on fait des détachemens pour garder les Forts qui en dépendent : ſon Havre qui étoit autrefois très-bon eſt à preſent comblé par la vaſe que la Mer y porte ; Louïs XIV. fit expedier en 1688. des Lettres Patentes pour ſon rétabliſſement, qui n'ont pas été exécutées. C'eſt dans ce Havre que ſe font les Cargaiſons de ſel pour la ferme generale & il y a un Bureau qui eſt d'un revenu conſiderable tant pour le Roi que pour pluſieurs Seigneurs qui ont des Droits ſur le Sel. Cette Ville conſiſte en cinq ou ſix rues tirées au cordeau qui viennent ſe terminer à la grande Place.

1. BROUCK [g], petite Ville d'Allemagne au Cercle de Weſtphalie, ſur la Riviere du Roer au Duché de Berg, aux confins de celui de Cleves. C'eſt le Chef-lieu d'un Comté de même nom. On croit voir dans ce nom des traces de celui des Bructeres ancien Peuple dont je parlerai plus bas.

2. BROUCK, ou BROUG [h], Ville de Suiſſe dans l'Argau dont elle eſt la troiſiéme Ville libre. Elle eſt ſituée au bord de l'Are. Elle tire ſon nom qui en Allemand ſignifie un Pont, d'un beau Pont de pierre qu'il y a ſur la Riviere. Elle eſt paſſablement grande, bien bâtie, mais dans un terrain inegal ; faiſant une Colline qui va s'abaiſſant juſqu'au bord de l'Are.

---

[a] Piganiol deſc. de la France T. 3. p. 221.

[b] Deſc. de la France. part. 1. p. 162.

[c] Piganiol deſc. de la France. T. 4. p. 255.

[d] Longuerue l. c.

[e] Piganiol de la Force. l. c.

[f] p. 242.

[g] Baudrand Ed. 1705.

[h] Deliceſſe la Suiſſe. T. 1. p. 141.

l'Arc. La Maifon de Ville eſt ornée par dehors de belles Peintures. Le College renferme une Bibliotheque publique & un fort beau grenier que les Bernois y ont fait bâtir. Il y a un uſage particulier, c'eſt que tous les ans à la St. Jacques les Ecoliers font une fête publique, où ils diſputent les prix que l'on diſtribue à ceux qui courent le mieux : cet uſage eſt ancien.

BROUDRA. Voiez BRODRA.

BROUG, Voiez BROUCK, 2.

BROUGH [a], Bourg d'Angleterre en Weſtmorland, on y tient marché public. Voiez BROVONACA.

[a] Etat preſ. de la G.Bret. T.1.p.121.

BROUGNAIS [b], Bourg de France dans le Rouergue, ſur la Riviere de Tarn qui y reçoit la Sergue.

[b] Baudrand Ed. 1705.

BROUGTON, Bourgade d'Angleterre en Hantſhire. Cambden croit que c'eſt la BRIGE ou BRAGE d'Antonin.

BROUMAT, ou BRUOMAT [c], que l'on prononce vulgairement BROMPT, Bourg de France en Alſace au deſſous de Straſbourg. C'a été une Place très-conſiderable ſous les Empereurs Romains. Ptolomée l'a connue, & l'appelle *Breucomagus*, la mettant pour le lieu principal des Peuples Tribocques. Elle étoit eſtimée importante ſous Julien, comme on voit au XVI. livre d'Ammian Marcellin, qui a accompagné ce Prince dans les Gaules.

[c] Longuerue deſc. de la France. part. 2. pag. 235.

La Carte de Peutinger met cette Ville à XII. M. P. d'Argentorate ou Straſbourg ; & l'Itineraire d'Antonin la met ſur la même route à X. M. P. car il eſt manifeſte qu'il y a erreur dans les Editions où il y a deux x. pour un.

Etant venus au pouvoir des François, elle fut du Domaine Royal juſqu'à la fin du neuviéme ſiécle. Ce fut pour lors que l'Empereur Arnoul, arriere-petit-fils de Louïs le Debonnaire donna ce lieu, qui avoit conſervé ſon ancien nom, au Monaſtere de Laureſhaim, autrement de S. Nazaire, comme on lit dans l'ancienne Chronique de Laureſhaim. *Fiſcum proprii juris ſui nominatum* BRUOCH-MAGAT *in Eliſatia ſanƈto Nazario donaviſſe.* Ce lieu ayant été alliéné du temporel de cette Abbaye, eſt venu au pouvoir des Seigneurs de Lichtemberg, & par eux au Comte de Hanau. Ce n'eſt plus aujourd'hui qu'un Bourg ſur la Riviere de Sour. Voiez BROCOMAGUS.

BROVONACA, Antonin met dans ſon Itineraire ſur la route de *Blatum Bulgium* au Port *Ritupa* un lieu ainſi nommé entre *Voreda* & *Verteris*, à XIII. M. P. de l'une & de l'autre. Les Manuſcrits varient beaucoup ſur ce nom, les uns portent BROCONACO, d'autres BROCOVONACIS. La Notice de l'Empire fournit BRABONIACO. On n'eſt pas moins incertain ſur la veritable ſituation de ce lieu. La plûpart des Auteurs veulent que ce ſoit Brougham, mais ſi *Voreda* eſt *Perith* comment accorder la diſtance de *Voreda* à *Brovonaca* qui doit être de XIII. M. P. avec celle de III. M. P. qui eſt entre Perith & Brougham. Il n'eſt pas croyable que *Voreda* & *Brovonaca* aient été des lieux ſi voiſins. Mr. Gale croit donc que *Brovonaca* eſt Kendale. Il eſt vrai que la diſtance n'eſt pas préciſément celle d'Antonin, mais cela n'embaraſſe point Mr. Gale qui ſoutient que c'eſt la faute de l'Itineraire. Il explique *Verterae* par *Brough Underſtaimore*.

BROUSALME, ou BRESALME, Riviere d'Afrique dans la Nigritie. Elle a ſa ſource dans un Lac près d'une Ville de même nom, & va ſe jetter dans la Mer, à deux lieues de la Riviere de Gambie, à laquelle un de ſes bras va ſe joindre. [d] La principale Embouchure de la Breſalme eſt grande, remplie de Buënes, ce qui fait qu'il n'y peut entrer que des Canots, Chaloupes ou petites Barques : auſſi n'y ſait-on pas grand Commerce, ce Royaume (de Breſalme) étant fort peu de choſe. Les Portugais ne laiſſent pas cependant d'y acheter du Sel & des Vivres.

[d] Relations à la fin du Voyage de le Maire. p. 190.

BROUSSEAU, Riviere de France en Gaſcogne dans l'Archiprêtré & dans l'Evêché d'Aire, & après avoir coulé le long des bois de l'Eſtrameau elle ſe perd dans l'Adour demie lieue au deſſous de cette Metropole. C'eſt ce qu'en dit Mr. Corneille qui cite un Atlas. Mr. de l'Iſle qui a traité ce Pays avec ſoin ne fait aucune mention de cette Riviere.

BROUWER, ce mot ſignifie en Hollandois un Braſſeur de Biere ; mais c'eſt auſſi le nom propre de quelques familles. Un Navigateur ainſi nommé voulant tenter un paſſage plus commode pour entrer dans la Mer du Sud que le Detroit de Magellan en 1643. prit ſa route à l'Orient de l'Iſle des Etats. La prevention où l'on étoit que tous ces endroits-là étoient des Terres fit que ce paſſage fut pris pour un Detroit & on l'appella le DETROIT DE BROUWERS. Quelques-uns pour rafiner dirent le DETROIT DU BRASSEUR & en Latin BRAXATORIS FRETUM, comme ſi l'eût été découvert par un Braſſeur. Dans la ſuite on a vû que ce Detroit n'en étoit pas un & qu'il n'y a point de Terres de l'autre côté.

BROUWERS-HAVEN, Ville des Provinces unies dans celle de Zeelande, dans l'Iſle de Schouwen, vis-à-vis de l'Iſle Goerée ; à deux lieues de la Ville de Goerée & à une de Ziriczee.

BROYE [e], Riviere de Suiſſe, au Canton de Fribourg. Elle a deux ſources, l'une auprès de Boſſonens & l'autre à Chaſtel St. Denys. Elles ſe joignent dans le Pays de Vaux dont la Broye coupe une Liſiere & y arroſe Aulcreſt, & Oron, elle rentre enſuite au canton de Fribourg, où elle paſſe à Rue, revient au Pays de Vaux, où elle baigne Moudon, & après avoir ſerpenté juſques là vers le Nord-Oueſt, elle prend ſon cours vers le Nord-eſt, paſſe à Payerne, entre dans le Lac de Morat & ſortant de là forme un Canal d'une lieue de long & ſe va jetter dans le Lac d'Yverdun [f]. Cela fait qu'à Morat on a un aſſez grand Commerce, puiſque par ce Canal de communication on peut aller de Morat dans le Lac d'Yverdun & par ce dernier Lac à Yverdun, à Neuchatel, & de là dans le Lac de Bienne & enſuite de ce Lac dans l'Are & de l'Are dans le Rhin.

[e] Scheuchzer grande Carte de Suiſſe.

[f] Delices de la Suiſſe. T.2.p.271.

BROYES, en Latin *Breca*, lieu de France en Champagne près de Troyes.

[g] Baillet Topogr. des Saints.

1. BRUCA [h], Bourg & Port de Mer de Sicile dans la Vallée de Noto ſur la côte Meridio-

[h] Baudrand Ed. 1705.

ridionale du Golphe de Catane. Voiez TRO-TILUM.

2. BRUCA, (LA) Riviere de Sicile dans la Vallée de Noto ; elle se jette dans le Golphe de Catane, c'est la PANTAGIAS des Anciens. Elle a son Embouchure *Punta del Fírnello*. M. de l'Isle [*] ne connoit point le Bourg de BRUCA.

[* Cartes de Sicile.]

BRUCHIUM [a], quartier particulier & Citadelle de la Ville d'Alexandrie en Egypte, il étoit fréquenté par les Chrétiens.

[a Baillet Topogr. des Saints. 2. part.]

BRUCHSAL, Ville d'Allemagne dans l'Evêché de Spire, sur la Riviere de Saltz, peu loin de Philipsbourg. L'Evêque de Spire y a un Château qui est une Residence.

BRUCTERI, anciens Peuples de la Germanie. Le nom de ces Peuples se trouve [b] differemment raporté par plusieurs Auteurs. Dans Tacite [c] & quelques autres, ils sont nommez BRUCTERI ; Ptolomée [d] les nomme Βουσάκτεροι, BUSACTERI & Strabon [e] Βοΰκτεροι, BUCTERI ; mais ces deux noms paroissent corrompus. La Table Itineraire écrit BRUCTURI, & les place sur le Rhin dans le voisinage de Cologne. Sulpitius Alexander dans Gregoire de Tours [f], les appelle BRICTERI ; le Pape Gregoire II. dans une de ses Lettres, dit BORTHARII, & Marcellin [g] BORUCTARII. Enfin on trouve dans divers Historiens BUSACTERI; BUCTERI, BURCTURI, & *Bructeri*. *Bructeri* est néanmoins celui qui est le plus generalement connu.

[b Spener Not. Germ. Ant. lib. IV. cap. 3.
d Ann. I. cap. 60.
e Lib. II. cap. 11.
c Lib. VII.
f Lib. II. cap. 4.
g In Vita S. Bonifacii.]

Ces Peuples étoient situés de façon qu'ils avoient les habitans de la Frise au Couchant, sans qu'on puisse cependant dire quelles étoient précisément les bornes qui les separoient ; au Septentrion selon Tacite [h] ils s'étendoient jusqu'à l'Embouchure de l'Ems ; à l'Orient ils avoient selon Strabon [i] la même Riviere qui les separoit des [k] *Chauces*, des *Chamaves*, des *Angrivariens*, & des *Tubantes*; & au Midi ils étoient bornez par la Lippe. Ce furent là les anciennes bornes de ces Peuples qui habitoient le Pays où sont aujourd'hui *Borchsteenfoorde*, *Nienborch*, *Ahmus*, *Twede*, *Sialto*, *Coosfeld*, *Munster*, *Lunighsen*, *Werne*, *Ham*, *Alem*, *Beckom*, *Reide*, *Rydeberg*, & *Delbrugge*. Mais ces limites changerent par la suite, car quelquefois ils s'étendirent plus loin & quelquefois aussi ils furent contraints de les resserrer. Le premier changement arriva lorsque les Marses quitterent le Rhin par la crainte de la guerre qui les menaçoit, & se retirerent dans l'interieur des Terres. Les Brucstéres s'emparerent [k] aussi tôt du Pays que les Marses avoient abandonné sur le Rhin, & leur cedérent un Canton dans leur Pays entre l'Ems & la Lippe. Ce changement de ces Peuples a été cause apparemment de ce que Ptolomée [l] les a distinguez en grands & en petits ; il appelle petits (*Minores*) ceux qui s'étoient établis sur le Rhin auprès des *Sicambres*, & grands (*Majores*) ceux qui étoient restez dans leur premiere demeure : il confine ceux-ci aux Chamaves & aux Chauces, avec raison, mais mal à propos aux Suéves ou Cattes. Les Limites de leur Pays changèrent une seconde fois vers l'an XV. ou XVI. lorsque les Marses eurent été défaits par *Britannicus*, ils les étendirent encore jusqu'à la *Lippe* & eûrent pour

[h Ann. I. cap. 60.
i Lib. VII.
k Strabo Lib. VII.
l Lib. II. cap. 11.]

lors les *Tenstères* au Midi & les *Uspiens* au Couchant le long de la même *Lippe*. Vers l'an LVIII. les bornes des Bructères furent retrécies, par la cession qu'ils firent d'une partie de leurs Terres aux *Tubantes*, mais cela ne dura que jusques vers l'an LXX. qu'ils rentrèrent dans la possession de leur Pays après que les *Tubantes* en eûrent été chassez. Ils n'en jouïrent pas néanmoins long-tems, car en l'an XCVIII. s'étant attiré l'envie & la haine de leurs voisins, ils furent défaits dans un combat à la vuë des Romains qui voyoient avec plaisir ces Peuples se detruire les uns les autres. Leur Pays fut donné aux *Chamaves* [m] & aux *Angrivariens*, Peuples qui avoient demeuré de l'autre côté de l'*Ems*. Pour les Bructères qui malgré la perte de LX. mille hommes qu'ils avoient faite, se trouvoient encore en grand nombre, on ignore ce qu'ils devinrent & quel lieu ils alérent habiter, car il est difficile de se persuader, comme quelques Auteurs modernes l'ont fait, sans temoin & sans autorité, que ces Peuples furent s'établir au delà du Weser, de l'Elbe, & de la Vistule & que c'est d'eux que sont sortis les *Prutenes*, ou *Prussiens*. La seule ressemblance de nom des *Bructères* & des *Prutenes* n'étant pas une raison suffisante pour determiner à adopter de pures imaginations. Il seroit bien plus naturel de chercher ces Peuples dans les Pays voisins, où il semble même que l'on en trouve des traces assés sensibles. En effet Nazaire [n] fait mention des *Bructères* dans son Panegyrique de Constantin. *Alexander Sulpitius* dans Gregoire de Tours [o] les met sur les bords du Rhin auprès de Cologne de l'autre côté de ce fleuve; ainsi on pourroit dire qu'après la perte de la bataille comme ils se trouvoient encore en grand nombre, ils s'establirent dans un nouveau lieu par la force, ou qu'ils furent reçus de gré à gré par les *Tenstères* avec qui ils demeurerent sur le bord du Rhin. Il est constant que l'on a pendant long-tems entendu parler des Bructères dans ces Cantons-là ; même long-tems après que les François eurent fait la Conquête de la Gaule ; ainsi ce ne fut à proprement parler que dans l'an 728. que ces Bructères furent entierement detruits, dans la guerre qu'ils eûrent avec les Saxons qui saccagerent tout le Pays le long du Rhin, & dont on peut dire qu'ils exterminèrent jusqu'au nom de ces Peuples.

[m Tacit. Germ. cap. XXXIII.
n Cap. XVIII.]

1. BRUEL, Bourgade d'Allemagne au Cercle de Basse-Saxe, au Duché de Meckelbourg, dans la Principauté de Schwerin. Mr. Baudrand l'appelle BRUD & se trompe. Mr. Corneille en fait une Ville sous le nom de BRUD & un Bourg sous le nom de BRUEL qui est le veritable.

2. BRUEL, Monastere de France au Diocèse de Terouenne. Il fut bâti par St. Mauront vers l'an 684. dans la terre de Merghe, ou Merville, qui étoit à sa famille, près de la Riviere du Lis.

3. BRUEL, Ville d'Allemagne au Diocèse de Cologne, à deux petites heures de chemin au Midi Occidental de cette Ville, à la source du Roos ruisseau qui se perd dans le Rhin au dessous de Bonne. Jaillot la nomme BRUYIL.

1. BRUGES [p], Ville des Pays-Bas Autrichiens, au Comté de Flandres, en Latin *Bru-*

[o Jo. Blaeu.]

Brugæ. Il y a eu des Historiens qui ont soutenu que cette Ville tire son nom de la quantité & de la magnificence de ses Ponts, parce que *Brugght* en Flamand signifie un Pont; mais d'autres, au sentiment desquels il est plus naturel de donner quelque croyance d'autant qu'il est appuyé sur d'anciens Titres, veulent que Bruges ne tire son origine non plus que celle de son nom, que d'un seul Pont nommé *Brugh-Stock* qui avoit d'abord été bâti dans le lieu où est située cette Ville, proche de la Cathedrale.

Bruges est située dans une belle plaine, environ à trois lieues de la Mer, à autant d'Ostende, environ à huit de Gand, de Courtrai, de Furnes & de Middelbourg en Zelande. Il n'y a proprement point de Riviere qui passe à Bruges, mais elle a un Canal magnifique creusé avec art & avec une depense extraordinaire dans lequel non seulement s'écoulent les eaux que fournit le propre fond de la Ville, mais encore celles des lieux voisins. Ces eaux s'y rendent en si grande abondance que l'on jugeroit facilement que ce seroit plutôt une grande Riviere qui auroit son cours reglé qu'un simple Canal. On nomme ce Canal de *Reye.* Après s'être partagé dans la Ville en plusieurs branches toutes ses eaux viennent se joindre à la sortie de Bruges & ensuite se rendent par un même Canal à Damme & delà à la Mer. Comme on s'apperçut que ce Canal ne pouvoit se conserver long-tems de la profondeur necessaire aux vaisseaux, les habitans ont fait depuis un second Canal voisin du premier, mais dans une place plus commode; Il est d'une telle profondeur & largeur qu'il porte des vaisseaux de plus de 400. Tonneaux qui peuvent aller maintenant commodément depuis la Mer jusques à Bruges. C'est une chose étonnante de voir paroître sur le même Canal, les vaisseaux qui viennent de la Mer peuvent entrer dans le Canal d'eau douce, sans que les eaux soient mélangées ; on y fait par le moyen des Ecluses & d'autres Machines qu'on a fait particulierement à *Slicke* & à *Plassendal* où sont aussi des Forts bâtis pour la défense de ces Ecluses.

[a] Cette Ville a été anciennement la Capitale de la Flandres avant qu'on eût joint à ce Pays les Territoires de Gand & de Courtray & plusieurs autres. Elle a été long-tems la plus riche de la Province & la plus célèbre pour le Commerce, les Villes Hanseatiques y ayant établi un de leurs principaux Magazins. Le nombre des habitans s'accrut si fort, que la Comtesse Marguerite de Flandres, fille de Baudouin Empereur de Constantinople, y fit faire une nouvelle enceinte de Murailles, laquelle fut beaucoup augmentée au commencement du Siécle suivant par Philippe le Bel Roi de France, après qu'il se fut rendu Maître de cette Ville. Bruges retourna au pouvoir de ses Comtes, qui lui donnerent de nouveaux Priviléges, sur tout par rapport au Commerce, & ils furent de beaucoup augmentez par le Comte Louïs de Male l'an 1358. Elle fut encore florissante sous les Ducs de Bourgogne: mais sous les Princes de la Maison d'Autriche elle se trouva fort déchuë, parce que la Ville d'Anvers attira le Commerce, & que les Marchands des Villes Hanseatiques qu'on nomme les *Osterlings,* se transporterent dans cette Ville de Brabant dont la situation leur parut plus commode ; & enfin le Commerce de Mer a été ôté à toutes ces Villes par les Hollandois, qui se sont saisis des Ports & des Embouchures des Rivieres. Les guerres & les troubles de Flandres ont aussi beaucoup diminué les richesses & le nombre des habitans de Bruges.

[b] L'enceinte de cette Ville est d'environ six milles d'Italie. Ses ruës sont belles & larges & on peut dire qu'il y a dans Bruges autant de beaux édifices & de belles Maisons que dans aucune Ville des Pays-Bas. On y remarque XVII. anciennes Maisons qui appartenoient aux Consuls d'autant de Nations étrangéres lorsque le Commerce y fleurissoit. On y compte autour de soixante Eglises, dont la principale qui est la Cathedrale est dediée à Saint Donaes. En 994. Arnould Comte de Flandres établit dans cette Eglise un Chapitre de XIII. Chanoines avec un Prevôt : leur nombre a été dans la suite augmenté jusqu'à XXXII. Ce Chapitre a été considerable de tout tems. Robert de Jerusalem Comte de Flandres donna en 1105. au Prevôt le Titre de Chancelier Hereditaire ou perpetuel de Flandres, & aux Chanoines celui de ses Chapelains Domestiques.

On trouve par plusieurs anciens monumens que cette Eglise avoit d'abord été bâtie par Lideric, premier Comte de Flandres en 621. sous l'Empire d'Heraclius & le Regne de Clotaire ; mais qu'elle fut rebâtie de nouveau & dotée par Baudouin, dit Bras de Fer, Comte de Flandres qui la dedia sous l'Invocation de St. Donaes Archevêque de Rheims, que les habitans de Bruges choisirent pour leur Patron après que ses Reliques leur furent envoyées vers l'an 870. Bruges dependoit alors de l'Evêché de Tournai : elle en fut demembrée en 1559. lorsque le Pape Paul IV. y érigea à la priére de Philippe II. Roi d'Espagne un Evêché particulier suffragant de l'Archevêché de Malines. [c] On garde avec veneration dans la Cathedrale les os de Charles le Bon Comte de Flandres qui sont d'une grandeur prodigieuse. Ce Prince y fut massacré par quelques ennemis en 1127. pendant qu'il étoit en priére. On detest encore tous les ans le 2. de Mars la memoire de ceux qui ont commis cet horrible meurtre ; on fait le recit de sa vie, & l'on montre ses Reliques au Peuple.

On compte qu'il y a dans Bruges 260. ruës, sept portes, & six grands Marchez : mais il n'y a aucune Fontaine, les Eaux dont on se sert viennent de Gand, de la Lis, & de l'Escaut ; on les distribuë par le moyen d'un gros tuyeau dit *Moerhuyse,* qui passe par les principaux endroits de cette Ville, dont châque particulier peut user moyennant une reconnoissance annuelle.

La plus belle place est le grand Marché, on y voit au milieu un grand corps de Logis quarré nommé les Halles avec des Galleries publiques & une grande cour au milieu, où d'un côté on voit s'elever un clocher que l'on regarde comme un des plus beaux de l'Europe tant pour sa hauteur que pour le dégagement,

[a] Longueruë desc. de la France. part. 2. p. 61.

[b] Jo. Blaeu.

[c] Delices des Pays-Bas. Tom. II. p. 51.

il a 533. degrez & il est soutenu par IV. Piliers que l'on traverse par quatre endroits differens. Il est rempli d'une multitude de cloches & d'un beau Carillon qui sonne à chaque quart d'heure un air de Musique different. Le long de cette grande Place on voit un grand Bâtiment qui sert de Magazin public pour les Draps des Marchands, il est bâti sur le Canal soutenu par plusieurs Piliers, de façon que les vaisseaux qu'on appelle *Bylanders*[a], peuvent passer dessous pour traverser la Ville, & passer du Canal d'Ostende dans celui de Gand.

[a] Nous disons en François *Belandres*. Le nom Flamand signifie qu'ils vont terre à terre sans s'ecarter du rivage.

Le Bourg est une grande Place sur laquelle on voit la Maison de Ville, qui est bâtie à la Gothique, & ornée de quantité de Figures des anciens Comtes & Comtesses de Flandres. On voit aussi sur la même Place, l'Eglise Cathedrale, le Palais Episcopal, la Cour Prevôtale, & Canonicale, le Greffe, & la Chapelle du Sang de Nôtre-Seigneur que l'on y garde. Ce saint dépôt est dans un Cylindre de verre dans lequel il y a une Phiole aussi de figure cylindrique où le Sang est renfermé. Thierry d'Alsace Comte de Flandres l'apporta à son retour de la Terre Sainte en 1180. où il l'avoit reçu de Foulques d'Anjou Roi de Jerusalem dont il avoit épousé la fille.

Outre le Chapitre de la Cathedrale, il en a encore deux autres, l'un dans l'Eglise de Nôtre-Dame fondé l'an 1091. par Radbode Evêque de Tournai, pour un Prevôt & XII. Chanoines; & l'autre dans celle de St. Sauveur, érigé en 1501. par Pierre Quicke Evêque de Tournai pour un Doyen & XVI. Chanoines. L'Eglise de Nôtre-Dame, est fort belle, on y voit deux tombes de Cuivre doré d'une beauté extraordinaire; l'une de Marie Heritiére de Bourgogne, qui mourut en 1482. & l'autre de Charles le Hardi son Pere Duc de Bourgogne qui fut tué devant Nancy en 1477. Marie d'Autriche petite-fille du Duc Charles & sœur de l'Empereur Charles V. a fait faire ce dernier Tombeau en 1550. après y avoir fait transférer le Corps de son grand Pere, qui avoit été enterré premierement à Nanci dans l'Eglise de St. George.

Outre la Cathedrale & les deux Collegiales, il y a cinq autres Paroisses, savoir St. Jacques, St. Gilles, Ste. Anne, Ste. Walburge, & Ste. Catherine. Les Monasteres d'hommes sont, les Jesuites qui y vinrent en 1570. pour enseigner les Humanitez; les Augustins; les Dominicains fondez en 1233. par Jeanne Comtesse de Flandres; les Carmes, les Recollects, les Capucins, les Carmes Déchaussez, les Guillelmites, les Alexiens & les Chartreux. Ceux de Filles sont: l'Abbaye de St. Tron de l'Ordre de St. Augustin, l'Abbaye d'Hemelsdael, l'Abbaye de Ste. Godelive de l'Ordre de St. Benoît, l'Abbaye de Sparmaille de l'Ordre de Citeaux, les Religieuses de Ste. Claire, où les Riches Claires, les Carmelites, les Penitentes, les Sœurs Grises, les Conceptionistes, les pauvres Claires, les Annonciates, les Religieuses de Sarrepte, les Dominicaines, les Penitentes Angloises, les Penitentes venües d'Ardenbourg, les Beguines & enfin la Maison de Ste. Anne ou des Chartreuses.

On trouve peu de Villes où les pauvres & les orphelins soient entretenus avec tant de soin qu'à Bruges. Il y a aussi une Maison appellée *l'Ecole des Bogards* qui a été établie en 1414. l'on y entretient environ 130. Jeunes Garçons orphelins, les uns dans les études, les autres dans differens metiers selon leurs talens : ils sont vetus d'un Habit de Drap, la moitié du Corps Brun & l'autre rouge avec un bonnet plat sur la tête. On a vû des Evêques, des Abbez & plusieurs autres savans Ecclesiastiques qui sont sortis de cette Ecole, & qui ont fait gloire d'y envoyer leurs Portraits pour marquer leur reconnoissance.

Il y a dans la Ville deux Abbayes d'hommes, savoir celle des Dunes Ordre de Citeaux & celle de St. Barthelmi dite *Eeckhoute*, & hors des ramparts celle de St. André Ordre de St. Benoît. La premiere a été commencée par St. Bernard, lorsqu'il vint dans les Pays-Bas en 1138. Elle étoit d'abord près de la Mer à une lieue de Furnes au fond des Dunes dont elle tire le nom, mais depuis 1627. les Religieux sont venus demeurer dans cette Ville. L'Abbaye d'*Eeckhoute* fut fondée en 1050. & celle de St. André en 1105. par Robert de Jerusalem Comte de Flandres.

La premiere Jurisdiction est celle du Magistrat composée de deux Bourgmestres, de XII. Echevins, de XII. Conseillers, de VI. Pensionnaires, & de II. Tresoriers. La seconde est celle du plat Pays des environs de la Ville qu'on appelle *le Franc de Bruges*. La troisiéme est celle du Chapitre & de la Prevôté. La quatriéme est la Cour feodale où preside le Grand Bailli de Bruges & où l'on y vuide les procès concernans les Fiefs qui en relévent. La cinquiéme & la sixiéme sont les Colléges de *Zisseelsche* & du *Maendaeghsche*, mais leur jurisdiction est d'une petite étendue.

Ce fut dans cette Ville que Philippe le Bon Duc de Bourgogne institua au mois de Janvier 1430. l'illustre Ordre de la Toison d'Or, & depuis cette institution on y a encore tenu trois autres Chapitres de cet Ordre : le premier en 1432. dans l'Eglise de St. Donaes, le second en 1468. dans l'Eglise de Nôtre-Dame, & le troisiéme en 1478. dans celle de St. Sauveur.

Cette Ville fut bombardée le 4. de Juillet 1704. par les Hollandois, mais avec peu de succès. Elle se soumit aux Alliez l'an 1706. après la Bataille de Ramillies. Elle fut investie en 1708. par un Corps de Troupes Françoises commandées par le Comte de la Motte Lieutenant Géneral, mais n'ayant qu'une petite Garnison, & aucun secours à esperer, le Magistrat fut obligé de se rendre le 5. de Juillet. Les Alliez y rentrerent au commencement de 1709. en vertu de la Capitulation qui fut signée à la prise de Gand le 30. Decembre 1708.

Selon les observations Astronomiques Bruges est de 47°. plus Orientale que l'Observatoire de Paris. Sa Latitude est de 51. d. 11'. 30".

QUARTIER DE BRUGES[a], ce Quartier dans lequel autrefois toute la Flandres étoit renfer-

[a] Divers Memoires.

BRU.

renfermée, comme on le voit au mot FLANDRES, s'étend le long de l'Océan, & est à l'Orient de celui de Gand. Il contient deux des quatre Membres de Flandres, dont l'un conserve le nom de Bruges & l'autre s'appelle le FRANC DE BRUGES, qui est composé de plusieurs Bourgades détachées de celui de Bruges où elles sont enclavées, & qui contribuent ensemble aux impositions qui se font sur la Province de Flandres. Il y a dans le Quartier de Bruges dix-huit Villes ou gros Bourgs qui sont aussi considerables que des Villes. Il y en a une partie sous la Domination de la Maison d'Autriche à qui Bruges appartient, une partie sous celle de France, & une partie sous celle des Hollandois.

Bruges, Nieuport, Ostende, Dixmude, & Poperingen &c. sont sous la Maison d'Autriche.

Les Provinces unies possedent l'Ecluse, Ardenbourg, Isendyck, &c. Et la France possede les deux Châtellenies de Bergue St. Vinox & de Bourbourg qui ont été détachées de ce Quartier. Dunkerque & Gravelines qui étoient de ces Châtellenies, étoient par consequent du Quartier de Bruges qui est fort diminué par ce retranchement.

LE FRANC DE BRUGES consiste en un bon nombre de Bourgades & de Villages qui ont été séparez du quartier de Bruges, quoi qu'elles y soient enclavées & qui contribuent ensemble aux impositions qui se font sur la Province de Flandres. C'est ce qu'on appelle le Pays Franc & les habitans sont nommez *Vrylaten*. Ils jouïssent de plusieurs Priviléges, ayant leurs Loix differentes de celles de Bruges; ce qui a commencé il y a plus de cinq-cens ans du temps de Philippe d'Alsace, Comte de Flandres, qui voulut que les gens du Pays Franc fussent sous la jurisdiction du Châtelain de Bruges. Ces Châtelains étoient Hereditaires & Proprietaires, mais Jeanne Comtesse de Flandres fille & heritiere de Baudouin Empereur de Constantinople acheta de Jean Seigneur de Nesle en Picardie, cette Chatellenie de Bruges ⅓. pour le prix de 23545. l. 6. Sols. 8. den. Parisis en presence de Louïs VIII. Roi de France & de plusieurs Prelats & grands Seigneurs. Philippe le Bon Duc de Bourgogne & Comte de Flandres voulant abbaisser ceux de Bruges qui étoient trop insolens ordonna que le Pays Franc feroit un quatrième Membre de Flandres separé des trois autres qui sont les Quartiers de Gand, de Bruges & d'Ipres. Avant que les Hollandois se fussent rendus maitres d'une partie du Quartier de Bruges, le Pays Franc contenoit jusqu'à quatre-vingt-dix Bourgs ou gros Villages qui reconnoissoient la jurisdiction d'un Tribunal érigé pour eux seuls dans la Ville de Bruges par Louïs de Crecy Comte de Flandres l'an 1323. Il y a appel de ce Tribunal au Conseil Provincial établi dans la Ville de Gand. On avoit joint au Pays Franc trois grandes Châtellenies, savoir Furnes, Bergues St. Vinox, & Bourbourg. J'ai deja dit que les deux dernieres sont presentement à la France.

2. BRUGES [a], Bourgade de France en Béarn, sur un ruisseau qui se joignant avec un autre va se perdre dans le Gave de Pau. Ce

[a] De l'Isle Atlas.

BRU.   507

lieu qui n'est rien moins qu'une Ville est au Couchant d'Hyver & à une petite lieue de Nay petite Ville sur le Gave.

BRUGGE, Bourg d'Allemagne dans le Cercle Electoral du Rhin sur la Riviere d'Ahr, aux confins du Duché de Juliers.

1. BRUGGEN [b], petite Ville d'Allemagne, au Cercle de Westphalie, au Pays de Juliers au bord Septentrional de la Swalin Riviere qui tombe dans la Meuse; à deux petites heures de chemin & au Levant d'Eté de Ruremonde.

2. BRUGGEN, petite Ville ou Bourg d'Allemagne dans le Cercle de la Basse-Saxe dans l'Evêché de Hildesheim, sur le bord Oriental de la Leine au dessous d'Alvelde, au Midi Occidental de Hildesheim; & à quatre heures de chemin de cette Ville.

BRUGNETO, petite Ville d'Italie dans l'Etat de Genes sur la Riviere de Votra qui tombe ensuite dans la Magra; elle est petite, mal peuplée & pourtant c'est le Siége d'un Evêché suffragant de Génes [c]. Elle est à cinquante milles de cette Capitale, à neuf de Pontremoli & de la Specia.

BRUGUERE, ou BROUGUERE [d], petite Ville de France dans le Rouërgue sur la Riviere du Tarn, à douze lieues au dessus d'Albi.

BRUGUIERE, (la) Ville de France dans le haut Languedoc, au Diocèse de Lavaur.

BRUL. Voiez BRUEL.

BRULLITÆ, ancien Peuple de l'Asie mineure auprès d'Ephese selon Pline [e]. L'Edition du R. P. Hardouin porte BRIULLITÆ.

BRULLOIS, petit Pays de France en Gascogne au Nord de la Lomagne entre le Condomois & la Garonne. On y voit les Bourgs de la Plume, & de Leyrac. Mr. Baudrand y met de plus une petite Ville nommée BRUHL; qui ne se trouve point ailleurs que dans son livre & dans ceux qui l'ont copié. Ce petit Pays a Titre de Vicomté.

BRULLON [f], petite Ville de France dans le Maine sur un ruisseau qui tombe dans la Sarte, trois lieues au dessus de Sablé.

BRUMA, & BRUMENSIS. Un Concile tenu à Tribur lieu d'Allemagne sur le Rhin l'an 895. tenu entre les Peres qui y assistoient *Adelgarius Brumensis Episcopus*. C'est le même lieu que PRUIM, Abbaye.

BRUMAT. Voiez BROUMAT.

BRUMMEN, Village des Provinces unies dans le Veluwe Zoom sur le chemin d'Arnhem à Zutphen.

BRUNDA, Arnobe semble nommer ainsi un lieu d'où Simon le Magicien se precipita d'une hauteur très-élevée. Ortelius croit que ce lieu étoit près de Rome ou même dans la Ville. Abdias le Babylonien dit que ce malheureux se precipita du Capitole.

BRUNDISIUM, selon Pline [g], BRENDESIUM selon Ptolomée [h]. Si nous en croyons Etienne les Grecs ecrivoient BRENTESIUM. Il y a des Medailles sur lesquelles on lit BRYNTESIUM; quelques Poétes ont dit BRENDA pour la commodité du vers, au raport de *Festus*: surquoi Mr. Dacier observe qu'on ne trouve à present dans aucun Poéte

[b] Jaillot Atlas.
[c] Baudrand Ed. 1705.
[d] Baudrand Ed. 1705.
[e] l. 5. c. 29.
[f] Baudrand Ed. 1705.
[g] l. 3. c. 11.
[h] l. 3. c. 1.

Tom. I. Part. 2.   Sss 2   le

le mot *Brenda*; qu'il faut lire au lieu de ce mot BRENDUM, ou BRENTIUM; que *Brundisium* fut nommée ainsi, à cause de la figure de ses ports qui ressembloit à un bois de Cerf; que les Messapiens appelloient un Cerf βρένδον & βρέντιον.

BRUNDULUM & BRUNDULUS, nom Latin de BRONDOLO. Voiez ce mot.

BRUNO [a], petite Rivière d'Italie en Toscane dans le Siennois. Elle prend sa source près de Monte-Massi, & se jette dans le Lac de Castiglione près du Bourg de Buriano. Voyez PRILLE.

[a] Baudrand Ed. 1705.

BRUNONIS VICUS, ou BRUNOPOLIS. Voiez BRUNSWIG.

1. BRUNSBERG, ou BRAWNSBERG, Ville de Pologne, dans la Prusse près du Frischehaff. Voiez BRAUNSBERG.

2. BRUNSBERG. Lieu d'Allemagne en Westphalie dans le petit Etat de l'Abbé de Corwey sur le Weser près de la petite Ville de Hoxter. Il étoit autrefois fortifié. C'est en ce lieu que Charlemagne vainquit en 775. les Saxons qui lui disputoient le passage de la Riviere.

BRUNSBUTTEL, petite Ville fortifiée d'Allemagne dans le Holstein, dans la Dithmarse sur l'Elbe un peu au dessous de son Embouchure & à deux milles d'Allemagne de Gluckstadt. L'ancienne Ville ayant été ruinée par un debordement de l'Elbe, on en a rebâti une autre assez près de là.

BRUNSWIG, ou BRUNSWICK; en Latin BRUNONIS VICUS & BRUNOPOLIS; Ville d'Allemagne dans la Basse Saxe dans le Duché auquel elle donne son nom, sur la Riviere de l'Ocker. Il y a trois choses à distinguer & que je traiterai dans trois Articles separez. Savoir la VILLE DE BRUNSWIG, les ETATS DE LA MAISON DE BRUNSWIG, & le DUCHÉ DE BRUNSWIG proprement dite.

BRUNSWIG, Ville. Les Allemands écrivent ce mot Braunschweig; Henri Meibomius [b] dit que ce nom tire son origine du mot Latin *Vicus*, & de celui de *Bruno* desquels on a formé le mot Allemand BRAUNSWICK, pour signifier *Brunonis Vicus*. Il fonde son opinion sur ce que la plûpart des noms Saxons ont une Origine Latine, & que la plûpart des Historiens étrangers & même de ceux du Païs nomment cette Ville du nom de *Brunonis Vicus*. D'autres derivent ce nom de l'Allemand *Wik*, qui signifie un Golfe formé par un Lac, un Fleuve, ou par la Mer; ainsi qu'on le voit dans Albert Krantz [c] en ces termes: *Civitas Brunswicensis, quasi Brunonis Vicus, aut potius Sinus, qui linguâ Saxonum sonat* WICK, à quoi ils ajoutent que de tous les lieux terminez en *Wick* à peine seroit-il possible d'en trouver un seul qui ne fût situé sur un Golfe de la Mer, d'un Fleuve ou d'un Lac. Quoiqu'il en soit de ces deux Opinions qui l'une & l'autre ne manquent ni de vraisemblance ni de partisans; presque personne ne doute que cette Ville n'ait été bâtie par Brunon fils d'Adolphe Duc de Saxe & qu'elle ne tire son nom de celui de son Fondateur. On veut aussi qu'il n'ait pas été seul dans cette entreprise & les mêmes Auteurs qui attribuent la fondation de Brunswic à Bruno, attribuent à son Frere Danck-

[b] Gaspar Sagittarius Disput. Histor. de orig. & incrementoBrunswici. Jenæ 1684.

[c] in Metropoli Lib. II. cap. 3.

wert la construction du Fort ou Château que l'on prétend avoir été long-tems appellé de son nom *Danckwertsrode*, ou *Tanckvarderode*. Ce qui est confirmé par un Anonyme, mais très-ancien Auteur d'une Chronique des Ducs de Brunswic, qui dit, *Iste* [Ludolphus Dux Saxoniæ] *genuit tres filios, Oddonem, Brunonem, & Tanquardum: hi duo Bruno & Tanquardus Civitatem Brunswick.... fundaverunt. Et* Mathieu Dresser ajoute; *Frater Brunonis Danckwertus, vel Tanquardus Arcem ibi condidit, quam de suo nomine Danckwerderodam appellavit.* Tous ces Auteurs placent presque unanimement la fondation de cette Ville vers le milieu du IX. siécle & en fixent le commencement à l'année 861. sur l'autorité d'une inscription qui se voit dans l'Eglise de St. Blaise.

Bruno perit dans un combat contre les Danois ou Normands, comme quelques Historiens les appellent, & Danckvert eut, à ce que dit Dresser, le nom fort, ainsi Otthon fut le seul Heritier de la Saxe & de Brunswic, dont il fit sa demeure. Après sa mort qui arriva, selon Ditmar, en 912. son fils Henri surnommé l'Oiseleur en fit aussi sa principale Ville de résidence & l'aggrandit tellement qu'il joignit une Ville Neuve à l'ancienne, comme on le voit par ces mots de Chytræus [d]: *Henricus Anceps Imp. oppido novam civitatem addidit*; & dans Pierre Bertius: *nova urbs Brunswiga opus est Henrici Aucupis*. Otthon I. succeda à son Pere en 936. & céda le Duché de Saxe à Herman, mais il retint pour lui & ses Successeurs le Territoire de Brunswic.

[d] Saxon. L. XII.

[e] Les descendans & les Heritiers de Henri l'Oiseleur ne prirent pas moins de plaisir que lui à embellir & à aggrandir Brunswig. Ludolphe III. du nom y fit de grandes dépenses; entre autres, il bâtit l'Eglise de St. Magnus l'an 1030. il fit aussi jetter les fondemens de l'Eglise de St. Pierre & de St. Paul, à laquelle il donna de grands biens. On commença aussi de son temps celle de St. Ulric. L'an 1090. le Duc Eckbrecht premier du nom commença la Collegiale de St. Cyr; & son fils Eckbrecht second du nom & Duc & Damne de Brunswig. Gertrude Marquise de Saxe & Dame de Brunswig fonda le Monastère de St. Gilles vers l'an 1112. Elle avoit une fille nommée Rixa qui épousa l'Empereur Lothaire. De ce Mariage vint une fille nommée Gertrude comme son Ayeule & qui épousa Henri le superbe Duc de Baviere, à qui elle porta en dot la Ville & le Pays de Brunswig. Leur fils Henri le Lion agrandit & fortifia cette Ville, l'entouroit de murailles & de fossez. Il ôta l'Eglise bâtie en l'honneur de St. Paul & de St. Pierre & éleva au même endroit la Cathedrale en l'honneur de St. Blaise & de St. Jean.

[e] Zeyler Brunsw. Topogr.

La Ville de Brunswig s'est accrue ainsi peu-à-peu par l'amour que ses Princes avoient pour elle & chacun d'eux a pris plaisir à l'embellir. Ce sont cinq Villes rassemblées en une masse; dont chacune a sa place publique, sa maison de Ville, ses Magistrats & ses Tribunaux particuliers.

[f] Les habitans avoient profité de toutes les occasions qu'ils avoient eues de s'affranchir de la Domination de leurs Souverains. L'an 1090.

[f] Bertii Comment. rer. Germanic. l. 3. p. le 489.

BRU. BRU. 509

le Marggrave Ecbert ayant été tué par les menées de l'Empereur Henri IV. comme il n'avoit point d'Heritiers Mâles, l'Empereur s'empara de la Ville dont il chassa Gertrude sœur du Marggrave qui avoit été massacré, & de laquelle j'ai déja parlé. Il mit dans le Château une Garnison qui incommodoit beaucoup la Ville. Les habitans lassez de ce joug firent si bien qu'ils le secouerent, rappellerent Gertrude qu'ils établirent leur Souveraine aux conditions qu'ils voulurent. L'an 1229. le Duc Henri Electeur Palatin & Seigneur de Brunswig n'ayant laissé que deux filles, elles vendirent cette Ville à Henri fils de l'Empereur. Otthon Duc de Lunebourg qui se portoit leur heritier ne put souffrir une Vente qui le frustroit de l'esperance de succeder, il assembla deux mille chevaux & à la faveur des Bourgeois qui étoient dans son parti, il entra dans la Ville, batit & chassa la Garnison. Il paya ce secours par de grands Privileges qu'il leur accorda quand il se vit établi, Otthon ayant fait sa Paix avec l'Empereur en obtint le titre de Duc de Brunswig. Des seditions assez frequentes grossirent ces Privileges & la Ville devint enfin Ville libre & Imperiale & Hanseatique. Les Ducs avoient en vain tenté par plusieurs siéges de la reduire sous leur obeïssance ; [a] mais enfin elle fut prise le 20. Juin 1671. par Rodolphe Auguste Duc de Brunswig-Wolfenbutel, auquel elle appartient maintenant. Il y fit bâtir une Citadelle qui tient la Ville dans le respect. On y tient tous les ans une grande & fameuse Foire. Brunswig est à present très-bien fortifiée.

Les Etats de la Maison de Bruns-WIG [b]. Cette Famille qui est illustre par son ancienneté reconnoît pour Tige Ernest, qui entre autres enfans eut Henri & Guillaume le Jeune.

Henri Duc de Brunswic-Danneberg eut deux fils Jule-Ernest, & Auguste, qui firent deux branches, savoir de Danneberg & de Wolffenbuttel. La premiere s'éteignit avec Jule-Ernest qui ne laissa point d'enfans mâles ; mais Auguste eut trois fils entre autres, savoir Rodolphe Auguste de Brunswig ; Antoine Ulric de Wolfenbuttel, & Ferdinand Albert de Bevern ; le premier n'eut que deux filles. Deux fils du second font deux branches, savoir Auguste Guillaume celle de Wolfenbuttel ; & Louis Rudolphe celle de Blanckenbourg.

Guillaume le Jeune fils d'Ernest dont j'ai parlé eut plusieurs fils qui se succederent l'un à l'autre au Duché de Lunebourg & moururent sans enfans. Jusqu'à George sa succession fut partagée en deux portions, l'une fut le Duché de Zelle, & l'autre le Duché de Hannover. Christian Louïs, & George Guillaume ses deux aînez possederent successivement le Duché de Zelle. Le dernier y ajouta le Duché de Lauwenbourg qu'il prit à titre de sequestre & qui est demeuré attaché à sa Succession. Sa fille unique épousa son Cousin Germain George Louïs Duc de Brunswig-Lunebourg-Hannover dont je parlerai ensuite. Le Duché d'Hanover fut d'abord à Jean Frederic troisiéme fils de George. Le plus jeune, savoir Ernest Auguste, fut élu Evêque d'Osnabrug, à la faveur de l'alternative établie pour cette Maison. Mais Jean Frederic étant mort sans enfans l'an 1679. Ernest lui succéda à la Principauté de Calenberg & de Hannover. Il fut fait Electeur le 19. Décembre 1692. & mourut l'an 1698. sans avoir pu être admis au College Electoral. Il laissa pour Successeur à l'Electorat George Louïs qu'il avoit eu de Sophie fille de Frederic V. Electeur Palatin. Comme cette Princesse étoit fille d'Elizabet Stuart, & petite-fille de Jaques I. Roi de la Grande Bretagne, les Anglois ayant rejetté toutes les Branches Catholiques de la Maison de Stuart, Sophie Electrice d'Hannover se trouva la plus proche Heritiere du Thrône de la Grande Bretagne dans la Ligne Protestante ; & en vertu de ce droit, la Couronne ayant vacqué après la mort d'Anne Stuart, George Louïs Electeur d'Hannover recueillit cette Succession & jo git tant pour lui que pour ses descendans mâles les Royaumes de la Grande Bretagne & l'Electorat de Brunswig-Lunebourg-Hannover. Ce Prince y a joint encore le Duché de Breme & la Principauté de Ferde qu'il a aquis du Roi de Dannemarck, après que ce Monarque en a eu depouillé Charles XII. Roi de Suede. Ainsi la Branche Cadette de la Maison de Brunswig est devenue non seulement la plus puissante des deux, mais encore une des plus formidables Puissances de l'Europe.

Le Duché de BRUNSWIG Propre, Pays d'Allemagne. Il est borné au Nord par le Duché de Lunebourg ; à l'Orient par le Duché de Magdebourg, & par les Principautez de Halberstadt & d'Anhalt ; au Midi par la Thuringe & la Hesse ; au Couchant par le Comté de la Lippe, la Principauté de Minden & le Comté de Hoye. Ses principaux lieux sont :

Brunswig Capitale,	Schoeningen ;
Wolffenbuttel,	Schoeppenstaedt,
Saltz-Thal,	Blanckenbourg,
Helmstadt,	Gandersheim,
Goslar,	Bevern,
Lutter,	Falckenhied, } Monasteres.
Königs-Lutter,	Stederburg.

Assez près de Blanckenbourg est la fameuse Caverne de Bauman.

Entre la Thuringe, Brunswig, & Goslar est la grande Montagne du Hartz qui a quatre Villes nommées Berg-Staedte, savoir Cellerfeld, Wildeman, Grunde & Lautenthal. Les Maisons de Brunswig & d'Hannover les possedent en commun.

BRUNTYLANT [c], Bourg de l'Ecosse Meridionale dans la Province de Fife sur la côte Septentrionale du Golphe de Forth ; au Couchant de Kingorn, au Nord Occidental d'Edimbourg.

BRUSCA, Riviere de laquelle il est fait mention dans la Vie de St. Colomban. Ortelius [d] croit qu'elle est auprès de la Moselle.

BRUSIS, partie de la Macedoine, selon Thes. Etienne le Géographe.

BRUSQUES, Bourg de France, dans le Rouergue, aux Confins du Languedoc, à quatre lieues de Vabres & à six de Lodeve.

BRUSTACIA, Mr. Baudrand dit que c'étoit une Ville des Oenotriens en Italie sous

Sss 3 les

[a] Baudrand Ed. 1705.

[b] Divers Mémoires du temps.

[c] Allard Atlas.

[d] Orteli

les Crotoniates & les Brutiens & cite Pline qui n'en parle point. Le seul Ancien qui en ait fait mention c'est Etienne qui dit simplement, Βρυςακία, πόλις Οινοτρων, *Brustacia Ville des Oenotriens*. Cluvier [a] dit : on l'entend ordinairement de la Ville Episcopale nommée BRIATICO & quelquefois UMBRIATICO.

[a] Ital. Ant. p.1316.

BRUTATES, pour les Brutiens. Voiez ce mot.

BRUTIENS [b], ancien peuple de la grande Grece dans la partie Meridionale de la partie d'aujourd'hui. Ce nom se trouve souvent écrit par deux T. *Bruttii*, & l'Orthographe en varie beaucoup. Il est nommé BRITTII plus d'une fois dans le Code Theodosien. On trouve BRETTII sur quelques Medailles; BRENTII dans Denys le Periégete; BRUTATES dans Festus & le Pays est nommé BRETTANIA par Polybe. Etienne, le Scholiaste de Theocrite & autres Auteurs du bas âge le nomment la Sicile. Nous remarquons ailleurs que l'on a autrefois connu deux Siciles, l'une dans l'Isle de ce nom, l'autre au deçà de la Mer dans ce que nous appellons aujourd'hui le Royaume de Naples. Si nous en croyons Justin [c], les Brutiens ont été auparavant nommez LUCANIENS. Leur Pays est une Presqu'Isle qui forme la partie anterieure du pied de la bote à laquelle on compare d'ordinaire l'Italie, & il est borné de tous côtez par la Mer, excepté à l'Isthme qui en fait une Presqu'Isle, par le fleuve Laus jusqu'à la Ville *Thurii*; c'est-à-dire, entre les Golphes de Ste. Euphemie & de Squilace. Il est presentement compris dans la Calabre Ulterieure. Il ne paroît pas que ce Pays ait eu de nom particulier; on le designoit par le nom de ses habitans. Tite-Live [d] dit : *Locros in Bruttiis Crispinus oppugnare conatus.* Il dit ailleurs : *in Apuliam ex Bruttiis reditum* & [e] *in Bruttium agrum traduxit.* Pomponius Mela [f] dit de même *Ager Bruttius & Sicilia ut ferunt aliquando continens & agro Bruttio annexa.* L'Appennin partage ce Pays en deux Rivages. Ce qui est à l'Occident étoit nommé par les Géographes Latins *Thyrrenum Littus*; parcequ'il est baigné par la Mer Tyrrhene, & l'autre, *Littus Ionii Maris* parce que la Mer Ionienne le lave. Ce Pays étoit borné au Nord par la Lucanie. Ptolomée [g] en recule les bornes jusqu'à Tarente. Voici comment il decrit cette côte à commencer par la Mer Tyrrhene.

[b] Ortel. Thes.

[c] l.23.

[d] l.27.c.25.

[e] l.27. in fine.

[f] l.2.c.7.

[g] L.3. c.1.

Laï Fluv. Ostia,
Templa, Civitas,
Taurianus Scopulus,
Hipponiates Sinus,
Scylaeum Promontorium,
Rhegium Julium,
Leucopetra extrema.

Le long de la Mer Hadriatique, ou plutôt de la Mer Ionienne.

Zephyrium Promontorium,
Locri Civitas,
Locani Fluvii Ostia.

Dans le Golphe qui est auprès de Scylacium, ou Golphe de Squilace.

Scylacium Civitas,
Intima Sinus Scylaci,
Lacinium Promontorium.

Dans le Golphe de Tarente,

Croton Civitas,
Thurium,
Metapontium,
Tarentum.

Il leur donne pour Villes dans les terres,

Numistrum,
Cosentia,
Vion Valentia.

La Table qu'en donne le P. Briet [h] est differente. Nous la mettrons ici en abregé. Il distingue les Brutiens en deux peuples, savoir ceux d'en deçà l'Appennin, *Cismontani*, qu'il surnomme *Hipponienses* & *Rhegini*, à cause des Villes *Hipponium* & *Rhegium* qui étoient dans ce quartier-là, & ceux d'au delà l'Apennin, *Transmontani*, où étoient la Ville de Locres & celle de Crotone. Les Brutiens d'en deça les Monts avoient, selon lui pour Villes Maritimes,

[h] Paral. 2. part.l.5. p.647.

Cevilli, Cerelli, ou Carella, aujourd'hui Cirella.
Clampetia, ou Dampetia, aujourd'hui Torano.
Tempsa, ou Temese Colonie; le lieu s'apelle Torre Loppa.
Terina, aujourd'hui Nuceria.
Le Port d'Hercule, aujourd'hui Tropea.
Le Port de Medama, aujourd'hui Bagnara.
Metaurum sur une Riviere de même nom, selon quelques-uns c'est Oppido.
Taurianum, ou Tauriana dont les ruines font à Parma ou Palma.
Scyllaeum, aujourd'hui Siglio.
Columna Rhegina, ou Posidonium, aujourd'hui Colona.
Rhegium surnommé Julium, aujourd'hui Rheggio.

Leurs Promontoires étoient,

Lametum, ou Lampetes, aujourd'hui Capo Souano.
Cenis, ou Scyllaeum, aujourd'hui Coda della Volpe.
Rhegium, à present Capo dell' Armi.

Ils avoient pour Rivieres,

Ocinarus, ou Sabatum, aujourd'hui Savato.
Lametus, aujourd'hui l'Amato Fiume.
Aqua Angitia, aujourd'hui Acque della Fico.
Angitula, aujourd'hui Angitola.
Metaurum, aujourd'hui Maro Fiume.

Leurs Villes dans les terres étoient,

Lametia, aujourd'hui Cetraro, ou Ste. Eufemie,

Hip-

BRU.

Hipponium, ou *Vibovalentia* & *Vibona*, aujourd'hui *Monte Leone*.
Nicotera, à présent *Nicodra*.
Medama, ou *Medma*, ou *Mesma*, aujourd'hui *Rossarno*.
Mamertum, ou *Mamertium*, aujourd'hui *Martorano*.

Les Brutiens de delà les Monts avoient, selon le même Pere Briet, pour Villes Maritimes.

Ruscianum, *Roscianum*, ou *Roscia*, aujourd'hui *Rossano*.
Crimisa, auparavant *Chone*, à l'endroit où est *Loziro*.
Crotona, aujourd'hui *Cortone*.

Leurs Rivieres étoient,

Tracis, aujourd'hui le *Triunto*.
Crimisus, aujourd'hui la *Fiumica*.
Neathus, aujourd'hui le *Neeto*.
Æsarus, aujourd'hui l'*Esaro*.
Targines : à présent la *Tacina*.
Semirus, aujourd'hui l'*Alli*.
Sagra, aujourd'hui le *Sagriano*.
Eleporus, aujourd'hui l'*Alaro*.
Alex, aujourd'hui l'*Alece*.

Leurs promontoires étoient,

Crimisa, aujourd'hui *Capo del Alice*.
Lacinium, présentement *Capo delle Colonne*.

Japigium tria Promontoria aujourd'hui { *Capo della Nave*, *del Orignano*, *Rizzuto*.

Scyllacium, aujourd'hui *Capo de Squillaci*.
Cocyntum, aujourd'hui *Capo di Stillo*.
Zephyrium, aujourd'hui *Capo Burzano*.
Herculis Promontorium, aujourd'hui *Capo di Spartivento*.

Leurs Villes dans les Terres étoient,

Muranum, aujourd'hui *Murano*.
Interamnium, entre les fleuves Sibaris & Esaro ; ce sont à présent les Ruines de la Ville de St. Antoine.
Caprasia, ou *Caprasia*, ou *Caprasis*, aujourd'hui *Tarsia*.
Dedisia, aujourd'hui *Bisignano*.
Cosentia, aujourd'hui *Consenza*.
Brustacia, aujourd'hui *Umbriatico*.
Siberina, ou *Siverina*, aujourd'hui *Santa Severina*.
Potelia, ou *Petilia* que Leandre croit être *Belicastro*.
Scyllatium, auparavant *Scylletium*, aujourd'hui *Squillaci*.
Cocynthum, autrement *Cæcinum* & *Carcinum*, aujourd'hui *Stillo*.
Caulonia, auparavant *Aulonia* & *Aulon*, aujourd'hui *Castrovetere*.
Locri, surnommez *Epizephirii*, parcequ'ils étoient près le promontoire *Zephyrium*, le lieu s'apelle *Gierazzo* ou *Girace*.
De Castidium, aujourd'hui *Castidio*.

BRU. 511

Peripolium, aujourd'hui *Mandolaia*.

BRUTIUM PROMONTORIUM, Selon Pomponius Mela [a]. Ortelius [b] croit que c'est le même que le *Leucopetra extrema* de Ptolomée. Cluvier croit que c'est *Punta della Saetta*.
[a] l. 2. c. 4.
[b] Thesaur.

BRUTOBRIA, ancienne Ville de l'Espagne dans la Bétique entre le fleuve Bætis & les Tyritains, selon Etienne le Géographe.

BRUTTII. Voiez les BRUTIENS.

BRUTTIUS SINUS. Voiez HIPPONIATES Sinus.

BRUXEL. Voiez BRUCHSAL.

BRUXELL, Forteresse d'Asie dans l'Arabie heureuse dans la Principauté de Mascate & dans les terres, à quatre lieues de Mascate, selon Mr. Baudrand.

BRUXELLES (prononcez BRUSSELLES), anciennement BRUCHSELLES, Ville des Pays-Bas Autrichiens au Duché de Brabant, dans le Quartier auquel elle donne son nom sur la petite Riviere de Senne. Son nom Latin a été d'abord *Brosella*, *Brusola*, *Brussela*, *Brusselia*, puis *Bruxella*, & enfin *Bruxellæ*. Il y a diverses opinions sur son origine, les uns [c] veulent qu'il vienne d'un Fort que les *Sennonois* peuples venus d'Angleterre dans le dessein de s'emparer de quelque partie de la France, bâtirent dans le lieu où est aujourd'hui Brixelles. D'autres [d] le derivent du mot *Russi*, Russes, parce qu'ils ont trouvé auprès de Louvain une Montagne nommée la Montagne des *Russes* : Ils ont pretendu qu'on avoit d'abord appellé cette Ville *By-Rus-Sel*, qui veut dire auprès du siège, ou de la demeure des *Russes* ; & qu'ensuite de *By-Rus-Sel* on avoit formé *Bruxelles*. D'autres ont avancé que les differentes sources d'eau que l'on trouve aux environs en quantité, ont occasionné ce nom, parce que le murmure des eaux se dit en langue du Pays *Brussel* & *Russel*. Enfin d'autres dont l'opinion paroit la plus naturelle, ont dit que cette Ville a pris son nom du Marais où elle a été fondée ; le mot BRUOH, qu'on écrit aujourd'hui *Bruch*, signifiant un Marais. Ce qu'il y a de certain [e] c'est qu'il n'est fait aucune mention de cette Ville jusqu'au milieu du x. siécle, & ce n'est que de ce tems là que l'on connoit que c'étoit un lieu habité, ou un Palais dans lequel l'Empereur Othon II. demeura quelque tems, & où il donna deux Lettres, en faveur du Monastére de St. *Bavon* de Gand dans la x. année de son Empire, l'an 976. le 14. & le 15. des Kalendes de Février. On voit dans l'une & dans l'autre de ces patentes ces mots, *Actum Bruohsella*. Quelques Modernes ont voulu, que Charles, Duc de Lorraine, ait été le fondateur de cette Ville, mais cela ne paroit prouvé par aucun temoignage de l'antiquité ; au contraire même on voit que ce lieu étoit déja un Palais bâti avant Othon II. qui y demeura quelque tems avant que de donner le Duché de la Basse-Lorraine à Charles.

[c] J. B. Gravmaye Antiq. Belg.
[d] Reynerus Scholarcha in Poëm. de Initio Urbis.
[e] *Longuerue* desc. de la France anc. & moderne p. 49.

Bruxelles appartint ensuite au Comte de Louvain, & le Comte *Baldric* y fonda l'Eglise Collegiale l'an 1047. & y fit transferer le corps de Ste. *Gudule*, & ensuite Lambert II. Frere & Successeur de *Baldric* y établit les Chanoines, & son fils le Comte Henri obtint de

Liet-

Lietbert Evêque de Cambray une entière liberté & affranchissement pour ses Chanoines; ce qui fait voir que le Duc de Lorraine nommé depuis ce tems-là Duc de Brabant, n'étoit pas propriétaire de Bruxelles, qui appartenoit aux Comtes de Louvain, qu'on a nommez quelquefois Comtes de Brabant.

La situation de cette Ville [a] est des plus agréables; une partie est sur une éminence & l'autre dans la plaine. Les environs en sont si fertiles en grains & en paturages qu'ils ont fourni abondamment ce qui étoit necessaire pour la suite & pour les Equipages de sept Têtes couronnées que l'on a vû à la fois dans cette Ville; Savoir l'Empereur Charles V, son fils Philippe Roi d'Espagne, Maximilien Roi de Boheme avec la Reine son Epouse, Eleonor Reine de France, la Reine de Hongrie Gouvernante des Pays-Bas, & un Roi d'Afrique: à quoi on peut ajouter les équipages des Ducs & Duchesses de Savoye & de Lorraine & d'une multitude d'autres Ducs, Marquis, & Princes de differentes Nations qui avoient en tout plus de neuf à dix mille chevaux. Cette Ville a d'un autre côté la Forêt de Soignies qui n'en est éloignée que d'un quart de lieuë & où l'on trouve quantité de bêtes fauves. Le reste des environs est peuplé d'une multitude d'Abbayes & de Monastéres, & couvert de plusieurs fontaines dont les eaux sont fort saines; ce qui contribuë beaucoup à la bonté de l'air de ce Canton.

[a] Jo. Blaeu Descr. Urbium Belgii Regalis.

La Riviere de Senne passe au milieu de la Ville, qui outre cela a un fort beau Canal par où elle communique à l'Escaut. La Ville a été durant long-tems beaucoup plus petite qu'elle n'est aujourd'hui; l'enceinte a été considerablement augmentée par Jean III. Duc de Brabant, & cet ouvrage fut achevé après la mort de ce Duc, l'an 1361. Les murailles qui sont à l'antique subsistent encore aujourd'hui, la Ville n'étant pas bien fortifiée, le circuit est d'environ deux heures de chemin, & c'est entre cette nouvelle enceinte & la vieille que se trouve le Palais Royal, avec un parc d'une grande étenduë. Le reste de l'espace, qui se trouve entre ces deux murs, est occupé par plusieurs autres Palais, Hôtels & maisons particulieres qui sont accompagnées de Jardins & de bosquets qui rendent l'air de la Ville fort sain & sont un aspect charmant. On remarque dans Bruxelles, sept grandes portes, sept Eglises principales, sept grandes places, ou marchez, sept familles distinguées par leur noblesse, leur ancienneté, & leurs privileges, & sept Assesseurs ou Echevins dans la Magistrature.

Les Eglises sont magnifiques à Bruxelles. La principale qui étoit autrefois dediée à St. Michel est aujourd'hui sous l'invocation de S^{te}. Gudule Princesse du Sang de Charlemagne. Le Comte Lambert & Gerard Evêque de Tournay firent la Translation du corps de cette Sainte de l'Eglise de St. Geri dans celle de St. Michel qu'ils dedierent à cette Sainte après y avoir fait de grandes reparations, & l'avoir dotée d'un revenu considerable; elle est Collegiale & la plus magnifique de toutes. Elle est placée dans le haut quartier de la Ville. Son frontispice est orné de deux grandes tours quarrées qui devoient être plus élevées suivant le modele qui en avoit été fait. Cette Eglise est entourée de belles balustrades, qui forment, vis-à-vis du grand portail un Escalier des plus beaux. On voit dans cette Eglise la Chapelle du St. Sacrement qui est d'une belle Architecture, on commença à la bâtir en 1534. C'est dans ce lieu que sont les trois hosties miraculeuses qui, à ce que l'on dit, jetterent du sang, lorsque des Juifs les percerent à coups de couteaux. Il y a dans la même Eglise plusieurs Tombeaux de Princes Illustres, entre autres celui de l'Archiduc Albert Souverain des Pays-Bas & de sa femme Isabelle Claire Eugenie Infante d'Espagne, & celui du Prince Electoral de Baviére mort en 1699. on voit au milieu du grand Chœur les tombeaux de quelques Ducs de Brabant, savoir de Jean II. qui y est enterré avec sa femme Marguerite fille d'Edouard Roi d'Angleterre & celui d'Antoine fils de Philippe le Bon. Il y a du côté de l'autel le tombeau d'Ernest Archiduc d'Autriche Gouverneur des Pays-Bas, que l'Archiduc Albert son Frere lui fit dresser.

L'Eglise de St. Jean sur le Marais a été sacrée en 1131. par le Pape Innocent II. lorsqu'il fut obligé d'abandonner l'Italie pour le Schisme d'Anaclet II. Antipape. Auprès de cette Eglise on voit le grand Hôpital où l'on a soin des malades de l'un & de l'autre Sexe. Il y en a encore plusieurs autres petits, entre autres quatre fondez pour les Pelerins & passans qui peuvent y loger trois jours de suite. On trouve aussi des Hôtels-Dieu qui ont été fondez pour des Bourgeois & Bourgeoises incapables de gagner leur vie à cause de leur vieillesse.

L'Eglise de Notre Dame du Sablon ne cede en beauté à aucune des autres Eglises de la Ville. Jean I. Duc de Brabant la fit bâtir en 1290. en memoire de la victoire qu'il avoit remportée à Worringhe sur l'Archevêque de Cologne & Henri Comte de Luxembourg.

Les Peres Jesuites ont aussi une Eglise magnifique dediée à Saint Michel. Le fameux Architecte Jacques Franquart l'ordonna & la perfectionna en 1621. En 1716. on l'a embellie d'un Escalier orné de plusieurs vases de pierre bleuë. Ces Peres ont été admis en cette Ville en 1586. Ils y enseignent les Humanitez à la jeunesse depuis l'an 1604. Les Peres Augustins y sont depuis 1602.

Il y a encore deux Prévôtez, celle de St. Jacques de Cauberghe composée de Chanoines Reguliers de St. Augustin dont le Prevôt est mitré & premier Chapelain de la Cour: l'autre est celle de Notre Dame de la Chapelle dont l'Abbé de St. Sepulchre à Cambray est le Collateur, qui la confere à un de ses Religieux. Ces deux Prevôtez ont été fondées en 1140. par Godefroy le Barbu Duc de Brabant.

Toutes les autres Eglises sont d'une grande propreté. Les Couvents d'hommes sont: Les Recollets admis l'an 1559. Les Grands Carmes en 1292. les Dominicains en 1453. Les Augustins en 1406. les Bogards ou Prêtres du tiers Ordre de St. François en 1359. les Chartreux qui furent fondez en 1454. près de la Chapelle de Nôtre Dame de Scheut, d'où ils se retirerent en 1594. Les Capucins reçus en 1587. les Carmes dechauffez en 1610. les Minimes en 1616. les Freres Alexiens l'an 1368. outre les Chanoines Reguliers de Canberghe, les Jefuites, & les Peres de l'Oratoire reçûs en 1633. Les Monafteres de Filles font : les Religieufes de St. Pierre, de Ste. Elifabeth, de Jerico, & de la fondation de Barlaimont fous la regle de Saint Auguftin ; les Urbaniftes, les Pauvres Claires, les Annonciades, les Capucines, les Brigitines, les Religieufes de S^{te}. Gertrude, les Carmélites, les Repenties, les Urfulines, les Religieufes de la Fondation de Lorraine, celles de la Vifitation, les Benedictines Angloifes, les Dominicaines Angloifes, les Sœurs Noires & les Hofpitalieres, outre le grand & le petit Beguinage. Le grand Beguinage reffemble à une petite Ville ; il eft entouré de murailles avec un foffé. On y voit plufieurs belles ruës, & chaque Beguine a fa demeure. Leur nombre ordinaire eft de 7. ou 800. & quelquefois plus ; chacune y gouverne fon bien ; elles font vœu de chafteté, pour le tems de leur demeure, & en y renonçant elles peuvent fe marier. Elles font gouvernées par quatre Superieures, qu'elles choififfent de leur corps, & par un Curé qui eft à la nomination de l'Evêque d'Anvers. Leur Eglife eft dediée à St. Jean Baptifte ; elle merite d'être vûë pour fa riche Architecture ; on commença à la bâtir en 1657. On les appelle Beguines, parce qu'elles ont pour fondatrice Sainte Begge fille de Pepin de *Landen* ; quoique quelques Auteurs foutiennent qu'elles ayent été fondées par Lambert Begue qui mourut en 1177. Ce Beguinage fut d'abord fondé à Mofenbeeck près de cette Ville en 1250. par un Ecclefiaftique nommé Regnier Breeteycken ; mais en 1303. il fut transferé dans la Ville.

Le Palais du Prince ou la Cour fut commencé en 1300. par Jean II. Duc de Brabant; en 1452. Philippe le Bon le fit aggrandir, & il fut achevé par fes Succeffeurs. Il y avoit autrefois un Château à-peu-près au même endroit, où eft prefentement le Palais, dont le Châtelain s'appelloit *Burggrave*, même avant le regne de Godefroi le *Barbu* : à prefent on l'appelle le Vicomte de Bruxelles. Parmi plufieurs prerogatives du Palais, il donne le droit d'Azyle à ceux qui fe refugient fous fa jurifdiction. On voit à l'entrée de ce Palais une Sale d'une grandeur étonnante, d'où l'on paffe à la Chapelle qui eft d'une belle architecture & d'une fymetrie admirable. En 1513. on commença à bâtir les *Builles*, ou l'enceinte de la Cour, de pierre bleuë, fur lefquelles on a placé plufieurs Statuës de bronze qui reprefentent des Empereurs & des Rois dont la belle ftructure demontre l'excellence des ouvriers ; cette enceinte fut perfectionnée en 1521.

Derriere le Palais il y a un grand Parc où les habitans de Bruxelles prennent le divertiffement de la promenade, & le Prince, quelquefois celui de la chaffe. On y voit plufieurs Fontaines, quantité de Daims & un beau Labyrinthe. A l'extrémité de ce Parc du côté de la porte de Louvain il y a une belle maifon que l'Empereur Charles-Quint a fait bâtir ; ce qui la fait nommer la maifon de l'Empereur.

Tom. I. Part. 2.

Entre les bâtimens publics, l'Hôtel de Ville qui eft fur le grand Marché eft le plus remarquable ; on commença en 1380. d'abattre les maifons de l'endroit où on le vouloit ériger ; mais on n'entreprit cet ouvrage qu'en 1400. & il ne fut achevé qu'en 1442. fa Tour qui a 364. pieds de hauteur eft d'une ftructure admirable bâtie à la Gothique. On dreffa l'an 1445. fur le fommet de cette Tour une ftatuë de St. Michel de cuivre doré, de la hauteur de 17. pieds, laquelle tourne avec le vent.

La place du grand-Marché étoit autrefois un étang, elle eft quarrée & extremement grande ; on y fait fouvent des Caroufels, & on y donne d'autres fpectacles publics. A l'oppofite de l'Hôtel de Ville on voit la maifon du Roi qu'on nomme *Broot-huys*, c'eft-à-dire, maifon au pain. Elle fut bâtie de pierres bleuës en 1618. par ordre de l'Archiduc Albert & de l'Infante Ifabelle ; mais fes plus riches ornemens ont été gâtez au bombardement. On y exerce la Juftice des Eaux & Forêts, des Pêches, & des Chaffes.

Il y a encore plufieurs autres places publiques qui font belles & fpatieufes. On y voit grand nombre d'Hôtels dont les principaux font ceux d'Orange, de Ligne, d'Aremberg, & d'Arfchot, ceux d'Epinoy, de Berghes, de Rubempré, celui d'Egmont, où il y a un beau labyrinthe, celui de Bournonville, où il y a de beaux Jardins, ceux de Croy, de Horn, de la Tour, & Taxis, & plufieurs autres.

[a] Bruxelles n'eft pas la premiere Ville du Brabant à l'Affemblée des Etats, mais elle eft la plus grande & la plus riche, & outre cela elle eft le fiege & la refidence du Gouverneur General des Pays-Bas Autrichiens qui demeure à la Cour & à qui on fait prefque les mêmes honneurs qu'on feroit à un Souverain ; il a une Compagnie d'Archers, une de Hallebardiers & trois Compagnies de Gardes à Cheval. Il y a plufieurs Corps & Tribunaux qui refident en cette Ville ; favoir le Confeil d'Etat qui tient le premier rang & auquel le Gouverneur General des Pays-Bas prefide quelquefois; le Confeil privé, le Confeil des Finances, la Chambre des Comptes du Roi ; la Chambre des Comptes de Brabant à laquelle les Receveurs des Duchez de Brabant, Limbourg & Luxembourg, & du Pays d'outre-Meufe font comptables. La Cour Féodale de Brabant, le Tribunal de la Foreſterie , le Tribunal de la Chaffe & de la Pêche ; la Chambre de Tonlieu qui a foin des Chemins publics, des Rivieres, de la confervation des biens & Domaines du Prince, au diftrict de Bruxelles. La Juftice ou l'Audience Militaire ; la Juftice de la Cour qui juge les Domeftiques de la Cour & ceux qui en dependent, fon Chef s'appelle *Alcalde* ou Prevôt de l'Hôtel ; la Chambre d'Uccle compofée de fept Echevins & d'un Greffier qui font nommez par le Souverain & doivent faire leur ferment entre les mains du Chancelier de Brabant. Leur Judicature tant Civile que Criminelle s'étend fur plus de cent Franchifes, Bourgs & Villages. On donne encore le nom de Chambre d'Uccle à l'endroit où l'on fait les ventes volontaires des biens, rentes, & maifons, quoiqu'il n'ait rien de commun que le nom avec le premier Tribunal.

[a] *Longuerue* deſc. de la France part. 2. p. 49.

Ttt

La Magistrature est composée de sept Officiers, que le Prince ou le Gouverneur des Pays-Bas choisissent tous les ans dans les descendans des sept anciennes familles Patriciennes. Ces Officiers sont appellez Echevins, on leur joint deux Consuls, & six Conseillers; les Consuls sont tirez l'un du Corps de la Noblesse, & l'autre de celui de la Bourgeoisie, & les six Conseillers sont gens notables pris dans les Corps des Métiers. Les Consuls & Echevins ont à leur tête un Bourgmestre avec lequel ils jugent en premiere instance les Causes des Bourgeois qui par appel sont portées au Conseil Souverain de Brabant.

La Bourgeoisie est divisée en neuf Classes nommées vulgairement Nations, qui furent formées en 1321. chaque classe comprend plusieurs Corps de Métiers qui ont chacun leur Chef ou Doyen qui avec leur Conseil jugent les differens qui peuvent concerner leurs professions.

Le Commerce des Camelots, des Dentelles, & des Tapisseries fines qu'on transporte par toute l'Europe, fleurit dans cette Ville plus que dans tout autre endroit.

[a] Cette Ville a été exposée en differens tems à diverses calamitez. En 1529. elle fut affligée d'une maladie contagieuse qu'on appella la *Sueur Angloise*. En 1489. la Peste emporta près de 33000. de ses habitans. Le feu de la Sabloniere & celui qui prit au Quartier des Tisserans ont consumé jusqu'à 3500. maisons. Les seditions & les guerres l'ont aussi affligée en differentes occasions, & recemment en 1695. l'armée de France sous les ordres du Maréchal de Villeroi la bombarda le 13. & le 14. d'Août pendant 48. heures avec tant de force, que XIV. Eglises & plus de 4000. maisons furent reduites en cendre.

[a] *Jo. Blaeu descr. Urbium Belgicae Regalis.*

Le Quartier de BRUXELLES [b], ce quartier est sur les Confins de la Flandre, du Hainaut & du Comté de Namur: il est divisé en deux, savoir, le Pays Flamand, & le Brabant Wallon, où l'on parle la langue Wallonne. Bruxelles & Vilvorde sont dans le Pays Flamand, Nivelle & Gembloux sont dans le Pays Wallon.

La Ville de Bruxelles & tout son quartier étoit autrefois du Diocèse de Cambrai. Mais Philippe II. l'en separa pour le mettre dans le nouveau Diocèse de Malines, excepté le Brabant Wallon qui est du Diocèse de Namur.

[b] *Longuerue desc. de la France part. 1. p. 49.*

☞ BRUYERES, terres incultes & steriles, où il ne croit qu'un petit arbuste qui n'est bon qu'à brûler. Il y a de vastes Bruyeres entre Bois-le-Duc & Mastricht.

1. BRUYERES [c], petite Ville de France en Picardie à une lieue de Laon, en allant vers Rheims. Elle est enfermée de Murailles, mais la plûpart des habitans sont Vignerons.

[c] *Baudrand Ed. 1705.*

2. BRUYERES [d], Bourg de France en Languedoc près de Toulouse.

[d] *Ibid.*

BRUZZANO. Voiez BURSANO.

BRYANIUM, Ville de Grece dans la Macedoine, selon Strabon [e]. Tite-Live [f] la nomme BRUANIUM. Etienne le Géographe la donne à la Thesprotie. Strabon dit qu'elle étoit sur l'Erigon.

[e] *l. 7. p. 327.*
[f] *l. 31. c. 39.*

BRYAS, Lieu de l'Afrique propre sur la côte, selon Cedrene & Zonare citez par Ortelius [g].

[g] *Thesaur.*

BRYAZON, petite Riviere d'Asie dans la Bithynie, selon Pline [h].

[h] *l. 5. c. 32.*

BRYCÆ, BRYCEI, BRYCES, ancien Peuple de Thrace, selon Etienne le Géographe. Pline les nomme BRYSÆ [i].

[i] *l. 4. c. 10.*

BRYCHUS, Riviere de Grece en Macedoine auprès de Pallene. Lycophron en fait mention.

BRYELICA. Contrée d'Asie dans la Cilicie, selon Ptolomée [k], qui y met une seule Ville nommée *Augusta*.

[k] *l. 5. c. 8.*

BRYGÆ. Voiez BRYX.

BRIGEÏDES. (les Isles) Isles de la Mer Adriatique dans l'Illyrie auprès de l'Istrie, selon Apollonius cité par Ortelius [l].

[l] *Thesaur.*

BRYGIANUM. Voiez ARCENNUM.

BRYGIAS, Ville de la Macedoine, selon Etienne le Géographe.

BRYGIUM, Ville de la Macedoine vers la Presqu'Isle de Pallene, selon le même.

BRYLLION, Ville d'Asie dans la Bithynie sur la Propontide, selon Pline [m]. La Contrée en prenoit le nom de BRYLLIS. Ephorus croyoit que cette Ville avoit aussi été nommée *Ceium*.

[m] *l. 5. c. 32.*

BRYORUM LITTUS. Contrée Maritime de la Cyrenaïque, selon Ptolomée [n].

[n] *l. 4. c. 4.*

BRYSACIUM, Ville des Parthyniens dans l'Illyrie, selon Etienne le Géographe.

BRYSÆ. Voiez BRICÆ.

BRYSANI, ancien Peuple des Indes, selon Pline [o].

[o] *l. 6. c. 17.*

BRYSEÆ, ancienne Ville du Peloponese dans la Laconie, selon Pausanias. Mais Sylburge croit qu'il faut lire BRASIÆ. Voiez PRASIA.

BRYSIÆ, Ville du Peloponese dans l'Elide, selon Homere & Etienne le Géographe. Ortelius [p] soupçonne que c'est la BRYSEÆ de Pausanias & qu'elle étoit sur les Confins de l'Elide & de la Laconie.

[p] *Thesaur.*

BRYSIS MAGNA, *la Grande Brysis* Evêché, &

BRYSIS PARVA, *la petite Brysis*, Archevêché. Il est parlé de ces deux Brysis dans les Sanctions Pontificales des Empereurs d'Orient. Une Notice de Léon le sage met *Brysis* pour dix-neuvieme Archevêché. C'est apparemment la même que *Brysis* qui dans la Notice de Doxa Patrius est mise au quatorzieme rang entre les Archevêchez qui n'avoient ni Metropolitain ni Suffragans. Mais je ne trouve nulle part dans quel lieu étoient ces deux Villes.

BRYSTACIA. Voiez BRUSTACIA.

BRYTEIDES, pour BRYGEÏDES.

BRYX, & BRYGÆ, ancien Peuple de Macedoine aux Confins de l'Illyrie, selon Etienne & Strabon [q]. Herodote dit qu'on les nommoit *Briges* tant qu'ils ne sortirent point de l'Europe; mais que quand ils se furent établis en Asie on les nomma PHRYGES, *Phrygiens*. Voiez le mot PHRYGIE.

[q] *l. 7.*

1. BRZESCIE, Ville de Pologne en Lithuanie au Confluent des Rivieres de Boug & de Muchawecz; au Palatinat de Brzescie dont elle est la Capitale. On la nomme Brzescie de Lithuanie pour la distinguer de celle de Pologne, qui en est très-éloignée & très-differente.

Ll

BRZ. BU.

Le Palatinat de BRZESCIE en Lithuanie, Contrée de ce Duché. Il a au Nord le Palatinat de Novogrodeck; à l'Orient la terre de Rzeczyca; au Midi les Palatinats de Wolhinie, de Belzs, & de Ruffie; au Couchant ceux de Lublin & de Podlaquie. La Riviere de Pripecz qui groffit le Boristhene y a fa source & le traverse d'Occident en Orient. Les principaux lieux sont,

Brzescie Capitale,   Horodeck,
Szezeczowa,   Puyck,
Cobinol,   Horodack,
            & Davidow.

2. BRZESCIE, Ville de la grande Pologne au Palatinat de Brzescie. Mr. Baudrand la nomme BRESTE [a] & dit qu'elle eft affez forte par fa fituation. Le Chevalier de Beaujeu dans fes Memoires [b] nomme ce lieu Bretch, & dit qu'il s'écrit BRECZ. C'eft, dit-il, une Ville confiderable quant au nom, car elle eft peu de chofe pour les bâtimens; elle eft fituée dans un Ovale un peu enfoncé comme un Amphitheatre au milieu de très-vaftes plaines. Elle eft la Capitale d'un Pays ou Province particuliere qui fait un grand Palatinat, annexe de la grande Pologne. Ce Palatinat qu'il entend eft celui de Cujavie, mais on le partage en deux Palatinats qui prennent chacun le nom de leur principale Ville. Voyez CUJAVIE. Le Chevalier de Beaujeu met cette Ville à fix lieues de Thorn, Slufzova entre deux à diftance égale.

2. Le Palatinat de BRZESCIE, Contrée de la haute Pologne dans la Cujavie. Il a au Nord le Palatinat d'Inowladiflaw; au Nord-eft la Wiftule; au Sud-eft les Palatinats de Rava & de Lencicza; & au Nord-Oueft celui de Kalifch. Brzescie & Roofchowa en font les feuls lieux remarquables.

[a] Ed. 1705.
[b] l. 1. c. 4.

BU.

☞ BU, cette Syllabe qui termine plufieurs noms de lieu de Normandie, comme TOURNEBU, CARQUEBU, MENILBU, BOURGUEBU, LONGBU, CAUBU; eft de fon chef auffi le nom de quelques Seigneuries; comme de BU fur Rouvre & de BU en Côtentin. Elle fignifie en vieux Saxon un VILLAGE. Une infinité de Villages en Angleterre, en Dannemarck, & en Suede font terminez en BI que les habitans prononcent BU. Dans l'Ifle de Seeland près de la Ville de Rhinfted, (Ring-fteed) non loin de Copenhague, il y a un Village nommé Querkebi, (Kerkebi) qui eft le même nom fans aucun changement que CARQUEBU Village du Côtentin, qui fignifie Village d'Eglife: TOURNEBU eft le Village de Thorn Divinité Gothique: BOURGUEBU eft le Village de Bourgaife. Quelques familles Nobles & Roturieres de Caen ont porté le nom de Bourgaife, ou Bourgoife & il eft entré dans la compofition du nom de Bourgueville. Menilbu eft Village de la demeure du Seigneur.

Le nom de Bœuf a produit les noms de BREBEUF Village du Pont, MARBEUF Village de Marie, QUILLEBEUF Village de la Fontaine, (Quell en Allemand veut dire une fource) CRI-

Tom. I. Part. 2.

BUA.

QUEBEUF, qui eft le même que Carquebu, & une infinité de femblables.

Mr. Huet de qui eft cet Article affure un peu trop facilement, ce me femble, que Criquebeuf & Carquebu ont une même Origine. On peut lui accorder que Carquebu eft la même chofe que Kerquebu, & vient du mot Kerck qui veut dire Eglife; mais il n'en eft pas de même de Criquebœuf qui eft un Village Maritime au Couchant de Honfleur. Ce nom vient du mot Crique qui dans la Langue des Marins fignifie une efpece de Havre où peuvent fe mettre des bateaux & des barques; comme en effet il y en a un à Criquebeuf. Il reprend Mr. Valois & le taxe d'erreur pour avoir cru que la Syllabe Beuf dans ces noms d'Elbeuf & de Quillebeuf, viennent du Gaulois BOT & BODE & de l'Allemand Boden qui fignifie le fond, la profondeur, (ce mot fignifie la place, le fol, le fonds, où une chofe eft placée, fans égard à la profondeur.) Elbeuf & Quillebeuf comme tous les autres noms que j'ai rapportez viennent de BU qui fignifie Village.

BUA, Ifle du Golphe Adriatique fur la côte de Dalmatie, auprès de la Ville de Trau [c] dont elle n'eft féparée que par un petit Canal; elle a environ dix milles de tour, fans aucun port, mais comme elle eft partagée en deux Promontoires, ils forment entre eux une efpece de Golphe où une armée navale peut mouiller. Les Ecueils de Ste. Euphemie & de St. Cyprien font comme un port affez commode. Les Genois voulant s'emparer du Golphe fe fortifierent en ce lieu de maniere qu'ils rendirent inutiles tous les efforts du General Pifani qui venoit les en chaffer. Cette Ifle quoique fi proche de la Ville de Trau qu'elle y communique par des ponts n'eft pas toute entiere dans fon Territoire. Il n'y en a que la moitié, l'autre eft du Comté de Spalato. Mr. Spon dit [d] qu'on appelle auffi cette Ifle L'ISLE DES PERDRIX à caufe de la grande quantité qu'on y en trouve. On les envoye pour la plus grande partie à Venife falées & entaffées dans des barils comme des harangs. Un des Fauxbourgs de Trau eft dans cette Ifle.

BUADA, Petite Ifle de l'Amerique Septentrionale, au Canada, dans le Lac d'Ontario, ou de Frontenac & dans fa partie Orientale, au Pays des Iroquois. Ce nom [e] a été donné pour faire honneur au Comte de Frontenac, de la Maifon de Buade, Viceroi de Canada; où il a gagné les cœurs de toutes les Nations voifines par fa fage conduite. Les naturels du Pays l'appelloient en leur langue ONTARIO.

BUAI, Βυάοι, Peuple ancien de la Libye. Il y avoit felon Stobée quelque chofe de fingulier dans leur gouvernement; un homme commandoit aux autres hommes & les femmes avoient une femme à laquelle elles obéiffoient.

BUANA, Petite Ville de la grande Armenie, felon Ptolomée [g].

BUANENSIS. La Notice de l'Abbé Milon, met un Siége Epifcopal ainfi nommé dans l'Efclavonie fous la Metropole de Raguse. Mais d'autres Exemplaires portent BIDUANENSIS au lieu de BUANENSIS qu'on lit dans d'autres.

BUANES [h], Bourg ou petite Ville de France en Gafcogne fur la Riviere de Bahus, au Diocèfe d'Aire.

[c] Coronelli Ifolario. p. 151.
[d] Voiages T. 1. p. 55. & 56.
[e] Corn. Dict.
[f] Ortel. Thef.
[g] l. 5. c. 13.
[h] Baudrand Ed. 1705.

Ttt 2   BUAR-

BUA. BUB.

BUARCOS, Ville de Portugal dans la Province de Beira, à l'Embouchure de la Riviere de Mondego, auprès de la Ville de Redondo à laquelle elle est contigue. La Mer mouille ses murailles & y fait une rade. On a commencé à fortifier cette Ville & on y pretendoit faire sept bastions dont trois étoient achevez lorsque Mr. Lequien de la Neuville écrivoit son Histoire de Portugal. Il observe que de deux Regimens d'Infanterie qui sont dans la Province on détache vingt-cinq hommes de chacun pour la Garnison de cette Place.

BUBA, ancienne Ville d'Italie au Pays du Peuple *Frentani*, selon Ptolomée [a]. Ligorius croit que c'est aujourd'hui PESCARA. D'autres disent que c'est TERMOLE. Ortelius la tient pour la même que la *Buba* ou *Bybe* d'Etienne le Géographe qui la met chez les Peucetiens; ces deux Peuples étoient voisins. Voyez l'Article BUCA.

[a] l. 3. c. 1.

BUBACENE, Contrée d'Asie. Polyperchon la soûmit aux loix d'Alexandre le Grand au raport de Quinte Curse [b].

[b] l. 8. c. 5.

BUBALIA PANNONIA. Voiez PANNONIA.

BUBASIS, Village d'Egypte. L'Etymologique où il en est fait mention le distingue de la Ville de Bubaste.

BUBASSUS, Contrée d'Asie dans la Carie, selon Pline [c]. Il y avoit une Ville de même nom qu'Etienne le Géographe nomme BUBASSUS; il ajoute qu'on la nommoit *Bybastum* & *Bybastium* & cite Ephorus. Pomponius [d] Mela nomme aussi *Bubessus*, en ce qu'il donne le nom de BUBESSIUS SINUS au Golphe de cette Ville, qui par conséquent étoit Maritime.

[c] l. 5. c. 28.
[d] l. 1. c. 16.

BUBASTE, selon Ptolomée [e], Bubastis, selon Herodote [f], Ville d'Egypte sur la Rive droite d'un bras du Nil qui en prenoit le surnom de *Bubastiacum*; & qui étoit le plus Oriental de tous, au Levant du Delta. Elle étoit très-fameuse & la plûpart des anciens Auteurs en ont parlé. Strabon [g] dit : il y a aussi en cet endroit la Ville de *Bubaste* & le Nôme [h] qui en prend le nom de *Bubastite*. Polybe [h] parle d'un certain Adæus qui commandoit dans Bubaste. C'est lorsqu'il fait mention d'une sedition qui s'éleva à Alexandrie. Diane y étoit particulierement adorée. Herodote [i] nous a conservé le souvenir des assemblées qui se faisoient à Bubaste en l'honneur de cette Déesse. C'est à quoi Ovide fait allusion dans ce vers des Metamorphoses [k].

[e] l. 4. c. 5.
[f] l. 2. c. 59.
[g] l. 17. p. 805.
[h] l. 15. c. 25.
[i] l. 2. c. 59.
[k] l. 9. v. 692.

Sanctaque Bubastis, variusque coloribus Apis.

La Ville est nommée BUBASTOS par Polybe, Strabon, & Ptolomée. Herodote & Pomponius Mela [l] l'ont appellée Bubastis. On croit que c'est cette même Ville que le Prophéte Ezechiel [m] a designée, sous le nom de BESET, פִּי־בֶסֶת, il la menace des derniers malheurs de la part de Nabuchodonosor Roi de Babylone. Cette Ville a été Episcopale & a été nommée comme telle dans une Notice qui sert de Supplement à celle de Hierocles. Celle de Leon la met aussi au nombre des Siéges de la seconde Province Augustamnique. St. Athanase dans sa seconde Apologie fait mention

[l] l. 1. c. 9.
[m] c. 30. v. 17.

d'Harpocration Evêque de cette Ville.

BUBASTIACUM, surnom donné à un des bras du Nil dans la basse Egypte. Ptolomée fait mention de ce nom [n], en décrivant le petit Delta partie du grand Delta d'Egypte.

[n] l. 4. c. 5.

BUBASTIS, Ville de la Carie, selon Etienne qui dit qu'on la nommoit aussi MUMASTIS. C'étoit sans doute la même que BUBASSUS.

BUBASTUS LACUS, le Lac de Bubaste, selon Ælien cité par Ortelius [o].

[o] Thesaur.

BUBASTUS AGRIA. Lieu d'Egypte, près de Leontopolis dans le Gouvernement d'Heliopolis, selon Josephe [p].

[p] Antiquit. l. 13.

BUBEGENTÆ, Peuple d'entre les Goths vaincu par les Wandales, selon Jornandes [q].

[q] De Reb. Getic. c. 23.

BUBEIUM *Natio*, ancien Peuple de l'Afrique Interieure; un de ceux que Cornelius Balbus conquit pour les Romains, selon Pline [r].

[r] l. 5. c. 5.

BUBELIANENSIS, Siége Episcopal d'Afrique. Voiez BULELIANENSIS.

BUBENSIS LIMES. Lieu d'Afrique ainsi nommé dans la Notice de l'Empire [s]. Il étoit du Gouvernement de la Province Tripolitaine.

[s] Sect. 55.

BUBENTANI, selon le Texte Grec de Denys d'Halicarnasse [t]. Gelenius son Traducteur écrit BUBETANI; & se fonde apparemment sur l'autorité de Pline [v] qui appelle BUBETANI un Peuple d'Italie dans le *Latium*; ce sont les mêmes.

[t] l. 5. p. 326.
[v] l. 3. c. 5.

BUBESSIUS SINUS. Voiez BUBASSUS.
BUBESSUS. Voiez BUBASSUS.
BUBETANI. Voiez BUBENTANI.

BUBIEMUM; Strabon [w] ayant dit que *Boviasmum* étoit la Residence de Maroboduus les Savans ont cru que ce nom étoit corrompu. Sans parler de Rhenanus & de plusieurs autres Aventin [x] qui avoit fort approfondi l'Histoire & la Géographie de ces quartiers de l'Allemagne dit que Marobodus qui étoit maitre de la Ville de BUBIEMUM, l'appella de son nom MAROBODUM & que c'est aujourd'hui la Ville de Prague. Il en est, dit-il, persuadé après beaucoup de recherches. *Id mihi ex Strabone, Cornelio Tacito, & Ptolomæo ex diligentissima segmentorum & partium observatione compertum est.* Le nom de *Marobudum* se trouve effectivement dans Ptolomée [y] comme un nom de Ville : ses Interprêtes qui disent que c'est la même que *Bubiemum* ne nomment point d'Ancien qui fournisse ce nom, aussi n'est-il fondé que sur le *Boviasmum* de Strabon que l'on a pretendu corriger ainsi. Cependant ces mêmes Interpretes doutent que cette Ville de Bubiemum soit la Ville de Prague ou de Budweis. Christophe Pyrame soutient que ce n'est point la Ville de Prague qu'il met à la place de la *Casurgis* de Ptolomée Ville differente de *Marobudum* qu'il faut donc chercher ailleurs. Lazius d'un autre côté veut que cette Ville *Marobudum* soit aujourd'hui la Ville de BUDWEIS. Ainsi les Interprêtes de Ptolomée n'ont fait que rapporter au mot *Marobudum* les sentimens d'Aventin & de Lazius. Voiez MAROBODUUM & PRAGUE.

[w] l. 7.
[x] Annal. Botor. l. 2. p. 41.
[y] l. 2. c. 11.

BUBIERCA, voiez BOBIERCA.
BUBILIA. Voiez BUCOLIUM.

BU-

BUB. BUC.

a Homann. Ducat. Pomeran. Tab.

BUBLITZE [a], Bourg de la Pomeranie Ulterieure dans la Caffubie, à environ quatre milles de Coflin vers le Midi Oriental; & à diftance à peu près pareille de Rumelsborch qui eft de la Wandalie vers l'Orient d'Eté.

BUBNIDA. Voiez BUVINDA.

b l. 5. c. 3.

BUBO, Βούβω, felon Ptolomée [b].

c l. 5. c. 27.

BUBON, felon Pline [c] & Etienne le Géographe qui écrit Βουβῶν, ancienne Ville de la Lycie dans la Cabalie dont elle étoit une des trois Villes.

d Hift. Ecclef. l. 9.

BUBONIA, Βουβωνία, Ville de la Gaule où Sozomene [d] dit que l'Empereur Conftantin aborda en venant de la Grande Bretagne. Ortelius a bien remarqué que ce nom eft corrompu & qu'il eft queftion de BOULOGNE fur mer, en cet endroit.

e Florid. l. 1. c. 6.

BUBULCI, Peuple des Indes, felon Apulée [e], cité par Ortelius, mais ce dernier fe trompe en ce qu'il prend pour un Peuple particulier, ce que nous appellons à prefent une Cafte, c'eft-à-dire, des gens d'une même profeffion. Le nom de *Bubulci* en ce paffage pris d'Apulée ne fignifie que des gens qui ne favoient autre chofe que garder les bœufs & les Vaches. *Eft apud illos genus qui nihil amplius quam Bubulcitare novere : ideoque Cognomen illis Bubulcis inditum.* Apulée ne fait là que copier Strabon dont je raporterai les paroles au mot INDES.

BUBULCORUM CIVITAS. Voiez BUCOLON.

f l. 3. c. 12. g l. 5. p. 242. h l. 2. c. 4.

BUCA, ancienne Ville d'Italie au Pays du Peuple Frentani felon Pline [f], Strabon [g] & Pomponius Mela [h] en parlent auffi. Elle eft entierement détruite. Michel Servet de Villeneuve croit que c'eft la BUBA de Ptolomée.

BUCAEA, lieu de Græce dans la Phocide, felon Suidas. L'Etymologique ajoute qu'il étoit au mont Parnaffe.

i Thef.

BUCALTUM, ancien lieu d'Egypte dont l'Evêque eft nommé Hippocration par St. Athanafe. Ortelius [i] a bien vu que ce nom étoit corrompu. Seroit-ce, dit-il, pour *Bucolium*, c'eft ce que je laiffe à decider à ceux qui peuvent confulter le texte Grec. Le paffage dont parle Ortelius fe trouve dans la feconde Apologie de St. Athanafe, & au lieu de *Bucaltum* on y lit BUBASTUS.

BUCARAS, nom de Riviere, felon Polybe cité par Suidas. C'eft peut-être le BOCARUS de Strabon.

k Baudrand Ed. 1705.

BUCARIZA, [k] Ville du Royaume de Hongrie dans la Croatie fur la Mer Adriatique & dans un Golphe qui prend le nom de cette Ville. C'eft un Port de Mer à huit milles de *Fiume*.

BUCARTERUS, Montagne où Nicandre [l] dit que l'on trouve des Viperes. Il eft quelque part en Afie, mais il ne dit point en quel Canton.

l Io Theriaca.

BUCCARA. Voiez BOCHAR.

BUCCARIE, ou BOUCHARIE, grand Pays d'Afie dans la Tartarie. On le diftingue en deux parties ; favoir la PETITE BOUCHARIE, ou BUCCARIE, à l'Orient des Montagnes qui font au Nord du Royaume de Cachemire & la GRANDE BOUCHARIE dont je parle dans l'Article qui fuit. La PETITE BUCCARIE ou BOUCHARIE eft le même Pays que le Royaume de CASCHGAR. Voiez ce mot.

BOUCHARIE, (LA GRANDE) Province de la Grande Tartarie [m]. Dans l'Etat où elle eft à prefent elle comprend précifément la Sogdiane & la Bactriane des Anciens avec leurs dépendances. Elle eft fituée entre les 34. & les 44. dégrez de Latitude & les 92. & 107. dégrez de Longitude. Le Pays des Callmoucks la borne au Nord ; la petite Boucharie, ou le Royaume de Cafchgar, à l'Eft ; les Etats du Grand-Mogol & la Perfe, au Sud; le Pays de Charafs'm, à l'Oueft : en forte qu'elle n'a pas moins de 150. lieues d'Allemagne en fa plus grande longueur, & à peu près autant en fa plus grande largeur. Cette Province eft préfentement la Partie la plus cultivée & la plus peuplée de toute la Grande Tartarie. Les Tartares qui l'occupent, font communément regardez comme les plus civilifez de tous ces Peuples ; quoi qu'ils ne laiffent pas d'être grands voleurs, ainfi que le refte des Tartares Mahometans. Aux bottes près qu'ils portent fort lourdes, ils font habillez hommes & femmes à la maniere des Perfans, mais pas tout à fait fi proprement ; & les Principaux d'entre eux portent des aigrettes à leur Turban. Leurs Armes font à-peu-près les mêmes que celles du refte des Tartares, favoir le Sabre, le Dard, la Lance, & des Arcs plus gros que les communs, dont ils fe fervent avec beaucoup de force & d'adreffe ; ils commencent même depuis quelque tems à fe fervir d'Arquebufes à la Perfanne : lorfqu'ils vont à la guerre, une grande partie de leur Cavalerie porte des cottes de mailles & un petit Bouclier pour fe garentir des coups de Sabre.

m Hift. des Tatars. N. p. 256.

Les Tartares de la Grande Boucharie fe piquent d'être les plus robuftes & les plus braves de leur Nation. En effet ils doivent avoir beaucoup de bravoure, puifque les Perfans, qui font naturellement très-braves, ne laiffent pas de les redouter en quelque façon : le fexe mème en ce Pays fe pique d'une bravoure à toute épreuve. Le Sr. Bernier raporte à ce fujet un Conte Romanefque, que lui fit un Ambaffadeur du Chan de Samarkand, qui vint féliciter Aureng-Zeb fur fon avenement au Trône des Grands-Mogols. Ce qu'il y a de vrai, c'eft que ces femmes vont fort fouvent à la guerre avec leurs maris, & ne craignent point dans l'occafion les coups de main. Elles font pour la plûpart très-bien faites & paffablement jolies, on en trouve même quelquesunes qui peuvent par tout Pays paffer pour parfaitement belles. Les chevaux de ces Tartares ont peu d'apparence, n'ayant ni Poitrail, ni crouppe, le coû long & droit comme un bâton, les jambes fort hautes, & point de ventre ; ils font prefque tous d'une maigreur à faire peur, mais cela n'empêche pas qu'ils ne foient extrêmement vites & prefque infatigables. Comme il ne leur faut pas beaucoup pour leur entretien, un peu d'herbe, quelque méchante qu'elle puiffe être, & même, au défaut de l'herbe, un peu de mouffe leur fuffifant en cas de befoin, on peut dire que ce font les meilleurs chevaux du monde pour l'ufage que les Tartares en font.

Il faut avoüer que la nature n'a rien refufé

à ce beau Pays pour en rendre le séjour agréable. Les Montagnes y abondent en mines des plus riches : les vallées sont d'une fertilité étonnante en toutes sortes de fruits & de légumes : ses Campagnes sont couvertes d'herbe à la hauteur d'un homme : ses Rivieres fourmillent de poissons excellents : le bois, qui est rare par tout le reste de la Grande Tartarie, s'y trouve en abondance en plusieurs endroits. Mais tous ces avantages sont de fort peu d'usage aux habitans de ce Pays, qui sont naturellement si paresseux, qu'ils aiment mieux voler, piller & brigander ce qu'ils peuvent sur leurs voisins, que de s'appliquer à faire valoir les biens que la nature leur offre si libéralement. Le Pilau, qui est du Ris bouilli à la maniere ordinaire des Orientaux, & la chair de cheval font leurs mets les plus exquis ; le *Koumisse* & l'*Arack*, tous deux préparez de lait de cavalle, sont leur boisson ordinaire. Leur langage est un mélange de la Langue Turque, de la Persanne & de la Mogoule : cependant ils ne laissent pas de pouvoir s'entendre avec les Persans. Les Sujets du Grand Mogol & les Persans appellent communément ces Tartares, USBECKS : ils comprennent ordinairement sous le même nom les Tartares de Chiva, habitans du Pays de Charasm.

La Grande Boucharie est subdivisée en 3. Provinces particuliéres : la Province de MAURENNER, qui a la Ville de Samarkand pour Capitale, est située au Nord : celle de la GRANDE BOUCHARIE, proprement dite, a pour Capitale la Ville de *Bouchara* (BOCHAR) située dans son milieu : celle de BALCK, dont la Capitale est la Ville de Balck, est située au Sud. Chacune de ces trois Provinces a d'ordinaire son Chan particulier : mais à présent le Chan de *Bouchara* est en possession de la Province de Ma-urenner ; en sorte que tout ce qui est au Nord de la Riviere d'Amù, & même la partie Orientale de ce qui est au Sud de cette Riviere, est entre ses mains : ce qui le rend un Prince très-puissant.

Les Usbecks sont incessamment aux prises avec les Persans ; & en cette occasion les belles Plaines de la Province de Chorasan leur sont d'une grande commodité : mais il leur est impossible de pouvoir pénétrer dans les Etats du Grand-Mogol, à cause des grandes Montagnes qui les en séparent, & qui sont inaccessibles à leur Cavallerie. Ceux d'entre les habitans de la Grande Boucharie, qui se nourrissent de leur bétail, vivent sous des huttes à la maniere des Callmoucks leurs voisins, & vont camper de côté & d'autre, selon la commodité de la saison & les besoins de leurs troupeaux : mais les autres, qui cultivent les Terres, vivent dans des Villages & hameaux ordinaires. Il y en a très-peu qui habitent dans les Villes ou Bourgades du Pays, qui sont toutes occupées par les anciens habitans de ces Provinces, qui n'ont aucune liaison avec les Tartares qui sont maintenant les Maîtres de la Grande Boucharie.

BUCCIACUM, lieu parriculier de la Gaule. Fortunat en parle dans la Vie de St. Germain.

BUCCONIENSIS, Siége Episcopal d'Afrique dans la Numidie. Donat *Episcopus Bucconiensis* est nommé dans la Conference de Carthage [a] & on trouve dans la Notice Episcopale d'Afrique entre les Evêques de Numidie *Vitalianus Bocconiensis*.

[a] p. 284. Edit. Dupin.

BUCCULA. Voiez OBOLCOLA.

BUCCELLARIORUM REGIO, Porphyrogenete dit que c'est la même contrée d'Asie qu'habitoit le Peuple MARIANDYNI. Voiez ce mot.

BUCEPHALA, Ville des Indes au Pays du Peuple nommé *Aseni* dont elle étoit la Capitale selon Pline. Cette Ville fut ainsi nommée à cause de Bucephale cheval de Bataille d'Alexandre le Grand que ce Heros perdit & fit enterrer en cet endroit, comme le raconte Arrien [b] ; Elle étoit située au delà l'Indus au bord de l'Hydaspe. Ptolomée lui donne aussi cette situation. Solin [d] & Augulegile [e] ont parlé de cette Ville. Strabon la nomme BUCEPHALIE ; c'est la même qu'ALEXANDRIE 7. L'Auteur du Periple de la Mer Erythrée dit qu'elle portoit aussi ce nom. Mercator croit que c'est présentement GELFETEN.

[b] De Expedit. Alexand.
[c] l. 5. p. 351.
[d] l. 7. c. 25.
[e] c. 45. p.
[f] l. 5. c. 2.

BUCEPHALAS [f], Port de Grece dans l'Attique selon Gesner, dans son Traité des Animaux.

[f] De Bove & Vacca.

BUCEPHALOS, & BUCEPHALUS, Port de Mer du Peloponnese prés du Promontoire Spirée selon *Pomponius Mela* [g] & *Pline* [h]. Ptolomée le met dans le Golphe Saronique Βουκέφαλον λιμήν le Port de *Bucephalum*. Belon croit que c'est présentement la *Cavalla* ; mais il se trompe bien grossierement, car la Cavalla est bien loin de la Morée, & au Nord de la côte de Macedoine. Il a été abusé par une convenance du nom & par les Contes des gens du Pays, qui comme il le raconte lui-même font voir un ancien sepulchre de marbre, avec une Inscription en Lettres Latines & qu'ils appellent *la Creche du cheval d'Alexandre le Grand*, c'est-à-dire de *Bucephale*.

[g] l. 2. c. 3.
[h] l. 4. c. 5.

BUCEPHALUM, &
BUCEPHALUS. Voiez BUCEPHALOS.

BUCERAS, Fontaine auprès de Platées ; selon l'Etymologique.

BUCH (LE PAYS DE) petite contrée de France en Guienne, dans le Bourdelois sur la côte de la Mer de Gascogne au Midi du Pays de Medoc, si nous en croyons M. l'Abbé de Longuerue [i] : on l'appelle en Latin BOII. Ausone, dit-il, en fait mention dans une de ses Epîtres, comme d'un Pays voisin de Bourdeaux, & où l'on faisoit beaucoup de poix : c'est pourquoi il appelle ces *Boii*, *Piceos* dans ces vers :

[i] desc. de la France part. 1. p. 172.

*Placeat reticere nitentem
Burdigalam & Piceos malis describere* Boios.

On a vû dans l'Article de BOATIUM CIVITAS les opinions de divers Savans, entre autres celle de Hadrien de Valois qui taxe d'erreur Scaliger d'avoir entendu ces *Boates* par le Pays de BUCH. On y peut lire les raisons sur lesquelles il se fonde. Mr. de Longuerue ne laisse pas de persister dans ce sentiment & voici ce qu'il dit à ce sujet : quoi que ce Pays de Buch fût dans la Novempopulanie, il appartenoit néanmoins au Bourdelois & ne faisoit pas une Cité

BUC.

té particulière, *Civitas*, il y avoit seulement *Castrum*, un Château. C'est pourquoi l'Auteur d'une Notice des Gaules, ou plutôt ses Copistes se sont abusez, quand ils ont mis *in Novempopulania Civitas Boatium, quod est Boius in Burdigalensi*. Car il falloit écrire *Castrum Boatium*. L'erreur vient de ce que l'on ne mettoit souvent que la lettre C. pour abreger, ce qui a fait confondre *Civitas* avec *Castrum*. Ce Pays nommé, premierement Buyes & ensuite Buch par corruption, a eu ses Seigneurs particuliers fort célèbres dans l'Histoire de Guyenne, qui portoient le nom de Captal ou Capoudal, en Latin *Capitalis*; les Seigneurs de Grailli près de Genève ayant épousé l'Heritière de Buch s'établirent en Gascogne où ils se rendirent fameux par leur attachement au parti Anglois. Ils prirent ensuite le nom de Foix après qu'Archambaut de Grailli Captal de Buch eut épousé Elizabeth Comtesse de Foix & Vicomtesse de Bearn. Leur petit-fils Jean de Foix fut créé par Henri VI. Roi d'Angleterre Comte de Candale ou Kendal en Angleterre au Pays de Westmorland, & ses Heritiers ont porté ce titre jusqu'à Henri de Foix Comte de Candale qui laissa pour unique Heritière sa fille Marguerite qui épousa Jean de Nogaret Duc d'Epernon. Bernard son fils qui lui succeda, étant mort sans posterité, le Duc de Foix-Rendan herita d'une partie des biens de la Maison de Candale & entre autres du Captalat de Buch & le dernier Duc de Foix étant mort sans enfans a donné par Testament ses biens venus de la Maison de Candale au Marquis de Gontaut en 1715.

BUCHAETIUM, ancienne Ville de Grece dans l'Epire au Pays de Cassiopée. Strabon [a] la nomme *Βουχαίτιον*. Demosthene en fait aussi mention dans ses Philippiques, & la nomme une Colonie des Eléens.

[a] l. 7. p. 324.

BUCHAN [b], quelques-uns écrivent Buquan, Province de l'Ecosse Septentrionale. Elle s'étend depuis le Spey qui la sépare de la Province de Murray, & le Don qui la sépare de la Province de Marr, jusqu'à la Mer d'Allemagne, en y comprenant la partie qu'on appelle Bamfe, dont quelques-uns font une Province à part. Ainsi Buchan regarde la Mer du côté du Nord & de l'Est. Après le Spey & le Don, Rivieres desquelles on vient de parler, la Doverne est la plus considérable de cette Province. Il y a eu plusieurs Comtes de Buchan, tant de la Maison des Cummins que de celle des Stuarts. Les premiers étoient considerables, principalement sous les Regnes d'Alexandre II. & d'Alexandre III. & lorsque les Anglois s'étoient rendu Maîtres de l'Ecosse sous le Regne d'Edouard I. mais leur attachement au parti Anglois fut la cause de leur ruine. De l'autre famille Jean Stuart Comte de Buchan fils puiné de Jean Duc d'Albanie se signala en France. Avec son Corps de sept mille Ecossois qu'il commandoit, il fit balancer la Victoire en faveur des François dans la journée de Baugé, où les Anglois furent entièrement défaits & où le Duc de Clarence frere de Henri V. Roi d'Angleterre fut tué. C'est pourquoi ce Comte fut fait Connétable de France.

La Province de Buchan se subdivise en plusieurs parties, savoir,

[b] Etat pres. de la G. Bret. T. 2. p. 271.

BUC.

Buchan, proprement dite Bamfe, Boyné, Strathyla, Strathawin, Enzie, Strathbogi, Garioch, & Balvenie.

Les principales Villes de Buchan sont Frazerbourg & Peter-Head, deux Ports de Mer. Entre l'Ythan & le Don il y a un Territoire nommé Formartin, qui est fort agréable, fertile & bien habité ; mais le Village nommé de Turréf est l'endroit le plus charmant, fameux pour la chasse & orné de plusieurs Maisons de Noblesse à l'entour. A quelque cent pas de la Mer, vers les ruines du Château de Slains il y a diverses sources d'une eau qui petrifie, dont on fait de la chaux très-blanche & très-bonne. Le fameux Ecossois qui a [c] rendu son nom celebre par ses Poësies Latines & par son Histoire d'Ecosse, n'étoit pas de cette Province mais de celle de Lennox, comme il le dit lui-même dans sa Vie.

[c] Buchanan.

BUCHAN-NESS, Cap de l'Ecosse Septentrionale dont il est le plus Oriental, dans la Province de Buchan.

BUCHAU, Ville Imperiale d'Allemagne dans la Suabe sur le Federsée ; à distance à peu près égale de Biberach & du Danube ; à deux milles d'Allemagne de l'une & de l'autre [d]. Il y a une Abbaye de même nom dont l'Abbesse a sa voix aux Diètes de l'Empire ; on y suit la regle de St. Augustin. Ce Monastere fut fondé vers la fin du VIII. Siécle par Adelinde fille de Hildebrand Duc de Suabe. On croit qu'elle étoit sœur de Hildegarde seconde femme de Charlemagne. Elle étoit femme d'Otton Comte de Kesselbourg en mémoire duquel elle fit bâtir cette Abbaye dans le même endroit, où il avoit été tué avec trois fils en combattant contre les Huns. Le Chapitre n'a que huit Chanoinesses Capitulaires qui font des Comtesses & des Barones ; elles peuvent se marier, excepté l'Abbesse qui est benite & qui doit être confirmée par le Pape. Dans la Diète elle a son rang parmi les Abbesses du Rhin, quoique l'Abbaye soit dans le Cercle de Suabe.

[d] d'Audifret Geogr. T. 3. Souverains du Monde. T. 1. p. 290.

BUCHAW [e], (LE) petit Pays d'Allemagne au Cercle du haut Rhin ; il comprend l'Etat de l'Abbé de Fulde & s'étend entre la Franconie au Midi & la Basse-Hesse au Septentrion. Il est divisé en plusieurs petits Bailliages & a pour Capitale la Ville de Fulde.

[e] Baudrand Ed. 1705.

BUCHEN [f], petite Ville d'Allemagne au Cercle Electoral du Rhin, dans l'Archeveché de Mayence, à trois lieues d'Amorbach & un peu plus de Mosbach.

[f] Ibid.

BUCHEREST, BUCHORESTE, ou BUCKEREST, Ville de la Turquie en Europe dans la Walaquie, sur la Riviere de Dembrowitz ou d'Argisch ; qui tombe à une bonne journée de là dans le Danube. C'est la Residence du Hospodar de Walaquie, Mr. de l'Isle écrit constamment Buchorest.

BUCHERI [g], Ville d'Italie en Sicile dans la Province de Noto, avec titre de Principau-

[g] Del'Isle Sicile.

cipauté sur une Montagne, au Sud-est & à trois milles & demi de Vizini, & au Nord-est & à pareille distance de Monte-Rosso.

BUCHI [a], gros Bourg de France en Normandie au Pays de Caux, à cinq lieues de Rouen & de Neufchâtel & à deux du Bourg & de l'Abbaye de St. Saen. On y tient un assez grand marché le Lundi; & Foire à la Pentecote, à la Nativité, à la Purification, à l'Annonciation, & à l'Assomption de la Ste. Vierge. L'Eglise Paroissiale porte le Titre de Nôtre-Dame & le Territoire produit des grains & des fruits.

[a] Corn.Dict.

BUCHIARA, Lac d'Egypte du côté d'Alexandrie & vers la Mer Mediterranée dans la Province d'Errif; selon Mr. Baudrand suivi par Mrs. Mati & Corneille. Mais Mr. Baudrand l'a pris des Cartes de Mrs. Sanson qui ont transporté au Midi d'Alexandrie un Lac qui est à l'Orient de cette Ville. Ils mettent le pretendu Lac de Boucheira au lieu où les Cartes plus recentes mettent le Lac de la Maréote; & lui donnent une communication avec le Nil que n'a point le Lac de la Maréote qui est au Midi, mais bien le Lac de Madié qui est au Levant d'Alexandrie & est formé par un Canal qui se détache du bras le plus Occidental du Nil qui passe à Alexandrie; & qui coulant du Sud au Nord traverse ce Lac qui prend le nom du Bourg de Madié situé à l'Orient de son embouchure dans la Rade du Bequier, au Bocheir, & c'est sans doute ce nom qui a formé celui du Lac que Mrs. Sanson, Baudrand, Maty, & Corneille ont déplacé en se copiant les uns les autres en vrais Moutons.

BUCHIUM, Forteresse de l'Empire d'Orient aux confins de la Lazique selon Agathias [b]. Vulcanius lit dans le Grec Βούχλοιν, BUCHLOON.

[b] l. 3.

BUCHORN [c], petite Ville d'Allemagne au Cercle de Suabe, dans l'Algow, sur le Lac de Constance. Elle est libre & Imperiale, quoi qu'elle ait plutôt l'air d'un Bourg que d'une Ville. Elle est dans le Quartier de Buchwald & sous la protection de la Ville d'Uberlingen dont elle n'est pas à cinq milles, à distance à peu près pareille de Bregents & à trois milles de Constance.

[c] Baudrand Ed. 1705.

BUCHRIS [d], lieu au delà de la Mer Rouge selon Jean Moschus dans son livre du Pré spirituel.

[d] Ortel. Thes.

BUCHWALD, petit Canton d'Allemagne dans la Suabe, près du Lac de Constance, autour de Buchorn.

BUCIA, contrée voisine du Pont Euxin: si on lit dans Eutrope [e] Buciam omnem comme il y a dans quelques exemplaires. Mais les Manuscrits varient extrémement; cet Historien parle d'un Lucullus qui gouverna la Macedoine & dit: il penetra jusqu'au Danube; ensuite il attaqua plusieurs Villes situées sur le pont Euxin; & il y renversa Apollonie, prit Calatis, Parthenopolis, Tomes, Hister, Burziaonem, dont quelques-uns ont fait Buciam omnem; comme si après l'énumeration de plusieurs Villes Eutrope ajoutoit tout un Canton nommé Bucia. Ortelius pour racommoder ceci, remarque que l'M, & le B, ont quelque affinité & que le C & l'S se

[e] l. 6.c.8.

prennent quelquefois l'une pour l'autre dans la prononciation. Cela fait, il suppose que Bucia peut bien avoir été mis pour Mysia, la Mysie. Mais la varieté des Manuscrits n'est nullement favorable à cette correction, on y trouve Burziaonem, Burzionem, Burcionem, Burciaon, Buzionem, Burthiaonem, Bysiam, & Burchaonem. La conjecture d'Ortelius n'a donc pas été suivie & l'on a mieux aimé croire que c'est la Bizona de Strabon [f] qui selon cet Auteur étoit sur la route de Calatis à Apollonie. Voiez BYZUS. Si on avoit entiere la traduction Greque de Paanius, elle determineroit peutêtre; mais malheureusement il y a une assez grande Lacune en cet endroit.

[f] l. 7.

BUCIANA [g], Isle dependante de celle de Sardaigne: on y envoya en exil Pontien & Hippolyte, selon Damase dans la Vie de Pontien Pape.

[g] Ortel. Thes.

BUCILLY [h], Abbaye de France de l'Ordre de Prémontré dans le Thierrache au Diocèse de Laon, sur la Riviere d'Aubenton, à deux lieues d'Aubenton. Quelques-uns disent que c'étoit autrefois une Abbaye de filles de l'Ordre du Val des Ecoliers.

[h] Baudrand Ed. 1705.

BUCINNA, ancienne Ville de Sicile selon Etienne qui cite le troisiéme livre des Bassariques de Denys. Il a voulu dire sans doute qu'elle dependoit de la Sicile. Car si cette Ville a existé, elle étoit dans une Isle particuliere que l'on croit la même que la Φορβαντία de Ptolomée [i] & qui est nommée Bucinna par Pline [k], qui en fait une Isle & non pas une Ville. Les Italiens la nomment presentement LEVEZO ou LEVENZO, selon le R. P. Hardouin.

[i] l. 3. c. 4.
[k] l. 3. c. 8.

BUCINOBANTES, ancien Peuple de la Germanie du côté de Mayence. Herold Auteur Allemand qui avoit un genie très-propre à démeler les anciens noms Germains travestis par les Ecrivains Latins, en a donné des preuves dans son livre de Stationibus Legionum in veteri Germania. Voici ce qu'il dit au Chapitre XVI. Ammien Marcellin quelques Rois de la Germanie. Le plus renommé d'entre eux étoit Waldmeyer, qu'il appelle Vadomaire ou Vadomarius, dont la Residence étoit près des Raurais, sans doute à l'endroit où est maintenant Waldshut; d'où tout le Pays qui lui étoit sujet est encore appellé aujourd'hui uff dem Wald / & c'est ce que Ptolomée exprime par le nom d'Eremus le desert. Ce Prince avoit donné de l'exercice aux Romains qui le surprirent & le releguerent en Asie. Il eut un Successeur que les Latins ont nommé Macrianus, dont la Residence étoit voisine des Bourguignons. Marcellin qui étoit Grec n'a pu exprimer autrement ce nom faute d'avoir sû la Langue des Germains; car ce Prince s'appelloit chez eux Meyr im Ryngaw / de même que son frere que l'on appelloit Mayr im Bad est nommé par le même Hariobaudes; ces deux freres occupoient le Pays que nous appellons le Rhingaw, qui étoit alors plus étendu..... Valentinien ayant tâché de surprendre Macrien & l'ayant manqué, se jetta sur les environs de Mayence, que Macrien avoit laissé sans troupes, tandis qu'il s'enfuioit plus avant dans son Pays. Ce Prince Germain après que ce Pays eut été ravagé par les Romains

mains en donna le Gouvernement à *Fraomarius* Fraydignayr, nom dont on trouve des traces en Fraydigberg, Fraydigenbierg, & dans le nom de la Ville de Friberg. Du reste il donna à ce *Fraomarius* le commandement des *Bucinantes*, Peuple voisin de Mayence. Par ce nom il a marqué bien clairement Weyßenbaden ou Wyßibaden, & Wyßenbach.

BUCITATUM, Ville ancienne d'Italie; aux environs de Rome. Ce nom se trouve dans [a] Varron. Les Savans qui ont fait des remarques sur cet Auteur jugent que ce nom est corrompu.

[a] De Ling. Lat. l. 4.

BUCK [b], petite Ville de Pologne, Mr. de l'Isle écrit BUSK; elle est dans la petite Pologne, sur la Riviere de Boug, au dessous de Léopol; à neuf lieues communes de Pologne & au Couchant Septentrional de cette Ville; elle est au Palatinat de Belz dont elle n'est qu'à onze de ces mêmes lieues aux confins du Palatinat de Russie.

[b] De l'Isle Atlas.

BUCKINGHAM [c], (Mr. Baudrand écrit BUKINGHAM & BOUQUINGHAM ; & prefere cette derniere façon la moins bonne de toutes, puis qu'elle laisse douter si la seconde Syllabe doit être prononcée comme *qui* Latin, ou comme *qui* François) Ville d'Angleterre en Buckinghamshire, sur l'Ouse, que l'on y passe sur trois ponts de pierre; à quarante quatre milles de Londres.

[c] Etat Pres. de la G. Bret. T. 1. p. 42.

BUCKINGHAMSHIRE [d], Province d'Angleterre, dans l'Interieur de l'Isle, au Diocèse de Lincoln. Elle a cent trente huit milles de tour & contient environ 441000. Arpens & 18390. Maisons. C'est un Pays abondant en Pâturages, particulierement la Vallée d'Ailesburi, où paissent une infinité de Brebis, dont la Laine est fort estimée. Le pain & le bœuf de cette Province sont excellens. Les Villes & les Bourgs où l'on tient Marché sont,

[d] Ibid.

* Ailesburi,   Newport-Pagnel,
* Wickham,   Colebrook,
* Marlow,   Stony-Stratford,
* Wendover,   Oulney,
* Agmondesham,   Risboroug,
* Beaconfield,   Ivingo,
* Chesham,   Winslow.

les Places marquées par un Asterisque (*) envoyent leurs Deputez au Parlement.

BUCKOR [e], Ville d'Asie dans l'Indoustan, à l'extremité de la Province de même nom, dans une Isle que forme l'Inde, vis-à-vis de l'Embouchure du Ravi ou du Fleuve reçoit les eaux; au dessous de Moultan. Elle est la Capitale d'une Province de même nom.

[e] De l'Isle Atlas.

BUCKOR [f], (LA PROVINCE DE) Contrée de l'Indoustan sur le grand Fleuve de l'Inde qui la coupe en deux Parties, l'une au Levant, l'autre au Couchant. Dans cette derniere Partie sont les BULLOQUES ou *Balluches*, le Pays de Touran, les Villes de Candavil & de Kordar ou Cosdar. L'autre partie est arrosée par la Riviere de Chaul ou de *Sietmegus* qui se partage en deux bras, l'un sans sortir de la Province se perd dans l'Inde au dessus de Samand, l'autre va tomber dans le même Fleuve plus bas & presque à son Embouchure. Les

[f] Ibid.

Tom. I. PART. 2.

Villes de Sandur & de Suckor sont sur la Riviere de Chaul. La Ville de Rotera ou Reurée est dans une Isle formée par une autre Riviere qui coule au Sud-est de cette Province. Le Pays de Buckor a au Nord celui de Multan; à l'Orient celui de Bando ou d'Asmer, au Midi ceux de Jesselmere & de Tata ou du Sinde; & au Couchant le Segestan.

BUCOLEUM, &
BUCOLICUM. Voiez BUCOLIUM.

1. BUCOLIUM, ancienne Ville de Grece au Peloponnese, dans l'Arcadie, selon Pline [g]. Thucydide [h] nomme ce lieu BUCOLION, Βουκολίωνα, & le met près de Mantinée. *Vinsemius* son Interprete le place entre Mantinée & Tegée.

[g] l. 4. c. 6.
[h] l. 4. sub fin.

2. BUCOLIUM, Βουκολεῖον, c'est-à-dire un Pâturage, auprès de l'Embouchure du Nil nommée Heracleotique, selon Heliodore [i]. C'est ce qu'Etienne le Géographe appelle HERACLEOBUCOLI. Ce lieu est apparemment le même que BUCOLES, près d'Alexandrie, où St. Marc fut martyrisé & où les Idolâtres brûlerent son Corps; & ce qu'on en fut rassembler fut rapporté depuis dans la Ville; & delà transporté, dit-on, à Venise. Ce lieu étoit près de la Mer. Metaphraste dans la Vie de St. Epiphane le nomme BUBILIA.

[i] Hist. Æthiop. l. 1.

3. BUCOLIUM, ou BUCOLEUM, Βουκολέων selon Cedrene, Manasses & Curopalate, BUCOLUM selon Pierre Gilles qui cite Denys de Byzance : lieu voisin de Constantinople.

4. BUCOLIUM, selon Suidas, Βουκολεῖον & BUCOLICUS selon Pollux, lieu de Grece dans l'Attique, aux environs d'Athenes, près du Prytanée.

BUCOLO [k], Βουκολὰ, Ville. Ortelius qui cite Varin ne sait s'il doit la mettre dans la Pharsalie ou dans la Thrace.

[k] Thesaur.

BUCOLUM. Voiez BUCOLIUM.

BUCORTA [l], petite Riviere d'Italie, au Royaume de Naples, dans la Calabre ulterieure, près de la Ville de Girace. Elle se perd dans la Mer près du Bourg de Pagliapoli.

[l] Baudrand Ed. 1705.

BUCQUOY, Bourg & Château de France dans l'Artois, à trois lieues de Bapaume. Il a Titre de Comté, & est aux confins de la Picardie.

BUCRA. Voiez BRUCCA.

BUCTERI. Voiez BRUCTERES.

BUCTINUM, lieu particulier d'où Epistropolis & Boccius amenerent du secours aux Grecs selon Dares le Phrygien.

BUCULITHUS, lieu particulier que Cedrene met auprès de Cesarée. Il ne dit point laquelle, mais Ortelius croit que c'étoit celle de l'Asie Mineure & que l'on appelloit Mazaca.

BUDÆA, Ville de l'Inde en deçà du Gange selon Ptolomée [m].

[m] l. 7. c. 1.

BUDAIS [n], Plaine de la Tartarie en Europe. Elle s'étend entre la bouche du Nieper & celle du Danube, l'une de celles qui sont comprises entre le Budziak & l'Ukraine, ce qui fait que ceux qui l'habitent sont appellez Tartares Budziacks. Ces Tartares-là sont libres, & ne reconnoissent ni le Cham ni le Turc. Ils sont beaucoup plus vaillans & aguerris que ceux de Crim, étant tous les jours dans l'occasion.

[n] Beauplan dans sa description. p. 38. & suiv.

V v v   Ces

Ces Peuples ont pour habit une Chemife de toile de Coton, qui ne leur defcend que demi pied au deffous de la ceinture, un caleçon & des hauts de chauffes de drap en entier. Leurs armes font un Sabre, un Arc avec le carquois garni de dix-huit ou vingt fléches, & un couteau à leur ceinture. Ils portent un fufil afin de pouvoir allumer du feu, une alêne & cinq ou fix braffes de Cordelettes de cuir pour lier les prifonniers qu'ils peuvent faire en campagne. Il n'y a que les plus aifez qui ayent des côtes de maille. Les autres font fans armes défenfives, mais fort adroits & très-vaillans à cheval. Ils y font les jambes courbées, & en marchant au grand trot, ils ont une telle adreffe, que quand leur Cheval eft hors d'haleine, ils fautent de deffus fur un autre qu'ils menent à la main, afin de mieux fuir s'ils font pourfuivis. Ces chevaux qu'ils appellent *Baquemares*, font mal faits & laids, mais très-bons pour la fatigue. Ils ont le crin du col fort touffu & pendant jufqu'à terre, & la queuë de même. Ces Tartares ne favent ce que c'eft que des moutons, & préferent la chair de cheval à toute autre. Cependant il faut qu'un Cheval foit tout-à-fait hors d'état de rendre fervice, quand ils fe refolvent à le tuer. Comme ils divifez par dixaines, lorfqu'ils vont à la guerre, s'il fe trouve un de leurs chevaux dans la troupe qui ne puiffe plus marcher, ils l'égorgent, & s'ils ont de la farine ils y mêlent le fang avec la main, après quoi ils le font cuire dans un pot, ce qui eft pour eux un mets des plus délicats. Pour la chair ils la coupent en quatre quartiers, & en prêtent trois à ceux de leurs Camarades qui n'en ont point, ne retenant qu'un feul quartier de derriere, qu'ils coupent par grandes roüelles à l'endroit le plus charnu, & épaiffes feulement d'un à deux pouces; ils mettent ces roüelles fur le dos de leur cheval, qu'ils fellent enfuite par deffus, en le fanglant le plus fort qu'ils peuvent. Après avoir couru deux ou trois heures, ils deffellent leur cheval dont ils recueillent l'écume avec le doigt, & arrofent ces mêmes roüelles, afin qu'elles ne fe deffêchent pas trop. Cela fait, ils le retournent de l'autre côté, & après qu'ils ont couru de nouveau deux ou trois heures, la chair eft cuite à leur gré, comme fi c'étoit une étuvée. Quant aux autres endroits du quartier qui ne fe peuvent couper par grandes roüelles, ils les font bouillir avec un peu de Sel, mais fans écumer le pot, perfuadez que ce feroit ôter toute la faveur & le meilleur fuc de la viande. L'eau eft toute leur boiffon, quand ils en rencontrent ; car l'eau même eft quelque chofe de rare pour eux & tout le long de l'Hyver ils ne boivent que de la neige fondüe. Ceux d'entre eux qui font les plus accommodez, comme les *Morzes* ou Gentils-hommes & autres qui ont des jumens, en boivent le lait, qui leur tient lieu de vin & d'eau de vie. La peau des Chevaux leur fert à faire des brides, des foüets & des cordelettes. Ils en couvrent auffi leurs felles & ne portent point d'éperons, ce qui les oblige d'avoir des foüets. Pour le pourceau ils n'en mangent non plus que les Juifs, & pouffent fi loin l'horreur qu'ils en ont que quand ils pillent quelque Village, ils enferment dans une grange ou quelque autre lieu tout ce qu'ils en peuvent trouver, & mettent le feu aux quatre coins. Ils ne font leurs marches qu'à fort petites journées & reglent fi bien leur temps, qu'ils puiffent être de retour avant que les glaces foient fonduës. Ils prennent leurs routes par des Vallons qui foient voifins l'un de l'autre, & cela pour fe couvrir & n'être point découverts par les Cofaques, qui font aux écoutes en divers lieux, afin d'être informez de leur marche. La même raifon les empêche de faire du feu les foirs quand ils campent. Ils envoyent devant battre l'eftrade, & tâchent d'attraper quelque Cofaque, pour avoir langue de leurs ennemis. Sitôt qu'ils approchent de la frontiere de quatre ou cinq lieues, ils font une halte de deux ou trois jours en un lieu choifi où ils puiffent être à couvert. Alors ils font prendre haleine à leur Armée, qu'ils divifent en trois. Les deux tiers font deftinez pour former un corps, & ils divifent encore l'autre tiers en deux. L'un de ces deux Corps s'avance fur la droite, & l'autre fur la gauche, & dans cette difpofition ils entrent dans le Pays. Le Corps d'armée va lentement avec les aîles, mais continuellement, la nuit ainfi que le jour, fans employer plus d'une heure à repaître les chevaux & fans faire aucun dommage, jufqu'à ce qu'ils foient entrez foixante ou quatre-vingt lieues dans le Pays. Quand ils font fur la retraite, le Corps d'armée va toûjours le même train que le refte, & alors le General détache les aîles qui courent chacune de leur côté jufqu'à cinq ou fix lieues loin de leur Corps. Chaque aîle qui peut être de huit à dix mille hommes, fe divife de nouveau en dix ou douze troupes, chacune de cinq à fix cens Tartares, qui vont dans les Villages, & les affiégent en faifant quatre Corps de garde tout à l'entour, avec de grands feux toute la nuit, afin qu'aucun Païfan ne leur échape. Ils pillent & brûlent tuant tous ceux qui ofent leur refifter, & prenant ceux qui fe rendent, hommes, femmes, enfans à la mammelle, beftiaux, chevaux, bœufs, vaches, chevres & autres animaux. Ils ne reviennent jamais par où ils font entrez, au contraire ils s'en écartent, & font une efpece de ronde, pour mieux éviter la rencontre de leurs ennemis. Après avoir fait diverfes courfes ils rentrent dans les Campagnes défertes de la Frontiere, qui ont trente à quarante lieues d'étenduë, & là fe voyant en fureté ils fe repofent cinq ou fix jours, pendant lefquels ils partagent leur butin. Quand les Tartares font l'été des courfes dans la Pologne, ils ne font ordinairement que dix à vingt mille, à caufe qu'un plus grand nombre les feroit découvrir trop tôt: Etant arrivez à vingt ou trente lieues de la Frontiere, ils féparent leur armée en dix ou douze troupes, chacune de mille chevaux, & en envoyent la moitié, qui font cinq ou fix bandes à la droite, éloignées les unes des autres d'une lieuë & demie, & l'autre moitié à la gauche, à une pareille diftance, ce qui fait un front de dix ou douze lieues avec des coureurs qui vont devant prendre langue. Ces Tartares entrant en cet ordre dans la Frontiere, courent entre deux fleuves, & vont toûjours au deffus des fources des Rivieres, & par le plus haut Pays, où ils n'entrent pas plus avant que de fix à dix lieues. Ils ne s'y arrêtent

tent que deux jours, pillant & ravageant tout, & chacun s'en retourne en son quartier. Il y a ordinairement huit à dix mille Tartares dans ces plaines du Budziack. Ils sont séparez en troupes de mille chacune ; éloignées les unes des autres de dix à douze lieues pour faire quelque butin & ne se point nuire. Les Cosaques qui veulent passer ces plaines, vont en *Tabor*, c'est-à-dire, qu'ils marchent au milieu de leurs Chariots, dont ils mettent huit ou dix de front, & autant sur le derriere. Ils sont au milieu avec des fusils & des demies piques, & des faux emmanchées de long. Les mieux montez sont autour de leurs Tabors avec des Sentinelles avancées d'un quart de lieuë à la tête, à la queuë, & sur chaque aile. Si les Tartares découvrent les Cosaques les premiers, ils manquent rarement à les battre. Ces Campagnes sont couvertes d'herbes épaisses de deux pieds de haut, qui empêchent qu'on ne puisse les reconnoître à la piste. Ils se separent en petites troupes de dix chevaux, & marchent au grand trot, desorte que l'herbe qu'ils ont foulée se releve d'un jour à l'autre. Quand l'armée veut passer le Borysthene, qui est la plus grande Riviere de ce Pays, ils cherchent les endroits où les rives soient accessibles de part & d'autre. Chacun d'eux fait de petits fagots de roseaux, longs de trois pieds & gros de dix pouces, éloignez l'un de l'autre d'un pied avec trois bâtons, mis de travers au dessus bien liez, & au dessous un de coin en coin aussi bien lié. Ensuite le Tartare met sa Selle avec son Arc, ses Fléches & son Sabre, le tout bien attaché ensemble. Puis tout nud, un foüet à la main, il entre dans la Riviere, chasse son Cheval la bride sur le col, qu'il tient d'une main, il fait ainsi nager son cheval, nageant aussi d'une main jusqu'à l'autre rive. Voiez BUDZIAC.

BUDALIA, ou BUDALLIA, ancien lieu de la Pannonie sur la route de Sirmich à Salones à VIII. M. P. de la premiere. Ortelius croit que c'est peut-être pour BUBALIA.

BUDE, Ville de la Basse Hongrie, Capitale du Royaume de Hongrie & la Residence de ses Rois, tant que cette Couronne a eu ses Souverains particuliers. Elle est située sur la Rive Occidentale du Danube qui la separe de la Ville de Pest & que l'on passe sur un Pont de Bateaux. Quelques-uns croient que le nom de Bude vient d'un Frere d'Attila ; ce sentiment trouve ses partisans & ses Censeurs. Il y a des Ecrivains qui assurent que Bude a été nommée autrefois SICAMBRIA, à cause d'une Cohorte des Sicambres que les Romains y avoient en Garnison. Il faut distinguer l'ancienne Bude de la nouvelle.

L'ANCIENNE BUDE, est ruinée & les debris s'en voyent encore un peu au dessous de la pointe Meridionale de l'Isle de St. André, au Nord de la Nouvelle Bude sur la route de Gran en remontant le Danube; partie au bord du fleuve & partie dans une Isle que cette Ville occupoit. C'est de cette ancienne Bude qu'il faut entendre ce que l'on dit de cette Ville du temps des Romains. Elle avoit aussi un Château sur une hauteur : cette Ville ne subsiste plus que par des mazures. Voici des vers que son triste état a fait naître. C'est

Tom. I. PART. 2.

un Poëte Allemand ^a qui les a composez. *a Henr. Christ. de Heunin.*

Buda prior fueram populis spectanda situque,
Orbis Pannonii pulcer ocellus eram.
Sed me tempus edax consumsit : rudera tantum
Antiqui servant nominis ista decus.
I nunc, Ambitio, turres ad sidera tolle,
Integra cum videas Oppida posse mori.

Les Allemands la nomment Alt Offen, ou l'ancienne Bude. Le nom d'Ofen ou Offen veut dire *Four* en Allemand, & vient de certains fours à chaux qui étoient en cet endroit. LA NOUVELLE BUDE est située du même côté du Danube, au dessous de la vieille. On peut la regarder comme divisée en six parties. 1. La Cour ou le quartier du Château ; 2. la Ville haute ; 3. le long Fauxbourg ; 4. la Ville des Juifs ou la Ville de l'eau ; 5. le Fauxbourg d'enhaut ; & 6. le Fauxbourg d'enbas. Quelques-uns regardent la Ville de Pest, comme une partie de Bude ; mais c'est une Ville séparée, comme je le dis ailleurs, quoi qu'elles soient jointes l'une à l'autre par un Pont d'environ dix mille pieds de longueur & qui est soutenu par cinquante sept bâteaux, selon le compte de Tollius ^b. Le quartier où est le *b Epist.* Château est plus élevé que le reste de la Ville *Itiner. v.* de laquelle il est détaché par un double mur & *p. 200.* par un espace vuide, desorte qu'il peut encore faire quelque resistance après que la Ville est prise. Auprès de ce quartier vers le Nord-Ouest est la Ville haute. Entre elle & le Danube est la Ville de l'eau ou des Juifs ; au Midi de celle-ci un petit Fauxbourg, à l'extrémité duquel est un Palais que l'on appelle le petit Palais. Ce petit Fauxbourg est le même que celui d'enhaut, parcequ'en effet il est plus haut par raport au cours du Danube. Le petit Palais dont on vient de parler est occupé par les gens de la Douane. Au Midi de Bude est une Montagne sur laquelle il y a une Forteresse. Cette Ville est très-forte & ornée de belles Eglises & d'Edifices dont on augmente encore le nombre ; la situation en est agréable ; les environs ont des vignobles qui produisent d'excellens vins ; & il y a des sources d'eaux chaudes, qui y donnent la delicieuse commodité des bains. ^c Il y a de ces sources dont *c Wagenseil* l'eau est si chaude que l'on y cuit des œufs en *Synopsi* moins de temps qu'il n'en faut pour les cuire *Geogr. p.* dans de l'eau qui seroit sur un feu clair ; & *653.* comme si la nature avoit voulu temperer ces eaux, elle y a joint une source d'eau très-froide ; elles sont si peu éloignées l'une de l'autre qu'un même homme peut en même temps remplir deux cruches l'une d'eau chaude & l'autre d'eau froide, mais ce qui surprend le plus c'est de voir des poissons vivans nager au fond de cette eau bouillante d'où il ne paroit pas possible de les pouvoir tirer autrement que cuits. C'est cette situation agréable qui avoit porté le Roi Sigismond à embellir la Ville de Bude, & à y bâtir un magnifique Palais. Divers Grands y ont aussi élevé de beaux Edifices.

^d Bude a essuyé quantité de malheurs. So- *d Hist. des* liman Empereur des Turcs la prit & la brûla *Troubles de* en 1526. Comme il ne vouloit pas la garder il *Hongrie,* la remit à Jean Zapoli Waywode de Transil- *passim.* vanie qu'il établit Roi de Hongrie, moyen-

Vvv 2 nant

nant un tribut que ce Prince devoit payer à la Porte. Dès l'année suivante 1527. le Transsilvain qui travailloit à la faire reparer en fut chassé par Ferdinand Archiduc d'Autriche Frere de Charles V. à qui un parti de Hongrois avoit offert la Couronne. Soliman revenant à Bude l'an 1529. la reprit, & la rendit au Roi Jean qui la possed a paisiblement jusqu'à sa mort ; il est vrai qu'en 1530. Roggendorff voulut l'assiéger ; mais ce fut inutilement. Jean étant mort l'Archiduc Ferdinand voulut succeder ; mais Isabelle Reine Douairiere voulant conserver la Couronne à son fils qui étoit encore en bas âge appella Soliman à son secours ; le Sultan vint en effet & batit les troupes de Ferdinand, mais il trompa Isabelle sous pretexte de la secourir, & s'empara de la Place qui demeura au pouvoir des Turcs qui y établirent un Bacha. Roggendorf l'assiegea inutilement l'an 1541. Le Comte de Schwartzenbourg en 1598. l'Archiduc Mathias en 1599. & Rusfwurm en 1602. eurent le même sort : on la brûla, en 1635. Et enfin le 2. de Septembre 1686. l'Empereur la reprit heureusement sur les Turcs.

a Ed. 1705.

Mr. Baudrand *a* dit qu'on voit près de Bude un lieu nommé SCAMBRI où sont les ruines de l'ancienne Sicambria, bâtie par une Legion de Sicambres que l'Empereur Valentinien y envoya. On croit, dit-il, qu'elle fut ruinée par Attila. Il veut dire sans doute l'ancienne Bude. Il y a apparence qu'Attila l'ayant détruite son Frere bâtit dans le voisinage une nouvelle Ville qui est la Bude d'aujourd'hui, & que l'on dit qui porte son nom. Simler *b* & autres disent que Bude tient lieu de l'ancienne ACINCUM ; mais Simler lui même a été aussi d'un sentiment different comme on peut voir à l'article ACUMINCUM.

b in Antonin p. 262.

BUDEI. Voiez BUDII.

c Baudrand Ed. 1705.

BUDELICH *c*, petite Ville ou Bourg d'Allemagne au Cercle Electoral du Rhin, dans l'Archevêché de Treves, sur la petite Riviere de Traen, à demie lieue de la Moselle, & à quatre lieues de la Ville de Treves du côté de l'Orient.

1. BUDIA, Ville dans la Magnesie, selon Homere & Etienne le Géographe. Comme il y avoit plusieurs Magnesies on pourroit douter de laquelle il s'agit ici. Mais ce qu'Etienne ajoute determine : Elle prenoit, dit-il, son nom de Budius ; ainsi Minerve a été surnommée BUDIA dans la Thessalie. Eustathe sur Homere copiant le passage d'Etienne dit *ἐν Μαγνησίᾳ τῇ κατὰ Εὐρώπην*, la Magnesie en Europe. Homere l'appelle BUDEIUM *Βούδειον d*.

d Iliad. II.

2. BUDIA, Ville d'Asie dans la Phrygie, selon Etienne le Géographe *e* & Denis au Livre III. des Bassariques.

e Ad Voces Βούδεια & Δρύιμα.

BUDII, ancien peuple de la Medie, selon Herodote *f*.

f l. 1. c. 10.

g Faillot Atlas.

BUDINGEN *g*, Ville d'Allemagne dans la Weteravie ; au Comté d'Isenbourg, sur la Riviere de Nidder qui tombe ensuite dans le Meyn. Cette Ville a dans son voisinage une grande Forêt qu'on appelle BUDINGER WALDT ; ou la Forêt de Buding ; elle est aussi ornée d'un beau Château.

BUDINI, ancien Peuple de la Scythie en Europe. Herodote dit *h* que leur Pays étoit couvert d'Arbres ; qu'ils étoient voisins des Sauromates & qu'au Nord de leur Pays il y avoit un desert de huit journées de chemin. Ce Peuple étoit grand & nombreux & remarquable, parcequ'ils avoient les yeux bleus & les cheveux roux. Leur Ville, dit l'Historien cité, est nommée GELONUS. Voiez GELONUS. Mais il avertit que les Gelons, c'est-à-dire, les habitans de cette Ville, étoient Grecs d'origine, & differens du peuple au milieu duquel ils demeuroient. Pomponius Mela distingue aussi les Budini d'avec les Gelons. Ce sont les mêmes que les BODENI de Ptolomée, les WIDINI d'Ammien Marcellin & les DUDINI de Pline.

h l. 4. c. 21.

BUDINUM, ou BONDINUS, selon les divers Exemplaires de Ptolomée *i*, Montagne de la Sarmatie en Europe.

i l. 3. c. 5.

BUDISSINA, voiez BAUTZEN.

1. BUDIUM, ou BUDEIUM, voiez BUDIA 1.

2. BUDIUM, ou BUDEIUM, *Βούδειον*, ancienne Ville de Grece dans la Béotie, selon Phavorin *k*.

k Lexic.

BUDNOCK, petite Ville de la Haute Hongrie, selon Mr. Baudrand, qui dit qu'elle est dans le Comté de Barsod & dans le Gouvernement de Cassovie, sur le Ruisseau de Gay, à six milles d'Agria du côté du Nord, & environ autant de Torna.

§ *Budnock*, ou plutôt *Putnock*, n'est point une Ville, mais un Château au Comté de Borsod, sur la Rive Septentrionale de la Rima, entre deux Rivieres que celle-ci reçoit l'une au dessus, & l'autre au dessous de ce Château. Il est au Nord Oriental à douze heures de chemin d'Agria, au Sud-Ouest & à seize heures de chemin de Cassovie.

BUDOA *l*, en Latin BUDUA & BUTUA, Ville Maritime de la Dalmatie dans sa partie Meridionale, avec un Evêché Suffragant d'Antivari. Elle est petite ; mais assez fortifiée par la Republique de Venise à qui elle appartient ; quoi qu'elle ait été autrefois très-mal traitée par les Turcs dont elle est presque environnée. Comme c'est la derniere place que les Venitiens ayent de ce côté, ils ont grand soin de la conserver. Soliman Bacha de Scutari se mit en tête de la conquerir l'an 1686. & s'y presenta avec dix mille hommes ; mais le General Cornaro qui eut avis de ce dessein s'y fut transporté avec ses Galeres, la reçut si bien à deux assauts qu'il donna, qu'il perdit courage, après avoir perdu une partie de ses troupes. Cette Ville a un Château ou Fort de St. Etienne qui la deffend. Elle est à dix milles d'Antivari &. à trente de Scutari. Mr. Sanson s'est trompé quand il a doublé cette place en mettant Budoa sur la Mer, & Butua sur la Riviere de Boyana à quelque distance de-là dans les Terres des Turcs. Cette derniere est imaginaire. Budoa fut fort endommagée par le tremblement de terre de 1667. qui se fit aussi sentir à Raguse.

l Mem. Geogr. della Dalmatia p. 334.

BUDORÆ. Voiez BUDROÆ.

BUDORGIS, Ville ancienne de la Germanie, selon Ptolomée *m*. Quelques Géographes croient que c'est BRESLAU capitale de Silesie sur l'Oder. Ortelius aime mieux croire que c'est RATIBOR.

m l. 2. c. 11.

BUDORIGUM, autre ancienne Ville de l'an-

BUD. BUE.

a Ibid. l'ancienne Germanie, selon Ptolomée *a*. Ortelius dit : il me semble que c'est PRESLAU que l'on appelle en Latin *Wratislavia*. Si par *Preslau* il entend *Breslau* qu'on apelle en Latin *Vratislavia* & en Allemand *Wratislaw*, il se trompe, car *Ratibor* qu'il croit être *Budorgis* de Ptolomée est beaucoup plus Orientale que *Breslau* qu'il croit être *Budorigum* de cet Auteur, au lieu qu'au contraire, selon Ptolomée *Budorgis* est plus Orientale d'un degré que *Budorigum*.

b l.2. c. 11.   BUDORIS, autre ancienne Ville de la Germanie, selon Ptolomée *b*, dont les Interprétes croient que c'est HEYDELBERG. Rhenanus aime mieux croire que c'est DURLACH, qui est très-ancien & qui conserve quelque trace de l'ancien nom. Voiez BURIACH.

c l.3. c. 15.   1. BUDORUS, Riviere de l'Isle d'Euboée, selon Ptolomée *c* & Strabon *d*. Ce der-
d l.10. p. 446 *c*. nier ajoute qu'elle porte le même nom qu'une Montagne de l'Isle de Salamine, voisine d'Athenes.

  2. BUDORUS, Montagne de l'Isle de Salamine dans la Grece près d'Athenes. Etien-
e l. 2. & 3. ne le Géographe, Thucydide *e* & Diodore de
f l. 2. Sicile *f* en font aussi mention.

g Baudrand Ed. 1705.   BUDOS *g*, Bourg & Château de France en Guienne, sur le Siron, à trois lieues de sa chute dans la Garonne.

  BUDOWEIS. Voiez BUDWEISS.

h Ibid.   BUDRIO *h*, Bourg d'Italie, dans l'Etat de l'Eglise, au Bolenois, à quatre lieues de Bologne vers le Septentrion ; ce Bourg est renommé à cause des beaux chanvres que son Terroir produit en quantité.

i Plin. l.c.   BUDROÆ *i*, deux Isles voisines de l'Isle de Crete auprès de Cydonia, ce sont presentement les Isles de TURLURU, près de la Canée.

  BUDRUNTUS, ou BUTUNTUS, ancien
k Itiner. lieu d'Italie, Antonin *k* le met sur la Route d'*Equotuticum* à *Hydruntum* ; entre *Rubi* & *Barium* à XI. M. P. de la premiere & à XII. de
l l.3. c. 11. la seconde. Pline *l* en nomme les habitans BUTUNTINENSES ; & Frontin dans son livre des Colonies met *Botontinus Ager* dans la Calabre. Voiez BITONTO qui en est le nom moderne. Cette Ville est Episcopale depuis long-temps ; & elle est nommée comme premier Siége Suffragant de Barri Metropole dans la Notice de l'Abbé Milon faite l'an 1225.

  1. BUDUA. Voiez BUDOA.

  2. BUDUA, ancienne Ville d'Espagne. Antonin la met sur la Route de Lisbone à Merida ; entre les sept Autels & *Plagiaria*, à XII. M. P. de l'une & des autres ; c'est presentement un Village de l'Estremadure en Espagne, au Nord de Badajoz aux Confins du Portugal. Il conserve l'ancien nom & s'appelle N. SIGNORA DE BOTOA.

  BUDZIAC, petit Pays entre la Moldavie à l'Occident & partie au Nord, le Danube au Midi ; la Mer Noire à l'Orient ; & la petite Tartarie au Nord. On l'appelle aussi BESSARABIE. Voiez ce mot.

m Baudrand Ed. 1705.   BUEIL, (LE) ou BOGLIO *m*, Bourg & Château de l'Etat du Duc de Savoye, au Comté de Nice ; c'est le Chef lieu d'un Comté de même nom. Il est dans la Montagne sur la Frontiere de la Provence, à trois lieues d'Entrevaux au Levant.

BUE.

n Le même.   LE COMTÉ DE BUEIL *n*, petit Pays du Comté de Nice entre la Provence & le Comté de Nice propre, auquel il est uni depuis long-temps. Il comprend ce qu'on appelle autrement le Vicariat de Poget le long de la Riviere du Var & joignant les Alpes, mais en deça. Il prend ce nom du Bourg de Bueil, fait partie de ce que les Provençaux appellent les Terres-neuves & a eu ses Comtes particuliers.

o Etat prés. d'Espagne T.I. p. 343.   BUEN-RETIRO *o*, Maison Royale d'Espagne dans la Castille. Ce Palais Royal que Philippe IV. fit bâtir à une extremité de Madrid, sur le penchant d'une petite Colline, est composé de quatre grands corps de Logis, flanqués d'un pareil nombre de Pavillons qui forment un quarré parfait. On voit au milieu un assez beau parterre avec une Fontaine, dont la statue jette beaucoup d'eau, sert à arroser les fleurs. Les appartemens en sont vastes & magnifiques, les plafons & les Lambris y brillent d'or & de peintures très-fines.

Une des plus belles choses qu'on y remarque, c'est la Salle de la Comédie. Elle est fort grande, toute dorée, & ornée de belles Sculptures, les Loges peuvent facilement contenir quinze personnes fort à leur aise. Elles ont toutes des jalousies pour pouvoir voir ce qui se passe sur le Théatre & dans le parterre, sans être vû.

On voit dans la cour du grand appartement sur un pied d'estal, la Statuë de Bronze de Philippe II. Le parc a environ une lieue de tour. De petites Gondoles toutes peintes & dorées flottent sur l'eau, & servent au Roi qnand il veut prendre le plaisir de la promenade ou de la pêche. Il est bordé de cinq ou six Pavillons, où la Cour se met lorsque le Roi prend ce divertissement.

Dans le parc on voit deux Edifices fort agréables, dont l'un est appellé l'*Hermitage de Saint Antoine*, & l'autre l'*Hermitage de Saint Paul*. On les appelle Hermitages à cause que ce sont deux Solitudes agréables qu'on peut regarder comme deux jolies maisons de plaisance, dans des lieux écartez du tumulte de la Cour, où le Roi va prendre quelquefois le plaisir de la promenade.

L'*Hermitage de Saint Antoine* est bâti assez simplement & fort peu élevé, desorte qu'il n'y a rien de fort extraordinaire ni dans le dessein, ni dans l'Architecture. Mais en revanche il est dans une très-belle exposition. Pour y aller, on passe sur une espece de pont, construit sur un Canal qui fait le tour de la Maison ; après quoi on traverse une belle esplanade, & l'on trouve un nouveau Canal qui baigne les murailles de l'édifice, & lui sert de fossé. On le passe sur un beau pont fort large, de trois ou quatre arches. Du reste on ne voit là ni Jardin, ni Fontaine, ni Arbres, si ce n'est quelques-uns par ci par là, à une assez grande distance de l'Hermitage.

Celui de Saint Paul est beaucoup plus beau & mieux orné. C'est un lieu où l'on voit de toutes parts des objets rians & fort agréables. Un grand & magnifique Jardin se présente en l'abordant, & frappe la vuë par plusieurs Cabinets de verdure qui font plaisir à voir. A côté de ce Jardin s'éleve l'Hermitage dont la structure est fort reguliere. Quatre statuës posées sur des pieds-d'estaux sont l'ornement de l'étage d'en-bas. Sur les deux d'en-haut, on ne voit que fleurons, que figures, que bustes & autres enjolivemens repandus par tout, & menagez avec beaucoup d'art & de symmetrie: le toit est chargé de cinq autres grosses statuës.

Il y a plusieurs Fontaines, dont la principale a sur son jet une statuë plus haute que le naturel, supportée par un beau bassin. Au dessous on voit deux figures agroupées qui jettent l'eau par la bouche dans un autre bassin qui le soutient, plus large que le premier, & de ce bassin l'eau tombe à gros bouillons par divers trous dans un autre qui est construit dans la terre, & fermé en façon de treillis.

Comme l'air du Buen Retiro est très-pur & très-sain, leurs Majestez Catholiques y ont été quelquefois passer les printems, & bien souvent une bonne partie de l'été.

a Davity. Amerique p. 186.

BUENA-PAZ [a], Isle de l'Amerique Meridionale dans la Mer du Sud près de la Nouvelle Guinée & de Punta Salida, à quarante lieues de St. Augustin.

BUENO DESEO, ou LE CAP DE BON DESIR. Voiez au mot CAP.

BUENOS AYRES, Ville de l'Amerique Meridionale avec un port de Mer sur la Riviere de la Plata près de son Embouchure. Quelques-uns la nomment en François BON-AIR, ce qui est une Traduction de son nom. D'autres BON-AIRE, mais mal & la confondent avec l'Isle de Bonne aire quoiqu'elle en soit très-differente. La Ville dont il est ici question est la Capitale du Paraguay ; dans la Province de Rio de la Plata. Voici ce qu'en dit Correal [b]. Buenos-Ayres est une des meilleures Colonies des Espagnols. Elle est située à l'Embouchure de la Riviere de la Plata du côté du Midi ; car l'autre côté appartient aux Portugais qui ont quelques habitations sur le rivage du fleuve. Les Espagnols y ont un Fort, si tant est qu'on puisse appeler ainsi une mauvaise redoute accompagnée de quelques hutes & deffendue de trois ou quatre piéces de Canon qui servent plutôt de parade que de deffense. Ce côté est fort exposé aux incursions des JARRES & des CHARROUAS qui sont des Sauvages errans, ennemis jurez des Espagnols & des Portugais. Ces Peuples se conduisent sans aucune forme de Police ni de Loi. Ils vivent uniquement de ce qu'ils attrapent dans leurs courses. Quand ils font des prisonniers, ils les assomment, les rôtissent & les mangent sur le champ. Ils n'ont aucune connoissance des metaux & ne se soucient de quoi que ce soit qu'on puisse leur presenter, excepté de petits couteaux, & autres instrumens de fer qu'ils admirent jusqu'à la folie ; car ils les prennent, les baisent, & les pressent contre leur Poitrine. Ils ont pour armes une espece de Massue. Ils se servent pour couteaux de pierres qu'ils aiguisent du mieux qu'ils peuvent & de certains os, auxquels ils donnent aussi un tranchant.

b Voyage T. 1. p. 257.

Buenos-Ayres est deffendue par un Fort où il y a passablement de munitions, & par une garnison assez nombreuse ; mais mal disciplinée & incapable de soutenir les attaques d'un ennemi aguerri. Enfin cette Soldatesque ne vaut pas mieux que celle du Mexique & du Perou & n'a de guerrier que l'épée & le fusil : mais elle sert à faire peur aux Sauvages des environs. Cette Ville fait un grand Commerce en Négres qu'on envoye par terre au Perou, en suif, en bestiaux, en cuirs, en or & en argent. Le Pays fournit au Perou beaucoup de bêtes de charge. L'or & l'argent qu'on tire du Chili & du Perou s'embarquent à Buenos-Ayres pour l'Espagne, ainsi que les cuirs qui sont d'un gros revenu pour cette Place. Un autre Voyageur dit que les bœufs sont si communs dans ces quartiers-là qu'on ne va à la chasse que pour en avoir la peau [c]. Tout ce Pays, poursuit-il, en est rempli. C'est une belle plaine ou plutôt un pré d'environ cent lieues de longueur. Le bon air qu'on respire dans cette Ville, lui a fait donner le nom de Buenos-Ayres par ses premiers habitans. Elle doit sa fondation à Pierre de Mendoza envoyé par l'Empereur Charles V. avec huit cens hommes. Cet Officier en ayant trouvé la situation très-avantageuse pour y bâtir une Ville, il le proposa à son Equipage & d'un commun accord ils commencerent d'en jetter les premiers fondemens en 1535. La défunion s'étant mise entre eux & personne ne voulant ceder à l'autre, ils s'allerent cantonner ailleurs & la Ville demeura deserte jusqu'à l'arrivée de Cabeça di Vaca qui en 1542. y amena une Nouvelle Colonie qui la rétablit ; mais comme ils étoient sans cesse harcelez par les naturels du Pays la Ville fut abandonnée une seconde fois & elle ne fut rebâtie qu'en 1582. de la maniere qu'on la voit aujourd'hui.

c Voyage de Marseille à Lima. p. 115.

Elle est dans une plaine un peu élevée ; les maisons ne sont que d'un seul étage, couvertes de tuiles que l'on fait dans le Pays : elles ont presque toutes un Jardin où l'on voit de toutes les Herbes que nous avons dans les nôtres, beaucoup de fleurs que nous n'avons pas & quantité d'arbres fruitiers de même espece que ceux que nous avons en Europe & plusieurs autres particuliers au Pays. L'Evêque y fait sa residence. Il y a plusieurs Eglises, & quelques Couvens entre autres de l'Ordre de St. François, de St. Dominique, des Péres de la Merci, & des Jesuites. Les rues qui sont au nombre de dix sont droites, fort longues, fort larges à proportion, mais elles ne sont point pavées non plus que les maisons ; le Gouverneur demeure dans une Forteresse bâtie de grosses briques sechées au Soleil, à la reserve d'un bastion qui est revêtu de pierre de taille. Les boutiques des Marchands Espagnols & des Indiens sont assez fournies de toutes sortes de Marchandises. Les Indiens y sont fort bien faits, civils, affables, officieux & on commence à s'y habiller à la Françoise, excepté les femmes qui conservent parmi elles la mode Espagnole. Les portes des Maisons, les Coffres, les Paniers, les Sacs, & les Corbeilles sont faites de Cuir à long poil, jusqu'aux murailles des Jardins & une partie des maisons en sont couvertes. Les pluyes sont frequentes à Buenos-Ayres & dans ce temps-là les rues sont tout-à-fait impraticables n'étant point pavées : outre cela on y est fort incommodé par une quantité prodigieuse de gros crapauds qui entrent de tous côtez dans les maisons. On a une broche de fer qui

BUE. BUF. BUG.

qui a un manche où l'on en enfile, tant qu'elle en peut tenir ensuite on les va jetter au milieu de la rue, & l'on continue toujours ce manege; de forte qu'en peu de temps il s'y en fait de gros monceaux. Au reste il y fait très-bon vivre, excepté le vin & le bois qui y sont très-rares. Le plus gros bœuf ne s'y vend qu'un écu; & l'on tire trente Sols de la peau; on a un Mouton pour trente Sols; un faisan, une Gelinote, pour deux Sols; une perdrix pour un Sol, les Oyes, les Canards, les Sarcelles, les Grives, & autres Gibiers encore à meilleur marché, desorte que jour & nuit la broche tourne pour les Equipages des vaisseaux qui s'y regalent. Les chevaux y sont aussi fort abondans & pour quatre ou cinq écus on en a des plus beaux.

Ce Pays n'est pas extrémement peuplé. Car il n'y a ni Ville, ni village auprès de *Buenos-Ayres*; & les plus proches sont à quarante lieues, il y a encore quelques Indiens errans par ci-par là qui ne vivent que de la chasse, ils ont pourtant des loix qu'ils observent exactement.

BUFALORA [a], Bourg d'Italie au Milanez, à l'Occident de la Capitale aux Confins du Novarez, sur le Canal d'Abiagrasso entre cette Ville & Sesto.

[a] Jaillot Atlas.

BUFFADENSIS, Ortelius trouve un Siége Episcopal d'Afrique en Numidie ainsi nommé dans un Fragment manuscrit de Victor d'Utique: ni la Conference de Carthage, ni la Notice Episcopale d'Afrique n'en font aucune mention.

BUFFLES (LE LAC DES) Lac de l'Amerique Septentrionale dans la partie Occidentale de la Nouvelle France. Mr. Baudrand remarque qu'il n'est point marqué sur les Nouvelles Cartes.

BUG, ou BOUG [b], Grande Riviere de Pologne. Elle a sa source dans la petite Pologne assez près de la Ville de Lemberg, où Léopol qu'elle arrose, delà entrant dans le Palatinat de Belz, elle passe à Busk, reçoit quelques autres Rivieres, coupe une lisiere du Palatinat de Wolhinie, rentre dans le Palatinat de Belz qu'elle avoit quité, puis dans celui de Russie où est sa source; elle traverse un coin de la Lithuanie où elle arrose Brzescie & se grossit des eaux de la Riviere de Muchavecz, coupe le Duché de Podlaquie & se tournant vers le Couchant baigne la Mazovie qui est de la grande Pologne, y reçoit la Riviere de Narew & se perd dans la Wistule entre Warsovie & Plocz.

[b] De l'Isle Pologne.

BUGA [c], Ville de la Natolie dans la haute Caramanie, près de la source du Madre à l'Occident de la Ville de Cogni.

[c] Baudrand Ed. 1705

BUGARACUM, il est fait mention des *Bugaracenses* troupes Nationales, dans la Notice de l'Empire [d]. Ils étoient en garnison dans le Departement d'Illyrie; mais on ne sait où étoit le lieu dont ils avoient pris leur nom.

[d] Sect. 8.

BUGDAN [e]. Leunclavius, au Chapitre 71. de ses Pandectes, dit que les Turcs appellent la Moldavie CARABOGDANIA, c'est-à-dire *Noire Bugdanie* à cause du blé noir qui y vient en abondance. Il dit aussi que le mot de Bogdanie a été donné à cette Province, à cause que ses Princes prenoient le titre de

[e] Bespier Rem. sur Ricaut T. 1. p. 101.

BUG.

Bogdan, c'est-à-dire, *Don de Dieu*, car *Bog* ou *Bogh*, en Esclavon signifie *Dieu*, & *Dan* signifie *Don*. Ce mot signifie à peu près ce que signifie en Grec Theodose ou Theodore ou Dorotheus, &c. comme le remarque Leunclavius au même lieu.

BUGEI, (le) voiez BUGEY.

BUGEN [f], petite Ville du Japon principale du Royaume de ce nom, dans l'Isle de Ximo environ à trente mille pas de la côte de Niphon au Couchant, & à soixante de Bungo vers le Nord.

[f] Baudrand Edit. 1705.

Le ROYAUME ou PAYS DE BUGEN, partie du Japon dans l'Isle de Ximo ou de Saicock en sa partie Septentrionale, où elle est bornée par l'Océan & au Levant par un Détroit qui la separe de l'Isle de Niphon; elle a au Midi le Royaume de Bungo, au Couchant celui de Chicuien. Ce Pays est fort petit & est ainsi nommé de Bugen sa Capitale.

§ Les noms sont bien differens dans la Carte Japonnoise publiée par Mr. Reland. BOESEEN (prononcez *Bouzen*) dans l'Isle de Kioesioe (prononcez *Kiousiou*,) est borné au Nord & au Nord-est par le Canal, à l'Est & au Sud-est par le Pays de *Boengo* (prononcez *Boungo*;) au Sud-Ouest & à l'Ouest par le Pays de Tsuckuseen.

BUGES, Riviere & Lac de la Scythie près des Palus Meotides, selon Pline [g]. Il dit que derriere la Ville de Careine est le Lac Buges qui se vuide dans la Mer par un Canal; qu'une digue de roche le separe de Caretus Golphe du Lac Méotide; & qu'il reçoit les Rivieres Buges, Gerrhus, & Hypanis qui viennent de divers Cantons. Ptolomée [h] distingue aussi le Lac qu'il nomme BYCE, ou BUCE, Βύκη, & la Riviere qu'il nomme BYCOS, Βύκος. Pomponius Mela en fait aussi mention & le nomme BUCES [i]; aussi bien que Valerius Flaccus qui dans son Poéme des Argonautes dit BYCE [k].

[g] l. 4. c. 12.
[h] l. 3. c. 5.
[i] l. 2. c. 1.
[k] l. 1.

BUGEY [l], (le) Province de France contigue à la Bresse dont elle est en quelque façon une annexe; quoi qu'elle en soit pourtant très-distinctement separée. Le Bugey est borné à l'Orient par la Savoye, le Rhône entre deux, à l'Occident par la Bresse de laquelle il est separé par l'Ain; au Midi par le Dauphiné duquel il est aussi separé par le Rhône, & au Nord par le Pays de Gex & par le Comté de Bourgogne. Ce Pays a seize lieues de long depuis le Pont d'Ain jusqu'à Seissel, & dix de large depuis d'Ortans jusqu'au Port de Loyette.

[l] Piganiol de la Force. desc. de la France. part. 1. T. 3. p. 229.

[m] Plusieurs Ecrivains ont cru que Cesar avoit fait mention du Bugey sous le nom de *Sebusiani*; mais ils se sont appuyez sur des Editions corrompues des Livres de la Guerre des Gaules dans lesquels il n'est veritablement fait mention que des Segusiens dont Lyon a été la Capitale après Cesar & non pas de *Sebusiani*. Le Bugey faisoit partie de l'ancien Territoire des Sequaniens aussi bien que de la Bresse: Il a fait de même partie du Royaume de Bourgogne dont Rodolphe fut proclamé Roi l'an 888. Rodolphe le lâche ayant laissé en mourant son Royaume à l'Empereur Conrad le Salique, cet Empereur & ses Successeurs furent Souverains du Bugey où ils avoient plus d'autorité

[m] Longuerue desc. de la France.

torié que dans d'autres Provinces du Royaume de Bourgogne, à cause que les principaux Seigneurs de ce Pays de Bugey étoient Ecclesiastiques, comme l'Evêque de Belley, les Abbez d'Ambronay & de St. Rambert, de Joux, de l'Abbé ou Prieur de Nantua. A l'égard des Seigneurs Laïcs, ils étoient trop foibles pour se rendre entierement indépendans. Plusieurs Ecrivains ont avancé (& Mr. Piganiol de la Force le dit comme eux) que l'Empereur Henri $\frac{IV}{V}$. avoit donné en fief à Amé II. Comte de Savoye, le Bugey l'an 1137. ce qui est absurde, puisque le Comte Amé II. est mort avant l'an 1100. & l'Empereur Henri $\frac{IV}{V}$. l'an 1125. Les Comtes de Savoye firent dès la fin de l'XI. siécle à diverses fois plusieurs acquisitions dans le Bugey. Comme ils étoient puissans, ils subjuguerent peu-à-peu les Seigneurs Laïcs; & entre autres ceux de Coligni, de Revermont. & du Val-Romey; ils acquirent SAINT SORLIN, LAIGNIEU & les autres terres du Bugey Meridional qui sont le long du Rhône, par un Traité fait l'an 1354. avec le Roi Jean & son fils Charles Dauphin de Viennois qui étoit propriétaire de cette partie de Bugey, qui avoit appartenu avec la Valbonne aux Dauphins ses predecesseurs.

Pour l'Evêque de Belley & les Abbez, ils n'étoient d'abord que sous la protection des Princes de Savoye, ensuite ils ont été assujettis & tout le Pays a été cedé à la France en toute Souveraineté, en échange du Marquisat de Saluces l'an 1601. par le Traité de Lyon. J'ai parlé ailleurs du Clergé de Bugey à l'occasion de celui de BRESSE. [a] Le Bugey a un Evêché fort ancien qui, à ce qu'on dit, fut transferé de Nions à Belley l'an 413. l'Evêque se qualifie Prince du St. Empire.

[a] Piganiol de la Force desc. de la France T.3.p.171.

Il y a dans le Bugey cinquante-quatre Cures dont dix-neuf sont du Diocèse de Belley, vingt & une de celui de Genéve, & quatorze de celui de Lyon. Ces trois Prélats ont chacun un Official dans ce Pays. Celui de Lyon est établi à Lagnieu & est aussi Official Metropolitain pour les Diocèses d'Autun & de Châlon dans le ressort du Parlement de Dijon. L'Evêque de Belley a son Official dans cette Ville. Celui de Geneve a le sien à Seissel, tant pour ce qui est de son Diocèse en Bugey, que pour le Pays de Gex, qui est entierement du Diocèse de Geneve. Les affaires du Clergé de Bugey se traitoient autrefois conjointement par les trois Clergez; mais celui de Lyon se separa des deux autres, & depuis celui de Geneve a fait la même chose; ensorte que le Clergé de chaque Diocèse traite ses affaires dans des Assemblées particulieres; mais lorsque ces affaires regardent tout le Clergé de Bugey; ils s'assemblent tous trois par Deputez au Palais Episcopal de Belley. Ils ne payent au Roi aucunes Decimes; mais seulement un Don gratuit de trois mille livres tous les trois ans.

[b] Le Bugey est aussi bien que la Bresse, un Pays d'Etats. Outre les Assemblées generales des trois Corps, le Tiers Etat de Bugey tient des Assemblées generales avec la permission du Gouverneur qui en ordonne le temps & le lieu. Le Bailli y preside, ou le Lieutenant General en son absence & les Gens du Roi y assistent. Cette Assemblée est composée des Deputez des Villes, Bourgs & Mandemens, qui ont voix deliberative. Il y a trente voix dont les Villes de Belley, Seissel, St. Rambert, & Nantua, en ont deux chacune. On y traite de toutes les affaires du Pays, & l'on y nomme trois Syndics, cinq Conseillers & un Secretaire, auxquels l'Assemblée donne le pouvoir de decider toutes les affaires du Pays pendant la triennalité. Ils tiennent pour cela des Assemblées particulieres où le Bailli, ou en son absence le Lieutenant General preside. C'est le premier Syndic qui les convoque. Après la tenue de l'assemblée generale du Tiers état, l'on demande au Roi la permission d'imposer des fonds necessaires; & l'un des Syndics generaux est député à la Cour pour solliciter l'obtention des Lettres d'assiette. Ce Deputé & celui de Bresse se joignent aux Elus des Etats Generaux de Bourgogne pour presenter les Cahiers au Roi.

[b] Ibid. p. 183.

[c] La Noblesse de Bugey tient aussi ses Assemblées particulieres pour les affaires qui la regardent en particulier. Dans ces Assemblées on y nomme trois Syndics, trois Commissaires, & un Secretaire qui sont tous Gentils-hommes. Ces sept personnes font pendant la triennalité toutes les affaires du Corps & des impositions.

[c] Ibid. p. 85.

Les principaux lieux du Bugey sont,

BELLEY Capitale, Ambournay,
Seissel, St. Rambert,
Nantua, Chatillon,

BUGEYA. Voiez BUGIE.

BUGIE [d], les Africains l'apellent *Bugeya*, Ville Maritime d'Afrique sur la côte de la Mediterranée au Royaume d'Alger, entre Gigeri & Alger, & Capitale de la Province qui porte son nom. Elle est assez forte, bien peuplée, & située sur le penchant d'une Montagne & a une Baye assez commode, c'étoit autrefois un Royaume sous la Domination des Arabes. Elle fut bâtie par les Romains (qui la nommerent SALDÆ.) & les Goths s'étant rendus maîtres de l'Afrique y établirent le Siége de leur Empire. Abni Roi des Sarrazins les en chassa en 762. Joseph premier Roi de Maroc conquit ce Royaume & le donna à Hucha Urmeni Prince de sa race, laquelle regna jusqu'au XII. siécle. Alors le Roi de Tenez le conquit & le donna à Albuferez Un de ses fils, à la race desquels elle demeura jusqu'en 1510. que Pierre Comte de Navarre prit la Ville sous Ferdinand V. Roi d'Espagne & la fortifia. L'an 1512. Barberousse y mit le Siége avec douze Galeres & 3000. Maures & Arabes; que le Roi dépossedé y amena, mais le Pirate ayant été blessé l'abandonna. Il y revint en 1514. & après s'être emparé de la Ville & d'un Fort, un secours arrivé bien à propos aux Espagnols, le fit encore retirer. Après la défaite de l'Empereur Charles V. devant Alger, les Algeriens profiterent de l'occasion & marcherent avec toutes leurs troupes vers Bugie. Ils prirent le Château de la Marine & la Citadelle de l'Empereur; desorte qu'Alonzo de Peralta Gouverneur pour l'Espagne se voyant renfermé dans la Ville, & batu par les Forts qui le dominoient demanda Capitulation. Elle lui fut accordée & il se retira avec 400. hom-

[d] Laugier de Tassy Hist. du R. d'Alger. p. 143.

hommes en Espagne où le Roi lui fit trancher la tête.

La PROVINCE DE BUGIE, contrée de la côte de Barbarie au Royaume d'Alger. Ce Pays est presque entouré de Montagnes, qui sont divisées en plusieurs Quartiers distinguez par les noms de Beni-jubar, d'Auras & de Labez. Il a le Territoire d'Alger, & celui de Couco au Couchant; la Montagne de Labez au Midi, le Pays de Gigeri au Nord est & le Golphe de Bugie au Nord. Les Montagnes qui environnent le Pays de Bugie ne sont peuplées que d'anciennes familles des Arabes, Maures, ou Sarrazins; & la plûpart de ces Montagnars portent suivant un ancien usage, une croix ineffaçable sur la main & plusieurs en portent une à chaque joue, sans pouvoir en donner d'autre raison, sinon que c'est une Coutume que leurs ancêtres leur ont laissée. Mais la raison de cela est que les Goths s'étant rendus Maîtres de ce Pays-là & n'exigeant aucune contribution des Chrétiens & ne leur faisant aucun mal, chacun vouloit passer pour tel. Ainsi afin d'arrêter la fureur du Soldat, on lui montroit de loin cette marque du *Christianisme* qui s'est perpetuée jusqu'à présent par l'usage. *Steffa*, ou *Disteffa*, *Tebef*, & *Zamora* sont des restes des anciennes Villes de la Province de Bugie.

BUGIENS [a], Peuple d'Afrique au Royaume de Sennar ou de Nubie entre le Nil & la Mer Rouge; ce Peuple n'a aucune Ville & c'est une Nation errante.

[a] De l'Isle Carte de l'Egypte, de la Nubie, &c.

BUGLAS, Isle de l'Ocean Oriental, l'une des Philippines. Davity dit qu'on l'appelle aussi NIGROS. C'est L'ISLE DES NEGRES située par le 140. d. de Longitude & le 10. d. de Latitude Septentrionale. Un Canal la separe de l'Isle de Cebu à l'Orient, un autre de l'Isle de Panay au Couchant, & un Detroit plus large de l'Isle de Mindanao au Midi.

BUGLENSIS COMES, Ives de Chartres nomme ainsi un Comté dans sa 204. Lettre.

BUGUNTI, Βουγούντοι, Ptolomée place un Peuple de ce nom dans la Germanie. Ce mot est pour BURGUNDI. Voiez BOURGUIGNONS.

BUHEIRA. Voiez BOCHEIR.

BUIANUM, pour BOVIANUM.

BUIE, Bourgade d'Italie, en Istrie; sur une Montagne assez près de la Dragogna.

§. Mr. Corneille en fait après Davity, une Ville murée & bien peuplée. C'est un bon Village tout au plus, & le P. Coronelli ne donne pas ce lieu pour davantage.

BUIS, Mr. de Longuerue écrit LE BUY, petite Ville de France en Dauphiné, Capitale d'un Bailliage de même nom que l'on appelle aussi les Baronies; elle est située sur la Riviere d'Ouveſe, cinq lieues au dessus de Vaison. Voiez BARONNIES.

BUIZA. Voiez QUIZA.

BUKENFIORD [b], ou le Golphe de BUKEN; Golphe de la côte Occidentale de Norwege dans la Province de Stavanger au Nord de la Ville de ce nom. Il est parsemé de quantité de petites Isles & son entrée fort resserrée par l'Isle de Scurenes. La Terre qui entoure ce Golphe au Nord, à l'Orient & au Midi

[b] De l'Isle Atlas.

Tom. I. PART. 2.

est fort hachée par quantité d'enfoncemens dont quelques-uns avancent fort avant dans les Terres.

BULAAGUEN. Voiez BULAGUEN.

1. BULACH [c], Bourg de Suisse au Canton de Zurich sur le chemin de Zurich à Schaffouse. Frederic Duc d'Autriche la vendit aux Zuriquois l'an 1409.

[c] Délices de la Suisse, T. 1. p. 83.

2. BULACH [d], Ville d'Allemagne au Cercle de Suabe du Duché de Wurtenberg. Il y a la Vieille Ville & la Nouvelle; assez près de Calw vers le Couchant. Il y a un Bailliage & une Montagne d'où l'on tire du Cuivre & du Fer, delà vient que la Vieille Ville a été aussi nommée BERGSTATT ou la Ville de la Montagne.

[d] Zeyler Suev. Topogr. p. 21.

BULAGUEN, Ville d'Afrique, au Royaume de Maroc, dans la Province de Duquela sur le Fleuve d'Ommirabi. C'est, dit Marmol [e], une bonne Place, fermée de murs & de vieilles tours & dans une situation avantageuse. Elle a été bâtie par Abdolmumen Roi de Maroc de la race des Almohades & a plus de cinq-cens Maisons. Les habitans sont riches parce qu'ils sont sur le chemin de Fez & de Maroc par la plaine & sont tous laboureurs & gens qui vivent de l'Agriculture, qui ont grand labourage & force troupeaux à quoi le Pays est fort propre.

[e] Afrique c. 65. p. 114.

§ BULAHUANA, Mr. Baudrand dit: petite Ville d'Afrique au Royaume de Maroc & au Pays de Duccala sur la Riviere d'Ommirabi, selon Jean de Léon. Mais cet Africain écrit BULACHUAN; cette Ville est la même que Balaguen de Marmol. Mr. Corneille a eu tort de les distinguer.

BULANES, ou SULANES, ancien Peuple de la Sarmatie en Europe, selon Ptolomée [f].

[f] l. 2.

BULELIANENSIS, l'Auteur de la Géographie sacrée d'Afrique qui est au devant de l'Edition des Oeuvres de St. Optat par Mr. Dupin trouve dans la Notice des Evêques d'Afrique dans la Byzacene un Siége Episcopal nommé *Bulelianensis*. Il ajoute: peut-être étoit-ce de ce Siége qu'étoit Evêque *Quod-vult-Deus Episcopus plebis Bullamensis*, qui souscrivit au Concile de Carthage sous Boniface l'an 525. Pour moi je ne trouve dans la Notice d'Afrique que *Flavianus Bubelianensis*.

BULENSES. Voiez BULIA.

BULENSII. Voiez OBULENSII.

BULGA, Βούλγα, nom d'une Riviere de la Bulgarie au delà de l'Ister, vers le Septentrion, qui donnoit le nom au Pays, selon Gregoras cité par Ortelius.

BULGARES, anciens Peuples d'Asie où ils ont habité le long du Wolga, d'où ils ont passé en Europe & ont donné leur nom à un Pays que l'on appelle aujourd'hui la Bulgarie. Eux-mêmes furent appellez BULGARI pour VOLGARI; & comme après leur irruption en Europe, ils étoient fort decriez pour les mœurs, nos ancêtres se servirent de leur nom qu'ils écrivoient BOULGRES pour designer des hommes corrompus qui outrageoient la nature & deshonoroient l'humanité par leurs infames debauches. Il y a donc deux Bulgaries, l'une en Asie près du Wolga; l'autre en Europe près du Danube.

Xxx BUL-

BULGARIE [a], (LA GRANDE) ou la BULGARIE D'ASIE, ou le DUCHÉ DE BULGAR, Pays d'Asie dans la Tartarie, sous l'Empire Russien. Ce Pays qui prend son nom de Bulgar sa Capitale est borné au Nord par le Royaume de Casan ; à l'Orient par la Basquirie, qui étoit anciennement la Grande Hongrie ; au Midi par la Riviere de Samara qui le sepàre du Royaume d'Astracan ; le Wolga le termine à l'Ouest. Ce Pays est peu connu & nous ne savons gueres s'il est fort habité. On trouve assez près du Wolga la Ville de Bulgar ou Belojer, celle de Samara près de la Riviere de même nom & de son entrée dans le Wolga : les Villes de Bir, & d'Usinsko & un Monastere de l'Ordre de St. Basile sur la Riviere de Beleja. Les Rivieres de Beleja, de Betima & d'Adrobe qui se perdent dans le Wolga ; celles de Camusamar & de Semmiour qui tombent dans le Jayc, ont leur source dans cette Province. On y voit le Mont ARANTOVA vers la source de la Camusamar ; & le Lac de Kerkgheul dans la partie Meridionale ; les deserts d'Usa sont vers le milieu du Pays. Les Montagnes qui terminent la Bulgarie à l'Orient & qui font partie du Mont de Caf fournissent du Fer, du Crystal & des pierres precieuses. Au delà de ces Montagnes au Levant est l'ancienne Patrie des Hongrois avant qu'ils eussent quité l'Asie où ils étoient voisins des Bulgares comme ils le sont en Europe. Ce Pays de Bulgar est presentement soumis à l'Empire Russien, comme j'ai dit ci-dessus.

[a] De l'Isle Tartarie.

BULGARIE, LA PETITE, ou la BULGARIE D'EUROPE, ou le ROYAUME DE BULGARIE [b], Pays de la Turquie en Europe. Il est borné au Nord par le Danube qui le separe de la Walaquie ; à l'Orient par la Mer Noire ; au Midi par la Romanie & la Macedoine, & au Couchant par la Servie.

[b] Davity Bulgarie.

Ce Pays qui repond à une grande Partie de la Mœsie inferieure relevoit autrefois de la Thrace, & fut soumis aux Romains qui le garderent assez long-temps. Dans le partage de l'Empire il fut compris dans l'Empire d'Orient, mais sur la decadence de cet Empire les Bulgares venus de la Bulgarie d'Asie s'en emparerent & lui donnerent leur nom : ils y fonderent un Royaume qui fut ensuite partie du Royaume de Hongrie jusqu'au temps d'Amurath II. Empereur des Turcs qui le conquit vers le milieu du XV. Siécle. Depuis ce temps-là il est demeuré sous cette Domination où il est encore.

[c] Ses principales Rivieres sont le Timok, l'Ogest qui reçoit la Lom ou la Lamp, l'Isca, la Lissere, la Rossita qui grossit la Riviere de Jantra ; la Caralom ; qui toutes se perdent dans le Danube ; la Varna, la Riviere de Prouat, l'Urana qui reçoit la Tiza, la Riviere de Bujuc, celles-ci se perdent dans la Mer Noire. La partie Occidentale est arrosée par la Nissava, la Muchava, la Lietnitza la Liperitza, & la Morava qui les reçoit toutes & porte leurs eaux dans le Danube ; le Vardar qui arrose la Macedoine, & tombe dans le Golphe de Contessa au fond de l'Archipel, a aussi sa source dans la Bulgarie.

[c] De l'Isle Atlas.

Ses Villes sont,

Sophie Capitale,
Fetillan,
Widin,
Nicopoli,
Rotzig,
Silistrie,
Kersowa.
} Sur le Danube.

Mangalia, Port,
Kavarna, Port,
Warna,
Prouat,
} Sur la Mer Noire.

Chiprovaz sur l'Ogest,
Scopia ou Uscopia sur le Vardar,
Ternovo sur la Riv. de Jantra,
Hrasgrad pour un ruisseau qui tombe dans la Caralom,
Marcenopoli sur l'Urana.

Il est vrai que Sophie est presentement la Capitale ; mais les Rois Bulgares residoient à Nicopoli qui jouïssoit de cet honneur. Mr. Baudrand met une partie de la Bulgarie au delà du Danube. La partie Septentrionale de la Bulgarie entre le Danube & la Mer Noire est appellée la Drobugie.

BULGIATENSIS VILLA ; lieu de la Gaule dans l'Auvergne selon Gregoire de Tours cité par Ortelius [d].

[d] Thesaur.

1. BULIA, Βούλεια, selon Ptolomée [e], BULIS, Βοῦλις, selon Pausanias [f], & Etienne le Géographe, ancienne Ville de Grece dans la Phocide. Pline [g] nomme ses habitans BULENSES, elle étoit dans les terres.

[e] l.3.c.15.
[f] l.10.p.683.
[g] l.4.c.3.

2. BULIA [h] petite Riviere de Grece dans la Livadie. Elle arrose la Ville de Bulis qui lui donne son nom & se décharge dans le Golphe de Lepante, à trois lieues d'Aspropiti du côté du Levant. Mr. Baudrand la nomme en Latin *Heraclius Fluvius*.

[h] Baudrand Ed. 1705.

BULLA, &
BULLA MINSA. Voiez l'Article qui suit.
BULLA REGIA, ancienne Ville d'Afrique & dans les terres. Pline [i] l'appelle Ville libre. Ptolomée [k] la nomme BULLARIA, mais *Bulla Regia* est son vrai nom. Antonin en fait mention dans son Itineraire sur la route d'Hippone à Carthage entre *Simittu* & *novæ Aquilianæ*, à VII. M. P. de la premiere & à XXIV. M. P. de la seconde. Outre cette *Bulla* que Ptolomée appelle BULLARIA il parle d'une autre, qu'il nomme BULLAMINSA, cela s'accorde avec les Notices Episcopales d'Afrique qui mettent plusieurs Sièges Episcopaux nommez *Bulla* dans l'Afrique. Car on y voit dans la Province Proconsulaire *Felix Bullensis*, & *Joannes Bullensium Regior*. Cette derniere est aussi nommée dans la Table de Peutinger. Le Concile de Carthage sous Genethlius nomme Epigene Evêque de *Bullenses Regii*, & dans la Lettre Synodale des Evêques de la Province Proconsulaire au Concile de Latran tenu sous le Pape Martin, on voit Mellose *Episcopus Bulleriensis*, ce qui s'accorde avec le nom de *Bullaria* employé par Ptolomée & qui paroit abrégé de *Bulla Regia*, on y trouve aussi Victor BULNENSIS. Voiez BULNENSIS que quelques-uns croient être mis pour BULLENSIS.

[i] l.5.c.3.
[k] l.4.c.3.

BUL.

BULLÆ, Βουλλαι, Archevêché dans le Patriarchat de Constantinople, selon Curopalate cité par Ortelius[a].

[a] Thesaur.

BULLÆUM, ou BULÆUM, Βούλαιον, ancienne Ville de l'Isle d'Albion selon Ptolomée. Servet de Villeneuve son Interprete dit que c'est aujourd'hui *Witlam*; mais Camden, de qui l'autorité sur cette matiere doit l'emporter, dit que c'est BUELT. Voiez BURRIUM.

BULLAMINSA. Voiez l'Article de BULLA-REGIA où cette Ville est traitée par occasion.

BULLERBORN[b], Fontaine d'Allemagne en Westphalie, dans la Forêt de Teuteberg, près du Village d'Oldenbeck, dans l'Evêché de Paderborn. Ses eaux sont abondantes, mais après une lieue de cours elle se precipite sous terre. On écrit ce nom Bullenborn, Bulderborn, Bolderborn & Bulterborn, à cause du bruit que font ses eaux en coulant, car Bulderen ou Bolderen signifie faire un grand bruit. Cette Fontaine se perd sous terre au Village de Nienbecke & elle en ressort à la source de la Riviere de Lippe. On dit d'elle quelques particularitez remarquables. Après avoir coulé environ une heure ou même plus, après quoi elle se repose trois heures; lorsqu'elle a repris ses forces elle recommence à couler une heure, puis elle s'arrête de nouveau, & cela successivement. Mais ce que l'on ajoute est plus merveilleux. Au mois de Decembre 1630. les troupes de Hesse étant entrées dans le Diocèse de Paderborn, cette source qui jusques là avoit été assez forte pour faire tourner la roue d'une forge cessa entierement de couler, mais en 1638. dès que l'Evêque fut rétabli, elle reprit son cours, mais ce ne fut plus avec les singularitez d'autrefois, car elle coule à present sans interruption & n'a plus cette alternative d'impetuosité & d'inaction qui surprenoit autrefois.

[b] Monum. Paderborn. p. 242. & seq.

BULLES, Bourg de France, dans l'Isle de France, en Beauvoisis, près de la Riviere de Bresche, à quatre lieues de Beauvais au Levant en allant à Compiégne & à douze de Clermont en Beauvoisis.

BULLIDENSES. Voiez BULLIS.

BULLIS, Ville de Grece dans la Macedoine, au Pays des Elymiotes, selon Ptolomée[c]. Elle étoit auprès de Durazzo, au bord de la Mer, & tellement aux Confins de l'Illyrie que quelques-uns l'y mettoient. Etienne le Géographe l'appelle Ville maritime; & Pline[d] en fait une Colonie BULLIDENSIS COLONIA. Il en appelle ailleurs les habitans BULIONES[e]. Diverses Medailles[f] portent ce mot ΒΥΛΛΙΟΝΩΝ, dont se sert aussi Strabon[g]. Cette Ville a été le Siége d'un Evêché. Voiez le § qui est après l'Article APOLLONIE 30.

[c] l. 3. c. 13.
[d] l. 4. c. 10.
[e] Apud Golt-zium.
[f] l. 7. p. 326.
[g] De l'Isle Atlas.

BULLOITES, (LES) Peuple d'Asie dans les Etats du Mogol. Je doute qu'ils soient differens des BULLOQUES. Voiez ce mot.

BULLONIUM CASTRUM, nom Latin de BOUILLON. Voiez ce mot.

BULLOQUES, ou BALLUCHES[g], (LES) Peuple d'Asie partie dans la Perse & partie dans l'Indoustan; Il s'étend dans les

Tom. I. PART. 2.

Provinces de Meeran, de Segestan, de Buckor & de Moultan. Ces Peuples sont peu frequentez, peu connus, & cela a donné lieu à quelques Auteurs de le faire passer pour des Géans & pour des Anthropophages.

BULLOS, ou BOL[h], petite Ville de Suisse au Canton de Fribourg dans le Bailliage de même nom. Il y a un Château pour le Bailli. Elle appartenoit autrefois aux Evêques de Lausanne. De ce Bailliage depend la tour de Tréme petite Ville près de Gruyere.

[h] Delices de la Suisse T. 2. p. 395

BULNENSIS, Siége Episcopal d'Afrique dans la Province Proconsulaire. Entre les Evêques de cette Province qui signerent la Lettre Synodale au Concile de Latran sous le Pape Martin on lit *Victor Episcopus Sanctæ Ecclesiæ Bulnensis.* Comme ce Siége ne se trouve ni dans la Conference de Carthage ni dans la Notice Episcopale d'Afrique, on peut croire que c'est le même Siége que *Bullensis*.

BULTURIENSIS, Siége Episcopal d'Afrique. La Notice met Reparat Evêque de ce lieu dans la Mauritanie Cesarienne.

BULTUS, saint Athanase[i] semble mettre en Syrie un Evêché de ce nom, duquel il dit que *Cymatius* & *Carterius* étoient Evêques. Ortelius soupçonne qu'il faut lire PALTUS, & cette conjecture s'accorde avec ce qu'on lit dans la Lettre du même Saint adressée aux Solitaires.

[i] De fuga sua.

BULUA, pour BUTUA.

BULUBA, ancienne Ville de l'Afrique interieure & l'une de celles que *Cornelius Balbus* conquit aux Romains selon Pline[k].

[k] l. 5. c. 5.

BUMADUS. Voiez BUMELUS.

BUMASANI, ou BUMATHANI, Peuple de l'Isle de Taprobane selon Ptolomée[l]. Leur Pays repond à celui que l'on a appellé ensuite le ROYAUME DE COTA, ou le PAYS DE LA CANELLE dans l'Isle de Ceylan.

[l] l. 7. c. 4.

BUMELUS, Riviere d'Asie dans l'Assyrie où elle coule auprès de Gaugamelez, selon Arrien[m]. Le même Auteur semble la nommer ailleurs[n] *Bumadus*, Βουμάδος, Quinte Curse[o] la nomme aussi de même & Ortelius juge que c'est la veritable Orthographe, il a, dit-il, été fort aisé de prendre un Δ pour un Λ.

[m] Alexand.
[n] l. 3.
[o] l. 4. c. 9.

BUNA[p], lieu particulier quelque part vers l'Asie mineure. Il en est parlé par Metaphraste dans la Vie de St. Theodore Abbé.

[p] Ortel. Thes.

BUNÆ[q], lieu maritime de Greece aux environs d'Anticyre. Plutarque en fait mention dans son Traité de la comparaison des Animaux, & Dioscoride dit qu'on apportoit du Nitre de BUNÆ.

[q] Ibid.

BUNARTIS, Ville de la Libye selon Etienne le Géographe.

BUNGO, Ville du Japon, au Royaume de Bungo, dont elle est la Capitale, près du fond d'un Golphe sur la côte Orientale de l'Isle de Saicock où elle est située.

Le ROYAUME DE BUNGO, Contrée du Japon[r] sur la côte Orientale de l'Isle de Saicock, sur le detroit qui la separe de celle de Tocoesi. Elle s'étend en long entre le Royaume de Bugen au Septentrion & celui de Fiunga au Midi & est ainsi nommé de sa Ville principale.

[r] Baudrand Ed. 1705.

§ Mr. Reland dans sa Carte Japonnoise écrit

écrit BOENGO, (prononcez BOUNGO) il borne ce Pays au Nord par celui de Boesen. (Voiez BUGEN) à l'Orient par le Detroit qui separe cette Isle de celle de Sikokf; au Midi par le Pays de Fioega (prononcez *Fionga*); au Couchant par ceux de Tsuckuseen, & de Tsuckingo.

Je ne vois point de Ville nommée BUNGO dans l'Histoire de l'Eglise du Japon, où il est amplement parlé de l'Etablissement du Christianisme dans le Royaume de Bungo; le Roi y auroit apparemment tenu sa Cour si elle eût été la Capitale, cependant on trouve FUNAY pour la Residence de ce Prince. Il paroit aussi que le Royaume de Bungo ne se borne pas à la seule Province de *Boengo* marquée sur la Carte Japonnoise, & la Lettre du Roi de Bungo à St. François Xavier fait connoître que le port de Figen & peut-être toute la Province de ce nom en étoit aussi.

BUNIMA, Ville de Grece dans l'Epire selon Etienne le Géographe.

BUNINA, Montagne de Grece, entre la Janna & la Livadie; elle s'étend jusqu'au Golphe de Zeyton. C'est le Mont OETA des Anciens.

BUNITIUM, ancienne Ville de la Germanie dans sa partie Septentrionale, selon Ptolomée [a]. [a l.1.c.11.]

BUNIUS, Fontaine d'Italie au Pays des Vestins dans le Territoire d'Amiterne. *Pomponius Fortunat* le dit à l'occasion de ce vers de Columelle,

Quaque Amiterninis defertur Bunius arvis.

BUNNUS, Ville de l'Illyrie, selon Etienne qui cite Artemidore.

BUNOBORA [b], Βουνοβόρα, Ville d'Afrique dans la Mauritanie Cesariense, selon Ptolomée. Voiez BATHA 5. [b l.4.c.2.]

BUNAMEIA. Voiez PELLA.

BUNTHUS, ancienne Ville de l'Afrique propre, selon Ptolomée [c]. [c l.4.c.3.]

1. BUNTZEL [d], Ville de Silesie dans la Principauté de Jauer. On la nomme aussi Schlesisch Buntzel. Elle est petite. [d Hubner Géogr.]

2. BUNTZEL, ou PUNTZEL, ou BUNTZLAU, il y a deux Villes voisines de ce même nom en Boheme. On les distingue par les surnoms d'ancienne & de nouvelle.

1. BUNTZLAU [e], (L'ANCIENNE) est située près de Brandeis sur l'Elbe, & tire son nom de Boleslas le Cruel qui y massacra l'an 929. son frere St. Wenceslas Duc de Boheme. [e Zeyler Bohæm. Topogr. p. 16.]

2. BUNTZLAU, (LA NOUVELLE) est aujourd'hui la plus considerable des deux: elle est située sur la Gizere qui vient des Risengeburgen aussi bien que l'Elbe. C'est de cette Ville ou peut-être de toutes les deux que le Cercle où elles font à pris le nom de Buntzlauer Craiss, ou Boleslaws Kykrag. Car il faut remarquer que l'une & l'autre Ville se nomme en Latin *Boleslavia*. Boregk dans sa Chronique de Bohême dit que BUNTZEL (ou Buntzlau) est au centre de la Boheme; & que dans l'ancienne Buntzel, il y avoit l'Eglise des Sts. Evêques Cyrille & Methodius, bâtie en leur honneur par le Duc Wratislas qui mourut l'an 916. & fut pere de St. Wenceslas, & que Boleslas son fils qui faisoit sa Residence dans ce Bourg l'entoura de fossez, de murailles, & de remparts & en fit une Ville le 14. Avril 937. huit ans après le massacre de son frere. L'Empereur Otton ayant ensuite assiégé & affamé cette place reçut Boleslas en grace à certaines conditions. L'une & l'autre Buntzlau ont beaucoup souffert durant les guerres de la Suede contre l'Allemagne. Voiez BOLESLAVIA.

BUONDENO [f], Bourg d'Italie, au Duché de Ferrare à l'Embouchure du Panaro, dans le Po. [f Baudrand]

BUON-RETIRO. Voiez BUEN-RETIRO.

BUPHAGUS [g], Riviere du Peloponnese dans l'Arcadie, elle couloit auprès d'une Ville nommée BUPHAGIUM selon Pausanias. [g l.7.c.25.]

BUPHIA, Village du Peloponnese dans la Sicyonie selon Etienne le Géographe.

BUPHRADES, lieu particulier du Peloponnese au promontoire de Coryphasium, selon Thucydide [h]. [h l.4. ad calcem.]

BUPRASIUM, Ville & Riviere du Peloponnese dans l'Elide, selon Etienne le Géographe. Strabon [i] dit qu'elle ne subsistoit plus de son temps; & que n'avoit même été qu'un Village, dont le lieu avoit conservé le nom sur le chemin d'Elide à Dyme. Cependant, poursuit-il, on peut soupçonner qu'anciennement Buprasium avoit été plus considerable qu'Elide. Pline n'en parle non plus que comme d'un simple lieu qui n'avoit conservé que son nom. [i l.8.p.340]

BUQUAN. Voiez BUCHAN.

1. BURA, Ville de Grece au Peloponnese, dans l'Achaye propre, selon Ptolomée [k]. Pausanias en fait aussi mention [l]. Ce dernier nous apprend qu'elle étoit sur une Montagne, qu'elle avoit pris son nom de Bura fille d'Ion & d'Helice; qu'elle avoit peri par le même tremblement de Terre qui avoit fait perir Helice; le ravage, poursuit-il, fut si grand que les anciennes Statues des Dieux en furent détruites dans les Temples; & il ne resta de Citoyens que ceux qui étoient alors absens de la Ville soit à cause de la guerre, soit pour leurs affaires. Ce sont eux qui rétablirent cette Ville presque entierement ruinée. Il y avoit à Bura un Temple consacré à Cerès, un à Venus, un à Bacchus, & un à Lucine. Leurs Statues étoient l'ouvrage d'Euclide l'Athenien. Isis y avoit aussi un Temple. Sur le chemin qui conduit à la Mer est une petite Riviere qui porte le nom de la Ville, AMNIS BURAICUS; & tout auprès une Caverne où l'Oracle d'Hercule se rend par des feux qu'on jette sur une table. [m] Gemiste appelle cette Ville PERNITZA, Περνίτζα. Au lieu de Bura on lit Ebora dans Orose [n], ce qui est une faute. [k l.3.c.16.] [l l.7.c.25.] [m Ortel. Thes.] [n l.2.c.3.]

2. BURA, Ville d'Asie dans la Mesopotamie auprès du Fleuve Pellaconte selon Pline [o]. [o l.6.c.26.]

BURABOURG [p], Ville ruinée d'Allemagne aux extremitez de Hesse & de Westphalie. Elle fut érigée en Evêché par St. Boniface de Mayence qui y établit pour Evêque le Bienheureux Albewin Witta l'un de ses Disciples. [p Baillet Topogr. des Saints]

BUR.

BURÆA, Ville d'Italie, selon Etienne le Géographe.

BURAGRAG, (le) Riviere d'Afrique au Royaume de Fez, elle est grande & prend sa source d'une des Montagnes avancées qui fait partie de l'Atlas. Elle arrose plusieurs vallées & forêts, ensuite sortant d'entre les colines elle se repand dans la plaine & se decharge dans l'Océan auprès des Villes de Salé & de *Rabat* (Raval), selon Jean Léon [a]. Il marque aussi cette Riviere [b] comme étant la borne de la Province de Temesne, & de la Province de Fez propre qu'elle separe l'une de l'autre.

[a] l. 9. c. 5.
[b] l. 3. c. 2. & 14.

BURAÏCUS. Voiez BURA 1.

BURAMOS, (LES) ou les PAPAIS; peuple d'Afrique dans la Nigritie. [c] Ces peuples sont voisins des Casangas & demeurent autour de la Riviere de St. Domingo; leur contrée s'étend jusqu'à l'Embouchure du Rio Grande & même plus loin. La principale habitation, & celle où le Roi tient sa Cour s'appelle *Jarim*, qui est à huit lieues du Havre de S. Dominique. C'est dans ce quartier qu'est le Village de Catcheo, où plusieurs Portugais s'étoient habituez, & vivoient parmi les Negres; mais ils se retirerent ensuite dans un Fort qu'ils bâtirent sur la Riviere de Catcheo. Au devant de l'Embouchure de S. Dominique, il y a quelques petites Iles dont le sejour est fort agréable, à cause des Arbres & des fruits qu'elles portent, & des Rivieres dont elles sont arrosées: ces Iles sont aussi habitées par des Buramos qui ont un Prince particulier, & le reconnoissent point le Roi de Jarim, comme font tous les autres Seigneurs du Païs.

[c] *Dapper* Afrique p. 243.

Les habitans sont des Idolatres & de pauvres gens qui demeurent dans de petites Maisons faites de terre grasse & couvertes de feuilles d'arbres. Les personnes de l'un & de l'autre Sexe ont accoûtumé de se limer les dents, pour les aiguiser & les rendre belles. Les femmes pour s'empêcher de parler ou de boire prennent le matin une gorgée d'eau & la gardent dans la bouche jusqu'à Midi; quoiqu'elles ne laissent pas de travailler aux affaires du ménage.

BURBIDA, ancien lieu d'Espagne sur la route de Brague à Astorga, selon l'Itineraire d'Antonin entre *Tude* & *Turoqua*, lieux qui ne sont pas plus connus.

BURBURATA, Isle de l'Amerique Meridionale, située sur la côte de la Province de Venezuela; & plus particulierement sur celle du Gouvernement de Cumana à quinze lieues du Cap blanc & à deux lieues de Turiame. Ces Isles ont une rade commode, avec des Salines [d], où les habitans de la terre ferme vont prendre du Sel.

[d] *De Laet* Ind. Occid. l. 18. c. 16.

BURBURES. Voiez GURGURES.

BURCA, Ville d'Afrique dans la Mauritanie Cesariense, selon Ptolomée [e]. La Conference de Carthage nomme l'Evêque Lucien *Burçoiatensis*; il y a quelque apparence que c'est le même Siége que BURUCH dont Quietus étoit Evêque & assista au Concile de Carthage tenu sous St. Cyprien. Mais il n'y a pas lieu de douter que ce ne soit la même Ville dont étoit Evêque *Leontius Burcensis*, nommé entre les Prélats de Numidie dans la Notice

[e] l. 4. c. 2.

BUR.

d'Afrique. Ceux qui ont lu Ptolomée savent que ses Editeurs ont compris la Mauritanie Cesariense & la Numidie dans un seul Chapitre.

BURCE, voiez BURCZLAND. Mr. Corneille distingue mal à propos ces deux Articles, comme si ces lieux étoient differens.

BURCENSIS. Voiez BURCA.

BURCHAIM [f], petite Ville d'Allemagne en Baviere, à l'Embouchure du Lech dans le Danube, entre Neubourg & Ingolstadt.

[f] *Baudrand* Ed. 1705.

BURCHANA [g], ou BYRCHANIS [h], Isle de l'Ocean; de notre temps il se trouve, comme du temps de Pline, XXIII. Isles dans la Mer d'Allemagne depuis le Rhin, jusqu'au Promontoire Cimbrique, c'est-à-dire, depuis le Texel jusqu'au Jutland. Elle étoit la plus illustre de celles que Drusus soumit. Les Romains l'appellerent FABARIA. Voiez ce mot. L'Epithete *Nobilissima* que lui donne Pline marque qu'elle étoit beaucoup plus considerable que les autres, & on peut juger de son étendue par la resistance qu'elle fit à Drusus qui fut reduit à employer pour la reduire toutes les forces que l'Empire Romain avoit en ces quartiers-là. Cependant aujourd'hui toutes ces Isles sont si peu considerables qu'il y en a une à peine qui put tenir contre une Compagnie de Soldats. Il y a assez de vraisemblance que *Burchana*, ou *Byrchanis* est presentement l'Isle de BORKUM, entre les Embouchures de l'Ems. Cet ancien nom & le nouveau peuvent venir de l'Allemand Bergen, serrer, conserver les choses qui perissoient dans un naufrage, à quoi cette Isle est très-propre par sa situation. Mais sans mepriser ces observations, & celles que l'on a faites sur la *Maison aux Feves* dont je parle à l'article FABARIA, le Docte Alting [i] trouve plus de solidité à chercher la veritable situation de Burchania dans Ptolomée; qui marque les deux Embouchures de l'Ems écartées l'une de l'autre d'une distance de XXIV. M. P. Il conclut delà que l'Isle étoit le Pays enfermé entre ces deux Embouchures & qu'elle comprenoit celles de Juist, de Boese, de Bande qui sont presentement détachées l'une de l'autre. Alors si s'y trouvera un terrain capable de contenir cette multitude de peuple qui s'y jetta à l'approche de Drusus & qui l'obligea de se servir contre elle de toutes ses forces.

[g] *Plin.* l. 4. c. 13.
[h] *Strab.* l. 7.
[i] Notit. Batav. & Frisf. Antiq. p. 22.

BURCHAUSEN, Ville d'Allemagne dans la Basse Baviere sur la Riviere de Saltz qui se jette peu après dans l'Inn; elle est le Chef-lieu d'un Bailliage, sur les Confins de l'Archevêché de Saltzbourg, à sept milles d'Allemagne de cette Ville en allant vers Straubing & à treize milles de Munich.

BURCINATIUM. Voiez BURGINATIUM.

BURCONIA. Voiez BURONIA.

BURCZLAND [k], petit Pays de la Transsilvanie, aux environs de Brassau, aux Confins de la Valaquie & de la Moldavie, au Midi du Pays des Zeckels ou Sicules, entre la Riviere de Moldawa au Levant & l'Alaut au Couchant. Il est presque par tout environné de Montagnes.

[k] *De l'Isle* Atlas.

BURD [l], petite Riviere de France en Basse Normandie. Elle a sa source au dessus de

[l] *Corn. Dict.*

Pont

Pont Brocard, traverse presque tout le Côtentin, passe au pied de Coutance & va se perdre dans la Mer environ à deux lieues au dessous de cette Ville.

BURDALO, Rivière d'Espagne dans l'Estramadure de Léon. Elle a sa source dans la Montagne de Santa Cruz, vers Truxillo & coulant au Midi se jette dans la Guadiana.

BURDIDIZUM. Voiez BURTUDIZUM.

BURDIGALA. Voiez BOURDEAUX.

BURDIPTA, ancien lieu de Thrace entre Castra Iarba & Adrianople, à xxv. M. P. de la premiere & à xxxii. M. P. de la seconde.

BURDOA, BURDUA, ou BURDOVA, Βούρδουα, ancienne Ville d'Espagne dans la Lusitanie, selon Ptolomée [a]. Goltzius fournit une Medaille de Tibere sur laquelle Burdoa est traitée de Municipe. [a l.2.c.5.]

BURDUGNO, petite Ville de la Morée, sur le Vasilipotamo, entre l'Embouchure de cette Riviere & la Ville de Misitra.

§ Mr. Baudrand [b] met cette Ville dans la Zaconie qui ne s'étend point jusques-là; c'est le Brazzo di Maina ou Pays des Magnotes. Il dit que cette Ville s'appelloit anciennement *Thurium* & *Thyrea*, cela ne peut être, car *Thurium*, *Thuria*, ou la Ville des Thuriates, comme la nomme Pausanias, étoit au fond du Golphe Messenien bien loin de l'Eurotas qui est le Vasilipotamo d'à present, & n'étoit point entre Lacedemone qui est aujourd'hui Misitra, & l'Embouchure de ce fleuve. [b Ed. 1705.]

BURE. Voiez BUREN.

BUREBA [c], Contrée d'Espagne, dans la vieille Castille; elle faisoit autrefois partie de la Navarre; & s'étend entre le Rioja à l'Orient & les Montagnes d'Occa vers le Couchant. Sa principale Ville est Birviesca. [c Corn.Dict.]

BURELLA, ou CITTA BURELLA [d], petite Ville d'Italie au Royaume de Naples dans l'Abbruzze Citerieure, près de la Riviere de Sangro, à cinq lieues de Molise, & à six de Solmone. [d Baudrand Ed. 1705.]

1. BUREN [e], Ville des Provinces Unies dans la Gueldre, au quartier du Betuwe, à une grande lieue de Tiel; elle a titre de Comté. Cette Ville est de la Succession de Guillaume III. Roi d'Angleterre. [e Dict. Geogr. des Pays-Bas.]

2. BUREN, Petite Ville de Suisse au Canton de Berne; c'est la premiere que l'on trouve l'Aar au dessous de Gottstatt [f]. Elle est petite, mais fort jolie, on y passe la Riviere sur un grand Pont de bois couvert & fort exhauffé sous lequel les bâteaux passent. Au dessus de Buren, l'Aar fait un si grand circuit qu'il ne faut pas moins d'une grosse heure & demie de Navigation pour arriver à Buren, d'un certain endroit qui n'en est éloigné que d'un bon quart de lieue en allant par terre. Cette Ville est ancienne & on croit qu'elle est la PYRENESCA des Anciens. Le Bailli, qui s'apelle ici *Schultheiss* ou Avoyer, est logé dans un fort beau Château qui est vers l'une des portes de la Ville. [f Delices de la Suisse T. 1.p.134. & 135.]

3. BUREN [g], petite Ville d'Allemagne au Cercle de Westphalie dans l'Evêché de Paderborn, à quatre lieues de cette Ville, sur la Riviere d'Alme. Elle est Capitale d'une Baronie. Les troupes de Hesse la brûlerent lorsqu'elles s'emparerent de cet Evêché, mais les Evêques l'ont reparée. [g Baudrand Ed. 1705.]

1. BURG. J'ai deja dit au mot BOURG, que Burg & Borg, signifient souvent un lieu fortifié; ce mot ne veut dire que retraite & vient de l'Allemand 𝔅ergen & de son participe gebur𝔤en & geborgen; & cela parceque c'est une retraite où l'on se met soi & ses biens en sureté. C'est dans ce dessein que l'on a assemblé plusieurs maisons, afin que le voisinage mît les habitans plus en état de se secourir les uns les autres; on les entoura d'abord de hayes, puis de fossez, & enfin d'ouvrages plus fermes; ce qui a produit avec le tems une Science particuliere qui est celle de l'Ingenieur; & comme les Fortifications, en changeant de nature, ont toujours eu la même destination, savoir de mettre les habitans à couvert de toute insulte, le nom de *Bourg*, (BURG, ou BORG) a été continué aux Places fortes en plusieurs Pays, excepté en France, où nous l'avons destiné à signifier une petite Ville qui est rarement environnée d'un mur. Voiez BOURG.

2. BURG [h], petite Ville des Provinces Unies, dans le Comté de Zutphen sur le vieux Issel; entre la Ville d'Anholt & celle de Dotekom. [h Baudrand Ed. 1705.]

BURGAON, Montagne d'Afrique dans la Byzacene. Procope [i] dit: cette Montagne est tout-à-fait inaccessible du côté d'Orient. Elle a une pente assez aisée du côté d'Occident. Il s'y éleve deux rochers à une prodigieuse hauteur, entre lesquels il y a un chemin bas & étroit. [i Guerre des Vandales l.2.c.12.]

BURGAU, Ville & Château d'Allemagne, dans le Cercle de Suabe, elle donne son nom à un Marggraviat possedé par la Maison d'Autriche.

LE MARGGRAVIAT DE BURGAU [k], petite contrée d'Allemagne, dans la Suabe, entre l'Evêché d'Augsbourg & le Danube. Il appartient à la Maison d'Autriche & n'a que deux Villes remarquables, savoir Burgau la capitale, & Guntzberg que l'Empereur Leopold ceda l'an 1693. au Marggrave Louïs de Bade. [k Hubner Geogr. p. 409.]

BURG-CASTEL [l], Village d'Angleterre au Comté de Norfolk sur la Riviere d'Yar à deux milles au dessus d'Yarmouth. On croit que c'est l'ancienne GARRIANONUM ou GARRYENNUM des Iceniens. [l Baudrand Ed. 1682.]

BURGDORF [m], Ville de Suisse au Canton de Berne dans l'Argou. Les François l'apellent BERTOUD par corruption. Elle est jolie, passablement grande, à quatre lieues de Berne sur une hauteur qu'elle occupe toute entiere. Tellement que de quelque côté qu'on y aille il faut monter. Le Château du Gouverneur qui s'appelle là Avoyer est à l'une des extremitez de la Ville dans une situation élevée au bord d'un rocher. L'an 1706. il y eut une rue entiere qui fut consumée en une nuit; mais en la reparant on en a fait le plus bel endroit de la Ville. Les habitans ont bâti toutes ces maisons de pierres de taille qu'ils ont en abondance aux portes de leur Ville. On a fait toutes les Façades sur le même modele & à peu-près toutes de la même hauteur, ce qui fait un bel effet. Les deux Freres Baltram, Sintram, Comtes de Lentzbourg ont bâti [m Delices de la Suisse T. 1.p.158.]

Burg-

BUR.

Burgdorff. Berchtold V. de Zaringen, le même qui a fondé Berne, la ferma de murailles & fit mettre l'Inscription suivante, sur la porte qui conduit au vieux marché.

> BERCHTOLDUS DUX ZAERINGIÆ,
> QUI VICIT BURGUNDIONES,
> FECIT HANC PORTAM.

Après sa mort les Comtes de Kybourg l'ont possedée & les Bernois l'acheterent d'eux pour quarante mille écus l'an 1385. Dans les XI. & XII. siécles Burgdorf étoit Capitale de la petite Bourgogne. La Riviere de l'Emme est à une portée de Pistolet de la Ville & fait beaucoup de ravages aux environs, changeant souvent de lit. Elle coule là au pied d'un rocher d'une hauteur prodigieuse. On la passoit ci-devant sur un grand Pont de bois couvert, mais comme il a été brûlé par un accident, on l'a rebâti de pierres. Il y a proche de Burgdorff dans un lieu nommé Im Fauss, une Fontaine soufrée qui fournit de l'eau à des bains, & qu'on dit être bonne contre la Paralysie & les maux de Nerfs.

BURGDORFF, est le Chef-lieu d'un Bailliage de même nom.

BURGEL[a], petite Ville d'Allemagne dans le Cercle de la Haute Saxe en Misnie dans un Bailliage de même nom & dont elle est la Capitale, sur la Sala, à un mille de Iene, entre le Burgraviat de Kirchberg & le Comté de Gleissberg, de maniere qu'elle est en partie dans l'Osterland & en partie dans la Misnie. La Ville de Burgel a appartenu aux Ducs de Saxe-Altenbourg;[b] elle est presentement à la ligne de Weymar.

BURGENA, Ville ancienne de la seconde Pannonie aux environs de la Save, selon la Notice de l'Empire[c].

BURGH-UPON-SAND, Bourg d'Angleterre, dans la Province de Cumberland, près de Carléol. Son nom marque sa situation sur le sable. Quoiqu'il soit presentement ruiné, il est remarquable parce qu'Edouard I. Roi d'Angleterre y mourut l'an 1307.

BURGIAN, Ville d'Asie dans la Khorassane près du Lac de ce nom & à près de cent cinquante mille pas de Herat, elle est bien peuplée & des plus considerables de tout le Pays. C'est ce qu'en dit Mr. Baudrand[d]; il est étonnant que cette Ville ait été inconnue aux Géographes Abulfeda, Nassir Eddin, & Ulug Beig, & à d'Herbelot; sur tout aux trois derniers qui ont amplement traité de la Khorassane.

BURGIAN[e]. C'est ainsi que les Géographes Arabes appellent cette Nation qui se repandit dans les Gaules & y forma un Royaume que l'on nomma le Royaume de Bourgogne. Ce sont les BURGUNDI, ou BURGUNDIONES de nos Historiens d'Europe. Voyez leur établissement au mot BOURGUIGNONS.

BURGINATIUM, ou BURGINACIUM, ou BURCINATIUM[f]; l'Itineraire d'Antonin & la Table de Peutinger mettent un lieu de ce nom entre Arenatium & Colonia Trajana; à VI. M. P. de la seconde d'où l'on conclut que ce lieu étoit à l'extrémité des Bataves. Clu-

[a] Zeyler Saxon. Super. Topogr. p. 32.
[b] Hubner Géogr.
[c] Sect. 56.
[d] Ed. 1705.
[e] d'Herbelot Biblot. Orient.
[f] Alting Notit. Batav. & Fris. ant. p. 23.

BUR.

vier[g] le met hors de leur Pays & suppose deux choses en même temps. 1. que c'est le même lieu qu'Ammien Marcellin[h] appelle QUADRI-BURGIUM. 2. que les troupes du Cesar Julien ayant pris & fortifié ce lieu ne passerent point dans l'Isle des Bataves. La premiere de ces conjectures est assez probable, car dans l'Itineraire *Burginatium* est immediatement au dessous de *Colonia Trajana* & à une plus grande distance au dessus de *Castra Herculis*; & Ammien Marcelin nomme ainsi ces lieux *Castra Herculis*, *Quadriburgium* & *Tricesimæ*, ainsi *Quadriburgium* étoit entre ces deux Forteresses. Mais il y a plus, les mots rétablis ont le même sens; car *Burginatium* ne veut dire que le *Fort près de l'eau*, (*Burgum ad Aquas*) en Flamand Waterburg, *Waterburg*, pour accommoder ce mot à la prononciation des Romains on auroit dû dire *Wariburgium*, ou *Wadriburgium* & Ammien Marcellin, ou plutôt quelque Copiste ignorant en a fait *Quadriburgium*, & pour sauver ce changement on supposa ridiculement que le nom venoit de *Quatuor* mot Latin, & de *Pyrgos* mot Grec, comme si cette Place eût été ainsi nommée à cause de quatre tours. Mais sans bâtir à grands frais ces tours imaginaires, on peut s'en tenir à l'étymologie rapportée. Jusque-là tout va bien pour la conjecture de Cluvier, mais malheureusement sa seconde supposition ne s'accorde pas si bien avec l'Histoire. Ammien Marcellin lui-même, qui est non seulement un Historien contemporain, mais encore un temoin oculaire, dit en termes exprès que Julien ayant mis en deroute les Saliens & les Chamaves qui avoient osé passer la Meuse & les ayant reçus à composition & renvoyez chez eux; fit un Pont de bâteaux sur lequel il passa le Rhin. Sous son Premier Consulat il ne fit que fortifier trois anciennes Places sur la Meuse[i]. Sous son second Consulat il reprit sept Villes (où les Barbares[k] avoient pillé les Magasins des Romains & qu'ils avoient detruites après que Constantin le Grand avoit éloigné les Legions du Rhin) & il en releva les murs sans aucun trouble; il passa de nouveau le Rhin, en cachette & dans des batteaux de peur que les Barbares ne s'y opposassent. Il les châtia rudement & fit quartier à fort peu d'entre eux; ainsi il repoussa cette année-là tous les Allemands au delà du Rhin & remit l'Empire dans ses justes bornes. Durant son troisiéme Consulat voyant la Gaule paisible il passa le quartier d'Hyver à Paris, appaisa les troubles de l'Angleterre par ses Lieutenans, & alla en personne appaiser ceux des Allemands dans les Rheties, d'où il passa dans les Pannonies & ne revit plus le Rhin. Ce fut donc un an après la defaite des Saliens & des Chamaves, & la même année qu'il fit repasser le Rhin aux Allemands, qu'il rendit à l'Empire ses anciennes bornes; or c'étoit le lit du Rhin qui terminoit l'Empire, non pas le Canal de la gauche; mais celui du milieu. Aussitôt pour empêcher les passages continuels des Francs, on repara *Bingium*, *Antunnacum*, *Bonna*, *Nivesio*, *Vingium*, QUADRIBURGIUM, & *Castra Herculis*; toutes Forteresses sur le Rhin, Frontiere de l'Empire.

Il s'ensuit donc que *Quadriburgium*, ou *Burginatium*, n'étoit pas hors de l'Isle sur le bord gauche

[g] Germ. Antiq. l. 2. c. 36.
[h] l. 18. c. 2.
[i] Am. Marc. l. 17. c. 8.
[k] l. 20. c. 5.

gauche du Wahal; mais dans l'Isle sur la rive droite de cette Riviere & en même temps sur la gauche du Rhin; à l'extremité du Territoire des Bataves, à l'endroit où est presentement la Presqu'Isle 'sGraven-wart, & le Fort de Schenck, car il s'agissoit de couvrir les Bataves que Julien traitoit comme des Alliez [a], & sur tout de les protéger contre les Chamaves, les Saliens & autres qui vivoient au delà du Rhin. Or on ne pouvoit choisir un lieu plus avantageux pour cela; tant à cause de la facilité qu'il y avoit à le munir, qu'à cause des vivres qui pouvoient y arriver par le Rhin & par la Meuse.

[a] l. 20. c. 1. & 5.

Il ne faut pourtant pas disconvenir que l'ancienne Forteresse de BISSENBOURG que le Vahal a presque entierement detruite, conviendroit également à la position marquée dans l'Itineraire & dans la Table. Mais Hadrien de Valois & les autres qui cherchent *Burginatium* loin du Rhin & même au dessous de *Tricesima Castra*, sont dans l'erreur.

BURGIONES, ancien Peuple de la Sarmatie en Europe, selon Ptolomée [b].

[b] l. 3. c. 5.

BURGIUM, Ortelius [c] dit : lieu de la Rhetie, selon l'Antonin de Simler : seroit-ce aujourd'hui MAL-BORGETTO; sur la Riviere de Fella. Je ne trouve *Burgium* ni dans l'Antonin de Simler, ni dans aucune autre Edition. Mr. Baudrand met *Burgium* dans la Norique & cite l'Itineraire d'Antonin qu'il n'a point consulté.

[c] Thesaur.

BURGLA, ancien nom de WENSYSSEL dans le Jutland, voiez WENSYSSEL. [d] On l'appelloit aussi BORCHLUM; ou plutôt on appelloit le Diocèse entier *l'Evêché* ou *le Diocèse de Burgla*, ou *de Borchlum*, fondé en 1065. par Suenon Effrit; à cause du Monastere, où l'Evêque residoit jusqu'au changement de Religion arrivé en 1536. Stigot dernier Evêque Catholique fut dépouillé de son Evêché & finit ses jours dans ce Monastere. Pierre Thomas premier Evêque Lutherien & ses Successeurs firent leur séjour à Alborg qui par là devint le Siége de l'Evêché de *Burgla* ou *Borchlum*. La Notice de l'Abbé Milon met pour dernier Suffragant de l'Archevêché de Lunden l'Evêché de *Burgla, Burglanensis*. C'est le même Siége.

[d] Hermanides Dan. desc. p. 758.

1. BURGLEN [e], petite Ville de Suisse dans le Thurgou, elle étoit jolie, mais elle fut brûlée & ce n'est plus qu'un Bourg, qui a eu bien de la peine à se retablir.

[e] Delices de la Suisse T. 3. p. 478.

2. BURGLEN [f], Village de Suisse au Canton d'Uri, dans le Schaechen-Thal. Il tire son nom d'une vieille Forteresse.

[f] Ibid. T. 2. p. 307.

BURGOS [g], Ville d'Espagne dans la vieille Castille, dont elle est la capitale. Elle est située sur la pente d'une Montagne, & s'étend dans la plaine jusqu'au bord d'une petite Riviere fort rapide, appellée l'Arlançon, qui baigne une partie de ses murailles. Elle est ancienne, & l'on croit que c'est le BRAUM, ou BRAVUM de Ptolomée. On y entre par une belle porte ornée des statues des Rois d'Espagne & de Ferdinand Gonsalve premier Comte Souverain, placées dans de superbes niches dorées, avec quelques inscriptions faites à l'honneur de Charles V. de Philippe II. & de Philippe III.

[g] Vairac Etat pres. de l'Espagne T. 1. p. 318. & suiv.

La Ville est grande, quoiqu'un peu irreguliére & bâtie en forme de Croissant. Les rues y sont étroites & inégales, si on en excepte quelques-unes qui sont assez larges & assez droites, sur tout celle qui conduit à l'Eglise Métropolitaine. On y voit plusieurs belles Places publiques, & dans chacune de même qu'à chaque carrefour, il y a des Fontaines jalissantes, avec des statues au dessous du jet. La principale, qu'on apelle la Place Mayor, est presque au milieu de la Ville, entourée de belles maisons, soutenues par des pilastres qui forment des Portiques, sous lesquels on se promene quand il fait mauvais tems.

Parmi quelques bâtimens assez magnifiques, le Palais Archiépiscopal & celui des Seigneurs de la Maison de Velasco, se font distinguer par leur structure & par leur grandeur.

Près d'une des portes de la Ville, on trouve de grandes allées d'arbres qui forment une promenade fort agréable, sur le bord de la Riviere, qu'on passe sur un pont de pierre fort long & fort large.

La Ville est défendue par un Château ancien qui la commande, situé sur une haute Montagne, incomparablement plus fort par l'avantage de sa situation, que par les ouvrages qu'on y a faits.

Ce qu'on y voit de plus remarquable, est l'Eglise Métropolitaine, qui, sans contredit, peut passer pour la plus régulière, & pour une des plus belles de toute l'Espagne. Elle est bâtie en forme de croix comme le sont presque toutes les Eglises un peu anciennes, & si vaste qu'on y chante tous les jours cinq Messes dans cinq Chapelles differentes, sans qu'un des Officians interrompe l'autre par son chant. Une des entrées est ornée de deux grandes Tours & de belles figures. Dans le milieu on voit un grand Dôme, avec deux autres grandes Tours, & derriére, deux autres de même grandeur : Le tout très-bien travaillé, & si embelli de statues, qu'on ne peut le voir sans admiration. Le grand Autel est fait de menuiserie, en petites niches, où est representée la vie de notre Seigneur; le tout doré & parfaitement bien travaillé. Les Chapelles qui sont autour de l'Eglise, sont de la même façon que le grand Autel, & dans quelques-unes quelques Rois de Castille sont enterrez dans des tombeaux de marbre. Le treillis, ou grille de fer qui ferme le Chœur, est de quatre toises de haut, & tout de feuillages au naturel parfaitement bien faits.

Dans une Chapelle médiocrement grande du Cloître des Augustins, on voit un Crucifix miraculeux auquel tous les Peuples d'Espagne ont une fervente devotion. Il est élevé sur l'Autel, & de grandeur naturelle. Les dévots ne sont pas bien d'accord quand il s'agit de décider de quelle main il est. Les uns prétendent que Nicodeme l'a fait, & les autres veulent qu'il a été apporté du Ciel; les Miracles qu'on lui attribue depuis plusieurs siécles, y attirent un si grand concours de monde, & tant de richesses, qu'il n'y a peut-être dans toute la Chrétienté aucune Eglise si riche ni si magnifique, que la Chapelle où il est placé. Comme elle est fort sombre, elle est éclairée de deux ou trois cens lampes dont la plûpart sont d'argent,

gent, quelques-unes de pur or, & toutes si grosses, qu'elles couvrent toute la voute de la Chapelle.

On voit aux deux côtez de l'Autel soixante chandeliers d'argent, rangez à terre plus hauts que les hommes de la plus grande taille, & si pesans, qu'un homme seul ne sauroit les remuer. Sur l'Autel, il y en a d'or massif. Entre ces Chandeliers, on voit aussi des croix d'or & d'argent, ornées de pierreries & de couronnes suspendues au dessus de l'Autel, garnies de perles & de diamans d'une beauté extraordinaire. Outre cela, la Chapelle est entourée de tableaux & d'images qui representent les miracles que le Crucifix a faits, & si chargée des voeux & des raretez qu'il y a attirées, qu'il n'y a plus d'espace vuide pour en placer de nouvelles; desorte que l'on est contraint de les mettre dans le Trésor.

On ne fait voir le Crucifix qu'à des personnes de distinction & après bien des Cérémonies, & dont l'une est d'entendre deux Messes auparavant. Tandis qu'on le montre, on sonne plusieurs Cloches, & tout le monde est prosterné à genoux. Il est toujours couvert de trois rideaux de Satin de diverses couleurs, brodez de perles & de pierreries : on les tire l'un après l'autre, & l'on voit l'Image miraculeuse, qui est d'une sculpture très-bien faite, & d'une carnation si naturelle, qu'il ne lui manque que la parole, pour persuader qu'il est animé.

De l'autre côté de la Riviere est un Fauxbourg qu'on appelle BEGA, qui joint la Ville par trois beaux ponts de pierre, où sont la plûpart des Couvents & des Hopitaux. Il y en a un entre autres, fondé pour les Pelerins que la dévotion conduit à Saint Jacques, qui a 80000. livres de rente. Ce Fauxbourg est environné de Jardins arrosez de ruisseaux d'eau vive & de plusieurs Fontaines, & la Riviere y sert de Canal.

Tout joignant cet endroit-là, on entre dans un grand parc fermé de murailles, où il y a de fort agréables promenades.

Cette Ville a été autrefois la Capitale, & la résidence des Comtes & des Rois de Castille. Elle tient le premier rang dans les Etats de Castille, quoique Tolede lui dispute cet honneur. Elle n'est pas fort ancienne, n'ayant été bâtie, selon quelques Auteurs, que dans le IX. siécle, & selon quelques autres, dans le X. sur les ruines d'une autre Ville, appellée *Auca*, dont les Montagnes voisines d'Ibubeda retiennent encore le nom, d'autant qu'on l'appelle *Sierras de Oca*.

a Ibid. T. 2. P. 375. *a* L'Eglise de Burgos fut fondée en premier lieu dans une Ville appellée OCA, laquelle ayant été entierement détruite par les Mores, le Siége Episcopal fut transferé à VALPUESTA par Alfonse surnommé le Catholique, Roi d'Oviedo, lequel la dota très-richement, pour le dédommager des pertes qu'il avoit faites dans sa destruction. Pendant qu'il subsista en cet endroit-là, il fut occupé par cinq Evêques. De Valpuesta il fut transferé à GAMONAL par les soins des Infantes Donna Urraca, & Donna Elvire, filles du Roi Don Ferdinand, surnommé le Grand ; & Valpuesta ne fut plus qu'une Collégiale desservie par quatre Dignitaires, seize Chanoines, dix Prébendiers & par divers Chapelains. Alfonse VI. le transfera à BURGOS, & donna son Palais pour loger l'Evêque & le Chapitre, & sa Chapelle pour servir de Cathédrale; mais comme elle n'étoit pas assez grande, l'Evêque Maurice jetta en 1221. les fondemens de celle qu'on voit aujourd'hui, qui est une des plus magnifiques de la Chrétienté. En 1574. le Pape Gregoire XIII. érigea cette Eglise en Métropole, à la priere de Philippe II.; & le Cardinal Don François Pacheco en fut premier Archevêque. Son Chapitre est composé de dix-huit Dignitaires, qui sont, le Doyen, les Archidiacres de Burgos, de Birviesca, de Valpuesta, de Lara, de Trivinno & de Palenquela, le Chantre, le Trésorier, les Abbez de Castro-Gerix, de Toncea, de Salas, de Cervates, de Saint Quirée, de Gamonal, & le Prieur; de 45. Chanoines, dont le Roi est le premier; de 20. Prébendiers, de 20. Semi-Prébendiers, de 40. Chapelains, de 5. Acolythes, de 5. autres Chapelains pour desservir la Chapelle des Rois ; & 33. autres pour faire le service de la Chapelle Paroissiale, de 2. Curez, & de 3. Bénéficiers, qui font en tout 191. Ministres, dont le Chapitre est le Juge, sans l'intervention de l'Archevêque.

Le Diocèse s'étend sur 1756. Paroisses, 62. Abbayes, 8. Archidiaconez, 18. Collégiales, 78. Monasteres de Religieux ou de Religieuses, & sur divers Hopitaux & Hermitages. L'Archevêque jouït de 40000. Ducats de revenu, & a pour Suffragans les Evêques de Pampelune, de Calahorra & de Palencia.

BURGRAVIAT, Etendue de la Jurisdiction d'un Burgrave. On appelloit ainsi les Comtes qui avoient sous leur commandement une Place forte avec son Territoire.

LE BURGRAVIAT DE NURENBERG, voiez NURENBERG.

BURGUETTE, ou ELBURGUETTE. Voiez RONCEVAUX.

BURGUNDI, ou BURGUNDIONES. Voiez BOURGUIGNONS.

BURGUS, Contrée de la Thrace. On y voyoit SECURISCA, Σεκουρίσκα, Forteresse. Voyez SECURISCA.

BURGUS NOVUS, Lieu de la Dacie Ripense, selon la Notice de l'Empire. Quelques Exemplaires portent *Burgus Zonus* qui est une faute des Copistes. *b* Sect. 31.

BURGUS SEVERI, Lieu d'Egypte, dans la Thebaïde, selon la Notice de l'Empire. *c* Sect. 20.

BURGUZIONES, Agathias compte entre les Huns un Peuple qu'il appelle *Burgundi* & *Burguziones*. Ce sont les mêmes que les BOURGUIGNONS.

BURI. Voiez LUTI.

1. BURIA, Lieu particulier de la Palestine au pied du Mont Thabor, près de la Ville de Naïm, selon Guillaume de Tyr, cité par Ortelius *d*. *d* Thesaur.

BURIACH, Bourg d'Allemagne dans le Cercle de Suabe, dans le Marggraviat de Bade Dourlach, à deux lieues de Philipsbourg. Quelques Auteurs ont conjecturé que c'est BUDORIS de Ptolomée.

1. BURIANA. Voiez BORRIANO.

BUR.

a Baudrand Ed. 1705.
2. BURIANA ª, (LE LAC DE) Lac d'Italie, en Toscane, dans le Siénois. Il prend son nom de BURIANA, Bourg situé sur ses bords. On l'appelle aussi LAC DE CASTIGLIONE du nom d'un autre Bourg qui est sur sa rive Occidentale.

b Ibid.
3. BURIANA ᵇ, Bourg d'Italie en Toscane dans le Siénois, sur le Lac dont on vient de parler dans l'article precedent.

On croit communément que le Lac est le PRILLE OU APRILIS LACUS des Anciens & que le Bourg est la SALEUMBRONA d'Antonin. Voiez ces mots.

BURIBOURG, Montagne d'Allemagne dans le Landgraviat de Hesse, près de la Riviere d'Eder & de la Ville de Frislar. On voit sur cette Montagne des ruines de l'ancienne Ville BURIBURGUM qui étoit Episcopale. C'est le même Siége que BURABOURG. Voyez ce mot.

c Zeyler Wessphal. Topogr. p.75.
BURICK ᶜ, petite Ville d'Allemagne sur le Rhin, au Duché de Cleves, vis-à-vis, du bas-Wesel. Elle est remarquable par la victoire que les troupes de l'Empereur Otthon le Grand y remporterent sur les Lorrains. Elle est au Roi de Prusse, comme tout le reste de ce Duché ᵈ. Les Provinces unies l'avoient prise & fortifiée, mais les François l'ayant prise en 1672. raserent les fortifications & rendirent la place à l'Electeur de Brandebourg.

d Baudrand Ed. 1705.

BURIDEENSII, ancien Peuple de la Dacie, selon Ptolomée. Voiez DACIE. Lazius croit que Waradin conserve des traces de cet ancien nom. Ortelius ᵉ soupçonne que ce sont les Peuples BORI dont parle Dion Cassius.

e Thesaur.

BURII, ancien Peuple de la Germanie, selon Tacite ᶠ LUTI. Ptolomée nomme aussi un peuple BURII ᵍ, & ajoute le surnom de LUTI. Quelques-uns ont cru que les BURII de Tacite habitoient l'Isle de BORNHOLM, ou BURUNDHOLM, mais cela ne convient point avec les BURII surnommez LUTI de Ptolomée. Voiez LUTI.

f de Mor: German. c.43.
g l.2.c.11.

h Ortel. Thes.
BURINA ʰ, ou BURRINA, Fontaine dont parle Théocrite. Son Scholiaste la met dans l'Isle de Cos.

i Baudrand Ed. 1705.
BURITACA ⁱ, Contrée de l'Amerique Meridionale, au Gouvernement de Ste Marthe. Elle n'est point marquée sur les Cartes.

BURITANA PLEBS, Evêché d'Afrique, dans la Province Proconsulaire. Donat Evêque de ce lieu est nommé dans la Conference de Carthage ᵏ. C'est peut-être le même Siége dont Victor d'Utique ˡ dit qu'il étoit Evêque Faustus *Buronitanus Episcopus*.

k p.268. Edit. Dupin.
l de Persecut. Vandal. l.1. Num. 11.

m Ed. 1705.
BURKEN, Ville d'Asie dans la Perse au Turquestan, selon Mr. Baudrand ᵐ.

n Ibid.
BURLATZ ⁿ, petite Ville de France dans le Languedoc, sur la Riviere d'Agoût, environ à deux lieues au dessus de Castres.

BURMIÆ. Voiez BORMIÆ.

o l.1.
BURNI, Peuple d'entre les Goths, selon Agathias ᵒ.

BURNICHILDIS CASTRUM, & BURNIQUEL. Voiez BOURNIQUET.

BURNIUM. Voiez BURNUM.

p Etat. pres. de la G.Bret. T.1.p.80.
BURNLEY ᵖ, Bourg d'Angleterre en Lancashire. On y tient Marché public.

BURNT-ISLAND. Voiez BRUNT-YLAND.

BUR.

1. BURNUM, ancien Château de la Dalmatie, selon Pline ᵠ; le R. P. Hardouin le croit different de la BURNUM de Ptolomée.

q l.3.c.22.

2. BURNUM, ancienne Ville de la Liburnie, selon Ptolomée ʳ. Pline ˢ en fait mention & en nomme les habitans BURNISTÆ qu'il met dans la Liburnie. Tite-Live parle de BURNIUM au livre 14. si nous en croyons Ortelius. Mais nous n'avons point le 14. livre de cet Historien & il faut qu'il y ait une faute dans la citation.

r l.2.c.17.
s l.3.c.21.

3. BURNUM, ancienne Ville d'Afrique. Il en est parlé dans la Vie de St. Fulgence.

BURONIA SILVA, Forêt d'Allemagne dans le voisinage de Cologne, selon Tritheme, dans son Abregé des Annales de France, quelques-uns l'entendent du Westerwald; Gregoire de Tours ᵗ fait mention d'une Forêt nommée BURCONIA; mais Ortelius ᵛ croit qu'elle étoit au voisinage de l'Escaut.

t Hist.1.
v Thesaur.

BURONITANUS. Voiez BURITANA PLEBS.

BURRA ʷ, Isle de l'Ocean, l'une des Orcades, entre Pomona & South-Ronalsa. Elle a trois milles de long, & un de largeur. Cette Isle est fertile en bled & en pâturage, & produit d'excellent chaufage. Elle abonde aussi en Lapins. Il y a une très-belle maison que Stuart de May y a fait bâtir.

w Etat pres. de la G.Bret. T.2.p.304.

BURRANUS LACUS, nom Latin du Lac de Castiglione ou de Ste. Praxede.

BURREGREG. Voiez BURAGRAG.

BURRIUM, ancien lieu de la grande Bretagne sur la route de Calleva à *Urioconium*, entre *Iscelegua Augusti* & *Gobannium*, selon l'Itineraire d'Antonin, c'est-à-dire, entre Caerleon, & Abergevenny; Mr. Gale ˣ croit que *Burrium* est BRUBEGE ou plutôt BRUNABEGE; à l'endroit où les deux petites Rivieres de Byrd'hin & d'Oilney se perdent dans la Saverne. L'Anonyme de Ravenne écrit BRENA peut-être pour BREUNA.

x In Anton. Itin. p.126.

BURRO, Isle de la Mer des Indes, vis-à-vis de l'Isle d'Amboine vers l'Occident, entre cette derniere & celle de Celebes. Elle a deux cens lieues de circuit. Les Portugais en avoient commencé la conversion, comme le raporte le Pere Jarric ʸ Jesuite.

y Hist. des Indes Orientales l.2.

BUROHILL. Colline d'Angleterre au Comté de Leicester, & à trois lieues de cette Ville. Elle est escarpée de tous côtez sur laquelle on voit les ruines d'une Ville que Mr. Baudrand nomme *Nerometum*, & qu'il dit avoir été une Ville des Coritains. Mais quel Ancien a parlé de *Nerometum*, c'est ce que Mr. Baudrand ne dit point.

BURSADA, ancienne Ville d'Espagne dans la Celtiberie, selon Ptolomée ᶻ.

z l.2.c.6.

BURSANO, (CAP DE) Cap du Royaume de Naples dans la Calabre ulterieure, sur la côte Orientale. Il tire son nom du Bourg de BURSANO.

BURSAONENSES, ancien Peuple d'Espagne.

BURSE, voiez BURCZ-LAND.

BURSE, BOURSE, BROUSSE, PRUSE, Ville de la Turquie en Asie dans la Natolie, vers le Mont Olympe dont elle n'est qu'à dix mil-

BUR. BUS.   BUS.   543

milles. Cette Ville est grande & a été anciennement le séjour des Rois de Bithynie & même la Capitale de l'Empire Ottoman avant la Conquête de Constantinople. Mr. de Tournefort en a fait une description sous le nom de Pruse. Nous la renvoyons à cet article. Voyez PRUSE.

BURSENSIS, Siége Episcopal d'Afrique dans la Numidie, selon Victor d'Utique cité par Ortelius. C'est apparemment le même que *Burcensis*. Voiez BURCA.

BURSIA. Voiez BYRSIA.

BURTADISUM. Voiez BURTUDIZUM.

BURTINA, ancienne Ville d'Espagne au Pays des Ilergetes, selon Ptolomée [a]. Antonin dans son Itinéraire la nomme BORTINA; quelques-uns croient que c'est présentement BALBASTRO; mais Surita [b] croit que l'on en voit les restes à Almudevar.

[a] l.2. c.6.
[b] Ad Antonin. p.610.

BURTINITANUS, ou BURONITANUS, Siége Episcopal d'Afrique. Voiez BURITANA PLEBS.

BURTUDIZUM, BURTADIDIZUM, BUSTUDIZUM, ou BURDIDIZUM. Ville de Thrace, selon l'Itinéraire d'Antonin; à XVII. M. P. de *Bergulæ*. C'est une des Forteresses que Justinien fit bâtir, selon Procope [c] qui la nomme BURTUDGISE, au moins dans la Traduction de Mr. Cousin.

[c] de Ædific. l.4.c.11.

BURTURGURES, ou MUTURGURES, ancien Peuple de l'Afrique propre, selon Ptolomée [d].

[d] l.4.c.3.

BURUCH. Voiez BURCA.
BURUESCA. Voiez VIROUESCA.
BURUGIATENSIS. Voiez BURCA.

BURUM, Ville de l'Espagne Tarragonoise au Pays du Peuple *Callaici* dont Lugos étoit la Capitale, selon Ptolomée [e].

[e] l.2. c.6.

BURUNCUM, ou BURUNGUM, où étoit un détachement de la septième Legion, selon Antonin [f] qui la met entre *Durnomagum* & *Novesium*. Ortelius [g] croit que c'est BURIC sur le Rhin au Pays de Cleves, vis-à-vis de Dusseldorp.

[f] Itiner.
[g] Thesaur.

BURUZ [h], Bourg de la Turquie en Asie dans la Natolie, sur le Madre vers les Confins de la Caramanie. On croit que c'est l'ancienne CIBYRA.

[h] Baudrand Ed.1705.

1. BURY [i], Bourg de France dans le Beauvoisis sur la Riviere du Terrain, quatre lieues au dessous de Beauvais.

[i] Ibid.

2. BURY [k], Bourg d'Angleterre en Lande de la G.Bret. cashire. On y tient un Marché public.

[k] Etat pres. T.1.p.80.

3. BURY, Ville d'Angleterre dans le Comté de Suffolc. Voiez au mot SAINT l'Article ST. EDMONDSBURY.

BURY-ROSTAIN [l], Beau Château de France avec titre de Comté, à deux lieues de Blois du côté de Vendôme.

[l] Baudrand Ed.1705.

BURYTUS, Grande Riviere, selon Phavorin qui ne dit point en quel Pays.

BUS, (L'ISLE DE) Isle de l'Océan Septentrional au Levant du vieux Groenland; entre l'Islande & Terre Neuve. Mr. Baudrand [m] la met à environ cent lieues du Groenland, vers le Midi, lui donne quarante lieues de long & quinze de large sur le raport des Anglois.

[m] Ed.1705.

BUSA, ou BUSATEN, Bourg de Transilvanie entre Colosvar & Bistritz. Voiez NAPUCA.

BUSACTERI, ce sont les mêmes Peuples que les Brucheres. Voiez leur Article.

BUSAE, Peuple de la Medie, selon Herodote [n] & Etienne le Géographe.

[n] l.1.c.101.

BUSAN, Place forte de la Mesopotamie près de la Ville d'Amid, selon Ammien Marcellin [o]. Baronius [p] nomme ce même lieu BROSAN.

[o] l.18.
[p] Annal.3.

BUSENTO, (le) petite Riviere d'Italie au Royaume de Naples. Elle prend sa source dans la Montagne de Satriano, & à deux milles de sa source, elle rentre dans la Montagne, coule sous terre l'espace de six milles, après quoi elle sort de nouveau du côté du Midi, & coule à découvert pour se jetter dans la Mer de Toscane, près de POLICASTRO. Les Latins l'ont connue sous le nom de BUXENTIUS.

1. BUSIRIS, ancienne Ville d'Egypte sur le Nil, où elle étoit Capitale du Nôme BUSIRITE, dans le Delta. Comme du Bras le plus Oriental du Nil au Couchant duquel elle étoit située, il se détachoit une branche, qui passoit à Leontopolis, cette branche portoit le nom de *Busiriticus Fluvius*, & se gardoit jusqu'à son Embouchure dans la Mer, où l'on appelloit *Pathmeticum Ostium*, selon Ptolomée [q]. Cette branche n'est plus la même aujourd'hui, & selon toute apparence il commençoit au même lieu où commence aujourd'hui le Canal de Rossete, mais au lieu que ce Canal tourne vers le Couchant jusqu'à ce qu'il joigne le Bras Occidental au dessous de Foué, il tournoit anciennement plus vers le Nord & vers le Cap que nous appellons le Cap brûlé. Busiris n'est plus qu'un Village nommé Abousir; au dessous de Semenours qui s'est formée & accrue des ruines de cette Ville; à moins qu'on ne veuille dire que c'est la Sebennitus de Ptolomée, comme le croit le Sr. Lucas [r]; quoique sa position ne s'accorde pas bien avec celle de Ptolomée. Quelques-uns ont cru que c'est la PHATURES de l'Ecriture. Voiez PHATURES.

[q] l.4.c.5.
[r] Carte du Delta dressée sur les lieux.

2. BUSIRIS, Village de la Haute Egypte près des Pyramides, selon Pline [s].

[s] l.36.c.12.

BUSLACENA [t], Ville d'Afrique. Il en est fait mention dans les Oeuvres de St. Augustin & de St. Cyprien, & dans le Concile de Carthage.

[t] Ortel. Thes.

BUSMADIS, Βούσμαδις, Ville d'Asie dans l'Isaurie, selon Etienne le Géographe.

BUSO [v], (LE CAP DE) c'est le Cap le plus Occidental de l'Isle de Candie sur côte Septentrionale, vis-à-vis de l'Isle de Cerigo. Quelques-uns y placent le *Cadiscus Mons* des Anciens que d'autres cherchent à *Cachiscala* Montagne voisine de ce Cap.

[v] Baudrand Ed. 1705.

BUSSERETH, Ville d'Asie dans l'Arabie Petrée. Elle étoit autrefois considerable & la Metropole de plusieurs Evêchés. Voiez BOSTRA. C'est peu de chose à present quoi qu'elle ait un Archevêque Grec.

BUSSET [w], Lieu de France, avec titre de Comté, dans la Limagne d'Auvergne vers Vichi.

[w] Baudrand Ed.1705.

BUSSETO, en Latin BUXETUM [x], petite Ville d'Italie en Lombardie, au Duché de Plaisance dans un petit Canton nommé l'ETAT DE BUSSETO, sur le ruisseau de Longena, à deux

[x] Ibid.

BUS. BUT.

deux milles du Pô au Midi & à dix-huit de Plaisance vers l'Orient.

a Baudrand Ed. 1705. L'ETAT DE BUSSETO [a], petit Pays d'Italie, au Duché de Plaisance, entre le Duché de Parme au Levant, & le Territoire de Plaisance au Couchant & au Midi, & le Pô qui le sepaare du Cremonois au Septentrion. Il a autrefois appartenu à des Marquis de la Maison de Palavicini; mais les Ducs de Parme & de Plaisance l'ayant acquis l'ont annexé au Duché de Plaisance.

Les lieux les plus considerables sont,

Borgo San Donino, Fiorenzuola,
Busseto, Corte Maggiore.

Cet Etat est nommé sur la plûpart des Cartes STATO PALLAVICINO.

b Baudrand Ed. 1705. 1. BUSSIERE [b], (LA) en Latin BUXERIA, Abbaye de France en Bourgogne, au Diocèse d'Autun, Ordre de Citeaux près de Beaune. Mr. Baudrand dit qu'on la nommoit autrefois le Monastere des trois Montagnes.

c Ibid. 2. BUSSIERE [c], (LA) Abbaye de France en Anjou, à quatre lieues de la Ville de Baugé. Elle est de l'Ordre de Citeaux.

d Ibid. 3. BUSSIERE [d], (LA) Abbaye de France, aux Confins du Berry & du Beaujolois. Elle a été transferée dans la Ville de Bourges. Ce sont des filles qui suivent la Regle de Citeaux.

e Ibid. BUSSIERE-POITEVINE [e], petite Ville de France, dans la Marche, près du Poitou sur la Gartempe.

BUSSINE. Mr. Baudrand decrit deux fois cette Riviere, une fois dans l'Article BRESSELE & l'autre sous le nom de BUSSINE. Il en fait deux Rivieres, & dit de chacune ce qui ne convient qu'à la BRESLE qui est le vrai nom. Voïez ce mot.

f Baudrand Ed. 1705. 1. BUSSY [f], Bourg de France, au Duché de Bourgogne, dans le Châlonnois.

g Ibid. 2. BUSSY [g], Château de France en Berry.

BUST, ou BOST, Ville de Perse dans le Sablestan dont elle est la Capitale. Elle est deffendue par une bonne Citadelle & passe pour la plus forte Place du Royaume de Perse.

BUSTUDIZO. Voïez BURTUDIZUM.

BUSUS, pour EBUSUS.

BUSWEILER, gros Bourg d'Allemagne, dans la Seigneurie de même nom. Mr. de Longuerue la nomme BOUSSEVILLERS, ou BUSCHWEILLER; & Mr. Piganiol de la Force dit BOUXWILLER. Voïez ce mot.

BUTA. Voïez BUTUS.

h Spon Liste de l'Attique. Voïez Meursius de Populis Attica. BUTADÆ [h], Bourg de l'Attique dans la Tribu Oeneide. Il prenoit son nom du Heros Butes. Il y avoit aussi à Athènes une famille illustre de ce nom dont on choisissoit les Sacrificateurs de Minerve Protectrice de la Ville.

i Ortel. Thes. BUTAMA [i], Ville de la Dalmatie selon Cedrene. Curopalate dit BUTOMA.

k Ibid. BUTELIA REGIO [k], Contrée de la Macedoine dans la Pelagonie, selon Cedrene & Curopalate.

m De l'Isle Carte de la Sicile. BUTERA [l], petite Ville de Sicile dans la Vallée de Noto, sur une Montagne au Midi de Mazzarino, & au Couchant de la Riviere de *Terranova* au Nord de la Ville de ce nom. Butera a titre de Principauté.

BUTERÆ, ancienne Ville de la Gaule où Sulpice Severe [m] dit que l'on tint un Concile de même qu'à Arles. Il parle du Concile de Besiers tenu sous le Pape Libere l'an 356. Celui d'Arles s'étoit tenu trois ans auparavant. *Sigonius* veut qu'au lieu de BUTERÆ on lise BITERRÆ. [*l Hist. Eccles. l.2. c. 39.*]

BUTERO. Voïez BUTERA.

BUTHE, ou BUTE [n], Isle de l'Ecosse au Couchant, l'une des Westernes, à l'Embouchure de la Clyde, à huit milles au Nord-est d'Arran. Cette Isle est très-fertile en Bled & en pâturage & considerable par la pêche du Harang. Elle a huit ou dix milles de long & quatre de large. On croit que la famille de Stuart est sortie de ce lieu. Il y a quatre Eglises & deux Châteaux, savoir le Château de ROTHSAY & celui de KEMS. Le premier a donné le titre de Comte & ensuite celui de Duc aux fils ainez des Rois d'Ecosse, & c'est le Prince David fils de Robert III. qui a porté le premier le Titre de Duc de Rothsay. [*n Etat pres. de la G. Bret. T. 2. p. 286.*]

1. BUTHIA, Ville de l'Ionie, selon Etienne le Géographe qui cite pour garant Theopompe.

2. BUTHIA, lieu voisin de la Ville de Rizone, selon le même.

3. BUTHIA, Riviere, selon le même.

BUTHOE, &

BUTHOIM. Voïez BUTUA.

BUTHOU, BUTOU, ou BUTAU, petit Pays de la Cassubie, aux Confins de la Prusse Royale, avec une Ville de même nom. L'une & l'autre appartenoient ci-devant au Royaume de Pologne; mais elle les ceda à l'Electeur de Brandebourg l'an 1667. selon Mr. Hubner; ou le 6. Novembre 1657. par le Traité de Bydgost, selon Mr. Baudrand.

BUTHROTORUM SINUS, Βουθρωτῶν Κόλπος, ancien nom du GOLPHE DE BUTRINTO.

BUTHROTUM, Ville Maritime de l'Epire. Strabon [o], Virgile [p], & Pline [q] en font mention. Ce dernier en fait une Colonie Romaine. Strabon dit à peu près la même chose. Etienne le Géographe en fait une Isle par un abus assez ordinaire aux Grecs qui donnoient le nom d'Isles aux Presqu'Isles, comme on voit qu'ils ont appellé Peloponnese, ou l'Isle de Pelops la Presqu'Isle que nous appellons la Morée. Voïez BUTRINTO. [*o l.7. p. 324. p Æneid l. 3. v. 193. q l.4. c.1*]

BUTHUAN, Isle de la Mer des Indes, dans l'Archipel de St. Lazare, auprès de l'Isle de Calegan, selon Pigafet [r] au Recueil de Ramusio. [*r T.1. p. 357.*]

BUTHURUS, Ville de la Libye interieure, selon Ptolomée [s]. Elle étoit près de la source du Bagrada. [*s l.4. c.6.*]

BUTIA, Bourg de l'Attique, selon Suidas. C'est le même que BUTIADÆ.

BUTOA, Isle d'auprès de l'Isle de Créte, Pline [t] la nomme entre celles de Ophiussa & d'Arados. C'étoit un écueil au Nord de l'Isle de Cofovicia à l'extremité Orientale de la côte Meridionale de l'Isle de Candie. [*t l.4. c,12.*]

BUTON, Isle de la Mer des Indes. Voïez BOUTON.

BU-

BUT.

BUTONES, ancien Peuple de la Germanie, selon Strabon [a] qui dit que *Maroboduus* les soumit. Les Critiques tiennent qu'il faut GUTTONES.

BUTOU. Voiez BUTHOU.

BUTRAGO. Voiez BUYTRAGO.

BUTRINTO [b], Ville Maritime d'Albanie dans le Golphe qui en prend le nom de Golfe de BUTRINTO ; dans le Canal de Corfou ; quelques-uns disent BUTRONTO. Cette Ville est Episcopale [c], suffragante de l'Archevêché de Janina. Elle est de la Province de la Chimera [d], a un assez bon port & quantité de pêcheurs. C'est la BUTHROTUM des anciens.

BUTRIUM, ancienne Ville d'Italie selon Ptolomée [e], au Pays du Peuple *Cenomani*, soumis aux Venetes. Strabon & Etienne la nomment aussi. Elle étoit de la Flaminie & c'est presentement BUTRIO Bourg du Territoire de Ravenne.

BUTTA, Ville de l'Afrique propre, selon Ptolomée [f].

BUTTONS-BAY, ou la BAYE DE BUTTON : Golphe de l'Amerique Septentrionale dans les Terres Arctiques ; c'est la partie Occidentale de la Baye de Hudson vers le Nord, selon Mr. Baudrand. Elle tire son nom de Button Navigateur Anglois.

1. **BUTUA**, selon Pline [g]; BUTOE, Βουδόη, selon Etienne le Géographe, & BULUA Βουλούα, selon Ptolomée [h], ancienne Ville de l'Illyrie. C'est aujourd'hui BUDOA. Voiez ce mot.

2. **BUTUA**, Ville d'Afrique, dans la Basse Ethiopie, au Monomotapa ; vers la Riviere de Zambre, selon Mr. Baudrand qui cite Jean Leon. Il a tort de citer cet Auteur qui ne dit pas un mot, ni de Butua, ni de Zambre, ni du Monomotapa. Il devoit citer honnêtement Mr. Sanson de qui il emprunte ce qu'il en dit. Ces Messieurs nomment BUTUA, la Ville que Mr. de l'Isle nomme la Ville Royale du Monomotapa ; mais dans la Carte de ce dernier Géographe, il n'est point question de la Riviere de Zambre près de laquelle Mess. Sanson placent Butua.

BUTUNTINENSES, habitans de BUTUNTUM. Voiez BUDRUNTUS, & BITUNTUM.

1. **BUTUS**, Ville de la Basse Egypte, selon Ptolomée. Elle étoit la Metropole du Nôme appellé PHTHENOTES. Il y avoit près delà un Lac nommé BUTICUS LACUS selon Strabon [i]. Cette Ville est nommée BOTUS dans le troisiéme Concile d'Ephese. Herodote [k] dit qu'il y avoit un Temple de Latone.

2. **BUTUS**, lieu de l'Arabie, auprès de l'Egypte, selon Herodote cité par Ortelius [l].

3. **BUTUS**, Ville d'Asie dans la Gedrosie, selon Etienne le Géographe.

BUTZAW [m], Ville d'Allemagne dans la Basse-Saxe, au Duché de Mecklebourg dans l'ancien Etat de l'Evêque de Schwerin ; avec un vieux Château qui étoit la Residence ordinaire de l'Evêque. C'est presentement la demeure de Sophie Charlote de Hesse-Cassel Duchesse Douairiere de Mecklenbourg. Le feu Duc Frederic Guillaume son mari, avoit tâché d'embellir cette Ville en y favorisant une Colonie Françoise qu'il y vouloit établir. Il y avoit même placé un Ministre refugié en faveur de la Colonie ; mais divers contre-temps & sur tout un incendie qui consuma une partie de la Ville, derangerent toutes ces mesures. Butzow est sur la route de Schwerin à Rostock ; sur le Varnow qui est fort petit en cet endroit & très-different de ce qu'il est à Rostock.

§ Mr. Corneille fait deux Villes, l'une nommée BUTZAW, l'autre BUTZOU & partage entre elles ce qu'il auroit dû dire de Butzaw, qui est unique.

BUTZBACH [n], Ville d'Allemagne, dans la Weteravie, au Comté de Solms, entre Francfort & Giesen.

BUVINDA, Riviere de l'Hibernie, selon Ptolomée. Camden croit que c'est la Banna.

BUXTON [o], Village d'Angléterre en Derbyshire. Il est remarquable par ses eaux dont la vertu est excellente pour plusieurs Maladies. Neuf sources sortent d'un rocher assez près l'une de l'autre, dont huit sont chaudes & la neuviéme extrémement froide. A cent pas delà il y a une source chaude & une autre fort froide.

BUXEDI, ancien Peuple d'Asie dans la Cappadoce, selon quelques [p] Editions de Pomponius Mela. D'autres [q] Editions plus recentes le nomment BUZERI.

BUXENTUM, ancienne Ville d'Italie dans la Lucanie ; les Grecs comme Strabon [r] l'ont appellée PYXIS, Πυξίς ; Tite Live [s] dit qu'on y mena une Colonie Romaine, & que voyant ensuite qu'elle n'étoit pas encore assez peuplée on y en mena encore une nouvelle. Velleius [t] parle aussi de cette Colonie. Strabon dit qu'il y avoit au même endroit une Ville, une Riviere & un Promontoire de même nom. La Ville est presentement nommée POLICASTRO & la Riviere BUSENTO. Voiez ce mot.

BUXERI. Voiez BUZERI.

BUXETA, Citadelle d'Italie vers l'Emilie, selon Paul Diacre [v].

BUXIDIS, ou BUXUDIS [w], Sigebert de Gemblours appelle ainsi en Latin BOSSUT, Château du Hainaut.

BUYCKSLOOT [x], Village de la Nord-Hollande, dans le Waterland, auprès d'Amsterdam, vis-à-vis du Port. Il est fort frequenté, à cause du voisinage d'Amsterdam & parce que c'est le passage ordinaire des voitures d'eau qui vont d'Amsterdam, à Monickendam, à Purmerent, à Horn, & autres Villes de la Nort-Hollande.

BUYTRAGO, ou BUTRAGO, petite Ville d'Espagne dans la Nouvelle Castille aux Confins de la Vieille, sur le Ruisseau de Lozoya, selon Mr. Baudrand, au pied du Mont Ardoz, au Midi de Somofierra, à six lieues au Levant de Segovie, & à treize de Madrid, en allant vers Burgos. C'étoit autrefois une Ville Episcopale. Voiez LITABRUM.

BUYZ, (LE). Voiez l'Article BARONIES.

BUZ, quelques-uns font une Ville de ce nom dans l'Arabie Petrée. Ils croient en avoir besoin pour expliquer le surnom de Busites que l'Ecriture sainte donne à Eliu [y]; & les Busites dont parle le Prophête Jeremie [z]. Buz étoit

BUZ. BYB.

étoit fils de Nachor & de Melcha, Eliu étoit un de ses descendans & la postérité de Buz s'étoit établie dans l'Arabie ; c'est elle que le Prophête Jeremie entend sous le nom des Buzites qu'il menace de la colere divine.

BUZAE, Peuple des Indes selon Pline [a]. [a] l.6.c.20.

BUZÆORUM REGIO. Voiez GORDIANA.

BUZANÇOIS [b], petite Ville de France en Berry, aux Confins de la Touraine, sur l'Indre, à neuf lieues au Couchant d'Issoudun. [b] Baudrand Ed. 1705.

BUZARAS, ancienne Ville d'Afrique dans la Mauritanie Cesariense, selon Ptolomée [c]. [c] l.4.c.2.

BUZAY [d], Abbaye de France en Bretagne, sur le bord Meridional de la Loire, à sept lieues au dessous de Nantes. Elle est de l'Ordre de Cisteaux. [d] Baudrand Ed. 1705.

BUZERI, ancien Peuple d'Asie sur le Pont Euxin, dans la Cappadoce, selon Pomponius Mela [e]. Les Editions varient beaucoup, l'Edition des Juntes porte BUXEDI, d'autres BUXERI, &c. Pline [f], & Strabon [g] parlent de ce Peuple. [e] l.2. c. 19. [f] l.6. c. 4. [g] l.12.p. 549.

BUZES, ancien Peuple d'Afrique dans la Marmarique, selon Ptolomée [h]. [h] l. 4. c. 5.

1. BUZET [i], petite Ville de France dans le Languedoc, sur le Tarn, au Diocèse de Toulouse. [i] Baudrand Ed. 1705.

2. BUZET [k], Bourg de France dans le Bazadois, près de la Blaise, environ à une lieue de son Embouchure dans la Garonne. [k] Ibid.

BUZITES. Voiez BUZIGÆUS Mons Montagne de Grece dans la Thessalie, selon Pline [l]. [l] l.4.c.8.

BUZIGIUM [m], lieu de Grece dans l'Attique, auprès d'Athenes. Les Atheniens y alloient faire des sacrifices religieux. [m] Ortel. Thes.

BY.

1. BYBASSUS, pour BUBASSUS. Voiez BUBASTUS.

2. BYBASSUS, ancienne Ville de la Carie, ainsi nommée à cause de Bybastus Berger qui sauva Podalire lorsqu'étant batu par une tempête il aborda en Carie, selon Etienne le Géographe.

BYBÆ, habitans de BYBE, Contrée de la Thrace, selon le même.

BYBÆI, habitans de BYBE, Ville d'Italie aux Confins des Peucetiens, selon le même Etienne.

1. BYBE, Contrée de Thrace, selon le même.

2. BYBE, Ville d'Italie aux Frontieres de la Peucetie selon le même. Comme cette Ville est inconnue aux autres Auteurs, Berkelius soupçonne que les Copistes se sont trompez & ont mis BYBAI pour PYBAI & il explique RUBÆ par RUFÆ. Il a été très-aisé de lire BYBAI pour PYΦAI. Il est vrai qu'on lit dans les imprimez BYBH, mais Saumaise dit avoir trouvé dans un Manuscrit BYBA & dans un autre BYBAI.

BYBLESIA, lieu d'Asie dans la Carie ou dans la Doride, au sentiment d'Ortelius [n]. Ce nom se trouvoit dans Herodote [*], où l'on lisoit BYBLESIA PENINSULA, mais Vossius a corrigé ceci & fait voir qu'il falloit lire BYBASSIA PENINSULA ; alors on voit que cette [n] Thesaur. [*] l.2.c.174.

BYB.

Presqu'Isle prenoit ce nom de BYBASSUS dont j'ai parlé ci-dessus.

1. BYBLII, ancien Peuple d'entre les Scythes, selon Etienne le Géographe.

2. BYBLII, Place forte d'Egypte dans le Nil, selon le même. Il est parlé de cette Ville BYBLOS dans un fragment de Ctesias conservé par Photius.

BYBLIS [o], Montagne près de Milet selon le Scholiaste de Thucydide. Il y avoit aussi une Fontaine de ce nom dans la Carie. Ovide en parle dans ses Metamorphoses [p] ; & rapporte comment cette sœur incestueuse fut changée en Fontaine. Voiez BIBLIS. [o] Ortel. Thes. [p] l. 9.

BYBLOS [q], Ville de Phénicie, entre Sidon & Orthosie, fameuse par son attachement au culte d'Adonis, que l'on croit avoir été blessé par un Sanglier dans le Liban, au dessus de Byblos. Le Fleuve Adonis qui descend du Liban, passe à Byblos, & se charge en certain tems d'une couleur rouge comme du sang, à cause d'une certaine terre à travers laquelle il passe, & qu'il entraine en grande quantité dans ses débordemens. C'est alors que ceux de Byblos pleuroient Adonis, feignant que c'est de son sang que leur Fleuve est rougi. Les Egyptiens tous les ans à la fête d'Adonis, avoient coutume de jetter dans la Mer une Boëte, faite en forme de tête, qu'ils disoient être la tête d'Osiris, dans laquelle étoit une Lettre adressée à ceux de Byblos, éloignez de plus de quatre-vingt lieues. Cette Boëte alloit, disoit-on, d'elle-même se rendre à Byblos au bout de sept jours. On croit que le Prophête Isaïe [s] fait allusion à cette coutume, lorsqu'il dit ; Malheur au Pays qui envoye ses Ambassadeurs sur la Mer, & les fait courir dans des Vaisseaux de jour. [q] D. Calmet Dict. de la Bible. [r] Lucian. de Dea Syria. [s] c. 18 v. 1.

On croit aussi que ceux qui sont appellez dans l'Ecriture GIBLII [t], & dont on loue l'adresse à tailler le bois, & à construire des Vaisseaux, étoient ceux de Byblos, nommée en Hébreu, Gébal [v]. Elle étoit au pié du Liban, sur la Méditerranée, à peu près vis-à-vis le lieu où l'on voit encore aujourd'hui quelques Cédres. [t] Reg. l. 3. c. 5. v. 18. [v] Ecclesiast. c. 27. v. 9.

Cette Ville a repris l'ancien nom Hébreu & s'appelle aujourd'hui GEBAIL ou Gibel, selon Mr. de la Roque [w]. Voici ce qu'il en dit dans son Voyage de Palestine & du Mont Liban. GEBAIL, ou GIBEL, comme on l'appelle encore presentement, est cette Ville maritime de Phenicie située entre Beryte & Tripoli, qui retient ce même nom dans les livres saints [x], & dont les premiers habitans servoient avec distinction dans les expeditions de Mer de la Ville de Tyr : ils furent chargés [y] dans un autre tems de mettre en œuvre, & de transporter les bois destinez à la construction du Temple de Salomon. Les Pheniciens lui donnerent le nom de Biblis, qui se trouve dans la version des Septante, & dans saint Jerôme : les Historiens & les Géographes anciens l'appellent aussi de ce nom de Biblis. Je passe sous silence la fondation de Biblis par Saturne selon, Sanchoniathon Auteur pretendu d'une Histoire Phenicienne, tout ce que disent Plutarque & Lucien, qui marque l'ancienneté de cette Ville, au sujet d'Isis & d'Osiris pour observer qu'elle obeît premierement [w] T. 1. p. 38. Ed. de Paris. [x] Ezechiel 28. 9. [y] Reg. l. 3.

aux

aux Rois de Tyr, mais qu'elle fecoüa leur joug pour fe donner des Maîtres particuliers, qui devinrent tributaires des Rois de Perfe. Alexandre le Grand la conquit enfuite & après la mort de ce Conquerant elle paſſa fucceſſivement fous la Domination des Ptolomées & des Seleucides, juſqu'à la decadence de ces derniers. Alors la Syrie Maritime fut uſurpée par un Grand, appellé Cyngre, qui tint fa Cour à Biblis, & que Pompée fit mourir. Dans la diviſion des Provinces de Syrie fous les Empereurs Chrétiens, la Ville fut compriſe dans la Phenicie Maritime, où premiere. Son Evêque aſſiſta au premier Concile de Conſtantinople, & à celui de Calcedoine: on aprend par les Actes de ce dernier qu'il étoit fuffragant du Metropolitain de Tyr, quoique l'Evêque de Beryte s'en attribuât quelquefois les droits & les honneurs. Biblis étant depuis tombée fous la puiſſance des Sarraſins, les Genois croiſez s'en rendirent les Maîtres. On trouve qu'elle eut alors un Evêque independant, auquel le Pape Innocent III. a écrit des Lettres. La Ville retomba fous la Domination des Infideles du tems du fameux Saladin, & elle fut enfin foumiſe aux Empereurs Othomans lorſque Selim I, conquit la Syrie. Gebail eſt aujourd'hui compriſe dans le Gouvernement de Tripoli: le Pacha y tient un Officier avec une petite Garniſon. Elle eſt fermée de murailles du côté de la terre, mais elle eſt toute ouverte du côté de la Mer, & n'a pour toute défenſe qu'un Château ruiné: ſon Port que je trouve dans une belle ſituation pour des Galeres, eſt preſque tout comblé. La Ville eſt habitée de Mahometans qui y ont deux ou trois Moſquées, & de quelques Grecs qui n'ont qu'une Egliſe, auprès de laquelle on montre une haute Colomne, qui paſſe pour celle d'un ſaint Stylite: on y voit auſſi les reſtes aſſez entiers d'un grand Palais, bâti par les Génois. La Campagne eſt extrêmement agréable, & il eſt vrai-ſemblable que la Ville s'y étendoit autrefois, puiſqu'à l'endroit où nous paſſames une partie du jour fous des grands Sycomores, nous remarquames une infinité de Colomnes de Granite renverſées, & à demi enterrées: j'en découvris une entre autres, qui eſt double, faite d'un ſeul & même blot, d'une prodigieuſe longueur, & tout à fait ſemblable à celle qui eſt dans les ruines de l'Egliſe de Tyr. Mr. Maundrell, dans ſon Voyage d'Alep à Jeruſalem, la nomme GIBYLE. Voiez ce mot.

Il ne faut pas la confondre avec une autre BIBLOS que l'on appelloit l'ancienne BYBLOS. Voiez l'Article PALÆBYBLOS.

2. BYBLOS, Ville d'Egypte dans le Nil. Voiez BYBLII 2.

BYBONICUM. Voiez BIBONICUM.

BYCE. Voiez BUGES.

BYCHOW [a], petite Ville de Lithuanie au Palatinat de Mſciſlaw ſur la Rive Occidentale du Nieper, entre Mohilow & Rohaczow, à treize lieues de la premiere & à dix-ſept de la ſeconde.

BYDGOST [b], petite Ville de Pologne dans la Pruſſe Royale, ſur la Riviere de Berda qui ſe jette dans la Wiſtule. C'eſt la même que les Allemands appellent BROMSBERG. Voiez ce mot.

[a] De l'Iſle Carte de la Pologne.

[b] Baudrand Ed. 1705.

BYLAZORA, ancienne Ville de Grece. Polybe [c] en parle comme d'une Ville la plus grande de la Pæonie & très-avantageuſement ſituée, aux confins de la Macedoine & de la Dardanie. Le Roi Philippe la prit. Tite Live en fait mention [d]. Ortelius demande ſi ce ne ſeroit point la même que BULAGORA dont parle Hippocrate.

BYLE. Voiez VELIA.

BYLLIS, ancienne Ville de l'Illyrie, c'eſt la même que BULLIS. Voiez ce mot.

BYLONENSE CONCILIUM, c'eſt ainſi qu'on liſoit dans le Decret de Gratien [e], Antoine Auguſtin a bien vu qu'il faloit lire Cabilonenſe.

BYLTÆ, Peuple de l'ancienne Scythie près du Mont Imaus, ſelon Ptolomée. [f]

BYMASUS, Ville de la Peonie, ſelon Etienne le Géographe.

BYRACHIUM, ce mot eſt employé comme le nom d'une Ville d'Afrique, dans le livre de Caton [g]. Quelques Savans ont voulu corriger ce mot & mettre Dyrachium; c'eſt ôter une faute pour y en mettre une autre. Fulvius Urſinus a dit beaucoup mieux qu'il faut lire BYZACIUM.

BYRCHANIS. Voiez BURCHANA.

BYRRHA [h], Riviere de la Gaule près de Narbonne, ſelon Eginhart.

BYRRHUS, Riviere dont parle Paul Diacre dans ſon Hiſtoire des Lombards [i]. Lazius dit que le nom moderne eſt PUTSTER, & lit ce nom comme s'il étoit écrit par un P. Pyrrhus. Fortunat le nommé Birrhus dans la Vie de St. Martin [k].

BYRSA, nom d'une partie de la Ville de Carthage, voiez CARTHAGE.

BYRSI, Peuple de Grece dans la Macedoine, chez lequel étoit la Ville de CYDRIÆ, ſelon Strabon [l] & Etienne le Géographe. Mais Cafaubon aimeroit mieux lire dans Strabon Βρυγῶν au lieu de Βυρσῶν. Voiez BRYGES.

BYRSIA, on lit dans Juſtin [m] qu'Alexandre étant détourné d'entrer à Babylone ſe rendit à BYRSIA Ville au delà de l'Euphrate & qui avoit été autrefois abandonnée. D'autres Editions portent BURSIA.

BYSALTÆ. Voiez BISALTÆ.

BYSNÆI, Βισναῖοι, Peuple qui faiſoit partie des Bebrices, ſelon Etienne le Géographe.

BYTAW. Voiez BUTHAU.

BYTHARIA, Lieu de Thrace, ſelon Calliſte & Evagre citez par Ortelius [n]. Il conjecture qu'il étoit près de la Mer. Voiez BYTHOS.

BYTHEMANEI [o], Peuple d'Arabie; ils habitoient une plaine aſſez grande derriere le Golphe Læanite, ſelon Agatharchide.

BYTHIBS, Lieu voiſin de Conſtantinople, ſelon Denys de Byſance. Pierre Gilles dans ſon Traité du Boſphore croit que c'eſt la BITHARIA d'Evagre. Il eſt fait mention de BYTHARIUM Fauxbourg de Conſtantinople dans les Authentiques [p].

BYTILO [q], Groſſe Bourgade de Grece dans la Morée, dans le Brazzo di Maina. Elle s'appelloit autrefois OETILOS. Strabon lui donne deux noms PYLÆ & BOETILOS. Ce dernier a paſſé juſqu'à nous ſans beaucoup d'alteration; mais les Pilotes Italiens changent en

[c] l. 5.
[d] l. 44.
[e] Decret. 1. diſtinct. 18.
[f] l. 6. c. 13.
[g] De Re Ruſtica. l. 1.
[h] Vita Caroli Magni.
[i] l. 2. c. 13.
[k] l. 4.
[l] l. 7. p. 327.
[m] l. 12. c. 13.
[n] Theſaur.
[o] Ibid.
[p] Coll. 8.
[q] La Guilletiere Lacedemon. anc.

core le nom de BYTILO en VITOULO. Le port est grand & l'on y mouille sur seize ou dix-huit brasses d'eau ; ce qui le rendroit un port admirable si le fond étoit de bonne tenue ; mais il est semé de gros Cailloux ou de petits brisans qui coupent les cables. Le vent de terre pour sortir du port de Bytilo est Sud-Ouest, desorte qu'il semble qu'on aille donner contre la terre. Il y a là les meilleurs nageurs du Monde, mais aussi le lieu est rempli de grands voleurs tant par terre que par Mer. Cela fait que les Grecs l'appellent le *Grand Alger*.

BYZACENE, (la) Contrée d'Afrique dans l'Afrique proprement dite. L'Afrique propre qui avoit appartenu aux Carthaginois étant devenue une Province Romaine ; elle fut partagée en deux Departemens ; savoir la ZEUGITANE & la BYZACÈNE. Il n'est pas aisé d'en bien definir les limites.

Elle avoit au Nord ce que les Romains appelloient la Province Proconsulaire, au Levant la Mer Mediterranée & le Fleuve Triton ; au Midi l'Arzugitane ; & au Couchant la Numidie. Elle prenoit son nom de BYZACIUM, quoi que la Capitale fût Adrumete.

La Byzacene est beaucoup plus souvent nommée comme une Province dans les Auteurs Ecclesiastiques que dans les Ecrivains de l'Histoire Civile ; il y avoit un grand nombre d'Evêchez. Voici ceux que fournit la Notice Episcopale d'Afrique. Nous y joindrons les noms des Evêques tels qu'il y sont marquez.

NOTICE

des Evêques de la Byzacene.

. . . . . *Nassinassensis.*
. . . . . *Et Aquis.*
Liberatus Amudarcensis.
Mansuetus Afufeniensis.
5 *Pascasius Septimuniciensis.*
Hortulanus Benefensis.
Victorinus Ancusensis.
Eubodius Mididitanus.
Terentianus Tubulbacensis.
10 *Rogatianus Vadentinianensis.*
Bonifacius Maschlianensis.
Victorinus Seberianensis.
Victor Narensis.
Leontius Decorianensis.
15 *Servus Dei Tambeitanus.*
Latus Neptitanus.
Felix Castrensis.
Flavianus Bubelianensis.
Decimus Theuzitanus.
20 *Servandus Putiensis.*
Restitutus Thagamutensis.
Præsidius Sufetulensis.
Eustrathius Sufetanus.
Secundinus Garrianensis.
25 *Præfectianus Abaradirensis.*
Sabinianus Octabiensis.
Adelfius Mattaritanus.
Restitutus Aquiabensis.
Antacias Medianensis.
30 *Mensius Turtensis.*
Filtiosius Aggaritanus.
Fastidiosus Egnatiensis.
Germanus Peradamiensis.
Donatus Ermianensis.
35 *Paschasius Tenitanus.*
Domninus Tarazensis.
Hilarinus Trosiniauensis.
Fortunatianus Leptiminensis.
Honoratus Tegariatenus.
40 *Albinus Octabiensis.*
Aurelius Feradimaiensis.
Felix Crepedulensis.
Cyprianus Unixirbirensis.
Innocentius Muzucensis.
45 *Possidius Massimanensis.*
Victor Vitensis.
Victorinus Sarbatianensis.
Adeodatus Pederodianensis.
Athenius Circintanus.
50 *Florentinus Tuziritanus.*
Vindicianus Marazianensis.
Adelfius Mattaritanus.
Adeodatus Præcausensis.
Restitutus Aquis Albensium.
55 *Felix Irpinianensis.*
Victorinus Usulensis.
Habet Deum Tamallumensis.
Concordius Cululitanus.
Servus Menefessitanus.
60 *Quintianus Casulis Carianensis.*
Restitutus Acolitanus.
Vindemialis Capsensis.
Quod-vult-Deus Durensis.
Heliodorus Cufrutensis.
65 *Marcellinus Taibaltensis.*
Fortunatianus Cilitanus.
Honoratus Tiziensis.
Bonifacius Foratianensis.
Servus Arsuritanus.
70 *Felix Forontonianensis.*
Succensianus Febianensis.
Julianus Varatitanus.
Bonifacius Frontonianensis.
Secundianus Mimianensis.
75 *Donatus Boanensis.*
Bonifacius Maragniensis.
Pirasius Nationensis.
Faustus Præsidiensis.
Rusticus Tetcitanus. *
80 *Primianus Gurgaitensis.*
Bonifacius Filacensis.
Honoratus Macrianensis.
Frumentius Teleptensis.
Honorius Oppenuensis.
85 *Fortunatianus Tagarbalensis.*
Simplicius Carcabianensis.
Donatus Rufinianensis.
Liberatus Aquarum Regiarum.
Victorianus Quæstorianensis.
90 *Maximus Gummitanus.*
Peregrinus Materianensis.
Fortunatus Moroteorianus.
Pecatus Vicoateriensis.
Proficius Subletinus.
95 *Saturus Irensis.*
Mangentius Ticualtensis.
Villaticus Auzegerensis.
Crescouius Temonariensis.
Paulus Turreblandinus.
100 *Restitutus Segermitanus.*
Victor Gauuaritanus.
Donatianus Eliensis.
Stephanus Ruspensis.

BYZ.

Vinitor Talaptulenſis.
105 *Hortenſius Autentenſis.*
Tertullus Juncenſis.
Euſebius Gubalcianenſis.
Servilius Unavicopolitanus.
Donatus Aggaritanus.
110 *Vigilius Tapſitanus.*

Outre ces Evêques il y avoit encore dans cette Province ſix Siéges vacans lorſque cette liſte fut dreſſée; ſavoir:

Madaſſuma,	*Horrea Cælia*,
Dionyſiana,	*Cunculiana*,
Julianis,	*Ticibus*.

La Byzacene repond pour la plus grande partie au ROYAUME DE TUNIS d'aujourd'hui.

BYZANA. Voiez BYZANI.

BYZANCE, ancienne Ville, qui ayant été augmentée & embellie par Conſtantin a pris le nom de Conſtantinople ſous lequel elle eſt la Capitale de l'Empire Ottoman après l'avoir été long-temps de l'Empire d'Orient. Son origine eſt rapportée diverſement. Strabon [a] dit qu'elle fut bâtie après Chalcedoine qui eſt une Colonie de Megariens ſous les auſpices & après un Oracle d'Apollon. Il ne dit pas preciſément que les Megariens l'aient bâtie, mais Scymnus de Chio le dit bien formellement dans ſa deſcription du Monde [b]. Euſtathe expliquant le vers 804. de Denys le Periegete dit: Byzas fut le Chef de la flotte des Megariens qui bâtirent auſſi Byzance. Ce Byzas, ſi nous en croyons Etienne, étoit fils de Neptune, ce qui dépouillé de l'eſprit poétique ſe reduit à ſignifier que c'étoit un grand homme de Mer. Quel qu'il fût, les Byzantins faiſoient gloire de lui rapporter leur origine. Velleius l'attribue aux Mileſiens [c]; Juſtin [d] aux Lacedemoniens; & Ammien Marcellin [e] aux Atheniens. On peut les accorder en diſant que ces Peuples y ont envoyé ſucceſſivement & en divers temps leurs Colonies. Juſtin ſemble inſinuer lui-même ce moyen de ſes concilier lorſ-

[a] l. 7.

[b] v. 715.

[c] l. 2. c. 15.
[d] l. 9. c. 1.
[e] l. 21. c. 12.

BYZ. BZO.

qu'il dit: Cette Ville fut premierement bâtie par Pauſanias qui la poſſeda ſept ans. Enſuite ſelon les revolutions de la guerre, elle fut tantôt aux Lacedemoniens & tantôt aux Atheniens, ſuivant que les uns & les autres avoient l'avantage. Cette alternative en rendant la poſſeſſion incertaine fit que perſonne ne s'empreſſa de la conſerver comme un bien qui lui dût reſter, & cela fut cauſe qu'elle eut le bonheur de ſe maintenir dans un Etat libre. Elle y demeura ſous la domination des Romains, comme il paroît par ce paſſage de Pline [f]. *Op- pidum Byzantium liberæ Conditionis antea Lygos dictum*. Ainſi ſelon cet Auteur LYGOS étoit l'ancien nom de Byzance. Je ne dis rien ici de ſa ſituation, j'en parle amplement à l'article CONSTANTINOPLE. Voiez ce mot.

[f] l. 4. c. 11.

BYZANI, Ville de la grande Armenie. Procope [g] dit que Juſtinien fonda dans la Ville de Byzane l'Egliſe de St. George Martyr [h]. Il dit enſuite: s'il n'a point fait de Fortifications dans la Byzane, c'eſt que le Pays eſt trop plat, qu'il eſt perpetuellement détrempé d'une eau croupiſſante & marécageuſe, mal ſain aux habitans, & ouvert aux étrangers. Juſtinien mépriſant donc le lieu dont je parle fonda dans un autre nommé Tzumine dont l'air étoit fort pur & fort temperé à trois milles de Byzane une autre Ville à laquelle il donna ſon nom.

[g] Ædific. l. 3. c. 4.
[h] Ibid. c. 5

1. BYZANTIUM, quelques Grecs ont employé ce nom au lieu de Byzacium Ville de la Byzacene.

2. BYZANTIUM, Ville de l'Inde en deçà du Gange, ſelon Arrien [i].

[i] in Indicis

3. BYZANTIUM. Voiez BYZANCE.

BYZERES. Voiez BUZERI.

BYZIA. Voiez BISA.

BZO.

BZO, Ville d'Afrique [k] au Royaume de Maroc dans la Province de Haſcore à ſept milles d'Elguimuha ſur une haute Montagne.

[k] Corn. Dict.

§ C'eſt la même que Marmol apelle BIZU.

FIN DU II. TOME,
& DE LA LETTRE B.

www.ingramcontent.com/pod-product-compliance
Lightning Source LLC
Chambersburg PA
CBHW070823230426
43667CB00011B/1680